NOVO DICIONÁRIO
DE TEOLOGIA

Série DICIONÁRIOS

- *Dicionário bíblico*, J. L. Mckenzie
- *Dicionário de espiritualidade*, dirigido por Stefano de Fiores e Tulio Goffi
- *Dicionário de liturgia*, dirigido por Domenico Sartore e A. M. Triacca
- *Dicionário de mariologia*, dirigido por Stefano de Fiores e Salvatore Meo
- *Dicionário de conceitos fundamentais de teologia*, dirigido por Peter Eicher
- *Dicionário de figuras e símbolos bíblicos*, Manfred Lurker
- *Dicionário dos símbolos – imagens e sinais da arte cristã*, Gerd Heinz-Mohr
- *Dicionário teológico da vida consagrada*, dirigido por Aparício Rodríguez e Joan Canals Casas
- *Dicionário de Santa Teresinha*, Pedro Teixeira Cavalcante
- *Dicionário bíblico hebraico-português*, Luis Alonso Schökel
- *Dicionário de teologia moral*, dirigido por Francesco Compagnoni, Giannino Piana, Salvatore Privitera
- *Dicionário de símbolos*, Udo Becker
- *Dicionário de conceitos fundamentais do cristianismo*, dirigido por Casiano F. Samanes e Juan-José Tamayo-Acosta
- *Dicionário teológico O Deus Cristão*, dirigido por Xabier Pikaza, O. de M. e Nereo Silanes, O.S.S.T.
- *Dicionário de pensamento contemporâneo*, dirigido por Mariano Moreno Villa.
- *Dicionário interdisciplinar da pastoral da saúde*, Giuseppe Cinà, Efisio Locci, Carlo Rocchetta.
- *Dicionário Junguiano*, Paolo Francesco Pieri
- *Dicionário de Mística*, dirigido por L. Borriello, E. Caruana, M. R. Del Genio, N. Suffi
- *Dicionário de catequética*, dirigido por V. Mª Pedrosa, Mª Navarro, R. Lázaro, J. Sartre
- *Dicionário de sociologia*, dirigido por Luciano Gallino
- *Dicionário de filosofia de Cambridge*, dirigido por Robert Audi
- *Novo Dicionário de teologia*, dirigido por Juan José Tamayo

NOVO DICIONÁRIO DE TEOLOGIA

Dirigido por Juan José Tamayo

PAULUS

Dados Internacionais de Catalogação na Publicação (CIP)
(Câmara Brasileira do Livro, SP, Brasil)

Novo Dicionário de Teologia / dirigido por Juan José Tamayo;
(tradução Celso Márcio Teixeira; Antonio Efro Feltrin, Mário Gonçalves).
São Paulo: Paulus, 2009.
(Dicionários)

Título original: Nuevo diccionario de teología
ISBN 978-85-349-2871-7

1. Teologia – Dicionários I. Tamayo, Juan José II Série.

08-08090   CDD-230.03

Índices para catálogo sistemático:
1. Teologia cristã: Dicionário 230.03

Título original
Nuevo diccionario de teología
ISBN 84-8164-778-0
© Editorial Trotta, S.A., 2005
Madrid

Direção editorial
Zolferino Tonon

Coordenação editorial
Claudiano Avelino dos Santos

Tradução
Celso Márcio Teixeira
Antonio Efro Feltrin
Mário Gonçalves

Editoração
PAULUS

Impressão e acabamento
PAULUS

© PAULUS – 2009
Rua Francisco Cruz, 229 • 04117-091 São Paulo (Brasil)
Fax (11) 5579-3627 • Tel. (11) 5087-3700
www.paulus.com.br • editorial@paulus.com.br

ISBN 978-85-349-2871-7

SIGLAS

AA   Concílio Ecumênico Vaticano II. Decreto sobre o apostolado dos leigos *Apostolicam actuositatem* (18 de novembro de 1965).
AG   Concílio Ecumênico Vaticano II. Decreto sobre a atividade missionária da Igreja *Ad gentes* (7 de dezembro de 1965).
AT   Antigo Testamento.
CD   Concílio Ecumênico Vaticano II. Decreto sobre o múnus pastoral dos bispos *Christus Dominus* (28 de outubro de 1965).
CFC   C. Floristán e J. J. Tamayo (eds.), *Conceptos fundamentales del cristianismo,* Trotta, Madri, 1993.
DBS   *Dictionaire de la Bible. Supplément,* ed. L. Pirot, continuado por A. Robert, Paris, 1928ss.
DH   Concílio Ecumênico Vaticano II. Declaração sobre a liberdade religiosa *Dignitatis humanae* (7 de dezembro de 1965).
DS   H. Denzinger e A. Schónmetzer, *Enchiridion Symbolorum, Definitionum et declarationum de rebus fidei et morum,* edição XXXV corrigida, Roma, 1973.
DV   Concílio Ecumênico Vaticano II. Constituição dogmática sobre a divina revelação *Dei Verbum* (18 de novembro de 1965).
EB   *Enchiridium biblicum.*
EN   Paulo VI, Exortação apostólica *Evangelii nuntiandi* (8 de dezembro de 1975).
EV   *Enchiridion Vaticanum,* Bolonha, 1987.
FC   João Paulo II, Exortação apostólica pós-sinodal *Familiaris consortio* (22 de novembro de 1981).
GS   Concílio Ecumênico Vaticano II. Constituição pastoral sobre a Igreja no mundo hoje *Gaudium et spes* (7 de dezembro de 1965).
LG   Concílio Ecumênico Vaticano II. Constituição dogmática sobre a Igreja *Lumen gentium* (21 de novembro de 1964).
LTK   *Lexikon für Theologie und Kirche,* ed. de J. Höfer e K. Rahner, Freiburg im Br.,²1957-1967.
MS   J. Feiner e M. Löhrer (drs.), *Mysterium salutis. Manual de teología como historia de la salvación,* Cristiandad, Madri, 1969-1984.
NA   Concílio Ecumênico Vaticano II. Declaração sobre as relações da Igreja com as religiões não cristãs *Nostra aetate* (28 de outubro de 1965).
NT   Novo Testamento.
OGMR   Orientações gerais do Missal Romano.
OT   Concílio Ecumênico Vaticano II. Decreto sobre a formação sacerdotal *Optatam totius* (28 de outubro de 1965).
PCBP   Documento da Pontifícia Comissão Bíblica sobre a interpretação da Bíblia na Igreja (1993).

SIGLAS

PL   J. P. Migne (ed.), *Patrologiae cursus completus. Series latina*, 221 vols., Paris, 1844-1866.
s(s)   seguinte(s)
s.   sigla
ss.   siglas
SC   Concílio Ecumênico Vaticano II. Constituição sobre a sagrada liturgia; *Sacrosanctum Concilium* (4 de dezembro de 1963).
SRS   João Paulo II, Carta encíclica *Sollicitudo rei socialis* (30 de dezembro de 1987).
TRE   *Theologische Realenzyklopädie*.
TWNT G. Kittel e G. Friedrich (dirs.), *Theologisches Wörterbuch zum Neuen Testament*, Stuttgart, 1933ss.
UR   Concílio Ecumênico Vaticano II. Decreto sobre o ecumenismo *Unitatis redintegratio* (21 de novembro de 1964).

PRÓLOGO

Em 1993, apareceu nesta mesma Editora (Trotta) a obra coletiva *Conceptos fundamentales del cristianismo*, que dirigi juntamente com Casiano Floristán. A obra teve ampla difusão e contou com excelente acolhida no mundo cultural e religioso. Uma vez esgotada, nos questionamos se era oportuno reeditá-la ou redigir uma nova. Depois de pesar os prós e contras, a Editora e nós decidimos pela segunda opção, embora sabedores da complexidade da tarefa, mas com a esperança de oferecer uma obra de estudo e consulta, e não puramente conjuntural. Somente conservamos da edição de 1993 alguns conceitos, embora reelaborados: quatro de Jon Sobrino e um de Ignacio Ellacuría.

Este não é um dicionário confessional e, menos ainda, apologético de nenhuma religião; tampouco um dicionário de definições intemporais de conceitos igualmente intemporais; menos ainda uma soma de pequenos tratados ou de resumos escolares de cada conceito. Trata-se de um dicionário crítico, científico, escrito a partir de uma perspectiva leiga e em regime de liberdade, pouco frequente no mundo teológico, quase sempre controlado pelas instituições religiosas e a seu serviço. Sua pretensão é a de oferecer as linhas fundamentais da teologia cristã em perspectiva histórica, apresentar o atual estado intelectual da questão dos grandes temas do cristianismo e facilitar o acesso às novas contribuições da reflexão teológica e das disciplinas com ela relacionadas, em diálogo com a filosofia e com a ciência, ou melhor, com as ciências. Tenta explorar também novos caminhos que permitam avançar na reformulação dos núcleos fundamentais do cristianismo em diálogo com os novos climas culturais. Proporciona, por sua vez, informação e chaves hermenêuticas para melhor compreensão do fenômeno religioso em toda a sua complexidade e pluralidade.

O objetivo último deste *Dicionário* é redignificar a teologia no concerto dos saberes, do qual esteve ausente durante séculos; ressignificar os símbolos religiosos, libertando-os do dogmatismo e devolvendo-lhes sua polissemia; historizar os conceitos teológicos, quer dizer, colocá-los em relação com a história, libertando-os de seu idealismo e de sua idealização, de sua espiritualização e de sua a-historicidade, como fez exemplarmente Ignacio Ellacuría através de seu criativo método de historização dos conceitos filosóficos e teológicos. A teologia não se move no horizonte da razão pura, mas da razão prática, que se reconstrói através dos processos históricos e reformula seus conteúdos fundamentais nos novos contextos sociais, políticos, culturais e filosóficos, dentro da dialética tradição-criatividade.

Durante os últimos cinquenta anos, vivemos mudanças profundas e radicais que estão influenciando na forma de viver a fé cristã, de entender o cristianismo e de fazer teologia. Mais do que falar de uma era de mudanças, deve-se falar de uma mudança de era, que se caracteriza por uma série de fenômenos verdadeiramente "revolucionários", como são, entre outros: a globalização, a pobreza estrutural, o pluralismo cultural e religioso e a revolução biogenética.

A *globalização* deixa-se sentir em todos os âmbitos das relações humanas, a maioria das vezes negativamente para o Terceiro Mundo e para os amplos setores do Primeiro Mundo. Não estamos diante de uma descrição objetiva da realidade, mas diante de uma construção ideológica do neoliberalismo a serviço do mercado, à qual respondem os movimentos altermundiais com sua proposta de "outro mundo é possível", partilhada por teólogos e teólogas com sua proposta de "teologia para outro mundo possível". Um dos resultados mais perversos da globalização neoliberal é a situação de *pobreza estrutural*, na qual a humanidade vive instalada hoje. A ela querem responder as diferentes teologias da libertação que se desenvolvem hoje em nível mundial e em perspectiva contextual.

Outro fenômeno revolucionário é o *feminismo*, que questiona em sua raiz o caráter androcêntrico das estruturas mentais e a atual organização patriarcal das instituições sociais, políticas, econômicas e religiosas, bem como o discurso filosófico e religioso discriminatório para com as mulheres. A resposta intelectual a partir das religiões é uma teologia em perspectiva de gênero.

Estamos assistindo a uma crescente *consciência ecológica*, que questiona o modelo científico-técnico de desenvolvimento da Modernidade, antropocêntrico e depredador da natureza, e propõe um modelo de relação interdependente, bidirecionadamente libertadora entre os seres humanos e a natureza, uma relação de sujeito a sujeito, e não de ser humano-sujeito a natureza-objeto. A resposta do mercado e das empresas multinacionais a esta consciência é a depredação da natureza, a serviço de um modelo econômico destruidor do tecido da vida. A resposta a partir das religiões é uma teologia em chave ecológica.

Vivemos tempos de *pluralismo cultural*, que declara o fim do etnocentrismo, se opõe ao choque das civilizações – que converteria o mundo em um colosso em chamas – e advoga por uma sociedade intercultural, inter-religiosa e interétnica. A resposta da cultura ocidental é a reafirmação de sua superioridade e da gradual eliminação das culturas minoritárias consideradas ancestrais, antiquadas e contrárias à lógica produtivista e à racionalidade econômica. As culturas minoritárias defendem-se desse imperialismo, reafirmando sua identidade cultural, e a teologia praticando a interculturalidade.

Vivemos tempos de *pluralismo religioso*. Isso implica a opção pelo diálogo inter-religioso como alternativa aos conflitos inter-religiosos que se estendem de maneira generalizada. A resposta de algumas religiões consiste na reafirmação rígida da identidade religiosa em seus aspectos dogmáticos, disciplinares e morais, com um resultado pouco atraente: o despertar dos fundamentalismos religiosos, às vezes violentos, que constroem uma perversão da religião e deterioram a convivência cívica. A alternativa só pode ser uma teologia inter-religiosa.

Vivemos tempos de *revolução bioética e biogenética*, que se manifesta através de importantes avanços, em sua maioria benéficos para a humanidade, avanços que colocam não poucas interrogações existenciais, éticas e religiosas. Diante dessa revolução, o cristianismo não pode entrincheirar-se num universo fechado nem voltar a repetir as condenações que fez a outras revoluções científicas no passado. Deve analisá-las em profundidade e em suas consequências, sem preconceitos dogmáticos nem pretensões autoritárias, e valorizar as novas possibilidades que tal revolução oferece.

Os referidos fenômenos exigem uma refundação da teologia ou, se se prefere, um novo paradigma teológico que corresponda aos novos desafios e abra novos horizontes ao trabalho teológico. Eis aqui alguns dos horizontes desenvolvidos neste *Dicionário*: o hermenêutico, a última pedra da abóbada de toda teologia; o inter-religioso, que desemboca numa teologia das religiões; o intercultural, que vai além da inculturação e estabelece diálogo fecundo entre culturas como base para a interculturalidade do discurso religioso; o feminista, que reconstrói o caráter das crenças e das teorias religiosas e elabora uma reflexão inclusiva em perspectiva de gênero; o ético-práxico, que entende a ética como teologia primeira e a práxis como ato primeiro da reflexão; o ecológico, que pretende superar o antropocentrismo e elabora um discurso sensível ao grito da Terra, que suspira por sua libertação junto com o ser humano; o anamnético, que se centra na recordação subversiva das vítimas em busca de sua reabilitação e considera a obediência aos que sofrem como critério articulador da teologia cristã e elemento constitutivo da consciência moral; o utópico, que, partindo do princípio-esperança, reformula a teologia como *spes quaerens intellectum*; o simbólico, que questiona a linguagem dogmática, na qual costuma desembocar o discurso religioso e recupera o símbolo como a linguagem mais adequada das religiões e da teologia.

Em sua abertura aos novos horizontes, este *Dicionário* presta especial atenção a algumas das melhores tradições teológicas do século XX: teologia modernista, teologia liberal, teologia dialética, teologia histórica, teologia das realidades terrestres, teologia de caráter antropológico, teologia política, teologias da libertação, teologias feministas, teologias das religiões etc. Todas elas são contextuais, possuem suas senhas de identidade e gozam de estatuto metodológico próprio e mantêm diálogo entre si.

Falei conscientemente de tradições teológicas no plural, porque o pluralismo é, efetivamente, um dos sinais mais luminosos da teologia cristã do século XX e a melhor prova de sua vitalidade. Sem hermenêutica não há teologia, e as hermenêuticas são plurais. O pluralismo teológico é exigido pelos novos contextos socioculturais e políticos, pelas novas perguntas da realidade, mas também pela própria disciplina teológica. Quebra-se, assim, a tendência tão frequente hoje de considerar a teologia como simples glosa ou aplauso fácil dos magistérios religiosos "oficiais" ou de restaurar uma única maneira de fazer teologia considerada "perene", alheia aos avanços dos saberes e às mudanças históricas.

Gostaria que este *Dicionário* contribuísse para ativar a criatividade teológica, seguindo a proposta que Karl Barth – um dos melhores teólogos do século XX – formulara, faz quase meio século, e que hoje possui plena vigência:

> O trabalho teológico se distingue dos outros – e nisso poderia ser exemplar para toda tarefa do espírito – pelo seguinte fato: quem quer realizá-lo não pode chegar a ele descansado, a partir de algumas questões já solucionadas, a partir de alguns resultados seguros. Não pode continuar o edifício sobre os fundamentos que já foram colocados. Não pode viver de alguns rendimentos de um capital acumulado, mas se vê obrigado, a cada dia e a cada hora, a voltar a começar do *princípio*... Se a teologia não quer

precipitar-se na arteriosclerose, no enfado de ergotismo, seu trabalho de maneira alguma pode ser realizado em função de um automatismo. (Alguns teólogos católicos padecem também de torcicolo, de tanto girar o pescoço para o Vaticano.)

Só assim a teologia cristã poderá despertar do longo sono dogmático em que esteve submersa durante tantos séculos e da prolongada menoridade em que esteve instalada em todos os âmbitos: o social, o histórico, o étnico-cultural e o de gênero.

Madri, 15 de julho de 2005

JUAN JOSÉ TAMAYO

AGNOSTICISMO

O agnosticismo é um conceito moderno, do século XX, para uma velha posição, a dos que afirmam que o conhecimento humano não pode ir além do campo do experimentável e que, portanto, não se pode dizer nada sobre o divino, o sobrenatural e o transcendente. É, portanto, uma colocação muito próxima do cepticismo, do relativismo e do empirismo, que se esforçam por estabelecer os limites do conhecimento humano e dão a primazia ao dado, ao empírico. À diferença do ateísmo e do teísmo, não se nega nem se afirma a existência de Deus, mas se coloca o acento na impossibilidade de dizer alguma coisa sobre ele. Portanto, uma recomendação de abster-se do julgamento, uma tomada de posição que evita tomar partido e que se apresenta como terceira via entre o ateísmo e o teísmo, entre a crença e a não-crença.

I. Raízes históricas e modalidades do agnosticismo. Suas raízes remontam à Antiguidade, aos que sublinham a insegurança do conhecimento (Protágoras) e a necessidade de estudar os limites da razão e aconselham a suspender o julgamento (Pirro, Carnéades, Sexto Empírico), e aos que defendem a convencionalidade das representações da divindade, à qual não podemos chegar (Górgias, Xenófanes, Epicuro). Acentua-se a busca, e não a posse da verdade; são valorizadas como algo positivo a pluralidade e diversidade de opinião, que ressaltam o elemento conjetural da opinião humana. Até mesmo porque os deuses escapam ao conhecimento humano, tanto da perspectiva de sua essência ou natureza divina como com relação à sua existência. A própria crítica à religião popular – e também à religião política – impregnada de mitos e representações, favorece a posição agnóstica. O não-saber socrático, bem como a retórica dos sofistas, não somente favorecem o cepticismo gnosiológico, mas também as interrogações com relação à divindade, contra a teologia natural e os grandes sistemas metafísicos.

Na época cristã, há somente elementos residuais que favoreçam o agnosticismo, embora este, como corrente, careça de significação. Há, no entanto, contribuições que serão depois utilizadas no agnosticismo contemporâneo, como a contraposição entre fé e razão, entre Jerusalém e Atenas, que levam ao *credo quia absurdum* de Tertuliano. Há também formas mais moderadas de crítica à razão, em nome da revelação, as quais favorecem o fideísmo e rejeitam uma fundamentação última, como pretende a teologia natural (Lactâncio). O caráter misterioso de Deus e a teologia negativa, ao negarem que possamos conhecer a Deus ("Se o conheces, então ele não é Deus", afirma Agostinho), já que escapa a toda conceitualização humana (idolatria da mente), favorecem também, por motivos teológicos, o não saber sobre Deus, embora isso não leve ao agnosticismo, mas à aceitação do caráter revelado do cristianismo e do dom da fé.

Uma colocação muito mais crítica e moderna é a representada pelo nominalismo, colocação que nega o caráter racional de Deus e deixa sem fundamento último a ordem racional do mundo, em nome de uma vontade divina absoluta que escapa às próprias leis da lógica. A isso se deve acrescentar a crítica luterana à razão e a rejeição das provas da existência de Deus, que favorecem o clima céptico em geral e o agnosticismo em particular. Também importante foi a dúvida cartesiana, que colocava a hipótese do gênio maligno, quer dizer, a possibilidade de um Deus que nos engana, questionando a confiança medieval em Deus. A partir daí se revitalizou o cepticismo humanista da Antiguidade, no qual se combinava a humildade cristã com o não-saber socrático (Montaigne) em favor de um fideísmo que contrapõe as razões do coração às da razão (Pascal), ou que simplesmente destaca o caráter provável das afirmações sobre Deus, cuja natureza seria desconhecida.

No caso de Hume, o grande céptico da tradição moderna, há uma oscilação entre as decididas críticas ao teísmo e as provas da existência de Deus, de um lado, e, de outro, uma indefinição última na hora de avaliar a religião. Ele tende claramente ao ateísmo, mas deixa espaço tanto ao fideísmo religioso como ao agnosticismo. O agnosticismo moderno é muito sensível à finitude e à limitação do conhecimento humano; por isso, recusa-se a escapar das esferas da especulação sem apoio na realidade empírica, como expôs Kant, que é o grande mestre do criticismo racional e o impugnador da teologia natural. Pode-se dizer que Hume e Kant são os grandes referenciais da crise atual da metafísica e também os que colocaram as bases da impugnação das provas tradicionais da existência de Deus. Muitos elementos do agnosticismo derivam de suas tomadas de posição.

No entanto, há pensadores que não aceitaram essa colocação e rejeitaram o agnosticismo, que pode ser também uma covardia e uma falta de compromisso com a realidade. Já desde Hegel e Nietzsche, os agnósticos são acusados de arranjos insatisfatórios, mesmo que por motivos contrapostos. Para Hegel, porque é absolutizada a finitude da razão, bem como a validade do mundo dos sentidos, esvaziando de conteúdo real o conceito de Deus. Para Hegel, o agnosticismo é o resultado do entendimento humano, não da razão, que não se dá conta de que, ao traçar os limites da razão e o âmbito do conhecível, já o ultrapassa, porque Hegel pensa que o homem tem sempre experiência direta e imediata de Deus, embora não o saiba. Pelo contrário, Nietzsche critica o agnosticismo como forma de não querer assumir o sem-sentido da vida e a ausência de metas e de valores supraterrenos. A vontade de verdade transforma-se, desse modo, em necessidade de crenças e de ilusões, a partir do que é possível dar sentido transcendente ao sofrimento humano e se torna possível a moralização da vida. Por isso, o agnosticismo é uma forma de consolação, que deixa aberta a porta para as ilusões de sentido. Absolutiza-se a incerteza e persiste-se na busca de um Deus moral e teológico, porque não há capacidade para assumir o niilismo inerente à vida humana.

Por outro lado, o iluminismo rejeita a intolerância e o dogmatismo e procura estar aberto às crenças e colocações dos outros. Daí a indefinição do julgamento, bem como certa abertura irenista e respeitosa, que se coloca como contraponto frente aos fanatismos e às crenças fechadas. O agnosticismo tem pretensões humanistas e valoriza a capacidade de diálogo, bem como o respeito às distintas opiniões, embora se recuse a emitir um julgamento sobre aquelas que não podem ser confirmadas nem corroboradas por todos e que, portanto, se baseiam numa experiência pessoal ou numa convicção subjetiva. Por serem colocações não susceptíveis de uma universalização, deve-se abster-se delas ou, pelo menos, não pronunciar-se sobre sua validade, verdade e pretensões de realidade.

No entanto, a crítica maior ao agnosticismo vem da filosofia mais próxima da ciência e tem uma referência dupla, a de Wittgenstein e a de Popper. É uma tradição que desempenhou um grande papel em algumas correntes da moderna filosofia analítica, que declara o sem-sentido e a carência de significação das proposições que falam de Deus. Não são afirmações verdadeiras nem falsas, mas carentes de conteúdo cognitivo, precisamente porque se referem a entidades, das quais não podemos ter nenhuma confirmação, que não podem ser declaradas falsas ou desmentidas pelos dados, e por isso não têm validade alguma (Ayer, Russel, Hans Albert). Não se trata de uma nova forma de ateísmo, nem se trata do agnosticismo usual, já que, em ambos os casos, se aceita que a proposição de que Deus existe tem significação, embora essa proposição seja negada. Agora, o que se nega é o significado dessas afirmações, não a existência ou não existência de Deus, baseando-se no fato de que não há nenhum fato nem referência empírica que possa dar validade e consistência à afirmação.

Alguns, no entanto, vão além e criticam a insuficiência da posição agnóstica. Continuar afirmando Deus sem provas confirmatórias seria como manter a crença nos contos de fadas e perseverar numa fé infantil, imprópria da razão. É que, diante da ausência de provas confirmatórias da experiência de Deus, se deveria negar sua existência sem mais, pois são os que afirmam a existência de uma entidade que devem trazer os testemunhos, e não os que por princípio somente estão dispostos a crer naquilo que podem ver, experimentar e comprovar. Isso é que levou a falar do "milagre do teísmo" (Mackie), sendo o agnosticismo uma forma velada do primeiro e uma inconsequência epistemológica injustificável. Por isso, em muitos casos, o agnosticismo é somente uma etapa prévia para o ateísmo ou uma forma fraca e respeitosa de não-crença.

Outra linha distinta é a que resulta do segundo Wittgenstein. Aqui, o problema está no uso das afirmações teístas, não no fato de que não tenham significado. O que se pergunta é: qual é o conteúdo e a intencionalidade dessas afirmações? A forma de escapar da falta de fundamentação do teísmo consistiria em ver nas afirmações religiosas uma linguagem meramente expressiva e intencional, seja de valor ético ou estético, sem que tenha conteúdo material algum. Afirma-se o crer em Deus para defender o valor do amor ou da justiça, ou simplesmente para manter aberta a pergunta pelo sentido da vida. Seria uma linguagem poética e emotiva, mas carente de qualquer conteúdo cognoscitivo e que poderia facilmente ser traduzida por outra linguagem mais secular. Levaria ao paradoxo de uma linguagem religiosa aceitável, embora não se afirmasse a existência de Deus, linguagem que teve influência na própria teologia anglo-saxônica dos anos sessenta que defendia a teologia da morte de Deus.

Na Espanha, teve especial repercussão a posição de Tierno Galván, conhecido por sua marca humanista e por seu famoso agnosticismo. O que mais se destaca nele é seu apreço pela finitude e pela contingência humana, pelo sentido que encontra na vida, exista Deus ou não, e pela despreocupação por sua existência. A partir de uma valorização positiva da mundanidade, há uma indiferença para as questões do sentido da religião, com a qual a busca de Deus resulta não somente inviável, mas também desnecessária. Deve-se buscar o sentido no intramundano e no intra-histórico, sem colocar questões do além, que, por sua própria natureza, são insolúveis, já que a existência de Deus é inverificável. Une-se, portanto, uma racionalidade de base empirista, e inclusive cientificista, com um desejo vital centrado no sentido satisfatório da finitude humana, que recorda Nietzsche e que deixa as portas abertas a Marx. Não existe aqui a menor espreita de tragédia ou de insatisfação, nem na linha de Unamuno nem tampouco na linha do próprio Kant, postulador da existência de Deus por razões de sentido e de moral. No máximo, concede a possibilidade de uma transcendência intra-histórica, na linha humanista de Bloch, sem fechar-se no presente, mas sem querer ultrapassar a finitude da espécie humana.

II. O agnosticismo visto a partir da fé religiosa.

Da mesma forma que a crítica ateia faz parte da história e da evolução do cristianismo, assim também o agnosticismo é na atualidade um interlocutor nato para a fé cristã. Há lições que indubitavelmente se devem aprender do agnosticismo, bem como problemas e dimensões do ser humano que ele colocou em primeiro plano.

Por um lado, o agnosticismo responde a um humanismo desencantado. Depois de tantas provas supostamente apodíticas da existência de Deus, que no final das contas se revelaram não fundamentadas e com valor probatório questionável, se impôs um cepticismo com relação às distintas afirmações sobre Deus. A crítica à religião, sobretudo nos últimos dois séculos, deixou suas pegadas, e o agnosticismo converteu-se em atitude vital e existencial e não somente em uma posição racional teórica. A primeira lição que se pode aprender do agnosticismo é que não se deve esconder o caráter optativo e de compromisso pessoal que a fé em Deus encerra. Não é um raciocínio conclusivo que leva à crença em Deus, mas a fé responde a um projeto pessoal a partir da identificação – inclusive do fascínio – com uma história, a história do judeu Jesus de Nazaré e a de outras testemunhas da tradição bíblica. Deve-se assumir, portanto, a interpelação que surge do agnosticismo e o elemento de insegurança subjacente à confiança no cristianismo. Opta-se por uma mensagem que contém alguns valores e que oferece um marco de orientação para a vida, sem que haja uma racionalidade última e segura na qual apoiar-se.

Isso não quer dizer, no entanto, que essa fé em Deus não possa ser aprofundada nem questionada a partir das experiências. A fé em Deus não é algo isolado nem uma verdade abstrata, mas se expressa num credo e numa forma de vida. À medida que essa fé é logicamente consistente, plausível e crível e oferece elementos válidos de explicação e de realização na vida, resulta razoável e se justifica mantê-la. Mas essa fé está exposta a dúvidas e questionamentos se vive a partir da coerência com múltiplos saberes científicos, antropológicos, sociopolíticos e filosóficos, e pode ir perdendo a consistência e a plausibilidade, com o que pouco a pouco se produz o distanciamento e a perda dessa mesma fé. Em parte, é o que aconteceu com as tradições religiosas cristãs nas sociedades secularizadas do Ocidente. À medida que se mantêm concepções arcaicas e obsoletas do homem, da moral e do sentido da vida, ou quando se defende uma leitura da Bíblia ou das tradições cristãs que não resiste à crítica racional, abre-se caminho ao agnosticismo.

A fé cristã pode assumir a insegurança e o caráter fragmentário e contingente do seu projeto de vida, que não tem por que resultar convincente para todos; no entanto, não pode subsistir como um credo absurdo e irracional, oposto às demandas da racionalidade científica e da crítica argumentativa. Por isso, o tradicionalismo que se aferra não somente a velhas verdades de fé, mas também a formulações históricas do passado, e que rejeita a evolução, a seleção e a reformulação constante das verdades fundamentais do cristianismo, em nome de uma verdade a-histórica e essencialista, supostamente pelo caráter divino da revelação, é o que melhor prepara o agnosticismo. O mesmo ocorre, quando as igrejas cristãs persistem em manter um marco institucional e de autoridade defasado, que não corresponde à sensibilidade e à mentalidade contemporâneas. Então, a disfuncionalidade das igrejas se converte em um dos fundamentos sobre os quais se apoia o agnosticismo como atitude vital. Embora seja paradoxal, a Igreja cristã atual é uma das causas da extensão e aumento crescente do agnosticismo nas sociedades contemporâneas. Quanto mais crescerem o integrismo, que se refugia na autoridade hierárquica, e o fundamentalismo, que defende uma leitura literal e a-histórica da Bíblia e das tradições dogmáticas, maior será a reação agnóstica na cultura atual.

Não se deve tampouco menosprezar a importância do pluralismo sociocultural e religioso que contribuem com o agnosticismo. Resulta cada vez mais difícil crer que o cristianismo seja a religião absoluta, e muito menos que seja o caminho exclusivo da salvação, dada a multiplicidade de religiões e as próprias divisões internas cristãs, cada uma com pretensão de ser a única verdadeira, com exclusão das outras. Hoje, mais do que nunca, é necessária uma teologia das religiões que supere o exclusivismo (fora da Igreja não há salvação) e que não fique no inclusivismo (o cristianismo é a religião suprema na qual se integram todas as outras). Deve-se assumir o marco da pluralidade de caminhos de salvação, já que Deus não abandonou nunca a humanidade; o marco do diálogo entre religiões, aceitando que todas podem aprender algo das outras; e o da impossibilidade fática de que uma religião assuma todos os valores e conteúdos das demais.

A pluralidade, no entanto, não tem por que levar a um relativismo radical nem a um niilismo no qual não se crê em nenhuma verdade, dada a diversidade das propostas. Se tudo vale, nada vale, mas é possível sustentar a opinião de que há caminhos melhores do que outros e avaliar as distintas propostas religiosas à luz de suas consequências práticas. A dignidade da pessoa e os direitos humanos são critérios universais para avaliar qualquer credo, religioso ou não. A tolerância, o respeito ao outro, a capacidade de manter a identidade sem negar a alteridade e a relação com os diferentes são exigências para os agnósticos e também para os que professam uma crença religiosa. O cristianismo deve testemunhar suas pretensões de que em Cristo se dá a plenitude da salvação, a partir de sua capacidade para assumir tudo o que é humanamente válido, bem como os valores e motivações que ajudam a crescer e a viver nas distintas religiões. É inevitável julgar os outros a partir da particularidade cultural e religiosa à qual a pessoa pertence, já que não há posição neutra nem condição a-histórica alguma que ofereça critérios universais.

No entanto, isto não implica necessariamente o niilismo axiológico e o agnosticismo religioso. Alcança-se a universalidade a partir da pertença concreta a um povo e a uma religião, enquanto esta se abre ao diálogo e se enriquece com as contribuições dos outros. A universalidade se alcança por fusão de horizontes, e a identidade se enriquece, quando se mostra capaz de assumir o estranho. É aí que se verifica a pretensão de universalidade e de caráter absoluto do cristianismo, contra o agnosticismo resultante da pluralidade de religiões. À medida que a identificação com Cristo permite assumir a riqueza do humano e de todo o religioso, tendo como referências últimas a dignidade, a vida e o crescimento do ser humano, pode-se testemunhar que em Cristo há o melhor dos caminhos para o encontro com Deus e com o ser humano, embora a validade última fique pendente do final da história.

Parece que os tempos do cristianismo intransigente se foram, talvez também os do ateísmo militante e reacionário a tudo o que é religioso. Impõe-se, pelo contrário, a fé com problemas, que aceita as dúvidas e perguntas como inerentes à condição humana e inevitáveis para qualquer cosmovisão universal. A razoabilidade das próprias crenças é compatível com as perguntas últimas, para as quais somente há respostas penúltimas, por mais críveis e razoáveis, mas não isentas de vacilações e carências. A partir daí, é possível abrir-se ao Infinito, à busca de Deus mais do que à posse, a abertura ao transcendente, recusando identificá-lo com o universo material no qual vivemos. O agnosticismo marca as fronteiras do afirmável a partir do fundamentável, mas não pode evitar a tendência humana a traspassar os limites, como bem captou o próprio Kant. Por isso, a religião é também religação com o Absoluto, afirmação de que no fundo último da realidade material e humana há uma realidade que a transcende e que, para o cristianismo, é um ser pessoal, criador e origem e destinatário último do ser humano, ao qual serve de modelo e constante referência.

III. O significado da fé religiosa. O fato universal do fenômeno religioso, sua presença permanente na história, tanto diacrônica como sincronicamente, não serve para demonstrar a existência de Deus, mas sim para manifestar que a busca de Deus é constitutiva da humanidade. Junto da epistemologia científica, metodologicamente ateia, porque por princípio busca uma explicação imanente e experimental dos fenômenos, subsiste o saber dos mitos e das religiões, bem como a racionalidade dos sistemas metafísicos que oferecem pautas de conduta, convicções e orientações que vão além do que a razão pode demonstrar. A partir do não saber, busca-se o conhecimento, gnose, que transborda os limites da razão e leva à crítica da razão total que quer limitar o próprio campo da pergunta. Daí a importância das perguntas pelo sentido da vida, embora haja pessoas com escassa preocupação metafísica e religiosa, para as quais bastam a epistemologia científica e o humanismo intra-mundano.

Daí a importância da mística e, com ela, de um conhecimento emocional, já que a religião é também filha do desejo – e de um saber simbólico – pelo afetivo que responda às perguntas que o animal humano faz a si mesmo, ao qual não basta a guia dos instintos. Também no agnóstico há convicções, valores, crenças e metafísica, em última instância tão indemonstráveis como as do que crê, embora com maior sintonia e homogeneidade com culturas muito marcadas pela ciência e pelo niilismo, como são as culturas ocidentais. O problema atual não é o do fanatismo religioso, embora este sempre subsista como ameaça potencial diante da qual não se deve baixar a guarda, mas o do agnosticismo não somente religioso, mas também axiológico e metafísico, que favorece o individualismo, a falta de compromisso sociopolítico, a substituição da ética pela estética e o cinismo anti-humanista. Daí a dificuldade das crenças fortes e das identidades consolidadas que seriam o contraponto à dinâmica céptica da sociedade atual.

A indiferença religiosa atual tem no agnosticismo um de seus elementos constitutivos e vem balizada por uma crítica e relativização progressivas dos sentidos, dos símbolos, da razão e da própria identidade subjetiva, bem como da desconfiança com relação ao que está além de nós. Morre a pergunta por Deus como referente cultural, embora subsistam as práticas religiosas, e torna-se lânguida a ânsia de transcendência em meio a uma sociedade que coloca o acento na acumulação material e no prazer individual como metas de vida. Já não é a religião que funciona como ópio para o povo, mas o consumismo e a busca do imediato como elementos constitutivos de uma cultura, para a qual resultam difíceis a fé e a esperança religiosa e a validade dos próprios valores éticos e humanistas do passado. Imperam a desconstrução, o questionamento da tradição, a rejeição do passado como algo superado, o cepticismo diante da metafísica e dos grandes projetos da Modernidade e do Iluminismo.

Naturalmente, isso não quer dizer que o agnosticismo seja incompatível com o humanismo e com o desejo ético, tomado como exemplo por Tierno

Galván, com sincera preocupação pela religião, tanto no que diz respeito à sua práxis como no que concerne a seus valores e orientações vitais. O problema está na capacidade de manter convicções e com elas a identidade em meio a uma sociedade que favorece o controle externo das pessoas e não a interiorização das crenças fundamentais sobre as quais se possa basear um projeto de vida. O agnosticismo tem um componente sociocultural, resultado de uma cultura secularizada e desencantada que viu fracassarem muitas utopias, ideais e ideologias de progresso que nasceram com o Iluminismo. Daí o caráter pragmático e realista da concepção atual. E que se conhece também como pensamento frágil ou pós-moderno. É indubitável que o agnosticismo tem afinidade com a tendência à privatização, ao individualismo e ao presentismo que caracterizam a situação atual nas sociedades desenvolvidas do Ocidente. A incapacidade da razão para demonstrar a existência de Deus, embora se possa mostrar a racionalidade e validade dessa crença, une-se ao caráter imediatista da cultura atual, bem como ao êxito da ciência, o que favorece o agnosticismo religioso, o cepticismo ético e a relativização das convicções, dado o pluralismo da sociedade.

A partir de uma perspectiva teológica, deve-se precisar a concepção de Deus na qual se crê, sublinhar o elemento de compromisso e de decisão inerente à fé religiosa e mostrar a compatibilidade prática da fé em Deus com uma posição racional e plausível para nossa cultura. A fé em Deus não se dá na abstração de uma crença nem depende das provas tradicionais da existência de Deus, embora estas sirvam de confirmação argumentativa para mostrar a racionalidade do que é um compromisso existencial e uma forma de vida. Isso implica uma fé humanista e aberta ao diálogo, receptiva aos argumentos dos agnósticos que rejeitam o sobrenatural como fuga diante da realidade. Por isso, tem grande importância a redefinição do sobrenatural como dimensão última da realidade, em lugar da teoria dos dois pisos da teologia tradicional. A graça não se opõe à natureza, mas a eleva ao cume, enquanto a obriga a mergulhar na realidade, a comprometer-se com ela e a não ficar em concepções superficiais da vida. A partir da experiência que busca a Deus no fundo do humano, na linha de Agostinho, Nicolau de Cusa, Inácio de Loyola ou João da Cruz, para não falar de Hegel, de Zubiri ou Paul Tillich, é possível apresentar a fé como busca da transcendência na imanência, como anelo de Deus que se afiança e se consolida a partir de um processo de aprofundamento, humanização e simplificação, o que serviria de fundamento para a convicção religiosa.

A satisfação com a finitude e com a contingência, bem como a segurança da razão que se aferra ao verificável e ao empiricamente constatável, somente pode ser questionada a partir de uma experiência que coloca ênfase na busca de Deus e que mostra como a insatisfação última, diante de uma mundanidade enclausurada e fechada em si mesma, não tem por que ser alienante ou uma forma de *fuga mundi*, mas, pelo contrário, uma forma de honrar-se com o real, um testemunho da inquietude radical que é o ser humano, na linha de Kierkegaard, mas sem cair em seu fideísmo antirracional. Isso implica reconhecer a fragilidade das próprias convicções a respeito de Deus, aceitar a dúvida e as vacilações como elementos inerentes a uma fé madura e exposta, e reconhecer o caráter ultimamente irresolúvel de algumas perguntas humanas, como as que concernem ao mal e à existência de um Deus providente, o que tem sido sempre um dos grandes problemas para a concepção cristã da vida. Não existe resposta completa, última e sistemática que esclareça todos os problemas existenciais da vida, muito menos o do mal, mas o cristianismo não é uma gnose, não nos diz qual é a origem, o significado e as funções dos males que encontramos na vida, mas nos oferece, sim, motivos, guias, orientações e atitudes para lutar contra o mal e dos males tirar bens. A teodiceia é impossível enquanto justificação racional, clara e completa do por que e para que do mal, mas é possível ser cristão sem uma teodiceia racionalista, e a existência do mal não tem por que levar necessariamente ao ateísmo ou ao agnosticismo.

Contra o agnosticismo pode-se sustentar que a ânsia e a busca de Deus são inerentes à condição humana, por sua persistência e universalidade; que a fé em Deus pode justificar-se de forma racional, argumentativa e pragmática; que há suficientes elementos que permitem falar de uma racionalidade vinculada ao desejo e à necessidade humana de orientações últimas, sem as quais o ser humano não pode justificar os valores éticos, o humanismo antropológico e a necessidade metafísica de marcos globais que sirvam de cosmovisão orientadora. Nesse contexto, pode-se desenvolver a crença religiosa, à qual se devem submeter os próprios critérios éticos, humanistas e racionais de todas as grandes ideologias, sem rejeitar aquilo que se pode demonstrar, porque se refere ao sentido da vida e a uma interpretação global da existência humana. Embora se tenha consciência de seu caráter de extrapolação, a partir de uma perspectiva meramente racional e empírica.

J. A. Estrada, *Razones y sinrazones de la creencia religiosa*, Madrid, Trotta, 2001; D. Hume, *Historia natural de la religión*, Madrid, Trotta, 2003; I. Kant, *Crítica de la razón pura*, Madrid, Alfaguara, 1978; J. Martínez Gordo, "Agnosticismo y cristianismo": *Iglesia Viva* 194 (1998), 80-96; J. Muguerza, e J. A. Estrada, *Creencia y increencia: un debate en la frontera*, Santander, Sal Terrae, 2000; J. J. Nebreda, *Muerte de Dios y postmodernidad*, Universidad de Granada, 1993; W. Obrist, "El indiferentismo religioso, síntoma de una mutación de la conciencia": *Concilium* 185 (1983), 211-225; J. J. Tamayo,

Para comprender la crisis de Dios hoy, Estella, EVD, 2000²; E. Tierno Galván, *¿Qué es ser agnóstico?*, Madrid, Tecnos, 1976²; A. Torres Queiruga, *El problema de Dios en la modernidad*, Estella, EVD, 1997.

Juan Antonio Estrada

AMOR

I. O objeto de nossa reflexão e sua complexidade. "Amor" é uma categoria fundadora do cristianismo e de sua novidade; a partir delas seria possível sintetizar sua teologia e sua ética e ao redor dela se poderia reconstruir toda a sua história. O amor é, por um lado, uma categoria ético-política, constitutiva da identidade cristã; e, por outro lado, uma categoria ontológica, essência do Deus de Jesus: cada uma destas acepções teria de ser objeto de uma ampla reflexão teológica. O amor libertador, concretizado na "opção pelos pobres como sujeitos", outra formulação do amor libertador, é a ideia e a paixão geradora da renovação e da maturação cristã e política de muitas pessoas, grupos, comunidades, bem como da própria Igreja dos pobres. A "opção pelos pobres como sujeitos" é a chave da leitura popular da Bíblia e o eixo da teologia da libertação. Ela é, além disso, o eixo de uma revolução política, geopolítica, cultural, educativa, inspirada pela fé cristã; quer dizer, ela é o eixo de um processo de aproximação da utopia do reino. A interpretação da "opção pelos pobres" é objeto de conflitos agudos na Igreja de hoje, especialmente dos que opõem o Vaticano e a teologia da libertação. Uma reflexão teológica sobre o amor não pode prescindir de certos pressupostos filosóficos: em minha própria perspectiva, não pode prescindir de uma filosofia da libertação. Porque, embora seja certo que o amor libertador, e mais concretamente a opção pelos oprimidos como sujeitos, nos foi imposta como constitutiva da identidade cristã, não seria legítimo considerá-la um compromisso exclusivo dos cristãos ou dos que creem: deve-se reconhecer a capacidade de entrega e até de heroísmo de militantes ateus.

Os debates e conflitos teológicos mais importantes que marcaram as três últimas décadas referem-se, de um modo ou de outro, à interpretação do amor. Se todos reconhecem o lugar central que esse mandamento ocupa na mensagem de Jesus, as contradições estouram, quando se trata de definir o sentido dessa centralidade e as implicações concretas, especialmente sociais, políticas e geopolíticas do mandamento.

1. Qual é, na perspectiva de Jesus, a relação entre o amor a Deus e o amor ao próximo? O amor a Deus é independente do amor ao próximo, ou é indissociável dele? O amor a Deus se expressa fundamentalmente no culto, ou no amor humano? O amor ao próximo se funda unicamente no amor a Deus, ou tem também valor moral autônomo? Qual é, na perspectiva de Jesus, a relação entre teocentrismo e antropocentrismo, primado do ser humano ou primado de Deus? O antropocentrismo, como reconhecimento do valor absoluto da pessoa humana, se contrapõe ao teocentrismo, ou se harmoniza com ele?

2. O que significa amar cristãmente o próximo: querer seu "bem objetivo", sua salvação eterna, ou querer sua liberdade e, portanto, a possibilidade para ele escolher seu próprio bem? Em outras palavras, o amor cristão é assistencial ou participativo? Amar o próximo como a si mesmo significa buscar sua integração em nossa cultura, ou reconhecer seu direito à diversidade com todas as suas implicações? As respostas a essas perguntas orientam para distintas concepções da opção pelos oprimidos, que podem ser amados como objetos de misericórdia ou como sujeitos de sua vida e artífices de seu destino. Também orientam para distintas concepções da moral, da educação cristã e da evangelização: trata-se de formar um tipo de pessoa que corresponda a um modelo objetivo ou que seja capaz de escolher seu caminho e de elaborar seu projeto? Em outras palavras: a educação cristã, por sua natureza, é autoritária ou libertadora?

3. Qual é o objeto do amor cristão: é unicamente o indivíduo, ou também a sociedade e os grupos que a constituem? Em outras palavras: o amor é exclusivamente interpessoal, ou também social e político? Há alguma relação entre o amor e o compromisso social e político, ou se trata de esferas distintas e independentes? Há uma relação essencial entre amor e busca de eficácia histórica, entre amor e construção de um mundo novo?

4. O amor cristão tem como objeto exclusivamente as pessoas da humanidade presente, ou implica também uma responsabilidade com relação à humanidade futura? Tem como objeto as pessoas, ou também os seres da natureza?

5. O que significa a universalidade do amor cristão? Exclui uma tomada de partido nos conflitos sociais, na luta de classes, nos conflitos entre povos e impérios, ou pelo contrário impõe essa tomada de partido ao lado dos oprimidos contra os opressores, dos pobres contra os ricos, dos povos contra os impérios?

6. A opção universal pelos oprimidos como sujeitos é compatível com a pretensão do cristianismo, e em particular do catolicismo, de ser a única religião verdadeira, da única depositária da revelação plena e definitiva?

7. O amor cristão exclui sempre a violência revolucionária, ou pode em determinadas condições

impor o recurso à luta armada para quebrar a violência opressora?

8. O amor cristão é unicamente uma dimensão da prática, ou também do conhecimento?

Uma resposta séria a todas essas perguntas não é possível nos limites desta exposição. Deveremos, então, propor unicamente algumas pautas de investigação. Nosso ponto de partida é uma constatação paradoxal: o amor é objeto de um conflito fundamental entre uma concepção assistencial ou protetora e uma concepção libertadora.

II. A concepção do amor, objeto de conflito.
1. *Duas concepções do amor interpessoal: protetor ou libertador.* O eixo do amor libertador é o reconhecimento e a promoção das pessoas e dos povos oprimidos como sujeitos; quer dizer, o reconhecimento e a promoção de seu direito de autodeterminação solidária e de sua capacidade de exercê-lo. Esse compromisso é também o eixo de uma ética libertadora, porque não considera a autodeterminação somente como um direito, mas também como dever e valor fundamental.

O dever de promover a autodeterminação é um aprofundamento do amor e define uma concepção determinada desse sentimento. Em primeiro lugar, é um aprofundamento do amor a si mesmo e ao seu próprio povo. Porque não se pode separar o amor aos outros do amor a si próprio, o amor a outros povos oprimidos e o amor a seu próprio povo. O primeiro mandamento humano e cristão é, justamente, o de amar ao próximo "como a si mesmo". Agora, amar-se a si mesmo como sujeito significa, em primeiro lugar, rebelar-se contra uma identidade imposta (pela família, pela escola, pela religião, pelos partidos, pela sociedade, pelos meios de comunicação de massa etc.), contra as ideias e valores dominantes, para pensar com a própria cabeça, para tomar o risco da liberdade e ir construindo a própria identidade.

A concepção libertadora do amor contrapõe-se a uma concepção protetora, na qual amar-se a si mesmo significa buscar a segurança e o poder vinculados à identificação com os mais fortes, quer dizer, com as ideias e valores dominantes. Essa opção libertadora, possivelmente na vida de muitas pessoas ou da grande maioria, talvez não se produza nunca; e, quando se produz, representa uma virada na história pessoal. Ela não é, então, espontânea, mas a culminação de um processo de maturação pessoal e de rebelião contra a cultura dominante da submissão. A virada na história de uma pessoa é o momento no qual ela proclama: rebelo-me; logo, eu sou.

No entanto, o processo de libertação pessoal encontra-se desde o princípio diante de outra opção fundamental, entre egocentrismo e generosidade. A ideologia liberal percebe um vínculo estreito entre liberdade e egocentrismo, expresso dramaticamente na fórmula *homo homini lupus*: todo ser humano é um lobo para o outro ser humano. Ela exalta a livre concorrência como fundamento do progresso econômico e social, porque, em última análise, permite ao egoísmo natural e à vontade de poder que se desenvolvam sem impedimento. E considera que o socialismo é um projeto irrealizável, justamente porque suporia uma psicologia humana dominada pelo altruísmo e pela generosidade.

A mesma alternativa que descobrimos no amor a si mesmo se apresenta no amor pelos outros e, portanto, na concepção da solidariedade. Pode-se amar o outro ou a outra de maneira protetora, paternalista, autoritária, buscando seu bem, mas definido segundo nossos próprios critérios, à luz de nosso projeto de vida: assim amam os pais que concebem a educação como reprodução e imposição de seu próprio sistema de valores aos filhos, a projeção de sua própria imagem; pois que não os reconhecem em sua alteridade, mas como prolongamento de si mesmos. E pode-se amar o outro ou a outra de maneira libertadora, quer dizer, reconhecendo-os como sujeitos e promovendo sua liberdade e originalidade, para que eles mesmos possam decidir qual é seu bem e elaborar seu próprio projeto de vida. Costuma haver profunda coerência entre a maneira como alguém ama a si mesmo e a maneira como ama os outros.

A solidariedade integradora que não questiona o sistema econômico e político gerador da opressão é, portanto, aparentemente apolítica; mas só aparentemente, porque, na realidade, representa uma opção implícita pela racionalização do sistema. Em contrapartida, a solidariedade libertadora implica uma explícita opção política, anticapitalista e anti-imperialista, por uma sociedade alternativa.

2. *Conflito entre solidariedade integradora e solidariedade libertadora na Igreja católica.* O conflito entre amor assistencial e amor libertador marca profundamente a vida da Igreja católica. Queremos evidenciar aqui alguns de seus aspectos. A contraposição refere-se essencialmente a dois problemas, entre si intimamente correlacionados: o lugar da solidariedade no cristianismo e a natureza da própria solidariedade.

Uma virada na história da Igreja e da teologia, vivida como conversão por uma geração cristã foi o redescobrimento da solidariedade libertadora, expressa na opção pelos pobres como sujeitos, como eixo da identidade cristã; virada que questionou, nessa definição, a centralidade da obediência à Igreja institucional. Passou-se da centralidade da obediência e da ortodoxia, característica da teologia da cristandade, à centralidade do amor libertador, que caracteriza a teologia da libertação.

As diferenças na concepção da solidariedade concernem também à sua natureza. Voltamos a encontrar aqui a contraposição entre duas interpretações da opção pelos pobres: a assistencial ou integradora e a libertadora ou subversiva. A Igreja de cristandade pratica a interpretação assistencial, que consiste em prestar aos pobres uma ajuda econômica e psicológica, mas sem questionar as raízes estruturais da pobreza e da opressão; em uma palavra, sem questionar o modelo econômico e político capitalista, contribuindo para sua racionalização. Aliada com o poder político opressor, essa Igreja não pode tomar partido ao lado dos oprimidos em sua luta libertadora. Pelo contrário, ela questiona a solidariedade libertadora, considerando-a, por sua tomada de partido contra os opressores, como uma opção "exclusiva e excludente" e, portanto, incompatível com a universalidade do amor cristão. Trata-se de uma solidariedade preocupada com a vida, com o desenvolvimento econômico, com a saúde e a educação dos pobres; solidariedade, no entanto, que não considera essencial para eles e para seus povos o exercício da autodeterminação nem, portanto, a rebeldia contra a escravidão.

A solidariedade integradora inspira a orientação pastoral da Igreja de cristandade. Ela considera que o fim da Igreja é a cristianização do mundo, quer dizer, a construção de uma sociedade mundial unificada pelo reconhecimento do cristianismo como norma ética e religiosa. A Igreja, por ser depositária da verdade revelada, pretende conhecer o caminho da salvação das pessoas e dos povos. Ela atribui a si o dever e o direito de praticar solidariedade, evangelizando e cristianizando todas as pessoas e todos os povos. O direito de Deus e da verdade, que ela supostamente representa, prevalece sobre o direito das pessoas e dos povos à autodeterminação.

A Igreja justificou assim, em nome de Deus e da verdade revelada, o autoritarismo de sua concepção do amor e da solidariedade. Justificou as conquistas e colonizações, orientadas supostamente para garantir a cristianização e salvação dos povos pagãos. Justifica, hoje como ontem, métodos pastorais impositivos, fundados em sua aliança com os poderes políticos e econômicos e orientados a integrar as pessoas e os povos no mundo cristão.

Em que medida essa interpretação do amor e da solidariedade corresponde ao projeto que Jesus anunciou, quando se levantou na sinagoga de Nazaré (Lc 4,16ss) e revelou ao povo sua missão com as palavras do profeta Isaías? A resposta a esta pergunta é um dos grandes temas sobre os quais o movimento de Jesus se divide, desde as primeiras décadas depois da morte do Mestre até nossos dias.

III. O amor libertador, opção ético-política.
Amor libertador significa essencialmente opção pelos oprimidos como sujeitos. Definir o amor libertador significa, então, ir descobrindo as implicações dessa opção.

Embora seja certo que, para a maioria dos cristãos, a solidariedade libertadora é uma opção cristã essencial que encontra seu fundamento mais sólido na vida e na mensagem de Jesus, também é certo que se trata para eles, em primeiro lugar, de uma opção leiga, que remete, explícita ou implicitamente, a um fundamento filosófico. Quero explicitar aqui esse fundamento.

O magistério católico, em sua constante polêmica contra o "secularismo", costuma apresentar o teocentrismo e o antropocentrismo como colocações antagônicas, uma das quais se deve escolher. E pretende que somente o teocentrismo pode fundamentar validamente os valores morais e sociais. Em contrapartida, a teologia da libertação tenta superar essa contraposição. Porque o Deus de Jesus, Amor libertador, não se considera rival do ser humano, mas se sente reconhecido na afirmação da pessoa humana como sujeito: esta é a mensagem central do Êxodo e do Evangelho. Além disso, a fé cristã, quando inspira ao crente a opção pelos pobres, o impulsiona a descobrir, à luz do amor de Deus, o valor próprio, autônomo, absoluto do ser humano e do povo, e portanto o valor cristão do amor humano e profano, descrito tão eficazmente em Mt 25, na cena do juízo final.

Como se fundamenta, então, a partir do âmbito secular e filosófico, a opção pelos oprimidos como sujeitos? Minha tese a esse respeito é a seguinte: essa opção tem seu fundamento em si mesma, quer dizer, faz parte daquelas evidências primeiras que se impõem como válidas por si e que constituem, por sua vez, o fundamento de uma filosofia. A Escolástica falava de "primeiros princípios" (como o da contradição ou de identidade), que considerava "verdades evidentes de per si". Mas, aqui, não se trata de um primeiro princípio especulativo, mas prático, que no entanto tem influência decisiva sobre o pensamento teórico. Além disso, trata-se de uma "opção". Isso significa que sua percepção não é automática e universal, mas que se realiza quando em uma pessoa ou grupo amadurecem determinadas disposições subjetivas, morais e afetivas. Porque a "evidência", da qual falamos, não se percebe somente com a inteligência, mas com a pessoa toda.

Entende-se, então, por que sobre o surgimento dessa intuição podem ter tanta influência, por exemplo, a prática da solidariedade, o testemunho vivo de militantes, e sobretudo a identificação com Jesus de Nazaré. Essas experiências criam um clima espiritual, no qual se impõe com clareza vivencial a convicção de que vale a pena arriscar a vida toda por essa causa. Tal intuição não capta unicamente a verdade da opção, mas também sua importância central na moral, na vida e na história. A pessoa percebe, de repente, que, nesse assunto, se decide o sentido de sua vida e o próprio sentido da história.

O caráter de "opção" constitui uma diferença fundamental com relação aos primeiros princípios da filosofia escolástica. Estes se impõem ao assentimento a um modo necessário e universal; estão inscritos na própria natureza da inteligência, condicionando e fundando qualquer sistema de pensamento. Nós, em contrapartida, ao falarmos de "opção" fundamental, não questionamos seu valor objetivo universal, mas sim constatamos que não é evidente para todos. É evidente para alguns, e não para todos. É evidente para as minorias, não para as grandes maiorias. O mais grave é que a opção pelos pobres como sujeitos é evidente somente para uma minoria dos próprios pobres, e não para as grandes maiorias deles. Assim é que, paradoxalmente, optando pelas grandes maiorias, os militantes se encontram geralmente em movimentos minoritários e vivem uma angustiada experiência de solidão.

IV. **O amor libertador, opção cristã.** Onde está a novidade essencial da mensagem de Jesus, o lugar de sua ruptura com a cultura e com a ideologia religiosa dominante de sua época, o sinal pelo qual se manifestará a seus discípulos? A resposta de Jesus não deixa lugar a dúvidas: o mandamento e a prática do amor fraterno (Jo 13,34). É claro que Jesus associa estreitamente o amor a Deus e o amor ao próximo: "Destes dois mandamentos dependem toda a lei e os profetas" (Mt 22,36-40; cf. Mc 12,28-34; Lc 10,25-28). Mas, muito frequentemente, quando quer designar o seu mandamento, Jesus se refere unicamente ao amor humano: "Este é o meu mandamento: que vos ameis uns aos outros, como eu vos mando" (Jo 15,12-14; cf. 2Jo 5-6). "Toda a Lei – explicará Paulo – alcança sua plenitude neste único preceito: amarás ao teu próximo como a ti mesmo" (Gl 5,14; cf. 6,2; Rm 13,8-10; Cl 3,14). O juízo final, segundo a narração de Mateus 25, é a expressão mais clara e dramática da centralidade do amor aos irmãos. Amor que, além do mais, Jesus não separa nunca de sua própria prática: "Amai-vos uns aos outros, como eu vos amei". O amor é o momento mais profundo da unidade entre a vida e a mensagem de Jesus.

A nova cultura, então, não tem como eixo somente um mandamento, mas uma Pessoa, consagrada totalmente aos irmãos e a seu povo, até dar a vida por eles. A fonte última da nova cultura é Jesus: é a novidade e o impacto profético de sua pessoa. Seu projeto histórico é o de uma imensa comunidade de pessoas, que se amem umas às outras como ele as amou, e que, por isso mesmo, sejam testemunhas do seu amor e do amor de Deus.

1. *O amor libertador.* O sentido do amor de Jesus pelas pessoas não se entende plenamente, quando não se percebe sua relação essencial com a libertação dos pobres que Jesus, citando Isaías, apresenta como o objetivo fundamental de sua vida e de sua missão: "O Espírito do Senhor está sobre mim, porque ele me ungiu para evangelizar os pobres, me enviou para proclamar a libertação dos cativos e a vista aos cegos, para dar a liberdade aos oprimidos e para proclamar um ano de graça do Senhor" (Lc 4,16-20).

Essa autoapresentação de Jesus evidencia dois aspectos de sua concepção e de sua prática do amor: sua opção preferencial pelos marginalizados e seu compromisso por eles como sujeitos. O amor, segundo a prática de Jesus, para ser verdadeiramente universal, não pode ser igualitário. O amor aos marginalizados, ou é preferencial e discriminatório, ou é ilusório. Os marginalizados, aos quais Jesus se refere, são, em primeiro lugar, os economicamente pobres, mas são também os samaritanos, os leprosos, os cegos, os publicanos, as adúlteras, as prostitutas, os pecadores públicos, as crianças etc. Eles são os destinatários privilegiados do reino, como diz Tiago: "Acaso Deus não escolheu os pobres segundo o mundo para fazê-los ricos na fé e herdeiros do reino que prometeu aos que o amam?" (Tg 2,5). O manifesto dessa inversão de valores, centrada no amor, é o discurso das bem-aventuranças, no qual Jesus proclama expressamente felizes os pobres, e pobres, os ricos (Lc 6,20-26).

Mas a proclamação de Jesus exclui que seu amor tenha caráter puramente assistencial, evidenciando, pelo contrário, como essencial seu objetivo libertador: sua preocupação de promover como sujeitos os marginalizados e o povo. Mais do que de fórmulas ou de atividades particulares, essa dimensão libertadora do projeto de Jesus se deduz do conjunto de seu compromisso. Jesus, então, age constantemente como educador popular, empenhado em conscientizar o povo e em libertá-lo da servidão imposta pela religião do templo e de seus representantes, os sacerdotes, os escribas e os fariseus, fazendo esse povo descobrir a carga renovadora do amor.

2. *Amor aos inimigos.* Mas o aspecto do amor que mais claramente manifesta sua novidade e sua força subversiva talvez seja a generosidade para com os inimigos, a capacidade de perdoar-lhes, de crer que também eles podem converter-se: "Ouvistes o que foi dito: Amarás ao teu próximo e odiarás o teu inimigo. Eu, porém, vos digo: Amai vosso inimigo e rogai pelos que vos perseguem, para que sejais filhos de vosso Pai celestial, que faz sair o sol sobre maus e bons e chover sobre justos e injustos. Porque, se amais os que vos amam, que recompensa tereis? Não fazem o mesmo também os publicanos? E, se saudais apenas vossos irmãos, que fazeis de especial? Não fazem o mesmo também os gentios? Vós, porém, sede perfeitos como vosso Pai celestial é perfeito" (Mt 5,43-48). Como sempre e mais do que nunca, o mandamento de Jesus traduz seu sentimento profundo e sua prática constante. "Pai, dirá da cruz, perdoai-lhes, porque não sabem o que fazem" (Lc 23,34).

A perfeição do Pai, à qual Jesus se refere aqui, é o caráter ilimitado de seu amor, no qual Jesus mostra, mais uma vez, a raiz da revolução cultural. Em última instância, porque Deus é amor Jesus é anticonformista e critica as culturas fundadas no domínio do homem sobre o homem. Em última análise, porque crê no amor o cristão é por vocação radicalmente anticonformista e decididamente subversivo.

3. *Amor libertador e conflitividade.* Além disso, é por sua força de contestação radical que o amor de Jesus teve de ser conflitivo. Jesus não podia ser fiel ao amor sem questionar a ideologia e o sistema sociorreligioso que justificava a segregação. Ele ama certamente seus inimigos, mas nem por isso deixa de combatê-los até o fim. Sabe, no entanto, que essa luta pode ser mortal. Mais ainda, pouco a pouco chega à convicção de que o será. Mas nem por isso ele retrocede. Na mesma disposição da sentença que o condena, se expressa clamorosamente essa hipocrisia, essa falsidade que ele havia denunciado a cada dia. O Filho de Deus é condenado em nome de Deus: é condenado por ter insultado a Deus, por haver blasfemado, como exclama escandalizado o sumo sacerdote ao desprender-se das vestimentas; é condenado para defender o primado de Deus e do espiritual.

Porém, uma vez mais, o nome de Deus não serve para proclamar a verdade, mas para ocultá-la e defender assim os interesses do grupo dominante, dos proprietários de Deus. Porque a pregação de Jesus, e sobretudo sua prática questionam radicalmente o sistema de valores dominantes. Jesus seduz as turbas com suas idéias subversivas, com sua própria existência pacífica, com sua mensagem de amor, com sua identificação com os marginalizados: assim, ele ameaça o poder ideológico, e não somente a ele mesmo.

Essa moldura nos permite entender melhor, ao mesmo tempo, o amor de Jesus e o sentido de sua morte. Ele morre por amor, certamente. Mas é um amor que coloca em questão a ordem social. Morre pelos pecados do ser humano, certamente; porém mais concretamente pelo pecado dos grupos de poder político-religioso, pelo pecado de transformar a religião em produção de fetiches e em instrumento de opressão.

Assim, a execução de Jesus, como a dos profetas que o precederam, desmascara a profunda inspiração da cultura dominante: cultura de violência e de morte, cultura de guerra. A execução de Jesus é o momento mais alto na história do amor, mas é, ao mesmo tempo, o momento mais significativo na história da violência sacralizada e, portanto, da cultura sacralizadora da violência. Os sacerdotes enunciam o princípio dessa cultura: "Nós temos a lei, e segundo esta lei ele deve morrer" (Jo 19,7).

4. *Amor libertador e identidade cristã.* Estamos agora em condições de contestar algumas interrogações que formulamos sobre a identidade e a novidade cristã. A novidade da mensagem de Jesus está na carga inovadora do amor e não em suas motivações religiosas. A identidade cristã é, para Jesus, fundamentalmente profana, não religiosa. Jesus é, como os profetas, um grande secularizador da religião.

A versão espiritualista do amor e da identidade cristã pertence, ao contrário, àquela operação de espiritualização da mensagem evangélica e bíblica, funcional para os interesses do poder eclesiástico e político. Trata-se, por parte desses poderes, de uma compreensível reação defensiva. Porque o amor, tal como Jesus o entende, não é separável do dissenso social e religioso. A identificação com os marginalizados implica o questionamento da cultura e da sociedade que justificam a marginalização; é, portanto, portadora de uma forte carga de inovação cultural e social.

Mas, se para Jesus a identidade de seus discípulos não é fundamentalmente religiosa e sim profana, continua de pé que ele, como profeta, justamente por esse motivo, renova o sentido da religião. Renova-o, fazendo do amor humano o itinerário necessário para conhecer o verdadeiro Deus; quer dizer, fazendo do amor humano o lugar teológico decisivo, estabelecendo íntima conexão entre a prática do amor e a percepção do Deus-Amor.

Justamente porque inovadora, essa postura obriga Jesus a expressar seu dissenso diante da concepção dominante, formalista e ritualista da religião. Dissenso que foi a causa de sua morte: por isso, criou um nexo estreito entre o sentido da morte de Jesus e o de seu dissenso. Dissenso e morte são para Jesus, como já o foram para os profetas, componentes essenciais de sua teologia negativa.

V. O amor libertador, opção cultural e teológica. O amor libertador não mudou somente a prática dos cristãos, mas também sua orientação intelectual e cultural. A opção pelos marginalizados como sujeitos, portanto, não oferece unicamente uma direção do compromisso, mas também um "ponto de vista" para olhar a história e aproximar-se do mistério de Deus.

A teologia cristã é essencialmente a tentativa de reconstruir o ponto de vista de Jesus. Funda-se na identificação, vital e intelectual, do crente com ele. Mas Jesus esclareceu sem equívocos (Mt 25) que ele se encontra nos famintos, nos sedentos, nos encarcerados, nos enfermos; em uma palavra, nos mais pequeninos de seus irmãos. Não há, portanto, identificação vital com Jesus que não passe pelo amor aos seres humanos e, em particular, aos marginalizados. Por aí passa também, por conseguinte, a identificação intelectual.

Sobre essa relação entre amor aos irmãos e conhecimento teológico, João, em sua primeira carta, é sobremaneira explícito: "Queridos, amemo-nos uns aos outros, porque o amor vem de Deus. Todo aquele que ama nasceu de Deus e conhece a Deus. Quem não ama não conheceu a Deus, porque Deus é amor. Ninguém viu a Deus. Se nos amamos uns aos outros, Deus permanece em nós, e seu amor chegou a nós em sua plenitude" (4,7-12). Não há, portanto, conhecimento autêntico de Deus que não implique uma orientação prática para ele; e não há orientação prática para Deus-Amor que não esteja centralizada no amor aos irmãos. Em contrapartida, dissociado do amor, o conhecimento de Deus é ilusório e mistificador, como o de todos os "mestres de Israel", os quais Jesus denuncia como cegos que querem ser guias de outros cegos (Mt 15,14).

Na colocação de João, subjaz uma concepção do conhecimento "por simpatia"; ou também, segundo a fórmula de Tomás de Aquino, "por conaturalidade". A identificação intelectual com Deus-Amor passa através da identificação prática realizada no amor fraterno. As condições concretas do amor autêntico aos seres humanos convertem-se também em condições do conhecimento autêntico de Deus. Entre elas, a primeira é justamente a tomada de partido pelos marginalizados.

Assim, a centralidade epistemológica do amor remete à centralidade epistemológica dos marginalizados, quer dizer, à particular capacidade que o próprio Jesus lhes reconhece, em razão de sua situação social, para captarem a mensagem dele: "Dou-vos graças, Senhor do céu e da terra, porque ocultastes estas coisas aos sábios e prudentes e as revelastes aos pequeninos" (Lc 10,21).

Por essa razão, o ponto de vista dos oprimidos, como sujeitos solidários, é antagônico com relação à cultura dominante e representa o eixo de uma cultura alternativa. Dessa cultura, a leitura popular da Bíblia e a teologia da libertação constituem setores fundamentais e forças propulsoras.

H. U. von Balthasar, *Solo el amor es digno de fé*, Salamanca, Sígueme, 1971; J. Crossan, "La presencia del amor de Dios en el poder de las obras de Jesús": *Concilium* 50 (1969), 539-553; H. M. Féret, "El amor fraterno vivido en la Iglesia e el signo de la venida de Dios": *Concilium* 29 (1967), 388-410; G. Girardi, *Amor cristiano y lucha de clases*, Salamanca, Sígueme, 1971; Id., "El movimiento subversivo de Jesús en la sociedad capitalista: hacia una teología de la solidaridad liberadora", em L. Rentería Chaves y G. Girardi (coords.), *Don Sergio Méndez Arceo, Patriarca de la Solidaridad Liberadora*, Dabar, México, 2000, 355-541; S. de Guidi, "Amistad y amor", em *Diccionario teológico interdisciplinar* I, Salamanca, Sígueme, 1985; O.-Pesch, "Amor", em DCT I, 35-50; J. Pieper, *El amor*, Madrid, 1972; K. Rahner, "Sobre la unidad del amor a Dios y el amor al prójimo", em *Escritos de teología* VI, Madrid, Taurus, 1967, 271-292; J. Ratzinger, *La fraternidad cristiana*, Madrid, Herder, 1972; J. Sobrino, "Perfil de una santidad política": *Concilium* 183 (1983), 335-344.

Giulio Girardi

ANGLICANISMO

I. Aproximação do fato. A Reforma protestante manifesta-se na Inglaterra de maneira original. Enquanto no continente a protagonizam principalmente os clérigos, os príncipes e especialmente os teólogos, na Inglaterra figura em primeiro plano o povo, chamado a intervir de forma decisiva na complexa mudança social, eclesiástica e política representada pelo anglicanismo, que nasce em um contexto revolucionário capaz de transformar os sentimentos religiosos do povo em seu estandarte. Consequentemente, a implantação da Reforma na Inglaterra deve ser entendida a partir do conhecimento sociológico do país no reinado de Henrique VIII (1509-1547), que se converterá em um de seus mais conspícuos protagonistas, dentro de um contexto mais amplo, no qual a autoridade moral e espiritual da Igreja romana estava sendo seriamente questionada.

Em primeiro lugar, é necessário destacar um nacionalismo extremista. "Inglaterra para os ingleses" era a doutrina mais espalhada, unida a um desejo de evitar o pagamento de impostos a Roma e ao clero italiano. Em segundo lugar, o espírito liberal e independente introduzido pelas Universidades de Oxford e de Cambridge, que havia aberto as portas aos humanistas, entre eles Erasmo e Lutero. Em terceiro lugar, a circulação da tradução da Bíblia (1526) de William Tyndale (1492-1536) e a semeadura que os lombardos realizaram; e, finalmente, em quarto lugar, referente a Henrique VIII, uma mescla de escrúpulos religiosos e a ânsia de dotar o reino de um herdeiro varão; tudo isso unido ao egoísmo do rei, que estava disposto a casar-se com Ana Bolena a qualquer preço.

Trata-se, definitivamente, de uma reforma sem reforma, já que a Igreja anglicana não surge como fruto das convicções religiosas de um povo, mas como produto de um decreto. A Reforma propriamente dita chegaria depois da morte de Henrique VIII, especialmente sob Eduardo VI (1547-1553) e Elisabeth I (1558-1603), sendo seu maior impulsor o arcebispo Thomas Cranmer (1489-1556), cujo período de influência abrange de 1533 a 1553. Assim, o anglicanismo, mais que a obra de um reformador carismático, que ele não tem, é o resultado de uma elaboração progressiva procedente das contribuições do poder civil, da reflexão teológica e do apoio popular. Em todo caso, é preciso matizar que a Reforma inglesa foi, basicamente, parlamentária.

Seja como for, a Igreja da Inglaterra ou Igreja anglicana se considera a si mesma como parte da Igreja, que é *una, santa, católica e apostólica*. É a Igreja católica na Inglaterra.

II. Processo histórico. A negação de Roma a conceder a Henrique VIII a anulação de seu matrimônio com Catarina de Aragão para casar-se com Ana

Bolena, no clima social onde se questiona a autoridade do bispo de Roma para interferir em assuntos concernentes ao reino da Inglaterra, faz com que o rei recorra, para obter a anulação de seu matrimônio, a uma comissão eclesiástica inglesa, fato que ocasiona a excomunhão do papa (1533). Mediante a *Ata de Supremacia* votada pelo Parlamento inglês a 3 de novembro de 1534, se consolida a ruptura de relações com Roma, e se reafirma a autoridade da coroa no terreno eclesiástico, embora a fórmula *Only Supreme Governor* tenha matizado essa autoridade. Na raiz desse fato se funda o anglicanismo, culminando assim o desencontro que se vinha gestando ao longo de toda a Idade Média entre a *ecclesia anglicana* e Roma. Henrique VIII seria excomungado pelo papa Clemente VII em 11 de julho de 1533.

O contexto histórico da Inglaterra não é alheio a uma determinada inclinação reformista. Convém assinalar que um dos predecessores mais conspícuos da Reforma é precisamente um inglês, John Wiclef (1320-1384), precursor dos reformadores continentais.

Henrique VIII não é, nem pretende ser, um reformador. Recordemos que em 1521 ele publicou suas *Afirmações dos sete sacramentos* (em latim), em resposta às *Teses de Lutero*, obra pela qual recebeu do papa o título de "Defensor da Fé". Em todo caso, nem ele nem seus sucessores jamais reclamaram que lhes fosse conferida autoridade para realizarem funções espirituais na Igreja, não obstante sua condição de "governador supremo" ou cabeça oficial da Igreja. Será sob o reinado de seu filho, Eduardo VI, e com a direção do arcebispo de Canterbury e conselheiro da coroa, Thomas Cranmer, arquiteto principal da Reforma inglesa, que se imprimiria ao anglicanismo um selo protestante de corte episcopal, dotando-lhe do texto doutrinário fundante, o *Book of Common Prayer*, chamado comumente *Prayer Book* (1549). Em 1552, o *Prayer Book* seria revisado mediante a *Ata de Uniformidade*, uma versão mais elaborada e independente da tradição católica e com maior influência protestante, corrigida posteriormente em 1662, à qual seguiria a confissão da fé denominada *Os Quarenta e Dois Artigos* (1553), revisada em 1571 sob Elisabeth I, para adotar a forma definitiva de *Os Trinta e Nove Artigos*, de maior identidade protestante, que constitui até hoje a carta doutrinária ou código de crenças comuns da Igreja da Inglaterra, documento promovido por Cranmer e posteriormente ratificado por James I. Desse modo, então, com Elisabeth I ficaria definitivamente configurado e estabelecido o anglicanismo (*Igreja estabelecida*), depois do breve parêntese de volta ao catolicismo sob Maria Tudor (1553-1558). Cranmer impulsionaria, igualmente, a supressão do celibato dos sacerdotes.

No processo de consolidação do anglicanismo, não se deve perder de vista a influência do *puritanismo*, com sua clara dependência calvinista, que respondia por sua vez à nova contextura social e política do país e à sociologia religiosa desenvolvida pela reforma na Inglaterra. Tudo isso, naturalmente, antes do enfrentamento entre anglicanismo e puritanismo, produzido sob o reinado de Carlos I (1625-1649). A paixão religiosa que o puritanismo desperta não deve ser identificada com uma religião de nova fórmula ou com a fidelidade a um ritual ou a uma hierarquia, mas com a religião concebida como um drama interior, como diálogo entre o ser humano cheio de temor e o Deus soberano, uma espécie de misticismo frio e quase racionalista, o qual acaba definindo esse caráter inglês sério que mostra uma determinada honestidade rígida e estrita que não distingue entre os assuntos mercantis e os religiosos. Trata-se de uma atitude espiritual, mais do que um credo.

III. Via média. Muito cedo, sob o reinado de Elisabeth, se fez sentir o descontentamento daqueles que consideravam o processo de reforma insuficiente e continuava prevalecendo a estrutura católica. Os mais radicais enfatizavam a autonomia total das igrejas locais (*congregacionalismo*); outros procuravam implantar uma estrutura *presbiteriana*, seguindo o modelo escocês. Ambos buscavam uma purificação da moral da Igreja (*puritanismo*). A forte repressão exercida por Elisabeth sobre os "puritanos" impossibilitaria um avanço maior do protestantismo, com o qual a Igreja da Inglaterra acabaria se configurando como essa "via média" entre catolicismo e protestantismo que a vinha definindo desde então: formas e liturgias muito próximas à Igreja católica e incorporação dos princípios básicos da Reforma, fazendo sentir a influência tanto de Lutero como de Calvino.

Essa dualidade marcará desde muito cedo seu traço mais característico: ser uma Igreja protestante em sua teologia, e católica em suas formas.

IV. Ministério e liturgia. O anglicanismo reafirma o tríplice ministério de diáconos, sacerdotes (presbíteros) e bispos, assim como a sucessão apostólica. Admite-se o ministério da mulher.

Na liturgia das igrejas anglicanas existe uma ordem minuciosa com o fim de garantir a perdurabilidade de seus ritos. Não obstante, aprecia-se um extraordinário respeito para com a liberdade, consentindo-se que os ritos variem não somente da mesma província à outra, mas também entre as dioceses de uma mesma província; sua diversidade alcança tanto os rituais como as vestimentas e a música, tendo-se produzido muitas mudanças importantes nos respectivos *Livros de oração*. São, sem dúvida, igrejas *litúrgicas*, que desenvolvem intenso senso de comunidade. Sua liturgia se ajusta às formas da Igreja medieval, mantendo parte de seus ornamentos. No lugar da "toga negra" característica da Reforma, seus pastores ou presbíteros utilizam a "sobrepeliz branca". Desde seus inícios, o *Prayer Book* recupera a língua vernácula para o culto e coloca a Escritura no centro da liturgia.

Uma das características do anglicanismo é a capacidade desenvolvida de coexistência, *comprehensiveness* (espírito de abertura e atitude liberal tolerante) entre a chamada *High Church* (Alta Igreja), que representa a tendência mais próxima do catolicismo, ou anglo-catolicismo, e a *Low Church* (Baixa Igreja) de corte mais evangélico ou protestante. Entre ambas as posturas, está a *Broad Church* (Igreja ampla ou "latitudinarismo"), que mantém a liturgia antiga, sem entrar em controvérsias doutrinais, e representa o setor liberal da Igreja da Inglaterra. E, apesar de certas tensões, as três expressões da Igreja convivem e imprimem seu selo especial na Igreja anglicana.

V. Fundamentos da fé. A Bíblia contém toda a doutrina necessária; a tradição ajuda a interpretar as Escrituras; a razão facilita entender a verdade divina. Desde o século XVII, o anglicanismo tem sustentado que é necessário entender e ler as Escrituras à luz dos contextos da "tradição" e da "razão". Este é o suporte sobre o qual se desenvolvem os princípios básicos da fé anglicana, que aceita a doutrina da Trindade, dentro da mais ortodoxa tradição cristã, defende que a salvação se consegue através de Cristo, único mediador entre Deus e o ser humano, e conserva como símbolos da fé cristã os credos católicos (universais): o credo apostólico, o credo niceno e o credo atanasiano.

A Igreja é povo de Deus e, como corpo, Cristo é a cabeça, e todos os batizados são seus membros. O culto é resposta ao amor de Deus, expressão da alegria da salvação, oportunidade de adorar a Deus e modo de partilhar a fé. No culto são utilizados três livros: a Bíblia, o Livro de Liturgia ou de Oração e o Hinário.

E, no que diz respeito aos sacramentos, seguindo a teologia protestante, o batismo (admite o batismo infantil) é a porta de entrada para a família de Deus, e a santa ceia ou eucaristia (utilizam-se o pão e o vinho), comemoração e ação de graças pela morte e ressurreição de Cristo. Os sacramentos são sinais, memorial do batismo e da ceia instituídos por Cristo, embora alcancem um significado mais amplo. Efetivamente, embora seja certo que Cranmer tenha rejeitado a transubstanciação, a mudança física dos elementos no corpo e no sangue de Cristo, não chegou a adotar a chamada postura zwingliana de que os elementos na comunhão são *nuda signa*, nada mais que sinais. Reivindica uma presença espiritual de Cristo, fazendo uma clara referência à presença do Espírito Santo.

A teologia anglicana mantém, embora sem categoria sacramental, os cinco ritos históricos: ordem, reconciliação do penitente, confirmação, matrimônio e unção dos enfermos.

O Espírito Santo confere sobre a comunidade dons diversos e complementares. Deus, o Criador, abençoa o povo com muitos talentos e aptidões. O Espírito Santo dá de sua graça dons especiais a pessoas individuais, sempre em comunhão com a Igreja.

O *Prayer Book* é a base do culto público, e nele se encontra o ciclo eclesiástico anual, o guia litúrgico para cada domingo do ano, bem como para os ofícios do batismo, comunhão, matrimônio, funerais, ordenação e outros serviços especiais. Inclui passagens bíblicas e hinos.

Além da Bíblia, os *Trinta e Nove Artigos* representam, juntamente com o *Prayer Book*, o corpo doutrinário da Igreja anglicana. Trata-se de uma teologia cuidadosamente expressa, embora alguns de seus artigos correspondam a controvérsias que faz tempo não preocupam a ninguém, e outros, na linha do princípio anglicano da *comprehensiveness*, cumprem seu objetivo da indefinição, fomentando uma visão média com relação a outras tradições cristãs.

Os *Artigos* conservam-se na maioria das igrejas autônomas da Comunhão anglicana, embora em algumas não tenham sido subscritos, sem que esta situação despreze o princípio de Igreja indivisa. Rejeita a filosofia escolástica e as ideias medievais do purgatório, as indulgências e os méritos dos santos.

À pergunta sobre quais são as doutrinas teológicas especiais da Igreja da Inglaterra e da Comunhão anglicana, o bispo anglicano Stephen Neill responde: "Não há nenhuma doutrina teológica especial da Igreja anglicana. A Igreja da Inglaterra é a Igreja católica na Inglaterra" (Neill, 1986, 395). Os anglicanos lançam um desafio: "Se nos for mostrado que existe algo claramente exposto nas sagradas Escrituras que nós não ensinamos, nós o ensinaremos; e se houver algo em nosso ensinamento e prática contrário às sagradas Escrituras, nós o abandonaremos".

A partir dessa postura de teologia assistemática, a ênfase estará mais ou menos em consonância com a teologia medieval (Alta Igreja) ou protestante (Baixa Igreja), segundo a configuração de cada igreja local.

As igrejas da Comunhão anglicana condenam como doutrinas errôneas não bíblicas aquelas que foram acrescentadas à fé católica em tempos recentes, como a infalibilidade do papa (1870) ou a assunção corporal da Virgem Maria (1950).

Neill insiste em que, no sentido estrito da palavra, não há nenhuma fé especificamente anglicana, mas sim uma atitude e uma atmosfera anglicana, que podemos resumir da seguinte forma:

1. A Bíblia é o marco de referência que valida qualquer definição doutrinária. Assim, os credos são aceitos e recitados, porque podem ser demonstrados claramente pela Escritura.

2. Com relação à tradição, o anglicanismo sempre apelou para a Bíblia, para os Padres e para a história.

3. As igrejas anglicanas são igrejas litúrgicas, sendo a recepção regular da santa comunhão a norma básica da Igreja.

4. Tem, por outra parte, um intenso sentido de comunidade, que encontra sua expressão na ênfase anglicana sobre o episcopado e sobre o ministério episcopal.

Definitivamente, tal como está no *Informe de Virgínia* (Londres, 1997), preparado por ocasião da Conferência de Lambeth por uma comissão presidida pelo bispo Robert Eames, os anglicanos são unidos pelo dom de Deus da unidade, meio através do qual uma pessoa participa da vida de Deus, Pai, Filho e Espírito Santo, e é incorporada à comunidade viva de fé. A confissão de uma fé comum, a celebração da eucaristia, uma vida em oração comum, o serviço de um ministério ordenado, as estruturas conciliares, o serviço e a missão compartilhados, dão sentido à filiação anglicana. E, embora seja certo que esses elementos são propriedade da Igreja universal e não se limitam aos anglicanos, eles tratam de vivê-los de maneira reconhecível e dentro das características propriamente anglicanas.

Uma das senhas distintivas do anglicanismo é a liberdade responsável. Essa posição de abertura, marcada pela *comprehensiveness*, faz com que na prática exista uma atitude tolerante para com as teologias mais díspares, e isto sob o lema de não acrescentar nada à antiga fé da Igreja nem de tirar-lhe nada e não definir com excessiva precisão aqueles mistérios que Deus ocultou em sua própria sabedoria.

O anglicanismo apela para a inteligência, para a consciência e para a vontade, particularmente para a consciência.

VI. Organização. A Comunhão anglicana conserva um episcopado que afirma sua sucessão apostólica, tema controvertido na perspectiva da Igreja católico-romana. Os bispos e arcebispos da Inglaterra são designados pelo rei/rainha, com a intermediação de um comitê misto governamental e eclesiástico. O rei envia somente um nome ao cabido da diocese interessada, para que se nomeie o bispo, e embora formalmente a diocese pudesse não nomeá-lo, não existe nenhum precedente de que se tenha adotado semelhante postura. Nos países da Comunhão anglicana, os bispos são nomeados ou por um Colégio eleitoral para isso designado, ou por um Sínodo. Uma vez eleito, o bispo deve prestar juramento de lealdade ao soberano (exceção feita para os países fora da *Commonwealth*); em seguida, é entronizado na catedral.

O vértice hierárquico conta unicamente com dois arcebispos (Canterbury e York). O de Canterbury é o "primaz de toda a Inglaterra", e o de York, "primaz da Inglaterra". Então, não existe uma autoridade suprema; todos os bispos têm a mesma dignidade; somente Cristo é a cabeça da Igreja. Da província de Canterbury dependem algumas dioceses espalhadas pelo mundo, as quais não alcançaram a condição de igreja autônoma. A diocese da Europa, que está sob a jurisdição de um bispo, depende igualmente do arcebispo de Canterbury e está dividida em arcediaconatos. A Seção espanhola faz parte do arcediaconato de Gibraltar. Fora da Inglaterra, há 29 províncias ou igrejas autônomas, dentro da Comunhão anglicana, além de outras dioceses não incluídas em nenhuma província, que dependem diretamente do arcebispo de Canterbury. Igrejas da Comunhão anglicana estão presentes em 160 países do mundo com mais de 70 milhões de fiéis. Como dado curioso, convém destacar que, na atualidade, a igreja autônoma da Nigéria é a que registra maior número de membros dentro da Comunhão anglicana, acima da Igreja da Inglaterra.

O arcebispo de Canterbury é o encarregado de apresentar, ungir, dar a investidura e coroar o/a soberano/a, fazendo-o/a prestar juramento de governar a Igreja da Inglaterra segundo as leis do reino. Os dois arcebispos e 24 dos bispos são membros da Câmara dos Lordes. O Sínodo da Igreja da Inglaterra e a Assembleia de Lambeth, que reúne os bispos anglicanos e episcopalianos do mundo inteiro "em comunhão com a sede de Canterbury", são presididos pelo arcebispo de Canterbury.

Os bispos sufragâneos e os coadjutores (dentro da jurisdição das províncias inglesas) são igualmente nomeados pela coroa, por proposta do bispo titular ou de um comitê que apresenta dois candidatos para cada posto. O arcediácono ("olho do bispo") apoia o bispo em matéria administrativa e em temas espirituais. Os deões formam, juntamente com o capítulo, uma corporação encarregada de atender ao encaminhamento dos ofícios e ocupam-se da conservação dos edifícios catedralícios. São nomeados pelo bispo, salvo nas dioceses antigas, que são nomeados pela coroa, em cujo caso se denominam *provosts* (prepostos). O vigário, também chamado pároco ou reitor (responsável pela paróquia), é nomeado pelo bispo e apresentado, em alguns casos, por um "patrono". Sua nomeação é vitalícia.

Todos os clérigos, seja qual for sua categoria, devem subscrever os *Trinta e Nove Artigos* e o *Prayer Book* e, salvo as exceções marcadas pela agregação à *Commonwealth*, o juramento ao soberano; depois de sua ordenação, prestará juramento de obediência canônica ao seu bispo.

O Conselho ou Junta paroquial é o organismo que rege as paróquias, e sua missão é cooperar com o titular da paróquia na movimentação, direção e desenvolvimento do trabalho da Igreja, tanto dentro como fora da paróquia. É responsável, em grande medida, pelas finanças das paróquias.

Em 1919, o Parlamento aprovou uma Ata para conferir poderes ao Sínodo Nacional da Igreja da Inglaterra. O Sínodo ou Assembleia consta de três Câmaras: dos bispos (bispos diocesanos); dos clérigos; dos leigos (não menos de 320 e não mais de 360 pessoas), membros comungantes da Igreja da Inglaterra, maiores de 21 anos. As antigas Assembleias da Igreja são as Convocações de Canterbury e de York, completamente separadas entre si.

A ordenação da mulher ao presbiterato e, posteriormente, ao episcopado adquiriu carta de natureza na Conferência de Lambeth de 1988, e na atualidade foram ordenadas mulheres presbíteras na maioria das províncias anglicanas. Algumas delas tiveram acesso ao episcopado.

VII. Conferência de Lambeth. A Conferência de Lambeth não é um Sínodo nem Conselho geral, é uma reunião fraterna dos bispos que formam a Comunhão anglicana nas diferentes partes do mundo, sem que a Conferência em si represente uma autoridade espiritual ou administrativa alheia ao conceito de liberdade e de autogoverno que caracteriza o anglicanismo. É celebrada desde 1867. Na atualidade, é convocada a cada dez anos. A vocação ecumênica anglicana fica expressa no "Quadrilátero de Lambeth", fixado na Conferência de 1888, que recolhe os quatro pontos seguintes: a Bíblia (regra de fé que contém todo o necessário para a salvação); os Credos "católicos": apostólico e niceno (formulação suficiente da fé cristã); dois sacramentos: batismo e comunhão; episcopado histórico: preceptivo para toda a Igreja, embora sua nomeação se adapte às diferentes situações e necessidades de cada Igreja autônoma.

Às Conferências só assistem arcebispos e bispos e conseguiram que sua autoridade cresça a cada dia, sendo seus acordos e comunicados um ponto de referência para os sínodos e conferências das distintas igrejas nacionais que decidirão a categoria de autoridade que lhes deve ser concedida. A Conferência reunia-se, até tempos recentes, na catedral de Canterbury ou na abadia de Westminster ou na de São Paulo, símbolos arquitetônicos e espirituais do anglicanismo. Atualmente, devido ao crescente aumento dos bispos que a integram, costumam ser buscados outros centros de maior capacidade.

Não existe, então, uma autoridade legislativa ou hierárquica entre as igrejas que integram o anglicanismo mundial, mas sim uma lealdade comum, dentro de marcado espírito de independência, mantendo a unidade na diversidade, quer dizer, unidos por um estado de ânimo e por uma afinidade litúrgica, mais do que por uma doutrina.

O Concílio consultivo anglicano, criado a partir da Conferência de Lambeth de 1968, está integrado por homens e mulheres, clérigos e leigos, jovens e adultos, procedentes de todas as igrejas do mundo para tratar matérias de interesse concernentes às igrejas que fazem parte da Comunhão anglicana. São nomeados três membros de cada província da Comunhão. O presidente é o arcebispo de Canterbury. Sua autoridade é consultiva e não executiva. Tem seus antecedentes no Organismo consultivo da Conferência de Lambeth, cuja origem data de 1897.

VIII. Ecumenismo. O movimento ecumênico moderno tem suas raízes na Inglaterra, onde se criam, entre outras iniciativas e movimentos, a Sociedade Bíblica Britânica e Estrangeira (1804) e as uniões ou associações cristãs de jovens (masculina e feminina) YMCA (1844 e 1845), de caráter interconfessional.

O movimento de Oxford, chamado também "tractariano" (de *tract*, folheto), por sua ampla contribuição escrita, surgido na High Church no século XIX, desenvolve uma aproximação do catolicismo, remarcando maior ritualismo e sacramentalismo nos serviços religiosos. Um dos paladinos desse movimento seria John H. Newman (1802-1890), convertido posteriormente ao catolicismo (1845) e nomeado cardeal pelo papa.

Será com a Conferência Missionária Mundial, convocada sob os auspícios protestantes e celebrada em Edimburgo em 1910, que se formalizará o início do ecumenismo.

Por sua parte, na Conferência de Lambeth de 1920 se dirige "a todo o povo cristão" um chamado em prol do ecumenismo, reconhecendo que pertencem à Igreja todos os que crêem em Nosso Senhor Jesus Cristo e foram batizados em nome da Trindade. O chamado termina assim: "Não pedimos que nenhuma comunhão consinta em ser absorvida por outra. Pedimos, sim, que em troca todos se unam em um esforço novo e grande para conseguir e manifestar ao mundo a unidade do corpo de Cristo, pela qual ele orou".

A Igreja anglicana faz parte, como membro fundador, do Conselho Ecumênico de Igrejas, constituído em 1848.

IX. Espanha. Na Espanha, além das capelanias que dão cobertura espiritual aos cidadãos britânicos e de outras nacionalidades, integradas na diocese da Europa, a Comunhão anglicana está representada pela Igreja Espanhola Reformada Episcopal (IERE). Trata-se de uma igreja nacional, cuja origem não se deve à ação missionária nem à influência do Império britânico, mas à iniciativa de um grupo de ex-sacerdotes católico-romanos e leigos refugiados em Gibraltar que decidiram constituir um Consistório encaminhado a formar uma Igreja que desde o princípio chamam de Igreja Espanhola Reformada.

Essa Igreja, desde o início, participa de uma forte influência protestante, mantendo historicamente sólida comunhão fraterna com as igrejas da

Reforma. Não o foi até 1980, cem anos depois de sua constituição, que a IERE passou a fazer parte da Comunhão anglicana de maneira oficial, embora desde seu nascimento mantivesse relações fraternas e plena comunhão com a Igreja da Irlanda, da qual recebeu suas primeiras ordenações.

Como Igreja autóctone, a IERE se rege por sua Declaração de Fé, uma versão levemente revisada dos *Trinta e Nove Artigos*. Desde seu nascimento, compôs e aceitou um livro próprio de ofícios divinos, livro muito influenciado pela antiga liturgia hispânica ou moçarábica. Reivindica a autenticidade de sua sucessão apostólica, ao tê-la recebido da Igreja da Irlanda, Igreja aliás não questionada por Roma. A autoridade é o Sínodo geral, que se reúne de dois em dois anos. Do Sínodo geral depende uma Comissão permanente que rege os destinos da Igreja entre assembléias. Sínodo geral e Comissão permanente são presididos pelo bispo.

Declaración doctrinal, Madrid, IERE, 1975; E. H. Browne, *Exposición histórica y doctrinal de los Treinta y Nueve Artículos de la Iglesia anglicana*, Londres/Oxford/Cambridge; Rivingtons, 1875; *Informe de Virginia*, Londres, Partnership House, 1997; J. Juel, *Apologia de la Iglesia anglicana*, Imprenta Biblioteca Militar, Gibraltar, 1840; Orig. em latim, 1562; C. López Lozano, *Precedentes de la Iglesia Española Reformada Episcopal*, IERE, Madrid, 1991; M. Molina Santos, *Bosquejo histórico de la Iglesia Española Reformada Episcopal*, Madrid, IERE, 1967; Id., *El bautismo cristiano*, Madrid, IERE,1967; H. C. G. Moule, *Bosquejos de doctrina cristiana*, Barcelona, Clie, 1984; St. Neill, *El Anglicanismo*, Madrid, IERE, 1986; F. Serrano Álvarez, *Contra vientos y mareas. Los sueños de la Iglesia Reformada hechos realidad*, Clie, Terassa/Barcelona, 2000; R. Taibo, *Una iglesia centenaria, pero desconocida*, Madrid, 1980; Id., *La Iglesia Episcopal (Comunión anglicana)*, Madrid, IERE, s/d.

Máximo García

ANTIGO TESTAMENTO

I. Um problema de terminologia. O adjetivo "Antigo" ocasiona problemas, sobretudo diante do diálogo com a religião hebraica. Assim, as igrejas reformadas da Holanda, em 1983, encontram dificuldades no uso deste adjetivo. Preferem falar de "Primeiro livro da Aliança": "Dialogando com o hebraísmo, os cristãos sabem que a expressão 'Antigo Testamento' conota a ideia de 'velho', e conhecidas expressões teológicas do tipo 'Lei' (= Antigo Testamento) e 'Evangelho' (= Novo Testamento), ou 'espera' (= Antigo Testamento) e 'cumprimento' (= Novo Testamento) induzem a pensar que o Antigo Testamento é um livro já superado... Hoje, nós, cristãos, somos chamados a repensar o significado do Antigo Testamento... Este primeiro livro, que narra a aliança de Deus estabelecida com Israel (daqui a expressão 'Primeiro livro da Aliança'), a Igreja apenas nascida, o recebeu como dom, de mãos judaicas... Por isso podemos qualificar o Novo Testamento como o 'Segundo livro da Aliança'" (cf. Zenger, 1997, 165).

Também os documentos de preparação da Comissão para as relações religiosas com o hebraísmo, de 1985, recolhem esta preocupação: "Continua sendo utilizada no texto a expressão *Antigo Testamento*, porque é tradicional (cf. 2Cor 3,14), mas também porque 'antigo' não quer dizer 'caducado' nem 'superado'; o que se quer sublinhar é seu valor *permanente*, como fonte de revelação" (EV, 1956, nota com asterisco).

O termo não é bíblico, data do século II. O primeiro testemunho remonta ao ano 180, na Ásia Menor, quando Melitón de Sardes fala de "Livros da antiga Aliança" (antiga *diathéke*) e estende polemicamente um termo, que em 2Cor 3,14 se refere à *Torah* de Moisés, a todo o "Antigo Testamento". Mas nem tudo é negativo em tal posição. "Antigo Testamento" quer dizer também que as duas partes da Bíblia cristã estão em relação de continuidade e descontinuidade, e "Novo Testamento" expressa a "novidade" que a Igreja recebeu como dom em Jesus Cristo. Tem também sentido falar de "antiguidade", quando se entende no sentido de originário e se conjuga com todo o positivo que a acompanha. Além disso, quando se leva em conta que se trata de uma qualificação especificamente cristã, que tem como finalidade recordar-nos que não se dá um Novo Testamento sem um Antigo, podemos então considerá-la como um convite a não nos esquecermos da verdade fundamental de que a Bíblia cristã se compõe de duas partes com diferenças. E finalmente, quando se tem presente que esta terminologia não corresponde nem à autocompreensão do Antigo Testamento nem ao modo hebraico de entender a Escritura.

O estudioso alemão do Antigo Testamento Ezich Zenger prefere referir-se a ela entre aspas ou, melhor ainda, substituí-la por outra mais adequada: *Primeiro Testamento*. Esta nova qualificação evidencia que a primeira parte da Bíblia cristã constitui o fundamento fundante, aquilo que foi posto em primeiro lugar e sobre o qual se apoia o agir de Deus em Jesus e em todos os que o seguem. Além do mais, não comporta a conotação negativa, associada à terminologia "Antigo Testamento". Repropõe, de modo mais correto, o dado histórico de "primeiro" Testamento com relação a "novo" (segundo) Testamento. Também teologicamente é mais adequada. Atesta que a aliança eterna estabelecida por Deus com Israel, seu "primogênito" (Ex 4,22; Os 11,1), é o "início" do grande "movimento de aliança" pelo qual Deus quer abraçar também as demais nações. E, por último, enquanto "primeiro Testamento", envia ao "segundo Testamento".

II. Um problema de conteúdo. Constata-se que não muitos cristãos estão familiarizados com a primeira parte, mais extensa, da Bíblia. De onde vem essa dificuldade? Por que não se lê o Antigo Testamento? J. L. Ska, exegeta do Antigo Testamento, enumera as três grandes questões que causam perplexidade ao leitor do Antigo Testamento: a moralidade de alguns dos grandes personagens bíblicos, a dureza manifestada por Deus em certos relatos e a teologia insuficiente, por exemplo, com relação ao além (Ska, 2001, 27-42).

1. *A moralidade de suas grandes figuras.* Já no primeiro livro do Antigo Testamento, o leitor se surpreende porque em determinadas passagens o autor bíblico não condena a mentira, a vilania, o engano. Assim, Abraão faz sua mulher passar por sua irmã em duas ocasiões (cf. Gn 12,10-20; 20,1-18). Mais adiante, Isaac fará o mesmo (cf. Gn 26,6-11). Esses patriarcas são mentirosos e não demonstram ser muito valentes, já que expõem suas esposas aos ultrajes dos estrangeiros, aproveitando-se desta situação para enriquecer-se vergonhosamente. Jacó engana seu irmão Esaú duas vezes (cf. Gn 25,29-34; 27,1-28,9).

Os Padres se interessaram por este problema. A resposta clássica encontra-se no livro *De doctrina christiana,* de Agostinho, que propõe duas soluções (III, 2,5.28). A primeira, histórica, consiste em dizer que os costumes e as épocas são distintos. A segunda é interpretar os textos de modo figurado. Trata-se de soluções elegantes, mas que não satisfazem ao leitor moderno da Bíblia. Se os relatos pertencem a uma época passada, por que continuar lendo-os? A leitura "figurativa", por outra parte, encerra também suas dificuldades. Se a figura indica uma realidade mais elevada que se nos oferece no Novo Testamento, é certamente mais lógico ater-se à realidade neotestamentária e deixar de lado a figura imperfeita.

2. *A violência divina de alguns relatos.* Tal é o caso do Deuteronômio, de Josué e do primeiro livro de Samuel, onde se fala do costume de "entregar ao extermínio" as cidades conquistadas. Essa prática significava que deviam ser destruídas por completo e mortos todos os seus habitantes, homens, mulheres e crianças, e até os animais; além disso, todos os objetos preciosos tinham de ser consagrados somente a Deus. A dificuldade complica-se, quando se pensa que é Deus mesmo quem ordena que se aja desse modo. Portanto, trata-se de um problema teológico.

3. *Uma teologia insuficiente.* Esse problema se coloca com força no livro de Jó, que representa um dos vértices da poesia hebraica. O drama deste justo, segundo a maior parte dos intérpretes, reduzir-se-ia a muito pouca coisa, se tivesse conhecido a verdade da ressurreição dos mortos.

Ska indica que a primeira pauta para a leitura do Antigo Testamento, e portanto para responder a estas dificuldades, é lê-lo segundo as normas que o próprio relato nos fornece. Esse é o único modo de evitar as manipulações e as reduções de qualquer tipo, já que os textos bíblicos definem a relação com a realidade histórica de acordo com as normas literárias de sua época e geram sua peculiar teologia, seguindo os caminhos que lhe são próprios. Essa preocupação pelas normas literárias – a encíclica *Divino afflante Spiritu* e a constituição *Dei Verbum* falam de "gêneros literários" – é um dos elementos que permitem harmonizar a leitura "literária" e a leitura "teológica" da Bíblia. O autor aplica esse princípio às três questões surgidas pela leitura do Antigo Testamento.

Com relação à primeira questão, *a moralidade das grandes figuras bíblicas,* os relatos bíblicos, que nos apresentam os grandes protagonistas da história de Israel, não têm como objetivo propor ao leitor uma galeria de modelos de virtude. Porque os relatos são, sobretudo, memórias que conservam a recordação dos fundadores e heróis do passado. O fato de que Abraão, Isaac e Jacó tenham tido suas fraquezas não impede que sejam os pais de Israel. Moisés é o fundador do povo de Deus, tanto quando repreensível como quando não o é. Além disso, essas figuras do passado são espelho em cujas indecisões, vacilações, quedas e ressurgimentos nós nos reconhecemos. O leitor, tanto o do passado como o do presente, pode tirar a conclusão de que a experiência de Deus é inseparável de sua "busca" no meio das vicissitudes da vida.

Detenhamo-nos na história de Jefté (cf. Jz 9-11). O relato não apresenta modelos a imitar, uma espécie de "vida de santos", o que com frequência o leitor cristão busca nos textos bíblicos. Essa narração, como todo o conjunto dos relatos do Antigo Testamento, oferece uma experiência a partilhar. O drama desse herói não pode deixar impassível o leitor. Não quer edificar, mas comover. O leitor não é chamado para julgar nem para aprovar, mas antes para entrar na experiência dolorosa de um pai e de sua filha, para reviver o terrível momento em que a vitória do pai se converte em tragédia, e quando o canto de triunfo da jovem se transforma em canto fúnebre. Trata-se de tornar o leitor ativamente consciente das forças que aí se confrontam e de seguir, nos diversos tempos da leitura, as etapas de seu percurso.

A dificuldade dos *relatos que nos apresentam um Deus violento* diminui, quando se leva em conta que muitos desses textos estão bem próximos do mundo idealizado da epopeia. Neste mundo, não pode haver vitórias pela metade: ou são completas ou não existem. Tal é o caso da crueldade dos relatos de conquista do livro de Josué. Há acordo entre os exegetas em datar a redação última deste livro no tempo do desterro. O povo de Israel compôs esse quadro épico e deu a si mesmo um passado glorioso, ideal no momento em que sentiu que sua identidade de povo se desvanecia, ao perder a terra.

Deve-se ter igualmente presente, como de maneira acertada assinala N. Lohfink (1990), que nosso conhecimento de Deus está condicionado por nossa procedência social. Israel teve origem como sociedade alternativa ao colonialismo egípcio e à organização feudal cananeia. Sua forma era de sociedade agrária segmentada, e seu caráter principal era a independência e a igualdade. Para manter essa identidade, em suas origens tiveram de ser combativos, e assim o era também seu Deus. Em segundo momento, Israel buscou conservar esses valores, mas dentro de um novo sistema, o Estado. Davi é seu expoente máximo. Mas também este falhou. Mostrava-se, assim, que um sistema social não se identificava com o reino de Deus. A experiência do sofrimento e da perseguição, durante o desterro, suscita nos profetas a visão utópica de uma futura sociedade não-violenta. Seu expoente máximo é o Servo de Javé.

Enquanto as sociedades buscam esconder suas origens violentas e seus mecanismos ainda mais violentos, no Antigo Testamento se assiste a um contínuo processo de desvelamento. O episódio de Caim mostra como a violência embebe a origem da sociedade. Nos profetas e nos salmos, o sacrifício é denunciado como algo que Deus rejeita, porque as mãos daquele que o oferta estão manchadas de sangue, e anuncia-se um futuro messiânico, no qual não haverá violência. Já o "Livro da Aliança" de Ex 20,22-23,33 busca afastar Israel de qualquer tipo de rivalidade. Em Lv 19,18.34, encontramos os mandamentos do amor ao próximo e ao estrangeiro. Surge a espiritualidade do Servo de Javé no Dêutero-Isaías. Com ele entramos nos últimos estratos dos livros proféticos: textos maravilhosos de esperança num futuro, no qual Deus, além do abandono e do sofrimento do pobre, cria um mundo novo no qual não haverá mais violência. Desse modo, foi surgindo um núcleo de experiência que mostra a Israel novas possibilidades de convivência, sem recorrer à violência, quando confia em Deus.

Em resumo, a experiência que Israel teve de Deus está intimamente ligada à mudança de sua atitude diante da violência. Sua oposição às outras sociedades o conduziu, desde o princípio, a aderir a um único Deus, ao mesmo tempo em que o levou à concepção do Deus de Israel como "Javé guerreiro". Somente mais tarde, em conexão com a experiência do sofrimento, como caminho que conduz à verdadeira sociedade, Israel vê claramente o rosto não velado do Deus verdadeiro.

Com relação ao terceiro ponto, *uma teologia insuficiente*, a fé na ressurreição não muda nem torna desnecessária a leitura do livro de Jó. O conflito de Jó, descrito no livro, provém de sua oposição à concepção tradicional distributiva de Deus por Israel. O livro convida o leitor a entrar nessa dialética, a percorrer o caminho de Jó e de seus amigos para comprovar como é impossível que os dois se encontrem. Somente assim captará seu sentido, que não é tanto uma ideia sobre Deus ou sobre o sofrimento, quanto uma ação, uma participação ativa nessa dialética contraditória de Jó, que descobre a presença de Deus no próprio sofrimento, não atrás nem fora dele. Portanto, o Novo Testamento não diminui a sabedoria de Jó; pelo contrário, manifesta como esta conduz ao mistério de Cristo crucificado e ressuscitado. Pois a ressurreição é uma promessa aos justos que sofrem e que, como Jó, buscam sua presença no meio da tribulação.

III. As "teologias" do Antigo Testamento.

Neste item, fazemos referência àquelas obras que se apresentam como compêndio sistemático da história, das instituições e das ideias do Antigo Testamento, sob o ponto de vista teológico. A "teologia do Antigo Testamento", nestes últimos cinquenta anos, foi apresentada sob formas muito diversas (Preuss, I, 1999, 9-40); examinamos somente quatro realizações particularmente significativas, que representam vastos tipos de síntese teológica. Segundo o comum sentir das diversas escolas ou correntes, cada uma destas produções é considerada não só como cientificamente válida, mas também como "modelo" a seguir.

1. *Walter Eichrodt*. Entre os anos 1930 e 1939, W. Eichrodt publica sua *Teologia do Antigo Testamento* (traduzida para o castelhano, 2 vols., Madrid, 1975). Está centrada na noção de "aliança" e apresenta, de modo lógico e orgânico, os vários aspectos da fé religiosa, da moral, das tradições sapienciais e dos fatos institucionais do antigo Israel. A subdivisão original da obra em três partes mostra o modo de proceder: I. Deus e povo (expõe, em particular, o tema da aliança); II. Deus e mundo (com atenção específica ao tema da criação); III. Deus e homem (dedicada, sobretudo, à dimensão moral).

Não faltaram críticas a essa orientação, pelo lugar excessivamente central da ideia da aliança e por reproduzir esquemas de tipo dogmático, nos quais os dados bíblicos são encaixados à força. Além disso, não aparece claramente o desenvolvimento histórico da fé de Israel, assim como tampouco ficam claras as tensões e contraposições entre as opostas ideologias religiosas atestadas nas diversas tradições literárias presentes na Bíblia.

Não obstante estas reservas, este modelo sistemático de teologia do Antigo Testamento continua sendo apreciado e seguido por diversos estudiosos, graças a seu caráter fundamental e à riqueza de seu material. Entre estes, destacamos H. D. Preuss, a quem se deve a obra mais volumosa aparecida nestes anos recentes. O tema da eleição constitui o eixo de sua exposição.

2. *Gerhad von Rad*. Os dois volumes de G. von Rad (de 1957 e de 1960, respectivamente) marcaram uma profunda mudança de direção no campo da teologia do Antigo Testamento. Von Rad, em contraste

explícito com Eichrodt, sustenta que se deve levar plenamente em conta os resultados conseguidos pela exegese histórico-crítica, também no âmbito teológico. Seguidor das pegadas de Gunkel, no que se refere aos gêneros literários, e das teorias de A. Alt e de M. Noth, no campo das instituições históricas de Israel, von Rad reproduz a "história das tradições" que confluíram finalmente na Escritura.

As polêmicas suscitadas pela colocação metodológica de sua obra foram fortes. Ele era acusado, especialmente, de reduzir a teologia do Antigo Testamento a uma simples história da religião israelita. Contudo, sua teologia do Antigo Testamento permanece como um monumento de síntese da ciência exegética moderna, ainda hoje apreciada e seguida. Com maestria difícil de superar, ele expõe a relação entre fé e história de Israel.

3. *Breverd S. Childs*. Desde 1970, os estudos sobre o Antigo Testamento foram animados pela tomada de posição, valente e original, de B. S. Childs, que se apresentou com um escrito polêmico: *Biblical Theology in Crisis* (1970), depois seguido por importante estudo de caráter introdutório, intitulado *Introduction to the Old Testament as Scripture* (1979). Somente mais tarde, quis apresentar, de modo sucinto, sua teologia do Antigo Testamento em *Old Testament Theology in a Canonical Context* (1986). Como reação à teologia do Antigo Testamento praticada nos Estados Unidos, sobretudo em oposição ao historicismo da ciência bíblica, Childs propõe considerar a Bíblia como o livro da revelação divina, que deve ser lido em contexto "canônico", quer dizer, substancialmente tal como se apresenta em seu estado final e segundo o cânon da Igreja (cristã). A partir desse ponto de vista, se converte em essencial o tema da relação do Antigo Testamento com o Novo Testamento. Sua apresentação da teologia do Antigo Testamento é temática; segundo determinado esquema lógico, desenvolve os distintos aspectos da mensagem bíblica veterotestamentária.

A posição de Childs foi censurada, inclusive de maneira irada, pelo fato de rejeitar a contribuição da crítica histórica, conquista irrenunciável da ciência exegética moderna. Foi também criticada sua escolha confessional, que torna difícil ou praticamente impossível o diálogo com os estudiosos de outras disciplinas, os que metodologicamente prescindem da aceitação crente do texto bíblico. Fica como contribuição interessante, no entanto, a consideração do cânon como quadro hermenêutico da teologia bíblica.

4. *Paul Beauchamps*. Este autor é menos citado do que os anteriores (talvez devido à sua leitura um tanto dificultosa), mas resulta muito original e dotado de extraordinária força interpretativa. Em suas obras (*L'Un et l'Autre Testament. Essai de lecture*, 1976; *L'Un et l'Autre Testament II. Accomplir les Écritures*, 1978; *Le récit, la lettre et le corps. Essais bibliques*, 1992[2]), substitui a preocupação "arqueológica", da ciência histórico-crítica, pela teologia da Escritura, dando decisiva importância hermenêutica à ideia de "cumprimento". Em continuidade com a tradição antiga, volta a tomar o conceito de "figura" com o fim de propor uma teologia tipológica. Os conceitos de totalidade (da Escritura) e de releitura fundamentam o esquema desta teologia. O Antigo Testamento é lido a partir da tripartição clássica em Lei (*Torah*), Profetas e Escritos (sapienciais), com o selo conclusivo da Apocalíptica.

Na atualidade, continuam sendo debatidas, de maneira especial, três questões. A primeira refere-se à *normatividade* (ou não) do Antigo Testamento. Alguns autores a negam decididamente: vendo as incoerências e as frequentes oposições que se encontram em suas páginas, pensam que é possível perfilar uma história da religião de Israel que tenha certamente valor histórico, mas nunca prescritivo. Outros, pelo contrário, creem que subsiste o sentido da antiga Aliança e seu valor imprescindível para a fé e para o comportamento do crente; no entanto, não se chegou a um suficiente consenso sobre o modo de estruturar e apresentar este valor. A segunda questão debatida faz referência à *relação entre Antigo Testamento e Novo Testamento* e ao *cânon* das Escrituras. Para alguns, é essencial a referência ao Evangelho no vigamento interpretativo do Primeiro Testamento. Para outros, no entanto, tal consideração deriva de um preconceito confessional, acrítico, não respeitoso para com a autonomia do Antigo Testamento e com a tradição hebraica à qual se refere (Zenger, 1991, 58). A terceira questão é a possibilidade de estabelecer um *centro do Antigo Testamento*. Von Rad nega sua existência, enquanto Preuss, entre outros, o descobre na "eleição de Javé que age na história de Israel para levá-lo à comunhão com seu Universo" (Preuss, I, 1999, 49).

IV. O cânon hebraico e o cristão. Os hebreus chamam de *Tenak* o que nós chamamos de "Antigo" Testamento. Esta palavra contém a primeira letra das três palavras que designam, respectivamente, as três partes da Bíblia hebraica: T = *Torah* (Lei), N = *Nevi'im* (Profetas), K = *Ketûvim* (Escritos).

A primeira parte, *Torah*, é constituída dos cinco livros (Pentateuco). Contém uma narração de acontecimentos fundantes, desde a criação até a morte de Moisés, unida a uma grande coleção de material legal. A tradução de *Torah* por Lei é legítima, sempre que por ela se entenda a instrução fundamental que Deus impôs a Israel para que essa instrução o guie em sua condição de povo de Deus. No centro da composição encontra-se o grande anúncio da vontade de Deus de reconciliar-se com o ser humano (cf. Lv 16). A segunda seção, os Profetas (*Nevi'im*), compreende os livros históricos, desde Josué até os livros de Reis e os quinze livros proféticos. A distinção do cânon cristão entre Profetas Anteriores e Profetas Posteriores (livros proféticos) é desconhecida pelo judaísmo do período bíblico. Por isso, a expressão "a Lei e os Profetas", familiar aos leitores do Novo Testamento e que aparece pela primeira vez em escritos do século II a.C. (no prólogo de Sr e em 2Mc 15,9), não distingue entre profetas anteriores e posteriores, quer dizer, entre os livros históricos e os proféticos. Jesus ben Sirac traçava o percurso da profecia desde Josué, "sucessor de Moisés no profetizar" (Sr 46,1), a Isaías, Jeremias, Ezequiel e até os doze Profetas. A terceira parte, os Escritos (*Ketûvim*), abarca o resto dos livros da Bíblia hebraica.

O caráter central da primeira parte da *Tenak* é explicado pelas contínuas referências que fazem à *Torah*, às outras duas partes da Bíblia hebraica, a saber, aos *Nevî'im* e aos *Ketûvim*. Este é o caso da conclusão da segunda parte, *Nevî'im*, que se situa em Ml 3,22-24. Esse fragmento retoma a motivação que deve inspirar a leitura dos profetas: "ter em mente", quer dizer, entender e observar a *Torah*, revelada a Moisés no Horeb. Os profetas têm como missão converter Israel numa "comunidade de discernimento", na qual não deve haver mais "mestres", mas somente "discípulos" (cf. Jr 31,33), que aprendem da *Torah*, com a ajuda dos profetas, seus intérpretes. O profeta Josué, que medita a *Torah*, apresenta-se como o modelo canônico posto no início da segunda parte da *Torah*. Ao mesmo tempo se projeta um vínculo com a terceira parte, quer dizer, com Sl 1,2-3, o prólogo programático do livro dos Salmos: "Feliz o homem que não segue o conselho dos ímpios nem se detém na senda dos pecadores nem se senta no banco dos enganadores, mas se compraz na lei de Javé e sussurra sua lei dia e noite!" Intencionalmente se relaciona com Js 1,7-8. Este é o ideal programático dos *Ketûvim*, aquele que os lê, que os escuta e se atém às suas palavras conseguirá viver sua vida na altura e profundidade que estas Escrituras apresentam: a obediência à *Torah* dada por Moisés, interpretada pelos *Nevî'im* e aprofundada no estudo pelos *Ketûvim* é o caminho que Javé favorece com amor (cf. Sl 1,6).

A Bíblia hebraica termina com os dois livros das Crônicas. Este fato causa estranheza, porque se esperaria que estivessem junto com os de Samuel e Reis, com os quais guarda certa afinidade. E, sobretudo, chama a atenção, porque seguem a Esdras e Neemias, que cronologicamente são posteriores. Para essa questão foi determinante a intenção de dar à Bíblia hebraica uma conclusão programática. Esta não podia ser a de Neemias (Ne 13 refere-se à proibição de contrair matrimônios mistos); era melhor a de 2Cr 36,22-23: "No primeiro ano de Ciro, rei da Pérsia, em cumprimento da palavra de Javé, por boca de Jeremias, moveu Javé o espírito de Ciro, rei da Pérsia, que mandou publicar por palavra e por escrito em todo o seu reino: 'Assim fala Ciro, rei da Pérsia: Javé, o Deus dos céus, me deu todos os reinos da terra. Ele me encarregou de edificar uma Casa em Jerusalém, em Judá. Todo aquele que, dentre vós, pertence a todo o seu povo, que seu Deus esteja com ele e que se dirija para lá'". Nesse texto resplandece a convicção de que a catástrofe sofrida pelo povo chegou a seu fim, porque Javé é um Deus que permanece fiel a si mesmo e é capaz de realizar seu projeto histórico também entre as potências mundanas que não o aceitam. Alimenta, então, a esperança de que a história de Israel terá continuação em Jerusalém e abarcará a "todos os que pertencem a seu povo". Essa mensagem de esperança evoca a *Torah* e os *Nevî'im*, para mostrar que a história salvífica de Deus com seu povo continua, se funda sobre a aliança irrevogável com os pais e gira em torno da *Torah* explicada pelos profetas.

A Bíblia cristã, à diferença desta estrutura tripartida do Antigo Testamento, apresenta uma divisão em quatro partes. No início, como na *Tenak*, está a *Torah* (I). Seguem-na a história de Israel na terra (II, de Josué a 2 Macabeus), a sabedoria da vida (III, de Jó a Sirácida) e a profecia (IV, de Isaías a Malaquias), segundo o esquema de passado, presente e futuro, respectivamente. Uma segunda diferença procede de que o cânon cristão situa Daniel entre os livros proféticos, enquanto o hebraico o coloca em Escritos (*Ketuvîm*). A decisão cristã é explicada, porque o livro de Daniel é, pelo menos em parte, o representante mais genuíno da literatura apocalíptica, filha espiritual da profecia. E, por último, a conclusão do cânon cristão é constituída não pelo texto de 2Cr 36,22-23, mas por Ml 3,22-24. Este ajuda o cristão a ler o Antigo Testamento na perspectiva do Novo Testamento. Neste sentido, o Novo Testamento cita esta "conclusão" (cf. Mt 17,10-13; Mc 9,11-12; Lc 1,17), para mostrar que Elias, prometido por Ml 3,23 para os últimos tempos, é João Batista.

V. A interpretação do Antigo Testamento hoje. As descobertas dos tempos modernos (como os manuscritos de Qumrã) melhoraram o conhecimento do mundo em que nasceu a Bíblia. A arqueologia está trazendo, continuamente, novos dados sobre a cultura bíblica, e a investigação linguística lança nova luz sobre o significado dos textos bíblicos. Mas o Antigo Testamento, assim como os textos antigos, não requer somente investigação, mas também interpretação. Quando tivermos o texto mais exato possível e todo o conhecimento que a investigação traz, sempre cabe perguntar: O que a Bíblia quer dizer? O que diz este texto ao homem de hoje? Essas perguntas nunca podem ser respondidas de uma vez por todas; não porque a Bíblia muda, mas porque, para captar seu significado, se requer um leitor, quer dizer, um intérprete. É este que, de acordo com o tempo em que vive, faz ao texto perguntas diferentes. Daqui o fato de que surjam aspectos diferentes do significado do texto.

Grande parte dos estudiosos atuais da Bíblia fala de um "novo paradigma" para ler o texto. Esse paradigma supõe uma mudança: passar do interesse pela história da formação do texto (interpretação diacrônica) ao texto canônico, quer dizer, ao texto final que chegou até nós (interpretação sincrônica). Parte-se do fato de que o texto bíblico é uma unidade complexa, e cada texto ou livro é interpretado em relação a uma unidade maior: capítulo, livro, coleção, ou a Bíblia inteira.

Assim, com relação ao *Pentateuco*, se percebe uma notável perda de interesse pelas origens e pelas fontes, interesse próprio do estudo histórico-crítico. Poucos ainda duvidam de que, em sua forma completa, o Pentateuco é fruto do período persa. Uma das esferas menos desenvolvidas do Pentateuco, assim como da Bíblia em geral, é a da lei e da ética. Tal como se depreende da comparação com a amplitude dos estudos narrativos existentes. Esta carência pode ser remediada, sem dificuldade, pelo atual fluxo de bibliografia sociológica sobre o antigo Israel, que esclarece vários aspectos do contexto institucional e cultural das leis. A partir das duas últimas décadas do século passado, as interpretações feministas do Pentateuco, e dos textos bíblicos em geral, estão sendo abundantes. Com relação ao Pentateuco, a crítica feminista centrou-se naquelas mulheres bíblicas, cujo caráter ou missão é considerado insuficiente ou incorretamente interpretado ao longo da história da exegese. São também significativos os estudos sociológicos e antropológicos sobre a situação da mulher na sociedade israelita.

Quanto aos *livros históricos*, existe um caloroso debate entre os estudiosos sobre a questão se tal designação exprime, melhor do que outras, o conteúdo deles. Hoje, tem-se chegado a entender muito melhor a natureza desses livros como narração, e questiona-se, mais do que antes, a qualificação deles como livros históricos. Por isso, alguns preferem falar mais de "livros narrativos". Os estudiosos afastam-se dos enfoques histórico-críticos, aproximando-se dos enfoques sincrônicos, literários. Por exemplo, se aqueles aceitavam geralmente que a repetição no texto era indício de fontes heterogêneas ou de redação, estes perguntam agora se a repetição não poderia ser um aspecto de mestria literária.

Em sintonia com as tendências de interpretação do Pentateuco e dos "livros históricos", os especialistas dos *livros proféticos* vêm centrando, cada vez mais, sua atenção na forma final do texto. Uns consideram os profetas como autores de obras literárias ou compiladores de escritos proféticos anteriores. Outros sustentam que os responsáveis pela compilação e elaboração dos oráculos proféticos originais não foram os próprios profetas, mas escritores que, com seu trabalho, tentavam atualizar as palavras proféticas diante de uma realidade nova.

Por último, o estudo dos *livros poéticos e sapienciais* deu, até 1980, um audaz passo adiante na compreensão da natureza da poesia hebraica com a obra de James Kugel, *The Idea of Biblical Poetry* (1981), e com o estudo de Luis Alonso Schökel, *Manual de poética hebrea* (1987). Este último nos recorda que foram estudadas as ideias, as concepções, as tradições e os ambientes históricos; mas um campo tão importante e significativo como é o dos sentimentos (a alegria, a tristeza, a ira, a inveja...) ficou descuidado ou menos valorizado na reflexão exegética (Alonso Schökel e Bravo, 1997[2], 143).

R. Albertz, *Historia de la religión de Israel en tiempos del Antiguo Testamento*, 2 vols., Madrid, Trotta, 1999; L. Alonso Schökel e J. M. Bravo, *Apuntes de hermenéutica*, Madrid, Trotta, 1997[2]; J. Barton, *La interpretación bíblica, hoy*, Santander, Sal Terrae, 1998; P. Grelot, *Sentido cristiano del Antiguo Testamento*, Bilbao, DDB, 1995[2]; "La interpretación de la Biblia en la Iglesia", em *Enchiridion Biblicum*, Madrid, PPC, 2001; N. Lohfink, *Violencia y pacifismo en el Antiguo Testamento*, Bilbao, DDB, 1990; H. D. Preuss, *Teologia del Antiguo Testamento*, 2 vols., Madrid, DDB, 1999; B. Sesboüé, *Jesucristo el único mediador* II, Secretariado Trinitario, Salamanca, 1998; H. Simian-Yofre, "Antiguo Testamento: participación y analogía", em R. Latourelle (ed.), *Vaticano II. Balance y perspectivas*, Salamanca, Sígueme, 1989, 187-206; J. L. Ska; "¿Como leer el Antiguo Testamento?" em H. Simian-Yofre (dir.), *Metodologia del Antiguo Testamento*, Salamanca, Sígueme, 2001, 27-42; E. Zenger, "Il primo Testamento. La Bibbia hebraica e i Cristiani": *Giornale di Teologia* 248 (1991).

José Luis Barriocanal

ANTROPOLOGIA TEOLÓGICA

Ainda não existe consenso total nos atuais manuais de teologia dogmática; a denominação de "antropologia teológica" é a que ultimamente está tendo êxito no âmbito acadêmico para unificar os tratados clássicos de *De Deo creante et elevante*, *De gratia et virtutibus* e, inclusive, – *De novissimis*. Pretende-se assim solucionar a falta de coordenação entre as dimensões protológica, soteriológica e escatológica do discurso teológico, induzida involuntariamente pela classificação tradicional. O formato mais ambicioso proposto para a antropologia teológica foi atribuído pelo estudo da realidade humana, à medida que é criada, falível, em conformação contínua com a chave fundamental da história da salvação – Jesus Cristo – e projetada radicalmente para a comunhão com uma realidade – a de Deus – que a assume no amor e lhe confere sua plenitude. No entanto, Ruiz de la Pena (1988, 1991[2]) insiste em que se distinga entre antropologia teológica fundamental e especial.

A primeira debulharia disposições ou estruturas primárias do ser humano que torna factível sua abertura transcendente (incompletude, unicidade corpóreo-espiritual, personeidade, liberdade, historicidade, criaturidade etc.). A segunda se interessaria pelos momentos significativos que acontecem no encontro contínuo entre o ser humano e Deus (pecado, justificação, graça, consumação).

Mas, à margem do maior ou menor consenso sobre sua cobertura temática, se aceita comumente que a antropologia teológica representa aquele espaço da teologia no qual se problematiza mais especificamente a questão antropológica, quer dizer, a pergunta pela entidade da realidade humana. Como acontece com outros temas de acesso multidisciplinar, também neste a teologia oferece uma perspectiva que pode ajudar a compreensão integral do fato humano. Pois bem, o fato de que a *teo-logia* faça uma incursão na *antropo-logia* aparenta ser uma ingerência ou, quando menos, um desvio chamativo de seu interesse principal. Então, é necessária uma justificação da razão por que o discurso teológico pode articular também um discurso antropológico. Somente assim valerá a pena detectar as vicissitudes históricas da questão antropológica, sobretudo as recentes, para expor finalmente a contribuição própria da antropologia teológica nesse panorama.

I. Dimensão antropológica da teologia. A teologia é, e não pode deixar de ser, uma reflexão sobre Deus. Tenta sistematizar aquilo que Deus revela de si mesmo e que é acolhido na fé. A singularidade tanto de seu objeto de estudo como da forma de sua própria indagação confere à teologia um estatuto epistemológico característico. No entanto, também é certo que essa singularidade não a segrega de outros discursos sistemáticos, confinando-a em espaço esotérico e opaco. A razão é que Deus, tal como se autocomunica, invariavelmente acaba remetendo ao humano, à sua mundanidade e ao seu caminhar histórico. Deus está em extra-versão para o ser humano, de maneira que, em sua própria comunicação, o divino explana seu mistério, embora sem esgotá-lo, e simultaneamente dá chaves que esclarecem o mistério da realidade humana. As grandes preocupações do ser humano – a busca do sentido para sua existência; a confrontação com a precariedade de seus condicionamentos sociais, políticos e econômicos; a assimilação do fato fronteiriço da morte; a direção de sua práxis; a tradição histórica do amor e da esperança etc. – são transversais a toda a revelação, embora recebam desta uma perspectiva nova de formulação e resolução. De fato, já em consonância com os dados do Antigo Testamento, o israelita se compreende a partir do Deus que incita o processo de libertação de um êxodo em massa para Canaã, que estabelece com ele uma aliança, que dinamiza a história de seu povo com uma promessa que chegará a ter inclusive sua concreção institucional na monarquia davídica, que o ajuda a sobrepor-se depois do exílio babilônico, que está presente através do templo e que suscita profetas para recordar a validade sempre atual dos marcos salvíficos anteriores. Tudo isso se prolonga paradigmaticamente na tese neotestamentária da encarnação. No Deus encarnado, há uma novidade salvífica que comprete conjuntamente a antropologia e a teologia. Em Jesus Cristo, a divindade não anula, antes possibilita que a humanidade alcance uma expressão acabada e insuperável. Daí que, para a história humana, lida neotestamentariamente, o acontecimento de Jesus Cristo possa ser tudo, menos marginal ou anedótico. Encontra-se, pelo contrário, no centro mesmo de seu horizonte de plenificação. Em Jesus Cristo, o Ressuscitado, "todas as promessas feitas por Deus tiveram seu sim" (2Cor ,20). Nessa linha se move a constante exortação paulina pela consecução do "homem novo" (cf. Ef 4,24; Cl 3,10), projeto que supõe para todos chegar "à unidade da fé e do conhecimento pleno do Filho de Deus, ao estado de homem perfeito, à maturidade da plenitude de Cristo" (Ef 4,13).

Portanto, uma valência antropológica é inseparável das afirmações teológicas. Não se enclausuram no divino, mas acabam dilatando suas implicações até tocar de cheio o humano. A teologia, assim, aproxima-se notavelmente da questão antropológica e a enfrenta com toda a radicalidade.

Pois bem, a estima pelo antropológico conquistou espaço no desenvolvimento recente da teologia com alguns matizes inéditos. Essa acentuação antropológica foi influenciada pelas próprias vicissitudes do pensamento europeu desde começos da Modernidade, mas teve sua explicitação mais evidente no século XX. A teologia existencial, sem ir mais longe, representou, do lado protestante, um bom exemplo desse pronunciamento antropológico. Alguma das premissas de Bultmann apontava que, "se a teologia não deve especular sobre Deus, se deve falar não do *conceito* de Deus, mas do Deus real, deve, enquanto fala de Deus, falar, ao mesmo tempo, do homem" (Bultmann, 1974, 108). Os ecos fizeram-se patentes também em outros estilos teológicos, como o da teologia transcendental de Rahner e o da teologia da libertação latino-americana. E, inclusive, conseguiram cristalizar-se em manifestações magisteriais tão importantes como as do Vaticano II. Para a *Gaudium et spes*, "nada há verdadeiramente humano que não encontre eco no coração da Igreja" (GS 1). Os desajustes de toda ordem que afetam o mundo transluzem "esse outro desequilíbrio fundamental que funde suas raízes no coração humano" (GS 10). O concílio interpreta que, nas circunstâncias atuais, a pergunta antropológica se tornou incisiva e adquire os matizes de uma crise epocal: "O que é o homem? Qual é o sentido da dor, do mal, da morte que, apesar de tantos progressos, ainda subsiste? Que valor têm as vitórias alcançadas a tão alto preço? O que o homem pode dar à sociedade? O que pode esperar dela?" (GS 10). Por isso, remete-se ao cristológico, à referência iniludível para solucionar a encruzilhada contemporânea do homem: "Na realidade, o mistério do homem somente se esclarece no mistério do Verbo encarnado. [...] Cristo, o novo Adão, na mesma revelação do mistério do Pai e de seu amor, manifesta plenamente o homem ao próprio homem e lhe descobre a sublimidade de sua vocação" (GS 22/1).

A forte ascensão da perspectiva antropológica não se salvou de críticas. Denuncia-se que, soterrado, palpita um antropocentrismo que não se confessa. E que, com ele, acaba praticando-se uma manipulação fraudulenta da teologia. Suspeita-se que a excessiva preocupação pela relevância da fé, pelo peso da experiência religiosa e pelos condicionamentos culturais da revelação, sejam mostras dessa fixação e reducionismo antropocêntricos. Poder-se-ia derivar, assim, para um discurso mais humanista do que teológico, mais ético do que evangélico. No pior dos casos, Deus poderia ser vítima de sutil antropomorfismo, quer dizer, a tela sobre a qual são projetadas as carências, as frustrações ou os interesses egocêntricos do ser humano.

A suspeita não é nova nem gratuita. Ela tem antecedentes que a validam. A crítica contra o antropocentrismo retrocede ao pensamento bíblico. A preocupação por salvaguardar a transcendência divina está por trás daquilo que Moisés, justamente depois que o povo caíra na infeliz adoração do bezerro de ouro, experimentou na Tenda do Encontro, onde Javé falava com Moisés face a face, como um homem com seu amigo" (Ex 33,11). Ele pede a Javé que lhe permita ver sua glória (cf. v. 18), mas Javé só admite um desvelamento parcial. Ou seja, "meu rosto não poderás ver; porque não pode o ser humano ver-me e continuar vivendo" (v. 20). A Moisés unicamente serão visíveis as "espáduas" de Iahweh (cf. v. 21-22). Esta precaução bíblica para alertar contra a manipulação divina subjacente em todo humano é o fio condutor do desarraigamento veterotestamentário da idolatria. O pecado de idolatria, no fundo, é a tergiversação da radical novidade e diferença de Deus diante do humano. Ao idolatrar, é violentada aquela alteridade fundamental do humano com relação ao divino e do divino com relação ao humano, que é a base da religação que pode existir entre ambos. Jesus de Nazaré continua com essa linha crítica. Seu drama é, afinal de contas, deixar que Deus seja Deus mesmo em sua pretensão de reinar sobre a história humana, invalidando outras teologias manietadas por pressupostos alheios à tradição bíblica primigênia.

A cultura europeia dos últimos séculos, partindo de premissas muito distintas, realizou uma versão atualizada da crítica da religião. Mais do que denunciar a mistificação da teologia por efeito de uma antropologia pouco honesta consigo mesma, a crítica ao religioso se afanou por conseguir a emancipação da antropologia com relação à teologia. Fichte, Feuerbach, Kierkegaard, Nietzsche, o humanismo marxista, o existencialismo ateu e a psicanálise são alguns dos promotores mais conhecidos da elaboração dessa peneira crítica diante da religião. Deixaram estabelecido que as relações da antropologia com a teologia não são conaturais, nem, pressupostamente, pacíficas. Dentro do âmbito da teologia acadêmica, uma expressão extrema do medo perante a infiltração do antropomorfismo de Deus foi a teologia dialética de Barth – mais claramente em seus primeiros posicionamentos na sua *Carta aos Romanos*, não tanto em sua *Dogmática* – com seu desagrado pelo potencial significativo da experiência humana e com sua negativa em dar carta de cidadania à teologia natural.

O balanço final da discussão em torno da relação entre teologia e antropologia, contemplada em conjunto, lança duas conclusões complementares que evocam algo das vicissitudes próprias da conhecida questão do sobrenatural. A primeira é que *a questão antropológica está contemplada primária e não secundariamente na revelação*. A realidade de Deus, teologicamente falando, é *econômica*, traduz-se em outra realidade – a humana – impregnando-a de salvação. Pois bem, a segunda conclusão matizará que *a questão antropológica não esgota a questão teológica*. A assim considerada experiência de Deus é primariamente a experiência de uma liberdade soberana, da qual brota uma iniciativa gratuita, surpreendente, absolutamente exigível, que ultrapassa os limites do perguntar humano e que revoluciona pela raiz as nossas expectativas.

II. Panorama atual da questão antropológica. A questão antropológica carece de data de caducidade. A realidade humana contém uma complexidade tão surpreendente que afasta a suspeita de que possa acabar sendo definitivamente decifrada. Essa sensação fica ratificada, por um lado, com a proliferação de disciplinas científicas conectadas com o antropológico. As antropologias biológica e cultural, a paleontologia, a etnologia, a psicologia, a sociologia ou as ciências da saúde, por exemplo, falam da riqueza poliédrica e inabarcável do humano. Sugerem que o humano é um fenômeno "multifatorial", no qual são citados todos os níveis da realidade. Por outro lado, para obter a mesma evidência, bastaria observar a desconcertante multiplicidade que é inerente à realidade cotidiana dos seres humanos. É impossível traçar com facilidade um denominador comum a todas e cada uma das biografias que são as existências individuais. Sua singularidade as converte em dificilmente extrapoláveis.

De qualquer forma, nem ao discurso científico nem ao cotidiano escapa o fato que essa ductibilidade do humano radica em tensões inerentes e crônicas que não o abandonam. Cada ser humano parece dispor de uma estrutura interna de desejo que dinamiza sua realidade para uma satisfação definitiva. A manifestação mais primária desse desejo é a rebeldia humana contra sua própria contingência espaciotemporal, sua resistência a conformar-se com seu estatuto fronteiriço e limitado, com um espaço que se lhe apresenta marcado pela claustrofobia e com tempo que parece agônico. O ser humano embarca assim na busca de espaços e tempos que quer atravessar para além de sua insuportável limitação. Mas a singradura do desejo humano até alcançar sua plenitude é árdua. De fato, no esquema de conduta animal "estímulo-resposta" não cabe nenhuma problematização do desejo em geral, porque este é evidente por si mesmo e dita automaticamente a resposta apropriada para saciá-lo. No entanto, o ser humano tem de deliberar. O passado não resolve totalmente a maneira com a qual temos de haver-nos com o presente. E o presente deve estar aberto ao futuro para adquirir sentido. A liberdade se erige na instância a apelar necessariamente para concatenar os três momentos temporais. Nisso se adivinha uma senda laboriosa para acertar com a orientação vital.

Espoliada pela necessidade de contínua atualização, a questão antropológica tem recebido novos enfoques em função dos diferentes contextos históricos nos quais se formulou. A Grécia situou a indagação antropológica inicialmente no contexto da metafísica e posteriormente no da ética. Na Idade Média, a questão antropológica continuou integrada na doutrina sobre os entes e o mundo. Somente com a Modernidade se inicia uma problematização nova sobre o humano, promovida por um despertar inopinado da subjetividade. No século XIX, a reflexão antropológica se diversificará e dará seus primeiros passos além da perspectiva do espírito, até então dominante. Disciplinas de ordem científico-natural aproximam-se do humano, utilizando uma metodologia completamente distinta da filosófica. Será no século XX, muito em proximidade com as crises históricas que o povoam, que se corrigirá o excesso de "antropometria", e as aproximações filosóficas do humano recebem o prestígio perdido. Capacidade simbólica e linguagem, historicidade, sociabilidade, existencialidade, novos tópicos da psique, personeidade, estrutura de conduta e etnológica, dimensão instrumental da razão, matriz cultural... eis aqui somente alguns dos apontamentos que se foram acrescentando ao discurso sobre a realidade humana, quando este não era desautorizado por posições críticas à antropologia, como o eram o estruturalismo e suas versões derivadas.

Também no início do terceiro milênio, a pergunta sobre o humano possui suas próprias conotações. Em seguida, são apontados, em grandes traços, três conjunturas, não as únicas, que estão matizando a questão antropológica contemporânea:

1. *Conjuntura geopolítico-econômica da pobreza.* A comunidade mundial está fragmentada. O "norte" e o "sul" aumentam sua assimetria. As fraturas, entre outras causas, procedem de desequilíbrios político-econômicos geradores de instabilidade real ou potencial penosamente tolerável a longo prazo. As bondades do processo da globalização parecem incidir só muito parcialmente. As expectativas de um mercado único não se compadecem com a situação de emergência humanitária que sofrem massas enormemente numerosas de muitas regiões do mundo. As assim consideradas "periferias" da sociedade mundial – criadas pela fraqueza econômica provocada ou endêmica, pelo atraso em sua incorporação no desenvolvimento tecnológico ou por sua resistência a identificar-se com o modelo cultural norte-ocidental – são estatisticamente o "centro" quantitativo e qualitativo da realidade mundial. Desse modo, quando se quer atualizá-la, a questão antropológica deve ser formulada *a partir de baixo*, quer dizer, a partir da perspectiva do ser humano majoritário que se coloca diante de si mesmo e diante do sentido de sua existência dentro das circunstâncias que a pobreza lhe impõe. Da maneira como o estão reivindicando as teologias da libertação, a questão antropológica deve voltar a enfocar seu interesse pelo "não-homem", pelo ser humano contra o qual se tenta arruinar até a sua dignidade. O desfavorecido constitui-se, então, em porta-voz de uma crítica mordaz a toda antropologia de escassa sensibilidade para com a depauperação injusta que assola o mundo.

2. *Conjuntura tecnológica.* A questão antropológica está hoje estimulada pelos desafios que o desenvolvimento tecnológico lhe impõe. O "natural" a passos acelerados perde os contornos de seu perfil diante do "artificial", de maneira que também o "inventor da artificialidade" está forçado continuamente a redefinir o que nele supõe a proporção entre natureza e cultura. A engenharia genética, depois da eclosão da informática e da robótica, representa atualmente a ponta de lança das dimensões insuspeitas que a terceira evolução industrial adquiriu. O acesso ao patrimônio genético e a intervenção nos mecanismos hereditários da vida, fornecendo inclusive suas técnicas ainda insuficientes, aparecem como a possibilidade hercúlea de dar forma a um novo planeta. Com isso, a tecnologia pergunta a seu próprio artífice pelos fins da civilização científico-técnica e responsabiliza-o como nunca até agora. A dificuldade é que o portador dessa responsabilidade superdimensionada é a humanidade inteira, porque é a humanidade inteira a vítima, em última instância, do desenvolvimento e da aplicação indiscriminados da tecnologia. Abre-se assim o turno a um diálogo de escala inédita sobre *o que é inegociável, quando se nos pede a tarefa de apresentar o humano*, para o que a humanidade mesma se sente só remotamente preparada.

3. *Conjuntura multicultural.* A humanidade contemporânea é consciente de seu cosmopolitismo e multiculturalidade, até o ponto de aceitar que a diversidade é uma das notas características do mundano. Prova-o o fato de que as culturas minoritárias a ponto de extinguir-se – como é o caso das quatro mil culturas indígenas ainda sobreviventes – são hoje objeto de proteção, quando em outros momentos foram pasto da invasão violenta das culturas de maior êxito. A valorização da alteridade cultural influi na maneira de realizar, no presente, a questão antropológica. É indubitável que a reflexão antropológica atual deve enfrentar-se, dentro do contexto europeu, com uma cosmovisão que sublinha a mutabilidade, o pragmatismo, determinada aversão antimetafísica e o imanentismo. Mas uma cosmovisão assim não vai além de ser local, condicionada por algumas encruzilhadas históricas específicas. A reflexão antropológica ocidental, por conseguinte, deveria peregrinar para outras cosmovisões de propostas alternativas e deixar-se questionar por categorias distintas.

III. Tarefas abertas para uma teologia que queira ser antropológica. Para que no cenário anterior se possa firmar o discurso cristão sobre o ser humano, o que se segue é descrever, em primeiro lugar, o estilo próprio com o qual a teologia se faz eco da questão antropológica. A antropologia teológica sonda o humano, rastreando nele aquilo que reside, não em qualquer de seus níveis de realidade, mas nesse manancial radical sobre o qual seu ser estabelece o pivô. Portanto, não deseja construir um discurso que se conforme somente com aspectos parciais da realidade humana. Está atrás de sua *totalidade.* Nem sequer pratica uma metafísica que esteja à caça de uma causa objetiva imanente à própria realidade humana. Em geral, para a teologia, o real fica insuficientemente explicado com um *quê.* Por trás do mundo e do ser humano se vislumbra antes um *quem,* uma causa subjetiva que tinge o todo de *intencionalidade.* Isso faz com que a antropologia teológica tenha certo modo de proceder particular em seu próprio perguntar. Uma caracterização mínima desse estilo poderia ser a seguinte:

1. *Caráter mediato da resposta à pergunta antropológico-teológica.* Refletir antropológico-teologicamente é examinar a realidade humana a partir do ponto de vista da revelação que, em princípio, se situa *fora* dela. Ao praticar antropologia teológica, se efetua algo distinto da mera investigação fechada que suspeita de qualquer fator alheio ao objeto de estudo, por considerá-lo como interferência ou impureza metodológica. Ao contrário, a antropologia teológica parte do pressuposto de que a identidade do ser humano é *dada a conhecer,* não é diretamente conhecível. É uma identidade que se conhece em diálogo. Essa outra realidade que permite vislumbrar a radicalidade da própria realidade é a que genericamente se chama "Deus". A partir do divino se resolve o *que,* o *quem* e o *para que* do ser humano. Esse trajeto indireto para a consciência está refletido em algumas das experiências de conversão que o Novo Testamento oferece. É o caso de Pedro, que se reconhece a si mesmo como "ser humano pecador" (Lc 5,8) diante de Jesus, na pesca milagrosa. O discípulo descobre-se contingente em sua totalidade, graças a seu mestre, e através dele, não antes; é o mestre que, a partir de fora, consegue provocar a resolução de uma busca latente em seu discípulo, até então improdutiva. Esse caráter mediato da resposta à pergunta antropológico-teológica fica exemplificado também na simbologia interna da parábola do filho pródigo (cf. Lc 15,11-32). O que aí se narra, basicamente, é a habitual aventura humana da busca da própria identidade. Aqueles que estão nesse processo – os filhos – pretendem realizá-la por *separação* com relação ao pai comum: externa, no caso do filho menor; interna, no caso do filho maior. A parábola avisa que, desse modo, o processo de busca acaba fracassando. Somente com a restauração da relação de pertença ao pai, quer dizer, a partir de uma referência exterior a ambos os filhos, é que os dois podem articular melhor a resposta à sua identidade última.

2. *Dimensões teológicas e cosmológicas da antropologia teológica.* Para a teologia, a realidade humana somente é abarcável a partir de sua dupla e simultânea referencialidade a Deus e ao mundo. Ao ser humano são constitutivas uma verticalidade transcendente e uma horizontalidade imanente. A antropologia teológica, em uma palavra, quando trabalha a questão antropológica, tem diante de si o triângulo *Deus-Ser Humano-Mundo.* Não abstrai o vértice humano para analisá-lo independentemente. Se a teologia atomiza a reflexão antropológica – como, de fato, tem acontecido na história – infligiria grave distorção à compreensão da realidade humana. A questão antropológica, portanto, se comunica com as questões teológica e cosmológica, embora entre elas existam delimitações precisas e ordenamento qualitativo.

3. *"Pathos antrópico" da reflexão antropológico-teológica.* Além de seus objetos material e formal, a antropologia teológica parte metodologicamente de uma premissa antropológica que está sugerida na revelação e que, por isso, é imune a todo antropocentrismo. A teologia vétero e neotestamentária da criação subscreveria que a realidade é merecedora mais de aprovação que de condenação; e, dentro dessa realidade, aceitaria que o humano não somente é acontecimento extraordinário, mas também *positivo* para todo o cósmico e histórico. A reflexão antropológico-teológica participa desse *pathos.* A partir dele, o humano não é um episódio colateral da realidade nem sequer um bucle genérico, bem-sucedido e estranho. A constituição criatural do ser humano é

tal que o divino encontra nele alteridade. E, por isso, essa alteridade ultimamente não pode ser frustrada. Daí que as afirmações da antropologia teológica estejam tecidas a partir do pressuposto de que a realidade humana tem saída. Se for verdade que "o mundo inteiro jaz no mal" (1Jo 5,19), também é certo que a crise da história humana está aberta à *metanoia*, quer dizer, à atividade dialogal de Deus nela. O humano, apesar do claro-escuro do deambular histórico de sua liberdade, é digno do olhar escrupulosamente providente de Deus (cf. Mt 6,25-34; At 27,34) e de um beneplácito que marca a história. Ou seja: "Temos sido agraciados com preciosas e grandes promessas para que chegueis a ser partícipes da natureza divina" (2Pd 1,4; cf. 1Jo 3,1-2).

A partir dos pressupostos anteriores, as tentativas de resposta à questão antropológica, tal como direta ou indiretamente esta tem sido recolhida na teologia, consolidaram-se historicamente em temáticas muito diversas. Umas tocaram as condições apriorístico-transcendentais do ser humano, enquanto em referência a Deus. Outras se fixaram nas circunstâncias aposteriorístico-categoriais, nas quais se encaixa sucessivamente o homem enquanto crente. Eis aqui um elenco dos pontos fortes de reflexão que sobressaíram ao longo da gestação do patrimônio especulativo da antropologia teológica: a) as contribuições da antropologia bíblica e sua singularidade diante da grega; b) a compreensão vétero e neotestamentária do ser humano como *imago Dei*; c) a constituição criatural do ser humano e a relação criatural deste com o mundo; d) a dualidade corpóreo-espiritual do ser humano e a articulação de um discurso escatológico que salve a unicidade do ser humano; e) a importância qualitativa das dimensões volitiva, intelectiva e afetiva na determinação última da realidade humana; f) a implicação entre as transformações da *imago Dei* primigênia e os momentos da história salvífica (teologias dos estados pré e pós-queda); g) a superação de uma compreensão extrinsecista da relação entre o natural e o sobrenatural; h) a falibilidade da liberdade humana para amar e a compreensão das dimensões transpessoal, pessoal e social do pecado; i) o processo de transformação existencial que induz a experiência de Deus (agraciamento, justificação); j) as implicações antropológicas da *cristificação* como humanização plena (seguimento, virtudes); k) as consequências antropológicas de concepções globais do humano nascidas na Modernidade (ouvinte da Palavra, pessoa, ser comunitário-político, transformador criativo de seu meio, realidade sexuada, produtor cultural etc.).

Cada uma destas temáticas desenvolve, com ênfases distintas, a tríplice realidade criada, pecadora e cristiforme que é o ser humano. E não se encontram irremissivelmente esgotadas naquilo que, no fundo, estão tratando. O que é mais digno de revisão é seu instrumental terminológico, bem como seus ângulos de observação. Por isso, diante dos matizes atuais que a questão antropológica adota, a antropologia teológica é chamada a ampliar os significados de suas afirmações fundamentais.

Diante da fragmentação política e econômica, a escala planetária, que delata a presença chamativamente contundente do desfavorecido, a reflexão antropológico-teológica teria de voltar a pensar a questão antropológica, assumindo um dado cristológico de primeira magnitude: *Jesus habita a marginalidade de seu tempo histórico*. Propõe a seus contemporâneos uma descentralização para a cosmovisão da boa-nova, em princípio transparente para os pobres (cf. Lc 4,18). Tanto que, de fato, o juízo sobre a história versará fundamentalmente sobre o peso que temos adjudicado à marginalidade, sobre o quanto fizemos a "um destes meus irmãos mais pequeninos" (Mt 25,40). O reino é o desafio à desesperança que faz submergir as margens. A marginalidade é um espaço de horizontes enclausurados e esmagadores, espaço habitado por "fatigados" e sobrecarregados" (Mt 11,28), em princípio, intransitável para qualquer esperança, mesmo intramundana. Quando Jesus proclama o senhorio de Deus justamente dentro desse espaço, revoluciona toda a colocação da questão antropológica, porque recupera para ela um sujeito – o desesperado – que não é a exceção, mas a norma na história humana. Uma antropologia teológica atualizada deveria assumir com mais convicção, portanto, o desafio que a teodiceia continua colocando. Teria de assessorar-se das metodologias de análises da realidade – como, por exemplo, as próprias das ciências políticas, sociais e econômicas, ou das ciências da informação – para perceber melhor a procedência objetiva do desmembramento não solidário do planeta.

O triunfo da razão instrumental no Ocidente está sendo seriamente revisado em todos os seus pressupostos. O resultado é que se promove uma releitura do humano a partir da chave de sua mundanidade em duas direções distintas. Por um lado, a crise ecológica delatou a inviabilidade da sociedade industrial e transtornou os termos da questão antropológica, excessivamente carregada de hipotecas antropocêntricas. A hecatombe do meio ambiente influi em que a busca de sentido para a vida seja, de certo modo, postergada. Entende-se que é uma frivolidade especular sobre o substrato metafísico da existência humana, quando o puramente físico está em estado de emergência. O que supõe, para a antropologia teológica, não somente aprofundar na condição de criaturidade do ser humano, com o objetivo de resgatar todo o seu potencial realista e crítico diante da unidimensionalidade do *homo faber*. Representa também insistir na condição humana de co-criaturidade, quer dizer, na dignidade criatural do mundo e na integração deste na dinâmica salvífica da história. Isso implica revisar o programa secularista da cultura ocidental, responsável pelo estranhamento do homem com relação ao mundo, de consequências virulentas para ambos. Por outro lado, simultaneamente volta-se a reconhecer que o real está muito mais "encantado" do que se suspeitava, em menoscabo da pretensão de monopólio que a racionalidade científico-técnica reclamava para si. A nova ordem do dia da epistemologia é que há outras racionalidades que podem ter acesso à compreensão da realidade. Esta mostra mais de si quando vem tratada não analítica, mas sinteticamente. As dobras ocultas do real, em todas as suas variantes micro e macrofísicas, acham-se inter-relacionadas e exigem de qualquer investigação a adoção de um ponto de vista holístico. Para a teologia, isso constitui um estímulo para aprofundar em algumas das propostas antropológico-teológicas clássicas. Aí convém desdobrar tanto a legitimidade como a pretensão de verdade que têm as manifestações da dimensão espiritual e humana, excessivamente desprestigiadas por antropologias unilaterais que abordam o religioso como pura irracionalidade estéril. Convém também animar a investigação daquilo que unifica a multiplicidade em que se apresenta o fenômeno humano e o que o preserva de uma segmentação (supostamente científica ou inconfessadamente ideológica) que, no final das contas, aniquila sua idiossincrasia.

A antropologia teológica, finalmente, só pode apresentar-se em contexto multicêntrico e plural, aprofundando, em seu distintivo, o radical cristológico de sua visão do ser humano. A cristologia denuncia o inumano e delata, ao contrário, o inconfundivelmente humano. A cristologia não somente exerce função crítica com relação a toda antropologia, mas também ajuda a detectar, lá onde brota, aquilo que pode ser confessado como humano em qualquer antropologia das elaboradas em âmbitos distintos dos do cristianismo. Dessa maneira, a antropologia teológica, guiada pelo potencial transcultural do mistério cristológico, deve deixar-se traduzir a outros contextos e, ao mesmo tempo, há de permitir que seja interpretada por visões do humano elaboradas a partir de circunstâncias culturais díspares.

R. Bultmann, *Creer y comprender*, Madrid, 1974; F. Elizondo, "La antropología teológica y el pensar actual sobre lo humano": *Revista Española de Teologia* 53 (1993), 209-240; J. I. González Faus, *Proyecto de hermano. Visión creyente del hombre*, Santander, Sal Terrae, 1987; L. F. Ladaria, *Teología del pecado original y de la gracia. Antropología teológica especial*, Madrid, BAC, 1993; G. Langemeyer, em W. Bienert (ed.), *Glaubenszugänge. Lehrbuch der Katholischen Dogmatik* III, F. Paderborn, Schöningh, 1995, 496-622; G. L. Müller, *Dogmática. Teoría y práctica de la teología*, Barcelona, Herder, 1998, 103-153; D. A. Pailin, *El carácter antropológico de la teologia*, Salamanca, Sígueme, 1995; W. Pannenberg, *Antropologia en perspectiva teológica*, Salamanca, Sígueme, 1993; O. H. Pesch, *Frei sein aus Gnade. Theologische Anthropologie*, Freiburg i. Br., Herder, 1983; J. L. Ruiz de la Peña, *Teología de la creación*, Santander, Sal Terrae, 1986; ID., *Imagen de Dios. Antropología teológica fundamental*, Santander, Sal Terrae, 1988; ID., *El don de Dios. Antropología teológica especial*, Santander, Sal Terrae, 1991[2].

Francisco José Ruiz Pérez

APÓCRIFOS

I. Canônico e apócrifo. O termo "apócrifo" – ou "literatura apócrifa" – é compreendido hoje em dia a partir do conceito oposto: "livro ou literatura canônica". Um livro "canônico" é o que foi aceito como sagrado pela Igreja (ou também pelo judaísmo, quando se fala do Antigo Testamento) e merecedor de fazer parte do número de textos que constituem a Bíblia em suas duas partes, Antigo e Novo Testamento. O que se entende, então, por "apócrifo"? Se nos ativermos ao significado que este vocábulo tem hoje em dia, a resposta é simples: "o contrário de canônico", não sagrado; portanto: escrito não admitido na lista de livros da Bíblia (Antigo Testamento/Novo Testamento), embora com pretensões de estar nela por seu tema, gênero ou pretensão de autoria.

No entanto, para chegar a essa significação, o vocábulo "apócrifo" passou por uma série de etapas. O termo aparece já em Ireneu de Lyon (por volta de 180 d.C.) e deriva do grego *apokrýptō*, que significa "ocultar". Em princípio, um livro "apócrifo" é aquele que convém manter oculto por ser demasiado precioso, não apto a cair em mãos profanas. Também se designavam com o vocábulo "apócrifo" os livros que procediam ou continham algum ensinamento "secreto". Assim, certos filósofos da antiguidade afirmavam que suas doutrinas procediam de livros secretos orientais (gr. *apókrypta biblía*). Essa primeira acepção aparece como normal em escritores eclesiásticos cristãos dos primeiros séculos, como Clemente de Alexandria (*Stromata* I, 15,69,6). Rapidamente, no entanto, e precisamente porque tais livros eram utilizados por grupos mais ou menos separados da grande Igreja, o vocábulo apócrifo adquiriu o sentido de "espúrio" ou "falso". Assim, já em Ireneu de Lyon, ou em Tertuliano (por volta do ano 200). A partir de tais autores, se generalizou essa acepção até hoje.

A lista dos apócrifos do Antigo Testamento e do Novo Testamento depende, como já indicamos, da definição do "cânon" por parte da Igreja. O processo de formação do cânon do Antigo Testamento é obscuro e complexo. A determinação do cânon judaico básico (22 livros do Antigo Testamento) procede provavelmente dos anos 90-100 d.C. e teve lugar por uma declaração de Gamaliel II e seus colegas em Yabné (Yamnia). A Igreja cristã, no entanto, não se sentiu obrigada a aceitar esta lista tão breve e continuou utilizando como sagrados/canônicos os livros da versão dos LXX (num total de 42 livros, incluindo os "deuterocanônicos"). A decisão formal só foi tomada no Concílio de Trento (1546).

A formação do cânon do Novo Testamento é igualmente complexa, lenta e cheia de altos e baixos. Até o final do século II, no entanto, as igrejas admitiam como "livros sagrados", por uma espécie de consenso, quase o mesmo número de livros que temos hoje em dia. No final do século IV, pode-se dizer que já está fixo o cânon como é hoje, eliminadas as dúvidas. Mas deve-se esperar igualmente até o Concílio de Trento para que a lista fique sancionada oficialmente.

II. Apócrifos do Antigo Testamento. 1. *Enumeração.* Não é necessário fazer uma enumeração exaustiva das 65 obras ou fragmentos, aproximadamente, que compõem este legado da literatura judaica helenística, também denominada "intertestamentária". Apresentaremos somente os mais significativos desses escritos que constituem na realidade uma verdadeira Bíblia (do Antigo Testamento) fora da Bíblia.

Há, em primeiro lugar, um bloco de salmos e orações: *Salmos de Salomão*; *Oração do rei Manassés*; *Cinco salmos de Davi*; *Oração de José*.

Em segundo lugar, encontramos um bom número de escritos que complementam ou reelaboram livros e temas conhecidos pelo Antigo Testamento canônico: assim, o livro dos *Jubileus* ou *Pequeno Gênesis*, assim chamado porque expande alguns capítulos deste livro; também as *Antiguidades bíblicas* do Pseudo-Filão, que volta a contar a história sagrada desde Adão até Davi; a *Vida de Adão e Eva*; *Paralipômenos* ou "restos" da *História de Jeremias*; os *Livros 3 de Esdras e 3 e 4 dos Macabeus* (este pode entrar também com pleno direito no grupo de "escritos sapienciais" que mencionaremos depois); *Martírio de Isaías*; *Novela de José e Asenet*; *Vida dos Profetas*. Chegou até nós também um ciclo completo com profecias de Henoc, "o sétimo varão depois de Adão", que se compõe, por sua vez, de diversas obras transmitidas em língua etíope, em antigo eslavo ou hebraico, e que se denominam *Livros 1, 2 e 3 de Henoc*. Temos também um grande bloco de apocalipses ou revelações, como o *Livro 4 de Esdras*; os *Apocalipses* sírio e grego de *Baruc*, discípulo de Jeremias; os *Apocalipses de Elias, Sedrac, Adão, Abraão, Ezequiel, Sofonias* etc.

Há outro grupo que hoje se denomina literatura de "testamentos", porque todos os seus componentes se acomodam, mais ou menos, a certo tipo de gênero literário já conhecido desde o *Gênesis*, a saber: uma grande figura religiosa reúne os seus descendentes na hora da morte, que conhece por revelação divina, conta-lhes os fatos mais importantes de sua vida, os orienta sobre o modo reto de proceder, os exorta a cumprir os mandamentos da Lei e termina com algumas predições sobre o futuro. Os mais importantes destes "testamentos" são os dos *XII Patriarcas*, o *Testamento de Jó* e o de *Salomão*. Possuímos também os *Testamentos de Moisés e de Adão*.

Outro grupo importante é a literatura sapiencial; nele se encontram os *Livros 3 e 4 dos Macabeus* e o chamado *Menandro siríaco*. Existe também dentro destes escritos uma miscelânea em bloco que agrupa obras muito variadas: desde fragmentos de um autor trágico judeu, Ezequiel, que escreveu, entre outras obras, uma tragédia sobre o *Êxodo*, até fragmentos quase perdidos de uma história de *Eldad e Medad*, passando pelas *Sentenças* e provérbios do *Pseudo-Focílides* e os famosos *Oráculos sibilinos*, quer dizer, restos de antigas profecias pagãs reelaboradas por judeus e, depois, por cristãos.

2. *Ulteriores precisões terminológicas.* No âmbito protestante/evangélico, esses textos que acabamos de mencionar não se denominam "apócrifos". Para os protestantes, os *apócrifos* do Antigo Testamento são os livros que aparecem na tradução grega, muito antiga, da Bíblia, que chamamos dos LXX, mas que não foram aceitos finalmente no cânon judaico. São eles: *Sabedoria, Ben Sirac* ou *Eclesiástico, Tobias, Judite, Macabeus* e os *Apêndices a Daniel* e *1* e *2 Macabeus*. Para os católicos, no entanto, estes livros não são "apócrifos", quer dizer, falsos, mas verdadeiramente canônicos, embora de segunda fila: por isso são chamados freqüentemente de "dêutero-canônicos". Os livros da literatura judaico-helenística que enumeramos na seção anterior são denominados pelos protestantes "pseudoepígrafos", vocábulo grego que quer dizer livros com nome falso de autor.

3. *Autores. Pseudonímia.* Como podemos deduzir de muitos de seus títulos, *Vida de Adão e Eva* ou o *Testamento dos XII Patriarcas, Apocalipse de Elias* etc., muitas destas obras trazem a denominação de conhecidos personagens do passado israelita. Porém, a mais elementar crítica histórica, interna e externa, derruba por terra as pretensões de tal autoria. Todos esses escritos são, na realidade, anônimos, melhor dizendo, pseudônimos. Seus verdadeiros autores não se atreveram a estampar seus nomes reais na frente de suas obras, mas preferiram escudar-se no amparo e sob o escudo protetor do nome de veneráveis antepassados. Esse fenômeno da pseudonímia pode parecer estranho para a mentalidade moderna, motivo pelo qual se têm ensaiado diversas explicações. Em primeiro lugar, é necessário assinalar que a ocultação da verdadeira autoria não é traço peculiar desses escritos apócrifos judaicos (ou cristãos), pois conhecemos outros casos na antiguidade greco-latina e egípcia. Sem ir mais longe, a própria Bíblia canônica atribui grande parte do Saltério ao rei Davi e toda a literatura sapiencial a Salomão, embora deles não procedam, na verdade, mais do que algumas composições. Igualmente, o *Deuteronômio*, vários séculos posterior a Moisés, o declara como seu autor. E no

Novo Testamento encontramos o mesmo fenômeno. O mais conhecido, e quase universalmente aceito, é o das *Cartas Pastorais*, compostas por um discípulo do apóstolo Paulo e depois atribuídas à pena deste. O primeiro grande editor moderno dessa literatura intertestamentária, R. H. Charles, opinava que a explicação da pseudonímia podia ser encontrada nos fatos seguintes: no século III a.C., momento em que começam a ser gerados esses apócrifos, a lei divina (a *Torah*) era já algo absolutamente fixo, inamovível e canônico. Ao mesmo tempo se havia estendido a firme opinião de que a revelação escrita era coisa do passado, que a "sucessão dos profetas" já havia terminado em Israel (Flávio Josefo, *Contra Apião* I, 37). Por conseguinte, os escritos de teor teológico, as novas revelações aos particulares que ampliavam, precisavam e afinavam ou, às vezes, contradiziam as Escrituras anteriores, não podiam pretender o título de "santas", de "inspiradas pela divindade", a menos que procedessem da pena de veneráveis personalidades do passado em cuja época ainda havia "profecia", quer dizer, revelação de Deus aos seres humanos. Portanto, aqueles que pretendiam o reconhecimento religioso de suas obras não tinham outro remédio que ampará-las sob o nome de um autor ou figura do passado.

A essas explicações por circunstâncias objetivas se pode acrescentar o fato de que os autores dessas obras se sentiam, na realidade, aparentados com os personagens de épocas anteriores, já que formavam com eles o que se veio a chamar de "personalidade corporativa". Assim como Moisés podia repartir uma porção de seu espírito com os que haveriam de sucedê-lo (Nm 11,25-30) – e Eliseu se contentava com receber a "metade do espírito e poder de Elias" (2Rs 2,10), ou João Batista haveria de "caminhar no espírito e poder de Elias" (Lc 1,17) – da mesma maneira os autores desses apócrifos se sentiam realmente possuidores e continuadores do mesmo Espírito que havia animado e impulsionado seus gloriosos predecessores. Dar-nos conta dessa convicção leva-nos a concluir que os desconhecidos autores dessa literatura intertestamentária não eram profissionais da falsidade e do dolo. Embora custe compreendê-lo hoje, não parece que pretendessem enganar positivamente os seus leitores, forjando uma autoria a todas as luzes "falsa", segundo nosso modo de julgar. Estavam, então, convencidos de que o escrito que atribuíam a um autor do passado estava composto no mesmo espírito daquele e podia ser-lhe atribuído sem dolo.

4. *Lugar de procedência. Motivos de sua composição.* Em que solo vieram à luz esses escritos? Com muito poucas exceções (*Novela de José e Asenet; Oráculos sibilinos* judaicos que procedem do judaísmo do Egito), parece, por seu conteúdo e temática, que o lugar sobre o qual brotou esse pretenso prolongamento do Antigo Testamento foi a Palestina.

O nascimento dos apócrifos veterotestamentários sem dúvida deveu-se, à ausência de novos profetas em Israel, uma vez consumada a volta do desterro, e à necessidade de acomodar a tempos difíceis a mensagem já estereotipada dos hagiógrafos do passado. Sem dúvida, também deve ter influído em seu nascimento o conjunto de circunstâncias históricas que motivaram o levante dos Macabeus no século II a.C. A história desse período pode iluminar o porquê do nascimento dessa literatura apócrifa. Desde a morte de Alexandre Magno, no ano 323 a.C., a Palestina se viu submetida, a muito pesar seu, a um processo incomparável de helenização. Comprimida entre duas potências, o Egito dos Ptolomeus e a Grande Síria dos Selêucidas, não podia ficar ausente da grande corrente helenizadora que invadia a bacia mediterrânea. Pouco a pouco, o país foi-se dividindo intelectual e afetivamente em dois grupos de tamanho muito diverso. Um, formado pela aristocracia, pelos ricos comerciantes e pela elite sacerdotal, bastante disposto a deixar-se invadir pelas idéias helênicas, que deviam aparecer a seus olhos como verdadeiro modernismo. Outro, muito numeroso, constituído pelas camadas inferiores do sacerdócio e pela maior parte do povo, que via na aceitação do ideário helenístico o grande inimigo do ser religioso próprio de Israel. A grande batalha começou, de fato, como se sabe, quando os irmãos Macabeus se levantaram em armas para rechaçar as terríveis imposições do rei selêucida Antíoco IV Epífanes. Este pretendia acabar, sem mais nem menos e em assalto definitivo, com uma nação teocrática de religião muito particular e exclusivista, que resistia a integrar-se em seu império.

Essa situação de luta e angústia, que já vinha de longe e se prolongava mais que o desejado, contribuiu poderosamente para a formação de grupos de "piedosos" (em hebraico *hasidim*), que lutavam por manter-se fiéis à Lei e à sua entidade nacional, como povo teocrático. Entre esses "piedosos" se destacaram os fariseus e os essênios. Destes grupos de "piedosos" e de outros semelhantes de clara mentalidade apocalíptica é que nasce o desejo de prolongar a vida espiritual e a mensagem do Antigo Testamento, e foi isso que conduziu à produção dos apócrifos. Na realidade, sociologicamente considerados, esses escritos não tentavam mais do que contribuir para salvaguardar a própria essência religiosa nacional de Israel. Por esse motivo, embora dirigidos em princípio a grupos reduzidos, seletos, os apócrifos não constituem uma literatura de marginalizados, mas de amplos círculos populares que em tempos de crise se nutriam dela espiritualmente. Entre os manuscritos de Qumrã, eles apareceram em profusão. Jesus e os primeiros cristãos, sem dúvida, também devem ter vivido imersos nesse ambiente espiritual que se formava tanto pela contínua leitura do Antigo Testamento como pelos comentários da escola e da sinagoga que bebiam desse tipo de literatura pseudônima, quase sagrada.

5. *Temática e teologia dos apócrifos do Antigo Testamento*. Com Paulo Sacchi – o editor italiano dessa literatura – podemos dizer que os problemas que angustiavam as mentes judaicas da época eram os seguintes: a existência do mal e sua origem; as relações que os israelitas deviam manter com os pagãos; a justiça de Deus neste mundo e o sofrimento e fracasso aparente dos justos; a urgência da salvação e a figura que haveria de executá-la; o messias; o destino futuro do ser humano: imortalidade ou não da alma, a ressurreição, o julgamento futuro; a liberdade do ser humano e de Deus, apesar da predestinação; a tentativa de plasmar uma ética interior que pudesse dar vida aos múltiplos preceitos da Lei e conduzisse à salvação; os desejos de justificação, partindo de um estado de pecado.

Modelados por todas essas preocupações, os apócrifos veterotestamentários desenvolvem certa visão do mundo, um estilo espiritual que varia um pouco, naturalmente, de alguns escritos para outros, mas que mostra os seguintes traços comuns: 1) Espera-se e crê-se febrilmente em um fim do mundo muito próximo, no qual haverá lugar a libertação de todos os justos. As épocas anteriores foram preparação; aquela na qual vive o escritor é a final. 2) Este fim do mundo será uma grande catástrofe cósmica: haverá grandes guerras e conflagrações, todo o universo se comoverá, mas no final os justos vencerão. 3) O tempo divide-se em dois grandes períodos: um, o presente (com toda a sua história anterior), mau e perverso, dominado pelo espírito do mal, adversário da divindade; outro, o futuro, regido por Deus, no qual os justos haverão de viver vida paradisíaca e feliz. 4) O período presente evolui irremissivelmente para o futuro, segundo o esquema predeterminado pelo plano divino. 5) O espaço entre a divindade e o ser humano está povoado por seres intermediários, anjos e demônios, que influem no comportamento do homem e do mundo. 6) Espera-se a chegada de um salvador, ou messias, garantia e executor da salvação. Será o rei davídico anunciado pelos profetas, o herói que aniquilará militarmente os inimigos de Israel, mas antes de tudo o juiz supremo e príncipe da paz. O messias, ao terminar o período mau, abrirá de novo o paraíso de par em par para os justos. Deus oculta, durante um tempo, o seu ungido, mas no final aparecerá indefectivelmente. 7) A glória é o estado definitivo do justo: para a maioria dos apócrifos, do israelita piedoso; para alguns, de todo ser humano justo.

Essa visão da história e do seu processo é manifestada pela divindade diretamente aos autores dos apócrifos. As revelações adquirem normalmente a forma de sonhos ou visões. Muitas vezes, um "anjo intérprete" acompanha o visionário, o qual esclarece, explica, dita, ou inclusive escreve o conteúdo da revelação. Esta deve ser guardada, a maioria das vezes, para ser lida por alguns poucos escolhidos; em outras, se revelará no momento oportuno. Os sonhos e visões têm frequentemente caráter simbólico: os povos, reis e reinos aparecem na figura de animais, montanhas, nuvens etc., e as especulações sobre o futuro tomam geralmente a forma de complicadas combinações numéricas. Outras vezes se relatam acontecimentos do presente como vaticínios postos na boca do autor do passado (o que se chama "vaticínios *ex eventu*"). Às visões e revelações – e às vezes unidas a elas – se acrescentam seções parenéticas (exortatórias), com reiteradas admoestações a viver conforme um ideal moral elevado em torno do cumprimento rigoroso da lei mosaica.

6. *Data de composição*. A data exata do nascimento de cada um deles é objeto de debate entre os editores e eruditos. Muitas vezes, é impossível delimitá-la com precisão, já que, na realidade, carecemos de dados sobre seus autores e nos vemos encaminhados às determinações que a análise dos próprios escritos, quer dizer, a crítica interna pode oferecer-nos. Mas, em linhas gerais, os investigadores estão de acordo em apontar um marco temporal amplo, que abarca de 200 a 250 a.C. a 150 ou 200 d.C. Um dos textos mais antigos é o chamado "Livro dos Vigilantes", que pertence ao ciclo do profeta Henoc e que pode provir do final do século IV ou início do século III a.C.; e um dos mais tardios dentre os importantes, desde o período imediatamente posterior à queda de Jerusalém diante das tropas do imperador Tito (70 d.C.), é o *Livro IV de Esdras*. O problema da datação complica-se, porque muitos desses apócrifos veterotestamentários, ou partes deles, chegaram até nós reelaborados e manipulados pelos cristãos que introduziam variantes ou acréscimos com fins apologéticos. Em todo caso, inclusive nos apócrifos mais recentes, já do princípio da era cristã, se contém grande quantidade de material tradicional, cuja pista pode ser facilmente rastreada até tempos anteriores a Cristo.

7. *Os apócrifos do Antigo Testamento e o cristianismo*. Os apócrifos/pseudoepígrafes do Antigo Testamento são muitíssimo mais importantes para a compreensão do cristianismo primitivo e para iluminar suas origens do que quaisquer apócrifos do Novo Testamento, pois esses escritos judaicos da época helenística constituem grande parte do alicerce, ou da base, que sustenta muitas das ideias religiosas que aparecem no Novo Testamento. Os criadores do movimento cristão viveram e formaram-se num ambiente religioso que se vê refletido nos apócrifos veterotestamentários. Não se pode explicar o nascimento do movimento religioso cristão, e de suas ideias peculiares, recorrendo somente a motivos literários e históricos do Antigo Testamento. Inclusive nos casos mais notórios de influência desse *corpus*, por exemplo, quando o Antigo Testamento

é citado expressamente no Novo, se vê submetido a uma exegese modernizadora no sentido da tradição judaica contemporânea. Os campos semânticos do Antigo Testamento são reelaborados e desenvolvidos de tal modo que a citação veterotestamentária propriamente, embora se encontre na origem, não desempenha mais do que o papel de fundo do significado pretendido pelo autor neotestamentário. Por isso, o significado exato da citação deve ser precisado com a ajuda das tradições contemporâneas da exegese e do pensamento teológico do judaísmo helenístico ao qual pertenciam os autores. À maneira de exemplo: a atmosfera e as ideias do capítulo 13 do Evangelho de Marcos – o chamado discurso escatológico – são semelhantes às dos profetas clássicos, mas não procedem diretamente deles, e sim de uma tradição apocalíptica viva e independente posterior a eles: a perseguição dos justos nos últimos dias (v. 11 ss), a vinda de um antimessias (v 6.22), as guerras e catástrofes finais (v. 14 ss; 24 ss), a chegada do Filho do homem (v. 26) etc. são temas recorrentes nessa literatura apócrifa intertestamentária, como seria fácil demonstrar (cf., por exemplo, 4Esd 8,61.63; 13,31; 2Br 27,7; 70,3.8; 85,10; OrSib 3,635; 1Hen 99,4 etc.).

Esbocemos somente, em rápida corrida, alguns dos temas neotestamentários principais que têm sua origem, ou seu conveniente esclarecimento, na literatura apócrifa do Antigo Testamento:

a) *A teologia do Filho do homem*. Esta aparece pela primeira vez no *Livro de Daniel* – na realidade, um apócrifo dessa época, já que foi composto por volta de 168 a.C. – e se desenvolve no *Livro das Parábolas*, ou segunda seção do *Livro 1 de Henoc*, especialmente nos capítulos 46-71, onde se menciona dezesseis vezes o Filho do homem. Também aparece no *Livro IV de Esdras*.

b) A *Epístola de Judas*, v. 14.15, cita o patriarca Henoc e atribui-lhe uma profecia que reflete literalmente 1Hen 1,9. Antes, nos v. 5-6, alude à tradição dos *anjos "vigilantes"* que pecaram com as filhas dos seres humanos, fazendo-se eco não somente de Gn 6, mas principalmente de 1Hen 6.10.

c) Doutrina típica dos apócrifos é a existência de uma *vida depois da morte* (negada, no entanto, pelo autor do *Eclesiastes* ou *Qoelet*, no século III a.C.), vida na qual Deus há de ministrar justiça, inexistente neste mundo, e que comporta a ressurreição, pelo menos das almas. Tudo isso apenas aparece no Antigo Testamento, mas encontra justa presença no Novo (por exemplo, em Lc 16,19-31 e nas palavras de Jesus ao bom ladrão, Lc 23,43 etc.). O Novo Testamento igualmente coloca a questão, junto com alguns apócrifos (como 2Br 49,2-3), sobre o corpo com que os mortos ressuscitarão e quanto se deve esperar até que seja vingado por Deus o sangue dos justos (4Esd 4,34-36; Ap 6,9-11). Do mesmo modo, a tese do estado intermediário das almas separadas do corpo depois da morte (seja ou não no purgatório, que é uma descoberta teológica posterior, do século III d.C. aproximadamente) na espera do juízo definitivo e a crença na intercessão dos justos falecidos em favor dos vivos, a chamada "comunhão dos santos", estão bem testemunhadas na literatura apócrifa judaica. Os novos céus e a nova terra, a nova criação e a nova Jerusalém, que aparecem profusamente no final do *Apocalipse*, correspondem a uma escatologia que se havia expressado já antes com toda a clareza na *Ascensão de Moisés* (cap. 10), por exemplo.

d) O gênero dos *"testamentos"*, abundante nesta literatura judaica, encontra-se também representado com a mesma estrutura no Novo Testamento. Assim, o discurso de adeus de Jo 13-17; a despedida de Paulo diante dos anciãos de Éfeso em At 20,17-35; a última ceia e palavras de Jesus em Lc 22,15-38, que são também um discurso de despedida, e finalmente o "testamento" de Pedro em 2Pd 1,13-15. Ao analisar a estrutura, os motivos e o interesse deste gênero literário nos apócrifos, compreendemos muito melhor como devemos entender os que aparecem no Novo Testamento.

e) O doloroso tema do *inferno*, com toda a sua imaginação de tormentos, fogo, lamentações etc., tal como se encontra no Novo Testamento, nós o encontramos anteriormente descrito, por exemplo, no *Livro 1 de Henoc*.

f) A *imagem de Deus* no Novo Testamento contém traços de considerável avanço na espiritualização com relação ao Antigo. Disso não há nenhuma dúvida. Mas também aqui o *corpus* cristão recolhe uma tradição depuradora que se havia tornado patente nos apócrifos veterotestamentários. Para os mais influenciados pela mentalidade grega, como os *Oráculos sibilinos* e os *Testamentos dos XII Patriarcas*, este Deus se torna "menos judeu", mais universalista, o que traz consigo como consequência que sua salvação alcance também a totalidade dos gentios. Já está muito próxima a ideia de que os israelitas hão de obter a salvação desse Deus misericordioso, não por seus próprios meios, mas por pertencerem à aliança. Daqui para o conceito da justificação pela fé, segundo o Paulo da *Carta aos Romanos* e *aos Gálatas*, só há um passo.

g) Outro âmbito no qual o Novo Testamento aparece em íntimo contato com esta literatura apócrifa é o da *angelologia* e da *demonologia* (veja-se, por exemplo, 1Hen 61,10). A recepção de suas ideias no Novo Testamento salta à vista, tanto nos Evangelhos como nas cartas (*Efésios*, por exemplo) e no *Apocalipse*.

h) O *pessimismo essencial* e o *forte dualismo* que percorre toda a ideologia do Novo Testamento, especialmente a do grupo joânico, tem seu fundamento claríssimo na teologia dos apócrifos veterotestamentários a esse respeito. A visão comum do Novo Testamento é de profundo dualismo escatológico:

o tempo acha-se radicalmente dividido em "este mundo" e o "mundo futuro"; existe também profundo dualismo ético: os seres humanos acham-se divididos entre bons e maus, que lutam entre si. Impera não menos o dualismo espacial, céu e terra, opostos como o passageiro e o eterno, o desprezível e o apetecível. São dois planos em si inconciliáveis. Todas essas ideias têm carta de cidadania antes do cristianismo.

i) Também o conceito de *reino de Deus*, tão fundamental na pregação de Jesus, tinha encontrado sua adequada preparação na teologia judaica anterior ao cristianismo.

j) O banquete eucarístico cristão, que para muitos há de aparecer como inovação radical do Novo Testamento, encontra surpreendente semelhança com o *banquete cultual* que se descreve indiretamente na *Novela de José e Asenet* (JeA), capítulo 8. Nesta novela, a conversão a Deus como passagem das trevas à luz recorda-nos imediatamente a mesma concepção em 1Pd 2,9 e a conhecida dicotomia joânica luz/trevas. O mesmo pode ser afirmado da oposição erro/verdade que aparece neste capítulo da novela. O trânsito da morte à vida, símbolo da conversão, leva-nos a Jo 2,24 e 1Jo 3,14. A renovação pelo espírito e a revivificação pela vida divina recordam-nos imediatamente ideias semelhantes em Hb 6,6; Rm 9,20 e Jo 6,36, entre outros textos do Novo Testamento. O banquete em si é muito parecido, em seus traços essenciais, com o banquete cristão: em ambos se ingere o pão da vida e se bebe o cálice bendito, ou "de salvação". O prêmio para a participação no banquete, em ambos os casos, é o mesmo: a imortalidade. A frase que aparece em outro capítulo de JeA (16,9), quando a heroína come do favo de mel que um anjo lhe oferece – "aquele que come desse favo não morrerá nunca" – encontra sua exata contrapartida, em formulação positiva e negativa, em Jo 6,50-51: "Eis o pão que desce do céu; aquele que comer deste pão viverá para sempre". E de modo semelhante, o descanso eterno que Deus preparou para seus eleitos, segundo este capítulo 8 de JeA, é substancialmente o mesmo que proporcionarão as "muitas moradas" que Jesus prepara para seus discípulos (Jo 14,1 ss).

III. Apócrifos do Novo Testamento. Podemos defini-los, por analogia com os do Antigo Testamento, como "aqueles escritos não admitidos no cânon do Novo Testamento, que por seu título ou afirmações se consideram iguais e exigem idêntica aceitação que os canônicos, pois, quanto à sua forma e gênero, imitam e seguem as formas e gêneros neotestamentários, embora em ocasiões acrescentem elementos estranhos a seu corpo de doutrina".

1. *Enumeração.* Consequentemente, os apócrifos do Novo Testamento se dividem em evangelhos, atos, cartas/epístolas e revelações ou apocalipses. Fica um pequeno resto em miscelânea como a *Pregação de Pedro* (*Kérygma Petrou*), obras poéticas (*Odes de Salomão*) e uma "novela" de aventura e sermões em torno da figura de Pedro, as chamadas *Homilias Pseudoclementinas*.

Entre os evangelhos, os mais importantes são: alguns fragmentos papiráceos como o *Papiro Egerton 2* e o *Papiro do Oxirrinco 840*; restos de obras perdidas conhecidas somente por citações dos Padres da Igreja, como os evangelhos dos *Nazarenos*, dos *Ebionitas*, dos *Hebreus*, dos *Egípcios*; outros evangelhos descobertos na cidade egípcia atual de Nag Hammadi em 1945: *Evangelho de Tomé*, *de Filipe*, *da Verdade*, ou em outros lugares, como o de *Pedro*. Conservamos também escritos de corte evangélico que cobrem ciclos da vida de Jesus, como relatos do nascimento e da infância (*Protoevangelho de Tiago*; *Pseudo-Mateus e Pseudo-Tomé*); evangelhos da paixão e ressurreição (*Evangelho de Nicodemos*, *de Bartolomeu*) e outros referentes sobretudo à vida da Virgem Maria, conhecidos como apócrifos assuncionistas (*Livro de João Evangelista* e *Livro de João, arcebispo de Tessalônica*).

Os *Atos dos Apóstolos* apócrifos podem dividir-se, por sua teologia e importância, em antigos e tardios. Entre os do primeiro grupo se destacam – por ordem cronológica provável – os *Atos de André, de Paulo, de Pedro, de João* e *de Tomé*. Entre os mais recentes, têm interesse os *Atos de Filipe* e os *de André e de Matias*.

Entre as cartas apostólicas, pouco numerosas, encontramos: *Aos cristãos de Laodicéia*, *Carta de Tito sobre a castidade*, *Carta apócrifa de Tiago*, *Carta dos Apóstolos* (*Epistula Apostolorum*).

Também os apocalipses não são abundantes: *A ascensão de Isaías* (apesar de seu título), o *Apocalipse de Pedro* e os *Oráculos sibilinos* cristãos formam praticamente a totalidade deles.

2. *Origem.* Uma frase do Evangelho de João (21,25) oferece-nos o fundo genérico dos impulsos que levaram a criar esses textos: "Muitas outras coisas Jesus fez que não estão escritas neste livro. Se fossem escritas uma por uma, penso que os livros sobre elas não caberiam no mundo". Igualmente, se considerássemos os *Atos dos Apóstolos* e as cartas do Novo Testamento, poderíamos afirmar algo parecido: são muito poucas as coisas que sabemos de seus personagens. Depois dos primeiros anos de vida sem Jesus, os cristãos perceberam a falta de ulteriores precisões sobre múltiplos pontos, biográficos e doutrinais, em torno de Jesus e de seus discípulos. Certas mentes piedosas dos primeiros séculos recolheram (ou forjaram) diversas tradições e lendas que deviam preencher tais lacunas, editando-as logo em forma de livro ou tratado. Com toda segurança, não se deve descartar tampouco o desejo de opor-se aos hereges – que defendiam doutrinas opostas – como outro dos impulsos que conduziram a plasmar os apócrifos do Novo Testamento. Um dito de Jesus, uma cena de sua vida ou

da vida dos apóstolos, uma revelação secreta que se torna pública no momento oportuno podiam servir de freio à proliferação de ideias estimadas como não ortodoxas. Igualmente, e pelo *contrário*, os apontados como hereges podiam fazer o mesmo – e de fato o fizeram abundantemente – propalando suas ideias por meio de evangelhos ou revelações secretas. Com relação aos evangelhos concretamente, não pode descartar-se, sem mais, que muitos dos que hoje denominamos "falsos" foram coleções de tradições orais sobre Jesus, que não tiveram a sorte de ser reconhecidas e aceitas geralmente, mas que eram talvez mais antigas. Em geral, todos os apócrifos neotestamentários se caracterizam por seu tom popular e legendário, outras vezes por seu teor críptico e esotérico, pelo gosto da transmissão de ditos e anedotas complementares ao Novo Testamento, além de desfrutar de secretas revelações. Independentemente de sua aceitação por muitos ou poucos, todos pretendiam ter a mesma categoria sagrada que a alcançada pelos escritos (canônicos) aos quais querem complementar ou suplantar.

3. *Temática*. O gênero evangélico apócrifo gira em torno da figura de Jesus, complementando, à base de exagerada fantasia, detalhes de seu nascimento, infância, juventude e paixão (nada de sua vida pública). Alguns desses textos são de nítido sabor judaico-cristão, como os evangelhos dos *Hebreus*, dos *Nazarenos* e dos *Ebionitas*. Os apócrifos da ressurreição (salvo o *Evangelho de Pedro*) costumam ser de tipo esotérico, quer dizer, revelações de Jesus depois da ressurreição a um apóstolo eleito (também o *Evangelho de Tomé e de Filipe*), e sua teologia corresponde à gnose do século II. Desta ideologia participam também, em maior ou menor medida, os evangelhos dos *Egípcios* e outros descobertos em Nag Hammadi.

Os *Atos apócrifos* exaltam a figura de certos apóstolos e (salvo os de *Paulo*) giram em torno de uma mentalidade claramente gnóstica e de uma exaltação, às vezes desmedida, da virgindade e da continência. O tom novelístico e de aventuras é visto frequentemente cortado por grandes discursos ou sermões nos quais se prega uma moral ascética até a morte.

As cartas são muito variadas em sua temática e em sua mentalidade, que vai desde o deuteropaulinismo (*aos habitantes de Laodiceia*) até a rigidamente ascética (*Carta a Tito*) ou claramente gnóstica (*Carta apócrifa de Tiago*). De corte igualmente gnóstico é a emocionada hínica cristã das *Odes de Salomão*.

Os *Apocalipses* são um pouco mais numerosos do que as Cartas. Os mais interessantes são os de data mais antiga. A *Ascensão de Isaías* narra as visões que o profeta, antes de ser cruelmente martirizado, tem da vinda de Cristo, da luta final deste contra o anticristo e do triunfo dos justos no paraíso. O *Apocalipse de Pedro* descreve com detalhes o além, o céu e o inferno. Os *Oráculos sibilinos* cristãos fazem referência a visões da Sibila sobre temas cristãos ou sobre eventos históricos da vida de Cristo ou de outros do cristianismo primitivo.

4. *Cronologia*. Com relação à data de composição desses escritos, devemos contentar-nos com indicar algumas margens cronológicas amplas, deduzidas de citações ou alusões a estes apócrifos em outros textos bem datados ou da crítica interna das próprias obras. Para o núcleo mais antigo dos evangelhos apócrifos, a crítica hoje está de acordo em assinalar um período em torno da metade do século II. Para alguns estudiosos de âmbito norte-americano (sobretudo H. Koester, J. D. Crossan e outros do denominado "Jesus Seminar"), o *Evangelho de Tomé*, o *Papiro Egerton 2* e o *Evangelho de Pedro* representariam, em seu núcleo mais íntimo, eliminados alguns acréscimos, uma tradição tão venerável como a dos Evangelhos sinóticos. Igualmente da metade do século II podem provir os atos mais antigos, os de *André*; provavelmente os de *Paulo e Pedro* foram compostos no final do século II; na metade do III, os de *João e de Tomé*. Entre os escritos apocalípticos, alguns, como os *Apocalipses de Pedro e de Paulo*, podem provir em seu núcleo (não em sua última redação) dos séculos II e III respectivamente. Outros, como o *Apocalipse de Tomé*, ou a reelaboração cristã do *Martírio de Isaías* (atualmente a primeira parte da *Ascensão de Isaías*) podem proceder do século IV. O núcleo também de outros apócrifos (que sofreram diversas reelaborações), como os *Oráculos sibilinos* cristãos, os chamados *Livros 5 e 6 de Esdras* (editados às vezes como capítulos 1-2 e 15-16 de *4 Esdras*), podem ter tido sua origem nos séculos II e III. Finalmente, os *apócrifos assuncionistas* e as reelaborações dos *evangelhos da infância* começam a tomar sua forma atual a partir do século IV.

5. *Importância*. Como acabamos de assinalar, a imensa maioria dessas obras nasceu demasiadamente tarde, quer dizer, quando as linhas diretrizes e motivos que iriam regular a aceitação definitiva na lista de escritos sagrados estavam já suficientemente cristalizados. Anteriormente, dissemos que por volta do ano 200 estava já praticamente formado o cânon do Novo Testamento, embora houvesse algumas vacilações. A pretensão de canonicidade dessas obras apócrifas – e com isso sua transcendência – viu-se frustrada, simplesmente porque não podiam oferecer nenhuma garantia cronológica, ao menos indireta, de terem sido compostas no tempo dos primeiros apóstolos ou por eles.

Mas o fato de não ser uma literatura aceita pelas igrejas afetou somente em parte a importância destes escritos, agora veneráveis por sua antiguidade. Para a história da teologia, da cultura e dos movimentos religiosos, são fonte inestimável que nos proporciona conhecimentos abundantes sobre as tendências populares dentro da Igreja, sobre a evolução da teologia em âmbitos não rigidamente controlados pela hierarquia oficial e sobre as preocupações espirituais do povo cristão. A história da Igreja, da liturgia e das ideias religiosas em geral, em particular da gnose e do gnosticismo, têm muito que aprender desses apócrifos como portadores de tradições muito diversas, algumas das quais se mantêm até hoje em dia.

6. **O âmbito de influência** deste tipo de literatura tem sido certamente grande e estende-se à arte, às tradições literárias, à liturgia e à piedade. O tema tem sido tratado brevemente por A. de Santos Otero em seus *Evangelhos apócrifos*: "Os nomes que damos aos pais da Virgem, Joaquim e Ana, cujas festas a liturgia celebra a 26 de julho; a festa da apresentação da Virgem menina, fixada pelo calendário bizantino e romano dia 21 de novembro; o nascimento de Jesus em uma gruta, na qual nunca faltam o boi e o burro; a fuga para o Egito com os ídolos que caem; os três reis magos com seus nomes, Melquior, Gaspar e Baltasar; a história dos ladrões Dimas e Gestas; o nome Longuinho do soldado que atravessou com uma lança o lado de Jesus; a história de Verônica, que enxugou com um lenço o rosto de Jesus, enquanto este caminhava pela rua da amargura. Esses e muitos outros detalhes parecidos estão intimamente tão compenetrados em nossa maneira de sentir que custamos a reconhecer que não repousam sobre outro fundamento histórico que o das narrações apócrifas".

A. de Santos Otero refere-se com essas linhas somente à literatura apócrifa evangélica. E para não mencionar mais que os *Atos*, o quer dizer das lendas de Pedro crucificado de cabeça para baixo e do famosíssimo episódio do *Quo vadis*, da morte ou "dormição" do apóstolo João em Éfeso, da descrição física do apóstolo Paulo, das adversidades sofridas por sua discípula Tecla, ou das aventuras de Tomé na Índia... A literatura religiosa popular, sobretudo a europeia oriental (eslava), desde os séculos IX e X, se acha perpassada de todas essas lendas. A piedade para com a Virgem Maria, a crença em sua virgindade completa (antes, durante e depois do parto), sua imaculada conceição e sua assunção ao céu têm sua base e fundamento nas narrações dos apócrifos assuncionistas, ideias que depois se estenderam por todo o povo até formar um sentir comum. E o que é mais curioso: a inclusão de muitos desses relatos apócrifos como leitura piedosa no *Breviarium Romanum* fez com que passassem a fazer parte da cultura e memória religiosa dos clérigos, que logo as difundiram em pregações e sermões ao povo até data muito recente.

As Idades Média e Moderna contribuíram para que esse tipo de literatura gozasse de ampla difusão. Como aponta A. de Santos, "a posição adversa do Renascimento não impediu que obras de literatura como a *Divina Comédia* de Dante, o *Paraíso Perdido* de Milton e *O Messias* de Klopstock fossem tributárias dos apócrifos em muitos aspectos. O mesmo poderíamos dizer dos autos sacramentais de Calderón de la Barca, por exemplo, a *Fidalga do Vale*".

A iconografia de claustros e catedrais e a pintura de temas piedosos tiveram uma de suas generosas fontes de inspiração nos apócrifos neotestamentários, já que a *Legenda Aurea* de Tiago de Vorágine e o *Speculum historiale* de Vicente de Beauvais se encarregaram de transmitir suas histórias quase integralmente.

Hoje, uma vez mais, parece que assistimos, a certo ressurgimento do interesse pela literatura apócrifa neotestamentária. Muito disso se deve, em círculos esotéricos ou afins, ao desejo doentio de encontrar neste *corpus* de escritos anatemizados pela Igreja oficial algumas verdades, mais ou menos interessantes ou comprometidas, que essa mesma Igreja teria pretendido ocultar da vista dos fiéis. *A priori*, alguns leitores creem que podem encontrar no ensinamento secreto de Jesus, que alguns apócrifos transmitem parcialmente, a face oculta de Cristo. Diante desse interesse, deve-se insistir na importância de levar em conta a data de composição dos apócrifos. Somente este dado coloca imediatamente essas obras na categoria de ficção, ao mesmo tempo que lança luz sobre o valor e transcendência dos apócrifos neotestamentários: na verdade, valem quase somente para a história da teologia e das ideias religiosas do século II, ou posteriores a ele, e não para desvelar autênticos segredos da vida de Jesus ou das origens do cristianismo.

J. H. Charlesworth, *The Old Testament Pseudepigrapha*, Garden City, NY, Doubleday, 1983-1985; A. Díez Macho (ed.), *Apócrifos del Antiguo Testamento*, 5 vols., Madrid, Cristiandad, 1983; A. Dupont-Sommer (ed.), *La Bible. Écrits intertestamentaires*, Paris, Gallimard, 1987; M. Erbetta, *Gli apocrifi del Nuovo Testamento*, Torino, Marietti, 1975; e. Hennecke e W. Schneemelcher, *Neutestamentliche Apocryphen*, 2 vols., Tübingen, Mohr, 1987[4e5]; J. P. Monferrer (ed.), *Apócrifos árabes cristianos*, Madrid, Trotta, 2003; W. E. Nickelsburg, *Jewish Literature between The Bible and the Mishna*, Philadelphia, Fortress, 1980; A. Piñero, J. Montserrat e F. García Bazán, *Textos gnósticos. Biblioteca gnóstica de Nag Hammadi II. Evangelios, Hechos, Cartas*, Madrid, Trotta, 2004[2], III. *Apocalipsis y otros escritos*, Madrid, Trotta, 2000; A. Piñero, "Los evangelios apócrifos", em ID. (ed.), *Fuentes del cristianismo. Tradiciones primitivas sobre Jesús*, Córdoba, El Almendro, 1993, 367-454; P. Sachi, *Apocrifi dell'Antico Testamento*, Torino, Utet, 1978; A. de Santos Otero, *Los evangelios apócrifos*, Madrid, BAC, 1999[8].

Antonio Piñero

AUTORIDADE E PODER

I. Crise de autoridade. É frequente ouvir falar da crise de autoridade que, nos últimos tempos, se vem manifestando na sociedade em geral e nas instituições. De fato, à medida que nos indivíduos e nos grupos se torna mais viva a consciência da própria autonomia e da própria liberdade, aqueles que exercem a autoridade se veem expostos à crítica e à censura, de forma que, muitas vezes, alcançam níveis alarmantes de violência.

A crise de autoridade é instaurada por determinados setores como fenômeno negativo e, inclusive, alarmante. E, muitas vezes, se quer explicar como consequência de presumida deterioração moral. Certamente, isso ocorreu em todos os tempos. Mas é evidente que, na atualidade, o conflito entre *domínio e obediência* se tornou mais agudo, a ponto de provocar situações insustentáveis.

Sem dúvida, a causa mais determinante do conflito está no fato de que as formas clássicas de domínio, por mais que se tenham camuflado com disfarces de modernidade, na realidade continuam sendo o que sempre foram. Max Weber definiu o "domínio" como "a probabilidade de encontrar obediência a um comando de determinado conteúdo entre dadas pessoas". Isso exatamente é o que se continua fazendo, tanto na política como na religião, por mais que agora se fale constantemente de democracia e diálogo. Certamente, é isto que explica a crise atual da democracia no âmbito da política. E também a crise da autoridade na Igreja. As formas de domínio são agora aparentemente mais humanas e suportáveis. Mas, no fundo, continuam sendo tão eficazes como sempre o foram. E isso é o que as pessoas já não suportam.

Deve-se levar em conta que o domínio se exerce mediante a *autoridade* e o *poder*. Weber matizou cuidadosamente estes dois conceitos. A autoridade é "a probabilidade de que uma ordem possuidora de certo conteúdo específico obtenha a obediência de um grupo de pessoas". O poder é "a probabilidade de que um agente implicado em uma relação social esteja capacitado para conseguir o que quer contra toda resistência que se lhe oponha, seja qual for a base sobre a qual se funda essa probabilidade". A autoridade, portanto, é a probabilidade de obter obediência, mas sobre a base de um "conteúdo específico", que pode consistir nas qualidades da pessoa ou no "carisma" do qual a pessoa (ou a instituição) está dotada. O poder, no entanto, é mais forte e, por sua natureza, é mais impositivo. Entende-se, de fato, como a capacidade para conseguir o que se quer, vencendo qualquer tipo de resistência. Por isso é que se fala, com razão, do poder "autoritário", que "se limita a recorrer ao dever de obediência" (M. Weber). As diferenças entre a autoridade e o poder explicam que haja pessoas (ou instituições) que têm muito poder, mas nenhuma ou muito escassa autoridade. Enquanto, pelo contrário, há daqueles que têm grande autoridade diante das pessoas ou diante da opinião pública, mas não têm poder no sentido de conseguir o que querem, poder que lhes ofereça base para vencer qualquer resistência que se lhes oponha.

Pois bem, à vista dos conceitos que se acabam de expor, resulta significativo que, na história da teologia cristã, se tenha insistido muito mais na *teologia do poder* do que na *teologia da autoridade*. Isso parece indicar, de modo imediato, que aos homens de Igreja interessou mais o poder do que a autoridade. Na instituição eclesiástica, buscou-se mais conseguir o que se queria (vencendo qualquer tipo de resistência) do que possuir algumas qualidades pessoais ou um carisma que aja como atrativo diante das pessoas, sem nenhum tipo de coação. Isso explica que, por exemplo, ao analisar o mistério de Deus, a teologia tenha insistido mais no poder infinito (como essência do divino) do que na misericórdia sem limites, para definir a Divindade. Daí que, na liturgia, o "onipotente e eterno Deus" se repita constantemente, enquanto o Deus bom, compassivo e misericordioso se menciona muito menos vezes. Paralelamente, na história da eclesiologia, sabemos que se desenvolveu uma teologia do poder que alcançou sua expressão mais desproporcional a partir do século XII, na teoria da *plenitudo potestatis*. Desde então, até o recente *Código de Direito Canônico*, no qual se atribui ao romano pontífice um poder que é "supremo, pleno, imediato e universal" (c. 331), o poder eclesiástico tem sido, e continua sendo, o tema central que constitui a estrutura do sistema organizativo da Igreja.

Assim sendo, pode-se compreender que a crise de autoridade seja um dos problemas que mais preocupa a sociedade em geral e, no âmbito do cristianismo, os dirigentes da Igreja. Essa crise é atribuída, com frequência, à corrupção ou à inaptidão dos governantes. Mas não pode estar nisso, nem só nem principalmente, a razão de ser da crise. Porque governantes corruptos e ineptos sempre houve. A atual consciência generalizada de crise de autoridade parece ter outra explicação. A cultura atual potencializou uma experiência generalizada de dignidade humana, igualdade e liberdade que não tolera a dominação dissimulada de alguns sistemas que se aferram ao poder e a seus refinados mecanismos de controle e dominação. Nos atuais sistemas democráticos, qualquer cidadão está *de fato* mais controlado do que nas monarquias absolutas do "antigo regime". E na Igreja pós-conciliar, o peso do poder papal e do centralismo romano faz-se sentir mais do que nos anos anteriores ao Vaticano II. A explicação de tudo isso é simples. À medida que se acrescenta o poder, se deteriora a autoridade.

II. O poder de Deus. Ninguém coloca em dúvida que a Igreja, ao longo da história, ensinou sempre que Deus é o Pai da bondade e da misericórdia. E, no entanto, desde os primeiros anos do cristianismo, os pensadores cristãos se persuadiram de que o essencial e o determinante em Deus *não é a bondade, mas o poder*. Por que se chegou a essa convicção? Há duas causas principais que nos dão a resposta.

1. *A helenização do cristianismo*. O cristianismo nasceu em uma cultura, o judaísmo, e logo se encarnou em outra, o helenismo. Explique-se como se queira explicar, isso é algo que hoje ninguém discute. Pois bem, a primeira coisa, na qual a helenização do cristianismo se fez notar, foi, como é lógico, a ideia de Deus. Nesse sentido, foi dito acertadamente que "o Deus de determinada filosofia acabou substituindo o Deus de Jesus" (González Faus). A consequência inevitável desse deslocamento, tão fundamental, foi que a primazia do "poder do ser" se sobrepôs à primazia do "poder do amor". O que traz consigo, entre outras coisas, que, ao falar de Deus, se impôs a ideia da "onipotência" inerente à noção do Ser Absoluto. O Deus que se revelou no homem Jesus, o que nasceu na fraqueza e na pobreza, viveu entre os fracos e pobres e morreu condenado entre malfeitores, esse Deus foi substituído pelo *Pantokrátor* da cultura helenista.

De fato, o *pantokrátor*, o Todo-poderoso ou Soberano universal, é uma tradução do *sadday* judaico, um conceito grego que se introduziu na tradução dos LXX. No Novo Testamento, a designação de Deus como "todo-poderoso" aparece em 2Cor 6,18 e em nove textos do Apocalipse. Mas foi no século II que essa maneira de entender a Deus se impôs com toda a força nos autores cristãos. Assim, Clemente Romano (*Clem. Ep.*, 2,3) e, sobretudo, Clemente de Alexandria (*Strom*. V, XIV, 26, 1) designam a Deus como o "todo-poderoso", o Zeus *pantokrátor*. Esta ideia se afirma a partir de Orígenes, que foi incapaz de ver a surpreendente novidade que representou o fato de que Deus se dera a conhecer na humanidade e na fraqueza de Jesus. Para Orígenes, Deus é o "Todo-poderoso", o *Adonai*, o *Sabaóth*, o "Senhor dos poderes", "Senhor dos exércitos", o "Onipotente" (*C. Cels.* V, 45; *In Gen*. III, 2). Em consequência, a teologia cristã elaborou uma ideia de Deus que procedia mais do Antigo Testamento e da filosofia grega do que do Evangelho. É a ideia que ficou plasmada nos símbolos da fé, nos tratados teológicos, nas orações da liturgia e na espiritualidade que se pregava ao povo cristão durante séculos. E é assim que o Deus encarnado, o Deus que se funde e se confunde com o ser humano, tal como se nos revelou em Jesus, resulta insuportável a nós, os mortais. Porque semelhante Deus entra em conflito com nossos desejos de onipotência e, portanto, com nossa negação em assumir a própria condição humana (Ch. Duquoc).

2. *A progressiva concentração do poder na administração da Igreja*. Como se sabe, com o passar do tempo, o poder eclesiástico foi-se concentrando mais e mais nos dirigentes da Igreja, sobretudo no romano pontífice. Mas, como é lógico, a concentração do poder na Igreja necessita, para dar conta desse poder, de um Deus que se define como poder sem nenhum limite. Assim se elaborou a "mística do poder papal", que já desponta em Leão Magno e que se acentua em Nicolau I e em João VIII (século IX). Estes homens identificam *suas decisões* com a *vontade de Deus*. Mas é sobretudo a partir de Gregório VII que a exaltação do poder papal iniciou um processo de engrandecimento e acumulação que não podia ter outra "legitimação" que a de Deus que se define não a partir do amor, mas do poder. É o Deus que legitima não somente o poder da religião, mas inclusive os abusos do poder por parte daqueles que, legitimados pela religião, cometeram toda espécie de agressões contra os seres humanos.

A partir dos dois fatos que acabamos de indicar, a teologia cristã construiu uma ideia sobre o poder de Deus que não é compatível com o fato do mal, da dor e do sofrimento que angustia os seres humanos. Sobretudo, quando queremos conciliar esse poder com a bondade do próprio Deus. Daí a necessidade urgente de separar, de uma vez por todas, o problema do mal do problema de Deus. É preciso reconhecer que não sabemos como é ou em que possa consistir o poder de Deus. Porque Deus nos transcende a todos, também quanto à maneira de entender seu poder. O Deus no qual cremos nós, cristãos, é o Deus que se nos revelou em Jesus, o Cristo (Mt 11,27; Lc 10,22; Jo 1,18; 14,9; Cl 1,15-20; 1Cor 6,8; 2Cor 4,4; Fl 2,4-11). E esse Deus não se entende a partir do poder, mas da humanidade e do amor. Decididamente, a essência do Deus que se nos deu a conhecer em Jesus não é o poder, mas o amor (1Jo 4,8).

III. A autoridade de Jesus. Com frequência, os fatos prodigiosos que os Evangelhos contam (curas, expulsão de demônios, acalmar uma tempestade etc.) foram interpretados como "milagres", quer dizer, como expressões de um poder infinito que domina e controla as leis da natureza. Por isso, a teologia fez de tais prodígios uso apologético para demonstrar a divindade de Jesus Cristo. Dito de outra maneira, as atuações surpreendentes de Jesus foram interpretadas em *chave de poder* e não em *chave de solidariedade*. Porque o que interessava à teologia era mais demonstrar a *divindade* de Cristo do que a *humanidade* de Jesus.

No entanto, semelhante chave hermenêutica é insustentável. Antes de tudo, porque nem hoje nem menos ainda nos tempos de Jesus se conheciam as presumidas "leis da natureza". Sobre este assunto, o máximo a que se pode chegar neste momento é o que Thomas S. Kuhn designou como paradigmas: "realizações científicas universalmente reconhecidas que, durante certo tempo, proporcionam modelos de problemas e soluções a uma comunidade científica" (Kuhn, 1977, 13). Durante séculos, a comunidade científica admitiu o paradigma segundo o qual o sol girava em torno da terra. Hoje, esse paradigma é formulado exatamente ao contrário. Pois o mesmo ocorre na biologia, na medicina e nas demais disciplinas do saber científico.

Mas existe algo muito mais determinante. Nos Evangelhos nunca se fala do "poder" (*krátos*) de Jesus. E menos ainda ele é designado como "todo-poderoso" (*pantokrátor*). É verdade que os relatos evangélicos falam da "autoridade" (*exousia*) de Jesus (Mt 9,6-8; 21,23.24.27; 28,18; Mc 1,22.27; 2,10; 11,28.29.33; Lc 4,32.26; 5,24; Jo 5,27; 7,1; 10,18; 17,2). Mas tal autoridade não pode ser interpretada em termos de "poder" (*dynamis*), já que os Evangelhos dizem, repetidas vezes, que Jesus "não podia" fazer certas coisas, entre outras, determinados milagres (Mt 27,42; Mc 1,45; 6,5; 7,24; 15,31; Jo 5,19.30; 9,33). Além do mais, se os fatos prodigiosos de Jesus são interpretados como manifestações de sua presumida onipotência, deve-se perguntar: por que Jesus não curou todos os enfermos que havia na Palestina de seu tempo? Por que não ressuscitou todos os mortos? Por que não matou a fome de todos os pobres? E assim sucessivamente.

É certo que a *exousia*, quando vem precedida pela preposição *kata*, significa "dominação" ou, inclusive, "tirania". Nesse sentido, os Evangelhos a aplicam aos chefes das nações (Mc 10,42; Mt 20,25). Mas nunca se deve esquecer que é precisamente esse tipo de comportamento que Jesus proíbe severamente a seus discípulos (Mc 10,43; Mt 20,26). De maneira que eles devem comportar-se exatamente ao contrário, não como homens dominantes e autoritários, mas como "servos" (*diákonos*) e "escravos" (*doulos*) (Mc 10,44-45 par.). E é precisamente nesse contexto que Jesus afirma que ele está no mundo "não para ser servido, mas para servir" (Mc 10,45 par.). Está claro, portanto, que Jesus não se compreendia a si mesmo a partir do poder, e menos ainda a partir da dominação, mas a partir do serviço aos outros. Um serviço que, de fato, chegou a ultrapassar até o limite último da vida, na morte vergonhosa e humilhante que era o destino dos escravos e dos subversivos contra o poder constituído.

Por isso, a autoridade (*exousia*) de Jesus tem conotação com o poder enquanto ação sobre os outros. Mas nunca se entende como ação de domínio ou de imposição que violenta aqueles sobre os quais é exercida tal autoridade. Pelo contrário, a *exousia* de Jesus é autoridade para *perdoar* (Mt 9,6; Lc 5,24), para *curar* os que se viam dominados por poderes satânicos (Lc 4,36) e também para *ensinar* (Mc 1,22; Lc 4,32). Mas o fato é que Jesus ensinava de tal maneira que seu ensinamento não causava nas pessoas a impressão que o ensinamento dos letrados produzia (Mc 1,22), que era um ensinamento puramente repetitivo de normas que angustiavam o povo. Daí que o ensinamento de Jesus não angustiava, mas "assombrava" as pessoas (Mc 1,22), quer dizer, produzia admiração, nunca a sensação de sentir-se oprimidas.

Por isso, quando Jesus expulsa os mercadores do templo (Mc 11,15-19 par.), os sumos dirigentes do *sanedrin* lhe perguntam, em seguida, com que autoridade ele faz isso (Mc 11,28 par.). Não lhe perguntam pela autoridade com a qual ele ensinava e, menos ainda, por uma presumida autoridade para impor verdades, mandamentos ou normas. O que lhe perguntam é a autoridade que tem para "fazer" (*poiêis*) o que fazia. Era a liberdade de atuação de Jesus que questionava os dirigentes, precisamente os que açambarcavam o poder.

De tudo isso se deduz que, diante do *poder* das autoridades judaicas, os Evangelhos apresentam a *autoridade* de Jesus. As autoridades religiosas tinham poder, mas não tinham autoridade diante do povo. No caso de Jesus, ocorria exatamente o contrário: não tinha poder, nem jamais quis tê-lo, mas sempre teve admirável autoridade, que atraía as pessoas, sobretudo as pessoas simples, os pobres e excluídos daquela sociedade. À medida que o poder oprime a liberdade – visto que a autoridade atrai, de forma que quem se sente atraído não se sente escravizado, mas faz o que o atrai e dá sentido à sua vida – nessa mesma medida o Evangelho de Jesus não é nunca opressão, mas libertação.

IV. O "sagrado poder" da Igreja. Quando Jesus enviou os apóstolos à missão, lhes deu "autoridade" (*exousia*) (Mt 10,1). Mas o relato evangélico não fala de autoridade doutrinária, nem, por pressuposição, de poder de caráter jurídico ou político. A autoridade que Jesus concedeu aos seus discípulos foi "para expulsar espíritos imundos e curar toda doença e enfermidade" (Mt 10,1). Era, portanto, uma autoridade terapêutica, cuja finalidade era dar vida, aliviar o sofrimento, dignificar as pessoas. No entanto, com o passar do tempo, na linguagem utilizada pela Igreja romana, se foi impondo a ideia e a prática de um "poder sagrado" próprio e exclusivo da hierarquia eclesiástica. Nesse sentido, é bem conhecido o texto do papa Gelásio, que, em carta ao imperador Anastácio (ano 292), dizia: "Há duas coisas com as quais principalmente se rege este mundo: a autoridade sagrada dos pontífices e o poder dos reis" (Congar, 1968, 254). Quer dizer, a *autoridade* era o próprio dos pontífices, enquanto o *poder* caracterizava os reis. Que diferença havia entre a *auctoritas* e a *potestas*? Embora seja difícil estabelecer com precisão o sentido que no século V se dava a estas palavras, parece que *auctoritas* era a superioridade moral, o poder fundado no direito, enquanto *potestas* se referia ao poder público de execução (Congar, 1968, 253). Nos séculos seguintes, os romanos pontífices atribuíram a si cada vez mais a *potestas*, de maneira que Nicolau I (ano 865) já fala de uma "plenitude de poder (*totius iura potestatis pleniter... accepisse*)" (Congar, 1968, 208-209). O caminho estava aberto para que Gregório VII, o homem que protagonizou a reviravolta mais decisiva na história da eclesiologia, afirmasse, de uma vez para sempre, que o sucessor de Pedro tem um "poder" do qual nada nem ninguém se subtrai (*Nullum excipit, nihil ab eius potestate substraxit*). A partir de Celestino III, e, sobretudo, de Inocêncio III (séculos XII e XIII), a teoria da *plenitudo potestatis* caracteriza o poder supremo do papa na Igreja e no mundo.

No Concílio Vaticano II, os ministros da Igreja são apresentados como os homens que possuem o "sagrado poder" (*sacra potestate pollent*) (LG 18,1). O papa concentra em sua pessoa esse poder, de maneira que é "supremo, pleno e universal" (LG 22,2). E o Código de Direito Canônico vigente encarregou-se de desenvolver o exercício do poder eclesiástico até o extremo, a ponto de afirmar que o romano pontífice tem um poder que é "ordinário, supremo, pleno, imediato e universal" (c. 331), quer dizer, segundo a letra do cânon, trata-se de poder ilimitado, contra o qual "não cabe apelação nem recurso" algum (c. 333,3) e que "por ninguém pode ser julgado" (c. 1404). Mais ainda, se alguém recorrer ao Concílio ecumênico ou ao Colégio dos Bispos contra uma decisão do papa, "deve ser castigado com censura" (c. 1372). A Igreja, portanto, está organizada em função não da autoridade, mas do poder. E, por certo, de um poder que espontaneamente evoca o sistema organizativo de uma monarquia absoluta. Um sistema, por conseguinte, no qual o determinante não é o direito dos súditos, mas a vontade do soberano.

Não é difícil compreender os problemas tanto teóricos como práticos que se colocam à Igreja a partir dessa organização do poder. Porque, em primeiro lugar, desde o momento em que a instituição eclesiástica se organiza como monarquia absoluta, com que autoridade moral vai pedir aos cidadãos e aos governantes de nosso tempo que respeitem e promovam os direitos humanos, a partir de sistemas democráticos nos quais efetivamente estejam asseguradas as liberdades e o pluralismo que são inerentes à cultura atual? Por isso se compreende que, com demasiada frequência, os dirigentes eclesiásticos gozam de suficiente *poder* (social, político, econômico...), mas não têm a necessária *autoridade* para que seus ensinamentos e sua forma de viver sirvam de modelo que motive as pessoas a viverem a mensagem de Jesus.

Por outra parte, na Igreja está ainda sem resolver a questão mais fundamental que se coloca a toda instituição: quem é, nesta instituição, o sujeito do supremo poder? O Vaticano II afirma que o papa é quem tem o poder supremo na Igreja (LG 22,2). Mas o mesmo concílio acrescenta, logo em seguida, que "a ordem dos bispos... é também sujeito de supremo e pleno poder sobre a Igreja universal" (LG 22,3). É verdade que o poder do Colégio Episcopal não pode ser exercido, a não ser em comunhão com sua cabeça, que é o papa. E com o consentimento do papa (LG 22,3). Seja como for, está ainda para ser resolvido se na Igreja há *dois sujeitos* ("inadequadamente" distintos) de supremo poder, ou se se trata de um só sujeito que exerce seu poder de *duas formas* diversas. Como é fácil compreender, aqui está em jogo algo muito mais importante do que uma simples questão especulativa. Este assunto toca a própria fé da Igreja, sua atividade pastoral. E determina de forma decisiva sua presença na sociedade. Se o papa nomeia e tira os bispos segundo seu critério pessoal, se a cúria romana, o instrumento mediante o qual o papa exerce seu poder na Igreja (CD 9,1), controla as verdades que se ensinam e a moral que se deve pôr em prática, se por tudo isso o papado cresce em importância às custas do povo de Deus, a Igreja decai em influência moral e espiritual, em detrimento de todos os cristãos. Porque, definitivamente, uma Igreja que se entende a si mesma dessa maneira e que se organiza em função de semelhante ideia, corresponde mais a uma *eclesiologia jurídica* do que a uma *eclesiologia de comunhão*. O que significa eliminar escandalosamente a grande intuição do Concílio Vaticano II, que quis definir a Igreja como sacramento de comunhão e não como sociedade juridicamente estruturada.

V. A natureza do poder religioso. A teologia cristã não analisou suficientemente a *estrutura do poder* "religioso". Os teólogos falam desse poder com bastante frequência. Mas não são muitos os estudiosos da teologia que se dispuseram a desentranhar como e por que esse tipo de poder tem a força que, de fato, exerce sobre tantas pessoas. É possível que, nesse assunto concreto, a teologia se veja diante de um medo inconfessável.

Aqui convém que se façam duas perguntas: Por que há tanta gente que, de uma maneira ou de outra, por um motivo ou por outro, anda tão preocupada e, às vezes, até com obsessão pelo poder que a autoridade religiosa exerce sobre as consciências dos fiéis? Por que há tantas pessoas que se irritam, quando chegam a saber que o papa ou os bispos ditaram novas normas sobre a liturgia ou impuseram novas proibições em assuntos relacionados com o sexo, com a educação, com os espetáculos etc.?

Algo parece evidente. Todo ser humano que vem a este mundo pertence à sociedade na qual nasce e na qual vive, pelo fato mesmo de nascer e de viver em tal lugar. E isso é assim, goste ele ou não da sociedade na qual está, e por mais que cada cidadão esteja ou não de acordo com os usos, costumes e normas que determinam a forma de viver na dita sociedade; no caso da religião, a coisa é muito distinta. Se alguém pertence ou permanece em uma religião, é porque quer. E isso é assim, porque ter ou não ter algumas determinadas crenças religiosas é questão que depende da liberdade de cada pessoa. Pois bem, tanto na sociedade como na religião há poderes, há autoridades. Mas, com o que foi dito, já se vê a diferença essencial que existe entre os poderes que deve haver em qualquer sociedade e os poderes que mandam em qualquer religião. Na sociedade, em qualquer sociedade (seja do país que for), há poderes públicos que têm consistência em si mesmos. Porque são poderes que estão "legitimados" não pela livre decisão de cada indivíduo, mas pelo sistema estabelecido. Os poderes que têm um governante, um juiz ou um policial (para citar apenas alguns exemplos) são poderes que se impõem por sua própria natureza, dada a estrutura da sociedade na qual (gostemos ou não) devemos viver. Por isso, se um cidadão comete um delito grave, o juiz o condena, e ele vai para a prisão. Se outro cidadão infringe uma norma de trânsito, o policial lhe impõe uma multa, e o infrator deve pagá-la. E isso funciona assim, sejam quais forem as ideias ou convicções sobre justiça ou sobre tráfego que cada um tem na sua intimidade mais secreta.

O poder que um hierarca religioso tem é de outra natureza ou, se se prefere, de outra estrutura. Porque se trata de um poder que se impõe, porque há pessoas *que livremente aceitam essa imposição*. Por mais que se batizem crianças quando não são livres para decidir se querem ou não querem ser cristãs, é claro que essas crianças, quando chegam a ser adultas, se continuam sendo pessoas religiosas, é porque livremente querem sê-lo. Isso significa que o poder de um hierarca religioso se impõe, porque há pessoas que livremente aceitam essa imposição. Ocorre aí o que se passa com um adulto que continua submetendo-se ao poder e tutela de uma mãe "castradora". Há indivíduos que, aos cinquenta ou sessenta anos, continuam submissos aos gostos e desgostos de um pai ou mãe dominantes. Quem se irrita com o que o papa proíbe ou se alegra com o que o papa permite é obviamente uma pessoa que, mediante sua irritação ou alegria, está colocando em evidência as convicções religiosas que livremente traz no secreto de sua consciência. Quem não tem convicções religiosas ou não crê em nada disso, é uma pessoa a quem não interessa, em absoluto, o que possa dizer o papa, ou o bispo, ou o pároco. E, portanto, nem o papa nem o bispo nem o pároco têm poder algum sobre essa pessoa. O que quer dizer tudo isso? Uma coisa tão simples como decisiva: *o poder religioso é efetivo somente para as pessoas que o aceitam livremente.*

Isso significa que o poder religioso dimana dos fiéis e vem a ser, em definitivo, uma concessão que os crentes fazem a seus superiores religiosos? Os tratados de teologia costumam dizer que o poder que as autoridades religiosas têm é um poder divino. Porque se trata de um poder que vem de Deus. Mas isso é verdade somente para quem crê em Deus. Aquele que, a partir de sua liberdade, não aceita Deus, é uma pessoa sobre a qual o papa ou o bispo não tem poder algum. Portanto, pode-se dizer, em sentido muito verdadeiro, que o papa tem o poder que lhe outorgam os que livremente creem nesse poder.

Por isso se compreende a importância decisiva que tem, nas instituições religiosas, a teologia que legitima, justifica e defende a razão de ser do poder dos que mandam. A fundamentação doutrinária e a imposição indiscutível dessa fundamentação têm importância de primeira ordem para a manutenção do poder religioso. Por isso, a ninguém deve surpreender que quem tem em mãos o poder religioso seja zelosíssimo e intransigente na hora de manter intacta a doutrina em virtude da qual esse poder tem sua razão de ser. Porque, se o fundamento doutrinário, no qual se baseiam as crenças daqueles que se submetem ao poder religioso, perde sua consistência e vem abaixo, o que na realidade vem abaixo é o próprio poder religioso.

De acordo com o que foi dito, se compreende a relação profunda que existe entre *intolerância doutrinária* e *autoritarismo religioso*. Essa relação não é coisa de agora. Tem-se dado desde a antiguidade em muitas religiões. No judaísmo do tempo de Jesus, o tema da *Torah* (a Lei divina) era tema tabu, coisa que não se podia nem tocar nem discutir. E isso por uma razão muito simples: as autoridades religiosas sabiam muito bem que disso dependia o poder que exerciam sobre o povo. Na Igreja, sobretudo, tal como se configurou a partir do papa Gregório VII (século XI), o tema tabu é o magistério eclesiástico. O que o papa diz é mais intocável do que o que dizem determinados textos do Evangelho. Mesmo agora, em ambientes eclesiásticos, pode-se afirmar tranquilamente que as proibições do Evangelho sobre títulos de honra, postos de preeminência e vestes solenes, tudo isso são coisas que não têm motivo por que devam ser tomadas ao pé da letra. Mas, que ninguém diga que determinadas proibições do papa podem ser consideradas de pouca importância. Está claro que na cabeça de muitos fiéis tem mais força a palavra do papa do que a palavra do Evangelho; e claro que o ensinamento do magistério eclesiástico é intocável, quando o papa e os bispos ensinam o que diz o Evangelho; e quando, fiéis ao Evangelho, ensinam as verdades e a forma de viver que dão forma à fé da Igreja. Mas o que não se entende é que os ensinamentos do magistério eclesiástico sejam intocáveis, quando os dirigentes eclesiásticos fazem ou dizem coisas que, a partir de uma sã e sólida teologia, são discutíveis. E não digamos nada quando se trata de coisas que estão em manifesta contradição com o que diz o Evangelho de Jesus. Por exemplo, quando as autoridades eclesiásticas se comportam de maneira que humilham as pessoas ou atropelam seus direitos fundamentais. Esse tipo de coisas às vezes ocorre na Igreja na maneira de tratar determinadas pessoas ou grupos de pessoas, como por exemplo as mulheres, os homossexuais ou os dissidentes doutrinários. Está claro que há situações nas quais os dirigentes da Igreja utilizam um poder que na realidade não têm. Isso quer dizer que, quando um cristão aceita imposições da autoridade religiosa que estão contra o que Jesus de Nazaré ensinou e viveu, esse cristão tem de perguntar a si mesmo *por que aceita um poder que a autoridade eclesiástica na realidade não tem*. O poder da autoridade religiosa, nesse caso, é claramente um poder que o cristão concede a quem manda sobre ele. Sem dúvida alguma, nesse cristão se ocultam medos ou interesses que nada têm a ver com a fé em Jesus Cristo.

Por outra parte, convém recordar que o poder religioso toca onde nada ou ninguém pode tocar; e chega onde nada ou ninguém pode chegar. Porque toca na intimidade da consciência, onde cada um se vê a si mesmo como pessoa digna e respeitável; ou, pelo contrário, como indesejável e um maldito. Por isso, essa forma de poder se torna de eficácia fulminante, quando maneja os sentimentos de culpa; e isso pode ser causa de agressões muito profundas a muitas pessoas.

Esta é a consequência que se depreende do que foi dito: quando os cristãos se queixam de que a autoridade hierárquica exerce poder abusivo, esses cristãos devem perguntar por que motivos eles mesmos concedem à autoridade um poder que realmente ela não tem. Na Igreja, ninguém pode se arrogar o poder de privar a ninguém de seus direitos fundamentais como cidadãos deste mundo. Não há argumento teológico que possa justificar a existência e atuação de semelhante poder.

VI. Da perversão do poder à perversão de Deus.

Não se trata aqui de dizer que o poder em si seja perverso. O poder é necessário na sociedade e nas instituições. Mas a experiência histórica nos ensina que nós, seres humanos, estamos sempre expostos à tentação do poder, que tende a concentrar e açambarcar um poder sem limites. O que com frequência acaba em dominação, exploração e opressão. Então se produz a "perversão" do poder.

Por outra parte, a história nos ensina que, nas religiões, o *uso* do poder se converteu, com relativa frequência, em *abuso*. Concretamente, no caso da Igreja, já se disse que o poder foi representado como "poder sagrado", quer dizer, como poder pleno e universal de origem divina. Pois bem, uma instituição religiosa, que se faz presente na sociedade com semelhantes pretensões de poder, não somente encarna a "perversão" do poder, mas também inevitavelmente tem de chegar até a "perversão" de Deus. Quer dizer, a perversão do poder religioso termina necessariamente na perversão da imagem de Deus e do conceito que as pessoas fazem de Deus. Porque, se os representantes "oficiais" de Deus na sociedade se apresentam como homens investidos de um poder inquestionável, semelhante poder tem de "ser justificado" e "legitimado", de maneira que seja aceito pelos fiéis. Pois bem, ao tratar-se de um poder "religioso", não cabe outra legitimação de semelhante poder que não seja o poder absoluto e infinito de Deus. Mas, a partir do momento em que as coisas se apresentam dessa maneira, a religião não tem outro remédio que apresentar Deus como o *ser absoluto* que se define *a partir do poder*, não como o *ser íntimo* que se define *a partir do amor*, da bondade e da misericórdia. Dessa maneira, a religião perverteu a imagem do Deus que se nos revelou em Jesus. No Novo Testamento, Deus é definido como amor, e nunca como poder.

O. Betz, Chr. Blendinger e L. Coenen, "Poder", em L. Coenen, E. Beyreuther, H. Bietenhard, *Diccionario teológico del Nuevo Testamento* III, Salamanca, Sígueme, 1983, 385-399; Y. Congar, *Servicio y pobreza en la Iglesia*, Barcelona, 1965; ID., *L'ecclésiologie du Haut Moyen-Âge*, Paris, Cerf, 1968; G. Defois, C. Langlois, H. Holstein, *El poder en la Iglesia*, Barcelona, Fontanella, 1974; E. Dussel, "Dominación-liberación. Un discurso teológico distinto": *Concilium* (1974), 328-352; O. Graus e K. Mumm (dirs.), *Autorität in der Krise*, Tübingen, 1970; Th. S. Kuhn, *La estructura de las revoluciones científicas*, México, FCE, 1977; J. Miethke et al., "Autorität", em TER 5, 177 ss; N. Schiffers, "Autoridade-Poder", em P. Eicher (ed.), *Diccionário de conceptos teológicos* I, Barcelona, Herder, 1989, 71-81.

José M. Castillo

BATISMO E CONFIRMAÇÃO

I. Dois sacramentos que colocam questões de fundo. O modo como são administrados atualmente na Igreja os sacramentos do batismo e da confirmação coloca questões muito sérias que a teologia e sobretudo a autoridade eclesiástica oficial deveriam esclarecer e resolver com urgência. Porque se trata de questões que afetam diretamente *a natureza* da Igreja, principalmente *a forma de viver a fé* que normalmente os cristãos têm.

No que diz respeito à natureza da Igreja, é significativo que, nas culturas e nos países em que o batismo é prática bastante generalizada, a Igreja se encontra atualmente submetida a uma situação de crise profunda. É claro que seria um despropósito atribuir a crise atual da Igreja à prática do batismo. A crise é devida a outras causas. Mas existe algo importante a levar em conta. Em geral, nos países tradicionalmente "cristãos", o batismo é administrado à grande maioria da população infantil, de maneira que o batismo de adultos costuma ser dado em casos excepcionais. A consequência é que, nos países chamados "cristãos", a Igreja se compõe dos nascidos nesses países, não dos *convertidos* ao Evangelho. A Igreja é, de fato, mais um *fenômeno social* do que uma *comunidade de verdadeiros crentes*. Por isso, nestes países, a Igreja se vê submetida atualmente a uma situação crítica. Enquanto durou a situação de cristandade, na qual a sociedade inteira se compreendia e vivia como "sociedade cristã", a Igreja não teve especiais problemas. Mas desde que a cultura do Ocidente, a partir da Modernidade, deu origem à sociedade leiga, a Igreja começou a ter sérias dificuldades, que se vão acentuando dia a dia.

Tudo isso coloca em questão a prática generalizada do batismo de crianças. O fato de batizar a população infantil em massa foi justificado teologicamente pela necessidade de livrar os recém-nascidos, o quanto antes, do pecado original. Mas, na tradição original da Igreja, não existe argumento algum que relacione o batismo com o pecado original.

Quanto à confirmação, o mais notável é que este sacramento, como ritual separado e distinto do batismo, não existiu até o século V. O Novo Testamento não fala da confirmação. Nem a tradição dos quatro primeiros séculos. Depois se explicará como e por que apareceu na Igreja esse sacramento. No momento, basta dizer que o rito da confirmação se separou do batismo precisamente desde o momento em que se começou a batizar as crianças em massa. Mas, como é lógico, desde esse momento, quando se separaram ambos os ritos, tanto o batismo como a confirmação se empobreceram. O batismo começou a ser visto como o rito que apaga o pecado original. E a confirmação, como o sacramento do Espírito. No entanto, por mais que em ambas as afirmações haja algo de verdade, assim, tal como soam, são simplesmente inexatas e dão margem a sérias confusões na hora de explicar ambos os sacramentos e, sobretudo, de vivê-los de maneira coerente. Além do mais, embora seja certo que o sacramento da confirmação se tenha revitalizado depois do Concílio Vaticano II, o fato é que os grupos de jovens que recebem este sacramento, e a catequese em que eles se preparam para recebê-lo, não parecem suficientemente eficazes, com bastante frequência, para mudar a vida desses jovens.

II. Batismo e mudança de mentalidade. Com frequência, quando os teólogos querem explicar em que consiste o batismo cristão, costumam começar por indagar as *origens* deste ritual cristão. Naturalmente, o conhecimento de tais origens traz dados interessantes para o adequado conhecimento do sacramento. Mas existe o perigo de perder-se nas numerosas teorias que os especialistas costumam apresentar a esse respeito. Por isso, para compreender o que é o batismo cristão e o que ele exige, parece mais eficaz começar analisando algo muito mais seguro: os efeitos que este sacramento produz, quando praticado corretamente.

No livro dos Atos dos Apóstolos, imediatamente depois de narrar a vinda do Espírito Santo, se explica como se celebrou, pela primeira vez na comunidade cristã, o sacramento do batismo. Depois da catequese de Pedro, explicando o acontecimento de Pentecostes (At 2,14-36), os ouvintes perguntaram a Pedro: Que devemos fazer? (At 2,37). Ao que Pedro respondeu: "Convertei-vos, batizai-vos, confessando que Jesus é o Messias, para que sejam perdoados os vossos pecados; então recebereis o dom do Espírito Santo" (At 2,38). Nessa resposta de Pedro, há dois imperativos: *metanoésate* e *baptithéto*. Estes dois imperativos expressam, com ordem determinada, o que Deus quer. O primeiro, e antes de tudo, é a "conversão". Depois disto é que vem o "batismo". E quando são realizadas as duas coisas nessa ordem, ao sujeito são perdoados os pecados, tudo se conclui na doação do Espírito Santo.

Mas isso necessita alguma explicação. Tudo tem de começar pela conversão, condição indispensável para o acesso ao batismo. A questão está em saber em que consiste tal conversão. O verbo *metanoéo* significa literalmente mudar *o modo de pensar, mudar de opinião ou de ideias*. Portanto (estritamente falando) a primeira coisa que se exige, para ter acesso à experiência do batismo, não é uma *mudança de conduta moral*, mas uma *mudança de mentalidade*. Trata-se da mentalidade que aceita Jesus como Messias, quer dizer, trata-se de convencer-se de que esse Jesus, a quem penduraram como malfeitor, Deus o constituiu "Senhor e Messias" (At 2,36). Nisso deve estar a mudança de mentalidade.

Na literatura teológica mais conhecida, essa mudança é interpretada como "conversão" ou "arrependimento". Estas palavras se conectam com a ideia de "pecado". Daí o costume de entender o batismo como purificação dos pecados, tanto do pecado original como dos pecados pessoais. Mas aqui é decisivo compreender o seguinte: quando o batismo é entendido dessa maneira, sem nos dar conta do que fazemos, estamos falando do *batismo de João*, não do *batismo cristão*. De fato, tanto João Batista (Mc 1,4; Mt 3,2; Lc 3,3) como Jesus (Mc 1,15; Mt 4,17) pregaram a conversão, porque estava próximo o reino de Deus. Mas existe diferença fundamental entre a conversão, tal como a entende João, e a conversão apresentada por Jesus. Segundo o Batista, a conversão se relaciona com o "perdão dos pecados" (Mc 1,4; Lc 3,3), de maneira que a interpelação de João, "convertei-vos" (Mt 3,2), tem este efeito: todas aquelas pessoas "confessavam seus pecados" (Mt 3,5). Pelo contrário, quando Jesus dizia às pessoas que tinham de converter-se, nunca relaciona essa conversão com o pecado. Na pregação de Jesus, a conversão é entendida em função da "boa nova" do Evangelho, tal como o resumem tanto Marcos (1,15) como Mateus (4,17). Além disso, na pregação de João Batista, o reino de Deus se relaciona com o *pecado* (Mt 3,2-5), enquanto no ministério de Jesus o reino de Deus se relaciona com o sofrimento humano (Mt 4,23; 10,7-8). Quer dizer, a preocupação central de João Batista era purificar as pessoas de seus pecados. A preocupação central de Jesus era aliviar o sofrimento humano.

É verdade que, no livro dos Atos, se fala do batismo "para o perdão dos pecados" (At 2,38). Mas a finalidade última é o dom do Espírito. E o efeito imediato é a utopia da nova comunidade humana, onde todos viviam unidos, partilhando o que tinham "segundo a necessidade de cada um" (At 2,44-45). Pensar assim a vida, as relações humanas, a espiritualidade cristã, os valores fundamentais que devem orientar a existência, nisso consiste a "nova mentalidade", a mudança de critérios, que se exige para ter acesso ao batismo cristão.

III. Batismo e mudança de vida. Porém, o mais importante não é só a mudança de mentalidade. O livro dos Atos, imediatamente após dizer que, terminado o discurso de Pedro, foram batizadas umas três mil pessoas (At 2,41), acrescenta o famoso sumário que resume a maneira como viviam os primeiros batizados: unidos na escuta do que os apóstolos ensinavam, em comunhão de vida, na "fração do pão" (eucaristia) e na oração (At 2,42-47). A teologia do batismo deve começar por afirmar que há autêntico batismo cristão onde há pessoas que, a partir da mudança radical em sua *maneira de pensar*, assumem tal mudança em sua *forma de viver*; e esta, em resumo, consiste na "vida partilhada", a partir da "profunda mística" que se expressa na participação eucarística e na oração.

Por isso, pode-se afirmar que o batismo cristão representa mudança de vida tão radical que é como uma morte, na qual se sepulta para sempre a vida que se levou até esse momento, e que se renasce para uma vida inteiramente distinta. Daí que, segundo São Paulo, o batismo nos sepulta com Cristo, "para que, assim como Cristo ressuscitou da morte, também nós comecemos uma vida nova" (Rm 6,4; cf. Cl 2,12). Trata-se da vida que nos constitui, com os demais cristãos, em "um só corpo" (1Cor 12,13). A vida que nos faz aparecer diante dos demais alguém "revestido de Cristo" (Gl 3,27), quer dizer, uma pessoa que se comporta na vida como Jesus de fato se comportou. Além do mais – e isto é determinante – a mudança de vida, que se deve produzir no batismo, era algo tão radical e definitivo nos primeiros séculos do cristianismo, que se tinha a convicção de que alguém batizado era uma pessoa renovada em sua vida a ponto de *normalmente*, daí para a frente, não necessitar nem sequer do sacramento da penitência. Por isso, até o século VII, o sacramento da reconciliação só se podia receber uma vez em toda a vida. Ao cristão normal era concedida uma segunda possibilidade, em razão da fragilidade humana. Daí resulta que este sacramento era designado com o título de *poenitentia secunda*, já que a primeira penitência (e normalmente definitiva) era o batismo.

A consequência do que foi dito é clara: quando o batismo não muda nem a maneira de pensar nem a forma de viver, há razões muito sérias para suspeitar de que o batismo esteja adulterado.

IV. O batismo no Espírito. O que especifica o batismo cristão, em contraposição a qualquer outro, é que se trata de um batismo "no Espírito". Os quatro Evangelhos e o livro dos Atos o atestam insistentemente: enquanto o batismo de João era um batismo "na água", o batismo de Jesus é um batismo "no Espírito" (Mc 1,8; Mt 3,11; Lc 3,16; Jo 1,33; At 1,5; 11,16). Como é lógico, falar de um batismo na água ou por meio da água é falar de um ritual que se pratica mediante a imersão ou abulação com água, coisa que já se fazia no judaísmo e que, de formas muito diversas, se faz também em numerosas religiões do passado e do presente. No entanto, falar de um batismo no Espírito é falar de algo que, de qualquer maneira que se explique, não se reduz a mero ritual, a simples cerimônia que se põe em prática mediante um objeto, a água. Isso não quer dizer que a água não tenha nada a ver com o batismo cristão. Precisamente o verbo grego na voz passiva *baptisthēnai* (Mc 1,9; Mt 3,16; Lc 3,21) corresponde em aramaico ao verbo ativo intransitivo *tebal*, que não significa ser batizado, mas tomar um banho de imersão, imergir (J. Jeremias). Por isso, a Igreja praticou, desde o início, o batismo mediante a imersão na água.

Mas, se realmente aceitamos que o específico do batismo cristão não é o fato da imersão (ou da abluição) aquática, mas a presença do Espírito (seja qual for a maneira de explicar), isso está nos dizendo que o determinante do batismo cristão, aquilo que faz com que o batismo seja um batismo cristão e não outra coisa, não é *o ritual*, mas *a experiência* que a pessoa batizada vive. Quer dizer, a mediação através da qual Deus se comunica ao batizado não é o rito que o ministro do sacramento administra, mas a experiência que o sujeito batizado vive. É evidente: quando os textos do Novo Testamento definem o batismo cristão como batismo no Espírito, não podem referir-se a ritual nenhum. Falar do Espírito não é falar de um cerimonial; mais ainda, quando o Espírito se contrapõe à água, está claro, pelo menos, que a experiência se antepõe ao ritual. E se antepõe ao ritual como o próprio e o específico do batismo cristão.

Para compreender melhor o que se acaba de dizer, convém levar em conta os textos do Novo Testamento que falam do batismo no Espírito Santo. Mas, como acertadamente advertem os exegetas, o sentido original desses textos era falar simplesmente do espírito. Porque, entre outras coisas, não é imaginável que João Batista já estivesse pensando na teologia do Espírito Santo, tal como essa teologia foi elaborada séculos mais tarde. Por outra parte, sabemos que, quando os escritos do Novo Testamento utilizam a palavra *pneuma* (espírito), resulta bastante difícil saber com certeza se esse determinado texto se refere ao espírito de Deus ou antes ao espírito humano. Daí a enorme dificuldade que os tradutores encontram frequentemente para usar letra maiúscula ou minúscula ao traduzir a palavra *pneuma*. Isso coloca uma questão de fundo: qual é a relação exata entre o Espírito de Deus e o espírito humano? Alguns autores destacam, com razão, a correspondência entre o espírito humano e o Espírito de Deus. Essa correspondência é tão profunda que, com frequência, resulta praticamente impossível delimitar se os textos nos falam do "divino" ou do "humano". Pois bem, seja como for a respeito desse assunto, uma coisa (pelo menos) se pode afirmar com segurança: mesmo admitindo que os textos batismais se refiram ao Espírito de Deus, é indubitável que este Espírito se faz presente no espírito humano, suscitando nele os "frutos" que acompanham a sua presença (Gl 5,22).

Portanto, se o batismo é essencialmente batismo "no Espírito", quer dizer que se trata de um gesto ritual (a imersão na água), *cujo valor reside não no rito como tal, mas na experiência do Espírito*.

A consequência do que foi dito é que o batismo (como os demais sacramentos) não pode ser entendido a partir da ideia medieval que falava do rito como "causa instrumental" da graça. Semelhante interpretação carece de fundamento no Novo Testamento e na tradição de todo o primeiro milênio do cristianismo. E, sobretudo, dá margem para pensar no batismo a partir de uma mentalidade mágica. De fato, muita gente tem a convicção de que, ao se lançar água na cabeça de uma pessoa, com a correspondente fórmula trinitária, tal pessoa fica automaticamente santificada, limpa, pura, filha de Deus, membro da Igreja e enriquecida com os dons do Espírito Santo. No fundo, isso não é nada mais do que uma mentalidade mágica que favorece o engano em que vivem amplos setores da Igreja. O número de batismos serve como medida do número de cristãos. A experiência nos ensina que a realidade concreta da vida é muito distinta e vai por outros caminhos.

V. Divinização ou humanização dos batizados?
O batismo foi interpretado teologicamente como a "divinização" do cristão. Segundo essa interpretação, a pessoa que recebe o batismo não somente fica purificada de todos os pecados, mas também recebe a graça que o "torna partícipe da natureza divina" (2Pd 1,4). A teologia tradicional desenvolveu amplamente esse assunto, que se pode ver detalhadamente documentado no *Catecismo da Igreja católica*, n. 1265. Mas resulta significativo que nenhum dos textos do Novo Testamento referidos nesse número demonstra o que se pretende demonstrar, porque nenhum deles se refere ao batismo.

Por outra parte, quando se apresentam os efeitos do batismo em termos de "divinização", no fundo o que se pretende dizer é que o ideal cristão consiste em ultrapassar a condição humana, em subir a uma categoria superior, em última análise, em chegar a ser "como deuses" (Gn 3,5), por mais que a essa tentação satânica se concedam aparências de sublimidade divina. Certamente, a teologia cristã não levou devidamente em conta que o caminho que Deus escolheu para salvar a humanidade não foi o caminho da "divinização", mas o caminho (que ainda nos resulta incompreensível) da "humanização". Deus se fez ser humano, quer dizer, se fundiu e se confundiu com a condição humana. Deus "não se apegou à sua categoria divina", mas "despojou-se de sua categoria e tomou a condição de escravo, fazendo-se como um de tantos" (Fl 2,6-7). Fundir-se nas águas do batismo é, como diz Paulo, "vincular-se a Cristo" e "revestir-se de Cristo" (Gl 3,27), o que significa literalmente adotar o mesmo comportamento que Jesus, o Messias, seguiu nos dias de sua vida mortal. Este é o significado do verbo *énduesthai* (Rm 13,12.14; 2Cor 5,3). Mas é claro: se existe algo inquestionável na vida de Jesus, é precisamente sua profunda humanidade, sua sintonia com o mais intimamente humano, superando a desumanização que todos trazemos dentro de nós. Os cristãos têm de ser, portanto, as pessoas que se distinguem, antes de tudo, por sua profunda humanidade, e por seu extremado respeito para com todo o humano: a dignidade das pessoas, os direitos humanos, a aceitação incondicional do outro etc.

É de capital importância colocar dessa maneira o cristianismo precisamente a partir do sacramento-base da iniciação cristã. Porque, ao conectar o batismo aos efeitos sobrenaturais e divinos, a teologia situou o especificamente cristão fora de nosso alcance, além do que nós humanos podemos constatar. A partir de tal interpretação, os batizados podem ter a convicção de que são filhos de Deus, por mais que sua vida esteja demasiadamente longe do que foi a vida do Filho de Deus. É claro que o batismo é o sacramento que expressa a vida que Deus nos concedeu (Rm 6,3-5). Mas essa vida está ligada à forma de viver que cada ser humano adota neste mundo. Não se trata de colocar em dúvida que o batismo nos salva. O que acontece é que o caminho da divinização – exatamente como aconteceu no caso de Jesus – é o caminho da mais profunda e íntima humanização. Em todo caso, os sacramentos (também o batismo) devem ser entendidos a partir do "existencial sobrenatural" (K. Rahner). A "natureza pura" não passa de invenção humana. O que historicamente existiu, desde que no planeta terra há seres especificamente humanos, é o ser humano elevado à condição sobrenatural. Portanto, atribuir ao batismo essa presumida elevação é fruto da ignorância.

VI. O batismo de crianças. Essa questão tem sido objeto de acirrada controvérsia, sobretudo nos últimos cinquenta anos. O problema – e sua possível solução – será mais bem compreendida, quando se expuserem brevemente as razões pró e contra a prática generalizada do batismo dos recém-nascidos.

As razões dos que defendem que se devem batizar as crianças pequenas são as seguintes: 1) Nos escritos do Novo Testamento se diz, várias vezes, que se batizavam casas ou famílias inteiras (1Cor 1,16; At 11,14; 16,15-33; 18,8), e parece que a expressão "a casa" (*oikos*) incluía os pequenos. 2) Crê-se que em 1Cor 7,14 se utiliza a terminologia do batismo judaico dos prosélitos, segundo o qual se admite que a comunidade primitiva se houvesse apropriado do uso judaico de batizar as crianças pequenas dos prosélitos. 3) Desde tempos muito antigos, talvez desde o século II, se sabe que se administrava o batismo às crianças recém-nascidas. 4) Desde o final do século IV e começo do século V, já se torna geral o costume de batizar os bebês. 5) O Concílio de Trento disse que se devem batizar as crianças, precisamente para apagar o pecado original. 6) Muitos teólogos, tanto católicos como protestantes, defendem o batismo de bebês. Essas razões, muito resumidas, são as que explicam por que a Igreja defende, com toda a força, a prática do batismo das crianças pequenas.

Mas diante dessas razões estão as dos que afirmam que não se devem batizar as crianças. São as seguintes: 1) Uma criança pequena não percebe, nem pode perceber nada. Portanto, não tem nem pode ter fé em Jesus Cristo. Mas, por outra parte, sabemos que os sacramentos não se podem administrar, a não ser àqueles que têm fé. 2) Não vale dizer que a criança se batiza pela fé que seus pais ou padrinhos têm. Porque ninguém pode ter fé pelo outro, como não pode pecar pelo outro nem ganhar o céu em lugar de outro. 3) É verdade que, no Novo Testamento, se fala de batismo de "casas inteiras". Mas, o que não sabemos é se nessas casas havia crianças pequenas. Isso não se diz em nenhuma parte. 4) O costume de batizar as crianças em massa foi introduzido no final do século IV, por causa de um decreto do imperador Teodósio, que impôs a todos os cidadãos do Império a obrigação de se tornarem cristãos. 5) O Novo Testamento não fala da relação entre batismo e pecado original. Nem tampouco os autores cristãos dos primeiros séculos. Isso foi introduzido a partir de Santo Agostinho em sua controvérsia com os pelagianos. 6) O batismo exige prévia conversão ("mudança de mentalidade") (cf. At 2,41), coisa que não pode acontecer de modo algum com uma criança pequena. 7) O batismo das crianças pequenas em massa tem consequência negativa para a Igreja: devido a essa prática, a Igreja vem a ser (como já se disse) não a comunidade dos *convertidos* à fé, mas a sociedade dos *nascidos* em certos países ou grupos humanos. Daí que a Igreja não está, na prática, configurada pelo batismo, mas pelo nascimento, coisa que não está de acordo com o que é e exige o batismo cristão.

Vistas essas razões de uma e de outra parte, o que se pode dizer sobre o assunto? Em princípio, parece que as razões contra o batismo das crianças têm mais peso do que as razões a favor dessa prática. No entanto, deve haver extremo cuidado na hora de emitir um julgamento sobre esse costume eclesiástico que, de fato, é mais complicado do que parece à primeira vista. Antes de tudo, está o fato de que a Igreja batizou crianças pequenas desde suas origens mais remotas e, com certeza, desde o século II. Por outra parte, na prática não é aconselhável de modo algum que um pároco, por sua conta e risco, se ponha a negar o batismo de crianças às famílias que o solicitam, porque a única coisa que vai conseguir é criar inimizade com seus paroquianos. Além disso, não vai conseguir concretamente nada. Porque as pessoas irão a outra paróquia onde, sem problema de nenhuma espécie, vão batizar o bebê. A solução terá de vir pelo caminho de progressiva tomada de consciência entre os cristãos, para compreenderem que não acontece nada, quando não batizam as crianças pequenas "o quanto antes". É importante que as pessoas compreendam: é melhor esperar que os pequenos tenham idade suficiente para perceberem o que fazem quando recebem o batismo. Para que aceitem as exigências da fé com o mínimo necessário de consciência. Certamente, o ideal seria recuperar a unidade do *batismo-confirmação*, de forma que deixassem de ser dois sacramentos separados. Então, o mesmo que agora se faz com os jovens que vão receber a confirmação, depois de bom catecumenato preparatório, os que consciente e livremente quisessem abraçar a fé e suas exigências receberiam conjuntamente os três sacramentos da iniciação cristã, batismo, confirmação e eucaristia.

VII. As dúvidas que a confirmação coloca. Os teólogos, hoje, de modo geral estão de acordo em que o Novo Testamento não diz nada sobre a confirmação enquanto sacramento separado e distinto do batismo. Também existe um acordo em que este rito, que chamamos de "sacramento da confirmação", não é senão um desmembramento de uma parte do rito inicial do batismo, tal como se praticou na Igreja até o século V. Esta separação entre o batismo e a confirmação se produziu por circunstâncias conjunturais, que já não acontecem na atualidade. Por tudo isso, é lógico que teólogos e pastoralistas coloquem não poucas perguntas em torno do sacramento da confirmação. Concretamente, sabemos com certeza a razão de ser deste sacramento? E, sobretudo, temos uma ideia clara da finalidade que ele tem?

Não se trata de dúvidas caprichosas. O problema está em que, ao separar-se a confirmação do batismo, inevitavelmente seria necessário buscar uma razão de ser para a confirmação. Mas, como é lógico, essa razão de ser foi buscada à base de tirar algo do batismo. Por exemplo, tem-se dito, muitas vezes, que o batismo precisa "ser completado", e para isso existe a confirmação. Acontece que não se vê em virtude de que argumento se pode defender que o batismo é um sacramento incompleto. Ou também se costuma dizer que a confirmação é o sacramento do Espírito. Mas sabemos que isso é simplesmente falso. Porque, como já foi explicado, precisamente o específico do batismo cristão é que se trata do sacramento do Espírito, em contraposição ao simples batismo de água que João Batista administrava. Então, para que a confirmação? Em não poucos catecumenatos, costuma-se dizer que a confirmação, como seu nome indica, serve para que a pessoa batizada, ainda não consciente do que faziam com ele ao batizá-lo, "confirme" suas promessas batismais e ratifique seu compromisso com Jesus Cristo. E efetivamente assim é. São muitos os jovens que, ao iniciarem sua maturidade como pessoas, recebem boa catequese cristã, que os torna mais conscientes e mais responsáveis de seus compromissos de crente em Jesus Cristo, o Senhor. Mas, na realidade, o que isso nos indica é que o batismo é administrado na Igreja, no momento em que não é possível os batizados estarem conscientes do que significa ser cristão. Daí resulta que a confirmação vem cumprir uma função que não necessitaria cumprir, se os cristãos aceitassem a fé e se comprometessem com ela em seu devido tempo. Nesse caso, o sacramento *batismo-confirmação*, não partido ou separado indevidamente, viria recuperar seu lugar, seu momento preciso, e sobretudo sua clara e bem definida finalidade.

VIII. O silêncio do Novo Testamento sobre a confirmação. Muitas vezes se tem dito que o sacramento da confirmação é atestado em At 8,14-17, quando Pedro e João foram impor as mãos aos samaritanos que tinham sido simplesmente batizados. No mesmo sentido, pode-se citar a passagem de At 19,5-7, quando Paulo, em Éfeso, impôs as mãos a algumas pessoas, que assim receberam o Espírito Santo. Mas, hoje, está mais do que demonstrado que em nenhum desses casos se trata de um novo sacramento distinto do batismo. E menos ainda que essa imposição de mãos fosse o sinal de que os batizados recebiam o Espírito. A única coisa que nesses textos se quer ensinar é que os novos cristãos iam-se incorporando na unidade e na comunhão com a Igreja. Porque, para o livro dos Atos dos Apóstolos, a incorporação na Igreja se expressa mediante a efusão e intervenção do Espírito (At 2,4.17.38; 4,31; 10,44-48; 9,31; 13;52).

Por outra parte, deve-se levar em conta que a comunicação do Espírito aos crentes, tal como aparece nos Atos dos Apóstolos, não está necessariamente vinculada à imposição das mãos dos apóstolos. Porque há casos nos quais o Espírito é comunicado por ocasião do batismo (At 1,5; 2,18 etc.), mas há outros textos nos quais o Espírito é comunicado antes do batismo (At 10,44-47) ou também depois do batismo (At 8,14-17). Ou seja, não se pode dizer que exista um rito religioso (a imposição de mãos) que venha a completar uma presumida lacuna do rito batismal.

IX. Como e por que apareceu a confirmação. Já no Novo Testamento se fala do gesto da imposição de mãos, quase sempre com relação a curas de tipo carismático (Mt 9,18; Mc 5,23; 7,32; 8,23; Lc 13,13; At 28,2). Além disso, sabe-se que, nos primeiros tempos da Igreja, quando se administrava o batismo, havia o costume de o bispo fazer um gesto ou ritual de bênção mediante a imposição das mãos sobre a cabeça do recém-batizado. Dessa maneira se recordava o que fizeram os primeiros apóstolos, quando impuseram as mãos sobre os samaritanos recém-batizados. Além do mais, também desde os tempos mais antigos, existia o costume de os recém-batizados serem ungidos com óleo na cabeça e no peito. Este azeite tinha sido abençoado pelo bispo. E isso tinha um significado: naqueles tempos, os remédios e os perfumes eram diluídos em óleo. Por isso, o fato de ungir com azeite simbolizava a alegria da festa (perfume) e a fortaleza da cura (medicar-se). Pois bem, o significado dessas duas coisas pretendia ser indicado no momento do batismo: a alegria da vida nova à imitação de Jesus e a fortaleza contra os poderes inimigos do reino de Deus. Portanto, o batismo completo implicava não somente o rito da água, mas também a bênção e a unção com o óleo. Essa prática se manteve assim até o século V.

Por que e quando se deu a separação entre o rito da água e o rito da bênção-unção com óleo? Desde o final do século IV, se impôs o costume de batizar todas as crianças recém-nascidas. Esse costume foi introduzido desde o momento em que o imperador Teodósio dispôs que todos os cidadãos do Império teriam de tornar-se cristãos (ano de 381). Por isso, os batismos eram muito numerosos, e naturalmente o bispo não podia estar em todas as celebrações batismais. Em consequência, tomou-se uma decisão: os simples sacerdotes ou os diáconos administravam o rito da água (batismo), enquanto o rito da bênção e da unção com o azeite (confirmação) ficou reservado para quando o bispo pudesse realizar esse cerimonial, reunindo muitos batizados. Assim, outorgar aos bispos o privilégio de ser ministro dos ritos pós-batismais não pressupôs a existência de dois sacramentos independentes, mas a criou. Pois bem, o que a Igreja criou por circunstâncias conjunturais, em determinado momento pode voltar a ser celebrado como se fazia inicialmente na Igreja. Sem dúvida alguma, ao recuperar a unidade do rito completo, *batismo-confirmação*, administrado a pessoas capazes de compreender o que celebram e o compromisso cristão que contraem, seria um enriquecimento para a vida de fé dos fiéis e para a coerência da Igreja.

X. O significado da unção batismal. Já se disse que o rito completo do batismo consistia não somente na imersão na água, mas também, imediatamente depois, a bênção-unção com o óleo. Por que essa unção? No Antigo Testamento, o gesto de ungir os reis tinha importância notável (Jz 9,8.15; 1Sm 9,16; 10,1; 15,1.17; 16,3.12; 1Rs 1,39; 2Rs 9,3.6 etc.). Mediante tal unção, era concedido ao rei o poder de exercer sua função (Sl 45,8.9). Mas, por outra parte, essa função estava estreitamente relacionada com a defesa da justiça, que era, segundo a mentalidade hebraica, a defesa dos pobres e desvalidos, dos órfãos e viúvas, quer dizer, a defesa dos que, por si mesmos, não podem defender-se. Neste sentido, o texto seguramente mais eloquente é o salmo 72: a justiça que o rei deve impor consiste em "defender os humildes do povo, socorrer os filhos do pobre e esmagar o explorador" (Sl 72,1-4.12-14).

Sem dúvida, essas ideias condicionaram a prática da Igreja nascente. Os novos cristãos não somente eram submersos nas águas da morte, que os vinculava ao destino de Jesus em sua existência e morte pelos outros, mas também a cada cristão era expresso simbolicamente que sua tarefa fundamental neste mundo tinha de centrar-se na defesa da justiça dos pobres, marginalizados e excluídos.

Assim os primeiros cristãos compreenderam o batismo. E assim entenderam também, por conseguinte, como devia ser a Igreja que nasce do batismo.

W. Bieder, "Baptizo", em H. Balz e G. Schneider (eds.), *Diccionario exegético del Nuevo Testamento* I, Salamanca, Sígueme, 1996, 573-585; TWNT X, 998-1008; J. Brosseder, "Bautismo-confirmación", em P. Eicher, *Diccionario de conceptos teológicos* I, Barcelona, Herder, 1989, 81-93; J. M. Castillo, "Bautismo", em CFC, 778-789; Id., "Confirmación", ibid., 217-227; P. Gerlitz et al., "Taufe", em TER 32, 659-741.

José M. Castillo

BEM-AVENTURANÇAS

No Antigo Testamento "bem-aventurança" constitui uma forma de felicitação, frequente sobretudo nos Salmos e nos livros sapienciais; nela se constata e se proclama a felicidade atual, próxima ou futura de alguém; refere-se sempre a pessoas e nunca a coisas ou circunstâncias.

À diferença da literatura grega, que atribui aos deuses o título de "bem-aventurados", a veterotestamentária jamais o aplica a Deus, embora a felicidade se coloque em relação com ele, que é considerado dispensador qualquer ventura. Por isso, junto com as bem-aventuranças que visam aos bens terrenos, como a prosperidade (Sl 14,15) ou numerosa descendência (Sl 127,5), as mais características do Antigo Testamento são as que guardam relação com Deus: as que proclamam feliz o povo cujo Deus é o Senhor (Sl 33,12; 144,15), os que o louvam sempre (Sl 84,5; 89,16), os que seguem o caminho da Sabedoria (Pr 8,32.34), os que cumprem a vontade de Deus ou vivem conforme a sua Lei (Is 56,2; Sl 1,1-2; 45,2; 106,3; 12,1; 119,1; Pr 28,18), os que confiam e esperam no Senhor (Is 30,18; Sl 40,5; 84,13; 146,5; Pr 16,20), os que foram por ele absolvidos das culpas (Sl 32,1-2).

No Novo Testamento, o adjetivo "bem-aventurado" ou "feliz" (grego: *makarios*), que em duas ocasiões aparece como título divino (1Tm 1,11; 6,15), emprega-se prevalentemente em relação com a alegria que o ser humano obtém ao participar da salvação do reinado de Deus (Mt 5,3-12; 13,16 par.; 24,46 par.; Lc 6,20b-23; 14,15; Tt 2,13; Tg 1,12; Ap 19,9, etc.).

Quando se fala de bem-aventuranças, pensa-se logo nas evangélicas de Mt 5,3-12 e de Lc 6,20b-23, que, desde os primeiros tempos do cristianismo, alimentaram e inspiraram a vida e a obra da Igreja. Centraremos nelas o estudo e a reflexão que segue.

I. **As bem-aventuranças comuns a Mateus e Lucas**. As bem-aventuranças ou macarismos (do grego: *makarismos*, "bem-aventurança", "felicidade") de Mt 5,3-12 e de Lc 6,20b-23 encontram-se, respectivamente, no começo do "sermão da montanha" de Mateus (4,25-8,1) e do "discurso da planície" de Lucas (6,17-49). Entre ambas as redações existem elementos comuns e notáveis diferenças:

1. Mateus recolhe oito bem-aventuranças homogêneas ou de construção similar (5,3-10), seguidas de uma de estrutura diferente (5,11-12), que desenvolve o tema da perseguição, enunciado na última das bem-aventuranças homogêneas (5,10), e estabelece a equivalência entre a perseguição *por causa da* fidelidade a Deus (5,10a) e a que se padece *por causa de* Jesus (5,11b). Em contrapartida, Lucas apresenta somente quatro bem-aventuranças (6,20b-23), a última mais extensa que as anteriores (6,22-23), às quais contrapõe quatro mal-aventuranças (6,24-26).

2. Tanto as bem-aventuranças de Mateus como as de Lucas constam de duas partes: a primeira, chamada prótase, recolhe a proclamação de felicidade ("bem-aventurado/feliz") que recai sobre uma série de sujeitos plurais ("os pobres", "os que sofrem", "os que têm fome", "os misericordiosos" etc.); a segunda, chamada apódose, determina a causa dessa proclamação ("porque...").

3. A apódose, ou segunda parte, da primeira e da última das bem-aventuranças homogêneas de Mateus e da primeira de Lucas está no presente (Mt 5,3b.10b: "porque deles é o reinado/reino dos céus"; Lc 6,20c: "porque vosso é o reinado/reino de Deus"); em contrapartida, nas demais bem-aventuranças, aparece no futuro ("serão consolados", "herdarão a terra", "sereis saciados" etc.). Esses futuros, por estarem no meio de dois presentes (o caso de Mateus) ou precedido de um deles (o caso de Lucas), têm valor de *futuro próximo* ("vão ser consolados", "vão herdar a terra", "ides ser saciados" etc.), quer dizer, designam acontecimentos que vão se realizando à medida que o reinado/reino dos céus (Mt) ou de Deus (Lc) se faz presente; com eles se descreve a ação de Deus.

4. Mateus constrói sua série de bem-aventuranças homogêneas na terceira pessoa (5,3b-10b: "porque deles..."); em contrapartida, emprega a segunda pessoa no macarismo que a segue (5,11-12: "Felizes sereis, quando vos..."), dirigido aos discípulos de Jesus. Por sua parte, as bem-aventuranças de Lucas (o mesmo que suas mal-aventuranças) estão todas construídas na segunda pessoa (6,20c: "porque vosso..."); 6,21b: "porque sereis saciados"; 6,2d: "porque havereis de rir"; 6,22-23: "felizes sereis, quando vos...") e têm por destinatários principais os discípulos de Jesus (cf. 6,20a: "Então ele, dirigindo o olhar aos seus discípulos, disse...").

A construção de Mateus na terceira pessoa, habitual nas bem-aventuranças (ou macarismos) da Bíblia hebraica (texto massorético) ou grega (versão dos LXX), nas quais se explicita o motivo da felicitação de que alguém é objeto, situa sua série de bem-aventuranças homogêneas (5,3-10) dentro de horizonte indeterminado, convertendo-as em proclamação de felicidade, válida para todos os seres humanos de todos os tempos e em convite a que todos os seres humanos assumam a proposta de vida nelas contida. Enquanto a construção de Lucas na segunda pessoa, embora conserve o matiz invitatório, delimita mais o horizonte de suas bem-aventuranças (e mal-aventuranças), ao restringi-las sobretudo aos discípulos de Jesus e à situação presente (cf. 6,20a e os dois "agora" do segundo e do terceiro macarismo).

5. Das quatro bem-aventuranças lucanas, somente as três primeiras têm correspondência na série de bem-aventuranças homogêneas de Mateus: a dos pobres (Lc 6,20b/Mt 5,3), a dos "que têm fome" (Lc 6,21a.b/Mt 5,6) e a dos que choram (Lc 6,21c/Mt 5,4). Lc 6,22-23: "Felizes sereis, quando os homens vos odiarem e vos excluírem e vos insultarem e proscreverem vosso nome como mau por causa do Filho do homem. Alegrai-vos nesse dia e saltai de regozijo, porque grande é a recompensa que Deus vos dá; pois o mesmo fizeram seus pais com os profetas". Esta última bem-aventurança de Lucas encontra-se também em Mateus, mas recolhida, com notáveis variantes, no macarismo mais complexo que, no final da série, Jesus dirige a seus discípulos, advertindo-os da hostilidade que irão sofrer (5,11-12): "Felizes sereis, quando vos insultarem, vos perseguirem e vos caluniarem por minha causa. Ficai alegres e contentes, porque grande é a recompensa que Deus vos dá; porque igualmente perseguiram aos profetas que vos precederam".

6. Dentro da série dos macarismos homogêneos de Mateus, as três bem-aventuranças em comum com Lucas, além da mudança de pessoa, já assinalada, apresentam as seguintes peculiaridades:

a) Ao sujeito do primeiro macarismo de Lucas, "os pobres" (6,20b: *hoi ptōkhoi*), Mateus acrescenta, em sua bem-aventurança correspondente (5,3), também a primeira de sua série, o dativo *tô pneumati*, traduzido normalmente por "de espírito". Essa tradução é desacertada, porque em castelhano/português "pobres de espírito" designa pessoas limitadas ou de pouco ânimo e, segundo o teor do que se anuncia na segunda parte desta bem-aventurança evidentemente não pode ser esse o sentido do sujeito do macarismo (5,3b: "porque deles é o reinado/reino dos céus). Tampouco se pode aceitar como afirmam numerosos autores: que Mateus pretenda com seu acréscimo espiritualizar a pobreza, convertendo-a em disposição interior ("os pobres por dentro"), que alguns interpretam como desapego interno dos bens deste mundo, embora sejam possuídos bens em abundância, e outros, como atitude de humildade diante de Deus. Entre outras razões, porque se fosse essa a intenção do evangelista, o lógico seria que, em vez de *tô pneumati*, empregasse *tê kardia* ("de coração"), como faz em 5,8a, quando quer interiorizar a pureza ("os puros de coração": *hoi katharoi tê kardia*).

Seguindo a interpretação de numerosos Padres da Igreja e de muitos dos antigos escritores eclesiásticos, o acréscimo de Mateus tem por objetivo indicar o caráter *voluntário* da pobreza. Tratar-se-ia, então, na primeira bem-aventurança de Mateus, dos "pobres pela ação do espírito", entendido este acréscimo como capacidade de opção, quer dizer, dos "pobres por decisão própria".

Lucas, ao usar a segunda pessoa na construção de seus macarismos e ao dirigi-los expressamente aos discípulos de Jesus (6,20a), assinala com toda a clareza que os pobres, sobre os quais recai a proclamação de felicidade (6,20b), devem ser identificados com esses discípulos (cf. 6,20c: "vosso", em grego: *hymetera*), quer dizer, com todos aqueles que, em virtude do seguimento de Jesus, abandonaram suas seguranças humanas e optaram pela pobreza. Mateus, de sua parte, ao construir seus macarismos em terceira pessoa, tem de matizar o caráter da pobreza que é objeto da proclamação de felicidade, para evitar que esta recaia sobre os pobres em geral. Daí a precisão *tô pneumati* que ele acrescenta a "pobres", sublinhando com isso que se trata da pobreza voluntária e não da que vem imposta por imperativos e condicionamentos sociais.

b) Lucas, na apódose ou segunda parte de sua primeira bem-aventurança (6,20c), emprega a expressão *hê basileia toû theoû* ("o reino/reinado de Deus"). Mateus, em contrapartida, no começo e no final de sua série de bem-aventuranças homogêneas (5,3b.10b), usa o mais semítico *hê basileia tôn ouranôn* ("o reinado/reino dos céus"). Embora ambas as expressões sejam equivalentes, já que "os céus" não é mais que uma metonímia que designa Deus, o emprego da fórmula mais semítica nas bem-aventuranças de Mateus sublinha a transcendência e a universalidade de Deus: como "os céus" estão acima da terra e a cobrem por inteiro, assim Deus está também acima de toda manipulação humana e quer abranger por meio de sua solicitude e amor toda a humanidade.

Por outro lado, a repetição em Mateus, no princípio e no final de sua série, da mesma fórmula (5,3b.10b: "porque deles é o reinado/reino dos céus", quer dizer, "de Deus") constitui uma inclusão (começa-se e termina-se da mesma maneira), o que dá unidade à série e indica que o tema central dela é o do reinado/reino de Deus. A declaração comum (Mt 5,3b: "porque deles é o reinado/reino dos céus"; Lc 6,20c: "porque vosso é o reinado/reino de Deus") que recai sobre o sujeito do primeiro macarismo de Mateus, "os pobres por decisão própria" (5,3a), e de Lucas, "os pobres" (6,20b); essa declaração, ao estilo dos verdadeiros seguidores de Jesus, assinala esses pobres como os beneficiários ou destinatários do reinado/reino de Deus e estabelece "a pobreza evangélica" como a condição indispensável para que a soberania de Deus possa desdobrar-se na humanidade.

Nesta primeira bem-aventurança, tanto Mateus como Lucas aludem a Is 61,1c, segundo os LXX, onde se anuncia como missão do Ungido do Senhor o "dar a boa notícia aos pobres" (*euaggelisasthai ptôkhois*). Para ambos os evangelistas, essa boa notícia consiste no reinado de Deus sobre eles.

c) O sujeito do segundo macarismo lucano, "os que agora têm fome" (6,21a: *hoi peinôntes nûn*), transforma-se na bem-aventurança correspondente de Mateus, a quarta de sua série: "os que têm fome e sede de justiça" (5,6a: *hoi peinôntes kai dipsôntes tên dikaiosynên*). A fome deixa assim de designar, como em Lucas, uma carência de alimentos e adquire em Mateus, juntamente com a sede, um sentido figurado: ambos expressam o vivo anseio de que exista a justiça e supõem, portanto, a ausência dela.

Desse modo, a promessa de futuro que recai sobre o sujeito de ambas as bem-aventuranças (Mt 5,6b: "porque sereis saciados"; Lc 6,21b: "porque ides ser saciados") tem sentido diferente em cada uma delas. Em Mateus, a saciedade dá cumprimento de sobra à aspiração veterotestamentária à justiça, expressa principalmente pelos profetas (Is, 1,23; 3,14-15; 35,3-10; 61,7-8.11; Jr 21,11-12; 22,3.13-17; Ez 34,17-31; Sl 68,6-7; 76,8-11; 103,6; 140,5-9 etc.); em Lucas, preenche as necessidades dos que carecem dos mais elementares meios de subsistência.

d) O sujeito do terceiro macarismo lucano, "os que agora choram" (6,21c: *hoi klaiontes nûn*), converte-se na bem-aventurança correspondente de Mateus, a segunda de sua série: "os que sofrem" (5,4a: *hoi penthoûntes*). Em consonância com essa transformação, a apódose ou segunda parte de ambas as bem-aventuranças experimenta também uma mudança: em vez de "havereis de rir" em Lucas (6,21b: *gelesete*), Mateus utiliza o "vão ser consolados" (5,4b: *paraklêthêsontai*). Com essas modificações, a bem-aventurança de Mateus alude a Is 61,2c, segundo os LXX, que atribui como missão do Ungido do Senhor o "consolar todos aqueles que sofrem" (*parakalesai pantas tous penthoûntas*).

O texto de Isaías 61,1-3 descreve (com algumas variantes entre o Texto Massorético e os LXX) o estado de opressão que o povo de Israel padece (pobres cativos, prisioneiros, aflitos etc.) e anuncia que a intervenção do Ungido do Senhor vai mudar por completo a sorte desse povo (boa notícia, anistia, liberdade, ano de graça, integração do que está perdido, consolo etc.). Em paralelo com o texto profético, ao qual alude, o sujeito do segundo macarismo de Mateus designa os que sofrem, porque são vítimas da opressão, quer dizer, os "oprimidos". O consolo que lhes é prometido na segunda parte da bem-aventurança (5,4b) anulará essa situação negativa, eliminando as causas que a provocavam.

II. As bem-aventuranças próprias de Mateus. Das cinco bem-aventuranças de Mateus que não têm correspondência em Lucas, a terceira de sua série tem como sujeito no grego *hoi praeís* (5,5a), que normalmente se traduz por "os mansos" ou "os não violentos". No entanto, esta bem-aventurança foi tomada do Sl 36,11a, segundo os LXX (*hoi praeís klêronomêsousin gên*), onde os *praeís* designam aqueles que não têm meios para defender-se nem para fazer valer seus direitos, porque os poderosos os espoliaram de sua terra, privando-os assim de sua independência econômica e de sua liberdade e submetendo-os ao próprio domínio. Por isso, a tradução do sujeito desta bem-aventurança mais de acordo com o texto do salmo seria a dos "submetidos" ou "despossuídos" (ou desapropriados).

No salmo, é prometido aos *praeís* que vão herdar "um terreno" em propriedade (*klêronomêsousin gên*), quer dizer, um meio que lhes assegure uma vida até certo ponto independente e livre. Em contrapartida, na bem-aventurança de Mateus lhes é prometida como herança "a terra" (5,5b: "porque eles vão herdar a terra", em grego: *hoti autoi klêronomêsousin gên*), quer dizer, a plena independência e liberdade.

1. A bem-aventurança dos "misericordiosos" ou "dos que prestam ajuda" (5,7a: *hoi eleêmones*), a quinta da série de Mateus, recolhe um princípio ético-chave no Antigo Testamento, no judaísmo e na literatura rabínica: Deus comporta-se misericordiosamente com os que praticam a misericórdia. O sujeito do macarismo, os *eleêmones*, designa aqueles que habitualmente vão ao encontro das necessidades do próximo, seja ele quem for, tentando remediá-las. Em correspondência com esse comportamento, a segunda parte da bem-aventurança lhes assegura que receberão a ajuda de Deus (5,7b: "porque eles vão receber a misericórdia" ou "ajuda", em grego: *hoti autoi eleêthêsontai*).

2. A sexta bem-aventurança de Mateus, a dos "puros de coração" (5,8a: *hoi katharoi tê kardia*), alude ao Sl 23,4.6, segundo os LXX, onde a pureza de coração (*katharos tê kardia*) e o comportamento reto se estabelecem como condições indispensáveis para participar do culto tributado a Deus em seu templo (v. 4); aqueles que se aproximam do monte do Senhor com essas atitudes são os que buscam o rosto de Deus (v. 6). Mateus elimina de seu texto toda referência cultual e local: os que têm coração puro, os que não albergam no interior segundas intenções, nem maus propósitos, terão uma "visão" imediata de Deus (5,8b: "porque verão a Deus", em grego: *hoti autoi ton theon opsontai*), quer dizer, experimentarão em suas vidas a constante presença divina e conhecerão o verdadeiro rosto de Deus.

3. A bem-aventurança dos que "trabalham pela paz" (5,9a: *hoi eirênopoioi*, impropriamente traduzido por "os pacíficos"), a sétima da série de Mateus, coloca a tarefa da paz, quer dizer, o esforço por criar, tanto individual como socialmente, as condições que permitam o pleno desenvolvimento humano, como a tarefa própria dos filhos de Deus. Para o Novo Testamento, Deus é o Deus da paz (Rm 15,33; 16,20; 2Cor 13,11; Fl 4,9; 1Ts 5,23; 2Ts 3,15; Hb 13,20 etc.); é ele que a possui (Fl 4,7; 2Jo 3 etc.) e que a dá (Rm 1,7; 1Cor 1,3; 2Cor 1,2; Gl 1,3; Ef 1,2 etc.); ele chama os cristãos a uma vida de paz (1Cor 7,15; Cl 3,15 etc.) e quer que as relações entre os membros da comunidade cristã estejam presididas pela paz (1Cor 14,33; Ef 4,3 etc.). Por isso, Mateus, que alude na segunda parte desta bem-aventurança a Os 2,1d, segundo os LXX ("lá serão chamados filhos de Deus vivo", em grego: *ekeî klêthêsontai hyioi theoû zôntos*), anuncia: "os que trabalham pela paz", por estarem empenhados em uma tarefa como a de Deus, são seus verdadeiros filhos e, como tais, serão reconhecidos por ele (5,7b: "porque eles serão chamados filhos de Deus", em grego: *hoti autoi theoû klêthêsontai*).

4. A última das bem-aventuranças próprias de Mateus, a que fecha a série de seus macarismos homogêneos, é traduzida normalmente como "os perseguidos por causa da justiça" (5,8a: *hoi dediôgmenoi heneken dikaiosynês*). No entanto, deve-se levar em conta que Mateus emprega um particípio perfeito substantivado (*hoi dediôgmenoi*), que denota uma situação de perseguição habitual ou permanente, cuja causa, como assinala a maioria dos autores, é a conduta fiel a Deus (*heneken dikaiosynês*). Por isso, a tradução mais correta do sujeito do macarismo seria: "os que vivem perseguidos por sua fidelidade".

Esta bem-aventurança, que alude globalmente à situação veterotestamentária do "justo perseguido" (Sl 7; 22; 31; 35; 69; 71; 109 etc.), está estreitamente relacionada com a primeira (5,3), já que "os pobres por decisão própria" (5,3a) e "os que vivem perseguidos por sua fidelidade" (5,10a) são objeto da mesma declaração: "porque deles é o reinado/reino dos céus" (5,3b.10b). Para Mateus, então, a opção pela pobreza se verifica na conduta fiel a Deus; conduta esta que desencadeia feroz oposição, cujo objetivo é eliminar o modo de vida coerente com tal opção. Os perseguidores, portanto, são aqueles que servem os interesses do "dinheiro" e não os de Deus.

A proclamação de felicidade que recai sobre esses perseguidos (5,10a) e a declaração da qual são objeto (5,10b) constituem a garantia de que os perseguidores não conseguirão seu objetivo. Estes têm Deus por antagonista. Em contrapartida, os perseguidos têm Deus soberano e, como tal, se encarregará de recompensar sobejamente a fidelidade deles.

Na bem-aventurança mais complexa, dirigida aos discípulos de Jesus, que vem logo em seguida (5,11-12), Mateus insistirá sobre o mesmo assunto, perfilando a hostilidade que os discípulos padecerão, identificando fidelidade a Deus com fidelidade a Jesus, animando-os com a recompensa que os espera e apresentando-os à humanidade como os novos profetas de Deus.

III. Sentido global das bem-aventuranças de Mateus. As oito bem-aventuranças homogêneas de Mateus (5,3-10), com alusões constantes a textos do Antigo Testamento, têm como tema central o reinado/ reino de Deus e constituem a formulação da nova Aliança e o cumprimento das grandes promessas veterotestamentárias, a saber, a instauração da plena justiça entre os homens, a íntima relação destes com Deus e a universalidade da salvação.

Nelas se expõe o programa do reinado de Deus, centrando-se em quatro aspectos: Quais são os seus beneficiários: 1) Os que escolhem ser pobres e vivem em consonância com esta opção de tal forma que desatam contra si a perseguição dos que se opõem radicalmente a esse modo de vida (5,3.10). 2) A libertação que esse reinado vai efetuando na sociedade: fará com que desapareçam desta opressão, a submissão e a injustiça (5,4-6). 3) As relações de solidariedade, lealdade e esforços pela paz, que estabelecem entre os seres humanos e que, por sua vez, permitem gozar da solicitude, presença e paternidade de Deus (5,7-9). 4) A felicidade que proporciona ("felizes..."), não a custo da infelicidade de outros, mas garantindo e procurando o desenvolvimento de todos.

A nona e última bem-aventurança de Mateus, mais completa do que as anteriores e dirigida aos discípulos de Jesus (5,11-12), supõe que eles, em virtude de sua fidelidade a Jesus, já estão vivendo o programa do reino e, por isso, serão injuriados, perseguidos e caluniados; o favor divino é para eles garantia diante de todas as adversidades que possam sofrer e apresenta-os como os novos profetas de Deus no meio do mundo. São eles, portanto, os imediatos beneficiários do reinado de Deus, os encarregados, com a ajuda divina, de continuar na história a obra de libertação da humanidade iniciada por Jesus, os homens novos que se relacionam de uma maneira cheia de novidades com seus semelhantes, os que gozam, por seu comportamento, da ajuda, da experiência e da familiaridade de Deus.

A opção pela pobreza e a coerência com esta opção, que Mateus estabelece como condições indispensáveis para o reinado de Deus (5,3.10), oposta à cobiça e ambição (opção pela riqueza, com a consequência que comporta: cf. Mt 6,24), na realidade constitui uma formulação extrema equivalente à opção radical pela justiça; sem essa opção é impossível que Deus possa exercer seu reinado sobre a humanidade e que chegue a existir uma sociedade justa. Todo aquele que quer fazer parte do reino de Deus deve optar radicalmente entre o ser e o ter, entre o dominar e o servir, entre o destacar-se e o buscar a igualdade, entre o viver para si mesmo e o viver para os outros; quer dizer, deve estar disposto a assumir até as últimas consequências os valores que trazem o verdadeiro desenvolvimento da pessoa, que garantam as relações fraternas e solidárias e impeçam a cumplicidade com a injustiça social.

Portanto, o reinado de Deus se oferece nas bem-aventuranças de Mateus como alternativa a toda sociedade que faz do dinheiro o valor supremo e que propõe a aquisição do dinheiro como o objetivo prioritário dos seres humanos. Com essa aquisição as pessoas se medem pelo que têm, não pelo que são, e a felicidade humana se identifica com possuir sempre mais alcançar o máximo poder e adquirir o maior prestígio. Tal sociedade se mantém fomentando continuamente no ser humano a ambição e colocando as relações humanas a partir da competitividade e da rivalidade. Assentada sobre estes princípios, necessariamente produz e fomenta toda classe de injustiças; é inútil pretender que uma sociedade assim chegue a ser justa.

Diante desse tipo de sociedade, se eleva em bem-aventurança o ideal do reinado de Deus, realizável unicamente lá onde, ao optar-se pela pobreza e por viver em coerência com esta opção (5,3a.10a), se tiver extirpado a raiz interior da injustiça, a ambição humana (cf. 1Tm 6,10), e se escolheu a Deus como único Senhor (cf. Mt 6,24). A partir daí, é possível a implantação da justiça (5,4-6), se faz do amor ativo o único critério válido de relação com o próximo (5,7a.8a.9a) e, como consequência, se experimenta a verdadeira e íntima relação com Deus (5,7b.8b.9b).

Não é estranho, então, que as bem-aventuranças de Mateus apresentem o exercício do reinado de Deus como garantia da verdadeira felicidade. Participar desse reinado é colocar-se nas mãos de Deus, cuja solicitude e amor há de prover os seus do que necessitarem para viver com dignidade (cf. Mt 6,25-34) e responde com cem por um a quantas renúncias se fizerem por causa do seu reino (cf. Mt 19,29).

IV. Sentido global das bem-aventuranças de Lucas. Por sua parte, as bem-aventuranças de Lucas (6,20b-23), da mesma forma que suas mal-aventuranças (6,24-26), têm por destinatários principais os discípulos de Jesus (6,20a) e estão construídas seguindo o modelo do *Magnificat* (1,45-55). No *Magnificat* era anunciada a intervenção poderosa do Senhor em auxílio de seus fiéis de Israel, descrevendo-a como subversão da ordem social: os arrogantes, os poderosos e os ricos verão desbaratados seus planos, serão derrubados de seus tronos e despedidos de mãos vazias; em contrapartida, os humildes serão engrandecidos, e os famintos serão cumulados de bens (1,51-53).

Nas bem-aventuranças lucanas, é anunciado o Deus que exerce seu reinado sobre os pobres ao estilo dos verdadeiros seguidores de Jesus (6,20b), e é prometida uma mudança de situação na sorte dos que agora passam fome e dos que agora choram: serão saciados e hão de rir (6,21). Ao mesmo tempo, assinala-se que a oposição de todo tipo, da qual os discípulos de Jesus vão ser objeto, há de ser motivo de alegria e regozijo pela recompensa que Deus lhes dará (6,22-23).

Pelo contrário, os ricos, os que agora estão repletos, os que agora riem experimentarão o vazio da riqueza, passarão necessidade, lamentar-se-ão e chorarão; os que gozam do reconhecimento da sociedade injusta não são mais do que falsos profetas (6,24-26).

Há, então, nas bem-aventuranças lucanas, como no *Magnificat*, uma inversão da ordem social. A solução para a sociedade injusta, que faz da riqueza/dinheiro o valor supremo, que permite a fartura e a felicidade de alguns poucos diante da fome e sofrimento de muitos, que sacrifica tudo ao bom nome e reconhecimento social, encontra-se, segundo Lucas, no reinado que Deus exerce sobre os "pobres" (6,20b), quer dizer, sobre aqueles que têm sua segurança posta em Deus e não no dinheiro (cf. 16,13) e, por isso, são capazes de praticar a solidariedade e a partilha. A partir daí, é possível a mudança radical nas relações humanas, pode-se subverter a ordem social injusta e abre-se a esperança de solução para os que agora passam fome e são vítimas do sofrimento (6,21-23).

No *Magnificat* e em suas bem-aventuranças, Lucas tem presente o ideal da justiça régia preconizada no Antigo Testamento (cf. Sl 72) e comum nos antigos povos do Oriente Médio. Segundo esse ideal, a justiça do rei há de esforçar-se, não para dar a cada um o seu, mas para amparar os setores mais desfavorecidos da sociedade, garantindo-lhes o mínimo vital. O rei é tanto mais justo quanto mais protege os que carecem de meios de subsistência e de direitos.

Para Lucas, o reinado de Deus supõe a realização máxima desse ideal. Deus está do lado dos pobres, dos famintos, dos que choram, dos perseguidos por sua conduta em favor dos homens e é o antagonista dos causadores da injustiça e da infelicidade humanas. O empenho de Deus é acabar com toda ordem social injusta, e o *Magnificat* e as bem-aventuranças lucanas anunciam que esse empenho já é uma realidade, que Deus interveio na história de Israel com seu braço poderoso para mudá-la (*Magnificat*) e que, mediante seu reinado, vai pôr fim à miséria e ao sofrimento humano (bem-aventuranças).

A diferença entre as bem-aventuranças lucanas e o *Magnificat* reside no alcance da mudança e nos meios para realizá-la. Nas bem-aventuranças, a mudança não fica, como no *Magnificat*, restrita a Israel (1,54s), mas afeta a humanidade inteira; e a subversão da ordem social injusta, que nelas se anuncia, não nos é dito que vai ser realizada, como assinala o *Magnificat*, por meio do braço poderoso de Deus (1,51ss), quer dizer, da força e da violência divina, mas mediante o exercício do seu reinado. Será o desdobrar-se da soberania de Deus sobre os homens ou, o que significa a mesma coisa, o desdobramento do amor de Deus sobre a humanidade, o que a irá transformando e vitalizando.

Por outra parte, Lucas, ao dirigir suas bem-aventuranças e mal-aventuranças expressamente aos discípulos de Jesus, antes de tudo as converte em denúncia de atitudes e comportamentos inadmissíveis na comunidade cristã: nesta não pode haver ricos desinteressados pelos pobres, nem saciados, enquanto outros carecem do necessário para viver, nem frívolos sem a menor sensibilidade diante do sofrimento humano, nem pessoas que buscam o aplauso e o reconhecimento da sociedade. Na comunidade de Jesus, ninguém há de colocar sua segurança na riqueza, todos devem ser "pobres", quer dizer, desprendidos e generosos; todos devem voltar-se para a satisfação das necessidades básicas dos seres humanos e na supressão de tudo o que faz sofrer, e todos devem estar dispostos a arriscar a vida no seguimento de Jesus, com a certeza de que seu empenho não será inútil.

C. Bravo Gallardo, "Bienaventuranzas", em CFC, 119-123; F. Camacho, *La proclama del reino*, Madrid, Cristiandad, 1987; W. D. Davies, *El sermón de la montaña*, Madrid, Cristiandad, 1976; J. Dupont, *Les beatitudes*, 2 vols., Paris, Gabalda, 1969; J. A. Fitzmyer, *El evangelio según Lucas*, Madrid, Cristiandad, 1986; J. Mateos e F. Camacho, *El evangelio de Mateo*, Madrid, Cristiandad, 1981; J. Schmid, *El evangelio según Mateo*, Barcelona, Herder, 1967; G. Stanton, *El sermón de la montaña*, Sígueme, Salamanca, 1990.

Fernando Camacho

BÍBLIA

Os estudos bíblicos modernos progrediram em três grandes frentes: a filologia, a história e a teologia. A interpretação dos textos bíblicos oscila hoje entre a análise histórica e a estrutural, entre a diacronia e a sincronia, entre a atenção à forma individual de cada unidade literária e as formas genéricas, cujo estudo foi dominado pela exaltação do "original" e pelo desprezo do "tardio".

Os estudos de uma época como a atual, qualificada de pós-crítica ou pós-moderna, mostram uma consciência mais aguda tanto das conquistas como dos limites da crítica histórico-filológica e prestam, por outra parte, maior atenção a outras disciplinas como a antropologia, a sociologia e a psicologia. Assim, o estudo sociológico dos textos bíblicos (Gottwald, Meeks ou Holmberg) centra-se em questões relativas ao "movimento de Jesus" ou no papel e na aceitação do profeta na sociedade de sua época, na recepção de sua profecia em épocas posteriores, na influência do público potencial sobre a atividade e a mensagem do profeta ou no papel deste e de seus seguidores no conjunto da sociedade.

Os estudos atuais atendem também a numerosas correntes e tendências que ensaiam novos caminhos ou "lugares" a partir de onde interpretar a Bíblia: a crítica canônica, retórica, estrutural, pós-estrutural, feminista e pós-colonial entre outras (McKenzie e Haynes, 1993). A situação hermenêutica atual caracteriza-se pelo "conflito de interpretações" (P. Ricoeur) e pela consequente busca de uma pluralidade de sentidos nos textos.

A própria teologia bíblica, predominantemente centrada na "história da salvação", descuidou outros aspectos do pensamento bíblico, como os sapienciais e jurídicos. Os mais necessitados de pronta recuperação são os relativos às dimensões cósmica e ecológica da religiosidade bíblica, como também o substrato simbólico de sua expressão literária em prosa ou em poesia.

Diante das perspectivas totalizadoras das diversas teologias bíblicas dos decênios passados em busca de um "centro" (*die Mitte*) ou núcleo que explica o todo, como o conceito de aliança, de eleição ou de outro, hoje se questiona a existência de tal princípio de unidade, para colocar em relevo que cada livro bíblico tem sua voz própria, concordante ou dissonante com as demais e com o conjunto de todas elas. Por outra parte, diante de uma crítica vituperada de asséptica e desencarnada, tem desenvolvimento outra metodologia de leitura da Bíblia que parte de situações de marginalização, permite aos leitores colocar as perguntas que esperam resposta e aponta para a práxis religiosa e para o compromisso social e político.

Numerosas questões não poderão ser tratadas aqui adequadamente, como as relativas ao cânon e à inspiração dos livros sagrados, a relação entre os dois Testamentos, entre Escritura e Tradição, ou Bíblia e dogma, e entre a identidade judaica e a cristã, extraídas dos respectivos textos sagrados.

I. Os livros bíblicos: história e estrutura literária. Os livros bíblicos conheceram um complexo processo de formação ao longo de quase um milênio, desde sua fase oral até a de sua edição última.

1. *Antigo Testamento*. Desde os inícios da crítica bíblica moderna se observou que o Pentateuco apresenta repetições, tensões e mudanças de estilo ou de ideias que faziam pensar na existência de fontes ou documentos escritos com os quais se compôs a obra que chegou até nós. Julius Wellhausen desenvolveu a teoria clássica das quatro fontes: a "javista" (J) do século IX a.C., a "eloísta" (E), um século posterior – unidas ambas na compilação J+E –, a "sacerdotal" (P), da época do exílio, e a fonte representada pelo livro do Deuteronômio, cujo núcleo mais antigo (5-26) pode corresponder ao "livro da Lei" descoberto em 622 no tempo de Josias. O Pentateuco desenvolve o "grande relato" que abraça desde as origens da criação até a revelação a Moisés no Sinai e sua morte às portas da terra santa. O Deuteronômio completa o Pentateuco, enlaçando-o com o conjunto formado pelos livros de Josué, Juízes, Samuel e Reis. Estes formam a "história deuteronomista", que desenvolve um segundo "grande relato", cujo fio condutor, desde a morte de Moisés até o exílio da Babilônia, é guiado pelas promessas e exigências da aliança do Sinai e da aliança davídica. O livro das Crônicas, composto ao longo dos séculos V e IV a.C., reescreve a história do mesmo período, colocando o acento no que diz respeito ao culto e ao templo de Jerusalém. Os livros de Esdras e de Neemias prolongam a história das Crônicas até o período persa. Os livros dos Macabeus, incluídos na Bíblia cristã, narram a história da resistência judaica diante do processo de helenização do mundo da época. Os livros mais recentes utilizam expressões e imagens cunhadas em livros anteriores.

Os livros proféticos de Isaías, Jeremias e Ezequiel, bem como os Profetas Menores, tomaram forma definitiva no período posterior ao Exílio. Recolhem os grandes temas da mensagem dos profetas, tais como a denúncia da ruptura da aliança com Javé por parte de Israel, o anúncio das consequentes catástrofes em mãos das potências pagãs estrangeiras e a promessa de restauração na terra de Israel, tema este acentuado depois do exílio babilônico no ano de 587 a.C. O livro de Daniel, que não foi editado até os anos da revolta macabeia, recolhe nos capítulos 7-12 visões apocalípticas com promessas de vitória final e de vida eterna para o povo do Altíssimo. O livro das Lamentações é uma coleção de poemas litúrgicos sobre a destruição do templo, compostos pouco depois desta catástrofe.

A literatura sapiencial corresponde a gêneros literários bem conhecidos no Antigo Oriente, como o da instrução de um pai a seu filho ou o de um diálogo sobre a dor e a justiça. Expressa a fé em Javé, Deus de Israel, em um contexto cosmopolita e num tom entre o ceticismo e a esperança. Não é possível conhecer a época da composição de muitos destes livros, formados mediante a compilação de coleções diversas, umas anteriores ao Exílio, como parte do livro dos Provérbios, e outras mais tardias, como Qoelet. O livro da Sabedoria, o último livro admitido no cânon cristão do Antigo Testamento, procede do século I d.C. O dos Salmos expressa as alegrias e tristezas da alma humana em lamentações individuais ou coletivas, e hinos, cantos de ação de graças, salmos de reis ou cantos de Sião. Fazem parte da coleção de Escritos também relatos breves como Rute, Ester, Tobias e Judite, cujos protagonistas, frequentemente mulheres, convertem-se em figuras exemplares.

2. *Novo Testamento.* O Novo Testamento está integrado por dois gêneros de obras, evangelhos e cartas, às quais se acrescenta a obra de historiografia religiosa conhecida como Atos dos Apóstolos. Os três primeiros evangelhos, os sinóticos, seguem o mesmo esquema em torno da vida, morte e ressurreição de Jesus. Baseiam-se em tradições orais e escritas anteriores. O de Marcos, cuja redação última foi realizada em torno do ano da destruição de Jerusalém (70 d.C.), recolhe tradições anteriores relativas ao ensinamento de Jesus em parábolas, controvérsias e provérbios, bem como a relatos de curas e à história da paixão, mostrando, deste modo, Jesus como mestre, taumaturgo e messias sofredor. Os redatores dos evangelhos de Mateus e de Lucas parecem ter utilizado, com independência um do outro, "duas fontes" principais, além de outras tradições próprias: o evangelho de Marcos, por uma parte, e uma coleção de *logia* ou ditos de Jesus, por outra parte, denominada "fonte Q" (do vocábulo alemão *Quelle*). O Evangelho de Mateus é dirigido a uma comunidade formada por judeus-cristãos, aos quais transmite a mensagem de que as promessas a Israel se cumpriram em Jesus Cristo, presente agora no novo povo de Deus. Lucas destina seu Evangelho a cristãos procedentes da gentilidade, apresentando-lhes a vida de Jesus como novo período da história da salvação e a atividade dos apóstolos como o enlace entre Jesus e a Igreja conduzida Pelo Espírito.

O Evangelho de João segue uma trajetória diferente da dos sinóticos, com cronologia diferente e com novos personagens. Coloca na boca de Jesus longos discursos que dão expressão à teologia da escola joânica. Recolhe também fontes independentes como o hino do Prólogo (1,1-18), a série de sete sinais ou milagres, o discurso de despedida e o relato da paixão. A redação final parece corresponder ao momento em que os cristãos procedentes do judaísmo eram expulsos das sinagogas. A missão de Jesus é revelar seu Pai, a cruz converte-se em exaltação de Jesus, a qual se torna ápice de sua vida terrestre e inaugura para os que creem a vida eterna.

O livro dos Atos, do mesmo autor que o Evangelho de Lucas, narra a missão de Pedro e Paulo e a expansão do Evangelho a partir de Jerusalém até Roma, sob a inspiração do Espírito. Tende a transmitir uma imagem idealizada das comunidades cristãs, e o retrato que faz de Paulo difere do oferecido por ele mesmo em suas cartas. Pretende mostrar como os cristãos, apesar da oposição dos judeus e pagãos, agem guiados pelo Espírito, sem representar ameaça alguma ao poder romano.

As sete cartas "autênticas" de Paulo constituem os escritos mais antigos do Novo Testamento e citam tradições já existentes (Rm 1,3s; 3,25s; 1Cor 15,3s; Fl 2,6-11; Gl 3,28). Respondem, em cada caso, à situação peculiar das diferentes comunidades que Paulo havia fundado ou conhecia. As cartas deuteropaulinas foram redigidas em torno do ano 100. Os autores, possivelmente discípulos de Paulo, queriam conservar vivo seu espírito e responder às novas situações que iam se criando. A carta aos Hebreus, destinada a judeus-cristãos que pareciam estar perdendo o entusiasmo de sua fé, gira em torno da figura de Cristo sumo sacerdote, da eficácia de sua morte sacrifical e do culto celeste instaurado depois dela. As cartas "católicas" são pseudoepígrafas.

O Apocalipse apresenta, ao mesmo tempo, os caracteres próprios de uma carta, uma visão profética e um apocalipse. Dirige-se a cristãos da Ásia Menor, os quais se viam obrigados a tomar parte no culto imperial. O autor, chamado João, transmite por carta às sete igrejas uma mensagem, inspirado em imagens dos livros de Ezequiel e de Daniel e de apocalipses judaicos. Anima as igrejas a prosseguirem seu caminho sem perderem a esperança, pois a vitória da ressurreição de Cristo, o Cordeiro sacrificado, não tardará em manifestar-se na nova Jerusalém. Mostra sua hostilidade para com Roma, o que contrasta com a atitude de Paulo e com a refletida nas cartas pastorais, que recomendam, pelo contrário, a cooperação com as autoridades constituídas.

II. Hermenêutica bíblica: os métodos histórico-críticos. A hermenêutica moderna nasceu a partir da interpretação bíblica, que na Idade Média girava em torno dos quatro sentidos tradicionais: literal, alegórico, moral e anagógico. O renascimento iniciou um processo de leitura da Bíblia como qualquer outro texto da antiguidade. Seguidamente, o protestantismo propugnou uma leitura direta das Escrituras conforme o princípio da *sola Scriptura*. Isso conduziu a um progressivo distanciamento da Bíblia com relação à teologia dogmática. O iluminismo do século XVIII desligou definitivamente a Bíblia do dogma, reduzindo seu sentido ao puramente histórico. Não conseguiu, no entanto, desenvolver uma visão histórica da Bíblia, pois sua preocupação primeira era submetê-la ao juízo crítico de uma ética atemporal e de uma religião natural. A nova tarefa ficava reservada ao romantismo e ao historicismo do século XIX, que desenvolveram os métodos histórico-críticos, com os quais se acreditava poder fixar a autoria, o lugar, a data, as fontes e o sentido original dos escritos bíblicos. À crítica textual e à crítica das fontes, que tiveram seu desenvolvimento ao longo do século XIX, seguiram-se sucessivamente as metodologias críticas correspondentes à análise da história dos gêneros literários, da história da tradição e da história da redação.

No que se refere ao Novo Testamento e aos evangelhos sinóticos, a crítica das fontes moveu-se em torno da "questão sinótica" e das condições de possibilidade de escrever uma "vida de Jesus" a partir das "duas fontes" dos Evangelhos sinóticos, o próprio evangelho de Marcos e a "fonte Q".

Em seguida, a crítica das formas ou dos gêneros literários se propôs analisar as formas típicas da expressão literária, da oral em particular, determinando, ao mesmo tempo, o ambiente social no qual cada tradição havia tido origem e era transmitida (*Sitz-im-Leben*). Para R. Bultmann, esse ambiente era o do *kerygma* ou da pregação cristã primitiva (*Sitz-im-Leben der Kirche*). C. H. Dodd e J. Jeremias trataram de provar que as tradições evangélicas remontam à época e ambiente da vida de Jesus (*Sitz-im-Leben Jesu*), em contexto pré-pascal caracterizado pela espera escatológica do iminente juízo divino, bem como pela controvérsia de Jesus com os fariseus. A crítica das formas ou gêneros tendia a fragmentar os evangelhos sinóticos em numerosas formas literárias soltas (parábolas, relatos de milagres e *logia*, entre outras coisas), fazendo dos evangelistas meros editores de coleções já existentes.

A crítica da história da redação pretendeu opor-se a essa tendência, dirigindo a atenção, pelo contrário, ao estudo do marco redacional dos evangelhos no qual recolhem aquelas tradições anteriores (G. Bornkamm, K. Conzelmann, W. Marxsen), recuperando assim as figuras dos evangelistas sinóticos, convertidos nos primeiros exegetas e teólogos do cristianismo. Por esse caminho se procedeu ao estudo das comunidades cristãs do século I – a joânica (J. L. Martyn, R. E. Brown) e a mateana em particular (J. P. Meier) – bem como dos diferentes centros de difusão do cristianismo, Antioquia e Roma entre eles (o próprio Meier e W. R. Schoedel).

Nas últimas décadas, tem-se falado insistentemente da crise da crítica histórica e dos métodos histórico-críticos. Algumas correntes renunciam ao estudo de toda diacronia, e outras propõem novas vias para explicar a formação do Pentateuco e da historiografia veterotestamentária. Assim, Van Seters, M. Rose e N. Wrybray retornam ao paradigma de um escrito ou documento básico, enquanto R. Rendtorff, E. Blum e R. Albertz propõem um modelo explicativo que supõe a existência de ciclos narrativos independentes, integrados finalmente no conjunto do Pentateuco.

Tem-se intensificado também a discussão em torno do caráter da "fonte Q", de marcado acento sapiencial, que apresenta Jesus como mestre de sabedoria comparável, segundo alguns, a um sofista ou filósofo cínico. No entanto, os lamentos, admoestações e parábolas (Lc 12,39-40; 17,23-24; 19,12-27) presentes na coleção conferem a esta um tom apocalíptico não menos acentuado que o sapiencial (Brown, 2002).

Diante da crítica das fontes e das tradições prévias, diversas correntes atuais destacam o estudo da obra completa, do "livro" em seu conjunto, a crítica retórica (*Rethorical Criticism*) a partir de uma perspectiva literária, e a crítica canônica (*Canonical Criticism*) a partir da teológica.

III. História da religião ou teologia bíblica.

O estudo da Bíblia oscilou entre duas perspectivas frequentemente contrapostas: a própria de uma história da religião e a mais específica de uma teologia bíblica.

1. *Antigo Testamento*. No período entreguerras, a "Escola da História das Religiões" (*Religionsgeschichtliche Schule*) reagiu contra a escola de Wellhausen que confiava demasiadamente a reconstrução da história de Israel e de sua religião ao estudo das fontes do Hexateuco. No entanto, alguns representantes da nova escola caíram em um "pan-babilonismo" bastante unilateral, que exagerava a influência assírio-babilônica no desenvolvimento da religião de Israel, sem reconhecer a esta uma dinâmica evolutiva própria.

Um certo cansaço com relação ao historicismo e ao evolucionismo deixaram passagem para o renascimento da teologia bíblica em uma época na qual se fazia sentir a influência da "teologia dialética" de K. Barth. As obras de R. Kittel, de C. Steurnagel e de O. Eissfeldt respondiam a essas tendências. Se para Wellhausen a época dos profetas tinha sido a mais decisiva da história da religião de Israel, agora vinha a sê-lo a época mosaica e das tribos de Israel, a qual tinha determinado desde o princípio o caráter próprio e distintivo da religião e do pensamento bíblico. No mundo anglo-saxônico, o movimento da "teologia bíblica" colocava também a ênfase na originalidade da religião de Israel diante das religiões dos outros povos (H. H. Rowley, G. E. Wright e W. F. Albright).

A partir dos anos sessenta do século passado, começou-se a colocar em interdito a originalidade da Bíblia, ao ficar comprovado que as religiões do antigo Oriente haviam conhecido também elementos tidos como distintivos da tradição bíblica, como a própria ideia de "história da salvação". Assim Ahlström, Ringgren, Morton Smith, Lang e Stolz, entre outros, colocaram em interdito a ideia da existência de um culto exclusivo de Javé em Israel, básica nas teologias bíblicas da época anterior.

2. *Novo Testamento*. A crítica neotestamentária debateu-se igualmente entre as perspectivas histórica e teológica, como reflete o debate em torno do Jesus histórico e do Cristo da fé. Harnack reduzia o cristianismo a um conjunto de verdades éticas, como a paternidade divina, a irmandade entre os seres humanos e o valor infinito da alma humana. No entanto, a crítica perdeu, no início do século XX, o otimismo

que havia caracterizado o protestantismo liberal, bem como a confiança nas possibilidades de reconstruir uma "vida de Jesus", visto que o Evangelho de Marcos resultava ser uma interpretação teológica mais do que uma biografia de Jesus, cuja figura e doutrina se emolduravam no contexto apocalíptico da mudança de era (Wrede e A. Schwitzer).

Assim, para R. Bultmann (1884-1976), os evangelhos eram basicamente um reflexo da fé e da vida da Igreja primitiva. Os primeiros cristãos, seguros da presença do Cristo vivo entre eles, não estavam tão preocupados com uma história da vida de Jesus, motivo pelo qual se consideravam autorizados a adaptar as tradições sobre ele, criando inclusive outras novas, em função sempre das necessidades litúrgicas, apologéticas e da missão da primeira Igreja. Bultmann desenvolveu um programa hermenêutico de demitologização do Novo Testamento, que consistia em liberar o *kerygma* evangélico do seu revestimento mitológico, conforme a proposta de compreensão da existência humana que os escritos neotestamentários propõem. No entanto, os próprios discípulos de Bultmann (E. Käsemann, E. Fuchs, G. Bornkamm, G. Ebeling, J. M. Robinson e H. Conzelmann), como também outras correntes da crítica recente, reconheceram o peso da figura histórica de Jesus e as possibilidades de uma "nova busca do Jesus histórico" (*A New Quest of the Historical Jesus*, 1959). A partir dos anos oitenta, produziu-se, sobretudo no mundo anglo-saxônico, novo debate sobre o Jesus histórico (*the third Quest*, E. P. Sanders, G. Theissen, J. P. Meier e J. D. Crossan, entre outros).

Atualmente, parece ser maior a predisposição a atribuir uma cristologia explícita ao Jesus da história, particularmente no que se refere ao título "Filho do homem" que Jesus pode ter utilizado em referências a si mesmo, assim como ao de Messias, que alguns puderam aplicar-lhe em vida. Em geral, hoje parece reconhecer-se maior continuidade entre os acontecimentos da vida de Jesus e a interpretação que a eles oferecem os evangelhos. Os estudos sobre as origens cristãs debatem-se, por outra parte, entre a unidade e a diversidade de concepções cristológicas, inclusive de formas de cristianismo refletidas nas primeiras fontes cristãs, como podem ser as do judaico-cristianismo, do cristianismo pré-helenístico, o de marca mais apocalíptica e a do catolicismo nascente.

IV. Experiências, símbolos e conceitos. O pensamento bíblico parte de experiências e acontecimentos, expressos primeiramente através de narrações e poemas, com forte carga simbólica, e em segundo momento encerrados somente, em conceitos teológicos característicos das concepções bíblicas em torno de Deus, do ser humano, da natureza e da história.

A Bíblia é percorrida do princípio ao fim por arquétipos e símbolos primordiais que conferem unidade e sentido global ao conjunto dos livros bíblicos. A imaginária dos mitos da criação em torno da luta contra o caos reaparece no cântico do Êxodo (Ex 15), nas profecias de restauração depois do exílio e, finalmente, nas visões apocalípticas. A Bíblia forma assim uma estrutura única desde o Gênesis ao Apocalipse, início e fim meta-históricos.

Conceitos bíblicos fundamentais são os de criação, aliança, fé, eleição, salvação, revelação, redenção, profecia e escatologia. No entanto, a Bíblia se expressa mais e melhor mediante verbos e relatos do que com substantivos e conceitos abstratos. Assim, o termo "palavra" (*dabar*) designa a força dinâmica do falar, mais do que sua possível carga de conteúdo intelectual. Igualmente o conceito de revelação não se refere tanto ao desvelar-se de uma verdade ou de um mistério, mas à manifestação do operar e do falar de Deus em momentos cruciais da história (*kairoi*).

O acontecimento fundacional da história de Israel é o êxodo do Egito, recordado sem cessar no culto, nas profecias e nos salmos. Com o conceito de libertação, por isso mesmo central na teologia bíblica, se relacionou mais tarde o de eleição. Os relatos patriarcais e os do Êxodo falavam de libertação sem referência à eleição (*br*), conceito que os profetas anteriores ao Exílio evitavam utilizar e que corresponde a uma visão retrospectiva desenvolvida no século VII a.C. pela teologia deuteronomista.

A "salvação" bíblica não é um estado adquirido, mas um acontecimento que restaura o que devia ter sido a situação normal. O surpreendente e novo é a experiência da "passagem" (Páscoa) e a relação com o Deus salvador que essa experiência comporta. O conceito veterotestamentário de "paz" (*shalom*) não se opõe simplesmente ao de guerra, pois aponta, além da reconciliação e da conclusão de conflito, a um estado de desfrute pleno e íntegro da vida.

A salvação aparece como milagre admirável e surpreendente. No momento de desesperança, Deus opera imprevista e imprevisível mudança de situação, uma cura ou salvação, cujo caráter portentoso não pode ser expresso, a não ser fazendo intervir de algum modo o Deus criador que rege e conserva os seres criados. Não se deve separar, uma vez mais, a experiência histórica de cura ou salvação de sua manifestação na natureza. Por outra parte, o Deus salvador é um Deus que vem acompanhado de fenômenos cósmicos, para intervir na história a favor ou contra seus fiéis.

A fé (*emunah*) é a resposta natural à palavra de salvação. Fala-se dela, e surge somente nas ocasiões em que se torna problemática: "Quem acreditou naquilo que ouvimos?" (Is 53,1).

O conceito de "aliança" (*berit*), também tardio, denota novamente ação, e não apenas estado: o ato de pactuar um compromisso. Equivale a juramento e, tratando-se de Deus, a promessa. Em um contexto sacerdotal e tardio, significa o pacto bilateral que fundamenta um estatuto e um direito permanentes (Gn 17).

Outros conceitos fundamentais serão tratados a seguir com relação às concepções antropológicas e históricas da Bíblia.

V. Estrutura básica do monoteísmo javista. A Bíblia estrutura a história conforme o paradigma de escravidão e libertação (Êxodo) ou exílio e retorno e, no plano moral e teológico, pecado e redenção ou morte e ressurreição, sendo este último plano desenvolvido no Novo Testamento. Esta estrutura rege os livros proféticos que se iniciam com oráculos de condenação e terminam com os de esperança e salvação.

A ideia monoteísta dá coerência e unidade à história toda e ao cosmos no qual essa história se desenvolve. Determina uma concepção espiritual da divindade, negando qualquer história mítica sobre deuses, pois o Deus único é também o único Senhor da história. Conduz à ideia de criação universal e, por conseguinte, a uma concepção universalista, como vem expressa pelo próprio segundo Isaías (40,12-31).

Segundo a corrente mais tradicional, o monoteísmo nasceu como fruto maduro, superando desde o princípio o politeísmo, a mitologia e a magia das religiões vizinhas. No entanto, o monoteísmo javista teve longo processo de formação que, partindo de matriz politeísta, passou pela fase henoteísta e de monolatria javista, até alcançar sua plena expressão monoteísta na época do Exílio. Dando crédito às invectivas dos profetas Elias e Oséias, nos séculos IX e VIII a.C., Baal era ainda um deus aceito e reconhecido em amplas camadas da população de Israel, inclusive as instâncias oficiais da monarquia.

VI. Tensões estruturais da teologia bíblica. A Bíblia está imbuída de dinamicidade histórica, nascida da ânsia de que se cumpra a promessa originária e se torne realidade a esperança profética. A história da salvação renova incessantemente as histórias primordiais da criação e do êxodo, atualizando as exigências éticas da Lei e dos Profetas, postas à prova nas sucessivas crises da história de Israel até a prova final e a utopia apocalíptica. A teologia bíblica reflete assim uma tensão soterrada entre o mítico e o histórico, entre o desejo e a realidade, o que se traduz no jogo de polaridades cruzadas entre história e natureza, criação e bênção, lei e profecia, sabedoria e lei, lei e apocalíptica, tensões constitutivas todas elas da experiência e do pensamento do homem bíblico.

1. *Criação, bênção* (berakah) *e salvação.* O universo simbólico da criação mediante a palavra e a ação suplanta o das teogonias ou teomaquias que concebiam as origens mediante gerações sucessivas de deuses ou de guerras entre eles. Os astros aparecem reduzidos a criaturas, perdendo assim todo caráter divino. A ideia bíblica de criação, como também de história, expressa uma compreensão global do universo. A criação realiza-se por palavras e mandatos ("faça-se e foi feito"), que ligam a criação à história ou fazem da criação uma história, e desta algo cósmico. O relato sacerdotal (Gn 1) distribui os trabalhos da criação ao longo de uma história feita de dias ou tempos sucessivos. A criação da luz no primeiro dia faz com que o espaço preceda ao tempo, estabelecendo vínculo entre um e outro, entre a natureza e a história.

Todo ser criado é bom e belo, pelo que a estética é um componente do ser criado. Os corpos de Adão e Eva podem ser formosos, mas o belo é seu encontro, pois de novo na concepção bíblica a beleza não reside tanto em algo que é, mas em algo que acontece. Pertence à ordem da comunicação ou da palavra, tanto ou mais do que à do visual e contemplativo. Uma concepção soteriológica excessivamente unilateral da "história da salvação" perde de vista o universo da estética, da beleza que a natureza humanizada irradia.

O conceito de criação é inseparável da ideia de bênção (*berakah*), que corresponde à ideia de conservação do ser criado, de manutenção de seus ritmos anuais, das estações, semanas, dias e noites. A bênção implica uma história do ser criado e da natureza ou uma participação e colaboração desta na história, feliz ou infeliz dos homens.

A história da salvação inscreve-se dentro de uma bênção universal e constante, que se manifesta nos acontecimentos da vida ordinária. Os textos de libertação aparecem emoldurados de bênção, assinalados pela sucessão das gerações e do ritmo estacional do culto sagrado. Ação constante e intervenção pontual – bênção e salvação – marcham juntas ao longo da Bíblia. A bênção cósmica transforma-se em história, em promessa de bênção que os profetas anunciam, a Lei torna-se realidade na terra de bênção, e a apocalíptica converte-se em utopia de futuro.

O discurso sobre o Deus que age na história não deve excluir a consideração da religião natural e dos cultos de fecundidade da religiosidade cananeia. O profeta Oseias combate o baalismo, sem esquecer bênção de prosperidade e fecundidade (Os 2,10; Dt 7,13). No "credo histórico" (Dt 26), a proclamação dos fatos da história da salvação vem seguida pela oferenda das primícias da terra, dons de Deus. As festas agrícolas israelitas, herdadas do mundo nômade e sedentário, celebram a bênção do Deus que concede o grão, o vinho e o azeite. Postas em relação com os acontecimentos fundacionais da história bíblica, como a Páscoa com o Êxodo, receberam novo sentido histórico, mas não perderam nunca seu nexo original com o ritmo das estações e a celebração da semeadura e da colheita (Sl 67). No livro de Jeremias, o anúncio da salvação aparece substituído pelo da bênção. Depois do Exílio, multiplicam-se as referências conjuntas à salvação e à bênção. A apocalíptica fala da salvação futura em termos de bênção, como algo atemporal e universal que alcança, como nos inícios, toda a humanidade e também os animais, as plantas e todo o cosmos. No final da época bíblica, a literatura sapiencial – de modo especial o livro de Jó e o salmo 73 – fazem da questão da bênção algo mais radical e urgente que o significado pela simples perspectiva de uma história de salvação.

2. *Natureza e história. Espaço e tempo.* O pensamento de Israel se caracteriza pelo seu sentido de história. A ideia do tempo, expressa na mitologia oriental, continha uma identificação da natureza e da história muito distanciada da separação científica entre teoria e experiência. Com frequência se afirma ainda que Israel tinha uma concepção de Javé como um deus da história diante dos deuses da natureza das religiões vizinhas; com isso, Israel pôde desenvolver uma *concepção linear* da história, enquanto os outros povos formaram uma *concepção cíclica* do devir dos acontecimentos. No entanto, as religiões orientais conheciam também a ideia de que os deuses podiam intervir nos destinos das dinastias reinantes e na história dos povos (Albrektson). O culto, que renovava a criação, pretendia assegurar ao mesmo tempo a conservação e um desenvolvimento propício do ser criado, aplacando as vontades dos deuses. A concepção do tempo e da história, refletida nos textos bíblicos do Israel antigo, incorpora muitas das ideias que circulavam no mundo do Oriente antigo, ajustando-as ao monoteísmo do Deus santo, justo e misericordioso e colocando em relevo o senhorio do Deus Javé sobre a história.

O tempo não é uma dimensão abstrata, mas algo referente a acontecimentos de breve ou longa duração, como o instante no qual sucede um acontecimento (*'et*), um tempo indeterminado ou incomensurável no passado ou no futuro, um tempo fixo como o estabelecido para uma festa (*mo'ed*), uns tempos finais que se aproximam por etapas (*qets*) ou uma duração próxima da eternidade não abarcável para o homem (*'olam*).

A história não é algo cíclico, que em seu contínuo repetir-se não admite mudanças substanciais. É a obra de uma vontade divina e pessoal, em luta com alguns seres humanos obcecados, feita de promessas e admoestações, de juízos e castigos, de bênçãos e de salvação realizada.

3. *Antropologia.* O ser humano não faz parte da natureza. Pertence a um nível superior como imagem da divindade. Deus é o Senhor da história, de modo que a de Israel e da humanidade é um meio de aproximação do conhecimento de Deus. O pensamento religioso da Bíblia é histórico em duplo sentido: reconhece sua origem num momento histórico, numa revelação na história, e ele mesmo (o pensamento bíblico) consiste numa visão e projeção da história. A ideia de que a revelação acontece na história implica que a verdade revelada é um dado histórico.

A ideia de criação encerra uma explicação da existência humana em sua totalidade, não em abstrato, mas em referência a seu espaço vital, à relação entre homem e mulher, ao trabalho no meio social, agrícola ou urbano, ao desenvolvimento das tecnologias e das artes etc. (Gn 3-4). O ser humano é imagem de Deus. O texto bíblico não fala de queda, nem diz que o castigo pelo pecado do ser humano seja a morte. O castigo é a expulsão do paraíso, e como consequência o distanciamento de Deus. O ser humano é limitado e mortal. Pode errar no caminho do bem e do mal, sendo capaz de chegar a cometer um crime, como Caim. A doutrina tradicional sobre a queda e a culpa original formou-se na tradição judaica posterior (*4 Esdras*, por exemplo) e na cristã de Paulo a Agostinho.

O pecado de Adão é inseparável do crime de Caim. A pergunta "Adão, onde estás?" corresponde a "Caim, onde está teu irmão?" A transgressão abre os olhos do homem e da mulher à sensação de nudez, ao sentimento de vergonha e, sobretudo, ao conhecimento e à capacidade de distinguir entre o bom e o mau. De modo semelhante, o crime de Caim contra o irmão inocente quebra e mancha de sangue o progresso da humanidade em direção à participação nos bens que a agricultura, a técnica e as artes trazem.

A Bíblia não estabelece diferenças entre o trabalho físico e o intelectual, como se o primeiro fosse mau e não tivesse lugar na vida paradisíaca. O trabalho é constitutivo da existência humana. "Cultivar e guardar" a terra é o trabalho do agricultor da Palestina. "Submetei-a": é o imperativo de chamado à responsabilidade do governante (Adão como jardineiro-rei) para que vele pela propriedade do povo e da terra. O trabalho estende-se e ramifica-se ao mesmo tempo em que os seres humanos crescem e se multiplicam. A bênção alcança a agricultura, o pastoreio, a técnica e, em suma, a sabedoria necessária para cultivar, viver, educar etc. A aquisição da sabedoria mediante a experiência do fracasso é algo constitutivo da existência humana. O âmbito próprio da sabedoria é a criação, mais do que a própria história. Por isso, a sabedoria é, em certo sentido, mais profana. Bebe em fontes anteriores à revelação positiva. Assim, o livro dos Provérbios não considera necessária a revelação nem tampouco a reflexão teológica.

O homem bíblico expressa-se, de modo especial, em hinos e lamentações. A poesia dos Salmos não expressa tanto um pensamento consciente e raciocinado, mas uma reação espontânea, à maneira de interjeição saída da alma diante dos acontecimentos cotidianos ou como manifestação coletiva por ocasião das grandes festas populares do culto de Israel. A oração dos salmos une o indivíduo à coletividade e o trabalho diário à festa, que rompe a rotina cotidiana e abre passagem à vivência do extraordinário. O hino corresponde à vida, a lamentação à morte.

Todos os momentos e situações da vida encontram eco nos hinos e lamentações: as tarefas do campo, os perigos do caminho, o trabalho artesanal, a enfermidade, a infância, a velhice, o matrimônio, as relações entre pais e filhos, irmãos e irmãs, amigos e inimigos etc. Mas cantam ou lamentam, sobretudo, as grandes coisas da criação e do cosmos e os grandes acontecimentos da história do povo e da história da humanidade.

4. *A ética dos profetas: pecado, juízo e salvação.* A ética bíblica é, em grande medida, criação dos profetas de Israel. Embora não deixe de ter paralelos nos povos vizinhos, a tradição profética, que transcorre desde Amós e Oseias no século VIII a Jeremias e Ezequiel no século VI, resulta sumamente original e de grandiosa altura humana e religiosa.

Os profetas, fiadores do direito e das tradições do javismo, pronunciam, antes de tudo, oráculos de juízo e condenação frente à ruptura do pacto por parte do povo e de seus representantes, com o propósito último de salvaguardar a própria subsistência física de Israel. As profecias de condenação veem-se realizadas com a catástrofe do exílio, mas a história não terminará nesse momento, e por isso os profetas mudam seus anúncios de juízo em anúncios de salvação.

Nos livros proféticos aparecem mesclados anúncios de condenação e anúncios de salvação, predominando uns ou outros. Se antes da catástrofe o anúncio dos profetas é de condenação iminente, embora esta demore para tornar-se realidade, depois da catástrofe o profeta Jeremias muda seu discurso e anuncia a salvação futura, significando que nem tudo está perdido e que é hora de iniciar a reconstrução a partir das origens. Condenação e salvação são indissociáveis e, em todo caso, a primeira vem sempre acompanhada da segunda, como se expressa em Os 11,8: "Como poderei abandonar-te?... Meu coração se contorce, minhas entranhas estremecem".

5. *A apocalíptica.* A profecia apocalíptica, de dimensões universais e cósmicas, anuncia o final da história em correspondência com a história das origens. Divide a história em períodos que avançam para a consumação final, a qual supõe a restauração de Israel e o começo do reino de Deus (Is 24-27; Ez 38-39; Zc 12-14; Jl 2-14). O livro de Daniel oferece duas visões impressionantes: a estátua feita de ouro, prata e ferro com os pés de barro (cap. 2) e a sucessão de quatro animais (cap. 7), que representam a sucessão dos quatro impérios, babilônico, medo, persa e grego, num processo de degradação até a restauração definitiva. No final da Bíblia, depois que foi ganha a batalha do monoteísmo contra os mitos politeístas, a apocalíptica faz reviver o pensamento mítico para dar vida literária e teológica ao combate final que terá lugar na terra entre os povos e no céu entre os anjos, com Miguel como lutador pela causa do povo de Deus.

R. Albertz, *Historia de la religión de Israel en tiempos del Antiguo Testamento,* 2 vols., Madrid, Trotta, 1999; F. Auerbach, *Mímesis. La representación de la realidad en la literatura occidental,* México, FCE, 1979; R. Brown, *Introducción al Nuevo Testamento,* 2 vols., Madrid, Trotta, 2002; L. McKenzie e S. R. Haynes, *To Each Its Own Meaning. An introduction to Biblical Criticisms and Their Application,* Kentucky, Louisville, 1993; J. Trebolle, *La Biblia judía y la Biblia cristiana. Introducción a la historia de la Biblia,* Madrid, Trotta, 1998[3]; E. Zenger et al., *Einleitung in das Alte Testament,* Stuttgart, Kohlhammer, 1998.

Julio Trebolle

BIOÉTICA

I. História e pré-história da bioética. 1. *Uma palavra inédita e duas vertentes disciplinares.* A palavra "bioética" foi cunhada e usada pela primeira vez em público por Van Rensselaer Potter, famoso investigador no campo da oncologia e professor da Universidade de Wisconsin (USA). Em janeiro de 1971, Potter publicou o primeiro livro com a palavra "bioética" em seu título: *Bioethics: Bridge to the Future.* Já havia usado o neologismo em dois artigos publicados em 1970. Potter concebeu a bioética como nova disciplina, com a missão de unir a ciência biológica com o conhecimento dos sistemas de valores humanos. A nova disciplina teria a tarefa, na perspectiva potteriana, de estender uma ponte entre a cultura das ciências naturais e a cultura das humanidades, superando a brecha que a Modernidade cavou entre elas. Por difícil ou até impossível que pareça, o diálogo entre estas duas culturas é inadiável. Está em jogo a sobrevivência da espécie humana neste planeta. A bioética de Potter propõe-se identificar e promover as melhores mudanças para sustentar e promover o mundo civilizado. Por isso, se diz que a bioética de Potter é principalmente *ecológica.*

No mesmo ano em que foi publicado o livro de Potter, foi também fundado o primeiro instituto universitário dedicado à bioética, e com a nova palavra em seu nome: *The Joseph and Rose Kennedy Institute for the Study of Human Reproduction and Bioethics,* hoje em dia conhecido simplesmente como *Kennedy Institute of Ethics,* na Universidade de Georgetown, em Washington D.C. O novo centro foi fundado com a assistência econômica da Fundação Kennedy, sob a liderança de André Hellegers, que merece, juntamente com Potter, o título de pai da bioética. A bioética elaborada por Hellegers e por seus colaboradores se interessa, sobretudo pelos problemas biomédicos, analisados moralmente com o instrumental clássico das ciências morais ocidentais (a ética filosófica e teologia moral). A bioética de Georgetown teve maior desenvolvimento e extensão do que a de Potter e exerceu influência mais notável no desenvolvimento posterior da disciplina. Por isso, o aspecto biomédico recebeu, até agora, maior atenção do que o ecológico.

2. *O contexto cultural do surgimento da bioética.* A nova disciplina não nasce no vazio. Para compreender cabalmente seu nascimento, é preciso levar em conta alguns movimentos culturais que o tornaram possível e até o exigiram.

Ninguém coloca em dúvida que as ciências médicas conheceram um progresso extraordinário durante a segunda metade do século passado. Assinalamos alguns dos grandes avanços médicos do século XX, sem nenhuma pretensão de ser exaustivos. Em primeiro lugar, teria de assinalar o desenvolvimento das terapias antibióticas e antivirais, que permitiram a superação das infecções que tantas mortes causaram no passado. Se acrescentarmos as quimioterapias oncológicas, a generalização das vacinas, os fármacos psicotrópicos e os grandes avanços da cirurgia, entre muitos outros avanços, é evidente que a medicina alcançou, durante o século XX, uma potência nunca antes conhecida em sua história milenar. Todas essas mudanças também criaram problemas até então inéditos. Pode-se desconectar o respirador artificial para deixar que um paciente terminal morra sem incorrer em falta moral? Estamos obrigados a alimentar e a hidratar artificialmente um paciente em estado vegetativo permanente? Podemos dar instruções adiantadas, quando estamos em nosso são juízo, sobre os tratamentos que não desejaríamos receber no caso de estarmos gravemente enfermos e sem capacidade para tomar decisões? A nova medicina coloca, então, novos problemas morais, aos quais é preciso dar resposta numa cultura também nova, marcada pelos valores da autonomia e da igualdade.

O progresso médico, por si só, não teria criado o húmus cultural necessário para o nascimento da bioética. Durante a década de cinquenta e talvez em boa parte dos anos sessenta do século XX, pretendia-se ver o avanço científico em biomedicina como um bem indiscutível, sem mescla alguma de mal. Nas décadas seguintes, esse otimismo começou a ser questionado. Uma série de fatores influenciou nesse despertar crítico. Alguns deles são independentes dos avanços médicos aos quais aludimos. Já na década de sessenta, floresceu um conjunto de movimentos que tendia à busca de uma nova cultura, baseada na liberdade, na justiça e na igualdade. São os anos dos movimentos pacifistas e da luta pelos direitos civis e políticos das minorias nos Estados Unidos, bem como dos movimentos de libertação no Terceiro Mundo. Em outras palavras, uma nova cultura da autonomia, da igualdade e da desconfiança do poder das grandes instituições. De uma parte, crescia o poder dos cientistas e as esperanças depositadas na medicina; de outra, crescia a desconfiança em todos os poderes e instituições, incluída a medicina, que vinha a ser entendida como ajuda a um serviço da autorrealização autônoma dos indivíduos.

Essa desconfiança se viu acentuada pela publicação de uma série de abusos cometidos pelos investigadores no campo da biomedicina. A exposição pública dos abusos dos médicos nazistas, ao finalizar a segunda guerra mundial, estimulou o desejo de impedir que situações semelhantes se repetissem. O chamado Código de Nürenberg abriu o caminho à formulação de normativas mais precisas para proteger a integridade dos sujeitos humanos na experimentação biomédica. Posteriormente, a declaração de Helsink (1964), revisada várias vezes (a última delas no ano 2001, em Edimburgo), da Associação Médica Mundial, à semelhança de outros documentos, legislações e regulamentações, avançaram por este caminho.

Lamentavelmente, os médicos do regime nazista não tiveram o monopólio das práticas abusivas na investigação científica. A partir da década de sessenta, foram trazidas à luz pública uma série de investigações científicas moralmente problemáticas, realizadas nos Estados Unidos. Provavelmente, o mais conhecido e cruel de todos tenha sido o tristemente famoso estudo de Tuskegee. Como se sabe, o estudo foi designado para estudar a história natural da sífilis latente, na ausência de tratamentos médicos verdadeiramente efetivos. Os sujeitos foram ao redor de quatrocentos varões da raça negra, portadores da sífilis, e duzentos sujeitos livres da infecção como grupo controle. O estudo iniciou-se em 1932. Estes sujeitos não somente foram enganados, sem reparos e de vários modos, mas também foram mantidos sem tratamento depois da chegada da penicilina nos anos quarenta, apesar de se saber perfeitamente bem que a sífilis reduzia em 20% sua esperança de vida. O experimento continuou até 1972, quando se deu a conhecer através da imprensa.

A tomada de consciência sobre essa problemática deu origem à criação do que poderíamos chamar um comitê nacional de ética nos USA – *National Commission for the Protection of Human Subjects of Biomedical and Behavioral Research* – cujo trabalho teve importantes consequências para o desenvolvimento da bioética. A Comissão tinha como parte de sua incumbência a tarefa de levar adiante ampla investigação que identificasse os princípios éticos fundamentais para a orientação da investigação científica nos campos de sua competência, bem como o desenvolvimento de diretrizes concretas que garantissem que a investigação se realizasse em conformidade com tais princípios. Essa Comissão publicou, em 1978, o *Informe Belmont*. Neste documento se encontram enunciados, pela primeira vez, os futuros "princípios da bioética", sobre os quais voltaremos, em uma formulação ternária: respeito pelas pessoas, beneficência e justiça. A Comissão publicou outros informes, mas costuma-se considerar o *Informe Belmont* como um dos documentos fundacionais da bioética.

II. Definições da bioética. Até agora, passamos em revista o nascimento da moderna bioética, suas raízes históricas. Como podemos definir esta disciplina ainda jovem? O *Diccionario de la lengua española*, da Real Academia Espanhola (22ª Edição), diz que a bioética é a aplicação da ética às ciências da vida. É uma definição aceitável, do nosso ponto de vista. Apresenta a bioética como uma das éticas aplicadas. Isso significa que, da perspectiva epistemológica, a bioética seria um saber filosófico ou teológico, aplicado ao âmbito concreto do agir humano: às ciências da vida. Embora nem todos os autores estejam de acordo com essa visão da bioética, nós estamos. O discurso bioético adquire sua integridade epistemológica através de sua incardinação nas ciências morais. E as ciências morais por excelência, em nossa tradição ocidental, são a ética filosófica e a teologia moral.

Embora a definição do Dicionário não seja desacertada, há outras dimensões da bioética que não se incluem. Por isso, citamos também a definição de W. T. Reich: "O estudo sistemático das dimensões morais – incluindo a visão moral, as decisões, as condutas e as políticas – das ciências da vida e do cuidado da saúde, usando uma variedade de metodologias éticas em contexto interdisciplinar". Aqui se incluem vários elementos que não aparecem na definição anterior: a atenção às profissões da saúde, o contexto interdisciplinar e a pluralidade de metodologias. Este último elemento é importante. A bioética nasceu no solo da democracia e, por conseguinte, admite em seu seio diversas tradições éticas e um pluralismo de metodologias de análise moral. Por isso, há tantas bioéticas quantas tradições filosóficas e religiosas há em nossa sociedade. Não obstante, também existem valores e princípios éticos de valor universal, que a razão pode alcançar e sustentar, os quais permitem alcançar alguns acordos morais fundamentais na sociedade secular.

III. Os princípios da bioética. A bioética fundamental, no momento atual, oferece diferentes paradigmas a partir dos quais pode fundamentar os juízos e decisões morais, entre os quais podemos citar: o paradigma das virtudes, o casuísmo, o comunitarismo, as bioéticas feministas, o neoutilitarismo e o paradigma da moralidade comum, porém o mais extenso e mais utilizado é o principialismo.

Depois da identificação pela National Commission no *Informe Belmont* (1978) de três princípios éticos básicos, apareceu a primeira edição do livro de T. L. Beauchamp e de F. F. Childress, *Principles of Biomedical Ethics* (1979). Estes autores propunham a utilização de quatro princípios éticos para resolver os problemas que se apresentavam na biomedicina: respeito à autonomia, não-maleficência, beneficência e justiça. Quer dizer, ampliavam o campo de aplicação dos princípios e diferenciavam entre a não-maleficência e a beneficência, coisa que havia feito, surpreendentemente, o *Informe Belmont*. Beaucamp e Childress consideraram que *não causar dano e agir em benefício* dos outros são obrigações muito distintas.

Esses princípios éticos, de grande enraizamento na ética filosófica de nossa tradição cultural, se erigiam como os deveres que condensavam, de forma simples, a essência da moralidade. O principialismo teve grande êxito, desde sua aparição, por sua simplicidade e pela facilidade de sua aplicação na hora de tomar decisões em casos particulares. Para Beauchamp e Childress, os quatro princípios são deveres *prima facie*, na terminologia utilizada por D. Ross, quer dizer, obrigam em princípio, mas não são absolutos, admitem exceções. De entrada, temos a obrigação de respeitar a todos eles. Mas, quando se tentam aplicar aos casos particulares, em circunstâncias e contextos específicos, são frequentemente incompatíveis entre si, quer dizer, não podemos respeitar todos ao mesmo tempo e devemos decidir qual dominará e será respeitado e qual será transgredido. Para Beauchamp e Childress, os princípios se caracterizam por não terem hierarquia. Para decidir o princípio que deve dominar em caso de conflito, deveremos prestar atenção e avaliar as consequências de cada decisão. As consequências decidirão em cada caso concreto. Além disso, devido à sua generalidade, os princípios têm de ser especificados em normas concretas particulares.

As duas características mais criticadas do principialismo de Beauchamp e Childress são a ausência de ordem hierárquica entre os princípios e a falta de uma teoria filosófica moral que fundamente sua proposta. Desde a primeira edição de seu livro em 1979 até a quinta, em 2001, foram tentando contestar e superar as críticas que se colocavam. Nas edições mais recentes, eles propõem algumas regras de ponderação dos princípios que ajudam na hora de escolher um, em caso de conflito.

Em resumo, o principialismo de Beauchamp e Childress é uma proposta muito simples e de fácil aprendizagem e aplicação. Daí seu grande êxito e expansão. Mas daí também sua problematicidade, sobretudo diante da elaboração de uma bioética de nítidas raízes cristãs. Parece evidente que o principialismo de Beauchamp e Childress não pode servir como base, por si só e sem modificações, para elaborar uma bioética teológica.

Existem outros modelos principialistas. Vejamos, por exemplo, o principialismo hierarquizado que propõe o bioeticista espanhol Diego Gracia. Nesse paradigma se superam as duas principais insuficiências dos autores anteriores. Por um lado, se fundamenta em uma teoria filosófica bem desenvolvida: a fenomenologia de X. Zubiri, a partir da qual se desenvolve e se sustenta a chamada "ética formal de bens". A partir dela se propõe um cânon moral ou sistema da moralidade que poderíamos formular assim: *Todos e cada um dos seres humanos atuais merecem igual consideração e respeito (são fins em si mesmos), enquanto os seres humanos das gerações futuras, as espécies animais, o entorno e a biosfera merecem respeito em seu conjunto, embora individualmente possam ser tratados como meios (individualmente não podem ser considerados fins, mas sim globalmente)*. Por outro lado, esse paradigma hierarquiza os princípios morais em dois níveis, o que dá prioridade a um princípio sobre outros, em caso de conflito, e facilita a tomada de decisões.

A partir da tradição dos deveres perfeitos e imperfeitos, Gracia estabelece dois níveis: um primeiro nível de gestão pública, onde se situam os princípios de não-maleficência e de justiça, e um segundo nível de gestão particular, que inclui os princípios de respeito à autonomia e beneficência. O primeiro nível é a denominada ética dos mínimos ou ética do correto; o segundo é a chamada ética dos máximos ou ética da felicidade. Em caso de conflito, o primeiro nível é hierarquicamente superior ao segundo, quer dizer, os princípios de não-maleficência e justiça sempre têm prioridade sobre os de respeito à autonomia e beneficência. Mas, geneticamente, o segundo nível é anterior ao primeiro, quer dizer, a moralidade se desenvolve sempre a partir do nível individual para o nível social ou público. Os princípios de gestão pública expressam-se, geralmente, em forma de leis e mudam progressivamente segundo a evolução moral de cada sociedade.

Em caso de conflito entre princípios do mesmo nível, são as consequências que decidem a que princípio se deve fazer exceção e qual deve dominar. Essa ética se situa claramente dentro das chamadas éticas da responsabilidade ou éticas teleológicas, que não devem, em nenhum caso, identificar-se com o utilitarismo. Para Gracia, toda análise moral deve realizar-se a partir dos princípios, por um lado, e a partir das consequências, por outro. Os princípios obrigam, a não ser que as consequências – diante de um conflito entre princípios do mesmo nível – justifiquem uma exceção.

O procedimento e a metodologia da decisão moral que se propõe a partir do principialismo hierarquizado estenderam-se muito na Espanha e na América Latina. O sistema proposto por Gracia pareceria mais próximo de uma ética cristã do que a de Beauchamp e Childress, demasiadamente aparentado com o utilitarismo. A única dificuldade que o paradigma do principialismo hierarquizado apresentaria para a teologia moral católica encontra-se nas normas absolutamente materiais. A moral católica sustenta que existem normas materiais com caráter absoluto, que proíbem determinadas condutas – os atos intrinsecamente desonestos – *semper et pro semper*. O principialismo hierarquizado admite a existência de absolutos formais, mas não materiais. A razão é de índole epistemológica. As normas morais materiais expressam juízos sintéticos e, pelo menos desde Hume, a filosofia ocidental sustenta que tais juízos não dão certeza absoluta. Dito de outro modo: são juízos prudenciais que são válidos na generalidade dos casos. Se se quisesse usar a proposta de fundamentação de Zubiri e de Gracia para elaborar uma bioética teológica na tradição católica, em fidelidade aos ensinamentos do magistério eclesiástico, seria necessário justificar as normas materiais absolutas que proíbem os atos intrinsecamente desonestos, apelando para outro tipo de argumentos, talvez de índole estritamente teológica. De outra parte, parece que a ideia dos absolutos virtuais, usada por alguns teólogos, seria compatível com a proposta de Gracia. Por "absolutos virtuais" entendemos que podemos encontrar mandatos morais concretos que, na prática, é impossível imaginar situações nas quais se possa justificar uma exceção. Por exemplo, é possível imaginar alguma hipótese na qual seja legítimo torturar um inocente? Embora não tenhamos tempo para aprofundar neste problema epistemológico, é necessário admitir, por integridade intelectual, que a questão não se coloca somente no diálogo com o principialismo hierarquizado. Encontramos essa dificuldade, quando tentamos o diálogo, a partir de nossa tradição teológica, com boa parte da ética filosófica atual. É preciso que nós, teólogos moralistas, enfrentemos o desafio que nos é colocado pela justificação epistemológica das proibições que o magistério da Igreja nos propõe.

IV. Os teólogos, a teologia e a bioética. As últimas considerações levam-nos a ocupar-nos da relação entre teologia e bioética. A teologia moral tem-se interessado pelos problemas relacionados com os confins da vida e com a práxis médica durante séculos. Talvez por isso os primeiros peritos nas ciências morais que se uniram ao debate sobre a bioética foram os teólogos. A. Jonsen fala da "trindade de teólogos" que participaram do surgimento da disciplina: J. Fletcher (anglicano), R. A. McCormick (católico) e P. Ramsey (protestante). Outros protagonistas dos primeiros anos também vinham da teologia, como J. F. Childress, L. Walters, G. Kenoti, W. T. Reich, W. F. May e A. Jonsen. Também fora dos Estados Unidos tiveram papel importante os estudiosos com moldura religiosa. No que diz respeito à Espanha, dever-se-iam mencionar F. Abel, N. Blázquez, M. Cuyás, F. J. Elizari, J. R. Flecha, J. Gafo, E. López Azpitarte, J. Vico e M. Vidal, entre outros. No entanto, a marginalização da religião e da linguagem religiosa da bioética é hoje um fato inegável. As razões são múltiplas.

Em primeiro lugar, os problemas bioéticos afetam toda a sociedade, além das fronteiras confessionais.

Por isso, os teólogos se viram obrigados a adotar a linguagem da racionalidade filosófica, pois queriam participar ativamente de um diálogo que transcendia o âmbito confessional. Além do mais, a discussão de muitas questões concretas em bioética pode ser levada adiante sem referências religiosas explícitas. Por último, alguns dos primeiros bioeticistas abandonaram o ministério ordenado, talvez em alguns casos por estarem desiludidos com a tomada de posições morais oficiais em suas igrejas. É duvidoso que essa radical secularização da bioética tenha trazido benefícios. D. Callahan assinala que a marginalização da religião em bioética suprimiu uma fonte de vigor para tratar algumas questões urgentes que têm a ver com o sentido da existência humana. A bioética não deveria renunciar, por exemplo, a refletir sobre o significado da velhice, da dor e da morte. Quer dizer, não pode renunciar a refletir sobre a finitude e fragilidade da existência. No entanto, as questões de sentido são dificilmente discutíveis a partir de uma ótica estritamente secular.

O que a teologia traria como contribuição à bioética? As fontes da revelação cristã não contêm respostas concretas às perguntas que se nos colocam na bioética contemporânea. Que dizem as Escrituras ou a antiga Tradição Apostólica acerca da clonagem terapêutica, da suspensão do esforço terapêutico ou da fecundação *in vitro*? Será inútil percorrer as páginas da Bíblia ou de outros documentos antigos da tradição, buscando respostas a estas e a outras perguntas. Isso não significa que as Escrituras e a fé não tenham nada a dizer-nos diante delas. A revelação judaico-cristã comunica-nos uma compreensão do mundo e da história a partir da perspectiva divina. O cristão vê a vida a partir de Deus, que se nos revelou na pessoa, vida e obra de Jesus de Nazaré. Deus é o criador e o sustentador da vida. Portanto, a vida é coisa sagrada, sobre a qual o ser humano não tem domínio absoluto, mas essa vida biológica, dada por Deus, tampouco é um valor absoluto que deva prevalecer sempre diante de qualquer conflito axiológico. Em certas ocasiões, pode ser necessário oferecer a vida nos altares de valores espirituais superiores, como o próprio Jesus o fez. Além disso, chega um momento no qual qualquer tentativa de intervir para prolongar a vida é desproporcional e inútil. O cristão não pode esquecer-se nunca de que não tem aqui sua pátria definitiva.

As narrações fundacionais de nossa fé nos inclinam a desenvolver uma série de atitudes que têm peso decisivo na hora de deliberar e de fazer opções morais. Por exemplo, alguém que formou sua visão moral ao fio da leitura das tradições bíblicas tenderá, inevitavelmente, a extremar o respeito pela vida humana não nascida. Uma tradição que adora um Deus que nos teceu no ventre de nossa mãe (Sl 139,13.16), que conheceu e consagrou o profeta antes que este se formasse no seio materno (Jr 1,5) e que cobriu com sua sombra uma humilde donzela judia para que concebesse o Filho do Altíssimo (Lc 1,35), não pode ver menos do que a mão divina na vida nova que se vai formando nas entranhas de uma mulher. Essa vida é obra amada de Deus, chamada a partilhar o destino do Filho e, portanto, sagrada e sumamente valiosa. Isso significa que, na hora de articular normas morais materiais e de fazer opções morais em situações de conflito, os cristãos tendem a postular fortes proteções para a vida não nascida. Assim, o ensinamento da Igreja católica sustenta que todo aborto direto é intrinsecamente mau. Outras tradições cristãs mantêm posições menos taxativas, mas, em geral, as igrejas cristãs veem o aborto como um mal que se deve evitar, embora pudesse ser tolerável em alguns casos lamentáveis. Outro tanto se poderia dizer sobre a atitude diante do enfermo e do sofredor. É impossível ler com olhos da fé todos os relatos evangélicos acerca da compaixão de Jesus diante de todos os sofredores e não vê-los como merecedores de amor preferencial.

No caso da tradição católica, a fé vincula o crente à comunidade eclesial, provida de um magistério doutrinário. A consciência católica aceita que esse ministério hierárquico, mesmo quando ensina de maneira não infalível, goza de uma assistência do Espírito que a obriga a uma acolhida respeitosa e reverente (LG 25). Isso não significa, no entanto, que todas as suas intervenções tenham o mesmo nível de autoridade ou que não haja lugar para uma reflexão sadiamente crítica sobre os pronunciamentos magisteriais que contribua para seu refinamento e progresso. Longe de suprimir o trabalho dos teólogos, o magistério o estimula e orienta. Tanto um como outro – magistério e teologia – são ministérios eclesiais que contribuem, cada um a seu modo, para a vida da Igreja e para sua contínua purificação e crescimento na compreensão da mensagem revelada e no autêntico seguimento do Senhor.

A teologia moral centra sua reflexão nas consequências práxicas da fé, no trabalho histórico dos crentes. Responde à pergunta: o que devo fazer – ou como devo agir – quando compreendo o mundo e me comprometo nele a partir de Jesus Cristo e de seu Evangelho. A bioética teológica é a reflexão crítica, feita a partir da fé cristã, sobre os problemas morais que se colocam nas ciências da vida e nas profissões da saúde. Para a maior parte delas, não se encontra, como já dissemos, uma resposta feita nas fontes da fé. A verdade revelada e a tradição da Igreja devem ser tratadas com adequada hermenêutica, se se quer fazer genuína teologia. Não podem repetir-se, sem mais, as respostas do passado para contestar as perguntas de hoje. Além disso, ao teólogo moralista não basta conhecer a tradição teológica, mas se deve fazer uma reflexão à altura de nosso tempo. J. Gafo dizia que a boa ética começa com bons dados. O primeiro passo é o estudo dos dados científicos e sociais do problema que se quer tratar, quando alguém está disposto a escutar os peritos e a aprender deles. Somente a partir de uma adequada compreensão dos dados científicos é possível formular as perguntas adequadas à tradição teológica, lida com o auxílio dos necessários recursos hermenêuticos. A reflexão que resulta desse exercício crítico coloca-se, ou pode ser colocada, ao menos em dois níveis. Em primeiro nível, dá-se uma reflexão teológica explícita dirigida aos crentes, usando a linguagem da fé. Mas os valores cristãos também são valores éticos com validade universal. Precisamente por isso, o magistério da Igreja se sente capacitado para ensinar, em nome da lei natural, a todos os homens e mulheres de boa vontade.

De modo análogo, o moralista também tem a missão de entrar em diálogo com os homens e mulheres de seu tempo, sem renunciar à sua cosmovisão e convicções cristãs, mas traduzindo-as para a linguagem da razão, como língua franca da sociedade secular. É possível que nessa tradução se perca parte da força probatória e da precisão da reflexão moral crente. Não obstante, as conclusões morais do teólogo deveriam ser compreensíveis para o interlocutor secular, pelo menos quanto à sua razoabilidade e coerência a partir das premissas do discurso teológico. Se voltarmos ao exemplo da valoração da vida pré-natal que se dá no contexto da fé cristã, se pode ilustrar melhor o que estamos tentando dizer. O valor da vida pré-natal é um valor ético universal e deve ser possível articulá-lo em linguagem secular que prescinde dos pressupostos da fé. No entanto, não é menos certo que, uma vez que prescindimos desses pressupostos, as conclusões normativas terão uma precisão menor. Não obstante, deveriam continuar sendo compreensíveis, para o interlocutor secular, tanto o valor ético proclamado como a razoabilidade de chegar a algumas conclusões mais precisas, quando se parte das convicções cristãs.

F. Abel, *Bioética: orígenes, presente y futuro*, Madrid, Mapfre, 2001; T. L. Beauchamps e J. F. Childress, *Principios de ética biomédica*, Barcelona, Masson, 1999; M. Casado, *Bioética, derecho y sociedad*, Madrid, Trotta, 1998; A. Couceiro, *Bioética para clínicos*, Madrid, Triacastela, 1999; F. J. Elizari, *Bioética*, Madrid, San Pablo, 1991; L. Feito, *Ética Professional de la enfermería*, PPC, Madrid, 2000; J. L. Ferrer e J. L. Martínez (eds.), *Bioética: un diálogo plural. Homenaje a Javier Gafo*, Madrid, UPCO, 2002; J. R. Flecha, *La fuente de la vida*, Salamanca, Sígueme, 2001; D. Gracia, *Fundamentos de bioética*, Madrid, EUDEMA, 1989; J. Masiá Clavel, *Bioética y antropología*, Madrid, UPCO, 1998; M. Vidal, *Moral de actitudes II/1. Moral de la persona e bioética teológica*, Madrid, PS, 1991.

Jorge José Ferrer
Juan Carlos Álvarez

CARISMA E INSTITUIÇÃO

A instituição não goza de boa reputação na opinião pública. Muito menos na época pós-moderna em que vivemos, época caracterizada por um desengate das grandes instituições, pouco valorizadas pela maioria dos cidadãos. E o mesmo ocorre com a Igreja como instituição, que gera mais rejeição do que adesão e entusiasmo. Inclusive, o ateísmo tem a ver com a crítica em relação à Igreja institucional, não somente por causa do anticlericalismo que historicamente se deu na sociedade, mas também porque muita gente não vê sentido algum na institucionalidade. Sociologicamente, triunfou o individualismo protestante; afirma-se que cada um pode relacionar-se com Deus sem necessidade de mediações institucionais, e proliferam grupos que se libertam, rompendo com as normas e pautas estabelecidas.

Por outra parte, há grande entusiasmo pelos carismas. O *Diccionario de la lengua española* sublinha que o conceito, a partir de sua dupla origem grega e latina, implica dom ou favor divino em benefício da comunidade, e também a capacidade de comunicar-se e de atrair outras pessoas. Aquele que tem carisma é o que sabe conectar-se com os outros, é um dom natural ou divino que não pode ser suprido com o estudo e o saber. O carisma, ao contrário da instituição, goza de aceitação teológica e eclesial. Hoje se revalorizam a experiência de Deus e a comunicação, se acentua o papel da comunidade, bem como a participação de todos, e se coloca em primeiro plano a gratuidade da graça contra a meritocracia e o cumprimento das leis. A mesma revalorização atual do Espírito Santo, o Deus esquecido da teologia católica (Paulo VI), favorece, à primeira vista, os carismas com relação à instituição.

Por outro lado, o protesto contra as instituições e o apreço dos carismas é tão velho como o próprio cristianismo. É muito mais radical do que a polêmica do protestantismo contra a exorbitância e absolutização de algumas instituições eclesiais. Protesto que parte da contraposição entre o carisma inicial e o processo de institucionalização posterior no marco da inculturação no helenismo e na sociedade romana. A romanização e helenização do cristianismo teria sido uma catástrofe, pervertendo o genuíno espírito da comunidade primitiva. Na realidade, o processo teria suas raízes no Novo Testamento mesmo e é simbolizado na contraposição entre Jesus e Paulo. Nietzsche desqualificava Paulo como verdadeiro fundador da religião cristã, enquanto o único cristão morreu na cruz. A disjunção entre carisma e instituição é também o que predominou nos ambientes eclesiais mais progressistas e avançados, relegando a institucionalidade aos tradicionalistas e conservadores. Como veremos, essa visão simplista das coisas tem sido uma das causas do fracasso da renovação eclesial pretendida pelo Concílio Vaticano II nas últimas décadas.

I. Origem carismática e institucional da Igreja. "Carisma" é um neologismo paulino para indicar um dom ou graça do Espírito Santo. O batismo cristão distingue-se do judaico pela vinda do Espírito, e o discernimento leva à superação da lei, escrita agora nos corações (Rm 2,27-29; 7,6; 2Cor 3,6; Fl 3,3). No Novo Testamento, somente se encontra em suas cartas e nas de seus discípulos (1Tm 4,14; 2Tm 1,6; 1Pd 4,10). Tudo é dom e graça, tanto para Israel (Rm 11,29) como para os cristãos (2Cor 1,11-12). O Evangelho paulino é o da graça, contraposto à justificação pelas obras. A igualdade está baseada na comum dignidade cristã, pela variedade de carismas e ministérios (1Cor 12,4-11).

O título de "corpo de Cristo" (Rm 12,5; 1Cor 12,27) é o que melhor expressa, a partir da forte cristologia do Espírito, a concepção eclesiológica paulina (Rm 1,4; 8,11). É o Espírito quem realiza em nós a cristologia do Ressuscitado (Rm 8,9-11: "aquele que não tem o Espírito de Cristo não lhe pertence"; 1Cor 6,17; 12,3-6: "ninguém pode dizer Jesus é o Senhor, senão com o Espírito Santo"). A comum experiência do Espírito implica a integração no corpo cristológico e de mútuo serviço, que é a Igreja. Esta é, portanto, experiência carismática. Nisto há continuidade entre Jesus e a Igreja, já que a experiência do Espírito é determinante para o próprio Jesus. Em todos os Evangelhos, acentua-se a presença do Espírito ao longo da vida pública de Jesus, desde o batismo e a tentação até o final, na cruz, quando ele "entregou o espírito" (Mt 27,50; Lc 23,46; Jo 19,30). A presença do Espírito é que explica milagres, curas e exorcismos, a atividade orante de Jesus e sua consciência humana de filiação, a missão do reino e a espera de sua consumação final. Jesus é o homem do Espírito, e a cristologia da infância acentua a presença deste Espírito na própria concepção e nascimento de Jesus. Lucas e João, cada um a partir de uma teologia distinta do Espírito, são os que mais acentuam a experiência jesuânica do Espírito.

A antropologia e a eclesiologia paulinas estão marcadas pelo Espírito que habita o corpo social (1Cor 3,16; 6,15-16; 12,12) e pessoal (1Cor 6,11-19; 2Cor 5,16). Aquele que tem o Espírito pode esperar um corpo espiritual além da morte (1Cor 6,13-14; 15,35-40.51-54; 2Cor 4,16-17; 5,1-6), porque a conduta situa o ser humano na esfera da carne ou do espírito. O Espírito é o vínculo comum entre os membros do corpo eclesial e que obriga a uma conduta coerente (1Cor 6,15-19). A relação entre o corpo e o Espírito é determinante para resolver os problemas morais e eclesiais. Quanto mais se acentua o valor eclesiológico da cristologia, mais se desindividualiza o carisma em favor da comunidade. É essa dinâmica que permite recolocar a teologia do povo de Deus: "Fomos batizados em um corpo [...] e bebemos do mesmo Espírito", tanto os judeus como os gentios (1Cor 12,13). Aquele que pertence a Cristo em seu corpo eclesial também é filho de Abraão (Gl 3,28), embora não na linha étnica, mas espiritual.

A presença de Deus na comunidade fez com que seus membros se tornassem sujeitos ativos, criativos e com participação, cada um segundo o carisma recebido, que está em função de sua forma de vida (Rm 12,3-8). Para Paulo, é inconcebível uma Igreja sem carismas, discernimento e participação comunitária. Somente uns poucos são enviados pelo Ressuscitado (os apóstolos), mas todos os cristãos recebem o Espírito. Os dons carismáticos são comunitários e não o específico da hierarquia. Os carismas não são algo excepcional, como tampouco o é a vivência de Deus; pelo contrário, são o sinal que legitima a comunidade como órgão vivo. Tudo provém de Deus, e os carismas são tanto as capacidades naturais (1Cor 1,4-7; 7,7) como as sobrenaturais (Rm 1,11; 1Cor 12,1; 14,12). O novo estilo existencial abrange o antropológico e o comunitário (1Cor 12-14). Dessa perspectiva paulina, não há contraposição entre o Deus criador com os dons naturais, por um lado, e o redentor com os dons espirituais, por outro. A partir de uma existência consagrada a Deus e aos outros, tudo é graça. É isso também que tornou possível a tendência do final do século I a converter os carismas em virtudes éticas, perdendo a referência teocêntrica e espiritual em favor do antropológico e do moral. Não resta dúvida de que esse deslocamento implicou um empobrecimento eclesiológico. A unidade, por sua vez, provém da comunhão, quer dizer, da cooperação a partir da diversidade de carismas (1Cor 12,8-11) e não da uniformidade que sufoca as diferenças. Mas, à medida que aumentou o perigo das heresias e do sincretismo, evoluiu-se também no sentido de robustecer a unidade (Ef 4,13-16), e se começou a diminuir a valorização positiva das diferenças (Ef 4,3-6), que é o característico da teologia paulina.

A isso deve-se acrescentar o declive da tensão escatológica, debilitando-se progressivamente o dinamismo profético e messiânico do cristianismo primitivo em favor de um entusiasmo cristológico que gerava uma visão idealista da história. A tensão escatológica, "já, mas ainda não", e a expectativa de futuro abriram passagem para uma revalorização do presente. Se estávamos "mortos por nossos delitos" e submetidos ao poder do mal, agora Deus "nos ressuscitou e nos fez sentar nos céus com Cristo Jesus" (Ef 2,4-5; Cl 2,12-14; 3,1-4). As cartas deuteropaulinas colocaram o acento na graça que já se comunicava, em consonância com a cristologia triunfal que defendiam. Não é que neguem a esperança do final dos tempos, mas revalorizam a salvação do presente ("pela graça fostes salvos": Ef 2,5). O futuro mostraria plenamente uma mudança que já se tinha produzido ("quando Cristo se manifestar, também vos manifestareis gloriosos com ele": Cl 3,4).

Dessa forma, as esperanças de salvação sofreram um processo de transformação e espiritualização que se combate numa carta da escola paulina (2Ts 2,1012), quando se adverte aos cristãos a não pensarem que o dia do Senhor está iminente nem se deixarem seduzir por manifestações e presumidas revelações do Espírito. No final do século I, impôs-se uma forte corrente entusiasta, que deixou suas pegadas na carta aos Efésios e aos Colossenses. Afirmavam que já se notavam os efeitos da ressurreição e que Deus havia desvelado plenamente seu mistério, oculto até agora. Nas cartas pastorais também encontramos uma advertência contra os que, "extraviando-se da verdade, dizem que a ressurreição já se realizou, pervertendo assim em alguns a fé" (2Tm 2,18). Não resta dúvida de que o cristianismo se encontrava em processo de acomodação a uma nova situação, oscilando entre os que queriam reinterpretar a ressurreição como acontecimento espiritual já consumado, e os que se desesperavam ao ver que a vinda do Cristo triunfante se retardava.

Também nas cartas pastorais encontramos um deslocamento da ideia paulina dos carismas que Paulo via como o sinal da presença do Espírito sobre a comunidade. Só se fala do carisma como transmitido pela imposição das mãos ao ministro eleito com o concurso dos profetas (1Tm 4,14; 2Tm 1,6). Nas cartas petrinas se mantém ainda o contexto carismático e comunitário paulino (1Pd 4,10), mas o modelo paulino ia perdendo gradualmente força, porque sua estrutura resultava insuficiente para enfrentar os problemas internos (heresias e cismas) e externos (a missão e a substituição dos apóstolos), problemas estes que se apresentam à Igreja no final do século I. Já não bastava apelar para os carismas, revalorizar os profetas e exercer o discernimento. A abundância de profetas com revelações contrapostas, a crescente força das heresias, a proliferação dos gnósticos e a expansão contínua do cristianismo, bem como os desafios da inculturação no Império romano tornavam necessário um novo processo. Passava-se assim progressivamente do carisma à instituição, da época pneumática e carismática a outra cristológica e ministerial. Essa evolução concentrou a pluralidade de funções e carismas da Igreja primitiva nos ministros. O processo de institucionalização trouxe consigo o desaparecimento de carismáticos, que se subtraíam ao controle episcopal, como é o caso dos profetas. De fato, um dos critérios fundamentais para discernir entre os falsos e verdadeiros profetas foi sua subordinação ao ministro e seu acordo com a doutrina apostólica, transmitida pelos bispos.

E o fato é que as raízes da institucionalidade remontam ao próprio Jesus. Era necessário conservar sua doutrina, manter viva sua memória e impedir que se mesclasse com as presumidas revelações de gnósticos, profetas, carismáticos e filósofos. Já desde o começo, surgem apóstolos, com autoridade própria, diretamente recebida de Cristo ressuscitado, e cujo ensinamento era prescritivo para a comunidade. Não podemos analisar aqui a origem jesuânica dos apóstolos e a referência dos ministros e dos demais representantes da institucionalidade a Jesus, embora baste apelar para o evangelista Lucas para captar como, desde o primeiro momento, a institucionalidade se vinculou ao próprio Jesus. Para Lucas, os apóstolos foram estabelecidos pelo próprio Jesus, e o fato de terem sido testemunhas de sua vida é um requisito essencial para ter autoridade apostólica (Lc 1,2; 6,13-17; 9,19; 11,49; 24,44-49; At 1,2.21-22.26; 6,2.6; 10,39-41: somos testemunhas do que ele fez na terra dos judeus e em Jerusalém [...] e Deus o ressuscitou e o manifestou, não a todo o povo, mas aos que de antemão foram escolhidos por Deus).

Segundo Lucas, até o próprio Paulo reconhece em suas pregações a importância apostólica das testemunhas de Jesus (At 13,31: "durante muitos dias, apareceu aos que tinham subido com ele da Galileia a Jerusalém, os que são agora suas testemunhas diante do povo"). Para ser apóstolo, é necessário que seja testemunha de Jesus e enviado do Ressuscitado. Nos Evangelhos sinóticos se mescla o fato histórico, a escolha dos doze por Jesus, e a significação teológica muda em cada Evangelho: os doze são o núcleo dos discípulos e o modelo de uma autoridade como serviço (Marcos), uma representação do novo Israel (Mateus) e um embrião do futuro colégio apostólico (Lucas). Historicamente, parece difícil negar que "os Doze", enquanto entidade ou grupo diferenciado, fizeram parte dos apóstolos de Jesus Cristo (Mt 28,16-20; Jo 21). Assim o assume Paulo, provavelmente recolhendo uma antiga tradição da Igreja de Jerusalém (1Cor 15,5). Nos Evangelhos não há alusões a uma possível sucessão dos apóstolos. Esse problema não se colocou até o final do século I, uma vez morta a geração apostólica. O que importa é sua significação teológica como embrião da Igreja e como representantes da autoridade.

II. Origem trinitária da Igreja: carisma e instituição. Desde o século I, se inicia um processo de institucionalização em torno de três elementos fundamentais. O primeiro é dotar a Igreja de uma *estrutura ministerial*, vinculada aos apóstolos, que permita defender-se dos hereges, preservar o ensinamento jesuânico e abordar os problemas que a missão e o crescimento do cristianismo apresentam. Depois que morreram os apóstolos, que haviam conhecido Jesus e tido experiências diretas do Ressuscitado, se tornou mais urgente organizar os ministérios para que continuassem o trabalho apostólico de direção, tanto mais importante porque no último quarto do século aumentaram os falsos profetas e os carismáticos e gnósticos que buscavam completar as revelações. O segundo elemento institucional foi estabelecer um *corpo de escritos* que conservasse a memória da vida de Jesus. Passou-se assim da tradição oral à escrita, dos primeiros escritos fragmentários às coleções que tornaram possíveis os relatos completos da vida de Jesus, dos quais é um bom exemplo o Evangelho lucano (Lc 1,1-4). Logo se iniciou um processo de seleção de escritos para determinar quais eram normativos para todas as igrejas – aqueles que alcançaram o consenso geral – e quais eram dos padres apostólicos, mas que não pertenciam ao cânon neotestamentário. Surgiram, assim, escritos canônicos, um corpo institucionalizado ao qual se devia ater e que servia de critério último para julgar as novas teologias e interpretações que surgiam no cristianismo. Ao mesmo tempo, colocaram-se as bases de uma estrutura sacramental que tardou vários séculos para completar-se. Havia que diferenciar o cristianismo do judaísmo e também das religiões mistéricas do Império. Para isso, era necessário recorrer a Jesus, surgindo o batismo (inicialmente unido ao que logo se chamou confirmação) e a eucaristia como as primeiras instituições sacramentais, pouco a pouco completadas com outros sacramentos, como a penitência e a ordem ministerial. Os *sacramentos* constituíram o terceiro elemento institucional do cristianismo, que preservava as diferenças específicas cristãs com relação a outros grupos religiosos e remetia à práxis de Jesus como matriz e fonte de inspiração. É um tríplice processo de institucionalização que se viu, desde o primeiro momento, como inspirado pelo Espírito. A Igreja é obra do Espírito, como o caráter trinitário do credo apostólico o recolhe, e tanto o processo carismático como o que levou à institucionalização sacramental, ministerial e escriturística são inspirados pelo Espírito.

Dessa forma, surgiu o cristianismo e se converteu em religião com elementos reconhecíveis. As mesmas necessidades e funções da nova religião tornavam necessário o processo de institucionalização. Não se tratava, no entanto, de algo meramente sociológico, sem valor constitutivo. Às vezes se tem contraposto a constitucionalidade do carisma perante o valor meramente regulador da instituição. A distinção, no entanto, é irreal e pouco prática. E o fato é que a própria condição humana torna necessária a institucionalidade; esta é que permite a aprendizagem e a constituição de regras que determinam o estilo de vida e possibilitam a socialização do indivíduo. O ser humano é um animal de costumes, e o direito tem origem no consuetudinário, porque a instituição é inerente à condição humana, e sem ela não há pessoa nem sociedade possível.

O princípio teológico de que a graça pressupõe a natureza – não a substitui nem é alternativa a ela – e de que o cristianismo é uma religião encarnada se cumpre no que se refere à institucionalidade e ao carisma. Parte-se da experiência do fundador ou dos fundadores da religião, e a matriz é a vida destas pessoas, mais do que uma palavra ou ação concreta singular. Por isso afirma-se não tanto que Jesus fundou a Igreja, mas que a Igreja deriva de Jesus a partir de um processo trinitário, tanto cristológico como pneumatológico, sendo Deus Pai o referente último ao qual remetem a cristologia e a pneumatologia. A partir de uma compreensão trinitária da Igreja, surge a interação entre o institucional normativo, em cujo horizonte se deve emoldurar o próprio valor das escrituras hebraicas para Jesus e sua referência constante às tradições e instituições judaicas, e a crítica e criação de novas alternativas em função da inspiração do Espírito. A apresentação que os Evangelhos fazem da vida de Jesus oscila entre a referência à sua identidade judaica e a uma história bíblica normativa, e a descontinuidade a partir de uma nova experiência espiritual. Encontramos processo semelhante nos grandes personagens do cristianismo primitivo, desde Paulo de Tarso até os escritos joânicos. Inclusive, no grupo de escritos onde mais se alarma a perda da dimensão pneumática, carismática e profética do cristianismo – a saber, o corpo joânico – há um reconhecimento da autoridade apostólica e ministerial simbolizada pelos apóstolos, em especial por Pedro, cuja primazia dentro do grupo dos discípulos nunca se discute, sendo ao mesmo tempo o Evangelho de João o que mais ênfase coloca na importância dos sacramentos, que são uma criação institucional.

A experiência do Espírito e a normatividade de uma doutrina, de uma autoridade e de uma práxis estruturada sacramentalmente são os eixos da correlação entre instituição e carisma, ambos interacionados e interdependentes. Sem carisma não há vida nem experiência, e a instituição sempre remete a ela como fonte da qual deriva e que lhe dá sentido. Mas sem instituição não há futuro, e se perde o passado, não há normatividade nenhuma, nem é possível a ordem comunitária, não há preservação da experiência inicial, que fica sujeita à intempérie. O carisma tem sempre uma dimensão humana, é uma criação sociocultural, embora seja dom de Deus. Deus inspira, mas o sujeito humano é quem interpreta essa comunicação a partir de sua própria biografia. O carisma é lido a partir do passado e está condicionado pelo presente. Não é algo atemporal, mas referente à sua época e é uma resposta criativa a uma necessidade que surgiu. A criatividade do carisma é divina, enquanto inspirada, mas também humana, enquanto síntese do carismático, e recolhe influências indiretas não conscientes.

Humanos são o carisma e a instituição, já que ambos se enraízam na história pessoal e coletiva dos protagonistas, e também são divinos, enquanto inspirados por Deus. A oposição do carisma à instituição é insustentável, já que a institucionalização do carisma é a única forma de assegurar sua sobrevivência. Uma Igreja somente carismática não tem base no Novo Testamento e pressupõe uma concepção meramente invisível e espiritual da comunidade, na qual não há lugar para o direito, para as normas e para as instituições, que seriam contrárias à sua essência. Essa Igreja não existe, a não ser nas construções dos teólogos, e nunca se deu na realidade, nem existem exemplos contrários na história. Toda comunidade se encontra confrontada com o dilema: institucionalizar-se ou morrer.

III. O difícil equilíbrio entre ambos. Já vimos que a passagem do carisma à instituição é inevitável, está inscrita no processo de constituição do ser humano e é querida por Deus, processo ao qual se referem a Escritura, a sacramentalidade e a ministerialidade da Igreja. No entanto, é um processo frágil e carregado de tensões que faz com que tanto a experiência carismática como a institucional possam ser a base de estruturas de domínio e plataformas de perversão para a própria religião à qual deve servir.

A autoridade carismática se estabelece sobre relações pessoais de identificação, nas quais o líder é o ideal para seus seguidores (como ocorria no caso de Jesus). É uma autoridade moral, incondicional, absoluta, própria de grupos pequenos com relações interpessoais e com forte conteúdo emotivo. Isso é o que as faz instáveis, o que provoca a crise quando morre o fundador, e o que favorece o aparecimento de uma tradição que institucionaliza o carisma. Mas, por sua vez, a submissão ao líder carismático pode degenerar numa seita fechada em fanatismo religioso. À medida que se apela para a própria experiência de Deus, facilmente se pensa que a própria subjetividade tem origem divina. Então, se autodiviniza a própria consciência, e se faz do mestre fundador uma instância absoluta e inapelável. Todos nós conhecemos os efeitos destrutivos das "lavagens cerebrais" que as seitas fechadas praticavam, em virtude precisamente da consciência divina do fundador. Daí a necessidade do discernimento, da crítica e da autocrítica e do diálogo e abertura ao exterior, para não cair numa dinâmica intransigente e fanatizada.

Dentro da tradição cristã, foi o protestantismo o que mais favoreceu o carisma à custa da instituição. Essa tendência gerou uma grande multiplicidade de igrejas, seitas, denominações e grupos de muito diversa índole. A maior liberdade existente no protestantismo favoreceu a criatividade doutrinária e comunitária, mas facilitou também o cristianismo individualista, associal e acomunitário, rompendo o equilíbrio entre a relação com Deus e com os outros, que é o que torna viável a comunidade. Daí uma fraca consciência de pertença eclesial, a desvalorização dos sacramentos, o enfraquecimento da estrutura ministerial e a perda da coesão coletiva, porque não há organismo de controle de âmbito universal.

Em contrapartida, a autoridade institucional baseia-se em uma ordem legal, em uma tradição e em algumas competências determinadas. A autoridade depende da categoria hierárquica, e suas funções são determinadas pelo cargo, ao qual se sobe por designação ou escolha (ou pela comunidade, como acontecia na Igreja antiga, ou por um superior, como acontece na eclesiologia atual). A autoridade institucional se estabelece a partir da primazia da disciplina e da ordem e é assimétrica, à medida que tem uma relação de superioridade/submissão com relação aos subordinados. Esse foi o ponto de partida para a impostação de uma Igreja hierárquica e de uma ordem comunitária, do qual surgiu o catolicismo primitivo no Novo Testamento.

Mas também as instituições têm uma patologia própria, estudada pela sociologia e pelas ciências humanas que encontraram na história do catolicismo amplo arsenal de experiências. Por um lado, tendem à rotinização do carisma, quer dizer, a substituir a experiência carismática por uma série de princípios e normas facilmente controláveis e manejáveis. A experiência é sempre imprevisível e, em última instância, incontrolável, por isso, as comunidades tendem à institucionalização. Em geral, as instituições desconfiam dos místicos e carismáticos, especialmente quando exercem crítica profética na religião na qual surgem. Daí a tendência dos gestores e administradores à objetivação, à disciplina e ao controle. Prefere-se o funcionário ao místico, sobretudo nos postos de maior responsabilidade. Quanto maior a crise de identidade, às vezes por falta de acomodação aos tempos (*aggiornamento*), ou por falta de criatividade ou de eficiência pastoral, maior é a tentação de assegurar a identidade por meio do autoritarismo doutrinário e da coerção. Essa atitude é a que marcou o catolicismo no século XIX e que ressurgiu no último quarto do século XX.

Dentro da patologia das instituições, está a tendência de toda instituição à burocracia e ao crescimento. Por sua própria dinâmica, as instituições tendem a crescer e aumentar suas competências sobre a vida de seus membros. Se o carisma favorece o conflito e inclusive a desordem, próprios de subjetividades contrapostas, a instituição tende à racionalização da vida, à regulamentação, que facilmente gera uma casuística complexa. As inevitáveis necessidades reguladoras e organizativas transforma-se em leis cada vez mais minuciosas que acabam asfixiando a criatividade. Em boa parte, o mal-estar do catolicismo atual se deve ao fato de que a Igreja cresceu demais institucionalmente e burocratizou seus ministérios e regulamentou demasiadamente a vida de seus membros. Há um "sufoco institucional", e as exigências de maiores espaços de liberdade, reforma, descentralização, de aplicação do princípio de subsidiariedade etc. se fazem sentir hoje em todo lugar. Em boa parte, fracassou a reforma da cúria e do governo central da Igreja – e a partir delas a de todas as estruturas ministeriais, que se tentou no Concílio Vaticano II e que Paulo VI promulgou. As estruturas modernizaram-se, mas não diminuíram, no fundamental, nem se reformaram, com o que subsistem os velhos problemas, agravados pela rápida mudança social que desde muitas décadas causam erosão na vitalidade do catolicismo e em sua eficácia institucional.

Daí a nostalgia de maior liberdade e proximidade pessoal das autoridades, nostalgia que leva à ânsia de uma Igreja mais carismática, com mais *gurus*, quer dizer, mestres espirituais, e menos funcionários eclesiásticos. Há o desejo de relações mais livres, espontâneas e comunitárias que ajam como contrapeso ao processo de massificação e, ao mesmo tempo, de isolamento do indivíduo na sociedade atual. Isso é o que leva a postular uma Igreja primitiva idealizada, somente carismática e sem autoridades e sem poderes, que na realidade nunca existiu, mas que é sintoma do atual mal-estar eclesial. Somente a transformação estrutural da Igreja pode tornar possível a superação do idealismo anti-institucional que cresce em muitos cristãos e que leva a reinventar a história ou a marcar subjetivamente momentos históricos e fases em que se produziria a pretendida corrupção institucional do catolicismo. O que foi velho tópico da apologética protestante dos primeiros séculos se converteu agora um princípio aceito por muitos católicos, apesar de ser construção histórica falsa.

Além disso, o fato é que as forças mais reacionárias do catolicismo atual são as que paradoxalmente recorrem à pneumaticidade e carismaticidade da Igreja, para defender-se das necessárias reformas institucionais. Recorre-se a postular a santidade da Igreja e de seus membros, os cristãos contemporâneos são acusados de decadência moral, e reforça-se a identidade espiritual, supostamente atemporal, do cristianismo, para obviar as necessárias reformas institucionais. Congar advertiu, em *Verdaderas y falsas reformas en la Iglesia*, que a mudança não somente pode ser moral e espiritual, mas tem de passar também pela transformação das instituições. A revitalização da Igreja passa hoje por uma mudança institucional, já que o modelo criado ao longo do segundo milênio tornou-se obsoleto, pouco funcional e crescentemente ilegitimado, tanto do ponto de vista teológico como sociológico.

Deve-se distinguir entre a necessária institucionalidade da Igreja e a contingência e variabilidade histórica do tecido organizativo. Uma coisa é defender uma estrutura ministerial, papal, episcopal e presbiteral, que pertence à essência da Igreja e nunca deixou de existir, e outra coisa muito distinta é defender que o atual modelo de organização do papado, do episcopado e do sacerdócio ministerial deve manter-se tal como está atualmente. Durante muito tempo, o progressismo católico recorreu à carismaticidade e à pneumatologia para romper com as concepções jurídicas, institucionalizantes e societárias da Igreja. Hoje, pelo contrário, o menosprezo do institucional, a desvalorização do direito e do jurídico e a despreocupação pelas mediações organizativas se converteram em fatores decisivos que contribuem para o estancamento do catolicismo.

Também há uma tendência conservadora nas instituições que buscam sobreviver, embora tenham deixado de ser funcionais, e acabam convertendo-se em fins em si mesmas. Dá-se uma reconversão interna pela qual os meios se convertem em fins e vice-versa. Por exemplo, há congregações religiosas que foram fundadas para servir aos pobres. No entanto, com o passar do tempo, suas instituições, como as obras educativas, deixaram de servir aos pobres, para os quais foram fundadas (pela mobilidade da sociedade, pela expansão das cidades, pelo aumento da classe média ou pela própria evolução da congregação) e, de fato, perderam a sua finalidade fundacional. Normalmente, isso não leva a abandonar essas obras ou a transformá-las, mas a reconverter o carisma fundacional para justificar o fato de continuar conservando-as. É o que ocorre também com instituições eclesiais que em outros séculos foram válidas, mas que hoje se tornaram pouco adaptadas à sociedade. Impõem-se os interesses institucionais criados, e reajusta-se a doutrina para defender o *status quo* eclesial, embora as vozes críticas e a insatisfação aumentem a cada dia, tanto no âmbito da Igreja universal como no campo dos leigos e no conjunto da comunidade cristã.

Definitivamente, o problema atual está em reencontrar um novo equilíbrio entre o carisma e a instituição, entre a Igreja profética e apostólica, entre a mística e a ordem eclesial, entre a comunidade e os ministérios. O compromisso com o Evangelho exige hoje uma recolocação das instituições e uma revitalização da experiência carismática. Somente assim é possível que a Igreja sirva ao Evangelho, em lugar de servir-se dele em função de interesses grupais e particulares. Esse é um dos grandes desafios do catolicismo no início do século XXI.

J. M. Castillo, *El futuro de la vida religiosa*, Madrid, Trotta, 2004[3]; Y. Congar, *El Espíritu Santo*, Barcelona, Herder, 1983, 272-304: J. A. Estrada, *Cómo surgió la Iglesia*, Estella, EVD, 2000[2], 113-156; Id., *La Iglesia, ¿institución o carisma?*, Salamanca, Sígueme, 1984; M. Kehl, *La Iglesia*, Salamanca, Sígueme, 1996, 360-72; H. Küng, *La Iglesia*, Barcelona, Herder, 1968, 196-230: J. J. Tamayo, *Iglesia profética, Iglesia de los pobres*, Madrid, Trotta, 2003[2]; M. Weber, *Economía y sociedad* I, México, FCE, 1969, 170-202.

Juan Antonio Estrada

CATOLICISMO

O verbete "catolicismo" está subordinado ao verbete "cristianismo" que se desenvolve também nesta mesma obra. É famosa a frase de Paciano: "Cristão é meu nome; católico, meu sobrenome" (*Ep. ad Sympron*, 1,4; PL 13, 1055). Efetivamente, no âmbito da fé, para que adquira todo o seu sentido e validade, o termo "católico" ou "catolicismo" deve ser simplesmente um qualificativo do cristão. Se se pusesse o catolicismo no lugar do cristianismo, um e outro perderiam o sentido e validade. R. Sohm e outros teólogos protestantes interpretam o catolicismo como a deterioração institucional do cristianismo, que é essencialmente carismático. Mas as coisas não são tão simples: nem o cristianismo é puramente carismático, nem o catolicismo é fenômeno puramente sociológico ou institucional. Nenhum catolicismo é verdadeiro, se não é cristão; mas, por sua vez, não há verdadeiro cristianismo sem esta nota essencial de catolicidade. Trata-se aqui de definir em que consiste o catolicismo ou a "identidade católica".

Em alguns aspectos, o termo "catolicismo" não é tão genérico como o termo "cristianismo", pois aquele se refere só e especificamente a tudo o que se refere a uma das igrejas e confissões cristãs: a Igreja católica romana. Neste sentido, historicamente, o catolicismo é uma tradição dentro da ampla história do cristianismo e é uma forma específica, junto a outras, de conceber e de praticar o cristianismo. O catolicismo é uma configuração particular do cristão. Fazer essa constatação histórica não significa ainda opinar sobre qual é a verdadeira tradição cristã, sobre o que há de verdadeiro ou de falso nas diversas igrejas cristãs. Significa simplesmente afirmar que, ao falar de catolicismo, estamos falando de uma configuração histórica do cristianismo.

Em outros aspectos, o termo "catolicismo" é praticamente coextensivo com o termo "cristianismo"; é igualmente genérico. Basicamente, porque designa uma nota essencial deste, da autêntica Igreja de Jesus, da verdadeira Igreja cristã. Porque se refere à universalidade e integridade do cristão, do cristianismo, da Igreja cristã. É o que se costuma denominar com o adjetivo "católico" aplicado à Igreja de Jesus Cristo como uma de suas notas essenciais, desde os primeiros séculos do cristianismo. Neste sentido, o cristianismo só é tal, quando é católico, ou dito de outra forma, uma Igreja só pode ser cristã, quando é católica, quer dizer: quando é universal (universalidade) e quando contém em si todos (totalidade) os elementos essenciais e irrenunciáveis da vida cristã, segundo o Evangelho de Jesus.

Mas, a mescla de ambos os sentidos no uso do termo "católico/católica" ou "catolicismo" gera não pequena confusão. Tem prevalecido de tal forma a relação entre o católico e a Igreja católica romana que o outro sentido da catolicidade ficou um pouco reprimido ou na surdina. E, ao expor o verbete "catolicismo", não se deve prescindir de nenhum dos dois aspectos. Por isso, será necessário começar fazendo alguns esclarecimentos terminológicos, embora pareçam elementares.

Consideramos fundamental, para o tratamento do termo "catolicismo", destacar os seguintes pontos, embora seja de forma muito genérica e sumária: 1) Esclarecimentos terminológicos em torno do catolicismo (o que queremos dizer, quando dizemos "católico/católica" ou "catolicismo"?); 2) a catolicidade e o catolicismo enquanto universalidade do cristianismo e da Igreja (o que significa falar de catolicidade da Igreja?); 3) a catolicidade e o catolicismo enquanto integridade da fé e da vida cristã, ou enquanto condição essencial da verdadeira Igreja (o que implica a integridade do cristão?); 4) o catolicismo referido historicamente à Igreja católica romana (quais são hoje as características mais destacadas e os desafios mais urgentes do catolicismo?).

Como se pode perceber, o conceito "catolicismo" é amplo e complexo. Pode-se tratar a partir de distintas perspectivas: 1) estudo da evolução histórica do catolicismo e da catolicidade da Igreja; 2) estudo comparativo da Igreja católica romana com relação a outras confissões e igrejas cristãs; 3) estudo teológico do catolicismo e da catolicidade e suas implicações para uma compreensão integral do cristianismo e da Igreja cristã. Esta apresentação se centrará na análise teológica do termo, sem deixar de atender os outros dois aspectos.

I. Alguns esclarecimentos terminológicos. O termo "católico" (e por conseguinte, o termo "catolicismo") não se encontra no Novo Testamento. A teologia cristã toma-o do grego profano. Por isso convém levar em conta o significado do termo em grego, pois marca a direção na qual se encaminhará a teologia cristã ao interpretar a catolicidade e o catolicismo.

No grego profano, o adjetivo "católico" significa basicamente universal, geral, comum, segundo o conjunto... No século IV a.C., Aristóteles utiliza este termo para designar as proposições "universais". Entre os séculos IV e III a.C., Zenão de Eleia escreve um tratado sobre os universais, que ele designa com o termo "católicos". No século II a.C., Políbio utiliza esse termo para designar a história "universal". No século I a.C., Filão emprega o adjetivo "católico" no sentido do "geral" como oposto ao "particular". O adjetivo "católico" tem significações básicas: "universal" e "íntegro". Faz referência à universalidade quantitativa (totalidade de indivíduos) e à integridade qualitativa (totalidade de elementos). É católico o que é universal ou o que é íntegro e total, segundo a totalidade de elementos. O termo grego que está por trás de todas essas significações é o termo *hólos*, que significa todo, a totalidade de elementos, o conjunto harmônico. Hoje, diríamos que católico tem a ver com "holístico".

Ao longo da história do cristianismo, foram-se multiplicando os termos relacionados com a mesma etimologia: católico, catolicidade, catolicismo. Foram-lhes atribuídas diversas significações, e foram aplicados a distintas realidades.

"Católico" é o que há de ortodoxo e verdadeiramente cristão em todas as igrejas cristãs ou aquilo que nelas há de verdadeiramente cristão. "Católico" é chamado o cristão que se mantém na comunhão de fé com a Igreja católica romana e na obediência à sua hierarquia. Mas também se chamam "velhos católicos" aqueles fiéis que se separaram da Igreja católica depois do Concílio Vaticano I (1870). "Católico(n)" (neutro) se chama a capela central dos mosteiros bizantinos. "Católicos" é o título dos patriarcas armênios e nestorianos. E metaforicamente se diz "estar católico" (na Espanha) para significar que alguém se encontra com boa saúde... E até se chamam "católicos" alguns medicamentos naturais que servem para curar várias enfermidades (na Espanha).

"Católica" se diz genericamente da Igreja em geral. Assim se expressa o credo niceno-constantinopolitano. "Catolicidade" é uma nota essencial da verdadeira Igreja. Refere-se basicamente à universalidade e integridade da fé e da vida cristã. "Católica" se chama mais concretamente a Igreja católica romana. "Católicas" se chamam algumas cartas ou epístolas do Novo Testamento, por estarem dirigidas aos cristãos em geral, não a uma comunidade local ou a uma pessoa determinada (as atribuídas a Tiago, Pedro, João e Judas).

"Catolicismo" significa, em sentido abstrato e genérico, tudo o que pertence à verdadeira Igreja: conjunto de doutrinas, ritos, princípios e práticas... que constituem a Igreja de Jesus Cristo. "Catolicismo" designa, em sentido mais concreto, o conjunto de dogmas, ritos, instituições, práticas da Igreja católica romana. Nesse sentido, "catolicismo" vem a significar globalmente Igreja católica romana, por contraposição à igreja ortodoxa não católica e às igrejas da Reforma.

Essa complexa terminologia e, sobretudo, essa complexidade de significados são fruto de uma longa história. Mas aqui nos interessa, sobretudo, indagar que problemas teológicos andam por trás desse complexo mapa de termos e significações.

II. O catolicismo ou a catolicidade como universalidade da Igreja.

O símbolo apostólico reza assim: Creio... na santa Igreja católica". O credo niceno-constantinopolitano formula assim este artigo da fé: "creio na Igreja, que é una, santa, católica e apostólica". O catolicismo faz referência originalmente à "catolicidade" da Igreja. A eclesiologia defendeu sempre a catolicidade como uma das notas essenciais da Igreja cristã, junto com a unidade, a santidade e a apostolicidade. Significa que a verdadeira Igreja deve ser universal, quer dizer, aberta a todos os homens e mulheres de todos os tempos e lugares. E significa também que a verdadeira Igreja deve ser íntegra, quer dizer, deve estar dotada de todos os elementos que comportam a fé e a vida cristã.

Embora o adjetivo "católica" não se atribua à Igreja no Novo Testamento, a tradição cristã logo começa a falar da Igreja "católica". O primeiro autor que aplica este qualificativo à Igreja é Inácio de Antioquia, no início do século II. Este é o texto: "Onde quer que apareça o bispo, aí está a multidão, de modo que, onde quer que esteja Jesus Cristo, lá está a *igreja católica* (*Smyr.*, 8,2). A significação do texto não é óbvia. De fato, os autores se dividem entre aqueles que traduzem católica por universal e aqueles que traduzem por "inteira" ou "verdadeira" e "autêntica". Em todo caso, também aqui se entremesclam ambas as significações. Igreja católica significará, ao mesmo tempo, a Igreja total ou universal e a Igreja verdadeira e autêntica. De fato, em *Martyrium Polycarpi* (posterior ao ano 156), aparecem textos em ambos os sentidos: católica pode significar *universal* (XIX, 2 e VIII,1) e pode significar *verdadeira* (XVI,2).

O certo é que já desde o princípio se assume a catolicidade da Igreja no sentido de universalidade da verdadeira Igreja. O texto de Inácio parece fazer referência à Igreja universal, diferente das igrejas locais episcopais. A Igreja universal ou católica é o conjunto de igrejas locais em estreita comunhão. Assim parece insinuá-lo o relato do martírio de Policarpo de Esmirna: "A Igreja de Deus que habita como peregrina em Esmirna... à Igreja de Deus que vive como forasteira em Filomélio e a todas as comunidades peregrinas em todo lugar da *santa e universal* (católica) *Igreja*" (*Martir. Polyc.*). A Igreja católica é, então, a Igreja universal, enquanto abrange todas as igrejas particulares; mas não é a mera soma matemática de todas elas, mas a comunhão estreita entre todas elas.

Logo a significação do termo "católica" se desloca do sentido de Igreja universal para o sentido de Igreja verdadeira. A catolicidade não significa a mera universalidade diante da particularidade das igrejas locais, mas a autenticidade da Igreja diante da falsidade de alguns grupos heréticos e sectários que se autodenominam Igreja. Assim, já no final do século II, mas especialmente a partir do século III, se atribui uso e sentido apologético ao termo "católica". Igreja católica é um sinônimo de Igreja verdadeira, em contraposição às seitas. Nesse sentido, utilizam o termo Clemente de Alexandria (*Strom.* VII,17,106s) e Tertuliano (*Praescr.*, 26,9; 30,2).

Os dois significados ficam estreitamente vinculados ao aduzir a universalidade como uma das notas da verdadeira Igreja. A verdadeira Igreja é a Igreja católica, a Igreja universal e, ao mesmo tempo, ortodoxa. Mas então, o problema teológico que se coloca é saber em que consiste essa universalidade, pois, obviamente, inclusive a Igreja entendida como o conjunto das igrejas locais continua sem abranger toda a humanidade. Que significa, então, "catolicidade" ou "universalidade"?

A catolicidade ou universalidade da Igreja é definida a partir do século III, apelando para distintos critérios. Os Padres veem na universalidade um sinal da verdadeira Igreja, em oposição às heresias, sempre particulares. Esse foi o grande argumento de Agostinho contra os donatistas. Agostinho chama Igreja católica ou universal aquela que se estende por toda a terra (*toto orbe terrarum*) (*Sermo* 46, 8, 18; PL 38, 240). Ele dá aqui um sentido eminentemente geográfico ou espacial à catolicidade, sem negar a catolicidade como comunhão na mesma fé. O arquiconhecido princípio de Vicente de Lerins completa esta definição do católico ou universal com o critério temporal e, inclusive, com o critério sociológico: "[Católico é] o que se acreditou sempre e em todas as partes por todos" (*Commonitorium*, 1,2; PL 50, 640). O autor está definindo a catolicidade no duplo sentido de universalidade e de ortodoxia. A partir de então, fala-se de "catolicidade geográfica" (em todas as partes), de "catolicidade histórica" (sempre) e de "catolicidade numérica" (por todos). A chamada catolicidade "qualitativa" fica em segundo plano, cada vez mais debilitada, apesar dos esforços donatistas por dar-lhe prioridade e apesar do esforço posterior de alguns escolásticos, como Tomás de Aquino e Alberto Magno, por centrar a catolicidade na plenitude da vida que é Cristo e que se realiza na fé e nos sacramentos da Igreja (Alberto Magno, *III Sent.*, 24,6; *De sacrificio Missae* II, 8,5; III,6; Tomás de Aquino, *IV Sent.*, 13,2,1; *In Boeth. De Trinitate* 3,3 etc.). Esta catolicidade qualitativa consiste, sobretudo, na fidelidade da Igreja às suas origens, na identidade cristã da Igreja, não em sua extensão geográfica ou em sua continuidade temporal.

A Igreja continua autodefinindo-se hoje como católica e universal, mas é óbvio que nem toda a humanidade faz parte da Igreja. Por conseguinte, é preciso fazer esclarecimentos teológicos sobre a universalidade da Igreja.

A catolicidade ou universalidade da Igreja é mais uma vocação e missão do que uma realidade já conquistada. A Igreja de Jesus está enviada a toda a humanidade, a toda a *ecumene*; está chamada a missionar todos os homens e mulheres de todos os tempos: "Ide, pois, e fazei discípulos todos os povos..." (Mt 28,19): "Sereis minhas testemunhas em Jerusalém, em toda a Judeia e Samaria, e até os confins da terra" (At 1,8). E essa catolicidade significa também que todos os homens e mulheres estão convocados para formar a comunhão eclesial. Católica e universal é a vontade salvífica de Deus: "Deus quer que todos os homens (e mulheres) se salvem e cheguem ao conhecimento pleno da verdade" (1Tm 2,4). Significa, ao mesmo tempo, que na Igreja não deve haver discriminação de pessoas; todos nós pertencemos a ela em pé de igualdade. Há de fazer-se tudo pata todos (1Cor 9,19-23). "Já não há judeu nem grego; nem escravo nem livre; nem homem nem mulher, já que todos vós sois um em Cristo Jesus" (Gl 3,26-28).

Quando o cristianismo se impôs como religião oficial do Império romano, era fácil entender a universalidade da Igreja em sentido quase literal. A Igreja chegou a coincidir com o Império, com o mundo conhecido, com a *ecumene*. Podia-se falar de igrejas particulares ou locais, mas não de "outras" igrejas, pois ainda não haviam surgido os grandes cismas dentro do corpo cristão. Apenas alguns grupos ou seitas facilmente identificáveis ficavam fora da Igreja, o que se atribuía quase sempre à pertinácia dos hereges mais do que a substanciais dissensões dogmáticas. Por isso, traduziu-se facilmente a catolicidade ou universalidade da Igreja em categorias geográficas (estendida a todo o orbe da terra), em categorias estatísticas (abarcava a maioria dos habitantes do orbe), em variedade cultural e social (a ela pertenciam, homens e mulheres de toda raça, língua e condição social), em categoria de continuidade temporal (era a Igreja mais antiga e em continuidade com a Igreja dos Apóstolos).

Hoje não podemos falar da universalidade da Igreja no mesmo sentido. Nem todos os habitantes do orbe nem a maioria deles pertencem à Igreja, embora ela se sabe estendida praticamente por todo o mundo e se encontre na quase totalidade dos povos e das culturas. Nem se pode falar da unidade consumada da Igreja, pois existem ainda o cisma e as rupturas da comunhão entre as **diversas** denominações e confissões cristãs.

A Igreja é católica ou universal enquanto "congregante", não enquanto "congregada". Chama toda a humanidade à salvação, mas ainda não congregou toda a humanidade. Nem sequer conseguiu a unidade e comunhão entre todas as igrejas, que é o verdadeiro correlato da universalidade. Unidade e catolicidade vão juntas. A catolicidade plena da Igreja é potencial e virtual; ainda não é atual. Pode-se dizer, em certo sentido, que até hoje se trata de uma catolicidade de direito; ainda não é uma catolicidade de fato. É um dom de Deus, mas é também uma tarefa que depende de consumação. Os reformadores protestantes, em certos momentos, quiseram resolver o problema, recorrendo à "Igreja invisível" e, por conseguinte, a uma certa catolicidade invisível. Essa era supostamente a única Igreja capaz de ser única e universal. Mas a verdadeira Igreja deve ser Igreja visível, sacramento de salvação. A Igreja, em seu estado atual, não é a salvação universal; é o sacramento universal de salvação. Por isso, pode-se dizer que a catolicidade ou o catolicismo definitivo é uma realidade escatológica: terá lugar somente no final dos tempos, quando Deus tiver consumado seu reino. No caminho para essa catolicidade ou universalidade consumada, a tarefa do ecumenismo adquire toda a sua importância.

O catolicismo ou a catolicidade e universalidade da Igreja consiste basicamente na comunhão entre todas as igrejas locais ou particulares; a comunhão em tudo o que nelas há de cristão. As igrejas locais que têm todos os elementos são inteiramente igrejas, mas não são a Igreja inteira. A Igreja inteira, católica ou universal, é a comunhão entre todas as igrejas locais: comunhão no único Deus e Senhor, no mesmo Espírito, no mesmo Evangelho, na mesma fé e nos mesmos sacramentos, comunhão na caridade. Cada uma das igrejas locais e particulares pode chamar-se "católica" somente à medida que se mantém em comunhão com as demais igrejas particulares e à medida que representa a Igreja total; mas não é "a Igreja católica". E deixará de ser católica, não por estar limitada a um lugar geográfico ou a uma cultura ou a determinado tempo, mas porque se separa das outras igrejas e rompe a comunhão com a Igreja inteira mediante o cisma, a heresia ou a apostasia. Ainda mais: para que seja católica, a Igreja não necessita ser sociologicamente de massa; mas o fato de ser uma eclesíola ou uma minoria elitista tampouco garante a catolicidade eclesial. É, sobretudo, a comunhão entre todas as igrejas e a continuidade na identidade eclesial que torna a Igreja una e católica.

A catolicidade da Igreja depende, definitivamente, da universalidade de sua identidade, de sua qualidade evangélica e de sua fidelidade às origens evangélicas. A identidade cristã é a base da universalidade ou catolicidade da Igreja. A totalidade dos elementos que conformam a identidade cristã marca o sentido mais profundo da catolicidade eclesial. A Igreja é universal enquanto permanece idêntica a si mesma através dos tempos. Belarmino falava de uma catolicidade sucessiva (hoje, diríamos "diacrônica"), distinta de uma catolicidade simultânea (hoje, diríamos "sincrônica").

III. O catolicismo ou a catolicidade como totalidade da Igreja. A catolicidade não somente se refere à universalidade dos membros da Igreja, mas também à totalidade dos elementos que constituem a Igreja cristã. Entramos assim em uma dimensão menos quantitativa ou essencial da catolicidade. Esta dimensão da catolicidade recuperou especial importância ao longo do século XX e especialmente com a orientação teológica e o impulso ecumênico do Concílio Vaticano II. Mas, ao mesmo tempo, entramos também em um campo no qual os problemas apologéticos se fazem mais fortes. Agora, entra em jogo não só a pergunta pela Igreja mais expandida no espaço e no tempo ou pela Igreja estatisticamente mais universal, ou ainda pela Igreja mais antiga no tempo; entra em jogo, sobretudo, a pergunta pela verdadeira Igreja, pela Igreja fiel às origens, pela verdadeira identidade cristã da Igreja.

Porque o adjetivo "católico" não significa somente universal no sentido numérico; significa também total, integral, inteiro no sentido essencial e qualitativo. Assim, então, uma Igreja será católica à medida que mantém fielmente todos os elementos essenciais da Igreja de Jesus Cristo; à medida que se mantém fiel à sua identidade cristã. Catolicidade significa aqui plenitude, perfeição, *pléroma*. Assim se desloca o acento para uma nova concepção da catolicidade como "ortodoxia", não no sentido meramente doutrinário, mas no sentido também existencial (ortodoxia e ortopráxis ao mesmo tempo). A verdadeira Igreja é a Igreja ortodoxa, diante das igrejas ou seitas heréticas ou cismáticas, às quais falta a plena comunhão com a Igreja universal, por faltar algum dos elementos essenciais da Igreja cristã.

Quais são esses elementos essenciais da Igreja de Jesus Cristo? Esta é a pergunta central em torno do catolicismo ou da catolicidade da Igreja, a pergunta acerca da verdadeira Igreja ou acerca do que há de verdadeiro em cada Igreja, a pergunta central de toda eclesiologia, de todo ecumenismo, de toda reflexão sobre a catolicidade. A universalidade numérica ou estatística da Igreja fica na penumbra diante do problema da universalidade ou catolicidade essencial e qualitativa da Igreja.

A pergunta foi-se agravando na história do catolicismo à medida que tiveram lugar as grandes rupturas de comunhão entre as diversas confissões cristãs. Em primeiro lugar, a ruptura entre Igreja latina do Ocidente e a Igreja ortodoxa do Oriente (1054). É possível chamar Igreja verdadeira uma igreja que não seja "ortodoxa"? Em segundo lugar, entre a Igreja de Roma, que manteve o apelativo de "católica", e as diferentes igrejas da Reforma. Igualmente, é legítimo perguntar: é possível chamar Igreja de Jesus Cristo uma igreja que não seja "católica"? A partir de semelhantes rupturas, tanto a "ortodoxia" como a "catolicidade" (ou o catolicismo) ficaram submetidas a não poucos mal-entendidos.

Certamente, a palavra "catolicismo" e a palavra "catolicidade" começaram a distanciar-se significativamente. A catolicidade faz referência a uma nota essencial da verdadeira Igreja. O "catolicismo" denomina usualmente a "Igreja católica romana". Todas as igrejas reclamam sua catolicidade, como todas reclamam sua ortodoxia; no entanto, somente a Igreja católica romana ficou associada com o "catolicismo". A ruptura da unidade degenerou também em ruptura da catolicidade, pois ambas as notas são correlativas.

A catolicidade essencial ou qualitativa da Igreja refere-se à totalidade de elementos que compõem a identidade cristã da Igreja. Dessa totalidade de elementos dependem a integridade da fé e da vida cristã, a ortodoxia e a identidade cristã da Igreja, a fidelidade desta às origens evangélicas. A Igreja só é católica, íntegra, ortodoxa, fiel e, por conseguinte, verdadeira, se conta com os seguintes elementos essenciais.

Em primeiro lugar, *o anúncio da palavra de Deus e a profissão de fé*, como resposta a esse anúncio evangelizador. Essa é a experiência central e fontal da vida cristã. A fé e a confissão de fé são o núcleo da experiência cristã. A essa experiência se refere diretamente o ministério da teologia, que é um esforço por formular a doutrina cristã de forma ortodoxa. No entanto, é preciso distinguir entre o núcleo essencial da confissão de fé e as formulações doutrinárias das verdades da fé. Como afirma Tomás de Aquino, a fé não termina nas formulações, mas na realidade formulada: "Mas o ato do crente não termina no enunciado, mas na coisa, já que somente formamos enunciados, para alcançar conhecimentos das coisas..." (II-II, 1, 2, ad 2).

Em segundo lugar, *a comunhão na fé e a conformação da comunidade eclesial*. A Igreja é a comunidade daqueles que foram convocados pelo anúncio da Palavra e responderam com a fé. Essa comunidade se forma na base dos carismas e ministérios de seus membros. O objetivo terminal dos carismas e ministérios é a construção da comunidade, e o critério supremo para verificar o conteúdo cristão deles é a caridade, que é a essência da vida cristã. Os carismas e os ministérios, que são a base da vida e da organização eclesial, são elemento essencial da catolicidade da Igreja. As mediações culturais da organização eclesial são importantes, mas secundárias (ou secundárias, embora importantes) com relação ao caráter essencial dos carismas e dos ministérios.

Em terceiro lugar, *a celebração da fé*. Ela se associa basicamente com a oração eclesial e com a liturgia. Dentro desse elemento se destaca, sobretudo, a centralidade das celebrações sacramentais. E, principalmente, a celebração do batismo e da eucaristia ou ceia do Senhor. Sem este elemento, não há Igreja, ou esta não é qualitativamente católica. Também em torno desses elementos essenciais se podem multiplicar as mediações culturais diferentes, como se manifesta nas diversas tradições e práticas litúrgicas. Mas, em todo caso, não haverá catolicidade, se faltar a celebração da fé.

Em quarto lugar, *a prática da fé ou a prática do seguimento de Jesus* é outro elemento essencial da católica e verdadeira Igreja. A ortopráxis do seguimento é elemento essencial da ortodoxia eclesial. Definitivamente, todos os elementos essenciais da experiência cristã são chamados a fazer brotar e sustentar o fiel seguimento de Jesus, a práxis cristã, o fazer a vontade de Deus. Certamente, nesse campo, a Igreja se reconhece peregrina e, por conseguinte, contempla a possibilidade da queda, do pecado, do fracasso na prática da fé. Mas, precisamente por isso, contempla também a prática do perdão e da reconciliação como elemento essencial da eclesialidade. O pecado não acaba com a eclesialidade, quando se reconhece como tal e quando mantém aberta a possibilidade do perdão. Só o pecado contra o Espírito Santo, que fecha a porta ao perdão, é a negação radical da eclesialidade.

O conjunto desses quatro elementos (confissão de fé, comunhão de fé, celebração da fé, práxis da fé ou do seguimento de Jesus) constitui a catolicidade essencial e qualitativa da Igreja. A presença desses elementos faz com que a Igreja seja católica, que se realize plena e integralmente a eclesialidade. Uma Igreja é Igreja de Jesus Cristo à medida que contém esses elementos. Uma igreja local ou particular é "católica", total, integral, ortodoxa... à medida que tem esses quatro elementos, embora não seja "a Igreja católica". É inteiramente Igreja, embora não seja a Igreja inteira.

O ideal da catolicidade da Igreja é a soma harmoniosa das duas dimensões até aqui apontadas: a universalidade e a totalidade. Uma igreja particular, para ser plenamente católica, não deve contentar-se com ser "católica", ortodoxa, ter todos os elementos integrantes de sua identidade cristã; deve também manter-se em comunhão com todas as demais igrejas; não deve separar-se da comunhão das igrejas, nem romper a universalidade ou a catolicidade da Igreja. Em caso dessa ruptura, poderia manter certa ortodoxia, mas falharia na comunhão de fé e, por conseguinte, passaria a ser uma seita ou igreja sectária. Deixaria de ser "católica".

Certamente, a catolicidade eclesial só exige comunhão naquilo que é cristão e naquilo que é essencial. Essa condição deveria ser sempre levada em conta para interpretar corretamente a catolicidade eclesial e para entender corretamente a tarefa do ecumenismo, tão essencial para manter a catolicidade. A comunhão com as demais igrejas só é legítima à medida que é comunhão naquilo que a igreja tem de cristão. E a comunhão só é obrigatória no que as igrejas têm de essencialmente cristão. As mediações culturais, institucionais, históricas... dos elementos cristãos irrenunciáveis não têm por que ser objeto de comunhão. Por isso é que se insiste tanto em que a catolicidade não deve ser traduzida por uniformidade plana entre as diversas igrejas. Implica antes a unidade essencial dentro da diversidade ou da pluriformidade cultural, institucional e histórica. A comunhão de todas as confissões cristãs naquilo que cada uma delas tem de essencialmente cristão ou evangélico manifestaria a verdadeira dimensão da catolicidade, universalidade e ortodoxia da verdadeira Igreja.

IV. O catolicismo ou a Igreja católica romana, O catolicismo não somente define uma nota essencial da Igreja de Cristo: a catolicidade. Designa também uma realização histórica da Igreja: a Igreja católica romana. De fato, este se converteu no significado mais óbvio, corrente e popular do termo "catolicismo". Dizer "catolicismo" significa dizer "Igreja católica romana", diferentemente e às vezes em contraposição a outras igrejas cristãs, como sobretudo são a Igreja ortodoxa e as igrejas nascidas da Reforma. Por isso, merece consideração especial este significado concreto do catolicismo.

A concreção do catolicismo na Igreja católica romana é, de alguma forma, o resultado de longo e infausto processo de rupturas no interior da tradição cristã.

Primeiro, foi a ruptura de 1054 entre a Igreja ortodoxa do Oriente, cuja autoridade suprema era o patriarca de Constantinopla, e a Igreja latina do Ocidente, que reconhece como suprema autoridade o papa, bispo de Roma e primeiro entre os bispos. Contribuíram para a ruptura questões teológicas e, sobretudo, assuntos políticos. O assunto do primado de Constantinopla ou de Roma não foi questão menor. Previamente a essa ruptura, tinha havido no primeiro milênio cristão um rico pluralismo de tradições em distintos âmbitos culturais, mas com unidade e comunhão. Não se havia chegado ao cisma. A Igreja do Oriente ficou com a denominação "ortodoxa", que na realidade convém a qualquer Igreja fiel às origens cristãs. A Igreja do Ocidente também se considera a si mesma como "ortodoxa".

Depois, no século XVI, teve lugar a ruptura entre as igrejas nascidas da Reforma liderada por Lutero e a Igreja católica romana. O que está em jogo nesse processo de reforma e contrarreforma é a fidelidade às origens evangélicas da Igreja. É sobretudo a partir deste momento que os termos "católico", "católica", "catolicismo"... ficam associados basicamente à Igreja católica romana. Isso não acontece sem a oposição e a resistência de Lutero e de outros reformadores. Eles também querem pertencer à "Igreja católica", pois entendem a catolicidade como ortodoxia na continuidade da fé evangélica. Como acontecera no século XI com o adjetivo "ortodoxa", sucede agora com o adjetivo "católica". Uma nota que é essencial a toda Igreja verdadeiramente cristã fica associada a uma realização histórica da Igreja: a Igreja de Roma. A Reforma coloca em questão a unidade da Igreja e, portanto, a catolicidade, pois ambas são notas correlativas.

Naturalmente, a eclesiologia tridentina e, sobretudo, a apologética posterior, ao qualificar a Igreja de Roma como católica, estão afirmando que esta é a verdadeira Igreja de Jesus Cristo. Hoje, o ecumenismo não quer colocar em dúvida que a Igreja católica de Roma seja verdadeira Igreja de Cristo. Mas se coloca se é a única verdadeira Igreja e se pergunta pelo que de verdadeiro há nas demais igrejas e denominações cristãs.

No entanto, há um fato histórico que pode explicar por que a Igreja ocidental de Roma manteve o qualificativo de "católica". Por um lado, ela se considera a si mesma em continuidade com a tradição apostólica. Roma não é somente um ponto geográfico. É para ela todo um símbolo teológico: é aquele ponto no qual os dois grandes apóstolos Pedro e Paulo testemunharam sua fé com o martírio. A ela se pode aplicar hoje o texto de Santo Agostinho, segundo o qual até os estranhos a chamam de "católica": "Devemos manter a religião cristã e a comunhão com aquela Igreja que é católica e é chamada de católica, não somente por seus fiéis, mas também por todos os seus inimigos. Pois, queiram ou não, os próprios hereges e cismáticos, quando falam, não com os seus, mas com os estranhos, só chamam de católica a que é católica. Porque não se pode entender, se não a distinguem com o nome com que é chamada por todo o orbe" (*De vera religione*, 7, 12; PL 34, 128). (O espírito ecumênico reclamaria uma re-tradução do texto.)

Por outro lado, tanto a Igreja ortodoxa como as igrejas da Reforma se separaram, reagindo diante da Igreja de Roma. O que não quer dizer que não tivessem razões válidas na demanda e na busca de uma Igreja mais cristã e evangélica. As responsabilidades de ambas as rupturas ou cismas devem ser partilhadas. Por isso o ecumenismo só progredirá se cada uma das igrejas fizer seu exame de consciência, reconhecer sua parte de responsabilidade e entrar em processo e práticas históricas de reconciliação. Esse é o desafio primário de todas as igrejas. Mas o fato de que a Igreja de Roma se considere como o tronco do qual se desmembraram, em seu momento, a Igreja ortodoxa e as igrejas da Reforma explica, pelo menos em parte, porque o apelativo "católica" ficaria associado historicamente a ela.

Mas o "catolicismo" não é nome exclusivo da Igreja católica romana. A exegese e a teologia, especialmente no âmbito alemão, têm falado do "catolicismo inicial" ou "cristianismo da origem" (*Frühkatholizismus*). Com este nome se faz referência à passagem do cristianismo primitivo à Igreja antiga, qualificando-a como um processo de degeneração. E. Käsemann, entre muitos outros autores, atribui essa passagem a Paulo e o vê como consequência do atraso da parusia e do desaparecimento da tensão apocalíptica que caracterizou a primeira geração cristã. O "catolicismo inicial" coloca a Igreja no centro da mensagem; vê obscurecer-se a tensão escatológica e a espera de uma parusia iminente; reforça o aparato institucional e jurídico que substitui o caráter carismático do cristianismo primeiro. Mas isso não é toda a verdade. Também se pode atribuir a Paulo o mérito de ter aberto o caminho para a universalidade cristã mediante sua missão entre os "gentios". Mais ainda, a sociologia da religião deixou claro que é absolutamente impossível separar de forma absoluta o elemento carismático e o elemento institucional na religião cristã ou em qualquer outra religião.

No século XIX, fala-se também dos "velhos católicos" ou do "velho catolicismo", que é precisamente um grupo separado do catolicismo romano. Os "velhos católicos" são um grupo cristão, presente sobretudo na Alemanha, Áustria e Suíça, que se separou da Igreja romana depois do Concílio Vaticano I (1870). A comunidade jansenista dos Países Baixos, separada de Roma desde 1723, uniu-se aos Velhos Católicos na Convenção de Utrecht (1889).

Em todo caso, dizer "catolicismo" significa em geral dizer Igreja católica romana, sobretudo a partir da Reforma. Os traços mais essenciais da Igreja católica romana, como os de qualquer igreja cristã, definem-se em relação às origens evangélicas e em referência à pessoa de Jesus Cristo. Mas os traços mais característicos e distintivos do catolicismo definem-se em relação e às vezes em contraste com as demais igrejas, especialmente as igrejas reformadas. Enumeramos alguns desses traços característicos.

A Igreja católica romana dá especial importância à Tradição como fonte e canal de revelação, junto com a Escritura. As igrejas reformadas insistem na *sola Scriptura* como fonte primeira e única de revelação. Por sua parte, a Igreja católica romana dá especial importância ao magistério como órgão autorizado para a reta interpretação da Escritura e da Tradição. Nas igrejas da Reforma se privilegia a interpretação individual, sob a guia do Espírito.

A Igreja católica romana centra a celebração da fé no setenário sacramental ou na celebração dos sete sacramentos. Naturalmente, destaca a importância do batismo e da eucaristia. As igrejas da Reforma, em geral, não reconhecem os sete sacramentos. Nelas, a Palavra ocupa o posto central da celebração. Reconhecem o batismo e a ceia do Senhor, mas, mesmo neste caso, a interpretação teológica deste sacramento nem sempre coincide com a interpretação da teologia católica. A Igreja católica postula a necessidade de um sacerdócio ministerial e hierárquico, distinto substancialmente do sacerdócio comum dos fiéis, no qual insiste, sobretudo, a teologia reformada.

A Igreja católica insiste no primado do papa como sucessor de Pedro e em sua infalibilidade. Este é um dos pontos álgidos do diálogo ecumênico entre a Igreja de Roma e as demais igrejas cristãs. Por sua insistência na necessidade da unidade visível dos cristãos e por sua tradicional atenção ao posto de Pedro na comunhão eclesial, o catolicismo pode trazer uma contribuição importante para a unidade e catolicidade da Igreja, embora seja necessário retificar algumas realizações históricas da "Igreja católica", certamente deficientes e infectadas de pecado.

A Igreja católica insiste em harmonizar fé e obra para a justificação, enquanto as igrejas da Reforma insistem no princípio *sola fides* como o grande princípio da justificação. O recente documento conjunto sobre a justificação deu passos importantes para um reconhecimento das verdades que cada uma das igrejas mantém sobre o importante tema teológico da justificação.

Tudo o que se disse até aqui deixa claro que o grande desafio colocado hoje ao catolicismo é o desafio do ecumenismo. A catolicidade e totalidade eclesial só se conseguirão em plenitude mediante a comunhão de todas as igrejas particulares naquilo que têm de verdadeiramente evangélico e cristão. Essa catolicidade é dom de Deus, mas também tarefa dos crentes. Essa tarefa se chama ecumenismo. Por isso, o caminho para o verdadeiro e definitivo catolicismo, para a verdadeira e definitiva catolicidade eclesial, é o ecumenismo. Como afirmou há anos Y. M. Congar, "a verdadeira apologética é o ecumenismo". Mas, além disso, a catolicidade da Igreja implica hoje um forte processo de inculturação. A Igreja só poderá ser católica e universal, se for pluricultural ou culturalmente policêntrica. Isso significa que o ecumenismo deve ser macro e holístico. Deve ir além do diálogo entre as igrejas cristãs, até chegar a ser também diálogo inter-religioso (entre todas as tradições religiosas) e intercultural (entre todas as culturas). O ecumenismo assim entendido marca o caminho e a meta da catolicidade e do catolicismo eclesial.

K. Adam, *La esencia del catolicismo*, Barcelona, Herder, 1950; Y. M. Congar, "Propiedades esenciales de la Iglesia", em *Mysterium salutis* IV/1, Madrid, Cristiandad, 1973, 492-546; Id., *La santa Iglesia*, Barcelona, Estela, 1968; J. A. Estrada, *La Iglesia, institución o carisma?*, Salamanca, Sígueme, 1984, H. Fries e K. Rahner, *La unión de las Iglesias*, Herder, Barcelona, 1987; J. Hamer, *La Iglesia es una comunión*, Barcelona, Estela, 1964; H. Küng, *La Iglesia*, Barcelona, Herder, 1968; H. de Lubac, *Catolicismo*, Barcelona, Estela, 1968; Id., *Las Iglesias particulares en la Iglesia universal*, Salamanca, Sígueme, 1974; H. Urs von Baltasar, *Le complexe anti-romain*, Paris, 1976.

Felicísimo Martínez

CIÊNCIA E RELIGIÃO

Ciência e religião são modos de o ser humano relacionar-se consigo mesmo e com o mundo que o rodeia. A ciência moderna privilegia a experiência empírica e a racionalidade matemática; a religião prefere seguir a rota da experiência espiritual e aspira a uma interpretação cordial dos fatos do mundo, a qual permita vislumbrar o Mistério que lhes dá sentido. Daí resulta o fato de que sua perspectiva tenda a ser uma perspectiva *sub ratione Dei*; a ciência moderna, pelo contrário, adota de entrada um "ateísmo metodológico", já que a consistência e idoneidade de suas teorias e resultados não dependem em absoluto da referência a um ser divino.

Tanto a ciência como a religião são atividades humanas que se dividem em múltiplas dimensões: cognoscitiva, pragmática, valorativa, ideológica, social... Aqui optamos por centrar-nos no aspecto cognoscitivo. Isso não quer dizer que consideremos a ciência um conhecimento puro e desinteressado, nem implica ignorar que a religião seja, antes de tudo, um estilo de vida. Colocar em primeiro plano a dimensão cognoscitiva permite-nos uma importante demarcação: o religioso concorre aqui em forma de teologia. E, mais concretamente, de teologia cristã, em princípio sem maior diferenciação confessional.

Falar de "ciência" tem algo de equívoco. Não se dá o mesmo com a física, com seu marcado componente matemático, nem com a biologia evolutiva, com seu interesse pela singularidade e pela mudança, nem com as ciências médicas, nas quais o ser humano se converte em objeto de estudo sistemático. Contudo, o termo "ciência" resulta útil para referir-nos a uma parcela do pensamento contemporâneo que responde a alguns critérios de racionalidade e a uma metodologia específicos.

I. Breve esboço histórico. O surgimento de um clima mais favorável ao encontro entre ciência e teologia foi resultado de três importantes transições durante o século XX.

No terreno científico, o século começou com o nascimento da teoria da relatividade e da mecânica quântica. O inextrincável entrelaçamento de espaço, tempo, massa e energia, por uma parte, e o reconhecimento dos limites da predizibilidade dos acontecimentos naturais, por outra, contribuíram para colocar em interdito a imagem mecanicista e determinista da física clássica. As conquistas obtidas por essas duas teorias no estudo do microcosmo e do macrocosmo são dignas de admiração. O último quarto do século esteve marcado pela irrupção da termodinâmica não linear, pelas teorias de auto-organização e pelas teorias do caos. A emergência espontânea de ordem e a irreversibilidade dos processos complexos abrem novas perspectivas sobre a evolução dos sistemas que intercambiam energia com o entorno. Na biologia, o neodarwinismo vê na interação de casualidade (mutações) e lei (seleção natural) o motor da evolução biológica. Mas também existem disciplinas e escolas biológicas que advogam por um estrito determinismo, seja fisicista, seja genético. As estratégias reducionistas também contam com muitos partidários nas neurociências e nos estudos sobre a inteligência humana.

Na filosofia da ciência, a grande transição é a que levou do neopositivismo da primeira metade do século – que acentuava a singularidade da ciência, pressupunha a existência de dados empíricos e postulava o princípio de verificação como ideal de conhecimento – às filosofias "contextualistas" da ciência, surgidas na sulco de *A estrutura das revoluções científicas*, de Th. S. Kuhn, que encurtam a distância entre explicação científica e compreensão hermenêutica, assumem que os dados sempre estão "carregados de teoria" e renunciam a propor um ideal normativo de conhecimento. O caráter comunitário da atividade científica e a influência de elementos extracientíficos na elaboração e aceitação das teorias recobram relevância. Para a superação do neopositivismo contribuiu de maneira decisiva o falsabilismo popperiano (uma teoria é falsável – passível de ser considerada falsa – quando pode ser desmentida de forma empírica), que, apesar das críticas recebidas, continua gozando – na versão de Lakatos – de certo predicamento, pois reserva papel determinante à realidade empírica. No entanto, na filosofia da ciência, o realismo tem sérios competidores, entre outros o convencionalismo e o instrumentalismo (cf. Barbour, 2004, 183-273).

Por último, também no terreno da teologia, convém constatar uma significativa mudança de atitude com relação à ciência. Na primeira metade do século, predominava a nítida delimitação do teológico com relação ao científico (c. Barbour, 2004, 145-154). Não obstante, convém recordar as pioneiras contribuições de P. Teillard de Chardin, de K. Heim e de W. Pollard. Mas é somente a partir da década de 1960 que a teologia se deixa interpelar abertamente pela ciência. O livro de I. G. Barbour, *Problemas de religião e ciência*, inaugura uma tradição anglo-saxônica de estudos sobre ciência e teologia, à qual não tardarão acrescentar-se nomes clássicos como Th. F. Torrance, J. Polkinghorne ou A. Peacocke e que logo se enriquecerá com as contribuições de R. J. Russell, N. Murphy, Ph. Clayton, W. Stoeger, W. Drees e tantos outros. Outra tradição importante se gesta em um círculo de físicos, filósofos e teólogos alemães, animado pelo físico C. F. von Weizsäcker e pelo filósofo G. Picht. A influência deste círculo no diálogo ciência-teologia na Alemanha é difícil de exagerar.

Esse renovado interesse da teologia pela ciência pode ser explicado em parte pelo ambiente cultural de otimismo e confiança, próprio daqueles anos. Tal confiança se rompeu com a tomada de consciência da deterioração ecológica do planeta. O diálogo recobrou, então, tons mais críticos, mas se interrompeu. Na atualidade, junto com o intenso confronto com as diversas teorias científicas, pode-se apreciar um crescente interesse por temas especificamente teológicos. Exemplo grandioso é o projeto "Scientific Perspectives on Divine Actions" [cf. Russell et al., assim como Wildman, 2004]. Na Alemanha, o debate epistemológico continua na ordem do dia, e nele se percebem ecos da reelaboração idealista da polêmica Kant-Jacobi sobre a natureza e os limites da razão.

II. Os problemas epistemológicos. Por importantes que sejam suas semelhanças epistemológicas, não se pode obviar que estamos diante de duas empresas cognoscitivas, cujos métodos, linguagem e objetos formais não são equiparados (cf. Barbour, 2004, 183-273). Na introdução, já aludimos ao "ateísmo metodológico" da ciência moderna. Outros traços que a definem são seu caráter abstrativo e o fato de que concede prioridade às causas eficientes e às relações nomológicas. A ciência moderna não somente se abstrai da referência vital imediata, mas também da singularidade e contingência dos acontecimentos naturais. A importância que nela adquirem as causas eficientes implica que qualquer outro tipo de causalidade fica excluído. Por último, a aposta pelas relações nomológicas comporta que a ciência moderna se desentenda de questões ontológicas: tematiza relações, mas não substâncias; ainda mais, nem sequer identifica os relatos que intervêm em tais relações (cf. Mutschler, 1995, 48). Basta essa breve enumeração para perceber que alguns elementos essenciais do discurso teológico se acham completamente ausentes do conhecimento científico. Se isso é assim, como estender pontes entre a ciência e a teologia? A juízo de crescente número crescente de autores, torna-se necessário recorrer a uma mediação filosófica: "Quando se renuncia a uma interpretação filosófica das situações físicas, as colocações teológicas se convertem em no 'outro da razão'" (Mutschler, 1995, 60). Há também quem confie na capacidade da revelação cristã para gerar "outra razão", isto é, uma razão e uma ciência alternativas que deixem para trás o "ateísmo metodológico" e a separação cartesiana entre sujeito e objeto (cf. Link, 2003).

A maioria dos teólogos, conscientes da necessidade de uma interpretação filosófica das teorias científicas, entende que essa tarefa consiste em explicitar os contextos de sentido nos quais as teorias se encontram encaixadas. Essa visão pressupõe, contra o que foi dito mais acima, que certos elementos extracientíficos desempenham importante papel na elaboração e ponderação do científico. Junto a Pannenberg, cuja teoria do sentido parece desembocar nessa colocação, podemos citar Clayton: "O verdadeiro desafio consiste em analisar quais visões metafísicas são sugeridas pelos distintos resultados científicos e quais ficam excluídas" (Clayton, 1997, 144). Pois bem, todos os resultados científicos admitem interpretações contrapostas. A famosa equação de Einstein, $E=mc^2$, por exemplo, pode ser entendida como referendo de uma cosmovisão espiritualista, embora nada impeça de interpretá-la em sentido materialista. Na realidade, ela se limita a expressar uma relação funcional entre massa e energia, pelo que dela não cabe deduzir implicação metafísica alguma. É o que se conhece como infradeterminação ou ambiguidade metafísica das teorias científicas. E, no entanto, não podemos deixar de interpretá-las e associá-las ao nosso mundo vital. Mas, para isso, não temos outro remédio que recorrer a uma experiência não científica. Interpretar a partir da experiência da história e da liberdade humanas a natureza que a ciência nos apresenta, é legítimo; pretender que a indeterminação quântica prefigure a liberdade humana ou que as teorias da auto-organização nos revelem o caráter histórico do cosmos, não o é. Entre outras razões, porque tais leituras extraem da ciência o que antes sub-repticiamente projetaram nela. Daí a importância de formular com clareza os pressupostos que se tomam como ponto de partida e o método interpretativo a seguir (cf. Mutschler, 1995).

A tradição anglo-saxônica de ciência e teologia esteve dominada, desde seu início, pelo *realismo crítico*, que pode ser definido da seguinte maneira: "Segundo este enfoque, os modelos e teorias são sistemas de símbolos abstratos que representam aspectos concretos do mundo de maneira inadequada e seletiva de acordo com um propósito específico" (Barbour, 2004, 201). Polkinhorne insiste em que a epistemologia modela a ontologia (cf. Polkinhorne, 2000, 53). O que parece indubitável é que o realismo crítico pressupõe que as teorias científicas, enquanto descrições aproximativas da realidade, se acham diretamente referidas a esta. E o mesmo pode ser afirmado dos enunciados teológicos. Este pressuposto é questionado hoje a partir de diversos flancos epistemológicos e teológicos (cf. Gregersen e van Huysteen, 1998).

III. O conceito de causalidade. O ideal explicativo da física clássica baseia-se na noção de uma cadeia causal fechada, na qual cada efeito se segue de sua causa de maneira necessária. Quando se reconhece com exatidão o estado inicial de determinado sistema, resulta fácil deduzir seus estados passados e futuros. Trata-se de rígido determinismo. A física quântica coloca em questão este ideal. Por causa do princípio de incerteza de Heisenberg, já não é possível conhecer com exatidão a evolução de um sistema, mas tão-somente calcular a probabilidade de que alcance este ou aquele estado. Muitos autores querem ver aqui um indeterminismo inerente à natureza, o que permitiria falar de genuína abertura desta (cf. Clayton, 1997, 193-194). Salta à vista que tal afirmação só pode ser controvertida. A nosso juízo, é preferível limitar-se a constatar que a necessidade de introduzir considerações probabilísticas manifesta os limites de uma explicação baseada exclusivamente em causas eficientes. O colapso da função de ondas (a atualização de um dos estados prováveis), o grande mistério da mecânica quântica, sublinha esse extremo e, uma vez mostrada a escassa verossimilhança das teorias de variáveis ocultas, permite falar da presença de "azar" (casualidade), sem entrar no debate sobre se este obedece a uma limitação do conhecimento humano ou se é um traço essencial da natureza. E o mesmo resulta aplicável aos sistemas caóticos, que são aqueles nos quais a mínima incerteza acerca das condições iniciais pode traduzir-se em uma enorme incerteza no que diz respeito às consequências futuras. Também há quem fale de indeterminismo neste caso (cf. Polkinghorne, 2000, 68-69), mas não se deve esquecer que as equações que regem os sistemas caóticos são deterministas. Contudo, o interessante é que não permitem uma predição exata, mesmo que seja somente pela impossibilidade de determinar com total precisão as condições iniciais. Para esclarecer nossa posição: mais simples e fecundo do que passar da incerteza à indeterminação, da epistemologia à ontologia, parece-nos o tirar partido do próprio fato da incerteza que, segundo esta leitura, revelaria não tanto os limites do conhecimento humano em si como a insuficiência de determinada maneira de conhecer a natureza.

A importância deste ponto já se torna patente somente em lançar um rápido olhar para as tentativas de pensar a ação divina a partir de considerações extraídas do debate sobre teoria quântica. No fundo, trata-se de aproveitar o mistério que rodeia o mencionado colapso da função de ondas para localizar aí, de uma ou de outra maneira, a ação divina (cf. Russell et al., 2001). É difícil evitar a impressão de que Deus seja reduzido assim a mera causa eficiente. E isso não é senão o resultado de combinar duas premissas. A primeira reza: "Se se deseja oferecer uma teoria completa da ação divina, é necessário que esta inclua alguma explicação de onde reside o 'vínculo causal' no qual a ação de Deus influi diretamente no mundo" (Clayton, 1997, 192). A segunda consiste em aceitar sem mais a validade de uma explicação baseada de forma exclusiva em causas eficientes. Se a exigência colocada por Clayton deve ter sentido, é necessário mostrar que a ciência contemporânea, mesmo sem privilegiá-los, não exclui outros tipos de causalidade.

A noção de "sistema" oferece-nos uma pista interessante. O reducionismo é uma estratégia científica que consiste em explicar o comportamento de um sistema a partir do de seus componentes elementares. Seus êxitos foram enormes. Mas nem sempre dá resultado. Sem ir muito longe, muitas propriedades da molécula de água não podem ser explicadas a partir dos átomos que a compõem. Mais ainda, o comportamento desses vem condicionado pelo fato de estarem integrados em um sistema de ordem superior. Quanto mais complexo é o sistema considerado, mais marcado é esse efeito. Assim, há quem considere que aqui se evidencia um tipo de causalidade – de cima para baixo – distinto da causalidade eficiente e mais adequado do que esta para iluminar a ação de Deus no mundo (cf. Peacocke, 2001, 108-115). O conceito termodinâmico de "informação" oferece outra via inspiradora, sempre e quando se evite identificá-lo apressadamente com o conceito escolástico de *informatio*, vinculado à "causa formal" aristotélica (cf. Pannenberg, 1996, 120-121; Polkinghorne, 2004, 83-85).

IV. Teleologia? É justamente a perda do momento teleológico que separa da *informatio* clássica o conceito moderno de "informação". A ciência atual permite-nos falar de finalidade na natureza. Assim, o neodarwinismo parece desenvolver-se muito bem na hora de explicar a evolução biológica sem recorrer a "propósito" algum. O que se considera com frequência um argumento decisivo contra a ideia de que a evolução biológica se encaminha para uma meta de acordo com um plano pré-existente (cf. Russell et al., 1998). Pois bem, há pelo menos dois pontos nos quais a biologia evolutiva galanteia as causas quase-finais.

O primeiro deles é o conceito de "teleonomia". Alguns fenômenos biológicos só podem ser explicados, quando se leva em conta sua contribuição a um todo mais abrangente. Trata-se, por exemplo, das funções que os órgãos desempenham dentro dos organismos aos quais pertencem. O "teleonômico" diferencia-se do "teleológico" por seu imanentismo e por ser fruto de um processo. Além disso, o conceito de causalidade linear perde aqui seu sentido e deve ser ampliado para incluir os processos de retroalimentação característicos dos seres vivos. O segundo ponto guarda a relação com o destacado papel que alguns biólogos atribuem, na evolução, à "convergência", isto é, ao fato de que, diante dos mesmos desafios ambientais, por linhas evolutivas independentes e em lugares diferentes, se desenvolvem soluções parecidas. Isso leva a falar de "propensões" ou tendências inscritas na evolução (cf. Peacocke, 2001, 81-83). Mas não se pode ocultar que esta visão contradiz a imagem dominante de uma evolução "oportunista".

Também em cosmologia se discute, desde algumas décadas, sobre uma possível "finalidade" inerente ao universo. O detonante foi o chamado "princípio antrópico". Este parte de uma constatação básica: as constantes fundamentais do universo apresentam justamente os valores que permitem o aparecimento de vida e inteligência. Mera casualidade (como querem as teorias de mundos múltiplos), expressão de necessidade (como afirmam os que buscam uma teoria de tudo) ou indício de esboço? Além do fato de que esta questão não se pode decidir cientificamente, tampouco está claro se o princípio antrópico tem algum valor explicativo ou se é uma mera tautologia. Seja como for, este princípio foi postulado com o desejo de iluminar algumas características do universo – homogeneidade, isotropia e tridimensionalidade – que não podiam ser explicadas de outro modo (cf. Barbour, 2004, 339-348).

Hoje, são poucos os que defendem o tradicional argumento teleológico, que da ordem supostamente perceptível no universo deduz a existência de um Desenhista que faz o esboço. Mas, sim, também há autores de peso que sustentam a viabilidade de uma teologia natural que, sublinhando alguns traços da natureza vista através das lentes da ciência, permite se assome à ideia – e só à ideia – de Deus. A pergunta é se este movimento é puramente ascendente ou se pressupõe a própria ideia de Deus, à qual remete. A distinção entre teologia natural e teologia da natureza não resulta fácil, pois estas costumam dar-se entrelaçadas. Do que não resta dúvida é que a noção de finalidade constitui um momento central da teologia da natureza, como o provam a síntese de Teillard de Chardin, a teologia do processo ou a ontologia escatológica de Pannenberg, nas quais se atribui ao futuro uma importância fundamental. Nelas se percebe que finalidade não quer dizer desdobramento de um plano pré-existente, mas sim influência da meta sobre o caminho. Tal desvinculação de "finalidade" e "plano pré-existente" e o fato de que a linguagem de "fins" (funcionais) não seja de todo estranho à biologia evolutiva constituem passos muito importantes para melhor entendimento entre a ciência e a teologia.

V. O problema mente-cérebro e o emergentismo. São assombrosos os êxitos obtidos pelas neurociências no desentranhamento da base neurofisiológica de emoções e processos cognitivos. Não é de estranhar que o programa fisicalista, que aspira a explicar os fenômenos mentais em termos de processos cerebrais, goze de numerosas simpatias entre cientistas e filósofos. Mais surpreendente é a sobrevivência de um programa dualista, que insiste na distinção ontológica entre mente e cérebro. Entre os dois polos, existem várias opções, entre as quais se destaca o chamado "emergentismo" que, baseando-se na ideia de sistema, sublinha que o acesso a novos níveis de organização vem acompanhado do aparecimento de propriedades não existentes nos níveis inferiores, dos quais, não obstante, continuam dependendo. A mente seria uma propriedade "emergente", resultado da complexidade organizativa do corpo humano e, concretamente, do cérebro. Para alguns defensores desta posição, a mente não é mais do que mero "epifenômeno" da atividade cerebral. Para outros, no entanto, a ideia de propriedade emergente vem associada ao exercício de uma causalidade específica, o que, sem necessidade de entrar em considerações ontológicas, confere à mente maior entidade. Os dados científicos são compatíveis com todas as concepções metafísicas mencionadas (cf. Russell et al., 1999).

Parece que o conceito de "causalidade" volta a ocupar o centro da atenção. Não se trata somente da causalidade derivada das constrições que o nível superior de organização impõe sobre os inferiores. A questão crucial é se os processos mentais exercem algum tipo de influência sobre os processos cerebrais subjacentes ou se são somente estes que condicionam aqueles. O sentido comum não tem nenhum problema em reconhecer esse tipo de causalidade descendente: algumas ideias levam a outras e acabam originando mudanças no mundo físico. Os cientistas são mais cautelosos a esse respeito e limitam-se a falar das relações entre estados neurológicos. Mas resulta difícil negar que, no que diz respeito ao comportamento humano, a ideia do poder causal da mente tem maior força explicativa do que as causas meramente físicas (cf. Clayton, 1997, 247-257).

O problema mente-cérebro repercute em duas problemáticas teológicas. A primeira é a existência e a natureza da alma. A segunda tem a ver com o caráter livre da ação humana. Em um mundo no qual somente existem causas físicas eficientes – e dado o inegável substrato físico do ser pessoal –, não há lugar para a liberdade e para a criatividade humanas. Mas a experiência da liberdade humana habilita-nos para afirmar que, no mundo, não pode haver somente causas físicas eficientes. Observe-se que a análise das teorias científicas não conduz diretamente a esta tese, mas limita-se a torná-la verossímil. E, uma vez aceita a existência de causas mentais, também a ideia de uma ação divina no mundo ganha verossimilhança. De fato, muitos autores propõem pensar a ação divina em analogia com a ação humana; e alguns, mais atrevidos, como Clayton e Jantzen, insistem na conveniência de entender a relação de Deus com o universo em sua totalidade, em analogia com a relação do eu consciente com seu próprio corpo (Clayton, 1997, 262-264).

Há os que, para evitar excessivo antropomorfismo, resistem a pensar a ação divina a partir da ação humana. Esta é uma das razões que alimentaram a apropriação teológica da teoria física de campos por Pannenberg: o Espírito divino age na criação a modo de campo de forças, que envolve e dinamiza tudo. O desejo de sublinhar a contingência da criação e sua contínua dependência do Criador, sem prejuízo da autonomia das criaturas, desempenha igualmente um importante papel. Um elemento básico desta proposta é o caráter temporal do campo de forças, que se estrutura como uma corrente de possibilidades com origem no futuro escatológico. O tempo é, então, o que une e, ao mesmo tempo, o que diferencia Deus e as criaturas.

VI. Modelos de relação de Deus com o mundo criado. Esta proposta de Pannenberg coloca em relevo que as disquisições sobre a ação divina devem ser situadas em contexto mais amplo do que o da causalidade: no da relação entre tempo e eternidade, entre o finito e o infinito. Adquirem relevância, então, questões filosóficas e teológicas que, embora não pertençam *stricto sensu* ao diálogo com a ciência, respondem a preocupações acentuadas pelo encontro com esta. Uma das mais relevantes gira em torno da idoneidade do teísmo clássico com sua imagem de um Deus exterior ao mundo e impassível diante do que ocorre neste.

Ainda com risco de simplificar em excesso, no atual diálogo ciência-teologia convém distinguir duas maneiras dominantes de conceber a relação de Deus com o mundo: o modelo *panteísta* e o *kenótico*. O primeiro tende a sublinhar a contínua relação de Deus com as criaturas: estas se encontram em Deus, ou melhor, habitam no "espaço" da vida divina, e Deus se faz presente nelas, habitando-as no ser e no devir. O que supõe uma clara acentuação da imanência de Deus no mundo, mas sem prejuízo de sua transcendência. Como defensores deste modelo, podemos destacar Clayton e Peacocke (que insiste em que a ação de Deus tem lugar não sobre as criaturas singulares, mas sobre o universo em seu conjunto). Uma questão interessante é até que ponto os processos criativos do mundo são também atos divinos (o problema ao qual a doutrina tradicional do "concurso" divino quer responder). Há quem os identifica, enquanto outros traçam distinções que recordam a célebre delimitação escolástica entre causa primeira e causas segundas.

A insatisfação com essas respostas é patente no grande defensor do modelo kenótico como alternativa ao modelo panteísta: Polkinghorne, que acentua: a criação é um ato de autolimitação de Deus pelo qual este cede o "protagonismo" ao diferente dele. A criação é habitada por Deus para ir-se fazendo a si mesma. Segundo Polkinhorne, este enfoque respeita a distinção entre Criador e criatura, sublinha a autonomia dos processos do mundo e ajuda a abordar o problema da teodiceia. A *kenosis* criadora (um prolongamento de Fl 2,5-11!) não somente implica renunciar à onipotência, à onisciência e à eternidade simples, mas comporta o "abaixamento causal" de Deus: a providência especial de Deus age como uma causa a mais entre as causas do mundo! O problema que se coloca a Polkinghorne é como pensar a presença contínua de Deus junto das criaturas. Por outra parte, diferentemente da teologia do processo, para a qual a limitação divina tem caráter metafísico (o que leva a admitir uma inusitada influência causal dos processos do mundo em Deus), insiste em que se trata de um ato livre e voluntário de Deus, cuja única motivação é o amor (cf. Polkinghorne, 2004, 93-99).

A diferença entre esses dois modelos radica na maneira de conceber a relação entre o finito e o infinito. Por trás do panteísmo, encontra-se a seguinte intuição: o infinito não pode contrapor-se ao finito, mas deve incluí-lo dentro de si, pois, do contrário, ficaria limitado pelo finito e já não seria verdadeiro infinito. De sua parte, a *kenosis* criadora, enquanto sublinha a autolimitação de Deus, parece contrapor o infinito e o finito. A pergunta é se ambos os modelos se excluem ou se podem (ou inclusive exigem) ser integrados. Moltmann, Barbour e Edwards justapõem os dois enfoques, mas não fazem novas indagações além disso. Além do mais, o panteísmo tem caráter um tanto estático, enquanto a ideia de *kenosis* criadora já contém em si o começo de um processo histórico que culmina em uma *theosis* escatológica, graças à qual Deus passa a ser "tudo em todos" (1Cor 15,28).

VII. O problema do tempo. Apesar de tudo, a tese da *kenosis* criadora implica certa contraposição entre tempo e eternidade. O tempo é uma pausa na eternidade, afirma Moltmann. Por sua parte, Polkinghorne, modificando uma proposta da teologia do processo, fala de uma dupla temporalidade divina na raiz da criação do mundo, com o tempo e a eternidade como pólos complementares. Esta colocação gera enormes dificuldades na hora de pensar a criação na origem. Já Santo Agostinho perguntava: a criação do mundo tem lugar no tempo ou na eternidade? E respondia, dizendo que a criação é um ato eterno de Deus que inaugura o tempo e o mundo simultaneamente: *non est mundus factus in tempore, sed cum tempore*. Mas a ideia de criação como ato eterno de Deus é muito exigente, porque supõe um conceito neoplatônico de eternidade, que depois Boécio plasmará em seu célebre *totus simul*. Para evitar estas complicações, Moltmann se vê obrigado a postular uma "temporalidade" intermediária entre a eternidade e o tempo das criaturas. Polkinhorne quer manter o *cum tempore* agostiniano à margem da tradição neoplatônica – porque a considera atemporal – mas não explica como. Mais rigoroso do ponto de vista metafísico nos parece o esforço de Pannenberg por dinamizar o *totum simul*, substituindo a *kenosis* criadora por uma *kenosis* eterna na vida intratrinitária, o que introduz um momento de futuro no próprio conceito de eternidade. Assim, tempo e eternidade ficam intimamente entrelaçados, e a dialética finito-infinito adquire caráter mais histórico e, sobretudo, mais trinitário do que as posições panteístas resenhadas mais acima.

À vista dessas reflexões, fica evidente que é necessário ser muito prudente na hora de estabelecer paralelismos entre o *cum tempore* agostiniano e o entrelaçamento de espaço, tempo, massa e energia que a teoria da relatividade ensina e que se concretiza em seu surgimento comum no *Big Bang*. É verdade que a teoria de Einstein relativiza e dinamiza o espaço-tempo à medida que estabelece sua dependência do sistema de observação e permite a influência da matéria sobre sua estrutura. Mas não dirime a controvérsia em torno de sua realidade e irredutibilidade, que era o que enfrentava a Newton e Leibniz. E é daí que começam as questões que interessam de verdade à teologia. Além do mais, a teoria *standard* do *Big Bang* não pode definir o ponto t = 0, porque se encontra com os problemas matemáticos associados às singularidades que ainda não puderam ser resolvidos. Nem as cosmologias que apelam para as flutuações quânticas do vácuo, nem as teorias do multiverso conseguem aproximar-se muito mais desse ponto inicial, pois devem pressupor estados físicos prévios. O início teológico e o início físico do tempo pertencem a dois níveis diferentes de reflexão (cf. Russell et al., 1993). Problemas semelhantes surgem com relação a um eventual final do tempo.

Outra diferença importante entre o tempo teológico e o tempo físico tem a ver com o uso dos modos temporais, o presente, o passado e o futuro. Estes constituem elemento essencial da reflexão teológica. Pelo contrário, a física não conhece mais do que a diferença ordinal entre o antes e o depois, embora investigadores como Prigogine se esforcem por demonstrar o contrário, apelando para a criatividade manifestada pelos sistemas dissipativos distanciados do equilíbrio. De maneira análoga ao que ocorria com a experiência da liberdade humana, a experiência cotidiana dos modos temporais nos autoriza a supor que a diferença entre o antes e o depois não esgota a riqueza temporal do mundo. Mas a ciência moderna por si só não está capacitada para levar-nos além dessa diferença, porque seus métodos a pressupõem. Pode, isto sim, mostrar-nos seus limites, embora não lhe seja dado transcendê-los, já que, teria então de negar-se a si mesma. Não obstante, o fato de que esses seus limites se manifestam é condição de possibilidade para ela ser integrada em uma visão mais ampla da realidade. E precisamente no que se refere ao tempo, há boas razões para pensar que a diferença ordinal não é senão um modo deficitário da diferença modal, embora não seja fácil prová-lo. Valeria a pena seguir esse fio até onde for possível.

I. G. Barbour, *Religión y ciencia*, Madrid, Trotta, 2004; J. H. Brooke, *Science and Religion. Some Historical Perspectives*, Cambridge, Cambridge University Press, 1991; Ph. Clayton, *God and Contemporary Science*, Edinburgh, Edinburgh University Press, 1997; D. Edwards, *The God of Evolution. A Trinitarian Theology*, Mahwah (New Jersey), Paulist Press, 1999; N. H. Gregersen e J. W. van Huysteen (eds.), *Rethinking and Science. Six models for the Church Dialogue*, Grand Rapids, Eerdmans, 1998; Ch. Link, "Schwierigkeiten im Gespräch zwischen Naturwissenschaft und Theologie", em Id., *In welchen Sinne sind theologische Aussagen wahr? Zum Streit zwischen Glaube und Wissen*, Neukirchen-Vluyn, Neukirchener, 2003, 143-160; H. D. Mutschler, "Die Welterklärung der Physik und die Lebenswelt des Menschen", em W. Gräb (ed.), *Urknall oder Schöpfung. Zum Dialog von Naturwissenschaft und Theologie*, Gütersloh, Chr. Kaiser, 1995, 43-61; W. Pannenberg, *Teología sistemática*

II, Madrid, Universidad Pontificia de Comillas, 1996, 1-187; A. Peacocke, *Paths from Science Towards God. The End of All Our Exploring*, Oxford, Oneworld, 2001; J. Polkinghorne, *Ciencia y teología. Una introducción*, Santander, Sal Terrae, 2000; Id., *Science and the Trinity. The Christian Encounter with Realility*, New Haven, Yale University Press, 2004; W. M. Richardson e W. J. Wildman (eds.), *Religion and Science. History, Method, Dialogue*, London, Routledge, 1996; R. J. Russell et al. (eds.), *Scientific Perspectives on Divine Action*, 5 vols., Cidade do Vaticano/Berkeley (Califórnia), Vatican Observatory/Center for Theology and the Natural Sciences, 1993-2002: 1. *Quantum Cosmology and the Laws of Nature*, 1993; 2. *Chaos and Complexity*, 1995; 3. *Evolutionary and Molecular Biology*, 1998; 4. *Neuroscience and the Person*, 1999; 5. *Quantum Mechanics*, 2001 (também um volume preparatório: *Physics, Philosofy and Theology: A Common Understanding*, 1988); J. W. van Huysteen et al. (eds.), *Encyclopedia of Science and Religion*, New York, Macmillan Library Reference, 2003; J. W. Wildmen, "The Divine Action Project, 1988-2003", em *Theology and Science* 2 (2004, 31-75.

José Manuel Lozano Gotor

COMUNIDADE

A partir da segunda metade do século XX, o fenômeno comunitário estendeu-se amplamente pelos seguintes âmbitos: educativo, psicológico, político, operário e religioso. Surgiu uma infinidade de grupos sociais, de uma parte, como forças opostas à massificação e despersonalização que os organismos gigantes, a uniformidade burocrática e o anonimato da denominada "multidão solitária" produzem. De outra parte, os novos grupos pretendem fomentar as relações interpessoais ou os projetos solidários de realização cultural ou social. Este fenômeno proliferou igualmente no campo religioso cristão a partir do Vaticano II.

Para descrevê-lo, examinarei o que se entende por comunidade, a saber, em que consistem a vida em comum e os diversos agrupamentos sociais existentes. Em seguida, descreverei o que é uma comunidade cristã teologicamente considerada.

I. A comunidade humana. 1. *A vida em comunidade*. A vida em comum preocupou o ser humano desde sua mais remota existência, por ser um fenômeno que afeta a urdidura social, cultural, política e religiosa da própria vida. Ao menos desde o Neolítico, a sociedade se estruturou em regime de comunidade. Sem vida comunitária, o ser humano deixa de ser humano, porque renuncia a seu ser social, já que é radicalmente um sócio ou colaborador que necessita dos outros para seu próprio desenvolvimento e amadurecimento. Por conseguinte, o fenômeno comunitário é primordialmente um fenômeno antropológico e cultural.

Qualquer pessoa de nosso contorno social recebeu influência de três associações: a família, a roda de amigos e a escola. No domínio religioso do mundo ocidental dever-se-ia acrescentar a paróquia.

Segundo alguns antropólogos, o fenômeno comunitário surge quando a humanidade passa de uma atitude defensiva ou agressiva a um comportamento de convivência pacífica, consequência do intercâmbio e reciprocidade em gestos, palavras e bens, com a dádiva, o diálogo e a negociação. Na hora do agrupamento, mesclam-se diversos motivos, uns interesseiros (defender-se em comum, contar com os outros para subsistir, regular a vida para torná-la mais suportável, colocar em comum um aspecto fundamental e necessário da existência etc.) e outros gratuitos (reconhecer-se e querer-se mutuamente, alegrar-se em companhia dos amigos, criar uma família própria, celebrar algo em comum etc.). A história mostra a existência de comunidades que surgem continuamente ao enfrentar novas necessidades, sejam de inspiração cultural, política ou religiosa. De ordinário, criam-se grupos idealistas ou utópicos, marginalizados ou integrados, distintos por sua dimensão, função, coesão, duração etc. Sem dúvida, a comunidade – entendida como grupo social restrito – adotou diversas formas ao longo do tempo.

2. *Os agrupamentos sociais*. O binômio *comunidade-sociedade* foi idealizado pela primeira vez na Alemanha no início do século XIX por Fr. Schleiermacher e pelos românticos. A partir de uma sociologia especulativa da cultura, F. Tönnies (1855-1936) desenvolveu-o, publicando em 1887 sua importante obra *Comunidade e associação*. Segundo Tönnies, estes termos constituem dois modos fundamentais de estruturação social. A união pessoal baseada na identidade de sentimentos caracteriza a comunidade, e é própria da sociedade a organização com determinado fim. Embora historicamente a comunidade seja anterior à associação, coexistem ambas as magnitudes com algumas relações dialéticas e complexas. Em certas ocasiões, não é fácil distingui-las, já que o próprio vocabulário não é preciso, como ocorre hoje. Por exemplo, chama-se sociedade a Companhia de Jesus, e comunidade a associação de países europeus.

Em todo caso, as relações comunitárias são pessoais, familiares, afetivas, onde as pessoas são fins por si mesmas. As relações associativas, em contrapartida, são instrumentais, racionais, táticas, interessadas, nas quais as pessoas são meios para conseguir alguns fins. Mas desta afirmação não vale deduzir um desmedido louvor à comunidade, já que nem sempre é um grupo integrado e, às vezes, produz prejuízos, neuroses e tensões. Nem tampouco é justo qualificar negativamente a associação, já que favorece frequentemente a civilização e o desenvolvimento. Pode-se dizer que, sem comunidade, não há ética, e sem associação não há progresso. Da comunidade dimana um comunismo utópico e gratuito; da associação, um socialismo efetivo que faz evoluir e prosperar. Recordemos o subtítulo da obra de Tönnies: *O comunismo e o socialismo como formas de vida social*. Não obstante, é exagerada a apreciação que alguns fazem da comunidade ou das forças emocionais que as sustentam, e excessiva a crítica que é formulada da racionalidade associativa, considerada quase perigosa.

Por influência de F. Tönnies, Ch. Cooley estabeleceu a distinção, no início do século XX, entre grupos primários e grupos secundários.

Grupos primários são os formados por poucas pessoas, com relações recíprocas entre si, que têm normas e valores de conduta comuns, com solidariedade natural, participação ativa e ação responsável. Definem-se pelas relações *face a face*, quer dizer, pessoais, diretas, profundas, frequentes e espontâneas. Nestes grupos, com forte grau de fraternidade, se dá igualdade entre seus membros, comunhão de ideias e de sentimentos e colocação em comum do que um é e tem. Expressam-se com a palavra *nós*; o grupo primário corresponde à comunidade.

Grupos secundários ou associações são os formados em geral por um número amplo de pessoas, menos unidas do que em grupos primários, com contatos intermitentes e interesses comuns. Em suma, seus membros têm algumas relações *cotovelo com cotovelo*, quer dizer, trabalhistas, interpessoais, racionais, contratuais e legais. A associação, especialmente a organizada burocraticamente, tem normas jurídicas ou regulamento estrito, relações de obrigação e distinção em seu interior de funções e categorias hierárquicas.

3. *O que é a comunidade*. Muitos sociólogos afirmam que, junto com a família, a comunidade é uma das formas fundamentais da sociedade humana. Mas, assim como da família temos certa possibilidade para descrevê-la, não ocorre o mesmo com a comunidade, já que é uma realidade difícil de se definir. Segundo o sociólogo R. König, comunidade é um agrupamento social mais ou menos numeroso no qual os indivíduos colaboram para satisfazer suas necessidades econômicas, sociais e culturais. R. M. Mac Iver pensa que a comunidade é "o grupo social menor, no qual o indivíduo pode satisfazer todas as suas necessidades e desempenhar todas as suas funções". Segundo J. Höffner, "comunidade, em sentido amplo, designa toda forma de união estável entre indivíduos que se esforçam em comum por realizar um valor ou alcançar um objetivo". Em geral, os sociólogos descrevem a comunidade como grupo social restrito com estes traços: relações interpessoais e certo grau de intimidade, colocação em comum da totalidade da existência e fusão de vontades com algum objetivo em comum.

A comunidade não é mero *conglomerado* social, no qual as pessoas estão reunidas em reciprocidade física, sem comunicação entre si, quer dizer, anônimas umas com as outras, sem nenhuma organização, como amontoadas. As pessoas que formam comunidade buscam espontaneidade de expressão, libertação de alienações, identificação afetiva, participação gratificante, coesão global e projetos comuns de realização. Como agrupamento social humano, a comunidade é uma realidade insubstituível cultural e religiosamente por suas funções de pertença, de identificação e de amadurecimento. Recordemos que a raiz etimológica do vocábulo "comunidade" indica ter algo em comum. Precisamente derivam deste termo dois conceitos, no fundo utópicos, porque pretendem que tudo seja de todos: o comunismo no domínio político e a comunhão no âmbito cristão. De fato, a comunidade sem mais nem menos é núcleo fundamental da vida humana.

II. As comunidades cristãs primitivas. 1. *A primeira comunidade cristã*. No mundo helenístico antigo, o termo *koinonia* – derivado de *koinós* (comum) ou de *koinein* (colocar em comum) – significa a relação fraterna das pessoas entre si, quer dizer, sua solidariedade, irmandade ou fraternidade, próprias da vida social. Formam, então, comunidade aqueles que partilham ou colocam em comum o que têm e o que são. Para qualificar o primeiro grupo de crentes em Cristo ressuscitado, o Novo Testamento emprega o termo *ekklesia*, que pode ser traduzido, segundo alguns exegetas, como assembleia ou comunidade convocada por Deus em Jesus Cristo. O Novo Testamento também emprega a palavra *koinonia*, que se traduz por comunhão. Segundo F. H. Frankemölle, a Igreja emerge como "comunidade dos crentes, onde se experimenta e se torna eficaz o ato salvífico de Deus em Jesus Cristo pelo Espírito". A palavra *ecclesia*, segundo Congar, significou nos primeiros séculos o que hoje denominamos *comunidade dos cristãos*.

A realidade comunitária é descrita por todos os documentos do Novo Testamento, visto que são escritos de uma ou de outra comunidade. Segundo os Atos, cristãos são os que partilham e coparticipam, como se observa na primeira comunidade de Jerusalém. Conforme este documento de Lucas, a comunidade de Jerusalém, idealizada em três *sumários* (At 2,42-47; 4,32-35; 5,12-16) como norma ou modelo utópico da Igreja posterior, é a primeira comunidade cristã. Segundo estes sumários, a vida comunitária primitiva teve estes traços: palavra apostólica e comunhão fraterna (relações internas da Igreja) e fração do pão e orações (relação da comunidade com Jesus Cristo).

Em primeiro lugar, a comunidade cristã primitiva é comunhão no *ensinamento dos apóstolos*. O termo ensinamento (*didakhé*) equivale, nos Atos (At 2,42), à instrução ou catequese aos de dentro (nas casas), embora também possa incluir (At 5,28) a pregação aos de fora (no templo). Lucas indica com a expressão "ensinamento dos apóstolos" o vínculo da primeira Igreja – e de todas as igrejas – com as testemunhas diretas e autorizadas do ensinamento e atividade do Senhor. Não nos esqueçamos do papel que os Doze tiveram na direção da comunidade de Jerusalém. A Igreja como comunidade cresce a partir da primeira célula apostólica.

Em segundo lugar, é *koinonia* ou comunhão de bens materiais, de fé comum e de unanimidade de sentimentos. Melhor dizendo, a união espiritual exige a comunicação de bens ou, em casos especiais, os bens em comum. Com palavras de M. Gourgues: "a fé constitui o fundamento da unidade comunitária, a qual se realiza e se expressa no duplo nível dos espíritos e da colocação dos bens em comum". Parece-nos que a primeira comunidade não pretendeu vender os bens de seus membros para fazer uma propriedade comum (pobreza pessoal ao extremo e acumulação comunitária), mas se propôs colocar os bens à disposição de todos, para que não houvesse necessitados (luta contra a pobreza ou opção pelos pobres). Uma comunidade cristã se reconhece como tal, quando não há indigentes entre seus membros e quando luta para que não os haja em todo o mundo. Provavelmente, Lucas levou em conta o ideal dos pitagóricos e essênios, segundo o qual o indivíduo deveria ser totalmente sustentado pela comunidade.

Em terceiro lugar, é comunhão *na fração do pão* (At 2,42). Com esta expressão, se designa uma prática doméstica frequente entre os primeiros cristãos. Para os judeus, o pão redondo e chato era abençoado pelo pai de família, que o partia e o distribuía. Jesus fez isso várias vezes, como se observa, por exemplo, na multiplicação dos pães, na última ceia e na ceia com os discípulos de Emaús depois da ressurreição. Nos Atos, a fração do pão não é mera comida em comum, mas também gesto eucarístico. O fato de que se celebrassem a eucaristia e o ágape nas casas significa que a comunidade era de caráter familiar, com possibilidade de comunicação interpessoal e de ajuda mútua. Alguns comentaristas opinam que este tipo de celebrações era semanal, não diário.

Finalmente, o termo no plural, *orações*, diz referência às orações litúrgicas segundo a tradição judaica e, em especial, à recitação dos salmos. Recordemos que os cristãos de Jerusalém "frequentavam diariamente o templo" (At 2,46; 3,1; 16,16), lugar para eles de oração mais do que de sacrifícios; eram fiéis às horas da oração judaica. Logo se constituiu a oração genuinamente cristã, como o mostram as primeiras confissões de fé, hinos e cânticos. O pai-nosso foi, desde o princípio, sinal de uma diferença na oração entre a tradição judaica e a cristã.

2. *Traços do movimento comunitário primitivo*. Depois da comunidade de Jerusalém, surgem diversas igrejas locais ou comunidades domésticas em Antioquia (At 13,1), Éfeso (At 20,17), Corinto (1Cor 1,2; 2Cor 1,1) etc. Há também igrejas locais formadas por várias comunidades, como Galácia (1Cor 16,1) e Macedônia (2Cor 8,1). Talvez em menos de cem anos, multiplicaram-se as comunidades cristãs nos países do Mediterrâneo. Evidentemente, as comunidades primitivas não são iguais, mas diferem por seu desenvolvimento em determinados âmbitos culturais e pela maneira de resolver seus problemas internos. Observa-se, por exemplo, uma notável diferença entre a comunidade de Jerusalém e a de Corinto, embora nestas duas e em todas se deem alguns traços comuns. São os seguintes:

a) *Os discípulos são crentes que vivem em comunidade*. O movimento cristão primitivo tem traços do que sociologicamente se chama grupo pequeno ou simplesmente grupo. Também se assemelha aos movimentos populares de base. Recordemos que no Império romano dos tempos do cristianismo primitivo pululavam, entre gregos e romanos, variadas associações voluntárias. Alguns estudos sociais do cristianismo primitivo aplicaram apressadamente ao primeiro modelo cristão de comunidade as características de *seita*. Hoje entendemos melhor a comunidade cristã primitiva como *grupo*. Podem ser assinalados alguns traços do cristianismo primitivo semelhantes a certos movimentos proféticos de renovação de base popular: emerge em tempos de crise entre os marginalizados, manifesta-se como protesto social com um profeta à frente, rejeita as imposições do sistema, tenta uma mudança profunda de estruturas, é radicalmente igualitário, oferece mesa partilhada aos de dentro e exige entrega radical de seus membros.

b) *Os membros da comunidade são seguidores de Jesus*. O que caracteriza fundamentalmente as comunidades cristãs primitivas é a referência a Jesus, reconhecido como Cristo e Senhor, de tal modo que seus membros se chamarão logo de "cristãos". Tanto é assim que os Evangelhos apontam, do início ao fim, a importância do chamado dos discípulos por parte de Jesus para um seguimento radical. O grupo que Jesus convoca caracteriza-se pelo serviço aos irmãos, pela unidade entre todos e pelo amor sem limites. Os discípulos de Jesus colocam suas esperanças no reinado de Deus, algo radicalmente novo que se espera com a intervenção do próprio Deus em colaboração com o esforço da humanidade inteira. Recordemos que Jesus espera de seus discípulos que vivam *os valores alternativos do reino*, tal como são enunciados no sermão da montanha (Mt 5-7).

c) *A comunidade adota uma estrutura doméstica e fraterna*. Segundo W. A. Meeks, "os lugares de reunião dos grupos paulinos, e provavelmente da maioria dos outros grupos cristãos, foram as casas particulares". O termo "casa" significa em hebraico e em grego, como em quase todos os idiomas, vivenda ou lar. A mesma raiz hebraica equivale a edificar uma casa e fundar uma família. Na sociedade pré-industrial, a casa era a célula básica por sua articulação religiosa, configuração cultural e estrutura econômica. Na sociedade patriarcal, o pai de família era sua figura central como chefe e senhor, junto com a mulher e os filhos e, inclusive – em caso de famílias ricas – os criados, libertos, escravos e hóspedes. No judaísmo, a casa era lugar de transmissão da fé e da celebração de certos ritos religiosos, especialmente a ceia pascal; a casa-lar era a célula menor da sinagoga. Também entre os romanos havia deuses familiares e culto doméstico.

As comunidades cristãs primitivas aceitaram a casa como estrutura básica. Os primeiros crentes não possuíam outro lugar de reunião. Com razão, pode-se dizer que a comunidade cristã primitiva era uma comunidade doméstica. De fato, os crentes reuniam-se nas casas, ao redor de uma mesa, como *irmãos* entre si, porque se reconheciam *filhos* do mesmo Pai. A fraternidade era a chave fundamental de seu funcionamento. As reuniões domésticas primitivas abrangem um número não superior a cinquenta ou sessenta pessoas, número limitado pelas dimensões do local, pelas possibilidades da comunicação verbal e pela realização da ceia do Senhor ou fração do pão.

d) Acolhem toda classe de convertidos, preferencialmente pobres. O primeiro núcleo da comunidade de Jerusalém era formado de trabalhadores galileus que, por residirem em Jerusalém, eram diaristas. Logo se acrescentaram helenistas, de nível econômico mais elevado, pertencentes à classe média. Nas comunidades da Galácia ingressaram camponeses que, em sua maioria, eram pobres e escravos, mas também havia pessoas livres. Em outras comunidades, tornaram-se cristãs pessoas do proletariado urbano, inclusive mulheres da aristocracia. Havia, então, homens e mulheres, gentios e judeus da diáspora, cultos e iletrados, embora em sua maioria fossem pessoas simples e de recursos modestos, entre as quais não faltavam escravos. A comunidade cristã, afirma M. Legido, "é uma fraternidade ecumênica, universal. Todos são irmãos. E, irmanados, estão abertos para acolher a todos, como irmãos. Esta universalidade acontece a partir dos pobres. As comunidades estão encravadas no mundo dos pobres, mais ainda, são formadas em grande parte por pobres. Mas os pobres não são somente o lugar de inserção e a maioria de sua composição. São os primeiros destinatários da fraternidade, para que sejam os primeiros a servi-la e edificá-la, desarticulando radicalmente este mundo".

e) Padecem tensões no mundo conflitivo e injusto. O bilinguismo cultural primeiro e o pluralismo posterior não se resolvem facilmente na unidade da comunidade. Se é difícil colocar os bens em comum, não menos árduo é partilhar o Evangelho entre todos. Os hebreus queriam continuar fiéis a suas tradições judaicas, enquanto os helenistas estavam dispostos à abertura da missão com os gentios. Houve conflitos em algumas comunidades judaico-cristãs que tentaram impor o princípio da lei judaica e da circuncisão. Outras vezes, as tensões procediam de rivalidades por protagonismos pessoais, já que alguns se supervalorizavam excessivamente. Recordemos que até São Paulo foi criticado como propagandista visionário (1Cor 9,1). Em Corinto, por causa da eloquência de Apolo, houve enfrentamento entre seus seguidores e os de Paulo. Em resumo, houve tensões entre ricos e pobres, entre judeus e pagãos, entre gregos e bárbaros, entre escravos e livres, entre homens e mulheres. Evidentemente, a vida de Jesus transcorreu entre conflitos, desde seu início – a morte violenta de João – até o final, com sua condenação à crucifixão. Os discípulos viverão perseguição e morte à semelhança do Mestre e Senhor. Definitivamente, é consequência da proclamação do reinado de Deus na terra.

III. Teologia da comunidade cristã. 1. *O atual fenômeno comunitário cristão.* O fenômeno comunitário cristão atual aparece durante o segundo quinquênio da década de sessenta, ao terminar o Vaticano II. Precisamente nesse tempo se desenvolvem, por exemplo, as comunas e os *kibutz*, dentro de um quadro cultural de contestação diante da sociedade ocidental e de afirmação pessoal em função de uma vida mais livre e mais humana. De modo semelhante, os cristãos que pedem autenticidade depois do concílio criticam o modelo burocrático e impessoal da chamada Igreja institucional – cristalizado nas paróquias sem renovação – e apelam para o ideal da Igreja primitiva em regime de comunhão fraterna, quer dizer, a que vive em *koinonia* ou em comunidade. O antecedente dos movimentos apostólicos – que antes do Vaticano II haviam descoberto a importância da equipe de militantes – constituiu uma experiência decisiva. Por conseguinte, as comunidades cristãs nascem para viver a fé em grupo (não em conglomerado), partilhar serviços e ministérios (tradicionalmente reservados aos sacerdotes), para transformar espaços da sociedade (dimensão social do Evangelho) e testemunhar uma vida de esperança (diante dos germes de morte).

2. *Traços da comunidade cristã.* A comunidade cristã tenta viver *vida fraterna*: é um grupo de membros que se consideram irmãos. Do ponto de vista sociológico, a comunidade cristã é um grupo com relações interpessoais, solidariedade afetiva, ajuda mútua, unanimidade de sentimentos, vontade de transformar a sociedade, aceitação de algumas normas e valores e mínima organização para favorecer a pertença, a participação e compromisso de todos os membros.

Os membros comunitários são crentes que *partilham a fé*; constituem comunidades eclesiais. Ao acentuar a comunidade de crentes, colocam-se em relevo, igualmente, duas dimensões básicas da *koinonia*: a solidariedade em função do povo dos pobres e a participação ministerial com o propósito de edificar entre todos a Igreja, sacramento do reino de Deus. O movimento comunitário cristão não se reconhece como Igreja paralela ou Igreja subterrânea, mas se expressa com o termo *comunidade eclesial de base*.

A comunidade tem *liturgia própria*, quer dizer, celebra com ritmo semanal a eucaristia ou, na ausência de presbítero, a palavra e o ágape. Juntamente com a eucaristia, o segundo sacramento da repetição é a penitência, que possui relevo comunitário determinante, já que o pecado é ruptura com as exigências do reino de Deus e distanciamento da Igreja-comunidade. Os outros cinco sacramentos são pontuais ou concretos, mas nem todos eles são, igualmente, comunitários. Outro tanto podemos dizer da liturgia das horas e da oração. A liturgia das comunidades utiliza um ritual simples, fomenta a participação consciente, plena e ativa, cria um clima de oração e é sensível à incidência dos fatos sociais e políticos.

Os membros da comunidade vivem um *compromisso social*, através do qual se desenvolve a evangelização. De uma parte, a comunidade como tal pode e deve comprometer-se em níveis fundamentais de justiça e de libertação, a partir da opção pelos pobres; de outra parte – com relação às opções políticas de seus membros – fomenta o compromisso de todos e o revisa. Por ser evangelizadora, a comunidade cristã é testemunhal e libertadora.

Aceita um ministério partilhado ou uma *corresponsabilidade* nos serviços. As comunidades cristãs descobrem o ministério não somente pela escassez atual de presbíteros, mas pela vocação de crentes iniciados na vida cristã em sua integridade. Os ministérios comunitários são descobertos a partir das necessidades, tendem a ser todos eles evangelizadores, requerem certa preparação e exigem uma mínima dedicação.

3. *O pluralismo comunitário cristão*. As comunidades cristãs não são iguais. Existem modelos eclesiais diferentes. Algumas comunidades acentuam a comunhão com os pobres; colocam em relevo a base, em função da qual está a comunidade. O acento é posto no povo, no reino da justiça, nas desigualdades inaceitáveis na sociedade. Alguns as denominam de *críticas*; são, por exemplo, as populares.

Há também comunidades que enfatizam a comunhão com as realidades espirituais: a palavra, a celebração ou a oração; a comunidade está em função do dinamismo espiritual das pessoas que a compõem. Coloca-se em relevo a primazia da experiência. Alguns as denominam de *quentes*; são, por exemplo, as neocatecumenais e as carismáticas. Correspondem às *comunidades emocionais*, segundo a expressão de M. Weber. A adesão pessoal ao grupo livremente escolhido se produz pela atração de um carisma profético do fundador ou do líder da comunidade.

É conveniente recordar que o conceito de comunidade não se identifica com o de paróquia. A paróquia herdada é em princípio instituição pastoral escassamente comunitária. Com não poucos esforços pode-se transformar em comunidade ou em comunhão de comunidades. Em todo caso, na paróquia convém distinguir a *comunidade ministerial* – formada por pessoas que desenvolvem algum ministério – e a *comunidade em sentido amplo*, a saber, formada pelos crentes assíduos semanalmente à eucaristia que se reconciliam em alguns momentos oportunos e dão mostras de exigências evangélicas em sua conduta e compromisso. Naturalmente, é possível a existência de comunidades não paroquiais ou interparoquiais.

Em resumo, o termo "comunidade" equivale a colocar em comum a vida humana e a fé cristã por parte de um grupo restrito de crentes que querem viver no mundo como Igreja. A comunidade cristã é célula indispensável da realização eclesial.

M. de C. Azevedo, *Comunidades eclesiales de base*, Atenas, Madrid, 1986; L. Boff, *Eclesiogénesis. Las comunidades de base reinventan la Iglesia*, Santander, Sal Terrae, 1986[5]; A. Botana, *Iniciación a la comunidad*, Valladolid, La Salle, 1990; "Comunidades de base": *Concilium* 104 (1975); Instituto Superior de Pastoral, *Ser cristianos en comunidad*, Estella, EVD, 1993; G. Iriarte, *¿Qué es una comunidad eclesial de base?*, México, Babar, 1993; R. Strassoldo, "Comunidad", em F. Demarchi e A. Ellena, *Diccionario de sociologia*, Madrid, San Pablo, 1986, 316-340; J. J. Tamayo, "Comunidades de base", em CFC, 189-207; F. Tönnies, *Comunidad y asociación* [1887], Barcelona, Edicions 62, 1979.

Casiano Floristán

CONCÍLIOS

O termo "concílio" designa a assembleia de bispos e dirigentes de várias ou de todas as igrejas particulares que se reúnem para tomar decisões vinculantes em questões relativas à fé e à vida cristã. O decreto sobre o ministério pastoral dos bispos do Concílio Vaticano II, *Christus Dominus*, oferece ampla visão panorâmica do fato conciliar: "Desde os primeiros séculos da Igreja, os Bispos, postos à frente das igrejas particulares, movidos pela comunhão da caridade fraterna e por amor à missão universal conferida aos apóstolos, associaram suas forças e vontades para procurar o bem comum e das igrejas particulares. Por este motivo, se constituíram os Sínodos, os Concílios provinciais e os Concílios plenários, nos quais os Bispos estabeleceram uma norma comum que devia ser observada em todas as igrejas, tanto no ensinamento das verdades da fé como na ordenação da disciplina eclesiástica. Este santo Sínodo ecumênico deseja que as veneráveis instituições dos Sínodos e dos Concílios recobrem novo vigor" (CD 36).

I. Variedade do fenômeno conciliar na vida e na reflexão. Esta primeira aproximação informa da riqueza e da complexidade do fato conciliar. Coloca em relevo, além disso, em que medida o elemento sinodal faz parte da vida da Igreja e não somente em nível da Igreja universal. Prepara, desse modo, uma pronta e exclusiva fixação nos chamados "concílios ecumênicos", embora neles devamos concentrar nossa atenção. Antes que este gênero supremo de concílio fizesse seu aparecimento no século IV, a história da Igreja conheceu uma florescente vida conciliar que foi objeto de reflexão sistemática. Nicolau de Cusa, na primeira metade do século XV, fazia esta recapitulação em seu *De concordantia catholica*, ou *Sobre a união dos católicos*: "Acontecem reuniões sinodais diferentes e de diversos graus, desde as menores, por diversos meios, até a universal máxima. Porque um pároco reúne seu sínodo paroquial; e, superior a ele, está o [sínodo] diocesano, acima, o metropolitano e, sobre este, o provincial do reino ou nação, sobre o qual está o patriarcal e o universal supremo de todos, da Igreja católica" (N. de Cusa, 1987, 61).

João de Ragusa (1390-1443) adotou esta mesma tipologia de concílios para elaborar um *Tractatus de auctoritate conciliorum et modo celebrationis eorum*, que passa a ser precursor de um gênero literário que alcançará sua plena maturidade com os tratados sobre o concílio, de Domenico Jacobazzi e Matias Ugoni no início do século XIV. Em sua opinião, a denominação "sínodo" compete preferentemente à assembleia do bispo com seu clero, enquanto a de "concílio" se aplica em nível superior da província, nação ou patriarcado. Ao concílio universal é atribuída tanto a noção de "concílio" como a de "sínodo". Depois de apresentar os sínodos menores (paroquial, diocesano), Ragusa trata do *synodus episcoporum* sob estas modalidades: sínodo metropolitano, concílios provinciais, nacionais e gerais. A esses acrescenta o estudo dos concílios patriarcais, com atenção especial ao concílio patriarcal romano. Esta recompilação, redigida no momento de máximo confronto entre o concílio de Basileia e o Papa Eugênio IV, pretende desenvolver uma doutrina do concílio geral ou universal e de sua superioridade sobre o papa, a qual se apoia sobre o decreto *Haec sancta* (1415). Além disso, insiste na celebração destes concílios segundo o ritmo periódico marcado pelo decreto *Frequens* do concílio de Constança.

Com o cisma do Ocidente (1378) e a crise conciliar, a alternativa papa-concílio entrou num beco sem saída. João de Segóvia (1393-1458) buscou uma via média entre o papalismo (o concílio é, no melhor dos casos, um órgão deliberativo do papa) e o conciliarismo (o papa é mero executor das decisões do concílio). Seu *Liber de magna auctoritate episcoporum in concilio generali* está presidido pela ideia de que a celebração do concílio geral não prejudica nem altera o princípio monárquico do governo papal. A afirmação do episcopado de caráter divino, bem como o princípio de que os bispos são "representação" da Igreja, constituem o fundamento da autoridade dos concílios.

Essas reflexões do teólogo espanhol se aproximam notavelmente da valorização eclesiológica exposta na constituição dogmática *Lumen gentium*, do Vaticano II. Nos concílios manifesta-se a "natureza e a forma colegial própria da ordem episcopal", e neles se exercita de modo solene o "poder supremo que este Colégio possui sobre a Igreja universal" (LG 22; CD 4). Pois bem, a autoridade do concílio ecumênico repousa sobre a atuação conjunta do episcopado com o papa como sua cabeça. O Código de Direito Canônico vigente (c. 337-341) estabelece estas duas condições essenciais: 1) a participação do papa com a tríplice prerrogativa de convocar, presidir e ratificar as decisões conciliares; 2) o direito de participação do episcopado em comunhão com o papa.

Feitas essas precisões terminológicas, podemos percorrer sucessivamente estes três aspectos: as origens da instituição conciliar e a emergência do chamado concílio ecumênico; em segundo lugar, a questão da *ecumenicidade* diante da lista oficial de 21 concílios ecumênicos assumido pela eclesiologia católica. Concluirei, indicando alguns princípios para uma teologia do concílio.

II. Origens e desdobramento histórico da instituição conciliar. Desde o final do século II, e primeiramente no Oriente (na Ásia Menor, contra o montanismo), os bispos vizinhos ou os bispos de determinadas regiões se congregavam em sínodos. Estes sínodos surgiram da necessidade prática de resolver conjuntamente dificuldades de certa envergadura e caráter universal, cuja solução excedia a competência de um bispo particular. Entre estas grandes questões de natureza complexa deve-se mencionar: a) a disputa acerca da data da páscoa (por volta de 195), que suscita concílios em Roma, França (Lyon), Ásia, Ponto e Palestina; b) a disputa sobre o batismo de hereges (por volta de 256), que faz com que Cipriano reúna em Cartago 87 bispos; c) depois da perseguição de Décio (250-251), o problema dos que haviam apostatado da fé (os *lapsi*). Estamos já diante dos *sínodos regionais* do século III. Com esses, deu-se início à instituição conciliar. Sua evolução histórica depende, em boa medida, do grau de organização eclesial alcançado.

Os concílios provinciais prolongam, nos séculos IV e V, os concílios regionais do século III. A forma normal de vida conciliar acontece no nível das *províncias eclesiásticas*, cuja formação se inicia no século V. Em geral, coincidiam com as províncias estatais. Seu órgão principal era o *sínodo provincial*, isto é, a assembleia dos bispos de uma província eclesial. Segundo o cânon 5 do concílio de Niceia (325), devia ter lugar duas vezes ao ano. Estes concílios provinciais se reuniam sob a presidência do metropolita, o bispo da cidade principal da província. Representavam a forma normal do que hoje denominamos "colegialidade" episcopal e desfrutavam de amplas competências. Em primeiro lugar, tomavam decisões de fé contra as heresias. Suas decisões foram frequentemente assumidas por outras províncias por via de uma recepção sem cerimônia, pois as decisões de sínodos eclesiais, onde quer que fossem tomadas, têm também validade em outros lugares. Pressupõe-se que foram tomadas no Espírito Santo. Isso lhes confere uma antecipação de confiança. Em segundo lugar, produzem uma legislação eclesial incipiente, quer dizer, direito sinodal no nível da província que, como as decisões de fé, podem ser recebidas em outras regiões. Finalmente, exerceram controle hierárquico sobre as eleições episcopais e tinham competências para a criação de novas dioceses nas cidades da província eclesiástica. Vale a pena deter-se um momento e sublinhar dois aspectos apenas indicados: a autoridade e a recepção.

No regime da comunhão, as decisões desses sínodos são comunicadas de umas igrejas a outras. Um bom exemplo é o sínodo de Antioquia (268), em que foi condenado como herege e deposto seu bispo, Paulo de Samósata; em seu lugar se nomeia outro bispo. Esta sentença desencadeia, ao mesmo tempo, uma dinâmica na Igreja universal. Para isso são enviadas cartas aos bispos de Roma e de Alexandria com o pedido de que adiram a este julgamento. Roma, Alexandria e Antioquia funcionam já como os três principais "centros de conexão" da *communio*. Neste sentido, o sínodo fala para *toda* a Igreja. E é importante que as outras duas sedes eclesiais mais relevantes corroborem aquela sentença. Dessa maneira, torna-se mais evidente que toda a Igreja "católica" respalda esse julgamento. Aqui se encontram as raízes daquilo que se denomina "recepção" dos concílios. Um concílio, como o celebrado em Antioquia no ano 268, é um pressuposto importante na marcha para o concílio ecumênico. Pois também podia acontecer que este processo de recepção fracassasse e que, em questões importantes, sínodos de diversas regiões tomassem decisões distintas.

Onde se enraíza a autoridade desses "concílios"? À medida que ia aumentando a distância com relação à época dos Apóstolos, as comunidades cristãs devem certificar-se do caminho correto da fé e da práxis eclesial. Isso acontece, primeiramente, de *forma vertical* pela *parádosis* acessível na publicidade da comunidade, quer dizer, a tradição apostólica, à qual pertencem tanto os textos da Escritura, cujo cânon vai sendo concretizado paulatinamente, como o ministério episcopal. Neste marco, ostentam novamente uma categoria especial para a comprovação da verdadeira tradição as igrejas "apostólicas" (Antioquia, Éfeso, Tessalônica, Corinto e, sobretudo, Roma). Junto a este aspecto da continuidade vertical com o passado e com a origem apostólica está o aspecto *horizontal* da *communio* ou *koinonia*, da comunhão mútua de umas igrejas com outras. Este "consenso de todas as igrejas" se comprova desde o final do século II nos sínodos de bispos. Neles se combina o elemento vertical da tradição apostólica com o horizontal da *communio*. Resulta importante, finalmente, que se forme a consciência de uma autoridade que, por um lado, fala a *toda* a Igreja e que busca, por outro lado, o contato com as outras igrejas. A esta mesma lógica interna obedecem os concílios "ecumênicos". Perpassa, definitivamente, ao longo dos séculos como substância da assembleia conciliar o princípio formulado por Cipriano de Cartago: o acordo, a unanimidade, o consenso externo e interno produzido pelo Espírito Santo; um consenso vertical e horizontal, com os concílios anteriores e entre os congregados, segundo o princípio de Vicente de Lerins: *consensio antiquitatis et universitatis*. Para os sínodos, concílios regionais ou particulares, bem como para os concílios gerais ou ecumênicos, conta como modelo originário o denominado "concílio dos Apóstolos" (At 15,1-30), que apresenta pontos de contato com o *synedrion* ou *sanedrin* judaico. Esta aplicação do concílio apostólico à vida conciliar não aparece formulada como tal antes do século V. No final da época patrística, At 15 – posto em relação com Dt 17,8ss – fornece o argumento escriturístico da instituição conciliar.

Acima das províncias eclesiásticas houve um sínodo que se reunia anualmente. Trata-se do *concílio plenário africano de Cartago*. A Igreja norte-africana era uma Igreja de grande consistência interior, de constituição sinodal, consciente de sua especificidade diante de Roma. Seu concílio plenário, ultrapassando suas fronteiras, exercia notável irradiação no Ocidente latino. Um tipo distinto está representado, finalmente, pelos sínodos romanos desde a segunda metade do século IV. Neles o papa ocupava uma posição essencialmente mais preponderante do que o que era corrente entre os metropolitas. Se estes eram no concílio provincial um *primus inter pares*, o sínodo romano era praticamente o órgão consultor do papa. Não era raro que assistissem bispos de outras províncias eclesiásticas que se achavam de passagem em Roma. Nestes sínodos romanos, não se tratavam somente os problemas regionais, mas questões eclesiais de índole universal, que também preocupavam os concílios ecumênicos e, em algumas ocasiões, casos jurídicos concretos de outras províncias eclesiásticas. No sínodo romano de 382, foi usado o texto de Mt 16,18 para afirmar a autoridade papal, reclamando a necessidade da aprovação papal para a validade de um sínodo imperial. Os sínodos romanos foram, ao longo de todo o primeiro milênio, o instrumento privilegiado do governo papal romano. Estes concílios romanos, embora antes da reforma gregoriana tivessem carecido de efeito legal automático em outras províncias eclesiásticas, possuíam já então uma "universalidade potencial", pois esboçavam a linha de atuação papal.

Sobre essa moldura histórica podemos situar, finalmente, o concílio ecumênico. O Império, cristianizado sob Constantino, encontrou-se com esta realidade da instituição conciliar. Não somente a fizeram sua em vista de sua própria unidade, mas tornaram possível sua realização técnica e ecumênica. Constantino deu o primeiro passo para a reunião de um sínodo imperial, ao convocar em Arles (314) um sínodo de bispos do Ocidente. Este concílio e o papel desempenhado pelo imperador em sua realização constituem um importante prelúdio para os "sínodos imperiais" ecumênicos. O concílio de Arles, que chegou a contar com uns quarenta bispos procedentes da Gália, Bretanha, Itália, Espanha e Norte da África, condenou os donatistas e promulgou uma série de cânones sobre a vida eclesial. A controvérsia ariana, nascida no Oriente, deu lugar ao primeiro sínodo ecumênico de Niceia (325), que foi reconhecido como o primeiro concílio ecumênico. Pouco a pouco se introduz e se converte em princípio de funcionamento aquela pretensão invocada pelos concílios anteriores: ensinar a verdade sob a guia do Espírito Santo. Ao mesmo tempo, se vai consolidando a certeza de que, sempre que for necessário garantir a fé contra sua falsificação, se deve recorrer ao concílio.

III. Os concílios ecumênicos. Tipos históricos. A tradição católica romana considera os concílios ecumênicos como os momentos supremos do exercício da autoridade e do magistério eclesial. Parte-se, normalmente, da consideração de 21 concílios ecumênicos, desde Niceia (325) até o Vaticano II (1962-1965). Apesar de muitos traços fundamentais comuns, estes concílios celebrados até agora apresentam perfis muito diferentes que derivam das distintas circunstâncias externas e dos diversos propósitos internos que os motivaram. A questão da "ecumenicidade" resulta ser sumamente complexa tanto do ponto de vista histórico como eclesiológico. A distinção precisa entre sínodos ecumênicos (ou universais) e regionais (ou particulares) foi-se forjando paulatinamente. Por outro lado, não faltam exemplos de concílios celebrados com pretensão de ecumenicidade e que, no entanto, foram rejeitados tanto pela Igreja católica como pela Igreja ortodoxa. Este é o caso de Selêucia-Rimini (359), do chamado "latrocínio de Éfeso" (449), do concílio "iconoclasta" de Hiereia (754). Dá-se também o caso de concílios que, carecendo inicialmente de vocação ecumênica, foram recebidos posteriormente como tais pela Igreja universal. O exemplo clássico é, precisamente, o concílio cujo credo faz parte dos documentos doutrinais vinculantes para todas as confissões cristãs: Constantinopla I (381).

A clareza e precisão dos atuais critérios canônicos – convocatória, presidência e ratificação papais, bem como o convite e o direito de participação de todo o episcopado – soçobram, quando se aplicam à história. Em termos gerais, não cabe falar de convocatória nem de presidência papal com relação aos concílios do primeiro milênio. A pretensão de ratificação, reclamada por Roma desde o século V, não foi reconhecida nestes termos no Oriente. O direito específico de intervenção no concílio, que os legados papais desfrutavam, inscreve-se no marco do significado único da Igreja de Roma que representa a *communio* do Ocidente. Há, além disso, o concílio que, convocado contra a vontade do papa, o obrigou a concordar à força (Constantinopla II, 553). A ideia do concílio como congregação de todo o colégio episcopal em comunhão entre si e em comunhão com Roma não é transferível sem mais a qualquer época da história. Somente os modernos meios de transporte possibilitaram concílios realmente "ecumênicos" nesse sentido. Os concílios ecumênicos do primeiro milênio foram, sem exceção, concílios do Oriente, nos quais participaram muito poucos representantes do Ocidente, normalmente os legados do bispo de Roma. Por outro lado, situados diante da pergunta relativa ao *direito* de participação, devemos constatar que a teoria e a práxis se modificaram profundamente. O imperador Constantino inaugurou o concílio de Niceia com um discurso em latim. Nos concílios gerais da alta Idade Média, nos concílios de reforma do século XV, em Trento, estiveram presentes alguns príncipes ou seus embaixadores. Fora do "componente nuclear" dos bispos diocesanos, sempre houve outras classes de participantes, como abades ou superiores de ordens religiosas, representantes dos príncipes e representantes de universidades, até o ponto de que, em alguns concílios, os bispos chegaram a encontrar-se em minoria. O Vaticano II admitiu auditores leigos. Não existe razão em contrário para que também possam ser ouvidos os seculares no concílio, do mesmo modo que sacerdotes teólogos participam, como peritos em teologia e direito canônico, sem serem membros com direito a voto.

Nos últimos tempos, deu-se lugar à ideia de que "ecumênico", a rigor, são somente os sete concílios do primeiro milênio, reconhecidos também pela Igreja ortodoxa, até Niceia II (787) inclusive, já que são os concílios da Igreja indivisa. Por conseguinte, os concílios posteriores, desde a Idade Média, incluindo Trento e os concílios do Vaticano, seriam somente "concílios gerais" da Igreja ocidental. Não gozariam, portanto, de ecumenicidade absoluta; no máximo, uma ecumenicidade rompida e limitada. Do ponto de vista histórico, deve-se dizer que essa postura vive de certa idealização dos concílios do primeiro milênio. Estes concílios não encontraram recepção universal e geraram também a divisão eclesial. O tópico que fala da ação "concorde" dos cinco patriarcados como nota característica dos concílios do primeiro milênio corresponde mais à teoria do que à realidade. Frequentemente, uma das sedes principais era a derrotada, de modo que seu titular era deposto ou excomungado. É certo, além disso, que os concílios do segundo milênio são sínodos "papais" e que os do primeiro foram "concílios imperiais", com todas as limitações de verdadeira ecumenicidade que isso significa. Por isso, Klaus Schatz prefere adotar esta solução: são "ecumênicos" aqueles concílios que superaram posteriormente o processo de recepção, pelo menos da Igreja católica romana (Schatz, 1999, 13-14). Se o historiador se esforça por apresentar esse mesmo processo de recepção, não aplica à história nenhum critério estranho. Por outro lado, aqueles concílios que não resistiram ao processo de recepção, mas que em seu momento gozaram de notável significação, devem ser apresentados com a mesma exaustividade.

Na consolidação do cânon oficial de 21 concílios, exerceu notável influência a lista elaborada por Roberto Belarmino. O cardeal jesuíta estabelecia, em 1586, um número de 18, não de 19 concílios ecumênicos, já que eliminava da lista o concílio "conciliarista" de Constança (1414-1418), enquanto do concílio de Basileia (1431-1449) só reconhece sua prossecução em Florença, ordenada pelo papa (1439-1445). Pelo contrário, os galicanos franceses reconheciam plenamente como ecumênicos os concílios de Constança e Basileia, e este último, às vezes, também depois da separação do papa Eugênio IV, igualmente Pisa (1409) e, em casos isolados, também o "segundo" concílio antipapal de Pisa (1511-1512). No concílio de Trento (1545-1563), o Florentino não pôde alcançar o reconhecimento geral, devido à resistência dos galicanos; no entanto, foi recebido progressivamente pelos galicanos posteriores. Durante o século XIX, triunfa a lista de Belarmino com esta modificação: não foi assumida sua consequente supressão de Constança. Além disso, deve-se considerar que a lista "oficial" de concílios só possui validade definitiva e irreversível para aqueles concílios que ditaram decisões doutrinais importantes que não tenham sido assumidas em declarações doutrinais de concílios anteriores. Este princípio, além de valer para os sete primeiros concílios da Igreja antiga, valeria também para Latrão IV (1215), Trento, Vaticano I e Vaticano II.

O conceito de "concílio ecumênico" não remete, então, a uma realidade unívoca, mas a uma realidade analógica. À luz das observações precedentes, podemos dar conta dos 21 concílios ecumênicos, estabelecendo uma sequência segundo sua estrutura e características:

1. Os *concílios imperiais* da Antiguidade. Os sete ou oito primeiros concílios ecumênicos até os séculos VIII e IX foram celebrados conjuntamente pelo Oriente e pelo Ocidente e contam (até Niceia II, 787) com o reconhecimento comum por parte da Igreja católica e ortodoxa. Todos esses concílios têm lugar no Oriente, em Constantinopla ou arredores (Calcedônia, Niceia, Éfeso). Os quatro primeiros concílios ecumênicos, nos quais se formula o dogma trinitário e cristológico, foram comparados por Gregório Magno († 604) com os quatro Evangelhos. Neles estão representados os bispos do Oriente quase exclusivamente, do Ocidente normalmente só os legados do papa, nunca o próprio papa. Em conjunto, desde o século V, os concílios não podem alcançar reconhecimento "ecumênico" duradouro, em oposição permanente a Roma. São concílios da "Igreja imperial", convocados com a autoridade do imperador e realizados com seu apoio técnico e financeiro.

2. A segunda forma são os *concílios medievais da cristandade ocidental*. Este novo tipo de concílio só existe na Igreja ocidental. Chega a aparecer em duas formas diferentes, estruturalmente aparentadas entre si. A primeira são os concílios *papais* da alta Idade Média. Este tipo se configura nos "concílios gerais" do século XII (Latrão I, II, III). O termo *concilium generale* aparece já nos *Dictatus papae* de Gregório VII. Consolida-se em Latrão IV (1215), alcança seu cume em Lyon II (1274) e experimenta sua primeira crise em Vienne (1311-1312). Além da presidência papal, resulta característica uma composição a partir das diversas "camadas" da cristandade (não só dos bispos) e o tratamento de questões também políticas. A estes concílios sucedem, depois da crise do papado de Avinhão e do grande cisma papal (1378), os concílios conciliaristas – também chamados concílios de união e de reforma – Pisa (1409), Constança (1414-1418) e Basileia (1431-1440). Como os concílios papais, são "assembleias gerais da cristandade". Radicalizam o caráter de "representação" da Igreja universal, já que não se consideram como grêmios papais de consulta nem como assembleias das igrejas locais (como os concílios antigos), mas como instância suprema da Igreja universal em chave corporativa. O concílio "papal" de união de Florença (1439) não se ajusta a nenhuma dessas categorias. O concílio de Latrão V, convocado como "anticoncílio" do concílio "conciliarista" de Pisa (1511-1512), constitui um retorno ao tipo de concílio papal da alta Idade Média.

3. O último tipo são os *concílios da Igreja católica confessional da época moderna* (Trento, Vaticano I, Vaticano II): depois da ruptura confessional do século XVI, são assembleias já não do Ocidente ou de um mundo cristão, mas da Igreja católica-romana. São tomadas de posição da Igreja católica em um mundo que, em sua metade, se separou da autoridade desta Igreja (Trento), que se seculariza progressivamente

(Vaticano I e II). Trento sai ao encontro daqueles pontos doutrinais impugnados pela Reforma luterana. O concílio Vaticano I (1870) formulou os dogmas do primado de jurisdição e infalibilidade papais. O Vaticano II, que foi caracterizado como "o concílio da Igreja sobre a Igreja", representa um contraponto ao Vaticano I com uma doutrina da colegialidade episcopal que afeta decisivamente a própria essência do concílio. Em sua composição, predominam novamente os bispos; além deles, correspondendo à sua relevância dentro da Igreja católica, têm voz e voto os representantes das ordens sacerdotais mais importantes. Foram também convidados observadores de outras igrejas cristãs.

IV. Princípios para uma teologia do concílio. As determinações atuais do direito canônico constituem, sem dúvida, as condições necessárias para estabelecer a ecumenicidade de um concílio. Mas, em vista das dificuldades históricas, estes critérios se mostram insuficientes na hora de propor uma teologia do concílio. Se para fazer eclesiologia, é indeclinável o recurso à história da instituição eclesial, pode-se bem afirmar que a melhor teologia do concílio será uma história dos concílios.

Na investigação recente, deu-se um passo a mais. H. J. Sieben veio traçando, ao longo de vários anos de investigação, uma peculiar história dos concílios, cujo objetivo específico de estudo é a própria história da noção de concílio, desde a Igreja antiga até nossos dias, desde o concílio dos Apóstolos até o Vaticano II. Aí deixou a certeza desta "lei": a práxis conciliar foi decisiva para o desenvolvimento de uma teoria teológica sobre o concílio. O desenvolvimento da ideia conciliar não procede exclusivamente do concílio mesmo, mas de sua recepção, quer dizer, da reflexão suscitada pelo processo de recepção. Deve-se atribuir significado especial aos concílios de Niceia I, de Calcedônia, de Constantinopla II e de Niceia II. A categoria fundamental com a qual a Igreja antiga pensa a fé de Niceia como verdade divina é o conceito de *paradosis*, quer dizer, a partir da tradição. "A fé doada por Cristo, proclamada pelos Apóstolos, é *transmitida* pelos padres congregados em Niceia que procedem de toda a *ecumene*" (Atanásio). Um segundo aspecto da primeira teoria conciliar é o recurso ao princípio do *consensus omnium* sob a ação inspiradora do Espírito Santo. Em outras palavras: o concílio é essencialmente *paradosis* no sentido ativo e passivo da palavra, pois transmite a fé antiga em fórmulas novas. Em seguida, diante de novos problemas dogmáticos, toma-se consciência de que a *fides nicaena*, por si só, não basta. Esta certeza de que os concílios proclamam a mesma e idêntica fé da Igreja através de formulações variadas se alcança através dos debates que culminam na doutrina cristológica de Calcedônia. Desde a história da instituição sinodal, *paradosis* e *consensus*, quer dizer, o consenso diacrônico e o sincrônico, representam os elementos essenciais do concílio. O sentido do concílio ecumênico reside, então, na verificação do duplo consenso, o horizontal (das igrejas) e o vertical (com relação à Escritura e à tradição). Em Niceia II (787), registra-se uma reflexão acerca da ecumenicidade dos concílios anteriores que retém, por um lado, o critério da concordância e homogeneidade com relação aos concílios precedentes reconhecidos como tais, e assinala, por outro lado, a participação das autoridades competentes, de maneira especial os patriarcados e a Igreja de Roma. A resistência que os *Libri Carolini* manifestam diante do segundo concílio de Niceia é expressão da ideia de concílio que vem caracterizar os concílios medievais latinos. A Igreja franca não só reivindica seu peso no Ocidente, mas também reclama uma representação paritária dos episcopados locais e questiona uma ideia de concílio assentada sobre o princípio da participação das sedes patriarcais. Os padres sinodais representam suas igrejas locais. É o germe do conceito medieval de "representação": o sínodo representa e potencializa a Igreja.

O anúncio da celebração do concílio por parte de João XXIII provocou uma nova reflexão sobre a natureza da instituição conciliar. A teoria dos manuais, redigidos à sombra das definições papais do Vaticano I, concedia-lhe escassa relevância e concentrava-se na explicação da origem papal da autoridade que os bispos exercem no concílio. As tentativas mais inovadoras de elaborar uma teologia do concílio se devem a Y. Congar, H. Küng e K. Rahner.

Congar parte da Igreja antiga para reabilitar, a partir da noção de comunhão e da colegialidade episcopal, a conciliaridade essencial da Igreja. Os concílios não fazem parte da *estrutura essencial* da Igreja, como os sacramentos ou o primado de Pedro. São de instituição eclesiástica; ao máximo, instituição apostólica, mas não de direito divino. Pois bem, desde muito cedo, foram atos privilegiados e expressão excepcionalmente autorizada da *vida* da Igreja. Traduzem a lei profunda desta vida que é comunhão e unanimidade. Por isso, os concílios se reúnem quando a consciência da Igreja está profundamente turbada, particularmente pelas heresias, ou quando uma grande determinação que afeta toda a Igreja deve ser tratada de maneira unânime. Daí a historicidade dos concílios, quer dizer, as condições concretas nas quais eles foram realizados puderam variar e o fizeram ao longo da história. Seu objetivo é obter um apaziguamento da consciência da Igreja ou seu consentimento unânime. Sua lei não é a da maioria, mas a da unanimidade, pois se trata de reconhecer a tradição ou o sentir da Igreja. Dito brevemente: o concílio expressa a comunhão e a unanimidade dos bispos na fé.

H. Küng colocou a ideia de representação no centro de sua reflexão sobre o concílio, enlaçando com os estudos realizados sobre o conciliarismo do século XV. Essa noção tradicional de "representação" propiciava, além disso, uma abertura ecumênica, pois dava entrada à exigência formulada por Lutero acerca da participação de leigos no concílio. Küng estabelece esta equação: "o concílio ecumênico por convocação humana é representação do concílio ecumênico por convocação divina". Não diz que o concílio representa a Igreja; mas antes, sua interpretação da ideia tradicional de representação leva aparelhado um duplo deslocamento de acentos. Por um lado, aproxima entre si os conceitos Igreja-concílio a partir de uma análise do termo grego *ekklesia* e da palavra latina *concilium* (*con-calare* = convocar). Esta aproximação permite transladar afirmações sobre o concílio à Igreja e vice-versa. Por outro lado, estabelece um contraste entre o caráter divino e humano dos concílios. Isso permite, em primeiro lugar, trasvasar ao concílio por uma convocação humana – como já fizera João de Ragusa – as propriedades essenciais da Igreja: unidade, santidade, catolicidade, apostolicidade. Elas estabelecem os critérios de qualidade de um concílio. Em segundo lugar, no marco da apostolicidade, devem-se tirar as consequências da historicidade de uma estrutura essencial da Igreja, como é o ministério de Pedro em sua relação com a Igreja e com o concílio. Em perspectiva ecumênica, deve ser revisado em vista da unidade da Igreja. Em terceiro lugar, se o concílio representa a Igreja, é necessário recolocar a participação dos leigos no concílio. As propostas de Küng são válidas e pertinentes, apesar da debilidade do ponto de partida: o conceito de concílio não deriva diretamente do conceito de Igreja, mas do conceito de colegialidade episcopal. Este é o aspecto que constitui o eixo das reflexões de K. Rahner sobre o concílio.

Seu ponto de partida é a natureza colegial do episcopado. A tese fundamental soa assim: sujeito do "supremo poder" reconhecido ao concílio ecumênico é o episcopado universal, enquanto encontra no papa sua unidade e seu vértice supremo. Afirma, por conseguinte, a existência de um único e supremo sujeito da autoridade suprema na Igreja, a saber, a unidade do colégio episcopal sob sua cabeça. Este sujeito tem a possibilidade, correspondente à sua própria essência, de poder agir de diversa maneira sem dissolver por isso a unidade do sujeito que age: seja na atuação do papa como cabeça do colégio, seja de uma maneira na qual a colegialidade do único colégio aparece em todo o seu esplendor na celebração do concílio. A autoridade do concílio ecumênico descansa na atuação conjunta do episcopado com o papa como sua cabeça. Os bispos reunidos em concílio deliberam e decidem sobre questões de fé e disciplina da Igreja universal em virtude de seu ministério, como "postos pelo Espírito Santo" (At 20,28), como sucessores dos apóstolos, não como meros delegados do papa, mas sim em comunhão com ele. Rejeita, assim, a opinião que vê nos bispos reunidos em concílio somente mandatários do papa. Neste caso, só atuaria a cabeça, e os concílios ecumênicos, convertidos em grande demonstração ou em mero conselho deliberativo, seriam supérfluos.

Não tem havido novas tentativas de precisar uma teoria teológica sobre o concílio. Esta constatação encontra uma possível explicação à luz de certas observações. O concílio Vaticano II deu uma tríplice contribuição à reflexão sobre o concílio: em primeiro lugar, precisou e recuperou as afirmações tradicionais sobre os concílios ecumênicos; em segundo lugar, estipulou uma nova instituição sinodal, o sínodo romano dos bispos; prescreveu, em terceiro lugar, para a Igreja universal as conferências episcopais, uma estrutura sinodal que já funcionava. Estas duas instituições vieram açambarcando o interesse da reflexão pós-conciliar em estreita relação com a emergência de outros importantes elementos: a renovação da vida sinodal no nível da Igreja local e a temática da recepção.

G. Alberigo (ed.), *Historia de los concilios ecuménicos*, Salamanca, Sígueme, 1993; Id., (dir.), *Storia del concilio Vaticano II*, 5 vols., Bolonha, Il Mulino, 1995-1999; R. Aubert, *Vaticano I*, Vitória, Eset, 1970; P. Th. Camelot, *Éfeso y Calcedonia*, Vitória, Eset, 1971; N. de Cusa, *De concordantia catholica*, Lib. II, Madrid, 1987; R. Foreville, *Lateranense I, II e III e Lateranense IV*, Vitória, Eset, 1972; C. Gutiérrez, *Trento: un concilio para la unión (1550-1552)*, 3 vols., Madrid, 1981; C. J. Hefele e H. Leclerc, *Histoire des Conciles, d'après les documents originaux*, Paris, 1907-1952; H. Jedin, *Breve historia de los concilios*, Barcelona, Herder, 1963[3]; Id., *Historia del concilio de Trento*, 4 vols., Pamplona, EUNSA, 1972-1981; J. Ortiz de Urbina, *Nicea y Constantinopla*, Vitória, Eset, 1970; K. Schatz, *Los concilios ecuménicos. Encrucijadas en la historia de la Iglesia*, Madrid,Trotta, 1999; D. Stiernon, *Constantinopla IV*, Vitória, Eset, 1969; H. Wolter e Holstein, *Lyon I y II*, Vitória, Eset, 1979; A. Zambarbieri, *Los dos concilios del Vaticano*, Madrid, San Pablo, 1996.

Santiago Madrigal

CONSELHO MUNDIAL DE IGREJAS

É uma comunidade de igrejas que conta atualmente com 342 igrejas-membros em mais de 120 países de todos os continentes. No primeiro artigo de sua Constituição, é definida em que base lhe aderem seus membros: "O Conselho Mundial de Igrejas é uma comunidade de igrejas que confessam o Senhor Jesus Cristo como Deus e Salvador, segundo o testemunho das Escrituras, e procuram responder juntas à sua vocação comum, para a glória do Deus único, Pai, Filho e Espírito Santo". As diversas tradições do cristianismo representadas no Conselho Mundial de

Igrejas (daqui em diante indicada com a sigla CMI) são as seguintes: ortodoxas (que aceitam o símbolo de Calcedônia), ortodoxa oriental (não calcedônia), anglicana, luterana, reformada, batista, metodista, evangélica, pentecostal, bem como algumas igrejas "instituídas na África" (também chamadas "independentes africanas"). A Igreja católica romana não é membro do CMI, embora colabore em algumas instâncias institucionais, segundo se verá mais adiante.

I. Antecedentes, fundação e começo. O CMI foi fundado em 1948, por ocasião de sua Primeira Assembleia, que teve lugar em Amsterdam (Países Baixos). A decisão de sua criação foi o resultado de longo processo entre dirigentes eclesiásticos, teólogos e leigos, sobretudo da Europa ocidental, que pouco a pouco foi ganhando terreno em outras partes da *oikoumene* (do grego "todo o mundo habitado"). Entre os mentores da causa da unidade das igrejas devem ser mencionados o teólogo D. E. Jablonski (1660-1741), cujo objetivo era voltar a dar à Europa, desde o Atlântico até os Urais, a unidade perdida por causa das divisões confessionais que foram motivo de guerras e de conflitos de religião. Estas tentativas de restabelecer uma comunhão mínima entre as igrejas também estavam motivadas pelas intenções políticas dos governantes da Prússia e de Hannover, a cujo serviço trabalhavam Leibniz e Jablonski.

O movimento ecumênico moderno começou a precisar-se no século XIX. Distingue-se do ecumenismo clássico que, a partir do século IV, foi um dos instrumentos dos imperadores de Roma e de Bizâncio (dado que a eles incumbia convocar os "concílios ecumênicos"). O movimento que conduziu à fundação do CMI esteve orientado principalmente por leigos. A formação das Associações Cristãs de Jovens e das Associações Cristãs Femininas (entre 1844 e 1854) foi uma manifestação da tomada de consciência de jovens leigos de diversas igrejas da necessidade de que, nas sociedades industrializadas, os cristãos dessem testemunho unido dos elementos comuns de sua fé.

Em 1895, foi fundada a Federação Universal de Movimentos Estudantis Cristãos. John R. Mott, leigo metodista que trabalhava com as Associações Cristãs de Jovens dos Estados Unidos, foi o dirigente mais ativo no movimento estudantil cristão e desempenhou papel preponderante no processo que culminou com a formação do CMI. John H. Oldham, leigo da Igreja reformada da Escócia, foi outra das personalidades que tiveram grande influência na criação do CMI. Esta dimensão laica, não clerical, é um dos traços mais destacados do movimento ecumênico moderno.

Cabe mencionar igualmente a contribuição decisiva do movimento missionário. Aqueles que proclamavam o Evangelho, principalmente na África e na Ásia, tomaram consciência de que a presença de pessoas enviadas por diversas organizações missionárias dava lugar a uma contradição. Apesar de sua mensagem de amor, de paz e de unidade, o cristianismo era um fator de separação. A partir dessa observação, os responsáveis de diversas obras missionárias ocidentais decidiram convocar reuniões internacionais. Entre elas se destaca, pela influência que teve sobre o processo que levou à fundação do CMI, a Conferência Mundial Missionária, que se celebrou em Edimburgo em 1910. Esta Conferência impulsionou a formação do Congresso Internacional Missionário, que aderiu ao CMI em 1961.

Nesse processo é mister mencionar as contribuições eclesiásticas.

Primeiramente, a da Comunhão anglicana, que, desde o decênio de 1880, havia começado a discutir a proposta de W. R. Hutington (1838-1918) de que se adotasse uma base firme para fazer avançar a causa da unidade entre as igrejas. Em 1886, a Igreja episcopal dos Estados Unidos (de confissão anglicana) aprovou o chamado "Quadrilátero de Lambeth". Este texto foi praticamente o mesmo que 252 bispos de confissão anglicana reunidos em Lambeth, em 1920, adotaram em seu *Chamado a todo o povo cristão*. Conta com quatro propostas básicas. Daí este documento anglicano, que, durante vários decênios, exerceu uma influência clara sobre as conversações ecumênicas relativas a questões dogmáticas, se tornou conhecido com o nome de *Quadrilátero de Lambeth*. Segundo este texto, há quatro elementos essenciais a se levar em conta na restauração da unidade cristã: 1) as Escrituras do Antigo Testamento e do Novo Testamento como a palavra de Deus revelada; 2) o credo niceno como afirmação suficiente da fé cristã; 3) os dois sacramentos ordenados por Cristo – o batismo e a ceia do Senhor – que devem ser administrados com as mesmas palavras de Cristo e com os elementos que ele ordenou; 4) o episcopado histórico, adaptado localmente em seus métodos e administração, para atender às necessidades das nações e dos povos que Deus chamou à unidade da Igreja.

Em segundo lugar, a iniciativa do patriarcado de Constantinopla, depois da decisão do Santo Sínodo dessa Igreja, que em 10 de janeiro de 1919 publicou um convite a todas as igrejas cristãs a formarem uma "liga de igrejas". W. A. Visser't Hooft, que foi o primeiro secretário-geral do CMI entre 1948 e 1968, afirma que a Igreja de Constantinopla foi a primeira que tomou a decisão de colocar em marcha um órgão permanente para contribuir para a construção de uma comunidade de igrejas e para que cooperassem entre si.

As contribuições mencionadas criaram um clima propício para iniciativas ecumênicas que logo acabaram convergindo na formação do CMI. Uma delas foi a do arcebispo N. Söderblom (1866-1931), que, na tentativa de responder aos desafios que havia colocado às igrejas europeias "a grande guerra" (1914-1918), convocou uma "Conferência ecumênica mundial sobre vida e ação da Igreja", que teve lugar em Estocolmo (1925). A influência da corrente teológica do "cristianismo social" fez-se sentir com força nessa Conferência. Por isso, não é de estranhar que os teólogos que aderiram à "teologia da crise", que tanta importância teve na teologia protestante depois da Primeira Guerra Mundial, expressaram tão vivas críticas à Conferência. Em Estocolmo, decidiu-se fundar o Movimento de Vida e Ação da Igreja, do qual poucos anos mais tarde John H. Oldham foi secretário-geral e conseguiu orientá-lo para uma posição realista e mais coerente no âmbito da reflexão teológica.

Outra iniciativa foi empreendida por Charles Brent (1862-1929). De nacionalidade canadense, foi bispo da Igreja episcopal da América do Norte nas Filipinas desde 1901. Na Conferência mundial sobre a missão de Edimburgo, expressou publicamente sua convicção da necessidade de convocar uma conferência mundial sobre questões relativas à fé e à constituição das igrejas. Motivado por uma visão ecumênica muito definida, Brent foi um dirigente do movimento ecumênico e não somente de "Fé e Constituição". Seus esforços se concretizaram, quando teve lugar em Lausane (Suíça) a primeira Conferência mundial deste movimento. A segunda teve lugar em Edimburgo em 1937.

Ambos os movimentos, "Vida e Ação" e "Fé e Constituição", decidiram, nesse mesmo ano, unir seus esforços em favor da unidade cristã e criar o CMI. Em 1938, realizou-se a primeira reunião do Comitê do Conselho Mundial de Igrejas em processo de formação. Foi presidido pelo arcebispo de Canterbury, William Temple. O plano, que este comitê (de quatorze membros: sete representantes de "Vida e Ação" e outros tantos de "Fé e Constituição") traçou, previa a primeira Assembleia do CMI em 1942. O estouro da Segunda Guerra Mundial impediu que este plano se concretizasse.

O obstáculo que significou a conflagração mundial de 1939 a 1945 permitiu àqueles que participavam do movimento ecumênico tirar ensinamentos que se aplicaram imediatamente depois do fim da guerra. Eram respostas ecumênicas a graves problemas desencadeados pelo conflito: assim foi que tomou forma o serviço aos refugiados, que até o dia de hoje é parte muito importante dos programas do CMI. Outra resposta foi a participação da quase totalidade dos dirigentes do movimento ecumênico na resistência contra o fascismo e o nazismo. Isso deu ao CMI uma orientação solidária com movimentos democráticos e populares que o caracterizou até o presente momento. Quando se firmou a paz na Europa ocidental, Visser't Hooft (então secretário executivo do CMI em formação) viajou imediatamente aos Estados Unidos. O reconhecimento do que já se havia alcançado foi muito amplo. Foi quase unânime a adesão das chamadas "igrejas tradicionais" (ou seja, as que aderem ao protestantismo tradicional nos Estados Unidos).

A primeira Assembleia teve lugar em Amsterdam durante o período da reconstrução da Europa. O contexto político era o começo da guerra fria. O contexto econômico estava dominado pela imposição gradual da ordem internacional decidida na reunião de Bretton Woods (1944). O contexto social caracterizava-se por uma tensa confrontação entre o capital e as organizações dos trabalhadores. O Estado benfeitor foi a expressão de um compromisso, alcançado tacitamente nesses anos, que teve efeitos válidos por quase três decênios. Esses elementos influíram na decisão das igrejas de fundar o CMI. E, apesar dos intensos debates e enfrentamentos, na mensagem final da assembleia se destacou que as igrejas "haviam decidido continuar juntas". O período que se seguiu à reunião de Amsterdam foi decisivo. Muitos viam no CMI um projeto de formação de uma Igreja universal, que imporia suas decisões a confissões e denominações. Pouco depois, na reunião celebrada em Toronto (1950), se adotou um documento com o título: *O que é e o que não é o Conselho Mundial de Igrejas*. Neste documento se afirma que o CMI não é, nem pretende ser, uma super-igreja. Também se diz que as igrejas mantêm sua plena autonomia em suas relações com o Conselho. Ser membro do CMI não significa que uma igreja entenda sua concepção do ser eclesial como algo relativo. O CMI não tem nenhuma definição dogmática de como se deve constituir a unidade entre as igrejas. Os pressupostos sobre os quais se apoia o CMI afirmam que as igrejas-membros partilham a convicção de que "Cristo é a cabeça divina do Corpo" (da Igreja) e que a Igreja de Cristo é una, segundo afirma o Novo Testamento. Outro pressuposto é que a Igreja de Cristo é mais inclusiva do que a quantidade de membros de uma denominação ou confissão particular. Daí o caráter aberto do CMI. As igrejas-membros reconhecem, nas outras igrejas, elementos da verdadeira Igreja. Portanto, a pertença ao CMI significa que as igrejas são solidárias entre si, dispostas a ajudar-se umas às outras. As igrejas que formam a comunidade do CMI afirmam a necessidade de consultar-se umas às outras. Daí que o CMI seja um "conselho" (*consilium*) e não um "concílio" (*concilium*).

Como não podia ser de outra maneira, à medida que o CMI se foi consolidando, conquistou um maior reconhecimento entre as igrejas, e a instituição foi ganhando espaço sobre o movimento. Durante muito tempo, em círculos afins ao CMI, se disse que era "um instrumento privilegiado do movimento ecumênico". O CMI afirmou que "não deve estar paralisado pelo institucionalismo"; no entanto, reconhece também que tem inevitavelmente um perfil institucional e necessário, com o qual tenta fortalecer o movimento ecumênico. Em consequência, a tensão entre a instituição e o movimento está claramente colocada na organização do CMI.

II. Organização. As Assembleias, que se celebraram a cada sete ou oito anos, têm grande importância tanto para o CMI como para o movimento ecumênico. As últimas deram ocasião para que se reunissem mais de 900 delegados das igrejas-membros. Além destes representantes, que têm direito a voz e a voto, assistem a cada Assembleia vários milhares de pessoas: assessores, delegados fraternos das igrejas e de organizações ecumênicas, convidados especiais e muitas pessoas que participam do movimento ecumênico em seus respectivos países e regiões. Até o presente momento, foram organizadas oito Assembleias: em Amsterdã (Países Baixos, 1948), Evanston (Estados Unidos, 1954), Nova Délhi (Índia, 1961), Upsala (Suécia, 1968), Nairóbi (Kênia, 1975), Vancouver (Canadá, 1983), Canberra (Austrália, 1991) e a última em Harare (Zimbabwe, 1998). Além de examinar os programas e assuntos correntes do CMI, cada Assembleia tem suas características próprias. A primeira distingue-se pela decisão dos representantes das igrejas de criar o CMI em contexto de graves tensões políticas, sociais e econômicas. A segunda, em Evanston, subúrbio de Chicago, realizou-se quando a repressão ideológica, impulsionada pelo senador J. McCarthy nos Estados Unidos contra tendências progressistas, havia alcançado seu ponto álgido. Isso não impediu que o CMI começasse um processo de abertura das igrejas da Europa do Leste.

A terceira Assembleia caracterizou-se por quatro fatos muito significativos: a) O Conselho Mundial Missionário aderiu oficialmente ao CMI, dando-lhe maior força. b) No início do pontificado de João XXIII, a Santa Sé da Igreja católica romana decidiu participar do movimento ecumênico. Antes da reunião de Nova Délhi, se havia inaugurado o concílio Vaticano II, no qual importante número de teólogos de outras igrejas e comunidades eclesiais participaram como delegados, o que contribuiu para enriquecer o diálogo ecumênico. c) As igrejas ortodoxas, em sua totalidade, decidiram aderir ao CMI. A dimensão desta decisão transcendeu a vida das igrejas: o movimento ecumênico abriu-se às igrejas dos países do Leste europeu (governadas por regimes comunistas ateus) e, ao mesmo tempo, se construíram novas pontes de comunicação, por meio das igrejas, entre os dois blocos politicamente opostos. d) Importante número de igrejas da África, da Ásia, da América Latina e do Caribe solicitou para serem membros do CMI. Foi um dos resultados do programa de estudos sobre "As igrejas e as rápidas mudanças sociais", empreendido depois da segunda Assembleia. Este acontecimento deu ao CMI uma dimensão planetária: a partir do encontro de Nova Délhi, deixou de ser organismo "ocidental", e abriu-se ao que então se chamava de "Terceiro Mundo". As consequências desta evolução tornaram-se evidentes na vida do CMI poucos anos mais tarde.

A quarta Assembleia realizou-se poucos anos depois de terminar o concílio Vaticano II, em ambiente que se pode chamar de "primavera ecumênica". Teve lugar poucos meses depois dos acontecimentos de maio de 1968 na França. No Terceiro Mundo, as lutas pela libertação socioeconômica e política marcavam o ritmo dos acontecimentos. Nos Estados Unidos afiançou-se o movimento pelos direitos civis e pela igualdade racial. No entanto, aqueles que se opunham aos direitos civis das minorias étnicas não estavam dispostos a ceder: em abril de 1968, Martin Luther King, que havia sido convidado a fazer o discurso de abertura da Assembleia, foi assassinado. Nesse contexto, o CMI foi-se orientando para um ecumenismo militante, solidário com os movimentos que lutavam pela justiça social.

A quinta Assembleia foi o momento de consolidação dessa tendência. Seu tema deu testemunho disso: "Jesus Cristo liberta e une". Os assuntos que a dominaram estavam relacionados com o nível alcançado pelo movimento ecumênico no início dos anos 1970. Tanto o Vaticano, cujos representantes participaram dos trabalhos de "Fé e Constituição", como o CMI estiveram de acordo em afirmar que o período que nesse tempo vivia o movimento ecumênico se caracterizava pela existência de "uma comunidade conciliar". No que diz respeito ao pensamento social do CMI, decidiu-se iniciar um programa sobre uma "sociedade justa, participativa e ecologicamente viável". Outras decisões no âmbito da ação social foram: aprofundar na luta contra o racismo; destacar que o ecumenismo significa, entre outras coisas, solidariedade com os pobres; comprometer-se mais na defesa e na promoção dos direitos humanos. Tudo isso induziu o pastor Philip Potter, da Igreja metodista no Caribe, secretário-geral do Conselho entre 1972 e 1984, a postular, como visão orientadora do movimento ecumênico, "a construção de uma plataforma que permitisse um diálogo universal de cultura em pé de igualdade", por meio das igrejas.

A sexta Assembleia centrou sua atenção no tema "Jesus Cristo: vida do mundo". A intervenção soviética no Afeganistão havia atiçado as tensões entre o Ocidente capitalista liberal e o mundo comunista liderado pela União Soviética. A Administração Reagan, à frente dos Estados Unidos, reforçou as posições dos setores conservadores, influindo na tomada de posições das igrejas. Nesta Assembleia se recebeu o texto de convergência elaborado por "Fé e Constituição" sobre "Batismo, eucaristia e ministério". A celebração eucarística inicial seguiu a proposta litúrgica de "Fé e Constituição" para uma celebração comum do mistério da fé. As igrejas, nessa reunião de Vancouver, reafirmaram sua decisão de lutar pela defesa da vida e da justiça. Empreendeu-se um programa que culminou em Seul, Coreia do Sul, em 1990, concebido como processo conciliar pela justiça, pela paz e pela integridade da criação. Esperava-se a participação da Santa Sé da Igreja católica romana, mas não se concretizou. Pois bem, o Vaticano deixou a critério dos episcopados nacionais a decisão a esse respeito. O processo teve aspectos positivos, mas não conseguiu causar grande entusiasmo entre as igrejas-membros. Durante esse período, produziu-se a deterioração acelerada da União Soviética e a dissolução do bloco comunista. Muitas igrejas da Europa tiveram dificuldades para ajustar-se à nova situação geopolítica. A Philip Potter sucedeu o pastor Emílio Castro, da Igreja metodista do Uruguai, no cargo de secretário-geral, que ocupou até o final de 1992.

O tema da sétima Assembleia teve um tom de oração: "Vem, Espírito Santo, renova toda a criação". Quatro elementos da Assembleia influíram na vida do CMI: a) no plano institucional, decidiu-se impulsionar uma reforma da estrutura da organização; b) as questões de gênero suscitaram animados debates entre os delegados das igrejas, os quais culminaram com a decisão de proclamar o "Decênio de solidariedade das igrejas com as mulheres", de 1991 ao final de 2000; c) as igrejas ortodoxas, que viviam situação nova com a queda dos regimes comunistas, começaram a participar com novo dinamismo nos debates e na vida do CMI: haviam deixado de ser instrumento dos respectivos governos e começaram a fazer valer suas tradições; d) a preocupação pelos problemas do meio ambiente e pela sustentabilidade da vida apontava para a prioridade que as igrejas davam às questões relacionadas com o meio ambiente. Em 1993, o pastor Konrad Raiser, da Igreja evangélica alemã, assumiu a Secretaria Geral do Conselho.

A última Assembleia coincidiu com a celebração do quinquagésimo aniversário do CMI. Teve caráter jubilar, que se relacionou com o tema bíblico do jubileu (Lv 25): "Buscai a Deus com a alegria da esperança". O contexto africano influiu no caráter da reunião, especialmente no que diz respeito às celebrações litúrgicas e ao estilo dos debates. Os delegados decidiram convidar as igrejas a empreender um novo "Decênio para superar a violência". O tema da mundialização promoveu intensos diálogos e reflexões. Outro elemento que caracterizou a Assembleia foi o debate sobre o futuro do CMI, baseando-se no documento normativo "Para um entendimento e uma visão comuns do CMI". As igrejas ortodoxas, por sua parte, expressaram claramente suas exigências para estar mais presente nos órgãos reitores do Conselho, nos comitês que orientam seus programas e na Secretaria Executiva do CMI. Estas colocações deram lugar à formação de uma "Comissão Especial" que recebeu o mandato de formular um documento sobre a participação das igrejas ortodoxas na vida do CMI.

Os representantes das igrejas que participam nas Assembleias elegem os membros de um Comitê central e um Comitê executivo. O primeiro está constituído por 150 membros e tem a competência de orientar os diversos programas do CMI. Reúne-se uma vez ao ano, embora, às vezes, faça a cada dezoito meses. São vinte e cinco os membros que integram o segundo comitê, que se reúne a cada seis meses. Este órgão tem a responsabilidade de supervisionar e administrar a vida do CMI. Quanto ao seu pessoal executivo, que foi reduzido durante os últimos anos, está composto por pessoas que contam com o apoio de suas respectivas igrejas e procedem de todas as regiões do mundo. O CMI tenta alcançar a meta de que o número de mulheres encarregadas de programas seja o mesmo que o dos homens.

As propostas das Assembleias dão lugar a recomendações do Comitê central em favor de colocar em marcha os programas. Esses programas culminam com um informe que, depois de ser submetido à aprovação do Comitê central, é comunicado para seu exame às igrejas-membros e, se é bem recebido, se decide a respeito do seguimento que lhe deve ser dado. As igrejas têm total liberdade de aprovar ou não os programas que o CMI realiza e, sobretudo, os documentos que comunicam esses programas. A autoridade de suas recomendações radica no valor inerente dos documentos que são submetidos à consideração das igrejas.

III. Alguns programas do CMI. Quando se fundou o CMI, foram preservados em sua organização os movimentos de reflexão e ação que se uniram para fundá-lo: "Fé e Constituição" e "Vida e Ação". Do mesmo modo, desde que o Conselho Missionário Internacional tomou a decisão de aderir ao CMI, o programa sobre Missão Mundial e Evangelização é uma das prioridades da vida do CMI. "Fé e Constituição" cria as condições para que os representantes das igrejas entabulem um diálogo sobre questões dogmáticas, a fim de facilitar a aproximação entre as igrejas e fomentar sua comunhão. A Santa Sé da Igreja católica romana participa desta Comissão e de seus trabalhos. Outro testemunho do empenho ecumênico do Vaticano é o Grupo misto de trabalho, constituído paritariamente por representantes designados pela Santa Sé e pelo CMI que, desde 1965, contribui para orientar a colaboração entre os dois organismos, particularmente na organização da Semana de Oração pela Unidade dos Cristãos. Este Grupo misto de trabalho prestou atenção especial a temas relacionados com a unidade da igreja, com o testemunho comum e com a cooperação das igrejas na ação social. O vínculo de "Fé e Constituição" com o Grupo misto de trabalho é muito estreito e apreciado pelas igrejas.

"Vida e Ação" deu lugar ao programa de "Igreja e Sociedade", que pôs em marcha projetos de reflexão sobre uma "sociedade responsável", "as igrejas e as rápidas mudanças sociais", "fé, ciência e tecnologia", a contribuição das igrejas para a construção de uma "sociedade justa, participativa e viável", além de organizar importantes conferências ecumênicas (Salônica, 1959; Genebra, 1966; Bucareste, 1974; MIT, Boston, Mass., 1979).

"Missão Mundial e Evangelização" mantém e alenta o diálogo ecumênico em torno da missão cristã, como expressão da *missio Dei*, e publica periodicamente uma revista (*International Rewiew of Mission*). Por outra parte, organiza a cada sete anos uma Conferência Mundial sobre Missão. A última realizou-se em Salvador, Bahia (Brasil), em 1996.

Alguns programas do CMI deram lugar a acaloradas polêmicas entre as igrejas. Foi o caso do "Programa de luta contra o racismo", que decidiu criar um Fundo de luta contra o racismo, para o qual contribuem algumas igrejas que sustentam projetos de índole humanitária de grupos que fazem frente à injustiça e à discriminação racial. Este programa fez contribuições em favor de movimentos de libertação, como o ANC, na África do Sul; o MPLA, em Angola; o PAIGC de Guiné Bissau e de Cabo Verde, que haviam optado pela luta armada para fazer valer suas exigências. A posição do CMI deu lugar a que algumas igrejas renunciassem à sua qualidade de membros, como foi o caso do Exército da Salvação, em 1978, embora mantenha um estatuto de "relação fraterna" com o CMI. Outro programa polêmico foi o da "Comissão das Igrejas para a participação no desenvolvimento" (CIPD) que, fazendo eco às diversas teologias de libertação formuladas entre 1970 e 1980, promoveu uma reflexão sobre "uma Igreja dos pobres". Apesar das resistências que suscitou, particularmente entre igrejas dos países ricos, foi aprovado pelo Comitê Central do CMI em 1980. Isso deu lugar a que o CMI organizasse programas de cooperação com as igrejas e governos de países como Zimbabwe, Nicarágua (entre 1979 e 1084), Tanzânia e outros.

O CMI tem longa tradição de defesa e promoção dos direitos humanos. Quando, durante o decênio de 1970, muitos países do chamado "Terceiro Mundo" eram governados por regimes militares, que aplicavam a doutrina da segurança nacional proposta pelos Estados Unidos, o Conselho e muitos organismos conexos de cooperação apoiaram movimentos pelos direitos humanos que as igrejas, em muitos países do Sul, ajudaram a impulsionar. (A Comissão das Igrejas para Assuntos Internacionais (CIAI)), que é parte do CMI, apoiou estes programas. Além disso, empreendeu um processo de reflexão e ação "contra o militarismo e a corrida de armamentos".

Essas tomadas de posição foram criticadas duramente pelos poderes, tanto ocidentais como da Europa do Leste. Os ataques contra o CMI cresceram gradualmente a partir da segunda metade dos anos 1970. Entre eles, deve-se citar a campanha da imprensa lançada contra o CMI pelo Instituto de Religião e Democracia, auspiciado pelo American Institute of Enterprise. A imagem que estes oponentes comunicavam do CMI era a de um organismo que se preocupa mais de questões econômicas, sociais e políticas do que de assuntos espirituais, que divide mais do que une. O CMI, por sua parte, entende que o caminho da unidade cristã não se pode construir com exclusões, sejam étnicas, de gênero, sociais ou econômicas.

Ao entrar no século XXI, quando o ecumenismo passou a ser assunto ordinário na vida de muitas igrejas, que responderam ao desafio do movimento ecumênico, criando instâncias burocráticas especializadas para tratar as questões da unidade cristã, o CMI se enfrenta, entre outros, com um dilema que consiste em decidir se deve centrar-se na unidade das instituições eclesiásticas ou se tem de responder ao desafio daqueles que, motivados pelo Evangelho de Jesus, o Messias, buscam a unidade do povo de Deus, que está presente não só nas igrejas cristãs.

J. Barreiro, *El Combate por la Vida*, Buenos Aires, La Aurora, 1984; Consejo Mundial de Iglesias, *Hacia un entendimiento y una visión comunes del Consejo Mundial de Iglesias*, Genebra, WCC, 1997; M. Kinnamon e B. B. Cope, *The Ecumenical Movement. An Anthology of key texts and voices*, Grand Rapids, William B. Eerdmans, 1997; N. Losky e outros, *Dictionary of the Ecumenical Movement*, Grand Rapids William, B. Eerdmans, 1991: H. Ortega (ed.), *Señales del Espíritu. VII Asamblea del Consejo Mundial de Iglesias*, Buenos Aires, La Aurora, 1991; D. Plou, *Juntos en el camino. Informe oficial de la VIII Asamblea del Consejo Mundial de Iglesias*, Genebra, WCC, 1999; Ph. Potter, *Life in all its fullness*, Genebra, WCC, 1981; R. Rouse e S. C. Neil, *A History of the Ecumenical Movement* I, London, SPCK, 1954; M. van Elderen, *Introducing the World Council of Churches*, Genebra, WCC, 1990; W. A. Visser't Hooft, *The Genesis and Formation of the World Council of Churches*, Genebra, WCC, 1980.

Julio de Santa Ana

CONVERSÃO

Quando se fala de conversão, há imediatamente uma referência às suas raízes etimológicas, que manifestam sempre um significado parecido: volta, retorno, mudança. É a consequência de um reconhecimento e iluminação, pelos quais uma pessoa descobre que o caminho que tinha escolhido, as ideias que defendia, as atitudes que mantinha em sua prática não eram as mais adequadas para o cumprimento de um objetivo. Por isso, abandona o anterior para pensar e comportar-se de uma maneira diferente, porque percebeu que se requer nova orientação, mudar de rumo, escolher outra vereda.

Embora o termo encerre também significado profano, nossa reflexão se centra agora em sua dimensão religiosa. O ser humano busca a Deus, porque ainda não pôde conhecê-lo e sente por dentro a nostalgia de um encontro, ou porque, embora já o tenha conhecido, não se encontra à vontade em suas relações com ele. É uma insatisfação que nasce, quando se conscientiza de que sua amizade com Deus não é tão profunda e autêntica como se merece. Gostaria também de sair dessa situação para estreitar seus vínculos de amizade e experimentar com mais força sua proximidade.

Para cumprir esse objetivo de entrega e conversão, a colocação de muitos crentes tem um denominador comum. À frente, aparece de novo seu eu ideal, a meta religiosa de ser perfeitos como o Pai que está no céu. Nessa altura se constatam depois os desajustes, as incoerências, as debilidades e pecados que causam sombras à vida. E finalmente surge, uma vez mais, o desejo de melhora, a ilusão de superar tanto entulho amontoado, a boa vontade e o esforço por conseguir uma conduta melhor.

Não duvido, por uma larga experiência, que esse esquema se repete com poucas variações, mas como creio que está cheio de perigos e ambiguidades, gostaria de deter-me com brevidade para evitar tais riscos e compreender em que radica a verdadeira conversão cristã.

I. A revelação como ponto de partida. Se existe na revelação uma verdade clara e manifesta acima de qualquer outra, é que tudo o que vem de Deus nos é oferecido como graça, como dom, como presente privilegiado, sem que possa existir, por parte do crente, nenhum tipo de exigência ou merecimento para consegui-lo. E para ficar aberta a essa experiência, a única condição absoluta e imprescindível é que a pessoa tenha consciência de sua incapacidade, de sua impotência, para que possa reconhecer que tudo lhe vem de cima como algo gratuito. A fé não é o apêndice final do humano, como espécie de prêmio ao nosso bom comportamento; nem a amizade com Deus é fruto do esforço que cada um realiza para merecê-la. O cristianismo é uma religião de pessoas que foram salvas, onde Deus toma a iniciativa de oferecer-nos sempre sua proximidade e carinho. Não cabe outra alternativa possível. Basta recordar a luta constante de São Paulo contra aqueles que buscavam no cumprimento da lei o caminho mais seguro para aproximar-se da salvação.

Pois bem, o trabalho para levar uma vida honesta, a perfeição que se vai alcançando com as próprias virtudes e a superação progressiva de incoerências e debilidades provocam na consciência uma dose de autossatisfação, mais ou menos explícita, que a torna pouco a pouco insensível à graça, até esquecer sua condição de pobreza e indigência absoluta diante do dom de Deus. E uma consciência autossuficiente nunca chegará a sentir de verdade – ou ao máximo só com a cabeça e com as puras ideias – a necessidade de uma presença salvadora. Desta forma, o indivíduo perfeito se torna plenamente incompatível com Deus, pois suas próprias virtudes têm o perigo de converter-se em barreira que o separe do amor gratuito e misericordioso. Desde o fundo de seu coração brota, na maioria das vezes de forma imperceptível, aquela oração farisaica que impossibilita a justificação autêntica e verdadeira: "Meu Deus, rendo-te graças, porque não sou como os demais" (Lc 18,11). O cristão torna-se assim impermeável à salvação, e a moral e o cumprimento de todas as obrigações convertem-se em obstáculo para a graça. Com a satisfação interior, embora seja muito sutil e latente, é impossível reconhecer a própria indigência para tornar-se sensível à experiência gratuita. Aquilo que nos é entregue somente como presente, nunca poderá recebê-lo quem suspeita que, de alguma forma, poderia chegar a merecê-lo.

II. Raízes humanas do farisaísmo. O perigo da conduta farisaica não nasce direta e primariamente da religião, mas funde suas raízes em nossas experiências infantis mais primitivas. A educação obriga-nos a moderar nosso mundo pulsional para tornar possível a convivência. Daí brota a necessidade da lei, à qual se deve submeter a criança, como condição indispensável para obter a recompensa do amor e da segurança que busca acima de tudo. Desde pequenos, aprendemos que a obediência e a boa conduta conseguem o prêmio desejado: o carinho dos pais, a estima daqueles que nos rodeiam, a alegria e a tranquilidade da própria consciência. Da mesma forma que outras múltiplas vivências nos fizeram descobrir que a transgressão e o mau comportamento provocam a rejeição, a condenação e o remorso interior.

Estamos, portanto, acostumados a receber o prêmio do amor como fruto do bom comportamento. A recompensa é merecida com o esforço e os méritos acumulados. Por isso, a rejeição e a condenação também são merecidas, quando não se age de acordo com as normas exigidas. O mau perde todo direito a sentir-se querido. Numa palavra, o amor não é experimentado como dom gratuito, mas como conquista que se consegue com a boa conduta. E é vivenciado como injustiça oferecê-lo a quem não tenha feito os méritos suficientes. Há, portanto, um inconveniente coletivo que mercantiliza toda relação como dever de justiça, sem espaço para a gratuidade. O bom e obediente pode exigir o que merece, enquanto para o perverso e insubmisso não resta outra alternativa que o justo castigo e a condenação. Qualquer outra equação se chocaria contra o sentimento mais primitivo de uma justiça legal e objetiva.

É muito fácil que essas vivências, nas quais nos educaram e que integramos em nosso psiquismo com toda naturalidade, se tornem presentes também em nossas relações com Deus. Também aqui se pode estar convencido de que, pelo cumprimento das obrigações, pela obediência aos seus mandamentos e pelo esforço que se requer para corrigir falhas e alcançar virtudes, se consegue também o beneplácito de Deus e sua amizade. Ou, pelo contrário, são muitos também os que se creem rejeitados do amor de Deus, porque é impossível que ele os aceite quando, por sua má conduta, não encontram nenhum motivo de merecimento. E, no momento em que semelhante atitude surge, o crente se desliza para o farisaísmo.

III. Características principais da mentalidade farisaica. Não resulta fácil conhecer a identidade, o prestígio e a influência destes personagens. O que fica claro, pelos dados que temos nos Evangelhos, é a ideia de Deus que inspirava a espiritualidade deles. Todo o seu esforço se centrava em merecer e conseguir o beneplácito divino. E o único caminho possível para alcançar esse objetivo era a mais exata e escrupulosa observância de todos os preceitos, inclusive daqueles que se transmitiam nas tradições orais. O cumprimento do mandato era sempre o valor prioritário, inclusive quando estavam em jogo outros bens mais importantes.

Por isso, o fariseu, como sua própria etimologia expressa, se considera um *separado*, alguém muito diferente dos demais, que, por sua fidelidade à lei e a outras múltiplas exigências, se cria pertencer a uma espécie de aristocracia espiritual, por cima da vulgaridade e perversão da massa. Sua piedade e obediência atraíam a proximidade e a salvação de Deus, da qual não podiam gozar os publicanos e pessoas de má vida. Somente os *justos* experimentam a amizade divina, enquanto os *pecadores* – arrecadadores de impostos, prostitutas e adúlteras, e todos aqueles que portam as consequências de seu pecado, como os leprosos – não somente experimentam o distanciamento e rejeição de Deus, mas também a condenação por parte dos bons, que não podiam lidar com eles nem aproximar-se. Sua alta religiosidade os fazia olhar com desprezo e com ar de superioridade aqueles que não viviam da mesma maneira. O melhor era separar-se e manter-se longe desses pecadores, para evitar qualquer contágio de sua condenação e perversão.

Não é de estranhar, então, que o exemplo e as palavras de Jesus constituíssem um verdadeiro escândalo, porque veio romper e denunciar os esquemas éticos e teológicos da cultura religiosa que imperava neste ambiente. Os doutores da lei e os escribas eram os grandes defensores do sistema. Diante da atitude e ensinamento de Cristo, eles se sentiram desconcertados e não tiveram outro remédio senão condenar, como demônio e enganador, uma pessoa que se separava por completo de sua espiritualidade e agia com outros critérios muito diferentes.

IV. A conduta de Jesus. Antes de tudo, não teve nenhuma dificuldade em reconhecer o caráter secundário da lei e agir em coerência com esta hierarquia, que já lhe causou fortes críticas e condenações. Arrancar espigas no sábado ou curar um paralítico, como fez em alguma ocasião, era motivo de escândalo e razão suficiente para tentarem eliminá-lo (Mt 12,1-14). Mas, sobretudo, ele se aproximava dos pecadores para oferecer-lhes seu perdão e amizade sem nenhum requisito prévio; comia com pessoas de má fama; deixava-se acariciar por mulheres de má vida; relacionava-se com os pagãos daquele tempo, que não pertenciam ao povo eleito; curava os que, por sua enfermidade, levavam cravada no próprio corpo a maldição divina, segundo os critérios vigentes. Até o ponto de que o carinho de Deus não aparece nunca como prêmio à virtude ou recompensa aos esforços realizados, mas como consequência da fé pela qual se abrem à sua graça.

Os únicos que ele marginaliza e abandona são precisamente os fariseus, não porque ele se negue ao seu encontro, mas porque o próprio fariseu se fecha e se incapacita a este dom, desde o momento que o considera como merecimento e não como uma graça. São eles que se incapacitam a si mesmos para receber o presente de Deus. Colocar-se na presença de Deus, não para agradecer-lhe o fato de que já não são como os demais, que vão subindo no caminho da perfeição.

Sua doutrina, sobretudo através de algumas parábolas mais conhecidas, vem dar-nos a explicação dessa conduta desconcertante. A do publicano e do fariseu (Lc 18,9-14) indica-nos com toda a clareza que a amizade e justificação não se conseguem, agradecendo-lhe por ter superado debilidades e subido pela escada da perfeição, mas reconhecendo a própria pobreza e pecaminosidade, como o publicano que tudo espera da misericórdia divina.

Ainda hoje, na parábola do filho pródigo (Lc 15,11-32), resulta incompreensível e escandaloso que se celebre uma festa pelo filho que abandonou sua casa, gastou os bens com mulheres de má vida, e não tenha havido nenhum prêmio para aquele que sempre permaneceu com sua família, dócil e obediente para servir e agradar em tudo a seu pai. É um gesto que não estimula precisamente a uma vida honesta.

Da mesma forma, o protesto brota de imediato, porque se considera injustiça evidente e inadmissível que se pague com idêntico salário aos que trabalharam somente uma hora e aos que suportaram o peso do dia e do calor (Mt 20,1-16). Se algo fica claro, é o fato de que, neste campo, as equações humanas não têm nada a ver com as matemáticas de Deus.

V. A força de Deus na fraqueza humana. Que a salvação se tenha realizado pelo pleno fracasso de Cristo será sempre mistério incompreensível, mas caberia uma tentativa de explicação humana para esse caminho. O Pai não é nenhum masoquista que se compraza no sofrimento ou desamparo de seu Filho, nem pretende reparar a ofensa do homem com o sangue e a dor de uma vítima inocente, mas quis simbolizar de forma impressionante e chamativa este mesmo ensinamento: a salvação realiza-se lá onde o ser humano perdeu toda a capacidade e autossuficiência. É a confissão mais solene de que não é o poder humano, do tipo que for, que salva e justifica, mas a gratuidade assombrosa do amor de Deus que só se faz presente na fraqueza. Para que ninguém ponha sua confiança em outras forças diferentes.

É a experiência que Paulo teve (2Cor 12,7-12) e que confirma essa colocação. Diante das muitas críticas que os coríntios lhe lançavam em rosto contra sua maneira de agir e sua pouca credibilidade por não ter sofrido como os outros apóstolos, ele se sente na obrigação de fazer sua própria apologia, de manifestar os sofrimentos suportados pelo Evangelho e as graças extraordinárias que recebeu de Deus.

Mas, para não se envaidecer, sente um aguilhão, cravado em sua carne, que ele considera algo maligno, enviado pelo próprio Satanás. É compreensível, portanto, que se volte com insistência ao Senhor para que lhe tire o que ele pensa ser verdadeiro obstáculo em seu avançar pessoal e em seu ministério apostólico. Seu pedido não encontra a resposta desejada, mas, em contrapartida, chega a compreender na oração uma verdade que tampouco havia assimilado: a força de Deus coloca sua tenda na fraqueza e impotência do ser humano. A reação, então, se torna consequente. Alegrar-se na própria incapacidade e limitações é a única forma de sentir-se poderoso.

Nesse contexto, devem ser entendidas as denúncias de Jesus contra o poder e a riqueza, cuja ambiguidade não reside na simples utilização, que poderia ter pleno sentido em ordem a uma eficácia maior e para evitar um excessivo espiritualismo. Ele mesmo nos estimula a negociar com os talentos que possuímos (Mt 25,14-30), a acender a lâmpada para colocá-la sobre o candeeiro, a fim de que ilumine a todos (Mt 5,14-16). O perigo constante que nos espreita é colocar nosso apoio e esperança nos meios, esquecendo-nos de que somente se tornam eficazes à medida que Deus quer valer-se deles. E isso, mais uma vez, só é possível, quando se tem consciência desta incapacidade. A recomendação de Jesus aos seus apóstolos para que fossem pregar no mais absoluto despojamento (cf. Mt 10,7-10) é um símbolo significativo de onde se deve colocar a confiança. O mesmo acontece com sua denúncia contra os ricos, que não deve ser aplicada somente aos bens materiais, mas a tudo o que nos inclina insensivelmente para uma consciência de que somos e valemos algo.

VI. O radicalismo na própria limitação. De acordo com o que foi dito, agora se pode compreender melhor o perigo que encerra uma conversão orientada para o próprio perfeccionismo virtuoso que se deseja alcançar com um gasto enorme de energias. A meta se coloca em superar qualquer deficiência que impeça esse objetivo, na busca daquelas virtudes que ainda não se praticam com plenitude e constância, em realizar um balanço constante de contas para ver se estão ainda com números vermelhos ou se obteve, finalmente, amplo *superávit*. No final de todo esse processo não resta mais do que uma alternativa: reconhecer o fracasso, pois, apesar das muitas tentativas repetidas, nunca se alcança o ideal proposto. Ou que, por infelicidade, os êxitos espirituais fossem cada vez maiores e, por dentro, se fosse sentindo a autossuficiência do dever cumprido. É o caminho mais rápido para despertar o fariseu que todos trazemos no coração. Sua figura não é um objeto velho e imprestável que se guarda em um museu de antiguidades e que já não se utiliza para nada na vida real. Está sempre à espreita de qualquer pequena possibilidade que se apresente para impedir a abertura à graça.

Não creio exagerado afirmar, por isso, que alguém começa a ser cristão a partir do momento em que se abandonam as ambições de ser perfeito e desaparece a preocupação por refletir na conduta um esteticismo virtuoso. O radicalismo evangélico não exige estar no quadro de honra ou tirar boa nota em conduta, como as crianças no colégio. Por baixo, sempre está latente a ideia de que, assim, Deus tem de estar perto de nós e recompensar-nos com seus bens.

Talvez o maior presente de seu amor pudesse ser essa ferida dolorosa que nunca cicatriza, apesar de todas as tentativas e remédios empregados, mas que nos faz caminhar pela vida sem nenhuma autosuficiência, carregados com o peso molesto de uma cruz que revela o próprio fracasso e incapacidade, mas convertida em cântico de louvor: nessa realidade tão limitada se torna presente a salvação. Quando não se tem outra coisa que oferecer, um soluço de impotência é o gesto de amor mais autêntico e profundo. O itinerário para Deus converte-se, então, em evangélica bem-aventurança: hão de sentir-se muito pobres os que buscam colocar-se a serviço dele.

VII. O ideal evangélico da misericórdia. O fato é que a mesma forma de entender a perfeição esteve mais próxima do pensamento grego ou de uma mentalidade esteticista do que dos ensinamentos da revelação. Perfeito é aquele ser ao qual nada falta em seu gênero, como havia definido Aristóteles. O objetivo da conversão era colocado, então, em alcançar uma conduta em que não houvesse falhas e desajustes para cumprir com todas as tarefas, obrigações e exigências que a moral ou a espiritualidade ordenavam. A observância completa da lei e as boas obras eram o melhor sinal de ter conseguido a meta e de ter respondido ao mandato de imitar a perfeição que se reflete no Pai celeste (Mt 5,48).

É verdade que Mateus utiliza o adjetivo *perfeito*, que não é aplicado a Deus na Bíblia por ninguém mais além desse autor, e somente uma vez, na ocasião citada antes. No entanto, todos os exegetas estão de acordo em que aqui o evangelista utiliza um antropomorfismo, projetando em Deus uma qualidade que só é possível atribuir ao ser humano. Os adjetivos hebraicos ou aramaicos que se traduzem por "perfeito" implicam um conceito de totalidade e se atribuem unicamente ao que já está completo e não falta nada. Neste sentido, é um termo destinado a ninguém mais além dos seres limitados, capazes de alcançar plenitude maior. Dever-se-ia dizer, então, que a versão de Mateus convida a ser perfeitos para imitar a Deus, mas para imitá-lo em uma qualidade que não é propriamente divina, mas antes a projeção nele de um ideal humano. Sua nota mais característica e destacada não poderá ser nunca a perfeição, pois não se trata de um atributo divino, já que por sua própria natureza é impossível que tenha alguma limitação.

Segundo a opinião dos peritos, é Lucas, no lugar paralelo ao texto de Mateus, quem estimula essa imitação para reproduzir em nossa conduta os atributos especificamente divinos: a compaixão e a misericórdia. Deve-se amar e perdoar, inclusive aos inimigos, "porque Deus é bom com os ingratos e maus" (6,35), e ser "compassivos, como vosso Pai é compassivo" (6,36).

Alguns defendem, inclusive, que no texto de Mateus se exorta a superar a justiça dos escribas e fariseus (5,20), mas essa injustiça não é outra coisa, como explica Paulo, senão a graça de Deus e sua misericórdia que salva gratuitamente. A pessoa assim justificada tem também de servir aos demais no amor. E esta justiça maior que se requer para entrar no reino consiste em imitar a misericórdia divina. A perfeição, da qual Mateus nos fala, identifica-se também com uma vida de amor, pois, "se não perdoais aos outros, tampouco vosso Pai perdoará vossas culpas" (Mt 6,15) e "da mesma maneira vos tratará meu Pai do céu, se não perdoardes de coração os vossos irmãos" (Mt 18,35). Em qualquer hipótese, a busca e aproximação de Deus só é possível com uma vida de misericórdia e reconciliação. O importante é revestir-se dessa ternura e carinho, porque ele nos amou dessa maneira: "em uma palavra, como filhos queridos de Deus, procurai parecer com Ele e vivei em mútuo amor" (Ef 5,1; cf. Dt 10,18-19; Lv 22,28; Mq 7,8; Ex 34,6; Cl 3,12-13; Ef 4,32-5,1; 1Pd 1,5-6 etc.).

VIII. A natureza profunda da fé. Se todas as energias gastas inutilmente em alcançar a perfeição tivessem sido canalizadas para criar atitudes compassivas e misericordiosas, talvez a tentação do farisaísmo tivesse ficado muito mais esfumada. Teríamos de apontar, então, em que consiste a verdadeira conversão, que implica certamente em mudança radical de vida, escolhendo um novo caminho para abandonar outros roteiros equivocados. O esforço, no entanto, não deve ser endereçado à própria perfeição, mas dirigido a um duplo objetivo: a opção por Deus e o compromisso com o reino.

A fé é a opção do crente pelo Deus que se revelou a nós, a quem quer entregar-lhe a vida. Crer é fiar-se em seu amor e em sua palavra, compreender que vale a pena apostar a vida por ele. A aposta é a soma de dinheiro que alguém arrisca em lance de jogo, sem a absoluta segurança de que vai ganhá-la. O cristão se atira todo, como Abraão, o pai de todos os crentes, que em sua velhice tem a coragem de colocar-se a caminho, de abandonar sua terra e família, de lançar-se à aventura, disposto ao sacrifício do filho prometido, sem outra segurança além da confiança na promessa divina.

Existe uma margem de opacidade que somente se aceita pela confiança que a fé desperta, como o tributo inevitável que se deve pagar ao mistério de Deus. Desejar que toda sombra desapareça é pretender iludir o véu da fé que só se descobrirá na contemplação face a face da eternidade. O próprio Jesus não quis nunca responder a estes desejos de segurança absoluta. Apesar de que muitos o tivessem visto de perto, tivessem conhecido seus sinais, admirado seu poder e ouvido seu ensinamento, ele sempre deixou insatisfeitos os que buscavam o sinal inquestionável de sua messianidade para evitar o risco da fé. Sua morte foi consequência de uma opacidade culpável, que pretendiam superar com uma evidência que ele nunca outorgou. Não é estranho, portanto, que tivesse de recordar aos seus discípulos, depois da experiência da ressurreição: "Bem-aventurados os que têm fé sem ter visto" (Jo 20,29).

IX. O desafio da conversão. O que a fé nos pede é a aceitação desse risco, uma orientação de sinal diferente, na qual, além do próprio perfeccionismo, se busque com empenho a entrega radical a Deus para querê-lo sobre todas as coisas. Uma opção na qual ele apareça como o único valor incondicional e absoluto. É o mandamento definitivo, que mantém para sempre sua vigência: "Amarás ao Senhor, teu Deus, com todo o teu coração, com toda a tua alma, com todas as tuas forças" (Dt 6,5). Todo o resto se torna relativo e secundário, destinado a perder-se, quando entrar em conflito com o amor prioritário. O radicalismo evangélico deve aceitá-lo com toda a sua crueza. Como Paulo, deve-se julgar que qualquer outra realidade é simples lixo em função deste conhecimento superior (Fl 3,8). Quando se descobre esta verdade, a vida adquire orientação diferente. Foram encontrados o tesouro e a pedra preciosa (Mt

14,44-46), pela qual vale a pena deixar tudo e seguir adiante por este caminho descoberto.

Quando se fala da relatividade das criaturas, não significa negar-lhes sua dignidade e importância. O amor e o carinho, sobretudo, não é puro meio para um objetivo posterior, pois seria destruir a dignidade humana e reduzi-la a simples instrumento utilitário. Relativizar é ato de preferência para optar pelo que mais se quer, embora suponha certa renúncia do que se estima e se deseja, mas que, neste caso, não entra na dinâmica da opção fundamental.

Converter-se, então, supõe a entrega absoluta e generosa nas mãos de Deus, porém sabendo que, na miséria e impotência de quem não consegue o que pretende – quando tais deficiências não são produto exclusivo de sua má vontade – é possível um amor muito profundo e autêntico. A partir do próprio fracasso e impotência, é possível levantar o olhar para Deus e continuar dizendo-lhe que, apesar de tudo, continua sendo o mais importante. Aqui não existe nenhum narcisismo latente nem desejo farisaico de pertencer a uma aristocracia espiritual, da qual nem todos participam. É ele que interessa acima de tudo, embora a resposta seja um tanto parcial pelas dificuldades que ainda não estão solucionadas. Como não existe nenhuma riqueza espiritual que oferecer, se entrega o pequeno óbolo que significa pobreza, mas que simboliza também tudo o que se possui (Mc 12,41-44).

X. A entrega ao reino de Deus. A conversão cristã pecou por excessivo individualismo, e devem-se reconhecer como objetivas as críticas que contra ela foram lançadas. Sua preocupação primordial estava centrada na culpabilidade ou inocência da pessoa. Até as próprias consequências comunitárias de qualquer ação eram examinadas a partir de uma ótica individualista, pois todos os problemas relativos ao escândalo, cooperação, exigências da justiça no campo econômico, responsabilidades sociais e políticas etc., eram analisadas com intencionalidade subjetiva: conhecer as obrigações indispensáveis de cada um para que, uma vez que se tenham cumprido, se fique já com a consciência tranquila. O importante era não sentir-se culpável da situação individual. Uma privatização tão acentuada do pecado já se torna insustentável em uma cultura em que a dimensão política e social alcança relevo extraordinário.

Cristo veio para semear, no mundo corrompido pelo mistério do mal, uma nova semente de esperança. O ser humano, que era incapaz de romper o círculo de escravidão e morte em que se encontrava encerrado, encontrou sua libertação em Jesus, aquele que "tira o pecado do mundo". Sua vitória foi completa, enquanto sua graça possibilita a realização do bem, mas ainda não é absoluta, pois resta um longo caminho até o final dos tempos, para que sua obra alcance a plenitude.

A entrega a Deus e o seguimento de Jesus não implicam somente uma conversão individual para viver de acordo com os ideais evangélicos, mas também o compromisso de continuar esta missão salvadora. A permanência do mal é um desafio contínuo que nos recorda a obrigação básica de nossa fé. Como Jesus, não podemos nós também ser conformistas com essa realidade. Nossa tarefa consiste em continuar a mesma luta para que um dia seja possível o triunfo final.

XI. A solidariedade com o pecado. Coloca-se o problema por que o ser humano se sente pobre e impotente para a mudança das estruturas e acaba deixando-se vencer pela força de um destino fatal. Diante do poder que o avassala, não cabe outra postura que a de uma aceitação realista e sem ingenuidades, ou a de lançar, a partir de sua pequenez e insignificância, um grito de condenação puramente retórico para convencer-se e demonstrar a honestidade de sua consciência. Como despertar a dimensão ética em uma consciência vencida pela resignação ou preocupada somente com um simples testemunho de condenação?

A Palavra de Deus denuncia a falsa ilusão dos que quiseram ver-se livres de qualquer responsabilidade em semelhantes ocasiões, pelo fato de não serem os culpados delas (cf. Ex 32,1-32; Gn 3,8-11; Jo 8,9; Lc 18,9-14). Ter-se-ia de insistir, portanto, sem atenuações de nenhum gênero, que não pode catalogar-se como cristã a postura dos que culpam os outros – a sociedade, os sistemas ou as estruturas – como protagonistas de um pecado, com o qual não têm pessoalmente nenhuma vinculação.

Dito de outra maneira, quando se vive em um mundo manchado e destruído pelas forças do mal, ninguém pode sentir-se de mãos limpas e alheio ao pecado que o rodeia, embora não tenha a culpa de sua existência. Nesta difícil e complicada situação, não há lugar para a neutralidade, nem existe uma terra de ninguém onde possamos ficar ao abrigo dessa dimensão responsável. Quer queiramos quer não, somos herdeiros das realidades passadas, vivemos ao calor e à sombra delas e preparamos um futuro para os outros. Embora não exista nenhuma culpabilidade pessoal, somos filhos de uma história com os perfis da qual somos herdeiros e nos aproveitamos. E ninguém pode estar certo tampouco de que sua opção na vida, por muito boa vontade que ponha, não vá provocar também consequências negativas.

Somos responsáveis, embora não sejamos culpados, de tudo o que recebemos e do futuro que preparamos, mas a culpa brotará, como afirma João Paulo II em *Reconciliação e penitência*, à medida que não se trabalha por eliminar e diminuir essas situações injustas, ou por medo, negligência, conformidade e indiferença não exista uma entrega comprometida a essa tarefa.

Converter-se, portanto, não radica na busca de um perfeccionismo esteticista e virtuoso para apresentar-se diante de Deus com a alegria do dever cumprido. "Quando tiverdes feito tudo o que vos foi mandado, dizei: Somos servos inúteis" (Lc 17,10). O Evangelho convida-nos a seguir a Jesus para entregar-nos, como ele, por completo ao Pai e fazer da vida uma oferenda aos outros para que se realize o reino de Deus. Ao trilharmos por esse caminho, somos melhores, mas sem estarmos preocupados por nossa própria perfeição. Algo existe que nos interessa muito mais: buscar a Deus acima de todas as coisas e imitá-lo em sua compaixão e misericórdia para com todos.

Arzubialde, G., *Theologia spiritualis. El camino espiritual del seguimiento a Jesús* I, Madrid, Comillas, 1999; Fernando Rodríguez, P., *El sacramento de la penitencia. Teología del pecado y del perdón*, Salamanca, San Esteban, 2000; López Azpitarte, E., *Hacia una nueva visión de la ética cristiana*, Santander, Sal Terrae, 2003; Marliangeas, B., *Culpabilidad, pecado, perdón*, Santander, Sal Terrae, 2002; Rambo, L., *Psicosociología de la conversión religiosa. ¿Convencimiento o conversión?*, Barcelona, Herder, 1996; Ricoeur, P., *Finitud y culpabilidad*, Madrid, Trotta, 2004; Trechera, J. L., *¿Qué es el narcisismo?*, Bilbao, Desclée de Brouwer, 1996; Vergès, S., *La conversión cristiana en Pablo*, Salamanca, Secretariado Trinitario, 1981; Vidal, M., *Pecado estructural y responsabilidad personal*, Madrid, Fundación Santa Maria, 1991; Vidal, M., *Nueva moral fundamental. El hogar teológico de la ética*, Bilbao, Desclée de Brouwer, 2002.

Eduardo López Azpitarte

CREDO/CONFISSÕES DE FÉ

I. Religiões e história de Israel. Os credos são fórmulas muito condensadas que expressam a identidade religiosa de um grupo, condensam sua visão de Deus e delimitam a fronteira social de seus membros. Por um lado, têm caráter *teológico*: alguns crentes se atrevem a expressar com palavras sua visão do divino, definindo o conteúdo de sua fé. Por outro lado, têm traço *social*: os crentes assumem a mesma confissão e assim se unem e se separam de outros grupos religiosos. De modo introdutório, podemos precisar quatro tipos de *confissões* significativas, que se distinguem segundo as religiões, conforme a história e as culturas da humanidade:

– *Religiões cósmicas e imperiais*. Em geral, estas proclamam de modo solene a supremacia de um Deus que venceu o Caos e impôs seu império salvador sobre o mundo ou cidade (estado) onde se celebra seu culto. Assim o mostram os textos cananeus de Ugarit: "*Mlkn Aliyn B'l!*, Nosso Rei é Ba'lu, o Poderoso!" (texto 51, IV, 43). Nessa linha, avança a religião imperial da Babilônia, onde o Deus da natureza (vencedor do Caos) se torna Senhor e garantia da ordem social, conseguida em guerra (cf. *Enuma Elish* IV, 5; V, 110). A confissão implica, com isso, submissão e fidelidade ao poder estabelecido.

– *Hinduísmo*. Como religião mística, que não sentiu a exigência de formular sua fé nos limites de determinado *credo* social, o hinduísmo é generoso. Tudo o que expresse uma experiência de abertura ao mistério vale como sinal religioso. Não há uma norma que unifique os caminhos e experiências dos fiéis. O divino revela-se de múltiplas maneiras, sem que uma se possa impor sobre as outras, sem controle de fé ou de rito. Apesar disso, o desdobramento dos Upanishads pôde introduzir um tipo de confissão fundamental: a identidade de *Atman* (absoluto interior) com *Brahman* (absoluto divino).

– *Certos grupos budistas* puderam elaborar uma confissão que integra aspectos de tipo mais doutrinário e outros de caráter mais histórico e social, como na doutrina das "três jóias" ou valores do ser humano religioso. *Refugio-me no Dhamma*: aceito a lei universal da realidade. *Refugio-me no Buda*, mestre interior da verdade, que foi mostrado pelo príncipe Gautama. *Refugio-me na Sangha*: comunidade de monges que assumem e percorrem compassivos o caminho de salvação.

– *As religiões monoteístas e proféticas* são as únicas com uma confissão de fé estrita que centra e compendia sua visão de Deus e a resposta ou compromisso dos fiéis que a ratificam em sua vida individual e comunitária. O *judaísmo* não tem confissão oficial, mas o *Shemá* (fundado em Dt 6,3-5) pode fazer suas vezes. O *islamismo* elaborou uma Sahada ou confissão centrada no caráter único de Alá e a mediação de Muhammad (Maomé), o Profeta. O *cristianismo* fixou sua fé nos credos de Niceia e de Constantinopla (século IV d.C.).

Partindo desse esquema, evocaremos as confissões bíblicas, desde as mais significativas de Israel até as cristãs. A confissão judaica constituiu-se, acolhendo e vinculando fórmulas significativas da história israelita, conforme este esquema, que é, sem dúvida, convencional, mas reflete a dinâmica de sua experiência religiosa. Mais do que uma *ortodoxia* separada da vida, é a vida inteira de um povo que se expressa em seu credo.

1. *Javé é Rei: confissão cósmica*. Segue na linha das religiões cósmicas e imperiais (de Ba'lu ou Marduk). O Deus israelita, vinculado à recordação dos antepassados e à experiência do Horeb-Sinai (cf. Ex 3-4), aparece como rei do cosmos: desdobra seu senhorio na tormenta, cavalgando sobre o carro de nuvens, firme em seu trono, venerado pelos fiéis que o acolhem e aclamam: "Glória! Javé assenta-se como rei eterno" (cf. Sl 29,10). Assim o ratifica a sentença introdutória dos salmos reais: *Javé reina*

(Al 93,1; 97,1; 99,1; cf. 47,3.9). Porque venceu o Caos primigênio, ratifica seu poder sobre a terra, na tormenta e na chuva, e age como juiz supremo, Javé é Rei ou Senhor de tudo o que existe.

2. *Javé nosso Deus: confissão como pacto*. Josué o formulou, depois da entrada na Palestina, como grande alternativa diante dos israelitas que devem escolher entre Javé ou os deuses palestinos. O povo em conjunto responde: "Javé é nosso Deus (*Elohenu*) e assim o serviremos" (Josué 24,17-18). No tempo de Elias, esta alternativa entre Ba'lu e Javé é repetida; e de novo o povo escolhe bem, em eleição festiva, de grandes consequências religiosas e sociais: Javé hu há-Elohim (Javé, ele é nosso Deus: 1Rs 19,39). Esta é uma confissão de aliança do povo que responde a Deus e se compromete a manter-se fiel à sua presença.

3. *Memória de libertação: credo histórico*. Expressa a raiz da história israelita, repetida e confessada pelo povo que assume a Palavra de Deus que diz: "Eu sou Javé, teu Deus, que te tirou do Egito" (Ex 20,2; Dt 5,6; cf. 1Rs 12,28; Jr 2,6 etc.). Essas palavras se expandiram como credo histórico: "Meu pai era um arameu errante; desceu ao Egito e lá residiu com alguns poucos homens... Mas os egípcios nos maltrataram e humilharam... Gritamos a Javé, Deus de nossos pais, e Javé escutou nossa voz, viu nossa miséria... e nos tirou do Egito com mão forte e braço estendido e nos trouxe a este lugar..." (Dt 25,5-10; cf. Js 24,2; Sl 136,78). Este credo define a Deus como aquele que libertou os hebreus oprimidos, dando-lhes a terra, é confissão *constituinte de Israel*, povo unido pela recordação da libertação.

4. *Mandato de Deus: confissão histórico-legal*. Expande e ratifica os credos anteriores em uma fórmula de fé que cada pai transmite à sua descendência: "Quando amanhã teu filho perguntar: o que são estes mandamentos e decretos que Javé vos mandou..., responderás: Éramos escravos do Faraó no Egito, e Javé nos tirou do Egito com mão forte... para trazer-nos e dar-nos a terra que havia prometido a nossos pais" (Dt 6,20-24). Este é o *credo histórico* (centrado na recordação da ação de Deus), *familiar* (cada pai há de ensiná-lo a seus filhos) e *social*, pois cada família faz parte do povo dos libertados por Deus, comprometidos a cumprir seus mandamentos.

5. *Amarás teu Deus: confissão afetivo-pactual*. Acabou sendo mais conhecida e importante e condensa-se no *shemá* (= escuta). O povo nasce e configura-se, escutando uma Palavra de Deus que eleva e capacita a comunidade para responder com amor: "Escuta, Israel, Javé, nosso Deus, é um Deus único. Amarás a Javé, teu Deus, com todo o teu coração, com toda a alma, com todas as tuas forças. As palavras que hoje te digo ficarão em tua memória, as inculcarás em teus filhos e falarás delas estando em casa e andando pelo caminho, deitado de pé..." (Dt 6,4-8). Esta confissão é *pactual*, pois expressa e inclui a aliança de Deus com seu povo. É *fundante*, pois não alude ainda a mandamentos concretos (como o caso anterior), mas à raiz que os sustenta e unifica, vinculando o povo com Deus, em *amor* ou fidelidade básica.

Em Israel havia, portanto, diversas confissões de fé que vinculavam o povo com Deus e confirmavam o compromisso de Deus com seus eleitos. Nelas, resultam essenciais tanto o traço histórico (eleição e libertação) como o pactual, que se expressa na experiência de amor e se expande na exigência de cumprir alguns mandatos comuns, que vinculam o povo em comunhão de afeto. É significativo o fato de que o *shemá* tenha acabado sendo o credo central da identidade judaica, pois destaca a *escuta primeira* de Deus (que funda em amor os crentes) e a *exigência alegre* de responder-lhe com amor.

II. Confissão evangélica: chegou o reino, amor a Deus e ao próximo. O ponto de partida da confissão cristã é o anúncio escatológico de Jesus ("O reino está presente!"), inseparável de sua mensagem e entrega em favor dos excluídos do sistema de sacralidade do templo. Outros judeus pensavam (e pensam) que a esperança continua aberta, pois Deus não culminou sua manifestação nem chegou a plenitude para os seres humanos. Jesus, em contrapartida, anuncia e expressa de forma solene sua chegada: "Completou-se o tempo, aproximou-se o reino de Deus. Convertei-vos e crede no Evangelho" (Mc 1,15).

O objeto primeiro da fé é o *reino*, a certeza de que Deus já se manifesta e expressa sua ação salvadora: este é o *Evangelho, notícia boa*, novidade de graça e de presença de Deus para os pobres. Isso significa que chegou o *momento*: não estamos dominados à força, submetidos sob poderes de opressão, de tipo social e pessoal, econômico e religioso (violência e enfermidade, expulsão e pobreza, impureza e morte). Cumpre-se assim a verdadeira criação iniciada em Gn 1: podemos viver reconciliados, convertidos a partir do e para o Evangelho, boa nova de reconciliação universal. Esta *confissão do reino* é dom de Deus, Evangelho que os fiéis devem acolher com fé, superando as normas familiares e sociais, religiosas e econômicas, fixadas pela lei ou pelo sistema.

Esta novidade e graça do reino podem e devem transformar os seres humanos, e assim o diz o texto ao acrescentar: *convertei-vos e crede*. A dinâmica interior dessas palavras começa do fim: colocar-se nas mãos de Deus e do seu reino. Segundo, é *converter-se*: a fé enriquece e capacita os seres humanos para viverem em gratuidade, segundo Jesus, todos vinculados. Esta confissão e conversão são universais. Não inclui os possíveis dogmas particularistas de igrejas ou de grupos que dividem os fiéis. Em princípio, podem assumi-la todos os que aceitam o projeto e ação libertadora de Jesus.

Esta confissão se insere na *lei fundamental de Israel*, expressa pelo *shemá* ("amarás a teu Deus":

Dt 6,4-5), que os cristãos assumem como chave de sua fé e compromisso, introduzindo a seu lado a experiência paralela e complementar que expressa e ratifica toda a ação de Jesus: "e ao próximo como a ti mesmo" (Lv 19,18). Assim o Evangelho formulou seu mais profundo mandamento ou credo, de tradição israelita e cunhagem messiânica, com seus dois artigos unidos de forma inseparável: "Amarás o Senhor, teu Deus, com todo o teu coração, com toda a tua alma... Amarás o teu próximo como a ti mesmo" (cf. Mc 12,29-31 par.).

Este duplo e único mandamento forma o primeiro *credo cristão*, é ponto de partida e centro de toda a confissão, embora às vezes alguns, ocupados em fixar e manter palavras adequadas de outros credos posteriores, pareçam esquecê-lo. Os cristãos, portanto, são israelitas que interpretam o *shemá* a partir do Evangelho, confessando por Jesus o reino, unindo os mandamentos de *amor a Deus e ao próximo*, pois ambos são inseparáveis. Certamente, o amor de Deus continua na base, mas se expande e se expressa pelo próximo (cf. Lv 19,33), entendido a partir da opção de Jesus a favor dos expulsos do sistema social e sacral (israelita ou gentio), como destaca a parábola do bom samaritano (Lc 10,25-37). A confissão de vida messiânica vincula assim o amor a Deus e ao próximo mais necessitado, como duplo e único credo-mandamento que funda a vida da humanidade. Por uma parte, diz que o israelita messiânico deve amar a Deus *com todo o coração e toda a alma*, descobrindo-se capaz de entrega pessoal e afeto; por outra, que deve *amar o próximo como a si mesmo*, desenvolvendo assim o amor que tem por si mesmo.

– Este é um *credo fácil*, e, em princípio, os muçulmanos e os judeus podem admiti-lo, como também outros crentes (budistas, hindus) e, inclusive, os não crentes de "boa vontade" que entenderão "Deus" como símbolo daquilo que define e sustenta os humanos (ser profundo, verdade, vida) e suponham que chegou o "Tempo" da plenitude em amor para os homens.

– É um *credo exigente*, pois implica descobrir o outro (é "como eu") e presentear-lhe vida. Teoricamente, parece mais fácil crer, por exemplo, na Trindade e em outros "dogmas", pois somente pedem, no fim, algo limitado: podem aceitar-se basicamente, sem compromisso pessoal. Pelo contrário, o amor ao próximo entendido exige um compromisso de ação incondicional a favor dos outros.

Este credo pode vincular os cristãos com muitos não cristãos, pois não inclui templos nem igrejas especiais, figuras messiânicas nem revelações particulares, mas experiência e compromisso universal de amor a Deus (primeiro mistério), que nos capacita para amar a todos os outros como nós nos amamos (segundo mistério). É um credo de *racionalidade comunicativa* e supõe que os homens podem e devem partilhar a vida, em nível concreto, de carne, pois se encontram fundados na graça antecedente de amor que é Deus, fonte de toda comunhão concreta. É um credo de *comunhão inter-humana*: o crente encontra a Deus como amor nas raízes de sua vida (em sua carne, coração e mente), descobrindo que pode e deve amar os outros como "outro eu", aceitá-los em sua diferença, querendo que eles sejam o que eles mesmos querem e ajudando-os a ser, sem impor-lhes as normas ou leis de seu grupo. Este credo rompe ou supera as estruturas de segurança e de separação social, nacional, econômica ou religiosa, pois afirma que cada próximo é presença de Deus e fonte de identidade para o crente (devo amá-lo como "a mim mesmo"), de modo que, em princípio, pode vincular *na carne da vida*, acima de todos os sistemas ou de credo parcial, os homens concretos do mundo. É *um credo que supera todo credo*, pois afirma que somente vale o ser humano como sinal de Deus e irmão dos seres humanos.

Esta confissão messiânica tem um conteúdo *prático* e deve ser interpretada a partir do compromisso de Jesus a favor dos expulsos do templo de Jerusalém e dos restantes oprimidos da terra. Nesta perspectiva, o cristão é um israelita que traduz a experiência do amor de Deus como amor aos impuros que parecem e são perigosos aos olhos da ordem estabelecida. Certamente, há *um amor de sistema*: de irmãos a irmãos, de bons a bons, conforme uma circularidade sagrada ou conveniência de conjunto. Esse amor vale para triunfar na linha de compensação econômica (amar para que te amem, dar para que te deem, como em um banco: cf. Mt 5,43-48 par.; Lc 14,7-14). Por isso, pode-se calcular segundo a lei, mas deixa os outros fora de seu círculo, os caídos à beira do caminho, como o que descia de Jerusalém a Jericó (cf. Lc 10,30), os famintos, os exilados, os enfermos e os encarcerados de Mateus 25,31-46, que não cabem no bom sistema.

Esta confissão cristã é princípio de comunicação em gratuidade e tem dois artigos que superam a lei do sistema: 1) *Amor a Deus* como gratuidade originária e sentido de tudo o que existe. Cristãos, portanto, são os que afirmam o amor como fenômeno e essência primigênia. 2) *Amor ao próximo* como exigência de comunicação universal que se expressa em forma de serviço em favor dos necessitados e inimigos, superando assim a ordem de todo sistema. O próprio povo, Israel ou a Igreja, ficam em segundo plano. Somente importa o próximo, mas sem raça e sem apelido, como carne necessitada de amor. Esta confissão de Evangelho não cita ainda Jesus, mas assume seu caminho: seus discípulos não creem ainda nele, mas *como ele*. É tempo do reino, e a confissão do amor de Deus é o amor ao próximo.

III. Confessar a Jesus, história messiânica.

Jesus nunca esteve só; ele se acha sempre unido a Deus e aos necessitados. Assim o indica a primeira confissão expressamente cristológica do Novo Testamento: "Todo aquele que me confessar diante dos homens, eu também o confessarei diante de meu Pai que está nos céus" (Mt 10,32 par.). Esta é uma confissão de entrega pessoal e de encontro com Jesus e com aqueles representados nele, mais do que de teoria ou de verdades gerais (como certos credos posteriores). Não nos vincula a leis ou a princípios religiosos, mas a pessoas: Jesus e seus irmãos (cf. Mt 25,31-46). Ela nos situa no centro do testemunho cristão, orientado ao amor concreto aos outros, não com meras palavras, mas com obras de serviço: dar de comer, de beber, acolher em casa.

– Esta é uma *confissão atitular*, pois não inclui os títulos que a Igreja deu a Jesus (Cristo, Filho de Deus ou Senhor), mas o compromisso de segui-lo, assumindo sua mensagem e movimento. Esta união a Jesus, transmitida de diversas formas e relacionada ao Filho do homem (homem novo: cf. Lc 9,26; 12,8-9; Mc 8,38), é base de todos os credos posteriores.

– É uma *confissão secular*. É eclesial (cria comunhão), sendo supraeclesial, pois transborda além das fronteiras de qualquer grupo fechado: não traça uma vala em torno dos puros, cumpridores da Aliança, mas abre o amor de Deus, por meio de Jesus (messias de enfermos e pobres, de leprosos e excluídos), aos necessitados (Lc 10,25-37). Centrando-se em Jesus, amigo dos pobres e dos excluídos, este mandato ultrapassa as fronteiras de toda instituição, como saberão os "justos", que perguntam: "Senhor, quando te vimos com fome e te demos de comer...?" (cf. Mt 25,31-46).

Esta primeira confissão expressamente cristã não inclui títulos messiânicos de Jesus nem recolhe discussões e matizes sobre o conteúdo ontológico de sua realidade humana ou divina, mas implica um *encontro com sua pessoa* e um compromisso em favor de seu reino, que se expressa acolhendo *na carne* os excluídos do sistema e superando a lógica sacral do talião, que alguns círculos judaicos pareciam assumir. Esta é uma *confissão de vida*. Certamente, no fundo está Deus, e no centro Cristo, mas ela não exige uma fé expressa em seus títulos divinos. Ser cristão, quer dizer, homem messiânico, implica amar os outros (necessitados, enfermos, expulsos...) de modo secular, não como sistema. É uma confissão aberta aos que amam gratuitamente, conheçam ou ignorem a Jesus de modo expresso. Ele não veio fundar uma *religião particular*, como superestrutura, mas culminar a vida humana. Por isso, podemos chamá-lo de "Palavra encarnada de Deus" (cf. Jo 1,14), Filho do Homem (ser humano). Confessa-se cristão aquele que ama, em gesto concreto de carne, os demais seres humanos.

Assim o ratifica a *confissão pascal*, que não implica uma rejeição da história de Jesus, bem pelo contrário: ratifica e mantém o valor dessa história, a serviço dos pobres. Esta é uma confissão *surpreendente e nova*: afirma que Deus ressuscitou de fato a Jesus, culminando a história dos seres humanos. Mas, ao mesmo tempo, é a própria *confissão antiga*: assegura que a vida humana vale à medida que se entrega em gratuidade em favor dos outros, invertendo as leis do sistema. Sobre o mesmo caminho de morte, onde tudo se engendra e se corrompe no mundo, conforme uma lei de morte inexorável, Deus proclamou a vida, ressuscitando em amor a Jesus, amigo dos pobres.

Os cristãos descobrem assim que Jesus não era simples mensageiro do reino, mas que o encarnava em sua pessoa e obra. Ele cobra assim uma importância que Moisés nunca terá no judaísmo, nem Maomé no islamismo, embora seu *Sahada* ou confissão o distinga e eleve como profeta supremo. Judeus e muçulmanos separam Deus de tal forma que seus profetas (e todos os seres humanos) acabam sendo secundários. Jesus, pelo contrário, expressa *o valor divino do humano*, quer dizer, a encarnação de Deus nos pobres e expulsos da história. Nele se condensam e se personificam as confissões anteriores (chegada do reino, amor a Deus e ao próximo), culminadas no compromisso atitular (a quem me confessar diante dos seres humanos...). Logicamente, a Igreja centrou nele sua fé, elaborando assim um *credo histórico* ou, melhor dizendo, *pessoal, cristão*, centrando em Jesus a verdade de sua mensagem. Estes são os elementos principais da nova confissão que toma forma cristológica:

1. *Páscoa*. A primeira confissão cristã é aquela em que os crentes bendizem a Deus porque *ressuscitou Jesus dentre os mortos* (Rm 4,24; 10,9; 1Cor 6,4; At 13,30). Em sentido próprio, mais que cristológica, esta é uma confissão teológica, pois se centra em Deus e o define como aquele que ressuscitou Jesus dos mortos, dando aval à sua vida e à entrega do reino. Já não é somente aquele que libertou os hebreus do Egito (conforme o conteúdo dos credos judaicos), mas o que liberta em Cristo a todos os seres humanos. Esta confissão não nega a vida de Jesus, mas, ao contrário, a ratifica, mostrando que ela permanece e culmina na ressurreição. A páscoa não vem simplesmente depois, por surpresa, de modo que poderia não ter sido, mas ela é a verdade da história de Jesus, como amor que triunfa do ódio, gratuidade que vence a morte.

2. *Plenitude final ou parusia*. Logicamente, os cristãos ampliaram a experiência de páscoa na linha de elevação e de futuro. Por isso, afirmam, em seu credo final, que Jesus "está sentado à direita do Pai" (cf. 1Pd 3,22; Rm 8,34; Ef 1,20), exercendo dessa forma sua autoridade de amor sobre a história dos homens (*exaltação*). Afirmam, finalmente, que virá para julgar os vivos e os mortos (At 10,42; 1Pd 4,5; 2Tm 4,1), culminando e cumprindo de modo pessoal seu primeiro anúncio: "Cumpriu-se o tempo, está próximo o reino" (plenitude da esperança). Mas há uma novidade: agora sabemos que o reino que vem

se identifica com Jesus, que vincula e acolhe em torno de sua pessoa (em seu amor pascal) os expulsos da história, coxos, mancos, cegos, famintos e cativos, como sabe Mt 25,31-46.

3. *Morte*. É o escândalo supremo da história, o "último inimigo" (cf. Gn 2-3; 1Cor 15,26), de forma que o próprio Jesus foi derrotado por ela e por seus servidores dela, os agentes do sistema. Mas, ao morrer por puro amor, Jesus elevou seu grande protesto do reino contra os poderes da morte, de maneira que o próprio Deus veio a revelar-se nela como princípio de ressurreição. Por isso, os cristãos confessam que a morte de Jesus é presença suprema de graça e de vida. Esta é a revelação central do Evangelho: "Deus amou tanto o mundo que lhe deu seu Filho unigênito, para que todo aquele que nele crê não pereça, mas tenha a vida eterna" (Jo 3,16; cf. Rm 8,31-32). Deus não criou os seres humanos para impor-lhes seu domínio nem para exigir deles que cumpram seus mandamentos, mas para introduzir-se no caminho deles, morrendo com eles na fraqueza e oferecendo-lhes a graça de sua vida. Por isso é que se diz no centro do credo: "padeceu sob Pôncio Pilatos".

4. *Vida histórica*. Os cristãos antigos não sentiram a necessidade de citar os momentos dessa vida nos credos oficiais (apostólico, niceno-constantinopolitano), que passam da concepção-nascimento à paixão-morte (como os mistérios do rosário católico). Mas seu valor é evidente: a história de Jesus, suas palavras e ações do reino, sua entrega até a morte, são essenciais para a fé, como destacaram os quatro Evangelhos. Somente são cristãos, de maneira confessional expressa, aqueles que descobriram e reconheceram Deus em Jesus, profeta da graça criadora que, com sua própria vida (nele se identificam palavras e ações), abriu o caminho do reino, a partir do reverso do sistema, em graça e ternura, em esperança para todos os seres humanos.

5. *Princípio histórico, nascimento messiânico*. Seguindo a linha anterior, o mistério da páscoa estendeu-se para trás a fim de confessar que Jesus nasceu "de Deus" e por sua graça. Dessa forma, sobre o testemunho do Novo Testamento (Lc 1,28-36; Mt 1,18-25; cf. Inácio de Antioquia: Ef 18; Magn 11; Tral 9), o primeiro credo "apostólico" afirma que Jesus foi "concebido por obra do Espírito Santo e nascido da Virgem Maria". A Igreja rejeitou dessa forma o risco docetista que veria Jesus como *avatar* divino, na linha hindu. Em princípio, a concepção pelo Espírito não implica uma ruptura biológica, de forma que a "virgindade" de sua mãe pode ser interpretada em sentido simbólico, sem implicações de sexo ou de biologia (cf. Jo 1,12-13). Mas grande parte da Igreja, influenciada por um dualismo helenista, destacou essa ruptura biológica, colocando assim em risco a humanidade de Jesus. Hoje, voltamos a saber que o que importa não é a presença criadora de Deus na carne humana, entendida como princípio e lugar da encarnação da Palavra divina (Jo 1,14). Jesus introduziu na história das gerações um germe de unidade e de graça que ultrapassa a pura biologia. Unidos a ele, todos os crentes nascem de maneira virginal, pois o mistério de Deus se introduz na carne humana, como mostra o símbolo belíssimo da virgem-mãe, mulher universal que representa todos os seres humanos.

6. *Princípio divino: preexistência*. Em outra perspectiva, a tradição do Discípulo Amado (Jo 1,1-14) apresentou Jesus como *ser divino originário*, Logos, Filho eterno de Deus que se fez carne na história humana. Nessa linha se situa o credo conciliar de Niceia-Constantinopla, ao opor-se aos arianos e ao dizer que "nasceu do Pai antes de todos os séculos; Deus de Deus, Luz de Deus, da mesma natureza que o Pai". Jesus é, portanto, a expressão carnal (= encarnação) do amor intradivino: não é alguém que começou sem ser antes, um acidente transitório da história, mas faz parte da própria eternidade divina. O que Jesus oferece em amor aos seres humanos não é algo que nasce em um momento, inventado por acaso, contingência de um tempo que passa, mas que brota da essência de Deus, como Palavra encarnada.

Desta forma se expressou a *diferença dogmática cristã*. Ao contrário do que os judeus e os muçulmanos disseram sobre Moisés e Maomé, os cristãos afirmam que Jesus pertence ao mistério de Deus, podendo assim unificar em comunhão gratuita todos os seres humanos. Por isso, incorporam sua figura em um esquema de revelação trinitária, junto com o Pai e o Espírito Santo, embora o credo que assim formaram continua estando basicamente centrado na morte e na páscoa de Jesus. Esta é a *novidade cristã*: a palavra de Deus encarnou-se e mora (age) na própria carne da história, que vem a apresentar-se assim como princípio de criatividade e de comunicação em amor a todos os seres humanos.

Os seres humanos não se unem mais pela Lei (judeus) nem pelo Alcorão que lhes chega de fora (muçulmanos). Tampouco se vinculam por ideias superiores de bondade eterna (idealismo grego) ou pelas estruturas de um sistema neoliberal moderno que domina sobre todos (e expulsa de seus benefícios os mais necessitados). Os seguidores de Jesus confessam que Deus falou e que sua Palavra se fez *carne em Jesus*, vida concreta, em dor e em amor aberto a todos os seres humanos, a partir da própria carne (não pela Lei ou Alcorão, por Ideia ou Sistema). Logicamente, ao afirmar a encarnação de Deus (*et incarnatus est*) no canto da liturgia solene, os cristãos se inclinaram ou se ajoelharam, não para humilhar-se diante de Deus, mas, pelo contrário, para assumir seu compromisso e alegria de encarnação a favor de todos os seres humanos. Esta encarnação de Deus nos situa no centro da carne, revelando-nos assim o valor divino do humano e capacitando-nos para vivermos em comunhão concreta de solidariedade de carne, não de leis ou de ideias. Por isso, os cristãos destacaram a figura e a história de Jesus, *comunicação encarnada*, princípio pessoal de amor no qual todos podem encontrar-se, ao dar vida uns aos outros e ao achá-la uns nos outros, em doação pascal e esperançada que se mantém e nos mantém em nível de carne (isto é, de comunhão imediata, pessoal), começando pelos excluídos do sistema.

IV. Confissão cristológica: títulos messiânicos. Como acabamos de indicar, a confissão cristã condensa-se no desdobrar da história pessoal de Jesus, Deus encarnado. Nesse contexto, a Igreja interpreta o *duplo mandamento de amor* (a Deus e ao próximo), da mesma maneira que a *homologuia* ou confissão atitular antes assinalada. Pois bem, dando um passo adiante, a Igreja colocou no começo de seu credo histórico (centrado na história de Jesus, Deus encarnado) as três *homologuias* ou títulos que expressam a identidade de Jesus: é Cristo, Filho de Deus, Senhor do mundo. Certamente, esses títulos não podem ser separados da "história" de Jesus (desde a preexistência à sua *parusia*), mas expandem seu sentido em palavras de tradição venerável. Não são para elevar-nos sobre o mundo e assim negar a carne de Deus, mas para confirmar seu sentido e avaliar sua importância.

– *Primeira homologuia: Cristo.* Tem origem judaico-cristã e está contida em uma palavra de Pedro ("tu és o Cristo": Mt 8,29 par.), que deixou várias pegadas na tradição sinótica (Lc 9,22; 19,5.28) e em João (Jo 4,26, 9,22; 1Jo 2,22; 5,1). Ela define Jesus como enviado de Deus e executor de sua obra salvadora: princípio e centro da nova humanidade messiânica, centrada nos pobres e expulsos do sistema. Por isso, os crentes podem confiar nele, aceitar sua mediação, segui-lo no caminho. Quando os cristãos esqueceram sua raiz judaica, esta confissão perdeu o sentido, e o título "Cristo" tornou-se a segunda parte do nome de Jesus, como acontece no símbolo atual: "Creio em Jesus Cristo...". Pois bem, ela deve ser atualizada, na linha da primeira fé eclesial, para que possamos recuperar a experiência judaica do messianismo histórico, carnal, humano.

– *Segunda homologuia: Filho de Deus.* Está especialmente atestada na tradição sinótica nas cenas do batismo (Mc 1,11 par.), na transfiguração (Mc 9,7 par.) e na tentação de Satanás (cf. Mt 4,3.6 par.; cf. 27,40). O *corpus* de João assume-a com frequência (Jo 1,34; 1Jo 4,15; 5,5) e a expressa de modo pessoal: "tu és o Filho de Deus" (cf. Jo 1,49). Em princípio, a identidade filial de Jesus não é uma qualidade ontológica, expressão de sua natureza divina, mas destaca a importância de sua ação e de sua pessoa, como enviado do Pai, em intimidade de conhecimento e amor (cf. Mt 11,25-30). Mas logo será objeto de desenvolvimento dogmático que se cristaliza no credo: "gerado, não criado, da mesma natureza que o Pai, Deus de Deus, Luz da Luz". A Igreja ratifica a identidade de Jesus, fixando suas diferenças com relação ao judaísmo e ao islamismo.

– *Terceira homologuia: Senhor.* Costuma-se dizer que é própria do contexto helenista e que surgiu quando os cristãos de origem não judaica (que não entendem, portanto, o messiânico) interpretaram Jesus ressuscitado como ser celeste que triunfou da morte e que preside e enriquece pela páscoa a existência de seus fiéis. Mas ela aparece já no princípio da Igreja e deve ser interpretada também a partir de uma perspectiva judaico-cristã: os seguidores de Jesus descobrem logo que o mesmo *Deus sem nome*, que se revelou a Moisés como Sarça Ardente (cf. Ex 3), se manifestou a eles por Jesus, como *Senhor-Kyrios, Deus feito presente*. Este título foi expresso e transmitido em contexto de aclamação e de culto: a comunidade sente-se enriquecida pela presença do ressuscitado e confessa sua alegria, cantando: Jesus é Senhor, para a glória de Deus Pai" (Fl 2,11; cf. Rm 10,9; 1Cor 12,3). Assim, reconhece e assume o senhorio de Jesus sobre todos os senhores sacrais e sociais de Israel ou do Império romano. Esta confissão se expressa de modo particular no livro do Apocalipse, definindo os cristãos como representantes de uma resistência ativa contra outros tipos de confissão política, que servem para escravizar os seres humanos, submetendo-os às normas de um sistema imperial que tende a divinizar-se a si mesmo, escravizando seus "adoradores".

Estas confissões podem e devem ser complementadas com outras que apresentam Jesus como Palavra, Filho do homem, Mediador de salvação ou Redentor universal, todas elas vinculadas, porque se referem ao mesmo Jesus da história e da páscoa, mensageiro do reino de Deus, ressuscitado pelo Pai. Na base continua presente a primeira confissão: o mandamento do amor a Deus e ao próximo. Testemunha e garantia, promotor e compêndio desse duplo amor, que a Igreja definiu como Espírito de Deus, é Jesus, que recebeu a força do Espírito no batismo (Mc 1,9-11; cf. Mt 12,28; Lc 4,18-19), para oferecê-lo aos crentes em sua páscoa (cf. Jo 1-15), fundando assim a Igreja. Dessa forma, a *confissão cristológica* (Jesus é Cristo, Filho, Senhor, que nasceu, morreu, ressuscitou) se integra no contexto mais amplo do mistério total ou *confissão trinitária*, que consta de três artigos: Deus Pai, criador de tudo o que existe; Cristo redentor, Deus encarnado; Espírito Santo, que é a comunhão de amor de Deus que se vincula com a Igreja.

V. Da confissão trinitária à comunicação universal. Agora já podemos falar de alguns esquemas *ternários* onde, ao lado do Pai e do Filho, aparece um *Pneuma* (Espírito), um *Kyrios* (Senhor Jesus) e um *Theos* (Deus Pai; cf. 1Cor 12,4-6), evocando aquelas fórmulas em que o *Único Nome* (Deus, o divino) se concretiza no Pai, no Filho e no Espírito Santo

(Mt 28,19; cf. 2Cor 13,13). Nesse fundo, foram-se configurando os símbolos de fé e vida cristã que desembocam nos credos oficiais, um de tipo pastoral (o apostólico-romano) e outro de tipo dogmático, fixado nos concílios de Niceia (325) e de Constantinopla (431); eles refletem o "gênio" judaico e helenista da Igreja que fixou o conteúdo e as implicações de sua fé, destacando o fazer (plano mais judaico) e o entender (plano mais helenista) da fé.

Esses credos continuam centrados na história de Jesus (preexistência, nascimento, morte, páscoa e vinda final) e recolhem seus títulos fundamentais (é Cristo, Filho de Deus, Senhor), abrindo-se a uma Origem-Princípio que é Deus Pai e a uma meta de Comunhão que é o Espírito. Assim, aparecem como *símbolos de fé*: não são declarações de tipo conceitual nem argumentativo, mas revelações do mistério de vida encarnado em Jesus, como veio destacando no tema anterior. Em seu centro continua permanecendo a experiência da "carne" de Jesus, a favor dos expulsos do sistema, em esperança de ressurreição.

– O *princípio* do credo é Deus Pai, que agora aparece como Criador do céu e da terra. Deus já não é só o grande desconhecido de Ex 3,14 ("sou o que sou"), nem a pura Vontade de poder do Alcorão, mas vem como Manancial de amor, isto é, Pai que expressa e expande sua vida na carne do Filho Jesus Cristo. Esta *cristianização* de Deus resulta essencial para a Igreja. Não basta dizer que "há Deus", é necessário descobrir e expressar seu mais profundo princípio de vida por Cristo, seu Filho, em amor encarnado e aberto na carne para todos os seres humanos (cf. Jo 1,18).

– O *final* ou meta é o Espírito de Vida-Comunhão onde culmina toda a realidade e se cumpre a tarefa dos seres humanos. Outras formas de entender a religião acabam deixando-nos em mãos do eterno retorno (tudo dá no mesmo ou tudo volta) ou de um "espírito" distante da vida-matéria da história. Mas o credo cristão desemboca na confissão do Espírito que é próprio da "carne" de Jesus, que assim nos leva ao perdão, à comunhão e à ressurreição (precisamente da carne).

– No meio continua permanecendo o Cristo-Filho, a quem a Igreja descobriu como mediador universal, fonte de comunicação no Espírito, vinculando, em sua entrega de amor (na carne de sua vida), todos os seres humanos. Por isso, apesar de seus possíveis riscos helenistas, os credos continuam sendo cristãos: contam a história de Jesus, como história do Deus encarnado, que assume a vida e aceita a morte, sofrendo a violência da história, para abrir os seres humanos (pela própria carne) à esperança da ressurreição no Espírito.

Os credos recebem, de acordo com isso, uma forma e estrutura trinitária. Aqueles que os assumem descobrem a Deus como Pai, acolhem sua manifestação plena em Jesus (Filho encarnado, messias dos pobres) e se deixam transformar pelo Espírito, presença divina de perdão e de comunhão para todos os seres humanos. Já ressaltamos o sentido *cristológico-carnal* desse credo, que continua centrando-se em Jesus e vinculando amor a Deus e amor ao próximo necessitado. Nessa mesma linha, situa-se a *confissão antropológica* do fim: "Creio no Espírito Santo: na santa Igreja católica, na comunhão dos santos, na remissão dos pecados e na vida eterna". O Espírito recebe assim uma forma "carnal" no mais profundo sentido do termo. Não é um poder imaterial que nos separa do mundo ou da história, para levar-nos ao seu além de pura eternidade, mas totalmente o contrário: o Espírito da criação de Deus e da encarnação de Cristo expressa-se e age em uma *Igreja* que é a comunhão daqueles homens e mulheres que se reconhecem chamados a viver em unidade pela Palavra, quer dizer, *convocados* pelo anúncio e pelo dom de Cristo, acima de todo sistema de política ou ciência.

A Igreja do Espírito de Cristo é, portanto, essencialmente *católica*, quer dizer, universal: expressa o dom de Deus à medida que vincula "carnalmente" os homens, oferecendo-lhes espaço de unidade e de encontro em amor sobre o mundo. Logicamente, o credo fala da comunhão dos santos, isto é, entre aqueles que o próprio Deus chamou à unidade de vida (todos os seres humanos), superando o pecado, que divide e oprime, e o risco da morte (por isso, culmina na ressurreição da carne). Estas palavras finais (Igreja católica, comunhão, perdão e ressurreição da carne) constituem o centro e o ápice do Evangelho entendido como proposta de gratuidade que vincula todos os humanos, acima dos vários sistemas de opressão legal ou social, religiosa ou econômica do mundo.

O sistema busca sempre seu próprio triunfo, que desemboca finalmente na morte que impõe sobre aqueles que assumem seus ditames. Pelo contrário, a mensagem de Jesus, aberta a todos os seres humanos como Igreja, desemboca na *vida eterna*, que se alcança pela entrega generosa e criadora da vida, segundo o Evangelho, quer dizer, pela *ressurreição da carne*. Entendido assim, o credo cristão apresenta um programa e caminho de comunicação total, que vincula os seres humanos por Jesus, a partir do Pai no Espírito, em mistério pascal de gratuidade.

A. Grillmeier, *Jesucristo en la fe de la Iglesia*, Salamanca, Sígueme, 1998; J. N. D. Nelly, *Primitivos credos cristianos*, Salamanca, Secretariado Trinitario, 1980; H. de Lubac, *La fe cristiana*, Salamanca, Secretariado Trinitario, 1988; G. Parrinder, *Avatar y encarnación*, Barcelona, Paidós, 1993; X. Pikaza, *Dios como espíritu y persona*, Salamanca, Secretariado Trinitario, 1990; Id., *Éste es el hombre. Cristología bíblica*, Salamanca, Secretariado Trinitario, 1997; Th. Schneider, *Lo que nosotros creemos. Exposición del Símbolo de los Apóstoles*, Salamanca, Sígueme, 1980; B. Sesboüé e J. Wolinski, *El Dios de la salvación* I, Secretariado Trinitario, Salamanca, 1995.

Xabier Pikaza

CRENÇA E NÃO-CRENÇA

Segundo Adorno, cultura é a tentativa de humanizar o animal. Podemos expressá-lo de outra maneira: o ser humano é um animal de crenças. O contraste entre os animais e o ser humano é também o de uma conduta regulada por instintos e de outra determinada pelas crenças. O animal está bem adaptado à natureza e reage aos estímulos de forma automática. As respostas surgem de forma automática a partir de um dispositivo enraizado em sua constituição biológica que torna possível predizer sua forma de comportar-se. São reações imediatas e diretas, sendo cada indivíduo uma representação completa da espécie. Daí a importância de uma aprendizagem de conduta na qual o animal reage aos prêmios e castigos de forma previsível.

Em contrapartida, o mecanismo de respostas do animal humano é muito mais complexo. Provavelmente, está determinado pelo fato de que é um animal que nasce antes do tempo, com uma imaturidade biológica que permite falar do primeiro ano de vida como o do feto extrauterino. A aprendizagem cultural, determinada por sua vez pelo duplo mecanismo de identificação afetiva e de imitação, aproveita-se da debilidade e da imaturidade dos instintos e oferece ao ser humano um amplo campo de liberdade. A pessoa carece da segurança do mecanismo instintivo, está obrigada a captar as complexas regras de jogo que determinam a relação social e interpessoal, e tem de optar e escolher. Daí o imprevisível da conduta humana, apesar de sermos regulados instintivamente, e o complexo da aprendizagem, que começa com a linguagem.

O ser humano é um animal de crenças, um ser crédulo que depende da confiança nos outros. Por meio da educação, incorpora a experiência acumulada por seus antepassados, na qual se transmite a sabedoria da coletividade a partir de uma seleção do que resulta mais útil e necessário comunicar às jovens gerações. Por isso, o essencial é o capital humano, a capacidade de incrementar os conhecimentos e incorporar o acervo do saber criado durante gerações. Rompe-se com o imediatismo do presente a partir da memória e da história e também por meio de expectativas, desejos, projetos e utopias com as quais se antecipa o futuro. As crenças sempre fazem parte da bagagem cultural, quer dizer, dos conteúdos que não conhecemos pessoalmente e que tampouco confirmamos empiricamente. Há muitas classes de crenças nas quais aprendemos a fiar-nos em outros e a confiar nos conteúdos da tradição na qual vivemos.

I. Origem e funções das crenças religiosas.

Dentro do campo das crenças, que se estendem à ciência, à filosofia, à arte e a todas as dimensões da cultura, desempenham papel fundamental as crenças religiosas. São estas tão velhas como o ser humano e estão relacionadas com necessidades específicas, que são as que permitem falar de uma consciência religiosa constitutiva do ser humano, já que se dá em todos os tempos, povos e culturas. As crenças religiosas estão vinculadas à preocupação pela morte e pela origem da vida, preocupação que leva a perguntar pelo significado da existência, por seus limites e pelo que ocorre com a morte. Temos um relógio natural comum com o resto dos animais, mas somos o único animal que se preocupa por um possível além, a partir do qual formulamos juízos sobre o aquém anterior à morte. Na realidade, a vida está determinada pela avaliação que fazemos da morte, a partir da consciência de que vamos morrer. Somos o ser para a morte (Heidegger) que tem de construir um projeto de vida dependente de como interpretamos a morte. Os restos funerários arqueológicos, com todo o conjunto de símbolos, imagens, representações e objetos que os acompanham, testemunham a existência de vida humana. Os sepultamentos mostram que se superou o pré-hominídeo, já que há uma preocupação pelo cadáver, para que se vá à outra vida nas melhores condições possíveis, em lugar de abandoná-lo para que a terra o trague, como se se tratasse de um animal qualquer. O mesmo ocorre com os ritos de nascimento, que, juntamente com os da morte, constituem elemento constante da cultura. As experiências limites do nascimento e da morte são especificamente humanas e fazem parte das crenças religiosas mais primitivas.

Junto a esta necessidade de dar significado à vida e de vinculá-la a uma avaliação do nascimento e da morte, está a de encontrar normas, valores, regras de conduta a partir das quais estabelecer um projeto de vida. Precisamente porque a conduta humana tem certa margem de indeterminação e liberdade que impede que seja previsível como a dos animais, deve-se recorrer a pautas sociais e de grupo que regulem a conduta. A individuação surge com a socialização. Aprendemos a ser pessoas, à medida que nos integramos em um grupo, sendo a família a microssociedade primeira. Essas normas e valores dependem da concreção do que é o bem e o mal, além do meramente útil ou do pacto social e do consenso grupal de cada cultura. É verdade que o bem e o mal, que determinam nossa conduta moral, se concretizam de forma diferente em cada cultura, mas em cada ser humano há uma pretensão de incondicionalidade e de universalidade que pretende transcender o relativo de cada sociedade específica. A forma usual de transcender o particular de uma situação dada é apelar para a transcendência, para o sagrado, para o santo, para o absoluto ou para o divino, segundo as diversas modalidades da fenomenologia da religião (R. Otto).

Por isso, tradicionalmente, a religião foi a grande educadora moral dos povos, sendo a divindade o referente último que determinava a conduta humana a partir de um código de mandamentos e proibições que eram absolutos e universais, enquanto não dependiam dos interesses individuais ou grupais de cada momento. A apelação à divindade é que servia para estabelecer a dignidade da pessoa humana, segundo o tipo de relação estabelecida entre os deuses e o ser humano. Deve-se fazer o bem e evitar o mal, sendo a divindade o referente último ao qual o ser humano voltava suas ânsias de justiça constantemente defraudadas na experiência empírica, mas sem o qual o homem se teria resignado e teria renunciado a essas pretensões de verdade e justiça, sempre historicamente não cumpridas. A moral teve uma dimensão teológica, como bem viram Kant e Horkheimer, e a perda de religião acarreta faticamente um declive da moral no espaço do coletivo e deixa não fundamentada a afirmação da dignidade humana, apesar de a reconhecermos faticamente quando reagimos contra a injustiça e a exploração dos seres humanos.

Essa dupla função de fundamentação da consciência moral e de dar significado ao nascimento e à morte se complementa com outra que também é essencial nas crenças religiosas: a de motivar e dar sentido à luta contra o mal. O ser humano não somente busca conhecimento, gnose, a partir de uma curiosidade que gera a filosofia e a ciência em sentido amplo, mas persegue a salvação. Também isto é um fenômeno especificamente humano, encontrar um sentido para o mal físico e moral, para a dor e para o sofrimento, a partir da divindade que pode salvar. O ser humano necessita encontrar motivos para lutar e viver, para enfrentar os acontecimentos e para dar a estas sentido. O ser humano não é simplesmente um animal de realidades, mas busca dar-lhes significado e apela para as crenças que lhe permitam encontrar respostas conceituais e afetivas com as quais possa enfrentar esses acontecimentos. Esta é também uma das funções fundamentais das crenças religiosas, que oferecem salvação e sentido à vida humana. A partir de instâncias muito diversas, algumas especificamente ateias (Freud), destacou-se a importância da religião para as pessoas; e destacou-se como as pessoas que têm vivência religiosa encontram nela um apoio fundamental para enfrentar situações difíceis e encontrar um sentido em condições desumanizadoras.

II. Das crenças religiosas às cristãs. São essas as três funções essenciais das crenças religiosas nas quais não só desempenha papel fundamental o conteúdo cognitivo, mas também as dimensões emocionais e afetivas, já que se necessitam motivações e impulsos que apelem tanto para a liberdade como para a razão. As três funções se integram no que podemos chamar de ânsia de Deus, o desejo do Absoluto, que é outra face do inconformismo do ser humano com a mortalidade e finitude próprias de sua vida animal.

A religião é especificamente humana. O ser humano é o animal que, sendo finito, anela a infinitude, da mortalidade aspira à imortalidade e do contingente busca o absoluto. Na tradição bíblica, essa experiência se chama sede de Deus e é o suporte da tentação religiosa como autodivinização, esquecendo-se da limitada condição humana.

O cristianismo emoldura-se dentro dessa dupla dinâmica, a partir da qual se estabelecem as crenças religiosas. Por um lado, o ser humano, como imagem e semelhança de Deus, está feito para ele e só nele pode descansar (Agostinho). Temos sede de Deus, porque constitutivamente provimos dele e para ele nos orientamos. Daí a necessidade de ordenar todas as coisas em função de Deus, subordinando-as ao que é o fim último da vida humana, como bem estabelece o princípio e fundamento da espiritualidade inaciana. A crença em Deus permite transcender e relativizar o dado, sem cair na armadilha de ficar apanhado na malha das coisas e das relações interpessoais. É uma crença que deixa espaços abertos para a liberdade e para a busca. Baseia-se no inconformismo e na abertura constantes, que se expressam no dinamismo profético, messiânico e escatológico, a partir do qual se compreende a história. As diversas espiritualidades tiraram consequências desta crença fundamental, na qual desempenhou grande papel o niilismo dos místicos, que João da Cruz reflete na doutrina dos nadas: deve-se tomar distância de tudo, negá-lo, para encontrar a Deus e, depois, paradoxalmente, reencontrar-se com as coisas a partir de uma experiência que permita superá-las e não ficar aprisionados por elas.

Esta é também a outra face do núcleo da crença cristã em Deus. A indigência do animal humano, que anela salvação, segurança e sentido, o leva a uma autodivinização. Esta se pretende alcançar a partir da acumulação de coisas, com as quais se busca superar a insegurança vital, ou de relações de prestígio, que são as que possibilitam o narcisismo egocêntrico ou, sobretudo, a partir do poder, que diviniza o indivíduo e o faz crer-se superior aos outros. As crenças são a contrapartida das necessidades e a indigência fundamental do ser humano (diante da morte, do mal, da injustiça e do sem-sentido), que levam a uma busca compulsiva de seguranças que tiram a liberdade, impedem de crescer e acabam destruindo. Estamos condenados à liberdade, mas temos medo, porque ela exige saber viver na insegurança e na busca (Fromm).

O cristianismo parte da história de um ser humano concreto, o judeu Jesus de Nazaré, e chama à identificação afetiva, à imitação e ao seguimento como eixo vertebral de sua proposta de sentido. Não se trata somente de uma crença intelectual, já que a fé não é somente crer o que não se vê, mas se oferece um modelo e uma história, que é interpretada a partir das necessidades constitutivas do ser humano. A crença cristã apela para a confiança e para a fascinação pela vida e mensagem de Jesus, para construir a vida em semelhança à dele. Por isso, não é uma crença unidimensional, meramente intelectual e doutrinária, mas se dirige à razão e também à liberdade, ao entendimento e também às emoções e afetos, para, oferecer a partir daí um sentido para a vida humana e uma significação para os acontecimentos.

O cristianismo oferece um estilo de vida, não é resultado de uma programação do sujeito, que autarquicamente determina seu projeto (em linha próxima a Nietzsche ou a Foucault), mas integra a pessoa em um projeto de relação com a divindade a partir do modelo jesuânico recolhido nas escrituras fundacionais do cristianismo. O indivíduo tem de elevar-se a uma ordem transcendente e integrar-se em uma visão total da vida, sendo que a história de Jesus exemplifica o conteúdo da crença cristã. A partir daí, são respondidas as perguntas fundamentais do porquê do para que da vida, é oferecido um projeto para a existência, e são estabelecidas as convicções pelas quais se deve viver e lutar. Toda religião contém valores, crenças e práxis de conduta com as quais se pode responder às necessidades humanas que, por definição, são indemonstráveis, porque se referem à totalidade da existência e remetem ao divino, que no cristianismo sempre é pessoal, transcendente e absoluto.

Por um lado, a crença cristã esclarece a origem da vida, a partir do projeto de Deus, criador e providente que se faz presente a partir da profundidade do humano, oferecendo em Jesus o modelo de como viver e agir. Concebe-se a divindade a partir de uma convergência radical do imanente e do transcendente, a partir de uma presença mais próxima e, ao mesmo tempo, menos possível de Deus. A partir daí se oferece também uma resposta ao problema da morte: afirma-se que o Deus da vida também é dos mortos e que depois dessa experiência última há um reencontro com Deus expresso na crença da ressurreição. Por outra parte, dá-se uma resposta ao problema da dor e do sofrimento, a partir de um crucificado que se coloca nas mãos de Deus e confia nele em situação de abandono absoluto. Ao proclamar que Deus está aí, no crucificado, sem ter respostas racionais ao porquê de tanto sofrimento como há na vida de cada ser humano, se oferece uma forma comprometida de enfrentar a vida. É aí que se oferecem valores para a conduta, para o amor e o perdão, como os únicos elementos que permitem relações interpessoais não destrutivas.

A criação e a ressurreição, o amor e a relativização das leis a partir da intencionalidade da consciência, a aceitação não resignada da dor a partir da esperança e da solidariedade, são os eixos da versão cristã das crenças religiosas. É uma cosmovisão que oferece chaves hermenêuticas, experienciais e práticas, para abordar a vida a partir de acontecimentos que ultrapassam a capacidade de resposta dos instintos animais. O humano abre-se ao horizonte do divino, a partir de uma compreensão de Deus e do ser humano enraizada na tradição hebraica e nas contribuições específicas de Jesus e de seus primeiros seguidores cristãos, que é o que se recolhe no Novo Testamento. Não se trata de uma simples crença doutrinária, mas de uma crença que deriva de uma história concreta e singular, interpretada a partir das chaves da tradição bíblica judaica que desde dois mil anos fascinou a muitas gerações e suscitou adesões e imitações exemplares, assim como rejeições e refutações absolutas. Não resta dúvida de que é uma tradição que responde às necessidades humanas, já que, caso contrário, não teria havido tanta repercussão histórica. Além dos elementos míticos, legendários e socioculturais próprios de uma tradição da Antiguidade, constitui um dos conteúdos fundamentais das crenças da humanidade. É uma crença global, com dimensões cognitivas e afetivas que suscitaram fortes críticas, já que a não-crença é também constitutiva do cristianismo.

III. Raízes e funções da não-crença. Já desde a Antiguidade, encontramos crítica às crenças religiosas, que permaneceram constantes e fundamentalmente idênticas ao longo dos séculos. À diferença das ciências, que pretendem descobrir as leis imanentes aos fenômenos e se baseiam na experiência empírica, e da filosofia, que busca sentido e saber a partir de uma reflexão crítica e racional da conduta humana, a religião pretende superar o finito, o contingente e o mundano para chegar ao absoluto. É um saber transcendente, quer dizer, pretende superar o humano e o mundano, porque afirma ter comunicação ou revelação da divindade. Na realidade, a religião pretende sustentar que o ser humano, de uma ou de outra forma, tem experiências do divino ou pode entrar em contato com ele. A isso a crença cristã acrescenta uma forma determinada de entender ambos os polos da relação a partir da concepção bíblica de Deus.

Isso é o que a não-crença nega, oferecendo alternativas para explicar o porquê e para que das crenças religiosas. Nega-se tanto a possibilidade de ter relação com o divino como a forma específica cristã de compreendê-lo, além de muitas correntes questionarem a própria existência de deuses. Mas, a crítica às crenças cristãs se faz a partir de outras crenças não religiosas, e, às vezes, ateias tão infundadas como as que se rejeitam. Desse modo, encontramos diversas críticas concernentes às funções e ao significado das religiões. Desde os que afirmam que o medo da morte se combate com a religião (de Lucrécio a Schopenhauer) aos que afirmam o caráter ilusório e consolador da crença religiosa (de Lucrécio até Freud), para os que não são capazes de aceitar a orfandade e limitação da vida humana. Busca-se assim dar resposta não-crente a necessidades humanas, às quais as crenças religiosas respondem. A partir de uma aceitação racional da morte como destino comum que vincula o ser humano ao resto dos animais, se define a morte como o triunfo da espécie sobre o indivíduo (Marx), sem que haja nenhum elemento de transcendência individual mais do que os filhos ou a obra com que cada um tenha contribuído para o bem-estar da humanidade. A crítica à crença na imortalidade baseia-se em uma absolutização da finitude e em uma rejeição dos sentidos teológicos que se oferecem da vida a partir da fé no além (Nietzsche). Trata-se, portanto, de uma não-crença que apela para a condição animal do ser humano e que desqualifica a ânsia de imortalidade como desejo enganoso e alienante. É uma avaliação válida, mas tão extrapolada e não fundamentada como a dos que afirmam o sentido transcendente da morte.

Da mesma forma, rejeita-se a dimensão teológica da consciência moral, reduzindo a religião à consciência coletiva da sociedade (Durkheim) ou à superestrutura ideológica que fomenta a resignação e consola dos sofrimentos do presente sem transformá-lo (Marx). Deve-se assumir a solidão do ser humano para enfrentar contingentemente a vida sem recorrer a entidades sobrenaturais. A moral baseia-se no contrato social, no costume ou no interesse pragmático, na utilidade, ou se apela à normatividade fática da natureza (direito natural) ou das estruturas linguísticas (ética discursiva), ou simplesmente se vê a moral como forma de poder das minorias dominantes, renunciando a uma fundamentação universal e, inclusive, a uma normatividade absoluta. Uma forma humanista de fundamentação da moral, sem necessidade de uma referência religiosa legitimadora, é apelar para a dignidade humana como fonte moral e dos direitos humanos.

Também no que diz respeito ao mal e ao sentido da vida, há uma rejeição de qualquer referência transcendente, que seria somente uma projeção humana (de Pródico a Feuerbach). Apela-se para a solidariedade humana, para a práxis comprometida na luta contra o mal, ou para o progresso científico como forma de dar sentido imanentemente à vida, sem que seja necessária a crença em Deus. A única forma de transcendência que se aceita é a do humanismo e das utopias, o princípio esperança de Bloch, rejeitando o resto como *fuga mundi* ou como evasão alienante. O sem-sentido da vida é combinado com uma vontade de verdade e com uma autoafirmação estóica que afirmam o caráter fictício de um sentido divino (Nietzsche).

Dessa forma, a não-crença nega as colocações da crença religiosa, baseando-se em uma interpretação da vida e do ser humano, que é também uma crença e uma hermenêutica intramundana. A finitude, a valoração do intra-histórico e do mundano e a aceitação estoica, mas não necessariamente resignada, da vida, são os elementos essenciais dessa crença humanista. Contrapõem-se a solidariedade e a compaixão do que se sacrifica pelos outros, sem esperança alguma de recompensa e sem expectativas que a esperança de um além da morte possibilita à concepção religiosa, mais concretamente à cristã, dos que esperam uma ressurreição e um juízo final em que culminaria uma práxis de compromisso na luta pela justiça e pela fraternidade humana. Por isso, a não-crença se oferece como alternativa ao cristianismo, aceitando um mínimo de sentido contra as pretensões maiores das crenças religiosas.

Essa hermenêutica da existência humana é também uma reação contra os abusos e consequências desumanizadoras das crenças religiosas. As crenças têm também algumas dinâmicas absolutistas e fanatizadoras que a insegurança humana e o poder coercitivo das ideologias escondem. As cosmovisões servem de apoio ao ser humano, à medida que estabelecem sentido e ordem no lugar do caos e da indeterminação. Mas a contrapartida das crenças é que elas acabam dominando sobre os crentes, cuja identidade acaba dependendo das crenças, em lugar de ser resultado de um aprofundamento na dignidade e na validade da própria consciência.

Quando as crenças dominam as pessoas, a ortopráxis, o amor, se subordina ao próximo à ortodoxia doutrinária, e se acaba nas formulações tradicionais de que o erro não tem direito de existir ou de que se deve acabar com o não-crente em nome da paradoxal crença, a partir da qual se pretende afirmar o ser humano. A história da humanidade não pode ser explicada sem atender ao totalitarismo das crenças, religiosas ou não-crentes, às quais se deve contrapor o valor relativo e subjetivo de todas elas, incluída a crença em Deus. Teologicamente, deve-se ressaltar que Deus nunca fica integrado nem encerrado em um sistema de crenças, nem sequer no católico, e que sempre se deve distinguir entre Deus mesmo e nossas representações a respeito dele.

A partir daí se pode captar o potencial criativo e humanizador das crenças religiosas, já que abrem o desejo humano à identificação com Deus, mas também à sua capacidade destrutiva e de violência. A religião, faticamente, é capaz de suscitar o melhor e o pior do ser humano. O mesmo ocorreu com as crenças humanistas dos últimos séculos (o marxismo, o liberalismo, o anarquismo), que agiram como credos seculares, opondo-se frequentemente às crenças religiosas e desdobrando funções e uma mística parecida com a delas. A decadência da crença religiosa nas sociedades secularizadas europeias, submetida a um processo de privatização, individualização e subjetivação, foi acompanhada por uma demanda crescente de crenças laicas e seculares, na forma de projetos políticos, de ideologias cosmovisionais e de filosofias universais da história. Uma vez mais, mostra-se como o ser humano não pode viver sem crenças que deem sentido à sua existência.

Essas concepções do mundo ofereciam uma salvação secularizada em nome das leis da história, do progresso científico, da superioridade da raça, do amor à pátria ou da luta de classes. Como as crenças religiosas bíblicas, ofereciam uma mística, apelavam para a liberdade e para a razão e propunham uma meta última da história que suplantaria a proposta cristã do reino de Deus (a sociedade sem classes, a sociedade emancipada, pós-moderna, comunista, a pátria da liberdade etc.). A dessacralização das crenças religiosas foi acompanhada pela sacralização das crenças políticas, e os ideais nobres que inspiraram a ambas (Deus, pátria, rei, o proletariado, os pobres...) converteram-se em justificações perversas a serviço do fanatismo, da intolerância e da violência contra os não-crentes, contra os hereges e os agnósticos dessas cosmovisões. A laicização da sociedade e a desconfessionalização do Estado vieram assim acompanhadas de uma sacralização da política e de uma absolutização das ideologias, relevando o fascínio que o sagrado exerce sobre o ser humano. Um dos elementos mais perversos das crenças sociopolíticas é a capacidade de utilizar ideais nobres para justificar práticas que estão em oposição direta com o que esses ideais apregoam, a partir de uma subordinação pragmática à razão de Estado, desde o pragmatismo de que o fim justifica os meios. Dessa forma, os indivíduos acabam sendo sacrificados às crenças e doutrinas presumidamente emancipadoras do ser humano em nome de Deus ou também do progresso, da razão ou da pátria, que são as versões mais espalhadas de crenças não religiosas.

Daí o valor permanente da não-crença como interpelação para os crentes. As funções sociais da religião, quer dizer, sua capacidade de dar resposta a necessidades humanas permanentes, não são por si só aval sem mais de sua verdade. A funcionalidade e eficácia de um credo religioso não são por si um aval de sua verdade nem garantia da existência do referente divino ao qual se refere. No máximo, pode servir de confirmação e de legitimação que torna razoável e defensável uma crença, sem eliminar o elemento de decisão inerente às convicções e à identificação com uma cosmovisão. Pode-se defender uma crença religiosa como razoável, à medida que se mostram seus frutos humanizadores e em que se estabelece sua compatibilidade com a razão, embora não se possa demonstrar nunca por que a fé em Deus não é susceptível de ser suplantada por uma demonstração racional nem pode ser nunca um questionamento científico.

É que as convicções existenciais, como a da dignidade suprema do ser humano ou a validade da luta pela verdade e pela justiça, apesar de serem refutadas constantemente na experiência cotidiana, não se integram na ordem da racionalidade científica, mas no de postulados que têm valor performativo (produzem o que significam), heurístico (servem para esclarecer e orientar) e motivacional. Devem ser logicamente consistentes e coerentes; por isso, se agrupam em uma cosmovisão ou crença global, mas não são susceptíveis da ordem da demonstração, embora não possamos viver sem elas. Por isso, as crenças não somente apelam para a racionalidade, mas também motivam, inspiram e dinamizam os desejos e a afetividade humana. Ninguém crê em Deus simplesmente por um raciocínio doutrinário, como o das tradicionais provas da existência de Deus, mas a fé em Deus se dá no marco de uma religião que oferece uma forma de vida e não somente uma cosmovisão doutrinária. É isso que torna necessária uma teologia narrativa no caso cristão, que remete a uma série de testemunhos de Deus a partir da experiência religiosa de Israel.

A dinâmica da identificação afetiva e a imitação é crucial para o cristianismo como religião histórica, e as crenças cristãs respondem à pergunta: "o que posso esperar?", que Kant coloca como uma das fundamentais do ser humano. É o que também captou Bloch, quando afirmava que, onde há esperança, há religião, implícita ou explicitamente, embora nem sempre haja esperança na religião, porque esta pode tornar-se uma mera ideologia que aprisiona o homem em lugar de abri-lo ao futuro e de colocá-lo na busca. Esta dinâmica se dá, de alguma forma, em todas as crenças religiosas, mas se radicaliza nas religiões históricas e proféticas, às quais pertencem os três grandes monoteísmos derivados da tradição bíblica.

IV. O diálogo entre crença e não-crença. No entanto, o determinante não é tanto a expectativa de futuro quanto o compromisso com a realidade histórica e a opção pela fraternidade e pela justiça. Há mais afinidade entre cristianismo e não-crentes comprometidos em uma tarefa comum de humanizar a sociedade e estabelecer laços de solidariedade, do que entre crentes que têm opções contraditórias no que concerne à justiça e ao respeito prlos direitos humanos, já que a crença religiosa e cristã em Deus pode encobrir acepções muito diversas de Deus e opções muito diferentes sob as mesmas palavras. O humanismo cristão, que tem raízes na Antiguidade e que se apresentava com a denominação de "todo o humano é nosso", pode e deve reconhecer a validade do humanismo dos não-crentes. Não se trata de contraposição nem de alternativa disjuntiva, como se os valores humanos sem referência religiosa carecessem de validade e significação.

A plenitude de sentido que o cristianismo propõe pretende ser um "algo mais" ao que tem valor em si mesmo, à solidariedade e ao compromisso para com os que sofrem e lutam para construir um mundo mais justo. O sobrenatural não se opõe ao natural, mas é o horizonte a partir do qual recupera maior valor e sentido o que já o tem em si mesmo. Esta é a linha à qual aponta Bonhoeffer, quando fala de um cristianismo maior de idade em uma sociedade não-crente, na qual o compromisso com os mais fracos e a luta pela justiça têm valor em si mesmo, *etsi deus non daretur*. Deve-se recuperar o valor da ordem da criação sem cair na depreciação do terreno e do natural, própria do sobrenaturalismo que contrapõe a graça à natureza.

Não se devem absolutizar os compromissos humanos, mas deixar espaço aberto à busca de sentido e de transcendência inerente ao desejo humano de Deus. Por isso, a crítica cristã às crenças humanistas é também uma parte da crítica às idolatrias. Toda realidade humana é relativa, fragmentada e parcial no que se refere ao sentido. A afirmação da crença cristã, e em geral a das crenças religiosas, é que não há plenitude de sentido a partir da obra humana e que todo projeto e realização histórica mostra sempre um *déficit* que não pode ser superado pelo agente humano. É o que o cristianismo afirma com o postulado do reino de Deus. O reino de Deus constrói-se no aqui e agora da história, a partir do compromisso com os valores pelos quais Jesus viveu e morreu.

Nesse sentido, pode-se dizer que o ser humano colabora com Deus, é cocriador e corredentor de um mundo necessitado de redenção. Mas, em última instância, o projeto humano é sempre fragmentário e deficitário, necessita da ação divina, do dom da graça, que leve a seu término um sentido inalcançável pelo ser humano. É aí que a esperança da ressurreição recupera todo o seu significado. Deus não quer redimir o mundo sem contar com o ser humano; este, porém, não é autossuficiente, mas depende sempre da graça. É a crença subjacente à conhecida afirmação inaciana de "fazer tudo como se nada dependesse de Deus, e depois esperar tudo dele como se nada dependesse de nós". É o eixo da mística de serviço, que coloca o acento na transformação do mundo mais do que na mera contemplação.

É uma crença que mantém, ao mesmo tempo, a teonomia e autonomia humana (Ricoeur), apelando para a responsabilidade humana e vendo a Deus como inspirador e motivador da responsabilidade pelo outro (Lévinas), como instância presente na voz da consciência e na exigência ética. Por isso, a exigência da justiça se complementa a partir do dom da graça, contra toda autossuficiência e justificação humana. Obedecer a Deus não implica a heteronomia com relação a um agente interno, mas se estrutura a partir da fidelidade à própria consciência. A crença religiosa serve para esclarecer e abrir o horizonte à exigência interna de solidariedade e de responsabilidade pelo outro, dando um "algo mais" de sentido ao compromisso ético. Por isso, o sentido da crença religiosa ultrapassa a mera dimensão ética e abre-se à oração, ao desejo e à busca de Deus. Não se busca simplesmente o bem ético, mas um ser pessoal a partir do qual se coloca a própria história. O sentido não vem dado por uma argumentação teórica, mas por um horizonte experiencial que leva a colocar-se nas mãos de Deus.

É isso que levou, a partir da teologia cristã, a falar de cristianismos anônimos (K. Rahner), a distinguir entre pertença à Igreja e ao cristianismo e à salvação (já que nem estão todos os que são, nem são todos os que estão) e a reelaborar a teologia da revelação a partir da perspectiva de uma teologia das religiões e outra do diálogo do cristianismo com a não-crença. Em última instância, é a práxis e a conduta, não a mera teoria, que determinam as opções últimas da vida, e a partir delas se deve avaliar a capacidade de sentido que as crenças oferecem, tanto as religiosas como as do humanismo não-crente. Naturalmente, isto não significa que as teorias, as concepções do mundo, careçam de validade e significação, já que oferecem o horizonte a partir do qual se entendem o sentido da vida e o próprio ser humano. Mas implica, sim, que, na forma de enfrentar a realidade e comprometer-se com ela, pode haver diálogo e colaboração entre pessoas com crenças religiosas e não-crentes que, no entanto, optam por alguns valores comuns para avaliar a realidade.

Uma versão moderna do humanismo das crenças, religiosas ou não, compromissadas com a dignidade do ser humano, é a conhecida afirmação de Ignácio Ellacuría de que se deve tomar o encargo da realidade, contra as ideologizações encobertadoras, carregá-la, a partir do compromisso e da rejeição das evasões e das *fugae mundi*, e encarregar-se da realidade, colocando o acento na transformação social e no compromisso. A fidelidade ao real passa pela prioridade da ortopráxis com relação à ortodoxia, sem negar a segunda, mas colocando o acento na transformação da realidade.

H. Döring e F. X. Kaufmann, "Experiencia de la contingencia y pregunta por el sentido", em *Fe cristiana y sociedad moderna* IX, Madrid, SM, 1986; J. A. Estrada, *Razones y sin razones de la creencia religiosa*, Madrid, Trotta, 2001; F. Facchini, "La emergencia del *homo religiosus*. Paleoantropología e paleolítico", Em J. Ries (ed.), *Tratado de antropología de lo sagrado* I, Madrid, Trotta, 1995, 151-182; M. Gauchet, *La religion dans la démocratie*, Paris, Gallimard, 1998; M. Legaut, *El hombre en busca de su humanidad*, Estella, EVD, 1973; J. Muguerza e J. A. Estrada, *Creencia e increencia, un debate en la frontera*, Santander, Sal Terrae, 2000.

Juan Antonio Estrada

CRIAÇÃO E ECOLOGIA

Com o termo "criação" (no hebraico *bara'*, traduzido nos LXX como *Ktísis*), o cristianismo dá sua particular resposta à pergunta pela compreensão do mundo. Da revelação vétero e neotestamentária, não emana unicamente uma aproximação em linguagem e imagem ao *quem* de Deus e ao *que* e ao *para que* do ser humano. Também nasce uma proposta para decifrar o mundo, onde se efetua a relação entre o divino e o humano. A realidade não humana é mais do que pura circunstância eventual e prescindível. A Escritura lhe reconhece a identidade. A questão cosmológica assim não fica marginalizada em prol das questões teológicas e antropológicas. O ser humano é um pedaço do mundo, e com o mundo se submerge na dinâmica de salvação que Deus imprime ao todo. Por isso, a revelação abre as portas a determinada inteligibilidade do universo. Chega a afirmar que "Deus criou os céus e a terra" (Gn 1,1).

O contexto cultural contemporâneo exige da teologia novas tarefas a propósito dessa afirmação central. O recente despertar da consciência ecológica (foi somente em 1866, das mãos de E. Hackel, que foi introduzido o termo "ecologia") colocou em interdito a cosmovisão gestada a partir da Modernidade, entrincheirada atualmente atrás do desenvolvimento científico-tecnológico e da atividade econômica globalizada. O paulatino desmoronamento ecológico do planeta fala de uma crise entre o ser humano e seu meio, a qual não é somente solúvel com ajustes conjunturais e tecnocráticos. Os avanços tecnológicos originam desafios inéditos, para os quais carece uma criteriologia práxica suficientemente amadurecida. Exemplos disso são as perspectivas abertas pelas tecnologias militar e biogenética. O resultado é que a humanidade está experimentando um salto qualitativo na assunção de sua responsabilidade com a história e com seu entorno. O ser humano está próximo a reelaborar com urgência sua cosmovisão, com o objetivo de modificar a tempo sua relação com o meio. Um projeto assim está se realizando já a partir de muitas instâncias seculares. A teologia sente-se afetada por ele. De fato, o pensamento teológico do futuro dificilmente poderá esquivar-se da problemática ecológica.

I. Raízes bíblicas da sensibilidade ecológica atual. Quiseram negar à teologia judaico-cristã seu acento ecológico, por causa dos pressupostos dos quais ela parte. Foi recriminada de fomentar em demasia o divórcio entre o ser humano e o mundo, e assim, implicitamente, auspiciar um programa secularista (Amery, White, Gogarten, Cox etc.). A utilização repetida que se faz do verbo *bara'* no relato genesíaco sacerdotal (cf. Gn 1,1-2,4a) parece enfatizar efetivamente a diferença ontológica entre o Criador e o criado. Em contraste com as cosmogonias em uso, o relato sacerdotal descarrega o mundo das notas míticas e lhe confere a mais cabal profundidade. Ao mesmo tempo, no âmbito do criado, fica inoculada uma assimetria: o ser humano é a única criatura que expressamente é "imagem e semelhança" de Deus, vocacionada a submeter, a mandar e a utilizar outras espécies como alimento (cf. Gn 1,26-30). Essa assimetria se agudiza na ordem do mundo que se inaugura depois do dilúvio (cf. Gn 9,1-7), porque, desde então, o ser humano será depredador de espécies animais, não somente de vegetais, reconhecendo-se a si mesmo em oposição franca aos demais viventes.

Sem negar a quota de corresponsabilidade, parece que a associação direta do caos ecológico contemporâneo com as raízes veterotestamentárias do cristianismo é uma interpretação reducionista tanto do legado bíblico como do complexo desenvolvimento cultural do Ocidente. A teologia contemporânea propõe uma leitura da tradição bíblica que desdramatiza sua aparente unilateralidade antropocêntrica e antiecológica. Essa leitura sublinha o estatuto último da criatura que o ser humano tem, e por conseguinte sua radical semelhança com o resto das criaturas (cf. Sl 104,27-30; Ecl 3,19; Jó 38-41). Revisa a teoria do *dominium terrae*, recuperando uma acepção dos verbos "submeter" e "dominar", latente neles e obviada na história da exegese. A soberania e o domínio do ser humano sobre o criado não são ilimitados nem arbitrários. Dado que efetivamente somos "imagem e semelhança" de Deus, a atividade humana deve ter por modelo o proceder do próprio Deus descrito em Gn 1. Proceder que está longe de ser exercício prepotente de força; pelo contrário, assegura e promove a vida. Gn 2,15 confirma o estilo de como há de comportar-se o ser humano com seu entorno: há de cultivar e cuidar do Éden, quer dizer, seu papel como criatura está longe da exploração abusiva e indiscriminada e mais perto da manutenção e da conservação. A culminação da criação no tempo sabático, no ócio gozoso, é expressão de que a atividade humana está submetida à limitação e de que a realidade não humana deve sempre ser considerada e protegida na ordem criacional (cf. Lv 17,26).

Tampouco se pode afirmar que a tradição bíblica alimente uma visão objetivista do mundo como é própria à ciência moderna. Israel tende a refletir teologicamente sobre a história, não sobre a natureza em si, como o mostra a formulação que adotam certos credos, como Ex 20,2 adotam. O pensamento bíblico interpreta a atividade divina como um *continuum* salvífico, desde a origem até a culminação do tempo. O mundo como tal remete a uma intencionalidade que o justifica, uma intencionalidade salvífica que engrena natureza e história em um único dinamismo de plenificação (cf. Is 51,9-11). A natureza, desse modo, é parte de um projeto, não é pura *physis* grega. O mundo está embutido na história, e a Escritura não o desengancha dela. Até tal ponto a ordem criacional está conectada na ordem da redenção que o mundo se projeta no futuro do novo céu e da nova terra (Is 65,17) e padece as consequências do pecado humano (cf. Os 4,1-3; Jr 5,20-25).

A partir de Westermann, no entanto, não se descarta que a fé criacional deve ter aparecido muito mais espontaneamente do que se supõe, até adquirir a identidade e autonomia com que se vê nos salmos (cf. Sl 8, 19, 23 e 103) e na literatura sapiencial (cf. Sb 11,24). Esta linha de interpretação é muito produtiva para a teologia ecológica, porque a criação tende a ser tratada por si mesma. É algo mais do que o primeiro capítulo necessário para que a história possa desenvolver-se. De fato, vista em si mesma, a criação inclusive permite sugerir à história um horizonte de realização. Em Gn 1, há não somente protologia, mas também e acima de tudo escatologia. O relato genesíaco é um "assim-deveriam-ser-as-coisas". Estabelece um marco dentro do qual teria de desenvolver-se a história. Em tal marco, o ser humano é uma criatura entre outras, cuja viabilidade é factível unicamente à medida que não vulnere os limites que o entorno lhe impõe, tal como este é interpretado na Escritura. A criação comporta-se, desse modo, como mensageira de Deus. A própria Lei ajuda para que a realidade seja fiel ao seu desígnio criacional (cf. Sl 19).

A visão neotestamentária da criação faz também acentuações decisivas. Segundo Rm 8,18-30, a criação inteira está às portas do acontecimento salvífico que o Filho de Deus realizará definitivamente. O final da história afeta toda a criatura, não é um desenlace protagonizado exclusivamente pelo ser humano (c. também 2Pd, 3,13; Ap 21,1, ambos em conexão com Is 65,17; 66,22). Jesus Cristo representa o ponto de confluência da realidade humana e não humana. Nele se abre a possibilidade de compreender a realidade em todas as suas manifestações (cf. Ef 1,3-13; Cl 1,13-20).

A criação, nos sinóticos, pertence ao plano salvífico de Deus, é o arranque inicial da vontade divina de reinar: "Vinde, benditos de meu Pai, recebei a herança do reino preparada para vós desde a criação do mundo" (Mt 25,34). A tradição mateana é profusa, ao justificar o uso das parábolas em Jesus como o cumprimento do oráculo do profeta: "Abrirei em parábolas a minha boca, publicarei o que estava oculto desde a criação do mundo" (Sl 78,2; cf. Mt 13,24-35). Ou ao recolher, na discussão sobre a indissolubilidade do matrimônio, a indicação de Jesus de que "no princípio não foi assim" (Mt 19,28). Trata-se de um fato tornado pretérito, mas de consequências normativas para o hoje.

Em Jesus, não se chega a encaixar o pensamento apocalíptico que preconizava uma ruptura total entre o éon presente e o futuro. A continuidade salvífica entre o hoje e o amanhã não exige a anulação deste mundo para ter acesso, assim, à plenitude escatológica. Pelo contrário: a vida que o Deus criador pôs em marcha neste mundo se prolongará, transformada, em uma dimensão também vivificante; é "Deus dos vivos" (cf. Mt 12,18-27 par.). Daí, o que se opõe ao projeto criacional de Deus, como a dor, a enfermidade e a morte, é incentivo justificado para a intervenção taumatúrgica de Jesus.

Em tudo isso, Jesus se desvia do legalismo rabínico e recupera o otimismo próprio da teologia criacional veterotestamentária, para a qual, no princípio, o mundo como tal é "bom". "Nada há fora do ser humano que, entrando nele, possa contaminá-lo; mas o que sai do ser humano, é isso que contamina o ser humano" (Mc 7,15; cf. 7,19 par.). Essa abertura sem preconceitos com relação ao mundo explica que Jesus não leva adiante uma vida ascética no etilo acrisolado por João Batista. Por trás da conhecida acusação de ser "comilão e beberrão" (Mt 11,19), se intui o acesso franco de Jesus à realidade natural. E explica também por que recorre repentinamente a imagens naturais em sua pregação. O mundo é transmissor da plenitude anunciada do reino.

Essa teologia criacional de fundo vem reverter a práxis histórica de Jesus. Nele é palpável a convicção de que toda criatura, pelo simples fato de o ser, está aberta à possibilidade da atuação salvífica de Deus. Visto que tudo se situa dentro do marco criacional, nada se fecha à dinâmica do reino nem se estanca no vale do desespero. O Pai celestial "faz sair seu sol sobre maus e bons e chover sobre justos e injustos" (Mt 5,45). O Altíssimo "é bom com os ingratos e os perversos" (Lc 6,35). Jesus deixa-se rodear por aqueles que partilhavam, como os pobres e os enfermos, a rejeição religioso-social. Recupera para eles a dignidade teológica da criatura e possibilita-lhes a esperança.

II. Apontamentos ecológicos por parte da teologia e do magistério. A associação entre criação e ecologia, entendida esta em sentido amplo, não é um acontecimento exclusivo do panorama teológico contemporâneo. Não resta dúvida de que o potencial significativo e crítico do patrimônio bíblico anterior foi interpretado e realçado desigualmente ao longo da história. Coagida pelo Iluminismo, a teologia recente caracterizou-se por padecer uma insegurança cada vez maior em sua reflexão sobre a natureza. Chegou-se a aceitar que o mundo era, do ponto de vista epistemológico, somente competência exclusiva da ciência experimental. O objeto próprio da reflexão teológica passou a ser, desse modo, a história e as vicissitudes da liberdade humana. A crise ecológica atual ajudou a denunciar as consequências nefastas derivadas da retração de outros tipos de discurso sobre o mundo distintos do científico-experimental. A própria teologia está empenhada hoje em recuperar o terreno perdido, resgatando, além das premissas bíblicas, aqueles traçados de sua própria singradura histórica que advogam pela pertinência de sua perspectiva na interpretação do mundo.

Há precedentes no longo período da teologia anterior a Trento. Seria anacrônico e impróprio falar de um discurso ecológico na tradição cristã antes da

Modernidade e do início da cosmovisão influenciada pelo paradigma científico-experimental. No entanto, como acontece com a Escritura, detectam-se considerações tanto na tradição como no magistério que avaliam a existência de uma linha aberta com as colocações fundamentais da sensibilidade ecológica. Embora a patrística e a teologia medieval sempre tivessem mantido uma evidente visão antropocêntrica do mundo, este antropocentrismo foi relativizado. Por um lado, é certo que nunca se colocou em questão a missão encomendada ao ser humano de dominar a terra. Mas, por outro lado, também é verdade que se recomenda que o *dominium terrae* se encontrava seriamente depreciado pelo pecado original. Tampouco se aceitou que o antropocentrismo se desentendesse de seu eixo teocêntrico. A cosmovisão medieval afirmava a consistência de uma ordem universal, estruturada teocentricamente, na qual estava integrado o ser humano juntamente com as outras criaturas. Que existiu, de fato, uma teologia e uma práxis eclesial que sublinhava o valor de per si da criação, o demonstram muitos nomes próprios da patrística e da teologia medieval (Atanásio de Alexandria, Basílio de Cesareia, Agostinho de Hipona, Hugo de São Vítor, Boaventura, Tomás de Aquino), espiritualidades como a franciscana e a consideração positiva que teve o trabalho no monacato ocidental, assumido como colaboração na gestação contínua da criação. O protestantismo atual vê, inclusive, antecipações distantes da teologia propriamente ecológica também depois da Reforma (mostras disso são Arndt, Gerhardt e a teologia física dos séculos XVII e XVIII).

Costuma-se datar simbolicamente em 1972, por ocasião da publicação do Informe do Clube de Roma – *Os limites do crescimento* –, o momento em que a teologia faz prosperar definitivamente a problemática ecológica. As contribuições para uma teologia ecológica não cessaram desde então (Krolzik, Auer, Link, Liedke, Fox, Brandly etc.). Um marco nessa repercussão é Moltmann, com sua obra *Deus na criação* (1985). A partir do reconhecimento de que o colapso ecológico é "uma crise do próprio homem", Moltmann elabora uma doutrina ecológica da criação que opera com o seguinte programa: a) superação do pensamento moderno analítico e objetivista a favor de um conhecimento integrador que encurte a distância entre o ser humano e a natureza; b) compreensão do mundo como "criação aberta", impregnada do futuro de Deus; c) recuperação da teologia bíblica do sábado; d) superação do aparente dualismo criação-redenção através da valorização do reino como único horizonte messiânico; e) desenvolvimento da dimensão trinitária da criação; f) desenvolvimento de um novo conceito de imanência de Deus no mundo. Foros de recepção da perspectiva ecológica foram igualmente a teologia feminista (Ruether, McFague) e a teologia da libertação (Boff).

A perspectiva ecológica transcendeu os posicionamentos oficiais da teologia ecumênica. De particular valor foram a Assembleia Ecumênica Europeia de 1989 em Basileia e a Convocação Mundial de 1990 em Seul. Também o magistério católico fez eco ao peso ecológico da perspectiva cristã do mundo. O Vaticano II não duvida em reiterar a preeminência do ser humano sobre o resto das criaturas (cf. GS 12.1; 12.3; 14.2; 26.3), mas a matiza notavelmente. Insiste na condição de criatura do ser humano. De fato, o universo material encontra no ser humano, por sua condição corporal, sua máxima expressão criatural (GS 14.1). Por isso, o domínio humano sobre o mundo, de acordo com Sb 9,2-3, há de efetuar-se "em justiça e santidade" (GS 34.1; cf. 69). O concílio não se esquece de que a atividade do homem está marcada por uma ambiguidade que radica na subversão de "toda a sua ordenação em relação consigo mesmo, com todos os outros seres e com todas as coisas criadas" (GS 13.1). O drama é tal que "o poder da humanidade ameaça destruir o próprio gênero humano" (GS 37.1; cf. 4.4 e 9). Mas a história e o mundo dentro dela estão impelidos pela promessa da plenificação, até o ponto de que "toda aquela criação que Deus fez por causa do homem será libertada da servidão da vaidade" (GS 39.1). Ao magistério conciliar deve-se somar o posterior a ele, sobretudo o que foi de significação especial para a doutrina social da Igreja. Aí está a insistência sobre o destino universal dos bens, já tratado pelo concílio, que Paulo VI realiza em sua *Populorum progressio* (cf. 22). João Paulo II continua a crítica ao desenvolvimento e ao parâmetro cultural consumista em sua *Sollicitudo rei socialis*. A visão do Gênesis indica que o ser humano "é colocado no jardim para cultivá-lo e guardá-lo, acima de todos os demais seres postos por Deus sob seu domínio, como igualmente deve estar sujeito à vontade de Deus que lhe impõe limites no uso e no poder das coisas" (SRS 29.3; cf. 30.2). Daí que "o desenvolvimento não pode consistir somente no uso, domínio e posse *indiscriminada* das coisas criadas e dos produtos da indústria humana, mas antes em subordinar a posse, o domínio e o uso à semelhança divina do ser humano e à sua vocação de imortalidade" (SRS 29.4). De outro modo, sucede que a natureza mesma se rebela contra o ser humano (cf. SRS 30.3). Uma concreção maior destes apontamentos está realizada pelo próprio João Paulo II em sua mensagem para a Jornada da Paz de 1990: "A paz com Deus criador, a paz com toda a criação".

III. Reflexão sistemática. Está em curso a gestação de uma revolução na cultura. Ativa-a um princípio de realidade inquestionável: o planeta está morrendo prematuramente. Como consequência, a extinção biológica deixou de ser uma possibilidade inimaginável. O meio degrada-se além do que poderia tolerar para perpetuar-se, e nós nos encaminhamos, neste ritmo, para um ponto de não retorno. A humanidade enfrenta, assim, um problema inusitado de sobrevivência. No entanto, a solução encerra uma complexidade desconcertante. Aquelas estratégias planejadas para encontrá-la, as quais foram puramente tecnológicas (por exemplo, a inversão na investigação e na implementação de tecnologias mais *verdes*) ou tecnocráticas (por exemplo, busca de consensos políticos sobre cortes na fabricação de produtos agressivos ao meio), demonstraram-se insuficientes. A crise ecológica coloca em jogo muitas outras frentes. Força a elaborar uma nova concepção dos modos e fins da atividade tecnológica, a imaginar alternativas ao sistema econômico neoliberal e ao *ethos* consumista, a planejar modelos mais associativos e subsidiários de produção e gestão, a desenvolver estruturas de decisão político-econômicas que velem pela preservação na justiça dos bens do planeta. Trata-se de uma nova consciência global, cujo sujeito é a humanidade inteira. Em uma palavra, o declive ecológico não somente denuncia as contradições do nosso *fazer* mundano, mas também delata que as raízes dessas contradições estão relacionadas com nosso *ser* e com as dificuldades atuais de nossa cultura em verbalizá-lo e em dar-lhe consistência. Nessa encruzilhada, não deixam de ser pertinentes as sugestões que o discurso cristão sobre o mundo proporciona. A teologia ecológica contemporânea, em geral, apadrinha os seguintes caminhos de reflexão:

1. *Relativização do antropocentrismo*. A situação ecológica demanda que se continue revisando a inclinação antropocêntrica da Modernidade. Por muito relevante que seja seu lugar no mundo, o ser humano precisa saber que está incluído dentro do cosmos, em pertença a ele e em dependência dos processos que o configuram. O mundano impõe limites. Cedo ou tarde, surge a necessidade de enfrentá-los, apesar de êxitos tecnológicos terem conseguido demonstrar que é possível diminuir e, inclusive, atrasar os efeitos dessa situação. À nossa cosmovisão midiática e tecnológica, ventilada por uma futurologia otimista, resulta difícil aceitá-lo. Fazê-lo suporia algo assim como uma concessão sem fundamento, anti-humana. Mas a crise ecológica não oferece dúvidas: o progresso infinito, nos termos em que hoje se persegue, nega a alteridade do mundo e pretende dobrá-lo completamente em uma espécie de euforia humana de onipotência. Para fazer oposição à fantasia antropocêntrica, são de valor conceitos-chave do saber secular, como os de contingência, falibilidade e finitude humanas. O saber teológico propõe aprofundá-los, conectando-os com outro pertencente ao seu acervo, o de criaturidade. O estatuto fundamental de criatura, que afeta por igual o ser humano e a realidade não humana, tem notável carga relativizadora e crítica do antropocentrismo. Reconhecer-se como criatura significa descentrar-se e aceitar-se em necessidade e dependência. À criatura não cabe, portanto, constituir-se em fim para si mesma nem subverter egocentricamente uma ordem que, em última instância, não foi instituída por ela. O conceito cristão de criatura entende que essa indigência radical fica remetida a uma vontade criadora que é amorosa. A autoria e a tutoria de Deus sobre todo o criado não são algo que vem em detrimento da criatura, especialmente do ser humano, nem sequer poderiam ser interpretadas como usurpação divina das potencialidades criaturais. Criaturidade não é indigência resignada, mas agradecida; é dependência potencializadora, não paralisante. É por isso que uma visão assim da criaturidade desbarata a confusão entre meios e fins e liberta a atividade humana de suas armadilhas idolátricas: a posse transforma-se em administração, o domínio muda para colaboração, a exploração passa a ser uso respeitoso e sustentável de outras criaturas. A teologia da criaturidade conduz à ética da responsabilidade, da sobriedade e da solidariedade. Proporciona uma chave de leitura do real com virtudes ecológicas: tudo está aí radicalmente em gratuidade. E somente em gratuidade se podem realizar as relações do ser humano com o cosmos.

2. *Revalorização da conexão entre história e natureza*. O desequilíbrio ecológico remete a desequilíbrios históricos. Não basta permanecer nos fóruns das ciências experimentais para resolver a problemática da degradação do meio. Atrás dele se esconde fatores históricos de enorme virulência antiecológica tão diversos como o drama humano da desigual distribuição da riqueza, o hiperconsumismo da minoria privilegiada do planeta, a pauperização crescente da maioria da humanidade, a conflitividade religioso-político-econômica ou a propagação de padrões culturais não solidários. O planeta em degradação é, por conseguinte, o espelho do andar do espírito humano. A pergunta pelo futuro do entorno é a pergunta: aonde quer dirigir-se historicamente a humanidade? Natureza e história devem ser pensadas juntas. Qualquer hipotética plenificação da história tem de contar com a plenificação do mundo humano. Sem esta "fraternidade entre as criaturas", parece inviável todo o horizonte salvífico. A isso faz eco a teologia cristã, para a qual não procede a separação entre a ordem natural e a histórica. Por uma parte, da perspectiva neotestamentária, a redenção é, mais do que ruptura, a continuidade da criação. Na encarnação, Deus anuncia que assume a criação e explica antecipadamente o padrão da realização cósmica: Jesus Cristo. Por outra parte, o mistério pascal de Jesus Cristo nos incorpora em uma tarefa histórica que é divina e humana ao mesmo tempo: a oposição à obstrução desse processo de plenificação. A teologia leva a sensibilidade ecológica à pergunta sobre a liberdade humana e à raiz de sua falibilidade. Insinua que a fratura entre o ser humano e o mun-

do, semelhante à que se dá entre os próprios seres humanos, tem a ver com o questionamento de sua religação fundamental, tem a ver com o pecado. Na cura proporcionada por esta religação está em jogo o futuro cósmico. Daí, a doutrina sobre o pecado pode contribuir notavelmente no debate ecológico. A contribuição de novas compreensões do pecado, como é o caso do "pecado estrutural", parece ter grandes possibilidades.

3. *Recuperação de uma "espiritualidade da terra"*. Atualmente se assiste ao nascimento de uma consciência pós-industrial e pós-consumista de manifestações muito díspares: desde a proliferação do associacionismo civil que professa um ecologismo militante, até as propostas ecológicas do credo pluralista da assim chamada "nova religiosidade". Cabe a suspeita de que tais tentativas não conseguem desfazer-se totalmente de hipotecas ideológicas questionáveis (pessimismo histórico, individualismo larvado, certo fetichismo naturalista, tendência ao biocentrismo e geocentrismo etc.). Mas induzem também positivamente a um "novo estado de opinião" que propicia uma atitude espiritual mais conciliadora com o meio. Inclusive, o atual paradigma científico está gerando uma visão *reencantada* do mundo, que percebe que o método físico-matemático é um acesso parcial à realidade. A natureza recuperou *misteriosidade*, o mundo se "desobjetivou". A teologia cristã da criação participa desse processo de conversão à natureza e está disposta a insinuar hoje alguns apontamentos para uma espiritualidade distinta com sensibilidade ecológica:

a) Nessa espiritualidade fica afetada a imagem de Deus. A teologia das últimas décadas admite que sua reflexão esteve muito influenciada pela urgência histórica do momento presente e pela resposta ética a ela. A aproximação estética e contemplativa da natureza ficou depreciada. Igualmente a cunhagem androcêntrica da cultura ocidental lastrou a imagem de Deus com uma excessiva carga patriarcal e submeteu ou ignorou traços do divino que poderiam auspiciar, com maior efetividade, uma atitude com convicções ecológicas. Atualmente, a teologia, dado que o patrimônio bíblico o permite, proporciona a diversificação das imagens de Deus. Reivindicam-se aspectos da revelação que são correlativos à imagem de Deus em uso, como o maternal, o feminino, o inclusivo, o passivo, o lúdico, o providente e o criativo.

b) A espiritualidade cristã ecológica advoga também pela abertura de novas alternativas para expressar a imanência de Deus no mundo. A excessiva transcendentalização de Deus, finalmente, deixa órfão o imanente e torna desautorizado seu potencial teológico. As possibilidades de romper com a herança deísta iluminista, sem recorrer a posições mais ou menos panteístas, passam atualmente pela valorização da pneumatologia. O Espírito assegura que a imanência não é um estado de abandono divino, mas um espaço preenchido pela presença ubíqua do Vivificador. Ao mesmo tempo, não se pode obviar o componente escatológico da criação. Também o mundo não humano está orientado para o futuro, dinamizado pela promessa, em conformação confluente para Cristo; quer dizer, continua sendo âmbito do agir criativo de Deus. Na raiz do ser não há nenhum princípio a-pessoal, que por uma virtualidade própria pudesse gerar a realidade. O mundo é, simplesmente, porque existe uma vontade soberana e livre, distinta dele, superior a qualquer outra instância imaginável, que está disposta a criá-lo. É, porque é amado. Daí que o ato criador, olhado como implementação do amor, não possa restringir-se a um instante temporal pretérito. A sustentação no amor não pode ser entrecortada nem fragmentada. O amor induz passos de cada vez maior plenitude. O passado alcança o presente e o futuro, porque o passado é promessa e, como tal, aponta a uma realização que afeta o hoje e o amanhã. É preciso, por isso, falar de uma *creatio originalis*, mas conjuntamente com uma *creatio continua* e *nova* (Moltmann).

c) A hecatombe ecológica coloca em interdito o esboço moderno e pós-moderno da subjetividade. Daí ser crucial, para a espiritualidade ecológica, o impulso que provenha da antropologia teológica. Diante do sonho desenvolvimentista, que vê a realização humana na superação dos condicionamentos físico-biológicos, abre-se uma consciência que negocia a identidade contando com eles. À natureza foi negada sua capacidade de interlocução, e ela foi convertida em uma prótese maleável de todo o humano. No entanto, não é o eu desancorado e prometeico, e sim o nós integrado no mundo, mais impotente do que se imaginava, o suporte mais sólido para construir a identidade. A vontade de ser, mesclada sem dúvida com a compulsão pelo poder, deve ceder espaço a uma consciência cada vez mais forte do estar-em e do estar-com. O relacional erige-se como eixo vertebrador para a antropologia, também a teológica: somos planetários, somos humanidade, somos cocriaturas. Pelo menos para a teologia, tudo isso implica reconsiderar os parâmetros em que se move a mística criacional, que convida ao louvor solidário das criaturas, ao acesso estético ao criado e à fraternidade com o cosmos.

G. Altaner (ed.), *Ökologische Theologie*, Stuttgart, Kreuz, 1989; I. Bradley, *Dios es "verde". Cristianismo y medio ambiente*, Santander, Sal Terrae, 1993; CECI, *Paz con justicia. Documentación oficial de la Asamblea Ecuménica Europea. Basilea 15-21 mayo 1989*, Madrid, 1990; *Concilium* 27/2 (1991), 5-158 e 31/2 (1995), 741-912; A. Galindo García (ed.), *Ecología y creación. Fe cristiana y defensa del planeta*, Salamanca, UPSA, 1991; M. Honekker, "Schöpfer/Schöpfung IX. Ethisch", em *TRE* 348-355; João Paulo II, "Paz con Dios creador, paz con toda la creación": *Ecclesia* 2.456 (1989). 17-21; C. Link, *Schöpfung. Schöpfun-*

gstheologie in reformatorischer Tradition, Gütersloh, 1991; S. McFague, *Modelos de Dios. Teología para una era ecológica y nuclear*, Santander, Sal Terrae, 1994; J. Moltmann, *Dios en la creación. Doctrina ecológica de la creación*, Salamanca, Sígueme, 1987; J. Noemi Callejas, *El mundo, creación y promesa de Dios*, Santiago de Chile, San Pablo, 1996.

Francisco José Ruiz Pérez

CRISTIANISMO

O verbete "cristianismo" é, com toda probabilidade, o mais genérico entre os possíveis verbetes de um dicionário de teologia cristã. É impossível tratá-lo de forma exaustiva. Só o fato de tentá-lo seria uma ousadia. O tratado histórico a respeito equivaleria pouco menos que a uma história da religião cristã e de todas as igrejas cristãs ao longo destes vinte séculos. Por outra parte, o tratado sistemático equivaleria a uma exposição de todos os tratados da teologia cristã. E, além disso, qualquer questão fronteiriça procedente do diálogo com as ciências, com a filosofia, com as religiões etc., referente ao cristianismo, deveria ser incluída sob este verbete. Obviamente, tanto aquele tratado histórico como este tratado sistemático não cabem, nem sequer resumidos, no espaço disponível. Por conseguinte, temos de optar por uma forma de tratar anterior e mais *fundamental* – ou seja, a partir da teologia fundamental.

Este modo de tratar prioriza alguns objetivos: esclarecer a natureza do fenômeno religioso chamado "cristianismo" (o que queremos, quando dizemos "cristianismo"?); apontar os elementos essenciais e irrenunciáveis que constituem o cristianismo (quais são os componentes irrenunciáveis do cristianismo?); colocar as questões fundamentais pendentes em torno do passado, do presente e do futuro do cristianismo (quais são os principais problemas hoje pendentes sobre o cristianismo?); indagar em que direção se encaminham as respostas a estas questões nos distintos setores do cristianismo (quais são os principais desafios que se apresentam hoje ao cristianismo?).

I. Alguns esclarecimentos terminológicos.
"Cristianismo" é um termo susceptível de numerosas significações. Às vezes se usa simplesmente como sinônimo de fé, vida ou experiência cristã; outras vezes designa a religião cristã enquanto distinta de outras religiões; e designa, ainda outras vezes, prioritariamente a fé cristã institucionalizada ou as mediações institucionais da fé cristã. Em todos esses casos, em uns mais do que em outros, designa um fenômeno ao mesmo tempo religioso, histórico e sociológico. O substantivo "cristianismo" faz referência primeiramente ao adjetivo "cristão", utilizado pela primeira vez em Antioquia para designar os "seguidores de Jesus, o Cristo": "Em Antioquia foi onde, pela primeira vez, os discípulos receberam o nome de 'cristãos'" (At 11,26). Mas, em última análise, uma e outra denominação – cristianismo e cristão – fazem referência a Cristo. Este nome ou adjetivo designa, em princípio, um título aplicado a Jesus de Nazaré, especialmente depois de sua ressurreição e que constitui uma verdadeira profissão de fé: Jesus é o Cristo, o Messias, o Ungido de Deus. Logo se une ao nome de Jesus para converter esta profissão de fé em um nome próprio composto: Jesus Cristo. E, inclusive, se converte em nome próprio para designar a pessoa que é objeto central da fé cristã: Cristo. Esta pessoa – Jesus Cristo – ou esta profissão de fé – Jesus é o Cristo – constitui o núcleo do fenômeno cristão e o ponto de partida e fundamento desse fenômeno religioso, histórico e sociológico que se chamará cristianismo. "Cristão" e "cristianismo" referem-se diretamente a Cristo.

Com toda probabilidade, o termo "cristianismo" foi utilizado pela primeira vez por volta do ano 110, também em Antioquia. O termo encontra-se nas cartas de Inácio de Antioquia. Deportado a Roma durante a perseguição de Trajano, o mártir Inácio escreveu aos magnésios, dizendo-lhes que deviam viver "segundo o cristianismo" (Magn 10,1). Não é termo bíblico, mas utilizado para designar ao mesmo tempo o movimento ou as comunidades dos seguidores de Jesus, a fé, a doutrina e a práxis delas mesmas. Inácio entende este "viver segundo o cristianismo" em contraposição ao "viver segundo o judaísmo". "Não é correto dizer Jesus Cristo e viver de forma judaica" (Inácio de Antioquia, Magn 10,3; Rm, 3,3; Fl 6,1). O movimento de Jesus nasce em solo cultural e religioso judaico; no entanto, o termo "cristianismo" acentua desde o princípio as diferenças entre o cristianismo e o judaísmo. Reflete, de alguma forma, o conflito mais tardio entre judeus e cristãos e talvez o conflito entre os chamados cristãos judaizantes e cristãos helenistas.

Hoje, exegetas, historiadores e teólogos se dedicaram à tarefa de buscar o essencial cristão ou as entranhas do cristianismo, além das mediações institucionais ou no meio delas, além ou através dos diversos paradigmas do cristianismo, atravessando até abaixo e atrás dos estratos das tradições cristãs. E nesta tentativa, fizeram um esforço de precisão terminológica para esclarecer a realidade. Fala-se de "cristianismo", de "cristandade", de "cristiania". Com o termo "cristiania" quer-se designar o miolo, a essência, o núcleo da experiência cristã que subjaz a toda mediação institucional e a todo paradigma cristão e que é, ao mesmo tempo, critério de validação ou de verificação de toda mediação ou paradigma. Cristiania é o princípio subjetivo pessoal do fenômeno cristão. Designa a experiência integral cristã. Com o termo "cristianismo" quer-se designar o movimento religioso que se origina em Jesus, confessado como o Cristo e, ao mesmo tempo, a estruturação social da Igreja, a sistematização doutrinária do credo cristão, a codificação da moral cristã, em uma palavra, a institucionalização da experiência cristã ao longo da história. Designa um princípio histórico-teológico. Com o termo "cristandade" designa-se especificamente um longo período histórico de cristianismo, um paradigma cristão ou um modelo de Igreja que configurou a experiência cristã, a confissão de fé, a celebração da fé, a prática cristã, sobretudo a partir da era constantiniana. Por isso, normalmente é um nome associado à Igreja e dá lugar à expressão "Igreja de cristandade".

O termo "cristianismo" tem a vantagem do realismo sociológico. Supõe que não há experiência religiosa sem mediações históricas, que nenhum carisma pode existir e subsistir sem mediações institucionais, que não é possível uma experiência cristã ou uma cristiania que não esteja encarnada em algum paradigma histórico e cultural de cristianismo. Uma experiência cristã sem mediações culturais e institucionais é impensável e impossível; além disso, seria uma negação do irrenunciável valor cristão da encarnação. Mas tem o inconveniente ou o risco que têm todos os "ismos": substituir o texto pelo comentário, o mestre pelo discípulo, o carisma pela instituição, a experiência existencial pelas mediações institucionais, o valor pelo invólucro. Neste sentido, o cristianismo, em qualquer de seus paradigmas, deve estar submetido a crítica permanente, para verificar a eficácia das mediações para potencializar a experiência cristã original, a experiência carismática original, o valor que dá sentido a todo o invólucro institucional. E não só deve estar submetido a permanente revisão, mas também a permanente reforma e conversão, não somente porque o pecado está presente e ativo nas igrejas cristãs, mas também porque a capacidade significativa e a eficácia mediadora das mediações dependem das mutações culturais e das evoluções históricas. Daí a necessidade de uma reforma e de uma conversão permanentes.

II. Os elementos essenciais da experiência religiosa. Todas as tradições religiosas estão submetidas à tensão dialética entre o carismático e o institucional, entre o profetismo e a instituição. A sociologia das religiões tem uma abundância de teses que recebem o consenso de quase todas as escolas: o ponto de partida de todo movimento religioso costuma ser uma experiência carismática; o carisma não pode existir nem subsistir sem mediações institucionais, mas muito cedo – com frequência já em vida da primeira geração – costuma surgir a tendência à "rotinização do carisma", pois os estados de tensão são estados violentos e somente são viáveis e sustentáveis por curtos períodos de tempo; esta tendência costuma desembocar na hipertrofia das mediações institucionais, a ponto de asfixiar a experiência carismática; de tempos em tempos, surgem movimentos proféticos com força especial e até virulência corretivo-crítica que evocam a experiência carismática original e, a partir dessa evocação, a significatividade e a eficácia das mediações institucionais.

Estas constantes da sociologia da religião se verificam também na história da religião cristã. Talvez a segunda metade do século XX tenha representado, em algumas igrejas cristãs mais do que em outras, esse momento de reação profética diante da hipertrofia institucional, essa "terapia de choque", essa reação corretivo-crítica da tradição profética diante do monopólio ou do predomínio do aparato institucional sobre a experiência carismática original. Na tradição católica, o Concílio Vaticano II marcou este ponto de inflexão. E neste contexto se situa o rico e interessante esforço teológico das últimas décadas para identificar o essencial cristão, a índole do cristianismo, o núcleo irrenunciável da experiência cristã. Esse projeto brotou, sobretudo, no solo da cristologia.

É um projeto bem distinto daquele de L. Feuerbach ao escrever sua conhecida obra *A essência do cristianismo* (1841), que tinha como propósito converter a presumida essência religiosa e cristã em essência antropológica. "O Deus feito homem é só a revelação do homem feito Deus". O autor está seguro de que a religião e, mais concretamente, o cristianismo, se dissolverá, quando o ser humano voltar a si mesmo e recuperar sua própria essência. E também é ligeiramente distinto daquele outro projeto de A. von Harnack, historiador da Igreja e dos dogmas, que escreveu uma obra também intitulada *A essência do cristianismo* (1900). O propósito do autor era retroceder pelo caminho da história do cristianismo e voltar às origens, para isolar a essência cristã original de todo invólucro cultural e institucional, especialmente do invólucro helenístico-romano, para captar o cristianismo em sua forma primeira, a experiência cristã e a mensagem cristã originais em sua simplicidade, sobriedade e "ingenuidade" primeira. Esta questão sobre a "essência do cristianismo" ou da "volta ao Evangelho puro" tinha profundas raízes na teologia da Reforma e foi colocada pelo mais remoto pietismo, antes de ser processada por E. Troeltsch nos tempos do Romanticismo e do Idealismo. Este projeto não levou em conta suficientemente a inevitabilidade das mediações culturais e institucionais da experiência cristã e de qualquer outra experiência religiosa. O Iluminismo superou esta colocação excessivamente idealista da questão na teologia reformada e ocupou-se de examinar historicamente as distintas formas do cristianismo, pois reconhece com realismo que toda forma de cristianismo tem lugar mediante concreções históricas.

O atual projeto de busca do essencial cristão tem orientação ligeiramente distinta na teologia contemporânea: propõe identificar a essência ou a substância, o núcleo, a índole, o centro, o irrenunciável da experiência cristã... em qualquer de suas manifestações históricas. Pois é essa essência que permite validar ou invalidar teologicamente qualquer manifestação do cristianismo. Com realismo se parte do pressuposto sociológico de que não é possível a "substância" cristã sem os "acidentes" histórico-institucionais cristãos, nem a experiência cristã desnudada de toda mediação institucional histórica, nem o Evangelho puro sem mediações religiosas. Mas também parte do pressuposto teológico de que a experiência carismática cristã constitui o substantivo ou o essencial, enquanto as mediações institucionais são o adjetivo, o instrumental e o acidental. Ambos os pressupostos combinados permitirão à reflexão teológica discernir em que momento o adjetivo e instrumental encarna ainda a essência cristã e em que momento as instituições cristãs ficam esvaziadas de sua inspiração, motivação e axiologia cristã; em que momento o instrumental canaliza a experiência cristã e em que momento a bloqueia; em que momento as mediações institucionais revelam o cristão e em que momento o velam ou ocultam.

Perguntar, então, pela essência do cristianismo implica algumas questões iniludíveis. Qual é o importante, decisivo, irrenunciável, substancial, essencial do cristianismo? Qual é a essência cristã que permanece a mesma através das cambiantes formas históricas, culturais e institucionais do cristianismo? Qual é a essência cristã autêntica que nos permite apontar o limite entre o cristão e o não-cristão? Qual é o essencial cristão comum e vinculante para todas as confissões cristãs?

A resposta a estas interrogações é tarefa de todas as teologias cristãs que, em seu trabalho, hão de recorrer à história, à antropologia, à sociologia e a todas as ciências humanas. Aqui nos limitaremos a enumerar alguns núcleos essenciais e irrenunciáveis da experiência e da vida cristã.

Em primeiro lugar, o essencial do cristianismo é a *experiência de fé cristã*, a fé em Jesus, o Cristo, o Crucificado ressuscitado, como revelador e salvador. E a fé no Deus do reino e no reino de Deus que se revelou na pessoa, na vida, na paixão, morte e ressurreição de Jesus. A teologia concentrou esta experiência na chamada "experiência pascal". Este é o núcleo da experiência original cristã. Este é o núcleo carismático do cristianismo, a condição de possibilidade para a existência do cristianismo ou para que qualquer mediação ou manifestação possa ser considerada verdadeiramente cristã. Esta experiência nuclear exige, a partir de dentro de si mesma, a confissão e a profissão de fé. Já desde o princípio aparecem diversas formulações de fé que seguem a proclamação do *kerygma*: "Jesus é o Senhor" (1Cor 12,3). "Para nós não há mais que um Deus, Pai, de quem procede o universo e a quem nós estamos destinados, e um só Senhor, Jesus, o Messias, por quem existe o universo e por quem existimos nós" (1Cor 8,6). "Batizai-os no nome do Pai e do Filho e do Espírito Santo" (Mt 28,19). Mas desde o princípio se considera o martírio como a suprema confissão ou profissão de fé. As fórmulas de fé irão evoluindo historicamente até os símbolos de fé, as formulações dogmáticas, as sistematizações teológicas etc. A confissão e a transmissão da fé necessitarão destas mediações. Mas a experiência teologal da fé não deve ser confundida com elas.

Em segundo lugar, o essencial cristão implica *a experiência e a prática comunitária da fé*. Sendo esta uma experiência pessoal, tem, ao mesmo tempo, uma dimensão essencialmente comunitária. A comunitariedade e eclesialidade fazem parte do essencial cristão. De fato, o cristianismo surge como a forma de vida de uma comunidade de seguidores de Jesus, uma forma de vida que nasce no *humus* do judaísmo, embora depois se tenha distanciado dele. O núcleo dessa comunidade primeira foi constituído pelos e pelas que seguiram ao Jesus terreno e que, depois do escândalo e da dispersão que provocou sua morte na cruz, são convocados de novo pelo anúncio da ressurreição e pelo encontro com o Crucificado ressuscitado. Aqui se situa o espinhoso problema da relação entre Jesus e a Igreja, entre o ser cristão e a pertença eclesial. Jesus Cristo não é a Igreja, mas não há verdadeira Igreja, se não está fundamentada sobre a fé em Jesus Cristo e em seu Evangelho. Ser cristão não equivale à pertença jurídica ou institucional a uma Igreja, mas implica essencialmente a incorporação à comunidade de fé e de seguimento. A organização e estruturação dessa comunidade de fé e seguimento é questão aberta aos processos de inculturação da comunidade.

Em terceiro lugar, o essencial cristão implica a *celebração da fé*. E aqui se trata não tanto de uma essencialidade teológica quanto de uma essencialidade antropológica. Quer dizer, não se trata de que a celebração da fé seja vinculante sobre a base de determinados preceitos divinos ou que a fé equivalha necessariamente a suas expressões celebrativas. Trata-se antes de uma exigência imposta pela própria estrutura corpóreo-espiritual do ser humano. Este precisa não somente de professar ou confessar a fé interiormente, mas também de celebrá-la mediante rituais, encontros comunitários, festas... A expressão corpórea é necessária para celebrar a fé, para alimentá-la, para sustentá-la. A celebração festiva é necessária para manter e fazer crescer a fé. A fé que não se expressa e não se celebra acaba morrendo. O mistério da encarnação é mistério essencial do cristianismo.

Em quarto lugar, o essencial cristão implica também a *prática da fé* ou colocar em prática as exigências da fé cristã. Pois "nem todo aquele que diz 'Senhor, Senhor' entrará no reino dos céus, mas aquele que faz a vontade de meu Pai que está no céu" (Mt 7,21). Definitivamente, o essencial cristão, o específico ou irrenunciável do ser cristão consiste no seguimento de Cristo. Por conseguinte, implica agir com o mesmo Espírito de Jesus e atualizar a práxis de Jesus, colocando o reino de Deus e sua justiça acima de qualquer outro objetivo ou valor. O núcleo essencial desta práxis do reino de Deus e de sua justiça é, definitivamente, o amor que junta a justiça com a compaixão. É o mandamento central do cristianismo ou a forma essencial de ser cristão. Trata-se de um amor oniabrangente que inclui a prática da justiça e da misericórdia, a defesa dos direitos humanos e a atuação samaritana, a solidariedade com todas as vítimas do passado e do presente. E os destinatários preferenciais dessa práxis cristã são os pobres, os marginalizados, os excluídos... Pois eles são os mais necessitados de justiça e misericórdia, de direitos humanos e solidariedade. Sua mera existência é o reflexo dramático de que o reino de Deus e a justiça que Deus quer ainda não se cumpriram. Esta opção pelos pobres, pelos marginalizados e pelos excluídos é a senha de identidade da práxis cristã. E é também o sinal que credita ou proporciona credibilidade a todos os outros elementos irrenunciáveis do cristianismo: a profissão de fé, a pertença eclesial, a celebração da fé.

Nessas quatro áreas podem ser resumidos os elementos essenciais e irrenunciáveis do cristianismo.

III. As mediações históricas do essencial cristão. Sintetizar assim os elementos essenciais e irrenunciáveis do cristianismo parece uma simplificação deste. Pois os vinte séculos de sua história no-lo apresentam como fenômeno religioso e sociológico muito mais complexo. As primitivas profissões de fé deram de si um tecido complexo de formulações dogmáticas e um plural espectro de sistemas teológicos. A primitiva comunidade de fé evoluiu para uma pluralidade de igrejas e para uma complexa estruturação e organização delas. A celebração da fé deu lugar a numerosas tradições litúrgicas e a complexos rituais de celebração. A prática da fé foi codificada em diversos sistemas morais e em complexos códigos disciplinares. Numa palavra, o essencial cristão chegou a nós através de amplo, variado e complexo conjunto de mediações institucionais que deram lugar a diversos modelos ou paradigmas de cristianismo ao longo destes vinte séculos de história. Apresentamos, em seguida, os traços mais destacados de alguns desses paradigmas do cristianismo.

O cristianismo nasce no *contexto religioso e cultural do judaísmo*. Jesus é judeu, e judeus são também seus primeiros seguidores e seguidoras. Partilha com o judaísmo o monoteísmo. No entanto, já desde o princípio, a profissão de fé na divindade de Jesus e no caráter trinitário do Deus de Jesus coloca problemas ao dogma mais irrenunciável do judaísmo: o monoteísmo ou unicidade de Deus. O movimento de Jesus partilha com o judaísmo a herança de uma longa história de salvação, a segurança nas promessas divinas, os benefícios da aliança, a santidade da lei, a importância do templo e do culto etc. Mas todos estes dogmas judaicos foram objeto de numerosos mal-entendidos teóricos e práticos por causa do onipresente sistema da pureza que se impôs. Os Evangelhos refletem bem a tensão entre a interpretação oficial da religião judaica por parte das autoridades religiosas e a interpretação e as práticas próprias do profeta de Nazaré. Sem renunciar à sua herança religiosa, Jesus questiona a versão em uso e o faz em nome do mais puro javismo, apelando para a pureza das origens e, sobretudo, para o princípio-misericórdia. O centro da tensão é situado pelos Evangelhos entre a prioridade do sacrifício (autoridades religiosas judaicas) e a prioridade da misericórdia (Jesus). Esta tensão se manteve e cresceu nas primeiras comunidades cristãs. No entanto, os primeiros cristãos, especialmente a comunidade de Jerusalém, se mantêm fiéis ao essencial da tradição religiosa judaica. Atêm-se a um monoteísmo inquestionável. Sentem-se herdeiros da promessa e da Aliança. Leem os acontecimentos a partir da Lei e dos Profetas. Participam da assembleia sinagogal e provavelmente da liturgia do templo. E até se organiza a comunidade, levando em conta as instituições judaicas.

Verdadeiramente, num primeiro momento, pode-se falar de um *cristianismo judaizante* ou de um cristianismo de corte judaico. No entanto, as tensões logo se intensificam, em parte por motivos religiosos e em parte por motivos políticos. A tomada de Jerusalém e a destruição do templo no ano 70 foi um momento decisivo. Com toda probabilidade, condicionou as futuras relações entre o judaísmo e as comunidades cristãs. De fato, o próprio nome "cristianismo" se utilizará para ressaltar as diferenças com o "judaísmo". A tensão, o distanciamento e o conflito entre ambas as tradições religiosas, nascidas do mesmo tronco, conhecerão extremos escandalosos de mútua deslegitimação, rejeição e perseguição. Com o tempo, a pior parte caiu, sem dúvida, sobre os judeus, que muito cedo se viram em minoria e submetidos a suspeitas e acusações sistemáticas. A história das relações entre o cristianismo e o judaísmo foi tormentosa e se acha ainda dependente de justiça e reconciliação. O cristianismo necessita absolutamente do diálogo com o judaísmo para reconhecer suas próprias origens e para fazer justiça ao povo judeu.

Foi precisamente Paulo, o zeloso fariseu convertido no caminho de Damasco, que fez saltar as fronteiras do judaísmo e abriu o movimento de Jesus ao mundo helenístico-romano, ao mundo dos gentios. Foi o primeiro exercício de inculturação, que deu lugar a novo modelo ou a novo paradigma de *cristianismo helenístico-romano*. Apesar de ainda se reconhecerem as raízes judaicas da religião cristã, passa-se do judeu-cristianismo ao cristianismo. Agora predomina o cristianismo dos gentios, para os quais perde importância a Lei de Moisés e adquire importância a lei natural. É o primeiro ataque do helenismo à tradição judaica. E é, ao mesmo tempo, a abertura da nova comunidade cristã à universalidade, à *ecumene*. Embora se reconheçam as raízes judaicas, o cristianismo se apresenta como nova religião. Impõe-se nova interpretação das Escrituras, a partir da figura de Jesus Cristo, o Crucificado-Ressuscitado, confessado como o Messias. A estruturação da comunidade cristã afasta-se cada vez mais das estruturas sinagogais e aproxima-se cada vez mais das estruturas romanas. O *episcopos* adquire posição cada vez mais destacada na organização eclesial. A capitalidade geográfica e religiosa desloca-se de Jerusalém a Roma. A moral da comunidade tem sua inspiração na fé cristã, mas toma em empréstimo a codificação do mundo helenístico e particularmente da ética estoica. A categoria "casa" é definitiva para entender a codificação da moral e da disciplina eclesiástica das primeiras comunidades helenísticas. O grande inimigo deste modelo de cristianismo é a *gnose*, cuja interpretação a-histórica da salvação contrasta frontalmente com a interpretação judaica e cristã. Por isso, neste período, o cristianismo deve enfrentar o gnosticismo em suas mais variadas formas. Este modelo de cristianismo tem seu maior atrativo na relativa proximidade das origens cristãs e no fato de ser um cristianismo marginalizado e perseguido durante os primeiros séculos da história cristã. São circunstâncias que favorecem o fervor da fé e a radicalidade do seguimento.

O cristianismo conhece um novo paradigma quando, no século IV, deixa de ser religião perseguida e passa a ser religião primeiro tolerada, depois protegida, e finalmente, declarada religião oficial do Império. É o que se chamou a *reviravolta constantiniana* do cristianismo. A partir deste momento, tem lugar o notável desenvolvimento das mediações institucionais em todas as áreas da vida cristã, às vezes em prejuízo do essencial cristão. Desse processo de forte institucionalização nascerá esse modelo de cristianismo denominado "cristandade", e também *Igreja de cristandade*. Desse modelo vale a pena destacar algumas características mais notórias.

Na área da confissão e profissão de fé, cabe destacar o meritório esforço por formular os dogmas fundamentais da doutrina cristã, valendo-se do instrumental proporcionado pela filosofia e pela cultura greco-helenística. É como a "canonização" da doutrina cristã. A partir deste momento, toda a literatura posterior deve ater-se a este cânon, tanto em livros de Sentenças, Sumas Teológicas, Comentários, Manuais, como em qualquer outro gênero literário da área teológica. A ortodoxia passa a ter papel importante para medir a fidelidade da comunidade cristã. Na área da organização da comunidade de fé ou da Igreja, destacam-se vários aspectos: a capitalidade crescente e conflitiva de Roma; a crescente institucionalização e organização da comunidade cristã com forte influência dos modelos organizativos do Império; a complexidade, a concentração e a hierarquização da autoridade na Igreja; a estreita relação, algumas vezes harmônica e outras conflitivas, entre a Igreja e o Império, entre o altar e o trono, entre o papa e o imperador...; o crescente poderio político e econômico da Igreja. Na área da celebração da fé, cabe destacar também a configuração da liturgia romana, com seu rico ritual e cerimonial, aliás desenhado tendo-se em conta o rico ritual e cerimonial da corte imperial. O culto marca, neste contexto de cristandade, os limites entre o sagrado e o profano, entre as pessoas, coisas, ações, tempos e espaços sagrados e as pessoas, coisas, ações, tempos e espaços profanos. A hierarquização afeta não somente a ordem social, mas também a ordem cósmica. E na área da prática da fé ou do seguimento, deve-se destacar a codificação da moral cristã, somando as tradições éticas greco-helenistas e a mentalidade jurídica e disciplinar própria do mundo romano. A lei passa a ser categoria fundamental da moral cristã.

Este é o paradigma de cristianismo que atravessa toda a Idade Média e continua vigente na Idade Moderna. Foi, sem dúvida, um exercício meritório de inculturação nos sucessivos ciclos culturais do Ocidente (cultura greco-helênica, cultura romana, cultura feudal...). Foi um exercício meritório de organização da Igreja, de criação de mediações institucionais para encarnar a experiência cristã original. Mas é preciso reconhecer que as mediações institucionais com frequência dificultaram o desenvolvimento dessa experiência original, quando não chegaram a asfixiá-la. A Igreja de cristandade é um bom exemplo que manifesta quão difícil é manter em seu justo ponto a tensão entre a experiência carismática e as mediações institucionais. Em todo caso, visto a partir de nosso tempo, o problema não é que naquele momento o cristianismo se inculturasse grego, romano ou feudal, mas que, em momentos posteriores, absolutizasse estas mediações culturais.

Este paradigma de cristianismo conheceu dois momentos especialmente dolorosos de ruptura. Pois dele se desprenderam outros dois modelos de cristianismo que deram lugar a outras tantas denominações ou confissões cristãs: o cristianismo ortodoxo e o cristianismo reformado.

A ruptura entre o cristianismo do Oriente e o cristianismo do Ocidente obedeceu a múltiplas razões, algumas de caráter teológico (como a famosa questão do *filioque* referente à maneira de o Espírito Santo proceder apenas do Pai, ou do Pai e do Filho), outras políticas (como a capitalidade do Império), outras eclesiásticas (como o debate sobre o primado de Roma ou de Constantinopla). O certo é que, no ano de 1054, se consumou o cisma. O cristianismo do Oriente reclamou a capitalidade de Bizâncio ou, pelo menos, sua igualdade de direitos e importância com a de Roma. Optou pelo exercício conciliarista da autoridade eclesiástica e pela igualdade de todos os patriarcas, embora reconhecendo o de Constantinopla como o "primeiro entre os iguais". Politicamente, configurou-se como uma espécie de teocracia política e manteve uma estreita vinculação entre Igreja e Estado. Se a Igreja do Ocidente desenvolveu, sobretudo, a teologia da encarnação e da redenção, as igrejas orientais desenvolveram, sobretudo, a teologia do Espírito Santo. E privilegiaram a liturgia como o momento e o sinal mais sacramental da Igreja. Nas igrejas do Oriente, os monges desempenharam papel fundamental e decisivo, no âmbito tanto espiritual como político. A importância da teologia do Espírito e o papel tão destacado do monacato na tradição ortodoxa são provavelmente as razões pelas quais a mística conheceu especial e intenso desenvolvimento nas igrejas do Oriente ("hesicasmo").

O segundo momento mais doloroso da história do cristianismo é, sem dúvida, a ruptura entre a Igreja de Roma, que manteve a denominação de Igreja católica, e as igrejas reformadas no século XVI. O nome de Lutero constitui um marco importante e conflitivo na história do cristianismo. A reforma que ele propõe é, em princípio, um protesto radical contra os níveis de mundanização e de antievangelismo a que chegou a chamada Igreja de cristandade. (Convém recordar que a palavra "protestante" não significa originalmente o que protesta, mas "o que professa a fé".) Lutero reclama uma volta ao essencial cristão, ao Evangelho.

O *cristianismo da Reforma* coloca como dogma central a justificação pela fé diante da teologia dos méritos e da salvação pelas obras. A partir daí, se desencadeia um conflito teológico-político que marca as diferenças entre o cristianismo da reforma e o cristianismo romano. Com relação à área da experiência de fé, a Reforma insiste na fé como princípio de justificação. Com relação à organização da comunidade, rejeita o primado de Roma e reivindica o caráter de assembleia ou sinodal para o exercício da autoridade na Igreja, ao mesmo tempo em que reivindica o sacerdócio comum de todos os fiéis como o verdadeiro sacerdócio. Por longo tempo, mantém a submissão da Igreja ao Estado. Com relação à celebração da fé, acentua o anúncio da palavra e a pregação como o sinal ou o sacramento mais visível e eficaz da salvação. Os sacramentos cedem a prioridade à Palavra. Com relação à prática da fé e do seguimento de Jesus, a Reforma afirma a pecaminosidade radical e a impotência do ser humano para fazer o bem; por isso enfatiza a gratuidade da salvação, questiona o valor das obras e reclama a volta a uma ética evangélica diante de qualquer ética baseada na lei natural.

Está fragmentado o cristianismo? Podem-se repartir o essencial ou o irrenunciável cristão entre as diversas confissões cristãs? Pode-se falar de verdadeiro cristianismo, quando estão ausentes alguns desses elementos irrenunciáveis? São as primeiras perguntas que devem inspirar o diálogo ecumênico entre as diversas denominações cristãs. Em todo caso, o certo é que há uma ruptura da comunhão entre as igrejas, o que mostra nelas a parte não-cristã. E também é certo que nem todas as mediações institucionais das diversas igrejas cristãs têm a mesma significatividade e a mesma eficácia funcional para transmitir e ativar os componentes essenciais e irrenunciáveis da experiência cristã. Por isso o termo "cristianismo" deveria designar, em sentido somatório e acumulativo, o que há de cristão em cada uma das denominações cristãs e em cada uma das igrejas cristãs.

IV. Desafios para o presente e o futuro do cristianismo. Neste momento histórico de transmutação cultural, de globalização acelerada, de mudança de era e de paradigma, ao cristianismo se acumulam dois compromissos. Numerosos fatores multiplicaram e agravaram os desafios. Em primeiro lugar, a já longa disputa mantida com a Modernidade. A crítica da religião dos "mestres da suspeita" agravou esta disputa. O cristianismo não conseguiu dialogar com a Modernidade, assumir seus valores com coragem e denunciar suas ambiguidades com lucidez. Depois, as ondas do ateísmo, da secularização, da não-crença, do agnosticismo fizeram retroceder a excelência e importância pública e particular do cristianismo. Quase imediatamente o despertar de uma religiosidade e de uma mística a-confessional e a multiplicação dos mais diversos movimentos religiosos colocaram o problema da identidade cristã nos âmbitos da reflexão teológica e da vida cristã. Quais são os desafios mais urgentes para o presente e o futuro do cristianismo?

Em primeiro lugar, deve-se apontar o desafio do *diálogo ecumênico* entre as diversas denominações e igrejas cristãs. Não será provavelmente o desafio mais urgente, mas é condição de possibilidade para enfrentar os demais desafios. A divisão dos cristãos, as rupturas internas da comunhão cristã – não o pluralismo interior do cristianismo, que é assunto distinto – desacreditam o cristianismo para outros diálogos e outros desafios mais urgentes. Por isso é preciso que os cristãos recuperem esse crédito mediante um diálogo ecumênico que permita fazer justiça dentro da própria comunidade cristã, refazer a comunhão e ao mesmo tempo outorgar carta de cidadania ao pluralismo legítimo. Este diálogo ecumênico não deve circunscrever-se ao âmbito da reflexão teológica; deve abranger também outros aspectos não menos importantes: a comunicação de fé, serviços e ministérios; a colaboração nas causas comuns da justiça e da paz, dos direitos humanos, dos pobres e das minorias ou maiorias excluídas, da ecologia. A ação comum mais do que os longos debates acadêmicos, é que faz progredir o diálogo.

Em segundo lugar, o cristianismo tem diante de si, porém, o sério desafio do *diálogo com as demais religiões*. O diálogo inter-religioso é hoje urgência e compromisso moral maior para todas as religiões, mas mais ainda para o cristianismo, porque existem afirmações centrais da tradição doutrinária cristã que parecem desautorizar, de início, a substância do diálogo inter-religioso. Já não se trata hoje de adoçar a afirmação sobre a necessidade da Igreja para salvar-se. Trata-se de submeter ao diálogo e interpretar em profundidade algumas afirmações centrais da tradição doutrinária cristã: o caráter único e definitivo da revelação em Jesus Cristo; a necessidade da mediação salvífica de Cristo; o caráter absoluto do cristianismo; a pretensão de universalidade da salvação cristã etc. Em torno destas questões giram provavelmente os problemas mais sérios da teologia hoje. Essas afirmações soam como intolerância para as demais religiões. A reflexão teológica deverá superar todo ressaibo apologético e penetrar no diálogo sobre essas questões com toda a honestidade. Em primeiro lugar, é necessário aceitar o valor revelador e salvífico das outras religiões. É preciso também reconhecer que o absoluto do cristianismo só conhece até hoje mediações históricas: o absoluto de Deus manifestou-se nos limites históricos e culturais da encarnação; o absoluto da revelação e da salvação cristãs só conhece até hoje os limites históricos das igrejas cristãs. Esse absoluto está determinado histórica e culturalmente, porque não pode ser sem mediações históricas e culturais. O absoluto de Deus acontece no relativo da história humana. Neste sentido, o absoluto e universal do cristianismo só se manifestará no estágio escatológico, da mesma maneira que o absoluto e universal de Jesus de Nazaré só se revelou no Cristo ressuscitado. Por isso, o cristianismo só pode adentrar-se no diálogo inter-religioso com profunda humildade, a partir da fraqueza e do serviço, não a partir do poder e do domínio. Mas, ao mesmo tempo, deve penetrar no diálogo a partir da honestidade e da transparência, sem ocultar ou dissimular a própria identidade. É sua contribuição para o diálogo inter-religioso.

Em terceiro lugar, o cristianismo tem hoje diante de si o compromisso da *inculturação*. Neste aspecto, ele tem muitas questões pendentes. Aí está a já mencionada contenda com a Modernidade. Tem pendente o diálogo com a Modernidade, quando já está passando a onda cultural pós-moderna. Tem pendente o diálogo com as culturas não-ocidentais e as inculturações nelas, pois o essencial cristão só é significativo e operativo através de mediações culturais. Como um dia o cristianismo atravessou as fronteiras culturais do judaísmo, do helenismo e inclusive do mundo romano, hoje deveria atravessar outras fronteiras culturais para tornar-se, de verdade, religião universal e cumprir sua missão universal. Tem pendente também a inculturação na cultura ou nas culturas do Ocidente, aquelas que em algum tempo foram cristãs e hoje são pós-cristãs. Em uma palavra, o diálogo com as culturas continua sendo o drama do cristianismo, como afirmou Paulo VI.

Finalmente, o cristianismo tem como desafio urgente colaborar com todos os setores da sociedade e com todas as causas encaminhadas à *construção de uma sociedade mais humana e mais justa*. À prática da fé cristã ou do seguimento pertencem de cheio o compromisso com a justiça e a paz, com a defesa dos direitos humanos, com a solidariedade ativa e militante para com os pobres e excluídos etc. Todas estas causas pertencem de cheio à causa do reino de Deus e de sua justiça. Mais ainda, é sobretudo o compromisso com os pobres e excluídos que acrescentará e proporcionará credibilidade ao cristianismo do futuro.

M. Farijó, *El cristianismo. Una aproximación*, Madrid, Trotta, 2000²; J. Gómez Caffarena, *La entraña humanista del cristianismo*, Estella, EVD, 1998; O. González de Cardedal, *La entraña del cristianismo*, Salamanca, Secretariado Trinitario, 1997; W. Kasper, *Introducción a la fe*, Salamanca, Sígueme, 1976; H. Küng, *El cristianismo. Esencia e historia*, Madrid, Trotta, 1997³; P. Lain Entralgo, *El problema de ser cristiano*, Barcelona, Círculo de Lectores, 1997; J. Marías, *Sobre el cristianismo*, Planeta, Barcelona, 1997; K. Rahner, *Curso fundamental sobre la fé*, Barcelona, Herder, 1979; J. Ratzinger, *Introducción al cristianismo*, Salamanca, Sígueme, 1971; E. Schillebeeckx. *Jesús. La historia de un Viviente*, Trotta, Madrid, 2003.

Felicísimo Martínez

CRISTOLOGIA

I. Esclarecimentos prévios. A apresentação de Jesus de Nazaré pode ser feita de diversas formas e com diversas finalidades, mesmo dentro da teologia. Impõem-se, portanto, alguns esclarecimentos prévios.

1. *O pressuposto real* desta apresentação é que Jesus de Nazaré é Jesus Cristo, o Cristo de Deus. Por isso dever-se-á apresentar Jesus de tal maneira que a correta relação do ser humano com ele não seja somente a de ter notícia a respeito dele, mas a de crer em Jesus por ser o Cristo. A apresentação de Jesus, portanto, não pretende desembocar em mera jesuologia – tarefa por demais legítima e ainda importante em princípio, levando-se em conta, sobretudo, que Jesus não é patrimônio exclusivo dos crentes –, mas elaborar uma cristologia. Embora aqui, dada a limitação de espaço, somente se tratem alguns pontos fundamentais desta cristologia.

2. *O pressuposto metodológico* desta apresentação é que é legítimo, e na atualidade conveniente de um

ponto de vista sistemático, tratar de Jesus Cristo a partir de Jesus. É certo que o movimento descendente da cristologia, tal como o expõem as afirmações neotestamentárias e dogmáticas, é fundamental e insubstituível, pois dessa forma se expressa a primeira iniciativa, a graça de Deus, ao tornar-se ele mesmo ser humano. Mas não é menos certo que a descida de Deus à história não se capta, nem sequer como dom, em sua pura formalidade abstrata, mas quando se observa seu conteúdo concreto, Jesus Cristo. Para a fé, não se trata somente de aceitar um grande prodígio, mas é decisivo esclarecer o que é esse prodígio, pois só transmite ao ser humano o conteúdo do prodígio: a real e salvífica aproximação de Deus aos seres humanos, partilhando sua condição até os extremos da cruz, dando significado à vida humana, gerando uma esperança para a história e movendo para transformá-la na direção da justiça, da liberdade e da fraternidade.

Na atualidade, existe um crescente consenso nesse ponto. Voltar a Jesus de Nazaré é uma exigência para muitas cristologias atuais e, sobretudo, para muitos cristãos que desejam viver e tornar eficaz na história o dom de Deus, especialmente lá onde os cristãos mais se comprometem na defesa dos pobres, na construção de uma nova sociedade e, por isso, sofrem perseguição.

Mas existe, além disso, razões *a posteriori* para insistir em Jesus de Nazaré, precisamente porque se quer falar de Jesus Cristo: o esquecimento e manipulação de Jesus Cristo é para os crentes uma perene tentação que chega à tergiversação e até mesmo à perversão da fé em Cristo, com gravíssimas consequências.

a) A história demonstra abundantemente a tendência a ignorar Jesus, até quando se confessa a fé em Cristo. Esta ignorância não é casual, pois Jesus é escândalo para a fé em Cristo; daí que, desde o começo, tenha existido a tentação de negar a carne de Cristo e que o docetismo e o gnosticismo tenham sido para a Igreja "a crise mais profunda que jamais teve de superar" (W. Kasper).

b) O esquecimento de Jesus tem também funestas consequências na prática dos cristãos. Um Cristo sem Jesus converteu-se, muitas vezes, em mito e, pior ainda, em ídolo, cujo nome foi usado para justificar outros ídolos históricos que dão morte, e não para defender a vida dos oprimidos. Daí a suspeita generalizada na apresentação de um Cristo que fosse puro poder, com o qual apenas se sanciona o poder como mediação de Deus e a autoridade como algo mais primigênio do que o serviço e mais sacral do que a comunidade; como pura reconciliação universal, que não leva em conta os conflitos históricos através dos quais se deverá construir aquela; como pura verdade, que faz desentender-se da busca da verdade e elimina a necessidade do discernimento, favorece atitudes dogmatistas e afasta o diálogo; como puro amor, que não leva em conta as diversas e necessárias manifestações do amor, algumas delas – como a justiça – conflitivas e que comportam sérios riscos; como puro absoluto, ao qual se responderia adequadamente de forma reducionisticamente personalista, mas ignorando a relacionalidade constitutiva de Jesus com o reino de Deus e com o Deus do reino.

3) Voltar a Jesus de Nazaré significa *voltar à história de Jesus*, ao que se deu em chamar o Jesus histórico: sua pessoa, sua prática, suas atitudes e destino, que se desenvolve com rigor no conceito "Jesus de Nazaré" desta obra. O pressuposto crítico dessa apresentação é que é possível, em suficiente medida, o acesso à história de Jesus. Mas isto exige alguns esclarecimentos.

a) Por "histórico" não se entende direta e primariamente o fático, aquilo que é geográfica ou temporalmente datável com exatidão ou o que se deu em chamar de *ipsissima verba* ou *ipsissima facta Jesu*. Pressupõe-se que algo disso é possível e bem-vindo, enquanto o aceita a crítica histórica. Por histórico se entende aqui formalmente a prática *de* Jesus como aquele lugar de maior densidade metafísica de sua própria pessoa. Essa prática é toda a atividade, em palavras e atos, pela qual transforma a realidade circundante na direção do reino de Deus e através da qual se vai fazendo e expressando sua pessoa. Essa prática de Jesus permite o melhor acesso à sua própria pessoa. Mas, além disso, desencadeou na história que chegou até nós para ser continuada. Com isso, a prática atual é uma exigência de Jesus, mas é também o lugar hermenêutico de compreensão de Jesus.

b) A prática de Jesus não é uma totalidade indiferenciada, mas supõe fatos e atividades reais. Sabida é a dificuldade que a exegese moderna e a crítica histórica apresentam à determinação concreta de ambos. Aqui se pressupõe como acontecido e real no nível de acontecimentos: o batismo por João, a escolha e envio de um grupo de seguidores, a atividade da pregação e o uso de parábolas, a ida a Jerusalém, algum tipo de ceia com seus discípulos, a prisão, crucifixão e o letreiro na cruz; no nível de atitudes e comportamentos: certas atitudes críticas para com a lei judaica e o templo, atitudes sociais positivas para com os marginalizados, pecadores e oprimidos, e críticas aos detentores do poder, certas práticas de curas e exorcismos, certas exigências morais, a conversão e o seguimento, uma específica relação com Deus como Pai. Pressupõe-se também uma mínima periodização de sua prática: um inicial êxito e também conflito, uma crise pela metade ou final de sua vida e um destino final em descontinuidade com sua primeira visão e missão.

c) Com os dados anteriores, não se pode – nem se pretende – apresentar uma biografia de Jesus. Mas tampouco devem ser apresentados isoladamente, pois formam entre si uma história. Fora dessa história, a apresentação de Jesus só ofereceria conhecimentos enciclopédicos acerca de Jesus, mas não mostrariam quem é Jesus. Requerem-se, portanto, alguns conteúdos organizativos para apresentar os dados isolados como história. Selecionar esses conteúdos não é tarefa fácil, pois alguns dos fatos estão excessivamente teologizados. Tampouco é fácil buscar um critério organizativo puramente teológico, pois a figura de Jesus é vista a partir de diversas teologias veterotestamentárias (apocalíptica, profética, sapiencial, exódica etc.), que, se não são excludentes, tampouco são integráveis em pureza lógica. Aqui se escolhem como conteúdos organizativos três realidades mínimas, mas de alto conteúdo teológico e de cuja historicidade não se pode duvidar: 1) o reino de Deus, a cujo serviço Jesus aparece; 2) o Deus do reino, a quem Jesus se dirige como *abba*; 3) a morte de Jesus, que ilumina retrospectivamente a prática e a pessoa de Jesus. Desta forma, não se pretende construir arbitrariamente a história de Jesus, mas sim apresentá-la de forma orgânica na fidelidade ao fundamental dessa história.

II. Jesus e o reino de Deus. Para compreender a Jesus, deve-se compreender aquilo que foi o último para ele. Jesus não se apresenta pregando-se a si mesmo, nem sequer a Deus só, mas o "reino de Deus". Assim aparece nos sumários programáticos de Marcos e de Mateus no começo de sua vida pública: "Foi para a Galileia e proclamava a boa nova de Deus: 'Cumpriu-se o tempo, e o reino de Deus está próximo'" (Mc 1,14s; Mt 14,17; Lc 4,43). Jesus aparece a serviço de algo que é distinto de si mesmo. Sua relacionalidade constitutiva para com essa totalidade dual, "reino de Deus", é o que no princípio proporciona a chave para se ter acesso – e para organizar coerentemente – a sua vida e missão.

1. Ao *anunciar o reino de Deus*, Jesus não anuncia algo totalmente novo para seus ouvintes, mas recolhe as esperanças veterotestamentárias de Israel. Contudo, faz delas "a única perspectiva decisiva" (W. Pannenberg).

a) Reino de Deus é um símbolo utópico de *esperança* – análogo a utopias desenvolvidas pelos seres humanos – que expressa o desejo de uma nova história e de uma nova realidade, mas não a partir de uma *tabula rasa*, mas como final das calamidades e realização da justiça.

Israel foi gestando essa esperança através de sua própria história política, cativeiro no Egito, aniquilamento dos reinos, cativeiro na Babilônia, penosa reconstrução no período persa sem autodeterminação; sua história social, fortemente denunciada pelos profetas, opressão e achatamento do pobre e do fraco; corrupção na administração da justiça e atropelo do direito dos pobres; sua história religiosa, idolatrias e infidelidades, viciamento do culto, encobrindo a opressão, viciamento da lei contra os fracos. Tudo isso devia ter um fim.

Israel expressou essa esperança de forma religiosa, crendo na promessa de Deus. Por isso, a utopia é o que ocorre quando é Deus quem reina sobre Israel. Reino de Deus não é uma realidade estática geográfico-espacial, um lugar no qual se reconheça a partir de baixo que a divindade é o rei; é, antes, a mudança na realidade quando Deus se aproxima dela ou se expressa na alegre expectativa dessa chegada: "Ele já vem para governar a terra; governará o orbe com justiça e os povos com equidade" (Sl 96,13). Reino de Deus é, então, reinado de Deus *in actu*, transformação da realidade histórica, segundo a realidade de Deus.

b) *Jesus participou dessa esperança de seu povo.* Nunca diz exatamente o que é esse reino de Deus – que não é o "reino dos céus" nem da Igreja – embora recorde vários motivos proféticos e apocalípticos. O seu específico é que faz a simples e incrível afirmação de que esse reino se aproxima, mais ainda, que "já está entre vós" (Lc 17,21). Afirma que a aproximação do reino é iniciativa de Deus, que sua vinda não pode ser forçada nem acelerada pelo estrito cumprimento da lei ou pela expulsão dos romanos, que sua vinda não pode ser calculada a partir de alguns sinais externos, mas que se deve pedir (Mt 6,10). Diz que a vinda do reino é diretamente graça, não julgamento de Deus – embora Deus julgue – que Deus rompeu para sempre a simetria de ser possivelmente salvação ou condenação, manifestando sua mais íntima realidade como amor e salvação. O reino de Deus é, na verdade, uma boa notícia. O anúncio de sua proximidade diz algo sumamente importante sobre Jesus, pois ista aparece como quem se atreve a dizer qual é a verdadeira realidade da história, e algo sumamente importante sobre o próprio reino. Com isso, no entanto, não se descreveu completamente o reino. "Muito pelo contrário", como diz J. Jeremias, "não mencionamos ainda o traço essencial... O reino pertence *unicamente aos pobres*". "Bem-aventurados vós, os pobres, porque vosso é o reino de Deus" (Lc 6,20).

Para Jesus, estes pobres são pobres reais: todos os que têm uma necessidade real, os famintos e os sedentos, os desnudados, forasteiros, enfermos e encarcerados, todos os que estão angustiados por alguma dura carga, para quem viver é tarefa difícil; os desprezados deste mundo, os pecadores de acordo com a lei, publicanos, prostitutas, os pequenos, os que são tidos por menos do que os outros e para quem a religiosidade vigente não oferece esperança, mas condenação.

Se o reino é para esses pobres, deverá ser entendido a partir deles. O reino de Deus é parcial, não genericamente universal. O próprio Deus é parcial; revela seu amor aos pobres pelo mero fato de eles serem pobres. Nessa parcialidade consiste a utopia sonhada, que é a que deu origem à esperança no reinado de Deus: "A justiça do rei... não consiste primordialmente em emitir um veredicto imparcial, mas na proteção que o rei faz com que se preste aos desvalidos e aos pobres, às viúvas e aos órfãos" (J. Jeremias).

c) Ao reino de Deus que se aproxima, Jesus responde com a esperança, mas também serve a ele com uma *prática*. Poder-se-ia discutir se Jesus realiza essa prática, porque o reino se aproxima ou para que se aproxime; poder-se-ia, inclusive, argumentar logicamente sobre uma incoerência de Jesus, que afirma que o reino é graça. No entanto, o fato claro é que Jesus não esperou passivamente o reino nem se retirou ele mesmo e exortou os outros a retirar-se na espera do reino. Nem sequer no curto prazo de espera da proximidade do fim tolerou as situações injustas e desumanas contra o reino. A utopia para Jesus, portanto, não só exige esperança, que desencadeia uma prática; é precisamente o serviço concreto ao reino de Deus que esclarece sobre seu conteúdo, segundo Jesus.

A prática de Jesus inclui sua pregação a respeito do reino – toda a sua pregação é descrita como "palavra do reino" (Mt 13,19) – e, sobretudo, o próprio anúncio da proximidade do reino. Esse anúncio é tornar presente a utopia em palavra, mas, por isso mesmo, é também tornar presente a força da utopia que anima e interpela, questiona e capacita o ser humano. Anúncio do reino não é somente uma atividade puramente doutrinária para que as pessoas tenham notícia sobre o reino, mas uma verdadeira prática destinada à transformação do ser humano confrontado com este anúncio.

Jesus realiza, além disso, uma prática que torna presente o reino. Seus milagres, "clamores do reino", são ações positivas e transformadoras de situações de miséria; os exorcismos são manifestações do poder de Deus que liberta do mal radical e escravizador; o perdão dos pecados para aqueles que não tinham esperança na religiosidade vigente; as controvérsias, denúncias, desmascaramentos, que se analisarão mais adiante em detalhes, são práticas a favor da justiça; a aproximação misericordiosa a todos os que sofrem distanciamento e desclassificação social e religiosa é superação de divisões e antagonismos opressores. De novo, sua prática por excelência é o anúncio da boa nova aos pobres (Lc 4,18; 7,22; Mt 11,5).

2. *O reino de Deus é boa notícia, mas também exigência para as pessoas*. Parte importante do serviço de Jesus ao reino é com clareza *anunciar essas exigências*, que são radicais, porque a vinda do reino é iminente e daí a urgência escatológica; porém são também possíveis, mesmo em sua radicalidade, porque a aproximação de Deus confere novas possibilidades ao ser humano. Jesus apresenta, muitas vezes, as exigências em nível ético, mas em todas elas há uma motivação teologal cheia de novidade: a proximidade do reino de Deus e a manifestação de Deus nessa proximidade.

a) O reino de Deus é boa notícia, mas também *juízo iminente*. Daí que a primeira exigência universal de Jesus seja a conversão (Mc 1,15; Mt 4,17). Esta conversão é sincero arrependimento do pecado e afastar-se realmente do pecado. Jesus exige uma conversão "teologal", quando pede a todos que aceitem a Deus tal como ele é. Dos pobres e pecadores exige, paradoxalmente, que aceitem na verdade que Deus é esperança e graça, que não tenham medo diante dele, que creiam que as possibilidades de Deus são maiores do que suas próprias possibilidades, do que seu próprio pecado e do que sua própria miséria. Daqueles que se consideram justos e esperam com tranquilidade a vinda do juízo de Deus, Jesus exige uma radical mudança na própria noção de Deus, que não é a extrapolação da lei, mas amor livre e gratuito.

Jesus exige uma conversão "práxica" na linha do reino de Deus. A todos diz o que precisam deixar de fazer: ao jovem rico, que deixe de ser dominado pelo dinheiro (Mc 10,17-31); ao que cometeu injustiça, que a repare (Lc 19,8). Nas maldições aos poderosos se diz, indireta mas claramente, o que devem deixar de fazer: colocar pesadas cargas (Mc 12,4), oprimir o povo (Mc 10,42), devorar as casas das viúvas (Mc 12,40) etc. Reprova-os, porque "dizem e não fazem" (Mt 23,3).

b) A lei da vida no reino de Deus é o *amor*. O sincero e real amor aos homens só é equiparável ao amor de Deus (Mt 22,34-40; Mc 12,28-31; Lc 10,25-28). Por sua radicalidade, está absolutamente acima de qualquer outra prescrição, mesmo religiosa, e por sua motivação não se baseia num rigorismo maior da lei, como não se baseia em sentido estrito, numa recompensa maior, mas na experiência da graça e do perdão de Deus; é, na verdade, o "novo" mandamento, como o reinterpreta João (Jo 13,34). Esse amor se mostra em fatos, não somente em palavras, pois se deve dar a quem pede (Mt 5,42), e no serviço real aos demais (Mc 10,42-45). Amor sem limites, realmente a todos, que chega até o perdão e o amor ao inimigo (Mt 5,43). É um amor que se dirige preferencialmente ao pobre e ao necessitado, aos quais se deve buscar para servir: os pobres, aleijados, coxos e cegos (Lc 14,12-14).

c) Uma última exigência de Jesus é o *seguimento*, que, no começo, se entende diretamente em função do reino. Jesus chama os discípulos para que abandonem tudo e o sigam (Mc 1,7 s; 2,14) e para serem enviados a uma missão: pregar a proximidade do reino e apresentar os sinais dessa proximidade (Mc 3,13ss; 6,7-13; Mt 10). A radical renúncia aos bens, à casa, à família e ao matrimônio só é compreensível pela absoluta novidade e proximidade do reino. Até o final de sua vida, Jesus universaliza mais a exigência do seguimento, a radicaliza e fundamenta, não explicitamente na anterior lógica do reino, mas em sua própria pessoa. O seguidor deve estar disposto a "carregar a cruz" (Lc 14,27; Mt 10,38); mais ainda, o seguimento é a única forma de responder a Jesus, de chegar a conhecê-lo. Sem dúvida, muitas coisas mudaram desde o primeiro anúncio do reino. No final de sua vida, Jesus só proclama uma clara e desnuda exigência: "Quem quiser seguir-me tome a sua cruz e me siga" (Mc 8,35).

III. Jesus e o Deus do reino. 1. A missão de Jesus e o modo concreto de levá-la a cabo têm como pressuposto uma *experiência pessoal de Deus*. Jesus, como todo ser humano, viu-se necessariamente confrontado com a vida e com a história, forçado a buscar e a dar um sentido a ambas. Esse sentido foi para ele, sem dúvida, religioso, e ele o expressou, dizendo que, no fundo da realidade, não há absurdo ou uma força impessoal, mas algo bom, a quem ele chamou de Pai. A consciência da paternidade de Deus, a força concreta com a qual Deus se lhe foi apresentando como Pai, como *abba*, Pai absolutamente próximo, familiar, íntimo, estando em Jesus, irá progredindo em Jesus e concretizando-se através do vaivém de sua própria história, dos altos e baixos de sua missão a serviço do reino.

Os Evangelhos dão mostra dessa peculiar e pessoal relação de Jesus com Deus, mencionando sua oração. Toda a sua vida é acompanhada da oração a Deus. No batismo, momento em que toma consciência de sua missão, Jesus é posto em oração (Lc 3,21; Mt 3,13-17; Mc 1,9-11); Jesus morre na cruz com uma oração (Lc 23,46), diversamente interpretada como oração de angústia ou de esperança, mas dirigindo-se uma vez mais a Deus. Ao longo de sua vida se diz que Jesus se retirava a orar, às vezes em situações concretas importantes. A Deus recorria constantemente para tirar dele luz, força, ânimo para sua missão, para dissolver nele suas dúvidas, para descansar nele e encontrar último sentido para sua missão e seu destino.

2. A confiança de Jesus em Deus mostra que, para ele, *Deus é realmente bom*. Talvez esta afirmação possa parecer mínima, mas não o é, se a bondade é o que define mais profundamente a Deus, com anterioridade a seu poder ou a seu juízo. Jesus está convencido de que Deus é bom para com ele e é bom para com os seres humanos. Nada há em Jesus que mostrasse Deus e o ser humano em concorrência ou que mostrasse Deus ciumento do bem dos seres humanos – embora seja ciumento dos outros deuses – mas totalmente ao contrário. Para Deus, o ser humano é mais importante do que todas as coisas (Mt 6,26), e nada criado pode ser usado contra ele, nem sequer o que convencionalmente se apresenta como serviço a Deus. Daí as taxativas afirmações de que a pessoa é mais decisiva do que o culto (Lc 10,30-37) e do que o sacrifício (Mt 5,23ss; Mc 12,33); absolutamente superior ao sábado (Mc 2,23-26).

Da bondade de Deus se segue também uma fundamental consequência prática: o que o ser humano deve ser e fazer não é outra coisa senão o que Deus é e faz pelos demais seres humanos. O mandamento do amor ao próximo, o fazer depender a salvação do amor aos pobres, não é então exigência ética arbitrária de Jesus, mas expressão de sua experiência original: Deus é bom, sede bons vós também. Daí também o significado profundo do sumário no qual se descreve toda a vida de Jesus: "Passou fazendo o bem" (At 10,38).

Deus é sumamente exigente e tem uma vontade determinada para o ser humano; mas sua bondade liberta das ataduras convencionais de tradições e de prescrições. Deus liberta o ser humano para a bondade. Nesse sentido, Jesus aparece como pessoa radicalmente livre: pode escolher amigos entre seus seguidores e também entre as mulheres, comer com publicanos e mulheres de má vida e também com fariseus, visitar a um rico e amaldiçoá-lo sem eufemismos, escolher entre seus seguidores piedosos israelitas e também publicanos e zelotes. Sua liberdade para o bem o liberta absolutamente das opiniões que sobre ele pudessem fazer uns e outros.

3. A relação de Jesus com Deus foi de *absoluta proximidade, mas não de posse*. Também ele viveu em profundidade sua criaturidade: estar em referência a Deus, ter de estar em referência a Deus sem alcançar o polo dessa referência. Jesus viveu radicalmente essa criaturidade, deixando Deus ser Deus. Isso é o que significa a obediência de Jesus.

a) Jesus, durante sua vida, mudou em aspectos fundamentais de sua missão e de sua visão. O reino de Deus que ele prega no início não é o mesmo, nem sua atividade de milagres e exorcismos, nem suas denúncias contra o pecado, nem o envio entusiástico à primeira missão, que a realidade de Deus que aparece na cruz, na sua própria impotência, em seu carregar (não só denunciar) o pecado, em seu conciso chamado a seus seguidores a tomarem a cruz etc. Comparando o começo e o final de sua vida, não se pode ignorar que em Jesus se operou uma "conversão". Esta não ocorre no terreno ético, como conversão do pecado à vontade de Deus, mas teologal, como conversão de si mesmo, mesmo do bom de si mesmo e daquilo que Jesus acreditava ser a vontade de Deus para ele, ao Deus maior, a quem sempre há de escutar e de quem nunca alguém pode estar de posse.

b) A conversão ou as paulatinas conversões de Jesus não se realizaram pacificamente, como se sua proximidade de Deus lhe garantisse sempre lucidez sobre sua vontade ou como se as mudanças que se exigiam afetassem somente o mais externo de sua pessoa – incluídos os sacrifícios – mas deixassem o mais profundo de sua pessoa intocado e imerso na paz de Deus. Os Evangelhos narram que Jesus foi tentado. As cenas das tentações não são somente moralizantes para os futuros crentes, mas se trata do próprio Jesus. Não se pode duvidar de que a tentação diz respeito ao próprio Jesus e de que este "é ameaçado por crises últimas de identificação" (K. Rahner). "Sois vós que permanecestes constantemente comigo em minhas tentações", diz Jesus a seus discípulos no final de sua vida (Lc 22,28).

Todos os Evangelhos constatam que Jesus vence a tentação, que ele mesmo se vai esclarecendo sobre a realidade de Deus e aceitando sua verdadeira vontade. O Deus, exigente e cheio de novidade, continua estando com Jesus. No final de sua vida, no entanto, Jesus afirma que "esta é vossa hora e o poder das trevas" (Lc 22,53). É o momento da maior tentação e da maior luta para ele, que vence a tentação, mas não como quem de novo voltasse a possuir a Deus, mas renunciando absolutamente a essa posse. Só lhe resta o "faça-se a tua vontade" (Mc 14,36).

c) Pressuposto lógico da disponibilidade humana de Jesus e realidade constatada nos Evangelhos é *o não saber de Jesus*. Nos relatos evangélicos há um embaraço em constatar que o reino não chegou no momento que Jesus o havia previsto (Mc 9,1; 13,30; Mt 10,23) e em colocar na boca de Jesus a ignorância sobre o dia de sua vinda (Mc 13,32). Isso mostra a verdadeira humanidade de Jesus, pois "equivocar-se assim é melhor para o homem histórico, e portanto para Jesus, do que saber tudo sempre" (K. Rahner). No fato de não saber o dia de Javé, Jesus sabe mais e melhor de Deus, porque o deixa ser Deus; mas esse Deus nunca plenamente conhecido é que exige a renovada e radical disponibilidade.

IV. O destino de Jesus: a cruz. Não há dúvida de que Jesus morreu violentamente, como narram os Evangelhos e o *kerygma* primitivo, tanto em sua versão mais histórica (1Ts 2,15) como em sua versão mais teologizada (At 2,23 etc.). Se o fim é o que dá sentido ao processo, o final de Jesus é trágico para Jesus e para aquilo com o qual estava relacionado absolutamente: Deus e o reino de Deus. Daí que surja a inevitável pergunta teológica: por que Jesus morre? Depois da ressurreição, esta pergunta tem uma resposta positiva: Jesus morreu para a salvação e redenção dos pecados. Mas isso não pode substituir a resposta histórica da pergunta: "por que matam a Jesus?" (Ellacuría). Para isso deve-se levar em conta a outra face da relacionalidade de Jesus: o antagonismo contra ele dos que rejeitam o reino de Deus e o Deus do reino.

1. Jesus entrou relativamente logo no *conflito* com os detentores de qualquer tipo de poder por seu anúncio e pregação, por sua ativa defesa dos pobres e por sua visão de Deus, que sustentava sua prática e contradizia a dos opressores. Pode-se discutir teologicamente se Jesus foi um revolucionário, diretamente na ordem religiosa e indiretamente na ordem sociopolítica, ou simplesmente um judeu que radicalizou a melhor herança religiosa de Israel e as consequências desta para a sociedade. O que não se pode discutir é que sua pregação e sua prática representaram uma radical ameaça ao poder religioso, econômico e político reinante, por apresentar-lhes uma disjuntiva excludente. Dito teologicamente: o Deus de Jesus ou os deuses de seus oponentes; dito historicamente: ou o reino de Deus ou a teocracia judaica e a *pax romana*. Dito unificadamente: ou o Deus que dá a vida aos pobres ou os ídolos da morte que exigem vítimas para subsistir. A vida e a morte de Jesus são um processo a seu Deus, a quem Jesus sai para defender, e é quem seus oponentes querem condenar.

a) Para Jesus, é claro que *Deus é controvertível*, que as diversas práticas religiosas e suas justificações teológicas não haviam resolvido a questão de uma vez por todas, nem sequer a tinham resolvido corretamente. Aí está a lógica de suas controvérsias. Na seção que Marcos dedica a elas (2,1-3,6; cf. Lc 5,17-6,11), aparecem contrapostas as visões de Deus, explicitadas no plano religioso, mas no contexto também de práticas sociais. Nesse relato, aparecem algumas práticas sociais que trazem em si mesmas a controvérsia: comer com os pecadores, não jejuar enquanto outros jejuam, apropriar-se da propriedade alheia; aparecem outros relatos de milagres que em si mesmos não seriam controvertíveis, mas que se tornam controvertíveis por realizar-se no sábado; e aparece uma reformulação religiosa de uma controvérsia sobre uma prática social – apropriar-se da propriedade alheia, ao arrancar as espigas de um campo alheio – por realizar-se em dia de sábado. Jesus justifica essas práticas sociais que são a favor do ser humano, justifica-as em nome de Deus e, através disso, mostra uma contrária noção de Deus e um contrário acesso a Deus. Deus não é diretamente um Deus para si, mas para o ser humano; o culto não é, por isso, acesso primário nem automático a Deus. Além disso, historicamente se tornou altamente suspeita a pretensão de substituir o verdadeiro serviço a Deus: "quero a misericórdia e não o sacrifício" (Mt 9,13).

b) Jesus *denuncia e amaldiçoa* diversos grupos sociais, cujas práticas não somente não partem da fé no verdadeiro Deus, mas se deduzem do serviço aos ídolos. Essas denúncias e maldições declaram diretamente como maus e hipócritas esses grupos sociais; mas aduzem também a razão última de sua maldade: oprimem os pobres, e isso os torna maus diante de Deus. Amaldiçoa os ricos, porque já receberam seu consolo (Lc 6,20), e de nada lhes servirão suas riquezas no dia do juízo (Lc 12,13-21); mas acrescenta a raiz da maldade da riqueza: é injusta. Dos escribas e fariseus denuncia sua hipocrisia religiosa, que torna duplamente má a atuação deles; mas afirma em que consiste neles a primeira maldade: oprimem os homens, fazem-lhes injustiça, põem-lhes cargas intoleráveis, privam-nos da ciência e impedem-nos de entrar pelo bom caminho, matam os profetas (Mt

23,23-32; 37-52). Aos sacerdotes acusa de haverem violado a essência religiosa do templo, mas também de convertê-lo em lugar de negócio e malfeitorias (Mc 11,15-59). Aos que detêm o poder político acusa de autoritarismo, mas também de oprimir o povo (Mc 10,42). A todos denuncia a maldade "em si"; mas explicita o aspecto relacional dessa maldade: a opressão aos pobres.

c) As controvérsias, as maldições e os desmascaramentos desembocam em *perseguição*, da qual falam com frequência as narrações evangélicas. Em João, a perseguição marca todo o Evangelho. Marcos e Lucas a colocam já no começo da vida pública de Jesus. Os fariseus e herodianos confabularam para eliminá-lo depois das primeiras controvérsias (Mc 3,2). Os judeus quiseram precipitá-lo depois de seu discurso inaugural na sinagoga de Nazaré (Lc 4,28 ss).

À medida que Jesus se aproxima de Jerusalém, a perseguição aumenta. Na etapa prévia à sua entrada, aparecem cenas em que Jesus é posto à prova, para se encontrar nele uma palavra da qual pudesse ser acusado (Mt 19,3; Lc 10,25; 11,16.53 ss; 14,1). Uma vez em Jerusalém, acumulam-se as insídias contra Jesus, e os sinóticos apresentam cinco cenas nas quais é tentado e atacado (Mc 11,15-19; 12,1-34 par.). Todas estas passagens concluem com um sumário: "Os sumos sacerdotes e os escribas procuravam como poderiam prender Jesus por meio de um ardil para matá-lo" (Mc 14,1 par.). Sejam quais forem os detalhes cronológicos da perseguição, "os Evangelhos são fiéis à história ao afirmarem que êxitos e fracassos, simpatias e hostilidade, constituem desde o princípio a trama da vida de Jesus" (G. Bornkamm).

d) A perseguição culmina na *paixão*. No duplo julgamento, religioso e político, dão-se as razões para sua condenação: Jesus é condenado como blasfemo e como malfeitor político. Na forma concreta dos julgamentos aparece, sobretudo, que a alternativa apresentada por Jesus se torna intolerável para os judeus e para os romanos. No julgamento político, ele é acusado de não pagar os tributos a César e de excitar a rebelião (Jo 19,12-15; Lc 23,3), querendo implicar Jesus, talvez, em algum motim de que se fala em Mc 15,7. Pilatos não se deixa convencer por este tipo de acusações; mas cede, tal como o transmitiu João, quando o povo lhe apresenta a alternativa: ou Jesus ou César (19,12-16). Em um sentido profundo que supera o anedótico do julgamento, pode-se dizer que "Jesus foi crucificado pelos romanos não só por razões táticas e de política diária de tranquilidade e ordem em Jerusalém, mas, no fundo, em nome dos deuses do Estado de Roma" (J. Moltmann).

Que Jesus morre em nome da divindade aparece mais explicitamente no julgamento religioso pela natureza mesma do assunto. Deixando de lado a historicidade dos detalhes do julgamento religioso, é evidente a crescente hostilidade dos dirigentes judeus contra Jesus, a qual os leva à conclusão de que "ele deve morrer" (Mc 14,64 par.). Dois tipos de acusações se aduzem para a condenação. A primeira, de corte mais redacional, é a blasfêmia de declarar-se o Cristo (Mc 14,62 par.). A segunda, que introduz melhor no fundo do assunto, é a pretensão de Jesus não acerca de si mesmo, mas de destruir e substituir o templo (Mc 14,58 par.). Levando em conta que o templo era o símbolo da teocracia e a realidade que organizava a sociedade religiosa, econômica e politicamente, a pretensão de Jesus sobre uma nova mediação de Deus lhes atacava diretamente os interesses. Por isso querem matá-lo.

2. Tudo o que se disse explica suficientemente *por que matam a Jesus*, dada a relacionalidade conflitiva e antagônica com seus executores. Mas não se esclareceu a resposta "por que morre", pergunta que se impõe por si mesma, dada a relacionalidade constitutiva e altamente positiva de Jesus com Deus e com seu reino. Que Jesus fosse acostumando-se à ideia de que iam matá-lo é historicamente compreensível; mas não fica nada clara sua própria consciência de por que morre. É certo que nas narrações evangélicas existe uma teologização nos relatos da Ceia e no equiparar Jesus com o servo de Javé, cuja morte teria o valor positivo de expiação de pecados e de uma nova aliança (Lc 22,14-29 par.). Mas, se não se pode excluir absolutamente que Jesus tivesse pensado nisso, tampouco se pode afirmar com clareza, nem sequer afirmar que o tivesse pensado, compreendido e aceitado com a clarividência e entusiasmo com que compreendeu e realizou sua missão originária.

De fato, os relatos evangélicos desde a oração no horto até a morte na cruz apresentam Jesus em profunda descontinuidade com o que havia sido sua vida. A morte de Jesus não é apresentada nos estratos mais antigos de forma prazenteira como a de um Sócrates, ou de forma eufórica – mesmo com sofrimento físico e psicológico – como a do profeta que morre em continuidade com sua causa e compreende sua morte como um serviço a essa causa, da qual não duvida que triunfará como havia pensado. A morte de Jesus é muito distinta. Em Mc 15,34.37 e Mt 27,46.50, Jesus morre com o salmo 22 nos lábios: "Meu Deus, meu Deus, por que me abandonaste?" e lançando forte grito. O certo é que Lucas põe nos lábios de Jesus o salmo 31, expressão de confiança em Deus (23,46), e João apresenta-o como dono e senhor de si mesmo até sua morte (19,30). Mas esses relatos não concordam com a profunda perturbação de Jesus no horto e têm historicidade muito mais discutida. Seja qual for o estado psicológico de Jesus em sua morte, o fato claro é que ele morre em profunda descontinuidade objetiva com o reino de Deus que havia pregado e com a experiência de absoluta proximidade do Pai.

Do ponto de vista meramente histórico, a reação à morte de Jesus somente pode ser a do ceticismo

– nem mesmo "este" trouxe a salvação – a da experiência do absurdo – o justo sempre vai mal – ou a do escândalo, se esse Jesus já tivesse sido aceito na linha do Messias esperado e do filho próximo. A morte de Jesus não tem explicação intrinsecamente positiva. Prova disso é que, mesmo depois da ressurreição, os crentes captaram a cruz como enigma. Buscaram uma lógica para ela, afirmando que Jesus sofreu o destino dos profetas – embora sem esclarecer por que este profeta teve de morrer assim – reinterpretando-a como morte salvífica, segundo diversos modelos veterotestamentários do sacrifício. No entanto, deixaram de explicar o último porquê da morte de Jesus, referindo-se unicamente ao mistério de Deus: "era necessário" (Lc 24,26), o que não somente não é resposta explicativa, mas a renúncia a toda explicação.

A morte do mediador significa que o Deus mediado por ele perdeu no processo. Daí se segue uma possível dupla interpretação: ou que Deus morreu realmente ou que também Deus foi crucificado. A primeira leva ao ateísmo. A segunda, se é aceita crentemente, leva a uma nova visão de Deus, impensável e indedutível. Esse Deus crucificado é o absolutamente transcendente, do qual não pode haver imagens, não somente porque supera a todas, mas também porque contradiz a todas. O específico de sua transcendência não poderá ser descrito só como um estar na origem absoluta nem além, no futuro absoluto, mas na cruz. A impotência, a submissão aos poderes deste mundo, o "esconder-se da divindade" (Inácio de Loyola) competem a Deus. Esse Deus crucificado não é acessível através da pergunta que lhe dirige o ser humano natural, mas na resposta à pergunta que ele dirige ao ser humano: vós também estáveis lá, quando crucificaram a Jesus e quando o continuam crucificando na história.

Algo fundamental, no entanto, revela a cruz de Jesus sobre Deus, se sua presença é aceita. Consumou-se a absoluta proximidade de Deus à história; Deus é um Deus dos seres humanos até os últimos abismos de horror e morte. Está junto deles, porque os ama; aceita a cruz para que seu amor seja crível e passe assim a prova do amor; afirma que, em última análise, só sabe amar e sujeita sua onipotência e sua sabedoria para mostrar sua solidariedade para com a humanidade. Aí está a profunda lógica das posteriores afirmações crentes: o amor de Deus mostrou-se em plenitude na entrega do Filho (Rm 8,31; Jo 3,16). Neste sentido, Jesus "morre", porque "o matam", porque Deus aceita até o final a encarnação como lugar do amor e de sua credibilidade. Este final de vida de Jesus é, como já se disse, o fim e a crítica a toda teologia puramente natural. Dessa cruz só pode surgir ou uma fé especificamente cristã daqueles que em um primeiro momento "permanecem com Deus na paixão" (B. Bonhoeffer), ou a aceitação da real morte de Jesus e, assim, de Deus.

V. A ressurreição de Jesus: revelação de Deus e do ser humano. O final da vida de Jesus não foi seu fim. O *querigma* primitivo afirma que "Cristo morreu por nossos pecados, segundo as Escrituras; que foi sepultado e que ressuscitou ao terceiro dia, segundo as Escrituras" (1Cor 15,3s). Disso os discípulos são "testemunhas". Do escândalo da cruz surgiu a novidade do impossível. Essa absoluta novidade para eles e a absoluta novidade experimentada neles fazem com que se formule a fé em Deus, sua aceitação de Jesus e sua esperança do reino de Deus. O que há de impossível nessa novidade faz com que, a partir da ressurreição de Jesus, aceitem a suprema e irrevogável revelação do que é Deus, do que é Jesus e do que são eles mesmos. Daí paulatinamente foram formulando essa novidade trinitariamente.

1. O fato fundamental consiste na afirmação de que *a cruz não foi o final* de Jesus. Os discípulos formulam positivamente essa convicção de diversas formas: a) Jesus "vive", foi visto, apareceu; b) Jesus foi "exaltado", está à direita do Pai, é aquele que há de vir para julgar; c) Jesus foi "ressuscitado" por Deus dentre os mortos. Dessa forma, afirmam que a vida e a causa de Jesus foram verdadeiras e que aquilo a que Jesus faz referência, reino de Deus e Deus do reino, não pode agora ser entendido sem Jesus.

Pela ressurreição, Deus se mostra fiel a Jesus. Deus triunfa sobre a injustiça, pois ressuscita aquele que "vós assassinastes" (At 2,23; etc.); por uma vez e em plenitude, a vítima triunfou sobre o verdugo. Deus mostra seu poder não somente sobre o nada, mas sobre a morte; adquire uma nova definição em virtude de um acontecimento, como nos credos veterotestamentários: "Deus é aquele que ressuscitou Jesus dentre os mortos" (Rm 4,24) e, universalizando a definição, "Deus é aquele que dá a vida aos mortos e chama as coisas que não são para que sejam" (Rm 4,17).

Com esse "novo" Deus não aparece o Deus anunciado por Jesus e manifestado na vida de Jesus. Aparece, antes, a dialética dentro de Deus de fidelidade à história, entregando Jesus, e de poder sobre a história, ressuscitando-o, de um amor eficaz na ressurreição e crível na cruz. Deus continua revelando-se na história através dessa dialética, e, por isso, seu ministério não desaparece, e seu nome não é ainda absolutamente definitivo. Somente no final, quando tiver desaparecido o último inimigo, a morte, "Deus será tudo em todos" (1Cor 15,28); quando aparecer "um novo céu e uma nova terra", onde "não haverá morte nem haverá pranto, nem gritos nem fadigas, porque o mundo velho passou" (Ap 21,14). Deus continua presente na história e à maneira histórica; mas, através da ressurreição de Jesus, inaugurou a realidade definitiva, e esta se converteu em promessa irrevogável para todos, continua havendo uma *boa notícia* para os seres humanos, a qual também aqui é diretamente para os oprimidos. Mas o próprio Jesus se torna parte da boa notícia. Através dele e do acontecido nele, podem os seres humanos conhecer a boa notícia de Deus para eles e podem, além disso, viver como os homens novos.

Na ressurreição de Jesus aparece a verdade do próprio *Jesus*. Este é verdadeiramente o Cristo e o Filho. Isto é o que afirma o Novo Testamento de diversas formas e em diversas e progressivas teologizações. A fé na ressurreição *de Jesus* faz com que surja a pergunta pela realidade inigualável deste. Se quisermos descrever a lógica fundamental da resposta, se poderia descrever assim a partir da relacionalidade de Jesus. Esta lógica da fé é que foi exigindo a formulação cristológica: Jesus pertence realmente a Deus (divindade) e Deus manifestou-se realmente em Jesus (humanidade).

2. A *fé na transcendência de Jesus* foi-se explicitando paulatinamente no Novo Testamento: a) aplicando a Jesus títulos de dignidade; b) interpretando crentemente alguns acontecimentos de sua vida. Nesse processo crente, Jesus foi confessado como Filho de Deus e, por outra parte, foi-se recalcando que o Filho de Deus é Jesus.

a) É improvável que Jesus aplicasse a si mesmo *o título de Filho de Deus* e, menos ainda, que o compreendesse no sentido absoluto posterior. Isso ocorreu paulatinamente, depois da ressurreição. É importante recalcar desde o princípio que a aplicação deste e de outros títulos não surgiu pelo interesse de aplicar abstrata e essencialmente a divindade a Jesus. Não se tratou de uma aplicação da divindade diretamente, mas mediada pela história de Jesus e pelo interesse salvífico. Isto explica o proceder do Novo Testamento de relacionar filiação de Jesus, sua irrepetível relação com Deus, com algum acontecimento concreto de sua vida ou de seu destino. No início, o acontecimento privilegiado é a ressurreição, "constituído como Filho de Deus com poder" (Rm 1,4), ou sua vinda em poder como Filho do homem. Ulteriormente, a filiação se foi retrotraindo a outros acontecimentos da vida histórica de Jesus, como a transfiguração (Mc 9,7), o batismo (Mc 1,11) e sua concepção pelo Espírito (Lc 1,35). Seria anacronismo ver nestas primeiras reflexões crentes a heresia adopcionista do século II; antes, estão movidas pelo interesse de relacionar a peculiar relação de Jesus com Deus a algum acontecimento histórico e, por isso, aceitar que essa relação fosse salvífica.

Séculos mais tarde, diante da impugnação de Ário, a Igreja confirmou a divindade de Cristo, usando, em parte, terminologia bíblica e da tradição cristã e, em parte, terminologia e conceitualidade gregas. Cristo é declarado "unigênito do Pai, quer dizer, da essência do Pai, Deus de Deus, luz da luz, Deus verdadeiro de Deus verdadeiro, gerado, não criado, consubstancial ao Pai, pelo qual foram feitos o céu e a terra, que por nós homens e pela nossa salvação desceu e se fez carne" (DS 125). Dessa forma se sanciona oficialmente o movimento crente do Novo Testamento.

b) Chegar a confessar a Jesus plenamente como Filho de Deus foi uma *exigência da fé* para fazer-lhe justiça. Mas, por outra parte, para fazer justiça a essa filiação divina, foi necessário voltar sempre Jesus. O Novo Testamento e o dogma não dizem simplesmente que Jesus é o Filho de Deus, dando como certo que já se soubesse o que é filiação divina com independência de Jesus, mas dizem que o Filho de Deus é esse Jesus. Por isso, além do movimento de compreender a Jesus a partir de Deus, se mantém o movimento de compreender Deus a partir de Jesus. Isso aparece de diversas formas.

3. Depois da ressurreição, continua mantendo-se o que era evidente antes dela: que *Jesus foi realmente ser humano*. O docetismo e o gnosticismo atacaram essa convicção, mas os escritos neotestamentários mantêm essa verdade fundamental; as narrações evangélicas voltam a mostrar *in actu* sua humanidade, e a teologia de Paulo insiste em que o ressuscitado não é outro senão o que foi realmente crucificado. Os primeiros símbolos da fé mantiveram com obviedade a humanidade de Jesus, mencionando os fatos principais de sua vida e destino, e os concílios a confirmaram. O concílio de Niceia contentou-se com afirmar que "Cristo se fez carne e homem" (DS 125); Éfeso afirmou que Cristo é verdadeiro homem, dotado de corpo e alma racional (DS 250); Calcedônia reafirmou a natureza humana de Cristo, na qual subsiste a pessoa de Cristo sem mescla nem divisão com a natureza divina (DS 301s). O terceiro concílio de Constantinopla aprofundou na humanidade de Cristo, ao afirmar que ele possui uma vontade humana – linguagem que diz mais do que a de natureza – junto a outra divina (DA 556).

A importância de manter essas afirmações é a seguinte: à medida que se aprofunda a fé em Cristo, sua divindade é confessada sem circunlóquios. No entanto, apenas isso não introduz na verdade total de Cristo, no mistério, se simultaneamente não se confessa sua verdadeira humanidade. Apesar das dificuldades teóricas de admiti-la, uma vez admitida sua divindade, os concílios fizeram afirmações cada vez mais claras sobre ela e recusaram romper o mistério de Cristo, negando ou a transcendência ou a imanência de Deus em Cristo. Assim como na defesa de sua divindade, também na defesa de sua humanidade esteve atuante o interesse salvífico: "O que não foi assumido não foi remido".

Que Jesus seja verdadeiro homem é fundamental para manter a absoluta aproximação de Deus da história. No entanto, não se disse ainda o fundamental, que é o que propriamente se confessa depois da ressurreição: Jesus é *o* verdadeiro ser humano. Desta forma e somente desta forma, a aparição do homem Jesus é também revelação e boa notícia para os seres humanos.

Dito de forma sistemática na atrevida formulação de K. Rahner, o homem surge "quando Deus quer ser não-Deus". Isso é o que acontece em Jesus, e de forma radical não somente em Jesus. Por isso, impõe-se aqui de novo um duplo movimento. Os concílios podem afirmar *que* Jesus é homem, porque participa descritivamente do que são os seres humanos: natureza, corpo, alma racional, vontade. Mas com isso não se disse que ser humano é Jesus, nem se decidiu ainda sobre a verdadeira realidade do ser humano. Esta só se descobre no concreto de Jesus e, por isso, a humanidade de Jesus não somente é constatada como evidente, mas é "confessada". Essa humanidade obviamente só pode existir concretamente, e não só por suas condições naturais, mas sobretudo históricas. A verdadeira humanidade de Jesus é a história de Jesus e a historicidade de Jesus, tais como foram descritas. *Esse* é o homem.

a) O Novo Testamento diz que Jesus foi *semelhante em tudo aos seres humanos*, menos no pecado, "nascido de mulher, nascido sob a lei" (Gl 4,4), "enviado em carne semelhante à do pecado" (Rm 8,3), na atrevida afirmação de Paulo, Jesus "teve de assemelhar-se em tudo a seus irmãos" (Hb 2,17). Jesus é ser humano, porque tem a carne de todo ser humano e a problematicidade dessa carne, aludida nas citações anteriores. Mas o Novo Testamento afirma, além disso, a parcialidade dessa carne. Os Evangelhos o mostram localizado socialmente no mundo dos pobres, à diferença de outras possíveis localizações; sua prática tem motivação e direção parciais, mais em favor de uns do que de outros. Jesus não aparece somente como verdadeiro homem, mas como primeira concreção histórica do ser humano: estar "no abaixo da história" e agir consequentemente com os problemas e esperanças que esse "abaixo da história" gera. E essa linguagem histórica tem seu equivalente também na apresentação escatológica de Jesus. Jesus chega a ser homem em processo de empobrecimento escatológico, cujo termo não é só o ser humano, mas um tipo de ser humano: "tomando a condição de servo" (Fl 2,7b), "sendo rico, se fez pobre" (2Cor 8.9). Ser homem é, então, passar por um processo de empobrecimento. A parcialidade histórica da carne de Jesus em nada impede sua escatologização. Esta é antes possibilitada por aquela, e aquela preserva a eterna novidade desta.

b) Jesus, como todo ser humano, teve de *decidir sobre o que fazer de si mesmo e de sua vida*; não lhe foi poupada nem a decisão nem a obscuridade. Decidiu que a verdadeira autonomia do ser humano não consiste na supraexistência de quem está por cima dos demais, nem na contraexistência de quem está contra eles, mas na pró-existência de quem toma como norma de sua vida o ser "para os seres humanos". Foi o "homem para os outros" (D. Bonhoeffer). Mas ele parcializou essa pró-existência em sua vida histórica. Não foi simplesmente o homem para os outros, mas o foi de determinada maneira. Jesus se parcializou com relação àqueles que são os outros: em primeiro lugar, os pobres, e indiretamente todos os homens em sua relação com os pobres, com relação aos meios de sua atuação: a verdade, o amor, a luta contra aqueles que os negam, a fidelidade nessa luta onde quer que o levasse; com relação ao que fazer com o pecado: denunciá-lo claramente e carregá-lo.

Depois da ressurreição, sua pró-existência é escatologizada, declarando-o como salvação. Universaliza-se, então, o destinatário: Jesus morreu por todos; universalizam-se os meios de salvação: toda a sua vida, especialmente sua morte e ressurreição; universaliza-se o conteúdo de sua ação: redenção e salvação. Mas esta universalização de sua pró-existência e escatologização de sua pessoa como o Salvador, e o pressuposto também de qualquer teoria soteriológica, têm como fundamento a simples parcialidade de sua vida como pró-existência.

L. Boff, *Jesucristo y la liberación del hombre*, Madrid, Cristiandad, 1981; Chr. Duquoc, *Cristología*, 2 vols., Salamanca Sígueme, 1992[5]; J. I. González Faus, *La humanidad nueva*, Santander, Sal Terrae, 1994[8]; J. Jeremias, *Teología del Nuevo Testamento* I, Salamanca, Sígueme, 1974; E. Johnson, *La cristología, hoy*, Santander, Sal Terrae, 2003; W. Kasper, *Jesús, el Cristo*, Salamanca, Sígueme, 1976; H. Küng, *Ser cristiano*, Madrid, Trotta, 2003[2]; J. Moltmann, *El Dios crucificado*, Salamanca, Sígueme, 1975; W. Pannenberg, *Fundamentos de cristología*, Salamanca, Sígueme, 1974; K. Rahner e W. Thüssing, *Cristología. Estúdio teológico y exegético*, Madrid, Trotta, 1975; E. Schillebeeckx, *Jesús. La historia de un Viviente*, Madrid, Trotta, 2002; J. L. Segundo, *El hombre de hoy ante Jesús de Nazaret*, 3 vols., Madrid, Cristiandad, 1982; J. Sobrino, *Jesucristo liberador. Lectura histórico-teológica de Jesús de Nazaret*, Madrid, Trotta, 2001[4]; Id., *La fe en Jesucristo. Ensayo desde las víctimas*, Madrid, Trotta, 1999[2]; J. J. Tamayo, *Por eso lo mataron. El horizonte ético de Jesús de Nazaret*, Madrid, Trotta, 2004[2].

Jon Sobrino

CULTO

I. Precisão terminológica. No interior do complexo fenômeno religioso, situa-se o culto como um setor particular do mundo das mediações nas quais se vive e se expressa a relação de reconhecimento do mistério, na qual esse fenômeno tem seu centro. De fato, entre as numerosas mediações do sujeito religioso: racionais, afetivas, institucionais etc., se destaca o setor muito amplo das mediações ativas. Este setor abrange, na terminologia de J. Wach, as ações orientadas para o serviço, ações éticas e as que expressam a devoção. As primeiras constituem ações da vida ordinária, executadas com intencionalidade e finalidade religiosa, tais como o amor ao próximo, enquanto expressão do amor de Deus. As segundas compreendem as ações orientadas expressamente para a realização e manifestação da relação religiosa. Este segundo setor é designado com o nome de "culto", entendido como "conjunto de ações destinadas à expressão e valorização da relação religiosa" (S. Mowinckel), ou como "conceito amplíssimo que compreende a multiplicidade de ações sagradas" (F. Heiler). As ações concretas que integram o culto são muito variadas: a oração em todas as suas formas, as ações litúrgicas, as festas, as celebrações, as bênçãos, os sacramentos e sacramentais, a prática religiosa etc.

Para muitos autores modernos, os termos "culto", "rito", e sobretudo "ritual", este último tomado como substantivo, significam praticamente o mesmo. Outros autores, em contrapartida, reservam a palavra "rito" para um grupo determinado de ações cúlticas que se caracterizam por alguns traços que lhes são próprios. Assim, enquanto o culto abrangeria todo tipo de ações simbólicas, não imediatamente utilitárias ou instrumentais, os ritos seriam as ações cúlticas que têm por sujeito a comunidade inteira, são ações repetidas periodicamente e pretendem um tipo peculiar de eficácia, em virtude da qual se faz presente nelas a realidade de ordem sobrenatural a que simbolicamente remetem. Para outros estudiosos do fenômeno religioso, "culto" constitui um conceito mais amplo para um grupo organizado de ações relacionadas entre si por representações comuns e por estarem ancoradas em normas institucionais também comuns (Wallace). M. E. Spiro reserva o conceito de "culto" para designar, de maneira geral, o repertório ritual de determinada religião.

Diante da variedade de uso dessas palavras, não faltam aqueles que empregam "culto" e "ritual" como palavras sinônimas. Seguindo o fio condutor presente nas tentativas de precisão terminológica expostos, designaremos com o termo "culto" o conjunto da vida ritual de determinada religião. Com "ritual" nos referiremos a um sistema de ações rituais dentro de determinado culto. E com "rito" designaremos a ação concreta do ritual que realiza os traços concretos da descrição que ofereceremos mais adiante.

II. Importância do culto na religião e sua crise atual. O culto e as ações que ele compreende ocupam lugar muito importante na compreensão e na vivência das religiões. Sua existência está atestada praticamente em todas elas. Além disso, em todas elas o culto ocupa lugar determinante, fato ao qual se referiram autores com as mais variadas compreensões da religião. Assim, o culto seria, dentro da religião, seu "centro de gravidade" (Hegel), "uma lei fundamental" (S. Mowinckel), "a própria religião em ação" (Panikkar), "o símbolo da realidade religiosa" (Will). Tais afirmações se baseiam na importância da ação para a vida religiosa, importância que leva a definir a religião em alguns contextos como "observância"

(*religio*, derivada de *relegere*), e no entroncamento da ação com a dimensão corporal do sujeito religioso, dimensão que este não pode deixar de exercitar quando propõe viver a relação religiosa. A esta importância do culto, nos tratados teóricos sobre a religião, corresponde a importância que lhe atribuem as regulamentações das religiões pelas autoridades, que se esforçam por conseguir seu desenvolvimento. Recordemos, por exemplo, a obrigatoriedade, para seus fiéis, de muitas das práticas cultuais das festas nas diferentes religiões. Valha também como mostra da importância prática do culto a inclusão de algumas dessas práticas entre os "pilares" do Islamismo, bem como as afirmações do concílio Vaticano II sobre a eucaristia como *culmen et fons*, cume e fonte das ações da Igreja.

A crise desse elemento tido como central, tanto na teoria como na ordenação prática das religiões, manifesta-se nos âmbitos em que, como já vimos, se afirma sua importância. Referindo-nos primeiro à ordem prática, basta observar que o aspecto mais visível da crise das religiões nas sociedades avançadas é o descenso constante nos últimos decênios das práticas cúlticas tidas por obrigatórias para os cristãos. No terreno da teoria, recordemos as críticas proféticas ao culto, às quais nos referiremos mais adiante, as dos filósofos como Platão às ações cúlticas entendidas como serviço à divindade, do qual Deus não tem necessidade alguma, e as mais recentes críticas das ciências humanas, que, baseando-se em determinadas perversões da prática religiosa, desqualificam tal prática por verem nela manifestações de uma psicose obsessiva (Freud), um conjunto de tentativas mágicas do homem para dominar a divindade, meios criados pelo ser humano para suprir suas carências instintivas (Malinowski) ou recursos rituais destinados a romper a espiral da violência desencadeada pela mimese de apropriação que ameaça a sobrevivência da sociedade (Girard).

III. A festa, momento central do culto. A fenomenologia da religião concentrou o estudo do culto no rito, até quase confundi-los. Em correspondência com o esclarecimento de termos que propusemos, nós vamos referir-nos, em primeiro lugar, às festas, momento por excelência do culto, e sua realização efetiva, para concentrar-nos depois no rito como o elemento que intervém em todos os sistemas cúlticos e constitui o peculiar da maior parte de suas ações.

A festa constitui a mediação temporal por excelência da vida religiosa. A palavra designa "o momento em que o grande tempo e o tempo ordinário se comunicam, esvaziando-se o primeiro de seu conteúdo em benefício do segundo" (G. Dumézil). À experiência do desgaste, ao qual o tempo e sua fugacidade submetem o cosmos inteiro e a própria vida, o sujeito religioso responde com a festa como meio de lutar contra esse desgaste, articulando os momentos da duração em torno do momento festivo e da comunicação com o tempo originário e fundante que instaura. Deste modo, a festa é para o tempo o que a mansão é para o espaço; é com relação à história o que as hierofanias são com relação ao cosmos: uma espécie de lugar de condensação do sagrado que permite ao homem a comunicação com seu valor e sua eficácia.

A festa distingue-se de qualquer outra forma de vivência do tempo pelo "clima" peculiar que envolve todas as ações, clima que as diferentes fenomenologias da festa tentaram descrever. O primeiro elemento do clima festivo manifesta esse duplo aspecto da vivência da temporalidade que consiste na consciência da finitude da existência, que se distende no antes e no depois e que parece fluir com ele, e a necessidade imperiosa de redimir essa fugacidade, abrindo-a para uma existência plenificada na qual a duração seja permanência. A atmosfera festiva introduz na vivência da temporalidade a recordação de um *prius* e a esperança de um *ultra*, capazes de dar-lhe estabilidade e consistência. O *tempus*, quer dizer, a festa como condensação do tempo sagrado, designa o ponto crítico assinalado por uma celebração, memória, ao mesmo tempo antecipação, ponto que confere à duração humana toda a potencialidade que encerra (G. van der Leeuw).

Este primeiro aspecto do clima festivo nos introduz no segundo, que é, sem dúvida, o fundamental. Como M. Eliade observou, a festa é para a existência humana o que as hierofanias são para o cosmos, para a natureza. Nela a duração do ser humano atualiza sua dimensão sagrada, sua referência ao mistério. Da mesma maneira que, mediante o processo hierofânico, a natureza se converte em símbolo da transcendência, assim a temporalidade humana se carrega de novo significado que a converte em tempo sagrado, plenificado com toda a potencialidade salvífica do mistério.

Estes dois primeiros elementos da festa originam e explicam um terceiro traço que invade e caracteriza o que designamos como clima festivo. A saída do tempo profano, do tempo do trabalho, da produção e da funcionalidade, e a entrada no tempo do ócio, da memória da criação e da espera da consumação, inundam a vida da pessoa com sentimentos de paz, de serenidade, de reconciliação e de gozo, que não têm equivalente nos sentimentos que produz a aquisição dos diferentes bens, pelos quais se afanam os seres humanos em sua vida ordinária. À angústia da consciência da caducidade sucedem assim a paz e a alegria que têm sua mais perfeita expressão na experiência – central na vida religiosa (W. James) – da solenidade. A alegria própria da solenidade caracteriza-se por dois traços que a distinguem de qualquer outra forma de alegria. O sujeito vive-a como dom, como fruto da graça. Por isso, Platão já dizia que as festas são presentes dos deuses à humanidade. A contemporaneidade com o divino, que a festa opera para os seres humanos produz neles a evidência de uma contemporaneidade dos tempos dos humanos entre si que se traduz na unanimidade dos que celebram a festa.

A relação da festa com a vivência da temporalidade explica que as festas têm lugar nos momentos cruciais da passagem do tempo cósmico e do sujeito: passagem das estações, momentos do ciclo anual que elas marcam; ritualização do ciclo do dia e da noite; momentos mais significativos na passagem da vida das pessoas: nascimento, passagem à maturidade, matrimônio e passagem decisiva da morte. "Nas festas anuais ou semanais, são renovados periodicamente os fundamentos mesmos do mundo" (B. Lang). Daí a sucessão, nas festas, de momentos de ruptura com o tempo ordinário: vigílias, jejuns, penitências, extinção dos fogos, eliminação dos fermentos velhos, proibição do trabalho cotidiano etc., e momentos de emoções sumamente intensas, de atos que supõem um excesso de energias e um esbanjamento de bens, embora realizados de acordo com normas precisas que evitam um possível afogamento da vida social.

A libertação frente às imposições da vida ordinária que perseguem as diferentes ações festivas explica o parentesco da festa e suas ações com o jogo. Ambas as atividades coincidem em ser expressões de uma atitude desinteressada, gratuita e espontânea. A festa coincide, além disso, com o jogo, no fato de que suas ações devem ser realizadas em lugar e tempo especiais, de acordo com algumas normas precisas e por pessoas que saem do mundo onde levam sua vida ordinária. Para Huizinga, aquele que mais insistiu nessa equiparação, o culto como conjunto de ações que enchem as festas se reduziria a uma forma mais elevada de jogo. A festa se distinguiria tão somente por comportar "um elemento espiritual muito difícil de definir". Apoiando-se nesse elemento, outros autores mostraram a originalidade das celebrações festivas. Nelas intervém "algo divino, graças ao qual o impossível se torna possível; o homem vê-se elevado a um nível no qual tudo é como o primeiro dia, luminoso, novo, originário; onde a pessoa está com os deuses, e o ser humano se torna divino; onde sopra um hálito vivificador e se toma parte na criação" (K. Kerényi). H. Rahner identifica o peculiar da festa diante do jogo na condição sacramental de todas as ações que a constituem.

As celebrações festivas e os atos cultuais em que se condensam aparecem realizados numa enorme variedade de formas que têm correspondência com a estrutura das religiões de que fazem parte e com a situação histórica e cultural das comunidades que as vivem. As mais importantes celebram a passagem das estações e as mudanças que operam na "vida" da natureza, os acontecimentos históricos da vida das populações, as passagens cruciais na vida das pessoas e os momentos culminantes da vida do grupo etc.

Depois dessa referência à festa como categoria-chave para descobrir e compreender os atos de culto e os conjuntos rituais que suas celebrações comportam, passamos a estabelecer uma breve fenomenologia do rito, como elemento mais importante dos muitos que integram o sistema ritual do culto em todas as religiões.

IV. Em torno de uma fenomenologia do rito. A palavra "rito", de acordo com sua etimologia, tem a ver com "ordem" e constitui um conceito geral que inclui, com numerosas variações léxicas, os aspectos religiosos, jurídicos e técnicos da "ordem" de que se trata. Referindo-nos, como exige o contexto de nossa exposição, ao rito religioso, este consiste essencialmente em ação simbólica, realizada de acordo com algumas normas precisas, que repete ou reproduz uma ação anterior e que está dotada de eficácia metaempírica".

O rito constitui em primeiro lugar uma variedade de símbolo. Aquele, concretamente, cujo significante está constituído por uma ação humana. Como em todo símbolo, no rito se colocam em relação, se fazem coincidir (*sym-ballein*) uma realidade visível, constituída no caso do rito por uma ação humana, dotada de determinada significação em sua própria ordem, e uma realidade de outra ordem, o mistério, ao qual remete o conjunto da vida religiosa, cuja ação é significada e realizada pela ação que lhe serve de significante. Assim, então, no rito se atualiza essa presença do mistério na vida do ser humano, presença que os símbolos deixam transparecer através de realidades naturais e à qual os mitos se referem por meio de relatos.

A peculiaridade e a importância da ação na vida do ser humano conferem ao rito sua enorme riqueza expressiva. De fato, na ação intervém o ser humano todo, sua dimensão corporal, mobilizada por uma intenção e um projeto, sua temporalidade e sua relação "carnal" com o mundo. Daí se pode dizer que o rito é a expressão religiosa por excelência da totalidade do ser humano que, incitado pela presença inobjetiva do mistério, se encarrega dessa presença e responde a ela, "mais do que por um simples movimento do espírito, pela complexa e rica ação na qual está comprometida sua natureza total" (E. Underhill, J. Wach). Na ação – podemos acrescentar com a terminologia dos teólogos – "a corporalidade é a própria mediação, na qual a fé toma corpo e efetua a verdade que a impregna", esse corpo que é "a mediação, que não há de ser vista de soslaio, na qual a palavra de um Deus comprometido no mais humano de nossa humanidade exige inscrever-se para que possa fazer-se ouvir" (Chauvet).

Mas, se todo rito é ação simbólica, nem toda ação simbólica é ritual em sentido estrito. A ritualidade acrescenta à ação simbólica o que se realiza de acordo com algumas normas precisas. É o que alguns chamam de "formalidade", o fato de aqueles que realizam os ritos terem de ater-se às prescrições que regem essa realização; uma "formalidade" que impõe ao rito certa imutabilidade (Rappaport). A presença de tais normas é sinal de propriedades importantes que conferem à ação simbólica do rito sua peculiaridade. Trata-se, em primeiro lugar, de uma ação que não procede da simples iniciativa de um sujeito que a produz espontaneamente. Os rituais – poderíamos dizer – foram codificados por alguém diferente dos que participam deles. As normas que regulam sua realização colocam o rito em relação com entidades que antecedem o sujeito que o celebra. A mais imediata delas é a sociedade que sanciona o rito e se reconhece nele, até convertê-lo em indicador de pertença a ela. Mas, além disso, as normas que o regulam convertem o rito em ação instituída. Isso significa que os ritos não são ações espontâneas nem inventadas pelo sujeito ou pelo grupo que os celebram. São ações instituídas que cada sujeito ou grupo representa ou reproduz, mas não cria. A instituição significa, além disso, que os ritos recebem sua força e eficácia de uma ação originária ou fundante, da qual recebem sua força e eficácia.

Os ritos caracterizam-se, finalmente, por serem ações simbólicas com pretensão de eficácia metaempírica. Este último traço, que externa e formalmente estabelece parentesco da ação religiosa ritual com a ação mágica, desperta nas mentalidades fortemente influenciadas pela mentalidade moderna as maiores dificuldades para compreendê-la e aceitá-la. Tais dificuldades conduzem algumas pessoas religiosas a oferecerem uma interpretação dos ritos que os reduz a ações expressivas, em termos mais ou menos dramáticos, de verdades religiosas, de convicções crentes ou de intensas emoções, destinadas a favorecer e comunicar a fé dos que participam nos ritos.

Diante dessas distorções, uma interpretação do rito atenta à sua peculiaridade deverá mostrar, por um lado, a diferença fenomenológica da ritualidade religiosa com as ações mágicas, sem eliminar, por outro lado, a pretensão de eficácia que lhe é própria. Com A. Loisy, podemos resumir a diferença entre rito e magia nestes termos: "O rito batismal ou eucarístico não deve ser confundido com a operação mágica, porque a eficácia do rito sacramental não é considerada independentemente da vontade divina nem das disposições interiores dos que intervêm no rito, de forma que só se pode falar de magia transformada, de magia que já não é magia, pois a essência do rito mágico é operar por sua própria virtude". A diferença entre ambos não está, portanto, na presença ou na ausência da eficácia, mas na forma em que se opera essa eficácia. "A eficácia é intrínseca ao rito", pois "quem realiza o rito sabe que, depois do rito, a realidade não é a mesma" (M. Mauss). Por isso, a interpretação do rito tem uma de suas tarefas mais delicadas na descrição da natureza dessa eficácia, tornando-a compreensível, sem cair na ingenuidade de pensá-la como resultado da intervenção "física" de um poder superior.

A chave de tal compreensão está, sem dúvida, na compreensão da eficácia no interior da ordem simbólica, na qual se inserem a ação ritual e todos os seus aspectos e elementos. De fato, a ação ritual enquanto ação simbólica mantém uma referência à realidade de outra ordem nela significada, referência que torna efetiva sua atualização na vida do sujeito com toda a sua eficácia. Mas seus "resultados" sobre o mundo físico não podem fazer-se presentes de outra forma que não seja simbolicamente. O rito opera assim uma presença da transcendência, do divino, mas essa presença acontece com a única forma de realidade que lhe é possível no nível do imanente: sob a figura de uma realidade deste mundo, quer dizer, sob forma simbólica.

Pois bem, somente uma concepção unilateral da realidade, para a qual esta se reduz a uma realidade física, pode temer que as expressões "realidade simbólica", "eficácia simbólica", aplicadas à realidade e à eficácia dos ritos, sejam um subterfúgio para eliminar sua realidade ou sua eficácia verdadeiras. No rito se produz uma transformação real do sujeito, mas esta só se faz presente através da ação ritual que simboliza essa transformação, quer dizer, que a torna presente sob a forma da ação física que serve de significante ao rito.

Não resta dúvida de que a "atualização simbólica" da referência ao mistério que opera o rito desempenha papel decisivo na vivência da atitude religiosa fundamental, a atitude teologal em linguagem cristã, quer dizer, da aceitação e do reconhecimento, por parte do sujeito, da presença do mistério que o habita. Os sociólogos, por sua parte, sublinharam as importantes funções que o rito desempenha nas comunidades que o celebram. Estas têm seu centro na possibilidade que os rituais oferecem a seus membros de dar neles abertura a uma intensa comunhão de sentimentos, de tornar possível uma experiência intensamente participativa, na qual se vive e se expressa a consciência de identidade e de pertença da comunidade e se reforça a coesão de todos os seus membros. Os rituais desempenham também uma clara função de comunicação entre os participantes da celebração e de todos eles com a sociedade na qual vivem. A conexão com o sobrenatural, que penetra o conjunto da ação ritual, explica nesta a presença de gestos e de palavras misteriosas e estranhas, como meio para sublinhar sua condição de símbolo de outra coisa além daquilo que a ação significa em sua materialidade ou literalidade (Rappaport).

V. Tensão entre culto e ética nas religiões. A história das religiões apresenta frequentes casos de tensão entre o elemento cúltico e as exigências éticas no seio das religiões. Essa tensão pode ser observada em todas as religiões, embora revista maior intensidade no seio das chamadas religiões de orientação profética. Nas religiões orientais, de orientação mística, o caminho religioso da ação (*karma marga* no hinduísmo) que privilegia o culto luta com outras correntes como as do conhecimento (*jnhana marga*) e a que privilegia o caminho da devoção (*bhakti marga*) e, às vezes, origina uma religiosidade predominantemente popular centrada em atos de culto, diante das religiosidades minoritárias da busca da salvação pela via da interiorização da consciência até chegar à realização da unidade no absoluto: "Tu és isso"; meu *Atman é Brahman*; e das correntes místicas de caráter mais pessoal que desenvolvem a entrega amorosa do sujeito em uma divindade representada com traços pessoais.

Nas religiões de orientação profética, os profetas submetem com frequência o culto, o sacerdócio, o templo e os ritos que nele se celebram a críticas radicais em nome de atitudes de reconhecimento da divindade, manifestadas na misericórdia, na justiça e na preocupação pelos fracos. O profeta Oseias, por exemplo, coloca na boca do próprio Deus: "Misericórdia eu quero e não sacrifício". "Não se chega a Deus – escreve o Alcorão – com o sangue e a carne (dos sacrifícios); Deus se comove com vosso piedoso temor".

Essas críticas aparecem radicalizadas no cristianismo, onde, em consonância com a peculiaridade cristã de apresentar a revelação de Deus na vida de Jesus Cristo, se produz a reinterpretação ética que caracteriza a apresentação do culto pelo cristianismo primitivo. Valham como exemplos desta reinterpretação textos como os seguintes: "Recomendo-vos, pois, irmãos, pela misericórdia de Deus, que apresenteis vossos corpos (vossa vida) como vítima viva, santa, agradável a Deus, e isso há de ser vosso culto espiritual" (Rm 12,12). "Oferecei-vos como pedras vivas com que se edifica uma casa espiritual para um sacerdócio santo" (1Pd 2,4). "Não vos esqueçais da beneficência e socorro mútuo, pois em tais vítimas Deus se compraz" (Hb 10,19). Todos esses, com muitos outros, são textos onde o sacrifício, o culto e os ritos parecem entendidos como a prática da virtude. Daí alguns autores concluem que "o centro do conceito de sacrifício específico do Novo Testamento é não cúltico ou litúrgico, mas prático e ético"; de maneira que o sacrifício neotestamentário é uma "liturgia da vida" (J. R. Daly).

Segundo meu entender, há em tais conclusões uma extrapolação indevida. Porque, se é verdade que tais textos privilegiam o lado ético da vida cristã e atribuem valor sagrado a essa dimensão constitutiva do cristão, não é menos verdade que estão inscritos em passagens parenéticas, exortativas das cartas às quais pertencem, passagens que se caracterizam por tirar as conclusões práticas de uma transformação interior operada pela fé em Jesus Cristo, que se faz presente e se celebra no culto, como mostram outros textos relativos à celebração do batismo e da eucaristia.

Não se trata, pois, de escolher entre a interpretação ética e a interpretação religiosa e litúrgica do culto cristão. Um traço original do cristianismo, sem que se possa dizer que seja exclusivo dele, consiste em ter superado essa colocação alternativa: ritos, culto por um lado; e, por outro, vida, ética e compromisso. A partir da compreensão da originalidade cristã centrada em Jesus Cristo, se compreende a necessária articulação dos diferentes aspectos do ser cristão: o lado místico que comporta a experiência da fé pessoal nele; o lado profético, ético, que se concretiza no seguimento; e o lado cúltico, indispensável, dado o regime da história e da corporalidade que a encarnação impõe, e dado o caráter ativo, mundano e corporal do ser humano, para que o sujeito humano possa viver a presença real e atuante de Cristo ao longo do tempo humano.

D. Borobio (ed.), *La celebración en la Iglesia*, 3 vols., Salamanca, Sígueme, 1985-1990; L. Bouyer, *Le rite et l'homme*, Paris, 1962; J. Cazeneuve, *Les rites et la condition humaine*, Paris, 1958; L. M. Chauvet, *Du symbolique au symbole*, Paris, 1979; Ll. Duch, *Religión y mundo moderno*, Madrid, PCC, 1995; F. Isambert, *Rite et efficacité symbolique*, Paris, 1979; B. Lang, em H. Cancick, B. Gladigow e K. H. Kohl (eds.), *Handbuch religionswissenschaftlicher Grundbegriffe* III, Stuttgart, 1993, 474-488; J. Martín Velasco, "Recuperar la fiesta cristiana": *Revista Católica Internacional Communio* 4 (1982), 145-161; Id., *Lo ritual en las religiones*, Madrid, SM, 1986; "Mensch und Ritus": *Eranos Jahrbuch* XIX (1950); S. Mowinckel, *Religion und Kultus*, Göttingen, 1953; R. Panikkar, *Culto y secularización*, Madrid, Morova, 1979; R. A. Rappaport, *Ritual y religión en la formación de la humanidad*, Madrid, Cambridge University Press, 2001; D. Salado, *La religiosidad mágica*, Salamanca, San Esteban, 1980; Vários, *Le rite*, Paris, 1981.

Juan Martín Velasco

D

DEUS

I. Como tratar o tema de Deus. Tratar adequadamente o tema de Deus exige falar sobre ele de maneira que se facilite ao ser humano, individual e socialmente, explicitar o que há de encontro com Deus em sua vida real e o que há de salvação em contato com o Deus que lhe sai ao encontro.

1. Diversa é *ambientalmente* a situação do ser humano com relação a Deus. Em lugares fortemente secularizados, Deus perdeu sua obviedade ambiental. Colocou-se em dúvida a capacidade de se ter acesso à verdade do Deus-em-si a partir da razão-em-si, o que tem levado ou a prescindir de Deus em sua anterior função explicativa, justificativa e doadora de sentido, ou ao ateísmo aberto. Por outra parte, chegou-se a pensar que a própria noção de Deus já não pode ser boa notícia, porque aparece ou como ameaça à autonomia e radical liberdade do ser humano, ou como ópio alienante para a libertação de sua miséria real. Isso significa que o desaparecimento de Deus na consciência coletiva ou a morte de Deus como façanha humana revivificaram automaticamente o ser humano, e já se fizeram sentir numerosas vozes de alarme. "Construam um Deus ou reconstruam o ser humano" (J. Rostand). Sim, quer dizer, inclusive para o crente, que Deus se converteu em problema ambiental.

Em outros lugares, a verdade de Deus está assegurada ambientalmente – como na religiosidade popular dos países do Terceiro Mundo – e, de maneira mais nova ainda, Deus aparece claramente como boa notícia, salvadora e humanizadora, não mais na versão anterior de dar resignação e sentido a uma vida de miséria, mas desencadeando uma esperança ativa e uma prática de libertação. Isso não exclui processos de secularização nem de não-crença em alguns grupos intelectuais ou revolucionários, nem exclui que para os crentes mais conscientes e comprometidos Deus tenha deixado de ser o mistério inefável e não-manipulável. Mas significa que muitos crentes pobres, e aqueles que com eles se solidarizam, transformam de fato em mistério santo o que indubitavelmente há de problema em sua própria vida, em seu mundo circundante e na história.

2. Diante dessa diversidade de situações, é difícil encontrar um único enfoque. O fundamental consiste em introduzir no mistério de Deus, não de forma puramente doutrinária ou impositiva, mas *deixando que o próprio Deus se mostre*. Para isso, é necessário mencionar algumas características formais de Deus que aparecem com mais obviedade e concretizadas de maneira evangélica mais em alguns lugares do que em outros.

a) Do ponto de vista radicalmente cristão e teológico, a verdade de *Deus não se mostra primariamente em uma doutrina*, seja esta filosófica, bíblica ou dogmática, mas na própria autorrevelação de Deus. A revelação compete essencialmente a Deus, e por isso sua realidade só pode ser tratada a partir de sua revelação. A reflexão sobre o Deus-em-si é razoável, pois o ser humano busca conhecer a realidade também de Deus; e, além disso, nesse em-si expressa também o que em Deus há de "outro" com relação a si mesmo. Mas não pode ser ponto de partida, e sim e somente ponto de chegada, formulado então com direito doutrinariamente e, em última análise, de forma doxológica. A consequência que daí se deduz é que o ser humano que deseja conhecer a Deus deve ser antes de tudo ouvinte da palavra, buscar o lugar da revelação de Deus, contar com a possibilidade de que Deus tenha escolhido seu próprio lugar específico da revelação e aceitar que este é privilegiadamente o mundo dos pobres.

b) A revelação de Deus em si mesma é *salvação*. O "para os homens" da revelação significa a relacionalidade de Deus, não somente em nível noético, como revelação de verdades plurais sobre Deus, mas é em última análise, e nisso consiste sua última essência, "em favor dos seres humanos". A revelação de Deus aos seres humanos é autocomunicação, autodoação de Deus, e por isso salvação. Significa, pois, que o ser humano deve esperar a salvação não somente como expectativa genérica, mas também no meio e apesar dos horrores da história e de seus desenganos; que a deve esperar como dom, o que não exclui a prática salvífica humana, mas exclui adequar as possibilidades do ser humano com as possibilidades de Deus; que deve aceitar concretamente que a salvação é oferecida, em primeiro lugar, como boa notícia aos pobres.

c) A revelação de Deus é *de Deus*. Pode, portanto, ir além do pensado pelo ser humano como verdade e do desejado como salvação. Esse além pode estar em consonância com os melhores pensamentos e desejos do ser humano, mas pode também ser sua crítica e contradição. A revelação de Deus pode ser plenitude, mas também escândalo para o ser humano. Isso significa que este deve contar ativamente com a possibilidade do radicalmente distinto de Deus e com o escândalo de Deus. Deve aceitar concretamente que não só o grande, mas também o pequeno – e, sobretudo, o pequeno – pode ser mediação de Deus; que o abismo de iniquidade não é estranho a Deus;

que a realidade e mecanismos de salvação passam também pelo que há de condenação histórica. O ser humano, portanto, não deve medir a Deus por seus próprios pensamentos nem sequer por seus melhores pensamentos, mas estar radicalmente disposto a deixar-se medir por Deus, a deixar Deus ser Deus, a "deixar Deus em liberdade" (Ch. Duquoc).

3. A revelação de Deus implica essencialmente os seres humanos como aqueles que *captam, aceitam e respondem a essa revelação*. Seria absurdo *a priori* que Deus se revelasse sem que essa ação de Deus tivesse feliz termo nos seres humanos (ao menos alguns deles); isso suporia uma contradição. Mas, obviamente, assim é de fato. Não se falaria de revelação de Deus, se não houvesse pessoas que a testificassem. Isso significa que existe uma circularidade primigênia entre revelação de Deus e fé realizada. Isso não quer dizer que a fé constitua seu objeto nem que o esgote, mas que, para tratar o tema de Deus, se devem levar em conta as testemunhas da fé. A partir dessa fé realizada, enquanto significa responder a Deus e corresponder à realidade de Deus, se pode induzir assintomaticamente a realidade do Deus que se revela.

Não é programável nem garantido que Deus hoje se revele ao ser humano pessoal e socialmente; a responsabilidade do ser humano em responder a essa revelação é indelegável. Mas é de suma importância remeter às testemunhas da fé para saber quem é Deus; e teologicamente se deve recordar que a revelação de Deus sempre cria uma comunidade, um povo, ao qual se revela, e que é esse povo que conhece a Deus – no mútuo levar-se na fé.

Para o cristão, Deus se manifestou definitivamente a partir de Jesus de Nazaré, de sua vida, morte e ressurreição, de modo que, a partir de Jesus, se conhece a Deus. Mas, com esse "a partir" pretende-se dizer duas coisas: que Deus se manifestou *a* Jesus em sua carne mortal, sendo este "pioneiro e consumador da fé" (Hb 12,2), e que Deus se manifestou definitivamente *em* Jesus – "nesta etapa final nos falou pelo Filho" (Hb 1,2) – como Pai, Filho e Espírito.

O tratado de Deus se reduz, em última análise, a apresentar o Deus de Jesus, e em Jesus a partir da fé de Jesus e dos primeiros cristãos, a convidar o homem atual a refazer a estrutura fundamental dessa fé como resposta à revelação de Deus e a mostrar na história atual o lugar concreto e as realidades que melhor permitem continuar escutando a atual manifestação de Deus.

II. O Deus de Jesus, um Deus dos pobres, Segundo o Novo Testamento, Deus se manifestou definitivamente a Jesus, radicalizando, quebrando e plenificando suas manifestações anteriores no Antigo Testamento. Por isso o Novo Testamento apresenta Jesus como a última e definitiva testemunha depois de uma longa lista de outros (cf. Hb 11 e 12). Quem seja esse Deus que se manifesta a Jesus, é o que transparece das noções de Deus que Jesus expressa em sua pregação, em sua experiência pessoal e em sua prática confiante e obediente. Teoricamente, é difícil harmonizar todas as noções de Deus que Jesus recebe, purifica e radicaliza a partir do Antigo Testamento. Mas, levando-se em conta as três coisas citadas, pode-se sistematizar o Deus de Jesus, dizendo que é o Deus que se aproxima em seu reino, que é Pai, e que o Pai é Deus. Se se deve dar uma definição que resuma os diversos conteúdos de Deus, pode-se dizer que, para Jesus, Deus é um Deus dos pobres.

1. Como no Antigo Testamento, Deus se manifesta a Jesus substancialmente através de ações históricas que são, em parte, realização de uma promessa aos pobres e oprimidos, desencadeando novas promessas. Para Jesus, a grande ação de Deus é a proximidade do reino para os pobres; por isso Deus é "aquele que se aproxima em seu reino" como boa notícia para os pobres.

A aproximação de Deus é vida para os seres humanos, sobretudo para os pobres, oprimidos e aqueles que mais estão privados de vida (milagres, exorcismos); é proclamação da dignidade dos homens, sobretudo dos desclassificados e sem dignidade (aproximação de Jesus a eles, refeições com os pecadores e desprezados); é libertação de opressões históricas em forma de denúncia e desmascaramento da opressão, sobretudo da opressão que se realiza em nome de Deus. Deus se aproxima como o Deus da vida, mas parcial e libertador. Daí a correlação entre boa notícia e reino de Deus (cf. Mc 1,15) e a correlação entre boa notícia e libertação dos pobres (cf. Lc 4,18-19). Desta forma, Jesus, em sua apresentação de Deus, recolhe *in actu* as tradições do Êxodo e dos profetas.

A aproximação de Deus é gratuita; não é conquista do ser humano, nem se aproxima em correspondência a seus méritos. Essa gratuidade, Jesus a historiza de forma eficaz, apresentando Deus à busca do pequeno e perdido deste mundo, como parcial para com aqueles que aparentemente não têm nenhum título para exigir sua vinda, os pobres e pecadores. Nessa gratuita, parcial e libertadora aproximação de Deus, Jesus vê que Deus rompeu para sempre e definitivamente a simetria de ser possivelmente salvação ou possivelmente condenação. Deus é salvação; sua aproximação é boa notícia.

2. O Deus que se aproxima não é uma força impessoal, embora boa, mas *alguém* com quem se pode falar e dialogar e em quem o ser humano pode descansar. Jesus chama a esse Deus de Pai e quer que assim os humanos o chamem. Na metáfora de "pai", Jesus recolhe o que em Deus há de origem absoluta e, por isso, garantia de sentido, e o que há de amor nessa origem, como fundamento último da realidade. Mas qualifica esse amor. Além de ser um amor eficaz que desencadeia a esperança messiânica do Êxodo,

é um amor que, em linguagem humana, deve ser descrito como infinita ternura. É amor condescendente, que não assusta por sua majestade, mas que se oferece e se impõe por sua invencível proximidade junto ao pequeno e perdido deste mundo; daí Jesus recolhe a tradição veterotestamentária da linguagem de "esposo", "mãe", e sanciona para sempre o *Abba* para dirigir-se a Deus. Essa experiência pessoal é a que Jesus transmite em suas parábolas, quando afirma que Deus é incrível e impensavelmente como o pai do filho pródigo. E Jesus se alegra de que Deus seja assim. Por isso, salta também de júbilo, quando os pequenos conheceram o mistério de Deus (Mt 11,25).

3. Jesus descansa nesse Pai, mas, ao mesmo tempo, o Pai não o deixa descansar. Deus se manifestou a Jesus como Pai, mas o Pai se lhe manifesta como Deus. Deus continua sendo Deus, não homem, e por isso distinto e maior do que todas as ideias e expectativas humanas.

Em suas palavras, Jesus reconhece a Deus como o criador, soberano, providente, incompreensível, para quem "tudo é possível" (Mt 19,26). Sua diferença com o homem é abissal; este continua sendo "servo inútil" diante de Deus (Lc 7,7-10). É, além disso, o Deus ciumento do Antigo Testamento que não admite nenhum outro deus junto a si e coloca o ser humano diante da alternativa de adorar o verdadeiro Deus ou a idolatria ("não se pode servir a dois senhores: a Deus e ao Dinheiro", Mt 6,24). E o Deus denunciador e desmascarador de qualquer falsificação e manipulação que os seres humanos fazem dele através de tradições humanas, sobretudo religiosas (Mc 7,8-13). Essa transcendência de Deus é a que Jesus vai experimentando em sua própria vida, e Deus vai-se mostrando a ele como o mistério não manipulável. O Pai tem vontade soberana e indedutível, diante da qual só resta obedecer, sejam quais forem as renúncias, inclusive às coisas boas da criação. Deus é o absoluto e incondicionalmente exigente.

Maior se torna para Jesus o mistério de Deus, quando sua vontade concreta, embora radical e penosa, já não aparece na coerência lógica com a causa do reino, que explicaria o primeiro, mas além desta lógica ou humanamente contra ela. Deus se torna tentação para Jesus, quando este tem de discernir sobre o verdadeiro poder salvífico; Deus se torna enigma para Jesus, quando se reserva absolutamente o dia da vinda do reino que Jesus acreditava próximo; Deus se torna cheio de novidade e surpreendente para Jesus, quando este compreende que a vinda do reino requer o sofrimento e a cruz; Deus se torna escândalo para Jesus, quando na cruz escuta o silêncio daquele a quem chamava de Pai. No entanto, a palavra de Jesus diante de Deus é uma: "faça-se a tua vontade". Jesus une a confiança no Pai com a obediência a Deus. O Pai continua sendo Deus, e Jesus o deixa ser Deus.

4. Para Jesus, Deus é o Pai que se aproxima em seu reino para libertar os pobres oprimidos e dar confiança aos pecadores; através disso, quer refazer sua criação viciada. Mas continua sendo o mistério santo que, mesmo em sua absoluta proximidade, está além dos homens. O típico de Jesus é ter concretizado o mistério de Deus em dois pontos: a) Esse mistério é escandaloso para o homem natural, porque se aproximou do (no) pequeno e desprezado, subverteu as ideias que os seres humanos se fazem do mistério de Deus (poder, grandeza, dominação) e se submeteu ao poder histórico das trevas. O Deus sempre maior apareceu feito pequeno. b) Esse mistério deixou de ser mistério em um ponto: o amor. Aí onde os seres humanos têm sobre o verdadeiro amor e o fazem como Jesus, amando os historicamente privados de amor, aí conheceram e tiveram acesso a Deus (Mt 25,31-46), participam da paixão de Deus pelos pobres.

Em Jesus há uma teologia positiva, porque afirma que Deus é Pai e se atreve a afirmar que a última realidade da história é a aproximação salvífica de Deus junto aos pobres, o triunfo da vítima sobre os verdugos. Mas há também uma teologia negativa, ao sustentar que o Pai é Deus. Em manter-se fiel a "Deus Pai", como na oração do horto, Jesus vai fazendo a experiência de Deus, e Deus vai-se manifestando a Jesus.

III. Deus a partir de Jesus: Pai, Filho e Espírito.

No acontecimento pascal – ressurreição de Jesus e envio do Espírito – os cristãos experimentaram uma realidade nova que é indedutível, irreversível, definitiva e salvífica. Essa nova experiência é histórica, pois eles mesmos, como pessoas e como povo, se reconhecem homens novos; e é religiosa, pois Deus se lhes manifestou nessa novidade. A partir dessa nova realidade, os cristãos irão reformulando, na liturgia, na teologia e paulatinamente na filosofia apologética e no dogma, a realidade de Deus como Pai, Filho e Espírito.

1. A *realidade trinitária* de Deus permaneceu de forma irrelevante durante séculos; e, quando foi considerada teologicamente, existiu a tendência a manter a formalidade trinitária, mas não tanto o conteúdo da novidade de Deus que já aparece em Jesus. Por isso é importante aludir brevemente à apresentação incipientemente trinitária que os sinóticos fazem de Jesus e por que razões a fazem. Dessa forma, quando se apresentar a plenitude da revelação trinitária de Deus, com mais dificuldade se ignorarão as raízes concretas e parciais de Deus, mesmo do Deus trinitário, a partir de Jesus.

A partir de Jesus, o Pai apareceu como quem sai ao encontro do pequeno e do perdido, quebrando assim as noções religiosas reinantes. Na parábola do filho pródigo, que é antes a parábola de dois modos de aproximar-se de Deus, aparecem duas experiências radicalmente distintas de Deus: a dos que exigem que Deus se aproxime em correspondência com suas obras (os justos segundo o mundo) e a dos que deixam que Deus saia gratuitamente ao encontro (os desprezados segundo o mundo). Essa indedutível e impensável novidade de Deus é tal que, apesar do estrito monoteísmo judaico, Deus não pode ser pensado sem sua relação com Jesus, que revelou em fatos e palavras tal novidade, nem se pode pensar em Jesus sem que ele pertença a Deus.

Esse Deus se torna presente em Jesus também como nova força interior. Jesus fala pouco do Espírito e nada de sua personalidade. Mas Jesus mesmo aparece possuído pelo Espírito (batismo, tentações), enviado no Espírito a anunciar a boa nova aos pobres e com a força do Espírito. A tradição sinótica não denomina espírito a essa força: fala antes de *exousia* ou *dynamis*, "a força que saía de Jesus" (Mc 5,30; Lc 8,46).

Essa força é, além disso, contagiosa; não é somente sua, nem a que mostra quem é ele, mas uma força possibilitante para outros. Jesus desperta a fé da pessoa impotente e desesperada diante do poder da enfermidade ou do demônio. Essa fé é que "pode tudo" (Mc 9,22 s). Algo semelhante se deve dizer das novas e radicais exigências de Jesus realizadas por (alguns de) seus ouvintes. O que acontece, então, no encontro com Jesus é que se torna possível o que parece impossível. Em Jesus, Deus se aproxima do ser humano com incrível novidade, mas essa aproximação transforma o próprio homem. Por essa dupla novidade, já nos sinóticos se descreve, de fato, a experiência religiosa e salvífica dos seres humanos de maneira implicitamente trinitária. "A estrutura trinitária fundamental da fé revela-se não no objeto, mas na realização do ato" (F. J. Schierse), e com isso se supera, em princípio, o monoteísmo.

2. Depois da ressurreição de Cristo, se radicaliza, se explicita e se sistematiza a estrutura trinitária da salvação e, por isso, da experiência e da realidade de Deus. Na ressurreição, o crente capta que a vida concreta de Jesus e seu destino foram assumidos e justificados por Deus. O Jesus que passou fazendo o bem, defendendo os pobres, denunciando os poderosos e por estes crucificado, foi ressuscitado. Nele apareceram a palavra de Deus aos seres humanos e o acesso destes a Deus. O falar de Deus aos seres humanos à maneira de Jesus, e o atrair Deus aos seres humanos como a Jesus, pertence definitivamente a Deus. Por isso, Jesus é *o Filho*.

O *Theós* continua sendo *o Pai*, mas a partir de agora relacionado absolutamente com Jesus. Deus é que ressuscitou Jesus (Rm 4,24) e, por isso, é esperança em primeiro lugar para os crucificados da história, criador de um novo céu e de uma nova terra, aquele que chama as coisas que não são para que sejam (Rm 4,17). Deus é que enviou e entregou seu Filho ao mundo por amor (1Jo 4,9; Jo 3,16) e, por isso, é amor (1Jo 4,8). Deus é que faz justiça ao Crucificado e neste a todos os pobres, oprimidos, crucificados da história. Esse Deus Pai continua sendo o mistério santo. Nem sequer a ressurreição o mostra epifanicamente de modo que os seres humanos já possam abranger o mistério de Deus, pois só no final da história Deus será tudo em todos (1Cor 15,28), e o futuro compete a Deus (W. Pannenberg). Deus é e permanece mistério, sobretudo porque estava na cruz de Jesus, assumindo aí os abismos de iniquidade da história. Em Deus não há *apatheia* nem "puro" poder, loucura para gregos e escândalo para judeus. A cruz é a sabedoria de Deus e é também um Deus crucificado (J. Moltmann). O Pai que se aproximou em Jesus não deixou, portanto, de ser mistério: antes, este se tornou grande. Deus continua estando além do pensamento dos seres humanos e continua sendo sua crítica. O deixar Deus ser Deus, mesmo em sua proximidade e em seu triunfo na ressurreição, continua sendo a atitude necessária do crente.

O Deus próximo dos seres humanos em Jesus torna-se interior neles, pessoal e socialmente, no *Espírito*. As testemunhas da ressurreição experimentaram nova vida e se experimentam como novo povo de seguidores de Jesus. A esperada salvação já não é somente oferecida, mas realizada; o esperado como impossível se fez realidade histórica; o Espírito foi derramado sobre os crentes. Essa realidade, mais experimentada que teologizada, Lucas a concentra em Pentecostes e em momentos importantes; Paulo a cotidianiza, referindo ao Espírito a vida, o gozo, a liberdade, a oração, a fé, a santificação; João a historiza, propriamente remetendo ao Espírito a soberana liberdade de soprar onde quer, mostrando-se como Espírito, não como letra, é a recordação de Jesus. O fundamental do Espírito é gerar vida, continuar gerando-a historicamente, fazendo inclusive "obras maiores" e remetendo sempre de novo à origem das obras de Deus, a Jesus.

3. Essa salvação experimentada é que moveu os crentes a *não poder mencionar somente Javé* para invocar a Deus. Apesar de seu monoteísmo, tiveram de mencionar a Jesus, em quem o Pai se aproximou definitivamente e que concretiza para nós, salvífica e escandalosamente, o mistério do Pai. Tiveram de mencionar o Espírito, em quem Deus se torna presente como princípio de vida ao longo da história e gerando história. A radicalidade *dessa* experiência de salvação, sua estruturação e hierarquização, é que levou os cristãos, dentro da lógica da fé, a afirmar que Deus é *assim*. Deus é tal como se manifestou aos homens; o em-si de Deus não é outra coisa que o para-os-homens de Deus; e toda a realidade desse "para" é divina.

Deus *é*, como o afirmaram os primeiros concílios, Pai, Filho e Espírito. E o é de forma hierarquizada. O Pai é a origem sem origem dentro de Deus; o Filho é a palavra que o Pai diz a si dentro de si mesmo; o Espírito é o amor que une o Pai e o Filho.

4. O confessar que assim é Deus em si mesmo, é uma afirmação doxológica não ulteriormente analisada, embora a teologia tenha buscado *modelos de compreensão* do em-si de Deus.

a) O ser trinitário de Deus é que permite uma consideração estritamente teológica da história. "Na Trindade, o Pai é a origem incompreensível e a unidade originária; o Verbo, sua palavra dirigida à história; e o Espírito, a abertura da história à imediatez de sua origem e meta paternais" (K. Rahner). Ao Deus em-si compete, então, o ser Deus-para-nós e o nós-em-Deus. Essa possibilidade se realiza na encarnação, na qual o humano de todos os seres humanos foi assumido (K. Barth), e no envio do Espírito para fazer um povo "de Deus". A história é, então, história de Deus; Deus está em nós, e nós em Deus. Na atrevida afirmação dos primeiros séculos, Deus é Pai, Filho e nós. Daí a radical possibilidade de um tratamento teológico das realidades históricas. O critério para discernir o que há de Deus na história, já não é apenas a oposição natureza/graça, história/transcendência, mas simplesmente a graça e o pecado. Graça será tudo aquilo que torna Deus presente, e que a história se encaminhe para o Pai como sua meta última; pecado será tudo aquilo que oculta Deus e que retarda ou impede o momento em que Deus será tudo em todos.

Deus assume a história formalmente como história. "A simbólica trinitária manifesta-nos Deus como 'aberto'" (Ch. Duquoc), como "processo trinitário" (J. Moltmann). A história é a aventura de Deus, na qual este aposta – seja-nos permitido o crasso antropomorfismo – no triunfo final da verdade, da justiça e do amor. Por isso, não se deve desdenhar a intuição de que o processo trinitário se abre em plenitude na cruz de Jesus (J. Moltmann), como momento de maior encarnação histórica e de maior mostra de amor como motor da história. Na cruz, a história de Deus "não termina, mas se abre como história escatológica". Crer no Deus trinitário não é outra coisa senão crer que esse processo aberto terminará na plenificação.

b) Por ser Deus assim, o conhecimento de Deus só pode realizar-se a partir de dentro do próprio Deus, e não mantendo-o como pura alteridade com relação ao ser humano. *Sine Deo non cognoscitur Deus* (sem Deus não se conhece a Deus) (Ireneu). Conhece-se Deus ao tornar-nos semelhantes pelo Espírito ao único que o conhece, o Filho; Deus é conhecido, em última análise, por afinidade, reproduzindo a filiação, e a fé possui uma estrutura típica de acordo com a realidade do Deus trinitário. O correlato da fé é o Deus trinitário em sua totalidade. Mas, ao ter-se revelado tal qual ele é, a fé realizada se torna analógica segundo seu correlato, seja o Pai, o Filho ou o Espírito. Crer no Pai significa a entrega confiante e obediente ao que há de mistério absoluto em Deus, origem gratuita e futuro bem-aventurado. Crer no Filho significa crer que, em Jesus, o Pai se aproximou e disse que o mistério do Pai é realmente amor, na escandalosa dialética de amor que ressuscita e amor crucificado, que, no seguimento de Jesus, e não fora dele, se dá a estrutura do acesso ao Pai. Crer no Espírito significa a realização *in actu* da entrega ao Pai e do prosseguimento de Jesus. A fé entrega ao Deus que se revela; mas como este é trinitário, a fé tem também sua própria estrutura trinitária.

c) Por ser Deus assim, a salvação histórica, pessoal e social se realiza, mantendo uma estrutura trinitária. Se se mutila esta, mutila-se também o ser humano individual e as relações humanas. Dito de forma negativa, peca-se contra o Pai, quando desaparece o mistério de estar remetido a outro salvificamente, em favor da autoafirmação absoluta; é o esvaziamento da realidade criatural do ser humano. Mas também se peca, quando o mistério é esclusivizado e absolutizado. Então, aparecem os monarquismos políticos e os paternalismos eclesiásticos que confundem o livre desígnio do Pai com a imposição de uma vontade arbitrária, de um absolutismo do Pai como despotismo; ignoram que o mistério de Deus se concretizou em Jesus e que produz a liberdade do Espírito.

Peca-se contra o Filho, quando desaparece o concreto, o histórico, o escandaloso e o normativo de Jesus em favor da pura transcendência ou do sentimento, como se Jesus fosse a provisória e não a definitiva aproximação de Deus junto aos seres humanos e destes junto a Deus. Mas peca-se, também, quando Jesus é exclusivizado e absolutizado. Então, surge a imitação voluntarista, a lei sem espírito, a seita fechada em lugar da fraternidade aberta; ignora-se a alegria da gratuidade do Pai e a inventiva imaginação do Espírito. Peca-se contra o Espírito, quando desaparece a abertura à novidade histórica como manifestação de Deus, a vontade de continuar dando vida na história – em lugar de só julgá-la de fora, a partir de uma verdade feita depósito – quando se afoga o movimento estático que não só nos liberta, mas nos faz sair de nós mesmos. Mas peca-se, também, quando ele é exclusivizado e absolutizado. Então, surge o anarquismo, o esquecimento do concreto de Jesus e a rejeição do que sua recordação tem de perigoso.

O que aqui se disse de forma genérica tem abundantes repercussões práticas comprovadas pela história. Uma fé e uma vida que mutilam em sua realização concreta sua estrutura trinitária mutilam ou anulam a salvação. A realidade trinitária de Deus é a recordação constante de como devem ser a fé e a vida, para que sejam salvíficas.

IV. Praticar Deus. Elevar a experiência cristã salvífica a um conceito teologal trinitário produz uma vertigem metafísica. Mas, no fundo, não se trata de entender a Deus trinitário, mas de introduzir-se dentro da realidade de Deus e, na atrevida afirmação de G. Gutiérrez, de "praticar Deus". Em seguida, tentaremos iluminar essa prática de Deus que, por um lado, é prática histórica segundo o Espírito de Jesus que remete ao mistério de Deus e, por outro, é relançamento à prática histórica da parte de Deus por ser mistério. Para isso, consideraremos algumas realidades históricas objetivas que podem converter-se em mediação da experiência de Deus, tal como aparecem, sobretudo no Terceiro Mundo considerado não apenas geograficamente, mas teologicamente. Seu tratado pode ajudar também a concretizar a realidade formalmente trinitária de Deus a partir de um Deus dos pobres.

1. *O Deus da verdade*. Os seres humanos continuam confrontados com a verdade, não somente com as verdades plurais que adquirem por seu conhecimento. Nessa confrontação, está atuante, por uma parte, a concupiscência de "aprisionar a verdade com a injustiça" (Rm 1,18), de violentar a realidade das coisas. Quando isso ocorre, o coração deles torna trevas, eles são entregues à desumanização e à morte, e as coisas perdem seu caráter sacramental revelador de Deus. Quando se sufoca a verdade das coisas, só se revela a cólera de Deus. Para se ter acesso a Deus, por outra parte, deve-se respeitar a verdade das coisas, ser honrado com sua realidade, deixando-as que sejam elas o que são e sendo fiéis às exigências objetivas das coisas.

Esse amor à verdade, que respeita as coisas e a história como de fato são, que faz mudar a própria verdade e não absolutizar aquela que já se possui, que não a ideologiza para fazer coincidir a verdade com os próprios desejos, é isso que Jesus teve, onde quer que a verdade o levasse. É também esse amor à verdade que permite que a verdade saia ao encontro nos sinais dos tempos, como concreções densas da realidade do momento e como indicadores de por onde vai a "maior" verdade, que se mostre como espírito, maior que os raciocínios humanos e não somente atrelado a eles. O amor à verdade permite só uma teologia negativa, mas em sua realização concreta esta pode tornar-se positiva. A história, as coisas, a própria pessoa podem recobrar seu caráter criatural sacramental que remete a Deus. O amor à verdade pode remeter a Deus e ver em Deus aquele que move sempre para a verdade, a não pactuar com as verdades parciais e àquele que condena sempre o aprisionamento da verdade. Dito sistematicamente, é a castidade da inteligência que permite ter acesso a Deus através da verdade. Dito biblicamente, são os puros de coração que veem a Deus.

2. *O Deus da vida*. No atual momento da história da humanidade, vários podem ser os sinais dos tempos, mas um se impõe para quem não aprisiona a verdade com a injustiça: a situação de pobreza e miséria das duas terças partes da humanidade, cuja vida está ameaçada e muitas vezes aniquilada. Esta situação é histórica, fruto da vontade dos seres humanos, cristalizada em estruturas injustas. Mas deve ser também analisada teologicamente. A miséria e a morte são produto dos deuses da morte. São denominados deuses, porque gozam das prerrogativas da divindade: o absoluto, a inquestionabilidade, a intocabilidade, e porque exigem um culto necessário: as vítimas para sobreviver. O primeiro problema teológico que se apresenta ao ser humano não é, portanto, o perigo da mitologia, facilmente desmascarável a partir da razão crítica, mas o perigo da idolatria, de prestar culto, consciente ou inconscientemente, aos deuses da morte. A primeira pergunta teológica que surge das entranhas da realidade é esta: O que fizeste de teu irmão? (Gn 4,9s).

Esta pergunta pela radical corresponsabilidade para com a vida do outro serve, de novo, como introdução à teologia negativa. Coloca o problema teologal em forma de radical alternativa: estar a favor da vida ou da morte dos seres humanos; e exige uma opção. A opção pela vida significa afirmar o absoluto da vida dos seres humanos, assegurando também suas realidades primárias e a dinâmica destas a plenificarem-se espiritual, pessoal e socialmente; significa aceitar que, pela vida do outro, a pessoa deve estar disposta a dar da própria vida, e até mesmo a própria vida sem que nenhuma argumentação puramente racional force a isso.

Quem faz uma opção pela vida dos pobres e está disposto a dar sua própria vida, rejeitando os ídolos da morte e proclamando *in actu* o Deus da vida, poderá ver em Jesus o ser humano que respondeu corretamente à pergunta pelo irmão, o "homem para os outros" que sentiu misericórdia diante das misérias das maiorias pobres, que por isso viveu e por sua defesa foi assassinado. Quem, optando pela vida, segue a Jesus, poderá entender que o Espírito é Senhor e doador de vida, que continua mostrando-se nos anseios dos pobres por sua libertação. A partir dessa prática, poderá compreender que Deus é um Deus da vida, que *gloria Dei vivens homo* [a glória de Deus é o ser humano vivente] (Irineu), concretizado por Dom Romero como *vivens pauper* [pobre vivente], que o próprio Deus envia o Filho para que os seres humanos tenham vida em abundância e coloca o gesto histórico de entregar seu Filho à morte para a vida dos seres humanos, que por ser o Deus da vida existe uma correlação transcendental entre Deus e os pobres privados de vida; como diz Puebla, que pelo fato mesmo de serem pobres, Deus toma sua defesa e os ama. A vida dos pobres torna-se, então, mediação de Deus; propugná-la é participar da "paixão de Deus pelos pobres" (L. Boff); dar a vida por eles é a máxima entrega da fé em Deus.

3. *O Deus do escândalo*. O maior escândalo continua sendo este: na história, a morte prima sobre a vida, o reino anunciado aos pobres não se aproxima;

quem defende a vida dos pobres e luta por sua justiça se dá mal, ele mesmo sofre perseguição e morte. A cruz de Jesus e os crucificados da história continuam sendo um escândalo que não se pode suavizar com nada. O ateísmo de protesto torna-se então razoável, embora tampouco ele prive do escândalo a realidade. O escândalo não é mediação de Deus, como o podem ser a verdade e a vida; em si mesmo, o escândalo não gera mais do que protesto, no entanto, ao padecê-lo, pode introduzir no mistério cristão de Deus. Podem o ser humano e o crente manter esse escândalo? Não existe nenhuma lógica nem dialética *a priori* que os force a isso; a rebelião é razoável. A única coisa, sim, que se pode constatar é que o próprio Deus assumiu em si esse escândalo, e essa é a sua única resposta à pergunta inquisitorial do humano. Deus se submeteu ao poder do mal; a salvação que promete não se realiza – de realizar-se – milagrosamente a partir de fora da história, mas a partir de seus abismos de iniquidade. O Pai está na cruz abandonando o Filho, o Filho morre, e o Espírito não gera vida e amor.

Sim, em algum momento certamente, neste a manifestação de Deus aparece como puro convite. O ser humano só escuta o convite a "permanecer com Deus em sua paixão" (D. Bonhoeffer). Mas o escuta também como a máxima exigência de fidelidade ao real. Como no canto dos escravos negros, escuta a pergunta: "Estáveis lá quando crucificaram o meu Senhor?". Haverá os que se defendam razoavelmente diante dessa pergunta; outros não saberão explicar por que deviam estar, mas sabem que, se não estavam, viciaram absolutamente sua própria vida e essência de ser pessoas. Alcança-se aqui o *summum* da teologia negativa. Estar radical e incondicionalmente junto das cruzes da história significa assumir o silêncio na experiência de Deus e rejeitar qualquer palavra precipitada para falar de Deus.

4. *O Deus da utopia.* As cruzes da história continuam sendo o lugar da máxima tentação para a fé, mas também o lugar para uma fé que mantém sua originalidade, para uma revelação de Deus verdadeira e indedutível e que quebre as projeções humanas. A cruz pode ser o fim de toda fé e de toda teologia, mas pode ser seu início original. Pode significar a convicção de que Deus não tinha outra forma de afirmar sua realidade de ser amor e de afirmá-lo credivelmente, a não ser a partir da cruz. Junto da cruz surge a esperança, lá onde parece que devia ser abandonada. Escatologicamente se afirma que o Pai ressuscitou Jesus crucificado e que o ressuscitou como "primogênito" de muitos irmãos. Volta a impor-se a origem da vida; última palavra de Deus é vida para os homens, esperança para os crucificados. E essa palavra possui credibilidade, porque Deus se mostrou não somente como poder que ressuscita a Jesus, mas como amor na cruz.

Na história, a criação continua com dores de parto, esperando sua libertação, e o Espírito continua gemendo nela; continuam escutando-se os clamores dos israelitas no Egito e o grito de Jesus na cruz. Mas persiste também a esperança e seus sinais concretos. Quando na história se segue o caminho de Jesus e se anuncia aos pobres a boa notícia, quando há pessoas livres para servir e dar sua vida com liberdade e alegria, quando há pobres que recuperam sua dignidade, se organizam fraternalmente e lutam por sua libertação, quando se conseguem sociedades mais humanas, a esperança se mantém, embora esteja sempre ameaçada e seja com frequência contra toda esperança.

Nenhum destes sinais força apoditicamente a afirmar o triunfo definitivo de Deus, mas tampouco podem ser ignorados sem fazer injustiça à realidade. A verdade da realidade não é somente sua miséria, mas também a capacidade que tem o amor de gerar esperança. Através dos sinais de esperança, modestos mas reais, se pode afirmar a utopia de Deus, o novo céu e a nova terra, quando já não houver pranto nem gemido, o lobo e o cordeiro comerem juntos, e Deus for tudo em todos. A esperança, mantida na história apesar dos fracassos e mantida como ilimitada porque proviam do amor, é mediação de Deus.

5. *O Deus que tem um nome.* O ser humano que vive na história, que faz a história e a padece, encontra-se confrontado com a verdade, com a vida e com a cruz e a esperança. Tudo isso pode remetê-lo ao mistério de Deus. Mas esse mistério também pode sair-lhe ao encontro, dirigindo-se concretamente a ele. Esse fundo do ser põe nome a cada um dos seres humanos e, por isso também, estes põem nome a Deus para não reduzi-lo a uma verdade ou poder genéricos. Esse Deus que sai ao encontro pode ter uma palavra concreta de exigência indedutível, como pede a Abraão que saia de casa para um lugar desconhecido, ou uma palavra pessoal de perdão e salvação ao filho pródigo, ou uma palavra de bênção a Maria. Sai ao encontro como alguém pessoal, e o ser humano se sente correspondido em sua mais profunda realidade pessoal por esse encontro. No encontro com Deus, a pessoa não só se liberta de si mesma, porém sai de si mesma em movimento extático e nisso encontra dom, alegria, bem-aventurança e paz. "Fizeste-nos, Senhor, para ti, e nosso coração está inquieto enquanto não descansa em ti" (Agostinho). Por isso o ser humano tem de dar um nome a Deus, porque se encontrou com ele.

Os seres humanos nunca terão uma palavra adequada para nomear aquele que saiu ao encontro deles, mas podem – como Jesus – chamá-lo de Pai, escutá-lo, falar com ele e descansar nele. Os seres humanos sempre poderão questionar – ao objetivá-la – a verdade desse encontro pessoal; poderão declará-lo uma ilusão, ou inclusive, como Jeremias, maldizê-lo. Mas podem também ver-se forçados como este a claudicar diante de Deus: "Havia em meu coração algo como fogo ardente preso aos meus ossos; e mesmo que eu me esforçasse por apagá-lo, não podia" (Jr 20,9). Essa experiência pessoal de ser finalmente correspondido é mediação de Deus. Pode ser mantida anonimamente como fidelidade a um radical dever ser. Pode também ser explicitada nas palavras que melhor expressam a intimidade do encontro: "Seduziste-me, Javé, e eu me deixei seduzir" (Jr 20,7).

6. *O Deus da história*. Tudo o que se disse pode ajudar a compreender como as realidades históricas remetem à transcendência de Deus, mas sem tirar-nos da história, que remete a Deus, se é vivida trinitariamente a partir da concreção cristológica e da fidelidade ao Espírito. Dessa forma, a história é caminho rumo a Deus, e a experiência histórica é experiência de Deus.

a) Não é uma verdade filosófica, mas cristã: "quem busca a Deus já o encontrou" (K. Rahner); mas também é certo que essa busca é cristã, se se busca "lá onde ele disse que estava" (P. Miranda), no mundo dos pobres (Mt 25,31-46). É certo: quem ama o irmão encontrou a Deus; mas a garantia de que existe amor real ao irmão, é se há justiça para com o pobre. Essa é a necessária concreção cristológica para uma encarnação e prática que conduza ao Pai; junto desta concreção é necessária a docilidade ao Espírito, quer dizer, encarnar-se na história e agir sobre ela no que tem de processo, de mudança e de novidade, sem colocar de antemão limites no onde ou no quando da continuada manifestação de Deus, deixando que o Espírito sopre onde quer e reconhecendo os sinais dos tempos, ocorram estes dentro ou fora da Igreja, confirmem, purifiquem ou questionem suas tradições.

A história como lugar de encarnação, de prática e de novidade é o espaço e tempo qualificados para a experiência de Deus. Dada a própria historicidade do ser humano, este deve dar tempo a Deus, para que Deus se manifeste não só pontualmente, mas também através do tempo em que sucedem práticas e experiências pessoais qualificadas, positivas e negativas, complementares e contraditórias. É nesse tempo que se dá o material qualificado para a experiência pessoal de Deus como Pai e mistério. É o tempo em que se vai concretizando a verdade genérica de Deus, no qual este vai aparecendo como verdade e salvação (ou rejeitado como ilusão); é o tempo em que o ser humano, ou pactua com o limitado de sua criaturidade ou – aceitando sua criaturidade limitada – a deixa também ser movimento *ex-tático* para algo maior do que ele, bem-aventurado e plenificante.

b) Na história aparece a "verificação" de Deus. verificação que pode ser empreendida, mostrando que com Deus se explica melhor a totalidade da história (W. Pannenberg), ou – mais trinitariamente – mostrando que com Deus a história dá mais de si. Se os crentes deixam Deus ser Deus, princípio utópico – cuja realidade nunca é adequadamente historizável – mas que por isso principia realidades históricas, então o mistério de Deus se mostra real. A reserva escatológica não funciona somente como critério negativo do "ainda não", mas como princípio positivo, como verdadeira reserva da história, da qual os homens lançam mão para que a história dê mais de si. Se o deixar que Deus seja realmente o absoluto amor, a verdade, a justiça e a promessa, principiam realidades históricas afins; se o não manipular a Deus faz com que não se pactue com a irreconciliação de realidades históricas dificilmente conciliáveis (realismo e esperança, justiça e misericórdia, luta e reconciliação, autoridade e serviço, eficácia e gratuidade etc.), então o mistério absoluto de Deus, por ser mistério, torna-se eficaz para os seres humanos e insubstituível a sua humanização deles. Mas esse deixar Deus ser Deus se realiza de novo trinitariamente, quando os crentes seguem a Jesus no Espírito. Essa é a forma ativa, não passiva, de respeitar e aceitar o mistério do Pai e deixá-lo ser eficaz.

c) O ser humano que vive trinitariamente na história caminha para Deus, mas não o possui. A última palavra da fé cristã sobre Deus é que é mistério e que "o mistério permanece mistério" (K. Rahner). O crente não sabe muito mais objetivamente do que outras pessoas; em certo sentido, sabe menos, pois aceita desde o princípio a quota de não saber para saber realmente do mistério de Deus. Nunca pode fazer desse mistério um objeto sabido. O que o crente faz quando é fiel à história é acostumar-se a Deus, reverso do belo antropomorfismo de Irineu, quando diz que "o Espírito vai se acostumando lentamente à história". Nesse acostumar-se, permanece sempre um momento de teologia negativa: não ser possível nomear nunca adequadamente o mistério do qual se vem e ao qual se dirige. Mas existe um momento de teologia positiva nesse acostumar-se: quem vai a Deus, seguindo a Jesus no Espírito de Jesus, vê a Deus. Somente dentro da história trinitária de Deus é que se vai tendo acesso ao Pai e, nisso, conhecendo-o. Se esta formulação trinitária continua produzindo vertigem, recorde-se da sintética expressão do profeta Miqueias, verdadeira introdução no mistério de Deus: "Foi-te anunciado, ó homem, o que é bom e o que o Senhor exige de ti: tão somente que defendas o direito e ames a lealdade e que caminhes humildemente com teu Deus" (Mq 6,8). Quem faz isso e caminha assim, "pratica" a Deus, e nisso vai reconhecendo que é com Deus que caminha, e é para Deus que ele vai.

L. Boff, *La experiencia de Dios*, Bogotá, CLAR, 1975; Ch. Duquoc, *Dios diferente*, Salamanca, Sígueme, 1981; G. Gutiérrez, *El Dios de la vida*, Lima, CEP, 1989; H. Küng, *¿Existe Dios?*, Madrid, Trotta, 2005; J. Martín Velasco, *La experiencia cristiana de Dios*, Madrid, Trotta, 2001[4]; J. P. Miranda, *Marx y la Biblia*, Salamanca, Sígueme, 1972; J. Moltmann, *El Dios crucificado*, Salamanca, Sígueme, 1977; R. Muñoz, *El Dios de* *los cristianos*, Madrid, San Pablo, 1987; K. Rahner, "*Theos* en el Nuevo Testamento", em *Escritos de teologia* I, Madrid, Taurus, 1963; Id., "Sobre la posibilidad de la fe hoy", em *Escritos de teologia* V, Madrid, Taurus, 1964; L. Schlosser, *El Dios de Jesús*, Salamanca, Sígueme, 1995; D. Sölle, *El problema de Dios*, Barcelona, Herder, 1996; J. J. Tamayo, *Dios y Jesús*, Madrid, Trotta, 2003³.

Jon Sobrino

DIÁLOGO INTER-RELIGIOSO E INTRARRELIGIOSO

Se o diálogo inter-religioso tem de ser algo mais do que exercício meramente formal, este não pode ser levado a cabo em abstrato. A religião não existe. Existem religiosos e ainda outras realidades culturais que não se chamam assim, mas que exercem igualmente a função de religiões.

No desenvolvimento deste conceito vou fazer algumas considerações gerais sobre o tema, a partir da perspectiva cristã. Mais do que a problemas academicamente teológicos, me limitarei a uma colocação mais espiritual que poderá interessar aqueles para quem ser cristão não é ser papel molhado.

A consciência cristã contemporânea tem diante de si longo caminho a percorrer, caminho doloroso mas purificador. Necessita passar de uma compreensão de si mesma como povo histórico privilegiado, portador de uma mensagem exclusiva ou inclusiva de salvação para o mundo inteiro, à conquista de uma identidade própria que, sem enfraquecer a convicção de seu caráter único e a fidelidade à sua vocação, não se negue a aceitar outras experiências humanas de plenitude e de salvação. O caminho para esta nova mudança é evidentemente o diálogo religioso, que pode ser expresso tanto no interior do ser humano como através de suas realizações externas.

I. Diálogo intrarreligioso. É fato inegável que o diálogo está na ordem do dia. Não há nenhum aspecto da vida humana em que o ser humano contemporâneo possa sentir-se individualmente autossuficiente. Na busca de si mesmo, o ser humano tropeça com o outro sem poder evitá-lo. O outro não é somente meu interlocutor dialético que me diz algo de si mesmo e coloca resistência às minhas ideias; o outro também me oferece, por assim dizer, um reflexo inesperado de mim mesmo. O encontro desencadeia uma dupla reação: cada um suscita no outro uma nova tomada de consciência de si mesmo, e vice-versa. Dito de outra maneira, além do diálogo dialético, está o "diálogo dialogal". Este último implica a descoberta do outro como quem fala e age em nome próprio; quer dizer, do outro que é fonte própria de intelecção e que cria um campo próprio de inteligibilidade. Descobre-se o outro como um tu e não somente como um não-eu. Um se dá conta de que o outro é um sujeito e não unicamente um objeto. Não se dialoga somente sobre "objetos"; falamos também nós mesmos. Isto implica a consciência de nossos limites individuais e, ao mesmo tempo, certa relativização de nossas opiniões pessoais. Então, não nos sentimos autossuficientes em nenhum âmbito. Tudo se apresenta à nossa consciência como relativo, no sentido de relatividade e não de relativismo. E o campo do religioso não escapa dessa relatividade. Em nossos dias, não podemos falar do absoluto, porque não partilhamos o mesmo mito. As concepções religiosas mais distintas coexistem na vida da cidade, mas evitam em geral o diálogo dialógico.

Exemplo típico no cenário contemporâneo é a aceitação a-crítica da validade da distinção da linguagem comum entre crentes e não crentes. Aparentemente, o credo (palavra que tem a ver com "coração") foi entendido em uma só direção, de forma que aqueles que não creem em A são chamados de não crentes, embora creiam em B. Por que A tem de ser tomado como um critério absoluto? Por que aqueles que creem em B devem ser chamados simplesmente de não-crentes (com relação a A, naturalmente) ou, o que é pior, de infiéis? A ambivalência da última palavra é reveladora. Os infiéis são pessoas sem fidelidade? Não podemos então confiar neles?

Tão habituados estamos a interpretar a "religião" como fato individualista sociopolítico, por uma parte, ou mesmo como superstição ou devoção particular, por outra, que é oportuno chamar a atenção sobre as profundas interpelações, teóricas e práticas, do diálogo inter-religioso, tanto para o indivíduo como para a sociedade.

A religião não é primordialmente nem fato sociológico nem fato individualista, mas dimensão constitutiva do ser humano que tem, naturalmente, manifestações sociais e individuais, porém, muito frequentemente, o diálogo não transcende além do campo do sociológico: o diálogo entre as religiões toma, então, a forma de uma discussão entre seus representantes, ou antes de um questionário sobre as influências mútuas em determinado meio. Por este motivo, converte-se em exercício intelectual; estudam-se as doutrinas das diferentes religiões. É o diálogo *inter-religioso*. Raras vezes o diálogo cresce no interior da pessoa mesma, despojando-se de sua máscara de personagem religioso no seio de sua própria tradição. Quando isso ocorre, temos o *diálogo intrarreligioso*. Este diálogo se converte, então, em itinerário religioso em si mesmo. Alguém se interroga sobre o sentido da vida, partindo das experiências cristalizadas no seio das diversas tradições que já se encontram mais ou menos assimiladas pela pessoa concreta. Este *diálogo interior* é necessário para superar o perigo de estancamento religioso. Sem crescimento não há vida, mas o crescimento surge do interior, embora se nutra do exterior. Frequentemente esse diálogo deixa o indivíduo em uma solidão que pode ser ou purificadora ou destrutiva. Os muros das "microdoxias" são derrubados, mas nós podemos ser sepultados sob as ruínas, a menos que consigamos tirar as pedras para construir de novo uma habitação pessoal no meio das que já existem. Não se trata de construir um *bunker* isolado, mas uma casa pessoal, aberta à comunicação com a realidade.

Em uma palavra, o verdadeiro encontro entre religiões é no próprio eu religioso. Realiza-se no coração da pessoa que busca seu próprio caminho. É então o momento em que o diálogo é intrarreligioso e se converte, além disso, em ato religioso pessoal, numa busca da verdade salvadora. Participa-se deste diálogo, não somente olhando para cima, para a realidade transcendente, ou para trás, para a tradição original, mas também horizontalmente, olhando para o mundo de nossos semelhantes; também eles puderam encontrar vias que conduzem à realização do destino humano. A busca chega então a ser oração, uma oração aberta em todas as direções; tão aberta à direção do que está próximo como do que está distante.

O diálogo intrarreligioso não faz muito ruído, entabula-se no íntimo da pessoa. É um diálogo aberto e profundo consigo mesmo, que já não se fecha na clausura do egoísmo. É um diálogo *aberto* à religiosidade dos outros, especialmente à religião do vizinho. Esta religiosidade chega a ser assim uma questão pessoal, porque a pessoa não fica isolada em seu próprio egoísmo, mas se abre à verdadeira comunhão humana. É diálogo *profundo*, porque não se dialoga exclusivamente com a própria tradição ou com as outras, mas consigo mesmo, enquanto assimilou, à sua maneira, uma concepção da realidade que bebeu em diferentes fontes. Quando o contato com os outros é superficial, é fácil mostrar-lhes tolerância e também simpatia, mas com isso se esquiva da questão pessoal da verdade. Muito frequentemente, sob uma atitude respeitosa se esconde uma indiferença depreciativa. As relações humanas são, neste caso, superficiais. As pessoas reúnem-se para discutir sobre os meios para conseguir algo ou para realizar intercâmbios em nível tecnológico. Mas permanecem fechadas em si mesmas e evitam falar do sentido da vida e de seus fins. No fundo, não se encontram.

O diálogo intrarreligioso é um diálogo interior, no qual se luta com o anjo, com o *dáimon* ou consigo mesmo. Uma pessoa pode perguntar se é possível o acesso à totalidade da verdade religiosa, já que o vizinho parece ter outras convicções tão radicais como as suas próprias. Mas este diálogo interior não é nem monólogo nem puro solilóquio com "Deus". Não é tampouco simples meditação sobre a crença do interlocutor ou sobre outra religião, nem o estudo de uma diferente concepção do mundo, suscitada pela curiosidade ou animada pela simpatia. Neste diálogo, o ser humano vai em busca de sua salvação, mas aceita deixar-se ensinar pelo outro e não somente por seu próprio clã. Vai-se além da atitude mais ou menos inconsciente da propriedade particular na ordem do religioso. O diálogo intrarreligioso é, por sua própria natureza, um ato de assimilação: busca assimilar o transcendente em nossa própria imanência.

O diálogo religioso é ainda mais necessário nas religiões abraâmicas, à medida que estas elevaram o princípio de propriedade a pouco menos que à categoria divina: a Bíblia nunca duvidou de que haja muitos deuses, mas o Deus da Bíblia apresenta-se como o Deus particular de seu povo e, logo mais tarde, como o único. Há no mundo muitos campos, servos, mulheres etc., mas o decálogo nos impõe respeitar o campo, o servo e a mulher dos outros. É um princípio de ordem baseado na propriedade privada. A crítica que Comenius faz a Descartes é que este utiliza a razão como sua propriedade individual (*ex ratione propria*), como se a razão não fosse essencialmente comunitária. Uma razão individual não somente seria incomunicável, mas, além do mais, não nos serviria para nada. Descartes não diz *cogitamus ergo sumus*, mas se encerra em seu *cogito* que o levará ao solipsismo. A inteligibilidade racional é precisamente aquilo no qual comunicamos. A própria razão humana é dialogante. O ser humano é um ser conversacional. E a conversação exige tanto uma conversação consigo mesmo como com o outro. Sem diálogo, o ser humano se asfixia, e as religiões perdem seu movimento.

Mas, dirão alguns, a fonte da verdade encontra-se em Deus ou, de alguma forma, na transcendência, e não nos seres humanos (de direita ou de esquerda, da minha tradição ou de outras tradições); a verdade manifesta-se na iluminação, na revelação, na experiência salvadora, na transcendência, ou até na evidência. Em qualquer caso, essa verdade não é fruto de meu capricho, tem um caráter supraindividual, tanto quando se crê que seu nome é a humanidade ou, antes, a ignorância. Por que buscar, então, a verdade religiosa entre os seres humanos? Não haverá um início de apostasia no diálogo intrarreligioso? Não deveria eu esforçar-me primeiramente por conhecer melhor as riquezas de minha própria tradição, antes de aventurar-me por caminhos desconhecidos, tratando de compreender aquilo que os outros disseram ou pensaram? Posso eu ser um vedantim ortodoxo ou um bom católico romano, se presto ouvidos a sereias estranhas? Não se dará o caso de que eu já não creia na experiência ou na revelação, cristalizadas ambas dentro de minha tradição? Que direito tenho de servir a mim mesma um coquetel religioso de acordo com minhas apetências particulares? Em uma palavra, o diálogo intrarreligioso não revela uma tendência ao ecletismo e ao sincretismo que trai minha falta de fidelidade ou minha superficialidade?

Ter ignorado, muitas vezes, a força dessas considerações e tê-las interpretado como atitude sectária e fanática, explica a proliferação de uma boa parte dos chamados novos movimentos religiosos contemporâneos de inspiração oriental que se multiplicam no Ocidente. Uma pessoa é atraída pelo exótico, deslumbrada pela novidade e, seguindo este caminho, acaba por desarraigar-se. Isso explica igualmente o êxodo dos jovens orientais para os centros científicos e tecnológicos ocidentais. Não se deveria falar da influência do Oriente sobre o Ocidente sem sublinhar, ao mesmo tempo, a influência, ainda maior, do Ocidente sobre o Oriente.

II. Diálogo inter-religioso. Mas contentar-se com dizer que devemos encontrar em nossa própria tradição tudo o que buscamos e que só nos bastaria conhecê-la com maior profundidade, não é suficiente nem demasiado convincente. Sem diálogo externo, quer dizer, sem intercâmbio constante com outras pessoas, as religiões se afogam. Tem-se dito que ninguém pode conhecer bem sua própria língua se não conhece pelo menos os rudimentos de outra. Da mesma forma, dificilmente alguém (a exceção é constituída eventualmente pelos verdadeiros místicos) poderá entender a fundo sua religião, sem ter uma ideia da existência e legitimidade de outros universos religiosos. Se os problemas importantes têm para nós uma só expressão, tenderemos a pensar que nossas concepções (embora necessitem ser refinadas) definem a realidade com validade universal. Recordemos que a palavra "Deus", usada pelos cristãos, gramaticalmente é nome comum e não nome próprio. No entanto, para superar o fanatismo, não deveríamos cair no ceticismo. O relativismo que leva ao agnosticismo não deveria confundir-se com a relatividade que conduz ao pluralismo.

Frequentemente se descobre a profundidade do próprio e do familiar, quando se provou o exótico. Uma pessoa se sente bem mais em casa, quando regressa de outro lugar. O profeta é quase sempre alguém vindo de fora e, muitas vezes, de uma terra de exílio. Em segundo lugar, julgar-se, inclusive coletivamente, autossuficiente implica certa condenação dos outros. Eventualmente são até respeitados – mesmo que alguém aceite que tenham sua justificação subjetiva –, mas geralmente se crê que estão errados em tudo aquilo que não se conforma com os próprios critérios de verdade erigidos em parâmetros absolutos. Até os que creem numa revelação absoluta devem admitir que a interpretação que fazem de tal revelação é limitada, e certamente incompleta. Uma religião sem diálogo tende a converter-se em monolítica. Duas observações devemos ainda levar em conta:

Primeira: religião não é sinônimo de cristianismo (ou de catolicismo) ou, mais concretamente, o ensinamento da religião cristã não pode ser dado sem o ensinamento da "religião", e este último não pode ser dado de forma abstrata. Para dizê-lo em poucas palavras: há uma relação transcendental entre a religião e as religiões, mas isso não significa que haja uma religião "em si", à maneira de Kant. Cada religião expressa, a seu modo, a dimensão religiosa constitutiva do ser humano. Daí porque o estudo de mais de uma religião nos cura do prurido de querer absolutizar nossa religião, convertendo-a em única religião. De novo, o diálogo se nos mostra indispensável para superar toda classe de fanatismos.

Segunda: a religião não tem necessariamente valor positivo. A religião representa o melhor e o pior do ser humano, precisamente porque trata das coisas últimas, sejam quais forem as interpretações que se queira dar a essas coisas. Já dissemos que as "religiões" não têm o monopólio da religião. Aqui devemos acrescentar que tampouco têm a exclusividade do bem ou da verdade.

Tudo isso é muito complexo, e conhecer outra religião não é tarefa fácil. Não podemos conhecê-la só de ouvidos. É preciso diálogo. Mas, para estar preparados, necessitamos de disciplina intelectual e estudo espiritual, uma espécie de conversão. Dito de outro modo, o diálogo religioso requer uma atitude de busca profunda, uma convicção de que estamos caminhando sobre solo sagrado, de que arriscamos nossa vida. Não se trata de curiosidade intelectual nem de bagatela, mas de aventura arriscada e exigente. Faz parte daquela peregrinação pessoal para a plenitude de nós mesmos, plenitude que se obtém quando ultrapassamos as fronteiras de nossa tradição, escalando e penetrando dentro dos muros daquela cidade na qual não há templo, porque a Iluminação é uma realidade, como se diz na última das Escrituras cristãs (Ap 22,5).

O diálogo intrarreligioso, sob seu aspecto mais autêntico, não se situa no âmbito puramente sociológico ou histórico. Depende, antes, da antropologia filosófica, se se quer fazê-lo entrar em alguma categoria. Pertence, em uma palavra, à constituição mesma do ser humano, que é um nó de relações, uma pessoa, e não indivíduo isolado ou um átomo inexequível ou mero número, dentro de um conjunto democrático. É nossa constituição humana que nos leva a descobrir em nós mesmos o universo humano e também o restante da realidade. O ser humano está constitutivamente aberto, não somente porque todo o universo pode penetrá-lo, mas porque ele também pode impregnar a realidade inteira. Falar do ser humano como um microcosmos não significa que deva ser considerado como um (outro) mundo em tamanho pequeno junto de muitos outros, mas antes é uma "miniaturização" do (único) mundo, isto é, como o único mundo, mas em escala humana e pessoal. O outro é certamente um *alius*, outro nó no tecido das relações, "outra" pessoa, mas não um *aliud*, uma outra "coisa", algo assim como outro átomo humano separado do resto, sem outras relações que as proporcionadas pela contiguidade de um espaço ou de um tempo, considerados ambos como elementos extrínsecos às "substâncias humanas" – pedindo aqui desculpas aos físicos e aos filósofos pelo uso quase vulgar das palavras "átomo" e "substância". A ciência e a filosofia nos mostram melhor a relatividade radical da realidade.

III. Diálogo religioso e ecumenismo. Talvez seja oportuno insistir em que o discurso sobre o ser humano como microcosmo deve ser não só corrigido, mas também completado. A correção consiste em apontar que não se trata de o ser humano se considerar como outro mundo (em tamanho pequeno), mas que seja visto como o mundo mesmo, que em sua totalidade se reflete no ser humano, como acabamos de apontar. A complementação consiste em completar a ideia de microcosmo com a noção de *microtheós*. Ser humano não é somente um mundo em tamanho pequeno, é também um Deus em tamanho pequeno. E aqui, igualmente como no caso anterior, não como pequeno Deus, ao lado do único e grande Deus, mas como espelho, imagem do próprio Deus. A própria tradição bíblica, ao dizer que o ser humano é (criado à) imagem e semelhança divina, nos induz a crer, não somente que o ser humano se parece com Deus, mas que Deus se parece com o ser humano: este é um *microtheós*, como diz o cristão Comenius, apoiando-se em Platão. No fundo, a relação entre o ser humano e o cosmo, por um lado, e com Deus, por outro lado, não é tanto a miniaturização como o caráter especular da realidade, isto é, ser humano, mundo e Deus como espelhos que se refletem (e refratam) mutuamente na harmonia *cosmoteândrica* da realidade.

O diálogo intrarreligioso, ajudando-nos a descobrir o outro *em* nós mesmos – não está escrito "ama a teu próximo como a ti mesmo", como ao teu "próprio tu"? – contribui para a realização pessoal e para a mútua fecundação entre as tradições da humanidade, que não podem viver por muito tempo em estado de isolamento, separadas entre si por muros de desconfiança recíproca ou em estado de guerra mais ou menos "camuflada" pela emulação e pela competição. Aliás, a coexistência pacífica não é frequentemente mais do que uma forma de estratégia política para preservar o *status quo*, embora seja preferível, sem dúvida alguma, às guerras: "Quando de dois fizerdes um, e o interior for como o exterior e no exterior, como o interior e a parte superior como a inferior e a inferior como a superior... então, entrareis [no reino]" (*Evangelho de Tomé*, 22).

Quando eu descobrir em mim o ateu, e o hindu descobrir o cristão, quando eu considerar meu irmão como o outro "eu", e quando o outro não se sentir alienado em mim... então nos aproximaremos do reino. Enquanto isso não acontecer, devemos aprofundar e discernir.

Tanto o diálogo intrarreligioso como o inter-religioso não devem ser confundidos com manifestações políticas ou propagandísticas, por importante que estas possam parecer-nos. Reuniões na cúpula, encontros entre notáveis são por si importantes, mas somente se tornam reais, quando são como a ponta do *iceberg* que tem nove décimos de sua massa escondidos sob a água (da realidade invisível). De outra maneira, estes encontros só constituiriam manifestações de poder e trairiam o caráter irredutível do verdadeiro fator religioso. O ato escondido de uma pobre viúva tem mais valor do que a façanha espetacular do rico que dá esmola no templo...

Não nos esqueçamos de que, por irônico paradoxo, o "poder" é impotente para efetuar mudanças em proporção direta a seu próprio poder. Quanto mais poderoso é um poder, menos poder tem de automudar-se, menos capacidade possui para realizar a mudança necessária, visto que ele está implicado na operação. Quanto mais poderoso sou, menos posso mudar a mim mesmo, e mais difícil se torna a verdadeira conversão. Por isso o poder organiza cruzadas, guerras e campanhas para conquistar e converter os outros. Os "bons" norte-americanos de alguns decênios atrás iam à América Central para fazer a "revolução". Em sua casa era impossível. O Banco Mundial tentará ajudar os outros, os "pobres", por impotência de ajudar a si mesmo a transformar-se – como muitos de seus próprios funcionários quiseram.

Talvez seja oportuno relacionar a prática do diálogo intrarreligioso com o problema ecumênico. Faz aproximadamente um quarto de século, introduziu-se a expressão *ecumenismo ecumênico* para designar um encontro dialogal de religiões. Este diálogo não pretende conseguir nenhum tipo de unificação monolítica, mas uma espécie de harmonia como é expressa pela frase sânscrita *samaya dharma* (harmonia de todas as espiritualidades, o *dharmas*) e pelo sutra clássico *tat tu samanvayát* (a causa da harmonia – de todas as revelações). Estas duas expressões sugerem uma inter-relação serena, inclusive uma interpenetração dialogal de todos os caminhos que as pessoas creem que hão de levá-las à plenitude ou ao destino final de sua vida. Esse ecumenismo ecumênico também ajuda o ecumenismo cristão a enfocar melhor os problemas internos do cristianismo e a superar a tendência de mal-entender o objetivo do ecumenismo cristão, tomado às vezes como fusão dentro de uma só organização gigante. A Igreja cristã é essencialmente um organismo e não necessariamente uma organização unificada, já que a quinta-essência da *ecclesia* é sempre a Igreja local presidida (ou teria de dizer inspirada?) por Cristo.

Expliquemo-lo com dois exemplos. Os protestantes sentem-se incomodados com o que interpretam como idolatria católica. Os católicos são críticos diante do que veem como racionalismo protestante.

E cada lado afirma que isso só são caricaturas. Há conceitos e práticas do cristianismo que, do ponto de vista hindu, parecem absurdos e, muitas vezes, ridículos. O cristão, por outro lado, pode considerar como absurdo mal-entendido a interpretação de Cristo como um *avatára* (descida ou manifestação do divino). Apesar disso, o hindu entenderá que o cristão simplesmente afirma que Cristo é o único *avatára*, uma espécie de *púrnavatára* ou de *mahávatára* (a "encarnação" plenária ou a maior). Ao hindu repugnará esta espécie de atitude exclusiva e este sentimento cristão de superioridade. Ao cristão, pelo contrário, dará a sensação de que o hindu não se preocupa pelo próximo e não ficará convencido diante de sua resposta baseada em *karma, máyá* ou *karuná* cósmicos, quer dizer, com a visão de uma solidariedade universal, do caráter transitório deste mundo e de uma ordem justa e compassiva respectivamente. Ao cristão molestará esta falta de sensibilidade que justifica não lutar pela justiça social. O budista verá a *jihad* islâmica como guerra cruel e injusta, inaceitável para qualquer consciência moral, e o muçulmano, pelo contrário, considerará o ateísmo budista como intolerável aberração. Sem dúvida, tudo isso são caricaturas, mas que de fato chegam a ser noções populares e sociologicamente reais.

No interior das diversas tradições, a maioria dos pensadores se esforça, certamente, por desfazer tais "ataques" e apresentam apologéticas mais sofisticadas. Os católicos defenderão seu culto a Maria e aos santos, dizendo que não se trata de adoração, mas de veneração (*doulia* e não *latria*). Os protestantes negarão que são simples racionalistas. Os cristãos refinarão suas cristologias, os hindus reinterpretarão seu sentido de serviço, os muçulmanos repensarão sua obrigação de empreender a guerra contra o mal, e os budistas explicarão seu sentido do mistério transcendente. Há uma influência direta e uma fecundação mútua entre as doutrinas religiosas. Contudo, a atitude geral consiste em defender os próprios seguidores, inclusive com a prática da autocrítica, aceitando a própria culpabilidade nos abusos.

Mas ainda há um passo a dar. Trata-se do *ecumenismo crítico*. Este designa outro aspecto, relativamente descuidado até agora, no encontro das tradições religiosas: é a aceitação e o reconhecimento de uma necessária crítica, feita a partir de fora de determinada tradição. Não elimina *a priori* a visão deformada dos não-simpatizantes, nem apenas a caricatura que os de dentro sentem que os de fora estão fazendo. Temos de estar dispostos a escutar e aceitar as críticas dos outros. Devemos tomá-las não como mal-entendidos, porque os outros não contemplam nossas correções a partir de dentro, mas como parte de nossos limites. Cada tradição deve reconhecer que possui uma visão imperfeita, embora intencionalmente completa da realidade. Aqui se aplica o que chamo de efeito *pars pro toto*. Pretendemos ver tudo, porque não nos satisfazemos com visões parciais, mas só vemos o *totum in parte e per partem*.

O ecumenismo crítico exige a atitude de não menosprezar as críticas, como se fossem simplesmente interpretações errôneas. Na verdade, pode ser que as coisas, consideradas de dentro, sejam vistas de modo diferente. Também é certo que o importante para o fiel é uma compreensão inteligente de sua própria tradição. Talvez haja interpretações equivocadas: o nascimento virginal, por exemplo, não é um simples fato ginecológico. Mas a visão de fora, bem como a caricatura do "descrente", carente de simpatia, também fazem parte da realidade. Há muito a dizer em defesa das cruzadas cristãs ou do sistema hindu de castas, mas as opiniões dos muçulmanos ou a visão dos sem-casta também fazem parte da realidade, sobrepujando o criticismo interno das respectivas tradições.

Aqui é aonde eu queria chegar. O ecumenismo crítico é um poderoso meio para se corrigirem as faltas e carências das respectivas tradições. É também um meio saudável para que se possa tomar consciência dos limites inerentes às religiões e às doutrinas e, em última instância, para se tomar consciência do ser humano. O ecumenismo crítico exige magnanimidade, serenidade, humildade, supondo também certa consciência mística do caráter inefável da realidade. O juízo sem simpatia de um estranho pode ser exagerado, pode até parecer injusto a quem o vê do lado de dentro. Apesar de tudo, é precisamente essa visão a que enriquecerá a visão panorâmica. Deveria ser dada maior atenção a essas críticas. O ecumenismo crítico não somente possibilita uma explicação dos mal-entendidos e uma melhor apologética, como também é um meio indispensável para as próprias correções, para uma contínua conversão e para a transformação da tradição. Precisamos da correção dos outros; deveríamos estar agradecidos diante da caricatura dolorosa. Com isso aprendemos a superar a *hybris* da autossuficiência e começamos a descobrir o caráter contingente de cada tradição que abre o caminho para um pluralismo saudável. Necessitamos do outro para remover a trave de nossos olhos.

O ecumenismo crítico liberta-nos da perda de movimento, da autossuficiência e das atitudes narcisistas de superioridade. É sadio e apropriado achar que os próprios filhos, amigos, clã, são as pessoas mais amáveis e belas do mundo. Também é igualmente sadio estar orgulhoso da própria comunidade religiosa, igreja ou similar. Mas este sentimento supõe uma relação pessoal e integral que não pode ser formulada absoluta e objetivamente. Não se intercambiam pais, esposos ou filhos. A religiosidade pessoal pertence a esta ordem. Mas isso não deveria privar-nos de reconhecer o valor contingente, limitado e imperfeito de nossas crenças. Não se trata simplesmente de uma atitude intelectual. Também é coisa do coração, do amor para com os inimigos enquanto inimigos, como se poderia traduzir em linguagem cristã. O intelecto não pode aceitar o que pensa que constitui um erro, mas o coração, sim, pode abraçar aquele a quem sente como equivocado.

O ecumenismo crítico não age sob a dicotomia de teoria e práxis. Não se satisfaz com o dualismo de combater o "herege" e "amar" o pecador. Faz-nos experimentar que a luta tem lugar tanto dentro como fora de nós. E que a verdade se encontra tanto em nós como contra a nossa verdade. Trata-se, então, de uma disciplina espiritual que sempre nos força a aprender, crescer e amadurecer em desprendimento libertador. Um lodaçal sujo não representa obstáculo algum para a imaculada flor de lótus.

O ecumenismo crítico, finalmente, tem outra função: evitar que olhemos exclusivamente para o passado e que nos contentemos só com o retorno às fontes, por muito importante que isso seja. Na atual situação, não podemos ficar satisfeitos nem com a melhor das tradições do passado. Hoje, nenhuma religião pode pretender, ela sozinha, achar-se em posse do monopólio da verdade ou dos direitos exclusivos sobre ela para resolver a situação humana. Não somente necessitamos uns dos outros, mas também necessitamos cumprir o que as mesmas tradições pedem urgentemente que façamos: transmitir (*tradere*) as lições do passado, de forma que surjam novas intuições e tornem realidade uma nova práxis. O Espírito torna tudo novo e de novo em cada ocasião.

A incumbência de "transmitir" às novas gerações exige uma transformação e um crescimento das antigas sabedorias. Não se trata do processo automático de repetir velhas fórmulas. É um ato criativo que consiste em acender o antigo fogo, prendendo-o em novas tochas, de fazer novos odres para o vinho novo, sem perder velhos aromas. Já não podemos hoje ficar satisfeitos com as respostas de tempos passados. Todos necessitamos de uma nova conversão contínua, de uma *metanoia* radical. O ecumenismo crítico contribui para isso. O objetivo não é a unidade, mas a harmonia de um cosmos sinfônico, onde cada ser toque um tom intransferível que ressoe, ao mesmo tempo, no conjunto. A metáfora musical é intencional. "Quando a música muda, as leis fundamentais da natureza o fazem também", diz Platão. A música, dizia Chuang Tzu, permite ao ser humano recuperar sua atitude primordial.

Conselho Mundial das Igrejas, *Guidelines on dialogue with people of living faiths and ideologies*, Genève, 1979; R. Garaudy, J. B. Metz e K. Rahner, *Del anatema al diálogo*, Barcelona, Arie, 1968; P. J. Griffiths (ed.), *Christianity through non-christian eyes*, Maryknoll, Orbis Books, 1990; J. Hick e P. F. Knitter (eds.), *The Myth of Christian Uniqueness*, Maryknoll, Orbis Books, 1987; R. Panikkar, *Le dialogue interreligieux*, Paris, 1985; Id., *Sobre el diálogo intercultural*, Salamanca, San Esteban, 1990; Id., *La intuición cosmoteándrica*, Madrid, Trotta, 1999; K. Rahner, "Sobre el diálogo en la sociedad pluralista", en *Escritos de teología* VI, Madrid, Taurus, 1969; S. J. Samartha (ed.), *Faith in the midst of faiths*, Genève, 1977; Id., *Living faiths and the ecumenical movement*, Genève, 1971;R. B. Sheard, *Interreligious dialogue in the Catholic Church since Vatican II: An historical and theological study*, Queens Town, 1987; J. J. Tamayo, *Fundamentalismos y diálogo entre religiones*, Madrid, Trotta, 2004.

Raimon Panikkar

DOGMA

O cristianismo começa com o Evangelho de Jesus de Nazaré, não com os dogmas da Igreja. No entanto, estes suplantaram com frequência aquele e se converteram no centro da fé cristã. A defesa dos dogmas a todo custo desembocou em fenômenos tão pouco evangélicos como a Inquisição, os autos de fé, o Índice de livros proibidos, a resistência da Igreja aos avanços científicos, a oposição às liberdades modernas consideradas "liberdades de perdição" etc. Não é de estranhar, portanto, que, para muitas pessoas, tenham chegado a ser um obstáculo insuperável para ter acesso ao Evangelho e assumir a fé cristã. Compartilho, a este respeito, a percepção de W. Kasper de que "entre a alegre nova da liberdade dos filhos de Deus e o dogma muitos veem um profundo abismo", e não porque tenha de ser assim necessariamente, mas porque historicamente foi assim, e isso pode resultar prejudicial para o cristianismo.

É verdade que os dogmas não são a única expressão da fé, mas têm sido nos diferentes contextos sociais – e continuam sendo ainda hoje – um dos canais através do qual se transmitiu a mensagem cristã e se formulou a verdade do cristianismo. Os dogmas têm lugar significativo na comunidade dos crentes e papel relevante no trabalho teológico. Daí a necessidade de refletir sobre eles com perspectiva histórica e com senso crítico.

I. Significado e evolução do conceito. "Dogma" provém do verbo grego *dokein*, que tem dois significados: crer, opinar e decidir. A eles correspondem os dois sentidos que o termo tinha na Antiguidade: no âmbito filosófico, opinião de um filósofo ou de uma escola filosófica; no plano político, ordem, decreto ditado pela autoridade legítima. Com este sentido é utilizado no grego veterotestamentário: Dn 2,13; 6,19; Est 3,9; 4,8; 2Mc 10,8.

No Novo Testamento, o termo é empregado ora para designar a lei do Antigo Testamento (Ef 2,15; Cl 2,14), ora para referir-se a um edito do imperador romano (Lc 2,1; At 17,7). O livro Atos dos Apóstolos utiliza *dogmata* e a forma *edoxe* (de *dokein*) para falar das decisões adotadas pelos apóstolos reunidos no concílio de Jerusalém (At 15,22.25.28; 16,24), que eram obrigatórias "em virtude da autoridade dos apóstolos e presbíteros da comunidade e sob a intervenção do Espírito Santo" (Rahner e Lehmann, 1969, 725). Mas daqui não se pode concluir, como faz Geiselmann, que estamos diante do "protótipo de dogma", já que os acordos tomados são de caráter disciplinar, não doutrinário.

Os Padres apostólicos aplicam o termo ao ensinamento de Jesus e dos apóstolos. Inácio de Antioquia e Barnabé falam dos "dogmas do Senhor". O primeiro estabelece um vínculo essencial entre os dogmas do Senhor e o ministério hierárquico. De acordo com isso, dogma expressaria a obrigatoriedade das palavras do Senhor na vida dos cristãos. A patrística e a teologia posteriores fazem seu este uso linguístico, mas dando ao termo também o significado de "doutrina" em sentido geral e de opiniões de escola. Em repetidas ocasiões, *dogmata* se refere a concepções doutrinárias heréticas. Na patrística e na escolástica, há uma proximidade semântica entre *dogma* e heresia (Kern e Niemann, 1986).

Nesse clima de imprecisão que perdura ao longo da Idade Média, nos encontramos com o testemunho plenamente excepcional de Vicente de Lerins, que, em seu *Commonitorium*, do ano de 435, antecipa o significado especial que o termo terá posteriormente. Este teólogo equipara revelação e depósito da fé. A regra de fé transmitida de uma vez por todas é, para ele, um ensinamento eclesial e não mera instrução terrena; é *dogma divino, universal e católico*. Esta colocação, tida em consideração apenas durante a Idade Média, é recuperada a partir do século XVI pelos teólogos contrários aos inovadores e incorporada à reflexão teológica que se desenvolve entre os concílios de Trento (1545-1563) e Vaticano I (1870).

Sintetizando, podemos afirmar com Rahner e Lehmann que, ao longo da Idade Média, o dogma não é, antes de tudo, "uma fórmula de caráter obrigatório, recebida de fora, de uma autoridade, e apresentada à consciência do homem como obrigação de fé. O conceito não contém em primeira linha uma aparência jurídica, o recurso a uma autoridade formal e a obediência por esta exigida. O dogma não está determinado, para Tomás de Aquino, pelos limites objetivos de uma pura *fides divina* nem vem qualificado pelo problema do *grau de certeza teológica*. Ao caráter doutrinário do dogma pertence, antes, de forma primordial, sua correspondência com a fé" (Rahner e Lehmann, 1969, 729).

No final da Idade Média, quando se produz um giro notável e o termo "dogma" adquire conotações rígidas que conseguem impor-se a partir do concílio de Trento, carrega-se o acento na certeza objetiva da revelação em menoscabo do conteúdo e da atitude pessoal do crente. Melchior Cano, seguindo Vicente de Lerins, apresenta o dogma como verdade de revelação recebida dos apóstolos pela Igreja, definida por um concílio ecumênico ou pelo papa e mantida, de maneira unânime e constante, pelo povo de Deus. Neste último elemento ressoa o *sensus fidelium*.

A Reforma protestante segue outro caminho. Considera a Escritura como fonte e norma de toda doutrina e autoridade definitiva. Consequentemente, as afirmações dogmáticas gozam de obrigatoriedade somente à medida que se fundamentam na Escritura. Para os reformadores, os credos e as confissões de fé são compêndios dos ensinamentos contidos na Bíblia. São necessários enquanto cumprem essa função. Se eles concedem valor teológico às decisões doutrinárias da Igreja primitiva, isso não se deve ao fato de que reconheçam uma instância infalível na Igreja, mas porque nelas se manifesta a Palavra de Deus.

Durante os três séculos posteriores se fixa com maior precisão a competência do magistério eclesiástico na definição dos dogmas e seu caráter vinculante para todos os cristãos. A teologia católica utiliza o conceito *dogma* a partir do século XVIII, e os documentos eclesiásticos oficiais a partir do século XIX no sentido em que se entende atualmente. O que, como observa W. Kasper, não deixa de ser surpreendente pelo restritivo e parcial de seus contornos. Três são as causas principais do processo tão restritivo seguido pelo termo: a) ao converter as fórmulas doutrinárias isoladas no centro de gravidade da fé, se perde o sentido da totalidade; b) passa-se de uma fundamentação teológica do dogma (Padres da Igreja e Idade Média) a uma fundamentação jurídico-formal; c) produz-se uma gradual separação entre doutrina e oração, uma perda do caráter doxológico e um salto qualitativo das confissões de fé para as formulações doutrinárias.

Esse processo restritivo culmina na constituição dogmática *Dei Filius*. Sobre a fé católica (24 de abril de 1870), do Vaticano I, onde se declara que "se deve crer com fé divina e católica em todas aquelas coisas que são contidas na Palavra de Deus escrita ou transmitida, e são propostas pela Igreja para serem cridas como divinamente reveladas, ora por solene juízo, ora por seu ordinário e universal magistério" (DH 3011). Teólogos como Rahner, Lehmann, Kasper e outros estimam que esta compreensão do dogma não recolhe a riqueza e complexidade contida na tradição da Igreja. O concílio Vaticano I não expõe todos os elementos constitutivos do dogma. Sua exposição é, portanto, enviesada. Carrega o acento no elemento formal da autoridade e descuida de outros igualmente importantes.

II. Crítica moderna do dogma e resistência da Igreja católica. O que desde o princípio se chocou frontalmente com a mentalidade moderna não foi este ou aquele dogma, mas a estrutura dogmática do cristianismo. Esse foi um dos principais obstáculos para o diálogo entre Modernidade e cristianismo. Em sua busca da verdade, a razão iluminista se caracterizou por sua capacidade de colocar tudo em tela de juízo, incluída ela mesma, e por sua vontade decidida de emancipar-se de toda autoridade, especialmente da autoridade religiosa. "Toda grande verdade – dirá Nietzsche – precisa ser criticada, não idolatrada". Kant define o Iluminismo como "a saída do homem de sua culpável menoridade. Menoridade é a incapacidade de servir-se do próprio entendimento sem a direção do outro. Essa menoridade é culpável, quando a causa dela não está na incapacidade do próprio entendimento, mas na falta de decisão e de ânimo para servir-se dele sem a direção de outro. *Sapere aude!* (Tem coragem de servir-te de teu próprio entendimento!): esta é a exortação do Iluminismo" (Vários, 1989, 17).

Os iluministas questionam o caráter absoluto do cristianismo e a evidência de toda verdade religiosa. Tal atitude se exemplifica nas palavras de Lessing a propósito da publicação de sua obra *Natã, o sábio*: "Lendo-se com interesse, já bastaria que entre mil leitores apenas um aprendesse a duvidar da evidência e da universalidade da religião". Eles entendem as verdades reveladas como verdades de razão. Desproveem os conteúdos doutrinários do cristianismo de seu caráter dogmático e os consideram expressões simbólicas de uma verdade de ordem moral (Kant), "interpretações dos devotos estados de ânimo dos cristãos, expressos com palavras" (Schleiermacher) ou indicações para uma reta conduta religiosa (Le Roy).

Um dos instrumentos mais certeiros no questionamento dos dogmas é a *crítica histórica*, que os converte em objeto de investigação e termina por dissolvê-los. A exegese positivista da teologia liberal propunha-se libertar a investigação neotestamentária dos pressupostos dogmáticos então reinantes tanto na ortodoxia católica como na protestante. O objetivo último era identificar o Jesus da história, renunciando ao Cristo da fé.

O dogma, segundo Harnack, "é, em seu conceito, uma obra do espírito grego sobre a base do Evangelho. O Evangelho em si não é o dogma... Os meios conceituais com os quais se pretendeu compreender o Evangelho nos tempos primitivos se fundiram em seu conteúdo e foram elevados a dogma" (Harnack, 1964, 19s). A Reforma constitui, a seu juízo, o final do dogma e o reinício de um cristianismo ético e não-dogmático.

No seio da Igreja católica, surgiu, no final do século XIX e princípios do século XX, uma corrente teológica chamada *modernismo* que, em seu empenho por integrar as contribuições do Iluminismo no pensamento cristão e por tornar compatível a história moderna da liberdade com a fé cristã, destacou a distância entre o Evangelho e os dogmas. Estes, pensavam os teólogos modernistas, expressam simbolicamente a experiência religiosa primitiva de uma verdade absoluta que o conhecimento humano não consegue alcançar.

Esta colocação encontrou, em seguida, a rejeição da autoridade eclesiástica. O decreto do Santo Ofício *Lamentabili*, de 3 de julho de 1907, confirmado pelo papa Pio X, apressou-se em condenar algumas afirmações extraídas – em muitos casos, fora de contexto – das obras dos teólogos modernistas mais representativos. Eis aqui algumas das afirmações referentes à revelação e aos dogmas: "A revelação não pôde ser outra coisa senão a consciência adquirida pelo homem de sua relação com Deus" (DH 3420). "Os dogmas que a Igreja apresenta como revelados não são verdades baixadas do céu, mas uma interpretação de fatos religiosos que a mente humana elaborou com trabalhosos esforços" (DH 3422). "Pode existir e de fato existe oposição entre os fatos que se contam na Sagrada Escritura e os dogmas da Igreja que neles se apoiam; de sorte que o crítico pode rejeitar, como falsos, fatos que a Igreja crê como certíssimos" (DH 3423). "Não se deve desaprovar o exegeta que estabelece premissas das quais resulta que os dogmas são historicamente falsos ou duvidosos, contanto que diretamente não negue os próprios dogmas" (DH 3424). "Os dogmas da fé devem ser considerados somente segundo o sentido prático, isto é, como norma preceptiva do agir, mas não como norma de fé" (DH 3426).

Talvez os teólogos modernistas tivessem adotado uma atitude pouco crítica para com o pensamento iluminista, mas o magistério eclesiástico demonstrou cegueira total para com o espírito moderno e, por conseguinte, negativa radical ao diálogo com ele. Além disso, as proposições condenadas pelo Santo Ofício refletiam só parcialmente, e de maneira muito enviesada, o modo de pensar daqueles teólogos, já que eram tiradas do contexto, como indiquei anteriormente. A corrente teológica modernista apresentou com grande coerência uma série de problemas que ainda hoje estão por resolver. Eis aqui dois de especial importância: a relação entre o caráter sobrenatural do dogma e sua apresentação em chave histórica, e a relação entre o dogma, a exegese histórico-crítica e a tradição. Em vez de assumi-los e buscar uma resposta em diálogo com os teólogos, o magistério eclesiástico preferiu fortificar-se em sua concepção reducionista do dogma e adotar tom combativo contra a Modernidade, convertendo o dogma em "remédio contra a aceleração da história e suas correspondentes responsabilidades humanas novas" (Segundo, 1989, 288).

III. Teorias sobre o desenvolvimento dos dogmas. O problema do desenvolvimento dos dogmas surge a partir da crítica moderna, e coloca-se pela primeira vez explicitamente na teologia católica no século XX, devido a alguns fatores significativos como o conceito de evolução na filosofia e na ciência, a tomada de consciência do caráter histórico da verdade, também da verdade religiosa, e o nascimento da história dos dogmas.

O problema é colocado nos seguintes termos. A Igreja definiu como verdade de fé e portanto como reveladas, algumas doutrinas que não contam com afirmações equivalentes na Escritura. Não parece, no entanto, que se possa assegurar com probabilidade histórica que tais verdades existissem em épocas anteriores às definições dogmáticas. Acontece, além disso, que segundo o ensinamento do magistério a revelação termina com a geração dos apóstolos e está contida nos escritos do Novo Testamento. Pode-se falar, então, de verdadeira evolução doutrinária no cristianismo, de forma semelhante à evolução nas ciências e na história do pensamento? Existe coincidência entre a revelação contida na Bíblia e os dogmas definidos posteriormente? Pode-se defender uma linha de continuidade entre Escritura e dogma, ou o que predomina é a descontinuidade? Os dogmas acrescentam algo de novo ao conteúdo constitutivo da fé fixado na época apostólica?

As respostas a essas interrogações foram plurais. Exponho, em seguida, algumas das mais relevantes no debate teológico.

1. A *teoria histórica* defende que as investigações históricas mostram a identidade fundamental das verdades de fé nas diferentes etapas da consciência eclesial. Em consequência, os dogmas definidos pelo magistério da Igreja ao longo dos séculos já eram conhecidos e admitidos, de uma ou de outra forma, na época apostólica.

No entanto, essa colocação parece estar em contradição com os dados das próprias investigações históricas para os quais apela, como se manifesta nos dogmas da virgindade de Maria no parto e da assunção de Maria ao céu. O máximo a que podemos chegar, em muitos casos, é mostrar "a não-contradição ou certa conveniência entre a etapa antiga e a etapa nova da fé, e nada mais" (Schillebeeckx, 1969, 69).

2. A *teoria lógico-intelectualista*, pertencente à neo-escolástica do século XIX e sistematizada no século XX pelos teólogos Marín-Sola, Schultes e Tuyaerts, reduz a evolução dos dogmas a uma questão puramente lógica e apela para o valor dogmático das conclusões teológicas. Segundo ela, os dogmas definidos pelo magistério eclesiástico não trazem novidade alguma sobre a doutrina da Escritura. São deduções lógicas da doutrina revelada. O que implicitamente estava contido na revelação se torna explícito através do raciocínio lógico-teológico, que é critério de desenvolvimento conceitual e garantia de continuidade.

Os defensores dessa teoria creem salvar assim tanto a identidade objetiva entre as conclusões teológicas e as premissas da fé, como a evolução doutrinária, que consistiriam na simples explicitação ou esclarecimento da doutrina que antes resultava obscura. Levando esta solução ao extremo, Tuyaerts chega a considerar como atestada por Deus, ou de fé divina, toda conclusão teológica, mesmo antes de ser definida como tal pela Igreja.

Essa teoria, que contou com ampla acolhida entre os teólogos católicos décadas atrás, apenas hoje tem seguidores devido às sérias carências que comporta. Uma delas é sua estreita concepção da revelação, reduzida a uma soma de verdades, a uma espécie de catecismo que, permanecendo o mesmo, é explicado, esclarecido e repetido. Além disso, carrega o acento na revelação como *depósito da fé*, em prejuízo do acontecimento. Outra carência é que entende a reflexão teológica como atividade puramente lógico-dedutiva que extrai da revelação suas virtualidades por via de raciocínio quase-silogístico, sem levar em conta que o trabalho teológico se alimenta da realidade mesma da fé e da práxis. Fé e práxis constituem o ponto de partida da reflexão cristã. Rahner recordava aos que defendiam a teoria lógico-intelectualista que "a um conhecimento certo – quando se dá – como conhecimento de fé da Igreja não se chega pela explicação meramente lógica de proposições enquanto tais, mas pela força iluminadora do Espírito" (Rahner, 1961, 66).

Da mesma estreiteza padece a ideia de tradição, que é entendida por essa teoria como transmissão extrínseca de proposições, quando se trata mais de uma realidade viva e dinâmica que se vai recriando nos diferentes contextos históricos a partir de uma fidelidade fundamental ao Evangelho.

3. A terceira resposta é a *teoria teológica* e se move no horizonte dos teólogos da escola de Tubinga, do cardeal Newman e de M. Blondel. Os primeiros concebem a evolução dos dogmas, não como simples passagem implícita ou virtual na revelação ao explícito e formal por via de deduções lógicas, mas como um processo dialético, provocado pelos antagonismos e pelas contraposições que se dão dentro e fora da Igreja e em confrontação com as correntes culturais de cada época. Nesse processo, os erros têm seu lugar e sua razão de ser. A evolução dos dogmas é impulsionada pelos movimentos reais da história humana. A escola de Tubinga concede papel fundamental ao Espírito, que garante a continuidade entre o novo e as etapas anteriores da fé. O caráter absoluto e histórico da revelação define a natureza e os limites da evolução. Os conteúdos da revelação permanecem intactos. A mudança se produz na expressão e na compreensão, no conhecimento e na apresentação da verdade revelada, e gera constantemente expressões, formas e conceitos novos e progressivos mais de acordo com cada cultura.

Uma das chaves da nova colocação deve ser buscada na concepção histórica e dinâmica da revelação, da fé e da teologia. A revelação é entendida como "realidade de salvação" (Schillebeeckx), realidade complexa que não pode ser reduzida a seu aspecto intelectual. Não é, em primeira instância, comunicação de proposições doutrinárias, mas diálogo histórico entre Deus e o ser humano (Rahner). Tampouco se apresenta como manifestação epifânica, mas como acontecimento histórico libertador (Moltmann). Realiza-se mediante fatos e palavras ("também os fatos do Verbo nos falam", afirma Agostinho de Hipona), e não possui caráter puramente verbal. Expressa-se narrativamente e não em asserções doutrinárias abstratas.

Rahner crê bastante discutível que o ponto de partida de uma proposição dogmática seja sempre uma proposição. E mais, observa que no âmbito natural se dá um conhecimento pré-reflexivo, pré-conceitual, não articulado em proposições. Aqui se deve situar o início de uma evolução espiritual. Somente à medida que esta evolução avança é que se pode chegar a um conhecimento categorial expresso em enunciados. O conhecimento pré-reflexivo, em suma, constitui o pressuposto do conhecimento categorial. Algo semelhante se pode dizer da evolução doutrinária no âmbito cristão. O ponto de partida é uma experiência global do acontecimento da revelação; experiência de uma riqueza maior do que as proposições através das quais se transmite. Esta experiência, vivida pelos seguidores de Jesus, é parte fundamental da revelação originária, é prévia a qualquer formulação dogmática e se encontra em sua base.

Na época apostólica, já se pode descobrir um nível de reflexão (*theo-logia*). Mais ainda, na própria elaboração dos escritos do Novo Testamento tem lugar "uma história e uma evolução dos enunciados... uma evolução do dogma e não somente da teologia" (Rahner, 1962, 17-18), que se converte em paradigma de toda evolução posterior.

Nessa teoria, a evolução dos dogmas não é fruto de um processo tranquilo e sossegado, nem pode ser confundido com crescimento harmônico ou um autodesenvolvimento idílico e linear. Está balizado, na maioria das vezes, por confrontações no âmbito doutrinário e ideológico e por tensões no terreno organizativo, dentro e fora da Igreja. Não resulta, portanto, acertado aplicar à evolução dogmática a imagem do desenvolvimento orgânico do broto até se converter em árvore, tendo-se em conta "a multiplicidade, os retrocessos, as antecipações, os atrasos e as acelerações e sobretudo os poderes espirituais pessoais e graciosamente kairológicos que determinam o processo da história dos dogmas" (Kasper, 1968, 147-148).

Outro aspecto a ser levado em conta é a incumbência do magistério e da teologia. O magistério não tem como função operar o progresso dos dogmas ou desenvolver novas perspectivas, teológicas. Essa tarefa compete aos teólogos. Ao magistério compete garantir a continuidade entre a doutrina e a nova compreensão da fé, bem como servir de estímulo e acompanhamento no processo da evolução dos dogmas. Mas isso não lhe dá o direito de emitir juízos precipitados sobre os distintos passos da reflexão teológica. Os teólogos e as teólogas precisam de tempo para desenvolver e fundamentar as novas perspectivas em diálogo com as ciências humanas e sociais, com as ciências da natureza e com as ciências da vida. O que no princípio pode parecer ao magistério um desvio doutrinário e uma teoria não suficientemente sólida, pode adquirir consistência e rigor mais adiante. O magistério eclesiástico costuma proceder com precipitação e sem dar tempo ao tempo. Assim aconteceu nos anos cinquenta do século XX com a *Nouvelle théologie*, que foi condenada sem paliativos por Pio XII na encíclica *Humani generis*, e, dois lustros depois, seu sucessor João XXIII chamou os impulsionadores dessa corrente teológica como peritos do Concílio Vaticano II. Algumas décadas depois, voltou a repetir-se o mesmo procedimento com a teologia latino-americana da libertação, que foi submetida a uma crítica precipitada, desmedida e, a meu parecer, infundada por parte da Congregação para a Doutrina da Fé. Atualmente, é a teologia do diálogo inter-religioso e intercultural que está sendo objeto de suspeita, e seus principais cultivadores os que são admoestados (J. Dupuis) ou condenados (Tissa Balasuriya, teólogo do Sri Lanka) pelo alto magistério vaticano.

Ao terminar o Vaticano II, o arcebispo de Turim declarava: "Não faz muito tempo, certos teólogos eram exilados; hoje se converteram em peritos do concílio". Para evitar os exílios apressados bem como as reabilitações posteriores, bom seria pedir ao magistério eclesiástico que, sem renunciar às suas funções, optasse por uma moratória em vez de emitir condenações apressadas que, passado o tempo, tem que suspender. Porque a evolução dos dogmas tem lugar também no presente e continuará produzindo-se no futuro. E se no passado aconteceu em meio de conflitos às vezes traumáticos, não deve surpreender que estes continuem produzindo-se hoje e voltem a repetir-se no futuro. Porque as verdades da fé não caem do céu já maduras, nem são fruto de uma iluminação extática, mas resultam da intervenção de múltiplos fatores eclesiais e socioculturais: a reflexão dos teólogos e das teólogas, a experiência orante e militante das comunidades cristãs, o testemunho, a ação criativa magisterial dos crentes, o ministério-magistério do papa e dos bispos, a contribuição da filosofia e das ciências sociais, o diálogo com outras religiões e culturas distintas do cristianismo etc.

O *sensus fidelium,* ou o sentido da fé do povo de Deus, exerce também função ativa na estruturação e no desenvolvimento da fé, como manifestou o cardeal Newman e afirmou posteriormente o Concílio Vaticano II (Tamayo, 1987, 237-238). O magistério eclesiástico tem de sustentar-se no testemunho da fé do povo de Deus e deve ser a expressão deste testemunho. É necessário que se produza uma convergência entre o sentido geral da fé, as decisões do magistério e as reflexões dos teólogos e teólogas. Isso exige abrir vias de diálogo nas três direções que facilitem o consenso, respeitem o dissenso e evitem o anátema.

IV. Hermenêutica dos dogmas.

Estreitamente relacionada com a evolução dos dogmas encontra-se a interpretação deles. A distância cronológica e a diferença sociocultural, entre a época em que se formularam os dogmas e cada época histórica posterior, demandam a necessidade de recorrer à mediação hermenêutica. E a primeira coisa que surpreende a esse respeito é que os métodos histórico-críticos, que se aplicam de forma generalizada e sem resistência no estudo dos textos da Bíblia, apenas são aceitos na análise das formulações dogmáticas. Graças à crítica histórica e literária, pôde-se esconjurar com êxito, algum tempo atrás, o fundamentalismo bíblico. Mas o que ainda não se esconjurou é o fundamentalismo que resulta de uma leitura literal dos dogmas definidos em outro entorno cultural e religioso. Isso torna precisamente mais necessária e urgente uma interpretação das formulações dogmáticas que seja dinâmica, que se refira ao ser humano em sua dupla dimensão pessoal e comunitária, que leve em conta a realidade histórica e recupere a experiência religiosa das testemunhas da fé.

João XXIII deu um passo gigantesco nesse terreno, ao chamar a atenção para a necessidade de investigar e expor a doutrina cristã "em conformidade com os métodos da investigação e com a expressão literária que exigem os métodos atuais" (*Discurso inaugural* do Vaticano II). Estas palavras legitimam a necessidade e relevância da hermenêutica dos dogmas, com toda a complexidade que essa comporta, mas também com toda a sua capacidade vitalizadora da fé cristã no mundo atual. A mediação hermenêutica contribui para libertar o cristianismo do fundamentalismo dogmático, ao qual se vê submetido em seu interior, e da tentação de reduzir sua mensagem a fórmulas doutrinárias desvinculadas da experiência religiosa e do acontecer humano. Permite, igualmente, identificar o contexto histórico (político, social, econômico, filosófico, cultural e religioso) em que se formularam as verdades da fé, os condicionamentos de todo tipo a que se viram submetidos e os problemas aos quais queriam responder.

V. Dialética dos dogmas: "o dogma que liberta".

A teologia não pode converter-se em antena de repetição das fórmulas dogmáticas ou em exercício mnemônico dos enunciados vinculantes da fé. Deve estudá-los criticamente, descobrir seu caráter dialético e interpretá-los em chave libertadora (Rahner, 1964; Segundo, 1989).

Os enunciados dogmáticos do cristianismo têm a pretensão de ser *verdadeiros* no sentido formal. O que não exclui que *humanamente* possam ser apressados, ambíguos ou indiscretos. São enunciados *de fé*, mas não só como *fides qua creditur*, mas também como *fides quae creditur*, quer dizer, enquanto realização da fé. As formulações dogmáticas não podem desvincular-se da experiência da fé, na qual têm sua origem e da qual se nutrem.

As formulações dogmáticas são enunciados *eclesiais*, pois a proclamação e a confissão da fé são comunitárias e, enquanto tais, são *regulamentações linguísticas*. Isso significa duas coisas: que não são obrigatórias e que podem ser expressas de forma distinta da maneira como são formuladas originalmente. A regulamentação da linguagem não pode ser confundida com a realidade. Os conceitos empregados para formular as verdades de fé estão expostos a constante mutação histórica.

Os enunciados dogmáticos *remetem ao mistério*, e o mistério não se deixa aprisionar de maneira objetivista; ultrapassa sempre as formulações em que se expressa. Têm dimensão *escatológica*: anunciam e antecipam o *eschaton*, sem fechar a história, mas a abrem ao futuro. São afirmações *humanas sobre a Palavra de Deus*. O que quer dizer que não podem ser confundidas com a palavra originária da revelação nem suplantá-la, nem colocar-se acima dela. A palavra originária da revelação é a *norma normans*. As formulações dogmáticas movem-se em plano duplo: *doutrinário* e *práxico*. Sua aceitação comporta a confissão da pessoa de Jesus, "o Cristo", adesão à sua mensagem e o seguimento de sua causa. Crer é, segundo os escritos de João, *fazer a verdade*, o que implica a *práxis do amor*.

Um cristianismo que queira dar a razão da fé, ser credível e portador de sentido, tem diante de si um difícil, mas irrenunciável desafio: historizar os dogmas, apresentá-los como memória subversiva da paixão e da ressurreição de Jesus, como narrações breves da fé, como marcos importantes na evolução do pensamento teológico e como iluminadores do diálogo atual com a não-crença e com as outras religiões. Somente assim se pode falar do "dogma que liberta" (Segundo, 1989).

A. Harnack, *Lehrbuch der Dogmengeschichte* I, Darmstadt, 1964[4]; W. Kasper, *Dogma y palabra de Dios*, Bilbao, Mensajero, 1968; W. Kern e F.-J. Niemann, *El conocimiento teológico*, Barcelona, Herder, 1986; K. Rahner, "Sobre el problema de la evolución del dogma", em *Escritos de teología* I, Madrid, Taurus, 1961, 51-92; Id., "Reflexiones en torno a la evolución del dogma", em *Escritos de teología* IV, Madrid, Taurus, 1962, 13-52; Id., "¿Qué es un enunciado dogmático?", em *Escritos de teología* V, Madrid, Taurus, 1964, 55-81; K. Rahner e K. Lehmann, "Kerygma y dogma", em MS I/2, Madrid, Cristiandad, 1969, 704-791; E. Schillebeeckx, *Revelación y teología*, Salamanca, Sígueme, 1969; J. L. Segundo, *El dogma que libera*, Santander, Sal Terrae, 1989; J. J. Tamayo, "El magisterio de la comunidad cristiana: hacia uma superación del binomio Iglesia docente-Iglesia discente", em Vários, *Magisterio y teología*, Salamanca, Sígueme, 1987, 229-255; Vários, *¿Qué es la Ilustración?*, Madrid, Taurus, 1989.

Juan José Tamayo

ECUMENISMO

I. Do monólogo ao diálogo. O termo "ecumenismo" tem longa história que, em ambientes eclesiásticos e teológicos do século XX, se cristaliza em significado muito preciso: o movimento cristão que busca a reconciliação das comunidades eclesiais divididas e confrontadas para dar expressão visível à *Una Sancta*.

A palavra *oikoumene*, da qual deriva diretamente ecumenismo, pertence a uma família do grego clássico relacionada com termos que têm que ver com "casa", "linhagem", "povo" (*oikos*). *Oikoumene* é a terra habitada, o mundo conhecido até onde se estendia a influência grega. O termo *oikoumene* aparece quinze vezes na literatura neotestamentária. Às vezes, recupera o velho sentido de "mundo" (At 11,28) ou de "Império romano" (Lc 2,1), mas em outras se coloca a ênfase no caráter transitório do mundo presente para afirmar com rotundidade a iminente chegada de uma nova e transformada *oikoumene* regida diretamente por Jesus Cristo (At 2,5). A palavra é introduzida na terminologia eclesiástica a partir do momento em que o concílio de Constantinopla (381) designa o concílio de Niceia (325) como "concílio ecumênico". Assim, o termo "ecumênico" se aplica às doutrinas e usos eclesiásticos aceitos como normas autoritativas e universais em toda a Igreja. Por isso há "doutores ecumênicos" (Basílio o Grande, Gregório de Nissa, João Crisóstomo...), "credos ecumênicos" (dos Apóstolos, o de Niceia etc.), "concílios ecumênicos" etc.

Séculos depois, o termo recebe nova significação. Quando o pastor protestante francês Adolphe Monod se dirige aos organizadores protestantes na primeira reunião da Aliança Evangélica (Londres, 1846) para agradecer-lhes as iniciativas e desvelos, o faz em termos, nos quais se ressalta "o espírito verdadeiramente ecumênico que haviam demonstrado". A expressão do pastor calvinista é, talvez, a primeira na qual o termo ecumênico se emprega para indicar mais uma atitude do que um fato ou uma qualidade. Os movimentos "Fé e Constituição" e "Vida e Ação", entrando já no século XX, universalizam uma nova acepção do termo: a relação amistosa entre as igrejas divididas, com a finalidade de superar rivalidades teológicas e manifestar a unidade visível entre as igrejas, em obediência ao mandato de Jesus de permanecer unidos.

II. As divisões eclesiais. Mais de 1.800.000 crentes afirmam pertencer a alguma igreja ou comunidade cristã. O cristianismo, talvez como nenhuma outra religião, sofreu as mais desagregadoras divisões, e em seu seio existem ou existiram as heresias mais diversas. A divisão dos cristãos é um dado inquestionável. Este fato, que está na base do movimento ecumênico, faz pensar nos unilaterais desenvolvimentos teológicos e culturais que as primitivas comunidades levaram adiante, esquecendo a complementaridade e riqueza que tinha suposto não perder a irmandade básica entre elas.

Do ponto de vista teológico, as grandes questões que dividiram as igrejas durante os séculos IV e V afetaram doutrinas centrais da fé: Trindade, dupla natureza de Cristo, maternidade divina, procedência do Espírito Santo etc., dando origem às antigas igrejas orientais. Durante os séculos XI e XV, as divisões afetaram os centros da autoridade eclesiástica, girando ao redor de temas como o das relações Igreja-Império, primado romano, o *filioque* etc. Produz-se, então, de modo "oficial", a cisão na Igreja indivisa entre o Oriente e o Ocidente cristãos (1054). Finalmente, no século XVI, as divisões afetam o Ocidente cristão e se centram em torno da autoridade espiritual: relações Escritura-Tradição, doutrina da salvação ao redor do binômio fé-obras, sobre os meios de graça (palavra-sacramento), sobre o sacerdócio ministerial confrontado com o sacerdócio dos fiéis, inclusive sobre a identidade da Igreja com relação à sua constituição e sucessão apostólica. É o tempo do nascimento das reformas protestantes – luteranas e calvinistas – e anglicanas, confrontadas com a Igreja de Roma. Durante os séculos XVII e XVIII e finais do século XX, apareceram outras famílias cristãs, chamadas batistas, metodistas, pentecostais etc.

A polêmica e as condenações, o desconhecimento mútuo e a indiferença marcaram o passado entre as igrejas cristãs. Felizmente, hoje existe um clima novo marcado pelo movimento ecumênico, cujas expressões são muito variadas.

III. Variedade de tarefas ecumênicas. Congar descreveu o ecumenismo como "uma plenitude". Certamente, o ecumenismo é uno. Não cabe falar de um ecumenismo católico, de outro protestante e de um terceiro que fosse ortodoxo. Razões pedagógicas permitem falar, no entanto, de uma ampla variedade de tarefas ecumênicas. Por exemplo, há um *ecumenismo institucional*, que implica certo grau de organização sem o qual é difícil conceber as múltiplas ações ecumênicas; a tarefa realizada pelo Conselho Ecumênico das Igrejas a partir de Genebra, ou pelo Pontifício Conselho para a Promoção da Unidade a partir de Roma, requer alguns espaços organizativos com estabilidade. Pode-se falar também do *ecumenismo oficial*, quando se considera o grau de representatividade que exercem as autoridades eclesiásticas de cada comunidade e que marcam oficialmente as relações existentes entre as diversas igrejas. Existe também o *ecumenismo doutrinário*, dado que a questão da verdade, tão estreitamente unida à profissão da fé verdadeira (ortodoxia), esteve presente tanto nas raízes das separações eclesiais como está agora mesmo nas tentativas de alcançar convergências no essencial da fé. Sua expressão máxima se patenteia nos numerosos colóquios e diálogos em diferentes níveis (bilaterais, multilaterais) que protagonizam hoje as comissões mistas de teólogos. O *ecumenismo espiritual* tem sua origem na convicção de muitos pioneiros sobre a legitimidade de transcender certas barreiras eclesiásticas para sentir-se já unidos naquele que é o fundamento da Igreja. Fala-se, às vezes, do *ecumenismo local*, quando em determinado lugar os/as cristãos/ãs que constituem a base ou os grandes espaços do povo de Deus exercem tarefas concretas que vão desde a ação comum com relação a temas de justiça, paz, respeito à criação etc., até atividades como reflexões bíblicas comuns, ou a ação em favor dos mais desfavorecidos (enfermos, anciãos, migrantes etc.) em determinada área. Esse tipo de ecumenismo vem desmentir a ideia de que o movimento ecumênico seja assunto exclusivo de especialistas, de clérigos, de teólogos ou de hierarquias, e corrobora a ideia de que é uma experiência cristã vivida e pensada por todo o povo de Deus. Alguns autores falam do *ecumenismo secular*, que Georges Casalis assim define: "O ecumenismo secular não é tanto uma moda, mas uma decisão fundamental. A decisão e a convicção de que o dever essencial do cristianismo de hoje é concretizar a união da humanidade e não das Igrejas".

IV. Origem e desenvolvimento do movimento ecumênico. As origens históricas do movimento ecumênico moderno estão vinculadas a pessoas e instituições. Pessoas que "esperaram contra toda esperança". O que distinguiu estes pioneiros foi a profunda convicção de que a unidade das igrejas cristãs será um marco na história. O horizonte utópico de homens como John Mott, J. H. Oldham, Charles Brent, N. Söderblom. W. Temple, F. Portal, Lord Halifax, Mercier, P. Couturier, Y. M. Congar etc., é o logo, através de instituições e organizações, chegará a forjar o movimento ecumênico atual.

1. Mas nas origens do atual movimento ecumênico se encontram instituições e organismos como a Associação Cristã de Jovens (YMCA e YWCA), a Federação Mundial de Estudantes Cristãos (WSCF) e o Conselho Internacional Missionário (IMC), de cujas conferências, uma foi celebrada em Edimburgo (1910), marcando o início do ecumenismo oficial.

De Edimburgo nasceriam dois movimentos especificamente ecumênicos, Vida e Ação (*Life and Work*), com decidida intenção de levar o testemunho cristão a uma sociedade convulsionada pela primeira guerra mundial, e o movimento Fé e Constituição (*Faith and Order*), de clara inspiração doutrinária. As assembleias e as linhas diretrizes de ambos os movimentos desembocariam na criação do Conselho Ecumênico das Igrejas (CEI), constituído na Conferência de Amsterdã em 1948.

2. O *Conselho Ecumênico das Igrejas* (CEI) é a expressão mais completa dos anseios de unidade cristã que existem hoje entre as igrejas separadas. As 337 igrejas membros que hoje formam o CEI representam todas as tradições eclesiais do cristianismo, pertencem a quase todos os países do mundo e mantém relações fraternas com muitas igrejas que não fazem parte dele, como é o caso da Igreja católica. O CEI, no entanto, não é mais do que uma fase transitória no caminho que vai da desunião das igrejas à unidade da Igreja. Nunca pretendeu ser nem a Igreja universal nem uma super-Igreja. É um meio para tornar cada vez mais visível a unidade em Cristo.

A pertença de uma igreja ao CEI depende da aceitação da base doutrinária que desde a redação de 1961 ficou formulada assim: "O CEI é uma associação fraterna de igrejas que creem em Nosso Senhor Jesus Cristo como Deus e Salvador segundo as Escrituras e se esforçam por responder conjuntamente à sua vocação comum para a glória de um só Deus, Pai, Filho e Espírito Santo". Sua organização é muito complexa. A sede central de Genebra ocupa dezenas de homens e mulheres que trabalham em um edifício situado perto do das Nações Unidas e nas proximidades da OIT.

A Assembleia Geral do CEI é a autoridade máxima e reúne-se a cada sete ou oito anos em uma cidade distinta com um tema específico; eis aqui as celebradas até hoje: Amsterdã (1948), Evanston (1954), Nova Déli (1961), Upsala (1968), Nairóbi (1975), Vancouver (1983), Canberra (1991) e Harare (1998).

3. O *Conselho Pontifício para a Promoção da Unidade*. A incorporação oficial da Igreja católica ao movimento ecumênico é tardia. É datada habitualmente em 1960, quando João XXIII cria o Secretariado Romano para a Unidade dos Cristãos. A estrutura do secretariado é semelhante à de outros dicastérios da Cúria romana. Além de seu presidente, um corpo de consultores e peritos, de caráter internacional, completa este organismo romano que, a partir da constituição apostólica *Pastor bonus*, de João Paulo II (1º de março de 1989), mudou seu nome pelo de Conselho Pontifício para a Promoção da Unidade. Em seu cabedal há realizações dignas de ser levadas em conta: além da ajuda prestada aos padres conciliares na elaboração do decreto *Unitatis redintegratio* (1964), constitui – junto às hierarquias de outras

igrejas – comissões mistas de teólogos para o diálogo doutrinário, criou uma Comissão Mista de Trabalho com o CEI, trabalha com a Aliança Bíblica Mundial em ordem às normas de traduções bíblicas comuns e mantém até hoje o assessoramento ecumênico para as Conferências Episcopais de todo o mundo.

No entanto, antes da "entrada oficial" da Igreja católica no movimento ecumênico, alguns pioneiros católicos trabalharam eficazmente neste campo vedado, sofrendo humilhantes processos e exílios. Convém recordar o significado das Conversações de Malinas (1921-1926), a criação da abadia beneditina de Chevetogue (1925), a criação dos centros ecumênicos de "Istina" (Paris) e os de "Santo Irineu" e "Unidade Cristã" (Lyon), a promoção do ecumenismo espiritual através da Semana de Oração Universal pela Unidade, inspirada pelo Padre Couturier, a Criação da "Associação Unitas", por Ch. Boyer, e a Conferência católica para o ecumenismo (1952), obra de J. Willebrands. E não se pode esquecer a importância que tiveram os movimentos de restauração litúrgica, bíblica, patrística, medieval, na hora em que o ecumenismo foi abrindo passagem como categoria teológica. Neste trabalho, tornam-se imprescindíveis os nomes de Congar, Chenu, Rahner, De Lubac, von Balthasar etc.

V. O diálogo, elemento definitório do ecumenismo.

O diálogo é, sem dúvida, o elemento definitório do movimento ecumênico. Dominique Chenu formulou as três leis do diálogo que parecem fundamentais na hora de iniciá-lo. A primeira consiste em *colocar em relevo a própria identidade*. Não se trata, no diálogo ecumênico, de falsas complacências nem de amabilidades externas que levariam, finalmente, ao erro. Não há lugar para o diálogo sem saber quais são realmente os interlocutores. A segunda lei consiste na *tentativa de penetrar nas razões do outro*, para conhecê-lo melhor, tratando de valorizar – no respeito e na estima – as razões do interlocutor. A terceira é o *colocar a si mesmo em questão*. Alguns a chamam de *etapa autocrítica*, não para destruir-se, mas para purificar-se; e no caso do diálogo ecumênico é essencial, já que os enunciados da fé e as propostas dogmáticas e doutrinais de cada igreja possuem certa inadequação com o mistério de Deus que transcende tudo. A própria fé formulada historicamente deve perguntar a si mesma quanto à sua provisoriedade e quanto às suas possibilidades de reformular-se sempre melhor e de maneira cada vez menos inadequada com o mistério que quer manifestar, embora de maneira frágil, como tudo na história.

Três leis do diálogo cada igreja deve assumir em suas relações com as outras. Alguns autores pensaram em certas condições que parecem irrenunciáveis, se é que as igrejas desejam manter coerentemente o chamado diálogo ecumênico. A primeira delas é que os interlocutores *saibam colocar-se em plano de igualdade*. Uma segunda consiste na convicção de que *o mundo espiritual dos outros pode enriquecer a própria tradição eclesial*. Se isso é assim, surge espontaneamente a tentativa de escuta. Escutar em profundidade supõe admitir que o outro, à medida que é diferente, pode enriquecer seu interlocutor, pode sublimá-lo. O diálogo, em terceiro lugar, implica *comunhão na diversidade*. Já não é possível o medo diante da diversidade como antigamente. O Vaticano II admitiu sua legitimidade tanto em expressões litúrgicas como em formulações doutrinais. A diversidade é lei escrita no mais profundo da *oikoumene*, e sua própria existência não só não obstaculiza o diálogo ecumênico, mas também o estimula. Só dialogam os diferentes; isso é condição imprescindível do mais elementar diálogo. Superar, transcender o atual *status quo* das divisões, mas sem renunciar às formas históricas nas quais a revelação chegou através das mesmas igrejas. Eis aqui, descarnadamente, o "problema ecumênico": necessidade de fidelidade ao legado da igreja em que alguém nasceu, mas ao mesmo tempo – em profundo diálogo com as outras igrejas – imperiosa necessidade de transcender a atual situação de vazio de comunhão.

VI. A unidade e a verdade: eixos do movimento ecumênico.

O movimento ecumênico gira ao redor de dois eixos: a *unidade* da Igreja e a *verdade da revelação* preservada na Igreja.

1. *A unidade da Igreja*. A consciência cristã entendeu sempre que a vontade de Deus, manifestada na revelação bíblica, é uma proposta de unidade para toda a criação, para todos os seres humanos e para todos os cristãos. Por isso, os velhos credos ecumênicos caracterizam a Igreja como *una, santa, católica e apostólica*. O problema que se coloca à consciência cristã, depois do fato das divisões eclesiásticas, é o tipo de unidade adequado para a Igreja de Jesus Cristo. E a resposta é que nem todo e qualquer tipo de unidade parece enquadrar com aquela experiência histórica de unidade que a comunidade cristã viveu quando podia denominar-se Igreja indivisa. Algumas convicções básicas hoje são aceitas hoje unanimemente por todas as igrejas envolvidas no movimento ecumênico. A unidade deve ter uma *dimensão teológica*, já que constitui uma *koinonia* tão íntima e estreita como a que existe entre o Pai e o Filho, uma *dimensão sacramental* ou de sinal, significativamente visível "para que o mundo creia", e uma *dimensão confessional* no sentido de que a unidade querida por Cristo não pode ser buscada fora ou à margem da Igreja de Cristo, mas na Igreja, em suas expressões históricas, quer dizer, nas igrejas cristãs.

A partir desses pressupostos básicos, as igrejas e os teólogos ofereceram diferentes modelos de unidade. Assim, em grandes áreas do protestantismo histórico e especialmente desde a Federação Luterana

Mundial, se vem falando da *diversidade reconciliada*. A Igreja católica, renunciando à ideia do *retorno a Roma* como modelo inviável para a reunificação cristã, mantém, no entanto, a partir de sua eclesiologia de comunhão, a convicção profunda de que, no episcopado universal em comunhão com a sede romana, reside uma garantia de unidade para a Igreja reunificada, pelo que o serviço de Pedro, longe de ser o obstáculo que hoje supõe para a unidade da Igreja, seria a melhor expressão de sua unidade. Existem ainda outras propostas de unidade muito diferentes entre si. As Igrejas Unidas (*United Churches*) propugnam o modelo de *unidade orgânica total*, que consiste no desaparecimento das igrejas que decidirem entrar no processo de negociações para emergir de todas elas uma Igreja unida.

2. *A verdade da revelação*. O preço da unidade tem um nome: a verdade. Por isso, o problema do ecumenismo é, definitivamente, o problema da verdade. No ecumenismo trata-se de precisar, em primeiro lugar, os limites do que se considera núcleo central da fé – como tal irrenunciável – e a construção doutrinária na qual a fé aparece revestida. Deslindar esses limites é parte do problema ecumênico. Esse trabalho de esclarecimento entre a verdade da fé e seu enunciado deve ser realizado por teólogos e hierarcas das igrejas, distinguindo sem ambiguidades a própria fé do que é o sistema teológico que ajudou gerações a transmiti-la, e revisando – quando necessário – a validade das velhas fórmulas nos novos contextos histórico-culturais. Mas, em segundo lugar, é claro que, além das expressões e linguagens teológicas, existem realmente complexos problemas de conteúdo que ainda hoje em dia separam as igrejas.

Certos temas muito polêmicos no passado recebem hoje tratamento mais matizado e já não significam centros de fricção eclesiástica: o problema da justificação pela fé; as relações natureza-graça; a possibilidade do conhecimento natural de Deus; relações entre revelação, Bíblia e tradição; a salvação etc. O exemplo mais significativo nesse sentido é a *Declaração conjunta sobre a doutrina da justificação*, firmada oficialmente pelas autoridades católicas e luteranas no dia 31 de outubro de 1999 em Augsburgo.

Outros temas, em contrapartida, fazem referência aos núcleos maiores do debate atual. Em primeiro lugar, é necessário pensar no conceito mesmo de Igreja. Hoje, o problema eclesiológico é o mais importante do ponto de vista ecumênico. Que a partir de perspectivas teológicas se analise em profundidade a identidade da Igreja, não significa voltar a colocações eclesiocêntricas já caducos. O correto enfoque da pergunta deveria ir na linha desta afirmação básica: "a Igreja *é para* o reino", não para si mesma. Com isso, não se estaria negando ou desvalorizando a estrutura sacramental, mas se evitaria cair em uma concepção substancialista da Igreja que viesse a identificá-la exclusivamente com a realidade divina. Deve-se manter um são equilíbrio eclesiológico que evite, por uma parte, o perigo maximalista da concepção da Igreja como o "Cristo vivente hoje" – porque a Igreja não é Cristo, embora esteja intimamente unida a ele – e, por outra, o perigo minimalista que reduz a Igreja a mero instrumento, a uma organização meramente funcional.

Disso deriva a questão ministerial e, por conseguinte, o reconhecimento mútuo dos ministérios. Este é outro dos grandes debates entre cristãos e objeto de um capítulo da terceira parte do documento *Batismo, eucaristia, ministério* (BEM). Mas isso requer uma progressiva aproximação, na qual serão definitivos estudos históricos muito imparciais sobre a ministerialidade, eclesial no momento inicial das cisões eclesiásticas. Unido estreitamente ao tema da ministerialidade se encontra o do *ministério petrino*, especialmente enfatizado pela Igreja católica, já que o considera parte constitutiva de sua própria estrutura. Sua enorme dificuldade foi apontada expressamente por Paulo VI ao visitar a sede do CEI: "O ministério de Pedro, criado para a unidade da Igreja, converteu-se em seu maior obstáculo". Nesta ordem de coisas, aparece como imperativo ecumênico a reforma da Cúria romana, cujas atuais estruturas constituem hoje mais um estorvo do que um serviço à unidade das igrejas.

Tema de sumo interesse ecumênico é o debate sobre o possível reconhecimento do *estatuto eclesiológico* das comunidades cristãs do Ocidente separadas de Roma e a consequente aceitação ou rejeição da terminologia "igrejas irmãs". Sabe-se que a Igreja católica só utiliza o termo "igreja" em sentido próprio quando se refere a si mesma ou às Igrejas ortodoxas; em contrapartida, quando se refere ao cristianismo separado do Ocidente a classificação normal é a de "comunidades eclesiais". A Congregação para a Doutrina da Fé publicou uma *Nota sobre a expressão "Igrejas irmãs"* (30 de junho de 2000), na qual se nega tal apelativo ao mundo das igrejas surgidas das reformas do Ocidente, enquanto se aplica às orientais. Um contínuo diálogo ecumênico parece que deveria corrigir esta anomalia, causa de mal-entendidos, entre aqueles que se dizem "interlocutores em pé de igualdade" do diálogo intercristão.

Entre os temas abordados em diferentes diálogos ecumênicos, estão também: relações Igreja universal e igrejas locais, especialmente árduo na Igreja católica, a adequada coerência das categorias eclesiológicas "primado", "colegialidade" e "sinodalidade", e a importância do princípio de subsidiariedade aplicado às igrejas locais. E a partir de perspectivas não estritamente eclesiológicas, se encontram os debates sobre o papel de Maria na história da salvação e as distintas aproximações da eucaristia, com especial referência às questões do aspecto sacrifical da missa e da intercomunhão. Por último, existe todo um conjunto de problemas concernentes à moral e à bioética, como são o sentido da vida e da morte (aborto, eutanásia, clonagem, pena de morte etc.), a diversidade de tendências sexuais, os problemas sobre o ecossistema e a ecologia etc., tão diversamente interpretados por umas e por outras igrejas que nunca deveriam ter sido colocados a partir da solidão confessional.

Dentro dos diálogos chamados multilaterais, deve-se destacar o realizado desde 1965 entre a Igreja católica e o CEI. Este último organismo publicou em 1982 um documento, trabalhado também por teólogos católicos, que constitui notável esperança ecumênica: o documento *Batismo, eucaristia, ministério,* ou Documento de Lima.

VII. Os desafios do movimento ecumênico. O caminho do movimento ecumênico está cheio de desafios e obstáculos. À dificuldade que supõem as espinhosas questões doutrinárias somam-se os titubeios e incoerências de muitos dirigentes de igrejas diante do convite dos teólogos a levar a bom termo os acordos alcançados. A partir de ambientes ecumênicos, existe consciência de que a maioria dos temas debatidos entre as igrejas durante os últimos decênios do século XX espera uma resposta definitiva que tomará corpo, se a tarefa ecumênica for além do mero exercício de tipo intelectual. É necessário compor um conjunto de temas da agenda ecumênica que com toda probabilidade se vão colocar cruamente ao longo do século XXI.

Entre os desafios e dificuldades que o movimento ecumênico atravessa, dois merecem ser levados em conta. O primeiro faz referência aos fenômenos do sincretismo, fundamentalismo e proselitismo; o segundo, à publicação de documentos da hierarquia que podem ferir a sensibilidade ecumênica das outras igrejas.

1. *Os fenômenos do sincretismo, fundamentalismo e proselitismo de algumas igrejas com tendências sectárias.* O desafio, que hoje muitos grupos – chamados de novos movimentos religiosos (NMR) pelos sociólogos – supõem para as igrejas, ultrapassa os limites do que, há anos, o velho problema do proselitismo supunha. A forte atração desses fenômenos veio entorpecer as relações ecumênicas. Alguns grupos com carga sincretista muito forte, especialmente na Europa ocidental e nos Estados Unidos, fazem com que a unidade das igrejas apareça como muito pobre e precária. A chamada Nova Era (*New Age*), com uma cosmovisão otimista diante do tempo marcado pelo signo de Aquário, que deixa para trás o tempo protagonizado pelas igrejas divididas sob o signo de Peixes, faz com que muitos homens e mulheres cristãos se voltem para estas novas cosmovisões sincretistas. O problema na América Latina e África, pelo contrário, radica no auge de numerosas seitas fundamentalistas que paralisam muitos esforços ecumênicos. O fenômeno sectário moderno é um dos grandes desafios às igrejas que se viram constrangidas a elaborar alguns documentos como *Seitas ou novos movimentos religiosos – Desafios pastorais* (1986), do Conselho Pontifício para a Promoção da Unidade, e *Novos movimentos religiosos,* resultado da reunião conjunta celebrada em Amsterdã (1986) entre peritos da Federação Luterana Mundial e do CEI.

O proselitismo, fenômeno que se acreditava superado entre as igrejas e relegado ao mundo das seitas, ainda tem paralisado as relações de algumas comunidades cristãs. Apesar dos documentos emanados pelo CEI, *Testemunho comum, proselitismo e liberdade religiosa* (St. Andrew, 1960), e pelo Grupo Misto de Trabalho da Igreja católica e do CEI, *Testemunho comum e proselitismo* (1970), algumas igrejas suspeitam do "proselitismo" de outras. O documento do Grupo Misto de Trabalho assinalava três áreas de especial tensão com relação ao proselitismo: o tema de rebatismo dos adultos que já foram batizados em outra comunidade cristã quando ainda eram crianças; as disposições legais de determinadas igrejas sobre o casamento de seus fiéis com membros de outras comunidades, por exemplo, a necessidade que obriga o cônjuge católico de educar em sua fé os filhos de seu matrimônio; e, por último, a questão das igrejas orientais unidas a Roma, quer dizer, o *problema uniata.* Este último problema ficou de tal modo endurecido depois da queda dos regimes comunistas do Leste, que os incipientes diálogos doutrinários entre Roma e as igrejas ortodoxas se viram abortados radicalmente.

2. *Publicação de documentos da hierarquia que podem ferir a sensibilidade ecumênica das outras igrejas.* Tema especialmente delicado, já que toca pontos que devem ser escrupulosamente respeitados. Por uma parte, o direito que assiste a toda igreja de expor com inteira liberdade suas crenças e doutrinas sem ambiguidades nem restrições. Mas, ao mesmo tempo, cada igreja deve manter uma delicada vigilância em todas as suas expressões, mormente quando emanam de organismos com autoridade universal, para que em nenhum momento possam ser interpretadas como ofensivas às outras igrejas com as quais se mantêm vínculos ecumênicos.

Dessa perspectiva, textos como os emanados recentemente da Congregação para a Doutrina da Fé, *Nota sobre a expressão "Igrejas irmãs"* (30 de junho de 2000) e *Declaração Dominus Jesus sobre a unicidade e a universalidade salvífica de Jesus Cristo e da Igreja* (6 de agosto e 5 de setembro de 2000), causaram tanto mal-estar na totalidade prática das igrejas cristãs não romanas que é necessário perguntar – sem entrar nas considerações doutrinárias sobre a universalidade da salvação de Jesus Cristo – se sua publicação foi oportuna no tempo (no ano da reconciliação jubilar), se sua linguagem foi a mais apropriada e fraterna, e finalmente se foram levadas em conta tanto a necessária e serena autocrítica como as aquisições de todo tipo no terreno ecumênico alcançadas em pouco mais de trinta anos.

É verdade que estes não são, felizmente, os documentos ecumênicos mais desfrutados por Roma. Aludiu-se já a alguns dos melhores. Dever-se-ia levar em conta a citada encíclica de João Paulo II *Ut unum sint* (1995), e em outra ordem, mas também com representação católica oficial, os documentos *Paz com justiça* (Basileia, 1989), *Reconciliação: dom de Deus e fonte de nova vida* (Graz, 1997), a *Carta ecumênica* (Estrasburgo, 2001) e a já citada *Declaração conjunta sobre a doutrina da justificação* (Augsburgo, 1999).

O futuro do ecumenismo não está em interdito, apesar das debilidades das igrejas. As mudanças radicais entre cristãos e entre igrejas são possíveis. Um teólogo alemão nos recordava que "o movimento ecumênico que em 1928 foi tachado pela *Mortalium animos* como 'enorme profanação'..." 35 anos depois o concílio Vaticano II "o atribuía ao sopro da graça do Espírito Santo (UR 4)... E aos vituperados, em 1943, como '"hereges e pagãos', 23 anos depois a Igreja lhes diz que 'lhes pertence o honroso nome de cristãos e com razão são reconhecidos como irmãos no Senhor pelos filhos da Igreja católica' (UR 3)".

Um ilustre ecumenista, o Padre Tillard, conta que um amigo lhe disse uma vez: "Você desperdiça seu tempo e suas energias. Suas disputas ecumênicas, seus diálogos em todas as direções, não são mais do que sonhos..." "Talvez – respondeu Tillard – mas os sonhos têm seu poder de transformar o mundo, quando a gente crê neles. Os cristãos estão convencidos – e não são os únicos – de que o diálogo encontra aqui seu sentido. Um sonho louco, mas que em sua fragilidade alcança o que a carta aos Efésios diz da cruz, ela também é loucura, loucura... de Deus!"

K. Barth, *Ante las puertas de San Pedro*, Madrid, Marova, 1971; J. Bosch, *Para comprender el ecumenismo*, Estella, EVD, 1991; Y. Congar, *Cristianos desunidos*, Estella, EVD, 1967; Id., *Cristianos en diálogo*, Barcelona, Estela, 1967; O. Cullmann, *Verdadero y falso ecumenismo*, Madrid, Studium, 1972; Id., *L'unité par la diversité*, Paris, 1986; H. Fries, *Eine Glaube. Eine Taufe. Getrennt beim Abendmahl?*, Graz, Styria, 1971; A. González Montes (ed.), *Enchiridion Oecumenicum*, 2 vols., Universidad Pontificia de Salamanca, 1986 e 1993; K. Rahner e H. Fries, *La unión de las Iglesias*, Barcelona, Herder, 1987; R. Rouse e J. St. Neill (eds.), *A History of the Ecumenical Movement (1517-1548)*, Londres, SPCK, 1967; H. E. Fey, *The Ecumenical Movement (1948-1968)*, Londres, SPCK, 1970; B. Sesboüé, *Por una teología ecuménica*, Salamanca, Secretariado Trinitario, 1999.

Juan Bosch

ESCATOLOGIA

I. Crítica moderna à escatologia cristã. A crítica moderna da religião causou forte impacto na escatologia cristã, chegando a provocar quase sua dissolução e certamente sua secularização, pelo menos no pensamento moderno. Para Feuerbach, a fé na imortalidade do ser humano é, na realidade, a fé na divindade do ser humano; a fé na eternidade e na infinitude da personalidade; o além não é mais do que o aquém liberado de seus limites, sobretudo do limite da morte. A crítica dirige-se ao "céu" da teologia cristã, considerado como projeção de nossos desejos. O céu é "a existência que corresponde a meus anseios... a essência da divindade manifestada objetivamente; subjetivamente, é a expressão sincera dos pensamentos mais íntimos da religião" (Feuerbach, 2002³, 218).

Em Marx, a crítica do céu converte-se em crítica da terra, a crítica da religião torna-se crítica do direito, e a crítica da teologia em crítica da política (Marx e Engels, 1974, 94). O além é considerado um mecanismo de distração para que o ser humano não enfrente as tarefas que lhe competem no mundo. A esperança em uma salvação transcendente é um obstáculo, mais do que um atrativo, para trabalhar pela salvação na história. A casa do ser humano encontra-se na terra, não no céu. Eliminando o além, a tarefa da história consiste em investigar a verdade do aquém. Produz-se assim uma secularização da escatologia cristã e de sua correspondente teologia da história, que abre passagem a uma escatologia intramundana.

A pátria celeste é substituída pela pátria da identidade, à qual a humanidade chega uma vez libertada de todas as alienações que a oprimem. A fidelidade à terra converte-se em um critério último de atuação: "Eu vos conjuro, irmãos, *permanecei fiéis à terra* e não acrediteis naqueles que falam de esperanças sobrenaturais. São envenenadores, quer o saibam, quer não" (Nietzsche, 1990, 34).

Se à crítica moderna da religião acrescentarmos a marginalização de que era objeto a escatologia no interior mesmo da reflexão teológica e do cristianismo, não poderá causar estranheza o diagnóstico desalentador que dela fizera E. Troeltsch, citando um teólogo moderno: "As oficinas escatológicas estão hoje em dia, o mais das vezes, fechadas, porque as ideias nas quais se baseavam perderam suas raízes".

II. Redescoberta da escatologia no cristianismo. No final do século XIX e em princípios do século XX, produziu-se, porém, uma reviravolta copernicana a esse respeito, sobretudo a partir do estudo da mensagem de Jesus e do cristianismo primitivo através da exegese dos textos neotestamentários. Depois de ter funcionado como refúgio diante dos vendavais e como dique de contenção dos conflitos sociais, a escatologia converteu-se, no dizer de U. von Balthasar, em "recanto de onde saem as tormentas". J. Weiss (*Predigt Jesu vom Reich Gottes*, 1982) e A. Schweitzer (*Vom Reimarus zu Wrede. Eine Geschichte der Leben-Jesu Forschung*, 1906) redescobrem a centralidade da escatologia na pregação e na vida de Jesus, ocasionando com isso uma comoção nada pequena no panorama tranquilo da teologia liberal da época. Sua imagem de Jesus de Nazaré não era a do pregador moral ou do mestre de virtude que parecia desprender-se do sermão da montanha e que os iluministas ofereceram. Tampouco sua concepção do reino de Deus era a de uma realidade de caráter ético, como queria demonstrar A. Ritschl. Para eles, Jesus foi um pregador visionário que, situado na tradição apocalíptica de Israel e em sintonia com a mensagem penitencial de João Batista, anuncia a iminência do reino de Deus e transmite uma mensagem de futuro desestabilizador que, não tardando, será integrado na lógica da ordem estabelecida. Assim o expressa A. Schweitzer: "Tudo está tranquilo e continua seu curso normal. De repente, aparece o Batista anunciando: Fazei penitência! O reino de Deus está se aproximando! Daí a pouco tempo, chega Jesus, o anunciado Filho do homem, perfeitamente consciente de sua missão, que toma nas mãos a roda do mundo, coloca-a em movimento e tenta dar-lhe um último giro para orientar a história rumo ao fim do mundo. A roda resiste, e ele fica aprisionado em seus raios. Um movimento mais em retrocesso acaba por deixá-lo triturado: vinha anunciando a escatologia e não fez mais que destruí-la. A roda do mundo (= eterno retorno) continua dando voltas, levando ainda presos em seus raios os farrapos do único homem que teria sido capaz de constituir-se em reitor espiritual da humanidade e de dominar a história" (Schweitzer, 1906, 367).

Um século antes, Hegel já falava do caráter revolucionário do cristianismo, como antecedente da Revolução francesa, e fazia um balanço semelhante ao de Schweitzer: "Os pioneiros da religião cristã haviam sonhado com uma revolução deste gênero, na qual unicamente atua um ser divino, e o ser humano fica contemplando como simples espectador. Estes sonhos se foram desvanecendo pouco a pouco, e as sucessivas gerações cristãs se contentaram com esperar a chegada da revolução total do fim dos tempos" (Hegel, 1981).

Quase cem anos depois, J. P. Sanders veio confirmar a ideia de Schweitzer em suas investigações sobre o judaísmo e sobre o Jesus histórico, quando apresenta este como "um profeta escatológico" que esperava a atuação iminente e espetacular de Deus para mudar de forma decisiva e radical a atual ordem das coisas (Sanders, 2000, 285-286). Isso se esclarece na ação de derrubar as mesas dos cambistas na área comercial do templo que, entendido em conexão com o anúncio da destruição deste, foi considerada pelas autoridades religiosas e políticas como uma ameaça profética. Sanders expressa suas dúvidas razoáveis e raciocinadas sobre a autenticidade jesuânica da afirmação sobre o "covil de ladrões" e descarta fundamentalmente que no incidente do templo, se tratasse de um símbolo da necessidade de sua purificação. Jesus não teria sido, portanto, um reformador que pensava na reforma do templo e talvez tampouco um analista político que tivesse prognosticado a destruição do templo por mãos dos romanos, mas um "escatologista radical" que esperava ser recolocado no "novo éon".

A descoberta de Weiss e de Schweitzer produziu forte sacudida nos próprios fundamentos da teologia dogmática então reinante e da instituição eclesiástica, já que "o conhecimento do caráter escatológico do cristianismo fez aparecer como mentira a óbvia e natural síntese harmônica de cristianismo e altura" (Moltmann, 1969, 45). No entanto, os efeitos desestabilizadores apenas se deixaram sentir além da primeira sacudida. Resultava bastante difícil transladar a imagem de um Jesus apocalíptico à hermenêutica liberal, que se encontrava mais cômoda com a ideia e a vivência de um cristianismo burguês comodamente instalado do que com a de um cristianismo desestabilizador. A única saída que restava era voltar à conhecida imagem pacífica de Jesus como pregador moral e interpretar a mensagem escatológica do cristianismo com categorias concordes com o contexto eclesial e sociocultural.

Karl Barth dá importante passo adiante com sua reconstrução da teologia protestante a partir da rejeição da concepção agostiniano-calvinista e a partir da escatologia, que ele converte em categoria fundamental de sua reflexão: "Um cristianismo que não seja totalmente e em sua integridade escatológico não tem nada em absoluto que ver com Cristo" (Barth, 1922, 298). Esta afirmação se converte na ideia programática do movimento da "teologia dialética". Contudo, devem-se colocar algumas objeções a Barth. Surpreende, em primeiro lugar, que, dando tanta importância à escatologia, não a estude de maneira específica em sua *Dogmática eclesiástica*. Em segundo lugar, Barth move-se em horizonte transcendentalista e pouco histórico, como demonstram suas reiteradas referências ao *futurum aeternum* (futuro eterno). Aprecia-se escasso interesse pelo final da história. "A história do final deveria ser sinônima da história do começo." Segundo o julgamento crítico de Moltmann, na concepção supratemporal de Barth sobre Deus, a verdade de Deus é "a epifania do presente eterno" e não "o Apocalipse do futuro prometido", e a revelação é entendida como "presente sem futuro".

Deve-se esperar ainda durante algumas décadas para que a escatologia deixe de ser apêndice da teologia, se converta no horizonte global do cristianismo e desdobre todo o potencial crítico-libertador da esperança cristã e sua capacidade geradora e mobilizadora de utopias históricas. Isso acontece com a aparição da *Teologia política*, de J. B. Metz, com a *Teologia da libertação*, na América Latina, e com a *Teologia da esperança*, de Moltmann. Aqui nos ocuparemos desta última, para onde convergem três tradições distantes no tempo, mas afins em seu espírito: os diferentes movimentos de emancipação dos anos sessenta, os movimentos modernos em prol da liberdade e as potencialidades utópicas da escatologia judaico-cristã.

Moltmann define sua obra como espécie de tapete tecido com as linhas da filosofia da esperança de E. Bloch e da teologia da esperança presente na religião bíblica. Se, como veremos no conceito "Esperança", Bloch elevou a esperança à categoria de seu pensamento e a *princípio filosófico*, Moltmann a converte em *princípio teológico*. O novo princípio constitui o ponto de arranque da escatologia, que sofre uma mudança radical: deixa de ser a doutrina sobre as coisas últimas para definir-se como "doutrina sobre a esperança cristã" e horizonte do cristianismo, entendido como esperança, perspectiva e orientação para o futuro, e por isso abertura, crítica e transformação do presente. Os enunciados da escatologia não se baseiam na experiência; antes, colidem com ela; não vão na retaguarda da realidade, mas a precedem; consideram a morte e o sofrimento humano, a pobreza e a escravidão como experiências que podem superar-se e não como fatos irremediáveis ou fenômenos naturais submetidos às forças do destino. Produz-se assim uma viravolta revolucionária na maneira de entender e de fazer teologia.

A escatologia, perdida outrora nas fundamentações da teologia, coloca-se no centro da fé cristã e converte-se em horizonte de toda teologia: "O escatológico não é algo situado *ao lado do* cristianismo, mas é simplesmente o centro da fé cristã, o tom com o qual se harmoniza tudo nela, a cor da aurora de um novo dia esperado, cor na qual aqui embaixo tudo está banhado" (Moltmann, 1969, 20).

A perspectiva ético-política libertadora da escatologia foi desenvolvida e fundamentada pela teologia política de Metz e pelas diferentes teologias da libertação, sobretudo no Terceiro Mundo; elas propõem as mediações históricas da esperança cristã e tentam esclarecer as relações dialético-inclusivas entre as utopias históricas e a escatologia. Destas teologias nos ocuparemos em grandes conceitos (cf. "Teologias da libertação"; "Teologia política").

III. Recuperação da escatologia no pensamento contemporâneo. A redescoberta da escatologia na teologia cristã está em correspondência com a recuperação das tradições messiânicas e apocalípticas judaicas em alguns pensadores contemporâneos, sobretudo judeus. Os estudos de Marx Weber (*Ensayos sobre sociología de la religión*) e de Hermann Cohen (*Religión de la razón*) sublinham a peculiaridade e originalidade das esperanças soteriológicas do judaísmo. Diferentemente das religiões vizinhas, que situam a salvação na idade dourada do passado, no tempo originário, Israel coloca o desenvolvimento da humanidade no futuro. As expectativas escatológicas converteram-se no centro de sua religiosidade.

W. Benjamin é doutor da apocalíptica judaica em sua filosofia da história, onde recupera algumas das ideias apocalípticas como interrupção, catástrofe, salto etc. Critica a ideia de "progresso" entendida como desenvolvimento linear incessante e defende uma concepção descontínua do tempo, em oposição à ideia acumulativa e homogênea proposta pelo historicismo. O desejo revolucionário de realizar o reino de Deus é o princípio da história moderna, afirma, citando Schlegel.

Outros filósofos de origem judaica, como Landauer, Scholm, Rosenzweig e Biber, transcendem a visão puramente racionalista e a concepção legalista estreita do judaísmo e recuperam para o pensamento moderno o messianismo, a ideia mais profundamente original da tradição judaica e a aspiração a um futuro absoluto capaz de transformar a realidade passada e presente. Esses autores entendem a redenção não como simples evolução, mudança gradual ou continuidade entre presente e era messiânica, mas como descontinuidade, ruptura e catástrofe revolucionária capaz de destruir a ordem presente e de abrir o caminho à salvação messiânica. Dessa maneira, tentam harmonizar a fé no messianismo com a utopia revolucionária, entendida como em chave anarquista, tanto em sua versão marxista, ou em seu caráter gnóstico. Em todos eles se percebe uma sintonia com a tradição romântica.

Mas foi Ernst Bloch que, a partir de perspectivas inéditas dentro do marxismo, desempenhou papel decisivo na recuperação da escatologia na filosofia e na teologia do século XX. A religião judaico-cristã, crê o pensador marxista, constitui a fonte da esperança e a reserva da esperança escatológica. O núcleo que se pode herdar desta religião é precisamente sua consciência messiânica, sua escatologia, que no Antigo Testamento aparece como permanente êxodo para a terra prometida, no Novo Testamento como anúncio da irrupção iminente do reino de Deus na história humana e nos movimentos apocalípticos posteriores como realização do milênio. Mas Bloch dá um passo mais: transforma a esperança ultraterrena da religião em utopia concreta intramundana e a esperança religiosa em *docta spes*. A escatologia se torna, assim, um momento importante na reconstrução da razão prática, um questionamento da razão instrumental e uma mediação a serviço da emancipação humana. Bloch é consciente de que a escatologia judaico-cristã, como em geral as visões de futuro das religiões, têm muito de fantasmagoria, mas, se se chega ao fundo, pode-se encontrar nelas um potencial revolucionário que é necessário acolher como herança.

IV. Dos "novíssimos" à escatologia. O atual tratado de escatologia chamava-se antes "os novíssimos". A mudança de nome comporta uma mutação fundamental na metodologia, na orientação e em não poucos de seus conteúdos.

"Os novíssimos" eram, na realidade, um tratado de "física da eternidade" ou "física do último período". Estava tomado pela obsessão de questões como a localização geográfica exata do céu, do inferno e do purgatório, o cálculo preciso da duração dos prêmios e castigos, a modalidade dos acontecimentos finais, segundo Congar, um amontoado de coisas que se encontram em alguma parte atrás da cortina da morte e que eram estudadas da mesma forma que as "coisas" da terra. Por isso mesmo, a esperança se reduzia à "virtude do último período, pálida e ocasional imaginação do outro mundo ou inconsciente e esporádico pensamento acerca dele, durante o transcurso da vida ordinária diante do além, quando parecia próxima a hora de confrontar-se com este" (Laín Entralgo, 1978, 239).

Movia-se em um universo mítico e carecia de sentido histórico. Não abordava as grandes questões que ocuparam a teologia da história – presente nas tradições bíblicas, na teologia patrística e na medieval – e a filosofia da história da época moderna. A história era privada de sua densidade real e de seu valor salvífico, e era cerceada a dimensão histórica da salvação.

O enfoque tradicional estava marcado por uma orientação individualista e espiritualista. O que importava era a salvação da alma, à margem do tecido comunitário e da dimensão integral do ser humano.

Os tratados clássicos dos "novíssimos" moviam-se no terreno das certezas de fé em torno dos sucessos finais, começando pelos resultados do juízo. Acreditavam ter conhecimento exato do veredicto condenatório que cabia aos malvados. Convém recordar a esse respeito a matizada observação de Rahner sobre a diferente valorização que a salvação e a condenação admitem por parte da teologia. Não existe um saber certo e inequívoco sobre a condenação de alguns, como tampouco sobre a salvação de outros. Acontece, além disso, que a Igreja afirma com certeza a salvação dos mártires e de outras pessoas que se destacaram por suas virtudes, mas nunca afirma a condenação certa de ninguém. A atitude mais coerente deveria ser, portanto, um modesto "não sabemos".

A crítica moderna da religião encarregou-se de demonstrar que as imagens, às quais o tratado dos "novíssimos" recorria para falar do além, não eram inocentes cultural e socialmente, mas exerciam importante funcionalidade ideológica. Em primeiro lugar, transmitiam uma concepção negativa e pessimista do mundo, da história e da vida na terra. O acento era posto na condenação como destino final, mais do que na salvação; na humanidade como *massa damnata*, mais do que como comunidade libertada; no mundo como lugar de perdição, mais do que laboratório de possível salvação. O inferno pode ser considerado a antiutopia mais destrutiva que a mente humana tenha podido imaginar. Ao ameaçar com as penas eternas, pretendia-se infundir medo – mais ainda, terror – e provocar a fuga do mundo. O olhar para o além operava como mecanismo de distração para afastar os crentes de suas responsabilidades históricas na construção da cidade terrena.

A substituição terminológica de "novíssimos" por "escatologia" tem duas vantagens iniciais: primeira, que este último "pode ser utilizado como conceito-marco, enquanto as denominações anteriores unicamente designavam objetos; segunda, que abre passagem "a uma reflexão crescentemente metodológica, centrada no processo de pensamento teológico como tal" (Vários, 1984, 536).

Com Ch. Schütz, assim podemos resumir as mudanças mais importantes de orientação: "A escatologia está passando de uma categoria regional a uma categoria universal; a escatologia estritamente futurista vê-se obrigada a oferecer uma resposta relevante também para o presente; a escatologia puramente essencial entrelaça-se com uma escatologia existencial; os *éschata* compreendidos como coisas ou como lugares submetem-se a um processo de personalização; os problemas da escatologia individual passam a segundo plano em benefício da escatologia universal; uma escatologia preponderantemente afirmativa ou apodítica é substituída por outra de caráter mais interrogativo" (Vários, 1984, 591).

A escatologia não se centra nos hipotéticos acontecimentos do final dos tempos, mas no destino da humanidade em seu conjunto e do ser humano em seu peregrinar pelo mundo, no sentido último e na finalidade da história, e definitivamente no *éschaton*. Este remete, no cristianismo, a uma pessoa, Jesus Cristo, e a um acontecimento, sua ressurreição por obra de Deus, experimentada no âmbito da fé pelos homens e pelas mulheres que haviam vivido com ele. Jesus e a ressurreição estão na origem do cristianismo e constituem o fundamento da fé cristã. O acontecimento da ressurreição abre a história para um futuro, cria história, como afirma Moltmann. A experiência da ressurreição de Jesus leva o autor da carta aos Colossenses a dizer: "Ele é a nossa esperança" (Cl 1,27).

A escatologia aprofunda suas raízes no ser humano; é, segundo a formulação de Rahner, o olhar que, em sua decisão espiritual de fé e liberdade, dirige a pessoa para o futuro, para a perfeição sua e da humanidade. A antropologia da esperança constitui a base de toda escatologia, seja religiosa ou não. As afirmações escatológicas, portanto, são um elemento intrínseco para a compreensão do ser humano em toda a sua complexidade. Donde resulta pertinente a definição que Moltmann oferece sobre a pessoa como "ser escatológico". A partir daí, a reflexão se abre à ideia de salvação, que se expressa através da utopia do céu, à condenação como possibilidade, que se expressa através da distopia do inferno e, na teologia católica, ao tempo de purificação depois da morte, através da imagem do purgatório.

No centro do debate escatológico, encontra-se a ressurreição dos mortos – fio condutor do judaísmo intertestamentário e do cristianismo primitivo – e a imortalidade da alma, que se incorporou ao pensamento cristão por influência do platonismo. Inseparável desse debate é a ideia da restauração da criação – cosmos e humanidade – nos tempos finais, uma vez libertada da opressão à qual se vê submetida. Neste horizonte se analisa, teológica e exegeticamente, o julgamento de Deus, que valoriza de maneira prioritária a opção pelos pobres e estabelece uma relação intrínseca entre a prática da misericórdia com os condenados da terra e a chegada do reino de Deus, segundo Mt 25,31-45.

V. História, escatologia e apocalíptica. Se compararmos a religião hebraica com as religiões da vizinhança, a principal novidade que percebemos na primeira é sua concepção histórica do tempo. Nas religiões dos povos vizinhos de Israel, a vida é regida pela lei do eterno retorno, e a história fica em suspenso. O tempo é cíclico, reversível por sua própria natureza, sempre igual a si mesmo, repetível *in infinitum*; não flui nem transcorre; sempre está começando. O caráter cíclico do tempo exclui a possibilidade de que apareça algo novo. Como observa M. Eliade, devido à regulação arquetípica de tudo o que existe, o mundo e a vida humana se encontram sempre no mesmo instante de aurora dos inícios.

O povo hebraico, no entanto, *experimenta e pensa a existência como história*. A história constitui a categoria-chave do pensamento bíblico e é, sem dúvida, uma de suas mais revolucionárias contribuições. É o "sacramento da religião de Israel" (Wheeler), "o pentagrama conceitual da fé javista" (Seeligmann). O tempo cósmico e reversível das religiões arcaicas cede passagem ao tempo histórico e irreversível. Segundo isso, é necessário distinguir, seguindo a V. Maag, dois tipos de religiões: de *epifania* e de *promessa*. A religião de promessa, que corresponde aos povos nômades e é praticada por Israel, insere-se no mundo da migração. Deus não permanece vinculado a um determinado território, mas peregrina com seu povo, ao qual, como assevera V. Maag, "conduz para um futuro que não é mera repetição e ratificação do presente, mas é a meta dos acontecimentos que agora estão se desenvolvendo" (Moltmann, 1969, 126). O que dá sentido à peregrinação e às sucessivas e frequentes penalidades do caminho é a *meta*. Por sua vez, está carregada de futuro a decisão de pôr-se a caminho e de depositar a confiança no Deus peregrinante que vai adiante.

As *promessas* bíblicas são o fio condutor das diferentes tradições bíblicas, o elemento vertebrador da experiência humana e religiosa de Israel e o fundamento indestrutível da vida do povo em todas as suas dimensões: tribal, familiar, social, econômica, política, militar etc. A partir delas, a realidade é entendida como história aberta ao novo. As promessas não se esgotam em suas realizações históricas; remetem sempre a uma esperança maior. Proporcionam ao povo um amplo espaço de liberdade, preservando-o de cair nas fauces do destino e colocam-no em caminho para uma realidade diferente. São também um chamado à ação.

História e promessa conformam a estrutura interna da escatologia veterotestamentária. No entanto, depois de vários séculos de investigações, não resulta fácil encontrar pontos de acordo entre os estudiosos em torno do que se deve entender por escatologia e com relação à origem do pensamento escatológico de Israel. As opiniões vão desde aqueles que, como P. Volz, creem que todos os profetas são escatologistas, até os que, seguindo a S. Mowinckel, retardam até o período do pós-exílio a existência da escatologia em sentido estrito. Os que defendem esta última teoria consideram escatológicos somente os textos que se referem expressamente aos acontecimentos meta-históricos ou a um final absoluto da história.

G. von Rad e J. Moltmann advogam por uma concepção menos restritiva e mais aberta da escatologia veterotestamentária e creem que esta começa com os profetas. São eles que, segundo o parecer de von Rad, levam a cabo a escatologização do pensamento histórico. O ponto de vista dos profetas é o futuro. O fundamento da salvação, eles o colocam em algum sucesso divino que está por vir. A diferença entre a mensagem profética e o pensamento hebraico precedente radica precisamente em que, para os profetas, depende da sorte de Israel desse sucesso por vir, quer dizer, sua existência como povo. Pois bem, em vão buscaríamos na tradição profética a distinção entre futuro histórico e futuro meta-histórico, já que não aparece. Coincido com Moltmann em considerar escatológicas "aquelas promessas e expectativas que se dirigem ao histórico-futuro no sentido do horizonte último" (Moltmann, 1969, 385). Não é possível dizer mais.

Chegamos assim à *apocalíptica* forma peculiar da escatologia judaica que se desenvolve entre o século II a.C. e o I d.C. Com esse termo se designam tanto o gênero literário dos apocalipses, muito estendido na literatura judaica, como a concepção da história veiculada através dele. Além do debate em torno de sua origem, a apocalíptica não é complicado hieróglifo que deva ser decifrado nem jogo intrincado de números e cálculos, nem tampouco uma "arte" de adivinhação do futuro. Em seu nível mais profundo, trata-se de uma filosofia e de uma teologia da história universal vista a partir do fim em sua dupla significação de "final" e de "sentido último", dentro do plano de Deus sobre a humanidade e sobre o cosmos. A apocalíptica transcende a história e a realidade cósmica. Chegamos assim à última fase da evolução da escatologia veterotestamentária: Deus guia a história até sua consumação final.

Uma das características da apocalíptica é sua doutrina das duas eras: a presente e a futura. A era presente está dominada pelo império do mal, da injustiça e da morte. No momento final desta era, desata-se todo tipo de desgraças, horrores e catástrofes. É então o momento em que Deus intervém para interromper, inclusive violentamente, o curso da história humana, que vai à deriva, e orientá-lo em outra direção, dando passagem à nova era, que põe fim às desgraças precedentes e se caracteriza pelo triunfo do bem, da justiça e da vida para sempre. Entre ambas as eras, não há continuidade, mas ruptura. A mudança de uma para outra se produz repentinamente, não gradualmente, conforme a lei da evolução que vigora nas sociedades humanas.

A apocalíptica leva a sério a negatividade da história e a onipresença do mal nela. Mas nem por isso predominam os tons pessimistas e as tendências destrutivas que lhe costumam ser atribuídas, nem tem por objetivo infundir medo e desesperança. Totalmente pelo contrário: é otimista, esperançosa e construtiva. Não deixa o futuro da história nas mãos do destino, mas apela para a liberdade do ser humano e, sobretudo, para a ação salvadora de Deus.

É nesse marco apocalíptico que se formula pela primeira vez a crença judaica na *ressurreição dos mortos*, ressurreição que concorda com a antropologia unitária hebraica, é exigida por um problema de justiça e constitui uma resposta ao velho problema da retribuição que acabava por não encontrar solução em Israel.

VI. Escatologia, hermenêutica e utopia. Uma escatologia cristã *teológica e historicamente significativa* exige uma hermenêutica tanto da mensagem bíblica como dos enunciados escatológicos da fé. A hermenêutica – necessariamente demitificadora – da mensagem bíblica não pode desembocar numa redução da escatologia à antropologia, como fez a crítica moderna da religião, ou num transcendentalismo a-histórico, na linha de Barth, ou ainda numa dissolução por amor da decisão no presente, como pretenderam Bultmann e Dodd com distintos matizes. Deve salvar a dialética presente-futuro e manter a tensão entre o "já" e o "ainda não", ou entre o "já" e o "ainda mais", que é uma constante na experiência religiosa de Israel, na mensagem de Jesus de Nazaré e no cristianismo primitivo. Levando-se em conta a antropologia unitária bíblica, deve harmonizar as distintas dimensões do ser humano e da salvação: pessoal e comunitária, histórica e cósmica, humana e divina.

A hermenêutica dos enunciados escatológicos deve partir da relação do ser humano com o tempo, e muito especialmente com o futuro. As afirmações escatológicas são, segundo Rahner, elemento intrínseco de intelecção do ser humano. Uma escatologia historicamente significativa deve colocar para si mesma sua relação com as utopias históricas e superar a clássica rivalidade ou oposição. Deverá perguntar pela articulação correta entre o discurso escatológico cristão e a reflexão sobre a utopia enquanto categoria filosófica maior, com intencionalidade moral e política. Tarefa prioritária nesse esforço de articulação é mergulhar nas tradições bíblicas, vétero e neotestamentárias, em busca de ideias, imagens e símbolos que possam contribuir para o desenvolvimento da imaginação utópica e para a representação de ideais ausentes do conhecimento sensível e da realidade. Eis aqui alguns, a modo de exemplo: aliança, promessa, novo céu e nova terra, criação, êxodo, messianismo, esperança, apocalíptica, reino de Deus, ressurreição, história, vida etc. Essas imagens quebram, como fazem também as utopias, o círculo da necessidade, abrem amplo espaço para a criação de uma ordem nova, ao mesmo tempo que expressam os anseios de salvação da humanidade e suas aspirações a um mundo melhor.

A partir desses princípios básicos, é necessário esclarecer o sentido e a função da utopia na escatologia, bem como os pontos de convergência e divergência entre ambas. Deve-se perguntar pela necessidade e pela pertinência de recorrer à utopia como âmbito hermenêutico da reflexão teológica sobre o futuro e como mediação entre a escatologia e os projetos históricos de transformação. São questões que devem ser abordadas para evitar que o escatológico e o utópico se convertam em esferas autônomas e autossuficientes.

De tudo o que se disse, podemos extrair duas conclusões: a) o pensamento utópico contemporâneo não se entende sem a influência da escatologia e da apocalíptica bíblicas; b) as utopias históricas pertencem às entranhas da escatologia. Uma esperança fechada sobre si mesma e sem horizonte histórico desembocaria em narcisismo e idealismo e se tornaria improdutiva.

K. Barth, *Carta a los Romanos* [1922], Madrid, BAC, 1998; L. Feuerbach, *La esencia del cristianismo*, Madrid, Trotta, 2002³; G. W. F. Hegel, *Escritos de juventud*, México, 1981; P. Laín Entralgo, *Antropología de la esperanza*, Barcelona, Guadarrama, 1978; K. Marx e F. Engels, *Sobre la religión*, Salamanca, Sígueme, 1974; J. Moltmann, *Teología de la esperanza*, Salamanca, Sígueme, 1969; F. Nietzsche, *Así hablaba Zaratustra*, Madrid, Alianza, 1990; J. L. Ruiz de la Peña, *La otra dimensión. Escatología cristiana*, Santander, Sal Terrae, 1986³; E. P. Sanders, *La figura histórica de Jesús*, Estella, EVD, 2000; A. Schweitzer, *Investigación sobre la vida de Jesús* [1906], Valencia, Edicep, 1990; J. J. Tamayo, *Para comprender la escatología cristiana*, Estella, EVD, 2000²; Vários, *Mysterium salutis V. El cristianismo en el tiempo y la consumación escatológica*, Madrid, Cristiandad, 1984.

Juan José Tamayo

ESPERANÇA

I. A esperança como princípio. A esperança não é simples disposição anímica que define pessoas de natureza otimista e entusiasta e esteja ausente de pessoas de talante pessimista e depressivo. Constitui antes uma determinação fundamental da realidade objetiva e um traço fundamental da consciência humana.

A esperança não fica no terreno das virtudes, onde tradicionalmente foi situada, mas é um *princípio*, "o princípio esperança", diz o filósofo alemão Bloch na fórmula feliz que dá título à sua obra mais importante. É *docta spes*, esperança *fundada*, que não vai à deriva nem empreende viagem a nenhuma parte, mas se orienta a uma finalidade. Essa finalidade fixa o rumo da esperança e a liberta tanto do quietismo passivo (confiança total) como do niilismo (desesperança total).

A esperança não ocupa as áreas superficiais da pessoa, mas está radicada em suas áreas profundas e é uma de suas dimensões constitutivas. É definida como "a matéria de que é feita nossa alma" (Marcel), "o último fundamento da alma" (Bollnow), "o mais importante constitutivo da existência humana" (Moltmann). Além dos dados, cálculos e inventários, "há um princípio misterioso que está em concorrência comigo", afirma Marcel.

A esperança é a resposta do ser humano à situação de prova que a vida supõe e ao estado de cativeiro ou alienação em que, às vezes, nos encontramos. A esperança leva-nos a suspirar para que a prova ou o cativeiro terminem o quanto antes. Quanto maior a consciência de cativeiro, mais forte pode ser a esperança de ver-nos libertados dele. A maior consciência do perigo corresponde maior grau de esperança, como havia indicado Hölderlin.

A esperança inscreve-se na própria estrutura do ser humano: em sua subjetividade, em sua consciência, em sua liberdade, sua historicidade, sua relação com os outros – alteridade – e sua relação com o mundo.

Está presente e operante na consciência. O ser humano tem consciência de sua finitude, negatividade e contingência. Mas não se instala comodamente nesse nível, e sim aspira à infinitude e à definitividade. É precisamente a tensão radical entre seu ser finito e sua aspiração à infinitude que o impulsiona para a plenitude.

Está, ao mesmo tempo, presente e ativa na liberdade. Mas esta é frágil e quebradiça, vive submetida ao vaivém da labuta histórica, vê-se ameaçada a partir de muitas frentes e pode romper-se em mil pedaços. Pode empreender um caminho desviado e fracassar na tentativa de atingir a realização do ser humano. O fracasso não se pode evitar nem desprezar nem sublimar e menos ainda eliminar do horizonte humano. Se assim se fizesse, perderíamos o sentido da realidade para cair nos braços adormecedores de Morfeu. Ao despertar e tomar pé na realidade, a frustração se apoderaria de nós.

Pois bem, a esperança liberta a frágil liberdade humana de cair na frustração diante do fracasso real ou possível. O olhar esperançoso para o futuro liberta a quebradiça liberdade da fatalidade ou da depressão ontológica.

A esperança age ativamente na relação do ser humano com o mundo, fazendo convergir as aspirações do ser humano à plena realização e às possibilidades de o mundo alcançar sua total libertação. Paulo descreve essa convergência em chave teológica: "A ansiosa espera da criação deseja vivamente a revelação dos filhos de Deus. A criação, de fato, foi submetida à vaidade, não espontaneamente, mas por aquele que a submeteu, na esperança de ser libertada da servidão da corrupção para participar da gloriosa liberdade dos filhos de Deus. Pois sabemos que a criação inteira geme até o presente e sofre dores de parto. E não somente ela, também nós, que possuímos as primícias do Espírito, nós mesmos gememos em nosso interior suspirando pelo resgate de nosso corpo. Porque nossa salvação é em esperança, e na esperança que se vê não é esperança, pois como é possível esperar uma coisa que se vê? Mas esperar o que não vemos é aguardar com paciência" (Rm 8,19-25).

O determinismo mecanicista entende a matéria como "simples fosso de substâncias químicas" e situa a realidade no terreno dos fatos, identificando-a com o dado e com o empiricamente verificável. O que não admite verificação, ou não se encontra na cadeia dos fatos, escapa aos conceitos mecanicistas de realidade e de matéria. A realidade tem passado e presente, mas não futuro. Nesta concepção, a realidade é mais importante do que a possibilidade; mais ainda, esta fica excluída do horizonte daquela.

A filosofia da esperança vai em outra direção. Concebe a matéria como criadora e ativa, não como inerte, ou sem dono ou sem objeto de necessária exploração. Entende a natureza como lar do ser humano, pulmão de respiração e espaço vital. A relação entre natureza e ser humano deixa de ser autoritária, arrogante ou depredadora e torna-se respeitosa, dialógica, de sujeito a sujeito. Esta filosofia eleva o voo sobre o dado e aponta para as possibilidades reais presentes, mas ainda não exploradas, no mundo. Na realidade, observa Bloch, acontecem coisas verdadeiramente novas, que verossimilmente ainda não lhe haviam ocorrido na realidade. Há condicionamentos que nós não conhecemos ainda ou que por enquanto nem sequer existem. "A conclusão impõe-se por si mesma: vivemos rodeados da possibilidade, não somente da presença".

O mundo não está determinado mecanicamente. Antes, apresenta-se diante de nossos olhos – estes se encontram em estado de vigília – como um laboratório da salvação possível. A realidade não é uma cópia do já acontecido; não é um circuito fechado, mas é – e está em – processo. Um processo no qual nada está decidido de antemão e onde tudo está em marcha. O mundo, nas palavras de Bloch, caracteriza-se por sua disposição para algo (*Anlage zu etwas*), por sua tendência para algo (*Tendenz auf etwas*), por sua latência de algo (*Latenz von etwas*). E esse algo ao qual se tende é "um mundo que nos seja mais adequado, sem sofrimentos indignos, sem temor, sem alienação de si, sem o nada" (Bloch, 2004, I, 42).

Há uma convergência entre a fluidez e o dinamismo da realidade, por uma parte, e a criatividade humana, por outra; entre a abertura e a capacidade de surpresa do real, de um lado, e a originalidade sem limites do ser humano, por outro. Bloch sublinha essa convergência, quando fala da correspondência entre "o ainda não real" no mundo e "o ainda não consciente" na pessoa.

O ser humano não está programado. Por muito que se queira dirigir-se de fora e de cima, sempre há uma porta aberta ao imprevisível, como consequência de sua liberdade. Por mais completa e acabada que se queira apresentar sua essência, o ser humano está inacabado e vai em busca de seu verdadeiro ser, de sua verdadeira identidade, que está no futuro, mais do que no presente e no passado. É o agulheiro (= nas estradas de ferro, encarregado da agulha ou parte móvel dos trilhos) da rota que o mundo há de seguir, levando-o em boa direção, na velocidade adequada e no caminho da meta. Mas nenhuma das paradas pode ser considerada a meta definitiva do mundo ou da humanidade. São etapas de um caminhar de mais longo alcance do que se avista. A chegada à meta definitiva conduziria diretamente à "melancolia do cumprimento" e, definitivamente, ao fastio.

Às vezes, no entanto, o ser humano gira a agulha em direção equivocada e provoca o descarrilamento do mundo. Neste caso, uma desesperança generalizada se apodera da humanidade, desesperança que custa muito a converter-se em esperança. É o caso dos "holocaustos humanos" que com tanta frequência colocam marcos na história e são cada vez mais dramáticos.

A esperança humana, que consegue realizações parciais, não permance nela, mas aponta sempre para além e transcende todas as suas concretas realizações. Entre sua aspiração ilimitada que a impulsiona a agir e os resultados de sua ação, abre-se um abismo insuperável. A existência humana é continuamente fundamento de si mesma. O caráter histórico-temporal do ser humano constitui o melhor fundamento da esperança. No devir histórico, quem tem o primado é, segundo a expressão de Laín Entralgo, a *esperança esperante*. A esperança tem seu arraigamento na temporalidade. O ser humano é "criatura no tempo" e, enquanto tal, continua seu curso rumo ao futuro.

O sujeito da esperança é o ser humano em sua dupla dimensão pessoal e comunitária e em sua unidade psicofísica. Este, segundo a descrição de Laín Entralgo, espera "com apetite sensível e vontade, desejando e querendo o objeto da esperança... com sua inteligência, movendo-se intelectivamente para a concepção dos projetos de ser em que a esperança se concretiza... com seu corpo, aspirando a uma imortalidade integral e definitiva" (Laín Entralgo, 1978, 177-178).

A esperança tem sua radicação na intersubjetividade, no encontro com o outro. Esperar é, portanto, um ato constitutivo tanto da pessoa como da comunidade, ou, melhor, da pessoa em comunidade. Minha esperança implica o esperar dos outros e com os outros. A esperança dos outros ativa meu esperar. Minha esperança sem a dos outros desemboca no solipsismo. Meu desesperar pode desembocar em desespero dos outros. Em suma, esperamos e desesperamos em comunidade. A esperança e a desesperança são co-esperança e co-des-esperança.

Esperança e razão apresentaram-se, às vezes, como duas realidades que caminham em direção contrária. Do lado da esperança, tende-se a colocar as reações cegas, viscerais, aloucadas, não medidas pela racionalidade humana. No prato da razão, tende-se a colocar os comportamentos lúcidos, calculados, sensatos.

Mas essa apresentação se baseia em preconceitos infundados. A razão é parte integrante da esperança: liberta do ilusório e do fantasmagórico, guia e orienta a ação e vincula a imaginação com as exigências do querer e do saber. A razão converte a esperança em *docta spes*, em esperança inteligente.

A esperança dirige a atividade humana e seu impulso vital para uma futura meta. A esperança lúcida leva a lutar por igual contra as falsas ilusões e contra o otimismo ingênuo e contra toda tentativa de programar a utopia. A esperança vivida a partir da razão leva a assumir o fracasso como etapa necessária e inequivocável no itinerário da humanidade. Mas o fracasso não é a suspensão absoluta de nossas aspirações, mas um chamado de atenção para mudar o rumo da marcha e transitar por veredas que podem levar a bom porto. O fracasso rompe a esperança em suas próprias entranhas, mas faz com que lance raízes profundas e renasça fortalecida.

II. A esperança, virtude e práxis. A esperança move-se no horizonte ético e é também virtude, mas não de olhos fechados, pés quietos e mãos atadas, como tem sido apresentada tradicionalmente. Tem os olhos abertos para analisar a realidade com senso crítico, o olhar posto no futuro e os pés sempre em movimento. Expressa-se através da palavra vivificadora e autentica-se no compromisso de transformação. Graças a ela, o ser humano empreende o caminho para a liberdade e coloca-se em atitude de êxodo para a terra prometida.

É *esperança em ação*. O princípio-esperança desce dos cumes idealistas e torna-se compromisso-esperança. Seu caráter ativo constitui uma das constantes da reflexão filosófica. Aparece nas duas perguntas de Kant: "O que me cabe esperar? O que devo fazer?" Ressurge de novo na *tese XI de Marx sobre Feuerbach*: "Até agora os filósofos se limitaram a interpretar o mundo de distintas formas; trata-se é de transformá-lo". Volta a ser colocada manifestamente na "filosofia da esperança" de Bloch: "A espera é..., em última análise, um afeto prático, militante".

A esperança é a virtude do otimismo, mas não do otimismo ingênuo que vê tudo cor-de-rosa, mas do otimismo militante, que é consciente das dificuldades do caminho, mas não se deixa vencer por elas. Sabe que a ação pode desembocar no fracasso e não alcançar seu objetivo. Mais ainda, assume o fracasso como momento necessário do itinerário do ser humano, mas não se instala nele. Crê que pode superá-lo. O ser humano pode sentir-se afetado negativamente pelas múltiplas adversidades da vida, mas é capaz de tentar de novo, não se dando nunca por vencido. Corrigindo o velho adágio latino, bem se poderia dizer: *alea non iacta est* (a sorte não está lançada).

O *inconformismo* é elemento constitutivo da esperança, que não se submete servilmente à realidade, mas entra em conflito com ela e luta por transformá-la a partir da perspectiva da justiça e da fraternidade-sororidade.

Mas a esperança que constitui o ser humano está cingida de luto, como diz Bloch. Limita com a desesperança que também faz seu ninho no interior da pessoa, com o desencanto que se palpa no ambiente, e com o pessimismo que pode arrastar fatalmente a humanidade a uma existência sem norte. A esperança tem de contar com o fato da morte, que é a mais severa antiutopia, com o sofrimento, que é um aguilhão cravado no próprio coração da felicidade, com a dor, que é o sabor amargo da existência humana. E tem de contar com os "Holocaustos humanos" aos quais acabo de me referir! Quando milhões de seres humanos morrem nas mãos de seus semelhantes com métodos cruéis, cada qual mais refinado, resulta difícil – para não dizer impossível – continuar crendo no Deus da esperança, que parece guardar silêncio diante dos crimes, e mais difícil ainda continuar esperando no ser humano, responsável por essas coisas. Então, não é possível a teo-diceia, mas tampouco a antropo-diceia.

"A esperança é a última que morre": este adágio popular convive com a afirmação de Dante: "deixai à porta toda esperança". Se o adágio primeiro gera vontade irreprimível de viver, a afirmação de Dante pode desembocar na resignação insuperável. No ser humano o inconformismo coabita com o conformismo. A ação transformadora nascida da esperança coexiste com a preguiça, com a quietude e com a indiferença.

Uma esperança em chave não idealista deve ser consciente, tanto do caráter naturalmente esperançado do ser humano como da resistência que a realidade opõe à esperança para manter-se no pedestal.

III. Jesus de Nazaré, pessoa esperançada e fonte de esperança. Jean Héring expressa o sentido e o horizonte da esperança na tradição judaico-cristã nestes termos: "O ideal cristão não é uma princesa desterrada que aspira ao regresso, mas Abraão, que se põe em marcha para o país desconhecido que Deus lhe indicará" (cf. Moeller, 1970, 560). Esse ideal da esperança é descrito através de múltiplos testemunhos na história bíblica e no peregrinar do cristianismo pela história: Abraão, Moisés e sua irmã Maria, os profetas e profetisas de Israel, a profecia estrangeira (Ciro), Jesus de Nazaré, o movimento igualitário de Jesus, formado por homens e mulheres, os movimentos cristãos proféticos, os líderes religiosos, com frequência tidos por heterodoxos: Francisco de Assis, Pedro Valdo, Catarina de Sena, Martinho Lutero, Teresa de Jesus, João XXIII, Oscar Arnulfo Romero, Ignacio Ellacuría etc.

Nos itinerários empreendidos por essas testemunhas se percebe algo que já vimos na primeira parte desta exposição: que a esperança está radicada no ser humano e se encarna na história; que não é confiança cega nem segurança inquestionada, mas tem alto nível de risco e não pouco de aventura. Se querem dar sentido à sua vida, as testemunhas da esperança devem abandonar a cômoda tranquilidade em que se acham instaladas, pôr-se a caminho e ir para um lugar desconhecido e incerto.

A religião bíblica é *a fonte da esperança e a reserva da consciência escatológica*. Esta constitui uma das principais contribuições do povo de Israel à história da humanidade, através de ampla e rica gama de símbolos e imagens que percorrem a história bíblica e penetraram no imaginário coletivo das diferentes culturas: êxodo, história, esperança, messianismo, terra prometida, profetismo, apocalíptica-interrupção, vida-ressurreição, salvação-libertação, novo céu-nova terra, homem novo-povo novo, conversão-transformação, reino de Deus etc.

Estas categorias inspiraram não poucas das revoluções da história ocidental e deixaram sua marca – já secularizada – na cultura moderna. Graças a elas, nossa sociedade pode superar o estado de desânimo generalizado, em que, às vezes, se encontra como resultado da civilização científico-técnica.

Entre os itinerantes da religião bíblica se encontra o *crente esperançado*, que vive sua esperança no horizonte das expectativas messiânicas de seus correligionários, embora corrigindo-as a partir da experiência de um messianismo sofredor não triunfalista. Boa prova disso é que rejeita o título de Messias e a função a ele anexa, enquanto aceita de bom grado o título de profeta e a função a ele atribuída na tradição de Israel. Esta vivência da esperança gera uma profunda incompreensão entre seus seguidores, que tinham a vista posta na chegada de um Messias vitorioso que, a partir do poder, fizesse uso da violência para esmagar os inimigos. A esperança de Jesus está em permanente conflito com os poderes estabelecidos – políticos, religiosos, econômicos – que, instalados comodamente na segurança do presente, não suportam que um homem crítico do sistema religioso e político possa mudar o curso da história e guiá-lo na direção da justiça e da liberdade.

Jesus vive a esperança na obscuridade da história. Às vezes, a história resulta opaca e aparece com muitos pontos escuros. E para Jesus o foi com especial crueza, pois seu projeto de libertação fracassou e teve de confrontar-se com um processo que desembocou na execução. A história não foi luminosa para ele, mas tenebrosa; não foi compassiva e clemente com ele, mas trágica e desapiedada. Jesus vive a esperança no meio da densidade do silêncio de Deus. E essa se converte na prova mais difícil de superar. Experimenta a ausência de Deus, quando mais necessita de sua presença. Tem de enfrentar sozinho a morte, que assume em todo o seu dramatismo. Sofre, então, a mais profunda crise de esperança, que os evangelistas descrevem, colocando em sua boca as palavras amargas do salmo 22: "Meu Deus, meu Deus, por que me abandonaste?" (Mc 15,34; Mt 27,46). O Crucificado experimenta a negatividade do processo histórico e a dor de não ter visto realizada a utopia do reino de Deus. Mas, paradoxalmente, a esperança começa a despontar já na cruz, quando se avista um futuro libertado no meio das trevas da tarde da sexta-feira santa. Esta esperança não é otimismo ingênuo ou confiança crédula, mas lança raízes no meio dos desenganos e sofrimentos do presente.

Nesse clima tão adverso, Jesus anuncia e vive a utopia do reino de Deus em sua unidade de transcendência e história, conforme a dialética presente-futuro, como boa notícia para os pobres e marginalizados, como o âmbito onde convergem o plano salvador de Deus e as esperanças humanas, e onde se encontram o utópico radicado no profundo do ser humano e as aspirações emancipadoras da humanidade.

Depois da experiência da ressurreição, Jesus, o crente judeu cheio de esperança, converte-se, para a comunidade cristã, em *fonte e fundamento de esperança*. Mais ainda, ele é apresentado como "nossa esperança". A carta aos Colossenses fala do "mistério escondido desde séculos e gerações e manifestado agora a seus santos, aos quais Deus quis dar a conhecer qual é a riqueza da glória deste mistério entre os gentios, que é Cristo entre vós, a esperança da glória" (Cl 1,26-27).

A promessa da vida definitiva, que o Ressuscitado antecipa, entra em um terreno, no qual as esperanças históricas não ousam penetrar: o da morte. E o faz em atitude de desafio e enfrentamento, como fica patente no vibrante e esperançado texto de Paulo, inspirado nos profetas Isaías e Oseias (Is 2,8; Os 11,14), aos quais cita e glosa com grande liberdade: "A morte foi vencida. Onde está, ó morte, tua vitória? Onde está, ó morte, teu aguilhão? O aguilhão da morte é o pecado, e a força do pecado é a lei. Mas nós devemos dar graças a Deus, que nos deu a vitória por meio de nosso Senhor Jesus Cristo" (1Cor 15,54-56).

IV. A esperança cristã, tocha no itinerário da fé.

A ressurreição do Crucificado dilata a fé até a esperança, e esta se converte em acompanhante inseparável daquela. Mas a sua companhia tem matizes especiais. Não vai atrás, como comparsa, no cortejo da fé; nem é uma simples dama de honra que se limite a acompanhar a primeira virtude teologal na cerimônia nupcial. É, antes, a que vai na frente, portando o estandarte que abre a procissão da liberdade dos filhos e filhas de Deus, levando a tocha que ilumina o caminho da fé. Na vida cristã, afirma Moltmann, "a fé possui o *prius*, mas a esperança tem a primazia" (Moltmann, 1969, 26). Sem a esperança na ressurreição, na vida plena e ininterrupta, a fé em Jesus Cristo perde todo o seu atrativo e torna-se vazia, carece de bússola para guiar-se na travessia histórica, perde toda a motivação para mobilizar-se e vê desfigurada a meta à qual se dirigir.

A esperança cristã não é somente virtude teologal, nem simples fragmento terminal do pensamento crente; é o princípio arquimédico da teologia e o fundamento sempre operante da experiência da fé em Jesus de Nazaré. A esperança provoca, assim, verdadeira revolução, tanto na teologia como na vida dos cristãos e cristãs.

A revolução que provoca na teologia é expressa magistralmente por Max Horkheimer, quando define esta como "a esperança de que a injustiça que caracteriza o mundo não pode permanecer assim, que o injusto não pode ser considerado a última palavra", e como "expressão de um anseio, de uma nostalgia de que o assassino não possa triunfar sobre a vítima inocente" (Horkheimer, 2000, 169). O princípio teológico de Santo Anselmo *fides quaerens intellectum* (fé que busca entender) é reinterpretado lucidamente por Moltmann como *spes quaerens intellectum* (esperança que busca entender).

A esperança provoca também uma verdadeira revolução na vida dos cristãos e cristãs. O *memorare novissima* (recorda-te das últimas coisas) da escatologia tradicional levava as pessoas a pensar em – e a preparar-se para – o "além" da morte, passando pelo aquém como por cima de brasas. Convidava a uma esperança no bem morrer, mais do que no bem viver, a uma esperança que olhava para cima, mais do que para o futuro histórico. No enfoque puramente transcendentalista da esperança, a história carecia de significação salvífica. A salvação cristã consistia em libertar-se da história. Consequentemente, a esperança cristã levava diretamente a fugir do mundo, a resignar-se diante das adversidades da vida e a esperar passivamente o momento do encontro com o Senhor depois da morte.

A atual reflexão teológica sublinha as novas dimensões da esperança cristã: seu caráter histórico, crítico, subversivo, dinâmico, militante, produtivo, público, sociopolítico. A esperança cristã mantém uma relação dialética com a realidade histórica. Por uma parte, mostra-se desconforme e em dissenso constante com a realidade tal como se manifesta faticamente. Não se conforma com a fatalidade da morte, nem com a severidade do sofrimento, nem com a desumanidade de uma sociedade injusta e não solidária. A fé, que se dilata até a esperança, inquieta mais do que aquieta, impacienta mais do que acalma, causa tensões mais do que oferece sedativos, gera conflitos mais do que armistícios. A paz com Deus conduz a viver em discórdia com o mundo, pois, como afirma Moltmann, "o aguilhão do futuro prometido punge implacavelmente na carne de todo presente não cumprido" (Moltmann, 1969, 27). É em confrontação com a realidade e em meio às contradições do presente que a esperança cristã deve demonstrar sua fortaleza e paciência histórica e que os cristãos hão de manter a esperança contra a desesperança.

Por outra parte, o inconformismo impulsiona à ação e não fica em atitude mais ou menos romântica ou estética de descontentamento. A esperança cristã assume seu compromisso com a história e sua responsabilidade na transformação do mundo, na perspectiva da utopia do reino de Deus. Os cristãos e cristãs estão chamados a colaborar na construção de um "mundo novo", a acreditar na ortodoxia através da ortopráxis, a tornar verdade na prática o que se antecipa nas promessas.

A esperança cristã, nascida na cruz e na ressurreição, nega a inexorabilidade da pobreza e da morte e confia em poder conseguir que as pessoas famintas sejam saciadas; as pessoas postergadas, dignificadas; a injustiça, dobrada; a morte, vencida.

Para que a esperança cristã não se torne evasão ou fuga para a frente, deve lançar raízes profundas no presente, tomar corpo nos acontecimentos da vida real e traduzir-se em práxis histórica de libertação. Como disse A. Camus, "a verdadeira generosidade para com o futuro consiste em dar tudo ao presente". Nisso consiste a teologia da libertação. "Dever-se-á ter muito cuidado – escreve G. Gutiérrez – em não substituir um cristianismo do além por um cristianismo do futuro; se alguém se esquecia deste mundo, o outro corre o perigo de descuidar do presente de miséria e de injustiça e de luta pela libertação" (Gutiérrez, 1972, 283-284). O reino de Deus começa a ser construído no presente através da solidariedade, do reconhecimento da alteridade, da mudança de estruturas, da conversão pessoal etc. Estas práticas, animadas por novos valores, são algumas das mediações da redenção e antecipam a libertação definitiva.

Existe uma *correlação entre pobreza e esperança*. Os pobres são portadores de uma esperança que as pessoas e os grupos humanos satisfeitos não podem portar: a aspiração a uma vida melhor. As pessoas e grupos satisfeitos estão instalados no presente e não necessitam viver de esperanças; mais ainda, opõem-se às esperanças das pessoas e grupos oprimidos, porque estes desestabilizam seu estado de satisfação e subvertem a ordem do sistema. A esperança dos pobres tem alguns traços bem definidos: dinamismo e conflitividade, por uma parte; sobriedade, paciência e persistência, por outra. "Os pobres – reconhece G. Bernanos – salvarão o mundo. E o salvarão sem querer. Salvá-lo-ão, apesar deles mesmos. Não pedirão nada em troca, simplesmente porque não sabem o preço do serviço que prestam".

V. Esperança histórica e esperança teologal. A esperança histórica e a esperança teologal caminharam durante muito tempo como duas desconhecidas. Algumas vezes o fizeram em paralelo, sem reconhecerem nem olhar o próprio rosto; outras vezes, em oposição e confronto, acusando-se de ingerências mútuas e culpando-se das densas nuvens que ameaçavam a humanidade; outras vezes, finalmente, estabelecendo uma divisão de tarefas na qual à esperança histórica correspondia a construção de um mundo mais habitável, e à esperança teologal, centrada no além, se atribuía o mundo celeste, que partilhava, na expressão de Bebel, com os anjos e as aves.

No entanto, esperança histórica e esperança teologal não estão assim tão distanciadas como a reflexão filosófica e a teológica as apresentaram com frequência. Concretamente, o princípio-esperança de Bloch e a esperança cristã têm mais afinidades do que pode parecer à primeira vista. O primeiro constitui um impulso para reanimar a esperança teologal, que permaneceu durante séculos adormecida e reclusa no mundo das virtudes passivas e ociosas e foi apresentada com aspecto cadavérico. Moltmann o diz expressamente: "O 'princípio esperança', pode animar... a teologia cristã a tentar nova interpretação de sua primitiva esperança para fazê-la valer frente a todos os sentidos acomodatícios que pretendem tergiversar seu verdadeiro sentido. É verdade que o verdadeiro rosto da esperança cristã está lamentavelmente desfigurado na fenomenologia da esperança de Bloch, mas... este flagrante mal-entendido de que foi objeto deve estimulá-la a desenvolver sua própria força explosiva, a se por finalmente em movimento com seus próprios passos e a libertar-se de novo cativeiro da Babilônia em que esteve vivendo" (Moltmann, 1971, 288).

Os teólogos mantêm afinidades profundas com Bloch. Graças a ele, a teologia redescobriu a dimensão escatológica como núcleo fundamental da religião judaico-cristã. Ele ajudou, igualmente, a redescobrir que a esperança cristã passa pelas utopias históricas e se traduz na realização do reino da liberdade e da justiça, pois, do contrário, seria uma esperança estática e mítica. A esperança teologal não é o plano superior da esperança humana nem a sacralização desta; é esperança humana e histórica em toda a sua radicalidade.

Mas não podem ocultar-se as diferenças. Uma delas, talvez a principal, está radicada na fundamentação da esperança. O princípio-esperança de Bloch é autofundante, autogerador; converte-se em um Absoluto; é o *Deus spes*. A esperança teologal, no entanto, mesmo estando radicada na história, tem seu fundamento no Deus da esperança (*Deus spei*), que não é o Deus dotado dos velhos atributos da onipotência, da onisciência e da onipresença, mas o Deus do futuro. Tem também seu fundamento na morte e ressurreição de Jesus de Nazaré que, longe de fechar o curso da história, o mantém aberto para o novo que possa advir.

Mas, dentro das diferenças, o princípio-esperança de Bloch e a esperança bíblica podem iluminar a obscuridade do presente: Bloch, insuflando esperança à razão e tirando-a de seu positivismo plano, introduzindo otimismo militante na ação sociopolítica e elevando o voo da cultura para o país da utopia; a Bíblia, ativando o potencial revolucionário ínsito na esperança escatológica e impulsionando sonhos de transformação.

E. Bloch, *El principio esperanza*, 3 vols., Madrid, Trotta, 2004-2005; O. González de Cardenal, *Raíz de la esperanza*, Salamanca, Sígueme, 1995; G. Gutiérrez, *Teología de la liberación. Perspectivas*, Salamanca, Sígueme, 1990[14]; M. Horkheimer, *Anhelo de justicia. Teoría crítica y religión*, ed. De J. J. Sánchez, Madrid, Trotta, 2000; P. Laín Entralgo, *La espera y la esperanza*, Revista de Occidente, Madrid, 1958; Id., *Antropología de la esperanza*, Barcelona, Guadarrama, 1978; Ch. Moeller, *Literatura del siglo XX y cristianismo III. La esperanza cristiana*, Madrid, Gredos, 1970; J. Moltmann, *Teología de la esperanza*, Salamanca, Sígueme, 1969; Id., *Esperanza y planificación del futuro*, Salamanca, Sígueme, 1971; J. J. Tamayo, *Religión, razón y esperanza. El pensamiento de Ernst Bloch*, Estella, EVD, 1992; Id., *Para comprender la escatología cristiana*, Estella, EVD, 2000[2]; Id., "Utopías históricas y esperanza cristiana. Conferencias del Dr. Juan José Tamayo en la Cátedra Mackay": *Pensamiento y Vida* (San José de Costa Rica) 21/2 (2001).

Juan José Tamayo

ESPÍRITO SANTO

I. Espírito humano. Introdução israelita. O Espírito não existe como uma coisa junto a outras, não é uma árvore, animal ou rio. Nem sequer é um ser humano ou alma desencarnada, com a qual entramos em contato por invocações, conjuros ou magias, como supõem muitos espíritas, famosos antigamente e ativos nos dias atuais, peritos em comunicar-se com defuntos ou com habitantes angélicos do cosmos. Mas o espiritual existe: um velho filósofo dizia que o mundo está cheio de deuses (Tales de Mileto); um sociólogo moderno escutou no ar um rumor de anjos (P. Berger). A realidade é misteriosa, tanto mais profunda e esquiva quanto mais a penetramos, de maneira que somos tentados a dizer: tudo é espírito, energia multiforme, comunicação, palavra.

O Espírito não é coisa, mas tampouco é uma realidade virtual, escondida em algum arquivo da rede, que só vem à tela de nossa consciência se apertamos a chave correta. Os cristãos chamam-no de "Senhor e Vivificador" (Credo de Constantinopla) e dizem que ele se expressa em tudo o que existe e de modo especial na vida dos seres humanos. Neste contexto, podemos evocar a experiência de alguns cientistas modernos, que atribuem ao mundo uma espécie de caráter "antrópico": a natureza teria alguns traços humanos; seria feita de comunicação e encontro, de vida que age com ordem e sentido. Pois bem, o Espírito seria como um princípio antrópico e divino da realidade: força de amor e comunhão que tudo sustenta.

A própria etimologia da palavra (do latim *spiritus*, alento ou respiração, que corresponde ao hebraico *ruah* e ao grego *pneuma*) nos coloca em bom caminho: o Espírito é a forma que os humanos têm de viver, não somente porque respiram (como os animais), mas porque falam (suas palavras são respiração modulada, com sentido) e se abrem a tudo o que existe. Os seres humanos são corpo (minerais) e alento vital (animais), mas sua *espiração* mais profunda, feita de amor e palavra consciente, os vincula de modo especial ao *uni-verso*, quer dizer, à unidade relacional de tudo; ela é o Espírito.

Como se vem dizendo desde antigamente, torna-se difícil distinguir *alma* (vitalidade) e *espírito* (comunicação, abertura universal), elementos vinculados a um *corpo*, que costuma ser entendido como fundamento de todo o restante. Por isso, é difícil definir o ser humano, seja como dicotomia (corpo e alma) ou como tricotomia (corpo, alma, espírito). Certamente, é mais do que corpo mortal, e alma que morre ou se torna imortal com a morte. Talvez seja melhor chamá-lo de relação universal, e assim dizemos que é Espírito, de forma que sua vida mais profunda se encontra vinculada com a vida e relação (processo comunicativo) de todo o universo. Ao mesmo tempo, é carne, consciência frágil, paixão e sofrimento esperançado.

É difícil resolver essas questões em teoria, entre outras coisas porque os mesmos termos se cruzam. Talvez o problema principal não esteja em relacionar alma e corpo (como quiseram muitos racionalistas dos séculos XVII e XVIII), mas carne e espírito (em perspectiva bíblica). Sabemos através de Jo 1,14 que "a Palavra do Espírito de Deus se fez carne", quer dizer, humanidade sofredora e criadora. Sobre essa base, querem avançar as reflexões que seguem. Elas vinculam o Espírito à terra (à matéria, ao corpo), mas sobretudo se ocupam da carne, entendida como expressão de humanidade: de onde provém e para onde se dirige, se tem algum projeto? Como se alimenta e culmina, se é que pode culminar de alguma forma e não se encontra condenado pela morte? Para colocar melhor o tema, podemos evocar, em princípio, três respostas:

1. *Espírito do cosmos, vida do mundo.* Alguns filósofos gregos e muitos cientistas modernos afirmam que somos parte de um mundo que vive e respira. Da raiz desse mundo provimos, em sua vida moramos, a ela tornaremos. Certamente, temos algo especial, mas nada individual que permaneça. Muitos, na linha de Espinoza, acrescentam que devemos ser fiéis ao "espírito do mundo": não há mais Deus, a não ser a vida, nem mais religião, a não ser o respeito ao cosmos.

2. *Espírito ilusão.* Dividido o mundo em duas substâncias (matéria e espírito), como queria Descartes, muitos acabam afirmando que, na realidade, só há uma: a matéria. O espírito não existe, é só uma palavra que empregamos para evocar certos fenômenos complexos, como faziam os poetas em seus mitos. Tudo o que há são variações da única matéria, que aparece umas vezes como vida, outras como entendimento, porque o próprio entendimento e vontade são materiais e assim podem ser estudados pela ciência (física, biologia, matemática).

3. *Espírito de Deus, carne humana.* Do Espírito em sentido cristão só se pode falar lá onde se afirma que há um Deus que existe em si (não é puro mundo) e age de maneira criadora e amorosa (não é pura inconsciência). Não é Espírito fechado (essência imaterial isolada), mas *Relação de todas as relações*. Seu ser é dar-se: Abertura criadora, Alento generoso que só "se tem a si mesmo" (em autopresença) quando se dá de presente. Por isso, sendo reais, as coisas se realizam em Deus; sendo autônomo, o ser humano só pode fazer-se de verdade (ser carne) no Espírito divino.

Quero situar-me na última linha, não para fechar os humanos em Deus e negar sua independência, mas para destacá-la. Por isso começo dizendo com a Bíblia que *há um Deus pessoal*, que se possui e se comunica de maneira livre, tornando os seres humanos capazes de acolher sua presença e dialogar com ele em dimensão de carne. Assim começa a Bíblia: "No princípio... a terra era caos e escuridão sobre o abismo. Mas o Espírito de Deus pairava sobre as águas... E Deus disse: Faça-se a luz... separem-se as águas..." (cf. Gn 1,1-6). O Espírito, furacão de Deus, paira sobre um abismo-mundo que é caos confuso. Logicamente, esse alento de Deus, respiração fundante, aparece depois como Palavra que chama, organiza e relaciona tudo o que existe. Assim, acaba a passagem da Bíblia: Deus "formou o ser humano com barro da terra e insuflou em seu nariz Espírito de vida, e se tornou um ser vivente..." Por isso o ser humano é carne (Gn 2,7).

Os seres humanos são seres vinculados a Deus a partir de sua carne, imersos em sua respiração: receberam o alento de Deus, podem assim comunicar-se, enriquecidos pelo "mandato" de vida (podes comer, não comas...), ameaçados pelo risco da morte. Deus os torna capazes de dialogar com ele, mas não lhes impõe seu diálogo; abre-os ao amor, mas não os obriga a querê-lo. Eles são seres de carne e habitam entre o paraíso de Deus e o risco do pecado (Gn2-3), definidos pelo Espírito que os vincula com Deus.

Entendido assim, o Espírito não é coisa externa nem lei obrigatória, mas experiência de comunicação e liberdade dos seres humanos com Deus a partir da própria carne. O Espírito é *Deus dado em presente*, que alenta os humanos, fazendo-os ser em sua Presença, sendo *Humanidade dada em presente*, que acolhe o Alento de Deus, e assim pode ser em liberdade a partir da carne. Sendo graça, o Espírito não pode impor-se e, por isso, vai unido à possibilidade do pecado, que surge lá onde os seres humanos querem ser "donos do bem-mal", vivendo somente por si mesmos, abandonando a raiz do divino. Mas, embora eles abandonem, Deus continua oferecendo-lhes seu alento para que possam comunicar-se e buscar o paraíso na carne.

Inicia-se assim *a história do Espírito*, o desdobramento da humanidade que por sua carne busca tateante o manancial da graça, de maneira que Deus se comunique gratuitamente a ela ou lhe retire sua graça. Entendido assim, o Espírito é um símbolo teológico, que encontramos vinculado à experiência israelita; avançando nessa linha, o credo da Igreja afirma que "ele falou pelos profetas", que transmitiram sua Palavra de graça e de esperança sobre a lei de violência do mundo (cf. Is 2,2-6; 11,1-2; 41,1-4; Ez 37).

II. Mensagem de Jesus. Espírito libertador. O profeta Jesus revelou a presença do Espírito como *poder libertador*, que age desde agora, curando, perdoando e vinculando os seres humanos na carne. Assim, o identifica no fundo com o *reino*, que se expressa por seus gestos de cura, acolhida e bem-aventurança (cf. Mt 11,2-6 par.; 12,15-21). *Outros profetas*, como João, anunciavam o juízo justiceiro de Deus que destrói os perversos (cf. Mt 3,7-12 par.). Os *rabinos* aprofundavam-se na Lei, os *sábios* buscavam modelos melhores (elitistas) de presença da sabedoria de Deus. Pois bem, *Jesus*, mensageiro do reino de Deus, começou curando na carne os excluídos do sistema social, como portador do Espírito, de forma que muitos oravam, dizendo: "Venha a nós o teu Espírito Santo" em vez de teu "reino" (cf. Lc 11,2). Jesus não teoriza sobre o Espírito, vive imerso nele e expande-o, em gesto de libertação curadora, proclamando sua *palavra* (bem-aventuranças, sermão da montanha) aos carentes de palavra e oferecendo saúde ou cura aos expulsos do sistema (leprosos, prostitutas, publicanos, enfermos, possessos...). A partir desse fundo se entende seu *Espírito*:

– *Palavra*. Antigamente, Deus soprou sobre o caos e sobre o húmus para criar o ser humano (Adão). Assumindo uma experiência israelita de juízo, o Batista anunciava o vento-espírito de Deus como furacão destruidor, fim da história (cf. Mt 3,7-11). Jesus, pelo contrário, oferece seu perdão e graça na carne, sobre o juízo (cf. Mt 7,1 par.), como ratifica seu batismo (cf. Mc 1,9-11 par.).

– *Cura*. Como portador de um Espírito de Vida, Jesus oferece perdão aos pecadores, saúde aos enfermos, bem-aventuranças aos pobres e acolhida para os antes expulsos da aliança. Assim realiza a obra do Espírito santo (= puro) sobre a carne dominada por espíritos impuros, como indicarão os exorcismos (cf. Mt 12,28 par.) e as tentações (Mc 1,3-13, Mt 4,1-11 par.).

Onde Jesus anuncia o reino como força criadora, cura e liberdade humana (perdão, curas) na própria carne, precisamente aí se revela o poder de Deus, que assim aparece como Espírito cristão (= do Cristo ou Messias). Desde antigamente se dizia que repousaria sobre o rei final esse Espírito de Deus (prudência e sabedoria, conselho e valentia; cf. Is 11,1-2). Assim o repetiam os discursos messiânicos e apocalípticos: o messias de Deus agirá com a força de seu Espírito para destruir os perversos e instaurar o reino. Pois bem, a tradição cristã sabe que Jesus recebeu o espírito messiânico (cf. Mc 1,9-11 par.) para servir os pobres, não para impor-se sobre eles (cf. Mt 12,18).

Este *serviço do Espírito* se expressa através dos *exorcismos*, quando Jesus luta contra a impureza e a morte. Outros podiam supor que o diabo (compêndio-chefe dos espíritos perversos) se encarnava em Roma ou nas grandes estruturas de *polis* e *cosmos* (como dirá o Apocalipse). Jesus não combateu expressamente essa opinião, mas descobriu a presença de Satã de modo muito particular nos enfermos e expulsos do sistema sagrado, nos *possessos*. Por isso, os cura e responde a seus acusadores, dizendo: "Se eu expulso os demônios com o Espírito de Deus, isso significa que o reino de Deus está chegando para vós" (Mt 12,28). Satã é o que oprime e perturba o ser humano, fazendo-o escravo de si mesmo, da conflitividade social e da morte. O Espírito, em contrapartida, é poder criador, vida de Deus que age pelo reino (em cura, acolhida, saúde, esperança), a favor dos seres humanos, na própria carne.

Demoníaco é aquele que oprime e exclui. *Espiritual*, pelo contrário, é aquele que liberta os seres humanos. Assim dirá Jesus: "O Espírito do Senhor está sobre mim; por isso me ungiu para oferecer a boa nova aos pobres, me enviou para proclamar a liberdade aos cativos, para dar vista aos cegos..." (Lc 4,18; cf. Is 61,1-2; 58,6). Assim se defende Jesus daqueles que o acusam, porque oferece cura e liberdade aos impuros e excluídos. Os donos do sistema, representados pelos nazarenos, querem matá-lo, por que dizem que é um endemoninhado; Jesus, em contrapartida, escapa por ora (cf. Lc 4,28-30) e continua realizando a obra do Espírito na carne, oferecendo cura, liberdade e alegria aos mais pobres.

Neste contexto se entende o *pecado supremo* (Mt 12,31-32). O Espírito é graça que perdoa os pecados, amor de Deus que oferece comunhão e reino a todos, superando as fronteiras dos privilegiados legais e sacrais. Por isso, pecam contra o Espírito Santo os que se opõem a esse perdão e gratuidade de Deus, impondo o próprio sistema e excluindo ou expulsando os contrários ou diferentes. Esta experiência nos situa no centro da conflitividade humana, e nesse contexto Jesus precisa sua palavra: "E quando vos levarem para ser entregues (aos sinédrios e julgamentos do mundo...), não fiqueis pensando no que haveis de dizer, pois direis aquilo que Deus vos inspirar naquela hora: porque não sereis vós que falareis, mas o Espírito Santo" (Mc 13,11).

O próprio Espírito nos situa no lugar do conflito humano, fazendo-nos testemunhas de sua gratuidade e de sua abertura aos pobres dentro de um sistema que tende a converter-se em absoluto, por cima das dores da carne. Assim aparece como *força dos fracos*: presença de Deus que sustenta os derrotados da história, oferecendo uma palavra que ultrapassa os discursos da violência e juízo deste mundo, como recordará o Paráclito.

III. Páscoa e Pentecostes. Espírito cristão. Paulo, primeiro autor cristão conhecido, afirma que "o Senhor é o Espírito" e onde está o Espírito, está a liberdade, a plenitude escatológica (cf. 2Cor 3,19). Os sacerdotes de Jerusalém puderam condenar a Jesus, porque tinham um véu diante dos olhos, por medo de olhar a Deus e assumir a morte em liberdade e entrega amorosa pelo reino (cf. 2Cor 3,12-16; cf. Ex 34,33-35). Pois bem, Jesus rasgou esse véu: traspassou em graça e claridade a fronteira da morte e assim nos permite olhar com rosto descoberto o Deus do Espírito, que deu sua vida (ressurreição) ao Senhor crucificado. Em seu primeiro sentido, a cruz era fracasso: derrota e sofrimento do mensageiro do Espírito. Mas, através desse fracasso (mostrando que o mundo não pode ser redimido pela lei), Deus elevou sua graça, dando vida ao Cristo morto. Já não "sopra" simplesmente com seu alento o barro (Adão; cf. Gn 2), oferece seu Espírito Total e ressuscita (em vida plena, trinitária) ao Cristo do amor, que deu sua vida pelo reino e pende do madeiro no Calvário (cf. 1Cor 15,42-45). A páscoa é expressão suprema do Espírito. O que começou em Adão (vivente do mundo) culmina em Cristo (Espírito de vida). Este é o *acontecimento do Espírito de Deus*:

– *Espírito na morte, amor cumprido*. Jesus permaneceu fiel, colocando-se nas mãos de Deus, para o bem dos mais pobres, sendo derrotado pelo sistema do templo e do império. A tradição dirá que morreu no Espírito (cf. Hb 9,14).

– *Espírito pascal, resposta de amor*. O Pai ressuscita Jesus na morte por meio do Espírito (Rm 1,3-4). Dessa forma se vinculam *Espírito de Jesus* (que dá sua vida pelo reino) e *Espírito do Pai* (que acolhe Jesus na morte, para dá-lo de novo aos seres humanos).

– *Espírito de Deus, Espírito de Cristo*. A páscoa, que é diálogo de amor entre o Pai e seu Filho Jesus, é presença do Espírito divino (eterno), que penetra na história para libertá-la da morte. Assim o proclamaram e viveram os cristãos, descobrindo que a própria páscoa (triunfo de Jesus) se torna Pentecostes, princípio de vida libertada (At 2).

O livro dos Atos situa a experiência de Pentecostes, com o surgimento da Igreja, nos quarenta dias de Páscoa, vinculando assim, de forma pedagógica e clara, triunfo de Jesus e irrupção do seu Espírito. A partir de outra perspectiva, tanto Mateus como Paulo e João uniram ambos os momentos (no mesmo dia de páscoa Jesus veio aos seus discípulos medrosos... "e soprou sobre eles, dizendo: 'recebei o Espírito santo'...": Jo 20,21-22; cf. Mt 28,16-20). Seja como for, a páscoa se expande em Pentecostes, nova criação, presença do Espírito na história e na universalidade da Igreja:

– *História*. Muitos judeus pensavam que Espírito e reino chegariam somente no fim, quando o tempo terminasse e não houvesse mais coxos e pobres, enfermos e mortos sobre o mundo. Os cristãos, em contrapartida, descobrem pela páscoa que Deus se faz presente já na história, para enriquecê-la e não para acabá-la, por meio do Espírito que é fonte de vida-cura e graça.

– *Universalidade*. A lei era própria de um povo: sancionava sua eleição e missão particular. O Espírito de Pentecostes abre a graça e liberdade de Deus a todos os seres humanos. Essa união de todos os homens e mulheres da história somente pode ser conseguida em amor gratuito sobre os sistemas globais de imposição.

Os seres humanos por si não podiam formar comunhão universal: seu afã de conquista, o desejo de elevar uma grande torre diante de Deus, como sistema de segurança global, os fizera enfrentar-se, confundir-se e dividir-se, criando nações, estados e sistemas impositivos (cf. Gn 11: torre de Babel). Pois bem, para agrupá-los no amor e na gratuidade, não pela torre, Deus havia escolhido o povo de Abraão, portador da bênção e da unidade pacificada para todas as nações (cf. Gn 12,1-3). Como plenitude daquela promessa, inversão de Babel e cumprimento de Abraão, surgiu a Igreja, onde o gesto curador de Jesus (que vence os demônios na carne dos possessos) se torna Espírito católico, de unidade universal, crente (cf. Gl 3-4; Rm 3-4). Esta é a novidade e a tarefa da Igreja, que não busca a unidade como sistema ou torre que resguarda e unifica pela força os seres humanos, nem pela lei, impondo uma organização sacral planificada, como a do velho templo, mas pelo amor libertador que vincula em emoção católica os antes divididos.

– *Emoção de Deus: sinais carismáticos*. O Espírito é vento e terremoto, línguas de fogo, calor feito palavra de anúncio ou missão universal (At 2,4; cf. Gn 1,1-4). Os primeiros cristãos não começaram teorizando, mas se descobriram transformados pela presença amorosa do Espírito, recriados em amor e alegria, em plenitude e mistério.

– *Catolicidade*. O templo tinha-se tornado Babel de roubo e de rejeição (cf. Mc 11,17; At 7,44-53), aonde vinham pessoas de todas as nações (cf. At 2,5) sem conseguir comunicar-se. Mas os cristãos recebem em casa e na rua (não no templo) uma experiência de graça e comunicação católica que os capacita para partilhar a vida com todos (partos, medos, elamitas: cf. At 2,9).

O Espírito de Cristo torna-se reconciliação (cf. 2Cor 5,19), ultrapassando as fronteiras da lei e abrindo a partir do próprio judaísmo (a partir de Jerusalém) um caminho para todos os seres humanos: "Recebereis a força do Espírito Santo que virá sobre vós e sereis minhas testemunhas em Jerusalém, em toda a Judeia e até os confins da terra" (At 1,8). Esperavam e queriam uma restauração nacional (cf. At 1,6-7). Jesus oferece-lhes seu Espírito, para que sejam suas testemunhas de amor universal, abrindo assim um espaço de vida partilhada gratuita, não global, enquanto segue a história (cf. At 1,11). Os crentes podem ser e continuam sendo muito distintos, de raças e povos, línguas e nações diferentes, mas, superando toda lei particular (própria de um povo eleito), se vinculam através do Espírito de Cristo, que é "amor, alegria, paz" universais (cf. Gl 5,22).

Dessa forma, vinculam-se Páscoa e Pentecostes. Jesus viveu e morreu a favor dos excluídos do sistema, nas mãos de Deus, que o recebeu em sua vida (= Espírito) de amor. Este é o seu milagre: um amor aberto em gratuidade a todos os seres humanos. No princípio, seus discípulos não o compreenderam: fogem fracassados e escandalizam-se, agarrados nas malhas da morte dele. Mas depois voltam a si (voltam a Jesus, em Deus) pelo Espírito, e descobrem que a páscoa cumpre a "lógica" do reino: é amor universal que triunfa da morte, é presença do Espírito de Deus (do Pai e de Jesus, seu Filho), que se abre a todos os seres humanos, como experiência salvadora e comunhão universal. Jesus não percorreu o seu caminho para si, mas para todos os seres humanos (a partir dos excluídos do sistema). Por isso sua ressurreição se expande e se expressa através do Pentecostes missionário da Igreja.

IV. Grandes testemunhas: Paulo e João.

Paulo começou apresentando o Espírito de Cristo como *poder de ressurreição* (cf. Rm 1,3-4). Por isso, "o Espírito daquele que ressuscitou a Jesus dentre os mortos vivificará também vossos corpos mortais..." (cf. Rm 8,11). O Espírito também é *poder de liberdade*: "Quando éramos menores, estávamos escravizados sob os elementos deste mundo. Mas quando chegou a plenitude dos tempos, Deus enviou seu Filho... para libertar os que estavam sob a lei, para que alcancemos a filiação. E porque sois filhos, Deus enviou o Espírito de seu Filho a vossos corações, que grita: *Abba*, Pai! De maneira que já não és servo, mas filho e herdeiro..." (Gl 4,3-7). A *lei* fazia-nos servos e dividia-nos como homens e mulheres, judeus e gregos, senhores e escravos (Gl 3,28). Para libertar-nos, "Deus enviou o seu Filho", dando-nos o seu Espírito: "Não recebestes um Espírito de escravidão, mas o Espírito de filiação, pelo qual clamamos: *Abba*, Pai!..." (Rm 8,15-17).

O Espírito é presença de Deus como poder de liberdade e filiação. Vivemos na dor, não sabemos orar, mas o Espírito sustenta nossa fraqueza e intercede por nós com gemidos inenarráveis (cf. Rm 8,23-27). Somos seres de terra limitada, como Adão, primeiro ser humano. Mas temos em Jesus o Espírito de vida (1Cor 15,45-47). Por isso é que já não estamos submetidos à lei, escrita em tábuas de pedra, que nos fecha em um nível de morte (dureza, obscuridade, mentira), pois "onde está o Espírito do Senhor, está a liberdade" (cf. 2Cor 3,17). Deus havia feito os seres humanos para serem livres, mas eles tinham caído escravizados sob os elementos do sistema cósmico e das leis da morte (cf. Gl 3; Hb 2,14-15). Mas Jesus nos livrou dessa morte, morrendo por nós: rasgou em amor o véu da lei, e nos deu o Espírito de vida (cf. 2Cor 3).

A partir do pano de fundo, Paulo contrapõe *a lei israelita*, vinculada à existência sociorreligiosa do povo judeu, e *a fé cristã*, interpretada como vinculação universal no amor. Essa experiência inclui traços carismáticos de emoção interna e elevação suprarracional, mas se expressa sobretudo no amor missionário e no serviço mútuo. Por isso, Paulo apela, além da Lei (estrutura nacional judaica), para o Espírito de Cristo, recebido pela fé (Gl 3,1-3) e expresso em amor, alegria, paz (cf. Gl 5,22), como união mútua e missão universal. Estes são seus momentos básicos (1Cor 12-14).

– *Dons espirituais*. Alguns cristãos perguntam-lhe sobre os *pneumatiká* (dons espirituais), pois se sentem portadores do Espírito, aristocracia e hierarquia da Igreja. Entre suas "virtudes" está a profecia e talvez o dinheiro que dão aos pobres, mas sobretudo os "dons extáticos" (cf. 1Cor 13,1-3; 14,1-25). Paulo não condena esses dons, mas quer que sejam postos a serviço da comunidade, de maneira que possam traduzir-se para o bem do conjunto.

– *Unidade eclesial*. Os carismas devem estar a serviço da Igreja (cf. 1Cor 12,12-26), onde os mais importantes são aqueles que parecem mais pobres (ou aparentam menos dons); por isso, a unidade do Espírito se expressa no serviço aos excluídos do sistema. Nesse contexto, Paulo destacou o dom do apostolado e da direção comunitária, passando pela profecia, ensinamento, acolhida e curas (cf. 1Cor 12, 1-11.27-31; 14, 26-33).

– *O amor é o Espírito*. O centro da passagem (1Cor 13) identifica a presença e ação do Espírito com o amor. A lei não foi capaz de criar uma comunidade universal, aberta em graça a Deus e aos irmãos. O amor pode fazê-lo: é presença gratuita e universal de Deus para todos os seres humanos. Isso significa que o Espírito Santo é amor, e o amor é princípio de todos os ministérios da Igreja, como viu, em outra linha, Jo 21,15-19.

E assim passamos a João, catequista do Espírito entendido como fonte de vida: "Se alguém não nascer da água e do Espírito, não pode entrar no reino de Deus" (Jo 2,5). Os sinais religiosos anteriores (montes sagrados e templos) passaram. Chega com Jesus a novidade da experiência religiosa verdadeira: "Esta é a hora em que os verdadeiros adoradores adorarão o Pai em Espírito e em Verdade; estes são os adoradores que Deus busca: Deus é Espírito, e aqueles que o adoram devem adorá-lo em Espírito e em Verdade" (Jo 4,21-24). Os seres humanos estavam divididos por sacralidades. Agora o Espírito, Verdade universal, os une na mesma carne da vida. Muitos cristãos continuaram fechados em uma cultura ou cidade (nação) particular. Jesus quer, em contrapartida, que todos se vinculem pelo Espírito, que lhes brota do seio como rio: "pois antes não havia Espírito, porque Jesus ainda não havia sido glorificado" (Jo 7,39). Este é Espírito Paráclito, advogado e defensor dos crentes:

– *Rogarei ao Pai, e ele vos dará outro Paráclito, que esteja convosco para sempre* (Jo 14,16). Jesus mesmo tinha sido guia e defensor de seus discípulos. Mas agora vai e os deixa e pede ao Pai "outro" que seja presença interior e companhia ("não vos deixarei órfãos": 14,18).

– *Ele vos ensinará todas as coisas e vos recordará tudo o que eu vos disse* (Jo 14,26). Muitos buscam uma verdade como algo imposto, resolvido e ensinado de cima. Mas Jesus promete aos seus um magistério interior: o Espírito-Paráclito, que atualize e interprete sua doutrina.

– *Ele dará testemunho de mim, e vós também dareis testemunho* (15,26-27). Jesus não prometeu um magistério externo com dogmas e ensinamentos, nem deixou uma estrutura de poder. Sua verdade se expressa no ensinamento interior do Espírito, que age pelo testemunho dos fiéis.

– *Convém que eu me vá, porque, se eu não for, o Paráclito não virá para vós* (16,7). Muitos sentem saudades de Jesus, querem que ofereça milagres, seguranças exteriores. Mas é melhor que ele se vá, para que seus fiéis assumam a verdade no Espírito, presença e experiência interior de vida.

Acima das instituições, Jesus apela para a *confiança do Paráclito* (Consolador e Defensor) dos crentes. É Consolador, e buscamos lá onde se acabam as seguranças anteriores. É Defensor no duro julgamento de morte do mundo. É dom pascal de Jesus, que aparece e fala, para que possamos perdoar (= vincular em amor) a todos os seres humanos: "Dito isso, soprou sobre eles e disse-lhes: 'recebei o Espírito Santo'" (Jo 20,22). Assim começa a nova criação (cf. Gn 2,7): este é o sopro de Jesus que enriquece e vivifica nossa carne, para que possamos viver em comunhão.

V. Magistério e teologia: experiência de mistério. Evocamos o Espírito no Antigo Testamento e na mensagem de Jesus, destacando sua conexão pascal e comentando alguns textos de Paulo e de João. Antes de passar ao magistério e à teologia, queremos recordar outros textos da Bíblia.

– *Hebreus. Espírito de páscoa*. Cristo "ofereceu-se sem mancha a Deus pelo Espírito eterno" (Hb 9,14). Assim se vinculam o *amor de Cristo* (que coloca sua vida nas mãos de Deus Pai, a favor dos seres humanos) e o *amor do Pai* que acolhe e ressuscita (para o bem de todos) no Espírito.

– *Sinóticos. Concepção pelo Espírito*. Jesus, Filho de Deus, não nasceu da pura carne e sangue, mas pelo Espírito de Deus (Mt 1,18-25; Lc 1,26-38), em sinal que João 1,12-13 amplia a todos os crentes. O Espírito é amor de gerar que nos gera em Cristo.

– *João. Realidade divina*. Vem de Deus (cf. Jo 14,16), como dom de Cristo (Jo 14,16; cf. Jo 14,26; 15,26; 16,7). É água que Jesus oferece sobre o templo de sua páscoa (cf. Jo 7,39), água e sangue de seu lado messiânico (cf. Jo 19,34), sopro de vida (Jo 19,30; 20,22).

O Espírito não é só de Deus nem só de Jesus, mas de ambos, de forma que Jesus pode invocar o Pai, dizendo-lhe: "tudo o que é meu é teu, tudo o que é teu é meu" (Jo 17,10; cf. Jo 17,21-23). O Espírito é *presença extática* e comunicativa de Deus, *pessoa* de amor: ajuda os crentes, recorda-lhes os caminhos de Jesus (Jo 14,26), dá testemunho (cf. Jo 15,26-27;16,8), intercede em favor dos seres humanos (cf. Rm 8,26), em união com o Pai e o Filho (cf. Mt 28,19). Pois bem, lendo essas passagens a partir de uma perspectiva helenista, muitos cristãos do século IV d.C. pensaram que era uma entidade inferior ao Pai (e ao Filho) e quiseram explicar sua essência com categorias hierárquicas de tipo ariano. A *grande Igreja* respondeu em Constantinopla (ano de 381), aplicando os princípios de Niceia (ano de 325), e disse que Deus não é graduação de essências, mas totalmente divino em cada pessoa. Por isso, o Espírito não é Deus inferior, mas totalmente divino: "É Senhor e doador de vida, procede do Pai; e com o Pai e o Filho recebe a mesma adoração e glória; ele falou pelos profetas".

– *História: falou pelos profetas*. Certamente, o Espírito é de Cristo, mas, ao mesmo tempo, pertence ao conjunto da humanidade, que busca a Deus e escuta sua palavra. Assim podemos evocar sua presença na história dos povos e culturas, ultrapassando a fronteira israelita. Nesta perspectiva se situa hoje o diálogo inter-religioso: o mesmo Espírito, que age de maneira intensa em Cristo e pela Igreja, desdobra sua ação e mistério nos diversos povos da terra.

– *Mistério básico: senhor e doador de vida*. É *Kyrios/Senhor* (cf. 2Cor 3,17), pertence a Deus e sustenta, de maneira poderosa, tudo o que existe. É doador de vida (*Dosopoion*), em termo próximo a 2Cor 3,5 e Jo 6,63 (a letra mata, o Espírito vivifica). Esta é a fé cristã, confessada por católicos, ortodoxos e protestantes, que descobrem e cantam a presença do Espírito de Deus na própria carne da história, como princípio de vida para os crentes.

– *Ampliação cristológica: Filioque*. Depois do século IX, para explicitar os dados anteriores, alguns cristãos latinos (do Ocidente) acrescentaram ao credo o *Filioque* (= e do Filho), dizendo que o Espírito "provém do Pai e do Filho". A Igreja ortodoxa rejeitou esse acréscimo, pois muda a palavra venerável de um credo universal e pode mesclar a economia salvadora (plano de história) e a imanência divina (mistério intradivino). Este é um tema que continua discutido.

Aqui não podemos resolver essa diferença, que pertence à teologia especializada e ao diálogo ecumênico. Os *católicos* aceitam com os ortodoxos a diferença e identidade do Espírito, situando-o assim no nível de Deus, liberado para a veneração e louvor. Do Pai provém, no Pai o encontramos com o Filho, além de todas as fixações da história e da teologia. Assim os católicos destacam a identidade "cristológica" do Espírito, vinculando-o de forma mais intensa com Jesus. Os *ortodoxos* tendem a colocar o Espírito fora da história da salvação, situando-o no plano de pura veneração, culto e liturgia, desligado da luta e conflito da terra. Por sua parte, os *católicos* puderam convertê-lo em simples acréscimo do Cristo, submetendo-o ao poder da estrutura eclesial (estaria controlado pela hierarquia e pelo magistério) ou às lutas de algumas camadas eclesiais, que confundem a graça de Deus com o triunfo de suas opções políticas ou sociais. Mas, superando esses riscos, as igrejas devem iniciar um caminho de experiência partilhada no Espírito do Pai (ortodoxos), na fidelidade a Cristo (católicos).

O que se disse anteriormente deveria bastar em linha dogmática e de busca eclesial. Mas, a partir das disputas do século IV, que haviam desembocado no credo de Constantinopla, alguns bispos da Ásia Menor (Gregório Nazianzeno, Basílio) começaram a chamar o Espírito de *pessoa* (hipóstase ou *prosopon*), rosto pessoal de Deus. Essa terminologia remete ao princípio deste trabalho: o Espírito não é uma coisa nem em Deus, nem nos seres humanos, mas uma *relação de amor*, vinculada ao *êxtase* (sair de si, doar-se ou transcender-se) e à *comunicação* (vida partilhada). A partir desse pano de fundo, queremos fixar melhor sua identidade:

– *O Espírito é amor intradivino*, plenitude do processo de Deus, que se desdobra em linha de entendimento e vontade. Ao conhecer-se, como Pai originário, Deus gera em si o *conhecido* (Logos-Filho, encarnado em Jesus Cristo) e ao amar-se suscita o *amado* (Amor-Espírito, oferecido aos seres humanos). O Espírito é amor pessoal, não poder errante em busca de si mesmo, ser frustrado que não chega ao seu final, mas Senhor completo, feliz, realizado. Por isso, no caminho e meta de seu desdobrar-se pessoal, Deus é mistério trinitário, como destacaram Agostinho e Tomás de Aquino.

– *O Espírito é amor comum de duas pessoas*. Não é amor-próprio (intrapessoal) de Deus para si mesmo, mas amor mútuo (interpessoal) do Pai ao Filho e vice-versa. Assim, ele é encontro, comunhão pessoal. Não é um indivíduo que sabe e que ama, mas amor de "duas" pessoas (Pai e Filho) que se conhecem e se amam em uma "terceira", o amor pessoal do Espírito. Filho e Pai contrapõem-se e vinculam-se ao amar-se; o Espírito, em contrapartida, é amor em si, *pessoa partilhada*, carne dual, pessoa em duas pessoas... Talvez possamos chamá-lo (cf. Jo 14,23) o *nós* divino, amor onde culmina o *eu* do Pai e o *tu* do Filho, como veio destacando H. Mühlen.

– *O Espírito é terceira pessoa, amor completo*. Não é somente *dileção* ou amor de dois, mas o *co-dileto* ou *co-amado*, aquele a quem o Pai e o Filho querem juntos, suscitando-o em sua entrega mútua-simultânea (Ricardo de São Vítor). O Pai é pessoa que gera o Filho, e o Filho, recebendo o ser do Pai. Ambos culminam seu processo pessoal dizendo juntos um mesmo "tu" de amor, que é a terceira pessoa em plenitude. Esta é o *co-amado*, carne comum a quem Filho e Pai querem juntos, unindo-se ao querê-lo, destinatário e selo de amor partilhado. Assim culmina e se abre o processo do Deus que se encarnou em Cristo, para unir na carne os seres humanos. Depois desse amor não existe nada, pois esse é tudo: Filho e Pai voltam e se encontram (são cada um em si), saindo de si pelo Espírito, em processo ou círculo divino (grego: *perikhóresis*).

– *O Espírito é pessoa-gratuidade*, amor mútuo dado em presente. Os cristãos, desde antigamente, o viram sem mais como amor, caridade, graça incriada, fundamento de toda a criação (cf. 1Cor 13). Não é dom que Deus dá, mas o próprio Deus-dom, Pessoa-graça. Deus não quis dar-nos algo que ele fez, para que sejamos assim ricos, mas fez-se a si mesmo presente, para que sejamos (= tenhamos) sua riqueza (cf. João Paulo II, *Dominum et vivificantem*, 10). Contra os esquemas de sacrifício e vitimismo, onde Deus é poderio que nos surpreende ou Senhor a quem devemos aplacar, contra todas as visões impositivas da realidade (talião ou mérito, luta ou juízo), o Espírito de Deus vem mostrar-se, pelo Cristo e a partir do Pai, como puro presente, pessoa-dom, amor partilhado que abre e oferece seu encontro de vida aos seres humanos.

Aqui culminam os discursos racionais e, ultrapassando as teorias, voltamos à experiência evangélica do Espírito, que é graça libertadora de Jesus, que se expressa e age na própria carne da história. Por isso, a melhor lição sobre o Espírito é o próprio sermão da montanha, com os gestos curadores e amorosos de Jesus e com sua páscoa aberta aos seres humanos em pentecostes, enquanto os cristãos esperam a ressurreição da carne, que é a verdadeira obra do Espírito Santo. Podem-se fazer mil teorias, afiar a dialética, precisar as palavras... Mas todas resultam inúteis, se ficarem vazias de evangelho, isto é, do reino de Deus vinculado à encarnação do Verbo. Conhecer o Espírito de Cristo supõe fazer-se e ser cristão em plenitude (cf. At 19,1-7).

C. K. Barrett, *El Espíritu Santo y la tradición sinóptica*, Salamanca, Secretariado Trinitario, 1978; P. Berger, *Rumor de ángeles*, Barcelona, Herder, 1973; J. Comblin, *El Espíritu Santo y la liberación*, Madrid, Paulinas, 1986; Y. Congar, *El Espíritu Santo*, Barcelona, Herder, 1983; M. D. G. Dunn, *El Espíritu Santo y Jesús*, Salamanca, Secretariado Trinitario, 1981; H. Mühlen, *El Espíritu Santo y la Iglesia*, Salamanca, Secretariado Trinitario, 1998; X. Pikaza, *Dios como Espíritu y persona*, Salamanca, Secretariado Trinitario, 1989; X. Pikaza e N. Silanes (eds.), *Los carismas en la Iglesia. Presencia del Espíritu Santo en la historia*, Salamanca, Secretariado Trinitario, 1999; C. Schütz, *Introducción a la pneumatología*, Salamanca, Secretariado Trinitario, 1991; E. Schweizer, *El Espíritu Santo*, Salamanca, Sígueme, 1992.

Xabier Pikaza

ESPIRITUALIDADE

Entendida como reflexão sobre o saber sapiencial religioso, sobre a experiência com o Absoluto ou sobre os valores últimos e profundos que transcendem o ser humano, a espiritualidade ultrapassa o domínio do cristão, inclusive, do religioso. A espiritualidade é "tão inerente ao homem como sua corporeidade, sociabilidade ou praxicidade" (Sobrino, 1986, 39). Nenhum ser humano pode viver sem espírito, especialmente se movido com profundas motivações e convicções. Pertence, então, ao substrato mais profundo do ser humano. Naturalmente, nem todos nos movemos com o mesmo espírito ou com os mesmos valores, nem todos percebemos do mesmo modo a realidade histórica ou os fatos sociais com os mesmos critérios a partir de um plano ético. As espiritualidades não são iguais. Em princípio, indica Ellacuría com linguagem do filósofo Zubiri, é admirável a espiritualidade daqueles que são capazes de ver os fatos com honradez para "encarregar-se" da realidade, "carregar com" a realidade mediante compromisso pessoal e "encarregar-se" de sua transformação, com vistas a uma libertação de opressões e injustiças. A espiritualidade cristã assume e transcende a espiritualidade meramente humana ou civil.

H. Urs von Balthasar fala de três formas de espiritualidade: a *transcendental*, que equivale a sair de si mesmo para o Absoluto; a *ativista* ou do compromisso objetivo, que encontra seu campo de ação no âmbito do mundo; e a espiritualidade da *passividade*, caracterizada pela indiferença diante dos requerimentos de qualquer índole (Urs von Balthasar, *Concilium*, 1065, 11-14 e 24-25). Aqui me proponho examinar a espiritualidade cristã, a saber, a dos crentes vinculados ao Espírito de Jesus, o Senhor. Examino sua vigência, sua natureza e suas manifestações.

I. Vigência da epiritualidade. Com suas múltiplas escolas e tendências, a espiritualidade cristã foi até a década de cinquenta do século XX um domínio inquestionável. Somente se debatiam seus métodos e acentos, dentro do campo conventual e monástico da vida religiosa. Faltava ao clero secular – nunca a teve – uma espiritualidade própria, ao passo que as tentativas de traçar uma espiritualidade secular, a partir da condição do leigo inserido no mundo, foram irrupções que alargaram positivamente o olhar sobre a existência cristã, mas que não se cristalizaram em profundidade.

Na década de sessenta, produziram-se mudanças notáveis na espiritualidade, questionada não somente em seus métodos e acentos, mas também em sua natureza. Foi a década do Vaticano II (1962-1965), de Medellín (1968), da secularização reinterpretada, da contestação ao sistema, da primavera de Praga, do maio quente francês, do diálogo cristão-marxista, da teologia da libertação, da aparição das comunidades de base e da valorização do catolicismo popular a partir do povo como sujeito ativo. A espiritualidade dos anos imediatamente pós-conciliares afastou-se do "complexo mental e institucional da cristandade" (M. D. Chenu), acentuou uma nova "maneira de viver no mundo como lugar privilegiado de santificação" (C. Geffré) e se entendeu "não como atividade separada do coração da fé, mas como a expressão mais integramente pessoal do mistério total de Cristo em sua existência" (Ch. Duquoc). As críticas feitas à espiritualidade cristã, procedentes da psicanálise, da análise marxista e do compromisso social libertador, obrigaram a purificá-la de toda sombra de alienação.

Nos anos setenta, assistimos a um despertar religioso ou espiritual dentro de alguns movimentos eclesiais, com fervor quase místico, apoiados na mensagem do evangelho. "Descobre-se – afirma V. Codina – o gratuito, o festivo, ressurge a dimensão ritual e simbólica da existência humana, ao *homo faber* sucede o *homo ludens*, à cidade *secular* as *festas de loucos*, aos revolucionários utópicos os neomísticos com as mais variadas gamas. Renasce o gosto pela experiência espiritual e religiosa, a mística oriental, os êxtases e as *viagens* alucinantes, a volta à natureza e a ânsia de comunhão ecológica. Dentro do cristianismo, brotam os movimentos de renovação carismática e os grupos de oração. Diante da crise do progresso ilimitado e do desencanto crescente diante da impossibilidade de transformar as estruturas, parecia não restar outra alternativa senão a fuga à experiência religiosa no seio da intimidade cotidiana e no cálido refúgio à oração. É óbvio que também este despertar religioso é ambivalente e que também necessita de um discernimento espiritual" (Codina, 1982, 306-315).

Encontramo-nos em plena década de oitenta. Não é fácil na época traçar um diagnóstico espiritual dos cristãos no vigamento do mundo de então. Diante da concentração objetiva de poderes potencialmente destrutivos (corrida armamentista, controle de áreas geopolíticas e econômicas decisivas, concentração do capitalismo crescente, começo da globalização), surgem movimentos ecologistas, pacifistas e feministas que apontam com valentia a degradação ecológica do planeta como *habitat* da humanidade, a sombria corrida armamentista e a violência de gênero, com a sequela da fome nas massas do terceiro mundo, a elevação de violências estatais e do terrorismo e o perigo de conflitos militares que poderiam desembocar em uma guerra na qual se pudessem empregar armas de destruição em massa.

Na década de noventa, a involução dos poderes políticos e econômicos, atentos à defesa de seus interesses ou privilégios, assim como dos governos preocupados com seus alvos nacionalistas, faz com que quase se esqueçam as necessidades materiais e espirituais da humanidade inteira. Esta perigosa redução de horizontes repercute na alienação da consciência, com consequente perda de interesse pela ação política, junto ao descrédito das religiões organizadas e a desagregação de postulados éticos tradicionais. No final do século XX, a Igreja católica, concentrada em sua direção papal, mostra-se preocupada com refazer a unidade a partir de uma regeneração disciplinar (novo código), moral (ética tradicional sem fissuras) e dogmática (retorno à ortodoxia), com discursos frequentes e repetitivos que incidem escassamente na consciência espiritual da humanidade.

As tentativas pós-conciliares de encontrar uma nova espiritualidade são ainda fragmentárias e insuficientemente unificadas. Note-se que, nestas últimas décadas, a espiritualidade cristã se debate entre a *involução* ou retorno à espiritualidade do barroco, própria do século XIX e da primeira metade do século XX, e a *assunção* de um cristianismo encarnado, comprometido, evangélico e evangelizador. Ao mesmo tempo, diante do abandono da prática religiosa e inclusive da fé cristã por uma parte da sociedade ocidental, há um crescente progresso no catolicismo popular, nas comunidades eclesiais e nas paróquias conciliarmente renovadas.

Novas formas de espiritualidade substituem as tradicionais, inclusive no âmbito difícil e imprevisto da juventude. Para explicar o duplo fenômeno da secularização e o retorno do religioso, convém levar em conta o declive da radicalização ideológica das décadas anteriores, a recuperação do cristianismo evangélico libertado de muitas suspeitas e o desencantamento do otimismo secular de anos anteriores. Tudo isso fomenta a busca de uma nova espiritualidade que abrange corpo e espírito, indivíduo e grupo, transcendência e imanência. Influem igualmente as espiritualidades orientais, especialmente as asiáticas (hinduísmo, budismo e taoísmo), dada a mútua interpelação cultural e religiosa entre Ocidente e Oriente.

Em uma palavra, a espiritualidade pós-conciliar debate-se entre tradição mística e atualidade histórica, eficácia e gratuidade, sofrimento e alegria, infância espiritual e maturidade crítica. Os novos carismas, observa Ch. Duquoc, puseram em relevo a necessidade da mística numa Igreja entregue à fascinação pela palavra ou pela ação.

II. Natureza da espiritualidade. O conceito de espiritualidade é recente, impreciso e polivalente. Para Urs von Balthasar, é "a atitude básica, prática ou existencial própria do homem e que é consequência e expressão de sua vida religiosa – ou, de modo mais geral, ética – da existência: uma conformação atual e habitual de sua vida a partir de sua visão e decisão objetiva e última" (Urs von Balthasar, *Concilium*, 1965, 7). Na opinião de A. M. Besnard, "é a estruturação de uma pessoa adulta na fé, segundo sua própria inteligência, sua vocação e seus carismas por um lado, e as leis do universal mistério cristão por outro" (*Concilium*, 1965, 27). A espiritualidade, segundo F. Vandenbroucke, "é a ciência, primeiramente, das reações da consciência religiosa diante do objeto da fé, o que constitui o aspecto intelectual, e, em segundo lugar, a ciência dos atos humanos que têm especial referência a Deus, quer dizer, a ascética e a mística" (*Concilium*, 1965, 56). I. Ellacuría afirma que "a espiritualidade cristã não é outra coisa senão a presença real, consciente e reflexamente assumida do Espírito Santo, do Espírito de Cristo na vida das pessoas, das comunidades e das instituições que querem ser cristãs" (Ellacuría, 1993, 415).

O homem cristão espiritual, por meio de exercícios e experiências, trata de iluminar e amadurecer a vivência pessoal e grupal de suas motivações e decisões religiosas. Não se move somente no plano do *noético* (pura busca da verdade) nem no âmbito do *ético* (tomada de decisões no compromisso), mas também na dimensão predominantemente *espiritual* estética e gratuita, na qual entram em jogo a emotividade, a afetividade e sensibilidades pessoais. A espiritualidade, como exercício do crente cristão, situa-se no próprio centro da vida humana, onde brota o amor e onde o amor é mais forte do que a morte. A dimensão espiritual da pessoa toca fundo na existência humana (J. M. Castillo).

A espiritualidade consta destes constitutivos: o Espírito, o seguimento de Jesus e a oração.

1. *O Espírito*. Sem Espírito não há espiritualidade. O próprio nome latino *spiritus* é masculino; em grego, *pneuma*, é neutro; em hebraico é feminino, *ruah*, "vento, alento", termos que mostram sua universalidade e complementaridade. O Espírito possui múltiplas conotações – nem todas positivas – aderidas à sua acepção primeira. Oposto a corpóreo, é entendido literalmente como algo etéreo, impalpável e invisível. Convertido em nome próprio, designa a terceira pessoa da Trindade, a que o povo fiel escassamente conhece e adora. É algo que se vincula à experiência religiosa de uma pessoa mística, de um grupo carismático ou de equipe apostólica de militantes.

Segundo o Antigo Testamento, Espírito é sinal de vida que provém de Deus. É comparável ao vento e ao alento, sem os quais morremos. É, então, como a respiração. O sopro que o ser humano tem vem de Deus, a quem volta quando uma pessoa morre e dá o último suspiro. É também vento cálido, furacão que arrasa ou brisa fresca que reconforta a vida. É alento que se encontra no fundo da vida e força vivificante diante da morte e além de seus limites. O Espírito de Deus criou o mundo e deu vida humana ao "barro".

A efusão do Espírito é um sinal dos tempos messiânicos. Manifesta-se particularmente nos profetas, defensores dos deserdados e tenazmente críticos diante dos mecanismos do poder demoníaco, do dinheiro idolatrado e do culto desviado. Também se percebe nos juízes, enquanto promotores da justiça, já que o Espírito é força solidária e fraterna a favor dos humilhados e necessitados. Jesus é concebido por obra do Espírito e revela o Espírito em seu batismo e começo de sua missão, no momento de sua morte e nas aparições a seus discípulos. Jesus morreu, entregando seu Espírito, e apareceu ressuscitado, dando aos seus o Espírito por meio de um sopro.

O Espírito Santo é enviado pelo Pai e pelo Filho para completar a obra de Cristo. Fará de cada crente uma pessoa nova e reunirá os povos na unidade. Com seu dom, temos a possibilidade de conhecer a verdade, de amar, de rezar e de conduzir-nos para viver em paz, com alegria e esperança. Sua doação por parte de Deus tem como propósito criar comunidade e que as comunidades da Igreja se abram aos povos e culturas, deem testemunho cristão e defendam a justiça e a liberdade. O termo grego *Paráclito*, associado frequentemente ao Espírito Santo, significa advogado, defensor, consolador e intercessor. A ação litúrgica é obra do Espírito Santo dirigida em Cristo ao Pai.

A Igreja celebra na festa de Pentecostes – comparável à da Páscoa – o dom escatológico do Espírito e a abertura da Igreja a novos povos. A cinquentena pascal é tempo de plenitude, de alegria e de agradecimento pelos frutos recebidos. Pentecostes é a festa do Espírito Santo ou o aniversário de sua vinda especial à primitiva Igreja.

2. *O seguimento de Jesus*. O evangelho é o critério e a norma da espiritualidade cristã, enraizada na atitude amorosa de Jesus com relação ao Pai no Espírito Santo. Dito de outra maneira, o fundamento da espiritualidade cristã é cristocêntrico. De outra parte, a presença do cristão no mundo é constitutiva da espiritualidade, já que sua maneira de viver na sociedade é lugar privilegiado de santificação, visto que o cristianismo não é desprezo ao mundo, mas assunção, consagração e aperfeiçoamento dele. Por isso, diante do caráter particular da espiritualidade do século XIX, é necessário enfatizar o caráter totalizador da fé cristã, sem rupturas entre interioridade e exterioridade. A espiritualidade cristã supera a oposição entre o particular e o público. Por isso, afirma-se a existência cristã comprometida social e politicamente como âmbito do espiritual e se reconhece o alcance social e político de certas correntes espirituais. Além disso, faz parte da espiritualidade cristã a pertença do crente na comunidade, primordialmente litúrgica, embora não se reduza ao cultual.

Desde o século XVIII, prevaleceram na Igreja um modelo de santidade e um tipo de espiritualidade próprios da vida religiosa e sacerdotal (o leigo não está situado no estado de perfeição), caracterizados pelas afirmações da primazia dos valores religiosos e sacrais, pelo apreço a uma vida contemplativa sacrificada e generosa, pelo ascetismo gerador de caracteres rígidos e pela escassez de fundamentação neotestamentária. A última *ratio* subjacente à concepção da espiritualidade radicava, então, na separação ou segregação, no binômio sagrado-profano, na ênfase sobre o espírito em detrimento do carnal, e sobre o celestial em contraposição ao terreno.

Hoje se aceita que a espiritualidade cristã, comum a todas as escolas de espiritualidade, se baseia no seguimento de Jesus, constitutivo essencial da existência cristã (Ellacuría, 1993, 416). Isso contém a dupla referência: ao Jesus histórico e ao Espírito que possuiu Jesus morto e ressuscitado. A dimensão da espiritualidade do seguimento é, então, dupla: *cristológica* (o Jesus dos evangelhos é a "norma" absoluta do seguimento) e *pneumatológica* (o Espírito, fonte de liberdade e abertura, atualiza Jesus no decurso da história).

De uma parte, Jesus experimentou fontalmente a Deus como Pai e como Deus do reino. Esta experiência deve ser básica na espiritualidade de todo cristão na hora de sua entrega pela realização do reino, que inclui o espírito das bem-aventuranças. De outra, a espiritualidade cristã deve estar impregnada do Espírito de Jesus. O Espírito, observa J. Sobrino, ata-nos e desata-nos: ata-nos na estrutura fundamental da vida de Jesus para conhecer a Deus; desata-nos para descobrir a Deus em cada nova situação histórica.

3. *A oração*. A alma da espiritualidade cristã reside na oração. Se orar foi o exercício cristão tradicional e inquestionável, recentemente é prática pouco comum e sem reconhecimento social. Talvez a oração tenha aumentado, se não quantitativamente, pelo menos qualitativamente, por razões culturais e evangélicas.

Segundo Tomás de Aquino, a oração é "expressão dos desejos do homem diante de Deus". De acordo com esta tradição, os catecismos de Astete e de Ripalda afirmam que orar é "erguer o coração a Deus e pedir mercês". Desse modo aprenderam a orar na Espanha varias gerações durante três séculos e meio, até as portas do Vaticano II. Embora dirigida a Deus coloquialmente em atitude virtuosa ("com humildade e confiança", acrescentavam alguns textos), a oração cristã foi entendida como reza individual de petição.

Contrasta essa maneira de conceber a oração com a que propôs, por exemplo, o *Catecismo católico para adultos*, do episcopado alemão de 1985: orar é responder à palavra de Deus com a ação de graças. Por conseguinte, a oração é, definitivamente, "conversa com Deus", como afirma Teresa de Jesus. A partir daí, poderíamos afirmar que a oração é conversa com Deus a partir de duas realidades básicas: sua palavra e o clamor pela chegada do reino da justiça. Assim se exprime no Pai-nosso.

O núcleo básico da espiritualidade cristã reside na oração da Igreja ou na Igreja em estado de oração, que é a liturgia, centro da vida cristã, sua culminância e sua fonte. Por outra parte, o elemento central da liturgia é a oração. Daí porque a expressão oração litúrgica, núcleo do culto cristão, equivale à oração dentro da liturgia ou à liturgia inteira. Podemos afirmar que a oração litúrgica – sempre dirigida ao Pai – tem três dimensões básicas: a palavra de Deus (relação a seu projeto), a assembleia orante (o corpo de Cristo eclesial) e o cumprimento da justiça do reino (o clamor dos pobres a partir do Espírito).

Definitivamente, a oração litúrgica é comunitária (em assembleia), dialogal (resposta à palavra) e sacramental (o diálogo ratifica-se com o gesto/símbolo).

A oração litúrgica experimentou, nestes anos pós-conciliares, o mesmo vaivém que conheceu a liturgia em seu itinerário renovador, com similares etapas e influências. Sua atualidade é determinada por dois fatores: a renovação litúrgica no âmbito da "liturgia das horas" e a renovação espiritual no terreno da oração. As oscilações com relação à oração litúrgica correspondem à ambiguidade que possui toda oração, entre compromisso e fuga, identificação e evasão, ato de fé e magia, experiência pessoal e formalismo. De fato, em certos círculos secularizados há vergonha em dizer que alguém não reza; pelo contrário, em ambientes de prática religiosa coerente, é vergonhoso afirmar que alguém reza. Em todo caso, o ambiente social atual não é propício à oração em geral nem à oração litúrgica em particular, por causa da falta de estima que se tem pela prática religiosa e, em certos ambientes, da própria fé. A oração, afirmam alguns, é ineficaz e alienante. Mas não é supérflua, pode-se contestar com razão. A vida em geral e a cristã em particular estão entrelaçadas pelo compromisso e com o dom, com o trabalho e com a adoração.

Dada a relação profunda entre liturgia e oração, podemos afirmar: Quando a oração litúrgica entra em crise, algo cristão importante se deteriora. E ao inverso, quando se renova a oração litúrgica a partir de suas fontes mais genuínas, a totalidade da vida eclesial recupera uma dimensão nova já que a oração litúrgica é, em definitivo, confissão e celebração da fé no hoje histórico da assembleia. Por conseguinte, a renovação da oração litúrgica contém renovação da oração e renovação da liturgia.

III. Manifestações da espiritualidade. Como mostras de espiritualidade cristã renovada, podemos sublinhar três exemplos pós-conciliares: a litúrgica, a carismática e a libertadora.

1. *A espiritualidade litúrgica.* Desde a mais remota antiguidade, a comunidade cristã primitiva se reunia para a oração em comum, além de celebrar a eucaristia. O termo *igreja* pode ser traduzido por "assembleia em oração". Com o aparecimento do monaquismo, brota no século II o que mais tarde se chamará o "ofício das igrejas", a saber, a reunião ocasional dos fiéis para a oração, ao amanhecer (hora da ressurreição) e no fim da tarde (hora da criação), como prolongamentos da ação de graças eucarística dominical. Mais tarde, foram acrescentados outros três momentos: terça (hora do Espírito pentecostal), sexta (hora da crucifixão) e nona (hora da morte de Cristo). Desse modo se comemora cotidianamente o mistério pascal. Juntamente com os ofícios diurnos, surgiram igualmente os noturnos, inicialmente privados ou em família, salvo os comunitários excepcionais, como as "vigílias", entre o ocaso e a aurora.

No século IV, dão-se dois tipos de oração em comum: a *oração do povo*, com os presbíteros e o bispo, de manhã e à tarde (de noite, em algumas ocasiões), à base de salmos e hinos, e o *ofício monástico*, diurno e noturno, próprio dos monges, com estrutura baseada no binômio leituras/salmodia (salmos, cânticos e hinos). Definitivamente, trata-se, por parte da comunidade cristã, de dar graças, dia e noite, pela misericórdia de estar sob o Espírito de Deus. Infelizmente, ao fundir-se os dois ofícios, desapareceu o popular, e se conservou unicamente o monástico, em língua culta (o latim, que o povo não entendia), com uma participação quase exclusivamente clerical. Precisamente por clericalizar-se, a oração litúrgica perdeu significação.

A atual *Liturgia das Horas* tem estes traços: a) por ser oração da Igreja, pertence a todos os fiéis, embora os cristãos participem dela com papéis diferenciados, segundo os ministérios recebidos e as disposições pessoais; b) por ser liturgia, a oração das horas é celebrada, pelo que se diferencia de outros tipos de oração, já que exige alguns elementos litúrgicos (leituras, cantos, orações, gestos), uma estrutura cultual (dialogal ou verbal-simbólica) e uma assembleia como sujeito ativo; c) por ser santificação das horas, está em função do tempo presente, da história e do esforço humano, a partir da dimensão pascal, com um desdobrar adequado ao longo do dia, da semana e do ano; d) possui estrutura própria: hino, salmodia, leitura bíblica, responsório e preces, Pai-nosso e oração final.

A reforma litúrgica conciliar, aplicada ao antigo *breviário* para convertê-lo na nova "liturgia das horas" ou "liturgia do tempo presente", conseguiu melhor escolha de textos bíblicos, menos quantidade de salmos, novos hinos (dos 270 atuais, uns 100 são novos), ênfase em dois momentos centrais (laudes e vésperas) e uma imprescindível flexibilidade para adaptar esta oração a diversas necessidades e situações.

Ainda é breve o tempo transcorrido desde o aparecimento da *liturgia das horas* para traçar uma avaliação de sua influência na espiritualidade dos fiéis. A experiência da publicação dos rituais mostra que somente com dois livros litúrgicos não se renova o culto cristão. Nesta questão, como em todo o âmbito pastoral, são imprescindíveis os grupos e comunidades cristãs. No caso concreto da oração das horas, observa-se a falta de uma tradição entre os fiéis. Nosso povo rezou e reza fora da liturgia ou durante, mas com estilo próprio. Unicamente progrediu a oração litúrgica da celebração eucarística, seja através da "oração dos fiéis", seja mediante o acompanhamento da "oração do presidente". À oração das horas acrescentam-se algumas dificuldades adicionais: harmonizá-la com o ritmo da vida secular, combinar o saltério com a mentalidade e cultura atuais e sintonizar com a espiritualidade popular. Em todo caso, há um futuro promissor neste campo à vista da renovação da oração, sem esquecer os grupos de fiéis que celebram comunitariamente o ofício divino, seja inseridos em mosteiros com sensibilidade e abertura, seja através de algumas reuniões comunitárias ou paroquiais.

Recentemente se descobriu e se desenvolveu a dimensão contemplativa da liturgia, graças a um conhecimento melhor da bênção e a uma avaliação qualitativa dos gestos, silêncios e palavras. A liturgia não somente é expressão da fé da Igreja, mas também âmbito vital onde o cristão alimenta sua vida espiritual. Os novos grupos de oração litúrgica caracterizam-se pela participação conjunta ou em comunidade, pela referência à Bíblia, pela relação entre oração e compromisso, ou entre oração e vida real, pela integração do corpo à oração, pela incorporação do silêncio e pela valorização da liberdade e da espontaneidade. Juntamente com o compromisso social, também contribuíram para renovar a oração litúrgica o auge do personalismo, a busca de um contato religioso, a nostalgia da mística e a necessidade de expressões festivas. Não faltam grupos de oração que se reúnem com intencionalidade litúrgica.

2. *A espiritualidade carismática.* Uma contribuição pós-conciliar que deu novo canal à oração cristã proveio da *Renovação carismática,* nascida nos inícios de 1967 em núcleos universitários do norte dos Estados Unidos por influência das igrejas pentecostais, no contexto de uma crise social, durante a etapa da primeira euforia de renovação conciliar. O neopentecostalismo católico é, na realidade, um movimento de renovação cristã que recupera uma tradição primitiva quase perdida na Igreja: a oração grupal, pública e espontânea. A oração tinha-se estereotipado na liturgia oficial, vocalizada em repetidas fórmulas populares ou convertida em meditação através da contemplação individual interior e silenciosa.

Na renovação carismática, predomina a emotividade religiosa, com linguagem pré-verbal. Os carismáticos baseiam-se na força do Espírito. Possuem mística própria, contagiosa e entusiástica que provêm da oração e da palavra de Deus. O que se procura é a transformação interior do indivíduo, em relação quase imediata e experiencial com Deus. Trata-se de uma "experiência do Espírito Santo", caracterizada basicamente pelo batismo no Espírito (ou sua efusão) e pela recepção de alguns carismas: falar em línguas ou "glossolalia" (que em Paulo é "oração espontânea"), curas, profecia (que equivale ao testemunho) e discernimento. Os representantes deste movimento insistem em que o decisivo é o dom do Espírito e a experiência carismática da caridade, não os carismas extraordinários.

O instrumento principal da Renovação carismática é a assembleia de oração, que se reúne semanalmente para louvar a Deus. Possui uma estrutura de liturgia livre (seus responsáveis são leigos), com referência sacramental (sacramentos da iniciação) e acento pneumatológico (é básica a experiência no Espírito). Mas com frequência se valoriza mais o carisma do que o sacramento, o individualismo mais do que a comunidade, e a emoção religiosa mais do que o compromisso social. Contudo, a contribuição mais específica desse movimento tem sido a renovação da oração comunitária, oral e espontânea.

3. *A espiritualidade libertadora.* Na vida cristã atual, a partir das tensões suscitadas pela práxis, emergiram dois polos que marcam outras tendências espirituais, frequentemente contrapostas e raras vezes em vias de reconciliação: a *espiritualidade do compromisso,* baseada em motivações éticas de libertação integral, e a *espiritualidade da festa,* fundamentada na atitude lúdica de transcendência antecipada.

Conhecido de sobra é o velho problema da distinção platônica entre *teoria* (contemplação de ideias eternas, subsistentes, fundadoras do real), ocupação do homem livre, e *poiesis* (prática que concerne a realidades móveis, frágeis e relativas), trabalho do escravo. A introdução aristotélica da práxis, como atividade político-moral, enriquece o conceito de trabalho transformador do social, mas continua primando a teoria.

Durante vários séculos, a "vida contemplativa", em relação a trabalhos liberais, foi considerada na Idade Média superior à "vida ativa", em conexão com trabalhos servis. O desenvolvimento posterior desse binômio a partir da Reforma – sem esquecer o *ora et labora* beneditino – fez com que a espiritualidade cristã prestigiasse a área degradada do mundano (família diante do celibato, trabalho operário diante da tarefa intelectual e responsabilidade social diante da ritualidade sacramental), até chegar a uma nova síntese inaciana: a ação, que é lugar de união com Deus e de santificação, não se opõe à contemplação. Daí o novo axioma latino-americano: "contemplação na libertação" ou na ação pela justiça. Desta forma se supera a dicotomia entre ação e oração.

"Não há lugar na América Latina – afirma Gutiérrez – onde se ore com mais fervor e alegria no meio do sofrimento e da luta diária, do que nestas comunidades inseridas no povo pobre. É um ato de reconhecimento e de esperança no Espírito que nos torna livres e que nos levará para a verdade completa" (Gutiérrez, 1982, 353). Ao *tempo de solidariedade* dos pobres em sua luta pela vida se une um *tempo de oração,* como se mostra nas comunidades eclesiais de base.

A espiritualidade da libertação é descrita por Gutiérrez em suas obras *Beber en su propio pozo* e *Hablar de Dios desde el sufrimiento del inocente.* Seus traços mais relevantes são a fé no Deus da vida, as exigências de solidariedade e amor aos pobres, o reconhecimento da gratuidade do amor de Deus, a alegria pascal, a "infância espiritual" e o "seguimento" de Jesus. Para observá-lo, basta ler seus livros *El Dios de la vida* e *La verdad os hará libres.*

Gutiérrez reconheceu, inúmeras vezes, que o ato primeiro dos cristãos é "contemplar e praticar". Dito de outra maneira, o primeiro é o silêncio e a ação. Fazer teologia é o ato segundo. À práxis, como ato primeiro, seguem a contemplação e o compromisso. Por conseguinte, a teologia não é somente ciência, mas também sabedoria. Quer dizer, o "discurso teológico torna-se verdade, verifica-se na inserção real e se torna fecundo no processo de libertação".

A. V. Codina, "Aprender a orar desde los pobres": *Concilium* 179 (1982), 306-313; Ch. Duquoc, "La espiritualidad, ¿fenómeno público o privado?": *Concilium* 69 (1971) 321-336; I. Ellacuría, "Espiritualidad", em CFC, 413-420; G. Gutiérrez, *Beber en su propio pozo*, Salamanca, Sígueme, 1998[7]; J. Lois, "Espiritualidad cristiana", em *Nuevo diccionario de pastoral*, Madrid, San Pablo, 2002, 498-510; K. Rahner, "Espiritualidad antigua y actual", em *Escritos de teología* VII, Madrid, Taurus, 1979, 13-35; J. Sobrino, *Liberación con espíritu. Apuntes para una nueva espiritualidad*, Santander, Sal Terrae, 1986; Id., "Espiritualidad y seguimiento de Jesús", em I. Ellacuría e J. Sobrino (eds.), *Mysterium liberationis. Conceptos fundamentales de teología de la liberación*, Madrid, Trotta, 1990, 449-476; Vários, "Espiritualidad": *Concilium* 9 (1965).

Casiano Floristán

ESTÉTICA E RELIGIÃO

Estética é a ciência do conhecimento sensível (do grego *aisthánomai*, perceber sensivelmente ou sentir), estabelecida como tal no século XVIII (por A. G. Baumgarten) e referida, já desde então, ao conhecimento sensível da beleza como a seu objeto específico. A categoria do belo é, de fato, o conhecimento de algo que os sentidos percebem não somente como agradável e desejável, mas também como revelador de outras dimensões do real, às quais normalmente não se costuma prestar atenção, tais como a harmonia, a ordem e a proporção, que produzem admiração e prazer. Esta espécie de "epifania", elevação ou aprofundamento do ser (M. Dufrenne), causa uma especial satisfação pelo salto que nosso espírito dá de um nível mais comum a outro mais inusitado e luminoso; e, por isso, a beleza pôde ser definida de maneiras tão transcendentes como "o resplendor da verdade" (Tomás de Aquino) ou "a sensação do universal no particular" (Schopenhauer) ou "a sensível manifestação da Ideia" (Hegel) ou "a brilhante prefiguração da Realidade total" (Bloch).

Mas, para assinalar as múltiplas relações que se podem estabelecer entre o estético e o religioso, devemos apenas recordar alguns aspectos do amplo e complexo tratado desta ciência estética, que o leitor interessado por conhecê-la em seu conjunto poderá facilmente encontrar explicada em outros dicionários ou tratados de filosofia ou de belas artes. Nós nos deteremos somente em dois de seus elementos essenciais, mais psicológicos e fenomenológicos do que metafísicos: o da percepção e experiência do belo e o de suas manifestações estéticas e artísticas, aspectos certamente importantes que nos permitirão descobrir suas possíveis analogias e discrepâncias com o conhecimento ou com a experiência propriamente religiosa, por uma parte, e com as formas e manifestações do sagrado e/ou religioso, por outra.

I. Percepção estética e percepção religiosa. A percepção estética é uma forma particular do conhecimento sensível que produz diminuição e, às vezes, quase eliminação da consciência prosaica do cotidiano, devido a uma especial excitação mais ou menos intensa dos sentidos – nunca de um só sentido nem só da vista ou do ouvido – que produz prazer íntimo não somente pelo alívio do peso do cotidiano, mas sobretudo também porque se descobre algo novo que ilumina de algum modo a própria existência enquanto dura a contemplação do objeto belo. A capacidade de um objeto belo produzir tal efeito costuma ser explicada por suas qualidades essenciais de ordem e harmonia: ordem que não indica necessariamente simplicidade, mas que brilha precisamente lá onde mais variados e complexos forem os elementos de que consta o objeto. E diga-se o mesmo da harmonia, que será experimentada com maior profundidade precisamente onde for maior o contraste e a divisão preexistentes. Pois bem, para que estas e outras qualidades do objeto belo consigam na consciência uma reação de surpresa admirativa e de intensa complacência, é preciso, além disso, que afetem de tal maneira a imaginação que a levem quase espontaneamente a dar o salto do exíguo ao pleno, do familiar ao cheio de novidade, do fechado ao aberto. Esta dimensão de transcendência imaginativa do objeto belo, que nos permite perceber algo mais universal e significativo nas coisas que conhecemos vulgarmente, é o que mais nos impressiona, nos agrada e até pode chegar a estremecer-nos, quando essa iluminação do belo se produz em nós de maneira intensa e persistente. Acolhe-se, então, o belo com crescente emoção admirativa, enquanto a inteligência verifica um reconhecimento afirmativo, sem que haja espaço para qualquer reserva crítica, já que a mente também está arrebatada pela imaginação, e esta pelos sentimentos. Tal mobilização integradora das faculdades anímicas, quando se dá, graças à predisposição do sujeito ou à intensidade do objeto ou por ambas as causas ao mesmo tempo, é que ocasiona essas extraordinárias experiências estéticas, realmente comparáveis às experiências religiosas, como vamos ver em seguida. Ambas são realmente plenárias e podem chegar a absorver a pessoa toda.

Poder-se-ia acrescentar que essas experiências estéticas, pelas quais o sujeito humano se funde de alguma forma com o valor universal do belo no concreto, se nos oferecem como estados de plenitude vital ou de verdadeira felicidade neste mundo. Embora, infelizmente, o que ocorre é que costumam ser momentos de exaltação demasiadamente transitórios, quando desejaríamos que fossem eternos. ("Detém-te, instante! És tão belo!" – exclamava o Fausto de Goethe.) Acrescentemos, por último, que o prazer que produz tais experiências nasce também dessa momentânea superação das apetências utilitárias e pragmáticas do sujeito, ou da libertação de uma vida dispersa, unificada agora na contemplação concentrada e desinteressada (não possessiva) dessa outra face da realidade vulgar que resplandece agora como harmônica, universal e transcendente.

Como se vê, a percepção estética que estamos descobrindo, mais do que o exercício epistemológico do conhecimento de uma verdade abstrata, pertence à ordem dos conhecimentos experienciais, nos quais cooperam a percepção sensível, o sentimento, a vontade e o pensamento; um tipo de experiência unitária e, por isso mesmo, bastante fundamental, ao verificar-se nela a integração do sensível e do espiritual da pessoa. É então um acontecimento que se justifica por si mesmo, antes e independentemente de qualquer justificação extrínseca de ordem teórica, social ou cultural.

Estabelecido tudo isso com relação ao estético, podemos já evocar de maneira semelhante os modos e características próprios da percepção e experiência do sagrado ou do religioso. Para tanto, devemos também – como fazíamos com o conceito do belo – começar definindo o que entendemos por sagrado; fenômeno este que, embora se encontre de algum modo em todas as culturas, históricas e até mesmo pré-históricas, resulta de difícil definição por referir-se a uma realidade muito superior, por si mesma não abarcável e obscura ou misteriosa. Segundo a escola funcionalista da religião (Durkheim), o sagrado seria aquilo que socialmente se tem como contradistinto do profano; porém, mais objetiva e fenomenologicamente, o sagrado se referiria a uma realidade externa e estranha ao sujeito humano, que se impõe com força (Eliade), inspirando-lhe certos temores, embora também seduzindo seu interesse de maneira fascinante (Otto). Como ocorre com certas grandes percepções ou experiências do belo, também a presença do sagrado se capta como algo que se impõe sem apelação possível e não pode ser provado nem justificado.

Analisemos mais de perto algumas características da experiência religiosa básica e elementar. Trata-se, em primeiro lugar, de um conhecimento imediato e vivencial (não categorial nem reflexivo) e, por isso, resulta uma experiência que, sem deixar de ser certa, permanece sempre desaparecida na inevitável obscuridade. O que é muito mais inquietante porque produz profundo estremecimento, provocando sentimentos de acatamento e adoração, de respeito e temor, embora também de abandono e confiança. Além disso, e talvez como resultado de tão fortes moções, mas sobretudo porque o sujeito religioso experimenta em sua própria vida uma espécie de ruptura do nível existencial, se verifica nele uma mudança (uma conversão) a partir do seu modo de ser mundano para outro que se lhe oferece como supramundano. Ao sentir-se o ser humano muito afetado em sua própria raiz existencial, todos os componentes de sua pessoa se veem, de algum modo, mobilizados de maneira convergente e unitária: o afetivo e o mental, a imaginação e a sensibilidade, suas faculdades ativas e suas capacidades de relação com o mundo e com os outros. E este seria outro dos aspectos diferenciais entre o religioso e o estético: de fato, a experiência do sagrado, compromete moralmente a pessoa e pode fazê-la mudar de vida, enquanto a contemplação da beleza, serena e desinteressada, não costuma exigir nenhuma conversão vital.

Efetivamente, as grandes experiências religiosas transportam o sujeito que as vive a níveis realmente transcendentes com relação ao mundo. São experiências de algo absoluto ou divino que irrompe na pessoa e podem chegar a transformá-la radicalmente. Estas situações especiais podem ser vividas, algumas vezes, como "iluminação" ou como "libertação" de certos poderes maléficos, e ainda em certas culturas chegaram a ser experimentadas como novo nascimento (o surgimento de um "homem novo"). Muitos e muito variados são, de fato, os tipos de experiências do sagrado e/ou do religioso, talvez tantas como várias são as pessoas que as vivem. Contudo, muito esquematicamente, foram classificadas segundo as tendências dominantes das grandes religiões mais conhecidas como experiências "animistas", tal como se vivem nas religiões primitivas da África negra; "místicas" (união com uma divindade sem forma possível) no hinduísmo, no taoísmo ou budismo; e "proféticas" (com relação a uma divindade que se comunica historicamente) no judaísmo, no cristianismo e no islamismo. Neste último caso, a relação que se estabelece entre o sujeito e o objeto sagrado tende a ser vivida como encontro pessoal, no qual a criatura humana se sente acolhida e sustentada pela realidade divina envolvente e, por isso, – como ocorre nas relações amorosas – pode chegar a experimentar essa outra realidade como um grande Tu que, de certo modo, a interpela a partir de seu mistério. Em tais circunstâncias, já se vê que a experiência religiosa nada tem a ver com a experiência da beleza, por mais esplendorosa que esta seja.

II. Analogias e contrastes entre o estético e o religioso. Uma vez estabelecido o próprio e específico de cada uma dessas experiências, passemos a assinalar o comum que elas têm e o que as diferencia essencialmente. Houve momentos na história da cultura ocidental – como o iniciado pelo Iluminismo e reforçado pelo Romanticismo – em que, como reação ao excessivo racionalismo e ao ir-se perdendo a vigência social das crenças religiosas, os grandes poetas e alguns filósofos e até mesmo teólogos, que propiciavam uma religião do sentimento, quase chegaram a confundir o religioso com o estético. Ou, para dizer com outras palavras, fizeram do culto à beleza uma espécie de religião pessoal, na qual as criaturas formosas e amáveis eram "adoradas" como seres divinos ou como anjos e na qual a contemplação das belezas naturais inspirava sentimentos e invocações de "salvação" ou de "eterna bem-aventurança". Também hoje em dia, para muita gente não religiosa, a arte e o estético em geral substituem, debilitando-os notavelmente, os mais sérios sentimentos do sujeito para com as realidades sagradas. Por isso cremos que – pode-se resultar interessante assinalar as possíveis analogias – é obrigado evidenciar também as divergências e contrastes entre estes dois âmbitos tão importantes da consciência.

Se nos fixarmos, em primeiro lugar, no aspecto mais objetivo de ambas as experiências, deve-se constatar que, assim como o dado da percepção estética é sempre algo sensível, o da experiência religiosa, por sua parte, é um dado não sensível, embora inequívoco, que permanece sempre obscuro e impreciso (misterioso). Esteticamente falando, o belo é apreendido certamente como valor – às vezes muito elevado – mas sempre dentro da ordem mundana, enquanto o sagrado ou o divino se percebe como realidade que se apresenta a partir de fora do mundano (sobrenatural). E se é próprio do conhecimento estético o captar o belo como algo representável, algo que a imaginação concebe como traduzível em figura equivalente (embora talvez metafórica), a experiência do sagrado ou do divino, por sua parte, percebe seu objeto como algo sem figura própria, não representável diretamente, nem sequer pela imaginação, já que não tem nome nem pode ser justamente reduzido a um conceito nem a um discurso, pois a experiência mística do inefável se inicia e se conclui no silêncio mais absoluto. Por conseguinte, se nos ativermos ao objeto próprio de ambas as experiências, é claro que se trata de realidades totalmente distintas e que toda tentativa de assemelhar sem cautela uma à outra pode introduzir as confusões às quais antes nos referíamos.

Em contrapartida, se examinarmos agora ambas as experiências a partir dos efeitos que produzem no sujeito, certamente podem ser descobertas algumas semelhanças entre elas, já que em ambos os casos se experimenta um estremecimento como consequência do impacto inicial que a realidade percebida produz, comoção que em ambos os casos tende a convocar todas as faculdades anímicas e a integrá-las em certo processo de unificação pessoal. Além disso, quando se trata de experiências muito intensas e prolongadas, tanto estéticas como religiosas, o êxtase psíquico que se produz e o arrebatamento dos sentidos podem ser muito parecidos em ambas as situações. E esta é a razão pela qual também no subjetivo podem introduzir-se confusões, advertindo, no entanto, que são precisamente essas semelhanças nas reações do sujeito que permitem o desejável acesso ao sagrado a partir da experiência estética, assim como a possibilidade de que cheguem a expressar-se esteticamente muitas das mais profundas experiências religiosas.

Porém, uma vez reconhecida a semelhança no que se refere à comoção emocional que possa produzir tanto a percepção do belo como a do sagrado, convém indicar, em seguida, alguns dos muitos elementos que as separam até torná-las quase irredutíveis entre si. Pois, enquanto na experiência estética o que predomina é a excitação dos sentidos (favorecedora de uma agradável contemplação sinestésica), na vivência religiosa são os mais profundos sentimentos espirituais que se comovem prioritariamente, afetos tais como o assombro reverencial, o temor e o tremor, a fascinação cordial, o abandono ou o esquecimento de si. O ser humano, por conseguinte, situa-se, em tais experiências, em dois planos existenciais muito distintos e distantes. A beleza inspira serena autocomplacência sensitiva; o sagrado e o santo, por sua parte, alteram profundamente a mente e o coração e os submergem em estremecimento nada tranquilizador. A experiência do santo (ou do divino) se torna sempre muito exigente para quem a vive, já que apela não para os sentidos nem para as emoções, mas diretamente para a consciência e para a vontade da pessoa e a move, de certo modo, a adotar atitudes de acatamento e de profunda adoração e, em não poucos casos, a leva a entregar-se pessoalmente, pois sente que nisso está em jogo seu próprio destino. Pois bem, essa atitude de "adoração" ou de "consagração", essencial no religioso, é praticamente inexistente no estético, já que a admiração do belo mundano não induz normalmente o contemplador a inclinar-se diante do belo como diante de uma realidade que lhe fundamenta a existência e o compromete moralmente. É verdade que o êxtase estético impressiona e comove, como já dissemos, mas não transforma radicalmente aquele que a experimenta; aquieta-o, e lhe agrada, mas não o converte.

Outro aspecto para confirmar as diferenças entre o estético e o religioso seria o da função da imaginação em ambas as experiências. Como já indicávamos no princípio, é muito notável a relevância que se atribui a essa faculdade na revitalização do salto estético do concreto e material para o mais universal e totalizante ou para o resplendor e harmonia ideais, constitutivos da beleza. Pois bem, esta operação apenas se dá no seio da vivência religiosa, porque, ao não atuar-se nela os sentidos, priva a imaginação do ponto de apoio para sua função transformadora; atividade que, além do mais, estaria também vedada ao situar-se o sujeito no limite do intramundano, além do "cerco do aparecer" (E. Trías).

E, já que falamos da imaginação – e nos referimos antes à sensibilidade, aos afetos e à vontade – convém recordar também o papel atribuído à inteligência em todos estes processos experienciais que estamos analisando. Pois, de fato, tanto no estético como no sagrado, a mente não pode deixar de agir também de maneira decisiva, embora o faça em algum momento ulterior ao do estremecimento original. Sua função, então, tanto em um como em outro caso, se verificará pelo menos nesta dupla direção: a de reconhecer, positiva ou negativamente, a verdade do sucedido (podendo chegar, em alguns casos, a suspender o juízo) e a de comprovar criticamente o alcance da intencionalidade transcendente (o sentido último) do que está experimentando. Assim se realiza a inescusável tarefa esclarecedora da mente, ao precisar e ir desvelando as possíveis contradições a partir das cautelas mentais e culturais próprias do contexto intelectual e cultural no qual se situa o sujeito de tais experiências. Experiências que, graças precisamente a essa intervenção intelectual, nunca deveriam tornar-se cegas ou de todo incompreensíveis, e que por isso permitem que se edifique sobre elas, cuidadosamente, uma certa estética ou uma teologia.

No entanto, para evitar o excesso de controle racionalista sobre a experiência do belo, têm-se reivindicado, em certos momentos da Idade Moderna, formas distintas de interpretação de tais fenômenos. Hoje em dia se volta a sentir a necessidade de propor uma nova racionalidade ou "razão estética" (como sugeria Maria Zambrano) que atenda mais diretamente às modalidades específicas de uma sensibilidade mais livre e paradoxal (o jogo, a ironia), mais fiel também às seduções do que fica além do conceitual (o trágico, o lírico, o sinistro, o sublime). E, no que se refere à experiência do sagrado e do santo, também se estão notando na atualidade, dentro da teologia cristã, movimentos em direção a uma nova compreensão mais abrangente e criativa do místico, apoiando-se, para isso, nas mais valiosas contribuições das religiões orientais.

III. Símbolos religiosos e símbolos estéticos.

Continuemos comparando, no nível agora da representação, o religioso com o estético. Por definição, o símbolo religioso se refere ao sagrado, e o faz a partir de uma imagem primariamente profana (que depois, por outras razões, poderá ser sacralizada). O ser humano não tem, efetivamente, outro recurso para indicar o supramundano, a não ser valendo-se do intramundano. O que não implica necessariamente nem a mundanização do sagrado nem, menos ainda, a sacramentalização da natureza, mas somente a correlação significativa e intencional de um extremo ao outro. Por outra parte, como a realidade que se deseja significar aparece como não abarcável (infinita e misteriosa), estes símbolos não nos levarão nunca à sua captação direta (face a face), embora tampouco resulte tão indireta essa percepção que exclua toda comunicação e mesmo comunhão com o mistério que se tenta comunicar. Pelo contrário, o símbolo religioso em sua opacidade age como mediação viva e substantiva para o crente que, mais do que compreender o símbolo, se sente antes compreendido (arrebatado às vezes) pelo que tal símbolo significa. Em consequência, os símbolos religiosos não deveriam ser entendidos como objetos autônomos, mas que se vivem normalmente como uma linguagem integrada dentro de uma ação (ritual ou litúrgica) e dentro de uma comunidade de iniciados e, por isso, nunca poderão ser interpretados perfeitamente fora de tais contextos. Além disso, estes símbolos – como ocorre com os símbolos do amor – implicam uma íntima conotação pessoal e tocam muito seriamente a responsabilidade do sujeito. Assim, por exemplo, a imagem verbal "deus" (luz soberana), quando por ela se afirma somente sua existência, não pode ser considerada ainda como símbolo propriamente religioso; para que o seja, será preciso que este sinal se converta na expressão de uma invocação ou de um nome próprio único ("Deus!"). O símbolo religioso é, então, uma imagem impregnada de conteúdo humano (desejo, invocação, temor, veneração etc.), uma imagem radicalmente existencial e comprometida, porque participa de uma pequena proporção do próprio poder que simboliza, e nisso está precisamente sua autenticidade.

Digamos, finalmente, que os símbolos sagrados maiores ou básicos costumam estar acompanhados por outros sinais menores, que sugerem realidades intermediárias ou mediações que a imaginação religiosa costuma coordenar hierarquicamente. Por isso, a simbólica do sagrado costuma aparecer em constelações de figuras de diverso tamanho valorativo. Daí resulta que é preciso discernir bem entre o acidental (sinais extrínsecos mais ou menos arbitrários) e o substancial (o núcleo mais verdadeiro que se afirma), tendo sempre presente que o critério de verdade de um símbolo religioso reside na experiência mais íntima do sujeito ou da comunidade que o expressa.

Em comparação com o símbolo religioso assim descrito, consideremos agora o símbolo estético. Como o religioso, também o estético não é direto e plenamente explícito, mas antes conotativo, e tampouco se situa em coordenadas lógico-discursivas. Além disso, a expressão estética do belo costuma oferecer-se em linguagem muito sugestiva, dotada de certo poder de encantamento e de evocação múltipla, que o situa acima das linguagens comuns e pragmáticas. São sinais em que a imaginação age intensificando e engrandecendo as imagens para que seja possível transmitir a singularíssima experiência estética original. Também o conteúdo sentimental e afetivo de um símbolo estético constitui um de seus traços mais essenciais. No entanto, junto com as vivências, este tipo de símbolos traduz também uma grande intencionalidade expressiva, mediante uma série de recursos imaginativos propriamente artísticos, tais como a condensação (acentuação do singular como único), a intensidade de seu atrativo, o marcado ritmo temporal ou espacial (proporção), as combinações lúdicas, a ironia e a harmonia em suas múltiplas formas (sonora, cromática, plástica ou mental). Além disso, desempenham notável papel no jogo estético as imagens da fantasia e do sonho, para expressar vivências menos controladas pela consciência. Em suma, pode-se dizer que a expressão simbólica das experiências estéticas constitui normalmente um repertório muito abundante de imagens, de grande poder sugestivo, constituindo assim – quando a inspiração ajuda os seus autores – esses admiráveis universos simbólicos que são as obras-primas da arte, da música ou da literatura universal.

Pela descrição que estamos fazendo dessas linguagens simbólicas, a estética e a religiosa, esperamos que apareçam, com suficiente clareza, não somente sua semelhança, mas também suas notáveis divergências. Os dados apontados até agora poderiam ser resumidos assim: enquanto o símbolo religioso não consegue nunca uma visão direta, mas antes a expressão muito pessoal de uma invocação, temor ou desejo, e deve ser compreendido em uma ação ritual e comunitária, o símbolo estético se mostra como o reflexo de uma visão idealizadora da realidade, prazerosa mas não comprometida, que traduz uma poderosa carga imaginativa e sentimental. E, se nos perguntarmos ainda sobre o alcance transcendente de ambos os tipos de símbolos, poderíamos talvez assinalar que o símbolo estético pode exercer forte eficácia na superação de limites, como, por exemplo, a de ultrapassar a autoconsciência do sujeito, que se sente impelido a sair de si, iluminado e comovido pela contemplação de uma imagem da realidade superlativa e cheia de satisfação para os sentidos. A realidade – às vezes somente um objeto ou um ser singular (um rosto, uma flor) – aparece, então, transfigurada por um halo que irradia a mais profunda beleza de cada ser; beleza que o espírito contempla com satisfação, mas desinteressadamente. Diante dessa transcendência propriamente estética e imanente ao mundo, a transcendência do símbolo sagrado transporta o espírito além dos limites do mundano e, sem negar o valor da intencionalidade estética – e mesmo não poucas vezes servindo-se delas – faz sentir a presença de uma realidade sobrenatural, imponente e soberana, que o sujeito experimenta e apetece agora, graças ao valor sacramental das imagens, como mais real que sua própria existência.

Obviamente, nem todo o mundo aceitará sem mais essa última transcendência, e não é raro encontrar essa resistência no mundo dos artistas, inclinados antes a "divinizar" algumas manifestações propriamente estéticas e a fazer da arte uma religião. Outros, no entanto, assumem respeitosamente uma clara distinção entre ambas as linguagens. E não faltam tampouco aqueles que, não satisfeitos com o pensamento de George Santayana – "a poesia (ou a arte) é uma religião sem fé" – optam por aderir ao que replicava o sábio judeu Reinhold Niebuhr, "a religião é uma poesia na qual se crê".

Sem sairmos do âmbito da expressão de tão fortes experiências, parece oportuno recordar aqui e comentar brevemente o conceito básico das "hierofanias", que alguns antropólogos e fenomenólogos da religião consideram fenômenos complementares ao dos símbolos. Tais fenômenos se dariam, sobretudo, em culturas mais primitivas, linguisticamente menos articuladas. Ocorrem quando a realidade de ordem natural (árvore, pedra, montanha, rio etc.) muda sua condição normal "profana" para converter-se em algo que, para determinado grupo cultural, emite algumas virtualidades extraordinárias (benéficas ou maléficas, segundo os casos). Com frequência, tais manifestações não são produto da imaginação de alguns poucos "iluminados", mas parecem responder a algumas forças portentosas, naturais ou sobrenaturais, que as tornam especialmente temíveis ou favoráveis. Normalmente, estas hierofanias se referem às dimensões espaciotemporais da existência. Os tempos sagrados, de fato, rompem a duração monótona da vida com a recuperação periódica das origens (forças criativas) ou com a antecipação dos tempos finais (temores ou esperanças diante da destruição ou da salvação). Os espaços sagrados, por sua parte, que às vezes são um ponto, centro no qual se erige um poste (ou eixo apenas do universo), são lugares onde habita ou se faz presente o santo (santuários ou grutas naturais), onde irrompe em proveito da tribo esse grande poder ("Mana") misterioso, porém certo. E, embora em tais acontecimentos não esteja necessariamente presente o estético, é, no entanto, frequente que o espacial sagrado seja vivido artisticamente (com pinturas e construções) e os momentos fortes temporais sejam acolhidos ritmicamente pelas danças ou narrados mediante mitos muito elementares no início.

Em suas origens, muitas dessas hierofanias são fenômenos espontâneos, nada artificiais. Pois "o homem não cria as hierofanias, como tampouco cria os grandes símbolos verdadeiros" (J. Martín Velasco). São fenômenos, além disso, antropologicamente muito reveladores, enquanto estariam manifestando a especial dimensão transcendente da criatura humana. Assim o expressava M. Eliade: "Toda hierofania revelaria uma paradoxal convergência do sagrado e do profano, do absoluto e do relativo, do eterno e do temporário". Por isso este grande antropólogo opinava também que devemos a esses acontecimentos hierofânicos, persistentemente confirmados pelas culturas de todos os tempos, o fato de podermos reconstruir agora a história mais antiga da espécie humana.

IV. Uma estética teológica. Vistas tão numerosas e tão notáveis correspondências entre o estético e o religioso, não deve causar-nos estranheza que, apesar das distinções já apontadas entre um e outro nível, sempre se tenham verificado transferências de um ao outro. Além disso, torna-se universalmente reconhecido o fato de as experiências religiosas terem sido traduzidas com muita frequência em formas e imagens de grande beleza estética. E, embora se deva admitir também que a arte religiosa nem sempre foi de alta qualidade, a história da arte universal torna digna de crédito nossa primeira afirmação, com abundância de exemplos realmente admiráveis. Não se pode duvidar, por conseguinte, de que o autenticamente estético possa chegar a ser expressão própria – e talvez a mais adequada – do sagrado.

Pois bem, muitos crentes e artistas cristãos – a partir de agora vamos referir-nos diretamente a esta confissão – não se contentam com assumir este fato evidente; interessa-lhes, além do mais, descobrir de que maneira e em que medida a própria percepção da beleza sensível e sua experiência mais profunda estariam possibilitando por si mesmas um acesso mais ou menos direto ao mistério revelado em Jesus Cristo. Ou, para dizer mais tecnicamente, eles se questionam se a contemplação da beleza mundana poderia ser considerada como "lugar teológico" da revelação cristã. Com alguém que se estaria postulando não somente que a fé cristã possa expressar-se esteticamente, como sempre se fez (em imagens, poemas e melodias), mas também que os próprios conteúdos da fé contenham uma realidade profundamente estética.

Esta importante questão é que motivou, até meados do século XX, uma série de investigações do teólogo suíço Hans Urs von Balthasar, as quais foram publicadas em sua monumental obra *Herrlichkeit* (1965), traduzida em muitas línguas, também para o castelhano. O mesmo autor reconhecia que o tema, embora bastante esquecido na Idade Moderna, estava longe de ser original, pois fora amplamente tratado na Antiguidade por autores importantes como Orígenes, Gregório de Nissa, Agostinho, Boaventura ou Bernardo de Claraval. Por caminhos muito distintos, de fato, todos estes autores coincidem, apontando a dimensão estética da revelação cristã e, mais concretamente, insistem na singular beleza da "figura" de Jesus Cristo, como imagem, símbolo e palavra da divindade.

Por seu lado, Von Balthasar, (e alguns autores modernos, como Guardini, Evdokimov, Tillich, Harries, Forte etc.) parte da convicção de que no mistério da encarnação do Filho de Deus, quer dizer, no mistério de sua humanidade divinizada, o crente pode chegar a perceber o esplendor da beleza divina como plenitude de toda beleza natural. Embora estas duas ordens de beleza nunca podem ser confundidas, pois a natural sempre continuará aparecendo como idealização do sensivelmente mundano, enquanto a teologal se referirá a uma realidade de beleza absoluta que é, ao mesmo tempo, verdade e bondade infinitas. Deve-se introduzir, por conseguinte, o critério de compreensão analógica ao comparar uma e outra beleza. Menos ainda se trataria de realizar essa comparação como resultado de um mero exercício racional, mas tudo isso deriva de um esclarecimento que somente a fé possibilita e, por conseguinte, trata-se de exercício estritamente teológico. É, então, somente pela fé que se poderá verificar essa iluminação, realmente *estética*, do Cristo crucificado e glorificado, e dos demais seres humanos, enquanto participantes da Graça cristã. Por isso, na situação concreta das múltiplas religiões históricas, esse esplendor glorioso da divindade se mantém oculto, ou pelo menos muito obscuro, aos olhos do contemplador não crente ou não suficientemente inspirado. E também por isso, só contemplando essa "forma interna", que é a Glória resplandecendo na humanidade cristã, o artista crente poderá chegar a realizar uma obra autenticamente cristã. Este é precisamente "o segredo de produção" dos mais autênticos pintores de ícones orientais. Todavia, Urs von Balthasar não se limita apenas a confirmar sua teoria com exemplos tomados das artes plásticas, mas as ilustra com uma série muito copiosa de pensadores e de literatos cristãos de todos os tempos, aos quais dedica estudos monográficos muito preciosos. Esse autor tampouco se contenta com o que se poderia chamar de contemplação de uma beleza sobrenatural, estática e intemporal, mas realiza, em seguida, nova investigação, também de *estética teológica*, sobre a presença ativa da divindade, entendida agora como espetáculo imenso, sobre o cenário do mundo e da história humana. Essa "teodramática", como ele próprio a denomina, nos permite contemplar a atuação de Deus com os seres humanos, tentando dialogar com eles e intervir em suas vidas, muitas vezes, de forma conflitiva e dramática. E é precisamente no acontecimento trágico e maravilhoso da páscoa de Cristo que este drama universal alcança seu ponto álgido. O crente cristão, por conseguinte, e mais em particular o artista (músico, dramaturgo, narrador etc.), tentará identificar-se da melhor forma possível com a sorte do ator principal, Jesus Cristo, para assim realizar em sua vida e em sua obra essa difícil, porém maravilhosa síntese estético-sagrada que é a concreta atuação existencial de cada pessoa nesse indeciso drama da história.

H. Urs von Balthasar, *Gloria. Una estética teológica*, 7 vols., Madrid, Encuentro, 1988; V. Bozal (ed.), *Historia de las ideas estéticas y de las teorías críticas contemporáneas*, 2 vols., Madrid, Visor, 1996; M. Dufrenne, *Phénoménologie de l'expérience esthétique*, 2 vols., Paris, PUF, 1963; M. Eliade, *Lo sagrado y lo profano*, Madrid, Guadarrama, 1967; Id., *Historia de las ideas y las creencias religiosas*, 5 vols., Barcelona, Herder, 1996; B. Forte, *La porta della bellezza. Per una estetica teologica*, Morcelliana, Brescia, 1999; Ch. Maillard, *La razón estética*, Barcelona, Laertes, 1998; R. Harries, *El arte y la belleza de Dios*, Madrid, PPC, 1995; W. Henkmann e K. Lotter (eds.), *Diccionario de estética*, Barcelona, Crítica, 1998; R. Otto, *Lo santo. Lo racional y lo irracional en la idea de Dios*, Madrid, Revista de Occidente, 1965; J. Martín Velasco, *Introducción a la fenomenología de la religión*, Madrid, Cristiandad, 1997[6]; G. Steiner, *Presencias reales*, Destino, Barcelona, 1991; M. Zambrano, *Filosofía y poesía*, México, FCE, 1939.

Antonio Blanch

ÉTICA TEOLÓGICA

A ética teológica pode ser abordada de muitas maneiras. Aqui vou tratar de duas questões: em primeiro lugar, os temas fundamentais de uma ética teológica crítica; em segundo lugar, sugerir que esta ética seja a teologia fundamental ou a necessária introdução à teologia como tal.

I. Uma ética crítica? Temas fundamentais. Se Paul Tillich teve de esforçar-se para explicar nos Estados Unidos a diferente função da teologia na Europa, quanto mais deverá esforçar-se um teólogo que deseja desdobrar uma ética crítica em escala planetária? Por isso, é essencial situar-se também no mundo periférico para mostrar a função crítica da ética em situações de exigência de profundas mudanças sociais. "A função social da Igreja – escreve P. Tillich – não se pode realmente entender sem esclarecer sua estrutura social e econômica e sem relacioná-la com a ordem social" (Tillich, 1962, III, 107ss).

Nos últimos cinquenta anos, produziu-se nos Estados Unidos e na Europa uma passagem da crítica ao sistema *como totalidade* à crítica só reformista da ordem social. Para tomar uma data indicativa, recordemos aquele 13 de abril de 1933, quando o nome de Tillich apareceu na lista que o governo nacional-capitalista de Hitler tinha preparado para eliminar os "intelectuais críticos" do sistema. Tilliard mesmo escreverá depois: "Como no caso de muitos outros acontecimentos criadores dos anos vinte, que serão destruídos pela perseguição ou pelo exílio, é um fato que não conseguiram superar, na Igreja e na cultura, o horizonte da Alemanha e da Europa" (Tillich, 1962, II, 11). Em 1932, Reinhold Niebuhr publicava sua *Moral and Immoral Society*, e Emil Brunner, *Das Gebot und die Ordnungen*.

A crise de 1929 – crise do capitalismo e da repressão crescente da classe operária do "centro" –, o triunfo da revolução russa e a ascensão de Stalin produziram um sobressalto na teologia. O "primeiro" Tillich, o "primeiro" Niebuhr (e um pouco antes o "primeiro" Barth) falam-nos da passagem de uma crítica do sistema a uma prudente moral reformista; o "realismo cristão": "a ilusão é perigosa, porque alenta terríveis fanatismos" (assim Niebuhr terminava sua obra). Tillich tinha escrito *Die sozialistische Entscheidung*: irá depois para uma teologia da cultura.

Nesses anos, acaba morrendo também um movimento de grande importância: o "Evangelho social". É admirável ler hoje a obra de Richard Ely, *French and German Socialism* (Nova Iorque, 1883), ou a obra de Washington Gladden, *Tools and the Man. Property and Industry under the Christian Law*, no capítulo X, sobre o "socialismo cristão", quando explica: "Nas mais recentes obras sobre o socialismo, encontramos sempre um capítulo intitulado *Socialismo cristão*. Esta frase tem algum significado? Em algum sentido, o cristianismo é socialista, ou talvez o socialismo é cristão?" Hoje não importam as explicações. Nem tampouco imposto a maneira como criticava a Marx (é admirável, porque o conhecia). O importante é a atitude cristã de crítica ao sistema capitalista como totalidade. W. Rauschenbusch critica veementemente "nossa ordem social semicristã", que está regida "pela lei do benefício". Esses cristãos, articulados com as lutas sociais dos anos finais do século XIX até 1929, serão sepultados pela violência do capitalismo europeu-norte-americano e, entre as duas guerras (1914-1945), pela hegemonia de tal capitalismo, das quais os Estados Unidos saiu triunfante (e o *Commonwealth* inglês derrotado, da mesma maneira como a Alemanha e o Japão).

As teologias morais do pós-guerra não puderam sair do molde reformista. Aceita-se o sistema *como é*; reforma-se *em parte*. Esta é a conclusão, se observarmos os grandes tratados morais de Bernard Häring e de A. Hertz, W. Korff, T. Rendtford, H. Ringeling. É interessante considerar a antiga obra de Brunner. A partir do capítulo 34 – muito superior em seu tratamento às morais católicas da época – sobre "essência e função da economia", dá-se um jeito de criticar o capitalismo: "O capitalismo é uma anarquia econômica; por isso o cristão está obrigado a lutar contra ele e a favor de uma verdadeira ordem social" (Brunner, 1932, 380s), mas depois critica também o socialismo real. Da mesma maneira, Helmut Thielicke, em seu livro *Theologische Ethik*, mostra seu reformismo claramente na questão que trata sobre "a revolução como *ultima ratio*". Sem dúvida, como em todos os casos já nomeados e que nomearemos, não encontramos nenhuma referência à opressão dos países periféricos, questão que já no século XVI Bartolomeu de las Casas havia colocado teologicamente com clareza e que interessa para uma ética com sentido planetário.

Pode-se observar que se passou da crítica ao capitalismo a uma aceitação, e finalmente, na presente crise, a uma justificação moral do mesmo. Todo o movimento neoconservador norte-americano (e conservador europeu) poderia repetir aproximadamente as conclusões de Robert Benne em sua obra *The Ethic of Democratic Capitalism, A Moral Reassessment*; este, em seu capítulo 7, sobre "as virtudes do capitalismo democrático", depois de mostrar seus valores, termina dizendo: "O capitalismo democrático foi um sistema social desvalorizado, especialmente pela comunidade intelectual liberal, tanto religiosa como secular... Nós, em contrapartida, retomamos o capitalismo democrático e lhe damos sua possibilidade histórica a partir de seus valores práticos e morais" (Benne, 1981, 174).

Para estas morais intrassistêmicas, a utopia, a crítica radical ao sistema é anarquia, fanatismo; é a irracionalidade do "historicismo", aparentemente refutada por K. Popper e traduzida economicamente por Milton Friedman no neocapitalismo do "equilíbrio autorregulado do mercado livre". Neste caso, as teologias morais devem tratar a questão da "norma" (lei), a questão dos valores, das virtudes, do bem e do mal, do problema da linguagem, da tecnologia e também da paz, sem nunca colocar em questão o "sistema" como tal. O pensar analítico opõe-se radicalmente a toda proposta dialética.

Pelo contrário, os cristãos com senso planetário e críticos do capitalismo e em solidariedade com as classes oprimidas deverão enfrentar uma dupla crise. Em primeiro lugar, crise na época posterior à segunda guerra, ao ter de enfrentar a hegemonia capitalista na época da guerra fria; em segundo lugar, crise, desde 1989, pela liderança militar norte-americana, que julgará como terrorista toda atitude crítica. De fato, com referência à primeira questão, dez anos depois do término da guerra (em 1954, Vargas suicida-se no Brasil; em 1955, cai Perón na Argentina; em 1957, Rojas Pinilla na Colômbia; Abdel Nasser, no Egito, ou Sukarno, na Indonésia; são casos paralelos na África ou na Ásia), a expansão do capitalismo norte-americano destrói os projetos do capitalismo *nacional* periférico (os "populismos" na periferia significam a última tentativa de um *capitalismo nacional* autônomo, não dependente, sob a hegemonia de uma burguesia nacional, como o Partido do Congresso na Índia). A crise do modelo de capitalismo "dependente" (1955-1956) na América Latina (desde Kubistchek a Goulart no Brasil, ou desde Frondizi e Illía na Argentina, até o golpe de Onganía em 1966) mostra a "inviabilidade" do capitalismo periférico. A pretensa ajuda de "capital" e de "tecnologia" (contra o "capital" e a "tecnologia" do capitalismo nacional, pobre e atrasado, da periferia) não produziu o "desenvolvimento", mas implantou as "corporações transnacionais", que aumentaram a extração de riqueza (economicamente "ganância", teologicamente "vida" e "sangue" dos povos e trabalhadores da periferia).

Uma ética crítica se inspira historicamente nesses acontecimentos como tentativa teórica de esclarecimento de uma práxis que se origina diante do fracasso do "desenvolvimentismo", primeiro, e agora no novo fracasso de poder opor-se eficazmente a uma hegemonia norte-americana sem igual. Por isso, Karl Barth disse da teologia em geral que "a relação deste Deus com este homem e deste homem com este Deus são para mim o tema da Bíblia e da teologia" (Barth, 1954, XIII), querendo indicar assim o concreto e existencial da relação, para a ética crítica (e, por isso, para a teologia fundamental, como veremos); então deveríamos dizer que a relação do Deus vivo com este pobre e deste pobre com o Deus vivo, é o tema da Bíblia e da teologia. Dessa maneira, emparelhamos – e continuamos sobre novas bases (não somente europeu-norte-americanas, mas mundiais) – os grandes temas do "primeiro" Barth, de Tillich, Niebuhr e de tantos outros. Mas o emparelhamento teórico é possível, porque há um emparelhamento prático-histórico. Aqueles cristãos se opuseram ao capitalismo em crise (e foram sepultados pelo capitalismo fascista na Europa e nos Estados Unidos). Nós também nos opomos ao capitalismo, mas em crise estrutural e muito mais profunda, porque o capitalismo autônomo meramente nacional já é impossível. Além disso, entre os desocupados e as grandes massas de pobres, nos países periféricos e subdesenvolvidos, e no próprio centro do sistema, a distribuição da riqueza a essas imensas maiorias empobrecidas é impossível para o capitalismo.

Uma ética crítica nasce como teoria antecedida e exigida por uma práxis que se opõe ao sistema *como totalidade*. O desenvolvimentismo reformista propõe infrutuosamente modelos substitutivos (desenvolvimentismos, neopopulismos, democracias cristãs, social democracias...), mas aceita o sistema como totalidade. É novamente uma moral de "normas", de "virtudes", de "valores" como fundamento. Pelo contrário, a primeira tarefa da ética crítica é tirar o fundo, perfurar o fundamento "além" ou transcendental do presente sistema. O pensar analítico deixa lugar ao dialético, e a dialética negativa, à afirmação como origem da negação, como veremos.

As morais reformistas perguntam: "Como ser bons *no Egito*?" (Contestam sobre as normas, virtudes etc., mas aceitam o Egito como o sistema vigente). Moisés, ao contrário, pergunta: "Como *sair* do Egito?" Mas, para *sair* – metáfora teológica fundamental – tem de haver consciência de que existe uma totalidade *dentro da qual* estou, e um *fora* por onde possa transitar. Efetivamente, a ética crítica (contra as morais "intrasistêmicas") parte da descrição do sistema "dentro do qual" o sujeito já se encontra; tanto o sujeito prático (como opressor-oprimido) como o sujeito teórico (o próprio teólogo). Na Bíblia, o sistema como totalidade é "este mundo" ou a "carne" (*basar* em hebraico, *sarx* em grego), que não deve ser confundido com "corpo" (*soma* em grego, embora às vezes se confunda nos LXX e em Paulo). O "pecado da carne" ou o "pecado de Adão" é exatamente a idolatria, o fetichismo: é afirmar a "totalidade" como última totalidade absoluta e negar em tal afirmação a existência do outro (Abel) e, por isso, de Deus (o Outro absoluto). A absolutização da totalidade é o pecado da carne, à medida que antes se negou ao outro: "Caim atirou-se sobre seu irmão Abel e matou-o" (Gn 4,8).

Hoje, na Europa ou na América Latina, "o sistema" é o capitalismo anglo-saxão no plano social; o machismo no plano do gênero; a dominação ideológica e cultural na cultura, globalizando-se na pedagógica; a idolatria em todos os seus níveis. O tema tem a insondável profundidade da realidade, e nele se manifesta a infinita capacidade de criar "sistemas" que o ser humano tem... e que podem como ídolos opor-se a Deus.

A ética crítica (antes de tratar casuística ou onticamente uma multidão de problemas morais) deve esclarecer o fato e a realidade de que "além" da totalidade se encontra ainda o outro. A obra de E. Lévinas, *Totalidade e infinito*, mostrou isso a partir da fenomenologia, mas não a partir da economia política. Uma ética crítica não é um "marxismo para o povo" – recordando Nietzsche – mas tem implantação profunda na metafísica (Xavier Zubiri afirma justamente a realidade como transcendente do ser em *Sobre la esencia*), como uma ética que é a *prima theologia*.

"Além", transcendental (ontologicamente transcendental) no horizonte do sistema (da carne, totalidade), "o outro" se apresenta ou aparece (é "epifania" e não mero "fenômeno") como quem "provoca" (chama, *vocare* em latim; a partir da frente, *pro* em latim) e exige justiça. O "outro" (a viúva, o órfão, o estrangeiro" dos profetas: sob seu nome universal de "o pobre" ou como a "vítima" de Walter Benjamin), outro Cristo, diante do sistema é a *realidade* metafísica além do ser ontológico do sistema, da "carne". Por isso é "exterioridade", o mais alheio ao sistema totalizado: F. Hinkelammert chama-o de transcendentalidade interior; é o "lugar" da epifania de Deus: *o pobre*. No sistema, o único lugar possível para a epifania de Deus são aqueles que *não são* sistema: o distinto do sistema, o pobre. A identificação de Jesus com o pobre (Mt 25) não é metáfora; *é lógica*. Deus, o Absoluto outro, se revela *na carne* (o sistema) pelo outro: o pobre. A exterioridade metafísica (e escatológica) do pobre (ao mesmo tempo teológico e econômico, sacramental, se se entende o que significa uma "economia teologal) situa-o como a realidade (histórica) e a categoria (epistemológica) chave de toda a ética da libertação (ou da teologia fundamental enquanto tal).

No sistema (primeiro momento metódico e primeiro conceito), o Outro (segundo momento, mas "chave" e mais radical do que o primeiro) é alienado (terceiro momento e categoria): é a substituição do outro, o pecado (não do justo alienado, mas do injusto que o aliena). A "outrificação" (torná-lo "outro", distinto de si) do outro é, teologicamente, torná-lo "o mesmo" (a "carne"): uma mera parte funcional interna ao sistema. O ser humano, o sujeito vivo e livre de trabalho criador, vende seu trabalho e passa a ser "assalariado" – momento intrínseco, ôntico, fundado no ser do capital, no capitalismo. O "outro" (livre) passa a ser outro, distinto de si, uma coisa. Assim como Cristo "se alienou a si mesmo e tomou forma de servo", assim o "outro" se converte em oprimido, "pobre", como "vítima", como categoria complexa (como exterioridade e como interioridade dominada na *carne*). O "pobre", o que não desfruta do fruto de seu trabalho, é *no sistema* a manifestação do pecado. O pecado, que só é dominação do outro, revela-se quando há algum pobre. O pobre é o outro despojado de sua exterioridade, de sua dignidade, de seus direitos, de sua liberdade, e transformado em *instrumento* para os fins do dominador, do senhor: o ídolo, o fetiche.

É evidente que tudo isto é facilmente aplicável à realidade social das classes exploradas, dos países dominados, do sexo violado, das raças discriminadas, das culturas negadas etc., mas esta "aplicação na diferença" nega desde seus fundamentos a articulação das teologias morais vigentes e coloca problemas que não podem "comodamente" ser relegados a um apêndice da teologia moral, mas (como se trata da constituição mesma, do próprio *a priori* da *subjetividade* teologizante – como teoria – e da subjetividade cristã – como prática) são as questões *primeiras* de toda a teologia (como teologia fundamental). "É possível crer?" Esta pergunta vem precedida de outra: "Quais são as condições prático-históricas daquela pergunta?" Se faço a pergunta a partir da "classe faraônica", não é a mesma coisa perguntar a partir dos "escravos". *A partir de onde* coloco minha primeira pergunta na teologia fundamental? Esse "a partir de onde" histórico-social, de raça, de cultura, de gênero, de idade etc., já é o primeiro capítulo de *toda a teologia* e não questão acessória na pergunta que tenta indagar como dar uma "esmola", como "ajuda aos países subdesenvolvidos", ou ajudar a um velho na eutanásia, ou cumprir com as "obras de misericórdia". Muitos não estão de acordo com essas posturas radicais.

Somente assim chegamos ao quarto momento (metódico e real), graças ao qual se pode entender a questão da redenção como salvação e libertação. Cada um desses conceitos diz *a mesma coisa*, mas em relação com distintos termos. "Libertação" quer dizer relação a um termo anterior (*ex quo*), a partir de onde: a partir da prisão. A "prisão" é, ao mesmo tempo (porque é *a mesma coisa*), o sistema de opressão e pecado. O conceito (e a realidade) de libertação inclui dois termos e uma atualidade (como o conceito de movimento): *de onde* se parte, *para onde* se parte, o *movimento* da passagem mesma. Teológica, metaforicamente e historicamente: *do* Egito *para* a terra prometida, na *passagem* pelo deserto.

O conceito de "liberdade" – comum na moral de Häring – não tem a mesma densidade dialética nem a complexidade histórica nem a clareza prática da categoria (e práxis) de libertação. O fato de que Abraão, Moisés e tantos outros "partem" da "terra" da Caldeia ou do Egito para outra "terra" que "te mostrarei", coloca uma dialética entre dois termos. As morais teológicas vigentes (as nomeadas antes), ao não colocar radicalmente em questão a "terra" primeira (o "homem velho"; na América Latina, o *atual* sistema de opressão que é o capitalismo dependente), ao não colocar como *necessário* horizonte de *todo* o seu discurso a utopia da "terra" futura (o "homem novo"), então tudo o que se trata nesses tratados é moral reformista, em terra de caldeus, no Egito. Jamais "sairão" ao deserto nem receberão, no deserto, a "nova" lei (a "nova" normatividade ética).

A questão das normas, leis, virtudes, valores e até mesmo fins, deve situar-se "dentro" da problemática das *duas* terras (totalidade/exterioridade; sistema vigente/utopia capitalismo dependente/alternativas etc.). Por isso, a questão de uma ética *da libertação* (genitivo objetivo) é a maneira como alguém é "bom" (justo, salvo) não no Egito nem na monarquia sob Davi, e sim na "passagem" ou transição de uma ordem "velha" à ordem "nova" *ainda não* vigente. Os heróis e os santos não guiam sua conduta pelas normas "vigentes". Se fosse assim, Washington teria permanecido como bom súdito dos monarcas ingleses; Hidalgo no México teria obedecido às leis das Índias espanholas; os heróis da "resistência francesa" teriam cumprido submissamente as ordens de Hitler na França, ou Fidel Castro teria permitido que Cuba continuasse sendo colônia de "fim de semana" dos Estados Unidos. Qual é o fundamento da eticidade da práxis dos heróis, quando se levantam contra as leis, as normas, as pretensas virtudes ou valores, contra os fins de um sistema injusto? Esta questão, que para europeus e norte-americanos pode ocupar um apêndice da teologia moral, para os cristãos da periferia é o primeiro capítulo de toda teologia fundamental, já que responde à pergunta: para que a teologia como totalidade? Barth, Tillich, Niebuhr, antes da crise de 29, vislumbraram estas questões, mas estiveram muito longe de poder tratá-las com a complexidade atual no plano mundial.

Uma ética crítica reconstrói a totalidade dos problemas morais a partir da perspectiva e das exigências da "responsabilidade" pelo pobre, pelas vítimas, pelas alternativas históricas que permitem lutar no Egito, caminhar pelo deserto no tempo da transição e construir a terra prometida, terra prometida histórica que sempre será julgada pela terra escatológica "além de toda possibilidade de produção material histórica", o reino dos céus que nunca será de todo construído na história (mas que se constrói já nas construções das terras perecedouras da própria história).

II. É a ética a teologia fundamental? Desde a revolução burguesa industrial no século XVIII, a teologia teve de se defender diante do ataque crítico da "razão": a fé é irracional, e a religião é obscurantismo. Por isso, a "teologia fundamental" (*theologia fundamentalis*) se ocupava de "constituir a racionalidade da fé" (*rationabilitatem fidei*). O que não se percebia era que, de fato, a racionalidade era burguesa, quer dizer, se entregava demasiadamente e sem consciência ao que *apologeticamente* pensava convencer. De fato, a teologia fundamental era apologética, defesa da fé, ou pelo menos de sua possibilidade. Posteriormente, a teologia liberal europeia teve de enfrentar outro desafio: como ser cristão no mundo secular? A secularização da sociedade exigiu da teologia que começasse seu discurso, justificando-se diante de um mundo simplesmente irreligioso, embora burguês.

Uma ética crítica hoje inicia seu discurso, em contrapartida, diante de outros desafios, de outras objeções fundamentais. Trata-se de uma "crítica radical da religião" como "ópio do povo", mas em situação de opressão, de revolução, de libertação. Crítica prático-política (não só racional ou existencial): a religião é um fetiche que justifica a dominação; ideologia de opressão que produz uma consciência política falsa, antirrevolucionária por natureza.

A teologia deve, então, diferenciar-se e definir-se originariamente, a partir da relação práxis-teoria (e não razão-fé), como ética crítica diante de uma teologia da opressão, por uma parte, e, por outras deve justificar a possibilidade de uma religião de libertação, para responder à pergunta: como ser cristão em meio a um processo de mudança de estruturas?

A primeira pergunta tradicional da teologia fundamental era esta: Como é *possível* a revelação? S. Tromp começa sua obra com o capítulo *De possibilitate revelationis*. Novamente contra o Iluminismo, por exemplo, Schelling escrevia em sua *Filosofia da revelação*: "A revelação é uma autêntica e especial fonte de conhecimento" (VI, 398) que não nos dá "um saber infundado; muito, pelo contrário, o mais bem fundado de todos, porque só ela contém aquilo diante do qual toda transcendência para outro termo é impossível" (407). Para o próprio Kierkegaard, o revelado é "absurdo": absurdo para a razão ridiculamente autocentrada; o absurdo é, na verdade, "o real". Em todo caso, colocava-se a possibilidade ou impossibilidade da revelação a partir da razão ou da racionalidade (anti-iluministas). Da mesma forma, o pensamento liberal devia dar conta do ateísmo para, superando-o, começar o discurso teológico. Nós, diante de um mundo que se globaliza pela exclusão dos pobres do mundo, não nos defrontamos com ateus (pois há poucos), mas com fetichistas e idólatras. A questão não é a secularização ateia, mas a existência de diversos "ídolos": deve-se discernir entre muitos fetiches e o Deus dos pobres.

Revelar é a interpelação do outro, que irrompe desde o além do mundo, da totalidade. A voz, o clamor, a palavra do outro (*dabar* em hebraico, o Verbo), irrompe em meu mundo transtornando-o: "Tenho fome!" Do ouvir a voz do outro (*ex auditu*, diz Trento) é que se dá a revelação de Deus. Mas Deus só pode revelar-se *pelo que é distinto* do sistema de pecado, distinto do mundo. Deus pode revelar-se essencialmente "por" e "mediante" o pobre. O pobre é o lugar da epifania de Deus (mais a partir de quando se revelou em Jesus pobre, como Charles de Foucauld gosta de chamá-lo). Ouvir a voz do pobre *aqui e agora* é a condição de possibilidade da atualidade da revelação de Deus. A Bíblia pode ser interpretada na tradição vivente da comunidade cristã particular, quando é visualizada a partir do pobre e na perspectiva dele. Para a teologia da libertação, a questão não é a possível irracionalidade de uma revelação positiva, mas a impossibilidade de Deus se revelar a quem é rico, a quem domina o pobre, a quem não se encontra na posição concreta e histórica que lhe permita ouvir a Palavra de Deus, porque não tem "consciência ética".

Para a teologia fundamental tradicional, a questão seguinte era a possibilidade da fé (*credibilitas*, dirá S. Tromp) ou "o valor dos motivos para crer" (*credendibilitas*, explicava R. Garrigou-Lagrange). De novo, a apologética lançava argumentos que convenciam os já convertidos e deixavam totalmente indiferentes os não-crentes. Para nós, a questão é muito diferente.

Sabe-se que, para Tomás de Aquino, o ato de fé é "um assentimento (*assensus*) não procedente de um conhecimento, mas originado na vontade (*ex voluntate*)" (*De verit.*, q. 14,1). A questão essencial situa-se, então, na "disposição (*dispositio*) do crente" (ibid.), quer dizer, nas condições *práticas* (que é a "ordem da vontade" para Tomás) de possibilidade do ato de fé. De outra maneira, a questão fundamental é compreender que norma tem a *práxis* na relação com o outro: se é dominador ou dominado, se é pecador ou justo. Para *poder crer*, é preciso ser, em primeiro lugar, ateu ou antifetichista do ídolo do sistema vigente.

E, principalmente, responsável pelo pobre, quer dizer, cumprir uma ortopráxis dentro da qual seja possível *crer-na-voz* do pobre que clama a mim: "Tenho fome!" e que eu me sinta interpelado, transtornado, convertido, como o samaritano (nesta parábola, Jesus, como formado teólogo judeu, dá a conhecer as *categorias* hermenêuticas de sua teologia: neste caso, somente neste, teologia e revelação são *idênticas*).

Se o que falamos tem algum sentido, poder-se-á compreender agora que o discurso teológico que descreve a *práxis*, não só a essência ou a estrutura fundamental, mas igualmente sua situação atual – *a partir de onde* o teólogo faz ou produz sua teologia é a *prima theologia* (teologia primeira ou fundamental). A teologia é uma teoria. O teólogo é um sujeito concreto, histórico, situado (situado em sua classe, em seu gênero, em sua nação etc.). Todas essas determinações constituem a práxis a partir da qual surge a *teoria teológica*.

A práxis é o ponto de partida de *toda* teologia, tenha-se ou não consciência disso. A práxis patriarcal de Tomás fazia com que sua teologia fosse machista, sem sabê-lo (e, por outra parte, talvez fosse impossível o saber), ao atribuir a Adão o "ser" (*esse*) e a Eva somente a "matéria" na transmissão do pecado original ("Se Adão não tivesse pecado, embora Eva tivesse pecado, o filho não teria contraído o pecado original".) Era igualmente feudal, porque admitia somente os senhores feudais como membros da sociedade (e não os servos, sobre os quais pesava um direito senhorial – *ius dominativum*).

É inevitável a articulação *práxis-teoria*, o fato do "intelectual orgânico" (e o teólogo conservador é um "intelectual orgânico" da burguesia, por exemplo). A questão é ter clara consciência da práxis, de sua situação concreta, de sua articulação com a teoria, e fazer desta articulação objeto de uma primeira reflexão *teológica explícita*. Trata-se da relação entre três termos: a práxis histórico-concreta (*Ph*), o teólogo como sujeito da teologia (*St*) e o próprio discurso teológico (*Dt*):

$$Ph \rightarrow St \rightarrow Dt$$

Se uma práxis fosse exercida só dentro de um sistema de dominação, determinaria (sempre relativamente) o teólogo, em sua vida, na sociedade com outros homens, nos interesses que defende. Daí então a sua teologia (*Dt*) seria teologia de dominação, sem ele mesmo o perceber, por seus temas, pela maneira de tratá-los, até pela indiferença para com outros mais urgentes para oprimidos e pobres.

Pelo contrário, se a práxis fosse comunitária, nesse caso tal ação ultrapassaria as exigências do sistema vigente, não seria somente práxis, mas *diakonia* (serviço) ao outro como outro, ação transformadora da ordem vigente do samaritano: seria ação *ética*, não somente *moral*. Neste caso, a teologia (*Dt*) do teólogo (*St*) cumpriria uma "missão profética", seria uma ética teológica crítica, não isenta por isso de limitações ideológicas próprias de toda produção humana.

Se a práxis está regional ou continentalmente situada, segundo a língua, costumes, raça ou religiões autóctones, determinará o nascimento de teologias africanas, asiáticas etc. – contra as quais certas congregações da cúria romana se opõem –, como indicava o concílio Vaticano II: "É necessário que em cada grande território sociocultural se promova a reflexão teológica... levando-se em conta a filosofia e a sabedoria dos povos" (AG 22).

Da mesma forma, se a práxis se situa no mais avançado do trabalho civilizador, e muito especialmente entre os grupos políticos que se sentem responsáveis pela organização de sistemas práticos a serviço dos pobres, então a teologia deve instrumentar-se com as ciências e métodos mais necessários, ainda que por isso sejam acusados de marxistas, juízo que lançam os que se encontram, por sua parte, apoiando os interesses das classes dominantes (as burguesias nos países capitalistas): "Estas dificuldades nem sempre acarretam dano à vida da fé; mais ainda, podem animar as mentes para uma compreensão mais cuidadosa e mais profunda sobre essas dificuldades. As recentes aquisições científicas, históricas e filosóficas colocam novos problemas... aos teólogos. Vivam, pois, em muito estreita união com os homens de seu tempo e se esforcem para penetrar suas maneiras de pensar e de sentir... Saibam unir as descobertas das ciências, das disciplinas e de suas recentíssimas conquistas, com os costumes e com a formação doutrinária cristã, de tal modo que a estima da religião e a bondade espiritual progridam no mesmo passo entre eles" (GS 62).

É exatamente isso que a teologia da libertação fez com as ciências sociais e com os movimentos políticos latino-americanos. Juízes de outros horizontes, parecendo ter esquecido as diretrizes do concílio, condenam tentativas proféticas, missionárias e à altura das expectativas do homem latino-americano contemporâneo.

A "verdadeira doutrina" (*ortodoxia* em grego), por tudo o que foi dito, surge e é determinada pela "autêntica práxis" (*ortopráxis*). A alguns pode parecer que isto seria algo como inverter a ordem adequada dos fatores ou negar o magistério, por exemplo. Nada disso; trata-se de uma posição tradicional e antiga. A *ortopráxis*, ou verdadeiro ou adequado agir, é a da Igreja como totalidade, como povo universal de Deus. Se ela se equivocasse em sua atuação, não haveria mais ponto de referência. A *comunidade* é a ortoprática (Igreja universal, local, a comunidade de base para a consciência concreta individual última).

O carisma dos profetas surge a partir da base e pela ação do Espírito, é adequado a essa ortopráxis concreta. O ministério eclesial (inclusive o episcopal) não é a origem do carisma; toca a ele julgar o carisma em sua autenticidade, com o cuidado de não "extinguir o Espírito, mas de provar tudo e ficar com o que é bom". No jejum de 1985 do sacerdote e ministro de governo Miguel Escoto para protestar por causa das ações norte-americanas contra a Nicarágua, uma instância hierárquica indicou que toda ação no "campo religioso legítimo" só podia emanar de tal instância hierárquica. Ora, isso é esquecer que o Espírito promove carismas proféticos legítimos no povo de Deus (do qual o bispo e o papa são partes).

A *ortodoxia* ou sã doutrina se expressa ao menos em três níveis. Em primeiro lugar, e é o mais importante porque cotidiano, no juízo concreto do cristão, membro da comunidade de base (onde em sua revisão de vida corrige seu juízo: sua ortodoxia a partir da ortopráxis da comunidade). O segundo nível é o do magistério (em muitos níveis e qualidades: desde o conselho de um cura ou da pastoral de um episcopado até a infalibilidade *ex cathedra* do papa ou dos direitos dos concílios). Esta ortodoxia *do povo de Deus* conduz a Igreja pela história e responde à ortopráxis da Igreja *como totalidade*. Claro que um pastor pode indicar a seu rebanho se este erra os caminhos para as pastagens que alimentam, mas nesse caso é uma função ministerial *interna* da Igreja.

Em terceiro lugar, a teologia, os teólogos (e "a unanimidade dos teólogos é próxima da fé") refletem sobre a ortopráxis para esclarecer explicitamente sua relação com a ortodoxia. É uma expressão da e na Igreja, tem seu lugar, norma, sua função de serviço profético à ortopráxis para assegurá-la, e à ortodoxia para explicitá-la.

Voltemos ao tema do ponto anterior para mostrar melhor os diversos planos e suas relações constitutivas.

É a *comunidade*, o povo de Deus como totalidade (LG 9ss), que recebe em sua "tradição" viva a Palavra de Deus (a Bíblia). Ele é o lugar da ortopráxis e da ortodoxia: "Um povo que o conhecesse na verdade e o servisse santamente" (LG 9). *Nesse* povo e como função própria sua, por ser comunidade messiânica, profética (LG 12), o povo dá a si mesmo os seus profetas. Os profetas não são mais do que membros do povo de Deus que o Espírito Santo promove, *sem necessariamente* passar pelas funções ministeriais (presbítero, bispo, papa, concílio).

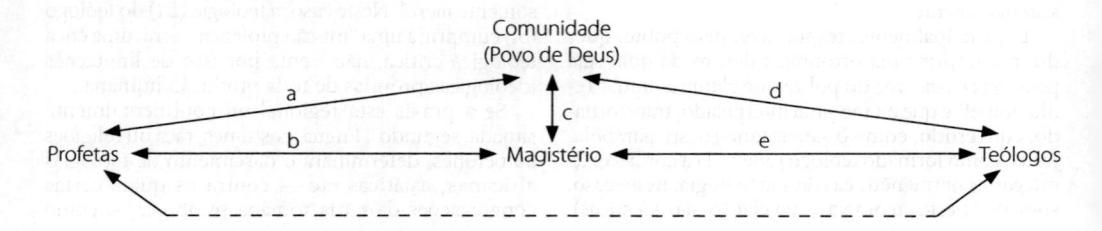

```
                    Comunidade
                   (Povo de Deus)
                        ▲
                   a ╱  │c  ╲ d
                    ╱   │    ╲
                   ╱    ▼     ╲
    Profetas ◄──b──► Magistério ◄──e──► Teólogos
            ◄─ ─ ─ ─ ─ ─ ─ ─ ─ ─ ─ ─ ─ ─►
```

Na flecha *a*, é indicado que o profeta se origina *no, pelo e para* o povo: sua ortopráxis (sua ação reta cheia de novidade, criadora, até revolucionária, às vezes) pode chocar a muitos, mas é, concretamente, a ortodoxia prudencial e histórica, que todos seguirão no futuro (mesmo o magistério). De todas as maneiras, compete ao magistério julgar o carisma profético, mas não é sua função "extinguir o Espírito" (LG 12).

O próprio magistério, como função da hierarquia, é um momento ministerial que o povo de Deus *dá a si mesmo* em seu interior. A hierarquia não está *fora* nem *sobre* o povo de Deus (tampouco o papa nem o concílio), mas *no* povo devem "apascentá-lo e fazê-lo crescer" (LG 18). Por sua parte, o papado e o concílio são funções *internas* do ministério hierárquico. Por isso, em primeiro lugar e substantivamente, a infalibilidade da ortodoxia é da comunidade eclesial como totalidade: "Esta infalibilidade que o divino Redentor quis que *sua Igreja* tivesse" (LG 25).

Da mesma forma, o teólogo e o discurso teológico (a teologia) se remetem sempre e em primeiro lugar à *práxis eclesial*. Dizer então que a práxis é ato primeiro e a teologia ato segundo, é recordar a doutrina mais tradicional e antiga sobre o assunto. É o povo de Deus quem investe *seus teólogos* da função carismática de esclarecer, explicitar, explicar a relação entre a ortopráxis (da comunidade e dos profetas) com a ortodoxia (a Bíblia, a tradição dogmática e teológica, os costumes, as doutrinas do magistério extraordinário e ordinário etc.). A comunidade, a partir de si e para si investe o teólogo desta função teórica.

O teólogo, por sua parte, estuda o magistério, respeita-o e sujeita-se a seus julgamentos (flecha *e*). Inspira-se de maneira muito especial na ortopráxis dos profetas (flecha *f*), já que descobre os *novos* caminhos pelos quais, de fato, muitos membros da comunidade se internam, especialmente se tal caminho é político ou mesmo revolucionário. A teologia da libertação foi muito atenta em cumprir todas estas exigências, não só como pessoas, mas especialmente como *comunidade* teológica, já que estes teólogos, antes de tudo e como teólogos, são todos membros de uma comunidade de reflexão.

Tudo isso precisou ser recordado para agora voltar ao tema inicial. Uma ética crítica e comunitária é a que reflete, descreve, esclarece a existência mesma do pobre, de todas as vítimas *hoje e aqui*, concreta e historicamente. Sem ter visto bem este ponto de partida de todo o discurso teológico, não se pode falar do Deus dos "pobres", porque não se sabe *a priori*, antes de uma análise concreta, quem são os pobres, quem são as "vítimas", a "diferença" dos "sistemas" de pecado, de opressão. Isso leva a muitas ambiguidades teológicas. Muitos que ainda se chamam teólogos críticos incluem, por exemplo, entre os pobres da nação periférica as oligarquias latifundiárias ou as burguesias nacionais *todos* (a "nação" *são todos*). Este "populismo" teológico se deve à confusão do ponto de partida. Da mesma forma, critica-se o pobre econômico, mas se esquece da opressão de gênero ou as raças discriminadas ou as culturas originárias que recebem o golpe da globalização. Paradoxalmente, Deus é o primeiro, a origem, o infinito. No entanto, hoje se trata de discernir entre: 1) os ídolos e os fetiches que "se fazem passar por Deus"; e 2) o Deus verdadeiro. Este Deus verdadeiro é o Deus *dos pobres, das vítimas*. O critério do discernimento da palavra de Deus é o saber situar-se eticamente *a partir dos pobres ou das vítimas* para ouvir a revelação de Deus, para que se possa crer em Deus, para saber se uma práxis é ortoprática. O pobre é Cristo *agora-aqui*, o "critério", o "caminho" que nos permite descobrir e falar na oração com Deus. Por isso, a ética crítica e comunitária é a *teologia fundamental* de toda teologia cristã, porque esclarece os pressupostos, as *condições de possibilidade* do discurso teológico como totalidade.

Hoje, na Europa, na América Latina, também na África, Ásia ou Estados Unidos, o pobre no sentido bíblico (objeto de pecado, explorado e assassinado pela injustiça) é a vítima dominada, o dominado, concreta e historicamente, é o trabalhador roubado em seu trabalho – e isso de maneira mais universal e abstrata, essencial; são as nações pobres das quais estruturalmente se extrai mais-vida; os empobrecidos pelas transnacionais; os agredidos pelo armamentismo; os devedores de créditos irresponsáveis; os violentados em nome da moral; os trabalhadores, aos quais, em nome de um planejamento total, se negam seus justos direitos; os simples cidadãos do mundo contemporâneo, aos quais se destrói ecologicamente a terra e sua cultura; as mulheres do mundo inteiro que suportam todas essas dominações aumentadas, multiplicadas, simplesmente "por serem mulheres". Todas estas indicações, reflexões e estruturas devem ser situadas em nível intersubjetivo, comunitário, que nos permita descobrir os diversos tipos de pecados, pecados *concretos* que martirizam muitas pessoas, nossas irmãs e irmãos, *como vítimas* de nossa práxis.

Por isso, situar a vítima, o pobre, descrever sua origem e os modos concretos de manifestarem essas opressões, é a *condição de possibilidade* radical para começar um discurso teórico-teológico como tal, crítico, profético: portanto, *teologia fundamental*. É o *suposto*, o *a priori*, a primeira *conditio sine qua non*.

Isso exige de nós distinguir entre uma ética teológica fundamental, que analisa os pressupostos de toda a teologia, e uma ética teológica específica, que desenvolve temas concretos e por níveis de diversa complexidade. De fato, durante muitos anos, desde a década de sessenta do século passado, certa ética crítica foi quase exclusivamente teologia fundamental. A cristologia e a eclesiologia críticas nasceram depois e pouco a pouco.

A teologia crítica, inicialmente, foi só teologia fundamental. Os temas radicais da teologia eram pensados e expostos (seu ponto de partida, o saber situar-se a partir das vítimas, o mostrar sua criticidade etc.). Pouco a pouco, foram-se elaborando criticamente os tratados tradicionais (cristologia, eclesiologia, história, exegese bíblica etc.), e só nos anos oitenta foram nascendo as teologias que poderíamos chamar de diferenciais (de gênero, de raça, das gerações futuras ou a ecologia, das culturas periféricas etc.).

Isso explica por que temas como o político, o econômico, o social, tiveram tanta importância. A questão da dependência dos países pobres, periféricos, subdesenvolvidos, no começo dos anos setenta, deu a possibilidade de iniciar explícita e irreversivelmente um novo discurso. Entendeu-se então (e a própria *Instrução sobre alguns aspectos da Teologia da Libertação* do cardeal J. Ratzinger não o percebeu) o seguinte: Acima do tratado social ou político e usando os instrumentos da ciência (como pedia o concílio), o que se descobria com as novas ferramentas metodológicas não era um tipo de pecado concreto (não somente em abstrato, que pareceria para a *Instrução* ser o único nível do pecado religioso), mas sim o pecado que negava a corporalidade humana em uma de suas determinações analisáveis (que são os tipos de pecado *reais e existentes* e que a *Instrução* tende a considerar só políticos, sociais e econômicos e *não* religiosos, quando sempre o são *também*).

Assim como o pobre era o ponto de partida hermenêutico, o lugar *de onde* a práxis cristã da comunidade se iniciava (ortopráxis), igualmente o mesmo pobre era o termo *ex quo* do novo discurso. Mas, para isso fazia-se necessário saber quem era, como chegou a ser pobre, quais eram as estruturas de pecado que pesavam sobre ele. Esses temas, considerados por muitos como sociais, políticos ou econômicos (pelos instrumentos hermenêuticos que permitiam descobrir *o concreto* e que o concílio exigia que fossem usados), eram *estritamente teológicos*; assim como Tomás usou o aristotelismo como instrumento científico (nos tempos em que era condenado pela Igreja e pelo magistério de sua época), assim os teólogos críticos, para construir seu discurso teológico, usaram as ciências sociais contemporâneas para esclarecer, explicar e explicitar a *realidade do pobre* como categoria bíblica (em geral) e como realidade *concreta* (graças à mediação das ciências sociais).

Toda teologia pressupõe uma práxis que a determina (não absolutamente). Como o próprio teólogo, por sua parte, sempre é condicionado, nunca pretenderá possuir "saber absoluto" ou estar em posse de uma verdade irrefutável, muito pelo contrário, deverá ser humilde, militante com seu povo, articulado com as organizações da comunidade, serviçal em sua função eclesial profética (não deve esquecer-se de que a teologia é eclesial por sua origem e por sua finalidade, se por Igreja se entende o povo de Deus *em sua totalidade*, e não somente o magistério, que é uma função interna do povo de Deus e que existe em função de todo o corpo).

A função da ética crítico-fundamental é o tratado inaugural da reflexão teológica, já que se encarregou de descobrir acima de tudo as *estruturas de pecado* concretas, às quais devem fazer frente a estratégia e as táticas do povo de Deus em seu processo de libertação. Esta é uma tarefa da ética crítica, que descobre primeiro onde estão as vítimas, os pobres, e a partir daí começa seu posterior discurso teológico, teórico e prático.

K. Barth, *Carta a los Romanos* (1922), Madrid, BAC, 1998; R. Benne, *The Ethic of Democratic Capitalism. A Moral Reassessment*, Philadelphia, Fortress, 1981; E. Brunner, *Das Gebet und die Ordnungen*, Tübingen, Mohr, 1932; E. Dussel, *Para una ética de la liberación latinoamericana*, 2 vols., Buenos Aires, Siglo XXI, 1973; E. Lévinas, *Totalidad e infinito*, Sígueme, Salamanca, 1977; R. Niebuhr, *Moral and Inmoral Society*, New York, Scribner, 1932; P. Tillich, "Christentum und Sozialgestaltung", em *Gesammelte Werke* II, Stuttgart, 1962; Id., "Die Bedeutung der Kirche für die Gesellschaftsordnung in Europa und Amerika", em *Gesammelte Werke* III, Stuttgart, 1962.

Enrique Dussel

EUCARISTIA

I. As dificuldades. Tal como se costuma celebrar atualmente a eucaristia, é evidente que, para muitos cristãos, se torna difícil compreender e viver corretamente o que, segundo os relatos da instituição, Jesus disse ao instituir este sacramento: "Fazei isto em memória de mim" (1Cor 11,25; Lc 22,19). Quer dizer: "Fazei isto mesmo, para que vos lembreis de mim, para que atualizeis minha presença e minha memória entre vós". Mas podemos estar seguros de que uma solene missa pontifical, celebrada no contexto grandioso de nossas catedrais e com toda a pompa e ostentação que traz consigo, pode evocar espontaneamente a memória e a presença viva do Jesus do Evangelho? Não se trata de uma pergunta retórica, mas de algo tão óbvio que o estranho é que esta pergunta produza mal-estar ou indiferença em muitos cristãos. Até esse ponto desvirtuamos a memória e a presença de Jesus entre nós?

Estas perguntas têm sua razão de ser não só na liturgia e nos costumes da Igreja, mas sobretudo na teologia eucarística que elaboramos e continuamos ensinando às pessoas. Pelas seguintes razões:

1. Porque a teologia, desde o século XI até hoje, colocou sua preocupação maior em afirmar a presença de Cristo na eucaristia e nas questões relacionadas com a explicação aristotélico-tomista dessa presença.

2. Porque, em consequência, o que mais se ensinou aos fiéis, ao explicar a eucaristia, foi o tema da presença e da comunhão.

3. Porque disso seguiu-se que a fé na eucaristia centrou-se mais na devoção e na piedade pessoal do que na celebração da comunidade cristã, com suas exigências de união e solidariedade.

4. Porque a evolução histórica no modo de celebrar este sacramento orientou as coisas de tal maneira que prevaleceu o "sagrado" sobre o "comunitário". Por isso se explica como o que começou numa ceia de fraternidade acabou sendo uma solene cerimônia sagrada que em nada se parece com uma refeição compartilhada.

5. Porque um dos problemas que mais preocupam a teologia eucarística atual é uma questão que não se coloca nem no Novo Testamento nem na tradição dos dois primeiros séculos do cristianismo. Trata-se do debatido assunto do ministro que pode celebrar a eucaristia: tem de ser necessariamente um ministro ordenado? As mulheres poderiam presidir a eucaristia? Questões desse tipo apaixonam inclusive determinados setores da opinião pública. E isso traz consigo duas consequências negativas: a) coloca-se excessivo interesse em questões que em nada tocam o central da eucaristia; b) a crescente escassez de ministros ordenados na Igreja traz consigo o fato de que para muitos cristãos é impossível ir à missa cada domingo. E o mais grave é que parece que isso preocupa menos as autoridades eclesiásticas do que o manter com firmeza a prática estabelecida no que se refere ao ministro da eucaristia.

Seja qual for a solução que se dê a essas dificuldades, é fundamental perceber que não se trata somente de questões meramente práticas. Trata-se, ao centrar a atenção nessas questões, do seguinte: a teologia desviou sua atenção do que é o fundamental no que se refere ao sacramento que, na expressão do concílio Vaticano II, é "fonte e cume de toda a vida cristã" (LG 11,1).

II. Os textos eucarísticos do Novo Testamento. Para compreender a significação fundamental que a eucaristia tem na vida da Igreja, é necessário recordar, antes de tudo, o que o Novo Testamento diz (e o que não diz) sobre este sacramento.

A documentação de textos que o Novo Testamento nos oferece pode ser distribuída em cinco itens: 1) Os textos sobre a instituição (1Cor 11,23-26; Mc 11,22-25; Mt 26,26-29; Lc 22,15-20). 2) Os textos que se referem à maneira de colocar em prática a eucaristia (At 2,42-47; 20,7-12; cf. 27,35). 3) O texto fundamental de 1Cor 11,17-34, onde Paulo explica como uma comunidade pode anular a celebração eucarística. 4) A reflexão que Paulo faz em 1Cor 10,14-22.5). O discurso da promessa (Jo 6,41-59) no contexto da multiplicação dos pães, e as palavras sobre o "pão do céu" (a *Torá*).

Do conjunto desses textos podem-se deduzir duas conclusões: a) a eucaristia é um *fato comunitário*: não existe texto nenhum onde a eucaristia apareça como gesto individual, mas sempre se trata de uma experiência comunitária partilhada em grupo; b) a eucaristia é uma refeição "compartilhada"; a isto significa que se trata de uma "ação" que comporta determinado simbolismo.

III. As refeições de Jesus. Paulo e os sinóticos coincidem no fato de que Jesus instituiu a eucaristia durante uma refeição, na ceia de despedida. Os Evangelhos falam, com surpreendente frequência, das refeições de Jesus. Tais refeições eram, muitas vezes, motivo de polêmica e enfrentamentos. Às vezes, porque Jesus e seus discípulos não se ajustavam às normas estabelecidas sobre pureza ritual (Mc 7,2-5 par.; Mt 12,21 par.; cf. Jo 18,28); outras vezes, porque Jesus comia com pecadores e gente escandalosa (Mc 2,16 par.; Lc 15,2); também porque Jesus não se ajustava às normas sobre o jejum (Mc 2,17-18 par.); ou porque os inimigos de Jesus o acusavam de ser comilão e beberrão (Mt 11,18-19). Na sociedade do tempo de Jesus, o fato de comer não era uma coisa intranscendente do ponto de vista religioso. A refeição tinha certo sentido teológico. Jesus porém e sua comunidade não se ajustavam à teologia estabelecida a esse respeito. Também neste sentido, Jesus tornou-se um revolucionário. Por quê?

Na mentalidade judaica, partilhar a mesa significava solidarizar-se com os comensais. Por isso, era escandaloso comer com pecadores, não observar o jejum, deixar de cumprir as normas rituais sobre pureza, precisamente para compartilhar a refeição. Porque, para Jesus, o importante não era observar os rituais ou os costumes religiosos, mas a solidariedade com os desprezados exatamente pela religião. É o que afirma o próprio Jesus: "Quando deres um banquete, convida os pobres, aleijados, coxos e cegos; então serás feliz tu, porque não podem pagar-te" (Lc 14,13-14). O mesmo ensinamento se repete na parábola do grande banquete (Lc 14,21 par.).

A importância desses ensinamentos se baseia no *simbolismo da refeição*. De fato, a refeição é fonte de vida, é o que mantém e fortalece nossa vida. Por isso, partilhar a mesma refeição é partilhar a própria vida. Daí que a comida e a bebida são consideradas realidades "sacramentais" em muitas religiões: a bebida desencadeia certa corrente amorosa; a comida em comum une os participantes. E a experiência diária nos ensina que o fato de sentar-se à mesma mesa é vivido, em todas as culturas, como gesto de participação amistosa, inclusive amorosa. A partir dessas experiências é que se deve interpretar o *significado fundamental da eucaristia*.

IV. A experiência da primeira comunidade. Em At 2,42-47 se resume o ideal do que deve ser uma comunidade cristã. Trata-se de uma comunidade que "frequenta o templo", "parte o pão nas casas" e todos "comem juntos, louvando a Deus". O texto distingue, por uma parte, o "templo", já que os membros da comunidade eram judeus de Jerusalém e por outra a "fração do pão" que se celebrava nas "casas". Distingue-se, então, o espaço sagrado do espaço profano. E a eucaristia, como ato próprio e específico da comunidade, localiza-se no âmbito do profano. Não era, portanto, um ritual religioso, mas um símbolo comunitário.

As consequências que se seguiam desta experiência comunitária ficaram claramente afirmadas nos sumários dos Atos: "os crentes viviam todos unidos e tinham tudo em comum" (At 2,44); "no grupo dos crentes, todos pensavam e sentiam o mesmo, possuíam tudo em comum, e ninguém considerava seu nada do que tinha" (At 4,32). Estes textos idealizam o que de fato aí ocorria. Mas expressam com força as consequências que se devem seguir em na comunidade, quando esta celebra a eucaristia corretamente. Não se trata, primordialmente, de consequências de caráter "religioso", mas de ordem "social". À medida que cada um tinha (havia propriedade privada), o colocava à disposição dos demais.

V. Quando a eucaristia se torna impossível. As exigências sociais da eucaristia são afirmadas, com mais força ainda, em 1Cor 11,17-34. Trata-se aí das severas advertências que Paulo faz à comunidade de Corinto, precisamente porque aí se celebrava mal a eucaristia. A falha não estava no fato de que se deixasse de cumprir determinadas normas litúrgicas. Nem que o ministro da celebração não estivesse devidamente "ordenado". Ou que os coríntios tivessem ideias equivocadas sobre a presença de Cristo no pão e no vinho. Nada do que agora preocupa os teólogos, em relação com a eucaristia, era ali motivo de preocupação. Tudo consistia em que os cristãos estavam divididos. Porque entre eles havia ricos e pobres, de maneira que os ricos comiam e bebiam até embriagar-se, enquanto os pobres passavam fome (1Cor 11,21). E, depois, todos se reuniam para celebrar a mesma eucaristia.

Pois bem, Paulo diz a esses cristãos: quando assim se celebra a eucaristia, já não é celebrar a "ceia do Senhor"; mais ainda, pode-se traduzir: "assim é impossível comer a ceia do senhor" (*oúk éstin kyriakon deipnon phagein*) (1Cor 11,21). Quer dizer, os que se reúnem para celebrar a eucaristia, na realidade não se reúnem primordialmente para um ato de devoção, de piedade ou de religião, e muito menos para um ato social ou de caráter político ou inclusive militar, mas para fundir-se em um (*synergomenon epi to auto*) (1Cor 11,20). A divisão ou o enfrentamento entre pessoas ou grupos torna impossível a celebração da eucaristia. Um *fato social* impossibilita um *acontecimento teológico*. A "ortodoxia" depende essencialmente da "ortopráxis".

VI. A significação fundamental. Do que foi dito se deduz que a significação fundamental da eucaristia se deve interpretar a partir do símbolo da refeição partilhada. Partilhar a mesma mesa é partilhar a mesma vida. E como na eucaristia a comida é o próprio Jesus, daí se segue que a eucaristia é o sacramento em que os crentes se comprometem a partilhar a mesma vida que Jesus levou e a mesma vida entre eles no amor e na solidariedade.

Isso é o que o Evangelho de João expressa. Este Evangelho, que fala amplamente da eucaristia no capítulo sexto, não recolhe o relato da instituição. Dessa maneira, justamente onde os outros Evangelhos contam a instituição eucarística, entre o anúncio da traição de Judas (Mt 26,21-25 par.) e o anúncio da negação de Pedro (Mt 26,31-35 par.), João coloca o mandamento do amor (Jo 13,34-35). O quarto Evangelho expressa assim onde está o significado profundo da eucaristia. O fundamental nela não está em repetir mimeticamente o relato da instituição. Nem sequer em comer e beber o pão e o vinho consagrados. O determinante é a *experiência profunda* que se expressa no ritual eucarístico. E essa experiência não é outra senão a união das pessoas no amor.

VII. A eucaristia como memorial. Segundo a tradição de Lucas e Paulo, quando Jesus instituiu a eucaristia, deu este mandamento a seus discípulos: "Fazei isto em memória de mim" (Lc 22,19; 1Cor 11, 24). A "memória" (*zikkaron*), na concepção dos judeus, é uma celebração comemorativa de um acontecimento do passado que *se torna presente* na comunidade celebrante, a qual toma parte no acontecimento e na salvação que o acontecimento anuncia. Portanto, o "memorial" não é mera recordação do que se passou, mas é a *atualização* do fato que se recorda.

O texto mais importante do Antigo Testamento sobre o memorial é Ex 13,3-9, que se refere à páscoa judaica, quer dizer, à saída do povo quando escapa da escravidão do Egito. Trata-se, portanto, de um texto de libertação. Uma libertação não só recordada, mas que, além do mais (e sobretudo), se torna atual. A *Mishná* o comenta assim: "Cada um está obrigado a considerar-se, de geração em geração, como se ele próprio tivesse saído do Egito". Ou também: "É necessário que todo israelita saiba que ele próprio foi libertado da escravidão".

Em cada celebração da eucaristia se diz: "Fazei isto em memória de mim". Portanto, trata-se de que nós cristãos celebramos a eucaristia para *nos recordarmos de Jesus*, ou seja, *para* manter viva a recordação do que foram a vida e o destino de Jesus. Não somente isso. Trata-se, além do mais, de que a celebração mesma é *memoria passionis, mortis et resurrectionis Domini nostri Jesu Christi*; quer dizer: ao se celebrar a eucaristia, torna-se presente e atual a condenação e o fracasso de Jesus, a loucura e a fraqueza do Deus de Jesus (cf. 1Cor 1,25), o êxito inexplicável e desconcertante do condenado e fracassado. Trata-se, portanto, de uma "memória subversiva" (Metz). A eucaristia, se é que se celebra corretamente, rompe todos os nossos esquemas e desestabiliza todas as nossas seguranças. E é assim que ela nos dá a liberdade e a felicidade que sempre anelamos.

Mais ainda. Porque assim a eucaristia se torna, além de "memória", também "proclamação". Jesus o disse: "Toda vez que comerdes deste pão e beberdes deste cálice, proclamai a morte do Senhor até que ele volte" (1Cor 11,26). Neste texto, o imperativo "proclamai" traduz o verbo *kataggalein*, que é um dos termos técnicos que o Novo Testamento utiliza para falar da proclamação missionária do Evangelho (At 4,2; 13,5.38; 15,36; 16,17; 17,3.23; 1Cort 2,1; 9,14; Fl 1,17-18; Cl 1,28). Uma comunidade que faz a "memória subversiva" de Jesus, faz, também, diante do mundo a "proclamação" de que Jesus não fracassou para sempre; antes, sua presença continua atual e decisiva.

VIII. A presença de Cristo na eucaristia. A presença de Cristo na eucaristia é um fato que jamais a Igreja colocou em dúvida. Os relatos da instituição dizem que Jesus tomou um pão, pronunciou a bênção, o partiu e o deu aos discípulos, dizendo: "Tomai e comei: isto é o meu corpo" (Mt 26,26 par.). Nesta frase deve-se destacar o realismo que identifica o sujeito "isto" (um pão) com o predicativo "o meu corpo" (a pessoa de Jesus). Leve-se em conta que, na tradição grega, a palavra *soma* (corpo) alude, desde Heródoto, à pessoa inteira. Portanto, se levarmos em conta que Jesus não era um louco (que dizia coisas estranhas) ou iludido (que vivia enganado), não resta outro remédio que concluir: é verdadeira e real a presença de Jesus no pão e no vinho consagrados. Portanto, as palavras de Jesus na instituição eucarística não podem ser entendidas como simples comparação (isto é, "como" meu corpo), mas como afirmação real (isto "é" a minha pessoa).

Em outras ocasiões, Jesus disse frases parecidas; por exemplo, "eu sou o caminho" (Jo 14,6), "eu sou a porta" (Jo 10,8), "eu sou o pastor" (Jo 10,14). Mas sabemos que estas frases são metafóricas. Porque Jesus não é nem "caminho" nem uma "porta", nem "pastor" de rebanho. Em que está a diferença com as palavras da instituição eucarística? Quando Jesus pronunciou essas palavras, se referia a uma doutrina ou ensinamento universal, já que se referia a todos os caminhos e a nenhum caminho concreto. Com tais frases, Jesus queria dizer: "eu sou como um pastor" etc. Mas, quando se trata da eucaristia, Jesus se refere a um gesto concreto (partir um pão, reparti-lo e comê-lo); e refere-se a um pão concreto que tinha nesse momento nas mãos, de maneira que a frase não podia ter outro sentido que dizer: "isto sou eu".

Portanto, Jesus afirmou sua presença real e verdadeira naquele pão que todos comeram.

Em todo caso, ao falar da presença de Cristo na eucaristia, é inteiramente imprescindível ter presente que o corpo de Cristo que recebemos na comunhão não é o corpo "histórico" de Jesus, mas o corpo "ressuscitado". Neste ponto a tradição da Igreja insistiu sempre, sobretudo a tradição do primeiro milênio. Isso, além do mais, se torna óbvio, se levarmos em conta que o corpo histórico de Jesus já não existe. A única coisa que existe, nesta ordem das coisas, é o corpo do Ressuscitado. Quando, no século IX, se produziu a primeira controvérsia eucarística, o problema se colocou a partir do momento em que um monge, Pascásio Radberto, começou a difundir que a carne recebida na comunhão não é outra senão a carne que nasceu de Maria e que padeceu na cruz (PL 120, 1269). Ao que se opôs radicalmente o monge Ratramno. E do que Rábano Mauro, arcebispo de Mogúncia, disse que jamais tinha ouvido nem visto semelhante doutrina (PL 110, 439 A). Por isso, faz-se necessário recolocar na base se a instituição da eucaristia pôde ter lugar na última ceia, quando nem Jesus tinha morrido, nem, portanto, tinha ressuscitado. Se a eucaristia é o "memorial" da *morte* e da *ressurreição*, a origem da eucaristia deve ser colocada nas refeições do Ressuscitado com os discípulos. E isso mais tarde se concretizou no relato litúrgico que as comunidades situaram no momento histórico da ceia de despedida, certamente pela evocação simbólica que tal ceia tinha e continua tendo para a Igreja.

IX. A explicação da presença. A fé da Igreja nunca duvidou do *fato* da presença real e verdadeira de Cristo na eucaristia. Os problemas foram colocados quando se quis buscar a devida *explicação* deste fato. Historicamente se deram três grandes tentativas de explicação.

1. *Explicação simbólica*: é a mais antiga, já que abrange todo o primeiro milênio do cristianismo, concretamente todo o tempo dos Padres da Igreja. Baseia-se no pensamento simbólico de Platão. Por isso, naqueles séculos, quando se falava da eucaristia, os autores utilizavam termos como *símbolo, figura, imagem, semelhança* etc. Mas, naquele tempo, o símbolo era entendido em sentido realista, como meio no qual e pelo qual se nos torna presente uma realidade que pertence à ordem da salvação.

2. *Explicação aristotélica*: baseia-se no pensamento de Aristóteles. É a explicação que se introduz a partir dos séculos XI e XII, sobretudo com a grande Escolástica. Segundo esta teologia, nas coisas devem-se distinguir, por uma parte, a *substância*, e por outra os *acidentes*. A substância é o fundamento da realidade ou da coisa, enquanto os acidentes constituem a aparência, o que aparece e se percebe pelos sentidos, de maneira que tudo o que um químico pode analisar em um objeto (o pão ou o vinho), isso pertence aos

acidentes. No fundo, está a substância, que é o que faz com que o pão seja pão, e o vinho seja vinho. Por isso, em uma coisa pode ocorrer que mude a substância, mas não mudem os acidentes. E em tal caso, nos encontraríamos com o fato de que essa coisa já é outra coisa, mas parecendo o mesmo que antes. A juízo da teologia escolástica, o que ocorre na consagração do pão e do vinho é isto: muda-se a substância do pão e do vinho na substância do corpo e do sangue de Cristo, permanecendo os mesmos acidentes, como se o pão continuasse sendo pão e o vinho continuasse sendo vinho. É a doutrina que Tomás de Aquino explica e foi ratificada oficialmente no concílio IV de Latrão e no concílio de Trento (DS 1642; 1652).

3. *Explicação fenomenológica*: desde meados do século XX, há teólogos que tentaram explicar a presença eucarística em categorias fenomenológicas. Os que pensam desta maneira dizem que, na realidade, não sabemos nem podemos saber nada sobre a substância e os acidentes. Por isso estes autores não negam a explicação aristotélica; dizem que ela é que não é suficiente. Porque o importante nas coisas não é o que cada coisa é *em si*, mas o que é *para nós*. Daí porque estes autores não falam tanto de "transubstanciação", mas preferem falar de "transfinalização" (mudança de finalidade) e de "transignificação" (mudança de significado). Na eucaristia se produz uma mudança de finalidade: o pão comum, cuja finalidade é alimentar o corpo, passa a ser pão eucarístico, pois sua finalidade é representar e conter o corpo de Cristo. E se produz também uma mudança de significação: antes significava pão comum, agora significa o Corpo de Cristo.

Dessas três explicações, a segunda continua sendo a explicação "oficial" que o magistério eclesiástico dá sobre a presença de Cristo na eucaristia. Mas esta explicação hoje resulta insuficiente. Porque, no caso da eucaristia, não falamos da presença de um "objeto", mas da presença de uma "pessoa". Na eucaristia, não recebemos um objeto (o pão consagrado), mas nos unimos a uma pessoa, que se torna presente naquele que comunga. Mas a união e a vinculação entre duas pessoas não se pode efetuar, se essa união não se realiza mediante expressões simbólicas. Na comunhão, não comemos a carne histórica de Jesus, mas unimos e vinculamos a vida e o destino de nossa pessoa ao que foi a vida e o destino da pessoa de Jesus. Comungar não é comer um "objeto sagrado" para que aumente a "graça" em nós. Comungar é o gesto simbólico mediante o qual o crente se une real, verdadeira e substancialmente a Jesus, para que sua vida e seu projeto se façam vida nele que comunga.

Por isso, a explicação da presença de Cristo na eucaristia tem de ser o resultado da fusão das três explicações antes expostas. É presença verdadeira, real e substancial. É presença simbólica. E é presença que implica mudança de finalidade e de significado

no pão e no vinho que recebemos na comunhão. Então, a *refeição partilhada* se torna realmente *vida partilhada*. E assim a eucaristia é "fonte e cume" da vida da Igreja. Porque expressa e torna possível que a vida da Igreja seja a vida daqueles que partilham sua vida com os outros. E fazem isso porque, definitivamente, partilham a vida com Jesus, com aquele que partilhou sua vida com a humanidade.

X. O ministro da eucaristia. A doutrina oficial da Igreja ensina que ministros da eucaristia só podem ser homens que receberam o sacramento da ordem. Então, ficam excluídos da possibilidade de presidir a celebração as mulheres e os homens leigos. O Novo Testamento não diz nada sobre esta questão. No século II tampouco há dados concludentes neste sentido. A Igreja primitiva, portanto, não viu nisso um problema sobre o qual tinha de se pronunciar. Tertuliano afirma que, no século III, havia igrejas nas quais os leigos celebravam a eucaristia (*De exhort. cast.* VII, 3). Quanto às mulheres, a tradição eclesiástica não traz dados nem a favor nem contra. Afirmar que Jesus "ordenou" somente homens é uma inexatidão. Jesus não ordenou a ninguém. Porque a teologia da "ordem" e da "ordenação" se elaborou séculos mais tarde. O silêncio sobre a possível presidência das mulheres é assunto de ordem sociológica, não teológica. A sociedade do tempo de Jesus e dos séculos seguintes tornava impensável a possibilidade de uma mulher exercer alguma função de presidência em meio a um coletivo humano. No entanto, nossa cultura evoluiu radicalmente nesse sentido. O problema de fundo está em saber se o determinante na eucaristia está em que seja presidida por um varão ordenado ou que seja celebrada por uma comunidade de fé que assim faz o memorial da morte e da ressurreição de Cristo. A pergunta, portanto, é esta: a eucaristia é privilégio do clero ou direito da comunidade? O sentido fundamental da eucaristia privilegia claramente o segundo. Portanto, do ponto de vista teológico, não se vê dificuldade alguma em que o ministro da eucaristia possa ser um cristão (homem ou mulher) que a comunidade eleja para tal incumbência.

R. Aguirre, *La mesa compartida*, Santander, Sal Terrae, 1994; J. M. Castillo, "Eucaristía", em CFC, 431-445; J. Equiza, *La eucaristía, ¿privilegio del clero o derecho de la comunidad?*, Madrid, Nueva Utopía, 1999; M. Gesteira, *La eucaristía, misterio de comunión*, Salamanca, Sígueme, 1992; B. J. Hilberath e Th. Schneider, "Eucaristía", em P. Eicher (ed.), *Diccionario de conceptos teológicos* I, Barcelona, Herder, 1989, 373-389; C. P. März et al., "Eucharistie", em LThK III, 944-968; H. Patsch, "Eucharistéo", em H. Balz e G. Schneider (eds.), *Diccionario exegético del Nuevo Testamento* I, Salamanca, Sígueme, 1996, 1693-1695; Id., "Eucaristía", *ibid.*, 1695-1696; A. V. Ström et al., "Abendmahl", em TER 1, 43-229.

José Maria Castillo

EVANGELHO

I. Significado, origem e uso do termo "evangelho" e derivados. A palavra "evangelho", que significa "boa notícia", é tradução do vocábulo grego *euangelion*, formado pelo prefixo *eu* (bom, favorável, feliz, ditoso) e a raiz *angell* (trazer uma mensagem, notificar algo da parte de alguém). No Novo Testamento, são três as palavras que remetem a esta raiz: "evangelho", "evangelizar" e "evangelista".

O termo *euangelion* (evangelho) é usado 76 vezes no Novo Testamento, das quais 60 nos escritos paulinos, nenhuma nos Evangelhos de Lucas e João, nem nas cartas a Tito, Hebreus, Tiago, 2 Pedro, João e Judas.

Esta palavra é de origem persa e aparece desde Homero (*Odisseia*, XIV, 152.166; s. VIII a.C.) com o significado de "propina ou recompensa" dada ao mensageiro que traz boa notícia de uma vitória militar ou simplesmente uma boa notícia de caráter político ou pessoal, que produz felicidade e alegria nos destinatários.

Em grego clássico, *euangelion* é usado no plural (*euangelia*) para designar os sacrifícios de ação de graças aos deuses por uma boa notícia (gr. *euangelia thyein*, oferecer boas notícias; cf. Aristófanes, *Cavaleiros* 656).

Em textos contemporâneos aos Evangelhos e em contexto religioso, indica-se também com esta palavra a aparição de um "homem divino", cuja vinda é acolhida com alegria. Assim Flávio Filóstrato refere-se a Apolônio de Tiana (*Vida de Apolônio de Tiana*, I, 28); designa também os oráculos ou anúncios de algum acontecimento futuro (cf. Plutarco, *Sartório*, 11,78; Flávio Josefo, *Guerra judaica* III, 10,6,503) ou o anúncio de uma vitória ou sucesso militar (Plutarco, *Pompeu* 41,1; *Focion* 23,6; Flávio Josefo, *Guerra judaica* IV, 656.2).

No culto ao imperador, "evangelho" designava a boa notícia de seu nascimento, maioridade, chegada ao trono e, inclusive, seus discursos e ações, portadores de paz e felicidade. A inscrição de Priene (105,40), do ano 9 a.C., celebra o aniversário do nascimento de Augusto como data "que trouxe ao mundo os *euangelia*, ou *boas notícias*", e seu nascimento como começo de nova era. A morte de Domiciano é anunciada também pelos mensageiros à multidão como "evangelho" (Filóstrato, *Vida de Apolônio de Tiana* VIII, 26-27).

A versão dos LXX usa duas vezes no plural esta palavra com o sentido de "boa notícia" (2Sm 4,10; 18,25). Em 2Sm 18,20.27 e 2Rs 7,9 aparece o substantivo abstrato *euangelia* com o significado de "boa notícia" e em 2Sm 18,22, no entanto, com o de "propina recebida por uma boa notícia".

Do substantivo *euangelion* deriva o verbo *euangelízomai* (evangelizar) que se usa já em Aristófanes (*Cavaleiros* 643) com o significado de "dar ou apregoar uma boa notícia ou anunciar um oráculo". Assim aparece também em Isaías (40,9): "Subi a um monte alto, *arauto de Sião*" (lit.: "aquele que dá a boa notícia a Sião"; gr. *ho euangelizómenos*). A versão dos LXX utiliza o mesmo verbo para traduzir o hebraico *basser*, intensiva de *basar*, que aparece frequentemente no particípio *mebasser* (gr. *euangelizómenos*, o que anuncia boas notícias, mensageiro ou arauto); este verbo se usa principalmente nos Salmos (40,10; 68,12; 96,2), muito especialmente no segundo Isaías (52,7), para expressar a vitória de Deus sobre o mundo e a proclamação de sua soberania: "Quão formosos sobre os montes os pés de quem anuncia a paz (*euangelizoménou akoên eirenês*; hebr. *mebasser*), que traz a boa notícia (gr. *euangelizómenos agatha*; hebr. *mebasser*), que apregoa a vitória! Que diz a Sião: Tu, Deus, és rei". Com a chegada deste Deus-rei e sua subida ao trono, começaria na cidade santa de Jerusalém uma nova era de paz, justiça e salvação para a humanidade.

Em castelhano existe a palavra "albricias" (em português, alvíssaras), de origem árabe e da mesma raiz do verbo hebraico *basar* (dar uma boa notícia, alegrar-se com ela).

O verbo "evangelizar" aparece 54 vezes no Novo Testamento, das quais uma só vez em Mateus, vinte e cinco em Lucas e Atos, vinte e uma nas cartas paulinas, duas em Hebreus, três em 1 Pedro e duas no Apocalipse (neste último caso em voz ativa, *euangelízo*; não na voz média, como no restante). Este verbo não aparece em Marcos, no entanto, que utiliza, em sete ocasiões o substantivo *euangelion*. Em João não aparece nem o verbo nem o substantivo.

No judaísmo tardio ocorre também a imagem do mensageiro que traz boas notícias, aludindo a um profeta desconhecido, ao precursor do Messias ou ao próprio Messias. Esse mensageiro vem para anunciar a salvação escatológica ou dos últimos tempos (*Peshitta* R 36 162a). Nos textos de Qunrã (IQH 18,14) a designação do "mensageiro da boa notícia" recorda claramente Isaías 61,1-2: "O Espírito do Senhor está sobre mim, porque o Senhor me ungiu e me enviou para dar a boa notícia aos que sofrem, para curar os corações quebrantados, para proclamar aos cativos a anistia e aos prisioneiros a liberdade, para proclamar o ano da graça do Senhor". O texto é citado por Jesus, que, na sinagoga de Nazaré, se identifica com esse mensageiro da boa notícia aos pobres (Lc 4,18-19).

Na gruta 11 de Qunrã veio à luz um manuscrito com treze fragmentos, onde aparecem unidos Is 61-12 e 52,7 referidos à figura escatológica de Melquisedec como o proclamador do jubileu, do ano da graça e do perdão das dívidas, apresentado como libertador (11QMelq 4-6); esse texto termina identificando Melquisedec com o messias sacerdotal e real (11QMelq 15-19). Desse modo, pode-se ver como o evangelista centrou as expectativas messiânicas em Jesus, ao se colocar na boca o texto de Isaías, interpretado em Qunrã em chave messiânica. Jesus, no entanto, não se identifica nos Evangelhos com a imagem de um messias real político-nacionalista na linha de Davi, mas com a do servo sofredor de Isaías (53,1-13).

Finalmente, o termo *euangelistēs* (evangelista) aparece somente três vezes no Novo Testamento, referido aos pregadores cristãos que anunciam a boa notícia de Jesus como distintos dos apóstolos (At 21,8; Ef 4,11; 2Tm 4,5).

Com a palavra *evangelho*, no singular, comumente se designa a "boa notícia do reino ou do reinado de Deus anunciada por Jesus". Desde o século II de nossa era, com esta palavra, no plural, se indica tanto a pregação oral do Evangelho como sua colocação por escrito em formato de livro ou códice (Irineu de Lyon, *Adv. haer.* III, I, 1.8; cf. 11,7) ou só o texto escrito dos quatro livros chamados "evangelhos" (Justino, *Apol.* I, 56,3). As cópias mais antigas destes livros não trazem nome de autor e, quando começam a trazê-lo, é indicado com a preposição grega *kata*, que pode designar o autor dessas obras ou a tradição proveniente dele, podendo traduzir-se a expressão por "evangelho *segundo* (a tradição de) ou *de* (escrito por) Marcos, Mateus, Lucas ou João".

II. O gênero literário "evangelho". O Evangelho, como *gênero literário* peculiar, está claramente delimitado como tal desde Justino (século II). Com frequência, deste gênero literário costuma-se afirmar que não guarda estrita analogia com nenhum outro do restante da literatura antiga e que carece de precedente na história desta, embora se aceite que o material evangélico encontre certos paralelos na tradição religiosa de diversas épocas e lugares, nos quais se agruparam e se conservaram palavras e ações de homens preclaros dentro do círculo de seguidores; são assim as *biografias da antiguidade helenística*, a coleção de tradições sobre os *ditos e experiências dos rabinos* do tratado Abot da Mishná, a Vida de Apolônio de Tiana, de Flávio Filóstrato, *as vidas dos profetas* do Antigo Testamento, diversas narrações da historiografia helenística mais imediatas do passado de Israel como *1 e 2 Macabeus* e algumas seções do Liber Antiquitatum Biblicarum do Pseudo-Fílon. Do Oriente distante podem oferecer certo paralelo com o gênero literário evangélico as *Vidas de Buda* da antiga tradição páli, que relatam uma sucessão de fatos, milagres e ditos de estrutura parecida com a dos evangelhos sinóticos.

III. Os evangelhos como livros inspirados. Os Evangelhos de Mateus, Marcos, Lucas e João desde o início fizeram parte do *cânon ou lista de livros* considerados pelas comunidades cristãs primitivas como *inspirados*. Desde o final do século II, elas designaram com a denominação de *Novo Testamento* diferentes escritos que se liam nas assembleias cristãs, ao passo que outorgavam aos textos canônicos recebidos da sinagoga o título de *Antigo Testamento*. Esses textos cristãos, originados a partir da primeira metade do século I d.C., foram situados no século II, junto aos escritos recebidos do judaísmo, como segunda coleção de textos sagrados. O número de livros que compunham esta lista ou cânon não foi fixado em um princípio, pois a autenticidade de alguns deles suscitou discussão muito prontamente; assim sucedeu com Atos, com as cartas de Tiago, de Judas, a 2 Pedro, 2 e 3 João e Apocalipse. A partir do século V, foram aceitos nas igrejas do Oriente os vinte e sete escritos que hoje formam o cânon ou lista de livros do Novo Testamento, encabeçando sempre a lista os quatro Evangelhos. Nas igrejas orientais de língua grega, foi preciso esperar até o século XII para que cessassem as dúvidas sobre a canonicidade do Apocalipse e de algumas cartas canônicas.

A relação mais antiga desses escritos canônicos do Novo Testamento chegada até nós é o *cânon de Muratori*, tradução latina do século VIII de um documento grego primitivo composto talvez por volta do ano 200 por um personagem desconhecido. Nessa lista são indicados os livros que deviam ser considerados sagrados em Roma, principal igreja da cristandade.

IV. Autoria e formação dos evangelhos. 1. Os quatro Evangelhos são *obras de autoria pessoal*, nas quais cada evangelista apresentou de forma diversa, embora com muitos pontos de contato na estrutura e no conteúdo, o núcleo da mensagem de Jesus, de sua vida e obras desde o nascimento e infância (Mateus e Lucas) e início da vida de pregador itinerante (Marcos e João) até a ressurreição (Marcos), diversas aparições (Mateus, Lucas e João) e ascensão (Lucas e Atos). Os pontos de contato são maiores entre os três Evangelhos *sinóticos*, a saber, de Mateus, Marcos e Lucas, assim chamados por terem uma visão ou esquema narrativo bastante semelhante.

2. A disciplina da *crítica histórica ou de fontes*, nascida no século XIX, partiu da crença de que os livros bíblicos, em sua forma atual, mereciam pouca confiança como fontes históricas, por não serem claros com relação à questão de sua autoria e por estarem carregados de tensões e contradições, razão pela qual se torna difícil a reconstrução histórica dos acontecimentos subjacentes a esses textos. Resultado último das investigações desta disciplina no campo dos Evangelhos sinóticos foi a elaboração da *teoria das duas fontes* como hipótese para explicar a origem e a formação dos Evangelhos sinóticos. Segundo essa teoria, Mateus e Lucas escreveram seus respectivos evangelhos a partir do evangelho de Marcos e de outra fonte comum aos dois, designada com a letra Q (do alemão *Quelle*, fonte), embora os autores não se coloquem de acordo na questão se esta fonte circulou

em uma ou duas versões distintas – QMt e QLc – ou se foi meramente oral ou chegou a consignar-se alguma vez por escrito. Esta fonte teria trazido fundamentalmente o material dos *logia* ou ditos e discursos de Jesus não referidos em Marcos, a fonte que se encontra em Mateus e Lucas, quando estes coincidem. A estas duas fontes (Mc e Q) Mateus e Lucas acrescentaram também alguns materiais próprios. A teoria das duas fontes foi proposta de diversos modos ao longo da história e continua sendo, em seus pontos principais, boa hipótese para uma explicação global da origem e da formação dos sinóticos. Sua vantagem com relação às demais consiste em ser a explicação mais simples e operativa em conjunto, para comparar alguns textos sinóticos com outros e explicar as mútuas dependências.

3. *A investigação sobre a origem dos evangelhos* foi objeto da crítica histórica e seguiu um longo processo, que partiu da "crítica das fontes" (do final do século XVIII ao XIX) à das "formas" ou "análise histórica de gêneros", até chegar à "crítica da redação". Cada uma delas tem sua visão peculiar sobre a formação dos evangelhos. A primeira, *a crítica das fontes* (em alemão *Traditionsgeschichte*), pretendia reconstruir a gênese destas obras, levando em conta as prováveis fontes nas quais se baseiam para desse modo chegar a descobrir o *Jesus da história* como contraposto ao *Cristo da fé* expresso nos evangelhos. A segunda, *a crítica das formas* (em alemão *Formsgeschichte*), considerava que os evangelhos não eram obras unitárias, mas coleções de pequenas unidades, reunidas pelos evangelistas e transmitidas em uma forma literária original, reflexo do momento da vida da comunidade (em alemão *Sitz im Leben* ou situação vital da comunidade) na qual surgem. Para a terceira, a *crítica da redação* (em alemão *Redaktionsgeschichte*), os evangelhos seguiram um processo mais ou menos longo antes de chegar ao estado em que os encontramos hoje, processo que vai da tradição oral que transmite coleções de ditos ou fatos de Jesus, à maneira de folhas volantes escritas, até à fixação por escrito sobre o relato da paixão, as notícias de aparições e de ulteriores coleções de ditos ou fatos de Jesus, como passos prévios à redação definitiva destas obras. No entanto, para os autores da escola da *crítica da redação* (que surge por volta dos anos cinquenta do século passado), os evangelhos não se explicam pelo simples ajuntamento ou união de todas essas prévias unidades literárias, mas pela mão de um redator com personalidade própria, que soube unir os materiais preexistentes e modelá-los em forma de obra literária de autoria pessoal, com ajustamento às suas concepções peculiares sobre a mensagem de Jesus, sua teologia e a de sua comunidade. Esta afirmação resulta hoje tão evidente que já não se pode colocar em dúvida. Dito de outra forma, isso equivale a afirmar que, para reconstruir a história ou gênesis dos evangelhos, não basta remontar-se a Jesus (como fez a crítica literária e de fontes) ou à comunidade (como tentou a crítica das formas, descobrindo as pequenas unidades que depois configurariam o Evangelho e que serviram para a liturgia, a catequese, a polêmica com os adversários etc., naquelas comunidades primitivas), mas que se deve chegar aos evangelistas, como verdadeiros autores que, sem romper com o Jesus da história nem com a comunidade a partir da qual e para a qual escreviam, re-escreveram e re-criaram, à luz da experiência de fé daquelas comunidades, as tradições ou textos recebidos, tentando ser fiéis, por uma parte, à mensagem originária de Jesus e, por outra, adaptá-lo às novas circunstâncias da evangelização. Talvez a incumbência da exegese moderna deva ser, de agora em diante, unir os três polos da investigação e marcar a continuidade que há entre o Jesus da história (crítica de fontes), o da comunidade (crítica das formas) e o dos evangelistas (como verdadeiros autores no sentido moderno da palavra), vencendo, desse modo, o puro historicismo da primeira escola e o sociologismo da segunda, para reivindicar com a terceira a peculiaridade e originalidade de cada um desses escritos que chamamos de "evangelhos".

V. História e teologia dos evangelhos. O leitor moderno dos evangelhos debate-se entre dois polos: a *história subjacente a* estes textos e que o preocupa vivamente – por não considerá-los, em princípio, puro mito ou invenção dos primeiros cristãos – e a *teologia* ou concepção que cada evangelista tem ao apresentar o Jesus da história e sua doutrina. Embora talvez não seja esta a ótica correta para situar-se diante destas obras, que combinam de modo admirável história e teologia, sem que por ora se tenha encontrado o bisturi que possa no texto separar com absoluta segurança uma da outra. Certamente os evangelhos não são uma biografia histórica do personagem Jesus de Nazaré, embora contenham dados que remetem ao Jesus da história, mas tampouco são pura teologia ou interpretação desconectada da realidade histórica de Jesus e de seus primeiros seguidores. Estes polos, história e teologia, admiravelmente combinados, explicam, ao mesmo tempo, a coincidência básica no núcleo da mensagem de Jesus apresentado pelos quatro evangelistas e as diferenças na ótica de cada um deles ao adaptar essa mensagem às novas circunstâncias.

VI. O anúncio do reino-reinado de Deus, núcleo da mensagem cristã. Da leitura dos quatro evangelhos se deduz que o *núcleo da mensagem* ou da boa nova de Jesus consiste no anúncio da nova realidade do reino-reinado do Deus-amor, formulada em cada evangelho de maneira diferente. O anúncio é alicerçado basicamente no mandato positivo do amor mútuo que deve ser praticado, inclusive, para com os inimigos e até a morte, se esta fosse necessária, para afirmar os valores do reino. O amor mútuo não será possível sem a tríplice renúncia à ambição de poder, de dinheiro e de honra, três realidades que constituem os fundamentos da ordem mundana injusta.

A expressão *reino-reinado de Deus ou dos céus* foi mal-interpretada com frequência, identificando-a com o reino de Deus no além e com o próprio céu, onde Deus, segundo as expectativas farisaicas, "colocará os pingos nos is" do comportamento humano, pagando a cada um segundo as obras. No entanto, uma leitura dos textos evangélicos livre de preconceitos mostra como estes incidem diretamente no aquém da comunidade cristã inserida no mundo e apresentam o que poderíamos chamar, com palavras modernas, "uma alternativa de sociedade", ou melhor, as pautas de uma "sociedade alternativa" que se tornam visíveis na comunidade cristã na qual se manifesta o reinado de Deus. Aos membros desta sociedade é garantido que quem der a adesão a Jesus e a seu estilo de vida, isto é, quem crer nele, já tem desde agora a vida definitiva, plenamente manifestada em Jesus ao romper a barreira da morte e ao deixar-se ver vivo pelos seus depois da ressurreição.

De modo que ser cristão, segundo os evangelhos, consiste em dar na vida testemunho da ressurreição de Jesus, colocando em prática sua escala de valores e tentando criar um mundo novo dentro deste velho mundo dominado pelo mal. Jesus é o mensageiro ou anunciador da proximidade do reinado de Deus que exige de seus ouvintes uma resposta radical. Este anúncio do reinado de Deus é característico do Jesus da história, pois, depois de sua ressurreição, o conteúdo do *kerygma* ou pregação cristã já não será o reino de Deus, mas o anúncio de Jesus Cristo, crucificado por nossos pecados, ressuscitado no terceiro dia segundo as Escrituras e constituído e revelado por Deus como seu Filho.

O anúncio do reino de Deus é uma mensagem de alegria e dita especialmente para os pobres ou outros assemelhados a estes (os que sofrem, os oprimidos, os que têm fome e sede de justiça, os que prestam ajuda, os puros de coração, os que trabalham pela paz e os que vivem perseguidos por sua fidelidade), como se expressa Jesus no sermão da montanha (Mt 5,3-12). O evangelista Lucas, por sua parte, junto a quatro bem-aventuranças (os pobres, os que passam fome, os que choram, os odiados por outras pessoas), acrescenta outras tantas lamentações contra os ricos (Lc 6,20-26) que não se sensibilizam com a dor dos pobres, e aos quais, ao se excluírem do reino de Deus por não abandonarem sua riqueza, anuncia um futuro de miséria e de lamentos.

A solução para a pobreza que a humanidade padece tem sua melhor saída nesta sociedade alternativa, que os evangelistas denominam como reino de um Deus, cujo reinado se torna visível na comunidade cristã que coloca em prática as bem-aventuranças. Esta comunidade de seguidores de Jesus acolhe em seu seio, como Jesus o fez, os pecadores e excluídos do povo, mulheres, crianças e enfermos de toda classe, principais destinatários do anúncio da boa notícia: "Os que são fortes não sentem necessidade de médico, mas os que se encontram mal. Vim chamar os pecadores, e não os justos" (Mt 2,17): são palavras de Jesus não desprovidas de ironia para com os fariseus letrados, que se consideram "justos" e se escandalizam com a atitude de Jesus em acolher os que se sentem social e religiosamente rejeitados. Essa atitude de acolhida aparece refletida de modo destacado nas parábolas, gênero literário utilizado somente por Jesus no Novo Testamento, gênero que deve considerar como característico do Jesus histórico.

VII. Perfil de Jesus nos evangelhos. Embora esta mensagem seja comum a todos os evangelhos, cada um deles apresenta um bem diferenciado *perfil de Jesus*.

1. *Mateus*, que se dirige a uma comunidade de língua grega e de maioria judaico-crente, apresenta Jesus como o Messias salvador enviado por Deus ou como novo Moisés. Para isso, Mateus recorre constantemente às antigas Escrituras, consideradas como profecia da nova realidade que se manifesta em Jesus. Mateus não utiliza, como faz Marcos, a palavra "evangelho" de modo absoluto, mas sempre acrescenta algum esclarecimento ou precisão como "evangelho do reino" (4,23; 9,35) ou "este evangelho" (26,13; cf. também 24,14). Jesus e o evangelho não se identificam em Mateus, Jesus aquele que *proclama* o evangelho, especialmente com seu ensinamento; serão os discípulos que terão de anunciar a boa notícia de Jesus no mundo inteiro, identificando, neste caso, o evangelho com o próprio Jesus (Mt 24,14; 26,13).

2. *Marcos*, que escreve para cristãos não provenientes do judaísmo, mostra Jesus como o Filho do homem, isto é, aquele no qual se realiza a plenitude humana; esta figura do Filho do homem é bem distinta da imagem do Messias, que predominava no tempo de Jesus, como restaurador da hegemonia de Israel sobre os demais povos da terra. Marcos insiste especialmente na universalidade de um reino que rompe as fronteiras estreitas do povo judeu. Este evangelista costuma usar a palavra "evangelho" de modo absoluto (gr. *to euangelion*, expressão que ocorre seis vezes das oito que utiliza, se incluirmos a citação de 16,15) ou determinada pelo genitivo "de Deus" (Mc 1,14) ou "de Jesus Messias" (Mc 1,1), dando a entender que seus destinatários compreendem perfeitamente seu significado e alcance. Marcos é, além disso, o único dos quatro evangelistas que coloca a palavra *evangelho* no início de sua obra que se abre com estas palavras: "Origens da *boa notícia* de Jesus, Messias, filho de Deus", identificando Jesus com a boa notícia que nos traz. Esta boa notícia é

a obra salvadora de Jesus para o indivíduo e para a sociedade humana, o reinado de Deus (1,14-15), embora, ao mesmo tempo, seja a pessoa de Jesus mesmo que estabelece esse reinado.

3. *Lucas*, que apresenta Jesus como salvador, segue basicamente o esquema de Marcos, com muitos dados novos, uns comuns a Mateus – provenientes da fonte de *logia* denominada Q – e outros próprios. Neste evangelho, Jerusalém ocupa o ponto central, a partir de onde, nas palavras de Simeão (Lc 2,32), Jesus será mostrado como "luz que é revelação para as nações" (termo que designa as nações pagãs) manifestada em Israel ("e glória de teu povo Israel"). Chama a atenção o fato de a palavra "evangelho" não aparecer em Lucas e somente duas vezes em Atos (15,7; 20,24) para indicar a pregação da boa nova por parte de Pedro e Paulo. Não obstante, Lucas utiliza frequentemente em sua obra o termo "evangelizar" (25 vezes), muito em linha com o sentido helenístico de "pregar ou anunciar uma boa notícia" que traz paz e felicidade a seus destinatários. Algumas vezes, o evangelista não precisa em que consiste a boa notícia; outras vezes, tem por complemento o reinado de Deus (Lc 4,43; 16,16; At 8,12); outras vezes ainda, é Cristo Jesus (At 5,42; 8,35, 11,20) e sua ressurreição (At 17,18) ou a mensagem do Senhor (*ton logon*, At 8,4; 15,35) ou a paz por meio de Cristo Jesus (At 10,36) ou a promessa feita aos pais e cumprida na ressurreição de Jesus (At 13,32).

4. *O quarto evangelho* – com estrutura peculiar e diferenciada dos restantes evangelhos e com linguagem de alto conteúdo simbólico – apresenta um Jesus que, desde o princípio, mostra o desígnio ou projeto de Deus que leva ao cume a criação do ser humano, comunicando-lhe o seu Espírito. Essa nova criação se vê assediada constantemente pelas trevas, que equivalem à ordem humana injusta. Daí a necessidade de um salvador ou Messias que faça o ser humano sair da escravidão em que se encontra, e culmine nele a obra criadora, levando-o a ser filho de Deus. Este é o núcleo do evangelho de João, no qual não aparecem nunca as palavras "evangelho" ou "evangelizar", que são substituídas pelo verbo *martyrein* (dar testemunho; 75 vezes no Novo Testamento, das quais 33 no quarto evangelho, 10 nas cartas de João e 4 no Apocalipse) e o substantivo *martyría* (testemunho; 37 vezes no Novo Testamento, repartidas deste modo: 13 em João, 10 nas cartas de João e 9 no Apocalipse).

VIII. Significado e uso do termo "evangelho" em Paulo. Em Paulo, a palavra "evangelho" converteu-se em termo crucial. Chama a atenção o abundante uso que faz em suas cartas (52 vezes), inclusive a ponto de alguns considerarem que Marcos, o mais antigo dos evangelistas, tivesse tomado esta palavra do léxico de Paulo. Antes, deve-se pensar que este termo designou, desde muito cedo, nas comunidades cristãs primitivas, o conteúdo da mensagem de Jesus, e que tanto Marcos como Paulo devem tê-lo tomado do uso comum nessas comunidades para designar a boa notícia de Jesus e do reino. No entanto, em Paulo, diferentemente dos evangelistas, o evangelho já não se expressa em chave narrativa, mediante a transmissão de palavras, discursos ou narrações relativas a Jesus, mas à maneira de formulação teológica conceitual. Enquanto Marcos, os sinóticos e, em boa medida, João mostram "a boa nova de Jesus", apresentando o "Jesus que anuncia a boa nova com palavras e obras", em Paulo essas obras e palavras passaram a um segundo plano, juntamente com todos os elementos da vida do Jesus histórico, para converter seu evangelho na formulação teológica central de toda a sua teologia. Essa formulação consiste em afirmar que, "pela morte e ressurreição de Jesus, Deus brindou a salvação ao mundo, de modo que já não há dois mundos, judeu e pagão, mas um só, graças a Cristo Jesus", como afirma na carta aos Gálatas (3,28). O evangelho, segundo Paulo, opõe-se à Lei: aquele representa o novo, e esta o antigo, do mesmo modo que, na vida de Jesus, este opôs o amor (o novo) à Lei (o antigo). Em Paulo, as expressões "evangelho de Deus" ou "de Cristo" têm duplo significado difícil de precisar em cada momento, pois designam tanto "a boa notícia que Deus traz através de Jesus", e também "Jesus como boa notícia de salvação pata todos, judeus e pagãos". Onde se anuncia a boa notícia do evangelho, esta se converte em "força de Deus" para salvar todo aquele que crê, primeiramente o judeu, mas também o não-judeu, pois é por meio do evangelho que se revela a anistia que Deus concede única e exclusivamente pela fé, como diz a Escritura (Hab 2,4): "Aquele que é reabilitado pela fé, viverá" (Rm 1,16). O cristão deve viver à altura dessa boa notícia do Messias, sendo fiel a ela (Fl 1,27), experimentando e acumulando desse modo sua esperança de salvação (Rm 1,16; 1Cor 15,2; Cl 1,5.23).

Este evangelho, em Paulo, já tem como destinatários não somente os judeus, mas também os pagãos ou gentios, dos quais ele se sente apóstolo, como afirma na carta aos Romanos (Rm 1,1-5; cf. Gl 1,16). Desse modo, a boa notícia do evangelho sai das fronteiras limitadas do Israel histórico, "fazendo com que os pagãos louvem a Deus por sua misericórdia" (Rm 15,9), não sem ter mostrado Paulo, antes de estabelecer-se em Roma, constante resistência a considerar que a salvação de Deus se oferece a todos por igual e que Deus não faz acepção de pessoas, como aparece claro ao longo do livro dos Atos, onde Paulo anuncia habitualmente o evangelho em primeiro lugar aos judeus e, em segunda instância, quando é rejeitado por estes, aos pagãos. Assim, afirma que se sente "em dívida com gregos e estrangeiros, com instruídos e ignorantes; daí meu afã por expor-vos a boa notícia também a vós, os de Roma. Porque eu não me acovardo de anunciar a boa notícia, força de Deus para salvar todo aquele que crê, primeiramente o judeu, mas também ao não-judeu..." (Rm 1,14-16).

Paulo expressa de modo mais cortante sua clara convicção da universalidade do evangelho no final do livro dos Atos, que representa o cume de sua conversão ao universalismo de Jesus, quando, ao dirigir-se aos judeus e tachá-los de "povo com mente embotada e duro de ouvido", anuncia que "essa salvação foi destinada aos pagãos que escutarão" (At 28,25-28; cf. Gl 2,7-8; 1,15-16).

IX. Termos associados a "evangelho" no Novo Testamento. Associados a "evangelho" e "evangelizar", aparecem no Novo Testamento verbos como *keryssein* (anunciar), *katangellein* (proclamar) *lalein ton logon* (falar, contar a mensagem), *didaskein* (ensinar) *didakhé* (ensinamento), *didaskalía* (doutrina), *paradidónai* (transmitir), *homologein* (confessar) e *martyrein* (testemunhar).

Fora dos evangelhos, dos Atos dos Apóstolos e das cartas de Paulo, o termo "evangelho" se atenua até quase desaparecer. As poucas aparições desta palavra se encontram na carta aos Hebreus (4,2-6), onde se fala da boa notícia recebida, à qual se deve prestar atenção para entrar na nova terra prometida. Nessa linha se encontra igualmente a primeira carta de Pedro (1,25). Para o autor do livro do Apocalipse, por último, obra na qual o termo "evangelho" aparece uma só vez, este coincide com a mensagem de Deus como anúncio decisivo de salvação na história (Ap 14,6).

Os autores dos primeiros escritos cristãos, como acabamos de ver, deram significado novo e específico ao termo "evangelho", ao identificá-lo, não com a propina ou recompensa dada ao mensageiro que traz a boa notícia de uma vitória de caráter militar ou de âmbito político (o nascimento do imperador) ou pessoal, nem com os sacrifícios de ação de graças aos deuses por uma boa notícia, nem com oráculos ou anúncios de algum acontecimento futuro, nem com a aparição de um homem divino, como se fazia no mundo grego helenístico, mas com a boa nova do reinado de Deus e o anúncio da morte e ressurreição de Jesus a todos e, muito em especial, aos oprimidos de qualquer classe, levando assim a cumprimento as antigas promessas de salvação expressas pelos profetas. Jesus e seu evangelho ou o evangelho de Jesus se convertem desse modo no referente vital dos grupos ou comunidades cristãs, cujo objetivo era a escuta e colocação em prática desta boa notícia e seu anúncio até os confins do mundo então conhecido.

X. Evangelhos apócrifos. Junto aos quatro evangelhos canônicos surgiram nas comunidades cristãs primitivas os evangelhos apócrifos (lit.: escondido à parte, subtraído da vista, secreto), que tentam completar as lacunas que os evangelhos canônicos apresentam, centrando-se principalmente na infância e na paixão de Jesus. Os apócrifos refletem a teologia de diversas comunidades primitivas e delatam com frequência tendências gnósticas. Alguns deles são datados em torno do século II, entre os quais se destacam o *Evangelho de Tomé*, o *Evangelho dos Nazarenos* e os *dos Hebreus*, *dos Egípcios* e *dos Ebionitas*, bem como o *de Pedro* ou o *Protoevangelho de Tiago*. Outros, como a *Dormição de Maria*, a *História de José o Carpinteiro* e o *Evangelho árabe da infância*, são escritos a partir do século IV. Esta literatura evangélica apócrifa, que em raríssimas ocasiões contém palavras autênticas de Jesus, é muito interessante, no entanto para a reconstrução da evolução do pensamento cristão nos primeiros séculos do cristianismo, mostrando-se este desde o início como movimento sumamente plural. Contudo, a Igreja primitiva não aceitou esses livros como literatura inspirada, e por isso não foram incluídos no cânon ou lista dos livros do Novo Testamento.

U. Becker, "Evangelio", em L. Coenen, E. Beyreuther e H. Bietenhard, *Diccionario teológico del Nuevo Testamento* II, Salamanca, Sígueme, 1980; R. Fabris, "Vangelo", e R. Fusco, "Vangeli", em P. Rossano et al., *Nuevo diccionario de teología bíblica*, Madrid, Paulinas, 1990; P. González Casado (ed.), *La dormición de la Virgen*, Madrid, Trotta, 2002; J. Mateos e L. A. Schökel, *Nuevo Testamento*, Madrid, Cristiandad, 1987²; J. P. Monferrer, *Apócrifos árabes cristianos*, Madrid, Trotta, 2003; A. Piñero e J. Peláez, Nuevo Testamento. *Introducción al estudio de los primeros escritos cristianos*, Córdoba, El Almendro, 1995.

Jesús Peláez

EXPERIÊNCIA RELIGIOSA

Junto com a ética, a estética, a teórica ou a interpessoal, a experiência religiosa é uma das experiências plenas da vida humana; mais ainda, poder-se-ia dizer que é a dimensão de profundidade de todas elas. No conjunto da estrutura do fato religioso, tal como o descreve o atentíssimo olhar da fenomenologia, a consideração da atitude religiosa permite captar – melhor do que outros aspectos – o núcleo essencial do mesmo fato; quer dizer, aquele ingrediente sem o qual uma experiência humana não poderia denominar-se religiosa. Realmente, por mais rigorosa que seja essa descrição compreensiva, por mais que se destaquem todas as suas dimensões e níveis, se não se prestar atenção ao elemento que faz referência – precisamente – ao tipo de relação que a experiência religiosa supõe, ao eco subjetivo que produz no ser humano, à qualidade do transcender que comporta e, portanto, à Realidade da religião que simboliza, seria muito difícil compreender o especificamente religioso desse tipo tão complexo e específico de experiência humana plena.

A plenitude vem a esta experiência, como às outras citadas no princípio – embora em cada uma ocorra a seu modo – do fato portentoso de que nela advém ao sujeito a autorrevelação da vida, o acesso ao mais fundo e íntimo de si mesmo – seu *miolo*, poder-se-ia dizer – com radicalidade talvez maior, pela profundidade com que acontece, à maneira como sucede nas colinas paralelas da bondade, da arte, do pensamento ou do amor. Esse *miolo* é feito de *afeição*, como gosta de dizer Michel Henry, de vulnerabilidade como em nenhuma outra das experiências humanas de plenitude; de abertura em sumo grau. Isso faz com que o sujeito se encontre abismado, pelo Mistério que aí se anuncia tanto diante do conjunto da realidade mundana toda, como – e isso é mais *tremendum*, se a expressão é a mais adequada – da comoção que supõe, nas estruturas da finitude, essa irrupção padecida que não as aniquila, mas que as converte – ao voltá-las – para o mistério que é o ser humano para si mesmo, feito desde então uma pergunta, uma incógnita que deve ser despejada ao longo de toda a vida e cuja resposta é uma aventura de alegria indizível e, ao mesmo tempo, um doloroso êxodo de si mesmo em todas as dimensões e níveis da condição humana. Uma resposta impulsionadora que converte o *homo religiosus* em nômade que já não encontrará descanso nem preencherá sua sede de Absoluto neste mundo, porque nenhum projeto – pessoal ou coletivo – nenhuma realidade intramundana, nenhuma relação interpessoal poderá jamais fazer coincidir a voz silente desse *além* do ser humano e sua circunstância, seu convite constante a um transcender absoluto de si mesmo, com as mediações de todas aquelas realidades que prometem sua realização plena – sua salvação – de maneira menos custosa. Se o ser humano religioso não cede à tentação de fazer calar essa inadequação salvadora, esse verdadeiro motor da existência, se produz em meio de sua vida a libertação de todos esses âmbitos, recebidos agora com o assombro de uma gratuidade imerecida, como flechas que apontam além de si para o mistério insondável da existência.

Mas, tudo isso faz com que o sujeito se encontre também assombrado, admirado, surpreendido, arrebatado por aquilo que parece fazê-lo sentir a vida com mais gosto de si mesma, com mais experiência de padecer sua humanidade preenchida de vida, cheia até transbordar o pedaço de tempo vivo que é toda vivência plena, do que qualquer outra das experiências irmãs acima assinaladas. E isso é mais *fascinans*, se possível, do que o prometido por qualquer outra das realidades mundanas, que ficam literalmente desabsolutizadas e libertadas em sua mais profunda intimidade, como nunca sonharam sê-lo, e portanto, recuperadas e *postas em razão*, como gostava de dizer João da Cruz. Todavia, tudo o que foi evocado supõe experiência prévia ou *protoexperiência*: o surgimento da *ressonância* – essa categoria tão querida de Gaston Bachelard – no sujeito, seu chegar a ser verdadeira caixa de ressonância que torna possível a irrupção da alteridade, do outro (Outro) de si mesmo, nossa separação do resto da realidade em seu conjunto como condição de possibilidade de tudo isso, de toda vibração, de toda afeição capaz de fazer com que o sujeito se transcenda, saia de si mesmo, no amor e no diálogo, e se salve. Para que esta salvação seja total, plena e última, é necessário que o termo da relação religiosa – como se verá mais adiante – seja um verdadeiro Absoluto.

I. A condição de possibilidade da experiência religiosa. A experiência originária que torna possível a ética, a estética e a religião foi denominada por Miguel García-Baró como ontológica ou *arquiexperiência*, evocando a terminologia de Henry. E, de fato, a separação que supõe por parte do sujeito com relação à realidade em seu conjunto e, ao mesmo tempo, o aparecimento do eu e o despertar da própria solidão, em geral, acontecem por duas vias profundamente relacionadas entre si. Por um lado, trata-se da irrupção da *maravilha*, do excesso de densidade e de fulgor do real que a criança já experimenta, extasiada, no raio de luz que penetra pela greta da janela do quarto onde dorme, fazendo sombras, conquistando silenciosamente a escuridão da habitação, até que se torna pleno dia, quando a mãe o desperta e abre de par em par as janelas. Nesses momentos prévios, anteriores, a vida irrompe como algo poderoso, gratuito, indevido, ímpar, misterioso, belo, outro que não é o sujeito.

Às vezes, o cinema foi capaz de representar essas sutis e simples experiências que poderíamos qualificar – sem medo de exagerar – de líricas, como a evocada anteriormente, nas quais, mediante a irrupção da maravilha do real, se chega à consciência da própria verticalidade, da ressonância de tudo na profundidade do sujeito. Dificilmente se encontrará disso exemplo melhor do que o sutil e simples estalido da primavera através da janelinha de uma humilde habitação da casa dos mineiros do *Como era verde o meu vale* (1941), de John Ford. O pequeno Huw, paciente em longa convalescença na cama, por ter caído com sua mãe em um rio de águas geladas, certo dia descobre, maravilhado, que dois pássaros entram por sua janela e bicam os livros de Walter Scott e Stevenson, que lhe ia proporcionando o pastor do povoado do vale mineiro de Gales. Na colina de frente já floresceram os narcisos, e seu aroma se difunde também pelo diminuto quarto do menino enfermo: "Spring", diz assombrado de felicidade à sua irmã maior e à cunhada. Não carece de importância o fato de que esse assombro veio preparado por longa convalescença cheia de boa literatura de ficção e de interessantes conversas com o pastor da vila operária que lhe chama a atenção sobre como está – nessa aparente passividade – nada menos que forjando seu espírito.

Quem gosta de animais talvez possa recordar o dia em que deixou de jogar uma partida de futebol na qual estava envolvido, por causa do chamado assombrado de sua mãe, e pôde assistir atônito ao nascimento de alguns filhotes de canário, cuidados com esmero durante certo tempo. Certamente nunca terá podido esquecer tanta alegria contida e tanto silêncio de pais e irmãos diante do fato rotundo e maravilhoso desses passarinhos que rompem a casca do ovo que os contém e lutam por abrir-se à vida. E assim se poderia acrescentar a estas profundíssimas experiências: a primeira boa novela que se lê, fazendo compreender que a vida é, inclusive, maior e mais profunda do que tudo o que alguém vive, que existe o mundo do valor, da imaginação, do sentimento e da emoção; o primeiro *western* que se contempla assombrado e que afeiçoa para sempre ao cinema etc. ou o primeiro amor, como um fogo que queima, aonde quer que se vá, e do qual literalmente não se pode fugir, que banha com luz nova a realidade inteira e a própria vida, transfigurando-as e revelando, com mais força do que todas as outras, o sabor afetivo da profundidade da vida na qual alguém está normalmente submerso. Ortega falava de uma espécie de *geografia sentimental*, uma réplica da cidade onde se vive, ao ficarem tingidas de "sacralidade" as ruas, as calçadas e jardins, testemunhas dessa vivência lírica. Também Eliade sublinhou este ponto, chegando a dizer desse mapa afetivo que tem sugestivos elementos parecidos com a lição da hierofania. O capital destas vivências vem a ser de enorme importância para que a experiência religiosa possa coagular no conjunto da vida de alguém. Sem elas, seria muito difícil encontrar depois significantes que, ao adquirir voz pela primeira vez a presença inobjetiva do mistério sagrado no sujeito, possam apontar além de si para a Realidade da religião ou encontrar analogias na própria experiência ao confrontar-se como sistema de mediações de tradição religiosa. Em todas elas, então, a realidade cotidiana se racha, e irrompe com estranha e subjugadora força a alteridade, a separação sujeito-objeto, o eu, a radical solidão em que consistimos, a ambiguidade de todo o real, mas, ao mesmo tempo – ao dispor de ressonância interna – torna possível a mediação simbólica, ao descobrir a beleza do Todo na parte: neste raio de luz e em suas sombras, na primavera representada neste filme, nesta novela, neste amor.

Por outro lado, como se o vaso da alegria, do estupor e da maravilha fosse feito do cristal do sofrimento e da dor, se sobe ao mais trágico da protoexperiência evocada pela vivência da morte, não só quando aparece indizível, numa boa manhã, ceifando a vida do pato, da tartaruga ou do pintassilgo que o menino tinha conseguido recuperar de uma enfermidade para a vida, preanunciando que algo estranho, impensável, deprimente ocorrerá também – algum dia – com as pessoas mais queridas, mas também aquilo que Georges Steiner chama, nas incríveis páginas finais de *Presencias reales*, "o brutal enigma do fim": quando se vai dando cada vez mais, como que precipitando por um plano inclinado, a fugacidade do tempo, que agora se nota, pesa e ao mesmo tempo escapa das mãos; o fato rotundo de que os momentos de plenitude que arrebatam, até fazer não perceber a passagem desse elemento imprescindível da vida, se acabam em seguida, enquanto os momentos de tédio prévios no início das aulas, quando os ventos de outono trazem consigo – além do frio – a certeza do inverno próximo, se tornam intermináveis; a experiência da contingência de tudo, do fim do primeiro amor, obrigado a voltar ao país no qual vive, e se romperá, tornando impossível uma trajetória que se prometia eterna e cheia de futuro e que nos faz compadecer-nos sempre e não ridicularizar jamais a dor quase metafísica do adolescente. Aqui, sem dúvida, o rasgo da separação da realidade revela, ao mesmo tempo, o lado mais vulnerável, aberto e pobre do ser humano: já não voltarão a coincidir, se é que alguma vez o fizeram, promessa e realidade, sonho e realização, esperança e projeto... Provavelmente, antes não se podia ver, porque o menino vivia então em um presente eterno, uma espécie de prolongamento de seus jogos, e de seus animais, e de seus desenhos...

Todas essas profundíssimas experiências e outras semelhantes de muitos outros âmbitos que poderiam ser evocados também aqui e que sem dúvida fariam com que nos compadecêssemos de quem não as teve ou não consegue recordá-las com nitidez e que formam, em sua variedade quase infinita, o que os fenomenólogos chamam de experiência ontológica, não fazem outra coisa senão colocar o sujeito abismado diante do mistério da vida, do mundo, dos outros, de si mesmo: "tornei-me uma grande questão para mim mesmo", dizia Agostinho de Hipona, em suas *Confissões,* por ocasião da morte de um amigo muito querido. Há experiência religiosa, então, em que não se reprime, não se esquece ou não se reduz essa grande pergunta que é o ser humano para si mesmo e onde se renuncia – abismado pelo *vislumbre* do infinito que aí refulge (Fries, Otto) – a querer respondê-la aqui, agora, já, como guiado por uma lógica da necessidade que não é senão os antípodas da lógica do desejo e a esperança, próprias do religioso. Mas para que seja possível aprender a seguir o que é apontado por esse tênue e quase insignificante vestígio, facilmente esquecível ou dissolvido no aparente esplendor de afazeres e afeições, faz falta uma iniciação, a confrontação com uma tradição religiosa que soube dar nome e mostrar caminhos para relacionar-se respeitosamente com quem gerou, interpelado e provocado, a pergunta que é o ser humano para si mesmo.

II. Um nome para o mistério. As tradições religiosas da humanidade deram nome, portanto, ao Mistério insondável da existência e possibilitaram, através do sistema articulado de mediações simbólicas de todo tipo em que consistem, a relação do ser humano com a Realidade da religião, sem que esta nada perca de sua absoluta transcendência e de sua santidade mais sublime. Nelas o ser humano aprende a hermenêutica religiosa de tudo quanto lhe acontece. Em seus caminhos de iniciação, lhe vão despertando, pouco a pouco, a dimensão de profundidade de tudo: do ético, do estético, do amor, da trivialidade da vida cotidiana etc. Essa ressonância que já é o sujeito, devida à grande pergunta que é para si mesmo, é levada a uma altura tal, a uma tal provocação que o torna *capax infiniti*. As religiões, se não cedem à tentação – sempre a-religiosa – de anestesiar as perguntas do sujeito e o enigma que é ele mesmo, mas lhe mostram o tesouro de suas tradições e de seus símbolos como perguntas que pedem, por sua vez, para ser respondidas com a vida toda, tornam possível que o vestígio evocado ao descrever a experiência ontológica seja lido como o sinal de uma presença ao mesmo tempo *interior intimo meo* e mais acima do sujeito do que o mais elevado de si mesmo; ajudam-no, definitivamente, a *reconhecer*, na adoração mais obsequiosa e no transcender mais radical da raiz última do sujeito, esse vestígio como aquém de um além insondável que, apesar da impossibilidade de ser objetivado, pode ser vivido como Presença pessoal, originante, fundamento do ser do sujeito e da realidade em seu conjunto, coração ígneo e vivo de todo o real, sem ficar jamais apanhada por isso, justamente porque sua absoluta transcendência é que torna possível, ao mesmo tempo, a maior proximidade e intimidade do Mistério com relação à criatura e ao seu mundo.

As tradições religiosas iniciam seus fiéis na leitura de seus símbolos, não como relíquias do passado remoto, insignificantes para os crentes atuais delas, mas possibilitando a *mistagogia* capaz de situá-los na correlação que permite viver a experiência que os colocou em pé. Daí o fato de que todas elas propõem algumas condições prévias para que isso seja possível: a substituição da dispersão do sujeito pela unificação de todas as suas dimensões e níveis, com o objetivo de remontar para trás a corrente que leva ao manancial do qual surge unida a totalidade da vida, o que não acontece sem o devido cultivo do silêncio, da meditação contemplativa e da oração, sempre expressão da religião em ato, como bem sabia Tomás de Aquino. Mas também a substituição de uma vida superficial por outra atenta aos valores – a esse *mais do que coisa* das coisas e, em grau supremo, das pessoas – aos porquês mais do que aos meios, instrumentos e interesses; à profundidade de uma razão simbólica que não se esgota nem muito menos em seus usos técnicos, controladores, representativos e científicos, mas que se vive como algo múltiplo, polifônico e aberto.

Todas elas possuem, além disso, um *relato fundador* que pede escuta atenta e receptiva capaz de transformar o sujeito: desde os mitos cosmogônicos até os escatológicos, em todas elas se revela a seus membros o sentido da vida, o porquê do mal, o destino último do ser humano e de seu mundo. Normalmente, esse relato fundador é vivido no ritual, no culto ou liturgia, que faz do tempo vivido, não uma realidade homogênea e amorfa, mas articulada e com orientação capaz de dar sentido ao tempo ordinário – *profano* – preenchendo este de *oásis de recuperação* que colocam em contato com a Realidade mais sagrada da religião, ao fazer que se perceba sua presença oculta também no tempo não sacral. E o mesmo se poderia dizer do espaço, dos sentimentos e emoções, dos compromissos humanos, das expressões estéticas e de todas as demais dimensões e níveis de que está feita a condição humana.

No cristianismo, por exemplo, existe também um relato fundador: o relato pascal da morte e ressurreição de Jesus Cristo. Um relato que, diferentemente do de outras religiões – cujo mito fundador está talvez perdido em algum lugar entre o tempo e a eternidade – se encontra situado no meio da história, no centro do tempo, possibilitando a abertura deste: "Eu estou convosco todos os dias até o fim do mundo" (Mt 28,20). O cristão vive o tempo, não como magnitude abandonada à própria sorte, uma espécie de movimento unidirecional, inexorável e trágico, mas contando com a fé e com o fato de que a eternidade veio, vem e virá a ele, de que está permanentemente acompanhado pela presença do Vivente, de que pode ser redimido, e de que seus efeitos podem ser reversíveis, ao ser sempre possível a mudança, a conversão e a esperança, pois não é o destino cego que governa a temporalidade, mas a liberdade de um Amor originário que chamou tudo ao ser e espera a resposta livre que consinta em deixar-se encaminhar para a plenitude última desse Amor originário. Mas, tudo o que até aqui foi descrito tem uma estrutura, um *logos interno*, um termo da experiência, um sujeito e uma relação particular entre si.

III. A estrutura da experiência religiosa. F. Heiler pôde definir, em fórmula breve, o conteúdo da experiência religiosa, como adoração do mistério e confiante entrega da própria vida a ele. Em tal expressão aparecem os elementos próprios de qualquer experiência humana: um sujeito, um termo dele e a relação que os une. Atendendo a estes três elementos, é possível determinar o núcleo essencial e a significação da atitude religiosa, bem como estabelecer semelhanças e diferenças com as outras experiências plenas da vida humana, tais como a ética, a estética, a vida do pensamento ou o amor, visto que em todas elas irrompe também um absoluto que determina a constituição do sujeito e o tipo de relação que com ele se instaura. A peculiaridade do termo da experiência religiosa – o Mistério, a Realidade mais sagrada da religião – *nóema* da *nóesis* religiosa, determinará uma forma peculiar de experiência extática e de transcendência diversa em sua intenção, específica e original com relação às anteriormente assinaladas.

A fenomenologia da religião aponta, com a categoria hermenêutica do mistério, para a realidade mais sagrada da religião, termo da experiência religiosa. Aponta para aquilo que em todas as religiões desempenha papel de análogo homeomórfico da figura de Deus, própria da tradição judaico-cristã. É simbolizada pelo sistema de mediações articuladas da vida religiosa e foi tematizada a partir de R. Otto, dada a impossibilidade de uma descrição objetivante de sua absoluta transcendência, com os termos de *mysterium tremendum et fascinans*, verdadeiro ideograma de sua absoluta inacessibilidade, vestígio ou eco subjetivo que a irrupção de sua presença deixa no *homo religiosus*, antes que atributo ou definição de sua augusta santidade, de seu valor supremo ou de sua supremacia na ordem do ser. Com essa fórmula que o teólogo alemão desenvolveu em sua obra *O santo* (1917), e que chegou a ser um clássico da ciência das religiões e da teologia, se destaca muito bem a diferença com relação a esses outros absolutos que são a bondade ou o bem, o belo, o amor etc. É verdade que todos eles estão perpassados de mistério, surpresa e atração, mas não em grau supremo, como acontece na experiência religiosa, onde essa transcendência é *totalmente outra* em relação ao ser humano e a seu mundo. Além disso, como se verá mais adiante, a intenção ou *nóesis* religiosa, determinada pelo termo não objetivo e absolutamente transcendente, coloca de pé um mundo noemático totalmente original e específico que a distingue das outras experiências humanas plenas, por mais parentescos e analogias que guarde com elas.

Apesar das críticas de que tem sido objeto, a fórmula de Otto não tem por que supor necessariamente a separação entre o sagrado e o santo nem deixar em segundo plano a mediação ética – indispensável para evitar que a experiência religiosa se torne superstição ou idolatria – na relação com o mistério. Antes, pretende apontar para essa realidade originária, fundamento irredutível a nenhuma outra, verdadeiro sujeito da vida religiosa e que dota com a cor, a luz e o sabor específico e inconfundível do sagrado que expressa esse conjunto furta-cor de expressões que o apontam para além da coincidência de seus opostos: temor reverencial e abismo de atração, comoção – posta literalmente em questão do sujeito que se sente esmagado e pecador – e bem-aventurança, distância e proximidade, juízo e graça, transcendência e imanência.

O termo da experiência religiosa encontra-se configurado com as mais variadas formas na história das religiões. Estas configurações determinarão tanto a relação com ele como o sistema de mediações e a antropologia da tradição religiosa de que se trata. Não dá no mesmo uma configuração monista na qual o mistério configurado como *brahman* ou *Tao*, aparece como única realidade sem segundo por detrás de todo o real e à qual se chega por uma experiência mística radical de redução da pluralidade do mundo e do ser humano a esse princípio, como ocorre em uma das correntes mais destacadas do hinduísmo clássico – e outra configuração onde o mistério é apresentado como Absoluto do diálogo, à maneira como acontece no judaísmo, no islamismo e no cristianismo. No primeiro caso se expressam essas incríveis fórmulas que são os grandes ditos dos *Upanishads*: "Tu és isso". "O *atman* é o *brahman*": aí o sujeito fica "dissolvido" no Absoluto, enquanto, nas religiões do segundo tipo, o sujeito permaneceria sempre diante de uma Presença originante que aparece diante dele como o Tu eterno (M. Buber), com o qual não acontece fusão nem perda de distância, mas união na realização de seu desígnio sobre o homem e seu mundo.

Evocada assim a Realidade da religião, termo da experiência religiosa, como absoluta transcendência da experiência e, ao mesmo tempo, radical imanência, como será possível sua relação com o segundo dos elementos da estrutura daquela: o sujeito humano, por definição finito, contingente, corporal, mundano? Quem observa uma religião, o que vê é o "corpo" denso da vida religiosa: rituais, mística, orações, teologias, mitos, ritos, templos, festas, personagens sagrados, sacrifícios, silêncio etc.; mas não "vê" a realidade da religião – o mistério – mais do que a expressa nessa vida religiosa e simbolizada por suas mediações. E aqui está a chave de resposta à pergunta anterior. Graças à mediação simbólica – condição de tudo o que é religioso – e ao mundo das *misteriofanias* (é preferível este termo ao clássico de hierofanias de Eliade, pois este suporia o sagrado, sem mais, como termo da relação religiosa, e ao longo do que foi dito até agora se manteve antes, na linha de J. Martín Veloso, que é o mistério o verdadeiro termo e sujeito desta relação), o *homo religiosus* pode relacionar-se realmente com o mistério, sem que este deixe de ser tal nem perca um pontinho sequer de sua absoluta transcendência e possa ser vivido como realidade pessoal que "intervém" em sua vida, salvando-o. Contudo, não se deveria pensar este processo misteriogênico como se o mistério dotasse a realidade humana de um *plus* de significado que fosse percebido pelo crente na experiência religiosa. Semelhante modelo, para dar conta da constituição dos símbolos religiosos, colocaria em perigo o caráter não objetivo e transcendente do mistério, assim como a autonomia do real.

Mais justiça se faz a este fenômeno, de capital importância para tudo o que é religioso, quando se considera com maior atenção o que aí se mostra. O que acontece, de fato, quando uma realidade mundana se transignifica em misteriofania, é que nela, neste espaço e nesse tempo, se produz a comoção que dota de ressonância, de espaço interior, como se viu ao falar da experiência ontológica, em que pode recuperar "voz" a prévia presença não objetiva do mistério que não destrói as formas finitas, mas converte o sujeito em símbolo originário que pode receber, a partir da anagogia que esta experiência supõe, todo o real como eco da beleza, da verdade e da bondade que aí se anuncia. Por ser o sujeito um corpo espiritual ou um espírito encarnado, um verdadeiro corpo subjetivo (Maine de Biran; M. Henry), por consistir seu fundo último – anagógico – em *afeição* aberta, em verdadeira "caixa de ressonância" de todo tipo de tonalidades espirituais, tudo pode ser visto como palavra e símbolo, a partir da dimensão de profundidade que esse abismamento desperta, essa referência e giro para o fundamento do ser que torna possível, assim, "palpar" o *miolo* de si mesmo, saboreando a autorrevelação da vida e da lógica última desta: *ser-de-referência* à Vida, com maiúsculas.

Chega-se assim ao terceiro dos elementos da estrutura da experiência religiosa: a relação mesma entre o sujeito e o mistério. De que índole e de que tipo tem de ser essa relação para que possa ser qualificada de religiosa? A primeira coisa que chama a atenção é a *ruptura de nível* (M. Eliade) no ser que supõe para a vida dos *homines religiosi*. É verdade que também no ético e no estético se dá uma espécie de ruptura de nível que coloca em contato com o bem e com a beleza. Sem o ato de avaliação do valor do outro como outro inacessível e pessoal, ou sem a distensão do reconhecimento da gratuidade na qual se dá o belo, não seriam possíveis essas experiências; mas, no religioso essa ruptura é muito mais radical, supõe uma conversão, um reviravolta total da vida, agora toda orientada para o termo da experiência religiosa que introduziu na existência do sujeito um novo eixo que o rearticula totalmente. Começa-se, então, a viver religiosamente, convertendo-se; quer dizer, reconhecendo, em ato de absoluta transcendência e de obsequiosa adoração, a realidade totalmente outra do mistério.

Para ser religiosa, apenas que se dê essa relação. Não se diria que uma pedra tem religião, por mais que esteja mantida no ser por Deus. Nem sequer de Satã se poderia dizer que tenha religião, pois sua relação com ele é antes nefasta. Para estar diante de uma relação religiosa, esta não deve ser uma relação qualquer, mas uma relação salvadora, libertadora, redentora. Se nela o sujeito não experimenta a salvação, a realização plena e última de si mesmo, teria o perigo de encontrar-se diante da idolatria, da magia, da pseudo-religião ou da para-religião. É precisamente a atenção a esse aspecto capital que permite encontrar o núcleo essencial da experiência religiosa e distingui-la de todos os fenômenos que mantêm com ela um certo parentesco, mas que obedecem a intenções diferentes do reconhecimento e da transcendência mais radicais do mistério que o mundo do religioso sempre comporta, que é o âmbito da invocação e do chamado, nunca o da posse e do constrangimento mágicos a vir à presença para dispor dele a seu capricho. A objetivação é produzida na utilização de Deus como peça ou elemento final de um sistema metafísico, como objeto do pensamento – o que supõe verdadeiro sequestro filosófico do lugar original onde essa palavra significa o que aponta além dela para a Realidade da religião – ou na meditação quase-filosófica, que evita sempre a relação pessoal própria da oração, na qual se exerce esta relação; no erro antropológico que supõe sempre a idolatria ou absolutização indevida de qualquer mediação do sistema simbólico de uma tradição religiosa, freando sobre ele o impulso de transcendência que corresponde somente ao verdadeiro absoluto do mistério, como realidade última que é, diante da qual todo o resto é preliminar, penúltimo, relativo.

IV. Um "órgão" para o religioso? Ao falar de experiência religiosa, costuma-se fazer referência à tradição que, desde Schleiermacher, passando por Fries, Troeltsch e Otto, tratou de uma espécie de *a priori*, de *sensus numinis* ou sexto sentido para o religioso, uma espécie de órgão para o sagrado que pareceria depender, como o sentido musical ou pictórico, da maior ou menor estimação ou predisposição dos sujeitos. Entender-se-ia mal essa venerável tradição, se não se tratasse de potencializar os conceitos e categorias, nem sempre adequados para fazer justiça ao que querem conceitualizar, em que se verteu uma intuição correta. De fato, não se trata de mostrar que alguns estão cegos para o valor do sagrado como outros o estão para saborear os bons vinhos e degustar pratos deliciosos ou perceber as cores de uma pintura ou de um vitral ou ter sentido musical; trata-se de apontar para o fato de que a experiência religiosa acontece, não a partir de um órgão específico para ela, mas a partir da raiz última do ser humano – o *coração* da tradição bíblica – onde está aberto ao Infinito, de modo que só Deus é dado para o radical do homem e, se não se tenta chegar a esse *mais profundo centro*, corre-se o perigo de confundi-lo com a rede imensa de nossos interesses e projetos finitos. A consequência disso é que a experiência religiosa possui um nível transcendental de *preocupação última* (Tillich), de *ordo ad Deum*, como dizia Santo Tomás de Aquino, que não se esgota no nível categorial da vida religiosa em suas manifestações expressivas (*pietas, oratio, cultus*, para seguir os termos do Aquinate). Como

Tillich descreveu em muitos lugares de sua extensa obra, a religião não é uma função concorrente com as outras funções da vida humana, mas a dimensão de profundidade de todas elas: da razão, da seriedade da justiça, do amor etc., de modo que o sagrado, esse âmbito que se coloca em pé quando se articula a vida em torno do eixo da relação religiosa, não se opõe simplesmente ao profano, mas ao *sacral*, segundo a terminologia de J. Martín Velasco, quer dizer, ao mundo do explicitamente religioso expresso no conjunto articulado de mediações de determinada tradição religiosa.

A partir dessa intuição, compreende-se melhor o porquê desse coração de toda a experiência religiosa que é a mística, a experiência religiosa vivida na máxima lucidez e radicalidade possíveis em todas as ordens: do pensamento, dos sentimentos, da ação etc. Em sua ingênua lucidez, o místico percebe como sua relação com Deus não se esgota no nível categorial das expressões explícitas do religioso, mas que tudo pode converter-se, quando purificou suficientemente seu olhar em verdadeira inversão intencional, em palavra e símbolo: tudo lhe "fala" significa e aponta para o Mistério insondável de Deus, mas, ao mesmo tempo, é consciente de que, à medida que se descuida, pode estar se precipitando pelo plano inclinado do gozo de si mesmo, de julgar-se em permanente estado de graça e de esquecer-se do caráter nômade e inacabado da condição humana da existência religiosa.

Se se deixam de lado esses *místicos maiores*, presentes em todas as tradições religiosas – e o cristianismo conta com esplêndidas testemunhas – todo crente, em algum sentido, é um *místico menor*, desde o momento em que vive sua vida cotidiana, às vezes cinzenta mas sempre dramática, a partir da paciência e da esperança. Quando o "apesar de tudo" (Tillich) se converte no fuste que mantém a existência e dá força para não claudicar diante da falta de sentido, da injustiça, do mal, da dor ou dos próprios erros ou pecados, então é que o Absoluto está posto no centro e no meio de sua existência, fazendo desta uma aventura que tem um lado visível, partilhável pelos outros, mas que também possui um avesso feito de personalíssima intimidade com Deus, embora muitas vezes se pareça mais com monótona e aborrecida conversa por parte do sujeito com um interlocutor excelso capaz de escutar, como nenhum ser humano, toda a vulnerabilidade, pobreza e o anelo da condição humana.

J. J. Alemany, "Experiencia humana. Experiencia religiosa. Experiencia cristiana", em A. Dou (ed.), *Experiencia religiosa*, Madrid, UPCO, 1969, 305-321; M. García-Baró, "Las experiencias fundamentales", em M. García-Baró, C. Dominguez Morano e P. Rodríguez Panizo, *Experiencia religiosa y ciencias humanas*, Madrid, PPC, 2001; J. Martín Velasco, "Las variedades de las experiencias religiosas", em A. Dou (ed.), *Experiencia religiosa*, cit., 19-74; Id., "Experiencia religiosa", em CFC, 478-496; Id., *La experiencia cristiana de Dios*, em Madrid, Trotta, 1997[3]; Id., *El fenómeno místico. Estudio comparado*, Madrid, Trotta, 2003[2]; Id., (ed.), *La experiencia mística*, Madrid, Trotta, 2004; P. Rodríguez Panizo, "Tipología de la experiencia religiosa en la historia de las religiones", em M. García-Baró et al., *Experiencia religiosa...*, cit., 1-150; Id., "La experiencia cristiana de Dios como síntesis de interioridad y trascendencia": *Revista de Espiritualidad* 240 (2001), 329-349; J. Waardenburg, *Significados religiosos*, Bilbao, DDB, 2003.

Pedro Rodríguez Panizo

F

FÉ

A fé designa o ato pelo qual a salvação que aconteceu em Cristo atinge as pessoas e as comunidades, transformando-as e iniciando uma nova criação. Essa salvação é uma libertação do pecado, quer em sua raiz como em suas diversas formações, tanto individuais quanto sociais e históricas.

I. A concreção histórica da salvação. O cristianismo afirma que a história da salvação chega ao seu ápice em Jesus de Nazaré e adquire um caráter decisivo em sua morte na cruz. De acordo com a lógica adâmica das retribuições, a cruz de Jesus constitui a corroboração do abandono definitivo por parte de Deus e a refutação de suas expectativas messiânicas. No entanto, o cristianismo proclama com o centurião romano ao pé da cruz que aquele crucificado era o Filho de Deus (Mc 15,39), que Deus estava, em Cristo, reconciliando o mundo consigo (2Cor 5,19).

Esta identificação de Deus e do crucificado é, para a fé cristã, a chave da salvação. É uma libertação de todos os pecados, porque toca em sua raiz última, que não é outra senão a lógica adâmica da autojustificação. Segundo esta lógica, o justo é amparado pela divindade e prospera, enquanto o injusto vai mal. A identificação de Deus com Cristo significa, no entanto, que o próprio Deus sofreu a sorte dos presumidamente abandonados por Deus. Assim, o mesmo Deus, a suposta garantia da lógica adâmica das retribuições, anulou definitivamente esta lógica. Deus reabilitou todos os pobres, enfermos e infelizes, que na lógica adâmica aparecem como culpados de sua própria sorte, uma vez que perdoou aos pecadores, pois cancelou o esquema que exigia uma retribuição para seus delitos. Na cruz, aconteceu a salvação definitiva do pecado de Adão, isto é, da raiz última de todos os pecados.

Pela fé esta salvação atinge as pessoas e as comunidades, tomando forma concreta na história. A fé não é alguma coisa que essas pessoas e comunidades deduzem a partir de suas reflexões ou de suas experiências. A fé *chega até nós de fora*, não de nós mesmos. Ela nos atinge através de uma *mensagem* que nos anuncia a salvação que aconteceu em Cristo. É a mensagem do Evangelho, no qual nos é narrada a identificação libertadora de Deus com Cristo, mediante a qual se anulou a lógica adâmica das retribuições. Essa mensagem não pode ser entendida senão como "palavra de Deus", por mais que chegue até nós por bocas humanas. Porque essa mensagem não é possível senão como anúncio da ação do próprio Deus em Jesus Cristo: "Pois a fé vem da pregação e a pregação é pela palavra de Cristo" (Rm 10,17).

A fé consiste em crer na boa notícia que nos é anunciada nessa mensagem. Não se trata de crer nos mensageiros por si mesmos, pois estes não são senão vasos de argila nos quais está contida a mensagem (2Cor 4,7). Aquele no qual se crê é o próprio Deus que nos fala nessa mensagem. Crer é aceitar o Evangelho como palavra de Deus, que nos foi, pessoalmente, dirigida por ele. O que essa mensagem nos diz é que Deus anulou em Cristo a lógica adâmica das retribuições. Deste modo, nos é proclamada a solidariedade radical de Deus para com todos os aparentemente abandonados por ele e o perdão de todos os pecados. Este crer *nos salva*. E nos salva porque, *na medida em que cremos*, somos libertados da pretensão de nos justificarmos a nós mesmos em virtude dos próprios méritos. O esquema adâmico das retribuições é, no fundo, uma lógica de autojustificação. Se crermos que Deus anulou definitivamente esta lógica, e na medida em que crermos, seremos libertados da pretensão de autojustificação, que não é outra senão a raiz adâmica de todo pecado humano.

Isto significa que a fé *nos tira de nós mesmos*. Na lógica das retribuições, dependemos daquilo que nós somos, dos êxitos que nos justificam, das culpas que nos merecem uma retribuição, ou dos fracassos que denunciam nossos erros. Pela fé já não colocamos nossa *confiança* em nós mesmos, mas a colocamos no Deus que agiu em Cristo. Já não olhamos para nós mesmos, mas olhamos para Jesus, no qual se inicia nossa fé (Hb 12,12). Nele vemos o mesmo Deus suportando o abandono de Deus e tornando impossível para nós esse mesmo abandono. Pois já não há pecado algum que nos pode separar de Deus. E nenhum acusador (*diábolos*) pode tampouco nos separar de Deus, por mais que coloque diante de nós todos os nossos delitos e seus castigos correspondentes. Certamente o que vemos são somente nossos méritos e nossas culpas. Mas a fé, ao nos unirmos com Jesus, nos situa diante do que não vemos (Hb 11,1), diante do amor e da misericórdia de um Deus que, desta maneira, quer mudar radicalmente nossas vidas.

II. A fé que justifica. Muitas das diferenças confessionais entre as igrejas cristãs sobre o tema da justificação começaram a ser superadas no séc. XX (Küng, 1967; Pesch, 1983), por mais que ainda permaneçam algumas questões disputadas. Os progressos teológicos recentes mostram mais que é necessário superar as linguagens marcadas pelas diferenças confessionais e falar uma linguagem na qual hoje seja possível entender a justificação.

O pecado de Adão, entendido como a estrutura fundamental de todo pecado pessoal, consiste ultimamente numa falta de fé que se traduz numa vontade de autojustificação. A mensagem do Evangelho nos anuncia que Deus anulou toda possibilidade de uma autojustificação baseada na ideia de uma correspondência, divinamente garantida, entre nossas ações e seus resultados. Assim, o Evangelho nos mostra que não podemos nos tornar justos com nossa própria justiça (Rm 10,3-4). Porém, ao mesmo tempo, a mensagem da cruz nos anuncia também que a anulação do esquema adâmico das retribuições implica um perdão dos pecados. Trata-se, por um lado, de que Deus se revela como aquele que não quer levar em conta nossos delitos, nem nos quer castigar segundo nossas culpas, mas, por misericórdia, sofreu ele mesmo o destino que, presumidamente, os culpados mereciam. Porém, o perdão de Deus é mais radical, porque não somente diz respeito aos nossos pecados pessoais, mas também à raiz estrutural de todo pecado: a pretensão adâmica de autojustificação pelos próprios merecimentos.

Quando cremos no Deus que realizou esse ato gratuito de amor e de perdão, somos justificados. A justificação é, por um lado, a descoberta feliz de que Deus anulou a relação dos nossos delitos e não pretende nos retribuir conforme merecemos. Há, sem qualquer dúvida, uma dimensão "forense" na justificação, como sublinhou a teologia evangélica. Isto é, a justificação não se fundamenta em nossa inocência, mas em que Deus nos declara inocentes sem nós o sermos. Se a justificação se fundamentasse em nossa inocência, não se trataria da justiça de Deus, mas de nossa própria justiça. Quando cremos na mensagem do Evangelho, descobrimos que Deus em Cristo nos ama tanto que nos trata como inocentes sem nós o sermos. Sendo nós pecadores, Cristo morreu por nós (Rm 5,8). Diversamente, a graça não seria graça, e continuaríamos no esquema adâmico, buscando a própria justiça.

Porém, a justificação tem, por outro lado, uma dimensão mais profunda: a vã pretensão de autojustificação é a face positiva da falta de fé. Na medida em que não cremos em Deus, queremos nos justificar através dos frutos de nossa prática. Em contrapartida, na medida em que cremos na palavra do Evangelho como palavra de Deus, aceitamos o que ela nos anuncia: que Deus anulou definitivamente, em Cristo, o esquema adâmico das autojustificações. Isto é, a fé no Evangelho cura em nós a pretensão de autojustificação, que é a raiz estrutural de todo pecado pessoal. Na fé, há um novo nascimento (Jo 3,1-15), uma "concepção imaculada" do crente. A fé determina uma nova criação (2Cor 5,17). Porque não só foram canceladas nossas culpas pessoais, mas a fé cura em nós até a raiz de todo pecado. Essa raiz era a falta adâmica de fé, que inclui a pretensão de autojustificação. Quando Adão não crê em Deus, mas na serpente, inicia a pretensão vã de nos justificarmos pelos frutos, bons ou maus, de nossas ações. O novo ser humano, nascido da fé, é justificado precisamente por ela.

A justificação pela fé não é, por isso, um processo alheio à nossa realidade, mas destrói até a raiz do pecado, iniciando em nós uma transformação radical. Precisamente por se tratar de algo que não só aconteceu no Calvário, mas que diz respeito realmente a nós, é que estamos não somente diante de uma salvação na cruz, mas diante de uma salvação que chega a nós e nos inclui. E não chega a um aspecto qualquer de nossa vida, nem fica numa mera declaração externa que não nos transforma, mas diz respeito àquilo que consiste na mesma raiz do pecado: a falta de fé como pretensão de autojustificação. A justificação pela fé enuncia precisamente todo o contrário. Nos termos do Concílio de Trento, o perdão do pecado original não é uma mera imputação externa, mas o "reato" desse pecado é realmente eliminado em nós (DS 1515). No dizer de Lutero, A fé "mata o velho Adão, e nos faz seres humanos completamente novos no coração, na alma, no sentido e em todas as nossas capacidades" (WA 7,11).

III. Fé e obra. A fé não é uma obra nossa. Se fosse assim, o perdão dos pecados seria um mérito nosso, e com isso, o pecado fundamental não teria sido eliminado. A fé é uma obra, porém, uma obra de Deus em nós. Precisamente por isso, a fé é um *dom* (Ef 2,8), e não um merecimento. Como diz o evangelho de João, "A obra (*érgon*) de Deus é que creiais naquele que ele enviou" (Jo 6,29). Trata-se, concretamente, da obra do *Espírito Santo* em nós: ninguém pode reconhecer a obra de Cristo em nosso favor se não por obra do Espírito (1Cor 12,3). Se o cristianismo afirma trinitariamente a divindade do Espírito Santo é justamente porque a fé que surge no crente não pode ser considerada como um simples resultado da interação dos crentes com a criação. É obra do mesmo Deus mediante seu Espírito. Enquanto é um dom, e não um mérito, a *vocação* do crente não pode ser entendida senão a partir da escolha livre e gratuita de Deus (Rm 8,29 etc.). Isto não significa, no entanto, um exclusivismo da *predestinação*: as escolhas bíblicas, sendo enormemente pessoais e concretas, têm sempre uma intenção *universal*: que a salvação atinja até os confins do mundo.

Se a fé não é uma obra nossa, isso não quer dizer que a fé seja alheia à práxis humana. De fato, tanto a fé como a incredulidade são estruturações concretas de nossa práxis. A pretensão de autojustificação em virtude da correspondência entre nossas ações e seus resultados configura a práxis humana num esquema de merecimentos. A chegada da fé não é alguma coisa que acontece em uma subjetividade passiva, alheia à nossa práxis. A mesma fé é um ato, como já afirmava Tomás de Aquino (ST II-II, q. 2, a. 1-2). E nossa práxis não consiste simplesmente em movimentos corporais, mas ela designa o conjunto de todos os nossos atos em suas diversas estruturações. Concretamente, a fé é, antes de tudo, um desses atos intencionais que estruturam nossas ações segundo um sentido. Um ato de confiança que sem dúvida é uma graça de Deus. Mas um ato que transcorre em nossa práxis, e não num âmbito subjetivo ou anímico alheio a ela (González, 1999). Neste sentido, o crer não é algo anterior à práxis humana, como se quando cremos não estivéssemos já também exercitando uma práxis, embora não seja "mais" que uma práxis orante, com a qual a fé não termina. O crer é sempre um pôr-se a caminho, um sair de Harã ou do Egito para um futuro que é de Deus. O crer de Abraão não é um ato anterior a seu pôr-se a caminho, mas seu pôr-se a caminho é sua forma concreta de crer. No dizer dos reformadores: a fé "não pergunta se se devem fazer boas obras, mas, antes que alguém pergunte, ela as fez, e está sempre fazendo (*ist immer im Tun*)" (Lutero, WA 7,11). Porém, a fé cristã é uma fé na obra que Deus fez em Cristo, em nosso favor. A confiança na efetividade dessa obra nos une àquele que sofreu o destino que, na lógica adâmica, era próprio dos pobres e dos pecadores. Seu amor, recebido pela fé, não nos deixa escolha, e nos situa em seu *seguimento*. Não se trata de tomar Cristo como exemplo à margem de sua obra redentora (seria um farisaísmo novo e descomunal), mas sua obra prévia por nós, apropriada pela fé, nos possibilita agora agir, não para conseguir alguma coisa em troca (nem sequer a própria justificação), mas *gratuitamente*, por *amor*.

A fé, portanto, não se opõe às obras em geral (ela mesma é uma obra de Deus), mas às "obras da lei" ou, mais precisamente, à "lei das obras" (Rm 3,27). Aqui as obras se transformam num princípio segundo o qual alguém poderia alcançar a própria justiça. Diante deste princípio, a fé confia na gratuidade da justiça de Deus. Essa gratuidade transforma nossa práxis em sua mesma raiz, porque nos tira de nós mesmos e da pretensão de nos autojustificarmos. A fé sabe, em contrapartida, que nada nos pode separar do amor de Deus. Já não temos de passar a vida inteira garantindo-nos contra a morte (Hb 2,15), porque nem a morte nos pode separar do amor que Deus manifestou em Jesus. Livres de nós mesmos, podemos atender os outros. Nem o pecado nem a desgraça são mais desculpas para nos aproximar-nos deles, porque tanto o pecado como a desgraça são o lugar onde Deus quis se encontrar com a humanidade. A fé é ativa, e é ativa no amor (Gl 5,6).

A gratuidade do amor de Deus não significa que os crentes não tenham de se esforçar. Deus não quer fazer sua obra em nós à margem de nossa liberdade. Muito ao contrário: é justamente a fé que nos outorga a verdadeira *liberdade*. Fora da fé, certamente o ser humano possui discernimento moral e capacidade para optar entre diversos rumos de ação, bons ou maus. Porém, fora da fé, o ser humano não tem capacidade para libertar-se a si mesmo da estrutura fundamental do pecado, de modo que uma vida irrepreensível moralmente não é senão farisaísmo. O dom da fé, ao libertar-nos da estrutura última do pecado, nos outorga uma liberdade radical. É a liberdade da lei como meio de autojustificação. É a liberdade diante do pecado, pois sua estrutura fundamental, que é a incredulidade, foi limpa pela fé. É a liberdade diante do mundo, porque suas estruturas, baseadas na lógica adâmica, já não têm poder diante de nós. É a liberdade diante da morte, porque ela não é mais o resultado último de uma vida dedicada a buscar resultados, mas o ato último de união a Cristo na fé.

Porém, esta liberdade não nos impossibilita de voltar à escravidão. A liberdade que Cristo nos deu não exclui a possibilidade de se desligar de Cristo, voltar a procurar se justificar mediante as próprias ações, abandonando assim o âmbito da gratuidade (Gl 5,1-4). O que a teologia clássica chamou "concupiscência" enuncia precisamente esta situação agônica do crente, na qual a fé se debate com a incredulidade. Os crentes continuam sendo pecadores, pois a orientação fundamental da própria vida segundo a fé recebida não garante que sempre vamos crer nem que todos os âmbitos de nossa vida estejam determinados pela fé. Existe a possibilidade de tentar algum tipo de autojustificação. É alguma coisa que, no âmbito protestante, se expressou com a fórmula *simul justus et peccator*, e que no âmbito católico os crentes continuam reconhecendo diariamente quando pedem: "rogai por nós pecadores". O que o crente deve pedir constantemente é ser libertado da força do pecado. Em relação a atos concretos, o crente conta com a maior ou menor força de sua vontade. Mas, em relação à mesma fé, na qual reside a chave de sua libertação, o crente precisa do dom gratuito de Deus: "Eu creio, ajuda a minha incredulidade" (Mc 9,24).

IV. Fé e incredulidade. A contraposição entre fé e incredulidade acontece normalmente entendendo a fé como um "considerar verdadeiras" certas afirmações oficiais do cristianismo (existência de Deus, Trindade, divindade de Cristo etc.), enquanto a incredulidade consistiria na negação dessas afirmações, na impossibilidade de afirmá-las, ou na simples indiferença. Porém, a fé cristã não consiste exclusivamente em um ato intelectual de "considerar verdadeiras" certas afirmações. A fé cristã é, antes de tudo, um ato de confiança no Deus que agiu em Cristo, anulando a estrutura última do pecado. No entanto, a fé neste sentido primeiro e próprio (*fides qua*) inclui constitutivamente um momento intelectivo, no qual se considera verdadeiro o que a mensagem do Evangelho nos anuncia (*fides quae*).

A fé nos anuncia algo concreto que Deus realizou em Cristo, e, portanto, nos informa sobre Deus, sobre Cristo e sobre a ação de Deus na humanidade. É o que resumidamente fórmulas de fé, como o *credo*, procuram reunir. Certamente, ao longo da história do cristianismo essas afirmações fundamentais da fé foram passando por uma formulação mais precisa nos tratados teológicos, e em diversas ocasiões as igrejas formularam definições oficiais sobre suas crenças. No entanto, todas essas fórmulas, tratados e definições procuram expressar alguma coisa cujo núcleo está precisamente na ação de Deus em Cristo. É porque Deus se identificou realmente com um homem real que o cristianismo afirma a divindade de Cristo. Porque essa identificação não é moral, mas diz respeito a uma realidade corporal, o cristianismo afirma que a morte não podia reter Cristo. É porque a obra da fé em nós não é obra nossa que a fé cristã afirma a divindade do Espírito. Porque essa obra tem consequências universais, os cristãos falam de uma *criação em Cristo*. Porque essa obra de Deus manifesta um amor mais forte que a morte, a esperança cristã transcende os limites da história presente, esperando um céu novo e uma terra nova.

Certamente, quando a fé cristã se expressa em um sistema de verdades, ela se torna susceptível dos ataques da *razão* filosófica, que não pode considerar justificadas tais afirmações. Na realidade, não pode ser diferente. A fé cristã não surge da observação das estruturas e processos do mundo, e neste sentido transcende tudo o que a razão pode descobrir por si mesma. Mas este transcender não é um contradizer, mas um abranger. A partir da fé é possível entender de maneira nova o mundo, mas a partir do mundo não é possível mostrar a fé (1Cor 2,14-16). Se a fé não se baseia na afirmação das estruturas do mundo, mas na ação de Deus em Cristo, tampouco pode ser julgada a partir dessas estruturas. O que a razão pode criticar e critica justamente são mais algumas compreensões incorretas da fé. Neste sentido, a razão filosófica exerce para os crentes uma função purificadora em relação às próprias tergiversações da fé. Justamente as tentativas de transformar a fé em alguma coisa dedutível a partir das estruturas do mundo são falsificações da fé, que passa então a se transformar em mais uma opinião filosófica, conquistada por nós mesmos, e por meio da qual nós podemos nos justificar.

Porém, a fé não é um salto irracional, para mais além da razão. A fé, sendo uma graça, é uma opção razoável entre as diversas possibilidades de entender o que aconteceu em Cristo. Todavia, o razoável não é matematicamente dedutível a partir de um sistema axiomático (Zubiri, 1984). A fé não pode mostrar que *somente* sua opção é racional. O que pode mostrar é que outras interpretações do que aconteceu em Cristo têm finalmente que tachar Cristo de ingênuo, de louco, ou de condenado por Deus. No esquema adâmico de autojustificação, a vítima é necessariamente culpada. Fora da fé, a simpatia por Cristo somente é possível recortando muito radicalmente sua vida e suas pretensões. Porém, mais radicalmente, a fé cristã pode mostrar que qualquer outra interpretação do que aconteceu em Cristo não nos pode tirar da estrutura fundamental do pecado, pois qualquer autolibertação seria finalmente uma autojustificação. O crente não pode demonstrar racionalmente sua fé, somente pode mostrar que ela é uma opção razoável entre outras opções, e ao mesmo tempo pode demonstrar racionalmente quais são as consequências da falta de fé.

Existe, no entanto, também uma *incredulidade dos "crentes"*, que é entendida perfeitamente depois do que se viu até aqui. As afirmações fundamentais da fé cristã, os credos, as teologias e os dogmas podem ser tomados como um simples sistema de verdades alheio ao ato de crer. Temos, então, uma espécie de visão do mundo, sancionada por Deus em sua revelação. A isto se acrescenta uma série de preceitos litúrgicos, morais e até políticos. Temos, então, um cristianismo sem uma fé viva. E a falta de uma fé viva implica obviamente o reaparecimento da pretensão de autojustificação. As obras, separadas da fé, se tornam agora muito importantes, não para que se realizem, mas justamente porque já não se realizam. A fé é agora um processo intelectual e, como tal, uma fé morta, incapaz de justificar. Deste tipo de fé se pode dizer perfeitamente que também os demônios aceitam todas as verdades que os crentes afirmam, mas neles não há precisamente uma confiança viva em Deus, mas, muito ao contrário, "também os demônios creem, mas estremecem" (Tg 2,19).

Junto com a incredulidade dos "crentes" há também uma *fé dos não-crentes*. O Espírito de Deus sopra onde quer, e sua atividade não se limita aos limites de nenhuma religião ou de nenhuma igreja estabelecida. Não se trata de afirmar, como se faz às vezes ingenuamente, que todas as religiões são caminhos de salvação. As religiões, *toda* religião, como qualquer outra instituição humana, podem canalizar perfeitamente a vontade humana de autojustificação. Algumas o fazem de forma notável. No entanto, nas religiões pode aparecer também a gratuidade. Quando Krishna diz a Arjuna que não coma dos frutos de suas ações (*Bhagâvad-Gita* III, 19), temos o aparecimento de uma gratuidade que o cristão somente pode entender como a ação do próprio Espírito que nós recebemos. Isto, certamente, pode aparecer também fora das religiões, no ateísmo mais puro, não como um mérito de tal ateísmo (já não haveria gratuidade), mas como a ação gratuita do Espírito de Deus. Certamente, esta ação se manifestará em obras, que permitirão distinguir a árvore boa da árvore má. Não em obras de autojustificação, mas em obras de amor. Porém, não são as obras que tornam a árvore boa, mas é a árvore boa que dá bons frutos. Por isso, mais que de cristãos anônimos, é mais correto falar de uma *fé anônima*. Em relação a essa fé, o anúncio cristão é o anúncio de alguém que já está presente e atuando entre os não-crentes: "O que adorais sem conhecer, isto venho eu anunciar-vos" (At 17,23).

V. Fé e justiça. A relação entre fé e justiça não é uma relação extrínseca, como se o crente tivesse uma obrigação moral especial de lutar pela justiça no mundo. De fato, não é preciso ter fé (explícita ou anônima) para se ter a obrigação ética de lutar pela justiça. Sem a fé, essa justiça é aquela que pretende dar a cada um segundo seus méritos. A fé pretende outra justiça, que transcende os méritos e que cria uma igualdade autêntica (Mt 20,1-16). A relação entre a fé e essa justiça não é extrínseca, mas intrínseca e radical. A estrutura fundamental do pecado determina de fato toda forma de injustiça, de manipulação, de opressão e de dominação de alguns seres humanos sobre outros. Essa estrutura consiste na falta de fé que supõe a autojustificação. A fé que nos justifica é a raiz de uma nova humanidade, na qual todas as formas concretas do pecado começam a desaparecer.

Na fé é possível estabelecer algumas relações nas quais o outro não aparece como alguém que julga os próprios merecimentos, mas como um irmão ou irmã. Na fé a relação entre os gêneros sai da lógica das utilizações mútuas e da dominação, e é possível a entrega que não pede nada em troca. Na fé não há diferenças entre o homem e a mulher. Na fé é possível uma colaboração que não se mede pelos resultados produzidos, e que por isso exclui a competência e a inveja. Na fé o mal não deve receber o castigo merecido, mas é possível o perdão, a violência não é respondida com violência, mas com amor, e o estado como monopólio da violência legítima se torna desnecessário para os crentes (Rm 12,9-13,14), que podem resolver autonomamente seus problemas (1Cor 6). Isto significa, então, que as bem-aventuranças, longe de ser uma simples utopia universal, constituem o registro de fundação de uma nova sociedade concreta, na qual desaparecem as injustiças derivadas do pecado de Adão. Uma sociedade na qual os bens são para todos (Pesch, 1995). É a sociedade estabelecida pela obra de Jesus, e sobre a qual este reina como Messias (Cristo) junto com todos os crentes. O reinado de Deus é exercido pelo ressuscitado já nesta história, mediante seu senhorio sobre as comunidades crentes, até à consumação dos tempos, quando Cristo entregar o reino ao Pai.

Assim, a ansiedade humana por justiça, e a luta de todas as pessoas de boa vontade por um mundo mais justo encontram nas comunidades cristãs um contraste e um impulso. Um contraste porque as comunidades cristãs mostram uma justiça muito especial, baseada na gratuidade e não nos merecimentos. Uma justiça que não é estabelecida a partir do poder do Estado, nem que é destinada para o futuro, mas que começa já, desde agora e desde baixo, entre os pobres e os pecadores. Uma justiça que não utiliza a violência para se impor, mas que aceita até sofrer a injustiça, e que, no entanto, é uma justiça real e visível, não puramente espiritual, mas absolutamente concreta em comunidades nas quais desaparece a pobreza e a opressão. Este contraste é, ao mesmo tempo, um impulso, porque a fé viva mostra que as esperanças humanas têm da parte de Deus uma corroboração não puramente simbólica, mas perfeitamente real. A fé mostra, nas novas relações sociais que se iniciam nas comunidades cristãs, que já é possível outra forma de sociedade nesta história, e que a esperança já é, portanto, uma realidade.

González, A. *Teología de la praxis evangélica*. Santander, Sal Terrae, 1999; Küng, H. *La justificación. Doctrina de Kart Barth y una interpretación católica*. Barcelona, Estella, 1967; Pesch, O. H. *Frei sein aus Gnade. Theologische Anthropologie*. Freiburg i. Br., 1983; Pesch, R. *Über das Wunder der Brotvermehrung, oder: Gibt es eine Lösung für den Hunger in der Welt?* Frankfurt a. M., 1995; Zubiri, X. *El hombre y Dios*. In: *Revista de Occidente*, Madrid, 1984.

Antonio González

FILOSOFIA E RELIGIÃO

Ao longo da história do pensamento ocidental, houve diversos modos de compreender o binômio "filosofia e religião". Esta variada manifestação de significados depende de três fatores-chave: em primeiro lugar, da definição de filosofia; em segundo lugar, da definição de religião e, em terceiro lugar, do modo de compreender a interação entre ambos os conceitos, isto é, a partícula conjuntiva *e*. A relação entre estes dois conceitos polissêmicos oferece uma gama múltipla de significados que é materialmente impossível sistematizar, de modo exaustivo, no espaço desta reflexão. Esta pluralidade de significados que se manifesta ao longo da história do pensamento já é um sintoma evidente da fecundidade que estes termos têm e sua relação intrínseca. Não se trata, em todo caso, de um binômio resolvido, mas de uma interação a ser pensada.

Embora não seja possível aprofundar as particularidades desta questão complexa, é possível descrever as linhas de fundo desta relação, e isto é o que aqui nos propomos. Pretendemos, em primeiro lugar, traçar, em grandes linhas, o conceito de filosofia, seguindo, fundamentalmente, um esquema histórico mais que temático. Não iniciaremos, portanto, caracterizando os ramos e saberes intrínsecos à atividade filosófica, mas limitar-nos-emos a descrever as linhas essenciais desta atividade humana a partir dos marcos fundamentais da história. Em segundo lugar, tentaremos traçar, também de modo geral e, portanto, inevitavelmente panorâmico, a noção de religião tendo presentes algumas das definições mais clássicas em torno desta experiência humana e pesando seu valor numa perspectiva atual. E, finalmente, procuraremos mostrar as formas de inter-relação mais notórias que aconteceram na história entre ambas as noções.

Deve-se dizer, à maneira de prólogo, que, na elucidação do conceito de filosofia e de religião, chocamos de frente com uma dificuldade, a saber, o discernimento dos limites semânticos de cada uma destas noções. Na cultura ocidental, existe uma distinção diáfana entre ambas as noções, mas esta separação "clara e distinta", para usar a terminologia cartesiana, não acontece no universo oriental, onde, por outro lado, também é possível detectar a experiência religiosa e a experiência filosófica. Esta questão, no entanto, não é nada menor, pois alguns dos filósofos mais eminentes da história do pensamento ocidental, Hegel e Heidegger, entre eles, consideraram que o pensamento elaborado no Extremo Oriente não merece o nome de filosofia. De maneira intuitiva, no Ocidente, se relaciona a filosofia com a prática do *lógos*, com o exercício intelectual que tem como objetivo último a busca da verdade (*alétheia*); enquanto se relaciona a religião com uma experiência de tipo integral, de caráter fundamentalmente emotivo, que "religa" o ser humano com uma Realidade que o transcende, na linguagem de Xabier Zubiri. Esta distinção é, pelo menos, estranha no contexto cultural oriental, pois, nesse âmbito, a busca da sabedoria integra o intelectivo, mas também o cordial.

De um ponto de vista profundo, esta distinção que se desenvolve no pensamento ocidental já é, de per si, discutível, pois, na filosofia nem tudo é *lógos*, há também nela muito de *pathos* e de *mythos*. Por outro lado, nem tudo na religião é afetivo, emotivo ou sentimental, há também nela uma intraestrutura intelectual, uma ordem mental, certo exercício do *lógos*. Daí, a grande dificuldade nesta temática consiste, antes de tudo, em precisar os limites de uma noção e de outra, pois, como veremos posteriormente, em mais de um traço, coincidem plenamente. Neste sentido, interpretamos o binômio filosofia-religião não de modo disjuntivo (filosofia ou religião), mas de modo complementar (filosofia e religião), entendendo que o ser humano, como afirma Xavier Pikaza, é capaz de experiência filosófica e de experiência religiosa. Não são duas esferas, pois, isoladas entre si e completamente distintas, mas, apesar da identidade intrínseca de cada uma delas, ambas têm pontos de interseção que procuraremos mostrar na última parte desta reflexão.

I. Genealogia da filosofia. Os termos gregos *filosofia* e *filósofo* significam, respectivamente, amor à sabedoria e amigo da sabedoria. A sabedoria designa, de início, um saber que transcende a obra técnica, que nosso espírito desenvolve e nos dispõe para a ação. Saber e virtude aparecem intimamente ligados não só no pensamento de Sócrates, mas desde o princípio da filosofia. Sócrates acrescenta à noção de filosofia a ideia de que é amor e não a posse da sabedoria. Neste sentido, pode ser compreendida como a ciência da ignorância. Este paradoxo filosófico reaparece na *docta ignorantia* de Nicolau de Cusa.

Como ciência da ignorância, a filosofia se transforma na arte da interrogação que, diante de toda resposta encontrada, propõe uma nova questão, reclamando novas investigações. O que é que faz a alguém filósofo? O valor de não guardar nenhuma pergunta em seu coração, diz A. Schopenhauer. Não é uma necessidade, nem uma mentalidade, nem um dogma o que determina, de fora, a interrogação filosófica: nasce do objeto mesmo e de sua estrutura interna e se irradia também para as ciências particulares e para seus problemas. Para Aristóteles, a ciência nova é a nova sabedoria, objeto de suas investigações, representa, antes de tudo, o exame dos fenômenos e das aporias mais difíceis. Trata-se de caminhar por uma trilha quase impraticável. O filósofo não procura resolvê-los, mas colocar diante dos olhos o que persiste, de modo insolúvel, nesses problemas.

A experiência filosófica se distingue de outras experiências pelo radicalismo de sua interrogação e não só pela análise racional dos problemas. Na ciência (*epistéme*) também acontece uma interrogação racional em torno da realidade, mas o plano de profundidade dessa interrogação não é o mesmo que o da pergunta metafísica que tem o objetivo, fundamentalmente, de explorar o sentido último da realidade. Parafraseando Wittgenstein, poder-se-ia dizer que a pergunta filosófica não consiste em esclarecer como é o mundo (*Wie die Welt ist*), mas porque o mundo é. A interrogação filosófica implica a ausência de apriorismos, ou, no mínimo, uma vontade explícita de superação dos apriorismos. Isto não significa, muito menos, que exista uma ciência sem apriorismos, sem lugar para dúvidas, mas com isto se sublinha que não há premissas dadas *a priori* de modo absoluto. Esses "a prioris" devem ser verificáveis e colocados em questão. Daí, a experiência filosófica, quando é vivida no plano emotivo, pode se transformar em uma experiência que transcende o plano meramente intelectivo e tem uma dimensão patética. Com a interrogação filosófica, pode acontecer o que S. Kierkegaard denomina a vertigem existencial.

A ambição da filosofia pura se estende à totalidade e às causas primeiras de todo ser e de todo saber.

Por isso se entende que a mesma filosofia pré-cristã tenha uma aparência de teologia, pois se refere ao conhecimento das coisas divinas e humanas.

Houve quem quisesse caracterizar o discurso filosófico a partir da distinção entre *mythos* e *lógos*. Na perspectiva de W. Nestlé, a filosofia emerge na história quando acontece a transição (*Übergang*) do mito para o pensamento racional. No entanto, essa transição não pode ser entendida como alguma coisa acabada e definida, mas se trata mais de um processo que sempre está *in fieri*. De fato, ao longo do pensamento ocidental, o *mythos* e o *lógos* se correlacionam um com o outro. A filosofia não é puro exercício do *lógos*, mas exercício da relacionalidade a partir de um material mítico. Poder-se-ia definir, então, como uma atividade de segundo nível que age sobre um material mítico como fonte de inspiração e procurar relê-lo e interpretá-lo a partir do exercício do pensamento racional.

Mythos e *eros* contribuíram para a formação da filosofia, mas ambos estão subordinados à verdade, manifestada pelo *lógos*, a palavra que compreende e que prova. Para Heráclito, o *lógos* é o grito dirigido pela sentinela aos homens para despertar, para não dormir, para despertar do sono dos conceitos (Hegel) e do esquecimento (Platão) com o fim de perscrutar eles mesmos e de compreender a profundidade da alma e de seu *lógos*. Esta palavra essencial, que diz a verdade e a determina, busca a única sabedoria mais que a multiplicidade de conhecimentos, sabe interpretar os oráculos do deus de Delfos como os sinais e reabsorver as contradições e as obscuridades dos mitos numa unidade ontológica e contrastada de tudo o que é. De Heráclito a Platão acontece, então, uma desmitologização (Bultmann) de estilo autenticamente filosófico, pois nela se interpreta, de modo dialético e, finalmente, ontológico, a imagem mítica do mundo.

Diante dos numerosos mitos, frequentemente imensos, que aparecem nos diálogos de Platão, não se pode duvidar, em nenhum momento, que Platão é, antes de tudo, um filósofo, certamente um filósofo-poeta, mas um filósofo em si mesmo, que inventa e reinventa esses mitos ancestrais e novos para transformá-los em poemas do pensamento. Nas últimas páginas de *Fedro*, o jogo de imagens, a nobre distração do discurso mítico sobre a justiça, se opõe, intencionalmente, quase diria sem nenhuma espécie de dúvidas, à gravidade extrema do discurso dialético e filosófico (276e-278b).

A liberdade adquirida pela filosofia diante da mitologia permite à primeira subsistir unicamente em si mesma, como filosofia pura, e constitui um alcance significativo não só para a filosofia mas também para a teologia. Isto permite o nascimento do que Andrônico de Rodes denomina metafísica. Em sua Metafísica, Aristóteles traz três definições que, unidas, constituem uma noção homogênea (*Metaf.*, VII) do que é, propriamente, a filosofia primeira ou metafísica. Define-a como uma ciência do ser enquanto ser e, por isso, a denominará posteriormente "ontologia". Enquanto ciência do ser, a ontologia busca o estado original, as primeiras bases da realidade, as causas primeiras do ser e de sua inteligibilidade: por que há o ser, por que é inteligível e por que existe aqui.

A ontologia é, pois, a ciência dos princípios e *prima philosophia* (Descartes). Na época moderna e contemporânea é denominada ciência fundamental ou busca fundamental. Pelo fato de ser a ciência superior dos princípios, a ontologia de Aristóteles tem como objeto formal a busca da causa primeira, do princípio único e universal que ele denomina o primeiro motor imóvel. Essa ontologia se fundamenta, em última análise, em uma teologia, ou termina no discurso sobre Deus.

A partir do que se disse, compreende-se por que a filosofia na civilização antiga recebe três denominações: *a)* saber racional, isto é, ciência concebida como um todo unificado; *b)* exigência de fundamento do saber; *c)* organização de um conjunto vivido que dá significação a experiências individuais e finitas. Pode-se sintetizar, portanto, como a unificação destas três determinações em uma só doutrina.

Na época moderna, utiliza-se o termo *metafísica* como noção geral aplicando-se tanto à metafísica ordinária ou ontologia como à metafísica particular que está integrada, segundo a conhecida classificação de Ch. Wolff, pela cosmologia (tratado sobre o mundo), pela psicologia racional (tratado sobre a alma) e pela teologia filosófica (tratado sobre Deus) ou teodiceia.

A discussão crítica em torno do estatuto epistemológico da filosofia primeira, isto é, a ontologia e a teologia, acontece, de modo especial, a partir da publicação da *Crítica da razão pura* (1781) de I. Kant. Segundo o filósofo de Königsberg, nosso saber teórico somente apreenderia aparências, não as coisas em si mesmas (*das Ding-na-sich*). Seria um conhecimento limitado aos objetos de experiência possível. Consequentemente, a ontologia como ciência do ser enquanto ser perde os contornos e também a teologia, entendida como tratado sobre Deus. A crítica da metafísica especulativa transforma a ontologia em um tratado não mais sobre o ser, mas sobre a consciência transcendental do ser. Esta reflexão se transforma, a partir de Kant, na filosofia primeira, como ciência fundamental suprema. A revolução do pensamento filosófico e metafísico se transforma assim também numa revolução do pensamento teológico.

Nesta perspectiva, a filosofia será definida como a ciência da relação entre o conhecimento e os fins essenciais da razão humana. A filosofia não será mais interpretada como a aresta da razão, mas como o legislador desta.

Além de Aristóteles, nenhum pensador antigo ou moderno realizou, num modo compatível com o de Kant, a ideia da filosofia livre e pura, que é ela mesma sua própria lei. Depois da *Crítica* de Kant, a ontologia, entendida como doutrina do ser enquanto ser, se transforma em um discurso sobre a consciência transcendental do existente. Posteriormente aos sistemas especulativos de Fichte, Schelling, Hegel e aos filósofos do método do neokantismo, aparece a fenomenologia de Husserl que pretende recuperar uma volta às mesmas coisas (*Zur Sache selbst!*) e aos valores reais (superação do formalismo ético de Kant).

Nicolai Hartmann redescobre o objeto em si mesmo e elabora uma ontologia crítica (principalmente um ensino das categorias e dos níveis do ser). Martin Heidegger, seguindo, em parte, o método fenomenológico de seu mestre E. Husserl, elabora uma ontologia fundamental da existência humana e histórica. Partindo da escola fenomenológica e seu método de trabalho, alguns filósofos neoescolásticos (H. Conrad-Martius, E. Stein, E. Von Hildebrand) tentam encontrar uma síntese entre a filosofia do ser de Tomás de Aquino e a análise fenomenológica da realidade.

II. A experiência religiosa. A complexidade e a diversidade das religiões, assim como os sentimentos profundos e ambivalentes que suscitam, deram lugar a uma série heterogênea de definições de religião, muitas das quais incluem suposições avaliativas e enfatizam indevidamente um aspecto dos sistemas religiosos. A religião inclui não só as crenças, costumes, tradições e ritos que pertencem a agrupamentos sociais particulares, mas implica também experiências individuais.

Como diz o antropólogo Lhuís Duch, alguns pesquisadores observaram que é totalmente impossível definir a religião, do mesmo modo que não são definíveis conceitos como, por exemplo, cultura. Isto significaria que a palavra "religião" teria a simples função de delimitar vagamente um *habitat* interior. O que parece evidente é que a concepção de religião não pode ser destacada dos contextos onde aparece; cada novo estágio cultural, que implica uma nova determinação das relações do ser humano com seu entorno, dá lugar a um novo conceito de religião porque, de fato, acontece uma nova compreensão da realidade e do tecido de relações humanas. Não existe, portanto, uma definição a-histórica e neutra de religião, mas toda definição, por complexa e exaustiva que seja, é fruto de um tempo e de um espaço e tem em seu seio interesses criados.

A religião, como expressão *esotérica* da experiência religiosa do *homo religiosus*, é impossível de ser definida. Em contrapartida, como expressão *esotérica* da realidade religiosa, culturalmente configurada e que tem a ver com a situação do homem no mundo, pode e deve ser definida. Kurt Goldammer deixa claro que é difícil definir a religião, porque, de fato, só existem as religiões. Apesar desta dificuldade, reconhece que a religião é, substancialmente, relação com algo supramundano. Essa relação do ser humano com a realidade absoluta, para usar termos levinasianos, constitui o que é mais genuíno, único e excelso no centro da proliferação e frequentemente o caos das manifestações das religiões históricas.

Do ponto de vista etimológico, costumam fazer duas interpretações da palavra "religião". Segundo uma, religião vem de *religio*, palavra relacionada com *religatio*, que é substantivação de *religare* (religar, vincular, atar). Segundo outra, o termo decisivo é *religiosus*, que é o mesmo que *religens* e que significa o contrário de *negligens*. Na primeira interpretação, é próprio da religião a subordinação e a vinculação à divindade. Neste sentido, ser religioso é estar religado à Realidade. Na segunda interpretação, ser religioso equivale a ser escrupuloso no cumprimento dos deveres que são impostos ao cidadão no culto aos deuses da *polis*. Na primeira hermenêutica, insiste-se na dependência do homem em relação à Realidade, mesmo quando o conceito de religação pode ser objeto de múltiplas interpretações. Na segunda hermenêutica, em contrapartida, coloca-se o acento no motivo ético-jurídico que, por outro lado, também está presente na experiência religiosa. Segundo J. L. L. Aranguren, o primeiro sentido pode ser chamado, propriamente falando, "religião" e o segundo "justiça".

Ambas as interpretações se referem de modo nuclear ao centro de gravidade da experiência religiosa. Na primeira, destaca-se que a religião é, antes de tudo, um vínculo, uma relação entre o ser humano e uma Realidade que o transcende que pode ser identificada com Deus ou com uma multidão de deuses ou com a Alma do mundo ou o Princípio que rege o universo. Em qualquer caso, estabelece-se uma relação que inclui práticas, ritos, orações, preces e um intercâmbio de palavras e de silêncios. Na segunda interpretação, coloca-se o acento no ético. Em toda religião há um fundo ético, mas a religião como tal não pode ser reduzida à experiência moral, pois, como se sabe, pode haver experiência moral sem haver, necessariamente, experiência religiosa. A experiência do dever, tal e como a descreve Kant na *Crítica da razão prática* (1788), é autônoma e alheia à experiência religiosa e, no entanto, é o ponto de partida da experiência moral. Toda religião envolve determinada *práxis*, exige-se nela o cumprimento de preceitos ou de leis fundamentais. Quando a religião se reduz, simplesmente, a esse sistema de normas, perde muitos elementos que lhe são próprios e se transforma, simplesmente, em moral e, no pior dos casos, em falsa moral. Daí a necessidade de articular complementarmente as duas interpretações etimológicas da palavra "religião". Antes de tudo, a religião é religação, porém essa religação envolve, como consequência direta na vida do *homo religiosus*, determinada *práxis* orientada por alguns princípios éticos.

O fundamental, pois, na definição de religião, está na experiência de religação. A religação pode se manifestar de três maneiras. Por um lado, como vinculação produzida por um sentimento de dependência, que pode inclusive chegar ao estado de temor e de fascinação. A este tipo de manifestação se refere, por exemplo, o teólogo F. Schleiermacher quando descreve a experiência religiosa como a experiência da dependência infinita em relação a Deus. Também Rudolf Otto se refere à religação nestes termos. Em seu clássico ensaio *Lo santo,* analisa a experiência de temor, de fascinação e até de terror que acontece no vínculo entre o humano e o divino. Por outro lado, a ideia de religação pode se manifestar como intuição de certos valores supremos: os valores da santidade. Neste caso, tratar-se-ia da intuição intelectual de um conjunto de valores que afloram na consciência e que nos remetem a um mundo do mais além. Nesta linha, por exemplo, poder-se-ia situar a interpretação do fato religioso segundo Max Scheler. Finalmente, a religação pode se manifestar como um reconhecimento racional de uma relação fundamental entre a pessoa e a divindade. Karl Rahner, por exemplo, que define o cristão como o *ouvinte da Palavra,* entende que a experiência religiosa está radicada fundamentalmente na relação entre Deus e o ser humano. Segundo ele, este tipo de experiência pode ser objeto de certa racionalidade, diferentemente das abordagens irracionalistas e fideístas.

A ideia de religação oferece, de resto, aspectos muito variados segundo o modo de conceber a Realidade com a qual o ser humano está vinculado. A respeito disto, há dois modos fundamentais. Segundo um, a Realidade em questão se encontra, de alguma forma, no próprio ser humano. Isso dá origem ao tipo de religião imanente. Segundo outro, a Realidade se encontra infinitamente mais além do ser humano. Isso dá origem ao tipo de religião chamado transcendente. Paradoxalmente, cada um destes tipos de religação, levado a suas últimas consequências, tem de negar a ideia de vinculação. Se, por exemplo, essa Realidade que está no próprio ser humano já se identifica totalmente com o ser humano em questão, então não há tal religação, porque só aparentemente há dualidade. Se, por outro lado, essa Realidade é tão radicalmente distinta do ser humano, está tão afastada no outro mundo, então é impossível estreitar um vínculo e, consequentemente, não pode haver religação, nem religião.

Esta dupla classificação, no entanto, na análise de religiões concretas, acaba sendo muito artificial. Por exemplo, o cristianismo como tal é uma religião revelada, cujo objeto de fé é Cristo. Cristo é transcendente ao ser humano, porque é eterno, está mais além da história e da finitude humana. Teillard de Chardin o identificou com o ponto alfa e ômega. Porém, por outro lado, Cristo está no interior do ser humano, ou , como diria Agostinho, no mais íntimo de si mesmo. Por um lado, portanto, pode-se caracterizar logicamente o cristianismo como uma religião transcendente, mas, por outro lado, também pode ser caracterizado como uma religião imanente, embora não unicamente imanente. Por outro lado, Brahma, o princípio divino do hinduísmo, está mais além de qualquer realidade fenomênica, pois nenhuma o esgota totalmente. No entanto, tudo quanto é, é expressão de Brahma e é sustentado por Brahma. Brahma é o mais íntimo e nuclear de cada ente, porém, igualmente, o que transcende qualquer realidade do Véu de Maya.

Grosso modo, ainda se pode mencionar no pensamento ocidental outra classificação que separa dois tipos de religião: a denominada religião natural e a religião revelada. A primeira consiste em uma série de verdades, princípios e normas que, em princípio, não são incompatíveis com a religião revelada, embora sobre isto tenha havido numerosas discussões. A segunda se fundamenta na ideia de revelação. A revelação é a manifestação de Deus ao ser humano que acontece em um momento determinado, sendo por isso um fato histórico. Também se pode compreender como a revelação de Deus a cada ser humano em seu foro interno e pode acontecer em um momento determinado da vida do ser humano ou em todo momento.

Ao longo dos séculos XIX e XX, a religião se transforma em objeto de estudo em diversas disciplinas: na fenomenologia, na sociologia, na psicologia, na filosofia, entre outras. Isso teve, como consequência, um desenvolvimento exponencial das denominadas ciências da religião e isso explica, em parte, a constelação de definições que existem a respeito da religião. Nenhuma destas definições esgota, como se disse, de modo categórico, a fecundidade da experiência religiosa, mas traz materiais de primeira ordem para compreender alguma coisa do que é, em si mesma, a religião. Dentre as definições que já podem ser qualificadas como clássicas, embora tenham sido forjadas nos séculos XIX e XX, cabe destacar algumas.

J. Frazer, o autor de *La rama dorada,* define a religião como uma propiciação ou conciliação de poderes superiores ao homem que, acredita-se, dirigem e controlam o curso da natureza e da vida humana. Assim definida, a religião consta de dois elementos: um teórico e outro prático, a saber, uma crença em poderes superiores ao homem e uma tentativa de propiciá-los ou agradá-los. Frazer explica que a crença vem claramente em primeiro lugar, uma vez que devemos crer na existência de um ser divino antes de podermos tentar agradá-lo.

Segundo a análise pragmática de W. James, a religião, seja qual for, é uma reação total do ser humano diante da vida. Segundo este pensador, a origem da religião deve ser situada no profundo sentimento de solicitude que o ser humano tem diante de si mesmo e do mundo que o rodeia. A religião viria desempenhar uma função consoladora e edificante da humanidade do ser humano.

É. Durkheim, da escola sociológica, coloca o acento na crença e na prática dentro de uma comunidade. Define a religião como um sistema solidário de crenças e práticas relativas às coisas sagradas, isto é, coisas postas à parte, proibidas; crenças e práticas que unem em uma só comunidade moral todos aqueles que aderem a elas.

Num plano antropológico, B. Malinowski aborda a definição de religião como uma resposta às crises fundamentais da existência humana, sobretudo como solução para os enigmas propostos por causa da presença indomável da morte no próprio centro da existência humana.

Nesta linha se situa a definição de Yinger. Segundo ele, a religião é um esforço para relativizar os males absolutos que afligem o ser humano, interpretando-os como partes integrantes de um bem maior. Trata-se de uma concepção do absoluto que dá aos problemas individuais novas perspectivas que tendem a suprimir ou reduzir sua força. A religião é, portanto, um esforço para conduzir a algumas condições mais justas tanto os desejos do indivíduo como suas apreensões, subordinando-os a uma concepção do bem absoluto que se encontra mais em harmonia com os desejos e necessidades comuns a todos os grupos humanos, por mais contraditórios que possam ser.

Segundo R. H. Thouless, toda definição adequada de religião deveria incluir pelo menos três fatores: um modo de comportamento, um sistema intelectual de crenças e um sistema de sentimentos. Neste sentido, define religião como uma relação prática com o que se crê um ser ou seres sobre-humanos.

Noutra perspectiva intelectual, N. Söderblom afirma que o elemento essencial na religião não é nem a crença formal nem o culto organizado, mas uma resposta ao tabu-santo. Religião significa, neste sentido, resposta do ser humano a esse poder que contempla como sagrado. A definição geral de religião designa relações do homem com o sagrado, com o divino. A religião é o reconhecimento consciente e efetivo de uma realidade absoluta da qual o ser humano se sabe existencialmente dependente. Isto significa que a religião inclui uma relação do ser humano com o outro, com o absolutamente outro. É a consciência da presença do outro na própria identidade pessoal. A religião não é, neste sentido, mera aspiração do ser humano ao divino, mas implica também algum tipo de resposta para suas aspirações por parte do divino, alguma revelação fica implicada nesta resposta.

Para o sociólogo da religião P. Berger, a essência da religião consiste na capacidade do organismo humano em transcender sua natureza biológica através da construção de universos de significação que sejam objetivos, que impõem uma moral que tende a abrangê-lo totalmente. Consequentemente, a religião não somente se transforma em um fenômeno social, mas é, na realidade, o fenômeno antropológico por excelência. A religião é equiparada especificamente a uma autotranscendência simbólica, que pode ser atualizada sempre e em qualquer lugar.

Para o grande pesquisador das religiões M. Eliade, a religião é a solução exemplar para toda crise existencial. Segundo ele, toda religião é ontológica porque revela o ser das coisas e do mundo, o que significa que fundamenta um cosmos que não está mais sujeito à caducidade, à incompreensão e ao caos.

Finalmente, a religião pode também ser definida como virtude moral, isto é, como uma virtude que permite governar a vida humana segundo a razão, retificando nossas opções conforme o fim. A religião tem como fim imediato dirigir razoavelmente nosso comportamento. Dado que é uma virtude que envolve o ser humano com o divino, a religião é uma virtude intimamente vinculada às denominadas virtudes teologais (fé, esperança e caridade).

III. A interação entre filosofia e religião. Segundo Ferrater Mora, a relação entre filosofia e religião pode ser sistematizada de três modos. Na primeira forma de relação, detectam-se os elementos comuns. É o que poderia ser chamado de uma religião de convergência. De fato, filosofia e religião se acham muito intimamente relacionadas, especialmente em duas formas. O conteúdo da religião é o tema principal de reflexão filosófica. A filosofia, poder-se-ia afirmar, é fundamentalmente religiosa. A questão da liberdade, do sentido da existência, da transcendência, da salvação do sofrimento e do mal são temas-chave na reflexão filosófica, mas também ocupam um lugar de primeira ordem na experiência religiosa. Acontece, portanto, uma convergência em determinados temas, embora o modo de tratar esses temas e sobretudo de padecê-los é distinto no marco da experiência filosófica e no marco da experiência religiosa.

Também dentro desta primeira forma de relação é pertinente destacar que, ao longo da história, a filosofia se serviu dos materiais mitológicos e simbólicos da religião como ponto de partida de sua atividade reflexiva, o que significa que a religião desempenhou um papel de inspiração. Porém, igualmente o desenvolvimento da atividade filosófica também incide na vida e na experiência do *homo religiosus*. Torna-o capaz do exercício do discernimento intelectual e da crítica. Neste sentido, cabe um modo de pensar a relação entre filosofia e religião que se funde na complementaridade e na conciliação.

Mais além das tensas relações que se desenvolveram ao longo da história do pensamento ocidental entre filosofia e religião, é necessário afirmar que a secularização da sociedade inclui necessariamente uma secularização da filosofia, como diria G. Vattimo, e isto significa também uma significativa perda de profundidade e de penetração humana. Embora evidentemente este processo possa ser interpretado em chave de libertação ou de independência do discurso filosófico em relação ao discurso religioso, o fato é que a deterioração ou o empobrecimento da experiência religiosa também repercute, e negativamente, no desenvolvimento do discurso filosófico. O pensar filosófico deve se desenvolver num marco de liberdade total, mas deve se orientar para as grandes perguntas da condição humana. Essas perguntas são intrínsecas ao discurso religioso e, neste sentido, seu esquecimento no conjunto das sociedades contemporâneas pode levar a uma hipertrofia das linguagens científico-técnicas e a uma atrofia das linguagens sapienciais, entre as quais a filosofia ocupa um lugar privilegiado.

Embora não possamos garantir, como faz A. Schopenhauer, que seja precisamente a religião que desperta o sentido metafísico do homem, o fato é que o esquecimento da metafísica ou filosofia primeira tem muito a ver com os processos acelerados de secularização e de perda de interrogação vertical na consciência do homem ocidental. Neste sentido, a convergência (e não dependência) entre o discurso filosófico e o discurso religioso não deve ser interpretada negativamente, mas como um campo de possibilidades enormes para o desenvolvimento do discurso filosófico e também para a análise crítica e racional da experiência religiosa.

Uma segunda forma de relação é caracterizada pela tensão e pela luta. Por filosofia deve-se entender aqui metafísica especulativa. A tensão entre fé e razão, entre religião e filosofia, se destaca especialmente na história do pensamento moderno e contemporâneo. Kant se propõe analisar a religião "dentro dos limites da razão". Da mesma forma que D. Hume, o pensador de Königsberg entende que a crença religiosa é algo que não se pode provar racionalmente. No entanto, Kant afirma que a religião possui um nó racional constituído pelos postulados da razão prática, isto é, pelas crenças na existência de Deus e na imortalidade da alma. Feuerbach representa um dos marcos desta tensão entre filosofia e religião. O autor de *A essência do cristianismo* (1841) considera que tanto a filosofia como a religião são dois efeitos de uma única alienação que consiste em atribuir ao Espírito a essência mesma do ser humano. Segundo seu ponto de vista, a religião, pelo menos a cristã, é a relação do homem consigo mesmo ou, mais exatamente, com sua essência, porém tratado como algo estranho a si mesmo. A religião, portanto, é construída como uma cisão do homem com sua própria essência que objetiva e trata como algo oposto a si. Deste ponto de vista, Feuerbach analisa a prece como o momento em que o homem se relaciona consigo mesmo, como uma forma de ensimesmamento estranho. Neste sentido, Feuerbach propõe transformar a religião em ateísmo religioso. No outro extremo se acha Freud, que procura compreender os mecanismos psicológicos das crenças religiosas sem tentar substituir as religiões instituídas com uma religião da humanidade.

Uma terceira forma de relação consiste em transformar a religião em objeto de estudo. Na denominada filosofia da religião, a filosofia, mediante descrição e exame crítico, estuda a linguagem da religião ou o conteúdo proposicional da religião. Neste caso, a filosofia se transforma em um epidiscurso, isto é, em um *lógos* cujo âmbito de exploração é a religião, a estrutura e a forma de seus enunciados, as formas da experiência religiosa, os valores religiosos, a racionalização filosófica das crenças religiosas. Este último modo de relação é o que se fez na denominada filosofia da religião, que experimentou um grande desenvolvimento ao longo do século XX.

Badiou, A. *Manifeste pour la philosophie*. Paris, Seuil, 1989; Baird, D. *Category Formation and the History of Religions*. Paris, 1971; Belavard, Y. *Les philosophes et leur langage*. Paris, Galimard, 1952; Desanti, T. *La philosophie silencieuse*. Paris, Seuil, 1975; Duch, L. *Antropología de la religión*. Madrid, Herder, 2001; Fiero, A. *Sobre la religión. Descripción y teoría*. Madrid, Taurus, 1979; Lübbe, H. *Religion nach der Aufklärung*. Köln, Styria, 1986; Nishitani, B. *La religión y la nada*. Madrid, Siruela, 1999; Yinger, M. *Religión, société, persone*. Paris, Éditions Universitaires, 1964.

Francesc Torralba

FONTE Q

Q (primeira letra da palavra alemã *Quelle* = fonte) é uma sigla convencional usada nos estudos bíblicos para designar uma coleção antiga de ditos e episódios de Jesus que, segundo a hipótese mais comum, teria sido utilizada por Mateus e Lucas na composição de seus respectivos evangelhos. Durante muitos anos, este antigo documento foi conhecido como a "Fonte Q", porém, nos últimos cinquenta anos, os estudos se referiram a ele também com os nomes de "Documento Q" ou "Evangelho (de ditos) Q".

I. História da pesquisa. A pesquisa sobre Q esteve muito vinculada aos estudos sobre os evangelhos sinóticos e sobre a tradição evangélica em geral. Nela podem ser distinguidas quatro fases, que correspondem a quatro etapas dominadas por diferentes escolas exegéticas.

1. *O período da crítica literária*. A primeira etapa, a mais longa, começa com a "descoberta" em meados do século XIX e chega até o começo do XX. Durante este tempo, os estudiosos dos evangelhos estavam

tentando explicar as semelhanças e diferenças entre os sinóticos e as possíveis relações de dependência literária entre eles. É a época da crítica literária na qual se propôs a chamada "questão sinótica".
No marco dessa discussão, Ch. Weisse postulou, em 1938, a existência de uma fonte comum a Mt e a Lc. Essa descoberta se fundamentava no reconhecimento da prioridade de Mc sobre os outros sinóticos. Se Mc era o evangelho mais antigo, que havia servido como fonte para Mt e para Lc, a melhor forma de explicar as tradições comuns a estes dois evangelistas que não se encontram em Mc era postular a existência de outra fonte até então desconhecida. Nasceu assim a "hipótese das duas fontes", que é, ainda hoje, a que melhor explica as relações de dependência literária entre os evangelhos.
Ao longo desse período, Q foi, antes de tudo, a "Fonte Q", pois os estudiosos viam nela um instrumento para compreender e explicar a história da tradição evangélica. Somente em casos muito isolados foi estudado como documento independente.
2. *A escola da história das formas*. Entre 1920 e 1950, a cena da exegese neotestamentária esteve dominada pela escola da história das formas (Bultmann, Dibelius, Schmidt). A grande descoberta desta escola foi que os evangelhos haviam sido compostos a partir de pequenas unidades (formas) transmitidas oralmente em diversas situações vitais das primeiras comunidades cristãs. Esta maneira de ver o processo de formação dos evangelhos fez com que a "Fonte Q" fosse considerada, antes de tudo, como um depósito da tradição oral.
Durante esse tempo, no entanto, continuaram a ser estudadas as relações de dependência literária entre os evangelhos, e a "hipótese das duas fontes" foi formulada com maior precisão por B. H Streeter, em 1924. Este fato reforçou a importância de Q como fonte dos evangelhos, e inclusive alguns autores (Manson, 1957) publicaram um comentário a esses ditos de Jesus, explicando conjuntamente as passagens comuns a Mt e a Lc.
3. *A escola da história da redação*. A escola da história da redação foi, em seu começo, uma reação diante dos exageros da escola da história das formas, que considerava os evangelistas simples compiladores de uma tradição anterior. Diante desta visão unilateral, a escola da história da redação reivindicou o papel dos evangelistas como verdadeiros autores e se dedicou a estudar o trabalho que haviam realizado na reelaboração (redação) das tradições e das fontes utilizadas na composição de suas obras.
O estudo dos evangelhos, nesta perspectiva, teve importantes consequências para a pesquisa sobre Q. Por um lado, o fato de centrar a atenção na obra final e nas circunstâncias que haviam rodeado sua composição fez com que a "Fonte Q" começasse a ser estudada nesta mesma perspectiva. Foi então que se começou a falar do "Documento Q" isto é, de Q como uma obra literária independente. Por outro lado, o conhecimento dos procedimentos redacionais utilizados por Mt e Lc em sua reelaboração de Mc tornou possível a identificação das modificações introduzidas por ambos os evangelistas nas passagens que somente eles têm em comum, isto é, nas que procedem de Q. Deste modo, foram assentadas as bases para a reconstrução crítica do texto de Q.

Durante esse período, que vai aproximadamente de 1950 até 1980, aconteceu um importante ressurgimento dos estudos sobre Q. estudou-se, especialmente, seu processo de redação (Lührmann, 1969; Hoffmann, 1972) e sua peculiaridade teológica (Tödt, 1959; Steck, 1967; Polag, 1977), e realizou-se a primeira tentativa de uma reconstrução crítica do texto grego de Q (Polag, 1982). Estes e outros estudos colocaram as bases para a pesquisa moderna sobre o "Documento Q".

4. *Novas abordagens metodológicas*. A última etapa da pesquisa sobre Q, que vai desde a década de 1980 até nossos dias, é determinada por recentes descobertas (por exemplo, do Evangelho de Tomé), por novas perguntas (a chamada terceira tradição do Jesus histórico) e por novas perspectivas metodológicas (abordagens a partir das ciências sociais). As publicações, abundantes e excelentes, destes últimos anos refletem três grandes preocupações. Em primeiro lugar, procuraram averiguar qual foi o processo de composição de Q. Em segundo lugar, tentaram estabelecer seu lugar e data de composição, e descrever o grupo de discípulos em que surgiu. Finalmente, se fez um esforço enorme para reconstruir o texto grego de Q. Este trabalho deu como resultado a primeira "edição crítica" deste documento (Robinson et al., 2000; Robinson et al., 2002), que foi publicada no ano 2000 e se transformou, desde então, em referencial obrigatório.

No final deste percurso convém recordar que Q é uma hipótese. Não chegou até nós nenhuma evidência antiga de sua existência: nenhum manuscrito, nenhuma menção nos antigos escritores cristãos. É surpreendente, no entanto, que esta hipótese se tenha conservado firme durante tanto tempo nas areias movediças da pesquisa bíblica. Mais ainda, o ressurgir dos estudos sobre Q nos últimos anos e a recente publicação de uma "edição crítica" de seu texto deram a esta hipótese uma solidez que não pode ser ignorada nem pelos estudos neotestamentários, nem pela reflexão teológica em geral.

II. **O "documento Q"**. Nos estudos sobre Q, dos últimos cinquenta anos, aconteceu um debate intenso. Porém, também se alcançou certo consenso sobre aspectos tão relevantes como sua forma final, seu processo de composição, sua unidade e estrutura interna, seu gênero literário e seu contexto vital. Este consenso se fundamenta em uma convicção que chegou a ser generalizada entre os estudiosos: Q era uma verdadeira obra literária, e pode ser estudada em si mesma, independentemente dos evangelhos que se serviram dela como fonte.

1. *A forma final do "Documento Q".* Como era o "Documento Q?" Esta pergunta orientou grande parte do debate e da pesquisa que levou finalmente à sua reconstrução. Pode ser respondida enumerando quatro traços sobre os quais existe hoje um consenso bastante generalizado.

Primeiro: Q foi um documento escrito e não uma coleção de tradições orais. Ao comparar as passagens comuns a Mt e a Lc, que procedem de Mc, com outras também comuns a ambos, mas que não se encontram neste evangelho, observa-se que as coincidências nas expressões concretas são maiores no segundo grupo. Porém, se os primeiros procedem de um documento escrito (Mc), com maior motivo pode-se pensar que os segundos provêm de uma fonte utilizada por ambos os evangelistas. Esta convicção é reforçada ao descobrir que as passagens deste segundo grupo coincidem bastante na ordem apesar de que tanto Mateus como Lucas seguiram basicamente o de Mc. Isto indica que essas passagens procedem de uma fonte escrita e não de tradições orais independentes.

Segundo: Q foi composto em grego e não em aramaico. O argumento decisivo para afirmar isto se baseia na identificação de algumas características que diferenciam o grego resultado de tradução dos textos compostos originalmente em grego. O grego de Q possui as características dos textos compostos originalmente em grego e não é tradução de um original aramaico ou hebraico.

Terceiro: a extensão de Q coincide basicamente com os versículos que somente Mt e Lc têm em comum. Esta afirmação se baseia na observação de que ambos os evangelistas tiveram muito interesse em reunir todos os ditos de Jesus que encontraram em Mc. Dado que Q continha basicamente ditos de Jesus, parece razoável pensar que ambos os evangelistas conservaram a maior parte deste documento.

Quarto: Lc conservou melhor que Mt a ordem original de Q. Quando se compara a forma em que Mt e Lc utilizaram o evangelho de Mc, observa-se que Mt mudou de lugar muitas passagens, enquanto Lc teve grande interesse em conservar a ordem de sua fonte. Daqui se pode deduzir que, na maioria dos casos, Lc é quem melhor conservou a ordem original do "Documento Q". Por esta razão, o texto de Q costuma ser citado segundo o capítulo e o versículo de Lc.

Portanto, Q era um documento escrito, foi composto originalmente em grego e continha basicamente as passagens que somente Mt e Lc têm em comum segundo a ordem que atualmente têm no evangelho de Lucas.

2. *Unidade e estrutura interna.* Partindo destes quatro pressupostos e utilizando os resultados da análise redacional, é possível reconstruir um documento que possui uma unidade literária notável e uma estrutura interna. A unidade literária do "Documento Q" é percebida em sua forma peculiar de tratar as tradições comuns a outros escritos, na presença de temas recorrentes e na relação entre o começo e o fim do escrito. De fato, Q possui uma série de elementos característicos que permitem distingui-lo, por exemplo, do evangelho de Marcos, com quem compartilha muitas tradições. Quando são comparadas essas tradições comuns, observa-se que tanto Q como Mc lhes deram uma orientação peculiar (compare-se, por exemplo, Mc 6,6b-13 com Q 10,2-16). Por outro lado, em diversos agrupamentos de ditos aparecem alguns temas recorrentes como o anúncio daquele que há de vir (Q 3.16-17; 7,18-23; 13,25-30.34-35) ou a morte violenta dos profetas (Q 6,22-23; 11,47-51 e 13,34-35), que demonstram o interesse do redator final em dar unidade à sua obra. Finalmente, existe uma relação íntima entre o começo e o fim deste escrito. No começo, anuncia-se a vinda do "Mais forte" que realizará um discernimento escatológico (Q 3,7-9.16-17), e, no fim, anuncia-se a manifestação do "Filho do homem" que realizará o juízo (Q 17,23-24.26-27). Todos estes dados mostram que Q possui uma notável unidade literária.

Sobre o pano de fundo desta unidade literária fundamental do documento em seu conjunto pode-se descobrir sua estrutura interna. Essa estrutura é percebida ao analisar os recursos estilísticos que o redator final utilizou para agrupar e relacionar ditos e composições originalmente independentes.

A identificação deste tipo de recursos permitiu descobrir diversas seções que possuem certa unidade formal e/ou temática. Entre elas existe também certa progressão lógica, na qual se vai descobrindo a figura de Jesus através de seus ditos e de pequenos episódios de sua vida. Esta unidade e progressão são muito maiores em Q que em outras coleções de ditos com as quais tem certa semelhança formal (por exemplo, o *Evangelho de Tomé*).

Analisando os recursos literários em sua composição, em Q podem ser identificadas nove seções (Guijarro, 2004): 1) apresentação de João e Jesus (Q 3,2-4,13); 2) sermão inaugural de Jesus (Q 6,20-49); 3) João, Jesus e esta geração (Q 7,1-35); 4) discipulado e missão (Q 9,57-11,13); 5) acusação e resposta de Jesus (Q 11,14-51); 6) revelação do oculto (Q 12,2-13,21); 7) entrar pela porta estreita (Q 13,24-14,35); 8) o reino de Deus está dentro de vós (Q 16,13-17,21); 9) a vinda do Filho do homem (Q 17,23-22,30).

3. *Processo de composição.* O estudo de Q como um escrito que possui unidade e estrutura interna permite dar mais um passo e estudar seu processo de composição. O nível de elaboração literária que revela faz supor, com efeito, a existência de um processo de formação relativamente complexo, através do qual

a tradição dos ditos de Jesus foi se solidificando em composições cada vez mais elaboradas.

Nesse processo é possível distinguir quatro níveis de composição: os ditos soltos, os agrupamentos de ditos, as coleções e a redação final. Os agrupamentos foram se formando à medida que alguns ditos se uniam a outros devido à sua semelhança formal ou temática (Q 6,20-21) ou para comentar um dito com outro (Q 12,10 acrescentado a 12,8-9). As coleções de ditos são geralmente o resultado de unir diversos agrupamentos de ditos (Q 6,20-49) ou diversas unidades literárias que se referem ao mesmo tema (Q 9,57-11,13). Finalmente, a redação consistiu em selecionar, organizar e reelaborar os agrupamentos e coleções.

A identificação desses níveis de composição levou a postular a existência de diversas fases na composição de Q. No entanto, as opiniões se dividem na hora de identificar essas diversas fases ou etapas. As duas reconstruções mais conhecidas são as propostas por M. Sato e J. Kloppenborg.

Para Sato (1984), Q é, antes de tudo, um escrito profético que chegou a adquirir sua forma atual através de diversas reelaborações. Nas origens desse processo se encontram duas redações parciais: a redação "A" (Q 3,2-7,28) e a redação "B" (Q 9,57-10,24). Essas duas composições foram unidas num segundo estágio (redação "C"), momento em que se incluíram em Q outras composições preexistentes, como, por exemplo, Q 17,23-37. Essa terceira redação é caracterizada pela presença de ditos polêmicos contra "esta geração".

Para Kloppenborg (1987), no entanto, na origem de Q se encontra uma instrução sapiencial (Q^1), que foi reelaborada e ampliada com outra série de ditos e episódios de tom mais polêmico na qual aparecem os ditos contra "esta geração" (Q^2). Este segundo estágio foi o que configurou o "Documento Q" e deu unidade aos agrupamentos de ditos contidos nele. Finalmente, fez-se uma última redação de Q (Q^3), na qual se introduziu o relato das tentações de Jesus e algumas outras passagens que fazem referência à autoridade da lei (Q 4,1-13; 11,42c e 16,17).

Nenhuma das reconstruções do processo de composição de Q foi aceita unanimemente. Porém, a ideia de que este documento chegou a adquirir sua forma atual através de um complexo processo de composição se generaliza cada vez mais entre os estudiosos de Q.

4. *Gênero literário e relação com os evangelhos.* A unidade literária que o texto final de Q possui apresentou também a questão do gênero literário utilizado em sua composição. Neste ponto, teve uma grande influência a proposta de J. M. Robinson, que relacionou Q com outras coleções de ditos atribuídas a homens sábios, às quais chamou *Lógoi Sofôn* (Ditos dos sábios).

Q, no entanto, possui uma ambientação temporal que é totalmente peculiar. Este marco cronológico, que é, na realidade, um marco biográfico, fez pensar que Q poderia ser uma biografia. As biografias antigas tinham como objetivo principal engrandecer as virtudes de seus protagonistas e eram compostas por pequenos episódios independentes, situados no marco cronológico de caráter geral. Todos estes traços aparecem em Q. É uma composição centrada num personagem, possui um marco cronológico, contém palavras e pequenos episódios organizados tematicamente, e seu principal objetivo é engrandecer a honra de Jesus.

Assim, pois, o "Documento Q" pode ser considerado como uma forma incipiente de biografia antiga. Mais ainda, foi o primeiro escrito cristão que utilizou este gênero literário, destinado a alcançar grande êxito na literatura cristã antiga. Alguns anos depois, o autor do evangelho de Marcos escreveu uma vida de Jesus muito mais elaborada do ponto de vista narrativo. Mt e Lc tomaram o esquema básico de Mc e incorporaram as tradições de Q, mas, sobretudo, adaptaram suas respectivas obras aos cânones da biografia helenística, que devia começar narrando o nascimento e a educação do protagonista (Mt 1-2; Lc 1-2), e terminar resumindo os acontecimentos posteriores à sua morte (Mt 28,8-20; Lc 24,13-53).

Esta progressiva adaptação da tradição sobre Jesus ao gênero biográfico tem um enorme significado teológico. A Igreja antiga não incluiu no cânon das escrituras as coleções de ditos de Jesus, mas as "biografias" de Jesus. Ao privilegiar o gênero biográfico, a Igreja expressava a convicção de que a chave para interpretar as palavras de Jesus era sua própria vida. A contribuição de Q neste processo consistiu em situar os ditos de Jesus no marco cronológico de sua atuação, criando assim uma forma incipiente de biografia sobre ele.

5. *O contexto vital de Q.* O "Documento Q", da mesma forma que os evangelhos, é, ao mesmo tempo, uma janela que permite ter acesso a Jesus, e um espelho que reflete a situação e as preocupações do grupo no qual foi escrito. A identificação deste grupo e sua localização espaço-temporal é um dado importante para entender a natureza e a finalidade de Q, e, por esta razão, os pesquisadores dedicaram esforços notáveis a esta tarefa nos últimos anos. Os resultados desta pesquisa são hipotéticos, e, portanto, provisórios, mas ao mesmo tempo, permitem situar este escrito num contexto vital concreto.

Esse contexto vital é definido, em primeiro lugar, por seu lugar e data de composição. Em relação ao lugar, a maioria dos estudiosos está de acordo em situar a composição de Q na Palestina, e, mais concretamente, na Galileia (Kloppenborg, 2000). Um estudo da perspectiva implicada na menção dos diversos povos e cidades que aparecem em Q revela a centralidade da baixa Galileia, e, mais concretamente, de Cafarnaum, que aparece no centro de uma série de círculos concêntricos nos quais se encontram as demais cidades mencionadas. Por outro lado, as condições materiais e sociais da Galileia coincidem, pelo que sabemos, com as que Q pressupõe ou menciona. A data de composição costuma ser fixada nos anos anteriores à guerra judaico-romana (66-70 d.C.), provavelmente entre os anos 40 e 60 d.C.

Outro elemento de grande importância para determinar o contexto vital de Q é o que poderíamos chamar seu "cenário humano", isto é, o grupo de seguidores de Jesus no qual nasceu este escrito. Esses seguidores galileus de Jesus foram descritos como um grupo de profetas itinerantes apoiados por comunidades locais (Theissen, 1979), como um grupo próximo dos filósofos cínicos (Vaage, 1994), como pequenos grupos locais de renovação (Horsley-Drapper, 1999) ou como um grupo de escribas vinculados às comunidades locais (Kloppenborg, 2000).

Estas caracterizações contêm dados úteis para identificar o cenário humano de Q. Podemos imaginá-lo como uma rede de pequenos grupos locais que haviam sido fundados por missionários itinerantes. No momento da redação final, esse grupo de missionários itinerantes cedeu seu protagonismo aos grupos sedentários assentados em torno de algumas casas, como indica a terminologia doméstica utilizada em Q. A situação desse grupo em relação ao seu ambiente era de conflito, como mostram as referências negativas a "esta geração", a repetida menção do juízo sobre Israel e as invectivas contra os escribas e fariseus. Finalmente, essa situação, criada provavelmente pela mensagem contracultural e subversiva que proclamavam, contribuiu para desenvolver uma maior consciência de grupo e fez com que este elaborasse uma série de argumentos para motivar-lhe a pertença.

III. A teologia do "documento Q". O "Documento Q" traz uma das reflexões teológicas mais antigas do cristianismo. É uma reflexão contemporânea à de Paulo e seu grupo de colaboradores, porém feita a partir de uma situação vital diferente, que se caracteriza pela continuidade contextual com o grupo de Jesus e seus primeiros discípulos.

Em Q, da mesma forma que em outros escritos cristãos antigos, não encontramos uma teologia sistematizada e articulada, mas reflexões pontuais sobre problemas concretos, que são feitas a partir de convicções de fé. A sistematização que fazemos em seguida é, portanto, artificial, e somente pretende agrupar algumas dessas reflexões.

1. *Um* kerygma *diferente*. Nossa principal fonte de informação para conhecer a reflexão teológica da primeira geração são as cartas de Paulo. O eixo desta reflexão é o *kerygma* (anúncio fundamental) da morte e ressurreição de Jesus (1Cor 15,3-5). A centralidade deste *kerygma* nos escritos cristãos das gerações seguintes fez pensar que foi compartilhado por todos os grupos cristãos desde o princípio. No entanto, estes acontecimentos não são mencionados explicitamente em Q, e sem dúvida não são seu anúncio fundamental.

Este fato surpreendente foi explicado dizendo que os compositores e destinatários de Q conheciam este anúncio, e que sua intenção foi elaborar uma espécie de manual catequético destinado a complementá-lo. Porém, é uma explicação pouco satisfatória, porque não há nenhum indício que faça pensar tal coisa. É muito mais provável que a reflexão de Q se fundamente num *kerygma* diferente, e que sua reflexão teológica pertença a um "segundo âmbito" da pregação cristã (Tödt, 1959).

O conteúdo básico do *kerygma* de Q seria, segundo alguns, não a morte e ressurreição de Jesus, mas sua vinda como Filho do homem. Esta vinda está intimamente vinculada ao anúncio do juízo iminente e tem sua raiz na proclamação de Jesus, que anunciou a chegada iminente do reino de Deus. O grupo de Q não via na morte e ressurreição de Jesus o cumprimento de seu anúncio sobre a chegada do reino, mas esperava que esse anúncio se cumprisse com sua segunda vinda, momento em que aconteceria o juízo de Deus sobre esta geração.

Outros pensam, talvez com melhores argumentos, que o gonzo da teologia de Q é o anúncio da chegada do reinado de Deus. Este anúncio, que é o tema central da pregação de Jesus e de seus discípulos (Q 6,20; 7,28; 10,9; 11,20; 12,31; 13,18.20.28...), se encontra em todos os estratos do documento e é o fundamento de sua cristologia. Existe continuidade entre Jesus e o grupo de Q, porém, esta continuidade não se encontra no *kerygma* de sua morte e ressurreição, mas na proclamação de seu próprio anúncio sobre a chegada do reinado de Deus (Lührmann, 1969).

2. *Cristologia*. Jesus é o protagonista da maior parte dos episódios narrados em Q e o autor da maioria dos ditos. No entanto, o Jesus de Q não é, sem mais, o Jesus histórico (Lindemann, 2001). Ou, melhor dizendo, a forma em que o "Documento Q" apresenta Jesus pressupõe uma reflexão teológica sobre ele, certa cristologia. Para o grupo de Q, Jesus era, antes de tudo, o Filho do homem que devia vir e cuja vinda tinha de preparar (Q 6,22; 7,34; 11,30...). Este título não tinha em Q as mesmas conotações que em Marcos, pois não está relacionado com os ditos sobre o sofrimento, a morte e a ressurreição de Jesus, ausentes em Q, mas com sua função como juiz escatológico. Entre sua primeira e sua segunda vinda, Jesus continuava presente na comunidade através de seu ensinamento.

Em outras passagens, Jesus é apresentado de forma indireta como Messias, sobretudo nos ditos em que João se declara seu precursor (Q 7,27), embora em Q João apareça mais como precursor do Filho do homem que virá julgar (Q 3,16b-17) que como precursor do Messias. Também aparece em outros ditos relacionados com a Sabedoria personificada. Ele e João são identificados com os filhos da Sabedoria (Q 7,35) e Jesus aparece como seu porta-voz (Q 11,49). No entanto, isto não significa que Q identifique Jesus com a sabedoria personificada como parece fazer no evangelho de João.

Os ditos e episódios de Q apresentam também Jesus como o que cura e como o exorcista, evocando talvez a imagem do "homem divino" tão comum na antiguidade: realiza portentos (Q 10,13); encarrega seus discípulos de curarem os enfermos (Q 10,9) e é chamado para curar o criado do centurião (Q 7,1-10); com frequência expulsa demônios (Q 11,14-15.19-20). Porém, ao mesmo tempo, suas refeições com gente de reputação duvidosa lhe granjeiam a acusação de ser "um comilão e um beberrão, amigo de publicanos e pecadores" (Q 7,37). Todas essas ações têm a ver com o anúncio da chegada do reinado de Deus, que é o tema central da pregação e da atuação de Jesus e de seus discípulos (Q 10,8-9; 11,19-20).

Contudo, o traço mais chamativo da cristologia de Q é a ausência de toda referência explícita à morte e à ressurreição de Jesus. É possível que alguns ditos se refiram de forma implícita à sua morte (Q 14,27; Q 6,22-23; Q 11,49-51; Q 13,34-35). Todos esses ditos refletem a visão deuteronomista da história, na qual a morte de Jesus aparece como um caso concreto de rejeição aos enviados de Deus. A ausência de referências explícitas à ressurreição de Jesus apresenta um problema ainda mais complexo do ponto de vista teológico. Tão somente algumas alusões ao Filho do homem, que parecem pressupor uma reflexão sobre Dn 7 (Q 11,30; 12,8.40; etc.), e a possível analogia com Elias ou Henoc, elevados ao céu até que chegue o momento de intervir novamente (Q 13,35), parecem fazer alusão a uma forma diferente de vingança de Jesus. Porém, diferentemente da ressurreição, que situa a vingança de Jesus no presente, a esperança de sua vinda com poder a situa no futuro.

3. *Pai e Espírito*. A imagem de Deus que aparece em Q é, antes de tudo, a do Pai de Jesus e dos discípulos. Jesus se dirige a eles em sua oração com toda confiança (Q 10,21-22) e a mesma coisa devem fazer seus discípulos para pedir a vinda do reino (Q 11,2b-4). Os discípulos, que renunciaram a suas próprias famílias para seguir Jesus, podem ter a certeza de que o Pai conhece suas necessidades e se ocupará de proporcionar-lhes comida e vestimenta (Q 11,13; 12,29). Jesus revela a seus discípulos como é o Pai e qual é sua forma de agir, para que eles o imitem (Q 6,35.36). A figura paterna de Deus é um dos traços mais característicos da teo-logia de Q e é neste documento que se encontram reunidos os ditos mais antigos de Jesus nos quais se fala de Deus como Pai.

O Espírito aparece em dois contextos diversos: no batismo de Jesus e na polêmica sobre seus exorcismos. João batista anuncia a vinda de Jesus dizendo que batizará com Espírito Santo e fogo (Q 3,16), e mais tarde se diz que é o Espírito quem leva Jesus ao deserto (Q 4,1). Estes dois ditos se referem aos começos da atividade de Jesus e procuram mostrar que age impelido pelo Espírito. O mesmo aparece no contexto da polêmica sobre seus exorcismos (Q 11,9-20; 12,10).

Assim, pois, a atuação de Jesus imita a forma de agir do Pai e se realiza sob o impulso do Espírito. Esta atuação está orientada para o projeto do Pai, que consiste em instaurar seu reinado. De novo se adverte que o anúncio da chegada do reinado de Deus é o eixo que articula a reflexão teológica de Q. O Deus "Pai" do qual fala Jesus é o Deus que quer instaurar seu reino (Q 11,2), e o Espírito Santo que o inspira torna presente este reinado através da ação de Jesus (Q 11,7-20).

4. *Escatologia*. A orientação escatológica é um dos traços mais característicos da redação final de Q. Essa orientação é percebida claramente no começo e no final, e determina o tom de todo o documento. Com efeito, Q começa com um resumo da pregação de João, que está cheia de alusões ao juízo escatológico (Q 3,7-9.16b-17: "a cólera que se aproxima... o machado posto à raiz da árvore... a palha que será queimada no celeiro"), e termina com um agrupamento de ditos de Jesus nos quais se anuncia a vinda futura do Filho do homem com imagens muito parecidas (Q 17,30.33-34).

O tema do juízo aparece explicitamente em três passagens: a recriminação contra as cidades que não se converteram diante dos portentos realizados por Jesus (Q 10,13-15); o anúncio da condenação "desta geração" por não ter acolhido a pregação de Jesus, mais importante que a sabedoria de Salomão e que a pregação de Jonas (Q 11,31-32); e o anúncio do juízo dos discípulos sobre as doze tribos de Israel (Q 22,28.30). Trata-se, portanto, de um juízo condenatório contra Israel, representado "nesta geração". Todas as referências a "esta geração" têm em Q este tom de juízo e condenação (Q 7,31-35; 11,16.29-30 .49-51), que reflete, sem dúvida, um conflito entre o grupo de Q e seu entorno judaico. Este conflito, no entanto, não é encontrado nos estratos mais antigos de Q e por isso costuma-se pensar que a orientação escatológica, tão evidente neste escrito, é um desenvolvimento tardio.

Esse desenvolvimento é visível nos ditos sobre o "reinado de Deus". A maior parte deles supõe que esse reinado já se tornou presente na ação de Jesus (Q 11,20) ou de seus discípulos (Q 10,8-9), embora se trate de uma realidade oculta (Q 13,18-19.20-21), que os discípulos devem buscar e pedir (Q 11,2.31). No entanto, no dito sobre os que virão do Oriente e do Ocidente, a entrada do reino parece situar-se no futuro e em um contexto de juízo (Q 13,28-29).

O desenvolvimento dos principais temas teológicos de Q em chave escatológica (a chegada do reino, a vinda de Jesus...) é o elemento mais característico da reflexão teológica deste documento. É aqui que se percebe com mais clareza como uma nova situação vital provocou o desenvolvimento de alguns aspectos implícitos nas palavras e nas ações de Jesus.

5. *Eclesiologia*. Não se pode falar propriamente de uma eclesiologia em Q, mas de uma eclesiologia implícita, que é percebida na reflexão sobre o discipulado, no desenvolvimento de uma identidade de grupo diante dos de fora e na existência de certos rituais dentro do grupo.

Em Q são encontrados numerosos ensinamentos sobre o discipulado. Em todos eles sobressai a dureza e a radicalidade das exigências que são impostas, de forma individual, àqueles que querem seguir Jesus (Q 9,57-58.59-60; 14,26-27). O ideal do discipulado, tal como aparece em Q, é a identificação de cada discípulo com Jesus (Q 6,40). No entanto, aqueles que deixaram tudo para segui-lo formam um grupo. É o grupo ao qual são dirigidos as bem-aventuranças e outros ensinamentos de Jesus (Q 6,20-49). Também o envio missionário pressupõe a existência de um grupo (Q 10,2-12). A importância da terminologia doméstica em Q indica que esses grupos de discípulos se reuniam nas casas, e é provável que os donos dessas casas tivessem alguma função diretiva em relação a eles (Q 14,16-23), como de fato estava acontecendo então nas comunidades paulinas (Rm 16,3-5).

Por outro lado, em Q há rastos de um processo de diferenciação em relação aos de fora. O "vós" dos agrupamentos compostos por instruções dirigidas aos de dentro (Q 6,20-49) se diferencia cada vez com maior clareza "desta geração", isto é, daqueles que não aceitam a pregação de Jesus e rejeitam seus sinais (Q 7,1-35). Esta diferenciação em relação aos de fora contribuiu, sem dúvida, para definir a identidade do grupo de Q, sua forma de agir e sua esperança.

Finalmente, é provável que o grupo de Q possuísse alguns rituais próprios. As exigências do discipulado, antes mencionadas, parecem o primeiro elo de um rito de passagem, através do qual se chega a ser discípulo. É possível que esta incorporação ao discipulado fosse selada com o batismo no "Espírito Santo e no fogo" que João Batista atribui a Jesus (Q 3,16). Mais claro ainda é o caráter ritual das refeições que os "trabalhadores" do reino realizam nas casas que os acolhem (Q 10,7-8). Embora não se saiba muito sobre essas refeições, parece inegável que tinham um valor simbólico e ritual, como as refeições de Jesus (Q 7,34; 13,26).

Guijarro Oporto, S. *Dichos Primitivos de Jesús. Introducción al "Proto-evangelio de dichos Q".* Salamanca, Sígueme, 2004; Horsley, R. A.; J. A. Draper. *Whoever Hears you Hears me. Prophets, Performance, and Tradition in Q.* Harrisburg, Trinity Press, 1999; Hoffmann, Studien Zur Theologie der Logienquelle. Münster, Aschendorff, 1972; Kloppenborg, J. S. *The Formation of Q. Trajectories in Ancient Wisdom Collections.* Philadelphia, Fortress Press, 1987; Id. *El documento Q.* Salamanca, Sígueme, 2004; Lindemann, A. (ed.). *The sayings Source "Q" and the Historical Jesus.* Leuven, University Press, 2001; Lührmann. D. *Die Redaktion der Logienquelle.* Neukirchen-Vluyn, Neukirchener Verlag, 1969; Manson, T. W. *The Sayings of Jesus* [1937]. Grand Rapids, Eerdmans, 1957; Polag, A. *Die Christologie der Logienquelle.* Neukirchen-Vluyn, Neukirchener Verlag, 1977; Id. *Fragmenta Q. Textheft zur Logienquelle.* Neukirchen-Vluyn, Neukirchener Verlag, 1982; Robinson, J. M. et al. *The Critical Edition of Q. Synopsis including the Gospels of Matthew and Luke, Mark and Thomas with English, German, and French Translations of "Q" and Thomas.* Leuven, Peeters, 2000; Id. *El "Documento Q" en griego y en español con paralelos del Evangelio de Marcos y del Evangelio de Tomás.* Salamanca, Sígueme, 2002; Sato, M. *Q und prophetie: Studien zur Gattungs – und Traditionsgeschichte der Quelle Q.* Tübingen, J. C. B. Mohr, 1984; Steck, O. H. *Israel und das gewaltsame Geschick der Propheten: Untersuchungen zur Überlieferung des deuteronomistischen Geschichtsbildes im Alten Testament, Spätjudentum und Urchristentum.* Neukirchen-Vluyn, Neukirchener Verlag, 1967; Theissen, G. *Sociología del movimiento de Jesús.* Santander, Sal Terrae, 1979; Tödt, H. E. *Der Menschensohn in der synoptischen Überlieferung.* Gütersloh, Gütersloher Verlaghaus Mohn, 1959; Vaage, L. *Galilean Upstars. Jesus' First Followers According to Q.* Valley Forge, Trinity Press, 1994.

Santiago Guijarro

FUNDAMENTALISMO

O fundamentalismo é, segundo Thomas Meyer, "um movimento arbitrário de exclusão, uma tendência oposta, embora inerente, ao processo de abertura geral do pensamento, para a tomada de iniciativas, uma tendência inimiga das formas de vida particulares e sociais que caracterizam a Modernidade; diante disso, o fundamentalismo pretende oferecer, na medida em que condena toda alternativa possível, certezas absolutas, apoio firme, auxílio permanente e orientação inquestionável" (Meyer, 1989, 18; cit. Por Kienzler, 2000, 11).

O traço mais evidente do fundamentalismo é sua atitude de *oposição*. O fundamentalismo aparece quando se experimenta uma sensação de ameaça: determinados indivíduos sentem que alguma coisa ou alguém (a modernidade, a secularização, a ciência etc.) os ataca e não há outro remédio senão defender-se contra-atacando. O fundamentalismo é uma *reação* que, além disso, no caso do fundamentalismo religioso, apela para o sagrado a fim de reconstituir uma comunidade.

Pode-se dizer, então, que o fundamentalista é caracterizado pelo *medo da mudança*. A mudança é entendida como uma ameaça de perda de referências fundamentais. A ansiedade que essa ameaça produz leva o fundamentalista a se unir a grupos que se opõem sistematicamente a dois temas básicos: a mudança e a interpretação. O fundamentalista vê na mudança o fantasma da desestruturação interior, e vê na interpretação uma mudança disfarçada.

Por isso, dever-se-ia entender o fundamentalismo como um esforço para superar uma *angústia vital*. As pessoas que fazem parte de grupos fundamentalistas passaram por experiências de isolamento pessoal, marginalização social, desarraigamento cultural etc., que produziram nelas uma saudade de seguranças, de verdades eternas. Essa saudade, unida a uma nostalgia pela falta de líderes, submerge as pessoas que vivem essas experiências como conflitos em uma grande depressão. No dizer de Geiko Müller, dever-se-ia entender o fundamentalismo "como uma reação patológica diante da experiência de uma quebra da estabilidade do mundo" (Müller. In: *Concilium*, 1992, 407).

Com R. Franco, acredito que é a alternativa entre *verdade* ou *liberdade* que, de forma consciente ou inconsciente, os fundamentalistas se propõem. A Modernidade comportou uma pluralidade de pensamento, de filosofias, de cosmovisões e inclusive de religiões que são consideradas equivalentes, sem que nenhuma delas possa chamar-se absoluta. Neste sentido, pode-se dizer que o preço da liberdade é a perda da certeza e inclusive da verdade, ou da posse da Verdade, com maiúscula, e com caráter absoluto, que aqui equivale a dizer segurança ou sensação de segurança. Para os fundamentalistas, o preço da liberdade como sacrifício da verdade lhes parece elevado demais.

O selo do fundamentalismo é a busca de uma segurança sem fissuras, através de uma compreensão a-histórica da verdade ou com a guia de um líder infalível ou remetendo-se a alguns textos sagrados autoevidentes. Na realidade, "a essência do fundamentalismo não é nem religiosa, nem científica, nem política, mas é um fenômeno mental básico que acaba se expressando na religião ou na política" (Nogués. In: *Qüestions*, 1991, 41).

I. Origem do fundamentalismo moderno. A origem do fundamentalismo moderno não se encontra no protestantismo norte-americano do princípio do século XX. No entanto, atualmente, costumam ser qualificadas de fundamentalistas as correntes integristas das religiões monoteístas. Como afirma J. J. Tamayo, "o fenômeno fundamentalista costuma acontecer – embora não exclusivamente – em sistemas rígidos de crenças religiosas que se apoiam, por sua vez, em textos revelados. Contudo, não se pode dizer que seja consubstancial a eles. Constitui, isto sim, uma de suas mais graves patologias" (Tamayo, 2003, 51).

O fundamentalismo surge num contexto onde as ciências naturais apresentavam um mundo no qual não havia lugar nem para o mistério nem para a religião, um mundo no qual os chamados fatos das ciências naturais decidiam sobre aquilo que devia ser considerado realidade e aquilo que não, um mundo onde destacavam as teorias sobre a origem do universo e do ser humano. Em oposição a isso, nasce o criacionismo, legado do debate que a religião e as ciências mantiveram no século XIX, o qual expressa o convencimento de que a história da criação que a Bíblia relata é literalmente certa, até nos detalhes que pertencem ao campo das ciências da natureza: o começo da criação e a origem do ser humano.

O criacionismo foi um movimento que surgiu nos Estados Unidos como reação à teoria evolutiva, cujo propósito era refutar a teoria da evolução, neutralizar sua influência na escola pública, e competir com ela oferecendo uma alternativa às correntes científicas que se impunham a partir dos laboratórios. Diante da imagem cientificista do mundo, o protestantismo defendia seu próprio fundamento e distinguia entre os propósitos justificados da ciência e as aspirações injustificadas das interpretações cientificistas. Num primeiro momento, o protestantismo reagiu insistindo no que constituía seu fundamento, a Bíblia.

O termo "fundamentalismo" foi criado em princípios do século XX quando vários professores de teologia da Universidade de Princeton editaram uma pequena coleção de doze volumes publicados em Chicago e agrupados sob o título genérico de *The Fundamentals. A Testimony to the Truth* (1909-1915). Foram distribuídos mais de três milhões de exemplares gratuitamente entre pastores, professores e colaboradores eclesiásticos. Sua intenção era apresentar os aspectos essenciais e irrenunciáveis do cristianismo como reação à avalanche de modernização que a sociedade norte-americana vivia, modernização que era assumida pelo protestantismo de orientação liberal.

Os setores do protestantismo americano – integrados sobretudo por classes médias de origem anglo-saxônica – que adotaram atitudes fundamentalistas afirmavam a compreensão literal da confissão de fé do cristianismo primitivo, com a consequente rejeição da crítica moderna da Bíblia, através dos seguintes cinco *fundamentals*: inspiração divina e infalibilidade das Sagradas Escrituras, divindade de Jesus Cristo e sua concepção virginal, redenção substitutiva de Jesus Cristo, ressurreição física de Jesus e sua volta corporal no fim dos tempos.

O fundamentalismo era – e ainda hoje é – dirigido contra a relativização da autoridade da Bíblia por parte da pesquisa histórico-crítica, contra a dúvida darwinista quanto à criação do ser humano como obra da graça divina e em favor da salvação das almas anunciando o retorno de Jesus Cristo. Com este propósito, criou-se em 1919, nos Estados Unidos, a World's Christian Fundamentals Association, cuja finalidade era defender os fundamentos do cristianismo na vida pública estadunidense a partir da luta contra o evolucionismo darwiniano, a promoção da prece obrigatória nas escolas públicas, a reafirmação do patriotismo americano e a defesa dos valores tradicionais da família.

Um episódio dessa primeira época foi o que aconteceu ao chamar o "Processo dos monos", que aconteceu em 1925, em Dayton (Tennessee) contra o mestre John T. Scopes, que ensinava na escola a teoria de Darwin apesar da proibição desse estado. Esse processo, no qual o Estado de Tennessee acusou o mestre de questionar "a verdade" da origem da criação relatada na narração do livro do Gênesis (cap. 1-2), teve uma enorme publicidade nos Estados Unidos e levou o fundamentalismo do começo do século a um profundo descrédito. Como contrapartida, o *crash* de 1929 foi interpretado pelos fundamentalistas como um castigo divino pela apostasia dos americanos e como sinal do retorno iminente de Cristo.

A partir da década de 1960, o protestantismo americano de orientação liberal começou a adotar atitudes mais progressistas, tendentes a solucionar os problemas raciais, culturais e sociais que a sociedade americana tinha apresentado. Os conservadores arremeteram então contra os liberais, acusando-os de abandonar a tarefa mais importante – a espiritualidade dos fiéis –, para se dedicar a assuntos irrelevantes segundo o Evangelho. Enquanto as igrejas liberais se esforçavam para dar suporte às reivindicações das minorias oprimidas e marginalizadas, as seitas, especialmente os chamados "evangélicos" (não confundir com evangélico, sinônimo de protestante) recrutavam adeptos inclusive desses mesmos setores minoritários.

Na década de 1970, esses grupos "evangélicos" centralizaram sua ação na família, com vistas à reconquista da sociedade civil e do Estado. Neste contexto, tiveram importância os pregadores. Estes pretendem realizar, desde a base, uma cruzada de purificação da vida privada e pública dos Estados Unidos, servindo-se de todos os meios de difusão ao seu alcance, o que deu passagem às Electronic Churches dos telepregadores. Seu objetivo é atacar "as doutrinas heréticas" dos liberais e anunciar o retorno de Cristo, junto com a defesa de concepções políticas quase sempre extremamente conservadoras. É o momento de sua maior expansão.

A partir de 1979, com a criação da Moral Majority por parte daquele que fora conselheiro de Ronald Reagan, Jerry Falwell, o fundamentalismo iniciou uma etapa de participação muito mais ativa na vida pública americana. A eleição de Reagan em 1980 como presidente dos Estados Unidos e sua posterior reeleição teve o suporte dos movimentos político-religiosos de cunho fundamentalista. A estratégia seguida pela Moral Majority insistia em que "é responsabilidade dos americanos eleger dirigentes que governem a América justamente, dentro do caminho de Deus" (Kepel, 1991, 168). Reagan se apresentou como o defensor do patriotismo americano, que queria fazer dos Estados Unidos a nova Jerusalém bíblica. Questionou a teoria da evolução, afirmou que as escolas deviam ensinar o criacionismo à maneira dos fundamentalistas e proclamou os temas prediletos destes: a família, a moralidade pública, o anticomunismo etc.

Em 1986, Falwell, consciente de que a Moral Majority havia perdido grande parte de sua credibilidade, fundou um novo movimento, a Liberty Federation, que se propôs como objetivo não tanto incidir diretamente na política do país, como aconteceu no passado, mas influir na escola e nos serviços sociais, e combater o humanismo secular.

Em síntese, na origem do fundamentalismo protestante se acha a oposição às teorias evolutivas de Darwin, consideradas incompatíveis com as descrições bíblicas da criação; daqui, a negação à utilização do método histórico-crítico no estudo e na análise dos textos bíblicos. Também a Igreja católica dessa época condenava o método histórico-crítico no tempo de Pio X (DS 1980), condenação que seria suprimida em 1948 por Pio XII (DS 2302).

Entre 1920 e 1940, discussões tendentes a romper a unidade entre fundamentalistas e modernistas dividiram as grandes confissões de batistas, metodistas e presbiterianos; porém, em sua forma renascente, nas décadas de 1970 e 1980, a religiosidade fundamentalista aconteceu em sua forma mais característica em congregações independentes e entre os seguidores de pregadores do meio televisivo, como Jerry Falwell e Pat Robertson.

Embora os primeiros fundamentalistas repudiassem o "evangelho social" dos protestantes liberais, os fundamentalistas atuais apoiam causas sociais conservadoras, como a legislação restritiva sobre o aborto e a homossexualidade. Desta maneira, observa-se como o fundamentalismo religioso se associa a outros fundamentalismos de caráter político, econômico, cultural e social, com os quais estabelece alianças para defender com mais eficácia uma moral repressiva, a tendência às exclusões por razões de etnia ou raça e uma concepção religiosa restauracionista. Portanto, a partir do elemento negativo original derivaram as seguintes convicções fundamentalistas: patriotismo exaltado por via religiosa, afirmação do sistema econômico capitalista e da propriedade privada, rigorismo moral e uma clara distinção entre o bem e o mal.

Consequentemente, o fundamentalismo contém um forte elemento de oposição que apresenta profunda resistência às tendências progressistas nascidas do iluminismo, às correntes que promovem o desenvolvimento e às diversas classes de socialismo como, por exemplo, a ideologia marxista. Consequentemente, os inimigos declarados do fundamentalismo são: o modernismo, o humanismo secular, o evolucionismo, a crítica bíblica, o socialismo e o comunismo.

II. Fundamentalismo religioso e hermenêutica.
A fé fundamentalista não demonstra interesse pelo condicionamento histórico nem pelos contextos eclesiais dos mediadores da revelação. A palavra "definitiva" de Deus está ao alcance de todos de maneira imediata nos textos bíblicos inspirados e infalíveis. Isto é, os fundamentalismos religiosos coincidem em sua pretensão de que os textos sagrados, por difícil e enigmáticos que pareçam, são acessíveis a qualquer fiel e não admitem mais que uma só interpretação, uma vez que são revelação de Deus. Os textos sagrados possuem um conteúdo não humano e, portanto, uma validade da vontade de Deus que ultrapassa o espaço e o tempo. Daí os fundamentalistas insistirem na infalibilidade da Escritura (inerrância), que deve ser lida e aplicada literalmente.

No entanto, há uma série de noções básicas da hermenêutica contemporânea, diante das quais o fundamentalista se encontra desorientado, como: as múltiplas interpretações que os símbolos admitem; o princípio de que a interpretação depende de como o leitor se aproxima do texto; a convicção de que a interpretação da globalidade incide na compreensão das partes e na relação que têm entre si; o postulado de que cada passagem da Escritura deve ser contemplada à luz do contexto em que se inscreve.

Apesar dessa desorientação, o fundamentalista vive uma fé que existe "apesar da interpretação" (Marty. In: *Concilium*, 1992, 392). Sua reação diante dos exegetas pode ser de surpresa ou de desdém autossuficiente: "Como você pode ler o mesmo texto que eu, e não fazer a mesma interpretação? Sem dúvida, você age de má-fé, que é o que caracteriza toda interpretação liberal e coloca em dúvida, ou até desvirtua, a palavra de Deus". Ao reagir desta maneira, o fundamentalista está fazendo um esforço para introduzir – ou melhor, reintroduzir – o conceito de "absoluto" ou o caráter autoritário da palavra de Deus. Basta aceitar a prevalência desse absoluto e desse caráter autoritário para, segundo a mentalidade do fundamentalista, coincidir em sua interpretação.

No entanto, daí não se conclui que o fundamentalismo surge da obediência à palavra de Deus – disposição comum a todos os crentes e, neste sentido, "fundamental". São requeridas outras condições: a convicção de que a palavra de Deus se identifica com uma sentença escrita, e a certeza de que esta sentença não pode ser interpretada nem adaptada em nenhuma circunstância. Nestas condições, a disposição fundamental para obedecer à palavra de Deus se transforma em fundamentalismo, pois sacraliza o que se considera como o fundamento da fé. Com efeito, o fundamentalismo faz da "letra" uma clausura inviolável da palavra de Deus.

Em síntese, os fundamentalistas se remetem a textos fora de contexto, aplicáveis sem nenhuma classe de mediação hermenêutica a todas as circunstâncias da existência: os textos se expressam de maneira definitiva, como se fossem entidades autônomas, com uma vida alheia às necessidades e aos desejos dos fiéis. Desses textos, que funcionam como verdade absoluta, os fundamentalistas deduzem princípios para sua ação político-religiosa.

As premissas dessa atitude fundamentalista e de sua consequente postura anti-hermenêutica produzem um sentimento de frustração nos interlocutores do diálogo inter-religioso. O normal é que o fundamentalista estabeleça um diálogo com os não-fundamentalistas somente através de publicações polêmicas, e quase nunca num confronto face a face. E isto acontece sobretudo quando se trata de verdadeiros confrontos dialógicos, porque se corre o risco de que alguém possa mudar de parecer. Daí que o fundamentalista se pergunte o que se pode conseguir com uma conversa cujo propósito é provocar uma mudança de mentalidade nas partes implicadas no diálogo. Isto é, o que mais se pode esperar num diálogo com um fundamentalista é um mero intercâmbio de testemunho, não um esforço de compreensão.

III. Oposição à modernidade e rejeição do pluralismo. Os fundamentalistas se opõem ao que se convencionou chamar o denominador comum da Modernidade: a dúvida generalizada como componente do conhecimento – com sua aceitação dos limites da razão e da relatividade do conhecimento –, a historicidade da própria realidade e um afã de autonomia e de consciência crítica. Um caso concreto podemos encontrar no seio da Igreja católica de nossos dias quando se deu a conhecer que dom Calvet, prior de um mosteiro beneditino próximo a Avinhão e cabeça visível do integrismo francês depois de Lefebvre, pôs como condição para sua permanência na Igreja que "não se exija de nós nenhuma contrapartida doutrinal ou litúrgica e não se imponha nenhum silêncio em nossa pregação antimodernista". A condição foi aceita pela Congregação da Doutrina da Fé, com data de 25 de julho de 1988.

No entanto, quando se diz que os fundamentalismos se opõem à Modernidade, não é que não queiram saber de nada dela globalmente, mas somente de alguns de seus aspectos ou de seu espírito: trata-se de uma rejeição seletiva. Alguns grupos fundamentalistas não só não se opõem aos resultados da ciência e da tecnologia, mas se servem deles ao máximo. Acontece a circunstância de que muitos dos líderes das tendências fundamentalistas tinham uma formação técnica: o "evangelista" Jerry Falwell era engenheiro mecânico, e o ideólogo dos Irmãos Muçulmanos, Sayyd Qutb, era engenheiro agrônomo etc. Daqui, a afirmação de que os fundamentalistas são capazes de "unir o máximo de arcaísmo com o máximo de hábil manipulação do imaginário coletivo por meio da linguagem dos meios de comunicação" (Pace, 1990, 9; cit. por Duch, 1997, 38).

O reconhecimento dos limites da razão, a relatividade dos acontecimentos históricos e do que conhecemos, e a relatividade da própria realidade com a teoria da evolução das espécies e da evolução do universo, dão ao conhecimento uma atmosfera de insegurança inaceitável para o fundamentalista. E é precisamente esta relativização de toda pretensão do absoluto – que dá margem ao pluralismo próprio da Modernidade – o que dá origem ao fundamentalismo.

Pode-se afirmar, portanto, que o fundamentalismo é a pretensão da segurança de possuir um fundamento absolutamente certo, protegido contra toda dúvida ou toda insegurança provocada pela crítica da razão, pela crítica histórica ou pela evolução. Daqui, o fato de o fundamentalismo ser visto como uma tentativa para criar "um regime da verdade" através da conquista do poder" (Pace, 1990,9; cit. por Duch, in: Qüestions, 21). Trata-se da Verdade, com maiúscula, absoluta, intemporal, sem possibilidade de erro, dúvida, ambiguidade ou discussão, e imperturbável às mudanças semânticas que todas as expressões humanas experimentam.

Insistimos em que a rejeição ao pluralismo próprio da Modernidade é outro aspecto do fundamentalismo, como acabamos de dizer. Na realidade, o pluralismo é um traço tão comum à história moderna que ninguém pode deixar de percebê-lo, porém, a convicção de que significava uma ameaça constituiu uma ocasião para o nascimento do fundamentalismo.

A sociedade moderna oferece uma base legal para o pluralismo quando afirma que todos os indivíduos têm o direito de fazer ouvir sua voz. Precisamente o reconhecimento dessa liberdade pelo Concílio Vaticano II foi um dos motivos que levou o líder do fundamentalismo católico, mons. Lefebvre, a rejeitar esse concílio. O colégio episcopal todo, ao aprovar, em 1965, a Declaração sobre a liberdade religiosa (Dignitatis humanae), reconheceu os direitos legais dos que anteriormente "viviam no erro".

O pluralismo, isto é, a aprovação formal que devem ser escutadas as mais diversas pretensões, possivelmente legítimas, teve como consequência inevitável, aos olhos dos fundamentalistas, uma ratificação do relativismo que provocou sua rejeição do pluralismo. No entanto, esta ilação entre os dois fenômenos não é, de modo algum, absoluta.

IV. Outras características comuns aos diversos fundamentalismos. Além do literalismo em relação aos textos e da oposição à Modernidade, existem outras características que são comuns aos fundamentalismos religiosos. Dentre elas destacamos, brevemente, as seguintes:

1. *A consciência de minoria e a consciência de eleição.* A consciência de minoria dos grupos fundamentalistas – que comporta a existência de um pequeno grupo, detentor da verdade absoluta – é marcada por uma divisão taxativa entre "os demais", a grande maioria, apóstata e/ou moralmente pervertida, e "nós", o resto que conserva os princípios imutáveis, fundamentais, e que torna possível uma existência de acordo com os planos de Deus. Trata-se da consciência de eleição que comporta uma atitude exclusivista e de confronto: eleitos e não eleitos, não podem se misturar. O que os leva, além disso, a se fechar em si mesmos, a exigir desde o condicionamento sem consideração dos "outros" até seu total aniquilamento.

O nativismo, entendido como defesa do grupo, pertence à ideologia fundamentalista: as crises vêm de fora. O que significa que, por um lado, deve-se desterrar ou eliminar o estranho porque questiona a própria identidade; e, por outro lado, impõe-se a volta às origens, às raízes que deram lugar ao grupo: volta-se ao gueto, onde somente será possível uma existência pura. O grupo dos eleitos sabe que é uma minoria (embora se trate de uma maioria, pois pode conservar comportamentos de minoria, como é o caso do Irã). Esta consciência de minoria, além de levar a uma luta contra o mal, comporta uma vigência sem limites do estado de exceção. Quando se está convencido de se encontrar no fim dos tempos, então não há legalidade que valha: tudo é excepcional, porque a urgência do último momento assim o exige.

2. *Criação de um inimigo.* As correntes fundamentalistas costumam fomentar o fervor e a paixão de seus membros criando um inimigo, em torno do qual se polariza "o outro" da própria ideologia do grupo, ao redor de algumas figuras que se qualificam como ídolos ou adoradores de ídolos. Deste modo, demoniza-se aquilo que se pretende combater: aqui o esquema "amigo-inimigo" se aplica com a máxima intensidade. No entanto, a criação de um inimigo é um assunto "decisionista", isto é, estabelece-se sua aparência conjunturalmente e lhe são atribuídas as intenções perversas que mais convierem; embora, se o curso dos acontecimentos o aconselharem, aquele inimigo possa ser transformado em um "amigo de toda a vida" e vice-versa.

3. *Importância da comunidade e da liderança.* Outra necessidade que os fundamentalistas têm é a de encontrar uma comunidade que seja "uma instituição total" que antecipe a realização da sociedade futura, onde as pessoas se sintam acolhidas e lhes sejam oferecidos critérios infalíveis para evitar a angústia de ter de escolher. Tudo isto em troca da liberdade, da responsabilidade e da autonomia.

No âmbito do catolicismo, esta concepção de uma comunidade como "instituição total" se concretizou na ideia da Igreja como *societas perfecta* (DS 1719). Isto significou que a Igreja como instituição constituía uma ordem comunitária e social que desfrutava não somente os mesmos direitos que as ordens e estados seculares, mas representava inclusive a sociedade perfeita, exemplo para o resto das estruturas sociais e estatais.

Ao lado da oferta dessa comunidade total, o fundamentalismo se apodera das consciências individuais graças à guia de um líder indiscutido, carismático, que ensina o caminho correto a seguir, tanto individual como coletivamente, e que, por isso, pode reclamar, com todo direito, uma subordinação total e absoluta.

4. *Caráter machista*. Outra característica do fundamentalismo é seu caráter machista. Sua razão de ser parece residir em que a primazia absoluta de um único princípio no âmbito do pensamento e da ação – devido à afirmação do caráter único e intemporal da verdade – tem uma correspondência direta na relação dos sexos. Por causa desse "monismo extratemporal" (Duch, in: *Qüestions*, 25) as correntes fundamentalistas estruturam uma compreensão da existência humana contrária à mulher. O fato de essa compreensão ter uma longa história no judaísmo, no cristianismo e no islamismo reforça esta observação.

Genericamente se pode afirmar que o fundamentalismo possui uma faceta antifeminista: o modelo de crença típico de qualquer fundamentalismo se baseia no "princípio paternal" como modelo do humano e do divino. No caso das religiões monoteístas, a razão dessa atitude machista do fundamentalismo se acha na organização patriarcal da sociedade que comporta a exclusão da feminilidade do conceito de Deus.

5. *Defesa de um milenarismo apocalíptico*. Para a maioria dos protestantes norte-americanos e, como consequência, para todos os fundamentalismos de inspiração protestante, o milenarismo é um componente atraente. Por um lado, rejeita-se toda concepção que não inclua um componente milenarista, uma vez que sem esta premissa é impossível determinar para onde a História caminha. Os fundamentalistas se declararam a favor de um pré-milenarismo de caráter apocalíptico e de orientação combativa. Com isto querem deixar claro que é Deus quem controla a História e que a comunidade fundamentalista é depositária, por autoridade superior, de alguns direitos privativos e intransferíveis sobre o futuro. Daqui, como o fundamentalista conhece o começo e o fim da história, não é estranho que também conheça "o significado verdadeiro do tempo intermediário" (Marty, in: *Concilium*, 1992, 399).

Sem dúvida, a atenção prestada ao fundamentalismo nos deve ajudar a ver não somente suas deficiências e erros, mas também as carências de nossa sociedade atual.

Quando o fundamentalismo religioso se propõe uma recuperação da religião, recorda-nos a marginalização da religião por parte da Modernidade; porém, quando o faz apelando para o imediatismo da revelação divina ou para a inerrância da Escritura, está esquecendo um fato básico: que o ser humano somente conhece através de um processo de interpretação.

Por outro lado, a afirmação fundamentalista de possuir *a* "verdade absoluta" pode nos ajudar a ver a escassez de critérios orientadores de nossa sociedade, provocada por um excesso de crítica e de liberdade: sem um mínimo de certezas, o pensamento humano não funciona.

Como diz J. M. Mardones: "O desafio fundamentalista nos obriga a conseguir um equilíbrio, sempre dinâmico e instável, entre segurança e liberdade, certeza e criticismo, estabilidade e experimentação, comunidade e liberdade... O perigo fundamentalista está em oferecer refúgio e calor à custa de liberdade e de pensamento crítico" (Mardones, 1999, 397).

Boff, L. *Fundamentalismo: la globalización y el futuro de la humanidad*. Santander, Sal Terrae, 2003; Duch, L. *L'enigma del temps. Assaigs sobre la inconsistència del temps present*. Barcelona, Publicacions de l'Abadia de Montserrat, 1997; Kepel, G. *La revancha de Dios*. Madrid, Anaya/Muchnik, 1991; Kienzler, K. *El fundamentalismo religioso. Cristianismo, judaísmo, islam*. Madrid, Alianza, 2000; Mardones, J. M. (dir.) *10 palabras clave sobre fundamentalismos*. Estella, EVD, 1999; Marty, M. E.; Scott Appleby, R. (eds.). *The Fundamentalism Project*, 5 vols. Chicago, Chicago University Press, 1991-1995; Meyer, Th. (ed.). *Fundamentalismus in der modernen Welt*. Frankfurt a. M., Suhrkamp, 1989; Pace, E. *Il regime della verità. Il fondamentalismo religioso contemporaneo*. Bologna, Il Mulino, 1990; Tamayo, J. J. "Fundamentalismo y diálogo religioso". In: *Vida y Pensamiento* 23 (2003), 51-85; Id. *Fundamentalismos y diálogo entre religiones*. Madrid, Trotta, 2004; VV. AA. "El fundamentalismo en las grandes religiones". In: *Concilium* 241 (1992); VV. AA. "La libertat reprimida. Els fonamentalismes avui". In: *Qüestions de Vida Cristiana* 159 (1991).

Albert Moliner

GLOBALIZAÇÃO E EXPERIÊNCIA RELIGIOSA

A religião e as experiências religiosas que a fundamentam continuam questionando teólogos, filósofos e especialistas em ciências sociais, apesar das múltiplas advertências sobre seu próximo fim repetidas por numerosos pensadores europeus e latino-americanos durante os últimos cento e cinquenta anos. A religião e as experiências religiosas não só não parecem estar a caminho da extinção mas, ao contrário, indicam uma excepcional capacidade para se renovar e se reexpressar. No entanto, seria ingênuo pensar que o que atualmente presenciamos no campo religioso não sofreu o impacto, hoje mais concretamente, da globalização da economia e da cultura.

Neste trabalho, quero refletir sobre o impacto da globalização contemporânea na experiência religiosa. Para isso é necessário esboçar primeiro o contexto atual (globalização, desterritorialização, cultura, situação do local no global) porque a experiência religiosa nunca acontece descontextualizada. Se o contexto mudou por causa da globalização e suas sequelas, então a experiência religiosa (se é humanamente compreensível e, além disso, diria, legítima) também deve ter mudado. Por isso, depois de examinar o contexto contemporâneo da experiência religiosa, tentarei compreender as consequências que aquele teve (e tem) sobre esta, e como a experiência do sagrado pode se transformar tanto em arma da globalização como em motivo para sua crítica.

I. Globalização. O termo "globalização" designa ou descreve o estado atual da humanidade, enfatizando o desenvolvimento global do capitalismo neoliberal e o efeito que este tem no contexto cultural atual do mundo. Não parece existir uma definição exata comumente aceita por todos os especialistas; embora a maioria esteja de acordo em que a globalização se refere pelo menos à "crescente interconexão da vida política, econômica e social dos povos da terra" (Schreiter, 1997, 5). A globalização, com raízes que vão até o século XVI, começa a se tornar palpavelmente evidente desde a década de 1970, primeiro na esfera econômica com o crescimento e a consolidação de corporações verdadeiramente transnacionais. Mais especificamente, a globalização é a extensão planetária dos efeitos (e pressupostos) da Modernidade, acompanhada pela compressão do tempo e do espaço provocada pelas novas tecnologias da comunicação (Schreiter, 1997, 4-14).

A globalização trouxe consigo uma erosão do poder e das funções das nações e dos governos nacionais. A economia globalizada foi desterritorializada. O acesso aos bens culturais e simbólicos acontece cada vez mais desterritorializadamente e por meios igualmente desterritorializados, como são os casos da Internet e de outros meios virtuais. *Onde*, por exemplo, se acha qualquer *website* que distribui conhecimentos ou produtos (sejam estes simbólicos ou materiais)? Parece que a diferenciação (e divisão) entre grupos humanos, no mundo atual, depende cada vez mais da possibilidade e capacidade de acesso à Internet e outros meios virtuais, e menos de seus territórios, cidadanias etc.

O capitalismo contemporâneo é global, ultrapassando assim as fronteiras do estritamente nacional, internacional ou multinacional. Os Estados territoriais (as nações) enfrentam dificuldades crescentes na hora de estabelecer limites para a produção, controles de qualidade ou legislação trabalhista, e cedem cada vez mais poder real e legal para as corporações transnacionais, não podendo de fato controlá-las. As tentativas estatais para controlar a qualidade ou a quantidade do produzido pelas transnacionais, ou para limitar seu poder político e econômico, frequentemente enfrentam a intransigência das transnacionais, que fazem cair governos ou acabam fazendo chantagens contra eles.

As corporações transnacionais já não estão atadas a um território, a uma cultura ou a uma nação. As consequências desta nova e complexa realidade global são gigantescas tanto para os Estados nacionais como para os trabalhadores, para o conceito de nação e para as culturas humanas. De fato, parece que a globalização da economia está se transformando em fundamento de mudanças culturais profundíssimas ao longo de todo o planeta, dado que os ganhos das corporações transnacionais atuais dependem (de maneira muito importante) do modo e da facilidade com que essas corporações podem colocar globalmente seus produtos, com a maior rapidez e eficiência possíveis. Em outras palavras: parece claro que os benefícios hoje dependem menos da manufatura de produtos e muito mais da eficiente e rápida distribuição desses produtos.

As consequências dessa nova situação também parecem claras para trabalhadores em qualquer lugar do planeta: o trabalho é cada vez mais "global", uma vez que as corporações transnacionais vão para onde acham o que elas consideram ser melhores condições trabalhistas, menos restrições e maiores possibilidades para a distribuição rápida e eficiente de seus produtos. Portanto, as legislações trabalhistas das nações podem provocar, sem pretendê-lo, o desemprego e a desproteção dos trabalhadores que a legislação nacional queria proteger. Porque, para as corporações transnacionais, o trabalhador ideal é o menos protegido por legislações trabalhistas, porém o mais preparado tecnicamente nos meios de produção e distribuição globais.

As ideias, processos de pensamento e modelos de comportamento sociocultural são também globalizados e desterritorializados (Mendieta y Castro-Gómez, 1998). Derrubando barreiras culturais, sociais, políticas e ideológicas (muitas delas construídas ao longo de séculos), os meios sociais de comunicação e outros veículos de comunicação instantânea moldaram (e continuam moldando) o que acaba sendo uma verdadeira cultura global. Todo o universo de símbolos e sinais é agora transmitido globalmente pelos meios de comunicação, redefinindo assim o modo em que milhões de seres humanos em todo o mundo pensam, sentem, desejam, imaginam e agem. Numerosíssimos sinais e símbolos se acham hoje desconectados de particularidades históricas, religiosas, étnicas, nacionais ou linguísticas, tendo se desterritorializado e globalizado.

A globalização *não* é alguma coisa que acontece fora de nós, alienando-nos de nossa "verdadeira essência" religiosa, cultural, nacional ou pessoal. Acontece dentro de nós, entre nós e mais além de nós. É neste sentido que se pode dizer que a globalização sempre é experimentada localmente. A globalização chocou e continua chocando nossas culturas e epistemologias: nossos modos de ser, de pensar, de conhecer, de agir e de crer.

Não há dúvida que a globalização se apropriou daqueles elementos da Modernidade e da pós-modernidade que servem ao processo global desterritorializante; embora a globalização não deva ser confundida, sem mais, com o que se conhece como "Modernidade" e "pós-modernidade". Assim, por exemplo, a globalização enfatiza a atitude muito "pós-moderna", que relativiza toda verdade e toda exigência de validade universal para assim desmantelar as barreiras culturais, políticas ou religiosas que possam dificultar os métodos e atividades das corporações transnacionais. Porém, ao mesmo tempo, enfatiza a muito "moderna" e universalizante exigência das ciências e tecnologias ocidentais que, pelo menos desde o século XVII, não desfaleceram em sua tentativa de controlar (para o Ocidente) todo conhecimento e produção de conhecimento no mundo inteiro, negando assim legitimidade e igualdade tecnológica ou científica a qualquer alternativa que não proceda do Ocidente.

Seria extraordinariamente ingênuo pensar que a desterritorialização da economia, da imaginação cultural e das identidades humanas segue algum tipo de dinâmica de igualdade ou democracia. De fato, a globalização parece implicar e assumir a construção de novas hierarquias e estruturas de poder em todo o mundo. O que a globalização trouxe consigo é uma nova distribuição assimétrica de privilégios e exclusões, de possibilidades e desesperanças, de liberdades e escravidões. Durante os três últimos milênios, as relações assimétricas de poder faziam com que os ricos precisassem dos pobres (tanto para que os ricos "salvassem suas almas" por obras de caridade assistencialista em favor dos pobres, como para explorar o trabalho dos pobres aumentando assim a riqueza dos já ricos). Agora, no entanto, nestes tempos de globalização, parece que os pobres não são mais necessários. A riqueza e o capital aumentam sem o trabalho dos pobres (entre outras razões, porque a força do trabalho que hoje se busca por todo lado, na economia globalizada, é uma força de trabalho treinada: o que, quase por definição, exclui a participação dos pobres, que não têm acesso à educação técnica avançada). A globalização é uma nova forma de produzir riqueza, mas também é (e concomitantemente) uma nova forma de produzir pobreza.

II. Território. Quando falamos de "território", quase sempre queremos dizer "pedaço de terra" (o suficientemente amplo para conter e alimentar uma população). "Território" também pode significar a terra que pertence a estados, nações ou povos, e que serve de condição para sua manutenção e autodefinição. No entanto, embora a "fisicalidade" do território tenha sido importante para os humanos que o habitam, sua importância não foi devida apenas a esta "fisicalidade" da terra. Ao contrário, sua importância foi devida principalmente à capacidade dos moradores de construir e manter suas vidas e identidade como "este" povo "aí". Dizendo de outra forma, o "território" tornou possível a vida humana, ajudando a identificar um povo ao conectá-lo a um "lugar".

No entanto, a globalização está intimamente ligada à desterritorialização. Em outras palavras, a globalização causa e é causada (entre outras razões) pela possibilidade de não precisar de um "lugar" para identificar e manter um povo como "este" povo. Identidade e sustento, na nova economia, são criados pelas possibilidades abertas para os membros da "aldeia global". Identidade e sustento vêm da mão da manufatura e distribuição transnacionais de produtos materiais ou simbólicos. Identidade e sustento são resultados da participação na nova cultura de massas moldada e alimentada pelos quase instantâneos meios de comunicação de massa. Identidade e sustento, assim concebidos, alteram e subvertem dramaticamente o que tradicionalmente se entendia por "identidade" e "sustento". E, consequentemente, causam um impacto em categorias tais como "lealdade", "honra", "cidadania", "nacionalidade", "imigração" etc.

A economia global é uma realidade. O mercado global do trabalho também é uma realidade. A distribuição global de produtos simbólicos e materiais é igualmente real. A cultura global de massas é inegável. O poder das nações não é o que alguma vez foi antes da chegada das corporações transnacionais. E, consequentemente, para setores crescentes da humanidade, identidade e sustento já não estão ligados a um lugar geográfico.

III. Cultura. Como consequência direta da globalização e da consequente desterritorialização da identidade, descobrimos hoje uma realidade cultural (em nível mundial) que pode adequadamente ser descrita como "híbrida". Talvez por isso se possa explicar porque a análise cultural, hoje, tende a pesar mais, em estudos da globalização, que a análise social.

A cultura, fundamentalmente, responde à pergunta sobre a identidade humana. A cultura faz com que nos descubramos e nos saibamos "estes": cria, recria e torna claros os limites de nossa identidade. A cultura nos entrega aquilo que a natureza não nos dá: sentido, propósito, história, esperança (Espín, 1997). Por isso, neste mundo globalizado e globalizante, onde o pluripolarismo (Schreiter, 1997, 5-6) parece ser a regra e onde a desterritorialização é evidente, é de se esperar que a pergunta pela identidade humana (e inclusive pelas identidades humanas particulares) seja hoje respondida, frequentissimamente, em perspectivas pluripolares e em contextos desterritorializados. Os limites de nossa realidade hoje são pluripolares, da mesma forma que nossa identidade cultural. Ser "estes" não implica mais necessariamente conexão com um território, nem com uma etnia, nem sequer com uma história compartilhada.

A compressão do espaço e do tempo (fruto da globalização) está desterritorializando e "des-historiando" a identidade e a cultura humanas. A rapidez com que os meios de comunicação hoje nos conectam com todas as partes da terra faz com que nosso sentido de espaço seja profundamente diferente do de nossos antepassados. A mesma rapidez (conjuntamente com um capitalismo que busca novas avenidas para o "progresso" e suas inovações) também realiza uma mudança em nosso sentido de tempo: o passado é cada vez mais insignificante e o futuro parece ser o imediato; o tempo é somente um presente com laivos de futuro, enquanto o passado se torna obsoleto. Não há dúvida que as consequências dessa compressão do tempo e do espaço (especialmente a compressão do tempo) implica dificuldades muito sérias para a religião (qualquer religião), dado o papel que a tradição e a história desempenham nela.

IV. O local no global. Quando se discute a globalização, a ênfase costuma ser colocada em seus efeitos e forças homogeneizantes. No entanto, é importante reconhecer que o local (ou o particular, como às vezes é denominado) não é um objeto inerte e passivo sobre o qual a globalização atua. A interação entre o global e o local não é uma simples réplica da Modernidade Ocidental em outras latitudes: a globalização provocou múltiplas "modernidades" que embora se assemelhem à variedade ocidental em algumas de suas formas, não deixam de ser particulares. As tensões e os conflitos gerados pela globalização são resultados da resistência local às forças da homogeneização, porque, junto com seus atrativos, a globalização também produz resultados terríveis.

O local quase nunca consegue manter a globalização a distância (nem talvez queira). O encontro entre o local e as forças da globalização é inevitável no mundo contemporâneo, resultando este encontro em mudanças (desejáveis ou surpreendentes) no contexto local. E uma vez que todo encontro como este é frequentemente conflituoso, os apelos locais para o diálogo e para o respeito mútuo costumam ser expressões de esperança mais que de possibilidade real: a globalização nem respeita nem dialoga.

Porém, o local também não é vítima indefesa. A partir de suas particularidades culturais e históricas, grupos humanos descobriram (ou começam a descobrir) alternativas viáveis que lhes permitem sobreviver num contexto global sem perder sua identidade local: desde novos sincretismos até novos sistemas duais, desde a resistência até as reinterpretações da identidade local. O resultado do encontro entre o global e o local foi chamado, não sem razão, "glocalização": porque o global é experimentado no local, e porque o local age como filtro existencial do global.

Cada vez mais, imagino, o local é experimentado *no* global e não como interlocutor em igualdade de condições com a globalização. No entanto, longe de desaparecer, o local parece estar sendo reinterpretado (como aliado ou adversário) de frente com as forças da globalização: o que indica que o global causa impacto no contexto local irremediavelmente.

V. Experiência religiosa. Defino a experiência religiosa como o momento anterior à religião: como momento fundante, que não necessariamente leva à institucionalização da experiência do sagrado (a institucionalização da experiência do sagrado é o que distingue a religião da experiência religiosa propriamente dita). No entanto, a experiência do sagrado como momento anterior e fundante não fica somente no passado original da religião: de fato se repete dentro do marco do religioso, quer como momento particular (individual, pessoal) anterior e fundante para a fé dos crentes em cada geração, quer como reafirmação legitimadora da veracidade do passado original da religião.

Quando um ser humano (ou um grupo humano) se encontra com o sagrado, como quer que este seja entendido, o encontro inclui necessariamente o interlocutor humano como humano. Em outras palavras, a experiência do sagrado é uma experiência humana de encontro. E embora possa e deva arguir-se que o sagrado encontrado na experiência não está limitado necessariamente pelos contextos humanos, tal argumento não pode ser usado em relação ao interlocutor humano. Todo humano e todo o humano estão necessariamente contextualizados. E esta contextualização torna possível encontrar-se com o sagrado, que interprete tanto a experiência como o experimentado, e que deduza consequências para a vida à maneira dos humanos. Mais ainda, a contextualização de toda experiência humana faz com que quem a experimenta o faça nas perspectivas e horizontes culturais, sociais, históricos, religiosos, linguísticos etc., possíveis dentro desse contexto. Daí, o contexto da experiência do sagrado não ser principalmente o instrumento hermenêutico posterior (embora também o seja) mas a possibilidade mesma dessa experiência. A experiência religiosa é, por isso, inevitavelmente contextual.

VI. A experiência religiosa sob o impacto da globalização.

Se a experiência religiosa é inevitavelmente contextual, então acontece hoje no contexto da globalização. No entanto, este contexto nem é eticamente neutro nem afeta (nem acontece) igualmente em todas as regiões. Não há dúvida de que o fenômeno da globalização resultou em (e foi, por sua vez, promovido por) grandes avanços científicos, tecnológicos etc. Também não se pode negar que a consciência ecológica atual se beneficiou com a globalização. Os meios de comunicação de massa também tornaram possível que saibamos de situações políticas, econômicas e culturais em todas as esquinas do planeta e possamos ter conhecimento e influência positiva sobre contextos particulares geograficamente distantes. Indiscutivelmente, a globalização trouxe benefícios, porém, para quem? A resposta também é indiscutível: para aqueles que têm acesso aos meios tecnológicos modernos e para aqueles que participam ativamente na economia global. A maioria da humanidade, no entanto, está ficando fora dos benefícios do contexto contemporâneo de globalização; embora não tenha podido se esquivar do impacto da globalização, recebendo desta não tanto benefícios, mas atropelos. A nova forma de criação de riqueza também é, como já disse, uma nova forma de criação de pobreza; e para aqueles que já eram pobres, a globalização se transforma em uma crescente ameaça à sobrevivência.

A globalização está transformando a face da terra, porém com resultados ambivalentes, com feridas de injustiça. O mundo está se transformando em uma "aldeia global" (se já não é) como resultado de meios de comunicação e tecnologias que comprimem o tempo e o espaço de maneiras nunca antes vistas ou experimentadas pela humanidade. O aparente êxito das corporações transnacionais teceu a economia das nações em uma única rede interdependente, fazendo diminuir muito seriamente o poder dos governos e desaparecer as fronteiras entre os povos. A desterritorialização da vida contemporânea afeta todo o planeta. E as consequências dessa nova situação mundial para as culturas locais, para os povos e, sobretudo, para a maioria pobre da humanidade podem ser catastróficas. Por isso, dado que a experiência religiosa é irredutivelmente contextual e que o contexto atual é de globalização, o que dizer da experiência religiosa neste mundo globalizado? Há razões para suspeitar que a experiência religiosa também está se desterritorializando e globalizando: e isto, de per si, pode trazer tanto benefícios como resultados negativos.

Não há dúvida de que hoje continua acontecendo a experiência do sagrado. Com uma diversidade hermenêutica que não deixa de impressionar, os seres humanos se sentem hoje também interpelados por Alguém (ou "Alguéns", no plural) mais além da realidade quotidiana que, no entanto, está implicado nela. A experiência do sagrado, no entanto, acontece cada vez mais desterritorializada: hoje, por exemplo, é tão possível uma experiência religiosa autenticamente yoruba-lukimí em Los Angeles como uma experiência religiosa autenticamente cristã no Ibadã; tão possível é experimentar com a "Nova Era" em Istambul como experimentar o Todo-poderoso em uma mesquita muçulmana no Rio de Janeiro; encontrar Visnu em Londres como encontrar-se com Deus em um rito pentecostal cristão em Nova Déli. A experiência religiosa (e seus muitos contextos rituais e hermenêuticos) não depende mais da conexão entre ela e os povos ou territórios de sua origem: nenhum dos exemplos mencionados exige esta conexão.

Não há dúvida que parte do descrito no parágrafo anterior pode ser afirmado de outras épocas. O cristianismo, o islamismo, o budismo e outras religiões do mundo se estenderam muito além de seus territórios e povos originários e se autoentenderam sempre como religiões multinacionais. No entanto, não é principalmente de *religiões* que falava, mas de *experiências do sagrado*. Estas sempre aconteciam no passado (e ainda em muitas partes) em íntima conexão com as religiões que haviam nascido delas (embora poucas religiões ensinassem que o *único* contexto para as experiências fossem as próprias religiões); enquanto hoje constatamos a crescente possibilidade de experiências do sagrado que sequer reconhecem o papel das religiões. A desterritorialização da experiência religiosa, portanto, não só consegue a cada vez menos importante conexão entre o étnico e territorial, mas, além disso, desconecta a experiência religiosa de seu vínculo multissecular com as religiões. Deus (esse Alguém, ou "Alguéns") foi transformado também em produto simbólico distribuído pelos meios de comunicação de massa da globalização. O encontro com o sagrado se tornou experiência possível e exequível a quantos estão dispostos a experimentá-la, sem requisitos prévios (nem, provavelmente, posteriores).

Não estou sugerindo que as religiões estejam morrendo. Estou, porém, afirmando que a experiência religiosa (especialmente aquela tradicionalmente vinculada a religiões concretas) não depende mais, se é que alguma vez dependeu, das religiões, nem pode mais ser interpretada por estas como se fosse de sua propriedade. A desterritorialização da experiência religiosa (ou talvez se deva falar especialmente da "destradicionalização" da experiência religiosa) é um fato contemporâneo cada vez mais espalhado: a globalização, como disse, transformou "Deus" e a experiência religiosa em produtos para serem mercantilizados globalmente. Porque parte do que pretendem as forças da globalização é a derrubada de fronteiras, tanto políticas como econômicas, culturais e ideológicas. Se as religiões podem ser as grandes adversárias potenciais da globalização, então não é de surpreender que as forças da globalização (desde as empresas transnacionais até os meios de comunicação e as ideologias que os alimentam) procurem desligar religião de experiência religiosa: mercantiliza-se o produto desejável (= a experiência religiosa, "Deus") enquanto são quebradas fronteiras (= identidades religiosas) e institucionais (= religiões) que podem dificultar o avanço do "progresso" (= globalização). A compressão do tempo, de que já falamos, não faz senão aprofundar cada vez mais a ruptura entre religião e experiência religiosa: esta acontece sempre no presente enquanto aquela está intimamente ligada à história e à possibilidade de tradição.

VII. Catolicidade: universalização glocalizada. Estamos no vestíbulo de uma nova compreensão da catolicidade. Por "catolicidade" não quero dizer senão "universalidade (ou universalização) *glocalizada*", sem conexão explícita com a tradição teológica ou doutrinal das igrejas católicas, ortodoxas ou reformadas, embora, a seguir, aproveitemos algumas de suas contribuições. A catolicidade é um tipo de universalidade que nem destrói nem apaga as diferenças locais. De fato, a catolicidade assume o local como único contexto e existência do universal. A expressão "universalização glocalizada" (aproveitando a categoria "glocalização") é uma maneira adequada de compreender o que entendo por catolicidade. Uma nova compreensão da catolicidade distingue entre a "afirmação universalizadora" (típica da ideologia da Modernidade que alimenta a globalização) e a "relevância católica".

Por "relevância católica" entendo uma afirmação ou proposta, construída desde o interior de uma cultura concreta (local, particular), que é oferecida à vasta e diversa *oecumene* humana. A *oecumene*, ou parcelas dela, pode falar (desde o interior de outras culturas concretas) que tal afirmação é útil, sugestiva, enriquecedora etc., abrindo-se assim a possibilidade (dentro das culturas locais que "ouvem" a afirmação oferecida desde outro contexto particular) de questionar e propor perspectivas e opções antes não possíveis dentro dessas culturas. Talvez as culturas "ouvintes" descubram certas experiências ou elementos comuns entre sua realidade e a realidade da cultura originária da proposta, revelando nelas relevância para si. Porém, esse processo (de revelação de "relevância católica" em propostas originariamente locais) de nenhuma maneira implica que a afirmação original se apresente como *necessariamente* aplicável ou correta para *todos* os contextos locais na vasta e variada *oecumene* humana.

Por outro lado, entendo por "afirmação universalizadora" aquela proposta, também nascida do interior de uma cultura concreta (local, particular) que é oferecida à *oecumene* humana mas com exigências de validade e aplicabilidade *necessárias* e *universais*. O êxito deste tipo de proposta está normalmente acompanhado pelo exercício hegemônico do poder (econômico, político), que *impõe* a proposta às culturas "ouvintes", fazendo-as enfrentar perspectivas e opções que de outra maneira não ressoariam em sua realidade particular. A história das "afirmações universalizadoras" escapa das mãos da história do poder e da colonização, sendo legitimada por estes. As "afirmações universalizadoras" são, como disse mais acima, produto típico da ideologia da Modernidade ocidental, que alimenta as forças homogeneizadoras da globalização contemporânea.

Estamos no vestíbulo de uma nova compreensão de catolicidade (e a imagem de vestíbulo é intencional) porque a globalização – que contraiu o espaço e o tempo, fazendo que a *oecumene* humana conheça a si mesma hoje, como nunca antes, como una – nos dá a possibilidade de encontrar-nos através de fronteiras e diferenças, e nos permite conhecer, e ressoar com, propostas e realidades nascidas em outras latitudes diante de desafios parecidos provocados pelo encontro com a globalização. Em outras palavras, a mesma globalização que causa impacto ao planeta possibilita novos meios de se opor a ela, adotá-la ou reinterpretá-la (conforme as opções locais), não na perspectiva solitária de uma visão local irrealista ou xenófoba, mas a partir de alianças possíveis desde a experiência e consciência *de oecumenes* cada vez mais claras graças ao impacto da própria globalização.

VIII. Experiência religiosa e fluxos de catolicidade. Sonhar com um regresso ao passado no qual a experiência do sagrado escapava das mãos das religiões (embora pudessem ser distintas em teoria e teologia) é isto: um sonho. A globalização rompeu a ligação íntima multissecular entre religião e experiência religiosa; e embora possa haver algum sucesso local momentâneo de recuperação do vínculo perdido, o êxito apenas será temporal, limitado e sem consequências maiores. A ruptura, imagino, é permanente. Isto não quer dizer que não possam mais acontecer experiências religiosas que contestem ainda a relação tradicional destas com a religião; mas que a ruptura agora permite que centenas de milhares de seres humanos tenham acesso à experiência do sagrado sem compromissos posteriores ou concomitantes com as religiões: como já disse, a experiência religiosa e "Deus" foram transformados em produtos mercantis (desterritorializadamente) pelos meios da globalização e deixaram de ser (pelo menos potencialmente para a maioria da humanidade) conexão com as tradições e instituições das religiões. A globalização fez do pluralismo do religioso uma realidade indiscutível.

A experiência religiosa contemporânea (desterritorializada) pode ser arma da globalização, e de fato assim se comporta em muitas partes; porém, também pode se transformar em contexto e motivo de crítica profética à globalização: crítica que nem violenta nem intolerantemente renegue totalmente o que provém da globalização, nem ingênua ou acriticamente o aceite totalmente como "progresso" ou como preço do mesmo.

Robert J. Schreiter propôs, em relação à teologia católica contemporânea, a categoria de "fluxo" ou "corrente" (*flow*) (Schreiter, 1997). Procedente das ciências sociais, esta categoria se refere a um movimento ou circulação de informação e ideias (ou de experiências!) que é constatável ("visível") através do mundo, mas que desafia qualquer definição fácil. Essas correntes cruzam fronteiras geográficas e culturais (graças às possibilidades abertas pela globalização) e "como rios definem sua própria rota, modificam a paisagem e deixam atrás sedimentos que enriquecem a ecologia local". A corrente não é propriamente um pensamento elaborado, mas um "fluxo" que *abre* possibilidades, *propõe* ideias e alternativas, *sugere* novas perspectivas, sem vincular esses "sedimentos" ou modificações da paisagem cultural a nenhuma escola ou instituição específica, a nenhuma teoria concreta ou a nenhuma área geográfica determinada. Aproveitemos esta proposta de Schreiter para brevemente discutir aqui a experiência religiosa como fluxo de catolicidade num contexto de globalização.

A experiência religiosa desterritorializada e destradicionalizada parece corresponder ao que Schreiter chama "fluxo" ou "corrente". Como fluxo que atravessa fronteiras sem âncora em nenhuma religião, a experiência religiosa contemporânea está promovendo (pelo mesmo fato de que a experiência pluriforme acontece em todas as partes) uma relativização da verdade religiosa ou das exigências da verdade. Isto é, a destradicionalização e desterritorialização da experiência religiosa contribuem para que a *experiência* do sagrado seja hoje frequentemente valorizada como o fim em si mesma, sem que nem a pergunta pela verdade nem os possíveis critérios para avaliar a verdade tenham relevância. Daí que uma experiência religiosa, por exemplo, se julgue ser fundamentalmente a mesma e com o mesmo valor de qualquer outra experiência religiosa. A *experiência* do sagrado, e, aparentemente, não o sagrado encontrado nela, é o que o sujeito religioso "global" pretende. A relativização é seguida, sim, mas também se amplia o número dos sujeitos que agora podem ter acesso a formas de experiência religiosa antes desconhecidas ou inexequíveis para eles. E isto, talvez, poderia se transformar até em oportunidade para as religiões.

O fluxo das experiências do sagrado, atravessando fronteiras, também contribui para difundir certo ambiente de religiosidade, de mistério, de fascinação e atrativo pelo religioso e incrementar o respeito pelos seus valores. Embora esse ambiente de religiosidade e fascinação pelo religioso seja apenas uma corrente (frequentemente difusa e informe), não deixa de ser real e não deixa de causar impacto na "aldeia global". Robert Schreiter considera que "sincretismo" é um termo adequado para descrever essa nova situação, embora despojando o termo das implicações sempre negativas que o Ocidente lhe aplicou no passado.

Sem considerar o modo como é avaliado este fluxo de experiências do sagrado, desterritorializadas e destradicionalizadas, não se pode negar sua realidade e seu crescente influxo em todas as partes do planeta (especialmente entre os jovens). Também não se pode duvidar de que este influxo tem certa origem em uma crítica prática (embora às vezes teórica) às religiões. As experiências religiosas parecem demonstrar "relevância católica" para um crescente número de pessoas em todo o mundo, enquanto as religiões são julgadas cada vez mais (com ou sem razão) como "afirmações universalizadoras". Dada essa situação, parece possível arguir que, no fluxo de catolicidade (isto é, no fluxo de "universalização glocalizada"), a experiência religiosa nem destrói nem apaga as diferenças ("teo-lógicas") locais, mas as relativiza e as torna exequíveis a outros fora dos contextos originais geográficos, históricos e culturais da experiência, promovendo assim as metas da globalização. Pode-se acrescentar que essa cumplicidade (ingênua) com a globalização também faz da experiência religiosa um veículo privilegiado para a disseminação (de *semina*!) da cosmovisão globalizadora, com tudo o que esta implica.

Porém, a experiência religiosa não é somente uma arma da globalização. Também pode ser contexto e motivo para uma crítica profética à globalização. Se a catolicidade é um tipo de universalidade ("universalização glocalizada") que não destrói nem apaga as diferenças locais, mas que assume o local *como único contexto e existência* do universal, então a experiência contemporânea do sagrado pode se transformar em defesa feroz dos direitos locais (das pessoas, dos povos e das nações).

O global, por mais extraordinárias que pareçam suas forças, existe no local. Somente aí, no particular, tem impacto e pode ser experimentado. Neste sentido, o local é contexto e existência do universal. A globalização, culturalmente pelo menos, talvez possa também ser entendida como fluxo ou corrente de "universalização glocalizada". A experiência religiosa, igualmente, acontece somente no local porque é unicamente no concreto e no particular que os seres humanos (sempre "localizados") podem experimentar o sagrado.

A experiência religiosa contemporânea valoriza positivamente o local próprio, inclusive quem o "importa" e se compromete (como "relevância católica") com formas, expressões rituais ou elementos culturais nascidos em outras latitudes. Esta valorização se deve a que o sujeito religioso implicitamente afirma a capacidade e a dignidade de sua particularidade (cultural, social, histórica) como lugar "sacramental" de encontro com o sagrado, considerando-se a si mesmo (como ser profunda e irredutivelmente contextualizado) capaz e digno da experiência religiosa. A desterritorialização e a destradicionalização da experiência religiosa contemporânea serviram para promover (ao menos implicitamente) a dignidade própria e o sentido de capacidade entre números crescentes de sujeitos religiosos.

Supondo, no entanto, que a experiência religiosa é uma realidade, cabe perguntar se aquela não é também veículo de crítica à globalização que a tornou possível em sua forma contemporânea. De fato, pode-se mostrar que, em contextos locais, a experiência do sagrado foi motivo para fortes críticas aos *efeitos* da globalização sobre as particularidades locais. Essas críticas poderiam ser resumidas ou agrupadas em três alternativas: 1) resistência taxativa aos efeitos locais da globalização, levando à rejeição consciente desta e à defesa de valores culturais e sociais autóctones (embora a seleção e a interpretação destes sejam, em última análise, provocadas pela própria globalização e, por causa desta, pela necessidade de defesa do próprio e rejeição do que é percebido como invasão); 2) resistência passiva aos efeitos da globalização (porque se entende que pouco ou nada se pode fazer ativamente contra ela), levando a uma realidade local bipolar na qual tanto os valores autóctones como os efeitos da globalização convivem paralelamente sem que medeie entre eles alguma elaboração "sincrética" viável (embora com o tempo essa bipolaridade local se transforme no verdadeiro e mais permanente resultado e conteúdo desta alternativa); 3) a reinterpretação tanto dos efeitos da globalização como de valores autóctones segundo critérios que permitem descobrir tanto a "relevância católica" desses valores particulares (e, consequentemente, sua legitimidade diante da glo-

balização) como a "relevância católica" dos efeitos vindos com a globalização.

As três alternativas críticas diante da globalização implicam e envolvem de diversas maneiras uma rejeição da globalização tal e como se apresenta em contextos locais, podendo-se mostrar que a experiência religiosa foi contexto e motivo para a adoção de uma ou outra opção crítica. Isto não quer dizer que toda crítica à globalização esteja fundamentada sobre experiências do sagrado, mas apenas que a experiência do sagrado pode também ser razão e legitimação de críticas à globalização. Imagino que, pelo fato de analisarmos experiências religiosas contemporâneas, acharíamos que muitas das coisas que compartilham ("relevâncias católicas"), mesmo quando talvez não estejam plenamente conscientes disto, é sua atitude crítica diante dos efeitos locais da globalização; embora provavelmente não se possa esperar que nasça da experiência religiosa contemporânea (dada a crescente ruptura de seu nexo com a religião) uma análise da globalização que vá mais além de seus efeitos sobre os contextos locais: essa análise, no entanto, é possível a partir da religião que seja, precisamente, nascida e legitimada pela experiência religiosa.

Qual é o futuro da experiência do sagrado em tempos de globalização? Não acredito que alguém ainda possa responder a esta pergunta. No entanto, suponho que continuará acontecendo a experiência religiosa, cada vez mais desterritorializada e destradicionalizada, embora imagine que as religiões devam entrar (ou talvez já entraram) num processo de diálogo, nem sempre fácil e provavelmente a contragosto, com a globalização do qual surgirão novos nexos com a experiência contemporânea do sagrado. A profunda crise religiosa provocada pela compressão global do tempo e do espaço deve ser enfrentada primeiro não com palavras ou lamentações, mas a partir de mudanças de atitudes e compromissos. De modo geral, considero mais importante e frutífera, tanto para a experiência religiosa como para as religiões, uma reflexão sistemática e baseada sobre o que significa a tradição e a história para a vida humana e o lugar destas num contexto de globalização.

Balibar, E; Wallerstein, I. Race, *Nation, Classe: Ambiguous Identities*. New York, Verso, 1991; Beyer, P. *Religion and Globalization*. London, Sage, 1994; Cvetkovich, A., Kellner, D. (eds.). *Articulating the Global and the local: Globalization and Cultural Studies*. New York, Westview Press, 1997; Espín, O. *The Faith of the People: Theological Reflections on Popular Catholicism*. Maryknoll, Orbis, 1997; Fornet-Betancourt, R. (ed.). *Resistencia y solidaridad*. Madrid, Trotta, 2003; King, A. B. (ed.). *Culture, Globalization and the World-System*. Minneapolis, University of Minnesota Press, 1997; Jameson, F.; Miyoshi, M. (eds.). *The Cultures of Globalization*. Durham, Duke, 1998; Mendieta, E.; Castro-Gómez, S. (eds.). *Teorías sin disciplina. Latinoamericanismo, poscolonialidad y globalización en debate*. México,

Porrúa, 1998; Mignolo, W. *The Darker Side of the Renaissance: Literacy, Territoriality, and Colonization*. Ann Arbor, University of Michigan Press, 1995; Schreiter, R. J. *The New Catholicity: Theology between the Global and the local*. Maryknoll, Orbis, 1997; Waters, M. Globalization. New York, Routledge, 1995; Wilson, R.; Dissanayake, W. (eds.). *Global-Local: Cultural Production and the Transnational*. Durham, D1uke, 1996.

Orlando O. Espín

GNOSE

I. Gnosticismo e gnose. Fontes. O gnosticismo é uma escola ou corrente esotérica cristã identificável desde meados do século I (1Cor 15), que se manteve ativa até o século VI. Durante esses quase cinco séculos de atividade, se propagou pela Palestina, Síria, Arábia, Egito, Itália e Gália. A partir de meados do século II, começou a ser sistematicamente rejeitado como uma forma impraticável de filosofia cristã pela corrente protocatólica romana (*Syntagma* de Justino Mártir, 1Apol 26,1-8) até seu desaparecimento, causado pelo sucessivo assédio da orientação heresiológica e pelo acompanhamento das condenações de bispos drasticamente hostis (Atanásio, *Cartas festales*). Posteriormente à existência histórica referida, sobreviveram suas influências através dos adeptos das chamadas "gnoses dualistas": maniqueus, paulicianos, bogomilos, cátaros e albigenses.

Nominalmente o gnosticismo deriva seu nome genérico da palavra grega *gnósis*, em copta *souen*, "conhecimento", porque seus simpatizantes são "os que possuem o conhecimento", e isto é confirmado tanto pelos testemunhos diretos como pelos autores cristãos e pelos filósofos gregos (Celso, Plotino, Porfírio). Porém, são também designados com nomes particulares que os observadores externos atribuem aos diversos grupos em relação com os mestres cujos ensinamentos seguem (simonianos, carpocratianos, basilidianos, valentinianos etc.), o tipo de tradição primordial à qual se ligam (setianos) ou certas práticas de culto que os definem (barbelognósticos, naassenos, ofitas e outros).

É conveniente não confundir a "gnósis", privativa "dos que possuem o conhecimento", com o sentido universal de "gnósis", pois o vocábulo, derivando de uma mesma raiz indo-européia *gnôjña*, é encontrado igualmente em sânscrito (*jñâna*), conservando mesmo assim o significado de um conhecimento que concede a libertação a quem o alcança, e se infiltrou entre os escritos do hermetismo egípcio, mas em contextos religiosos e metafísicos diferentes. A confusão dos sentidos específicos costuma levar a soluções pseudoespiritualistas de contornos imprecisos próprias dos movimentos modernos e contemporâneos de cunho esotérico.

Para o conhecimento dos gnósticos, há informações tanto diretas como indiretas.

1. *Fontes diretas*. A biblioteca de Nag Hammadi, constituída por treze códices encadernados ao longo do século IV, que compreendem cinquenta e dois escritos, traduzidos do grego para o copta, são em sua grande maioria de conteúdo gnóstico e os poucos restantes de natureza gnostizante. Este conjunto de livros cuidadosamente guardados em um recipiente hermeticamente fechado, para serem enterrados, foi inesperadamente descoberto no final de 1947 no alto Egito. Uma vez traduzidos em línguas modernas e interpretado o conteúdo da grande maioria dos volumes, chegou-se a compreender imediatamente e com certeza a natureza e a originalidade da corrente cristã que representam, a gnóstica, diferente da judaico-cristã (seguidores de São Tiago o Justo) e protocatólica (ramo de Pedro e Paulo). Dentro das fontes diretas, devem ser igualmente incluídos alguns escritos coptas em papiro descobertos durante os séculos XVIII e XIX, editados criticamente e traduzidos na primeira metade do século XX (Papiro gnóstico de Berlim 8502: *Evangelho de Maria, Livro secreto de João, Sabedoria de Jesus Cristo, Atos de Pedro*; Códice de Bruce: *O livro do grande discurso iniciático* (mais conhecido como os *Dois livros de Ieú*) e o *Tratado sem título* ou *Anônimo de Bruce*; Códice de Askew: *Pistis Sofia*), cujo aparente exotismo é entendido muito melhor agora com o auxílio da leitura dos textos de Nag Hammadi. Acontece a mesma coisa com algumas obras fragmentárias diretas em grego e latim transmitidas por escritores eclesiásticos (Irineu de Lyon, Hipólito de Roma, Clemente de Alexandria e Epifânio de Salamina), como a *Grande revelação* dos simonianos, o *Livro de Baruc* do gnóstico Justino, fragmentos de Basílides, de Valentim e dos setianos, os *Extratos de Teódoto*, a *Carta a Flora* de Ptolomeu e a *Carta dogmática valentiniana*, aos quais podem ser somados outros fragmentos menores. Do mesmo modo, vários tratados do *Corpus Hermeticum* (*Poimandres, A cratera, Sobre a regeneração*, para mencionar somente os casos mais chamativos) recebem nova luz graças aos tratados hermético-gnósticos da biblioteca de Nag Hammadi.

2. *Fontes indiretas*. As notícias fornecidas pelos autores eclesiásticos no marco de um entorno polêmico e condenatório e que chegou a consolidar com o transcorrer dos séculos II e III o gênero da heresiologia, é uma peça insubstituível dentro da história da Igreja e imprescindível também para entender a história da teologia e da filosofia cristãs. O *Adversus haereses* de Irineu de Lyon, precedido pelo *Syntagma* de Justino de Roma, a *Refutatio omnium haeresium* de Hipólito de Roma, o *Adversus valentinianos* de Tertuliano, diversas informações de Clemente de Alexandria em seus *Stromatéis* e a coleção de *Extratos de Teódoto* com comentários pessoais que igualmente escreveu, as refutações de

Orígenes em seu *Comentário ao Evangelho de João* à exegese do mesmo evangelho do valentiniano Heracleon e o *Panarion* de Epifânio de salamina constituem a essência dos trabalhos antignósticos aludidos como fontes não diretas. As resenhas dos filósofos neoplatônicos Plotino, Porfírio e Jâmblico, contrárias às dos dois primeiros, são mesmo assim indispensáveis para entender a universalidade filosófica do fenômeno gnóstico dentro do mundo da antiguidade tardia.

II. Doutrina, ritos e ética. A palavra "gnose" significa o conhecimento em si mesmo. Saber direto e imediato, despojado dos véus que o dificultam (o erro ou o esquecimento) e dos intermediários que o debilitam (o juízo e a razão). A gnose tem uma especificidade que a distingue dos fenômenos cognitivos que derivam da percepção sensível e do raciocínio, mas que mesmo assim a relaciona com o tipo de conhecimento que tem origem na intelecção (*nóesis*) platônica, e inclusive nas correntes metafísicas e religiosas que baseiam a fonte do conhecimento na revelação profunda ou na experiência direta e imutável, ou ainda na tradição comunitária que se inspira nessas raízes. No entanto, o conhecimento em si do gnóstico é irredutível. Opõe-se à ignorância como passagem sem mediações do desconhecimento para o saber, mas mesmo assim é conhecimento como a "gnose perfeita", ou seja, capaz de voltar-se sobre si e experimentar, com esta volta, a totalidade de sua natureza oculta. Neste último sentido, a gnose se distingue da intelecção do platonismo e, por isso, alguns gnósticos, em suas campanhas proselitistas, afirmavam, com escândalo dos filósofos, que "Platão não havia penetrado na profundeza da substância inteligível" (Plotino, *Enéada* II, 9,6; Porfírio, *Vida de Plotino* XVI).

O *Evangelho da Verdade* diz sem vacilar (NHC I,3,22,2-20): "Desta maneira, aquele que possui o conhecimento é do alto. Se é chamado, escuta, responde e se volta para quem o chama para subir até ele. E sabe como se chama. Possuindo o conhecimento, faz a vontade de quem o chamou, quer agradá-lo e recebe a recompensa. Seu nome próprio aparece. Quem chegar a possuir o conhecimento deste modo sabe de onde vem e para onde vai. Sabe como uma pessoa que, tendo estado embriagada, saiu de sua embriaguez, voltou-se para si mesma e corrigiu o que lhe é próprio". Ratifica-o o *Livro de Tomé, o Atleta* (NHC II, 7, 138,7-17).

A descoberta e a mudança de condição que a gnose traz implica uma densidade interna e encerra um conteúdo que deve se tornar explícito pelo ensinamento e pela prática apropriados para que de virtual chegue a ser efetivo: o "conhecimento perfeito". Por isso, na caracterização sumária da gnose se aponta tanto para o que se descobriu como para o ainda não alcançado, e isto se realiza por um processo de espiritualização em convivência reservada com os irmãos. O duplo motivo ficou ilustrado pelo fragmento 78 do valentiniano Teódoto, conservado por Clemente de Alexandria: "Porém, não é somente o batismo que salva, mas também o conhecimento, o que éramos e o que chegamos a ser, de onde éramos e para onde fomos atirados, para onde nos apressamos; de onde somos redimidos, o que é a geração e o que é a regeneração". A riqueza interior da gnose é um caminho de iniciação espiritual comunitário que é exclusivamente destinado aos pneumáticos ou espirituais, e este é o meio para se elevar até a experiência teosófica plena, à "Barbelognose", estado daquele "que possui o conhecimento de Barba-eló", isto é, a formulação coletiva e sinfônica do Nome de Deus dito no Silêncio ou seio do Pai. E o gnóstico completo está capacitado para referir sua experiência, mas através de um mito, um relato verossímil e imaginário, que se esforça para manifestar a mesma coisa de muitas maneiras. O fim é a reatualização de uma experiência. Por isso, o mito é essencial ao gnosticismo, e tampouco são desprezados os recursos racionais da filosofia e da teologia, pois a razão é seu instrumento subalterno.

A experiência inadmissível do gnóstico encerra este conhecimento essencial, transmitido por sucessivos mensageiros, e nos últimos tempos, pelo Salvador:

1. *A unitrindade do uno e distinto. O Pai.* O Pai afirma ocultamente o Todo, que é sua imagem, como a realização de seu pensamento e vontade. Pai desconhecido, pois sua natureza secreta só é conhecida ou delimitada pelo Filho. Pai, portanto, que ninguém conheceu nem pode conhecer se não por meio da glória ou manifestação plena que é o Filho, que se apresentou no mundo como Salvador. Este é o único que podia fazê-lo conhecer e chamá-lo justificadamente "Pai". O Salvador trouxe a mensagem do Deus desconhecido e o chamou com um nome, único, que define sua singularidade. O gnóstico se situa na tradição primordial que o Salvador traz na riqueza insondável de sua revelação. O Pai é Um só: o apelativo "Pai" inclui duas acepções: "progenitor" e "iniciador". A primeira carece de sentido imaginário, pois tem origem na experiência cognitiva habitual. Mas a mensagem de salvação se refere ao "Pai" simplesmente ou em si, que não está entre os progenitores e que, estritamente falando, carece de pai, por isso costuma ser chamado "Pré-pai"; e como Primeiro, e sem princípio, por isso também é chamado "Princípio" ou "Pré-princípio". O Pai é "Um só", como o Uno numérico, que se reflete nos números e que está mais além da série dos números, porque gera toda unidade na composição aritmética, e, único, porque nenhum número tem suas qualidades numeradoras como primeiro. Por tudo isto, é não-gerado e imortal e, assim mesmo, singular ou incomparável. É "Aquele que é", e assim

imutável, permanente, sempre igual e inconcebível, porque, se fosse concebido, multiplicar-se-ia no ser, conhecimento e dizer do ser, o que é impossível. É inominável ou acima de todo nome que possa ser nomeado, uma vez que todo nome vem dele como Pai e qualquer nome, inclusive o seu próprio, o delimitaria. Mas entender "Pai" ou "Aquele que é", equivale mesmo assim a entender "Potência". Potência sem limite, poder em si, aquele que não pode não ser, capacidade que de nada precisa, que se alimenta a si mesma e que em sua tensão interna é Bem, Bondade, Suavidade ou Doçura infinita. Uma intensidade expansiva, que não emerge, mas que brota em si e circula sobre si mesma.

A descrição gnóstica do "Deus desconhecido" recorre à teologia negativa e às vias do conhecimento eminente e analógico, mas suas raízes não estão no Oriente, no platonismo ou no neoplatonismo, no pensamento judaico helenista ou na teologia patrística. Embora as formas sejam semelhantes, sua inspiração não vem deles. É uma intuição alheia tanto à doutrina do Uno dos filósofos, como ao personalismo antropomórfico hebraico e cristão. Porém, a prioridade e a singularidade incomparável e imutável da noção da "paternidade" em si permite também ao gnóstico deduzir uma série de reflexões metafísicas sobre a "Potência" e a "Bondade", que o afastam das abstrações intelectuais helênicas e reclamam no processo de conhecimento a partir do princípio, as presenças correlativas do "filho" e da intenção como anterior ao pensamento conseguido. Por este motivo, se o conceito de "paternidade" reclama dialeticamente sua noção oposta e correlativa, a de "filiação", ambos exigem um conceito intermediário, uma noção que sirva de enlace entre ambos e possa explicar a continuidade mediadora entre o vínculo Pai-Filho e, ao mesmo tempo, a iniciativa paterna da emissão filial. O elemento intermediário é a Mãe, a Intenção (*Enthymesis*) ou Pensamento paterno ou em si (*Énnoia*).

2. *O pensamento puro*. O Pai, por sua infinita fecundidade e afeto, está em atividade de amor inesgotável e sereno, não precisa de nada e carece de desejo, mas não de entrega a si mesmo. Satisfação sem falta, é também possibilidade de abertura. Por este motivo, na possibilidade infinita residem inativas as disposições que podem tornar realizável a saída de si: vontade e conhecimento em unidade no Abismo, monarquia inquebrantável. Uma vez que estas disposições emergem, aparecem, no entanto, como conato de conhecimento. Uma Intenção paterna de conhecimento que é vontade de ficar em si conhecendo-se. Não se trata mais da natureza amável simples do Pai, mas do amor de conhecimento, tendência de diferença e distinção no próprio Pai. Este impulso é uma tentativa de maternidade, que está no Pai, mas que estabelece uma diferença nele e se distingue dele, porque é pré-inteligível e duplo,

Pai-Mãe, pois aspira a captar o incaptável por ser uno, porém conservando-se em pura aspiração, porque de chegar a ser inteligível e captar em ato, frutificaria no Filho, como o reflexo pleno do Pai nela, concluída a aspiração. O Pensamento em si mesmo sob suas diversas formas: *Énnoia*, *Prónoia*, *Báthos-Bythos*, Pai, Mãe, Barba-eló, representa este momento pré-ontológico e pré-inteligível no qual o pai preexistente sai de si permanecendo em si mesmo, para se constituir em Matriz paterna grávida e cheia de desejo sem limite, tríplice potência indistinta em uma vida que aspira a ser e conhecer, vestíbulo, portanto, da autogeração, de modo que no Silêncio se realizem os mistérios da geração perfeita.

3. *O Intelecto filial*. A realização completa do desejo ou tentativa cognitiva da Mãe é a implantação do Filho no útero paterno, a concepção materna que é a participação sem debilitamento do Filho no Pai que se enterneceu ou efeminou como querer-desejo de Mãe. Assim, há passagem da paternidade para o Filho em si, filiação unigênita e primogênita. O Filho ou Intelecto como manifestação paterna oferece dois momentos: voltado para o Pai é Intelecto dito ou não dito: Nome dos nomes do Pai no exercício pleno da vontade (liberdade) e do conhecimento paternos dominado pela liberdade. Porém, voltado para si mesmo é Intelecto múltiplo ou dito: o Todo dos nomes paternos, substância inteligível e livre; eterna, vivente, e total que se atribui ao Pai, na qual cada atributo ou membro é uma Totalidade no Todo. Ensina-se, por isso, não só sobre a Plenitude (Pleroma), mas também sobre a composição, os Eons do Pleroma.

4. *A plenitude em Deus como no Homem e nos homens. O Pleroma dos Eons*. O Intelecto interior se desdobra como um Todo espiritual que revela o conhecimento do Pai, como um Intelecto externo ou articulado. E a originalidade gnóstica sobressai nas notas da constituição do Pleroma: *a)* o caráter emanante do processo gerador das emissões ou casais andróginos: gêmeos, pois nascem simultaneamente, e matrimoniais, pois são opostos por serem gêmeos, mas complementares pela união à semelhança da Intenção paterna (*syzygía*). Na organização total cada casal é imagem do superior, mas o complementa pleromaticamente. Por isso, a geração não é mecânica. Cada membro do casal vem perfeito da intenção paterna, mas deve se autorrealizar pessoalmente no Todo para que haja plenitude. Por este motivo, gera-se a imagem que assim é masculino-feminina: feminina pelo desejo livre de conhecer e masculina pelo êxito cognitivo que o desejado proporciona. Deste modo, brilha a imagem perfeita ou antítipo. O dinamismo progressivo é uma atividade sobre o compromisso da liberdade. *b)* A organização hierarquizada e funcional do corpo de luz pleromático que se autoconstitui de acordo com a ordem múltipla e livre-arbítrio mostra que a decisão prudente é essencial no processo de

autoconstituição do Intelecto. A particularidade assinalada que rege o processo de organização das entidades personificadas do Pleroma diferencia o Pleroma gnóstico do mundo inteligível de platônicos e neoplatônicos. É, além disso, a pedra de toque da normalidade do desenvolvimento do corpo de Deus, e a experiência supraconsciente de sua falência, é o que se ensina com o drama da "queda de Sofia".

5. *O Eon derradeiro, a Sabedoria e o tropeço da Sabedoria.* Porque se o Pleroma cresce e se diversifica por combinação concertada de querer e conhecimento, os seres espirituais manifestados paralelamente vão limitando a capacidade de suas funções: aumenta a multiplicidade, mas também a apetência de unidade para não se perder no indistinto. Esta situação pode chegar a provocar crise na última das emissões espirituais, e assim acontece no limite do crescimento, como ensinam os valentinianos na relação da Sabedoria com seu consorte Desejado. Sabedoria/Logos, o último e menor dos nomes ou atributos paternos, cujo fim é a produção de uma bênção em honra do Pai, quis gerar de comum acordo com a potência produtora do Pai e ampliar a família pleromática; não captou, portanto, o beneplácito de sua contraparte matrimonial complementar como Totalidade no Todo e fracassou ou "pensou irreflexivamente". Isto é, a intenção de Sabedoria foi indiscreta e gerou uma fantasia delirante, que transbordou e se desviou da organização dos casais pleromáticos. A origem do mal e do mundo radicados nesta frustração é uma ilusão vã e oprimente, não o produto de uma doutrina caprichosa, mas a consequência dramática que deriva do respeito do Pai pela liberdade dos seres que emanaram à sua imagem.

6. *Ambivalência da condição cósmica. Conversão de Sofia, a matéria, o Demiurgo e o mundo.* O impulso da Sabedoria foi um bom propósito e não ia contra a vontade paterna, mas sua imprudência, irreflexiva, produziu efeitos nocivos. Por isso, quando cai em si, volta para o que é e se arrepende do que não é. Lentamente se recupera e reincorpora, tendo de restaurar o que lhe é próprio que fica entre os produtos de seu deslize. Deles, uns carecem de sensatez e os outros são passionais. Os primeiros, de substância psíquica, os segundos, uma natureza material que não quer desaparecer. Alguns poderiam se colocar a serviço da recuperação das sementes espirituais dispersas da Sabedoria, os outros opor-se-ão com astúcia e tenazmente a essa libertação que significa para eles sua dissolução. Por esse motivo, a Sabedoria aproveita os devaneios demiúrgicos do cabeça da substância psíquica, que fabrica o mundo da matéria passional, embora ignore que age segundo o desígnio da Mãe para salvar suas sementes.

7. *Criação do homem, os três gêneros humanos.* Concluído o universo, o Demiurgo cria o ser humano à sua imagem com a ajuda de seus servidores. Mas o homem demiúrgico é um vidente impotente. Pede instrução à Mãe e, sem perceber, introduz no ser plasmado o sopro vital ou espírito de luz. O ser humano se manifesta superior ao Demiurgo e a suas criaturas. Ficam assim estabelecidos os três gêneros com figura humana: o pneumático, de substância espiritual, anímica e material; o psíquico, com substância anímica e material, e o hílico, uma criatura que só possui substância material. O demiurgo, percebendo a superioridade do casal humano criado, para submetê-lo e conservá-lo no jardim do paraíso, maquina prescrições para que sejam inconscientes de sua excelência. O Diabo-serpente, no entanto, que conhece as intenções demiúrgicas, tenta o ser humano criado a que desobedeça, pois deste modo, irritando o Criador obcecado cairá sob seu domínio e, conservando-o preso, seu mundo condenado à perdição persistirá. No entanto, a artimanha arcôntica será uma armadilha para o Grande Arconte, pois a transgressão do homem lhe mostrará o domínio do Deus desconhecido ao qual pertence. A função da tentação é dupla: liberta o homem espiritual e demarca o tempo da fatalidade na construção do Demiurgo. Explica-se assim a presença de correntes ofíticas ou naassenas como intérpretes originais do Gênesis. Com este e outros conhecidos acontecimentos paradisíacos, começa a pré-história da libertação do homem pneumático, intrinsecamente andrógino. O Demiurgo expulsa Adão e Eva do paraíso desde o quarto céu, o de Mercúrio. Vestem a túnica de carne que os torna visíveis ao descer pelas esferas inferiores, a qual, ao chegar à terra se une ao corpo, estrutura orgânica material resultado do desejo natural procriador idealizado pelo grande Arconte para manter seu domínio sublunar. Neste mundo inferior, os psíquicos combatem pelo poder e os hílicos, com apoio da concupiscência, pelo caos. O pneumático sofre o assédio de ambos e da matéria em seu corpo, incentivado pelo desejo e pelos prazeres da procriação e da conservação do corpo, e em sua alma sente as deficiências das paixões separadas, o temor e a dúvida especialmente, mas seu espírito permanece indene, da mesma forma que o "barro não suja o ouro". Com o auxílio da Providência superior e da Mãe, que funciona agora como Sabedoria inferior na Ogdóada, poderá recuperar a plenitude do casal.

8. *O Cristo salvador.* A Sabedoria, para recuperar sua integridade resgatando suas sementes dispersas, utiliza historicamente como mediadores os psíquicos inspirados que esperam a vinda do Salvador; bárbaros e gregos, no entanto, engrossam a maioria hílica encarregada de defender o mundo, a serviço do "espírito imitador". A minoritária cadeia da luz, a comunidade dos setianos, transmite a gnose e vão se preservando historicamente dos ataques sucessivos da obra demiúrgica. No momento oportuno, no entanto, amadurecidas as disposições cósmicas do desígnio da Providência e consumado o tempo correspondente, respondendo ao pedido da Sofia

inferior, o Pleroma total produz um novo Eon, o Cristo, para que, fortalecidos seus membros com a unção, o Pleroma todo brilhe com sua luminosidade intrínseca. O Cristo, então, envia o Salvador com seu séquito para que, com sua compaixão, assuma, ao descer, as substâncias psíquicas e carnais com a aparência de um corpo, e possa desta maneira dar origem ao progressivo desvanecimento da matéria, da carne e da psique e produzir a autêntica ressurreição, a manifestação pneumática. Adota a forma de Jesus de Nazaré. Mas no batismo no Jordão se revela como o Cristo salvador e dá início aos tempos escatológicos. Esta é a terceira das descidas da Prónoia e de seu desígnio providencial e o sinal de seu triunfo definitivo, pois o Salvador, com sua presença no mundo da treva, julga e por sua luz distingue as três raças confundidas, e os espirituais vão unindo a ele, sua masculinidade, porque sabem qual é seu nome pleromático, que o Salvador pronuncia.

9. *O fim: o Filho no Pai-Mãe como Filho do homem. Retorno e terceira glória.* Iniciados os tempos do fim definitivo, o universo e o Demiurgo agem como mediadores submetidos à dispensa (*oikonomia*) da Sabedoria. Os pneumáticos devem urgir a tarefa salvífica que desde Set brilhou em sucessivos iluminadores até culminar em Cristo-Jesus-Salvador, e desde este a linha de discípulos ampliará a colheita do Pai, especialmente a partir do momento em que o Senhor ressuscitado na carne puder revelar aos que são idôneos a profundidade de seu retorno. O gnóstico compreende nesse período que vai da ressurreição da carne à ascensão aos céus do Salvador que os espirituais estão submersos e espalhados de diferentes modos na disposição material e animada e que ter sido testemunhas com os olhos e os ouvidos da Palavra que salva não é um privilégio, pois virão outros que, espiritualmente mais próximos do Senhor, poderão superá-los e que se deve aspirar inclusive a ir mais além que o próprio Jesus na obra de salvação. Distingue-se assim a Igreja dos gnósticos, baseada no conhecimento, da dos grupos que colaboram com sua esperança na vinda do Salvador que não conheceram e o seguem firmemente esperando, com a fé submissa de Pedro e seus seguidores. Os primeiros transmitem o ensinamento oral, os segundos se afirmam na espera, nas Escrituras e no acordo corporativo de sua significação em vista do futuro.

III. Gnosticismo e heresiólogos. Se o gnóstico é, falando em sentido específico, "o que possui o conhecimento" e, de forma completa e estrita, "o que possui o conhecimento da profundidade", entender-se-á que não somente interpreta a fé como uma forma de conhecimento inferior e incompleto em relação às revelações gnósticas, mas, quanto à intelecção (*noésis*) com a qual a filosofia platônico-pitagorizante dá fundamentação à atividade intelectiva e epistêmica da alma, tampouco lhe é suficiente, porque a realidade espiritual encerra maiores possibilidades de experiência cognitiva.

O gnosticismo é oferecido, de acordo com sua peculiaridade espiritual e suas exigências intelectuais, como a primeira expressão da metafísica cristã com inclusão de uma práxis sacramental mistérica que completa a teoria, ritos que se iniciam com o batismo de água e se completam pelo do espírito, que, por sua vez, supera o do fogo, cumprindo cada uma das etapas com seus progressivos graus iniciáticos. Estes são completados pelo mistério da câmara nupcial. Por isso, o *Evangelho de Filipe* (NHC II, 3, 67, 27-30) diz sinteticamente: "O Senhor realizou tudo em um mistério: um batismo, uma unção, uma ação de graças, uma redenção e uma câmara nupcial". Isso também é ratificado com sentido sapiencial pelo hino final arcaico da versão extensa do *Apócrifo de João* (NHC II, 31,22-35 e IV, 49,1-5). Tampouco a ética dos gnósticos é imoral ou amoral, mas supramoral. Ética normativa existe para os psíquicos, que possuem fé e esperança no Salvador. O gnóstico já conheceu e a prova definitiva acontece em cada pneumático quando se autoconhece desde sempre e para sempre libertado. Deve-se conhecer para ressuscitar e não o contrário. A gnose não é contrária às normas, mas acima da lei, que é intrinsecamente simbólica (Ptolomeu, *Carta a Flora*).

O conjunto deste tipo de concepção tem sua raiz no marco da sabedoria teórica platônica-pitagorizante, mas faz retornar gnosticamente desde a reflexão individual à experiência do filosofar como um modo de sabedoria teórico-prática que se conquista em comunidade, é registrado claramente pela versão ao copta do *Discurso perfeito* (*Asclépio*) (NHC VI,8, 65,15. 66,29). Há dois tipos de gnose, duas formas de conhecimento, inseparáveis da autêntica filosofia: a gnose que outorga a ciência inteligível e que ilumina o saber da alma: sabedoria e ciência, *episteme* inteligível ou noética, mas atingida esta, se aspira a outra mais livre, a que, aprofundada ou provada, permite a experiência ou contato com os mistérios inefáveis da regeneração em Deus.

Porém, se os gnósticos foram entendidos como integrantes de uma forma de opção comunitária, de "filosofia cristã" una e tradicional (porque eles são continuidade das tradições secretas de Set) como conhecimento salvífico e mistério iniciático passível de conviver com os demais cristãos, que desde o início creram que Jesus o Cristo era o Messias, é igualmente certo que sua doutrina peculiar sobre os princípios, sua cosmologia e sua soteriologia, base de uma gnoseologia, antropologia, ética e filosofia do tempo e da história extremas, segundo se expõe em seu ensinamento, dificilmente se poderia admitir diante de um pensamento já refletido por Justino, no qual a "filosofia cristã" é interpretada como filosofia una, à qual precederam como prefigurações no tempo, algumas expressões da filosofia grega, pela via do platonismo e da sabedoria profética do AT inspirada pelo Espírito Santo, que é anterior aos gregos e sua mestra, imediata ou mediata. Tanto Clemente de Alexandria como a anônima *Exortação aos gregos* continuarão afirmando a mesma coisa. Isso explica que o que se filtrava das propostas gnósticas e seu proselitismo esotérico era entendido com suspeita e, mais tarde, rejeitado e combatido globalmente, como uma escolha ilegítima dentro da Igreja. Nesses momentos, pela metade do século II, surge a tendência monolítica de negar a opção gnóstica como cristã, denuncia-se a "gnose" como "falsa gnose" (Justino de Roma, Irineu de Lyon, Hipólito de Roma) e se influi eclesiasticamente em Alexandria, embora assimilando-se neste meio religioso o prestígio intelectual que os gnósticos haviam adquirido com a transformação da "gnose" em "gnose verdadeira" (Clemente de Alexandria, Orígenes), baseada na fé, nas Escrituras da Igreja e "na tradição não escrita transmitida desde os apóstolos a um pequeno número". Sub-repticiamente são mantidas, mesmo assim, as contribuições gnósticas entre escritores ortodoxos enquanto facilitam instrumentos conceituais para a elaboração da doutrina trinitária e as polêmicas contra o arianismo (Orígenes, Mário Vitorino, Hilário de Poitiers).

Há, portanto, vários séculos da história do cristianismo antigo, tempos que inclusive vão além do concílio de Niceia (325), que não podem ser entendidos em sua integridade sem a presença dos cristãos gnósticos como seus primeiros e originais pensadores metafísicos e teósofos, e a reação grupal, criadora do gênero heresiológico, que motivaram. Trata-se de um autêntico desafio para a pesquisa como a presença de uma alteridade palpitante do passado da história cristã, a ponto de João Paulo II, com sensível consciência da questão, se referir na encíclica *Fides et ratio*, eufemisticamente, a "certas reservas" de Irineu de Lyon e Tertuliano para com os gnósticos, quando das mesmas passagens textuais aparece que se tratou de francas e até ferozes condenações dos adversários. Palavras tão benévolas quanto realistas marcam a atualidade de uma temática e incitam à pesquisa, sem obstáculos, das razões da "gnose heterodoxa".

García Bazán, F. *La gnosis eterna. Antología de textos gnósticos griegos, latinos y coptos* I. Madrid, Trotta, 2001; Id. *Gnosis. La esencia del dualismo gnóstico*. San Antonio de Padua, 1978²; Id. *Aspectos inusuales de lo sagrado*. Madrid, Trotta, 2000; Id. *El hermetismo*. Madrid, 2002; Montserrat Torrents, J. *Los gnósticos* I.II. Madrid, Gredos, 1983; Orbe, A. *Estudios valentinianos* I-V. Roma, 1956-1966; Id. *Cristología gnóstica* I-II. Madrid, BAC, 1976; Piñero, A.; Montserrat Torrents, J.; García Bazán, F. *Textos gnósticos. Biblioteca gnóstica de Nag Hammadi* I-III. Madrid, Trotta, 2000², 1999, 2000; Rudolph, K. *Die Gnosis*. Göttingen, 1990³; Tardieu, M.; Dubois, J.-D. *Introduction à la littérature gnostique* I. Paris, 1986.

Francisco García Bazán

GRAÇA E LEI

I. História mínima dos conceitos. 1. *Nas Escrituras*. No AT, a graça de Deus se identifica com a misericórdia, com a justiça e com a fidelidade de Deus. A graça de Deus tem sempre o contexto histórico-salvífico da Aliança com seu esquema histórico de passado, presente e futuro. Deus recorda as obras de misericórdia que fez no passado com o povo de Deus. No presente Deus exige como resposta a observância de seus preceitos e mandamentos. O futuro depende do povo. Se cumprir os mandamentos de Deus, o futuro será de felicidade. Se os não cumprir, será de maldição. A promessa divina para o futuro depende da liberdade do povo de Deus de observar ou não observar seus mandamentos. Se o povo escolher seguir os preceitos de Deus, prolongará até no futuro as obras de Deus realizadas no passado. Se não cumprir, interrompe-se a obra de Deus.

No NT, o sentido básico do termo graça (*karis*) é tirado do grego profano. Descreve a relação entre duas pessoas em termos de bondade, condescendência, gratuidade, gratidão e alegria. Quem mais usa o termo "graça" em todo o NT é Paulo, que insiste em que a graça de Deus, a bondade e a misericórdia divinas não são conseguidas pela observância da lei, mas pela fé. Pela fé recebemos a graça que nos abre para o Espírito, que nos conduz à vida. O contrário é colocar a confiança na lei, que só consegue dar vida ao pecado, que nos leva à morte. Os que buscam a santidade, a justificação e a proximidade de Deus na observância de toda a lei não se libertam do poder do pecado e da morte. O pensamento de Paulo pode ser resumido assim: graça-espírito-vida; lei-pecado-morte.

Em Paulo temos, assim, três coordenadas de termos opostos: graça-lei, espírito-pecado e vida-morte. A vida em Paulo não é a vida do ser humano em sua corporeidade animada pelo espírito. A vida ou morte do ser humano em sua corporeidade é o critério de discernimento para saber se vivemos no regime do Espírito ou do pecado, no regime da graça ou da lei. A justificação é a passagem do regime da lei, do pecado e da morte para o regime da graça, do Espírito e da vida. O que torna possível a justificação não são as obras da lei, mas a fé que nos abre para a graça. "Rompestes com Cristo vós que buscais a justiça na Lei; caístes fora da graça" (Gl 5,4). A graça é a lei do Espírito que leva à vida, o contrário é a lei do pecado que leva à morte: "A lei do Espírito da vida em Cristo Jesus te libertou da lei do pecado e da morte" (Rm 8,2). Por isso, Paulo proclama a liberdade diante da lei. Seus escritos são um autêntico evangelho da liberdade cristã. Paulo não rejeita a lei em si mesma, mas a absolutização da lei, o colocar a confiança na lei como meio para obter a graça, a santidade, a justificação. A lei pode ser útil e necessária, mas somente como uma ajuda, não como meio de salvação. A lei é relativa. Somente a graça é absoluta. Quando se absolutiza a lei, então estamos sob o domínio do pecado e da morte.

Paulo distingue entre o Pecado (no singular e com maiúscula) e as transgressões. O Pecado é a rejeição da graça, do amor de Deus, da justiça divina, de sua palavra e de seu Espírito. É o único pecado. Todo o resto são transgressões. Neste sentido, há uma distinção no pensamento de Paulo entre a lei em seu sentido histórico-salvífico e as leis em seu sentido humano e ético. A confiança na lei nos fecha para a graça e para o Espírito. Por isso, Paulo prega a liberdade diante da lei. Nas leis naturais, civis e eclesiásticas só está em jogo a vida moral, a vida social e comunitária. A transgressão de todas essas leis não afeta a nossa relação básica com Deus, nosso "estado de graça". Mais ainda, as exigências da graça e da justiça divinas podem exigir, às vezes, a transgressão, das leis. Jesus transgrediu grande quantidade de leis para salvar a vida humana, que é a exigência básica da graça e da justiça divina.

2. *Na história da teologia*. A doutrina da graça foi um dos temas essenciais da fé cristã ao longo da história. Esboçamos aqui somente alguns marcos desta história.

Num primeiro momento histórico, a teologia da graça, tal como se expressava no NT, teve de enfrentar dois desvios: por um lado, a redução farisaica da graça ao puramente ético (a observância da lei); por outro lado, a espiritualização da graça (atuante só na alma e não no corpo). Nos séculos II e III, a teologia enfrentou o gnosticismo, que defendia a autorredenção do ser humano por um conhecimento salvífico especial. O que salva seria o conhecimento (um conhecimento esotérico), e não a graça. A teologia procurou também superar o pessimismo gnóstico afirmando a bondade da criação e a possibilidade da liberdade cristã por obra da graça.

Nos séculos IV e V, como reação aos quatro primeiros concílios ecumênicos, na Igreja oriental grega surgiu a mística cristã da graça como divinização do ser humano ("Deus se fez homem para que o homem se fizesse Deus"). Insistiu-se sobre a possibilidade de uma consumação terrestre da vida da graça, por meio da contemplação sobrenatural e estática de Deus. Na Igreja romana ocidental, dominou Agostinho (primeira metade do século V), que insistiu, contra Pelágio, na gratuidade e causalidade total da graça de Deus na justificação e santificação do ser humano. Muitos temas dominantes até hoje na teologia romana da graça (como graça e natureza, graça e liberdade humana, graça e pecado original) estão fundamentados em Agostinho. Seu pensamento procura seguir Paulo, mas utiliza os esquemas antropológicos do pensamento romano. Agostinho afirmava, por exemplo, que provar a existência de Deus significava adquirir plena consciência da verdade em nosso pensamento. A graça divina é necessária para que o ser humano permaneça no bem e não faça mau uso de sua liberdade. A graça não nega a liberdade humana, mas a potencia. Outro tema é a relação entre graça e razão, que não se opõem, mas concordam. Agostinho distingue três momentos: a preparação da razão para crer, a adesão crente à verdade e a inteligência da verdade aceita pela fé.

Na alta Idade Média, a doutrina da graça experimentou grande desenvolvimento, por um lado, com Tomás de Aquino (1224-1274) e a escola dos dominicanos e, por outro lado, com João Duns Scott (1266-1308) e a escola franciscana. Introduz-se na discussão teológica a metafísica, a ética e a psicologia de Aristóteles, com o qual a teologia adquiriu uma nota claramente antropológica. Tomás insiste em que a graça pressupõe o sujeito humano (o ser humano livre e independente) e este fica afetado ontologicamente pela graça. A graça é o estado sobrenatural da alma humana. Scott e os franciscanos identificam a graça com a virtude sobrenatural da caridade. O amor é superior à mesma fé: "Vale mais amar a Deus que conhecê-lo". Scott acentuou que o objetivo da teologia não é teórico, mas educativo e prático. Privilegiou a prática sobre a teoria.

Martinho Lutero (1483-1546) acentua a corrupção total da natureza humana e afirma que a graça (a justiça de Deus) cobre os pecados dos cristãos que se abandonam a Deus mediante a fé. Somente a fé é necessária para alguém saber-se e sentir-se salvo. A justiça de Deus (Rm 1,17) imputa a obra redentora de Cristo àquele que tem fé sem sua colaboração, dado que este é pecador. A graça é fundamentalmente a misericórdia de Deus que salva o homem pecador.

A Escolástica tardia se esgotará em discussões estéreis sobre a dimensão metafísica da graça, distinguindo entre natureza e graça, entre natural e sobrenatural, liberdade humana e graça, graça incriada e criada, graça habitual e atual. Os dominicanos (tomismo) defenderão a causalidade total de Deus, e os jesuítas (molinismo), a liberdade humana na obra da graça.

No século XX (desde 1920 e, sobretudo, com o concílio Vaticano II, 1962-1965), começa uma renovação teológica da doutrina sobre a graça com teólogos como K. Rahner, R. Guardini, K. Barth, H. de Lubac, H. Küng e outros. Há uma volta à Bíblia e à tradição patrística e uma abertura para as correntes modernas personalistas, existencialistas e antropológicas. Descobre-se a dimensão histórica, social e libertadora da graça. Supera-se o pessimismo que acentuava o caráter pecador do ser humano e o abismo entre a dimensão natural e a sobrenatural. A graça certamente é pura graça, mas responde a um desejo profundo enraizado no coração humano. Existe um sobrenatural existencial em todo ser humano, uma abertura ontológica para o Absoluto. A graça é diálogo e encontro gratuito com Deus. A graça de Deus está sempre presente em todas as religiões e culturas e responde à busca universal de Deus mais além dos limites eclesiais e confessionais.

II. O mínimo do catecismo atual sobre graça e lei. O *Catecismo da Igreja Católica* (Roma, 1992) define a graça como favor gratuito que Deus nos dá para responder ao seu chamado de ser filhos de Deus. A graça é uma participação na vida de Deus. Essa vocação para a vida eterna é sobrenatural. Há diferença entre a graça santificante como graça habitual e as graças atuais como dons de Deus para fatos particulares. A preparação do ser humano para receber a graça já é uma obra da graça. A livre iniciativa de Deus pelo ser humano exige uma resposta também livre do ser humano. Há graças especiais como os dons do Espírito Santo, os carismas e as graças de estado. A graça, sendo de ordem sobrenatural, foge à nossa experiência e somente pode ser conhecida pela fé. A justificação, como conversão e abertura para a vida de Deus, é obra da graça. A justificação nos foi merecida pela paixão de Cristo e nos é conferida mediante o batismo.

Segundo o *Catecismo*, a lei eterna tem sua raiz na sabedoria e na bondade de Deus e é fonte de todas as leis. Toda lei tem, portanto, na lei eterna sua verdade primeira e última. Há distinção entre a lei natural e a lei revelada, entre as leis civis e as eclesiásticas. A lei em geral é uma regra de comportamento, que supõe uma ordem racional e ordena a razão em função do bem comum. A lei natural, inscrita no coração de todo ser humano e estabelecida pela razão, é universal e continua sendo a mesma através de toda a história; expressa o sentido moral original que permite ao ser humano discernir mediante a razão entre o bem e o mal, entre a verdade e a mentira. A graça e a revelação são necessárias para que a lei natural seja conhecida por todos, com certeza e sem erro. A lei revelada tem vários estágios. Primeiro, a lei antiga, que se resume nos dez mandamentos revelados a Moisés. Depois, foi revelada a lei de Jesus Cristo, perfeição da lei natural e de todas as leis reveladas anteriormente. O cristão realiza sua vida moral na Igreja, como um culto espiritual, alimentado pela liturgia e pela celebração dos sacramentos. A vida moral do cristão é orientada pelo magistério de seus pastores. Magistério ordinário na pregação e na catequese, e magistério extraordinário, que goza do atributo da infalibilidade. Ao magistério cabe pronunciar-se também sobre questões morais que dizem respeito à lei natural e à razão.

III. Discussão atual. 1. *Análise crítica do esquema dominante sobre graça e lei.* Há uma tradição arraigada no cristianismo tradicional que valoriza a alma acima e contra o corpo. A salvação da alma acontece no domínio, no desprezo e na crucificação do corpo, e, em suma, na libertação do corpo, que é como o cárcere da alma. Neste esquema, a graça age na alma contra o corpo. Este esquema é desenvolvido por diversas correntes gnósticas (pensa-se, por exemplo, que a alma é uma faísca divina que cai no corpo e que, pela morte, a alma se liberta do corpo e volta outra vez para Deus). O esquema atinge uma racionalização perigosa em teólogos escolásticos como, por exemplo, João Ginés de Sepúlveda (*Tratado sobre causas justas da guerra contra os índios*: 1547) e assim, através da história, entrou no subconsciente do cristão comum.

Nesta tradição, afirma-se que a alma está para o corpo como a razão para o apetite e como a forma para a matéria. Pela lei natural e divina, a razão deve dominar o apetite como a forma domina a matéria. O império absoluto do apetite, da matéria e do corpo cria o caos e a perdição. O império da graça se identifica com o império da alma e da razão. A racionalidade e a espiritualidade são alguma coisa própria da alma e não do corpo. Isso, que poderia aparecer como inofensivo e abstrato, se torna concreto e perigoso quando se especifica que a alma está para o corpo como o pai está para o filho, o adulto para a criança, o homem para a mulher, o senhor para o escravo, o ser humano para a natureza (Aristóteles). No século XVI, Sepúlveda acrescenta: como o espanhol para o índio.

Neste esquema básico de "alma-corpo" e na lei natural de domínio da alma sobre o corpo está a raiz de todas as dominações: a dominação escravagista (senhor-escravo), patriarcal (homem-mulher), de gerações (adulto-criança), assim como a dominação antropocêntrica sobre a natureza (ser humano-natureza) e a dominação colonial (europeu-índio). Nesse esquema, a graça passa mais pela alma que pelo corpo. Passa pelo corpo tanto quanto este fica submetido ao império da alma. Igualmente, seguindo o mesmo esquema, a graça passa mais pelo senhor que pelo escravo, pelo homem mais que pela mulher, pelo adulto mais que pela criança, pelo ser humano mais que pela natureza, pelo dominador colonial mais que pelo dominado. É o varão, o senhor, o adulto, o ser humano e o dominador cultural a pessoa racional e espiritual por excelência. O escravo, a mulher, a criança, o índio e o cosmos são por natureza carentes de espiritualidade e racionalidade. A graça e a razão não só têm na alma um espaço privilegiado, mas se realizam no domínio, inclusive violento, do "superior" sobre o "inferior". A salvação está em que a parte superior domine a inferior. Se a inferior oferecer resistência, é legítimo e saudável que a parte superior exerça violência contra a inferior para o bem dela, assim como a razão domina o apetite e como o ser humano ameaça os animais. Nesta dicotomia "alma-corpo" se enraizaram todas as violências contra os pobres, a mulher, as crianças, os indígenas, os negros e contra a própria natureza.

2. *Graça e libertação (pessoal e social).* A definição de graça e lei exige hoje uma superação radical do

esquema tradicional tal como o descrevemos e que ainda está subjacente nos catecismos, nas teologias dominantes e sobretudo está vivo no subconsciente coletivo do cristianismo popular. Em geral afirmamos hoje, contra o paradigma tradicional, que a graça tem uma dimensão fundamentalmente corporal, e que, portanto, é uma realidade social e cósmica. Que a lei divina e natural não é o domínio da alma sobre o corpo, mas a satisfação das necessidades corporais básicas de todos os seres humanos. A lei divina e natural é que todos tenham vida, que concretamente significa terra, trabalho, comida, educação, participação, cultura, paz e alegria. Estas necessidades básicas são simultaneamente corporais e espirituais. A terra é uma realidade material, porém, igualmente uma realidade espiritual. A vida de todos os seres humanos é a única coisa racional e é a graça que nos dá gratuitamente o Deus da vida. A graça não é definida pelo "domínio" da alma sobre o corpo, mas pela "libertação" do ser humano. A graça anima a libertação integral de todo o ser humano, corpo e alma, em harmonia com a natureza. A experiência de Deus e do racional passa fundamentalmente pela vida do ser humano, concebida como satisfação de suas necessidades básicas e libertação de toda miséria e opressão. O corpo não é pensado em oposição à alma, mas como um corpo animado em busca de plenitude e de liberdade. Irineu de Lyon resumia isto em sua famosa frase: "A glória de Deus é o ser humano vivo; a gloria do ser humano é a visão de Deus" (*Adv. Haer.* IV, 20,7). A glória de Deus é a essência de Deus, o que Deus mesmo é. Essa glória se revela na vida do ser humano. Igualmente, a vida do ser humano se plenifica na visão de Deus.

De forma análoga podemos dizer que a graça passa pelos movimentos sociais de libertação. Se o domínio da alma sobre o corpo é o paradigma do domínio do senhor sobre o escravo, do homem sobre a mulher, do adulto sobre a criança, da cultura ocidental sobre as culturas oprimidas e do ser humano sobre a natureza, então a graça passa pelos movimentos de libertação dos pobres e excluídos, de libertação da mulher, dos jovens, de libertação cultural e ecológica. A libertação pessoal e os movimentos sociais de libertação chegam a ser os espaços privilegiados da experiência de Deus. A racionalidade e a espiritualidade passam hoje de maneira privilegiada por todas as experiências de libertação. A graça de Deus é sobretudo libertação e dom da vida para todos e para todas.

3. *Graça e liberdade diante da lei*. Já dissemos que, no esquema tradicional, se afirmava como lei divina e natural a submissão do corpo à alma, do apetite à razão, do inferior ao superior, do escravo ao senhor, da mulher ao homem, da natureza ao ser humano. Contra este esquema afirmamos que a lei divina e natural não está nessa submissão, mas na afirmação da vida humana e cósmica como um absoluto. O divino, o humano e o racional é que todas as pessoas tenham vida e vida em harmonia com a natureza. A graça não passa pela lei da submissão, mas pela vida afirmada como um absoluto acima de toda lei ou instituição de opressão ou submissão. O absoluto não é a lei, mas a vida humana e cósmica. A graça, identificada com a vida como um absoluto, pode inclusive exigir a desobediência à lei. Neste caso, a opção ética correta é a desobediência à lei. Jesus já estabelecia com toda clareza: "O sábado foi feito para o homem, e não o homem para o sábado, de modo que o Filho do Homem é senhor até do sábado" (Mc 1,27-28). A lei do sábado era a lei mais sagrada para os judeus, e, por isso, a tendência era sacralizá-la acima de tudo. Jesus pôs a vida humana acima de tudo e de toda lei. A lei não é o Senhor que domina o ser humano, mas o ser humano é o Senhor que domina acima de toda lei, inclusive acima das mais sagradas. Quando se tratava de salvar ou curar a vida humana, Jesus não tinha dúvida de transgredir qualquer lei. Paulo igualmente pôs a salvação não na obediência à lei, mas na graça e no amor de Deus. O ser humano se santifica ou se justifica não pela observância da lei, mas pela fé que nos abre para a graça e para o amor de Deus. O ser humano que rejeita a graça como opção de liberdade e libertação caminha para sua perdição, embora cumpra à perfeição todas as leis divinas e humanas.

4. *Graça e lei na Igreja*. Existem atualmente dois modelos de Igreja contrapostos: uma Igreja marcada pela lei e outra marcada pela graça. No primeiro modelo de Igreja, o central é a lei, o dogma, a doutrina, o poder, a instituição e os sacramentos. A fé é pensada como obediência, submissão, crença em uma verdade de fé, prática sacramental. É uma Igreja centrada sobre si mesma, isolada do mundo. Sua estrutura interna é fortemente hierárquica, com um poder piramidal e centralizado e com uma forte diferença entre clero e leigos. A Igreja é a hierarquia, e o povo de Deus é eminentemente passivo. A fidelidade, a santidade, a justificação são buscadas no cumprimento da lei: a lei divina e a lei eclesiástica. O *Código de Direito Canônico* tem um lugar central e rege a vida interna de toda a Igreja. O pecado é a transgressão da lei. O pecado mortal nos priva radicalmente da graça santificante ou habitual. O pecado venial debilita o estado de graça. O exame de consciência, o sacramento da confissão e a penitência são o centro da vida espiritual. O sentido de culpa é básico nesta Igreja da lei. A pregação consiste fundamentalmente na denúncia do pecado, o que provoca a humilhação e culpabilização do crente, e que fica totalmente nas mãos do sacerdote para obter o perdão e a salvação eterna da alma.

Diametralmente oposto é o modelo de Igreja marcado pela graça. Nele a Igreja é fundamentalmente povo de Deus, comunhão de comunidades e movimentos, sacramento do reino de Deus. O centro da história da salvação não é a Igreja, mas o reino. A Igreja está inserida no mundo e a serviço do mundo. Não é uma Igreja hierarquizada, mas comunitária. É uma Igreja descentralizada, onde a dignidade básica do cristão é a de ser membro do povo de Deus. Os chamados a exercer carismas e ministérios específicos não se colocam acima do povo de Deus, mas estão a seu serviço. A hierarquia não está no vértice de uma estrutura de poder, mas no coração de uma comunhão. A lei e o dogma são necessários, porém não absolutos, mas instrumentos históricos relativos para discernir a prática de fé da comunidade. A máxima autoridade na Igreja é a palavra de Deus, discernida com a ajuda do magistério e da tradição. O *Código de Direito canônico* é também um instrumento relativo para discernir, em situações limites, os direitos e deveres das pessoas. Sua função não é central na vida da Igreja, mas relativa e subsidiária, especialmente útil em caso de conflitos, para defender os direitos dos mais desprotegidos e ameaçados.

A santidade e a justificação não são obtidas pela observância da lei, mas por nossa capacidade de resposta à graça de Deus. A graça é a misericórdia, a bondade e o amor totalmente gratuito de Deus para com toda a humanidade, especialmente para com os pecadores. O pecado não é a transgressão da lei, mas a rejeição da graça. O modelo de Igreja marcado pela graça de Deus procura des-culpabilizar as pessoas. O sentimento de culpa é um sentimento negativo e destrutivo. O pecado, tanto pessoal como social, é, antes de tudo, uma situação de miséria que clama pela libertação. O ser humano é mais vítima que autor do pecado, sobretudo quando descobrimos o pecado social ou as estruturas sociais do pecado. O pobre, fundamentalmente, precisa ser libertado do pecado que o mantém na pobreza e o rico precisa ler libertado do pecado que o torna opressor dos demais. A conversão e o perdão dos pecados são necessários para descobrir e entrar no reino de Deus.

5. *Graça e lei na experiência universal do povo de Deus.* Na tradição bíblica se diz que Deus é Amor (*Ágape*), Palavra (*Lógos*) e Espírito (*Pneuma*). Toda pessoa ou comunidade aberta para a graça de Deus reflete a realidade divina do Deus amor, da palavra de Deus e do Espírito de Deus. Nestas três realidades é Deus quem se manifesta, por pura graça, a quem quiser acolhê-la, mais além de todo espaço confessional ou religioso. O Amor, a Palavra e o Espírito de Deus rompem toda instituição estruturada pela lei. Aquele que procura a santidade na observância da lei não encontrará nunca o Amor, a Palavra e o Espírito de Deus. Recordemos a frase já citada de Paulo de Tarso: "Rompestes com Cristo, vós que buscais a justiça na Lei; caístes fora da graça" (Gl 5,4). Vejamos cada um destes aspectos.

Em primeiro lugar, é o Amor (*Agape*). Na primeira carta de João (4,7-21) se diz: "Aquele que não ama não conheceu a Deus, porque Deus é amor". O amor não consiste em amar a Deus, mas no amor que ele tem por nós. "Se Deus assim nos amou, devemos, nós também, amar-nos uns aos outros. Ninguém jamais contemplou Deus. Se nos amarmos uns aos outros, Deus permanece em nós, e o seu Amor em nós é realizado". No evangelho de João lemos: "Nisto reconhecerão todos que sois meus discípulos: se tiverdes amor uns pelos outros" (Jo 13,35). Os textos são claros: a graça consiste em descobrir o amor de Deus, deixar-se transformar por ele e amar os outros. Isto não se consegue pela observância da lei, ao contrário, muitas vezes, o amor exige transgredir a lei. O amor é, portanto, a primeira e fundamental definição e manifestação histórica da graça e de uma pessoa, de uma comunidade ou de uma instituição marcada pela graça. Na linha do amor poderíamos também dizer solidariedade, justiça, misericórdia, ternura, carinho etc.

Em segundo lugar, a dimensão de Deus como Palavra (*Lógos*). A segunda experiência da graça é escutar a palavra de Deus. Deixar-se transformar pelo amor de Deus, porém, também escutar sua palavra. Cremos em um Deus que fala, se comunica e se revela. O *Ágape* deve estar junto com o *Lógos*. *Ágape* e *Lógos* são duas dimensões de uma única natureza divina. O grande hino ao Logos de Deus é o prólogo do evangelho de João. Nele se afirma resumidamente que no princípio existia o Logos, que o Logos era Deus e que por ele tudo foi criado. Nele estava a vida e a vida era a luz da humanidade. Os que recebem o Logos chegam a ser filhos de Deus. O Logos se fez carne (carne é o ser humano em toda a sua debilidade) e pôs sua morada entre nós. A lei foi dada por meio de Moisés; a graça e a verdade chegaram a nós por Jesus o Messias. Para os cristãos, a principal mediação da palavra de Deus é a Bíblia. Porém, a Bíblia é o segundo livro de Deus, pois o primeiro é o Livro da Vida: a criação, a história, as culturas. Como diz Agostinho: "A Bíblia, o segundo livro de Deus, foi escrita para ajudar-nos a decifrar o mundo, para devolver-nos o olhar da fé e da contemplação, e para transformar toda a realidade em uma grande revelação de Deus". Para os cristãos, a Bíblia é o cânon da fé, isto é, a medida, o critério, a gramática para discutir a palavra de Deus. Quem possui esse cânon pode discernir e proclamar a palavra de Deus com autoridade, legitimidade, autonomia, liberdade e segurança. A experiência da palavra de Deus no povo de Deus escapa a todo controle institucional. A ciência bíblica e o magistério podem ajudar a interpretar a palavra de Deus, porém, finalmente, é o próprio povo de Deus quem tem a palavra e pode julgar ou discernir criticamente toda lei, dogma ou instituição religiosa. Por isso, a apropriação da Bíblia por parte do povo de Deus leva à reforma de toda estrutura religiosa institucional.

Em terceiro lugar, temos a dimensão de Deus como Espírito (*Pneuma*). A terceira experiência da graça é deixar-se conduzir pelo Espírito de Deus. O Espírito é o autor da graça, que age nas pessoas, nas comunidades, na história em toda a sua dimensão econômica, social, cultural e religiosa. A absolutização da lei e a racionalização, dogmatização e estruturação da fé suprimiu a dimensão do Espírito. Como disse Paulo de Tarso, a confiança na lei dá vida ao pecado que nos leva à morte. Pelo contrário, é a graça que abre para a realidade do Espírito que conduz à vida. Onde existe o regime lei-pecado-morte, desaparece o regime fé-espírito-vida. O Espírito transforma a pessoa, as comunidades e a história em geral, seguindo o próprio ritmo e processo de crescimento. Se a lei é violência, o Espírito é pura graça na orientação das pessoas e da história para a vida.

6. *Graça e lei nas religiões da humanidade.* A contradição entre graça e lei acontece em todas as religiões e movimentos religiosos da humanidade. O fundamentalismo religioso é uma forma de imposição da lei como um absoluto. Nas "religiões do livro" (judaísmo, cristianismo e islamismo) acontece uma absolutização do texto bíblico como lei ou cânon absoluto. Tende-se a rejeitar a crítica do texto bíblico realizada pelos métodos modernos histórico-críticos, linguísticos e literários. O texto chega a ser um ente eterno e absoluto que exige submissão absoluta, incondicional e acrítica. O fundamentalismo do texto mata toda experiência de graça, de liberdade e de libertação. Alguma coisa semelhante acontece em outras religiões quando são absolutizados as práticas e os ritos religiosos. A experiência de Deus e da graça fica sufocada. Destrói-se a dimensão mística de Deus e da graça presente em todas as religiões, como uma dimensão que está acima de todas as estruturas religiosas e em ruptura com elas.

O diálogo inter-religioso deve seguir a inspiração da graça e não o poder da lei do dogma ou da instituição religiosa. O diálogo nunca pode começar por definições dogmáticas sobre Deus, Jesus Cristo ou a salvação. A graça exige, por sua própria natureza, colocar em primeiro plano o caráter absoluto da vida humana e cósmica e as experiências de liberdade e de libertação na história. A partir daqui se deve buscar juntos o Deus da vida, como uma experiência gratuita e mística, bem além dos limites institucionais e confessionais. O caminho da graça no diálogo inter-religioso, totalmente à margem da lei, do dogma e da instituição, pode desencadear no mundo uma força espiritual sem precedentes na afirmação da vida sobre a morte de toda a humanidade, especialmente entre os mais pobres e excluídos. Esta forma de diálogo inter-religioso será sobretudo possível nos povos do Terceiro Mundo e desde os mais pobres. A graça se revela a partir dos pobres, assim como a Lei domina a partir dos poderosos.

Auer, J. *El evangelio de la gracia.* Barcelona, Herder, 1975; Boff, L. *Gracia y liberación del hombre.* Madrid, Trotta, 2000; Bonhoeffer, D. *El precio de la gracia.* Salamanca, Sígueme, 1995[6]; Ganoczy, A. *De su plenitud todos hemos recibido.* Barcelona, Herder, 1991; Ladaria, L. F. *Antropología teológica.* Madrid-Roma, Universidad Pontificia de Comillas/Universidad Gregoriana, 1987; Id. *Introducción a la antropología teológica.* Estella, EVD, 1993; Mussner, F. "La gracia en el Nuevo Testamento". In: *MS* IV/2, 590-608; Ruiz de la Peña, J. L. *El don de Dios. Antropología teológica especial.* Santander, Sal Terrae, 1991; Schillebeeckx, E. *Cristo y los cristianos. Gracia y liberación.* Madrid, Trotta, 2006; Zubiri, X. *El hombre y Dios.* Madrid, Alianza, 1984[20].

Pablo Richard

HERMENÊUTICA

O ser humano sempre foi um hermeneuta, o ser que lançou um olhar sobre o universo em busca de sentido. Os mitos, os símbolos, a arte, os sonhos religiosos, as utopias não são senão tentativas de *interpretar* o mundo para encontrar nele ou dar para ele um sentido. Na medida em que essas tentativas se solidificaram em textos, a hermenêutica se transformou na arte de *interpretar textos* enquanto materialização do sentido contido e expresso neles: um sentido buscado não como peça de museu, mas como fonte de identidade, como luz para estar e se orientar no mundo, como horizonte de resposta às grandes e inevitáveis interrogações que as brechas deste mundo suscitam no ser humano e o surpreendem. A hermenêutica, porém, não se reduz a essa arte de ler, decifrar e interpretar os textos que a busca de sentido de seus antepassados deixou na história. *Hermenêutica* é o desdobrar inteiro da existência consciente do ser humano como tal, enquanto ser de sentido e ser histórico, finito, ao mesmo tempo. Viver, para ele, é interpretar, buscar e dar sentido.

Toda experiência religiosa, e a experiência cristã em particular, é uma experiência de sentido. A experiência cristã é a experiência de sentido último no acontecimento de Jesus e à luz da experiência de sua ressurreição. É, portanto, interpretação de sentido. Porém ao mesmo tempo, é interpretação de uma interpretação anterior de sentido, da experiência religiosa judaica transmitida ao longo do AT, à luz do sentido último experimentado na ressurreição do Crucificado. A hermenêutica está, pois, nas mesmas origens do cristianismo. Inclusive a hermenêutica no sentido mais concreto e reduzido de interpretação de textos originais, pois a experiência de sentido de cuja tradição vem e reinterpreta à luz da nova experiência já é uma experiência interpretada e sedimentada em textos. E do mesmo modo, a nova experiência do cristianismo dará lugar a uma interpretação que sedimentará em novos textos, que, por sua vez, serão interpretados na comunidade cristã ao longo da história. O NT já é a interpretação de uma experiência original, e a teologia será por isso também, e desde seu começo, essencialmente *hermenêutica*.

I. Da "hermenêutica sagrada" ao "problema hermenêutico". As origens da hermenêutica remontam ao mundo do sagrado, do mito. Hermes, o deus mensageiro que exerce a função de mediador entre os deuses e os seres humanos mortais, aos quais transmite suas mensagens e decifra, traduz, seu sentido. *Hermeneia* é a *arte* que cumpre essa função de mediação entre os dois mundos, o divino e o humano. Esta função, porém, é exercida fundamentalmente como arte de interpretar os textos nos quais se encontra o sentido que une os mundos, por exemplo, os textos *autoritativos* das religiões. É o caso da hermenêutica *judaica* ou *rabínica*, ou dos admiráveis esforços de interpretação da comunidade *cristã*. A história da Igreja recorda com razão o grande hermeneuta G. Ebeling, é a história da hermenêutica das Escrituras.

Até a crise da Modernidade, a hermenêutica será, fundamentalmente *hermeneutica sacra*. Inclusive em Lutero. Com efeito, Lutero permanece também dentro do marco de uma *hermeneutica sacra* na medida em que coloca todo o acento na *autoridade* da Escritura, isto é, numa concepção (ainda) dogmática da mesma. Por isso, Dilthey, o primeiro teórico da hermenêutica filosófica, sequer o menciona em seu estudo histórico *A origem da hermenêutica* (1900).

Quando, na Idade Moderna, a partir da hermenêutica crítica de Spinoza em seu *Tratado teológico-político* (1670), é posta em questão a *autoridade* tanto da Escritura como da tradição, a *hermenêutica sacra* entra numa crise profunda e tem origem o verdadeiro "problema hermenêutico": a mediação entre o sentido sagrado das Escrituras e a tradição e a nova *razão crítica*. Porém, justamente nessa situação crítica, diante do verdadeiro desafio à hermenêutica, a Igreja cristã moderna, a católica e, paradoxalmente, também a protestante, diferentemente da exemplar Igreja primitiva e inclusive a medieval, volta-se sobre si mesma e em lugar de entrar num diálogo crítico com a razão e a cultura modernas, se fecha nas trincheiras de uma *ortodoxia* alheia a todo questionamento, porém, evidentemente, à custa da perda de relevância da mensagem cristã na nova sociedade.

II. A emancipação da hermenêutica: do saber à interpretação. A ortodoxia da Igreja tridentina e da ortodoxia protestante não foi, contudo, a única reação à crise da hermenêutica na Idade Moderna. Diante dela foram feitas tentativas decisivas de uma hermenêutica teológica em diálogo com o Iluminismo.

O passo decisivo nesta direção será dado, no século XIX, pelo teólogo Friedrich Schleiermacher (1768-1834), que por isso mereceu ser considerado "pai da hermenêutica moderna". Ele foi o primeiro, com efeito, a manifestar a necessidade de uma teoria *filosófica* do ato de compreender e, consequentemente, o teórico que libertou a hermenêutica da tutela religiosa e a constituiu em problema do saber humano como tal: na "arte de compreender". Com base na compreensão filosófica do ato universal humano da interpretação, e como exigência imanente do mesmo, defende com toda energia ali mesmo, e posteriormente em sua obra *O estatuto da teologia* (1810), a submissão da hermenêutica *bíblica* e *teológica* aos princípios que regem a hermenêutica *geral*. Nesse sentido, sua contribuição para a *emancipação* da hermenêutica foi verdadeiramente "revolucionária" (Jeanrond, 1995, 68), paralela à sua contribuição decisiva para a emancipação do fato religioso do âmbito das igrejas.

Não obstante, o impacto da revolucionária inovação hermenêutica de Schleiermacher não se fez sentir em toda a sua envergadura até no final do século XIX, devido a que suas obras somente foram publicadas parcialmente e em edições medíocres, devido também aos mal-entendidos a que deram lugar alguns conceitos. Porém, sobretudo, devido à forte oposição que suscitou seu programa emancipador e secularizador nos círculos dominantes da *ortodoxia*. Foi o filósofo Wilhem Dilthey (1833-1911), já expressamente interessado na hermenêutica enquanto problema *filosófico*, e não tanto teológico, quem descobriu e fez valer o potencial inovador das análises e a proposta de Schleiermacher, continuando e completando seu trabalho até a constituição e desenvolvimento de uma hermenêutica geral das *ciências humanas*.

Porém, tanto em Dilthey como em Schleiermacher, a hermenêutica ficava situada perigosamente na dependência do *irracionalismo* (*psicologismo*), e esta debilidade vai marcar seu processo de emancipação, apesar de seu significado revolucionário, com um evidente tom *idealista* e *conservador*.

III. Da metafísica à hermenêutica: a existência como diálogo. O nascimento da hermenêutica foi motivado por uma clara vontade de atenção à realidade, à história, às outras coisas concretas, ao texto. Porém, esta vontade se torna verdadeiramente programática na filosofia de Edmund Husserl (1859-1938): o chamado "ir às coisas mesmas", que transformará a filosofia em *fenomenologia* e, pela forma da própria lógica, finalmente, em *hermenêutica*. Tal foi o passo decisivo que deu seu discípulo mais célebre, Martin Heidegger, em sua obra fundamental *Ser e tempo* (1927). Nela, com efeito, faz uma análise rigorosa das condições existenciais do ser humano como ser-no-mundo, como ser histórico, e como ser-com-os-outros, e nessa análise mostra que o *compreender* não é um simples ato entre outros, mas alguma coisa absolutamente mais fundamental: é uma *estrutura existencial* do ser humano (*Dasein*) como tal. A análise fenomenológica torna-se, assim, hermenêutica, hermenêutica da existência, hermenêutica como ontologia.

Como esta estrutura existencial, a hermenêutica, a *interpretação* de algo, acontece, segundo Heidegger, sempre com base numa compreensão *previamente* dada, numa *pré-compreensão* (*Vor-verständnis*), de uma *situação hermenêutica* prévia que a torna possível. Neste sentido, toda compreensão, toda interpretação, é essencialmente circular: realiza-se num inevitável *círculo hermenêutico*. A existência humana é constitutivamente *diá-logo*.

Heidegger radicaliza a hermenêutica, e com isso inaugura uma nova era na autocompreensão humana e em seu olhar sobre o mundo, influindo decisivamente na evolução posterior da filosofia até sua atual configuração pós-moderna e, mais concretamente, na gênese do que bem podemos chamar, a rigor, a "teologia moderna", isto é, a *teologia hermenêutica*.

Porém, antes de entrarmos nessa verdadeira revolução teológica, é preciso fazer uma parada na última estação do pensamento filosófico que a tornou possível. Trata-se da formalização e explanação da hermenêutica existencial enquanto autocompreensão do ser humano em sua *condição dialogal* em H.-G. Gadamer, concretamente em sua obra fundamental *Verdade e método*, de 1960. Partindo das análises fenomenológicas e hermenêuticas de Heidegger, Gadamer insiste na compreensão como uma *conversação* na qual já se está ontologicamente instalado antes de entrar em qualquer *ato* de compreensão, como um estar *inserido* no processo de transmissão, em uma *tradição* que possibilita toda leitura e toda compreensão dos outros, do passado, de um texto. Gadamer insiste especialmente em superar a concepção redutora dominante da hermenêutica como um simples conjunto de regras, como um procedimento ou *método*. O título de sua obra programática tem, na realidade, caráter *disjuntivo*. O objetivo da hermenêutica é a *verdade*, e esta se revela na entrada no *jogo* que acontece entre o passado e o presente, na tradição, e no *acordo* com o sentido transmitido nela através do texto. Nessa inserção exerce um papel fundamental os *pré-conceitos*, isto é, a configuração de nosso próprio horizonte hermenêutico por parte do horizonte do texto, do passado, da tradição, isto é, o que Gadamer denominou, com mais rigor e menos ambiguidade, a *consciência da afetividade histórica*: o horizonte hermenêutico em que já nos encontramos, ou melhor, em que já nos *situou* o texto que pretendemos compreender e graças ao qual – às perguntas e expectativas prévias que cria em nós – podemos entrar no processo concreto de interpretação. Este consiste, por isso, numa verdadeira *fusão de horizontes*, um processo no qual avançamos interpretando-nos, isto é, realizando-nos como seres humanos em caminho para a verdade. O que mostra, para Gadamer, que a hermenêutica é, muito mais que um ato e, certamente, muito mais que um método, um componente *universal* da filosofia como tal, uma forma de filosofia *prática*.

O processo moderno que leva do *saber* à *interpretação*, da *autoridade* ao *diálogo*, da *metafísica* à *hermenêutica*, alcança na reflexão hermenêutica de Gadamer um ponto que, embora provisório, é irreversível para o pensamento em geral, e muito particularmente para a teologia. A partir desse ponto, que marca o desafio da *Idade Moderna*, a teologia será também *hermenêutica*, ou não será *lógos* de Deus.

IV. Hermenêutica teológica: falar de Deus, hoje (com sentido).

A Idade Moderna iluminista se autoconfigurou sob o signo da emancipação da tutela teológica, da autoridade religiosa, do saber privilegiado da *revelação*. A pretensão de sentido universal (de salvação) do fato cristão era uma pedra de escândalo para a razão iluminista. Daí, os esforços da pesquisa *histórico-crítica* para se aproximar racionalmente e cientificamente das origens do cristianismo, dos textos fundamentais da tradição judaico-cristã. No século XIX, sob o impulso dominante do positivismo, essa pesquisa se transformou em *historicista*, em busca asséptica e acrítica da verdade (ou não verdade) dessa tradição que inevitavelmente teve de terminar em fracasso, como atesta de forma paradigmática a famosa "pesquisa sobre a vida de Jesus". Antes de tudo, porque foi incapaz de salvar a ruptura entre a história e a fé. Como mais tarde criticaria lucidamente Walter Benjamin, a visão historicista trata o passado como um cadáver na mesa de autópsia. E, além disso, vive a ilusão de se aproximar dele numa busca objetiva e neutra, quando, como ressaltou Albert Schweitzer, aquela pesquisa deu como fruto tantas vidas de Jesus quantos os pesquisadores que se empenharam nela.

Este empenho do protestantismo *liberal* em responder à Idade Moderna entrou em crise profunda depois do desastre da primeira guerra mundial: uma crise profunda de sentido à qual a pesquisa historicista do texto bíblico não dava nenhuma resposta. Contra ela se elevou, por isso, com grande autoridade, o grande teólogo Karl Barth reivindicando a *atualidade subversiva* da mensagem *bíblica* para o ser humano confundido por aquela crise de sentido. Enquanto a pesquisa liberal historicista se perdia em uma busca asséptica do dado morto, esquecia-se da pergunta fundamental que o texto bíblico propõe: "Quem é Deus e quem sou eu, e quem é Deus para mim?". Esta é, efetivamente, a grande *questão hermenêutica* que deve preocupar a teologia genuína, que por isso é e não pode ser senão teologia *evangélica*, isto é, teologia da palavra de Deus, e, enquanto tal, teologia *dogmática*.

A posição de Barth é certamente provocadora aos ouvidos de uma Idade Moderna ciumenta da autonomia da razão, da ciência, da busca humana da verdade. Porém, sua teologia *evangélica*, e por isso *dialética*, não tem a ver com a negativa de dialogar com o mundo moderno, que levou, como vimos, ao fundamentalismo, mas com a negativa do evangelho em *pactuar* com esse mundo e comprar sua *relevância* ao preço de sua *identidade*. A relevância do Evangelho está para Barth justamente em sua alteridade, e na *transcendência* de Deus – do totalmente Outro – que *questiona* este mundo.

Não obstante, tinha razão seu amigo R. Bultmann, o outro gigante da teologia protestante do século XX, quando diante dele reivindicava a inevitável reflexão *hermenêutica* sobre a situação humana na qual a mensagem bíblica pode hoje dizer alguma coisa *com sentido*, sobre as condições formais (linguísticas, filosóficas, culturais etc.) e as *pré-compreensões* que estão inevitavelmente na base de todo possível encontro do homem *atual* com o *texto bíblico*.

Desta consciência surgiu seu ingente esforço teológico. *Falar de Deus* com sentido neste mundo moderno, secularizado, não é possível, para Bultmann, sem *falar do ser humano*, sem abordar a *autocompreensão* do ser humano moderno, do sujeito que enfrenta o texto bíblico. Não há, pois, *teologia* sem *hermenêutica*. Não é *fé pura*, mas fé do ser humano *histórico*, e a mensagem bíblica não cai no vazio, mas num terreno dado, num ser que "já se entende a si mesmo" quando sai ao seu encontro. Porém, como se entende a si mesmo? A esta pergunta Bultmann acreditou achar a resposta adequada, naquele momento histórico, na hermenêutica existencial do primeiro Heidegger, na medida em que nela se explicitava a busca existencial de sentido e as condições e possibilidades de uma existência autêntica. Daí sua proposta de *interpretação existencial* do texto bíblico.

V. A guinada linguística: a "nova hermenêutica".

A partir da metade do século XX, acontece uma verdadeira revolução no pensamento ocidental: a superação da *metafísica* e a descoberta da *linguagem*. Ambos os fenômenos, intimamente ligados tanto na filosofia continental (M. Heidegger) como na filosofia analítica (L. Wittgenstein), dão lugar ao que conhecemos como a "guinada linguística" (R. Rorty), que constitui uma fronteira no pensamento além da qual não é mais possível voltar sem renunciar ao próprio pensamento.

Essa ruptura no pensamento não podia passar despercebida à teologia: precisamente não à *teologia*, que descansa duplamente sobre uma realidade intrinsecamente linguística como é a *palavra* de Deus e o *reconhecimento* (fé) da mesma. E assim foi, realmente. A guinada linguística que inicia na hermenêutica o *segundo* Heidegger encontrou eco na teologia hermenêutica dos discípulos de Bultmann, E. Fuchs e G. Ebeling, e deu lugar a um amplo debate no qual participaram teólogos de outras latitudes, especialmente americanos, como J. M. Robinson e J. B. Cobb, debate que se concretizou no que se conhece como *"nova hermenêutica"* (cf. Robinson e Cobb, 1964).

A guinada é iniciada, com efeito, por Heidegger, ao afirmar a estrutura *linguística* do acontecimento do ser. "A linguagem – diz ele – é a morada do ser" (Heidegger, 1987, 13). Esta afirmação é o princípio central da "nova hermenêutica", e sobretudo E. Fuchs a desenvolve em sua obra *Hermeneutik*, de 1954, corrigindo nesse sentido a hermenêutica *existencial* de seu mestre Bultmann.

Porém, mais ainda que Fuchs, quem dedicou todo o seu esforço teológico à hermenêutica foi, sem dúvida, Gerhard Ebeling. Partindo igualmente da hermenêutica da linguagem do segundo Heidegger, e colocando mais o acento na linguagem como *acontecimento* (não como instrumento), Ebeling situa o problema hermenêutico não tanto na "compreensão *da* linguagem, quanto na compreensão *mediante* a linguagem". A tarefa hermenêutica por excelência da teologia é, segundo ele, desvendar e desdobrar a dimensão de profundidade, reveladora, do acontecimento da linguagem. Com outras palavras, desenvolver uma "doutrina teológica da linguagem", que adquire assim o caráter de uma teologia fundamental protestante.

VI. O fim da ortodoxia e da ingenuidade: teologia como hermenêutica.

Com a *nova hermenêutica*, a reflexão teológica alcança aquela fronteira atrás da qual não é possível mais voltar senão ao preço de renunciar ao pensamento: a fronteira na qual a Idade Moderna situa irreversivelmente a teologia. Daí o "caráter subversivo" (C. Geffré) que essa nova consciência tem sobretudo para a teologia. Perdeu-se definitivamente a *ingenuidade* da pretensão *dogmática* da fé sem mediações, do assentimento sem a autocompreensão de quem assente e a pré-compreensão crítica do conteúdo da fé, da mensagem que os textos nos transmitem e da tradição na qual nos encontramos e a partir da qual nos abrimos a essa mensagem. A Idade Moderna nos levou, a nós crentes, a abandonar a *ingenuidade* tranquila da fé tradicional dogmática e a assumir o desafio inevitável de um novo modo de crer, de uma fé e, certamente, de uma teologia *pós-críticas*. Este é o desafio maior da nova hermenêutica teológica.

O impacto da hermenêutica sobre a teologia foi, nesse sentido, realmente comovedor. Atingiu até os *fundamentos* da teologia. Não se deve estranhar, por isso, que, por exemplo, no âmbito *católico* se tardasse tanto em adquirir a maioridade. Somente no início da década de 1970, o teólogos C. Geffré e E. Schillebeeckx tomavam consciência desta "nova era" na teologia católica e das implicações radicais que assumir a hermenêutica envolvia para a mesma. Eles mesmos, entre outros, se encarregaram dessas implicações e as assumiram com total honradez e radicalidade (cf. Schillebeeckx, 1973; Geffré, 1984). Com uma radicalidade maior, inclusive, que a própria *nova hermenêutica* que, por seu feitio marcadamente protestante, deixava o *kerygma*, em todo caso, ao resguardo – numa "zona livre de turbulências" – da *crítica* hermenêutica, como realidade pressuposta e *inquestionável*.

Porém, foi novamente um teólogo protestante, Wolfahrt Pannenberg, quem colocou em questão essa limitação, esse resto ainda *dogmático* da teologia da *Palavra*, e radicalizou e ampliou a hermenêutica até os mesmos *fundamentos* da teologia, desligando o conceito base de *revelação* de toda "autoridade externa" (da Escritura ou do ministério eclesial) e remetendo-o à intempérie da história (Pannenberg, 1977).

O desafio verdadeiramente radical à teologia não veio, contudo, tanto da *hermenêutica* quanto da *crítica das ideologias*, por um lado, e, por outro, da análise e da leitura *estrutural* dos textos. O caminho da hermenêutica não tinha sido concluído. A Idade Moderna obrigará a hermenêutica a novas "descentralizações do ser humano, do sujeito", a novos deslocamentos da consciência" (A. Vergote), que suporão um nível mais radical de *secularização*, de "despojamento" e esvaziamento para a teologia. Chegamos, na verdade, ao fim da ingenuidade, da *inocência teológica*.

VII. A suspeita ideológica: hermenêutica e teologia crítica.

Como vimos mais acima, a hermenêutica nasce sob o signo do protesto e do romantismo contra os excessos da razão iluminista, *crítica*, e esta confrontação condiciona que historicamente tenha adquirido um inegável caráter ou feitio *idealista* e *conservador* que encobre e inclusive neutraliza seu não menos evidente sentido subversivo.

O caso de Gadamer é paradigmático a este respeito, e a polêmica que manteve com ele na década de 1970 Jürgen Habermas, representante da teologia crítica, continua sendo por isso sumamente iluminadora. A reabilitação que Gadamer realiza do conceito de *tradição*, rejeitado pelo iluminismo como resquício *autoritário*, não é acidental, mas exigência elementar da hermenêutica. Porém, com essa exigência, argumenta Habermas, Gadamer não fez nada mais que voltar a submeter à razão *crítica* iluminista de novo a tradição transformada em *autoridade*. Habermas insiste em que Gadamer privilegia de tal modo a tradição que é incapaz de tomar consciência das marcas de falsidade e de violência que marcam sua trajetória e impedem precisamente que aconteça uma *comunicação* verdadeiramente humana. A hermenêutica deve, portanto, ser superada por uma *crítica ideológica* que introduza a suspeita no processo de interpretação e desmascare os interesses que desempenham e movem nesse processo, perturbando o acesso à verdade.

Esta exigência de uma *crítica ideológica* foi assumida lucidamente pela teologia mais aberta, mais coerente com o movimento de encarnação, de *kénosis*, do cristão. Longe de se entrincheirar no refúgio seguro da própria *tradição*, expôs-se à intempérie da *crítica*, não renunciando à verdade, mas justamente por amor a ela. A crítica ideológica não desloca a hermenêutica, mas a obriga a tornar-se *hermenêutica crítica*.

A consciência desta exigência levou a teologia a introduzir na hermenêutica o elemento fundamental da *práxis* como lugar e como critério de discernimento e interpretação ou atualização da mensagem bíblica e da tradição cristã. A teologia superou com isso a ainda persistente ingenuidade de sua figura *hermenêutica* ("*nova hermenêutica*" ou teologia *transcendental antropocêntrica* católica) e se tornou *teologia crítico-política* da fé na história e na sociedade (J. B. Metz, J. Moltmann). Nela, a consciência do inevitável "círculo hermenêutico" perde, com efeito, seu idealismo e se radicaliza na consciência material do *lugar social* – verdadeira *situação hermenêutica* – de onde se faz a leitura dos textos fundamentais e de onde se interpreta e se atualiza sua mensagem, de onde se faz teologia. É assim uma teologia *hermenêutica crítica* em relação a sua própria tradição, mas, ao mesmo tempo, teologia *crítica* diante das hermenêuticas da Idade Moderna que questionam a *universalidade* do sentido que oferece ao mundo a mensagem e a tradição que ela pretende atualizar. Essa hermenêutica *crítica* alcança sua expressão mais exigente nas teologias do *cativeiro* e da *libertação*, teologias que brotaram do lugar hermenêutico das periferias do mundo. Estas propõem a toda teologia cristã – como reconhece J. B. Metz – o desafio mais arriscado e radical de elaborar e assumir "uma nova cultura *hermenêutica pós-idealista*": um desafio, certamente, que não é feito à teologia de "fora" dela mesma, mas tem profundas raízes bíblicas, pois brota da mesma dinâmica *kenótica* da mensagem evangélica.

VIII. Golpe nos fundamentos: o texto contra a interpretação. Ainda mais radical que a suspeita ideológica foi, contudo, o desafio que lançou à hermenêutica: a toda hermenêutica, porém, por duplo motivo, à hermenêutica *bíblica* e *teológica*, a *leitura estrutural* dos textos que se inicia com a linguística de F. Saussure e culmina no movimento *pós-estruturalista* da *gramatologia* desconstrutivista de J. Derrida.

O desafio é, com efeito, contra os mesmos *fundamentos* de toda hermenêutica: a continuidade de um *sentido* original em um texto, dirigido a um sujeito, que a hermenêutica pretende atualizar. A leitura estrutural nega que haja um sentido "atrás do" texto e um sujeito que tenta se comunicar, através de si, com outro sujeito. Não há outra coisa senão o próprio *texto*.

A *leitura estrutural* de textos questiona, pois, a própria base da hermenêutica e obriga a hermenêutica *teológica*, especialmente a hermenêutica *bíblica*, a um novo êxodo, a um despojamento mais radical, mais *kenótico* de sua tarefa. O método *histórico-crítico* de aproximação à Escritura é um passo *definitivo* na inevitável interpretação e atualização da oferta de sentido que nela se expressa e se manifesta. Porém, não é um passo *suficiente*. A análise *estrutural* dificulta enormemente as coisas, convida a tomar maior consciência da complexidade ou densidade do *texto*, e, neste sentido, obriga sem pretender, a hermenêutica *teológica* a levar absolutamente a sério a própria realidade constitutiva da qual parte e se alimenta: a – mais que complexa e densa – *misteriosa* realidade da *manifestação* ou *encarnação* da palavra de Deus na palavra humana. A "hermenêutica de *autor*" deve dar passagem para uma "hermenêutica de texto" (Alonso Schökel, 1997).

IX. Através da *kénosis* e da suspeita: para uma hermenêutica crítico-prática. A leitura *estrutural* questionou até em seus fundamentos a hermenêutica *teológica*, mas dessa comoção, assim como do desafio da crítica *ideológica*, saiu uma hermenêutica já não mais *ingênua* ou pretensamente *inocente*, mas uma hermenêutica que assume até no fundo a *kénosis*, e portanto a "descentralização", como uma passagem obrigatória pelo deserto, e uma hermenêutica que não se auto-satisfaz com uma determinação histórica ou uma mera reinterpretação do conteúdo da fé, mas propõe com absoluta honradez a questão de sua *relevância* e das *práticas significantes* às quais a interpretação conduz.

Para a configuração dessa hermenêutica *crítico-prática* contribuiu de forma significativa Paul Ricoeur com sua longa, ampla e ainda aberta reflexão hermenêutica. Alguns momentos destacados por ele como substanciais nessa tarefa são especialmente relevantes. Antes de tudo, o momento do *distanciamento*, ou da *explicação*, que não se opõem ao da compreensão, mas que, muito ao contrário, constituem sua própria condição de possibilidade, e a obrigam a não evitar a passagem pelo "deserto" da análise *estrutural* assim como da contribuição de todas as ciências, semiótica, linguística, fenomenologia da linguagem, etc. Que a obrigam, em outras palavras, a fazer, inevitavelmente, um *desvio* pela "exterioridade" (E. Lévinas); neste caso, pelo mundo do texto. Isto incide, naturalmente, na própria autocompreensão do intérprete: não há compreensão de si mesmo senão através de um *desvio pelo outro de si*, pelo mundo do texto, pelo outro *diferente*. Deste modo, o eu que sai da leitura ou interpretação é um eu distinto do que entrou nela: é um "si mesmo com outro" (Ricoeur, 1996).

A hermenêutica, assim, obriga também a teologia a superar o paradigma da subjetividade, e com ele o *logo-centrismo*, no paradigma da razão *comunicativa*. A hermenêutica, como a existência humana, é *diá-logo*.

X. Hermenêutica: a conversação múltipla em tempos de pluralismo. Todos estes traços, todas estas dimensões da *hermenêutica* adquirem um relevo especial, fortemente marcado, em tempos como os atuais, nos quais, depois das crises de todos os *fundamentos*: do teísmo, da metafísica, das teorias unitárias, da dogmática, se impõe irreversivelmente o *pluralismo* radical e a *ambiguidade* profunda das linguagens, das cosmovisões, das culturas, das religiões. É a realidade complexa do nosso mundo *pós-moderno*. E nesta realidade não nos resta outra saída racional e humana senão uma extensa e intensa, múltipla e multilateral, decisiva e ao mesmo tempo provisória, sempre aberta *conversação* (Tracy, 1997).

E certamente pode sê-lo. Sem dúvida é a saída humana entre a Cila dos *fundamentalismos* e o Caríbdis do *relativismo niilista*, que não levam senão ao rompimento da comunidade humana ou ao vazio. A hermenêutica é a exigência inevitável de assumir racionalmente nossa condição humana e nosso modo humano de acolher a manifestação do Deus transcendente e sua oferta de salvação na história de Jesus de Nazaré. E nesta hora em que a incerteza e o pluralismo tiraram certidão de maioridade com todo reconhecimento na comunidade humana, a *hermenêutica*, a *conversação* franca, múltipla e sempre provisória com todas as ofertas de sentido, com todos os textos, sagrados ou simplesmente humanos,

é o desafio e a oportunidade de redescobrir e nos aproximarmos mais um passo da verdade que, para o crente cristão, brilhou naquela história de forma paradigmática, mas que bruxuleia também em toda história humana, verdadeiro "relato de Deus" (E. Schillebeeckx).

Ebeling, G. "Hermeneutik". In: *RGG* III, Tübingen, 1957, 242-262; Gadamer, H.-G. *Verdad y método*. Salamanca, Sígueme, 1977; Geffré, C. *El cristianismo ante el riesgo de la interpretación*. Madrid, Cristiandad, 1984; Heidegger, M. *De camino al habla*. Barcelona, 1987; Id. *Ser y tiempo*. Madrid, Trotta, 2003²; Jeanrond, W. G. *Introduction à l'herméneutique théologique. Développement significat*. Paris, Cerf, 1995; Pannenberg, W. *La revelación como historia*. Salamanca, Sígueme, 1977; Ricoeur, P. *Sí mismo como otro*. Madrid, Siglo XXI, 1996; Id. *Del texto a la acción. Ensayos de hermenéutica* II. Buenos Aires, FCE, 2000; Id. *El conflicto de las interpretaciones*. Buenos Aires, FCE, 2003; Robinson, J. M.; Cobb, J. B. (eds.). *The New Hermeneutic*. New York, 1964; Schillebeeckx, E. *Interpretación de la fe. Aportaciones a una teología hermenéutica y crítica*. Salamanca, Sígueme, 1973; Schökel, L. Alonso; Bravo, J. M. *Apuntes de hermenéutica*. Madrid, Trotta, 1997²; Tracy, D. *Pluralidad y ambigüedad. Hermenéutica, religión, esperanza*. Madrid, Trotta, 1997.

Juan José Sánchez

IDENTIDADE CRISTÃ

I. A identidade cristã como seguimento de Jesus. A pergunta pela identidade cristã é a pergunta pelo ser cristão hoje, que tem atrás de si uma longa história de respostas. H. Küng deu-a em seu livro *Ser cristão*; deu-a A. Harnack na mudança de século com seu *Essência do cristianismo*; e antes, Lutero, Agostinho e os escritos do NT. Essa multidão e variedade de respostas – embora se pense que participem da mesma fé cristã – mostra a necessidade permanente de esclarecer teoricamente o que é ser cristão. Necessidade que sobrevém ao tratamento de qualquer conteúdo teológico, porém que sobrevém de maneira peculiar ao tratamento da identidade cristã. Sempre se deverá esclarecer quem é Deus e seu Cristo, o que é a Igreja etc. Porém, esclarecer o que é que somos é de uma necessidade mais peremptória e inescusável. Em outros conteúdos teológicos, estão implicados, sem dúvida, o eu e o nós que perguntam; porém, na identidade cristã a implicação é direta e imediata. Na resposta pela identidade cristã se responde sobre alguém; porém, no fundo, alguém responde. Por isso, essa resposta deverá ser teórica, mas não puramente teórica. Teoricamente deve-se esclarecer o que o cristão é e o que deve ser, mas com a abertura desde o princípio para captar a diferença entre ambas as coisas e a disponibilidade para adequá-las.

Não é nada fácil responder à pergunta sobre a identidade dos seres humanos, como mostra a abundância de antropologias filosóficas e teológicas. Eu escolhi aqui a via cristológica. Sugere-o a língua, pois cristão vem de Cristo; torna-o possível e exige a teologia, pois a plêiade de conteúdos a serem levados em consideração na identidade cristã – Deus, Espírito, graça, pecado etc. – se tornam "cristãos" desde Cristo; e o exige o fundamental de uma fé que seja cristã: Cristo é verdadeiramente *um* ser humano e em Cristo se revelou *o* ser humano. No NT, a identidade cristã é resolvida a partir de Cristo (e seu Espírito), e assim a vida cristã é um exercício para "se tornar filhos no Filho" (Rm 8,29). Porém, esse Cristo a cuja imagem se deve chegar se não é outro senão Jesus de Nazaré. A carta aos Hebreus convida e exige dos cristãos que tenham "os olhos fixos naquele que é o iniciador e consumador da fé, Jesus" (Hb 12,2), palavras escritas precisamente em momentos de séria crise de identidade da comunidade. Os evangelhos não são outra coisa, deste ponto de vista, senão a apresentação historiada da identidade de Cristo: a vida, a atividade e o destino de Jesus de Nazaré.

E esse mesmo Jesus é quem explica em que deve consistir a identidade daqueles que se somam a ele na história – e daqueles que creem no depois de sua ressurreição –: em seu seguimento. O equivalente, em Jesus, ao "tornar-se filhos" paulino é o seguimento, e o seguimento de Jesus ficou sendo desde então como a mais importante forma de explicitar a identidade cristã, e muito mais quando ao longo da história os cristãos passaram por crises de identidade e de relevância.

No mundo atual, embora em lugares tão diversos como o Primeiro e o Terceiro Mundos, e embora com problemáticas tão diversas como a secularização e a libertação, os teólogos mais clarividentes viram no seguimento a solução para o problema da identidade e da relevância cristã. Bonhoeffer tornou central o seguimento em seu conhecido livro *O preço da graça* (*Nachfolge*, ou "Seguimento" no original alemão). J. B. Metz afirma que "soou a hora do seguimento". I. Ellacuría diz que a teologia latino-americana "entende a vida cristã como seguimento". O Espírito que faz caminhar a história e apresenta sempre novas exigências e mediações faz sempre voltar a Jesus e seu seguimento.

Ser cristão é, então, refazer a história da vida, atividade, atitudes e destino de Jesus de Nazaré com o convencimento de que isso é também bom e salvífico para a história. Nesse sentido, a afirmação de que a identidade cristã consiste no seguimento de Jesus é uma afirmação de fé; é o colocar em prática a confissão cristológica de que em Cristo apareceu o verdadeiro ser humano. Por outro lado, ser cristão é "re-fazer" a vida de Jesus, é "pro-segui-lo" mais que imitá-lo, pois o verdadeiro ser humano se manifestou em um ser humano concreto, cuja concreção deve ser refeita ao longo da história. Nesse sentido, a identidade cristã tem de ser sempre "re-feita" e tem de buscar sempre suas mediações históricas.

II. Estrutura fundamental da identidade cristã. Ser cristão fundamentalmente é refazer a estrutura da vida de Jesus, cuja exigência consiste em refazer a estrutura fundamental do seguimento.

1. O primeiro passo no seguimento de Jesus é a *encarnação*: se Cristo se fez carne, o cristão tem de se fazer carne. Encarnar-se é um ato positivo de chegar a estar no mundo de uma determinada maneira, deixar-se afetar por e reagir para o mundo. Jesus realiza esse ato positivo de encarnação de maneira bem precisa. Sua encarnação tem uma dimensão transcendente: chegar a ser um ser humano; tem, porém, uma dimensão histórica: chegar a ser um

ser humano participando no fraco, no pequeno, no oprimido. Encarnação é, portanto, rebaixamento e empobrecimento, transcendental e histórico. O NT torna central o rebaixamento transcendental de Cristo; porém, torna central também o rebaixamento histórico, e os evangelhos narram em que consiste essa encarnação histórica: em optar por estar solidariamente no mundo dos fracos, dos pobres e oprimidos, diferentemente do mundo dos poderosos e opressores. Para a identidade cristã, esta é a primeira exigência: não simplesmente ser carne, mas tornar-se carne no que está abaixo, viver no "reverso da história" (G. Gutiérrez).

Encarnação é, portanto, opção por ser carne de uma determinada maneira dentro da carne que nos é dada por natureza. É opção, antes de tudo, pelos lugares de onde se vê melhor a realidade do mundo, transparece mais claramente qual é o fato maior e mais flagrante deste mundo, qual também sua esperança. À identidade cristã compete aceitar que nem todos os lugares são igualmente aptos – alguns conduzem positivamente ao erro – para ver a verdade deste mundo; que há lugares privilegiados para chegar a ver e que estes estão no fundo da história. A Jesus foi oferecida a possibilidade de ver o mundo de um monte alto do qual eram divisados todos os reinos da terra e sua glória, e do pináculo do templo da cidade santa. Escolheu, porém, os caminhos simples da Galiléia desprezada.

Encarnação é uma opção por aquela realidade material que por sua natureza tem maior capacidade de humanização. Há um estar no mundo que, por sua natureza, desumaniza: o mundo da riqueza, do poder e das bajulações, o mundo de cima. E há um estar no mundo que, por sua natureza, humaniza: o mundo da pobreza, o mundo de baixo. Esse mundo não deve ser abençoado nem idealizado; pelo contrário, deve-se lutar decididamente contra sua pobreza. Porém, no que diz respeito à encarnação, deve-se lutar contra esse mundo a partir desse mundo; e nesse mundo se encontra também o que Puebla chama o potencial evangelizador dos pobres que humaniza e cristianiza aqueles que se abaixam nele. Muito bem o intuiu santo Inácio de Loyola em sua célebre meditação das duas bandeiras: no mundo da riqueza existe uma dinâmica que leva a todos os males, no mundo da pobreza assumida existe uma dinâmica que leva a todos os bens.

Encarnação é, finalmente, uma opção por uma solidariedade fundamental. Na história da humanidade, existe a corrente que pretende dominar, que oferece identidade humana na superioridade sobre os outros e à custa de outros. Porém, existe também a corrente sofredora e esperançada que espera salvação. Jesus apareceu dentro dessa corrente sofredora e esperançada. Seu anúncio do reino de Deus – que pode ser desvalorizado cristologicamente ao não oferecer algo radicalmente novo – mostra-o solidário com ela, mostra-o como ser humano dentro de um determinado projeto humano: o projeto da vida, da justiça, da libertação. À identidade cristã, antes de posteriores justificações, compete entroncar-se nessa corrente sofredora e esperançada da história que se acha, novamente, em seu reverso.

2. O segundo passo do seguimento de Jesus é uma prática salvífica. À identidade cristã compete o fazer e o fazer para salvar. Na palavra que mais se usou ao longo da história para definir a identidade cristã, esta consiste no amor. Jesus o propõe como o fundamental e como o distintivo de seus seguidores. No NT, tanto Paulo como João afirmam que nele está a identidade última cristã. Mais ainda, a partir do amor se define Cristo, "que me amou e se entregou a si mesmo por mim" (Gl 2,20), e se define Deus: "Deus é amor" (1Jo 4,8). Esse amor supõe uma vida em "pró-existência", voltada para o outro, e correlativamente uma vida descentrada de si mesmo. Porém, essa antropologia cristã fundamental tem de ser concretizada a partir de Jesus.

Jesus começa com o anúncio do reino de Deus, e chama seus seguidores para colaborar nesse anúncio. Esse anúncio é a proclamação do amor de Deus aos fracos e pobres deste mundo, e o serviço a esse anúncio é o que faz da vida de Jesus uma vida no amor. Notemos somente dois elementos importantes desse amor de Jesus para a identidade cristã.

O primeiro é a *misericórdia*. Os sinais que Jesus coloca no reino de Deus não são sinais escolhidos arbitrariamente, em descontinuidade com a situação real, para convencer sobre a chegada de reino. São sinais que respondem às necessidades e sofrimentos de seus destinatários, necessidades de corpo e de alma, sofrimentos causados pela pobreza e pela indignidade. Os sinais são expressão da misericórdia como reação primária diante do sofrimento alheio e sem mais justificação que o mesmo sofrimento. A misericórdia não é, portanto, um mandamento, embora esteja mandado. Não deve ser feita por recompensas, embora seja recompensada; não se pode argumentar em seu favor, embora Jesus em sua vida e em suas parábolas a mostre como a coisa mais humana que existe.

Esse amor-misericórdia é a reação primária para o fraco, correlativa à encarnação no fraco deste mundo. No sentido estrito, não é alguma coisa especificamente cristã e o mesmo Jesus a exige do sacerdote judeu ortodoxo e do samaritano herege. Porém, nessa misericórdia se arrisca a identidade cristã. Quando se deixa de fazer dela alguma coisa primária, quando se faz com que passe para o segundo plano, não só por sua dificuldade prática, mas em nome de realidades aparentemente mais elevadas, como seria a subsistência da Igreja instituição, o medo de que seja manipulada por outros, os exageros que puseram em perigo a ortodoxia ou um determinado carisma etc., então se viciou a raiz da identidade cristã.

Essa misericórdia expressa o que há de ternura diante do sofrimento do fraco no amor. Porém, este se estende, segundo Jesus, às maiorias como tais, a uma sociedade que como tal produz sofrimento e opressão. O exercício da misericórdia expressa os sinais do reino de Deus; porém, este é formalmente transformação da realidade social. O amor, então, se torna justiça, amor sociopolítico; busca a eficácia estrutural, exige criatividade, discernimento e mediações. Deve-se amar não só o ferido concreto no caminho, mas este mundo de Deus no qual suas criaturas seguem clamando pela vida.

3. O terceiro passo do seguimento é a *cruz*. Também nela se viu, ao longo da história, um símbolo da identidade cristã, embora tenha sido interpretada de várias maneiras. Ao tratar agora da cruz, não se quer introduzir o dolorismo ou um maldormido ascetismo na identidade cristã, mas porque é verdade e uma grande verdade, tanto para Jesus como para o cristão de sempre. O importante, no entanto, para que a cruz pertença à identidade cristã, é situá-la bem e não fazê-la intercambiável com qualquer símbolo de limitação, sofrimento e morte que compete ao ser humano por ser humano. À identidade cristã compete diretamente lutar contra tudo o que seja cruz injusta e diminuir as cruzes que provêm da limitação humana; porém, ao fazê-lo, confronta-se necessariamente com a própria cruz.

Quem se encarna no baixo da história e se exercita na prática da justiça sofre infalivelmente a reação do mundo. Quando Jesus faz o bem e coloca os sinais da misericórdia, outros se rebelam contra ele. Quando expulsa demônios tem de ouvir que ele está endemoninhado e louco; quando senta à mesa com os pecadores tem de ouvir que é o comilão e beberrão; quando anuncia a boa nova aos pobres e cura suas enfermidades, adverte: "Bem-aventurado aquele que não se escandalizar" (Mt 11,6). Há alguma coisa de macabro na história dos seres humanos.

Porém, isso deve ser entendido corretamente. A pura beneficência não costuma ocasionar essas reações; pode ser abalada e normalmente é tolerada porque não questiona as raízes das quais surgem sofrimentos e necessidades. Porém, quando os sinais são sinais do reino, anúncio de uma nova realidade social diferente e contrária à presente, então o mundo reage contra eles. E isso se torna mais agudo quando os sinais positivos do reino são acompanhados da denúncia e do desmascaramento explícitos do antirreino. Surge, então, inevitavelmente, o conflito, a ameaça, a perseguição e até a morte. A boa notícia do reino, sua correlativa denúncia do antirreino, são estorvo e ameaça; daí, a reação óbvia. "Mata-se quem estorva", dizia dom Romero.

Assim, a cruz de Cristo é, antes de tudo, uma palavra sobre o mundo – juízo, como diz o NT –, e é uma exigência ao cristão para que veja o mundo também daí e a agir também a partir dessa cruz.

Nesse sentido – e não por nenhum *a priori* dolorista – a identidade cristã deve ser concretizada a partir da cruz. Como o pecado do mundo procura ativamente se ocultar e como seus agentes o maquilam conscientemente, à identidade cristã compete denunciá-lo e desmascará-lo; é o seguimento de Jesus em sua denúncia. E à identidade cristã compete enfrentar esse pecado como Jesus, como o servo de Javé: esse pecado deve ser erradicado, partindo de dentro do mundo do pecado e deve ser erradicado, carregando com esse pecado. Partindo daí, deve-se compreender a cruz e a morte de Jesus como elementos essenciais da identidade cristã. Por mais terrível que seja colocá-lo em palavra, a morte cristã por excelência é a morte na cruz. Não se diz isso para exaltar a morte em si mesma, nem para que – por motivo religioso – seja facilitado todo tipo de cruzadas e guerras. À identidade cristã não compete esse tipo de exaltação; porém lhe compete a disponibilidade para a encarnação e para o amor até o fim num mundo no qual se reage com força quando o amor tocou seu pecado. Essa morte que dá a última identidade cristã deve ser entendida com todas as analogias necessárias; em último caso, que seja morte por amor. Porém, tampouco pode ser relativizada. Em qualquer caso, seria puro idealismo apresentar a identidade cristã como encarnação e como prática de salvação sem a disponibilidade para o conflito, para a perseguição e inclusive para a morte. Seria manter a ilusão – frequentemente mantida – de que o reino de Deus pode ser anunciado e iniciado num mundo neutro, numa *tabula rasa*, e não num mundo que é, também, antirreino.

A partir da cruz, a última coisa da vida, a identidade cristã se confronta com o que costuma ser chamado de "coisas últimas", aquilo com o qual todo ser humano tem a ver. É certo que a resposta cristã deve considerar outros elementos; porém, não se deve precipitar na resposta e, menos ainda, em nome da identidade cristã como se a tragédia da história, a pergunta de Jó, a morte do inocente fossem perguntas inócuas ou perguntas que são poupadas ao cristão em virtude de sua fé, como se este tivesse uma resposta barata, como dizia Bonhoeffer, para tudo.

Desde a cruz de Jesus e desde os crucificados da história, duas exigências são feitas a todo ser humano e a todo cristão. A primeira é fazer a própria identidade em termos de vida ou morte; escolher entre aborrecer o irmão – e esse é chamado de "assassino" – ou amar o irmão, embora nisso alguém perca a vida (1Jo 3,14-16). A segunda é apostar na esperança ou contra ela; aceitar o sentido último da história e perseverar no amor, ou pactuar com as limitações e os absurdos da história para que não afete seu pecado, entregando-se, sábia e conscientemente, a qualquer versão de ceticismo, epicurismo ou indiferença.

4. O último passo do seguimento de Jesus é a participação, já agora, em seu destino, a *ressurreição*. Se

é preciso ter coragem para afirmar a identidade cristã a partir da cruz, não é preciso menos para afirmá-la a partir da ressurreição, se esta não é compreendida como puro final feliz ou como *deux ex machina* para resolver o aparentemente insolúvel. No entanto, a ressurreição é fundamental na identidade cristã num duplo sentido: *a)* enquanto é um "fazer justiça" à vítima Jesus e *b)* enquanto é aprovação e plenificação da vida de Jesus. A ressurreição de Jesus diz diretamente que aquele a quem os seres humanos assassinaram não morreu para sempre, que pelo menos em um caso o verdugo não triunfou sobre sua vítima, que a impotência de Deus na cruz não é sua última palavra, que Deus é aquele que faz justiça às vítimas e que, portanto, a esperança é possível.

Porém, a ressurreição dá identidade cristã desde a *spes qua*, desde o ato concreto de esperar. Não é este um puro desejo, uma esperança barata e sem dialética, mas a esperança de que a justiça é possível; é por isso esperança das vítimas e é por isso, na palavra de Paulo, esperança contra esperança. A esperança que dá identidade cristã é a que supera não só a escuridão que rodeia sempre o desejo de sobrevivência depois da morte, mas a impotência diante da injustiça.

Porém, a ressurreição é, além disso, aprovação e plenificação da vida histórica de Jesus. O primeiro termo significa que sanciona a identidade cristã como seguimento de Jesus, recordação sempre necessária, ainda mais quando, em nome da ressurreição, se pretendesse ignorar o seguimento. Não se pode ignorar Jesus em nome de Cristo, nem o seguimento em nome da aclamação, nem a história em nome da transcendência. Se fosse assim, a ressurreição não só não outorgaria identidade cristã, mas a anularia. Porém, a ressurreição não diz isso; diz que a verdadeira vida na história não foi outra senão a de Jesus de Nazaré e que a verdadeira vida continua consistindo em refazê-la na história.

O segundo significa que a ressurreição acrescenta algo sumamente importante, certamente, a Jesus, porém também à identidade cristã; acrescenta a plenificação da vida, o que hoje na história já se pode viver em plenitude, embora à maneira histórica. Essa plenificação não é dada por novos conteúdos que suplantam os anteriores: encarnação, prática salvífica do amor, denunciar e carregar o pecado etc., mas pelo espírito e atitude com o qual se pode e se deve viver já o seguimento na história. Esse novo é a esperança indestrutível, já mencionada, e a liberdade e o gozo. O reflexo da ressurreição na história está em viver, na história, o momento de "triunfo" que tem a ressurreição.

III. Historicização e atualização da identidade cristã. Por tudo o que foi dito, o fundamental da identidade cristã consiste em realizar o próprio ser humano como Jesus, reagir diante da história e realizar a própria vida como Jesus; em palavras simples, parecer-se com Jesus. Porém, essa identidade deve ser historicizada. Isso precisa ser afirmado por razões de fé, pois o ser humano que deve ser realizado se revelou em um ser humano concreto, irrepetível enquanto concreto. Deve-se ser consciente da fundamentalidade da cristologia, mas também de sua modéstia; da grandeza da encarnação, mas também da limitação de sua concreção. Essa tensão apareceu muito cedo nas primeiras comunidades e logo também foi teologizada. O Espírito é o que introduz na verdade ao longo da história; ousadamente, João chega a dizer que os crentes poderão fazer obras até maiores que as de Jesus. Porém, por outro lado, o Espírito, por ser o de Jesus – não havia Espírito antes da páscoa – remete a Jesus. Realizar a identidade cristã significa, então, viver a tensão entre reproduzir e atualizar o seguimento de Jesus.

Deve-se também tornar histórica a identidade cristã, de acordo com a condição socioespiritual dos crentes. Para Jesus, foram distintas as exigências a seus ouvintes, conforme eram estes os pobres, seus opressores ou os chamados a anunciar e iniciar o reino. Depois da ressurreição e sistematicamente – tal como propusemos também nós – o seguimento se transforma na identidade de todos, embora já nos sinóticos se note uma resistência neste ponto: o seguimento é exigido por Jesus dos seus discípulos (Mt 16,24), dos seus discípulos e da multidão (Mc 8,34), de todos (Lc 9,23).

Essas diferenças devem ser seguidas certamente na pastoral, para considerar o estado inicial do crente, mas também na concepção do seguimento, para considerar a contribuição mais específica de cada grupo para o seguimento. Todos devem chegar a ser seguidores e reproduzir a estrutura fundamental; mas o historicizar deve considerar seu ponto de partida inicial. Tornar histórico é, finalmente, necessário porque o reino de Deus não chegou, nem tampouco a parusia. Os cristãos, além disso, optaram pela universalidade da missão. Com isso, ser cristão supôs a encarnação no tempo e no espaço, e levar a sério ambas as coisas. Uma consequência óbvia foi o processo de institucionalização e sua tensão intrínseca com a radicalidade do seguimento. Porém, essa opção exige também tornar histórica a estrutura fundamental do seguimento: qual é, ao longo da história, a prática salvífica que aproxima do reino de Deus, quais são os conflitos dos quais se deve participar, o que é hoje cruz e martírio, o que é esperança de ressurreição etc.

A seguir, vou analisar, na linha de uma antropologia teológica, alguns elementos desse tornar histórico que nos parecem importantes e exigidos pela história atual, e que devem ser considerados no seguimento.

1. *A responsabilidade para com o mundo como tal.* Pró-existência e descentralização são essenciais no

seguimento, e de alguma forma sempre foi assim na história dos cristãos: a caridade, a ajuda assistencial aos pobres etc. Atualmente, no entanto, o horizonte da pró-existência e o que deve levar à descentralização deve ter como algo central o mundo como tal. Este mundo é hoje mais bem conhecido em sua realidade, interdependência e unidade. Embora seja classificado em Primeiro, Segundo e Terceiro Mundo, forma uma unidade na qual, embora de diversas formas, todos são corresponsáveis. Este mundo uno apresenta uma gravíssima crise que o afeta como tal. A destruição ecológica ameaça todo o planeta; e a pobreza em massa não é somente ameaça mas realidade, que está aumentando, para uma maioria da humanidade. Há, portanto, gravíssimas crises mundiais que são percebidas como tais; e há também hoje possibilidades técnicas de solução para as crises. Além disso, a realidade deste mundo pediu a palavra e se expressou em forma de clamor; sua realidade é, pois inocultável. O mundo é hoje em si mesmo, por aquilo que tem de crise e por aquilo que tem de possibilidade de superá-la, a grande pergunta de Deus: "O que fizeste de teu irmão?". Sem cair em visões apocalípticas, deve-se afirmar que o que está em crise é a própria criação de Deus, o ideal da vida.

Este mundo em crise não permite precipitar-se, na busca da identidade cristã, para o que nela for específico e diferenciador; também não permite um pluralismo pós-moderno. Exige sim alguns mínimos comuns e fundamentais. Para o cristão, exige um amor que seja amor ao mundo, que seja transformação das estruturas deste mundo, que seja justiça e libertação; um amor que se encarne neste mundo e em seu conflito, que relativize (logicamente, embora existencialmente isso não seja possível) problemas pessoais e regionais; que relativize também problemas eclesiais, tão pequenos em comparação com uma criação ameaçada, e os hierarquize conforme sua relação com os problemas deste mundo. Exige também um ecumenismo realmente humano segundo o qual a diferença não seja definida fundamentalmente pela alteridade no eclesial, religioso ou ideológico, mas pelo interesse por este mundo; e segundo o qual a comunhão seja antes de tudo com aqueles que querem fazer deste mundo um mundo de vida. Exige, finalmente, uma fé que seja essencialmente anti-idolátrica, contrária às divindades que dão morte e que continuam produzindo vítimas neste mundo; e uma fé em Deus como Deus da vida, um conhecimento de Deus que consista em praticar a justiça.

2. *Consciência de pecado e de graça*. Que existe a realidade do pecado objetivo é evidente; clama-o o Terceiro Mundo, embora em outros mundos se pretenda suavizar essa realidade. Porém, aqui falamos da consciência de pecado, da própria responsabilidade no pecado do mundo. Continua-se falando, sem dúvida, de pecados e pecadores, mas a consciência disso diminui, sobretudo no Primeiro Mundo. A psicologia tende a diluir a culpa em fatores complexos do comportamento humano; as ciências sociais tornam responsáveis, com razão, as estruturas, mas isso pode deixar a responsabilidade no anonimato; e até a teologia tende a desviar o conteúdo do pecado fundamental e com isso a responsabilidade no pecado do mundo. Uma teologia obcecada com o problema do sentido – teologias unilateralmente personalistas ou unilateralmente da esperança – tenderá a afirmar o pecado em termos de fechamento interior para Deus, mas não em termos objetivos como pecado contra o amor, na linguagem mais abrangente, pecado contra a justiça, na linguagem mais histórica. O paradoxo é aterrorizante: num mundo em que o pecado objetivo clama ao céu, a consciência de pecado tende a desaparecer.

Em minha opinião, uma das razões, se não a mais fundamental, pelo menos do ponto de vista teológico, do desaparecimento da consciência de pecado está nas palavras de Rahner: "Só o perdoado sabe que é pecador". E é compreensível: se há somente consciência de pecado, a própria vida se torna um peso intolerável e sem futuro. Se há perdão, essa vida volta a se tornar suportável porque não se fechou o futuro para a própria vida. Porém, o problema está em que o perdão não é, nem antropológica nem teologicamente, uma absolvição que o pecador consegue por suas forças, mas é dom e graça. E aqui está o problema. Estruturalmente falando, o Primeiro Mundo não sabe o que fazer com o dom. A teologia continuará repetindo, necessariamente, que tudo começou como dom, com o Deus que nos amou primeiro; e que tudo se consumará como dom, quando Deus for tudo em todos. Porém, não é fácil tentar o dom na história real, e menos no Primeiro Mundo, que se baseia, em sua relação com outros mundos, na dominação ou, inclusive, em seu aspecto positivo, em dar unilateralmente, sua civilização, sua tecnologia, sua eclesialidade, sua teologia. A mera noção do dom, segundo a qual para a realização e plenificação do ser humano deve-se também estar disposto a receber dos outros e receber como dom, isto é, inesperadamente e sem merecimentos, é estranha ao Primeiro Mundo de hoje.

E, no entanto, consciência de pecado e consciência de graça são fundamentais no seguimento. A consciência de pecado, para que o seguimento leve a sério a conversão; a consciência de graça, para que o seguimento seja feito em esperança e alegria. O problema está em ver – estruturalmente, pois biograficamente pode haver muitas outras mediações – qual é o lugar de onde surge a consciência de pecado e de graça. *A priori*, pela fé e, *a posteriori*, pela experiência histórica, esse lugar é hoje o Terceiro Mundo. Que é o lugar em que aparece com força inocultável o pecado, não é demais repeti-lo; mas é também o lugar do perdão. Segundo João Paulo II, no dia do juízo os povos do Terceiro Mundo julgarão os do Primeiro Mundo; mas agora estão dispostos para a acolhida e para o perdão. Disto há inumeráveis testemunhos daqueles que chegaram ao Terceiro Mundo para ajudar. Porém, além disso, o Terceiro Mundo, ou, pelo menos, a América Latina, não é um mundo vingativo, embora seja profético; é um mundo acolhedor que procura viver com outros mundos e reconciliado com eles.

3. *Viver com espírito*. O seguimento de Jesus deve ser realizado no Espírito e com espírito. Insisti anteriormente no seguimento para que a apelação ao Espírito não degenere no entusiástico e no alienante. Porém, deve-se também analisar outra direção da relação seguimento-Espírito. Hoje se reconhece com razão, e assim aparece na teologia trinitária, que a absolutização do seguimento de Jesus – a absolutização do Filho – pode levar ao sectarismo e ao voluntarismo, com suas consequências de dogmatismos, intolerâncias, endurecimento.

Isso é verdade e aparece na realização histórica do seguimento. Precisa-se de espírito, em primeiro lugar, para optar pelo seguimento e permanecer nele, ambas coisas que não devem ser consideradas realizadas; mas também para configurá-lo, para potencializá-lo e para que dê mais de si, e para sanar os subprodutos negativos que a prática do seguimento pode gerar. O seguimento deve ser realizado com o espírito de busca da verdade, do coração limpo para ver as coisas – e ver Deus – como são; com o espírito de misericórdia, que não pactue com o sofrimento humano e possa reduzi-lo a necessário custo social dos movimentos libertadores ou a mero desencadeante do protesto gratificante; com o espírito de fortaleza para se manter nos inevitáveis conflitos; com o espírito de festa, para que o seguimento não seja puro kantismo e menos puro ascetismo ou masoquismo; com o espírito de agradecimento e humildade que leve a libertar como aquele que foi antes libertado, que leve a erradicar o pecado objetivo como aquele que antes foi perdoado de seu próprio pecado. Com esse espírito se potencializa a prática do seguimento e se sanam as tendências pecaminosas que toda prática, mesmo justa e boa, tende a criar: *hybris*, protagonismo, dogmatismo, prepotência, mística do poder etc.

Dessa forma, valoriza-se novamente a santidade. A prática do seguimento no que tem também de prática de justiça, de amor político, se transforma em procedimento possível e necessário para a vida cristã, mas procedimento que deve ser preenchido com o espírito descrito. Então aparece a santidade, como possibilidade e necessidade também para hoje, e – o que é mais novo – como alguma coisa historicamente eficaz para humanizar a história. O novo está na exigência de um fazer como Jesus fez e no fazê-lo como o fez Jesus; em unificar prática e espírito de Jesus.

A essa sentida necessidade de espírito na mesma realização do seguimento se acrescenta hoje uma necessidade mais globalizante, dada a situação de crise no mundo e na Igreja. O espírito aparece como necessário para buscar uma nova síntese histórica e eclesial que não se alcança somente com conhecimento e práxis nem, na Igreja, somente com segurança doutrinal e administrativa, tal como parece ser a atual opção da Igreja. Voltar a encontrar um norte para o mundo atual, configurar ativamente a história sem se deixar simplesmente se deslizar nela, fazer com que a história seja promessa mais que fatalismo, tudo isso é coisa de espírito, e de muito espírito. No interior da Igreja, recriar o mosaico partido de suas variadas realidades – práxis e doutrina, instituição e carisma, tradição e novidade – é novamente coisa de espírito. Irineu usava o belo antropomorfismo do "lento acostumar-se do Espírito à carne"; à história, diríamos hoje. Mas também o inverso é necessário: descobrir a novidade do Espírito, participar com ele e acostumar-se com ele. O Espírito é o que vai oferecendo um novo norte orientador e sintetizador para que o mundo seja mais humano e a Igreja mais cristã. Descobrir, sintonizar e cooperar com o Espírito é também coisa de espírito.

4. *A realização eclesial, solidária do ser cristão*. O seguimento de Jesus é algo pessoal, indelegável e, portanto, responsável; mas, dentro e uma realidade humana maior que o indivíduo e em relação à qual a pessoa adquire identidade. Jesus chamou seus seguidores por seu nome, mas os constituiu em "Doze", símbolo do povo escatológico; depois da ressurreição, surgiram crentes em Cristo, mas – não só por óbvia necessidade sociológica, mas para corresponder teologicamente ao Deus que nela se revelou – estes crentes se constituíram em comunidade, em *ekklesía*.

Essa eclesialidade significa que a identidade cristã se realiza na Igreja como uma realidade na qual está a pessoa; e significa que o comunitário, aquilo que por essência relaciona a pessoa com os outros, é essencial para a realização de sua identidade. O primeiro é claro, pois a Igreja é teológica e historicamente o lugar privilegiado em que se conserva a tradição do Jesus ao qual deve seguir e, segundo a fé, o lugar em que indefectivelmente, apesar de limitações e pecados, existirá sempre o seguimento e a fé nesse Jesus e a garantia da verdade dessa fé.

O segundo é o que agora mais interessa ressaltar ao se falar da identidade cristã. Esta é configurada pela Igreja enquanto realidade comunitária. O *allelon* neotestamentário, o "uns aos outros", o "mutuamente", é essencial para a outra pessoa, e esta vai sendo feita na medida em que é referida à comunidade. Os carismas pessoais, dados ao indivíduo, são carismas precisamente porque, e na medida em que, ajudam na construção da comunidade; a realização da identidade pessoal é mediada e depende da mais abrangedora realização da comunidade; e a construção desta leva a pessoa à sua própria realização.

Essa comunitariedade se estende até ao nível da própria fé. A pessoa crê, mas crê em comunidade, aberta e levada pela fé da comunidade. "Desejo muito ver-vos... para nos confortar convosco pela fé que nos é comum a vós e a mim" (Rm 1,11s). Crer é estar aberto à fé de outros, para dar e receber a fé. E assim como os carismas são concretos e diferentes e, por isso, em seu exercício complementar, se pode construir a comunidade, assim a fé pessoal, configurada em quanto pessoal por "materialidades" distintas pode construir a fé da comunidade e esta pode levar ao crente concreto a sua fé. A fé comunitária não é a soma das fés individuais, mas a fé que se vai fazendo das diferentes fés de todos: os pobres podem explicitar mais a esperança em Deus que há na fé, os não-pobres podem explicitar mais o rebaixamento, o celibatário pode explicitar mais o momento de solidão da fé e da abertura do amor, o casado, mais o amor concreto e o caminhar junto de Deus e correspondendo assim, assintoticamente, entre todos, ao mistério inesgotável de Deus, o correlato da fé.

Com tudo isso, se oferece e se exige uma antropologia cristã baseada na solidariedade, no mútuo dar e receber, no elevar-se uns aos outros, como crentes pessoais, como comunidades e como igrejas locais. A história atual, as novas relações entre igrejas do Primeiro e do Terceiro Mundo, mostram a realidade da solidariedade e que nela acontece a superação frutífera do individualismo, do uniformismo como soma de indivíduos ou até de um ambíguo pluralismo que, por um lado, respeita a autonomia legítima do indivíduo, mas, por outro, pode levar a se desentender com os outros e não ver neles um potencial da própria e adequada realização. Nesse sentido, a identidade cristã tem de ser hoje profundamente eclesial. A realização do seguimento e da fé deve ser feita como um levar-se uns aos outros, em escala de comunidade, de Igreja local e de Igreja universal.

5. *A humildade e a convicção da fé.* Talvez se estranhe o fato de eu não ter analisado explicitamente até agora, nem sequer no tratamento da estrutura fundamental do seguimento, a relação com Deus, a fé em Deus. Deixei conscientemente para o final, pois a fé vai se fazendo, ou rejeitando, segundo é a encarnação, a prática salvífica, a esperança, a solidariedade, a gratuidade etc. É óbvio que à identidade cristã compete a fé no Deus de Jesus. O que queremos ressaltar agora são as características da fé exigidas pelo mundo atual, admitindo de antemão a grande diferença ambiental da fé no Primeiro e no Terceiro Mundo. Essas características são a humildade e a convicção da bondade da fé.

Historicamente, a fé não tem hoje o monopólio da verdade e da salvação. Isso é óbvio no Primeiro Mundo da Idade Moderna e da pós-modernidade, mas vai sendo também claro, embora quantitativamente em pequena escala, no Terceiro Mundo, no qual existem movimentos poderosos de libertação não crentes. Essa relativização histórica da fé ajuda a compreender a humildade – não somente escuridão – que lhe compete de direito e com a qual a fé hoje deve viver. O cristão não sabe muito mais coisas que os outros seres humanos e muito daquilo que sabe vai adquirindo como patrimônio de todos, crentes e não crentes. Não sabe mais que outros das mediações, teóricas e práticas, para a instauração do reino – sem que a doutrina social da Igreja lhe conceda uma vantagem decisiva –. Apesar de sua dogmática avultada, de seu direito canônico complicado, de seu aparato doutrinal impressionante, no fundo, a única coisa que sabe enquanto crente é, nas palavras de Rahner, que Deus é mistério santo, que esse mistério aconteceu na história em Jesus e, por graça, em outros seres humanos, e que o mistério permanece mistério para sempre. Há aqui um *multum* de saber, mas não se sabe *multa*; sabe-se muito, mas não muitas coisas.

Nisso está a humildade da fé. Humildade para com os seres humanos, porque não lhe são oferecidas receitas fáceis para suas perguntas e problemas mais fundamentais, e porque com todos eles se deve sempre estar diante do mistério de Deus, num verdadeiro ecumenismo humano, não somente interconfessional, nem sequer somente religioso. Humildade para com Deus, porque deve-se deixar que ele seja sempre Deus, escutar sempre sua palavra e auscultar os sinais dos tempos, sem fazer nunca de Deus uma posse, uma verdade em depósito da qual – como se se tratasse de um teorema fundamental – pudessem ser tiradas consequências à vontade.

A fé, por sua essência, nunca precisou ser triunfalista; mas cada vez deveria ser menos por razões históricas. A fé, portanto, não pode ser vivida com complexo de superioridade, mas, como diz Miqueias, como um humilde caminhar com Deus na história (Mq 6,8). Porém, por outro lado, a fé também não deve ser vivida com complexo de inferioridade, como dá a sensação de ser o caso em muitos lugares do Primeiro Mundo; não deve ser vivida na defensiva. Se não fosse porque o termo pode recordar cruzadas religiosas triunfalistas do passado, dever-se-ia dizer que a fé deve ser vivida na ofensiva. E isso não pelos vasos em que a fé é levada, que são de barro, mas pelo que contêm: a boa notícia de Deus.

González Faus, J. I. *Este es el hombre. Estudios sobre identidad cristiana y realización humana.* Madrid, Cristiandad, 1987; *Identidad cristiana.* In: *Lumière et Vie,* Estella, EVD, 1976; Marlé, R. *La singularidad cristiana.* Bilbao, Mensajero, 1971; VV. AA. *Cambios históricos e identidad cristiana.* Salamanca, Sígueme, 1978; VV. A. "La identidad cristiana". In: *Concilium* 216 (1988); VV. AA. "Hacia una superación de la crisis de identidad cristiana". In: *Sal Terrae* 66 (1978); Vidal, M. "Especificidad de la ética cristiana". In: *Diccionario enciclopédico de teología moral.* Madrid, 1978, pp. 1320-1329.

Jon Sobrino

IGREJA

Quando Lutero diz que a palavra "Igreja" é "cega e obscura" (WA 50, 625) não faz senão sublinhar as dificuldades que encerra a descrição do conteúdo do termo neotestamentário *ekklesía*. Somente à primeira vista é unívoca e de contornos precisos. Um percurso superficial pelos usos linguísticos mais correntes ratifica amplamente seu caráter calidoscópico. Escrever igreja com minúscula serviria para designar o lugar do culto. Igreja, com maiúscula, designaria genericamente a comunidade de crentes em Jesus Cristo, como arremedo da ideia tradicional de *congregatio fidelium*. No discurso comum do povo, nos meios de comunicação social e também em alguns textos do magistério, constata-se um hábito linguístico que equipara nosso termo com os representantes oficiais da instituição eclesiástica (papa, bispos ou outro grupo de nível elevado, como o sínodo ou o concílio). Por outro lado, locuções do tipo "a Igreja faz a eucaristia, a eucaristia faz a Igreja" situam-se num plano semântico que enuncia os aspectos mais profundos de uma realidade de fé, sacramental e litúrgica. A linguagem ecumênica obriga a utilizar o plural "igrejas" e a rever o pressuposto tradicional de que as comunidades cristãs não católicas sejam inautênticas, pondo em marcha a busca de elementos de eclesialidade. Mas, inclusive dentro do âmbito restrito da eclesiologia confessional católica, é necessário utilizar o plural (igrejas particulares), sem que isso equivalha a dissolver o conceito de Igreja universal na idéia de igrejas locais. Pois bem, o que dizemos quando dizemos "Igreja"?

I. A Igreja, realidade e objeto de fé. 1. *Princípio epistemológico: credo ecclesiam*. A cláusula sobre a Igreja contida no *Symbolum fidei* continuará sendo o ponto de referência inevitável para a elaboração de uma teologia da Igreja que se confesse cristã. Possivelmente, nenhuma outra afirmação da fé suscite tanta incompreensão, reservas e, inclusive, hostilidade. Em que sentido se pode dizer que "cremos n(a) Igreja"? O Símbolo de fé confessa a Igreja una, santa, católica e apostólica, que é indissociável da vida de uma instituição cujo caminho já bimilenar ficou consignado nos livros de história. Pode-se falar da Igreja no plano fenomênico, a partir da observação direta, da notícia jornalística, da análise social ou da documentação histórica. Este plano semântico se dá conta do fato da congregação dos crentes em Cristo. Mas a fé abre passagem para um plano de conhecimento de outro nível. O crente confessa que na figura externa e visível da Igreja, apesar das deformações que sofreu no decurso da história e da condição pecadora de seus membros, age o Espírito de Deus.

A essência da Igreja se fundamenta na ação salvífica de Deus neste mundo e somente é experimentável e compreensível no ato livre da própria fé. Deve-se deixar, além disso, bem assentada a distância entre o entendimento da fé que aponta não para o *credo in Deum*, mas para o *credo ecclesiam*. Entre esses dois momentos do crer existe uma diferença que não é só material, no sentido de que são dois objetos diversos do ato de fé, mas também de caráter formal, uma vez que muda a relação entre o sujeito, o ato de fé e o objeto. O *Cathecismus ad parochos* do concílio de Trento esclarece meticulosamente a diferença entre o crer em Deus e o crer na Igreja, um ato de fé que em vez de tender diretamente para Deus se fixa na "criatura da palavra de Deus", que é a Igreja: "Nós cremos nas três pessoas da Trindade, Pai, Filho e Espírito Santo, de modo que neles pomos propriamente a nossa fé. Pelo contrário, mudando a forma de falar, nós professamos crer a santa Igreja, e não na santa Igreja, para que com esse modo diferente de falar faça distinção entre Deus, autor de todas as coisas, e suas criaturas, e reconheçamos como vindos da bondade divina todos aqueles benefícios que foram conferidos à Igreja".

Estamos diante de um objeto de fé que tem uma forma empírica precisa de verdadeiro sujeito histórico e que, ao mesmo tempo, não é adequadamente conhecido senão enquanto é crido. O juízo definitivo sobre a Igreja, mais além da apologética e da polêmica, só pode ser pronunciado a partir da fé. Reclama ser crido não somente para ser adequadamente conhecido, mas até para existir. Nesse sentido, temos de concluir: cremos eclesialmente. Por outro lado, a fórmula *credo ecclesiam* reconhece o fato de que a Igreja, como a encarnação do Filho, sua morte e ressurreição para nossa salvação, é um elemento que faz parte da completa economia da salvação que Deus realizou e nos revelou. É a aceitação da Igreja como parte do objeto total de nossa fé cristã. Estamos professando nossa fé em que a Igreja não é simplesmente uma instituição humana, mas uma obra de Deus para a salvação do mundo. E, por isso, um mistério de nossa fé, tal e como aparece nos grandes hinos cristológicos de Colossenses e Efésios. Eles constituem a razão última de sua incorporação ao Símbolo da fé.

2. *Princípio hermenêutico: o enfoque histórico-salvífico*. Deve-se partir da profunda significação do Concílio Vaticano II (1962-1965) para a consciência cristã: "Pela primeira vez em sua história secular, a Igreja se definiu a si mesma (ou, de alguma forma, ela se descreveu) na constituição dogmática *Lumen gentium* e em outras constituições, decretos ou declarações" (Congar, 1976, 296). As duas constituições maiores, sobre a revelação (*Dei Verbum*) e sobre a Igreja (*Lumen gentium*), retomam o enfoque histórico-salvífico do pensamento teológico dos Padres, que consiste em desdobrar o *mysterium Christi* nas diversas etapas de sua realização na história da salvação. Ambas as constituições propõem o mistério de Cristo como a plenitude da revelação e da obra

salvífica de Deus uno e trino. Essa história de Deus com a humanidade encontra seu prolongamento na Igreja, comunidade de crentes, que nasce da escuta da palavra de Deus feita carne e se realiza a serviço dessa Palavra, tornando-a presente no mundo até à consumação escatológica. Essa abordagem teológica permite superar uma reflexão sobre a Igreja de cunho eminentemente jurídico e societário, dando passagem para uma visão mais bíblica, concreta e histórica, antropológica. A definição proposta por K. Rahner no *Manual de teologia pastoral* se ajusta perfeitamente a esses pressupostos: "A Igreja é a comunidade, socialmente organizada, na qual, através da fé, da esperança e do amor, continua sendo presente para o mundo, como realidade e verdade, a revelação escatológica de Deus (sua automanifestação) realizada em Cristo" (Arnold e Rahner, 1964, 119).

O princípio hermenêutico do concílio significa o abandono da neoescolástica parmenidiana, a-histórica e pouco bíblica, por uma teologia centrada em torno da *história da salvação*. Esse enfoque histórico salvífico encontra sua formação no capítulo I da constituição dogmática sobre a Igreja *Lumen Gentium* (LG). Apresenta o desígnio salvífico pelo qual Deus Pai "estabeleceu congregar na santa Igreja" uma Igreja "prefigurada" desde a origem do mundo, "preparada" na história do povo de Israel e na antiga aliança, "fundada" nos últimos tempos, "manifestada" pela efusão do Espírito de Pentecostes, que "será consumada" no fim dos tempos. A passagem culmina na afirmação de uma Igreja que, segundo a visão patrística, abraça em seu seio todos os justos, "do justo Abel até o último eleito" (LG 2). Essa descrição abrangente da Igreja coincide com aquela observação de Clemente de Alexandria, que, ao traçar o horizonte universal da vontade salvífica de Deus, estabelece a conexão entre criação e salvação: "Do mesmo modo que a vontade de Deus é um ato e se chama mundo, assim a intenção divina é a salvação dos homens e se chama Igreja" (*Paedagogus*, I,VI.27.2; SC 70,161).

Porém, a Igreja não é um ente de razão. Lançando mão da terminologia criada por Isidoro de Sevilha em suas *Etimologias*, falar sobre a Igreja implica reconhecer sua origem radical na "con-vocação" divina, segundo o sentido ativo da palavra grega *ekklesía*, e reconhecer, ao mesmo tempo, a comunidade humana assim gerada, segundo o sentido passivo de *ekklesía*. Nasce no interior da história humana e pertence a ela, inevitavelmente está condicionada e é modelada pela história em situações particulares e em contextos culturais determinados. Essa realidade social e humana (*ecclesia ex hominibus*) e a Igreja que procede da Trindade (*Ecclesia ex Trinitate*) configuram seu "paradoxo e mistério" (H. de Lubac), a dimensão "divina" e a dimensão "humano-histórica" da Igreja, isto é, seu caráter "teândrico". Estamos, portanto, diante de uma realidade complexa e análoga ao mistério do Verbo encarnado (LG 8), chamada a tornar visível na história humana esta realidade invisível: a íntima união com Deus e a unidade do gênero humano (LG 1). Não se reduz, portanto, a uma pura realidade histórica e sociológica nem a uma pura comunidade espiritual e invisível. Sua pretensão de origem divina, seu caráter sagrado ou seu protagonismo na história da salvação não modificam substancialmente essa situação. Porque "a Igreja de Deus, que ele adquiriu para si pelo sangue do seu próprio Filho" (At 20,28) traz sempre "a figura deste mundo que passa" (1Cor 7,31). A conjunção dessas duas afirmações da Escritura reflete perfeitamente a natureza da Igreja como objeto de reflexão.

Aceitar o enfoque conciliar nos marca a rota a seguir. Uma primeira aplicação do princípio hermenêutico esboçado se concretiza na reconstrução do mesmo processo de gestação da Igreja a partir do testemunho bíblico. Deve-se atender, em segundo lugar, ao seu devir na história. Um terceiro momento de sistematização deve declarar o significado teológico da noção "Igreja".

II. Noções de eclesiologia fundamental: a Igreja de Jesus Cristo. Essa abordagem bíblica deve dar razão dos conceitos eclesiológicos e das estruturas eclesiais geradas pelo cristianismo primitivo. A congregação do povo de Deus está *prefigurada desde a origem do mundo*. Se o pecado destrói a comunhão de vida do ser humano com Deus e dos seres humanos entre si, a ação salvífica de Deus se prolonga oculta em todos os povos. "Deus não faz acepção de pessoas, mas, em qualquer nação, quem o teme e pratica a justiça lhe é agradável" (At 10,34-35; cf. LG 9). Essa *preparação* e a história efetiva da congregação do povo de Deus começam com a vocação de Abraão, a quem Deus prometeu fazer pai de um grande povo (Gn 12,2; 15,5-6). Israel é, por sua escolha, o sinal da congregação final de todos os povos. Os profetas acusam Israel de romper a aliança e se prostituir; pregam uma nova aliança, pela qual Deus escolherá para si um povo novo (Jr 31,31-34). A *ekklesía* como povo de Deus já existia antes de Jesus de Nazaré. Sua pregação e sua mensagem se orientam pelo horizonte do reino de Deus. Com sua vida e palavra, começa a reunião final ou escatológica de Israel.

Paulo relata autobiograficamente o excesso com que perseguia a "Igreja de Deus" (1Cor 15,9; Gl 1,13). Hoje se está bastante de acordo em que quando Paulo utiliza essa expressão, usa um conceito já criado que a comunidade de Jerusalém aplicava a si mesma e que depois extravasou para outras comunidades (cf. 1Ts 2,14). O conceito "Igreja de Deus" designa o povo de Deus que se reúne no fim dos tempos e que aguarda a vinda definitiva de Deus. Entre as designações mais antigas registradas pelo NT para nomear os seguidores de Jesus ("santos", "discípulos", "irmãos"), logo se consolida a denominação *ekklesía*.

Este vocábulo grego traduz a expressão hebraica *qahal*, que significa "convocatória" e "assembleia congregada" (Dt 4,10; 9,10; 18,16). Diferentemente da comunidade primitiva e também de Mt 16,18, Paulo refere normalmente o conceito de *ekklesía* às comunidades concretas (inclusive às comunidades domésticas) e à sua reunião em um lugar (cf. 1Cor 1,1: "à Igreja de Deus que está em Corinto"). Essa aplicação está baseada em um aprofundamento cristológico e pneumatológico da vida concreta da uma comunidade (ceia do Senhor, batismo, ministérios, carismas), de maneira que, para Paulo, a Igreja se realiza primariamente em um lugar. Ela é o corpo de Cristo (1Cor 12,27) e o edifício do Espírito Santo para morada de Deus (2Cor 6,16). O cristocentrismo paulino expresso na imagem do corpo de Cristo, que reassume a doutrina da justificação e a nova vida "em Cristo" (Gl 3,26-28), sustenta a afirmação da Igreja local, mas não elimina o aspecto da Igreja em seu conjunto (1Cor 4,17; 11,16; 12,28; Gl 1,13.22). Cada Igreja local particular, a Igreja doméstica (Rm 16,5.14s; 1Cor 16,19; At 1,13; 2,46), é de *per si* e em sentido pleno "Igreja de Deus". A partir desses resultados, a pergunta sobre se *ekklesía* deve ser traduzida por Igreja (universal) ou comunidade (local) deve superar preconceitos confessionais. A Igreja de Deus é ao mesmo tempo universal e local. A distinção, segundo o NT, não deve ser situada no nível objetivo, mas no de sua consideração. O outro grande nome da Igreja, o de povo de Deus, é situado no horizonte histórico-salvífico e propõe a pergunta de até que ponto a Igreja pode ser chamada "verdadeiro Israel" (Rm 11,1s; 9,4).

Os textos paulinos pressupõem uma relação fundamental entre Jesus e a Igreja (Rm 16,16). Muito evidentemente, a designação explícita de *ekklesía* exerce um papel muito subordinado nos evangelhos. Na realidade, somente duas passagens de Mateus fazem menção expressa do termo (Mt 16,18; 18,18). Essa falta de vocabulário não quer dizer que a realidade eclesial seja irrelevante; no final das contas, são testemunhos da comunidade primitiva. Os escritos neotestamentários nasceram de seu seio e são em seu conjunto um testemunho de sua existência e de sua vida. "Antes da reflexão consciente sobre esta comunidade da qual procedem e à qual servem, antes de qualquer 'teologia da Igreja' se encontra a realidade, a existência e a vitalidade da comunidade que professa Jesus Cristo" (Schnackenburg, 1965, 9). Em outras palavras: limitar-se ao conceito de *ekklesía* seria um enfoque mesquinho, que não faz justiça ao tema da eclesiologia do NT. Pois, Mc, Lc, J, 1-2Pd, Jd, 2Tm, Tt, 1-2Jo, ou o livro do Apocalipse, tratam da Igreja sem recorrer a esse conceito. Marcos entende a Igreja como um prolongamento do discipulado; Mateus destaca que a Igreja é o "novo Israel"; ambos fazem do círculo dos Doze a prefiguração da Igreja. A dupla obra de Lucas situa a Igreja em seu conceito geral da história da salvação, de modo que o tempo da Igreja é o tempo da ação do Espírito. Para o quarto evangelho, palavra e sacramento (batismo e eucaristia) fazem surgir a Igreja e a renovam continuamente. Neste marco de uma *eclesiologia implícita* se propõe hoje a questão fundamental – insinuada mais acima – sobre a fundação de uma Igreja pelo Jesus histórico.

O problema da fundação da Igreja pelo Jesus histórico consiste na busca de indícios pré-pascoais da Igreja pós-pascoal. Deve-se examinar a continuidade estrutural entre a vida e a obra de Jesus de Nazaré e a Igreja que nasce da Páscoa e de Pentecostes. A Igreja cristã pressupõe uma fé na ação de Deus em Jesus de Nazaré. Não se remete a Igreja a uma palavra de fundação isolada de Jesus, mas aos mistérios de sua vida e, sobretudo, ao acontecimento pascal. No umbral entre o Jesus histórico e o Senhor exaltado se situa a última ceia: a Igreja será essencialmente uma comunidade em torno do banquete eucarístico. A morte na cruz constitui o sinal mais eloquente da vida entregue pelos pecadores: a Igreja do Crucificado se incorpora à mesma dinâmica de "proexistência" que caracterizou a obra messiânica de seu Senhor, que não veio para ser servido, mas para servir e dar a vida em resgate por muitos (Mc 10,45). Através da pregação do Evangelho e dos sacramentos continua essa tarefa sob a força do Espírito enviado no dia de Pentecostes.

Seus traços básicos, fixados em At 2,42, continuam sendo os mesmos no decorrer do tempo: os discípulos se reuniam na *prece* comum, na *doutrina* dos apóstolos, na *eucaristia* ou fração do pão e na *koinonía*, isto é, na comunhão vertical com o Pai e com o Filho e na comunhão inter-humana (1Jo 1,3-6). Porém, é a mesma "Igreja peregrina" cujas formas e figuras institucionais vão mudando em permanente atualização, sob a guia do Espírito, de suas realizações fundamentais: a proclamação e testemunho do Evangelho (*martyría*), que inclui a oração comum e a celebração da ceia do Senhor e dos sacramentos (*leitourgia*), assim como o serviço (*diakonía*) da caridade, especialmente aos mais necessitados.

É evidente que, em razão da estrutura encarnada da Igreja, dimanem uma série de diferenças geográficas e cronológicas. Os grupos e comunidades dos anos trinta, radicados em um âmbito palestino, estão organizados teológica e socialmente de forma distinta à dos grupos cristãos das zonas da Ásia Menor e da Grécia no final do século I. A passagem do âmbito judaico para o não judaico, assim como o trânsito da época apostólica para a pós-apostólica, trouxeram consigo a assimilação de novas estruturas de organização. A eclesiologia tardia do NT dá mostras de um processo crescente de regularização por conta de poder viver e anunciar o Evangelho dentro de um novo contexto. Esse processo de institucionalização, qualificado de forma negativa e crítica como "protocatolicismo", foi reinterpretado na chave dos processos de "rotinização" do carisma (Max Weber). Todo movimento carismático exige uma ritualização, tradição e, em última análise, uma institucionalização que lhe garanta a sobrevivência. As comunidades foram gerando estruturas eclesiais a partir dos novos fatores sociais, políticos e linguísticos. O cristianismo primitivo entrou numa fase de busca de identidade intereclesial e de consolidação diante da gnose, dos cultos mistéricos, diante da religião politeísta do helenismo.

Esse processo – como mostrou M. Y. MacDonald – pode ser percebido na mesma evolução interna do *corpus* paulino. As primeiras e grandes cartas representam um primeiro estágio de institucionalização *construtora* da comunidade, onde prevalece a autoridade carismática de Paulo. Num segundo momento, tipificado por Cl e Ef, produz-se uma institucionalização *estabilizadora* da comunidade; o desaparecimento do apóstolo obriga a estabelecer uma forma de autoridade que assume o modelo familiar. Num estágio posterior, representado pelas cartas pastorais, percebe-se uma institucionalização *protetora* que destaca a autoridade de Timóteo e de Tito, e ao mesmo tempo estipula a nomeação de *presbyteroi* e a função de *episkopé* em cada cidade. Estava em marcha o caminho para o episcopado monárquico.

Com os últimos escritos no NT, conclui-se propriamente a época apostólica. Seu testemunho inspirado é o NT, redigido em sua maior parte ao longo do século I. A eclesiologia do NT é uma resposta permanente, sob a guia do Paráclito, ao que Deus operou em Jesus depois de sua morte. Sua importância para a eclesiologia posterior é decisiva em sua qualidade de norma e fundamento para a Igreja de todos os tempos. A fé numa ação criadora sempre nova de Deus faz com que a Igreja, povo de Deus em marcha (Hb 3,7-4.11), esteja em interação permanente com o mundo. Mais ainda: "a Igreja peregrina leva consigo – nos seus sacramentos e nas suas instituições, que pertencem à idade presente, a figura deste mundo que passa" (LG 48).

III. Noções de eclesiologia histórica. Embora reconhecendo a importância dos fatores somente avaliáveis a partir da fé, que a diferenciam essencialmente de qualquer outro grupo social, o estudo e o conhecimento da Igreja deve ser feito confrontando em todo momento a realidade que historicamente foi e que de fato é. A obra pioneira da Igreja de H. Küng começa com este postulado: "A essência real da Igreja real acontece na forma histórica". Não podemos refletir aqui as variações históricas do conceito de Igreja nem o trabalhoso processo de geração de novas estruturas eclesiais (Fries, 1975, 251-296). Dever-se-á se contentar com algumas pinceladas que reflitam *grosso modo* os marcos decisivos no desdobrar e no devir histórico da instituição eclesial.

Na primeira literatura cristã, transparece a convicção de que "o mundo foi criado em função da Igreja" (*Pastor de Hermas* 8,1). Nessa ótica, ela fica engastada de tal modo no desígnio salvífico de Deus que é considerada preexistente à criação ou coexistente ao começo da história humana. Essa percepção do *mistério* da Igreja viu-se acompanhada pela expansão do cristianismo e pela multiplicação das igrejas que se conservam em *comunhão* entre si. Já Inácio de Antioquia aplica à Igreja o adjetivo *católica* em sua *Carta aos de Esmirna*: "Onde estiver o bispo, esteja a comunidade, assim como onde estiver Jesus Cristo, lá está a Igreja católica". Este atributo não designa unicamente a expansão geográfica da Igreja por todo o mundo, mas a manifestação em um lugar da plenitude de dons com que o Espírito enche a Igreja (evangelho, eucaristia, comunhão apostólica simbolizada na figura do bispo). A Igreja se apresentou nos primeiros séculos como *communio ecclesiarum*, isto é, como uma rede de diversas igrejas locais com numerosas conexões entre si, que se reúnem em torno do altar eucarístico e de seu bispo. Da associação de igrejas locais surgiram os patriarcados, como centros da comunhão e da organização. Desde o século V foram cinco: Roma, Constantinopla, Alexandria, Antioquia e Jerusalém.

Depois do reconhecimento da Igreja no império romano, a dialética Igreja-mundo, característica da época das perseguições, se transforma em uma relação de simbiose crescente entre Igreja e sociedade que leva à configuração da *societas christiana*. A Idade Média é testemunha da confrontação entre o poder sacerdotal do papa e o poder régio do imperador. Sobre esse pano de fundo se entende a reforma empreendida por Gregório VII (séc. XI) com sua defesa, a qualquer preço, da liberdade da Igreja diante a intromissão dos poderes e dos interesses seculares. Sem dúvida, a reforma gregoriana constitui uma verdadeira cisão na história das idéias eclesiológicas, pois coincide, além disso, com a ruptura entre o Oriente e o Ocidente cristãos. Até então, a Igreja latina e a Igreja grega haviam seguido caminhos divergentes, alimentando uma estranheza cultural, religiosa e teológica que culminou no cisma de 1054. O distanciamento entre as igrejas do Oriente e do Ocidente é decisivo para o desenvolvimento posterior. A Igreja ocidental se desenvolveu sob o signo da unidade e da uniformidade segundo o padrão marcado pela *ecclesia romana*. Entende-se, por outro lado, que a pluralidade das igrejas fosse relegada a um segundo plano. Sobre o pano de fundo daqueles acontecimentos se introduz uma visão da Igreja como *corpus mysticum*, de forte feição jurídica, reunida em torno do papa, como sua cabeça. A teologia escolástica apresenta a Igreja como mistério de santidade sobrenatural, como corpo místico de Cristo e como esposa imaculada. A Igreja é concebida como um corpo, tanto no sentido de realidade espiritual como no sentido social e corporativo do termo. Paulatinamente se desenvolverá uma eclesiologia de orientação universalista, centrada na monarquia papal, que desloca a eclesiologia de comunhão do primeiro milênio. Se olharmos para a intra-história, o decreto de Graciano (séc. XII) nos encaminha à maneira de considerar a articulação interna do povo de Deus: há duas classes de cristãos, clérigos e leigos.

No começo do século XIV, torna-se asperamente mais aguda a tensão entre *sacerdotium* e *imperium*, entre o papa Bonifácio VIII e o rei francês. Esses conflitos deram lugar a uma reflexão eclesiológica que debate sobre o poder eclesiástico. Ainda sem sair do século XIV, acontece a grande crise daquela eclesiologia, o chamado cisma do Ocidente (1378), que afetou gravemente a cabeça da Igreja, quando aconteceu uma dupla eleição papal. Aquela situação, na qual as obediências respectivas se deslegitimavam e se condenavam reciprocamente, não somente dividiram a Igreja latina, mas questionaram radicalmente o mesmo caráter sacramental da instituição eclesial. O concílio universal se impôs naquela hora como via de solução para um beco sem saída. Consequentemente, a discussão eclesiástica girou em torno da alternativa papa-concílio como instâncias supremas da autoridade na Igreja. Ao mesmo tempo, proliferavam os movimentos reformistas, como o husitismo, que propugnavam uma Igreja invisível, santa, dos predestinados. No debate sustentado entre a teologia romana e o reformismo promovido na Boêmia pelos seguidores de João Hus se forjou a primeira sistematização de uma eclesiologia católica. Os primeiros tratados sobre a Igreja, redigidos em meados do século XV, são devidos aos dominicanos, cuja orientação diversa ideológica continua delatando qual era o tema do tempo: o *Tractatus de Ecclesia* de João de Ragusa é expoente da orientação conciliarista, enquanto a *Summa de Ecclesia* de João de Torquemada está a serviço da eclesiologia que garante as prerrogativas papais tradicionais.

Com a reforma luterana e sua crítica radical à Igreja romana, abre-se um novo tempo histórico: o da Igreja das confissões. Lutero (1483-1546), em busca da verdadeira Igreja, nega sua legitimidade a todas as formas históricas e institucionais que pretendam tornar visível seu mistério aos seres humanos. Por aí flui sua idéia de uma *ecclesia abscondita*, Igreja oculta dos santos. A teologia da Contrarreforma acentua os aspectos visíveis da instituição eclesial, de modo que a pergunta pela *vera ecclesia* passa a ocupar o núcleo de uma reflexão eclesiológica de tintura cada vez mais apologética. Acontece assim um desdobramento na consideração do objeto: enquanto os reformadores cultivam um conceito de Igreja invisível como *coetus electorum*, a noção belarminiana de Igreja destacou os elementos da instituição visível na profissão externa da fé e da comunhão nos sacramentos sob a autoridade dos legítimos pastores. Essa dupla orientação marcou a eclesiologia até à época contemporânea. Hoje em dia, se está de acordo em que não se pode fazer uma teologia do mistério da Igreja que não leve em conta suas dimensões empíricas e institucionais; e, ao contrário, tampouco é coerente construir uma eclesiologia de tipo belarminiano que não considere a reflexão sobre o mistério. Os esforços para recuperar uma visão teológica de Igreja, na linha de J. A. Möhler, não conseguiram abrir passagem no Concílio Vaticano I (1869-1870). Por outro lado, suas definições do primado de jurisdição universal do romano pontífice e da infalibilidade aparecem como o desenvolvimento consequente da chamada eclesiologia gregoriana.

IV. Perspectiva sistemática. À luz dessa história das idéias eclesiológicas, pode-se perceber a renovação eclesiológica impulsionada pelo Vaticano II, "o Concílio da Igreja sobre a Igreja". O subtítulo com que A. Antón apresentou sua história das idéias eclesiológicas diz em forma de lema: da apologética da Igreja-sociedade à teologia da Igreja-mistério no Vaticano II e no pós-concílio (Antón, 1987). Em segundo lugar, inaugurou a passagem de uma eclesiologia universalista para uma eclesiologia de comunhão (Congar). Finalmente, o concílio revisou na constituição pastoral *Gaudium et Spes* a relação Igreja-mundo-reino, recolocando-a no marco da missão evangelizadora e da responsabilidade na promoção humana e na construção da comunidade política.

Na constituição dogmática *Lumen Gentium*, a noção de Igreja como instituição fica subordinada à de Igreja como mistério, sacramento e comunhão. Uma das palavras-chave de sua análise é *mysterium*, que alude tanto à origem da Igreja na ação de Deus trino e uno (LG 2-4), como à sua estrutura sacramental (LG 8) e, finalmente, à impossibilidade de apresentar a mesma Igreja, a não ser numa pluralidade de imagens e conceitos que se completam entre si (LG 6-7). A imagem de povo de Deus, antepõe à constituição hierárquica da Igreja, põe em primeiro plano os elementos sacramentais, proféticos e místicos da vida cristã, que são primários, essenciais e comuns a todos (LG 10-12). São as afirmações sobre o sacerdócio comum dos crentes. Nenhuma diferença posterior poderá anular a fundamental fraternidade cristã, que nasce da vocação idêntica, do espírito idêntico, dos mesmos sacramentos, do mesmo chamado à santidade (LG 5). Daí derivam importantes consequências para uma teologia do laicato. A teologia do episcopado representa, igualmente, um capítulo teológico inovador, pois esclarece a sacramentalidade e a colegialidade do mesmo. Encerra um contraponto às definições do concílio Vaticano I, de modo que o primado do bispo de Roma foi recolocado no horizonte da colegialidade. A partir daí, aponta-se outro aspecto inovador chamado a futuros desenvolvimentos: a Igreja local. A consideração da "Igreja, sacramento universal de salvação" (LG 48; AG 1; GS 42.45) permite uma releitura do adágio "fora da Igreja não há salvação", que possibilita uma valorização ecumênica das outras igrejas e comunidades cristãs e uma valorização do significado salvífico das outras religiões.

Nessas coordenadas, que pressupõem milênios de história efetiva, nossa pergunta inicial, o que dizemos quando dizemos Igreja?, transforma-se nesta outra: Onde encontro a Igreja de Deus? Onde se encontra hoje a Igreja nascida de Pentecostes? Adquirem especial relevância duas passagens da Lumen Gentium que respondem a essa pergunta radical. No plano da experiência histórica, existem ao mesmo tempo várias "igrejas e comunidades eclesiais" que são reclamadas no NT. Esta fórmula contém o problema de como a Igreja de Jesus Cristo, a do Symbolum fidei, se relaciona com as igrejas orientais, com a Igreja católica e com as igrejas nascidas da Reforma. A famosa passagem da LG 8 oferece uma primeira resposta que serve de conclusão ao capítulo primeiro sobre "O mistério da Igreja": a Igreja de Jesus Cristo subsiste na igreja católica romana. Diante da identificação que a Mystici corporis estabelecia entre corpo místico e a Igreja Católica romana, o concílio afirma que a Igreja de Cristo subsiste na Igreja católica. Esta afirmação implica ao mesmo tempo o reconhecimento de "elementos de santificação e verdade" fora dos limites canônicos da Igreja em comunhão sob o bispo de Roma.

Uma segunda resposta, em outro nível, nos oferece o parágrafo 26 do capítulo III: a Igreja de Jesus Cristo está presente nas legítimas Igrejas particulares. Essa perspectiva reassume a chamada eclesiologia de comunhão, que gira sobre a Igreja local, sobre o bispo e a celebração eucarística. A Igreja universal existe em e a partir das igrejas locais, configuradas elas mesmas à imagem da Igreja universal (LG 23). Não se trata de estabelecer uma preeminência no tempo, como se primeiro estivessem as igrejas locais e delas surgisse, por adição, num segundo momento, a Igreja universal. Ou, ao contrário, como se primeiro acontecesse o conceito e a realidade da Igreja universal e, a partir dela, acontecessem as igrejas particulares. Entre Igreja universal e igrejas particulares, há uma "interioridade recíproca" ou osmose. Essa dialética está inscrita na essência da Igreja; consequentemente, a Igreja local não é um desmembramento ou mera representação esmaecida da Igreja universal; correlativamente, a Igreja universal não surge da mera adição ou confederação de comunidades locais. Isso propicia uma compreensão da Igreja universal na chave de "corpo das igrejas" (LG III, 27) ou "comunhão de igrejas" (AG 20).

O Sínodo dos Bispos de 1985 procurou verificar o estado de recepção e aplicação do concílio Vaticano II na vida da Igreja. Propôs a noção de comunhão como chave de interpretação dos documentos conciliares. Pode-se dizer que o conteúdo de sua Relação final gira em torno destas três linhas fundamentais: 1) revalidar o mistério da Igreja, de modo que não tem sentido substituir uma noção hierárquica de Igreja inadequada e errônea por uma concepção meramente sociológica também unilateral e falsa; 2) a idéia de comunhão é a chave interpretativa dos textos conciliares, de maneira que se aplica à afirmação da variedade na unidade, à relação entre o primado e a colegialidade, à participação e corresponsabilidade dos leigos; 3) a missão da Igreja no mundo, em relação à constituição Gaudium et Spes, foi urgida pelas formas crescentes de injustiça e opressão, de guerra, de tortura e de violência. A constatação desses sinais dos tempos se liga com o anseio que anima a teologia da libertação, a opção preferencial pelos pobres, e acolhe os novos desafios da inculturação da fé e do diálogo inter-religioso.

Antón, A. El misterio de la Iglesia. Evolución histórica de las ideas eclesiológicas II. Madrid/Toledo, 1987; Arnold, F.-X.; Rahner, K. (eds.) Handbuch der Pastoraltheologie I. 1964; Bueno, E. Eclesiología, Madrid, 1998; Congar, Y. Historia de los dogmas III. Eclesiología. Desde san Agustín a nuestros días. Madrid, BAC, 1976; Dianich, S. Ecclesiologia. Questioni di metodo e una proposta. Cinisello Balsamo, Paoline, 1993; Forte, B. La Iglesia de la Trinidad. Salamanca, Secretariado Trinitario, 1996; Fries, H. "Cambios en la imagen de la Iglesia y desarrollo histórico-dogmático". In: MS IV/1, 251-296; Kehl, M. La Iglesia. Eclesiología católica. Salamanca, Sígueme, 1996; O'Donnel, C; Pié, S. Diccionario de eclesiología. Madrid, San Pablo, 2000; Schnackenburg, R. La Iglesia del Nuevo Testamento. Madrid, Taurus, 1965; Tena, P. La palabra ekklesía. Estudio histórico-teológico. Barcelona, Balmes, 1958.

Santiago Madrigal

IGREJAS ORTODOXAS

I. Coordenadas históricas. 1. *Os começos da Igreja e de sua organização.* Desde os primeiros séculos da Igreja, a dualidade cultural do Oriente grego e do Ocidente latino condicionou o pensamento teológico e a prática do culto cristão.

O pragmatismo dos latinos, caracterizado pela disciplina e pela organização, contrastou com a tendência grega à reflexão e a uma maior complexidade de pensamento. As populações orientais, por sua vez, não tardaram em manifestar sua oposição ao mundo greco-romano por meio da religião. Apesar do interesse do império em conservar a homogeneidade espiritual e cultural de seus súditos, para essas populações de longa tradição monoteísta, a própria doutrina trinitária se transformou em obstáculo insuperável, trazendo à luz as forças centrífugas subjacentes. Finalmente, a ortodoxia cristã se delineou segundo as colocações greco-romanas, mas nunca convenceu os chamados hereges, que mais tarde adotaram facilmente os postulados do islamismo.

Seguindo o modelo administrativo dos anos de Diocleciano e de Constantino, a Igreja se dividiu em províncias eclesiásticas (bispados), agrupadas em unidades mais amplas (arcebispados e metrópoles), que, finalmente, formaram os cinco grandes distritos eclesiásticos chamados *patriarcados*. É o denominado sistema da *pentarquia* (cinco poderes), no qual foram incluídos: Roma para o Ocidente latino, cujos bispos reclamaram a primazia no mundo cristão como sucessores do apóstolo Pedro; Alexandria para a África, e Antioquia para a Ásia, a partir do I concílio de Nicéia (325); Constantinopla, a nova capital, equiparada a Roma nos concílios de Constantinopla, (431) e de Calcedônia (451); finalmente, Jerusalém, que, em reconhecimento de seu caráter de "Igreja mãe", se separou de Antioquia em 451 e adquiriu a categoria de patriarcado. Roma se consolidou como única e indiscutível cabeça espiritual e eclesiástica do Ocidente latino. Os quatro restantes entraram na área de influência grega e, mais tarde, unificaram sua prática de culto segundo as diretrizes marcadas pela capital. Os povos cristãos que ficaram fora da jurisdição política do império romano do Oriente (armênios, persas, coptas) criaram uma tradição litúrgica e uma estrutura eclesiástica próprias.

Com o ocaso do mundo antigo, a religião acabou se transformando em suporte ideológico do Estado, fato que significou uma reconsideração das relações entre o poder civil e o eclesiástico: no Ocidente, politicamente fragmentado, aconteceu um progressivo domínio da Igreja sobre o poder estatal, enquanto no Oriente, que conservou a tradição imperial romana, a identificação Estado/Igreja teve como protagonista a figura do imperador, que encarnou o representante de Deus na terra.

A observância das leis de Deus, s sobretudo a luta contra as tentações do espírito e da carne, deu origem no Oriente cristão a um espetacular desenvolvimento do monacato, que passou por diversas fases: primeiro, o movimento dos anacoretas, representado por santo Antão (251-356), que levou para o deserto uma multidão de pessoas; depois, a tentativa de são Pacômio († 348) de organizar a vida dos ascetas em comunidades monásticas baseadas no princípio da obediência; finalmente, a reforma de são Basílio (330-379), que estabeleceu as regras do monacato cenobítico e diversificou sua atividade entre o culto e a filantropia.

2. *As primeiras diferenças com Roma e a grande crise bizantina.* Enquanto Constantinopla manteve o controle sobre Roma, a unidade da Igreja parecia também garantida, apesar dos problemas que podiam surgir no terreno teológico, litúrgico ou administrativo. Estando assim as coisas, os pontífices da velha capital tiveram de ver como o patriarcado de Constantinopla se declarava ecumênico e se colocava na cabeça da Igreja cristã universal (séc. VI). Porém, a perda do controle sobre o império romano ocidental supôs a emancipação dos papas, que progressivamente afiançaram sua supremacia sobre o poder civil e reforçaram seu papel de garantidores da unidade dogmática. A partir desse momento, os receios entre a nova e a velha Roma se transformaram em rivalidade aberta e aceleraram o caminho da divisão entre o Oriente e o Ocidente cristãos.

Em meados do século VII, o Império do Oriente concluiu o processo de transição do mundo antigo para o medieval e de identificação do Estado com a Igreja. No mesmo período, terminaram o longo conflito com os sassânidas, que encarnavam o maior perigo pagão vindo do exterior, e as invasões dos eslavos, que mudaram radicalmente a composição étnica dos Bálcãs. Ao mesmo tempo, fez seu aparecimento o Islã, arrebatando seus territórios da África e da maior parte da Ásia. A cristandade oriental foi dramaticamente reduzida, entrando em uma longa crise de sobrevivência. Durante quase dois séculos, o Oriente se viu também isolado da cristandade ocidental, imersa, por sua vez, em um processo de grandes mudanças políticas, ideológicas e culturais, que a levou a recuperar a idéia do império no Ocidente e a pôr em dúvida o ecumenismo estatal e religioso de Bizâncio. Enquanto isso, acentuaram-se as diferenças na prática do culto, aumentando as discrepâncias entre ambos os mundos. Ao uso do pão não fermentado para a hóstia sagrada, considerado pelos orientais como novidade herege, acrescentaram-se questões como o celibato do clero, o jejum dos sábados da Quaresma e a maneira de cantar o *Aleluia*. Ainda de maior envergadura foi a controvérsia dobre a procedência do Espírito Santo, conhecida pelo nome de *filioque*. Parece que o termo controvertido foi introduzido pela primeira vez no reino hispânico-visigodo. Os orientais o consideraram uma heresia evidente, por não estar contemplada no Credo Niceno, e Roma, no princípio, foi do mesmo parecer. Mais tarde, Carlos Magno e seus sucessores voltaram a impor sua inserção no Credo e Roma acabou aceitando-o no ano de 1014.

O avanço espetacular do Islã e as reformas das dinastias isáurica (716-802) e armênia (820-867) afetaram também o culto e marcaram profundamente a história da Igreja bizantina com a chamada *controvérsia iconoclasta*. Suas causas deveriam ser buscadas, segundo alguns, na influência do Islã, e segundo outros na prevalência das forças orientais do império, já encabeçadas por seus próprios imperadores. Desde a primeira proibição do culto dos ícones (725) até seu definitivo restabelecimento (843), o cristianismo oriental viveu um período de dura confrontação entre a corrente *iconoclasta*, contrária à adoração dos ícones, e a finalmente vitoriosa *iconódula*, favorável a seu culto. A controvérsia, que ultrapassou os meros limites do culto, propôs cruamente dois grandes temas: o da intromissão dos imperadores nos assuntos teológicos e o das competências dos bispos de Roma, cujo apoio ao partido iconódulo envolveria a ruptura com o poder imperial e a aproximação às monarquias ocidentais.

3. *A cristianização dos eslavos e os cismas de Fócio e de Cerulário*. A crise ideológico-religiosa bizantina coincidiu com a recuperação política e cultural do Ocidente, encabeçada pelo mundo germânico, que havia recuperado a idéia do império. Bizâncio, que sempre se considerou o único herdeiro da universalidade romana, viu na coroação de Carlos Magno um ato de deslealdade por parte do papa Leão III. Embora sua debilidade o obrigasse a aceitar de fato, e não de direito, a nova situação, as relações entre a cristandade oriental e a ocidental se tornaram mais agudas até chegar à confrontação aberta. De fato, a recuperação social, econômica e cultural de Bizâncio, sob a dinastia dos macedônios (867-1057), assentou as bases de uma reconquista na Ásia e na Europa e de um novo florescimento das letras clássicas e do pensamento cristão.

Em meados do século IX, começaram a se consolidar as primeiras formações estatais eslavas, dando lugar a um longo processo de etnogênese, através da fusão étnica e cultural de suas populações. Conscientes da necessidade de uma homogeneização religiosa, seus monarcas se orientaram para os modelos cristãos, ocidental e oriental, embora receosos por conservar sua independência política e a identidade cultural de seus povos. Quando Roma rejeitou toda possibilidade de evangelização em língua eslava, dirigiram-se a Constantinopla, que viu nisso a possibilidade de uma colonização cultural indireta. No ano 862, a pedido de seu soberano Rostislav, foram enviados para a Morávia os irmãos tessalonicenses Constantino (Cirilo) e Metódio, portadores de um novo alfabeto. Com eles foram assentadas as bases da cultura escrita eslava, através da tradução das Escrituras e dos textos litúrgicos bizantinos. O fato colocou de frente novamente Constantinopla e Roma, que, afirmando que a sagrada Escritura só podia ser escrita nas línguas sagradas (hebraico, grego e latim), lançou a acusação da "heresia da Triglossia".

Depois da morte de Metódio (884), a estrutura eclesiástica da Morávia desabou por causa das perseguições do clero germânico. No entanto, seus discípulos continuaram sua tarefa no sudeste europeu, considerado também por Roma território de sua jurisdição. Pelos mesmos motivos que Rostislav, no ano 870 o soberano Búlgaro Boris optava por incluir a Igreja da Bulgária sob a jurisdição de Constantinopla. O posterior processo de emancipação administrativa deu lugar ao nascimento, no leste europeu, do conceito de "Igreja nacional". Depois, os Estados eslavos cristianizados desde Constantinopla receberam uma bizantinização cultural, mas também ganharam gradualmente sua independência eclesiástica. Nesse processo de evangelização e de aculturação, cabe destacar o papel do monte Athos, onde as florescentes comunidades monásticas de georgianos, romenos, búlgaros, sérvios e russos dariam o melhor exemplo do ecumenismo da ortodoxia oriental.

A cristianização dos sérvios havia começado no século VI e provavelmente já estava concluída no século IX. Longe de constituir uma Igreja unitária, os sérvios se encontravam agrupados em redor dos bispados de Spalato e de Durazzo (sob a jurisdição de Roma) e a de Ocrida (sob a de Constantinopla). No século X, a língua eslava foi introduzida na liturgia, fato que aumentou a influência bizantina e aumentou o antagonismo entre Roma e Constantinopla. No fim do mesmo século (990), o grande príncipe Vladimir, de Kiev, fascinado pelo ritual constantinopolitano, decidiu cristianizar seu povo segundo o rito bizantino. Evidentemente, entre seus principais motivos estavam o uso do eslavo como língua litúrgica e a perspectiva de uma Igreja nacional, embora Kiev tardasse séculos ainda para se emancipar completamente da tutela de Constantinopla.

A cristianização da Bulgária por Constantinopla supôs um sério revés às pretensões ecumênicas de Roma, que encontrou na irregular subida ao trono patriarcal de Fócio – uma das principais figuras da intelectualidade bizantina – o pretexto para fazer valer seus direitos de primado e de garantidora da cristandade. Fócio reagiu, convocando um concílio (867), no qual foi excomungado pelo papa Nicolau I por haver introduzido a heresia do *filioque* no Credo estabelecido no II concílio de Niceia. A questão do *filioque*, que não era alguma coisa nova, se transformou em um sério problema teológico somente quando Roma o introduziu oficialmente no credo, censurando as demais igrejas cristãs por não fazê-lo. Para normalizar as relações com Roma, o imperador Basílio I destituiu Fócio e restabeleceu o deposto patriarca Inácio. Um novo concílio, promovido em 870 pelo papa Adriano II, excomungou por sua vez Fócio, provocando a reação bizantina e sua nova restituição. Em seguida, o processo de afastamento e de confrontação de ambas as igrejas foi ininterrupto até que em 1054 chegou a ruptura final com a mútua excomunhão entre o legado papal Humberto e o patriarca Miguel Cerulário.

2. *As igrejas orientais na baixa Idade Média*. O distanciamento e os receios entre o Oriente e o Ocidente cristãos se agravaram ainda mais com as cruzadas e sobretudo com a triste aventura da quarta delas (1204), que acabou com a tomada de Constantinopla. O saque e a profanação dos lugares de culto, a expulsão do clero grego e a máxima degradação da população bizantina transformaram em abismo o vazio que separava ambos os mundos.

A Igreja de Constantinopla, inclusive no exílio de Niceia (1204-1261), conservou sua posição de primazia entre os cristãos orientais. O próprio são Sabas foi até lá em 1217 para ser ordenado como primeiro arcebispo da Igreja sérvia unificada, que, em 1219, seria reconhecida como autocéfala. A igreja búlgara, que desde 1018 foi absorvida por Constantinopla, foi restituída em 1186 com a criação do segundo Estado búlgaro. Depois da falida tentativa de seus soberanos para obter de Roma o reconhecimento de um patriarcado búlgaro, voltou à órbita de Constantinopla e em 1235 se declarou autocéfala com sede em Tirnovo. No mesmo século XIII, os mongóis de Gengis Kan impunham seu domínio no Estado de Kiev (1240-1480), mas sem suprimir o culto e a Igreja cristãos. Nas mesmas datas (1240 e 1242), o príncipe Alexandre Nevski se transformava em herói nacional dos russos ao parar a "cruzada católica" organizada pelos suecos e pelos cavaleiros teutônicos nos territórios russos do Báltico. Finalmente, e em 1290, os bispo de Kiev, Máximo, transladou a sede episcopal para perto de Moscou. Começava assim o período moscovita da Igreja russa, que se caracterizou pelo evidente centralismo dos czares e pela renovação das influências bizantinas.

Dos antigos povos cristãos do Oriente, poucos puderam sobreviver à provocação do Islã ou evitar sua absorção pelas culturas árabe e grega. Entre eles destacam-se os armênios, que, depois da invasão árabe do século X e durante mais de quinhentos anos, deixaram de ter sede eclesiástica fixa. A diáspora armênia se expandiu por todo o Oriente Médio e no século XI conseguiu formar o reino da Pequena Armênia em Cilícia, na Ásia Menor (1080-1395) onde, por razões de sobrevivência, vários de seus soberanos tentaram impor, sem êxito, o rito latino, cujas reminiscências formais são observáveis hoje em dia no culto.

Depois da reconquista de Constantinopla por Niceia (1261), começou um período caracterizado pelas lutas religiosas, originadas muitas delas da política imperial bizantina em relação ao Ocidente. A primeira delas aconteceu com a assinatura da união das igrejas no concílio de Lyon (1274), onde a parte bizantina aceitava todas as condições de Roma para evitar uma cruzada contra Constantinopla. A oposição radical do povo e do clero bizantinos acabou anulando uma união que sequer foi contemplada pelas igrejas eslavas, alheias aos problemas políticos de Bizâncio.

O último período bizantino foi caracterizado pela expansão da corrente mística baseada no movimento da *hesyquia* das comunidades monásticas do monte Athos e encabeçado por Gregório Palamas. O misticismo palamita, que provocou inclusive um confronto civil em meados do século XIV, acabou se transformando na base da teologia das igrejas orientais, distanciando-as ainda mais do Ocidente cristão.

Uma nova tentativa de união no sínodo de Ferrara/Florença (1438-1439), para atrair a ajuda ocidental contra o perigo otomano, não fez mais que provocar a ira das populações gregas e eslavas, e a emancipação da Igreja da Rússia (1448). Finalmente, nos Bálcãs, os sonhos imperiais de Estêvão Dushan levaram à proclamação unilateral do patriarcado da Sérvia (1346), fato que provocou o anátema de Constantinopla, que não seria suspenso até 1375. Da mesma forma que os búlgaros, os sérvios procuraram imitar a civilização bizantina em todas as suas manifestações religiosas e culturais, e por isso, até à queda de Constantinopla, a história dos eslavos constitui um esforço constante de imitar ou igualar o mundo que lhes serviu de modelo tanto na organização estatal como eclesiástica.

5. *A conquista otomana e suas consequências*. Na segunda metade do século XIV, os turcos otomanos já dominavam a maior parte dos Bálcãs e, em 1453, infligiam o golpe final em Bizâncio, conquistando Constantinopla. O fato não só significou o progressivo desaparecimento dos Estados balcânicos, mas também o de suas próprias igrejas. Conforme a conquista otomana avançava, as populações cristãs passavam a fazer parte da jurisdição eclesiástica de Constantinopla, cujo patriarca curiosamente saía reforçado com o avanço do Islã. Com as conquistas da Bulgária e da Sérvia, suas igrejas foram suprimidas e seus territórios passaram a ser províncias eclesiásticas de Constantinopla e a ser administradas pelo alto clero grego.

Os conquistadores, interessados em manter o distanciamento com a Igreja de Roma, concederam aos cristãos um *status* de administração especial sob a jurisdição do patriarcado de Constantinopla e com competências em direito canônico e civil. Mesmo assim, durante os dois primeiros séculos, o mundo ortodoxo sofreu um forte retrocesso em todas as frentes, ficando seriamente reduzido na Ásia e na África, onde os antigos patriarcados ficaram asfixiados entre a população muçulmana. Paralelamente, ao enfrentar a intensa política proselitista de Roma que, às vezes, levaria destacadas personalidades como o patriarca Cirilo Lúcaris (1572-1638) a fazer causa comum com o protestantismo. O mundo cristão armênio, espalhado por todo o império otomano, sofreu mais intensamente a propaganda ocidental e ficou dividido em uma maioria ortodoxa e em uma minoria católica e protestante. Em contrapartida, na Igreja nestoriana do império persa, Roma conseguiu uma ampla latinização de seus fiéis, que seriam conhecidos, em seguida, com o nome de caldeus. Poucos vestígios dos restantes ficaram no Líbano e na Palestina.

A Igreja sérvia foi a única que gozou de autonomia diante de Constantinopla. Em meados do século XVI, foi restaurado o arcebispado de Peč, ao qual a Sublime Porta concedeu os mesmos privilégios que foram concedidos ao patriarcado de Constantinopla, e seu prelado se transformou em verdadeiro líder do povo sérvio. Porém, a guerra turco-austríaca, em 1688, obrigou boa parte da população sérvia a emigrar para a região de Banat e, em 1766, era suprimido o patriarcado de Peč, que passou novamente para a jurisdição de Constantinopla.

Estando as coisas nesse pé, a Rússia se convertia no único Estado ortodoxo livre, fato que levou seus prelados e seus czares a cultivar a idéia da "terceira Roma", que pretendia transformar Moscou na nova cabeça da cristandade ortodoxa. Seu primeiro patriarca, Jó, foi ordenado em 1589 pelo patriarca de Constantinopla Jeremias II e foi reconhecido pelos demais patriarcados orientais em 1593. A Igreja russa tentou ir por um caminho próprio, desligando-se progressivamente da tutela da teologia grega e permanecendo alheia às correntes ocidentais. Ao contrário, na Ucrânia, incorporada ao império moscovita na segunda metade do século XVII, a Igreja uniata (católica de rito oriental) criou raízes notáveis, propiciando uma certa latinização no ritual da Igreja ortodoxa russa. Durante todo esse século, a Igreja da Rússia sofreu um processo de orientalização, devido à extraordinária expansão do império para o leste, que foi interrompido no começo do século XVIII com as reformas pró-ocidentais de Pedro o Grande. Esse monarca aboliu, em 1721, o patriarcado e colocou a Igreja sob a administração imperial. A partir desse momento, reinou a confusão e as tentativas de recuperar a teologia grega não evitaram a introdução de influências extrarreligiosas de tipo místico no século XIX, que deram passagem a um confronto entre as correntes ocidentalizantes (inclusive as ateias) e as eslavófilas, que promoviam a volta às antigas tradições e às raízes gregas da religião.

6. *Os nacionalismos e as igrejas nacionais.* Desde a segunda metade do século XVIII, a Rússia adotou oficialmente o papel de protetora dos cristãos ortodoxos submetidos aos turcos e reivindicou seu direito de protegê-los, embora sua política expansionista se visse freada pelo progresso de Viena (1815). Em 1830, a Grécia alcançava sua independência e, três anos mais tarde, seus bispos declararam a Igreja autocéfala grega, que não seria reconhecida pelo patriarcado de Constantinopla até 1850. Abria-se assim um período no qual os povos balcânicos uniriam seus desejos de independência política com os de emancipação eclesiástica. Em 1870, criou-se o exarcado búlgaro, que se autoproclamou patriarcado (1953), não reconhecido por Constantinopla até 1961. Em 1831, declarou-se a autonomia da Igreja sérvia, que paulatinamente alcançou a autocefalia (1879) e o grau de patriarcado (1920) para aglutinar todas as dioceses do recém-criado reino dos sérvios, croatas e eslovenos. A Igreja da Romênia, que sofreu sob a administração fanariota (séc. XVIII e princípio do XIX) uma política de helenização, se autoproclamou autocéfala em 1864 e patriarcado em 1925. A condenação de Constantinopla no processo de criação de igrejas nacionais concluiu com a convocatória de um concílio onde se produziu a "condenação do filetismo", cujo resultado foram os cismas sérvio e búlgaro, que duraram até 1945. O desmembramento do império otomano e o nascimento dos nacionalismos no Oriente Médio tiveram também sérias consequências nos antigos patriarcados do Oriente. A difícil situação que atravessavam há séculos se agravou ainda mais nas últimas décadas devido às duras circunstâncias políticas da região. Os patriarcados de Alexandria e de Jerusalém, que continuam conservando seu caráter grego, com um número de fiéis cada vez mais reduzido, atravessam atualmente uma crise mais evidente que o de Antioquia, completamente arabizado e com sede em Damasco. A particularidade da Igreja de Chipre, independente desde o período bizantino, consiste no caráter de "etnarca" (líder da nação) que seu arcebispo adquiriu desde a independência da ilha em 1960.

7. *A situação no século XX.* A implantação do regime soviético na Rússia e do comunismo na Europa do leste frustrou, no momento, as aspirações ecumênicas do patriarcado russo e obrigou as igrejas ortodoxas a praticar uma política de sobrevivência. A Grécia seria transformada assim no único país ortodoxo onde a Igreja não estava "em cativeiro" e ajudaria o patriarcado de Constantinopla a readquirir protagonismo no âmbito internacional. Para isso, contribuiu a diáspora grega no Ocidente, que, ao entrar sob sua jurisdição, neutralizou parcialmente o sério revés sofrido com a derrota da Grécia e a erradicação da população grega na Turquia em 1922. Sua potencialidade deu ao patriarcado de Constantinopla um papel protagonista no conjunto das populações ortodoxas do Ocidente, a cuja liderança aspira, uma vez extinguidas as particularidades étnicas das primeiras gerações de emigrantes.

Depois da derrocada dos regimes comunistas, o mundo ortodoxo se encontra num claro processo de recuperação, embora seriamente condicionado pelo novo despertar dos nacionalismos. O conceito de "Igreja nacional", como instrumento de emancipação política, volta a aparecer nos numerosos Estados que surgiram com a fragmentação das formações estatais anteriores. Num processo que ainda deve ser esclarecido, tende-se à divisão da Igreja russa ou sérvia, através do reconhecimento e da menos perigosa tutela de Constantinopla, que além de fortalecer seu caráter ecumênico, vê nisso um poderoso instrumento para frear o ressurgimento de Moscou como "terceira Roma".

A queda do comunismo criou também sérios problemas nas relações entre as igrejas eslavas e a católica, que foi acusada de retomar a atividade proselitista da Igreja uniata. Nos últimos anos, as relações entre Roma e Constantinopla, sobretudo depois da suspensão, em 1964, do anátema recíproco de 1054, entre o patriarca Atenágoras I e o papa Paulo VI, está imperando a tranqüilidade. Nos países não eslavos destaca-se a organização, partindo do zero, da Igreja da Albânia e o conflito pela nomeação de bispos das dioceses da Grécia do norte, nominalmente sob a jurisdição de Constantinopla embora incorporadas, de fato, à Igreja autocéfala da Grécia.

II. Características principais da ortodoxia cristã. O mundo ortodoxo pode ser considerado a continuidade histórica das primeiras comunidades cristãs do Mediterrâneo oriental, cuja organização se baseou nos modelos administrativos imperiais ou nas particularidades étnico-culturais dos povos cristãos. O tradicional respeito a essas particularidades fez com que, apesar da generalização do grego como língua litúrgica, fosse também admitido o uso de outras línguas, como atestam os casos das igrejas armênias, coptas ou sírias. O fato permitiu aceitar posteriormente sem problemas a evangelização dos eslavos em sua própria língua e inclusive reconhecer a formação de igrejas nacionais. Daí, a divisão administrativa e as múltiplas formas de culto, embora também a profunda consciência de pertencer a uma só comunidade religiosa, é o que melhor define atualmente o mundo ortodoxo. A certeza de estar na posse da verdade dogmática – a própria palavra grega "ortodoxia" significa fé ou crença correta – é o principal elemento unificador que descansa na aceitação e no apego aos textos dos sete primeiros concílios ecumênicos: I de Nicéia (325), I de Constantinopla (381), Éfeso (431), Calcedônia (451), II de Constantinopla (680) e II de Nicéia (787). No mundo ortodoxo, o guardião da fé é a totalidade do "povo de Deus", uma vez que a vida da comunidade está inexoravelmente unida à verdade. A Igreja (do grego *ekklesía*, povo), isto é, a totalidade do povo de Deus, é a que justifica a sucessão apostólica dos bispos que ocupam o lugar de Cristo na última ceia, que é o momento no qual a Igreja é reunida. Esse é precisamente o fato que os transforma em guardas e testemunhas de uma tradição que começa com os apóstolos e que serve par unificar toda a comunidade cristã na fé.

1. *Princípios doutrinais*. O princípio doutrinal sobre o qual descansa a ortodoxia cristã é o da Santíssima Trindade, tal como foi delineado no II concílio de Nicéia. Baseia-se na declaração da Pessoa única do Pai Criador e da dupla natureza e vontade de Cristo (a divina e a humana). Especial ênfase dá-se ao Espírito Santo por ser aquele que guia a Igreja para a verdade e aquele que concede ao seu clero (principalmente aos bispos) e às suas instituições (sobretudo os concílios) a graça divina para ensinar e orientar. Do Espírito Santo, procedem tanto a Escritura como a santa Tradição, que, do ponto de vista teológico, têm igual importância.

A Igreja ortodoxa aceita a doutrina dos sete sacramentos: eucaristia, batismo, confirmação, penitência, ordem sacerdotal, matrimônio e extrema-unção. Dentre eles é considerado mais importante o da eucaristia, que culmina na sagrada comunhão (bênção do pão e do vinho). As diferenças nos detalhes do culto que foram se acumulando ao longo dos séculos deram lugar a quase cem modalidades litúrgicas que, em linhas gerais, podem ser classificadas em quatro grandes grupos: o bizantino, o sírio ocidental ou jacobita, o sírio oriental ou caldeu e o copta ou etíope. Na tradição bizantina, que é a mais espalhada, destacam-se as liturgias de são João Crisóstomo, de são Basílio, de são Gregório de Roma e de são Tiago apóstolo. A primeira delas é a que é celebrada habitualmente e as três restantes só ocasionalmente. O mistério da consagração do pão e do vinho é realizado por meio da invocação (*epíclesis*) e pela ação do Espírito Santo.

A missa se apoia na rica tradição hinográfica, fato que transforma em fundamental o papel dos coros. Há uma grande riqueza e variedade de hinos, com os quais se configuram o *ciclo diurno* (vésperas, completas, oração da meia-noite, matinas e as quatro horas canônicas), o *ciclo pascal* (períodos da Quaresma e de Pentecostes) e o ciclo anual ou *santoral* (festividades fixas de santos). Existe também grande variedade de orações, preces e formulários, que cada Igreja desenvolveu ao longo de sua história, segundo seu temperamento, sua estética e suas necessidades.

A missa é celebrada no altar, que está separado do resto do templo por meio de uma tela de tipo arquitetônico (*iconostasion*) ou de um véu. A arte religiosa, baseada sobretudo nos ícones, é uma forma de confissão de fé através da representação pictórica e é considerada inseparável da tradição litúrgica. Fundamenta-se na própria doutrina da encarnação de Cristo, segundo a qual o filho de Deus invisível e indescritível, ao se fazer homem, assumiu voluntariamente todas as características da natureza criada, inclusive o fato de poder ser descrito. A função das imagens de Cristo é confirmar o verdadeiro mistério da fé cristã (a encarnação, a ressurreição e a glória de Deus) e facilitar para o fiel um contato direto com a pessoa sagrada que neles está representada (os santos). Por essa razão, as imagens são objeto de veneração (*proskynesis*), e não de culto (*latreia*), que só se presta a Deus. Mais que mera decoração ou instrução visual, os ícones são considerados como orações contidas em madeira pintada e, portanto, são santificados pela bênção da Igreja. Por seu simbolismo temático, sua especial técnica pictórica e a íntima relação que têm com os que os realizam e os que os veneram, são elementos substanciais para o culto.

A prática dos sete sacramentos se distingue da do Ocidente somente em questões formais e seus elementos básicos são o pão e o vinho para a eucaristia, a água para o batismo, o crisma e o óleo para a confirmação e a unção. São considerados também objetos santificados os vasos utilizados para os sacramentos, o livro dos quatro evangelhos, as vestes sacerdotais, a cruz com que se abençoa o povo e os ícones.

2. *Principais diferenças com a Igreja católica*. O que antigamente foi uma simples divisão eclesiástico-administrativa é visto hoje como algo muito mais profundo, devido ao acúmulo progressivo de uma série de diferenças dogmáticas e de culto que dificultam o entendimento entre as Igrejas ortodoxas e a Igreja católica. A principal, e para alguns a única, diferença dogmática é a questão da procedência do Espírito Santo. Para os ortodoxos, o único texto válido é o que se fixou no II concílio ecumênico de Niceia, que estabelece sua procedência unicamente do Pai. Daí, a interpolação do *filioque* ("e do Filho"), que implica a dupla procedência do Pai e do Filho, é considerada como heresia.

Ao âmbito dogmático pertence também, para muitos, a forma da consagração do pão e do vinho no mistério da eucaristia. Enquanto para a Igreja católica é realizada pelo sacerdote, que pronuncia as palavras de Jesus Cristo na última ceia ("isto é meu corpo..."), para a Igreja ortodoxa isso não é mais que um formulismo de "palavras institucionais". Para o conceito oriental do sacramento, é necessária a invocação (*epíclesis*) e a ação transformadora do Espírito Santo. Para a Igreja católica, a única coisa necessária é a *verba divina* que o sacerdote pronuncia, enquanto a *verba humana* (a *epíclesis*) é alguma coisa subsidiária.

A prática dos *sete sacramentos* se distingue da ocidental somente em questões formais que são devidas, em parte, à tradição oriental de conservar, e não minimizar ou transformar em mero simbolismo, o aspecto material em sua administração. Consequentemente, o *batismo* é realizado por tríplice imersão e na *eucaristia* é oferecido o pão fermentado (em vez do ázimo), o vinho para os que comungam, e o pão sem consagrar para os demais. Durante a quaresma, o mistério da eucaristia é celebrado somente aos sábados e aos domingos, deixando para os outros dias o ofício dos pré-santificados, onde são administradas hóstias já consagradas no domingo anterior. No que se refere ao *sacerdócio*, a Igreja oriental não dá a mesma ênfase que a católica na *causa ministerialis* do sacerdote, que mais que agir e realizar em nome do Sumo Sacerdote (Deus), é um homem consagrado pelo Espírito Santo, que roga para que Deus, e não o homem, realize a transformação divina da oferenda. Uma prática comum nas igrejas ortodoxas, que não se usa no Ocidente, é a concelebração da missa. O celibato, que é reservado somente aos monges e, desde o século IV, aos bispos (procedentes teoricamente do monacato), não é imposto ao baixo clero, que tem a faculdade de contrair matrimônio antes de ser ordenado. A *confirmação* é administrada pelo sacerdote (e não pelo bispo) e é conferida imediatamente depois do batismo pela unção e pelo crisma. Dada a impossibilidade de os fiéis terem acesso ao altar, o *matrimônio* é celebrado no meio do templo e tem um ritual próprio que conserva alguns elementos cênicos. A *penitência* é reservada exclusivamente aos monges e a *estrema-unção* é administrada em caso de enfermidade grave, mesmo que não implique perigo de morte. Finalmente, o jejum está proibido nos sábados da Quaresma. No entanto, o que mais distingue atualmente as igrejas ortodoxas da católica é a formação de um *corpus* de normas e regras próprio para cada igreja e cada vez mais diferenciado.

Tradicionalmente, no Oriente cristão se deu especial ênfase ao caráter da Virgem Maria como mãe de Deus (*Theotókos*). No entanto, não se aceita o posterior desenvolvimento da mariologia e do dogma católico da imaculada conceição. Para o mundo ortodoxo, a Virgem, por ser a mãe de Cristo, é a pessoa mais próxima do Salvador e, consequentemente, a que melhor pode interceder por toda a humanidade caída em pecado. Sua importância no culto pode ser observada na iconografia abundante que se desenvolveu em torno de sua figura.

Desde o cisma, aumentou a lista de santos próprios das igrejas ortodoxas, na qual naturalmente não entram os da Igreja católica, e vice-versa. Ao mesmo tempo, foi se desenvolvendo um calendário próprio, no qual as festas dos santos comuns nem sempre coincidem. De fato, desde os primeiros séculos, a Igreja latina e a grega usaram métodos diferentes para marcar a festa da Páscoa da ressurreição, que raramente coincide.

Sem dúvida, é a questão da infalibilidade e da primazia do pontífice de Roma o que mais distanciou as igrejas cristãs orientais da Igreja católica e o principal obstáculo até hoje para a pretendida reunificação. A infalibilidade, que vê o papado como tribunal supremo em assuntos de fé e de disciplina, é alguma coisa inadmissível para as igrejas ortodoxas, que concedem esse poder unicamente aos concílios. Em contrapartida, poder-se-ia dizer que historicamente não houve muitos problemas em reconhecer a primazia do bispo de Roma entre os demais prelados das igrejas cristãs. Porém, esse reconhecimento centrou-se no aspecto honorífico e nunca se entendeu que implicava poderes de mando. De fato, a interpretação do termo "primazia" é diferente no Ocidente, onde tem um caráter "apostólico", e no Oriente, onde os ministros da Igreja são considerados intermediários entre o povo e a divindade.

Atualmente, as igrejas ortodoxas aceitam o movimento ecumênico, embora partindo da base de que a meta do ecumenismo é a total unidade da fé, fato que desaconselha o relativismo doutrinal. Quanto ao caminho a seguir, afirmam que, antes de abordar os temas doutrinais mais problemáticos, é preciso adquirir uma experiência na cooperação real entre as igrejas.

3. A divisão eclesiástico-administrativa do mundo ortodoxo. O mundo ortodoxo é composto de uma série de igrejas independentes, que compartilham a mesma fé, o mesmo tipo de organização e a mesma tradição litúrgica. A independência administrativa nem sempre se apoia nos chamados patriarcados. Igrejas independentes podem ser também determinados arcebispados que foram reconhecidos como autocéfalos. Os patriarcas, inclusive o de Constantinopla, não possuem poderes administrativos nem lhes é atribuído o poder da infalibilidade. Na realidade, presidem o sínodo episcopal (*primus inter pares*), que é a máxima autoridade administrativa e doutrinal de cada Igreja.

Entre as diversas igrejas ortodoxas, existe uma ordem hierárquica na qual os primeiros postos correspondem aos patriarcados históricos (da *Pentarquia*). Nos demais, leva-se em consideração o número de seus fiéis. O patriarca de Constantinopla, que ostenta o título de "ecumênico", é o primeiro na ordem e seus direitos foram confirmados pelos concílios de Constantinopla (381) e de Calcedônia (451). Suas competências, longe de se parecer com as do papa, compreendem a preparação dos concílios, sínodos e de outras reuniões das igrejas ortodoxas. O patriarca de Moscou, embora encabece a igreja mais numerosa, ocupa o quinto lugar hierárquico, atrás dos patriarcados da Pentarquia.

Atualmente, a Igreja ortodoxa conta com mais de 250 milhões de fiéis, divididos nos territórios dos patriarcados históricos e nacionais, assim como na Europa ocidental, na América, na Austrália e, em épocas mais recentes, na África e na Ásia. As igrejas independentes, patriarcados ou autocéfalas são:

– Patriarcados: Constantinopla, Alexandria, Antioquia, Jerusalém, Geórgia, Moscou, Sérvia, Romênia, e Bulgária.

– Igreja autocéfalas: Grécia, Chipre e Albânia.

– Igrejas autônomas do patriarcado de Constantinopla: Polônia, República Tcheca e Eslováquia, Finlândia, Estônia, China e Japão.

Dragon, G.; Richè, P.; Vauchez, A. *Évêques, moines et empereurs (610-1054). Histoire du christianisme des origines à nos jours* IV. Paris, DDB, 1993; Ducellier, A. et al. *Bizancio y el mundo ortodoxo*. Madrid, Mondadori, 1992; Evdokimov, P. *Ortodoxia*. Barcelona, Península, 1968; Grabar, A. *La iconoclastia bizantina*. Madrid, Akal, 1998; Lossky, V. *Teología mística de la Iglesia de Oriente*. Barcelona, Herder, 1982; Meyendorff, J. *Byzantine Theology. Historical Trends and Doctrinal Themes*. New York, Fordham University Press, 1987; Morfakidis, M.; Alganza Roldán, M. (eds.). *La religión en el mundo griego*. Granada, Athos-Pérgamos, 1996; Runciman, St. *The Great Church in Captivity*. Cambridge, CUP, 1968; Schulz, H. J. *The Byzantine Liturgy. Symbolic Structure and Faith Expression*. New York, Pueblo, 1986; Yetano Laguna, A. *Las Iglesias cristianas ortodoxas de la Europa oriental (siglos XIX y XX)*, II. Madrid, Síntesis, 1996; Zernov, N. *Cristianismo oriental. Orígenes y desarrollo de la Iglesia ortodoxa oriental*. Madrid, Guadarrama, 1962.

Moschos Morfakidis Filactós
e Encarnación Motos Guirao

INTERCULTURALIDADE E CRISTIANISMO

I. Noção e gênese da interculturalidade. Atualmente, várias disciplinas – antropologia, ciências da comunicação, educação, filosofia etc. – começam a incorporar o paradigma intercultural. Uma abordagem nova que provocará uma verdadeira reviravolta no conhecimento e nos modos de relação.

A "interculturalidade" é uma noção que ainda não aparece nos principais dicionários e enciclopédias. Varia de significado de acordo com o autor, a disciplina e o contexto sociocultural em que é tratada. Isso dificulta tanto o rastreamento de suas origens como o estabelecimento de seu conteúdo fundamental e distintivo. Em geral, associa-se ao *pluralismo cultural, multiculturalismo* e *transculturalidade*, termos que encerram não poucas dificuldades objetivas na sua abordagem e grande confusão em sua tradução para idiomas diferentes. Contudo, pode-se dizer que apontam para a temática da *realidade em transformação*.

O termo "interculturalidade", provavelmente de origem anglo-saxônica, foi empregado como sinônimo do termo *cross cultural studies* – estudos comparados –, e este, por sua vez, em alguns casos, recebeu o significado de "transcultural". Porém, a interculturalidade, em sentido próprio, refere-se à *interação* – deliberada – entre as pessoas de procedência cultural distinta, e acredita na aprendizagem mútua mediante o diálogo, apoiada no princípio de dignidade e soberania de todas as culturas históricas, originais e comunicáveis entre si. O mesmo prefixo "inter", a parte mais importante dessa noção, denota *a relação de semelhança-diferença* existente entre as filosofias, culturas e religiões. Assim como uma atitude que *reconhece seus centros*, mas pretende ir além deles. Supera a abordagem comparativa, ao negar a possível existência de um ponto externo ou neutro a partir de onde se pudesse comparar com justiça.

A interculturalidade, mais que uma teoria, é uma experiência de inter-relação, reciprocidade, diálogo e solidariedade. Pressupõe uma atitude de abertura e escuta atenta. Situa-nos além da afirmação da existência fática de diferentes culturas e da abordagem multicultural liberal-democrática (= presença num mesmo lugar de culturas distintas, que *não* necessariamente se relacionam entre si, ou podem ter relações de conflito), pois concede a cada membro – independentemente do marco político de que se trate – a *faculdade de cooperar com sua contribuição particular*. Isso significa que assume a tarefa de renegociação contínua de papéis e espaços, o discernimento de valores que entretecem e orientam os processos de síntese de cada sociedade.

A "passagem do multicultural para o intercultural" privilegia o critério *qualitativo* das relações e implica: 1) determinadas condições – igualdade e reconhecimento –; 2) desenvolvimento de uma educação que acompanhe o processo – optado, permanente e sempre inacabado –; 3) um entorno político internacional que previamente a "autorize" e de uma sociedade que a promova; 4) uma atitude aberta e capaz de dialogar das religiões.

A gênese remota da interculturalidade situa-se na história das culturas e das civilizações, configurada por suas relações, que podem ser qualificadas como de domínio, de subordinação de encontro ou de intercâmbio. Isso permitiu a circulação de saberes e de sabedorias, sua importação e exportação, dependendo de numerosos fatores, através do pluriverso cultural. A idéia de mudança subjaz como uma constante inerente à constituição e dinâmica das culturas e do ser humano.

Nosso atual sistema-mundo e o desaparecimento de fronteiras cria um espaço propício para a emergência da interculturalidade, uma vez que, por um lado, a globalização que unifica os mercados, os capitais, os hábitos dos nômades modernos – turistas, políticos, jornalistas, pesquisadores etc. – forja um maior sentido de interdependência e a consciência do impossível isolamento e, por outro lado, vai despertando a identidade dos povos e agrupamentos que, durante muito tempo, se articularam em Estados-nação, sob a imagem de uma tradição coesa e estabilizada, mesmo quando no fundo se travou uma luta entre tradições diversas.

Essa dinâmica potencializa a pluralidade, a ponto de não poder passar despercebida, em toda sua riqueza, ambiguidade e conflitos. Em alguns casos, nasceu a tolerância. Porém, ainda não aprendemos a conviver com ela, sem deixar de nos sentirmos ameaçados ou destruídos.

A pluralidade de tradições, objetivamente, revela uma pluralidade de "centros" e atitudes irreconciliáveis. É inevitável perguntar-nos: como podemos tolerar ou, inclusive, compreender o outro, quando não é factível de nenhuma forma racional, razoável ou inteligível? (R. Panikkar). A ineficácia de soluções clássicas – domínio, conquista ou imposição – e pseudossoluções – assimilação, dissolução, segregação e integração – exige outro tipo de tratamento.

II. Antecedentes da perspectiva intercultural.

Até o século XX, não aparece propriamente a pesquisa das fronteiras culturais, embora no Ocidente – pelo menos desde Heródoto – se tenha tratado de diversos modos o problema da diferença. No entanto, não se pode reconhecer com clareza uma história da hermenêutica intercultural. A seguir, algumas orientações vinculadas a essa perspectiva:

1. Os estudos sobre o sentido da história (séc. XIX) suscitaram o interesse pela pesquisa do problema da diferença intercultural. Embora somente os estudos comparativos que serviram de tema para a teoria da cultura e sua aplicação sejam propriamente interculturais.

2. Na década de 1980 e princípios da de 1990 nascem e se difundem os estudos de teologia intercultural (R. Panikkar, R. Schreiter) e filosofia intercultural (R. Fornet-Betancourt, R. A. Mall, F. Wimmer).

3. A filosofia hermenêutica ocidental a partir do modelo de interpretação da linguagem (Gadamer, Tracy). A noção de horizonte ("fusão de horizontes") pode ser compreendida como uma fronteira cultural; a reflexão sobre o "estranho" e o "outro" de Max Scheler, G. Simmel e. Lévinas.

4. O trabalho realizado pelas ciências sociais, principalmente nas áreas da teoria da comunicação, da etnopsicologia e da antropologia cultural.

III. Justificação da interculturalidade na teologia.

No âmbito teológico, a apropriação da interculturalidade tem como antecedentes: 1) a elaboração histórica do conceito da diferença e o peso que vai adquirindo através da experiência e sua tomada de consciência, relacionado com a temática da diferença fé-cultura e suas mediações; 2) os estudos da filologia e da religião comparadas da segunda metade do século XIX, centrados na leitura dos textos e sua articulação em um sistema – porém não na criação da cultura por si mesma, aspecto que enfatiza a interculturalidade –; 3) uma relação íntima com as teologias da década de 1960 (teologias locais) e da de 1970 (teologias contextuais); destaca-se a abertura da teologia para as ciências sociais, que permitiu compreender e propor a interação entre o cristianismo e as culturas a partir de perspectivas inéditas, e criar uma sensibilidade especial diante das outras culturas e religiões; 4) o surgimento do movimento ecumênico que procura reunir os cristãos; 5) o pluralismo que se impõe à teologia desde seus inícios e que hoje ultrapassa suas colocações internas, dando margem a conflitos inter/extra-eclesiais.

Trata-se da passagem de uma teologia etnocêntrica e colonial para o progressivo conhecimento do direito à identidade de cada cultura, à defesa de sua dignidade e a uma compreensão polifônica e complexa do ser humano. Supõe, pelo menos, revisar a compreensão da fé e da teologia no cristianismo: *a)* no plano histórico: exclusivismo, inclusivismo, pluralismo; *b)* no plano da teoria do conhecimento: capacidade de verdade das afirmações teológicas, nas diversas tradições religiosas; *c)* no plano teológico: busca de uma plataforma para o reconhecimento da igual dignidade histórica plural das religiões.

A mudança de orientação da teologia pode ser entrevista pela evolução de sua terminologia (F.-V. Anthony, G. A. Arbuckle, A. Shorter), que evoca uma nova compreensão da cultura e suas diferenças, articulada em função de um novo marco sociocultural, histórico e concreto. A relação diacrônica entre o cristianismo e as culturas diversas se expressou como: "substituição funcional" (o método de Jesus e dos primeiros anos do cristianismo), "aculturação acrítica" (séc. IV), "imposição cultural/etnocentrismo" (séc. XVI-XX), "aculturação" (1935), "adaptação-acomodação, indigenização" (1900-1965), "inculturação-conculturação" (1970), "interculturalidade" (1980).

A interculturalidade possui vinculação íntima com o princípio de "inculturação". Alguns autores a designam com o termo interinculturação (J. Blomjus, M. Amadaloss, F. Wilfred), pretendendo destacar o caráter recíproco e de mutualidade do processo da inculturação. Até certo ponto, supõe uma inflexão em relação à inculturação. Embora se reconheça, de um lado, a tensão entre a vocação universal do cristianismo e sua concreção histórico-cultural, e, de outro, a determinação da inculturação necessária entre os povos diversos, na prática é muito difícil e se defronta com limites, aparentemente infranqueáveis. Aí a missão cristã se torna ecumênica.

Isso também significa que os esforços no *processo da inculturação* das igrejas e de suas teologias não podem acontecer no isolamento e sem uma dose de diálogo com/entre as culturas envolvidas nesse processo e com outras igrejas. Diversamente, as igrejas locais poderiam ser reduzidas a guetos e as culturas nativas ficariam prisioneiras de sua cosmovisão, em vez de ser uma plataforma para o encontro com outras culturas. Nasce, assim, o termo *reciprocidade intercultural*, que alude à constante necessidade de purificação e enriquecimento da expressão cultural da fé.

Uma inculturação autêntica exige o diálogo entendido a partir de uma dupla vertente: *a)* diacrônico-sincrônico: o sentido diacrônico aponta para o diálogo retrospectivo das culturas que deram origem à fé eclesial de uma comunidade; e o sincrônico alude à interação entre a variedade de igrejas locais – que representam diferentes culturas – e os distintos grupos culturais de uma igreja local e entre as diversas denominações de igrejas cristãs; *b)* inter/extra-eclesial: o diálogo "inter" é iniciado com *outras* tradições religiosas para conseguir um diálogo intereclesial, em situação de diversidade cultural; seu resultado é a *interinculturação*; o diálogo "extra" trata da mútua interação entre as tradições religiosas e seculares para configurar uma cultura comum compartilhada; nasce assim o termo *conculturação* (Hirudayan, 1990).

IV. A teologia intercultural. O desenvolvimento das teologias contextuais se projetou em duas direções paralelas.

A primeira reflete aquelas comunidades que lutavam principalmente por questões de identidade – especialmente depois da descolonização – e interpretam seus contextos em chave cultural. Assim nasceram muitas teologias locais que foram assumidas sob o programa de "teologia intercultural", forjado principalmente nos Estados Unidos e na Alemanha, e que atualmente possui cadeiras e cursos específicos.

A segunda direção é representada pelas comunidades que lutavam por uma transformação social por causa da pobreza, opressão e racismo, definindo seu contexto como estrutura social. Nesse caso, produziu-se uma variedade de teologias da libertação – latino-americana, africana, asiática, minorias étnicas norte-americanas, feministas etc.

Um elemento-chave foi perguntar pela experiência de fé das pessoas não-ocidentais e sua relação com a experiência colocada pelas teologias universalizadoras. A possível resposta aponta para os diferentes contextos nos quais se desenvolvem essas comunidades cristãs e seu sentido de identidade. Aparece claro que se a teologia quer se aproximar da vida das pessoas e ser-lhes inteligível deve se comprometer com o seu contexto. Isso supôs uma mudança em aberto contraste com a teologia abstrata e uma aposta em questões mais fundamentais que fizeram emergir teologias em horizontes culturais não ocidentais (teologias locais), como parte da própria tradição cristã (R. Schreiter). Observa-se, assim, quão limitado fica todo esforço humano ao se introduzir no mistério do divino.

A teologia intercultural descarta a pretensão universalista e de superioridade mantida pela teologia oficial e acadêmica (R. Panikkar). Parte da apropriação do *dinamismo da encarnação do acontecimento crístico* – que implica ambiguidade e ambivalência – e do fato de *cada cultura e cada religião serem únicas*. Embora seja uma teologia local, circunscrita ao espaço/tempo, é capaz de *formular algo da condição humana que transcende as fronteiras locais*. Caracteriza-se por estar consciente da importância da história e do presente, com suas dificuldades, novidades e desafios para a revelação cristã e sua crítica situada. E se distingue por sua abertura, inserção pública, ênfase na ortopráxis, primazia da comunidade e tentativa de criar espaços realmente inclusivos.

A teologia intercultural é estruturada ao redor de uma compreensão da tradução do cristianismo que envolve um sentido de assimilação e transformação das outras culturas e da própria, assim como a possibilidade de modificar sua formulação original de formas insuspeitas que escapam a todo controle. Isso significa que a tradução não se limita a uma teologia cristã, mas a *equivalentes homeomórficos* em outras culturas. Nesse sentido, compartilha os limites transculturais e as promessas das outras religiões, sem ter de desacreditar a vida cristã nem sua autocompreensão. Na década de 1990, o contexto ver-se-á marcado pelo processo e pela perspectiva da globalização.

V. Uma abordagem intercultural. A problemática da abordagem intercultural pode ser tratada em várias perspectivas: a hermenêutica diatópica (R. Panikkar), a polilógica da razão (F. Wimmer), o pensamento heterológico (C. Wulf), a hermenêutica intercultural (R. A. Mall), a hermenêutica libertadora-intercultural (R. Fornet-Betancourt) etc. Diante da impossibilidade de tratar sobre todas elas, esboçaremos o conteúdo da primeira.

A hermenêutica diatópica (HD) se distingue da hermenêutica morfológica e diacrônica. Parte da diferença radical de compreensão e autocompreensão das diversas tradições culturais e religiosas – sem um vínculo cultural ou histórico direto. Pertencem a diferentes *topoi* que configuram e determinam seus horizontes. Isso supõe que não compartilham padrões comuns de compreensão nem de inteligibilidade. Suas apropriações, linguagens e cosmovisões podem ser incompatíveis. Assim, reconhece de antemão o temor pelo estranho e pelo diferente, que não pretende eliminar ou domesticar.

Essa hermenêutica tenta responder a pergunta: como compreender algo que, em princípio, está fora de nosso círculo hermenêutico? É pós-moderna, ao rejeitar a colonização do outro e entendê-la (= assimilá-la) como a única maneira de aceitar o outro em sua alteridade, uma vez que frequentemente – como mostram a história da cultura europeia, pelo menos desde a Idade Moderna, as terapias e as dinâmicas grupais – é um procedimento que permite exercer domínio e submissão. Contudo, assume a possibilidade e necessidade imperiosa da comunicação entre as cosmovisões radicalmente distintas, presentes no contexto pluralista atual, assim como a exigência de uma *fecundação mútua entre as tradições*, uma que nenhuma pode presumir de oferecer por si mesma – e isoladamente – uma solução satisfatória para os problemas da condição humana e seu destino.

A HD é construída mediante uma atitude metodológica "imparativa" – cultiva o esforço e a atitude de aprendizagem de qualquer canto do mundo – expondo – não sem entrever o risco que supõe – as convicções para a mútua fecundação na práxis do encontro dialógico existencial. Desloca, assim, a ênfase de uma metodologia comparativa, dialética e argumentativa, que é a que prevaleceu e que se extralimitou em suas condições e alcance espaço-temporal.

Toda cultura e religião tem uma fundação mítica (M. Eliade) ou um conjunto de verdades sobre a realidade que são tidas como certas e são apropriadas de forma *inquestionável* (Panikkar). Estas constituem seu horizonte ou mundo de vida, ao qual temos acesso pela história ou pela parábola, ou mediante o símbolo e o ritual. A diferença radical entre as tradições se evidencia no encontro entre culturas e religiões, que deixa claro o conflito de seus mitos respectivos e sua pretensa universalidade. Alguma coisa que tentamos conciliar a partir de uma postura lógica, que somente confirma a mútua exclusão e contradição entre esses sistemas. Para superá-lo, é necessário criar outro caminho. A HD recupera a riqueza do símbolo e seu poder – consciência simbólica – e deslinda seu papel na comunicação e sua função geradora de novos símbolos.

O símbolo (singular, delimitado/aberto, polissêmico/ambivalente) não permite uma comunicação unívoca, pode vincular diversos mundos de significado (*mythos-lógos*): a escuridão e a luz, a compreensão e a interpretação, a fé e a crença, sem ficar prisioneiro de nenhum. É elevado à primeira categoria de verdade, significado e comunicação.

Nessa perspectiva, o sistema simbólico se encontra no coração das culturas e religiões vivas. E as crenças autênticas estão representadas pelo símbolo – não no *logos* – ; consequentemente, nosso encontro será efetivo se existir um sistema simbólico compartilhado – crenças e valores comuns – entre os crentes de uma tradição ou tradições, o que supõe uma tarefa à qual se entregar.

É conveniente distinguir que a fé é *uma dimensão humana constitutiva* de todas as pessoas, culturas e religiões – não o privilégio de alguns –. Aponta para o mistério, mais além de todo conhecimento, e tem correspondência com o mito, enquanto é seu veículo. Mas sempre é mediada por expressões simbólicas e crenças específicas que integram o corpo de fé de uma tradição particular.

A HD destaca que todos possuímos um mito – *aquele no qual cremos sem crer que o cremos* –, numa dinâmica de contínua passagem do *mythos-lógos*, e vice-versa (*mitificação-desmistificação*). Quando deixamos de crer nele, se transforma numa fábula, lenda ou cosmovisão. E estas rejeitam toda crítica porque as destróis, diferentemente dos símbolos, que podem adquirir novos e amplos significados no contexto da comunicação e até no desafio ideológico (transformação simbólica de experiências).

A HD não concebe que possam existir regras de interpretação anteriores – ou universais – que pressuponham um acordo do que é a verdade, o valor e o juízo correto. Estes irão sendo criados, durante o diálogo, um encontro criativo para o qual não existem precedentes. Porém, unicamente aquelas pessoas que atravessaram existencialmente os limites, pelo menos de duas culturas, e sentem-se nelas como em sua casa, entendem e podem torná-las compreensíveis.

Somos incapazes de captar nosso mito por conta própria; somente podemos nos aproximar mediante o discurso simbólico (*diálogo dialógico*). Este parte da convicção de que cada falante é *fonte original de compreensão humana*, com possibilidade de comunicar experiências únicas e de uma compreensão mútua. Assim se busca estabelecer uma plataforma de significado comum – descobrir: *o que quer dizer(-me)* determinado símbolo – o que supõe risco – ser vencidos, convertidos ou desconcertados – e aventura e somente pode proceder com base na confiança no outro e certa confiança cósmica no desdobramento da realidade por si mesma.

O diálogo dialógico se expressa como uma "*nova experiência de revelação*" (= o que descobre qualquer símbolo vivente revela a totalidade, nos conecta com algo mais além, com a transcendência ou qualquer horizonte humano último). Isso corresponde ao anseio da hermenêutica diatópica e se distingue do discurso argumentativo. Seus requisitos são a honestidade humana, a abertura intelectual e a vontade de superar preconceitos na busca da verdade, mantendo a lealdade à própria tradição. Assim, precisa do diálogo intrapessoal para tomar consciência desta e de sua apropriação crítica, integrando-a na própria visão.

Os frutos do encontro interpessoal são a nova compreensão e as interpretações, que se transformam em uma nova linguagem, que deverá ser provada entre ambas as tradições e no âmbito do diálogo intrapessoal. É um processo cíclico, contínuo e dinâmico, em que a consciência de finitude e limitação de toda interpretação sobre a realidade permanece aberta e provisória diante de novos aprofundamentos do diálogo dialógico.

Como resultado da HD, alguém aprende a pensar e a compreender a partir do sistema simbólico de mais de uma tradição. Isso pode ser compreendido pelas noções de *homologia* – as noções exercem papéis equivalentes e ocupam espaços homólogos nos respectivos sistemas – e de equivalência homeomórfica (= *formas semelhantes*), noções que designam uma "correlação de funções", que deve ser descoberta – não imposta externamente – entre as crenças específicas de diversas culturas ou religiões através de sua função topológica. Permitem, assim, reconhecer os pontos do encontro e apontar para a mútua fecundação.

VI. A experiência intercultural no cristianismo.

O caminho para a interculturalidade é prefigurado pelo próprio destino universal do Evangelho, que implica em si mesmo a necessidade do encontro entre as diversas culturas. Essa exigência/chamado também está contida nos princípios fundamentais do cristianismo e na própria vivência das primeiras comunidades cristãs. A mesma configuração da Escritura reflete um processo de inculturação-interculturalidade de culturas e suas diversas teologias. A mesma teologia cristã, em parte, é resultado de um diálogo cultural com os judeus, gregos, romanos, culturas do Leste e da África, tribos germânicas etc., e a cultura ilustrada.

A comunidade plural dos Atos dos Apóstolos (At 1,2), como portadora do Espírito e devido à sua experiência vivida, se transforma em princípio de diversidade e de personalização (diferenciação). Participa, assim, na missão de comunicar Jesus no seio dela e a partir dela. Sob a dinâmica do Espírito, os discípulos começam a falar diversas línguas. Bem cedo se veem obrigados a enfrentar a dimensão conflituosa da interculturalidade, sem negá-la, evitá-la ou subestimá-la. Ao contrário, transforma-se em motivo para convocar (At 15,6-12) e dirimir as questões que as afetam. É uma plataforma para a abertura e correspondabilidade e evidencia o desafio que supõe discernir, assumir e harmonizar códigos culturais diversos num mesmo horizonte religioso. O resultado é uma mudança qualitativa radical: *passagem do Testamento de Moisés para algo novo*: o significado e identidade do cristianismo (R. Panikkar).

A comunidade de Corinto (1Cor 1) é um autêntico laboratório intercultural" (J. W. Hollenweger), em razão de:

a) Seu contexto de encrave: Corinto tinha uma situação geográfica privilegiada, na rota de "cruzamento" entre o Oriente e o Ocidente, e era uma cidade-capital e comercial destacada do império romano, altamente cosmopolita, habitada por gregos, romanos e orientais, o que gerava uma ampla circulação de viajantes, línguas, ideias, mentalidades, costumes novos.

b) A própria configuração interna da comunidade, que se distingue pela riqueza da diversidade – origem, classe social, poder econômico, religião, profissão, idade, a participação do homem e da mulher – e o sincretismo cultural e religioso.

c) A problemática derivada do contexto da difusão do cristianismo em diversos ambientes – transposição das mensagens para novas categorias culturais, judaicas e helenistas – e entre a comunidade plural – tensão, discórdia, divisões, fanatismos, brigas –, na qual seus antecedentes pagãos e o influxo dessa cultura-mentalidade eram enormes – choque de mentalidades e cosmovisões. Para neutralizá-lo, o Espírito se manifesta de modo excepcional, derramando seus carismas extraordinários. Porém, não suprime as diferenças e dificuldades, nem impõe ordem mediante autoritarismo, ou exclui e subsume alguns em nome da comunidade. Convida para um caminho de convivência e testemunho, de diálogo paciente e com argumentos.

Um exame diacrônico do cristianismo revela que em seus dois milênios de existência, no máximo, viveu duas grandes inculturações: em suas origens, com o mundo semita-helenista, e na época da patrística e na Idade Média, com a cultura greco-romana. Mais tarde, durante o renascimento, entrou em crise e, na Idade Moderna, manteve-se – na Igreja católica – como uma subcultura eclesiástica. Isso significa que, então, não aconteceu um autêntico processo de transculturação (passagem de uma inculturação para outra).

Atualmente, o reconhecimento do pluralismo cultural, religioso e de cosmovisão faz com que diversas tradições – asiática, americana e africana, com as quais até agora não se encontrou – questionem a identidade radical do cristianismo, que se identificou exclusivamente com algumas culturas – citadas mais acima –, transformando-as em veículo de expressão – único –, e lhe instem a revisar sua atitude e posturas de manifesta superioridade e eurocentrismo, devido a suas relações – tradicionais – de conflito, negação e/ou subordinação. Deve-se sublinhar que, na celebração dos concílios ecumênicos, unicamente foram tratados os assuntos de uma só cultura e religião.

Será necessário começar por superar a confusão entre *gerar âmbitos*, para que emirja a Boa Notícia – o que é sempre um dom – e *sua transmissão*, basicamente de conceitos, doutrinas, símbolos, concebidos e desenvolvidos a partir do solo específico de uma cultura (T. Catalá). No fundo, o que se pede é uma encarnação plena em Cristo nas diversas culturas da humanidade e não modificações acidentais, que não incidem no núcleo duro do cristianismo e em sua reflexão teológica. É também um convite para a abertura e para a transformação contínua de mentalidade, que capacita a apontar para novos horizontes e a descobrir uma vocação nova, apoiados em Cristo e na garantia de seu Espírito.

VII. A interculturalidade como experiência pascal.

O trânsito ou "passagem de uma cultura para outra" requer algumas disposições e um compromisso que, com o tempo, permite tomar consciência e esboçar a própria "propedêutica" para o encontro intercultural. A chave deste são as *relações* e a possibilidade de conhecer e incorporar os códigos culturais necessários para que se tenha acesso a elas. Esse *processo de encontro* com o estranho (alteridade) supõe a consciência de que cada um experimenta o mundo através de seus valores, pressupostos e crenças – influenciadas culturalmente. Nele se entretecem, com acentos diferentes, os juízos de valor sobre os membros da outra cultura, a aproximação condicionada por minhas atitudes comunicativas e a entrada ou não – conhecimento ou desconhecimento – do outro (C. Wulff).

A diferença não é obstáculo insuperável, mas deve-se criar a sensibilidade e o apreço por ela, uma vez que costumamos considerar o nosso como medida do normal, do bom e do mau, do religioso por excelência. O tratamento, o atrito, o diálogo, unidos à disposição de penetrar na vida dos/das outros/as – não somente enquanto exercem um papel em nossa vida, mas preocupando-nos por eles/as e seus direitos –, permitem criar caminhos de aproximação e quebrar pontos de vista habituais.

Esse processo passa por cinco etapas (P. S. Adler): 1) *contato*: caracterizado pela excitação e euforia ao confrontar a nova cultura com a própria; 2) *desintegração*: por ser diferente e não adequado às demandas da nova situação; 3) *reintegração*: iniciada com a rejeição e a hostilidade à segunda cultura, que não é entendida, e a opção de se aproximar mais do ponto de contato, para começar a resolver as dificuldades ou voltar à cultura nativa; 4) *autonomia*: dá lugar a uma maior sensibilidade e compreensão da segunda cultura e capacita para viver sem o apoio da cultura nativa; 5) *independência*: produzida pela compreensão de semelhanças e diferenças, avaliadas significativamente, e a tensão entre as descobertas culturais que abrem possibilidades de viver outras experiências em profundidade.

A partir do diálogo intercultural, o diálogo intrapessoal nos leva a tomar consciência da situação de "choque cultural" e do questionamento que se desencadeia, acompanhado de uma série de reações emocionais – indefensabilidade, irritabilidade, temores – diante da perda de reforços da própria cultura e diante dos estímulos que têm pouco ou nenhum sentido. Em algum nível, modificará nossa posição existencial. Um encontro autêntico leva a *compreender*, *sobreviver* e *crescer* em outra cultura, até o ponto de poder integrar suas categorias na própria perspectiva (R. Panikkar).

A interculturalidade representa uma "experiência pascal" (J. S. Dunne), passagem para outra forma de vida e religião. Inicialmente, é um assunto de compreensão empática – o que uma pessoa tem em si também é encontrado na outra – que requer desprendimento, autocrítica, certeza, relações familiares etc. Porém, essa saída para a "terra de ninguém" gera crise e, quando é bem resolvida, uma tomada de consciência da unidade com os/as demais e com Deus – cada pessoa como uma encarnação de Deus. Ao voltar dessa experiência, contamos com um novo horizonte, com capacidade para experimentar novas e diferentes dimensões da diversidade humana, assim como de nós mesmos, sobre o pano de fundo de uma crescente compaixão universal que nos permite captar e amar o que é Deus e o que, através de Jesus Cristo, Deus está fazendo no mundo.

Os estudos interculturais levam a compreender a *diversidade de modos* em que Deus pode se manifestar mais além da matriz cultural ocidental e enfatizam as *relações*, a necessidade de certas disposições para entrar em outras culturas – pré-modernas e pós-modernas – e o dinamismo das culturas. Além disso, sublinham a necessidade de criar – não só traduzir – novos referenciais, um autêntico desafio para o cristianismo atual. Nessa viagem *exterior/interior para a outra cultura,* certamente será mais importante amar e aceitar o próximo em seu contexto que impor-lhe aquilo que consideramos – segundo nosso contexto cultural – ser normas ou formas "corretas" ou adequadas do viver cristão.

Amaladoss, M. *El evangelio al encuentro de las culturas*. Bilbao, Mensajero, 1998; Anthony, F.-V. *Ecclesial praxis of inculturation*. Roma, LAS, 1997; Arbuckle, G. *Earthing the Gospel*. Maryknoll, NY, Orbis, 1990; Fornet-Betancourt, R. *Transformación intercultural de la filosofía*. Bilbao, DDB, 2001; Hollenweger, W. J. *Interkulturelle Theologie*. München, Chr. Kaiser, 1979; Kraft, Ch. H. *Christianity in Culture. A study in Biblical Theologizing in Cross-Cultural Perspective*. Maryknoll, NY, Orbis, 1998; Panikkar, R. *Myth, Faith and Hermeneutics*. New York, Paulist Press, 1979; id., *The Intrareligious Dialogue*. New York, Paulist Press, 1999; id., *Sobre el diálogo intercultural*. Salamanca, San Esteban, 1990; Schreiter, R. J. *Die neue Katholizität*. Frankfurt a. M., IKO, 1997.

Diana de Vallescar

JESUS DE NAZARÉ

Nenhuma questão religiosa foi discutida com tanta paixão como a história de Jesus de Nazaré. A. Schweitzer, há um século, fazia um balanço dessas pesquisas e afirmava que "representavam a coisa mais importante que a autorreflexão religiosa jamais empreendeu e fez". Vamos começar apresentando brevemente a trajetória dos estudos históricos sobre Jesus, que adquirem importância enorme em nossos dias e têm características próprias.

I. Colocação do problema. 1. O Iluminismo, que submeteu ao exame racional todos os dados religiosos, também confrontou criticamente a história de Jesus. O ponto de partida foi a obra de Reimarus (1774-1778), segundo o qual a elaboração dos discípulos encobriu a intenção original de Jesus, que estava na linha de um messianismo judaico libertador, e que terminou em fracasso. A partir desse momento, há um grande movimento que batalha para recuperar o Jesus histórico, libertando-o do que consideravam as cadeias deformadoras do dogma eclesiástico. É a época da teologia liberal, que produz numerosas vidas de Jesus caracterizadas por um positivismo histórico transbordante de otimismo. Certamente os esforços científicos foram enormes e as discussões muito apaixonadas, mas os resultados muito decepcionantes. A famosa monografia de Schweitzer sentenciou definitivamente o fracasso desses esforços.

Bultmann registra, anos depois, o ceticismo reinante sobre as possibilidades de se chegar ao Jesus histórico e o justifica de dupla maneira. Do ponto de vista literário, os evangelhos são criação da fé pascal e não dão base para um estudo histórico sobre Jesus. Do ponto de vista teológico, a fé cristã aceita o Cristo da pregação e não se interessa pelo Jesus da história, que é mero pressuposto judaico do fenômeno cristão.

Mais ainda. Para Bultmann, a fé cristológica deve recusar toda tentativa de buscar alguma legitimação na pesquisa histórica sobre Jesus, uma vez que isso equivaleria a destruir a mesma fé, seria recair na "justificação pelas obras", longe da fé. A impossibilidade de chegar ao Jesus da história em nada afeta a fé cristológica. A crítica histórica mais radical e a fé cristã coexistem, mas não dialogam.

2. A questão, porém, voltou a ser colocada e com muita força entre os mesmos discípulos de Bultmann. Foi o que aconteceu ao se chamá-la de *New Quest*, para distingui-la da *Old Quest*. O ponto de partida esteve numa conferência que Käsemann proferiu em 1953 numa reunião de discípulos de Bultmann.

Considerava que a pesquisa histórica sobre Jesus era irrenunciável e que o ceticismo radical não era justificado. Os evangelhos são, certamente, elaborações da fé pós-pascal; porém, neles também existe a vontade de evocar suficientemente a realidade histórica de Jesus. Em outras palavras: o *kerygma* de Cristo não se desinteressa absolutamente da história de Jesus de Nazaré. Além disso, teologicamente, a pesquisa histórica é fundamental, porque do fato de Jesus depende o *extra nos* da salvação e para que a cristologia não caia no gnosticismo.

A ferramenta metodológica fundamental dos autores dessa escola é "o critério de dessemelhança", segundo o qual se pode afirmar como histórico em Jesus o que está em ruptura com seu ambiente judaico e não tem continuidade na Igreja posterior, e que portanto não pode ser explicado como projeção dela. Essa ênfase no critério de dessemelhança se deve aos desejos de rigor crítico e, talvez ainda mais, ao anseio teológico que busca o único de Jesus, o que o distingue dos demais, o que justifica as afirmações também únicas que a fé faz sobre ele. Obviamente, a pesquisa dirigida quase exclusivamente pelo critério de dessemelhança produz um Jesus não enraizado no judaísmo e com alguns seguidores, dos quais somente se percebe a ruptura com seu mestre. Esses estudos foram realizados fundamentalmente na Alemanha e foram feitos por teólogos, sendo a obra mais característica dessa orientação a de G. Bornkamm, *Jesus de Nazaré*.

3. Podemos situar em torno de 1980 o início de uma nova etapa nos estudos sobre o Jesus da história, profundamente diferente da anterior e que se chamou *Third Quest*. A seguir, suas principais características:

a) Preocupação em situar Jesus em seu contexto histórico. Vários fatores, e de forma muito acentuada, a arqueologia, as descobertas de Qumrã e a publicação de seus documentos contribuíram para conhecer melhor o judaísmo do tempo e seu grande pluralismo. Jesus tem suas raízes dentro do povo judeu. Foi muito importante a contribuição de autores judeus que estudaram a figura de Jesus e, em geral, o diálogo com o judaísmo. Esse "Jesus no judaísmo" é muito diferente do Jesus, às vezes abertamente antijudaico, que os pós-bultmanianos apresentavam com seu critério de dessemelhança.

b) O problema não está, como antes, em situar Jesus em relação à religião judaica, mas no contexto social judaico, e, concretamente, na Galileia do tempo. Em grande parte, as diferenças existentes entre os autores atuais dependem da diferente visão que eles têm da Galileia do tempo de Jesus.

Hoje, está claro que a Galileia era uma região judaica, mas com um judaísmo particular diferente do jerosolimitano, uma região não isolada, mas aberta a um importante influxo helenista; que avançava na Galileia o processo de urbanização, com suas elites herodianas, de funcionários e ricos proprietários, o que criava tensões graves com o modo tradicional de vida dos camponeses. Em boa parte, assistia-se à substituição de uma economia de reciprocidade, na qual a família era uma unidade de consumo e de produção, por uma economia de redistribuição, com seu poder central que acumula os recursos e os distribui desigualmente. A situação do camponês galileu era sumamente penosa.

c) Recorre-se muito à literatura apócrifa, tanto judaica como cristã (sobretudo ao evangelho de Tomé), aos targuns e aos documentos de Nag Hammadi.

d) Naturalmente, chega-se criticamente aos textos, porém, em geral os autores da *Third Quest* têm maior confiança que os pós-bultmanianos em relação às possibilidades de chegar ao Jesus da história. Muitos autores dão valor muito grande à Fonte Q (uma coleção de ditos comum a Mt e Lc).

e) Os estudos atuais sobre Jesus são muito interdisciplinares e recorrem, sobretudo, à sociologia e à antropologia cultural. Essas contribuições ajudam o estudo a se situar na cultura mediterrânea do século I, para evitar o etnocentrismo e o anacronismo, tão presentes na pesquisa bíblica tradicional.

f) Essa nova pesquisa é originária fundamentalmente do mundo anglo-saxão e nela as preocupações teológicas estão muito menos presentes que entre os pós-bultmanianos. Inclusive se realiza, em boa parte, paralelamente a instituições confessionais, o que não quer dizer que esteja livre de pressupostos e interesses.

Os estudos históricos da segunda etapa, a *New Quest*, foram assumidos pela cristologia sistemática e supuseram sua renovação radical, mas as novas pesquisas obrigam a repropor algumas coisas aos teólogos, tarefa ainda pendente de realização. A seguir, apresento uma síntese breve e seletiva do que existe de mais importante sobre o Jesus histórico, à luz da pesquisa atual e bem consciente do caráter hipotético e aproximativo da abordagem histórica. Não trato sobre o reino de Deus, que será estudado num conceito específico deste dicionário.

II. Valores alternativos. Em meio à grande disparidade existente nas pesquisas históricas sobre Jesus, há um dado que reúne um consenso muito amplo, o reconhecimento de uma certa marginalidade de Jesus que, depois, é explicada de diversas maneiras. Está suficientemente claro que Jesus adotou atitudes um tanto contraculturais, que supunham certo desafio aos valores hegemônicos. Ao falar de sua atitude diante da lei, voltaremos a esse ponto.

Antes, essas atitudes "contraculturais", radicais, eram explicadas em virtude da "ética provisória" de quem esperava um iminente fim do mundo. Hoje, há daqueles que as atribuem à influência da filosofia cínica, tão crítica para com sua sociedade que lhe pretende mudar radicalmente os valores.

Em Jesus, porém, é o alvorecer do reino de Deus que o leva a ver e valorizar a realidade de forma diferente. Assim se explica que o fato de ele proclamar bem-aventurados os pobres, os que choram, os famintos. Não porque essas situações sejam um bem em si mesmas; muito pelo contrário: na medida em que o reino de Deus se afirmar, essas situações vão mudar, o que já se traduz, desde agora, em consolo e esperança.

A honra, o valor central naquela cultura, que dependia fundamentalmente da linhagem e que se manifestava numa série de sinais externos, é reinterpretada à luz da nova experiência de Deus já próxima: "os últimos serão os primeiros"; "o Filho do homem não veio para ser servido, mas para servir". O dinheiro não é sinal da bênção divina, como o considerava a teologia rabínica, mas o maior impedimento para entrar no reino de Deus. As estruturas patriarcais ficam relativizadas, e muda profundamente a consideração pelas crianças e pelas mulheres. No ponto seguinte, teremos ocasião de aprofundar esse aspecto, certamente chave, da atitude de Jesus.

III. A lei. Precisar a atitude de Jesus diante da lei não é nada fácil, porque ele não fez pronunciamentos gerais e, além disso, porque as grandes controvérsias que aconteceram sobre o tema na Igreja primitiva se refletem nos textos evangélicos, dificultando a crítica histórica. Há uma diferença notável em como apresentam as coisas o judeo-cristão Mateus e o pagão-cristão Marcos. Trata-se, sem dúvida, de um problema de vital importância em nosso estudo e me atrevo a sintetizar a atitude de Jesus numa série de pontos:

1. Jesus foi sempre um *judeu fiel* e, portanto, respeitoso e observante da lei. Em geral, tem notável afinidade com o judaísmo aberto de Hillel, embora em algum caso, concretamente no que se refere ao divórcio, aproxime-se mais da postura de Shammai.

Ao rico, que lhe pergunta o que deve fazer para alcançar a vida eterna, responde: "guarda os mandamentos" (Mt 19,17); além disso, se enuncia: "Não matarás, não adulterarás, não roubarás..." (Mt 19,18-19; Mc 10,19).

Também é verdade que o ponto de partida da pregação de Jesus e o mais importante dela não reside na explicação da lei.

2. *Jesus radicaliza aspectos da lei.* Não basta não matar, mas deve-se evitar outro tipo de agressões

menores, inclusive os insultos. Pensemos também na proibição do divórcio. Esse ensinamento de Jesus parecia não ter paralelo algum no mundo judaico da época, mas foi encontrada uma doutrina muito semelhante no Rolo do Templo (1Q *Rolo do Templo* 57,17-19; TQ 223). No *Documento de Damasco*, fundamenta-se a proibição do divórcio na ordem primigênia querida por Deus na criação (*Documento de Damasco* 4,20-21; TQ 83), que é exatamente o que Jesus faz (Mc 10,5-9).

Na conta dessa radicalização ética, deve-se colocar também a denúncia de tradições humanas que ocultam e desvirtuam a intenção profunda da lei (Mc 7,8-13; Mt 23,23).

3. Jesus *relativiza* – sem que isso suponha sua simples abolição – *os preceitos rituais*, concretamente os referidos ao sábado e às normas de purificação (Mc 7,15; Lc 11,39.42; Mt 23,23.25). Jesus aceitou a relação com pessoas consideradas impuras, pecadores e publicanos, provavelmente prostitutas, e o fazia sem importar-se com críticas, pois queria anunciar e até tornar visível que o reino de Deus é oferecido a todos e não exclui ninguém.

Relativizar os preceitos rituais e as normas de purificação era colocar em perigo a identidade étnica que estes garantiam. Com efeito, como os antropólogos sabem muito bem, as normas de pureza são barreiras que separam os judeus dos demais povos, e, ao mesmo tempo, supõem o controle dos corpos dos membros de Israel por parte das autoridades religiosas.

Jesus promoveu um movimento de renovação antijudaica num momento de crise generalizada e grave em seu povo. Haviam surgido outros movimentos de renovação, que eram caracterizados por radicalizar as normas de pureza, por reafirmar a identidade étnica e que, portanto, eram movimentos exclusivistas; eram dirigidos a uma elite de puros e escolhidos. É o que caracteriza os fariseus, nome que quer dizer "os separados"; os essênios de Qumrã traduziam essa separação fisicamente e iam para o deserto, longe de um povo e de algumas instituições corrompidas e contaminadas; eles eram o verdadeiro Israel que esperava o Messias.

O movimento de Jesus era caracterizado, pelo contrário: por ser inclusivo, por buscar o povo, por não marginalizar ninguém, por anunciar a todos a chegada de Deus e de seu reino. Não é por acaso que essa atitude e esse anúncio desencadearam forte conflito intrajudaico.

Também quero observar que o desenvolvimento posterior do cristianismo, com a abertura para os pagãos, com toda a novidade que introduziu em ralação ao que foi o horizonte histórico de Jesus, foi possibilitado, de alguma forma, pelo caráter exclusivo do mais primitivo movimento de Jesus e por sua relativização das fronteiras étnicas com as quais Israel protegia a própria identidade

4. O mais característico da interpretação que Jesus fazia da lei é *a importância dada ao amor ao próximo*. "Qual é o primeiro de todos os mandamentos?", perguntam-lhe. Jesus responde: "O primeiro é este: Ouve, ó Israel, o Senhor nosso Deus é o único Senhor, e amarás o Senhor teu Deus... O segundo é este: Amarás o teu próximo como a ti mesmo" (Mc 12,28-31). Jesus está citando o mandamento de Lv 19,18. Havia grandes discussões no judaísmo em torno de como devia ser entendido "o próximo" desse texto, mais concretamente a sua extensão tinha. Quando perguntam a Jesus sua opinião ("quem é o meu próximo?"), ele responde com a parábola do bom samaritano (Lc 10,29-37), que provavelmente é histórica e responde ao mais puro estilo de Jesus: repropõe, de forma provocadora, a pergunta que lhe fazem. A questão não é tanto "quem é o meu próximo", mas quem é capaz de se tornar próximo do homem caído no caminho. Isto é, Jesus convida a pensar a moral e o amor a partir das vítimas. No judaísmo do tempo, havia aqueles que limitavam o próximo aos membros do povo judeu. Assim, os LXX traduzem "próximo" por "prosélito" em Lv 19,18, isto é, pagãos convertidos ao judaísmo. No entanto, sobretudo no judaísmo helenista, mas também no judaísmo palestino, havia interpretações mais amplas que se abriam para o amor ao estrangeiro. Parece ser o que Jesus pensa. É muito claro, sobretudo, quando inculca a não violência e o amor aos inimigos, o que sem dúvida procede de Jesus e constitui o ápice de sua moral. Os evangelhos apresentam algumas formulações radicais e provocadoras, que apresentam numerosos problemas tanto literários como de aplicabilidade, nos quais não podemos entrar agora. Não se refere somente ao inimigo pessoal, mas também ao do povo como tal (está muito claro que Mateus, o evangelista mais judeu, assim o entendeu, pois em 5,41 se refere a uma imposição romana). Essas afirmações de Jesus podem e devem ser situadas no contexto judeu de seu tempo, porque não são meras doutrinas atemporais. Concretamente, diante de Pilatos houve algumas mobilizações populares judaicas não violentas que resultaram ineficazes (AJ 18, 271 s; BJ 2,174,195-198).

A justificação teológica do amor aos inimigos é muito rica, mas me fixo somente num aspecto: "Desse modo vos tornareis filhos do vosso Pai que está nos céus, porque ele faz nascer o seu sol igualmente sobre maus e bons e cair a chuva sobre justos e injustos" (Mt 5,45). Encontra-se, aqui, um motivo-chave da espiritualidade judaica: a imitação de Deus. O próprio de Jesus é que se esforça para imitar um Deus que é bom, que é amor, e cuja bondade se manifesta na criação ("faz nascer o seu sol...") e também na chegada de seu reino.

IV. Taumaturgo popular e exorcista. Os limites de espaço somente permitem fazer um breve esboço sobre esse aspecto fundamental e cujo estudo está se renovando muito atualmente. Durante longo tempo, os chamados milagres de Jesus eram um estorvo para historiadores e teólogos, que não sabiam o que fazer com eles. Na Igreja mesmo, quando não se podia evitar sua explicação, recorria-se a interpretações alegorizantes. Hoje as coisas mudaram. Até os críticos mais radicais aceitam que Jesus realizou curas que seus contemporâneos consideravam milagrosas. O fato se encontra em todas as tradições evangélicas e quem o nega se torna incapaz de dizer qualquer coisa sobre o Jesus histórico.

Jesus teve as características de um curandeiro popular, e esse é um traço muito importante para explicar a enorme atração que exercia entre o povo. "Uma grande multidão, ao saber de tudo o que fazia, foi até ele" (Mc 3,8; cf. 1,32-34; 1,45; 6,55-56). Nesse ponto, talvez como em nenhum outro, precisamos superar o anacronismo e o etnocentrismo. Um antropólogo ateu ou agnóstico não tem dificuldade nenhuma para aceitar o Jesus curandeiro popular e exorcista, ao passo que o teólogo, supostamente crítico, costuma ter muitas.

Não há dúvida de que as tradições de milagres de Jesus foram muito ampliadas pela fé pós-pascal e pela imaginação popular. Há relatos de milagres que são totalmente criações comunitárias. Cada caso deve ser analisado. Porém, parece claro que Jesus tinha poderes taumatúrgicos, que devem ser situados à luz do que a antropologia nos ensina sobre os chamados curandeiros étnicos, que aparecem praticamente em todas as culturas.

Os milagres de Jesus têm uma série de características bem conhecidas, e que não vou enumerar agora; porém, o mais certo é que ele relacionava suas curas com a fé e a vinda do reino. Por outro lado, Jesus e seus contemporâneos têm uma cosmovisão supernaturalista do mundo e acreditam em seres intermediários e espíritos malignos: é o marco para entender os exorcismos de Jesus; como as curas, respondem a um dado histórico indubitável. Deve-se, porém, saber interpretá-los. É interessante observar que, diferentemente das curas, a tradição não tende a engrandecer os exorcismos de Jesus, que não são encontrados nem no último evangelho, o de João, nem tampouco nas fontes exclusivas de Mt e Lc; estão somente nas fontes mais antigas, em Mc e em Q.

Os fenômenos de possessão, em muitíssimas culturas, são conhecidos e acontecem com especial frequência em situações de ruptura dos equilíbrios tradicionais, por exemplo, quando uma cultura nativa se sente gravemente ameaçada (pensemos em situações de colonialismo, nas culturas pré-industriais, em situações de graves pressões no seio familiar). Também se constata que há pessoas ou setores sociais que, por sua debilidade ou vulnerabilidade, estão mais expostos a ser possuídos por espíritos imundos.

É evidente que considerar "possessão" determinados estados psicológicos supõe uma interpretação cultural, mas, ao mesmo tempo, contribui para provocá-los e fortalecê-los. As possessões por espíritos são uma variante dos estados alterados de consciência ou das situações de transe, que aparecem em quase todas as culturas pré-industriais. O recurso a essa perspectiva da antropologia e da psicologia social é muito útil para o estudo do movimento de Jesus e do cristianismo primitivo, e me limito a apontar só o tema.

O possesso expressa dimensões reprimidas e, nesse sentido, exerce uma denúncia social, mas também é uma válvula de escape das contradições psicológicas e sociais. Jesus tem a capacidade, que interpreta sempre em chave religiosa, de libertar os possuídos por espíritos imundos e de recuperá-los para a convivência humana; isso, porém, tinha inegáveis repercussões sociais: os gerasenos o consideram um desestabilizador perigoso e lhe pedem que vá embora (Mc 5,17); em outro caso, levantam-se reações muito diferentes e, enquanto alguns suspeitam que Jesus é o Filho de Davi, outros, os fariseus, afirmam que "ele expulsa os demônios por Belzebu, o príncipe dos demônios" (Mt 12,23-24). Trata-se, obviamente, de interpretações culturais, mas que respondem a interesses distintos e são por isso tão diferentes.

Encontramo-nos aqui diante de um caso de etiquetar negativamente Jesus, ante a tentativa de estigmatizá-lo socialmente, isto é, de desacreditá-lo diante do povo e de impedir sua influência; um aspecto de conflito grave que Jesus provocou na sociedade judaica.

V. O grupo de Jesus. Jesus convocava todos os judeus em vista do reino de Deus. Nem rompeu com o judaísmo nem pretendeu fundar uma instituição própria em Israel. Mas o judaísmo do século I, sobretudo antes da catástrofe do ano 70, era enormemente plural. Precisamente porque sua unidade é étnica, o judaísmo não precisa propriamente de uma ortodoxia doutrinal; e no tempo de Jesus, havia uma diversidade muito grande de tendências, grupos, interpretações e movimentos populares.

Em torno de Jesus, formou-se um grupo com características próprias, como acontecia com os mestres e profetas; encontramos pessoas com diversos graus de vinculação com o mestre e seu movimento.

1. A criação dos *"Doze"* é muito provável que remonte a Jesus (denominá-los apóstolos é, no entanto, pós-pascal). Dificilmente pode ser uma invenção o fato de que o traidor de Jesus fosse um membro desse grupo. Na mais pura tradição profética, Jesus realizou uma série de gestos simbólicos ao longo de sua vida, um dos quais foi a constituição dos Doze (outros gestos simbólicos foram a purificação do templo, as refeições com os pecadores e publicanos, os gestos com o pão e o vinho na ceia de despedida...).

É claro que os Doze fazem referência aos doze patriarcas e às doze tribos, e a criação desse grupo simboliza a vontade de Jesus de congregar o Israel escatológico, para a chegada do reino de Deus.

2. Há também uma série de discípulos que são *seguidores itinerantes* de Jesus. Seu número seria variável, e muitas palavras de Jesus são dirigidas a esse grupo, que leva uma vida radical e desinstalada; é evidente que entre esses discípulos há certo número de mulheres, o que não deixa de ser fenômeno muito notável.

3. Um terceiro círculo é formado pelo que se costuma chamar *"simpatizantes locais"*, pessoas que permanecem em casa e em sua vida quotidiana, porém acolhem Jesus e seus discípulos e, de algum modo, identificam-se com eles. Consideremos que o ministério itinerante de Jesus se tenha desenvolvido fundamentalmente numa área não muito extensa da Galileia.

4. Além desses simpatizantes locais, Jesus alcançou eco popular muito amplo e positivo nas *zonas rurais da Galileia*. Os evangelhos estão cheios de indicações como estas: "sua fama se espalhava por todas as partes", "multidões chegavam a ele", "as pessoas se apinhavam junto dele", "ficavam admirados com seu ensinamento"...

Não há dados para pensar que esse eco popular positivo diminuísse ao longo da vida de Jesus. Durante sua estada final em Jerusalém, o povo (é certo que pode se tratar, sobretudo, de galileus que peregrinaram para a festa) o tem por profeta, está pendente de suas palavras, e o favor popular, com o qual ele conta, é o que impede as autoridades de o deterem.

Esse eco popular de Jesus podia mobilizar massas relativamente importantes de pessoas, e este é um fator-chave da periculosidade de Jesus aos olhos das autoridades (Jo 11,46-53). Um profeta isolado e sem seguidores, por mais exaltadas que fossem suas colocações e proclamações, não é perigoso e não causa maior preocupação nos responsáveis pela ordem.

VI. O conflito que desemboca na cruz. Já estamos falando do conflito na vida de Jesus, elemento absolutamente central e importante, a ponto de desembocar no fato historicamente mais claro de sua vida: sua crucificação. Os evangelhos projetam sobre a vida de Jesus os grandes conflitos que os cristãos sustentaram com a sinagoga, sobretudo a partir do ano 70. Portanto, deve-se adotar uma série de cautelas críticas para interpretá-los.

Contra o que costumam dizer autores muito famosos, mesmo recentes, é totalmente incorreto falar da oposição de Jesus ao judaísmo ou da ruptura com este. Mas também não se pode negar, como pretendem alguns judeus atuais, que Jesus provocou importante conflito dentro do judaísmo. Certamente, outros personagens também o fizeram e com maior intensidade que Jesus; pensemos no Mestre de Justiça de Qumrã.

Recorrendo mais uma vez a um esforço de síntese, creio que, no conflito de Jesus, podem-se distinguir três aspectos:

1. Jesus deve ser situado em relação à *tensão existente na Galileia entre o campo e a cidade*, entre as elites urbanas e os camponeses. A renovação da vida social, que Jesus identifica com o reino de Deus, encontrava muito eco nos camponeses galileus, respondia a suas necessidades, mas não se identificava simplesmente com a volta aos equilíbrios tradicionais. Pelo contrário, Jesus é sumamente crítico com as elites urbanas, com os herodianos e com o novo tipo de civilização que estão introduzindo na Galileia. Acredito que assim se explica como Jesus, que conhecia bem as cidades por causa de sua experiência em Séforis, evitasse visitar os núcleos urbanos durante seu ministério; este, por outro lado, realizava-se em ambientes não muito distantes deles (deve exceptuar-se a visita de Jesus a Jerusalém, que é evidentemente uma cidade totalmente singular).

Durante sua estada na Galileia, Jesus não se confrontou diretamente com os romanos, porque aí sua presença era praticamente invisível.

2. O grande *conflito de Jesus em Jerusalém foi com a aristocracia sacerdotal*, e girava, antes de tudo, em torno de sua atitude crítica em relação ao templo. A isso, acrescentava-se que seu eco popular o transformava em alguém especialmente perigoso, e consideravam necessário cortar sua influência. João transmite uma informação histórica fidedigna quando coloca na boca dos sumos sacerdotes as seguintes palavras: "Que faremos? Esse homem realiza muitos sinais. Se o deixarmos assim, todos crerão nele e os romanos virão, destruindo o nosso lugar santo e a nação". Em vista disso, decidiram matá-lo, e Jesus se escondeu em Efraim, pequena localidade no limite do deserto, entre a Judéia e a Samaria (11,47-54).

O que se costuma chamar "a purificação do templo", cujo sentido exato é difícil de precisar, foi visto como desafio decisivo e inaceitável por parte dos sumos sacerdotes. Foi a gota d'água que transbordou o copo e provavelmente desencadeou os acontecimentos que levaram Jesus à morte. Para entendê-lo, deve-se ter presente que o templo tinha função central ideológica, política e econômica (atraía grandes somas de dinheiro de todos os judeus; em torno das peregrinações, giravam muitos interesses e serviços; funcionava como banco de depósitos). Isso nos leva à seguinte pergunta: quem foram os responsáveis pela morte de Jesus?

Os evangelhos apresentam o comparecimento de Jesus diante do sinédrio completo, que acaba acusando-o de blasfemo e decide matá-lo, pronunciado a sentença nesse sentido (Mc 14,53-65 par.). Ou seja, encontramo-nos diante de um julgamento de Jesus ante o Sinédrio.

Na opinião de muitos especialistas, que compartilho plenamente, essa cena é uma construção teológica da comunidade, que coloca na boca de Jesus sua própria confissão cristológica, combinando-se Dn 7,13 e Sl 110,1 (Mc 14,62). Há muitos dados que demonstram não haver ocorrido um julgamento de Jesus diante das autoridades judaicas e que, portanto, não foram elas quem formalmente o condenaram. No entanto, por trás dessa cena há alguma base histórica: a decisão da aristocracia sacerdotal de eliminar Jesus, a lembrança de uma reunião conspiratória para levar adiante esse propósito, possivelmente algum interrogatório a Jesus; mas não uma reunião oficial com todo o sinédrio reunido.

3. Jesus teve algum *conflito com os romanos*? Durante sua estada na Galileia, Jesus não teve confronto direto com os romanos. Mas o que aconteceu em Jerusalém? A autoridade romana interveio na condenação de Jesus?

Há uma importante tendência exegética que considera que Mc tem muito de "apologia pró-romanos": é um texto escrito em Roma e que encobre ou dissimula a periculosidade que os romanos descobriram na pretensão de Jesus e no conflito resultante. A proclamação do reino de Deus tinha necessariamente uma ressonância de crítica política e de denúncia da teologia imperial que não podia deixar indiferentes os romanos. Não há dúvida, também, que a decisão de crucificar Jesus foi tomada pelo prefeito romano, como o indica o uso da cruz, que era um patíbulo romano. Dados os usos imperiais, o prefeito da remota Galileia podia, com toda facilidade e sem receio algum, enviar para o suplício um pobre homem molesto, que, além disso, contava com a inimizade das autoridades de seu povo.

Os textos sobre o comparecimento diante de Pilatos estão muito reelaborados por razões teológicas e apologéticas. Não se pode excluir que houvesse um julgamento e uma sentença romana de morte. O que se pode dizer, com maior certeza, é que Jesus foi considerado perigoso pelos romanos, que não se limitaram a confirmar uma sentença emitida segundo o código penal judaico. Jesus havia mobilizado massas, havia despertado expectativas populares intensas, que os romanos interpretavam como messiânicas – de fato, alguns judeus consideraram Jesus um pretendente messiânico – e isso o transformava em um subversivo perigoso que deveria ser eliminado o quanto antes.

Em todo caso, a autoridade sacerdotal judaica era controlada pelos romanos que lhe garantiam a fidelidade e a colaboração. De fato, o *entendimento* entre Caifás e Pilatos foi especialmente bom e prolongado. Está muito claro que ambos colaboraram intimamente contra Jesus e sua religião política, porque ambos os poderes se viram questionados por ela.

4. Aqui se apresenta uma série de questões muito importantes, mas também sumamente discutíveis e hipotéticas, porque estão relacionadas com *a forma na qual Jesus assumiu o desenlace trágico da sua própria vida*. Reúno numa série de pontos sintéticos aquilo que, a meu ver, pode-se dizer com mais certeza à luz das pesquisas críticas atuais:

a) Em dado momento, e vendo como iam as coisas, Jesus teve de contar com a possibilidade de sua morte violenta. É provável que, modificando sua perspectiva inicial, interpreta-se sua morte como serviço para a chegada do reino de Deus.

b) Parece que não existia, no judaísmo, a idéia de um Messias sofredor. Jesus não interpretou sua morte à luz do Servo sofredor de Is 53. Isso foi coisa da Igreja posterior.

c) Jesus celebrou uma ceia de despedida com seus discípulos, na qual realizou um gesto simbólico com o pão e com o vinho, e com isso queria expressar o sentido de sua vida e de sua morte, que pressentia próxima.

d) Jesus não ficou arrasado no momento da sua morte. Além de sua indubitável experiência religiosa pessoal, a teologia judaica oferecia recursos para enfrentar uma morte como a sua, confiando em Deus.

e) A parusia do Filho do homem, ou a segunda vinda do Senhor, não se baseia nas palavras do Jesus histórico, mas é a reinterpretação cristológica, realizada pela fé pós-pascal, da esperança na vinda do reino de Deus.

VII. Quem é Jesus? Nessa visão sintética sobre o Jesus histórico, e quando chegamos quase ao fim, faz-se uma pergunta que aparece várias vezes nos evangelhos e que, em nosso caso, exerce quase as funções de recapitulação do percurso realizado: Quem é Jesus? Como situá-lo no complexo e variado judaísmo de seu tempo?

Alguns historiadores julgaram possível definir Jesus de forma muito nítida e clara: um rabi (Flusser), um sábio (Borg, Crossan, Mack), um mago (M. Smith), um profeta (Sanders), um messias revolucionário (Brandon), um galileu carismático (Vermes), um apocalíptico (Ehrman)... A mim, não me parece sensato contrapor historicamente essas tipologias nem englobar em uma só a figura tão complexa de Jesus.

Jesus tem traços indubitáveis de mestre, de sábio, de rabi. O povo e os discípulos de Jesus o chamam frequentemente de "mestre". Seu ensinamento tem traços sapienciais bem claros: a referência às aves do céu e aos lírios do campo (Lc 12,22-31; Mt 6,25-34), à providência do Pai (Lc 12,2-7; Mt 10,26-31) ou ao Deus que faz sair o sol sobre bons e maus (Mt 5,45), o recurso às parábolas, algumas das quais inclusive têm claros paralelos rabínicos.

Porém, a pregação escatológica de Jesus, seu anúncio da chegada do reino de Deus, assemelha-o aos profetas. Várias vezes, o povo equipara Jesus a um profeta (Mt 16,14; Mt 21,11) e é evidente o fundo profético de sua pregação sobre o reino. Não se deve opor a dimensão sapiencial e a profética, que estavam, no judaísmo do tempo, muito mais próximas e eram mais compatíveis do que às vezes se pensou.

O que não acredito possível é comparar Jesus com um apocalíptico. Com efeito, ele não tem uma visão dualista do mundo, nem espera que o éon futuro se afirme depois da destruição do mundo presente que estaria totalmente corrompido. O reino de Deus já está irrompendo, o que supõe uma visão mais positiva do existente, e sua plenitude envolve uma transformação histórica, mas não uma catástrofe cósmica e o fim do mundo. Além disso, Jesus, diferentemente dos apocalípticos, não entra em especulações sobre o futuro ou cálculos temporais.

Porém, as tradições proféticas de Jesus experimentaram logo, já no NT, um novo processo de apocaliptização, no seio de comunidades que sofreram perseguições e grandes dificuldades. Também as palavras do "Jesus sábio" experimentarão um desenvolvimento sapiencial, como se vê no evangelho de João, no de Tomé e no *Diálogo da Verdade*, até chegar ao gnosticismo. Ambos os desenvolvimentos, o apocalíptico e o gnóstico, têm seu ponto de partida em Jesus de Nazaré, mas são desenvolvimentos que vão mais além do que ele foi historicamente.

O Jesus histórico se considerou Messias? Messias, que quer dizer ungido (em grego, Cristo), podia ter muitos sentidos. Há uma compreensão, que poderíamos chamar "messiânico-davídica", que era a esperança de um rei de Israel vitorioso, que derrotaria os pagãos e restabeleceria a glória do povo judeu de forma muito idealizada. Essa esperança tinha alguma raiz popular no tempo de Jesus e está presente nos *Salmos de Salomão*, que são do século I. É claro que Jesus despertou esperanças messiânicas desse estilo, mas ele as rejeitou taxativamente e as viu como tentação. Seu ensinamento se afasta e até se opõe a esse messianismo davídico. Mas fica o fato de que posteriormente foi designado como Messias, apesar do escandaloso fracasso histórico da cruz opor-se frontalmente à imagem judaica do Messias. Isso é explicável só pelas expectativas messiânicas que Jesus suscitou em vida. Naturalmente, quando seus seguidores pós-pascoais depois declaram Jesus como Messias, estão reinterpretando radicalmente esse título à luz da vida, tão pouco "messiânica", de Jesus.

Jesus foi um taumaturgo popular e um exorcista. Utilizando uma categoria moderna, diríamos que Jesus foi um líder carismático, isto é, com uma autoridade baseada em suas qualidades pessoais peculiares (não está baseado na tradição, não é hereditária, não depende de disposições legais, nem tampouco de credenciamentos acadêmicos), autoridade que encontra reconhecimento e adesão num determinado setor social. Jesus baseia sua autoridade em sua própria experiência, considera que foi ungido pelo Espírito de Deus; provavelmente, ao longo dos evangelhos, possam ser detectadas experiências religiosas históricas muito especiais de Jesus, começando pelo batismo, e que talvez pudéssemos interpretar com a categoria antes mencionada de estados alterados de consciência (embora, para uma exegese etnocêntrica e com prevenção bem-justificada diante de interpretações subjetivistas que beiram o fundamentalismo, haja dificuldade em aceitar semelhante colocação). Essa autoridade de Jesus é indubitável e reflete-se em sua forma de falar, de chamar para o seu seguimento, de curar, nas exigências que propõe. É um fenômeno que o povo percebe imediatamente (Mc 1,21.27; 6,2; 11,28).

A partir daí, esse fato recebeu interpretações diferentes e contraditórias: alguns diziam que era um sedutor, outros que era o Messias; alguns diziam que agia com o poder de Belzebu, outros suspeitavam que era o Filho de Davi. Jesus pôde ser considerado um iludido fracassado, um sonhador perigoso, o iniciador de um caminho exemplar de vida, um Filho de Deus muito especial... E o historiador não poderá, talvez, resolver essa polêmica, mas pode afirmar que a inegável autoridade pessoal e moral que Jesus mostrava aprofundava suas raízes numa profunda e peculiar experiência religiosa. A simples afirmação da ressurreição é incapaz de explicar a origem da cristologia.

J. Jeremias tentou penetrar nessa experiência religiosa, com sua famosa teoria sobre o *Abba* de Jesus. Em poucas palavras, Jeremias afirmava que Jesus usou, tanto para designar como para invocar a Deus, a palavra aramaica *Abba*, o que considerava fenômeno único no judaísmo do tempo, e com essa palavra procedente da relação paterno-filial expressava a consciência de uma relação de confiança inaudita e de intimidade com Deus, seu Pai. Acrescentava que Jesus sempre distinguia entre "meu Pai" e "vosso Pai", isto é, reivindicava para si uma filiação divina excepcional e superior, diferente da filiação dos demais seres humanos.

Discutiu-se e examinou-se muito essa teoria de Jeremias. Não parece sustentável que o uso do *Abba* por Jesus seja um caso único e em Qumrã foram encontradas duas invocações a Deus com essa expressão. Tampouco acredito que se possa demonstrar que Jesus distinguisse entre sua filiação divina e a dos demais. Essa diferenciação pode proceder da comunidade cristã posterior. O certo é que o *Abba* é muito característico de Jesus, que revela sua experiência religiosa, da qual a comunidade cristã estava muito consciente, que inclusive na diáspora, na qual não conheciam o aramaico, conservavam essa palavra no idioma original (Rm 8,16; Gl 4,6).

Às vezes se interpretou de forma anacrônica o sentido de *Abba*. O pai, naquela cultura patriarcal, tinha algumas conotações diferentes das que tem na cultura ocidental de nossos dias. Chamar Deus de *Abba* implicava, antes de tudo, respeito, submissão, imitação, obediência e observância de sua vontade; em segundo lugar, implicava confiança na experiência do pai e em seu senhorio e a disposição de se colocar nas mãos dele.

É muito notável que Jesus, que tanto fala do reino de Deus, provavelmente nunca tenha falado de Deus como rei. Em Jesus, acontece uma combinação curiosa de religião política e de religião doméstica. O reino de Deus é o reino do Pai: acentua-se o caráter de bondade de Deus, que se aproxima e se abre no âmbito familiar – não o da realeza nem o da servidão – para metaforizar as relações entre aqueles que o aceitam.

Aguirre, R. *Aproximación actual al Jesús de la historia*. Bilbao, Deusto, 1996; Bornkamm, G. *Jesús de Nazaret*. Salamanca, Sígueme, 1976; Crossan, J. D. *Jesús: vida de un campesino judío*. Barcelona, Crítica, 1994; Dodd, C. H. *El fundador del cristianismo*. Barcelona, Herder, 1977; Freyne, S. *Galilee and Gospel*. Tübingen, Mohr Siebeck, 2000; Gnilka, J. *Jesús de Nazaret. Mensaje e historia*. Barcelona, Herder, 1993; Jeremias, J. *Abba. El mensaje central del Nuevo Testamento*. Salamanca, Sígueme, 1981; Meier, J. P. *Un judío marginal. Nueva visión del Jesús histórico*, 3 vols. Estella, EVD, 1998-2003; Sanders, E. P. *Jesús y el judaísmo*. Madrid, Trotta, 2004; id., *La figura histórica de Jesús*. Estella, EVD, 2000; Theissen, G. Merz, A. *El Jesús histórico*. Salamanca, Sígueme, 1999; Vermes, G. *Jesús el judío*. Muchnik, Barcelona, 1977.

Rafael Aguirre

JUDAÍSMO

A religião de Israel, enraizada nas do Oriente antigo, constitui o tronco do qual procedem os três monoteísmos abraâmicos: judaísmo, cristianismo e islamismo. O judaísmo formou-se na época persa e helenista, na terra de Israel e em torno do templo de Jerusalém e do Livro sagrado, a Bíblia hebraica. Alcançou sua forma clássica no período romano tardio com a Misná e o Talmude, aglutinado em torno das sinagogas e escolas rabínicas da diáspora judaica, espalhada pelo Oriente e pelo Ocidente. Conheceu uma época de esplendor no mundo abissínio e na Espanha medieval. A partir do Iluminismo ou *Haskalá*, o judaísmo abriu-se para múltiplas correntes, desde as mais tradicionais até as mais vanguardistas.

A "diferença" judaica é marcada por múltiplas tensões estruturais: entre suas fontes de identidade, a étnica e a religiosa; entre uma concepção universalista e a consciência de ser o povo escolhido; entre a diáspora e a metrópole na terra de Israel; entre a lei e a mística, ou entre a lembrança da história e a utopia messiânica.

Pode-se dizer que não existe uma teologia judaica, pois o judaísmo não conhece doutrinas que, como a da Trindade cristã, suponham definições dogmáticas precisas. O Talmude insiste na prioridade da prática das normas judaicas, fazendo da lei a referência última do judaísmo. Qualquer tentativa de construir uma teologia judaica desperta a suspeita daqueles que veem no *logos* racional de toda teologia um perigo para a fé, pois esta não se sustenta sobre outra base que não seja a obediência à lei e não deve ser posta à prova com perguntas desnecessárias e improcedentes sobre suas razões e origens.

No entanto, contra essa afirmação se levanta a história do pensamento talmúdico e da filosofia judaica na Idade Média, que não deixaram de constituir verdadeiro esforço de construção teológica. Atualmente, costuma-se utilizar o termo "pensamento" judaico, que substitui os de filosofia ou teologia, e engloba, além destas, o direito rabínico, a hermenêutica bíblica e talmúdica, e também a teosofia cabalística. A teologia judaica começou, na realidade, com os profetas bíblicos que, antes do pensamento grego, empreenderam um trabalho de desencantamento do mundo, dos deuses e suas mitologias, e culminou com as figuras de Maimônides ou Yehudá Halevi, os quais não eram menos teólogos que Tomás de Aquino ou Agostinho.

A revelação bíblica e a tradição oral compilada no Talmude, dotadas ambas de plena autoridade divina, constituem norma de fé que não precisa de nenhuma formulação sistemática, mas unicamente da interpretação contínua de suas fontes. O rabinismo elaborou, para isso, alguns métodos de leitura da Bíblia, cujo propósito era descobrir as pegadas da presença divina na história do povo de Israel (*aggadá*) e determinar as normas de comportamento, cuja observância permite o acesso ao Deus vivo, criador, uno e santo, que se manifesta de modo especial aos filhos de Israel (*halajá*).

Em vez de construir uma teologia ou ética bíblicas, o ensinamento talmúdico e rabínico se preocupa com resolver questões concretas de direito (*halajá*) ou de história sagrada (*aggadá*). Para conhecer o judaísmo, é inevitável passar pela mediação que impõe o estudo da minúcia jurídica e histórica. Assim, quando o teólogo ou exegeta judeu tropeça num texto difícil, quando diz que Deus "pune a iniquidade dos pais sobre os filhos até à terceira geração" (Ex 20,5), recorre para interpretá-lo à ajuda de outras passagens paralelas, como, nesse caso, as de Dt 24,16 ("Os pais não serão mortos no lugar dos filhos nem os filhos em lugar dos pais"). Assim, a teologia judaica é constituída através de um trabalho exegético acumulado ao longo dos séculos. A Escritura e sua interpretação deram vida ao judaísmo, ao seu direito e instituições (*halajá*) e ao seu mundo imaginário religioso (*aggadá*). Esse processo de interpretação das Escrituras e da própria tradição permitiu ao judaísmo redefinir, em cada momento, sua identidade e razão de ser, superando as sucessivas crises históricas que ameaçaram sua sobrevivência. O ser e existir do judeu respondem, assim, a uma experiência hermenêutica.

I. As fontes bíblicas do judaísmo. O monoteísmo bíblico foi gerado ao longo de vários séculos num processo que, com os profetas do século VIII a.C., levou do politeísmo ao culto monolátrico do único Javé e, finalmente às formulações de um monoteísmo estrito com os profetas do exílio no século VI a.C. Diferentemente das religiões dos povos vizinhos, a religião de Israel tem sua origem numa experiência histórica ligada à libertação da escravidão no Egito, à revelação de Javé, à constituição do primeiro direito israelita no Sinai. A relação religiosa com o deus Javé, de caráter primordialmente pessoal, atingia, assim, tanto o âmbito histórico e político, como também o relacionado com a natureza e com o mundo da fertilidade da terra, segundo os modelos das religiões vizinhas. Os profetas renovaram o espírito javista, recordando os princípios do direito (*mishpat*) e da justiça (*tsedaqá*). Elevavam sua voz contra os abusos sociais da época e criticavam, ao mesmo tempo, o sincretismo religioso e os desvios do culto.

O exílio na Babilônia e a restauração posterior deram ocasião a uma intensa atividade política, literária, jurídica e teológica. O direito deuteronômico e a mensagem dos profetas Jeremias, Ezequiel e do chamado segundo Isaías deram novo impulso à religião de Israel, dando à idéia de Deus um caráter mais transcendente e universal, e acentuando, ao mesmo tempo, a dimensão ética do javismo.

No entanto, a restauração não respondeu às expectativas utópicas alentadas pelos profetas. A religião nacional do antigo Israel deu passagem, então, ao judaísmo, sustentado nessa época sobre os pilares fundamentais: a *Torá*, ou lei, e o templo de Jerusalém, centro este da vida religiosa e símbolo das esperanças de restauração nacional e escatológica. A sociedade e a religiosidade da época são marcadas por uma pluralidade de correntes de pensamento: deuteronomista, sacerdotal, cronista, sapiencial, profética, pietista, apocalíptica etc., com influências cruzadas entre elas e com tendências centrípetas em alguns casos e centrífugas em outros (para maior desenvolvimento, cf. o verbete "Bíblia").

II. O contato com a filosofia grega. Do contato com o mundo grego, surgiu uma filosofia judaica com evidentes conteúdos teológicos. A influência grega que se quis descobrir no livro bíblico do *Qohelet* (ca. séc. III a.C.) é mais visível no da *Sabedoria*, de meados do século I d.C., e no conhecido como *4 Macabeus*.

O judaísmo da diáspora helenista desenvolveu uma série de ideias e concepções que não podiam senão resultar estranhas ao judaísmo tradicional palestino, centrado na prática da *Torá*. A leitura alegórica do Pentateuco tendia a fazer do Deus pessoal um princípio racional puro e transcendente; de Moisés, um filósofo, homem de Estado e legislador; e dos patriarcas bíblicos, exemplos de observância das leis naturais. O Pentateuco viria a ser um corpo legislativo baseado numa concepção da divindade mais próxima da razão filosófica que da revelação do Sinai. Tal concepção se manifestava em frequentes referências ao *Logos* e aos conceitos de causalidade, destino e imortalidade, entre outros.

O filósofo judeu Filão de Alexandria, predecessor do alegorismo cristão, comentava as Escrituras judaicas, servindo-se, para isso, da filosofia grega. O caráter anti-histórico de seu pensamento se manifesta na interpretação alegórica que ele faz da história de Israel. Para Filão, o judaísmo oferece o modo simbólico pelo qual a alma e a mente do indivíduo podem superar as paixões do corpo e conseguir a liberdade espiritual e, finalmente, a imortalidade. As leis judaicas mais específicas, como as que se referem à observância do sábado, à circuncisão e às leis dietéticas, uma vez interpretadas alegoricamente, refletem verdades universais do espírito e ajudam a alma em seu caminho de ascese espiritual. Filão salvaguarda, desse modo, a exigência de cumprir as leis judaicas, realçando, ao mesmo tempo, seu significado espiritual.

As tendências gnósticas do judaísmo helenístico prestavam menor atenção à idéia de salvação e à prática da *Torá* que à preocupação para alcançar o conhecimento pleno e verdadeiro (*gnosis*) de uma nova revelação dispensada somente aos iniciados.

III. O judaísmo clássico da Mishná e do Talmude. O pensamento religioso bíblico encontra sua continuação no do judaísmo clássico, o qual antecipa em muitos sentidos a teologia cristã da época patrística e medieval. A Mishná, redigida por Judá ha-Nasí por volta do ano 200 d.C., reúne a tradição oral da época anterior. O Talmude, compilado por R. Ashi e seus discípulos, em Sura, pelo ano 500 d.C., oferece uma visão panorâmica, alheia a toda perspectiva histórica, sobre as discussões entre as diferentes escolas rabínicas ao longo de várias gerações.

O judaísmo clássico herdou da última época da Bíblia uma tensão estrutural entre a lei e o messianismo. O estudo da lei e a observância dos preceitos deviam contribuir para acelerar a vinda do Messias. A utopia messiânica reunia a tradição ligada à antiga monarquia israelita e às sucessivas tentativas para restaurá-la. Porém, dissipadas as esperanças messiânicas, depois da perda do Estado e de suas instituições com a queda de Jerusalém no ano 70 d.C., o judaísmo tomou uma orientação meta-histórica, colocando o acento no eterno e imutável de uma vida regida em todo momento pela *Torá* e pela sua interpretação rabínica. Abandonou, em grande parte, sua trajetória anterior histórico-messiânica, deixando seu desenvolvimento a cargo da teologia cristã. No entanto, o messianismo não deixou nunca de constituir uma das estruturas básicas do judaísmo, que sobreviveu em correntes subterrâneas e reapareceu no misticismo da cabala ou em diversos movimentos messiânicos.

A restauração do judaísmo depois da destruição de Jerusalém, no ano 70 d.C. baseou-se em dois princípios fundamentais: a organização e santificação da vida diária das comunidades judaicas e, por outro lado, a esperança de uma futura redenção de Israel na era messiânica.

A hermenêutica judaica conheceu uma época de esplendor no século II d.C. As escolas do Rabi Ismael e do Rabi Aquiba representavam então duas correntes opostas, que colocavam o acento num ou noutro de dois aspectos fundamentais do pensamento judaico: por um lado, a liberdade e a racionalidade na interpretação da lei e dos textos bíblicos; e por outro, a sujeição aos imperativos da práxis legal judaica, cambiante segundo as circunstâncias históricas. Essa dupla exigência constituía a garantia necessária para prevenir qualquer tentação que conduzisse à dissolução do judaísmo em formas de viver próprias do paganismo ou do cristianismo.

Em certo sentido, é clara a afirmação de que o judaísmo não é uma religião de salvação, pois, para o rabinismo, a vida é boa em si mesma e não simplesmente um caminho de passagem para a vida eterna, para a qual, sem dúvida, se orienta. As doutrinas bíblicas sobre o pecado e o arrependimento encontram desenvolvimento no relativo às duas inclinações do ser humano: uma boa, que o impele para o alto, e outra má, que o arrasta para baixo. Nas fontes rabínicas, como na mesma Bíblia, são numerosas as descrições antropomorfas da divindade, embora acompanhadas pela afirmação de que, na realidade, não são aplicáveis a Deus. As relações entre Deus e o ser humano baseiam-se na reciprocidade, de modo que a uma ação do ser humano corresponde a outra por parte de Deus.

IV. A teologia medieval. A teologia judaica medieval recebeu influências de todas as correntes intelectuais do islamismo da época: mutazilismo, neoplatonismo e aristotelismo, assim como da reação crítica diante do racionalismo aristotélico. Na primeira metade do século X, Saadia Gaon, influenciado pela escola mutazali do Kalam islâmico, insistia na unicidade e justiça divinas, assim como na liberdade da vontade humana. A razão justifica a revelação transmitida na Escritura e na tradição talmúdica.

O Deus dos pensadores medievais é essencialmente impessoal, distante de qualquer concepção ou paixão humana. Sua unidade não admite a mínima multiplicidade. Com essa ideia da divindade contrastam os numerosos antropomorfismos bíblicos extraídos da experiência humana, cuja aplicação a Deus implica pluralidade e mutabilidade no seio do divino. Por isso, algumas correntes praticavam uma teologia negativa que se abstinha de referir a Deus qualquer atributo de forma positiva. De Deus se pode dizer o que ele não é, mas não o que é.

O pensamento medieval, mais que o rabínico, preocupa-se com a vida eterna, entendida sempre como separação de alma e corpo. Os prazeres deste mundo se opõem à perfeição espiritual, e por isso o sábio deve gozá-los com moderação, guardando a unidade de corpo e alma.

Entre as questões debatidas, figuravam as relativas ao desenvolvimento da revelação, como a sobrevivência da profecia, uma vez enclausurado o cânon bíblico, a comunicação de Deus ao profeta, a diferença entre a profecia de Moisés e a dos demais profetas, a justificação das leis dietéticas e outras que pareciam não ter explicação racional ou moral.

No século XI, Bajya ibn Paquda desenvolveu a dimensão emocional da piedade judaica. Mais tarde, na primeira metade do século XII, Jehudá Halevi (*Sefer ha-Kuzari*) opunha ao deus de Aristóteles o de Abraão, Isaac e Jacó, atribuindo ao povo judeu um sentido especial da presença divina (*Shejiná*), que perdeu força por causa da inevitável situação da diáspora. Porém, o retorno à terra de Israel e a observância da Lei fariam renascer a espiritualidade autêntica do povo judeu.

Em seu *Guia de perplexos*, do ano 1200, Maimônides soube unir o racionalismo e o pietismo, seguindo para isso os ditames da razão, mas reconhecendo, ao mesmo tempo, os limites da mesma. O ser humano se eleva a si mesmo através dos graus da profecia, mediante o domínio das diferentes disciplinas do saber intelectual, combinando com especial sensibilidade moral. O profeta é, ao mesmo tempo, um místico e um homem de estado. Diante das esperanças de uma transformação súbita da realidade presente, Maimônides projetava a esperança messiânica para uma era que devia surgir gradualmente no decorrer da história, prevenindo, assim, seus contemporâneos contra os focos de histeria e de fanatismo pseudo-messiânico que podiam surgir naqueles tempos turbulentos.

V. A cabala: pela lei à mística. Em tais situações de crise, grande parte do povo judeu não podia sentir-se conformado com o pensamento intelectual e abstrato de Maimônides. Por isso, diversos setores do judaísmo se deixaram levar mais tarde pelas correntes pietistas da cabala, cujo propósito era encontrar os mistérios ocultos na *Torá*. O conhecimento de seus segredos permitia afiançar a esperança de que Israel não havia deixado de ser objeto da atenção especial de Deus e de que as práticas e ritos do judaísmo continuavam tendo significado e uma afetividade cósmica que tornavam pequenos os sofrimentos e calamidades da vida na diáspora. Segundo o livro de *Zohar* (*Livro do esplendor*), de R. Moisés de Leon (1280 d.C.), o mundo percebido pelos sentidos é irreal e transitório. Somente as histórias ancestrais do judaísmo e as visões dos místicos contemporâneos tornam possível alcançar a realidade verdadeira. Os mistérios secretos da *Torá* lhe conferem sua verdadeira dimensão e importância e se revelam unicamente através do ensinamento direto do mestre ao discípulo.

Duas formas de experiência mística que começam em R. Aquiba, uma moderada e outra radical, discorrem separadamente até convergir no final da Idade Média (Moshe Idel). A corrente moderada considera o estudo da *Torá* como o meio para alcançar, através da visão da *merkabá* ("carro-trono"), os mistérios contidos na *Torá* primordial, gravada nas entranhas do mesmo Deus. O misticismo radical das *Hejalot* (literatura do século V d.C. que descreve as técnicas e visões de ascensão mística às "câmaras celestes"), reservado a uma elite, utiliza nomes mágicos, joga incessantemente com as letras do Nome divino e pratica os encantamentos necessários para superar os muitos perigos que espreitam aquele que se inicia no caminho da mística cabalista. A cabala teosófica é representada pelo *Zohar* e seu representante mais significativo foi Namânides. A cabala radical, profética ou do êxtase, floresceu durante a segunda metade do século XIII com Abraham Abulafia, de Zaragoza.

VI. O movimento hassídico. O mundo da cabala, em sua versão luriana, vai até o hassidismo da segunda metade do século XVIII. Isaac Luria (1534-1572) desenvolveu a idéia de um mal endêmico presente na criação, segundo a qual Deus não pode criar sem destruir, pois a criação é necessariamente imperfeita. Para poder criar, o Deus infinito (*'En Sof*) deve abandonar, de alguma maneira, sua perfeição absoluta. A idéia luriânica de autocontração divina (*tsimtsum*) supõe que, na passagem inicial do processo pelo qual a luz divina é criada, Deus se retire ou se comprima dentro de si mesmo. O bem e o mal emanam de uma fonte comum, o mesmo Deus supremo, mas o mal não pode existir se não é sustentado pelo bem. Daí a necessidade de uma restauração (*tiqqun*). O ser humano deve desprender o mal do bem, tornando impossível sua existência separada. O mal assim corrigido e elevado tem valor maior do que o que foi bem desde o princípio.

Conforme a mística hassídica, cada geração conta com homens justos (*tsadiq*), que novamente transformam em bem a maldade dos menos justos. A alma desses místicos emana de um lugar elevado no mundo do divino. O misticismo do *rebbe* ou rabino da comunidade hassídica o legitima diante desta. Ele é o intermediário que apresenta diante dos poderes celestes (as *sefirot*) os méritos e as preces dos membros de sua comunidade. Supera o mal, elevando-o e transformando-o em bem, na fonte divina da qual procedem o bem e o mal. O hassidismo coloca a ênfase na piedade pessoal, no individual à frente do comunitário.

VII. A *haskalá* ou iluminismo judaico. O Iluminismo ou *haskalá* supõs um desafio absolutamente novo para o judaísmo tradicional, superior inclusive ao das perseguições de épocas passadas, pois constituía, em grande parte, um fenômeno interno que incluía o perigo de autodissolução, de assimilação ao mundo circunstante e de conversão de grande número de judeus à religião cristã.

O judaísmo moderno tomou forma a partir do processo de "emancipação" que, a partir da Revolução Francesa, em 1789, provocou uma reviravolta no estatuto jurídico, político, social, cultural e religioso dos judeus da Europa. A pertença à comunidade judaica deixou de ser uma questão de nascimento para tornar-se uma opção pessoal. Isso entranhava uma diminuição considerável do poder tradicional dos rabinos e das comunidades judaicas organizadas. Propunha, também, a questão da fidelidade dos judeus ao país e ao Estado do qual eram agora cidadãos, como ressaltou o famoso "caso Dreyfus".

Mendelssohn foi o primeiro filósofo judeu moderno e, ao mesmo tempo, o último racionalista do Iluminismo. O judaísmo, carente de dogmas e reduzido pelos iluministas a um "monoteísmo ético", podia ser integrado facilmente numa chamada "religião da razão" e, com maior facilidade, ainda no marco da "razão prática". Baruc Spinoza, o primeiro ex-judeu da época moderna, havia antes iniciado todo um movimento filosófico sob o lema *Deus sive Natura*.

Em relação à *haskalá*, H. Cohen propôs-se restaurar filosoficamente, e em termos judaicos, a distância "infinita" que medeia entre o ideal e o real, desenvolvendo as consequências que tal distância implica para a ciência, a ética, a estética, a religião e a política social. Para Cohen, o judaísmo era essencialmente uma "religião da razão", assim como a missão do povo judeu era propagar o monoteísmo ético.

Como reação ao pensamento de H. Cohen, M. Kaplan coloca o princípio constitutivo da civilização judaica não na razão, mas na realidade histórica e social do povo judeu. Seguindo um impulso religioso, Soloveitchik e Leo Baeck passaram da filosofia para a teologia, e para o misticismo, através da equiparação do "bom" e do "santo". Para Leo Baeck, a razão precisa do complemento da experiência mística, embora isso possa supor certo sacrifício do rigor lógico característico de Cohen. A consciência religiosa é o fundamento mais profundo do monoteísmo ético e consiste no sentimento comum a todo homem de ser criatura, mas também criador; transeunte, mas também eterno.

A filosofia judaica, clássica ou moderna, tende sempre a acentuar o dualismo entre Deus e a criação, entre a liberdade e a natureza, diante da tendência grega de primar a metafísica sobre a ética. Por isso, inclusive os hegelianos e o mesmo Cohen, mas sobretudo Buber e Lévinas, e talvez em menor medida Rosenzweig, colocam sempre o acento na primazia da razão prática e, em suma, na ética. Rosenzweig, pioneiro do existencialismo judaico, tenta conciliar dever e liberdade, ligando o ser judeu à observância da lei, na medida em que alguém é capaz de conhecer nela a qualidade de um mandamento. Para M. Buber, a existência humana é dinamicamente relacional, mediante uma abertura pessoal na correspondência eu-tu, que contribui para criar uma comunidade verdadeiramente humana.

VIII. Correntes religiosas do judaísmo moderno. O Iluminismo e a emancipação favoreceram o aparecimento de diversas correntes ou "confissões" dentro do judaísmo, sendo quatro as principais: a reformada, a ortodoxa, a conservadora e a reconstrucionista.

O judaísmo reformado, liberal ou progressista, surgido no fim do século XVIII, tendia a reduzir o religioso ao ético, propugnando a emancipação política e novas formas de entender a vida judaica. Esse movimento abandonou três pilares básicos do judaísmo tradicional: a *halajá*, a esperança messiânica de libertação nacional e o uso da língua hebraica na liturgia.

Como reação ao movimento reformista, surgiu o judaísmo ortodoxo, que tomou consciência da perda de autoridade da *qehillá*, ou comunidade judaica, e da rachadura das estruturas e instituições tradicionais do judaísmo. Propugna, por isso, a observância estrita dos mandamentos da *halajá*. Começou a se espalhar no primeiro quarto do século XIX pelo império austro-húngaro e, nos Estados Unidos, aconteceu nos tempos das emigrações maciças, entre 1881 e 1924.

A corrente conservadora surgiu na Europa central, em meados do século XIX, numa tentativa de evitar os extremos do liberalismo e do tradicionalismo a qualquer preço. Reagia de modo especial contra a adoção pelo judaísmo reformado de modelos cristãos ou da sociedade moderna. Apesar de haver nascido como reação contra a ortodoxia, a inimiga do conservadorismo foi principalmente a Reforma judaica, assim como a teologia protestante do século XIX, eivada já de tendências antissemitas. O movimento conservador se propunha a desenvolver um "judaísmo histórico-positivo", que não é somente religião, mas também cultura. Realizou, por isso, todo um esforço de recuperação da Mishná, do Talmude e das obras dos poetas e filósofos da Idade Média, menosprezadas e esquecidas tanto pelos pensadores cristãos como pelos mesmos judeus iluministas.

O movimento reconstrucionista, promovido por Mordechai M. Kaplan, em 1968, destaca a ideia de que o judaísmo é uma civilização religiosa, considerando um valor característico do judaísmo o fato de viver ao mesmo tempo em duas civilizações. É o único movimento que rejeita a ideia da escolha do povo judeu, por considerar que introduz diferenças que levam ao ressentimento e geram rivalidades entre as religiões e os povos. Kaplan prefere falar de vocação em vez de escolha: o povo judeu procura ser um povo à imagem de Deus e escolhe sua vocação sem pretensão alguma de superioridade. Revaloriza os *Sancta*, isto é, o conjunto de realidades históricas (heróis, acontecimentos, lugares, mitos, folclore ou escritos), que constituem os referenciais sagrados do povo judeu e permitem preservar sua necessária continuidade e reavaliar continuamente as ideias e práticas tradicionais.

IX. Depois do Holocausto e da criação do Estado de Israel. O judaísmo do século XX viu-se impelido por duas correntes de sinais contrários. O sionismo supôs, em princípio, uma reação tanto contra o judaísmo iluminista como contra o ortodoxo. Forçou o judaísmo a se propor, com toda a radicalidade, a questão da relação entre nacionalismo e religião, proclamando que os judeus constituem uma nação, e não uma religião, e lutando pela restauração do judaísmo e sua reunificação na antiga terra de Israel. Rebelando-se contra a ideia de que a diáspora era o castigo pelas culpas que Israel devia expiar, o sionismo erigiu-se no braço secular responsável para tornar realidade a promessa divina de redimir Israel de sua condenação ao exílio.

A comunidade rabínica, tradicional ou reformada, não podia senão reagir com toda prevenção contra o programa sionista. As apostasias de Sabetai Tsebi e de Jacobi Frank, nos séculos XVII e XVIII, haviam ensinado ao judaísmo a dura lição de que qualquer projeto messiânico de retorno a Sião devia ser deixado nas mãos da Providência divina. Os judeus deviam manter-se no mais piedoso dos quietismos, sem intervir ativamente na marcha da história, como propugnava o nacionalismo sionista, pois isso podia levar a pseudo-messianismos que, no passado, não haviam feito nada mais que conjurar terríveis catástrofes.

A guerra mundial e o Holocausto, a *Shoá* ou "destruição total", na Alemanha nazista, entre os anos de 1933 e 1945, mudaram radicalmente a história do judaísmo. Depois do Holocausto, não se podia questionar a necessidade do triunfo do sionismo e a adesão ao novo Estado de Israel, criado em 1948. Embora o sionismo não seja um movimento religioso como os aludidos anteriormente, possui no entanto suas "comunidades", seu "Israel" ideal e suas próprias comemorações e festas, como lembrança sobretudo do Holocausto e da independência de Israel. Sua força está radicada no fato de basear a vida coletiva do povo judeu numa grande esperança tradicional, aquela que devia tornar-se realidade no futuro com a volta de Israel para sua terra.

Para todo judeu, a história do mundo não pode ser, nem será a mesma, depois do Holocausto. Este colocou em questão todas as filosofias modernas da história que proclamavam o progresso incessante da humanidade e mostrou as possibilidades infinitas de depravação das quais são capazes os seres humanos. O Holocausto lançou por terra muitas colocações que sustentaram a fé e a vida dos judeus, ao longo dos séculos, em sua situação de exílio ou *galut*. Aos olhos de muitos judeus, o Estado de Israel e o sionismo possuem verdadeira dimensão religiosa, pois constituem um novo desenvolvimento no processo histórico da religião judaica. O Estado de Israel, como sociedade judaica constituída na Terra da Aliança, adquire assim um significado haláquico e ético central no sistema religioso do judaísmo, transformando-se na manifestação atual da ação salvadora de Deus, que marca o cumprimento das promessas e o fim da *galut*. Ao contrário, outras correntes não só não reconhecem nenhum significado religioso do Estado de Israel, mas consideram sua criação como um atentado contra o princípio segundo o qual a consumação messiânica só poderá ser obra de Deus e não de falsos profetas e messias.

X. O judaísmo entre a realidade e a utopia, a lei e o messianismo.

Aludiu-se repetidas vezes à tensão existente, na Bíblia e no judaísmo, entre o mundo da lei ou da *halajá* e o da utopia messiânica, que se manifesta em expressões como "*halajá* messiânica" ou "*Torá* do messias". No messianismo utópico, ocultam-se tendências anárquicas e antinomistas, e, por isso, não é de estranhar que o mundo da *halajá* contemplasse, com receio considerável, o mundo das esperanças messiânicas. O universo simbólico do messianismo apocalíptico, povoado de cataclismos e de paraísos utópicos, tende a perder o sentido da realidade e a esquecer a ordem moral da *Torá*, cuja finalidade é santificar a realidade existente.

O judaísmo conhece dois tipos de messianismo: um que aspira à restauração de Israel na própria terra de Israel, e outro, de caráter utópico, que espera a redenção universal. O primeiro propugna a volta a um passado ideal ou idealizado, o da monarquia davídica ou da restauração asmoneia. O segundo espera tudo de um futuro ideal, não menos idealizado. O messianismo adquire força quando esses dois tipos de esperança messiânica entram em contato (G. Scholem). A convicção de que o utópico pode tornar-se realidade desencadeia forças incontroláveis, como aconteceu nas revoltas zelotas dos anos 68-70 e 133-135 d.C.

No entanto, o messianismo judaico não rompe propriamente os limites da história. Não busca uma saída fora ou além da história, mas um retorno à história e à geografia de Israel. A utopia messiânica tem sua realização primeira neste mundo com a restauração e a independência política de Israel em sua própria terra. Somente em segunda etapa, em novo éon, começa e acontece o último juízo. Esses dois tempos ou etapas, em princípio, não estavam unidos. O desenvolvimento das concepções messiânicas enlaçou esses dois tempos num único acontecimento, desenvolvendo concomitantemente as representações apocalípticas que falam de grandes cataclismos e de utopias paradisíacas.

À tensão entre lei e messianismo, acrescenta-se a originada pela situação de diáspora na qual o judaísmo viveu ao longo de dois mil anos: a tensão entre a permanência na diáspora e o retorno a Israel. Essa tensão deu origem a duas concepções muito diferentes do judaísmo e, em especial, da história judaica em relação com o poder político dos diferentes Estados, nos quais vive a diáspora judaica, e do próprio Estado judaico.

O ser e existir do judeu ao longo dos mais de dois mil anos foi um tornar-se entre a lei e a profecia, a diáspora e a terra, os outros e nós, como também um oscilar entre o deus próximo e distante, o *deus revelatus* e o *theos agnostos*. A identidade judaica oscila especialmente entre o étnico e o religioso, cuja íntima relação determinou um modo de ser judeu, bem definido diante de si e de estranhos até a época moderna, que produziu um divórcio entre os componentes étnicos, culturais e religiosos do judaísmo.

O princípio identificador do judaísmo como religião é, sem dúvida, a ideia do monoteísmo, em relação com a lei (*monoteísmo "haláquico"*) e/ou com a profecia (*monoteísmo ético* ou *profético*). Toda definição do monoteísmo judaico deve conjugar essa dupla referência. O judaísmo não é redutível, como quis a corrente ortodoxa, a um corpo legislativo, nem o ser judeu à prática da *halajá*. Tampouco se reduz, conforme as tendências modernas, a um fenômeno cultural ou a uma ética quase desprovida de referências à história do povo e à nação judaica.

Muitos aspectos do judaísmo não foram abordados nesta apresentação, alguns tão substanciais como os relacionados com o culto e com o imaginário simbólico do judaísmo.

Uma questão inevitável é a da relação entre judaísmo e cristianismo, não somente ao longo das vicissitudes de uma história amiúde cruel e vergonhosa, mas através das influências mútuas nos campos do pensamento e da prática religiosa. No que diz respeito ao primeiro, ao longo do século XX e, especialmente, depois do genocídio nazista, as igrejas cristãs tomaram consciência de sua responsabilidade histórica em relação ao povo judeu. A aproximação foi mútua e esteve marcada por numerosos encontros desde o de Seelisberg (Suíça), em 1947, a cargo do International Council of Christians and Jews, até à declaração *Nostra aetate* do Concílio Vaticano II, que condena todo antissemitismo ou antijudaísmo por parte de cristãos; em relação à espinhosa questão da responsabilidade na morte de Cristo, que dava margem à acusação de deicídio, o concílio declara: "Embora as autoridades dos judeus, com seus seguidores, insistissem na morte de Cristo (cf. Jo 19,6), aquilo contudo que se perpetrou na sua Paixão não pode indistintamente ser imputado a todos os judeus que na época viviam, nem aos de hoje... Além disso, a Igreja lamenta os ódios, as perseguições, as manifestações antissemíticas, em qualquer tempo e por qualquer pessoa, dirigidas contra os judeus" (Declaração sobre as relações da Igreja com as religiões não-cristãs *Nostra Aetate*, n. 4).

O *Tratado sobre os judeus*, de Franz Mussner (1979), ensaia uma teologia cristã do judaísmo baseada na escolha de Israel, na qual destaca a herança judaica recebida pelo cristianismo, que consiste basicamente nas ideias sobre o monoteísmo, a criação, o ser humano feito à imagem de Deus, a aliança, o messianismo e a ressurreição dos mortos. Nesse campo, resta amplo esforço a ser feito. Basta observar que as descobertas de Qumrã invalidam, em grande parte, um dos pontos mais sensíveis das controvérsias entre judeus e cristãos desde o século II, quando o judeu Trifão e Justino se acusavam de haver corrompido as Escrituras. O mundo muçulmano acusou, mais tarde, uns e outros de haver falsificado, não somente os textos, mas o sentido da revelação abraâmica original. Os textos bíblicos encontrados em Qumrã mostram que judeus e cristãos utilizavam duas versões ou edições de alguns livros bíblicos, que correspondem, *grosso modo*, às diferenças entre a Bíblia hebraica dos judeus e a Bíblia grega dos LXX, transmitida posteriormente pelos cristãos.

La Misná, ed. de C. del Valle. Madrid, Nacional, 1981; *Zohar: Libro del esplendor*. Ed. de E. Cohen, e A. Castaño. Barcelona, Obelisco, 1999; Maimônides, M. *Guía de perplejos*, ed. de D. Gonzalo Maeso. Madrid, Trotta, 2001³; Agus, J. B. *La evolución del pensamiento judío. Desde la época bíblica hasta los comienzos de la era moderna*. Buenos Aires, 1969; Albertz, R. *Historia de la religión de Israel en tiempos del Antiguo Testamento*, 2 vols. Madrid, Trotta, 1999; Baeck, L. *La esencia del judaísmo*. Buenos Aires, 1964; Buber, M. *Yo y tú*. Madrid, Caparrós, 1993; Cohn-Sherbock, D. *Judaísmo*. Madrid, 2001; Laenen, J. H. *Mística judía. Una introducción*. Madrid, Trotta, 2005; N. de Lange. *El judaísmo*. Madrid, Cambridge University Press, 2000; Idel, M. *Mesianismo y misticismo*. Barcelona, Riopiedras, 1994; Küng, H. *El judaísmo. Pasado, presente y futuro*. Madrid, Trotta, 2004⁴; Lacave, J. L. *Sefarad: La España judía*. Barcelona, Altalena, 1999; Scholem, G. *Conceptos básicos del judaísmo: Dios, creación, revelación, tradición y salvación*. Madrid, Trotta, 1998²; Schäfer, P. *El Dios escondido y revelado*. Madrid, Caparrós, 1991; Strack H. L.; Stemberger, G. *Introducción a la literatura talmúdica y midrásica*, ed. de M. Pérez Fernández, revisada por G. Stemberger. Valencia, 1988.

Julio Trebolle

JUSTIFICAÇÃO E JUSTIÇA

A justificação pela fé tem sido uma doutrina clássica de debates entre católicos e protestantes. Hoje, continuam as discussões num esforço ecumênico no âmbito institucional. Debate-se, agora com muitos matizes, se são as obras ou a fé que salvam, ou se a iniciativa da salvação deve vir somente de Deus e não do ser humano, ou se Deus torna o ser humano justo no dom da justificação ou simplesmente o declara justo, ou se Deus necessariamente declara justo o ser humano e depois este faz justiça, ou é declarado justo porque faz justiça.

Uma discussão teológica nesse nível é boa, mas tem pouca relevância. Pois o que os cristãos devem saber é se a justificação tem algo a dizer para um mundo onde grande parte da população foi condenada a perecer gratuitamente na miséria e na insignificância, justamente por falta de méritos. Da mesma forma, importa compreender como a justificação pode ser pertinente para um mundo no qual se luta contra um mecanismo mortífero legitimado por leis que levam à escravidão econômica, social e cultural.

Para responder a essas questões de hoje, vamos fazer uma releitura da justificação pela fé, que desenvolveremos em três passos. Proporemos, em primeiro lugar, as perguntas da história para uma compreensão da justificação defasada da realidade; iremos, depois, à fonte bíblica – carta de Paulo aos Romanos – em busca de novos critérios para uma reconstrução da justificação em íntima relação com a justiça; finalmente, refletiremos sobre a justificação na ótica dos excluídos.

1. Justificação para o pecador? A fome e a insignificância de uma multidão desafiam a compreensão usual da justificação pela fé. Ao mencionar a vida ameaçada dos pobres e excluídos, o tema da justificação passa necessariamente por outra lógica diferente da conhecida. Isto é, a afirmação pura e simples de que "Deus justifica o pecador". Porque os pobres vivem numa história concreta na qual eles são as primeiras vítimas do pecado. Não são as únicas vítimas, mas as primeiras, as mais visíveis.

A presença dos pobres faz referência a seres responsáveis por sua existência. Seus sofrimentos não são arbitrários ou gratuitos: há uma motivação histórica que os gera. Por isso, não se pode falar de justificação pela fé, ou justificação para o pecador "em via direta", de maneira abstrata. Os humanos têm rosto, situação social, cor e gênero. A justificação passa por essa situação social e cultural. Atualmente, é difícil permanecer com um discurso abstrato, que não considera a particularidade a partir de onde se pronuncia. Ao não tocar as realidades da vida quotidiana dos diversos sujeitos, o discurso perde sua força e não se observa nenhuma realidade visível que manifeste o poder do evangelho, do qual Paulo falava sem se envergonhar (Rm 1,16). Assim, falar da justificação como afirmação da vida e da justiça implica que esta vida seja tocada e transformada no plano concreto da história. Implica, também, questionar a negação da vida dos sujeitos concretos. Essa mediação histórica faz com que as afirmações universais, tais como "Deus justifica pela fé", não caiam no vazio, na manipulação ou na simples subjetividade das pessoas.

É claro que os pobres e os discriminados não são santos, pois todos os seres humanos vivem numa estrutura de relações sociais de pecado. Inclusive, a prática mostra que o justificado sempre se reconhece pecador. Aqui se afirma que uma abordagem da justificação orientada para a afirmação da pessoa como ser humano digno é indispensável num contexto onde os rostos dos seres humanos foram deformados pela pobreza, pela violação de seus direitos e pela humilhação.

Refletir sobre a justificação hoje implica discorrer sobre a graça de Deus e a desumanização da vítima e do vitimário. Isso exige discernir com clareza as diversas expressões de desumanização pelo pecado, para não cair nem na "graça barata" nem numa reconciliação a-histórica. Porém, exige, sobretudo, acentuar a boa nova aos condenados à morte pela fome e pela insignificância: a revelação da justiça de Deus num mundo afogado pelo pecado da fome e da insignificância.

II. Volta a Romanos. As contribuições da tradição nos momentos cruciais da história foram bastante iluminadoras. Independentemente das controvérsias interconfessionais, dever-se-á reconhecer que os desafios e as propostas teológicas dos pensadores da Reforma à Igreja do século XVI contribuíram para que esta, e muitos cristãos, descobrissem uma nova experiência libertadora da fé. A leitura de Lutero sobre a justificação pela fé significou, para muitos, uma libertação: da ansiedade pela salvação, do temor a um Deus juiz, da escravidão às leis e à instituição. Chegar à compreensão de que o Deus que pede justiça é um Deus misericordioso que perdoa abriu passagem para a experiência de se sentir livre, digno e justo diante de Deus e da sociedade.

Hoje, as exigências da história são outras. O que está em jogo é a exclusão do acesso à vida digna de milhões de seres humanos, devido à ordem socioeconômica internacional e a uma cultura patriarcal dominante que tende a discriminar as mulheres, os negros e os indígenas. A volta à fonte bíblica se faz imprescindível, para redescobrir novos ângulos libertadores para os desafios de hoje. E a epístola privilegiada para essa busca é a carta de Paulo aos Romanos.

A releitura atualizada da justificação em Rm leva em conta o contexto histórico em que a carta foi escrita: não somente a disputa teológica entre Paulo e os judaizantes sobre a inclusão dos gentios nas promessas de Deus a Abraão, mas o sistema escravagista do império romano durante o século I, e seu sistema legal que crucificou Jesus Cristo. Nesse sentido, não se pode ler a justificação pela fé sem ter como pano de fundo os inúmeros escravos explorados por esse sistema e os inocentes crucificados pelos oficiais romanos; os vagantes pobres das cidades do império que rondavam por todas as urbes recém-construídas ou reconstruídas; a sociedade altamente estratificada que considerava dignos somente os nobres e os que tinham riqueza, isto é, os pertencentes às *ordens* (senadores, cavaleiros ou decuriões). Também não se pode subestimar a experiência de luta do autor da carta, Paulo, judeu da diáspora e artesão, que sofreu injustamente a prisão e esperou, em certo momento da vida, ser julgado por um sistema de leis discriminatórias. Esses elementos ajudam a compreender o significado da justificação e a justiça de Deus para seu tempo, e não somente uma ou outra citação da Bíblia hebraica ou da filosofia helenista. No discurso teológico de Paulo, a justiça de Deus aparece contraposta à justiça humana; em termos histórico-cronológicos, o autor a contrapõe especificamente ao império romano. Muito da linguagem teológica paulina é igual à linguagem política de seu tempo aplicada ao César. Assim, Paulo fala de "outro evangelho", não só contraposto ao da observância cega da lei (qualquer lei), mas também ao sistema imperial. Sabemos que os decretos ou notícias do imperador sobre triunfos de guerra, nascimentos ou aniversários, eram chamados "evangelhos". Para Paulo, certamente, eles não eram evangelhos ou boas notícias. Ele contrapõe outro: o evangelho de Jesus Cristo, no qual se revela a justiça de Deus (Rm 1,17).

Rm 1,1-3,19 descreve as práticas de injustiça (*adikia*) dos seres humanos, diametralmente opostas à vontade de Deus. Essas práticas geraram uma lógica perversa que aprisionou a verdade na injustiça, até o grau de chamar verdade à mentira e mentira à verdade. Essa lógica condenou à sua submissão todos os homens e mulheres, e Paulo começou a chamá-la pecado (*hamartia*) em Rm 3,9. Por isso, revelou-se a ira de Deus (*orge theou*) (1,18). Para Paulo, nenhum ser humano era capaz de condenar o pecado, eliminando-o ao mesmo tempo, nem mesmo fazendo a justiça. A lei dos judeus, dom de Deus para cumprir a justiça, havia sido cultivada também pelo pecado e "reduzida à impotência pela carne" (8,3). Por isso, tampouco a lei podia ser resposta eficaz numa realidade invertida: quando Paulo dá a entender que o pecado age através da lei, isto é, opera através da estrutura e de sua lei vigente (e não através da transgressão da lei), não se refere só à lei judaica, mas a toda lógica, com sua lei inerente e presente nas leis, instituições, sistemas, costumes. Nesse sentido, entende-se melhor a crítica de Paulo à lei, se esta não se reduz à lei mosaica.

Vista a situação como está proposta, é desatinado afirmar que o problema prioritário que Paulo percebe é o da necessidade de que o ser humano seja declarado justo diante de Deus, ou de que seus pecados lhe sejam perdoados. O problema fundamental era que não havia "nem sequer um justo" (*dikaios*) capaz de fazer justiça para transformar essa realidade. Deus, para ser justo e fiel à sua criação, e fiel e misericordioso com os fracos, tem de intervir com uma justiça e um poder distinto e superior ao do pecado reinante, oferecendo novas alternativas de vida para todos. Somente assim pode mostrar-se como justo e não esquecidiço nem surdo ao clamor de toda a criação, sobretudo dos pobres, vítimas em extremo da injustiça.

Encontramos duas dificuldades de uma mesma situação: o poder do pecado estrutural que escraviza toda a humanidade e, em relação dialética, a impossibilidade dos seres humanos de fazer justiça por causa do aprisionamento desta. A consequência é o abandono total dos pobres e fracos nesta lógica pervertida. Tudo isso, em relação dialética com o não conhecimento ou rejeição diante de Deus. Por isso, Deus deve revelar-se para que seja conhecido verdadeiramente.

Nesse momento climático, quando Paulo anuncia a manifestação (*faneroo*) da justiça de Deus (3,21-26), como o aparecimento de outro *éon* radicalmente superior e diferente, trata-se da irrupção de Deus na história, mediada agora pela vida libertadora de Jesus Cristo. Se Israel, com sua lei, não pôde levar adiante os planos de Deus, o judeu Jesus de Nazaré o conseguiu por sua fé ou sua fidelidade ao desígnio salvífico e libertador de Deus. É nesse contexto que acontece o evento da justificação.

O autor anuncia essa boa nova (3,21-26) com a frase "porém agora" (*nuni de*), uma frase escatológica de oposição que traz o anúncio da libertação. Nessa boa nova, lemos três grandes notícias para nos alegrar: *a)* a justiça de Deus se manifestou; *b)* esta justiça é factível porque é um dom de Deus que já se revelou na história mediante a fé de Jesus Cristo; *c)* atinge a *todos*, não somente ao povo judeu, porque é acolhida pela fé, independentemente da lei.

Porém, a pergunta crucial é como se manifesta essa justiça. Em primeiro lugar, para Paulo, essa justiça se revelou, tornou-se próxima e factível através de Jesus Cristo (seu Evangelho, Rm 1,16). Jesus Cristo é a revelação da prática de um justo, cuja vida de fé garante a chegada de uma nova humanidade, de um novo *éon*; crê, até o final, na fidelidade de Deus, apesar de o matarem. É essa fé-confiança-obediência (Rm 5,19) de Cristo que torna possível a justificação de todo ser humano (Rm 3,26; Gl 2,16; Fl 3,9) que acolhe o dom da justiça de Deus, com a mesma fé de Jesus. Por isso, Paulo observa que a justiça de Deus se revela através da fé-fidelidade de Jesus Cristo (*dia pisteos 'Iesou Xristou*) para todos os que creem (*eis pantas tous pisteuontas*). Deus, ressuscitando Jesus de Nazaré, o acusado – e acossado – pelas leis de seu tempo, não só se justifica diante de toda criatura, mas justifica todo ser humano (4,25).

Nesse sentido, Jesus é iniciador e realizador da fé na luta contra o pecado (At 12,2-4). Sua fé tem caráter soteriológico, provê as bases para a fé-resposta de outros, que, pelo dom do Espírito, pode ser como a fé de Jesus. A fé de Jesus é anterior e distinguível – pelo menos conceitualmente – da fé do crente, no sentido que inaugura a fé escatológica, e essa fé é o meio pelo qual Deus manifesta sua justiça a todas as pessoas que fazem própria a atitude de Cristo e assim participam na consumação do propósito histórico de Deus, que é retificar o mundo invertido. A leitura tradicional ocidental da justificação pela fé afirma que o ser humano é justificado pela fé em Jesus Cristo, isto é, vê este como objeto passivo da fé do crente. Uma fé individualista e subjetiva. Muitas traduções do grego colaboraram para essa interpretação errônea. Nem em Gl nem em Rm se alude a essa fé. Os estudos recentes afirmam cada vez mais que a justificação acontece com base na fé (*dia pisteos 'Iesou Xristou*) de Jesus Cristo. Fé no sentido de fidelidade a Deus, na observância de sua vontade. De maneira que a justiça de Deus se revela como consequência da fidelidade de Jesus Cristo, e através de sua fidelidade.

Paulo introduz um fragmento cúltico já conhecido da comunidade primitiva (24-26a) que fala da obra libertadora de Cristo, a conciliação e o perdão dos pecados (*apolytrosis-hilasterion-paresis-hamartema*). No fragmento, recorda-se o ato da morte de Jesus em sua função redentora. Tratava-se possivelmente de uma tradição soteriológica saída dos helenistas de Antioquia que proclamavam Jesus como o reconciliador, tendo presente não só a tradição de Lv 16, mas também a prática anual do dia da Grande Expiação dos pecados, no templo de Jerusalém. A tradição ocidental concentrou-se demais nesse texto a propósito da justificação e o leu sacrificalmente, baseando-se em interpretações cristãs e judaicas tardias. Jesus é, pois, apresentado como *hilasterion* – termo considerado difícil e extensamente discutido – lugar do sacrifício e vítima ao mesmo tempo, e Deus mesmo expiando, de uma vez e para sempre, os pecados de toda a humanidade. É claro que a intenção aponta para anular a função expiatória dos funcionários do templo e com ela a lei ritual, pois, dessa maneira, a salvação estendia-se a todas as nações para além da dos israelitas. Embora essa leitura seja coerente, não pode basear-se na carta aos Romanos (ano 56, séc. I), mas sim na carta aos Hebreus (final do séc. I ou princípio do II). Os leitores originais da carta aos Romanos não relacionavam práticas sacrificais com a morte de Jesus. Os sacrifícios de animais eram feitos para purificar o templo e pelos pecados não intencionais do povo. Para os pecados intencionais escolhia-se um bode expiatório, para a qual se transferiam os pecados e este era tirado fora do templo e da comunidade e levado para longe, no deserto. Seu sangue não tinha poder de expiação. Uma leitura sacrifical da justificação e da justiça de Deus é importante, porque evita a necessidade de sacrificar vítimas para o bem dos outros, fato que contradiz a mesma doutrina da graça. Quando Paulo menciona, em Rm, o termo *hilasterion* (lugar de misericórdia) não está aludindo ao lugar onde a vítima é sacrificada, mas a uma palavra quotidiana e familiar a seus leitores, que significava simplesmente conciliação. E a referência ao sangue indica a morte violenta de Jesus na cruz pelas mãos do império romano.

Esse fragmento cúltico deve ser lido, pois, na perspectiva histórica de Jesus. A morte de Jesus Cristo na cruz mostra a expressão máxima do pecado no tempo de Paulo, como também a verdade de que a justiça não vem pela lei. A crucifixão era a arma terrorista do Estado romano, e era utilizada como escarmento não somente para os escravos, mas também para aqueles que se rebelavam. Por isso, colocavam os crucificados nas vias principais, à vista do povo, e deixavam seus corpos expostos para serem comidos pelas aves carniceiras ou pelos cães. Poucos eram os corpos sepultados depois de crucificados. As autoridades romanas haviam crucificado já muitos inocentes, mas sua inocência não estava clara devido à lei mentirosa, cúmplice das injustiças, que encobria os assassinatos com sua legalidade. Com a condenação injusta e a morte de Jesus Cristo, o claramente inocente, "que não conheceu o pecado" (2Cor 5,21), o Filho de Deus, o pecado é mostrado como tal, com nitidez. O poder do pecado finalmente, pode ser destruído. Deus o destrói, ressuscitando Jesus Cristo, o condenado. A lei judaica, por sua vez, amaldiçoava todos os pregados em madeiros (Gl), fossem estes inocentes ou não. Para Paulo, essa lei, sem querer, amaldiçoa o Filho de Deus. Assim, a morte de Jesus na cruz, em Jerusalém, e sua ressurreição relativizam ambas as leis, a romana e a judaica, como modos de vida do *éon* presente. Essa morte permite a Paulo discernir os sinais da justiça de Deus, e como justo e justificadora. Jesus, que por sua vida de fé, abre as possibilidades para uma nova maneira de viver. A fé do cristão consiste em acolher e fazer sua a fé-fidelidade de Cristo (viver em Cristo). Participa de sua morte e ressurreição (Fl 3,10s; 2Cor 4,11) porque crê que nele chegou a justiça de Deus, e porque crê que Deus ressuscita o Crucificado. Se o império romano mostra sua justiça, condenando o inocente à cruz, Deus também mostra sua justiça misericordiosa, ressuscitando o Crucificado. Quem crê que Deus o ressuscita é justificado (Rm 4,25).

Porém, o dizer que a justiça de Deus se manifesta neste mundo pela obra libertadora de Jesus Cristo não muda em nada a realidade, que constitui o problema central. Paulo tem de reler, em relação a Jesus Cristo, dois elementos importantíssimos que afetam profundamente os seres humanos que acolhem o dom da justiça de Deus.

Paulo havia dito, no versículo 23, que todos pecaram e estavam destituídos da glória de Deus; agora, afirma que são justificados (*dikaioumenoi*) pelo dom de sua graça, em virtude da redenção-libertação (*apolytroseos*) realizada por Cristo Jesus. O verbo justificar (*dikaioo*) aqui traduz o verbo hebraico *tsedek*, no hifil, causativo. Isto é, Deus faz com que os seres humanos façam justiça. A grande calamidade que Paulo nos fez ver era que não havia um único justo, ninguém que fizesse o bem; agora Paulo afirma o contrário: pela manifestação da justiça de Deus graças à fé de Jesus Cristo, abre-se a todos a possibilidade de fazer justiça, pois foram justificados, começando com Jesus.

A finalidade da justificação é transformar os seres humanos em sujeitos que fazem justiça, que resgatam a verdade aprisionada na injustiça. Na obediência da fé e não da lei, entra-se numa nova ordem de vida, e os que optam por essa "vida fazem de seus membros armas de justiça" (Rm 6,13). Deus se dá a si mesmo no dom da justiça e, portanto, o ser humano recobra sua capacidade de fazê-la. Paulo tem presente, sem dúvida, a realidade de uma nova criação (2Cor 5,17), não só de corações individuais, mas da sociedade toda e de todo o mundo (Rm 8,19.21).

Essa é uma boa nova para toda a sociedade, principalmente para os pobres, que sofrem as impiedades e injustiças do opressor; mas também para todo ser humano, pois a todos é aberta a oportunidade de praticar a justiça. Desse ponto de vista forense, observamos que, no ato gratuito da justificação, os homens e as mulheres podem apresentar-se diante de Deus e dos outros como justos e como pessoas dignas; Deus, no acontecimento da recriação, não leva em conta os pecados cometidos anteriormente (Rm 3,25; 2Cor 5,19).

Temos, pois, um Deus "justo e justificador" (3,26) que, em seu direito, recupera suas criaturas como filhos e filhas, com o fim de transformarem o mundo que ainda está sob a ira, sob seu juízo, e que estará até no fim dos tempos. O dom da justificação é parte do *eskaton*, mas não é o *eskaton*, por isso, a criação ainda geme (Rm 8,22). Isso é importante para os pobres e discriminados, pois o juízo presente de Deus em relação dialética com a justiça também presente de Deus, garante que se faça justiça aos fracos, ameaçados sempre pelas injustiças dos seres humanos.

Em Rm, insiste-se em que Deus justifica pela graça todos os que têm fé, e não pelas obras da lei. A nova humanidade é inaugurada com Jesus Cristo (o segundo Adão) pela fé. Ao fundamentar seu argumento, Paulo recorre ao exemplo de Abraão em Rm 4. E é através desse capítulo que o apóstolo explica o conteúdo da fé do crente. Abraão foi justificado porque acreditou que Deus dá vida (*zoopoieo*) aos mortos e chama as coisas que não são para que sejam (4,17). Trata-se de crer no que é impossível para o ser humano.

Com um exemplo concreto, o apóstolo afirma que Abraão, transgredindo as leis da física – um homem na sua idade não pode conceber descendência – contra toda esperança (*elpida ep elpidi episteusen*), crê que vai gerar (4,18s). Abraão, diante da promessa de Deus, saiu fortalecido na fé, plenamente convencido de que Deus tem poder para cumprir o que promete (4,20-21). Imediatamente depois, Paulo estabelece um paralelo com a fé do crente a quem se dirige: é a descendência que também crê "naquele que ressuscitou dos mortos Jesus, nosso Senhor" (4,24).

Justificação e ressurreição estão intimamente relacionadas. Jesus foi ressuscitado para nossa justificação (*egerthe dia ten dikaiosin hemon*) (4,25); ou, em outras palavras do mesmo Paulo, foi ressuscitado para que frutifiquemos para Deus (*hina karpoforesomen to theo*) (7,4). Quando Paulo compara a participação de Cristo e de Adão na história, sublinha o caráter de vida do dom da justiça (5,17.18.21) por Cristo. A mesma coisa acontece quando escreve sobre a obra do Espírito (de Deus ou de Cristo) (8,6.10.11). A esperança-fé do crente habitado pelo Espírito do Ressuscitado está em que ele receberá a vida assim como Jesus, o primeiro de muitos, a recebeu (1Cor 15). O fundamento da esperança consiste em que a justiça de Deus está na terra e que, portanto, o mundo invertido, que tem presa a verdade, pode ser transformado pelo ser humano que crê, porque foi justificado pela graça mediante a fé, para que se faça justiça aos fracos, ameaçados sempre pela injustiças dos seres humanos. Com esta certeza, pode-se continuar em frente nesta história que, apesar de viver em tempos de graça, continua presente a lógica do pecado, a lei e a morte. São tempos de luta entre a vida e a morte. Paulo se refere a isso como tendências do espírito e da carne.

III. A justificação a partir dos excluídos. Se a justificação foi entendida como sinônimo de humanização, está correto. No entanto, geralmente se tocou somente em uma dimensão psicológica do ser humano: o sentir-se livre de culpa a reconhecer-se como sujeito finito sem a necessidade de se autoafirmar constantemente diante de Deus, dos outros e de si mesmo. Isso não é suficiente num mundo dividido e onde os excluídos irrompem na história. Há uma relação profunda entre a desumanização psicológica – sob a dimensão de sentir a necessidade de aprovação como ser humano – e a desumanização corporal, cultural e social isto é, onde se tocam as marcas da desnutrição e da insignificância.

A morte ronda entre a fome e a insignificância. Aí está o reinado do pecado legitimado pela lei da exclusão. É um reino de morte, não porque esteja morto, mas porque mata; está vivo, e sua vida é conservada ao sorver o sangue dos excluídos. Trata-se do ídolo que se impõe como senhor. A intenção de sua lógica não é matar em si, mas como sua justiça está orientada para dar vida a alguns da humanidade, o resto fica excluído e sua vida é ameaçada pelos vaivéns das pulsações da lógica que se sustenta pela exclusão. A angústia se acrescenta à experiência da fome ou à ameaça da vida.

Uma leitura teológica da justificação, num contexto em que os pobres e discriminados são ameaçados em sua existência, exige que se ponha o acento na justiça e na graça de Deus que eleva o excluído à dignidade de filho e filha de Deus. Antes de falar de "reconciliação com o pecador", essa leitura fala da solidariedade de Deus com o excluído. A reconciliação de Deus com o pecador é um aspecto da justificação pela graça, mas não é o único. Na história, é como refletir a boa nova a partir de Caim, o assassino, sem avaliar o clamor do sangue de seu irmão Abel, a vítima.

A raiz da justificação é a solidariedade do Deus trino com os ameaçados de morte. Refere-se à solidariedade incondicional de Deus em Jesus Cristo, que vai até o padecimento da cruz e a solidariedade de irmãos e irmãs – fecundidade da justificação, procedente do dom da filiação.

Graças à solidariedade de Deus, no acontecimento da justificação pela fé, os excluídos recuperam sua dignidade de filhos livres. A imagem de Deus, torturada, manifesta-se em Jesus Cristo, o excluído por excelência. E essa mesma imagem de Deus se manifesta em todos os crucificados de hoje. Os excluídos, ao ouvir o grito do abandono na cruz, e crer que Deus escutou o Crucificado e em seu justo juízo o ressuscitou, têm fé em que eles também foram ouvidos por Deus. Ouvem o veredicto da ressurreição do Excluído e creem que foi justificado por sua fidelidade. Inaugura-se, assim, a justificação de todos aqueles que creem que o Crucificado inocente foi ressuscitado pelo Deus da vida. Deus chama, quem crê de amigo, amiga. Não se "discute" mais o direito divino de ser uma pessoa digna, amiga de Deus. Não são precisos méritos para ser reconhecido como tal. Por isso, quando se acolhe o dom da justificação, defende-se o direito à vida.

Mais ainda: uma vez que é pela fé e não pela lei que a pessoa é justificada, o excluído humilhado toma consciência de seu ser como sujeito histórico. Deixou de ser objeto, tanto da lei como de um sistema que o reduz à escravidão. Ao ser justificado pela fé ou pela fidelidade de Jesus Cristo e pela fé naquele "que dá vida aos mortos e chama as coisas que não são para que sejam" (Rm 4,17), o excluído entra, com poder, como filho ou filha de Deus, na lógica da fé, na qual o critério fundamental é o direito de todos a uma vida digna e a paz.

Se a raiz da justificação é a solidariedade de Deus com os excluídos, a solidariedade inter-humana é o sinal da justificação. Essa solidariedade não vem das obras de uma lei que exige a justiça para alcançar a justificação. Se os méritos próprios são requisito, não há solidariedade real de Deus. A solidariedade opõe-se à lei do mérito. A obra da graça (ou da fé) nasce da entrega livre dos filhos de Deus à sua vocação de dar vida, viver e celebrá-la gratuitamente. Em Mt 25,31-46, ajuda-se o pobre pela graça, sem segundas intenções, isto é, sem pensar interesseiramente na presença de Deus neles e que alguém está servindo a eles. Na medida em que a pessoa faz por amor a Deus, independentemente da vida dos necessitados, age-se segundo a lei e não segundo a graça. A solidariedade vem da graça e se desenvolve na graça. Quem age por amor a Deus para acumular méritos nega a justificação gratuita, porque continua submisso ao regime da lei e não da graça.

O justificado está a serviço da justiça e do próximo, mas não é escravo de Deus. Um Deus que exige a vida de seus fiéis ou faz deles seus escravos, em troca da justificação, não é o Deus que justifica por graça ou que chama amigo ou amiga aqueles que têm fé na ressurreição dos mortos. Ao contrário, Deus desautoriza e condena à morte todo aquele que ameaça a vida de suas criaturas, e toda lei que condena o ser humano à escravidão. A glória de Deus está em ver seus filhos e filhas amadurecer em liberdade e justiça até a estatura do Primogênito, pela fé – capacidade concedida pelo acontecimento da justificação.

Falar do senhorio de Deus na vida dos seres humanos equivale a dizer que estes tomaram verdadeiramente a posição que lhes compete como seres humanos nesta terra. Não como seres inferiores a Deus, mas simplesmente como suas criaturas, convocadas para viver dignamente, em comunhão com os outros. Senhorio de Deus é correlato da realização do ser humano. Senhorio do ídolo é correlato da desumanização.

A confiança entre Deus e seus filhos é mútua. Por um lado, Deus justificou pela fé, sem levar em conta os pecados, porque tem confiança em suas criaturas, sua própria criação. Por outro, quem acolhe o dom da justificação recobra a confiança em si mesmo como sujeito que cria história, porque Deus o libertou da escravidão da lei, do pecado e da morte. Porém, sua confiança em si mesmo é sólida, porque confia que, em toda a sua atividade, é sustentado pelo Espírito Santo. E deposita sua confiança no Deus da vida, porque reconhece que o ser humano é pecador, que tem o potencial de matar os outros, destruir seu ambiente e se autoaniquilar.

A solidariedade de Deus não se esgota na dor nem na amizade fraterna. O excluído crê também na solidariedade do Criador todo-poderoso, que vence a morte e manifesta seu senhorio diante dos ídolos que matam. No mundo cínico, onde a morte ataca à luz da legalidade, exige-se uma fé que afirme não somente a presença solidária e escondida de Deus no excluído, mas a convicção daquilo que vai além do poder dessa realidade de antivida. A fé recorre à esperança do impossível, nem por isso falso; em termos bíblicos, equivale a crer na ressurreição dos mortos ou no Deus que ressuscita os mortos. No plano do factível, equivale a ter a certeza escatológica de que o mundo da morte pode ser transformado, pois na revelação da justiça de Deus ficou claro o direito de todos a viverem dignamente como seres humanos, como sujeitos de sua história nesta terra, apesar do poder das forças que tendem a abandonar as maiorias à morte. De seu lado ativo, equivaleria a afirmar que temos fé em que se pode fazer justiça, para transformar este mundo onde a morte predomina, apesar das leis, ou inclusive, transgredindo-as, porque Deus, em sua graça, justificou pela fé de Jesus Cristo aqueles que têm capacidade de crer que, para Deus, nada é impossível, pois ressuscitou Jesus como o primeiro justificado de muitos, e que, portanto, vale a pena seguir a vida de fé que Jesus levou. O seguimento da vida entregue de Jesus dá solidez à fé.

Os excluídos e aqueles que praticam a exclusão tiveram e têm a oportunidade de ser justificados por Deus para fecundar uma vida justa e digna. Pois a "sentença" de Deus é contra toda condenação, inclusive contra seu próprio juízo justo, que é a morte para os assassinos e a justiça para os assassinados. Os pecados não são levados em conta, porque o desejo primordial de Deus é forjar uma humanidade nova, comunidade sem pobres nem insignificantes. Todos, inclusive os Cains, neste novo éon inaugurado por Jesus Cristo, são chamados à solidariedade enquanto irmãos e irmãs, filhos e filhas do Deus de Jesus Cristo, o Primogênito.

Os filhos de Deus que vivem na nova lógica do Espírito não esquecem seu próprio passado de vítimas nem a potencialidade que eles têm, sempre como humanos, de submeter outros à exclusão. Porque o Deus que acolhe suas criaturas como seus filhos e filhas depende somente de sua própria solidariedade misericordiosa e não da santidade do ser humano. A morte do Crucificado recorda sempre a crueldade do pecado mortífero, e a presença do Espírito no justificado se torna uma interpelação crítica permanente.

Finalmente, o acontecimento da justificação é a atualização histórica da justiça de Deus, revelada na fidelidade de Jesus Cristo à sua vocação libertadora. Crer no impossível – ressurreição dos mortos – porém sempre possível para Deus, é um caminho da fé que dá força ao justificado para lutar pela vida e transgredir toda lei ou lógica que legitima a morte. Esses chamados filhos de Deus, incorporados à lógica da fé, cujo critério é a vida de todos, são aqueles que apostam na superabundância da graça nos contextos onde são abundantes o pecado e a morte (Rm 5,20; 8,35-39). A lei não está excluída desta orientação da fé (Rm 7,12); a lei pode assumir a fé. Pois, toda lei que gira em torno dessa lógica de graça e se condiciona às necessidades vitais de suas criaturas é consolidada por Deus (Rm 3,31).

Dussel, E. *Ética de la liberación en la edad de la globalización y de la exclusión*. Madrid, Trotta, 2000³; González Faus, J. I. *Proyecto de hermano. Visión creyente del hombre*. Santander, Sal Terrae, 1987; Hinkelammert, F. *La fe de Abraham y el Edipo occidental*. San José de Costa Rica, DEI, 1989; Johnson, J. T. "Rom. 3.21-26 and the Faith of Jesus". In: *Catholic Biblical Quarterly* 44 (1982), 77-90; Käsemann, E. *Commentary on Romans*. Michigan, Eedermans, Grand Rapids, 1980; Sobrino, J. *La fe en Jesucristo. Ensayo desde las víctimas*. Madrid, Trotta, 1999²; Stowers, S. K. *A Rereading of Romans*. New Haven/London, Yale University Press, 1994; Tamayo, J. J. *Dios y Jesus. El horizonte religioso de Jesús de Nazaret*. Madrid, Trotta, 2003³; Tamez, E. *Contra toda condena. La justificación por la fe desde los excluidos*. San José de Costa Rica, DEI, 1991; Williams, S. K. "Again Pistis Xristou". In: *Catholic Biblical Quarterly* 49 (1987), 431-447.

Elsa Tamez

LINGUAGEM RELIGIOSA

I. Religião e linguagem. Desde as origens da humanidade e em todas as sociedades, o ser humano não só teve experiências do divino, mas tais vivências foram mediadas linguisticamente. Embora, em várias ocasiões, a comunicação que o divino estabelece não seja verbal, sobretudo no caso da comunhão mística, em outros muitos casos o divino se manifesta como voz que fala do céu: assim, no caso de Moisés, Isaías ou Jô, se estabelece uma verdadeira conversa com Deus. Daqui se segue o oráculo: o profeta convoca os crentes para transmitir-lhes uma mensagem de Deus ou dos deuses. Isso não costuma apresentar problemas hermenêuticos: Deus falou ao profeta em palavras claras e diretas e em seu próprio idioma, e dele se exige que as difunda com convicção. Assim acontece nos livros de Isaías, na *Teogonia* ou no Alcorão. Em todas as religiões proféticas, o profeta, como um simples veículo, fala *em nome de Deus*.

Porém, o discurso oracular, no qual o mesmo divino fala por meio de seu profeta, acontece somente em ocasiões excepcionais na história. Normalmente, é o ser humano quem se dirige ou a Deus mesmo para invocá-lo, louvá-lo, pedir-lhe coisas etc., ou então a outros seres humanos para falar-lhes sobre Deus e sobre seus desígnios.

Do lado humano, a comunicação com o divino tem origem na invocação: no ritual católico, cantam-se hinos de louvor, acompanhados de fórmulas que apelam para a proteção dos deuses. Da mesma forma acontece no *Rigveda*, um dos livros religiosos mais antigos, onde seus numerosos hinos cantam as façanhas dos diversos deuses e exaltam seu poder.

Outro modo fundamental de discurso religioso é a oração. O falar aos seres divinos ou com eles, tanto em forma privada como em forma pública, é componente essencial de todas as formas de religião. A oração comunitária emprega fórmulas estabelecidas para agradecer ou solicitar algo a tais seres. A oração pessoal pode ser livre, permitindo uma comunicação não estereotipada com o divino. Deus aparece como um "tu", para empregar a expressão de Martin Buber.

Embora todas as mencionadas formas de linguagem religiosa constituam um modo de *comunicação* com o divino, existe uma forma posterior que não pretende "estabelecer contato" com a realidade ultraterrena, mas contar-nos como é essa realidade da qual se teve previamente conhecimento ou experiência. É a linguagem *sobre o* divino. Aqui é que a linguagem religiosa se torna progressivamente linguagem teológica. Aqui também é que começam os problemas linguísticos e filosóficos, pois como descrever em termos de linguagem mundana e secular o que é ultramundano e sagrado? Certamente, em princípio, os discursos religiosos ingênuos descrevem o divino em termos muito humanos: os deuses lutam, comem, fornicam e se esforçam da mesma forma que os humanos. Porém, esse perigo antropomórfico já foi denunciado por Xenófanes de Colofão, que criticou Homero e Hesíodo por ter atribuído aos deuses tudo o que é digno de vergonha e desprezo entre os humanos. E assim começa a crítica da religião e de sua linguagem. Não há problema quando Deus nos fala, pois emprega nossa linguagem, nem quando nós falamos a ele, pois ele pode compreender tudo. O problema aparece quando Deus se transforma em objeto de nosso discurso e especulação: a linguagem teológica.

II. É inviável falar sobre o divino? Foram diversas as soluções que os teólogos e filósofos apresentaram para esse problema. A mais pessimista é a denominada *teologia negativa*, cujo principal representante é o Pseudo-Dionísio. Segundo esta, só podemos dizer de Deus o que ele não é, nunca o que ele é. Se, como afirmaram Platão e Plotino, Deus está *além do ser e da ousía*, qualquer categoria lógica e gramatical que empregarmos para falar dele será inadequada: somente o silêncio pode fazer justiça à profundeza do Mistério. Essa é a postura compartilhada pela maioria dos místicos de todas as tradições religiosas, desde algumas *Upanishads* até o Tao, passando pelo sofismo. "Daquele que entrou no primeiro transe, a voz cessou; daquele que entrou no segundo transe, o raciocínio e a reflexão cessaram", diz um texto budista do *Samyutta-Nikaya*. "Não se capta pela vista, nem sequer pela linguagem, nem por quaisquer outros órgãos sensíveis", diz o *Mundaka Upahishad*. "Falo da pureza da natureza divina, cujo resplendor é inefável. Deus é um Verbo, um Verbo não dito", observa Mestre Eckhart. O fundamento é a incomensurabilidade e, daqui, a inefabilidade do divino. Alguns, como Nicolau de Cusa, ressaltaram essa inefabilidade, recorrendo a uma linguagem paradoxal: Deus é a superação, ao infinito, das contradições no nível do finito, a *coincidentia oppositorum*. Diversos filósofos e teólogos declararam que a representação menos má do divino é o *Nada* (Eckhart) ou o *Vazio* (budismo zen).

A ideia de que do divino em si mesmo não se pode dizer nada, e a outra de que somente podemos falar do absoluto em termos paradoxais estão muito relacionadas, pois, empregar paradoxos é um modo de expressar que não se pode falar – em termos humanos – daquilo de que se procura falar. John Macquarrie observou que os paradoxos são inevitáveis em toda e qualquer linguagem teológica; de fato, se os paradoxos atenuam de forma simplista, o resultado é a superficialidade; e, nesses períodos, a Igreja precisa de um Kierkegaard ou de um Barth para avançar e voltar a reafirmar a necessidade dialética de corrigir cada uma das imagens e afirmações que fazemos sobre Deus. Dever-se-á, certamente, mostrar que os conflitos que aparecem nas diversas formas de falar sobre Deus têm origem na natureza paradoxal do objeto, e não em contradições autodestrutivas.

É a ideia comum a de que o paradoxo surge porque nenhum modelo ou analogia aplicada a Deus é completamente satisfatório, mas deve ser qualificada e matizada. E para evitar que uma descrição analógica ou metafórica seja tomada por literal, nada melhor que atribuir a Deus a propriedade contrária, igualmente qualificada. Seja como for, o discurso paradoxal mais parece um componente presente em muitos tipos de discurso teológico quando esses tipos chegam ao limite de um discurso teológico autônomo, uma vez que não se pode fazer teologia somente com paradoxos. Por exemplo, Hans Küng, depois de enunciar que Deus transcende todos os conceitos, enunciados e definições, afirma: "Deus está acima do mundo e do homem e, ao mesmo tempo, os penetra: está infinitamente longe e, no entanto, mais próximo de nós que nós mesmos... Acha-se imerso no mundo e, no entanto, não se dissolve nele; impregna-o e, no entanto, não se identifica com ele... [Deus é] o infinito no finito, o absoluto no relativo" (Küng, 2005, 659). Porém, o problema é distinguir entre paradoxo e contradição. Há paradoxos explicáveis, como Deus ser infinitamente bom e infinitamente justo. Em outros casos, porém o paradoxo parece uma contradição genuína. Por exemplo, se afirmamos que Deus é, ao mesmo tempo, pessoal e impessoal, transcendente e imanente, imutável e temporal etc. E de nada serve inventar termos novos que "superem" a contradição, como faz Küng: "Deus ultrapassa também o conceito de pessoa... também não é impessoal nem subpessoal. Deus ultrapassa também a categoria do impessoal... Quando se tem interesse por um termo, é preferível chamar a realidade mais real transpessoal ou suprapessoal em vez de pessoal ou apessoal". Porém, esses termos são indefiníveis, o que indica que não proporcionam nenhum conhecimento genuíno. Sempre que se introduz um termo novo, deve-se dar uma definição dele, que logicamente, empregará termos conhecidos. Porém, se esta definição não é dada, ou é dada com *termos incompatíveis*, o termo novo carece de significado.

III. O símbolo como único acesso verbal ao divino? Contudo, nem todos os filósofos estão de acordo nesse pessimismo linguístico que nos remete ou ao silêncio ou ao paradoxo no tocante à divindade.

Comecemos com o símbolo. A definição de símbolo produziu interminável quebra-cabeça para os filósofos. Gómez Caffarena observou que há duas tradições irredutíveis. Uma, que remonta a Pierce e em última instância a Aristóteles, entende que o símbolo é um sinal que constitui uma representação *artificial, precisa e emotivamente neutra* daquilo que se quer representar. Assim, os símbolos lógicos, matemáticos ou do solfejo. Em todos esses casos o simbolismo introduz rigor e precisão, ficando suprimidas a ambiguidade e a indeterminação. A outra concepção, que nos interessa aqui é a da tradição hermenêutica. Segundo esta, o símbolo é uma representação *não artificial, rica em conotações e emotivamente carregada*. Este é o caso dos símbolos religiosos, como a cruz, a água, o cordeiro ou a meia lua. Paul Ricoeur é um dos grandes estudiosos do simbolismo neste sentido hermenêutico. Para ele, o símbolo é uma expressão linguística de duplo sentido que exige interpretação, e a interpretação um trabalho de compreensão que se propõe decifrar os símbolos. Em sua opinião, a função geral de mediação, por meio da qual a consciência constrói todos os seus universos de percepção e discurso, fica mais bem caracterizada com a noção de sinal. A função simbólica consiste em querer dizer outra coisa do que se diz, o que requererá decifração e interpretação. "Em todo sinal, um veículo sensível é portador da função significante que faz com que valha por outra coisa. Porém, não posso dizer que interpreto o sinal sensível quando compreendo o que ele diz. A interpretação se refere a uma estrutura intencional de segundo grau; ela supõe que se constituiu um primeiro sentido onde se aponta para algo em primeiro termo, mas onde esse algo remete a outra coisa para qual somente ele aponta".

Assim, Ricoeur restringe a noção de símbolo às *expressões de duplo ou múltiplo sentido,* cuja estrutura semântica seja correlativa do trabalho de *interpretação* que torna explícito seu segundo ou múltiplos sentidos. O nexo entre sentido e sentido é caracterizado pela analogia, embora tal analogia seja só um dos aspectos. Enquanto o sinal é mera expressão linguística, linguagem cifrada que deve *ser decifrada* mecanicamente, o símbolo possui uma multiplicidade de sentidos que delata uma estrutura mais profunda e complexa – intencional – que requer uma compreensão só acessível mediante a *interpretação*. Ricoeur adverte também que o aspecto puramente semântico é só o aspecto mais abstrato do símbolo; na realidade, as expressões linguísticas estão incorporadas não só a ritos e emoções, mas a mitos. Por outro lado, deve ficar claro que a ambiguidade do símbolo não é um defeito de univocidade, mas a possibilidade de conter e gerar interpretações adversas, mas coerentes, cada uma independente. A função simbólica é assim uma espécie de sublimação, pois nela coincidem o disfarce e a decifração.

Finalmente, podem-se distinguir vários níveis de criatividade nos símbolos. No nível mais baixo está a simbólica sedimentada: rastros de símbolos, estereotipados e deturpados, desgastados, e que só têm um passado (sonhos, contos e lendas). No segundo nível, estão os símbolos de função usual: trata-se de símbolos em uso, úteis e utilizados, presentes. No terceiro nível, aparecem os símbolos prospectivos: são criações de sentido que, com base nos símbolos, com sua polissemia disponível, servem de veículo para significações. Isso aponta para sua teoria da metáfora como figuras – vivas – enquanto o uso não as consagrou, tornando-as léxicas, e como peças-chave na criação constante de significados. Em suma, para Ricoeur, o símbolo começa onde acaba o sinal, sendo uma função expressiva e comunicativa de segunda ordem.

Em *El conflicto de las interpretaciones,* Ricoeur desenvolveu uma hermenêutica dos símbolos. "'O símbolo dá o que pensar': esta oração que me encanta diz duas coisas: o símbolo dá; eu não ponho o sentido, é ele quem dá o sentido; mas o que ele dá é 'o que pensar'" (Ricoeur, 1969, 284). Ricoeur chama símbolos primários os da linguagem elementar, que se encontram em toda a teologia, especulação ou elaboração mítica; e os distingue dos símbolos míticos, que são muito mais articulados, comportam a dimensão do relato, com personagens, lugares e tempos fabulosos. Os símbolos primários mostram claramente a estrutura intencional do símbolo. O símbolo é sinal enquanto aponta para além de algo e vale por ele, mas nem todo sinal é símbolo. O símbolo oculta, em seu apontar, uma intencionalidade, dupla: primeiro, a literal, que supõe o triunfo do sinal convencional sobre o natural; mas sobre esta se edifica uma segunda intencionalidade, que aponta para alguma situação do homem diante do sagrado. O sentido literal e manifesto indica, pois, além de si mesmo, algo que é "como" o literal. Ao contrário dos sinais técnicos, perfeitamente transparentes, os sinais simbólicos são opacos porque o sentido primeiro, literal, patente, aponta analogicamente para um sentido segundo que não é dado de outro modo senão nele. Essa opacidade é a profundidade mesma do símbolo. Mas no símbolo não posso objetivar a relação analógica que une o sentido segundo ao primeiro; vivendo no primeiro sentido, sou arrastado por ele para além dele mesmo, *sem que nós possamos dominar intelectualmente tal semelhança.*

São múltiplas as *funções* do símbolo: psíquica, cósmica, noturna, onírica, poética; e ele começa a ser destruído quando pára de desempenhar seus múltiplos registros: cósmico e existencial. Porém, o símbolo tem algo de escandaloso para a filosofia: 1) permanece opaco, pois é dado por meio de uma analogia com base numa significação literal que lhe confere, ao mesmo tempo, raízes concretas e um peso material, uma opacidade; 2) é prisioneiro da diversidade de línguas e de culturas e, nesse aspecto, permanece contingente: por que esses símbolos e não outros?; 3) somente dá o que pensar através de uma interpretação que permanece problemática. "Opacidade, contingência cultural, dependência em relação a uma decifração problemática: tais são as três deficiências do símbolo, diante do ideal de clareza, de necessidade e de cientificidade da reflexão".

Apesar desses defeitos, numerosos teólogos insistiram em que toda linguagem religiosa, e também todo discurso teológico, deve ser simbólico. Paul Tillich é um caso conhecido. Segundo ele, salvo o enunciado "Deus é o mesmo ser", todas as demais asserções teológicas são simbólicas, e não devemos entender categoricamente expressões do estilo "Deus é causa primeira" ou "Deus é infinitamente sábio": "o que diz respeito ultimamente ao homem deve ser expresso simbolicamente, porque só a linguagem simbólica é capaz de expressar o último". Para Tillich, os símbolos, como os sinais, apontam para algo diferente, mas, "enquanto o sinal não comporta uma relação necessária com aquilo para o qual aponta, o símbolo participa na realidade daquilo que representa. O sinal pode ser arbitrariamente mudado, segundo as exigências do momento, enquanto o símbolo cresce e morre conforme a correlação existente entre o que o símbolo simboliza e as pessoas que o recebem como símbolo... O símbolo religioso... só pode ser um símbolo verdadeiro se participar no poder do divino" (Tillich, 1982, 308). Resumindo, para Tillich: 1) nos sinais, a relação é convencional e pode ser mudada; 2) os símbolos participam na realidade daquilo que apontam; 3) os símbolos abrem uma realidade inatingível de outro modo; 4) os símbolos nos levam para essa realidade; 5) não podem ser produzidos intencionalmente, e 6) crescem e morrem quando não desempenham mais função alguma no grupo.

Observou-se, com razão, que o conceito-chave na definição de Tillich, "participação", é muito obscuro. Além disso, realmente não há símbolos convencionais pelo menos em parte? Por que o três é um símbolo para o cristianismo e o dez para o pitagorismo? Porque o peixe era um símbolo para os primeiros cristãos? Por que o cordeiro e não um cervo? E o que dizer da maioria das bandeiras e hinos, tão emotivos como convencionais?

IV. Da metáfora à analogia. Dentre os diversos tipos de símbolos, talvez o mais frequente seja a metáfora. Se, com Janet Soskice, definimos a metáfora de modo amplo como *falar de uma coisa em termos de outra,* reparamos que boa parte da linguagem religiosa descritiva é metafórica. O livro XI do *Bagavad Gita* descreve Deus com metáforas impressionantes e variadíssimas. Jesus pregava o Evangelho mediante simples, mas comovedoras parábolas, que não são senão metáforas concatenadas. A ideia de que *toda* linguagem religiosa, inclusive a teológica, é simbólica, inclui que não pode haver um discurso literal sobre Deus, que todo enunciado religioso é metafórico, em sentido amplo de "metáfora". Essa ideia é frequente entre os teólogos e filósofos da religião que propendem em pensar que todas as tentativas de explicar a natureza e as relações do divino devem basear-se amplamente na metáfora, e que nenhuma metáfora pode esgotar aquelas relações. Cada metáfora só pode descrever um aspecto da natureza ou do ser do divino, e as inferências que possam ser deduzidas dela encontram seus limites quando entram em conflito com as inferências que possam ser deduzidas de outras metáforas que descrevam outros aspectos. Ian Ramsey matizou essa postura. Se isso é certo, observa Ramsey, o cristianismo só pode utilizar modelos e metáforas para descrever Deus. Assim, quando se afirma que Deus é "infinitamente bom" ou "finalidade última do homem", não se deve esquecer que os qualificadores não são uma descrição posterior de superpropriedades extraordinárias teológicas, mas meros limitadores. Com eles, o teólogo procura provocar uma experiência de discernimento para que, em dado momento, "caia o véu", ou "se quebre o gelo", e o interlocutor compreenda do que se fala. Só saberemos do que um modelo, fala quando ele tiver evocado para nós a situação cristã de desvelamento. Naturalmente, os modelos, as metáforas etc. que podem ser efetivos numa tradição religiosa podem e costumam ser pouco efetivos em outras. Mas o problema é como distinguir os desvelamentos autênticos dos aparentes; porque nem Ramsey, nem Tillich, nem Ricoeur oferecem critérios objetivos para isso.

O outro recurso favorito da linguagem teológica foi a *analogia*. A diferença fundamental entre a analogia e a metáfora é que a analogia não se limita a falar de uma coisa em termos de outra, mas pretende desentranhar a relação entre o conhecido e o desconhecido. A analogia clássica tem a forma de uma regra de três: X está para A assim como Y está para B, em que o único termo desconhecido é X. Infelizmente, no caso que nos ocupa, há duas variáveis desconhecidas. Quando dizemos "a bondade divina está para Deus assim como a bondade humana está para o ser humano", há duas variáveis desconhecidas: Deus e bondade divina. Resolver este enigma levou a Escolástica a elaborar numerosos tratados sobre a analogia e discussões intermináveis sobre a analogia de atribuição e a proporcionalidade. Mas a ideia básica, tal como explica Tomás de Aquino, é simples. Num primeiro momento, podemos afirmar de Deus que Ele é sábio (ou bom ou poderoso etc.). Porém, num segundo momento, quando reparamos que "sábio" é um termo mundano que se aplica aos seres humanos, ou seja, de uma sabedoria finita e falível, temos de corrigir a afirmação anterior, dizendo que "Deus não é sábio" (do modo humano), e este é o momento de verdade da *via negationis*. Isso se completa com um terceiro momento, no qual se afirma que Deus é "super-sábio" ou sábio infinitamente, isto é, sem nenhuma das limitações do modo humano. Isso é algo que certamente não podemos representar, mas sim entender. Essa é a célebre *via eminentiae*. Ou seja, dialeticamente, há três momentos do discurso teológico: afirmação (ingênua, própria da linguagem religiosa primitiva, geralmente antropomórfica), negação (habitual da teologia mística), paradoxo (síntese de afirmação e negação), que dão lugar a uma nova afirmação, analógica, do predicado em questão. A diferença estará entre os que pensam que o quarto modelo somente pode ser expresso mediante símbolos, e os que pensam que pode ser feito numa linguagem mais direta e literal.

V. Falar literalmente sobre Deus? A via da analogia foi o modo fundamental do discurso teológico cristão desde Tomás de Aquino até Karl Rahner. Pelo menos dentro do catolicismo, porque a teologia reformada, como observou Karl Barth, objeta que a analogia pressupõe uma base ontológica comum entre o ser infinito que é Deus e o ente finito que é a criatura. É justamente essa comunidade ontológica entre criador e criatura que Karl Barth não aceita. Porém, outros teólogos consideraram que a via da analogia supõe, simplesmente, que podemos afirmar literalmente algumas verdades sobre Deus. E que, portanto, se dever-se-ia falar de *univocidade ou literalidade* da (parte da) linguagem teológica. Essa ideia já foi defendida por Duns Scott e foi reivindicada por Richard Swinburne.

Swinburne observou que Ramsey não pode admitir, por exemplo, que "causa" ou "primeira" sejam termos usados em seus sentidos habituais porque, se assim fosse, não precisaríamos de uma "abertura" especial para ver para onde se apontava ao dizer que Deus é "causa primeira" ou "infinitamente sábio". Porém, Ramsey parece pressupor que a compreensão de tais predicados envolveria *eo ipso* sua aceitação. Esse pressuposto é, porém, geralmente falso. Qual é, afinal, o *status* de tais termos?

Entendendo por "predicado" tudo o que se atribui ao sujeito, em "Deus é *causa primeira*", o predicado é o que está em itálico. Nos predicados qualificados, há sempre dois componentes, ou um substantivo (causa) e um adjetivo (primeira), e um advérbio (infinitamente). O substantivo, no primeiro caso, e o adjetivo, no segundo, são os *termos qualificadores*; o adjetivo, no primeiro caso, e o advérbio, no segundo, são os *qualificativos*. Os termos qualificados não são termos negativos, mas positivos; porém, diversamente dos predicados positivos, levam necessariamente um adjetivo qualificativo que indica que o termo não se aplica a Deus da mesma forma que em seu uso habitual.

A diferença entre um termo qualificado e um metafórico é que o primeiro é acompanhado de um adjetivo qualificativo e o segundo não (o segundo pode e deve ser escrito entre aspas). Isso quer dizer que, no predicado qualificado, o qualificativo nos indica que o termo não é literal e *em que sentido deve ser tomado literalmente*; ao passo que no caso do predicado metafórico as aspas só indicam que o termo não é literal, mas não como deve ser tomado. *O como deve ser entendido um termo metafórico nunca é indicado pelo mesmo termo* – às vezes é explicável metaforicamente, às vezes é inexplicável – e é o qualificador que indica como deve ser entendido um termo qualificado. Um termo qualificável não se atribui literalmente a Deus, como acontece, por exemplo, com "bom" em "infinitamente bom"; mas o predicado inteiro, por sua vez, se atribui literalmente a Deus. Assim, se "infinitamente bom" atribui-se literalmente a Deus, os predicados qualificados formarão enunciados literais. Desse modo, enquanto é literalmente certo que "Deus é infinitamente bom", não é literalmente certo que Deus seja "bom", nem tampouco "pai", "vida" etc. Portanto, os predicados qualificados não dão mais informação que os metafóricos, mas atribuem uma informação mais precisa, mais determinada, não aberta a interpretações. Nos predicados metafóricos e simbólicos, sempre há uma grande dose de ambiguidade e indeterminação frequentemente calculada; e é bom que seja assim. As dificuldades de interpretação aumentam quando os dois termos se contrapõem valorativamente: majestade inabordável, simplicidade sublime etc. Em geral, os predicados metafóricos possuem várias interpretações possíveis, e isso os faz ricos em sugestões, conotações e poder evocativo. Nada disso acontece nos qualificados. Aqui devemos recordar as teses de Ricoeur de que os termos simbólicos devem ser *interpretados* e, com isso, *dão que pensar*, enquanto os literais só precisam ser explicados.

Dito isso, deve-se observar que nem sempre é fácil saber que termos qualificados devem ser aplicados a Deus ou à realidade última e quais não, quer por serem impróprios a Deus, quer por serem totalmente ininteligíveis. Esse é um dos aspectos que diferencia decisivamente umas teologias de outras. Talvez "causa incausada" seja inteligível e não o seja *causa sui*, mas certamente é inteligível "infinitamente sábio", "infinitamente bom" ou "infinitamente poderoso", e de fato a teologia filosófica das últimas décadas realizou notáveis e frutíferos esforços para elucidar o significado desses conceitos. Finalmente, deve-se reparar que muitos termos que parecem positivos *simpliciter* são, na realidade, termos qualificados. Assim, "onipotente" equivale a "infinitamente poderoso", "onisciente" a "infinitamente sábio", e assim sucessivamente.

Pode-se agora perguntar: quando um predicado se aplica a Deus em sentido literal e sem qualificar?

Penso que um bom critério seja este: *um termo positivo* (ou, dependendo do caso, negativo) *se aplica a Deus de maneira literal e não qualificada quando não admite graus; se não, de modo qualificado*. Assim como o poder admite graus, Deus tem de ser não simplesmente *poderoso*, mas *infinitamente poderoso* = onipotente. Depois, "onipotente" é um termo qualificado camuflado. Desse modo, Deus não pode ser simplesmente "sábio" ou "bom", mas "infinitamente sábio" e "infinitamente bom" etc., porque a sabedoria, a bondade, a resolução etc., admitem graus. Em contrapartida, não podemos dizer de algo que seja mais ou menos necessário, mais ou menos perfeito, mais ou menos uno. Algo é necessário ou contingente, perfeito ou imperfeito, uno ou múltiplo, simples ou composto etc.

No que diz respeito à diferença epistemológica entre termos literais e qualificados, está baseado em que os primeiros são apreendidos por contraste, enquanto os segundos, por analogia. Por contraste com o composto, compreendemos o simples; por contraste com o contingente, compreendemos o necessário; por contraste com o imperfeito, o perfeito. Mas por analogia com o bom, conhecemos (ou melhor, vislumbramos) o infinitamente bom etc.

A conclusão *não é* que podemos conseguir uma compreensão *cabal* da natureza divina simplesmente por meio de enunciações qualificadas, uma depois da outra. Não, porque nós não compreendemos *totalmente* a infinitude, a perfeição, nem nenhum dos qualificativos, de modo que não podemos compreender, menos ainda imaginar, com exatidão, o que é Deus. *Mas temos um grau de compreensão suficiente para saber que tais enunciados convêm a Deus, que lhe são aplicados literalmente, e ter uma ideia bastante aproximada daquilo que significam*. Em outros termos, uma vez construída uma noção determinada de Deus, que dependerá certamente de nossa teologia particular, temos exatamente tal compreensão da divindade como a temos dos qualificativos que aplicamos aos termos ordinários que lhe atribuímos (à parte, obviamente, os termos literais e metafóricos que lhe são aplicados). Swinburne expressou-o dizendo: "Quanto mais palavras forem usadas em sentidos analógicos, e quanto mais dilatados esses sentidos... tanto menos informação transmite de fato um homem que usa as palavras... se a teologia usa palavras demais em sentidos analógicos, não transmitirá virtualmente nada com o que disser. A afirmação de que está usando uma palavra em sentido analógico deve ser para o teísta um último recurso para salvar seu sistema da carga de incoerência que, de outro modo, o afetaria. Deve afirmar que está usando muitas palavras em sentidos habituais... Ao dar sentidos analógicos às palavras, o teísta deve evitar estender demais seu significado" (Swinburne, 1977, 70).

VI. É improcedente falar sobre o divino? Termino com algumas reflexões de Wittgenstein. Para esse autor, mais que uma linguagem religiosa, existe uma grande diversidade de jogos de linguagem, alguns dos quais são religiosos, como orar, invocar, jurar etc. Uma delas é a linguagem teológica. Mas, para Wittgenstein, e seus seguidores, a linguagem teológica é uma espécie de perversão do mais profundo da religião, pois procura falar "cientificamente" daquilo que não se pode falar com sentido. A religião é vivência, fé, sentimento, expressão, atitude para a realidade, mas não um conjunto de crenças metafísicas. Para dizer com termos de seu seguidor D. Z. Phillips: "A religião não é um modo alternativo de conseguir coisas" baseado na crença da existência de seres superiores que podem nos favorecer se agimos de modo adequado. As religiões são "formas de vida", não sistemas de enunciados, de modo que um crente e um ateu não se contradizem proposicionalmente, simplesmente seguem pautas de vida divergentes. Embora vários filósofos tenham seguido Wittgenstein nesse aspecto, chegando inclusive a afirmar que em certos contextos uma determinada conduta "já pode forçar-nos a descrevê-la como 'religiosa', inclusive na ausência de qualquer fala ou crença reconhecidamente religiosas" (Peter Winch), esse enfoque combina bem com o que de fato são e foram historicamente as religiões, nas quais não somente há crenças teológicas e metafísicas, como estas foram consideradas essenciais por seus adeptos e influenciaram decisivamente em seus comportamentos (repare-se como a crença metafísica na existência do paraíso e a crença moral em sua obtenção pelos mártires impelem os muçulmanos a sacrificar suas vidas na "guerra santa"). Contudo, não deixa de ser uma concepção interessante como um modo alternativo de conceber a religião, que sublinha os aspectos atitudinais, expressivos e emotivos a expensas dos cognitivos. Em alguns casos, como os de Don Cupitt ou Paul van Buren, a consequência é um cristianismo sem Deus e sem vida futura, centrado unicamente na mensagem moral de Cristo.

Fawcett, T. *The Symbolic Language of Religion.* London, SCM Press, 1971; Küng, H. *¿Existe Dios?* Madrid, Trotta, 2005; Macquarrie, J. *God-Talk. El análisis del lenguaje y la lógica de la teología.* Salamanca, Sígueme, 1976; Ramsey, I. *Religious language. An Empirical Placing of Theological Phrases.* London, SCM Press, 1957; Ricoeur, P. *El conflicto de las interpretaciones.* Buenos Aires, FCE, 2003; Romerales, E. *Concepciones de lo divino.* Madrid, UAM, 1997; Soskice, J. M. *Metaphor and Religious Language.* Oxford, Clarendon, 1985; Swinburne, R. *The Coherence of Theism.* Oxford, Clarendon, 1977; id., *Revelation. From Metaphor to Analogy.* Oxford, Clarendon, 1991; Tillich, P. *Teología sistemática* I. Salamanca, Sígueme, 1982[3]; Wolterstorff, N. *Divine Discourse.* Cambridge, CUP, 1995.

Enrique Romerales

LIBERDADE

A liberdade poderia ser definida como a capacidade do ser humano de guiar sua vida para os objetivos que se propõe. Uma autonomia individual não pode ser ilimitada, pois deve ser controlada também pelos direitos das outras pessoas numa vida social. A índole comunitária impede que cada indivíduo aja ou se comporte como bem lhe parece. Seu conceito primário tem, por isso, uma origem sociológica. Existem também circunstâncias nas quais o indivíduo se sente prisioneiro de uma tirania que, para além do respeito devido aos outros membros da comunidade, reduz, sem motivos razoáveis, sua capacidade de autodeterminação. A pessoa sofre uma limitação significativa que a impede de agir como gostaria. O protesto brota, então, como reação instintiva para superar a dependência forçosa, opressiva e injusta.

Esse desejo pessoal transforma-se em comunitário quando certos grupos ou nações sofrem a dominação injusta de outro poder que os domina e submete. O grito de protesto contra qualquer tipo de ditadura nasce de um sentimento muito profundo e universal. O direito à liberdade será cada vez mais considerado como exigência inevitável da própria dignidade humana. A mesma legislação civil se encarregará de harmonizar as exigências individuais e comunitárias, para defender a sociedade da anarquia e os indivíduos das arbitrariedades e abusos da autoridade.

Semelhante experiência sociológica é transferida, depois, para o âmbito da psicologia pessoal. A liberdade não é ameaçada somente pelas forças exteriores, mas é também escrava de múltiplas pressões, mais ou menos conscientes, que eliminam, ou ao menos diminuem, a responsabilidade de sua atuação. O eu humano é complexo e obscuro demais para que todos os seus atos contenham o grau de voluntariedade que aparentemente lhe é atribuído. A ânsia de libertação se estende, portanto, a todos esses mecanismos que dificultam e ensombram as opções da vontade. Mais ainda, nessa perspectiva, a liberdade interior é mais importante que as coações externas, pois constitui o último reduto inviolável que se pode defender e conservar, mesmo em meio a outras tiranias e escravidões. A violação desse reduto sagrado é o atentado maior contra a pessoa, pois supõe despojá-la de sua dignidade para reduzi-la a puro objeto.

A pergunta fundamental seria então, a seguinte: É possível a liberdade? Não existem condicionantes demais na psicologia humana? Não se trata, no fundo, de uma ilusão ingênua e infantil?

I. A resposta do determinismo. As escolas de psicologia não têm dificuldade em aceitar a indeterminação do ser humano, porquanto este não nasce com algumas pautas de comportamento tão automáticas, predeterminadas e idênticas como as que se observam no mundo dos animais. Sua plasticidade para se configurar é muito maior que nos seres irracionais. No entanto, quando acredita tomar consciência de sua liberdade e autonomia, semelhante vivência é simples ilusão, pois já ficou moldado por uma série de fatores que ele mesmo desconhece e dos quais não tem por que se sentir responsável. A pessoa é um ser tão dependente do seu passado, de suas experiências, de suas pressões ambientais e interiores, de seus mecanismos inconscientes, de sua atração pelos estímulos, que, embora conseguisse detectar seus próprios condicionamentos, só chegaria a um grau maior de aceitação e realismo, mas nunca conseguiria obter o que realmente quer e deseja. A única saída, para viver com algum prazer e harmonia interna, é buscar a reconciliação com esse destino.

O determinismo estrito representa, pois, um atentado radical contra essa característica do ser humano. Numa concepção como esta não sobra espaço para a moralidade. Qualquer comportamento já está controlado por algumas *leis* prévias – biológicas, psicológicas ou sociais – que o orientam em determinada direção, embora a pessoa se imagine, como falso espelhismo, que é ela quem decide e se torna responsável pelo seu comportamento. O erro e o engano serão, inclusive, possíveis quando entre várias opções não se acerta com a melhor, mas tal direção não será nunca culpável, uma vez que, embora de maneira equivocada, optou-se pelo que de fato, para o indivíduo, era mais benéfico e convincente. Ninguém escolhe alguma coisa contra si mesmo e, por isso, quando rejeita Deus ou resiste ao chamado de um valor ético, é porque encontrou outra atração pela qual se sente inevitavelmente seduzido, sem outra possibilidade de escolha. O mesmo neurótico, que suporta e sofre as consequências de sua patologia, descobre em sua própria enfermidade um benefício inconsciente, que o *obriga* a se conservar nela, apesar de seus protestos contra os sofrimentos e seus desejos de se curar. Ninguém vai contra seu próprio bem, e quando se opta por um caminho equivocado, não existe outra explicação a não ser a patologia ou o erro.

Tudo, menos aceitar o prejuízo da liberdade, pois não é outra coisa senão uma ilusão falsa e ingênua. A aventura humana fica morta em sua raiz. Tira-se, certamente, a servidão da responsabilidade, mas deve-se pagar um preço excessivamente caro: também não existe mais a grandeza da decisão.

II. Uma proposta razoável. Não é este o momento de fazer apologia da liberdade, nem é provável que tivesse força para os que intuem, atrás de cada comportamento, um mundo desconhecido e inconsciente de mecanismos e pressões de qualquer espécie que condicionam a pessoa, sobretudo em seus níveis mais profundos. Quem quiser empenhar-se em não admitir a liberdade encontrará sempre motivações possíveis para justificar sua postura, cuja refutação não será fácil, pois fica sempre aberto o recurso a esses outros elementos inconscientes. Atrás de cada escolha aparecerá a *suspeita* de que certas experiências, pressões, recordações, interesses, expectativas etc., haviam já inclinado a balança para um lado, inevitavelmente.

A hipótese de sua existência não é um dado científico, a ponto de a defesa do determinismo estrito e radical ser considerada hoje em franco declive, apenas como casos raros e excepcionais. A partir dos mesmos âmbitos em que antes se negava – psicologia, ciências sociais, biologia e até a neurologia – outros autores descobriram motivos para provar a racionalidade de sua presunção.

Embora os raciocínios filosóficos não a imponham com absoluta clareza, pois a suspeita de outros mecanismos desconhecidos poderá estar sempre presente, deve-se inclinar pelo que parece mais racional, apesar de suas dificuldades. A insistência permanente nessa peculiaridade específica do ser humano é o sinal de uma crença comum, defendida como patrimônio precioso da humanidade, quando se descobriu o perigo de perdê-la. Precisamente hoje, quando tanto se apregoam os direitos da liberdade em todas as ordens e o respeito que ela merece como símbolo da dignidade humana, torna-se paradoxal e desconcertante combater sua possibilidade. Se a pessoa não fosse livre, ficaria despojada dessa dignidade, e o mundo dos direitos e obrigações teria coerentemente que desaparecer da terra. Mais ainda, se o determinismo fosse certo, seus defensores não poderiam afirmar racionalmente sua verdade, como alguns apontaram, uma vez que se trataria de uma afirmação que está condicionada também por outras motivações desconhecidas.

III. Para a conquista da liberdade. Contudo, também não é possível sair em sua defesa com ingenuidade ou idealismo excessivos. O conceito de *indiferença*, com o qual muitas vezes se identificava, não deixa de ser ambíguo e causa de interpretações absurdas. Quando a vontade decide e escolhe, nunca é plenamente autônoma, como o fiel da balança que deve permanecer no centro, sem se inclinar para nenhum lado. A liberdade poderia ser considerada, então, como realidade fria e indeterminada que não se sente atraída por nenhuma das opções possíveis. Nada existe de mais distante da experiência do que há no interior da pessoa.

Nosso psiquismo está profundamente condicionado e em grau bastante superior ao que o indivíduo normal imagina. Antes de tomar uma decisão, não acontece um equilíbrio perfeito diante de qualquer das alternativas. São muitos os dados, experiências, influências ambientais, modelos culturais, formas de temperamento, necessidades psicológicas, impulsos desconhecidos, tendências naturais, interesses mais ou menos ocultos etc., que impedem o absoluto equilíbrio e neutralidade para não conceder algumas vantagens a algumas das opções. Os dados que o determinismo apresenta poderiam ser aceitos sem temor excessivo ou receio. É verdade que estamos comprometidos com uma realidade *imposta*, situados num contexto do qual não podemos fugir completamente, *dirigidos* por uma série de leis que conservam sua eficácia e causalidade. São fatos da experiência e cientificamente demonstrados, mas daí também não se deduz uma simples ética da necessidade, sem outros horizontes, a não ser a forçosa submissão aos mecanismos cegos. A incompatibilidade só acontece entre os dados da ciência e a pretensão de uma liberdade absoluta, sem nenhum tipo de condicionantes.

Mais ainda, o reconhecimento dessas limitações é um passo prévio para o processo posterior de emancipação. A existência tem marcante caráter dialético entre o que nos foi dado à margem de nossa vontade e o projeto ou meta para a qual dirigimos nossos passos. A liberdade, portanto, não é presente gratuito da natureza, mas conquista que somente se consegue através de combate enorme e dramático. Deveria ser mais bem definida como capacidade do ser humano para superar e vencer, na medida de suas possibilidades e aos poucos, aqueles compromissos e determinismos que não quer aceitar nem considerar válidos em função de seu destino. É uma situação análoga à do preso com liberdade condicionada. Sabe que não tem autonomia para tudo, mas goza, pelo menos, de um amplo espaço para agir normalmente.

IV. Paradoxo radical da liberdade. Trata-se, pois, de uma atitude violenta e paradoxal entre os componentes deterministas e a ânsia de autonomia, que se entrecruzam constantemente em nossa estrutura psicobiológica. Aí se baseia a grande diferença existente entre nossa natureza e o mundo dos espíritos. Possuímos uma liberdade, em parte determinada, e um determinismo que em parte é também responsável, embora a proporção de ambos os elementos seja variável e diferenciada segundo os indivíduos concretos ou em função das circunstâncias. Quais zonas se tornam impenetráveis à liberdade e por quê, deverá ser estudado em cada caso, mas esses limites e reduções não exigem sua eliminação completa.

Na estrutura dinâmica de nosso psiquismo, há uma tensão profunda entre o que somos, o que nos foi dado, aquilo que a natureza nos impõe e o que cada pessoa aspira ser e deseja conseguir. Não estamos condenados a viver com o que somos, resignados a um destino imposto, como qualquer pedra ou animal, que não têm outra alternativa além da submissão aos imperativos de sua própria natureza. O salto qualitativo, que nos faz radicalmente distintos, é nossa liberdade. Somos capazes de recolher esse material que nos foi dado para dar-lhe um destino, uma configuração determinada, como a argila nas mãos do oleiro, que pode transformá-la numa obra de arte.

É certo que não somos donos absolutos de nosso futuro, mas com o olhar posto no mais além, para o qual nos orientamos com nosso querer, avançamos por caminhos difíceis e com obstáculos. A aspiração infinita de chegar finalmente à meta realiza-se com erros e inconsequências, produto da limitação. O dinamismo insaciável se mescla com o vazio e a frustração do que, apesar das boas intenções, não as traduz sempre no realismo dos fatos. O mesmo poder revela nossa impotência. Queremos e não podemos, mas às vezes também podemos e não queremos. E nessa vivência um tanto contraditória se revela nossa condição. Não somos sempre responsáveis por nossas incoerências, mas tampouco inocentes completamente de tais limitações. Porém, entre a plena inocência e a perversão total, fica uma faixa ampla na qual nossa liberdade age e se decide com aproximação maior ou menor para um desses extremos. Embora não sejamos, em todas as ocasiões, plenamente livres, habitualmente o somos de forma suficiente.

V. Preferência pelo bem. O fato de identificarmos a liberdade quase sempre com a possibilidade de escolher entre opções antagônicas e contraditórias impede a descoberta de sua verdadeira natureza. A defectibilidade é própria de uma autonomia, como a humana, que ainda não é completamente livre. A opção pelo mal não é sinal de plena independência e emancipação. Pelo contrário, manifesta que ainda não está completamente liberada para se deixar seduzir pelo bem.

Isso explica, segundo Tomás de Aquino, que os bem-aventurados ou os anjos no céu não podem realizar o mal, nem se separar de Deus como o bem supremo. De tal maneira se acham cativados por ele que não lhes é possível desviar-se para outros objetivos. Por isso, a decisão não deveria ser adjetivada como livre pelo fato de não estar vinculada. O termo mais apropriado para compreender sua condição autêntica não seria *indiferença* – com capacidade para escolher tanto o bom como o mau – mas *preferência* – com uma força irresistível para o bem. É o que procura a dinâmica do ser humano com uma ansiedade incontrolável e, na medida em que sua liberdade se torna mais plena e verdadeira, encontrará mais dificuldade em substituí-lo por outro enganoso e aparente.

Como aquele que ama de verdade a outra pessoa está incapacitado para causar-lhe dano ou abandoná-la, não porque tenha perdido sua liberdade, mas porque a levou à sua plenitude. Da mesma forma que o *automatismo* de um artista para tocar um instrumento não é nenhuma escravidão que o condiciona. É uma arte que conseguiu com o esforço de uma aprendizagem para agir com espontaneidade e sem cometer nenhum erro. O mesmo sentido que tem a virtude quando é definida como uma inclinação profunda para realizar o bem. O *deficit* dessa tendência não estaria radicado na forte atração que experimenta para o bem, mas em que ainda conserva, por sua condição humana, a possibilidade de não cumpri-lo.

VI. O pecado como autoengano. O caráter deficitário de nossas decisões, e até a nostalgia interior de que nelas se busca um bem, constata-se na experiência do pecado, na qual liberdade se deixa seduzir por outros bens muito distantes de Deus. Um dos termos mais expressivos que a Bíblia utiliza para falar dele talvez seja o de "errar o alvo". É evidente que, se fosse apenas um erro ou equívoco, poder-se-ia considerar como gesto lamentável, mas nunca como falta culpável. A existência desta se constata, no entanto, por ser produto de engano voluntário, de falha que brotou da má-fé.

Quando se faz o mal, não é tanto pelo alto grau de perversão, que não costuma acontecer habitualmente, mas porque não se consegue descobrir no mal o seu rosto verdadeiro, velado e coberto por outras aparências superficiais e mais bondosas. Antes de cometê-lo, a pessoa tem de se convencer, de uma ou outra maneira, de que procura fazer um bem, no fundo, ou de que pelo menos a conduta não parece tão negativa como se diz. É um jogo no qual não existe limpidez completa nem clareza absoluta, embora também não se aceite a trapaça descarada. É preciso utilizar as meias verdades e manipular os dados, segundo os próprios interesses, para acabar cedendo, mas sem má intenção. O que se procura precisamente é uma justificação pseudoverdadeira, que permita fazer o que não se deve através de um convencimento enganoso que elimina a lucidez.

O Gênesis já expressa, em suas primeiras páginas, essa experiência primitiva que se foi repetindo depois em todos os seres humanos. A astúcia da serpente consegue, com falsas aparências e perguntas inocentes, que a segurança e a confiança numa ordem se dilua progressivamente para que se transforme agora em objeto sedutor o que antes se considerava transgressão e desobediência. Por isso, na Bíblia, o pecado aparece sempre como engano sutil, e Satanás é chamado como o pai da mentira (Jo 8,44). Não é à toa que sua identificação com a serpente do paraíso o faz ser "o animal mais astuto" (Gn 3,1); e, na luta final do Apocalipse, manifesta-se como o grande "sedutor de toda a terra" (Ap 12,9). São muitos os relatos bíblicos que acentuam esse processo de obnubilação e autoengano até concluir num estado de enrijecimento e esclerose que incapacita para se encontrar com a verdade.

O tema da tentação, à margem das imagens muito infantis, encerra uma riqueza psicológica extraordinária nos escritos dos grandes autores espirituais. No fundo de todas as suas reflexões encontra-se sempre a mesma evolução para um conhecimento cada vez mais falso e enganoso. O objetivo desse processo é levar a um estado de má-fé no qual mais ou menos nos enganamos sabendo, e mais ou menos acreditamos no engano. Se não houvesse essa mescla de luz e opacidade, não haveria alternativa, a não ser a do simples erro sem culpa ou a de má-fé sem atenuação. E entre o equivocado completo ou o perverso absoluto se situa a pessoa normal, que com o rabo dos olhos sabe que se engana, mas não lhe interessa saber tampouco sua falsa justificação, exemplo esplêndido de nossa condição deficitária que, até para cometer o mal, tem primeiro que se enganar para pseudojustificar sua ação, e sem a lucidez necessária para desmascarar seu engano.

VII. A preferência por um valor supremo. Se a liberdade é, sobretudo, paixão e preferência pelo bem, antes de exercitá-la nas múltiplas escolhas pequenas e habituais de cada dia, deve-se ter encontrado outra opção suprema que as justifique e estimule. Os atos concretos sem nenhuma vinculação com este fim carecem de sentido humano, como se fossem os gestos de um autômato ou insensato. A pessoa tem de decidir o significado último e definitivo que quer dar à sua vida e em função do qual nascerá determinado estilo de conduta. A autodeterminação livre do ser humano realiza-se primária e principalmente nessa capacidade para escolher seu projeto e destino. É o que há muito tempo se chamou opção fundamental: aquele valor, ideologia ou pessoa que, por ser considerado o mais absoluto e importante de tudo, transforma-se em ponto de referência básico para as demais decisões. É impossível escolher, sobretudo quando são oferecidas possibilidades contraditórias, se não existir uma intenção mais radical que motive e justifique por que aceitamos umas e rejeitamos as demais.

O ser racional busca e anseia por alguma coisa, para além de suas reações e formas de comportamento, que constitui a meta e o ideal para o qual se orienta. O que ajuda e serve para essa finalidade última, ele está disposto a realizá-lo; e o que dificulta e impede, embora lhe agrade por outros motivos, sacrifica-o consciente de sua necessidade para conseguir o que quer. A entrega a uma causa supõe um empenho custoso, que exige necessariamente muitas renúncias. Comprometer-se a sério com algo leva a desligar-se de outros compromissos menores ou amarras, para entregar-se em plenitude a outra tarefa mais importante. É um risco, sem dúvida, que faz abandonar, muitas vezes, o interesse imediato e as ilusões presentes com o objetivo de um porvir ainda muito distante e incerto. Essa falta de segurança no futuro, que só pode ser superada por uma esperança convicta e cheia de ilusão, motiva o medo instintivo que tão frequentemente se constata hoje, quando se deve optar na vida por um compromisso permanente. Por isso, a liberdade continua sendo, acima de tudo, um ato de preferência, de amor e entrega a um ideal.

O caráter utilitário e provisório de uma sociedade de consumo teve suas ressonâncias nesse âmbito. Interessa o imediato e o que está ao alcance da mão, mas só consegue renunciar a essas liberdades minúsculas quando já se conseguiu outra liberdade fundamental, que possibilita determinada orientação na vida e o sacrifício que exige para alcançá-la.

VIII. O compromisso da fé. No entanto, para o cristão que vive em clima religioso, essa opção fundamental se efetua por meio da fé. A experiência fenomenológica do amor nos revela que, entre todas as pessoas para as quais se dirige o afeto e com as quais se mantém uma relação de amizade, existe sempre uma que é valorizada acima de todas as demais. Se qualquer outra chegasse a impedir esse carinho, não há alternativa senão conservar a fidelidade a quem se entregou como valor supremo. A experiência da conjugalidade, quando o amor se torna totalizador, único e exclusivo, é uma confirmação desse fato. No mundo, não existe mais ninguém a quem se possa querer dessa maneira. Qualquer outro amor terá sempre caráter condicionado, pois deverá respeitar e não destruir o que é vivenciado como o mais importante.

Nesse sentido, Deus é o único amor incondicional para o cristão, uma vez que a entrega a ele é colocada acima de qualquer outra realidade. Para o crente verdadeiro, não existe nenhum outro valor que, ao ser comparado com o que lhe é manifestado em sua vivência religiosa, alcance o mesmo grau de compromisso. É o mandamento definitivo, que conserva para sempre sua vigência: "Amarás o Senhor teu Deus, com todo o teu coração, com toda a tua alma e com todas as tuas forças" (Dt 6,5). Todo o resto se torna de alguma forma secundário, já que seu valor está radicado na vinculação que conserva com essa última finalidade.

A Bíblia explicita essa possibilidade do ser humano para aceitar a aliança que Deus lhe oferece ou para se fechar a semelhante chamado. As dificuldades que possam existir para admitir com absoluta certeza a liberdade se esfumam por completo na revelação. Essa capacidade de optar livremente é um postulado irrenunciável de toda teologia, uma vez que diversamente cairiam por terra os ensinamentos mais fundamentais da palavra de Deus. Se ele oferece uma aliança e convida para uma conversão radical, é porque essa decisão é possível e válida, apesar de todas as limitações; da mesma forma que denuncia e condena os que se fizeram surdos e cegos a tal convite. Seria muito sarcasmo utilizar uma linguagem na qual se supõe sempre essa possibilidade de orientar a vida para Deus ou de dar-lhe as costas, quando na verdade só existe uma falsa e enganosa carência, uma vez que a pessoa não tem semelhante capacidade em mãos.

A imagem bíblica de Deus destruiria e a história perderia sua dimensão salvadora, a partir do momento em que o ser humano fosse simplesmente produto da necessidade. Não seria, então, um diálogo pessoal e responsável o que se realiza no mundo da fé, mas os mecanismos ocultos de um fatalismo que dá a cada indivíduo um papel determinado, sem que ele intervenha para nada na elaboração de seu próprio projeto. Deus levou muito a sério o ser humano como responsável pelas obras do mesmo Deus e sem essa liberdade não estaria de nenhuma forma justificado o louvor, ou a condenação, que tão frequentemente ele faz recair sobre conduta do mesmo ser humano, não estaria de nenhuma maneira justificado.

IX. Liberdade e liberdades. A liberdade fundamental, portanto, que admitimos como requisito para a autonomia adulta e para a entrega religiosa, está radicada na capacidade que o indivíduo tem, apesar de seus condicionantes e determinismos de índole diversa, de optar por um rumo definido, para a meta que já vislumbrou com certa urgência em seu interior. Se um compromisso como este não nasce espontaneamente, é porque durante todo o processo de elaboração foi se configurando através de outras pequenas ações.

É o fruto de longo e silencioso amadurecimento no tempo e que aos poucos se explicita por uma série de atos, com os quais tenta já conseguir um projeto que é desenhado paulatinamente no horizonte. Toda a conduta começa a se justificar porque, por trás de cada escolha, mesmo minúscula, aparece um ideal que motiva as diferentes reações. Os gestos elaborados com nossas liberdades pequenas tecem a liberdade fundamental, que dá a orientação, e definitiva.

Porém, esta última não é gerada e elaborada através de nossas pequenas decisões, mas também é alimentada, sustentada e aprofundada com elas. Esse projeto básico não se reduz a mero sentimentalismo nem a simples desejo abstrato do que alguém quer ser, mas sua mesma dinâmica interna provoca autêntico compromisso, que se explicita e traduz em forma concreta do nosso livre agir. A realização da pessoa, que para o cristão é também o chamado e o convite de Deus, exige tomada de posição diante dos diferentes valores éticos. Naquele que opta por se entregar ao Senhor como valor supremo de sua existência, ou seguir a Jesus para tornar presente seu reino, a veracidade e autenticação dessa entrega são demonstradas em seu compromisso com a justiça, com a honradez, com a fraternidade, o serviço, a castidade, a paciência e tantas outras exigências morais que modelam e configuram o comportamento humano. Essa postura permanente de fidelidade a tudo o que humaniza e expressa a vontade de Deus se transforma em atitude. Não é possível a realização sincera do projeto adotado se não se traduz e cristaliza nessas disposições básicas e nos diversos campos da atividade.

Também aqui nos defrontamos com uma liberdade condicionada por múltiplos fatores. Todos somos conscientes de que o apreço ou a repulsa por determinados valores, que caracterizam de maneira singular a fisionomia de uma pessoa, são, em grande parte, produto de sua história, biologia, temperamento, educação, ambiente e cultura, onde se encontra submersa. Tanto as virtudes como os vícios têm suas raízes aprofundadas em terrenos que não foram cultivados pela própria liberdade. A sensibilidade para certas dimensões morais da vida, e a cegueira que impossibilita a valorização adequada de outras, conseguem sua explicação em níveis frequentemente distantes da ética. Porque um mesmo indivíduo estima e defende com tenacidade a solidariedade com os outros, e apenas sente a culpa quando utiliza em seu proveito a mentira, não se justifica só por suas deficiências morais. O mesmo temperamento inclina-se espontaneamente para o exercício de algumas virtudes e fomenta o perigo de certos defeitos. No entanto, também essa conaturalidade não elimina o caráter responsável, uma vez que, sobre os dados oferecidos da própria natureza, cada um deve selecionar aqueles que lhe sirvam para a consecução de seu intento e aparar, com seu esforço, as arestas daqueles que o dificultem.

X. Valorização das decisões particulares. Nesse mesmo contexto, deve-se valorizar o significado das decisões particulares. Sua consideração não deve centrar-se no fato isolado, como se sua força recaísse exclusivamente sobre a materialidade do gesto. A importância está radicada na referência elas que têm com a opção fundamental. Realizam a gênese dela, como dissemos, porém, com seu influxo silencioso e velado, aumentam e a tornam densa. Na medida em que se traduz e se encarna em decisões concretas, sua existência se robustece, como o carinho, que se alimenta com as expressões normais e sem relevo nenhum.

Nessa mesma linha, finalmente, seu influxo torna-se negativo, enquanto também podem mudá-la da mesma forma que a criaram. Um ato concreto poderia dar lugar a uma modificação de sinal oposto à que se havia adotado anteriormente; ou uma série de atos que não se encontram mais orientados por ela, mas que começam a manifestar, embora de forma velada, um interesse diverso, acabariam também por causar uma opção diferente.

A liberdade, patrimônio do ser humano e símbolo de sua dignidade e grandeza, não é um dom que faz parte da natureza, mas uma conquista que deve ser realizada com esforço constante. Por nossa precariedade, vivemos sob a ameaça de múltiplas escravidões que condicionam nosso querer e atuação.

Mas nunca será humana só pelo fato de fazer, em cada momento, o que agrada e apetece. Sua única justificação se radica em colocar a ação livre a serviço do projeto humano e religioso que cada um esboçou em sua vida, como aquele que levanta um edifício de acordo com o plano traçado para sua construção. Para ser livre, é preciso ter a ousadia de romper com tudo o que desvia desse objetivo. É verdade que o equívoco e o pecado atrasam e dificultam a realização, mas a liberdade guarda forças e desperta ilusões para começar de novo a mesma tarefa. Aquele que renuncia a isso é porque se eximiu de sua livre responsabilidade.

Dennet, D. *La libertad de acción*. Madrid, Gedisa, 1992; Fromm, E. *El miedo a la libertad*. Buenos Aires, Paidós, 1994[15]; Frondizi, R. *Introducción a los problemas fundamentales del hombre*. Madrid, FCE, 1997, 151-303; Jonas, H. *El principio de responsabilidad. Ensayo de una ética para la civilización tecnológica*. Barcelona, Herder, 1995; Nello Figa, A. *Teorema e la opción fundamental. Bases para su adecuada utilización en teología moral*. Roma, Gregoriana, 1995; Popper, K. P. *El universo abierto. Un argumento a favor del indeterminismo*. Madrid, Tecnos, 1986; Rothbard, M. *La ética de la libertad*. Madrid, Unión Editorial, 1995; Schopenhauer, A. *Sobre la voluntad de la libertad*. Madrid, Alianza, 2002; Searle, J. *Razones para actuar. Una teoría del libre albedrío*. Oviedo, Nobel, 2000; Thorp, J. *El libre albedrío*. Barcelona, Herder, 1985.

Eduardo López Azpitarte

LIBERTAÇÃO

"Libertação" é um conceito que representa a essência mesma da mensagem revelada. "A aspiração à Libertação... toca num tema fundamental do Antigo e do Novo Testamento" (*Libertatis nuntius* III,4). "O Evangelho de Jesus Cristo é uma mensagem de liberdade e uma força de libertação. Nos últimos anos, essa verdade essencial foi objeto de reflexão por parte dos teólogos" (*ibid.*, Intr.). "A Igreja de Cristo faz suas essas aspirações, exercendo seu discernimento à luz do Evangelho, que é, por sua mesma natureza, mensagem de Libertação" (*Libertatis conscientia*, Intr. 1). Esse tema da liberdade e da libertação, "que é o centro da mensagem evangélica" (*ibid.*, 2), deve ser guardado com muita atenção, precisamente por sua centralidade e essencialidade: "pertence efetivamente ao patrimônio tradicional das igrejas e das comunidades eclesiais" (ibid.). Por outro lado, afirma-se que "a poderosa e quase irresistível aspiração dos povos a uma libertação constitui um dos principais sinais dos tempos" (*Libertatis nuntius* I,1) e é um dos grandes desafios do nosso tempo aos discípulos de Cristo (*Libertatis conscientia*, Intr., 2.).

Não obstante essa importância da libertação, a atenção magisterial e teológica que lhe foi dada oficialmente por parte da Igreja foi bastante reduzida, praticamente nula. Os grandes tratados teológicos e os mais famosos dicionários de teologia trataram por alto, até muito recentemente, esse problema essencial da fé cristã e da antropologia revelada. A questão é tanto mais surpreendente quanto o fato de o conceito afim de "liberdade" ter adquirido relevo. Teve de ser a teologia da libertação produzida na América Latina, como práxis eclesial e como reflexão teórica, a que levou a recuperar para a fé e para a práxis eclesial algo tão essencial para elas que, mesmo sem ser formalmente negado, tinha sido desconhecido, esquecido e às vezes implicitamente rejeitado.

I. Recuperação cristã da libertação. A teologia da libertação, que introduziu tão vigorosamente no magistério, na reflexão e na prática da Igreja o tema da libertação, descobriu-o fora dela mesma e fora da Igreja, pelo menos num primeiro momento. Descobriu-a não tanto diretamente na escuta do clamor dos povos e das classes oprimidas, mas nos movimentos sociopolíticos de libertação, que haviam acolhido efetivamente esse clamor e o haviam articulado em diversas formas de luta política. Entre esses movimentos não pode ser desconhecida a importância dos movimentos de inspiração marxista. Reconhecer esse fato não significa fazer a teologia da libertação e a mesma libertação dependerem da ideologia desses movimentos. Nem toda origem se transforma em princípio, nem todo processo é por si assumido na estrutura. Mas o chamado de atenção surge do compromisso ético e político daqueles que, não animados diretamente e explicitamente pela fé cristã, haviam-se colocado do lado dos oprimidos. O motivo pelo qual esse compromisso que os cristãos tinham experimentado também em outros lugares do mundo não havia suscitado uma nova teologia, nem havia servido para recuperar a novidade da mensagem cristã de libertação, não deixa de ser questão de grande alcance para a vida da Igreja. Embora a Igreja nunca estivesse muito atenta para os movimentos de descolonização, quando essa libertação acontecia em relação a colônias supostamente cristãs, esteve alerta, de forma mais relevante, em relação aos sofrimentos da classe operária. Quando, finalmente, a Igreja se preocupou magisterialmente com o caso, isso aconteceu em relação à doutrina ou ao ensinamento social, isto é, num âmbito um tanto retirado da reflexão teológica e da práxis pastoral. Os teólogos dogmáticos, por sua vez, e até os teólogos bíblicos, não chegaram a ver a enorme riqueza cristã e teológica que já despontava com a libertação; consideraram o tema político demais e pouco teologal, talvez importante para algum âmbito da moral, mas irrelevante para o desenvolvimento do dogma. A explicação desse fato é, em parte, tarefa da sociologia do saber, mas também tarefa de uma epistemologia teológica, que não descuide da possibilidade de que Deus se revela principalmente aos que não são precisamente os mais academicamente sábios aos olhos do mundo.

A libertação não é, então, num primeiro momento, algo que, lido na Escritura ou recebido da tradição, refere-se a determinada situação histórica. É mais, num primeiro momento, uma *interpelação da realidade histórica para pessoas de fé*. As pessoas de fé, tanto pastoralistas como teóricos, tanto bispos e sacerdotes como leigos, começam a escutar o clamor dos oprimidos, e este clamor os remete a Deus e à mensagem da revelação, obriga-os a reler a Escritura, para perscrutar nela o que pode ser oferecido aos seres humanos e aos povos que clamam por libertação. Os marxistas já haviam dado sua resposta; alguns que se diziam cristãos e identificavam o bem comum com a manutenção da quietude e da ordem estabelecida também haviam dado a sua. Uma nova geração de cristãos, mais encarnada nos pobres e nas lutas populares, começou também a elaborar sua própria teoria e sua própria práxis de libertação. A teologia da libertação, matriz criadora do novo conceito cristão de libertação, começa a ser elaborada, impelida pelo novo espírito do Concílio Vaticano II, partindo de uma releitura do AT e do NT que procura responder, a partir da palavra de Deus, às exigências dos mais oprimidos.

A libertação é, de repente, uma tarefa histórica e, dentro da história, uma *tarefa socioeconômica*. Essa era a demanda e isso tinha de ser respondido. A demanda não era pequena, nem fácil a resposta. No elemento estrutural histórico do socioeconômico se debatia, em grande parte, o destino mesmo do ser humano e da humanidade, mas se debatia também a realidade mesma de Deus diante da salvação dos seres humanos. O precedente original estava no livro do Êxodo. A mesma experiência de um povo oprimido que, em sua opressão-libertação, descobre o Deus libertador, que se revela a ele fundacional e fundamental em determinada experiência histórica, acontece num novo povo oprimido. Deus será para os israelitas o Deus libertador que os tirou da opressão socioeconômica dos egípcios e, a partir dessa libertação histórica, os israelitas descobrirão a riqueza sempre maior de Deus e a plenitude sempre maior da salvação-libertação. O povo acreditou ao ouvir que o Senhor se ocupava de sua opressão (Ex 4,31). A revelação a Moisés tem esse caráter específico: "Eu vi, eu vi a miséria do meu povo que está no Egito. Ouvi seu grito por causa dos seus opressores; pois eu conheço as suas angústias. Por isso, desci a fim de libertá-lo da mão dos egípcios, e para fazê-lo subir dessa terra para uma terra boa e vasta. Agora, o grito dos israelitas chegou até mim, e também vejo a opressão com que os egípcios os estão oprimindo" (Ex 3,7-9).

Que a salvação tivesse a ver com o pecado, que a libertação fosse por fim libertação do pecado, deverá ser entendido a partir da experiência histórica fundamental de um povo oprimido a quem Deus quer dar a liberdade mediante um processo histórico de libertação. Vistas as coisas a partir do fim, pareceria que a origem do processo de revelação e de salvação pudesse ser deixada para trás. Uma vez que se tenha chegado à plenitude de Jesus Cristo e à revelação do NT, poderia parecer que o antigo já havia passado, que devia ser abandonado o coletivo pelo pessoal, a exterioridade pela subjetividade, o histórico pelo transcendente. A realidade dos povos oprimidos, sua profunda semelhança simbólica com a do povo israelita no Egito, a renovação da vivência cristã feita por comunidades de base, que sofriam em sua própria carne a opressão e queriam participar na libertação, fariam saltar essa aparência. As distintas confissões de fé do povo judeu, que eram substancialmente relatos históricos dos fatos salvíficos de Deus com seu povo, deviam ser recuperadas. Jesus não tinha vindo para abolir o AT, mas para cumpri-lo. Esse cumprimento poderá ser inesperado, poderá superar as expectativas históricas de um determinado povo, mas não poderá ser conciliado com uma situação de opressão, na qual a maior parte da humanidade reproduz, quase ao pé a letra, a experiência histórica do povo israelita sob a opressão dos faraós. A Assembleia de Medellín viu isso muito claramente: "Assim como em outro tempo Israel, o primeiro povo, experimentava a presença salvífica quando Deus o libertava da opressão do Egito, quando o fazia atravessar o mar e o conduzia para a terra prometida, assim também nós, novo povo de Deus, não podemos deixar de sentir a passagem de Deus, que salva, quando acontece 'o verdadeiro desenvolvimento, que é a passagem, para cada um e para todos, de condições de vida menos humanas para condições mais humanas...'" (Intr., 6).

A citação de Paulo VI (*Populorum progressio* 20-21) faz referência a carências materiais e morais, a estruturas opressoras, à satisfação das necessidades básicas, a uma ordenação mais justa, até, fazer chegar ao reconhecimento e à aceitação de Deus que se dá a nós na fé. "Um surdo clamor brota de milhões de homens, pedindo a seus pastores uma libertação que não lhes chega de nenhuma parte" (*Medellín*, 14,2). A apelação para a libertação integral não pode constituir, portanto, esquecimento ou superação da experiência fundamental, que consiste por um lado, na vivência da injustiça social, econômica e política como um mal que afeta os necessitados e oprimidos e que constitui um pecado negador de Deus e da vida divina, e por outro lado na libertação ativa desse pecado de injustiça como páscoa em que se torna presente o Senhor libertador. A libertação integral, precisamente por ser integral, não pode esquecer que deve ser superação das estruturas de pecado e não somente da intencionalidade pecaminosa.

O próprio Paulo havia apresentado o essencial da salvação como *libertação do pecado, da morte e da lei*. Evidentemente, nenhuma dessa tríplice dimensão libertadora da salvação tem um só sentido ou é exclusivamente individual. O pecado, a morte e a lei afetam, sem dúvida, a interioridade do indivíduo, mas também sua totalidade e sua plenitude afetam os povos, no caso o povo judeu e o povo cristão.

Está certo, portanto, falar da libertação do pecado, uma vez que se leve em conta a totalidade do pecado e a profundidade de sua essência. Há, de repente, um *pecado original* (natural), um *pecado pessoal* e um *pecado histórico* (social). Nem todos eles têm a mesma transcendência pessoal e interior, embora nenhum deles deixe de tê-la porque, ou procede das pessoas ou as afeta. A libertação do pecado original, no que tem de culpa e de mancha, inicia-se com a incorporação a Cristo pelo batismo, mas só chega ao ápice quando o ser humano leva a mesma vida de Cristo e com ela sua morte, sua sepultura e sua ressurreição (Rm 6,11-23). Essa libertação do pecado não inclui automaticamente a libertação das consequências do pecado, das grandes concupiscências do ser humano, que estão na origem e são muitas vezes princípio de outros muitos pecados e de outras muitas opressões. A libertação do pecado originante é assim uma libertação progressiva e histórica. Da mesma forma, é a libertação do pecado pessoal, não somente no que tem de ação daquele que o comete, mas no que tem de ação objetivada (Zubiri), pois nenhum pecado, nem mesmo o mais individual e interior, deixa de repercutir de algum modo na configuração da pessoa e na marcha da história. Também essa libertação do pecado pessoal é, antes de tudo, obra de Deus salvador, mas se apresenta, ao mesmo tempo, como libertação do ser humano, pecador enquanto ser ativo na história. A libertação do pecado histórico e social, enquanto configuração pecaminosa e pecaminante das estruturas e dos processos históricos, é também um processo no qual intervêm conjuntamente Deus e o ser humano pelo mesmo caráter social e histórico desse pecado; enquanto pecado social e histórico, não é atribuível direta e imediatamente a nenhum ser humano em particular, mas nem por isso deixa de ser ocultação positiva da verdade de Deus e tentativa positiva de anulação da plenitude de vida que Deus quer comunicar aos seres humanos. É nessa dimensão do pecado que acontece a necessidade da transformação das estruturas, precisamente no que estas têm de efeito do pecado e causa de novos pecados.

Por mais que esse tríplice pecado – o original, o social e o pessoal – só analogicamente entre no mesmo conceito de pecado, nem por isso deixa de ser estritamente pecado, que precisa de salvação divina em forma de libertação. São efetivamente dominadores e opressores do ser humano e da humanidade, negação da imagem divina no ser humano e a barreira fundamental entre o homem e Deus, de uns seres humanos com os outros e do ser humano com a natureza. Em termos clássicos, são desobediência fundamental ao desígnio de Deus sobre o ser humano, sobre a história e sobre a natureza; são a negação da fé em toda sua rica plenitude (Croato) e, ao mesmo tempo, negação do amor. E o pecado não deve ser entendido primariamente como ofensa a Deus que deverá ser perdoada, mas como desvio real ou anulação real, conforme os casos, do plano divino, tal como se entrevê na natureza e tal como se manifesta na história da salvação.

A libertação do pecado está em conexão íntima com a libertação da morte e com a libertação da lei. A morte é, em algum sentido, o efeito do pecado, e a lei é causa do pecado. Não há libertação integral sem libertação da morte e sem libertação da lei, em conexão com a libertação do pecado.

A morte da qual fala Paulo é ao mesmo tempo *morte teologal e morte biológica*. O ser humano é chamado por Deus à vida, antes de tudo à vida divina, mas esta não é possível sem a vida pessoal de cada um, a integridade da vida de cada um. Por isso, a necessidade de que, na ressurreição, já seja plena a libertação do pecado, da morte, da lei, e isto não por uma presumida imortalidade da alma, mas por força revivificadora do Espírito. Porém, a morte definitiva, como consequência do pecado natural (original), se adianta de muitas formas na história. A superabundância do pecado na história traz consigo a superabundância da morte, em que se torna presente a luta entre vida e morte, entendidas ambas em toda sua plenitude e extensão. A teologia da libertação, seguindo nisso as teologias mais profundas, contempla Deus como um Deus de vida e, consequentemente, contempla o pecado como agente de morte. Por isso, uma das melhores formas de lutar contra o pecado é a luta contra a morte em todas as suas formas, mas inicialmente na forma do sobreviver humano. Por causa da miséria, da fome, da falta de moradia e de recursos, por causa da enfermidade, por causa da opressão e da pressão, a maioria dos seres humanos morre antes do tempo, isto é, a vida lhes é arrebatada e com ela a possibilidade mesma de ser a glória de Deus (*gloria Dei homo vivens*). Aqueles a quem isso acontece em razão do pecado social, da injustiça estrutural, são aqueles que devem ser chamados pobres por antonomásia e aqueles para quem é dirigido o amor preferencial de Deus. Daí, a libertação da morte, em todas as suas formas, é parte essencial da mensagem cristã, sobretudo quando, com a morte, é arrebatada da pessoa integralmente desenvolvida a possibilidade mesma de viver ou a capacidade de viver em plenitude. A libertação da morte só acontecerá de forma total e definitiva pela passagem através da morte, precisamente no desfrute de uma vida eterna, na qual o importante é de novo a vida e não tanto a eternidade, vida na qual não haverá opressão, pranto, enfermidade, divisão, mas plenitude na comunicação de Deus, que é vida e é amor. Porém, essa libertação definitiva deve ser antecipada. E é empiricamente evidente que, quando se faz desaparecer o pecado do mundo e as causas do pecado, a vida humana, desde sua radical biologia até sua plena culminação, aconteceria para a maioria dos seres humanos de forma muito mais rica. A vida como libertação da morte é, assim, um dos elementos essenciais da libertação.

Finalmente, segundo Paulo, está a libertação da lei, a grande parteira do pecado. O fato de nos textos paulinos se falar mais explicitamente da lei judaica não impede que nessa mesma direção se amplie a libertação em relação a toda lei imposta pelos seres humanos. Não se trata de pregar a anarquia, nem de subestimar a necessidade da lei, pelo menos como mal necessário. Porém, tanto dentro da Igreja, como sobretudo na marcha dos povos, a lei se transforma em atadura da qual se deve libertar. Quando na Igreja a lei e o sábado são colocados acima do ser humano – e isso no concreto e no efetivo, não só no abstrato e universal – em vez de colocar o ser humano acima da lei e do sábado, se está voltando à prática legalista que Paulo e o próprio Jesus criticam. Porém, o problema acontece, sobretudo, no governo e na estruturação das nações, em que a lei é muitas vezes a justificação institucional de uma prática habitual de opressão e repressão. A injustiça estrutural e a injustiça institucional, como formas evidentes do pecado social e histórico, é essa lei fruto do pecado e traz consigo o poder da morte. Essa lei, em grande parte, faz com que, no mundo, haja vida exploradora para alguns e vida espoliada para outros; essa lei que legitima o pecado social, propondo ideais inatingíveis e negados pela prática, enquanto protege a desordem estabelecida, favorável para alguns poucos e desvantajosa para as grandes maiorias. Essa lei não só impera no âmbito do social-político-econômico, mas também no âmbito da moral, em que a letra se impõe ao espírito, a legalidade à justiça e a defesa dos próprios interesses ao amor solidário. Tudo isso vai contra a mensagem revelada no AT e no NT, nos quais aparece, com toda a clareza, a hierarquia diferente entre o principal e o secundário, entre o fundamental e o instrumental, entre o coração generoso e bem intencionado e a lei formal, entre a graça e a lei.

A libertação do pecado, da morte e da lei é, assim, parte essencial da proposta *libertação integral*, tal como esta deve ser vista na ótica da fé cristã. Quando se discutiu se a promoção da justiça é parte essencial ou integrante da fé, ou é tão somente uma exigência fundamental dela, correu-se o perigo de tratar a questão de forma idealista e dualística. Sem que se confundam, a fé e a justiça são dimensões inseparáveis, pelo menos quando ambas, em plenitude, acontecem dentro de um mundo de pecado. É evidente que não existe fé sem justiça, assim como não existe justiça sem fé. Não se deve esquecer tampouco que o ser humano pode se salvar sem fé (explícita), enquanto não pode se salvar, de forma alguma, sem justiça. Por outro lado, é certo que a verdade plena da justiça, e consequentemente da justificação, não é alcançada senão pela fé. Por exemplo, só pela fé se pode afirmar que é de justiça (cristã) a opção preferencial pelos pobres, a parcialidade em favor dos mais necessitados.

II. Libertação e liberdade. Costuma-se afirmar que o conceito de "libertação" só atende a um dos aspectos, ao aspecto de libertação *de* ou liberdade *de*, sem prestar a devida atenção à libertação *para*, à liberdade *para*. Sabia-se mais ou menos de que deve ser libertado o ser humano ou a sociedade, mas não para que deve ser libertado e menos ainda como deve ser libertado. Poder-se-ia responder a essa objeção de modo puramente formal e abstrato, dizendo que fomos libertados do pecado em todas as suas dimensões para alcançar a liberdade dos filhos de Deus. Isso é exato e já indica o fundamental da libertação: libertação do pecado e libertação para a liberdade dos filhos de Deus. Porém, deve ser muito mais concretizado, sobretudo para esclarecer a discussão entre os chamados partidários da liberdade e os partidários da libertação; para uns, no melhor dos casos, a liberdade é o melhor caminho para conseguir a libertação (justiça), enquanto para outros a libertação é o único caminho para se chegar à liberdade de todo o ser humano e de todos os seres humanos. A liberdade de uns é a liberdade dos liberais, do liberalismo em todas as suas formas; a libertação dos outros não se identifica com nenhuma forma de liberalismo, porém se aproxima bem mais dos diversos processos de libertação histórica, embora não se identifique com nenhum deles.

A libertação é, acima de tudo, um processo. Um processo que em âmbito pessoal é, fundamentalmente, um *processo de conversão,* e que no histórico é um processo de transformação, quando não de revolução. A liberdade pessoal, mesmo prescindindo metodologicamente de seu componente essencial intersubjetivo e mesmo social, não acontece uma vez por todas, mas deve ser conquistada; essa conquista supõe, no lado negador, a libertação de todas aquelas ataduras, internas e externas, que fazem calar e minguam a força da liberdade potencial; e, no lado criador, o fortalecimento da própria autonomia e autodeterminação configuradora, que não supõe a anulação do tendencial (concupiscência), nem o corte de relações com a pressão do mundo exterior em todas as suas formas, mas sim certo domínio sobre isso tudo. Trata-se de um longo processo que nunca termina, nem supõe que não se deva dar liberdade aos seres humanos até que eles consigam sua plena libertação, porém supõe que não se pode falar de liberdade pessoal plena, a não ser como resultado de longo processo de libertação. Se definirmos a liberdade pessoal por uma de suas características essenciais, a autodeterminação, podemos ver como é difícil falar de liberdade, mesmo nos casos em que tanto se fala dela. Sempre, porém, no mundo atual, de forma mais sutil, há muitas formas de anular a autodeterminação ou de reduzi-la a uma resposta, aparentemente livre, a solicitações e pressões que vêm de dentro ou de fora. Existe o perigo de uma perpétua escravidão pessoal, mesmo quando se pensa que foi escolhido livremente o senhor ou o poder, dos quais alguém quer ser escravo. Se no nível pessoal a libertação é um processo de conversão, no histórico é um *processo de transformação e/ou revolução.* Nem no pessoal nem no histórico, pode-se falar de liberdade, se não acontecerem as condições materiais e objetivas para ela. De fato, há todo um conjunto de condições materiais e objetivas que limitam (impedem) a liberdade e, por sua vez, é necessário um conjunto de condições para que a liberdade possa desenvolver-se. Assim, tem sentido falar da liberdade apenas de uma criança de poucos meses, porque, entre outras coisas, carece de um mínimo de condições biológico-cerebrais, sem as quais não é possível o exercício da liberdade. De modo parecido, não se pode falar de liberdade no campo do social, se não acontecerem as condições econômico-sociais e políticas que a tornem possível, não para alguns poucos, mas para a maior parte de determinado grupo social. Quando essas condições oprimem e reprimem a vida humana, que é a raiz fundamental da liberdade, de pouco vale apregar constitucionalmente liberdades e direitos individuais e sociais. É difícil que indivíduos e povos submetidos à opressão da ignorância, da fome, da enfermidade, da absoluta insegurança etc., possam atingir um grau suficiente de liberdade pessoal e, muito menos, um grau mínimo de liberdade pública, por muitos processos eleitorais que aconteçam. As constituições democráticas podem propor toda espécie de liberdades formais, mas delas só podem aproveitar aqueles que têm as condições reais para torná-las realidade. Daí porque a luta autêntica pela liberdade exige a transformação (revolucionária ou não) daquelas condições reais que impedem ou dificultam ao máximo a liberdade sociopolítica e econômica da maior parte de um povo. A libertação das estruturas injustas e a criação de novas estruturas fomentadoras da dignidade e da liberdade, portanto, são caminho essencial da liberdade para os indivíduos dentro de seu contexto nacional e da liberdade para os povos dentro de seu contexto internacional.

A libertação é um *processo coletivo*, tanto por causa de seu sujeito ativo como de seu sujeito passivo. A concepção liberal da liberdade insiste em que esta tem por sujeito próprio cada um dos indivíduos: cada uma das pessoas é que pode ser livre e a liberdade só se atribui formalmente às pessoas individuais. Liberalismo e individualismo parecem, assim, reclamar-se mutuamente. No outro extremo de uma concepção totalitária, pareceria que só o Estado ou determinadas instâncias coletivas são o sujeito próprio da liberdade, porque somente em suas mãos estaria o ato de decidir, sem ser determinado por outras instâncias superiores. A antiga concepção aristotélica de que só é sujeito aquele de quem tudo se predica e aquele que não predica de nenhum outro estaria funcionando nessas duas concepções da liberdade. A libertação cristã pretenderia evitar este duplo risco: o não ser individualista, sem negar por isso ou diminuir a liberdade individual, e o não ser coletivista, sem negar por isso ou diminuir a liberdade alheia. A condição da liberdade cristã não é a escravidão de todos para que alguém seja livre (despotismo oriental), nem a escravidão de muitos para que alguns poucos sejam livres (democracia grega), mas a de que todos sejam livres para que cada um possa sê-lo. Porém, essa escala proposta por Hegel não permite falar que o terceiro estágio é o cristão, se não é na medida em que se concretize essa liberdade de todos como a libertação das maiorias populares, que em sua libertação coletiva libertam as minorias de sua liberdade opressora, mas que são por elas mesmas permanentemente ameaçadas.

A libertação cristã é anunciada prioritariamente aos pobres (Is 61,1-2; Lc 4,14-21), porque é para eles, preferencialmente, o anúncio da boa nova. Porém, eles não são unicamente os destinatários principais; mas são também os anunciadores, por antonomásia, da nova e paradoxal sabedoria do modo como Deus quer salvar os seres humanos (1Cor 1,26-31; Tg 2,5-6), para que a força de Deus seja vista mais claramente na debilidade humana e o amor de Deus em sua preferência pelos mais fracos. Porém, essa coletividade comunitária, que são os pobres e que eclesialmente se constituirão no povo de Deus, não é coletividade anônima, pois o Espírito de liberdade, que é o Espírito de Cristo, está no coração de cada um dos seres humanos, e deste coração convertido e mudado é que cada um se une, em Cristo, aos demais, de tal sorte que ao ser o amor o vínculo da unidade, já não se vai parar numa coisificada massa nem no totalitarismo social, diante do qual desaparece a personalidade e a liberdade individual, nem tampouco no individualismo da liberdade, mas na liberdade de entrega, de modo que a entrega objetive a liberdade e a liberdade qualifique a entrega. É a liberdade do amor que coloca o cristão a serviço dos outros, porque a vontade inteira de Deus é observada na observância cabal de um único mandamento, o de amar ao teu próximo como a ti mesmo (Gl 4,13-15). O mesmo Espírito de Cristo, que faz de cada um o ser único e livre, é o que faz acontecer um processo comunitário, e nesse caso coletivo, para que a libertação leve à verdadeira liberdade.

Essa *vinculação da libertação-liberdade com os pobres e a pobreza* é um dos pontos essenciais da concepção cristã. A liberdade burguesa que está por trás de muitos anúncios da liberdade encontra-se fundamentada na propriedade privada, e mais concretamente na riqueza; só se pode falar de liberdade sem o desequilíbrio de alguns poucos que têm muito e de alguns muitos que têm pouco. A liberdade burguesa, que supôs a libertação da aristocracia e das monarquias absolutas, alicerçou-se na opressão de grandes camadas sociais, que sustentavam sem liberdade o desenvolvimento da classe burguesa. Não é essa a libertação-liberdade cristã. A mensagem evangélica vê na riqueza um grande obstáculo para o reino de Deus e para o desenvolvimento da liberdade dos filhos de Deus. Esse ponto foi acolhido com grande força pela maioria dos grandes reformadores religiosos, que viram sempre na riqueza o grande obstáculo da santidade e na pobreza escolhida por amor de Cristo o grande impulso para a perfeição. Não se pode negar, sem anular elementos essenciais do Evangelho, que a riqueza é um grande obstáculo da liberdade cristã e que a pobreza é um grande apoio dessa liberdade. O ter mais como condição para ser mais é uma tentação diabólica, rejeitada por Jesus no início de sua missão pública.

Hoje, em contrapartida, supõe-se que só o ter mais, com referência a ter-mais-que-outros, é o que possibilita o ser mais, o ser realmente livre. A dominação se transforma em condição da liberdade. Daí, abre-se cada vez mais o abismo entre os ricos e os pobres, entre os povos ricos e os povos pobres. Por isso, a libertação como processo coletivo, cujo sujeito principal são os pobres, é a resposta cristã para o problema da liberdade coletiva que possibilita e potencializa a liberdade pessoal. Não há liberdade sem libertação, não há liberdade cristã, sem libertação cristã e esta faz referência essencial aos pobres e à pobreza. Enquanto houver pobres, a libertação virá dos pobres. Quando não houver mais pobres, porque foi superado mundialmente o estado de satisfação das necessidades básicas, e tiver sido superada também a desigualdade injusta que supõe e possibilita a opressão e a repressão, chegado terá uma etapa superior do reino de Deus. Mesmo então, o afã de riqueza e a degradação consumista, que é propugnada pela abundância excessiva, continuarão sendo uma das tentações fundamentais que deverão ser superadas pela força da fé e por sua vivência na história.

A libertação é, antes de tudo, libertação das necessidades básicas, sem cuja satisfação garantida não se pode falar de vida humana, menos ainda de vida humana digna, tal como corresponde aos filhos de Deus, aqueles a quem o Criador presenteou com um mundo material comum e comunicável, suficiente para essa satisfação: é o que se deve chamar *libertação da opressão material*. A libertação é, em segundo lugar, libertação dos fantasmas e realidades que atemorizam e aterrorizam o ser humano; nela está incluída a superação de todas as instituições, sejam elas jurídicas, policiais ou ideológicas, que mantêm os indivíduos e os povos movidos mais pelo temor do castigo ou pelo terror do esmagamento que pela oferta de ideais e convicções humanas: é o que se deveria chamar *libertação da repressão*, que histórica e socialmente pode se apresentar de muitas formas distintas. Supostas essas duas libertações, mas em simultaneidade com elas, está a libertação tanto pessoal como coletiva de todo tipo de dependência; o ser humano está condicionado em sua liberdade por múltiplos fatores e até se pode chegar a ser, no entanto, determinado; porém, para que se possa falar de liberdade radicalmente, é preciso superar as dependências; pois, de pouco serve a liberdade potencial, se não ela pode romper as amarras do objeto que o determina univocamente, impossibilitando-o de se determinar a si mesmo. Essas dependências tiram a liberdade quando são interiorizadas, mas o fato de virem do interior não tira seu caráter de anulação da liberdade: é o que se deveria chamar *libertação das dependências* (tendenciais, passionais, atrativas, consumistas etc.). Finalmente, existe a *libertação de si mesmo*, mas de si mesmo como realidade absolutamente absoluta, que não o é, e não de si mesmo como realidade relativamente absoluta, que realmente o é; nos casos anteriores, pode-se chegar à dependência de algo que parece como absoluto e que possibilita a idolatria, mas é o caso de si mesmo, de onde o centrismo próprio de todo vivente, e em especial do ser humano, pode se transformar em autocentrismo total, não só em relação aos demais seres humanos, mas também a Deus, constituindo-se assim na forma mais perigosa de idolatria.

Cada uma em seu grau, são todas essas formas de libertação *ao mesmo tempo individuais e coletivas, sociais e pessoais*. Obviamente, superam a proposta da liberalização, que só adquire seu sentido real quando se garante o que deveria ser seu fundamento, a libertação. Quando isso acontece, a liberalização, como exercício da iniciativa pessoal, das liberdades públicas e das liberdades tanto civis como econômicas, pode chegar a ter pleno sentido sem que comporte engano ou, o que é pior, a liberdade de alguns poucos com a negação real da liberdade para os outros.

Essa libertação é pessoal, social e teologal. A libertação do pecado, da lei e da morte acontece em todos e cada um dos processos descritos de libertação. O pecado, a lei e a morte levam à negação da liberdade, cuja plenitude leva à superação do pecado, da lei e da morte. Porém, levam-no de modo realista. Por isso, embora a liberalização pareça ter como objetivo a liberdade, pretende buscá-la por um caminho falso que, além disso, poucos podem percorrer. O objetivo primário da libertação Fé é, em contrapartida, a justiça, a justiça de todos para todos, entendendo por justiça que cada um seja, tenha e lhe seja dado não o que se supõe que já é seu porque o possui, mas o que lhe é devido por sua condição de pessoa humana e membro de determinada comunidade, em suma, membro da mesma espécie. Pode-se dizer que não há justiça sem liberdade, mas a recíproca é mais certa ainda: não há liberdade para todos sem justiça para todos.

O caminho para chegar à justiça pela liberdade (liberalismo) teve bons resultados para os mais fortes, como indivíduos ou como povos em determinado momento, mas deixou sem liberdade (libertação) a maioria da humanidade. O caminho para chegar à liberdade pela justiça deixou também, historicamente, muito a desejar em determinados países. No entanto, uma libertação, tal como a propõe integralmente a fé cristã, que ao fazer a justiça não ponha impedimentos definitivos à liberdade e que ao impulsionar a liberdade não ponha meios impedientes da justiça, deve ser o caminho que os pobres devem empreender para realizar historicamente o projeto de salvação (libertação) que lhes foi prometido.

Nessa fase, na qual por um processo de libertação se tornem possíveis a justiça e a liberdade, é que esta poderá desdobrar-se no que tem de participação da vida divina em relação com os seres humanos. A liberdade criadora do ser humano é um prolongamento da liberdade criadora de Deus, e tanto mais livre e criadora será quanto mais prolongar a ação de Deus na linha do amor. A criação livre por amor é, no ser humano oprimido pelo pecado, o resultado de um processo de libertação. A possibilidade dessa liberdade criadora e o chamado a ela estão já inscritos na própria realidade humana, não só pela vontade imperativa de Deus, mas enquanto essa própria realidade já é a potencialidade real posta por Deus na comunicação para fora de sua própria vida pessoal (Zubiri). Porém, essa possibilidade e essa realidade realizam-se num mundo de pecado, que também está radicado na liberdade humana e na limitação congênita da natureza humana.

Congregação para a Doutrina da Fé. *Instrução sobre alguns aspectos da teologia da libertação*. 1984; id. *Liberdade cristã e libertação*, 1986; Ellacuría, I.; Sobrino, J. *Mysterium libera-*

tionis. Conceptos fundamentales de la teología de la liberación. Madrid, Trotta, 1994²; Encuentro Latinoamericano de Teología. *Liberación y cautiverio*. México, 1976; Gutiérrez, G. *Teología de la liberación. Perspectivas*. Salamanca, Sígueme, 1990¹⁴, ed. revista e aumentada; Libânio, J. B. *Teología de la liberación*. Santander, Sal Terrae, 1989. Sobrino, J. *Liberación con espíritu*. Santander, Sal Terrae, 1985; Tamayo, J. J. *Para comprender la teología de la liberación*. Estella, EVD, 2000⁵.

Ignacio Ellacuría

MAGISTÉRIO

A constituição dogmática sobre a revelação divina do Concílio Vaticano II (*Dei Verbum*) afirma: "O ofício de interpretar autenticamente a palavra de Deus escrita ou transmitida foi confiado unicamente ao Magistério vivo da Igreja, cuja autoridade é exercida em nome de Jesus Cristo" (*DV* 10). Nesse texto, aparece o sentido que o termo "magistério" tem em nossos dias. Com essa palavra se entende o corpo de pastores que exercem na Igreja a função de ensinar com autoridade. Esse significado é o resultado de longa evolução histórica que corre de forma paralela e inseparável à evolução do tema da autoridade na Igreja e, mais concretamente, ao caminho pelo qual o papado chegou a se transformar no centro da estrutura eclesial.

Para entender essa evolução, dever-se-ia apresentar, como diz Klaus Schatz, de que modo foram formadas as estruturas que garantiam a unidade da Igreja e a verdadeira transmissão da revelação acontecida no homem Jesus de Nazaré. É fácil entender que a preocupação pela transmissão da revelação e pela manutenção da sua "pureza" surgiu fundamentalmente quando desapareceram as testemunhas oculares da vida e obra de Jesus, e quando os crentes tomaram consciência de que nem todas as apresentações da fé que eram feitas concordavam com a fé em Jesus, ou, noutras palavras, com a vida e a obra de Jesus tal como essas testemunhas haviam recebido (sem ir muito longe, basta pensar na confrontação com o movimento gnóstico, um dos maiores perigos que o cristianismo teve de enfrentar durante a sua história).

Desenvolverei esse conceito em três partes. Na primeira, explicarei a razão da existência, na Igreja, de uma instância de decisão, de um magistério, uma vez que esta é a resposta que se deu à necessidade de conservar a transmissão da revelação. Na segunda, exporei brevemente a história que essa função eclesial teve, uma vez que dificilmente poderíamos entender sua atualidade sem recorrer aos acentos e à evolução que o magistério veio sofrendo e que o levaram a ter a configuração atual. Na terceira e última, analisarei os temas que, concernentes ao magistério, não alcançaram ainda uma situação satisfatória para a comunidade crente.

I. Justificação de uma instância de decisão na Igreja. Para que se possa justificar a importância de uma instância de decisão na Igreja, deve-se recorrer a duas ideias:

1. Quando o crente reflete sobre a fé, por um lado reconhece que é crente porque houve outros que lhe transmitiram a fé. Ninguém que crê em Cristo vive isolado em sua fé ou inventou alguma coisa; não é nem o descobridor nem o primeiro que professa a experiência de fé em Jesus. Por outro lado, descobre que esta só pode ser entendida em seu ser mais profundo por alguém que creia. Descobre-se essa dupla perspectiva também nos documentos fundamentais da fé eclesial, ou seja, nos credos em relação à Igreja.

A Igreja se apresenta como "objeto da fé" quando se proclama no terceiro artigo do credo: "Creio no Espírito Santo, na santa Igreja católica...". Mas, a Igreja é sujeito da fé no começo do credo, quando se diz: "eu creio" ou "nós cremos". Este último sentido, a Igreja como sujeito da fé, é o primeiro no Credo. A interpretação mais fundamental do "eu creio" ou do "nós cremos" é precisamente a da comunidade eclesial que crê. Por isso, não se pode estranhar a conhecida fórmula dos concílios: "Esta é a fé da Igreja católica", nem tampouco que a liturgia remeta à fé da Igreja: "Não olheis os nossos pecados, mas a fé que anima a vossa Igreja". No fundo, é a Igreja, a comunidade dos crentes, que reconhece o Deus Trindade na história, que ora e espera que o reino de Deus chegue à terra.

A fé do crente singular é, a partir disso, participação na fé da Igreja, é fé na Igreja, e assim, mesmo quando cada um dos crentes tenha de dar testemunho pessoal de sua fé, esta é entendida somente como fé após os outros e como fé com outros.

2. A segunda ideia é a convicção de que a Igreja é indefectível, o que é patrimônio comum de todos os cristãos. De fato, existe um consenso muito amplo entre as igrejas cristãs quanto a essa qualidade da Igreja. Quando se diz que a Igreja é indefectível, se quer dizer que a fé – a fé verdadeira, a fé "informada pela caridade" – sempre vai permanecer na Igreja, de tal forma que não pode chegar o momento no qual esta desapareça.

É evidente que só a Igreja como um todo é indefectível, uma vez que essa qualidade não pode ser atribuída a cada um daqueles que formam a Igreja. Desde o princípio e até em nossos dias, há cristãos que perdem a fé e cristãos que, embora proclamando que creem em Cristo, não vivem de acordo com a fé proclamada. Pois bem, se não se quer hipostasiar a Igreja e transformá-la em algo totalmente separado dos membros que a formam, a defesa da indefectibilidade da Igreja supõe nela a existência de crentes concretos que vão crer retamente e viver de acordo com a fé.

A fé que a Igreja (e, evidentemente, os crentes) deve conservar não é outra senão a fé recebida dos maiores e, em última análise, a fé que os apóstolos transmitiram. Estes foram testemunhas de todo o acontecimento "Cristo" e é todo esse acontecimento, a revelação total e definitiva que Deus realizou em seu Filho Jesus, o conteúdo primordial que os apóstolos transmitiram (algo, portanto, muito mais importante e primário que algumas formulações concretas). A transmissão da experiência apostólica realiza-se fundamentalmente por meio dos escritos que a primeira comunidade acolheu como inspirados, e também por meio do testemunho direto e oral que os apóstolos realizaram (em última análise, origem da tradição). Com justiça os apóstolos são considerados, por isso, fundadores da Igreja, suas "colunas e fundamento", uma vez que ela se sustenta sobre o testemunho deles.

Instrumento privilegiado em relação à manutenção da indefectibilidade da Igreja, ou seja, a manutenção da fé verdadeira que vem dos apóstolos, até o final, é a possibilidade de estabelecer proposições que, por sua vez, sejam verdadeiras. É evidente que o conceito de "proposição" não se refere, neste caso, a certas fórmulas, propostas numa época, e que dificilmente puderam escapar dos condicionamentos, pelo menos filosóficos e culturais, desse tempo, mas se refere ao conteúdo de tais formulações, que, em última análise, terão de remeter sempre ao conteúdo da revelação bíblica. O problema não está em que, a partir do interior de determinado paradigma cultural e filosófico, a comunidade cristã, num momento concreto, não reconheça certas formulações como interpretações válidas do conteúdo da revelação acontecida em Jesus de Nazaré, e outras sim. O problema aparece quando se tenta transformar em eternas certas sentenças, como se uma formulação concreta, que uma vez foi "verdadeira", sempre o será, mesmo quando mude inclusive o sentido dos conceitos que foram utilizados num determinado tempo.

A Escritura, o lugar onde se encontra o testemunho apostólico (e em menor grau a chamada "tradição apostólica"), é a fonte, a primária "regra da fé". Sua linguagem é fundamentalmente simbólica e narrativa. A missão do magistério não é outra senão a de atualizar e tornar compreensível a mensagem apostólica, contida na Escritura, aos homens e mulheres de cada tempo (nisso não existe diferença entre a missão da teologia e a do magistério). Para isso, o magistério utilizou normalmente, em lugar de uma linguagem simbólica, uma linguagem conceitual, que, por sua mesma essência, é devedora do paradigma cultural, dentro do qual se realiza o trabalho hermenêutico do magistério em relação à Escritura.

Deve-se destacar que é a Igreja como um todo que tem a missão de distinguir o "verdadeiro" do "falso" numa determinada época, porque é a Igreja como um todo que é indefectível e que goza também da infalibilidade sobre o que crê.

O fato de essa missão e obrigação da Igreja, a da manutenção da pureza da fé, se ter concretizado e articulado da maneira que atualmente conhecemos, é algo que requer uma apresentação de sua história.

II. Evolução histórica do magistério. *1. Época patrística.* Nos primeiros séculos da Igreja, "magistério" se referia à autoridade que tem aquele que está à frente. O principal e, em certo sentido, único mestre é Cristo. O NT conhece a existência de "mestres" na comunidade (1Cor 12,28; Rm 12,7; At 13,1), assim como a diferença entre apóstolos, profetas e mestres (Ef 4,11), mas deve-se ter presente que essas funções não implicavam sempre diferenciação de sujeitos. O nome "mestre", de fato, foi dado, nessa época, a todos os que tiveram algo a ver com a proclamação da doutrina cristã; portanto, eram mestres tanto os teólogos como os pregadores, os bispos ou os catequistas, na medida em que prestavam esse serviço.

Desde muito cedo, no entanto, – aparece nas cartas pastorais do NT (cf. 1Tm 5,17; 3,1s; 2Tm 2,2) e, ainda mais desenvolvido, nos primeiros Padres da Igreja – os bispos reúnem o duplo ofício de direção da comunidade e de mestres dela. Embora seja verdade que nem todos os bispos foram mestres, e que nem todos os que exerceram o carisma de ensinar na Igreja foram bispos, também é incontestável que as diversas igrejas viram, desde cedo, seus bispos como os que presidiam à comunidade e como os que exerciam função de mestres, sem com isso sentir que os bispos estivessem acumulando funções de forma abusiva ou usurpando carismas que não lhes competiam.

Assim, pelo menos desde o século II, acontece a união entre a proclamação da palavra com autoridade e a função episcopal, de tal forma que, a partir desse momento, caberá aos bispos, quanto a essa proclamação, uma dupla função: a preocupação pelo anúncio da fé e a proteção da mensagem da fé com autoridade. Tal união adquire valor eclesiológico desde essa época.

Pois bem, a autoridade de que gozavam os bispos para garantir a transmissão da fé se baseava no fato de transmitirem fielmente a fé recebida. A missão dos bispos não era entendida como autoridade jurídica pela qual poderiam impor obrigação de obedecer, mas uma função pela qual a Igreja reconhecia e recebia a fé que recebeu dos apóstolos como herança.

2. Evolução do papado. Desde muito cedo, a sede romana exigiu para si uma posição de preeminência em relação às demais igrejas (as primeiras decretais papais, e a ideia de que o papa está acima dos concílios, aparece no século IV; a partir do século V, o papa tenta assumir uma função diretiva em relação a toda a Igreja). No entanto, até no século V, Roma é vista por todas as igrejas unicamente como lugar privilegiado da tradição e como o centro de comunhão, e deve-se sublinhar que a preeminência que a sede romana pedia para si nunca foi assumida pelo Oriente como dado indiscutível, mas unicamente foi aceita em situações difíceis, quando a unidade eclesial se viu, de alguma forma, ameaçada.

Entre os séculos V-IX, o papado foi adquirindo uma função distinta no Oriente e no Ocidente. O resultado final desse processo de diferenciação funcional é a importância adquirida por Roma no Ocidente. No Oriente, nunca foi aceito o primado papal como primado de jurisdição. Contudo, algumas situações de conflito com o Oriente deram motivo a interpretações que tiveram grande êxito na história (assim, o "caso Honório", papa acusado de heresia, vai ser reinterpretado como o carisma de inerrância da sede romana, o qual permanece, embora falhe aquele que a ocupa, ou vai se formar a opinião de que o concílio de Hieréia não foi válido porque Roma não colaborou e os demais patriarcados não deram sua aprovação).

A evolução do papado continuou no Ocidente. O final do processo é a consideração do papa como a cabeça da Igreja e da cristandade. Momento muito importante para isso será a assim chamada "reforma gregoriana": realizada por Gregório VII († 1085), foi, em princípio, uma reforma espiritual, mas de fato supôs uma nova visão eclesiológica. Se com ela se buscava a liberdade e independência da Igreja em relação ao poder civil, em médio prazo se conseguiu um fortalecimento de Roma, e para isso ajudou o *Dictatus papae*, um conjunto de sentenças sobre os privilégios da sede romana, que cria uma mística petrina e o uso generalizado da liturgia romana. Com a reinterpretação dos títulos já existentes, o papado deixa de ser apenas o centro da unidade para ser a cabeça e o centro a partir do qual a Igreja pensa (a Igreja romana é vista, a partir de agora, como a fonte da qual brotam todas as igrejas).

O papa vai se transformando no soberano de toda a Igreja, graças *à plenitude de poder* que recebeu de Cristo e, pelo mesmo motivo, é considerado a origem de todo o poder eclesial, inclusive o dos bispos. Os bispos são vistos como representantes do papa a partir de Inocêncio III († 1216). Este se reserva o título de vigário de Cristo e, como tal, é a cabeça da Igreja, e para isso usa-se a etimologia de *Cefas* como "pedra". Esta tendência se acentuará com Inocêncio IV († 1254). O papa tem a plenitude da jurisdição na Igreja. Com a aplicação da diferença entre direito divino e direito eclesiástico, o papa está acima dos cânones. Egídio Romano (1243/47-1316) e Agostinho Triunfo (1270/73-1328) desenvolverão essa doutrina de acentuado caráter papista. Deve-se notar, no entanto, que essa *plenitude de poder* ainda não significa infalibilidade quanto à doutrina.

3. **Idade Média.** A partir do século XIII, aparece na Igreja um magistério novo, o dos doutores (teólogos), nascimento relacionado com o novo valor que, na alta Idade Média, a teologia adquire quando começa a ser compreendida como "ciência" com método próprio.

A partir de Alexandre III (1159-1181), quase todos os papas vieram do círculo dos canonistas, ou seja, dos doutores. Com isso, aconteceu a incorporação de muitos conceitos filosóficos e teológicos aos documentos papais (por exemplo, "transubstanciação"). Esses conceitos não pertenciam à tradição, nem eram somente o exemplo de atualização dela a determinado tempo concreto, mas eram sobretudo exemplos de uma "doutrina" concreta formulada pelos doutores.

Tomás de Aquino, que escreve no século XIII e ainda afirma que a Igreja pertence ao âmbito "do que devia ser acreditado", vai continuar a evolução defendendo que a fé precisa apoiar-se numa autoridade absoluta, neste caso a autoridade da Escritura. A infalibilidade, estritamente falando, só é aplicável a Deus, e secundariamente à regra de fé. Para o Aquinate, a Igreja não pode equivocar-se, ideia que era comum nos canonistas; a Igreja é *coluna e fundamento* da verdade, e assim alguns textos que serão clássicos do primado (Lc 22,32) são aplicados por Tomás a toda a Igreja. Nesse sentido, esse autor ainda se move nos canais tradicionais quando fala do primado do papa: o primordial é que a Igreja não pode errar, e isso vale de forma eminente para a Igreja de Pedro. Tomás apresenta a autoridade doutrinal do pontífice, concretamente sobre a possibilidade de erro na canonização dos santos (*Quodlibet* IX, q. VIII). A novidade no desenvolvimento desse autor é que agora não se fala somente de uma permanência geral na verdade, concedida à *Igreja de Pedro*, mas afirma-se que essa permanência se concretiza em certos atos, na medida em que o papa determina um juízo definitivo sobre elas.

Pedro Olivi (1248/49-1298), em seu livro *De perfectione evangelica,* questiona sobre a possibilidade de erro por parte do papado. É o primeiro autor que tentou descrever o que significa *regra inerrável,* com a distinção, que ficará célebre, "de fé e costumes". Olivi responde que o papa é infalível na medida em que corporifica a infalibilidade da Igreja universal. O primário é a infalibilidade da Igreja; a infalibilidade papal é ainda algo secundário.

João de Torquemada, cardeal espanhol que escreve no contexto da polêmica conciliarismo-papismo, defende que a plenitude do poder de jurisdição e de magistério (portanto, também da infalibilidade) reside no papa, e dessa plenitude depende a autoridade doutrinal do concílio e dos bispos. Finalmente, Tomás de Vio (Caetano) afirma claramente que o papa está acima não somente de cada um dos membros da Igreja, mas também da comunidade eclesial enquanto tal.

Com essa evolução, na qual se entrecruzaram variados elementos, o dom da inerrância, que é propriedade de toda a Igreja, foi se concentrando cada vez mais na figura do papa e na sede romana, algo que os séculos seguintes vão acentuar.

4. *A partir do concílio de Trento.* Trento não faz uma exposição detalhada sobre o tema do magistério, embora possamos encontrar acentos que tornarão possível a evolução posterior. Sublinha-se, assim, que a Igreja está ordenada de maneira hierárquica por direito divino. Trata-se de uma hierarquia visível que se compõe de diversos graus e é essencial para a existência da Igreja. No vértice dessa hierarquia, encontra-se o episcopado.

A teologia de controvérsia, posterior a Trento, vai insistir no elemento diferencial do catolicismo diante da Reforma. É verdade que a eclesiologia do muito citado Belarmino, o teólogo mais determinante nos três séculos seguintes, ainda vai manter um equilíbrio entre o institucional e o carismático; contudo também é verdade que a teologia posterior vai acentuar o caráter institucional da Igreja numa tentativa de reforçar a estrutura visível da Igreja, que tinha sido atacada e negada por Lutero.

Continua-se, assim, acentuando a ideia da supremacia do papado em relação a toda a Igreja e ao episcopado. Esse processo atinge seu zênite no século XIX, época em que se exalta sobremaneira a autoridade papal, devido a diversas razões, entre as quais não poderia ser esquecida a conjuntura sociopolítica da época, que reage tanto diante da Revolução Francesa como diante do Iluminismo, e o fato de querer pôr termo ao que poderíamos denominar continuação da corrente conciliarista dos séculos XIII-XIV; esta, mesmo vencida nos concílios de Florença e de Trento, continuou ativa nas concepções que concediam atribuições tanto a outras instâncias eclesiásticas (episcopalismo), como aos poderes civis (galicanismo, josefinismo).

O Vaticano I marca o ápice do poder papal quando define o "primado de jurisdição" (DH 3059-3064) e a possibilidade de um "magistério infalível do Romano Pontífice" (DH 3065-3075).

O Vaticano II vai supor a aceitação de uma nova visão eclesiológica por parte de um concílio ecumênico. A referência à Igreja como mistério e como povo de Deus, deixando de lado a conhecida definição de Igreja como sociedade perfeita, foi gerada numa ideia de Igreja que tem em seu centro a comunhão. A recuperação da conexão entre Trindade e Igreja tornou possível a superação do "cristo-monismo" e da visão de uma Igreja que havia recebido de Cristo sua constituição definitiva e havia sido dotada por ele do suficiente poder para levar adiante sua missão na terra.

Nessa concepção, o magistério era um meio privilegiado para que a Igreja pudesse cumprir sua missão, uma vez que Cristo – explicava-se –, ao terminar sua vida terrena, havia instituído, "como representantes visíveis na terra, a Pedro e a seus sucessores os papas; consequentemente, o papado, que representa Cristo como Senhor da Igreja, é o princípio de sua unidade e construção".

A visão eclesial do Vaticano II deveria ter levado a uma consideração mais dinâmica do magistério, colocando este numa relação mais estreita com outras iniciativas intraeclesiais – como podem ser os sínodos dos bispos, as consultas a todos os cristãos... – de tal forma que a função magisterial, ou, se preferir, a "instância de decisão" eclesial refletiria mais nitidamente o ser mais profundo da Igreja, que é ser comunhão. A participação do maior número de crentes, nessa função eclesial, é hoje uma condição não só para que essa função tenha mais aceitação por parte de todos os setores da Igreja, mas sobretudo para que a instituição eclesial realize visivelmente aquilo que ela é: sinal da unidade de todos os homens entre si e com Deus.

No entanto, o magistério, como tantas outras realidades da Igreja, não evoluiu para chegar a ser um instrumento válido numa eclesiologia de comunhão. Com isso, entramos no que será a última parte de nossa reflexão.

III. Problemas e perspectivas atuais. *1. O papel do povo de Deus no magistério.* Embora seja verdade que o Vaticano II não trouxe grandes novidades quanto ao tema do magistério enquanto tal, é de notar que estabeleceu algumas novas coordenadas a partir das quais devem mudar as relações entre os membros da Igreja.

No esquema da constituição dogmática *Supremi Pastoris* sobre a Igreja, entregue em 1870 aos padres reunidos no Concílio Vaticano I, ainda se lia: "A Igreja de Cristo não é uma sociedade igualitária, na qual os fiéis gozam todos dos mesmos direitos; é uma sociedade desigual, e isso não somente pelo fato de que, entre os fiéis, alguns são clérigos e outros leigos, mas sobretudo porque há na Igreja, instituído por Deus, um poder, do qual alguns estão dotados para santificar, ensinar e governar, poder que os outros não possuem" (1890, 570).

Nesse texto, aparece destilada a ideia de duas funções claras na Igreja quanto à revelação: há um grupo – a hierarquia – que tem a missão de ensinar (*Igreja docente*), e outro grupo – os leigos – que só deve escutar e obedecer (*Igreja discente*).

O Vaticano II, por sua vez, sublinha o que é comum a todos os membros da Igreja, e é o fundamental, muito mais do que as outras coisas que os diferenciam. Todos os batizados são as testemunhas de Cristo, que concede a toda a comunidade o "sentido da fé" e, por isso, todos são chamados a continuar a missão profética de Cristo (LG 35). O *sensus fidei*, do qual fala o concílio, é uma espécie de instinto, que todo batizado tem, pelo qual pode discernir o que pertence à fé. A partir do sentido da fé se chega ao "consenso da fé", na medida em que haja acordo entre os membros do povo de Deus.

Difícil é a determinação de qual é o "consenso da fé" ao perguntar por temas concretos. Porém, torna-se ainda mais difícil, para não dizer impossível, quando os chamados e instituídos para dizer uma palavra "com autoridade" (*magistério autêntico*, em LG 25) não encontram maneiras para fazer que todos possam participar. Como recorda são Cipriano na carta ao bispo Pompeio, "é necessário que os bispos não só ensinem, mas saibam que ensina melhor quem a cada dia cresce e progride aprendendo algo melhor" (Cipriano, 1964, 701). Seria desejável desenvolver, na Igreja, de estruturas institucionais que facilitassem a comunicação entre seus membros. Diversamente, corre-se o perigo de presumir, com demasiada facilidade, o consenso existente na Igreja.

2. *A relação magistério-teologia*. A relação entre os teólogos e o magistério ficou marcada de conflitos ao longo da história. A importância das duas instâncias foi também diferente nos diversos tempos e lugares. Max Seckler apresenta diversos modelos de relação entre ambas as magnitudes (Kern, 1982, 17-62): no primeiro milênio, aconteceu a interação da função de ensinar e do serviço teológico; durante os séculos XIII-XV nos encontramos ante a tentativa da teologia a ser feita com autoridade para controlar a doutrina, devido à nova visão da teologia como ciência e ao nascimento das universidades, fatos que levam as nascentes faculdades de teologia a considerarem-se capacitadas para tomar verdadeiras decisões doutrinais e realizar processos de condenação contra erros teológicos. Trento promove uma teologia forte e um episcopado também consistente, e estabelece a sujeição daquela a este; no século XIX, começa a tentativa do papado e da hierarquia eclesiástica para controlar totalmente a teologia, evolução que se acentuou no século XX e que tem como expoentes mais claros Pio XII e Paulo VI.

Qualquer tentativa de estabelecer uma relação frutífera entre magistério e teologia deve partir da convicção de que ambas as funções são essenciais para a Igreja. Um magistério que não se esforçasse para compreender teologicamente a fé e a revelação, seria cego; e uma reflexão teológica, por mais científica, que não estivesse em conformidade com a fé e com seu testemunho, seria reflexão vazia.

Toda tentativa para eliminar as tensões que se dão entre magistério e teologia está condenada ao fracasso. Em primeiro lugar, porque não existe modelo nenhum que possa eliminá-las totalmente; em segundo, porque a tentativa de subordinar totalmente uma à outra demonstrou-se improdutiva na história e levou a tensões estéreis; em terceiro, porque a teologia já leva em si, enquanto "ciência da fé", uma tensão à qual não pode renunciar: tensão que acontece quando se encontram racionalidade científica e fé cristã. Aquilo que se acrescenta a essa tensão, inerente à tarefa teológica, é a dimensão institucional que semelhante tensão assume, por realizar essa teologia numa Igreja onde existe uma instância com autoridade.

Quando o conflito acontece, deve-se ter presente que as armas com que a teologia conta, e as armas de que dispõe o magistério, são muito diferentes: a teologia só conta com o argumento, enquanto o magistério recorre à fé, à revelação e, em último caso, à capacidade de decidir com autoridade. Seria desejável que o último passo somente se realizasse quando a unidade da fé se encontrasse realmente ameaçada. Em qualquer outra situação, deve primar o diálogo, que é a única via pela qual a compreensão da revelação pode aprofundar-se.

A relação magistério-teologia encontra-se hoje distorcida pelo desenvolvimento que se vive na Igreja. De fato, existe a pretensão de uma submissão total do trabalho teológico às diretrizes do magistério. Isso se deve, em grande parte, à ampliação do conceito de infalibilidade e à qualificação teológica que se vem dando a decisões magisteriais "ordinárias".

3. *A infalibilidade: as declarações infalíveis e o seu âmbito*. Segundo o grau de obrigatoriedade da doutrina proposta pelo magistério, este se divide fundamentalmente em dois: magistério ordinário e magistério infalível. O magistério infalível propõe uma doutrina como absolutamente vinculante e como estabelecida definitivamente. Com isso, o magistério não transforma uma doutrina em "infalível", mas estabelece que tal doutrina, já verdadeira, é essencial para a Igreja e, por isso, todo crente pode confiadamente crer nela, sabendo que assim não se equivoca. Deve-se insistir no seguinte: a "infalibilidade no ensinar (*infallibilitas in docendo*) só é possível quando colocada em relação com a "infalibilidade no crer" (*infallibilitas in credendo*). O magistério infalível é a articulação histórica para a atualização da infalibilidade da qual goza todo o povo de Deus no crer.

As decisões infalíveis, que só podem afetar a fé, e com muitíssimo mais cautela os "costumes" – como são os temas de moral – estão sujeitas a algumas condições. Para os autores pré e pós-tridentinos, era claro que o papa, ao exercer seu magistério infalível, devia pesquisar a verdade com todos os meios humanos que tivesse a seu alcance, entre os quais destacava o concílio, mas também o consenso dos teólogos e, evidentemente, a consideração daquilo que todo o povo de Deus acreditava. Aos poucos, no entanto, essas condições deixaram de ser verdadeiras condições, para adquirir valor puramente moral. O magistério deveria, hoje, recuperar um *modus operandi* que servisse para chegar a um consenso entre todos os participantes no processo de busca da verdade, não porque o consenso crie a verdade (como tampouco a autoridade a cria), mas porque as declarações magisteriais devem atualizar a fé da Igreja toda.

Uma declaração é infalível somente quando expressamente assim se determina. A tendência em salvar esta condição recorrendo ao conceito de "definitividade" para alguns ensinamentos, que não foram definidos como infalíveis e que se encontram com amplo dissenso na Igreja (cf. a carta apostólica *Ad tuendam fidem*, de João Paulo II, de maio de 1998, e a *Nota doutrinal aclamatória da fórmula conclusiva da profissão de fé*, da Congregação para a Doutrina da fé, de junho do mesmo ano) colocam os teólogos numa situação extremamente complicada, uma vez que com o controle da doutrina se busca a centralização da Igreja na cúria romana, praticamente com o único argumento do temor. Além disso, tal fato vai contra a maior consciência atual sobre as dificuldades que tem uma proposição irreformável, e sobre as dificuldades que supõe para o movimento ecumênico o fato de uma Igreja estabelecer novos "conteúdos definitivos", sem contar com a experiência de fé das outras comunidades eclesiais.

Acta et decreta sacrorum conciliorum Collectio Lacensis. Freiburg, i. Br., Herder, 1890; Beinert, W. "Lehramt". In: *LThK* 6, 751-754; Kern, W. (ed.). *Die Theologie und das Lehramt*. Freiburg, i. Br. Herder, 1982; Rahner, K.; Ratzinger, J. *Episcopado y primado*. Barcelona, Herder, 1965; Ritschl, D. "Lehre". In: *TRE* 20, 608-621; São Cipriano, *Obras*. Madrid, BAC, 1964; Sullivan, F. A. *Magisterium. Teaching Authority in the Catholic Church*. Dublin, 1983; Tierney, B. *Origins of papal infallibility 1150-1350*. Leiden, E. J. Bril, 1972; Sesboüé, B. *Le magistère à l'épreuve. Autorité, vérité et liberté dans l'Église*. Paris, DDB, 2001; Velasco, R. "Magisterio". In: *CFC*, 738-753; VV. AA. *Teología y magisterio*. Salamanca, Sígueme, 1987; Cf. Os números de *Concilium* 168 (1981): *¿Quién tiene la palabra en la Iglesia?*, e 200 (1985): *El magisterio de los creyentes*.

Diego Molina

MAL

"Por que sofro? Esta é a rocha do ateísmo" (G. Büchner). Eis um forte desafio. A pergunta concreta obriga a enfrentar a realidade do mal, nunca redutível a puro problema e que afeta todo indivíduo: ninguém pode escapar à confrontação com sofrimento (a lenda de Buda é uma boa prova). A afirmação aponta para o problema global: sua discussão está na raiz do ateísmo moderno e continua alimentando o protesto e a acusação. É também questão para o crente, e uma abordagem adequada constitui a condição indispensável para não provocar deformação, escândalo ou até abandono.

Apresenta dupla dialética. 1) Dialética *teoria-práxis*: não se pode reduzir o mal a uma teoria que encubra as durezas da vida ou não contribua para enfrentá-las positivamente; nem cabe recorrer a uma práxis cega que renuncie ao sentido ou se despreocupe das deformações da ideia sobre Deus que está por trás de muitas frases feitas, crenças acríticas ou teologias rotineiras. 2) Dialética *razão-revelação*: trata-se de problema humano, que deve ser respeitado, analisado e respondido em sua própria racionalidade, sem recorrer a "más-justificações" que acabam se transformando no "escândalo mais decisivo". Pertence também à experiência central da fé bíblica, que deve trazer a última palavra teológica do esclarecimento, o horizonte decisivo da compreensão e a mais profunda possibilidade da integração existencial.

I. A razão diante do mistério do mal. Hoje, por causa do desprestígio em que caiu a teodiceia tradicional, é preciso destacar o papel da razão. Não para reduzir o mistério, mas para situá-lo em seu lugar preciso. Nada mais prejudicial – nem mais corrente – que as afirmações acríticas: "e Deus lhe manda a enfermidade, é para seu bem", "se o Senhor levou seu filho, é porque precisava dele"... Nessas frases, está incluída toda uma teoria – e uma teologia – que prejulga qualquer raciocínio posterior. Só o tratamento crítico e expresso pode se aproximar lucidamente da realidade do problema.

1. Posturas históricas. Num tema tão velho quanto a humanidade, as respostas são, naturalmente, complexas e numerosas. Não há necessidade aqui de uma lista. É preciso, sim, aludir a uma tipologia fundamental. O *dualismo* religioso, que encontrou sua expressão mais perfeita no maniqueísmo, busca a solução mais direta: dois princípios originais, um bom e outro mau. Sua clareza aparente não resiste à análise racional: é uma "teologia preguiçosa" (M. Nédoncelle), indecisa entre o filosófico e o mitológico. Contudo, não se pode negar que algumas explicações cristãs atribuem ao demônio um papel tão importante na origem e na influência do mal, que muitas vezes "funcionam" como autêntico dualismo. O *monismo* religioso, pelo contrário, afirma com tal vigor a unicidade e preeminência ontológica do divino, que acaba dissolvendo a realidade do mal. Este se transforma em mera aparência, fruto da ignorância (de tipo mais religioso, como na Índia, ou mais filosófico, como em Plotino e Spinoza). A grandeza da concepção cobre a dureza real, mas sem respeitar sua realidade, inutilizando-se, assim, como resposta efetiva.

O *monoteísmo* enfrenta a questão em toda a sua dureza: nem nega a realidade do mal, como o monismo, nem pode recorrer a um segundo princípio, como o dualismo. Então, se tudo vem de Deus, de onde vem o mal? Um Deus que é simultaneamente bom e todo-poderoso não parece deixar espaço algum para a possibilidade do mal. O famoso dilema de Epicuro expressa-o com vigor: Se Deus quer evitar o mal e não pode, não é onipotente; se pode e não quer, não é bom. As opções de fundo, diante desse dilema, marcam uma divisória fundamental nas posturas.

2. *Deus "não quer" evitar o mal: o fracasso das teodiceias tradicionais.* Sem uma formulação tão clara, a suposição "óbvia" de que Deus pode, mas não quer evitar o mal, domina tanto a maioria das posturas crentes que por isso procuram "justificar" Deus (isso é a teodiceia), como dos não crentes que apoiam nessa suposição a negação de sua existência ou bondade; e também tanto a dos *teólogos e filósofos* que elaboram a partir daí suas teorias, como a do povo que o pressupõe em seus "consolos" ou frases feitas. Pode-se supor tudo isso de modo expresso e direto ou de modo inexpresso e indireto, porém marca todo o processo reflexivo. Com o mínimo de rigor lógico, aparece claro que assim se torna impossível qualquer "esclarecimento" que resulte minimamente coerente com uma justa imagem de Deus.

Com efeito, a admissão expressa desse pressuposto leva à tentativa de justificação direta, como em Agostinho, em suas afirmações sobre a necessidade do mal, quer como castigo, quer sobretudo para a perfeição e harmonia de tudo, com a sequela da predestinação absoluta dos homens incluídos na *massa damnata* ("uma idéia de Deus que nos faz estremecer", comenta B. Altaner). Agostinho inicia também o caminho da "desontologização" do mal, como mera negação do bem, que passará para a posteridade através da Escolástica: o mal como privação do bem (Anselmo), ou melhor, do bem devido (Tomás). Porém, seja qual for o valor ontológico dessa explicação, não resolve o problema existencial do mal, que é dura e terrível realidade no sofrimento dos homens: a literatura moderna (Dostoievski, Camus...) mostrou a total rejeição de um universo comprado ao preço do sofrimento (inocente).

Suavizar isso recorrendo-se ao *pecado* humano também não resolve nada: as catástrofes naturais e grande parte do sofrimento histórico não podem ter aí sua origem. Também o pecado original não explica nada, pois ele mesmo precisa de explicação, e Bayle passou para ele o dilema de Epicuro: "Se [Deus] previu o pecado de Adão e não tomou medidas seguras para evitá-lo, carece de boa vontade para com o homem... Se fez tudo o que podia para evitar a queda do homem e não conseguiu, não é todo-poderoso, como supúnhamos". E tanto nesse caso como no recurso ao *demônio*, a dificuldade aumenta: quanto mais perfeito se supõe um ser, mais difícil é explicar sua queda.

Também não vale a simples *permissão* divina, diversamente da vontade positiva. De fato, como Kant já observou, uma permissão no ser "que é causa total e única do mundo" equivale a um querer positivo; e o mesmo direito penal moderno considera óbvio que "não se torna culpado só aquele que faz o mal, mas também aquele que não o evita". Por sua vez, as ideias de castigo e expiação – tão cultivadas em algumas apologéticas como a de De Maistre e ainda hoje em algumas pregações, apesar de suas aparentes justificações bíblicas, poderiam (se esta fosse uma visão teológica aceitável) explicar algum mal particular, nunca a totalidade ou a origem, pois o castigo ou a expiação já pressupõem sempre algum mal de fato.

À crua luz do dilema, esse tipo de explicações aparece como esforços, às vezes muito agudos e sempre bem-intencionados, para justificar uma causa perdida de antemão. Perdida por culpa de seu pressuposto não criticado. Por isso, para uma possível "solução" é preciso recorrer a outra alternativa.

3. *Deus "não pode" evitar o mal: necessidade de uma "ponerologia".* Se Deus é a bondade absoluta, não pode de maneira alguma querer o mal. Essa intuição está na base profunda de todas as tentativas, e explica os esforços para evitar as consequências do "pode mas não quer". Se não é assumida com toda a clareza, é porque parece que desse modo se negaria a sua unicidade (haveria um segundo princípio: dualismo), ou sua onipotência (haveria algo mais forte que ele ou algo que ele não pode fazer). Se fosse possível mostrar que essas consequências não são necessárias, não haveria dificuldade em admitir que Deus "não pode" evitar o mal, e a partir daí tudo se tornaria mais claro. O mistério não desapareceria, mas ficaria situado num nível mais profundo e, sobretudo, mais assimilável na comunhão do amor e na entrega da liberdade. Tentaremos mostrar que isso é possível.

Antes de tudo, é preciso descobrir a armadilha do curto-circuito produzido pela aceitação acrítica da abordagem tradicional. Esta, por ser anterior à secularização, é *diretamente religiosa*. Hoje, porém, é preciso partir do problema *em si*, isto é, do mal como problema *humano*, anterior a toda visão religiosa ou ateia, que já são *respostas* particulares para o problema comum. É o que pessoalmente venho propugnando como a necessidade de uma *ponerologia* (do grego *ponerós*, "mau"), como elaboração da pergunta comum (Torres Queiruga, 2000, cap. 4).

Não é demais começar esclarecendo o equívoco de uma linguagem que usa termos delimitados para falar do infinito e da totalidade (por isso, na falta de uma discussão impossível aqui, as expressões foram colocadas entre aspas). O "não pode" dessa opção não equivale a negar algo em Deus, mas na criatura. É exatamente o mesmo que afirmar Deus "não pode" fazer um círculo quadrado. Aqui ninguém vê uma negação da onipotência divina, mas a simples negação de um absurdo.

Pois bem, o papel da ponerologia consiste fundamentalmente em mostrar que, embora não apareça tão claramente, a proposição "Deus *não pode* fazer um mundo sem mal" é estritamente paralela à anterior. Um mundo sem mal seria, a rigor, um mundo perfeito, um mundo finito-infinito; isto é, seria um não-mundo, uma contradição, um círculo quadrado.

Que Deus não faça, não significa que ele "não quer", mas que "não se pode"; porém, não porque ele não é onipotente, mas porque a proposição é absurda. Por isso, a rigor, seria melhor negar já de antemão o *sentido* da frase e, com isso, do dilema: a frase está gramaticalmente bem construída, mas semanticamente está vazia.

Se não basta a intuição para tornar transparente esse raciocínio, seria preciso alongá-lo muito. A finitude é sempre perfeição à custa de outra perfeição: o vegetal carece da segurança do mineral, e o homem conquista sua glória ao preço da inquietude, da angústia e da culpa, estranhas ao animal. Não é à toa que Leibniz a denominou "mal metafísico", como condição de possibilidade de todo mal real. A finitude na natureza é a raiz do mal *físico* (Teilhard o tornou intuitivo evolutivamente: "mal de crescimento", "mal de desordem e fracasso"). A finitude na liberdade é a raiz do mal *moral*: uma liberdade finita não pode ser perfeita em sua atuação; onde ela age, poderá aparecer o pecado. Negar esta possibilidade seria negar a mesma liberdade.

Contra isso existem duas objeções fundamentais. A primeira, filosófica, foi formulada cuidadosamente por Kant: o mal moral (*Böse*) se transformaria, assim, em mal físico (*Übel*) e não poderia ser imputado ao homem. Talvez essa objeção não seja totalmente solucionável. Mas é possível intuir seu apriorismo: *de fato*, essa possibilidade aparece como a condição da liberdade finita. Ricoeur mostrou que "o mal tem sentido como mal, precisamente porque é obra da liberdade" e Hegel fala do "mistério... da liberdade"; e observa: "Com esse aspecto de necessidade do mal, está também absolutamente unido o de que esse mal determina-se como o que necessariamente *não deve ser*".

A segunda opção já é teológica: se a finitude como tal implica sofrimento e morte, não seria possível a felicidade eterna, "que certamente continua sendo uma vida de seres *finitos*" (E. Schillebeeckx). Tampouco é possível aqui a resposta total. Porém, também a intuição sugere sua não-evidência: além de arguir, partindo de um mistério estrito, não leva em conta o tempo: o homem é o que se faz; não vemos contradição em se potencializar ao infinito o fruto de sua liberdade, mas a veríamos num homem que fosse dado a si mesmo totalmente feito por outro, embora fosse por Deus (Irineu de Lyon já falava do necessário amadurecimento do tempo: o que se dá ao homem não pode ser dado à criança).

De fato, a necessidade fática do mal a partir da finitude abre caminho cada vez com mais vigor: "o ser do espírito finito é o fundamento da possibilidade do mal" (K. Hemmerle).

4. *As diversas respostas: a "pisteodiceia", anterior à "teodiceia". O autêntico dilema: criar ou não criar.* Agora sim tropeçamos com o mistério real. E diante dele surgem as diversas respostas para a *pergunta comum*: tem sentido um mundo assim, no qual o mal acaba sendo uma presença inevitável? As respostas são de fato diversas e contrapostas. Pode-se pensar que o mundo é absurdo, tal como afirmam, com diversos matizes, Schopenhauer, Sartre ou Camus. Pode-se afirmar que tem sentido, mas puramente imanente; que é simples acomodação no finito ou utilizar as visões mais complexas como o "eterno retorno", ou o "transcender sem transcendência". Ou se pode afirmar, como fazem as religiões, que tem sentido graças a seu apoio na transcendência divina. O traço comum a todas essas posturas é que são respostas globais, visões do mundo, isto é, "fé" em sentido filosófico. Por isso, elas precisam – sejam ateias, crentes ou agnósticas – fundamentar suas razões e justificar sua coerência. É o papel do que chamei de "pisteodiceia" (do grego *pistis*, "fé" em sentido amplo, e *dikaioo*, "justificar"). Numa cultura consequentemente secular se compreende, então, que a *teodiceia* é uma forma de "pisteodiceia", com os mesmos deveres e os mesmos direitos que as demais: tomar consciência de si e responder às objeções.

Para a *teodiceia cristã,* isso é decisivo. Não só deixa de aparecer "impossível", mas inclusive necessária (da mesma maneira que o são, em princípio, as diversas "pisteodiceias ateias"). E é possível, porque na ponerologia aparece que a objeção fundamental, expressa no dilema de Epicuro, é o fruto artificioso do pressuposto acrítico da possibilidade de um mundo perfeito, sem mal. Uma vez descoberto, é óbvio que carece de sentido a pergunta "porque Deus criou um mundo mau, *podendo* criá-lo bom". A única pergunta sensata é esta agora: Se o mundo, sendo finito, implica inevitavelmente o mal, porque Deus o cria, apesar de tudo?".

Essa sim é a grande pergunta, que alude ao mistério que *somos* como criaturas. Não pode haver transparência. Só intuição que *religiosamente* aceita o pensamento de que se Deus nos criou foi por amor e que, portanto, vale a pena, e que *racionalmente* se apoia na experiência de que o homem, apesar de tudo, exceto em casos ou situações patológicas, escolhe a vida, *esta* vida. Bayle e Voltaire dizem que poucos homens, e Kant afirma que nenhum, quereriam recomeçar sua vida, de fato a humanidade e o indivíduo querem continuar vivendo. Quando Platão definia o mal como "o contrário do bem" (*Teeteto* 176 A), indicava no ser a primazia metafísica do positivo sobre o negativo, e Leibniz o expressou intuitivamente ao dizer que, apesar de tudo, "há mais casas que prisões".

Com isso, não fica excluída toda possibilidade de uma resposta imanente e não religiosa: simplesmente terá de dar suas razões e contestar suas dificuldades. A resposta cristã procura fazê-lo em seu terreno, e por si o raciocínio tem validade universal, no sentido de que se apoia em razões acessíveis também ao não crente, que tem a possibilidade de examiná-las e ver se o convencem ou não. Isso não exclui alguma circularidade hermenêutica, enquanto é muito possível que a ideia bíblica de Deus oriente o olhar para descobrir essas estruturas da realidade (embora, uma vez descobertas, se apoiem em sua evidência racional e façam valer seu direito na discussão filosófica). Como, por sua vez, essas ideias acabam condicionando a leitura da revelação. Desde Heidegger e Gadamer, sabemos que os pressupostos são inevitáveis; também o *Dieu terrible* de Voltaire condicionava sua leitura, e o ateísmo de Sartre a sua; o importante é reconhecê-los e submetê-los à crítica expressa.

Ao mesmo tempo, essa circularidade significa também abertura. O descobrir uma estrutura racional não faz mais que aproximar as posturas e unir o esforço da busca: "desse modo, a pergunta pelo lugar do mal na criação se transforma em questão de fé, tanto para o crente como para o não crente" (H. Haag).

II. A revelação diante do mistério do mal. *1. Caracterização geral.* A Bíblia não evita jamais o tema do mal. O sofrimento, em todas as suas formas, encontra nela total expressão. Numa civilização técnica que tende a reprimir e ocultar o sofrimento em todas as suas formas, a atitude do AT já é uma lição, pois "mostra sua surpreendente tendência para tornar públicos os sofrimentos dos indivíduos e dos grupos". Mas não se deve buscar diretamente nele nossas preocupações teóricas. Para o homem bíblico, o mal não coloca Deus em questão: desperta a oração e às vezes o protesto (Jó); sua preocupação não é a origem do mal, mas sua superação. (Em geral, como bem observa Ricoeur, "a forma especificamente religiosa de abordar o problema do mal" adota sempre "a linguagem da esperança".)

Aparecem, naturalmente, numerosas explicações: até no desterro, Deus mesmo opera o mal, tanto por seu caráter terrível e misterioso (Gn 2,2-32: luta com Jacó; Ex 4,24-26: incircuncisão de Moisés; 2Sm 6,6-8: morte por tocar a Arca...), como sobretudo a título de castigo ou educação; também o pecado aparece como causa frequente, e nos escritos tardios, tanto do AT como do NT, cresce a importância do demônio. Não há na Bíblia uma vontade sistemática, e ela não deve, portanto, ser forçada nesse sentido. É decisivo o dinamismo e o fundo que vai configurando toda a sua experiência de Deus.

2. Deus como salvador no Antigo Testamento. O núcleo especificador da fé bíblica é Deus como libertador da escravidão do Egito, e da miséria e do pecado em geral. A história decisiva dessa fé é a da progressiva descoberta de Deus como justiça, como amor e, já em Oseias (11,8-9), como perdão incondicional. Uma hermenêutica afinada mostra facilmente como as mesmas ideias de expiação, castigo e certamente educação respondem à experiência profunda de um Deus que é percebido *unicamente como salvação*. O simbolismo do paraíso representa, da parte de Deus, o desvelamento da intenção de felicidade plena para o homem; mediante a descrição do início "mítico" se antecipa a plenitude da salvação escatológica (Hegel já o havia visto e a teologia atual o confirma. K. Rahner: "A protologia é a escatologia"). Nesse sentido, o relato da queda deve ser visto em sua intenção direta: o mal como algo fora da intenção de Deus; e deve ser respeitado, sem tradução literal, em sua intenção indireta: o mal como encerrado no mistério da criação (aqui devem começar as interpretações, e não considerar como certa uma: a do pecado original como causa de todos os males, inclusive físicos).

O mistério da dor pode atingir o vértice da crise existencial. Em Jó, não recebe solução teórica, mas se abre para a entrega confiante ao mistério, e por sugestão indireta – no trecho final, em prosa – o mostra como mistério de amor e de felicidade. No Dêutero Isaías, o mistério do sofrimento extremo adquire inconcebível profundidade salvífica e altura sublime como realização da liberdade humana. Que praticamente tudo isso ainda ocorra sem esperança na outra vida, adverte hoje contra todo escapismo: a esperança definitiva não deve saltar *sobre*, mas realizar-se *através das* esperanças e soluções em curto prazo (cf. GS 21).

3. Deus como antimal no Novo Testamento. No AT, há uma aproximação progressiva de Deus ao sofrimento humano. No NT, o movimento consuma-se no insuperável: na identificação. Em Jesus, o mesmo Deus aparece implicado, participando na realidade e na pergunta sobre o que é o mal para o homem. Por isso, a resposta também aparece em sua plenitude. A *kénosis* de Jesus, sua submissão à limitação, ao sofrimento e à morte, torna patente a necessidade ôntica do mal: nem mesmo o "Filho muito querido" do Pai pode escapar das consequências da finitude. Pensar que Deus, se "pudesse" – sem interromper a marcha normal do mundo – livrar seu Filho da morte, não o teria feito, seria negar o mistério profundo de amor que transparece na experiência filial do *Abba*. A "necessidade" da paixão (o *dei* da interpretação crente: Mc 8,31 par.; Lc 24,26; At 17,13) recebe aqui um significado que deveria ser urgentemente resgatado das retóricas horríveis sobre o "abandono", a "ira" e a "vingança" do Pai na cruz.

Ao mesmo tempo, na atitude de Jesus, mostra-se não a resposta teórica, mas a resposta ativa de Deus. Jesus se apresenta sempre ao lado do ser humano contra o mal: defende o pobre e o desprezado, ajuda o enfermo e o necessitado, perdoa o pecador. Diante dele, torna-se blasfemo pensar em um Deus que manda o mal porque quer; ao contrário, em sua luta até à morte para vencê-lo, Deus aparece como o "antimal" por excelência. O mal é encontrado aí, obstinado e inevitável pela limitação da criatura, mas Deus coloca todo o seu coração e todo o seu apoio em favor do ser humano. Mais ainda, nem sequer condiciona sua ajuda ao mérito ou à bondade, é incondicional: "quando ainda éramos pecadores" (Rm 5,8). Finalmente, no centro mesmo da "impotência" de Deus – a tragédia da cruz – aparece o verdadeiro sentido de sua potência definitiva: a *ressurreição*. Deus suporta que matem Jesus, da mesma forma que suporta o mal do mundo, se quer a existência da realidade-finita e o respeito à sua liberdade. Mas está sempre ao seu lado, embora a força da dor faça, às vezes, que seu respeito pareça "abandono" (cf. Mc 15,34); e, enquanto a disponibilidade absoluta produzida pela morte permite romper as leis da finitude histórica, deixa transbordar a força salvadora e "infinitizante" da ressurreição.

A intuição obscura da fé pode tornar-se, agora, certeza razoável: se, apesar do mal inevitável, Deus quis criar o mundo, foi por amor, pois sabia que era sua última palavra, e esta é a vitória sobre o mal, é a felicidade plena do homem e da mulher. E nessa luz a mesma história se ilumina por dentro: na aparente força do mal, já está presente a derrota: já na terra o crente sabe que todo ser humano, e sobretudo o "pobre", aquele que "chora", o "perseguido"... é, em sua *realidade última e total*, um "bem-aventurado".

Em suma, o dilema inicial era falso em seus dois extremos. Na cruz-ressurreição, temos a resposta verdadeira e definitiva: *Deus quer e pode vencer o mal*. E essa resposta tem de ser crida e verificada na paciência, na ação e na fidelidade da história.

Cardona, C. *Metafísica del bien y del mal*. Pamplona, Eunsa, 1987; Estrada, J. A. *La imposible teodicea*. Madrid, Trota, 2003²; Haag, H. *El problema del mal*. Barcelona, Herder, 1981; Hick, J. *Evil and the God of Love*. New York/London, 1966; Jossua, J. P. *Discours chrétiens et scandale du mal*. Paris, 1979; Nemo, P. *Job y el exceso de mal*. Madrid, Caparrós, 1995; Pérez Ruiz, F. *Metafísica del mal*. Madrid, Eunsa, 1982; Ricoeur, P. "Le mal: un défi à la philosophie et à la théologie". In: *Lectures* 3. Paris, 1994, 211-233; Romerales, E. *El problema del mal*. Madrid, UAM, 1995; Torres Queiruga, A. *Del terror de Isaac al Abbá de Jesús*. Estella, EVD, 2000.

Andrés Torres Queiruga

MARIA

Na teologia católica, Maria tem uma grande importância e é venerada com um culto especial superior a todos os outros santos. Sempre foi objeto do pensar teológico e da devoção peculiar em alguns países católicos, sobretudo os latinos, nos quais se apresenta com muitos rostos e nomes, que falam com eloquência da devoção que inspira aos fiéis católicos e que a ela recorrem como mãe.

A mariologia tradicional, que imperou até antes do Concílio Vaticano II, mostrava o rosto de Maria com traços que não favoreciam seu conhecimento mais profundo e seu amor por parte dos cristãos mais instruídos e letrados. Os ventos conciliares, que renovaram tantas áreas da teologia, trouxeram renovação também para a mariologia, que hoje se apresenta com traços distintos e mais inspiradores para os homens e para as mulheres do nosso tempo. A mariologia renovada vê e pensa o mistério de Maria dentro de alguns pressupostos hermenêuticos que vão introduzir importantes modificações na visão tradicional:

1. Maria é, antes de tudo, criatura, alguém que *participa intimamente de nossa condição humana e de nossa finitude*. Viveu num tempo histórico e foi a mãe judaica do homem Jesus de Nazaré. Para a teologia e a espiritualidade católica, é central esta afirmação: aquela que veneramos como mãe do Salvador foi uma mulher que viveu na história e é, hoje, alguém que vive em Deus. Naqueles que "vivem em Deus", projeta-se a situação de todos os que "vivem na história". Situação de limitação e ao mesmo tempo de desejo do ilimitado. A Maria recorrem os fiéis como mulher que vive em Deus e que pode ajudá-los.

2. Uma teologia mariana renovada, fiel às diretrizes do Vaticano II de voltar às fontes, busca o conhecimento e o encontro com Maria nos *textos bíblicos*. Porém, devido à perspectiva nova que a envolve, deve apresentar, igualmente, uma forma diferente e própria de ler esses textos. Um texto escrito é sempre seletivo e o que ele deixa de dizer não significa que não aconteceu. Os textos que falam de Maria na Escritura são muito poucos, mas cada época histórica parece construir, a partir desses textos e de diferentes tradições nascidas no meio do povo, uma imagem de Maria e de sua atuação histórica passada e presente. Por isso, não se pode dizer que a única verdade sobre a vida de Maria está no pouco que nos dizem os textos do NT.

3. O conceito de *reino de Deus* é essencial para a hermenêutica que orienta a teologia mariana sob a nova perspectiva pós-conciliar. A explicação desse conceito vai além da pessoa de Jesus. Afeta a totalidade de seu movimento, do qual participavam ativamente os homens e as mulheres. A partir dele, poder-se-ão ler os fatos de Maria nas diferentes imagens que o reino de Deus assume na Escritura, na tradição e nas tradições, como fatos que tornam presentes os sinais do reino de Deus, ações concretas que manifestam a presença da salvação na história humana.

1. Maria na Escritura. Na Escritura, aquilo que é narrado, embora se centre mais em determinado personagem, na verdade se refere a um coletivo, a um povo. Assim, as figuras masculinas e femininas que precedem o aparecimento de Maria no AT: Abraão, Moisés, Miriam, Ana, Rute, Judite, Ester, e outras, são, ao mesmo tempo, imagens de um povo. Através das ações delas, revela-se a força de Deus, que salva seu povo e a resistência desse mesmo povo, expressa nessas figuras de homens e mulheres. A missão de cada pessoa, e significativamente de algumas com carismas especiais, ressalta a dimensão coletiva das ações humanas e a construção coletiva da história.

À luz dessa leitura da Escritura, procura-se entender o lugar e o papel de Maria. Não se trata somente da pessoa individual de Miriam de Nazaré, mas da mulher que é imagem do povo fiel, particular morada de Deus. A afirmação de que Deus se fez carne em Jesus deve ser completada com outra do mesmo valor teológico: Deus nasce de uma mulher. O NT quer mostrar que, com Maria e com Jesus, começa um novo tempo para a história da humanidade. Há uma espécie de salto qualitativo em sua prática e consciência religiosa. Deus habita a terra humana e é descoberto e amado na carne humana.

Embora nascida num contexto patriarcal, em que a mulher era propriedade do homem em todos os níveis, Maria é uma figura que vive entre os dois Testamentos. Participa e saboreia a nova experiência libertadora do movimento de seu Filho, que inaugura um discipulado igual para homens e mulheres. Representante legítima do povo de Israel, figura-símbolo da Sião fiel, Maria é – também e não menos – portadora do novo Israel, do novo povo, da nova aliança que Deus faz com a humanidade, em que a mulher não aparece mais como passiva e submissa ao homem, como ser inferior, mas como sujeito ativo e responsável, companheira do homem, assumindo, com ele, ombro a ombro, muitas das tarefas inerentes ao anúncio da boa nova.

Nos poucos textos que traz sobre Maria, o NT ilustra essas perspectivas.

1. *Paulo*. Gl 4,1-7 diz: "Quando chegou a plenitude do tempo, Deus enviou o seu Filho, nascido de mulher". A teologia desse texto paulino oferece, na figura da mulher que dá à luz o Filho de Deus na plenitude dos tempos, a convergência entre escatologia e história, antropologia e teologia. A partir daí, não há mais lugar para o androcentrismo ou o dualismo de qualquer espécie, mas todo reducionismo antropológico ou teológico cede lugar a esta confissão de fé: o Verbo se fez carne na carne humana, carne de homem e de mulher, na realidade e nos limites da história. Diz também que o reino já chegou, que a plenitude do tempo aí está, sob os nossos olhos, que a nova criação já é realidade, porque Deus enviou seu Filho *nascido de mulher*. À luz desse mistério, o reino acontece na comunidade de homens e de mulheres que, com suas lutas e sofrimentos, dores e alegrias, fazem explodir em todo momento a novidade incansável e bela do amor.

2. *Mateus*. Esse evangelho lê os novos acontecimentos desencadeados pelo fato-Jesus como realização das promessas de Javé ao povo escolhido. Sobre a mulher Maria de Nazaré, símbolo do Israel fiel, vem o Espírito de Deus, como no texto da criação (Gn 1,2). Por isso, Maria deu à luz "sem que José a conhecesse". José é a síntese do povo antigo, da tradição judaica primitiva que reconhece o Messias, apesar das dúvidas e dificuldades. A mulher aqui é símbolo do povo fiel do qual nasce o Messias, e José, do povo antigo que é chamado para novas núpcias, a fim de começar o amor outra vez. A Maria de Mt é o símbolo da esperança virgem: mulher intocada e ao mesmo tempo prenhe de vida, rosto do povo cheio de luz, rosto de Deus que renasce sempre dos escombros da destruição do pecado e da morte.

3. *Marcos*. A maternidade de Maria é uma referência histórica, um fato capaz de identificar no tempo e no espaço o carpinteiro taumaturgo, conhecedor da lei e dos profetas e defensor dos pobres, acolhido por uns e rejeitado por outros. Maria, a mãe de Jesus, participa desse ambiente que abre e fecha espaços, que acolhe e rejeita Jesus. Posta ao lado da humanidade que "quase" o rejeita e, envolta no mesmo grupo dos que pensam que ele "está louco", é situada, por outro lado, como a figura que, superando o nível biológico da relação com Jesus, está entre os que cumprem a vontade de Deus (cf. Mc 3,35).

4. *Lucas*. É o que reúne mais textos referentes a Maria. O que se anuncia a Maria (Lc 1,26-38) está no rasto das múltiplas manifestações da fidelidade de Deus para com seu povo (Sara, Abraão, a mãe de Sansão). Maria, símbolo e representante do povo, é a nova arca da Aliança, a morada de Deus, o lugar de sua habitação, o lugar onde pode ser encontrado e amado. Lucas apropria-se das experiências e expressões teológicas dos judeus, dando-lhes um novo significado a partir da grande novidade vivida pelos seguidores de Jesus. A visita de Maria a Isabel (Lc 1,40-45) é o encontro do velho com o novo e, por parte do povo judeu, o reconhecimento do novo. Maria é agora "bendita entre as mulheres". Quem reconhece isso e proclama é Isabel, a anciã judia da qual nasce o último dos profetas da antiga lei, João Batista. O canto de Maria, o Magnificat (Lc 1,46-55), é um canto de guerra, canto do combate de Deus travado na história humana, combate pela instauração de um mundo de relações igualitárias, de respeito profundo a cada ser, o qual habita a divindade. A imagem da mulher grávida, capaz de dar à luz o novo, é a imagem de Deus que, pela força de seu Espírito, faz nascer homens e mulheres entregues à justiça, vivendo a relação com Deus na amorosa relação com seus semelhantes. O canto de Maria é o "programa do reino de Deus", assim como é o programa de Jesus, lido na sinagoga de Nazaré (Lc 4,16-21). O parto de Maria (Lc 2,7) tem significado coletivo, no qual todos e todas estão implicados, superando os

limites da biologia e da fisiologia humanas. Trata-se do nascimento de Deus na humanidade. Nos dois últimos textos em que menciona Maria (Lc 2,34-35; 2,48-49), a profecia de Simeão dá a ela um alcance para todos os tempos. Os que lutam pelo reino de Deus são marcados pela contradição com este mundo. Uma espada continua transpassando o coração daqueles que, como Maria, lutam pela justiça de Deus, dos que se ocupam, em primeiro lugar, das coisas de Deus, possuídos pela paixão da libertação de seus irmãos.

5. *Atos dos Apóstolos.* Esse livro – segunda parte da mesma obra lucana – mostra Maria presente nas raízes da primeira comunidade cristã, perseverante na oração e unida aos discípulos de seu Filho. Presente como a mãe, a irmã, a companheira, a discípula e a mestra de um movimento organizado por seu Filho Jesus, movimento cujas raízes históricas têm por núcleo o anúncio da presença do reino no meio dos pobres, dos pecadores, dos gentios, daqueles que estão longe e perdidos, mas igualmente daqueles que estão próximos, porém privados de todo conhecimento por parte do poder estabelecido.

6. *João.* O quarto evangelho apresenta Maria em duas ocasiões. A primeira, nas bodas de Caná (Jo 2,1-11), quando Jesus realiza, por intercessão dela, o primeiro de seus sinais, transformando a água em vinho. Maria, com sua fé, gera e dá à luz a fé da nova idade messiânica e inaugura o tempo do novo povo, da comum comunidade do reino, em que o pobre e desprezada Caná da Galileia passa a ser lugar da manifestação da glória de Deus. O segundo episódio é ao pé da cruz, no momento da morte de Jesus, no qual ele entrega a ela o discípulo amado como filho (Jo 19,36). No esteira das grandes figuras femininas e maternais do AT (Débora, a mãe dos Macabeus, e outras), Maria aparece como mãe da nova comunidade de homens e mulheres que são seguidores de Jesus porque acreditaram em sua encarnação, vida, morte e ressurreição. Maria é aí a mulher segundo a glória de Deus manifestada em Jesus Cristo. No momento em que o Filho de Deus entrega seu Espírito (*pneuma*), o evangelho de João situa Maria no mesmo centro desse acontecimento de salvação trazida por Jesus Cristo. Ela é o símbolo do povo que acolherá a mensagem do reino e a plenitude dos tempos messiânicos.

7. *Apocalipse.* Em Ap 12, aparece uma mulher vestida de sol e coroada de estrelas, com dores de parto, lutando contra o dragão. Sua vocação é a vitória, ser esposa do Cordeiro, a nova cidade, a nova Jerusalém, onde se reunirão finalmente todos aqueles e aquelas que observam os mandamentos de Deus e guardam o testemunho de Jesus. O povo de Deus perseguido e mártir é quem leva consigo a garantia da vitória de Jesus. Em muitas interpretações, Maria é identificada como essa mulher de Ap 12, figura da fé humilde e laboriosa do povo que sofre e crê no Salvador crucificado, sem perder a esperança. É também a figura de uma Igreja perseguida pelo mundo, pelas forças do antirreino, e pelos poderosos e opressores de toda espécie que, como o dragão descrito no Apocalipse, querem "devorar" os filhos e a descendência da mulher, devorar o projeto do reino, tudo o que é vida e liberdade para o povo, tudo o que é fruto maduro das entranhas fecundas da mulher. O novo povo de Deus, do qual Maria é símbolo e figura, é o "sinal", aparecendo no céu e na terra, de que à descendência da mulher-Eva foi dada a graça e o poder de triunfar sobre a serpente, mediante a descendência da mulher-Maria, de cuja carne o Espírito formou a encarnação de Deus; da mulher-povo de Deus, de cujo seio brotaram a salvação e a comunidade daqueles que observam os mandamentos de Deus e guardam o testemunho de Jesus.

II. Os dogmas marianos: uma visão atual. A mariologia renovada que se desenvolve depois do Vaticano II traz novos elementos para pensar o mistério de Maria, muito unido ao mistério de Cristo e da Igreja; e dele inseparável. É preciso também pensar e refletir sobre os dogmas ou afirmações de fé da Igreja sobre Maria na chave eclesial e teológica que não deixa de incluir as novas descobertas antropológicas modernas, além do caminho ecumênico e do diálogo inter-religioso.

1. *O mistério da* Theotókos, *mãe de Deus.* Ao contrário de outros dogmas, cujas raízes bíblicas são questionadas e constituem autênticos problemas ecumênicos, a maternidade divina de Maria possui profundos e sólidos pontos de apoio na Escritura. No NT, a maioria das vezes se alude a Maria com o título de "mãe" (25 vezes). Maria é fundamentalmente, para os relatos evangélicos, a mãe de Jesus. No centro do mistério da encarnação, mistério que é salvação para todo o gênero humano, o NT apresenta Deus assumindo carne de homem e por meio do corpo da mulher. O Concílio de Éfeso (431) reúne o tesouro incalculável desse mistério e declara Maria, expressamente, *Theotókos*, mãe de Deus. A maternidade divina de Maria aparece nessa declaração conciliar como chave de interpretação do mistério da encarnação, que torna possível e explica a união das duas naturezas do Verbo de Deus. Daquele que é gerado eternamente pelo Pai se diz que nasceu de mulher segundo a carne, no sentido de que uniu a si a natureza humana segundo a hipóstase. A partir de Éfeso, a maternidade divina constitui um título único de senhorio e glória para aquela que é a mãe do Verbo encarnado.

Reconhecer Maria como mãe de Deus significa de fato professar que Jesus, o carpinteiro de Nazaré, o crucificado, filho de Maria segundo a geração humana, é Filho de Deus é o próprio Deus. A visão antropológica que está por trás dessa afirmação é profundamente integrada e unitária. Toda mulher é mãe não só do corpo, mas da pessoa inteira de seu filho. O mistério da encarnação de Jesus, Filho de Deus, em Maria de Nazaré nos ensina que a pessoa humana não está partida entre um corpo de matéria e imperfeição e um espírito de grandeza e transcendência. Ao contrário, só na fragilidade, na pobreza e nos limites da carne humana se pode experimentar e adorar a grandeza inefável do espírito. Portanto, se não se pode separar, em Jesus Cristo, a humanidade e a divindade (cf. Concílio de Calcedônia, 451), também não se pode separar, em Maria, a mulher simples de Nazaré e aquela a quem a Igreja venera e presta culto como mãe de Deus.

Significa, também, proclamar a chegada do reino que "já está no meio de vós". Maria é figura e símbolo do povo que crê e experimenta essa vinda de Deus, que agora pertence à raça humana. Aquela, cuja carne formou a carne do Filho de Deus, é também o símbolo e protótipo da nova comunidade, onde homens e mulheres se amam e celebram o mistério da vida que se manifestou em plenitude.

Significa, também, desvelar toda a grandeza do mistério da mulher. Mistério de abertura, fonte e proteção da vida. Maria é, ao mesmo tempo, mãe de todos os viventes, mulher na qual o mistério da fonte e origem da vida chega ao ponto máximo de densidade. Revela, assim, um lado inédito e inexplorado do mistério do próprio Deus encarnado em seu seio: que ele mesmo é comparável à mulher que dá à luz, que amamenta o filho de suas entranhas e do qual não se esquece (cf. Is 66,12-13; 42,14; 49,15). Finalmente, significa reconhecer nessa mesma que chamamos mãe e senhora nossa, a pobre e obscura mulher de Nazaré, mãe do carpinteiro subversivo e condenado à morte, Jesus. Implica perceber, depois do título de glória e das luxuosas imagens com as quais a piedade tradicional a representa, o não menos real e teológico título de "serva do Senhor".

A maternidade é um dom e uma dignidade, mas também um serviço, que se inscreve na mesma linha dos "servos de Javé", inspiração para a Igreja, que é chamada a ser servidora do reino. Formada e tecida nas entranhas da mulher Maria pelo Espírito de Deus, a corporeidade do homem Jesus é a mesma que andou pelo mundo fazendo milagres, curando enfermos, ressuscitando mortos, multiplicando pães, sendo odiada, perseguida, torturada e crucificada e, finalmente, glorificada e reconhecida como inseparável do Espírito divino. Proclamar Maria mãe de Deus é anunciar e revelar, de maneira definitiva e irreversível, a aliança entre a carne e o espírito tornada para sempre possível pela misericórdia de Deus.

2. *Virgindade*. O judaísmo, do qual Maria é filha legítima, não considera a virgindade como valor particular. Esta equivale à esterilidade, à não procriação, que acarreta desprezo e implica uma carga de morte, uma vez que a sobrevivência está na prole. A virgindade de Maria não pode ser vista, portanto, de um ponto de vista moralizante e idealizado. Os textos bíblicos querem dizer que o filho que é gerado em Maria é um ser divino. A cadeia de genealogias humanas sofre uma ruptura radical para dar lugar ao Espírito que, com seu sopro criador, invade a história e faz brotar a vida onde seria impossível. Jesus, o novo Israel que brota do seio da Virgem, é a semente do novo povo, que é plasmado pelo Espírito, do qual Maria está cheia e configurada. A tradição da Igreja toma então este indício para proclamar, ao longo da história dos primeiros séculos e, finalmente, no concílio de Latrão (649), a virgindade perpétua de Maria.

A virgindade de Maria ilumina a questão antropológica sobre quem é o ser humano. A criatura humana é como terreno virgem e inexplorado, onde tudo pode acontecer. E tudo o que acontecer, deverá levar essa mesma criatura humana até o ponto ao qual Maria chegou: ter formado em suas entranhas o próprio Deus. A virgindade de Maria fecundada pelo Espírito corresponde a vocação de todo ser humano: ser templo e morada abertos e disponíveis, com todas as possibilidades latentes. A importância do corpo virgem de Maria consiste em que é figura da pobreza da humanidade para realizar sua própria salvação sem a graça de Deus. A entrega total ao Deus da vida e ao abandono radical dos ídolos que dão morte encontra na virgindade de Maria uma figura proposta a todos, homens e mulheres, que desejam colocar os pés sobre as pegadas de Jesus e viver a realidade histórico-escatológica do reino de Deus.

A virgindade de Maria ilumina igualmente a vocação específica da mulher, enquanto hospedeira da vida em plenitude, espaço ilimitado aberto, potencialidade latente que cresce tanto mais quanto maior e mais profunda for sua entrega. O dogma da virgindade de Maria declara a mulher para sempre espaço afirmativo onde o Espírito do Altíssimo pode pousar e fazer sua morada. A virgindade desprezada em Israel é o lugar da *shekinah*, a morada da glória de Javé, que encontra em sua criatura Maria de Nazaré a disponibilidade dos bem-aventurados: "Eu sou a serva do Senhor; faça-se em mim segundo a tua palavra" (Lc 1,38).

3. *A imaculada conceição*. Este dogma, proclamado em 1854 por Pio IX, não encontra uma raiz bíblica tão explícita como os anteriores. Temos como referência o texto de Gn 3,15 (também chamado de protoevangelho), no qual a mulher e sua descendência aparecem como inimigas mortais da serpente, terminando por destruí-la, esmagando-lhe a cabeça. Além de outros menos importantes referentes à Arca da Aliança, à Cidade Santa etc., está a saudação do anjo no evangelho de Lucas, que declara Maria "cheia de graça" (Lc 1,28) e a saudação de Isabel, que a declara "bendita entre todas as mulheres" (Lc 1,42). Maria aparece, pois, como o milagre de Deus por excelência, a criação em sua plenitude, bendita, bem-aventurada, cheia de graça.

Por sua imaculada conceição, Maria é a síntese personificada da antiga Sião-Jerusalém. Nela tem início exemplar o processo de renovação e purificação de todo o povo, para que se viva mais plenamente a aliança de Deus. Toda de Deus, Maria já é, pois, protótipo daquilo que o povo é chamado a ser. A imaculada conceição é, portanto, utopia que dá força ao projeto e sustenta a esperança do povo em seu Deus. É o penhor de garantia da possibilidade de que a utopia de Jesus – o reino de Deus – é realizável nesta pobre terra. Não é, no entanto, unicamente a alma de Maria que é preservada do pecado. É toda a sua a pessoa que é penetrada e animada pela graça, pela vida de Deus. Sua corporeidade é a morada do Deus santo. Sua concepção imaculada proclama ao povo, do qual ela é figura, que o Espírito foi derramado sobre toda carne e que o paraíso perdido foi reencontrado.

A corporeidade da mulher, que o Gênesis denunciava como causa do pecado original, carregando, sobretudo o sexo feminino, um defeito e um fardo difícil de carregar, é reabilitada pelo Evangelho e pelo magistério da Igreja. Esse corpo animado pelo Espírito divino é proclamado bem-aventurado, imaculado. Nele, Deus fez a plenitude de suas maravilhas.

Maria, filha de Sião, representa o povo de Israel, e com ela chega a seu ponto máximo o itinerário da aliança deste povo com seu Deus. Sendo a fiel israelita, que espera a consolação do povo escolhido e canta as maravilhas que o Senhor faz, reconhecendo sua presença criadora e produtora de vida em si e ao redor de si, Maria é o protótipo do povo de Deus de ontem e de hoje, povo a quem mostra a vocação de "escolhido desde antes da criação do mundo para ser santo e imaculado" (cf. 1,4).

Protótipo da criatura, portanto, e não deusa, é o que se pode dizer de Maria de Nazaré, tal como é vista pela teologia católica. Permanecendo criatura na íntima aliança com seus irmãos e irmãs de carne e de escolha, aponta para o mistério da criação, no qual homens e mulheres se percebem na aliança com o cosmos e se abrem para o ilimitado do divino.

É preciso, no entanto, não esquecer que a imaculada conceição venerada nos altares é a pobre Maria de Nazaré, serva do Senhor, mulher do povo, insignificante na estrutura social de seu tempo. Maria traz sobre si a confirmação das preferências de Deus pelos mais humildes, pequenos e oprimidos. A graça da qual Maria está cheia é patrimônio de todo o povo.

4. *A assunção*. O mais recente dos dogmas marianos é a assunção, definida e proclamada solenemente por Pio XII, a 1º de novembro de 1950, com a constituição apostólica *Munificentissimus Deus*. Tem como base os textos bíblicos, mas lidos já com os olhos da tradição da Igreja. Proclama Maria assunta aos céus "em corpo e alma". O sujeito da assunção é, pois, a pessoa de Maria, toda inteira. Maria não é uma alma envolvida provisoriamente num corpo, mas uma pessoa, um corpo animado pelo sopro divino, penetrado pela graça de Deus até no último recôndito. Sua corporeidade é plenamente assumida por Deus e levada à glória. Sua assunção não é reanimação de um cadáver nem exaltação de uma alma separada de um corpo, mas plena realização, no absoluto de Deus, de toda a mulher Maria de Nazaré.

Ela nos diz algo também sobre o destino final escatológico ao qual somos chamados. Não somos uma alma prisioneira de um corpo, e esse corpo, por sua vez, não constitui impedimento para nossa plena realização como seres humanos unidos a Deus. Ao contrário: na ressurreição, nossa corporeidade é resgatada e transfigurada para dentro do absoluto de Deus. Maria, glorificada nos céus em corpo e alma, é imagem e início da Igreja e da humanidade do futuro, sinal escatológico de esperança e de consolo para o povo de Deus que caminha em direção à pátria definitiva. Com a assunção de Maria, figura e símbolo do novo povo de Deus, a Igreja é, já agora, inclusive em sua ambiguidade e em seu pecado, a comunidade de salvação, o povo fiel que é ela chamada a ser.

A assunção de Maria restaura e reintegra, no seio do mistério do próprio Deus, também a corporeidade feminina, humilhada pelo preconceito patriarcal judeo-cristão. A partir de Maria, a mulher tem a dignidade de sua própria condição reconhecida e assegurada pelo Criador dessa mesma corporeidade. O masculino e o feminino que estão em Jesus Cristo e Maria participam *definitivamente* da glória do mistério trinitário.

Finalmente, a assunção de Maria está intimamente vinculada à ressurreição de Jesus. Em ambos os acontecimentos de fé, trata-se do mesmo mistério: o triunfo da justiça de Deus sobre a injustiça humana, a vitória da graça sobre o pecado. Assim como proclamar a ressurreição de Jesus implica continuar anunciando sua paixão, que continua nos crucificados e naqueles para os quais não se faz justiça neste mundo, analogamente, crer na assunção de Maria é proclamar que aquela mulher que deu à luz num estábulo, entre animais, teve o coração transpassado por uma espada de dor, compartilhou a pobreza, a humilhação, a perseguição e a morte violenta de seu Filho, que esteve ao seu lado ao pé da cruz, a mãe do condenado, foi exaltada. Assim como o Crucificado é o Ressuscitado, a Dolorosa é a Assunta aos céus, a Gloriosa. A Igreja, povo de Deus, tem na assunção de Maria o horizonte de esperança escatológico que lhe indica seu lugar no meio dos pobres, dos marginalizados, de todos aqueles que são postos à margem da sociedade e têm seu Deus como eterno advogado.

III. Nem deusa nem mulher eterna. Na teologia católica ocidental, a reflexão sobre Maria viu-se muitas vezes prejudicada devido à substituição realizada pela teologia e pela pastoral. Ambas deram forte acento à pessoa de Maria devido a certa "ausência" sentida do Espírito Santo e de uma pneumatologia consistente e sólida. Essa questão se encontra hoje numa encruzilhada.

Percebe-se uma recolocação de Maria em seu lugar apropriado no conjunto da Revelação, em chave trinitária. Esse é o lugar a partir do qual ela pode iluminar aqueles que nela creem e que a invocam. Retoma-se, assim, uma pneumatologia robusta e uma perspectiva trinitária para a mariologia, que não significa o retorno, à vida da Igreja, do mito do "eterno feminino", que tanto dano causou à mariologia e que por tanto tempo impôs à mulher cristã e católica um único protótipo e caminho para viver sua identidade. À medida que o processo de emancipação pessoal e coletiva do sexo feminino acontecia, a mulher passava a não se identificar mais com a referência mariológica que lhe era apresentada. Não se reconhecia mais na imagem de Maria que lhe sugeriam: calada, silenciosa, discreta e subordinada, dizendo sempre *sim*, protótipo do eterno feminino.

O eterno feminino não pode ser encontrado, porque simplesmente não existe. O que existe é o provisório, o diverso, o múltiplo, o contingente da vida na temporalidade da história, que se apresenta segundo diferentes matizes, segundo os diferentes contextos culturais e tempos históricos em que acontecem. Nessa temporalidade, Maria é parte intrínseca da fé do povo de Deus, com muitos nomes e muitos rostos: a "Morenita" de Guadalupe, a "Nossa Senhora Aparecida" do Brasil, a "Puríssima" da Nicarágua, a do "Carmo" espanhola, a "Moreneta" catalã e muitos outros.

E a inspiração que essa mulher pode trazer não só para as mulheres, mas para toda a humanidade, não é um protótipo estático e aprisionador, mas a presença de alguém que viveu sua maneira temporal e humana de ser, que constitui a única via de acesso para a eternidade e transcendência do verdadeiro Deus. Deus que é Pai e Mãe, cheio de amor e compaixão, Filho e Verbo que se encarna na história em carne de homem e de mulher, Espírito gerador e acolhedor da vida, que sopra impetuosamente e, ao mesmo tempo, ensina a falar, alimenta e protege a chama frágil da vida por ele desejada e criada.

Boff, L. *El rostro materno de Dios*. Madrid, San Pablo, 1980; Boff, M. L. *Maria na vida do povo. Ensaios de mariologia na ótica latino-americana e caribenha*. São Paulo, Paulus, 2001; Calero. A. M. *Maria en el misterio de Cristo y de la Iglesia*. Madrid, CCS, 1990; S. de Fiore. *Maria nella teologia contemporanea*. Roma, Centro di Cultura Mariana "Madre della Chiesa", 1991³; Gebara, I.; Bingemer, M. C. L. *Maria, mujer profética*. Madrid, San Pablo, 1988; González Dorado, M. *De Maria conquistadora a Maria liberadora*. Santander, Sal Terrae, 1992; Iwashita, P. *Maria e Iemanjá. Análise de um sincretismo*. São Paulo, Paulus, 1991; Navarro Puerto, M. *Maria, la mujer. Ensayo psicológico-bíblico*. Madrid, Publicaciones Claretianas, 1987.

Maria Clara L. Bingemer

MATRIMÔNIO

Todas as culturas conhecem alguma forma de instituição do matrimônio. Na maioria delas, o homem e a mulher só são considerados completos depois de atingir a maturidade com um parceiro. Assim também, muitas religiões consideram o matrimônio como ato sagrado que tem origem numa divindade ou como a união de almas ou espíritos com o reino do sagrado.

Em todo caso, em qualquer cultura, há três categorias principais de crença sobre os propósitos do matrimônio: a continuação da família e da sociedade através da procriação; uma aliança que levará a sociedade à sua integração estabelecendo vínculos de parentesco; e, finalmente, a união da noiva com seu noivo; que pode ser percebida como um sistema complexo de intercâmbios entre grupos e/ou indivíduos. Todas essas categorias serão validadas através das crenças religiosas da sociedade que as coloca em prática.

I. As relações humanas na cultura ocidental moderna. A sociedade ocidental atual, com tantas crises das referências paradigmáticas que davam fundamento para o ser humano e solidez para seus valores éticos, construiu e privilegiou uma mentalidade onde impera o provisório e o descartável, inclusive nas relações humanas de todo tipo, não excluindo daí uma instituição tão milenar como o matrimônio. Com esse pano de fundo, pode-se perguntar se ainda é possível afirmar a importância dos compromissos perenes, que envolvem o ser humano em sua totalidade e têm a pretensão de durar toda a vida. A tendência do mundo e da sociedade de hoje está fundamentada em que a fidelidade como constitutiva da existência humana é idealista demais, que as relações são plenas enquanto duram e que comprometer total e radicalmente a vida com outra pessoa nega – ou pelo menos diminui – a liberdade a que o homem e a mulher modernos e pós-modernos tanto aspiram.

Em que pese tudo isso, a fé cristã e a Igreja continuam afirmando a excelência e a beleza do matrimônio cristão; continuam afirmando que o homem e a mulher podem ser plenamente felizes e humanamente realizados na sacramentalidade e na indissolubilidade do matrimônio.

O fundamento dessa convicção é antropológico, mais que teológico. A existência humana é fundamentalmente *coexistência*. O eu humano é regido pela alteridade e existe para o outro. Quando não chega ao encontro com o outro, a vida humana fica inacabada e, sobretudo, frustrada. A pessoa vive essa frustração no sentimento de solidão.

Pelo fato mesmo de ser coexistência, a vida humana é igualmente reciprocidade. Por reciprocidade entendemos o sentido dual e unitário de uma dinâmica relacional que privilegia a solicitude para com o outro sobre a definição do outro; a disponibilidade em se colocar a si mesmo em questão antes que assumir modelos universalistas e/ou estáticos de identidade; a valorização, em si mesmo e no outro, dos melhores recursos para pôr em marcha a relação que constitui o eu e o tu em alteridade recíproca e fecunda. As relações humanas só se realizam plenamente na mútua fecundação, doação concreta – e não teórica – que resulta em crescimento harmônico e pleno de ambas as partes.

Porém, a coexistência e a reciprocidade humanas sofrem uma transformação característica qualitativa quando homem e mulher se reúnem em comunidade e decidem formar um casal. Homem e mulher são representações e configurações do mesmo ser humano. A lei da diferenciação atravessa toda a natureza, e também o ser humano cai sob seu domínio. Trata-se, porém, de uma diferenciação que existe para criar uma comunhão mais rica e desafiadora. Homem e mulher só realizam e só podem realizar juntos a plenitude do humano.

II. Visão cristã do ser humano. À luz da fé bíblica e cristã, o matrimônio adquire dimensão única de transcendência. Deus criou o ser humano homem e mulher (Gn 1,27). A revelação judaico-cristã afirma que somente quando se unem homem e mulher realizam toda a extensão do humano. E essa diversidade enriquecedora se estende a todos os níveis de sua humanidade: o corporal, o espiritual e o psicológico.

A teologia cristã vê e compreende o matrimônio – contanto que seja a união entre dois batizados – como sacramento, ou seja, sinal doador da graça de Cristo. A união com Cristo de todo batizado recebe como dom pleno, configura e conforma, aos olhos da fé, o encontro de amor entre o homem e a mulher. Também em sua qualidade de homem ou mulher o ser humano está configurado à imagem do Senhor. A comunidade com Cristo penetra e transpassa também a sexualidade humana. O matrimônio significa, portanto, uma conformação e caráter especiais da comunidade que abrange todos os batizados; é uma especialização de sua unidade e uma derivação dela. Esta transformação da comunidade, que afeta todos os membros da Igreja, acontece sempre que dois batizados se dirigem um ao outro, enquanto homem e mulher, para se unirem entre si por amor.

Por mais diferenças que haja entre eles, o homem e a mulher estão destinados e ordenados um ao outro para fazer comunhão; suas diferenças são tais que ambos se enriquecem e plenificam num pacto de amor e fidelidade ordenado e unitário do humano; não só podem se enriquecer e se fecundar reciprocamente, mas estão ordenados a abrir horizontes ainda além do meramente tangível e mundano. Isso garante à reciprocidade vivida no matrimônio uma abertura profunda e transcendente, sem a qual os cônjuges ficariam sufocados na "solidão a dois" em que pode se transformar o casal e com dificuldades de se manterem à altura do pacto e da aliança que estabeleceram. Somente no encontro recíproco, no qual os caracteres de homem e de mulher não se negam mutuamente, mas se fecundam reciprocamente, cresce e se realiza o ser de ambos.

A diversidade do homem e da mulher não implica uma superioridade qualitativa de um sobre o outro. A medida do humano não é o homem só ou só a mulher, mas homem e mulher em sua ordenação recíproca. A reciprocidade que é a vocação essencial de todo ser humano é, na comunidade matrimonial, a vocação do homem e da mulher para formar uma comunhão que é para sempre. A promessa e a fidelidade entre o homem e a mulher no matrimônio são, fundamentalmente, um ato de confiança: o outro se mostrará digno de minha fidelidade e retribuirá fidelidade com fidelidade.

Entra aí, na reflexão teológica – e em seu pressuposto antropológico –, o elemento da imprevisibilidade e da surpresa de seres que vivem na história, como são os seres humanos. A fidelidade se fundamenta na imprevisibilidade própria e alheia; confia-se a ela, entrega-se ao novo e imprevisível, àquilo do qual não pode dispor nem prever. É, assim, um ato de esperança num futuro que não está totalmente nas mãos de um, nem nas mãos do outro. Tem fundamento em Alguém maior que um e outro, e é a garantia da comunidade de amor que ambos propõem formar. O matrimônio cristão é, pois, esse mistério de reciprocidade que está selado pela graça de Cristo e como tal é chamado a ser sinal para o mundo.

III. O testemunho da Bíblia. A diversidade e a reciprocidade destinada ao amor do homem e da mulher são testemunhadas e explicadas pela Escritura em Gn 1,27-28 e em Gn 2,18-25. O primeiro texto entende o ser humano não como realidade genérica e abstrata, mas como ser sexuado, homem e mulher. Assim, *isch* e *ischá* (macho e fêmea) são a imagem de Deus. E é o mesmo Deus, em Gn 2, quem confirma que há uma carência na criação enquanto o homem está só. "Não é bom que o homem esteja só. Vou fazer uma auxiliar que lhe corresponda". A criação não se completou enquanto não foi criada a mulher. E Deus disse então de sua criação que era "muito boa" (Gn 1,31). A igualdade de linhagem do homem e da mulher é testemunhada pelo fato de Adão não ter encontrado, entre os animais que Deus lhe confiou, nenhum que pudesse salvá-lo de sua solidão; somente a mulher criada a seu lado pôde consegui-lo. Segundo a escritura, Adão e Eva são imagens de Deus, não cada um por si, mas em sua união (Gn 1,27). Deus concedeu o domínio da terra a ambos, e não somente a Adão; com o homem, portanto, a mulher foi autorizada a submeter o mundo (Gn 1,28-30).

No Gênesis encontramos o ideal que Deus tem para o casal humano como sinal de sua utopia para toda a humanidade. Deus se manifesta e se revela propondo um grande ideal – o amor total e radical – que só no fim dos tempos poderá realizar-se plenamente, mas do qual o casal humano é o símbolo por excelência. A unidade a que tendem homem e mulher se completa e se realiza na "carne", no corpo; é uma comunidade vital plena de corpo e alma. Homem e mulher foram criados por Deus para essa comunidade plena, gozosa e prazenteira de vida que abrange também o corpo. Essa utopia do amor no Gênesis supôs sempre uma grande força motriz para o povo judeu e para toda a humanidade.

Segundo as narrações bíblicas, a criação do ser humano, em sua dupla qualidade de homem e mulher, não tem sua origem em nenhum princípio mitológico, nem sua dimensão sexual foi causada por algum poder maligno, mas tudo é fruto da palavra criadora de Deus.

O chamado recíproco entre o homem e a mulher fica orientado, portanto, desde o começo, para uma finalidade de ajuda e comunhão. Por um lado, é uma relação íntima, um encontro na unidade, uma comunidade de amor, um diálogo pleno e totalizador, cuja palavra e expressão mais significativa encarnam-se na entrega corporal. Além disso, essa mesma doação se abre para uma fecundidade que brota como consequência do amor.

No entanto, o amor e a fidelidade para a união do homem e a mulher são dom de Deus, mas dom que deve ser acolhido e recebido e ao qual se deve fidelidade de novo e sempre, a cada dia da vida. Porque o pecado, como possibilidade, ameaça o ideal da união entre os seres humanos, a lei em Israel acha necessário pôr limites para evitar a ruptura da família.

Por isso, nos profetas, a infidelidade matrimonial é comparada à infidelidade de Israel com Javé. E se acentua, pelo contrário, a fidelidade permanente de Deus para com seu povo. O amor humano e o amor divino são duas realidades intimamente unidas, que se iluminam e se fomentam reciprocamente.

1. *O matrimônio como aliança no Antigo Testamento.*
O amor de Deus pelos seres humanos é a razão última de seu comportamento, e o matrimônio é sinal e imagem da aliança entre Deus e o povo. A vinculação da aliança com o matrimônio é tão forte, que se emprega a mesma palavra, *berith*, para designar a ambos. Deus é o esposo fiel que nunca falha, e o povo é a esposa sempre amada, embora quase sempre infiel, que às vezes chega a ser verdadeira prostituta.

O matrimônio ganhará extraordinariamente com essa descoberta. Já não será mais algo sem importância, mas verdadeiro mistério religioso. A mulher, pouco a pouco, deixará de ser vista como coisa que se compra e se joga fora quando deixa de interessar ao homem, pois é amada entranhadamente por Deus.

Oséias é o primeiro que utiliza a linguagem matrimonial para explicar a comunidade de amor entre Javé e seu povo. Para Oséias, o matrimônio se transforma em símbolo da verdade que prega. Ele toma por esposa uma prostituta. Ama-a deveras. Mas depois de algum tempo, ela o abandona para seguir sua vida anterior.

Quando Oséias se vê traído por sua esposa e, apesar disso, sente que a continua amando, percebe que era exatamente isso o que acontecia entre Deus e seu povo: Deus continuava amando-o apesar de suas infidelidades. "Ama uma mulher amada por outro e que comete adultério, como Javé ama os israelitas, embora estes se voltem para os deuses estrangeiros" (3,1). Isso levou o profeta a conservar sua fidelidade, apesar da traição.

Apesar das leis contrárias, Oséias busca sua esposa e volta para junto dela, recebe-a e a perdoa com carinho impressionante: "Eu mesmo a seduzirei, conduzirei ao deserto e falar-lhe-ei ao coração" (2,16); "Eu te desposarei para sempre, eu te desposarei na justiça e no direito, no amor e na ternura" (2,21).

Um matrimônio conflituoso concreto serviu, pois, de veículo para o conhecimento de uma verdade sobre Deus; através de uma experiência tão dramática, o amor de Deus se tornou mais compreensível. E como contrapartida, aprofunda-se o mistério da fidelidade e do perdão conjugal, segundo a Bíblia o entende.

Jeremias também emprega constantemente o símbolo do matrimônio. O pecado de Israel, sua infidelidade, sua idolatria, os excessos sexuais ligados ao culto a Baal, ficam estigmatizados na alegoria da união conjugal. Novamente um profeta apresenta o matrimônio como protótipo do amor entre Deus e seu povo. Desta vez, está também presente o sentido de perdão por parte de um dos cônjuges. E mais ainda: o desejo de ajudar a regenerar a parte infiel: "Voltarei a te edificar...".

O profeta *Ezequiel* (Ez 16) reproduz a história de Israel com ternura impressionante. O povo escolhido aparece como menina recém-nascida, desnuda e abandonada em pleno campo, coberta por seu próprio sangue, sem ninguém que lhe ofereça os cuidados e o carinho necessário. Deus passa junto dela, recolhe-a e cuida dela até chegar a se enamorar. Porém, o pagamento volta a ser a prostituição, efetuada de maneira constante. Porém, a esperança fica de novo aberta pelo arrependimento e pelo perdão: "Lembrar-me-ei da aliança que fiz contigo na tua juventude e estabelecerei contigo uma aliança eterna" (16,60).

Os cantos do *Dêutero Isaías* reproduzem as mesmas linhas: "Como a uma esposa abandonada e acabrunhada, Javé te chamou; como à mulher da sua mocidade, que teria sido repudiada, diz teu Deus. Por pouco tempo te abandonei, mas agora com grande compaixão te unirei a mim" (54,6-7); "Meu amor não mudará, minha aliança de paz não será abalada" (54,10). O resultado deste matrimônio restabelecido será extensível a toda a humanidade (54,1-3).

Dos profetas do desterro, portanto, pode-se tirar de novo a realidade do perdão com poder de refazer o amor. Um amor mais forte que a morte e que todas as infidelidades.

Toda essa linguagem profética deriva de um pressuposto básico. Se os profetas se valeram do matrimônio para que o ser humano vislumbrasse a realidade de suas relações com Deus, pode-se legitimamente deduzir que é necessário que o amor conjugal seja capaz de descrever o mistério da aliança entre Deus e os seres humanos. O matrimônio deve adquirir essa densidade significativa.

No *Cântico dos Cânticos*, pode-se observar a concepção de matrimônio que lhe está por trás. Num ambiente que, em princípio, não rejeita a poligamia, o *Cântico dos cânticos* canta um amor único e indivisível, expressamente em oposição ao do rei e seu harém (Ct 6,8s). Num ambiente onde as uniões são efêmeras e provisórias e o divórcio é possível, o amado e a amada celebram seu amor eterno e indissolúvel (Ct 8,6s). E, num ambiente patriarcal, homem e mulher se apresentam em relação de paridade e mútua pertença (Ct 2,16; 3,1-4; 5,1-16).

Outra bela expressão de amor no AT é o livro de *Tobias*, onde aparecem sintetizados de modo realmente maravilhoso todos os elementos que ao longo da revelação bíblica foram aparecendo até agora.

O matrimônio de Tobias e Sara é vivido num ambiente profundamente religioso de oração, de intimidade pessoal e com a firme vontade de se doar um ao outro total e definitivamente. Neste livrinho pós-exílico se aprofunda espiritualmente a missão do casal, aproximando-se do ideal proposto por Deus. "Tu criaste Adão e para ele criaste Eva, sua mulher, para ser seu sustentáculo e amparo, e para que de ambos derivasse a raça humana. Tu mesmo disseste: Não é bom que o homem fique só; façamos-lhe uma auxiliar semelhante a ele. E agora, não é por prazer que tomo esta minha irmã, mas com reta intenção. Digna-te ter piedade de mim e dela e conduzir-nos juntos a uma idade avançada" (Tb 8,6-7).

Com Tobias chega ao seu ápice o ensinamento sobre o matrimônio no AT. Os resultados da pedagogia empregada por Deus foram lentos, mas deram seus frutos. Os tempos já vão ficando maduros para a vinda de Jesus Cristo e a pregação de sua mensagem de boa notícia.

2. *O matrimônio como metáfora do reino no Novo Testamento*. O matrimônio é uma realidade que vem da criação de Deus e se insere numa cultura determinada; é necessário, portanto, um esforço de inculturação para compreender plenamente a mensagem evangélica em nossa cultura moderna e pós-moderna. No NT, o matrimônio aparece como metáfora e figura do reino de Deus. A circularidade entre matrimônio e aliança, verificada nas Escrituras hebraicas, está presente igualmente nas Escrituras cristãs. Porém, o contrário é igualmente verdadeiro: a aceitação do reino exige um modo correspondente de viver o matrimônio, mesmo numa cultura secularizada como a nossa.

No magistério público de Jesus, a metáfora da festa de núpcias aparece frequentemente para significar a plenitude da relação de Deus com seu povo e com a humanidade. Jesus usa esta metáfora para explicitar com ela o sentido do tempo de salvação, onde o reino está presente. Na cultura de Jesus, o banquete de núpcias era a ocasião em que mais se exteriorizava a alegria. E isso porque se tratava da festa da vida: da vida que começa, da vida que será transmitida, da vida que se perpetuará com a prole.

Por isso, o ensinamento de Jesus (diferente do de João Batista) de que não há por que jejuar quando o esposo está presente (Mt 2,19a) e, nele, o mesmo reino, a salvação já chegou. A mesma coisa acontece na perícope das bodas de Caná, onde se antecipa a "hora" de Jesus no contexto da festa de núpcias que deve continuar e se expressar em plenitude como festa da alegria de fazer o que diz o Messias anunciado e manifestado.

Nas palavras de Jesus, são poucos os ensinamentos práticos sobre o matrimônio e seu valor. O mais importante é, sem dúvida, quando Jesus, em certa ocasião, se referiu a um problema conjugal e remeteu para isso à vontade original do Criador, que está acima da lei de Moisés: "Não lestes que desde o princípio o Criador os fez homem e mulher? Ele disse: Por isso, o homem deixará pai e mãe e se unirá à sua mulher e serão uma só carne? De modo que não são dois, mas uma só carne" (Mt 19,4-5; Mc 10,6-9). Assim, a sexualidade expressa no matrimônio aparece na boca de Jesus como processo totalizador de humanização. E a base desse processo é o amor de Deus. Por isso, essa união é atribuída ao próprio Deus.

Diante da resposta dos fariseus sobre o repúdio da mulher, Jesus restaura a criação, onde Deus criou macho e fêmea, sem hierarquia nem superioridade, destinados à unidade possibilitada unicamente pelo dom divino do amor.

Para entender o que significa contrair matrimônio à luz do Senhor e de sua Boa Notícia, deve-se olhar o coração do ensinamento de Jesus como um todo. Jesus nos deixou o mandamento do amor (Jo 13,34): amar-nos como ele nos amou; até o amor aos inimigos (Mt 5,44); até a entrega da vida (Fl 2,6-11).

O mandamento do amor é dirigido a todos os seus seguidores. É o centro e o resumo de sua mensagem. E deve ser também a medula de todo matrimônio que verdadeiramente queira ser parte do seguimento de Jesus. Quem deseja situar o matrimônio em marco bíblico deve situá-lo, portanto, no plano do amor. Deus criou o ser humano homem e mulher, à sua imagem. Por isso, o matrimônio, longe de qualquer formalismo ou rito, deve fundamentar-se, antes de tudo, no amor, uma vez que Deus é amor.

Quando a Igreja celebra o sacramento, o amor fica robustecido com a força da bênção de Cristo, de maneira explícita e consciente, uma vez que simboliza o amor entre Cristo e sua Igreja (Ef 5,21-27). O que é propriamente fundamental no matrimônio cristão, portanto, não é o rito em si, mas o amor entre os esposos, expresso no "sim" e fundamentado na graça de Cristo. O matrimônio, dignificado com o rito sacramental, passa a significar a união de Cristo com sua Igreja.

Portanto, no matrimônio não são somente duas as pessoas comprometidas. Está de permeio o Deus fiel que os amou primeiro e os fez amar-se entre si. Esta ajuda de Deus não se limita ao ato inicial pelo qual se despertou o namoro. É uma graça com a qual se conta sempre. Somente que Deus não a impõe à força. É um dom que deve ser buscado e recebido.

O matrimônio cristão deve ser sinal da presença do Deus, que o torna possível pela sua graça. Os cristãos que se casam se comprometem a ser sinal vivo do que é a realidade de Deus. Um amor que continuamente saiba doar-se e perdoar. Um amor que se compromete, confiando no outro e em Deus, que é a garantia máxima da aventura. Aqui se torna verdadeira, de modo especial, a promessa de Jesus: onde estão dois ou três reunidos em seu nome, ele está no meio deles (Mt 18,20).

IV. A doutrina recente da Igreja. Por muito tempo, na Igreja, a doutrina sobre o matrimônio valorizou sobretudo os aspectos jurídicos e morais. Os valores bíblicos, teológicos e espirituais eram mantidos mais à margem e à sombra. Segundo o antigo *Código de Direito Canônico* (cân. 1012, 1013 e 1801), o matrimônio era um contrato, baseado no consentimento de duas pessoas, "pelo qual ambas as partes se dão e aceitam o direito perpétuo e exclusivo sobre seus corpos, em ordem a realizar os atos que de per si são aptos para a geração da prole".

Nas primeiras décadas do século XX, houve algumas reações positivas em torno dos valores matrimoniais e se começou a falar do amor como elemento necessário para a vida conjugal. Pela década de 1930 alguns teólogos se atreveram a indicar como fim primário do matrimônio o mútuo aperfeiçoamento dos esposos e o amor mútuo. Este ensinamento foi condenado pelo Santo Ofício em 3 de julho de 1942. Porém, pouco depois, Pio XI o proclamou em sua encíclica *Casti connubii*, cujo número 8 diz assim: "A formação interna recíproca dos casados, o cuidado assíduo em se aperfeiçoar mutuamente, pode ser chamado, em sentido muito verdadeiro, a causa e a razão primeira do matrimônio..."

Pio XII voltou a repetir conceitos parecidos. Diversos teólogos como Guardini e Häring os desenvolveram. João XXIII, na encíclica *Mater et Magistra*, registra afirmações ainda mais amplas sobre os valores matrimoniais e familiares. Até que finalmente amadureceu o concílio Vaticano II, com o qual se inicia uma verdadeira revolução espiritual no campo do matrimônio e da família.

No Vaticano II, o amor passa a ser essencial no matrimônio: "Eminentemente humano, porque parte de uma pessoa e se dirige a outra pessoa, mediante o afeto da vontade, esse amor envolve o bem de toda a pessoa; portanto, é capaz de enobrecer as expressões do corpo e da alma como elementos e sinais específicos da amizade conjugal" (GS 49). A aliança matrimonial é encaminhada para formar uma comunidade de vida e amor. O amor, segundo o concílio, é a base, o fundamento, a alma da vida matrimonial e familiar.

O amor conjugal deve ser o testemunho mais apreciado que os esposos cristãos devem dar diante de seus próprios filhos e diante do mundo inteiro: "Pois assim apresentam a todos um exemplo de incansável e generoso amor, edificam a fraternidade da caridade e tornam-se testemunhas e cooperadores da fecundidade da Mãe Igreja..." (LG 41)

Esse amor deve levar-nos a um compromisso ativo e dinâmico, de forma que influa no próprio ambiente, trabalhando pela mudança social, política, econômica e religiosa (GS 75 e AA 14). Devem colaborar com os seres humanos de boa vontade para promover a paz, a justiça e a verdade (AA 14). Dessa forma, os esposos, com seu testemunho de amor forte e fecundo, contribuirão para a difusão do reino que Cristo veio implantar na terra.

No final de 1980, celebrou-se em Roma um sínodo dedicado à "Missão da família cristã no mundo moderno". Seu fruto foi a exortação apostólica *Familiaris consortio*, de João Paulo II, de novembro de 1981, que insiste sobre a importância do amor conjugal e familiar: "O amor é a vocação fundamental e inata de todo ser humano... O amor abrange também o corpo humano, e o corpo se torna partícipe do amor espiritual". "Como sem o amor a família não é uma comunidade de pessoas, assim também sem o amor a família não pode viver, crescer e se aperfeiçoar como comunidade de pessoas". "O matrimônio propõe novamente a lei evangélica do amor, e com o dom do Espírito grava-a mais profundamente no coração dos cônjuges cristãos..." (FC 11, 18, 63). A fecundidade aparece como "o fruto e o sinal do amor conjugal, o testemunho vivo da entrega plena e recíproca dos esposos" (FC 28).

Com toda a clareza, afirma-se que o matrimônio é um "sacramento de mútua santificação". E "daí nasce a graça e a exigência de uma espiritualidade conjugal e familiar autêntica e profunda..." (FC 56), espiritualidade cuja construção é todo um desafio. Insiste-se também sobre a necessidade de que a família se abra aos outros (FC 21), no desempenho de uma função social e política (FC 44), orientada para a construção de uma nova ordem internacional (FC 48).

O novo *Código de Direito Canônico*, publicado em 1983, mesmo dentro de sua própria linguagem mais jurídica, dá uma nova definição do matrimônio, onde o amor aparece como fim, juntamente com a procriação: "A aliança matrimonial, pela qual o homem e a mulher constituem entre si um consórcio de toda a vida, ordenado por sua mesma índole natural ao bem dos cônjuges e à geração e educação da prole, foi elevada por Cristo Nosso Senhor à dignidade de sacramento entre batizados" (cân. 1055).

V. Pistas para uma teologia do matrimônio.

Da riqueza dos dados da Bíblia e dos documentos da Igreja que acabamos de ver, impõem-se algumas pistas teológicas para a compreensão cristã do matrimônio hoje:

1. Embora pensado dentro de um horizonte cultural, o matrimônio cristão tem dentro de si uma novidade radical que é o Evangelho de Jesus. E isso, apesar de estar se revestindo daquilo que forma a identidade das diferentes culturas, faz com que o núcleo da mensagem esteja sempre pujante de valor e de verdade. É preciso saber identificar o que é roupagem cultural para chegar ao cerne do que é a revelação da vontade criadora e salvífica de Deus quanto ao mistério do amor entre um homem e uma mulher.

2. A relação entre Jesus Cristo e a comunidade eclesial é o fundamento mesmo do matrimônio, sendo, portanto, o lugar onde se torna visível o diálogo salvífico. Na palpabilidade do matrimônio se torna visível e real – manifesto – o que existe do mistério inefável entre Jesus Cristo e sua Igreja. Por isso, vendo o matrimônio a partir do mistério de Jesus Cristo e da Igreja, pode-se crer que é chamado a cumprir todas as exigências do amor cristão, para ser no mundo figura do reino de Deus.

3. Segundo a lógica do Evangelho, o matrimônio não existe para si mesmo ou para se comprazer em sua própria excelência afetivo-comunitária. Embora os laços afetivos e relacionais sejam fundamentais para o crescimento dos cônjuges, todo matrimônio cristão terá fracassado em sua vocação se sucumbir à tentação do modelo burguês, fechado em si mesmo, confinado na esfera do privado, instaurando uma dicotomia não sadia entre o privativo do lar e a dimensão pública do mundo e da sociedade. Se o matrimônio é figura da aliança e do reino, é consequência direta do fato de que existe no mundo e para o mundo. Atento às necessidades e prioridades deste mundo, deve desenvolver sua identidade e suas prioridades.

4. A redescoberta da proposta de Jesus Cristo e de seu Evangelho, com aquilo que tem de mais nodal e constitutivo – o amor e o serviço aos outros como motivação e sentido central da vida – é o meio mais eficaz para influir sobre os matrimônios no sentido de buscarem um exercício afetivo e efetivo do amor. Amor que, diante das mais variadas situações, poderá tomar diversos nomes: fidelidade, dedicação, solidariedade, partilha, luta pela justiça, testemunho e todas as outras formas inventadas por aquilo que Paulo afirmou ser "um caminho que ultrapassa a todos" (1Cor 12,31) e contra o qual "não existe lei" (Gl 5,23).

Caravias, J. L. *Matrimonio y família*. Assunción, CEPAG, 2001; Nicola, G. P. di; Danese, A. *Amici a vita. La copia tra scienze umane e spiritualità coniugale*. Roma, Città Nuova, 1997; Grelot, P. *La pareja humana en la Santa Escritura*. Madrid, Euramérica, 1963; Kasper, W. *Teología del matrimonio cristiano*. Santander, Sal Terrae, 1980; "Marriage". In: *Encyclopedia of Religion* IX, 218-219; Schillebeeckx, E. *El matrimonio, realidad terrena y misterio de salvación*. Salamanca, Sígueme, 1968; Schmaus, M. *Teología dogmática* VI. *Los sacramentos*. Madrid, Rialp, 1961, 700-711; Taborda, F. *Matrimonio. Alianza-Reino*. São Paulo, Loyola, 2001.

María Clara L. Bingemer

MESSIANISMO

A palavra "messianismo" tem sua matriz na expressão bíblica hebraica *Mesiah Javé* (em grego, *Kristós Kyríou*), que significa "o ungido do Senhor", isto é, o soberano reinante no trono de Israel (1Sm 24,7; 2Sm 19,22; 2Cr 6,42). A unção com óleo, com seu duplo simbolismo de limpar e fortalecer, era o rito habitual para designar o rei e habilitá-lo para o exercício do governo (Jz 9,8). Neste sentido elementar, pois, "messianismo" seria a concepção bíblica que atribui ao representante da monarquia israelita uma função particular na gestão do reino – que pertence a Deus – e na tutela do seu povo. Em nenhum lugar do AT o apelativo Messias tem sentido diretamente escatológico: o rei ungido para o governo não é automaticamente "o Messias", tal como se entenderá depois no judaísmo pós-exílico. A expectativa messiânica do AT emprega outras variadas expressões para designar o protagonista esperado do fim dos tempos: Ramo ou Rebento (Is 11,1), Sinete (Ag 2,23), Governante (Mq 5,1), Germe justo (Jr 23,5; Zc 3,8), Rei e Pastor (Ez 37,22.24).

Porém, o título de "ungido" e o rito da unção eram utilizados em vários lugares do AT para designar outros personagens que não pertenciam à dinastia real: os patriarcas (SL 105,15), alguns profetas (1Rs 19,16; Is 61,1), o sumo sacerdote (Ex 29,7; Dn 9,26), os sacerdotes (Ex 28,41), Ciro, o rei da Pérsia (Is 45,1). Esta ampliação do campo semântico autoriza uma segunda acepção de "messianismo", segundo a qual a mediação histórica da intervenção salvadora de Deus para o estabelecimento de seu reino definitivo, com dimensão universal e cósmica, já não está monopolizada pela figura do rei. Este desvio de significado do *messianismo dinástico* para o *messianismo escatológico* é o que traz sentido para a vinculação do AT com o NT e para o título-nome atribuído a Jesus de Nazaré: ele é "o Cristo", o Messias.

Portanto, os termos "Messias", "messiânico" e "messianismo", tal como os entendemos atualmente, estão mal utilizados quando são aplicados aos soberanos reinantes em Israel ou no antigo Oriente, mesmo quando tais ideias se expressam em termos exaltados ou míticos. A palavra "Messias", como título autônomo, fez seu aparecimento no judaísmo tardio para designar um personagem escatológico e, consequentemente, só pode ser aplicado a uma figura semelhante. Contudo, é certo que o nome do Messias escatológico vem do título sagrado dos antigos reis de Israel; é óbvio também que, se Israel não tivesse tido reis, nunca teria chegado a formular a ideia messiânica; é evidente que, sem a figura de Davi e a promessa de uma dinastia eterna, tampouco teria surgido o messianismo em Israel. Convém, por tudo isso, analisar sumariamente a evolução semântica do messianismo no âmbito onde nasceu e cuja espinha dorsal conforma: o AT.

I. História de uma esperança: o Antigo Testamento. O fenômeno da unção do rei não é exclusivo de Israel; também são encontradas algumas formas de unção de diversas pessoas (reis, funcionários da corte) no antigo Egito, entre os hititas, na Síria-Palestina e na Grécia. O específico do pensamento bíblico é a ampliação de sentido que se produz na passagem da simples investidura do rei para a designação do Messias escatológico.

1. *Davi: o ponto de partida.* É comum vincular a origem histórica da esperança messiânica à instauração da monarquia davídica, que tem sua legitimação divina em 2Sm 7: A promessa do profeta Natan se centra na bênção permanente, gratuita e incondicional que Deus garante a Davi e à sua descendência, cujo reino será uma representação do senhorio de Javé; além disso, a relação de Deus com o descendente de Davi será de tipo paterno-filial. Nesta linha, profecias como a de Gn 49,8-12 e Nm 24 não são senão retroprojeções tardias da ideologia dinástica para o período pré-davídico. A partir de Davi, a esperança da salvação de Israel se unirá indissoluvelmente com o destino da dinastia davídica. O rei é o servo de Deus, seu representante histórico para realizar tanto o reino como a salvação; o rei se transforma em vértice e síntese do povo escolhido de Javé (cf. Sl 2; 72; 110).

2. *Os profetas: reflexão crítica.* A dimensão escatológica do messianismo nasce e amadurece na raiz dos conflitos entre os profetas e os reis de Israel e Judá. Os anúncios proféticos de Miqueias (5,1-5) e de Isaías (7,10-17; 9,1-6; 11,1-9) devem ser interpretados à luz da inconsistente situação de ambos os reinos, Norte e Sul, diante da expansão do poder assírio no século VIII a.C. Ambos os profetas prometem a intervenção salvadora de Deus em favor dos crentes. A lembrança das promessas do passado, da fidelidade que Deus manteve à dinastia davídica, transforma-se em estímulo para uma crítica contra a infidelidade atual dos reis. Mais ainda: a fidelidade irreversível de Deus projeta um futuro que vai além das esperanças dinásticas e coincide com o horizonte escatológico, onde o rei é uma figura ideal para a realização definitiva do reino de Deus.

Nas vésperas do desterro e durante (séc. VI), Jeremias e Ezequiel tomam o relevo da crítica profética. Torna-se agora mais patente a censura à classe dirigente que tem seu modelo no rei, um rei amiúde infiel no aspecto religioso e insignificante no plano político. Poder-se-ia falar de uma desmistificação da figura do rei, inclusive de um *messianismo sem messias*, que reflete um povo suspirando por uma teocracia direta, um novo reino no qual governará Javé, que intervém eficazmente em favor de seu povo sem nenhuma necessidade de intermediários (Sl 24,7-10; 48,17; Zac 2,14-16). A esperança assume os contornos de uma aliança nova e definitiva (Jr 31,31-34); a futura comunidade será um povo purificado e santo, no qual Javé habita como num templo ideal reconstruído (Ez 40-48). Não faltam, no entanto, algumas alusões à esperança messiânica ligada à dinastia davídica (Jr 23,5-6; Ez 34,23; 37,24).

3. *Depois do exílio: o reino escatológico de Deus.* A volta do exílio (538 a.C.) e a reconstrução do templo de Jerusalém geraram algumas expectativas de restauração monárquica em torno de Zorobabel (Ag 2,20-23; Zc 4,14), mas foi um fenômeno passageiro. A reflexão sobre a história passada só permitia esperar uma intervenção divina que devolvesse a Israel a liberdade e a independência. Surge uma abundante literatura apocalíptica e seu argumento principal será o *reino de Deus*. Embora, após o desterro, a esperança dinástica messiânica continuasse alimentando algumas poucas vozes isoladas e tomasse novo impulso em alguns ambientes judeus já perto da era cristã, o acento principal na reflexão bíblica e extrabíblica recai agora no reino escatológico de Deus, que se delineia como sacudida total que transformará a realidade presente para dar começo a um mundo novo. O *reinado de Javé* coincidirá com a "vinda de Javé" (Ml 3). Vislumbram-se no horizonte novas figuras mediadoras históricas que têm a tarefa de preparar esse momento: o Profeta Ungido (Is 61,1-3), o novo Moisés (Dt 18,18), o servo de Javé (Is 42,1-4; 49,1-6; 50,4-9; 52,13-53,12), o Filho do homem (Dn 7,9-14).

4. *Nas vésperas da era cristã.* Nos albores da era cristã, os ambientes populares alentam ainda a esperança messiânica ligada à afirmação do destino

nacional e político que vê no descendente de Davi o protagonista ideal (Mc 1,10; Lc 1,69; cf. Hb 5,36-37). Junto com estes motivos nacionalistas, nos círculos mais refinados religiosamente – Qumrã e ambientes apocalípticos – as esperanças messiânicas são herdeiras da grande esperança escatológica ligada ao reino de Deus, onde as figuras mediadoras se inspiram no ideal profético e sacerdotal. Esta efervescência faz do messianismo judaico contemporâneo de Jesus uma questão terrivelmente complexa: existia um *messianismo sem messias*; um messianismo caracterizado pelo *retorno de algum personagem bíblico*, quer em sentido utópico quer em sentido restaurador; um *messianismo régio*, em variadas modalidades. Não há dúvida de que se esperava um "salvador", mas podia ser identificado como rei, como profeta ou como figura transcendente. Ao utilizar a difusa expressão *esperança messiânica*, corre-se o perigo de homogeneizar tendências altamente fragmentadas. Não obstante, é possível discernir um elemento comum a todas estas correntes do pensamento messiânico: a salvação se reduz ao encontro pessoal e irrevogável de Deus com seu povo.

II. Jesus de Nazaré: a esperança tornada história. Jesus de Nazaré não se limitou a reunir as ideias contidas no AT sobre o messias. Ele resume e renova, em sua tarefa de salvador escatológico, o papel de mediador das diversas figuras messiânicas da tradição bíblica judaica. Os títulos de *Rei*, *Messias* e *Cristo*, unidos ao nome de Jesus a partir da época neotestamentária, têm pouco a ver com os velhos sentidos bíblicos. A mesma originalidade do messianismo de Jesus está na base do rápido desinteresse que se produziu na Igreja em relação aos velhos conceitos: valiam os termos, porém carregados de novos sentidos.

1. *Jesus Cristo*. O apelativo grego *Kristós* – que traduz o hebraico *Mesiah* – forma com o nome próprio de Jesus uma expressão típica: Jesus Cristo. Aplicado a Jesus, *Cristo* não é mais um título entre muitos, mas se transformou em seu nome próprio; Paulo, por exemplo, nunca usa o termo *Kristós* como predicado. Este novo emprego do apelativo *Cristo* sublinha que este conceito recebe seu conteúdo não da ideia do messias, antigamente formulada no judaísmo, mas da pessoa e da obra do mesmo Jesus de Nazaré. Paulo é o autor do NT que percebeu com maior lucidez este giro qualitativo. Mt e Lc dedicam boa parte de seus esforços para definir a identidade de Jesus nos termos da promessa veterotestamentária (especialmente nos "evangelhos da infância": Mt 1-2; Lc 1-2). Mc e Jo insistem na diferença de compreensão entre as tradições judaica e cristã sobre o Messias. Para Paulo, no entanto, a morte e a ressurreição de Jesus Cristo são o acontecimento escatológico determinante para nossa libertação "da lei do pecado e da morte" (Rm 8,2). As tradições messiânicas do judaísmo são relegadas a segundo plano e substituídas pela excelsa realidade do Ressuscitado (Rm 1,4; 10,2; 1Cor 15).

2. *Autoconsciência messiânica de Jesus*. Jesus nunca se autodefiniu como *messias*: a opinião comum em seu tempo, que interpretava as esperanças messiânicas em chave política, impedia-o de assumir expressamente esta figura sem que caísse no equívoco toda a sua mensagem. Contudo, algumas passagens evangélicas, caracterizadas por uma forte e sólida historicidade, indicam sua consciência de ser *o Messias*. Em resposta ao Batista, cujos mensageiros lhe perguntam se era "aquele que há de vir", Jesus indica explicitamente que as obras por ele realizadas correspondem aos sinais da esperança messiânica prometida pelos profetas (Mt 11,2-6; cf. 13,16-17). Diante da profissão de fé messiânica de Pedro e dos Doze, Jesus aceita este título, mas fala, em seguida, de um Messias que tem de sofrer e morrer (Mc 8,27-33). Nos relatos de sua condenação e morte, Jesus testemunha que é o *Filho do homem* que vem sobre as nuvens do céu, mas o contexto de sofrimento em que pronuncia essa declaração permite não ter dúvidas sobre a natureza desse messianismo (Lc 22,66-71).

3. *O mistério messiânico*. Chega a ser desconcertante o silêncio que Jesus impõe, às vezes, aos seus interlocutores quando o reconhecem (Mc 1,25; 5,43; 9,9). Referido historicamente a Jesus, este segredo messiânico exigido por ele protegia a peculiaridade da interpretação messiânica de sua mensagem, evitando as tergiversações de seus contemporâneos. No entanto, Mc escolheu como estrutura literária particular esta ocultação da identidade de Jesus; o evangelista expressava, desta forma, o caráter misterioso da pessoa de Jesus Cristo. O mistério messiânico não deve ser entendido como a pretensão de esconder a condição de Messias; antes, Mc procura revelar o caráter eternamente misterioso da identidade de Jesus: a essa identificação – sempre parcial – do Messias, deve seguir posterior esforço para maior compreensão.

4. *Jesus, Messias e Filho de Davi*. Em todos os escritos do NT existem marcas do messianismo real clássico. Os evangelhos da infância conservam uma teologia muito arcaica, rica em esperanças messiânicas populares (Mt 1,17; 2,1-12; Lc 1,27.32.69; 2,11.38). O título de *Filho de Davi*, que é dado a Jesus, revela essa concepção (Mt 9,27; 12,23; 21,9) e a atitude dos apóstolos no momento da ascensão é ilustrativa (At 1,6). Nessa linha messiânica, há um dado inquestionável: o núcleo da atividade de Jesus foi a proclamação da proximidade do reino de Deus (Mc 1,15), atividade que o fez tomar posições diante das situações de seu ambiente. Por outro lado, Jesus foi condenado à morte pelas autoridades, devido à sua atividade e ao comprometimento de seu comportamento público (Jo 19,19).

No entanto, é preciso reconhecer que Jesus manteve distância diante da ideologia messiânica dominante, que despertou interrogações, perplexidades e, finalmente, a decisão de sua condenação à morte. Dessa maneira, a esperança messiânica realizada por Jesus Cristo se situava em nível distinto do das ilusões judaicas populares. Para a primeira comunidade cristã, o *Messias-Rei* fica vinculado ao reinado escatológico, do qual a perfeita realização se verificará com a segunda vinda de Jesus no fim dos tempos (Mt 25,31; 1Cor 15; Ap 21,22).

5. *Jesus, o profeta escatológico*. Pode-se afirmar que Jesus, mesmo sem identificar-se com o modelo profético nem se autodesignar com o título de "profeta", interpretou sua tarefa e sua pessoa apelando para a grande tradição profética que em seu ambiente continuava alimentando ainda a esperança escatológica da intervenção salvífica de Deus.

A cena inaugural em Nazaré, referida por Lucas (Lc 4,16-30), ressente-se certamente do trabalho redacional do evangelista, mas é verossímil pensar numa antiga tradição arcaica na qual Jesus se identifica com a figura do profeta rejeitado e com o profeta ideal que realiza a intervenção libertadora de Deus (Is 61). A missão de Jesus está relacionada com a investidura do Espírito, que o habilita para a tarefa carismática e para o anúncio autorizado da "boa notícia" ou evangelho (Mc 1,10.14-15; cf. Is 40,9; 52,7). Por isso, Jesus se apresenta como "aquele que vem" ou "o enviado" (Mc 2,17; Lc 12,49; Mt 15,24). Além disso, somente a um profeta é pedido provar sua missão ou autoridade com algum sinal do céu (Mc 8,11; Mt 16,1; Lc 11,16). Seu estilo de ensinamento – chamado a uma decisão urgente e revelação autorizada da vontade de Deus – remete à tradição profética vivida em contexto de teor escatológico. Finalmente, seu destino de perseguido por causa do reino se relê sobre o pano de fundo do destino dos profetas (Lc 13,33-34; Mt 23,37). Nesse sentido, não se pode excluir que Jesus desse novo aspecto à esperança, inclusive diante da morte, segundo o estilo da tradição profética (Mc 10,45; 14,24).

O modelo interpretativo da missão de Jesus como profeta se concretizou na tradição cristã primitiva na figura do servo de Javé (Mt 12,15-21; Lc 2,32; Mc 15,19; 1Pd 2,24), que encontra sua expressão privilegiada nos cantos do Dêutero Isaías. A esperança do reino e da vinda do Messias toma o rosto concreto do servo fiel e solidário que, mediante sua oferenda voluntária, inaugura a nova comunidade dos tempos messiânicos. O NT sublinha os dois aspectos principais deste messianismo profético, relacionando o anúncio evangélico de Jesus com Is 61 e sua paixão e morte com Is 53.

6. *Jesus, o Filho do homem*. Com o título de "Filho do homem" atingimos o núcleo histórico mais seguro sobre a interpretação que Jesus deu de sua pessoa e da esperança escatológica. Com efeito, a designação "Filho do homem" aparece em todos os estratos das tradições evangélicas; no entanto, como título cristológico, esta fórmula é insignificante na tradição da primeira Igreja (só aparece em At 7,56 e Ap 1,13; 14,14). A razão desse abandono tem origem na inteligibilidade, por parte dos cristãos de língua grega, de uma expressão aramaica, cujo conteúdo era compreensível somente na tradição judaica. Sua conservação nos evangelhos como autoapresentação de Jesus poderia ser explicada como lembrança histórica conservada fielmente pela tradição evangélica.

O título de "Filho do homem" e a figura que representa têm sua origem na tradição apocalíptica de Dn 7,13-14. No texto de Daniel ficam vinculados o Filho do homem e o estabelecimento do reino escatológico de Deus. Jesus interpreta de maneira original e dinâmica este texto, ao apresentar sua tarefa como protagonista do reino, inclusive numa situação conflitante como a que se havia chegado a criar num determinado ponto de sua atividade pública. Assim, a presença do título "Filho do homem" na boca de Jesus se refere ao futuro escatológico, onde Jesus se apresenta como o protagonista da exaltação e do juízo definitivo (Mc 8,38).

Esse título, porém, amplia-se até abranger o destino de humilhação e glorificação do Filho do homem, destino já em parte vislumbrado, na figura simbólica de Daniel, que representava o "povo dos santos" perseguidos (Dn 7,18.22). Nas palavras de Jesus, o título se refere à atividade presente e histórica do Filho do homem (Mc 2,10; 2,28) e à sua paixão e ressurreição (Mc 8,31).

Dessa forma, na intersecção dos campos semânticos deste título Filho do homem, com os das figuras do profeta perseguido e do servo de Javé, Jesus encontra o material adequado para elaborar de forma nova a esperança escatológica diante da expectativa da morte. Jesus inaugura em sua pessoa e atividade o reino de Deus, que, através de seu destino doloroso e da morte violenta (Is 53), entra na fase decisiva da exaltação e glorificação (Dn 7). Isso lhe permitiu também libertar o messianismo real de seu caráter político e nacionalista. Jesus dá, portanto, rosto novo à esperança bíblica, assumindo seus traços essenciais e realizando suas esperanças mais genuínas. No título "Filho do homem" se encontram as linhas do messianismo real e da esperança escatológica profética.

7. *Jesus, o messias sacerdote*. Depois do exílio, o governante Zorobabel e o sumo sacerdote Josué se empenharam na reconstrução do templo (Ag 1,14). Na mesma época, Zacarias propõe uma ideia que exercerá grande influência em círculos posteriores: a divisão de dois poderes, o político e o sacerdotal. Zacarias chama-os de "filhos do óleo" (Zc 11-14), expressão equivalente a "ungidos": aqui nasce a ideia dos dois messias. Será sobretudo em Qumrã onde, alguns séculos mais tarde, falar-se-á da espera de um Messias davídico e de um sacerdote excepcional, que cumpriria também uma função importante: o "Messias de Aarão e Israel".

Pois bem, essa tradição ficava circunscrita a círculos excepcionais. Nem os evangelhos nem os Atos atribuem jamais a Jesus títulos sacerdotais. A relação entre Jesus e o sacerdócio de Jerusalém tinha sido negativa, por causa da oposição das autoridades do templo à sua pessoa e à sua obra (Mt 16,21; Mc 14,1; Jo 7,32). Por outro lado, nem a pessoa de Jesus, nem sua atividade, nem sua morte respondiam ao conceito antigo de sacerdócio. Não se deve estranhar, portanto, que a pregação cristã primitiva não falasse de sacerdócio a propósito de Jesus.

Pois bem, Jesus foi reconhecido como o Messias davídico (At 2,36). E deve-se ter presente que o messianismo davídico não carecia de conexões com a instituição cultual: o oráculo de Natan já anunciava que o Filho de Davi construiria a casa de Deus (2Sm 7,13). Os evangelhos reproduzem essa tradição de forma nova: o tema da destruição e reconstrução do santuário ocupa lugar significativo nos relatos da paixão (Mt 26,61). Com isso, uma missão que se refere ao culto ficou integrada no mistério de Cristo (Jo 2,13-22; Mc 14,58; 15,29.38). A instituição da ceia "da nova Aliança" (Lc 22,20) supõe uma renovação radical do culto (1Cor 11,23-27). Também a data da morte de Cristo sugere essa transformação das antigas leis rituais (Jo 18,28; 19,31).

Contudo, será o autor da carta aos Hebreus quem enfrentará o problema em toda a sua amplitude, demonstrando que Cristo não foi somente vítima sacrifical, mas também sacerdote, inclusive sumo sacerdote, e que ele conserva esta posição para sempre, como mediador da Aliança eterna (Hb 8).

III. O judaísmo depois de Cristo. O evangelho de João, escrito no começo do século II, apresenta um grupo especialmente hostil a Jesus, o grupo caracterizado como "os judeus". Esta denominação tem um ponto de referência nas massas que rejeitaram historicamente Jesus, mas não são os membros indiscriminados do povo judeu: trata-se dos fariseus, grupo especialmente ligado ao templo, à sinagoga e à tradição. No tempo em que se redigia o quarto evangelho, os fariseus se haviam constituído como únicos herdeiros da tradição judaica. Jesus – no evangelho de João – discutirá com eles sobre o sentido da tradição, sobretudo sobre o sentido e o valor da lei para saber onde encontrar a vontade de Deus (Jo 5,31-40; 7,15-19.40-52; 12,37-50).

O judaísmo rabínico herdou as antigas tradições bíblicas e, consequentemente, seus pontos de vista foram muito variados. De todas as formas, prevalece a ideia de um rei, filho de Davi, redentor que restaurará a nação e instaurará um tempo de paz e prosperidade entre as nações. Antes da segunda rebelião contra Roma (135 d.C.), essa expectativa foi vista com fortes acentos nacionalistas; posteriormente, os mestres rabinos falarão do Messias sem acentos belicistas e sem aludir a fatos contemporâneos, afirmando que Deus é o protagonista que fixará o tempo da aparição. De fato, a figura do Messias não desempenha papel algum na Misná (séc. II), enquanto que o Talmude (séc. V-VI) recupera a reflexão messiânica, integrando-a em seu sistema doutrinal.

Maimônides (1138-1204) inclui esse tema em seus "Treze artigos de fé". Ao longo dos séculos, foram aparecendo supostos messias: cabe destacar Abu Issa de Ispahán (séc. VII-VIII); David Alroy, do Curdistão (séc. XII); David Reubeni (séc. XVI), que foi reconhecido como Messias pelos mouros de Portugal e da Espanha; Sabetay Tsebi, que se proclamou messias, em 1665, na sinagoga de Esmirna; Jacob Frank (1726-1791); Rabi Nahman de Braclaw (1772-1810). Ultimamente se apresenta como Messias o Rebbe Menajem Mendel Schneerson, de Lubavitch, o Messias do Brooklyn, onde se apresentou publicamente, em 1993, diante de seus fiéis.

O judaísmo atual tende a diluir a figura do Messias num conceito mais extenso: o Messias é a "era messiânica", uma época na qual toda a humanidade ficará irmanada, haverá paz universal e existirá uma relação direta com Deus.

IV. Um messianismo no Islã? Uma das principais crenças acrescentadas pelo xiismo às verdades essenciais do islamismo majoritário sunita é a do imanato. Para os xiitas, a cadeia sucessória de Maomé é composta pelos doze imãs, o último dos quais, Muhammad, subsiste oculto e invisível desde o ano 874. Durante vários anos, acreditou-se que o imã oculto se comunicava com os fiéis através de representantes eventuais. Quando essa comunicação regular tocou o seu fim, o imã oculto só era visto ocasionalmente em aparições fugazes, sonhos ou visões. Ressurgirá na plenitude dos tempos trazendo consigo o reino de justiça e restabelecendo a paz. Em sua reaparição será o *Mahdí*, o "Guiado".

V. Sentido do cristianismo como messianismo. O cristianismo é caracterizado por sua profissão de fé no messias, reconhecido na pessoa de Jesus de Nazaré: é a realização das antigas promessas e com ele se verificou a salvação. Com base nessa confissão, os que creem nele recebem o nome de "cristãos" (At 11,26); não foram chamados "messiânicos", por exemplo.

Ao longo da história, no entanto, foram numerosas as tentativas de completar a doutrina cristã com dados sobre a iminência da segunda vinda do Messias e do fim do mundo. Montano, no século II, foi o primeiro que desenvolveu um messianismo milenarista, acreditando que os justos viverão na terra numa espécie de paraíso durante mil anos (cf. Ap 20), imediatamente após a iminente vinda de Cristo. No século XIII, Joaquim de Fiore esperava a chegada da "era do Espírito Santo", a idade da liberdade, a idade dos pobres e da não violência. No século XVIII, a sociedade dos Shakers restaurou as conjecturas de Montano. Em nossos dias, a Seita Moon nomeia seu fundador como "o senhor do segundo advento". Ideias messiânico-milenaristas professam também a Igreja dos Santos dos Últimos Dias (mórmons), as testemunhas de Jeová, a Igreja Adventista do Sétimo Dia, o Movimento Raeliano...

O século XX foi especialmente pródigo em messianismos étnico-políticos que divinizam o governante supremo. A deificação de um governante forte (Hitler, Stalin, Mao) mostra em que medida as massas estiveram às vezes carregadas de conteúdo religioso e como necessitadas de alguém que fosse ao mesmo tempo profeta, Messias e precursor de uma nova era.

Diante desse acúmulo de figurações, o cristianismo não se apresenta diante do mundo como religião que vive da saudade de um feliz acontecimento do passado ou com a ansiedade de um destino catastrófico. Seu cerne essencial está no anúncio e na celebração alegre de uma presença, a de Cristo Ressuscitado. Esta ressurreição, à qual toda a humanidade está destinada (1Cor 15,13-20), supõe a realização total e exaustiva da realidade humana em suas relações com Deus, com os outros e com o cosmos, a autêntica e eterna escatologização da existência humana. A partir desse termo já alcançado, deve-se contemplar todo o processo de criação e libertação: Jesus Cristo realizou no tempo o que para nós será realidade somente na conclusão dos tempos. O clássico "já, ainda não" deve ser reformulado no *já e ainda mais*.

Por isso, a categoria fundamental para descrever o acontecimento e o conteúdo antropológico do que o cristianismo considera seu núcleo constituinte não é a de *revelação* nem a de *salvação*; ambas acentuam unilateralmente uma das duas perspectivas que estão incluídas no fenômeno da única realidade pessoal, aberta e indigente. A categoria *encontro* supera essa alternativa, sintetizando ao mesmo tempo a esperança da humanidade ansiosa de libertação e a iniciativa salvadora de Deus que, desde sempre, desce para livrá-lo de suas indigências (cf. Ex 3,8). O Messias ressuscitado é, assim, a autoafirmação de Deus como valor final decisivo da história humana. Consequentemente, a esperança cristã, inverificável para a cultura científica dominante, deve ser acreditada como historicamente transformadora, de maneira especial hoje, quando certas formas de pensamento entoam o "fim da história".

Como fonte e ápice dessa, a liturgia cristã deve significar a celebração sacramental da libertação autêntica de toda pessoa. O tempo sagrado do advento, especialmente, é memorial do passado, mistério celebrado no presente e projeção comprometida para o futuro (Ap 22,17).

Nenhum outro Messias poderá vir no futuro para anunciar novas libertações. Baseando-se nas palavras do Senhor, a fé cristã vive com esperança esta certeza: "Se alguém vos disser: Olha o Cristo aqui ou ali, não creiais" (Mt 24,23). "Nós ignoramos o tempo da consumação da terra e da humanidade e desconhecemos a maneira de transformação do universo. Passa certamente a figura deste mundo deformada pelo pecado, mas aprendemos que Deus prepara nova morada e nova terra. Nela habita a justiça, e sua felicidade era satisfazer e superar todos os anseios de paz que surgem nos corações dos homens. Então, vencida a morte, os filhos de Deus ressuscitarão em Cristo... O Reino já está presente em mistério aqui na terra; e se consumará sua perfeição quando o Senhor chegar" (GS 39).

Boff, L. *Jesucristo el Liberador*. Santander, Sal Terrae, 1987[4]; Cazelles, H. *El Mesías de la Biblia*. Barcelona, Herder, 1981; Cimosa, M. "Messianismo". In: Rossano, P.; Ravasi, G.; Girlanda, A. *Nuevo Diccionario de teología bíblica*. Madrid, Paulinas, 1990; Fabris, R. "Mesianismo escatológico y aparición de Cristo". In: *Diccionario teológico interdisciplinar* III. Salamanca, Sígueme, 1982, 497-514; Mowinckel, S. *El que ha de venir. Mesianismo y Mesías*. Madrid, Fax, 1975; Pereira de Queiroz, M. I. *Historia y etnología de los movimientos mesiánicos*. México, Siglo XXI, 1978[2]; Rodríguez Carmona, A. *La religión judía*. Madrid, BAC, 2001; Sucre, J. L. *De David al Mesías*. Estella, EVD, 1995; Tamayo, J. J. *Para comprender la escatología cristiana*. Estella, EVD, 2000[2].

José Luis Albares

MILAGRE

Embora "milagre" possa ser entendido, em sentido amplo, como "qualquer coisa extraordinária e maravilhosa" (depois da segunda guerra mundial se falou, por exemplo, do "milagre econômico" alemão), seu sentido próprio é o religioso. O *Diccionario ideológico de la lengua española* o define assim: "Ato do poder divino superior à ordem natural e às forças humanas".

Porém, este sentido popular do milagre, referido pelo dicionário, presta-se à má interpretação, pois não especifica em que sentido se trata de um poder divino superior. Isso não cria problema nas culturas em que predomina um conceito da natureza e do ser humano que seja compatível com uma intervenção extraordinária das forças divinas, positivas e negativas, que povoam e dominam o mundo. Nessas culturas, o milagre aparece como algo óbvio. Assim acontece nas religiões naturais e nas grandes religiões, também na bíblica. Nelas se denomina milagre tudo aquilo que, em contexto religioso, é interpretado como intervenção surpreendente e extraordinária dessas forças superiores no curso da história. É visto como "prova" da atuação de Deus no mundo. Ocupa, nesse contexto, lugar privilegiado na apologética. Por isso, pessoas como Goethe consideravam o milagre como "o filho predileto da fé".

Todavia com o desenvolvimento do mundo científico e técnico tal situação mudou radicalmente. Já B. Spinoza negou que houvesse milagres, pois não havia razões para Deus mudar a ordem da natureza. E D. Hume questionou que alguma coisa pudesse ser conhecida como milagre. De fato, as ciências atuais carecem de um método que permita determinar com plena certeza todas e cada uma das forças ou causas que influem num acontecimento. Sobretudo não possuem um método que permita provar na criação alguma atuação direta de Deus que não possa ser explicada pelo influxo de outros elementos criados. Não podemos "surpreender o sobrenatural *in fraganti*" (X. Léon-Dufour). Mais ainda: na época moderna, houve certa "mudança de paradigma" na maneira de ver a relação entre Deus e o mundo, entre o "sobrenatural" e o "natural". Deus sempre está presente e age no mundo ("trabalha sempre": Jo 5,17). Porém, não no mesmo nível das causas segundas (criadas) e em competição com elas, mas em nível mais profundo, como condição de possibilidade de todo o criado. Neste sentido, Deus respeita sempre o mundo que ele mesmo criou e não entra nunca em competição com suas criaturas. Respeita sua autonomia e liberdade. "Deus age criando e sustentando, 'fazendo com que façamos', ou melhor, possibilitando e animando para que façamos" (A. Torres Queiruga). Por isso, o milagre passou a ser o "filho-problema" da fé. Se na apologética tradicional do começo do século XX se acreditava na virtude dos milagres, porquanto estes provavam a verdade inquestionável da religião cristã (católica), agora são cada vez mais numerosos os que dizem crer "apesar dos milagres". Pois em nenhum caso o milagre deve ser transformado em "tapa-buraco" de coisas, para as quais não encontramos explicações racionais.

Podemos, então, despedir-nos hoje do conceito de milagre e considerá-lo como algo incompatível com a fé cristã "moderna"? Dificilmente, pois o cristão se vê confrontado seriamente com a questão dos milagres. Fundamentalmente, por três motivos: *a)* porque na Bíblia (revelação pública) se afirma a realidade dos milagres; *b)* porque, na tradição da Igreja, o milagre desempenhou papel importante (embora tenha sido entendido de modo distinto, conforme as épocas e os autores); *c)* porque há cristãos que continuam afirmando, hoje, terem sido beneficiados com um milagre (revelação privada). Pense-se, por exemplo, nos milagres de Lourdes.

Os milagres, portanto, são aspecto importante da revelação e da fé cristãs. Porém, o aspecto dinâmico da revelação cristã exige que esclareçamos hoje o conceito de milagre. Para isso, deve-se partir da revelação bíblica, lida à luz da tradição eclesial, porquanto nessa revelação encontramos os critérios fundamentais e obrigatórios para o cristão discernir qual pode e deve ser o sentido do milagre hoje.

I. O milagre na Bíblia. Tanto o AT como o NT afirmam a realidade milagrosa de determinados fatos narrados por eles. Trata-se de um fato inquestionável, testemunhado por diversas fontes. Como parece também historicamente bem fundamentado que Jesus realizou uma série de fatos que em seu tempo foram considerados milagres.

Porém, a maneira como a Bíblia fala dos milagres nos apresenta uma *primeira dificuldade fundamental* para saber em que consistiram esses milagres. Não temos acesso ao fato bruto do qual dão testemunho os milagres, mas ao seu relato literário. E estes não são neutros, mas interpretação crente de algo que é contado com o objetivo de provocar no ouvinte/leitor a fé. A comparação de um mesmo milagre narrado por vários evangelistas, com matizes e acentos diversos (compare-se, por exemplo, o relato da tempestade acalmada em Mc 4,35-41 com o de Mt 8,18-27), ou a maneira distinta como Ex 14,15-31 narra a passagem do Mar Vermelho: segundo a tradição sacerdotal ou eloísta, que se refletiria no v. 16, Moisés estendeu o cajado sobre o mar e este se dividiu, formando duas muralhas de água, de modo que os israelitas o pudessem atravessar a pé enxuto; ao contrário, segundo a tradição javista, que se refletiria no v. 21, Javé fez soprar um vento do leste que secou o mar. Essa dupla apresentação mostra que os relatos bíblicos não são nem querem ser vídeos nem descrições científicas do acontecido, mas testemunhos crentes. Por outro lado, as diferenças notáveis, por exemplo, entre o relato da criação em Gn 1,1-2,4a e o em Gn 2,4b-25 seriam também uma clara mostra da necessidade de saber interpretar adequadamente os relatos bíblicos.

Uma *segunda dificuldade fundamental* está radicada no fato de que a Bíblia jamais conta um milagre desligado de seu contexto, isto é, da interpretação global que ela oferece da intervenção de Deus no mundo e na história. No AT, os milagres aparecem sobretudo em três contextos literários: *a)* nos relatos épicos (ciclos do Êxodo, de Elias e de Eliseu; também em 2Mc); *b)* na literatura didática (relatos edificantes: por exemplo, de Tobias ou de Jonas); *c)* nas tradições sapienciais que refletem sobre o significado da história de Israel visando tirar algumas lições para a fé do povo. Todos eles querem deixar clara a ação real de Deus no mundo.

Essa intervenção de Deus fica plasmada sobretudo em dois momentos decisivos, que são como o ponto de referência fundamental que ajuda a descobrir e a discernir como Deus age no mundo e na história. O primeiro é encontrado no AT e é o acontecimento do Êxodo ou libertação de Israel da escravidão no Egito. O segundo, e fundamental para o cristianismo, é encontrado no NT: a encarnação, vida, morte e ressurreição de Jesus de Nazaré. Estes dois acontecimentos nos dão as coordenadas nas quais devem ser situados os milagres. O que, pois, a Bíblia diz sobre os milagres?

Tanto o AT como o NT utilizam vários *termos* para designar a realidade que nós denominamos milagre. Propriamente, não lhes aplica o termo milagre (em latim, *mirabilia*; em grego, *thaumásia*, que poderiam ser traduzidos por "coisas maravilhosas, estranhas, surpreendentes").

O AT utiliza, sobretudo, o binômio *portento* (em hebraico, *mofet*; em grego, *teras*) e *sinal* ('*ot* ou *sêmeion*), no Deuteronômio, para se referir aos fatos extraordinários que o povo de Israel experimentou por motivo de sua saída do Egito e que foram interpretados como intervenção extraordinária e poderosa de Deus (cf. Dt 13,2; 26,8; cf. também Ex 11,9-10). Embora *portento* não tenha que se referir a uma força sobrenatural (cf. Ez 12,6.11), costuma ser atribuído a Deus. Aplica-se, por exemplo, à sua ação libertadora no caso de perigo (cf. Sl 71,7) ou à ação simbólica de um profeta que quer interpretar ou confirmar uma palavra de Deus (cf. Ez 24,24.27). É, portanto, um meio de revelação. *Sinal* se aplica a uma coisa ou a um acontecimento, não necessariamente extraordinário, que serve para comunicar um ensinamento. Referido ao sol e à lua (Gn 1,14), à circuncisão (Gn 17,10), ao sangue da aliança (Ex 12,13) ou ao menino que nascerá (Is 7,11), dá a conhecer o amor e a fidelidade de Deus. A união de ambos os termos sublinha seu caráter significativo, como acontece em Ex 7,5, onde Deus revela a Moisés que manifestará com sinais e portentos que realizará seu poder e superioridade sobre os deuses egípcios. Outros termos confirmam a variedade de matizes que o milagre pode ter: g^eburot (em grego *dynamis*), que significa ato de poder (cf. Sl 106,2), g^edulot (em grego *megaleia*), façanhas (cf. 2Sm 7,23; Sl 106,21), *niflaót* (em grego *thaumásia*), maravilhas (Sl 106,22), *pele'* (Ex 15,11), *ma'aseh* (em grego *erga*), ações de Deus (Ex 34,10).

No NT também aparece a palavra *portento* (*teras*), mas aplicada somente aos milagres que os falsos profetas realizarão no fim dos tempos (cf. Mc 13,22). Para os milagres de Jesus (e dos discípulos), os sinóticos usam sobretudo a palavra *dynamis* (ação poderosa: cf. Mc 5,30; 6,2; Mt 7,22; Lc 10,13). São fatos que provocam a pergunta pela *exousia* de Jesus (poder/autoridade: Mc 1,27). João, ao contrário, os chama *sêmeion* (sinal: Jo 2.11) ou *erga* (obras: Jo 7,3.21), conforme seja considerado, na perspectiva do espectador, seu aspecto de símbolo da realidade mais profunda de Jesus – a divina – que transparece através deles, ou então conforme se leve mais em conta a fonte da qual brota o poder de Jesus para fazer milagres, isto é, a união entre o Pai e Jesus, união que se revela através dessa obra. Porém, é comum nos sinóticos (Mt 11,2-5) e em Jo (cf. 20,30-31) que os relatos de milagre queiram ser uma ajuda para chegar à fé em Jesus, se esta fé for compreendida no marco do que foi a vida global de Jesus, que tem sua expressão máxima em sua morte e ressurreição (por isso, Mc costuma acompanhar os milagres de algumas ordens de silêncio – cf. 1,34.44; 5,43 – que só podem ser entendidas à luz do destino global de Jesus: cf. 9,9; e Jo sublinha em 2,4, antes de realizar seu primeiro sinal, que "ainda não chegou sua hora", que é uma alusão clara à paixão; esta é que revela, ao máximo, a *glória* de Jesus). A exigência de sinais, em contrapartida, é vista negativamente pelos sinóticos (cf. Mc 8,11-12 par.; Mt 16,4), que veem nela uma tentativa de manipular Deus e uma falta de fé em Jesus. Tampouco João se fia de uma fé que se baseie, simplesmente, nos milagres (cf. Jo 1,23-25).

Na Bíblia, finalmente, os milagres se deixam transparecer e tornam presente na terra a maneira de ser de Deus, que é Deus da vida e misericordioso para com todas as suas criaturas. Mostram que Deus não só foi criador no passado, mas continua agindo no mundo, como senhor da natureza e da história, vencendo as forças do mal e da morte, que querem escravizar e aniquilar as criaturas. Por isso, os milagres são realizados sobretudo em favor dos pobres e marginalizados, deixando assim claro que Deus é salvador, e quer, de modo eficaz, que seu reinado seja restabelecido na terra e não somente no céu. À luz do NT, os milagres são parte fundamental da revelação do reino de Deus que Jesus veio estabelecer na terra com palavras e obras (cf. Mt 4,23; 11,2-5; Lc 4,16-20; 11,20). Têm, portanto, dimensão escatológica essencial. São antecipação e símbolo do céu novo e da terra nova (cf. Ap 21,1-4), que com a ressurreição de Jesus já começaram a ser realidade palpável em nosso mundo. Por isso, partindo do fato histórico de que Jesus, como outros grandes homens, realizou milagres (isso vale para a afirmação global do fato, embora não para todos e cada um dos milagres e seus detalhes concretos, pois estes podem responder ao gênero literário utilizado na interpretação do fato), reinterpretase esses milagres à luz da experiência pascal, a fim de que o crente possa descobrir neles toda a profundidade reveladora de Deus que transparece na atuação de Jesus. Para facilitar essa interpretação, as tradições evangélicas amiúde se servem de alusões claras aos milagres dos grandes profetas do AT (sobretudo Moisés, Elias e Eliseu), que se transformam, assim, em tipo da atuação definitiva de Deus em Jesus, em quem se cumprem as promessas messiânicas do AT.

Do ponto de vista do vocabulário e da história das religiões, os milagres da Bíblia não se distinguem, fundamentalmente, dos que encontramos no mundo da tradição rabínica judaica (cf. os milagres atribuídos ao rabi Hanina ben Dosa) ou helenista da época (cf. os ex-votos do santuário de Epidauro ou a *Vida de Apolônio de Tiana*, escrita por Filóstrato).

Os milagres do NT costumam ser narrados segundo um esquema típico, próprio dos milagres da época, e que contém cinco momentos fundamentais: 1) apresentação do enfermo ou da necessidade (cf. Mc 1,40a; 4,38a); 2) pedido de cura ou de salvação (cf. Mc 1,40b; 4,38b); 3) cura do enfermo (por contato do taumaturgo e/ou pela palavra) ou solução da necessidade (cf. Mc 1,41; 4,39a); 4) demonstração da cura (cf. Mc 1,42.44b; 4,39b); 5) efeito nos presentes (cf. Mc 1,45; 4,31).

Para o ser humano da Bíblia, ao qual são dirigidos os relatos, os milagres fazem parte do contexto mais amplo da atuação divina que tem seu ponto de partida na criação do mundo e em sua conservação e que encontra sua máxima expressão na encarnação e na ressurreição de Jesus. São, pois, algo óbvio que não apresenta dificuldade especial para o crente. Pois neles a questão que se apresenta não é tanto a estrutura metafísica do milagre – a maneira como Deus age no mundo e de que modo se serve dos elementos criados – quanto no significado que os milagres têm para o povo de Israel e para a Igreja cristã. Os milagres, portanto, não são vistos como provas apodíticas, da existência de Deus e do valor de sua palavra, demonstradas cientificamente, mas como sinais de uma realidade mais profunda, que envolve amorosamente toda a existência humana e que o convida a descobrir e desenvolver todas as potencialidades de vida que estão a seu alcance, por dom não manipulável do Deus cada vez maior, que lhe está oferecendo sua ajuda para lutar contra todas as realidades de morte que ameaçam continuamente o ser humano.

A existência dessas forças superiores (à margem da realidade filosófica a elas atribuída) é algo evidente para o mundo bíblico. A Bíblia (do ponto de vista científico-técnico contemporâneo) atribui ingenuamente a Deus (ou a poderes superiores ao ser humano, bons e maus, que porém nunca escapam ao domínio último de Deus) tudo o que está acontecendo no mundo. E de algum modo o chama de milagre quando surpreende e causa maravilha ao ser humano. E está situado em contexto claramente religioso. Mas, com isso, não indica se a atuação de Deus está de acordo com o que é próprio da natureza do mundo ou então se trata de uma atuação que está além das forças da natureza, ou vai inclusive contra as suas leis. Uma apresentação desse tipo é totalmente estranha ao mundo da Bíblia, e por isso uma interpretação dos milagres que leve em conta essa problemática moderna pode ser respondida unicamente a partir dos textos bíblicos.

Contudo, a pergunta pela realidade e pelo significado dos milagres não é exclusiva do mundo moderno. Já no mundo da Bíblia aparece a ambiguidade inerente aos milagres. Pois, não são demonstrações apodíticas da atuação de Deus, mas simplesmente sinais de sua presença e atuação no mundo, sinais que só podem ser captados no âmbito da fé, e que portanto não são impostos ao ser humano. Tanto os grandes acontecimentos do Êxodo e os milagres dos ciclos de Elias e Eliseu, como os milagres do NT, aparecem em relação com alguns seres humanos divinos – Moisés, os profetas ou Jesus de Nazaré – através dos quais Deus quer revelar sua maneira de ser e seu projeto mundano ao povo escolhido. Porém, ao serem tão somente "sinais", podem provocar – e provocam – tanto a aceitação crente como a rejeição incrédula. Por isso, os evangelistas sublinham também que os escribas atribuem ao demônio o poder que Jesus tem para realizar milagres (cf. Mc 3,22-30) e que Jesus mal pôde realizar milagres em sua própria cidade, porque as pessoas de Nazaré não acreditavam nele (cf. Mc 6,1-6a).

Nesse sentido, os milagres não são narrados para provar, cientificamente, que Jesus os realizou, mas querem propor questões ao leitor da Bíblia. Convidam o leitor a perguntar: Quem é este a quem até o vento e o mar obedecem? (cf. Mc 4,41). Por isso, os relatos não nos dão garantias estritamente históricas dos acontecimentos que narram. É, no entanto, na tradição da Igreja e na filosofia moderna que o conceito de milagre se tornou mais problemático.

II. Tradição eclesial. Na *época patrística*, os milagres são vistos como mostra da onipotência de Deus e do poder divino de Jesus, o Filho de Deus. Sobretudo Agostinho, que chama milagre "aquilo que aparece como árduo ou insólito, superando a esperança ou a capacidade daquele a quem se admira" (*De util. cred.* 16), salienta que os milagres são obra da onipotência de Deus, ao qual fazem referência, e uma ajuda ao ser humano para que supere a negligência. Porém, com isso, não questiona a cooperação das criaturas no caso. Deus não age contra as leis naturais, mas além do que nós conhecemos da natureza. O que Deus previra desde toda a eternidade como algo "extraordinário" passaria a fazer parte das "leis" da natureza criada. Em todo caso, e dentro da linha mais bíblica, sublinha-se no milagre sobretudo seu caráter de sinal que deixa transparecer uma realidade mais profunda.

Todavia, com a *recepção de Aristóteles*, a concepção do milagre começa a mudar radicalmente. Não se admira tanto sua transparência, mas a causa eficiente que o produz. Distingue-se entre causa primeira e causas segundas e se considera que o milagre é obra da onipotência de Deus que viola ou suspende as leis naturais para operar ele mesmo, no âmbito do que é próprio das causas segundas, algo que a natureza criada não pode operar e que, portanto, somente pode ser próprio de Deus. Neste sentido, lemos em Tomás de Aquino: "Diz-se de algo que é um milagre quando acontece fora da ordem de toda a criação" (*ST* I q. 110, a. 4c). Sublinha, portanto, mais seu caráter de prodígio que de sinal.

Com isso, o conceito de milagre sofre uma evolução que o torna problemático, além de afastá-lo do mundo da Bíblia. De fato, por um lado, dá passagem para a apologética pouco crítica que no mundo católico predominou entre o Vaticano I e o II. E, por outro, provoca a reação crítica racionalista, que por isso nega a possibilidade e o significado dos milagres. (Para Voltaire, por exemplo, se os milagres fossem violação das leis da natureza, isso implicaria que Deus é fraco e inconsequente por não haver feito bem o mundo.)

Entre o Vaticano I e o Vaticano II, o conceito predominante de milagre se centra em que é uma prova inquestionável das verdades sobrenaturais, a fim de garantir que estas possam ser cridas de modo responsável, pois só quando violam as leis da natureza (o concílio, contudo, não chega a afirmar que os milagres violam as leis da natureza) são prova da realidade dessa revelação, uma vez que só podem ter sido realizados pela onipotência de Deus (seguindo santo Tomás, que na ST I-II q. 11, a. 4 definia o milagre como "aquilo que só Deus pode fazer"). Nesse sentido, e tal como dizia o catecismo das dioceses da França, em 1947, o maior dos milagres teria sido o fato de Jesus haver ressuscitado a si mesmo e, com isso, ter *provado* que era Deus.

Em contrapartida, ao afirmar que a revelação se realiza em obras e em palavras intimamente relacionadas entre si (cf. DV 2) e que Cristo é, ao mesmo tempo, mediador e plenitude da revelação, o Vaticano II deixa de considerar os milagres como testemunho externo da revelação, para se fixar mais em seu caráter de revelação de Deus e, com isso, superando a perspectiva apologética, recupera-se a ideia bíblica de que só pelo crente o milagre pode ser reconhecido como milagre.

III. Problemática atual do milagre. O crente se acha confrontado com dois fatos aparentemente contrapostos. Por um lado, a Bíblia e a tradição eclesial afirmam a realidade dos milagres, de modo que negá-los parece implicar que se questiona a verdade da revelação cristã e o significado de Jesus. E significaria também negar a liberdade soberana com a qual o Deus vivo pode se relacionar com a sua criação.

No entanto, por outro lado, a mentalidade do crente, pelo menos no mundo ocidental, está marcada por uma civilização técnico-científica. Por isso, mesmo no caso de chegar a aceitar a existência de Deus, não vê como possa haver uma atuação de Deus no mundo de tal modo que pareça questionar ou anular, nem que seja em casos excepcionais, a autonomia do ser humano e do mundo (já o mesmo Voltaire se expressara neste sentido). É nesse contexto que o milagre, entendido no sentido da neoescolástica do começo deste século, deixa de ser ajuda para se transformar em dificuldade para o crente.

Para a Bíblia, milagre é um acontecimento, em princípio acessível a todo espectador, mas inesperado, não calculável nem manipulável pelo ser humano, que experimenta no milagre a atuação de Deus. Se nesta atuação Deus rompe ou não as leis da natureza, é pergunta que a Bíblia não se propõe, e portanto a partir da Bíblia não pode ser respondida. Nem é necessário afirmá-lo, para uma boa compreensão crente do milagre. Por outro lado, considerar o milagre do ponto de vista de romper ou não as leis da natureza é apenas *uma* forma de ver a realidade do mundo, que é muito mais complexa do que a análise científica moderna pode captar. De fato, por um lado, e por motivos úteis do ponto de vista heurístico, a ciência analisa somente os fatores intra-humanos, prescindindo da realidade que o crente denomina Deus. Porém, a realidade é muito mais rica e profunda do que se pode sintetizar em algumas leis que se limitam a constatar o que se repete e permanece igual pelo menos em determinado número de casos. Nessa linha de pensamento, o que é único, o que pertence a um aspecto distinto da realidade não contemplado pela pergunta heurística que leva à descoberta de uma lei, escapa à consideração científica da realidade.

Por isso, se pode haver ou não milagres num mundo científico, é uma pergunta sobre a compreensão da realidade. Se se considera o mundo como fechado em si mesmo e plenamente detectável pela análise científica, concebendo a regularidade do mundo segundo o modelo rígido da máquina, coisa hoje questionada e com razão (como sublinha Popper), fecha-se a possibilidade de se fazerem experiências que permitam descobrir a presença de Deus em nosso mundo.

Diversamente, se se crê que a realidade é dinâmica e aberta à presença divina, e que pode ser comparada a um iceberg, do qual só se vê uma parte ínfima, então, tem-se uma concepção aberta do mundo e é possível o milagre, que na Bíblia é relatado para dar esperança na luta contra o mal. Porque se pode descobrir então que é possível Deus criar coisas novas, inesperadas, e talvez incompreensíveis, para aquele que só conhece uma parte da realidade humana; e que Deus se serve da liberdade humana, para realizar seus planos com a criação. O respeito à liberdade humana faz parte, sem dúvida, do projeto criador de Deus. E a Bíblia é muito explícita neste sentido. Por isso, não há porque nos surpreender que Jesus não pudesse realizar milagres em Nazaré, dado que seus concidadãos não acreditavam nele (cf. Mc 6,5-6). Deus, porém, não é visto como agindo no mesmo nível em competição com os seres criados, mas como princípio transcendente que capacita os seres criados para desenvolver possibilidades impensáveis que, desde sempre, estão ocultas no mais profundo do seu ser. "Deus não suplanta o homem, mas o instala em sua plena dignidade e força" (X. Léon-Dufour). É por isso que se diz: quanto mais profundamente Deus age no mundo, tanto mais intensamente a criatura desenvolve as forças que Deus lhe deu. Ao contrário também: quanto mais autonomamente age um ser criado, tanto mais poderosamente Deus se torna presente agindo no mundo através dele. Pois, a atuação transcendente de Deus é a condição de possibilidade da atuação de todo ser criado. Neste sentido, a atuação de Deus é transcendente à criação, e imanente ao mesmo tempo. Por isso, enquanto Jesus foi o homem que mais se abriu a Deus e à sua ação, foi nele que Deus pôde agir ao máximo no mundo, enchendo-o de vida.

Isso porém, evidentemente, só é acessível aos olhos da fé, pois "ninguém jamais viu a Deus" (cf. Jo 1,18). E se Deus não se tivesse revelado, em princípio, a todo ser humano, sobretudo na Bíblia (cf. Hb 1,1-4), não poderíamos conhecê-lo nem perceberíamos sua atuação.

Por conseguinte, na nova perspectiva bíblica e teológica, o milagre não procura apenas informar-nos sobre alguns acontecimentos do passado, mas principalmente abrir-nos os olhos sobre as possibilidades abertas para nós como seres humanos crentes, contanto que realmente deixemos agir em nós o amor de Deus que está impregnando toda a realidade desde a criação do mundo. De fato, esse amor pode criar em mim, como fundamento último da realidade que me sustenta e da meta à qual me dirijo, possibilidades reais, e no fundo inimagináveis, para transformar positivamente a realidade negativa do mundo que nos rodeia. Consequentemente, o milagre não pretende suplantar o compromisso pessoal em favor da transformação do mundo para que responda ao projeto de Deus que o criou bom (cf. Gn 1). Portanto, o milagre quer ser, antes de tudo, uma interpelação. "Ele me pergunta o que penso de mim mesmo, do meu futuro e dos meus semelhantes e que orientação penso imprimir consequentemente à minha forma de agir e à minha conduta. Numa palavra: espera-se de mim a reação de uma fé comprometida, isto é, plenamente entregue aos outros seres humanos e à consecução de um futuro melhor" (A. Weiser). Tal é o sentido que Jesus dá aos seus milagres quando afirma que com eles torna presente o reino/reinado de Deus (cf. Lc 11,20). E essa é a tarefa que dá aos seus discípulos quando os envia para anunciar que o reino de Deus está próximo (cf. Mt 10,7-8).

Tendo, pois, presente o que dissemos sobre os milagres, podemos agora descrevê-los assim: "acontecimentos extraordinários, dentro de um contexto religioso, que o ser humano, abrindo-se à sua exigência de fé, reconhece como realizados por Deus. Nesse contexto, o extraordinário do acontecimento é visto como algo que rompe o horizonte normal do que um ser humano espera (e que hoje é determinado pela experiência das ciências empíricas). Pressupõe-se que o acontecimento extraordinário enquanto tal seja comprovado de modo confiável. E Deus o realiza, não como se pudesse ser operado de modo imediato e somente por ele, mas porque expressa e testemunha de modo inequívoco que é uma manifestação da vontade de Deus através de uma extraordinária ativação de forças criadas, feita por ele e posta a serviço dele (W. Kern). Neste sentido, e como observa B. Weissmahr, tratar-se-ia de "um acontecimento extraordinário, que, de certo modo, rompe nossa compreensão sobre o que é possível dentro do mundo, e pelo qual Deus transcendente, por meio das forças próprias da criatura, capazes de produzir algo novo e imprevisto, isto é, agindo de modo imanente ao mundo, outorga ao ser humano, de modo inesperado, uma salvação intramundana ou a salvação terrena. E com isso expressa, à maneira de sinal, na materialidade do mundo, seu amor pessoal que aponta para a salvação incondicionada".

Bartolomé, J. J. "Jesús de Nazaret, 'ese varón acreditado por Dios con hechos prodigiosos' (Hch 2,22). Una reseña de la investigación crítica sobre los milagros de Jesús". In: *Salesianum* 63 (2001), 225-265; Equipe "Cahiers Évangile". *Los milagros del evangelio*. Estella, EVD, 1987; González Faus, J. I. *Clamor del Reino*. Salamanca, Sígueme, 1982; Kee, H. C. *Medicina, milagro y magia en tiempos del Nuevo Testamento*. Córdoba, El Almendro, 1992; Latourelle, R. *Milagros de Jesús y teología del milagro*. Salamanca, Sígueme, 1997; Léon-Dufour (ed.). *Los milagros de Jesús*. Madrid, Cristiandad, 1979; Meier, J. P. *Un judío marginal. Nueva visión de los milagros*. Estella, EVD, 2000; Piñero, A (ed.). *En la frontera de lo imposible. Magos, médicos y taumaturgos en el Mediterráneo antiguo en tiempos del Nuevo Testamento*. Córdoba/Madrid, El Almendro/Universidad Complutense, 2001; Torres Queiruga, A. *Fin del cristianismo premoderno*. Santander, Sal Terrae, 2000; Weiser, A. *¿A qué llama milagro la Biblia?* Madrid, Paulinas, 1979.

Xavier Alegre

MINISTÉRIOS

A Igreja de Jesus nunca foi ácrata. Desde o princípio possuiu uma "ordem" através da qual homens e mulheres realizaram e realizam hoje a tarefa de reconciliação. Se essa tarefa define a Igreja de Jesus, a pergunta inicial deve se referir à natureza e à importância desses ministérios de reconciliação. Tratar-se-á, num segundo momento, de analisar o desenvolvimento histórico da ministerialidade eclesial – com suas luzes e sombras – para finalmente ver qual poderia ser, na Igreja de hoje, a ministerialidade que corresponde, tanto à profunda aspiração da Igreja mesma, como às necessidades da sociedade na qual vive.

Partimos de uma primeira convicção: a Igreja está a serviço do mundo. Sua única razão de ser consiste em oferecer o serviço de reconciliação, que ela mesma recebeu de Jesus, para que o mundo tenha vida, e a tenha em abundância. Temos, pois, um primeiro termo: *servir*, que diz respeito a toda a Igreja. No entanto esse termo tão nobre é um tanto difuso. Mais preciso é o termo "ministério". Este significa também a tarefa realizada em benefício dos outros, porém com *reconhecimento público* da comunidade cristã, em cujo reconhecimento intervêm tanto a hierarquia como o povo de Deus. O ministério poderá, por sua vez, distinguir-se em ministério "ordenado" ou ministério "laical", segundo o possuam aqueles que receberam o sacramento do batismo ou receberam, além disso, o sacramento da ordem sacerdotal.

Existe, finalmente, outro termo com fortes referências ministeriais: *sacerdócio*. Termo excluído da terminologia das igrejas protestantes para designar seus ministros, mas aceito pela Igreja católica e pelas igrejas ortodoxas. Com ele se designa o ministério de "alguns" da comunidade cristã que o recebem através do sacramento da ordem mediante o ato da ordenação.

Não deixa de ter sua importância que o título deste artigo esteja formulado no plural: "ministérios", e não no singular "ministério", como certamente teria sido formulado na época pré-conciliar. A razão se pode facilmente imaginar: uma tradição obscura pós-tridentina havia reservado, com exclusividade, o ministério cristão para aqueles que recebiam o sacramento da ordem – "ministério sacerdotal" – no singular, excluindo injustamente do serviço ministerial a maioria do povo cristão. Uma retificação do concílio Vaticano II, fundamentada na eclesiologia de comunhão, e revalorizando o sacramento do batismo, pôde "devolver" a todo/a cristão/ã a possibilidade da tarefa ministerial que diz respeito a toda a Igreja e não somente aos "ordenados". Deve-se falar, pois, de "ministérios" no plural, e não somente do ministério sacerdotal no singular, como se recaísse exclusivamente neste a ministerialidade da Igreja de Jesus.

I. O sacerdócio de Jesus Cristo, raiz do ministério cristão. Que a Igreja teve desde o início diversas atividades a realizar em ordem à reconciliação, é fato constatável em todo o NT. Existem listas ministeriais onde aparecem os títulos daqueles que exerceram tais ações. Em Ef 4,11 e 1Cor 12,28-31 fala-se de vários ministérios; entre eles e em primeiro lugar, aparecem os *apóstolos*, depois os *profetas* e *doutores*, depois dos quais há uma longa lista de outros ofícios eclesiais. Em Rm 12,6-8 recorda-se que "todos temos dons diferentes, segundo a graça que nos foi dada; quer a profecia, segundo a medida da fé; quer o ministério para servir..." etc. E em 1Pd 4,10-11 se diz que "todos vós, conforme o dom que cada um recebeu, consagrai-vos ao serviço uns dos outros, como bons administradores da multiforme graça de Deus...". É fácil entender que a literatura bíblica tenta refletir, de uma ou de outra forma, os trabalhos dos dirigentes e líderes das comunidades cristãs e que em suas descrições apareça o normal desenvolvimento que caberia perceber em contextos distintos, tanto em comunidades judaico-cristãs como nas da diáspora. Esse desenvolvimento é constatável tanto nos trabalhos e tarefas como na titulação de seus protagonistas. Porém, nas cartas pastorais – último elo do NT no ministerial –, onde a organização das igrejas aparece mais evoluída, com ministérios bem concretos, dentre os quais sobressaem diáconos, bispos – estes, desde cedo presidentes das comunidades locais – e presbíteros, estes de origem judaico-cristã. Deve-se ressaltar que, em todos os casos, esses cargos são considerados como "dons" de Deus, e não como aquisições devidas ao direito ou ao poder e sabedoria dos sujeitos.

A evolução posterior dos ministérios no NT é muito complexa, mesmo mantendo a tríade do ministério ordenado: diaconato, presbiterato e episcopado. Nessa evolução, a Igreja (as igrejas, uma vez consumada a divisão em séculos posteriores) sempre se referirá aos Doze, tão destacados nos evangelhos sinóticos, representantes simbólicos do novo Israel (em Mc e Mt), e que às vezes se identificam também com o título de apóstolos (Mt 10,2; Lc 6,13).

A referência ministerial, pois, de todas as igrejas cristãs, apesar de tão diferentes desenvolvimentos litúrgicos, teológicos, canônicos e espirituais, é sempre aos Doze (apóstolos), daí o velho apelativo da Igreja como "apostólica".

Contudo, nessa indagação sobre as raízes últimas, dever-se-á reconhecer algo primordial. Os Doze são o símbolo do novo Israel e, embora o novo Israel não rompa totalmente com o Israel das promessas, a Igreja encontra sua verdadeira raiz ministerial e sacerdotal em Jesus de Nazaré, e não no vastíssimo serviço ministerial de Israel, nem na esplendorosa beleza litúrgica do templo de Jerusalém. Os ministérios cristãos têm, pois, em Jesus sua referência exclusiva. Dever-se-ia levar em conta, no entanto, que Jesus não se atribui uma vez sequer o título de sacerdote. Não é da tribo de Levi. Talvez por isso não seja possível, a partir de Jesus, conceber o ministério dos/as cristãos/ãs nos mesmos termos e conteúdos que teve o povo de Israel. Todo o caudal de reconciliação que a Igreja possui, ela o tem pelos méritos de Jesus Cristo, o Filho de Deus. Sacerdote único, único mediador, segundo as afirmações assombrosas e centrais da carta aos Hebreus. O autor desta carta viu em Jesus – apesar do silêncio mantido a respeito pelo profeta mesmo de Nazaré – o início de uma *nova relação com Deus* e um sacrifício mais agradável a Deus em sua pessoa e em seu ministério. E daí a afirmação central de Hebreus sobre o sacerdócio de Jesus Cristo.

A única maneira coerente de fundamentar o ministério cristão de reconciliação é conhecer o sentido do sacerdócio de Jesus. Existe toda uma linha de pensamento que, ao analisar esse sentido, dá a primazia ao fato de seu "serviço existencial". Ninguém melhor que D. Bonhoeffer soube expressar essa ideia: "Jesus é o homem para os outros", uma existência voltada para fora a fim de servir e ajudar. Se a cristologia clássica se centrava no "Jesus em si e para si" (uma pessoa divina e duas naturezas), a reflexão atual se centra no "Jesus para os outros".

Na reflexão atual aparece a velha ideia de *diakonía*, o serviço prestado pelo Jesus pré-pascal antes de chegar à cruz, serviço que será igualmente a ideia base para fundamentar o *ministério cristão* continuado na Igreja. O termo *diakonía* se encontra no centro da vida, das preocupações e da mensagem de Jesus. Inclusive, às vezes, a ideia do "serviço" parece radicalizada: o que pede aos outros, ele mesmo o realizou; ele cumpriu o "serviço da mesa". Sendo o "primeiro servidor", pode exigir o serviço dos seus discípulos (Lc 22,26; Mc 10,45; Mt 20,28). Ele é Mestre e Senhor (*Didáskalos, Kyrios*); apesar disso, faz o serviço da mesa. Em João – durante um momento solene – levanta-se da mesa, cinge-se com uma toalha e lava os pés dos que estavam sentados à mesa. E diz então: "Compreendeis o que vos fiz? Vós me chamais Mestre e Senhor, e dizeis bem, pois eu o sou. Portanto, se eu, o Mestre e Senhor, vos lavei os pés, também vós deveis lavar os pés uns aos outros..." (Jo 13,12-17)

II. Estrutura e organização ministerial nas primeiras comunidades cristãs. A diversidade de ministérios e serviços no NT é manifesta. As quatro listas ministeriais clássicas (1Cor 12,28-21; Ef 4,11; Rm 12,6-8; 1Pd 4,10-11) manifestam a riqueza ministerial das igrejas neotestamentárias. A pergunta pela estrutura e organização desses ministérios na vida das igrejas é pertinente. E para isso será necessário distinguir entre a estrutura fundamental da Igreja (o que Deus quis para a sua comunidade: apostolicidade) e a organização concreta que a Igreja pode dar a si mesma em momentos determinados de seu devir histórico. Há perguntas inevitáveis e necessárias: O que é que a Igreja não pode nem deve mudar? Existe nela alguma coisa que deva permanecer sempre, de maneira intacta, tal e qual *nos chegou* desde o princípio? Uma resposta já nos é dada a partir do que analisamos sobre o sacerdócio de Jesus Cristo: a *missão*, o *envio*, o *apostolado*. E tudo o que isso significa e comporta. A partir dessa colocação, já se pode entender a *estrutura* da Igreja: aquilo que Deus quis de sua Igreja para sempre. O ministerial é tudo o que faz com que a Igreja *seja* realmente "Igreja enviada", missionária, apostólica, ministerial, o que é a mesma coisa.

Porém, há coisas na Igreja que são mutáveis, aquelas que, com o passar do tempo, não têm mais razão de ser e evocam a necessidade de mudança, de criatividade e busca de outros caminhos. Essas premissas indicam que estamos diante da *organização* da Igreja.

No que diz respeito à questão ministerial, o NT dá motivo para pensar que muitas coisas entravam no terreno da "organização". A mesma *diversidade* e *criatividade* ministerial faz perceber que acontecem – às vezes ao mesmo tempo – ministérios em algumas igrejas que outras não têm; ou desaparecem alguns (recordemos a instituição dos Sete, dos Doze), e se criam outros que não havia no começo; aparecem ministros "com ordenação" que estavam casados, e ministérios de "diaconia" exercidos por mulheres, ou comunidades carismáticas sem dirigentes natos etc. Muitas daquelas formas ministeriais perderam vigor e foram criadas outras. Também no que diz respeito à ministerialidade da Igreja, deve-se levar em conta o conceito de "organização".

Os ministérios são parte da *estrutura* da Igreja (o que Deus quis), mas *se organizam* segundo as necessidades. São três eixos ao redor dos quais *se estruturam* os ministérios cristãos: a palavra, a comunidade e o culto. No entanto, sua *organização* poderia tomar rumos distintos, segundo as épocas, culturas e necessidades sempre mutantes.

O importante parece ser a presidência da comunidade, não da eucaristia, como advertia E. Schillebeeckx (1983).

III. Apostolicidade e sucessão apostólica. 1. A *missão que dá estrutura à Igreja* toda se especifica de maneira especial no ministério dos Doze (apóstolos). Por isso se diz que a Igreja é "apostólica". Interessa analisar o termo "apostolicidade" para entender em seus justos termos como os ministérios da Igreja são a *dimensão natural da missão, prolongam* o que Cristo quis para sua comunidade, *fazem com que a Igreja seja a mesma* dos apóstolos.

O decisivo na apostolicidade é a conformidade com a doutrina apostólica. Para que o ministro esteja enraizado validamente na sucessão apostólica, através da imposição das mãos, tem que estar em comunhão com *a doutrina e a vida* dos apóstolos: o *seguimento de Jesus;* diversamente, sua "apostolicidade" seria exclusivamente formal, jurídica, à qual faltaria o que dá "alma" à apostolicidade: a doutrina apostólica.

Pode-se dizer que a Igreja se *estrutura* pela missão dos apóstolos e *se torna visível* (daí sua sacramentalidade) através dos ministérios. Estes nos transmitem a *doutrina ensinada pelos apóstolos* e a *vida experimentada no seguimento do Senhor Jesus*. Numa cadeia ininterrupta ao longo do tempo, guardam e proclamam com fidelidade o "depósito" dos apóstolos. Dever-se-á, porém, acrescentar em seguida que a doutrina e a *vida* dos apóstolos asseguram que esses ministros estão em conformidade com eles, isto é, são realmente "apostólicos".

2. *A sucessão apostólica.* Qualquer pretensão de continuidade com a comunidade de Jesus passa

pelos Doze (apóstolos). Nos Doze houve algo intransmissível: chamado pessoal, ser testemunha da ressurreição, seu papel simbólico das doze tribos de Israel como fundamento do novo Israel. Por isso, seu desaparecimento provocaria o problema da referência autêntica ao Senhor Jesus. Que garantia se tem para afirmar que esta Igreja é a mesma dos apóstolos? Só existe uma resposta: a apostolicidade. Estamos diante do conceito de sucessão apostólica. A sucessão apostólica – sugerida na sucessão episcopal – conserva e assegura a apostolicidade, mas não é a mesma apostolicidade. A existência dos ministros ordenados na comunidade através do gesto da "imposição das mãos" – sinal da sacramentalidade e do serviço que vem de cima, não da mesma comunidade – garante que existe unidade com a comunidade dos apóstolos. É certo, no entanto, que a mera sucessão material nessa "imposição das mãos" não garantiria a apostolicidade do ministério. Requer-se, pois, que nessa sucessão aconteça a uniformidade com a fé e com a vida dos apóstolos; somente então a sucessão material e a sucessão formal constituem, ou melhor, tornam-se realmente visíveis na sucessão apostólica.

IV. A sacralização dos ministérios. A *sacralização* dos ministérios cristãos é um dado inquestionável na história da Igreja. Não é difícil traçar historicamente o processo que supôs passar da concepção que os escritos do NT apresentam – definida fundamentalmente pelo conceito de *diakonía* – para a concepção que aparece no texto pontifício *Vehementer nos*, de Pio X, onde se lê: "A Igreja é, por sua própria essência, uma sociedade desigual, isto é, uma sociedade que inclui duas categorias de pessoas: os pastores e o rebanho, os que ocupam uma categoria nos diferentes graus da hierarquia e a multidão dos fiéis. E essas categorias são de tal forma distintas entre si que unicamente no corpo pastoral reside o direito e a autoridade necessários para promover e dirigir todos os membros para o objetivo da sociedade. No que se refere à multidão, não tem outro direito senão o de se deixar guiar e, como rebanho fiel, seguir seus pastores".

Como se pôde chegar a tal situação? Uma explicação plausível é a dada por J. M. Castilho: à medida que o ministério cristão foi se "sacralizando", foi crescendo a separação dos cristãos neste *duplo estado*: o dos dirigentes – separados do povo fiel – e o dos membros desse mesmo povo. Em outras palavras, "clérigos" e "leigos".

Na época neotestamentária, há um silêncio absoluto em relação ao termo "sacerdócio" aplicado aos ministros da Igreja. Todos os membros da Igreja, cada um com diferentes ministérios em torno da palavra, da comunidade e do culto, são radicalmente iguais. Não há "clérigos" e "leigos".

Inclusive os ministérios de presidência da comunidade, que certamente eram os que presidiam a eucaristia, não tinham traços de "separados", de "superiores", ou "pessoas sagradas", em contraposição com o resto dos cristãos, nem eram chamados "sacerdotes". Até o início do século III começa a ser utilizado o vocabulário sacerdotal referido a alguns ministros, precisamente os presidentes da comunidade e da eucaristia. Parece que Hipólito, na *Tradição apostólica*, é o primeiro escritor que utiliza o termo *arkieréus* para designar o bispo. Também Tertuliano emprega o termo muitas vezes para designar os bispos) é ele quem acredita que se não houver um sacerdote ordenado, os leigos podem celebrar a eucaristia). Será Cipriano, não obstante, quem universaliza o nome de sacerdote referido aos bispos e aos presbíteros em toda a Igreja.

Na Igreja latina, começam a ser empregados nessa época os termos *ordo* e *ordinatio*, referidos aos ministros "ordenados", para designar a diferença que existe entre eles e para separá-los do resto dos cristãos que não pertenciam a essa "ordem". A *Didascalía* é um documento da Igreja oriental que, em princípios do século III, também chama os bispos de "sacerdotes", e os exalta em termos tão encomiásticos que é mais possível compará-los com os sumos sacerdotes e levitas do AT que com os ministros das igrejas do NT.

O resultado de todo esse complexo e longo *processo de sacralização* não poderia ser outro senão o de considerar os sacerdotes e as hierarquias como os "homens de Deus", expressão máxima da Escola francesa de espiritualidade sacerdotal (Bérulle), num de cujos textos se lê: "O clero deverá ser cego em relação a este mundo, não considerando minimamente suas belezas e excentricidades; deverá ser surdo a seus rumores, pisotear todas as suas pompas e condenar todos os seus artifícios. Devemos ver-nos, pois, como pessoas fora do mundo, que vivem no céu, que conversam com os santos e que esquecem, desdenham e desprezam o século, ao qual aborrecem e condenam soberanamente". Porém, nesta concepção de ser e se sentirem especialmente homens de Deus estava e está em jogo a ideia teológica de Deus, que apresentava duas características: o *distanciamento* e a *estranheza*, que, por sua vez, marcavam indelevelmente os clérigos.

V. Ministérios ordenados e ministérios leigos. Toda a Igreja é apostólica, mas *alguns* na Igreja servem num ministério *especial* que deriva, pela sucessão apostólica, do ministério apostólico dos Doze.

A questão que surge agora é saber se esse ministério *especial*, que se foi configurando na tríplice graduação de *diaconato, presbiterato* e *episcopado*, tem realidade sacerdotal, tem caráter sacerdotal. No fundo, é a pergunta pela legitimidade da posição católica atual.

1. *Realidade sacerdotal de "alguns" ministérios*. É doutrina do magistério, expressa nos grandes concílios, a realidade sacerdotal do episcopado, presbi-

terato e diaconato. Mas, para chegar a esta afirmação dever-se-á levar em conta o processo histórico, que resumimos em várias afirmações: *a)* Num primeiro momento, *não pode ser demonstrada* uma *vinculação* clara entre o ministério cristão e o âmbito "cultual-sacerdotal" (presidência da eucaristia). Há mais um silêncio expresso. Silêncio rompido por volta do século III, quando a ruptura com o templo já é fato consumado, quando a Igreja sofre um "esfriamento geral" e se deve recorrer à terminologia veterotestamentária para reforçar a "autoridade", sem o perigo de crer que ainda está no Israel do templo. *b)* O que se pode demonstrar é a *vinculação* do ministério cristão a tudo "o que é de Cristo" (portanto, também com seu sacerdócio): conteúdo cristológico do ministério. *c)* Nos escritores primitivos se vê também clara a *vinculação* dos ministros de *presidência do apostolado* dos Doze. E se encontrávamos caráter sacerdotal do apostolado dos Doze (por sua vinculação primeira e direta a Jesus Cristo), pode-se falar também, com toda lógica, de uma *participação dos ministros de presidência nesse caráter sacerdotal. d)* A presidência eucarística e cultual não é, portanto, o distintivo sacerdotal dos ministérios do presbítero e do bispo nos primeiros momentos. *e)* A *legitimidade* do "processo evolutivo" deve ser interpretada não como fenômeno estranho, nem como corrupção do NT, nem como invenção do jurisdicismo romano, mas como fenômeno que entra na lógica do desenvolvimento doutrinal e da evolução homogênea do religioso, tal como aparece inclusive nos dogmas cristológicos e marianos.

L. Ott registrou, ao longo dos grandes escritores cristãos, o aparecimento do tríplice ministério com ordenação. Nesse percurso, tem presente Clemente Romano, a *Didaké*, Inácio de Antioquia, Policarpo de Esmirna, Hermas, Justino, Clemente de Alexandria, Orígenes, Tertuliano, Hipólito de Roma e o concílio de Niceia. Recordamos os passos principais no aparecimento desse tríplice ministério, tendo em conta os *graus*, o *ato de ordenação*, o *ministro* e o *sujeito* da ordenação: *a)* Clemente de Roma (96) e a *Didaké* já falam de *bispos* e *diáconos* claramente distintos e eleitos pela comunidade. Não se menciona ainda o episcopado monárquico. Em Clemente, os presbíteros são confundidos com os bispos. Há governo colegial. *b)* Inácio de Antioquia (séc. II) introduz o *bispo monárquico*, ao redor do qual há presbíteros e diáconos. Ocupa-se da disciplina, do culto e da doutrina. Preside o *colégio presbiteral. c)* Aparecimento de algumas *ordens menores*, no começo do séc. III, junto com os cargos de bispos, presbíteros e diáconos (Tertuliano fala de *leitores, subdiáconos, acólitos* e *exorcistas...*). *d)* No *ato ordenação*, a *Didaké* fala que na escolha de bispos e diáconos *toda a comunidade* deve intervir; mas há poucas notícias sobre o modo e a maneira de se incorporar aos ministérios. Em Hipólito, vê-se claramente que a *imposição das mãos* é rito essencial da ordenação. *e)* O *ministro da ordenação*, segundo Hipólito de Roma, é o *bispo* impondo as mãos. O presbítero nunca pode ordenar. Na consagração episcopal *todos impõem as mãos*, mas um único bispo pronuncia a oração. Na ordenação do presbítero, *o bispo e os outros presbíteros impõem as mãos*, mas só o bispo pronuncia a oração da ordenação. Os presbíteros só fazem um gesto simbólico. Na ordenação do diácono, *só o bispo impõe as mãos*. *f)* Em relação ao *poder dos presbíteros de ordenar* – caso excepcional em Alexandria durante os três primeiros séculos – é assunto muito discutido. *g)* O problema da *validade das ordenações conferidas por hereges ou cismáticos* ocupa parte dos séculos III e IV. Tertuliano e Cipriano, como os cristãos do norte da África, opõem-se à *validade* das ordenações feitas por hereges, como se haviam oposto à validade do batismo extraeclesial. Daí, o donatismo e suas escolas rigoristas. *h)* O *concílio de Niceia* (ano 325) estabelece como norma que o bispo deve ser consagrado por todos os bispos da província eclesiástica, mas se alguma razão impede estarem todos, *pelo menos três* devem estar presentes na consagração; as demais ordenações devem ser administradas *por um único bispo*; em relação aos ministros que *retornam das heresias* novacianas e melecianas, devem ser *ordenados novamente*, mas podem permanecer em seus postos. O sínodo de Elvira (rigorista, ano 306) proibirá admitir os que tivessem sido hereges durante algum tempo. *i)* Em relação ao *sujeito* das ordenações, são observadas desde cedo duas características: *ser batizado e ser homem*.

2. *Os ministérios leigos: seu declínio e recuperação*. Na tradição católica, fundamentalmente na pós-tridentina, o ministério realizado pelos chamados "leigos" sofreu tal desvalorização que bem se poderia falar de seu desaparecimento total. Tudo parece lógico. Se os clérigos chegam a ser "os homens de Deus", os leigos deverão ser "os homens e as mulheres do profano", portanto dos âmbitos "não eclesiais", "não sagrados". No entanto, as coisas não foram assim no início. Um olhar para a história mostra que o ministério leigo esteve muito presente nas comunidades neotestamentárias e nas primitivas, embora fosse desaparecendo gradualmente.

A partir do NT pode-se afirmar que as comunidades tinham plena consciência que podiam dar a si mesmas as formas ministeriais que precisavam, a fim de serem fiéis à missão. Além disso, eram conscientes de que a raiz de qualquer novo ministério estava nos dons e carismas que o Espírito suscitava para a edificação de todos em Cristo (At 6,1; 1Cor 12,11; Hb 2,4).

Entre as ações ministeriais que se encontram resumidas no NT, há muitas que dificilmente poderiam ser incluídas entre as que serão depois reconhecidas como próprias do ministério com ordenação. Da famosa tríade *apóstolos, profetas e doutores* (1Cor 12,28; Ef 4,11) parece que só os apóstolos deveriam ser reconhecidos como "ordenados", enquanto que profetas e doutores seriam encontrados mais entre os ministérios que hoje chamamos "leigos".

Os possíveis ministérios leigos e com ordenação não levaram, em nenhum caso, à criação de *castas* ou *estados especiais* (cf. as afirmações de Schillebeeckx, 1983, sobre "clero e leigos").

Pode-se fazer uma tríplice afirmação sobre os ministérios leigos: *não são ministérios impostos*, uma vez que surgem das necessidades; *supõem algum reconhecimento*, não são simplesmente espontâneos; são *orientados, em sua maioria, para a palavra e para a missão* ad extra.

A partir dos escritos da Igreja primitiva, deve-se dizer que homens e mulheres crentes exerciam ministérios que não eram "ordenados" pelo bispo. Esta afirmação se justifica na *Didaké* (séc. II), na *Traditio apostolica* de Hipólito de Roma (séc. III), em diferentes textos de Cipriano (séc. III), nas *Constitutiones apostolicas* (séc. IV), no *Testamentum Domini* (séc. V) e nos *Estatutos da Igreja antiga* (séc. V).

Durante o longo período da Idade Média, um processo sacro sintetiza toda a questão dos ministérios. Processo no qual se privilegiam os ministérios ordenados, deixando os *espaços seculares* (política, comércio, armas etc.) para aqueles que não aspiram ao sacerdócio. Forma-se então, definitivamente, o *duplo estado* que os reformadores do século XVI criticariam com tanta força: o estado clerical (preocupado com "o sagrado") e o estado leigo (preocupado com "o profano"). As *ordens menores* (antes exercidas por leigos) se transformam em "passos necessários" pelos quais devem passar aqueles que vão ser ordenados diáconos e presbíteros. Porém, esses "ministérios" (ordens menores) já não correspondem às necessidades pastorais, e sim a exigências impostas de cima, quando se deseja realmente ter acesso ao presbiterato. Desde esse momento, os leigos não têm mais acesso aos ministérios "clássicos" exercidos por eles no NT e na Igreja primitiva. As ordens monásticas, e depois as ordens mendicantes, complicam o assunto. Os *monges* – dedicados aos valores do espírito e deixando o mundo – orientam-se para o estudo da teologia (a palavra; comentam o texto bíblico), especializam-se na liturgia (o culto e o louvor) e se transformam em especialistas de ambas as tarefas. Os *seculares* ficam à margem e, no máximo, tornam-se ouvintes da palavra e do louvor. Chegou-se, dessa forma, à marginalização dos leigos na ministerialidade da Igreja. No entanto, parece ser essa uma perversão da doutrina neotestamentária.

Contudo há muitas razões para justificar a ministerialidade dos leigos cristãos. Assistimos a um fenômeno novo: o interesse especial que muitos batizados sentem por servir à Igreja, mas sem vontade alguma de serem ordenados. Esse fenômeno viu-se apoiado pelos seguintes fatores: uma nova sensibilidade eclesial; a pesquisa bíblico-teológica sobre as comunidades cristãs primitivas; o trabalho teológico de alguns teólogos (Congar, especialmente), inclusive antes do último concílio; a eclesiologia de comunhão do Vaticano II; as recentes necessidades expostas como clamor popular pelas comunidades do Terceiro Mundo; a crise do sacerdócio ministerial que levou a se repropor – inclusive teologicamente – a necessidade de desclericalização da Igreja e a co-responsabilidade de toda a comunidade.

Para que exista verdadeira comunidade cristã, não bastam somente os ministérios ordenados (AG 15,21). A participação dos leigos nas tarefas ministeriais não é concessão da hierarquia, mas conseqüência necessária de seu direito e dever de apostolado (AA 3). Esse fato se deve ao seu caráter batismal (AA 33; SC 14). Os ministérios leigos se devem complementar com os ministérios ordenados (AA 6). Sem os ministérios leigos, o apostolado dos pastores se tornará ineficaz (AA 10). Aos seculares competem também a função profética (AA 10; LG 35) e a função litúrgica (OGMR 58), por sua condição de batizados (SC 14), e o serviço da caridade (AA 8).

VI. Por uma Igreja toda ela ministerial. Não se pode pensar numa Igreja "clerical", na qual os ministérios sejam assumidos exclusivamente pelos ministros ordenados, porque então o conceito de apostolicidade seria empobrecido ao se referir somente a uma parte da Igreja. Toda a Igreja, e não somente uma parte, é apostólica. Mas a "carga clerical" foi tão forte na Igreja católica, que para reduzir seu peso e influência e para que a Igreja seja toda ela ministerial, parecem necessárias algumas observações.

1. *Revisão contínua dos ministérios ordenados com perspectivas neotestamentárias*, com especial referência ao ministério de Jesus Cristo, que foi um "homem para os outros". Conhecidos os perigos que comporta cair numa visão veterotestamentária dos ministérios (excessiva ênfase no sacerdócio cúltico e ritualista, imagem de poder e de excelência, rodeado de títulos e honras mundanas etc.), dever-se-ia voltar a recuperar a melhor tradição patrística de um episcopado de doutores verdadeiros, "mestres da palavra" com intrépida pregação contra a injustiça eclesiástica e social, assim como a revalorização da Igreja local.

2. *Reincorporação definitiva dos ministérios leigos na Igreja*, não como concessão da hierarquia, mas como capacidade que todo cristão possui pelo fato batismal. Esta afirmação, porém, não contradiz o fato de que todo ministério é dom do Senhor para a comunidade cristã, ao contrário, o confirma, porque não é crível que o Senhor chame para o serviço da Igreja e do mundo só os ministros ordenados, uma vez que seu chamado é dirigido a todo o povo de Deus.

3. *Necessidade de maior criatividade ministerial*. A liberdade e criatividade dos ministérios no NT deverão ser modelo para a Igreja de hoje, na hora de responder às necessidades de um mundo que

precisa ser reconciliado. O que sempre será necessário na Igreja é a ministerialidade ao redor dos três centros apontados anteriormente: a palavra, o culto e a comunidade. No que diz respeito aos ministérios leigos, Paulo VI foi muito clarividente em seu *motu proprio Ministeria quaedam* (1972). No entanto, trinta anos depois, continuam na Igreja católica os mesmos ministérios instituídos que apareciam no texto de Paulo VI (leitor e acólito), se exceptuarmos o "ministério extraordinário da eucaristia". Porque não se deram passos concretos para instituir novos ministérios leigos: e o que dizer do ministério do diaconato permanente, em tantas dioceses católicas ainda por começar, assim como os temas ainda "tabus" do sacerdócio de homens casados e do sacerdócio ministerial da mulher?

4. Busca ecumênica de um *reconhecimento dos ministérios cristãos de outras igrejas*. Hoje talvez o tema mais árduo no diálogo ecumênico seja o dos ministérios cristãos, porque nele está em jogo a ideia de Igreja e missão. Daí porque o reconhecimento mútuo dos ministérios é um dos temas presentes em todas as agendas ecumênicas.

Alcalá, M. *Mujer, Iglesia, sacerdocio*. Bilbao, Mensajero, 1995; Castillo, J. M. *Para comprender los ministerios en la Iglesia*. Estella, EVD, 1993; Congar, Y. *Sacerdocio y laicado*. Barcelona, Estela, 1964; id. *Ministerios y comunión eclesial*. Madrid, Fax, 1973; Delorme, J. (ed.). *El ministerio y los ministerios en el Nuevo Testamento*. Madrid, Cristiandad, 1975; Drewermann, E. *Clérigos. Psicograma de un ideal*. Madrid, Trotta, 1995; González Faus, J. I. *Hombres de la comunidad*. Santander, Sal Terrae, 1989; Ott, L. "El sacramento del orden". In: *Historia de los dogmas* IV. Madrid, BAC, 1976; Parent, R. *Una Iglesia de bautizados. Para una superación de la oposición clérigos/laicos*. Santander, Sal Terrae, 1987; Schillebeeckx, E. *El ministerio eclesial. Responsables en la comunidad cristiana*. Madrid, Cristiandad, 1983; Vanhoye, A. *Sacerdotes antiguos, sacerdote nuevo según el Nuevo Testamento*. Salamanca, Sígueme, 1984.

Juan Bosch

MISSÃO/EVANGELIZAÇÃO

O atual impulso missionário da Igreja – ordinariamente mais verbal que real – deve-se a dois fatores fundamentais: a renovação pastoral da Igreja a partir do Vaticano II, semelhante a um despertar evangélico e missionário; e o fenômeno da secularização, quando a função integradora da religião na sociedade perdeu força, diminuiu a influência das igrejas no âmbito social, retrocederam ostensivamente as práticas religiosas dos batizados e debilitou-se o influxo da norma ética católica na consciência dos crentes.

I. Vigência da missão. O mundo moderno perdeu muito o suporte comunitário social tradicional – no qual se transmitiam as convicções e usos religiosos – pela perda da cultura agrária, pela desagregação da família patriarcal, pelo crescimento da liberdade pessoal e pela pluralidade de cosmovisões. Por um lado, não é possível restaurar aquelas redes de comunicação que favoreceram, até a década de 1960, a transmissão de valores éticos, convicções religiosas e pautas de comportamento. Por outro lado, também não é válido centrar-se – na hora da missão – unicamente em pequenos grupos isolados do mundo e também da grande Igreja, como refúgios impulsores e acolhedores da missão. Alguns desses grupos fazem proselitismo, não missão; conseguem adeptos, não cristãos universais.

A fé há de integrar-se no mundo quotidiano e concreto em que vivemos, que, por um lado, ameaça nossa experiência de Deus e, por outro, interpela-a criticamente. Isso exige que o ato missionário leve em conta a liberdade pessoal e valorize a face positiva dos valores próprios da modernidade – justiça, paz, ecologia, feminismo etc. – cujas raízes são logicamente cristãs.

Segundo o Vaticano II, "a Igreja toda é missionária e a obra de evangelização é o dever fundamental do povo de Deus" (*AG* 35). Nessa perspectiva conciliar, a exortação *Evangelii nuntiandi* afirma que "a tarefa da evangelização de todos os seres humanos constitui a missão essencial da Igreja" (*EN* 14). A encíclica *Redemptoris missio*, de João Paulo II, recorda que "o Vaticano II quis renovar a vida e a atividade da Igreja segundo as necessidades do mundo contemporâneo; sublinhou sua *índole missionária*, baseando-a dinamicamente na mesma missão trinitária. O espírito missionário pertence, pois, à natureza íntima da vida cristã" (n. 1).

II. Os termos "Missão" e "Evangelização".
1. *Missão*. O termo "missão" deriva de *apostello*, que significa enviar, em latim *mittere*, do qual procede o substantivo *missio*. Porém, o verbo enviar abrange duas coisas: o ato de enviar e o conteúdo do envio ou, se se preferir, a relação entre o que envia e o enviado. Estes dois aspectos também estão incluídos no conceito de missão. A missão é, pois, um envio da Igreja para o mundo; o missionário, um enviado ou apóstolo. O apostolado é, pois, envio, missão, delegação ou embaixada.

Jesus é o apóstolo (Hb 3,1) ou enviado por excelência de Deus, cumprindo a missão prevista para o servo ou o profeta, enviado por Javé para "levar a boa notícia aos pobres" (Is 61,1s). A missão de Jesus, por sua vez, prolonga-se com as de seus próprios enviados, os Doze, que por essa razão se chamam apóstolos. O apóstolo é enviado ou missionário por escolha de Deus para a salvação dos seres humanos. Enquanto enviado, comporta duas relações: com quem o envia e com quem exerce seu envio. É enviado por alguém e para alguém; é um mediador ativo.

Na missão cristã, Deus é o único capaz de enviar, por ser o criador da ordem natural e doador da graça. "O homem nada pode receber, se não lhe for dado pelo céu" (Jo 3,27). Mas, em virtude do mandato de Cristo, existe a missão ou evangelização, que consiste em "pregar o evangelho" (At 8,40) ou em "pregar Jesus" (At 9,20). O termo "enviar" aparece frequentemente em Jo.

Há uma primeira missão dentro da Trindade enquanto o Pai nunca é enviado. Pela Bíblia recebem esta denominação o Filho e o Espírito. O Filho é enviado pelo Pai, e o Espírito Santo pelo Pai e pelo Filho. O aspecto missionário da Igreja – dirá o concílio Vaticano II – "se origina da missão do Filho e da missão do Espírito Santo, segundo o desígnio de Deus Pai" (AG 2); ela cumpre seu objetivo em relação a todos os seres humanos e povos que ainda são pagãos e a todos aqueles que, com aparência cristã, na realidade vivem um novo paganismo. A missão, de fato, é dirigida especialmente "aos povos ou sociedades que ainda não creem em Cristo" (AG 6). Por outro lado, sendo "a Igreja missionária por natureza" (AG 2), essa atividade é devida a todos os seus membros.

2. *Evangelização*. O termo "evangelização", recentemente empregado e generalizado no vocabulário pastoral, vem da palavra "evangelho", que no AT equivale à mensagem prazerosa, geradora de alegria, e à recompensa que se dá ao mensageiro porque traz uma *boa notícia*. No mundo grego, evangelho era, ao mesmo tempo, mensagem prazerosa e recompensa. Daí, evangelizar equivale a "proclamar boas notícias" ou "anunciar fatos salvadores", quer se trate, por exemplo, da subida ao trono do imperador, da vitória numa batalha ou da morte de um inimigo temível. Por extensão, evangelho significou a mensagem mesma, a saber, a boa notícia que o imperador (*Kyrios*) anuncia sobre a chegada de autêntica prosperidade, justiça e paz ao povo.

O NT não usa o termo evangelização, mas o verbo evangelizar. Evangelho vem do Dêutero-Isaías, segundo o qual o "mensageiro da paz" (Is 52,7) anuncia a chegada da era messiânica ou o reinado de Deus, universal e definitivo. Jesus é, pois, o mensageiro da boa notícia (evangelizador), ele é boa notícia mesma (evangelho). Em resumo, evangelho é a boa notícia de Deus ou de Jesus Cristo.

Segundo Mc, "evangelho" é a história de Jesus através de suas ações; Mt diz que Jesus proclama o "evangelho do reino"; Lc afirma que o evangelho é alegria e esperança; Jo substitui o termo evangelho por testemunho e envio, e Paulo escreve que o evangelho é a boa notícia da salvação do mundo realizada por Deus em Jesus. Em suma, evangelizar é anunciar e levar a cabo o evangelho ou a salvação de Jesus Cristo que se torna efetiva com a chegada do reino de Deus, reino de justiça (Mc 1,1). Equivale a descobrir, notificar e realizar o projeto salvador de Deus manifestado em Cristo, que vem a este mundo carente de graça.

A palavra evangelização foi utilizada pela primeira vez pelo protestante A. Duff, em 1854, num congresso em Nova Iorque. Foi também empregada por J. R. Mott, em 1888. R. Speer, em 1900, por ocasião da Conferência Ecumênica da Igreja Presbiteriana dos Estados Unidos, entendeu a evangelização como "ensinamento e pregação do puro evangelho da salvação" ou "oportunidade de conhecer Jesus Cristo enquanto Senhor e Salvador pessoal". Aí se consagrou esse termo, usado já durante o século XIX entre os protestantes, equivalente a encarnar todo o evangelho no ser humano, para convertê-lo em filho de Deus, e na sociedade, para transformá-la em reino de Deus.

O Conselho Mundial de Igrejas instituiu um departamento de evangelização. Este termo foi utilizado na Igreja católica antes do Vaticano II, em pleno auge missionário, porque deriva de evangelho, por causa de seu emprego ecumênico (os protestantes se chamam evangélicos) e pelas conotações coloniais que a expressão continha, sinônima de *missão* (terras longínquas, exotismo de costumes, dia do Domund) ou no plural *missões* (exercício extraordinário de pregação nas paróquias, a cada dez anos). A partir da exortação *Evangelii nuntiandi*, o termo evangelização substituiu quase inteiramente o termo missão.

III. A experiência missionária dos movimentos apostólicos. Dois traços básicos caracterizaram os militantes dos movimentos apostólicos: sua fé pessoal e seu compromisso social e político. A fé do militante não é entendida como mera resposta espiritual, mas como entrega às exigências do reino de Deus para construir um mundo de justiça e solidariedade, a partir das apelações proféticas e evangélicas, os apelos do Terceiro Mundo e a opção pelos pobres. O compromisso do militante, nos inícios denominado temporal, depois sociopolítico e finalmente político, algo mais que trabalho, tarefa ou ocupação. É aceitação deliberada, empenho consciente e exigência ética de trabalhar pelos outros e por uma sociedade mais humana e mais justa, prelúdio do reino de Deus. O Vaticano II consagrou um estilo de militância ao reconhecer o papel do leigo na Igreja, seu caráter secular no mundo e sua autonomia nas organizações apostólicas. Os cristãos dos movimentos apostólicos expressam sua fé em termos de diálogo, testemunho e compromisso.

Para descobrir esse tipo de evangelização é decisivo perceber a mensagem social do Evangelho, a radicalidade de Jesus de Nazaré, o Cristo, a relação do reino de Deus com a sociedade, a situação injusta quando são espezinhados os direitos humanos, a péssima distribuição da riqueza no mundo, a chaga das drogas e dos militarismos e o crescimento da violência e do terrorismo. Isto é, em continuidade com a militância dos movimentos apostólicos, aparece depois do concílio um novo tipo de leigo ativo em grupos e comunidades de base que, junto com sacerdotes encarnados no povo e com religiosas situadas em bairros marginais, dão lugar a outro tipo de militância cristã, menos organizada, mais independente da hierarquia e em sintonia com os movimentos sociais e políticos de libertação. Recebem desses movimentos o método ver-julgar-agir, a revisão de vida, a formação pela ação, o compromisso social e político, a direção responsável do leigo, a análise permanente da realidade e a importância dos ambientes de vida.

IV. Da missão à evangelização. Até ao Vaticano II, falava-se de missões nos países de além-mar, e de missão de tipo paroquial, a cada dez anos, nos países cristãos. Duas escolas clássicas defendiam a finalidade da missão (e das missões) como "salvação das almas" (Escola de Münster) e como "implantação da Igreja" (Escola de Lovaina). A primeira insistirá, mais tarde, na "conversão pessoal", e a segunda na "criação de comunidades". O decreto conciliar *Ad gentes* mantém equilíbrio entre essas duas tendências.

A exortação de Paulo VI *Evangelii nuntiandi* substituiu oficialmente o termo missão por evangelização. Ao mesmo tempo se alargou este conceito, quando os latino-americanos incluíram a luta pela justiça, a promoção humana e a libertação, os africanos a inculturação, e os orientais o diálogo inter-religioso.

A libertação é, pois, essencial para a missão da Igreja. É uma das grandes novidades pós-conciliares, de acordo com o espírito do concílio Vaticano II. Segundo o Sínodo dos Bispos sobre "A justiça no mundo", "a ação em favor da justiça e a participação na transformação do mundo nos é apresentada claramente como *dimensão constitutiva (tanquam ratio constitutiva)* da pregação do Evangelho, isto é, a missão da Igreja para a redenção do gênero humano e a libertação de toda situação opressiva". Esta afirmação do sínodo causou espanto por sua novidade e produziu alguns mal-entendidos. R. Torrella, o então secretário para o tema da justiça no sínodo de 1971, esclareceu, no Sínodo dos Bispos de 1974, que essa "dimensão constitutiva é "parte integrante", mas não "parte essencial". Essas matizações, claramente adocicantes, recordam os qualificativos "preferencial e não excludente" que são aplicados à pura e dura expressão *opção pelos pobres*. A exortação apostólica *Evangelii nuntiandi*, de 1975, afirmou que "entre evangelização e promoção humana – desenvolvimento, libertação – existem efetivamente laços muito fortes" (*EN* 31). Ao abrir a Conferência de Puebla, João Paulo II disse – de acordo com este texto da *Evangelii nuntiandi* – que "a missão evangelizadora tem como parte indispensável a ação pela justiça e as tarefas de promoção do homem, e que entre evangelização e promoção humana há laços muito fortes de ordem antropológica, teológica e de caridade". Resumindo, a luta pela libertação é "parte integrante", "parte indispensável" ou "dimensão constitutiva" da evangelização. A XXXII Congregação Geral dos Jesuítas (1º de março de 1975) novamente voltou sobre o tema, ao aprovar um ponto crucial que diz: "A evangelização não pode ser atualizada sem promoção da justiça. A ação para transformar as estruturas está intimamente ligada à obra da evangelização. Devemos colaborar com quantos têm fome e sede de justiça. Devemos educar jovens e adultos para edificar um mundo mais justo, orientar todas as nossas estruturas educativas nesse sentido. Uma real vontade de promoção da justiça tem que incluir alguns compromissos no plano social e coletivo".

V. A conversão, fruto da missão. O termo conversão vem do latim *conversio*, que significa volta ou giro. À luz dos relatos evangélicos, converter-se é retornar à fé ou a uma vida de graça e de justiça. Concretamente, é buscar e encontrar o Senhor e deixar-se conduzir por ele, cativado como discípulo. A conversão evangélica é, por conseguinte, núcleo da vida cristã, meio de encontrar a Deus e constitutivo da missão. Até recentemente, entendia-se por conversão a mudança de uma pessoa, basicamente crente, de uma situação de pecado para um estado de graça, ou então o regresso ao sacramento da penitência por parte de quem havia abandonado a prática religiosa e se comportava distante da moral católica.

Recordemos o papel exercido pelas missões populares nesse conceito de conversão, turmas de exercícios e cursilhos de cristandade. Sem dúvida, levavam muitas pessoas a um encontro pessoal com Deus, junto com a descoberta de uma espiritualidade cristã. No entanto, foram respostas a um cristianismo sociológico, rotineiro e de costumes, de devoção e popular, sem suficiente adesão pessoal.

O convertido atual passa da não fé para a fé, do palpitar religioso confuso para a experiência ardorosa de Deus ou de Jesus Cristo. É, por conseguinte, conversão religiosa mais que moral, mística mais que ascética. Não é tanto distanciamento do pecado quanto busca de um sentido novo da existência, percepção da presença direta de Deus, comunhão com o ser divino de Jesus, vislumbre de que se cumpra totalmente a justiça das promessas de Deus.

Pois bem, dada a autonomia da pessoa em nossa sociedade, enormemente secularizada, e tendo presente a pouca e fraca função educadora de instituições como a família, a escola e a paróquia, é cada vez mais difícil herdar a propensão para a fé e mais necessário o ato de conversão na vida adulta. Por outro lado, o cristão que pratica ritualmente, sem convicções profundas, tem o perigo de abandonar facilmente a prática religiosa e, com a prática, a fé. Embora a metade dos espanhóis se declare crente não praticante, é pequena a faixa dos cristãos convictos e minimamente coerentes com a fé e a prática derivada da fé.

Segundo algumas experiências, os não crentes que se aproximam da experiência de Deus ou da fé sentem saudades de certa experiência religiosa anterior, tentam relacionar a esperança cristã com os desejos humanos profundos, perguntam pelo sentido da vida e admiram secreta ou abertamente os cristãos crentes com índole evangélica. De acordo com alguns relatos de conversão, a pessoal experiência de Deus começa quando uma pessoa se interroga sobre o sentido da própria existência. Se nesse momento encontra Deus e acolhe sua palavra como boa notícia, pode entrar num processo de conversão. Começa, então, a transformação de sua vida pessoal: encontra outros cristãos, descobre a Igreja como comunidade de crentes, aprofunda a fé incipiente à luz da palavra de Deus, toma parte nas celebrações cristãs, amadurece sua espiritualidade pessoal e se insere no compromisso social com o povo. Em outras palavras, o adulto convertido, necessitado de iniciação, vislumbra o sentido transcendente da vida, percebe a presença impressionante de Deus, descobre o rosto divino de Jesus e percebe o chamado evangélico para a construção do reino de justiça. Numa palavra, tenta experimentar o Deus do reino e o reino de Deus.

VI. Imperativos da evangelização. 1. *Primazia do Deus do reino e do reino de Deus*. A meta última da evangelização não é a Igreja, mas o reinado de Deus, do qual a Igreja é sinal ou sacramento. Não nos esqueçamos de que "Cristo, enquanto evangelizador, anuncia, antes de tudo, um reino, o reino de Deus" (*EN* 8). O que importa – e esta é a tarefa da evangelização – é que o reino de Deus já esteja presente no meio de nós, embora ainda não o esteja em sua plenitude. Segundo a *Evangelii nuntiandi*, a Igreja existe para evangelizar e "nasce da ação evangelizadora de Jesus e dos Doze" (n. 15).

A perspectiva do reino de Deus na evangelização é insinuada no Vaticano II e na *Evangelii nuntiandi*, mas é claramente expressa em Puebla. A evangelização é a tarefa da Igreja no mundo, nas perspectivas do reino de Deus. A boa notícia do evangelho se relaciona com a presença de Deus no reino, presença misericordiosa, salvífica e libertadora que afeta os níveis afetivo-transcendentes e sociais-utópicos.

O conceito de reino ou de reinado é tirado por Jesus da tradição profética, que vem, por sua vez, da javista. É reino de assunção e de totalidade. No reino não se separa o religioso do humano. A missão de Jesus relativa ao reino é resposta concreta de Deus à situação histórica, à crise como "juízo deste mundo" (Jo 12,31), com essas duas faces: uma negativa, denunciadora das forças diabólicas que se opõem ao reino; outra positiva, anunciadora da mesma chegada de Deus e do reino.

2. *Presença na realidade social*. A evangelização tem sido frequentemente reduzida de modo espiritualista, ao entender o reino de Deus de maneira gnóstica, contraposto ao reino deste mundo, passageiro e desprezível, do qual se deve fugir. Por outro lado, também se chega a uma redução política da missão quando se entende o reino de Deus como mera libertação política, inclusive de maneira partidarista. Na realidade, a evangelização libertadora assume a ação política, porém não se esgota nela, mas a transcende.

A mensagem de Jesus deve ter uma presença original na sociedade. De um lado, é partícipe consciente e responsável da mesma vida de Jesus. A fé não é propriamente alguma coisa que o crente tem para se relacionar com Deus, mas é a relação que Deus tem para que o crente viva.

Para tornar a evangelização efetiva, o cristão deve estar atento à situação pessoal, social e política dos homens numa sociedade concreta, ao mesmo tempo que descobre, com antenas de fé, o desenvolvimento da obra de Deus na ação de Jesus. Nesse trabalho evangelizador, o missionário é também evangelizado por duas ações, a do homem e a de Deus, recíprocas e concatenadas. O Evangelho não se reduz a um livro nem sequer a uma mensagem que se possui já formulada. Embora se encontre cristalizado em algumas Escrituras acha-se também misteriosamente enxertado em múltiplas facetas da vida humana, sobretudo nos pobres e marginalizados.

O evangelizador deve permitir ser evangelizado, a saber, deve acolher a boa notícia da misericórdia e da graça de Deus, e isso equivale à sua conversão para os pobres e marginalizados, centro do reino. A realidade do pobre vista em profundidade, impregna o evangelizador da justiça e da misericórdia de Deus. Somente assim pode aproximar-se da realidade doente e injusta da pobreza. A boa notícia que a evangelização anuncia é uma notícia escandalosa, uma vez que qualifica os pobres de felizes e os ricos de infelizes. A notícia é também necessária porque há uma oposição irredutível entre o Deus da vida e os ídolos de morte.

3. *Sem evangelização não há Igreja*. A evangelização está a serviço do reino de Deus e identifica a Igreja. Na realidade, a evangelização é anterior à Igreja, uma vez que a Igreja nasce do Evangelho e está a serviço dele. Noutras palavras: o Evangelho não é mero modo para implantar a Igreja; ao contrário, a Igreja é meio para fundar o Evangelho ou, se se prefere, para tornar presente o reino de Deus. Por conseguinte, não é a Igreja que cria a evangelização; ao contrário, a evangelização é que gera e recria a Igreja. Paulo VI disse: "Existe nexo íntimo entre Cristo, a Igreja e a evangelização" (*EN* 16). Por essa razão, "a evangeli-

zação de todos os seres humanos constitui a missão essencial da Igreja" (*EN* 16).

Por outro lado, não se pode evangelizar sem a Igreja. Precisamente um dos objetivos da evangelização é a incorporação dos convertidos à Igreja, apesar de a mesma Igreja ser com frequência obstáculo para a evangelização devido à sua burocracia, conservadorismo, contratestemunhos e divisões internas. A Igreja precisa se converter para a tarefa da evangelização. Porém, embora a evangelização seja pessoal, não é meramente individual. Seu objetivo é converter pessoas para criar comunidade, sacramento de salvação no mundo. Por isso, evangeliza melhor quem vive a comunidade e é capaz de edificá-la.

Uma notícia é aceita quando aquele que a propõe é pessoa razoável, acreditada. Acredita-se numa pessoa ou num grupo coerente que diz e faz, que é consequente. Se se trata de boa notícia, o evangelizador deve ser crível, testemunha autêntica. Habitualmente, ninguém coloca em dúvida o valor do Evangelho ou a causa de Jesus, mas em geral as igrejas não são críveis. A Igreja é crível não só quando sua forma de vida é evangélica, mas quando evangeliza. A evangelização exige evangelismo na Igreja. Não basta a santidade da doutrina ou dos sacramentos.

Resumindo, podemos dizer que evangelizar é comunicar e tornar presente a boa nova ou notícia do Evangelho que Jesus proclamou, a saber, a chegada iminente do reinado de Deus, e isso envolve duas coisas: o reconhecimento de Deus como Pai e a aceitação de que todos somos irmãos. Esta notícia esperançosa se torna real quando, com amor, justiça e liberdade, tanto no desenvolvimento pessoal como no âmbito social, especialmente a partir dos pobres, edificamos uma Igreja viva numa sociedade renovada.

A partir do Vaticano II – escreve S. Dianich – ampliam-se os espaços da missão ou evangelização, "desde a pura pregação do Evangelho e a tarefa de fundação de novas igrejas até ao compromisso no serviço ao homem mediante o crescimento de sua dignidade e a evolução da sociedade até formas de vida mais livres e justas". Segundo a exortação *Evangelii nuntiandi*, a tarefa da evangelização inclui a luta pela justiça e o desenvolvimento da paz. Não nos esqueçamos de que a luta pela justiça foi um tema de preocupação crescente na Igreja desde o magistério de Leão XIII até à encíclica *Centesimus annus*, que comemorou, em 1991, o centenário da *Rerum novarum*. Porém, com matiz importante: a doutrina social da Igreja propõe a tarefa da promoção humana como consequência ética da pregação do Evangelho, enquanto que a teologia da libertação entende a evangelização a partir das exigências da salvação integral do ser humano. Daí porque não é possível entender a evangelização sem compreender as condições reais dos destinatários da evangelização, que são os pobres e marginalizados.

O objetivo da evangelização não se reduz, portanto, à salvação das almas ou à implantação da Igreja. Tampouco pretende somente a transformação do povo em Igreja, a cristianização das culturas ou o diálogo inter-religioso; inclui a construção de uma sociedade livre e justa, uma vez que a Igreja é *sacramentum mundi*. Mais ainda, a experiência quotidiana é o lugar onde deve ter espaço o anúncio cristão. Por conseguinte, a evangelização pretende não somente converter o ser humano para o Evangelho, mas descobrir o Deus do Evangelho no meio da vida. Habitualmente, o povo encontra Deus antes de a Igreja chegar. Em suma, evangelizar é descobrir o Deus de Jesus como Pai e Mãe no meio da vida, e ajudar para que se edifique o reino de Deus no mundo.

Boff, L. *La nueva evangelización. Perspectiva de los oprimidos*. Santander, Sal Terrae, 1991; Carta pastoral de los obispos de Pamplona y Tudela, Bilbao, San Sebastián y Vitoria. *La Iglesia, comunidad evangelizadora*. San Sebastián, Idatz, 1989; Comblin, J. *Teología de la misión. La evangelización*. Buenos Aires, SRL, 1974; Dianich, S. *Iglesia en misión*. Salamanca, Sígueme, 1988; Esquerda, J. *Diccionario de la evangelización*. Madrid, BAC, 1998; Floristán, C. *Para comprender la evangelización*. Estella, EVD, 1993; Maccise, C. *La espiritualidad de la nueva evangelización. Desafíos y perspectivas*. México, CRT, 1990; Pagola, J. A. *Acción pastoral para una nueva evangelización*. Santander, Sal Terrae, 1991; Schütte, J. (ed.). *Las misiones después del concilio*. Buenos Aires, Guadalupe, 1968.

Casiano Floristán

MISTÉRIO

"Mistério" é uma palavra central na linguagem religiosa e cristã. Rahner chegou a dizer sobre ela que é um dos termos-chave do cristianismo e de sua teologia. Contém notável pluralidade de significados, o que torna praticamente impossível dar uma definição unívoca de seu conteúdo.

O sentido fundamental, sublinhado no uso habitual do termo, refere-se ao caráter arcano, secreto, não acessível ao conhecimento humano habitual, da realidade à qual se refere. A etimologia parece remeter a esse significado que mais frequentemente lhe é atribuído. Segundo essa etimologia, mistério constitui a transcrição da palavra latina e grega equivalentes, que por sua vez são formadas a partir da raiz indo-europeia *mu*, que teria o significado original de fechar ou apertar a boca e, mais tarde, por extensão, fechar os olhos. Essa raiz aparece em termos como o sânscrito *mukar*, o latino *mutus*, o castelhano e o português "mudo" que os traduz.

Sobre este significado básico são produzidas as variações significativas que o termo adquire nos diferentes contextos em que pode ser empregado. Porque, embora pertença predominantemente à linguagem religiosa, não se reduz a ela. É usado também na linguagem habitual e em contextos profanos, embora seja provável que tenha passado para eles a partir do uso religioso, do qual transportou consigo algo do significado.

Começando pelos usos profanos, "mistério" significa uma realidade oculta, da qual não temos conhecimento, pelo menos no momento. Assim, falamos dos "mistérios da natureza" para nos referir a aspectos da realidade natural que resistiram até agora às nossas tentativas de explicá-los. Sem excluir que, algum tempo depois, esses mistérios, pela melhoria de nossos métodos ou instrumentos de conhecimento ou pelo progresso da ciência, fiquem explicados e deixem de ser mistérios. Quando com uso retórico do termo nos referimos aos "mistérios do coração humano", com este termo designamos o que no ser humano há de imprevisível, indomável, o centro do subjetivo, do qual somente a pessoa dispõe e que não se presta a nenhum tipo de objetivação. Estamos, portanto, diante de um uso profano, antropológico, no qual ressoam não poucos harmônicos do significado religioso do termo.

A filosofia de orientação existencial utilizou o termo para se referir à ordem da realidade que se situa acima do conhecimento objetivo e que, por abranger radical e globalmente a realidade, inclui o próprio sujeito e o objeto, e na qual o sujeito se encarrega da realidade colocando-a diante de si, distanciando-se dela, e fica à margem das questões puramente objetivas que propõe. Diante dessa ordem da realidade, que G. Marcel denomina ordem do problema, situa-se a ordem do mistério, que se refere ao ser enquanto ser, que compreende o sujeito e de cujo conhecimento depende o sentido da vida de quem se interroga sobre ele. Novamente assistimos aqui a uma utilização do termo em terreno por si profano, como é o da pesquisa filosófica, mas que por sua referência ao absoluto está perto da ordem do sagrado, e por isso é descrito com frequência, como acontece neste caso, com termos tomados do âmbito religioso.

Todavia, inclusive na linguagem religiosa, a palavra "mistério" foi utilizada ao longo da história com significados diferentes, que inevitavelmente se assemelham ao uso que dele fazemos atualmente. Por isso, é preciso referir-se aos contextos em que apareceu, se quisermos aproximar-nos da riqueza semântica da palavra.

Assumindo o risco de certa simplificação, podemos reduzir a quatro os contextos em que aparece a utilização religiosa e teológica do termo "mistério". O contexto da fenomenologia da religião; o da história das religiões; o de uma teologia fundamental e sistemática que se preocupa sobretudo com os aspectos epistemológicos do conhecimento de Deus e da aceitação de sua revelação; e o de uma teologia mais próxima da Escritura e das tradições religiosas, que pretende estabelecer a compreensão do cristianismo a partir de uma renovada interpretação do fato cristão centrado na descrição deste como atualização da revelação do mistério de Deus na vida da Igreja.

I. Mistério na fenomenologia da religião. A partir da obra clássica de R. Otto, *Das Heilige*, traduzida para o castelhano como *Lo santo*, a consideração fenomenológica da religião fez do mistério o centro desse mundo peculiar que desde Durkheim e Söderblom, e passando depois por G. van der Leew, J. Wach e M. Eliade, veio sendo descrito como o mundo do sagrado. O mistério é a realidade cuja irrupção determina no sujeito o aparecimento de uma ruptura de nível existencial, expressa como experiência do numinoso em termos de tremendo e fascinante, e vivida e expressa nos ritos de iniciação e nos processos de estrutura certamente iniciática que conhecemos como conversão, ioga e iluminação. Essa realidade contém como traços peculiares sua absoluta transcendência, sua mais íntima presença para o sujeito e para o fato de interpelar pessoalmente e determinar o conjunto da vida. Esses traços fundamentais aparecem expressos nos símbolos religiosos e nos apelativos teológicos, e se refletem nas características da experiência religiosa.

A essa realidade misteriosa se referem as inumeráveis configurações que as diferentes religiões foram criando ao longo da história, pré-teístas, monistas, dualistas, politeístas, monoteístas e, inclusive, as configurações apofáticas nas quais o mistério se torna presente sob a forma de ausência de toda representação concreta.

II. As religiões de mistérios. No contexto da história das religiões, a palavra "mistério" aparece no plural para designar um tipo singular de religiões, as religiões de mistérios ou religiões místéricas. Trata-se de religiões nascidas quase todas no Oriente Médio e Próximo, Egito e Grécia, espalhadas pela orla do Mediterrâneo na época do helenismo e ao tempo do império romano. Trata-se de religiões claramente salvíficas, universais, isto é, que se apresentam como meio de salvação para a pessoa, independentemente de sua pertença à nação, e que se inscrevem no contexto politeísta das religiões da antiguidade. Seu centro está precisamente na celebração dos mistérios, isto é, nos ritos e ações simbólicas que imitam as ações, com frequência a paixão, a morte e o retorno à vida, de seres superiores, heróis ou deuses, e que garantem aos sujeitos que as realizam a obtenção da salvação mediante a passagem pela morte ou através de alguma prova iniciática semelhante. Essas religiões estão frequentemente aparentadas com ritos agrários da fertilidade e representam simbolicamente nos mistérios o processo natural do renascimento da natureza a cada primavera e da produção dos frutos em seguida aos meses de ocultação das sementes. Os mistérios atualizam ritualmente alguns relatos míticos nos quais são referidas as ações dos heróis ou divindades, suas provas, sua passagem pela morte, sua volta à vida, permitindo dessa maneira a participação mística dos iniciados nelas de forma eficaz. Os mais importantes entre os cultos mistéricos são os de Mitra, Átis e Cibele, Ísis e Osíris, os celebrados em Elêusis, os de Dionísio, os órficos etc.

Em relação às religiões de mistérios, a questão mais importante para a teologia tem sido a da relação dessas religiões com a origem e o desenvolvimento do cristianismo. Superadas as afirmações sobre uma fundamental dependência da doutrina cristã do mistério frente aos mistérios gregos, afirmações fundadas numa utilização incorreta do método comparativo pela Escola teológica de história das religiões, alguns modernistas e alguns historiadores das religiões (W. Bousset, R. Reitzenstein, A. Loisy etc.), hoje se está chegando mais provavelmente à conclusão de uma fundamental independência do cristianismo, em suas origens, frente aos mistérios, embora se admitam conexões acidentais posteriores entre o cristianismo, sobretudo em sua doutrina e práxis sacramental, e os cultos mistéricos (F. Cumont, H. Rahner, K. Prümm, G. Bornkamm etc.). Por outro lado, hoje se sublinham mais as conexões, descuidadas nos estudos da primeira época, entre mistério cristão e mistério no judaísmo (G. Kittel, E. Vogt).

III. "Mistério" na teologia cristã. Com a expressão "os mistérios do cristianismo", que serve de título para a conhecida obra do teólogo dogmático M. J. Scheeben, referimo-nos ao uso da palavra "mistério" pela teologia cristã, que sublinha o significado fundamentalmente "epistemológico" e intelectualista do termo; e empregando-o geralmente no plural, refere-se com isso às verdades sobrenaturais que superam a razão humana e que só por revelação lhe podem ser comunicadas. Nesse sentido, a palavra é usada pelo Concílio Vaticano I, o qual afirma, em primeiro lugar, que existem autênticos mistérios que só podem ser conhecidos em virtude da revelação de Deus, mas que podem ser, graças a ela, comunicados ao ser humano (DS 1786; 1795). A existência de tais mistérios se fundamenta no fato de que Deus é incompreensível para o ser humano.

Dentro dessa compreensão dos mistérios, a teologia escolástica distinguia entre mistérios estritamente ditos ou absolutos: aquelas verdades que o ser humano não pode descobrir por si mesmo e que, uma vez reveladas, não podem ser compreendidas por ele em sua essência ou em sua possibilidade interna; e mistérios em sentido amplo: aqueles de cuja existência o ser humano só pode ter notícia graças a uma revelação de Deus, mas que, uma vez revelados por ele, podem ser conhecidos em sua essência, como acontece com os desígnios livres de Deus.

Porém, tais "verdades sobrenaturais", que por revelação Deus coloca ao alcance do ser humano, têm seu fundamento no mesmo Deus, que é o mistério por excelência, por ser incompreensível para o ser humano, uma vez que habita uma luz inacessível (1Tm 6,16). Por isso, o conteúdo por excelência do mistério cristão é Deus mesmo e seu desígnio de se revelar no Filho ao ser humano, regenerando-o pela doação do Espírito. Porém, para desentranhar mais adequadamente o sentido dessa expressão, será útil recorrer ao significado que o termo tem no NT e o que recebeu ao longo da tradição cristã. Deixemos de lado o sentido do termo, no singular ou no plural, na tradição sinótica (os mistérios do reino de Deus: Mt 13,11; Mc 4,11; Lc 8,10) e no livro do Apocalipse (1,20; 10,7), para nos referir aos textos paulinos, nos quais recebe o sentido que será definitivo em seu emprego pelo cristianismo.

Em diversos lugares de suas cartas, Paulo introduz o termo "mistério" para designar o desígnio salvífico de Deus "guardado no silêncio durante os tempos eternos" e manifestado em Jesus Cristo – em sua morte e ressurreição – e agora anunciado pelos apóstolos e profetas na pregação do Evangelho e realizado na comunhão no destino de Jesus Cristo pela regeneração do batismo e pela participação eucarística no seu corpo (1Cor 2,1; 2,7; Rm 16,25-26). Cl 1,14; 2-3 e Ef 1-3 explicitam o sentido denso dessas fórmulas que resumem todo o cristianismo, na medida em que Jesus Cristo é o centro e o resumo do cristianismo, sendo o mesmo Cristo o mistério de Deus, segundo o texto de Colossenses: "Até chegar ao pleno conhecimento do mistério de Deus, Jesus Cristo, no qual se acham escondidos todos os tesouros da sabedoria e do conhecimento" (2,2). Nos dois primeiros capítulos de Efésios, resumo acabado do cristianismo na categoria do mistério, destaca-se o amor extremo de Deus que manifesta essa revelação do mistério de Deus na autodoação de Jesus Cristo, a sabedoria que encerra e à qual dá acesso a fé que ilumina os olhos do crente e lhe permite ver a profundidade, as riquezas, a glória, a energia e o poder contidos no mistério; destacam-se também os efeitos de reunião e unificação dos dispersos, que a morte de Jesus Cristo realiza e que manifesta a vida da Igreja. Ensina-se que a esta revelação do mistério escondido tiveram acesso também os gentios mediante a pregação do apóstolo.

A doutrina paulina do mistério de Jesus Cristo, revelação em ato do mistério de Deus, percorre o ensinamento cristão dos primeiros séculos. Porém, como observam os especialistas, a vigência dos mistérios pagãos, com seu perigo de sincretismo e naturalismo, impõe alguma cautela na utilização do termo para designar os ritos cristãos do batismo e da eucaristia. Contudo, até o século IV, *mysterion* conserva, com poucas exceções, os sentidos que tinha recebido da tradição judia e, discretamente, do emprego que dele

Paulo havia feito, para "expressar a manifestação em Jesus Cristo do desígnio salvífico de Deus em toda a sua amplitude cósmica" (J. H. Dalmais).

Tertuliano evita utilizar a transcrição latina do termo grego, adquirida há muito tempo, e adota para traduzi-lo a palavra *sacramentum*. Porém, a partir do século IV, será empregada com sacramento no singular ou no plural indistintamente. Apesar de que *mysterium* será empregado preferencialmente para designar "as realidades espirituais escondidas atrás da letra da Escritura", enquanto *sacramentum* é utilizado de preferência para os atos em que se realiza a iniciação cristã. Embora somente na época da escolástica *sacramentum* terá o significado técnico que tem na linguagem atual.

IV. Por uma teologia cristã na perspectiva do mistério. O resumo sucinto da teologia paulina do mistério que acabamos de apresentar basta para mostrar que o termo "mistério" contém uma densidade de significados e uma riqueza de conotações que fazem dele uma categoria particularmente apta para servir de eixo ou de centro que articule os quase inumeráveis aspectos do sistema cristão. O mistério numa teologia elaborada em sua perspectiva designa, em primeiro lugar, o *mistério de Deus*. Isto é, a realidade inacessível ao ser humano, mas voltada para Deus no dinamismo da comunhão de sua essência, na generosidade de seu amor criador, na superabundância de seu desígnio salvífico e na comunicação que faz de si mesmo ao ser humano na doação do Espírito.

Este mistério de Deus se revelou, sem perder sua condição misteriosa, na vida (mistérios da vida de Jesus), na morte e na ressurreição (mistério pascal) de Jesus Cristo, em quem os homens têm acesso aos mistérios do reino. Em Cristo – graças ao batismo e à eucaristia que nos incorporam a sua nova vida e nos comunicam seu espírito – os homens têm acesso ao mistério de Deus.

Como recordou o Vaticano II, a igreja atualiza sacramentalmente o mistério pascal, sendo ela mesma mistério (*LG* 1), "sacramento ou sinal e instrumento da íntima união com Deus e da unidade de todo o gênero humano" (*LG* 1). Quanto à Igreja, enriquecida com os dons de seu Fundador... ela recebe a missão de anunciar o reino de Jesus Cristo e de Deus... e constitui na terra o germe e o princípio deste reino". Esse mistério de Deus revelado em Jesus Cristo e manifestado na Igreja tem sua encarnação privilegiada na eucaristia (*mysterium fidei*) e nos outros sacramentos ou mistérios enquanto ações visíveis através das quais a presença e ação de Espírito passa para a vida do homem.

V. A teologia dos mistérios. Com este nome, conhece-se a proposta teológica do monge de Maria Laach, Odo Casel, que tenta uma "síntese de todas as verdades da fé na perspectiva do mistério, isto é, da ação com que Deus operou nossa salvação eterna em Cristo, que nos é comunicado na Igreja, especialmente nos sacramentos e na celebração litúrgica" (B. Neunheuser). Esta proposta contém, como ponto de partida muito criticado, uma consideração dos mistérios cristãos que sublinha o paralelismo com os mistérios pagãos do helenismo, em termos não de dependência causal deles, mas de analogia. A teologia dos mistérios insiste na importância do mistério enquanto "ação ritual sagrada na qual um fato salvífico se torna presente pelo rito; a comunidade de culto, ao executar este rito, toma parte na ação salvadora e adquire para si a graça divina".

Esse aspecto da teologia dos mistérios exerceu influência extraordinária no desenvolvimento de temas teológicos como a eucaristia, o ano litúrgico, a páscoa cristã e em geral a teologia da liturgia, como se pode ver na constituição do concílio Vaticano II sobre a liturgia (*SC* 1,5-10). Um dos pontos centrais dessa teologia mais debatidos sobre como compreender a forma de tornar presentes os acontecimentos salvíficos, em especial, a páscoa do Senhor, consiste nessa atualização dos mesmos acontecimentos que, aliás, constituem os mistérios do culto cristão, em particular a celebração eucarística. Depois de inumeráveis discussões de detalhes, a tese fundamental da teologia dos mistérios é quase unanimemente reconhecida (V. Warnach) e exerceu influência considerável no conjunto da teologia contemporânea.

VI. Educação religiosa e mistério cristão. De muitos pontos de vista, a consideração do mistério pode enriquecer a teologia e a práxis educativa. Referindo-nos, em primeiro lugar, ao significado do termo na fenomenologia da religião que de alguma forma também se nota em seu uso teológico, parece importante para a ação educativa despertar nos sujeitos a atenção para o mistério – isto é, para a realidade, transcendente e imanente ao mesmo tempo, que rodeia a vida do ser humano e está presente em sua consciência – como condição indispensável para poder captar as realidades religiosas como tais, e assim introduzir-se no mundo específico do sagrado. Essa atenção desperta na consciência dos sujeitos sentimentos de admiração, surpresa, fascinação, que predispõem o sujeito para a experiência de Deus, base de todo itinerário crente.

Uma catequese sobre o mistério neste primeiro sentido se torna indispensável, sobretudo numa situação de secularização avançada, na qual as pessoas podem facilmente instalar-se em atitudes de indiferença e intranscendência que impediriam qualquer contato com o sagrado. Para seu desenvolvimento, pode ser proveitoso proceder por aproximações sucessivas, familiarizando progressivamente o sujeito com as esferas da admiração estética, da seriedade ética, da radicalidade na pergunta filosófica, da riqueza de experiência interpessoal, que constituem outras tantas esferas próximas do sagrado e com numerosos pontos de contato com ele.

Outra tarefa importante de uma educação religiosa sobre o mistério em seus passos prévios consiste em ajudar os sujeitos da ação catequética a superar a tentação muito comum do racionalismo absoluto. Este pode apresentar-se sob formas positivistas e agnósticas ou sob as formas típicas do racionalismo iluminista ou neoiluminista. Em relação às primeiras, a catequese do mistério deverá esforçar-se para fazer o sujeito descobrir as muitas dimensões da vida humana que, sendo inacessíveis à ciência e indemonstráveis através de procedimentos de verificação ou de falsificação, são reconhecidos por todos os seres humanos como aspectos importantes da vida humana, que não podem ser negados sem empobrecê-la radicalmente. Essa descoberta, acrescentada à consideração da debilidade teórica fundamental do positivismo – que consiste em que, ao estabelecer o princípio de que só o verificável é verdadeiro, estabelece um princípio não susceptível de verificação – pode ajudar eficazmente a superar a atitude positivista muito difundida como atitude prática, inclusive, e talvez sobretudo, em pessoas com cultivo não muito desenvolvido das ciências.

Em relação ao racionalismo de tipo iluminista, a catequese do mistério deverá mostrar o caráter ideológico da postura racionalista, ao impor o ater-se à razão humana e a suas possibilidades, sendo que esta razão aparece, para uma descrição fiel de sua condição, como razão indubitavelmente infinita, aberta ao que vai além de si mesma, pelo fato de ser capaz de reconhecer sua limitação e de se mostrar aberta ao horizonte sem limites do ser. A fidelidade à razão humana exige, pois, mostrar-se aberto a um possível além dela mesma, e isso é que o homem religioso faz no reconhecimento do mistério. No ser humano há um mistério que a descrição de sua condição descobre como presságio da presença invisível do mistério de Deus. E é precisamente a fidelidade à razão humana que convida à aceitação do mistério.

Contudo, a aceitação do mistério não pode ser feita à custa dos níveis intramundanos do uso da razão, nem impondo a este o silêncio ou o acatamento indevido de princípios externos em tudo o que é de sua estrita competência. Daí porque a catequese cristã deve cuidadosamente evitar recorrer prematuramente ao mistério, evitando vedar à razão tudo aquilo a que ela, por sua natureza, deve estender-se, no terreno tanto da ciência como da compreensão do ser humano e de seus problemas fundamentais. Por outro lado, um ser racional, como é o ser humano, não pode aceitar o mistério que ultrapassa sua razão, se não for razoavelmente; por isso à educação na fé comportará mostrar, junto com a realidade do mistério, as razões que dentro do próprio ser humano o convidam à sua aceitação e a mostram, se não exigida, pelo menos sugerida pela existência do ser humano e em perfeita coerência com esta, transformando em razoável o obséquio da fé. Além disso, uma compreensão correta do mistério cristão deve mostrar como, longe de se opor à razão, que ilumina o uso desta em sua própria ordem, suscita nela energias que dilatam sua capacidade de compreensão e a abre para as questões radicais sobre o sentido e a finalidade que podem orientar sua atividade de explicar ao mundo.

Fenomenologia e filosofia da religião
Marcel, G. *Position et approches concrètes du mystère ontologique.* Louvain, 1949; Otto, R. *Lo santo* [1917]. Madrid, Alianza, 1985; Martín Velasco, J. *Introducción a la fenomenología de la religión.* Madrid, Guadarrama, 1977[6]; Id., *Dios en la historia de las religiones.* Madrid, SM, 1986.

As religiões mistéricas e o cristianismo
Allevi, I. *Misterios paganos y sacramentos cristianos.* Barcelona, 1961; Álvarez de Miranda, A. *Las religiones mistéricas.* Madrid, 1961; Cumont, F. *Les religions orientales dans le paganisme romain.* Paris, 1929; Kittel, G. *Die Religionsgeschichte und das Urchristentum.* Gütersloh, 1932; Primm, K. Artigos sobre os diversos mistérios e sobre o mistério da Bíblia. In: *DBS*, 10-123; "Mysterien". In: Pauly-Wissowa, XVI/2, 1210-1350; Rahner, H. *Mythes grecs et mystère chrétien.* Paris, 1954.

Teologia cristã
Von Balthasar, H. U. *Parole et mystère chez Origène.* Paris, 1957; Bornkamm, G. "Mysterion". In: *ThWNT* 4, 809-834; Casel, O. *El misterio del culto cristiano.* San Sebastián, 1963; Id. *El misterio de la cruz.* Madrid, 1964; Id. *Misterio de la Ekklesia. La comunión de los redimidos en Jesucristo.* Madrid, 1964; Dalmais, J. H. "Mystère et mystères". In: *Cath* 9, 920-928; Grillmaier, A.; Von Balthasar, H. U. et al. In: *MS* III/2, 21-330; Rahner, K. "Misterium". In: *SM* IV, 710-718; Id. *Escritos de teología* IV, 53-104; Id. "Misterio". In: *CFT* II, 65-75; Scheeben, M. J. *Los misterios del cristianismo.* Barcelona, 1964.

Juan Martín Velasco

MÍSTICA

I. *Oh quanto è corto il dire!* A inefabilidade essencial da experiência mística. É radicalmente impossível descrever com precisão o fenômeno místico; forçosamente se deve chegar de maneira aproximada a este supremo instante supremo no qual o ser humano, em estado alterado de consciência e além da razão, dos sentidos, da linguagem e do espaço-tempo, percebe a unidade participante com o Amor infinito. Muitos místicos, como a madre Ana de Jesus, destinatária do "Cântico Espiritual" de João da Cruz, reverenciaram com o silêncio esta *cognitio Dei experimentalis* ou experiência direta de Deus, que acontece sem mediação alguma. As palavras imprecisas com as quais se abordou o mistério do êxtase transformante, que não é susceptível de verificação racional ou científica, falam por si só da dificuldade comunicativa que lhes é tão própria. Inclusive o termo "mística", como recorda Juan Martín Velasco, foi submetido a usos tão variados e utilizado em contextos tão diferentes que se torna polissêmico e ambíguo. Etimologicamente, místico vem da palavra grega *mystikós*, associada com os mistérios iniciáticos e com o secreto. Deriva "do verbo *myo*, que significa a ação de fechar a boca e os olhos" (Martín Velasco, 1999, 19). O *êxtase* faz referência, por outro lado, à "saída" de si mesmo, isto é, ao estado de quem fica fora das coordenadas da consciência normal. Impossível, pois, comunicar eficazmente experiências recebidas além das capacidades cognitivas normais que todos compartilhamos. O caráter inenarrável do ápice do êxtase e do órgão sobrenatural que o percebe fica também sublinhado pela nomenclatura variada com a qual os místicos tentaram denominá-lo: Eckhart alude à "centelha da alma" (*Funklein*); Taulero oscila entre "fundo da alma" (*Seelen Grund*), "fulgor" (*Funke*) e impulso substancial (*Gemüt*); para Ruysbroeck, trata-se da "supraessência da alma"; enquanto santo Agostinho, fazendo-se eco de Platão, fala do "olho da alma", coincidindo de perto com o *'ayn al-qalb* ou "olho do coração" dos muçulmanos. Nos ensinamentos místicos egípcios, herméticos e alquímicos, e mesmo no taoísmo chinês, no tantrismo da Índia e no budismo tibetano, o *locus* da manifestação mística é simbolizado com o coração, centro espiritual da pessoa dotada de uma função dinâmica que integra as energias celestes e as faz convergir com a subjetividade espiritual do gnóstico. Nos textos funerários egípcios, o coração como receptáculo da divindade foi celebrado como "escaravelho de ouro", enquanto que o *xin* dos textos taoístas chineses e o *citta* do budismo vajrayana é um órgão sutil que serve de morada à natureza do Buda, isto é, à "budeidade" ou essência divina que habita em todo ser humano. "No momento do êxtase, é como se nascesse um novo órgão de percepção", explica por sua vez Ernesto Cardenal, atualizando as teorias de seus predecessores espirituais.

A tarefa de comunicar a experiência mística parece condenada ao fracasso, porque é impossível traduzir um transe suprarracional e infinito através de um instrumento racional e limitante – a linguagem. O problema é muito antigo: Platão propõe já em *Crátilo*, uma das primeiras críticas da linguagem, crítica que é intensificada quando os Padres da Igreja se referem a Deus – ao Deus vivo, centro da experiência mística – como referencial da palavra humana. Clemente de Alexandria e seu discípulo Orígenes declaram insolúvel o problema teológico-linguístico e seu seguidor Plotino os acompanha: "Precisamos ser perdoados quando [ao falar de Deus] utilizamos a linguagem, porque, estritamente falando, não admitimos que seja aplicável [a isso]" (Armstrong, 1953, 60). Para Hilário, bispo de Poitiers, Deus não só transcende a palavra, mas até mesmo o pensamento, e para Agostinho falamos dele *non ut illud diceretur, sed ne taceretur* ("não para dizer, mas para não calar") (*De Trin.*, V, 9). Maimônides vai ainda mais longe ao afirmar em seu *Guia de perplexos*: quem se atreve a afirmar os atributos de Deus, inconscientemente, perde a fé nele. (O rabino de Córdoba parece aqui muito perto da respeitosa abstenção do uso do nome de Deus – o *tetragramaton* – que caracterizou o judaísmo tardio.) Tomás de Aquino foge da alternativa do silêncio e se esforça, em sua *Summa*, para defender a legitimidade do pensamento especulativo teológico, explicando que as palavras que usamos para nos referir a Deus (ao contrário das palavras habituais) não expressam a essência divina tal como é. A meditação sobre a insuficiência da linguagem diante da Transcendência se prolonga durante a Idade Média e o Renascimento (recordemos Dante e Giordano Bruno) e já na época contemporânea passa a ser preocupação central do pensamento filosófico: Bertrand Russel, Fritz Mauthner, Ludwig Wittgenstein, entre outros. Os místicos do Oriente, por sua vez, desde Ibn 'Arabi de Múrcia até o intrigante método do *koan* do budismo, fizeram da inefabilidade mística uma de suas reflexões especulativas centrais.

Os místicos de todas as épocas e de todas as tendências religiosas estavam plenamente conscientes do problema comunicativo que os aflige. *Oh quanto è corto il dire!* gemia Dante no canto 33 do seu Paraíso, aceitando que lhe era impossível dizer alguma coisa do amor que movia "o sol e as demais estrelas". E opta por terminar apressadamente sua *Divina Comédia*, para ficar a sós com sua experiência abissal. O persa Rumi, por sua vez, celebra o caráter supralinguístico da união transformante: "perto da néscia linguagem humana, Tu e eu". Chuang-Tzu se consola com um enigma verbal: "Quem sabe, não o diz; e quem diz, é porque não sabe". A solidão fundamental do místico é, como resume comovida Maria Zambrano, "uma solidão sem companhia possível... incomunicável, que faz com que a vida tenha sabor de cinza" (Zambrano, 1939, 199).

Contudo, os místicos tentaram sugerir algo de seu transe teopático servindo-se de algumas desconsoladas aproximações simbólicas que resultam igualmente enigmáticas em qualquer época e língua: o Tudo e o Nada; o mísero corpo de argila que, no entanto, contém todas as esferas do universo; "a música calada" e "a solidão sonora" do Pseudo-Dionísio; a "luz negra" de Simani; "a noite luminosa" e "o meio-dia escuro" de Sabastari; a "esfera cujo centro está em todas as partes e a circunferência em nenhuma" e o *Aleph* circular no qual Borges viu o universo inteiro e a si mesmo; o fogo que Pascal se viu obrigado a escrever em enormes caracteres para procurar comunicar seu aturdimento; o ponto luminoso com o qual Dante tem que fechar sua *Divina Comédia* porque sabe que a linguagem começa a lhe faltar; o sétimo palácio do *Zohar* hispânico-hebreu, que não responde mais à imagem nem à palavra; a vivência experiencial "de uma doçura tão intensa que se torna dor, uma dor indizível, como alguma coisa agridoce que fosse infinitamente amarga e infinitamente doce" de Ernesto Cardenal (Cardenal, 2004³, 85); o "aroma que invade / uma tarde sem rosas / como a nossa", de Ángel Darío Carrero (Carrero, 2001,49).

Todos esses místicos compartilham o que Michael Sells chama a *language of unsaying*, ou "linguagem do não dizer" (Sells, 1994). A linguagem apofática constitui uma das características mais reconhecíveis do discurso místico, inclusive foi imitada por escritores que admitem não ter tido a experiência. A *apophasis*, que em grego significa "não dizer", é a linguagem negativa à qual recorrem os extáticos para de alguma maneira dizer Deus, porque sabem que "o Tao que se pode dizer não é o Tao". O místico se refugia no disparate e no *oxímoron*: tão logo começa a afirmar Deus, se desdiz e se desautoriza, protegendo sua experiência transcendente da linguagem humana limitada, que não sabe dizê-la.

Muito além das circunstâncias históricas e culturais em que se encontrem, os espirituais sabem que a única coisa que conseguiram compartilhar é a própria perplexidade. A literatura mística comparada não é senão a história de um antigo e prolongado assombro. Os "disparates" verbais dos extáticos (que os sufistas chamaram *satt*) são um relatório radicalmente incompleto de sua experiência, mas, por isso mesmo, é possível intuir que experimentaram o mesmo estado espiritual inenarrável. Os místicos, como observa Evelyn Underhill, acabam persuadindo-nos de que alguma coisa sobrenatural lhes aconteceu realmente: "Encontramo-nos com eles na metade do caminho. Sabemos instintivamente que dizem a verdade, e suas palavras evocam em nós uma nostalgia interminável, um sentimento amargo de exílio e de perda" (Underhill, 1961, 338).

Impõe-se uma *observação*. Bárbara Kurtz, mesmo quando aceita que as visões que deram margem à literatura mística poderiam ser autênticas, adverte que "a linguagem dos místicos não pode transcrever uma experiência sem interpretá-la e mediá-la, por mais que o místico lute contra os limites da linguagem humana" (Kurtz, 1992, 32). É impossível expressar literariamente uma experiência pura sem alguma classe de mediação verbal. A experiência teopática toma a forma, portanto, de elementos relacionados com as coordenadas culturais e históricas (e também com o temperamento) que o místico leva para a experiência e que, indefectivelmente, ajudam até a dar forma à mesma experiência. Os místicos usam, e não podem deixar de usar, propõe Stephen Katz, "os símbolos disponíveis de seu entorno cultural e religioso" (Katz, 1978, 24). Underhill identifica três categorias simbólicas fundamentais que se reiteram na literatura mística universal. O primeiro símbolo é do peregrino nostálgico que retoma o caminho para sua pátria celeste perdida. É o caminho de visionários como Dante e Walter Hilton. O segundo é do místico enamorado que busca seu insondável parceiro divino: é o discurso amoroso de são Bernardo, de são João, de santa Hildegarda de Bingen, de Rumi, de Ernesto Cardenal. O terceiro símbolo é o espiritual que deseja purificar asceticamente a alma até encontrar Deus. É a linguagem de alquimistas do espírito, como Jacob Böhme. Porém, não importa qual seja o símbolo do qual se serve no discurso místico, um denominador comum sempre está por trás da experiência: esta é impossível de comunicar com a linguagem, porque a transcende. Transcende igualmente a linguagem alternativa de outras formas de arte: Hildegarda transforma em música e pinta seus êxtases visionários, como faria Blake séculos mais tarde; Rosa de Lima tenta ilustrar seus êxtases com gráficos estranhos de corações de papel circundados de glosas verbais, ao estilo do *collage*; os dervixes nômades dançam embriagados para celebrar o Indizível; Mijail Na'imy submete suas vivências inenarráveis a figuras geométricas. Estamos diante de uma afasia reiterada que toma formas distintas diante do *mysterium tremendum et fascinosum*.

Os místicos sempre falaram sob protesto. Daí, a cautela de Paulo, que, arrebatado ao paraíso, confessa que "ouviu palavras inefáveis *que o homem não pode pronunciar*". São João da Cruz encomenda, desconsolado, "a um punhado de sinais verbais a impossível missão de expressar algo que ele mesmo considerava inefável" (Cuevas, 1991, 201) e nos adverte sobre o impossível de sua tarefa comunicativa uma e outra vez: "[do êxtase] eu não queria falar... porque vejo claro que sei que não posso dizer, e pareceria que isso é menos se o dissesse" (Ch 4, 16). Para ele, Deus não só "não pode ser dito", mas sequer pode ser entendido: "Deus, para quem vai o entendimento, excede o... entendimento, e assim é incompreensível... ao entendimento; e portanto, quando o entendimento vai entendendo, não vai chegando a Deus, mas, ao contrário, vai se afastando" (Ch 3, 48). Thomas Merton, no século XX, concorda com ele: "O que poderia dizer [sobre a experiência mística]? Não quero construir mais muros em torno dela, para não ficar fora do todo" (Merton, 1996, 127). Salta à vista que os místicos ficam divididos "entre a impossibilidade de dizer e a impossibilidade de não dizer" (Valente, 1982, 62): estamos diante de uma experiência incomunicável.

II. Teoria da experiência mística. Faz quase um século, William James descreveu a experiência mística a partir de quatro características principais, em seu célebre estudo *As variedades da experiência religiosa*. Desse esquema clássico se serviram especialistas canônicos como Evelyn Underhill e contemporâneos como W. W. Meissner e Juan Martín Velasco. A primeira qualidade que James percebe na experiência é sua essência *inefável*: é literalmente indescritível e intransferível, por sua vez, para quem não a experimentou. Os místicos insistem em que os que não tiveram acesso à experiência se aproximam dela de maneira incompetente. Borges deixou dito a Willis Barnstone: "Se não se teve a experiência, não se pode compartilhar: é como tentar falar sobre o sabor do café para alguém que nunca tivesse tomado café" (Barnstone, 1982, 11; López-Baralt e Piera, 1996). A segunda característica definidora do êxtase, segundo James, é sua qualidade *intuitiva*, isto é, sua capacidade de apreensão direta da Realidade transcendente. Nela predomina o aspecto afetivo sobre o intelectual, embora, no entanto, o místico se sinta imerso num estado cognitivo que lhe permite apreender diretamente grandes verdades transcendentes. Mas essas verdades, paradoxalmente, não estão sujeitas ao discorrer racional que elas a ultrapassam totalmente. O transe é, por outro lado, *efêmero*: dura, em geral, alguns segundos ou minutos. (O corpo fica rígido e anestesiado, como se os processos metabólicos descessem ao mínimo.) Finalmente, a experiência é *infusa e passiva*: pode-se ajudar a induzir por exercícios de concentração ou de meditação, mas é totalmente gratuita. Os místicos, no entanto, não costumam ser afligidos por narcisismo. Ruysbroeck insiste em que a experiência não faz santo aquele que a recebe: "é própria de todos os homens bons e maus, mas aí está, sem dúvida, o princípio de toda santidade e bem-aventurança" (Ruysbroeck, 1997, 275). Ernesto Cardenal é da mesma opinião, ao sentir que Deus lhe sussurra: "Não te escolhi para que fosses santo / ou com madeira de futuro santo / santos tive demais / te escolhi para variar" (Cardenal, 1993, 47). E argumenta com humildade: Às vezes, Deus nos dá a experiência aos mais fracos, que somos os que mais precisamos dela" (López-Baralt e Piera, 1996, 97).

Muitos estudiosos matizaram e atualizaram o antigo esquema de James. Martín Velasco eleva à quinta categoria uma dimensão que o filósofo pragmático considera separadamente: o místico adjudica à sua experiência um significado de importância radical, uma vez que lhe modifica para sempre a sua vida. Com efeito: a experiência mística, de uma categoria muito mais alta que outros fenômenos paranormais como a telepatia ou o falar em línguas, fica presente sempre, embora de maneira difusa, na memória do contemplativo. James insiste também na certeza radical que o místico sente diante de sua experiência, concordando com Underhill; este propõe que onde o filósofo argumenta e o artista intui, o místico *experimenta*. Dorothee Sole, por sua vez, acredita que a inefabilidade não é suficiente para garantir uma experiência mística autêntica, e reclama que esta nunca deve contradizer a ética (Sole, 2005). De minha parte, observo que James desconsidera o aspecto transformante da experiência mística, ao qual propositadamente dedico aqui algumas páginas.

Os teóricos do misticismo, por outro lado, também explicitaram o caminho da vida contemplativa dividindo-o por etapas. Underhill adverte que se trata de simples mapa sinótico, do qual os contemplativos se servem para dar uma ideia aproximada do que pode acontecer no processo do desenvolvimento espiritual, tão complexo e tão variado. Não pretendem que as etapas se cumpram em ordem sucessiva, nem tampouco que se cumpram totalmente. A primeira via mística é a *via purgativa*. O ascetismo que se costuma associar a esta etapa da aniquilação do ego é interpretada modernamente também com termos de altíssimo estado de concentração em Deus. (A experiência mística como tal foi considerada como o estado máximo de concentração e de harmonização interior a que pode chegar um ser humano.) Daí por que as renúncias mundanas – a reclusão monacal ou o celibato – não são interpretadas como castigo, mas como métodos para facilitar o processo de concentração.(Certamente que há contemplativos leigos que se concentram melhor fora do mosteiro.) O místico renuncia às coisas criadas, não porque são más e sim porque podem distraí-lo. Cada cultura religiosa, no entanto, interpreta a "distração" à sua maneira: embora o cristianismo entenda que a castidade afasta o contemplativo das distrações da carne, o sufista faz o amor com sua esposa justamente para ficar livre da tentação da carne. Exercícios respiratórios como os propostos pelo Zen e por Inácio de Loyola, *mantras* repetitivos como o rosário dos cristãos e o *dikr* dos muçulmanos, são também métodos imemoriais consagrados em todas as religiões para ter acesso à centralização máxima da vida espiritual. A segunda via, denominada *iluminativa*, está associada à mesma experiência extática. É a etapa que os poetas e os artistas cantam com sua linguagem apofática balbuciante. Alguns contemplativos passam a experimentar, em seguida, a etapa que são João e os muçulmanos chamam "a noite escura da alma". É uma temporada de aridez e desconsolo espiritual quase insuportável, mas sempre instrutiva para quem é espiritual. Foi a crise de que padeceu Teresa de Lisieux no leito de morte quando sentiu fraquejar na fé, para depois entender que suas dúvidas religiosas a haviam irmanado para sempre com a angústia dos não-crentes. Modernamente, esta etapa se associa – *toutes proportions gardées* – com uma depressão ou estado de esgotamento espiritual: a alma viveu de maneira tão exacerbada suas experiências extáticas que lhe sobrevém um estado alternativo de desolação. *Gyra gyrando vadit spiritus*. Daqui se passa para a *via unitiva*, que santa Teresa de Jesus denominou "matrimônio espiritual". Nessa morada se assume, de maneira profunda, a experiência mística, que se transforma no centro da vida espiritual. O místico passa a viver *sub specie aeternitatis* e a unir completamente sua vontade com a de Deus. Sua oração fica reduzida a um redondo *fiat voluntas tua*. Nessa etapa de suprema maturidade espiritual, o místico nem sequer pede que se repita sua experiência indizível: ficou desapegado de tudo. Santa Teresa ilustra essa etapa indicando que, embora nos "esponsais" o místico ainda possa separar-se de Deus, como duas velas que uniram seus fogos, mas depois podem ficar separadas novamente, ao contrário, no matrimônio espiritual, a separação já é impossível. É como a chuva que cai num rio: depois se torna impossível separar suas águas; é como a luz que passa por duas janelas: "embora penetre dividida, torna-se absolutamente só uma luz" (Moradas, 6, 2). Contemplativos como Ricardo de São Vítor acrescentam uma via mística adicional: depois de ficar transformada em *sponsa Dei*, a alma pode passar a ser *Mater divinae gratiae*; isto é, age como "mãe" ou "fonte" de onde emana a graça mística. Quem é espiritual se torna um centro de energia divina, e criador de uma família espiritual, um colaborador da Transcendência.

III. Amada no Amado transformada: O caráter unitivo da experiência mística. Todos os apaixonados (e os místicos são verdadeiros apaixonados em grau superlativo) reconhecem que o norte último do amor é a fusão total com o objeto amado. Por isso, Petrarca deixou expresso muito antes que são João da Cruz: na culminância última do amor, "l'amante nell'amata si trasforma" (*Triunphus cupidinis* III, 151-162). Para chegar a essa transformação amorosa, intuída no amor neoplatônico e experimentada no êxtase místico, o ser deve exaurir-se. Por isso, nos momentos culminantes do amor se intui a morte: é impossível dissociar *eros* e *tánatos*. Na esfera do amor físico, a transformação em um é impossível, porque a carne, como recordam Lucrécio e Marsílio Ficino, é separadora. Por isso, em *Vida en el amor* Cardenal evoca a doçura dolorosa das coisas belas. Somos "ânforas quebradas" e não podemos contentar-nos com uma beleza que tenha limites. Só nos consolamos com Deus, porque, paradoxalmente, só a ele podemos possuir totalmente no mistério do *unus/ambo*.

São muitos os místicos que celebraram esse mistério supremo no qual o Observado e o observador se tornam o mesmo em união participante. Plotino declara em suas *Enéadas* (VI,7): "a alma vê, rapidamente, o Uno em si mesmo, pois nada há que os separe, já nem são dois, mas um". Nas *Upanishads* lemos: "da mesma forma que os rios se perdem no mar, assim o conhecedor, livre de nome e forma, se perde na Pessoa celestial". Hui-Neng, no século VIII, concorda com a ideia: "Nossa própria natureza é o rei (Buda da iluminação, Buda em nós) que habita o espírito. Devemos esforçar-nos para alcançar a budeidade de nossa própria natureza, e não buscá-la fora de nós mesmos". Estamos diante da versão oriental do mandato agostiniano: *Noli foras ire, in te ipsum redi. In interiori hominis habitat veritas*. ("Não vás para fora, regressa a ti. A verdade habita no interior do ser humano".) Os místicos reinterpretaram nesta ótica unitiva a lição de Gn 1,27: Deus fez o homem à sua imagem e semelhança, não porque Deus fosse antropomórfico, mas porque compartilha a natureza divina. Ibn 'Arabi articula poeticamente: "Quando aparece meu amado, com que olho deverei olhá-lo? Com o seu, não com o meu, porque ninguém o vê, senão ele mesmo". O persa 'Attar cunhou no século XII o símbolo do Simurg, que Borges reescreveu no século XX. Conta em *La conferencia de los pájaros* como cem aves de plumas brilhantes decidem ir em busca de seu Simurg ou "Pássaro-rei". Atravessam geografias escarpadas e mares traiçoeiros por milhares de anos de voo muito difícil, até que ficam reduzidas a trinta aves. No fim, conseguem chegar ao palácio do Simurg, e no instante em que vai acontecer o encontro prodigioso, descobrem a maravilha: elas mesmas eram o Simurg que procuravam: em persa, Simurg significa "Pássaro-Rei" e também "trinta pássaros". Hallay, outro muçulmano, ousou celebrar a união com sua célebre frase *Ana'Haqq*, que podemos traduzir por "eu sou a Verdade (Deus)". Por seus extremos teológicos foi crucificado, mas muitos teóricos modernos suavizam os alcances do que este contemplativo quis expressar: em seu êxtase unitivo sentiu que participava momentaneamente da Essência divina. Os místicos cristãos evitam, como se sabe, o panteísmo: João da Cruz glosa cuidadosamente seu ousado "amada no Amado transformada", explicando que a alma que se "deifica" ou se "endeusa" (Ch 1, 35), transforma-se em Deus "por participação" (S II, 5, 7). E acrescenta: "Isso é o que são Paulo quis dar a entender... quando disse: *"Vivo autem, iam non ego; vivit vero in me Christus"* (CB XI, 7). Em *O meio divino,* Teilhard de Chardin atualiza o instinto transformador próprio da experiência mística, ao refletir sobre "a aspiração de todo místico: unir-se (isto é, tornar-se outro) sendo ele mesmo" (Teilhard de Chardin, 1959, 120).

IV. A mística nos albores do século XXI. Já desde o século XX, renova-se o interesse pelo fenômeno místico. No diálogo inter-religioso, que acontece cada vez com mais frequência e com maior espírito de paridade, a participação desses cultivadores máximos da experiência religiosa que são os místicos tem importância inevitável (Martín Velasco, 1999). Thomas Merton, em seu diálogo com o budismo, entendeu bem a comunhão das diversas espiritualidades na contemplação: todas as religiões compartilham o mesmo contato interior com a Realidade última e dialogam justamente a partir de sua experiência compartilhada. "A experiência do Mistério situa aquele que a vive na melhor disposição para valorizar a vida religiosa, seja qual for o lugar em que floresça... [e] para captar o parentesco profundo de todas as religiões" (Martín Velasco, 1999, 472). Merton aprendeu muito da experiência monástica dos budistas, que, em sinal de reciprocidade, chamaram-no amorosamente "the Jesus Lama". A este diálogo inter-religioso, pelo qual tanto trabalharam estudiosos como Raimon Panikkar, somam-se não só os budistas e os hinduístas, mas muçulmanos como Seyyed Hossein Nasr e judeus como Gershom Scholem. A recente valorização da vivência experiencial mística deu margem, por outro lado, para a já célebre frase do teólogo Karl Rahner: "O homem religioso de amanhã será um 'místico', uma pessoa que 'experimentou algo', ou não poderá continuar sendo religioso" (Rahner, 1980, 375). Porém, essa capacidade relativizadora dos místicos, que dialogam a partir de uma vivência experiencial, não os transforma em anarquistas, como observa Martín Velasco. Faz quase um século, Underhill pontuou que, com raras exceções como a de Swedenborg, os místicos, apesar de terem sido perseguidos por suas ortodoxias de turno, costumam ser fiéis à sua fé recebida em herança.

A psicanálise freudiana, por sua vez, une-se ao estudo do fenômeno místico: Meissner realiza uma "psicanálise" longe das vivências místicas de Inácio de Loyola (Meissner, 1992), enquanto Ana Maria Rizzuto revê a posição de Freud, que considerou a experiência mística "oceânica" como uma experiência regressiva que corresponde ao período inicial do desenvolvimento da criança. Rizzuto argumenta: quando a psicanálise diz ao místico que suas experiências são "patológicas" porque não são "reais", dá um salto filosófico a partir do seu campo empírico, declarando o que pode existir e o que não pode. Como disciplina empírica, a teoria psicanalítica não está capacitada a afirmar ou negar nada na ordem do ser (Rizzuto, 1979, 1996 e 1998).

A psicanálise contemporânea, por outro lado, concorda com William James e com os místicos antigos em algo crucial: como distinguir o místico autêntico do paciente que experimenta estados alterados de consciência devidos a estupefacientes ou drogas, ou à patologia da loucura? É que o místico regressa da experiência com sua personalidade harmonizada, não desintegrada. "Por suas obras os conhecereis": os místicos autênticos tentam ajustar suas vidas ao Amor que experimentaram além do espaço-tempo. Por isso, transformam-se em reformadores de ordens religiosas, de países socialmente atormentados, e sobretudo em reformadores de suas próprias almas. Dá na mesma chamá-los Teresa de Ávila, Teresa de Calcutá, Muhammad Iqbal, Thomas Merton ou Isaac de Luria: nem a época nem a geografia determinam a misteriosa graça inominável que mudou suas vidas para sempre.

Armstrong, A. H. (ed.). *Selections*. New York, 1953; Barnstone, W. *Borges at Eighty*. Indiana University Press, 1982; Cuevas García, C. "Estudio literario. In: Ros, S. et al. *Introducción a la lectura de san Juan de la Cruz*. Junta de Castilla y León, Salamanca, 1991, 125-201; Cardenal, E. *Vida en el amor*. Madrid, Trotta, 2004³; Id. *El telescopio en la noche oscura*. Madrid, Trotta, 1997; Carrero, A. D. *Llama del agua*. Madrid, Trotta, 2001; James, W. *Las variedades de la experiencia religiosa*. Barcelona, Península, 1986; Teilhard de Chardin, P. *El medio divino*. Madrid, Taurus, 1959; Katz, S. *Mysticism and Philosophical Analysis*. New York, OUP, 1978; Kurtz, B. "The Small Castle of the Soul: Mysticism and Metaphor in the European Middle Ages". In: *Studia Mystica* XV/4 (1992), 19-39; López-Baralt, L.; Piera, L. *El sol a medianoche. La experiencia mística: tradición y actualidad*. Madrid, Trotta, 1996; Martín Velasco, J. *El fenómeno místico. Estudio comparado*. Madrid, Trotta, 2003²; Martín Velasco, J. (ed.). *La experiencia mística. Estudio interdisciplinar*. Madrid, Trotta, 2004; Merton, Th. *Entering the Silence*. Harper-San Francisco, 1996; Meissner. W. W. *Ignatius of Loyola, The Psychology of a Saint*. Yale University Press, 1992; Ruysbroeck. *Obras escogidas*. Ed. T. H. Martín. Madrid, BAC, 1997; Rahner, K. "Elemente der Spiritualität in der Kirche der Zukunft". In: *Schriften zur Theologie* XIV. Einsiedeln, Benziger, 1980; Rizzuto, A. M. *El nacimiento del Dios viviente*. Madrid, Trotta, 2006; Id. "Reflexiones psicoanalíticas acerca de la experiencia mística". In: López-Baralt, L.; Piera, L. Op. cit., 61-75; Id. *Why did Freud Reject God?* Yale University Press, 1998; Sells, M. *Mystical Languages of Unsaying*. Chicago/London, The University of Chicago Press, 1994; Sölle, D. *Mystik und Widerstand*. Hamburg, Hoffmann und Campe, 1999; Underhill, E. *Misticismo*. Madrid, Trotta, 2006; Valente, J. A. *La piedra y el centro*. Madrid, Taurus, 1982; Zambrano, M. "San Juan de la Cruz: de la noche oscura a la más clara mística". In: *Sur* LXIII (1939), 188-203, reproduzido in: *Los intelectuales en el drama de España: Ensayos y notas* (1936-1939). Madrid, Trotta, 1998.

Luce López-Baralt

MITO E DEMITOLOGIZAÇÃO

A palavra "mito" tem história tão longa e densa, foi e é utilizada com tão diferentes significados, foi e continua sendo interpretada em tão diferentes perspectivas, com tão variados métodos e partindo de tão diversos preconceitos, que se torna impossível oferecer uma descrição de seu significado com pretensão de validez para os numerosos contextos em que aparece, para os diferentes usos que dela se fazem e as diferentes explicações às quais deu lugar. Daí alguns estudos atuais considerarem mais proveitoso referir-se de início à exposição dos múltiplos conceitos de mito em vigor atualmente do que pretender estabelecer um conceito de mito que necessariamente parece condenado a resultar excessivamente estrito para abranger a polissemia que a palavra encerra (A. e J. Assmann).

Nessa situação, e dado o contexto de nosso tema, limitar-nos-emos a expor o lugar do mito no universo religioso, a responder as pretensões desqualificadoras das visões racionalistas, positivistas e alegorizantes ainda vigentes em nossa cultura, e tratar a relação entre mito e cristianismo, as tentativas para reconhecer o substrato mítico do cristianismo e a insuficiência dos projetos desmitologizadores propostos por algumas teologias como única forma de interpretá-lo nesta época de racionalidade crítica em que nos encontramos.

Na linguagem habitual codificada nos dicionários usuais, a palavra "mito" conserva o significado de "fábula, ficção alegórica, especialmente em matéria de religião". Tal significado perpetua uma longa tradição do pensamento ocidental, que tem suas origens nas críticas da filosofia grega clássica para os poetas e dos pensadores cristãos para o conteúdo das mitologias greco-romanas, e que culminou na interpretação racionalista e positivista dos mitos. Na linguagem habitual, falar de mito é falar de fábula, ficção e conto, e isso pode ser um relato bonito, mas com razão considerado como falso. Este sentido do termo perpetua, pois, a valorização racionalista dos mitos resumida na conhecida sentença de Fontenelle: "Não busquemos nos mitos outra coisa além da história dos erros do espírito humano". De acordo com esta interpretação, o mito é entendido como relato falso num tríplice sentido: relato que explica erroneamente os fenômenos naturais, em oposição à explicação verdadeira da realidade contida na ciência; relato que narra fabulosamente e, portanto, falsamente, alguns fatos, em oposição à narração verídica dos fatos contida na história; relato que faz intervirem os deuses ou seres sobrenaturais puramente imaginários, em oposição à fé que informa sobre as intervenções do Deus verdadeiro.

As razões dessa negativa interpretação e valorização dos mitos, tão profundamente arraigada na consciência atual, como mostra a linguagem habitual, durante longas épocas da cultura ocidental são o predomínio de um conceito excessivamente estreito da razão, conhecido como racionalismo. Para este, a razão se confunde com a razão explicativa por meio de conceitos claros e distintos perfeitamente domináveis por ela; o estreitamento ainda maior da compreensão da razão no positivismo, para o qual somente se conhece de verdade o que pode ser conhecido cientificamente; a aplicação dessas duas compreensões da razão à narração dos acontecimentos contidos na história; e uma contaminação racionalista do cristianismo que leva a reduzir o mundo religioso à explicação racional que dele oferece uma determinada teologia cristã.

Essa interpretação pejorativa reaparece mitigada nas leituras alegóricas do mito. De acordo com elas, os mitos transmitem uma verdade sob roupagem inadequada, da qual devem ser despojados para serem corretamente entendidos.

Para essa valorização negativa dos mitos, a única atitude coerente da razão moderna diante deles será a interpretação alegórica, que traduz em termos corretos a mensagem neles contida sob formas inadequadas, ou a pura e simples demitologização que elimina esses resíduos de épocas do pensamento já perfeitamente superadas pela razão moderna.

Diferentes ramos do saber desenvolvidos na época moderna, a partir sobretudo do século XIX, coincidiram numa compreensão diferente dos mitos e desembocaram em sua valorização mais positiva. Como fatos mais importantes que levaram a uma nova valorização dos mitos e, partindo dela, a dar novo significado ao termo, podem ser citados os seguintes: em primeiro lugar, a descoberta alcançada pela etnologia, antropologia cultural, história comparada e fenomenologia da religião, do mito como realidade vivida, como dimensão da consciência, por baixo do relato em que se expressa. As novas formas de estudo do ser humano descobriram que, antes de ser relato articulado, o mito é uma forma de organização do conjunto da existência, separado da qual o relato perde todo o seu sentido. À luz dessas descobertas, a sociologia e a psicologia destacaram: contrariamente ao que pretendiam as interpretações racionalistas e positivistas da história, o ser humano contemporâneo continua necessitando do nível mítico da consciência e continua recriando mitos, apesar de todos os esforços desmitologizadores. Finalmente, um conhecimento mais completo da própria tradição cristã e de seus textos descobriu neles elementos comuns com outros complexos míticos que impedem interpretar o cristianismo como magnitude inteiramente alheia à atividade mítica do ser humano.

Todos esses dados levaram o pensamento atual a uma nova compreensão do mito e a novas formas de interpretá-lo. A partir dela propomos, a seguir, uma primeira descrição do mito; dela passaremos à classificação de suas muitas formas, para terminar oferecendo os princípios para uma sua interpretação mais adequada. A partir desta, proporemos novamente o tema da relação entre mito e cristianismo.

I. Descrição do mito. Em primeiro lugar, o mito é um relato simbólico, e seu significado é constituído por um relato. Trata-se, portanto, de um relato cujo conteúdo significativo serve de veículo para um segundo significado que pertence a uma ordem de realidade diferente. Como em todos os casos de simbolismo autêntico, no mito o segundo significado não é diretamente acessível à razão do ser humano, à margem da mediação simbólica do relato que serve de significante. Por outro lado, o ser humano se coloca diretamente em contato com esse significado de outra ordem, isto é, sem necessidade de nenhum novo raciocínio, mas tendo que passar necessariamente pela mediação simbólica. Finalmente, desse segundo significado não cabe uma tradução para outros termos, uma vez que se mostra significativamente no relato, como no rosto a pessoa se faz presente.

No relato do mito intervêm alguns autores que não são personagens do mundo da experiência ordinária do ser humano. São personagens sobre-humanos, fabulosos, celestiais, muito frequentemente caracterizados como divinos. Correspondentemente, suas ações são também sobre-humanas pelo poder que exercem ou a transcendência e a eficácia que têm em alguns aspectos importantes da vida do ser humano. As ações narradas nos mitos se desenvolvem em tempo diferente do tempo da vida humana ordinária e daquele que conhecemos por meio das narrações da história. Acontecem, além disso, num espaço não localizável pelas coordenadas da geografia do mundo da vida diária. As ações dos mitos, pelo menos dos mitos importantes, referem-se a fatos de grande transcendência na vida das pessoas ou das comunidades que os narram, e respondem sobretudo a questões relativas à origem, ao fim, ao sentido da totalidade, ao valor e à justificação da vida das pessoas ou da sociedade. Os mitos, pelo menos os mais importantes, são narrações que não se propõem apenas informar. São para serem proclamadas como parte de uma celebração mais ampla e em conexão com ações rituais que atualizam ou representam as ações referidas pelos mitos. Finalmente, os mitos são relatos que não têm autor singular identificável. Pertencem ao povo que se reconhece neles e são transmitidos de geração em geração como parte constitutiva de sua consciência coletiva.

A partir desta primeira descrição do significado do termo *mito*, estamos em situação de compreender os derivados mitológico, mitologia, mitografia. Sobre eles pesa a mesma ambiguidade que tem o termo principal, conforme seja considerado a partir dos princípios racionalistas de tão durável vigência ou a partir da compreensão que torna possíveis os novos saberes sobre o ser humano e sobre a religião. Mais concretamente, a palavra *mitologia* pode: significar ou o conjunto mais ou menos organizado de relatos míticos próprios de uma civilização: Tais como mitologia grega, hindu etc., ou, com sentido menos frequente; porém mais próximo da etimologia, a ciência e a explicação dos mitos, isto é, a reflexão sobre as origens, a natureza e a função dos mitos.

II. Por uma tipologia dos mitos. São extraordinariamente numerosos e variados os relatos nos quais acontecem os traços que nossa primeira descrição acaba de lhes atribuir. Daí, é imprescindível, para aprofundar o conhecimento de sua natureza, distinguir suas diferentes formas e tentar algum sistema de classificação. Seguindo M. P. Nilsson, podem ser propostos os seguintes, de um ponto de vista descritivo e não valorativo:

Mitos de conteúdo religioso: dizem relação ao mundo do sagrado, propõem, como atores das ações neles relatadas deuses ou personagens divinizados, e têm finalidade religiosa que aparece em sua conexão com o culto. Estes mitos religiosos são os que realizam da forma mais adequada a descrição inicial que apresentamos. Junto com eles são encontrados os mitos fabulosos, contidos nos contos, fábulas, sagas e lendas. O relato aqui não tem finalidade religiosa, pelo menos em alguns casos não têm intencionalidade moral. São relatos de aventuras, nas quais intervêm personagens lendários ou fantásticos, heróis que realizam proezas que assombram pela destreza, pelo poder e pela bondade que supõem. Esses relatos não têm relação com o sagrado nem aparecem em conexão com a vida religiosa. Daí, porque os autores que insistem nesses elementos em sua descrição dos mitos reservam este nome para os relatos da primeira categoria e o negam aos relatos desta segunda categoria. À saga, à fábula e ao conto faltaria, segundo eles, o caráter instaurador, a relação com o ritual e que o ser humano se reconheça neles e veja implicada neles sua existência, traços que são, segundo muitos autores, elementos indispensáveis no verdadeiro mito. Nilsson qualifica também de mito determinados relatos que, embora dotados de fundo histórico, foram transfigurados pela lenda e transformados em relatos fabulosos como os anteriores. O exemplo mais claro desta terceira categoria é constituído pelos mitos em torno da guerra de Troia. Sem negar o direito de chamar também de mitos os relatos dos dois últimos grupos, acreditamos que aplicar-lhes este termo leva a dar sentido analógico ao termo mito e que, neste caso, os relatos do primeiro grupo constituem o *princeps analogatum*, o analogado principal.

Se observarmos o seu conteúdo, os mitos podem ser classificados em mitos das origens, e os relativos ao fim ou escatológicos. Os primeiros podem ser teogonias, cosmogonias ou antropogonias, segundo relatem a origem dos deuses, do mundo ou do ser humano, embora às vezes se misturem os dados em relação com diferentes reinos do real. Nesses mitos intervêm ordinariamente os deuses como agentes principais, mas pode acontecer também que alguns princípios naturais, céu e terra por exemplo, apareçam como raiz dos mesmos seres divinos aos quais depois são atribuídas tarefas demiúrgicas de organização do cosmos.

O segundo grupo compreende os mitos nos quais são narradas as origens de situações humanas fundamentais, como a culpa, a dor, a morte e, por extensão, outros elementos culturais, instituições ou elementos menos importantes do mundo do ser humano. O último grupo é constituído pelos mitos meramente etiológicos que têm como finalidade a explicação de aspectos até não muito importantes do mundo ou da vida do ser humano ou da sociedade. De novo aqui a noção de mito é realizada da forma mais perfeita nos relatos do primeiro grupo, e os relatos dos dois últimos grupos só podem ser denominados mitos de forma analógica, a ponto de não faltarem autores que negam a condição de mitos aos relatos puramente etiológicos (A. E. Jensen).

III. Estrutura e significado do mito. Se tomarmos como modelo para nossa análise aqueles nos quais se realiza de forma mais perfeita a noção prévia da qual partimos, os mitos aparecem fundamentalmente como um dos meios de expressão, por parte do sujeito religioso, da presença que originou em sua vida o aparecimento do mundo ou do âmbito do sagrado. A irrupção de uma realidade superior e anterior ao sujeito leva-o a dizer para si mesmo e a dizer para os outros essa presença inapreciável com os meios ordinários de sua relação com o mundo. A introdução no mundo do sagrado determina essa nova linguagem que resumimos como linguagem simbólica. Nela os significados ordinários se carregam da referência a essa realidade de outra ordem, inapreciável de forma direta. Pois bem, o mito é uma forma peculiar dessa linguagem. É um símbolo cujo significante é um relato. É, pois, um símbolo de alguma maneira desenvolvido enquanto a realidade pressentida e intuída no símbolo se desenvolve numa sequência temporal, com alguns personagens, algumas ações e alguns lugares, embora estes sejam imaginários. O mito se encontra, portanto, a meio caminho entre a intuição contida no símbolo e a elaboração conceitual que a razão teológica desenvolve. É uma expressão racional da presença sobrenatural, sob a forma da história e do relato, que desenvolvem simbolicamente a intuição presente no símbolo.

Por outro lado, o relato mítico não se propõe, nem primariamente, informar. Trata-se do relato de uma ação instauradora de uma nova realidade ou de um novo nível de realidade que exige a reação do sujeito, sua representação ritual para ser plenamente eficaz. Daí a proximidade e a relação estreita dos mitos com os rituais em todas as tradições religiosas. E daí a necessidade de ter presente essa relação para captar todo o seu significado.

Porém, quais são os traços característicos dessa primeira articulação da intuição do símbolo que constitui o relato mítico? O primeiro é o de ser o relato de uma ação instauradora de uma nova forma de ser. Por isso, a ação mítica não acontece nas coordenadas do tempo ordinário no qual transcorre a história, mas acontece *in illo tempore*, no tempo original do qual surge o tempo *aparente* da vida ordinária, tempo esse desprovido de densidade e de consistência. Por isso, tampouco seus agentes são os agentes históricos ordinários, mas seres sobrenaturais, mesmo quando for secundária a forma concreta que esses sujeitos da ação instauradora revestem, e isso é verdadeiramente o decisivo. O caráter instaurador da ação contida no relato explica sua condição de ação exemplar, arquetípica ou paradigmática em relação com as ações de que consta a vida, ações estas últimas que reproduzem a eficácia das primeiras e remetem a elas como à fonte de toda eficácia. Por isso, os relatos míticos são considerados pelas sociedades que os aceitam e os vivem não somente como verdadeiros, mas como fundamento de toda verdade, enquanto referem as ações fundamentais sobre as quais descansa toda a ordem da vida humana. Este caráter real e fundante das ações referidas no mito explica que os mitos não devem ser só conhecidos nem relatados, mas têm que ser vividos através da ação ritual que acompanha o mito e torna as ações originais contemporâneas da vida precária e profana das pessoas. Os mitos, portanto, revelam ao ser humano que os vive "que o mundo, o homem e a vida têm uma origem e uma história sobrenatural e que esta história é significativa e exemplar" (M. Eliade).

Esses traços da estrutura do mito explicam sua importância na vida dos sujeitos e a função decisiva que exercem na vida tanto das pessoas como das sociedades. Como escreve Malinowski num texto transformado em referência obrigatória: "Considerado no que tem de vivo, o mito não é uma explicação destinada a satisfazer uma curiosidade científica, mas um relato que faz reviver uma realidade original e responde a uma profunda necessidade religiosa, a aspirações morais, a imposições e imperativos de ordem social e inclusive a exigências práticas. Nas civilizações primitivas, o mito desempenha função indispensável... O mito é, pois, um elemento essencial da civilização humana; longe de ser uma vã fabulação, é uma realidade viva à qual não se deixa de recorrer".

Assim entendido, o mito aparece como expressão de níveis da realidade e níveis da consciência não expressáveis em outras categorias. Nele se manifesta, sob a forma peculiar do relato, toda uma *ontologia*, uma visão do real que mostra como o mundo e a vida do ser humano se acham ancorados na realidade original do sagrado que a vida profana tem que repetir e imitar para conseguir sua consistência. A visão peculiar da realidade testemunhada nos mitos se prolonga numa peculiar vivência e visão do tempo, do espaço e numa forma peculiar de funcionamento da consciência. O tempo para a consciência que se expressa no mito não é esse tempo neutro, indiferente, homogêneo – o tempo-espaço de que fala Bergson – no qual se situam os acontecimentos da vida ordinária. Para a consciência mítica, o tempo é qualificado, marcado; favorável ou desfavorável, oportuno ou inoportuno. A qualificação dos tempos humanos vem de sua relação com o tempo original no qual o relato mítico introduz o ser humano. Quando o ser humano vive o mito, sai do tempo profano e desemboca num tempo qualitativamente diferenciado, um tempo sagrado, primordial: "A festa é o momento no qual 'o grande tempo' e o tempo ordinário se comunicam, o primeiro esvaziando-se no segundo de parte de seu conteúdo..." (G. Dumézil).

A diferença fundamental entre o tempo do mito e o tempo ordinário está em que o primeiro é essencialmente reversível: é um tempo original que pode ser reatualizado precisamente através do relato mítico. Daí a diferença fundamental entre os relatos míticos e sua verdade e a verdade dos relatos da história em sentido moderno. Paralelamente à sua vivência do tempo, a consciência mítica vive o espaço como qualitativamente diferenciado e as ações míticas determinam um lugar privilegiado que se constitui em centro em torno do qual se organizam os distintos lugares nos quais decorre a vida do ser humano.

Finalmente, a consciência mítica dá mostras de viver a relação com a realidade em termos diferentes dos que regem o funcionamento da relação da consciência com a realidade na vida ordinária. A consciência mítica se distingue, em primeiro lugar, por seu caráter "massivo" (G. van der Leeuw). Para ela, o mundo não é um dado que o ser humano pode manejar, utilizar e do qual se distingue em termos de sujeito-objeto. A consciência mítica vive sua relação com a realidade em termos mais próximos aos da relação eu-tu. Na visão mítica da realidade acontece, além disso, uma abstração menor que na consciência racional, conceitual e científica. Nela, os contornos dos fenômenos são difusos; o mundo não se compõe de seres que se excluem, mas de seres que participam uns dos outros interpenetrando-se mutuamente. Tudo participa de tudo. Daí a pluralidade de significados, a polissemia que os relatos míticos compartilham com todas as outras manifestações do pensamento simbólico.

Os relatos míticos guardam uma relação estreita com os ritos. A maioria dos fenomenólogos da religião concorda em afirmações deste estilo: o mito é o complemento natural do rito. O rito é ação sagrada que segue a ação, atualiza-a e a explica. O rito, por sua vez, confere à palavra do mito a intensidade e a eficácia que outorga a encarnação da palavra na corporalidade da ação.

A natureza mesma do mito e sua íntima conexão com a vida da pessoa e com o conjunto da sociedade que o vive orientam para a superação das interpretações racionalistas que os reduziam à história falsa ou à falsa explicação da realidade. Tais interpretações se baseavam no pressuposto não justificado da redução da razão humana à razão conceitual e à razão científica. A descrição da estrutura do mito mostra, igualmente, a insuficiência da interpretação puramente alegórica que atribui ao mito uma verdade, mas a situa fora do mito, na ordem das explicações científicas ou das narrações históricas das quais os mitos constituiriam tão somente uma transposição figurada. No mito falam, com a linguagem insuperável e intraduzível do relato simbólico, as camadas mais profundas da consciência do ser humano, aquelas pelas quais entra em contato com os níveis mais profundos do ser e nas quais acontece seu contato com o mundo do sagrado. Por último, a atenção às formas mais elevadas do mito, a riqueza de elementos que contém, assim como sua relação com a vida do sujeito, que não só o conhece, mas o vive, manifestam a insuficiência de interpretações, por outro lado valiosas em sua ordem, como a estrutural, representada sobretudo por Lévi-Strauss.

IV. Mito e cristianismo. O cristianismo, ao longo de toda a sua história, viu-se de frente com o mito. De fato, a crítica do mito pela teologia cristã, da qual podemos ver o protótipo em *A cidade de Deus* de Agostinho, constitui uma das bases da valorização negativa dos mitos que ainda usa a linguagem habitual. Para a teologia cristã, até na época moderna, o mito não é outra coisa senão uma péssima imitação da religião, que só pôde ser produzido pela falta de conhecimento do Deus verdadeiro.

Porém, o melhor conhecimento dos mitos, a partir da época moderna e da crítica iluminista da religião e do cristianismo, vai apresentar em termos novos a relação mito-cristianismo. Assim, desde D. F. Strauss, espalha-se uma interpretação da vida de Jesus que distingue nesta uma camada histórica e outra mitológica, que interpreta fabulosamente a primeira. A partir daí, uma das frentes do debate teológico estará em elucidar se na Bíblia ou no cristianismo há mitos, no sentido de que as narrações neles contidas são historicamente verdadeiras ou constituem fábulas algum fundo, mais ou menos distante, de verdade histórica. Dado que *mito* significa, nesta apresentação, fábula, explicação ou narração sem fundamento, na mesma medida em que o mito passou a ser compreendido e valorizado de forma muito mais positiva, superou-se também essa apresentação do problema.

Entendidos os mitos como forma peculiar de expressão da consciência religiosa, tratar-se-á, antes, de estabelecer se a consciência expressa na Escritura recorreu também a essa forma de expressão, e a resposta mais frequente à questão assim proposta consiste em reconhecer na Escritura um material mítico, de alguma forma comum, em outras tradições, mas que a fé monoteísta judaico-cristã submeteu a uma importante reelaboração, visível no uso desses materiais, como acontece nos relatos da criação ou da queda.

A leitura dos textos sagrados do cristianismo mostra a existência de um duplo fato. Por um lado, não há dúvida de que nesses textos se expressa uma consciência religiosa que compartilha toda uma série de traços com a consciência que se expressa em outros documentos e tradições religiosas. O cristão vive, como qualquer pessoa religiosa, num mundo habitado por uma presença transcendente; descobre esta presença em momentos e lugares hierofânicos; representa e reproduz esses momentos e lugares nas celebrações rituais e faz sua vida no mundo depender do fato de colocar em relação esta vida com a irrupção de Deus no mundo. Daí uma série de traços comuns à consciência cristã com a consciência religiosa que fala através dos mitos.

Porém, junto com isso, é preciso destacar que a peculiaridade da relação religiosa cristã, que denominamos com o termo *fé*, comporta uma série de peculiaridades, na expressão dessa fé, que dão origem a uma inegável novidade nessa expressão e no corpo expressivo que origina. Assim, para aludir somente a algum desses traços peculiares, a fé no Deus único e criador de tudo, que propõe ao ser humano uma aliança de salvação e que culmina esta aliança na revelação definitiva de Jesus Cristo, transforma o tempo humano, de tempo cíclico que se reproduz constantemente, num tempo orientado no qual cada passo faz avançar para essa revelação definitiva e no qual, a partir dela, a fé não se reduz a representar os acontecimentos originais, mas atualiza a vida, a morte e a ressurreição daquele em quem Deus se comunicou de forma definitiva ao ser humano no meio da história. O cristão, pois, mitifica ao reconhecer, no seio da história humana, uma história da salvação que tem Deus por agente, e confere à primeira uma dimensão transcendente, mas, a partir de sua peculiar forma de entender a relação de Deus com o mundo, introduz o tempo original no interior da história humana, e em virtude de seu reconhecimento de Jesus como revelação definitiva de Deus remete não a acontecimentos alheios à história, mas ao acontecimento de Jesus como aquele no qual a história humana tem seu centro e o começo de seu fim sob a forma da primícia.

De acordo com essa interpretação poder-se-ia dizer que o cristianismo *mitologiza*, mas o faz de forma peculiar que reproduz os traços peculiares que reveste a consciência religiosa na consciência cristã. A partir desses princípios, estamos em condição de dar uma resposta para o problema da desmitologização apresentado sobretudo pela obra do exegeta e teólogo R. Bultmann.

O essencial do projeto de Bultmann poderia ser resumido assim: a mensagem revelada se encontra vertida numa nova forma mítica de pensar, radicalmente distinta da forma de pensar, modelada pela ciência e pela história. Daí, para que este ser humano moderno possa captar essa mensagem, é indispensável demitologizá-la e expressá-la em termos existenciais que lhe permitam ser afetado por ela e poder tomar diante dela a decisão da fé.

Independentemente do que se pense do seu projeto desmitologizador em sua vertente positiva – interpretação existencial da mensagem – parece claro que em sua vertente negativa – superação da imagem mítica do mundo própria do homem antigo – Bultmann utiliza uma concepção moderna do mito que se move ainda em pressupostos alegoristas. O mito, para ele, seria tão somente a roupagem de um conteúdo ou mensagem da qual poderia separar-se e à qual se teria acesso por outros meios ou de forma imediata. Tal concepção, porém, não corresponde ao que o mito representa para os sujeitos religiosos. É verdade que se pode mudar a imagem do mundo em três níveis: céu, terra e abismo, que supõem não poucos mitos. Porém, tomar consciência da relatividade dessa imagem, como faz qualquer crente crítico, não significa demitologizar sua consciência religiosa, como mostra este fato: logo que tenta viver humanamente essa relação com a transcendência, que é sua fé religiosa, precisará pensar essa transcendência, e para isso não terá outro remédio senão recorrer a esquemas espaciais e temporais, a símbolos e relatos, isto é, não terá outro remédio senão mitificar e simbolizar. Daí, reconhecida a necessidade de criticar as imagens do mundo que as mudanças socioculturais tornam inaceitáveis, esta não levará à demitologização, mas somente a uma transmitificação que recrie a expressão da relação religiosa a partir de mediações surgidas nos novos contextos culturais.

A relação de uma pessoa religiosa moderna, isto é, influenciada pelas diferentes críticas da linguagem simbólica e mítica que chamamos crítica histórica, ciência, exegese, psicologia profunda etc., com os símbolos e mitos de sua própria tradição, poder-se-ia resumir nestes três passos que uma tarefa hermenêutica desenvolve, fiel, por um lado, à originalidade dos níveis profundos do ser humano que se expressam nos símbolos e nos mitos, e atenta, por outro lado, às exigências da crítica que nos impede confiar-nos a essa linguagem com a "inocência" própria de épocas pré-críticas. Tratar-se-á, em primeiro lugar, de aceitar o nível simbólico e suas expressões como dado original e originante do pensamento e como dado irredutível a outros níveis, inclusive a outras linguagens. É indispensável, pois, crer para compreender. Porém, a partir daí, o crente lúcido deverá pensar por sua própria conta, relativizar essas linguagens primárias da fé, descobrir sua conexão com situações talvez pretéritas, seu condicionamento por uma cultura que deixou de ser a nossa. Tratar-se-á, pois, de compreender para poder crer. E, finalmente, indo além do círculo hermenêutico em que até agora se moveu, deverá pensar a partir desse símbolo, isto é, desenvolver todas as possibilidades que esse nível profundo do ser humano e suas linguagens possuem para iluminar, organizar e dar sentido à experiência humana e ao seu mundo.

V. Mito e educação religiosa. As últimas considerações mostram a importância de uma postura correta diante dos mitos para o desenvolvimento da reflexão e ação educativas. Por isso, apresentamos, como conclusão desse conceito, alguns princípios que derivam da compreensão do mito nele exposta em relação à educação na fé. A educação religiosa deverá, em primeiro lugar, facilitar, para os sujeitos que procura introduzir no cristianismo ou acompanhar no desenvolvimento da vida cristã, o reconhecimento desse nível da consciência religiosa e a familiarização com suas expressões, com a lógica, com a mentalidade e com as leis do funcionamento que lhe são características. Para isso, pode ser útil recorrer à comparação dos materiais da tradição cristã que se situam nesse nível com os que aparecem em outras tradições religiosas.

Essa familiarização com as expressões míticas permitirá identificar nos textos e na tradição cristã os elementos míticos, que sem dúvida possuem, e orientar adequadamente sua compreensão. Evitará, por exemplo, a leitura literal desses relatos, onde não faltam pessoas que continuam se agarrando, como se se tratasse de documentos científicos ou relatos históricos no sentido moderno do termo; além disso, ajudará a se situar no nível simbólico ao qual esses materiais pertencem. Desta forma se evitará a confrontação indevida de tais relatos com os resultados da ciência que, embora aparentemente se refira aos mesmos fatos – pense-se, por exemplo, na origem do mundo ou do ser humano – por se situar em outro nível de conhecimento, propõe em relação a esses fatos perguntas diferentes daquelas que tornam presentes os relatos míticos, com a consequência de que as respostas não são equiparáveis, nem podem, portanto, entrar em colisão.

Uma interpretação correta do material mítico ajudará a superar outra tentação frequente: a de uma interpretação alegórica dos materiais míticos, como se estes se reduzissem à expressão figurada e fantástica de dados científicos ou históricos. Essas interpretações fazem da ciência e da história o único critério de verdade e desembocam numa leitura concordista da Escritura, e se faz com que esta diga sucessivamente os resultados em mudança permanente da pesquisa científica.

Porém, muito além dessas consequências negativas, a familiarização com os materiais míticos ajudará o educador a cultivar a dimensão simbólica da qual surgem. Desta forma, a educação religiosa estará aberta para despertar nos sujeitos este nível de consciência, sem o qual o sujeito será incapaz de sintonizar com o fato religioso e de se colocar em condição de descobrir sua realidade e seu valor, de entrar em contato com o mundo que nele se faz presente e de expressar pessoalmente sua experiência religiosa.

Dos princípios sugeridos no último parágrafo se deduz a necessidade, para a transmissão atual da fé cristã, de evitar dois empecilhos igualmente perigosos em relação com o material mítico presente no cristianismo. Não se pode esquecer que o ser humano atual é "filho da crítica" e que lhe é impossível aceitar ingenuamente um material surgido de situações culturais notavelmente diferentes da nossa. Por isso, não basta repetir mecanicamente os dados míticos contidos na tradição. Mas também não se pode esquecer que por baixo dos relatos míticos culturalmente condicionados existe uma condição humana da qual o simbólico é uma dimensão constituinte. Por isso, a transmissão também não pode se propor demitologizar o cristianismo ou desmistificar o sujeito cristão; mas tem como uma de suas tarefas mais importantes remitificar a consciência do cristão, contra as tendências positivistas e pragmatistas que reduzem unidimensionalmente o ser humano e o desumanizam, cultivando seu nível simbólico e dotando-o, assim, de recursos que lhe permitam realizar conscientemente a indispensável tarefa da trans-significação das mediações históricas do cristianismo.

Assman, A. y J. "Mythos". In: Cancik, H.; Gladigow B; Kohl K.-H. (eds.). *Handbuch religionswissenschaftlicher Grundbegriffe* IV. Stuttgart, 1998, 179-200; Bultmann, R. *Jesucristo y mitología*. Barcelona, Ariel, 1970; Cassirer, E. *Mito y lenguaje*. Buenos Aires, 1959; Castelli, E. (ed.). *Mythe et foi*. Paris, 1960; Cencillo, L. *Mito, semántica y realidad*. Madrid, BAC, 1970; Duch, Ll. *Mito, interpretación y cultura*. Barcelona, Herder, 1998; Eliade, M. *Aspects du mythe*. Paris, 1963; Id. *El mito del eterno retorno*. Madrid, Alianza, 1982; Id. *Mythes, rêves et mystères*. Paris, 1957; Gusdorf, G. *Mythe et métaphysique. Introduction à la philosophie*. Paris, 1953; Jensen, A. E. *Mito y culto entre los pueblos primitivos*. México, FCE, 1966; Kirk, G. S. *Myth, its Meaning and Functions in Ancient and others Cultures*. Cambridge, 1970; Kolakowski, L. *La presencia del mito*. Madrid, Cátedra, 1990; Malinowski, B. *Magia, ciencia, religión*. Barcelona, Ariel, 1974; Martín Velasco, J. "El mito y sus interpretaciones". In: *Revelación y pensar mítico*. Madrid, CSIC, 1970; Ricoeur, P. *El conflicto de las interpretaciones*. Buenos Aires, FCE, 2003.

Juan Martín Velasco

MODERNIDADE, PÓS-MODERNIDADE E CRISTIANISMO

O maior desafio atual para a fé cristã é constituído pela situação sociocultural. A mesma sociedade moderna que construímos é a que interpela mais seriamente o cristianismo e se constitui, algumas vezes, em demanda e, outras, em obstáculo para a vivência da mesma fé. Porém, justamente por este caráter ambivalente, de exigência e de oposição, a sociedade moderna/pós-moderna em que vivemos é uma grande ocasião para a fé: para sua renovação permanente e sua purificação que a impedem de se atrofiar em formas culturais e sociais em perigo ou de se identificar com elas. A Modernidade supôs um desafio de magnitude sem precedentes para toda sociedade e cultura, inclusive seus efeitos se fazem sentir cada vez mais, neste momento da globalização neoliberal, sobre todas as sociedades e culturas do planeta. Daí, dizer Modernidade/pós-modernidade equivale a apresentar os dinamismos fundamentais que percorrem irrefreavelmente nosso mundo e que afetam todas as realidades existentes, incidindo inevitavelmente sobre o modo de propor a questão da crença e do sentido definitivos. Seus efeitos não queridos e perversos afetam de forma devastadora a estrutura de vida de muitos milhões de pessoas. Por essa razão, de forma direta ou indireta, os efeitos da Modernidade, inclusive as reações diante dela, fazem-se sentir por toda parte. Uma fé como a cristã, que se diz encarnada e quer descobrir e viver Deus no coração do mundo, não pode senão propor, uma ou outra vez, seu modo de estar e viver nesta Modernidade e/ou pós-modernidade.

I. Modernidade e cristianismo. A Modernidade é caracterizada, vista em relação sobretudo com a religião cristã, por uma série de fenômenos ou fatos sociais e culturais que mudam drasticamente o contexto onde se assenta e vive a fé dos crentes. A Modernidade é um modo de se organizar e de se estruturar a sociedade e a cultura, a política e a economia, a racionalidade e a arte, o direito, a religião. Como resumo de um processo histórico e sociocultural complexo, talvez se deva dizer que a Modernidade muda o modo de crença. Vejamos, brevemente, graças a que fatores e vicissitudes, que vamos buscar mais de um ponto de vista estrutural que de um ponto de vista histórico descritivo. É o processo o que interessa captar.

1. *A descentralização da religião.* Se quiséssemos estereotipar a situação sociocultural da sociedade tradicional, anterior à Modernidade, teríamos que imaginar uma sociedade que tem no centro a religião. Isto é, a religião, neste caso a cristã, constitui-se em legitimadora de todas as ações sociais relevantes. Tanto a política como a economia, a arte como a ciência, recebem seu visto bom da religião. A religião era a passagem ou alfândega obrigatória para toda atividade social de algum significado.

A passagem para a Modernidade supõe a perda de centralidade da religião. A religião é expulsa do centro social que, como Hegel viu, é ocupado pela política e pela economia. Esta perda de centralidade social da religião acontece através de inumeráveis vicissitudes sociais e históricas que são vividas como trauma pelas igrejas cristãs, especialmente pelo catolicismo. A expulsão do centro da sociedade foi considerada como a expulsão da sociedade. O chamado processo de *secularização*, expressão que sintetiza toda essa passagem para uma situação social e cultural onde a religião não ocupa mais o centro, foi vivido como processo antirreligioso e, por conseguinte, anticristão. Hoje em dia, com a distância que o tempo permite, somos conscientes de que a perda do centro social foi acompanhada por uma série de libertações para a religião. Deixou de exercer funções legitimadoras que faziam dela um instrumento para o poder, para a política e para a cultura. A perda do centro social foi uma libertação e purificação para a religião. A religião era fundamentalmente religião.

Seria ingenuidade pensar que a religião deixa de exercer funções sociais por ser deslocada do centro para as margens da sociedade. Deixa de exercer funções diretas e visíveis de legitimação. Iniciamos uma situação onde as funções sociais da religião serão fundamentalmente indiretas.

2. *A ruptura da cosmovisão unitária.* A sociedade tradicional é caracterizada também por uma visão do mundo unitária e de caráter religioso. Como diria K. Marx (*Contribuição para a crítica da filosofia do direito de Hegel*), a visão cristã era a que funcionava como "teoria geral deste mundo, seu compêndio enciclopédico, sua lógica com formas populares, seu *point d'honneur* espiritualista, seu entusiasmo, sua sanção moral, sua consumação solene, sua razão universal de consolo e de justificação".

A Modernidade supõe também a perda do monopólio da cosmovisão apoderado pela religião. Não é mais a visão religiosa a que proporciona o sentido da vida e do mundo. Pelo menos isso começa a ser verdade para uma série de elites intelectuais que aos poucos vão influenciar sobre as massas e oferecer outras instâncias substitutivas, desde a ciência até as diversas ideologias. Começam a funcionar os diversos "ismos" como propostas de sentido confrontados com a religião. Começam a aparecer para a religião competidores da Modernidade. Encontramo-nos no início de um pluralismo cultural que, desde então, não deixou de avançar.

A mesma cultura moderna experimenta a perda de visão unitária do mundo mediante verdadeira comoção que será expressa magistralmente por Nietzsche mediante a "morte de Deus". O centro, o fundamento e o alicerce desaparecem. O horizonte de sentido, de verdade e de objetividade se escurece, até mesmo o sujeito empalidece. As consequências dessa perda do monopólio da cosmovisão ainda se fazem sentir no pensamento e na cultura. No dizer de G. Steiner, assistimos nos séculos XIX e XX a toda uma série de propostas intelectuais de grande força e complexidade, desde o marxismo até à psicanálise ou ao estruturalismo, que no fundo são sofisticadas construções racionais impulsionadas pela "nostalgia do Absoluto", isto é, que tentam substituir a perda de centralidade da fé e da teologia cristãs.

3. *A autonomia das diversas esferas*. Uma das consequências da descentralização religiosa, como viu M. Weber, é que se assentam as bases para uma autonomização crescente das diversas dimensões ou esferas da realidade. A dependência anterior da religião é substituída pela justificação por si mesmos de cada um dos aspectos e atividades humanas. A política, a ciência, a arte, o direito... e, crescentemente, mais e mais dimensões da vida humana se tornam independentes. Começam a aparecer remetendo para sua própria lógica e efeitos.

A denominada *autonomia* do mundo e do ser humano na Modernidade começa a percorrer seu caminho. A realidade aparece cada vez mais diferenciada socialmente: cada uma das instituições ou atividades humanas consegue ser vista em sua peculiaridade e singularidade com seus aspectos próprios. O mundo humano começa a se sustentar sobre seus próprios pés, aparece propriamente *secular*. Essa autonomia ou consistência das dimensões seculares ou temporais é considerada também como despojos da dimensão sagrada que impregnava (tradicionalmente) todas as coisas. Já se percebe que avistamos uma mudança do sagrado no mundo: já não é tanto o centro manifesto e explícito que justifica tudo; o crente, se não quiser ver-se empurrado para as margens e colocar Deus nas frestas deste mundo como tapa-buraco, tem que mudar sua perspectiva. Colocar Deus no centro, como já exigia D. Bonhoeffer, por volta da década de 1930, requeria nova concepção da presença de Deus no mundo.

Os efeitos dessa autonomização sobre o mesmo pensamento não se fazem esperar. Kant já entreviu que não poderia abordar a assim chamada razão, se não fosse de forma diferenciada, através da razão teórica, prática e estética. Na altura do final do século XIX, já estava claro que a razão humana se apresentava em diversas dimensões ou racionalidades que possuíam seus próprios critérios de validez. A chamada razão teórica ou científica, a razão prático-moral e a razão estético-expressiva indicam pelo menos as três dimensões que já são reconhecidas hoje como independentes e até institucionalizadas em disciplinas acadêmicas autônomas. O problema da razão moderna é o problema da unidade e da fundamentação. A pretendida razão unitária e pedra angular de toda construção racional entra em crise. A metafísica tem que ser apresentada novamente ou, pelo menos, de outra maneira. A chamada era pós-metafísica indica a crise de um pensamento que não pode mais remeter a um Todo-Uno, nem tampouco a uma instância racional que o capte, o funde e, de uma vez por todas, faça afirmações sobre a realidade.

4. *Os caminhos na religião mesma*. Já estamos vendo como a Modernidade, entendida como reestruturação social que coloca no centro a política e a economia e que assenta as bases de uma cosmovisão e cultura pluralistas, além de propiciar uma autonomização e diferenciação das diversas esferas da sociedade, é um acontecimento de enorme envergadura com efeitos sobre todos os aspectos da sociedade e do pensamento.

Como vamos insinuando, a religião se vê afetada por sua mudança de lugar social e pela ressituação que experimenta. Indiquemos expressamente os efeitos mais importantes da Modernidade sobre a religião.

a) A religião na periferia social. Esta é a nova situação da religião. É deslocada para as margens da sociedade moderna. Perde relevância social. Todos os sinais, símbolos e pessoas representativas da religião perdem importância social e o reconhecimento atribuído à sua centralidade. Essa desvalorização do religioso, já dissemos, foi vivida pelas igrejas como grave perda e até insulto.

A nova situação da religião na Modernidade tem muito desta situação marginal de uma instituição não muito relevante, comparada com a política, com a economia ou com a ciência. Inclusive, tem que lutar para encontrar seu lugar e reconhecimento diante da naturalidade como se apresenta tudo o que diz relação com essas outras instâncias ou ordens sociais. A relevância social e cultural já não se obtém de maneira automática ou por reconhecimento herdado, mas deve ser conquistada nesta situação pelo crente e pela instituição religiosa ou pelas igrejas. É verdade que ainda goza de um capital social e cultural que lhe vem do passado, mas cada vez mais deve fazê-lo valer na nova situação. Ser crente na Modernidade é viver mais a intempérie, e de forma mais personalizada a religião, uma vez que perdeu a cobertura social e cultural que o reconhecimento tradicional proporcionava.

b) A religião que é só religião. A religião na sociedade tradicional era mais que religião. Exercia funções de legitimação geral que a transformavam em agente político, econômico, artístico etc. Essa mistura é menos factível na Modernidade. A religião agora, embora se purifique, corre o risco de ficar reclusa nas meras funções "religiosas". Porque, embora a religião cristã tenha perdido o monopólio da cosmovisão, as igrejas conservaram o monopólio religioso. Isto é, fundamentalmente o exercício da religião ficou nas mãos das igrejas. Quem queria ser religioso devia recorrer à religião institucionalizada. O capital simbólico do sagrado era captado como possuído e administrado pelas igrejas.

c) A privatização da religião. A religião descentralizada é uma religião que perde seu lugar público e se torna crescentemente uma opção privada. A religião se fecha na esfera privada, isto é, no âmbito próprio da família e do indivíduo. Como já observou É. Durkheim, esta religião se individualizava: era o indivíduo quem escolhia a religião, não era tanto imposta por tradição ou herança. Este deslocamento da instituição para o indivíduo vai estar cheio de consequências. A religião se transformava crescentemente em questão de preferência e até de gosto pessoal.

Também uma religião privatizada é uma religião que se interioriza. A "religião do coração", como era chamada por Weber, é mais uma consequência dessa privatização e individualização, que faz com que a religião cristã seja vivida como questão meramente interior, ficando suas implicações públicas cada vez mais na sombra. Chega-se, assim, àquela que J. B. Metz denominara "religião burguesa" ou cristianismo centrado no indivíduo e sua interioridade, e que serve predominantemente para legitimar situações pessoais. A religião privatizada é uma religião despolitizada, sem consciência de suas funções sociais, que se adapta perfeitamente à nova situação da Modernidade burguesa. Uma religião para o sistema.

5. *A eclesiastização da religião*. A religião cristã, que se vê impelida a deixar o centro social e se constituir como instituição especializada somente em religião é uma religião que se defende do que considera ataque antirreligioso, anticristão, mediante um fortalecimento institucional *ad intra*. O chamado a cerrar fileiras da religião frente à Modernidade, um longo processo cheio de tristes vicissitudes históricas dentro do catolicismo, encerra-se com uma clericalização da Igreja e um fortalecimento de todos os aspectos institucionais, como reação diante do que era considerado ameaça para o cristianismo. F. X. Kaufmann denominou "eclesiastização" a este processo de reforço eclesial, que é uma verdadeira clericalização da Igreja católica e de seu funcionamento. O papel do clero é cada vez mais importante e quanto mais se sobe na escala hierárquica. A figura do papado no catolicismo adquire uma centralidade como não havia tido em tempos anteriores.

II. **Pós-modernidade.** A denominada "pós-modernidade" é mais uma volta de rosca da Modernidade. Alguns, em vez de utilizar este vocábulo, falam de Modernidade tardia (J. Habermas), de Modernidade reflexiva (U. Beck), isto é, aponta-se para a mesma coisa, tentando expressar a não superação da Modernidade. Encontramo-nos numa fase a mais, embora diferente, da Modernidade. Podemos continuar falando de pós-modernidade, se levamos em conta esses dados e sensibilidades. O que seria característico dessa pós-modernidade ou Modernidade tardia?

1. *A secularização da Modernidade e de seus mitos*. A pós-modernidade, em relação à modernidade, é a mesma coisa que a secularização em relação à religião. Esta tarefa secularizadora da pós-modernidade quer dizer que estamos diante de uma nova sensibilidade social e cultural. Já não se acredita tão facilmente nas propostas utópicas da Modernidade. Não caminhamos para um progresso irrefreável, nem o avanço da razão iluminista nos vai tirar das trevas da superstição e deixar no estágio da razão positiva e do mundo humano, justo e racional.

Aquilo que foi entrevisto por Nietzsche sobre a razão, a ciência e a tendência dos seres humanos em se deixar levar pelas cores vivas e miçangas e preferir os *últimos homens*, consumistas de sensações, ao Zaratustra bailarino sobre o abismo da liberdade, foi uma premonição do que hoje muitos espíritos já sabem. Como dirá claramente J.-F. Lyotard, não é necessário argumentar para desqualificar os sonhos e "mitos" da Modernidade, basta abrir os olhos e ver a realidade: o liberalismo e o fundamentalismo do mercado se deslegitima com o *crash* de 1929, a multicrise de 1973 e as posteriores, e a realidade atual de um mercado que produz uma desigualdade crescente no mundo; o socialismo real já se desprestigiou com a queda do muro de Berlim; a democracia americana teve seu Vietnã, Chile, Granada e o longo etcétera que ainda não parou; inclusive o cristianismo teve conivências demais ao longo da história que desqualificam sua pretensão profético-messiânica.

Já vemos que a tonalidade pós-moderna é de grande descrença e desconfiança diante das promessas sobre as quais girou a Modernidade. Suas promessas não se cumpriram e, portanto, deve-se recear até a rejeição de suas "razões" e "fundamentos". Deve-se desconfiar da razão moderna e de seus frutos.

2. *A descrença nos grandes relatos*. A pós-modernidade se declara, por conseguinte, descrente dos grandes relatos que impulsionaram a Modernidade. Veem neles somente perigosos "laços sociais" que servem para mobilizar as massas e uniformizar sua marcha e sua atividade em prol de alguns objetivos marcados. Porém, não há nenhuma objetividade por trás deles. Não resistem nem a análise racional, nem, como observamos, a prova da história.

Pós-modernidade será, portanto, a despedida dos grandes relatos sem sentir nenhuma saudade (J.-F. Lyotard). O pós-moderno não sente falta do adeus das grandes narrações. Aceita que não tem sentido objetivo e que a razão humana é incapaz de descobri-lo na realidade ou na história. Todas as filosofias da história se mostraram mentirosas. O neonietzscheanismo pós-moderno vê nessa situação uma oportunidade para determinar o próprio sentido da história e da vida. Daí, uma vez liquidados os grandes relatos ou o grande sentido da história e da vida, ficamos com uma pluralidade de pequenas histórias, através das quais procuramos orientar e fazer a vida; relatos pequenos, rescindíveis, passageiros, temporários, cambiantes, como a vida mesma.

3. *A visão fragmentada e pluralista*. A pós-modernidade se apoia no dinamismo da Modernidade que conduzia pelo caminho da fragmentação das visões do mundo e no pluralismo de propostas. Deste ponto de vista, a pós-modernidade é um epígono da Modernidade; é sua versão tardia, forçada pelas

circunstâncias e pela situação cultural e da sociedade de sensações (G. Schulze) de nosso tempo.

A pós-modernidade se diz sentir-se à vontade nessa visão cortada do sentido da realidade. Torna-se construtora de relatos e de visões, criadora de polimitos e de visões do mundo de todo tipo e cor. Destruída a crença na razão e no progresso, na ciência e em não sei qual força que impulsiona a realidade para a história, adentramo-nos num mundo corpuscular e subjetivo, disseminado e em rizoma, que expande suave odor de pressentimo esteticista e de miniprazer diário, sem pedir nem exigir demais da vida.

Permanece alguma saudade inevitável, de que a vida não é como a Modernidade a pintava, e o agridoce sabor do desencanto se agarra aos corações e aos corpos. O desengano prende e morde no interior, deixando que o ceticismo cresça e algum realismo adaptativo termine encontrando no realismo quotidiano o nicho para não pedir demais e continuar vivendo. Não se deve estranhar que pensadores críticos, como J. Habermas, falem do neoconservadorismo dos pós-modernos. A pós-modernidade, apesar de sua crítica aos mitos da Modernidade e de denunciar suas propostas como ilusões e engano, acaba se adaptando ao sistema. Mais um escorço dos mal-estares da Modernidade?

4. *O contextualismo da razão pós-moderna.* O pensamento pós-moderno é relativista. Não somente sabe que a razão está sempre situada, mas afirma que não pode sair do nicho que a alberga. Estamos num pensamento contextualista por natureza. As pretensões de universalidade são, para este pensamento, restos das declarações da razão moderna que se mostraram sempre provincianas e nacionalistas. O melhor é declarar paladinamente que a razão humana é sempre etnocêntrica (R. Rorty).

Partindo dessas afirmações, compreender-se-á que o pensamento denominado pós-moderno, chamado também "débil" desde sua negação de fundamentação (G. Vattimo), adote, com este relativismo radical e esse contextualismo, uma postura que nega a verdade e pretende substituí-la por programáticas "ficções convenientes". Não menos se questionará a possibilidade de uma ética cognitiva e argumentadora, e sim se esgrimirá o poder da tradição cultural, e diante do poder da razão o poder do sentimento: a capacidade mediante relatos de mover e comover os indivíduos diante das injustiças, desigualdades, sofrimentos de nossa sociedade. Consegue-se mais por este caminho, segundo esses autores, que pelo da pretendida argumentação estrita.

5. *Incerteza.* A pós-modernidade é um momento de incerteza. Incerteza *epistemológica*, pois o que melhor se soube no século XX pelo pensamento são os limites do conhecimento: a maior certeza que nos aconteceu é a impossibilidade de eliminar algumas incertezas (E. Morin). Incerteza *histórica* na ação humana, no destino de cada um dos indivíduos e de toda a humanidade. Incerteza *social* também, que já é consciente de que as dimensões fundamentais que forjaram a denominada Modernidade nos escapam das mãos. Essa indisponibilidade da sociedade ou mundo construído pelo homem oferece uma perspectiva nova para o homem desta pós-modernidade tardia: a experiência da fragilidade e vulnerabilidade de todo o humano. Além de sua ambiguidade inata. Nada das grandes conquistas da Modernidade, desde a ciência até a burocracia, escapa à suspeita de que contém uma ameaça escondida que pode levar a humanidade ao desastre. Vivemos de novo a experiência da contingência, desta vez, porém, diante de nossas próprias obras, não diante de alguma coisa exterior, a natureza, por exemplo. Agora somos nós a ameaça máxima para a natureza. Esta não controlabilidade parece insuperável.

Esta sociedade da incerteza foi chamada de *sociedade do risco* (U. Beck). É caracterizada por ter uma consciência desta mesma ambiguidade, daí sua *reflexividade*. E também por ser já menos linear, orientada para o progresso etc., que a primeira Modernidade. Esta Modernidade contém as ações e reações de uma sociedade que possui a ambivalência em seu próprio seio. A Modernidade segunda, tardia, pós-moderna, reflexiva, é uma Modernidade ziguezagueante cheia de jogos polares, onde convivem elementos díspares e se albergam reações e contrarreações, sem com isso se quebrar.

A sociedade da incerteza, da vulnerabilidade e do risco, é uma sociedade de tom baixo, com alto pragmatismo ideológico e político, um realismo adaptacionista e onde as fortes paixões se eclipsaram. Eclipse de Deus (M. Buber) ou eclipse do messianismo (G. Steiner)?

III. Pós-modernidade e cristianismo. Como se relacionam a sociedade e a cultura pós-moderna com a religião (cristã)?

Depois de uma primeira impressão de que tudo o que a pós-modernidade trazia era um reforço da incredulidade e do subjetivismo, do relativismo e da indiferença, acentua-se cada vez mais – inclusive expressamente declarado por alguns pensadores pós-modernos (J. Derrida, G. Vattimo...) – seu interesse pela religião. Se a razão moderna, iluminista, argumentadora e crítica, se vê, por sua vez, questionada, estão colocadas as condições para que floresçam de novo o mito e a poesia, a religião e a ciência.

O tempo que vivemos foi chamado tempo *pós-secular*, isto é, onde estaríamos diante de um novo *reencantamento do mundo*. Desde cedo a debilitação da epistemologia morna e sua maior flexibilidade e abertura parecem favorecer este renascimento do religioso e estético-expressivo. Porém, que traços tem esta volta do religioso pós-moderno dentro de sua variegada variedade?

1. Uma religiosidade difusa. A religiosidade típica desta modernidade tardia ou pós-modernidade é uma religiosidade difusa. Alguns estudiosos francófonos a denominaram "nebulosa místico-esotérica" (F. Champion). Caracteriza-se por colocar a ênfase mais no genérico sagrado que no rosto da divindade cristã, por exemplo. Interessa a religião, não tanto Deus. Daí, o atrativo à religiosidade oriental, e o uso da terminologia que se refere à "reencarnação", o *karma* etc., um neobudismo de tom suave e geral que inclusive contamina a fé cristã. Detecta-se boa porcentagem de cristãos que se dizem crentes na reencarnação (29%).

É uma religiosidade que transita pelas diversas tradições religiosas, tomando algumas coisas de umas e outras coisas de outras, numa espécie de ecletismo que se assemelha a um ecumenismo universal. Por detrás, está a concepção das religiões como caminho para o mistério ou o Absoluto, ferramentas ou instrumentos que oferecem técnicas e conselhos para esse caminho.

Uma religiosidade de tom subjetivo e emocional: sublinha a experiência, especialmente a que passa pelo coração e pela emotividade. Uma tonalidade religiosa que julga a partir da experiência do sagrado percebido de alguma maneira, e não a partir de discursos ou disquisições teológicas, nem a partir do compromisso ou das consequências prático-morais das crenças.

Uma religiosidade inclinada às visões mescladas com "o último paradigma científico" da mecânica quântica, do lado direito do cérebro, da psicologia transpessoal, isto é, que busca alguma legitimação de tom "científico", embora seja genérico e não aborde os problemas desse concordismo. Essa sensibilidade de "nova cultura" (R. Stark) é típica dos seguidores dessa religiosidade.

Uma espiritualidade que mostra a tendência para uma participação na consciência cósmica divina e, por isso, pode entrar em contato com os antepassados (espiritismo) ou fazer predições sobre o futuro.

Finalmente, essa religiosidade pretende uma eficácia salvadora imediata, aqui e agora. Daí a tendência a ver suas consequências positivas sobre o corpo (curas) e a psicologia (harmonia interior, desbloqueios...). A inclinação para uma terapêutica psicológico-espiritual.

2. A novidade da religiosidade pós-moderna. No fundo, esconde-se uma questão muito grave: essa religiosidade supõe um passo adiante, uma nova reconfiguração do sagrado (D. Hervieu-Léger) ou é sintoma de decomposição do religioso (F. Champion)? Não temos ainda elementos para resolver a questão. Há sintomas de uma reconfiguração do religioso, mas, como toda mudança ou giro, pode ser recriação ou se tornar letal.

O que parece mais claro é que essa religiosidade pós-moderna nos diz alguma coisa do que aconteceu no mundo da religião: esta se espalhou por todos os cantos da sociedade e da cultura. A religiosidade oficial e institucionalizada – diga-se, igrejas cristãs – não possui mais o monopólio do religioso. A novidade da pós-modernidade em ralação ao religioso institucionalizado marca sua ruptura e a perda do monopólio do religioso. O capital religioso simbólico se havia espalhado por todos os interstícios do social. Todo o mundo pode ter acesso a ele, daí a facilidade com que surgem grupos e líderes de novos conglomerados religiosos de vida talvez efêmera, mas que expressam a busca peregrinante do ser humano atrás do Mistério.

Do ponto de visa organizativo, compreende-se que estamos diante de uma religiosidade pouco estruturada, do tipo "culto" (Becker), com flexibilidade na hora de funcionar, constituída frequentemente ao redor de um líder, mas também de uma revista, de algum "movimento religioso", amplo, onde primam as relações, afeições e buscas da fixação doutrinal ou de alguns objetivos claros e precisos.

3. Uma religiosidade pós-cristã? Uma religiosidade desse tipo, devemos perguntar-nos, não é uma religiosidade que se despede do cristianismo, suavemente, deixando-o ou superando-o a partir de dentro da mesma religiosidade?

Para esse tipo de religiosidade, a fé cristã é uma dentre as muitas opções, ofertas ou caminhos para o Mistério. Tomam-se algumas ideias cristãs, mas reinterpretadas, como a de um Cristo-Maitreya cósmico e sem traços evangélicos concretos, junto com outras de diversas tradições. Essa mistura já não é cristã, mas uma espécie de neognosticismo pouco rigoroso (H. Bloom), próprio do tempo de incerteza, da sede de mistério e do medo generalizado diante da indisponibilidade do que vivemos.

Essa religiosidade abandona também outro traço profundamente bíblico e cristão: o messiânico. Neste tempo de transição cultural para não se sabe onde, assistimos a um certo ocaso do messianismo. Não há esperanças fortes nem utopias; prima o desfalecimento ideológico e o enclausuramento defensivo na interioridade. Com este tom cultural e religioso, não se deve estranhar que decline o messianismo bíblico, o profetismo, que quer mudar esta realidade dividida e injusta. Vivemos tempos de adaptação ao que existe. A pós-modernidade é pós-profética: domina um tom sapiencial, de baixa tensão e pessimista, que gera uma religiosidade em busca de anjos protetores de uma segurança frente à incerteza, à insegurança e ao medo anônimo em época de contingência e de vulnerabilidade.

Essa religiosidade pós-profética é pós-cristã no sentido de que se agarra ao sagrado genérico, natural – talvez Mircea Eliade a saudasse como às origens da religiosidade cósmica de raiz neolítica –, mas despede-se de um traço tão característico do cristão, como é a sensibilidade que descobre o sagrado nos clamores da humanidade. O ser humano é o sagrado, antes de tudo; aí, no rosto do outro desvalido – pobre, viúva, órfão, estrangeiro – descobre-se a presença interpeladora do divino.

4. *Um cristianismo kenótico e secular.* Da sensibilidade pós-moderna nos chegaram algumas sugestões; se não são estritamente novas para o pensamento e a vida cristãos, exigem, no entanto, serem descobertas e retraduzidas permanentemente. Referimo-nos à insistência pós-moderna (G. Vattimo) do discurso débil sobre Deus. De Deus sempre falamos obscuramente, em símbolos, analogicamente. Deve-se renunciar à tentação da transparência. Os místicos bem que o sabiam. Mas, todo básico e óbvio é fácil de esquecer, esta afirmação elementar alimenta uma atitude religiosa e mental: a aceitação de indisponibilidade do divino, a busca permanente e simples, a rejeição às visões claras e distintas, cartesianas, a abertura do conhecimento, a autocrítica e a rejeição à fixação de um discurso imorredouro.

Abre-se o caminho para um falar menos argumentativo e mais narrativo, mais simbólico e menos cheio de si, em que apreende o divino na lógica estrita e sistemática. É claro que o falar simbólico e narrativo, para não desvairar na idolização que quer prevenir (P. Ricoeur), deve ter a vigilância crítica do pensamento. Trata-se de recuperar o simbólico, sem esquecer nem a argumentação nem a crítica.

A este tipo de atitude mental e vital de aproximação ao mistério de Deus, denominou-se atitude kenótica, que corresponde à encarnação cristã. Haveria, segundo G. Vattimo, uma correspondência ou homologia cultural entre o abaixamento divino na encarnação e a debilitação das estruturas fortes do pensamento, da metafísica da presença.

Deve-se portanto ler, de forma interpeladora e desafiadora à criatividade cristã, tanto a nova sensibilidade cultural pós-moderna como a religiosidade que parece apresentar traços mais afins com ela. Trata-se de um desafio ao cristão para ser realmente um caminho para o Mistério. O caráter de mistagogo do pastor e educador religioso cristão deve ser de novo redescoberto. O futuro do cristianismo, pareceriam dizer essas tendências religiosas, ou redescobre a experiência do mistério de Deus, ou se desseca no atrofiamento. O cristianismo deve fazer uma autocrítica severa sobre a forma de apresentar e viver os sacramentos, a iniciação ao mistério de Deus etc. Esta propedêutica ao mistério não deve fazer-nos perder a característica cristã: sua ênfase no humano, no ser humano caído e na humanidade dividida pela injustiça e pela desigualdade. E isso, na altura do nosso momento, onde não se aceita mais o mero assistencialismo, mas a compaixão efetiva e, portanto, com visão estrutural e consciência da dimensão política dos problemas socioeconômicos, legais etc.

Esse neomisticismo também recorda ao cristianismo a sacramentalidade que afirma a respeito da realidade toda. Deus se manifesta em nosso mundo, e, mais claramente ou peculiarmente que na natureza, na história humana. E, frequentemente, na história invertida dos homens: em sua opressão, injustiça e miséria de toda espécie. Essa encarnação kenótica fundamenta uma sacralização do secular ou mundano; um misticismo que reconhece Deus pelos caminhos do mundo. Um misticismo "dos olhos abertos" (J. B. Metz), uma vez que não se deve fechá-los, sobretudo para ver as pegadas de Deus nos "rincões obscuros" de nosso mundo (B. Brecht).

5. *A reação fundamentalista.* Uma cultura relativista profunda como a pós-moderna não poderia senão provocar reações de defesa. A pós-modernidade desta Modernidade reflexiva conhece as reações neotradicionalistas, as chamadas ao reagrupamento confessional intramuros das igrejas, o fim do diálogo com a Modernidade e toda uma série de chamadas de tom defensivo e reativo. É a retrorreatividade lógica de todo movimento social e cultural. Vivemos tempos de tonalidade fundamentalista, afirmam tanto R. Girard como S. Huntington.

E se foi compreendida a análise desta pós-modernidade da Modernidade reflexiva, estamos condenados a conviver com essas posturas reativas. Não será fenômeno cultural nem passageiro. Faremos bem se nos prepararmos para uma singradura com estes acompanhantes. E anota-se que ainda não se ganhou a partida de uma fé "aggiornata", iluminista e crítica (J. Moltmann). Uma tarefa e um desafio a mais que a fé cristã há de enfrentar neste momento é avançar para uma fé formada, esclarecida e que assumiu a crítica da Modernidade. Tarefa não fácil neste momento pós-moderno, ou talvez mais fácil, num tempo em que determinadas pretensões arrogantes da razão moderna são questionadas.

6. *Rumo ao cristianismo de hoje e de amanhã.* O cristianismo, a fé cristã, é desafiado a viver na altura dos tempos. Esta adaptação permanente força uma *ecclesia semper reformanda* no Espírito que nos convoca aos "sinais dos tempos", como já advertiu o concílio Vaticano II e que teólogos como P. Tillich já viram que era consubstancial à fé e à teologia cristãs.

Adquire atualidade particular a utopia de um cristianismo que conjugue experiência do mistério (*Abba*) e da solidariedade efetiva, em meio a um mundo dividido e até a uma natureza ameaçada (reino de Deus). Tudo isso, vivido com a naturalidade do místico e a reserva crítica do homem esclarecido e até pós-crítico (simbólico), no meio de uma comunidade fraterna e celebrativa, antecipadora de um futuro de plenitude do que já degustamos aqui e agora. Esse é, sinteticamente expresso, o cristianismo que avistamos nesta pós-modernidade ou Modernidade tardia e reflexiva que constitui desafio e ocasião para o crente cristão e para o cristianismo.

Beck, U. *La sociedad del riesgo.* Barcelona, Paidós, 1998; Berger, P. L.; Luckmann, Th. *Modernidad, pluralismo y crisis de sentido. La orientación del hombre moderno.* Barcelona, Paidós, 1997; Berger, P. L. *Una gloria lejana. La búsqueda de la fe en una época de credulidad.* Herder, Barcelona, 1994; Habermas, J. *El discurso filosófico de la Modernidad.* Madrid, Taurus, 1989; Gauchet, M. *El desencantamiento del mundo.* Madrid, Trotta, 2005; Mardones, J. M. *Postmodernidad y cristianismo. El desafío del fragmento.* Santander, Sal Terrae, 1995[2]; Id. *Síntomas de un retorno. La religión en el pensamiento actual.* Santander, Sal Terrae, 1999; Martín Velasco, J. *El cristiano en una cultura postmoderna.* Madrid, PPC. 1996; Steiner, G. *Nostalgia de Absoluto.* Madrid, Siruela, 2001; Vattimo, G. *Creer que se cree.* Barcelona, Paidós, 1996; Weber, M. *Ensayos sobre sociología de la religión.* Madrid, Taurus, 1983, especialmente vol. I.

José María Mardones

MONOTEÍSMO E POLITEÍSMO

I. **Significado e história dos conceitos.** O monoteísmo confessa a existência de um Deus único e universal para todos os seres humanos. O monoteísmo bíblico (assumido pelo judaísmo, pelo cristianismo e pelo islamismo) o caracteriza como criador e senhor da história. O politeísmo, ao contrário, aceita a existência de uma divindade plural, embora haja tendências henoteístas e monoteístas dentro da pluralidade de deuses que tendem para uma divindade suprema. Por exemplo, na tradição teológico-filosófica grega (Platão, Aristóteles, Plotino), no panteão greco-romano (Zeus, Júpiter), no hinduísmo, no Irã com Zaratustra, e nas religiões do Oriente Próximo, no Egito (Aton), na Babilônia (Marduk) e nos cananeus ("El" como pai dos deuses). Falar de Deus ou de deuses já implica certa personalização do santo, sagrado ou numinoso (R. Otto, M. Eliade) e é o que caracteriza as religiões proféticas, éticas e históricas, como as bíblicas, em contraposição com algumas religiões orientais, que tendem a subordinar as representações antropomórficas (Shiva, Vishnu, Durga etc.) a princípios divinos abstratos, transcendentes e suprapessoais ou naturais como acontece nos escritos vedas.

O caráter pessoal dos deuses, assim como a preeminência da história sobre a natureza, tem como contrapartida a crítica filosófica e teológica ao antropomorfismo dos mitos e das religiões. Essa hermenêutica tem especial importância no monoteísmo bíblico, uma vez que se afirma um Deus pessoal e espiritual, que é o referencial último a partir do qual deve-se compreender o ser humano como sua imagem e semelhança. Daí, a importância da teologia negativa e da afirmação do mistério do Deus transcendente, uma vez que se o conhecemos esse "não é Deus" (Agostinho), para equilibrar a unilateralidade do nosso falar analógico de Deus. Também na filosofia clássica se acentua a unidade do ser, assim como sua inteligibilidade última, que propicia uma concepção monoteísta religiosa em contraposição à religião mítica e política, que é politeísta. O monoteísmo foi uma das fontes de inspiração para o idealismo filosófico ocidental.

A origem do teísmo é um problema discutido e não resolvido. Para alguns, o monoteísmo é o resultado de uma longa evolução e amadurecimento, sendo o politeísmo (Hume, Rousseau, Comte) ou o animismo (R. Tylor) a religião original da humanidade, enquanto que outros historiadores e fenomenólogos das religiões pretendem que inicialmente era reconhecida uma divindade única, sendo o politeísmo uma degradação posterior (W. Schmidt). Outros, como Hegel, sublinham a importância do monoteísmo em relação ao panteísmo, embora sua própria concepção de Deus seja panenteísta: Deus se realiza por meio da natureza e da história.

A concepção bíblica é o ápice de um longo processo na história do povo judeu, que inicialmente participava nos cultos animistas politeístas dos povos do Oriente próximo, depois passou por uma fase henoteísta e monolátrica (Javé, o Senhor, é maior que os outros deuses dos povos vizinhos, pelo menos desde Abraão e Moisés: Ex 15,11; 20,3; 22,19; Dt 4,19; 29,25), para finalmente afirmar a existência de um Deus único e universal, que é o de toda a humanidade, embora tenha escolhido Israel como seu povo por antonomásia, revelando-se a ele e estabelecendo uma dupla aliança com todos os seres humanos (por meio de Adão e Noé) e com Israel (através de Abraão). Desde o séc. VI a.C., encontramos afirmações monoteístas claras (Is 40,21-28; 41,21-24; 43,10-13), que no entanto coexistem e competem com outras henoteístas que afirmam a superioridade de Javé sobre os outros deuses. Passa-se da superioridade do deus próprio para a negação da existência de outros deuses (que são rejeitados como falsos por sua inferioridade e impotência).

A grande luta dos profetas israelitas é contra o politeísmo e a idolatria, mais que contra o ateísmo. Este somente adquiriu importância a partir do iluminismo e foi preparado com o deísmo do deus arquiteto ou criador que favorecia a ideia de um deus ativo nas origens, que depois se transformou em um deus ocioso e não operativo. No entanto, não se pode estabelecer um esquema universal de desenvolvimento na história das religiões. É evidente que nas tradições politeístas há tendências unificadoras e hierárquicas, embora não se negue a existência de outros deuses, enquanto que no monoteísmo se tende a formas mitigadas de politeísmo em forma de espíritos, anjos, seres sobrenaturais e deuses menores, que refletem a pluralidade e plenitude da divindade única. As divindades inferiores, e os seres que participam da divindade, embora não sejam plenamente divinos, servem de mediadores e intermediários, tanto mais necessários quanto mais se acentua a transcendência e o mistério.

A religiosidade popular sempre tendeu para formas mitigadas de politeísmo, em contraposição com a religiosidade mais culta e intelectual, pela dificuldade de se relacionar com um Deus puramente espiritual, transcendente e misterioso. Por isso, a religião popular multiplica os seres intermediários entre a divindade e o ser humano, algumas vezes vendo-os como mensageiros sobrenaturais, sem que sejam propriamente deuses, e outras vezes considerando-os como personalizações e hipóstases do mesmo Deus, na linha para a qual aponta a concepção hebraica sobre a sabedoria divina (Sb 7,22-8,10) e a cristã sobre o Logos de Deus (Jo 1,1-5). Por isso, podem ser encontrados traços politeístas dentro dos monoteísmos, e vice-versa. Por outro lado, as tradições filosóficas gregas potencialmente tendiam para o monoteísmo porque afirmavam a imutabilidade, a-historicidade, atualidade e permanência do ser divino, em contraste com a mudança do mundo dos fenômenos.

Além disso, o monoteísmo sempre teve um problema com a diversidade de religiões da humanidade. Oscilou entre a rejeição explícita (vendo-as como falsas, ou como criações de seres espirituais malignos, como os demônios) e a aceitação mitigada dessas tradições, afirmando que Deus se revelou também aos gentios (Ml 1,11), que há um conhecimento natural de Deus através da criação (Sb 13,1; Rm 1,18-23) e que os povos buscam às apalpadelas o deus desconhecido (At 17,22-28). A tradição hebraica e cristã manteve tensão constante entre a afirmação monoteísta e o reconhecimento de outras tradições como vias para chegar a Deus. Houve uma aceitação da verdade das tradições filosóficas greco-romanas, identificando a divindade da teologia natural com a judaica (Fílão), e se abriu a perspectiva para uma revelação extrabíblica, como propôs Justino ao falar das "sementes do Verbo" (*Apol* II,7,1; 10,2) e de que "todo o gênero humano" participa do Verbo (Apol I,46; 5,3-4), apesar de acusar os gregos de plagiar a Bíblia (Apol I, 59-60).

II. Do monoteísmo à Trindade e à teologia das religiões. Jesus não foi um cristão, mas um hebreu. Daí, sua concepção religiosa era a de um monoteísmo estrito, próprio do judaísmo tardio, e sua visão de Deus como Pai e criador corresponde estritamente à revelação hebraica. O passo para o monoteísmo trinitário é dado pelos cristãos à luz da ressurreição, que revela a atualidade de Deus em Jesus (explicada com os títulos cristológicos do "Emanuel" [o Deus conosco], o Filho de Deus, o salvador, o Cristo etc.), assim como a habitação de Deus em toda a comunidade, enquanto Deus Espírito ou Espírito Santo. Deus se revela como pai criador e referência última de tudo quanto existe (uma vez que a criação impli-

ca dependência e relação absoluta diante de Deus); como Filho que, de dentro da história, vive uma vocação de filiação e doação, ensinando os homens como ser pessoa; e como Espírito, força, energia e espírito de amor, que, de dentro do ser humano, inspira, motiva, guia e potencializa.

A transcendência radical da paternidade dá margem à radical imanência da filiação e do amor dentro da história humana. Por isso, Irineu de Lyon fala do Filho e do Espírito como das "duas mãos do Pai", sendo Deus pai e criador o referencial último quando nos dirigimos a Deus (no Filho e por meio do Espírito). Por isso, não se pode afirmar simplesmente que Deus é Jesus, afirmando uma identidade sem mais, porém que Jesus foi constituído Filho de Deus, poderoso segundo o Espírito, a partir da ressurreição (Rm 1,4). Ele nos revela Deus enquanto é Filho de Deus (título cristológico pascal que revela a identidade e significação de Jesus), mas sem falar dele como se fosse o Deus da tradição hebraica, que é o pai e criador adorado também pelos muçulmanos.

O cristianismo teve grandes dificuldades para manter o monoteísmo estrito e conjugá-lo com a concepção trinitária, sem cair no perigo do politeísmo larvado. De fato, na religiosidade prática do povo cristão há frequentemente um triteísmo fático, vendo o Pai, o Filho e o Espírito como três sujeitos autônomos e transformando a ideia de pessoa (máscara, forma subsistente de existir e de se comunicar) em personalidades ativas totalmente independentes, projetando nelas a concepção atual de pessoa humana. Do sujeito único que se revela e, a partir de três relações distintas (e por isso falamos de Deus como ser relacional em si mesmo, que serve de modelo analógico para a concepção do ser humano), passa-se para os três deuses, cuja identidade se expressa com a filosofia naturalista grega, para os quais só podemos postular uma essência ou natureza comum na linha inspiradora constantinopolitana e na posterior agostiniana. Inclusive, no cristianismo popular aconteceu, às vezes, substituir o Espírito pela Virgem Maria deificada, fazendo do Pai, do Filho e da Mãe três sujeitos ativos diferentes, e com isso o Espírito Santo se transforma no Deus esquecido ou silenciado da religião popular (e, às vezes, até da teologia mais culta). Em lugar de ver a cristologia pneumática como a forma cristã de acesso ao único Deus da tradição hebraica e de Jesus, levando à plenitude a revelação anterior, fez-se da Trindade uma entidade a meio caminho entre o monoteísmo e o politeísmo.

O triteísmo, com inevitáveis conclusões politeístas, tem sido sempre a heresia larvada e potencial do cristianismo, à custa de manter distância do monoteísmo estrito professado na fé hebraica e no islamismo. Daí, a importância de uma cristologia pneumática, que não se identifique simplesmente com jesuologia, e que saiba distinguir entre o sujeito histórico (Jesus) e a significação e identidade que revelam os títulos cristológicos (pós-pascais). A atual teologia cristã das religiões tenta superar o perigo do politeísmo, distinguindo, por um lado, entre teocentrismo e cristocentrismo, e, por outro, entre cristomonismo (uma cristologia sem Espírito) e afirmação de Cristo como revelação última e plena de Deus, embora as sementes do Verbo e a presença do Espírito se façam presentes em outras religiões, que seriam caminhos de salvação para a humanidade.

A pluralidade de religiões não tem por que levar ao politeísmo, nem tampouco equivale a que todas sejam igualmente válidas e verdadeiras. Um único Deus se revela pluralmente à humanidade, respeitando a diversidade cultural e histórica. O Deus criador, ao qual se dirigem multidões de religiões e de povos como origem e princípio, a partir do qual se deve compreender o ser humano, é o Deus que os cristãos confessam em Cristo, o Filho de Deus. Porém, essa revelação e a salvação que ela gerou não chegaram ainda à consumação final. A redenção é que culmina a criação, sendo o Evangelho de Jesus uma boa semente semeada na humanidade e que ainda não deu plenamente seus frutos. Embora, para os cristãos, Cristo seja a revelação plena e última de Deus, num contexto escatológico, no qual Deus ainda não é universal, tudo em todos.

A confissão de um monoteísmo trinitário, baseado na ressurreição e em Pentecostes, é uma tarefa para os cristãos, e não algo aceito por todos os seres humanos. Por isso, não deve levar à competitividade das religiões nem ao proselitismo eclesiocêntrico, mas a um papel testemunhal de serviço e anúncio. A missão da Igreja consiste em mostrar a dimensão universal da revelação que Cristo fez de Deus, a partir de uma situação histórica contingente, na qual o cristianismo goza das mesmas possibilidades e direitos que as outras religiões. Cristo, que confessamos como alfa e ômega da história, ainda não se revelou plenamente, uma vez que esperamos sua vinda última no fim da história. Nesse ínterim, não é só a criação inteira que espera a salvação final, como em dores de parto (Rm 8,22-23), mas não se consumou ainda a submissão dos poderes deste mundo ao Deus criador universal, confessado pelo judaísmo, pelo cristianismo e pelo islamismo. Daí a importância do monoteísmo para o cristianismo, tanto no que se refere a suas relações com os outros monoteísmos bíblicos, como em relação às outras religiões. Somente a partir daí é possível uma aceitação não cristã de Jesus como o Cristo e o Filho de Deus, sem que seja obstáculo para o monoteísmo mais radical.

III. Problemas atuais: críticas ao monoteísmo e novo auge do politeísmo. Não há dúvida de que o atual contexto sociocultural é claramente favorável à pluralidade e ao politeísmo, havendo fortes críticas ao monoteísmo. Vivemos em sociedades abertas onde nos encontramos com diversos grupos sociais, culturais, religiosos, linguísticos e humanos. Rejeita-se o uno pelo plural e o homogêneo em favor da diversidade, a partir da qual é possível o acesso à universalidade. Essa situação joga a favor do politeísmo. Falar de uma religião verdadeira e de um Deus único parece pouco plausível à luz do pluralismo religioso existente, do ponto de vista tanto sincrônico como diacrônico.

À impugnação de uma religião única se acrescenta uma segunda, que diz respeito também ao monoteísmo. Não há nas religiões monoteístas uma inevitável tendência à intolerância, cuja consequência é a imposição autoritária e a agressividade para impor a verdade do único Deus? De fato, o âmbito das religiões está historicamente muito vinculado à violência, a tal ponto que se pode perguntar se não há raízes religiosas específicas da violência e uma diferente propensão ou predisposição aos conflitos, segundo o modelo de religião ao qual alguém pertence. A conflituosidade da religião parece aumentar no caso do monoteísmo. As pretensões de um único Deus para a humanidade levam consigo a validação de uma religião como verdadeira e superior, e o desejo de propagá-la para todos.

Uma crença religiosa única parece pouco compatível com a tolerância e com o respeito à liberdade religiosa. Ou melhor, favorece a imposição autoritária ou o fanatismo violento contra os incrédulos, cuja conversão se busca por todos os meios. A inquisição, as cruzadas ou guerras santas, a discriminação dos infiéis e, muito mais, a dos hereges, a confessionalidade do Estado e a coação dos valores religiosos na sociedade, são algumas consequências, amplamente testemunhadas na história de cada uma das religiões monoteístas. Daí a tendência atual para o politeísmo, para o pluralismo axiológico e mítico mais tolerante, respeitoso e pacífico.

Parece, além disso, que a diversidade de deuses obriga à tolerância, ao ecumenismo religioso e ao diálogo. A isso acrescenta-se que o politeísmo se manifesta como mais plausível e congruente com as sociedades pluralistas e abertas nas quais vivemos. Pensa-se que a permissividade e abertura das concepções politeístas imunizam melhor em relação aos fanatismos ideológicos, religiosos ou não. Além disso, estariam mais bem capacitadas para assumir a pluridimensionalidade de cada pessoa na sociedade, uma vez que cada indivíduo tem multipertenças a diversos credos e grupos. Por isso, podemos falar de uma clara preferência pelo politeísmo em relação ao monoteísmo.

Se Deus deve ser amado com todas as forças, como proclama o mandamento dos monoteísmos bíblicos, é consequente lutar contra os que o negam, contra seus inimigos, e com isso a violência, paradoxalmente, derivaria da crença em Deus. O caráter absoluto e a incondicionalidade do ser divino se transformam em "santa" intolerância em relação aos seus inimigos, à custa de esquecer não só o segundo mandamento bíblico, que manda amar ao ser humano, inclusive aos inimigos. Perde-se a distinção entre Deus e suas representações, entre sua presumida comunicação e suas mediações humanas, institucionais ou não, que não gozam mais do caráter sagrado da palavra divina. Contudo, não é um traço exclusivo do monoteísmo, mas de todas as religiões.

Na realidade, os fanatismos religiosos, com sua carga potencial de violência, baseiam-se num equívoco que foi qualificado como idolatria nas tradições bíblicas. Deus não pode ser possuído, nem representado, nem encerrado num sistema doutrinal ou integrado numa organização religiosa. Na medida em que a pessoa identifica a verdade própria com Deus, porque vê a religião à qual pertence como a única verdadeira, tal pessoa diviniza não somente a religião, mas o seu próprio sistema de crenças e práticas. A partir daí então não pode mais haver diálogo nem respeito, uma vez que falta a simetria entre os membros das diversas religiões, ou entre crentes e não crentes. A luta é entre Deus, que é dos nossos, e os outros, que são os que o negam. A divinização das próprias crenças é o que possibilita a luta desigual entre o bem e o mal. A divindade fica presa ao sistema de representações.

Então, o potencial de violência de toda sociedade e religião se radicaliza, porque é o mesmo Deus que está em jogo. Facilmente as próprias lutas e projetos pessoais, individuais e coletivos, são interpretados em termos messiânicos, como parte da luta maniqueísta entre o bem e o mal. O fato de se esconderem por trás interesses políticos, sociais e econômicos, tanto da sociedade como da instituição religiosa que lhe dá respaldo, escapa à vista, porque a luta se transformou na luta do próprio Deus. Por conseguinte, a religião exerce função ideológica, que encobre os conflitos e interesses que acontecem na história.

A isso tudo se acrescenta o caráter ambíguo da religião como canalizadora dos conflitos sociais. René Girard mostrou que o desejo humano se baseia, não tanto na apetência das coisas, quanto na identificação e na imitação dos outros, que nos leva a buscar o que eles têm, embora na realidade é a eles que queremos. Imitação e seguimento são dois conceitos chaves para compreender os conflitos sociais e o papel da religião. A competitividade não só se baseia no afã de ter, mas sobretudo no desejo de ser como o outro. Esse mecanismo acontece também na religião, tanto na relação entre o mestre fundador e seus discípulos, como no que diz respeito à mesma imitação dos deuses, que é um princípio muito generalizado nas religiões. Por isso, a religião tem grande ambiguidade, ressaltada pela psicanálise de raízes freudianas, e é caracterizada pelo amor e pelo ódio, pela identificação e pela rebelião contra o mesmo Deus e seus representantes.

O desejo de ser como Deus é constitutivo do ser humano. Tem como contrapartida a tendência ao assassinato do ser divino, amado e temido ao mesmo tempo, objeto do desejo e da paixão mais radical, e ao mesmo tempo de rejeição e agressividade. E isso não depende só do que os deuses fazem, do fato de serem bons ou maus, mas é provocado por sua mesma existência. A divindade é invejada e temida, amada e odiada ao mesmo tempo. Queremos e não podemos ser como ela, e isso produz no ser humano sentimentos contrapostos. A violência encontra, assim, um canal dentro das religiões que canalizam o desejo mimético da humanidade, com todas as suas implicações. A ambiguidade de uma divindade amada e temida é constitutiva das religiões, muito além da unicidade ou pluralidade dos deuses. O divino é sempre um mistério fascinante que atrai e dá medo, e a religião tira o melhor e o pior do ser humano, sem que esta dupla perspectiva possa ser purificada totalmente.

O pacto social e a constituição do poder estatal se relacionaram com a necessidade de sobrevivência dos membros de cada sociedade. Precisamente porque toda sociedade está fundada sobre o assassinato e a violência, impregnada de competitividade e rivalidade, e constituída a partir de um conflito de interesses. Isso é o que torna necessário o monopólio da violência pelo Estado, uma lei que regule a competência social e algumas regras de jogo que ordenem o comportamento dos membros. Segundo Girard, a rivalidade mimética leva à violência, a qual se desencadeia sobre indivíduos e grupos sociais que podem servir de bodes expiatórios. Ao se descarregar a violência coletiva, produz-se a paz social, uma vez que se reconciliam entre si os coligados contra o macho caprino escolhido. Isso produz o aniquilamento físico e moral do inimigo, que concentra a agressividade social.

O reverso dessa dinâmica, segundo a qual os membros de uma sociedade buscam potenciais inimigos para descarregar sobre eles a violência acumulada, é o da pacificação e coesão interna da sociedade, satisfeita e descarregada de seu potencial de violência, uma vez que esse potencial se descarregou sobre o suposto inimigo externo ou interno. A coesão social está relacionada com a rejeição do "outro" (estrangeiro, diferente, dissidente, inimigo), e os enfrentamentos com um inimigo externo servem de contrapeso para as tendências internas. Toda sociedade tem minorias e grupos sobre os quais se pode exercer a violência, como acontece com os judeus, com os estrangeiros, os mouros, os ciganos, os comunistas, os ateus etc.

Esse mecanismo age dentro da religião e é transmitido para a relação com Deus. A violência, inclusive a socialmente justificada, é também uma transgressão que gera a culpa, e esta se satisfaz com os sacrifícios que permitem a reconciliação com a divindade e a restauração da paz social. Os mecanismos penitenciais servem para pacificar a consciência e descarregá-la, e oferecem meios para reparar a violência, geralmente com oferendas e sacrifícios à divindade, os quais, no entanto, não servem para ressarcir as vítimas. A religião se transforma, assim, na grande administradora da culpa e a grande legitimadora de uma ordem social que sempre está baseada na violência. É uma instância para afiançar a distinção entre "os nossos" e "os outros", instância que é o eixo sobre o qual se baseia a violência social (agressores e vítimas), e para legitimar as instituições que impõem a paz e a ordem depois de períodos de irrupção da violência, isto é, de desordem e caos social.

As religiões não só estão impregnadas com a violência da sociedade, mas são parte integrante dela e exercem papel básico na hora de canalizá-la e sublimá-la. As religiões não podem ignorar a capacidade destrutiva do homem, porque esta impregna as mesmas instituições e relações internas de cada comunidade e se intromete na imagem mesma de Deus e na compreensão que se tem dos homens. Portanto, sempre haverá uma relação entre violência e religião, porque a religião é uma parte da sociedade e de suas potenciais fontes conflituosas. A absolutização das próprias crenças, unida à insegurança existencial do homem, e a implicação das religiões na constituição e manutenção da sociedade, como canalizadoras e gestoras da agressividade humana, é que explica o potencial religioso de violência. Não há diferenças entre as religiões monoteístas e politeístas, uma vez que todas exercem funções parecidas, embora de modo diferente. O específico do monoteísmo em relação ao politeísmo não está na ausência da violência, mas na forma de administrá-la e nas diversas dimensões que o monoteísmo tem em ambas as tipologias religiosas.

O politeísmo, simbolizado pelo panteão dos deuses, tem maior tolerância e capacidade de diálogo em relação às diversas crenças, uma vez que todas elas são assumidas, integradas e respeitadas, rompendo com a ideia de uma verdade monolítica e una. Existe aqui respeito à pluralidade e aos traços específicos de cada tradição, sem intenção de substituí-la pela uniformidade. Daí a maior riqueza de expressões religiosas, que refletem a complexidade e variedade de necessidades e experiências humanas. Também existe maior atenção à contingência e historicidade das crenças, uma vez que a existência de várias serve para prevenir tentações totalitárias ou de monopólio por parte de uma. A maior capacidade de abertura permite reconhecer contribuições das ouras religiões, distintas da própria, e aceitar as influências enriquecendo o próprio patrimônio. Favorece também a divisão social de poderes, a democracia consensual e a sociedade aberta, contra os fundamentalismos fechados. No entanto, também essa pluralidade é marcada pela competitividade, que pode suscitar a violência henoteísta, isto é, a confrontação, porque a divindade própria é melhor e maior que a do rival. A competitividade encontra respaldo nas lutas religiosas e pode degenerar em violência, como acontece, por exemplo, no hinduísmo ou na história do judaísmo.

Além disso, a pluralidade pode degenerar em indiferença religiosa. Deixa de haver uma religião plausível e convincente, e um Deus ao qual invocar e vincular os problemas da vida. Se todas as religiões valem igualmente e merecem o mesmo respeito, é que nenhuma vale a pena, e com isso se fomenta a descrença e a permissividade religiosa. Essa postura pode deixar vazias de resposta expectativas humanas e preparar, indiretamente, o ressurgimento de um credo forte, que rompa com o pluralismo e a tolerância, porque esta gerou insensibilidade em relação às distintas ofertas religiosas. A mesma insegurança gerada por várias tradições religiosas pode suscitar o desejo de uma verdade única, que deva ser imposta às outras e que dê estabilidade e firmeza às próprias crenças. Não esqueçamos que a tendência à lei e à ordem é constitutiva do ser humano, e que há personalidades propícias a medidas que acabem com o caos e a heterogeneidade.

Por outro lado, o pluralismo politeísta relativiza os mesmos valores morais, uma vez que estes dependem das crenças de cada religião, o que pode levar tanto a uma consciência moral personalizada e crítica como ao vazio moral, fruto de uma absolutização do relativismo que gera indiferença diante das expectativas morais. Ao se desgastar a credibilidade e plausibilidade de cada religião, pela simples existência das outras, deixa-se de oferecer respostas válidas para as necessidades de sentido, motivação moral e consolo diante do sofrimento e da morte. Essa perda do religioso, que é também uma das dimensões da "morte de Deus", leva facilmente à sacralização de novas crenças que agem como pseudorreligiões (como os nacionalismos) e que geram violência.

Há uma tensão inevitável entre pluralidade e pretensão de verdade. A tolerância, entendida como respeito ao outro e ao seu caminho religioso em busca da verdade, pode degenerar em atitude cínica e ceticismo em relação à mesma ideia de verdade. A desumanização, que gera a competitividade humana e a luta pela sobrevivência e pelo sucesso, integra-se assim no âmbito religioso e o impregna. Por isso, em todas as religiões politeístas há reações pró-monoteístas mitigadas, que suportariam deidades inferiores sob uma divindade suprema e universal. A variedade dá margem à necessidade de unidade e de harmonia, à qual se une o caráter absoluto da lei moral e a ideia de uma racionalidade universal defendida pela filosofia. Esses fatores facilitam a passagem do politeísmo para o monoteísmo.

O monoteísmo, ao contrário, é menos propenso ao cinismo e ao ceticismo. Enquanto afirma um Deus de todos os seres humanos, pode reconhecer o valor universal da dignidade humana e tomar consciência da contingência e historicidade das próprias crenças, uma vez que a divindade não se deixa fechar nela e pode tornar-se presente em outras religiões. É, portanto, compatível com um monoteísmo aberto, como mostra a atual teologia das religiões de cunho cristão. Pode servir como instância protetora das minorias em cada sociedade, assim como para lutar contra a discriminação racial e a xenofobia. Sendo crença forte, com pretensões de universalidade, responde à necessidade de sentido, ordem e segurança do ser humano e é propensa às implicações éticas. Protege o fraco em relação à maioria, uma vez que todos têm o mesmo Deus e este tem soberania sobre a vida.

Nessa perspectiva, o monoteísmo responde bem a uma época de globalização, do mesmo modo que foi elemento constituinte da Modernidade iluminista e sua reivindicação de uma dignidade universal do ser humano. A fé em Deus e no ser humano leva também à crítica da política e da economia, contra a privatização da religião, que é uma contrapartida ao politeísmo religioso e axiológico. O universalismo monoteísta também afirma que a história está aberta, que o passado não está superado e que o sofrimento das vítimas continua sendo um incentivo para o compromisso presente e uma interpelação para o futuro que alcança o Deus. É o que está por trás da visão messiânico-profética da história, própria dos monoteísmos bíblicos. A partir dessa fé também é possível subtrair-se às razões de Estado ou às necessidades do mercado, rejeitando a mera objetivação e funcionalização dos seres humanos. Uma teologia da libertação universal se torna mais fácil em religiões monoteístas que nas politeístas.

Não se deve esquecer que o monoteísmo bíblico procura negar o mundo, não na base de prescindir dele, ou de se concentrar na interioridade pessoal, apesar de terem tido estas correntes ampla difusão nos círculos monásticos e no âmbito da mística, mas a partir de uma negação ativa. Deve-se transformar o mundo, contribuir para a criação do reino de Deus na história (que é dom divino, mas também imperativo para o ser humano) e transformar a realidade. Daí o compromisso humano em favor do outro, sob inspiração da divindade. A relação interpessoal humana é constitutiva da vinculação a Deus, tanto na tradição profética hebraica como na dinâmica cristã e na concepção divina do islamismo (Deus clemente e misericordioso que se torna protetor do ser humano). Outras religiões mais "naturais" e interioristas, como as tradicionais hindus e budistas, despreocupam-se mais do histórico-social em favor da interioridade pessoal.

No entanto, também subsistem nos monoteísmos os germes da intolerância e do fanatismo, ao qual se acrescenta maior dinamismo missionário que no politeísmo. O monoteísmo favorece a teocracia e acentua a submissão humana, isto é, o absolutismo eclesiástico e político. O Deus único exige uma forma social única para ser reconhecido, enquanto que a teologia do povo escolhido implica uma concepção assimétrica nas relações com outros povos e um complexo de superioridade em relação a qualquer religião. Por isso, historicamente, favoreceu-se o lema "fora da Igreja não há salvação", e com ele a intransigência religiosa.

A tendência à homogeneidade de crenças e uniformidade de rituais, práticas e estruturas organizativas, que é típica do monoteísmo, redunda também na intransigência em relação a toda dissidência ou alternativa. O ideal é que todos os membros dessa religião tenham a mesma identidade, independentemente do lugar e do momento histórico de cada sociedade. A ideia do Deus único é propensa a crenças e práticas iguais e universais para todos, à custa da inculturação e da diversidade. Facilita também o autoritarismo impositivo, que foi marca constante na história do judaísmo, do cristianismo e do islamismo. Já sabemos que, sob a apelação a um Deus único e universal, pode também subsistir encoberto um politeísmo competitivo, encoberto, como aconteceu nas guerras do Golfo e no Iraque ou nos conflitos entre Israel e os países árabes. Ao identificar o único Deus com a imagem particular dele na própria religião, nega-se de forma absoluta a verdade dos outros credos religiosos. Todos assumem que só há um Deus, mas nega-se que este seja compatível com a concepção do inimigo e se recai na luta henoteísta, que de novo ameaça, hoje, no contexto de uma guerra de civilizações.

A tensão entre monoteísmo e politeísmo é inevitável e acontece em todas as religiões, embora com distinta prevalência de cada elemento. Em todas, há germes de violência e sempre se propõe relativizar as próprias representações da divindade, sem confundi-las com o mesmo Deus, e abrir-se às outras imagens de Deus, sem ter que renunciar à fé monoteísta. Precisamente porque há um só Deus e uma humanidade, deve-se reconhecer a dignidade de cada forma religiosa, assumindo tudo o que nela se encontra de valioso. Isso não é impedimento para testemunhar que o próprio caminho é considerado o melhor para o encontro com o único Deus. Não existe monopólio do divino em nenhuma religião, mas cada uma tem que mostrar sua validade salvífica, enquanto na prática serve para o amor e a justiça, que são valores aceitos e desejados por toda tradição religiosa. Somente assim as religiões podem orientar-se na linha de um freio à violência, cujas raízes ultrapassam a religião porque esta tem uma base natural e sociocultural. Este é o grande desafio no marco da globalização do mundo, também das religiões, obrigadas a conviver e a se respeitar, sem renunciar a suas pretensões de verdade.

Duquoc, Ch. "Monoteísmo e ideología trinitaria. In: *Concilium* 197 (1985), 79-88; Girard, R. *La violencia y lo sagrado*. Barcelona, Anagrama, 1983; Id. *El misterio de nuestro mundo*. Salamanca, Sígueme, 1982; Id. *El chivo expiatorio*. Barcelona, Anagrama, 1982; Lang, B. "Sólo Jahveh: origen y configuración del monoteísmo bíblico". In: *Concilium* 197 (1985), 57-66; Metz, J. B. *Por una cultura de la memoria*. Barcelona, Anthropos, 1999, 112-156; Moltmann, J. "La unidad convocante del Dios uno y trino". In: *Concilium* 197 (185), 67-77; Petterson, E. *El monoteísmo, problema político*. Madrid, Trotta, 1999; Vahanian, G. "Monoteísmo y religiosidad popular". In: *Concilium*, 197 (1985), 113-124.

Juan Antonio Estrada

MORTE

Deus, como comunidade de amor relacionada com a pessoa e com toda a criação, criou tudo para ser eterno. A morte, ao contrário, significa o fim absoluto de tudo o que existe de bom e de mau. Enquanto símbolo, a morte é o aspecto destrutível da existência, designa aquilo que desaparece na evolução irreversível das coisas. Por outro lado, a morte nos introduz nos mundos do inferno ou do paraíso. As ciências humanas e a experiência mística percebem que no ser humano, em todos os seus níveis de existência, coexistem a morte e a vida como uma tensão entre duas forças contrárias. Tensão que se expressa no conflito entre a extinção inexorável da vida física e o desejo imanente de que a vida se perpetue. Para os cristãos, no entanto, a morte representa a transição entre a forma de vida física que se extingue com ela e o começo de uma nova forma de vida. A morte como libertadora das penas e preocupações – ela não tem um fim em si mesma – nos dá acesso ao reino do espírito, a vida verdadeira. Por isso, a morte é considerada "porta da vida".

Se o ser humano que a morte abate vive num nível espiritual, ela lhe revela os campos da luz. Se, pelo contrário, vive só no âmbito do material ou biológico, fica na sombra dos infernos. Mas, além de seu significado etimológico original, o termo "morte" assume significados inumeráveis, segundo a interpretação que lhe deram as diversas culturas e crenças ao longo da história. Este trabalho considerará principalmente as duas dimensões teológicas da morte: a morte física e a morte espiritual. E, no final, destacaremos o significado da morte de Cristo sob o enfoque da morte por amor e da morte como mistério pascal.

I. Etimologia da palavra e seu significado bíblico. O vocábulo "morte", de acordo com as fontes hebraicas e gregas, está ligado a diferentes conceitos escatológicos.

1. *Significado no Antigo Testamento*. O pensamento veterotestamentário vai introduzindo lentamente na vida o significado da morte. Morte que representa o fim definitivo da pessoa humana sobre a terra (2Sm 12,15ss). Partindo da concepção mais antiga sobre a morte, vamos considerar três fases importantes na evolução deste pensamento. Na primeira, enfocaremos a morte como acontecimento natural que acontece no fim da vida humana; na segunda, consideraremos a morte como a passagem de um estado material para outro superior e, na terceira, veremos que o pecado introduz a morte como castigo do pecado.

a) Primeira fase: *a morte como extinção da vida*. Tanto no AT como no NT existem muitos vocábulos que traduzem o acontecimento da morte e o morrer, e que recordam à pessoa humana a impossibilidade de dispor de sua própria vida. Desde o tempo de Homero, cada ser vivo exposto à morte é considerado como thnetós, mortal. Os seres humanos são chamados principalmente *hoi thnêtoí*, os mortais, diferentemente dos deuses, que são dotados de *athanasía*, imortalidade. Além dos vocábulos ligados a *thánatos*, que indicam a passagem da vida para a condição de morte e a morte em si, desde os primeiros tempos, e precisamente desde os tempos de Jesus, foram usados outros vocábulos para descrever o morrer ou o estado de morte. Vocábulos que em sua origem indicavam somente o sonho, em grego *hyp-nos*, enquanto que o vocábulo *teleutáu* indicava o morrer, entendido como o término e a conclusão da vida que acontecem de maneira natural.

No período helenístico o conceito de *thánatos* e outros vocábulos são usados também no sentido figurado para indicar a morte espiritual e intelectual. Para os gregos, a morte significa que não existe mais vida, o que existe é o fim da existência e o aniquilamento do ser humano, também se as almas das sombras são acolhidas no reino dos mortos. A morte é o destino comum de todos os seres. Seu aspecto negativo é representado pelo fato de vir personificada como monstro dos lugares inferiores. Como não existia uma fé na criação, não se faziam perguntas sobre o porquê da morte, à qual os seres humanos estão submetidos por natureza, ao mesmo tempo em que se invejavam os deuses por possuírem a imortalidade. Consequência normal da ideia de que a morte é irreversível é que devemos gozar profundamente a vida. Paulo expressa essa ideia quando escreve aos coríntios: "Comamos e bebamos porque amanhã morreremos" (1Cor 15,32). A sede de não perder sequer um momento de prazer é própria da sensibilidade greco-romana. No contexto desta mentalidade, o melhor é aproveitar bem a vida antes de se submeter a uma vida marcada pelo envelhecimento e pela debilidade física. Uma morte tranquila depois de uma longa vida de prazer terreno era considerada o bem supremo, uma vez que, em tal concepção, a morte liberta da nulidade da vida.

b) Segunda fase: *morte e imortalidade*. Junto com essas formas de comportamento diante da morte, começam a aparecer expressões de fé na imortalidade da alma. Esta encontra sua origem na experiência mística órfico-pitagórica e pela primeira vez é discutida e motivada difusamente por Platão. Tal discussão acontece do ponto de vista filosófico, como complemento de seu conceito moral da pessoa: com a morte a alma se liberta do corpo, a dimensão imortal da mortal, a parte não sujeita à dor da do sofrimento. Porque a vida do filósofo tem exclusivamente como finalidade o puro conhecimento intelectual, como meta profundamente desejada. Essas ideias sobre a imortalidade encontram ampla difusão no período helenístico, embora não determinem completamente a fé popular. Unicamente no neoplatonismo confluem ideias platônicas e aspectos mistéricos dos cultos orientais com aspectos místicos do gnosticismo, para formar um sistema especulativo no qual ocupam um lugar importante a transmigração das almas, a purificação progressiva e a elevação da alma acima do mundo sensível.

c) Terceira fase: *a morte como processo evolutivo*. A pessoa humana é entendida como uma totalidade em outra Realidade muito maior, que passa pelo universo, o qual envolve o ser humano e o abre para uma vida sem fim. Os estoicos da antiguidade já diziam que "somos membros de um grande corpo" que é o universo. Tudo isto acontece dentro de um imenso processo evolutivo regido pelo equilíbrio entre a vida e a morte. Esta vida apresenta uma estrutura organizada de tal maneira que vai se desgastando lentamente até acabar de morrer. No entanto, o equilíbrio leva a pessoa humana a tomar progressivamente consciência de que sua essência reside em sua capacidade de relação ilimitada, indefinida, sempre aberta. Tal capacidade de relação emerge como uma energia vital sempre desperta, sempre aberta para se submergir no universo da interioridade humana.

Deste modo, a pessoa humana está sempre disposta a fazer a experiência abrâmica de se aventurar para o desconhecido, em busca do novo e da realidade ainda não experimentada. Nesta perspectiva, a morte não é consequência do pecado, como se apresenta na compreensão judaico-cristã.

Esta compreensão não soube acolher a vida imortal como dom divino que se manifesta no amor e na amizade com Deus e com toda a criação. A morte preexistia ao pecado humano. Consequência do pecado é a forma concreta na qual experimentamos a morte. Ela faz parte da vida, mas sem destruí-la.

A interpretação dada aos textos da tradição bíblica ao longo da história revela a concepção que o povo de Israel tinha da morte. No pensamento veterotestamentário a morte é separação de Javé, origem da vida. Assim se expressam os salmistas: "Volta-te, Javé! Liberta-me! Salva-me por teu amor! Pois na morte ninguém se lembra de ti, quem te louvaria no Xeol?" (Sl 6,6). A pessoa humana que morre cheia de anos deve estar feliz e agradecida por ter vivido tanto. O recente livro do Gênesis transmite esta ideia: "Quanto a ti [Abraão], irás em paz [reunir-te] com teus pais, serás sepultado numa velhice feliz". Esta concepção não exclui a precariedade da vida nem as lamentações por seu curso veloz (Sl 90), onde enfermidades e misérias amargam a vida humana e levam o ser humano a implorar a graça de seu Deus para que o livre dos laços da morte e de descer aos infernos: "Cercavam-me laços da morte, eram redes do Xeol: libertou minha vida da morte, meus olhos das lágrimas e meus pés de uma queda" (Sl 116,3.8). Não é a morte como tal o que causa medo e angústia, mas a morte prematura que vem do castigo de Deus por causa da culpa do ser humano (Dt 13).

No entanto, nos livros mais antigos da Bíblia hebraica a criação não pressupõe a imortalidade da pessoa porque a morte geralmente não é vista como um castigo divino. Só muito mais tarde, a partir do tempo do exílio, o significado da morte se torna um problema que incomoda e interpela os israelitas dos últimos séculos antes de Cristo. Fala-se, então, de um processo de individualização das relações com Deus (cf. Jr 31,29ss) e se busca a causa da morte no pecado do ser humano.

Partindo desta concepção, ao ser humano não resta senão aceitar o destino comum da morte (cf. Gn 3,19). A morte não vem de fora, está instalada dentro de cada ser. A vida é mortal; por isso, numa compreensão evolutiva de toda a criação "o enigma da condição humana chega ao seu ápice diante da morte" (GS 18). Jesus quis se submeter à morte para acabar com ela. É essa consciência, essa certeza dada pela fé cristã de que o ser humano de hoje não consegue penetrar com a inteligência de sua fé e confessar que o reino de Deus só dará frutos através da morte pessoal de cada um e de toda a criação. Portanto, a morte não é o fim, mas o lugar do verdadeiro nascimento do ser humano e de toda a criação.

2. *Significado no Novo Testamento*. No NT o conceito de morte segue plenamente na linha do conceito veterotestamentário. Nos evangelhos se usa muitas vezes a palavra *thánatos* referindo-se à morte de Jesus. Paulo, ao contrário, a refere à morte humana. Neste contexto adquire uma importância muito particular a pergunta sobre a origem da morte. Quem responde é Paulo com esta frase densa de sentido: "O salário do pecado é a morte" (Rm 6,23). O apóstolo mostra aqui que não vê a morte como um fenômeno biológico, mas teológico. Sempre que a pessoa humana rompe sua relação com Deus, comunidade de amor, que dá a vida aos mortos e chama à existência as coisas que não existem (cf. Rm 4,17), abandona a raiz de sua vida e cai na morte. A

pessoa humana pode perceber sua situação vital de fundo e tomar consciência de que, por culpa própria, vive na morte. A morte, portanto, tem poder sobre a vida e nesse sentido é uma realidade presente. A realidade da vida de pecado é constituída inseparavelmente pela morte espiritual e pela morte *física*. Não sem razão, a pessoa consciente de seu pecado grita: "Quem me libertará deste corpo de morte?" (Rm 7,24). A superação desse estado de pecado, ao qual toda a criação está submetida, realiza-se pela ação da graça divina que está acima das possibilidades humanas e, ao mesmo tempo, essa graça, que só pode vir de Deus através de seu Filho pela força do Espírito Santo, é dada gratuitamente e na medida apropriada a cada ser humano.

Para o NT a morte não é, pois, um processo natural, mas um acontecimento histórico que considera claramente a existência da pessoa humana tal como é, em sua realidade única e irrepetível. Sendo a morte consequência histórica do pecado do ser humano, deve levar em conta a profunda ligação existente entre a morte humana e a de todos os seres vivos não humanos, numa palavra, o cosmos como criação de Deus. E é também a reflexão de Paulo que nos dá uma resposta. A criação, não por sua vontade, mas por causa do pecado humano, está submetida à vaidade e à precariedade. E agora, expectante, anseia junto com cada um de nós, filhos de Deus, sua libertação da escravidão do pecado (Rm 8,19-22). Paulo nem sequer considera a morte do cosmos um acontecimento natural. Na plenitude dos tempos tudo será criado de novo e a nova criação, que a morte de Jesus nos consegue, consuma a morte *física* e completa nossa incorporação ao seu ato redentor.

II. As duas dimensões teológicas da morte. Trataremos agora, separadamente, as dimensões da morte humana: a *física* e a *espiritual*. A primeira é representada pelo fim da vida física, uma realidade inevitável a todo ser humano. A segunda, representada pelo fim da vida espiritual, uma realidade não inexorável que pode ser evitada pelo uso correto da liberdade humana.

1. *A morte física.* Em sentido literal, a morte física é a extinção da vida, da existência, do tempo. Porém, a pessoa humana, por estar destinada à eternidade, é mais que a vida, porque ultrapassa o espaço de tempo que transcorre desde seu nascimento até sua morte. É mais que a existência, pelo fato de ser uma pessoa em processo vital de movimento desde que nasce. É mais que o tempo, porque a pessoa humana experimenta o antes e o depois, como acontecimento qualitativamente interior que rompe com o tempo quantitativo e determina assim o valor do tempo como resposta densa de sentido, diante da oferta divina do irrepetível, tempo da graça salvadora. Para o cristão, homem e mulher, a morte física é um mistério próximo ao mistério da vida.

De fato, a complexidade do acontecimento da morte é objetiva e facilmente percebida em suas múltiplas manifestações. Estas encontram forte ressonância na própria liturgia da qual participa a comunidade cristã, onde a morte é vista como um acontecimento de dor e alegria. Por um lado, reflete a atmosfera de dor e de tristeza que cabe a um acontecimento tão radical e carregado de consequências dilacerantes. Por outro, justifica um inconfundível e paradoxal veio de ação de graças e até de alegria. A primeira conotação tem seu sentido, que brota da separação das pessoas amadas, da perda das relações familiares e tranquiliza a existência terrena do temor do inédito, do irrevogável, e da possibilidade do fracasso. A segunda conotação nasce da consciência de fé, pois a morte em Cristo não significa um fim, mas o começo de tudo. É realmente difícil para o ser humano introduzir-se em tal mistério, pois é uma realidade divina, transcendente e salvífica que o supera, não pela escuridão do mistério da morte, mas sim pela limitação de sua capacidade espiritual de penetrá-lo.

Fica claro que, para a vivência da fé cristã, a morte não pode ser reduzida àqueles fenômenos biológicos e médicos que, em íntima conexão cronológica, conduzem diretamente à morte. Deve ser reconhecida como um processo que diz respeito a toda a vida, processo que pode ser considerado como uma verdadeira e própria antecipação da morte ou como uma experiência de morte antecipada. O ser humano se encontra diante de uma experiência do morrer interior, que não é um fenômeno particular que se verifica em sua vida aqui e ali, mas um "humor fluido" de fundo que atravessa tudo.

Embora a sociedade atual reconheça os valores positivos da ciência e da técnica que levam ao progresso e ao desenvolvimento do mundo, a pessoa humana tem, por outro lado, clara consciência de seus limites. Em primeiro lugar, a vida atual ainda é prisioneira de suas angústias, de seus problemas, desequilíbrios e contradições. De acordo com o *instinto do coração*, a pessoa humana percebe que sua existência não está limitada à experiência terrena, é consciente de levar dentro de si um *germe de eternidade*. Por isso, reage diante da ideia de aniquilamento de sua pessoa e de suas realizações. A ciência e as diversas confissões de fé constituem uma das fontes onde a pessoa humana busca uma resposta que a satisfaça e tranquilize suas inquietudes. A revelação, no entanto, indica-lhe uma solução: a causa profunda da dor e da morte deve ser procurada no fechamento da pessoa humana à fonte da Vida. É o que a reflexão e a experiência do apóstolo Paulo afirmam quando escreve aos romanos: "o pecado imperou na morte" (Rm 5,21).

A experiência de finitude da vida física é ampla e é um dado constitutivo da existência humana que provoca uma reflexão a partir da fé cristã, pois a morte física não se opõe à vida, mas ao nascimento. Por isso, cada pessoa é chamada a viver sua própria morte, uma vez que esta se configura num ato profundamente humano que desemboca na plena realização do fim sobrenatural de felicidade para o qual a pessoa foi criada. Em Cristo, o ser humano alcança esse fim na medida em que se liberta pela força da vitória do ressuscitado sobre a morte (1Cor 15,56-57). Cristo, o ser humano novo, passa da morte para a vida e inclui em si toda a espécie humana e toda a criação não humana, levando-as a reviver o mistério pascal. Graças a este processo, a morte cristã tem um sentido positivo, pois traz consigo a novidade essencial que está neste princípio: "Para mim o viver é Cristo e o morrer é lucro" (Fl 1,21). Fiel a esta palavra de vida, a pessoa humana sabe com segurança que "se com Cristo morrer, com ele viverá" (2Tm 2,11).

A partir desse momento, a relação do ser humano com a morte física muda e passa a assumir um novo sentido: não é somente um destino inevitável que pede resignação, a aceitação de uma ordem superior sem questioná-la, uma condenação como consequência do pecado. Morrer é morrer para o Senhor da mesma forma que se vive para ele (cf. Rm 14,7ss). No mistério do Senhor a morte física encontra agora sua base firme, porque entraremos num mundo no qual "não haverá mais morte" (Ap 21,4).

2. *A morte espiritual*. A morte espiritual é a separação de Deus. Um dos traços que distingue a morte física da espiritual é que a primeira é inevitável, enquanto que a segunda não o é. Depende de uma decisão da pessoa humana que aceita a graça salvadora de Deus por meio de Jesus Cristo ou se fecha a ela e, ao se fechar, rejeita esse dom, o que significa romper sua relação com Deus e com todas as coisas que se referem a ele. Aqui se afirma outra vez que "o salário do pecado é a morte" (Rm 6,16). Por seu profundo nexo com o pecado, a morte espiritual é entendida como o *não* dito a Deus, fonte de vida, pelo ser humano. E assim como a concepção de *vida* inclui não somente a vida física, mas é o compêndio de todos os bens e bênçãos que o justo merece, em primeiro lugar a amizade com Deus, a concepção de morte espiritual pode abranger todo o mal e toda a infelicidade que caem sobre a pessoa que não acata a graça divina.

Deste modo, tudo converge para mostrar que na morte espiritual se afirma a contradição e o paradoxo da própria pessoa. Por um lado, criada para usufruir eternamente a vida e, por outro, por sua condição física, ameaçada naturalmente por desejos e inclinações que competem com essa vida espiritual. Somente na perspectiva cristã a morte espiritual pode tornar-se o lugar da graça libertadora do pecado. Para o cristão, a morte é o lugar privilegiado da mudança de consciência do ser humano, de sua liberdade, de seu encontro com Deus como Comunidade relacionada pelo amor e de decisão de seu destino eterno. Esta dimensão da morte supõe que ela seja um acontecimento ativo que a pessoa humana vai preparando através das opções que faz em sua existência de cada dia. Lucas coloca na pregação de Jesus duas parábolas que ilustram muito bem a morte espiritual e a morte física. A parábola do rico Epulão e do pobre Lázaro (Lc 16,19-31) mostra o estado da pessoa humana que morre de morte física, mas não morre de morte espiritual, isto é, seu espírito, que vem da fonte de vida que é Deus, vive e goza da presença e da visão beatífica. É o caso do pobre Lázaro. Por outro lado, o estado da pessoa que morre de morte física e também de morte espiritual, não vive porque é atormentado. É o caso do rico Epulão.

Na parábola do filho pródigo (Lc 15,11-32) o sentido da morte espiritual parece ainda mais evidente. A volta do filho "infiel" que saiu de casa e esbanjou a herança recebida; ao voltar para casa, o pai o recebe com alegria, festa, comida e muita gente para celebrá-lo. Lucas mostra a misericórdia infinita do pai nas palavras atribuídas a Jesus explicando o ensinamento de vida e morte que a parábola traz: "Este meu filho estava morto e tornou a viver" (Lc 15,24). A morte da qual fala o evangelista consiste na vida desviada do caminho do bem que o filho pródigo tinha levado: separou-se de seu pai, dissipou sua herança, levou uma vida libertina. Tudo isto produziu nele uma verdadeira morte espiritual.

A morte espiritual não é querida por Deus, pois não lhe agrada a morte do ímpio (Jó 18,5-21), do pecador; prefere que se converta e viva: "Certamente não tenho prazer na morte do ímpio, mas antes, na sua conversão, em que ele se converta do seu caminho e viva" (Ez 33,11). Neste contexto, o profeta anuncia o estabelecimento de um reino escatológico, onde Deus destruirá para sempre essa morte que originalmente ele não havia criado (cf. Is 25,8ss). Os salmistas formulam a esperança de que Deus os livre para sempre do poder do Xeol (cf. Sl 49,16).

O sentido de morte espiritual é encontrado muitas vezes em João e Paulo. João a vê como consequência da incredulidade e do pecado. A pessoa que se abre para escutar a palavra e a vê no enviado de Deus, que é Jesus, passa da morte espiritual para a vida (Jo 5,24). Para não incorrer na morte espiritual, o evangelista enfatiza que o alimento cristão não é a carne que para nada serve, mas o espírito que vivifica e as palavras que dão vida (cf. Jo 6,63). E enfatiza fortemente o auscultar a palavra de Deus, na fé, quando fala do ensinamento de Jesus, com esta expressão: "Se alguém guardar a minha palavra jamais verá a morte" (Jo 8,51). Fechar-se à verdade é morrer espiritualmente. A narração de Mateus, quando atribui a Jesus as recomendações a seus discípulos diante das perseguições por causa da pregação aberta da verdade, é ainda mais contundente. Recomenda a seus discípulos: "Não temais os que matam o corpo, mas não podem matar a alma. Temei antes aquele que pode destruir a alma e o corpo na Geena" (Mt 10,28).

III. Significado da morte de Cristo. O sentido da morte é dado por Cristo, que veio a nós assumindo nossa condição humana, realizando o plano salvífico de Deus, submetendo-se à morte para reconciliar toda a humanidade com Deus e dar um sentido de vida a todo aquele que havia se submetido ao pecado e à morte. Cristo realizou isto como vencedor da morte e do pecado com sua ressurreição. Portanto, o morrer dos cristãos e cristãs é um morrer com Cristo (Rm 6,8), um morrer no Senhor (1Cor 15,18). Neste contexto a morte de Jesus é vista e proclamada como o evento salvífico único e fundamental (Rm 6,10).

Vou abordar agora dois enfoques da única interpretação da morte à luz da fé cristã: 1) a morte por amor; 2) e o enfoque do mistério pascal.

1. *A morte por amor: doação-serviço.* Com Cristo a morte muda totalmente de sentido e com sua morte Cristo redime a criatura desde sua condição de miséria e finitude. A morte de Jesus é eminentemente o modelo de morte cristã. Morrer como Jesus é viver como um *dar a vida*, em forma de missão. João explicita este modo novo de viver quando descreve o ato de lavar os pés na última ceia de Jesus com seus discípulos: "Tendo amado os seus que estavam no mundo, amou-os até o fim" (Jo 13,1). Dar a vida é ir até o fim, é servir, é fazer da vida um serviço aos outros, indistintamente, a todos. Esta consumação da vida no serviço aos outros não envolve necessariamente uma morte dramática e cruenta. Pode implicar uma longa série de limites humanos, como o envelhecimento, a rotina desconhecida do dia a dia que faz o serviço nada espetacular, a prática das boas obras de caridade, a fidelidade ao mandamento de Jesus, as exigências de seu seguimento, a superação dos fracassos e humilhações, a doação da própria vida por amor. O importante é que os anos se consumam numa missão, que traduzam concretamente o amor, o dom da vida até o fim. Pois sabemos que passamos da morte para a vida quando amamos os irmãos. Quem não ama permanece na morte (1Jo 3,14).

Jesus de Nazaré não veio se ocupar de anjos, veio se ocupar da descendência de Abraão que somos todos nós. Libertou-nos do medo da morte, desceu à região sombria dos mortos para traçar um caminho de luz. A partir dessa experiência *kenótica* de Cristo, a morte se transforma na passagem para uma vida mais alta. Os que morrem no Espírito de Cristo somente conhecem a morte física, pois a morte espiritual desaparece: os que morrem com ele passam da morte para a vida: "Morrer com Cristo é passar com ele da morte à vida" (Jo 5,24). Somente a morte por amor como doação e serviço, que aconteceu em Cristo, merece levar o nome de vida. Afirma-o João quando escreve a narração dialógica com Marta por ocasião da ressurreição de seu irmão Lázaro. O evangelista fundamenta muito bem esse alto momento de amor e de doação-serviço de Jesus que intercambia palavras de vida com uma mulher, Marta: "Eu sou a ressurreição. Quem crer em mim, ainda que morra, viverá. E quem vive e crê em mim jamais morrerá" (Jo 11,25).

A partir do acontecimento manifestado em Cristo por sua morte-ressurreição, o processo de reflexão teológica sobre a morte *física* e a morte *espiritual* alcança uma expressão tão forte que um conceito parece fundir-se no outro. Faço esta afirmação baseando-me na consciência progressiva que foi tomando o povo de Israel ao longo de sua experiência religiosa de fé em Javé, como Senhor da vida e da morte, e nas palavras atribuídas a Jesus no contexto em que viveu. As citações feitas até agora deixam entrever bem a fusão de dois conceitos e mostram de forma mais explícita a unidade de fundo que a palavra divina tem em relação à vida humana. Essa palavra, que vem da fonte da vida, que é Deus, considerada em suas expressões do tempo cronológico do presente, em outras que resgatam o passado e naquelas que nos colocam na transcendência do futuro.

Clemente de Alexandria (m. 215) alude à revolução da concepção que se tinha da morte ao afirmar: "Cristo mudou o poente em nascente". A morte se torna assim uma ceifadeira desmontada ou, como diz santo Agostinho, uma abelha que ao picar perde seu ferrão e morre. Para chegar ao Deus da vida, vale a pena pagar o preço que a morte supõe. A morte então não se apresenta mais como fim, mas como "mudança de morada", ou, como diz o poeta profético David Turoldo: "Morrer é sentir quão forte é o abraço de Deus".

2. *A morte salvífica: mistério pascal.* Em Cristo a morte se faz mistério pascal, o mistério de Deus por excelência, um Deus que se faz ser humano em Jesus Cristo, assume o pecado da humanidade e se doa inteiramente por amor, reconciliando assim toda a criação com seu Criador. A expressão *mistério pascal* evoca o significado central da palavra *mystērion*, muito usada por Paulo, como mistério de Deus intimamente conectado com a interpretação cristã da morte e da morte em Cristo. O mistério da cruz de Cristo que realiza o plano salvífico sobre o mundo é objeto da revelação, é mistério atual, dinâmico, ao qual a pessoa de fé adere por amor, com toda sua vida, quando toma consciência de que não é o prestígio da palavra e da sabedoria humanas o que anuncia este mistério profundo de Deus. É a abertura à graça salvadora de Deus como dom. Ao falar deste mistério, num contexto de vida-morte-vida, o apóstolo se apresenta como ministro de Deus sujeito ao processo de uma morte que os faz viver mais intensamente a vida em Cristo: por sua perseverança nas tribulações, por seu amor não fingido, por ser tido como moribundo e, não obstante, vivo; como castigado e, não obstante, livre da morte; como não tendo nada, embora possuindo tudo (cf. 2Cor 6,1-10). "Pois quis saber outra coisa entre vós a não ser Jesus Cristo, e Jesus Cristo crucificado (1Cor 2,2).

Em sua fraqueza e em sua humildade, como cristão, homem e mulher, imerso nas águas do batismo, legitimado e confirmado na memória da eucaristia – ponto mais alto da celebração da fé cristã – é ministro de Cristo crucificado. Também é administrador do profundo mistério de Deus, envolto no silêncio desde os séculos eternos. Mistério revelado somente agora na mensagem de Jesus Cristo, que o levou a superar as fronteiras da morte com sua ressurreição para resgatar toda a humanidade por amor (cf. Rm 16,25-27). O sentido da morte de Cristo, portanto, sintetiza nossa passagem pascal da morte para a vida plena, do tempo para a eternidade como um presente permanente, de uma íntima relação com Deus e com o cosmos para uma relação aberta e ilimitada com a Comunidade divina e com toda a criação.

A interpretação cristã da morte física e espiritual do ser humano passa pela tragicidade de Jesus que a viveu como um "cálice" de sofrimento (Mt 26,39), mas também como sua "hora": o momento de seu supremo ato de amor, "hora" da glorificação e do retorno ao Pai (Jo 13,31). Ao grito angustiante do Jesus inocente, que tomou sobre si o pecado da humanidade inteira e experimentou todos os matizes da miséria humana, segue sua livre e amorosa entrega ao Pai (Lc 23,46).

Minha reflexão não termina aqui. De qualquer forma, o que apresento como contribuição teológica na perspectiva da escatologia tem seus amplos e numerosos limites. A título de conclusão, devo ressaltar três pontos que esta temática deixa para cada cristão: 1) para a fé cristã, a morte tem uma estrutura trinitária: morrer só tem sentido se é um morrer com Cristo, em seu Espírito, para a comunhão com Deus; 2) a comunhão trinitária se estende à comunhão com todas as criaturas: morrer no seio da comunidade humana e eclesial é morrer um pouco a cada dia, na esperança da transfiguração final em novos céus e nova terra; 3) à luz do sentido da morte à qual Cristo se submeteu é convicção comum que ela não separa a pessoa humana de Deus, mas a introduz na comunhão com Cristo morto e ressuscitado, que a leva à origem e à fonte de toda a vida. "O mundo, a vida, a morte, as coisas presentes e as futuras. Tudo é vosso; mas vós sois de Cristo, e Cristo é de Deus" (1Cor 3,22). Toda a fadiga, todo o sofrimento e a mesma morte têm sentido se são vividos e vistos à luz da morte de Cristo, que morre por amor, imerso no mistério único de nossa fé, o mistério pascal da total e verdadeira libertação de todos os limites que fazem do morrer uma tragédia e não uma bênção.

Boff, L. *La voz del arco Iris*. Madrid, Trotta, 2003; Id. *Hablemos de la otra vida*. Santander, Sal Terrae, 2000[10]; Boff, L. Índole escatológica da Igreja peregrinante. Atualidade Teológica 13 (2003), 9-31; Id. A fé na comunhão dos santos. In: *Atualidade Teológica* 16 (2004), 25-47; Boff, C. *Curso de escatologia*. Roma, Marianum, 2001; Cullmann. *La inmortalidad del alma o la resurrección de los cuerpos*. Madrid, Studium, 1970; Ruiz de la Peña, J. L. *La otra dimensión. Escatologia Cristiana*. Santander, Sal Terrae, 1986; Libânio, J. B.; Bingemer, M. C. *Escatologia cristã*. Petrópolis, Vozes, 1996; Susin, L. C. *Assim na terra como no céu. Brevilóquio sobre escatologia e criação*. Petrópolis, Vozes, 1995; Tamayo, J. J. *Para comprender la escatología cristiana*. Estella, EVD, 2000[2]; Tornos, A. *Escatología* I-II. Madrid, Universidad Pontificia de Comillas, 1989-1991; Vernette, J. *Reencarnación-resurrección*. *Comunicación con el más allá*. Madrid, CCS, 1994; VV. AA. Escatología. Perspectivas esperanzadoras de la vida cristiana. In: *Concilium*, 41 (1969).

Lina Boff

NOVO TESTAMENTO

I. Título. A Bíblia "cristã" compõe-se de duas partes: AT, que narra a história do que o povo de Israel viveu antes de Jesus Cristo; e NT, que, ao contrário, origina-se na fé daqueles que aceitaram Jesus Cristo como Messias e se fundamenta nessa mesma fé, a partir da sua ressurreição dentre os mortos. Entretanto, pode-se afirmar que tudo o que o NT representa como novidade, não se pode explicar, a não ser com referência à fé que tem um povo e também com relação à religião e ao culto a Deus desse mesmo povo. E o NT se deve entender precisamente em razão dessa fé e dessa religião, interpretada, primeiro por Jesus de Nazaré, o profeta da Galiléia, e depois por seus discípulos e por Paulo, embora este não tivesse sido, no sentido rigoroso, discípulo de Jesus.

O NT é uma coleção de vinte e sete escritos, de denominação, origem e objetivos diferentes. Os relatos evangélicos, que falam de Jesus – "o que ele disse e fez" –, bem como o que diz respeito aos primeiros anos da pregação apostólica e à fundação de comunidades no vale do Mediterrâneo, especialmente por Paulo e sua equipe missionária, registrados nos Atos dos Apóstolos. Temos ainda as cartas de Paulo e de outras personalidades influentes (as cartas apostólicas); embora tenham sido escritas precisamente por eles, têm nomes bem conhecidos das primeiras comunidades cristãs. Engloba, finalmente, um livro muito especial, com o qual se encerra o "cânon" do NT, o Apocalipse. Foram todos escritos em grego popular, o grego da *koiné*, que era a língua imposta por Alexandre Magno a partir do séc. IV a.C., e que ainda continuava sendo a língua da comunicação, do culto e do comércio. Por isso mesmo, e sobretudo, o "Novo Testamento" é um fenômeno literariamente famoso, embora não o tenha sido até o séc. II d.C., época na qual esta coleção começou a chamar-se "Novo Testamento". Os cristãos, aqueles que seguiam a Cristo, não tinham, ao surgirem, outra Bíblia senão os escritos do AT, ou seja, "a lei e os profetas", conforme os próprios judeus a chamavam no culto.

Depois das contingências pelas quais tiveram de passar para conseguirem seu reconhecimento diante do judaísmo, esses escritos foram adquirindo sua forma definitiva em pequenas coleções, e o próprio culto cristão procurará um ponto de referência para a sua leitura. Assim, chega-se a construir gradualmente um *corpus* literário cristão que, como dissemos, receberá a partir do séc. II o nome de "Novo Testamento", não só para diferenciá-lo do que era o "Antigo Testamento" (a lei e os profetas), mas sobretudo para mostrar a nova atuação de Deus em Cristo que se considerava uma nova aliança. Isso porque homens como Paulo, mediante seus escritos, que eram simples escritos conjunturais às comunidades, já proporcionavam uma teologia que revelava a diferença entre o que Deus fizera no passado e o que se fez nos últimos tempos; o que liam os judeus na lei e nos profetas e o que liam os cristãos nestes mesmos textos. Um texto revela esse fato: "Os seus espíritos se tornaram obscurecidos. Sim; até hoje, todas as vezes que leem o Antigo Testamento, este mesmo véu permanece. Não é retirado, porque somente com Cristo é que ele desaparece" (2Cor 3,14).

De fato, a palavra "testamento" é de origem latina, mas corresponde à palavra hebraica $b^e r\hat{i}t$ e à grega *diathêkê* para designar a aliança, o pacto que Deus fez com seu povo Israel, e que é um dos termos teológicos de maior densidade sobre o qual se elaborou a teologia do AT. Mas esta aliança não é mito, nem rito, mas evidência de que Deus pode permitir algo novo, uma "aliança nova", como o profeta Jeremias (31,31ss) ousa prognosticar que a própria lei e os mandamentos que sustentam essa aliança estarão inscritos no coração dos homens, haverá uma aliança verdadeiramente humana e espiritual que terá como base o perdão dos pecados (Jr 31,34). No mesmo sentido se pronuncia o profeta Ezequiel (16,60.62; 37,26), pois será uma aliança de paz (34,25; 37,26) e eterna (16,60; 37,26), ou, como prefere o Terceiro Isaías, que fala da renovação da aliança de Davi (Is 55,3) como a aliança eterna, ou da aliança de paz, que expressa todo o amor de Deus (Is 54,10). Por isso, não se deve estranhar que a nova leitura feita pelos cristãos sobre os textos proféticos levou-os a denominar esses escritos em seu todo como "Novo Testamento" enquanto a aliança nova, de perdão, de paz e eterna, que se realiza em Cristo, o qual é a personagem central de todo o *corpus* neotestamentário. Eis a razão porque os próprios cristãos chamaram "a lei e os profetas" como AT, dando a entender que a aliança mosaica fora superada em Cristo.

II. Crítica textual e literária do Novo Testamento. O processo de composição dos vinte e sete livros que compõem o NT é longo e complexo. Deu-se um processo de redação e composição desde o início e em circunstâncias bastante diferentes em cada uma das comunidades. E isso não só quanto ao que se refere à redação dos evangelhos, que é uma das questões mais debatidas do séc. XX, em numerosas etapas, que as pesquisas de crítica textual, literária e histórica reuniram na história da interpretação do

NT. Neste mesmo sentido, pode-se falar dos outros escritos, das cartas de Paulo, de sua autenticidade e da forma pela qual foram reunidas num *corpus* paulino, sempre aberto a novas leituras.

A crítica textual do NT a partir do séc. XIX reflete um progresso com o descobrimento dos manuscritos mais importantes que tornaram possíveis contribuições de grande alcance que deixaram numerosas dúvidas sobre o famoso *textus receptus* de Erasmo (1516), universalmente conhecido em sua época (daí o nome), embora possamos hoje saber com mais rigor científico que o grande humanista se baseara em manuscritos de qualidade inferior e incompletos. Assim, pois, o estudo histórico do NT usufrui hoje dos melhores resultados da crítica histórica. Isso não quer dizer que tenham desaparecido as hipóteses literárias sobre a formação dos textos, especialmente dos evangelhos; mas de fato pode-se dizer que não prevalecem os critérios dogmáticos fundamentalistas sobre uma crítica textual literária bem fundamentada e aceita no seio das confissões cristãs. Deve-se ter em conta que não existe nenhum manuscrito "original" dos escritos do NT e que se devem reunir e organizar todos os manuscritos pelas datas de seu aparecimento, comparando-se uns com os outros para se descobrirem os erros de transmissão, dos copistas, os acréscimos intencionais, com o objetivo de esclarecer ou inclusive fazer uma nova leitura das palavras de Jesus e dos ensinamentos de Paulo. Trata-se de trabalho muito importante, porém minucioso, que leva a elucidar o que mais se aproxima do texto original. É assim, mais ou menos, que se pode reconstruir a história da transmissão do texto já aceito pelos especialistas em sua grande maioria, embora continue questão aberta e questionável.

Precisamente isso foi o que se verificou na pesquisa sobre a língua em que foi escrito o Novo Testamento. Também aqui, a partir do séc. XIX, centralizou-se a discussão especialmente nos evangelhos. Alguns grandes especialistas postularam a língua aramaica original nos ditos (*logia*) de Jesus. Admite-se que Jesus e os primeiros discípulos falassem o aramaico, mais concretamente o dialeto galileu. Mas isso não quer dizer que a transmissão dos ensinamentos de Jesus se fizesse necessariamente em aramaico, pelo menos tal como foram plasmados no texto final dos evangelhos. Sabemos que, na época de Jesus e dos primeiros cristãos, falavam-se quatro línguas na Palestina: hebraico, aramaico, grego e latim. Porém, o texto do NT que hoje temos não é tradução direta do aramaico falado por Jesus e seus discípulos, o dialeto galileu. Os evangelhos e todos os escritos do NT foram escritos diretamente em grego. Uma coisa bem diferente é que, no processo de transmissão oral, as palavras de Jesus e dos primeiros cristãos foram transmitidas em sua língua materna. Isso quer dizer: o texto que temos hoje não é um "grego de tradução", apesar de alguns especialistas ainda preferirem seguir este critério. Na mesma forma, o NT foi pensado e redigido diretamente em grego, o que não exclui, em muitas palavras e frases, revelar-se um substrato aramaico. Nem mesmo o evangelho de Mateus foi pensado em aramaico e depois traduzido para o grego, como alguns autores, baseados numa leitura simplista da tradição, defenderam durante anos. Atualmente há um consenso da maioria pelo qual é difícil admitir o "grego de tradução" dos ensinamentos e atos de Jesus.

Além disso, os autores do NT, quando citam o AT, em sua maioria o fazem com o texto da tradução grega dos LXX, que era a leitura usada em quase todas as sinagogas da diáspora judaica fora da Palestina, e que se pode dizer que era, por sua vez, a "Bíblia" dos cristãos nas diferentes comunidades que surgiam no vale do Mediterrâneo.

III. A formação e o cânon do Novo Testamento.
Sabemos que o NT é o *corpus* cristão que compreende uma relação de vinte e sete livros ou escritos, como já se disse. A palavra "cânon" significa medida, regra, norma, como se pode ver em Paulo (Gl 6,16). É só a partir do séc. IV d.C. que podemos falar de um cânon ou ralação de livros. No entanto, essa é uma das questões mais inexploradas e inseguras da pesquisa histórica, bem como das decisões que a Igreja teve de tomar a respeito.

De acordo com a tradição os vinte e sete livros do NT dividiram-se em três grupos ou categorias: livros históricos (Evangelhos e atos dos Apóstolos), livros didáticos (cartas) e livros proféticos (entre os quais, só podemos incluir o Apocalipse). A origem e formação do NT é bastante complexa.

Devemos ter em conta o interesse das comunidades em conservar suas tradições e seus escritos. Hoje, ninguém duvida de que os primeiros escritos tenham sido as cartas de Paulo (provavelmente, na seguinte ordem: 1Ts, 1 e 2Cor, Fl, Fm, Gl e Rm), porque as comunidades fundadas por ele preocupavam-se em conservar os escritos que o apóstolo lhes dirigia. Algumas dessas cartas levam o seu nome, sem que necessariamente tenham sido escritas diretamente pelo apóstolo, que já tinha morrido; seus discípulos, que com o passar do tempo formaram uma verdadeira "escola paulina", se encarregariam de reunir suas cartas, de relê-las e inclusive acrescentar algumas como se Paulo as tivesse escrito. Mas, as circunstâncias tinham mudado; os problemas não eram os mesmos que Paulo teve de enfrentar, o que se percebe nas cartas cuja autenticidade paulina é verdadeiramente discutível (são elas: 2Ts, Cl, Ef, 1 e 2Tm e Tt). Trata-se de uma questão da crítica literária recente, uma vez que os critérios são outros quando surge a "relação dos livros".

O processo de formação dos evangelhos seguiu outras vicissitudes que em primeira instância dependem da "tradição oral", do que Jesus disse e fez e que os seus transmitiram com a fidelidade de que eram capazes. Por isso se disse que "o evangelho" é anterior aos evangelhos. A tradição oral estava tão viva que constituía a fonte e o alimento espiritual para as comunidades e suas celebrações. E é precisamente a liturgia fixar a necessidade de passar para o segundo momento, a escrever os "ditos" e pequenos relatos, a fim de garantir a sua transmissão. Mas, antes a liturgia teve de passar por alguns momentos decisivos, como os últimos dias do Mestre, seu julgamento e sua condenação à morte. Por isso frequentemente se defende que o relato da paixão, pelo menos um relato da paixão mais primitivo do que o que temos em Mc, pode ter sido o primeiro registrado por escrito.

Por outro lado, os "profetas itinerantes" do cristianismo primitivo, tomados de espírito de radicalidade inquestionável e impulsionados por uma visão apocalíptica do reino de Deus, lançaram mão dos "ditos" de Jesus para a pregação nas pequenas comunidades. Isso explica muito bem uma fonte de nossos evangelhos (conhecida como o Documento Q = de *Quelle* em alemão) que os autores dos evangelhos Mt e Lc devem usar para compor suas obras. Bem antes, Mc foi o primeiro que ousou escrever o "evangelho" de Jesus Cristo. Há tradições e opiniões que são por um evangelho primitivo, aramaico, mas sobre o qual nada se pode dizer de seguro. É este, certamente, o paradigma dos evangelhos. Por isso, comparadas as três obras que seguem a estrutura de Mc, chega-se à conclusão de que as três têm as mesmas coincidências e diferenças (donde os termos sinóticos = syn + ôphsis). É conferida como a "questão sinótica", e este processo é aceito pela maioria dos pesquisadores e especialistas. As diferenças ou as recusas a esse esquema, nada simplista por outro lado, não descobriram outra possibilidade para explicar a origem dos evangelhos sinópticos.

O evangelho de João supõe processo bem diferente, embora conserve o esquema evangélico. Existem coisas primitivas da tradição oral, certamente, porém muitas outras surgem à luz da vida complexa da comunidade na qual nasceu essa obra, com a integração de grupos de índole bem diferente: judeus, pagãos, gnósticos. Trata-se de um evangelho de nível mais alto, não literariamente falando, mas teológica e espiritualmente. No mesmo nível podemos falar das cartas joânicas com problemas que cada uma delas deixa transparecer à sua maneira. A "escola do discípulo amado", como alguns classificaram o *corpus* joânico, é uma boa denominação de origem a respeito, mas não porque retrata diretamente João como o discípulo de Jesus, nem porque este é seu autor, mas porque se trata da figura ideal do "discípulo" dessa escola ou comunidade, que sem dúvida é amado pelo senhor. Aqui, alguns também situam um vidente que escreverá o Apocalipse e que a si mesmo se chama João, obra com a qual se encerra o NT. Os cristãos do séc. II ou III o identificaram com o "discípulo amado". Mas deve-se afirmar hoje sem reservas que o autor do evangelho não é o autor do livro do Apocalipse, embora não apenas porque os parâmetros teológicos de um e de outro sejam como a noite e o dia mas também quanto ao que se refere às ideias sobre o fim do mundo.

Os outros escritos do NT vão aparecendo aos poucos em circunstâncias bem diferentes. E a tendência é buscar a autoridade apostólica como no caso de Pedro e do parente de Jesus, Tiago, cujo prestígio nas comunidades judaico-cristãs era incontestável.

A carta aos Hebreus, que é de fato um discurso construído no melhor grego e com a melhor inspiração retórica, era atribuída na tradição a Paulo. A verdade é que seu autor é um homem que consegue cotações bem altas em seus objetivos de exortar um grupo de saudosistas judeus-cristãos, deixando acesa a chama do sacerdócio novo, do sacrifício novo e da possibilidade de estar com Deus graças ao sacerdócio de Cristo, ao sacrifício da entrega de sua vida, que anula outro tipo de sacrifício sem sentido e sem futuro. Uma obra mestra, certamente, esse discurso da carta aos Hebreus.

Quando se escreveram esses vinte e sete livros? É esta uma das discussões infindáveis dos especialistas. A tendência minimalista (nos quase 20 anos após a morte de Jesus) e a tendência maximalista (inclusive alguns do começo do séc. II) apelam a tudo. Inclusive com argumentos científicos, pensa-se que temos papiros como os da gruta 7 de Qumrã (Mc 6,52-53) ou os fragmentos do Madelen Coleges de Oxford (que contêm parte de Mt 26), que levam alguns a posicionar-se em que já estavam escritos os evangelhos nos anos 50 d.C. Mas na realidade é muito difícil aceitar que o texto de Qumrã 7Q5 seja de Marcos ou que os fragmentos de Oxford sejam anteriores ao fim do século II. Outros, ao contrário, e com argumentos não menos científicos sob o ponto de vista textual e literário, descartam essa possibilidade, e só consideram que o texto mais antigo que temos do NT seria o papiro do ano 125 (século II) de Jo 18. Portanto, o mais *provável* é admitir que as cartas de Paulo, as autênticas, foram escritas entre os anos 51-58; os evangelhos sinópticos entre os anos 70-90; o de João no fim do século I, e os outros escritos em épocas diferentes dos últimos 30 anos do século I ou primeiros anos do II.

Podemos dizer que nos fins do séc. I temos os textos do NT, mas o processo não está encerrado, nem existe um elenco, talvez um cânon, propriamente falando, nem os copistas se arriscam em acrescentar e até interpretar algumas coisas. A crítica textual e literária ainda tem grande tarefa para o futuro a esse respeito.

A leitura pública, litúrgica, desses escritos, e particularmente a autoria apostólica, foram exatamente uma norma para conceder autoridade a alguns escritos do cristianismo primitivo e rejeição de outros.

Mas, aí está a dificuldade, que essa autoria possa ser provada, uma vez que não basta as cartas terem o nome de Paulo o de um dos Doze. A "pseudoepigrafia" (falsa firma) estava então muito mais espalhada do que pensamos (pseudonimia = falso nome), e não existiam os critérios de verificação com os quais hoje lemos os escritos da Antiguidade. Por outro lado, para enfrentar problemas novos como a demora da parusia, a segunda vinda do Senhor, os problemas doutrinais que se propunham em grupos sectários, alguns de tendência gnóstica, foram escritas algumas cartas como se fossem de Paulo.

É exatamente esse programa doutrinal, levantado muito especialmente por Marcião depois de sua conversão para o cristianismo e após sua chegada a Roma, o que tornou necessário e urgente definir esse "cânon" que proporcionasse uma identidade ao NT. Marcião, por sua tendência gnóstica, tinha rejeitado o AT, bem como os evangelhos que tinham vestígios judaicos. Daí o "cânon marcionita" só aceitar nove cartas de Paulo (não 13) e somente o evangelho de Lucas, que ele considerava discípulo de Paulo. Isso quer dizer que Marcião tinha em Paulo o critério quase exclusivo de canonicidade e inspiração. Isso levou à famosa controvérsia antimarcionita, que por sua vez impulsionou a necessidade de encontrar uma "norma" de autoridade dos escritos cristãos que já circulavam na cristandade, especialmente na Igreja romana.

A primeira lista, na qual se verá a postura antimarcionita, é o famoso "cânon de Muratore", composto no século II e descoberto por Ludovico Antonio Muratori em 1740 no pergaminho do século VIII (encontra-se hoje na biblioteca Ambrosiana de Milão) que contém outras coisas de autores eclesiásticos. Mas a "lista" muratoriana de 85 linhas (exarado no fólio 10) abrange: os quatro evangelhos e os Atos dos Apóstolos, 13 epístolas de Paulo (menos a carta aos Hebreus), a primeira e a segunda de João, a de Judas e 2 Apocalipses, o de João e o de Pedro. Dos vinte e sete livros do atual cânon aceito pela Igreja cristã faltam a carta aos Hebreus, a de Tiago, a terceira de João e as duas cartas de Pedro.

Alguns livros foram aceitos mais tarde no cânon e por isso receberam o nome de "dêutero-canônicos" (segundo cânon) por parte dos protestantes, mas são aceitos também por eles (Hb, Tg, 2Pd, 2 e 3Jo, Jd e Ap). Desde o princípio se observa que existe um núcleo básico, cuja primazia coube aos evangelhos. Eusébio (ca.310) fala dos livros *homologoumenoi* ("livros reconhecidos por todos") e os espúrios (*notha*). O Códice Sinaitico (século IV) inclui também a epístola de Barnabé e o *Pastor* de Ermas. O Códice Alexandrino (século V) acrescenta 1 e 2 Clemente. A lista completa atual aparece pela primeira vez nos concílios de Hipona (393) e de Cartago (397).

Por outro lado, é importante ter em conta o que significam as primeiras versões do NT. É bem verdade que, embora o NT tenha sido escrito em grego, a história da transmissão do texto e da determinação do cânon costuma esquecer as primeiras versões, muitas das quais são anteriores ao texto grego mais antigo que chegou até nossos dias. A rápida expansão do cristianismo, além das regiões onde ainda prevalecia o grego, exigiu traduções para o ciríaco, o latim antigo, o copto, o gótico, o armênio, o georgiano, o etíope e o árabe. As versões em ciríaco e latim apareceram já no século II e as traduções para o copto começaram a aparecer no século III. Essas primeiras versões não eram, de modo algum, traduções oficiais, embora se fizessem para suprir as necessidades regionais de culto, pregação e ensinamento. Consequentemente, as traduções ficaram fixadas em dialetos locais e muitas vezes incluíam apenas partes selecionadas do NT. Durante os séculos IV e V se fizeram esforços para substituir essas versões regionais por traduções mais homogêneas que tivessem maior aceitação. Em 382, o Papa Dâmaso I confiou a São Jerônimo a preparação de uma bíblia em latim. Conhecida com o nome de *Vulgata*, substituiu vários textos em latim antigo. No século V, a Pesita ciríaca substituiu as versões existentes nessa língua, que na época eram as mais populares. Como costuma acontecer, aos poucos as antigas versões deram lugar às novas.

IV. O substrato cultural do Novo Testamento.
Quando lemos o NT sincronicamente, na medida do possível, percebe-se a necessidade de cotejar seu mundo cultural, o marco e as raízes de sua origem. São bastante diversos os escritos, embora possamos dizer que nos evangelhos nos encontramos com a maior originalidade. Entre outras coisas porque não são as "vidas de Jesus", apesar de seu gênero narrativo, mas precisamente são a "Boa Nova" que ele cumpriu com o seu ensinamento e por sua vida. As cartas de Paulo mostram um gênero mais extenso, embora seus objetivos tenham também muito de especial.

O cristianismo surgiu do judaísmo. É este o primeiro elemento de reflexão que, desvalorizado num período da recente pesquisa histórico-literária, voltou a assumir o seu lugar e conquistou novamente o papel básico da pesquisa sobre o Jesus histórico e sobre os primeiros cristãos. De fato, os "cristãos" nada mais eram do que uma seita do judaísmo, até abrirem caminho no mundo helenista, concretamente na cidade de Antioquia da Síria, que era a terceira cidade do Império.

O cristianismo, pois, se vê logo obrigado a mergulhar no helenismo. Mas também não podemos dizer que nisso tenha inovado uma vez que existe um judaísmo helenista que lhe servirá de plataforma em todo o marco de suas relações sociorreligiosas e culturais. O judaísmo helenista é um fenômeno de enorme complexidade. Seu profundo monoteísmo, seus privilégios dentro do Império para não adorar os deuses pagãos, para não tributar culto ao imperador nem pertencer ao exército, são o caldo de cultivo com o qual há de encontrar-se o cristianismo nascente. Salva, na medida do possível, a tendência sincretista do judaísmo, os cristãos farão o mesmo com a finalidade de defender a Jesus ressuscitado como o *Kyrios* acima das religiões orientais, e para torná-lo aceito como *Messias*, e isso lhes confere precisamente o nome com o qual serão identificados nesse mundo religioso.

Esse fenômeno de inculturação do cristianismo dentro do helenismo é um dos aspectos mais complexos dos estudos sobre o NT. A consciência universalista (chamado a todos os homens para a salvação de Deus realizada pelo Senhor, o Cristo) e seu sentido escatológico (verdadeiramente apocalíptico) do mundo e da história, torna-os originais, porque não podem senão aceitar a *pax augusta*, a autoridade romana, mas pensando e defendendo que essa é uma etapa necessária até a consumação da história, quando Cristo será o Senhor de tudo. O fato de terem que defender essas ideias em meio às dificuldades, inclusive perseguições, exigiu, em determinados momentos, a redação de elementos apocalípticos como Mc 13 (na crise de Calígula), o que por sua vez explica o último livro do NT, o Apocalipse de João.

Nesse processo de inculturação não devemos descartar a influência da filosofia popular, mais concretamente do estoicismo. E não menos espetacular tem sido o debate sobre a influência do gnosticismo no NT. A Escola da história das religiões foi a que defendeu que numerosas formulações teológicas e cristológicas só se podiam explicar mediante a influência do gnosticismo, pelo menos de um gnosticismo, uma vez que as posturas atuais são muito mais mastigadas. De imediato, como movimento religioso da Antiguidade que pode ter sua origem na Mesopotâmia ou Irã, vem a ser como impulso religioso que contribuiu com algo novo para a história e, com o tempo, uma síntese de conhecimento e vida, de salvação, redenção e libertação deste mundo.

Tem-se defendido que, ao surgir o cristianismo, não se pode falar de gnosticismo, senão no sentido de "atmosfera espiritual". Por isso, não se pode afirmar que o gnosticismo, tal como é conhecido a partir do século II d.C., seja o mesmo que quando os cristãos começaram seu itinerário missionário e suas formulações religiosas e éticas. É o Evangelho de Tomé o melhor representante do gnosticismo cristão. O Evangelho de Tomé, no entanto, encerra muitos "ditos" de Jesus, mas é do século II e faz parte dos descobrimentos de Nag Hammadi, no Egito, em 1945, que é uma pequena coleção Gnóstica. Ou seja, o Evangelho de Tomé é gnóstico, do século II ou III, e tal como o temos hoje é uma cópia em copto provavelmente do ano 350 d.C. Sem negar a importância desse texto, inclusive o valor histórico de alguns ditos, por sua identidade gnóstica inquestionável, deve-se levar em conta que não podemos ler os evangelhos a partir de Tomé; ao contrário, podemos ver Tomé a partir dos Evangelhos do NT.

O fato da prioridade do gnosticismo com relação ao cristianismo, ou deste com relação àquele, teve seus defensores, mas não se torna determinante. De fato há ideias, afirmações e conceitos em todo o NT, nos quais se pode rastrear algo de gnosticismo ou pré-gnosticismo. Talvez a tese mais conhecida seja a do grande pesquisador alemão R. Bultmann com relação ao "corpo joânico". Os famosos discursos de revelação do Jesus de João, segundo esse autor, estão carregados de ideias gnósticas e apontam para o mito do Redentor. Mas esta tese foi revisada por seus discípulos, e abandonada pela grande maioria de comentaristas e criticada a fundo pelos especialistas sobre o gnosticismo pré-cristão.

Assim mesmo, deve-se dizer que na cultura helenista o gnosticismo ou o pré-gnosticismo tiveram muito a ver com a formação do cristianismo e por conseguinte com a formação do cânon do NT. De fato, alguns não se sentem seguros com a afirmação de que a gnose seja essencialmente não-cristã, uma vez que o cristianismo, a partir do século II, teve de se autoafirmar exatamente diante do gnosticismo.

V. A interpretação do Novo Testamento. O NT como pequena biblioteca exige uma leitura e interpretação, e para isso que há de usar de todos os métodos possíveis, com o objetivo de torná-lo compreensível e, por sua vez, reatualizará sua mensagem. A partir do concílio Vaticano II, com a constituição *Dei Verbum*, deu-se um passo decisivo no que diz respeito aos critérios novos que teriam de marcar a interpretação bíblica. Isso foi fruto de todo um trabalho anterior, uma luta pela liberdade da interpretação bíblica na Igreja católica, como revelou M.-J. Lagrange, fundador da Escola Bíblica de Jerusalém, em 1890. Depois, isso foi recolhido no documento da Pontifícia Comissão Bíblica, intitulado em 1993 *A interpretação da Bíblia na Igreja*, para celebrar os cem anos da encíclica *Providentissimus Deus*, de Leão XIII, e os cinquenta anos da encíclica *Divino afflante Spiritu*, de Pio XII, ambas dedicadas aos estudos bíblicos.

Pelo que se disse antes, de certa maneira já se falou dos métodos científicos que se aplicam ao estudo e à interpretação do NT, ao estudo do texto, dos gêneros literários, à sua comparação com a história das religiões. Efetivamente, os métodos históricos-críticos, que são uma leitura diacrônica dos livros, de seu contexto comunitário e cultural e dos objetivos propostos por seus autores, cumpriram e ainda cumprem ainda um trabalho imprescindível. Os resultados têm sido valiosos com o objetivo de nos aproximar das fontes e do pensamento de Jesus e das transformações das comunidades primitivas. A pré-história dos textos e tudo o que nos aproxime do mundo originário das ideias, seu mundo vital (*Sitz im Leben*) é muito importante. Mas os evangelhos não se podem ler só a partir da simples crítica literária, inclusive devem ser levadas em conta as tradições anteriores deduzidas da crítica literária nos evangelhos e nas próprias cartas. Por exemplo, Fl 2,2-11 não é somente um hino pré-paulino que desempenhava função na liturgia da comunidade. Quando Paulo o retoma para se dirigir aos filipenses, faz uma leitura nova e pode inclusive permitir-se alguma transformação literária e teológica, como pode ser "uma morte de cruz", de acordo com sua visão de Cristo e de seu papel redentor do mundo todo. A "história das formas" e a "história da redação" dos textos, que se aplicam muito especialmente aos evangelhos, tiveram papel decisivo para conhecimento melhor e mais profundo da história de Jesus e do cristianismo primitivo.

Não obstante, eram necessários outros passos e outras considerações que tornassem possível uma aproximação mais sincrônica desses escritos. Assim, as novas ciências literárias (lexicografia, semântica, estruturalismo e narratologia) e antropológicas deram resultados extraordinários que tornaram possível uma leitura mais viva do NT. Nestes últimos vinte anos estamos assistindo a uma interpretação e a comentários dos textos do NT marcados pelos estudos sociológicos e pela retórica. Assim mesmo, aplicação, a si mesmo, dos métodos sociológicos é de capital importância. Isso não significa que anteriormente prescindisse deles, mas sua aplicação atual é mais estrita e interessante, embora às vezes dependa de escolas com critérios discutidos e discutíveis. Porque, embora no NT se cristalize a fé das comunidades, não se pode explicar a origem do cristianismo e sua expansão pelo Mediterrâneo exclusivamente a partir de cima, a partir do divino e sobrenatural. Aconteceu uma série de coincidências sociais e políticas que se devem considerar a fundo. E também, nos últimos comentários, muito especialmente quanto ao que se refere às cartas de Paulo, está na ordem do dia a exegese a partir dos princípios da retórica clássica. Alguns a aplicam a todo o texto ou a parte dele, procurando tornar muito mais compreensível a *propositio* de um tema, de uma tese que se defende com todos os elementos próprios já estabelecidos pelos mestres da retórica, como Aristóteles. É esta uma possibilidade nova para compreender o texto e também para poder reatualizá-lo.

Além do mais, tudo isso nos mostra a diversidade e o pluralismo das comunidades cristãs, que deram origem ao NT. Efetivamente, o Jesus Cristo histórico não é o mesmo visto a partir dos sinópticos e a partir de João. Mas, nem mesmo os sinópticos nos oferecem a coerência que algumas vezes se tentou impor. Lc, por exemplo, resgata algumas coisas da tradição que teriam caído no esquecimento, se não fosse precisamente pela necessidade de responder a uma comunidade preocupada em abrir caminho no mundo helenista, enquanto que a de Mt tinha outras preocupações de confrontação com o judaísmo após a catástrofe de Jerusalém (70 d.C.). Da mesma forma, o cristianismo dos discípulos de Paulo, refletido nas cartas consideradas não-paulinas, embora sejam da tradição paulina (Cl, Ef e as Cartas Pastorais), não é tão radical como o do apóstolo, cujo "evangelho" da graça e de salvação pela fé, e não pelas obras, é toda uma ruptura com o judaísmo oficial. Alguns dos escritos do NT podem ter vindo à luz já no século II, embora essa não seja uma afirmação que se deva manter para o futuro. Isso nos mostra que o NT não é apenas um conjunto de livros que expressam a fé dos cristãos do século I; mostra-nos também o contexto cultural no qual se desenvolveu.

J. Gnilka, *Teología del Nuevo Testamento*, Madrid, Trotta, 1998; H. Köster, *Introducción al Nuevo Testamento. Historia, cultura y religión de la época helenística y historia y literatura del cristianismo primitivo*, Salamanca, Sígueme, 1988; A. Piñero e J. Peláez, *El Nuevo Testamento, Introducción al estudio de los primeros cristianos*, Córdoba, El Almendro, 1995; G. Segalla, *Panoramas del Nuevo Testamento*, Estella, EVD, 2000; J. Trebolle Barrera, *La Biblia judía y la Bíblia de la Bíblia*, Madrid, Trotta, [3]1988, Ph. Vielhautr, *Historia de la literatura cristiana. Introducción a la historia cristiana primitiva*, Salamanca, Sígueme, 1991.

Miguel de Burgos

O

OPÇÃO PELOS POBRES

A opção pelos pobres surgiu na América Latina, continente majoritariamente pobre e cristão. A Assembleia de Puebla remete à de Medellin, "que fez uma clara e profética opção preferencial e solidária pelos pobres (N. 1134) e consagra a expressão 'opção preferencial pelos pobres' no contexto da missão evangelizadora da Igreja. Com essa opção se quer indicar tanto o destinatário como o conteúdo da evangelização: 'a opção preferencial pelos pobres tem como objetivo o anúncio do Cristo Salvador que os iluminará sobre sua dignidade, ajudá-los-á em seus esforços de libertação de todas as carências e os levará à comunhão com o Pai e os irmãos, mediante a vivência da pobreza evangélica'" (nº 1153).

I. Os pobres pelos quais se deve fazer a opção.
Na linguagem cristã e teológica, a palavra "pobre" pode descrever realidades bastante diversas. Pode-se falar assim, positivamente, de *pobreza espiritual*, de *empobrecimento* para acompanhar os pobres. Esse significado de pobreza é real, e muito importante que exista a sua realidade. Descreve a subjetividade interior dos seres humanos que se abrem a Deus ou o processo de tentar assemelhar-se aos pobres reais. Mas, sendo isso sumamente importante e necessário, essa pobreza não é aquela da qual se fala na opção pelos pobres; e é perigoso se a partir dela se quiser determinar os pobres da opção e a opção pelos pobres.

O *analogatun princeps* de pobres, e os pobres dos quais na opção se fala são antes de mais nada e diretamente os seres humanos para os quais o *fato básico de sobreviver é uma dura carga,* para aqueles que reduzem a vida a seus níveis mais elementares de alimentação, saúde, moradia etc., é uma árdua tarefa e a tarefa cotidiana que empreendem no meio de uma radical incerteza, impotência e insegurança. Pobres são os encurvados, dobráveis, humilhados (*anaw*) pela própria vida, automaticamente ignorados e desprezados pela sociedade. São esses os pobres tais como deles se fala nos profetas e em Jesus. Na linguagem de hoje, "pobres" são em primeiro lugar os socioeconomicamente pobres, linguagem que não deveria surpreender nem ser taxada de ideologizada, pois o que esta por detrás do socioeconômico é o *oikos*, o lar, e o *socium*, o companheiro; ou seja, as duas realidades fundamentais para todo ser humano: a vida e a fraternidade.

Ao lado dessa pobreza existe também a *sociocultural*, que faz com que a vida seja uma carga pesada. Existe a opressão e a discriminação racial, étnica e sexual. Frequentissimamente, pelo simples fato de ser negro, indígena ou mulher, agrava-se a dificuldade para viver. Essa dificuldade acrescentada é teoricamente independente da realidade socioeconômica, mas com grande frequência, pelo menos no Terceiro Mundo, acontece dentro da pobreza socioeconômica, com a qual os seres humanos são duplamente pobres. O mundo atual visto como um todo, não se duvida de que a pobreza socioeconômica é o que melhor descreve a pobreza no mundo, agravada além do mais pela opressão provinda de determinadas discriminações.

Deve-se agradecer a Puebla o ter transmitido essa realidade com o máximo vigor e sem nenhuma ambiguidade. Puebla descreve os rostos concretos nos quais se expressa – "a situação de extrema pobreza generalizada" (31) – da seguinte maneira: crianças golpeadas pela pobreza antes de nascer, jovens frustados em zonas rurais e suburbanas, indígenas marginalizados vivendo em situações desumanas, camponeses sem terra e dominados pela exploração, trabalhadores mal remunerados e privados de seus direitos, marginalizados e amontoados urbanos frente à ostentação da riqueza, anciãos marginalizados e abandonados... (n. 32-39). Esses rostos concretos expressam "a situação de desumana pobreza em que vivem milhões de latino-americanos", o que é julgado como "o mais devastador e humilhante flagelo" (n. 29). É este o significado primário de pobres, pelos quais há de fazer opção. Os pobres da opção – como veladamente se deseja interpretá-los – não é o simples ser humano, metafisicamente limitado, carente, necessitado e submetido ao sofrimento. Nada disso se nega, é óbvio, na opção pelos pobres. Mas esses não são os pobres da opção. Pobre não é simplesmente o *homo dolens*, mas aquele que mais se parece com o *não-homem*. Dito em linguagem teológica, a pobreza da qual aqui se fala é aquela que é contra o primeiro plano de Deus na criação, o mínimo ou máximo, segundo o modo de ver: o mundo da pobreza, majoritário no Terceiro Mundo, significa que a criação de Deus não chegou a acontecer; que a vida não é o que está *in possessione* na humanidade.

Os pobres da opção, além disso, são historicamente pobres, são os *empobrecidos* por outros. Pobreza não é simples carência, não é simples dificuldade de governar a vida, mas dificuldade de viver causada por outros e ignomínia acrescentada introduzida por outro. Pobreza então é pecado, "clama ao céu" (Medellín, *Justiça*, 1), "é contrário ao plano do Criador e à honra que se merece" (Puebla 28). E os pobres são dialeticamente pobres. Historicamente, pobre significa relação intrínseca ao opressor; dialeticamente, tem relação intrínseca com o rico. Puebla assenta a flagrante e crescente diferença entre ricos e pobres: "A verdade é que cresce cada vez mais a distância entre os muitos que têm pouco e os poucos que têm muito" (*Mensagem*). Mas, além disso, dá a razão: existem "ricos cada vez mais ricos às custas de pobres cada vez mais pobres" (n. 30). Existem pobres porque existem ricos, e existem ricos porque existem pobres. Pobreza é então não só carência de vida, não só carência injusta de vida causada pelos opressores, mas é também a negação formal e mais radical da fraternidade, do ideal do Reino de Deus. Como as raízes da opressão são estruturais, essa pobreza, histórica e dialética, torna-se massiva e duradoura; não é casual e exige mudanças profundas das estruturas (Puebla, 30).

Os pobres da opção, por último, são uma *realidade política*, aspecto menos explicitado do que os anteriores na Escritura e no magistério, mas nem por isso menos real. Sua massividade – pois se trata de povos inteiros pobres – o objetivamente insustentável de sua situação e a consciência que vão adquirindo da pobreza e de suas causas, a esperança que se vai gerando entre eles de que a vida é possível e que se deve lutar por ela, supõem um potencial político que se vai atualizando nos países do Terceiro Mundo. Mas, na medida em que se atualiza esse potencial, os pobres estão sujeitos não só à opressão empobrecedora, mas também à repressão, como afirma Puebla logo depois de descobrir os rostos dos pobres (cf. nn. 40-43). Assim, a pobreza adquire outra conotação: os pobres que quiserem deixar de ser pobres são frequentemente reprimidos e assassinados; assemelham-se ao servo de Javé que, por tentar implantar a justiça, sucumbe sob a repressão.

Os pobres pelos quais se deve fazer a opção definem-se, portanto, em relação com algo sumamente negativo: a árdua dificuldade de dominar a vida no seu mais elementar. Isso deve ser recalcado, porque a linguagem procura ocultá-lo e tende a apresentar a realidade da pobreza a partir de outra perspectiva positiva. Fala-se assim de "países em vias de desenvolvimento", com o que – seja qual for a verdade histórica do desenvolvimento – relaciona-se pobreza com algo positivo. Não se nega, na verdade, que a pobreza exija eticamente o desenvolvimento, ou seja, o sair dela, mas, em sua realidade histórica, a pobreza significa primariamente outra coisa: estar em vias de morte. Talvez em lugares industrializados a pobreza possa ser descrita relativamente ao positivo, em relação com o bem-estar ainda não alcançado, mas que se julga possível e provavelmente alcançável. Pobreza aponta para o positivo que se julga possível conseguir. Pobres são os que ainda não conseguiram o bem-estar, mas estão em vias de alcançá-lo. No Terceiro Mundo, entretanto, a pobreza aponta sobretudo para o negativo do qual se deve fugir. Nas conhecidas palavras de G. Gutiérrez, "pobres são os que morrem antes do tempo", aqueles que se aproximam da morte lentamente, devido a estruturas injustas que privam de vida, em si mesmos "violência institucionalizada" (*Medellín*, *Paz* 16), e os submetidos à morte rápida e violenta quando procuram libertar-se de sua pobreza injusta. Pobreza tem então a ver com morte.

II. Dimensão humano-criatural. A opção pelos pobres é antes de mais nada algo com que se confronta qualquer ser humano pelo simples fato de o serem; serve, logicamente, como preâmbulo a qualquer fé explícita. É uma fé antropológica no sentido que Juan Luís Segundo dá ao termo e nesse sentido é uma aposta. É um conteúdo da revelação de Deus, mas para descobri-la como tal necessita-se com precedência lógica – embora isso historicamente sempre se realize dentro do círculo hermenêutico – uma opção no nível humano-criatural. O fato de a revelação ter sido interpretada tão frequentemente à margem da opção pelos pobres – e o mesmo ocorre com a libertação, tida hoje como centro da mensagem evangélica, mas tão ignorada na história – mostra-o claramente. Com isso quero dizer que a opção pelos pobres é necessária para se compreender a revelação, e o é porque se realiza em nível humano-criatural com necessidade, por ação ou omissão.

1. "Manifesta-se, com efeito, a ira de Deus, do alto do céu, contra toda impiedade e injustiça dos homens que mantêm a verdade prisioneira da injustiça" (Rm 1,18). Essa afirmação paulina diz que não é nada fácil *ver a verdade das coisas* e que existe, antes, uma intrínseca concupiscência que aprisiona essa verdade. Chegar a conhecer a verdade da realidade, respeitar a realidade do que as coisas são, é conversão, e conversão primária, diante da tentação de tergiversar e submeter a verdade. É negativo, afirma Paulo, o que ocorre quando acontece a sujeição da verdade. Em linguagem teológica, aparece a cólera de Deus, a realidade se opaca e não revela Deus, o coração do ser humano se entenebrece e Deus o entrega a toda sorte de abominações. Em linguagem histórica, a realidade clama e protesta, mas se oculta sua verdade mais íntima, o ser humano fica cego e se desumaniza. Isso, no fundo, vale para todos: pagãos e judeus. A partir dos pobres se vê melhor o mundo como é, não se aprisiona sua verdade. Mas, como essa realidade é pecado, e como o pecado procura sempre ocultar-se, passar desapercebido ou inclusive fazer-se passar pelo contrário, chegar a ver o mundo a partir dos pobres também é conversão; objetivamente contra as aparências, e, subjetivamente, contra o próprio interesse que procura fazer coincidir a realidade com o desejável para alguém. A opção pelos pobres é, pois, antes de mais nada, uma opção pela verdade, para ver a realidade deste mundo tal qual ela é, uma conversão epistemológica radical e uma aposta – ve-

rificada depois – de que a partir dos pobres aparece melhor a verdade do mundo.

2. "Certo samaritano em viagem, porém, chegou junto do ferido, viu-o e moveu-se de compaixão" (Lc 10,33ss). À última visão da realidade a partir dos pobres corresponde a última coisa da *reação para com os pobres*. Todo ser humano – judeus ortodoxos ou samaritanos hereges – encontra-se com um ferido no caminho, e diante dele só tem duas reações possíveis: ou passar de longe e ignorá-lo, ou aproximar-se dele, curá-lo e levá-lo para lugar seguro. Este último é o conteúdo da opção pelos pobres. Seus mecanismos serão diversos, assistenciais, promocionais ou estruturais, conforme o ferido seja um indivíduo ou povos inteiros estendidos no caminho e que esperam salvação. A opção pelos pobres insiste no Terceiro Mundo na peremptória necessidade deste último pelo caráter estrutural da pobreza. Mas, o que agora interessa reafirmar é a última reação para com o pobre.

Jesus menciona a parábola para explicar qual é o maior dos mandamentos, mas o conteúdo da parábola não se baseia na reação do samaritano no querer ou ter um mandamento a cumprir, mas em algo mais original: na compaixão e misericórdia que sente diante do ferido. "Movido de compaixão" é o que se diz dele. Por ser movido pela miséria alheia interiorizada no mais profundo de si (*esplagnízomai*: reagir para que se revolvessem as entranhas): que essa miséria mova a uma ação salvadora é algo que tem sua própria evidência, ou não a tem.

3. "Ninguém pode servir a dois senhores. Com efeito, ou odiará um e amará o outro, ou se apegará ao primeiro e desprezará o segundo" (Mt 6,24). Esta citação de Jesus mostra a *necessidade de escolher,* e escolher entre realidades objetivas que são em si mesmas excludentes e opostas. Não se pode servir ao pobre e a seus empobrecedores, às vitimas e a seus carrascos. A razão última de que a opção seja desse tipo, não está na subjetividade de quem opta; a opção não se opõe, portanto, a uma intenção amorosa universal a todos, pobres e empobrecedores, embora se deva expressar de forma bastante diferente. A razão está no objetivo da opção. Pobres e empobrecedores são excludentes uns dos outros; mais ainda, coexistem em relação oposta, uns agem contra outros. É claro que os empobrecedores agem contra os pobres, e é claro que os pobres – por sua própria realidade e mais ainda quando tomam consciência dela – agem contra os empobrecedores enquanto empobrecedores, seja qual for sua atitude para com estes como seres humanos.

Optar pelos pobres significa então encarnar-se num conflito objetivo da história, disponibilidade a aguentar as consequências do conflito e a suportar a surpresa e o escândalo de que o verdugo triunfe ou pareça triunfar sobre a vítima. O que não se deduz necessariamente de uma teoria que torne absoluto o conflito, veja nele o motor da história e o caminho para a planificação desta. Conclui-se da mesma história a revelação e da experiência cotidiana. A opção pelos pobres não é conciliatória em si mesma, embora se espere que leve também à verdadeira reconciliação; não é algo pacífico, embora se espere que também leve a uma verdadeira paz. É antes de tudo verdadeira opção que leva a quem a faz a encarnar-se no conflito da história e exige disponibilidade para manter-se nele e fortaleza para assumir as consequências.

4. "Então dirá o rei aos que estiverem à sua direita: 'Vinde, benditos de meu Pai... pois tive fome e me destes de comer...'" (Mt 25,31-46). Opção pelos pobres é uma forma de ver a história, de reagir diante dela e encarnar-se nela; mas é também a maneira de viver como ser humano. É salvação. Na parábola do juízo final, na qual estão presentes "todas as nações", afirma-se o que é que leva à salvação última. Mas, se não é entendida de maneira extrínseca, em descontinuidade com a vida presente, afirma-se também o que significa viver agora como seres humanos salvos, viver agora com sentido. A salvação da própria vida e o sentido da vida no presente se resolvem na opção pelos pobres. A condenação futura e a falta de sentido no presente se decidem numa opção à margem dos pobres, o que no fundo é sempre contra eles. E nada lá existe fora dessa opção pelos pobres que decida definitivamente a salvação. Existe salvação quando se opta pelos pobres como pobres, sem que nenhuma outra qualificação neles tenha de forçar a opção; opta-se porque eles têm fome, sede, enfermidade, cativeiro. O próprio fato de optar pelos pobres e servi-los, independentemente da consciência explícita com que se faça isso, produz salvação e faz viver como seres humanos resgatados – "Senhor, quando te vimos com fome...?".

Afirmar que a opção pelos pobres é salvação, além disso, é afirmar que *a salvação é possível*; é apostar em favor da esperança na história, que a última palavra da história é bênção e não condenação; afirmar que dos pobres é o reino e que aqueles que optam por eles entram no reino, é a maneira de aceitar que na história tenha sentido último contra muitas aparências; é uma forma de fé que leva a optar (*fides qua*), mas que tem também conteúdo (*fides quae*) explícito ou implícito: existe salvação.

III. Dimensão teologal. Enfatizar o humano criatural da opção pelos pobres me parece importante para valorizar sua radicalidade e finalidade última. O humano, entretanto, acontece sempre também de forma historiada em tradições, religiões, ideologias. A reflexão sobre a opção pelos pobres surge, pois, num círculo hermenêutico: a partir do humano e a partir de tradições em que se vive o humano. As religiões abraâmicas, e certamente a fé cristã, têm como conteúdo essencial a opção pelos pobres, a justiça, a libertação etc. E o fundamentam na mesma revelação e realidade de Deus. Comecemos, pois, analisando a dimensão teologal da opção pelos pobres como correlato mais imediato à sua dimensão humano-criatural.

Na tradição bíblica Deus se revela em e mediante uma opção. Para dar a razão da escolha de um povo, da encarnação ou da morte de Jesus na cruz, só se pode apelar para o eterno desígnio de Deus, para a livre autodeterminação de Deus de mostrar-se assim e não de outra maneira. Nisso consiste a especificidade do conhecimento bíblico de Deus: em conhecê-lo na medida em que ele se dá livre e concretamente a conhecer.

A teologia cristã aceita esse fato e tem necessariamente de aceitá-lo, pois ela mesma se baseia e se centraliza no livre desígnio de Deus. Talvez possa, por isso, estar disposta a aceitar a terminologia de "opção de Deus"; mas é mais renitente em aceitar a "opção pelos pobres do próprio Deus, *a parcialidade de Deus* em sua revelação, revelando-se a uns e não a outros, inclusive a favor de uns e contra outros. A universalidade da revelação e do amor de Deus – e, na prática, outros interesses – parecem correr perigo se se fala de parcialidade de Deus, embora não perigue ao mencionar o concreto desígnio de Deus.

A parcialidade de Deus em sua revelação, entretanto, é algo fundamental na Escritura. Deus se revela como quem faz uma opção pelos pobres, e essa opção é mediação essencial de sua revelação. No fato fundante do povo de Deus está um ato parcial, a libertação do Egito, através da qual Deus se mostra como é. Não se pode separar a revelação do nome de Deus – como revelação "universal" – e a concreta vontade libertadora de Deus. Este ato fundante é parcial. Deus não se revela a todos por igual, aos israelitas e ao faraó. E a razão dessa parcialidade está no sofrimento e opressão de um povo. Que Deus queira além disso escolher esse povo, que faça uma aliança com ele, que exija dele que lhe preste culto, são coisas verdadeiras todas elas. Mas a razão pela qual se revela a esse povo é outra: "Eu vi, eu vi a miséria do meu povo que está no Egito. Ouvi o seu clamor por causa dos seus opressores; pois eu conheço as suas angústias. Por isso desci a fim de o libertá-lo da mão dos egípcios, e para fazê-los subir dessa terra a uma terra boa e vasta, terra que mana leite e mel" (Ex 3,7ss).

Essa parcialidade de Deus é um fato, mas é além disso um fato revelador da própria realidade de Deus, não só ocasião para que Deus se revele. Deus não só faz opção pelos pobres, mas através dela se mostra como Deus, e assim, caso desaparecessem da Escritura as passagens sobre essa opção, restaria uma imagem diluída e muito diferente da realidade de Deus.

IV. Dimensão cristológica. Cristo, definitivo mediador de Deus e definitivo ser humano, historiza e leva à plenitude o referido nos dois parágrafos anteriores. Historiza a opção de Deus pelos pobres e leva à plenitude a opção que todo ser humano deve fazer por eles. A opção pelos pobres está no começo de sua atividade: sua missão consiste em anunciar a boa notícia do reino de Deus aos pobres; e no final de sua vida profere o discurso sobre a salvação definitiva que se realiza na opção e só na opção pelos pobres. O conteúdo dessa opção e o que tem de opção proporciona lógica interna à vida, atividade e destino de Jesus. Recordemos brevemente a estrutura fundamental da opção de Jesus.

Jesus apresenta uma visão da história a partir dos pobres que inverte visões tradicionais e convencionais: dos pobres, dos desprezados, dos indefesos, das vítimas é o reino de Deus; não de seus opressores e carrascos. É essa a boa notícia que se deve anunciar como a verdade última da história contra todas as suas aparências. A serviço dessa boa notícia Jesus coloca sinais que a mostram como verdade: realiza curas, expulsa demônios e acolhe pecadores e desprezados. São sinais – embora apenas sinais – de que o reino se aproxima dos pobres. São sinais benéficos que salvam de necessidades concretas os fracos e desprezados. Não são a salvação – termo técnico no singular que se consolidará depois no NT – mas salvações plurais de necessidades plurais que atingem o corpo e a alma. E são sinais não só benéficos mas libertadores, pois as enfermidades, as possessões diabólicas e sem dúvida a pobreza e a indignidade social se atribuem a forças opressoras que tudo permeiam, seja porque essa opressão se expresse em conceitos mitológicos – hoje não científicos – ou históricos. Diante dessas necessidades, Jesus reage com misericórdia e faz dela algo central e último: diante das necessidades, sejam de que índole forem, e por isso também diante das necessidades fundamentais da vida, deve-se reagir com misericórdia, sem outra justificação além do próprio fato das necessidades. Essa misericórdia, escandalosa para muitos de seus ouvintes, é a que ele terá de esclarecer algumas vezes sobretudo em suas parábolas, sem oferecer outra justificativa além desta "assim é Deus, tão bom para com os fracos". Jesus, por último, celebra os sinais do advento do reino; senta à mesa com os desprezados deste mundo, e assim afirma que a fraternidade começou.

Mas a denúncia do antirreino, da sociedade como um todo, é uma forma *sub specie contrarii* de apontar para o mundo que em sua totalidade se torne mais próximo do reino de Deus. Essa práxis se realiza nas controvérsias, denúncias e desmascaramentos de uma sociedade religiosamente opressora e, através disso, econômica, social e politicamente. Com essa práxis Jesus quer defender os oprimidos e por isso se dirige formalmente contra os grupos opressores: ricos, fariseus, escribas, sacerdotes e, em medida menor, dirigentes políticos. Essa práxis – embora o anúncio da boa notícia aos pobres e os sinais de sua libertação já causem escândalo – explica o destino de Jesus, a perseguição que se transformou em clima de sua vida e de sua condenação à cruz por subversão e blasfêmia. A cruz de Jesus é o argumento mais claro para mostrar que Jesus fez uma opção pelos pobres e o caráter conflitivo da opção. A cruz de Jesus mostra que existem pobres e empobrecedores, oprimidos e opressores, reino e antirreino, Deus da vida e ídolos da morte, mediadores históricos da vida e da morte; que os dois tipos de realidades estão em conflito e em luta, e que a opção por um é opção contra outro. A cruz de Jesus mostra o fato, e também o escândalo: que o opressor vence no conflito, que os deuses "rivais" parecem ter mais força do que o Deus da vida, e que seus mediadores são capazes de matar o mediador do verdadeiro Deus. A cruz não responde à pergunta por que Jesus morre, mas fica claro por que o matam. O primeiro porquê não obtém resposta apodíctica no NT, continua sendo escândalo e só resta dizer: "assim é o desígnio de Deus". Com a ressurreição de Jesus, ao não desaparecido escândalo acrescenta-se a esperança: pelo menos no caso de Jesus, Deus fez justiça em favor dos crucificados da história. O segundo porquê, entretanto, é bastante claro: Jesus morre na cruz, não só porque ajuda ou serve os pobres, mas porque faz uma opção por eles. E nessa história, em que os deuses estão em luta, optar pelos pobres é agir contra os seus opressores.

Hoje, deve-se pensar em quais sejam as melhores mediações para acabar com o antirreino e dirigir a totalidade histórica e social rumo ao ideal do reino de Deus. Daí a óbvia necessidade de mediações analíticas. Mas, além disso, deve-se enfatizar a necessidade de se fazer a opção pelos pobres com espírito determinado a fim de que este continue inspirando-a e fortalecendo-a e para que a cure dos inevitáveis subprodutos negativos que sempre ameaçam qualquer tarefa, por mais necessária, justa e boa que seja, tarefa que levamos nas mãos os seres humanos. Em segundo lugar, a opção deve realizar-se com o espírito de que fala Jesus no sermão da montanha e nas bem-aventuranças de Mt, entendidas não para determinar o destinatário da opção, mas o espírito com que se deve fazer. Pode-se falar assim de um espírito "paradoxal" que pareceria diminuir a importância da seriedade da opção pelos pobres, mas que, posteriormente, a potência: a mansidão que cura a prepotência, o amor à paz que impede criar uma mística da violência, embora esta possa chegar a ser necessária e justa, a disponibilidade ao perdão e à reconciliação, a pureza de coração para manter a verdade das coisas e para que não se introduza a tendência a aprisioná-la e ao dogmatismo, a fortaleza e até alegria na perseguição para que não enfraqueça a esperança em meio às provações.

Em terceiro lugar, a opção há de realizar-se com espírito de gratuidade e agradecimento. Manter a gratuidade, recordar que tudo tem sua origem em quem nos amou primeiro, em quem optou por nós antes que nós por ele, que por amor nos perdoou – também nossos pecados contra os pobres –, que nos concedeu olhos novos para ver, ouvidos novos para escutar e mãos novas para agir, é importante para que na opção pelos pobres não se introduza a *hybris* que tudo ameaça, e a opção dos pobres não degenere, sutil ou indelicadamente, em opção pelo próprio eu, o próprio grupo, a própria organização ou a própria Igreja. O espírito de gratidão é de justiça para reconhecer o que os pobres devolvem àqueles que optam por eles, espírito com o que a opção pelos pobres e seus custos se transformam em algo mais do que uma exigência ética; transformam-se em alegria, no tesouro escondido, pelo qual vale a pena vender tudo.

V. Dimensão eclesiológica. Prosseguir a opção de Jesus pelos pobres e com o espírito de Jesus é necessário para a vida cristã hoje. Mas, é também necessário – e frutífero – para a Igreja como tal. A opção pelos pobres é o que torna hoje a Igreja verdadeiramente cristã e por isso verdadeiramente Igreja, e a faz crescer em todas as suas dimensões.

Quanto ao que se refere à vida *ad extra* da Igreja, sua missão na qual consiste sua identidade mais profunda, os pobres a concretizam. Pobres, na Escritura, são correlatos a *eu-aggelion*, boa notícia. Daí o porquê da missão da Igreja se converter formalmente em evangelização, mas com algumas características bem precisas devido ao fato de escolher como destinatários de sua missão os pobres anteriormente descritos. 1) A missão começa com o anúncio do que produz alegria e esperança, a boa notícia, a partir da qual – e não o inverso – deverá entender os necessários componentes doutrinais da missão. 2) O anúncio tem de ser acompanhado da denúncia: pois, como na época de Jesus, existem os opressores que produzem a má realidade para os pobres, tem de ser também má notícia para os opressores. 3) A boa notícia tem de ser proclamada não só como salvação, mas como estrita libertação, pois se anuncia em meio ao antirreino opressor. 4) A libertação tem de ser relativa aos pobres, e por isso, libertação integral que torne central, embora não se reduza a isso a libertação da pobreza injusta, de todos os males que esta gera e das estruturas injustas de opressão. 5) A boa notícia, portanto – como aparece na concepção de Is e Lc – deve tornar-se boa realidade, não apenas anúncio verbal de esperança, mas prática concreta da caridade. 6) A evangelização tem de ser dirigida também a gerar espírito nos pobres para que concretizem sua pobreza, trabalhem para sair dela e façam suas lutas impregnar-se com o espírito descrito. 7) Por último, a evangelização deve ser feita com credibilidade – e daí a importância do testemunho – para poder comunicar como verdade o que historicamente é muitas vezes pouco frequente e tem caráter escandaloso: que dos pobres é o reino de Deus.

Quanto ao que se refere à vida *ad intra* da Igreja, a opção pelos pobres a constrange mas também lhe facilita, a resolver o problema do estar e do ser da Igreja. Onde deve ficar a Igreja, é problema difícil de resolver, pois deve ao mesmo tempo estar no mundo e tornar-se carne na história real, sem ser do mundo, sem deixar-se dominar pelos valores do mundo que desde o começo tentaram seu fundador. Esse dificílimo problema – e a história o recorda a cada passo – resolve-se quando a Igreja está realmente no mundo, mas no mundo dos pobres, e neles se encarna. A Igreja está então no mundo real, mas sem os perigos do poder, da riqueza e da adulações a que é inclinada, estando em outro lugar deste mundo, e que a mundanizam. Está aos pés da cruz, sem que a ressurreição – símbolo tão frequentemente utilizado para justificar onisciência, autoritarismo e distanciamento do mundo real – transforme-se em tentação, e sim no horizonte que anima a tirar de sua cruz os povos crucificados. No mundo dos pobres, a Igreja se torna do mundo, mas não mundana.

A Igreja dos pobres tem a capacidade de potencializar tudo o que a Igreja é. Mostra-se criativa na liturgia, na pastoral e na catequese; produz teologia – a teologia da libertação, como a mais próxima a si; a ela –; gera magistério eclesial, como mostram as cartas pastorais de Monsenhor Romero ou dos bispos brasileiros; gera também arte e cultura, músicas e pinturas populares, poemas como os de Dom Pedro Casaldáliga ou de Ernesto Cardenal. Essa Igreja aceita e respeita os mistérios tradicionais dentro da Igreja e gera outros novos. Não é de maneira alguma anti-hierárquica; deseja antes a proximidade dos bispos e a colaboração com eles; mas deseja que sejam, sobretudo, como o Bom Pastor que defende as suas ovelhas e dá a vida por elas.

VI. Dimensão transcendente. A opção pelos pobres, no tratamento sistemático que aqui lhe foi dado, é uma opção pelos pobres reais, socioeconômicos para que deixem de o ser. Essa opção é necessária para a fé cristã e importante para concretizar cristãmente o que é Deus, Cristo e a Igreja.

Esse enfoque costuma ser criticado ou, pelo menos, costumam alertar sobre seu perigo, pois com isso se operaria uma redução da fé cristã; e se assim fosse, a crítica estaria justificada. Mas, acreditamos muito mais que a opção pelos pobres realiza uma concentração a partir da qual pode desenvolver-se a totalidade da fé cristã. Totalidade, à qual sempre se deve tender, não pode ser alcançada diretamente, mas – consciente ou inconscientemente – tomando algum ponto de partida; e de acordo com o que for esse ponto de partida, será também o caminho que conduz à totalidade, e, normalmente, à compreensão da totalidade que se alcança.

Falamos de concentração e não de redução, porque os pobres e a opção por eles têm em si mesmos sempre algo *mais*. Os pobres são mais que pobres; a libertação de sua pobreza leva a um passo a mais na libertação. A opção pelos pobres introduz num processo com uma dinâmica que leva mais adiante, se não for detida voluntariosa ou pecaminosamente; *abre à transcendência*. A opção pelos pobres, se lhe permitem dar de si o que ela exige e possibilita, é também uma forma de caminhar para a transcendência; é no mundo de hoje a forma mais urgente, histórica e eticamente, e a mais próxima da revelação bíblica de Deus.

Algo semelhante se deve dizer daqueles que fazem a opção. Ela é, num primeiro momento, a resposta ética e prática a uma exigência interminável, mas que introduz fé própria. Através desta opção e nelas o ser humano se vê confrontado de modo radical com a esperança e o amor. A opção pode transformar-se em ótima possibilidade de responder positivamente a estas duas últimas questões ou, ao contrário, em retirada e desengano. A opção é ação que pode degenerar em *hybris* ou, pelo contrário, estar cheia de gratuidade, porque os pobres pelos quais se opta presenteiam ânimo, esperança, sentido. Viver para outros pode ser acompanhado do viver de outros e assim formular o último sentido da vida como um viver com outros. De todas essas coisas, de esperança e amor, de gratuidade e solidariedade, vai se fazendo a fé em Deus, ou, ao contrário, essas coisas podem ser a maior tentação para a fé. A opção pelos pobres é então o lugar da fé e de seu questionamento. Em todo caso, confronta o crente com seu Deus.

A opção pelos pobres e a dinâmica que desencadeia é um modo – histórica e biblicamente necessário – de inserir-se na história e de corresponder ao que de transcendente já existe na história. Para o crente, é o modo de caminhar hoje na história com Deus, o que nada tira ao que de duvidoso e obscuro haja no caminhar, mas que também nada tira da luminosidade de caminhar com Deus. E esse caminhar com Deus, respondendo ao algo *mais* na história, é a experiência crente do caminhar para Deus. Na firmeza de colocar sempre os sinais do reino de Deus para os pobres, em configurar a história segundo o coração de Deus, acredita-se e espera-se que a história se dirija definitivamente ao reino de Deus.

"Opção preferencial pelos pobres", em *Documento de Puebla*, n. 1134-1165; I. Ellacuría, *Conversión de la Iglesia al reino de Dios*, Santander, Sal Terrae, 1984; id., "La Iglesia e los pobres, sacramento histórico de liberación", em *Mysterium liberationis. Conceptos fundamentales de teología de la liberación* II, Madrid, Trotta, 1990, 127-153 J. I. González Faus, *Vicarios de Cristo. Los pobres en la teología y espiritualidad cristianas*, Madrid, Trotta, 1991; G. Gutiérrez, *La fuerza histórica de los pobres*, Salamanca, Sígueme, 1982. J. F. Moreno Rejón, *Teología moral desde los pobres*, Madrid, PS, 1986; J. Pixley e Cl. Boff, *Opción por los pobres*, Madrid, San Pablo, 1986; P. Richard, *La fuerza espiritual de la Iglesia de los pobres*, San José, DEI, 1988; J. de Santa Ana, *El desafío de los pobres a la Iglesia*, San José, DEI, 1977; J. L. Segundo, "Opción por los pobres, clave hermenéutica para leer el evangelio": *Sal Terrae* 74 (1986), 473-482; Vários, "Teología y pobreza": *Misión Abierta* 74 (1981); Vários, "Esperanza de los pobres, esperanza cristiana": *Misión Abierta* 75 (1981); J. M. Vigil (ed.), *La opción por los pobres*, Santander, Sal Terrae, 1991.

Jon Sobrino

ORAÇÃO

A oração é um fenômeno fundante. Antes da existência pessoal, os pré-humanos se encontravam imersos no mundo sem saber, inconscientes, sem consciência de si mesmos, sem poderem diferenciar-se da realidade exterior e dos outros indivíduos de sua espécie. Somente quando se torna pessoa, consciente de si e capaz de comunicar-se de modo estruturado e simbólico, o ser humano descobre e cria a oração.

A oração *se descobre*: não é algo que o ser humano possa criar a seu bel-prazer, quando quer, mas a realidade ou experiência superior que lhe sobrevém, experiência de ter sido chamado e de ter nascido dessa chamada, certeza de encontrar-se animado por um mistério que ele não pode controlar, pois o precede, o faz ser e o supera. Mas, ao mesmo tempo, a oração *se cria* como experiência que os seres humanos vão criando, caminho que eles mesmos percorrem, de maneira organizada e surpreendente, na busca de si, do sentido e da profundidade de sua própria realidade e tarefa sobre o mundo. Nesse aspecto podemos dizer que são eles a sua própria oração, entendida como palavra e experiência primeira de comunicação.

A oração supõe que o ser humano não está feito, não se encontra acabado a partir de fora de si mesmo, definido por um tipo de lei que dita lá de cima o que ele é e o que faz. Não está feito, deve fazer-se; não sabe aonde ir, mas que deve buscar a meta e descobrir o caminho que a ela conduz. Pois bem, no intenso caminho de seu ser e de seu tornar-se humano, não está sozinho: pode dialogar e dialoga com o mistério da realidade que nele habita, o divino, dialogando ao mesmo tempo consigo mesmo e com os outros.

Esse diálogo pessoal e criador, esse protodiálogo, constituiu um dos elementos principais da vida humana e é princípio e conteúdo de toda oração, pelo menos da cristã. Quem observar de fora a oração poderá dizer que é uma estratégia ou astúcia da própria humanidade que se obriga a dialogar consigo mesma, de maneira que toda oração seria experiência e criação subjetiva do crente, que só dialoga consigo quando acredita que dialoga com Deus ou o divino. A oração seria um exercício psicológico de tomada de consciência da realidade ou de interiorização psicológica, mas sem valor religioso nem abertura para Deus. Contra isso, quem estudar e analisar a oração por dentro, se é crente, saberá que ela é experiência de visitação e transcendência: o ser humano se encontra habitado e potencializado pelo mistério superior do divino, de maneira que seu diálogo orante não é simples criação subjetiva, mas presença e ação do próprio Deus.

Não é fácil optar entre essas duas posturas, uma que poderíamos chamar de *racionalista* (na oração não há nada de divino) e outra *sobrenaturalista* (a oração é sinal e manifestação de Deus). Não queremos aqui discuti-las, mas quisemos situarmos num plano anterior, descrevendo e precisando seus valores. Seja qual for o seu sentido final, a oração foi e continua sendo um grande valor humano, uma experiência radical da nossa história. Assim a estudaremos, invocando seus tipos e níveis. Introduzindo, e condensando outros trabalhos sobre o tema, quisemos distinguir quatro níveis (de natureza, interioridade, história e comunhão inter-humana) que permitem conhecer melhor a experiência orante da humanidade. A partir deles poderemos propor melhor o desafio da oração neste tempo de diálogo e crise do sistema, no começo do terceiro milênio.

I. Oração da natureza. Natureza não é aqui o natural enquanto diferente do sobrenatural, mas o mundo como realidade que parece objetiva, diferente da humana. As atitudes diante do mundo podem ser muito diferentes: o medroso o teme, o operário o trabalha, o tecnocrata pretende dominá-lo com a ciência, o esteta desfruta dele... Pois bem, o orante o contempla para descobri-lo e admirá-lo (alegre-se com ele) no divino. Esta é talvez a maneira mais profunda de sentir e interpretar a realidade: o gosto dos olhos que olham e admiram, a ação das mãos que tocam e movem (se movem) e superam as resistências das coisas, a alegria da vida que se aceita e se sente bem fundamentada sobre o mundo.

Essa é a oração dominante nas religiões da natureza, de onde emergem os deuses como forças cósmicas. A natureza onde estamos, a mesma realidade que somos, é um fato prévio, misterioso, sem razões que a justifiquem, de maneira que nós não podemos dominá-la nem explicá-la, mas descobrir-nos imersos nela. O mundo inteiro se apresenta como berço (origem) e sacrário (lugar de proteção) da vida. Sem dúvida, em certo nível parecemos perdidos num fluxo das mudanças incessantes do macro e micro-cosmos, de estrelas e átomos; como breve instante do grande redemoinho da vida que gira sem cessar, indiferente a nossos choros e razões. Mas, penetrando em nível de profundidade superior, descobrimos que esse mundo em sua raiz é bom, realidade sacra que nos fundamenta. Podemos confiar em seu poder, confiar em sua força, descobri-lo e venerá-lo em sua verdade divina, como mostram o mito e o rito.

1. Os *mitos* revelam de alguma forma o sentido e as características principais desse mundo. Eles dizem com palavra de poesia e canto de emoção e aceitação profunda o que está no fundo de tudo que existe. Por isso, são eles a oração primeira, uma experiência de imersão cósmica, um descobrimento do sentido do mundo e da vida. O mito orante é o primeiro conhecimento, uma ousadia imensa e desmedida: os homens se atrevem a contar com a ajuda dos deuses, o que são os próprios deuses, quer dizer, as forças que definem sua existência.

2. Os *ritos* expressam a experiência e exigência da ação primeira dos homens sobre o mundo. Outros viventes, plantas e animais, "sabem" o que devem fazer e se encontram programados para isso, como elementos do grande todo. Ao contrário, os homens se descobrem de imediato como ignorantes. Devem fazer e não sabem como. Hão de assumir a tarefa de serem eles mesmos, dentro de um mundo divino que lhes abre assim um espaço de existência, uma tarefa. Pois bem, eles se atrevem a ser, dando sentido à sua vida no divino: trabalham a terra, caçam animais, relacionam-se em unidade sexual, acolhem e educam as crianças, enterram os mortos... De forma ritual, como expressão de presença sagrada, aprenderam a agir no mundo, num gesto que começa sendo orante.

Mitos e ritos constituem a "oração primeira", a forma em que os homens e as mulheres puderam reconciliar-se com a natureza, no sentido mais profundo. Os animais não necessitavam de reconciliação, pois nunca se separaram de natureza. Os seres humanos, entretanto, fizeram-no, perderam sua imediaticidade cósmica, não são vida pura, mas vida que se eleva e se questiona por si mesma. Essa distância frente ao mundo pertence à existência do ser humano e constitui o princípio de sua oração, em forma de mito e rito. O ser humano começou sentindo-se perdido, desamparado no mundo. Mas ao mesmo tempo, através da oração (rito e mito), quis e pôde retornar ao coração da realidade, sendo solidário a tudo o que existe.

Sem essa forma de oração, a vida humana não teria sentido, voltando a perder-se no simples esquecimento da natureza. Esta *oração cósmica* mantém a separação do homem frente ao mundo, mas ao mesmo tempo vos vincula radicalmente: essa ruptura e união, expressa de mil formas nos mitos dos povos e atualizada em seus ritos, constitui a essência da oração antiga, a verdade mais profunda das *religiões da natureza*. Nesse aspecto, a oração foi e continua sendo uma forma de presença significativa e prática do ser humano numa realidade, que por um lado o supera e por outro se submete ao seu trabalho. Numa perspectiva o ser humano é menos do que o mundo, uma pequena parte de seu grande processo; por isso sente veneração e medo. Mas, ao mesmo tempo, é mais do que o mundo: por isso, pode conhecê-lo por seus mitos e expressar seu sentido pelos ritos. Neste lugar de vinculação paradoxal dos homens com a natureza, nasceu e se mantém a oração cósmica.

As religiões chamadas *pós-axiais* (após o séc. VII-IV a.C.) superaram esse nível de imersão e de imediaticidade cósmica, descobrindo e destacando o valor da racionalidade humana sobre o mundo. Por isso, no fundo, superaram o nível da oração cósmica. Entretanto, de uma forma ou de outra, elas tiveram de voltar à raiz cósmica de sua vida, na raiz de sua existência. Assim o mostram os cantos e salmos da Bíblia que a liturgia cristã recolheu (cf. Dn 3; Sl 19; 104 etc.). Os grandes orantes do Ocidente, Francisco de Assis e João da Cruz, voltaram a basear sua oração nos sinais da natureza (*Canto das criaturas, Cântico espiritual*) que descobrem, transfigurada pela experiência do amor humano, a liberdade interior, a entrega da vida nas mãos de Deus. A natureza continua mantendo o seu valor orante neste tempo novo (no começo do terceiro milênio), oferecendo o seu tesouro de invocações simbólicas a cristãos e hindus, a muçulmanos e budistas. Porém, todos estes crentes, de diferentes formas, superaram o nível da oração cósmica, como veremos nas reflexões seguintes.

II. Oração da interioridade. As religiões do Oriente (hinduísmo, budismo) costumam chamar-se místicas ou da interioridade, porque, superando o caráter sagrado do cosmos, descobrem e veneram o divino na própria profundidade da vida humana. Para elas, a oração já não é exercício de imersão cósmica (em mito e rito), mas *meditação transcendental*, quer dizer, imersão na raiz sagrada do próprio ser, superando assim as imagens e formas do mundo exterior. Orar é superar o pensamento objetivo e penetrar na profundidade sagrada de nossa vida, permitindo que se desenvolva e se manifeste. Deus não se encontra fora, não está acima (num céu separado), nem tampouco é mundo. Por isso, não podemos sair para encontrá-lo, pois ao fazê-lo nos perdemos e perdemos nossa base. O divino está dentro de nós: orar é descobri-lo, em diálogo de ruptura, passividade e ação.

– *Ruptura*. Orar é transcender de alguma forma o mundo: superar aquele nível no qual mente e sentimento, fantasia e ansiedade se encontram envolvidas na luta imediata da natureza externa. Por isso, a oração implica purificação e ruptura, interiorização e saída que nos leva ao que somos: ao Deus que se desdobra e vive no interior de nossa própria vida.

– *Passividade*. Orar é penetrar na verdade interior, encontrar-se consigo mesmo, para além dos sinais e palavras exteriores, no silêncio habitado pela própria voz mais profunda do "deus" que habita em nós e que fala em nossa vida. Orar supõe nada nos impor pela força, não forçar a vida ou pensamento, não deixar nenhum resquício de mentira ou distância entre o próprio ser mais profundo e nossos sentimentos e desejos. Por isso, a oração é a mais profunda passividade: deixar que o próprio Deus fale em nós, como Vida radical de nossa vida.

– *A ação mais profunda*. Enfim, orar é transcender a si mesmo, dialogando com o mistério interior, permitindo (em silêncio mental e vazio afetivo) que em minha vida se expresse aquele que me transcende e fundamenta, como Palavra e Amor supremo. Dessa forma, pode revelar-se a verdade da minha existência, em diálogo interior, e Deus vem mostrar-se como aquele que faz com que eu faça (= me faça), tornando-se assim revelação do Absoluto.

Esses momentos (ruptura, passividade, ação) definem a oração de interioridade e nos definem como seres que têm *vida interior*, que vai além do nível da biologia e das ciências naturais. Assim souberam e formularam, de maneiras convergentes, os grandes criadores religiosos da história. Sócrates o encontrou escrito no frontispício do santuário de Delfos: "Conhece-te a ti mesmo". Buda o conheceu cada um a si mesmo para além sob a árvore de Benares, descobrindo que o único caminho da vida é aceitar-se como se é, mais alem de seus desejos de mentira, de dor e de morte. Agostinho o descobriu escutando a voz que lhe dizia: "Busca dentro de ti mesmo".

Buscar é deixar-se encontrar, descobrindo que sou desde o princípio o que sou (quem sou), porque me fazem ser, porque em mim habita a verdade, a luz me ilumina, e a vida vive em mim. Esta oração de interioridade pode ser entendida como *diálogo com o mistério*, em outras palavras, como descobrimento de que somos *transparência do mistério*. Trata-se de tirar os véus que colocamos diante de nós, para deixarmos de nos enganar e ver-nos como somos. Trata-se de apenas estar, de simplesmente ser o que somos, a partir da Luz, da Verdade e da Vida que nos faz, ou melhor, que é nossa vida.

Talvez pudéssemos dizer que *somos sustentados*, quer dizer, habitados por Aquilo – Aquele que nos sustém. Por isso, a oração não é ação particular, mas o reconhecimento da *imanência divina*, que nos fundamenta e faz com que sejamos. Ela é, portanto, uma experiência de *ruptura e identificação*, de maneira que, precisamente onde vejo (descubro a minha verdade), aí encontro o divino sobre o mundo. Por isso, não posso sequer dizer que tenho um diálogo, pois não tenho com quem dialogar: não existe "outro" diante de mim, nem deus nem ídolo; em mim só existe a realidade sagrada.

Assim, orar é viver em transparência de intimidade, na linha da *meditação transcendental* que é um meditar que não medita, pois não conhece nem quer mediações, intermediações ou figuras, mas simplesmente deixa que seja o divino, superando todas as representações do mundo, figuras e pessoas da história. Por isso, o interior da oração está vazio, como o Santo dos Santos no templo de Jerusalém: na câmara secreta de minha vida não há nada nem ninguém. Mas, ao mesmo tempo, esse vazio é plenitude que supera todas as possíveis figuras e formas, os valores e temores da história. O Nada da interioridade sem conteúdo, para além de qualquer forma ou desejo, no exercício do yoga mental e afetivo, revela-se como Tudo, como o Todo da realidade, que não pode se impor pela força, em termos sociais ou sacrais, pois se encontra acima de qualquer política ou sistema, de qualquer instituição ou igreja. O mundo exterior parece rodar sem fim, sem realidade nem consistência, luta de fantasmas sem direção alguma nem sentido. Mas os seres humanos religiosos já vivem noutro nível: o Tudo "é" neles; não são deste mundo.

III. Oração da história. O modelo anterior parecia tirar-nos do mundo e de suas lutas, como mostra de maneira impressionante a *Bagavad-Gita*, manual de oração hindu: o cavaleiro combate na grande guerra das tribos deste mundo, como impõe sua obrigação de estado, mas internamente vive em eterna liberdade, de pura paz, sem desejos nem combates, habitado pelo grande Senhor divino, que se encontra acima de todas as batalhas. Pois bem, contra isso, a religião *israelita* começou ao descobrir Deus precisamente na batalha da história: não se encontra fora, mas dentro da própria guerra, ajudando a combater e vencer os crentes, para quem a oração pertence ao crescimento consciente da história humana, entendida como tempo de manifestação divina.

No lugar onde antes habitava em nós a interioridade transcendente (sem forma), emerge e nos fala uma pessoa, o Deus que atua e dialoga conosco, tornando-nos capazes de escutar sua voz e responder-lhe no próprio caminho da história. Surge assim uma oração que se introduz na natureza mesma, não para sacralizá-la (como a oração cósmica), mas para descobrir nela o caminho de Deus e percorrê-lo, em processo aberto até à reconciliação final dos humanos. São estes os seus momentos fundamentais:

– *Chamada*. O que antes era meditação sem objeto (imersão no mistério sem tempo e sem figura) torna-se encontro pessoal, onde se escuta a voz de Deus. Certamente, o orante procura penetrar no seu próprio interior, mas o centro de sua vida já não é o seu esforço humano, nem o vazio divino, mas o Deus pessoal que se revela, chamando-o à vida, abrindo-lhe um caminho, pedindo-lhe uma resposta. Assim aparece nos grandes testemunhos da oração profética: a chamada de Moisés, de Isaías ou de Jeremias (Ex 3-4; Is 6; Jr 1), o batismo de Jesus (Mc 1,9-11) ou as diversas experiências orantes do Profeta (Corão 74,1-7; 93; 94; 96,1-5).

– *Caminho*. A mesma oração que escuta suscita uma resposta, de maneira que se expressa e se ratifica numa ação pessoal. O orante já não se introduz no silêncio sem palavras, no vazio sem figuras (onde orar é não fazer e permanecer no divino), mas escuta a voz do Deus que o envia para que lhe cumpra o mandato. Por isso, o diálogo religioso se torna compromisso histórico: com a ajuda de Deus, na guerra do mundo, o orante se põe a serviço da paz. Não penetra em si para perder-se em Deus, mas para lhe escutar a voz e pôr-se em movimento, tornando-se profeta ou mensageiro, criador da história, como sabem os criadores monoteísta: Moisés, Jesus e Maomé.

– *Plenitude escatológica*. Sendo palavra de Deus e resposta ativa do humano, a oração mostra-se como experiência e fonte de realização histórica. Deus já não se expressa na sacralidade do mundo, nem na simples vida interior, extra-mundana, e sim na tarefa histórica da comunidade crente e orante que abre sua utopia de futuro a partir da própria palavra compartilhada, acolhida e respondida. A oração se transforma assim em testemunho de *utopia*, veículo e fonte de esperança, como mostra exemplarmente o Pai Nosso: "Venha a nós o vosso reino". Nessa linha, judeus, cristãos e muçulmanos pedem a Deus a chegada da própria salvação, que se cumpra sua vontade na terra, comprometendo-se eles próprios a cumpri-la.

Em *perspectiva de interioridade*, a oração parece terminar em si mesma, pois nela o mundo ficava na sombra, superando-se na altura divina todas as imagens e formas da vida. Ao contrário, a *oração da história* abre o humano para os outros: centraliza-o em Deus para enviá-lo novamente ao mundo, com uma tarefa a serviço dos outros. E isso é muito valioso, mas pode tornar-se grande risco onde os fiéis de uma religião identificam sua vontade política ou social com a de Deus, para impô-la com inquisições ou guerra, de qualquer que seja o tipo. Aqui não se pode apelar para "mais oração", pois a própria oração fundamenta a intransigência, mas a "melhor oração", se é que isso seja possível (como creio a partir das próprias tradições religiosas judaicas, cristãs ou muçulmanas.

Essa oração da história torna o homem capaz de um diálogo social: introduzindo-o em si mesmo, o abrir, ao mesmo tempo para o divino que se expressa e atua na história dos homens. O orante se introduz na profundidade misteriosa de Deus (como fazem, por exemplo os salmos da Bíblia), descobrindo nela a presença dos outros, com os quais tem de assumir o mesmo caminho. O que podia parecer existência solitária torna-se consciência solidária, comunicação de consciências: orar é assumir (reassumir) pessoalmente o caminho salvador da história, reviver como própria a libertação do êxodo judaico, aceitar o destino do povo, centralizado em Jesus ou Maomé, e caminhar com os outros (os irmãos) para o futuro da liberdade.

IV. Oração comunitária. Situada na perspectiva anterior, a oração se torna, por si mesma, comunitária, prática do encontro sagrado com os outros, pelo menos com os membros da própria Igreja. A mesma oração compartilhada fundamenta e delimita um grupo de pessoas que descobrem juntas a Deus e cultivam na oração a sua presença. Assim se vinculam, em perspectiva de mistério, presença criadora de Deus, compromisso de ação histórica e vinculação comunitária. Os orantes descobrem que não vivem simplesmente no mundo (o caráter mundano se lhes torna secundário). Tampouco habitam simplesmente num interior sagrado (a interioridade individual é derivada e enganosa), nem são puro elo de uma história que os leva além da liberdade final, mas querem habitar desde já em dimensão de *graça compartilhada*, em diálogo de pão e palavra.

Às vezes se tem dito que a verdadeira pátria dos seres humanos é seu *idioma*, ou seja, a capacidade de vincular-se, compartilhando uma cultura. Pois bem, a pátria de muitos cristãos (e em certo sentido também de outros grupos religiosos) em sua oração comunitária é a experiência de um diálogo pessoal que se condensa na palavra e no pão na eucaristia. Esta é para eles a oração suprema. Há em seu fundamento aspectos cósmicos (pão e vinho da terra), elementos de interioridade ou encontro pessoal com o divino, e sobretudo uma intensa evocação da história: no próprio centro de sua prece, os cristãos recordam Jesus, e recordando-o atualizam a sua morte em favor dos outros e antecipam sua vinda salvadora. Mas, em seu próprio centro, essa prece é *comunhão inter-humana*, descobrimento e cultivo da mais profunda comunicação crente.

Assim se vinculam os dois traços principais da confissão cristã: amar a Deus e amar ao próximo (cf. Mc 12,28-34). Eles definem a oração que é diálogo com Deus, sendo diálogo de amor e comunicação inter-humana. Ao unir-se a Deus, o orante se relaciona com seu povo, em oração compartilhada. Toda oração é, de alguma forma, comunhão inter-humana. Mas o é de forma especial a oração da história, formulada pelos cristãos:

– *Comunidade exterior*, religiões da natureza. O ser humano antigo vivia em nível de personalidade corporativa, mais que de pessoa individual: existia apenas vida privada, nem desdobramento de oração de cada um dos membros ao conjunto. A consciência orante, refletida pelo mito e atualizada pelo rito, pertencia ao conjunto do clã ou grupo religioso. Não havia um "eu" forte, nem oração pessoal estrita. Por isso, o princípio é a oração comum, a consciência coletiva.

– *Comunidade interior*, religiões místicas. Elas buscam um tipo de unidade fundada na contemplação de cada um, para além dos poderes cósmicos ou dos desejos de cada um. Nesta linha se situam os orantes hindus reunidos em *ashram* ou os membros da *sangha*, monges do budismo, que compartilham de alguma forma a oração e constituem uma comunhão de libertos; mas, no fundo, cada um está isolado e deve assumir e realizar a sós seu caminho. Hindus e budistas puderam suscitar uma tolerância orante, uma compaixão universal que brota de sua condição de seres perdidos no mundo. Mas a essência de sua oração continua sendo individual: não implica uma comunicação no amor mútuo e na palavra compartilhada.

– *Comunidade comunitária*, cristianismo. Somente uma oração fundada na história comum e centrada no encontro pessoal com Deus e com os outros pode apresentar-se verdadeiramente como realidade comunitária. A própria experiência de Deus se expressa mediante o encontro com os outros, de maneira que a interioridade religiosa (vinculação pessoal com o mistério) se traduz como interioridade compartilhada, amor comunitário. Isso se torna especialmente claro para o cristianismo, que identifica a oração suprema com a eucaristia, que é palavra e pão compartilhado.

Orar é falar juntos, é falar-se dando a vida uns ao outros, e assim compartilhando-a, de modo criativo, gratuito. Orar é simplesmente ser, tornar-se humano, em comunicação pessoal de carne, que assume e supera os planos anteriores (da matéria e da vida do cosmos). Estamos no mundo, mas não somos do mundo, pois a natureza não pode dar-nos esta vida pessoal, feita de carne compartilhada, ou seja, de comunicação paciente, e esperançosa, própria de cada indivíduo que sabe ser presença de Deus. Habitamos no interior de nós mesmos, porém somos mais do que interioridade, pois recebemos nossa vida como dom de outros humanos, de maneira que eles habitam em nós e fazem parte de nossa própria realidade, de maneira que só vivemos dando a vida uns aos outros. Moramos na história, mas somos mais do que história: não existimos simplesmente na esperança do que seremos, pois a vida verdadeira já habita em nós, como diz o Cristo ao afirmar que "chegou o reino" (Mc 1,14-15).

Sendo seres do mundo, interioridade e história, os seres humanos somos, em Deus e a partir de Deus, uma experiência de *oração compartilhada*: recebemos a existência uns dos outros, recebendo-a de Deus, e assim a fazemos, nos fazemos, à medida que a compartilhamos, em gesto de mim (eucaristia), em palavra e pão comunicado. Entendida assim, a oração não é algo que se acrescenta à vida (como algo a mais, um momento que se acrescenta aos restantes), mas a própria forma radical de vida humana, que é experiência de comunicação. A oração não é, portanto, um acréscimo ao que já somos, mas o ser radical que recebemos e temos na medida em que o oferecemos e compartilhamos, em palavra de amor, em carne compartilhada, com os outros.

O ser humano se define assim como oração; sua essência mais profunda se expressa em sua oração. No princípio (*comunhão de natureza*), os diversos indivíduos aparecem mergulhados num todo sacral que os constitui e lhes oferece sua mais profunda "consciência". O orante assume a consciência coletiva, expressando-a com suas palavras e gestos: está como fora de si mesmo, vive com a vida do conjunto, pensa com o pensamento do grupo. Sua oração é participação na experiência coletiva de imersão cósmica. A este nível domina um tipo de *espírito objetivo*, expresso no conjunto social. A oração é o desdobramento dessa experiência de comunicação gratuita de amor e palavra, exercício de participação no pensamento do grupo.

Os *orantes da interioridade* superaram essa participação na totalidade orante do conjunto social, substituindo-a por uma *experiência de ruptura e imersão no divino*. O humano religioso rompe seus laços cósmico-sociais para descobrir sua realidade (verdade) no sagrado, para além do mundo, em chave de transcendência espiritual. Por isso, no centro de toda oração de intimidade mística, o orante deve superar a consciência expressa das coisas, a vinculação aos saberes e desejos deste mundo. Pode suscitar-se assim uma comunhão inter-humana, que porém é uma comunhão que se realiza acima deste mundo, no além do sagrado.

Os *orantes da história* desenvolveram, entretanto, uma experiência de comunicação pessoal na oração: por um lado, rompem a objetividade da consciência coletiva por outro; descobrem e iniciam uma forma mais alta de entrega pessoal e vida compartilhada, em liberdade e doação, na qual o próprio Deus se revela. Por isso se vinculam a partir desse mesmo Deus, ao vincular-se uns com os outros, em gesto de comunicação pessoal, de amor mútuo. A oração suprema se interpreta, portanto, em chaves de diálogo gratuito entre os fiéis do grupo humano (Igreja, sociedade); à luz de um Deus concebido como experiência de comunicação pessoal (Trindade como oração primeira).

V. Século XXI: um desafio de oração. Como acabamos de mostrar, a oração cristã é *experiência radical de comunicação*, conforme o testemunho chave de Jo 1,14: "O Verbo se fez carne". O próprio Deus é Palavra e se faz carne, ou seja, relação e encontro concreto da vida, não de elevação ideal ou interiorização evasiva. Não sabemos se existe em abstrato uma comunicação suprassensível, pois não conhecemos bem os limites da sensibilidade, mas sabemos que uma comunicação separada da carne não seria oração cristã, pois iria contra a encarnação e a esperança escatológica, centrada na ressurreição da carne (credo apostólico), como Paulo já sabe (cf. 1Cor 13).

Foi dito, e vem se repetindo em círculos cristãos, que o século XXI será místico, ou não será: ou os humanos nos abrimos para um tipo de experiência superior de interioridade e cultivo do mistério, ou terminamos matando-nos, de maneira que não haverá mais vida possível no mundo para nós. A frase não é má: o séc. XXI tem de abrir a porta ao mistério da comunicação suprarracional, se não quiser cair destruído em mãos da pura racionalidade (das mil informações que podem estar classificadas) e da violência de todos os sistemas que operam na terra. Devo acrescentar entretanto que essa frase pode tornar-se ambígua, se nos fechar numa experiência elitista ou *evasiva* (sem amor completo, vivido na própria fraqueza da carne) e *limitada*, em perspectiva cristã, pois a oração não é simples interioridade de mistério, mas descobrimento responsável de Deus na história e caminho de comunicação, simbolizada na eucaristia.

– Pode existir uma *mística destruidora*. Muito além da razão razoável habitam também os "demônios" da irracionalidade violenta, os prejuízos vinculados a um tipo de intolerância feita de oração fanática, as tradições mágicas que dividem os humanos... O racionalismo moderno condenou um tipo de mística pré-racional violenta. Mas isso o evangelho já o havia feito.

– Pode haver uma *mística criadora*, aberta à comunicação afetiva que vincula os humanos em claridade superior e em alegria compartilhada... Esta é, na minha opinião, a oração do evangelho cristão, o caminho de um conhecimento superior de amor mútuo e vinculação afetiva em plano da intimidade e de justiça (de abertura a todos os humanos), em experiência radical de graça.

A mística não vale por si mesma (se for apenas abertura individual ou heletista ao mistério), nem vale um tipo de igreja ou religião que se feche em seus sinais sagrados. O cristão é a experiência comunicativa (inefável e criadora de palavras) de uma oração de amor, aberta a todos os humanos. Por isso, proponho-me completar ou interpretar a frase anteriormente citada a partir da teologia e da vida da Igreja:

– *Oração cristã*. O cristianismo do séc. XXI deverá oferecer um caminho de oração amorosa como fonte de libertação universal, ou perderá sentido (deixará de existir). Normalmente, pensamos que a sociedade só pode manter-se em bases de poder sacral, submissão religiosa e submissão política. Pois bem, retomando suas bases evangélicas, o Cristo do séc. XXI há de ser princípio de libertação pessoal e comunitária, um Cristo com quem os cristãos dialogam em oração de amor, como fizeram os grandes orantes cristãos como João da Cruz.

– *Oração comunicativa*. O cristianismo do séc. XXI deve abrir para os homens um espaço de comunicação gratuita e alegre, em oração, ou perderá seu valor. Houve entusiasmos e místicas violentas, vinculadas à evasão espiritual e à imposição social. Pois bem, contra isso a verdadeira contemplação mística se expressa como encontro de amor. Nesse fundo queremos recordar que Jesus não foi especialista em interioridade transcendental, nem asceta alheio ao mundo, e sim messias da palavra e do amor concreto (carnal), em diálogo com os necessitados da terra. Não quis (ou não pôde) empregar mediações messiânicas de tipo administrativo ou econômico, militar ou legalista, mas amor libertador (que cura e torna sadio), aberto à comunicação (pão compartilhado, banquete final) de todos os humanos, fundando assim a oração cristã.

A partir desse fundo quero entender a oração (a mística) como cultivo da comunhão humana. Podem existir outros planos de mística cósmica, de interioridade individual, de compromisso histórico. Mas todos culminam, para os cristãos, na experiência orante de comunicação humana. Mais do que objeto novo de conhecimento, a oração é um modo de conhecer e de relacionar-nos em amor com aquele que conhecemos e que nos conhece (Deus, Cristo, os outros). Possivelmente, todo conhecimento abre um caminho de transcendência, contém mais do que contém, em transbordamento significativo, aberto à comunicação de amor, que se expressa à maneira de encontro completo na carne. A partir desse fundo, podemos recordar os elementos ou direções da experiência humana, em chave de oracional.

– *Profundidade: experimentamos para transcender.* Cada realidade tem um nível de transparência; não se fecha em si, não nos encerra nela, mas se abre e nos abre para um nível de revelação luminosa. Alguns pensadores e artistas parecem sentir a saudade das coisas puras: o desejo de que sejam simplesmente o que são, sem referência a nada diferente. Pois bem, no fundo dessa saudade esconde-se em desejo de comunicação *mítica* (= mística), que nunca se pode encerrar na matéria, pois ela transcende sempre para o nível das realidades pessoais.

– *Utilidade: experimentamos para agir em comunhão*. Rompida a unidade instintiva ou a matéria do mundo, o homem encontra-se aberto, em inquietação experiencial, a um nível de prática ou *rito*. O que significa conhecer para "atuar", num caminho de experiência repetida e busca compartilhada. Agimos juntos, juntos vamos construindo uma cultura. Pois bem, no fundo dessa ação e dessa cultura se esconde sempre a necessidade de uma comunicação inter-humana. Unimo-nos para agir, porém não só para isso, mas especialmente para ser, viver unidos, compartilhar a vida. Nesse nível situa-se a oração cristã.

Mais do que o trabalho exterior, em atitude de domínio sobre o mundo, importa o *trabalho estritamente humano*, aquele que os teólogos chamam *ação imanente*, que se resume no mistério trinitário do amor e conhecimento do Pai, do Filho e do Espírito. Mais do que fazer coisas, para transcender-nos por elas, importa que nós mesmos nos façamos, quer dizer, que sejamos, na humanidade compartilhada, a partir do dom de Deus, em Cristo, a exemplo da Trindade. É este o nível da *oração cristã*, entendida como experiência e caminho de comunhão gratuita, criadora, alegre, entre pessoas. É aí que se define a *oração*, a qual assume os níveis anteriores (cosmos, interioridade, história, comunhão) para apresentar-se como experiência radical de salvação: encontro com Deus no encontro humano. Parecem ser estes os seus planos principais:

– *A oração do viver*. O ser humano é incapaz de subsistir no nível de estímulo e resposta instintiva, como os animais. Para o humano, viver não é simples biologia; é muito mais: um caminho de experimentação tateante pelo qual se vão suscitando formas de existência. Viver é superar-se a si próprio, em gesto aberto ao mistério. Isso é oração.

– *A oração do entender*. O ser humano nasce sem saber, indefeso diante das coisas, perdido nesse imenso mundo e mar que são as forças, poderes, pulmões, instintos, perigos e desejos do ambiente. Nasce sem saber, mas uma vez começado o seu caminho de experiência, desenvolve imenso processo intelectivo, buscando formas de conhecimento mais alto, sobre as necessidades imediatas. Sua vida é mais do que desejo de viver: é desejo de saber (de conhecer a si mesmo e conhecer tudo), vencendo fronteiras, experimentando caminhos. Também isso é oração.

– *A oração da alegria*. Muitos pensam que este mundo seja o reino da razão e do dever; que não existe nele lugar para serem felizes. Pois bem, os grandes orantes das diversas tradições rejeitam esse esquema, afirmando que existe uma fronteira de alegria que podemos atravessar, a partir já deste mundo, explorando dessa maneira os caminhos da felicidade. O ser humano não age apenas por dever, e sim porque toma gosto pela vida, a saboreia, fazendo coisas, fazendo-se a si mesmo em alegria compartilhada. Isso é oração, isso é mística.

No fundo da vida, a compreensão e a alegria, fundamentados na experiência de Jesus, podem elevar-se, e se eleva a oração do *encontro concreto* dos fiéis na carne, ou seja, na experiência concreta da vida, em comunicação de afeto e pão, em diálogo de entrega mútua que ultrapassa as fronteiras da morte, em esperança de ressurreição.

E. Galindo, *La experiencia del fuego. Itinerario de los sufíes hacia Dios por los textos*, Estella, EVD, 1994; A. González, *La oración en la Biblia*, Madrid, Cristiandad, 1968; A. Hamann, *La oración* I-II, Barcelona, Herder, 1967; H. Hubert y M. Mauss *Obras I. Lo sagrado y lo profano*, Barcelona, Barral, 1970, 93-142; H. J. Krauss, *Los salmos* I-III, Salamanca, Sígueme, 1989; L. Maldonado, *La plegaria eucarística*, Madrid, BAC, 1967; X. Pikaza, *La oración cristiana*, Estella, EVD, l990; id., *El fenómeno religioso*, Madrid, Trotta, 1999; D. T. Suzuki, *La gran liberación*, Bilbao, Mensajero, 1972.

Xabier Pikaza

PATRÍSTICA

I. Noção. "Patrística" é um adjetivo substantivado derivado de *pater*. Não é palavra antiga, pois não foi criada antes do século XVII para designar o que pertence ou se relaciona com os padres da Igreja. O adjetivo subentende a "doutrina", a "teologia" ou a "literatura" dos padres. Distingue-se de "patrologia", palavra que, quando não designa uma coleção de obras dos padres da Igreja, costuma significar a ciência que trata das vidas e obras dos autores cristãos mais antigos e que geralmente inclui um compêndio de sua doutrina. "Patrologia" é também um vocábulo que começou a usar-se no século XVII; aparece pela primeira vez no título de uma obra do teólogo luterano João Gerhard: *Patrologia sive de primitivae Ecclesiae doctorum vita et lucubrationibus opus postumum* (de fato, Gerhard morreu em 1637 e sua obra apareceu em 1653). Para Gerhard, o conceito de "padres da Igreja" tem sentido muito amplo, uma vez que se estende até Roberto Belarmino (m. 1621). Hoje a Patrologia não abrange tanto, uma vez que costumamos aplicar o título de "padre da Igreja" a personagens não posteriores a Gregório Magno ou a Isidoro de Sevilla no Ocidente, enquanto que, no Oriente, João Damasceno costuma ser considerado o último dos padres. De qualquer modo, para semelhantes delimitações não existem critérios universais. Alguns dizem que, não tendo experimentado as Igrejas orientais as mudanças ideológicas que experimentou o Ocidente, não é tão clara a necessidade de buscar para a cristandade oriental um limite da era patrística que concorde mais ou menos com o que pode determinar-se com maior precisão para o mundo latino. Na realidade, as normas antigas da espiritualidade do mundo oriental aconteceram bastante invariáveis até nossos dias, e a teologia, falando em geral, não sofreu aí as transformações que a do Ocidente experimentou na época medieval e moderna. Entretanto, também para o Oriente, sobretudo a partir das invasões islâmicas, pode-se dizer que terminou o mundo antigo ou a *Spätantike*. Isso nos permite falar de uma era patrística geral: a que vai dos primeiros tempos do cristianismo até a islamização da África do Norte e dos países do Mediterrâneo oriental e, no Ocidente, até os inícios da cultura carolíngia. De fato, na coleção *Corpus Chistianorum* os autores carolíngios são incluídos na coleção *Continuatio mediaevalis*.

A patrologia não se ocupa dos escritos canônicos do NT, que, por sua importância e natureza, têm seu próprio campo de pesquisa científica. No entanto, os escritos extracanônicos pertencem à patrologia; assim por exemplo, os livros apócrifos, se prescindirmos aqui da mentalidade dos que, negando o caráter de inspirados aos livros canônicos, concedem aos apócrifos o mesmo valor (documental) que têm as obras que compõem o NT e que, por conseguinte, não se separam uns dos outros em seu tratamento histórico-literário e em sua consideração como fontes da teologia.

Por causa desses problemas e por outras preocupações parecidas, alguns preferem não usar os nomes "patrística" e "patrologia" e dizer, ao contrário, "paleocristianismo" (*altchristlich*) ou, como fez um dos mais eminentes peritos em patrologia de nosso tempo (Otto Bardenhewer), "paleoeclesiástico" (*altkirchlich*). Apesar das justificações que possa ter esse último adjetivo aplicado a "literatura", parece-nos mais adequado "paleocristão", uma vez que, como se diz, também os escritos gnósticos e heréticos, bem como os dos cismáticos, ou seja, dos que podem considerar-se eclésiasticos, pertencem à patrologia.

De qualquer maneira, patrística e patrologia, não são palavras empregadas injustamente em nosso caso, uma vez que não damos ao conceito "padre" nem mais nem menos do que merece sob o ponto de vista semântico. Nele não predomina a ideia de autoridade no sentido jurídico da palavra, sentido que desagrada a alguns. A relação pai-filho equivalia entre os antigos (e não somente entre os cristãos) à de mestre-discípulo. "Escuta, meu filho, a instrução de teu pai", lemos em Pr 1,8, frase que teve muito sucesso na literatura cristã; e em 1Cor 4,15: "Ainda que tivésseis dez mil pedagogos em Cristo, não teríeis muitos pais, pois fui eu quem pelo evangelho vos gerou em Jesus Cristo" (ver também Mt 23,8-10).

Na literatura patrística a palavra "padre" não aparece sempre, nem muito menos, com o sentido de mestre. Em documentos bastante antigos (como em 1Clem 62,2) são os apóstolos que recebem o nome de "padres". Padres são, em geral, os bispos, os quais, no mundo latino, são às vezes chamados de "papas". Os prelados reunidos no concílio de Niceia são chamados de "padres da Igreja". Semelhante denominação acabou por adquirir uso corrente.

A expressão "padre" inclui de certa maneira, quando não explicitamente, o conceito de doutor ou mestre em questões de fé, bem como "padre espiritual", no campo da ascese, carrega consigo o significado de guia e instrutor. Considera-se muito especialmente mestre da fé o bispo, função inseparável, e de fato não separada da de liturgo. Não obstante, pessoas não pertencentes à ordem episcopal recebem também o nome de "padre", com o significado de "testemunho da tradição revelada".

Tanto a significação de mestre na fé como a de testemunha da revelação convêm ao sentido que damos agora a "padre da Igreja", conceito do qual não excluímos nenhuma testemunha interessante para o conhecimento do pensamento cristão antigo.

Os teólogos de tempos não remotos costumavam exigir quatro condições para que determinado escritor antigo pudesse ser considerado verdadeiro "padre da Igreja": *sanctitas vitae, doctrina orthodoxa, approbatio Ecclesiae, antiquitas* (santidade de vida, doutrina ortodoxa, aprovação da Igreja, antiguidade). Estas condições passaram praticamente para a história, pois obedeciam a algumas intenções apologéticas que já não têm a vigência de antes. Qualquer testemunha da tradição antiga tem valor em si, prescindindo da qualidade da pessoa e da santidade de sua vida, embora estas notas possam ser qualitativas. Quanto ao que se refere à ortodoxia, não deixa de ser de valor uma testemunha que em determinados aspectos, seja por pertencer a um tempo muito remoto, no qual o dogma cristão não tinha obtido ainda uma formulação, fruto de correspondente evolução, seja por outros motivos, não concorda (nem que seja conscientemente, com o parecer comum ou católico da Igreja. Orígenes é, por exemplo, um dos padres mais antigos que, junto com outros tão antigos como ele (Justino, Taciano, Atenágoras, Teófilo de Antioquia, Irineu de Lion, Tertuliano, Clemente de Alexandria, Hipólito e Dionísio de Alexandria), não pôde libertar-se de certo subordinacionismo quanto ao que se refere à relação entre Pai e Filho. Por outros defeitos doutrinais, mais supostos que reais, Orígenes foi anatematizado pelo quinto concílio ecumênico, celebrado em Constantinopla em 553; com Orígenes eram condenados também Dídimo e Evágrio Pôntico, ou seja, eram condenados vários pontos dos escritos dos três (Mansi, 384 e 533s). Isso prejudicou muito a memória dos três grandes escritores; entretanto, Orígenes, Dídimo e Evágrio continuam até hoje sendo celebrados como padres preclaríssimos; já eram assim considerados por muitos, antes da condenação de sua doutrina.

Qualquer autor antigo é pois considerado pela ciência patrística como testemunha da tradição. Sua autoridade pode ser meramente individual ou cumulativa, como fazendo parte, no último caso, do conjunto que a linguagem cristã (por exemplo, na *Fórmula da união entre Cirilo de Alexandria e os bispos antioquenos*: D 271) chama "a tradição dos padres, tradição compendiada no símbolo da fé, *símbolo dos padres*, segundo a expressão do concílio de Calcedônia (D 302). Entre os padres o símbolo de fé tinha tanto valor quanto a palavra inspirada da Escritura; era tratado com o mesmo respeito. Contudo, a expressão "tradição dos padres", quando empregada por antigos, tem mais ou menos força de autoridade de acordo com o caso. A autoridade de cada padre depende da parte pessoal que tenha tido no desenvolvimento doutrinal e do modo como tenha participado dele. Recomenda sua autoridade o título de "doutor da Igreja" que mereceram Atanásio, Basílio de Cesareia, Gregório Nazianzeno, João Crisóstomo, Cirilio de Alexandria, Ambrósio, Agostinho, Jerônimo, Hilário, Efrém, Papa Leão I, Pedro Crisólogo, Isidoro de Sevilha, Gregório Magno e João Damasceno. Por determinadas circunstâncias históricas não conseguiram esse título outras figuras que poderiam equiparar-se a algumas das anteriores; penso particularmente em Gregório de Nisa. Se Justino e Irineu não ostentam o título, é porque são venerados como mártires (Irineu indevidamente), honra que se considera superior à de "doutor da Igreja".

II. Origens da literatura patrística. A literatura patrística é abundantíssima, tanto na grega como na latina oriental não grega. Várias causas históricas provocaram essa abundância de obras, que em grande parte nos foram transmitidas. Às causas que enumeraremos em seguida deve se acrescentar o fato de ter existido na antiguidade cristã grandes oradores e escritores.

Além de não terem existido as causas históricas concretas de que falaremos, a religião cristã, por sua própria natureza, se encontrou na necessidade de criar uma literatura própria. O comentário da Escritura, a catequese e a constante formação doutrinal de que necessitam os cristãos, obrigaram à formação de um sistema de ensino que de oral passou, em boa parte, para escrito, para a formação dos mestres e com vistas à leitura privada. A proclamação e explicação da palavra divina aconteciam no culto oficial da Igreja, a qual, dentro de certa liberdade de improvisação, exigia uma formulação escrita das orações litúrgicas para bem de uma segurança doutrinal e contra algumas dispersões inconvenientes. Na celebração litúrgica nasceu a homilia e da homilia, a exegese. Ao lado da pregação falada, em muitos casos tomada pelos taquígrafos e transmitida por escrito, nasceram os comentários bíblicos literários (não pregados), os quais, juntamente com a literatura homilética, constituem parte bastante considerável do acervo patrístico conhecido. Em torno da exegese bíblica se escreveram tratados de caráter filológico, como alguns de Eusébio de Cesareia e de Jerônimo, para servir a melhor estudo dos textos sagrados. Outros tratados eram de caráter metodológico ou mais espiritual; entre eles sobressai o *Liber regularum* de Ticônio, escrito em 380, e que é o primeiro compêndio, em latim, de hermenêutica bíblica. Esta obra serviu de norma para Santo Agostinho, que, por sua vez, em *De doctrina chistiana*, estabeleceu algumas normas e deu orientações de interpretação bíblica, como fizera Orígenes dois séculos antes, em sua obra *Sobre os princípios*.

Já nos inícios do cristianismo, em suas inseguranças iniciais, a infiltração do gnosticismo constituiu verdadeiro perigo, uma vez que as doutrinas gnósticas se apresentavam com aspectos bastante sugestivos. Grande parte da literatura bíblica apócrifa é de origem gnóstica ou sofreu influência do gnosticismo. Esta literatura é muito antiga, uma vez que autores do século I, como Inácio de Antioquia, viram-se obrigados a combatê-la. Uma das finalidades desses livros que imitavam os do AT e do NT era dar satisfação à piedosa curiosidade popular, que gostava de ver preenchidas as lacunas que, na vida de Jesus e de Maria ou de outros apóstolos, apareciam nos livros neotestamentários. Além da sedução que exerciam por seu gênero místico e esotérico, os gnósticos tentavam apresentar soluções fáceis de conhecimento natural para os mistérios da fé. Por isso, a literatura gnóstica foi muito perseguida, tanto que apenas escritos gnósticos puros se conservam. Conhecemos, entretanto, as mais variadas doutrinas do gnosticismo através da abundante literatura que este provocou. Devemos recordar aqui, entre os autores antignósticos, Irineu e Hipólito; além disso, os escritores cristãos dos séculos II e III, como Justino, Orígenes e Tertuliano, não deixam de impugnar as correntes gnósticas, particularmente suas derivações cristológicas. Apesar de suas falsidades, os escritos apócrifos e os gnósticos em geral oferecem elementos interessantes em mais de um aspecto, tanto na ordem histórica como do pensamento.

O perigo da Heresia que tão depressa apareceu na história do cristianismo obrigou a Igreja a uma rápida organização. A organização das comunidades pedia uma literatura canônica correspondente. Compreende-se ser esta já muito antiga. O inestimável documento, que se conhece pelos nomes de *Doutrina dos doze apóstolos* ou *Didaqué*, parece contemporâneo de alguns componentes do NT. A *Didaqué* serviu de modelo para a *Tradição Apostólica*, de Hipólito, a *Didascália dos apóstolos*, os *Cânones eclesiásticos dos apóstolos*, as *Constituições apostólicas* e outras obras ou coleções jurídicas que revelam a organização das igrejas nos séculos III e IV. Fazem parte da literatura canônica as decretais dos papas, os estatutos eclesiásticos, importante documentação conciliar e outros escritos que não podemos enumerar aqui detalhadamente.

Como consequência do mau recebimento do cristianismo no Império romano apareceu no início do século II os apologistas, com uma literatura que terá grande florescimento nesse século e no seguinte, e servirá de norma para a apologia posterior, durante toda a era patrística, na qual grandes e pequenos escritores cristãos se aplicaram em defender sua fé, não só dos ataques do paganismo e do judaísmo, mas dos adversários da ortodoxia. Entre os apologistas do século II destaca-se Justino mártir, escritor grego, e Tertuliano entre os latinos. O exercício da apologia ensinou o cristão a dar razão de sua fé diante dos contraditores, segundo o prescrito por Cl 4,6 e 1Pd 3,15-16. Entre os adversários do cristianismo houve gente erudita e sagaz, o que requereu, e obteve, apologistas de gênio, sendo um dos mais notáveis Orígenes em sua réplica a Celso. Alguns apologistas preferem adotar atitude conciliatória diante dos ataques dos pagãos, estendendo a mão ao inimigo e reconhecendo os valores do paganismo; é o que faz, por exemplo, Minúcio Félix em seu elegante diálogo que tem o título de *Octavius*. Outros preferem desacreditar a religião pagã, ganhando-as de suas evidentes contradições e excentricidades; assim fazem Taciano e Hermias, entre outros. Tais sistemas de contradição irão servir, na época das grandes controvérsias teológicas, para desenvolver o gênero anti-herético, o qual produzirá obras de valor. De fato, os cristãos nunca abandonaram o gênero apologético. Um dos maiores apologistas do cristianismo foi, durante a primeira metade do séc. V, o perspicaz Teodoreto de Ciro.

Se a literatura apologética às vezes minimiza os valores da revelação ao ter de comparar o cristianismo com o paganismo, o mesmo não sucede com a literatura produzida pelas transcendentais polêmicas surgidas do arianismo. Em geral pode-se dizer que os desvios da verdadeira ortodoxia tiveram, na prática, seus efeitos positivos, como já previa Paulo (1Cor 11,19). Exigiram esforço colossal na necessidade de definir ou formular o dogma. Foi um duplo esforço: especulativo e prático. O prático foi sancionado pelos grandes concílios. O especulativo, que atingiu as massas populares, ocupou muito os pastores da Igreja e outros teólogos. Deve-se reconhecer, entretanto, que são poucos, entre os padres, os pensadores que possam chamar-se teólogos por natureza. Certamente o são Ireneu, Orígenes, Gregório de Nissa, Agostinho, Máximo o Confessor, e outros; muitos, porém, dos que veneramos como grandes figuras na história da teologia são, mais do que teólogos, definidores da fé. Deve se contar entre estes últimos Leão I, papa, enquanto que alguns dos grandes pensadores do mundo dos padres, se foram teólogos, foram-no por necessidade, pela obrigação imprescindível de defender, precisar, e definir o conteúdo misterioso da revelação. Conto, entre estes, sem intenção de prejudicar em nada seu enorme valor como pensadores, Atanásio, Cirilo de Alexandria, Hilário de Poitiers. Foram padres da Igreja, para os quais, diante da verdade revelada ou acreditada pela Igreja, não vale a filosofia do senso comum, própria do dinamismo ou do modalismo pré-nicenos que, não menos que a boa intenção de Ário para salvar o monoteísmo, quiseram tornar mais aceitável o mistério da Trindade. Foram padres que diante das sutilezas, também de boa vontade, dos semiarianos e do "simpático" humanismo de Nestório, fizeram ver que é melhor crer que Jesus Cristo é simplesmente Deus, do que dizer que é "muito Deus". Da igualdade substancial do Filho (do Verbo encarnado) com o Pai e o Espírito Santo dependem essencialmente a soteriologia, a eclesiologia, a sacramentologia e toda a teologia, a qual mudaria de sentido se Cristo não fosse igual ao Pai. Do mesmo modo devem-se entender as lutas antidonatistas e antipelagianas, mais próprias do Ocidente que do Oriente, embora também se tenham estendido pelas igrejas gregas. Também o donatismo e o pelagianismo foram heresias do sentido comum, do sentir humano, da boa vontade, de um otimismo natural, tão natural e agradável quanto oposto à doutrina da graça, tal como aparece no NT, e que teve seu maior expoente em Agostinho.

As controvérsias teológicas geraram muita incompreensão de uns para com os outros e muito sofrimento, mas transformaram a era patrística na época talvez mais interessante de toda a história da Igreja. É época em que nascem e se desenvolvem vivamente problemas que, de forma mais ou menos explícita ou mais ou menos tácita, continuarão em toda a história. O humanismo nestoriano, por exemplo, e o otimismo pelagiano subsistem de maneira mais ou menos disfarçada, embora mantendo-se numa linha que não se possa qualificar de heterodoxa. Por acaso a contemplação humanista da figura de Jesus na espiritualidade barroca, embora não somente nela, e a visão sociológica com que, de maneira parcial, Jesus é considerado por alguns, não seria uma espécie de neonestorianismo?

A reação antiariana produziu obras literárias, algumas de considerável extensão, que são frutos de uma meditação cuja magnitude nos causa admiração. Refiro-me, por exemplo aos tratados *De Trinitate* de Hilário e de Agostinho. O de Agostinho é a obra de sua vida e supõe enorme esforço filosófico-pisicológico sobre os dados da revelação. Destas obras e da sua linguagem teológica dependem ainda o modo de expressar-se da teologia atual. Dependemos também das explicações e formulações próprias da pneumatologia que se desenvolveu entre os concílios de Niceia (325) e o primeiro de Constantinopla (381). É nesse espaço cronológico que foram escritas as *Quatro Cartas* de Atanásio a Serapião, e os tratados *Sobre o Espírito Santo*, de Basílio e Dídimo. Entretanto, deve-se acrescentar que as preocupações teológicas de que falamos se refletem em toda a expressão teológica desse tempo. As preocupações anti-heréticas, particularmente pós-nicenas que proclamavam a divindade de Jesus Cristo igual ao Pai, conferiram aos textos litúrgicos, criados em plena época patrística ou até o final dela, um tom de sublimidade, de beleza que não conferiram as preocupações de outros tempos. Os escritos de Agostinho e de seus discípulos ou imitadores, que com ele impugnaram o donatismo e o pelagianismo, aparecem impregnados, todos eles (não somente os que tratam expressamente dessas questões), da maravilhosa doutrina dos sacramentos e da graça, doutrina unida à Eclesiologia tão característica de Agostinho, inseparável da sacramentologia, da doutrina da graça e do conceito objetivo ou ontológico da caridade como a vida de Cristo em todos e em cada um dos irmãos que formamos com ele um só corpo. Na controvérsia nestoriana apareceu de maneira bastante notável a diferença existente entre a muito neoplatônica escola alexandrina e a "realista" dos antioquenos. Já havia aparecido tal diferença nos métodos exegéticos bíblicos empregados em cada uma dessas escolas, das quais a Antioquena representa um "literalismo" que contrasta com a tipologia neoplatônica dos alexandrinos. O neoplatonismo, cristianizado e relativizado, predomina no mundo dos padres; apesar de tudo, deve-se reconhecer que os antioquenos usam também a tipologia que tem seus fundamentos na própria Escritura.

Embora sejam numerosos os escritos que a polêmica teológica ocasionou desde os primeiros momentos, na literatura patrística apenas aparecem tentativas de sistematizações gerais da teologia. Não tinha chegado ainda o tempo de fazê-lo. De qualquer forma, certas tentativas acontecem neste sentido, entre eles os tratados *Sobre os princípios*, de Orígenes; a *Grande Oração Catequética*, de Gregório de Nissa; o conjunto literário do chamado Dionísio Areopagita; *A fonte da ciência* e os *Sagrados paralelos* de João Damasceno. A todas essas obras e a outras que poderíamos recordar precede naquele monumento incomparável do pensamento cristão, bastante surpreendente pelo arcaico que é, muito comumente *Contra os Hereges*, de Ireneu de Lyon, que causa admiração pela profundidade do pensamento que não perde de vista o conjunto da revelação e do plano salvífico de Deus.

O *kerygma* cristão não é primordialmente a proclamação de uma *filosofia moral* no ensinamento dos padres. Mas a fé vivida reclama uma atitude ética, um determinado comportamento. Por isso, o ensinamento principal da patrística é do dogma; a exortação moral está em segundo lugar, mas isso não quer dizer que a literatura moral em geral, e a ascética em particular, não sejam importantes já na primeira patrística, como o denominam as obras de Orígenes, Tertuliano e Cipriano. Às orientações dadas pelos autores antigos, à elevação espiritual e à perfeição unem-se as exortações de que necessitavam os fiéis dos três ou quatro primeiros séculos diante das perseguições e, posteriormente, sobretudo depois das conversões em massa que aumentaram o número dos cristãos, tais exortações eram exigidas numa Igreja que compreendia em seu seio cristãos relaxados, superficiais, distraídos: homens, em uma palavra, aos quais era custoso manter o fervor do espírito. Além disso, em plena era patrística nasceu o *monaquismo*, que teve seus precedentes sobretudo no elemento feminino, nas virgens consagradas a Deus e que praticavam uma ascese doméstica. A partir do séc. IV vai-se criando uma literatura monástica que mistura o gênero exortativo com o canônico. Trata-se de uma literatura que tem representantes célebres em Basílio de Cesareia, Evágrio Pôntico, Nilo, Marcos Eremita e João Cassiano, para citar apenas alguns nomes. A hagiografia, cujas principais finalidades não eram históricas, mas de caráter edificante, foi muito praticada nos ambientes monásticos e produziu obras muito célebres como a *Vida de Santo Antão*, escrita por Atanásio, e a de São Martinho, por Sulpício Severo. A hagiografia teve seus antecedentes em documentos de primeira ordem: as atas dos mártires; as genuínas mais antigas procediam das transcrições dos documentos públicos dos processos. A lenda, em geral de modo maravilhoso, procurou ornar esses documentos ou de proporcionar outras posições e vidas de santos.

Na Igreja antiga não faltaram verdadeiros *historiadores*, o mais importante dos quais é Eusébio, morto aí pelo ano 339. Eusébio teve bons continuadores em Gelássio de Cesareia, Rufino, Sócrates, Sozômeno, Teodoreto e outros. Graças a suas *Histórias eclesiásticas* temos conhecimento bastante perfeito dos acontecimentos de toda a era patrística. Existe apenas um documento anterior ou contemporâneo de Eusébio que este não menciona em sua *História eclesiástica*. Pelo valor que tem como fonte histórica, merece ser lembrada a obra de Jerônimo, *Sobre os varões ilustres*, inspirada na homônima de Suetônio e que também teve seus continuadores e imitadores. Ao lado dessas fontes documentais existem obras de filosofia da história, de acento apologético, escritas para dissipar a perplexidade diante da queda do Império romano, invadido pela horda germânica; desta e outras calamidades alguns tornavam culpáveis os cristãos. Limitar-nos-emos a lembrar aqui duas obras importantes: *De gubernatione mundi*, de Salviano de Marcella, e *De Civitate Dei*, de Agostinho; esta última obra, que consta de vinte e dois livros, cuja composição levou uns quinze anos do autor, teve enorme ressonância durante toda a Idade Média e em séculos posteriores.

O leitor terá notado que os padres cultivaram muitos gêneros literários. Não vamos tratar aqui dos não mencionados até agora. Pode-se apenas falar de gêneros literários próprios da patrística, embora alguns escritos não se possam comparar bem com equivalentes não cristãos. No *gênero epistolar*, bastante admirado pelos padres e no qual é frequente o tom familiar íntimo que só se expressa nas cartas, existem circulares pastorais, como as *Cartas heortásticas* de Atanásio, Cirilo de Alexandria e outros bispos, que naturalmente não encontram semelhanças na literatura profana. O *gênero laudativo* "confessional", próprio das *Confissões* de Agostinho (a obra patrística talvez mais lida), é bem singular, mas tampouco pode dizer-se exclusivo e desconhecido dos escritores não cristãos. Muito cultivado foi o *diálogo* entre os padres; belas obras desta forma literária nos deixaram Justino, Marco Minúcio Félix, João Crisóstomo, Teodoreto, Gregório Magno e outros. A *poesia* também teve muitos cultivadores entre os escritores cristãos antigos, tanto entre os gregos como entre os latinos; foram poetas notáveis: Gregório de Nazianzo, Amfilóquio, Romão o Melodioso, entre os gregos; Comodiano, Ambrósio, Hilário, Aussônio, Prudêncio, Paulino, Sedúlio, Oriêncio, Dracôncio, Arador, Venâncio Fortunato e outros, entre os latinos, sem contar a hinologia anônima. A hinologia patrística, constituída de peças de qualidade, em geral contrasta com o escassíssimo valor da medieval. A língua siríaca teve poetas de grande qualidade.

III. As línguas. Os padres não teriam podido desenvolver tão extensa atividade literária se não tivessem à disposição algumas línguas chegadas a uma perfeita maturidade, como são o grego e o latim. Entretanto, foi o cristianismo a causa de idiomas como o siríaco adquirirem uma explicação literária que mal tinham ou que lhes faltava em absoluto. Com a introdução do cristianismo, o povo armênio teve de criar um alfabeto próprio. O povo copto, antes de ser cristão, não tinha literatura própria: a copta é essencialmente cristã. O grego, que se falava em quase todo o Império romano, foi a língua cristã originária. Em grego (da *koiné*) chegou a Roma o evangelho. Em Roma, durante os séc. II e III, escreveriam em grego Justino e Hipólito para os romanos, cuja liturgia se celebrava em grego. Escritos em grego aparecem os epitáfios dos primeiros papas nas catacumbas de Calixto. Entretanto, parece ter sido em Roma que os fiéis começaram a celebrar o culto em latim. De qualquer maneira, foram os grandes escritores cartagineses Tertuliano e Cipriano os que mais contribuíram para a criação de uma linguagem cristã em latim. As peculiaridades da revelação cristã e a necessidade de formar progressivamente as proposições da fé forçaram a criação de uma linguagem, tanto na área grega como na latina. Termos existentes adquiriram novos sentidos ou se teve necessidade de inventar neologismos. Alguns vocábulos são heranças dos LXX; entretanto, também esses termos adquiriram às vezes, no uso cristão, novo valor semântico. Pertencem assim à linguagem cristã, com significação própria: *ágape, anástasis, apostasía, baptismós, diákonos, diatheke, dikaiosyne, doxa, ekklesía, enanthrópesis, epískopos, eucaristía, háiresis, hairetikós, hippóstases, kárias, kárisma, katecúmenos, kleros, koinonía, logos, oikonomía, parádosis, presbíteros e trías*. Muitos desses termos foram latinizados; o latim apresenta também vocábulos cristãos próprios, quais sejam, por exemplo: *gratia, caritas, incarnatio, concarnatio, persona e substantia, redemptio, salvator, trinitas* etc. Fazem parte de uma terminologia que persiste na linguagem técnica da teologia de hoje.

Em toda a época patrística, tanto o latim como o grego tiveram excelentes escritores ou oradores. Sabemos de muitos bispos e presbíteros que, antes de receberem a ordenação sacerdotal, tinham exercido a profissão de retóricos. O estudo da retórica era uma recomendação para ser bispo, uma vez que entre as funções primordiais do bispo estava a de instruir e pregar. Tanto os padres gregos como os latinos se aproveitaram dos mestres pagãos da eloquência; alguns oradores cristãos chegaram a superar seus mestres. No domínio do latim, Ambrósio é um modelo de elegância; entre os gregos, João Crisóstomo alcança pureza ática exemplar.

Os latinos se abasteceram de traduções das obras dos padres gregos e não o contrário. Raríssimo é que um autor grego cite um latino. Graças a Rufino, Jerônimo, Hilário e a outros, o Ocidente pôde ler as obras de Orígenes. O diácono Aniano de Celeda (falecido pelo ano 418) traduziu parte considerável das obras de João Crisóstomo. Graças também a Rufino, os latinos puderam conhecer os escritos de Basílio de Cesareia, Gregório de Nazianzo, Evágrio Pôntico e outros. Alguém se pergunta que influência teria tido em Agostinho a leitura dos padres gregos; Agostinho não tinha conhecimento suficiente do grego para ler sem dificuldade os escritos gregos. Por outro lado, também é uma lástima que os padres gregos ignorassem Agostinho.

IV. Distribuição cronológica da literatura patrística. Até agora temos falado muito da distinção entre Oriente e Ocidente, entre os de fala grega e os de fala latina. Fizemos também distinções de ordem ideológica: mencionamos uma escola alexandrina e outra antioquena. Falta-nos fazer mais precisões de origem cronológica.

Pode-se manter muito bem a distribuição até aqui que se fez da literatura patrística em três grandes períodos: 1) o anteniceno, 2) o que vai de Niceia a Calcedônia, e 3) o que compreende o fim da era patrística. É uma divisão bem justificada. O segundo período costuma chamar-se "época áurea" da patrística, porque neste tempo figuras muito importantes são numerosas. Mas, essa denominação não deve prejudicar o primeiro período caracterizado pelo indispensável esforço da criatividade e que, por seus autores e pela magnitude de sua produção literária, pode ser comparado com o segundo. Primeiro, próximo às fontes da revelação, teve que abrir o caminho ao evangelho num mundo hostil e desconhecedor da verdade, embora, segundo os padres, preparado de certa maneira pelas sementes que o Logos tinha espalhado nas civilizações grega e romana. É a época dos chamados "padres apostólicos" e dos dois primeiros apologistas; é a de Ireneu e de Hipólito, que podemos honrar com o nome de "padres da exegese cristã". Neste primeiro período surge a escola alexandrina, que tem seus melhores representantes em Clemente e Orígenes. É a época em que, no mundo latino, viveram Tertuliano e Cipriano, os quais só seriam superados por Agostinho; este por sua vez, é em grande parte devedor dos primeiros.

A evolução que a literatura cristã teve durante o segundo período não se deve unicamente às controvérsias teológicas, mas ao fato de ter desfrutado a Igreja, a partir do ano 313, de uma liberdade que antes não teve. Ao sair de sua relativa clandestinidade, a Igreja pôde desenvolver melhor sua organização, o que lhe proporcionou maior atividade literária. Entre os padres alexandrinos deste período destacam-se Atanásio e Cirilo; na escola antioquena, prejudicada por Nestório, floresceram Diodoro de Tarso, Teodoro de Mopsuéstia, João Crisóstomo e Teodoreto de Ciro. É também a época dos três capadócios Basílio de Cesareia, Gregório de Nissa e Gregório Nazianzeno, que se situam na corrente alexandrina. É a época, enfim, de Eusébio de Cesareia e de outro escritor prolífico: Epifânio de Salamina. O leitor nos dispensará de citar autores menores por sua produção ou pela má conservação de suas obras, embora entre eles existam escritores de talento. Este segundo período é das máximas figuras da literatura siríaca: Efrém e Afraates, ambos do séc. IV. Dentro da característica linguística latina, as maiores figuras são o polêmico Hilário, o místico Ambrósio, o erudito Jerônimo e Agostinho.

O terceiro período caracteriza-se por certo esgotamento, devido certamente às demasiado longas disputas teológicas do monofisismo e do monotelismo, discussões literalmente bizantinas que esgotaram sensivelmente a criatividade, a originalidade. Nesta época, mais do que nunca, os teólogos se dedicam a compendiar a sabedoria antiga em correntes bíblicas e florilégios, os quais por sua vez salvam para a posteridade muitas páginas ou fragmentos literários que teriam desaparecidos se não fossem recolhidos nessas antologias. Apesar de tudo, não faltam neste último período personalidades eminentes, tanto no campo ortodoxo como no monofisista. Monofisistas foram Severo de Antioquia e o Pseudo-Dionísio; entre os ortodoxos despontam Procópio de Gaza, Leôncio de Bizâncio, Sofrônio de Jerusalém, Máximo o Confessor, Germano de Constantinopla e João Damasceno. Entre os latinos sobressaem Boécio, Cassiodoro, Cesário de Arles, Gregório de Tours, o papa Gregório I e Isidoro de Sevilha. Talvez algum leitor coloque outros nomes entre as personagens importantes que acabamos de mencionar.

Para que os leitores tenham uma ideia da magnitude do acervo patrístico, acrescentaremos que a *Clavis patrum graecorum*, publicada de 1974 a 1987, registra 9.623 peças literárias, e a segunda edição da *Clavis patrum latinorum* (1961), 2.348. A isso deve-se chamar a atenção que muitos desses números correspondem a obras coletivas, a séries de sermões por exemplo, e a outros conjuntos, cujos componentes não têm singularmente número de classificação.

A estas obras somam-se as que não chegaram até nós, de cuja insistência no passado temos notícia. A desaprovação que, justa ou injustamente, ou exageradamente, autores "suspeitos" receberam como Orígenes e o cismático Hipólito, e outros que podem ser considerados como autênticos hereges, foi a causa de seus escritos serem proscritos e destruídos. Algumas dessas obras conservam-se apenas em traduções coptas, armênias, siríacas, geórgicas, paleoeslavas etc., quer dizer, próprias dessas regiões periféricas do Império romano, aonde não havia chegado a reprovação de que foram vítimas os autores em questão.

V. Os padres da Igreja, hoje.

O conceito de "patrologia" é complexo e chama a atenção de estudiosos por várias razões. Os congressos de estudos patrísticos realizados periodicamente em Oxford reúnem biblistas, teólogos, filósofos, filólogos, historiadores, arqueólogos etc. A mesma diversidade deixa-se perceber nos membros da Associação Internacional dos Estudos Patrísticos.

Para o cristão, os padres têm, acima de tudo, o interesse de serem as primeiras testemunhas da tradição, de uma tradição que não pode basear-se apenas na Escritura (*ex sola Scriptura*), uma vez que a Igreja precedeu a Escritura. De fato, houve um tempo em que a Igreja existiu sem a Escritura, vivendo da tradição "não escrita", ou seja, da tradição "dos padres". Em seguida, a dos padres continuou ao lado da escrita, quando esta, já existente, foi sancionada pela Igreja, sem a qual a Escritura seria sido letra morta, não espírito nem vida. Compreende-se, pois, que o movimento bíblico moderno se una ao movimento patrístico. E sendo a primordial liturgia na história da tradição, e tendo se formado os textos litúrgicos na era dos padres, é compreensível que o movimento litúrgico se inspire no patrístico. A renovação monástica teve de recorrer *ad fontes*, como faz todo o esforço renovador da teologia em geral. A verdadeira Igreja, a universal, não pode ser outra que a dos padres, como dizia um dos maiores patrólogos que a história conheceu: John Henry Newman.

Entretanto, muitos séculos nos separam da época patrística, séculos em que predominaram maneiras de pensar bastante divergentes da mentalidade dos padres, de modo que se requer uma educação ou formação especial para penetrar nessa mentalidade, mais intuitiva e contemplativa do que a discursiva que impera no mundo medieval e no moderno. De qualquer forma, para os que vivem imersos na liturgia, com seu simbolismo sacramental, e na Escritura, com sua linguagem própria, a iniciação à patrística não há de ser excessivamente difícil. Em qualquer caso, não se deve exagerar: a leitura dos padres não é excessivamente difícil como possa parecer à primeira vista. Para muitos não demora para tornar-se deliciosa.

Generalizando e considerando certas diferenças, como por exemplo as que separam os alexandrinos dos antioquenos, e, por sua natureza mais contemplativa, os orientais dos mais pragmáticos ocidentais, segundo o que dissemos, pode-se falar de uma (uma só) mentalidade patrística. Tampouco se deve extremar as mencionadas diferenças, que não chegam a romper essa unidade geral. Destacamos a seguir alguns pontos que caracterizam a mentalidade cristã antiga, que, em mais de um aspecto, é conscientemente devedora do modo de pensar pré-cristão. São pontos que, exatamente porque contrastam com ele, chamam a atenção de nossa maneira de pensar e provocam um fascínio ou a sua rejeição.

Uma vez que o platonismo (ou neoplatonismo) teve grande aceitação entre os padres, é natural que a teoria das ideias tivesse suas aplicações na teologia cristã antiga (já na mais antiga): em sua graduação essencial, na ordem ontológica, os seres visíveis são imagens (sombras) de algo superior, espiritual e imutável, que são as mais altas realidades. Assim, quanto mais espiritual é o ser, tanto mais real. Essa graduação do ser não implica menosprezo pelo ser em seu grau inferior (a matéria), porque ser figura de algo perfeito é nobreza. De qualquer maneira, é compreensível que esta filosofia não agrade a mentalidade moderna. A frase *terrena despicere et amare caelestia* (desprezar as coisas da terra e amar as do céu), por exemplo, e outras expressões parecidas, embora entendidas à luz da filosofia platonizante e atenuada sua formulação, repugnam a muitas inteligências de nossos dias.

Essa visão do ser se aplica, na patrística, à interpretação da Escritura, cujo sentido literal ou histórico esconde uma tipologia relativa a algumas realidades superiores, também numa graduação que vai do AT ao NT, e da encarnação de Jesus Cristo (do Logos feito carne!) até as verdades anagógicas, eternas. Trata-se de uma hermenêutica praticada já pela própria Escritura e que corre paralela à simbologia sacramental. Mas vai além, e pouco tem a ver com as pretensões da crítica bíblica recente. Existe algo que, por sua beleza, possa comparar-se à exegese tipológica?

Em sua visão teológica, os padres não deixam de contemplar o cosmos em seu todo. O centro do cosmos é o homem, quer dizer, Jesus Cristo, o Verbo feito homem, a cuja imagem foram criados e, pelo batismo, recriados os seres humanos, os quais, com Cristo, formam um corpo, a Igreja, realidade mistérica, inseparável da eucaristia como celebração dos mistérios de Cristo. A recuperação do conhecimento dos padres tem contribuído poderosamente para muitos cristãos de hoje se livrarem de subjetivismos e sentimentalismos e se voltarem à objetividade da piedade, o que supõe um esforço intelectual nada fácil para a mentalidade moderna, tão alheia ao transcendental.

A. di Berardino, *Diccionario patrístico y de la antigüedad cristiana*, 1991; Congregação da Instrução Católica, *Instructio de Patrum Ecclesiae studio in sacerdotali institutione* (AAS LXXXII, 607-638); *Corpus scriptorum ecclesiasticorum latinorum; Die griechischen christlichen Schriftsteller der ersten drei Jahrhunderte; Corpus scriptorum christianorum orientalium*; H. R. Dorner, *Manual de patrología*, Barcelona, Herder, 1999; J.-P. Migne, *Patrología: series latina y series graeca*; E. Moliné, *Los Padres de la Iglesia. Una guía introductoria*, Madrid, Palabra, ²1995; W. Schneemelcher, Anuario *Bibliographia patrística* (desde 1950, continuado por K. Schäferdiek); R. Trevijano Etcheverría, "Bibliografía patrística hispano-luso-americana": Salmanticensis (desde 1980); id., *Patrología*, Madrid, BAC, 2004.

Alejandro Olivar

PAZ E VIOLÊNCIA

A paz é um dos bens mais apreciados e desejados pela humanidade, mas, ao mesmo tempo, um dos mais frágeis e ameaçados. Seguindo os passos da história, buscaríamos em vão um estado duradouro de paz. Além do mais, descobriríamos períodos intermediários entre duas guerras, que não são precisamente remansos de paz, mas tempo dedicado a preparar novas guerras.

A paz se vê hoje ameaçada por um clima conflituoso em diversas frentes: militar, econômica, política, religiosa, de gênero, ecológica, entre culturas e civilizações.

I. Da luta de classes ao choque de civilizações. Encontramo-nos em novo cenário mundial, onde o choque de civilizações parece ter substituído a luta de classes, os conflitos de fronteiras e a rivalidade entre as superpotências. É a seguinte a tese de Samuel Huntington exposta em sua obra de sucesso mundial, *O choque de civilizações e a reconfiguração da ordem mundial*, traduzida em 26 idiomas, que está marcando, em boa medida, as grandes linhas da política internacional. Segundo Huntington, durante a guerra fria, a política mundial caracterizava-se pela bipolaridade este-oeste, e a divisão do mundo era tripartida: *a)* grupos de sociedades ricas chefiadas pelos Estados Unidos, em rivalidade política, ideológica, econômica e militar com *b)* o grupo de sociedades comunistas encabeçadas pela União Soviética, com incidência em *c)* o Terceiro Mundo, constituído de países pobres sem pelo menos estabilidade política, que formavam o grupo dos não-alinhados.

Com a queda do mundo comunista, a guerra fria chega ao fim e as diferenças entre os povos deixam de ser ideológicas, sociais, econômicas ou políticas, para se tornarem culturais. Os povos se definem pela sua genealogia, religião, língua, história, valores, costumes, instituições etc. A política não passa de simples canal para definir e preservar a identidade cultural de cada povo ou comunidade nacional. Huntington formula sua tese principal nestes termos: "As culturas e as identidades culturais, que em seu nível mais amplo são identidades civilizatórias, configuram as pautas de coesão, desintegração e conflito no mundo do pós guerra fria... O choque de civilizações dominará a política em escala mundial, as linhas divisórias entre as civilizações serão as frentes de batalha do futuro... Neste novo mundo, os conflitos mais generalizados, importantes e perigosos não serão os que se produzem em classes sociais, ricos e pobres e outros grupos definidos por critérios econômicos, e sim mas os que afetam a povos pertencentes a diferentes entidades culturais... A rivalidade das superpotências é substituída pelo choque de civilizações. Dentro das civilizações acontecerão guerras tribais e conflitos étnicos" (Huntington, 1997, 20-22). De acordo com isso, os Estados já não se agrupam em torno de blocos ideológicos, mas em torno de sete ou oito civilizações principais.

Na nova configuração mundial, acredita Huntington, produziu-se uma mudança no equilíbrio de poder entre civilizações. O Ocidente sofreu uma perda de influência relativa e é uma civilização em decadência. Após séculos de protagonismo, hoje se vê afligido por graves males: crescimento econômico lento, desemprego, enorme *deficit* público, ética do trabalho pouco florescente, baixos índices de poupança, degradação social, consumo de drogas, crime organizado, decadência moral, suicídio cultural, desentendimento político etc. As civilizações asiáticas aumentaram sua força econômica, militar e política. No mundo do islamismo se produz hoje uma forte explosão demográfica e incontida expansão com importantes consequências desestabilizadoras.

Se o Ocidente quiser manter suas pretensões universalistas, na opinião de Huntington, deve manter sua superioridade tecnológica e militar sobre as outras civilizações e conter o desenvolvimento do poder militar – tanto o convencional como o não-convencional – da China ou do Islã; a este, ele considera a religião menos tolerante das monoteístas. Isso implica entrar em conflito com essas civilizações. A sobrevivência do Ocidente depende de se unirem os países a ele pertencentes para renovar e preservar sua identidade cultural dos ataques procedentes das sociedades não ocidentais.

Esta proposta conduz Huntington, quase compulsivamente, a uma crítica severa dos defensores da multiculturalidade porque, para ele: *a)* solapam a identidade dos Estados Unidos, definida culturalmente pela herança da civilização ocidental e politicamente pelos princípios do credo norte-americano, cujos componentes fundamentais são: liberdade, individualismo, democracia, igualdade perante a lei, constitucionalismo, propriedade privada e religião;

b) substituem a perspectiva monocultural norte-americana por identidades e por agrupamentos raciais, culturais e étnicos subnacionais; *c)* substituem os direitos dos indivíduos pelos de grupos definidos em função da preferência sexual, da etnia, da raça, da cultura etc.

A teoria de Huntington sobre o choque de civilizações não pode ser aceita porque coloca o mundo no gatilho de uma guerra total mais destrutiva que as anteriores.

Um novo fenômeno que altera a paz no mundo e a convivência entre os povos é o terrorismo mundial de inspiração religiosa, cada vez mais espalhado e no qual estão implicadas organizações vinculadas a diferentes religiões, inclusive Estados confessionais. Uma das manifestações mais dramáticas do terrorismo fundamentalista foi o atentado de 11 de setembro de 2001 contra o Pentágono e as Torres Gêmeas (Estados Unidos), que Bin Laden, dirigente da organização terrorista Al Qaeda, justificava em nome de Deus: "Aqui está a América golpeada por Deus Todo-poderoso num de seus órgãos vitais, com seus maiores edifícios destruídos. Pela graça de Deus... Deus abençoou um grupo de vanguarda, a primeira do Islã para destruir a América. Deus os abençoe e lhes dê um supremo lugar no céu, por que Ele é o único capaz e autorizado para fazê-lo".

A retórica religiosa esteve muito presente também na resposta violenta dos Estados Unidos e na coalizão internacional contra o regime taliban do Afeganistão. Trata-se de uma retórica utilizada frequentemente pelos presidentes norte-americanos. Durante a guerra fria, recorreram a ela para justificar sua cruzada contra o comunismo ateu; depois, para declarar a guerra ao Iraque; ultimamente para combater o fundamentalismo islâmico. Claro que no futuro surgirão novos motivos que irão justificar a apelação a Deus para proteger a civilização cristã.

II. Violência institucional do sistema. O novo cenário mundial não nos deve levar a esquecer outro tipo de violência mais sutil e destrutivo, que continua vigente e destrói cada vez mais seres humanos e povos do planeta: o exercido pelos centros do poder econômico contra os povos subdesenvolvidos, inclusive contra continentes inteiros, como a África e a América Latina. A atual ordem econômica, social e jurídica é injusta e ao mesmo tempo violenta. Suas consequências são claras: pobreza, fome, exploração, dívida externa, severos ajustes estruturais, deterioração ecológica, morte etc. A pobreza injusta e crescente sofrida pela América Latina, afirma J. Sobrino, "em si mesma é uma violência contra as maiorias pobres e inevitavelmente leva a violentos conflitos; é em si mesma um atentado contra a paz" e, definitivamente, "violência que se faz aos pobres, em sua vida, em seus direitos mais fundamentais" (Vários, 1968, 71). Os teólogos latino-americanos da libertação definem esta situação como violência *institucionalizada* e *injustiça estrutural* e consideram que constitui a violência originária e é uma das raízes mais importantes das outras formas de violência social. É talvez a maior violência, porque não respeita o mais sagrado dos direitos humanos, a vida, e impossibilita às maiorias populares – mais de dois terços da humanidade – o acesso às condições mínimas de sobrevivência. A violência estrutural costuma impor-se mediante a violência repressiva, que recorre a métodos atentatórios aos direitos da pessoa. A violência revolucionária surge como resposta, muitas vezes inevitável, diante da injustiça estrutural. Produz-se assim, uma "espiral da violência" dificilmente controlável, que não desemboca na paz.

A violência constitui uma das características do conflito entre o Norte rico e o Sul pobre, que soma uma fileira de milhões de famintos, marginalizados e mortos. É esta, talvez, a mais devastadora guerra vivida pela humanidade – agravada pelo atual modelo de globalização neoliberal excludente – sem que receba este nome.

Às formas de violência anteriores deve se acrescentar as que procedem das discriminações e exclusões por razões de etnia, gênero, cultura e religião, que atentam contra a dignidade igual de todos os seres humanos e contra as legítimas diferenças entre os povos, impondo um modelo hierárquico patriarcal de predomínio ocidental. A cultura hegemônica leva a cabo uma calculada eliminação de etnias, raças, línguas, culturas e religiões, chegando inclusive à eliminação física.

A violência contra as mulheres em todos os contextos de sua existência é especialmente destrutiva do tecido da vida: doméstico, trabalhista, político, econômico, religioso, publicitário, intelectual etc. Há três décadas a escritora afro-americana Ntozake Shange descrevia bastante acertadamente num breve poema a situação de violência a que são submetidas as mulheres todos os dias: "A cada três minutos, uma mulher é surrada;/ a cada 5 minutos, uma mulher é violentada;/ a cada dez minutos, uma menina é violentada.../ a cada dia aparecem em becos, em seus leitos, no patamar de uma escada/ corpos de mulher" (Vários, 1994, 8). Trinta anos depois, e após os avanços na libertação da mulher, a situação não parece ter melhorado, porque o problema é estrutural e não se resolve com políticas reformistas. Como reconhecem as pensadoras feministas, a violência e os abusos sexuais são os grandes instrumentos com os quais conta o patriarcado para afirmar o domínio dos homens sobre as mulheres. Coincide com E. Schüssler Fiorenza em que a violência contra as mulheres constitui o núcleo firme e puro da opressão "kiriárquica" (de *Kyrios*, senhor).

O trabalho pela paz, portanto, é inseparável da luta pela justiça, da defesa da igualdade de gênero e da proteção dos direitos da natureza.

III. A paz, inseparável da justiça. É nessas coordenadas de acusada conflitividade de onde procede propor teologicamente o problema da paz em toda sua complexidade e onde cabe perguntar-se pela contribuição do cristianismo e das religiões na sua construção. É também em meio a uma situação de conflito – diferente da nossa, mas não menos aguda – onde a tradição judaico-cristã propõe o ideal de paz, que pode iluminar os novos caminhos de pacificação no mundo.

O termo hebraico *shalom* tem uma riqueza semântica que não se reflete adequadamente na *eirene* grega, a *pax* latina ou nos termos respectivos de nossas línguas. *Shalom* não significa a simples ausência de guerras; expressa, antes, "uma vivência coletiva cheia de bem-estar, de serenidade, de saúde corporal, de sossego espiritual e de compreensão inter-humana" (Salas, em Vários, 1991, 33). Remete a um clima de plenitude, justiça, vida, verdade, que incide no conjunto das relações humanas: políticas, sociais, familiares, econômicas, religiosas etc. Tem, além disso, um componente ético, uma vez que exige um comportamento humano íntegro, sem mancha. Esta riqueza semântica explica por que *shalom* se usava na religião hebraica como saudação e bênção.

A verdadeira paz nunca é dissociada da justiça. Sem a realização desta, a paz não é possível. "O fruto da justiça será a paz – diz Isaías – o fruto da equidade será uma segurança permanente" (Is 32,17). Segundo a literatura profética, as estruturas sociais devem basear-se na justiça (*sedaqa*) e no direito (*mispat*). Os Salmos propõem a síntese entre paz e justiça, amor e verdade (Sl 85,11). Resumindo as diferentes tradições bíblicas, podemos dizer, com o teólogo argentino J. Míguez Bonino, que a paz é um processo dinâmico mediante o qual se constrói justiça em meio às tensões da história.

As Assembleias de bispos latino-americanos de Medellín e Puebla, bem como numerosos textos do magistério das igrejas cristãs, movem-se nesse mesmo horizonte quando falam da justiça como condição necessária para a paz, do desenvolvimento integral como novo nome da paz e desta como fruto de uma justiça mais perfeita entre os seres humanos. A encíclica *Pacem in terris* (1963), de João XXIII, supera a doutrina clássica da "guerra justa" e introduz a categoria de "paz justa", entendida como desenvolvimento social igualitário dos cidadãos e dos povos. A paz deixa de se definir negativamente e em contraposição à guerra, e se relaciona intrinsecamente com a justiça para com os pobres e oprimidos. O papa chamava, então, a atenção para o contraste entre o desperdício que supõe a superprodução de armamentos e as situações de miséria em que vivem os países subdesenvolvidos. Em outros documentos, a corrida armamentista é definida como "crime contra os pobres".

IV. Paz e reconciliação. No NT a paz se inscreve no horizonte do reino de Deus. Mas este não se circunscreve à esfera privada, religiosa e meta-histórica, mas tem dimensões sociopolíticas e cósmicas. A tradução incorreta de alguns textos evangélicos pode induzir a uma redução intimista da paz. Vejamos dois exemplos. Jo 18,36 costuma traduzir-se assim: "Meu reino não é deste mundo", significando com isso que nada tem a ver com a história humana e com os conflitos que nela acontecem. Entretanto, a tradução mais correta parece ser: "A minha realeza não pertence a este mundo/ordem", significando que o reino de Jesus não se sustenta na violência e na injustiça que caracterizam os poderes absolutos deste mundo.

O segundo texto corresponde ao evangelho de Lucas, que põe na boca de Jesus de Nazaré essas palavras: "A vinda do Reino de Deus não é observável. Não se poderá dizer: 'Ei-lo aqui! Ei-lo ali!' Porque eis que o Reino de Deus *está no meio de vós*" (grifo meu) (Lc 17,20-21). Nesta tradução há uma tentativa de desistorizar a mensagem de Jesus e declarar inofensivo o cristianismo, frente aos poderes deste mundo. Não parece ser esta a correta tradução do texto e tampouco a ideia que quer transmitir. A versão espanhola da versão grega *entòs ymôn* é "no meio de vós" e não "dentro de vós".

A paz e a reconciliação como valores do reino não encobrem as contradições e os conflitos inerentes à história humana. Formulam-se em meio a um clima generalizado de violência institucional, de dominação política, mal-estar social e tensão messiânica. Como estabelecer a paz de Deus neste clima de intensa conflitividade? Os diferentes grupos judaicos no tempo de Jesus respondem a esta pergunta conforme sua concepção da religião e da sua maneira de entender a relação entre religião, política e sociedade. Os saduceus, grupo mais conservador, apoiavam o Império e o legitimavam religiosamente a fim de preservar a sua própria situação privilegiada. No polo oposto se situavam os zelotas, partidários da guerra santa para expulsar do território judaico o poder dominante e implantar o Reino de Deus. Os Essênios preferiam preparar a vinda do "messias da paz" no deserto, isolados da sociedade e reclusos num contexto sagrado, considerado o mais propício para viver a iminência do novo mundo.

A paz anunciada e realizada por Jesus de Nazaré nesse clima religioso tão plural não fica na simples "tolerância" ou na simples ingenuidade, e menos ainda na submissão ao poder político e religioso, mas se concretiza historicamente na denúncia das causas da divisão e na proposta de uma sociedade fraterno-sororal, antecipado no movimento igualitário de homens e mulheres posto em marcha, estruturado em torno do serviço e não a partir do poder (Mc 19,42-45). Jesus trabalha pela paz a partir da subversão profética, que o leva a enfrentar os poderes estabelecidos, começando por negar-lhes toda a legitimidade. Daí que sua condenação à morte não foi um erro judicial, como acreditava Bultmann, mas a consequência de uma vida em liberdade que provocava a ordem estabelecida e desmascarava a falsa *pax romana*. Ele o teria merecido!

A paz de Deus é apresentada nos escritos neotestamentários como reconciliação universal através de cristo. Mas, esta não deve entender-se em sentido espiritualista. As oposições do velho mundo – homem-mulher, escravo-livre, judeu-pagão – não se conciliam no movimento cristão mantendo-as vivas como em seu estado anterior e cobrindo-as com espesso véu, mas eliminando-as pela raiz através da criação de um homem novo, de uma mulher nova, de uma sociedade nova e de um mundo novo. A reconciliação de todas as coisas em Cristo passa por refazer o tecido comunitário na história e pelo encontro harmônico da humanidade com a natureza, ambas libertas das relações de dominação e dependência. É assim, e não de maneira idealista, que se deve ler a afirmação da carta aos Efésios: "Ele (o messias Jesus) é a nossa paz" (Ef 2,14).

Uma das contribuições mais originais de Jesus, em sua doutrina e sua prática, é a correção da lei mosaica com relação à lei de talião e o chamado a *amar os inimigos*, que para Freud parecia algo inconcebível. O amor às pessoas inimigas não significa não ter inimigos, uma vez que estes existem às vezes contra a nossa vontade, nem transformar os inimigos em amigos, que pode tornar-se missão impossível, e menos ainda entregar-se ou passar para o inimigo. O amor aos inimigos é ativo, criativo, construtivo, libertador do outro e de si mesmo. Busca a mudança de atitude da pessoa ofensora e pretende mudar algumas relações *fratri-cidas* em outras *frater*-nais. Esse amor, como disse Martin Luther King, é "maior do que a simpatia".

Pode restar ainda a dúvida de si; atuando assim, não se incorre na passividade, sobretudo após a leitura das palavras que o Evangelho de Mateus põe na boca de Jesus: "Não resistais ao homem mau" (Mt 5,39). Neste caso, a paz será que desemboca na falta de vontade e na insensibilidade diante da injustiça e do mal alheios? A não resistência ao mal não significa renunciar à própria defesa, dar por boa a ofensa e deixá-la passar, como tampouco deixar de combater o mal no mundo. Deve entender-se como não rivalizar em fazer o mau, não adotar uma atitude vingativa. O próprio Jesus, segundo o Evangelho de João, defende-se diante da bofetada que lhe dá um dos guardas no tribunal: "Se falei mal, mostra-me em que; mas, se falei bem, por que me bates?" (Jo 18,24).

V. Guerra e paz nas religiões. As religiões costumam ser consideradas uma das fontes mais importantes de fanatismo e de violência, pelo caráter sagrado e absoluto com que apresentam a verdade e pela intransigência com que a defendem. Frequentemente recorrem a todos os meios a seu alcance para expandir e impor suas particulares ideias religiosas sob pretexto de buscar o bem da humanidade e levá-la à salvação. E isso sem reparar em que o bem e a salvação dos outros começam pelo respeito à liberdade da pessoa em todos os terrenos, também nos das crenças. Em seu interior tendem a impor um pensamento único e a castigar, inclusive expulsar de seu seio, os crentes considerados dissidentes e heterodoxos. E quando as religiões se converteram em ideologia oficial de um sistema político, a tendência foi liquidar qualquer vestígio de pensamento livre e independente fundado na razão crítica.

A relação das religiões entre si não se caracterizou pela harmonia, mas pela falta de respeito e pelo enfrentamento, que desembocou em numerosas "guerras de religiões" com o consequente preço de vidas humanas e de sangue derramado. Para justificar essas guerras, as religiões apelaram para Deus. Tem razão, por isso, Martin Buber quando afirma: "Deus é a palavra mais vilipendiada de todas as palavras humanas... Nenhuma tem sido tão manchada, tão manipulada. As gerações humanas, com seus partidarismos religiosos, têm desprezado esta palavra. Mataram e se deixaram matar por ela. Essa palavra tem seus rastros digitais e seu sangue... Os seres humanos desenham um boneco e escrevem debaixo a palavra 'Deus'... Matam-se uns aos outros e dizem: 'Fazemos isso em nome de Deus' ". Até mesmo vidas humanas e de animais foram sacrificadas em lugares sagrados de culto, acreditando agradar a Deus ou que pelo menos serviam para aplacar sua ira.

A ninguém escapa a distância em que ficaram as religiões monoteístas, judaísmo, cristianismo e islamismo, do ideal de paz. Muitos de seus textos fundantes apresentam um Deus violento, sedento de sangue, a quem se apela para vingar-se dos inimigos, para lhes declarar guerra e decretar castigos eternos contra eles. Com esses ingredientes se construí a trama perversa da violência e do sagrado, que dá lugar ao que René Girard chamou de violência do sagrado. Vejamos alguns exemplos das três religiões citadas.

O AT, afirma Norbert Lohfink, é um dos livros mais sangrentos da literatura mundial. São mais ou menos mil os textos que se referem à ira de Javé que se inflama, julga como fogo destruidor e castiga com a morte. O poder de Deus se faz realidade na guerra, lutando ao lado do "povo eleito", e sua glória se manifesta na vitória sobre os inimigos. O tema da vingança sangrenta por parte de Deus, segundo Schwager, aparece no AT com mais frequência inclusive do que a problemática da violência humana. Existem apenas dois livros do AT que não associam Deus com a guerra: Rute e o Cântico dos Cânticos.

No NT aparece também a imagem do Deus sanguinário, pelo menos de maneira indireta, na interpretação que alguns textos oferecem sobre a morte de Cristo como vontade divina para expiar os pecados da humanidade. Conforme esta teoria, Deus reclamaria o derramamento de sangue de seu Filho para reparar a ofensa infinita que a humanidade cometeu contra ele. Essa imagem de Deus mais se parece com o deus Moloc, que exigia o sacrifício de crianças, do que com o Pai misericordioso que perdoa o filho pródigo quando este volta para casa.

Algumas imagens do Corão sobre Alá não são menos violentas que as da Bíblia judaica e cristã. O Alá de Maomé, como o Javé dos profetas, mostra-se implacável com aqueles que não creem nele. "Que morram os propaladores de mentiras!" diz o livro sagrado do Islã. Deus pode fazer com que os descrentes sejam tragados pela terra ou caia sobre eles um pedaço do céu; para eles só existe "o fogo do inferno". O simples pensar mal de Alá traz consigo a maldição. São constantes no Corão as referências à luta "por causa de Deus", inclusive até a morte, contra aqueles que combatem os seguidores. Esta imagem continua vigente hoje em muitos dos movimentos islâmicos fundamentalistas.

As tradições religiosas que incitam à violência ou a justificam, e pior se o fazem em nome de Deus, não podem considerar-se reveladas, e menos ainda impor-se como norma a seus seguidores. Enquanto "textos de terror", segundo a correta expressão de Phillis Trible, devem ser excluídos das crenças e práticas das religiões, como também do imaginário coletivo da humanidade.

Junto aos textos e práticas violentas há também, nas religiões monoteístas, tradições pacifistas que podem contribuir para a construção de um mundo sem violência. Vejamos alguns exemplos.

A Bíblia descreve Deus como "demorado na ira e rico na clemência", e o Messias futuro como "príncipe da paz". Entre as belas utopias de sociedade harmônica propostas pela Bíblia podem se citar as seguintes: o arco-íris como símbolo da harmonia entre a humanidade e o cosmos, após o dilúvio universal (Gn 8-9); a convivência ecológico-fraterna dos seres humanos com os mais violentos animais (Is 11,6-9); o ideal da paz do profeta Isaías: forjarão arados de suas espadas e podadeiras de suas lanças. Uma nação não levantará a espada contra outra, e nem se aprenderá mais a fazer guerra" (Is 2,4).

No sermão da montanha Jesus de Nazaré declara felizes os "construtores da paz" (Mt 5,9). A paz é precisamente o próprio Jesus que deixa como legado a quem há de continuar a sua causa após sua morte. Ora, seu ideal de paz nada tem a ver com a submissão diante do poder ou com a aceitação resignada diante da injustiça do sistema religioso ou político. Tem caráter ativo, crítico e alternativo. Não evita o conflito nem o dulcifica, mas o enfrenta decisivamente, assume-o com coragem e o conduz ao caminho da justiça. Justiça e paz são inseparáveis em sua mensagem, em sua vida e em sua prática, como já vimos.

No Corão, Alá é invocado com chamamentos que remetem a atitudes pacificadoras em alto grau, como o Misericordioso, o Generoso, o Compassivo, o Clemente, o que Perdoa, o Prudente, o Indulgente, o Compreensivo, o maior Protetor dos Pobres etc. Muitas vezes o Corão chama a resistir às hostilidades: "E quando eles (os inimigos) se inclinam para a paz, inclina-te tu para ela e confia em Deus"; "e quando eles (os infiéis) continuam afastados de vós e não lutam contra vós, e vos oferecem a paz, então Deus não vos permite a vós ir contra eles". De acordo com os próprios intérpretes muçulmanos, a palavra *yihad* não significa "guerra santa", nem se refere a uma contínua predisposição bélica no Islã. Seu significado é esforço moral no caminho para Alá. O próprio Corão garante sem duplo sentido que "não existe coação na religião" (2,256). Na edição preparada por Júlio Cortés, indica-se que alguns modernistas traduzem esse texto como "não se deve coagir em religião". Com isso parecem apontar para o princípio de liberdade religiosa.

As religiões devem enterrar suas tradições violentas e libertar aquelas que são geradoras de paz. Um passo prévio e necessário é ler seus textos fundacionais criticamente, ou seja, com atitude desmistificadora através da prática da interpretação, e não fundamentalisticamente. Acredito com Hans Küng que não haverá paz no mundo sem paz religiosa e que não haverá paz religiosa sem diálogo entre as religiões. Um diálogo ininterrupto que tenha como base a defesa dos direitos humanos e o respeito à pluralidade de manifestações do sagrado.

VI. Pacifismo e Cristianismo. No cristianismo primitivo há uma corrente moral e teológica que considera a guerra como pertencente a um mundo que vive no pecado e que a paz é consubstancial à fé cristã. Tertuliano vê realizada em seu tempo a profecia pacifista de Isaías acima citada: "Temos transformado nossas espadas arrogantes e guerreiras em arados e temos feito foices de nossas lanças, que antes usávamos para guerrear" (C. *Cel.* V, 33). Em consonância com esse projeto, faziam-se averiguações sobre as profissões e missões daqueles que desejavam ser admitidos na comunidade cristã. Dela eram excluídos os gladiadores, os caçadores dos espetáculos com animais selvagens, os comandantes militares, os magistrados civis vestidos de púrpura, os soldados etc. Proibia-se o culto ao imperador, o que implicava a dessacralização do poder e o incitamento a desobedecer aos governadores que legislavam e/ou atuavam injustamente.

As igrejas cristãs são hoje uma fonte da qual brotam importantes energias pacifistas, dando lugar ao nascimento de numerosos movimentos que trabalham pela paz, pelo desarmamento, pela desmilitarização, pela objeção de consciência, a objeção fiscal, e têm como método de luta a não-violência. Tais as igrejas, muitas coordenadas no Conselho Ecumênico das Igrejas, convergem para um programa comum que compreende "a defesa da justiça, da paz e da conservação da natureza". Paz, justiça e ecologia são três aspectos de um desafio único ao qual pretendem responder ativando suas melhores tradições libertadoras.

VII. Da "guerra justa" à "paz justa". A Igreja católica tem defendido por séculos a doutrina da guerra justa elaborada por Santo Agostinho, sem mudanças a não ser em sua formulação. A legitimidade da guerra justa ainda se mantém no *Catecismo da Igreja católica* (Roma, 1992). A formulação da doutrina medieval a respeito procede de santo Tomás de Aquino, que segue Aristóteles e Agostinho. Quatro são as condições estabelecidas pelo teólogo de Aquino para que uma guerra seja justa: que a autoridade declare legítima (*auctoritas principis*); que tenha intenção e causa justas; que a guerra seja o último recurso, uma vez esgotadas outras formas de solução; que tenha proporção entre os meios a utilizar e os fins a conseguir.

Hoje existe amplo consenso entre teólogos e setores cristãos críticos no questionamento radical da doutrina clássica. Cresce, além disso, a convicção de que, em plena era nuclear, todas as guerras são injustas e carecem de justificativas. Assim se expressaram os bispos norte-americanos mais ou menos há dois decênios em seu documento *A justiça cria a paz* (1983). Semelhante posição defendem renomados moralistas cristãos, para os quais a oposição a todas as guerras é hoje a única postura ética cristã e humana. Retoma-se aqui uma ideia presente na tradição dos profetas de Israel, em certas correntes medievais e nos inícios da Idade Moderna: a *paz justa*.

Bonhoeffer já propusera a celebração de um concílio ecumênico que convidasse ao desarmamento de seus filhos e à condenação da guerra, invocando a paz de cristo sobre o mundo enfurecido. "O tempo corre – afirmava – , o mundo se congela com as armas e contempla com horror a desconfiança em todos os olhos; o ruído da guerra pode cessar amanhã... O que esperamos ainda? Queremos tornar-nos nós mesmos culpáveis como nunca até hoje?"

S. P. Huntington, *El choque de civilizaciones y la reconfiguración del orden mundial*, Barcelona, Paidós, 1997; H. Küng, *Proyecto de una ética mundial*, Madrid, Trotta, ⁴2000; J. Moltmann, *Dios en la creación. Doctrina ecológica de la creación*, Salamanca, Sígueme, 1987; J. J. Tamayo, "A la paz por la justicia: praxis de liberación", em J. A. Gimbernat y C. Gómez, *La pasión por la libertad. Homenaje a Ignacio Ellacuría*, Estella, EVD, 1994, 127-151; J. J. Tamayo (dir.), *Diez palabras clave sobre paz y violencia en las religiones*, Estella, EVD, 2004; Vários, "Los cristianos y la paz. III Congreso de Teología": *Misión Abierta* 4/5 (1983); Vários, "Una asamblea por la paz": *Concilium* 215 (1998); Vários, "Construir la paz": *Bíblia y Fé* XVII/49 (1991); Vários, "Violencia contra las mujeres": *Concilium*, 252 (1994): Vários, "La religión fuente de violencia?": *Concilium* (1997); Vários, "El retorno de la guerra justa": *Concilium* 290 (2001).

Juan José Tamayo

PECADO/CULPA

Os conceitos de pecado e culpa conservam relações estreitas de identidade ao mesmo tempo que mantêm aspectos diferenciais de importância. Será, portanto, conveniente circunscrever e delimitar convenientemente os dois conceitos para analisar posteriormente suas eventuais relações.

I. Pecado. Não é possível uma compreensão do conceito de pecado sem clara referência à ordem religiosa. Dentro desse contexto poderá expressar o sentido de transgressão de uma lei, de aquisição de uma impureza, de ruptura de uma relação etc., mas essa lei sempre, essa mancha ou essa ruptura se compreenderá numa referência mais ou menos direta a uma ordem sobrenatural. O pecado é o mal realizado na presença de Deus: "contra ti, só contra ti pequei".

1. O conceito de pecado no Novo Testamento. Dentro desse inevitável contexto religioso, o cristianismo quis imprimir à ideia de pecado uma significação bastante particular. Em razão disso, nenhum dos muitos termos éticos e religiosos gregos existentes lhe servirão para identificar o que queria significar. Escolheu, portanto, um termo arcaico como o de *amartia*, para conferir-lhe uma significação nova, estranha no contexto da moral e religião grega. Se nesse contexto *amartia* expressava "o que choca com o reto sentir", a culpa ligada à ignorância e ao destino trágico, a experiência cristã expressou com esse termo algo mais radical: uma vida contrária ao plano de Deus.

Também com relação ao AT, a experiência cristã introduz aspectos diferenciais de importância. A partir de uma rica concepção veterotestamentária que enfatizava o pecado como ruptura da Aliança, tinha-se chegado a outra na qual o aspecto de transgressão da lei se considerou central. Nos escritos do NT a ideia de pecado perde, entretanto, essa significação jurídica. A novidade radical que a chegada do reino de Deus supõe ressituou de modo fundamental a ideia de pecado. Nesse novo contexto, fala-se menos do pecado e, ao mesmo tempo, revoluciona-se a relação que se estabelece com o pecador. Por outro lado, alteram-se também profundamente os critérios para determinar o que é justo ou não é; paralelamente se desmascara aos "justos e piedosos" segundo a lei, que são condenados como pecadores diante de Deus.

Tudo isso tem uma tradução nos termos que o NT emprega preferentemente para se referir ao pecado. A palavra *amartia* substitui o de *parabasis* (*parabaino* = transgredir, extraviar-se), estreitamente ligado à tradição religiosa e ao respeito de suas grandes instituições, a aliança e a lei. É uma nova ordem que se estabeleceu com a chegada do reino. Nele não têm lugar o simples formalismo e a exterioridade que cumpre uma tradição, pois o importante centraliza-se no fundo do coração que se abre ou se fecha à ação de Deus. Paralelamente, é o ser humano que se eleva como referência e valor fundamental acima de qualquer instituição, por mais sagrada que seja. Já não será a lei, mas a fé é que se coloca como referência fundamental para entender o que significa o pecado. Com a nova carga significante que agora se lhe atribui, *amartia* se transforma assim no conceito nuclear do NT para designar o pecado, deslocando claramente o de *parabasis*, que se mostra em franca retirada.

Junto com o termo de *amartia*, encontra-se *adikia*, que apresenta maior frequência nos escritos do NT. A *adikia* é um termo de caráter amplo, cujo sentido último se determina a partir do contexto particular e das oposições que com ele se estabelecem. É a injustiça humana (Rm 1,18; 3,24; 2Cor 5,21), o prejuízo que se executa nas relações com os outros. João o justapõe com o de *amartia* como termo mais geral, como pecado que não é de morte, mas de perdão: "Toda injustiça (*adikia*) é pecado (*amartia*), mas há pecado que não conduz à morte" (1Jo 5,17).

Na elaboração sobre o pecado levado a cabo por João e Paulo, encontramos outro elemento importante a enfatizar. O pecado não é tão somente um ato singular ou a expressão de um mal individual que brota da liberdade e da responsabilidade humana. É também uma situação, uma força maléfica, um ambiente diabólico que se expande, contamina e destrói a vida. Uma realidade, pois, que de alguma forma parece situar-se à margem da liberdade e da responsabilidade pessoal, mas que, ao mesmo tempo, condiciona-as e as deteriora. O ser humano perece assim como entregue, vendido ao poder do pecado, do qual só Cristo lhe salva. Toda uma importante aporia, à qual posteriormente chegaremos, surge assim a partir desta concepção da falta: é fruto do coração do ser humano, de sua liberdade e de sua responsabilidade, e ao mesmo tempo deixa transparecer que esse coração está prejudicado por uma situação que o antecede, que o determina, e da qual pode ser que nem tenha consciência.

2. *O pecado na tradição da Igreja*. A comunidade cristã elaborou ao longo dos séculos uma teologia do pecado, na qual, junto com os elementos oferecidos pela mensagem de Jesus, advertimos a presença de outros muitos elementos procedentes dos contextos culturais em que essa teologia se forjou. O pecado foi entendido, particularmente, a partir da teologia agostiniana, como a perda de uma imortalidade e de uma liberdade para o bem concedidas ao ser humano em sua origem e, por sua vez, como inclinação à concupiscência transmitida pela geração. Através dela, a pessoa experimenta como parte de si uma oposição fatal à vontade salvífica de Deus. Somente mediante os dons da graça, que a Igreja transmite através dos sacramentos, é possível controlar essa concupiscência e obter uma libertação das estruturas pecaminosas que sem cessar assediam o ser humano.

Na origem do pecado situou-se a ação sedutora do tentador, anjo caído, que introduz o mal moral no mundo desde seus inícios. Adão e Eva perdem sua natureza primeira imortal e tendente só para o bem. A partir daí, toda a atividade humana torna-se essencialmente corrompida. A liberdade fica mortalmente ferida, a razão enfraquecida e o corpo e toda a realidade material como fonte permanente de desvio moral e de impiedade.

Em sua essência, o pecado se concebe como ofensa a Deus, como revolta contra ele, como transgressão da lei divina. O ser humano, então, nega-se a reconhecer a Deus como sua origem e fonte essencial de sua vida. A orientação de seu fim último se vê assim quebrada e todas as suas relações com o mundo, com os outros e consigo mesmo tornam-se radicalmente pervertidas. O pecado fere mortalmente a natureza e atenta contra a solidariedade humana, ao faltar com o amor verdadeiro para com Deus e para com o próximo.

Na concepção cristã do pecado foi-se abrindo cada vez mais a consideração da responsabilidade e da liberdade humana como a causa essencial do mal moral. A liberdade e a vontade constituem as condições fundamentais do pecado. O *Catecismo da Igreja católica* faz ecoar essa consideração ressaltando que o pecado não é só defeito de crescimento, fraqueza psicológica, simples erro ou consequência de uma estrutura social equivocada. O pecado "é um abuso da liberdade que Deus da às pessoas" (n. 387).

A partir dessa consideração a respeito do pecado como expressão da liberdade e vontade do sujeito, boa parte da concepção cristã do mal moral se centrou num grande tema: o da distinção entre o caráter mortal ou venial da falta. Até nossos dias, mantém-se a doutrina sobre as três condições necessárias para que se possa falar de pecado mortal: matéria grave, pleno conhecimento e deliberado consentimento (*Catecismo da Igreja católica*, n. 1857). Esse pecado é motivo de condenação eterna. O pecado genial, embora não se possa evitar totalmente, também exige purificação e expiação.

A nova sensibilidade antropológica e teológica que se abriu na Igreja a partir do concílio Vaticano II trouxe também consigo uma nova perspectiva e consideração do pecado. Particularmente, ressaltou-se o papel do pecado social como realidade que, a partir das estruturas econômicas, políticas, culturais etc., atua como obstáculo à união e comunhão entre os seres humanos (GS 10). Às vezes, reconhece o Vaticano II, as circunstâncias sociais desviam o homem do bem e são as instituições que incitam ao pecado (GS 25). De maneira mais incisiva ainda, as Assembleias episcopais de Medellín e Puebla insistiram nas estruturas pecaminosas sociais. Essas estruturas geram desigualdade e injustiças na ordem social, política, econômica e cultural, rejeita-se o Dom da paz do Senhor e, com isso, rejeita-se ao próprio Senhor (II Assembleia Geral do Episcopado Latino-americano em Medellín, 3,14).

Essa nova sensibilidade eclesial com relação à concepção do pecado, entretanto, não parece ter alcançado, o desenvolvimento e a continuidade desejável. Uma inegável paralisação se produziu posteriormente ao Vaticano II, abrindo caminho a uma clara recuperação das antigas doutrinas, onde o pecado se compreende exclusivamente a partir da ótica da ofensa pessoal a Deus. Tudo isso nos deixa numa lamentável situação, na qual cresce cada vez mais a distância entre a pregação eclesial sobre o pecado e a sensibilidade moral dos homens e mulheres de nosso mundo. O pecado, pode-se afirmar, é um conceito socialmente desvalorizado, motivo de receio e suspeita sobre o que se pretende com ele. Mais particularmente, observamos como se acrescenta o receio de que com a doutrina do pecado, o que se postula não é senão uma insustentável negação das realidades humanas, da autonomia pessoal, mais inaceitável ainda, uma negação de tudo o que constituía uma fonte de prazer e felicidade.

Mas, além disso, existe outra questão de maior gravidade ainda, que é a que se propõe sobre a probabilidade de que ao longo dos séculos se tenha produzido uma importante tergiversação do que a mensagem de Jesus supôs como novidade nesse tema central da fé cristã. Que os conceitos de culpa e pecado são chamados a ocupar um lugar importante no conjunto do pensamento teológico cristão disso não existe menor dúvida. Entretanto, é preciso interrogar sobre qual deva ser o papel que se deveria conceder-lhe na dogmática e de que maneira particular deva ser entendida a importância que tem o pecado dentro dela. Já desde o começo, a teologia cristã elaborou concepções diferentes sobre o tema, que hoje parece necessário revisar e avaliar convenientemente.

3. *Revisão teológica atual.* Trata-se de um fato descoberto por exegetas e teólogos que já no próprio NT encontramos duas correntes diversas em sua compreensão do pecado, e sobre a salvação e o perdão que Deus concede. Por um lado, existe uma corrente que faz do pecado e do perdão salvador os dois polos fundamentais que articulam a relação dos seres humanos com Deus. Essa relação, de fato, se entende em chave de ruptura e oposição do ser humano frente a Deus e na misericórdia desse Deus que, para salvar a separação, oferece seu próprio Filho como expiação pelos pecados do mundo. As relações entre a humanidade e Deus se concebem, portanto, como dramática de inimizade-reconciliação, pecado-salvação. Essa corrente encontra em Paulo sua mais acabada expressão e é continuada por Agostinho, Anselmo de Canterbury, Lutero, Pascal ou a teologia jansenista, e mais recentemente por figuras como Karl Barth, Bultmann, Pannenberg ou Moltmann.

Por outro lado, encontramos no próprio NT uma concepção diferente sobre as relações entre Deus e a humanidade e sobre a salvação que nos é dada. Nela, Deus figura como fonte de vida que se oferece para acrescentar e engrandecer a vida humana, para eliminar tudo o que se pareça com a morte e com o sofrimento e para prometer uma vida que transcende a limitação inerente à condição humana. É Jesus quem nos revela essa vida que Deus é e que te deseja dar e comunicar aos seres humanos. Seu projeto do reino de Deus é uma proposta utópica de luta contra o sofrimento e sobre as causas que o geram. Seus "signos" (curando, ressuscitando, exorcizando) expressam paradigmaticamente a vida que Deus é e que comunica aos seres humanos.

Nessa concepção diferente das relações entre Deus e a humanidade, o pecado ocupa também lugar importante. É a causa fundamental da dor, da injustiça e da morte. Entretanto, o pecado não aparece nela como a chave fundamental para entender a própria natureza das relações da humanidade com Deus. O pecado é um acidente, um acidente grave, pelo que supõe de deterioração e dano à vida. Por isso também, necessita de reparação e ação preventiva. Mas, o novo dom de vida que Jesus oferece é o que essencialmente organiza as relações dos seres humanos e Deus. Essa visão do pecado, e da salvação que Deus nos traz, é a que fundamentalmente se oculta nos textos evangélicos. Mas, sem dúvida, não conseguiu alcançar a predominância da anterior. Importantes motivações de ordem antropológica e institucionais, cuja explicitação está agora fora de lugar, intervieram nisso sem dúvida. Talvez somente a partir do século XIX a exegese e a teologia percebem o que a categoria evangélica do reino de Deus supõe e a diferente significação que nela encontra o conceito de pecado. E é já no século XX que a teologia da libertação se obriga a resgatar essa concepção diferente da mensagem evangélica. Por outro lado, a nova categoria teológica de "opção fundamental" veio também oferecer um novo marco hermenêutico muito diferente da consideração do pecado como mortal ou venial.

O pecado constitui, sem dúvida, um tema de suma importância na compreensão da vida cristã. Desconhecê-lo suporia, portanto, grave erro antropológico e teológico. A vida, de fato, pode deteriorar-se, perder-se e fracassar redonda e estrepitosamente. E no entanto, o pecado não parece ter na mensagem de Jesus a importância que algumas correntes de pensamento cristão lhe atribuíram. Mais ainda: quando o pecado sobressai como elemento de primeiro plano na concepção das relações do ser humano com Deus, facilmente se vem a cair em tergiversações importantes sobre o sentido profundo e radicalmente novo que a mensagem de Jesus possui.

4. *Jesus diante do pecado.* É evidente que Jesus jamais enfrentou o pecado com falsa indulgência. Totalmente o contrário. Suas exigências foram sempre mais radicais do que as de seus inimigos. Mas, ao mesmo tempo, Jesus mostra empenho especial em desfazer essa angústia que coloca o pecado em primeiro plano, transformando-o no obstáculo fundamental para a relação com Deus. Por isso, não é a confissão do pecado a primeira coisa que Jesus pede aos que se aproximam dele. O primeiro era um encontro, a proximidade e a solidariedade, tal como se manifesta paradigmaticamente no caso de Zaqueu: "Hoje devo hospedar-me em tua casa" (Lc 19,5). Somente após o encontro solidário surgirá a consciência de pecado e a necessidade de conversão. Entretanto, aqueles que tinham colocado o pecado em primeiro lugar e definitório se escandalizam: "Foi hospedar-se na casa de um pecador!" (Lc 19,7).

Jesus anuncia e prega o reino de Deus a todos e o promete a publicanos e pecadores, aos religiosamente suspeitos, aos desqualificados e aos impuros. Foram pecadores seus grandes amigos e com eles convivia e compartilhava a mesa (Mc 2,16; Mt 11,19; Lc 7,34; 15,1-2; 19,7), embora às custas de escandalizar uma ou outra vez (Mt 9,10-11; Lc 15,2) e de aceitar um motivo importante para sua condenação à morte. Mas o Deus de quem ele fala faz nascer o sol sobre bons e maus e manda a chuva sobre justos e injustos (Mt 5,43-45).

Nessa posição de Jesus diante do pecado deve-se colocar também uma das diferenças mais significativas entre a pregação de Jesus e a do Batista. A pregação de João centrava-se primordialmente na confissão do pecado e na necessidade de conversão (Mc 1,2; Lc 3,3). Jesus porém não relaciona a conversão ao reino com a confissão do pecado, mas com a abertura para a boa notícia, com a adesão a um projeto em favor da vida que é contra tudo que a mutila e a degrada. Como muito bem destacou José Maria Castillo, em João Batista o reino se relaciona com o reconhecimento e abandono frente ao pecado. Em Jesus se relaciona com o sofrimento humano. Sua pregação, por isso, não tem o tom condenatório e ameaçador que tinha a do Batista. Para Jesus, o problema mais grave não é o problema do pecado, mas a luta contra o sofrimento que degrada e faz perder a dignidade das pessoas. João, por isso, se desconcerta diante de Jesus. Parece que não era isso o que ele esperava. Mas os cegos veem, os coxos andam, os surdos ouvem e os mortos ressuscitam. Que João entenda e que ninguém, nem no passado nem hoje, escandalize-se (Lc 7,18-23). Não se trata de ameaçar com castigos por causa do pecado, mas de mostrar a bondade e a misericórdia diante de sofrimento humano.

Para Jesus, a vida está em primeiro lugar, não o cumprimento ético ou cultural de uma lei religiosa. E por isso, seremos julgados tão somente sobre a misericórdia; já que só na misericórdia com o enfermo, o encarcerado, o faminto... é possível responder e amar ao Deus da vida: "Em verdade vos digo: Cada vez que o fizestes a um desses meus irmãos mais pequeninos, a mim o fizestes" (Mt 25,31-46).

Ficam assim abolidas as fronteiras entre uma mentalidade sacralizada e uma mentalidade secular na consideração do mal moral. Porque, como disse M. Vidal, a compreensão cristã do pecado não tem por que expressar-se nas chaves de uma mentalidade sacral que focaliza o mal moral como oposição a uma vontade sagrada. É assim que se perpetua na maior parte das compreensões do pecado. Mas a compreensão cristã da falta pode realizar-se tanto no contexto de uma mentalidade secular como de uma sacral, uma vez que a dimensão religiosa do cristianismo deve ser entendida na compreensão unitária da caridade cristã. Nela não se sobrepõem o religioso e o ético, nem o primeiro é absorvido pelo segundo. Supõe a síntese dessas duas polaridades. Por isso, é preciso liberar a noção de pecado das garras unilaterais da moral e da religião, do horizontalismo ou do verticalismo. Porque a história toda é transcendida pela história da salvação: quem alimenta o faminto alimenta o próprio Deus.

Se Deus julga em matéria de pecado, não o faz como juiz que exige respeito a uma lei exterior e castiga seu descumprimento, mas na posição de um Deus vivo que quer fazer a pessoa humana participante de sua própria vida. A vida do ser humano, suas relações com o universo, com seus semelhantes e com ele próprio, não é alheia à vida que Deus quer viver e compartilhar conosco. Daí porque, quando alguém prejudica aos outros ou a si mesmo é a vida do próprio Deus que ele faz fracassar. Deus é vítima do pecado, vítima com o nu e com quem é tratado injustamente. Por isso mesmo, a morte e ressurreição de Jesus são a maior revelação do que é o pecado: a morte à vida que Deus deseja fazer o ser humano viver e a vida que Deus pode fazê-lo viver. O cristão descobre em Jesus que o pecado destrói a vida e é convidado em nome desta vida a ressuscitar em Jesus Cristo.

II. Culpa. 1. *As relações culpa-pecado*. Como muito bem analisou Paul Ricoeur, no mal moral se diferenciam três momentos dialéticos: a mancha, o pecado e a culpabilidade. Esta última designa o momento *subjetivo* da falta, enquanto que o pecado indica seu momento *ontológico*. O pecado significa a situação real do ser humano diante de Deus, seja qual for a consciência que se tenha disso. A culpabilidade consiste em tomar consciência dessa situação real. A culpa, pois, tem claro aspecto subjetivo. Expressa a consciência de estar sobrecarregado de um peso que esmaga, é a libertação de um remorso que ocorre a partir de dentro. Seu simbolismo relaciona-se intimamente com o tema do tribunal, que declara a culpa ou inocência de alguém. Este tribunal, entretanto, transfere-se como símbolo à consciência, que também mede a ofensa, como se fosse juiz, pronuncia a condenação e impõe um castigo: o mal-estar da culpa.

Mas todos sabemos de que maneira esse juiz da consciência pode acertar em seu juízo e condenação, mobilizando alguns sentimentos saudáveis de culpabilidade, e como pode também desencadear uma autêntica patologia dessa culpabilidade. Ao mesmo tempo, pode-se pensar também na possibilidade de que nos encontremos numa situação real de pecado sem no entanto sentir culpa por isso: "Senhor, quando é que te vimos com fome ou com sede, forasteiro ou nu, doente ou preso, e não te assistimos?" (Mt 25,44). A correspondência, pois, entre o pecado e a culpa abre toda uma problemática de importantes derivações, não só no campo do psíquico, mas no campo do ético e teológico. A estes últimos aspectos nos referiremos de preferência. Será necessário, entretanto, considerar alguns elementos fundamentais do desenvolvimento moral e das origens da consciência de culpabilidade.

De fato, o sentimento de culpa constitui um dos mecanismos mais decisivos no desenvolvimento e constituição do ser humano. Um mecanismo, aliás, que exerce suas funções desde os primeiros estágios da existência e anterior, portanto, à consciência do bem ou do mal. Neste sentido se pode afirmar que o sentimento de culpa seja anterior a qualquer ética ou consciência de pecado. Não é necessária a moral numa religião para instalar-se no coração da pessoa. Porque, como a psicanálise nos mostrou justamente, o sentimento de culpa surge de modo primitivo nos primeiros estágios da vida como expressão da ambivalência afetiva que caracteriza todas as relações da pessoa. O amor e o ódio se entrecruzam gerando logo um sentimento arcaico de culpa, enquanto medo do abandono daqueles de que alguém necessita para sobreviver. Esse tipo de sentimento de culpa, de caráter essencialmente narcisista, começa já no primeiro ano de vida, mas deixa facilmente seus rastros nas estruturas psíquicas, vindo a ser para muitas pessoas o modo fundamental de culpabilidade que chegam a experimentar. Também na relação com Deus, o sentimento de culpa pode manifestar-se com esse caráter narcisista, enquanto vivência de um temor de ser abandonado por Deus, mais do que como consciência de um mal realizado ou de um bem não realizado.

Só posteriormente o sentimento de culpa surgirá como consciência de transgressão de uma norma ou de um ideal proposto; em outras palavras, como a percepção no "eu" da crítica exercida pelo superego. Estamos assim num momento evolutivo superior, ou da incorporação da norma como pauta de comportamento que possibilita a inserção no grupo. Entretanto, essa culpa ainda está essencialmente ligada a profundas ambivalências afetivas de caráter inconsciente (as da estrutura edípica infantil) e é bastante relativa às identificações empreendidas com o âmbito familiar e social, com o que elas podem ter de questionável a partir do ponto de vista ético ou religioso.

Toda uma tarefa de discernimento pessoal será necessária para que o sentimento de culpa amadureça numa adequada articulação com os valores e ideais que o sujeito pretende que determinem sua maneira de proceder na vida. Porque nem sempre o sentimento de culpa se relaciona com a transgressão desses ideais conscientemente propostos. Pode emergir com relação a condutas admitidas como justas, mas inconscientemente condenadas, tal como acontece no sujeito escrupuloso. Por sua vez, comportamentos claramente contraditórios com os ideais e valores propostos podem manter-se sem que o sujeito chegue a sentir o mal-estar da culpa. Cabe assim a possibilidade de um sentimento de culpa sem pecado e de uma situação de pecado sem consciência de culpabilidade.

2. *A consciência cristã e eclesial da culpa*. A fonte fundamental da consciência de pecado para um crente não pode ser a vergonha, a mancha ou o sentimento de transgressão. Tão somente a palavra de Deus pode testificar a inocência ou a culpabilidade cristã. O pecado, pois, necessita do auxílio da graça para ser reconhecido, "confessado".

No seio da comunidade crente o sujeito terá de encontrar também uma luz e uma orientação que guie sua consciência de pecado. Mas não podemos esquecer que a própria Igreja, "santa e pecadora", está necessitada da luz do Espírito que lhe manifeste de que maneira ela própria se vê implicada em dinâmicas que ofuscam, obscurecem e a fazem errar em sua consciência do bem e do mal. Assistida pelo Espírito, ela se encontra, entretanto, submetida também ao poder das trevas, da corrupção e da contingência. Seus juízos éticos, por isso, podem facilmente verse torcidos sob a força de interesses conscientes e inconscientes, de caráter coletivo e institucional e pela obscuridade que a própria face de Deus tem ainda para ela. Por isso a Igreja inteira se vê obrigada a pedir a luz de Deus para continuar descobrindo a entidade do pecado e de suas manifestações no mundo e em si mesma.

A esta luz, por exemplo, a Igreja teria de se questionar sobre as condições em que muitas vezes incorre ao empregar diferentes critérios morais para os vários campos da ação ética, tal como ocorre claramente ao enfrentar problemas no campo da moral social ou da moral sexual. A importância dada à sexualidade obriga a pensar que, nesse discurso, as estruturas inconscientes do superego e as hesitantes problemáticas edípicas interferem mais do que a palavra revelada por Deus em Jesus Cristo. O cristianismo, de fato, afirmava o teólogo e moralista Jacques Pohier, tematizou o mundo da culpa de um modo que se assemelha surpreendentemente ao universo fantástico edípico e da megalomania que o preside. A insistência quase única numa visão do pecado como rebelião do desejo e da vontade contra Deus, como transgressão de uma lei imposta, como causa da morte biológica, como ameaça permanente de condenação, tudo isso, de fato, parece falar mais das estruturas edípicas inconscientes do que da pregação e mensagem que recebemos de Jesus. A relação com Deus parece ficar assim estabelecida numa chave de rivalidade e oposição, numa dialética de "ou tu ou eu", e não na chave de um encontro que dá vida ou de um desencontro que ocasiona a degradação do ser humano.

Sob uma perspectiva que difere da visão da psicanálise, dever-se-ia considerar também como o sentido de pecado não pode ser tampouco uma transposição das exigências de uma cultura, de um grupo, de uma classe e de seus interesses muitas vezes alheios, distantes e contrários aos valores evangélicos. Essa foi e continuará sendo a denúncia sempre feita pelos profetas em sua contestação da ordem estabelecida e em seu assinalar o lugar autêntico onde está o pecado, assim como na necessidade de seu reconhecimento e confissão pública. Confissão que evidentemente não pode limitar-se às faltas cometidas em passado distante, mas que teria de mostrar também a coragem de reconhecer as que continuam sendo cometidas na própria realidade do presente como se fez no admirável e lamentavelmente pouco conhecido documento da diocese Orihaela-Alicante, quando publicamente pediu perdão por não ter querido fazer do Evangelho a nova e boa notícia, pelo culto vazio convertido em ato social, por exercer o ministério como domínio, por se mostrar servil com os poderes deste mundo, pelo maltrato da criação, por falsear a imagem de Deus apresentando-o como juiz mas do que como Pai, por julgar e condenar os outros, por silenciar os que divergem, oprimindo a pluralidade, por favorecer distâncias e receios com os irmãos separados, pelas contradições, hipocrisias e vida dupla do clero, por ferir criando escrúpulos de consciência, por dar meia volta diante do irmão ferido para irem puros ao templo, por esquecer os marginalizados, ciganos e imigrantes, por antepor o sexto mandamento à falta de luta pela justiça e pela defesa do pobre, por reservar lugares na primeira fila para os ricos e poderosos, oferecendo ao pobre exíquias de terceira classe, por negar sepultura aos que morreram desesperados, por clericalizar a Igreja, excluindo os leigos, por não reconhecer totalmente o papel da mulher na comunidade cristã, por chamar prudência à falta de compromisso, por ter medo de levantar a voz na praça publica, por ser testemunhas mudas de sofrimentos injustos, por suspeitar dos progressos da arte e da ciência, por impor as próprias convicções mediante influências nas leis civis e ingerências no poder público etc. Tão somente reconhecendo e confessando assim o pecado, estaríamos situados numa posição autenticamente cristã, que simultaneamente reconhece a falta e a anistia concedida de antemão por Deus e que, por isso, perde o medo, liberta-se da angústia atrelada à consciência de culpa, reconhece perfeitamente a matéria da qual estamos formados e, paralelamente, junta energias para a construção apaixonada do reino de Deus.

3. *Responsabilidade, liberdade e conversão.* De acordo com o que vimos, o pecado é concebido no NT não só como ato singular que brota da responsabilidade humana, mas também como uma situação, força maléfica que se expande, contamina e destrói a vida. Portanto o pecado tem um poder contagioso que contamina o ambiente existencial dos seres humanos e que faz ficarem doentes grupos, instituições e coletividades.

É evidente que essa concepção do pecado cria uma aporia significativa. Por um lado, o pecado se concebe como expressão da liberdade e da responsabilidade humana e, por outro, como força impessoal que deteriora inclusive essa liberdade e que, de modo imperceptível, arrasta e empurra para o mal. Por outro lado, encontramo-nos com o fato de que NT insiste na liberdade e responsabilidade pessoal, mas não oferece critérios precisos para determinar o grau dessa liberdade e, inclusive, adverte sobre a possibilidade de alguém ser declarado pecador sem que o sujeito tenha consciência de estar em pecado.

Esse aparente paradoxo se clarifica, entretanto, se levamos em conta um dado fundamental para entender a atitude básica do NT frente à questão do pecado e do pecador. O que essencialmente interessa é salvar a vida deteriorada e prejudicada pelo pecado, pessoal ou estrutural, e impulsionar para a mudança e a conversão para que o sujeito recupere a vida. O pecado é ruptura, desunião, dinâmica de separação entre o vivente. Por isso, o que realmente importa é recuperar a vida no encontro, no vínculo, na união que se desfaz pelo pecado, mais do que determinar o grau de liberdade tida, vindo a favorecer assim posições de perfeccionismo narcisista. Interessa a liberdade que deve recuperar de novo para tornar possível a dinâmica do amor cristão que repara o dano causado e restabelece o vínculo com os outros, com o mundo e com Deus. Sabe-se que estamos num mundo onde a força do pecado estrutural é ativa e nos determina a todos, queiramos ou não. Sabemos de nossa fragilidade e, na consciência dela, todos somos convocados a confessar a perda da inocência. A questão decisiva, a grande exigência ética, será então a de manter uma atitude de escuta da Palavra, de abertura à ação do Espírito, de atenção à comunidade crente, como espaços onde se nos poderá tornar consciente a densidade do pecado como prejuízo à Vida que Deus é e deseja comunicar-nos. Só assim podemos compreender onde morre o ser humano, onde se destrói, e só assim, portanto, poderemos encontrar o caminho da salvação, da vida que é eterna.

L. Beirnaert, "La teoría psicanalítica y el mal moral": *Concilium* 56 (1970), 364-375; J. M. Castillo, *Víctimas del pecado*, Madrid, Trotta, 2004; J. Cordero Pando, *Psicanálisis de la culpabilidade*, Estella, EVD, 1976; Diócesis de Orihuela-Alicante *Iubilaeum* A. D. 2000. *Texto para la petición de perdón*, Orihuela-Alicante, 2000; W. Günther, "Pecado", em L. Coenen, E. Beyreuther y H. Bietenhard, *Diccionario teológico del Nuevo Testamento* III, Salamanca, Sígueme, 1983, 314-327; J. Pohier, *Dieu fractures*, Paris, Seuil, 1985; K. Rahner, *Curso fundamental sobre la fe*, Barcelona, Trotta, Herder, 1979; P. Ricoeur, *Finitud y culpabilidad*, Madrid, 2004; M. Vidal, "Pecado", em CFC, 893-1001.

Carlos Domínguez Morano

PECADO ORIGINAL

A doutrina do pecado original tem importância teológica fundamental, pois definitivamente ela procura dizer-nos *com respeito a que* acontece a salvação cristã. Seria a salvação cristã uma libertação referente a nossos defeitos morais, uma redenção das ataduras da matéria ou uma libertação das injustiças estruturais que o mundo sofre? Que sentido tem afirmar que Cristo nos salva da culpa de Adão? Em que sentido pode ter significado atual a contraposição entre Adão e Cristo, tal como aparece na Escritura? (Rm 5,12-19; 1Cor 15,22.45).

I. Pecado fundamental. Seria perfeito anacronismo pretender de encontrar nos textos usualmente aduzidos (Gn 3; Sl 51,7) uma doutrina do pecado original tal como foi desenvolvida na teologia ocidental, tanto católica quanto protestante, a partir de Agostinho de Hipona. Contudo, isto não significa que na Escritura não se possa encontrar nenhum tipo de "diagnóstico" sobre a situação de pecado que a humanidade sofre. Em lugar de prescindir totalmente da doutrina do pecado original (Haag, 1966), a teologia deve interessar-se por traduzir os relatos bíblicos para uma linguagem de hoje. No relato do Gênesis encontramos um modo de pensar, próprio das sociedades tradicionais, nas quais as histórias que se relatam sobre o fundador do clã pretendem de alguma forma descobrir as características e os problemas posteriores de todos os membros desse clã (Lohfink, 1989, 167-199). É o que acontece, por exemplo, nos relatos do Gênesis sobre Ismael ou sobre Esaú. Pois bem, "Adão", palavra hebraica que significa "ser humano", *é o patriarca do clã humano*, de maneira que os relatos sobre sua desobediência pretendem dizer algo sobre a humanidade de todos os tempos. Sobre *nós*. Uma tradução atual da mensagem bíblica dificilmente pode transformar o relato bíblico numa informação histórica sobre o primeiro *homo sapiens* ou sobre o primeiro australopiteco. Tem antes de procurar dizer-nos em que consiste, do ponto de vista da revelação bíblica, essa condição de pecado da qual Cristo nos liberta.

A partir desse ponto de vista, mais do que falar de pecado "original", no sentido de um fato histórico pontual, cujas consequências se teriam transmitido de alguma forma às gerações posteriores, parece mais apropriado entender o "pecado original" como "pecado fundamental da humanidade". O pecado de "Adão" é o pecado de todos nós. Mas, em que consiste esse pecado? Não parece que o problema consista na união sexual, ou no prazer produzido pela alimentação de frutos, como ocasionalmente se interpretou o texto bíblico. Tanto a sexualidade como o desfrute das árvores do Éden aparecem nos relatos bíblicos como algo explicitamente querido por Deus. O problema tampouco está no fato de os seres humanos quererem conhecer a Deus independentemente de sua revelação, como as vezes se tem insinuado. O relato pressupõe que é Deus quem se dá a conhecer, e não entra em mais complicações relativas à "teologia natural". Mais adequadas parecem as interpretações que apontam para as dimensões morais do problema, pois definitivamente o que está em jogo não são alguns frutos quaisquer, mas os frutos da árvore *do bem e do mal*. Entretanto, esta árvore não foi escondida pelos deuses para que os humanos não a pudessem conhecer, tal como acontece por exemplo na epopeia babilônica de Gilgamesh. O problema não está em ver os frutos, mas em *comer* deles. Em outras palavras: o que se questiona não é a autonomia moral do ser humano, sua capacidade para discernir ("ver") o bem e o mal, e sim algo mais radical.

II. A autojustificação. Onde então está o problema? Em linguagem bíblica, a imagem de "comer dos frutos" designa o fato de responsabilizar-se pelas consequências das próprias ações, boas ou más (Pv 11,30; 12,14; Is 3,10 etc.). Adão não acreditou em Deus; acreditou na serpente. Por isso comeu dos frutos da árvore do bem e do mal. Procuremos interpretar sistematicamente este dado bíblico. O que se diz aqui sobre o ser humano de todos os tempos? A biografia humana estrutura-se necessariamente com relação a certas esperanças. O ser humano faz uma ideia do que pode esperar na vida em função do que outras vidas humanas o testemunham explícita ou implicitamente. Ninguém pode por si mesmo viver todas as vidas possíveis e depois escolher a que mais lhe convém. Deve confiar no que outros antes dele experimentaram, e escolher o seu próprio rumo sem poder prová-lo adiantadamente (Segundo, 1982, I, 13-26). Ora, devem-se fazer alguns cálculos sobre o futuro. No mundo podem verificar-se certas regularidades que me permitem prever os resultados das próprias ações. Se conheço essas regularidades posso estabelecer certas regras ou leis: se ajo corretamente, obterei os resultados esperados. Pode-se tratar de leis "técnicas" ou de leis morais. Tanto umas como outras tratam do que é agir "bem" e agir "mal". E tanto umas como outras dizem-nos em que consistem os frutos do bem e do mal.

A partir dessa perspectiva, a "justiça" não consiste simplesmente em cumprir algumas normas morais. A justiça consiste em "ajustar-se" às regularidades deste mundo, obtendo os resultados das próprias ações, boas ou más. A serpente, símbolo da astúcia e dos poderes mágicos no Oriente antigo, representa bem esta sabedoria. Ao justo tudo irá bem. Ao injusto tudo ocorrerá mal. Àquele que conhece as leis deste mundo e age de acordo com elas, sairá bem. Àquele que as desconhece, sairá mal. É possível, então, alcançar uma adequação a este mundo como resultado das próprias ações. O futuro deixa de ser uma incógnita. Certamente, a ideia monoteísta de uma criação pode reforçar enormemente este ponto de vista. O mundo está bem feito, e suas regularidades foram queridas por Deus. Por isso, pode-se pensar que o Criador há de ser em última análise a garantia dessa maneira de justificar-se. Entretanto, o Deus bíblico proibiu que Adão comesse os frutos do bem e do mal. Também na religião da Índia, Krishna diz a Arjuna que não queira comer os frutos das próprias ações (*Bagavad-Gita* III, 19). Mas, no monoteísmo, isso é estranhamente paradoxal, pois o próprio Deus criador das regularidades da natureza nos proíbe utilizar esses "elementos do mundo" para nos justificar. Ao invés de confiar em Deus, cabe pensar que Deus nos está escondendo algo. Alguém pode fundamentar suas esperanças na própria criação, em alguma criatura como a serpente. Ou, dá no mesmo, o ser humano pode basear suas esperanças na própria justiça: agindo corretamente, de acordo com as leis deste mundo, me sairei bem. O futuro estará garantido.

A maneira de estruturar a própria práxis é o que noutro lugar denominamos "esquema da lei" (González, 1999). Convém observar, de início, que essa estrutura supõe uma leitura da história. Se a quem é bom tudo vai bem, pode-se pensar reciprocamente que se vai bem, é porque é bom. Da mesma forma, a quem vai mal, é porque é mau. O bem e o mal, tal como se experimentam na história, aparecem como consequência de nossas ações, corretas ou incorretas. A doença, a dor, a pobreza seriam os resultados merecidos de nossas ações. A prosperidade, a saúde, a riqueza também seriam as consequências que merecemos por nosso atos. Não se trata de uma perspectiva exclusiva das sociedades tradicionais. Também as sociedades modernas tendem a apresentar as vítimas como autoculpáveis: o enfermo não levou um ritmo de vida saudável, e os pobres não seguiram as estratégias econômicas corretas. Por isso, muitos relatos modernos nos garantem que "os bons", após mil penitências, sempre acabam vencendo. Não estamos, portanto, diante de uma simples sutileza teológica. Alguns economistas, independentes de qualquer teologia, tem afirmado que a "forte tendência da natureza humana" é uma das principais razões da permanência da pobreza e das diferenças sociais no mundo hoje (Costas, 1999).

III. A raiz do pecado. O próprio relato bíblico refletiu sobre as implicações do "pecado de Adão". De fato, o relato do Gênesis faz parte de uma seção que se estende até o capítulo XI. De alguma forma nos é indicado que a estrutura básica do pecado adâmico ("ou pecado fundamental da humanidade") está na raiz última dos problemas que afligem a humanidade, tanto em suas relações com Deus como em suas relações com os outros, com a natureza, ou consigo mesma. Vamos analisá-lo brevemente.

Crer na serpente ao invés de crer em Deus implica, de início, a *idolatria* que põe a criatura no lugar do Criador. Mas não é só isso. Quem pretende justificar-se pelos resultados das próprias ações percebe Deus como juiz que pesa tais resultados. Daí o *medo* (Gn 3,8) diante de Deus. E esse medo implica a necessidade de *sacrifícios*. Curiosamente, o relato bíblico apresenta Caim e Abel oferecendo sacrifícios que Deus não pediu (Gn 4,1-16). Sacrifícios que podem ser oblações, com as quais se espera a benevolência de Deus como resultado da ação sacrifical. Ou sacrifícios que podem ser expiações. Na expiação, quem age mal se sente, de acordo com a lógica adâmica, merecedor de castigo. Ora, se alguém inflige a si mesmo o castigo, destruindo algum bem precioso que de alguma forma nos representa, a situação anterior à falta ficará restabelecida. A expiação sangrenta de Abel é, nessa perspectiva, mais eficaz do que a simples oblação de Caim. O sacrifício facilmente se transforma numa *manipulação* religiosa. A necessidade de produzir resultados pode levar a pensar na possibilidade de usar a divindade para produzir os resultados desejados. No relato bíblico, as filhas dos homens se unem com seres divinos para gerar os heróis da antiguidade (Gn 6,1-5). Finalmente, a vontade de autojustificação, quando provista do poder técnico, econômico e político necessário, pode transformar-se em aberta *concorrência* com a divindade, na qual os impérios procuram "tocar o céu" com seus grandes sucessos (Gn 11).

No plano das relações humanas, a pretensão de justificar-se pelos resultados das próprias ações produz, de início, a *desconfiança* perante os outros, pois eles podem a qualquer momento avaliar o que eu produzo. Na história bíblica, Adão e Eva percebem que estão nus e que devem vestir-se (Gn 3,7). Essa desconfiança se pode traduzir, quando os resultados são abertamente negativos, numa tentativa de se esquivar da própria responsabilidade, atribuindo a culpa aos outros (Gn 3,12). Isso não esgota as possíveis variedades do pecado. Quem quer justificar-se pelos resultados das próprias ações pode usar os outros para produzir esses resultados, oportunizando diversas formas de *dominação*. No relato bíblico, Eva utiliza Adão para produzir o que a civilizações antigas consideram como o "fruto" por excelência de uma mulher: os filhos. Mas essa utilização combina com outra, na qual o varão domina a mulher (Gn 3,16). Os sistemas de utilizações mútuas não são, entretanto, a única formação possível do pecado fundamental. Caim e Abel aparecem competindo entre si para apresentarem os melhores resultados do seu trabalho diante da divindade. A *concorrência* gera inveja e *violência* homicida entre os irmãos.

A violência não é, como se apresenta ocasionalmente, o pecado fundamental da humanidade, mas uma consequência dele. Certamente, há uma conexão entre a violência e o mimetismo (Girard, 1972) de quem procura produzir os mesmos resultados. Entretanto, a raiz última da violência está precisamente nessa pretensão de justificar-se mediante os sucessos das próprias ações. Neste sentido, o pecado de Caim remete, mais profundamente, ao de Adão. Ora, na lógica do pecado fundamental, cada qual deve receber o resultado merecido por seus atos. O homicida deve ser morto. O que gera, em última análise, uma espiral crescente de *vinganças* e contravinganças. É o que no texto bíblico expressam as palavras de Lamec a suas mulheres (Gn 4,23-24). O *Estado*, como monopólio da violência legítima, procura colocar limites a essa espiral, assumindo ele próprio as retribuições. Não deixa de ser interessante que o relato bíblico apresente Caim como o primeiro fundador de uma cidade-estado (Gn 4,17). Certamente, quando uma instituição humana assume a tarefa de dar a cada um o que mereceu, de alguma forma assume funções próprias dos deuses e entra em concorrência com Deus. Na realidade, quem quer produzir grandes resultados, quer *poder*. É o poder que dá a técnica, a dominação econômica, militar ou política. Um poder que busca o reconhecimento dos outros, mas que somente termina por dividi-los. Neste sentido, o *império de Babel é o cume do dinamismo expresso na desobediência de Adão*.

Outras dimensões do pecado atingem a relação do ser humano consigo mesmo e com a natureza. Quem pretende justificar-se mediante os frutos das próprias ações não só será exposto permanentemente ao tribunal de Deus ou dos demais seres humanos. Também existe o tribunal da própria consciência, que apresenta todas as faltas como merecedoras de castigo. É a *culpa* que caracteriza a situação existencial de Caim (Gn 4,13-14). Por outro lado, a vontade de justificar-se pelos frutos das próprias ações implica uma corrida incessante para produzir resultados. O *trabalho* deixa de ser cuidado agradável do jardim de Deus (Gn 2,15) para transformar-se numa corrida frenética para obter resultados. Uma corrida frenética que esgota e destrói a *natureza*, que dessa maneira se torna *afetada pelo pecado*. E uma carreira que só vai terminar na morte. A *morte* deixa de ser o fim natural da vida para tornar-se algo muito diferente. Quem passou a vida toda procurando produzir resultados que o justifiquem, obtém como resultado final a morte (Gn 3,17-19). Na lógica de Adão, não resta dúvida alguma de que a morte é "o prêmio do pecado" (Rm 6,23).

Chegados a este ponto, podemos então verificar que o pecado original não só é o pecado fundamental da humanidade, e sim mais precisamente a *estrutura fundamental de seu pecado*. Os pecados particulares e, mais radicalmente, a situação de pecado da humanidade apresentam-se como formação concreta de uma só estrutura fundamental. Embora a teologia clássica tendesse a pensar no pecado de Adão como um fato histórico, nem por isso deixou de entrever este aspecto mais radical do pecado original como estrutura fundamental de todo pecado (Agostinho de Hipona, *Enchiridion* 45). Ora, se "Adão" designa toda a humanidade, já não estamos diante de um esquema cronológico, segundo o qual o pecado viria antes que outros. Estamos, isto sim, diante da revelação crítica, em forma de relato, da *estrutura fundamental que subjaz a todo pecado*. Tanto os pecados "individuais" como os pecados "estruturais" obedecem no fundo ao mesmo dinamismo e são por isso inseparáveis. O pecado original não é o pecado social ou estrutural, e sim a sua raiz última, suscetível de formações tanto individuais como coletivas. Não resta dúvida, por isso, de que a doutrina do "pecado original" deve desenvolver-se no marco do "pecado do mundo" (Jo 1,29), entendendo com isso o conjunto dos pecados humanos (Schoonenberg, 1966). Entretanto, o "pecado original" não nos fala primeiramente do aspecto "impessoal" e "antecedente" do pecado do mundo, mas sobretudo de sua estrutura fundamental, de sua lógica interior, de sua raiz sempre presente nos pecados particulares.

IV. O pecado e a salvação. O pecado original, assim considerado, não constitui uma doutrina pessimista sobre a natureza humana. De fato, o discurso sobre o pecado original como estrutura fundamental do pecado só tem sentido a partir da salvação acontecida em Cristo. Nesse sentido, uma hermenêutica cristã dos textos bíblicos relativos ao pecado só é possível à luz do conjunto canônico da Escritura. Se esses textos nos falam da estrutura fundamental de todo pecado, é precisamente porque os cristãos cremos que em Cristo aconteceu uma tão radical libertação do pecado, que a raiz última deste foi curada. O presumido pessimismo é na realidade um *otimismo* que a partir da libertação acontecida e celebrada reflete sobre a situação passada. A salvação já acontecida em Cristo é que nos abre os olhos para entendermos em que consiste, em sua raiz última, o pecado humano, e também para esperarmos uma libertação definitiva.

Tomás de Aquino definiu o pecado original afirmando que este consistia *formalmente* numa privação da justiça originária e *materialmente* na concupiscência (ST I-II, q. 82, a. 3). Esta definição clássica, que reunia as duas grandes tendências do estudo medieval sobre o pecado original, pode ser parafraseada após nossa análise dizendo que a estrutura fundamental do pecado consiste *negativamente* numa falta de fé, e *positivamente* na vã pretensão de autojustificar-nos mediante a correspondência entre nossas ações e seus resultados. O que nos permite mostrar varias dimensões do pecado em relação com a salvação.

Em primeiro lugar, torna-se claro que a salvação cristã tem dimensão universal exatamente porque é *universal* a falta de fé. Ninguém tem a fé pelo nascimento. E isso significa que o ser humano, na medida em que não tem fé, é chamado a organizar a própria vida de acordo com as esperanças que se baseiam nas regularidades que observamos em nosso mundo. Em outras palavras: o ser humano, fora da fé, é chamado à autojustificação. Certamente, resta a questão aberta: pode haver fé fora da confissão cristã explícita? Mas torna-se claro que a falta de fé implica a autojustificação. O que nos permite aproximar do entendimento sobre a situação dos *recém-nascidos*. O pecado original não é uma epidemia hereditária, transmitida de pais para filhos em virtude da concupiscência presente na geração, como às vezes pensou Agostinho de Hipona (*Enchiridion* 26,34). O que acontece é que ninguém tem a fé por nascimento. No recém-nascido não se pode afirmar a presença da pretensão vazia de autojustificação. Mas, pode-se destacar a ausência da fé, ausência que terminará invocando a necessidade de autojustificar-se. Afirmar nas crianças a presença do pecado original, outra coisa não é senão afirmar a necessidade universal da salvação que vem de Cristo através da fé.

Em segundo lugar, a necessidade universal da salvação não significa que a natureza humana seja má em si mesma. Como criatura, o ser humano é uma realidade *boa*, saída da vontade criadora de Deus. O que acontece é que essa criatura não tem a fé como um elemento a mais de sua "natureza". Portanto, o ser humano, fora da fé, é convocado na autojustificação. E isto, longe de ser uma maldição de sua natureza, é o aspecto negativo de uma dimensão positiva. O ser humano foi criado para o encontro com Deus encontro que não deriva das estruturas da própria natureza, mas no qual estarão em jogo a graça de Deus e a própria liberdade. O ser humano não foi criado para fechar-se em si mesmo, em sua própria natureza, como um ser "encurvado sobre si mesmo" (Lutero). O ser humano foi criado para algo que transcende as propriedades que "naturalmente" pode obter de si mesmo. A realidade humana, por sua abertura, é convocada para uma história pessoal e coletiva. A doutrina do "pecado original" nos mostra que o ser humano, longe de consumir-se em si mesmo e nas propriedades que tem por nascimento, foi criado para um encontro com Deus que acontece na *história*. A doutrina do pecado original é uma doutrina sobre a historicidade da salvação.

Em terceiro lugar, a análise do pecado original, como estrutura fundamental de todo pecado, permite distinguir com precisão *entre pecado e faltas morais*. Certamente, a estrutura fundamental do pecado se forma em pecados particulares, os quais *podem ter* o caráter de uma falta moral. Mas não é possível estabelecer uma equação entre pecado e falta moral. A falta de fé e a pretensão de autojustificação são compatíveis com o discernimento moral e a liberdade. Dito nos termos cronológicos do relato bíblico: inclusive depois de "Adão", Caim tinha liberdade para não assassinar o irmão Abel (Gn 4,6-7). Uma conduta hipotética eticamente intacável é perfeitamente compatível com a vontade absoluta de autojustificação: é o que justamente se chama "farisaísmo". Dito em termos mais coletivos: as estruturas de pecado são, como vimos, formação da estrutura fundamental do pecado. É possível, certamente, melhorar qualquer estrutura econômica, social, política ou religiosa. A luta pela transformação dessas estruturas é por isso um aspecto da luta cristã contra o pecado. Entretanto, a luta verdadeiramente decisiva e eficaz acontece onde se busca transformar a raiz da qual surge todo tipo de estruturas opressivas. Do contrário, novas formas de dominação tenderão indefectivelmente a aparecer.

Isso nos mostra, em quarto lugar, as *dimensões sociais da salvação*. A análise da estrutura fundamental do pecado nos mostrou como nas sociedades humanas se plasmam diferentes formas de dominação, violência, procura de prestígio, autodivinização e vontade de poder. Nesse sentido, a doutrina do "pecado original" contém constitutivamente uma crítica social e política. Contudo nos mostra também que a salvação cristã, na medida em que cura essa estrutura fundamental, proporciona necessariamente algumas relações sociais novas. Em termos bíblicos: "Aqueles que são tidos como governantes das nações apropriam-se delas, e seus grandes exercem poder sobre elas. Mas não será assim entre vós; ao contrário, aquele que quiser tornar-se grande entre vós, será vosso servidor, e aquele que quiser ser o primeiro, será servo de todos" (Mc 10,42-44). A *comunidade* cristã constitui as primícias de uma nova sociedade, a alternativa de Deus frente às formas de opressão que existem no mundo. O perdão do pecado original (simbolizado pelo batismo) é, por isso, necessariamente e ao mesmo tempo uma incorporação a uma comunidade crente.

Neste marco é possível repensar a velha doutrina da *concupiscência*, como termo teológico com o qual se quer designar não primeiramente uma desordem da vontade ou um problema relativo à sexualidade, e sim a luta (*ad agonem*, DS 1515) do crente, uma vez que foi libertado da estrutura fundamental do pecado. É que o ter acreditado *não nos garante que sempre acreditaremos*, nem que organizemos todas as dimensões de nossa vida segundo a fé. No crente continua havendo uma luta que o remete sempre à necessidade de que Deus renove nele a salvação que já lhe deu: "Eu creio, Senhor! Ajuda a minha incredulidade" (Mc 9,24). Esta descrença não é problema puramente individual, mas também coletivo. Na comunidade cristã podem-se reproduzir, sob formas talvez mais sutis e paternalistas, as mesmas estruturas de dominação existentes no mundo. Portanto, a luta cristã contra o pecado, em sua raiz e em suas formações, é também como nos velhos textos de Israel, uma *luta profética* para que as estruturas do povo de Deus reflitam a salvação realizada em Cristo. Ou seja, para que no povo de Deus não exista desigualdade, pobreza, nem opressão.

Finalmente, a doutrina do "pecado original" nos mostra a *necessidade de sermos salvos*. A estrutura fundamental do pecado não é algo que possamos mudar por nós mesmos. Uma tentativa de salvar-nos a nós mesmos nos manteria encerrados em nossas próprias possibilidades, em nossa própria justiça, nos cálculos sobre os resultados possíveis de nossas ações. Se a libertação fosse algo que pudéssemos realizar por nós mesmos, seria resultado a mais de nossas ações, com o que teríamos obtido nossa própria justiça. Poderíamos certamente gloriar-nos disso, mas a estrutura fundamental do pecado permaneceria intacta, pois não teríamos abandonado a vontade de autojustificação. Adão mesmo não pode curar a desobediência de Adão. Novamente com palavras bíblicas: alguns querubins estão ao oriente do jardim do Éden, e uma espada em fogo nos impede de voltar (Gn 3,24). A autolibertação seria a autojustificação. Não podemos dar a nós próprios a salvação. Precisamos de um salvador. A doutrina do pecado original nos mostra e nos une aos gemidos da humanidade e da criação toda que clama por seu Messias: Vem, Senhor, Jesus!

A. Costas, "Más ricos y desiguales": *El País*, 30 de janeiro de 1999, 12; R. Girard, *La violencia y lo sagrado*, Barcelona, Anagrama, 1983; A. González, *Teología de la praxis evangélica*, Santander, Sal Terrae, 1999; H. Haag, *Biblische Schöpfungslebre und kirchliche Erbsündenlebre*, Stuttgart, 1966; N. Lohfink, *Das Jüdische am Christentum*, Freiburg i. Br., 1989; P. Schoonenberg, *Theologie der Sünde*, Einsiedeln, 1966; J. L. Segundo, *El hombre de hoy ante Jesús de Nazaret I*, Madrid, Cristiandad, 1982.

Antonio González

PENITÊNCIA

A penitência foi tem sido compreendida de maneiras tão diferentes na tradição cristã que não é fácil determinar teologicamente em que consiste. Para compreendê-la como virtude, é necessário ter presente o sentido do sacramento da penitência, que durante séculos esteve no centro da vida cristã, ao lado da eucaristia. Mas assim como a virtude da penitência se pratica de mil maneiras, o sacramento da penitência é a celebração do perdão, de acordo com um ritual promulgado pela Igreja. Em outras palavras, a penitência é uma virtude praticada livremente antes de ser um sacramento ritualmente regulamentado. As igrejas valorizam a penitência de acordo com tradições diferentes: os protestantes se firmam na virtude, e os católicos no sacramento.

I. Vocabulário penitencial. O sacramento da penitência teve várias denominações correspondentes a diferentes regimes penitenciais. Na antiguidade cristã chamou-se *segunda tábua de salvação* ou *segundo batismo,* uma vez que o batismo era *penitência primeira*. A penitência era entendida como conversão e reconciliação. Do séc. VII ao séc. XI a penitência *canônica* (pública, solene e irrepetível) se transforma em penitência *privada* e irrepetível. A partir do séc. XII até o Vaticano II é compreendida como *sacramento da confissão* ou simplesmente *confissão* (*exomológesis*). Após a reforma litúrgica conciliar, volta a entender-se como *sacramento da reconciliação* com os irmãos, com a Igreja e com Deus. Segundo K. Rahner, "o ato religioso e existencial da penitência passou, em diversas etapas, do cumprimento tangível da penitência para o arrependimento interior, para a acusação humilhante e para a absolvição sacerdotal". Ao incluir a penitência uma revisão pessoal de faltas e pecados, é lógico que sofra ao longo da história muitos altos e baixos, desvios e retificações.

Os termos mais importantes e afins da penitência são: reconciliação, pecado, conversão, confissão e perdão. O fato de haver tantos termos revela a importância da penitência no cristianismo, seja como virtude, seja como sacramento.

Penitência tem a origem no latim *paenitentia*, arrependimento, mais do que *poenitentia*, pena. De acordo com este segundo sentido, a penitência é entendida pelo povo, devido a suas conotações negativas, como prática religiosa de privação, castigo ou punição. Evoca o cilício, a flagelação e os rigorosos jejuns de épocas passadas. "Fazer penitência" significa popularmente expiar culpas ou pecados.

Hoje entendemos a penitência como reconciliação na linha da conversão. Inclui vários aspectos: o *ato* de arrependimento, a *virtude* da conversão, o *sacramento* da reconciliação e a *satisfação* que o ministro impõe ao penitente em forma de algumas ações concretas. A penitência é também reconciliação com a Igreja, representada pela comunidade cristã. Na Igreja primitiva, a reconciliação era uma celebração em virtude da qual os penitentes, depois da ação penitencial, recebiam na Sexta-feira Santa a absolvição, que incluía a readmissão na comunidade cristã e a participação pascal na comunhão eucarística comunitária. Hoje se demonstrou que a penitência tradicional é também "reconciliação com a Igreja". De acordo com K. Rahner, esta é uma das "verdades esquecidas" da penitência. O pecado nos separa de Deus e da comunidade eclesial.

Reconciliação provém do latim *reconciliare* (*conciliare, concilium*, reunião, convocação). Conciliar é fazer as pazes com alguém, e reconciliar é mudar a maneira de pensar e comportar-se diante de outra pessoa, numa relação nova de doação e abertura, de encontro e comunhão. No NT, reconciliar é a ação gratuita pela qual Deus aceita e acolhe o pecador arrependido para introduzi-lo em seu seio.

A reconciliação é o centro vital da primeira pregação de Jesus e da mensagem cristã. O convite de Deus é convite a construir o reino, implantar a justiça e alcançar o recinto da salvação libertadora. A penitência, que equivale no evangelho a conversão ou reconciliação, é dirigida ao ser humano tal como é, em sua realidade existencial. A conversão começa com o sentimento da falta ou com o remorso da culpa que convida a uma decisão: retornar ou voltar a começar. Mas, o retorno a Deus é retorno aos irmãos, e a acolhida que Deus faz é acolhida na Igreja.

O termo reconciliação foi resgatado pelo Vaticano II (1962-1965), o *Ritual da Penitência* de 1973, o Sínodo dos Bispos de 1983 e a exortação apostólica *Reconciliação e penitência* de 1984. Entretanto, dadas a contínua situação de violência e terrorismo em grande parte da sociedade e a defesa do conflito como gerador da liberdade e da justiça, a reconciliação aparece como ideal utópico.

Pecado procede do latim *peccare*, cometer uma falta. O termo tem sua origem na terminologia jurídica. Pecar significa transgredir. Popularmente, o *pecado* – de pensamento, palavra, ato ou omissão – foi entendido como desobediência à lei de Deus, cada um ciente do que faz. Vulgarmente, o termo pecado é usado pelo povo em diversas expressões. Assim, *peccata minuta* é fazer algo impróprio sem muita importância e *levar no pecado a penitência* é responsabilizar com remorsos e castigos quando se age mal.

Na Bíblia "pecar" equivale a separar-se de Deus, quebrar a aliança, trair a caridade, separar-se da comunidade. É palavra muito frequente no NT (296 vezes), semelhante a ofensa. Naturalmente, nos evangelhos o pecado está sempre junto à misericórdia de Deus e a seu perdão. Segundo os sinóticos, o pecado nasce do coração e se opõe à realização do reino de Deus. Para São Paulo, pecado é não reconhecer a Deus como Deus. Segundo o Evangelho de João, é a oposição à luz, à vida, ao amor.

Relacionado com o pecado está o termo *culpa*. Para o pensamento helênico, a culpa expressa uma perturbação da ordem existente que se reflete na consciência. Na Bíblia, culpa é o sentimento que se experimenta por uma ação pecaminosa deliberada. De ordinário, é consequência da ofensa feita a Deus e ao próximo. O sentido de culpa é diferente do sentimento de culpa, que supõe o reconhecimento de ter pecado.

Conversão provém do latim *conversio*, e por sua vez do grego *metánoia*, mudança de vida, mudança da mente. Significa também *voltar-se para* ou *afastar-se de*. "Convertei-vos!" foi a primeira palavra dinâmica que João Batista e Jesus pronunciaram (Mt 3,2 e 4,17). Significa mudança (*metá*) de mentalidade (*noús*) (Hb 12,17). À luz dos relatos evangélicos, converter-se é retornar, ou à fé, ou a uma vida de graça. Tem como consequência a transformação do pecador, que decide abandonar sua vida transviada e aderir a Deus para ser discípulo de Jesus Cristo em seu reino de santidade e justiça. A conversão é de todo o ser, em corpo e alma. É núcleo da vida cristã e constitutivo da evangelização, uma vez que repara ou aprofunda as exigências batismais e dá acesso à fé e à participação eucarística. O termo conversão é melhor do que penitência (que evoca a pena da falta) ou arrependimento (que não expressa radicalidade). São *convertidos* aqueles que entram numa religião pela primeira vez ou que mudam de religião. Fé, conversão e seguimento de Jesus são três termos sinônimos.

Diferentemente da conversão, o *arrependimento* (do latim *paenitere*, arrepender-se) não equivale à transformação radical mas ao reconhecimento da culpa. O arrependido sente dor ou desgosto por ter feito mal alguma coisa ou por deixar de fazer algo decisivo. A pessoa compungida (de *compungere*, pungir) sofre por ter pecado ou ofendido a Deus e aos irmãos. *Emenda* equivale a abandono de um estado de culpa ou pecado.

Conversão deriva do latim *confiteri*, confessar. Na linguagem jurídica greco-romana, confissão é uma afirmação sob declaração pública, reconhecimento de algo ou proclamação aberta. Na tradução dos LXX, confessar é louvar a Deus. No latim vulgar, *confessare* equivale a declarar, reconhecer. Mediante a confissão (de fé) reconhecemos que acreditamos em Deus. A confissão, pois é, confissão de Jesus o Cristo.

Também aparece no NT a confissão dos pecados. Poderia haver uma confissão pessoal interior diante de Deus e outra publica com caráter ritual. Os primeiros cristãos confessavam os pecados uns aos outros. Recordemos que a confissão individual frequente, chamada confissão de devoção, centralizava-se na declaração de alguns pecados ou faltas em virtude da contrição. A Igreja prescreveu a obrigação de confessar individualmente os pecados uma vez por ano, em risco de morte ou antes de comungar, se alguém tivesse a consciência agravada com o pecado mortal.

Perdão provém do latim *per*, completamente, e *donar*, dar. Perdão é o restabelecimento de uma relação desfeita entre duas pessoas. Ao longo da Escritura, Deus não cessa de oferecer e outorgar o seu perdão. Dirige-se sempre ao povo com palavras de paz. Por parte do povo, acabrunhado por suas culpas, surgem os ritos para alcançar o perdão. No latim do séc. X, *perdoar* equivalia a levar a cabo um elevado ato de doação. O perdão ultrapassa o nível da ética, está no plano do religioso. Ser perdoado é encontrar-se com Deus. Na realidade, nova vida envolve-se no perdão de Deus. Nos evangelhos, muitos relatos de cura são relatos de perdão. O ser humano torna-se novo com o perdão batismal e cada vez que por sua conversão se incorpora de novo à comunidade, à Igreja, após ter reconhecido os próprios pecados e ser absolvido por Deus. Porque Deus confiou à Igreja a sua palavra, que é palavra de vida, de conversão e de reconciliação. Ora, perdoar não é esquecer; mas, se alguém se recorda, deve fazê-lo sem ressentimento.

Ao perdoar, pratica-se a virtude da *misericórdia*, termo que provém do latim *misereri*, ter piedade e *cor*, coração. É a virtude de um coração compassivo. Corresponde à atitude favorável de ajuda à pessoa que se encontra em situação de pobreza, indigência ou enfermidade. É sinônimo de compaixão, bondade, graça. A misericórdia é um atributo supremo de Deus, cuja misericórdia é soberanamente livre, sem limites e oferecida a toda classe de necessitados.

Comparando-se com a remissão de uma dívida, o perdão bíblico é o ato pelo qual Deus põe fim a uma situação infeliz, originada do pecado. O perdão é anistia, ato que restabelece o ser humano radicalmente, em relação filial com Deus e em comunhão com os irmãos. Deus se mostra cheio de misericórdia ao perdoar, quer a conversão, porém exige o reconhecimento da fé e a contrição do coração.

Deus promete uma nova aliança, um povo novo que o conheça e o sirva em seu reino. A purificação será total. Mas, somente os corações contritos receberão o dom do perdão. O dom de perdoar passou de Cristo para a Igreja. Cristo ressuscitado comunica aos apóstolos esse dom, conforme havia dito em sua vida pública. Porém Deus não perdoa a quem, por sua vez, não perdoa os outros. O perdão é uma virtude especial da vida nova dos discípulos e da Igreja. Encontra sua consistência e sua verdade humana e evangélica na mudança de vida. Na vida concreta, devem manifestar-se os frutos da reconciliação, vividos no perdão mútuo.

II. Evolução da penitência. O sacramento da penitência foi entendido ao longo da história de diversas maneiras, de acordo com os diferentes regimes penitenciais, conforme alguns acentos teológicos e linhas pastorais em relação com o pecado e o perdão. Recentes estudos históricos sobre a penitência mostram alguns desajustes ocorridos ao longo do tempo: da penitência pública para a privada; da penitência de faltas graves à confissão de todas as faltas; da recepção unitária ou pouco frequente a uma de maior frequência; da expiação dos pecados (ação penitencial) à confissão auricular (manifestação do arrependimento); da celebração comunitária à administração individual; da reconciliação com a Igreja à contrição pessoal; das ações penitenciais (*entre* a confissão e a absolvição) à satisfação simbólica (*depois* da confissão e da absolvição); da *paenitentia secunda*, centralizada nas exigências da iniciação cristã, à confissão dos pecados, em vista da comunhão eucarística; da absolvição geral (reconciliação) ao perdão individual (confissão); e da reconciliação com Deus na Igreja à remissão dos pecados dada pelo sacerdote no confessionário.

III. Crise da penitência. É clara a queda vertiginosa da confissão, já em incipiente queda na década de 60. Em 1952 se confessavam na França, pelo menos uma vez por ano, 15% dos católicos; entretanto, em 1974 e 1983, apenas 1%. Dessas porcentagens se deduz que a queda da confissão começou antes do Vaticano II e que a aparição do novo *Ritual* não sustou essa queda. Caiu drasticamente a confissão frequente, chamada também de devoção. Naturalmente, quando das peregrinações a santuários, retiros de grupos em mosteiros ou casas de retiro, exercícios espirituais, cursilhos de cristandade e movimentos eclesiais conservadores, a confissão individual se manteve, embora não com a frequência de antes. É também certo que onde aconteceu uma renovação teológica, uma ação pastoral conciliar, uma atitude positiva diante das críticas psicológicas e uma aceitação do evangelho da misericórdia, deu-se grande avanço com relação às confissões do passado.

Estatísticas sociológicas espanholas no final da década de 70 afirmam que se confessavam com certa frequência menos da metade de antes do concílio; a juventude já não passava pelo confessionário, como tampouco as pessoas entre os 25 e os 35 anos; confessavam-se os maiores de 65 anos. As celebrações comunitárias não substituíram as confissões do passado. As causas dessa profunda crise são várias.

1. *Mudança da moral e do sentido do pecado.* A maior dificuldade da penitência hoje consiste em apreciar e valorizar o sentido do pecado, dada a mudança de comportamentos éticos ou de costumes surgidas nas últimas décadas. Mais do que perda do sentido de pecado, pode-se falar de deslocamento por evolução dos costumes, tolerância ou permissividade da sociedade, influência dos dados psicológicos, impacto dos meios de comunicação, excesso de culpabilidade e insatisfação, que o regime da confissão privada gera em muitos fiéis.

Essa mudança tem sido especialmente ostensiva no âmbito do sexual, matéria predominante de confissão antes do concílio. Os fiéis não se julgam culpados como antes a respeito do sexto mandamento. Por causa do processo generalizado de secularização, o pecado contra Deus se transforma frequentemente em pecado contra a sociedade ou a humanidade, e o sentimento de pecado se inverte psicologicamente em sentimento de culpa. Daí porque tenta-se criar uma moral sem pecado e sem culpa, com o qual se reduz o contexto do penitencial ao psicológico. O confessor é substituído pelo psiquiatra.

Hoje se vê o pecado de outra maneira, de modo mais coletivo, social e estrutural, com o risco de diluir-se o pecado pessoal. Antes do Vaticano II, o pecado baseava-se num sentido de *mancha* na alma (concepção espiritualista), *infração* de uma lei (concepção legalista) ou *desvio* da própria consciência (concepção moral), não como atentado contra o reino de Deus ou mutilação das exigências batismais (concepção teológica). A confissão apoiava-se numa moral de atos negativos, não de atitudes, devido à insistência no número e na espécie, mais do que na disposição pessoal como resposta ao chamado de Deus.

2. *Patologia da confissão.* A confissão foi durante muito tempo questão entre duas pessoas: o confessor e o penitente. Nem todos os confessores eram preparados, nem todos os penitentes eram bem dispostos. Na realidade, não se celebrava comunitariamente o perdão, e todo o efeito reduzia-se a uma relação direta e piedosa com Deus, mediante um confessor sacerdote. O penitente devia dizer tudo a um *padre*, de maneira vertical, masculina e hierárquica, sem comunicação fraterna, no anonimato, movido por obrigação e favorecido pela obscuridade, na grade do confessionário e em voz baixa. A confissão fomentava consciências escrupulosas ou angustiadas.

Os motivos que os penitentes apresentaram para justificar suas confissões eram vários. Uns eram psicológicos como tranquilizar a própria consciência ou obter nova animação diante de uma depressão sofrida, como se fosse uma terapia. Outros buscavam na confissão conselhos e auxílios para examinar sua vida, no contexto da direção espiritual. Por fim, havia os que desejavam ser perdoados de suas faltas mediante a absolvição, na linha da conversão. Por recair com frequência no penitente a atenção do sacramento, não se buscava o fim primordial da liturgia, que é a glória de Deus. Ao confessar os pecados, não se confessava com fé a santidade de Deus.

3. *Obrigatoriedade da confissão íntegra.* Um dos problemas da renovação penitencial se encontra na necessidade da confissão íntegra e pessoal dos pecados, que Trento (sessão XIV, no ano de 1551) afirmou ser "de direito divino" (*de iure divino*), afirmação interpretada hoje de diversas maneiras. Os reformadores Lutero e Calvino não rejeitaram a confissão individual dos pecados, mas sua obrigatoriedade. É claro que, suprimindo-se a confissão oral dos pecados, apaga-se totalmente a própria confissão. A difícil solução para este dilema consiste em compreender a confissão como reconciliação em regime comunitário, para receber o perdão de Deus que nos chama à conversão, a viver em paz e a ser artesãos da paz. A importância não se põe tanto em *declarar* os pecados quanto em *fazer* penitência, como prova evangélica de conversão. Por isso, o termo penitência substitui o da confissão.

Dos estudos sobre a penitência segundo Trento, pode-se deduzir o seguinte: *a)* A confissão *in especie et singillatim* não é algo formalmente revelado, mas que se liga ao caráter judicial da penitência, entendido hoje como anistia. *b)* O pecado é uma atitude interior que se compreende diante de Deus, não diante de si próprio, e se manifesta no âmbito da relação com o outro. O pecado jamais pode ser objetivado adequadamente; não é objeto facilmente classificável e numerável. *c)* Conhecer – segundo a teologia do conhecimento de Trento – era classificar uma coisa em seu gênero, espécie e número. Hoje o nosso conhecimento pessoal é concreto, intuitivo e afetivo, baseado mais em atitudes do que em atos. *d)* A moral hoje, numa linha personalista, é moral de atitudes, diferentemente da moral de atos. Na moral pós-tridentina o pecado é ato individualizado que se pode quantificar e enumerar, enquanto que na moral de atitudes o pecado está na linha da opção ou atitude, sem que seja sempre fácil numerá-lo e quantificá-lo.

4. *O ritualismo individual.* Ordinariamente, o principal perigo da confissão era o formalismo. Cumpria-se legalmente um rito, sobretudo por ser obrigação, como tem ocorrido na confissão pascal.

Frequentemente estava-se longe do compromisso pessoal que envolve a conversão cristã. Efetivamente, uma das maiores dificuldades da penitência tem consistido no ritualismo despojado de celebração, sem preparação adequada, com ausência de comunidade ou ainda durante a celebração da eucaristia, mediante uma concepção jurídica e forense do sacramento. Advertimos agora a importância da dimensão eclesial da penitência ou de sua celebração comunitária. Entretanto, o problema herdado não está na dificuldade de sua celebração, mas na quase ausência de comunidade cristã no âmbito paroquial.

IV. O sacramento da penitência. O Vaticano II traçou várias diretrizes sobre o caráter que o sacramento da penitência deve ter para encaminhar sua reforma, claramente necessária. É de lembrar que a disciplina penitencial procedia do concílio IV de Latrão em 1215. Urgia uma revisão profunda. Mediante o sacramento da penitência – afirma a *Lumen gentium* – os pecadores "obtêm da misericórdia de Deus o perdão dos pecados cometidos contra ele, e ao mesmo tempo se reconciliam com a Igreja, que ofenderam com seus pecados" (LG 11). Daí porque se deve inculcar "nos fiéis, juntamente com as consequências sociais do pecado, a própria natureza da penitência, que detesta o pecado por ser ofensa a Deus; não se deve esquecer a participação da Igreja na ação penitencial" (SC 109). O sacramento da penitência é, pois, ministério de reconciliação "dos pecadores com Deus e com a Igreja" (PO 5).

Celebrar a penitência em plano *teologal* é proclamar a boa nova do perdão de Deus e confessar a misericórdia do Pai que perdoa. Daí porque o pecado se confessar diante de Deus e das exigências do reino para nos refazermos como pessoas recriadas e restaurar a conduta batismal. Não é simplesmente confessar-se em plano *moral*, ou seja, autorrevisar-se, acusar-se, reconhecer as faltas. Esta concepção busca os benefícios da confissão para purificar a consciência. Confessar significa, em liturgia, reconhecer, declarar. Sobretudo duas coisas confessam-se: a fé e os pecados. O sacramento da penitência já foi chamado confissão pela importância que adquiriu o ato com que o penitente expressa seus pecados. Por outro lado, mediante a confissão de fé proclamamos que acreditamos em Deus. Lembremos de que a confissão individual frequente, denominada confissão de devoção, centralizava-se na declaração dos pecados ou faltas em virtude da contrição.

Confessamos os pecados num contexto de confissão de fé; mostramos assim confiança ou esperança de restauração, libertação e salvação, que nos vem de Deus. Designa, pois, a confissão de fé (*confessio fidei*), de louvor (*confessio laudis*) e dos pecados (*confessio peccatorum*). A partir do concílio IV de Latrão em 1215, a Igreja obrigou todos os fiéis a confessarem anualmente seus pecados nas ocasiões da Páscoa. Os ortodoxos conservam a antiga tradição da confissão com um leigo de comprovada vida espiritual. Os protestantes não consideram sacramento a confissão.

A confissão não é elemento essencial da penitência, nem sequer é uma prática especificamente cristã. Há confissões terapêuticas de tipo psicológico, nas quais alguém se autorrevisa, acusa-se ou reconhece suas culpas. Às vezes a confissão religiosa busca simplesmente aliviar a consciência. Na realidade, a confissão penitencial não serve apenas para sermos melhores, ficarmos tranquilos ou darmos sentido à existência; isso é bom, mas insuficiente.

É claro sinal de oscilações e tensões o fato de a elaboração do atual *Ritual da Penitência* durar sete anos e ser o último dos livros litúrgicos sacramentais promulgados em 1968 e 1973. Não é fácil combinar a teologia evangélica e patrística com a medieval e com o concílio de Trento, ou levar em conta as exigências antropológicas e aceitar o elemento quase novo da reconciliação com a Igreja. É claramente difícil mudança de práticas em tema de tanta profundidade como a penitência.

Nesse *Ritual* manifestam-se duas tendências diferentes: a que aparece na introdução (mais fechada) e a que se observa no *Ritual* propriamente dito (mais aberta). Na introdução há inclusive duas visões teológicas não harmonizadas. No fundo, o *Ritual* é reticente com relação às celebrações comunitárias com absolvição geral e se mostra partidário da celebração individual do perdão. "A confissão individual e íntegra, e a absolvição – afirma o *Ritual* – continuam sendo a única maneira ordinária para os fiéis se reconciliarem com Deus e com a Igreja" (n.31). O mesmo afirma o *Código* (c. 960).

Pode-se dizer que esse *Ritual*, por causa de suas restrições, não foi *recebido* em seu todo nem por alguns sacerdotes nem por uma parte do povo, especialmente os que experimentaram satisfatoriamente a absolvição geral. Os conservadores desestimulam as celebrações comunitárias da penitência e se negam a dar a absolvição geral; os progressistas negam que a penitência se reduza a simples confissão individual.

Na Introdução do *Ritual* observam-se quatro linhas de força: 1) *A histórico-salvífica*, com marca pessoal, com o objetivo de situar a penitência entre o batismo e a eucaristia; 2) *a eclesiológica*, ao enfatizar o caráter comunitário da penitência, "reconciliação com Deus e com a Igreja"; 3) *a sacramental,* ao sublinhar a importância da conversão, embora de acordo com as partes tradicionais do sacramento: contrição, confissão, satisfação e absolvição (n. 6); 4) *a ministerial*, ao recordar que toda a Igreja exerce um ministério no sacramento da reconciliação (n. 8), ainda que continuando se frise que o único "ministro competente" seja o sacerdote (n. 9-10).

A constituição apostólica *Paenitemini* de 18 de fevereiro de 1966 fez recordar que a Igreja "tem contínua necessidade de converter-se e renovar-se. E essa renovação deve ser não só interior e individual, mas exterior e social". Não é fácil, porém, renovar a penitência na Igreja. Os ritos não se mudam por decreto, sobretudo quando se acham interiorizados no povo, nem se pode dar marcha-a-ré, uma vez que se introduziram passos renovadores para diante. Na penitência, há profundos registros psicológicos relacionados com a culpa e o perdão. A penitência atinge o mais profundo do ser humano. Sua história mostra que não foi fácil encontrar práticas adequadas, embora se tenham dado – e podem dar-se – mudanças importantes.

É surpreendente que se suspeite do regime penitencial comunitário, baseado na tradição evangélica e patrística, e se aceite à revelia o modelo exemplar do regime da confissão privada, surgida no fim do séc. XII. Estamos numa época de imobilidade penitencial. Não podemos voltar ao passado (restaurar o confessionário), nem avançar (é proibida a absolvição geral na prática). Estamos num estágio intermediário insatisfatório. A crise penitencial é grave pelo significado da reconciliação e pela importância da conversão evangélica. A penitência tem relação com a culpabilidade e a reconciliação, a conversão e o perdão, a consciência moral e a paz pessoal, grupal e social.

V. A virtude da penitência. 1. *A penitência é conversão.* A conversão é ato de fé total, através do qual uma pessoa reconhece Jesus Cristo como Senhor de sua vida e acolhe o reino de Deus como resposta ao evangelho. Mediante a conversão, o pecador volta-se para Deus e o descrente alcança a fé. É ao mesmo tempo dom do Espírito e esforço humano. De ordinário, acontece em forma de processo ou itinerário. Existem também conversões repentinas, como de Inácio de Loyola (1522), de Paul Claudel (1886) e de Charles de Foucauld (1886).

O convite à conversão é Jesus quem apresenta em forma de alternativas: agora ou nunca, Deus ou as riquezas, a fraternidade ou o sangue familiar. A conversão pedida por Jesus é exigida pela chegada do reino de Deus, que é iminente, inadiável. Consiste na mudança do ser humano no mais profundo de si mesmo, o que equivale a uma transformação pessoal e social. Naturalmente, Jesus convida todos à conversão.

Duas notas principais se manifestam no convertido: o *desprendimento*, que consiste em relativizar o poder ou as riquezas, colocando ao serviço comum, e o *seguimento*, que implica cooperar com a chegada do reino, de acordo com as normas de Jesus.

2. *A penitência é reconciliação.* O termo "reconciliação" é característico da cultura contemporânea. A reconciliação é perdão, indulto ou anistia e é luta de libertação. Por um lado, não estamos reconciliados como irmãos: existe na sociedade um antagonismo social entre grupos, classes e povos, que não é natural nem procede da vontade de Deus. É preciso analisar o conflito social existente, com o objetivo de estabelecer oportunas estratégias e táticas, para chegar à supressão desses antagonismos. É a face da luta como forma ativa de reconciliação.

A reconciliação é possível apesar dos conflitos, guerras, divisões, luta de classes, incompreensões, abusos e dominações. Anunciar a reconciliação é pôr-se a caminho em direção a uma vida reconciliada. O perdão de Deus encontra sua consistência e sua verdade humana e evangélica na mudança de vida. Por conseguinte, os frutos da reconciliação devem manifestar-se na vida, ou seja, devem ser vividos no perdão mútuo. É sinal de mudança de mentalidade, de conversão que dura a vida toda.

Depois da segunda guerra mundial, usou-se na Alemanha a palavra *Versöhnung* (reconciliação) para acabar com os ódios e conseguir a fraternidade e a paz. O mesmo se diz e fez em nossa sociedade espanhola para preparar a vinda pacífica da democracia. O termo reconciliação é dinâmico, messiânico e social, ao mesmo tempo que manifesta a dimensão comunitária da fé. Usou-se no passado e volta a estar no auge. "A aspiração a uma reconciliação sincera e durável – diz a exortação *Reconciliação e penitência* – é uma causa fundamental de nossa sociedade".

3. *A penitência é perdão.* Na era pós-tridentina julgava-se o pecado com "mentalidade sacralizada", ou seja, sem visão profética ou secular (não se pecava contra o homem ou contra a sociedade), ou como ofensa que deve ser paga (reparação que só é possível com o sangue de Cristo). Situava-se no legal (não no religioso), no individual (não no eclesial), no sexual (não no social) e no ato negativo (não nas atitudes).

O pecado tem dupla dimensão: ética e religiosa. A dimensão *ética* descobre-se diante da consciência. A dimensão *religiosa* do pecado descobre-se diante de Deus. O pecado é traição à aliança e ao amor. Por ser ação contra Deus, o pecado é também contra o ser humano, ou seja, ruptura consigo mesmo e autodestruição pessoal e social.

O pecado do cristão entende-se hoje como ruptura com o Deus do reino e com o reino de Deus (traição à aliança e ao amor); ruptura com o próximo, sobretudo com o necessitado (infidelidade à comunidade e à solidariedade); ruptura consigo mesmo, imagem e semelhança de Deus (autodestruição pessoal). Numa palavra, o pecado está no coração (núcleo da pessoa), mede-se pela ofensa ao reino de Deus (a causa de Jesus), confessa-se em comunidade (na Igreja) e se analisa com atitudes evangélicas (a partir da conduta de Jesus). O remédio para o pecado é o perdão de Deus.

P. Adnès, *La penitência*, Madrid, BAC, 1981; D. Borobio, *Reconciliación penitencial*, Bilbao, DDB, 1990: C. Collo, *Reconciliación y penitencia*, Madrid, San Pablo, 1995; Comisión

Teológica Internacional, *La reconciliación y la penitencia*, Madrid, Edice, 1984; J.-M. Cauvet e P. de Clerck, *Le sacrament du pardon*, Paris, DDB; João Paulo II, *Reconciliación y penitencia*, Exhortación apostólica postsinodal, 2 de dezembro de 1984; J. Ramos-Regidor, *El sacramento de la penitencia*, Salamanca, Sígueme, 1991; *Ritual de la penitência*, Coeditores Litúrgicos, Madrid, 1975; C. Vogel, *El pecador y la penitencia en la Iglesia antigua*, Barcelona, ELE, 1968; id., "El pecado y la penitencia", em *Pastoral del pecado*, Estella, EVD, 1966, 209-339.

Casiano Floristán

PENTECOSTALISMO

O rápido e crescente progresso do pentecostalismo, a partir dos começos do século XX, é certamente um dos mais significativos dados na conformação do campo religioso no mundo. E é, por sua vez, um dos fatos que tem sido objeto das mais diversas – e frequentemente contraditórias – interpretações a partir do âmbito da sociologia, da antropologia, da história das religiões, da teologia. Só nas últimas décadas começaram os próprios pentecostais – e crescente número de intelectuais entre eles – a oferecer suas interpretações. Uma de suas mais importantes contribuições foi advertir o seguinte: aquilo que o teólogo pentecostal peruano Bernardo Campos chama "pentecostalidade" constitui uma dimensão constante que se manifestou de diversas maneiras na história do cristianismo e inclusive, acrescentaríamos, na das religiões. Mais ainda, esclarece Campos, os "rastros pentecostais" variam, porque a pentecostalidade se serve, para se expressar, "dos elementos (religiosos, culturais etc.) disponíveis no momento".

Seja como for, embora nos limitemos ao campo religioso cristão, essa continuidade salta aos olhos tão claramente que é estranho, com raras exceções, que não tenha sido devidamente utilizada como chave interpretativa do pentecostalismo contemporâneo. Partindo do próprio relato de Lucas (At 2,1-13), do qual nasce a denominação de "pentecostal" (referência à celebração que se realizava cinquenta dias após a festa da colheita, da páscoa e da recepção da lei), e continuando com os debates de Paulo em 1Cor, os conflitos com Tertuliano, os movimentos milenaristas e o "Cristianismo popular" da idade Média ou variantes do movimento franciscano, os movimentos apocalípticos e os aspectos religiosos das "guerras dos camponeses" do século XVI, ou das seitas do século XVII na Grã Bretanha – *quakers, shakers, diggers* – até os "despertares" ou "avivamentos" evangélicos do mundo anglo-saxão nos séculos XVIII e XIX, o mundo religioso cristão nos oferece uma grande riqueza de "encarnações" da pentecostalidade que ainda não utilizamos adequadamente na interpretação do pentecostalismo – ou talvez fosse mais justo dizer "os pentecostalismos" contemporâneos.

I. História e desenvolvimento. O pentecostalismo moderno surge no começo do séc. XX no estranho e tormentoso encontro entre um pastor leigo negro que funda uma congregação em Los Angeles (Califórnia) e um pastor fundamentalista batista – branco e ainda por cima racista e simpatizante da Ku Klux Klan – que organizou em Topeka (Kansas) uma escola bíblica, onde ensinava sua interpretação da doutrina do "batismo no Espírito". O primeiro, Willian Joseph Seymour, em cuja paróquia se manifestam as características dos avivamentos religiosos "entusiastas", descobre na doutrina do segundo, Charles Fox Parham, acerca do batismo no Espírito e "falar em línguas" – algo que ele mesmo não havia alcançado pessoalmente – a chave do que se conhecerá como "pentecostalismo", a partir dos acontecimentos em Azusa Street (Los Angeles, Califórnia) entre 1906 e 1910. A interpretação do significado e da importância deste encontro continuará sendo objeto de debate entre os historiadores do pentecostalismo. Por exemplo, o que para Seymour é uma "linguagem do Espírito", inefável, que não pode traduzir-se em palavras, para Parham é uma "xenolalia" (falar outros idiomas não estudados nem conhecidos) que habilita para a tarefa missionária. Em termos gerais, podemos falar em duas linhas, a partir das quais se originam os pentecostalismos modernos: a tradição wesleyana dos movimentos de santidade e a reformada-batista, a partir da qual surgem "as Conferências de Keswick" e que se caracterizam pelo seu fundamentalismo – pré-milenar e dispensacionalista.

Mas o tema é ainda mais complexo. O desenvolvimento do movimento pentecostal é assombroso. Embora os dados estatísticos sejam às vezes duvidosos, um reconhecido estatístico como Barrett estima em 74 milhões o número de pentecostais e carismáticos em 1970, ou seja, 6% da população cristã no mundo; em 1997 tinha chegado a 497 milhões, ou seja, 27%. O *New Dictionary of Pentecostal and Charismatic Movements*, editado por Stanley M. Borgessy Gary Mcgee, em sua versão de 2001, eleva a cifra para 562 milhões em 2000 e uma projeção do próprio Barrett em 2025 estimaria o mundo pentecostal como 44% do número total de cristãos. As cifras, entretanto, podem corresponder a duas evoluções diferentes. Tratar-se-ia do crescimento inusitado de um movimento que "nasce" nos Estados Unidos entre 1906 e 1910 e se estende como um risco de pólvora pelo mundo inteiro? Ou é então um fenômeno múltiplo, que nasce mais ou menos contemporaneamente no mundo cristão e que, no processo de globalização, "reconhece"-se – embora não sem diferenças e conflito – como "família"? A primeira interpretação, que fora aceita quase por unanimidade, é hoje fortemente questionada com base em informações que parecem indiscutíveis. Para mencionar apenas dois casos: existem informações bastante precisas de um crescimento pentecostal em 1905 em Mukti (Índia), e o missionário metodista Willis Hoover – reconhecido como iniciador do movimento pentecostal no Chile em 1910, embora já conheça (por uma outra carta enviada à sua esposa da Índia) o despertar em Azusa – fala de sua experiência em 1894-1895 numa congregação de Chicago que "vivia em constante estado de avivamento". Em seu artigo "Pentecostals in the African Diaspora", Roswith Gerloff lembra os indubitáveis elementos da religiosidade africana que se fazem presentes no "despertar" em Azusa Street. Se alguém deve guiar-se pela conjunção dos mais circunscritos paradigmas da glossolalia, o segundo batismo e a santidade divina, parece impor-se uma interpretação "centralizada" do desenvolvimento pentecostal. Se, porém, o vemos como espécie de explosão simultânea de uma série de processos de "despertar" ou "avivamento" religioso que grassam em diversos âmbitos cristãos, inclusive no religioso em geral, nos inclinaríamos para uma interpretação "pluralista", embora inter-relacionado, o que aliás é inevitável em meio ao mundo que cresce intercomunicado.

Ainda no âmbito habitual de uma interpretação "centralizada", é necessário reconhecer a diversidade teológica e eclesial do pentecostalismo. É evidente que há já pelo menos igrejas ou "denominações" diferentes. No artigo correspondente do *Dictionary of the Ecumenical Movement,* Peter Hacken distingue quatro categorias de denominações e ministérios independentes: 1) As igrejas de santidade que acrescentam o batismo no Espírito como terceira bênção após a regeneração e a santificação: por exemplo, a Igreja de Deus em Cristo (1907, afro-americana), A Igreja de Deus, em Cleveland, Estados Unidos (1907) e a Igreja Pentecostal de Santidade (1911). 2) As Igrejas pentecostais de "duas etapas", habitualmente de origem reformada, que consideram o batismo no Espírito como "a segunda bênção", por exemplo, as Assembleias de Deus (1914), as Assembleias Pentecostais do Canadá (1919). 3) As Igrejas pentecostais unitárias, que rejeitam a doutrina trinitária, têm uma cristologia modalista e batizam só no nome de Jesus, por exemplo, a Igreja Pentecostal Unida, surgida em 1914 e estabelecida em 1945. 4) As igrejas que restauram os ofícios de apóstolo e profeta na base de Ef. 4,11, por exemplo, a Igreja Apostólica (1918).

II. Teologia. Pode-se falar de uma "teologia pentecostal"? Se aceitarmos uma interpretação "centralizada", pelo menos como núcleo do pentecostalismo moderno, torna-se possível desenhar, em que pese a diversidade, uma certa coluna vertebral comum que determina as "leituras" pentecostais da tradição teológica evangélica comum: *a) A salvação, pela graça de Deus* e por meio do sacrifício vicário de Jesus Cristo e recebida pela fé: aqui a *experiência pessoal* dessa salvação é a força central. *b) O batismo do Espírito Santo*, interpretado como segunda experiência e vinculado ao âmbito da santificação (existem diferenças quanto à importância do dom de línguas como característica desse batismo e quanto ao caráter instantâneo e pleno ou progressivo da santificação). Em todo o caso, trata-se de uma recepção de poder, a "apoderação". *c) A santidade divina* como promessa para todos os crentes, geralmente recebida na comunidade de fé com oração e imposição das mãos (também aqui a importância atribuída à santidade não é a mesma em todas as igrejas pentecostais). *d) Uma escatologia apocalíptica*, quase sempre pré-milenária, definida como ressurreição, segunda vinda e reino milenar, juízo final e reino eterno. A estas quatro, o mencionado *Dictionary of the Pentecostal and Charismatic Movement* acrescenta, como elemento em si mesmo, "a restauração dos milagres": as "chuvas ocasionais" – os milagres do cristianismo primitivo – reaparecem nas "chuvas tardias" que anunciam o fim da história. Certamente, outras doutrinas compartilhadas no mundo protestante evangélico: inspiração das Escrituras, a doutrina de Deus (há um ramo pentecostal unitário), a cristologia calcedoniana e a doutrina da Igreja são reconhecidas nas declarações de fé. Porém, sem dúvida, o que Donald Dayton chamou "modelo quádruplo": "Cristo Salvador, Santificador, Curador e Rei", representa a tradição comum do pentecostalismo".

A estas análises fundamentalmente teológicas deve acrescentar-se as mais funcionais e as variações regionais. Por exemplo, Antônio Gouveia Mendonça (Brasil) distingue um pentecostalismo "clássico" representado por igrejas como as Assembleias e um "neopentecostalismo" em movimentos mais recentes, com ênfase quase exclusiva na cura ou na prosperidade. E o bispo Gaxiola-Gaxiola, da Igreja Unida Pentecostal do México, fala de grupos diferentes de igrejas pentecostais: igrejas autônomas, denominações fundadas por igrejas estrangeiras e um tipo especial de igrejas semelhantes às igrejas messiânico-proféticas independentes da África. As primeiras, em sua opinião, têm pouca ou nenhuma influência estrangeira e suas práticas surgem exclusivamente das tradições dos povos donde surgiram. Carmelo Álvarez (Porto Rico) sublinhou uma distância entre igrejas pentecostais que têm certa raiz histórica em seus territórios (que se iniciaram aí ou que se originam em missões estrangeiras, mas que se firmaram e consolidaram localmente) e igrejas recentemente implantadas por missões estrangeiras, que vincula com a "igreja eletrônica" ou com missões "da nova direita religiosa" dos Estados Unidos da América do Norte.

Embora essas distinções sejam indispensáveis para organizar um estudo adequado do fato pentecostal em seu todo, é necessário ter presentes pelo menos duas qualificações desse quadro. Por um lado, as coincidências doutrinais não impedem as diversas interpretações – explícitas ou implícitas – em que os pentecostalismos de diversas latitudes "vivem a experiência dessas doutrinas. Por exemplo, quando um pentecostal diz: "este mundo nada oferece, só oferece perdição", propõe o teólogo pentecostal chileno Juan Sepúlveda, "não está fazendo uma declaração dogmática relatando, declarando em alta voz sua experiência" (miséria, desemprego, doença, alcoolismo). E quando fala do "poder do Espírito Santo", canta, dança, tem visões – "da proximidade e da presença divina de um Deus que perdoa e acolhe". Reflexões semelhantes tem feito com relação às releituras doutrinais no pentecostalismo *Minjung* da Coreia ou no *Dalit* da Índia. E as diferenças são ainda mais profundas na "pentecostalidade" das igrejas autóctones da África. Por isso, uma reconhecida autoridade no tema como Walter Hollenweger tem assumido cada vez com maior clareza uma interpretação "pluralista" do fato pentecostal. Talvez, terminologicamente, a distinção de Campos entre "pentecostalismo" – como o movimento religioso que se autorreconhece nas igrejas pentecostais "clássicas" – e a "pentecostalidade" possa entender-se analogicamente como dimensão, no campo religioso, da rebelião contra a racionalidade e a continuidade histórica que tem reflorescer ao mesmo tempo como pós-modernismo, movimentos pararreligiosos como o ocultismo ou a "Nova Era" ou, mais dolorosamente, o recurso à droga. Em sentido paralelo, os movimentos carismáticos dentro das Igrejas – protestantes e católica – colocam-se numa espiritualidade que deseja transcender a rígida estrutura eclesiástica, dogmática, racionalizada, que encontram em suas igrejas e, sem renunciar a estas, criam, dentro de si mesmas, um contexto de espiritualidade "pentecostal".

III. Papel social e futuro. As discussões sobre o papel social do pentecostalismo, que começaram com os estudos do sociólogo brasileiro Emilio Willems e o suíço Christian Lalive d'Epinay na década de 1960, chegam, a partir das primeiras premissas, a conclusões opostas. O pentecostalismo é, para ambos, uma cultura religiosa de massas que se desenvolve entre setores pobres ou marginalizados numa sociedade que avança para a Modernidade. Segundo Willems, o pentecostalismo é para eles um instrumento de integração na sociedade moderna; para d'Epinay, é "um refúgio das massas" que recriam no novo mundo urbano um espaço próprio e protegido, no qual podem reproduzir a sociedade "patronal" e dependente do mundo rural donde eles procedem. Os estudos se multiplicaram, tanto em número quanto em interpretações até hoje, não só pelo crescimento numérico do pentecostalismo, mas também pela sua diversidade. E mais ainda pela insistência, tanto de intelectuais pentecostais como de cientistas sociais, no fato de que um fenômeno religioso como o pentecostalismo não pode esgotar-se em interpretações sociológicas que não levam em conta a especificidade do contexto religioso. Particularmente, a partir da antropologia social, da psicologia social e inclusive da ciência sumamente rica da religião, produziu-se copiosa produção com estudos de casos.

Qual o futuro do pentecostalismo? Citamos acima uma projeção que o levaria em 2025 a constituir 44% do cristianismo mundial. Por outro lado, alguns estudiosos determinaram pontos de saturação, países ou regiões onde o pentecostalismo alcançou um certo teto que já se desloca quase no nível do crescimento populacional. Mas, ao mesmo tempo, parecem aparecer outras regiões ou outros movimentos pentecostais ou parapentecostais que tomam a dianteira. O movimento pentecostal continua crescendo na África. Que significaria para a estatística mundial um período de crescimento pentecostal na China, onde um certo aumento – ou visibilidade – do campo religioso vai-se fazendo notar? Ou na Índia, onde alguns setores *Dalit* parecem encontrar no pentecostalismo uma dinâmica de humanização de sua condição de párias? Na medida em que o desenvolvimento religioso se vincula com uma das condições sociais, políticas, culturais e econômicas, os vaivéns do processo de globalização determinarão as condições e possibilidades do crescimento pentecostal. E os acontecimentos mais recentes fazem com que toda predição a respeito – e temos tido várias e diferentes – deve ser sumamente prudente e condicional. Talvez seja mais sábio seguir a visão de Lutero; este, ao comentar o desenvolvimento da Reforma, sugeria que a "nuvem da graça" é elevada pelo vento do Espírito Santo e se desmancha em chuva onde menos esperamos. Talvez saibamos hoje predizer muito melhor as condições climáticas. Mas, será que sabemos discernir melhor as nuvens da graça ou predizer a direção do Espírito?

A. Anderson e W. Hollenweger (eds.) *Pentecostals after a Century*, Sheffield, Sheffield Academic Press, 1999; A. Bowdewijnse e A. Droogers, *Más que opio*, San José da Costa Rica, DEI, 1991; S. Burgess e G. McGee (eds.), *New Dictionary of Pentecostal and Christismatic Movementes*, Zonderwan, Regent Reference Library, Z2001; W. César y R. Shaull, *Pentecostalismo e futuro das igrejas cristãs*, Petrópolis, Vozes, 1999; H. Cox, *Fire from Heaven*, Charismatic Addison Publishing Co., New York, 1995; M. Dempster e D. Petersen, *The Globalization of Pentecostalism*, Oxford, Regnum Books, 1999; Ch. L. d'Epinay, *El refugio de las masas*, Santiago de Chile, Pacifico, 1968; W. Hollenweger, *El pentecostalismo: historia y doctrina*, Buenos Aires, La Aurora, 1976; M. Marsal, *Tierra encantada, Tratado de antropologia religiosa da América Latina*, Madrid, Trotta, 2002; A. G. Mendonça. *O celeste porvir: a inserção do protestantismo no Brasil*, São Paulo, Paulinas, 1984; M. D. Muller, *Strange Gifts. A Guide to Charismatic Renewal*, Oxford, Blackwell, 1984.

José Míguez Bonino

PROFETISMO

Tradicionalmente se tem visto nos profetas uma espécie de adivinhadores do futuro, de pessoas que profetizam, entendendo-se o prefixo "pro" em sentido temporal, ou seja, pré-dizem um futuro já fixado, que lhes foi revelado por Deus. Uma concepção demasiado mecânica da revelação os convertia em meros instrumentos: é-lhes manifestada de modo exclusivo uma informação, oculta para o resto de seus contemporâneos, sobre os acontecimentos do futuro. São, pois, os encarregados de revelar a pessoas concretas, a todo o povo, a outros povos, os desígnios já traçados de antemão nos planos divinos. Isso vale e é aplicável a todos os âmbitos da vida, desde os sucessos mais simples como a perda de alguns asnos até acontecimentos de política internacional alimentados entre os grandes impérios da área.

A própria Bíblia, em determinados textos, aponta para esta interpretação: alguns dos profetas, como Samuel, Aías, Elias ou Eliseu, aparecem ligados à antiga arte da adivinhação e à predição do futuro (1Sm 9,6-7.20; 1Re 14,1-16; 2Re 1,16-17; 5,20-27; 6,8ss); o critério que se oferece no momento de distinguir entre verdadeira e falsa profecia aponta nessa direção (Dt 13,2-4); inclusive no NT aparece algum personagem assim (Hb 11,28; 21,10).

O contexto judaico, no qual nasce a primeira comunidade cristã, e o conflito com a comunidade da sinagoga provocaram nos escritos do NT o fato de contemplar a Jesus a partir da chave "profecia-cumprimento; por isso, em seu interior, encontramos frequentemente o estribilho: "para que se cumprisse o que anunciaram os profetas". Estes personagens se convertem nos grandes precursores do NT e da figura de Jesus. Onde mais solicitude se colocar no momento de fixar a atenção neles, é em toda a série de textos mecânicos que encontramos em seus escritos. Todos eles lidos a partir do acontecimento Cristo.

Essa perspectiva deixou grande parte do seu potencial e da sua mensagem na sombra: o que não era interpretável do ponto de vista messiânico não interessava. Além disso, não se leva em consideração nem seu contexto histórico, nem sua dimensão humana e pessoal; por isso ficam reduzidos a simples bonecos de palha, dos quais Deus se serve para preparar a chegada de Jesus Cristo.

Esse enfoque mudará radicalmente no século XVIII e início do século XIX com o Romantismo. Então o olhar se concentra basicamente na própria pessoa do profeta, que é compreendido como um ser excepcional colocado em meio a um mundo quase sempre hostil. Interessa a sua personalidade, a sua experiência religiosa, é comparado com outros personagens e com instituições parecidas de outras religiões. Interessa também conhecer seu ambiente e os poderes com os quais lhe cabe combater.

Recuperam-se, assim, por um lado, sua dimensão pessoal: exige interesse o lado psicológico da experiência profética, é visto sobretudo como indivíduo e como homem religioso, cuja vivência excepcional oferece dimensões novas à religiosidade de seu povo, criticando as formas de culto correntes e favorecendo uma piedade espiritual e socialmente mais comprometida. Por outro lado, ao ficarem inseridos em seu contexto social descobre-se a importância que estes personagens tiveram nos campos político, econômico, social e ideológico, como também o conflito gerado por essa presença em meio à sua sociedade. Muitos de seus oráculos, até então na sombra, tomam relevo e podem ser compreendidos em maior plenitude.

Com a aparição dos métodos histórico-críticos, voltou-se a dar nova forma a esta posição, ao revelar a complexidade que subjaz às obras literárias chegadas até nós. Na esteira dos livros atuais existem um complicado itinerário que vai da figura histórica à qual se atribuem determinados oráculos até sua formação por escrito. Com os pouquíssimos dados biográficos que possuímos dos profetas, não é nada fácil descobrir essa suposta "personalidade excepcional" que pretendiam os românticos, sobretudo porque muitas vezes os livros que chegaram até nós nos oferecem um quadro que reflete mais o perfil dos redatores posteriores do que o perfil dos profetas que deram nome a esses livros.

As novas contribuições realizadas pela arqueologia trouxeram à luz documentos das civilizações do contexto de Israel. Esse escritos deixam a descoberto as semelhanças com os povos e culturas circundantes. Muitos traços percebidos durante longo tempo como exclusivos e atribuídos a seu contato particular com o Javé não o são tanto: ao contrário, Israel depende em muito de seu ambiente. É o que ocorre com o acontecimento profético. Na Mesopotâmia, no Egito, na Síria-Palestina, existiam desde antigamente alguns personagens com características bastante parecidas com os profetas bíblicos. Colocar o fenômeno que encontramos na Bíblia dentro do contexto mais amplo que é todo o Oriente Médio antigo desvendará seus traços comuns, porém ao mesmo tempo seus traços inteiramente originais.

A partir da segunda guerra mundial, os estudos sobre o profetismo seguirão três vias básicas: as raízes da profecia israelita no antigo Oriente Médio; as peculiaridades da profecia bíblica; o papel dos profetas na tradição religiosa de Israel e os elementos diferenciadores em sua personalidade.

I. Raízes da profecia israelita no antigo Oriente Médio. Apesar da importância que tem o profetismo em Israel, não parece fenômeno originário seu. Não temos conhecimento de sua existência ao longo de toda a época patriarcal ou durante o êxodo. Mas é certo que alguns personagens pontuais desse período são indicados como segue: Abraão (Gn 20,7), Aarão (Ex 7,1), Maria (Ex 15,20), Moisés (Dt 18,15; 34,10); inclusive o nascimento de toda a instituição profética retroage à época do Sinai (Nm 11); entretanto, não é mais que projeção para trás de um termo ou de uma função que não apareceu em seguida. Israel não conheceu o profetismo antes de estar na posse da terra, durante o período dos juízes e na antiga monarquia. Nos textos mais antigos aparecem ligados à guerra contra os filisteus.

As primeiras descrições mostram grupos de extáticos que chegam ao transe através do contágio, mediante as dança e a música, e aparecem ligados aos santuários (1Sm 10,6-8.10-13). A semelhança das descrições bíblicas com os grupos de extáticos que se movem na Síria-Palestina levam a supor que Israel assumiu do mundo cananeu essa instituição. Sua introdução foi bastante facilitada pela existência de outros coletivos carismáticos originários: nazireus, juízes... Será o próprio "espírito de Javé", que está por trás das aventuras destes últimos (Jz 3,10; 6,40; 13,25) o gerador do transe e da profecia (1Sm 10,6.10; 2Re 22,21-24).

Entretanto, quando a nova instituição entra em contato com Javé e com as características próprias da religião javista, evoluirá para lugares totalmente insuspeitos fazendo do profetismo uma realidade totalmente diferente da existente nos países circunvizinhos. Mudou a tal ponto que Amós, um dos primeiros profetas escritores, não aceita ser identificado com esse título (Am 7,14). Das primeiras manifestações que encontramos em 1Sm, tão parecidas com o modelo cananeu, até esta declaração de Amós, não se passaram mais de 300 anos.

II. Peculiaridades da profecia bíblica. Onde encontrar a raiz desse dinamismo que há de levar os profetas bíblicos por novos caminhos, os que abertamente erguerão estes personagens a uma das cotações mais elevadas da espiritualidade? A origem não é outra senão a percepção que Israel tem de seu Deus, a peculiaridade própria de sua religiosidade.

As culturas que circundam Israel desenvolvem no seu interior uma piedade de tipo mítico. Nelas, o ser humano se concebe a si mesmo como um ser imerso num mundo submetido a forças desconhecidas e muitas vezes caprichosas, que não lhe cabem na mão e o superam. Quando a experiência é teologizada, personaliza-se numa série de deuses que são os agentes dessas forças. Deuses que se movem num tempo e espaço diferentes dos nossos, ainda que seus efeitos se reproduzam no tempo e espaço humanos. Para aceder a semelhantes forças e vontades, existem os ambientes sagrados: tempos, espaços, pessoas, ações, que permitem entrar e estar em comunicação os dois mundos para obter o favor das divindades.

O religioso ficará relegado a esses espaços e tempos sagrados, e necessitará de especialistas que entrem em contato com o todo-poderoso, fazendo-se de intermediários através de uma série de técnicas a eles reservadas: os ritos. Embora tudo fique afetado pelo religioso, pois tudo está sob o influxo das forças celestiais, entretanto o divino é radicalmente diferente do mundano, e o encontro com o eterno está reservado a tempos e espaços diferentes: o sagrado é oposto ao profano.

Ao contrário, Javé não atua num âmbito diferente ao da história humana; os tempos e os espaços de sua atuação equivalem aos nossos, e por isso Israel concebe sua própria história como história sagrada. É no histórico e não no social que se desenvolve o religioso. Todo o povo está sujeito ao sagrado, porque a experiência religiosa não se concebe de modo ritual, mas existencial.

Essa vivência particular de Javé, na qual o humano e o divino se fundem no mesmo âmbito, desenvolver-se-á teologicamente através do conceito de "aliança". A primeira experiência de Deus para seu povo é a de sua vontade salvífica, mas essa vontade salvífica se materializará no próprio futuro histórico concreto que lhe toca viver. O divino não atua nem acima nem junto da história, mas nela mesma; não há separação de planos natural e sobrenatural. A vontade de Javé se torna oferta, convite, sedução, vocação e missão, sempre a partir de um encontro entre Deus e o ser humano. A salvação há de traduzir-se em realidades como liberdade, bem-estar, relação, proteção, vida digna... que se estruturam socialmente através de ambientes concretos, como a terra, a família, a comunidade, a lei... Não há lugar para a magia.

A partir de uma concepção tão radicalmente diferente, o desenvolvimento da nova instituição profética começará a dar passos novos que a levarão por caminhos totalmente diferentes do caminho das culturas circundantes.

1. *Personalização. O espírito submisso à palavra.* Ao longo dos livros de Samuel e dos Reis nos encontramos, às vezes, com grupos de extáticos, que por outra chamados "companhia de profetas" (1Sm 10,5; 19,20), ou "filhos dos profetas" (2Re 2,3.5.15; 4,1; 6,1). Mas, sempre que desenvolvem uma função reconhecida pelo autor bíblico, encontramo-nos ao lado de uma personagem singular no comando que orientará e canalizará essa energia gerada pelo êxtase, energia em si mesma ambígua e contraditória. Assim, estes coletivos, na realidade, não têm mais que uma função coral de outros personagens principais: Samuel, Eliseu..., encarregados de canalizar a força e o dinamismo que o "espírito de Javé o apresenta" para fins concretos que desenvolvem a vontade salvadora de Deus.

Paralelamente a esse desenvolvimento de individuação, podemos perceber como, pouco a pouco, vai diminuindo a valorização do extático e visionário, passando para segundo lugar, enquanto outro elemento realmente novo vai impondo força:

a palavra oral e escrita. Esta passagem não é casual, é provocada pelo contato com Javé, percebido como ser pessoal com uma vontade claramente identificável. A ambiguidade do sagrado e do numinoso perde importância diante da expressão de uma vontade e de um projeto específico, claramente definido, que tem na palavra seu melhor canal de comunicação.

O processo de individuação e personalização continuará avançando a ponto de terminarem estas corporações por serem irrelevantes no horizonte do autor bíblico como canal da divindade, à medida que a personalidade do profeta alcançar traços cada vez mais singulares. Primeiro interessam suas ações; num segundo momento, como dissemos, a sua palavra é que tomará o papel maior, mas toda a existência do sujeito está implicada em sua mensagem: sua vida conjugal, seus gestos, seus problemas... (Os 1-3; Jr 16,2; 26). Chega o momento no qual sua presença por si já é relevante, independentemente da recepção que a palavra tenha da parte do povo (Ez 2,5; 33,33).

2. *O Deus da história: dimensão sociopolítica da fé.* A partir do momento em que a energia dos extáticos é canalizada pelo profeta, este a reconduzirá de modo tal que liberte, através de canais e estruturas concretas, a vontade salvífica de Deus para com seu povo. A salvação não é algo abstrato ou ideal, mas algo efetivo que deverá desenvolver-se através da organização sociopolítica, da administração, das leis... Essas estruturas e instituições concretas serão sempre relativas à vontade salvadora inerente a elas. Enquanto elas cumprirem sua função, veremos os profetas ratificando-as (2Sm 7); quando deixarem de desempenhar esse trabalho, eles serão os primeiros a levantar a voz para censurá-las.

Assim, as primeiras manifestações com que nos encontramos na Bíblia dos profetas extáticos (1Sm 9,1-10,16) aparecem associadas a Samuel por ocasião da coroação de Saul, primeiro como libertador de Israel diante da ameaça filisteia e amonita e, em segundo momento, como rei de todo Israel (1Sm 11,15). A organização do Estado se concebe como a saída "salvífica" diante do risco real de desaparecimento que a ameaça dos filisteus supõe (1Sm 4,11). Durante a primeira organização estatal, veremos os profetas bem próximos do monarca, apoiando a nova organização, mas sempre independentes, com distância crítica, denunciando os abusos concretos no exercício do poder (2Sm 12) ou, o que é mais grave, o afastamento da própria instituição dos propósitos para os quais nasce, tornando-se fins em si mesmos (2Sm 24). A fidelidade devida jamais é com o monarca, mas com Javé.

A nova organização social que trouxe consigo a criação de um estado monárquico supôs a modernização do país e uma prosperidade financeira sem precedentes: as conquistas militares, a não-existência de ameaças externas e o aparato cortesão com toda a atividade que o produz ocasionarão toda uma revolução econômica: de uma economia praticamente de subsistência se encaminha para uma economia especializada; começa a provocar-se concentração de terras e capitais, e isso, por sua vez, ocasionará profunda estratificação social; origina-se um processo de urbanização, o que supõe grande crescimento na atividade construtora com a resultante necessidade de impostos e taxas. Israel começa a projetar-se como potência econômica, política e militar no âmbito internacional.

Entretanto, essas mudanças e a nova dinâmica a elas associada levam consigo algumas consequências que se foram, pouco a pouco, tornando manifestas: o desaparecimento das antigas estruturas sociais e participativas provocaram a perda das antigas bases tradicionais de ajuda e solidariedade; convivem juntos o luxo das elites e um número cada vez maior de pobres; ao se centralizarem as instituições de participação, estas ficaram na mão de funcionários propensos à corrupção, o que supôs que os pobres ficaram indefesos e se tornaram vítimas de abusos.

À medida que se vai produzindo esse duplo processo, os profetas se irão distanciando cada vez mais da corte e das classes dirigentes, para se transformarem em sua instância mais crítica: denunciando os abusos concretos, as causas da injustiça e da opressão, as armadilhas no comportamento religioso e no discurso ideológico.

Curiosamente, as épocas de aparente prosperidade maior, coincidem frequentemente com as de maior crítica social. Este fato nos ajuda a compreender a perspectiva de valorização que têm os profetas para definir o que é ou não salvífico. Sua percepção da realidade não é neutra, tem um ponto de vista bem concreto, o olhar dos profetas que se aproximam da realidade em sintonia com o Deus da aliança não olha para os grandes balanços e números mas para a existência de vítimas no povo.

3. *Javé é um Deus zeloso, o único absoluto: o verdadeiro culto e a luta contra a idolatria.* O olhar dos profetas não se conforma como ver superficialmente e detectar os problemas: seu olhar se vai aprofundando e assim denuncia as causas e os mecanismos da opressão. Nessa busca chegam até a última raiz: produziu-se uma profunda mudança na mentalidade e no coração de Israel, perdeu-se a consciência de povo e de destino comum; definitivamente, rompeu-se a fidelidade à aliança. Renegou-se a Javé, porque a divindade não é só um nome, é todo um estilo, um projeto de vida e de sociedade. Entretanto, o coração, o desejo de Israel já não coincide com o de seu Deus.

Por isso, embora formalmente se corra para Javé, esse culto tornou-se vazio, meramente ritual, no estilo do culto a Baal. Os pilares básicos da fé foram manipulados e as grandes palavras se utilizam agora para apoiar a ideologia dominante: a escolha e libertação do Egito, o presente da terra... passam a ser entendidos como privilégios e justificativas das próprias vantagens, esvaziando-se de compromisso histórico; a terra esvazia-se de seu valor social, e sua única função é a de produzir riqueza; o templo se transforma em lugar de um culto meramente formal, e Deus é utlizado para fundamentar falsas seguranças. O redator deuteronomista, que revisa a história a partir de passado e vê as consequências que essa mudança de mentalidade gerou, volta ao começo da instituição monárquica todo esse processo e o denuncia com toda a clareza: "rejeitaram a mim, porque não querem mais que eu reine sobre eles" (1Sm 8,7). Israel se esqueceu de sua missão e pretende ser "como todas as nações" (1Sm 8,5.20). Já não se acredita em Javé e em seu projeto, na aliança; o povo sucumbiu à idolatria.

Aqui é onde aparece sua reivindicação fundamental: "Javé é um Deus zeloso". Zeloso frente aos outros deuses que não sejam o próprio Javé: o que ao leitor moderno pode parecer intolerância religiosa é um esforço de tolerância real, quando aparecem vítimas, é porque se rompeu a aliança e Javé é sua garantia. Mas zeloso também diante de um Javé que não seja o mesmo Javé da aliança; por isso, os profetas estarão mais dependentes da ortopráxis do que da ortodoxia: da solidariedade com os excluídos, do compromisso real com a justiça, da comunhão de destino, da religiosidade existencial.

Num passo a mais, descobrirão que os grandes dogmas teológicos da escolha, libertação, terra... só podem ser entendidos em categorias de vocação para a missão: para serem grandes, ricos e poderosos, já estão no Egito, na Assíria ou na Babilônia. Israel foi escolhido para ser instrumento de "bênção" que emende a maldição (Gn 12,3). Não pode ser um povo "como todas as nações", mas um povo "santo", "luz para as nações". E é na própria missão que será gerada a salvação.

III. Personalidade dos profetas.

Como já dissemos, ao autor bíblico não interessam tanto as comunidades de extáticos quanto os diferentes sujeitos individuais que canalizam de forma pessoal a energia que esses grupos possuem. Esses personagens individuais terão importância muito especial. Embora não seja fácil definir sua personalidade devido à escassez de dados que temos, podemos reconhecer os traços permanentes e essenciais no momento de configurar sua função.

O primeiro traço importante é a profunda vivência pessoal da soberania absoluta de Deus, que se impõe acima de qualquer outra categoria (Am 3,3-8; Jr 20,7-9). A irrupção da realidade divina – tal como se torna tão surpreendente que o profeta, ao entrar em contato com ela, fica definitivamente subordinado à sua vontade. Isso é o que pretendem exprimir os relatos de vocação.

O primeiro efeito que essa contundente vivência do divino como tarefa vai cumprir no profeta, é a de privá-lo de si mesmo: seus projetos, sua vida privada, seus negócios passam para segundo plano; só lhe cabe viver para a missão de Deus. Como dissemos anteriormente, sua própria existência vivida dessa maneira, expropriado de si mesmo, terminará por cobrar tanta importância com uma palavra mesma. À medida que vai passando o tempo podemos reconhecer a progressão na atenção que o autor bíblico coloca em sua pessoa: os textos mais antigos se concentram em suas ações (os profetas não escritores); num segundo momento, passará para o primeiro plano o conteúdo da pregação (profetas escritores); num terceiro momento, vemos que tão importante quanto a palavra dita é a pessoa, sua própria existência, sua capacidade de sofrimento e de entrega à causa de Deus (Jeremias, Ezequiel e sobretudo o Servo de Javé).

Mas, por outro lado, a expropriação de si mesmo enriquecerá o profeta de forma notável. Em primeiro lugar, outorgando-lhe grande sabedoria teológica que o ajudará a compreender, a partir das chaves que sua própria vivência lhe proporciona, as tradições e as grandes afirmações: a vivência da soberania de Deus não se contempla somente na própria pessoa individual, mas sobretudo no povo. Assim serão capazes de perceber e denunciar a manipulação dos referidos conceitos quando são interpretados por algum coletivo que se apropria deles para justificar *status* e comportamentos, buscando com eles falsa segurança.

Por outro lado, essa vivência lhes concederá uma autoridade e uma liberdade sem precedentes diante do resto das instituições civis e religiosas que articulam a vida comunitária, e diante do próprio povo. Mas, serão praticadas na mesma dinâmica do resto da existência, não em função de "ganhar a vida"; ao contrário, expondo-a pela causa de Deus. Por isso, o exercício dessa autoridade e dessa liberdade por sua vez irá gerar, para eles, uma infinidade de conflitos. Ora, o conflito é integrado na própria missão e não os paralisa, tanto quanto a pessoa do profeta ficou descentrada e não vive para si mesma. Isso não reduz, em absoluto, o drama e tensão inerentes ao conflito; basta ler alguns textos de Jeremias para ser testemunha disso (Jr 20,7-18). No NT encontramos ecos de como a perseguição e a morte violenta terminam sendo o destino comum dos profetas (MT 21,33-46; Lc 13,33-34). Assim sua "vitimidade" adquire valor teológico, chegando a ser prova de sua autenticidade.

O segundo traço provém da *especificidade do ser de Javé*. Sendo seu lugar de manifestação a vida e a história, o profeta deve ser um homem especialmente sensível, para ler e interpretar os sinais dos tempos e reconhecer a palavra e a presença divina que se escondem neles. Isso exigirá, no primeiro momento, a capacidade de passar de uma observação superficial para o olhar que busca na profundidade: descobrir até onde vão os movimentos sociais, políticos e econômicos, localizar suas causas e as consequências que produzem, o que neles se está gestando, que valores sendo postos em jogo... e contrastá-lo com os ideais propostos pelo Deus da aliança.

Os profetas, portanto, farão uma leitura dinâmica da tradição. A tradição não é algo imobilizado, um depósito de respostas ou de comportamentos mecânicos que se repetem ou uma planilha fechada que interpreta a história. Ao contrário, é um contínuo diálogo e, como as respostas e as conexões não estão na superfície mas na profundidade, exige constante tensão hermenêutica: "o que se passou, então como se passa agora".

Por outro lado, se os acontecimentos da história são o lugar da manifestação e do reconhecimento do divino, os profetas não podem ser senão homens da vida e do mundo, concebidos em sua unidade: a vida toda é seu lugar e todas as facetas da existência são sagradas, nenhuma tem menos valor que outra. O culto, então, é um espaço entre muitos outros e deve estar na mesma sintonia do resto dos âmbitos. Do contrário, é um culto vazio.

Do mesmo modo, ao mesmo tempo que é importante a vida toda, descobrirão que é importante cada uma das vidas, cada um dos membros da comunidade adquire sua individualidade e é responsável, na sua medida, dos destinos do coletivo, com o que cada indivíduo enfrenta a sua própria responsabilidade frente ao destino de todo o povo. Paralelamente, a fé e a relação com Deus em cada sujeito são conduzidas à sua dimensão pessoal.

A articulação desses dois traços na vida e pregação profética, soberania de Deus e manifestação na história, marcarão, acima de outros critérios, a linha divisória entre os verdadeiros e os falsos profetas. O profeta verdadeiro é alguém despojado de sua vida (Am 7,14). Por isso, não pode ser funcionário de outras instituições; a soberania de Javé o faz independente diante de qualquer canal institucional. Não servem as respostas aprendidas, a vida e a história são a principal palavra de Deus e seu lugar primeiro, o que exige tensão constante para lhe reconhecer a base de um diálogo contínuo e criativo com a tradição viva.

IV. O Novo Testamento. Na volta do exílio, com a restauração, os profetas deixam de ser os guias espirituais de Israel, e outros personagens, com horizontes teológicos diferentes, ocuparam seu espaço: os sacerdotes, os escribas, os sábios... A profecia, enquanto tal, considera-se desaparecida (Sl 74,9), porém, surge uma valorização de todo esse movimento e de suas contribuições. Por um lado, parte, olhando o passado, recuperam-se as tradições – possivelmente seja a época da redação definitiva dos livros proféticos –, por outro, as expectativas salvíficas de futuro se associam à aparição destes personagens como sinal da presença do Espírito de Deus, entendido, seja de modo coletivo: todo o povo possuirá o Espírito de Deus (Jl 2,28-29); ou de um modo singular: espera-se a vinda de um grande profeta (1Mc 4,46; 9,27; 14,41), a volta de Elias (Ml 3,23), de Moisés, ou de um personagem parecido com Moisés (Dt 18,15-18).

O NT recolhe o cumprimento destas expectativas de futuro como acontecidas na pessoa de Jesus Cristo. Das diferentes esperanças messiânicas que se ocultavam no ambiente do século primeiro, tanto a natureza da pregação de Jesus como suas ações e sua própria existência situam-se na tradição profética. Assim ele sente, assim o contemplam as pessoas testemunhas de sua passagem, e assim é interpretado pelas diferentes tradições evangélicas e pela primeira comunidade cristã (Mt 21,11.46; Mc 8,28; Lc 7,16.39; Jo 4,19; 9,17).

Após a morte e ressurreição de Jesus, a Igreja nascente se entende a si mesma como comunidade profética. O livro dos Atos apresenta a Igreja como o cumprimento das referidas profecias do AT (At 2,14s; 3,22; 7,37). Os profetas, por sua vez, aparecem de novo na comunidade com papel preponderante, no segundo lugar depois dos apóstolos, com a função de "edificar a Igreja" (1Cor 12,28; Ef 4,11ss).

A efervescência profética da era apostólica foi retrocedendo devido ao descrédito que o profetismo recebeu por causa dos abusos montanhistas do século II. À medida que a Igreja se institucionalizava e se associava às estruturas mundanas de poder, foi-se debilitando cada vez mais esse carisma, e à medida que se ia tornando incômodo, passou a ser visto o profetismo como suspeito e frequentemente vítima de perseguição.

Entretanto, a presença profética da Igreja, e na Igreja não cessou ao longo de sua história. Aspecto importante do profetismo é precisamente sua capacidade de adaptar-se às formas cambiantes da vida. Suas maneiras de manifestar-se evoluíram continuamente no espaço e no tempo. Já comentamos que "o profético" ficou bastante reduzido ao ser identificado com o "adivinhatório", de maneira que muitas pessoas e movimentos, que na história da Igreja chamamos com outros nomes, deveríamos reconhecê-los como proféticos. Só à medida que os estudos bíblicos foram recuperando todo o significado original e toda a riqueza do conceito, começou novamente a reivindicar-se essa dimensão para todos os cristãos e para a Igreja (LG 12,31,35).

Em resumo, poderíamos dizer que o profetismo é a expressão da soberania e da liberdade de Deus para atuar na história dos seres humanos. Sempre surpreendente, sempre criativo, gerando vida para além da tendência domesticadora que toda institucionalização carrega consigo. Narrativamente, o texto etiológico de Nm 11,24-30 expressa magistralmente, e por um lado a liberdade de Deus, e por outro, a inevitável tensão frente à instituição, mas sobretudo a necessidade de sua presença.

W. Eichrodt, *Teología del Antiguo Testamento* I, Madrid, Cristiandad, 1975; N. Füglister, "Profeta", em W. Pesch e A. Wilkelhofer, *Conceptos fundamentales de teología* II, Madrid, Cristiandad, ²1973, 423-453; A. González, N. Lohfink e G. von Rad, *Profetas verdaderos, profetas falsos*, Salamanca, Sígueme, 1976; L. Monloubou, *Los profetas del Antiguo Testamento*, EVD, Estella, ⁵1992; A. Neher, *La esencia del profetismo*, Salamanca, Sígueme, 1975; C. H. Peisker, "Profeta", em L. Coenen, *Diccionario teológico del Nuovo Testamento* II, Salamanca, Sígueme, 1999, 413-420; H. D. Preuss, *Teología del Antiguo Testamento*, Bilbao, DDB, ⁴1999; K. Rahner, "Profetismo", em K. Rahner e J. Alfaro, *Sacramentum Mundi* V, Barcelona, Herder, 1974, 569-576; J. L. Sicre, *Profetismo en Israel*, Estella, EVD, 1992; J. J. Tamayo, *Iglesia profética, Iglesia de los pobres*, Madrid, Trotta, ³2003; G. von Rad, *Teología del Antiguo Testamento* II, Salamanca, Sígueme, 1990.

Raúl Becerril

PROTESTANTISMO

Segundo projeções estatísticas, os protestantes representam aproximadamente 11% dos habitantes do planeta. Fazem parte da corrente protestante: luteranos, reformados, batistas, anglicanos, evangélicos, pentecostais e outras comunidades eclesiais cristãs. Esse grupo não se caracteriza por grande homogeneidade doutrinal: há os que têm pensamento teológico literal, mas a grande maioria é conservadora. Todos eles consideram a Bíblia como a fonte da qual emana toda a autoridade sobre assuntos doutrinais e de comportamento; entretanto, existem alguns protestantes que acreditam que os textos do AT e NT têm caráter sagrado, absoluto, enquanto outros se aproximam dos documentos bíblicos com atitude crítica que os interroga e os questiona. Existem igrejas protestantes que praticam o batismo de crianças e consideram esse rito um sacramento, um mistério da fé que constitui um meio de graça; mas existem outros que só praticam o batismo de adultos, entendendo que se trata de uma "ordem" (dada por Jesus de Nazaré) que as comunidades cristãs só devem administrar a quem conscientemente aceitou confessar que esse mesmo Jesus é o Cristo, encarnação de Deus, Senhor e Salvador. Essa variedade de posições evidencia a grande diversidade de expressões eclesiais, espirituais e teológicas que existem no protestantismo. O elemento comum de todo esse grupo consiste em que se trata de uma família teológica, espiritual e ética que tem seu ponto de referência na reforma do cristianismo ocidental acontecida no século XVI. O atributo de "protestantes" utilizou-se para designar que aderiram à Reforma depois da Dieta do Império romano em Espira (1529). Separados da Igreja católica romana, os protestantes não constituem uma Igreja, nem tampouco um conjunto orgânico de igrejas.

I. Antecedentes da reforma protestante. Os historiadores da Igreja entendem por Reforma protestante a corrente religiosa que foi impulsionada pelo pensamento e ação de Martinho Lutero (1483-1546), na Alemanha, e de Ulrico Zwinglio (1484-1531), em Zurique, na Suíça. Trata-se de um movimento que se formou no Ocidente europeu e que foi precedido por outras tentativas de reforma da Igreja, a maioria das quais não conseguiu alcançar as metas que se haviam proposto. Entre esses esforços deve-se mencionar alguns que se iniciaram no seio do movimento monacal (é o caso da reforma de Cluny durante os séculos XI e XII), da criação das ordens mendicantes (franciscana e dominicana, no séc. XIII), ou da tentativa de Pedro Valdo, que antecedeu por alguns anos a obra de Francisco de Assis. As comunidades valdenses, que conseguiram sobreviver a duras penas entre o séc. XIII e começo do séc. XVI, resolveram unir-se à Reforma em 1532. João Wyclif (1320-1384) atacou a autoridade pontifícia da Igreja, afirmando que a autoridade suprema está nas Escrituras. A partir de Oxford, onde ensinou teologia, influiu sobre diversas igrejas do continente europeu. Entre essas, destacou-se a recepção que as comunidades da Bohemia (hoje República Checa) deram às ideias de Wyclif. João Hus (1371-1415) tentou seguir as noções de Wyclif sobre a autoridade da Bíblia na vida da Igreja. Quando os escritos do teólogo de Oxford foram condenados (postumamente, em 1415), Hus já havia assumido a defesa de Wyclif. Isso motivou que também Hus fosse submetido a juízo, e no concílio de Constança foi condenado como herege e queimado vivo.

Essas tentativas prepararam o terreno para a Reforma protestante. Seu propósito foi renovar a instituição eclesiástica na Europa ocidental. Entretanto, foi além das limitações das tentativas de reforma que a precederam. As igrejas que se formaram a partir da Reforma protestante romperam com a Igreja católica romana e conseguiram sobreviver graças ao apoio que lhes deram as autoridades políticas dos Estados ou Cidades onde se deu a Reforma. É necessário acrescentar que, no plano intelectual, o crescimento do humanismo renascentista contribuiu claramente para o desenvolvimento e consolidação das reformas iniciadas por Lutero, Zwinglio, Bucero, Ecolampadio e outros.

Ora, é necessário distinguir entre Renascimento, Humanismo e Reforma protestante. Jacob Burckhardt denominou "Renascimento" ao movimento produzido no campo das artes e da literatura a partir do séc. XIII na Itália, inspirado nos temas da antiguidade clássica. Foi uma tentativa de "voltar às fontes" na Europa ocidental, que afirmou, entre outras coisas, a crença nas forças e capacidades originais do ser humano para decidir sobre seu próprio destino. Os humanistas assumiram a responsabilidade na tarefa de reunir, restaurar, traduzir e interpretar os manuscritos antigos nos quais se baseava a orientação do Renascimento.

Os primeiros reformadores protestantes, entretanto, não procuraram voltar às fontes clássicas, mas restaurar a Igreja seguindo as orientações das Escrituras. Houve vínculos indiscutíveis, bem como fortes conflitos entre reformadores e humanistas. As relações entre Erasmo e Lutero, Rabelais e Calvino, são uma prova disso. Os humanistas se voltaram para o passado com o propósito de afirmar-se nessas fontes para buscar um novo futuro, onde os seres humanos pudessem desfrutar de liberdade maior. Os reformadores se esforçaram por reformar a Igreja e não se preocuparam muito com a libertação dos homens e mulheres do seu tempo.

A versão *luterana* da Reforma protestante espalhou-se primeiramente pelas cidades e estados alemães, que decidiram opor-se a Carlos V e à sua política de unidade imperial baseada na fé católica comum. A Reforma luterana foi adotada poucos anos depois pelos escandinavos: na Dinamarca e na Suécia (1536), na Noruega (1537), na Islândia (1538) e na Finlândia (a partir de 1539).

A *reforma zwingliana* começou em Zurique (1522). A esta versão da Reforma aderiram as igrejas de Basileia e de Estrasburgo (1523). Em 1536 a burguesia de Genebra decidiu adotar a fé reformada sob a condução de Guillermo Farel (1489-1565), assistido por João Calvino (1509-1564). Depois de terem sido repudiados pelos cidadãos de Genebra, os reformadores partiram para o exílio. Farel para Neuchâtel, e Calvino para Estrasburgo. Este último foi convocado de novo pelos genebrinos em 1540, o que lhe permitiu empreender um esforço para fazer adotar em Genebra um modo de vida caracterizado por rígida austeridade.

O modelo calvinista da Reforma chamou a atenção de muitos que desejavam reorientar a vida das comunidades cristãs. No decurso dos decênios que seguiram a reforma de Genebra, prolongou-se o processo reformador em outras partes da Suíça, na França, Escócia, Países Baixos e na Hungria. A Bíblia era a suprema autoridade em matéria de fé e costumes, ao mesmo tempo que a autoridade eclesial se fixava na assembleia (ou paróquia local), onde se adotavam as decisões mediante voto democrático entre os membros da comunidade. Hoje, a maioria das igrejas que se relacionam com esta versão da reforma são membros da Aliança Reformada Mundial.

Outra versão da Reforma formou-se na Inglaterra, onde o rei Henrique VIII, que entrou em conflito com o papa Clemente VII por causa do divórcio de sua primeira mulher que desejava obter, e que lhe foi recusado pelo romano pontífice, proclamou-se chefe supremo da Igreja da Inglaterra. A *comunhão anglicana* se distingue por sustentar ao mesmo tempo uma fé católica e uma piedade protestante, que se expressam nos *Trinta e nove artigos de fé* (publicados em 1571) e no *Livro de oração comum* (1662). No século XVII a ação de João Wesley (1703-1791) e de seu irmão Carlos (1707-1788) impulsionou a formação da *vertente metodista*, que tem suas raízes no anglicanismo. O Conselho Metodista Mundial reúne hoje 64 igrejas-membros e representa mais ou menos 55 milhões de fiéis.

A essas versões deve-se acrescentar a *corrente anabatista*, que constitui uma expressão de dissidências radicais surgidas entre os protestantes porque para alguns deles as reformas luterana, zwingliana, calvinista e anglicana eram insuficientes. Praticam apenas o batismo de adultos, por imersão. E o que é mais importante, rejeitam energicamente uma relação de simbiose entre a Igreja e o Estado. Embora tenham adotado em determinado momento uma atitude messiânica e milenarista, sob a influência de Menno Simons (1496-1561), optaram pela não-violência e o pacifismo. Foram rejeitados e até perseguidos por luteranos, reformados e católico-romanos. Os descendentes dessa corrente do protestantismo fazem parte das igrejas batistas e menonitas, principalmente.

Por outro lado, deve-se levar em conta as expressões de uma fé entusiasta baseada em emoções profundas. Esta é a corrente carismática, que hoje se expressa nas igrejas e comunidades que crescem com maior força entre os protestantes: as *igrejas pentecostais*. Afirmam que a conversão a Jesus Cristo deve ser seguida pelo batismo do Espírito Santo. Isso permite aos fiéis gozar de experiências espirituais como as descritas por Paulo no capítulo 12 de 1Cor: o dom de falar em línguas (*glossolalia*), de interpretar o que dizem aqueles que falam em línguas, o dom da profecia, da cura, do discernimento etc. O movimento pentecostal ganha espaço entre as versões tradicionais do protestantismo e, ao mesmo tempo, proporciona a formação de novas igrejas, especialmente na África e na América Latina.

II. Elementos teológicos básicos do protestantismo. Como já se disse, o protestantismo se caracteriza por grande diversidade de questões eclesiais e espirituais. Há nele um desejo de reformar a Igreja segundo o modelo do NT. Isso levou as igrejas protestantes a se distinguirem das formas mais tradicionais do cristianismo (do catolicismo romano e da ortodoxia). Ao mesmo tempo, importante número de teólogos e dirigentes protestantes afirmam que não querem a ruptura com as igrejas tradicionais, mas a sua reforma.

A partir de que elementos teológicos o protestantismo busca a reforma da Igreja? Paul Tillich

(1886-1965) destacou que entre os reformadores do século XVI existe um conjunto de elementos que se definiu com maior clareza a partir do começo da Reforma até hoje. Estas "sementes teológicas" estão inter-relacionadas. São convicções de fé complementares entre si.

1. Em primeiro lugar, a fé protestante é claramente *cristocêntrica*. Jesus Cristo é quem dá a orientação mais clara para a vida e o testemunho de cada crente e da Igreja. Jesus Cristo está no centro das Escrituras do AT e do NT. As Escrituras da Bíblia hebraica o anunciam. Os textos neotestamentários o proclamam Senhor e salvador. Por conseguinte, não é pelos méritos que alguém pode salvar-se, mas pela graça de Deus, encarnada e pregada por Jesus de Nazaré. O primeiro elemento da fé protestante é a afirmação: *Solus Christus, sola gratia*.

2. Em segundo lugar, como complemento do que acabamos de indicar, a afirmação de *sola fides* é necessária. Os protestantes afirmam que não se responde à graça em primeiro lugar com as obras, mas com a fé. Esta não consiste na adesão a um conjunto de dogmas e crenças, e sim na "coragem de ser" (Tillich) que se vai conformando a partir da confiança em Jesus Cristo e no empenho de ser fiel a Deus, o qual por sua vez mantém a fidelidade de suas promessas aos seres humanos.

3. Em terceiro lugar, os protestantes dão testemunho de que essas convicções se sustentam mediante um estudo constante e profundo da Bíblia. O princípio de *sola Scriptura* enfatiza que a Bíblia é a única fonte objetiva que permite aos crentes e às comunidades cristãs chegar a perceber o conteúdo da fé. A leitura da Bíblia é algo que cada crente deve fazer assiduamente. Todos os reformadores insistem neste ponto. Entretanto, há um risco nesta afirmação: dar à Bíblia um caráter total e absolutamente sagrado. Por isso, várias vezes tem-se criticado o protestantismo por sua "bibliolatria". Os textos bíblicos testemunham a revelação de Deus, mas não constituem em si mesmos essa revelação. O fundamentalismo protestante insiste em que a Bíblia é revelação plena de Deus, e que nela não há erros. O protestantismo liberal, que tem adotado no decorrer dos últimos séculos uma postura mais aberta à cultura e à ciência moderna, entende que o "literalismo bíblico" não corresponde ao princípio de *sola Scriptura*.

4. Em quarto lugar, seguindo essa interpretação da Bíblia como a referência objetiva necessária para sustentar a fé dos crentes, insiste-se em que *Jesus de Nazaré, o Cristo, é o único mediador* entre Deus e os seres humanos, para que estes possam receber a salvação. Os protestantes rejeitam, consequentemente, todo o papel salvífico que Maria ou os santos possam ter de exercer. Seguindo esta linha, o oficiante não garante a eficácia da celebração do rito. Se até este ponto há um certo consenso entre os protestantes, essa convergência desaparece quando se trata de entender o sentido dos sacramentos, e particularmente da Eucaristia. Para Lutero, não existe transubstanciação, e sim consubstanciação dos elementos da celebração eucarística. Para Zwinglio, a santa ceia não é mais que um memorial. Para Calvino, existe uma concomitância entre a proclamação da ceia do Senhor e a presença espiritual de Jesus Cristo, garantida pela celebração da palavra no ato eucarístico. Para os protestantes mais radicais, a celebração da comunhão é consequência da obediência devida a uma ordem dada pelo próprio Jesus (segundo os relatos bíblicos). Resumindo: há uma convergência fundamental, na qual a santa ceia deve ser celebrada, que entretanto dá lugar a interpretações diferentes do sentido da celebração desse ritual.

5. Em quinto lugar, a fé deve ser compartilhada por meio do *testemunho aos não-crentes*; mas também no seio da comunidade eclesial entre os que afirmam ter essa fé. A Igreja é a assembleia, na qual se prega a palavra de Deus e se celebram os sacramentos/as ordens dadas por Jesus segundo o testemunho evangélico. A Igreja vive pela força do Espírito Santo, e os crentes fazem parte dela pelo batismo. A Igreja é chamada a ser *semper reformata, semper reformanda*. Para que isso se concretize é necessário que cada crente seja fiel à sua vocação eclesial. É neste ponto que o protestantismo afirma a necessidade de ser fiéis ao *sacerdócio universal dos crentes* (como comunidade e como pessoa). Não obstante, existem confissões e denominações protestantes que se organizam hierarquicamente, nas quais a autoridade eclesiástica é exercida por um bispo, ou por ministro que possua jurisdição de tipo episcopal.

6. Em sexto lugar, é necessário cada um dê prova da fé por meio das *obras*; assim se dá testemunho da graça de Deus que o crente recebeu. A partir dessa convicção, há dois pontos que merecem destaque: antes de tudo, que a atividade do protestante no mundo, sua profissão, é um ato de confissão de fé. Lutero, em sua tradução da Bíblia para o alemão, enfatizou que a vocação cristã (*Ruf*) é inseparável da profissão secular do crente (*Beruf*). Max Weber (1864-1920) destacou este aspecto em seu texto: *a ética protestante e o espírito do capitalismo*. Em segundo lugar (e é o próprio Max Weber quem sublinhou): a partir do esforço por demonstrar que o crente, mediante as obras, participa na salvação oferecida por Deus, o protestantismo tende a deixar de ser uma expressão cristã que põe o evento na graça e na fé para dar prioridade às obras. Este ponto, mais do que outros, evidencia a ambivalência do protestantismo.

7. Em sétimo lugar, seguindo o pensamento de Paul Tillich com relação ao "princípio protestante", outro de seus elementos (e, por certo, não de menor importância), é este: o crente, que atribui *ao acontecimento da salvação mais valor que à insti-

tuição, reforça a importância da consciência, das convicções pessoais e da liberdade de cada pessoa. Embora haja protestantes que se inclinem a uma autoridade externa (seja a Bíblia, seja as instituições eclesiásticas), é próprio de outros protestantes afirmar a necessidade do *livre exame*. Este permite apontar para uma relação entre o protestantismo e a sociedade moderna, a cultura moderna, a ciência e os valores modernos. Historicamente, o protestantismo surgiu junto com a burguesia europeia ocidental. Existe vínculo claro entre a fé protestante e a consciência religiosa burguesa. A Reforma do século XVI se antecede à Ilustração, seja em sua versão escocesa (Locke, 1632-1704; Hume, 1711-1776), alemã (Kant, 1724-1804), seja em sua versão francesa (Rousseau, 1712-1778). A corrente liberal do protestantismo desemboca no Iluminismo e se alimenta dele para continuar desenvolvendo-se, enquanto que a tendência conservadora lutará contra o que significa a Ilustração. O protestantismo liberal foi uma corrente intelectual, espiritual e moral muito importante para fazer que avançasse a causa da liberdade, da crítica científica e de uma ordem social fundamentada na igualdade dos seres humanos.

III. As diversas faces do protestantismo. Todas as expressões religiosas são ambíguas. Isso se deve à sua própria historicidade: surgiram num determinado contexto e continuaram evoluindo através de situações diversas, às quais devem adaptar-se continuamente. Deve-se a isso acrescentar que o próprio centro da experiência religiosa, a vivência do sagrado (E. Durkheim, 1858-1917), ou do santo (R. Otto, 1869-1937), é profundamente ambivalente: dá lugar à fascinação e ao terror simultaneamente. As experiências da vida religiosa no contexto de sociedades modernas acentuam ainda mais essa ambivalência, pelo fato de que a Modernidade sublinha a necessidade de reconhecer o que é diferente e diverso.

É necessário mostrar várias ambivalências do protestantismo, já lembradas nas referências históricas e teológicas anteriormente mencionadas. Primeiro: Existe clara tensão entre o movimento pela reforma das instituições eclesiásticas e a necessidade de institucionalizar essas transformações. As reformas impulsionadas por um movimento tendem a dissipar-se, caso este movimento não se transforme em instituição. Quando isso acontece, coloca-se um freio que se aplica ao movimento reformista. Essa experiência aconteceu rapidamente no processo da Reforma luterana. O tom do pensamento teológico de Lutero mudou a partir de 1520, sobretudo a partir da constatação de que as transformações exigidas pelos setores radicalizados e entusiastas que aderiam à Reforma a colocavam em perigo. A mesma situação se observa no desenvolvimento da Reforma de Genebra: o impulso dado a ela por Calvino em 1536 não coincide com suas exigências a partir de seu regresso a Genebra em 1540. Os exemplos podem multiplicar-se até incluir processos contemporâneos da vida das igrejas protestantes.

Segundo: O protestantismo vive muito forte tensão entre sua referência à "tradição" (particularmente a Bíblica) e sua adesão aos valores da cultura e das ciências modernas. O fundamentalismo protestante é uma corrente que afirma os elementos "fundamentais" da fé evangélica: o nascimento virginal de Jesus Cristo, a ressurreição do corpo, a redenção através do sacrifício expiatório de Jesus Cristo, a iminente segunda vinda de Cristo, e sobretudo que a Bíblia não é passível de erro em todo o seu conteúdo. O fundamentalismo é uma reação contra a crítica histórica moderna dos textos bíblicos. Mas, trata-se também de uma atitude moderna, que procura demonstrar que "a Bíblia sempre tem razão". Ou seja, ela é mais verdadeira (em termos modernos) do que as afirmações científicas. Essa tensão entre conservadores e liberais divide os protestantes até o dia de hoje. Na atualidade é maior o número de protestantes conservadores do que liberais.

Terceiro: Observa-se em meio aos protestantes uma ambiguidade entre o desejo de manter uma continuidade através da história da Igreja e uma tendência a voltar às fontes para fazer com que a Igreja viva segundo o modelo das comunidades do NT. Essa tensão também se manifesta entre aqueles que respeitam a tradição comum das confissões cristãs e aqueles que entendem ser necessário romper com essas linhas históricas e procurar reconstruir as formas originais das comunidades cristãs. Ernst Proeltsch (1865-1923) mostrou a existência dessa tensão entre o protestantismo de tipo "igreja" e outro de tipo "seita".

Quarto: O protestantismo também se debate entre a necessidade de ordem na sociedade, que garanta o respeito da prática da fé no seio da Igreja, e a confissão de um Deus absolutamente soberano, unicamente ao qual se deve fidelidade e obediência. O conflito que se produziu na Alemanha, sob o governo do Terceiro Reich, entre "cristãos alemães" e a "Igreja confessante", ilustra essa indefinição do protestantismo. Os "cristãos alemães" perceberam que deviam ser leais e obedientes às autoridades da nação. Ao contrário, os que aderiram à "Igreja confessante" tomaram o rumo definido por Dietrich Bonhoeffer (1906-1945): resistência (aos poderes deste mundo) e submissão (a Deus).

Quinto: Já se mencionou que o protestantismo confessa teologicamente que os seres humanos recebem de Deus a salvação, e aqueles que vivem no pecado recebem a graça sem que para isso necessitem de mérito algum. Ora, isso entra numa relação paradoxal com o ascetismo intramundano dos protestantes, que têm consciência de que devem obedecer aos mandamentos de Deus e agir buscando o bem do próximo e da sociedade. Foi Lutero quem chamou a atenção para essa preeminência da *sola gratia*. Não lhe agradava a Carta de Tiago, que afirma: "a fé sem obras é morta" (2,14-17). Não obstante, os protestantes experimentam sua fé como algo que os impele a serem virtuosos em meio às realidades temporais.

Sexto: O protestantismo também vive uma tensão entre a busca espiritual, que deseja a renovação do entendimento e da piedade dos crentes, e a exigência de praticar a fé cristã em termos que se ajustem aos usos e valores que prevaleçam na sociedade.

Por fim, no protestantismo chama-se a atenção para outra ambiguidade: entre a exigência de aceitar certos elementos sociais como "sagrados" (no sentido que Durkheim dava a este conceito), ou de viver a fé em relação permanente com o "santo" (que Rudolf Otto entendeu como o "*a priori* religioso", tremendo e fascinante ao mesmo tempo), que sempre está presente na existência humana, fortalecendo-a para viver na liberdade que caracteriza a "vida no Espírito", a qual manifesta a existência dos "filhos de Deus" (cf. Rm 8,9-25).

IV. Alguns problemas do protestantismo ao longo de sua evolução.

A história do protestantismo revela, em primeiro lugar, que em seu seio coexiste um processo permanente de rupturas e reformas com a necessidade de um retorno às fontes para manter a relação com as origens da história da Igreja. Isso teve como resultado uma cadeia de cismas. Para corrigir essa tendência, o protestantismo liberal aderiu convictamente ao projeto ecumênico que busca a unidade dos cristãos.

Segundo: Já se mencionou a existência de diversos tipos de protestantismo presentes de maneira tensa em seu seio: a "Igreja" e a "seita"; outro tipo que destaca o testemunho prático no dia-a-dia da vida, a que podemos chamar "puritanos" (ascese intramundana segundo Max Weber), mas que ao mesmo tempo procura obter resultados positivos, sobretudo no âmbito profissional e empresarial. Esse tipo de "ética protestante tem vínculos socioculturais com o desenvolvimento do capitalismo. Trata-se da manifestação mais claramente moderna do ser protestante. Entretanto, existem ainda outros tipos: o fundamentalista, o dogmático. E a estes se deve acrescentar o tipo carismático, entusiasta, espiritualista, pentecostal.

Terceiro: No plano teológico, o protestantismo (em sua versão liberal) deu testemunho de que o encoraja um certo dinamismo e ousadia que o levaram a propor questões que foram além dos limites das tradições confessionais cristãs. Já se mencionou a relação entre protestantismo e Iluminismo. No decorrer do século XX, observa-se uma corrente de teólogos protestantes, tais como Karl Barth, Paul Tillich, Reinhold Niebuhr (1892-1971), Josef Hromádka (1889-1969), aos quais se deve juntar o teólogo argentino José Míguez Bonino (n. 1924), que praticaram o que se chamou "teologia pública" (que entre os católicos romanos é conhecida como "teologia das realidades terrenas"). Esses teólogos, que exerceram clara influência sobre a evolução do movimento ecumênico, foram muito criticados por outros protestantes que adotaram posições dogmáticas conservadoras.

Quarto: Isto proporcionou um debate, de um lado, os que entendem que o protestantismo deve desempenhar papel teológico legitimador da ordem socioeconômica vigente (incluindo "valores familiares", tais como o patriarcado), e de outro lado os que criticam as instituições burguesas e o sistema econômico capitalista, por considerá-los contrários ao evangelho de Jesus de Nazaré.

Quinto: Durante as últimas décadas, observa-se constante crescimento do protestantismo na África e na América Latina, ao mesmo tempo em que as igrejas protestantes da Europa ocidental perdem o apoio social que desfrutaram até meados do séc. XX.

Existe um "protestantismo de massas", de tipo pentecostal e neopentecostal, que adere ao que se reconhece atualmente como "teologia da prosperidade", que se multiplica rapidamente (esta afirma que Deus deseja que os seres humanos sejam ricos, tenham boa saúde e um *status* social de prestígio, e para isso devem expulsar os maus espíritos – "demônios" – que os possuem, assim lhes permitindo receber o poder do Espírito Santo). Esse tipo de protestantismo contrasta com aquele testemunhado por minorias proféticas radicalizadas (por exemplo, as que lutaram contra o sistema de segregação racial na África do Sul, ou as que na América Latina se envolveram na promoção e defesa dos direitos humanos durante o período em que os regimes militares de segurança nacional impunham seu domínio). Apesar das grandes diferenças entre um e outro tipo de protestantismo, ambos entendem que fazem parte de uma só corrente, que se considera herdeira da Reforma do século XVI.

M. Lutero, *Obras*, 9 vol., Buenos Aires, Paidós, 1967-1983; J. Calvino, *Institución de la religión cristiana*, 2 vol., Rijswijk, Fundación Editorial de Literatura Reformada, 1968; K. Barth, *Introducción a la teología evangélica*, Barcelona, Ediciones 62, 1965; É. Léonard, *Histoire générale du protestantisme*, 3 vol., Paris, PUF, 1988; P. Tillich, *La era protestante*, Buenos Aires, La Aurora, 1968; E. Troeltsch, *El protestantismo*, México, FCE, 1955; id., *The Social Teaching of the Christian Churches*, 2 vol., Louisville, Westminster/John Knox Press, 1992; M. Weber, *La ética protestante y el espíritu del capitalismo*, Barcelona, Península, 1969; J.-P. Willaime, *La précarité protestante*, Genève, Labor et Fides, 1992.

Julio de Santa Ana

Q

QUMRÃ

O descobrimento da biblioteca de manuscritos da seita que habitou na costa do mar Morto constitui um dos pontos de inflexão no estudo sobre a Bíblia, o judaísmo, Jesus de Nazaré e o cristianismo que aconteceram no séc. XX: por um lado, a descoberta da biblioteca gnóstica de Nag Hammadi transformou nosso entendimento do gnosticismo cristão; por outro, Qumrã constituiu a pedra de toque com a qual se obteve uma nova compreensão do judaísmo palestino no qual Jesus surgiu nos inícios da mudança de era.

I. O descobrimento. A descoberta do sítio de Qumrã e de sua biblioteca foi casual. Em 1946 ou 1947, mais ou menos no fim do mandato britânico que terminaria com a divisão do país em maio de 1948, três pastores beduínos da tribo Ta'amireh, todos da mesma família, costumavam garimpar nas grutas do lugar com a esperança de encontrar ouro. Numa dessas buscas, um deles atirou uma pedra dentro de uma gruta e pareceu-lhe ouvir o ruído de algum pote de cerâmica que se quebrava. Dois dias após, um deles desceu pela apertada abertura e encontrou dez potes de mais ou menos 60 cm de altura; apenas dois continham algo. E apenas um conservava três manuscritos envoltos por uma tela: uma cópia do livro bíblico de Isaías, um comentário sobre Habacuc, e uma espécie de manual de disciplina que com o tempo seria chamado a *Regra da comunidade*.

Em março de 1947, os beduínos venderam seu achado a Kando, um comerciante de antiguidades, que, por sua vez, passá-lo-ia a Atanásio Yeshue Samuel, metropolita sério do mosteiro de São Marcos em Jerusalém. Este venderia parte dos manuscritos a Elezar Sukenik, enquanto outra parte passou pouco tempo nas mãos de John Trever e William Brownlee, membros da American School of Oriental Research em Jerusalém, os quais os fotografaram e deram a conhecer ao mundo. Entretanto, as difíceis condições políticas da região fizeram com que a coleção se dividisse e tornaram quase impossível a procura da gruta.

A escavação arqueológica da Gruta 1 aconteceu em 1949. Dois anos depois se escavou o assentamento propriamente dito da seita. Em 1952, os beduínos Ta'amireh descobriram a segunda gruta, com fragmentos de 33 manuscritos. Em março do mesmo ano, uma expedição montada pela American School of Oriental Research descobriu a Gruta 3, com 14 manuscritos e o misterioso *Rolo de Cobre* e sua lista de tesouros. Em agosto de 1952 os inquietos beduínos descobriram a Gruta 4, bem próxima do sítio de Qumrã, e com ela fragmentos de mais ou menos 600 manuscritos. À pouca distância, encontrou-se a Gruta 5, com fragmentos de mais ou menos 25 manuscritos, e a Gruta 6, com fragmentos de 31 manuscritos. Em 1955, durante a quarta investida de escavações, encontraram-se as Grutas de 7 a 10, com pouquíssimos fragmentos. Por fim, os beduínos encontraram a última gruta, a de número 11, em 1959, com 31 manuscritos, alguns deles quase completos.

II. As ruínas. Próximo às grutas existiam alguns restos arquitetônicos que logo foram relacionados com os manuscritos. As escavações arqueológicas realizadas revelaram três etapas de ocupação: a primeira etapa vai do ano 100 ao ano 31 a.C. (De Vaux) ou 9/8 a.C. (Magness), quando parece produzir-se um abandono causado por um terremoto (De Vaux) ou uma destruição violenta e deliberada (Magness). Deste período data o complexo sistema de irrigação e aquedutos que levavam água das colinas até o assentamento. A segunda etapa, (II) começa depois da morte do rei Herodes (4 d.C.) e vai até o ano 68 d.C., quando tropas romanas destruíram o sítio. A terceira etapa corresponde à ocupação militar romana até o ano 90, de acordo com as descobertas de moedas.

Segundo De Vaux, escavador do sítio, as estruturas não eram destinadas a residência, constituindo antes uma espécie de centro comunitário, com uma área de refeitório, um lugar de reuniões e o que foi identificado como *scriptorium* por conter alguns tinteiros e restos de móveis. Além destes restos, nas proximidades se encontraram cemitérios com centenas de tumbas, algumas delas de mulheres e crianças, difíceis de explicar, dado o aparente caráter celibatário dos membros da seita. Este último ponto suscitou caloroso debate entre os especialistas, pois os textos descrevem uma comunidade na qual o celibato era importante, mas as tumbas parecem desmenti-lo. No entanto, duas questões enfraquecem a força da descoberta: a primeira é de índole estatística, pois apenas umas quarenta tumbas de um total de mil foram escavadas, e o número de esqueletos de mulheres e crianças é muito pequeno; a segunda é a evidência de que existem cemitérios beduínos de várias épocas na área da escavação, entre os quais se encontrou a maior parte das tumbas correspondentes a mulheres, deixando somente número pequeno de tumbas femininas realmente pertencentes ao cemitério da seita. A falta de restos arqueológicos no assentamento claramente atribuíveis a mulheres (joias, cosméticos...) torna ainda mais difícil explicar a presença dessas tumbas femininas, pois reforça a hipótese de uma seita eminentemente masculina.

III. A datação dos manuscritos. A datação dos manuscritos foi feita mediante a combinação de métodos "tradicionais" (arqueologia, paleografia, alusões internas dos manuscritos) e a alta tecnologia (carbono 14, acelerador de espectrometria de massas). Os dois métodos coincidem fundamentalmente em seus resultados, pois mostram tanto a antiguidade do sítio arqueológico como a dos manuscritos. De fato, a datação paleográfica dos textos mostrou-se conservadora, pois as provas de carbono 14 e a espectrometria apontam para antiguidade maior desses textos. Nos casos em que existe clara discrepância entre a datação proposta pelos paleógrafos e a obtida pelas análises de C14 e EAM, suspeita-se da contaminação dos espécimes devido a técnicas de conservação deficientes empregadas nos anos 50 do século passado.

IV. A biblioteca. Os fragmentos recuperados permitem fazer uma avaliação do conteúdo das grutas. Pode-se, assim, calcular que os manuscritos deveriam ser em 800 ou 900; a maioria teria sido copiada provavelmente em Qumrã, enquanto outros teriam sido trazidos de outros lugares. Apenas poucos datam de fins do séc. III ou começo do séc. II a.C.; na maioria são contemporâneos do assentamento (séc. II-I a.C.).

A biblioteca de Qumrã que recuperamos é formada de três tipos diferentes de textos: textos bíblicos, textos apócrifos e pseudoepigráfico e os que se poderiam definir como textos miscelâneos e propriamente das seitas. Continuando, far-se-á uma descrição não exaustiva dos principais textos e de seu conteúdo. Cada texto é identificado com um nome e/ou uma sigla formada por uma série de números e letras: o primeiro marca a gruta na qual foi encontrado (1Q,2Q,3Q; o Q é a abreviatura de Qumrã), e o outro é uma indicação da ordem de arquivo ou uma referência ao conteúdo do rolo.

Os textos bíblicos formam-se pelas cópias de todos os livros da Bíblia hebraica, exceto Ester e Neemias. Os livros mais copiados eram, na seguinte ordem, Salmos, o conjunto do Pentateuco e Isaías, o que mostra os interesses do grupo: culto, meditação e apoio legal. Não é estranho constatar que os três livros mais copiados em Qumrã sejam os três mais citados no NT (Dt, Sl, Is). Encontramos também fragmentos de cópias de traduções aramaicas de Jó e do Levítico (targumes), bem como vários pequenos fragmentos minúsculos do Êxodo e do Deuteronômio que se incluíam nas *mezuzot* (pequenos recipientes que se cravam no batente das portas) e *tefilim* (pequenas caixas unidas por correias de couro que se atam à mão e à frente durante a oração). Convém destacar também a existência de um tipo de comentário contínuo, versículo por versículo, bastante parecido com o que se faz nos comentários bíblicos modernos (*Pesher*, literalmente "interpretação") a vários dos profetas (*Pesher Habacuc, Pesher Nahum*) e a alguns dos salmos; existe outro tipo de caráter temático, no qual se agrupam e comentam textos de diferentes livros, de acordo com o seu conteúdo.

Entre os textos apócrifos pode-se destacar o livro de Tobit com cópias em hebraico e em aramaico e exemplares hebraicos da Sabedoria de Ben Sirac; dos pseudoepigráficos descobrimos cópias do primeiro livro de Enoc, de Jubileus e dos Testamentos dos XII Patriarcas, que até o momento só se haviam conservado em traduções posteriores para o grego e para o etíope. Nos textos miscelâneos incluem-se aqueles cuja autoria pertence à seita, ou pelo menos a grupos intimamente ligados a ela. Segundo o conteúdo, podem-se dividir em três grupos. O primeiro deles é constituído por textos de tipo legal: a *Norma da comunidade* (1QSerek), a *Regra da congregação* (1Qa), o *Rolo do Templo* (11Q19/11QTemplo), a *Carta haláquica* (4Q MMT^{a-f}/ 4Q394-399). O segundo constitui-se de escritos de culto: *Cânticos do sacrifício do Sabat* (4QShirShab^{a-h}/ 4Q400-407), *Guardas* (*Mishmarot*, 4Q320), *Calendários e Hinos de ação de graças* (*Hodayot*, 1QH). O terceiro é constituído por textos escatológicos: o *Rolo da guerra* (1QM), *Textos sobre a nova Jerusalém* (11Q 18). Fora de qualquer classificação temática possível encontramos o *Rolo de Cobre* (3Q15), que contém uma lista de utensílios e tesouros supostamente pertencentes ao templo de Jerusalém e dos lugares onde foram escondidos.

Entre os textos legais, a *Regra da comunidade* constitui uma espécie de constituição do grupo, na qual se descreve o processo de iniciação à seita, os principais aspectos da vida em comum, e as leis e normas que dominavam dentro do grupo da seita; a *Regra da congregação* oferece regulamentos para os últimos dias e para o banquete messiânico do final dos tempos: constituia a variante escatológica da *Regra da comunidade*. O *Rolo do Templo* descreve um templo ideal que não coincide com nenhum dos templos históricos de Israel. É uma espécie de plano ou rascunho de um templo que deveria ser construído no futuro e das festas e sacrifícios que hão de ser observados e celebrados nele. Além disso inclui uma série de leis sobre diversos temas, extrapoladas e modificadas na maioria a partir do livro do Deuteronômio. Por último, *Algumas das obras da Torá* (também conhecida como *Carta haláquica*) seria uma carta do grupo de Qumrã dirigida a seus adversários no templo de Jerusalém, detalhando as diferenças sobre a interpretação da lei judaica dos dois grupos e exortando seus oponentes à correção de sua postura.

Outros textos importantes da seita são o *Rolo da guerra*, que descreve a guerra final de quarenta anos de duração entre os filhos da luz e os filhos das trevas. O autor do texto descreve detalhadamente o desenvolvimento da contenda, a formação das unidades implicadas e o tipo de armas. Encontramos também composições poéticas, entre as quais se destacam as chamadas *Hodayot* ou *Hinos de ação de graças*. Existem várias cópias desta obra e os mais ou menos 25 salmos que contêm expressam uma piedade individual não comunal. Neles o poeta descreve na primeira pessoa suas crenças e sentimentos e proclama a importância de sua missão divina. Descreve, além disso, experiências que poderiam ter sido características dos membros da comunidade.

A biblioteca de Qumrã, tal como a seita, divide-se entre o interesse pela *Halaká* ou lei judaica, de observância obrigatória e identificadora do grupo, e os textos escatológicos e apocalípticos. Assim, junto aos textos de tipo legal, a descoberta de textos pseudoepigráficos como *1Enoc*, ou os *Testamentos dos XII Patriarcas*, foi particularmente importante para a nossa compreensão do judaísmo, ou melhor, dos judaísmos do período do segundo templo, pluriformes e variados. Chegou-se a entender o Qumrã como o destilado inicial de dois judaísmos opostos, o mosaico e o enóquico, que na seita se tornaram complementares, mas que fora dela deram lugar mais tarde à separação dos caminhos do judaísmo e do cristianismo. Assim, a biblioteca de Qumrã nos mostra uma comunidade que se encontrava "entre o domínio da lei e a fuga apocalíptica" (Treboile). A lei predominaria no judaísmo que sobreviveu às duas catástrofes do ano 70 (destruição do templo) e do ano 132 (revolta de Bar Kochba), enquanto a fuga apocalíptica foi fundamental no cristianismo primitivo e uma tendência recorrente na luta com a paulatina importância da hierarquia e da organização, também no cristianismo posterior.

V. Identificação da comunidade de Qumrã. Os pesquisadores ligaram a comunidade a três grupos históricos mencionados nas fontes antigas: essênios, fariseus/saduceus, cristãos; também negaram que existisse uma relação entre o sítio de Qumrã e os manuscritos. Três dessas hipóteses tiveram repercussão mínima, enquanto que se obteve um certo consenso na associação do grupo de Qumrã/essênios. A identificação essênia apoia-se em doze razões diferentes. A primeira centraliza-se na informação proporcionada por Plínio o Velho, em sua *História natural* (5.73), na qual menciona os essênios que habitavam à margem oeste do mar Morto e descreve algumas de suas crenças (celibato, pobreza, isolamento, sobrevivência do grupo por "alistamento"...). A segunda destaca a coincidência entre as características do grupo segundo aparecem nos manuscritos da seita e as descrições de Josefo sobre os essênios (*Antiguidades judaicas* 13.171-173; *Guerra judaica* 2.119-161), bem como em dois tratados de Fílon de Alexandria (*Todo homem bom é livre* 75-91, *Hipotética: Apologia aos judeus*). Embora pareça que ambos os autores descreviam os essênios que faziam parte ativa da sociedade judaica do séc. I de nossa era, e é provável que ambos utilizassem uma fonte comum, suas descrições mostram importantes paralelos com Qumrã.

As descrições de Josefo e Fílon sobre os essênios e os textos encontrados em Qumrã atribuem a mesma ideologia ao grupo. Assim, tanto os essênios de Josefo como os sectários compartilham de um determinismo estrito, segundo refletem a *Norma da comunidade*, os *Hinos de ação de graças* (*Hodayot*) e o *Rolo da guerra*. Estes mesmos textos e Josefo indicam também a crença na predestinação, na imortalidade da alma, com bons e maus indo para lugares opostos. Outro autor antigo, Hipólito de Roma, em sua *Refutação de todas as heresias*, acrescenta aos dados de Josefo a crença na ressurreição física do corpo e sua consequente imortalidade.

As fontes antigas (*Guerra judaica* 2.123,137-142) e os textos da seita (4QMMT, *Regra da comunidade* 6.16-18) coincidem também na descrição de práticas diferentes. Destaca-se assim a abstenção no uso do azeite como unguento que se considerava transmissor de impureza corporal. Determinam também a propriedade comunitária de toda posse, ou pelo menos o usufruto comunitário das posses individuais dos membros. Por fim, Josefo (*Guerra judaica* 2.137-139) descreve um processo de iniciação de três etapas que coincide *grosso modo* com o que encontramos na *Regra da comunidade* (6.13-23) e que termina com a participação do novo membro nos alimentos da comunidade, que exigia um estado de pureza ritual total. A esse estado se chegava paulatinamente após um período de iniciação e instrução, um exame e, finalmente, um ano de provas antes de compartilhar a comida do coletivo e de agregar suas posses pessoais à comunidade e poder ser usadas por esta. Pretendia-se com isso uma ascensão progressiva no estado de pureza ritual do iniciado.

Apesar do consenso existente entre os especialistas em identificar o grupo seguidor de Qumrã com um grupo próximo e provavelmente saído da corrente majoritária do essenismo (García Martínez), existem outras hipóteses que devem ser mencionadas. Assim, sugeriu-se (Schiffman) a identificação do grupo de Qumrã como saduceus, atendendo sobretudo às coincidências em material legal (*Halaká*) de Qumrã com textos posteriores (*Misná Yadayim* 4:7). Segundo esta teoria, após a revolta macabeia, um núcleo de sacerdotes saduceus formaram uma facção que com o tempo daria lugar à seita do mar Morto. Entretanto, embora haja coincidências na *Halaká* dos saduceus e sectários, as discrepâncias em questões ideológicas (a negação saduceia da ressurreição, a não-crença nos anjos etc.) dificultam essa identificação. Outra hipótese, ainda menos plausível, é a que coloca os manuscritos de Qumrã no contexto cristão (Eisenman). Segundo esta hipótese, Tiago, irmão de Jesus, seria o Mestre de Justiça, com Paulo como principal antagonista. O fato de a datação paleográfica e física dos manuscritos desautorizar totalmente esta teoria não desanimou seus defensores; além disso, incentivou a polêmica sensacionalista sobre o pretenso ocultamento interesseiro de manuscritos prejudiciais ao cristianismo. Nem esta nem outras merecem o mínimo crédito.

Por fim, outra hipótese (Golb) sustenta que os manuscritos não têm relação alguma com o assentamento de Qumrã, que seria uma fortaleza. Nenhum grupo historicamente identificável seria o único responsável pelos manuscritos; todos eles proviriam de uma biblioteca ou bibliotecas de Jerusalém e foram ocultados nas grutas para colocá-las a salvo dos romanos entre os anos 66 e 70 de nossa era. Não constituem então um *corpus* unificado, mas uma recompilação das principais correntes judaicas da época. Esta teoria contradiz também claramente a evidência existente. O *corpus* de Qumrã, embora variado, com alguns textos originados fora da seita e com uma evolução ideológica prolongada no tempo, articula as ideias de um grupo judaico que se opunha e enfrentava o resto do judaísmo. Da mesma maneira, os dados proporcionados pela escavação arqueológica demonstram que Qumrã constituiu um centro de reunião comunal com etapas sucessivas de ocupação, o que invalida a hipótese da fortaleza.

VI. Ideologia e crenças do grupo de Qumrã.
Segundo se deduz dos manuscritos, o grupo de Qumrã foi fundado mais ou menos nos últimos anos do séc. II ou início do séc. I a.C. por um líder, o Mestre de Justiça, que levou seus seguidores ao lugar que conhecemos por Khirbet Qumran, próximo ao mar Morto. Este líder pertencia à linha sacerdotal sadoquita, o que faria que a comunidade (*yahad*) adotasse uma concepção cúltica de Deus/a humanidade centralizada nas questões de pureza/impureza, que incluía também uma visão determinista da criação e da história com traços dualistas (filhos da luz como denominação própria dos seguidores vs. filhos das trevas como denominação pejorativa de todo o resto da humanidade). Além da comunidade ou *yahad* desenvolveria uma complicada divisão do tempo e da história, consequência de seu próprio desenvolvimento como grupo e de sua autopercepção escatológica.

De acordo com os manuscritos, Deus é onipotente e onisciente e continua ocupando-se da criação através de diversos agentes angélicos, que realizam o trabalho "cotidiano" no mundo. Sua majestade e grandeza contrastam com a baixeza e com a indignidade intrínseca dos seres humanos.

Toda a criação está submetida às leis divinas. As ordens de anjos, nomeados por Deus, constituem uma complicada hierarquia responsável de cada um dos aspectos do universo, como as luminárias ou estrelas. Estas luminárias seguem um serviço celestial paralelo ao realizado pelos sacerdotes no templo, imutável e ligado a um calendário fixo. Este calendário era solar, não lunar, como no resto do judaísmo, e como nos *Jubileus* e em *1Enoc* estava conectado com os ciclos tradicionais dos sacerdotes no templo, formando ciclos de seis anos mais um sabático. As festas eram fixadas de acordo com esse calendário, o que supunha que os seguidores observavam as festividades religiosas em dias diferentes do resto dos judeus. Para eles, aqueles que seguiam o calendário lunar caíam na abominação de misturar tempos sagrados com tempos profanos, não dando por isso o adequado culto a Deus. Entretanto, os seguidores também usavam um calendário lunar esquemático, que relacionavam com os dados do solar. A conexão entre os ciclos do sol e da lua e os ciclos do culto no templo repercutia no entendimento sectário da conexão entre o céu e a terra.

A humanidade também está submissa à lei, neste caso à lei de Moisés, que foi revelada progressivamente por Deus e que o povo continuou interpretando e estudando. Desde o começo dos tempos, a humanidade tem desobedecido e falhado em seu cumprimento, sendo a união ilícita entre mulheres e anjos mencionado em *1Enoc* e no *Documento de Damasco* o exemplo fundamental para o grupo sectário, ao invés da história tradicional de Adão e Eva. O mal que surge dessa união tem como consequência o dilúvio, e o mal que sobreviveria se deve ao papel desses anjos. Segundo a *Regra da comunidade*, a humanidade está submetida necessariamente à influência de dois espíritos ou anjos criados por Deus e que sobreviverá até o juízo final. Denominam-se o espírito da verdade e o espírito da falsidade, o príncipe das luzes e o anjo das trevas. A humanidade está dividida em justos e injustos, segundo marchem pelos caminhos da luz ou pelas quebradas da escuridão. O anjo da escuridão é responsável também pelos pecados dos justos, algo permitido nos "mistérios" de Deus. Deus permite esta situação de "competição" entre espíritos até destruir o mal e dar a vitória final ao bem. Nesta visão determinista, a relação entre Deus e a humanidade está no pacto que se estabelece entre Deus e seu povo escolhido. O povo eleito era constituído unicamente pelos sectários e por aqueles que estavam de acordo com eles, que formavam assim o verdadeiro Israel. Esse pacto se renovava anualmente pela comunidade e por aqueles que aderiam a ela. O cumprimento da lei era a manifestação principal do pacto, e por isso se fazia necessária a sua contínua interpretação e o descobrimento de seus sentidos ocultos. Esta fidelidade ao que consideravam uma interpretação válida da lei pôde levar o grupo a um autoexílio, afastados de Jerusalém e de um templo que julgavam profanado. A comunidade, que se considerava um Israel em torno ao monte Sinai e a única detentora de uma nova revelação da vontade de Deus, percebia a si mesma como convivendo com os anjos no presente tempo de maldade. Este segmento temporal chama-se nos manuscritos o "fim dos dias" ou "os últimos dias", e transcorre justamente antes da "visitação" ou juízo final de Deus. Nesta idade da comunidade tem papel fundamental para toda a humanidade, pois se constituíram num templo de carne, num sacrifício aceitável, assumindo funções que normalmente eram levadas a cabo no templo de Jerusalém. Assim, o "fim dos dias" engloba um período de provação e perseguição acrescentado para o grupo, pois as forças da escuridão multiplicarão seus esforços, mas também será por isso um período de libertação e purificação para os escolhidos.

Nesse contexto de "fim dos dias" os manuscritos mencionam a chegada de duas figuras messiânicas. A existência da crença num messianismo de duas figuras já era atestada noutros textos como o *Testamento dos XII Patriarcas*, no qual há uma divisão de papéis entre o messias da casa de Aarão e o messias da casa de Judá, líderes religioso e militar respectivamente. Os messias de Aarão e de Israel já aparecem na *Regra da comunidade* e parecem referir-se a uma figura sacerdotal e a outra não sacerdotal, com uma provável divisão semelhante, embora suas funções não apareçam claramente expressas nos textos. Pode-se deduzir que sua chegada marcaria o fim da presente idade malvada; o messias de Israel, também chamado noutros textos (4Q174) o "ramo de Davi", teria papel militar, executando o líder humano dos hostes de Beliar na guerra futura e guiando os filhos da luz para a vitória. O messias de Aarão, também chamado em 4Q174 de "Intérprete da Lei", é um sacerdote messiânico, que aparece abençoando os alimentos no banquete escatológico descrito na *Regra da congregação*.

VII. Qumrã e o cristianismo. Qumrã não tem relação alguma direta com o cristianismo ou com a vida de Jesus. Toda hipótese que aponte nessa direção é ficção científica e não está avalizada nem fundamentada nos manuscritos. No entanto, os manuscritos iluminam o cristianismo primitivo e a figura de Jesus, ao ter proporcionado novos dados sobre os grupos, as crenças e a sociedade judaica da mudança de era, e ao ter-nos dotado de novos paralelos com certas passagens dos evangelhos, que mostram claramente que muitos ensinamentos de Jesus têm origem judaica e não são desenvolvimentos tardios. De certa maneira, os manuscritos de Qumrã ajudam a "autenticar" algumas das palavras ou ações atribuídas a Jesus nos evangelhos, mostrando-as como razoavelmente autênticas, uma vez que são atestadas por textos judaicos mais antigos que refletem ações ou palavras semelhantes.

Entre os textos que mostram esses paralelos destacam-se:

1. O *Apocalipse messiânico* (4Q521), no qual se descrevem os eventos que marcam o começo da era messiânica (libertação dos cativos, os cegos veem, os mortos ressuscitam, alívio para os pobres...) e que mostra elementos comuns evidentes com Lc 4,16-21 e 7,20-22.

2. O *Apócrifo de Daniel* (4Q246), no qual os epítetos "Filho de Deus" e "Filho do Altíssimo" mostram que a noção de um messias de filiação divina tem raízes judaicas; assim o uso de Lc 1,32 não é uma inovação, mas surge no judaísmo a partir da interpretação de textos como Sl 2 e Dn 7.

3. As *Bem-aventuranças* (4Q425) mostram um paralelo aos textos de Lc e de Mt, sugerindo que a forma original do texto é a longa, mantida por Mt, enquanto que a de Lc é uma síntese.

4. Na *Regra da comunidade* e no *Documento de Damasco* menciona-se uma prática de correção do irmão que peca bastante semelhante à que aparece em Mt 18,15-20. Esse tipo de correção fraterna não é então um desenvolvimento da Igreja primitiva, mas uma prática judaica.

G. Boccaccini, *Beyond the Essene Hypothesis: The Parting of the Ways Between Qumran and Enochic Judaism*, Grand Rapids, Eerdmans, 1998; J. Collins e R. Kugler (eds.), *Religion in the Dead Sea Scrolls*, Grand Rapids, Eerdmans, 2000; P. W. Flint e J. C. VanderKam (eds.), *The Dead Sea Scrolls After Fifty Years: A Comprehensive Assessment*, Leiden, E. J. Brill, 1998-99; F. García Martínez, *Textos de Qumran*, Madrid, Trotta, ⁴2000; id., "Literatura de Qumrán", em G. Aranda Pérez et al., *Literatura judía intertestamentaria*, Estella, EVD, 1996, 15-241; F. García Martínez e J. Trebolle Barrera, *Los hombres de Qumrán: literatura, estructura social y concepciones religiosas*, Madrid, Trotta, 1993; J. Magness, *The Archaeology of Qumran and the Dead Sea Scrolls*, Eerdmans, Grand Rapids, 2002; L. H. Schiffman e J. C. VanderKam (eds), *Encyclopedia of the Dead Sea Scrolls*, New York, OUP, 2000; J. Trebolle Barrera, *La Bíblia judía y la Bíblia cristiana. Introducción a la historia de la Bíblia*, Madrid, Trotta, ³1998; J. VanderKam e P. Flint (eds.), *The Meaning of the Dead Sea Scrolls*, San Franciso, Harper, 2002.

Pablo A. Torijano

REINO DE DEUS

I. O centro do Evangelho. Tanto os exegetas como os especialistas em cristologia geralmente concordam em que o centro da mensagem de Jesus consiste no que ele quis ensinar quando anunciou o reino de Deus. O reino é, com efeito, a recapitulação ou compêndio da mensagem evangélica (W. Trilling). Assim consta nos sumários onde os sinópticos resumem o centro do evangelho (Mc 1,14-15; Mt 4,17.23; 9,35; Lc 4,43; 8,1; cf. Mt 10,7-8). Os sumários não carecem de valor histórico. Os evangelistas os tomam "como motivo ou ocasião para um relato de conjunto de todo o ensinamento e curas de Jesus" (E. Klostermann). Portanto, pode-se garantir com toda a certeza que o essencial que Jesus quis transmitir foi a mensagem sobre o reino de Deus.

Ora, isso quer dizer que o central para Jesus não é Deus, mas o reino de Deus. Em outras palavras, o que determina para Jesus não é que as pessoas saibam quem é Deus ou como é Deus, mas *onde e como* pode cada um relacionar-se com Deus. Jesus não foi um filósofo que fez teoria sobre o ser ou a natureza de Deus. Jesus foi um profeta que se interessou sobretudo pelas *mediações* através das quais nós, seres humanos, podemos encontrar o verdadeiro Deus. Os homens religiosos se enfrentaram, frequentemente, para salvaguardar determinado conceito de Deus. É o perigo de centralizar o interesse da teologia em Deus e não no reino de Deus. Por isso, Deus não é, para muitas pessoas, nem boa notícia nem fonte de felicidade e esperança, enquanto que o reino de Deus é sempre "boa notícia". Identifica-se com o evangelho (Mc 1,14-15; cf. Mt 4,23; 9,35; 24,14).

II. A chave para entender o reino. Nos evangelhos jamais se encontra uma definição do que é o reino de Deus. Nem se descreve concretamente neles em que consiste. Temos, entretanto, uma chave que marca uma pista certa para saber o que Jesus queria dizer quando falava do reino. Tudo consiste em perceber que, enquanto Jesus se pôs a anunciar a chegada iminente do reino, gerou-se um entusiasmo transbordante, de maneira que as pessoas acorriam em massa para escutá-lo, para estar com ele. E é importante saber que as multidões vinham inclusive de outros países, de povos e regiões longínquas, pessoas que não pertenciam a Israel e que certamente tinham outras crenças religiosas (Mc 1,28; 3,8; Mt 4,23-25; 9,26; Lc 4,14; 8,4.10; 9,11). Isso quer dizer que o que Jesus fazia e dizia, ao apresentar o reino, era algo que interessava vivamente às pessoas, fosse qual fosse sua religião ou sua forma de viver. O reino, portanto, não se liga diretamente nem a uma religião, nem a uma cultura, nem a um povo, mas à vida das pessoas, sejam elas quais forem. Ou seja, o reino não está vinculado nem a crenças, nem a determinadas práticas, nem a interesses políticos ou culturais.

Há, porém, algo mais importante. Quando os evangelhos falam das "pessoas", que se entusiasmavam diante da mensagem de Jesus, de que pessoas se tratava? A esse respeito, os evangelhos falam do *óchlos* ou, ocasionalmente, servem-se da expressão *óchloi polloi*, que significa literalmente "muitas pessoas". O substantivo *óchlos* significa a "multidão do povo" ou o "gentio", em contraposição especialmente aos nobres ou à classe superior. É a massa carente de orientação, de formação intelectual, a massa dos pobres e dos incultos que, em alguns casos, se consideravam como o "pelotão" dos rudes ou ainda o "exército" dos "mercenários" (cf. Nm 20,20; Is 43,17, segundo os LXX). Foi a essas pessoas que a mensagem do reino entusiasmou a ponto de deixar seus povos, suas casas e suas famílias, para seguir Jesus. O que quer dizer obviamente duas coisas: 1) que a mensagem do reino era algo tão simples e tão vital que todo mundo o entendia, inclusive os mais pobres e incultos; 2) que a mensagem do reino era algo que interessava a todos, especialmente aos últimos da sociedade, aos que quase nada possuíam, a "plebe que não entendia da lei que era amaldiçoada", a juízo dos fariseus (Jo 7,49). Estas duas coisas são chaves para compreender o que Jesus quis dizer quando anunciou a vinda do reino de Deus. A que se referia?

III. O reino e a vida. Se o povo simples e pobre, a plebe ignorante e maldita (na opinião dos homens mais religiosos daquele tempo) entusiasmou-se de tal maneira com a mensagem de Jesus sobre o reino, isso tem uma explicação que se compreende facilmente. Trata-se da relação que os evangelhos estabelecem entre o reino e a vida. De fato, enquanto se lê a extensa documentação dos sinópticos sobre o reino de Deus, adverte-se a seguir que, por mais que o reino tenha sua consumação definitiva na plenitude da "outra" vida, o mais claro e imediato é que o reino, tal como Jesus o apresentou, é uma realidade presente e operante nesta vida. Mais concretamente: o reino de Deus concretiza-se dando vida, dignidade e felicidade aos seres humanos. Isso é o que se nota com mais clareza em três grandes temas: as curas de enfermos, a expulsão de demônios e as bem-aventuranças.

1. Quanto às *curas de enfermos*, é determinante perceber a relação que os evangelhos estabelecem entre essas curas e o anúncio da vinda do reino (Mt 4,23-24; Lc 4,40.42-43; Mt 9,35; 10,7; Lc 8,1-2; 9,1-2; 10,8-9). É evidente que as curas de enfermos de qualquer forma que (se interpretem) representam, em qualquer caso, dar vida a quem a tem diminuída ou ameaçada. E isso, certamente, é o que as pessoas viram imediatamente na mensagem do reino. O que não quer dizer que o reino se reduza a isso. O que quer dizer é isto: *onde não há empenho e luta para garantir (na medida do possível) a plenitude da vida, não pode fazer-se presente o reino de Deus*. Não se trata de "fazer milagres". Trata-se de aliviar o sofrimento humano e defender a vida e a dignidade das pessoas. Sem esquecer algo que é decisivo: naquela cultura a enfermidade se atribuía ao pecado dos seres humanos (Jo 9,2; 1Cor 11,30). Daí, libertar da doença era libertar da indignidade do pecado, ou seja, devolver à pessoa a plenitude de uma vida sadia, segura e digna.

2. Quanto ao que se refere às *expulsões de demônios*, Jesus afirma que o sinal definitivo de que o reino já chegou está no fato de que ele expulsa os demônios com o poder de Deus (Mt 12,28; Lc 11,20). O importante aqui é compreender que as expulsões de demônios e as curas de doenças eram a mesma coisa para os homens da cultura antiga (O. Böcher). De fato, havia determinadas enfermidades que se explicavam pela presença do demônio, como era o caso da paralisia, da epilepsia ou de certas perturbações psicossomáticas.

3. Finalmente, as *bem-aventuranças* expressam a plenitude de vida e felicidade que o reino traz. Aqui deve-se ter presente que a opinião mais autorizada afirma que as três primeiras bem-aventuranças de Lucas (6,20-21) são as mais originais e pode-se dizer que remontam ao Jesus histórico (U. Luz). Portanto, Jesus declarou "felizes" os pobres (Lc 6,20; Mt 5,3), os que têm fome (Lc 6,21a; Mt 5,6, e "os que choram" (Lc 6,21b; Mt 5,5). Definitivamente, isso quer dizer que para Jesus o que decide é a promessa incondicional de solução dirigida às pessoas que se encontram em situações de desespero. Não se trata apenas de uma esperança "apocalíptica" que se realizará na outra vida. Precisamente porque a todos os que vivem em situações de desespero (pobreza, fome e sofrimento) se diz que deles "é (*éstin*) o reino de Deus" (Mt 5,3; Lc 6,20b) (não só que "será"); por isso, a salvação, a solução, já brilha e se torna realidade para essas pessoas. Isso significa que o reino de Deus se torna presente não só dando vida aos que precisam de saúde e dignidade, mas, além disso, mudando as situações sociais de desespero que se traduzem em pobreza, fome e sofrimento. As bem-aventuranças não são um elenco de "virtudes". São o anúncio de um mundo "humanizado" e digno dos seres humanos, ou seja, a plenitude da vida que se consumará numa vida sem fim.

IV. Os que se tornam incapazes de entrar no reino. Os evangelhos sinóticos afirmam que existem duas classes de pessoas que não podem entrar no reino de Deus: *aqueles que não se tornam como crianças* (Mc 10,15; Mt 18,3; Lc 18,17); e *os ricos* (Mc 10,25; Mt 19,23-24; Lc 18,24-25). No caso das crianças, a afirmação de Jesus é taxativa (Mc 10,15), porque o verbo *strepho* inclui uma transformação total da existência humana; assim, quem não muda e não se torna como uma criança não pode entrar no reino. A incapacidade de os ricos entrarem no reino é atestada na conhecida incapacidade que um camelo tem para passar pelo fundo de uma agulha (Mc 10,23-25). Pretender que um rico entre no reino é não só impossível, mas também ridículo. Como seria ridículo procurar que um camelo passe pelo vão de uma agulha.

Por que essa impossibilidade? As crianças, nas culturas mediterrâneas do séc. I, não representavam culturalmente o ser idealizado e encantador que é para nós hoje. A criança então era o ser sem direitos, que não podia pretender nada nem exigir nada. A ponto de ser frequente atirar os recém-nascidos no lixo. Entre os judeus, não há testemunhos de semelhante prática. Mas, também para a cultura judaica do tempo, era a criança um ser que não conta para nada, não tem importância alguma. Por isso se compreende que Jesus falasse deste assunto quando os discípulos pretendiam ser os primeiros ou os mais importantes (Mc 9,34; 10,37.41; Mt 18,1; 20,21; cf. 24; Lc 9,46; 22,24). Quem vive querendo ser os mais dignos, os escolhidos, os notáveis, os que se impõem aos outros, esses não podem dar vida nem dignificar a vida de ninguém. Quem passa a vida assim, só pode causar sofrimento, indignidade e até morte.

Quanto aos ricos, trata-se de compreender que quem retém bens que são indispensáveis para que outros possam viver dignamente torna-se incapaz de maneira radical, até ridícula, para entrar no reino de Deus. A experiência histórica ensina que o acúmulo de riqueza é a causa primeira da miséria de grandes setores da população mundial, ou seja, tal acúmulo gera sofrimento, fome, indignidade e morte. Em todo caso, deve-se recordar que "os ricos" do tempo de Jesus não equivaliam à "classe média" de hoje. Os ricos da época eram como os multimilionários de hoje, os causadores da miséria dos mais amplos setores da população. Quem causa miséria não dá vida, e sim morte. Por isso, Jesus foi tão crítico com os ricos e com o acúmulo de riqueza.

V. A estrutura teológica do reino. A exegese dos evangelhos ocupou-se extensamente do reino de Deus. Mas, sobretudo, interessaram-se por ele as cristologias do século XX. Muitas vezes, essas cristologias centralizaram suas preocupações mais no *quando* do reino que em sua *natureza*. Por isso, a grande pergunta foi esta: se o reino é o escatológico, o último. A postura taxativa, neste sentido, foi a de Bultmann, que defendeu com tal radicalidade o caráter escatológico da mensagem cristã, que o desenvolveu a partir da realidade pascal de Cristo, e não a partir do reino. Daí a teologia de Bultmann prescindir do reino de Deus. Mais moderado, neste sentido, é W. Pannenberg, que entende o escatológico como antecipação do futuro último. O anúncio da chegada do Reino, enquanto iminente, urge o ser humano a enfrentar-se com o último, mas sempre na confiança e esperança. Por isso, Pannenberg relativiza qualquer configuração histórica e social do Reino, e isso permite que se possa considerar como válidas também as realizações do Reino que pouco ou nada têm a ver com a vida e a mensagem de Jesus. A dimensão escatológica do reino também está muito presente na cristologia de J. Moltmann. Mas, para este autor, o presente é de tal maneira determinante do ser mesmo do reino, que o futuro esperado é a crítica e a denúncia do presente de injustiça e miséria que se vive na história. Por isso, o reino se realiza no seguimento do crucificado. E isso significa, em concreto, que o reino de Deus é para os crucificados da história. Sem dúvida alguma, Moltmann foi o teólogo do Primeiro Mundo mais consequente com as exigências evangélicas do reino.

Contudo, foi a teologia latino-americana da libertação a que destacou, com ênfase especial, a centralidade do Reino de Deus no conjunto da mensagem cristã. Este reino é o *"último" já presente na história*. Isso significa que não deixa sua aparição para o final da história, embora só no final se realize sua plenitude. Por outro lado, os destinatários do reino são os pobres. Isso representa autêntica "parcialidade". Mas, como afirma J. Sobrino, "a parcialidade não pode ser de outra maneira no mundo cruel em que vivemos". Mais ainda, os pobres são não apenas os "destinatários" do Reino; são além disso seus "construtores".

Esta compreensão do reino é, com toda a certeza, a que melhor combina com a apresentação que deste tema central fazem os evangelhos sinóticos. É mérito especial da teologia da libertação ter destacado, como se deve, a centralidade e a historicidade do reino. Mas convém advertir que o essencial no reino, tal como o apresentam os sinóticos, não é apenas um problema de índole econômica, o problema dos pobres, porém algo mais amplo, *o problema do sofrimento humano*, quer dizer, o centro em si do reino de Deus é *a vida*, o empenho e a luta pela defesa da vida, a dignidade da vida, os direitos da vida humana. Tendo sempre presente que se trata de uma vida tão plena que não terá limite algum, nem sequer o inevitável limite da morte. Isso quer dizer que a plenitude do reino se realizará somente na vida ilimitada que chamamos "eternidade".

Vistas assim as coisas, pode-se falar de estrutura "teológica" do reino. Mas também se poderia (e se deveria) falar da estrutura "humana" do reino de Deus. Porque, vendo o problema a partir da pregação de Jesus, o mais profundamente humano é, por isso mesmo, o mais profundamente teológico. Se o reino é para aqueles que passaram pela vida aliviando o sofrimento humano (Mt 25,31-46), isso nos quer dizer que *o mais importante da mensagem de Jesus é a felicidade da vida dos seres humanos*. De maneira que ai e nisso encontramos a mediação essencial para o encontro do ser humano com Deus.

Por isso, as parábolas evangélicas nos ensinam uma forma tão desconcertante de pensar e entender o reino de Deus que continuam sendo simplesmente incríveis para nós, a tal ponto que, uma vez compreendida sua mensagem em toda a sua profundidade, nos parecem algo que não se podem admitir nem tolerar. Porque elas mudam ao extremo em nós a imagem que costumamos ter sobre Deus, a maneira de entender a religião, os critérios da moral convencional e as convicções que alimentamos sobre a ordem social estabelecida, a tal ponto que somente quem se põe a viver nessa direção, é que pode começar a perceber o que realmente Jesus quis dizer com essas histórias, à primeira vista tão ingênuas e até tão absurdas. No entanto, são histórias que nos deixam perplexos quando se desentranham em toda a sua profundidade.

VI. O reino de Deus em Paulo. Enquanto o reino de Deus é o centro da mensagem de Jesus segundo os sinóticos, na teologia de Paulo o tema do reino ocupa lugar inteiramente secundário. Basta lembrar que enquanto os sinóticos falam do reino cento e vinte vezes, em todo o *"corpus paulino"* a expressão reino de Deus aparece apenas onze vezes. Porém, o mais significativo não se está na pouca importância que Paulo atribui ao reino, mas no fato de que o interpreta de tal maneira que tende a descolocá-lo para o futuro último do "além" (1Cor 6,10; 15,50; Gl 5,21; Ef 5,5; 1Ts 2,12; 2Ts 1,4-5; Cl 1,12-13). Além disso, trata-se de um reino que tem forte vinculação com o "poder" (1Cor 4,20; 15,24-25; Cr 1,11-13). Sobretudo, é um reino que se entende a partir das categorias "moralizantes" que subministravam as listas de vícios da filosofia popular helenista do séc. I, especialmente a filosofia estoica. Por isso, para Paulo, aqueles que não vencem tais vícios "não herdarão o reino de Deus" (1Cor 6,9-10; Gl 5,19-21; Ef 5,3-5). Assim, iniciou-se o deslocamento mais determinante que marcou o cristianismo. Porque, enquanto para Jesus o centro da mensagem é a vida e a felicidade dos seres humanos, para Paulo o centro é o pecado e a vitória sobre os vícios, com marcado acento na rejeição da matéria, do corpo, do amor humano e da sexualidade. Assim se produziu o deslocamento da centralidade do *reino* (tema dos sinóticos) para a centralidade da *virtude* (tema da filosofia helenista).

Isso não quer dizer que Paulo adultera doutrinalmente a mensagem cristã. O que se propõe aqui não é um problema *doutrinal*, mas um problema *hermenêutico*. Esse problema foi proposto na Igreja desde os primeiros escritos do NT até nossos dias. Os cristãos de cada cultura assimilaram a fé cristã frequentemente com notável generosidade. Mas aceitaram a fé *inevitavelmente filtrada pela cultura na qual nasceram e se educaram*. Sabemos que isso criou incessantes problemas na história do cristianismo. Esses problemas se apresentaram, já no séc. I, nos escritos do NT, desde o momento em que a mensagem cristã passou do âmbito estritamente judaico para o mundo helenista. Por isso, não se pode atribuir à mera casualidade que Paulo conceda a importância que concede às exigências "moralizantes" que, a seu juízo, o reino de Deus implica. Como tampouco pode ser casualidade que Paulo tenha dado tanta importância aos vícios que se referem à vida sexual das pessoas. Mais significativo ainda é o que Paulo pensa sobre os "sábios" (Rm 1,14; 16,19), sobre as "paixões" e concretamente sobre o "desejo" (Rm 1,22.26; 6,12; 7,7; 13,14; Gl 15,16.24; Fl 1,23; 1Ts 4,5), sobre a "carne" (Rm 8,4.12s; 2Cor 1,17; 10,3) e o "corpo" (Rm 6,6; 7,24; 8,13). Esses temas da teologia paulina não aparecem na mensagem de Jesus tal como se nos apresentam nos evangelhos. Isso quer dizer que o cristianismo chegado até nós não provém somente de Jesus. A fé que nos transmitiram é uma mistura de *mensagem evangélica*, de *tradições judaicas* do AT e de fortes doses de *cultura helenista*. Daí a enorme dificuldade que encontramos ao longo da tradição cristã para recuperar os ensinamentos de Jesus na sua desconcertante originalidade.

Em resposta à expectativa dos judeus de seu tempo, o "reino de Deus" é a expressão que Jesus utilizou para expressar o ponto central e mais determinante de sua mensagem. Ora, de acordo com essa proposta, o reino de Deus nos quer dizer: 1) A primeira coisa e mais fundamental para Jesus não é Deus em si, mas onde e como nós, seres humanos, podemos encontrar a Deus. 2) Só podemos encontrar a Deus no respeito em incondicional à vida dos seres humanos, na defesa dos direitos à vida e na tarefa incansável de conseguir a felicidade da vida e, portanto, na luta contra o sofrimento que oprime a maior parte da humanidade. 3) Isso nos quer dizer, em última análise, que Jesus modificou o conceito sobre Deus. Porque o Deus que se revela na pessoa, na vida e no ensinamento de Jesus é o Transcendente que se funde e se confunde com o ser humano, com cada ser humano, principalmente com o ser humano que se vê oprimido pelo sofrimento e pela injustiça da ordem presente. 4) Jesus modificou também a "mediação fundamental" para encontrar a Deus. Porque tal mediação já não é simplesmente a religião. Para Jesus, acima do "sagrado" está "o humano", de maneira que a religião (com suas verdades, suas leis e seus ritos) só e válida na medida em que humaniza as pessoas e as torna, por isso mesmo, mais sensíveis a tudo o que é verdadeiramente humano. 5) O reino de Deus questiona nossas ideias convencionais sobre a moral estabelecida. O comportamento humano não se pode julgar a partir da submissão às leis, mas a partir da fidelidade ou infidelidade ao bem e à felicidade das pessoas. Portanto, aqueles que nesta vida são *de fato* os mais infelizes (os pobres, os excluídos sociais, os últimos deste mundo), esses é que configuram o critério e a medida a partir dos quais se tem de julgar a moralidade das ações humanas. 6) A Igreja, que recebeu a "missão de anunciar o reino de Cristo e de Deus e de estabelecê-lo em meio a todo os povos" (LG 5,2), é fiel a essa missão na medida em que centraliza sua atividade, não na defesa de seus interesses institucionais, mas na defesa de todos os oprimidos e explorados desta terra. A partir desse critério, compreende-se a necessidade urgente de uma profunda reforma do atual sistema organizativo da Igreja.

R. Aguirre, "El reino de Deus y sus exigencias morales", em *La mesa compartida. Estudios del Nuevo Testamento desde las ciencias sociales*, Santander, Sal Terrae, 1994; J. M. Castillo, *El reino de Dios. Por la vida y la dignidad de los seres humanos*, Bilbao, DDB, 1999; A. Lindemann, "Herrschaft Gottes/Reich Gottes V. Neues Testemant und spätantikes Jundentum", in TRE 15, 1986, 215-218; U. Luz, "Basilea", em H. Baliz e E. Schneider, *Diccionario exegético del Nuovo Testament* I, Salamanca, Sígueme, 1996, 600-602; E. Schillebeeckx, *Jesús. La historia de un Viviente*, Madrid, Trotta, 2002; J. Sobrino, *Jesucristo liberador*, Madrid, Trotta, [4]2001; J. J. Tamayo, *Para comprender la escatología cristiana*, Estella, EVD, [2]2000, 134-151.

José M. Castillo

RELIGIÃO
(fenomenologia e ciências das religiões)

É provável que a reflexão humana sobre a religião seja tão antiga como a própria religião. De fato, as mitologias já constituem uma tentativa de organização do mundo dos deuses, de explicação sobre sua origem (teogonias) e de esclarecimento sobre sua presença e suas funções no mundo humano. Desde seus primeiros passos nos pré-socráticos, a filosofia ocidental procurou dar conta do divino por meio de variadas teologias (W. Jäger). A teologia, herdeira da mitologia, já desde Platão e Aristóteles até à época moderna, interessou-se pela religião, perguntando racionalmente sobre seu "objeto", Deus ou o divino, e o fez através da razão natural: teologia natural ou filosófica, ou a partir de textos e tradições tidos como revelados e a partir do interior da adesão a eles: teologias em sentido estrito, desenvolvidas, de uma ou de outra forma, por todas as tradições religiosas.

As ciências da religião supõem importante mudança na reflexão sobre a religião, que consiste em transformar em objeto do pensamento a própria religião. Essa transformação se produziu, já na época grega do pensamento, com os sofistas, que, após renunciarem a fazer de Deus objeto do pensamento, se veem forçados a responder às perguntas que a existência das religiões lhes propõe, e com os relatos de geógrafos, historiadores e arqueólogos sobre os costumes religiosos dos povos com os quais entravam em contato. Ecos desse tipo de estudos perduram, ao longo da história ocidental, nos relatos de viajantes medievais a países remotos, e a partir do descobrimento do séc. XV, nas obras de missionários e conquistadores sobre os costumes dos povos colonizados.

As ciências da religião no sentido moderno do termo aparecem a partir dos séc. XVIII e XIX quando, coincidindo com a crise do teísmo filosófico, as novas ciências humanas da história, da linguagem, da orientalística, da arqueologia e da etnologia começam a contribuir com enorme quantidade de dados sobre as religiões das épocas, dos textos, dos lugares, das raças e das culturas que estudam. Os primeiros passos da nova ciência das religiões revelam obsessiva preocupação pelas origens da religião; propõem diversas teorias sobre seu nascimento a partir de estágios não religiosos da humanidade: mitologia natural, animismo, magia etc., e trabalham com preconceitos iluministas e evolucionistas. À história das religiões, ciência-mãe, em vários sentidos, das novas ciências das religiões, sucederão logo a sociologia, a psicologia, a antropologia, e mais tarde a geografia e a ecologia da religião.

Todos esses estudos, e em primeiro lugar a história das religiões, imporão dois resultados igualmente importantes: a enorme variedade de formas de que se reveste o fato ou fenômeno religioso e o evidente "ar de família" que todas essas formas partilham. Para precisar em que consiste esse parentesco que permite identificar as muitas formas do fato religioso como religiões, alguns historiadores das religiões, a partir sobretudo de Chantepie de la Saussaye em 1887, começam a esboçar o que posteriormente se chamará fenomenologia da religião.

A partir dessa época, à teologia e à filosofia, que mantiveram durante séculos um certo monopólio nos estudos religiosos, somar-se-ão dois grupos de conhecimentos novos: os que estudam diferentes aspectos do fenômeno religioso: histórico, social, psíquico, textual etc., com os métodos próprios das respectivas ciências humanas; e outro que propõe estudar o fenômeno religioso de maneira global e no que tem de especificamente religioso. Este segundo compõe-se de estudos com diferentes orientações que têm em comum tornar como base os diferentes fatos históricos, proceder por comparação de todos eles, buscar o que têm em comum e procurar compreender o significado que possuem de acordo com a intenção humana à qual respondem. Semelhantes estudos receberam nomes diferentes, tais como "ciência sistemática das religiões", "religiões comparadas", "história comparada das religiões" ou "fenomenologia da religião". Ambos os grupos de estudos se distinguem, além disso, dos conhecimentos normativos: as teologias e a filosofia da religião, por colocarem entre parênteses a preocupação com a verdade dos fenômenos que estudam, buscando confirmar tão somente se esses fenômenos são verdadeiramente religiosos e em que consiste sua condição como tais. As distinções teóricas a que acabamos de referir-nos não impedem que as denominações referidas sejam, vez por outra, utilizadas em termos menos precisos e que todas elas sejam inseridas com frequência no setor mais amplo de "estudos religiosos", e também que semelhantes estudos sejam designados em comum com o nome genérico de "ciências das religiões", explicando as peculiaridades de cada um pela diversidade de métodos que empregam.

Semelhante situação explica por que na última década do séc. XX se desenvolveu importante discussão sobre o método de cada um desses conhecimentos, e também por que se colocou em questão a legitimidade de alguns deles. As raízes da discussão metodológica e da confusão que lhe deu origem são múltiplas. A mais importante é certamente a grande variedade de formas das quais se revestiu o fenômeno religioso ao longo da história humana e a enorme complexidade que comporta, complexidade que corresponde à complexidade do próprio ser humano, todo ele comprometido, em todos os seus aspectos e níveis: histórico, social, cultural, psicológico, corporal, mundano, espiritual etc., no exercício da religião. Por outro lado, essa diversidade de aspectos e níveis requer uma diversidade de perspectivas, e correspondentemente de métodos de estudo, cujas lógicas e cujos resultados nem sempre são fáceis de articular. Além disso, a presença, a importância e a influência da religião sobre a vida humana em seu conjunto, e a implicação radical da pessoa nela, expõem-na à submissão aos preconceitos, aos interesses sociais e às ideologias de diferente sinal que condicionam o exercício do pensamento em seu afã de dar conta da religião mesma. Por último, a história, a aparição e o desenvolvimento desses diferentes conhecimentos, nos vários contextos culturais dos diferentes países onde foram cultivados, levaram a servir a interesses tão distantes, como apoiar apologeticamente a credibilidade das religiões e as igrejas – não se deve esquecer que boa parte dos estudos religiosos nasceram e cresceram ao redor das faculdades de teologia – e a servir de alavanca para justificar a eliminação de sua presença e influência em determinadas sociedades que procuravam emancipar-se da influência dessas religiões e igrejas, substituindo o ensinamento da teologia pela ciência das religiões. É preciso observar, além disso, a influência sobre os estudos religiosos de opções e orientações filosóficas mais amplas, como o positivismo científico, o racionalismo crítico, as correntes hermenêuticas ou determinadas correntes fideístas.

Tal acúmulo de fatores, junto com a tendência de cada um dos conhecimentos a se erigirem em explicação redutora e única da religião, explica a confusão metodológica que reina neste campo do saber e a importância da discussão metodológica a que se entregam seus cultores.

Nessa situação, acreditamos que a melhor maneira de introduzir na problemática das ciências das religiões pode ser determinar os pontos centrais do debate metodológico em curso, referindo-se às questões de fundo e conteúdo nele aplicadas.

I. Fenomenologia da religião. O termo "religião", em sua acepção moderna, designa o conjunto de fatos históricos que constituem o objeto próprio das disciplinas acadêmicas a que se referem o nosso título. Por muito tempo utilizou-se o singular "religião" para referir-se a este objeto, a partir da convicção que de tal palavra designa uma noção que se realizaria de forma idêntica na pluralidade dos fatos estudados pela história das religiões. Hoje estamos conscientes de que "religião" constitui uma categoria elaborada pelos estudiosos ocidentais das ciências da religião, a partir do significado que o termo adquiriu na tradição ocidental, ao ter transformado o sentido romano de *religio*, entendido como "observância" referente às coisas relativas ao culto dos deuses – *religio* derivada de *relegere* (Cícero) –, em *religio* entendida como religação com uma realidade superior – *religio* derivada de *religare* (Lactâncio).

O fato de os fenômenos históricos de outras tradições, aos quais nós ocidentais aplicamos o termo religião, serem entendidos por aqueles que os vivem com palavras que remetem a outros campos semânticos: *Sanatana Darma* (hinduísmo), *Dhamma* (budismo), *Ciao* (China) etc., e o melhor conhecimento deles, impôs a convicção de que "religião" constitui um instrumento das ciências ocidentais das religiões, categoria com a qual interpretar um conjunto de fenômenos históricos enormemente variados, embora com suficientes semelhanças entre si para ser designáveis a partir do nosso contexto cultural com essa palavra, palavra cujo significado se realiza em todos eles apenas analogicamente.

Por isso, frente à pretensão das fenomenologias clássicas da religião em oferecer a essência da religião como se as religiões fossem tão somente diferentes manifestações, a compreensão atual da fenomenologia da religião, consciente da variedade de fenômenos religiosos, está bem mais disposta a reconhecer a influência das circunstâncias históricas, sociais e culturais sobre cada um dos fenômenos que compõem a história das religiões; aceitar a necessidade da consideração dessas diferenças por parte das diferentes ciências da religião, e limitar a sua pretensão de oferecer, a partir da comparação dos sistemas que constituem cada uma delas, uma descrição da estrutura que partilham, não como essência idêntica realizada em todas elas univocamente, mas como modelo de interpretação que se inteire do parentesco fenomenológico que as une. Naturalmente, a hipótese de interpretação resumida na estrutura proposta deverá ser controlada, ou seja, verificada ou falseada, pelo contraste com os dados oferecidos pelas diferentes religiões.

A definição dessa estrutura é, certamente, construção teórica do intérprete. Mas tem como fundamento os dados recompilados pela observação das religiões que a história oferece, e devem ser verificados pela referência a esses dados. Assim, a pretensão da fenomenologia não se esgota com a recompilação dos diferentes aspectos que os fenômenos religiosos apresentam, nem com a descrição das funções que esses fenômenos exercem nas sociedades onde se manifestam. Tenta catalogar e descrever com categorias comuns as diferentes manifestações do fenômeno histórico da religião, tais como os ritos, as crenças, as práticas e as instituições religiosas. Propõe além disso descrever o sistema que todos esses aspectos particulares constituem, a organização que os une, a posição de cada um deles no conjunto, e descobrir a forma peculiar de exercício da condição humana traduzida por esses sistemas. Assim, a fenomenologia da religião não transforma em objeto de seu estudo o homem religioso em si mesmo, nem a realidade superior com a qual pretende entrar em contato mediante as manifestações de sua vida religiosa. Mas não pode deixar de prestar atenção à atitude e às experiências humanas peculiares que originam as diferentes manifestações religiosas e a realidade de outra ordem à qual remetem as condutas e as linguagens sempre simbólicas dessas manifestações, objeto imediato de seu estudo.

II. Explicação e compreensão. Um dos pontos de atrito entre as diferentes ciências da religião e a fenomenologia foi a pretensão desta última em oferecer, além da materialidade dos dados que intervêm no fenômeno religioso, o significado deles como única forma de chegar ao que destingue esse fenômeno de outros fenômenos humanos mais ou menos afins. Para isso, a fenomenologia pretende utilizar, como passo indubitável de seu método próprio, a compreensão (*Verstehen*), forma peculiar de conhecimento dos fenômenos humanos própria das ciências do espírito, em oposição à mera explicação (*Erklären*), característica do conhecimento dos objetos naturais, própria das ciências físico-naturais.

Nesse aspecto, a discussão metodológica parece estar passando, de uma oposição radical dos dois procedimentos, a descobrir sua convergência e complementaridade para dar conta do fato religioso em sua integridade.

Semelhante evolução se explica pela presença de explicações científicas que também recorrem ao método de compreensão e, sobretudo, pela evolução da matemática geral da explicação e compreensão, no campo da epistemologia e da teoria da ciência. Essa convergência exigiu matizar a natureza da compreensão, eliminando dela a presença, nos "clássicos" da fenomenologia da religião, de tendências psicologizantes que insistiam na necessidade de "harmonizar-se" com os sujeitos religiosos, exercer para com eles uma espécie de empatia ou simpatia que levava alguns autores a exigir dos intérpretes do fenômeno religioso uma "revivência" das experiências nele contidas. Tais exigências metodológicas levavam em casos extremos a transformar a fenomenologia da religião num "exercício religioso", que parecia supor, para o exercício da fenomenologia da religião, a exigência de aceitar previamente a verdade dos fatos estudados.

As novas formas de entender a indispensável compreensão do fenômeno religioso para captar seu significado insiste agora na necessidade de inscrever o religioso no mundo a que pertence, o mundo do sagrado, da mesma maneira que compreender um poema exige inseri-lo no mundo estético, no mundo poético do qual faz parte. Mas, semelhante inscrição não se confunde com os processos psíquicos que acontecem no poeta ou em seus leitores. Na compreensão trata-se fundamentalmente de captar significados, e isso tem a ver sobretudo com a intencionalidade. "Compreendem-se as metas e fins de um agente, o significado de um sinal ou de um símbolo e o sentido de uma instituição social ou de um rito religioso". Ou seja, a noção de compreensão e a de sentido são correlativas. A presença do sentido remete a uma intenção e esta à presença de um sujeito cuja interioridade se expressa na realidade externa portadora do sentido. Pois bem, se já não há remédio senão falar de compreensão em relação com o fenômeno religioso é porque todas as suas manifestações contêm um sentido, na medida em que nelas se expressa um intenção peculiar do sujeito. Só que a pluralidade de aspectos e níveis presentes em todo fenômeno humano, especialmente no religioso, é tal que a relação com ele são possíveis diferentes formas de acesso, e isso torna necessários outros tantos métodos para uma interpretação global desse fenômeno.

Restringindo-nos ao essencial, cabe destinguir três níveis de conhecimento do fenômeno religioso que geram os três passos indispensáveis numa "ciência integral das religiões" (G. Schmid) e que correspondem às três etapas que poderíamos chamar histórica, sociológica, psicológica. O primeiro desses três passos consiste na descrição dos fatos. Nele é indispensável superar a influência negativa dos preconceitos que impedem descobrir todos os seus elementos e levar em conta as pré-compreensões que o condicionam. Também se deverá, nesse primeiro momento, proceder analiticamente, considerando o objeto, o fenômeno religioso, a partir de todas as perspectivas possíveis. Por outro lado, visto que todo elemento significativo se insere em contextos mais amplos, a descrição de cada um deles deverá prosseguir na atenção às múltiplas relações que mantém com outros elementos do mesmo fato e com outros fatos do contexto cultural ou social a que pertencem.

O próprio da compreensão é a captação do sentido presente nos elementos da estrutura à qual se chega no passo anterior. Porque o fenômeno religioso e todos os seus componentes têm em comum o fato de serem realidades simbólicas nas quais coincidem determinadas experiências humanas e uma realidade de outra ordem, à qual os significantes desses símbolos remetem e que se fazem presentes neles, captar a intenção de um fenômeno religioso ou compreendê-lo supõe considerar ao mesmo tempo os diferentes aspectos que contém e sua relação com o contexto no qual aparece, ou seja, descrever sua estrutura irá supor também levar em conta sua condição de símbolo, descobrindo sua referência à realidade de outra ordem, à qual remete; e irá supor em último lugar que se perceba sua condição de exprimir uma experiência do sujeito que nele interfere. As diferentes ciências das religiões estudam o fenômeno religioso em seus diferentes aspectos: culto, crenças, instituições etc., dentro do contexto histórico e cultural no qual aparece.

Nesse fenômeno considerado em seu todo, enquanto expressão de uma experiência e símbolo de outra realidade, a fenomenologia descobre uma estrutura significativa, na medida em que semelhante fenômeno expressa determinadas experiências pelas quais o sujeito entra em contato com a realidade. A fenomenologia da religião não tem por que afirmar como existente a realidade à qual remetem os diferentes aspectos do fenômeno; isso é o que produz a atividade religiosa, a "fé" do sujeito que o fenomenólogo põe entre parênteses. Para ser fiel a seu objeto, a fenomenologia tampouco pode eliminar arbitrariamente de sua consideração do fenômeno religioso o aspecto de expressão de uma experiência e símbolo de outra realidade que lhe são consubstanciais. Suprimi-los suporia desvirtuar sua consideração da religião e deixar de perceber o que sua peculiaridade lhe empresta. Entendida assim, a compreensão, traço característico do método da fenomenologia, não constitui um método alternativo para a explicação própria das ciências, mas um novo passo no acesso ao conhecimento global de um fenômeno dotado de diferentes níveis de significação. Um novo passo que ganhará muito se levar em conta a descrição devidamente contextualizada do fenômeno em seus diferentes aspectos, descrição própria das ciências, e a articulação com todas elas.

III. Para uma descrição da estrutura do fenômeno religioso. Dotada do método descrito, a fenomenologia da religião se propõe captar a estrutura do fato religioso presente nas suas diferentes manifestações que são as muitas religiões da história. Para mostrar a natureza e o alcance do conhecimento que estamos tentando descrever, nada melhor do que resumir a ideia de estrutura da religião à qual chega a fenomenologia tal como a entendemos. A estrutura da religião tem seu centro no núcleo bipolar que consta, por um lado, da presença de uma realidade anterior e superior ao ser humano, à qual as diferentes religiões se referem com representações distintas: Deus, os Deuses, o Divino, o Absoluto, e à qual atribuem nomes diferentes, tais como Brahman, Tao, Javé, Alá, Ahura Mazda etc. Para nos referir a essa realidade, propusemos a utilização da categoria de Mistério definida pelos traços característicos comuns à realidade designada com todos esses nomes: transcendência absoluta, íntima imanência e presença originante no centro da realidade e no coração da pessoa.

O outro polo do núcleo da estrutura da religião é constituído pela resposta da pessoa religiosa à presença do Mistério em sua vida. Resposta que comporta uma atitude de total transcender a si mesmo, como único meio de acesso à realidade absolutamente transcendente, dotada por sua vez de uma dimensão salvífica que permite ao sujeito que a vive realizar-se de forma plena e definitiva no além de si mesmo, além que se lhe abre bela presença da absoluta transcendência nele. Também este segundo polo do núcleo da estrutura da religião recebe nomes diferentes nas diferentes religiões: atitude teologal, fedelidade, islã *devotio*, *bhakti*, *wu wei*, ou seja, não-ação, nirvana etc., nomes que se referem a atitudes análogas que reproduzam, cada uma a seu modo, a mesma atitude de transcendência com sua correspondente dimensão salvífica.

O terceiro elemento da estrutura da religião é formado por sistemas extraordinariamente variados de realidades mundanas de toda ordem e de ações humanas em que o sujeito projeta e expressa a presença in-objetiva do Mistério e sua atitude de reconhecer essa presença. É o mundo das hierofanias, das mediações religiosas, tão plural e variado como as culturas dos povos que vivem as diferentes religiões e os aspectos e dimensões das pessoas que nela intervêm. A estes sistemas pertencem as realidades do mundo nas quais os seres humanos de todas as épocas têm reconhecido os símbolos da Transcendência, as crenças com que formularam seu reconhecimento sobre ela, os ritos com que o celebraram, as comunidades que esse reconhecimento congregou etc. Todos os dados da história parecem mostrar que os sistemas de mediações, nos quais consiste o corpo expressivo de cada religião, são universos simbólicos levantados pelos povos que vivem essas religiões, em perfeita correspondência com suas circunstâncias históricas e culturais. Mas, o fato de que com eles se vejam remetidos além de si mesmos indica que com tais construções respondem à necessidade de transcendência que põe neles a presença dessa realidade que os antecede e os atrai, a presença do Mistério.

Todos esses elementos da estrutura das religiões aparecem inseridos num mundo humano peculiar, numa ordem de realidade original que designa a categoria do sagrado, à qual historiadores, fenomenólogos e sociólogos da religião vêm recorrendo para resumir o parentesco, o ar de família, de que compartilham todas as religiões e que as transforma em manifestações de um fato humano específico.

Recordemos, para não confundir essa proposta de estrutura da religião com uma definição de sua essência, que tal estrutura se realiza a seu modo e em forma apenas analógica em cada uma das religiões da história.

IV. Fenomenologia da religião e as ciências das religiões. A variedade e pluralidade de formas, dimensões, aspectos e estratos do fenômeno religioso explica a aplicação de toda a variedade de perspectivas e métodos das ciências humanas a seu estudo, dando assim lugar ao aparecimento das múltiplas ciências das religiões.

Já nos referimos à prioridade da história das religiões no conjunto delas. Uma prioridade não só cronológica, por ter sido a primeira a desenvolver-se, mas também "qualitativa" e de importância, por haver proporcionado a todas as demais os materiais sobre os quais elas trabalham. A história das religiões se tem desenvolvido com métodos e enfoques diferentes. Alguns autores a cultivam aplicando ao estudo do fenômeno religioso o mesmo método histórico que se aplica ao estudo do resto dos aspectos do fenômeno humano. Seus estudos são, pois, histórias que se ocupam desse setor peculiar da história humana que é a religião. Tais historiadores se especializam em geral num setor da história das religiões, como condição indispensável para poder abarcar o cúmulo de circunstâncias de todo tipo que condicionam o aparecimento e o desenvolvimento de cada religião. Outros pretendem oferecer uma visão panorâmica ou sintética do fenômeno religioso e recorrem, com menor ou maior afã e com maior ou menor rigor, ao método comparativo, oferecendo uma história comparada que apresenta não poucos traços em comum com a consideração fenomenológica.

O evidente caráter social do fenômeno religioso fez com que, já em certa medida desde A. Comte, mas sobretudo desde É. Durkhein na França e M. Weber e E. Troeltsch na Alemanha, se aplicasse ao estudo da religião o método próprio das ciências sociais, originando assim o aparecimento da sociologia da religião. Em seu desenvolvimento podem-se distinguir várias correntes principais: a sociologia da religião no sentido estrito, que estuda o caráter social do fenômeno religioso, a relação entre religiosidade e sociabilidade, a função social da religião, a variedade de grupos religiosos e os traços característicos de cada um deles. Alguns dos cultores da sociologia da religião desta corrente, como é o caso de Durkhein, caíram com certa frequência no excesso sociologista que reduz a religião a produto da sociedade. Recentemente, os sociólogos da religião desta corrente estudam sobretudo o lugar do fator religioso nas diferentes sociedades, oferecendo diferentes explicações do processo de secularização e estudando o surgimento, a natureza e a evolução das novas formas de religiosidade.

A sociologia dialética representada pelo pensamento marxista, que reduzia a religião a produto ideológico de determinadas infraestruturas sociais de caráter econômico, teve influência particular durante muitas décadas.

Por fim, a partir dos anos trinta do séc. XX desenvolveu-se, sobretudo na França, o estudo das religiões com os métodos das ciências sociais destinado a conhecer a situação de cada uma delas numa determinada sociedade, originando uma ramificação especial conhecida em geral como sociologia religiosa.

Basta ver os melhores estudos de cada um dos seguintes parágrafos para perceber o quanto contribuíram para o melhor conhecimento do fenômeno religioso, sobretudo quando evitaram o perigo do sociologismo, fizeram objeto de seu estudo a influência dos fatores sociais sobre as religiões e destas sobre as sociedades em que vivem e prestaram atenção à enorme variedade de aspectos do fenômeno que estudam. Dois textos de J. Wach remetem a sociologias da religião deste estilo: "Mediante a consideração sociológica da religião, espero não só colocar em evidência o significado material da religião, mas obter, além disso, uma percepção nova das relações entre as diversas formas de expressão da experiência religiosa e, eventualmente, uma compreensão melhor dos diversos aspectos da própria experiência religiosa". "O juízo a estabelecer sobre a influência exercida pala diferenciação social nas ideias e nas instituições religiosas deverá ser complementado pela estima do efeito produzido pelos impulsos e pelas atividades religiosas na evolução da estratificação social".

A descrição da estrutura do fenômeno religioso que propusemos mostra com clareza a presença nele de um lado subjetivo: a resposta ao Mistério, chamada a repercutir sobre todos os aspectos e níveis da pessoa nele implicada. Daí o interesse já antecipado da psicologia moderna pelo estudo da religião e da aplicação de seus métodos à explicação do fenômeno religioso, da qual surgiu a psicologia da religião. Ligado ao aspecto social do fato religioso enfatizado pela etnologia e pela sociologia da religião, W. Wundt escreveu uma *Völkerpsychologie*, na qual explicava a vivência coletiva da religião pelas sociedades arcaicas e pela linguagem mítica na qual se expressava, recorrendo às ideias do animismo, então em voga, segundo as quais a divindade é a sublimação da representação de uma alma universalmente extendida por toda a natureza.

Mais importância tiveram os estudos iniciados por W. James com sua obra *Las variedades de la experiencia religiosa* (1902), que corrigia a bastante propalada redução dos fenômenos psíquicos da religião ao terreno da psicopatologia, a partir de posturas de claro "materialismo médico", utilizava um método empírico baseado nos relatos de experiências oferecidos pelos sujeitos que as tinham vivido, oferecia uma descrição bastante rica dos estados de ânimo religiosos neles contidos e insistia na importância da maturação, no inconsciente, do que aflora mais tarde à consciência nos momentos que as experiências religiosas extraordinárias representam.

A terceira corrente da psicologia da religião é representada pela psicanálise freudiana, que na base de pressupostos ideológicos naturalistas explica a religião sucessivamente como tentativa de apagar aos rastros de um crime primordial, na consciência, nas etapas mais arcaicas da evolução da humanidade, do pai do grupo; como a sublimação infantil da imagem de um pai toto-poderoso; como uma neurose obsessiva de caráter coletivo, e como ilusão, no sentido de projeção dos desejos mais profundos do sujeito.

Como aconteceu com a sociologia da religião, os estudos da psicologia da religião destacam o quanto a psicologia pode contribuir para o conhecimento de aspectos importantes do fato religioso e a tendência de alguns de seus cultores a erigir a psicologia em explicação exaustiva do fenômeno religioso, caindo no reducionismo psicologista.

A ninguém se esconde a importância da perspectiva antropológica para o conhecimento do fenômeno religioso. Isso explica a relação permanente da antropologia em suas diferentes etapas e orientações: etnologia, antropologia social e cultural por um lado, e antropologia filosófica por outro, com as ciências das religiões. A importância dessa perspectiva leva alguns autores a apresentarem a antropologia da religião como marco no qual se inserem os outros conhecimentos ou como ponto alto de seus resultados. Acontece além disso que os estudos de natureza diferente parecem orientar-se para o descobrimento e justificação da existência de um *homo religiosus* como sujeito da religião em todas as suas etapas e formas.

Desde o séc. XIX, o estudo das religiões e das culturas da Antiguidade já se tem desenvolvido na base do estudo filológico e exegético dos textos em que foram gerados. Tais estudos revelaram que suas conclusões se tornam indispensáveis para o conhecimento e a interpretação das religiões, das quais fazem parte. Essas conclusões são por isso fonte indispensável para a história das religiões e para o resto dos conhecimentos que nela se apoiam.

A condição expressiva do conjunto das mediações religiosas faz com que nelas tenham lugar central os problemas relativos às diferentes linguagens: símbolos, mitos, ritos, profissões de fé, orações, doutrinas etc., presentes nas diferentes religiões. Daí a importância das teorias sobre as linguagens humanas para o estudo da religião e para a contribuição que o conhecimento das religiões pode representar para as teorias sobre a linguagem.

Nas últimas décadas, a atenção para a influência do *habitat* no comportamento humano e o desenvolvimento da consciência ecológica produziram propostas de *geografias* e de *ecologias da religião* como meios para responder a aspectos do fenômeno religioso que tinham resistido aos conhecimentos cultivados até hoje.

V. Complementaridade dos diferentes conhecimentos sobre a religião. Nos últimos anos, alguns cultores das ciências das religiões, em especial da história, vêm questionando a legitimidade da perspectiva fenomenológica, que acusam de apriorismo, tendência à elaboração de sínteses apressadas e cultivo de excessivo "espírito de sistema". Semelhantes rejeições baseiam-se, em algumas ocasiões, em preconceitos derivados de uma concepção unívoca e excessivamente rígida de ciência, e, noutras ocasiões, na falta de precisão terminológica de algumas das primeiras formulações da fenomenologia.

Nossa concepção da fenomenologia reconhece a contribuição indispensável dos estudos analíticos das diferentes ciências das religiões, mas acredita ser indispensável a atenção ao fenômeno religioso em seu conjunto e considerado no que o distingue do resto dos fenômenos humanos, isso é o que caracteriza a fenomenologia. As duas formas de conhecimentos são indispensáveis para um conhecimento integral do complexo fenômeno religioso, e é tarefa daqueles que os cultivam trabalhar na "articulação dos sentidos", aos quais se abre cada uma delas.

Tanto a natureza dos conhecimentos sobre a religião a que acabamos de nos referir como os resultados a que chegam tornam indispensável uma referência à relação de todos eles com os conhecimentos "normativos" sobre a religião, os que propõem o problema da verdade última do fenômeno religioso, ou seja, a filosofia da religião e da teologia.

A filosofia da religião apareceu na história do pensamento antes da fenomenologia, e durante bom tempo consistia numa determinação da essência da relação religiosa deduzida a partir das concepções de Deus e do ser humano em cada sistema metafísico. Semelhante determinação podia fazer-se em alguns casos com atenção aos fenômenos religiosos – Kant e Hegel. Porém, mais do que surgir deles, se lhes impunha a partir da noção derivada da própria filosofia sobre religião.

Uma vez que o melhor conhecimento das religiões, graças sobretudo ao desenvolvimento das ciências das religiões, impôs a evidência da existência e da peculiaridade do fenômeno religioso, a filosofia da religião só se concebe como nova forma de consideração desse fato que consista na reflexão crítica de nível filosófico sobre ele, que pergunte sobre suas razões de ser, seu valor e eventual justificação racional (H. Duméry).

Embora considerada como crítica filosófica do fenômeno religioso previamente descrito pela fenomenologia, a filosofia da religião pode realizar-se de acordo com modelos diferentes.

O primeiro, aceitando como resultado da fenomenologia a existência no homem de uma dimensão religiosa, ou a existência de um *homo religiosus*, indagará as razões nas quais se fundamenta a afirmação dessa dimensão, as condições de possibilidade da realidade que a fundamenta e as condições racionais para a realização da relação que as une.

Mas, suposta a fenomenologia da religião, e suposta também uma filosofia da religião segundo o primeiro modelo, o que poderia denominar-se uma filosofia fundamental da religião, outros modelos de filosofia da religião podem aplicar seu rigor crítico às formas concretas de que esse fenômeno se revestiu ao longo da história para avaliar seus diferentes aspectos, criticar as categorias que empregam e mostrar a racionalidade de sua aceitação pelos sujeitos que os vivem.

Dois traços deverão caracterizar a filosofia da religião assim entendida: o respeito ao que o fato religioso tem de peculiar e a necessária audácia crítica para que se possa falar de reflexão filosófica. A maior dificuldade de toda filosofia da religião consistirá em manter e realizar conjuntamente essas duas exigências.

Com relação à teologia, houve momentos, sobretudo na universidade alemã, nos quais o critério de demarcação com a ciência das religiões passava pela divisão da história das religiões em dois grandes campos: a religião de Israel e o cristianismo, atribuídos à teologia, e o restante das religiões, objeto da ciência das religiões. Parece mais razoável situar esse critério de demarcação na fonte de conhecimento e no método próprio de cada um desses dois conhecimentos. Porque existem, pelo menos na teoria, tantas teologias quantas religiões, as diferentes teologias estudam a própria religião a partir do interior da crente adesão a ela, e na base dos textos canônicos, a tradição que originaram e a pertença à comunidade religiosa que a encarna. As ciências das religiões e a fenomenologia, entretanto, estudam o fato religioso em sua universalidade, colocando entre parênteses a adesão crente e com o método já descrito que lhe é próprio.

A atual situação de acesso à consciência planetária, de globalização de todos os aspectos do fenômeno humano, de melhor conhecimento dos diferentes povos do planeta, e o consequente pluralismo religioso parecem impor aos teólogos das diferentes religiões a necessidade de conhecer o restante das religiões, de confrontar com elas os traços da própria identidade e de dialogar com seus representantes para ficarem na disposição de colaborar com todos eles na solução dos graves problemas comuns. Com isso parece hoje indispensável a familiarização dos teólogos das diversas tradições com os resultados das ciências das religiões para realizarem uma teologia à altura das exigências e necessidades de hoje.

Isso explica que foram as Faculdades de Teologia as primeiras a fundar cátedras de ciências das religiões e que hoje começam algumas a estabelecer em seu seio Departamentos ou Institutos de Ciências da Religião. Superado o etnocentrismo religioso vigente em todas as religiões, que levava os teólogos a afirmarem como Harnack: "quem conhece o cristianismo conhece todas as religiões", hoje estamos fazendo a experiência que M. Müller expressava em sua célebre confissão: "quem não conhece mais do que uma religião [a própria] não conhece nenhuma". Por outro lado, diante do temor bastante frequente nos responsáveis pelas instituições religiosas de que o conhecimento e o contato com os outros conduz ao relativismo, à indiferença e à perda da própria identidade, hoje somos chamados a descobrir que a relação com os diferentes nos permite melhor conhecimento e maior apreço pela própria religião. Recordemos o que dizia no fim da vida o teólogo e historiador das religiões N. Söderblom : "Eu sei que o meu Salvador vive; isso me ensinou a história das religiões". De fato, são muitos os teólogos que afirmam que o pluralismo religioso será, e já está sendo, o problema por excelência para as teologias no século que começa. E é garantido que a esse problema não serão capazes de responder sem um diálogo efetivo com os resultados das diversas ciências das religiões.

VI. Busca de reconhecimento acadêmico das ciências das religiões. Se é verdade que uma disciplina adquire classificação acadêmica quando existem cátedras para seu ensino, revistas para a publicação dos trabalhos de pesquisa, congressos nos quais se confrontem essas pesquisas e enciclopédias que sintetizem e ponham ao alcance do grande público seus resultados, deve-se reconhecer que as ciências das religiões conseguiram hoje, na maior parte dos países avançados, essa classificação de forma indubitável.

O caminho que conduziu a esse reconhecimento não foi fácil. Teve de superar, por um lado, as dificuldades que determinadas Faculdades de Teologia opunham, temerosas de que o novo conhecimento suplantasse seus ensinamentos, e, por outro, os receios dos círculos positivistas e racionalistas, incapazes de admitir que a religião pudesse ser objeto de estudo "científico". Superando as duas dificuldades, foram-se fundando, na segunda metade do séc. XIX, cátedras de história das religiões, sucessivamente, na Suíça, na Holanda e na Suécia, primeiro em Faculdades de Teologia e depois à margem delas e em alguns casos substituindo-as. Na França, as primeiras cátedras de ciências das religiões foram fundadas no Collège de France e na École Pratique des Hautes Études; na Bélgica, na Universidade Livre de Bruxelas. A porta de entrada para a ciência das religiões na Alemanha foram os estudos sobre Bíblia, germanística, orientalística e filologia comparada. Entretanto, nos estudos de história comparada das religiões, os alemães dependeram durante anos de professores e livros de holandeses e escandinavos. Um fato que se explicou em parte pelo receio das poderosas Faculdades de Teologia alemãs frente a esses novos conhecimentos. A partir de 1880, na Universidade de Roma, a Itália também dispôs de uma cátedra de história das religiões, que, dois anos após, passou a chamar-se de história do cristianismo, até que surgiu posteriormente uma escola independente de história das religiões.

Na Inglaterra, depois dos trabalhos de F. Max Müller, que passam por significar o começo da moderna ciência das religiões, os pioneiros no oferecer cursos regulares de religiões comparadas foram dois professores em Colégios teológicos cristãos, demonstrando assim que nem todos os teólogos compartilharam desde o princípio dos receios de não poucos deles. Nos Estados Unidos, a história das religiões começou a desenvolver-se em época relativamente tardia, mas nos fins do séc. XIX a situação não era muito diferente dos países europeus.

A Universidade espanhola demorou muito a incorporar-se nesse movimento, e só nos últimos anos surgiram iniciativas, como a criação de uma Sociedade Espanhola de Ciências das Religiões, que mostram que se vai tomando consciência do fato e se tenta criar ambientes acadêmicos para remediá-lo.

H. Cancik, B. Gladigow e M. Laubscher (eds.), *Handbuch religionswissenschaftlicher Grundbegriffe*, 4 vols., Stuttgart, 1988-1998; A. M. di Nola (ed.), *Enciclopedia delle religioni*, 6 vols., Firenze, 1970; F. Diez de Velasco, *Introducción a la historia de las religiones. Hombres, ritos, dioses*, Madrid, Trotta, ³1995; L. Duch, *Antropología de la religión*, Barcelona, Herder, 2001; M. Eliade, *Lo sagrado y lo profano*, Madrid, Alianza, 1973; id., *Historia de las creencias y de las ideas religiosas*, 4 vols. Madrid, Cristiandad, 1978-1983; id., *Tratado de historia de las religiones*, Madrid, Cristiandad, 2000; id. (ed.), *Encyclopaedia of religion*, 16 vols., New York, 1987; G. Filoramo, *Diccionario Akal de las religios*, Madrid, Akal, 2001; J. Gómez Caffarena e J. María Mardones, *Cuestiones epistemológicas. Materiales para una filosofía de la religión* I, Barcelona, Anthropos, 1992; J. Hastings (ed.), *Encyclopaedia of Religion and Ethics*, 12 vol. Edimburgh, 1908-1921; F. Lenoir e Y.-T. Masquelier (eds.), *Encyclopédie des religions*, 2 vols., Paris, 1997; F. Martín Velasco, *Introducción a la fenomenología de la religión*, Madrid, Cristiandad, ⁶1997; M. Meslin, *Aproximación a una ciencia de las religiones*, Madrid, Cristiandad, 1978; R. Otto, *Lo santo*, Madrid, Alianza, 1980; X. Pikaza, *El fenómeno religioso. Curso fundamental de religión*, Madrid, Trotta, 1999; J. Ries, *Tratado de antropología de lo sagrado*, 5 vols., Madrid, Trotta, 1989-2005; E.-J. Sharpe, *Comparative Religion. A History*, La Salle, III, 1987; J. Waardenburg, *Significados religiosos*, Bilbao, DDB, 2001; G. Van der Leeuw, *Fenomenología de la religión*, México, FCE, 1964; J. Wach, *El estudio comparado de las religiones*, Buenos Aires, 1967.

Juan Martín Velasco

RESSURREIÇÃO

1. Dificuldades de linguagem. Rahner costumava dizer que só recorrendo a uma "linguagem paradoxal" podemos evocar a ressurreição. Isso porque a mensagem cristã sobre a ressurreição supera toda possível analogia com referentes conhecidos. Nossas disponibilidades linguísticas para evocar a promessa cristã de ressurreição são muito limitadas. A expressão "ressurreição dos mortos" é todo um desafio linguístico. Para grandes teólogos de nosso século, as expressões "ressurreição dos mortos" e "Deus" são equivalentes. Tal é o caso de K. Barth e R. Bultmann. É provável que tenham razão. Já no AT outorga-se a Deus o atributo de "ressuscitador de mortos".

Evocar o tema da ressurreição é, pois, tão difícil como falar de Deus. Só os poetas realizam com certo decoro essa tarefa. Isso explica que tanto o AT como o NT evoquem o tema valendo-se de metáforas, parábolas, símbolos e imagens literárias de todo gênero. O livro II dos Macabeus insere o tema da ressurreição num contexto de martírio e sofrimento. Os sete irmãos torturados anunciam ao tirano que para ele não haverá ressurreição para a vida. Para evocar a ressurreição, foi necessário contar um episódio doloroso.

É a mesma linha que seguirão os autores do NT. Também eles dão poderoso impulso à teologia narrativa: contam a história de Lázaro, do filho da viúva de Naim, da filha de Jairo. A própria ressurreição de Jesus chega até nós através de um desenvolvimento narrativo de grande alcance: narra-se a peregrinação das mulheres ao sepulcro, dão-se relatos ingênuos sobre a guarda do sepulcro, a tumba vazia e as aparições do Ressuscitado. O próprio Paulo, a quem se acusou de tudo, menos da falta de capacidade teórica, serve-se, em seu magistral capítulo 15 de 1Cor, a todo gênero de metáforas, símbolos e hinos, para tornar inteligível a ressurreição.

A ressurreição – tanto a de Jesus como a do resto da humanidade – é um tema humano limite. É nosso último atrevimento frente à tumba dos entes queridos. É nossa maneira de lhes dizer que continuamos querendo bem a eles. Diante das pretensões da apologética católica tradicional, é necessário afirmar que a ressurreição não será jamais um acontecimento demonstrado nem demonstrável. Antes, pode-se aplicar a ele a conclusão lapidar de Unamuno: "Nada digno de provar-se pode ser provado nem des-aprovado".

Para falar da ressurreição, a teologia, além de retornar sempre às fontes bíblicas, deve dar uma olhada à história da cultura, da arte e da filosofia. O teólogo topará assim com um acúmulo de dados que testemunham inquietação e apego quase desesperado a um "plus" além das fronteiras da morte. Não se deve renunciar a nenhuma forma de linguagem. A linguagem sobre a ressurreição só se torna indigna quando se torna segura. Um discurso sobre o nosso tema que não contivesse o máximo de vacilação seria, paradoxalmente, pouco convincente.

Os escritores bíblicos privilegiarão sempre uma metáfora: a do despertar do sono. Assim como os que estão dormindo despertam para a consciência, assim os mortos despertarão para uma nova vida. O interesse dos homens do NT por esta e outras metáforas nos mostra que resistem a declarar a ressurreição completamente inefável. Seus esforços por ultrapassar os limites da linguagem e conquistar um nome para o inominável ganham toda a nossa simpatia.

II. O substrato antropológico. No Ocidente existe uma tradição antropológica segundo a qual a ressurreição satisfaz uma das exigências fundamentais do ser humano. É a "melancolia da plenitude" evocada por E. Bloch. Os humanos, afirma essa antropologia, ultrapassam o pobre limite das possíveis realizações intra-históricas. Em outras palavras: superam sempre os limites da finitude e esperam uma plenitude para além da morte. Considera-se um dado empírico: que o ser humano não encontra sua autorrealização dentro da frágil contingência na qual se desenvolve sua vida. O pano de fundo da morte encobre todo indício possível de felicidade. "A morte – escreve W. Pannenberg – questiona radicalmente qualquer indício de sentido na vida individual". Exatamente porque a morte é muda e cruel, o ser humano resiste a outorgar-lhe honras de última instância. Lança-se assim à aventura de conceber outra vida, um além da morte.

É essa uma tarefa na qual a filosofia se transformou, durante séculos, em aliada da teologia. Também ela rejeitou as perfeições definitivas. Defendeu que o mais importante no ser humano, a alma, não morreria. Platão já ofereceu as provas dessa imortalidade. A mais importante delas é a que se refere ao caráter eterno das ideias. Se as ideias que a alma capta são eternas, também ela o será. Há uma semelhança prévia entre a alma e as ideias.

De fato, a ideia da imortalidade da alma deslocou, por séculos, a esperança para ressurreição dos mortos, proclamada pelo cristianismo. Trata-se de um deslocamento difícil de compreender. A separação entre corpo e alma – subjacente à filosofia platônica – é oposta à antropologia bíblica. Segundo esta, o ser humano é, antes de tudo, unidade. A ideia de uma alma que, separada do corpo, continua vivendo noutras esferas, é alheia à antropologia bíblica.

Existe, pois, uma antropologia, chamemo-la dos inquietos, que encaixa bem com o anúncio da ressurreição. Para ela, a ressurreição também é um postulado, uma exigência. Em sua defesa estão homens como M. Scheler, A. Gehlen, M. Buber, K. Rahner e muitos outros. Todos eles desejam radicalmente que não se interrompa para sempre a vida. Mas, a todos se deveria lembrar, como escreve Javier Muguerza, que o desejo é "algo que os poetas sabem bem ser suscetível de entrar em conflito com a 'realidade' e que pode ficar, portanto, insatisfeito".

Mas, nem todos os impulsos do pensamento antropológico atual entoam o mesmo *cantus firmus*. Nem tudo são inquietações no seguimento de Pascal, Kierkegaard ou Unamuno. Professa-se também a renúncia ao desejo de um "além". Entre nós Tierno Galván o expressou com toda a clareza desejável: "Eu vivo perfeitamente na finitude, e não preciso mais". Em semelhante chave, o filósofo utilitarista J. Stuart Mill decide, como seu admirado mestre Bentham, buscar "unicamente o que é possível alcançar". Neste espírito escreve: "Vejo-me inclinado a pensar que, conforme a condição da humanidade vai melhorando, e os homens são cada vez mais felizes com suas vidas e mais capazes de encontrar uma felicidade não fundamentada no egoísmo, irão preocupando-se menos com as promessas de uma vida futura". E acrescenta: "Precisamente os que nunca foram felizes são os que têm este desejo. Aqueles que possuíram a felicidade podem suportar a ideia de deixar de existir; mas para quem nunca viveu deve ser duro morrer".

J. Stuart Mill parece estar de acordo com Rilke: "Cada coisa em seu tempo. Exatamente em seu tempo, e nada mais. E também nós em nosso tempo. E nunca mais". Se alguém tenta ir além, pensa J. Stuart Mill, porque não é uma "alma generosa", porque está "apegado a seu próprio eu", porque é incapaz de "identificar-se com nenhuma outra coisa que sobreviva a ele ou de sentir que sua vida se prolonga nas jovens gerações e em todos aqueles que ajudam a continuar o movimento progressivo dos assuntos humanos..."

É mais: nem sequer a teologia se viu livre dessa classe de debates. A teóloga protestante D. Sölle, comprometida com todas as causas nobres, qualifica de "ateia" a pergunta por um "além". Estas eram suas palavras: "A pergunta se tudo termina com a morte é uma pergunta ateia. Pois, o que é esse 'tudo' para ti? Tu não podes descrever tua própria morte com a fórmula 'então tudo se acabou'. Porque é precisamente essencial à definição do cristão que ele não é tudo para si. Não se acaba tudo; tudo continua. Continuam minhas ilusões, os projetos em comum que pus em marcha, as coisas que comecei e não terminei. É verdade que eu já não comerei; mas continuar-se-á cozinhando e comendo pão; e, embora eu já não beba, continuar-se-á vertendo o vinho da fraternidade. Eu já não respirarei como pessoa individual, como mulher do séc. XX, mas o ar continuará existindo aí para todos".

Sölle não se preocupa com sua própria sobrevivência pessoal. Contenta-se com que os outros continuem vivendo, com que não se interrompa essa corrente de fraternidade e beleza que ela descobre na criação. É acreditar em Deus em troca de nada. Sölle é a representante de uma generosa renúncia à ressurreição. Ela não tem a *sede de durar* que angustiava o nosso Unamuno. Não lhe importa que seu "eu" desapareça. E não está sozinha dentro do espectro teológico protestante de nossos dias. Não se pode negar grandeza humana e religiosa a essa postura. E pode-se também descobrir em algum teólogo católico hoje. "Não é evidente – escreve J. M. Pohier – que o melhor modo que Deus tem de conservar-me em sua memória seja fazer-me sobreviver". O importante é permanecer na memória de Deus. Para isso, não é necessário que Deus nos dê outra vida.

A finalidade desse trecho era oferecer uma amostra do inútil que é dogmatizar sobre o ser humano. Enquanto alguns humanos desejam, com enorme vigor existencial, viver sempre, outros se encantam serenamente por um final definitivo. Sem contar, naturalmente, os que considerariam uma diversão macabra todo discurso sobre outra vida. Bastou-lhes esta. São homens que conheceram o cansaço de existir. E não desejam mais futuro, senão a libertação do presente.

De fato, alguns textos de Paulo apontam para uma ressurreição restrita: apenas os que se salvarão é que se levantarão do pó da terra; a condenação dos condenados consistirá em que não ressuscitarão. A ressurreição deveria, portanto, identificar-se com a salvação. Não haveria, pois, uma ressurreição "neutra" (W. Pannenberg) subordinada ao juízo final. Se assim fosse, a ressurreição ficaria desvalorizada e perderia o seu caráter salvífico. Semelhante forma de ver as coisas parece mais plausível, e mais cristã, do que o discurso habitual sobre o inferno. A ressurreição como antessala do inferno é – seja permitida a expressão – uma triste graça, um presente envenenado. Em todo caso, biblicamente a ressurreição se identifica com a salvação.

Poder-se-á observar que o assunto de que tratamos é complexo. Já é hora de ir diretamente às fontes, que por si estas nos ajudam a esclarecer-nos.

III. A experiência de Israel. A ressurreição de Jesus é um acontecimento revolucionário na história das religiões. Nenhuma das grandes religiões da humanidade anunciou a ressurreição corporal de seu fundador ou de seus profetas. A morte sempre foi respeitada. Inclusive o zoroastrismo, a primeira escatologia sistemática da história das religiões, que influiria poderosamente nas visões escatológicas do judaísmo, do cristianismo e do islamismo, só anuncia uma ressurreição geral no final do mundo. A ideia de antecipar essa ressurreição universal e encarná-la num personagem histórico foi o *novum* absoluto trazido pelo cristianismo. A fé na ressurreição de Jesus foi o fator determinante da separação entre o judaísmo e o cristianismo.

Contudo, a fé cristã na ressurreição já surgiu enriquecida pela experiência de Israel. A religião judaica demorou muitos séculos para assumir o tema da ressurreição. Seus homens morriam "com muitos anos", sem propor perguntas sobre o além-túmulo. Unicamente a partir do séc. II a.C., por influência persa, vai penetrando em Israel a fé numa ressurreição individual. Fé que vai abrindo o caminho muito lentamente. Dois acontecimentos históricos importantes permitiram em Israel a fé na ressurreição.

1. A irrupção do individualismo. Enquanto Israel cerrou fileira em torno da ideia de povo, tribo e família, não se preocupou com o destino último de seus mortos. Pensava que continuariam vivendo em seus filhos. Daí porque o propriamente trágico não era a morte, mas morrer sem descendência. Na realidade, propriamente falando, só "morriam" os estéreis. Mas, se um bom israelita deixava este mundo tendo quem lhe continuasse sua obra, se seus filhos se aplicavam ao cumprimento fiel da lei, a vida dele não se extinguia.

Enquanto o indivíduo se explicou adequadamente por sua pertença à família, ao grupo ou à sociedade, não surgiram inquietações sobre o além-túmulo. Somente o progressivo enfraquecimento da rede compacta de interconexões familiares e grupais provocou a pergunta pelo "além".

2. O tema da justiça. Pode-se afirmar que Israel chegou a crer na ressurreição como protesto contra os acontecimentos humilhantes que teve de viver. Era necessário documentar que a perseguição e a derrota, por mais sangrentas que fossem, não se ergueriam como a vitória definitiva. Triunfador último seria Javé fazendo justiça ao oprimido e concedendo "outra vida" ao maltratado grupo de seus fiéis seguidores.

Antíoco IV (175-164), com seus crimes e crueldades, com seus saques e profanações, não teria a última palavra sobre Israel. Os Macabeus chamam a atenção do tirano: "Para ti não haverá ressurreição para a vida" (2Mac 7,14).

Deve-se agradecer a Israel ter introduzido no mundo a sensibilidade diante das injustiças da história. Sua teologia da ressurreição não se originou como resposta a caprichosos egoísmos de sobrevivência; foi, antes, uma tentativa desesperada de recuperar a história dos vencidos. Israel pretendeu alterar os resultados da história. E seguiu o caminho dos poetas: sufocou o absurdo do presente criando poderosas constelações de sentido futuro. O futuro seria das vítimas, dos vencidos.

Mas, a ideia de uma ressurreição universal propõe perguntas às quais só o silêncio responde. Por exemplo, a que faz W. Marxsen: "O que será dos milhões de corpos, abandonados pelo espírito de Deus, enterrados, por exemplo, em cemitérios que já não existem porque se transformaram em terra para a agricultura, que produziu espigas que hoje fazem parte do meu corpo?"

Aquele que acredita dirá que para Deus nada é impossível. Sim, mas... Afirmações tão descabidas, pensava Camus, aproximam-se perigosamente de uma espécie de "suicídio filosófico".

Mas a morte filosófica nos espreita também na outra esquina. Não se cometeria também suicídio filosófico esquecendo as vítimas, arquivando seu histórico e passando para outro tema? Dir-se-á que não é necessário esquecê-las. Pode-se manter viva a sua recordação sem postular para elas a ressurreição impossível. Neste caso se deveria afirmar que Israel propôs bem o problema: os vencidos não devem cair no esquecimento. Mas errou a solução: as vítimas ressuscitarão. É sobremaneira legítimo enxergar assim a realidade. A filosofia hoje conhece inflamadas evocações das "causas perdidas" sem encomendar a nenhum Deus o seu cuidado. Javier Muguerza afirma que "a defesa das causas perdidas" exige maior coragem do que o exigido para confiar a Deus essa tarefa. Outros, entretanto, como L. Kolakowski, julgam que a defesa das causas perdidas não é possível sem apelar para a imortalidade.

Provavelmente, do atrevimento de Israel poderíamos conservar dois aspectos. Em primeiro lugar, o imperativo ético, humano e religioso de manter viva a *memoria passionis* dos que nos precederam e que acumularam mais dor do que uma partilha equitativa teria exigido.

Em segundo lugar: situado numa encruzilhada de derrota e desolação, esse povo idealizou uma espécie de impossível-necessário que o honra. Em lugar de resignar-se, decidiu transcender as misérias do presente, abrindo-se para um consolo novo, que considerou firme. Pouco importaria, nesse contexto, que não existisse a ressurreição dos mortos. Para

Israel valeria o que Moltmann afirma da ressurreição de Jesus: é histórica, não porque se realize *na* história, mas porque *cria* história. Aplicado a Israel: sua fé na ressurreição dos mortos se transformou num salva-vidas amável para sua vida. Foi uma crença com consequências. A nova fé configurou a história desse pequeno povo. Quanto ao mais, a crença na ressurreição dos mortos não começou com Israel. Os historiadores das religiões concordam em que "até o mísero homem de Neandertal" (O. James) contava com uma vida no além-túmulo. Isto sim: todos os indícios apontam para o que se imaginava bastante parecido com isso. Daí a preparação de alimento para seus defuntos, as ferramentas e utensílios de que sempre tinham precisado. É muito improvável, reafirma James, que o homem de Neandertal tomasse o cuidado de enterrar cuidadosamente seus mortos, dotando-os de tudo quanto imaginavam que pudessem precisar no outro mundo, se não houvesse acreditado em alguma forma de vida, por mais indefinida que fosse. Enfim, valha esta lembrança como simples alusão a que a fé que Israel tinha na ressurreição nasceu enriquecida com a experiência de outras culturas.

IV. Outra experiência: a do Novo Testamento.
1. *O conflito das interpretações*. Judeus, cristãos e muçulmanos confiam ao mesmo Deus o futuro dos tratados injustamente pela vida. Mas, com uma diferença importante: enquanto o judaísmo espera pacientemente a ressurreição universal no fim dos tempos, o cristianismo mostra-se mais agressivo e proclama que a nossa história já foi testemunha de uma ressurreição: a de Jesus de Nazaré. A ressurreição de Jesus já antecipou a do restante da humanidade.

O anúncio é suficientemente espetacular para que em torno dele se dividam os espíritos. Limitamo-nos à crítica dos "afetados", ou seja, dos crentes. Objetar-se-á que essa delimitação garante de antemão um resultado positivo. Está certo. Por isso falamos de conflito de interpretações. Os teólogos que acreditam não questionam o *fato* da ressurreição de Jesus. Seu esforço concentra-se em descobrir a *interpretação* mais adequada. Entretanto, é provável, a historicidade da ressurreição de Jesus tem mais a temer de Bultmann do que de Renan. É que a crítica externa sempre manejou um mesmo e único argumento: Jesus não ressuscitou, porque a ressurreição é impossível. Parte-se de que só deve ocorrer o que pode ocorrer. E só pode ocorrer o que se pareça com o já ocorrido. Trata-se da tese formulada por E. Troeltsch ao falar da "onipotência da analogia". É evidente que, a partir dessa confabulação a favor da semelhança, torna-se inviável conferir caráter histórico à ressurreição de Jesus.

Mas, os teólogos se mostram insubmissos frente ao dogma da analogia. Pensam que esta preferência unilateral pelo semelhante, pelo que sempre retorna, pelo típico e regular, asfixiaria a essência do histórico, que consiste em manter-se aberto ao novo e individual.

Já nos referimos a R. Bultmann. Este grande estudioso do NT descobre uma linguagem altamente mitológica nos relatos sobre a ressurreição de Jesus. Reprova os evangelistas que colocam a ressurreição de Jesus no mesmo plano da de Lázaro. Bultmann sabe que Jesus, depois de sua morte, não voltou à vida que tivera anteriormente.

E, ao lado do mitológico, o "objetivante": o NT apresenta a ressurreição de Jesus como milagre que legitima, acredita e garante sua pretensão messiânica. E, neste ponto, Bultmann permaneceu sempre fiel à teologia dialética: a fé não admite provas nem busca fins utilitários. É esse o motivo pelo qual qualifica de "fatal" o texto de Paulo em 1Cor 15,6: "Em seguida, apareceu a mais de quinhentos irmãos de uma vez, a maioria dos quais ainda vive..." Seria como se o apóstolo dissesse: se alguém duvidar da historicidade do fato, pode perguntar às testemunhas que ainda estão vivas. Semelhantes insinuações verificacionistas chocam frontalmente com o conceito de fé bultmaniano. A ressurreição de Jesus é para Bultmann objeto de fé. E a fé não admite provas nem garantias. E, de imediato, se é "objeto de fé", não pode ser ao mesmo tempo "garantia da fé".

Não há dúvida: os relatos sobre o sepulcro vazio e sobre as aparições, destinados a enfatizar a corporeidade do Ressuscitado, são para Bultmann "construções posteriores que Paulo ignora". O escândalo alcançou sua maior expressão quando Bultmann afirmou que o histórico não era a ressurreição, mas a "fé dos discípulos" na ressurreição. Fé que, segundo ele, sempre destoou do problema histórico.

Bultmann concluiu que o valor último da ressurreição está em que expressa o significado da cruz. Unicamente a ressurreição revela que a morte de Jesus não foi o fim de um homem qualquer, mas a morte do Filho de Deus. O domingo da ressurreição é o melhor intérprete da sexta-feira santa. Sem ressurreição, a cruz permanece muda, ambígua. Unida à ressurreição, passa a ser o juízo final sobre o mundo. Bultmann proferiu sua frase decisiva: "A fé na ressurreição outra coisa não é senão a fé na cruz como acontecimento salvífico".

As reações não se fizeram esperar. Moltmann replica a Bultmann que não há dúvida de que as testemunhas da ressurreição falam de um fato que para eles tinha valor objetivo. Não informam sobre suas convicções nem sobre verdades às quais tenham chegado por meio de um processo de fé. Não dizem "estamos certos de que", mas "é certo que". Não falam sobre o que acreditam, mas sobre o que sabem. Não informam como crentes – era a tese de Bultmann – mas como testemunhas de um fato real que transformou suas vidas. Os discípulos não transmitem crenças, mas experiências.

Mais próximo a Bultmann, W. Marxsen sustenta que não é possível o acesso ao que realmente ocorreu. Os relatos sobre a ressurreição são criação da comunidade. O originário teve de ser a experiência da visão. Após sua morte, Jesus foi visto. Interpretando esta experiência, os homens do NT acabaram formulando: Jesus ressuscitou. Mas, semelhante afirmação era apenas uma interpretação da visão de Jesus. Marxsen dirá que era uma *interpretação*. Neste sentido, a fé não está obrigada a manter a expressão "ressurreição de Jesus". É possível continuar fiel à mensagem de Jesus sem dizer *expressis verbis*: ele ressuscitou. Não é necessário manter essa terminologia. A palavra "ressurreição" é resultado de uma reflexão, de uma interpretação. Outras culturas não o aceitariam. Dentro de uma antropologia grega, por exemplo, não teria sido possível falar de ressurreição. Os gregos teriam expressado a experiência da visão dizendo: "Verdadeiramente, Jesus abandonou seu corpo". A esperança se articulava para eles na liberação do corpo. Marxsen conclui: "A teologia cristã não deve nem pode, de modo algum, partir da ressurreição". A ressurreição dos mortos não é, pois, a única forma possível de manter a esperança de futuro.

Marxsen concentra tudo na experiência da visão. No entanto, E. Schillebeeckx não concede força probatória ao elemento visual. Embora as aparições – e o sepulcro vazio – fossem históricas, não poderiam ser o fundamento da fé na ressurreição de Jesus. Esse fundamento deve ser buscado no próprio Jesus terreno. Após a morte dele, os discípulos iniciaram um processo de conversão, no qual passaram da decepção, que lhes havia produzido a morte de Jesus, a reconhecer nele o profeta escatológico, o Cristo. O que os levou a essa conversão não foram as aparições nem o sepulcro vazio, mas um processo de reflexão no qual estiveram presentes vários fatores: a recordação da mensagem de Jesus, centralizada no amor de Deus; a suspeita de que pudesse ser o profeta escatológico; a reflexão sobre a morte violenta dos profetas bíblicos. Definitivamente, pensa Schillebeeckx, a origem da fé na ressurreição de Jesus deve ser buscada em sua vida. O impacto que deixou nos que o conheceram foi tão decisivo que estes compreenderam que sua morte violenta não podia ser o ponto final definitivo.

Mas, no séc. XX, ninguém como W. Pannenberg construiu todo o seu edifício teológico sobre a historicidade da ressurreição de Jesus. Pannenberg se propôs falar responsavelmente de Deus. Para isso é necessário relacioná-lo com a realidade em seu todo. Mas essa realidade não chegou ainda a seu final. Surge pois a necessidade de que alguém nos antecipe esse final. Esse "alguém" é Jesus. Porém Jesus só antecipa o final se ressuscitou dentre os mortos. Portanto, o acesso a Deus, a possibilidade de falar responsavelmente dele, passa pela ressurreição do cadáver de Jesus. Mas, como Bultmann e Schillebeeckx, Pannenberg desconfia da força comprobatória das aparições e do sepulcro vazio. As primeiras têm caráter tão lendário e apologético que Pannenberg não as considera históricas. Quanto ao que se refere ao sepulcro vazio, ainda que defenda sua historicidade – algo difícil de compreender, uma vez que seu caráter apologético e lendário é mais evidente do que o das aparições – julga que não pode recair sobre ela o peso de provar a historicidade da ressurreição. Essa missão deverá ser encomendada a Paulo. A prova mais fidedigna da historicidade da ressurreição de Jesus serão diversos versículos da primeira carta de Paulo aos Coríntios. Deles nos ocuparemos mais adiante.

2. *A angustiante responsabilidade de um texto*. Os mais destacados intérpretes dos textos evangélicos duvidam da historicidade dos relatos referentes ao sepulcro vazio e às aparições do ressuscitado. Trata-se de relatos que, com evidente intenção apologética, destacam a corporeidade de Jesus ressuscitado, convidam a "tocar e ver" e não têm dificuldade em apresentar um Jesus que, depois de sua ressurreição, ingere novamente alimento e convida Tomé a comprovar a existência de suas chagas. O mais provável é que se deva ler esses toques verificacionistas em chave de "desejo". Talvez os evangelistas nos tenham deixado por escrito o que teriam desejado: enfatizar o mistério feito pedaços, colocando em seu lugar técnicas humanas de controle e acesso ao divino.

Quanto ao sepulcro vazio, este só provaria que não havia cadáver algum dentro dele. Não se trata de uma demonstração da historicidade da ressurreição de Jesus. De fato, o sepulcro vazio foi, já então, um fenômeno ambíguo. Poderia significar que alguém tivesse roubado o cadáver, que fora trasladado do lugar ou que a morte de Jesus tivesse sido apenas aparente. Utilizado por P. Althaus e assumido por Pannenberg, o argumento de que os discípulos não teriam podido anunciar a ressurreição de Jesus em Jerusalém, se sempre se lhes podia remeter ao sepulcro onde estava seu corpo, não é tão decisivo como, numa primeira verificação, poderia parecer. De fato: do ponto de vista histórico, é bem possível que, após a execução do mestre, seus discípulos julgassem terminada a aventura e voltassem para a Galileia, sua terra natal. É também possível que o retorno deles para Jerusalém durasse o tempo suficiente para ninguém pensar na possibilidade de comprovar se o cadáver continuava no sepulcro, no caso de ser conhecido o lugar do sepulcro. Não se deve esquecer que os judeus tinham profunda veneração pelos cadáveres e seus sepulcros.

Tampouco se deve excluir a possibilidade real de que Jesus fosse enterrado num sepulcro comum. Schillebeeckx lembra que era o costume nas crucifixões romanas. Neste caso, a busca dos restos mortais de Jesus teria tropeçado em obstáculos intransponíveis. Além disso: o argumento pannenberguiano de que os seguidores de Jesus não teriam podido pregar sua ressurreição em Jerusalém se o sepulcro não estivesse vazio, fica bastante prejudicado com a seguinte afirmação de Schillebeeckx: "Do ponto de vista da tradição, está demonstrado que a pregação sobre a ressurreição é anterior ao surgimento das tradições sobre o sepulcro e as aparições".

Definitivamente: a historicidade da ressurreição de Jesus não pode basear-se em que, há dois mil anos, alguns homens – os evangelistas – contaram que outros homens – os discípulos de Jesus – lhes comunicaram que ele lhes havia aparecido depois de morto e que as mulheres haviam encontrado seu sepulcro vazio. Seria um fundamento demasiado frágil.

Mas essa conclusão nos leva a outra fonte – o texto de Paulo em 1Cor 15,3-5 –, a uma responsabilidade quase angustiante. Espera-se dele que ofereça o que os relatos evangélicos sobre o sepulcro e as aparições não conseguiram dar: a "prova" da historicidade da ressurreição de Jesus. O texto diz: "Eu vos transmiti, em primeiro lugar, aquilo que eu mesmo recebi: que o Cristo morreu por nossos pecados, segundo as Escrituras, que foi sepultado, ressuscitou ao terceiro dia, segundo as Escrituras; que apareceu a Cefas, e depois aos Doze".

Estes versículos de Paulo gozam da preferência universal. Há unanimidade em que são o melhor veículo para aproximar a história da ressurreição de Jesus. O Apóstolo parece oferecer aqui uma corrente de testemunhas da ressurreição, a cujo testemunho se pode recorrer. Nos versículos seguintes, completa-se a corrente: em seguida apareceu a mais de quinhentos irmãos... a Tiago, irmão do Senhor, a todos os apóstolos e por último ao próprio Paulo. A intenção apologética de Paulo parece evidente: é possível perguntar às testemunhas. Tudo indica que o Apóstolo pretende oferecer uma prova histórica da ressurreição de Jesus.

As "vantagens" desse texto são muitas. Antes de tudo, está bem próximo dos fatos que narra. Provavelmente, transcorreram apenas de seis a oito anos desde a morte de Jesus. Mas isso não é tudo. Paulo afirma que transmite "o que recebeu". O conteúdo do texto é, pois, anterior à redação de Paulo. De fato, 1Cor 15,3-5 contém palavras e fórmulas estranhas à linguagem paulina. É possível que essas fórmulas circulassem por Jerusalém antes da visita do Apóstolo à cidade. Por outro lado, o texto é desprovido do estilo lendário das narrações evangélicas. Trata-se de uma enumeração concisa, sem enfeites literários nem caráter fantástico. Todos esses traços lhe conferem maior valor histórico do que possam reclamar para si os relatos evangélicos.

É também de grande importância que Paulo se inclua a si próprio na corrente das testemunhas. Certamente se refere à sua experiência diante das portas de Damasco. A descrição que oferece de sua experiência pode iluminar a natureza do resto das aparições citadas em 1Cor 15, uma vez que o Apóstolo não faz distinções entre a sua e as outras. E o que Paulo experimentou diante de Damasco parece ter sido uma espécie de mobilização interior, de encontro espiritual com Jesus ressuscitado, que o colocou à escuta da palavra de Deus e lhe deu força para iniciar um novo itinerário.

Entretanto, exegetas como R. Pesch e W. Marxsen pensam que as aparições mencionadas por Paulo não pretendem informar sobre acontecimentos históricos, mas legitimar determinadas pessoas ou grupos das primeiras comunidades cristãs. O próprio Paulo, quando percebe que sua autoridade corre perigo, afirma: " Por acaso não vi Jesus, nosso Senhor?" (1Cor 9,1). Ter sido destinatário das aparições do Ressuscitado lhe fundamentava a própria autoridade.

É evidente: se estes autores têm razão e o texto paulino que estamos analisando não pretende informar sobre a historicidade do acontecimento pascal, mas conferir autoridade a determinado grupo de pessoas, sua força argumentativa sofre importante revés. Se o texto de Paulo é uma fórmula de legitimação, que não pretende solucionar questões históricas sobre a ressurreição, esta fica em situação francamente precária.

Esta última reflexão nos mostra que não há motivos para o otimismo histórico. O texto paulino é muito importante no sentido de que não há outro melhor. Essa monótona enumeração de testemunhas da ressurreição, desprovida de caráter tendencioso, constitui a grande possibilidade do historiador. Contudo, supondo naturalmente que não estamos diante de um estratagema literário de Paulo, destinado a consolidar a autoridade de determinadas pessoas e grupos.

Quanto ao resto, inclusive no melhor dos casos – Paulo pretende informar sobre a ressurreição de Jesus – cabe perguntar se alguns versículos, escritos por um convertido do séc. I de nossa era chamado Paulo, podem subministrar a prova definitiva de que um dos nossos, Jesus de Nazaré, tenha ressuscitado dentre os mortos e se tenha transformado na revelação decisiva de Deus. O "suicídio filosófico" está sempre à espreita.

No entanto, parece também de justiça assinalar que, independentemente do significado que tenha o texto paulino, o Apóstolo acreditava na ressurreição de Jesus. Todo o *ductus* de sua obra, de sua vida e de sua morte aponta nessa direção. É verdade que teólogos da suspeita, como Reimarus, inclinaram-se pela tese da "invenção": os seguidores de Jesus tinham inventado a ressurreição para encobrir o fracasso político do mestre e não ter de voltar a seus prosaicos ofícios. Esta hipótese bate de frente com a confiabilidade geral dos homens do NT. É possível que eles se equivocassem, mas não parece que propuseram enganar a ninguém. Não convém esquecer o fato de que, lentamente, um após outro, foram dando sua vida pelo conteúdo do anúncio.

Assim, é precária a situação do historiador. Em vista de todos os dados que vimos oferecendo, um importante teólogo protestante propôs a fórmula "segurança pascal sem garantias" (E. Schweizer). Podem existir garantias sobre a qualidade de uma carruagem nova, sobre a exatidão de uma operação matemática; mas, para as realidades pessoais e humanas, jamais existem nem se devem exigir garantias. E a ressurreição de Jesus é uma realidade de sinal pessoal. Nesse sentido, os teólogos não têm por que ocultar angustiosamente que não se pode provar nem demonstrar. É essa a sua dignidade e a sua precariedade. N. Lohfink sentencia: "Quem exige que a ressurreição de Jesus lhe seja demonstrada exatamente comete um erro trágico".

3. O "como" da ressurreição. Em Israel, a fé na ressurreição foi conhecendo diversas articulações. Comum a todas elas é que os mortos ressuscitam; porém ao terminar quem ressuscita, onde, como e para que, superpõem-se diversas concepções: a) Ressuscitarão todos os seres humanos para serem julgados, embora só os justos alcancem a vida eterna. b) Ressuscitarão só os justos. Os maus engrossarão as filas dos "perdidos". O castigo consistirá precisamente em não ressuscitar. c) Determinados círculos em Israel somente podiam conceber a própria ressurreição, a dos israelitas; outros círculos, mais generosos, concediam uma oportunidade aos outros povos: também eles ressuscitariam, mas um milênio depois dos filhos de Israel.

Quanto ao que se refere ao modo da ressurreição, nos meios judaico-apocalípticos dominava uma concepção bastante materialista: os mortos – pensava-se – voltarão à vida terrena com os mesmos corpos e – acrescentavam alguns rabinos – com as mesmas vestes. Inclusive com os mesmos achaques corporais que sofriam nesta vida. A morada dos ressuscitados se descreve algumas vezes como "céu", e outras como "terra renovada".

O cristianismo sempre foi mais severo com a imaginação. Concebe a ressurreição como nova criação de Deus, livre das limitações e da dor. Ressuscitar não é voltar ao começo. Não se trata de simples "reviver", nem de continuar esta vida espaço-temporal noutro lugar. Os mortos ressuscitam porque são assumidos nessa realidade última e bondosa que chamamos Deus. Entram num mundo diferente "que olho nenhum viu nem ouvido algum ouviu". Um mundo no qual não existem as lágrimas e o choro, o sofrimento e o cansaço, a morte e suas sequelas. O ressuscitado nunca mais morrerá. Paulo insiste que do sepulcro de Jesus não saiu o mesmo corpo frágil e submetido à caducidade e corrupção com a qual fora sepultado. Jesus ressuscitado é para Paulo um "corpo espiritual", para sempre livre do domínio da morte e das precariedades da vida humana. Claro que os ressuscitados continuarão sendo seres finitos; mas, tratar-se-á de uma finitude "curada", como dirão os Padres da Igreja.

"Como se dará tudo isso"? Essa pergunta não tem resposta. É o âmbito do mistério. Aqui, Paulo foi particularmente taxativo: "Mas, dirá alguém: Como os mortos ressuscitam? Com que corpo voltam à vida? Insensato! O que semeias não revive se não morre. E o que semeias não é o corpo que vai brotar, mas um simples grão, por exemplo, de trigo ou de qualquer outra espécie. E Deus lhe dá um corpo como ele quer" (1Cor 15,35-38).

Paulo viu-se obrigado a recorrer à linguagem metafórica, na tentativa de aproximar-nos do mistério da ressurreição: "O mesmo se dá com a ressurreição dos mortos: semeado corruptível, o corpo ressuscita incorruptível; semeado desprezível, ressuscita reluzente de glória; semeado na fraqueza, ressuscita cheio de força; semeado corpo natural, ressuscita corpo espiritual" (1Cor 15,42-44).

É o que já dissemos nas primeiras linhas destas páginas: para evocar a ressurreição é quase necessário perder o controle sobre a linguagem. A pessoa é obrigada a entrar num mundo de imagens e símbolos, de mistério e profundeza. Isto sim: Paulo insiste em que a transformação afetará a nossa realidade humana presente: "Com efeito, é necessário que este ser corruptível revista a incorruptibilidade, e este ser mortal revista a imortalidade" (1Cor 15,33).

Assim, garante-se a continuidade entre a nossa realidade presente e a vida futura. A transformação será radical, mas continuaremos sendo nós mesmos. Fica assim satisfeito o desejo de Unamuno, que desejava ardentemente continuar com seu "eu".

Os autores do NT são sumamente respeitosos com a "realidade" da ressurreição. Em lugar nenhum "descrevem" a ressurreição de Jesus. Não existem propriamente testemunhas da ressurreição. O "fato" não foi presenciado por ninguém. A ressurreição é obra de Deus e, como tal, nem a mais poderosa câmara fotográfica a captaria. Os homens do NT são bastante conscientes disso. Eles se apresentam como testemunhas do Ressuscitado, mas não da ressurreição. Em linguagem realista, diríamos que contemplaram os efeitos, mas não o fato em si.

Eles aplicam essa mesma modéstia quanto à ressurreição universal. Jamais procuraram imaginá-la. Afirmam, é verdade, que todos ressuscitaremos, excetuando os textos paulinos aos quais já nos referimos, que parecem restringir a ressurreição exclusivamente aos justos. Algo muito importante: não se limitam a proclamar que ressuscitaremos *como* Jesus, mas *em* Jesus. Jesus não tem para eles um significado simplesmente exemplar. Deus lhe outorgou substantividade plena. A ressurreição é para eles o ponto alto da cristologia; é a resposta de Deus à causa perdida por excelência: a morte.

V. Reflexão final. "Eu me nego a que me arrebatem minha morte". A frase é de Fernando Savater. Com ela se refere, certamente, às religiões. Ele as reprova, porque, com promessas sobre "uma vida no além", camuflam o que nos toca mais perto: a morte. E Savater não deseja que nada e ninguém lhe diminua esse golpe.

Suponho que ninguém irá negar grandeza humana a essa atitude. Entretanto, é preciso reconhecer que não costuma ser essa a disposição com que nós humanos enfrentamos esse último transe. O mais frequente costuma ser a busca da mitigação. A morte só tem noivos em filmes e canções. Em geral preferimos encarar a morte com uma boa solução de recâmbio. E as religiões a oferecem. Feuerbach já dizia que não existiria a religião, se não existisse a morte. E Nietzsche atribuía a vitória do cristianismo "a essa deplorável adulação da vaidade pessoal", conseguida à custa de promessas de imortalidade.

Já vimos no começo deste texto que a morte tem conhecido aceitações calmas e rejeições calorosas. Toda a sociedade humana – escreve P. Berger –, em última instância, é um conjunto de seres humanos diante da morte. A morte é uma grande falha do sistema, e cada pessoa a encara como pode.

Fichte, por exemplo, negava que a vida consiste em "comer e beber para voltar em seguida a ter fome e sede e assim poder de novo comer e beber, até que se abra diante de mim o sepulcro e me engula, e ser eu mesmo um alimento que brota do solo". Não se resignava a que tudo gire em torno de "gerar seres semelhantes, para também eles comerem e beberem e morrerem e deixarem atrás de si outros seres que façam o mesmo que eu fiz".

Fichte encontrou saída para a situação que ele tão dramaticamente descreveu colocando Deus como fundamento da vida e garante da imortalidade. É também o que o cristianismo faz. Paulo pensava que, se os mortos não ressuscitassem, tudo se reduziria a comer e beber para terminar nos braços da morte. Daí a força com que proclama a ressurreição de Jesus. Só ela garante a ressurreição de todos os seres humanos.

No decorrer destas páginas lembrei que a fé na ressurreição surgiu como resposta à injustiça. Penso que aí continua residindo sua vigência. O NT não afirma que, se não existe outra vida, esta não tem sentido. É verdade que uma ou outra frase isolada, como a que acabo de citar de Paulo, pode dar essa impressão. Mas, essa não é a filosofia geral do cristianismo. A mensagem cristã outorga sentido e valor a esta vida. Supõe inclusive que a pessoa pode ser feliz nela. Mas sabe que esta felicidade *não chega a todos*. Existem os injustamente tratados, os humilhados e ofendidos, as vítimas do egoísmo e da barbárie, os deixados no esquecimento e no desprezo. E daí é que surgiu a fé na ressurreição. É provável que de início se dirigisse apenas a eles. Assim o insinua A. Fierro: "Foi a partir daí, do protesto e da pergunta sobre o corpo de Jesus e dos mártires, que a questão e a esperança da ressurreição se estenderam à generalidade dos que morrem, mediando, sem dúvida, o convencimento de que tampouco muitos outros homens teriam de desaparecer para sempre".

A fé na ressurreição é, pois, a resposta serena e esperançosa que, há séculos, judeus, cristãos e muçulmanos vêm dando à pergunta pelo sofrimento e desaparecimento dos seres humanos. Como temos dito, trata-se de uma fé difícil de compartilhar. Entretanto, não é difícil de admirar. Representa um nobre esforço para continuar afirmando a vida, inclusive onde ela sucumbe pela morte.

Unamuno chamava o homem "animal guardamortos". Os cristãos pensam que a melhor maneira de guardar seus mortos, todos os mortos, é confiá-los a Deus, a quem eles chamam ressuscitador de mortos. Para isso também, é necessário coragem e uma certa ousadia intelectual.

E o mais importante: A fé na ressurreição iluminou muitos últimos instantes e suavizou inumeráveis despedidas. Foi o último suporte amável a que milhões de pessoas se agarraram antes de dizer adeus a tudo o que tinham amado nesta terra. Só por isso a ressurreição merece que falemos bem dela.

É verdade – e estas páginas em momento algum pretenderam ocultar – que a ressurreição representa uma prestação talvez excessiva para a mente humana. Mas, se nossos antepassados se tivessem entregue frente a tudo o que se tornava estranho à sua mente, estaríamos ainda como nos tempos de Alarico. Preferimos manter, com K. Löwith, que é um "privilégio da teologia e da filosofia propor perguntas que não tenham resposta empírica". A ressurreição é certamente uma delas. Não se apoia em nenhuma evidência. Seu nome é "esperança". E cai diretamente sob o "nada é certo" de Pascal. Nos últimos anos de vida, José Luiz L. Aranguren a deixava "em reticências". Não se trata de um mau destino.

A. Fierro escreveu algumas normas sobre o nosso tema que merecem encerrar esta colaboração: "Ao toque fetichista da morte – 'nada esperamos e nada nos espera' – a teologia se limita a opor uma frágil insinuação: E se não fosse assim? Não é certo, apoditicamente certo, o aniquilamento universal, a absorção final no nada de tudo o que teve de ser. Não se deve dizer mais, nem talvez convenha dizer menos".

L. Boff, *La resurrección de Cristo. Nuestra resurrección en la muerte*, Santander, Sal Terrae, ⁴1986; M.-E. Boismard; *Es necesario aún hablar de "resurrección"? Los datos bíblicos*, Bilbao, DDB, 1996; G. O'Collins, *Jesús resucitado. Estudio histórico, fundamental y sistemático*, Barcelona, Herder, 1988; M. Fraijó, X. Alegre y A. Tornos, *La fe cristiana en la resurrección*, Santander, Sal Terrae, 1998; H. Kessler, *La resurrección de Jesús*, Salamanca, Sígueme, 1989; X. Léon-Dufour, *Resurrección de Jesús y mensaje pascual*, Salamanca, Sígueme, 1973; Th. Lorenzen, *Resurrección y discipulado*, Salamanca, Sígueme, 1999; G. Lüdemann y A. Örzen, *La resurrección de Jesús. Historia, experiencia, teología*, Madrid, Trotta, 2001; W. Marxsen, *La resurrección de Jesús como problema histórico e teológico*, Salamanca, Sígueme, 1979; J. Sobrino, *La fe en Jesucristo. Ensayo desde las víctimas*, Madrid, Trotta, ²1999; J. J. Tamayo, *Dios y Jesús. El horizonte religioso de Jesús de Nazaret*, Madrid, Trotta, ³2003; A. Torres Queiruga, *Repensar la resurrección*, Madrid, Trotta, ³2005; U. Wilckens, *La resurrección de Jesús. Estudio histórico-crítico del testimonio bíblico*, Salamanca, Sígueme, 1981.

Manuel Fraijó

REVELAÇÃO

I. Problemática atual. O cristianismo, como toda religião, considera-se a si mesmo revelado. Mais ainda, a partir do iluminismo, a categoria de revelação converteu-se em princípio central de sua teologia. Desempenha, de fato, quatro funções principais: 1) Como *qualificador* que identifica o conteúdo da fé ("a revelação diz..."), indicando sua origem gratuita, histórica, salvadora, totalizante, universal e transcendente; 2) como *legitimador* que apoia a validade da fé e garante sua certeza na autoridade de Deus; 3) como *categoria apologética*, que defende a afirmação cristã contra as pretensões da razão moderna, autônoma e iluminada; 4) como *functor sistemático* que constitui a norma hermenêutica fundamental para a pregação, o magistério e a teologia; serve de princípio organizador da Igreja, e é princípio unificador da fé (P. Eicher).

Entretanto, essa centralidade não é um dado indiscutível. A partir de diversos ângulos se levantam contra ela fortes suspeitas. Sob o ponto de vista da exegese, J. Barr acredita que essa categoria "não é apenas nociva, mas além disso seu uso pode deformar e impedir uma análise mais empírica do material bíblico". Na perspectiva de uma "teologia crítica", pode ser considerada como resto "largamente antiquado", ao qual ninguém "tem o valor de renunciar" (F. Schupp). E a razão dessa suspeita não está longe da sensibilidade normal: a ênfase moderna sobre a revelação comporta uma carga apologética que ameaça cegar para a genuína experiência bíblica (que se expressa noutras categorias, não tão imediatamente intelectuais) e induzir a um estreitamento dogmatizante que exclua a presença viva de Deus nas outras religiões.

Isso se deve ao nascimento fortemente traumático da situação. O questionamento radical que supôs o Iluminismo induz a uma postura defensiva, atenta antes de mais nada à salvar a todo custo o essencial: a escolástica barroca e a neo-ortodoxia protestante são os mais claros expoentes. Mas, ao proceder contrariamente, perdeu-se o que de verdade e progresso emergia nas novas propostas.

Felizmente, hoje a perspectiva histórica permite tentar um equilíbrio. É evidente que uma postura *crítica* e *atual* já não pode voltar atrás diante dos questionamentos do Iluminismo e deve aprender dos excessos, a fim de preservar o específico e irredutível da revelação. Para isso é preciso assumir, com toda a sua seriedade, os novos dados e enfrentar as novas perguntas que deles derivam. Antes de tudo, deve-se ter em conta as aquisições da *crítica bíblica*. E depois, reconhecer as legítimas instâncias da nova situação, talvez resumíveis na preservação da (justa) *autonomia humana*, tanto na ordem do *pensamento* crítico como na ordem da *liberdade* emancipadora.

Em torno a essas questões fundamentais, deverá girar hoje uma teologia da revelação que queira ser verdadeiramente contemporânea e responder assim às necessidades de nosso mundo e de nossa cultura. A estas, mais do que à exposição analítica de posturas – tanto dos diferentes livros da Escritura como das diversas fases da teologia – o artigo atenderá.

II. Coordenadas fundamentais da nova proposta. A crítica bíblica foi o início da crise da concepção tradicional. Crise que, de início, percebeu-se como ameaça aos próprios fundamentos do cristianismo (Reimarus conta que muitos estudantes de teologia buscaram simplesmente outra profissão). Mas, ao ser enfrentada, pôde ver-se não só como "o mais poderoso que jamais a reflexão religiosa ousou e realizou" (A. Schweitzer), mas como o melhor meio para conquistar uma visão mais realista, concreta e, até, verdadeiramente religiosa da revelação.

1. *Crise da revelação como "ditado" divino*. O caráter sagrado da Escritura, sua caracterização como "palavra de Deus", levou, quase inevitavelmente, a considerá-la como mensagem que Deus comunicara literalmente aos profetas ou hagiógrafos, como um escritor a seu secretário ou como um rei a seu embaixador. O fato de que o ato de escrever situa as narrações no passado; a magnificação retrospectiva das ações e palavras divinas; o modo de falar dos profetas: – "palavra de Javé", "assim diz o Senhor"; as revelações apocalípticas, que tanto influíram na época final: tudo levava a uma interpretação literal e imediatista.

O que estava na Escritura recebia o caráter absoluto do dito, ou melhor, "ditado" por Deus. Daí sua intangibilidade e a necessidade de tomá-lo ao pé da letra em todos os seus aspectos, assim como a afirmação de que em cada palavra ou sentença estava encerrada a profundidade infinita da sabedoria divina. (Como se sabe, na ortodoxia protestante, chegou-se a afirmar que os próprios sinais vocálicos – introduzidos pelos massoretas no séc. VII d.C.!

– eram inspirados por Deus). Os Padres da Igreja, embora não escrevessem tratados diretos sobre a revelação, consideraram óbvias essas ideias, reforçadas além disso pela doutrina platônica da inspiração como posse do espírito humano pelo divino. Deus passou assim a ser o *autor* da Escritura, que se servia do ser humano como *instrumento*, seja musical – o hagiógrafo ou profeta, inspiração poética ou cítara de Deus (Padres gregos), –, seja corporal: boca ou mão de Deus (Agostinho).

Compreende-se assim o profundo espanto e, mais ainda, o sentido de profanação que causaram as primeiras tentativas de aproximar-se criticamente dos escritos bíblicos. Questionavam de início toda a concepção e pareciam levar inevitavelmente à negação de seu caráter divino e revelado. Os livros da Bíblia apareciam como obras muito humanas, com seus avanços e retrocessos, com suas tentativas e carências, com a impossibilidade de manter em muitos casos a atribuição de sua autoria (inclusive em textos fundamentais: Moisés e o Pentateuco, os Apóstolos e os Evangelhos). Mais ainda: a comparação com as literaturas egípcia e mesopotâmica demonstrava a existência inegável de empréstimos no material simbólico e mitológico, sobretudo do Gênesis, bem como estreitos parentescos na literatura hínica e no próprio fenômeno profético; para não falar da literatura sapiencial.

Podia-se então continuar falando, sem mais, que Deus era o *autor* da Bíblia, sem que isso implicasse que também ele necessitava de empréstimos dos outros e, sobretudo, sem se verem obrigados a atribuir-lhe as imperfeições inegáveis que nela se descobriram? Mas, por não fazê-lo, que seria da fé na revelação? Renan – e B. Russell o repetiu depois – colocou o dedo na chaga do dilema: "Um único ponto fraco prova que um livro não é revelado [...]. Um livro inspirado é um milagre. Deveria, portanto, apresentar-se em condições únicas, diferentes de qualquer outro livro". Se se mantiverem os pressupostos, a conclusão será impecável. Mas, negar os dados da crítica bíblica torna-se hoje impossível. A única alternativa válida e legítima consiste em assumir esses dados, integrando-os numa nova interpretação. Tal foi o final da revelação como "ditado".

2. *A revelação de Deus, "através" do esforço humano.* De fato, entre as graves dificuldades trazidas pelos novos dados foi despertando na consciência teológica uma nova concepção. O melhor conhecimento da história da redação permitiu apreciar nela o esforço e as tentativas da reflexão e da experiência religiosa na árdua luta para reconhecer a presença de Deus e dar a ela forma em palavras ou gestos inteligíveis e comunicáveis. Tomado em seu todo, isso inclui tanto o esforço individual como o coletivo, a criação como a memória, a palavra oral como a escrita. Por isso, nesse nível, não é necessário – e pode ser prejudicial – distinguir entre revelação e inspiração. A revelação se realiza no conjunto, e por isso inclui a inspiração como momento seu.

Os estudos comparados, que fizeram reconhecer os empréstimos e coincidências *literários* com outras religiões, permitiram por outro lado ver a *diferença teológica* e compreender que é justamente nela que se deixa sentir a originalidade da revelação bíblica: com os mesmos materiais se transmite uma visão de Deus enormemente distinta, e esta é a que verdadeiramente interessa. Basta pensar na narração do dilúvio: com toda a certeza, o Gênesis copia do *Gilgamesh*; mas o Deus que atua no Gênesis é o do Êxodo e não os deuses intrigantes que "se agacharam como cães" com medo ou "amontoaram-se como moscas" famintas pelo odor do sacrifício. A mesma palavra profética, tão vertical em sua expressão, mostra ao exame atento que "o profeta deve elaborar os oráculos com o suor do próprio rosto (Alonso Schökel-Sicre). Para não mencionar a sabedoria da qual a reflexão, em sua mais profana figura, passa frequentemente para o primeiro plano; ou dos salmos, nos quais acontece o mesmo com a subjetividade orante (Bonhoeffer).

O reconhecimento e a assimilação de todos esses dados podem ser dolorosos, mas o resultado tem sido inesperadamente fecundo. Não só não se perdeu a fé na revelação, mas sua concepção tornou-se muito mais rica, real e profunda. Aprendemos a reconhecê-la nas próprias entranhas do esforço humano, no delicado respeito que Deus mostra pela liberdade que ele sustenta e promove, mas que ele jamais substitui. Como antes, é Deus quem fala; sua palavra salvadora continua sendo radicalmente gratuita. Somente que agora não é vista como aerolito caído do céu que quebra todas as leis da autonomia humana. Ao contrário, apesar de sua irredutível gratuidade, aparece elevando a busca mais viva e saciando a fome mais intensa do homem e da mulher. A revelação é, inextricavelmente *palavra de Deus na palavra humana*. Como tal, é transcendente, mas ao mesmo tempo entranhável e com todas as características da historicidade humana: com as feridas de sua luta, mas também com as glórias de seus descobrimentos.

A crítica bíblica deixa assim de ser um escândalo para transformar-se em testemunha da "condescendência" divina e da densidade humana da revelação. E seu exercício não é a pá da suspeita, mas o rastro cordial que busca os passos de um encontro. Encontro difícil, porque precisa vencer a distância infinita entre o criador e a criatura; mas compreensível e visível, porque se realiza na carne do humano.

3. *A herança comum.* Pode-se afirmar que a teologia de hoje – fora dos restos de fundamentalismos nostálgicos – é determinada por esses resultados, que constituem patrimônio comum. O abandono do "ditado" tornou patente a diferença entre a revelação e a (letra da) Escritura: a revelação não é a Escritura, mas acontece na Escritura. Essa queda do literalismo levou também ao abandono da concepção puramente

intelectualista: a revelação não é um "elenco de verdades" que Deus entregou ao ser humano pela via "milagrosa" da inspiração. Começa a ser vista como experiência histórica, que implica todas as dimensões do humano. E sobretudo é compreendida primariamente, não como manifestação de "algo", mas como comunicação da própria intimidade divina: como autorrevelação de Deus. Neste último, a reconhecida influência hegeliana confluía com uma captação cada vez mais viva da profunda concretização da tradição bíblica; por isso talvez é que sua elaboração mais intensa acontece no campo protestante e daí passou para o católico. A transformação operada entre o Vaticano I e o II constitui um símbolo bastante significativo.

Mas, esta herança comum é administrada diversamente, tanto nas diferentes confissões como, dentro delas, nas diferentes correntes teológicas. Após o choque traumático da primeira tentativa de assimilação no liberalismo protestante e no modernismo católico, as diversas teorias são tentativas de buscar um *novo* equilíbrio. Mudam os acentos: ou se trata, antes de mais nada, de salvar a substância tradicional, como na neo-ortodoxia e na neoescolástica; ou se trata, primariamente, de dar oportunidade ao novo, como nas reações ulteriores nas duas confissões. O futuro pertence claramente à renovação. A aposta está em conseguir o equilíbrio.

Coisa clara no protestantismo, dada a sua proverbial oscilação – mais criativa, porém menos controlada entre os extremos. Bonhoeffer reage contra o "positivismo" da revelação de Barth, que se nega a dar razão de fé: "coma, pássaro, ou morre". Dando uma passo a mais, W. Pannenberg enfrenta toda a "teologia da palavra" (inclusive Bultmann) e também da "história da salvação" (O. Cullmann e também G. von Rad) e defende uma concepção *pós-iluminista* da "revelação enquanto demonstrável" pela força da razão histórica e hermenêutica.

No campo católico – sempre mais homogêneo – a *Nouvelle théologie* reage diante da restauração antimodernista; e K. Rahner vai além com sua tentativa, mais imanente e racional, de uma espécie de "dedução transcendental" da revelação. Não é de estranhar que se lhe oponha a postura mais barthiana de H. U. von Balthasar. E nas duas confissões, as "teologias da práxis" reagem frente ao maior supranaturalismo das teologias mais teóricas.

III. A revelação como "maiêutica histórica". A maior dificuldade que na modernidade a revelação encontrou na ordem teórica nasceu por ser percebida como ameaça à justa autonomia da razão, e da subjetividade humana em geral. Vista como imposição externa – embora seja por autoridade divina – a revelação parece romper sua própria condição de possibilidade: não seria um assumir livre por parte do ser humano, nem poderia acomodar-se às normas intrínsecas de sua assimilação cognoscitiva. Mas, devido a alguns excessos das tentativas liberal e modernista, o problema foi sufocado. A neo-escolástica, sufocando inclusive as tentativas da apologética da *imanência* por um lado, e a teologia dialética, negando todo possível "ponto de encontro" (*Anknüpfungspunkt*) por outro lado, acentuaram de novo o extrinsecismo.

1. *Crítica de Pannenberg à "teologia da palavra"*. Contudo, era inevitável que o problema voltasse a ser proposto. W. Pannenberg, respondendo ao extremismo barthiano, é quem o fez com maior vivacidade, e sua postura torna-se paradigmática. Nada ele teme tanto como o "fideísmo", o "irracionalismo" ou o "autoritarismo", que impedem a fé de enfrentar os problemas propostos pela razão pós-iluminista. Por detrás dessa atitude, ele descobre o perigo mortal de transformar a fé em "ingenuidade cega, credulidade ou mesmo superstição", reduzindo a convicção crente a um *asylum ignorantiae*. Por isso, busca uma nova proposta radical da revelação, que apareceu como autêntico manifesto na obra coletiva, dirigida por ele, *La revelación como historia* (1961).

O que antes de tudo procura evitar é qualquer *extrinsecismo*. A palavra bíblica não pode ser um acréscimo externo à realidade ou aos fatos da história: o *sentido* deve estar *nos próprios fatos*, e aí poderá ser lido por qualquer um. Só assim a revelação pode ser verdadeiramente universal. Nem sequer vale escudar-se na inspiração. Afirmar um sentido só *porque* um autor inspirado o diz seria o mesmo que referir-se a alguma coisa não controlável pelo ouvinte e, enfim, a algo arbitrário. A revelação de modo algum seria verificável, e ficaria aberto o caminho para o autoritarismo ou obscurantismo de uma revelação "gnóstica".

Em princípio, essa pretensão é justa: deseja-se crer de modo humano, não indigno de si mesmo; o ser humano deve de alguma forma "ver" o que crê. Mas aqui Pannenberg não parece explicar, com suficiente clareza, como conciliar a negação do extrinsecismo com a realidade da inspiração, como articular a justa autonomia humana com a transcendência e gratuidade da revelação.

2. *A revelação como maiêutica histórica*. Como se sabe, a maiêutica é uma categoria socrática. Sócrates, filho de parteira (*maia*), dizia praticar a mesma arte de sua mãe: ele não gera, não introduz nada no interlocutor, mas simplesmente o ajuda a dar à luz o que já tinha interiormente. No *Ménon* (80D-86D; cf. *Teeteto* 148A-151E), mediante suas perguntas, consegue fazer com que o escravo descubra os fundamentos da geometria. Assim, este "dá à luz" a verdade que já estava em sua inteligência, embora seja certo que para isso precise da palavra externa de Sócrates.

Assim se oferece uma primeira possibilidade de esclarecimento. Existe certamente uma palavra externa (*fides ex auditu*); mas essa palavra não constitui acréscimo arbitrário ou incontrolável, pois o ouvinte fica entregue à sua própria realidade. Sem a palavra de Moisés, os israelitas não descobririam a presença de Deus em sua libertação da opressão egípcia; mas a palavra os leva ao descobrimento porque Deus aí estava realmente, alimentando sua revolta contra a injustiça e animando-lhes a coragem. O mediador ajuda a "dar à luz" nos ouvintes a consciência da presença divina, que já estava neles procurando fazer-se sentir. Assim se expressam os Samaritanos: "Já não é por causa de tuas palavras que acreditamos. Nós próprios o ouvimos e sabemos que este é verdadeiramente o salvador do mundo" (Jo 4,42). E a constituição do concílio Vaticano II *Dei Verbum* explica: "As palavras proclamam as obras e esclarecem o mistério contido *nelas*" (n. 4).

É claro que isso tudo supõe uma modificação na categoria socrática: por isso é preciso falar de maiêutica *histórica*. Não se trata, como em Sócrates, da reminiscência (*anamnesis*) das ideias arquetípicas, no eterno retorno de tudo. Existe aqui uma origem histórica, uma presença gratuita e transformadora: Deus é conhecido porque quis tornar-se presente e, ao ser reconhecido, transforma o receptor e a história. Em termos mais metafísicos, ele determina um novo modo de ser o homem-com-Deus-no-mundo. Por isso, a palavra mediadora não é de lembrança, mas de *anúncio*; não leva para trás, ao que sempre existiu, mas para a inovação radical da "nova criatura".

Ao mesmo tempo, a percepção dessa presença não é um acréscimo aos fatos, pois Deus está realmente presente: "O Senhor estava neste lugar, e eu não sabia" (Gn 18,16). Isso explica os dois polos fundamentais: *a) a necessidade do mediador*: muitos sofreram com a opressão do Egito, mas só Moisés descobriu aí a presença libertadora de Deus; milhares sofreram o escândalo do exílio, mas só alguns – Jeremias, Ezequiel, o Dêutero-Isaías... – viram aí, não a derrota de Javé diante de Marduk, mas a glória de sua nova universalidade salvadora; e *b)* a inspiração não é um "milagre" empírico, mas um "perceber" a presença sempre ativa e real de Deus, graças a uma circunstância mundana que põe em marcha a genialidade religiosa do profeta, que por fim percebe o que Deus estava procurando dizer a *todos*. (É esse um tema delicado que poucas vezes se enfrenta na teologia e que Pannemberg, por exemplo, tem como certo quando simplesmente se refere à "história da tradição": cf. Torres Queiruga, 1987, cap. 5).

O recurso à "maiêutica" é relativamente novo: teve certa entrada no séc. XVIII, mas sua versão iluminista foi rejeitada pelo Romantismo; mas o fundo é plenamente tradicional. Encontra-se na própria Escritura, com sua insistência na presença do Espírito *no interior* do crente (cf. "aliança nos corações" de Jr 31,33-34 e Ez 11,19-20, ou o testemunho interior de Rm 8,11-16). E, em termos diferentes, insinua-se na reflexão moderna. É um bom exemplo a apologética da "imanência" de M. Blondel, com sua convergência entre o *fait intérieur* (a instrução divina) e o *fait extérieur* (a palavra eclesial). K. Rahner rejeita a concepção tradicional do "testemunho" simplesmente contraposto à experiência (como palavra que remete além de si mesma, sem contato algum com a "coisa mesma") e busca uma estrutura claramente maiêutica com sua dialética entre revelação *transcendental* e *categorial*. E até H. U. von Balthasar pode dizer: "Muito menos aqui [na história como contraposta à eternidade] temos por que escutar a Palavra como algo que soa estranho a nossos ouvidos, ao invés de ouvi-la como O Mais Entranhado, como O Mais Íntimo... como a Palavra que me revela a mim mesmo e me dá meu próprio ser".

3. *Atualidade e verificabilidade da revelação*. A estrutura maiêutica visibiliza algo fundamental: a revelação não é um "elenco de verdades" acerca de algo externo que se aprende de cor, sem remeter à própria *experiência* do ouvinte. Este tem de reconhecer nela *a si próprio* e *ao seu Deus*. A suspeita que o Modernismo fez cair sobre a experiência não deveria obscurecer essa riqueza. *Religiosamente* se torna decisiva: mostrar ao ouvinte que a palavra se dirige a ele, não para colocá-lo fora de si ou de sua realidade, a uma estratosfera de mistérios arcanos, mas para ajudá-lo a chegar ao mais profundo de si mesmo e da realidade, enquanto determinada pela presença de Deus que a tudo sustenta, cura e promove com sua graça salvadora.

Culturalmente, esclarece um tema de profunda atualidade: a possibilidade de *verificar* a revelação. Agora se vê que esta fala às pessoas de algo que a seu modo, também elas experimentam por si mesmas e cujo sentido buscam; mais ainda, de algo sobre o qual também recebem outras ofertas de sentido (do ambiente, das ideologias, das filosofias, das religiões etc.). Elas podem, e devem examinar por si mesmas; "verificar" o que lhes é oferecido: ver o que é que responde a seu ser profundo, a suas aspirações mais íntimas, a sua busca mais autêntica e radical. Como Blondel o tinha visto muito bem, a conversão acontece justamente quando alguém se *reconhece* no que lhe é proposto a partir de fora. Por isso, estão em jogo tanto a inteligência, com sua formação e seus condicionamentos, como a liberdade, com a sinceridade de sua busca e de sua atitude ética.

O encontro com a cultura e com as outras religiões não procede assim por via autoritária, mas como *diálogo*. A confiança do cristianismo não se apoia, sem mais nem menos, no "porque sim" de uma revelação incontrolável, mas na própria força da verdade: se a palavra reflete o mais autêntico da pessoa – da pessoa real e única existente, aquela que é chamada por Deus à plenitude da comunhão com ele –, essa pessoa tem direito de esperar que tal palavra possa ser reconhecida nela, tem direito a esperar que esta poderá reconhecer-se nela. Embora o sucesso, de sua maneira concreta, seja algo sobre o qual não compete ao cristão julgar nem responder. Ao cristão somente se pede um justo oferecimento maiêutico: inteligível em sua formulação e referendado por sua conduta, segundo a genuína tradição bíblica da *testemunha*.

IV. Deus quer revelar-se a todos no mais alto grau.

1. *A "obscuridade" da revelação*. Em quase todos os tratados, corre o pressuposto, comum a defensores e impugnadores, de que a revelação é muito obscura, tateante, limitada e deficitária, porque Deus assim o quis. Na realidade, poderia ter-se revelado claramente para todos e desde sempre.

Contudo, não é difícil ver que, se assim fosse, a revelação se tornaria radicalmente inaceitável. Antes do próprio problema de sua *verdade*, estaria eliminada a possibilidade de seu *sentido*. Porque, estando em jogo o máximo da pessoa (sua salvação) e a própria essência de Deus (seu amor) –, toda razão ulterior para justificar a particularidade, demora e dificuldade da revelação chegaria sempre muito tarde. Durante certo tempo, a evidência sociológica do cristianismo e os limites temporais e geográficos do *ecumene* puderam ocultar essa evidência; mas, com a entrada moderna da consciência crítica por um lado, e a expansão da história e da geografia humanas por outro, isso deixou de ser possível. Ignorá-lo seria suicídio para a teologia. Deste problema dependem outros de capital importância, como a *escolha*, a *plenitude* e *universalidade* da revelação cristã e o *diálogo com as religiões*.

Na realidade, examinada de perto, a obscuridade da revelação não pode tornar-se estranha: é a consequência *inevitável* da desproporção entre Deus e a criatura. Se, em última análise, "o semelhante é conhecido pelo semelhante", a captação do Deus infinito pela inteligência finita tem de ser algo quase impossível. O espantoso é, ao contrário, que seja possível de alguma forma. De fato, os próprios escolásticos não se atreveram a demonstrar a possibilidade da revelação, mas apenas a sua não-impossibilidade. Isso permite que se faça uma observação metodológica importante: a revelação não é construível *a priori* por nós, podemos apenas tentar compreendê-la *a posteriori*, a partir de suas manifestações históricas. Toda essa reflexão parte dessa suposição.

O Deus que *de fato* se mostra na revelação bíblica culminada em Jesus aparece como amor (1Jo 4,8.16), numa entrega absoluta e gratuita (Rm 5,8), que quer salvar a todos (1Tm 2,4). Eliminando-se preconceitos e ideias acriticamente herdadas, torna-se óbvio que Deus – porque ele assim o quis, não porque nós possamos prescrever! – quer revelar-se o mais possível e a todos sem exceção. Se a revelação é obscura, não o é porque ele assim o decide: como faria isso o Deus que por nós chega a dar a vida de seu Filho? É porque a capacidade humana não é suficiente para mais do que isso. Deus é o amor irradiante que está pressionando sem descanso a consciência da humanidade para que esta perceba cada vez mais e melhor a presença salvadora dele.

Curiosamente, essa ideia é velha na tradição. *Cur tam sero*? A essa pergunta por que Deus se havia encarnado tão tarde, Santo Irineu contestou que não foi porque ele não quisesse salvar sempre e a todos, mas porque o ser humano não estava maduro para o acolher. O que faz falta é tomá-la em toda a sua consequência e, rompendo estreitezas do tipo de Jonas, elaborar uma concepção menos inadequada à largura sem limites do amor divino.

2. *Não "escolha" favoritista, mas estratégia do amor a todos*. Esta perspectiva permite recolocar uma questão crucial e "escandalosa": a particularidade da revelação, com sua aparência de favoritismo divino para com um povo e uma tradição determinada, bem como o suposto abandono de todos os outros.

Quando se compreende que a intenção de Deus é mostrar-se sempre e a todos, as religiões aparecem de imediato na verdade do que sempre elas afirmaram ser: os lugares sociais onde o Divino é captado – com suas glórias e suas limitações – pelo ser humano. *Todas as religiões são, por isso, reveladas e, nesse sentido, verdadeiras*. O Vaticano II o reconheceu expressamente (NA 2; OT 16). Somente num segundo momento dever-se-á examinar a maior ou menor pureza e adequação de sua fé e de seu culto. Quanto ao mais, é o que a teologia cristã faz com a longa e infeliz tradição bíblica, e por isso a julga a partir de seu ponto mais alto em Jesus, e a partir dele a hierarquiza, reconhecendo coisas que *já não* têm valor; não só o *herem*, ou extermínio dos inimigos, por exemplo, mas grande parte do culto e da própria oração: já nenhum cristão poderia orar assim: "Feliz quem agarrar e esmagar teus nenês contra a rocha!" (Sl 137,9).

E a *escolha* deixa de ser um favoritismo para evidenciar-se como autêntica estratégia do amor. Deus, que está tratando de revelar-se o mais possível a todos, aproveita a possibilidade que lhe oferecem um povo ou indivíduo que conseguiram descobrir um novo aspecto, e avança com eles o máximo possível (numa relação calorosa e real, não com aquele "como se" de quem somente instrumentaliza para um fim). Nesse ínterim, não abandona os outros: essa horrível imaginação de um mundo que fica sem Deus até que chegue o missionário: Ao contrário, Deus continua dando-se a eles, quanto pode, e, *além disso*, espera-os pelo retorno do possível encontro histórico com o alcançado em outro ou em outros lugares. É como o bom professor que se vale do aluno que captou melhor a explicação, para assim ajudar os outros. Por isso, não há privilégio arbitrário, mas convite ao serviço; e nenhum povo, apesar de todas as aparências, jamais foi abandonado por Deus. Quanto ao mais, em Jesus se confirma claramente a seguinte lei: quando a escolha chega à sua plenitude, quebra todo particularismo e se entrega à humanidade: "Ide e fazei discípulos de todas as nações..." (Mt 28-19).

3. *Plenitude e universalidade da revelação*. A consciência cristã viveu, desde o começo, a certeza de estar na "plenitude dos tempos", na definitividade escatológica sem superação possível: "Muitas vezes e de modos diversos falou Deus outrora... Agora, nestes dias que são os últimos..." (Hb 1,1-2). A reflexão teológica compreendeu sempre assim. E João da Cruz o expressou insuperavelmente: "porque em dar-nos como nos deu o seu Filho, que é uma Palavra sua – que não tem outra –, tudo nos falou junto e de uma só vez nesta palavra, e nada mais tem a dizer".

Mas, a formulação expressa dessa experiência se fez no intelectualismo da escolástica barroca e promulgou-se oficialmente na reação antimodernista com o decreto *Lamentabili*, condenando os que afirmam que a revelação "não ficou completa com os apóstolos" (DS 3421). Tal formulação estática suscitou a desconfiança de muitos teólogos, que viram nela a ameaça de relegar a revelação ao passado de uma memória morta.

Entretanto, o perigo desaparece a partir de uma proposta correta. Se a revelação é o lento caminho pelo qual a presença salvadora de Deus se faz consciente na humanidade, a plenitude significa que em Cristo alcança a máxima pureza e intensidade. Por isso, não é clausura estática, mas *abertura dinâmica* de uma comunhão que, ao ter todas as chaves fundamentais descobertas, abre o futuro em toda a sua possibilidade e é, por isso, vivível em atualidade sempre nova. Como a evolução que ao culminar no ser humano não paralisa a vida, mas a abre para o horizonte ilimitado da história; ou como um amor que ao alcançar a máxima entrega não se estanca, mas começa sua plenitude autêntica. A Constituição *Dei Verbum* avalia plenamente esta visão, apresentando a revelação como um "morar" de Deus com os homens "para convidá-los à comunhão com ele e recebê-los em sua companhia" (n.2).

Da plenitude assim entendida nasce o autêntico *universalismo*, realmente já expresso, no trecho anterior. Se Deus quer dar-se plenamente *a todos*, qualquer experiência reveladora tem sempre um destino universal; por isso é sempre contagiosa, "maiêutica". Ser destinada a todos cabe por essência à revelação que alcançou a plenitude. O alcançado em Cristo é a procura pela inevitável particularidade histórica, a fim de oferecer mais eficazmente à humanidade o que ela ainda não conseguiu, mas que lhe está intrinsecamente destinado. Aqui se baseia justamente o assombro paulino diante do "mistério" escondido desde sempre, mas "revelado agora", da "esplêndida riqueza" que isso representa "para os pagãos" (Cl 1,26-27). E aqui descansa o último, generoso e indelével fundamento da *missão*.

4. *O diálogo das religiões*. O tema reveste hoje tal importância que, embora o essencial já estivesse dito, merece tratamento à parte. Na "aldeia global", as religiões não podem ignorar-se entre si e, de fato, entraram em contato intenso. A já referida ampliação do universo histórico e geográfico impede todo "religioso-centrismo" ingênuo, e a evidência do pluralismo afasta qualquer atitude imperialista. A plenitude não pode ser obstáculo. Como Paulo já sabia – "carregamos este tesouro em jarros de barro" (2Cor 4,7) –, a plenitude do oferecimento divino não equivale à plenitude da acolhida humana. Qualquer realização histórica é sempre imperfeita e tem algo a receber das outras, como sempre pode oferecer alguma riqueza. Como se disse, todas as religiões são verdadeiras e todas têm algo a oferecer e receber. A dialética não é verdadeiro/falso, mas verdadeiro/mais verdadeiro; e nunca em todos os aspectos. A universalidade nunca pode ser "exclusiva" da verdade dos outros, enriquecendo ao mesmo tempo a própria verdade.

O cristianismo, ao oferecer algo que confessa insuperável, sabe que tem também muito a receber. Não entra num diálogo fictício, e sim real. Dando de graça o que de graça recebeu (Mt 10,8) e que pertence tanto aos outros como a ele, recebe ao mesmo tempo perguntas, modos, perspectivas, experiências, que o ajudam e obrigam a compreender melhor o seu próprio mistério.

De fato, já os Padres mais "ecumênicos" viram na filosofia grega um "antigo testamento" que guiava para Cristo. Com mais razão isso vale para as religiões. Mais ainda: enquanto são verdadeiras e medeiam em si a real presença de Deus, têm a seu modo valor "absoluto": são milhões de seres humanos que se salvam "em" todas elas.

O que chega (talvez não seja possível chegar) a um acordo efetivo entre as religiões não deve levar a pensar simplesmente num fracasso. De fato, hoje não existe religião que não esteja profundamente influenciada e até modificada pelo contato com as outras. E a influência é ascendente; de sorte que se pode falar de "ecumenismo em processo", que constitui uma forma certamente imperfeita mas eficaz, de manter viva na humanidade a inesgotável riqueza da presença e da revelação divinas. Isso está pedindo a elaboração de novas categorias: pessoalmente procurei elaborar algumas, tais como "in-religionação", "pluralismo assimétrico" e "teocentrismo jesuânico" (Torres Queiruga, 2000, cap. 6).

V. A revelação como salvação na história. Até aqui a exposição concentrou-se no aspecto noético da revelação. Respondia assim ao desafio da *razão crítica* a partir do Iluminismo. Mas é preciso levantar já expressamente essa abstração para responder ao outro grande desafio: ao da *emancipação da liberdade*. É esta, quanto ao mais, a ordem histórica em que a teologia enfrentou o problema.

1. *Revelação como salvação do ser humano.* Implicitamente já foi dito. Que Deus se revela significa que por amor ele se faz presente na vida do ser humano para levá-lo à plenitude. Com suas dificuldades e possibilidades, está analisado o processo do "perceber" essa presença. Agora se deve explicitar sua efetividade prática. Pois não se trata de simples "minação" do ser humano, mas de seu destino mais profundo e integral: de sua *salvação*. Ao acolher a vida enquanto chamado, determinado e potencializado por Deus, o ser humano alcança a máxima realização de todo o seu ser.

Isso, porém, acontece de modo concreto e determinado: não qualquer realização, mas a que se vai revelando na longa tradição reveladora e que se mostra definitivamente no destino de Jesus. Seu centro está no amor incondicional e efetivo aos outros, revelados *como irmãos*, já que são filhos de Deus, filhos sem exceção a menos nem privilégios a mais. Por isso, é necessariamente uma realização "a partir de baixo": a partir da *solidariedade* e do *serviço* aos humildes, aos pobres e aos oprimidos. É esse o sinal para o ser humano do novo tempo inaugurado por Jesus (cf. Lc 4,18-21; 7,22-23).

Embora tarde, a reflexão teológica tirou as consequências. As teologias política e da libertação, sobretudo, estão mostrando como a fé não aliena social e historicamente o ser humano; ao contrário, assumida em seu mais genuíno dinamismo – êxodo, profetismo, Jesus –, supõe um embasamento definitivo para a "força histórica dos pobres" (G. Gutiérrez). E, por sua vez, lembram que só a partir do *seguimento* efetivo é possível "ver" a revelação, de acordo com isto: conhecer a Javé é praticar a justiça (Jr 22,16), e diante de Jesus só vale "uma fé que se traduz em amor" (Gl 5,6).

2. *Revelação e história universal.* Este tema está em conexão estreita com o anterior. Tanto pelo lado mais teórico (W. Pannenberg, K. Rahner), como de um lado mais prático (J. Moltmann, J. B. Metz, teólogos da libertação), busca-se romper todo dualismo, que faria da história da revelação/salvação um setor *dentro* da história universal: só alguns acontecimentos escolhidos por Deus e por ele esclarecidos mediante a inspiração seriam reveladores (O. Cullmann). Não há mais do que uma única história e em *toda* ela se trata do ser humano e de sua salvação. O difícil é determinar a articulação precisa. Impossível entrar aqui no detalhe. Bastam algumas indicações.

Contra certas simplificações, a afirmação da unidade universal não deve descartar, sem mais nem menos, a realidade da história particular. A particularidade histórica da revelação cristã é um fato evidente; no entanto, "particular" não significa isolado, mas *intensificação* no *continuum* da presença de Deus nas religiões, como estas o são no *continuum* da história universal.

Isso se torna decisivo. Não é que na história bíblica Deus esteja em determinados acontecimentos e não nos outros, nem que sua revelação esteja na tradição bíblica e abandone as outras religiões. Nada existe que não esteja habitado por Deus; mas, percebê-lo claramente em alguns pontos torna possível descobri-lo em todos. Trata-se, pois, de uma unidade dinâmica e sacramental: a história do mundo e a história da salvação coincidem, pois esta não é mais do que a primeira enquanto vivida a partir de sua radicação em Deus, e, portanto, enquanto definitivamente chegada a si mesma e revelada em sua mais íntima essência.

As consequências são óbvias para uma teologia atenta à *práxis*. A salvação/revelação não forma reserva à parte: a fé não pode desvencilhar-se da sorte histórica do humano, pois Deus não está à margem da pobreza e do sofrimento, nem permanece inatingível pela injustiça e pela opressão. Reconhecer sua a própria salvação significa procurar realizá-la em todo o humano: nada histórico a esgota, mas só incluindo-o ela pode transcendê-lo e ser real, encarnada. A própria *espiritualidade* encontra aqui um chamado não ignorável a superar dualismos herdados para realizar-se à margem do humano, mas no humano e na sua mais profunda e autêntica promoção.

A. Dulles, *Models of Revelation*, New York, 1983; P. Eicher, *Offenbarung. Prinzip neuzeitlicher Theologie*, München, 1977; G. Morán, *Teología de la revelación*, Santander, Sal Terrae, 1968; W. Pannenberg, *La revelación como historia*, Salamanca, Sígueme, 1977; P. Ricoeur e E. Lévinas, *La révélation*, Bruxelles, 1977; E. Schillebeeckx, *Revelación y teología*, Salamanca, Sígueme, ³1969; J. L. Segundo, *El dogma que libera*, Santander, Sal Terrae, 1989; A. Shorter, *La revelación y su interpretación*, Madrid, San Pablo, 1986; A. Torres Queiruga, *La revelación de Dios en la realización del hombre*, Madrid, Cristiandad, 1987; id., *Del terror de Isaac al Abbá de Jesús*, Estella, EVD, 2000; D. Tracy, *Blessed Rage for Order*, New York, 1975; id., *The analogical Imagination*, New York, 1981.

Andrés Torres Queiruga

SACRAMENTOS

I. As dificuldades superficiais. A experiência dos últimos 30 anos mostra-nos que nos países de tradição cristã, enquanto se intensificam as tradições relacionadas com a religiosidade popular, as práticas sacramentais diminuem. Existem muitos cristãos, sobretudo entre os jovens, que sentem resistência ou até rejeitam a celebração de qualquer sacramento. Por isso, cada dia há menos fiéis nas missas, menos matrimônios que levam seus filhos ao batismo, menos pessoas que se confessam, casam-se na Igreja ou se ordenam presbíteros. Por que acontece isso? Podem-se indicar três dificuldades que atuam como freio em muita gente.

1. *A dificuldade de entender o anacrônico.* Os sacramentos continuam sendo administrados, nos vinte séculos de cristianismo, mediante gestos, ritos e orações que, em grande parte, procedem da cultura romana do Império ou da alta Idade Média. Trata-se, portanto, de cerimoniais anacrônicos. Mas é evidente que o anacrônico não se pode integrar na vida e na sociedade de pessoas e povos que vivem noutra cultura. E quando a religião não se integra na cultura, permanece como fenômeno marginal na sociedade. É verdade que, em alguns detalhes, os livros litúrgicos foram renovados após o concílio Vaticano II. Mas, essa renovação, até agora, tem sido muito superficial. Por isso, a liturgia precisa de explicações eruditas que só estão ao alcance dos especialistas. Mas é claro que um símbolo, quando precisa de semelhantes explicações, podemos garantir que se trata mais de uma peça de museu do que de um gesto vivo de nossa cultura.

2. *A dificuldade de aceitar o autoritário.* Os cristãos sabem que, se levarem a sério a prática dos sacramentos, devem levar a sério também as *obrigações* que isso acarreta. De maneira que, na mentalidade de muitas pessoas, ser "praticante" (enquanto se refere à religião) é o mesmo que se submeter à autoridade dos bispos e sacerdotes. Isso quer dizer que os sacramentos são associados, em amplos setores da opinião pública, não à liberdade e à alegria de viver, mas à pesada carga que para muitos cristãos representa ir à missa a cada domingo, confessar os próprios pecados e outras obrigações semelhantes. Por isso é que certamente existe cada dia mais gente que não quer batizar os filhos ou não quer casar-se na Igreja etc.

3. *A dificuldade de fazer o que a gente não sabe para que serve.* Frequentemente ocorre que os cristãos não têm ideia clara e precisa sobre o "por que" e o "para que" dos sacramentos. Isso se acentua entre as gerações jovens que, devido a uma formação religiosa deficiente, não sabem por que devem participar das celebrações sacramentais e que finalidade elas têm. Por isso, as cerimônias sacramentais, e as obrigações que elas acarretam, tornam-se uma carga pesada sem recompensa e até sem razão de ser. Em semelhantes circunstâncias só resta o costume ou os convencionalismos sociais, que são os motivos autênticos que levam muitas pessoas a participarem dos sacramentos.

II. O problema de fundo. Os sacramentos se justificam e se explicam *a partir de cima ou a partir de baixo*? Dizer que os sacramentos se justificam a partir de cima é o mesmo que dizer o seguinte: Existem sacramentos porque Deus assim o dispôs, porque Cristo os instituiu e porque a Igreja (que representa Cristo) tem autoridade para mandar, e manda, e que os cristãos, se quiserem salvar-se, devem aceitar os sacramentos e colocá-los em prática, a fim de receberem por esse meio a graça santificante.

Dizer que os sacramentos se justificam a partir de baixo é o mesmo que dizer o seguinte: Existem sacramentos porque nós, seres humanos, expressamos nossas experiências fundamentais mediante gestos simbólicos, e Deus (que respeita a condição humana até as últimas consequências) intervém e atua na vida das pessoas, através das experiências que essas mesmas pessoas vivem. Tendo sempre em conta que as experiências humanas se expressam mediante símbolos. E quando são experiências coletivas, também mediante ritos.

A diferença determinante que há entre a primeira e a segunda explicação consiste nisto: quando o sacramento se justifica "a partir de cima" a *mediação* através da qual Deus intervém é o *rito*, ou seja, o "gesto sagrado", ao qual se atribui feito imediato, de alguma forma automático, para santificar o crente, contando que o sujeito não coloque obstáculo (óbice). A isso se chama em teologia a eficácia *ex opere operato*.

Na segunda explicação, quando o sacramento se justifica a partir de baixo, a *mediação*, através da qual Deus intervém, é a *experiência* humana que vive o indivíduo (e a comunidade) que celebra o sacramento. Sem nos esquecermos de que *as experiências fundamentais da vida se expressam mediante símbolos* que precisam, quando coletivos, de comum acordo e, neste sentido, ritualizam-se.

O que está em jogo em todo este assunto é isto: se o sacramento se põe em prática de acordo com a primeira explicação ("a apartir de cima"), isso leva inevitavelmente ao *ritualismo,* e daí à *magia,* que não serve senão para *enganar* o sujeito. E se o sacramento se põe em prática de acordo com a segunda explicação ("a partir de baixo"), isso é a única coisa coerente, antes de tudo, com o que é a *vida humana* e a experiência das pessoas; em segundo lugar, coerente com o que nos *ensina o NT* sobre a existência dos cristãos. Em tudo isso, não se trata de colocar em dúvida, menos ainda de negar a intervenção de Deus, mediante sua divina graça, nos sacramentos. O problema consiste nisto: se Deus se comunica ao ser humano *mediante o rito* ou *mediante a experiência humana* que se expressa ritualmente.

III. De acordo com a vida. A vida de uma pessoa não muda nem melhora pela eficácia que possam ter sobre ela determinados cerimoniais que, de uma forma ou de outra, acabam sendo rituais mágicos. A vida de uma pessoa muda e melhora quando essa pessoa vive experiências muito profundas, que lhe modificam seus afetos e sentimentos (sua sensibilidade) e, daí, modificam-se também sua maneira de pensar, seus critérios, os valores que aprecia e que despreza, enfim, todo o seu comportamento. Costuma-se dizer que a vida não muda "por arte de magia". Inclusive quando a essa magia damos nomes divinos, quer seja falemos de "sinais sagrados", de "eficácia sacramental" ou de "instituição divina".

Existe magia num gesto humano (seja qual for) quando a esse gesto se atribui eficácia automática. Quer dizer, quando imaginamos que, realizado o gesto (chamado "signo", "rito" ou algo parecido), de imediato pela virtude divina que presumivelmente esse gesto tem, aquele que o põe em prática se transforma, torna-se melhor, muda de vida ou consegue esse efeito benéfico a que aspira. Naturalmente, os que pensam dessa maneira colocam todo o seu interesse e centralizam seu empenho para que o gesto se execute com a maior precisão possível; para que não deixe de cumprir-se nenhum detalhe, o que em liturgia se costuma chamar "rubrica", que se deve observar ao pé da letra. Essa espécie de obsessão pelo detalhe litúrgico ou pelo rubricismo não é motivada somente pela obediência ao que a autoridade religiosa ordena, mas sobretudo pelo sentimento mágico, uma vez que é própria deste sentimento a fidelidade ao mínimo detalhe. No fundo, o que se pensa é que Deus está preso ao gesto que o indivíduo realiza, por mais que se trate de minúcia insignificante, ou também que não tenha sentido algum.

Entretanto, a experiência afirma que a vida humana não funciona assim. A superstição é irmã da magia. Mas todos sabemos que não existe relação, na vida real, entre a fidelidade às superstições e o sucesso do que se espera conseguir mediante os rituais supersticiosos. Da mesma forma, na Igreja acontece diariamente que existem muitas pessoas escrupulosamente observantes dos cerimoniais religiosos, mas nem por isso são pessoas melhores.

Por isso acontece que existem pessoas que passam quarenta anos comungando e ao final de tanto tempo têm os mesmos defeitos que tinham no começo. Outra questão é o significado que se deve conceder à eficácia dos sacramentos *ex opere operato*. Mas disso se falará mais adiante. Em todo o caso, não se pode dizer dos sacramentos o que não se pode dizer de nenhuma outra coisa na vida dos seres humanos. Porque os sacramentos não são fenômenos à margem da vida. E menos ainda podem entender-se como atos misteriosamente mágicos que funcionam de maneira completamente diferente de como funciona a vida em geral. O Deus cristão não é uma espécie de *Deus ex machina* que intervém sem que ninguém saiba como e sem que se vejam em parte alguma os efeitos dessa presumida intervenção.

IV. De acordo com o Novo Testamento. A religião de Israel, há longo tempo, e sobretudo na época de Jesus, tinha centralizado suas preocupações na exata observância dos ritos e cerimoniais do culto sagrado. O cristianismo representou uma ruptura radical com essa mentalidade. A carta aos Hebreus afirma que todos esses cerimoniais "não tem eficácia para aperfeiçoar a consciência de quem pratica o culto" (Hb 9,9). E a razão é que esses cerimoniais "são ritos humanos referentes a alimentos, a bebidas, a abluções diversas, impostos somente até ao tempo da correção" (Hb 9,10). Com isso se diz que o culto puramente ritual é inteiramente ineficaz (A. Vanhoye).

É o que já se disse nos evangelhos. Por exemplo, em Mc 7,3-4, onde o evangelho informa sobre a importância que os israelitas davam aos rituais. E sabemos a reação de Jesus diante de semelhante comportamento: "Este povo honra-me com os lábios, mas o seu coração está longe de mim. Em vão me prestam culto" (Mc 7,6-7; cf. Is. 29,13). Jesus, portanto, desautoriza o culto religioso baseado em simples cerimoniais a que se atribui efeito santificante. O determinante, em nossa relação com Deus, é onde está o "coração", o mais profundo da experiência humana (Mc 7,15.20-23).

Jesus mudou radicalmente o sentido da religião. O que importa não são o ritual, as cerimônias e as observâncias. O que importa, em cada ser humano, é o que lhe sai da sede de seus sentimentos e experiências mais fortes. Por isso, inclusive o relato litúrgico da instituição da eucaristia não se pode interpretar como ritual de eficácia automática, uma vez que São Paulo reconhece que, se isso se faz num grupo dividido e discordante, na realidade não é "a ceia do Senhor" (1Cor 11,20). Um condicionamento social invalida um cerimonial religioso. Por isso, certamente, o evangelho de João prescinde do relato da instituição eucarística e, em seu lugar, coloca o mandamento do amor (Jo 13,34-35). O decisivo é a experiência profunda, não a simples expressão externa e ritual dessa possível e presumível experiência. Daí porque "a religião pura e sem mácula diante de Deus" não é a religião das observâncias rituais, mas "assistir os órfãos e as viúvas em suas tribulações" (Tg 1,27). Nisso consiste o "culto autêntico" de que fala São Paulo: oferecer a própria vida em "sacrifício" religioso agradável a Deus (Rm 12,1-2). E não tem valor dizer que a graça de Deus se recebe pela imposição das mãos (2Tm 1,6), ou seja, com o rito que comunica a graça divina. Porque essa tradução é duvidosa. E porque o autor desse texto se refere em seguida ao "espírito de coragem e amor" (2Tm 1,7). Isso é o que importa.

V. Os símbolos da vida. A teologia tradicional entendeu o sacramento como "sinal eficaz da graça". Mas esta compreensão do sacramento como "sinal" considera-se hoje insuficiente. Porque o sinal é sempre a união de um "significante" e um "significado". Por exemplo, na linguagem, o significante é o fonema proferido por quem fala, enquanto o significado é o conceito ao qual se refere o fonema. Em todo caso, o significado é sempre um conceito. De maneira que no sinal se dão sempre duas características: primeira, coloca-se sempre em nível conceitual ou linguístico; segunda, todo sinal é convencional, de maneira que pode ser intercambiável por outro sinal equivalente.

Ora, se o sinal é o que se acaba de dizer, compreende-se facilmente que o sinal é insuficiente para explicar adequadamente o que é um sacramento. Porque o sacramento não se situa no nível conceitual, mas no nível mais profundo da experiência. Por isso, para explicar o que é o sacramento, torna-se imprescindível interpretar o sacramento como "símbolo".

A palavra "símbolo" vem do grego *symballein*, que significa literalmente "arremessar junto". O símbolo era antigamente um objeto dividido em duas partes, cada uma das quais era recebida por um dos firmantes de um contrato. Hoje o símbolo se entende, em sua acepção mais elementar, como a expressão de uma experiência. Por isso, o símbolo se compõe de dois elementos: a *experiência* e a *expressão* dessa experiência. Quando se juntam essa duas realidades, temos um símbolo. Daí porque o símbolo não se situa no nível meramente conceitual, mas se enraíza no inconsciente da pessoa, donde ele brota. Por outro lado, é chave em todo este assunto ter em conta que na vida existem experiências que não se podem comunicar no nível linguístico ou conceitual, mas que se situam no nível mais profundo, o nível simbólico. Assim, no mundo complexo das relações humanas, na psicanálise e na história comparada das religiões, produzem-se frequentemente experiências que se tornam estritamente inefáveis. Porque não se podem expressar mediante signos. Daí a necessidade dos símbolos, que expressam nossas experiências mais profundas. Por exemplo, a mãe não expressa o carinho ao seu filhinho mediante discursos, mas com carícias e beijos. Uma pessoa que ama a outra não se põe a explicar-lhe as teorias filosóficas sobre o amor, mas simplesmente a abraça ou com o olhar (que é algo mais que o olho) lhe diz muito mais que mil palavras. É que existem experiências que não se podem comunicar em nível linguístico, mas unicamente mediante gestos simbólicos. Por isso, os símbolos são constitutivos da cultura e são produto da cultura na qual surgem e vivem. Nesse sentido, é correto dizer que "o símbolo nos introduz numa ordem da qual ele mesmo faz parte" (E. Ortigues).

Parte-se, pois, deste fato: o símbolo compõe-se de dois elementos essenciais: a experiência que se enraíza no inconsciente da pessoa, e a expressão externa dessa experiência. Faltando um desses dois elementos, não existe símbolo. Pois bem, a fé cristã comporta experiências muito profundas, que não se podem comunicar apenas mediante signos, no âmbito da linguagem. A fé não entra apenas pelo ouvido. Além de ouvir, é necessário tocar, ver, apalpar, sentir. Tudo o que é necessário para que exista comunicação humana até os níveis mais profundos da pessoa. A fé é acreditar em verdades. Mas é também experiência de amor, de liberdade, de esperança etc. Mas, tais experiências são comunicáveis só mediante símbolos. Tais símbolos são principalmente nossos sacramentos, os sacramentos da Igreja.

Mas, convém ter presente que, com relativa frequência, os símbolos correm o perigo de degenerar em simples rituais, vazios de conteúdo. Isso ocorre quando a experiência da vida morre e desaparece, mas de tal maneira que o gesto externo se mantém e perdura. Por exemplo, há pessoas que dão as mãos, que se abraçam, ou até se beijam, mas tudo isso são simples gestos externos que não expressam amor de tipo algum. Nesses casos, o símbolo se esvaziou de um de seus elementos essenciais, a experiência profunda; apenas resta o signo exterior que só serve para ocultar a realidade. Porque, enquanto o signo é *logos*, o símbolo é *bios*. No símbolo passamos da ordem do "conceito" para a ordem da "vida". Mas frequentemente ocorre, nas relações humanas, que os gestos externos se ritualizam e ficam petrificados no nível do conceito, carentes de vida.

Isso é o que se passa, muitas vezes, nos sacramentos. As pessoas vão à missa, comungam ou põem em prática o ritual, mas tudo se reduz a isso, em simples ritual. Porque a vida real da pessoa permanece à margem do ritual convencional. Por isso, a pessoa não muda, nem modifica seus comportamentos, nem depois do sacramento vivem um amor mais intenso ou uma bondade mais autêntica. Praticou-se um gesto externo, mas faltou a experiência profunda que se deveria expressar mediante o gesto externo. Simplesmente se colocou em prática um *rito,* mas não existiu *símbolo* algum. Nesse caso, o ritual apenas serviu para enganar o próprio sujeito, que se julga mais perto de Deus, quando na realidade tudo em sua vida continua igual.

VI. A doutrina do magistério sobre os sacramentos. Os manuais clássicos de teologia se referem aos seguintes dogmas dos sacramentos: 1) os sacramentos são sete; 2) foram instituídos por Cristo; 3) os sacramentos são essencialmente "sinais" da graça; 4) comunicam a graça, contanto que quem os recebe não ponha obstáculos (óbice); 5) esta graça se comunica *ex opere operato*; 6) há três sacramentos (batismo, confirmação e ordem) que imprimem "caráter" delével. Tais presumidos dogmas de fé basear-se-iam na doutrina do concílio de Trento e no magistério ordinário da Igreja.

Entretanto, pela análise das atas de Trento, pode-se afirmar com toda a segurança que não houve acordo, nem entre os teólogos, nem entre os bispos, no momento de dar o seu parecer a respeito dos cânones da sétima sessão (sobre os sacramentos), se condenavam heresias ou simples erros. Portanto, é certo que os cânones de Trento sobre os sacramentos em geral não são doutrina de fé. Nem quer dizer que essa doutrina é de fé pelo magistério ordinário da Igreja. O magistério ensinou, durante séculos, que o sol circulava ao redor da terra. Até que se demonstrou que isso não era, nem podia ser, doutrina de fé. Além disso, ao mais, o conceito de "heresia", no século XVI, era muito diferente do que agora se pensa em teologia. Em todo o caso, é falsa a afirmação, segundo a qual os anátemas de Trento representam doutrinas que se devam crer pela fé.

Daí porque muito bem disse K. Rahner ao se referir ao concílio de Calcedônia: "Da essência do conhecimento humano da verdade e da natureza da verdade divina, resultado que uma verdade particular... é sempre um primeiro passo, um ponto de partida, nunca uma conclusão, um ponto final". Por isso, a doutrina de Trento sobre os sacramentos é isto: um ponto de partida, a partir do qual a Igreja tem o dever e o direito de aprofundar para chegar a uma compreensão mais profunda dos sacramentos. Trata-se de uma das tarefas mais importantes da teologia hoje.

VII. A eficácia dos sacramentos. Segundo a sétima sessão do concílio de Trento, os sacramentos comunicam a graça *ex opere operato*, ou seja, pela ação que se realiza. Mas a fórmula do concílio não quer dizer que o sacramento comunica a graça automaticamente. Isso tem sido estudado profundamente. E se demonstrou que essa fórmula apenas quer dizer que o sacramento comunica a graça pela ação de Cristo, que se comunica ao crente. Ou seja, a fórmula se refere apenas à origem da graça divina, a qual, por isso mesmo, vem de Deus e não é efeito da atuação humana.

Então, em que sentido e como os sacramentos comunicam e aumentam a graça de Deus nos que têm fé? Da mesma forma que qualquer símbolo atua na vida dos seres humanos. Duas pessoas que se amam e se beijam, não apenas expressam o carinho, mas além disso o carinho se intensifica e aumenta. Isso é humano. E Deus se serve do que é a vida humana e de como funciona a nossa vida, para intervir assim em nós. Por isso, uma pessoa que participa verdadeiramente da eucaristia não apenas expressa sua fé em Jesus Cristo, mas além disso essa fé se acrescenta, torna-se mais forte, mais madura, mais coerente, e o mesmo se pode dizer dos outros sacramentos.

VIII. Três perguntas conclusivas. *1. Por que existem sacramentos?* Porque a vida *cristã* não é algo à margem da vida *humana*. Nem é uma realidade estranha e misteriosa que pouco ou nada tem a ver com o que fazemos e vivemos todos os dias e a toda hora. Da mesma forma que, na vida dos seres humanos, há experiências que não podemos expressar, nem acrescentar em nós, senão mediante gestos simbólicos, igualmente na vida de fé há experiências que só se podem expressar mediante os símbolos, que são os sacramentos. Uma vida de fé sem sacramentos seria algo como uma vida humana sem gestos de amizade, de carinho e de entrega mútua. Por outro lado, isso significa também que os sacramentos são indispensáveis para transmitir a fé. Assim como o carinho não se transmite senão por meio dos gestos que o expressam e nos quais se desfruta o querer bem, devemos também saber que a fé não se comunica só mediante palavras e compromissos, por mais autênticos que sejam. A fé se comunica efetivamente quando é experiência compartilhada mediante os símbolos que lhe são próprios, ou seja, os sacramentos.

2. Para que são os sacramentos? Não abraçamos as pessoas que queremos, "para que assim e por isso nos queiram mais". Aquele que abraça com essa intenção desvirtua radicalmente a experiência humana fundamental e se desnaturaliza. Abraçamos as pessoas a quem queremos bem, porque sentimos essa necessidade. Da mesma forma que o critério utilitarista, nas relações humanas, adultera tais relações, assim também ocorre na vida propriamente da fé. A intenção de obter ganhos e frutos, por mais espirituais e divinos que se considerem, adulteram radicalmente a experiência religiosa. O crente participa dos sacramentos porque se sente impulsionado a isso pela força de sua fé, para compartilhá-la com outros e, em definitivo, para fundir-se com Jesus o Senhor na mesma vida e no mesmo destino.

3. Como se devem celebrar os sacramentos? Segundo o evangelho de Mateus, quem pretende aproximar-se do altar e lembrar que alguém tem algo contra ele, o que deve fazer é não aproximar-se do altar, mas resolver o problema com quem quer que seja (Mt 5,23-24). Seja qual for a origem desse texto e sua significação exata, é certo que nele se afirma a necessidade iniludível de ter uma experiência sadia quando se trata do acesso à celebração santa. Ou seja, a primeira condição para celebrar dignamente é viver uma experiência que combina com as exigências do evangelho.

A segunda condição é compreender que os símbolos são sempre gestos *integrados numa cultura*. A mesma experiência pode expressar-se de maneiras bastante distintas e culturas diferentes. Por exemplo, o respeito ou o amor numas culturas se expressam beijando ou abraçando a quem a gente ama, noutras culturas isso se manifesta fazendo determinadas reverências. O mesmo se deve dizer quanto ao que se refere a usos alimentares e, em geral, aos gestos da convivência diária. Isso traz, entre outras consequências, a necessidade de repensar os sacramentos, tal como se celebram oficialmente na Igreja, estão devidamente inculturados em cada tradição e em cada povo. O centralismo romano, que impõe as mesmas formas em quase todo o planeta, tem produzido um custo muito alto para a Igreja. Existem continentes inteiros onde cristianismo não se inculturou, como é o caso evidente da Ásia. O fracasso das controvérsias do séc. XVII sobre os cultos chineses e malabares fez com que a tradição cristã e sua liturgia sejam hoje fenômenos abandonados no continente mais populoso do planeta.

Em terceiro lugar, é urgente que os cristãos deixem de viver os sacramentos como "obrigações" que devem cumprir para evitar o pecado. Os sacramentos não são obrigações, mas expressões de amor e fé. Ora, o amor e a fé não se expressam nem se realizam na observância jurídica do mandamento obedecido, e sim *como festa,* na qual a satisfação, alegria, e a felicidade se compartilham entre os próprios celebrantes. Neste sentido, é importante destinguir entre "festa" e "diversão". Na diversão, o sujeito só pensa em passar bem. Na festa, compartilha-se com os outros a mesma experiência de alegria e esperança. É evidente que a maior parte das liturgias a que as pessoas assistem mais se parecem com um ritual estranho e enfadonho que com uma celebração festiva, na qual se compartilhem alegria e esperança. Eis uma das tarefas mais urgentes, não só da liturgia e da pastoral, mas sobretudo da teologia sacramental em seu sentido mais estrito.

Se se analisa o conjunto da atividade da Igreja, tal como se leva a cabo em qualquer paróquia, nota-se que a maior parte do tempo se leva em práticas sacramentais, com sua abundante burocracia. Missas, batizados, comunhões, casamentos, enterros, e as preparações que tudo isso supõe. Posto isso, deve-se perguntar: Realmente, foi isso que Jesus pretendeu ao anunciar o reino de Deus? É isso mesmo que se deduz de uma leitura desapaixonada do evangelho? Não se trata de diluir a importância aos sacramentos. Exatamente o contrário; trata-se de dar a eles o sentido verdadeiro que têm na fé da Igreja. Quando as "práticas rituais" se multiplicam, há razões fundadas para suspeitar que a *vida cristã* se enfraquece. Porque os fiéis chegam a convencer-se de que a fé se reduz à fiel observância dos cerimoniais, enquanto a vida real se desenvolve longe do espírito e da letra do evangelho.

W. Bausch, *A New Look at the Sacraments,* Connecticut, 1992; D. Borobio, *Sacramentos en comunidad,* Bilbao, DDB, 1987; T. Schneider, *Signos de la cercanía de Dios,* Salamanca, Sígueme, 1982; Testa, B., *Die Sakramente der Kirche,* Paderborn, 1997; J. M.ª Castillo, *Símbolos de libertad. Teología de los sacramentos,* Salamanca, Sígueme, 1981; L. M. Chauvet, *Símbolo y sacramento,* Barcelona, Herder, 1991; F. Schupp, *Glaube-Kultur-Symbol,* Düsseldorf, 1974; F. Taborda, *Sacramentos, praxis y fiesta,* Madrid, San Pablo, 1987; J. J. Tamayo, *Los sacramentos, liturgía del prójimo,* Madrid, Trotta, ²2003.

José M. Castillo

SALVAÇÃO/SOTERIOLOGIA

A doutrina da salvação ou soteriologia tem importância capital para a teologia cristã, pois nela se reflete definitivamente sobre a relevância da fé cristã para a humanidade. O anúncio cristão ao mundo é indubitavelmente um anúncio de salvação. A estruturação corrente dos tratados teológicos tende, entretanto, a situar os problemas soteriológicos dentro de outras matérias, como o tratado da graça, o tratado sobre a fé, a cristologia e a pneumatologia. O problema pode ser, em alguns casos, a falta de clareza sobre essa dimensão fundamental da fé cristã. Os cristãos anunciam ao mundo que em Cristo nos veio a salvação. Por quê? Realmente precisamos ser salvos? E se disso precisamos, não é o ser humano responsável em libertar-se a si próprio de tudo quanto o oprime? E se precisamos de um salvador, por que há de ser precisamente Cristo?

Algumas dessas questões já foram tratadas no conceito "Pecado original". A doutrina teológica do pecado original nos mostra a universal necessidade humana de salvação e a impossibilidade última de uma "autossalvação". Procuraremos aqui dizer positivamente em que consiste a salvação cristã.

I. Imagens bíblicas da salvação. Entre a multidão das imagens bíblicas para a salvação, a figura de *Abraão* é especialmente significativa. Nos relatos do Gênesis, as diferentes expressões do pecado humano encontram algum ato da misericórdia de Deus. Adão e Eva recebem túnicas de peles (Gn 3,21), Caim alcança a marca que o protege de ser assassinado (Gn 4,15) e Noé recebe a promessa de que nunca se repetirá o dilúvio (Gn 9,12ss). Depois do episódio do império de Babel (Gn 11), no qual culmina o pecado de Adão, a ação salvífica de Deus consiste precisamente na escolha de Abraão (Gn 12). Trata-se por certo de uma escolha particular, biograficamente completa. A salvação não se apresenta como algum tipo de norma, regulamento ou disciplina promulgada universalmente para toda a humanidade, mas como um *fato histórico completo*. Esta particularidade porém não é excludente, mas constitui uma bênção que deverá alcançar todas as famílias da terra (Gn 12,3). Por outro lado, a história de Abraão nos apresenta o caráter *gratuito* da salvação. Não se menciona nenhum mérito prévio de Abraão. A salvação não é obra humana, mas obra de Deus. Por isso, a resposta adequada de Abraão é a *fé*. Diferentemente de Adão, que preferiu acreditar na serpente, Abraão acreditou nas promessas de Deus, dando lugar a uma nova forma de justiça (Gn 15,6). Já não se trata de uma justiça baseada nos cálculos sobre as regularidades que se observam no mundo, mas uma justiça que coloca sua esperança numa *promessa* que vem de Deus, e que portanto transcende tudo o que alguém por si mesmo possa esperar. A fé de Abraão na promessa não é um processo simplesmente interior, mas que inclui constitutivamente um *colocar-se a caminho* e uma *ruptura* com os laços familiares e sociais anteriores (Gn 12,1). A fé não é tampouco um processo exclusivo de Abraão, mas atinge todo o seu clã e dá lugar a um *povo*. Não se trata de um povo como os outros povos, e sim de um povo que, precisamente por ter uma missão universal, há de ser *diferente* dos outros povos, tal como se expressa na circuncisão, com a qual se marca o pacto da comunidade abraâmica com Deus (Gn 17).

Entretanto o povo abraâmico não era nem estado nem império. Abraão e seus descendentes vivem à margem dos estados contemporâneos, dos quais até recebem ameaças à sua continuidade como povo (Gn 12,10-20; 20; 26,1-11). O relato do Êxodo, centro da fé de Israel, expressa justamente a salvação em termos de enfrentamento entre o povo abraâmico e um império. Aqui se expressa de novo o caráter *histórico* da salvação. Esta historicidade é, por um lado, *materialidade*. A salvação se refere claramente à *libertação da opressão* social e econômica que os israelitas sofrem. E a salvação se concretiza, de acordo com as promessas feitas a Abraão, na entrega de uma *terra* onde "mana leite e mel", e na constituição, na periferia do Império, de um povo no qual não se repetirão as injustiças do Egito. Mais que uma exigência, a lei é um *dom* de Deus, destinado a possibilitar uma existência coletiva sem pobreza, nem desigualdade, nem dominação. A historicidade significa não só materialidade, mas também *particularidade*. Num momento concreto do tempo, um grupo determinado de pessoas pobres e oprimidas experimenta uma libertação. Entre elas, muitos há que não são descendentes de Abraão (Ex 12,37-38); entretanto, são também convocadas a constituir um povo particular e concreto, separado (palavra que significa "santo") dos outros povos. Esta *santidade* não significa, no entanto, exclusão. O povo de Deus está destinado a ser um povo sacerdotal (Ex 19,6), porque sua tarefa consistirá em abençoar os outros povos. A bênção consiste, antes de tudo, em mostrar a todos os povos uma nova forma de vida que Deus criou como algo que outros deuses não podem criar (Sl 82), e que no entanto é *universalmente atrativo* para as outras nações (Dt 4,6-8), que determinarão peregrinando até Sião para incorporar-se ao povo de Deus (Is 2,1-5 etc.).

De novo a experiência do Êxodo marca a *gratuidade* da salvação. O povo não é libertado por seus méritos prévios, mas pelo amor misericordioso de Deus (Dt 7,7-8; 9,6). De modo que a libertação alcançada não pode transformar-se em motivo de orgulho, atribuindo a si mesmo o que se conseguiu (Dt 8,11-20). A esta misericórdia cabe apenas responder com *fé*. Uma fé que não é simples processo interno, mas que implica um *colocar-se a caminho,* sem o que não acontece a salvação. Este por-se a caminho é uma ruptura com as velhas relações sociais e com as seguranças que elas proporcionam, inclusive em meio à opressão (as cebolas do Egito...). Sem dúvida essa mesma ruptura não pode ser considerada como mérito humano, mas como obra de Deus, o qual, ao dividir as águas do mar, repete a façanha da criação (Gn 1,7), dando lugar a uma radical *novidade histórica*. A vitória mitológica sobre o primigênio monstro marinho (Tiamat, Leviatã, Rahab) transforma-se agora em vitória sobre o império egípcio (Is 27,1; 30,7; 51,9; Sl 8,4). A salvação é uma *nova criação*. Nesta nova criação, o povo que saiu dentre as águas permanece colocado sob nova soberania. Sobre eles já não reina o faraó do Egito, nem outro novo faraó. Reina o próprio Deus. *O reinado de Deus* é a figura concreta que a salvação adquire. Não se trata de um reinado nas nuvens, nem de um reinado utópico do porvir. Trata-se de um reinado faticamente exercido por Deus na história, a partir do momento em que liberta o seu povo da escravidão (Ex 15,18).

Na interpretação cristã, a libertação acontecida no Êxodo não foi suficiente para alcançar o perdão do pecado adâmico e para conseguir uma justiça plena (At 13,38-39). De fato, as próprias Escrituras de Israel corroboram esse diagnóstico. Desde o princípio, o povo caiu na idolatria, e a instituição da monarquia, após dois séculos de existência de Israel como sociedade não estatal, implicou a renúncia ao reinado direto de Deus sobre o povo, a pretensão de igualar-se aos outros povos e a institucionalização das diferenças sociais no interior do povo de Deus (1Sm 8). Certamente, a figura do rei Davi e a ideia de um reinado de vicário dos reis de Judá, sentados "no trono do reinado de Deus sobre Israel" (1Cr 28,5; 2Cr 13,8), serviram para articular as esperanças de uma restauração futura do reinado de Deus, mediante um futuro rei ungido (Messias), descendente de Davi. Mas isso não significou nenhuma grande ilusão sobre a monarquia tal como havia sido experimentada por Israel. De fato, os escritores deuteronomistas, nos livros de Samuel e Reis, apresentaram os monarcas de Israel e de Judá como os principais responsáveis pela aparição da idolatria e da injustiça social no povo de Deus. Por sua vez, os profetas de Israel, após denunciarem esta idolatria e injustiça social no povo de Deus como as duas faces da mesma moeda, vão levando rumo ao futuro a esperança numa libertação que haveria de superar a acontecida no Êxodo. E o cristianismo se une à fé de Israel, quando afirma que esta salvação aconteceu no messias Jesus.

II. A salvação em Cristo. A salvação que aparece em Cristo está profundamente enraizada nas concepções veterotestamentárias da salvação e mantém seus traços mais característicos. Jesus começa sua missão anunciando a iminente chegada do *reinado de Deus*. Não se trata da formulação de uma utopia geral sobre um futuro estado de coisas, e sim, do anúncio de que Deus voltará a exercer sua soberania sobre o seu povo, eliminando portanto, do meio dele, toda injustiça e toda idolatria. Por isso, o anúncio da salvação trazida por Jesus interessa primeiramente aos *pobres* e aos *oprimidos* (Lc 6,20). De maneira alguma se pode dizer que com Jesus desaparece a historicidade da salvação. O reinado de Deus que Jesus anuncia é um reinado que já está irrompendo na *história*. Deus não reina, se não tiver um povo historicamente concreto sobre o qual exercer o seu reinado. E a salvação interessa primeiramente aos pobres, e os múltiplos relatos sobre as curas nos mostram que a *materialidade* da salvação não desaparece no NT, por mais que a salvação em sua plenitude não se esgote nela (Rm 14,17).

Assim, a salvação que aparece em Jesus tem também caráter *particular*, pois Jesus dirige primeiramente sua missão a um povo bem concreto: o povo de Israel (Mc 7,21.24.28; Mt 23,35). A rejeição a Jesus por parte dos dirigentes de Israel e o afastamento das massas judaicas não implica simplesmente uma "universalização" abstrata da mensagem de Jesus, e sim, a concentração de Jesus no grupo menor de seus discípulos, entre os quais a designação dos Doze expressa sua vontade de representar neles a totalidade de um Israel restaurado. Entretanto, a particularidade não significa exclusivismo: a particularidade dos discípulos de Jesus cumpre uma função *universal*, destinada – como Sião – a atrair toda a humanidade (Mt 5,14-16). Por isso, a comunidade dos discípulos de Jesus não pode constituir-se sobre os mesmos princípios sobre os quais estão constituídas as sociedades do mundo, nas quais reina a opressão e a violência (Mc 10,41-45 par.). O que implica, em última palavra, que a salvação que aparece em Jesus não pode realizar-se mediante um messianismo estatal como o que tinha aparecido em Israel com a introdução da monarquia (Jo 6,15). A salvação trazida por Jesus é claramente não estatal e não violenta, e dá lugar historicamente a uma comunidade alternativa (Mt 5,1-48). Não é possível atrair, questionar, denunciar e propor, sem mostrar uma possibilidade distinta, e o custo da distinção é a necessária *ruptura* com as garantias da velha sociedade (Mt 10,34-38; Mc 10,17-31; Lc 14,25-33).

A alimentação das multidões por parte de Jesus é o único milagre transmitido pelos quatro evangelistas, e nele se mostram claramente algumas das dimensões fundamentais da salvação cristã. No deserto, em novo êxodo, Jesus dá de comer à multidão que o segue. Jesus precisa esclarecer aos discípulos que a alimentação das multidões é uma tarefa da competência deles, mas esta alimentação não é possível se os discípulos se limitam a transformar-se em mediadores entre o sistema dominante e a multidão faminta. A alimentação é eficaz apenas quando, *a partir de agora* e *a partir de baixo*, os discípulos começam a partilhar o pouco que têm. Constitui-se assim, em torno de Jesus, uma sociedade diferente, na qual os bens escassos atendem a todos, e ainda sobra (Mc 6,30-44 par.). Não estamos, portanto, diante de um mérito dos discípulos, mas diante de algo que Jesus tornou possível. Como nas tradições veterotestamentárias, a salvação que aparece em Cristo é *gratuita*, e não repousa sobre méritos prévios dos que a recebem. Essa gratuidade sem consideração aos méritos é aquela que possibilita a *igualdade* dos que creem (Mt 20,1-6), é o que permite aos *pecadores* serem os que verdadeiramente podem aceitar a salvação trazida por Jesus (Mt 9,12; Lc 18,9-14).

A preferência de Jesus pelos pecadores e a preferência pelos pobres não são na realidade mais que dois aspectos da mesma salvação. Na lógica adâmica, os pobres, enfermos e infelizes aparecem como merecedores de sua própria situação. De acordo com essa lógica, se aos justos tudo vai bem, e aos injustos tudo vai mal, isso é em definitivo porque um Deus bom rege os destinos da criação. Nessa perspectiva, o pobre, o enfermo ou o infeliz é, definitivamente, alguém que, como pecador, merece a rejeição de Deus. E essa rejeição é visível em sua situação de pobreza, enfermidade e infelicidade. Pois bem, a salvação que aparece em Jesus quebra essa lógica. Por isso, o perdão dos pecados e a cura dos enfermos são dois aspectos constitutivos de uma mesma salvação (Mc 2,8-12). A salvação anunciada e realizada por Jesus rompe com toda possibilidade de autojustificação, em termos de méritos, e por isso rompe também com toda pretensão de apresentar a vítima como culpada de sua própria situação. A pobreza, o pecado, a doença e a infelicidade, ao contrário, são agora o âmbito privilegiado onde se mostram a eficácia e as possibilidades da salvação que Deus nos traz (Jo 9,1-3; Lc 13,1-5).

Assim, a salvação que se manifesta em Cristo parece atingir um âmbito radical. A continuidade com o AT começa a tomar os caracteres de uma superação. Porque, na religião de Israel, a consciência da gratuidade da ação salvífica de Deus jamais chegara a romper definitivamente a possibilidade de ver a justiça como resultado das próprias ações. A presença dos sacrifícios não deixa de ser um indício desse fato. Nos sacrifícios, busca-se o beneplácito divino como resultado da própria ação sacrifical. Nos sacrifícios, expiatórios, o cair dos castigos merecidos sobre uma vítima substitutiva assegura a restauração das relações com a divindade. Tudo isso continuava presente na religião de Israel. A partir da perspectiva cristã, isso significa que o "pecado original" ainda não havia sido superado. Continuava aberta a possibilidade de uma autojustificação. A lei de Israel, sendo santa e justa, podia ser utilizada pelo pecador para buscar sua própria justiça (Rm. 7). Pois bem, o cristianismo afirma que com Cristo foi superada esta raiz última de todo o pecado, e que a "culpa de Adão" fora cancelada. Entretanto, atribui esta superação a um sacrifício: o sacrifício do Messias na cruz. Como entender isto?

III. Salvação na cruz. A morte de Jesus não se pode entender à margem do seu ministério (Ellacuría, 1977). É exatamente a continuidade de sua práxis com a salvação histórica experimentada por Israel em sua história o que leva Jesus ao enfrentamento com os poderes econômicos, políticos e religiosos de seu tempo, que no máximo aspiravam a constituir Israel em monarquia independente, "como as outras nações", mas não à renovação da missão originária de Israel como sociedade diferente e alternativa. Do mesmo modo, a morte de Jesus não se explica tampouco sem a sua disposição voluntária de dar a vida, sem fugir nem praticar a violência para evitar a morte, ou pelo menos para morrer matando (Driver, 1991). De fato, a resposta à violência com violência não teria significado uma saída da lógica adâmica dos méritos e das retribuições (Mt 5,38-48). E isso é precisamente o que Jesus veio abolir. Então nos encontramos com a inaudita afirmação cristã de que o aparente fracasso de Cristo, seu aparente abandono por Deus e sua morte de escravo constitui o núcleo de uma salvação nova e definitiva.

O NT afirma a morte de Cristo *por nós* (2Cor 5,14; Lc 22,20; etc.), e procura descrever esta eficácia em nosso favor com grande número de imagens. Assim, por exemplo, apresenta-se a salvação como o fato de ter sido *comprados* a preço alto (1Cor 6,20), e isso se relaciona com a ideia da *redenção* de algum bem deixado como presente ou com o preço da liberdade de um escravo (1Pd 1,18). Outra ideia é a *substituição*, na qual se assinala: aquele que não tinha pecado morreu no lugar dos pecadores (2Cor 5,21). A ideia se liga com o *sofrimento vicário* do "Servo do Senhor", tal como aparece em Isaías (Is 53,5-6). É também *importante* a imagem de uma reconciliação (Rm 5,10) entre Deus e a humanidade, embora se possa discutir até que ponto a reconciliação descreve a obra salvífica como tal, ou o resultado dela (Cl 1,20). Outras representações podem ser a *demolição do muro* da divisão entre judeus e pagãos (Ef 2,13-16), a *destruição de um documento* de decretos contra a humanidade (Cl 2,14), ou simplesmente a representação de esquecer ou *não levar em conta os pecados* (2Cor 5,19; Rm 3,25; 4,8). Ora, uma imagem dominante é, indubitavelmente, a do *sacrifício* (Ef 5,2). Inclusive algumas das imagens anteriores podem estar ocasionalmente ligadas a ideias sacrificais (González, 1999, 312-316). Jesus é apresentado como o cordeiro pascal (1Cor 5,7) ou como a vítima do sacrifício do pacto (Hb 13,20). Muitas vezes alude explicitamente à ideia de *expiação*, como quando Cristo é apresentado como propiciação por nossos pecados (1Jo 2,2) ou quando compara a morte de Cristo com os sacrifícios expiatórios da antiga aliança (Hb 9,1-18).

No decorrer da história do pensamento cristão irão surgindo outras imagens, como por exemplo a que apresenta a morte de Cristo como transação com Satã, na qual este teria sido enganado (Orígenes, Gregório de Nissa), ou a ideia da morte de Cristo como manifestação do amor de Deus ao ser humano, destinada a comovê-lo e a mudá-lo (Abelardo). No entanto, é possível que a mais influente explicação da salvação seja a que remonta a Gregório Magno e tem uma formulação clássica em Anselmo de Canterbury. Possivelmente, a intenção de Anselmo era mostrar que o amor e a justiça de Deus não se medem pelas coisas criadas, mas no próprio Deus. E Anselmo vê em Adão uma ofensa a Deus, que por isso não é ofensa finita mas infinita. Sendo Deus justo, esta ofensa não poderia ficar sem castigo ou sem uma expiação que *satisfaça* a desonra sofrida. Isso significa que nenhum ser humano poderia proporcionar essa satisfação, mas somente o próprio Deus. Entretanto, a ofensa era humana, e deveria ser paga pela humanidade, de modo que somente um Deus-homem poderia realizar a expiação requerida (*Cur Deus homo* II, 7). Daí a necessidade do sacrifício de Cristo. Dado que o sacrifício de Cristo foi voluntário, e que ele era inocente, sua oferenda superou as ofensas e redundou em benefício de todo o gênero humano.

A teoria anselmiana (em sentido amplo) foi muitíssimo influente na cristandade ocidental, tanto católica como protestante, chegando a conformar suficientemente a piedade popular até o séc. XX. Grande parte dos teólogos posteriores a Anselmo adotaram essa explicação da salvação, embora fazendo algumas observações. Tomás de Aquino destacou que Deus, em sua onipotência, poderia ter determinado outra maneira de salvar a humanidade, mas, pressuposta sua pré-ciência e sua pré-ordenação da paixão de Cristo, não era possível ao mesmo tempo que Cristo não sofresse e que o homem não fosse libertado (ST III, q. 46, a. 2). Os reformadores admitiram fundamentalmente a doutrina anselmiana sobre a necessidade do sacrifício, transformando a imagem de uma ofensa à honra de Deus através da imagem de uma transgressão da lei. Assim, a satisfação se entende sobretudo como um sacrifício penal para satisfazer a justiça de Deus (Berkhof, 1995, 234).

Ora bem, a teologia contemporânea foi encontrando cada vez mais dificuldades nessa compreensão da obra salvífica de Cristo. Especialmente parecem problemáticas as imagens de um Deus que exige uma satisfação de sua honra ofendida, ou a ideia de um Deus que não pode ou não quer perdoar as culpas da humanidade, sem exigir previamente um sacrifício. Ora, as insuficiências das soteriologias "anselmianas" não nos podem conduzir a privar de significado o testemunho bíblico sobre a morte de Cristo *por nós*, de maneira que ao cristianismo não resta outra mensagem salvífica senão a análise das razões que levaram Cristo à morte, uma afirmação vaga sobre o amor de Deus ou um convite ao compromisso ético próprio de todo ser humano.

Na realidade, a principal dificuldade da teoria anselmiana da salvação firma-se no fato de nos apresentar Deus agindo segundo uma concepção da justiça consistente num sistema de méritos e retribuições (Cf. "Pecado original"). Certamente, na história das religiões não é infrequente que as divindades adotem a função de serem os guardiães de que tudo irá bem para os justos, enquanto que os injustos no fim são castigados. Sem dúvida, também na religião de Israel aparece repetidamente essa concepção. Ora, a desobediência do ser humano ("Adão") foi descrita no capítulo terceiro do Gênesis precisamente como a tentativa de conseguir uma autojustificação mediante a correspondência entre nossas ações e seus resultados. Nessa concepção, o culpado merece castigo. Ora, já nos relatos do Gênesis, Deus aparece como aquele que não executa o castigo merecido, mas antes protege Caim das consequências merecidas pelo fratricídio. Noutras palavras: o ser humano, na medida em que se situa na lógica adâmica das retribuições, não pode perdoar. Entretanto, Deus sim pode perdoar (Os 11,9), e o perdão é por isso uma prerrogativa exclusiva de Deus. A soteriologia de inspiração anselmiana, pelo contrário, apresenta-nos Deus como alguém que atua segundo a lógica adâmica das retribuições. E, por mais coerente e atrativa que seja essa soteriologia, se Deus está preso ao esquema adâmico da lei, a salvação dele desse esquema é impossível.

O que aconteceu na cruz é no entanto a anulação, por parte de Deus, da lógica adâmica das retribuições. A fé cristã afirma a identificação de Deus com Jesus de Nazaré. Deus estava no crucificado reconciliando o mundo consigo. Ou seja, o próprio Deus estava presente na cruz, aquele que presumivelmente teria de servir como garantia da correspondência entre as ações humanas e seus resultados. O próprio Deus sofreu o destino daqueles que, segundo a lógica adâmica, foram rejeitados por Deus. O destino dos pobres, dos fracassados, dos derrotados e dos rebeldes. O próprio Deus sofreu o destino dos que a lógica das retribuições declara como culpáveis. No esquema das retribuições, a vítima é culpável. Na cruz, o próprio Deus é a vítima desse esquema.

Assim, *na cruz anula-se diante de Deus a lógica das retribuições que presumivelmente deveria garantir*. Na terminologia clássica do cristianismo se diz: Na cruz foi superada e perdoada a culpa de Adão.

Certamente, a cruz mostra o amor de Deus a todos os seres humanos. Especialmente seu o amor aos pobres, aos enfermos e aos vencidos, cuja sorte ele compartilhou. Mas também o amor aos pecadores. Pois os pecadores, na lógica adâmica das retribuições, deverão receber o castigo que merecem. A morte de Jesus na cruz, ao anular o esquema das retribuições, é ao mesmo tempo *solidariedade* com os pobres e *perdão* dos pecadores. Não são duas afirmações justapostas, mas dois aspectos constitutivos da mesma ação salvífica de Deus. Neste sentido, a salvação é a *reconciliação* que Deus exerce em favor de todos os presumivelmente rejeitados por ele, quer dizer, em favor de todas as vítimas e de todos os pecadores. Em favor de todos nós. Mas a reconciliação é também, onde os efeitos da obra de Cristo adquirem concretização histórica, o início de uma reconciliação da humanidade, a destruição do muro entre as vítimas e os carrascos.

Nessa perspectiva, adquirem sentido as imagens bíblicas da salvação. A morte de Cristo pode ser entendida como morte *por nós*. Deus nos resgatou da escravidão da lógica de Adão, e de todas as consequências individuais, sociais e históricas. Esse resgate foi a compra por alto preço, pois Deus mesmo, ao identificar-se com Cristo, sofreu o destino dos aparentemente abandonados por Deus. Em Cristo, foi anulada a ata dos decretos que havia contra nós, e que nos acusava (Cl 2,14), pois esta ata não era outra senão a lógica das retribuições, segundo a qual todas as nossas culpas merecem castigo. A morte de Cristo pode inclusive ser pensada como *substituição*, não no sentido de que Cristo sofra um castigo por parte de Deus, mas no sentido de que, em Cristo, o próprio Deus experimentou o destino que aparentemente merecem os pecadores: aquele que não tinha pecado, se fez pecado por nós (2Cor 5,21).

Pois bem a salvação também se pode entender em termos de um *sacrifício*, embora de forma analógica. A salvação não é expiação em sentido estrito, como se pensou nas teorias anselmianas. Entretanto, na cruz houve, como nas expiações, uma vítima substitutiva, e nela se conseguiu uma reconciliação. Ora, a cruz põe fim a todos os sacrifícios. Porque os sacrifícios se fundam em última análise, na lógica adâmica das retribuições. Eles pretendem obter, como resultado da ação sacrifical, o beneplácito da divindade. Ou pretendem transladar para uma vítima as culpas merecidas. Deus anulando na cruz a lógica adâmica dos méritos e das retribuições, sobre a qual se fundam os sacrifícios, os sacrifícios perderam seu fundamento. A cruz não só perdoa pecados particulares, como pretendiam os outros sacrifícios, mas anula o pecado fundamental, sobre o qual se baseavam todos os sacrifícios. Em outras palavras: o sacrifício de Cristo foi definitivo, e mais nenhum outro sacrifício é necessário (Hb 10,11-14; 7,11-28; 9,12).

A lógica das retribuições constitui a raiz última de todos os pecados particulares, tanto individuais como sociais e históricos, que o Gênesis faz chegar ao máximo no império de Babel (Gn 11). A salvação que aconteceu em Cristo, precisamente porque anula a lógica sobre a qual se fundamenta toda a forma de dominação, é uma radical *libertação*. Não se trata de uma libertação que substitui uma forma de dominação por outra nova, mas uma libertação que destrói as raízes mesmas da opressão. Onde a salvação de Cristo chegou aparecem novas relações sociais, livres de dominação. Aparece uma *nova criação* (2Cor 5,17). A comunidade dos discípulos, sobre os quais o Messias reina, constitui-se assim em elemento decisivo para salvação que Deus quer realizar com toda a humanidade. O importante não está primeiro em que essa comunidade seja administradora de algumas provisões salvíficas concretas. O ponto decisivo consiste em que, onde a salvação se faz presente, surgem relações sociais diferentes, livres da violência estatal ou privada, da pobreza e da dominação. São as primícias históricas, da salvação definitiva, que chegam a nós pela fé.

L. Berkhof, *Historia de las doctrinas cristianas*, Barcelona, Herder, 1995; J. Driver, "La cruz de Cristo: la no-violencia de Dios": *Cuadernos de no-violencia* (Serpaj, México) 5-6 (1991), 47-55; I. Ellacuría, "¿Por que muere Jesús y por que le matan?": *Misión Abierta* 2 (1977), 17-26; A. González, *Teología de la praxis evangélica*, Santander, Sal Terrae, 1999.

Antonio Gonzáles

SÍMBOLO

As teologias oficiais são interpeladas por setores do povo que pensam de maneira sobretudo simbólica e em sintonia com imagens bíblicas e ritos religiosos. O simbólico é marcado por fatores históricos. Hoje nos chegam sinais fascinantes; o mercado difunde elementos materiais e muitos bens imaginários (propagandas, espetáculos). Por outro lado, cada cultura local e regional tem sua própria riqueza simbólica. Cabe, pois, à teologia debater o que humaniza e o que desumaniza, e como o simbólico expressa tanto a vida como a maldade humana.

Na história da salvação manifestam-se "fatos significados por palavras... e palavras que esclarecem o mistério contido nas obras" de Deus na história (DV2). Ou seja, a ação e a comunicação são correlativamente mediações para o encontro com o Mistério. A revelação é eminentemente simbólica.

I. Contraposições. A condição humana – em termos fenomenológicos – é transparente e opaca, cambiante e conflitiva. Deve-se distinguir o signo do símbolo. Existem signos inventados e necessários, como o alfabeto e os ícones na computação. O signo é um unívoco e mutável. Os símbolos relacionam uma entidade com outra diferente; como o evidenciam a arte e a religião, o símbolo é polissêmico e profundo.

A existência cotidiana é significativa a partir *do corporal*, que nos relaciona entre humanos, com a natureza e com a divindade. O corpo é protossímbolo de vida e morte, com vários níveis de sentido individual, familiar, social e espiritual. De modo corporal produzimos e reproduzimos símbolos em muitos âmbitos: trabalho, sexualidade, espaço, tempo, festa, organização, tecnologia, ciência. Grande parte das pessoas/corpos são vítimas de exclusão, opressão trabalhista, abuso emocional e físico. Cresce um hedonismo pós-moderno que exalta um tipo de prazer pouco humanizador. Entretanto, existem belas formas de interação corporal entre varão e mulher, e formas corporais de construir um mundo novo. A perspectiva de gênero contribui para tudo isso.

O *cenário sociocultural* oferece contrapropostas. Existem linguagens de consenso e de respeito às diferenças. Mas sobressaem as linguagens discriminatórias e anti-humanas, por exemplo, o *marketing* com estereótipos de gênero e de raça. No Terceiro Mundo circulam linguagens segregadas e nacionalistas que subordinam a poderes econômicos e ideológicos externos e internos. Na África e na América, uma praga de caudilhos emprega lemas populistas e são venerados por multidões. A publicidade incita as maiorias pobres a consumir uma felicidade passageira e as deixa frustradas. São fascinantes os signos de progresso, difundidos pela tecnologia e pelos meios de comunicação. Outros fatores são o esporte mercantilizado, a indústria da diversão, onde predomina o imaginário norte-americano, jogos de azar e espetáculos que alimentam a (des)ordem social. Essa gama de sinais é inculcada, apropriada e reproduzida pelo povo.

Mas existem alternativas. Os povos cultivam espaços e tempos de maior ou menor liberdade e alegria. O encontro entre familiares e amizades tem seus códigos simbólicos: comer, rir, dançar. Existem outras dinâmicas libertadoras na arte, na prática espiritual etc.

O *mundo religioso* também está cheio de ambivalências e de signos contrapostos. As elites preferem formas autoritárias e androcêntricas, com as quais controlam grupos humanos. E isso influi na teologia. Nos contextos religiosos populares, são frequentes elementos de súplica, gratidão, celebração, que fortalecem como pessoas e como crentes. Por outro lado, um elenco de grupos fundamentalistas difunde seus símbolos excludentes e agressivos para os "outros".

Em termos gerais, o mundo moderno que professa tolerância e liberdade tem seus mecanismos totalitários. Desclassifica-se a quem não acata as pautas do mercado sacralizado. A diversão mundializada gera alienação com ingredientes religiosos.

A globalização aceita maior contato entre diferentes; mas também inculca hábitos homogêneos, como o uso de certa tecnologia, comida e bebida, e muito mais a reconstrução de signos locais, como festivais étnicos e espetáculos empresarialmente rentáveis, e a crise de valores com a correspondente desvalorização da gratuidade. O novo cenário global aceita mudanças de signos e símbolos. Uns morrem; outros renascem; aceita-se uma pluralidade de significados.

II. Interpretações. O povo tem grande habilidade simbólica. Vejamos alguns exemplos: cerimônias contestatárias, como das mulheres da praça de Maio em Buenos Aires ou o ato de lavar a bandeira diante de um regime corrupto no Peru, e expressões massivas na música, baile, ritos religiosos, humor antiditatorial, jogos esportivos. Ainda que tudo isso não seja sistematizado, existem veias de interpretação latentes no comportamento simbólico do povo.

Os símbolos são gerados e interpretados em vários âmbitos: matemática, química, linguística, política, arte visual e sonora, literatura, relações sociais, religião, tecnologia. Cada universo cultural tem seus códigos e significados de vida. Existem diversos modos de entender sinais e símbolos. Em teologia nos cabe dialogar com essas interpretações e também estudar o simbólico de maneira filosófica.

A mentalidade moderna (empírica, positivista) tem posto obstáculos à sensibilidade simbólica. Esta, entretanto, foi redescoberta pela ciência contemporânea (antropologia, psicologia, semiologia, história das religiões, filosofia, ecologia). Entre estas disciplinas e a teologia cabe um diálogo criativo e crítico.

Na antropologia e na sociologia sobressaem as contribuições de Mary Douglas, Victor Turner, Clifford Geertez, Pierre Bourdieu. Este último examina a produção, reprodução e difusão de bens simbólicos no mercado onde existem demandas e ofertas. No caso da religião, há ofertas de especialistas que monopolizam o "capital" religioso e de profetas que se apresentam como empresários dos bens de salvação.

Na psicologia, a orientação freudiana observa que o inconsciente reprimido é simbolizado, e os instintos são sublimados, especialmente nos sonhos. Na perspectiva de Jung, o simbólico remete aos arquétipos inconscientes (Jung trata da representação trinitária de Deus enquanto símbolo). Jordi Front garante que a função simbólica é a base, psicologicamente falando, para dominar a experiência da transcendência; destaca, além disso, problema psicótico de não diferenciar o simbolizado do simbolizante, que dá lugar às formas idolátricas.

A história e a fenomenologia das religiões também têm valorizado o simbólico. Exemplo disso é a obra de Mircea Eliade, na qual se a valorizam muitas linhas simbólicas que revelam o mais profundo da realidade, passam de um nível a outro da realidade e conectam a humanidade ao sagrado. Mas, essas entidades podem ser infantilizadas e sofrer degeneração. Quanto ao cristianismo, Eliade observa que a revelação histórica não suprime os símbolos imanentes, como a água, a luz, a terra.

A filosofia oferece ampla gama de interpretações. Schleiermacher afirma que Deus é objeto de sentimento e fé mais que de conhecimento; Schelling revaloriza os mitos. Quanto ao símbolo, representa de modo unificado o universal e o particular. Ernst Cassirer propõe que o ser humano é "animal simbólico", que mediante a linguagem cria o mundo da cultura. Distingue símbolos que produzem estabilidade e outros que apontam para inovações. Por sua vez, a hermenêutica de Paul Ricoeur dá importância ao simbólico. Chama símbolo a estrutura de sentido, mediante a qual o imediato e literal (o signo) indica o indireto e figurado (o símbolo). Vários autores destacam que o símbolo revela o que é simbolizado, precede qualquer interpretação e faz pensar. Outros autores sublinham sua energia afetiva e mobilizadora. O símbolo não transmite ideias, e sim, emoções. Por isso, ao tentar explicá-lo é desfigurado. O símbolo existe e atua.

A partir de uma visão ontológica, argumenta-se que a realidade é compreendida simbolicamente. As entidades são símbolos do ser, uma vez que o ser em concreto se expressa ente, e este manifesta o sentido do ser. O símbolo é presença do Ser num ente particular, e cada ser concreto tem uma abertura simbólica para o Ser absoluto. O simbólico faz com que um fragmento da realidade deixe transparecer a totalidade.

Existe certa unanimidade, como explica Die Vries, nos seguintes pontos. O símbolo é uma imagem ou ação real de caráter sensível (e não algo linguístico, como a metáfora). O designado é suprassensível e em caráter análogo e não unívoco. É compreensível dentro de uma comunidade. Tem sentido vivencial, e não apenas conceitual, para o ser humano integral. É polissêmico e ambivalente. Pode ser conservador ou inovador. Pode conduzir à transcendência, ou então pode implicar magia e idolatria.

Leonardo Boff afirma que coexistem dinamicamente o sim-bólico que une e o dia-bólico que desune. Isso ocorre no cosmos, na história, em cada pessoa e comunidade. Assim não se cai em visões idealizadas nem da realidade nem do simbólico. Existem o caos e a destruição (em termos teológicos: o pecado) que atravessam não só o humano, mas toda a realidade. Na longa e tortuosa trajetória do universo, catástrofes naturais extinguiram 90% das espécies vivas. Tanto a natureza como a humanidade andam cheias de contradições. Ao lado de sinais de vida, o sim-bólico, existem sinais na direção da destruição e oposição, o dia-bólico.

A teologia dialoga com as interpretações dadas pelas ciências, pela filosofia, pela história das religiões. Enfatizo que o simbólico é um fator constitutivo do universo e da humanidade (e não algo subordinado à razão, nem algo apenas poético). Não tem que ser explicado. Não é algo superficial. É uma força de sentido que toca todos os aspectos da condição humana e da história. Em termos verificáveis, e a partir da fé, o símbolo é abertura para a transcendência.

III. Palavra e Igreja. As categorias simbólicas desenvolvidas pela filosofia e pelas ciências influem em grande parte da reflexão cristã. Elas favorecem uma compreensão mais profunda da tradição de fé, e também maior diálogo com as ciências e filosofias contemporâneas. Continuando, observamos alguns elementos bíblicos e eclesiais.

A Bíblia – com seus diversos tipos de textos e gêneros literários – é substancialmente simbólica. As expressões e ações humanas são portadoras da Palavra de salvação. A necessária articulação entre a exegese e a teologia faz que esta seja mais simbólica. É o que se enfatiza na reflexão sobre Cristo. A existência e boa nova de Jesus Cristo está cheia de símbolos. Elementos da natureza: água, terra, pedra, sal, luz, fogo, etc. Frutos da humanidade: caminho, casa, porta, trigo, pão, dinheiro, salário etc. Ações simbólicas: cura de doenças, refeição com pecadores, edificar sobre areia ou sobre rocha, dar esmola, pastorear, pescar, semear, orar, enviar missionários, celebrar a Páscoa etc. Pessoas simbólicas: viúva pobre, mulher do perfume, samaritana, cego, leproso, paralítico, líderes religiosos, criança, pai misericordioso etc. Mediante essas ricas imagens se celebra a cristologia. A Palavra sempre foi acolhida simbolicamente, na reflexão litúrgica e eclesial. Foi valorizada como mediação e sinal eficaz da experiência do mistério de Deus que se revela e salva. Durante estas últimas décadas, a eclesiologia redescobre o simbólico na palavra e no sacramento. Essa renovação teológica é impulsionada na América Latina e na África, pela leitura em família e comunidade de base, por setores populares com suas trajetórias culturais e espirituais, pelo ensino dado por catequistas católicos, e por pregadores protestantes. Por outro lado, deve-se confrontar a reflexão fundamentalista, por exemplo, a dos sinais do fim do mundo. Ao apreciar símbolos nos textos bíblicos, evidenciam-se suas dimensões universais (luz, água...) e também suas formas culturais (sentido da cura e do exorcismo no tempo de Jesus). Essa época e sua simbologia são relevantes para a comunidade crente de hoje com suas sensibilidades simbólicas. É importante, pois, a incessante tarefa hermenêutica.

Lembremos os fatos de nossa história. Nos inícios, o *credo* é expressão corporal e adesão interior que subentende salvação. "Porque, se confessares com tua boca que Jesus é Senhor e creres em teu coração que Deus o ressuscitou dentre os mortos, serás salvo" (Rm 10,9). Ele é a imagem e o caminho para Deus (cf. Jo 14,9). O Logos encarnado é como a matriz simbólica. Ao longo dos primeiros nove séculos, os conteúdos da revelação bíblica foram sintetizados em símbolos ou credos; sobressai o niceno-constantinopolitano do ano 381. Assim se encaravam desvios e erros, e a fé eclesial era expressa no diálogo com as culturas. Importa sublinhar que são símbolos da Igreja, comunidade de fé.

Ao longo do tempo se foi sobredimensionando o cultural. É o que se acentuou depois do concílio de Trento. Esta vertente doutrinária marca o "Credo do povo de Deus" de Paulo VI, e o *Catecismo* da Igreja católica (estruturado em torno do símbolo da fé). Insiste-se na obediência às fórmulas doutrinais elaboradas pelo magistério. Por outro lado, a perspectiva do concílio Vaticano II e as iniciativas teológicas do Conselho Mundial de Igrejas reafirmam linhas simbólicas. Com muito trabalho de base, práticas de catequese e dinâmicas em comunidades motivam as pessoas a elaborar seu caminhar de fé na modalidade de um credo. Assim, os conteúdos da Tradição são transmitidos em relação com os claros e escuros da condição humana e da forma inculturada e testemunhal.

Hoje a preocupação teológica debate, reapresenta o ser e a missão da Igreja de acordo com chaves simbólicas. A isso dedicam-se os parágrafos seguintes sobre o ser comunidade de amor, a mediação sacramental, a ação evangelizadora. Não se trata, pois, de incorporar um tema simbólico à reflexão teológica. O símbolo tem, antes, caráter transversal. Ao crer, pensar e amar, fazemo-lo não só com a expressão verbal, mas com diversos símbolos que fazem parte de nossa condição pensante. Isso marca o modo de fazer teologia. Vejamos alguns exemplos. A comunidade eclesial – sacramento do amor universal de Deus – acolhe e cultiva símbolos humanos no amor. As ciências e a filosofia mostram que a produção e comunicação simbólica são processos de interação entre pessoas e grupos; não é, pois, algo privado e pontual. É também importante a interação com a natureza e com o acontecer histórico, estes elementos sensíveis passam a fazer parte da linguagem simbólica da fé.

Na medida em que a Igreja se comunica com o interior e o exterior simbolicamente, retoma vínculos comunitários que pertencem a cada tempo e lugar, e assume elementos da natureza e da história que, além de seus significados próprios e autônomos, passam ter sentido cristão. Por isso, a genuína linguagem eclesial não é sectária, nem esotérica, nem se encerra em âmbitos individuais. Pelo contrário, trata-se do diálogo em comunidade humana – com mediações concretas – que se refere a Deus de maneira significativa para a humanidade. Não cabe pois um eclesiocentrismo.

Mas isso não é tudo. A Igreja densenvolve uma comunicação simbólica que lhe corresponde realizar. Não é algo intrainstitucional. Antes, a Igreja tem que ser fiel à revelação que recebe, cuida e anuncia às pessoas. O mandato confiado por Jesus ressuscitado é universal: levar a mensagem de salvação ao mundo todo. Isso implica comunicar o convite a converter-se e acreditar em Cristo, convite dirigido a pessoas de cada cultura, condição e espiritualidade. É um convite concreto e universal que simbolicamente comunica a presença salvífica de Deus.

Ora bem, a Igreja é portadora e servidora da mensagem cujo coração é amar a Deus e ao próximo. Por conseguinte, a eclesiologia se refere à comunicação de símbolos do amor. Assim (e não com normas nem conceitos) instala-se a fidelidade e a infedelidade. Além disso, o amor do Evangelho opta radicalmente pelo pobre. O encontro solidário com o pobre tem sentido sacramental. Revela-se a presença de Jesus na pessoa indigente e naquele que compartilha a vida com ela ("tive fome e me destes de comer...", Mt 25,35). Portanto, a reflexão de fé correlaciona o reconhecer a Jesus pobre e a ação solidária.

Um segundo exemplo é o âmbito sacramental. Ao celebrar a fé na liturgia e na sacramentalidade de maneira simbólica, conjuga-se o material e o espiritual e se celebra a salvação da humanidade. Há questionamentos a respeito. Na liturgia e nos sacramentos, será que o material serve apenas para concentrar-se em algo invisível? Melhor: tanto o símbolo significante (matéria, palavra, ação) como o significado-simbolizado (práxis de amor, relação com Deus) mostram o caráter revelador da realidade material e humana. Não se trata, pois, de abandonar o sensível e chegar ao invisível. Outro mal-entendido é se esses são gestos eclesiocêntricos, ou se a Igreja é sacramento da salvação universal querida por Deus. É este último. A manifestação simbólica na Igreja não é autocentralizada; dirige-se a Deus, fundamento da realidade, e constitui um serviço sacramental para a humanidade. Outro aspecto controvertido é a distinção entre oração e ação. Francisco Taborda observa a correlação entre um gesto simbólico (que anuncia e antecipa a libertação) e a ação transformadora feita pelo ser humano. Não cabe, pois, opor nem segregar o símbolo da mudança histórica.

Ora, a espiritualidade cristã – pessoal e comunitária – sempre teve uma rica variedade de formas. Nem a oração nem a liturgia são monolíticas e monocromáticas. O magistério e a disciplina eclesial hoje procuram celebrar a fé de modo inculturado; tomar elementos "das tradições e gênio de cada povo para incorporá-los ao culto divino" (SC 40). É o que merece o objetivo da liturgia: louvar a Deus com sinais inculturados.

Quanto aos sacramentos, a Escolástica os explicou como sinais e causa eficaz da graça invisível. Essa perspectiva, de caráter aristotélico, pode ser ampliada mediante linguagens modernas. Na Igreja se vive e se entende o sacramental como graça do Espírito de Deus, recebida mediante símbolos concretos e eficazes. O sacramento é uma ação simbólica, com seus conteúdos teológicos e eclesiais; ação esta que afeta toda a realidade do ser humano. Incluem-se, pois, elementos corporais, afetivos, materiais, sociais; não é apesar desses elementos, e sim mediante eles que se cultivam a espiritualidade e a festa cristã.

O terceiro exemplo é a evangelização. Embora esta às vezes reduza a doutrinas e normas, é, acima de tudo, uma convocatória universal. A evangelização convoca a celebrar, por em prática e contemplar o mistério de salvação. O diálogo evangelizador dá testemunho do Verbo presente no acontecer histórico e na natureza. Isso provém da vontade de Deus: Jesus Cristo é a imagem para conhecer a Deus. Cabe à Igreja ser sacramento da presença de Cristo. Neste sentido, vivem-se os sete sacramentos, que atualizam a realidade simbólica da Igreja. Como seres humanos na história, é através de símbolos que se toma parte na obra de salvação.

A sã teologia não concorda com o modelo evangelizador que ensina verdades e dá normas de comportamento. Graças ao espírito renovador, outros elementos se vêm reafirmando: acolher a Palavra, contemplar o mistério, celebrar a salvação (na liturgia e nos sacramentos, e também segundo a fé inculturada nos costumes de cada povo), dar testemunho de amor e justiça social. O simbólico sobressai de muitas maneiras: a leitura bíblica, a celebração, o testemunho, a práxis da caridade. O simbólico também enriquece a adesão à verdade e à lei cristã. No ensinamento da fé, "o pensamento simbólico é uma forma de acesso ao mistério da pessoa humana"; o conhecimento da fé se caracteriza pelo "conhecer através de signos" (*Diretório geral para a catequese*, 1997, nn. 20 e 150). Hoje a teologia da evangelização reafirma a relação com o mistério. Este é palpável em cada aspecto da realidade, especialmente no ser humano, que é imagem de Deus. A revelação do amor divino é um mistério inesgotável. Pois bem, a teologia da evangelização volta a concentrar-se no mistério da salvação. Ela o faz – como bem explica E. Sorazu – com mediações entre a transcendência de Deus e a nossa condição histórica; e o faz com mediações de caráter mais comunicativo que conceitual, vale dizer, com linguagens simbólicas.

Dou alguns exemplos do Peru: campanha anual de solidariedade (a última se desenvolveu em favor dos enfermos de tuberculose); participação da hierarquia em festas populares da fé; leitura pastoral da Bíblia a cargo de pessoas leigas com sua sensibilidade simbólica. Essas praticas têm um substrato teológico. Trata-se de ser fiel à obra de Cristo e do seu Espírito, que salva a humanidade, e o faz com qualidade simbólica. Afinal de contas, a ação eclesial renovada inclui retrabalhar o terreno teológico.

IV. Teossimbologia. A teologia não acumula ideias. Reflete sobre o mistério de Deus que salva a humanidade e dá integridade à criação. Durante vários séculos, sobressaíram as formas conceituais na comunicação da fé e no trabalho teológico. A clareza conceitual e a razão crítica são elementos necessários, porém não são as únicas nem as principais maneiras de compreender a Deus e de ser cristão no mundo de hoje.

Cabe, pois, uma profunda renovação teológica, que precisa brotar da espiritualidade, do discipulado fiel e lúcido, da solidariedade com o Cristo pobre, de organismos eclesiais inculturados, do desenvolvimento plural de teologias e de recolocar a revelação de Deus aqui e agora.

Tudo isso tem qualidade simbólica. Deus não é "objeto" de conhecimento; tampouco "objeto" de sentimento; é antes fundamento de toda a realidade. Neste sentido, até mesmo seu mistério de salvação aponta para todo símbolo cristão autêntico. A teologia fala com Deus e dele celebra sua presença e reflete de modo histórico sobre sua graça salvífica. Semelhante linguagem e semelhante celebração têm caráter simbólico.

Com isso não se diz que o divino seja um símbolo, ou que a humanidade gestora de símbolos seja o que define Deus. Tampouco se vira as costas para a racionalidade. É Deus quem fala e salva, que ama primeiro e incondicionalmente. Graças a isso, a comunidade dos que têm fé fala a Deus e de Deus. A Igreja reflete sobre a fé. Ela avalia a presença trinitária, a criação, a encarnação, a páscoa e a obra do Espírito.

A essa perspectiva se pode chamar de teossimbologia. Trata-se de trabalho árduo. Propõe-se cada temática e o conjunto da teologia, baseando-se na relação simbólica entre a humanidade e Deus. Não se parte do zero. O trabalho especializado se articula com o realizado pelo povo de Deus em sua produção teológica (a lúcida práxis do amor, o sentido de ritos e celebrações, a sabedoria polifônica e inter-religiosa).

Quanto ao trabalho acadêmico, sobressaem as linhas traçadas por dois mestres modernos. Paul Tillich reivindicava o símbolo mítico que se refere ao transcendente; depois observava que todo conhecimento de Deus tem caráter simbólico. Tillich destacou o critério de verdade do símbolo: o incondicionado é compreendido em sua incondicionalidade (porque o contrário é um símbolo demoníaco). Karl Rahner lamentava a pouca atenção prestada a esse enfoque e dizia: O conjunto da teologia é uma teologia de símbolos. O símbolo revela a coisa simbolizada e é como a forma concreta de sua existência. Rahner observava que o Logos feito ser humano é símbolo do Pai, e que a Igreja prolonga a função simbólica do Logos no mundo. Os sacramentos concretizam e atualizam a realidade simbólica da Igreja. A graça divina se faz presente com eficácia nos sacramentos que têm sentido simbólico. Parece-me ser útil seguir os passos de Tillich, Rahner e outros pensadores de ontem e de hoje. Graças aos ricos recursos bíblicos, patrísticos, espirituais, sistemáticos, a inteligência da fé é ampliada e aprofundada.

Ora, o que é um modo simbólico de pensar a fé? A simbologia correlaciona entidades diferentes. A comunidade humana, geradora de símbolos, se relaciona com Deus. Deus se automanifesta e se revela como salvador mediante ações e sinais concretos. Quanto ao ser humano, sua condição de criatura está cheia de mistério. Não está autocentralizada, nem é dona do mundo, nem determina quem é Deus. É antes um "ser em relação: consigo mesmo, com o povo, com o mundo e com Deus" (João Paulo II, *Fides et ratio*, 21).

Os elementos correlacionados não são da mesma natureza. Por um lado, está o amor incondicional; o outro fator é a criação e a humanidade pecadora e redimida. Por conseguinte, a mediação entre os dois elementos manifesta transparência, mas também obscuridade e distância. Pode-se dizer que se afasta o que está perto (na vivência do mistério), e que se aproxima o que está distante (mediante a sacramentalidade). Isso implica que o sagrado (em termos fenomenológicos) e Deus (em termos teológicos) não podem reduzir-se a objeto nas mãos do ser humano. Quando o simbolizado deixa de ser incondicional e transcendente, o simbolizante perde a qualidade de símbolo e passa a ser fetiche, ídolo.

No decorrer destas linhas insistiu-se em repropor a reflexão de fé. Reflexão que não deve deixar-se aprisionar pelo conceitual nem pelo pragmático. Sob o nome de teologia, muitas vezes se faz especulação segregada do caminhar do povo de Deus, ou se insiste em receitas normativas. Uma reflexão genuína articula o sentir, o festejar, o pensar, o praticar, o louvar e o contemplar. Examina criticamente a simbologia da práxis de fé. Aprecia e olha com olho crítico os símbolos com os quais a comunidade eclesial celebra e compreende a amorosa Presença. Neste sentido se fala de algo mais que teologia, uma vez que a teossimbologia inclui contemplação e ação, oração e reflexão.

O que foi dito é uma realidade e uma proposta. Em contextos latino-americanos, a população crente e sábia foi avançando em seu caminhar teológico. Por exemplo: ao redor dos ícones como Guadalupe no México e Aparecida no Brasil. A iconologia é um pensamento orante, artístico, comunitário, festivo, inculturado. Cultiva-se também a teossimbologia na leitura da Palavra e da obra do Espírito em comunidades de base. Pessoas e grupos acolhem e examinam a mensagem que convoca a viver comunitária e solidariamente. Usam-se poucos argumentos; antes, é frequente o pensamento de caráter simbólico. Algo parecido ocorre nas ações contra a injustiça e a favor do cuidado pela vida. Destaca-se também a lógica ritual e festiva, com sua reciprocidade. Conjuga-se a fé do povo com a alegria da salvação. Trata-se de uma reciprocidade expressa de maneira ritual e festiva, ou seja, simbolicamente.

Trata-se também de uma proposta. O povo que acredita e aqueles que exercem ministério teológico têm de sistematizar as elaborações simbólicas, que necessitam da constante confrontação com a Palavra e com a tradição eclesial. A reflexão simbólica está mais ligada à oração e à mística; consegue também maior sintonia com a mensagem bíblica.

No povo de Deus, a teologia não é assunto supérfluo nem só de especialistas. Trata-se de compreender o que a comunidade crê e celebra. Seu fundamento é a obra de Deus nos corações humanos e no acontecer histórico. Ou seja, a reflexão é a adesão a Deus mediante o símbolo de fé e da inteligência da fé. Reflexão que surge a partir e a serviço da vivência do evangelho com suas exigências concretas. Por exemplo, a teossimbologia encara a indiferença ética tão frequente no mundo atual. Muitas vezes, a dor injusta – que comove as entranhas de Deus! – não tem respostas solidárias e transformadoras. Interessa mais o bem-estar privado. Que fazem o pensar e o atuar dos que creem? Retomam o evangelho: "Tive fome e me destes de comer". Esta sensibilidade e responsabilidade simbólica é como o alimento cotidiano da teologia.

L. Boff, *El despertar del águila*, Madrid, Trotta, 2000; D. Borobio (dir.), *La celebración en la Iglesia*, Salamanca, Sígueme, 1991; P. Bourdieu, *A economia das trocas simbólicas*, São Paulo, Perspectiva, 1987; J. de Vries, "Símbolo", em W. Brugger (ed.), *Diccionario de filosofía*, Barcelona, Herder, 1983, 507-508; M. Eliade, *Paterns in comparative religion*, New York, Sheed and Ward, 1958; J. Front, *Religión, psicopatología y salud mental*, Barcelona, Paidós, 1999; D. Irarrázaval, *Teología en la fe del pueblo*, San José de Costa Rica, DEI, 1999; G. Müller, *Dogmática*, Barcelona, Herder, 1998, 664-667; K. Rahner, "Para una teología del símbolo", em *Escritos de teología* IV, Madrid, Taurus, 1964, 283-321; E. Sorazu, "Simbología y catequesis", em Vários, *Nuevo diccionario de catequética* II, Madrid, San Pablo, 1999, 2097-2113; F. Taborda, *Sacramentos, praxis y fiesta*, Madrid, San Pablo, 1987; J. J. Tamayo, *Los sacramentos, liturgía del prójimo*, Madrid, Trotta, ²2003, 91-118.

Diego Irarrázaval

SOLIDARIEDADE

Pode-se definir como "o reconhecimento prático da obrigação natural que cabe aos indivíduos e grupos humanos no contribuir para o bem-estar dos que têm a ver com eles, especialmente dos que têm maior necessidade" (De Sebastián, 1996, 16).

I. O conceito de solidariedade. Solidariedade é a qualidade do comportamento de uma pessoa ou grupo de pessoas que leva a reconhecer na prática, sempre que se apresente ocasião, a obrigação de contribuir e de cooperar para o bem-estar dos outros. É uma qualidade da ação das pessoas e dos grupos humanos na vida social que responde a uma inclinação ou motivação do espírito. Não é simplesmente um tipo de discurso, de uma atitude ou de desejo embora não se possa menosprezar nem o discurso nem o desejo solidário. Mas a solidariedade não pode ficar nisso. Trata-se de uma *qualidade da ação*, que portanto só na ação se manifesta e se dá a conhecer, e só na ação se realiza plenamente.

O conceito de "obrigação natural" evoca o direito natural, que é anterior e independente de qualquer promulgação formal ou sistema de direito positivo estabelecido para reger uma sociedade humana, seja contrato social, constituição política ou declaração de direitos. Aqui, entretanto, a definição proposta de solidariedade não exige a aceitação da existência do direito natural, mas apenas a aceitação de que existe um conjunto de obrigações que nascem da "condição humana", das características objetivas da vida dos seres humanos na terra em dado momento da história.

Os aspectos negativos da "condição humana" histórica nos sugerem que estamos numa situação de emergência, e que, portanto, existe entre todos os seres e grupos humanos esse *nexo objetivo* que há entre os passageiros de um avião ou de um barco em situação de perigo, um nexo que, ao ligar-nos uns aos outros em nossa limitação e fragilidade, pode converter-se numa fonte de energia suplementar que cada um por si mesmo não tem. E, vice-versa, nessas circunstâncias o comportamento individualista, não cooperativo, o "salve-se quem puder" será com toda segurança desastroso, suicida e criminoso ao mesmo tempo, e portanto racionalmente recusável. Enquanto o esforço coletivo para aceitar, assimilar e adaptar-se com inteligência e valor ao efêmero, vulnerável, dependente e inseguro da existência humana conseguirá fazer que todos levemos uma vida mais cômoda, mais tranquila, mais racional e humana, e possamos enfrentar a caducidade e a morte com a consciência de tê-la passado bem e de ter feito que os outros a passem igualmente bem. Daí se deduz facilmente a existência de uma obrigação natural de algum tipo de cooperação, que se deverá determinar melhor.

"Contribuir para o bem-estar dos outros" é uma expressão geral e um tanto quanto humilde. Sem entrar numa discussão do que constitui a felicidade dos indivíduos e o bem-estar das sociedades: "contribuir para o bem-estar" implica antes de tudo ajudar os outros em suas necessidades e consolá-los em seus sofrimentos, quando tais sofrimentos forem irremediáveis, ajudá-los a sair de qualquer situação indesejável, perigosa, contrária à dignidade do ser humano. Significa também coolaborar positivamente com seu crescimento pessoal, moral, econômico e político, numa palavra, contribuir para que levem vida digna, de acordo com a razão, com sentido e feliz, na medida em que o permite a condição humana. A definição também implica contribuir para suprimir ou fomentar as situações e circunstâncias de uma sociedade ou de grupos humanos nos quais os indivíduos se vejam afetados negativamente.

Na mesma definição admitem-se graus no exercício da qualidade que definimos. Por um lado, o contribuir admite graus, segundo a posição e a capacidade das pessoas. Por outro lado, falamos de todos "os que têm a ver conosco", indicando que o "ter a ver" (estar relacionados e próximos) é relativo e admite graus de proximidade, de maneira que estaria implícito que, quanto mais alguém tem a ver conosco, mais solidariedade temos de praticar com ela ou com ele. Essa formulação, entretanto, pode criar dificuldades. Porque a solidariedade internacional, que é solidariedade com pessoas que estão longe de nós, faz parte da mesma e única solidariedade. Não terá dificuldades quem sentir que essas pessoas distantes e desconhecidas também têm a ver com as que vivem nas regiões prósperas do séc. XXI.

No final da definição acrescenta-se: "especialmente dos que têm maior necessidade", para priorizar e colocar em primeiro plano as necessidades maiores, as mais graves, as mais urgentes, as mais dolorosas e mais intoleráveis, precisamente porque, sendo incontáveis as necessidades, a ação para ser mais eficaz tem de beneficiar os que objetivamente estejam em pior situação e mais precisem dos outros. Porque nesse terreno a intenção não basta; ações bem intencionadas, mas sem efeitos práticos, acabam não sendo solidárias.

Solidariedade não é o mesmo que caridade. Caridade e solidariedade são dois desejos diferentes que levam a fazer as mesmas coisas. Em algumas pessoas não se distingue realmente, quanto a objetivos, metas e sucessos, se algumas ações que se dirigem a contribuir para o bem-estar dos outros são de solidariedade ou de caridade. Mas acontecem ações semelhantes de muitas pessoas que não podem referir-se a uma virtude teologal (a não ser que se aceite o de "crentes anônimos", que pouco diz da inteligência dos sujeitos) porque não acreditam em Deus, mas a outras motivações igualmente fortes. Por exemplo, pessoas que morreram na juventude lutando por seus ideais político-sociais com grande generosidade e desinteresse, e pessoas que vivem com grande heroicidade e solidariedade, sem parecer que os motivos de caridade estejam presentes em seu comportamento. Os cristãos não podem sequestrar a solidariedade para atribuí-la exclusivamente às pessoas religiosas, porque existem muitos solidários que não o são. Como, infelizmente, também existem muitas pessoas que, impulsionadas – creem eles – pela caridade, fazem as coisas incompletamente; por exemplo, certos missionários e missionárias em países subdesenvolvidos, com certeza de uma caridade imperfeita e de uma solidariedade quase nula, que com sua atuação pouco ajudaram nas necessidades reais da população, frequentemente bastante materiais, e assim contribuíram para o descrédito da Igreja e do mundo ocidental como agentes de potências estrangeiras.

Historicamente, o conceito e a prática da solidariedade muito devem ao socialismo, seja porque este foi um defensor da solidariedade, seja porque perante suas críticas e ameaças as pessoas mais sensatas das sociedades capitalistas tomaram alguma consciência da necessidade de procurar melhor o bem-estar dos outros e promoveram leis como as famosas *Poor Laws* (Leis dos Pobres) e leis que proibiam o trabalho das crianças, e coisas parecidas. Mas o socialismo básico, o "ingênuo", e sobretudo o científico, parcializaram os sentimentos e as ações dirigidas aos outros, ao exaltar uma classe eleita e transformar a solidariedade em solidariedade de classe, uma classe, por outro lado, que não era nesses momentos da história (séc. XIX) a mais maltratada da humanidade, porque a superavam em exploração e opressão os escravos africanos e os nativos das colônias, como os índios americanos. As guerras se encarregariam, pelo menos no âmbito internacional, de acabar com a solidariedade de classe, e as ditaduras comunistas, de enterrá-la.

II. As razões da solidariedade. Por que o ser humano, no início do século XXI, pressionado por incertezas e medos, obrigado pelo sistema econômico em que vive a trabalhar e ganhar dinheiro num meio social competitivo, entre pressões de todos os lados, que ao final do dia só deseja fechar-se em si mesmo, saborear as poucas fontes de satisfação sensorial de que dispõe e esquecer-se do mundo inteiro; por que este ser humano de nossa época tem de ser solidário com pessoas que não conhece e pessoas de países longínquos? A resposta é que a solidariedade, como sentimento e como comportamento, não só é *conveniente* a este ser humano de nossa época, seja qual for sua posição na vida e sua posição geográfica, mas que além disso é uma *questão de consciência,* que emana dos sentimentos religiosos, morais e éticos que as pessoas costumam ter e sobretudo é a única atitude e atuação totalmente *lógica em si mesma e coerente* com as condições da existência humana, ou seja, que além das *razões de conveniência* existem outras de *consciência e de decência.*

As razões de consciência são as que brotam do coração, das convicções mais profundas das pessoas, de sua fé e de suas crenças religiosas, dos princípios éticos e morais aprendidos e interiorizados ao longo da vida, seja qual for a sua origem. Boa parte das pessoas que são solidárias, ou que procuram sê-lo, o são por motivos de consciência. Para os cristãos, o seguimento de Jesus de Nazaré é o grande motivo para a solidariedade. Jesus pregou o reino de Deus, uma realidade ético-religiosa nova que nasce de dentro das consciências, mas que tem de manifestar-se nos atos externos e nos comportamentos sociais e eventualmente compor-se em novas instituições, novas leis e novas normas de conduta. É um estado de coisas, de um reino onde impera o amor de Deus Pai a seus filhos, materializado em Jesus como encarnação do amor do Pai pelo mundo. O amor entre uns e outros deve chegar à organização social das comunidades cristãs, abolindo a propriedade privada, como aparece claramente nos Atos dos Apóstolos, e até dar a vida pelos outros ("Ninguém tem maior amor do que aquele que dá a própria vida pelo amigo"). O amor dos primeiros cristãos era vivido não apenas simbolicamente com os ritos de comunhão e com os abraços do culto, mas socialmente com a maior generosidade, fraternidade e alegria possíveis. O que fez com que os pagãos dissessem deles com espanto: "Vejam como se amam!".

A essa tradição, a essa prática e a essa organização social primigênia invocam os cristãos como fonte de sua solidariedade hoje. Apesar disso, a partir do Edito de Constantino (ano 313 d.C.), que põe fim a perseguições com a conversão do imperador ao cristianismo, e a transformação da religião cristã em religião oficial do Império, começa um processo de degradação da essência cristã da Igreja. Aos poucos se relega o reino de Deus à esfera interior, substituindo um projeto de vida, morte e ressurreição coletivas por uma presumida salvação individual na outra vida. A Igreja se mundaniza e usurpa o nome de reino de Deus, para dá-lo a governos impiedosos, orgulhosos, avarentos e invejosos, que se colocam à frente de uma organização social belicosa, intransigente e severa com seus súditos. Séculos depois, os pagãos, ao verem os cristãos envolvidos em contínuas guerras e contínuos horrores, diziam admirados: "Vejam como se odeiam!"

Não é fácil explicar a mudança que se produziu no século XX. Provavelmente as grandes guerras, as revoluções sociais e as catástrofes humanas deste século as fizeram refletir, mas o certo é que as igrejas cristãs (nem todas nem todos nelas, mas um núcleo substancial) foram capazes de recolher o rescaldo ainda vermelho e quente – apesar da perseguição, da indiferença e do desprezo sofridos durante séculos – de um *resto de cristianismo* que maravilhosamente, através da história, escondendo e disfarçando sua essência de amor e serviço em vestes alheias e roupagens emprestadas temporariamente (santidades marginalizadas, heresias, humanismo, reforma, iluminismo, liberalismo, revoluções, socialismo etc.), resto que se conservou como testemunho do amor de Deus ao mundo e da importância para nossos destinos da pregação e vida de Jesus de Nazaré. Agora se deveria explicar aos céticos por qual motivo os que professam ser cristãos, e todos os que não renunciam a sê-lo, não são mais solidários.

Aos filósofos morais de todos os tempos se propôs a questão da relação com os outros seres humanos, e quase todos os autores reconheceram a existência de um sentimento inato de simpatia – um *felow-feeling* – de inclinação e propensão a entender os outros, a condoer-se com suas penas e a procurar ajudá-los. Não se apresentam jamais como sentimentos definitivos e suficientes, como para compensar completamente os instintos de autoconservação, de busca do próprio interesse pessoal ou familiar, ou da ambição e da avareza. Os filósofos não se questionam sobre a origem metafísica ou transcendente de tais sentimentos de simpatia, nem sobre quem os implantou no coração dos seres humanos, e os imaginam aí como um dado primário da introspecção e da observação do comportamento humano. O que lhes importa é tirar as consequências de sua presença para o comportamento humano.

Desde Adam Smith: "Por mais egoístas que alguém suponha o homem, há evidentemente, alguns princípios em sua natureza que o fazem interessar-se pela sorte dos outros, e que tornam a felicidade deles necessária para ele mesmo, embora não obtenha nada mais do que a satisfação de vê-lo" (Smith, 1979, 9). Até Immanuel Kant: "Portanto, cada um de nós, ao desfrutar das coisas boas da vida, temos de nos preocupar com a felicidade dos outros; eles têm o mesmo direito, e não é possível privá-los dele. Como a providência de Deus é universal, eu não posso ser indiferente à felicidade dos outros" (Kant, 1975, 5). Os instintos e os imperativos categóricos levam o ser humano à solidariedade.

III. As razões da decência. "Decência" é usada aqui em seu sentido etimológico, do latim *decet* ("está bem", "é correto"), e se ajusta à norma da razão humana bem formada. Razões de decência são as que se baseiam na racionalidade intrínseca e na força lógica da ideia mesma da solidariedade no mundo de hoje. São, portanto, razões que não se baseiam em sentimentos inexplicáveis ou crenças religiosas, mas em juízos *a posteriori* sobre a presente condição humana. Tampouco são razões de conveniência baseadas num explícito *quid por quo*. O núcleo da argumentação é que a pessoa deve ser solidária porque isso é decente, é o que corresponde ao ser humano histórico que vive nesta conjuntura do acontecer universal. O comportamento solidário é um comportamento racional, que flui logicamente do conhecimento adequado da condição humana tal como está conformada em nossos dias. A solidariedade é sumamente racional, porque o pensar e o atuar na forma que redunde em benefício dos outros seres humanos é objetivamente exigido pela condição histórica na qual se realiza a natureza do ser humano, e porque é algo racional evitar os sofrimentos humanos.

Todas as vezes que contemplamos um ser humano, deveríamos ver refletido e objetivado nos outros alguns traços de nossa essência de pessoa que não vemos ou não vemos ainda em nós mesmos. Quando, por exemplo, vemos uma pessoa morta, deveríamos considerar que estamos vendo algo que nos pertence, uma sorte ou condição que também será certamente a nossa. As desgraças que vemos nos outros nos avisam sobre o que podemos contrair ou sofrer, o que nos pode acontecer, porque somos iguais aos afetados. Pensemos que nossos filhos pequenos morreriam de diarreia se ficassem sem água potável e sem cuidados básicos ao nascerem, como tantos milhões que morrem dessa doença tão ridícula. Não o toleraríamos. E se tudo isso é ruim para mim, é indigno, injusto, intolerável para minha natureza humana, por que não será ruim para os outros, que têm a mesma natureza? Por que toleramos para os outros tortura, pobreza, discriminação, tudo o que de maneira alguma aceitaríamos que nos acontecesse? Colocar-se na situação de outros é realmente o princípio de um simples método para chegar ao convencimento de que se deve ter comportamento solidário. Como diz o filósofo Thomas Nagel (1978, 145): "A forma primordial do argumento moral é uma exigência de imaginar-se a si mesmo na situação de outra pessoa".

Por isso, falando ao ser humano moderno, deve-se apelar para o conceito da "condição humana", que não é a natureza metafísica transcendente a todos os indivíduos da espécie, mas esta essência com sua existência totalmente concretizada. O "homem e sua circunstância", como dizia Ortega y Gasset, o ser humano encerrado ou prisioneiro de uma condição própria de todos os que no séc. XXI vivemos na terra. A condição humana tem várias notas essenciais. A mais dramática, sem dúvida, é a *mortalidade*, a necessária limitação do tempo de existência humana nesta terra. A mortalidade põe em perspectiva a avaliação que damos a certas coisas, como tudo o que são posses materiais, que forçosamente nos veremos obrigados a deixar, e sugere que deveríamos prestar a máxima atenção em fazer da duração limitada que temos, para vivermos do melhor modo possível um tempo pleno e agradável.

A condição humana não se caracteriza só pela sua mortalidade, mas também por sua *fragilidade*, pela facilidade com que o ser humano mortal sofre no corpo e no seu espírito por meio de outros seres humanos. A vida humana será tanto mais frágil quanto mais complicada for a vida em sociedade e quanto mais formos obrigados a viver uns junto aos outros. Muito do que temos conseguido por meio da pesquisa e da ciência médica para prever doenças, o perdemos com o aumento com os riscos da vida moderna, que nos torna vulneráveis de maneira nova e muitas vezes imprevista. Quem estará livre de cair vítima de um atentado terrorista perpetrado por pessoas que nada têm a ver com a gente? Nessas ocasiões revela-se o quanto somos vulneráveis e quanto dependemos da boa vontade, do civismo e da ausência de agressões por parte dos outros.

É próprio da condição dos seres humanos do séc. XXI a necessidade de trabalhar e ganhar a vida num contexto de alta *dependência* uns dos outros. A dependência funcional do ser humano moderno é quase total e condiciona de forma extrema suas possibilidades de melhorar, crescer, realizar-se e ser feliz. A interdependência se percebe, no transporte público ou privado, nas modernas técnicas de trabalho para aumentar a produtividade, nas técnicas médicas etc. Mas essa dependência se revela sobretudo na criação, difusão e aquisição de conhecimento, que é fenômeno nitidamente social e interdependente. O conhecimento de que necessitamos, nós não o podemos conseguir sem a cooperação de muitas outras pessoas. Em nossa vida ordinária usamos enorme quantidade de informação, sem o perceber. Mas sem a colaboração das outras pessoas, teríamos de buscar com muito custo a informação de que necessitamos para a vida e a conseguiríamos provavelmente bastante incompleta.

Uma nota característica da dependência em nosso tempo é a que existe entre seres humanos de diversos países e diversos e longínquos continentes. Essa interdependência funcional entre os seres humanos e as instituições que eles criaram, o que sempre existiu desde a primeira Revolução industrial, e que se fazia cada vez mais intensa e exigente, foi-se expandindo como em círculos concêntricos, a partir do Ocidente europeu, para abranger sempre mais pessoas, regiões e países. De maneira que o fenômeno da globalização, que deu lugar à interdependência extensiva, é mais uma característica dos tempos e da condição em que vivemos, como seres humanos que somos.

A condição humana caracteriza-se, pois, pela mortalidade, pela fragilidade e pela interdependência funcional da vida moderna em profundidade e extensão desconhecidas até agora. Um ente ou entidade racional, que reconheça em sua extensão e profundidade, ao mesmo tempo enriquecedora e dramática, a essa dependência de umas pessoas diante de outras, que considere as potencialidades de prejuízo, de disfunção, de tragédia pessoal e social que podem ir seguidas de uma atitude e comportamento egoísta, deve concluir que a solidariedade, como atitude e comportamento "decente", é o que a razão humana exige. Ao contrário, o comportamento estritamente egocêntrico é inumano e desumanizante, e nas circunstâncias atuais da vida humana é profundamente irracional e contrário aos ditames da razão, quando esta considera as características objetivas da vida atual.

IV. Razões de conveniência. As razões de conveniência constituem o tipo de argumentação que, mais do que a fundamentada em considerações religiosas, éticas e filosóficas, pode penetrar nos despachos dos ministros, dos parlamentos, dos conselhos de grandes empresas e das redações dos meios de comunicação, nos quais imperam acima de tudo as razões pragmáticas: de estado, de política e da competência. Portanto, deve-se argumentar, por assim dizer, com suas próprias armas, vestindo a solidariedade com outra coisa, para que seja aceita por todos. Da premissa maior que é o argumento filosófico sobre a condição humana e do enorme grau de interdependência em que nos encontramos como seres humanos, poderíamos construir um argumento que, deixando de lado a questão da racionalidade ou irracionalidade da solidariedade, se fixasse exclusivamente na conveniência do comportamento solidário. Imaginemos que ninguém quisesse cumprir as leis do trânsito; é fácil prever o caos tão grande que isso suporia, o perigo para a vida humana, a dificuldade de circular. Logo, o ser solidário no respeito às leis de trânsito é algo não só bom em si mesmo, que fazemos por civismo (uma forma de solidariedade), mas algo que nos convém direta e pessoalmente, porque de outra forma nossa vida na cidade seria um inferno. Assim como falamos das normas de circulação, poderíamos falar de todas as regras que normatizam a vida social dos seres humanos modernos, que são muitas, ainda que talvez não estejamos conscientes disso. É claro que o ideal do egoísta seria que todos cumprissem as normas de trânsito, menos ele, mas ele sabe que o caos é inevitável se ele não as cumpre, e se os outros o imitam.

A qualidade de vida, algo que com razão tanto preocupa, está em função da solidariedade que reina ou não nas comunidades, e que se traduz na normalidade ou na dificuldade da convivência e no respeito mútuo. Às vezes, nem com muito dinheiro nada se pode fazer para melhorar o clima humano quando as regras da convivência são depreciadas ou rompidas e a anomia e a criminalidade se apoderam das ruas. Uma solidariedade na hora certa, em nossas cidades e em nossas políticas sociais, teria evitado o enorme gasto, na maioria privado, hoje necessário para garantir a segurança do cidadão. Basta pensar nos que morrem nas ruas porque alguém não foi solidário, não respeitou um sinal de trânsito ou conduzia bêbado, chegaremos à conclusão de que, no trânsito, esse extenso âmbito de nossa vida cotidiana, a solidariedade não é apenas uma virtude; é um ato de autopreservação. Trata-se de um paradigma de nossa vida!

A falta de solidariedade permitiu o aumento do desemprego, da pobreza, da marginalidade, da droga, da criminalidade e da insegurança que tanto perturba os cidadãos de bem. A cadeia de causa e efeito é simples e transparente: riqueza – privada e pública, deve-se dizer que não se emprega para criar riqueza no país, e sim fora, para que as autoridades fiscais não se apoderem dela; com menores salários familiares e muito consumo aumenta a dívida e a pobreza, e esta gera desespero; por outro lado, sem trabalho se perde a integração social, os jovens buscam consolo em subculturas de protestos nihilistas, nos quais impera apenas a euforia da droga, mas para alimentá-la é preciso despojar os ricos, os velhos, os burgueses abastados que somos nós. As coisas são, certamente, mais complexas, porém esta rede de falta de solidariedade existe e tem força determinante em nossa sociedade. Depois dos atentados do 11 de setembro de 2001 e do 11 de março de 2004, as empresas de segurança aumentaram seus ativos. Mas os benefícios dessas empresas são gastos da sociedade, que provavelmente poderiam economizar, mediante comportamento mais solidário nas relações internacionais.

No mundo onde vivemos, que, mais do que nunca, "é um lenço", a solidariedade entre Estados e entre as sociedades que compõem esses Estados, é necessária para desfrutar de algumas relações internacionais harmônicas, equilibradas e pacíficas. A harmonia e o equilíbrio nos interessam nesse contexto, porque a ausência delas em áreas do mundo que são próximas de nós é molesta, custosa e perigosa. E ainda nas remotas, onde nos podemos encontrar em viagem de trabalho ou de férias, podemos ser vítimas inocentes de uma conflagração que não nos atinge de perto, mas para a qual nosso país também não contribuiu para solucionar. Para não mencionar o refluxo de refugiados e emigrantes, que as discórdias civis, étnicas e políticas originaram disso, trataremos mais adiante. A execrável guerra da Bósnia foi um presente, embora seja triste dizê-lo, nestas alturas da argumentação. Aí ficou ilustrada de muitas maneiras a que abismos de desumanização leva o colapso da solidariedade, tão necessária para manter os povos unidos, cooperando e crescendo em humanismo e bem-estar.

Em 1974, Fred Bergsten, influente economista de Washington, em plena onda de reivindicações dos países produtores de matérias-primas para elevar o preço de seus produtos, escreveu um trabalho em *Foreign Affairs* sob o título de "Ameaça do Terceiro Mundo", no qual se refere especialmente a uma ameaça de caráter econômico. O Terceiro Mundo nunca tinha imaginado uma ameaça direta à segurança e ao bem-estar dos países ricos. A ameaça mais concreta e dolorosa foi a crise do petróleo, dos embargos da OPEP e do consequente aumento dos preços do petróleo cru que causou alguns custos econômicos significativos nos países ricos. Nos Estados Unidos, por exemplo, as pessoas que consumiam gasolina como se fosse água encontrou-se fazendo filas sem-fim diante dos postos. Todas essas mudanças e mal-estar por obra e graça de alguns estrangeiros, árabes, africanos e sul-americanos, que dominavam a oferta do petróleo.

A isso se referia o trabalho de Bergsten num momento em que, animados pelo sucesso da OPEP, os outros produtores de matérias-primas (café, cacau, banana, estanho, cobre, bauxita-alumínio etc.) discutiam a formação de associações de produtores para aumentar seus preços. Isso teria acabado com a vantagem dos países ricos de obter as matérias-primas a preços baixos e, o que é ainda pior, teria elevado os custos dos processos de produção intensivos em produtos naturais. Era uma verdadeira ameaça no sentido de que, se tivessem sucesso, teriam obrigado as economias ricas a passar por uma série de ajustes, talvez não tão traumáticos como o do petróleo, mas certamente de importantes consequências sociais para as sociedades ricas.

A solidariedade internacional é a maneira de evitar essas possíveis ameaças, mais do que a intimidação, a pressão e a chantagem, que é o que usou nos anos setenta para evitar a ameaça dos cartéis de produtores. Se tivesse havido permissão para o aumento do preço do petróleo subir gradualmente, à medida que seu valor em dólares diminuía em poder de compra (como resultados da inflação americana provocada pela guerra do Vietnã), não se teria chegado a altas de preços traumáticas nem aos ajustes drásticos que abalaram a coesão das sociedades desenvolvidas. Onde falhou a solidariedade, se impôs a força do poder monopolista dos produtores. A lição não deixa dúvidas. Num mundo bem integrado, não convém aos ricos do mundo industrializado que aconteçam situações extremas de abuso e exploração nos mercados internacionais que provoquem respostas defensivas dos produtores que afetem nosso sistema produtivo.

Outro momento em que o "Terceiro Mundo" parecia ameaçar o Primeiro foi em agosto de 1982, quando o governo mexicano anunciou aos bancos credores que não poderia cumprir suas obrigações financeiras com eles. Foi enorme o pânico que se produziu na comunidade financeira internacional e nos bancos e governos do mundo industrializado (De Sebastián, 1987, 133-148). Se o Brasil, a Argentina, a Venezuela, a Nigéria, a Indonésia, a Polônia etc. tivessem se unido ao México no não-pagamento, vários dos maiores bancos dos Estados Unidos e de outros países teriam quebrado. Os países devedores de fato não se uniram, como os da OPEP, para pressionar seus credores, ainda que faltasse vontade. O México de novo, em novembro de 1994, passou um susto involuntário aos países ricos e a seus investidores com a desvalorização do peso. Mas isso é um tipo totalmente novo de "ameaça" que se origina de se haver estabelecido no México, com todas as beneplácitos dos países ricos, um mercado financeiro livre e desregulado, propício para a especulação. Em todo caso, o comportamento solidário dos países e o estabelecimento de relações sinceras, respeitosas e transparentes, é uma forma de reduzir todos esses perigos e ameaças que podem passar dos países mais pobres para os mais ricos.

O chefe da Agência da Luta Antidroga (DEA) nos Estados Unidos estima em 400 a 500 milhões de dólares (o valor do PNB da Espanha em 2000) o montante do tráfico anual de drogas no mundo (Mathews, 1995). Este impressionante negócio é alimentado a partir de países em desenvolvimento, Peru, Bolívia, Colômbia, Tailândia etc., cuja matéria-prima, as folhas da coca, alcança preços mais elevados do que qualquer cultivo tradicional. No Peru, por exemplo, se produzem 165.000 toneladas de coca por ano, quase dois terços da produção mundial.

O problema das drogas já se tornou por demais complicado, para que alguém se atreva a resolvê-lo com soluções simples, como seria legalizar e regulamentar a produção, o comércio e o consumo de drogas (solução que tem certo atrativo lógico). Mas não há dúvida de que sua própria existência e as proporções que tomou é a falta de solidariedade em muitas dimensões e vertentes. Não temos feito todo o possível para que fossem baixos os preços das matérias-primas *legais* (café, açúcar, algodão etc.)? O Terceiro Mundo nos respondeu voltando-se para um cultivo mais rentável, com um preço de escassez que faz estragos em nossas cidades (porque a oferta está rigorosamente controlada e a demanda cresce a cada dia). Porém, não nos enganemos, o fenômeno da droga hoje é o resultado de um colapso múltiplo dos mecanismos da solidariedade pessoal, familiar, nacional e internacional.

Pode-se também falar da ameaça da emigração. Este, naturalmente, é um assunto de conveniência a favor da solidariedade e que deve ser bem compreendido. Não se diz aqui que a emigração seja um mal para o país receptor, que se deva evitar mediante medidas "solidárias". Receber imigrantes de acordo com uma política migratória racional (que leve em conta as realidades do país receptor) e generosa (que não exagere as dificuldades) é uma demonstração e um ato do exercício da solidariedade internacional. O assunto agora é que, sem solidariedade internacional com os países pobres, seremos vencidos pelos imigrantes, que virão de todas as maneiras, à margem de qualquer política migratória da União Europeia e de qualquer tentativa de fazê-la cumprir.

I. Kant, *Lectures on Ethics*, Indianapolis, Hackett; J. Matthews, "We Live in a Dangerous Neighbourhood": *The 512 Post*, 15 de maio de 1995; Th. Nagel, *The Possibility of Altruism*, Princeton, Princeton University Press, 1978; L. de Sebastián, *La crisis de América latina y la deuda externa*, Madrid, Alianza, 1987; id., *La solidaridad*, Barcelona, Ariel, 1996; id., *El rey desnudo. Quatro verdades sobre el mercado*, Madrid, Trotta, 1999; A. Smith, *The Theory of Moral Sentiments*, Oxford, OUP, 1979.

Luis *de Sebastián*

TEÍSMO E ATEÍSMO

Teísmo e ateísmo são dois conceitos inter-relacionados que afirmam e negam, respectivamente, a existência de Deus. Em princípio, o que se afirma ou se rejeita é a existência da divindade, um ou muitos deuses, não algum concretamente, como poderia ser o da concepção judaico-cristã ou a imagem de Deus que se desenvolveu na teologia filosófica. Trata-se de uma postura diferente à do agnosticismo, ainda que às vezes ambos os significados se misturem na proposta de um autor. Não se trata de negar o significado do conceito de Deus, como propõem alguns representantes do positivismo lógico, nem abster-se no momento de pronunciar-se sobre a existência de Deus, como propõem outros, mas de afirmar ou negar que Deus exista. Logicamente, pode-se negar que exista um deus concreto, o defendido por uma religião ou determinada concepção filosófica, e, no entanto, não excluir que possa existir o divino. Em geral, o que se entende por ateísmo é o primeiro, que Deus não existe, e não simplesmente rejeitar determinado conceito de divindade. É esta também a acepção vulgar do ateísmo que se encontra no *Diccionario de la lengua española*.

I. Teísmo e ateísmo na história do pensamento. Na tradição filosófica ocidental, o teísmo e o ateísmo estão presentes desde as origens. A filosofia surge no contexto da cultura mítica, e os filósofos afastaram-se da religião popular grega, caracterizada pelo politeísmo e pelo antropomorfismo não-aceito no momento de representar a divindade. Negaram também a religião política grega e a seguir a romana, que servia como fator de legitimação do poder político. O próprio da filosofia grega clássica é a crítica às representações humanas dos deuses e o afastamento que não rompe com os mitos. E, ao mesmo tempo, a defesa da existência do divino no âmbito dos grandes sistemas metafísicos platônicos, aristotélicos, estoicos etc. De fato, o pensamento grego deu grande contribuição ao teísmo, a partir da teologia natural e da própria ideia de "teo-logia", afirmando a capacidade da razão para indagar a natureza do divino e suas funções em relação com o mundo e com o homem.

A teologia natural e as provas clássicas da existência de Deus, o que também se conhece sinteticamente como teologia filosófica, exerceram grande influência no Ocidente, influência que chega até hoje, embora essas provas tenham perdido em grande parte seu peso probatório e tenham hoje impacto mais limitado. Os grandes sistemas metafísicos pensavam que a ordem e as mudanças do mundo remetem a causas ou princípios últimos que pertenciam ao âmbito divino, rejeitando a ideia da religião popular de que determinadas entidades físicas ou naturais servem como explicação última dos fenômenos. A pergunta pelo mundo e pelo homem se canalizava na forma de busca de realidades absolutas que servissem de explicação do que existe. O âmbito do sagrado, do santo e do numinoso, próprio das culturas míticas, serviu como ponto de inspiração, e também foi criticado, na indagação pelos princípios e entidades divinas a partir dos quais se podia explicar o sentido e a ordem do mundo e propor normas e orientações para a conduta humana.

A contingência do universo exige um princípio último de explicação do que existe, e é o que levou ao teísmo filosófico, ora propondo Deus como causa eficiente ou final, e por isso como princípio racional suficiente, a partir do qual podiam explicar-se as mudanças e a ordem última do universo. Também foram os grandes sistemáticos que estabeleceram a natureza divina como realidade não-material, enraizada na ordem do pensamento e vinculada aos grandes valores éticos, entre os quais se destaca a ideia do Bem como representação da divindade. A teologia filosófica estabelece que o divino não faz parte do mundo físico em que vivemos e no qual se deve representar a natureza divina a partir de uma concepção racional e espiritual.

Essa concepção do divino serviu de eixo estruturante, não só para a cosmologia, mas também para a ontologia, a antropologia, a teoria do conhecimento, a ética etc. Pode-se dizer que a teologia natural grega se baseia na dúplice ideia de que a divindade é a realidade suprema que o ser humano pode conhecer, na linha de uma metafísica especial, e que, ao mesmo tempo, o divino é o âmbito dos princípios últimos a partir dos quais se deve explicar tudo o que existe. A divindade seria não apenas o ser supremo, mas também o referente último a partir do qual se explica todo o universo. Unem-se assim teologia e ontologia numa metafísica racional que faz do divino o referente último e supremo para o ser humano. Trata-se de um sistema onto-teológico, no qual Deus é a chave de abóbada ontológica e epistemológica, na ordem do ser e do conhecimento, para fundamentar e explicar o mundo.

Por outro lado, o ateísmo grego enfatizava o caráter humano e volúvel das representações míticas dos deuses e buscava explicações imanentes aos fenômenos. A filosofia se unia à incipiente reflexão científica para desmitificar a cultura e explicar o universo a partir de suas partes constitutivas, sem referência alguma aos deuses. Procura-se conhecer o universo por si mesmo, e os deuses, caso existam, não intervêm nos fenômenos (epicuristas) ou não poderíamos entrar em contato com eles. De qualquer maneira, a maioria dos filósofos gregos foram mais críticos com a religiosidade mítica do que com a teologia filosófica, porque a ordem do mundo tornava difícil rejeitar a existência de uma realidade última divina. O ateísmo estava vinculado a uma perspectiva física e materialista, em contraposição à tendência metafísica, e os filósofos ateus, por exemplo, os atomistas, desenvolviam teorias científicas bastante próximas da ciência. Esta será sempre uma característica das correntes ocidentais ateias. A valorização do físico e do material como realidade última, por um lado, e uma metodologia epistemológica ateia porque busca explicar a realidade a partir dela própria, rejeitando por princípio o recurso à divindade para explicar os fenômenos.

Os cristãos partiram de uma concepção pessoal, espiritual e histórica de Deus, a da tradição hebraica, e foram também acusados de ateísmo porque rejeitavam as representações da divindade dos mitos, a religião popular e a religião política estatal. Encontraram, entretanto, afinidade com a teologia natural grega e fizeram corresponder sua concepção monoteísta e pessoal de Deus com a Causa última eficiente e final da metafísica grega, apesar de essa correspondência gerar tensões e problemas tanto para a teologia como para a filosofia. O cristianismo se apresentou como a verdadeira filosofia e valorizou a teologia natural a partir de uma concepção criacionista do universo, na qual a razão humana está capacitada para chegar à divindade, afirmar sua existência e comentar sua natureza, embora esta sempre fosse um mistério. A essa busca humana de Deus correspondia a comunicação divina, que o cristianismo apresentava como revelação.

Essa consideração positiva da filosofia e da razão tem sido uma constante na história do cristianismo, e levou a formulações clássicas como a de que a fé pergunta ao intelecto e que existe uma correspondência entre fé e razão. Assim, o cristianismo propôs uma dinâmica crítica, reflexiva e racional da religião, que tornou possível a interação entre a fé e a razão, a crítica da primeira pela segunda, que culminou no Iluminismo, e inspiração e interpelação da fé à racionalidade humana, descobrindo as motivações existenciais, emocionais e desiderativas que estão subjacentes à religião. Por outro lado, esta dúplice trama racional e de fé fez o cristianismo tornar-se uma religião bastante atingida pelas críticas religiosas, de tal modo que se pode afirmar que, desde os próprios inícios na cultura helenística, a crítica ateia ao cristianismo foi um componente determinante de sua evolução.

Surgiu assim uma teologia natural de raiz grega com contribuições cristãs, na qual a ideia do criador e da criação levou a propor a pergunta decisiva de por que existe algo e não o nada. Ou recorremos a um universo material absoluto, na linha panteísta ou mítica de que o universo está repleto de deuses (Tales de Mileto), ou se deve recorrer à causa última do mundo como Deus, identificando-o além disso com o Deus Pai da tradição bíblica. A referência a Deus se dá em todas as realidades do universo, a partir da dúplice tradição da criação e da providência, combinando assim a máxima transcendência com uma imanência radical. Esta síntese foi bastante fecunda e seus efeitos chegam até hoje. É a forma clássica de teísmo filosófico do Ocidente, apesar da consciência que temos de que o Deus da teologia bíblica, que se revela na história, e o da teologia natural, ente de razão, não se podem simplesmente simplificar. Os pressupostos ontológicos, cosmológicos e gnoseológicos, nos quais se baseia a teologia natural tradicional, tornaram-se muito questionáveis e menos conclusivos do que se pretendia e a crítica ateia ao deus dos filósofos, à causa última fundamental estabelecida nos grandes sistemas metafísicos, repercutiu também na rejeição ao Deus da tradição bíblica. Nietzsche e Heidegger foram os impugnadores da divindade metafísica, identificada com a cristã, os padres do ateísmo contemporâneo.

No séc. XX houve uma reação contra a identificação entre o deus dos filósofos e o Deus do cristianismo, e também contra a equiparação entre a teologia natural e a teologia baseada na revelação. A busca de um fundamento e uma causa última para explicar o universo não permite a passagem para a afirmação tradicional de que a esse fundamento e causa chamamos Deus, como propõe a síntese tomista. Uma coisa é o princípio explicativo encontrado pela mente humana, que faz da divindade a chave de fechamento de um sistema, e outra muito diferente é o ser pessoal e livre que se revela na história e que se transforma em garantia da própria dignidade humana, como anuncia a tradição cristã. No entanto, tampouco se pode assumir a irracionalidade da fé e o caráter absolutamente heterogêneo do teísmo cristão com relação ao do filosófico, uma vez que a correspondência entre fé e razão se mantém inalterável como pretensão inerente ao teísmo cristão. Uma coisa é o fato de não se poder identificar fé e razão, e outra é que a primeira seja irracional, como pretendia Tertuliano com o seu "creio porque é absurdo".

II. A crise moderna: o ateísmo. Não é possível estudar aqui a evolução histórica do teísmo e do ateísmo no Ocidente. Diga-se, entretanto, que a grande crise do teísmo veio a partir do questionamento de Hume e Kant sobre a teologia natural e as provas da existência de Deus. Foram eles, já em pleno Iluminismo, os grandes destruidores do teísmo metafísico, mostrando a dificuldade de aplicar as categorias de causalidade e desígnio ao universo em seu todo, a ambiguidade das especulações racionais que não têm base na experiência empírica e no caráter equívoco de muitas categorias que empregamos para falar de Deus, extrapolando seu âmbito de procedência e de aplicação. Os conceitos de causalidade e finalidade que obtemos da experiência empírica, não sabemos se eles têm validade quando referidos ao âmbito do universo em sua totalidade. Quando falamos de Deus e do mundo, extrapolamos, uma vez que não podemos compará-los com nada semelhante, e só falamos do universo a partir do interior de uma parte dele, sem saber se os conceitos e experiências a que aludimos têm validade ao referir-se ao universo (da parte passamos ao todo).

O mesmo acontece quando a partir do universo remetemos a um criador perfeito, sem perceber que o universo é imperfeito, e dele não podemos deduzir um criador único, nem muito menos um autor que seja perfeito. Tampouco podemos falar de criação, que é um postulado teológico, nem podemos comparar o universo com algum objeto fabricado pelo ser humano, para deduzir daí que existe agente divino pessoal, uma vez que o universo pode comparar-se com muitas coisas (um organismo vivo, uma planta, um animal etc.) e a escolha de comparações é arbitrária. Kant e Hume revalorizam a finitude, contingência e não saber do ser humano, bem como a necessidade de uma linguagem que se apoie na experiência, para não cair em especulações vazias.

É o que ocorre também com o conhecido argumento ontológico: Deus é maior do que tudo o que possamos imaginar, logo, não há outro remédio senão existir, porque, se lhe faltasse a existência, não seria o máximo que possamos imaginar. Se Deus é perfeito, tem de existir, ou lhe faltaria uma perfeição. O problema está nisto: se a ordem de nosso pensamento corresponde à ordem da realidade, e se podemos pensar a natureza divina e deduzir dela algo real, então nossos sistemas de pensamento podem apoderar-se conceitualmente da natureza de Deus, à custa de seu mistério, e indagar algo sobre ele. Não há dúvida: se Deus existe, tem todas as perfeições; mas o problema é se existe algo ou alguém que corresponda a nossas ideias de Deus, como, antes de Kant, o mostraram Gaunilo e Tomás de Aquino contra Anselmo de Canterbury. Não há existências que sejam logicamente necessárias, e o problema é que não temos certeza de que Deus existe, e que além de existir ele é um ser necessário e não contingente.

A partir do momento em que abandonamos o âmbito do mundo e da história para falar de Deus, entramos num terreno de especulação repleto de inseguranças, uma vez que não temos experiências que avalizem nossas afirmações. Muitas vezes, confundimos nossas divagações sobre a divindade com a própria realidade divina, como se o que pensamos fosse o resultado de uma experiência como a do mundo em que vivemos. Deve-se juntar a isso a influência antiteísta de Darwin, que possibilitou explicar um universo ordenado, com cada uma de suas partes bem adaptadas ao conjunto, sem necessidade de recorrer a um princípio transcendente de ordenação. Assim, foram colocadas as bases não só da refutação da prova tradicional do desígnio, mas também do próprio teísmo. A seleção natural substituiu o agente divino ordenador, o acaso se introduziu no esquema evolutivo, a hipótese de múltiplas tentativas da natureza com poucos sucessos substituiu o esquema do desígnio divino, e o surgimento do ser humano a partir do mono deslocou o relato da criação. Parecia que definitivamente a ciência calava a Bíblia, como já ocorreu com Galileu, surgindo assim teorias científicas que tinham plausibilidade e credibilidade, enquanto a teologia se batia em retirada e o magistério encerrava o diálogo com o Iluminismo.

O teísmo filosófico perdeu credibilidade e plausibilidade no contexto da crise da metafísica tradicional e das crescentes críticas ao cristianismo. Nesse contexto, torna-se compreensível o triunfo de Feuerbach, que define o teísmo como o resultado de uma projeção subjetiva, propondo substituir Deus pela espécie humana. O segredo da teologia é a antropologia, e os mistérios da religião remetem a qualidades e desejos subjetivos. É essa a base do ateísmo do séc. XIX, completado depois pelos mestres da suspeita: Marx, que coloca na economia as raízes da alienação religiosa; Nietzsche, que denuncia o além-mundo do sobrenatural e a busca de uma transcendência na qual refugiar-nos de um mundo que não nos agrada; e Freud, que estuda o futuro da ilusão religiosa, vendo-a como resultado do infantilismo humano que busca um pai divino no qual refugiar-se.

O ateísmo se viu favorecido pelo hegemonia da epistemologia científica. Esta não só foi incapaz de captar os pressupostos metafísicos inerentes às mesmas cosmovisões científicas, as quais pretendiam neutralidade, imparcialidade e ausência de preconceitos e pressupostos, mas que caiu numa absolutização do método, e a racionalidade científica se transformou em protótipo único e universal para todos os âmbitos. Tudo o que não podia ser demonstrado empiricamente foi rejeitado como mitológico ou metafísico, como algo superado pela própria evolução do pensamento. Nesse contexto, as provas tradicionais da existência de Deus perderam definitivamente confiabilidade, plausibilidade e credibilidade. O contexto sociocultural de uma cultura pretensiosamente científica não foi favorável ao teísmo, e o ateísmo ia impondo-se, sobretudo a partir de uma pretensa oposição moderna entre a ciência e a concepção religiosa, aludindo a muitos filósofos da ciência atual.

Esses autores foram determinantes para o século XX. Racionalidade científica e ateísmo aparecem como correntes congruentes, enquanto o teísmo se refugiou às vezes na fé do carvoeiro e no mistério divino. O fideísmo por um lado e a privatização da religião foram tendências características do cristianismo dos dois últimos séculos, no contexto de uma apologética marcada pelo antimodernismo e pela renovação do tomismo como dupla resposta à filosofia iluminista e à ciência. Enquanto isso, crescia o anticlericalismo e a aversão contra uma Igreja que aparecia como aliada dos poderosos, porta-voz da restauração antidemocrática e expoente máximo de uma tradição cada vez mais defasada diante da nova sociedade emergente. Atingiram assim novo auge as velhas críticas sobre a religião como criação clerical a serviço dos interesses de poder.

O ateísmo encontrou também o apoio no problema do mal. O famoso dilema de Epicuro, que via incompatível a existência de um deus bom e onipotente com a experiência do mal (ou quer e não pode, ou pode e não quer, em qualquer caso não é Deus) encontrou grande eco nos sécs. XIX e XX, sobretudo a partir dos grandes desastres das guerras mundiais e da tomada de consciência da universalidade e radicalidade do sofrimento humano. Embora não se possa demonstrar a inconsistência lógica entre a fé em Deus e a quantidade de mal que existe no mundo, não resta dúvida de que o ateísmo se alimenta da intuição global de que este mundo não corresponde à imagem que os cristãos têm de Deus e de que as presumidas explicações racionais que se oferecem são menos consistentes e universais do que afirmam seus defensores. Daí a grande quantidade de críticas ateias à teodiceia, ao longo dos últimos séculos: Hume, Kant, Nietzsche, Dostoievski, Camus, Bloch, Horkheimer e Adorno, Mackie etc. Nesta linha deve-se sublinhar as dificuldades que encontrou o argumento da consciência moral e sua vinculação com a religião, substituídas por éticas racionais e por uma fundamentação pragmática da moralidade.

A essas raízes filosóficas deve-se acrescentar outras, por exemplo, a dos que impugnam os conceitos e predicados tradicionais do teísmo cristão, vendo-os como logicamente inconsistentes, refutados a partir de outras premissas ou dificilmente conciliáveis entre si. Como, por exemplo, a onisciência divina e a liberdade humana, a onipotência e o mal, a impassibilidade e imutabilidade divinas com sua providência e seu caráter pessoal etc. A insuficiência das provas de sua existência se une assim à dificuldade de determinar a natureza divina e de aplicar-lhe predicados tirados de nossa experiência empírica, o que também é negado pelas teologias que enfatizam o caráter misterioso da natureza divina (Agostinho, a mística tradicional), a inevitabilidade da teologia negativa ao falar de Deus (Nicolau de Cusa) ou a impossibilidade de a razão chegar a Deus (Kierkegaard, K. Barth).

Existem também raízes que têm a ver com a própria evolução do cristianismo: o anticlericalismo, como reação à imposição religiosa e aos privilégios do clero; a defasagem da teologia marcada pelo tradicionalismo antimodernista e por uma apologética obsoleta; o fideísmo, incapaz do diálogo com o pensamento crítico; a manutenção de uma concepção antropológica e de uma visão da natureza em oposição ao desenvolvimento das ciências etc. Todos esses elementos favoreceram um clima cultural pouco propício ao teísmo e favorável ao ateísmo, enquanto nas últimas décadas cresceu a tendência agnóstica, cética e relativista, mais do que o ateísmo militante, apoiada pelo contexto pluralista das sociedades ocidentais.

III. O redimensionamento do teísmo. Durante muito tempo o catolicismo em particular e o cristianismo em geral viveram na defensiva diante do avanço da Modernidade e do pensamento iluminista. O séc. XIX e a primeira metade do séc. XX foram caracterizados por K. Rahner como a época dos "anti". A Igreja reagiu tarde e mal contra as novas ideias, sustentadoras dos direitos humanos, a sociedade democrática e a secularização. Na segunda metade do séc. XX criou-se um novo contexto, no qual o teísmo e o ateísmo militantes perderam força a favor de um novo clima de diálogo, inspirado pela *Lumen gentium*, do concílio Vaticano II, e pela encíclica *Ecclesiam suam*, de Paulo VI.

Do confronto e da disjuntiva passou-se para o reconhecimento e o testemunho, o que tornou possível uma percepção mais positiva do fenômeno religioso e do próprio cristianismo por parte de autores que se confessam ateus e agnósticos, e uma compreensão maior do significado vigente do ateísmo a partir da própria teologia cristã. A interação, a aprendizagem, a autocrítica e a modificação e evolução das próprias posturas passaram a ser elementos-chave no novo diálogo entre o ateísmo e o teísmo religioso e filosófico. Acrescente-se a isso uma consciência maior por parte das correntes científicas dos limites e pressupostos metafísicos da própria ciência. O mesmo paradigma da razão científica perdeu suas pretensões de universalidade a favor de uma pluralidade de propostas racionais em correspondência com diversos setores da vida humana. A racionalidade das ciências naturais se revelou insuficiente para abordar os problemas éticos, o fenômeno da comunicação humana e o âmbito das convicções e das propostas metafísicas.

A reavaliação do teísmo seguiu linhas diversas. Por um lado, a própria evolução da ciência levou a um redimensionamento da hipótese teísta, que não aparece como incompatível com a ciência. As pesquisas do último século sobre a origem e a evolução do universo têm mostrado que subsistem perguntas últimas sobre as quais a ciência não tem resposta.

Vivemos num universo tão ajustado e tão frágil que qualquer variação teria tornado impossível o contexto no qual surgiu a vida em nosso sistema. Deve-se explicar o aparecimento do ser humano (o princípio antrópico), que, do ponto de vista estatístico, é um fato sumamente improvável. Por isso, alguns o veem como autêntico milagre e outros, mais cientificamente, como evento imprevisível e surpreendente, mas que se deve assumir e justificar posteriormente. A ciência, em sua maioria defende a origem do universo atual a partir de uma grande explosão (o big bang), assim como a teoria de um universo dinâmico, em crescente expansão e que caminha para a morte térmica, não só não desbancou a hipótese teísta, mas lhe deixou ampla margem, embora não se possa cair na armadilha de identificar uma hipótese científica com uma metafísica, nem esta última com o teísmo das religiões.

Isso não implica voltar à velha teologia natural e a suas pretensões de demonstração da existência de Deus. Contudo, surge a pergunta filosófica por Deus diante de um universo não só contingente, mas também sumamente improvável e inexplicável. Pode-se recorrer ao acaso, mas não de forma pontual, mas como uma serie de contingências afortunadas, que possibilitaram a vida e com ela o homem. Esse recurso contínuo ao acaso como hipótese filosófica global é arbitrária, tanto ou mais do que a velha hipótese metafísica do teísmo. Além de ser uma forma encoberta de confessar a ignorância na qual nos movemos ao avaliar o universo, revela que, além do saber científico, subsistem problemas para os quais a hipótese teísta continua tendo valor e significado. Não existe demonstração da existência divina, nem podemos chegar a ela, partindo de um universo inexplicável, mas a velha hipótese teísta é compatível com a ciência.

Também no que se refere à evolução da vida, que culmina no ser humano, deve-se explicar como foi possível o surgimento da consciência pessoal. Este processo tem uma explicação científica baseada na teoria da seleção natural, na mutação genética e no acaso como determinantes da evolução das espécies. Junto a ela subsistem problemas filosóficos, sendo talvez o maior deles o da possível teleomenia ou teleologia do processo, sobretudo se houver ensaio ou erro por parte da natureza em função de uma complexidade maior e de um salto qualitativo para a vida num universo emergente. A teoria da evolução é compatível também com uma teologia que assumiu o método historico-crítico ao ler a Bíblia. A evolução não se opõe à ideia do mundo como criação, e o acaso nos caminhos da evolução também não exclui uma vontade divina criadora na linha defendida pelo cristianismo. O teísmo é coerente com a racionalidade evolutiva e com um universo emergente, do qual surgem diversos estágios cada vez mais complexos e diferentes.

O teísmo bíblico tem consistência lógica e se torna válido como hipótese explicativa, compatível com a ciência (que analisa o como da evolução) e com a filosofia (que busca o porquê do fenômeno e tenta desentranhar os princípios últimos da dinâmica ascendente que levou o ser humano). Não se pode demostrar a existência de Deus a partir do cosmos e da evolução biológica, na linha da antiga metafísica, mas subsistem sim perguntas básicas (na linha do porquê existe algo e não o nada, e na linha da ordem surpreendente de nosso sistema no universo), o que mostra a sobrevivência da pergunta metafísica numa época científica. O cristianismo não se baseia numa hipótese científica nem numa metafísica filosófica. Defende uma concepção criacionista e providencialista do Universo, na qual o ser humano não é o simples resultado do acaso, embora os caminhos que levaram a ele possam ser contingentes e casuais; é sim o resultado de um plano divino. A partir daí interpreta-se o universo como penúltimo, ou seja, como aberto e contingente.

Também perderam força os mestres da dúvida, que foram em boa parte integrados e assumidos por uma teologia crítica. Reconhece-se a validade de muitas de suas críticas à concepção religiosa e, ao mesmo tempo, mostra-se como o fenômeno da religião tem mais perspectivas e funções que lhe eram achacadas por essas correntes. Recuperando a velha proposta de Feuerbach, pode-se arguir que, embora projetemos nossa imagem em Deus, criando uma representação divina à nossa imagem e semelhança, isso não implica que haja um referente divino cuja natureza falseamos. A sede de Deus não demonstra sua existência, embora aponte sim para uma necessidade constitutiva do homem, mas também não é uma prova de ateísmo, na linha de afirmar que o criamos porque o desejamos. Podemos sempre afirmar que temos sede porque existe uma fonte da qual somos provenientes, e que, conscientemente ou não, desejamos e buscamos. Não é simplesmente o teísmo cristão que é indemonstrável; na realidade, é qualquer compreensão do ser humano e do universo que carece de fundamentação última. Em toda cosmovisão existe um elemento de opção e de compromisso, como existem pressupostos infundados. O diálogo entre o teísmo e o ateísmo concentra-se hoje na concepção do homem, e também numa práxis de emancipação historicamente comprometida. O teísmo cristão não se baseia numa demonstração racional, não é o resultado de um silogismo lógico nem da conclusão de um processo dedutível alcançado. Pelo fato de não apelar para uma especulação racional, mas para uma história que se toma como chave hermenêutica de compreensão do ser humano, não pode ser validado a partir de um postulado intelectual.

A fé em Deus hoje não é o resultado de uma compreensão especulativa do ser humano e do mundo, na linha das grandes metafísicas e cosmovisões anteriores, uma vez que assistimos a um colapso dos grandes relatos universais e temos consciência do caráter particular e extrapolado de toda interpretação universal. Em última análise, a validade de determinada concepção teísta é dada pela sua capacidade heurística, enquanto clarifica, simplifica e explicita a visão do ser humano e da vida, pelo seu potencial motivacional, enquanto oferece motivo para viver e lutar, pela práxis que gera, enquanto compromete-se com a realidade e ajuda a transformá-la, e pela esperança que possibilita, mantendo aberta a história. Nessa linha se dever-iam analisar as concepções ateias da vida e ver que sentido elas oferecem.

Naturalmente, as funções de determinada cosmovisão, teísta ou ateia, não acreditam em sua verdade. Há mentiras que podem ser úteis para a vida, na linha de Nietzsche ou de Freud, e há verdades que desiludem e desesperançam, transformando-se em destrutivas para o ser humano. A funcionalidade de um credo não confirma sua validade hermenêutica e cognoscitiva, entretanto, são consequências últimas para a vida aquelas que possibilitam um discernimento racional e a opção racional, razoável e argumentável, ainda que não demonstrável, por determinada compreensão do homem e do mundo. Aí é que se pode entabular o diálogo entre o teísmo e o ateísmo, mais do que no impossível campo da demonstração e da refutação última de suas premissas básicas. O ateísmo humanista é uma alternativa para o humanismo do teísmo cristão baseando-se em compromissos e experiências pessoais que o valorizam e lhe dão consistência, profundidade e verossimilhança.

Deve-se levar em conta, além disso, que o teísmo aberto não exclui as dúvidas, as vacilações, as perguntas sem respostas, a capacidade de assumir um compromisso existencial experimentando simultaneamente a atração diante do humanismo gerado por pessoas e visões não teístas da vida, tanto ateias como agnósticas. Na realidade, há sempre um descrente potencial naquele que crê, e um ateu encoberto no teísta, não só porque a fé em Deus ultrapassa o campo da simples doutrina, mas porque a multipresença de cada indivíduo na sociedade plural de hoje, bem como a fragmentação e precariedade de todas as cosmovisões, torna difíceis as fronteiras nítidas e as contraposições taxativas. Nesse contexto, deve-se destacar a coerência e a firmeza da fé em Deus, bem como o caráter dinâmico, evolutivo e constantemente em revisão da concepção de Deus por parte dos cristãos.

A concepção cristã remete a uma explicação última a partir daquela que pode encontrar sentido para a vida e dar significado aos acontecimentos. Não que tudo o que ocorre tenha a Deus como causa última, uma vez que é possível assumir a indeterminação e a contingência dos eventos naturais e históricos. Não vivemos num universo marcado por uma necessidade absoluta, nem a criação tem o caráter de obra acabada e perfeita. Ao contrário, a concepção profética e messiânica do teísmo cristão se encarna dentro de uma escatologia que complementa a criação com a redenção. Deus não atua partindo de fora, não é um extraterrestre, mas a partir de dentro da história, ainda que sejamos nós os agentes. Essa atuação, sem deixar de ser humana, é obra de um Deus providente que apressa o ser humano a constituir-se em sujeito ativo da criação. Por isso, somos cocriadores e coredentores com Deus e a partir dele. Não se desloca ao ser humano para erigir Deus como protagonista, mas é Deus quem chama, alenta e motiva para o homem assumir um papel ativo na ordem da criação e também na santificação. Porque o mundo é obra boa, por ser divina, mas imperfeita e não concluída. Não se defende o deus grego, zeloso das realizações, mas o Deus paternal que as inspira.

A partir daí devemos entender a dimensão messiânica e profética do cristianismo. É o caráter escatológico de uma religião que vive pendente do futuro, da segunda vinda de Deus em Cristo. Parte também de um passado, a do Deus criador, a do Senhor da história, a do crucificado que nos revela quem e como é Deus. É um Deus apaixonado, que não quer tudo o que acontece na história humana, mas o aceita, o assume e procura mudá-lo a partir de dentro. A história hebraica mostra como um povo, inspirado e guiado por Deus, evolui e amadurece gradualmente. A partir de um processo, no qual é Deus quem atua, o ser humano chega à maioridade. Por isso, a religião bíblica é histórica e dinâmica, humana mas também divina, enquanto é o próprio Deus quem se faz presente em sua fundação e desenvolvimento, a partir da convergência entre a transcendência e a imanência.

O Deus providente na história permite enfrentar os acontecimentos a partir da confiança, sabendo que quer o ser humano. Deus deseja que confiemos nele e que não fiquemos angustiados (Mt 6,25-34), não porque enviará legiões de anjos para mudar o curso da história (Mt 26,53-54), mas porque nos garante sua fortaleza e sua presença em meio às adversidades (Mt 6,32-33; Jo 16,1-4.20-23). Não porque tudo o que ocorre seja enviado por Deus, nem que ele o queira, nem que o permita, podendo impedi-lo, mas porque é vulnerável e ama. O Deus criador e redentor respeita a autonomia do mundo e da história, e tenciona mudá-la a partir de dentro, potencializando o ser humano e convocando-o a construir o seu reino. Muitas coisas há que contradizem seu plano de salvação, porque Deus ainda não está todo em todos, e ainda subexiste o pecado e o mal. Não existe um agente divino que disponha tudo o que esteja por trás de cada acontecimento. O caos, o acaso, a ausência de culpáveis também faz parte da experiência vital de cada pessoa. Nem tudo está escrito, e existem coisas que acontecem sem culpa de ninguém, à margem de qualquer planejamento possível. Não vivemos num mundo onde se tenha implantado a soberania de Deus, esperamos a salvação final como em dores de parto (Rm 8,18-24). Enquanto isso nos preparamos para uma luta (Ef 6,11-17), na qual sabemos que Deus está com os que geram vida e servem aos outros. Porque a fé no Deus providente gera motivos para viver, para lutar e para crer no sentido da vida, mas apenas a partir da identificação com as vítimas deste mundo. O compromisso com a vida, e com as pessoas que mais sofrem, leva a enfrentar os problemas humanos a partir da chave do sofrimento, chave que Jesus assumiu. A chave é o amor, não a expiação ou o castigo pelos pecados, que as autoridades religiosas defendiam.

O cristianismo oferece uma interpretação da vida e propõe uma atitude. Nela se enquadra a fé na providência. Assume que há experiências dolorosas nas quais se torna impossível encontrar algum sentido e que não permitem explicação racional. Propõe, no entanto, a confiança em Deus e a esperança, que impede que a dor nos feche em nós mesmos, nos amargue e desumanize. O cristianismo não aceita que o mundo e a vida em seu todo possam explicar-se racionalmente, como pretende a sabedoria grega. Assume o escândalo da cruz (1Cor 1,18-25); a partir do qual propõe a identificação com as vítimas do mundo e a confiança num Deus que pode ressuscitar os mortos. Aí está a força e a fraqueza da fé em Deus providente. Não é uma gnósis, de um conhecimento ou teoria que permite explicar tudo, mas uma atitude existencial que permite enfrentar com realismo a dor, sem perder a fé e sem que o sofrimento desumanize.

J. Alfaro, *De la cuestión del hombre a la cuestión de Dios*, Salamanca, Síguenme, 1988; M. Cabada Castro, *El Dios que da que pensar*, Madrid, BAC, 1999; J. A. Estrada, *Dios en las tradiciones filosóficas* I-II, Madrid, Trotta, 1994-96; id., *Razones y sinrazones de la creencia religiosa*, Madrid, Trotta, 2001; H. Küng, *Existe Dios?*, Madrid, Trotta, 2005; E. Jüngel, *Dios como misterio del mundo*, Salamanca, Síguenme, 1984; J. L. Mackie, *El milagro del teísmo*, Madrid, Tecnos, 1996; J. L. Segundo, *Qué mundo? Qué hombre? Qué Dios?*, Santander, Sal Terrae, 1993; J. J. Tamayo, *Para comprender la crisis de Dios hoy*, Estella, EVD, ²2000; A. Torres Queiruga, *El problema de Dios en la Modernidad*, Estella, EVD, 1998.

Juan Antonio Estrada

TEODICEIA

I. Sobre o termo. A palavra "teodiceia" veio a público em 1710, quando G. W. Leibniz publicou seus *Ensaios de teodiceia sobre a bondade de Deus, a liberdade do homem e a origem do mal*. Havia anos que Leibniz vinha empregando o termo em escritos de ressonância e amplidão muito menores. No entanto, a coisa em si é no essencial muito antiga.

A invenção da palavra é sugerida por Rm 3,5: "Se a nossa injustiça realça a justiça de Deus, o que diremos? Não cometeria Deus uma injustiça desencadeando sobre nós sua ira?" (*mê ádikos ho theós*). Já nas linhas seguintes Paulo propõe uma defesa da justiça de Deus. Numa carta de 1715, Leibniz diz expressamente que "teodiceia" significa a doutrina da justiça de Deus. Leibniz omitiu em seu volumoso tratado de 1710 toda a explicação do significado de "teodiceia" e até, pasmem, qualquer novo uso da expressão depois de tê-la colocado no título. Houve leitores não muito incultos que pensaram tratar-se de um nome próprio, certamente um pseudônimo do autor.

Em 1791 Kant publicou um breve trabalho *Sobre o fracasso de todo ensaio filosófico na teodiceia*, onde a palavra volta à notoriedade justamente com o propósito de que a partir daí a coisa à qual se refere seja tratada como disciplina realmente científica.

A reforma do programa do bacharelado francês em 1863, dirigida pelo erudito eclético V. Cousin, mudou a sorte popular e até parte do significado de "teodiceia". Certamente por rejeitar o uso da palavra "teologia", Cousin recorreu ao termo de Leibniz para abranger com ele as provas da existência de Deus, os principais atributos de Deus, a providência, a refutação das objeções contra ela; mas também o destino do ser humano, as provas da imortalidade da alma e de toda a moral religiosa, ou seja, dos deveres para com Deus.

II. A teodiceia leibniziana. O *Dicionário histórico-crítico* de P. Bayle foi a ocasião imediata da publicação dos *Ensaios de teodiceia*, e não apenas porque no artigo dedicado a um cardeal italiano do Renascimento (Rorario) Bayle criticara o sistema da harmonia preestabelecida (ou seja, o de Leibniz), mas porque a tendência cética e fideísta do *Dicionário* suscitava constantemente a reação indignada do filósofo racionalista (a ponto de Leibniz não deixar em suspenso a edição de seu livro nem mesmo após a morte de Bayle, ao contrário do que aconteceu com J. Locke). O celebre *Diccionario* defendia de maneiras bastante engenhosas que a razão não só não compreende os dogmas, mas tampouco é capaz de resolver a maioria das objeções apresentadas contra eles (e entre os dogmas Bayle inclui muitas proposições que a teologia meramente racional fazia suas séculos atrás). As objeções racionais e insolúveis contra os dogmas (este discípulo de Montaigne não acreditava que devessem, entretanto, ser rejeitados) partem fundamentalmente da evidente presença do mal, em todas as suas formas, por todas as partes da criação (em várias ocasiões se refiram diretamente à justiça dos próprios dogmas, como acontecia no caso das teses sobre a justificação e a predestinação).

Leibniz adotava uma atitude completamente contrária à de Bayle. Para Leibniz era evidente que assim como não se pode amar ao próximo sem servi-lo, tampouco se pode amar a Deus sem conhecê-lo. As provas de sua existência não ocupam espaço apenas nos *Ensaios*. A evidente limitação de tudo quanto compõe o mundo, e até do próprio mundo, testemunha que a existência deste é uma contingência, pois é impossível que tal ser seja considerado necessário em si. Deve-se então explicar porque existe, e explicação nenhuma poderá fazer outra coisa senão procrastinar a resposta, enquanto não se chega por fim a apoiar a existência de qualquer realidade contingente na existência necessária da substância que leva em si mesma a razão de seu ser, sendo por isso eterna.

Em última análise, é preciso remontar na análise até encontrar os dois únicos princípios de todos os nossos raciocínios (com relação aos quais se deve dar por entendido, para evitar o absurdo do ceticismo, que eles refletem a estrutura da realidade mesma, que são instrumentos válidos para o conhecimento da verdade): o princípio da identidade e o da razão suficiente. Reunindo-se à simples noção da substância, ocorre que o princípio de identidade permite o pensamento de todos os mundos logicamente possíveis. Qualquer desses mundos é globalmente incompatível com qualquer outro, já só pelo princípio de identidade (mais o da identidade dos indiscerníveis), mas todos os fatos que constituem um mundo possível são entre si logicamente compatíveis ou compossíveis. A substância absolutamente infinita, como não pode carecer da perfeição da inteligência, pensa os infinitos mundos possíveis, os quais então subsistem como ideias na inteligência divina (ou seja, não possuem oura realidade senão a simples *possibilidade*, apoiada na realidade efetiva, absoluta, de Deus).

Portanto, é evidente que o simples princípio de identidade não explica por que existe este mundo precisamente, ao invés de qualquer outro dos infinitos que logicamente são tão possíveis como o mundo real. O problema, no entanto, se esclarece quando, após ter compreendido que os fatos do mundo real (ou as *verdades de fato* que a eles se referem) se vinculam uns com os outros porque o conjunto dos que são simultâneos é a condição suficiente para a existência do conjunto dos imediatamente posteriores, estende-se a aplicação do *princípio de razão suficiente*, inclusive ao pensamento do início da existência do mundo real. Deus teve sem dúvida uma razão suficiente para criar o mundo real, escolhendo-o dentre todos os mundos possíveis. Seria infinitamente indigno de Deus não ter tido essa razão para a sua escolha. Pensa-se que se voltaram as costas para a liberdade divina (como haviam feito os teólogos e os metafísicos voluntaristas), quando se crê que não deve estar submetida a razões, mas deve ser pura arbitrariedade. E como todos os mundos possíveis têm o mesmo valor lógico, Deus teve de basear sua escolha na diferença de acordo com outra classe de valor. Deus teve de escolher, certamente, *o melhor*, o ótimo, tanto no sentido estético como moral, inclusive também no sentido lógico (em nova acepção). Antes de mais nada, este mundo real, *o melhor dos mundos possíveis*, deve ser aquele no qual esteja menos presente o mal. Tantos sentidos admite a palavra "mal" quantos sentidos há de ter a expressão "o melhor dos mundos".

Em primeiro lugar, todo mundo, como não pode equiparar-se realmente ao próprio Deus, mas deve situar-se em algum ponto mais baixo na escala da plenitude do ser e da perfeição, é *limitado* e, definitivamente, *imperfeito*. Entre as coisas que Deus não pode fazer, porque fazê-las seria na verdade destruir sua onipotência (ao invés de exaltá-la), encontra-se a criação de um segundo Deus. Se há razão suficiente para criar um mundo, é que ela existe para introduzir na realidade um conjunto de substâncias que são todas afetadas pelo mal *metafísico* que é a limitação, a finitude, a imperfeição.

Em segundo lugar, o mundo ótimo deve conter a menor quantidade possível de dor ou *mal físico*, mas sobretudo a menor quantidade possível de pecado e culpa, ou seja, de mal moral. O sofrimento, para que possa ser justificado e não opor objeção insuperável à justiça de Deus, tem de ser derivado, em última instância, do mal moral como Santo Agostinho já havia mostrado energicamente em seu tratado *Sobre o livre-arbítrio*. De certa maneira, por mais indireta que seja (pois de modo algum se observa que sofram automaticamente os que cometem injustiça), é preciso relacionar a dor com a maldade. O enorme sofrimento, que de fato acontece no mundo, não foi introduzido por Deus, mas pelos espíritos finitos, especialmente, de modo imediato, pelo próprio ser humano (Agostinho tinha advertido nas *Confissões* que os maniqueus, partidários da ideia que atribui a fonte do sofrimento a um poderosíssimo anjo do mal, que rivaliza diretamente com Deus, em igualdade prática de condições, frente a ele definitivamente prefeririam pensar inadequadamente em Deus, como vulnerável à ação do diabo, antes que atribuir a eles próprios, como membros do gênero humano, a causa última do pecado, e portanto da dor).

Em terceiro lugar, o mundo real deve ser contemplado sob uma luz tal que a teleologia e a ordem dos fatos e a simplicidade e o escasso número das leis naturais o transformem num mundo onde acontece a mais variada maravilha de fenômenos e substância, porém com os meios mais inteligentes e elegantes.

Em virtude, pois, do *princípio do melhor,* Deus teve razão suficiente para criar o mundo real e, consequentemente, dado que sua vontade é perfeitamente iluminada pelo seu infinito entendimento e concorda totalmente com o que este lhe mostra como preferível, Deus quis este mundo. E como também é o poder de Deus para executar o decreto de sua vontade, este mundo existiu. Para dizer de alguma forma, o mundo real não subsiste, então, simplesmente no entendimento de Deus, mas principalmente na *vontade* e no *poder* de Deus.

Ora, como Deus conhece até o último fato do último dos mundos (portanto também do nosso), não existe verdade que não o esteja sendo eternamente, no conhecimento de Deus. Todo o futuro, por exemplo, é sabido por Deus até o final e até o fundo.

Fica bem claro, definidos esses princípios, que o trabalho da teodiceia concentra-se na tentativa de demonstrar que o mundo real é ótimo no que se refere à escassez de mal moral e mal físico.

Por um lado, Leibniz recorda que não existe prova alguma de que a criação e a redenção do ser humano seja o cume ou a finalidade da obra de Deus. É não só possível, mas extremamente verossímil (e é dado revelado, além disso) a existência de espíritos superiores ao ser humano (Leibniz pensa não só nos anjos, mas na grande probabilidade de que outros mundos sejam habitados). A maneira pela qual a bondade e a felicidade realizarão nesses espíritos sobre-humanos pode sobejamente compensar a tristeza e a perversidade de nossa esfera (na qual, contudo, não são nada desprezíveis a bondade e felicidade que existem, embora se deva aceitar, com o NT na mão e interpretado ao pé da letra, que são menos entre os seres humanos os salvos do que os condenados à pena do inferno sem fim).

Mas, o maior problema é como tornar compatível a infinita ciência de Deus sobre o passado, o presente e o futuro do mundo real com a ideia de que existe o livre-arbítrio e de que este é a fonte tanto do mal moral como do mal físico.

Leibniz encontra a solução no caráter logicamente contingente de cada fato. Que nenhum seja logicamente necessário deixa a desejar, com efeito, para que a livre opção humana escolha qual, dentre os que estão a seu alcance, passará a ser real no futuro. Deus sabe de antemão (melhor dizendo, sabe eternamente, sem tempo, nem antes nem depois de nossa escolha) o que decidiremos fazer, mas isso não diminui nossa liberdade. De fato, não a diminui, tanto que na realidade fazemos exatamente o que nosso conhecimento nos apresenta como o melhor em cada instante. Acontece que cada substância representa clara ou obscuramente o mundo inteiro, ou seja, é uma perspectiva sobre o universo inteiro. Uma substância é sempre uma unidade de força, dotada de representação e tendência, e como tal não tolera que sobre sua força espiritual atuem fatores materiais (que além disso não podem ser substanciais, mas, necessariamente, apenas fenomênicos). Essa condição "monádica" das substâncias é o que as torna não propriamente espelhos do mundo, mas perspectivas originais sobre o mundo inteiro.

Pois bem, a resultante da representação do mundo em determinado momento, é aquela cuja indicação seguirá certamente o apetite superior, ou seja, a vontade humana. Naturalmente, a representação do universo a cada hora contém um sem-número de percepções inconscientes e um círculo relativamente muito pequeno de percepções conscientes ou apercepções, dentre as quais, além disso são poucas as claras e diferentes, ou seja, as verdadeiramente racionais. Quanto menor é a atividade racional em determinado estado representativo, tanto maior risco se corre de escolher o que não devemos: parecer-nos-á o melhor o ditado da passividade em nós, que é verdadeiramente o conjunto de nossas *paixões*, e de maneira alguma o que a razão, na completa lucidez, teria mostrado como o melhor.

Fica assim à vista como a limitação da atividade inteligente em todas as criaturas racionais (especialmente no ser humano) é a causa última do mal moral. A condição radical desse mal, pelo qual os desajustes que conduzem à dor entraram no mundo, é o *mal metafísico*, ou seja, a finitude (da razão criada).

À vista desse esboço grandioso da metafísica, certamente as diatribes voltairianas após o terremoto de Lisboa em 1755 não mostram nada decisivo. As bases do racionalismo dogmático é que devem ser alteradas, para que se torne filosoficamente eficaz o protesto contra o que muitos percebem como excessos da teodiceia.

III. Os antecedentes essenciais da teodiceia racionalista do século XVIII. O racionalismo e seus antecedentes antigos são de alguma forma inseparáveis da teodiceia; justamente por isso é que cabe rastrear alguma teodiceia; desde o momento mesmo do nascimento da filosofia. O próprio fragmento de Anaximandro de Mileto declara que tudo quanto ocorre na natureza é justiça necessária, porque morrer e nascer é pagar a retribuição da injustiça de existir em lugar de outros. Só que este antiquíssimo texto não fala do princípio não-gerado e imortal da natureza como de um Deus pessoal, mas tão somente como do Divino oniabrangente.

A mesma tendência se observa no Logos de Heráclito, na Inteligência de Anaxágoras de Clazômenas e do Ar de Diógenes de Apolônia, princípios que separados ou não do conjunto da natureza, rudimentarmente pessoais, ou impessoais, a dominam até fazer dela um *cosmos* por todas as partes submetido à medida no qual os acontecimentos são tal e como devem ser sempre. Estas cosmologias pré-socráticas não dão espaço para a liberdade do ser humano e, consequentemente, tendem a negar que exista o mal na perspectiva do conjunto e da eternidade. "Mal" e "bem" são palavras que nós humanos usamos, tanto mais frequentemente quanto menos despertamos para a realidade simplesmente necessária e inexorável.

Naturalmente, essa crítica da filosofia primitiva se dirige antes de mais nada contra as representações sapienciais da cultura em momento de desmitologização. Pelo que sabemos da sabedoria religiosa, não só da Grécia arcaica (a Justiça é o auxiliar fundamental do Zeus de Hesíodo, este Deus jovem que reina depois da vitória sobre as terríveis forças sem sentido de justiça que foram os deuses do começo), mas das outras culturas florescentes na chamada época axial, sempre a fase inicial da reflexão sobre a desgraça tem sido colocá-la em ralação diretíssima e automática com as violações rituais. É de fato uma conquista moral e religiosa muito importante dos profetas do antigo Israel a ideia de que os pecados dos pais não devam ser expiados pelos filhos e pelos filhos dos filhos, mas por aqueles mesmos que os cometeram.

Mas, uma fase ulterior da reflexão sapiencial acerca do mal levou a duvidar indefectivelmente do sentido da vida e da justiça dos deuses. No Egito a literatura sapiencial conheceu, ao desmoronar o Império Antigo, um momento de nihilismo, que culmina com recomendações ao suicídio. Os salmos acádicos estão profundamente impregnados da consciência da transgressão perigosa, segura, cometida contra algum dos inumeráveis deuses, cujos nomes nem mesmo se conhecem. Na religião de Israel, a evidência de que o homem injusto costuma correr uma sorte que qualquer testemunha diria ser muito melhor do que a sorte que com frequência cabe ao homem justo, chega à máxima expressividade no livro de Jó, onde o próprio Deus, chamado a juízo pelo homem de consciência pura que sofre os piores tormentos físicos e morais, dá a razão a quem protesta orgulhosamente contra a justiça de suas dores imerecidas (e a retira dos sábios razoáveis que insistiam em buscar a causa das desgraças em algum secreto pecado pessoal do sofredor). Contudo, Deus mostra a Jó que as razões últimas dos acontecimentos do mundo escapam à inteligência do ser humano; isso certamente, porque ninguém mais autenticamente razoável do que aquele que sustenta – contra as falácias e as tradições – a evidência de que muitas vezes alguém sofre sem clara ideia sobre a justiça da dor, sobretudo se dela se queixa, esse homem lança em rosto ao próprio Deus.

A sofística antiga foi o primeiro e clássico ensaio de eliminar por completo o divino ao se considerar a questão do bem e do mal. Protágoras, que isolava totalmente a conquista da excelência política (*areté*) do conhecimento da natureza, em seu ensinamento limitava o conteúdo da excelência à honra recebida do Estado por aquele que é retoricamente superior aos outros nos tribunais e nas assembleias, ou seja, por aquele que sabe tirar o máximo partido das regras de jogo do Estado democrático. Trasímaco, Antifonte, Crítias, sofistas atenienses da geração posterior, voltaram-se para a ideia do bem simplesmente individual, acessível precisamente quando o indivíduo não se submete a nenhum estilo de lei convencional coativa do Estado. A figura extraordinária de Cálicles, interlocutor de Sócrates no diálogo *Górgias*, defensor direto do direito da força, da anarquia natural e social e da vida que sabe colocar a seu serviço as vidas de todos os outros, é a máxima expressão desse modelo perfeitamente contrário à empresa da teodiceia clássica (e admirado por Nietzsche).

A obra de Sócrates e Platão, por contraste com essas tendências radicais, é o lugar capital do surgimento dos conceitos e argumentos mais importantes da futura teodiceia. Antes de mais nada, Sócrates defendeu até o sacrifício de sua vida a noção de que o sábio, melhor dizendo, o filósofo, que é também o homem bom, não pode sofrer nenhum mal autêntico a partir do exterior de si mesmo, nem sequer procedente da morte ou de um deus. Diante da maneira pela qual implicitamente a sofística reduzia o mal ao chamado mal físico, o socratismo tende a reduzi-lo, como mais tarde fez o estoicismo, ao mal moral, o qual, por outro lado, se reduz por sua vez à ignorância culpável, ou seja, à ignorância que não sabe que é ignorante.

Essa série de reduções sucessivas se explica pelo fato de que Sócrates entendeu a ação humana como afirmação acerca do bem e do mal e, sobretudo, como tese implícita sobre o valor da morte própria: alguns seres humanos farão qualquer coisa antes que atrair para si a pior das desgraças, que é a morte; outros, ao contrário, reconhecerão não saber suficientemente o que seja a morte e, consequentemente, a enfrentarão, se não houver outro remédio, antes que cometer atos que sabem que são maus. Mas, se a ação deriva daquilo que um ser humano *crê* saber, então cabe dizer que o homem é essencial e moralmente suas *crenças*, ou seja, seus *discursos* verdadeiros ou falsos acerca do supremo bem e do supremo mal. Os discursos não estão senão no princípio da vitalidade, no eu ou *alma*. Consequentemente, o ser humano é sua alma, e a alma é o *lógos* ou discurso. O *diálogo*, a *comprovação* (*élenchos*) da verdade dos discursos sobre o bem, transforma-se na própria substância filosófica, que é a única que na verdade um homem digno deste nome pode ter. Porém o discurso maximamente verdadeiro sobre o bem não é simplesmente humano, e sim o divino modelo que se reflete no discurso da lei pátria, com respeito a cujas palavras de justiça não são irmãos, e sim filhos, os discursos no diálogo dos cidadãos.

Platão desconfiou absolutamente da divina justiça de qualquer das constituições reais dos Estados de seu tempo, começando pela de Atenas, cidade que matara legalmente Sócrates. Essa radical desconfiança transformou a metafísica platônica em necessariamente revolucionária, com imprescindível vocação de inspiradora da constituição de um futuro Estado justo. O esquema de participação do *lógos* humano no divino se repete no essencial agora, mas suprimiu-se o grau intermédio da lei constitucional. Isso reforça a ideia básica da teodiceia: que a razão do ser humano acede diretamente, ainda que talvez não de maneira completa nem perfeita, ao conhecimento da lei eterna de todas as coisas, que há de servir de modelo para a instauração da justiça no mundo. É por isso que Platão forjou o termo "teologia", com o qual, no mesmo livro II da *República*, estabeleceu, entre os primeiríssimos cânones ou critérios da verdade do discurso teológico, aquele que prescreve que Deus não é jamais a causa do mal, mas tão somente do bem. (Em última instância, o Bem ou a Forma do Bem não é Deus, mas o supremamente divino, pelo qual os Deuses, participando disso – como do resto das Formas – chegam a ser divinos). Por outro lado, como o platonismo estabelece que o ser e a inteligibilidade estão em proporção direta, segue-se que o mal, perfeitamente ininteligível porque não participa de Forma divina, carece também de entidade por inteiro.

Platão mostrou genialmente muitas vezes como a ignorância culpável, o mal moral, comporta já seu dano, porque significa a discórdia do ser humano consigo mesmo e com todos os seus semelhantes.

Que o mal só é privação de ser, foi a noção central do grande esforço na direção da teodiceia que constitui a teologia especulativa da Antiguidade tardia e da Idade Média, inspirada tanto em Platão como na Bíblia e no Corão. Teve de ganhar, no entanto, em luta com o *gnosticismo*, defensor em geral da realidade autêntica do mal, identificado com o princípio que se opõe à Forma e ao Uno, ou seja, com a raiz ontológica do sensível: com a matéria (como acontece também no neoplatonismo, tão aparentado com os mais antigos sistemas gnósticos, que haviam proliferado especialmente no Egito). Dos complexos e imaginativos sistemas da gnose antiga deriva de fato o princípio material de uma divina paixão do éon Sabedoria, ou seja, de um pecado de soberba da inteligência pura, que aspirou imoderadamente a conhecer os éons antecedentes e, sobretudo, ao Abismo ou Pré-Pai, como costuma chamar-se o componente masculino do casal primordial. A paixão, as dores de Sabedoria, restringidas mais abaixo e fora do divino Pléroma pelo trabalho de outros éons superiores, foram o material com que o mundo foi formado por um Demiurgo que desconhecia já o fato de que acima dele ficava a esfera cerrada do verdadeiramente divino. É tal a maldade da criação sensível que não se torna viável pensar que foi querida ou tolerada pelo próprio Deus. Já Marcião pretendia, por isso, que o Javé veterotestamentário era realmente um demônio.

Na teodiceia agostiniana, apesar do muito que deve ao neoplatonismo, não se introduziu dualismo algum: toda a criação é boa, de modo que não é possível à vontade escolher algo que em si seja mau. A única coisa que explica o mal moral é, no entanto, que se prefira indevidamente, contra a *ordem* eterna, um bem de nível inferior a outro de nível superior. O critério para hierarquizar os bens é o mesmo que em Platão, só que passado através das reflexões estoicas: o bem eterno, cuja posse não se pode perder senão voluntariamente, é também a suma entidade, o próprio Deus. Gozar do bem que não se pode perder é a finalidade da existência humana: a comunidade de graça com o próprio Deus. Entretanto, o *pecado original* e *hereditário* reduziu, no ser humano, tanto o vigor da inteligência como o da vontade, de modo que não somos capazes de reconhecer o bem mais alto em numerosas ocasiões, e não somos capazes de fazer por nós mesmos que nossa vontade livre só se incline para os bens superiores. De fato, deve-se *tirá-la* de seu estado de *aversão* ou *perversão*, de seu giro de nascimento, a preferir prazeres sensíveis a gozos incorruptíveis, e esta conversão precisa do auxílio divino.

Agostinho introduziu assim, nas reflexões da teodiceia, o tema capital da presença de *duas vontades* nos ser humano: a que quer errando e preferindo o que deveria pospor, e aquela outra, secreta, quase desconhecida, graças à qual não podemos descansar nos bens perecíveis por mais que os possuamos. Esta segunda é uma das facetas da presença de Deus criador como Mestre interior no supremo e mais íntimo da vitalidade do ser humano. M. Blondel, em sua filosofia da ação, recuperou essa tese agostiniana.

A teodiceia cristã clássica se completa em Agostinho com a ideia de que era bom, certamente, que Deus criasse a vontade livre do ser humano, embora sem dúvida previsse a ingente massa de pecado e dor a que esta criatura logo daria lugar. Porque, só graças a ela é possível que algo criado participe da vida e felicidade do próprio Deus.

A teodiceia de raiz estóica, que na Modernidade renasce no sistema de Espinoza, ao rejeitar as modalidades diferentes da *necessidade*, exclui o mal moral e retorna à ideia de que a causa única do sofrimento é a estúpida resistência que opomos à racionalidade absoluta e necessária dos acontecimentos.

IV. Notas sobre a crítica da teodiceia. A necessária vinculação entre a metafísica racionalista (em todas as suas múltiplas variantes) e a defesa da justiça divina do mundo basta para se compreender como o empirismo, o nominalismo, o voluntarismo, o sensualismo e o relativismo, quando são radicais, constituem a forma dogmática da antiteodiceia, ao longo de toda a história.

Na Antiguidade, céticos e epicuristas opuseram-se, por razões basicamente relacionadas com a felicidade, ao *fatum stoicum* (embora o próprio Epicuro defendesse uma curiosa variante hedonista da teodiceia: é altamente conveniente representar Deus como pura felicidade, precisamente para desprezar por inteiro a divina providência, que deverá sofrer todos os avatares dolorosos do mundo). Na Modernidade, embora tenha havido empiristas não radicais para quem foi uma questão capital a demonstração da existência de um Deus justo e preocupado em legislar moralmente sobre a criação, D. Hume representa a mais clara impugnação (nem sempre explícita) da racionalidade da teodiceia. Definitivamente, a tese da irracionalidade do conceito de causa e, por conseguinte, da crença no princípio da razão suficiente, é por completo incompatível com a aparente defesa do argumento teleológico (o essencial da teodiceia) acerca da existência do Deus cristão que se encontra nos *Diálogos sobre a religião natural*, de D. Hume. Expressa-se com menos disfarces (embora sempre conservando alguns) na *História natural da religião*.

É, porém, evidente que a filosofia *crítica* kantiana deveria ser toda ela uma impugnação absoluta das pretensões dogmáticas, tanto da teodiceia como de seus adversários. Não é possível no idealismo transcendental repetir a teodiceia clássica, embora seja possível defender a existência de Deus sumo bem, da liberdade humana e da imortalidade (com a retribuição devida ao justo) na metafísica crítica de fontes práticas. Não só isso, mas também que a profunda inimiga do idealismo crítico contra o pessimismo (que H. Cohen considera o pior dos males morais) o leva a exigir fé racional prática na efetividade causal (jamais comprovável por meios teóricos) da liberdade sobre a natureza (começando pela ação da liberdade de Deus criando e governando o mundo).

Daqui o modo no qual Kant se compraz em apresentar a própria questão da teodiceia: como a intento desmedido de que a nossa razão defenda o próprio Deus, que ela coloca sob julgamento. Na realidade, sendo Deus perfeição absoluta, já não é visível, na mesma perspectiva do racionalismo moderno, por que deveria ser melhor não criar mundo nenhum do que deixar estar sozinha a perfeição absoluta, sobretudo quando a criação, por ser de um ente limitado, deveria indefectivelmente trazer consigo males de todos os tipos. (Schopenhauer, ao voltar dogmaticamente, em sentido pessimista, à interpretação da coisa em si, comprazeu-se, como nenhum outro pensador, numa descrição do mundo inteiramente oposta à oferecida pela teodiceia).

Justamente os kantianos de fé judaica e seus discípulos (entre os quais se destacam alguns eminentes teólogos cristãos, como J. Moltmann e J. B. Metz) foram no séc. XX e são no presente, críticos sem piedade da teodiceia, entendida sobretudo como filosofia da história, no modo grandioso com que Hegel a desenvolveu. As catástrofes do século passado recordaram os excessos e as inverossimilhanças, as aberrações morais onde desemboca o racionalismo absoluto (especialmente em suas formas dialéticas, tanto idealistas como materialistas). E. Fackenheim supõe, por isso, que a filosofia que se ocupa com o problema do mal unicamente só pode adotar a forma do relato midráshico, acrescentando ao livro de Jó novos comentários na mesma direção. E. Lévinas chega a pensar que entre a filosofia do ser e o pensamento do bem existe um abismo que nunca esclareceu plenamente o pensar ocidental (a filosofia do ser baseia-se na ideia da totalidade que não deixa fora alteralidade nenhuma; o pensar do bem, entretanto, é pura atenção à alteralidade, culto, inclusive, dela).

A mesma fenomenologia de Husserl é excessivamente otimista com relação às possibilidades da teleologia na constituição do mundo. Dever-se-ia introduzir, em suas descrições fundamentais, elementos corretores que certamente deveriam provir do pensamento kierkegaardiano (de diferente modo daquele que Heidegger tentou), além de recolher os temas morais centrais da Escola de Frankfurt (sem necessidade de anexar também a *dialética negativa*).

M. Cabada, *El Dios que da que pensar*, Madrid, 1999; J. A. Estrada, *La imposible teodicea*, Madrid, Trotta, ²2003; J. A. Galindo, *El mal*, Bilbao, DDB, 2001; M. García-Baró, *Ensayos sobre lo absoluto*, Madrid, Caparrós, 1993; A. Gesché, *Dios para pensar I. El mal. El hombre*, Salamanca, Sígueme, 1995; H.-G. Janssen, *Gott, Freiheit, Leid. Das Teodizeeproblem in der Philosophie der Neuzeit*, Darmstadt 1989; J. L. Mackie, *El milagro del teísmo*, Madrid, Tecnos, 1994; J. B. Metz (ed.), *El clamor de la tierra*, Estella, EVD, 1996; Ph. Némo, *Job y el exceso del mal*, Madrid, Caparrós, 1995; J. J. Tamayo, *Para comprender la crisis de Dios hoy*, Estella, EVD, ²2000.

Miguel García Baró

TEOLOGIA

A teologia é uma função natural da fé e uma dimensão integrante da ação da Igreja no mundo, pois, para o cristão, não é possível crer sem buscar as razões da sua fé e sem declará-las publicamente (1Pd 3,15). A teologia é filha do encontro entre a fé e o intelecto humano. Trataremos aqui da teologia do ponto de vista de seu método.

I. O método em teologia. Qual é o método da teologia? Somente pode ser o método exigido por seu objeto. E o objeto da teologia é Deus e seu mistério de salvação. É o Deus da revelação. A teologia Cristã trata propriamente do "Deus de Jesus Cristo" e não somente do "Deus dos filósofos e dos sábios" (Pascal). Portanto, o método da teologia, ou seja, o modo de apreensão do seu objeto, corresponde ao modo de manifestação desse mesmo objeto, que é a revelação.

Visto que a revelação é acolhida na fé, a teologia é definida como a "inteligência da fé" (*intellectus fidei*) ou a "fé que procura entender" (*fides quaerens intellectum*), na expressão de Anselmo de Canterbury.

No entanto, a *arché* ou *fundamentum* da teologia não é a fé subjetiva, seja ela experiencial ou prática, mas a fé objetiva, positiva, em seu conteúdo, a *fides quae*, ou seja, a revelação. Em outras palavras, é o mesmo Deus enquanto se revela ou se autocomunica.

A teologia tem uma racionalidade própria. É a luz que provém de seu próprio objeto e do modo como este se revela (revelação). Mas essa luz é apreendida na fé, a fonte da luz da teologia é a mesma luz da fé. Na realidade, a razão, como abertura infinita para a verdade, não se limita ao campo do observável (científico), nem tampouco ao campo do inteligível (metafísico), mas está estruturalmente aberta ao campo do absoluto e, inclusive, do revelável. Essa abertura faz da razão uma razão receptiva, "ouvinte da Palavra". E a teologia entra por essa abertura.

Por causa da natureza de seu "objeto imenso" (Hegel) a razão teológica, em sua prática argumentativa, embora use às vezes razões de tipo argumentativo, normalmente se serve de razões persuasivas ou "de conveniência", por serem mais adequadas às realidades transcendentes da fé e às intervenções livres de Deus na história.

E dado que a fé é a fé da Igreja, a teologia, para chegar ao entendimento da fé, tem de passar pela comunidade eclesial e, nela, pela grande tradição, pelos dogmas e também pelo magistério pastoral, na medida em que este faz parte da estrutura da Igreja.

II. A fé e suas dimensões como princípio da teologia. Se a revelação é o "princípio objetivo" da teologia, a fé é seu princípio "subjetivo". Porém, originalmente, a fé não é um sentir, nem um saber, nem tampouco um agir, mas um novo "modo de existência". Somente depois a fé se articula em suas diversas dimensões. Vamos explicitar as três dimensões fundamentais da fé e sua relação com a teologia:

1. *Dimensão experiencial.* Corresponde à *fides qua*. Do ponto de vista antropológico a fé é, em primeiro lugar, a experiência do Mistério. Essa experiência outorga um conhecimento imediato e direto de Deus, que podemos chamar "sapiencial" ou "gnóstico". Assim, toda teologia autêntica tem em sua base uma experiência de fé ou uma espiritualidade. Ela é a que confere à teologia unção, reverência e "sentido do mistério".

2. *Dimensão cognitiva.* É a *fides quae*, a fé que se faz linguagem e que busca ser verdadeira, correta, "ortodoxa". Porém, o testemunho original da fé cristã está revelado em Escrituras. Elas compreendem os livros chamados "canônicos" por constituir a "regra da fé". Sua expressão concentrada é o credo. A "doutrina da fé" é para a teologia seu princípio de constituição "formal". E por isso é também o critério determinante e decisivo da verdade de uma teologia. Nenhuma teologia, por mais mística ou prática que seja, pode deixar de se medir pela doutrina da fé.

3. *Dimensão Prática.* É a "fé que age pela caridade" (Gl 5,6), fé informada pelo amor e por suas obras. Portanto, a teologia, em seu princípio e em sua constituição, não pode prescindir da vida e da prática do povo de Deus.

A fé constitui, segundo cada uma destas dimensões, a fonte de toda teologia. No entanto, a teologia, sem separar nem contrapor estas dimensões, pode privilegiar uma delas. Assim, a teologia oriental destacou a dimensão experiencial ou mística, enquanto a teologia ocidental desenvolveu a dimensão intelectual ou científica e a teologia do sul do mundo, especialmente na América Latina, sublinhou a dimensão prática da teologia. Deste modo, as diferentes tradições teológicas se completam umas às outras.

III. A perplexidade da teologia. O tema central da teologia é o mistério de Deus. Se assume outros temas, religiosos ou seculares, é sempre em virtude de seu tema principal e original. Porém, como a teologia trata seu tema próprio? Trata-o, como vimos, situando-o na perspectiva da fé. Aí é onde está a luz própria da teologia e não na razão puramente humana. A razão age na teologia na medida em que é "iluminada" pela fé. A fé não ofusca a razão, mas a robustece e a eleva poderosamente. A visão da fé reflete a visão do próprio Deus, comunicada pela revelação, de sorte que se pode dizer que o teólogo procura ver o mundo como o próprio Deus o vê. Mais concretamente, o teólogo procura olhar o mundo com os olhos de Cristo, Verbo de Deus.

Portanto, o teólogo vê tudo a partir da perspectiva da fé: Deus e o mundo, a Igreja e a sociedade, pois o que define o objeto próprio da teologia, como o de toda ciência, não é seu "objeto material" ("o que" se estuda), mas o "objeto formal" ("como" se estuda).

IV. Perspectivas segundas da teologia. Além dos temas bem delimitados tratados pela teologia, existem outros que são transversais a toda reflexão teológica. Chamemo-los enfoques ou perspectivas. Delas, hoje, podemos destacar cinco:

1. A perspectiva *social ou libertadora*. Encara a questão dramática dos pobres e excluídos. Em torno desta problemática nasceu e se afirmou a teologia da libertação.

2. A perspectiva *feminista ou de gênero*. Discute a milenar discriminação patriarcal e as formas de emancipação da mulher. Desta preocupação surgiu a florescente teologia feminista.

3. A perspectiva *ética ou cultural*. Define a problemática das várias etnias e das culturas particulares, incluindo a questão da "inculturação" da fé. A partir desta perspectiva se tornaram conhecidas as teologias negras e as teologias indígenas.

4. A perspectiva *ecumênica*. Procura levar em conta as riquezas e a sensibilidade das outras confissões cristãs e inclusive das demais religiões (macroecumenismo).

5. A perspectiva *ecológica*. Esforça-se por superar uma visão estritamente antropocêntrica do mundo, pensando no ser humano em sua vinculação orgânica com toda a criação.

Todas estas perspectivas não se situam no mesmo plano. É certo que a perspectiva sociolibertadora, por seu peso ético-religioso e por sua dramaticidade histórica, é portadora de uma transversalidade especial. Possui tal intensidade que tende a afetar as restantes perspectivas teológicas. Efetivamente, a "experiência espiritual do pobre" que subjaz a esta perspectiva permite uma compreensão muito especial de Deus, de tal maneira que se pode falar de um legítimo "privilégio epistemológico" dos pobres (cf. Mt 11,25ss).

As perspectivas teológicas particulares referidas anteriormente de modo algum substituem a perspectiva primária e geral da teologia, que é a da fé. Ou melhor, articulam-se com ela a título de "perspectivas segundas" e isto vale também para a perspectiva social ou libertadora. Desta maneira, a teologia da libertação não forma uma teologia à parte, mas é parte integrante de toda teologia autenticamente cristã. É, na realidade, a mesma teologia enquanto desenvolve a dimensão sociolibertadora da fé. E por ser uma dimensão integrante da fé, toda teologia cristã deverá ser libertadora ou não será teologia integral.

Para poder explicar as diferentes perspectivas segundas, a teologia recorre às *mediações analíticas*. São os instrumentos que toma emprestados da cultura vigente e que usa a título de "ciências auxiliares". A teologia recorre a todo tipo de ciências para explicar a problemática subjacente a tais perspectivas. Uma teologia sociolibertadora, por exemplo, recorre às ciências sociais: sociologia, politicologia, economia etc.; a teologia na perspectiva étnica se serve da antropologia, da história, e assim todas.

A filosofia entra constitutivamente no discurso teológico, uma vez que este pressupõe a questão da verdade do ser e do sentido da existência. Na teologia, a filosofia pode assumir a forma de um discurso articulado e sistemático, mas também pode subsistir como uma simples postura atemática de fundo. De um ou de outro modo, o teólogo precisa ser bem consciente de que a filosofia é sempre uma mediação inevitável, como viu Aristóteles. João Paulo II voltou à carga sobre esta questão na encíclica *Fides et ratio* (1998).

V. A linguagem da filosofia. Uma vez que existe entre Deus, objeto da teologia, e o discurso que o expressa um "abismo ontológico", a linguagem da teologia é forçosamente analógica: fala por semelhanças. A linguagem da analogia não capta o Mistério por meio de um conceito nem o encerra dentro de um sistema. É, antes e precisamente, uma linguagem aberta e indireta que passa pela experiência do mundo humano.

Temos dois tipos de analogia: 1) *A analogia conceitual*. Segundo este primeiro tipo, a teologia fala do Mistério através de conceitos, às vezes extremamente precisos, como quando, por exemplo, se refere a Deus em termos de Ser perfeito, infinito, eterno, bom e sábio. Este gênero de analogia é o preferido pela teologia científica. Embora os termos tenham um conteúdo noético próprio, o modo de entendê-los é sempre humano e, por isso, analógico e, por isso mesmo, aproximativo. 2) *A analogia metafórica ou simbólica*. Através desta forma de analogia, a linguagem religiosa usa imagens e símbolos que, por meio de comparações, evocam como podem o Mistério divino. Como quando falamos de Deus como Pai, de Cristo Senhor, do Espírito como vento etc. Esta é a linguagem preferida pela Bíblia, como também pelos agentes de pastoral e pelo povo em geral. A teologia não pode descartar a linguagem analógico-metafórica, deve usá-la em articulação crítica com a linguagem analógico-conceitual.

Segundo a tradição clássica que remonta ao Pseudo-Dionísio, há três modos pelos quais se declina a linguagem-analógica: a via da afirmação, pela qual se afirmam de Deus atributos positivos (bom, sábio etc.); a via da remoção, pela qual se negam em Deus os limites inerentes às criaturas (infinito, i-mortal, não-material etc.); a via da eminência, pela qual se concebem em Deus as qualidades positivas da criação, mas de modo superlativo e infinito (Ser perfeitíssimo, Pai único, o Amor por excelência etc.).

A teologia deve ser bem consciente de que nenhuma linguagem é adequada ao Mistério, por ser este, finalmente, inefável ou indizível. O discurso teológico começa com afirmações (teologia-katafática), passa pelas negações (teologia apofática) e acaba no silêncio (teologia mística). O Oriente guardou vivo o caráter apofático da teologia, enquanto o Ocidente acentuou de tal modo seu aspecto lógico que incidiu frequentemente na *hybris* do racionalismo e no palavreado religioso.

VI. Finalidade da teologia. Teologia, para quê? Podem ser propostas três finalidades distintas que na história da teologia se enfrentaram às vezes de maneira positiva que, porém, em princípio, são perfeitamente compatíveis, podendo combinar-se entre si. Correspondem às formas que assume e como princípio da teologia. Assim é que são apresentadas, de maneira devidamente hierarquizada, as três finalidades da teologia:

1. A teologia busca o *conhecimento* de Deus e de seu plano de salvação. Esta é sua finalidade imediata e direta. Para isso, a teologia exige estudo, análise e sistematização. Apresenta-se, então, como ciência.

É a finalidade enfatizada por santo Tomás e sua escola, assim como hoje pela teologia no Atlântico Norte, em geral.

2. Porém, o saber teológico não finaliza em si mesmo, mas está orientado para a *experiência* de Deus e de seu amor. Esta é, pois, a finalidade mediata e indireta da teologia. É o que sustentaram no Ocidente são Boaventura e a escola franciscana, assim como ainda hoje a teologia oriental, e, em geral, a patrística. A teologia aparece aqui não como ciência, mas como sabedoria.

3. No entanto, o saber teológico não pode, de nenhuma forma, terminar no nível experiencial ou afetivo do Mistério. Deve passar à *prática* da vontade de Deus. A finalidade última da teologia na terra é esta. E, neste sentido, a teologia é serviço à fé e ao compromisso cristão, como sublinharam as diferentes teologias da práxis e de modo muito particular a teologia da libertação. A teologia assume aqui a forma de um saber crítico.

Por conseguinte, o saber teológico não pode, de modo nenhum, terminar em si mesmo, mas deve levar à experiência de Deus e ao amor comprometido, embora também uma teologia destituída de seriedade crítica não preste um bom serviço às finalidades mencionadas.

VII. Os três momentos da construção teológica. Podemos agora expor, sem dificuldade, como se desenvolve o processo de produção teológica. Acontece em três momentos:

1. O momento *positivo* é o primeiro e corresponde ao *auditus fidei*. O teólogo inicia sua reflexão colocando-se em uma atitude receptiva, à escuta dos testemunhos da fé. A razão teológica tem aqui um caráter anamnético: a memória do que Deus disse e fez em favor do mundo. Isso não impede que seja uma razão hermenêutica e, portanto, uma razão crítica. Na prática teológica, isto significa que a Bíblia deve ser o primeiro e o mais importante livro de todo teólogo, sendo a "alma de toda a teologia", como diz o Vaticano II (OT 16; DV 24).

2. O momento *especulativo*, ou teórico, ou construtivo, corresponde ao *intellectus fidei*, como aprofundamento crítico e sistemático do conteúdo da fé. Nesse nível, a razão teológica busca iluminar o quanto possível os mistérios da fé. E o faz, em primeiro lugar, através de uma penetração intelectual do mistério em estudo, buscando a coerência interna (análise); depois, articulando esse mistério com outros mistérios e com a realidade humana em geral (síntese ou sistematização) e, finamente, propondo novas hipóteses interpretativas (criação). Porém, como nenhuma construção teológica pode encerrar o mistério, todo sistema teológico deve permanecer aberto. Daí o caráter intrinsecamente pluralista da teologia, pois se uma é a fé, muitas são as teologias.

3. O momento *prático ou operativo* da teologia corresponde ao que poderíamos chamar *aplicatio fidei*. Lamentavelmente é uma função descuidada pela teologia clássica e também pela chamada teologia moderna, sendo, ao contrário, realçada pela teologia da libertação. Na verdade, o "agir" representa o momento constitutivo de toda teologia que se queira completa e fecunda. Ela sempre precisa explicitar as projeções concretas da fé na vida das pessoas e das sociedades. Deste modo, o caminho da teologia termina onde começou: na fé. Agora, porém, se trata de uma fé mais lúcida e exigente.

Barth, K. *Introducción a la teología evangélica*. Barcelona, Edicions 62, 1965; Beinart, W. *Wenn Gott zu Wort Kommt*. Freiburg i. Br., Herder, 1978; Boff, C. *Teoria do método teológico*. Petrópolis, Vozes, 1998 (existe uma "versão didática" com o mesmo título publicada por Dabar, México, 2001); Congar, Y. *La foi et la théologie*. Paris, Desclée, 1962; Colombo, G. *La ragione teologica*. Milano, Glosa, 1995; Kern, W.; Pottmeyer, H.; Seckler, M. (eds.). *Traktat theologischer Erkenntnislehre. Handbuch der Fundamentaltheologie* IV. Freiburg i. Br., Herder, 1985-1988; Lonergan, B. *Method in Theologie*. New York, Herder and Herder, 1978; Rovira Belloso, J. M.ª *Introducción a la teología*. Madrid, BAC, 1996; Seckler, M. *Teologia. Scienza, Chiesa. Saggi di teologia fondamentale*. Brescia, Morcelliana, 1988; Vagaggini, C. Teologia. In: Barbaglio, G.; Dianich S. (eds.). *Nuovo Dizionario di Teologia*. Cinisello Balsamo, Paoline, 1985, 1597-1711; Vilanova, E. *Para comprender la teología*. Estella, EVD, 1992.

Clodovis Boff

TEOLOGIA POLÍTICA

I. Duas teologias políticas de sinal diferente. A teologia política provém dos filósofos estoicos, um de cujos representantes na área cultural romana é Varrão, que propunha uma divisão tripartida da teologia: mítica ou fabulosa, cultivada pelos poetas, natural, própria dos filósofos, e política ou civil, própria do povo. Os filósofos estoicos romanos faziam prevalecer a teologia política sobre as outras duas, pois quanto os poetas escrevem é baixo demais para servir ao povo, e o que os filósofos tudo pensam é muito elevado para ter alguma utilidade para o povo. Essa teologia política afirmava a unidade indissolúvel entre os deuses e o Estado, bem como entre a religião e a comunidade política, e impunha a todos os cidadãos a obrigação de praticar a religião publicamente, independentemente de serem ateus ou rendessem culto a outros deuses.

O ateísmo não consistia em negar a divindade, mas em não render culto aos deuses estatais. Nesse sentido, os cristãos foram considerados ateus, como observa Justino (*Apol.* I, 6, 13). O próprio senado romano apoiou as cruentas perseguições contra o cristianismo por considerá-lo ateu.

Este modelo de teologia política continuou vigente após as religiões pagãs estatais e ressurgiu em pleno Renascimento. Dois testemunhos atestam esse ressurgimento. A religião, crê Maquiavel, "contribui muitíssimo para manter os exércitos na obediência, o povo na concórdia e os seres humanos em boa disposição" (*o Estado* I, 11-12). Segundo Hobbes, "o Estado tem pleno direito de ordenar quais são os nomes e denominações honrosas de deuses e quais não" (*De cive*, 15).

Três séculos depois, revive com o tradicionalismo de autores como De Bonald, Lammennais, De Maistre, Donoso Cortés etc., que se mostram contrários à autonomia das realidades temporais e partidários da restauração do Estado cristão. Essa teologia política busca desempenhar função legitimadora do sistema monárquico-absolutista e deslegitimadora do nascente sistema democrático.

No séc. XX reaparece a teologia política, mas em contextos e horizontes diferentes dos modelos precedentes. Surge primeiro em pleno nazismo, no contexto teológico de Karl Barth com seu desenvolvimento do *sermão político*, que corresponde ao compromisso político da comunidade cristã, e, algumas décadas depois, em pleno processo de secularização da sociedade europeia, devido às reflexões teológicas de J. B. Metz e J. Moltmann, seus principais e mais influentes cultores. A nova teologia política critica o caráter totalitário da anterior e propõe como alternativa a distinção entre Estado e sociedade. Não compartilha do caráter sacralizador da teologia seguida pela velha teologia política e concebe a consciência política como consciência da liberdade não dominada pela religião.

A nova teologia política não é uma "teologia de genitivo" que se limite a introduzir o tema da política na reflexão teológica. Tampouco é uma teologia "aplicada" que tenha como objetivo traduzir os princípios da fé para a realidade política. Não pertence àquela parte da teologia moral que se conhece com o nome de "moral social e política". Tampouco se trata de uma nova disciplina ou matéria a se incorporar no índice dos tratados teológicos.

II. A teologia política como teologia fundamental do sujeito com caráter crítico-prático e público. A teologia política situa-se no âmbito da teologia fundamental do sujeito com caráter crítico-prático e público, e busca dar a razão da fé e da esperança numa sociedade secularizada, com tendência à privatização da religião e ao aburguesamento institucional do cristianismo. O primeiro fenômeno que leva em conta a teologia política é o da *secularização*. A fé cristã deixa de ser evidente, como o era a cultura medieval. Desde os inícios do Iluminismo assistimos à quebra da velha união entre sociedade e religião. A fé deixa de ser socialmente significativa, politicamente relevante, culturalmente crível e filosoficamente demonstrável. A religião se torna assunto privado que não transcende o âmbito do indivíduo nem incide no contexto social. O Iluminismo estabelece a divisão de espaços – público e privado, espiritual e temporal, interno e externo – limitando a religião o espaço privado, interno e espiritual. Essa tendência conta com o respaldo, pelo menos implícito, de algumas teologias como a existencial, a transcendental e a personalista.

A teologia política assume, em princípio, uma das principais contribuições dessas teologias: o caráter antropológico dos enunciados teológicos sobre a realidade histórica. Mas chama a atenção para os perigos que encerra: rebaixar a dimensão histórica da fé e diminuir sua vertente sociopolítica, a ponto de propor uma vivência da fé voltando as costas para o mundo. A teologia política dá especial atenção crítica à teologia existencial de Bultmann. Numa sociedade moldada pela cosmovisão científico-técnica, Bultmann crê necessária e irrenunciável a desmitologização das representações míticas com que o NT descreve o acontecimento salvador de Cristo, e isso em chave *existencial*, já que a intenção profunda do mito, no pensamento de Bultmann, é falar da existência do ser humano e do que concerne à sua intimidade.

Metz se distancia de Bultmann neste ponto porque, "para chegar até a existência, hoje em dia não podemos falar de maneira meramente existencial... O falar meramente existencial não tem suficiente fantasia para chegar à existência" (Metz, 1970, 167-168). Considera abstratas a individualidade e a existencialidade da linguagem bultmanniana. A individualidade e a "solidão" do ser humano atual não se identificam com a forma dramatizada existencialisticamente; mais ainda elas têm uma subestruturação social e por esta são condicionadas. A peculiaridade da existência humana "não é, nem muito menos, individualista, mas é unicamente experimentável e abordável no contexto social" (Metz, 1970, 168).

Outro fenômeno, já apontado, ao qual a teologia política pretende dar resposta é o *aburguesamento da religião*. Metz distingue duas formas de religião: a messiânica e a burguesa. No cristianismo hoje, a primeira foi sufocada pela segunda, e esta se transformou em legitimadora do sistema burguês. A religião burguesa tende a dar primazia ao rigor da lei acima da radicalidade evangélica, a dar prioridade à normatividade eclesiástica sobre a normatividade da práxis de Jesus de Nazaré, atribuir mais importância à autoridade religiosa do que à convicção do testemunho. As igrejas cristãs perderam força profética e não conseguiram mudar os corações da burguesia. Antes, é esta que utiliza as igrejas como instituição a serviço de seus interesses, ou melhor, de suas ambições. A teologia política luta para recuperar a religião messiânica que, longe de defender a ordem burguesa, a interrompe e subverte, e chama à conversão entendida como revolução antropológica.

Cada uma dessas duas formas de religião fomenta um tipo de virtudes e de atitudes. A religião burguesa defende a instalação no presente, o culto ao indivíduo, a idolatria do dinheiro, a competição, a falta de sentido comunitário e o desinteresse pelo próximo. A idolatria do dinheiro adquire caráter quase-sacramental e se transforma no substitutivo da compaixão para com o sofrimento alheio. A religião messiânica ativa atitudes como a gratidão, o desprendimento, a compaixão, o amor gratuito às pessoas mais necessitadas, a solidariedade, a justiça.

Metz não aceita a suposição de que o princípio burguês de individuação seja por si só bastante adequado e forte para realizar a tarefa encomendada à religião: lutar para que todos os seres humanos sejam sujeitos solidários.

Para a teologia política, a secularização constitui uma possibilidade histórica de Deus assumir o mundo em toda a sua densidade, um momento decisivo do reino histórico de Deus, e definitivamente um fenômeno nascido do cristianismo e impulsionado pela força histórica do acontecimento Cristo. Metz chega a afirmar que o próprio cristianismo "significa uma espécie de secularização do mundo", de desencantamento da natureza, de dessacralização de toda a realidade. "Cristianizar o mundo significa em sentido originário secularizá-lo" (Metz, 1970, 64).

Ora, a teologia política não cai numa absolutização a-dialética da secularização, mas constata sua ambiguidade e assume-a com senso crítico. A secularização comporta, efetivamente, o fim da identificação entre religião e sociedade, e das alianças entre o trono e o altar, como também o começo do pensamento crítico frente ao dogmatismo religioso anterior. A secularização obriga a teologia a buscar o fundamento prático da tradição sapiencial e a repropor a questão dos sujeitos, lugares e interesses da preocupação teológica.

Mas a secularização inclui, também, uma dúplice redução, que a teologia política considera negativa: a redução *privatizante*, com o consequente esvaziamento do componente messiânico do cristianismo, e a redução *racionalizante,* com a consequente renúncia aos mitos e símbolos religiosos, que são portadores de energias utópicas e emancipatórias. Como já observara Adorno, o excesso de racionalidade pode desembocar na irracionalidade. A teologia política não compartilha a distribuição de espaços estabelecidos pelo Iluminismo e defende o caráter essencialmente público e crítico do universo simbólico da religião. Nesse sentido recupera uma das dimensões esquecidas pela teologia fundamental: seu fundamento prático e para sua orientação prática histórico-social. Em outras palavras: a teologia política como teologia fundamental busca dar razão à esperança cristã (1Pd 3,15) na prática, mas não só no interior das instituições religiosas, mas na praça pública, na sociedade.

Um dos principais empenhos dessa teologia radica na reproposta das relações entre teoria e prática, entre a teologia como inteligência da fé e da esperança, e a práxis sociopolítica. A relação entre teoria e prática não se concebe "de forma unilinear e idealista... mas no entrecruzamento dialético", sem que uma sobredetermine a outra: "ambas as magnitudes, a teoria e a prática, se corrigem reciprocamente à luz do evangelho libertador" (Moltmann, 1987, 10). Não é a "razão pura" fechada em si mesma que medeia no conhecimento teológico, mas a razão prática em sua vertente política é que passa a fazer parte da epistemologia teológica.

O sujeito é um dos principais resplendores da Modernidade. A teologia política assume esse resplendor, mas em seguida percebe que o sujeito na Modernidade é o sujeito *burguês*, que se considera como o sujeito autêntico. Por isso, tal teologia se mostra especialmente crítica com essa redução e se autodefine como "teologia política do sujeito" em sua dimensão sócio-histórica, em sua condição de irmão, que utiliza toda a sua capacidade de solidariedade.

III. Teologia escatológica a partir da memória subversiva. A teologia política pertence à família das teologias que se movem metodologicamente na perspectiva do *giro escatológico* iniciado no fim do séc. XIX e começo do séc. XX com Weiss e Schweitzer, continuado por Barth em sua teologia dialética e reformulado por Moltmann em sua teologia da esperança.

Metz observa o esquecimento da escatologia, tanto na filosofia como na teologia. A metafísica se move no terreno da contemplação e da representação, e não pode manter relação dinâmica com o futuro. Também a metafísica da história de Hegel incorre em semelhante esquecimento ao fazer uma interpretação sem abertura para o futuro. Do mesmo mal sofre a teologia moderna, que caiu nas garras da lógica da evolução, até desembocar num darwinismo social. Essa lógica, que outra não é senão a racionalidade científico-técnica, legitima o triunfo dos vencedores, não quer saber nada do fracasso e volta as costas para os vencidos. Dentro do esquema evolucionista, o tempo constitui um *continuum* histórico que não vê surpresa alguma nem permite que, cada segundo seja "a porta pela qual o messias entra na história", segundo a observação de Walter Benjamin.

A teologia política opõe à lógica da evolução a categoria apocalíptica de *interrupção*, que é "a mais breve definição de religião" (Metz, 1979, 180). Esta categoria subverte os fundamentos das várias filosofias e teologias otimistas da história, que interpretam esta como processo evolutivo linear para um mundo melhor, e a entende como quebra e fragmentação.

A escatologia que serve de base para a teologia política mostra-se solidária com os vivos e com as gerações futuras, mas também com os sofrimentos passados. Neste sentido é recordação subversiva dos mortos e reabilitação dos que deixaram esta vida sob a violência da injustiça. Diante da representação unilateral da história como história dos vencedores, Metz propõe como alternativa uma *anti-história a partir da memória do sofrimento*, uma história dos vencidos com um futuro pela frente, e define o cristianismo como *memória passionis et resurrectionis Christi*. Memória no sentido bíblico, enquanto assunção do tempo histórico *versus* o tempo mítico; memória que não se configura à margem da razão ou contra ela, mas que se converte em componente constitutivo da razão. Surge assim a categoria *razão anamnética*.

A teologia, qualquer teologia, precisa voltar a desenvolver-se como *escatologia*, como *apocalíptica*, que é "a mãe da teologia cristã", por sua vez, toda teologia escatológica deve transformar-se em teologia política, enquanto "teologia crítica diante da sociedade". A escatologia cristã não pode estacionar num presentismo que dissolva a paixão pelo futuro em atualização da eternidade ou que tenha lugar num instante da decisão individual. Nesse ponto, as críticas se dirigem de novo a Bultmann, que afasta da escatologia bíblica sua dimensão sociopolítica e cósmica, seu caráter perigoso e explosivo, e desvanece bastante a relação entre esperança cristã e futuro do mundo, entre escatologia e utopias históricas. Mas a teologia política se afasta com igual força de qualquer escatologia que reduza a esperança a uma espera passiva.

A escatologia inerente à teologia política define-se como *militante, crítica e produtiva*, na qual, como disse Bloch, "não apenas temos de beber alguma coisa, mas na qual também existe algo a cozinhar". A mensagem escatológica de Jesus não pode dissociar-se da realidade sociopolítica, pois a salvação que anuncia e antecipa não se dirige só ao indivíduo, mas à sociedade oprimida, a toda a comunidade humana que sofre as consequências do pecado pessoal e social. As promessas escatológicas – liberdade, justiça, paz, perdão, reconciliação com Deus, com os outros e com a natureza – têm caráter público e estão em conexão com as forças transformadoras da sociedade. Isso não significa identificar semelhantes promessas com determinada ordem social, política e histórica, por mais perfeita que seja. Aqui é onde a teologia política dos anos 60 recorre à categoria "reserva escatológica" para mostrar a provisionabilidade e a relatividade de todas as realizações históricas em relação com a realização definitiva do reino de Deus. Porém, tal relativização não opera como elemento ideológico paralisador da ação transformadora no mundo, mas como força

crítico-dialética dos condicionamentos históricos do contexto e como imperativo crítico-libertador para construir uma nova sociedade.

Se a história moderna da liberdade esquece o horizonte escatológico, observava Metz há mais ou menos seis lustros, ver-se-á obrigada a buscar no interior deste mundo uma instância que lhe sirva de sujeito. Aqui então o teólogo alemão via "em germe a dominação totalitária do homem sobre o homem: a classe, a etnia, a nação, a própria Igreja..." Se não se mantiver viva a recordação escatológica, a história da liberdade pode tornar-se "história de uma emancipação não-dialética, e de certo modo abstrata" (Metz, *Concilium*, 1970, 250-251).

Diante da atitude passiva que impunha o clássico *memorare novissima*, a teologia política sublinha a relação dialética das promessas com a realidade histórica: por um lado, distanciamento e inconformismo para com o mundo bloqueados por muros de incomunicação entre os seres humanos; por outro lado, compromisso e responsabilidade no mundo, "fuga com o mundo para a frente". Por um lado, os cristãos são chamados a colaborar na construção de um mundo novo, a acreditar na ortodoxia através da ortopráxis, a fazer verdade na prática das promessas. Por outro lado, a esperança de que são portadores reage criticamente à ideologia seletiva do progresso, ao racionalismo estreito e ao regionalismo ético. A esperança cristã na teologia política não se limita a ser "ideologia do futuro"; fundamentalmente e antes de tudo, "uma teologia negativa do futuro", que sabe menos do que as ideologias do futuro "ao redor desse desejado futuro da humanidade, e se mantém na pobreza desse não saber" (Metz, 1969, 125). É sabedoria, sim, e sabedoria consciente, é de seu próprio perigo extremo, de sua mais severa ameaça: a *morte*.

IV. Teologia pós-idealista. A teologia política responde ao paradigma "pós-idealista" e, enquanto tal, constitui a superação, seja do modelo teológico neoescolástico, seja do modelo transcendental. Como já indicamos no começo, ela se mostra crítica com o Iluminismo, mas dentro da tradição iluminista. A assunção dialética do Iluminismo tem nesta teologia duas fontes de inspiração: uma filosófica, em continuidade e diálogo com os filósofos Benjamim, Adorno, Horkheimer, Bloch; outra teológica, a que procede do horizonte escatológico.

A contradição inerente à história moderna da liberdade tem sua raiz no fato de que o ser humano configura seu próprio destino e seu próprio futuro; mas, ao mesmo tempo, o império da razão instrumental ameaça destruir, inclusive biológica e cosmicamente, esse futuro. A raiz dessa contradição, dirá Metz seguindo Marcuse, encontra-se na *ideologia tecnocrata*, que elimina a distinção entre política e tecnologia e submete àquela o poder desta. Assim, o futuro fica determinado pelo desenvolvimento tecnológico. A racionalidade técnica desemboca no irracionalismo e a história da liberdade se transforma em seu contrário. A determinação tecnológica do futuro está cercada de perigos, entre os quais se podem citar os seguintes: integração acrítica no sistema, perda da fantasia, consideração do mundo como meio hostil, degeneração da liberdade, ou porque desemboca em submissão ao poder, ou porque acaba em prepotência.

Para que as utopias sociopolíticas não se desenvolvam em mero negócio de planificação, Metz apela para a *teologia*, esse duende pequeno e feio que, introduzido na trama da política junto com a fantasia, pode responder aos convites da tecnocracia e ajudar a ganhar a partida diante desta. Com isso não se está apontando para uma nova forma de política confessional, mas à densidade humanista inerente à teologia da promessa. Sem a teologia, lembra o teólogo alemão citando Horkheimer, a política terminaria por transformar-se em "negócio" e, acrescenta Metz, em "seguro saque da técnica". A teologia política põe em guarda frente às tentativas de transformar o futuro em conteúdo dos propósitos da planificação tecnológica e tem os olhos abertos frente à tendência de transformar a ciência e a técnica em sujeitos "únicos" da história.

Enquanto teologia pós-idealista, a teologia política procura superar a suposta tríplice inocência que caracterizou durante séculos a teologia cristã: inocência *social*, inocência *histórica* e inocência *étnico-cultural*.

A superação da inocência social obriga a teologia a assumir a parte de verdade que existe na crítica da religião como superestrutura ideológica e como falsa consciência. E isso no quadro da crítica das ideologias. Depois da crítica dos "mestres da suspeita", Marx, Nietzsche e Freud, são insuspeitas, inclusive constitutivas da teologia, as perguntas sobre o sujeito (quem), o lugar (onde), o contexto temporal (quando) e a finalidade (para que) da preocupação teológica.

A teologia deve renunciar também à sua presumida inocência *histórica*, que lhe exige não passar pela história na ponta dos pés ou pisando em brasas, e sim carregar com a história, encarregar-se da história e assumir a carga da história, esse "balcão do açougueiro", como a chamava Hegel, com suas vítimas, infidelidades e catástrofes; a situar-se no cenário da história a partir das vítimas. Deve "fazer memória", mas não ignorante e restauradora do passado, mas "perigosa e subversiva", que busca a reabilitação dos condenados da terra e a extensão da democracia "para trás, solicitando assim o voto dos mortos" (Metz, 1984, 212-213). Aqui é que a teologia política fica frente a frente com Auschwitz e pergunta pelo significado desse dantesco acontecimento para a consciência e a reflexão cristã. Este foi o estímulo pessoal que levou Metz a elaborar a teologia política.

Tomando a responsabilidade por Auschwitz e assumindo o desafio radical dessa catástrofe, a nova teologia começava a quebrar o idealismo e o otimismo histórico, bem como a apatia, e assentava as bases para a erradicação das raízes de ulteriores catástrofes. Ao mesmo tempo enfrentava o problema da teo-diceia e da antropo-diceia: a relação de Deus e do ser humano com o mal no mundo, ou melhor, a justificação de Deus e do ser humano diante da desumanidade de Auschwitz. Junto à pergunta "onde estava Deus durante Auschwitz", deve-se propor a pergunta "onde estava o ser humano então".

A terceira inocência a ser superada pela teologia política é a *étnico-cultural*, que exige da teologia cristã, por um lado, abandonar o estéril eclesiocentrismo e a concepção culturalmente monocêntrica em que se moveu com predomínio da cultura e Igreja europeias e norte-americanas, por outro lado, colaborar na construção de uma Igreja e de uma teologia autenticamente universais, mundiais, ou seja, *culturalmente policêntricas*. É esta uma das condições de possibilidade para o desenvolvimento de uma teologia em diálogo multicultural com outras culturas e outras teologias, que leve a reconhecer as mutabilidades negadas e a ser solidária com as pessoas e com os grupos humanos marginalizados, verdadeiros próximos. Metz chega a asseverar a esse respeito que: "deve-se partir da suposição de que a Igreja não é que 'tenha' fora da Europa uma Igreja do Terceiro Mundo, mas que 'é' Igreja do Terceiro Mundo com uma proto-história europeu-ocidental" (Metz, *Concilium*, 1984). Essa afirmação se sustenta em dois dados dificilmente questionáveis. O primeiro é numérico: hoje as igrejas do Terceiro Mundo contam com 70% de cristãos e cristãs, enquanto o Primeiro Mundo só conta com 30%. O segundo tem densidade profética: nas igrejas do Terceiro Mundo existe maior radicalidade profética, maior testemunho e maior compromisso com os pobres e oprimidos.

O caráter pós-idealista da teologia política confirma-se com a nova articulação entre mística e política, não entendida à maneira dualista, mas unitariamente, que é manifestação da nova relação entre teoria e prática, entre saber sapiencial e epistemologia teológica. A mística à qual esta teologia se refere é uma "mística empática de olhos abertos", interessada em conseguir a libertação dos sofrimentos não reparados devidamente no passado. A política, por sua vez, não é a que busca o poder e o exerce cegamente, e sim a que está comprometida na luta pela justiça entre os vivos.

V. A voz das vítimas no *lógos* da teologia. O ponto de vista da teologia política é o das vítimas e dos vencidos, a paixão de Cristo e dos crucificados da terra. Ora, a recordação das vítimas não é uma operação ociosa de aprendizagem memorística, nem é uma forma de tranquilizar nossa consciência instalada na amnésia coletiva da cultura do bem-estar. É um ato de solidariedade "rumo ao futuro com a felicidade de descendentes", e também "para trás com o sofrimento dos pais", como Benjamim dissera com agudeza. É o reconhecimento da injustiça cometida contra as pessoas inocentes e o ato de reparação e de reabilitação de sua dignidade humana negada.

Ora, as vítimas têm nomes concretos na teologia política de Metz. No centro encontra-se, como fato fixo e pesadelo inevitável, Auschwitz, a revelação do mal absoluto e uma das mais abomináveis obras humanas, produto de nosso "racionalismo", talvez o mais irracional de todos os produtos "racionais". Auschwitz constitui uma interpelação a todo discurso filosófico e teológico que pretenda exculpar a Deus de toda responsabilidade na existência das vítimas inocentes. O próprio Metz conta como percebeu que não podia defender verdade alguma – nem filosófica nem teológica – de costas para Auschwitz e de que não havia Deus algum a quem adorar e rezar à margem de Auschwitz. A partir daí – afirma ele – "tentei não continuar fazendo teologia de costas para os sofrimentos imperceptíveis – ou encobertos pela força – do mundo: nem de costas para o holocausto nem de costas para o atônito sofrimento dos pobres e oprimidos do mundo" (Metz, *Concilium*, 1984, 212). O estímulo pessoal que o levou a elaborar a teologia política foi precisamente a necessidade de *introduzir a voz das vítimas no lógos da teologia*. E as vítimas superaram os seis milhões de seres humanos inocentes que, como o Servo de Javé, foram levados ao catafalso sem processo, sem julgamento, sem compaixão, "sem defesa, sem justiça", arrancados "da terra dos vivos" (Is 53,8).

Mas a teologia política não para nas vítimas que sofreram em Auschwitz. Olha também – e o faz com paixão, compaixão e solidariedade – às vítimas atuais causadas pelo homem, pela miséria, pelos esquadrões da morte etc. Incorpora em sua própria metodologia o grito dos pobres. Reconhece que é precisamente aí que radicam o ímpeto e a vitalidade da teologia da libertação. Fixa-se nos rostos sofredores dos pobres e, interpelada por eles, pergunta se os cristãos europeus podem fazer frente a esses rostos tão marcados pela dor e olhar o hoje a partir da perspectiva dos vencidos.

A teologia política reconhece o estatuto teológico da teologia da libertação, valoriza suas principais intuições e tenta introduzi-las em seu discurso teológico: opção pelos pobres, práxis da libertação, espiritualidade encarnada na história, unidade redenção-salvação, correta articulação da mística com a política, harmonia entre graça e sofrimento. Na teologia da libertação e nas igrejas pobres, afirma Metz, "observa-se a tentativa de invocar a graça de Deus como libertação integral do homem, bem como a disposição de pagar o preço exigido por essa conjunção histórica de graça e liberdade. As reduções da teologia, isto é, sua versão privatizante e sua versão recionalista, são aqui superadas" (Metz, *Concilium*, 1984, 39).

O discurso atual da teologia política desemboca na proposta já sugerida de um *cristianismo policêntrico*, que supera o tradicional e ainda vigente monocentrismo cultural e tecnológico. Trata-se de um cristianismo sem discriminações por razões culturais, de etnia, raça, classe, religião ou gênero, que tem sua melhor tradução nas comunidades cristãs do Terceiro Mundo. São estas que constituem o critério de universalidade da Igreja e marcam o caminho a ser trilhado pelas outras igrejas. A opção pelos pobres não é exclusiva das igrejas pobres, e sim marca da identidade de todas as igrejas, também das que vivem no Primeiro Mundo. E na medida em que as igrejas cristãs optam pelos pobres, deixam de ser uma "instituição moralista" preocupada unicamente com o rigoroso cumprimento das normas jurídicas para transformar-se em transmissoras de uma mensagem de esperança para os pobres e oprimidos: a boa notícia de salvação.

VI. A obediência à autoridade das vítimas. Em sua atual reformulação da teologia política, Metz se abre para os problemas propostos pela teodiceia. A seu juízo, no processo de teologização da fé cristã, o cristianismo "perdeu sua sensibilidade para com o sofrimento, ou – falando em termos teológicos – sua especial sensibilidade para a teodiceia, ou seja, o sentir inquietação pelo problema acerca da justiça a favor dos que sofrem inocentemente" (Metz, 1996, 12-13). Em outras palavras: transformou o inquietante problema da justiça a favor dos pobres e dos que sofrem injustamente em problema da redenção dos culpáveis.

O cristianismo deixa de ser sensível ao sofrimento e se transforma em moral do pecado individualizado e da culpa. Sua atenção já não se dirige ao sofrimento das vítimas, mas ao mal inferido a Deus pelos pecados da humanidade. A salvação se concebe como redenção do pecado e da culpa, não como libertação plena do sofrimento e da morte. A morte de Jesus, o Cristo, perde toda dimensão histórico-libertadora e adquire tonalidade sacrifical. Consequentemente, o cristianismo, religião histórica, transforma-se em religião sacrifical.

O cristianismo deve recuperar o horizonte perdido e voltar a ser a moral em que os sofrimentos dos outros, dos estranhos, inclusive dos inimigos, "entrariam na perspectiva da própria *práxis*" (Metz, 1996, 12-13). A compaixão e a empatia com o sofrimento e a dor alheias que emana da negatividade do mundo pertence às entranhas da fé cristã. A partir daí Metz formula sua sugestão e tese certeira de que a obediência à autoridade dos que sofrem é constitutiva da consciência moral. Mais ainda: a autoridade dos que sofrem "é a única autoridade na qual se manifesta a todos os homens a autoridade de Deus que julga o mundo: Mt 25,31-46" (Metz, *Concilium*, 1997, 18).

Para que o discurso sobre Deus seja realmente universal, quer dizer, significativo para todos os seres humanos, e não só para alguns que acreditam, deve transformar-se num discurso sobre Deus sensível aos sofrimentos dos outros. Este discurso leva diretamente, não a um ecumenismo que busca acordos doutrinais, mas a um *ecumenismo da compaixão*.

À vista dos novos horizontes, aos quais se abre a teologia política, não creio que se possa aplicar a rígida – e a meu juízo injusta – desqualificação que lhe dirigiram há três décadas alguns teólogos da libertação: não ser sensível à injustiça internacional provocada pelo Primeiro Mundo contra o Terceiro Mundo. Metz e Moltmann, criadores da teologia política na Europa, assumiram uma atitude receptiva para com a teologia latino-americana da libertação, mostraram-se especialmente sensíveis a suas interpelações e ao conflito Norte-Sul.

R. Mate, *Memoria de Auschwitz. Actualidad moral y política*, Madrid, Trotta, 2003; J. B. Metz, "Responsabilidad de la esperanza. Cuatro tesis para una discusión" em Vários, *Cristianos y marxistas. Los problemas de un diálogo*, Madrid, Alianza, 1969; id., *Teología del mundo*, Salamanca, Sígueme, 1970; id., "Presencia de la Iglesia en la sociedad": *Concilium*, extra (diciembre 1979); id., *La fe, en la historia y la sociedad*, Madrid, Cristiandad, 1979 id., *Más allá de la religión burguesa*, Salamanca, Sígueme, 1982; id., "Teología cristiana después de Auschwitz": *Concilium* 195 (1984); J. B. Metz (ed.), *El clamor de la tierra. El problema dramático de la teodicea*, Estella, EVD, 1996; J. B. Metz e E. Wiesel, *Esperar a pesar de todo*, Madrid, Trotta, 1996; J. B. Metz, "Dios y los males de este mundo. Teodicea olvidada e inolvidable": *Concilium* 273 (1997); J. Moltmann, *Teología política. Ética política*, Salamanca, Sígueme, 1987; D. Sölle, *Teología política*, Salamanca, Sígueme, 1972; M. Xhaufflaire, *Teología política*, Salamanca, Sígueme, 1974.

Juan José Tamayo

TEOLOGIA DAS RELIGIÕES

I. Interculturalidade e diálogo inter-religioso. Estamos assistindo a uma mudança de paradigma no modo de fazer teologia, que está ladeado por duas categorias relativamente novas: a interculturalidade e o diálogo inter-religioso.

A interculturalidade é mais um passo sobre multiculturalismo, cujas carências tenta corrigir. Não se fica na simples coexistência de culturas, etnias e religiões, mas defende a interação cultural. Além de atitudes, intolerância e diálogo, implica comunicação fluida entre grupos cultural, religiosa, étnica e socialmente diferentes, comunicação intercultural, bem como diálogo inter-religioso e convivência interétnica dinâmica, enquanto isso supõe enriquecimento da própria cultura e das outras. E tudo isso assumindo os conflitos que a interculturalidade pode gerar, e que de fato gera.

Do ponto de vista moral, a interculturalidade implica chegar aos mínimos éticos comuns para uma convivência harmônica. Do ponto de vista da identidade, exige flexibilizar o conceito de identidade cultural, abrindo-o a outras identidades como forma de enriquecimento, questionamento e recriação da própria cultura. Nesse sentido, constitui importante corretivo ao fundamentalismo cultural, instalado na cultura ocidental.

A igualdade de todas as culturas e sua não-hierarquização do ponto de vista dos valores comporta a não-discriminação das pessoas e dos grupos humanos por razões culturais. A educação na diversidade ajuda a crescer humana e socialmente. Um programa político, religioso e social, integrador na perspectiva intercultural, deve desembocar na construção de uma cidadania comum entre grupos e sujeitos diferentes, a partir da interiorização da diferença como expressão de riqueza antropológica.

A interculturalidade é o outro lado da globalização. Se esta propugna pelo modelo único de pensamento, de cultura, de política e de economia, a interculturalidade enfatiza a heterogeneidade e a mistura de culturas, religiões, linguagens e cosmovisões. Se a globalização defende o etnocentrismo e afirma a validade universal de uma cultura, a ocidental, e sua hegemonia sobre as outras, a interculturalidade promove a consciência de igualdade entre todas as culturas, e o reconhecimento de seus valores sem hierarquizações prévias. Se a globalização se baseia numa relação assimétrica entre a cultura dominante e as culturas dominadas, a interculturalidade defende a possibilidade de interação simétrica entre todas as culturas.

A interculturalidade constitui uma experiência de abertura respeitosa ao outro, mediante o diálogo e a acolhida, que obriga a replanejar a própria vida pessoal e a vida social. Não se trata de uma adaptação forçada ou imposta pelas circunstâncias. Implica a abertura para a pluralidade de textos e contextos considerados como fontes de conhecimento, e de culturas e religiões consideradas como sujeitos ativos. A interculturalidade é encontro dialógico que ajuda a pensar a realidade de forma nova.

Na reflexão teológica, a interculturalidade constitui um salto qualitativo sobre a inculturação. O modelo de "inculturação da teologia", ainda muito espalhada hoje no cristianismo, tem como certo que existe uma teologia universal preexistente com estrutura temática estabelecida (teologia fundamental, teologia da revelação, eclesiologia, antropologia teológica, escatologia, sacramentos etc.) e uma terminologia procedente da cultura e da filosofia ocidentais, que se adaptam a determinado contexto.

À teologia é aplicável o que diz R. Fornet-Betancourt sobre a filosofia: não tem uma estrutura monolítica, mas aprofunda suas raízes em diferentes tradições culturais e se desenvolve conforme os condicionamentos de cada cultura. Cada sistema de crenças religiosas desenvolveu uma teologia específica com sua metodologia própria, sua conceitualização, seus sistemas de expressão e também seus conteúdos. Uma teologia em perspectiva intercultural chama a atenção para a pluralidade de formas de articulação e estruturação do discurso sobre Deus em função dos diferentes contextos.

Ao destacar o caráter contextual de todo pensar teológico, não se nega a pretensão de universalidade da teologia. O que se rejeita é a cristianização dessa universalidade num universo religioso e cultural determinado, como é o cristão-ocidental. A teologia intercultural repropõe a universalidade de seu discurso não no âmbito da tensão universal-particular, mas no horizonte do diálogo entre universos contextuais que manifestam sua vontade de universalidade através de uma comunicação discursivo-horizontal.

Uma segunda condição, além de categoria fundamental, para a elaboração de uma teologia das religiões, é o *diálogo inter-religioso*, que se apresenta como um dos mais luminosos sinais dos tempos, capaz de evitar muitos sofrimentos estéreis para os crentes das várias religiões, facilitar a convivência entre eles entre todos os seres humanos do planeta e articular um discurso teológico plural. "Sem diálogo, o ser humano se asfixia e as religiões se imobilizam", afirma R. Panikkar.

O diálogo faz parte da estrutura do conhecimento. A razão é comunicativa, não autista, e tem caráter dialógico. A verdade não se impõe pela força da autoridade, mas é fruto do acordo entre os interlocutores de longa e árdua busca, onde se compaginam o consenso e o dissenso. A metodologia dialogal substitui a imposição autoritária das próprias opiniões por decreto e quebra os estereótipos do verdadeiro e do falso estabelecidos pelo poder dominante, neste caso pela religião dominante. É verdade que esta metodologia pode desembocar em rupturas, que no entanto respondem muitas vezes apressadamente ao momento de tomar decisões e à transigência daqueles que fixam as regras do jogo. Em todo caso, sempre se deve evitar a ingerência de instâncias de poder alheias ao âmbito religioso.

O diálogo não deve confundir-se com o endoutrinamento dos seguidores de outras religiões, a fim de que convertam para a nossa. Nada tem, portanto, de proselitista. Obriga, antes, os interlocutores a estudarem a história e os princípios das outras religiões com o mesmo interesse que têm pela sua própria, e também reconhecerem os valores delas, a escutarem as razões que levaram os crentes a aderir a elas, e a valorizar em seu justo termo suas experiências religiosas.

A necessidade do diálogo entre as religiões emana de uma realidade inquestionável: a pluralidade das manifestações de Deus, das expressões do sagrado e das manifestações do Mistério na história humana, bem como dos múltiplos caminhos de salvação e das numerosas mediações do divino. As religiões não concedem a salvação; movem-se no terreno das mediações que podem ajudar os crentes a consegui-la.

A busca da V(v)erdade – com maiúscula e com minúscula – apresenta-se como a grande tarefa e o grande desafio do diálogo inter-religioso. E isso, apesar de sabermos que nunca chegamos a possuí-la totalmente e de que só conseguimos aproximar-nos dela. O caráter inesgotável da Verdade – com maiúscula – nos dissuade de toda tentativa de apressá-la em fórmulas rígidas e estereotipadas. A profundidade da verdade – com minúscula – nos dissuade de crer que chegamos ao fundo.

O diálogo não pode perder-se em discussões sobre os aspectos diferenciais de cada religião para determinar as distâncias. Por esse caminho, as religiões se enroscariam em suas próprias posições e se separariam cada vez mais, gerando um clima de confronto, pelo menos no terreno conceitual, que costuma ser o começo de conflitos maiores. Tampouco pode centralizar-se na busca de consensos doutrinais, que deixariam insatisfeitas todas as religiões, pois isso lhes exigiria renunciar a aspectos fundamentais de cada uma. Isso não significa que se evite a discussão, inclusive a confrontação. Ambas são necessárias em qualquer diálogo vivo e exigente.

O diálogo não pretende uniformizar o mundo nos ritos, símbolos, crenças e cosmovisões religiosas, que constituem uma das principais riquezas das religiões e da humanidade, mas tampouco diminuir os sinais específicos de identidade de cada religião num único modelo religioso.

No diálogo inter-religioso não se pode aceitar, sem mais nem menos, a tese do Iluminismo radical, que considera falsas todas as religiões, como tampouco a concepção católica tradicional de que só a religião católica é a verdadeira, nem a ideia de que todas as religiões têm o mesmo grau de verdade. Muitos, e de sinal bem diferente, têm sido os critérios propostos para julgar a verdade e a autenticidade das religiões: a "verificação ética" e a "racionalidade filosoficamente demonstrável " (W. James); a atuação global e suas consequências práticas para a vida pessoal e para a convivência social (J. Dewey); a coerência teórica, a relação com o Absoluto, a experiência religiosa e interior, a proposta de um sentido último e total da vida; a transmissão de valores supremos não submetidos às mudanças sazonais; o estabelecimento de normas de conduta de cumprimento obrigatório (H. Küng) etc. Todos esses critérios são complementares.

O diálogo há de partir de relações simétricas entre as religiões e da renúncia a atitudes arrogantes por parte da religião que em determinado território ou contexto cultural pretende considerar-se a mais arraigada ou preponderante. As religiões são respostas humanas à realidade divina e que manifesta através de diferentes rostos. Todas elas formam um "pluralismo unitário" (P. Knitter); por sua vez, cada uma possui uma "singularidade complementar" aberta às outras.

II. Correlacionalidade e responsabilidade global.

Duas são as características que definem o diálogo inter-religioso na perspectiva da teologia das religiões: a *correlacinalidade* e a *responsabilidade global*. Com a ideia de correlacionalidade se quer expressar que todos os participantes no diálogo devem expressar suas convicções com plena liberdade; que as religiões sejam consideradas iguais em direitos, mesmo que não necessariamente em suas afirmações de verdade; que se reconheçam e se respeitem as diferenças; que umas religiões aprendam com as outras. Os movimentos da libertação necessitam "não só de religião, mas de *religiões*", afirma Knitter, uma vez que a libertação integral dos seres humanos e da natureza é tarefa por demais árdua e complexa para ser levada nos ombros de uma só nação, cultura, religião ou igreja. A cooperação na práxis libertadora há de ser intercultural e inter-religiosa. Os mesmos teólogos latino-americanos de confissão cristã são conscientes do potencial revolucionário e libertador que têm as religiões não-cristãs. Trata-se de um diálogo tolerante e respeitoso do pluralismo.

Mas o diálogo e a tolerância não podem transformar-se em fim por si mesmos ou em algo absoluto, como tampouco no objetivo último desta teologia. Ambos têm seus limites, que são as vítimas da sociedade. Como acertamente indica D. Sölle, a tolerância termina onde os seres humanos se veem privados de sua liberdade, destruídos em sua dignidade e violados em seus direitos.

Isso nos leva a sublinhar a segunda característica do diálogo: que seja *globalmente responsável* nas respostas aos graves problemas da humanidade e do planeta, que se transformem em imperativo para todas as religiões. A principal preocupação de toda religião que acredite ser autêntica se dirige à situação de pobreza e opressão em que vive a maioria dos seres humanos no planeta.

O conhecimento de Deus e a fé nele não permanecem no plano simplesmente doutrinal; levam a "praticar Deus". "Vai-se conhecendo ao Deus libertador, escreve Jon Sobrino, na práxis de libertação, ao Deus bom na práxis da bondade e da misericórdia, ao Deus escondido e crucificado na perseguição e no martírio, ao Deus plenificador da utopia na práxis da esperança". A opção pelos pobres é uma dimensão constitutiva do ser de Deus, e a práxis de libertação é a tradução histórica dessa opção.

III. Salvação, cosmos e *ethos* universal: horizontes da teologia das religiões.

O horizonte do diálogo é a *salvação* como experiência radical de sentido perante o sem-sentido da morte e a vida sem sentido de muitos seres humanos. Em todas as religiões, por um lado existe uma tensão fecunda entre a consciência de finitude e contingência do ser humano; e por outro lado, a aspiração à vida sem fim, liberta de todas as opressões que nos escravizam. É nesse terreno, e dentro da pluralidade de respostas, que as religiões podem contribuir com suas melhores tradições para a causa de salvação-libertação da humanidade: imortalidade da alma, reencarnação, ressurreição dos mortos, *nirvana*, *moksa* etc.

O *cosmos* é o lugar natural do ser humano e do Logos de Deus, o lugar de encontro de todos os seres, o centro nevrálgico de todo projeto de libertação, o espaço comum em que as religiões trabalham pela salvação. Algumas religiões passaram pelo cosmos em cima de brasas, desinteressando-se de sua responsabilidade para com ele, e também transformando-o em lixeira dos direitos de sucessivas civilizações. Entretanto, deve-se afirmar que a salvação do cosmos é inseparável da salvação do gênero humano. Nessa tarefa as religiões têm papel irrenunciável.

Um dos objetivos do diálogo inter-religioso é, como afirma com precisão H. Küng, "a busca de um *ethos* básico universal"; em outras palavras: um consenso ético em torno das grandes causas da humanidade pendentes de solução: a paz e a justiça, a igualdade de todos os seres humanos em direitos e deveres, e o respeito às diferenças culturais, a proteção do meio ambiente e os direitos da terra, a defesa dos direitos dos seres humanos e dos povos e a libertação das mulheres.

No II Parlamento das Religiões do Mundo, reunido em Chicago em 1993, representantes de numerosas religiões firmaram uma declaração na qual fizeram acertado diagnóstico das principais enfermidades que atingem a humanidade, expressaram sua denúncia sobre as situações mais graves e assumiram uns comprimissos concretos. No diagnóstico chama-se a atenção para a crise radical que atravessam a economia, a política e a ecologia. Visualizam-se os dramáticos confrontos entre os povos, as classes sociais, as raças, os gêneros – masculino e feminino – e as religiões. Às vezes, são as próprias religiões que provocam ou atiçam as tensões, fomentando comportamentos fanáticos, xenófobos e de exclusão social. As denúncias se centralizam no mau uso dos ecossistemas do planeta, nas desigualdades econômicas e na desordem social, tanto nacional como internacional. Os compromissos se concretizam nestes: defesa de uma cultura da não-violência e do respeito à vida, de uma cultura da solidariedade que desemboque numa nova ordem mundial, mais justa do que a atual, de uma cultura da tolerância e de um estilo de vida verdadeiro, de uma cultura da igualdade de homens e mulheres.

As religiões possuem importante potencial ético expresso por meio de seus preceitos fundamentais, que se devem praticar sempre e em todo lugar. Além dos princípios éticos gerais, as religiões podem oferecer modelos de vida inspirados nas grandes personalidades religiosas, motivações morais convincentes para atuar, uma determinação de fins e um horizonte de sentido para a sua vida.

IV. Bipolaridade dinâmica e perspectiva das vítimas. Uma das características da teologia das religiões é a *bipolaridade dinâmica*, que implica assumir os dois polos da realidade: a necessidade do diálogo inter-religioso e a perspectiva das vítimas; a pluralidade de religiões e crenças e a pluralidade de pobres e oprimidos; o respeito ao "outro religioso" e a compaixão com o "outro sofredor"; a diversidade religiosa e a responsabilidade global; a vivência mística da fé e as demandas proféticas; a transcendência e a finitude; o cósmico e o metacósmico; o cultivo da sabedoria e a prática do amor; a necessidade da interculturalidade e a urgência da libertação; a harmonia e a diferença. Esta teologia há de manter ambos os polos em tensão dialética e mutuamente fecundante. A resposta às interpelações que procedem deles deve dar-se unitariamente.

Por onde começar a elaboração desta teologia? Existe um substrato compartilhado por todas as religiões, que possa constituir o ponto de partida para o diálogo? Assim acreditam alguns autores que se empenham em buscar uma essência comum a todas as religiões, para construir com segurança e não dar saltos no vazio. Entretanto, essa postura mostra um problema de fundo. Se se quiser levar a sério o pluralismo religioso em toda a sua riqueza e complexidade, tanto no passado e no presente como no futuro, deve-se renunciar à busca de uma teoria geral ou de uma fonte comum da religião. O genuinamente diferente nas religiões não pode reduzir-se à uniformidade. Inclusive o teocentrismo como base do diálogo torna-se questionável por duas razões: a ausência de deuses em determinadas religiões e a tendência a impor as próprias concepções de Deus ou do Absoluto aos crentes de outras religiões.

Como já adiantei, um ponto de partida comum pode ser a categoria *soteria*, "o mistério inefável da salvação" (A. Pieris), entendida como fonte dos critérios éticos e como capacidade para promover o bem-estar eco-humano e trabalhar pelo bem-estar dos oprimidos. A aproximação soteriocêntrica é menos propensa aos abusos ideológicos do que o teocêntrico, e mais fiel aos dados de estudos das religiões comparadas. Parece fora de dúvida que as religiões têm mais pontos em comum em suas respectivas soteriologias que em suas teologias, e por isso as diferenças são muitas vezes abismais e impossíveis de superar. A *soteria* se concretiza na luta pela justiça e pela libertação, que é a base transcultural e o *locus* comum compartilhado pelas religiões, e na *opção pelos pobres*, que tem prioridade hermenêutica.

A teologia das religiões volta os olhos para o lugar onde se produz o sofrimento eco-humano, ou seja, para a dor da terra e da humanidade. É a voz das vítimas que há de ouvir-se no diálogo inter-religioso e que há de guiá-lo. As vítimas é que ativam o círculo hermenêutico da teologia.

A teologia das religiões opera com uma hermenêutica da suspeita múltipla. Começa por suspeitar da facilidade com que a interpretação das Escrituras sagradas e a formulação da doutrina podem transformar-se em ideologia a serviço dos interesses da cultura, da política e da economia dominantes. Suspeita da tendência a confundir a vontade de Deus com os interesses da religião que diz representá-lo, de seus dirigentes e porta-vozes, bem como da tendência a desvalorizar outras tradições culturais e sensibilidades religiosas. A suspeita se estende, enfim, para as doutrinas "ortodoxas" que não dão frutos éticos.

V. Em busca das tradições libertadoras. A teologia das religiões faz suas as principais contribuições das teologias da libertação das décadas precedentes, reformulando-as no horizonte do diálogo inter-religioso; assume as análises da teologia feminista, aplicando-as criticamente às diferentes tradições religiosas, em sua maioria patriarcais; e integra as reflexões das teologias contextuais e procura descobrir os elementos libertadores presentes nas diferentes religiões, tanto cósmicas como metacósmicas.

Uma das principais contribuições a esta teologia vem dos teólogos asiáticos, que procuram recuperar os aspectos libertadores tanto das religiões metacósmicas como das cósmicas.

Comecemos pelas metacósmicas. Do hinduísmo tem-se a imagem de que é uma religião com o olhar fixo no outro mundo e alheia às injustiças e desigualdades do presente. Entretanto, existem reflexões teológicas e práticas religiosas encarnadas na história e comprometidas com a libertação dos marginalizados. É o caso de Mohandas Karamchand Gandhi (1869-1948), que, a partir de uma experiência religiosa radical, defendeu uma libertação integral baseada num humanismo espiritual e lutou pela emancipação política e social da Índia através da não-violência ativa. Swami Agnivesh, membro do movimento de reforma Arya Samaj, defende uma sociedade védica igualitária na qual ninguém pode exigir direitos especiais e privilégios por nascimento. Os textos védicos lhe serviram de inspiração para a criação de um movimento socialista que luta pela libertação de cinco milhões de trabalhadores escravos.

No budismo existem importantes movimentos em prol da transformação social. O monge budista tailandês Bhikkhu Buddhadasa (1906-1993) defende um *socialismo dhammico*, baseado nestes princípios: bem comum, respeito e amabilidade carinhosa, limitação e generosidade. Thich Nhat Hanh, monge budista da tradição *mahayana* exilado na França, acredita que a *vigilância* não supõe fugir do mundo, e sim exige que se trabalhe pela libertação dos outros sob a guia da compaixão diante do sofrimento.

Inspiração libertadora parecida encontra-se nos escritos de alguns teólogos muçulmanos asiáticos. O doutor iraniano Ali Shariati (1933-1977), comprometido nos movimentos de libertação e de resistência contra o Xá da Pérsia, apresenta o Deus do islã como "Deus dos oprimidos, dos que lutam por sua liberdade, dos mártires da causa da verdade e da justiça". O muçulmano indiano Asghar Ali Engineer, comprometido na defesa dos direitos humanos e a favor da harmonia entre as religiões, descobre no Corão a existência de uma corrente favorável à justiça e à libertação.

A religiosidade cósmica vivida por numerosas pessoas e comunidades populares na Ásia tem também importantes aspectos libertadores, como mostrou o teólogo do Sri Lanka A. Pieris. Eis alguns dos mais significativos:

– Sua espiritualidade tem a ver com as necessidades vitais básicas, como a moradia, o alimento, o trabalho. Para resolver essas necessidades, os pobres não podem contar com Mamon, este qual vampiro, suga-lhes o sangue. O único aval é Deus: o Deus do arroz e do "curry", das vestes e da moradia, do matrimônio e dos filhos. Por isso se dirigem a ele pedindo-lhe justiça, mas justiça para esta terra, não para depois da morte. Sua relação com Deus se move no terreno cósmico, onde o sagrado, o feminino e o terreno entram num ciclo não contaminado pelos critérios da sociedade de consumo.

– As mulheres têm na religiosidade cósmica um espaço para expressar sua situação de marginalização e encontram caminhos para sair dela.

– Ao estar apegada às necessidades terrenas e acreditar na existência de forças cósmicas que guiam a vida cotidiana, a espiritualidade tem componente ecológico, que se expressa através da participação nos movimentos de defesa da terra.

– A mediação discursiva através da qual se expressa essa espiritualidade é o *relato*.

O caráter intramundano dessa religiosidade e sua apelação ao Deus de justiça atua com frequência como estímulo nas mobilizações populares e não como "ópio do povo". Por isso, os elementos libertadores das religiões cósmicas estão sendo assumidos e integrados gradualmente pelas próprias religiões metacósmicas, como o budismo, o hinduísmo e o cristianismo, bem como pelas teologias de libertação e feministas.

No caso do cristianismo, esse assumir acontece nas comunidades de base, cujo objetivo não é a afirmação de sua identidade religiosa, nem sequer o diálogo inter-religioso, mas a libertação das pessoas e dos grupos desprotegidos de sua dignidade e de seus direitos. É na preocupação pela libertação que alimentam sua identidade. É na espiritualidade da libertação que redescobrem a singularidade de Jesus Cristo, que se firma na aliança com os pobres e em sua denúncia contra Mamon. As comunidades de base tornam crível assim a fé cristã num clima de crise de credibilidade provocada preferentemente pela submissão do poder eclesiástico ao sistema capitalista. Essa concepção da singularidade de Cristo me parece mais conforme com a mensagem e com a práxis de Jesus de Nazaré, do que a singularidade segundo o modelo teândrico de Deus-Ser humano-Salvador, que é totalmente alheia à maioria das culturas asiáticas.

Pieris, formula a opção pelos pobres em torno de dois axiomas: *a)* Jesus de Nazaré como antinomia irreconciliável entre Deus e Mamon; *b)* Jesus de Nazaré como aliança irrevogável entre Deus e os pobres.

a) O primeiro axioma, que exige o desprendimento, a pobreza voluntária e a renúncia a Mamon, é comum ao cristianismo e às religiões não-bíblicas da Ásia, e constitui o núcleo da doutrina da libertação na maioria das culturas asiáticas. Há uma convicção básica de que o apego às coisas escraviza a pessoa e põe obstáculos para a sua libertação; só a Verdade pode conceder-nos a liberdade. É esse o significado de *vayragia* no hinduísmo e de *alpeercchata* no budismo. É essa a orientação fundamental da *propriedade comum da terra* na religiosidade cósmica das culturas tribais e clânicas. No cristianismo evangélico se expressa através do discipulado e seguimento de Jesus.

Essas bases religiosas, profundamente arraigadas e espalhadas nas culturas orientais, estão sendo solapadas pela civilização científico-técnica, pelo capitalismo e pelo consumo, que transformaram o dinheiro em ídolo (Mamon), a quem se presta culto.

b) O segundo axioma, a aliança irrevogável entre Javé e os pobres, o pacto selado por Deus em defesa dos oprimidos e contra os poderes de Mamon, geradores de pobreza e opressão, constitui a identidade específica da religião bíblica. A singularidade do cristianismo tem a raiz precisamente nesse pacto que se encarnou na pessoa e na prática de Jesus de Nazaré, do qual somos seguidores. A singularidade de Cristo, por sua vez, consiste em sua aliança com os oprimidos, no seu compromisso pela libertação dos pobres e com sua luta pelo bem-estar da humanidade e da terra. A universalidade de Cristo manifesta-se na universalidade do pobre.

A partir dos critérios soteriocêntricos presentes na opção pelos pobres, a teologia cristã deve rever a maneira tradicional – ainda muito arraigada na exegese bíblica, na formação teológica e na transmissão da fé – de entender a Cristo como Palavra-Revelação última, definitiva e normativa de Deus e como Salvador único e universal. Essa linguagem não parece a mais adequada para o diálogo inter-religioso e menos ainda para a elaboração de uma teologia das religiões. Atendendo à práxis libertadora como critério hermenêutico privilegiado, pode-se verificar o caráter igualmente salvífico dos diferentes caminhos religiosos e de seus respectivos guias e mediadores.

VI. Construindo uma espiritualidade e uma mística inter-religiosas. A teologia das religiões propicia uma *espiritualidade inter-religiosa*, em correspondência com a atual era interespiritual, na qual se vão eliminando as fronteiras e antagonismos que, ao longo de milênios de pré-história e história da humanidade, separaram e tornaram inimigas as religiões. O momento presente se caracteriza pela transgressão de fronteiras religiosas e pelo surgimento de novas identidades inter-religiosas. A interespiritualidade tem o mesmo sinal: ser cruz e encontro das experiências espirituais, morais e rituais das diferentes tradições religiosas. Um dos lugares privilegiados para esse encontro é a mística.

Na origem das religiões há uma experiência mística, vivida em toda a sua radicalidade pelos fundadores e primeiros seguidores. O hinduísmo remonta aos *rishis*, os sábios do bosque. O *dharma* budista parte do momento da Iluminação de Sidharta Gautama, o Budha. O judaísmo tem sua origem na revelação de Javé aos patriarcas de Israel, a Moisés, o Libertador, e aos profetas. O cristianismo nasce do encontro de Jesus com Deus, a quem, num gesto de confiança inédito e inusitado no judaísmo, segundo J. Jeremias, se dirige chamando-o *Abba* (= Papai-Mamãe). Trata-se de uma experiência que implica uma relação direta com Deus sem mediações institucionais, relação que tem sua continuidade na mística cristã. A origem do Islã se encontra na revelação de Alá a Maomé e na experiência mística do Profeta, que tem sua continuidade no *sufismo*, cuja figura máxima e autoridade é o teólogo e poeta murciano Ibn'Arabi (1165-1240).

A mística tem elementos comuns em todas as religiões e pode ser um ponto de convergência das diferentes experiências religiosas. Caracteriza-se pela relação direta e pelo conhecimento direto do divino. A consciência mística é unitiva e não dual, integradora e não desagregadora. As pessoas místicas sentem-se invadidas e transformadas pelo transcendente, ainda que não possam descrevê-lo. Apesar da fugacidade da experiência mística, seus frutos perduram e seus resultados se deixam sentir nas atitudes daqueles que a vivem: serenidade e equilíbrio, paz interior e paciência, alegria e compaixão, desinteresse e simplicidade, amabilidade e acolhida. Numa descrição que já se tornou clássica, William James resume as características comuns aos fenômenos místicos nestas quatro: *inefabilidade* (a linguagem é inadequada para expressar o conteúdo da experiência mística, que se situa entre os estados afetivos); *qualidade de conhecimento* (há uma penetração na verdade que se torna insondável ao intelecto discursivo); *transitoriedade* (os estados de consciência mística não duram muito tempo, embora possam repetir-se); *passividade* (a pessoa mística se sente arrastada por uma força superior, da qual não pode fugir).

A consciência da Realidade Última pode expressar-se na mística através de duas trajetórias diferenciadas: como relação profunda de amor do ser humano pessoal com um Deus pessoal, ou como realização transpessoal da consciência última da mente. O itinerário dos dois caminhos constitui um enriquecimento da experiência mística. A interespiritualidade convida a esse itinerário, de forma que, aceitando-se o convite, segundo W. Teasdale, se compartilha uma compreensão muito mais ampla do Absoluto e se tem a oportunidade de experimentar o Divino pessoal e a Fonte transpessoal.

Um exemplo do encontro de espiritualidades é o texto paradigmático do já citado místico muçulmano Al'Arabi: "Houve um tempo em que eu rejeitava o meu próximo se sua religião não fosse como a minha. Agora, meu coração se converteu em receptáculo de todas as formas religiosas: é pradaria de gazelas e claustro de monges cristãos; templo de ídolos e Kaaba de peregrinos; tábuas da Lei e páginas do Corão. Por que professo a religião do amor e vou aonde quer que vá sua cavalgadura, pois o amor é o meu credo e a minha fé".

Asociación Ecuménica de Teólogos y Teólogas del Tercer Mundo, *Por los muchos caminos de Dios. Desafíos del pluralismo religioso a la teología da liberación*, Verbo Divino, Quito, 2003; J. Dupuis, *Hacia una teología cristiana del diálogo religioso*, Santander, Sal Terrae, 2000; R. Fornet-Betancourt, *Transformación intercultural de la filosofía*, Bilbao, DDB, 2001; J. Hick, *La metáfora del Dios encarnado. Cristología para un tiempo pluralista*, Quito, Abya-Yala, 2004; P. Knitter, *One Earth, Many relligions. Multifaith Dialogue and Global Responsibility*, Maryknoll, Orbis Books, 1995; P. Knitter, *Introducing Theologies of Religions*, Maryknoll, Orbis Book, 2002; H. Küng, *El cristianismo y las religiones*, Madrid, Cristiandad, 1987; id., *Teología para la postmodernidad*, Madrid, Alianza, 1989, 167-202; id., *Proyecto de uma ética mundial*, Madrid, Trotta, ⁵2000; A. Pieris, *Liberación, inculturación, diálogo religioso*, Estella, EVD, 2001; J. J. Tamayo, *Nuevo paradigma teológico*, Madrid, Trotta, ²2004; id., *Fundamentalismos y diálogo entre religiones*, Madrid, Trotta, 2004.

Juan José Tamayo

TEOLOGIAS FEMINISTAS

I. Origem e evolução da teologia feminista.
A teologia feminista é um projeto teológico plural, global e aberto. Faz parte das investigações e dos estudos acadêmicos sobre as mulheres, aplicando a análise feminista ao campo das religiões. É, além disso, um fenômeno heterogêneo e multifacetado (womanista, mulherista etc). Por isso, falamos de teologias feministas, ainda que todas tenham como ponto de partida a experiência de submissão e subordinação que o patriarcado impõe às mulheres. Compartilham o paradigma da libertação, bem como uma metodologia para mudar o sexismo na teologia e nas igrejas. Às vezes funcionam como corretivo crítico das teologias da libertação. A falta de consenso em alguns pontos não se transforma em fraqueza, mas aparece como força que dá testemunho da riqueza e profundidade do pensamento teológico.

Surge nos anos 60 do século passado como aspecto do "novo movimento feminista" com raízes extraeclesiais. Serve-se dos conceitos, dos métodos e das práticas do mundo acadêmico que se aplicam outras disciplinas. Algumas das áreas principais para as quais a teoria feminista dirige sua análise são a sexualidade, a socialização, a produção (no trabalho remunerado ou não remunerado) e a reprodução (incluindo a criança e o cuidado). O lugar que o patriarcado estabeleceu para a mulher em cada uma dessas áreas transformou-se justamente no catalisador da reflexão teórica de caráter econômico, social, político e cultural.

A teologia feminista participa da teoria feminista enquanto assume a tarefa de analisar a interpretação de que a mulher tem sido objeto a partir de uma reflexão teórica de índole religiosa e de conhecer a situação das mulheres nas diferentes confissões. Explora-se teologicamente o pecado estrutural das igrejas, que consideram o coletivo das mulheres como menores de idade e não lhes reconhecem a autonomia moral, bem como a negativa de algumas delas em permitir que as mulheres concordem como ministério ordenado, por não representarem a masculinidade de Cristo.

Ao tomar o gênero como critério hermenêutico, a teologia feminista revela não só que as mulheres como grupo têm sido excluídas da teologia, mas também que o androcentrismo permeia a própria estrutura interna da teologia cristã.

A teologia feminista percorreu largo espaço que deu como fruto muitas publicações. Podemos notar a existência de duas etapas: uma primeira de desconstrução e outra posterior de reformulação.

Na primeira etapa, as teólogas feministas começaram a recompilar a documentação necessária sobre as imagens e funções confiadas às mulheres na história da tradição cristã. Observaram que eram bem poucas as mulheres consideradas importantes por essa tradição e que, além do mais, costumavam ser associadas a imagens ou exemplos negativos (como o caso de Eva). Constataram também que as mulheres, como grupo, eram descritas na tradição cristã como más ou perigosas.

Os documentos bíblicos se consideraram produto dos tempos patriarcais. Marcaram-se os textos onde as mulheres aparecem como propriedade dos varões ou são submetidas ao silêncio e lhes foi negada a qualidade de normativos e inspirados.

A história é rica em exemplos da lamentável incapacidade do cristianismo para tratar as mulheres como seres humanos plenos e autênticos (Tertuliano as considerava como "a porta do demônio"; Tomás de Aquino as definia como "homens bastardos"). Frequentemente os homens confiaram à mulher as funções de esposa/mãe, virgem e prostituta; tipificaram-na como Eva, assim chamada a *sedutora*, ou lhe exigiram imitar a *mãe/virgem*.

As teologias feministas descobriram nesta primeira etapa que a ausência das mulheres e o menosprezo por ela impregnavam o pensamento teológico tradicional, e daí derivam a análise dos efeitos de uma tradição que tinha usado imagens quase exclusivamente masculinas para representar a Deus e o estudo das diferenciações que tal situação tinha produzido em algumas igrejas, para as quais apenas a metade de seus membros era considerada como sujeito.

A segunda etapa de *reformulação* procedeu quase naturalmente da primeira, abrindo novas rotas de pensamento e de investigação. O fato de que as teólogas constataram que as mulheres eram ignoradas ou negativamente caracterizadas na história oficial das igrejas as animou a empreender a busca de materiais que saíram de mãos femininas, bem como a história religiosa das mulheres e a mensagem que as vidas delas transmitem hoje. A história das igrejas é submetida então a novas perguntas e começa a ser entendida de outra maneira, não só como sucessão de concílios e líderes notáveis, mas também como o futuro da existência cotidiana dos que acreditam, mulheres e homens por igual.

Da mesma forma, o processo de reformulação supõe reformular os textos onde várias doutrinas têm sido explicadas tradicionalmente na teologia sistemática. Consequentemente, as teólogas feministas iniciaram a modificação de diversas doutrinas com o fim de nelas levar em conta a presença e a experiência das mulheres, de modo a não contribuírem mais para a tão prolongada opressão feminina.

A doutrina sobre Deus, por exemplo, deixou de ser a de um Deus absolutamente masculino. Propõe-se agora uma variedade mais ampla de imagens divinas, neutras quanto a seu gênero ou tomadas do mundo natural e da vida. E. Schüssler Fiorenza propõe escrever D**s para despojá-lo de antropomorfismos desnecessários e I. Gebara propõe um *pan-en-teísmo*: Deus habita em todo o criado.

Formula-se também um novo entendimento da Igreja, que implica uma concepção do ministério bem além da ordenação sacerdotal do questionamento sobre o poder hierárquico da maioria das estruturas eclesiais institucionais. A *comunidade de iguais* ou a *ekklesia das mulheres* (E. Schüssler Fiorenza) são diferentes concepções de Igreja.

Oferecem-se novas imagens das mulheres, seja a partir do material da história ou da literatura; imagens de mulheres fortes que podem inspirar-nos a atuar nas circunstâncias de hoje. Resgatam-se mulheres bíblicas, como as parteiras Púa e Sifrá; o modelo de Agar, ou Maria de Nazaré, que não é a mulher mansa e submetida, mas a mulher independente que decide cooperar com Deus. Eva deixa de ser a fonte de todo o mal para transformar-se na mulher que reflete e opta pelo conhecimento, não pela ignorância. O passado, seja histórico ou mitológico, pode impulsionar a ação e a fé no presente.

Criam-se novas liturgias para relatar e celebrar histórias, onde as mulheres já não são simples agentes passivos das ações dos homens, mas sujeitos que modelam ativamente os acontecimentos. Nessas liturgias, as experiências individuais se celebram coletivamente como experiências comunitárias que manifestam a presença de Deus na vida cotidiana das pessoas e o amor de uns para com os outros. Assim, o culto deixa de ser um instrumento para afiançar o poder de uma pessoa ou de um grupo sobre o resto, e transforma-se num espaço compartilhado no qual ninguém fica excluído nem é visto como mais ou menos valioso que os outros. O Coletivo Con-spirando de Santiago do Chile trabalhou neste sentido, bem como o grupo de mulheres WATER de Maryland (Estados Unidos), que reelaborou o Lecionário, incorporando uma linguagem inclusiva.

Agora se vive num novo caminho. A proposta de algumas teólogas é refletir sobre como unir a *experiência das mulheres* e a *tradição cristã* num método teológico que possa ser útil para a luta feminista com os símbolos do cristianismo, e para a luta cristã com as exigências do feminismo. Este leva as teólogas a despatriarcalizar as teologias e as igrejas, se quiserem contribuir para a libertação das mulheres.

II. Coincidências das teologias feministas. Mesmo quando as teologias feministas variam em sua estrutura, forma, ênfase etc.; mantêm certos acordos básicos. Vejamos alguns dos mais significativos.

Primeiro: a teologia tradicional é *patriarcal*. Foi escrita em sua quase totalidade por varões. Foi formulada, apesar de suas pretensões de universalidade, como se a masculinidade fosse a norma da humanidade, e tratou *acerca* dos homens. Escreveu-se também para os homens, ou seja, sob o suposto de que a audiência primária de leitores e pensadores fosse integrada por varões. A teologia ocidental foi criada numa estrutura social patriarcal que forma suas ideias e dá um ar de retidão e de sanção social ao *status quo* eclesial, embora com algumas exceções.

Segundo: o outro lado do ponto anterior é que a teologia tradicional *ignorou* ou *caricaturou a mulher e as experiências femininas*. Considerava-se que as mulheres nada tinha de importante a dizer. Não eram consideradas como sujeitos da antropologia teológica. O termo genérico "homem" da teologia cristã na realidade referia-se ao varão.

Maria Madalena foi resgatada de sua condição primária de pecadora e prostituta para ser reinvindicada como a primeira das apóstolas que aparece nos relatos da ressurreição. Supunha-se que uma mulher não podia desempenhar papel tão importante. No capítulo 16 de Romanos, Júnia transforma-se em Júnio pela mesma razão.

Nunca se considerou se conceitos teológicos universais, tais como os de pecado e salvação, se aplicavam realmente às mulheres do mesmo modo que aos homens. Entretanto, supunha-se que as mulheres estavam mais inclinadas ao pecado e a tentação, sendo Eva o primeiro exemplo disso.

O terceiro ponto de acordo entre as teologias feministas é que a natureza patriarcal da teologia teve *consequências nocivas para a mulher*. A teologia cristã, além de ter sido moldada pela cultura através dos séculos, foi também uma grande força que por sua vez molda a cultura, daí que resulta um problema circular. Por causa do contínuo ignorar a mulher e perpetuar imagens suas desfavoráveis a ela, quando por acaso são mencionadas, surgiu, cresceu e se retroalimentou a cultura patriarcal, tanto nas igrejas como na sociedade em geral. Essas imagens perdidas, esquecidas ou caricaturadas das mulheres e a negativa a considerá-las como sujeitos influíram nas atitudes das mulheres, e em sua própria autoestima, elas próprias desvalorizando suas capacidades, determinaram as funções que as mulheres podiam desempenhar e impediram seu desenvolvimento como pessoas adultas.

III. Método teológico. Na teologia feminista não há unanimidade quanto ao que se refere à articulação e uso de uma metodologia particular. Método não deve ser molde no qual tudo se comprima para acomodá-lo a seus próprios termos. O método está em função da informação e nos facilita um marco de pensamento para sistematizar e documentar as afirmações. Nas diferentes teologias feministas só encontramos um marco metodológico particular em concordância com a teologia feminista: compreensão e desmascaramento do patriarcado.

As *fontes* de onde surgem as teologias feministas e as normas que se aplicam variam consideravelmente. Entende-se por fonte qualquer elemento que contribua com informação ou interfira na formulação da própria teologia como textos de uma tradição religiosa, material periférico ou alheio à tradição religiosa particular, mas que se considera relevante, a experiência de determinados grupos de pessoas e a experiência humana de sujeitos particulares. A norma significa um critério ou critérios específicos que servem de princípio estrutural: a Escritura, o magistério, o Jesus histórico, a razão humana, a vida das mulheres etc.

Nas teologias feministas, um dos pontos-chaves é a *inter-relação entre tradição e experiência atual*. Algumas usam o passado cristão como fonte, mas não como norma, porque consideram a experiência das mulheres como única norma para formular uma teologia feminista. Outras recorrem a fontes e normas, tanto da tradição cristã como da experiência das mulheres. Outro grupo se move dentro de um ecletismo fundado em grande variedade de fontes e normas. Essas posturas deram origem às três correntes que vou analisar, por serem as que mais desenvolveram explicitamente sua metodologia e porque criaram escolas suficientemente representativas.

As autoras que representam essas correntes são: Elisabeth Schüssler Fiorenza, que recorre ao magistério alternativo de mulheres-igreja como a norma para a teologia cristã; Rosemary Radford Ruether, que primeiro lançou mão da tradição profético-libertadora como uma das principais normas da teologia, mas que hoje tende a um ecletismo ou ecumenismo feminista, o que é necessário. Letty Russell serve-se do exemplo de Jesus e dá noção de um futuro utópico como critérios normativos, junto a normas extraídas da experiência das mulheres.

1. *Um novo magistério*. A teóloga católica e especialista em hermenêutica bíblica Schüssler Fiorenza aponta para um novo magistério, o da mulher-igreja. Sua teologia é coerente com outras teologias da libertação: parte da práxis de mulheres que estão lutando para libertar-se do patriarcado e demanda a erradicação da opressão; faz uma opção preferencial por todas as mulheres, especialmente pela mulheres pobres. Entre suas metas principais está a integração – superação de dualismos – que só se poderá alcançar quando se tiver superado a concepção hierárquica. Elabora formulações teológicas alternativas, como sua maneira de escrever D**s, apresenta a comunidade de Jesus como comunidade de iguais e recorre ao termo "kyriarcado" (de *kyrios*) para incorporar um novo matiz na identificação e análise do patriarcado.

A experiência feminina da opressão não é só o ponto de partida de Schüssler Fiorenza, mas também o foco central e a norma evolutiva. Ela pensa que a Bíblia foi usada para perpetuar essa opressão, e por isso não pode considerar-se norma central da fé em sua totalidade. O critério para interpretar os textos bíblicos e para admiti-los como revelados é este: se servem ou não para a libertação das mulheres. A razão que dá para não abandonar a Bíblia é sua negativa a que unicamente se sirvam dela aqueles que pretendem reforçar o patriarcado. Aposta num cânon libertador que seja concorde com a tradição cristã que ajude a salvação de todos os seres humanos, especialmente das mulheres. Nem toda a Escritura é, portanto, palavra de Deus. A Bíblia não constitui uma norma para a teologia, mas unicamente um recurso, do qual a humanidade cristã pode servir-se para ações concretas, por exemplo, para a identificação de seus fundamentos. Se os textos recordam as experiências de Deus que o povo teve em sua luta contra a opressão patriarcal, podem tornar-se paradigmáticos para as mulheres-igreja.

2. A *ekklesía das mulheres* ou a mulher-igreja, como "movimento de mulheres com identidade própria e de homens identificados com as mulheres na religião bíblica", é o lugar da revelação e da graça divinas, não a Bíblia ou a tradição de uma Igreja patriarcal. Esta *ekklesía* é a reunião de cidadãs livres e responsáveis capazes de articular sua própria teologia, reclamar sua própria espiritualidade e determinar sua própria vida religiosa.

A única norma adequada para Schüssler Fiorenza seria aquela que apoiasse e garantisse o fim da opressão sobre as mulheres e fomentasse uma busca religiosa que as conduzisse à autoafirmação e autodeterminação, e que além disso contribuísse para a libertação de todos os oprimidos e das não-pessoas.

Quanto a seus enfoques hermenêuticos básicos da Escritura, podemos destacar quatro. O primeiro é uma *hermenêutica da suspeita*, para descobrir o androcentrismo dos textos e suas interpretações; o segundo, uma *hermenêutica da proclamação*, que julga as formas nas quais se pode usar a Bíblia na comunidade contemporânea de fé, eliminando do uso litúrgico os textos que forem opressivos para a mulher; e o terceiro, uma *hermenêutica recordativa*, que busca recuperar as tradições bíblicas a partir de uma perspectiva feminista, fazendo novas perguntas sobre o lugar e as ações das mulheres na tradição bíblica; o quarto, uma *hermenêutica da atualização criativa*, por meio da qual as mulheres podem introduzir-se na história bíblica através da imaginação histórica, da recreação artística e do ritual.

3. *Ecletismo feminista*. Algumas feministas se aproximam da tradição cristã e da experiência das mulheres, apelando a fontes e normas para a formulação de sua teologia, na medida em que vão necessitando, com o fim de sublinhar determinados pontos. Rosemary Radford Ruether é uma teóloga feminista desta classe e seu método pode classificar-se como transição.

Para ela, o princípio fundamental de qualquer teologia feminista aceitável é que promova o pleno caráter humano das mulheres. Firma-se na contextualização de toda a teologia e insiste em que nenhum ponto de vista é objetivo, porque todos são influenciados por um contexto determinado.

Ruether articulou suas fontes, incorporando tradições alheias à propriamente cristã, que denomina "tradições utilizáveis". Inclui nesses materiais: a Escritura (tanto hebraica como cristã), as tradições cristãs marginais e heréticas, a tradição dominante na teologia cristã, as filosofias das religiões não-cristãs greco-romanas e do Oriente próximo e as perspectivas do mundo críticas e pós-cristãs (liberalismo, marxismo, romantismo). Interessam-lhe sobretudo os movimentos considerados pela tradição cristã como marginais ou heréticos, mas que preservam uma visão de igualdade humana e nos quais, consequentemente, as mulheres exerciam importantes funções de liderança. Ruether pensa: se descobrirmos que um elemento desse passado é igualitário no qual diz respeito às mulheres, podemos aprender dele para o presente.

Ela mesma denominou ecletismo prático ou "ecumenismo feminista" a combinação entre essas fontes tão variadas e o princípio fundamental de sua teologia, pois considera que uma teóloga feminista deve extrair, de quantas fontes e normas estiverem a seu alcance, o de que precisa para promover a plena identidade humana das mulheres.

Ruether acredita que a experiência das mulheres nunca está no centro dos textos tradicionais, motivo pelo qual perdem seu caráter normativo. As mulheres não são descritas como sujeitos ativos, pensantes, com experiências; portanto, é necessário encontrar novos textos e usá-los, de modo que a experiência das mulheres possa tornar-se visível e se transforme em nova norma com a qual construir uma nova comunidade, uma nova teologia e talvez um novo cânon.

Para Ruether, a fonte bíblica contém material útil para as mulheres, sob a forma de tradições *profético-libertadoras* ou *profético-messiânicas*, uma vez que estas se colocam ao lado dos que se encontram em desvantagem ou sofrem algum tipo de opressão, criticam o *status quo*, expõem a corrupção de uma falsa religião e chamam ao arrependimento. O êxodo é o símbolo bíblico fundamental dessa tradição profético-libertadora, que também foi assumida pelos profetas e por Jesus. A salvação que se busca e se oferece nessa tradição é um futuro alternativo, uma nova sociedade de paz e justiça, na qual não existem opressores nem oprimidos. É essa a norma pela qual deve ser medido o resto dos testemunhos bíblicos.

Jesus, que pertence a essa tradição, é uma figura política que defende os humildes e julga os poderosos. Cria uma liderança baseada no serviço aos outros e espera que seus seguidores façam o mesmo. Sua defesa do oprimido radicalizou a visão que era comum em seu tempo sobre o reino de Deus. Para Ruether, a masculinidade de Jesus não importa, o essencial é a sua mensagem e o seu juízo reprovativo contra tudo o que exclui ou subordina.

Para ela, a verdadeira Igreja é a comunidade da libertação da opressão, comunidade governada pelo Espírito, que da força para renunciar ao patriarcado.

Ruether dedica forte empenho na reformulação das únicas experiências que as mulheres puderam reclamar como suas – as experiências biológicas da menstruação, de dar à luz, de amamentar, e outras semelhantes, que têm sido interpretadas através de olhos patriarcais. Essas experiências corporais devem ser reinterpretadas e empregadas de tal maneira que as mulheres possam reconhecê-las como próprias.

Pela variedade de fontes que utiliza, nota-se que Ruether teve muito cuidado para não estabelecer a plena identidade humana da mulher às expensas de outros grupos, humanos ou não-humanos. Reconheceu sempre a interconexão das opressões e o fato de que a luta para erradicar a opressão de um grupo supõe combater também a opressão sofrida por outros setores. Ela está convencida de que ninguém será livre enquanto não forem todos livres, de maneira que em sua obra se ocupou muitas vezes de outras opressões e revela o laço que une racismo, sexismo e exploração da natureza como laço único frente ao domínio sobre os subordinados. É este o princípio básico do ecofeminismo.

4. *Normas da tradição cristã*. O caso de Letty Russell constitui bom exemplo de teóloga feminista luterana que extrai explicitamente da própria tradição cristã normas para a teologia cristã, e também da experiência das mulheres. Boa parte do que ela escreveu se centraliza no tema da teologia como experiência compartilhada que decorre desde e para a ação. A tentativa de conhecer e entender a Deus desemboca no conhecer e entender a si mesmo e aos outros. Como tarefa teológica cristã, isso não se reduz somente a entender nossa própria experiência ou a de outros, mas deve estender-se cuidadosa e conscientemente à tradição cristã, uma vez que temos acumuladas uma longa reflexão e ação em nossas antepassadas e nós mesmos somos seres históricos.

Para Russell, a necessidade de repensar a teologia foi estimulada pelo conhecimento de que as mulheres são um grupo oprimido, e daí a experiência das mulheres ser uma das normas de julgamento sobre a adequação ou veracidade da tradição religiosa. Uma teologia que não possa falar sobre e a partir da experiência de seus participantes, construtores e ouvintes nunca será convincente.

A experiência das mulheres compreende as experiências biológicas e culturais de ser mulher (gênero), bem como as experiências feministas e políticas de todos aqueles que estão a favor de uma mudança social que inclua tanto as mulheres como os homens enquanto seres humanos. Todos esses elementos devem conformar uma teologia cristã adequada, que reconheça e encoraje a diversidade da experiência.

Segundo Russell, a importância normativa da experiência das mulheres representa para a teologia uma "mudança paradigmática", uma vez que submeteu à análise tudo aquilo a que se concedeu autoridade na religião bíblica. Para a interpretação feminista, não será aceitável nenhuma explicação da autoridade que reforce as estruturas patriarcais de dominação.

Um dos desafios, ao qual deu origem esta mudança de paradigma, é a rejeição do que Russell chama de "passado não-utilizável": aquele que foi e continua sendo usado contra a plena identidade humana das mulheres. Em contraposição, deve-se buscar um *passado utilizável* que encontramos nas partes de nossa história onde as mulheres têm sido reconhecidas como seres humanos em plenitude e igualdade de faculdades. Ao recuperá-lo, temos de usar também uma *linguagem utilizável* que não deixe novamente invisível a ação das mulheres. A linguagem não é apenas instrumento, mas exerce o poder de levar a cabo nossas pretensões através da comunicação humana.

Também a experiência das mulheres representa para a teologização tradicional um desafio ao individualismo metodológico. O nascente paradigma feminista é o da autoridade como associação. De acordo com este ponto de vista, a realidade deve ser interpretada como círculo de interdependência. Neste caso, a ordem é o resultado da inclusão da diversidade num espectro que, como o do arco-íris, não obriga a uma submissão a algo superior; antes, convida à participação na tarefa comum de criar uma comunidade interdependente de seres humanos e natureza. A autoridade se exerce em comunidade e tende a reforçar ideias de cooperação, com a contribuição de grande diversidade de pessoas que enriquecem o conjunto. Russell propõe uma autoridade compartilhada, não-hierárquica, que traz consigo o reconhecimento de toda pessoa como sujeito, não como objeto, e a exaltação de interdependência, mais que da independência.

A partir dessa perspectiva, Russell pensa que a palavra de Deus na Escritura e a tradição deve ser libertada de seu androcentrismo e de toda interpretação privativa e espiritualizada. Por isso a revelação de Deus em Jesus Cristo e através do Espírito não é em si mesma a representação da autoridade, mas a fonte da autoridade para nossa vida como cristãos. Jesus é considerado o representante de Deus e da verdadeira humanidade; por intermédio de Jesus, Deus se fez presente na história para estar com os seres humanos. Quando nos referimos a Jesus Cristo para sabermos a maneira de atuarmos como crentes, ele se constitui o critério normativo.

A palavra de Deus não é apenas um escrito, mas algo que se experimenta quando o texto chega ao ouvinte, de modo que este possa escutar nele a boa nova. Russell destingue entre Escritura e Texto. A Escritura é o relato escrito na forma que conhecemos. O Texto é o modo como ele nos fala e se torna palavra de Deus em nossa vida.

A chave interpretativa do texto bíblico, para Russell, é a promessa de Deus de *redimir a criação*. Esta chave hermenêutica escatológica supõe um processo de questionamento de nossas ações e de nossa sociedade à luz da mensagem bíblica da nova criação. Trata-se de uma criação integral, na qual cada ser humano será avaliado por todos os outros e na qual a classe e o gênero não serão categorias de dominação e subordinação. A libertação e a universalidade são os dois motivos mais importantes, segundo Russell, para entender a relação de Deus com mundo.

IV. A experiência das mulheres como norma e fonte da teologia. As teólogas feministas centralizam-se na necessidade de utilizar a experiência atual, particularmente a experiência das mulheres, embora algumas pensem que se tenha tornado impossível colocar este ponto como fundamento da teologia feminista e preferem falar de vida cotidiana das mulheres, que incorpora as condições concretas de sua vida em diferentes contextos, bem como sua experiência interna como eu histórico e social que experimentou a marginalização por causa do seu gênero.

A relação primária do ser humano com o mundo a que tem como sujeito de experiência, sendo esta a sensação básica do eu em relação com toda a realidade da qual faz parte e com os outros seres incluídos nesse conjunto. Quaisquer que sejam essas experiências e seu imediatismo, sua articulação e compreensão mudam por causa de vários fatores como a cultura, o gênero, a raça e a classe, que modelam nossas expectativas e reflexões.

A articulação das experiências depende de muitos fatores. Homens e mulheres têm experiências diferentes, mesmo quando participam do mesmo fato, podem muito bem experimentá-lo e interpretá-lo de maneira diferente, uma vez que conhecemos através de nossos *corpos sexuados*.

Podemos encontrar pelo menos cinco modos de falar das experiências da mulher: a experiência corporal, social, feminista, histórica e individual.

A *experiência corporal* das mulheres as leva a diferenciar as experiências biológicas das reações socializadas diante dessas experiências corporais. Algumas afirmam que a relação cíclica com seu corpo as coloca mais perto da natureza, mais alinhadas com as forças e potenciais da terra; outras pensam que é uma diferença percebida ou simplesmente imaginária.

Outro fator da experiência corporal é a sensação real de vulnerabilidade, pois temem ser violadas, assaltadas, maltratadas, em função de seu corpo. Por outro lado, surge a experiência de não responder em sua totalidade ao modelo ideal que se espera de uma mulher, sobretudo nas sociedades ocidentais, com as mídias tão poderosas.

Essa experiência como fonte teológica nos leva a elaborar novo vocabulário teológico nas questões antropológicas e deixaria de colocar os seres humanos acima do mundo natural para concebê-los de preferência como parte de um todo inter-relacionado.

A *experiência social* das mulheres foi definida pelos homens; estes, como acertadamente observa Mary Daly, se reservaram o poder de *nomear*, e evitaram que as mulheres fizessem o mesmo. Seu espaço é o doméstico, onde o valor consiste em ter os filhos e cuidar deles, além de respeitar e desenvolver as virtudes da humildade, da obediência e da autonegação. Sua incorporação ao mundo do trabalho as tornou sujeita de "dupla jornada". Também cabe elas manter a honra e a moral familiar, além de serem o apoio emocional de seus membros.

Dessa experiência a teologia feminista aprende como nos definiram e oferece aos homens boa fonte de conhecimentos sobre si mesmos e sobre seu papel como criadores e definidores do que é teologicamente importante.

A *experiência feminista* é uma resposta à experiência social do patriarcado. As mulheres reclamaram para si o poder de articular suas experiências e exigiram a igualdade com os homens, questionando sobre o significado preciso dessa igualdade. Sua reflexão abrange diferentes fatos como a feminização da pobreza, e por que o gênero, a raça e a classe afetam as expectativas das mulheres, questionando tudo o que outros disseram sobre o que significa ser mulher e redefinir o valor de suas experiências.

Essa experiência é, para a teologia, a fonte de questionamento que põe em dúvida todas as suposições sobre o fato de perguntar se as mulheres foram incluídas em determinadas formulações, ou se foram levadas em consideração como autoras ou como audiência.

A *experiência histórica* não se obtém diretamente, e sim mediante o que se sabe e se pode aprender das mulheres do passado. Por isso, é muito importante recuperar, quanto antes, uma parte da história perdida das mulheres, em cuja experiência devem e podem basear-se as mulheres de hoje. Se conhecemos o passado, não voltaremos a repeti-lo.

A experiência de outras mulheres que teologizaram suas experiências religiosas com imagens, conceitos e linguagens que criaram novos modelos, novas questões e novas evidências, embora nem sempre dentro da ortodoxia patriarcal, é parte importante da teologia feminista.

As *experiências individuais* que cada mulher tem na própria vida para descobrir os aspectos que a definem em função de um papel cultural e de seu gênero, podem ser catalisadores para a reflexão teológica.

A teologia feminista procura articular adequadamente o testemunho cristão de fé a partir da perspectiva das mulheres como grupo oprimido. Consequentemente, quaisquer dos elementos definidos como *experiência das mulheres* são usados como fonte para a teologia, elementos esses que podem e devem ser utilizados como critérios mais importantes para julgar se a teologia é acreditável para as mulheres e outros grupos oprimidos.

A experiência das mulheres é, portanto, norma para a teologia quando se usa para demonstrar que certas afirmações teológicas, supostamente universais, na realidade só se referem a uma das metades da raça humana. Dado que as teólogas feministas se baseiam nessa experiência para a formulação de suas afirmações teológicas, aprenderam a ser mais lacônicas quanto a estas em suas pretensões de universalidade e a observarem a diversidade da humanidade que as circunda.

I. Gebara, *Intuiciones ecofeministas*, Madrid, Trotta, 2000; E. Johnson, *La que es. El misterio de Dios en el discurso teológico feminista*, Barcelona, Herder, 2002; A. Loades (ed.), *Teología feminista*, Bilbao, DDB, 1997; M. Pintos y J. J. Tamayo, "La mujer y los feminismos", en M. Vidal (ed.), *Conceptos fundamentales de ética teológica*, Madrid, Trotta, 1992, 519-532; R. Radford Reuther, *Gaia y Dios. Una teología feminista para la recuperación de la tierra*, México, Demac, 1993; L. M. Russell, *Bajo un techo de libertad. La autoridad en la teología feminista*, San José de Costa Rica, DEI, 1997; L. M. Russell y J. Shannon Clarkson (eds.), *Dictionary of Feminist Theologies*, Louisville, Westminster John Knox Press, 1996; E. Schüssler Fiorenza, *En memoria de ella*, Bilbao, DDB, 1989 (trad. em port.: *As origens cristãs a partir da mulher: uma nova hermenêutica*. São Paulo: Paulus, 1992), id., *Pero ella dijo. Prácticas feministas de la interpretación bíblica*, Madrid, Trotta, 1996; E. Vuola, *Teología feminista, teología de la liberación*, Madrid, Iepala, 2000.

Margarita Maria Pintos

TEOLOGIAS DA LIBERTAÇÃO

I. A emergência de novo paradigma teológico. No final da década de 60 do séc. XX, começou a desenvolver-se dentro do cristianismo uma série de teologias, de preferência no Terceiro Mundo e nos meios marginalizados do Primeiro Mundo, que questionavam o eurocentrismo da fé cristã e do discurso teológico ambos até então considerados universais e válidos para toda a cristandade, teologias que se mostravam críticas frente à cultura moderna, na qual a teologia cristã se havia inculturado nas décadas precedentes. São as "teologias da libertação". Inaugurava-se assim uma nova maneira de fazer teologia ou, se se prefere, um novo paradigma teológico, que pretendia dar resposta às perguntas e desafios procedentes do mundo da pobreza estrutural que assola o Terceiro Mundo, e do pluralismo cultural e religioso.

Essas teologias têm ar de família e convergem sobre aspectos fundamentais devido ao seu lugar de nascimento, o Terceiro Mundo ou nas periferias do Primeiro Mundo, por sua localização no mundo da marginalização, e por sua metodologia indutiva. Apresentam-se como contextuais, embora não renunciem à pretensão de universalidade; universalidade não imperial, nem nos seus métodos nem nos seus conteúdos, mas intercultural, única forma de universalidade no atual pluralismo cultural e religioso.

Não são teologias de genitivo, como as que surgiram depois da segunda guerra mundial, ou que se limitem a incorporar a libertação como novo tema teológico. Pode considerar-se, antes, como teologia fundamental, uma vez que pretendem dar razão da fé cristã no horizonte da libertação, a partir da opção pelos excluídos e em diálogo com outras religiões.

Enquanto pertencentes à mesma família, entre elas existem convergências e afinidades, mas também importantes diferenças em função dos vários contextos geoculturais, socioeconômicos e étnicos onde se desenvolvem, dos problemas aos quais hão de responder e dos interlocutores com os quais dialogam. Todas elas constituem a melhor expressão do atual pluralismo cultural, religioso e teológico, do caráter autenticamente universal do cristianismo, de sua interculturalidade e do processo de descolonização da teologia cristã em marcha.

As teologias da libertação desenvolvidas no Terceiro Mundo conservam uma interação e intercomunicação permanentes. Uns dos principais e mais fecundos lugares de encontro entre elas é a Associação Ecumênica de Teólogos do Terceiro Mundo (EATWOT), fundada em Dar es Salan (Tanzânia), à qual pertencem teólogos e teólogas da África, da Ásia, da América Latina e das minorias dos Estados Unidos. Para ser membro dessa Associação, não basta viver e trabalhar no Terceiro Mundo; é necessário fazer "teologia a partir da perspectiva privilegiada dos pobres e oprimidos" (Fabella e Sugintharajah, 2003, 128). A pertença não se reduz aos teólogos profissionais; é aberta a cristãs e cristãos comprometidos em promover o desenvolvimento teológico do Terceiro Mundo, como palavra e voz alternativa à teologia dominante, de preferência a ocidental. Durante os quase trinta anos de vida, celebrou os seguintes encontros: Dar es Salam (Tanzânia), em 1976; Accra (Ghana), em 1977; Wennappuwa (Sri Lanka), em 1979; São Paulo (Brasil), em 1980; Nova Déli (Índia), em 1981; Oaxtepec (México), em 1986; Nairóbi (Quênia), em 1991; Filipinas, em 1996; Quito (Equador), em 2001. A Associação é um foro ecumênico de debate, estímulo e enriquecimento para os teólogos e as teólogas do Terceiro Mundo, que lhes permite trabalhar coordenadamente. Nela funcionam três comissões de estudo e pesquisa: Comissão de Trabalho sobre a História da Igreja no Terceiro Mundo, criada em 1981; Comissão para a Teologia a partir da perspectiva feminista, criada em 1983; Comissão Teológica Intercontinental, criada em 1986. Tem uma revista chamada *Voices from Third World*.

O clima predominante nas relações entre essas teologias diz respeito ao pluralismo, diálogo e interpelação mútua. Caracterizam-se pelo seu sentido ecumênico, criatividade, capacidade de crítica e auto-crítica. Têm elevado grau de sistematização, que lhes permite dialogar com teologias elaboradas em outros contextos e com outra metodologia. Um de seus traços mais significativos é a capacidade de diminuir os marcos acadêmicos – onde, talvez estejam presentes – e de fazer-se ouvir em âmbitos plurais não estritamente teológicos, tanto religiosos como leigos, políticos, econômicos e culturais.

Vão em busca de metodologia teológica comum em chave de libertação que respeite, por sua vez, as diferenças cada vez mais enriquecedoras e assumidas dialeticamente. Todas elas são, além disso, teologias jovens, *in fieri*, que se reconstroem através dos processos históricos, em diálogo com os novos climas socioculturais e em resposta aos novos fenômenos de marginalização e exclusão que atingem grupos sociais, povos, regiões e continentes inteiros.

Farei minha exposição continuando as linhas fundamentais que considero mais significativas no panorama teológico mundial: teologia latino-americana da libertação, teologia das minoriais, étnicas dos Estados Unidos (negros hispanos), teologia africana da libertação, teologia contextual sul-africana e teologias da libertação do continente asiático.

II. Teologia latino-americana da libertação. A teologia latino americana da libertação surge no fim da década de 60 do século XX, a partir de uma série de condições externas e internas. Entre as primeiras, podem citar-se as seguintes: a irrupção do Terceiro Mundo na história e sua consciência de ser sujeito sem dependências externas que condicionem seu futuro; os movimentos revolucionários de libertação que se estendem por todo o continente e despertam a consciência de liberdade no conjunto da cidadania; a teoria da dependência, que mostra como o subdesenvolvimento da América Latina não é uma etapa prévia que leve diretamente ao desenvolvimento, mas o resultado e o preço imposto pelo desenvolvimento do Primeiro Mundo; a pedagogia do oprimido, de Paulo Freire, que contribuiu para passar da consciência ingênua à consciência crítica, e desta à consciência transformadora e revolucionária.

Entre as condições internas podem citar-se as seguintes: o Concílio Vaticano II, que marca o fim da cristandade e permite sentir sua influência na América Latina, continente em sua maioria pobre e cristão; a presença dos cristãos e cristãs, individual e comunitariamente, em seus diferentes estados (leigos, sacerdotes, religiosos e religiosas, bispos), nos movimentos de libertação, implicando a fé na luta pela transformação das estruturas injustas; o abandono, por parte da hierarquia das diferentes igrejas cristãs, do discurso e das práticas coloniais e a aposta em favor de uma Igreja dos pobres; a mudança na organização interna das igrejas, que passa de uma configuração hierárquico-patriarcal a outra mais participativa; o fenômeno das comunidades eclesiais de base, inseridas em zonas rurais e nos contextos urbanos marginalizados; a existência de um grupo de teólogos latino-americanos com sólida formação interdisciplinar decididos a fazer uma teologia com identidade própria e não como simples arremedo das teologias do Norte.

A nova teologia se autodefine como "reflexão crítica da práxis histórica à luz da Palavra" (Gutiérrez, 1972, 38). A práxis histórica não se entende aqui como novo tema teológico, mas como lugar social e epistemológico a partir do qual se faz a teologia. A práxis não é apenas critério de verificação da fé, mas momento interno de conhecimento teológico. Daí, o valor da práxis se situa tanto no plano epistemológico como no ético. A libertação constitui o princípio teológico e a perspectiva hermenêutica do novo paradigma, que leva a cabo uma verdadeira revolução metodológica ao incorporar a mediação socioanalítica na reflexão teológica. As ciências sociais proporcionam à teologia o diagnóstico da realidade, ajudam-na a descobrir os mecanismos de dominação que operam na realidade histórica e lhe mostram as possíveis alternativas. Por sua vez, convertem-se em "palavra primeira" da reflexão teológica e no momento interno intrínseco da nova metodologia.

Existe uma historização dos principais conceitos e temas teológicos que a teologia tradicional procurava espiritualizar: Deus, Jesus de Nazaré, Espírito Santo, Igreja, revelação, salvação, redenção (libertação), graça, pecado etc. Contribuem assim para libertar a teologia do idealismo que sempre a caracterizou. A isso se referia Juan Luís Segundo no título de um de seus livros mais emblemáticos: *Libertação da Teologia* (1975).

A mudança se produz também no momento constitutivo por excelência da teologia, que é a mediação hermenêutica, ou seja, na interpretação dos textos fundantes da fé cristã. A hermenêutica é feita à luz dos novos contextos socioculturais e a partir das perguntas que emanam da realidade, fugindo assim de todo o fundamentalismo e de toda leitura imediatista. Chegamos assim ao círculo hermenêutico, que no novo paradigma teológico é, como afirma Ellacuría, real, histórico e social e situado nas novas experiências de libertação dos cristãos. A circularidade hermenêutica da teologia da libertação leva em consideração a maneira própria de experimentar a realidade, fazendo aplicar a dúvida ideológica a todos os âmbitos da existência, inclusive a reflexão teológica. Essa circularidade se aplica também aos textos do magistério, aos dogmas da fé cristã e às principais correntes teológicas, a partir de uma perspectiva dialética, procurando descobrir sua dimensão libertadora. É, na feliz expressão de Juan Luis Segundo, segundo "o dogma que liberta".

A hermenêutica guia-se pelo princípio da *opção pelos pobres*, que implica ver a realidade com os olhos destes, assumir sua causa, compartilhar sua vida e suas esperanças, compadecer-se de seus sofrimentos e participar ativamente de suas lutas libertadoras. Os pobres não são objetos, destinatários ou consumidores da teologia da libertação, mas sujeitos. O mundo dos pobres não deixa indiferentes os teólogos e as teólogas; ensina-os a pensar de outra maneira. A opção pelos pobres transforma-se em princípio articulador da atividade teológica, em verdade teológica, que lança suas raízes no mistério de Deus como Deus dos pobres, e na verdade cristológica, que se baseia na opção fundamental de Jesus pelos marginalizados e excluídos.

No início, a teologia da libertação latino-americana centralizou-se na contradição socioeconômica pobres/ricos, opressores/oprimidos, como contradição principal, tal como se dava no continente. Não descuidou, é verdade, a discriminação por razões culturais, raciais e étnicas, mas não lhe prestou a atenção requerida. O mesmo se pode dizer, e com maior razão, se possível, a respeito da discriminação por razão de gênero, na qual apenas se repara, e quando se repara, é para considerá-la contradição secundária.

Durante as duas últimas décadas, abriu-se para novos horizontes, a partir dos novos sujeitos emergentes, dos novos níveis de consciência e dos desafios que a própria realidade propõe no âmbito tanto internacional como continental: a natureza, a terra, as mulheres, as comunidades indígenas e afro-latino-americanas, as comunidades camponesas, os excluídos pelo neoliberalismo, o pluralismo religioso, os novos movimentos religiosos etc. Isso tem causado novas tendências teológicas sensíveis às muitas formas de marginalização que acontecem na America-Latina como consequência da globalização realmente existente, cada vez mais excludente e não-solidária.

Citarei as mais criativas e inovadoras. A *teologia a partir da perspectiva de gênero* parte das experiências de sofrimento e luta das mulheres, dupla ou triplamente oprimidas, recorre à hermenêutica da dúvida sobre o caráter androcêntrico dos textos bíblicos e de suas traduções, bem como da formulação dos conteúdos fundamentais da fé, e questiona em sua raiz a organização patriarcal das instituições eclesiásticas. A teologia *afro-latino-americana* parte da identidade cultural da comunidade negra, questiona a dominação religiosa e cultural a que tem sido submetida há séculos, critica o fetiche do branco, lê os textos sagrados de suas tradições ancestrais a partir da Bíblia, e esta a partir daqueles, a partir da vivência comunitária dos valores de ambas as tradições. A teologia indígena, enquanto sabedoria religiosa dos povos autóctones da Ameríndia, pretende afirmar sua identidade através da recuperação e dignificação de suas tradições religiosas e culturais, que considera verdadeiros lugares teológicos e espaços de revelação. É uma teologia cósmico-ecológica, celebratívo-festiva, mítico-simbólica, que busca o equilíbrio entre divindade, natureza e comunidade. Encontra-se em sua base a memória histórica coletiva das comunidades indígenas, mas também o novo contexto cultural da América-Latina. A *teologia econômica da libertação* reconhece a relevância teológica da economia, desmascara o caráter idolátrico e fetichista da "religião econômica" do mercado, tem como princípio o Deus da vida e explicita os valores cristãos da partilha e da solidariedade, da justiça e da igualdade, como alternativas ao individualismo da teologia neoliberal. A *teologia ecológica* critica o paradigma científico-técnico da Modernidade como não universalizável nem integral, e por isso mesmo se mostra sensível ao grito do pobre e ao grito da terra que clamam por sua libertação. A *teologia do pluralismo religioso* reconhece a existência da pluralidade de tradições culturais e religiosas na América Latina, considerando-as uma riqueza, e procura recuperar as dimensões libertadoras de cada uma das diferentes religiões e culturas.

O discurso teológico libertador latino-americano foi sem dúvida aquele que mais impacto provocou nos diferentes cenários religiosos, no panorama teológico mundial e, sem dúvida, na atividade histórica do cristianismo. A ele corresponde a prioridade cronológica e metodológica. Segundo a observação pertinente de Aloysius Pieris, os teólogos latino-americanos fizeram com a teologia europeia algo parecido com o que Feuerbach e Marx fizeram com a dialética hegueliana: colocá-la sobre seus pés encarná-la em uma teopráxis.

III. Teologia da libertação entre as minorias nos Estados Unidos. Várias foram as teologias da libertação desenvolvidas entre as minorias nos Estados Unidos. Referir-me-ei apenas a duas: a negra e a hispânica.

A *teologia negra nos Estados Unidos* surge como tentativa para entender a identidade da comunidade negra, cuja maioria era cristã, e para buscar a compatibilidade entre ser negros e ser cristãos, numa sociedade de brancos, cristã e racista como a norte-americana, que em amplos setores sociais não reconhecia os negros como seres humanos e identificava o cristianismo quase exclusivamente com a cultura norte-americana e europeia dominante. Várias eram as perguntas às quais pretendia responder:

É possível definir-se como negros e cristãos sem cair em contradição? Existe relação entre o evangelho de Jesus de Nazaré e a luta pela liberdade da comunidade negra? Como ressignificar e redefinir muitos símbolos cristãos utilizados pela cultura dominante para manter os negros em estado de permanente discriminação por motivos étinicos e raciais? Como transformá-los em símbolos de liberdade e libertação dos negros?

O *humus* onde surge e se desenvolve esta teologia é o movimento dos direitos civis liderado por Martin Luther King Jr. e a luta pela conquista do poder negro conforme a doutrina e a prática de Malcolm X. Dois fatos estão em seu ponto de partida: a colonização interior em que vivia os negros nos Estados Unidos, colonização que choca com a imagem tão espalhada dos Estados Unidos como "o país dos homens livres e o lar dos valentes", e o compromisso para derrubar os muros da discriminação racial, que se manifestava em todos os terrenos: trabalho, distribuição da riqueza, *habitat* etc.

A primeira sistematização da teologia negra nos Estados Unidos coincide cronologicamente com a da teologia da libertação latino-americana e é elaborada por James H. Cone no final da década de 60 e princípios de 70 do século XX, em suas obras *Black Theology and Black Power* (1969), A *Black Theology of Liberation* (1970), e *God of the Opressed* (1975). Cone se refere à dupla mediação para a libertação dos negros: a autoconsciência da negritude e a legitimidade do poder negro. "Minha última realidade é a negritude (*blackness*)", afirmava no começo de sua caminhada teológica. Negritude que era apresentada como o símbolo da solidariedade no sofrimento e na luta pela liberdade. Por sua vez, o poder negro era considerado "a mensagem central de Cristo na América no século XX". Outros teólogos afro-americanos destacados são J. Deotis Roberts, Gayraud S. Wilmore e Cain H. Felder.

Nas décadas posteriores, esta teologia experimentou importantes mudanças e ampliou seus horizontes iniciais. Existe maior consciência da humanidade como um todo e da solidariedade interna de todos os oprimidos no caminho da libertação integral universal. A libertação dos negros nos Estados Unidos considera-se indissociável da libertação dos pobres do Terceiro Mundo. A partir dessa base mostra-se sensível às lutas de emancipação em outros lugares e às contribuições de outras teologias da libertação, e abriu importantes espaços de diálogo e colaboração com outras minorias marginalizadas nos Estados Unidos, como a comunidade hispânica, a comunidade asiática etc. Foi a Asociación Ecuménica de Teólogos del Tercer Mundo que influiu notavelmente nessa abertura, como reconhece o próprio Cone.

Três são as direções em que atualmente avança esta teologia: o retorno às fontes da religião dos escravos negros: sermões, folclore, preces e cânticos, os estudos bíblicos à luz da justiça e da libertação e através da análise dos motivos raciais que aparecem nos relatos da Bíblia; a teologia "da mulher", que pretende libertar as mulheres afro-americanas da invisibilidade a que são submetidas dentro da comunidade negra, oferece especial importância ao tema da sobrevivência e coloca no centro de sua reflexão a experiência das mulheres no discurso sobre Deus.

A *minoria hispânica nos Estados Unidos* conta também com uma teologia da libertação que em seus inícios se desenvolveu sob a influência metodológica da teologia da libertação latino-americana e que depois seguiu itinerário próprio a partir da experiência específica da comunidade hispano-norte-americana, muito diferente do contexto latino-americano de onde procedia. Após constatar a diversidade e complexidade dessa comunidade, essa teologia descobre uma série de características comuns, a partir das quais elabora sua reflexão: experiência da mestiçagem, marginalização cultural e racial, e religiosidade popular como fonte de identidade frente à cultura dominante e possível âmbito de libertação. Entre os pioneiros dessa teologia destacam-se Virgilio Elizondo, no mundo católico, que levou a cabo uma inovadora teologia da mestiçagem, e Justo Fernández, no mundo protestante, que faz uma fundamentação bíblica da teologia hispano-norte-americana. Contribuições relevantes ao movimento teológico hispânico nos Estados Unidos trouxe a teologia da mulher, cuja fonte é a experiência das mulheres de origem latina residentes nos Estados Unidos; experiência essa caracterizada pelo sexismo, pelos preconceitos étnicos e pela opressão econômica.

IV. Teologias africanas. A teologia africana da libertação surge como resposta a dois fenômenos estreitamente unidos no continente: a opressão imposta pelos brancos à população negra e o imperialismo cultural do Ocidente. Considera a pobreza em sua dúplice vertente: *estrutural*, consequência da distribuição desigual dos bens da terra e das relações injustas entre os povos; e *antropológica*, que consiste na perda da identidade coletiva, no enfraquecimento da criatividade, na destruição dos valores indígenas, na demonização das crenças religiosas autóctones e inclusive na prática da violência simbólica. A pobreza antropológica – segundo J.-M. Ela, um dos principais representantes dessa teologia – é a *pobreza do ser*, agressão ontológica e estrutural. De acordo com isso, libertação aqui é um conceito polissêmico, que engloba os aspectos culturais, socioeconômicos, políticos e religiosos.

Essa teologia procura responder unitariamente ao duplo desafio: da inculturação e da libertação. Em outras palavras, a afirmação da identidade africana deve inserir-se nos dinamismos sócio-históricos. O lugar onde se encontra em jogo e se verifica a fé cristã não é a África do tam-tam, mas a "África estrangulada" no dizer de Ela, que reformula a mensagem cristã a partir da "África inferior", no duplo sentido indicado.

Três são as tarefas assumidas pela teologia africana da libertação. Primeira: viver a fé cristã a partir da inserção nos movimentos populares da libertação. Segunda: fazer um exame crítico da linguagem da fé na África. O resultado desse exame é a constatação de uma relação conflitiva entre a realidade africana e os conceitos teológicos ocidentais. Ao descuidar a importância do símbolo e ao desenvolver unilateralmente a racionalidade, a teologia eurocêntrica exclui *per se* o rico universo do pensamento e do mundo vital africano. Terceira: reformular a mensagem cristã a partir da inserção vital entre os pobres e com as categorias filosóficas e culturais próprias.

As teólogas e os teólogos agrupados na Associação Ecumênica de Teólogos Africanos resistem a fazer teologia qual "europeus de pele negra". O que pretendem é a apropriação africana do cristianismo, atendendo à realidade sociocultural e religiosa plural desse continente esquecido pela globalização neoliberal. A religião da submissão está sendo substituída por uma experiência religiosa que recupera o potencial libertador do cristianismo para a causa dos deserdados da África sofredora. A afirmação da identidade africana não se reduz à defesa de uma cultura do passado ou à contemplação de uma coleção de objetos rituais, mas implica uma atitude de criação permanente do mundo simbólico e conceitual.

Características peculiares tem a *teologia contextual sul-africana*, que "é uma reflexão explícita, articulada e douta sobre o significado cristão do sofrimento e da opressão dos negros na África do Sul" (A. Nolan). Possui traços específicos que a diferenciam da teologia africana da libertação, que acabo de expor, atendendo à situação de discriminação racial em que viveu o país: o *apartheid*. O sistema do *apartheid* sustentava-se em três eixos que se apoiavam entre si até conformar um todo indivisível: identidade branca, civilização ocidental e fé cristã. Seu traço fundamental era a institucionalização da discriminação racial. A questão fundamental era formulada, há duas décadas por Desmond Tutu, arcebispo anglicano, prêmio Nobel da Paz e um dos líderes religiosos mais destacados na luta contra o *apartheid* até seu desaparecimento, nos seguintes termos: "Deus, de que lado estás?... Por que o sofrimento parece escolher os negros, para fazer de nós as vítimas de um racismo louco?". A resposta ao calafrio dessas interrogações encontra-se na Bíblia, que apresenta o ser humano, a todo o ser humano, como imagem de Deus; a Deus, do lado dos oprimidos (neste caso, dos negros), a Jesus de Nazaré assumindo a condição humana em seu todo; e ao reino de Deus como boa notícia de libertação da discriminação racial. Esta discriminação constitui uma autêntica blasfêmia contra Deus e contra o ser humano.

Após a instauração de uma democracia não-racial na África do Sul, os teólogos negros refletem sobre a reconciliação e pretendem capacitar os negros para o desenvolvimento da hermenêutica teológica.

V. Teologias asiáticas. Dois traços definem o continente asiático: a extrema pobreza em muitas de suas regiões e a profunda e plural religiosidade. A partir desses dois fenômenos, elaboram-se as teologias asiáticas da libertação, que recorrem às ciências sociais para fazer uma análise da realidade em torno de dois eixos fundamentais, economia-política, pessoa-comunidade, e à antropologia cultural para descobrir a relação entre religião e cultura em toda a sua complexidade. Geralmente essas teologias se movem num clima de diálogo inter-religioso. A experiência em comum das teólogas e dos teólogos asiáticos aqui estudados é sua implicação nos processos de libertação.

Mesmo quando a teologia asiática constata o caráter "totalmente ocidental" da teologia da libertação latino-americana, assume e integra algumas das principais linhas de sua metodologia: a aspiração de libertar a realidade da opressão, o recurso à análise sociológica, a premazia da práxis, a cruz como base de todo conhecimento, o seguimento dinâmico de Cristo, a correta articulação entre gratuidade do reino de Deus e o desenvolvimento das potencialidades humanas.

A teologia da libertação asiática enfatiza, por um lado a profunda inter-relação e interação entre filosofia e religião, e por outro entre religiosidade e pobreza na Ásia. Filosofia e religião não são facilmente separáveis nas soteriologias não-bíblicas na Ásia. A religião se entende como filosofia vivida; a filosofia aparece como uma cosmovisão religiosa. A assustadora pobreza, denominador comum do Terceiro Mundo, e a religiosidade polifacetada, específica da Ásia, as duas *juntas* constituem a matriz da teologia asiática da libertação, independente da teologia moderna e da teologia latino-americana.

Na Ásia, a irrupção do Terceiro Mundo é também irrupção do mundo não-cristão, que carece de relevância tanto política como religiosa. Exatamente por isso leva em conta os dois fenômenos indicados, as grandes religiões e a religiosidade dos pobres, uma vez que estes, em sua grande maioria, simbolizam e vivem suas lutas libertadoras através das culturas e religiões não-cristãs.

Entre as teologias cristãs asiáticas da libertação estão a *minjung* (o povo comum, as pessoas correntes), na Coreia; a *dalit*, na Índia; a da luta, nas Filipinas, e a das religiões, desenvolvida em vários países. A teologia *minjung*, surgida na década de 70 a partir da participação dos cristãos na luta contra a ditadura de Park Chung-hee, opera com uma hermenêutica que emana da experiência do povo coreano caracterizada pelo *han*: estado de abatimento e de ira contida, mas ao mesmo tempo vontade de viver e aspiração por um mundo melhor. A teologia dos *dalit* ("amassado", "pisoteado", "oprimido"), se encontra em período de formação, está comprometida na mudança do sistema de castas, que mantém no regime de esmagamento mais de 125 milhões de pessoas na Índia, sendo as mulheres as mais vulneráveis ao serem tratadas como objetos e violentadas impunemente. Essa mudança considera-se condição necessária para a libertação dos *dalit*. Seu objetivo é o reconhecimento da plena dignidade destes como pessoas e como imagem de Deus. A *teologia da luta,* nas Filipinas, é uma reflexão surgida da militância dos cristãos a favor da justiça social e contra a ditadura de Marcos. A luta transforma-se no contexto primordial da reflexão teológica, que tem na paixão e morte de Jesus de Nazaré o paradigma primordial como símbolo de resistência. Estas três teologias têm caráter popular e se expressam preferentemente através de relatos, símbolos, canções populares, celebrações litúrgicas, danças.

A teologia das religiões descobre dimensões libertadoras nas grandes tradições religiosas e espirituais, tanto cósmicas como metacósmicas. Seu principal representante é o jesuíta do Sri Lanka e pesquisador do budismo Aloysius Pieris, que elabora sua reflexão em diálogo com as religiões orientais e em contato com grupos inter-religiosos comprometidos na libertação dos oprimidos. Outros teólogos que importantes contribuições neste campo são G. Soares-Prbhu, exegeta que interpreta a Bíblia com categorias religioso-culturais indianas; S. Kappen, jesuíta indiano que estuda a importância das transformações culturais nos processos de libertação integral e destaca a contribuição contracultural de Jesus; M. Mammen Thomas, protestante indiano, comprometido na ação política e no movimento ecumênico, que centraliza sua reflexão na relação Igreja-sociedade e salvação cristã-humanização.

Duas teologias da libertação em alta na Ásia são a *feminista*, como crítica da ideologia androcêntrica e da organização hierárquico-patriarcal das igrejas cristãs, e a crítica da consciência. Na origem desta teologia encontra-se a consciência de que as mulheres cristãs têm de ser membros de pleno direito da comunidade cristã e o despertar da consciência de emancipação da mulher em todos os campos; e a teologia *ecológica*, a partir da implicação das religiões nos movimentos de defesa da natureza. As duas teologias têm caráter inter-religioso e interdisciplinar.

VI. Teologia da libertação e religiões. A teologia da libertação não se desenvolve apenas no cristianismo; cultiva-se também noutras religiões. No hinduísmo deu-se importante mudança importante na ideia de salvação. Tradicionalmente entendia-se como escapar do interminável ciclo das reencarnações e obter a libertação definitiva através da graça divina ou do esforço pessoal, sem projeto algum de transformação da realidade. No entanto, na história do hinduísmo houve concepções e práticas que defenderam a libertação na sua vertente social e política. É teoria a referência ao pensamento de Mohandas Karamchand Gandhi, que defende a libertação total da pessoa e da sociedade, incluindo a libertação do colonialismo, com expresso reconhecimento da igualdade de direitos para mulheres e homens. Contudo, ele não se opôs ao sistema de castas. Na perspectiva da libertação encontra-se Swami Agnivesh Sannyasi, pertencente a um movimento de reforma do hinduísmo, que vai às origens desta religião e pretende libertá-la das superstições e ritualismos alheios à sua essência. Refere-se concretamente à desvirtuação de que tem sido objeto a teoria do *karma* por parte dos opressores, que consideravam as massas de trabalhadores e sofredores responsáveis por suas misérias. No seu pensar, o *karma* exorta ao compromisso pela libertação com a consequência certa da mudança social. Opõe-se ao sistema de castas, porque não o considera védico.

O budismo tem o componente libertador que a atual hermenêutica procura recuperar. Há nele doutrinas, movimentos e práticas que propendem à transformação da sociedade. Como afirma Fred Eppsteiner, o *dharma* deve separar-se do ego, não do mundo. De acordo com a hermenêutica libertadora do budismo, a compaixão não permanece num sentimento interior inoperante, mas se reformula em perspectiva sociopolítica e se canaliza rumo aos pobres mediante a participação nos diferentes movimentos de libertação. Dois exemplos: o movimento do Sarvodaya Sramadana ("despertar universal mediante o dom do trabalho"), no Sri Lanka, do qual o principal objetivo é o "despertar" de todos para a realidade, para os recursos e para a força de cada um e da comunidade, e a Sociedade Internacional para o Budismo Comprometido, na Tailândia. Três personalidades budistas se destacam nesta orientação: A. T. Ariyaratna, fundador do Sarvodaya Sramadana, que aplica os ensinamentos de Buda a experiências comunitárias de socialização; Thich Nhat Hanh, monge exilado na França, que defende o princípio de interetidade assim formulado: "Eu sou, consequentemente tu és. Tu és, consequentemente eu sou. Todos inter-somos"; Bhikkhu Buddhadasa, um dos pensadores mais influentes da tradição *theravada*, que descobre no budismo uma disposição socialista.

O confucionismo, que anima amplos setores populacionais do leste da Ásia, entende a salvação como libertação das superstições e de todo o poder desconhecido, personificado quer na deidade antropomórfica, quer num personagem histórico deificado, mas também com capacidade para assumir a responsabilidade pessoal e comunitária em cada momento da vida. O confucionismo considera o ser humano em sua relação com os outros. Consequentemente, a lei moral se refere à pessoa em comunidade. Principal virtude é o *jan*, traduzido como "humanidade", que consiste em amar os outros. É conhecido o imperativo ético de Confúcio: "Não faças aos outros o que não queres que te façam a ti".

No Islã existe uma corrente teológica que vem colocando as bases para uma teologia muçulmana da libertação em três campos: a imagem de Alá, a ética e as mulheres. O Alá que ordena a guerra santa contra os inimigos cede passagem para o Alá compassivo, clemente e misericordioso, atributos que se repetem constantemente no Corão. O monoteísmo islâmico como o judeu e o cristão, é ético, não dogmático, e remete à luta pela justiça e pela defesa dos desprotegidos. A hermenêutica feminista do Corão apresenta o islã como religião libertadora das mulheres e critica o caráter patriarcal do islã realmente existente.

A teologia atual judaica da libertação aprofunda suas raízes nas melhores tradições da comunidade judaica: a experiência da escravidão, a tradição do êxodo, a crítica social dos profetas, a consciência da presença e da ação de Deus na história, o messianismo, os movimentos de luta e de resistência, a experiência orante, a teologia do Holocausto. E um princípio inscrito na religião bíblica e na história do povo Judeu: a esperança.

Concluo. A libertação não é apenas a opção de determinada religião, mas transformou-se em *princípio* que guia o diálogo inter-religioso e no *projeto* que anima as numerosas lutas das religiões pela justiça, igualdade de direitos entre mulheres e homens, defesa da terra e compromisso pela paz. Sendo libertação integral, contempla as diferentes opressões sofridas pelos seres humanos, por razões de gênero, etnia, raça, religião, cultura, classe etc. Por isso, o princípio-libertação articula-se com outros princípios, como misericórdia, esperança, memória, religiões, interculturalidade, diálogo inter-religioso, interespiritualidade, gênero etc., e ocasiona um novo universo teológico categorial.

M. Amaladoss, *Vivir en libertad. Las teologías de la libertación del continente asiático*, Estella, EVD/Scam, 2000; J.-M. Ela, *El grito del hombre africano*, Estella, EVD/Scam, 1998; Elacuría e I. Sobrino (eds.), *Mysterium liberationis. Conceptos fundamentales de la teología de la liberación*, Madrid, Trotta, 1990; M. H. Ellis, *Hacia una teología judía de la liberación*, San José de Costa Rica, DEI, 1988; V. Fabella e R. S. Sugirtharajah (eds.), *Diccionario de teologías del Tercer Mundo*, Estella, EVD, 2003; Gutiérrez, *Teología de la liberación, Perspectivas*, Salamanca, Sígueme, [14]1990; K. Mana, *Teología africana para tiempos de crisis*, Estella, EVD/Scam, 2000; A. Nolan, *Dios en Sudáfrica*, Santander, Sal Terrae, 1988; A. Pieris, *Liberación, inculturación, diálogo religioso. Un nuevo paradigma desde Asia*, Estella, EVD/Scam, 2001; Ch. Rowland (ed.), *Teología de la liberación*,

Madrid, Cambridge University Press, 2000; J. J. Tamayo, *Para comprender la teología de la liberación*, Estella, EVD, ⁵2000; J. J. Tamayo e J. Bosch (dirs.), *Panorama de la teología latinoamericana*, Estella, EVD, ²2002.

Juan José Tamayo

TEOLOGIAS DO SÉCULO XX

Talvez um dos melhores resultados de uma apresentação das principais teologias do séc. XX seja uma compreensão melhor de nossa situação atual. Compreensão que constitui a tarefa pedagógica e crítica do historiador da teologia: indicar os caminhos pelos quais chegamos à situação presente. Cada teologia é portadora explícita, em dado momento, de uma situação cultural, social e eclesial constituída por influências de índole diversa.

Na Europa do século XX deve-se distinguir o contexto confessional. Os teólogos da ortodoxia, em função de suas vicissitudes políticas, enraízam em sua identidade litúrgica e sapiencial. Os protestantes, em seu interesse de intermediar entre o humanismo iluminista e suas derivações, buscaram elementos que pudessem relacionar esse humanismo com a verdade cristã. Os esforços sintetizaram-se no liberalismo teológico com Harnack à frente (cujo fim aconteceu na Primeira Guerra Mundial); o sucesso dos existencialismos em teologia (R. Bultmann); a teologia de crise ou teologia dialética (K. Barth) e o que se poderia denominar neoliberalismo teológico, que nos coloca praticamente na atualidade. Os teólogos católicos, no entanto, no afã de defender-se dos desafios do humanismo iluminista, reagiram, em geral rejeitando nesse humanismo o que não fosse compatível com sua estrutura metafísica, não podendo deixar de assimilar elementos que se foram renovando (elementos históricos, positivos, antropológicos...). Acontece além disso um fenómeno que diferencia de modo radical a teologia católica da protestante: enquanto esta é história da "teologia", uma história na qual ela é protagonista, a história da teologia católica é a história de uma tarefa "interior" à Igreja: ela acaba sendo, em última instância, a protagonista da história. Daí a diferença de itinerários intelectuais e espirituais dos teólogos do séc. XX segundo sua pertença confessional.

I. Crise modernista e suas consequências. Com a palavra "modernismo" designa-se – na Igreja católica e na passagem do séc. XIX ao séc. XX – um movimento que deseja a reforma da Igreja e de sua doutrina, para adaptá-las melhor às exigências modernas. A palavra foi usada pelos defensores da ortodoxia para estigmatizar os excessos da modernidade; assumida pela encíclica *Pascendi* (1907), designou um conjunto de erros doutrinais descobertos num movimento difuso. Em meio a vicissitudes complexas, a crise demonstrou a falta de receptividade crítica da Igreja hierárquica. A efervescência teve como cenários principais a França, a Itália e a Inglaterra. Na França, até o Pe. Lagrange (1855-1938), fundador da Escola Bíblica de Jerusalém, foi objeto de suspeita, e todos os âmbitos da ciência e da cultura foram afetados: historiadores, exegetas, filósofos, teólogos, poetas e matemáticos sofreram autêntica perseguição intelectual. O caso mais representativo e doloroso foi o de A. Loisy (1857-1940), exegeta católico que quis responder a *La Esencia del Cristianismo* de A. von Harnack. As controvérsias sucederam-se e atingiram também a M. Blondel (1861-1949), o filósofo da ação, que tentou renovar a apologética em função do método da imanência, e a seu discípulo o Pe. Laberthonnière (1860-1932).

Na Itália, modalidades políticas complicaram a situação, uma vez que o vazio intelectual era inseparável de uma aspiração interior que devia desembocar na vida social, com o desejo de emancipação relativo à tutela eclesiástica. E. Buonaiuti (1881-1946) foi o teólogo mais influente.

Três nomes se destacam na Inglaterra: G. Tyrrell (1861-1909), excluído da Companhia de Jesus em 1906 e falecido pouco depois; o barão F. von Hügel (1852-1925), originário de uma família de diplomatas austríacos, homem de grande fé e grande cultura, com múltiplas relações; Miss N. Petre (1863-1942), biógrafa de Tyrrell, a quem acolheu depois de secularizado.

As crises questionavam a própria revelação cristã, ao acentuar a experiência com menosprezo do objeto; com isso a reação romana foi taxativa. As posições dos denominados "modernistas" não foram uniformes, mas o silêncio imposto pela hierarquia não favoreceu um diálogo capaz de mostrar caminhos para resolver os verdadeiros problemas.

II. A neoescolástica e as reações contra o modernismo. A partir da consagração oficial da doutrina de Tomás de Aquino por Leão XIII na encíclica *Aeterni Patris* (1879), a Escolástica, com as características de Tomás, Scoto, Suárez, Anselmo... parecia converter-se num sistema por demais seguro para compreender até mesmo o esboço dos problemas. Muitos dos teólogos que seguiram os caminhos na neoescolástica serviram a um antimodernismo autoritário e cego, e vincularam a memória de Santo Tomás a um certo intelectualismo conservador e intransigente que fomentava um integrismo pseudorreligioso, o do "sistema".

Nem todos os teólogos do momento cederam a essa postura. Muitos foram os que trabalharam nas vias abertas por Batiffol, Lagrange, Grand-Maison. Certo de que alguns dominicanos, querendo responder ao tema da fé e da apologética entraram por um beco sem saída: é o caso de Gardeil e especialmente de Garrigou-Lagrange. Diante das insuficiências dessa apologética objetiva, por demais intelectualista, deve-se compreender o sucesso do método da imanência e das teses tomistas interpretadas no círculo dos jesuítas. O homem-chave foi o Pe. De Grandmaison (1868-1927), teólogo, apologeta, exegeta. Foi decisiva a sua atitude em relação ao jovem Pe. Rousselot (1878-1915), com sua tese *L'intellectualisme de saint Thomas* (1908), que representa a tentativa de dar enfoque novo ao problema crítico no marco de uma metafísica geral do conhecimento, enfoque que será acolhido com mais vigor e amplitude por Maréchal (1878-1944), jesuíta belga, metafísico e um dos melhores historiadores da filosofia, sobretudo kantiana; na escola de Maréchal se inspirará K. Rahner.

A interpretação do tomismo originou a exploração de direções novas, como as preocupações científicas de Dom Mercier, em Lovaina, ou as históricas do Pe. Mandonnet, em Friburgo da Suíça, que tanta influência teria na Faculdade de Le Saulchoir dos dominicanos belgas e franceses. Manteve-se também um tomismo conservador, como o de Santo Estêvão de Salamanca, de caráter controversista e barroco, explicável pelas circunstâncias políticas da Espanha: nela não faltaram grandes mestres como M. Cuervo, S. Ramírez...

III. A euforia das teologias surgidas da Reforma. A teologia protestante do século XIX, dialogante com a modernidade, sem ser movimento homogêneo, veio a designar-se "teologia liberal". Com ela, a partir de critérios históricos mais ou menos minados pelo racionalismo, a dogmática se tornou cada vez mais insegura e arbitrária. A teologia liberal alcança seu final com as "doutrinas da fé" de E. Troeltsch (1865-1923) e de M. Rade (1857-1940). A reação contra sua oposição tem como expoente máximo K. Barth (1886-1968), com sua "teologia dialética", que supôs uma volta à Bíblia sem deformações nem conceitos e uma "concentração cristológica". Radicalizou o cristianismo em sentido paulino (*A carta ao Romanos*, 1922); essa radicalização apenas aparentemente tinha voltado as costas para o mundo, desprendendo-se do secular: frente ao nazismo, manifestou sua necessidade de comprometer-se com a justiça. Entre os teólogos que em princípio seguiram a teologia dialética, embora depois se tenham separado de Barth, estão E. Brunner (1889-1966), Fr. Gogarten (1887-1967) e também O. Cullmann (1902-1999), com particular dedicação à história da salvação. A princípio pareceu que o calvinista Barth contava com R. Bultmann (1884-1976), luterano, que se destinguiu como historiador e teólogo. É certamente o mais radical exegeta do NT, em função de sua "desmitologização"; esta supunha uma reunificação da linha liberal, uma vez que a desmitologização de Jesus Cristo convertia-o em símbolo abstrato de doutrinas sobre a existência humana. Essa tese, de graves consequências, despojava o "Jesus histórico" de seu papel na fé. Um dos primeiros discípulos de Bultmann que contradisse a postura do mestre foi E. Käsemann (1906), que inaugurou uma nova forma de propor a questão do Jesus histórico, à qual aderiram, com modalidades próprias, G. Bornkamm, G. Ebeling, E. Fuchs, H. Conzelmann.

P. Tillich (1886-1965) procurou uma linha teológica diferente da de Barth e de Bultmann: a síntese global que domina sua obra é a da religião e da cultura, que teria nos Estados Unidos da América, onde se refugiou, grande eco sobretudo em R. Niebuhr (1892-1971).

Interpelados pelo fenômeno sociológico da secularização, alguns teólogos – entre eles o citado Gogarten – buscam uma valorização e compreensão num sentido diferente do exposto por Bonhoeffer (1906-1945), que falou de um cristianismo "não-religioso". Sua obra, de caráter fragmentário, e seu testemunho diante do nazismo são objetos de interpretações diferentes. Recorrem a ele os teólogos radicais, denominados da "morte de Deus", com sucesso nos Estados Unidos: G. Vahanian, W. Hamilton, P. van Buren, Th. J. Altizer, o multifacético H. Cox; e no âmbito europeu, os bispos anglicanos J. Robinson e L. Newbigin.

Hoje, as orientações da teologia protestante na Alemanha são muito marcadas por W. Pannenberg (1928), teólogo sistemático atento à epistemologia teológica, pôr J. Moltmann (1926), teólogo da esperança e do Deus crucificado, por D. Sölle (1929-2003), representante da teologia política, por E. Jüngel (1934), relacionado com Barth, autor de grande vigor com seu *systemimmanent*.

A teologia anglicana sobressaiu na pesquisa bíblica (Ch. H. Dodd, 1884-1973), é ótimo expoente dela, nos estudos patrísticos (G. H. Turner, G. L. Prestige…), na renovação litúrgica (os estudos de G. Dix, 1901-1952, são altamente apreciados), na teologia ecumênica (W. Temple, 1881-1944); na sistemática, assistimos à aplicação da análise linguística à teologia: os nomes de I. T. Ramsey e F. Ferré defenderam a possibilidade de determinar o significado das proposições teológicas, servindo-se do tema clássico da analogia.

IV. A teologia ortodoxa. Por razões políticas, havia séculos que o centro de gravidade da teologia ortodoxa havia passado dos gregos para os eslavos, especialmente para os russos. O dinamismo profético do pensamento religioso russo produziu seus frutos: a partir da revolução de 1917, a dispersão de muitos ortodoxos deu à Igreja ortodoxa uma universalidade geográfica: chegou à América, ao Japão, estabeleceu-se na África. No mundo comunista, a ortodoxia aceitou o novo regime, pelo menos algumas vezes com aparente sujeição, mas nunca transigiu quanto ao que se refere à fé.

O teólogo búlgaro Zankov salienta que não se pode compreender a ortodoxia só através da produção estritamente teológica, mas que também se impõe iniciar-se na filosofia da religião e nas ideias difundidas pelos grandes literatos. Khomiakov (1804-1860) e Soloviev (1835-1900), Dostoievski (1821-1881) e Tolstoi (1828-1910), junto com N. Berdiaiev (1874-1948) e S. Bulgakov (1871-1945), são indispensáveis para o conhecimento da teologia russa. Mais severos foram G. Florovsky (1893-1979), V. Lossky (1903-1958), P. Evdokimov (1900-1970) – que formaram o Centro de São Sérgio, em Paris, após a revolução de outubro de 1917 – ao julgar a filosofia russa deste século. Não seria produto criativo do espírito russo, mas retorno ao idealismo e à mística alemãs; seria modernismo privado da contribuição própria da patrística grega oriental, que tinha recaído no helenismo pré-cristão. Continuadores dessa linha são O. Clément (1921) e também J. Meyendorff (1926) e A. Schmemann (1921-1983), antigos alunos de São Sérgio, que passaram a ensinar no seminário de são Vladimir, em Nova Iorque. A tradição mais monástica, que sobressaiu numa eclesiologia eucarística, foi representada por N. Afanassief (1983-1966); historiador consciente, por N. Nissiotis (1925) e por J. Zizoulas (1931); o tema do conhecimento e o ausência de Deus, em dependência de Heidegger, foi organizado pelo teólogo grego Ch. Yannaras (1935). Na Romênia D. Stanlloaë (1903) tem o mérito de ter criado uma escola que pesquisa o caráter genuíno da tradição do país.

V. Teologia histórica. Esta importante contribuição se desenvolve sobretudo na França, entre 1935 e 1955, ao redor de duas Faculdades, Le Saulchoir e Lyon-Fourvière, centro de estudos dos dominicanos e jesuítas respectivamente. O nome de Le Saulchoir conecta-se com o de M.-D. Chenu (1895-1990). Com seu magistério, adotou-se rigorosa metodologia histórica a serviço da reflexão sistemática. A inspiração histórica de Chenu procedia do excelente historiador Mandonnet e, através de Lemonnyer, Lagrange e da Escola Bíblica de Jerusalém. O manifesto dessa orientação teológica foi proposto por Chenu em 1937 no fascículo *Une école de theologie: Le Saulchoir*, incluído no Índice dos livros proibidos em 1942. Chenu tinha formado uma equipe, com Y. Congar e H.-M. Féret principalmente, destinado a superar a teologia barroca criticada por causa de seu tom abstrato e controverso e a constituir uma teologia crítica e confessional. O estudo da teologia medieval, em seus contextos sociológicos, e a aplicação desse método para compreensão pastoral da Igreja de hoje o converteram num dos artífices subterrâneos do Concílio Vaticano II. A obra de Y. Congar (1904-1995) representou uma renovação da eclesiologia em muitos aspectos, desde a colegialidade até o ministério, do laicato e da liturgia, com incidência decisiva no diálogo ecumênico.

A fase protagonizada por esses dominicanos costuma considerar-se como o prólogo do debate suscitado pela *nouvelle théologie* propriamente dita, na qual intervieram sobretudo os jesuítas de Lyon-Fourvière: o forjador foi H. de Lubac (1896-1991), homem de grande cultura, marcado pelos encontros com A. Valensin e Maréchal, por Blondel e Teilhard de Chardin. À sua volta, Daniélou, Fessard, Rondet, Bouillard, von Balthasar, Le Blond... animaram a pesquisa centralizada sobretudo na questão do sobrenatural e da graça. Com as coleções *Sources chrétiennes* e *Théologie* deram à história da teologia não só novos conhecimentos, mas a sensibilidade já presente nos padres que permitiu superar certos racionalismos. Daniélou (1905-1974) formulou a orientação mostrando a ligação das renovações bíblica, patrística e litúrgica; sua contribuição mais original foi no âmbito do judeu-cristianismo. Provocador nato, mostrou sua sensibilidade pela cristandade contestada com seus livros polêmicos.

Consequência desses movimentos foi o desenvolvimento da teologia da história, que nos inícios do século o padre Laberthonnière tinha esboçado ao mostrar a diferença essencial entre a concepção grega e a bíblica sobre Deus. A questão tornou-se mais patente em 1946 com o aparecimento de *Cristo e o tiempo*, de Cullmann. O mérito da síntese se deve a U. von Balthasar (1905-1988) em sua *Teologia da história* (1950), teólogo que se deu a conhecer com realizações vigorosas e cultas no curso de sua grande produção. Após o Vaticano II, iniciou nova orientação teológica no concerto das correntes dominantes: tomava voluntariamente o caminho contemplativo da teologia, a partir do qual ajudava a evitar que a teologia contemporânea cedesse à tentação de reduzir-se a uma hermenêutica racionalista.

VI. A teologia das realidades terrestres. Na área linguística francesa, após a Segunda Guerra Mundial, publicam-se numerosos ensaios teológicos dedicados às "realidades terrestres". Havia-se suscitado o tema do humanismo cristão ao redor da obra de J. Maritain. Depois J. Mouroux e G. Thils divulgaram a problemática, da qual se beneficiaram a antropologia e a condição carnal do ser humano, o humanismo científico e a teologia da ciência. Neste campo, convém assinalar a contribuição do jesuíta Teilhard de Chardin (1881-1955), paleontólogo, com vigorosa intuição evolucionista, que levantou graves desconfianças em Roma. Ao dominicano D. Dulbarle (1907-1982), físico e matemático, devemos algumas bases muito meritórias para a teologia da ciência. Temas concretos como o trabalho ou a matéria foram abordados por Chenu, com incidência pastoral...

Tal incidência tomou corpo na forma diferente de equilibrar todos esses elementos mundanos: surgiram duas orientações principais da teologia e da história, denominadas segundo os neologismos "encarnacionismo" e "escatologismo". Podem-se associar na primeira tendência os nomes de H.-I. Montuclard, D. Dubarle, G. Thils, B. de Solages, inspirando-se no pensamento de Teilhard de Chardin. Suas propostas adotaram títulos variados: teologia das realidades terrestres (G. Thils), teologia do laicato (Y. Congar), Igreja e mundo (D. Dubarle), o evangelho no tempo (M.-D. Chenu)... A tendência escatologista procura desacreditar o mundo presente em relação com a realidade última do reino. Busca na Escritura o apoio necessário. Apresentada sobretudo pelo oratoriano L. Bouyer, foi seguida por outros, como J. Daniélou. Boa expressão dessa linha foi a revista *Dieu Vivant*, iniciada em 1945.

VII. Giro antropológico. As tendências expostas facilitaram a passagem da teologia do sistema neoclássico para a de peregrinação, da posse da verdade para a do convite, especialmente mediante a reflexão provinda da história. Este importante descongelamento, iniciado no âmbito francês, supôs no alemão o confronto da teologia com as instâncias da cultura contemporânea. Seu principal artífice foi o jesuíta K. Rahner (1904-1984), com um programa de renovação teológica que teve como característica a chamada "escola heideggeriana católica" (E. Przywara). Não apresentou uma síntese nem quis constituir sobre ela uma escola. Sua copiosa e decisiva produção foi elaborada segundo uma ótica teológica fundamental, antropológica e transcendental. Von Balthasar chegou a provar em Rahner uma "antropologização" e uma "horizontalização" da fé cristã.

Paralelo, em alguns pontos alternativo ao de Rahner, é o projeto do dominicano E. Shillebeeckx (n. 1914). Sua influência se deixou sentir sobretudo depois do Vaticano II. Soube unificar a herança histórica de Tomás de Aquino com o estudo dos filósofos e fenomenólogos modernos de atitude personalista. Com Rahner representou uma ponte entre a geração dos teólogos que prepararam e orientaram o Vaticano II e os teólogos mais progressistas do pós-Concílio. Suas obras são expoente do método hermenêutico aplicado à exegese bíblica e histórica.

Após o Vaticano II, na primeira euforia eclesiológica sobressaiu o suíço H. Küng (n. 1928), até que suas teses sobre a infalibilidade pontifícia (de 1970) provocaram a censura romana. Continuou um trabalho ecumênico, numa linha preferencialmente iluminista. Cabe também mencionar J. Ratzinger (n. 1927), que se distinguiu com contribuições históricas de valor, até que, ao ser nomeado prefeito da Congregação romana para a Doutrina da Fé, se firmou numa postura altamente vigilante e ortodoxa.

VIII. Teologia política. J. B. Metz (n. 1928), o protagonista mais autorizado da teologia política, distingue uma teologia política *nova* (a sua) e uma *velha*. Esta última, com longa história, apresentar-se-ia como "a reflexão sobre o contexto no qual teologia e política se interferem para uma unidade". Em nosso século, seria representada por C. Schmitt (1888-1984), intérprete de Hobbes, que, a partir de uma ânsia tradicionalista, definia a teologia política a partir da contradição bélica amigo-inimigo e utilizava os princípios teológicos para legitimar posições políticas, formas de esteticismo e reivindicações a favor do poder. E. Peterson (1890-1960) respondeu, baseando-se numa pesquisa sobre os primeiros séculos cristãos, limitando-se aos temas monoteísmo-monarquia.

Metz, em meados dos anos 60, para evitar a polêmica Shmitt-Peterson, falou de "nova teologia política", que ele definiu a partir da interdependência entre teoria e práxis, com a qual superava a privatização da fé. Trata-se de uma teologia que aspira a detectar o caráter social da revelação cristã e baseia-se no pressuposto de que a dimensão cristológica e eclesiológica da fé impede que esta seja interpretada de modo privado e espiritualista, sem relação com uma práxis "política" (no sentido etimológico do termo). No campo protestante, especialmente J. Moltmann (n. 1926), o conhecido "teólogo da esperança", e D. Sölle (1929-2003) seguiram decididamente esse programa, enriquecendo, a partir de suas perspectivas, as intuições e elaborações de Metz. Fruto dessa teologia, com as adaptações requeridas pelo contexto social e cultural, é a teologia da libertação latino-americana e a que se desenvolvem em outros continentes.

IX. Teologia da libertação. O movimento do pensamento surgido na América Latina depois do Vaticano II deu lugar à denominada teologia da libertação. Com efeito, o *aggiornamento* do Concílio tinha fecundado a sofrida terra dos povos da América pobre. Nascia uma nova sensibilidade pastoral que, apoiada numa reflexão teológica a partir da experiência e da análise das situações maioritárias de pobreza, conduzia a uma ação a partir dos pobres. Assim começa o refluxo da Igreja latino-americana para com as outras igrejas, e também o refluxo de sua teologia original. Trata-se do prolongamento de uma teologia já esboçada por alguns profetas e teólogos do século XVI, com ênfase na leitura bíblica (sobretudo no Êxodo e nos grandes profetas veterotestamentários), com o método indutivo de fazer teologia que se beneficia com as contribuições das ciências sociais e que tende a refazer o tecido popular da Igreja.

Quem sistematizou pela primeira vez essa teologia com inegável dimensão política – uma vez que busca a libertação "integral" do homem – foi G. Gutiérrez (n. 1928). Com *A pastoral da Igreja latino-americana: análise teológica* (1968), especialmente com a *Teologia da libertação* (1971), desenvolve o tema do conhecimento teológico como reflexão crítica sobre a práxis a partir da realidade. Da geração seguinte, cabe citar L. Boff (1938), franciscano até 1992, renovador da teologia da libertação sul-americana em função da categoria bíblica de "cativeiro". Suas obras, que vão desde a teologia espiritual e a vida religiosa até a teologia sistemática, procuram replanejar o conteúdo dos tratados tradicionais a partir da problemática da marginalização e dependência econômica. Lugar relevante ocupa J. Sobrino (1928), um dos principais representantes da cristologia da libertação, que elabora sua reflexão teológica a partir do "princípio misericórdia". Diante da impossibilidade de mencionar muitos outros teólogos, não esqueçamos os mártires dessa teologia, desde dom Romero (1917-1980) a I. Ellacuría (1930-1989) e seus companheiros jesuítas da Universidade Centro-americana, assassinados em El Salvador.

Com modalidades próprias, a teologia da libertação se expressa no continente africano com perspectiva especial de inculturação. Teologia de promoção humana e de fraternidade, que integra o melhor da antropologia africana: o sentido de comunidade, fraternidade, que, graças a Cristo, vão além do clã, da tribo, da nação. Teólogos característicos são O. Bimweny Kweshi e a geração formada por F. Eboussi Boulaga (1934), M. Hebga (1931), J. -M. Ela (1936), S. Semporé (1938), E. Mveng (1930), M. McVeigh (1931).

No mosaico cultural e religioso da Ásia também se acentuou a teologia da libertação, que se move a partir de dois polos: do Terceiro Mundo, por causa da pobreza em que se vive, e do "asiático", com o contexto cultural e religioso específico. Entre os que enfatizam o primeiro, cabe citar o católico filipino C. Abesamis, e também o católico singalês T. Balasuriya, com sua *Teologia planetária* (1984). Entre os mais atentos ao segundo aspecto, estão R. Panikkar (1918) e A. Pieris (1934).

X. Teologia feminista. A teologia feminista é "uma teologia crítica da libertação que não se baseia na especificidade da mulher como tal, mas em sua experiência histórica de sofrimento, de opressão psíquica e sexual, de infantilização e insignificância estrutural, derivadas do sexismo que rege a Igreja e a sociedade... Deseja contribuir para a salvação e integração de todos os oprimidos e também para a transformação das estruturas de Igreja e do domínio masculino, mediante atenta análise da situação, com uma práxis construtiva inspirada na *ressonância* como comunhão salvífica, por meio de uma liturgia mais espontânea e mais corporal e também com uma teologia mais integral" (C. Halkes).

Os temas principais dessa teologia são uma crítica feminista da história (K. E. Börresen), começando pela Bíblia, cujo desafio se centraliza nesta questão: se o Deus da tradição judaico-cristã não fixa de modo definitivo algumas estruturas e relações sexistas na sociedade. Entre as teólogas dedicadas à Bíblia, destacam-se R. Radford Ruether, E. Schüssler Fiorenza (nos Estados Unidos da América); E. Moltmann-Wendel e D. Sölle (Alemanha) e C. Halkes (Holanda). Destacam-se também as teólogas que movem no espaço pós-cristão, à procura de novos caminhos para experimentar a transcendência. Com discurso preferentemente não-cristãos expressam-se M. Daly e P. A. Way. Todavia, um terceiro grupo de teólogas (fixadas na denominação da "religião da deusa") quer renovar o culto à deusa, cuja sobrevivência se manteve até a idade clássica da Grécia e de Roma e foi suprimido na época dos imperadores cristãos de Roma e Bizâncio. Pertencem a esta linha N. Goldenberg, S. Budapest e C. Christ.

Levando-se em conta a significação e a vigência especiais das três últimas correntes (teologia política, da libertação e teologia feminista), esta obra lhes dedica tratamento específico, conferindo-lhes espaço próprio.

XI. As duas últimas décadas do séc. XX. 1. *O Sínodo episcopal de 1985* não foi capaz de superar o que o teólogo protestante E. Jüngel denominou "teologia sonhadora". Trata-se do modo de abordar as questões ligadas à existência cristã nas coisas onde não se percebe, com energia suficiente, a centralização de Deus como motor da vida e da reflexão.

O magistério eclesiástico, por sua vez, não deixou de mostrar sua inquietação com esse estado de coisas. Para Paulo VI, por exemplo, "o ateísmo é o fenômeno mais grave de nosso tempo". Esta consideração foi assumida, quase ao pé da letra, pela constituição pastoral *Gaudium et spes* do Vaticano II em seu nº 19. O papa Montini, tão atento aos sinais dos tempos, chegou a instituir um Secretariado para os não-crentes, a cuja frente colocou o douto cardeal arcebispo de Viena F. König (1905 - 2004).

Já em 1969, K. Rahner pressentiu que a doutrina do Vaticano II não podia significar um ponto de partida suficientemente satisfatório para precisar e resolver os problemas do pós-Concílio, e que respondia imprecisamente às perguntas fundamentais formuladas pelos seres humanos. Torna-se difícil superar a impressão de que no Vaticano II a Igreja se preocupou sobretudo consigo mesma, o que a levou a uma espécie de narcisismo eclesiástico.

2. *A teologia vaticana depois do Sínodo episcopal de 1985.* O pressentimento de Rahner foi real até o Sínodo de 1985, e também depois. Não é surpresa, assim, que a práxis da Congregação para a Doutrina da Fé, que Ratzinger presidiu, tenha mantido os teólogos mais criativos sob suspeita e sanção. Para manter uma orientação monolítica, responde a exigência de uma nova "profissão de fé". Nesse clima nada alvissareiro para a liberdade de expressão dos teólogos e para a

reforma conciliar da Igreja, tornou-se público, em janeiro de 1989, um documento sobretudo crítico com a atual orientação do Vaticano, firmado por mais ou menos 200 teólogos da Áustria, Holanda, Alemanha e Suíça, ao qual aderiram posteriormente cerca de 500 teólogos do resto da Europa. O documento, conhecido como "Declaração de Colônia" e cujo título é *Por um catolicismo aberto,* chamava criticamente a atenção para três questões de especial abrangência no presente momento da Igreja: a política vaticana, particularmente conservadora quanto às nomeações episcopais, não ouvindo os candidatos locais e frustrando os direitos e usos vigentes; a oposição a conceder autorização eclesiástica, em faculdades de teologia, a professores teólogas e teólogos de tendência para a abertura; a forma arbitrária com que o papa exerce seu ministério jurisdicional em litígios de importância primordial para a sociedade, como o controle da natalidade ou a redenção levada a cabo por Cristo, sem discernir de maneira adequada o peso clerical das expressões eclesiais. Convém recordar, a esse respeito, que, no Congresso de Teologia Moral celebrado em Roma em novembro de 1988, organizado pelo Opus Dei e pelo moralista ultramontano C. Caffarra, houve quem pedisse ao papa como dogma de fé a doutrina da *Humanae vitae* sobre o controle de natalidade.

Após a ampla adesão com a qual contou a "Declaração de Colônia", foi criada a Associação Europeia de Teólogos Católicos, que pretende ser um foro interdisciplinar para contribuir com o diálogo teológico intercontinental e com outras religiões.

3. *Instrução sobre a vocação eclesial do teólogo* (24 de maio de 1990). É a esse pensamento teológico crítico, que pouco a pouco vai organizando-se, ao qual procura dar resposta a *Instrução sobre a vocação eclesial do teólogo,* da Congregação para a Doutrina da Fé, que foi objeto de numerosos e diversificados comentários por parte de diferentes teólogos, seja individualmente seja de forma coletiva através dos quais se pretende mostrar a necessidade de *relativizar, desdramatizar e completar* a Instrução, por encontrar nela ambiguidades e contradições não harmonizadas corretamente. Parece-me pertinente a observação que Leonardo Boff faz a respeito ao escrever: "Entendemos as tradições como dimensões da mesma realidade, que se enriquecem mutuamente, e não como realidades contraditórias que se anulam uma à outra. Convém assumir as contradições de forma integradora (na perspectiva dialética), para que sejam vistas e admitidas como lados diferentes e legítimos da mesma realidade, em nosso caso, da mesma Igreja".

4. *Catecismo da Igreja católica* (1992). O surgimento do *Catecismo da Igreja católica* constitui um fenômeno extraordinário pelo respaldo oficial que o avalia, pelo caráter universal da obra e pela difusão que teve. Desde o primeiro momento de sua publicação, mereceu julgamentos de toda índole, tanto positivos como negativos. Cabe indicar, em primeiro lugar, o conflituoso desse catecismo. Embora o Vaticano II não tenha dedicado diretamente à catequese nenhum documento, sua mensagem atualizada ajudou a renovar profundamente a educação da fé em todos os seus níveis; enquanto o Catecismo criou novos problemas. O Concílio descartou a ideia de um catecismo único, apesar das tentativas do cardeal Ottaviani, prefeito do Santo Ofício, e do arcebispo de Dakar, Marcel Lefebvre que seria excomungado da Igreja por suas posições fundamentalistas heréticas, que defendiam a necessidade de um catecismo universal. Segundo M. Simon, no último Concílio houve somente uns 35 bispos e três faculdades de teologia partidários de redigir um catecismo análogo ao de Trento, adaptado e completado. Com critério diferente do que expressaram Ottaviani e Lefebvre, a comissão preparatória conciliar, encarregada de preparar um esquema para o ensino da catequese, aprovou a criação de um "diretório sobre a instrução catequética do povo cristão".

O período pós-conciliar tem sido para a catequese um tempo de reforma, criatividade, desconcerto, assentamento e retrocesso. "Não faltam sintomas de um certo processo de involução e restauração", escreve E. Alberich. O primeiro conflito pós-conciliar na catequese foi provocado pelo *Catecismo holandês* de 1966.

A redação do *Catecismo da Igreja Católica* foi decidida na II Assembleia Geral extraordinária do Sínodo dos Bispos, reunida em Roma de 24 de novembro a 8 de dezembro de 1985 para avaliar os vinte anos de pós-concílio. O arcebispo de Boston foi quem pediu então, um "catecismo do Concílio", ao que o cardeal Oddi respondeu dizendo que a Congregação para o Clero o estava redigindo. No documento final se diz "que se escreva um catecismo ou compêndio de toda a doutrina católica, tanto sobre a fé como sobre a moral, que seja como o ponto de referência para os catecismos e compêndios que se redigirem nas diversas regiões. A apresentação da doutrina deve ser tal que seja bíblica e litúrgica, que ofereça a doutrina sã e, ao mesmo tempo, seja adaptada à vida atual dos cristãos". Em seu discurso final, João Paulo II aceitou "a preparação de um compêndio ou catecismo de toda a doutrina católica, ao qual se refeririam os catecismos ou compêndios das igrejas particulares". Foi dito então, e depois se repetiu que essa proposta não procedia da cúria, mas das igrejas do Terceiro Mundo. Na realidade, a petição proveio de setores conservadores da cúria romana e da periferia da Igreja.

5. *O ensino moral: a encíclica* Veritatis splendor (1993). Deve-se esperar pela encíclica *Veritatis splendor* para conhecer as bases teóricas e as propostas fundamentais do projeto moral de João Paulo II. Até certo ponto, essa encíclica fecha o círculo do que se

pode chamar "a moral de João Paulo II". A encíclica foi recebida com julgamentos muito díspares. Tinha sido anunciada havia muito tempo e foi submetida a um processo de redação lento e ao que parece trabalhoso. É obrigatório para um católico aproximar-se dela e penetrar em suas reflexões.

Não é de estranhar por isso que inclusive pessoas e meios não próximos da doutrina católica ou que expressamente se declaram não-crentes tenham julgado positivamente a contribuição que esta encíclica oferece para elevar o nível ético de nossos comportamentos atuais. Mais uma vez, os críticos destacam a defesa que o papa faz dos direitos humanos e da justiça social, bem como a condenação explícita da corrupção. Seguindo o caminho indicado pela encíclica, nosso mundo seria, sem dúvida alguma, menos errático e selvagem. Não obstante, o assentimento não foi unânime. Basta recordar o livro de Éric Fuchs, teólogo e moralista da Igreja reformada suíça.

6. *A encíclica* Evangelium vitae (1995). Pode-se afirmar que esta encíclica de João Paulo II, apresentada oficialmente em termos positivos como exercício entusiasta "em defesa da vida", na realidade está escrita partindo de perspectiva profundamente pessimista em relação ao mundo moderno. E, para mim, esse derrotismo, que contempla o mundo apenas sob o prisma do hedonismo e de uma dramática crise moral, é o maior responsável por muitos comportamentos que parecem totalmente afastados do espírito evangélico. A forte desconfiança na sociedade atual também aprofunda a separação entre a encíclica do espírito e o Concílio Vaticano II.

XII. Situação da teologia na Europa. 1. *Teologia cristã na época do pluralismo religioso*. A Europa ocidental e a do Leste encontram-se em situação muito diferente quanto à teologia. E nestes dois blocos as diferenças são notáveis entre os países. A literatura sobre o tema é vasta: o interesse para determinar o diagnóstico atual e abrir caminhos de futuro foi manifestado, por exemplo, pela revista *Concilium* com seus números monográficos *A nova Europa. Desafio para os cristãos* (n. 240, 1992) e *Teologia, para quê?* (n. 256, 1994).

Quanto ao que se refere à Europa ocidental, a problemática teológica – à margem da bem defendida teologia vaticana com tendência fundamentalista – encontra-se numa encruzilhada delicada. Segundo F.-X. Kaufmann, "a homogeneidade das orientações religiosas parece dissolver-se cada vez mais para ceder lugar ao pluralismo da religiosidade popular". A partir dessa constatação, tem-se a impressão de que a pertença a uma confissão cede lugar à busca de vínculos religiosos, às vezes indeterminados e sem planejamento. Para o teólogo europeu, "a secularização", noção híbrida de ordem teológica e sociológica, e a falta de homogeneidade, designa fenômenos bastante diferentes. A teologia, que não se preocupara com eles, encontra-se agora muito condicionada por eles mesmos; daí sua perplexidade diante de uma situação de mudança e de permanente revisão. A fragmentação da consciência dos indivíduos, a complexidade da informação, a desintegração da comunidade, a preponderância das comodidades, tão próprias da Modernidade e da Pós-modernidade, têm afetado as teologias desta última década. Além disso, a "miséria da teologia", já anunciada por Michel de Certeau em 1973, coloca o trabalho teológico no rumo das ciências da religião, as quais alcançam notável crescimento. A condição de absoluto do cristianismo (Troeltsch) é colocada sob juízo. Daí as dúvidas sobre o dogmatismo teológico e a possibilidade de um discurso capaz de responder aos grandes questionamentos de nossos contemporâneos. O conhecimento das grandes tradições religiosas, especialmente da Ásia e também da África, do islã em particular, apresenta inumeráveis problemas, no momento em que a teologia cristã gravita entre a universalidade e as particularidades nacionais. Falar de "teologia planetária" neste mundo em que as diferenças culturais e religiosas renascem, supõe uma tensão difícil de manter. Trata-se de combinar, no pensar de Geffré, os princípios da globalização e o da subsidiariedade. Mais do que buscar uma teologia cristã universal, o esforço se dirige para a intercomunhão entre as teologias. O princípio da "regionalização" da teologia vai se tornando cada vez mais confiável, em detrimento de uma estruturação filosófica que garantiria a uma "instituição teológica" – a teologia como "ciência" – segundo o desejo de alguns teólogos, adversários de uma teologia na primeira pessoa, ou pouco simpatizantes de novas tentativas, como pode ser a "teologia literária" no estilo proposto por Jean-Pierre Jossua. Enquanto a teologia se debate ao redor do seu estatuto epistemológico, as correntes da *New Age* vão invadindo os espaços espirituais que muitos cristãos encontravam em suas próprias igrejas.

2. *O caso Drewermann*. Eugen Drewermann, biblista alemão nascido em 1940, era professor de Escritura em Paderborn. Sua notoriedade começou com a publicação, em 1989, de seu livro *Kleriker* (trad. castellana: *Clérigos*, Trotta, Madrid, ²2005), embora seu desentendimento com a hierarquia começasse em 1977, por causa de sua metodologia em que aparecia como teólogo e historiador das religiões, interessado pela etnologia e pela psicologia profunda, com função de terapeuta. Sua obra deve considerar-se como esforço para garantir a passagem e a continuidade entre reflexão teológica por um lado, e por outro os problemas vitais concretos, de uma Igreja inserida no mundo e, no caso de *Clérigos*, de um número de seus membros que fazem profissão de trabalhar nela e com ela para o advento de um ideal religioso.

A personalidade e a obra de Drewermann foram qualificadas de "fenômeno extraordinário" (Marcheselli-Casale) e a partir das sanções eclesiásticas foi sujeito às mais opostas tomadas de posição. Sua trajetória pessoal está profundamente marcada por uma tarefa de pesquisa bastante intensa e ao mesmo tempo por uma ininterrupta prática da ajuda terapêutica. Seja qual for o juízo que se faça, não há lugar para dúvidas de que sua obra jamais deixa alguém indiferente e sempre oferece pontos de vista, juízos e razões que se encontram profundamente ancorados nos desejos e na problemática mais candente do homem de hoje.

Drewermann, fazendo eco a extensa opinião, mantém o convencimento de que, no séc. XXI, as religiões (e não apenas o cristianismo) só poderão pedir que sejam levadas em consideração se realmente contribuírem para a *cura física, psíquica e espiritual* do ser humano; ser humano que se encontra marcado no mais profundo de sua humanidade pela contraposição e alienação. Por isso, as religiões ou serão *soteriológicas práticas*, justamente em meio à vida cotidiana dos indivíduos e dos grupos sociais, ou então, de forma cada vez mais perceptível, se transformarão em fatores sem importância alguma para o homem atual.

Sinteticamente, pode-se afirmar que um dos pontos nevrálgicos do conflito sobre Drewermann está na importância da Bíblia e dos textos clássicos da tradição cristã. Uma interpretação da Bíblia e dos outros textos que se mostra extraordinariamente crítica com respeito aos métodos usados pelas escolas exegéticas modernas (sobretudo a *Formgeschichte* e a *Redaktionsgeschichte*) e que, como corretivo, recorre com muita insistência às escolas psicanalíticas.

3. *A hermenêutica norte-americana: David Tracy.* Diante da impossibilidade de expor o grande leque da teologia desenvolvida nos Estados Unidos – desde os estudos bíblicos até a moral, desde as moralidades feministas, negra, branca... – nos limitaremos a uma contribuição bastante sugestiva: de David Tracy (1939), doutorado na Pontifícia Universidade Gregoriana de Roma e hoje professor na Divinity School da Universidade de Chicago. Na Europa, é conhecido sobretudo a partir dos anos 70 por suas habituais colaborações na revista *Concilium*, além de sua já ampla bibliografia escrita em inglês. Dedica-se a uma teologia filosófica dirigida mais à nossa cultura do que ao cultivo de uma teologia confessional.

Por isso, tomou posição diante da teologia fundamental. Ele, que se havia formado no campo do padre Lonergan, surpreendeu ao afirmar que o teólogo fundamental não tinha necessidade de ser membro crente da comunidade eclesial. Essa posição ficou caracterizada quando defendeu que a teologia fundamental não pode viver apenas de seus próprios recursos.

A exigência da interpretação religiosa se impõe como princípio de toda teologia. Aceitando a exigência segundo a qual cada posição teológica defende sua razão de ser apelando a uma tradição religiosa, os teólogos se veem inevitavelmente comprometidos com uma interpretação. O que supõe, por sua vez, que se ativarão e defenderão implícita ou explicitamente certos métodos de interpretação dos textos religiosos e históricos.

Em síntese, todo teólogo deveria sentir-se obrigado a desenvolver explícitos "critérios de coerência", nos quais suas interpretações específicas da tradição pudessem ser julgadas criticamente pela comunidade teológica mais ampla. Por exemplo, pode-se pensar na discussão teológica no interior da teologia cristã entre algumas das formas principais de interpretação do mesmo texto em chave de "libertação" ou "política".

Depois de interpretar uma tradição religiosa, impõe-se a interpretação da dimensão religiosa da situação contemporânea, tarefa mais complexa e difícil de captar que a anterior, uma vez que se discute se é legítimo apelar "só para a experiência". Neste ponto é que explode com maior violência o pluralismo radical dentro da teologia. A constante dessa discussão é representada pela articulação de certa acepção da verdade e de uma posição teológica particular.

O tema do pluralismo tem sido repetidamente tratado por Tracy. Segundo ele, para alguns estamos ainda na era da modernidade e do triunfo do indivíduo burguês. Para outros, estamos num momento de nivelamento de todas as tradições, à espera da volta do indivíduo tradicional e comunitário, hoje reprimido. Não faltam os que pensam estarmos numa situação pós-moderna, onde pesa sobre nós a morte do indivíduo como última sequela da morte de Deus.

Essas três maneiras conflituosas de designar a situação atual aparecem no centro do conflito interpretativo que se produziu nesse campo que em certos tempos foi considerado como centro da história, ou seja, da cultura ocidental, a qual inclui uma teologia cristã própria. Mas esse centro ocidental já não pode manter-se. Para a modernidade, o presente é o que sempre foi, a mesma história evolutiva do triunfo e da superioridade indiscutível do Iluminismo ocidental científico, tecnológico, pluralista e democrático. Para a antimodernidade, o presente é uma "época de convulsões", na qual todas as tradições são destruídas pela força inexorável da própria modernidade. Para os antimodernistas, a nossa é uma época na qual se procura voltar a um passado que nunca existiu e para uma tradição cuja suposta pureza desmente o próprio sentido da tradição como história concreta e ambígua. Para a pós-modernidade, a modernidade e a tradição se revelam hoje na mesma medida como exercícios enganosos que procuram fundamentar o que não pode ser fundamentado, uma base segura para todo conhecimento e toda vida. Para os pós-modernistas, na melhor das hipóteses, a esperança do presente está na realidade da alteridade, e a diferença está nessa viva alteridade nos grupos marginalizados da modernidade da tradição, nos místicos, nos inconformados, nos artistas de vanguarda, nos loucos, nos histéricos. A consciência da pós-modernidade, muitas vezes mais implícita do que explícita, vive nesses grupos mais do que nas minorias intelectuais que se alinham em seu seio.

Para todos os que vivemos neste conturbado e contraditório centro de privilégio e poder (Tracy recorda sua condição de branco, varão, de classe média, professor católico, americano e sacerdote), nossa mais profunda esperança está no avanço rumo à alteridade e à diferença, como o demonstram a filosofia e a teologia de hoje. Entre *os outros* devem incluir-se todos os oprimidos, os outros que vivem nas culturas ocidentais europeias e norte-americanas, os outros que se encontram fora dessa cultura, especialmente os pobres e os oprimidos que estão procurando ser ouvidos com clareza e energia, a terrível alteridade que se traduz em nossas próprias culturas e psiquismos, as outras grandes religiões e civilizações, as diferenças esparzidas em todas as palavras e estruturas de nossas linguagens indo-europeias. E os conflitos de interpretação sobre como entender o momento atual no Ocidente (moderno, antimoderno, pós-moderno) muitas vezes não conseguirão ser outra coisa senão negativas, obtusas ou sutis, ao encarar o fato *fascinans et tremendum* de nosso presente *policêntrico*. Os outros devem ser genuinamente outros para nós, não simples projeções de nossos temores e desejos. Os outros não são marginais para nós, mas centros eles próprios por seu próprio direito. Seus conflitos e suas autodenominações libertadoras exigem séria atenção por parte de nosso centro e em seus próprios termos.

A problemática do pluralismo desemboca na de linguagem. Tracy o aborda na tentativa de ligar o discurso metafísico com as expressões religiosas. Se a metáfora, de modo imediato, toma parte na origem do sentido da linguagem, a linguagem religiosa – que se orienta para a questão do sentido – terá de utilizar as metáforas. Não existe linguagem religiosa sem metáforas, sem "imaginação analógica".

Na questão religiosa considera-se normal que todas as grandes religiões se baseiem no que se pode chamar de metáforas "básicas". Numa religião essas metáforas constituem uma rede na qual as metáforas fundamentais vão gerando outras não tão importantes e dão lugar a novas imagens. Essa rede de metáforas encontra-se agrupada ao redor das perguntas mais básicas do ser humano, com o fim de oferecer respostas a essas perguntas.

A religião se encontra representada por meio de um sistema de metáforas que seguem suas normas. A capacidade operativa deste sistema se decide pela maneira como determinada religião se encontra submetida a mutações históricas sem nunca chegar a perder sua identidade. Quanto mais vivo for o sistema de metáforas religiosas, sem chegar a cair numa falta de significação, tanto mais o discurso religioso se poderá transmitir na linguagem cotidiana de um lugar concreto. Então, a religião compartilha a problemática fundamental com as outras ciências.

Como consequência, e por causa da capacidade da linguagem, a presença pública da Igreja torna-se paralela à presença pública da ciência e da sociedade. A teologia, em seu próprio pluralismo, há de servir para tornar pública a Igreja em relação com a ciências e com a sociedade.

Se é verdade que o teólogo compartilha opções metodológicas particulares comuns aos outros especialistas de "ciências religiosas", essa posição supõe que o especialista em ciências religiosas *pode*, enquanto o teólogo *deve*, propor no nível explícito o problema da "verdade", antes de tudo das diversas interpretações dos problemas mais urgentes e radicais de nossa condição contemporânea e, em segundo lugar, o problema da verdade das "respostas" que uma tradição religiosa particular oferece.

Se isso é verdade, inclusive antes do problema tão difícil ao redor do qual constitui uma verdadeira afirmação pública de "verdade" dentro da teologia, então existe acordo partilhado por todos os teólogos sobre a necessidade de preparar certas análises da situação contemporânea, na medida em que esta situação expressa um problema "religioso" autêntico, ou seja, o problema fundamental do significado da existência humana. Portanto, é perfeitamente adequada uma discussão pública dentro da mais vasta comunidade teológica: *a*) sobre se a análise da situação é realmente correta (esta é uma questão pré-teológica); e *b*) por que se atribui a esta situação um valor "religioso", que por consequência reclama uma consideração ou resposta de natureza teológica.

O diálogo interno na teologia, nas teologias, é da mesma natureza do "diálogo com os outros". No campo inter-religioso chama-se "viagem místico-profética". Afirma textualmente: "Em todo o mundo surge hoje uma teologia místico-profética com numerosos centros. Será muito pedir à nossa tradição cristã ocidental que, por respeito e por sinceridade para consigo mesma, entre nesse novo diálogo e ponha em prática essa nova solidariedade? O verdadeiro presente é o presente de todos os sujeitos históricos em todos os centros que se mantêm no diálogo e na solidariedade diante do Deus vivo. Quanto ao resto, é gritar na escuridão".

R. Gibellini, *La teología del siglo XX*, Santander, Sal Terrae, 1998; R. Gibellini (ed.), *Prospettive teologiche per il XXI secolo*, Brescia, Queriniana, 2003; E. Vilanova, *Historia de la teología cristiana* III, Barcelona, Herder, 1992; H. Vorgrimler e R. Vander Gucht (dirs.), *La teología en el siglo XX*, 3 vols., Madrid, BAC, 1973-1974; R. Winling, *La teología del siglo XX. La teología contemporánea* (1945-1980), Salamanca, Sígueme, 1987.

Evangelista Vilanova

TRADIÇÃO

Quando o movimento gnóstico, surgido durante o séc. I d.C. e cujo florescimento se deu no séc. II, defendeu o acesso direto à revelação de Deus através de revelações secretas ou de acesso a conteúdo não público da pregação apostólica, os Padres reagiram com violência, sublinhando, por um lado, a necessidade de mediações e negando a possibilidade de alcançar a iluminação de maneira imediata e, por outro lado, afirmando que toda a pregação apostólica estava ao alcance de todos. Com isso, defendiam a importância da pessoa de Jesus de Nazaré na revelação do plano salvífico da Trindade, e a necessidade do acesso à sua pessoa e à sua obra para descobrir o mistério de Deus e a possibilidade de qualquer pessoa chegar a conhecer o testemunho apostólico sobre Jesus.

Após a morte e ressurreição de Jesus Cristo, as testemunhas de sua vida, aqueles que tinham convivido com ele, são encarregadas da proclamação do Evangelho. É no momento em que estas vão morrendo que se propõe a pergunta como manter a fidelidade à mensagem e aos fatos que Jesus havia proclamado e realizado durante sua vida, e é essa busca de fidelidade que, desde o princípio do cristianismo, confere importância ao tema da tradição.

Lucas começa o seu evangelho remetendo-se "às primeiras testemunhas presenciais" que transmitiram os sucessos acontecidos (1,1-4). Engajar-se com esses transmissores, e por sua vez converter-se em outro, isso faz com que o evangelho de Lucas sirva para compreender os ensinamentos recebidos. O evangelista pretende além disso "não inventar" os fatos, mas escrever tudo "por ordem e exatamente". Essa fidelidade às fontes transforma-se na defesa da manutenção do que se recebeu como garantia do proclamado, algo que já ocorre em Paulo (1Cor 11,2; Fp 4,8ss). Pouco a pouco se enfatiza a importância do recebido como o tesouro mais precioso a guardar e aparece a necessidade de guardar o "depósito" dos ensinamentos apostólicos (1Tm 6,20; 2Tm 1,12.14). Assistimos assim à passagem de uma concepção mais dinâmica da mensagem para sua concepção mais estática; da necessidade de anunciar os fatos salvadores realizados na pessoa de Jesus Cristo à importância de salvaguardar a primeira sistematização deles elaborada e levada a cabo pela primeira geração cristã.

I. Noção de tradição. Tradição (lat. *traditio*; gr. *parádosis*), em seu sentido mais amplo, é tudo o que se transmite de uma pessoa a outra, ou, como define o *Diccionario de la Real Academia de la lengua española*, a "transmissão de notícias, composições literárias, doutrinas, ritos, costumes etc., feita de geração a geração". Neste sentido, a tradição, no cristianismo, de fato compreenderia tudo: as Escrituras, os ritos, a liturgia, o ordenamento jurídico e até os costumes que nos chegaram das gerações anteriores.

Bem depressa, no entanto, se desenvolveu também um sentido mais restrito, mais estrito de tradição. Tradição se referia ao que se havia transmitido à comunidade dos crentes por meio diferente ao da Escritura. Essa precisão se torna lógica ao se pensar que a tradição supõe sempre dois sujeitos, aquele que dá e aquele que recebe, e um objeto, aquilo que se transmite. Para que o ato de transmissão se produza, o sujeito que entrega deve, de alguma forma, possuir aquilo que transmite. A partir dessa ideia se vê a diferença entre o ato de entregar a Escritura e o ato de entregar a mensagem evangélica por outro meio; no primeiro caso, a Escritura foge grandemente ao controle daquele que entrega; inclusive pode acessar a ela sem que exista intermediário, enquanto o objeto não escrito necessita sempre da testemunha que comunique a "boa" notícia. Com essa distinção, entretanto, não se queria expressar que o conteúdo transmitido fosse diferente. De fato, durante a era patrística nunca se opuseram à Escritura e o transmitido por outro meio, uma vez que se considerava que a tradição em sentido estrito era uma forma "original" de transmissão do mesmo conteúdo objetivo" da Escritura (Congar, 1964, 21).

II. A tradição e os Padres da Igreja. O acesso à pessoa de Jesus Cristo realiza-se, segundo os Padres, através do testemunho dos apóstolos e daqueles que continuaram a pregação da mensagem deles. Embora Clemente de Roma se refira à tradição ao basear toda a proposta de sua Carta aos Coríntios no que chegou a eles das gerações precedentes que não é outra senão o AT (7,2ss.), aparece claramente a ideia de que existe uma sucessão de envios, do Pai ao Filho e deste aos apóstolos, e que a pregação dos apóstolos é normativa (43-44). Também Ireneu, em aguda luta contra a gnósis, diz claramente: "Não conhecemos a economia da nossa salvação, se não por aqueles através dos quais o Evangelho chegou até nós: eles primeiro o proclamaram; em seguida, por vontade de Deus, no-lo transmitiram por escrito, para que fosse coluna e fundamento" (*Adv. haer.* III, 1; também III, 3,4). Em Ireneu aparece e já se usa o argumento da anterioridade da pregação oral – a tradição – antes dos escritos apostólicos (cf. *Adv. haer.* III, 4,1), ideia que será depois repetida por diversos Padres, por outro lado, a ideia da tradição como doutrina transmitida se encontra em Tertuliano (*Adv. Marc.* V, 19,1;

De praescript haer. 21,6; *De monoq.* 2,1). Este autor também atribui obrigatoriedade às práticas da Igreja que não se encontram na Escritura, e para tanto se apoia unicamente na tradição (*De cor.* 4,4).

De qualquer forma, deve-se repetir que os Padres da Igreja não veem nenhum conflito entre a Escritura e a tradição; pelo contrário veem ambas as realidades como complementares (assim também Irineu, *Adv. haer.* III, 2,2; 5,1).

III. O problema das fontes da revelação. O conflito a respeito da tradição surge com a Reforma protestante. Lutero declara solenemente o princípio de *sola Scriptura*, com o que rejeita o valor das "tradições humanas" e a capacidade da Igreja para interpretar "autenticamente" o Evangelho. Essa posição deu início a uma polêmica que durou séculos.

A resposta católica ao princípio de Lutero foi dada pelo concílio de Trento, que destacou a importância de conservar a pureza do Evangelho, que contém a verdade salvífica. O decreto *De canonicis Scripturis*, promulgado em 8 de abril de 1546 (DH 1501), declarou que essa verdade chegou até nós através das Escrituras e das tradições não escritas. Duas precisões são necessárias sobre esta fórmula que se tornou famosa:

– o concílio não concebe a existência de duas fontes independentes, a partir das quais se recebesse a revelação. A mudança que o documento proposto sofreu (eliminou-se o *partim... partim* da fórmula "esta verdade está nos livros escritos, em parte nas tradições não escritas" e foi substituído por) nos possibilita interpretar a fórmula no sentido de uma interdependência desses dois modos de acesso à revelação total, que é o acontecimento Cristo;

– essa interpretação, no entanto, não pode fazer pensar que os padres conciliares defendessem a existência de uma única fonte – a Escritura – que seria apenas explicada pela tradição. De fato, a mudança das conjunções não parece que tenha suposto excessivo problema para os padres tridentinos, uma vez que o decreto deixa claro o que se queria defender contra as posições reformadas: a existência de tradições não escritas, que provêm dos apóstolos, e que em certos casos podem chegar a ser normativas.

De fato, os teólogos pós-tridentinos vão continuar explicando a relação entre Escritura e tradição como duas fontes, independentes, com certeza autônomas na linha da fórmula "em parte... em parte". A tradição vai aparecer ligada estreitamente à autoridade eclesiástica (assim Melchor Cano e Belarmino). A união de tradição à autoridade eclesiástica vai levar a que se comece a igualar magistério e tradição. Esta linha, que não pode encontrar seu apoio no concílio de Trento – no qual a palavra *Magisterium* não aparece – já se encontra em Stapleton e continua nos autores tardios da escola de Salamanca (Juan de la Peña, Mancio de Corpore Christi) e da primeira Companhia de Jesus (Suárez, Valencia, Laínez, Belarmino). Com isso, a tradição aos poucos se identifica com o ensinamento do magistério eclesial, algo que, no campo católico, permaneceu até começos do séc. XX.

IV. Contribuição do Vaticano II. No primeiro esquema da constituição *Dei Verbum* de 1962, continuava a se falar de duas fontes da revelação em clara conexão com a teologia pós-tridentina: por um lado, encontrava-se a Escritura, e, por outro, a tradição. Embora a Escritura possuísse maior importância, na medida em que é inspirada, a segunda se apresentava como o caminho certo pelo qual se pode chegar a compreender em profundidade o que a primeira transmite. A instância eclesial, chamada a interpretar corretamente a Escritura e a tradição, é o "magistério vivo da Igreja", tendo em conta que a tradição não só deve ser interpretada, mas também é instrumento fundamental para a interpretação da Escritura.

Essa apresentação despertou grande discussão na aula conciliar. Enquanto um grupo pretendia distinguir claramente entre Escritura e tradição, recorrendo para isso ao estabelecido no concílio de Trento (apesar de ter este renunciado ao uso da fórmula "em parte pela Escritura, em parte pela tradição", para referir-se ao acesso ao conteúdo da revelação), o grupo majoritário insistia em que não se podia falar de duas fontes da revelação, e sim que o foco único do qual partia a revelação era Jesus Cristo, palavra definitiva de Deus à humanidade. Tanto a Escritura como a tradição partiam do anúncio do grupo apostólico.

A redação final do decreto conceberá a tradição como um processo, pelo qual o evangelho, ou se assim se prefere, a revelação definitiva de Deus, que é o acontecimento Cristo, se transmite de maneira viva na Igreja através das gerações. Com essa concepção, supera-se a divisão, excessivamente formal, de Escritura e tradição, e se recoloca a relação entre as duas, e destas com o magistério da Igreja.

A tradição se concebe como a "voz viva do evangelho" (DV 8) e "evangelho" deve ser entendido aqui na concepção mais ampla que já se encontra nos Padres e da qual não eram totalmente alheios os teólogos até o séc. XVI. Referimo-nos ao Evangelho como o conjunto da revelação, a comunicação de todo o mistério salvífico de Deus para com sua criação. Neste sentido, a tradição não aparece como competidora da Escritura, e a pergunta sobre quem tem a supremacia não aparece como tal no documento do Vaticano II.

V. Esboço sistemático sobre a tradição. 1. *Pressupostos*. É essencial captar que qualquer fenômeno de certa relevância que se produz na cultura humana se vê submetido a um processo de transmissão entre gerações. Nenhuma geração humana começa no zero, e embora se possam produzir rupturas significativas na evolução de uma cultura, dificilmente estas podem ser explicadas sem recorrer a noções e ideias que provinham do passado.

Esse processo de transmissão se encontra na revelação que Deus foi fazendo de sua vontade e de seu ser ao longo de toda a história humana.

A noção de tradição é conhecida no AT: os sacerdotes transmitiam a *Torá* (cf. Dt 17,18); os escribas e doutores da lei eram os encarregados de explicar ao povo o significado da lei, e prontamente surgiu entre eles uma tradição oral. Também o culto era lugar de transmissão essencial: de pais para filhos se transmitem ritos, um credo, uma fé viva (Dt 6,6s), com a particularidade de que o ato de transmitir e a mensagem transmitida são inseparáveis, uma vez que se transmitem afirmações de fé que se referem a fatos salvíficos acontecidos ao povo e dos quais o transmissor é testemunha.

No NT desenvolve-se uma linguagem técnica para se referir à tradição, cuja fonte única é Jesus Cristo (1Cor 11,23), em quem se produz o cumprimento de todas as promessas (Jo 1,18; 2Cor 1,20; Lc 24,27). A vida e a obra de Jesus, seu destino histórico, sua morte, ressurreição e exaltação à direita do Pai, é a boa notícia que a primeira comunidade é chamada a aceitar e a transmitir. Nesse sentido, o conceito de tradição que aparece no NT não pode reduzir-se à simples transmissão de algumas fórmulas determinadas. O sentido de Mt 28,20, "ensinar a guardar tudo o que eu vos mandei", não se reduz a alguns ensinamentos isolados, mas que devem ser integrados na única palavra sobre Jesus. A existência de quatro evangelhos, com suas perspectivas diferentes, já nos fala que a tradição primeira e primária é o anúncio de Jesus como o Senhor de toda a história. Paulo, que recorre à tradição antiga da comunidade (1Cor 15,3) não a considera, no entanto, como algo imutável, mas que esta há de atualizar-se para que se possa transmitir o sentido originário.

É de notar que, diante do fenômeno da tradição, podem-se tomar duas posições: ou conceber o processo de transmissão como processo de enriquecimento e desenvolvimento, ou antes destacar a pureza das origens e ver a transmissão como processo de decadência. A função da tradição também pode ser valorizada de forma diversa: pode ser vivida como fenômeno que proporciona identidade e que liberta da necessidade de buscar continuamente a interpretação de fatos ou textos (com isso o recurso à tradição seria bom aliado dos aspectos positivos que o processo de institucionalização da Igreja tem), quando a instituição continua sendo um veículo para que o Espírito se comunique à comunidade (Kehl, 1996, 364 a 372); ao contrário, pode-se vivenciar a tradição como algo que impede o progresso e conduz a uma morte mais ou menos lenta por asfixia.

A Modernidade, a partir do Iluminismo do século XVIII, adere mais a esta segunda visão, e não se deve desvalorizar o fato da ruptura e alergia à tradição com a qual se abre o século XXI. Por isso, a primeira coisa que se deve deixar clara é que a tradição não se opõe ao progresso. Essa ideia provém da utilização que muitas vezes se fez da tradição, apelando constantemente a ela para evitar qualquer mudança. Entretanto, tradição não se identifica com manutenção de tudo o que foi recebido sem possibilidade alguma de mudança, mas é o somatório de experiências, conhecimentos e acontecimentos sobre os quais se pode começar a construir. Para evitar hoje esse perigo de confusão entre tradição e tradicionalismo, devemos obrigar-nos a submeter a tradição a um discernimento para podermos distinguir o que pertence a sua essência e o que pertence a círculos mais exteriores.

2. *Conteúdo e atores*. Vista como processo comunicativo de Deus com o crente, e dos crentes entre si, a tradição defronta-se com as questões acerca do seu conteúdo e dos seus atores.

Conteúdo último da tradição é a palavra que Deus dirigiu desde sempre à pessoa humana, palavra que chega à sua plenitude e de modo definitivo na pessoa de Jesus de Nazaré. O processo de comunicação de Deus e com Deus, é o que teologicamente se chama *communio*: comunhão com Deus e comunhão com as outras pessoas. Nesse sentido, a missão da Igreja-sinal de instrumento da união com Deus e de todos os seres humanos entre si (LG1) é ser portadora e facilitadora da tradição.

Na medida em que a experiência do Deus trinitário supõe a participação na experiência dos outros crentes e na medida em que a experiência de Deus exige tanto a opção pessoal como a objetivação por parte da comunidade, ninguém pode sentir-se nem ser considerado como o critério último da tradição. A comunidade cristã toda é a responsável de a tradição conservar sua força e sua capacidade criadora de comunhão, como é responsabilidade de toda a comunidade cristã que a mensagem evangélica perdure intacta através do tempo. Os problemas relativos à tradição situam-se no âmbito da concretização histórica que a tradição assume para que a experiência de Deus se produza no tempo. O acesso a Deus sempre se produz através de mediações históricas; entre essas mediações, adquire importância especialíssima, que a Escritura sempre foi considerada como a objetivação do acontecimento Cristo e como a transmissão da palavra de Deus, por ele mesmo querida.

No entanto, não é a única mediação de que Deus se serviu: determinadas formulações – sobretudo dos grandes concílios da antiguidade – e decisões dos responsáveis pela comunidade, especialmente em situações de conflito, nas quais a fé se encontrava em perigo, tentaram também dar resposta ao problema da recepção da tradição em determinado tempo.

Essas concretizações fazem parte do que normalmente se considera tradição: trata-se, por um lado, da chamada "tradição apostólica", o conjunto dos ensinamentos que foram atribuídos aos apóstolos e que remontam à época fundacional da Igreja, e por outro, da assim chamada "tradição eclesiástica". Diante dessas tradições, tanto o tradicionalismo extremado como o descontrolado progressismo são caminhos equivocados. A defesa de algumas formulações determinadas, como fase última de capitação da palavra de Deus – que outra coisa não é senão a absolutização de determinado período da história da Igreja – nega o processo histórico, ao qual está submetida a comunicação de Deus ao ser humano, mesmo depois da revelação plena dessa comunicação em Jesus Cristo (cf. Jo 16,6-15) e, portanto, também a tradição, enquanto a defesa da novidade sobre todas as coisas elimina o vínculo da comunidade cristã com suas origens, por isso com a pessoa de Jesus de Nazaré.

3. *A Tradição e as tradições.* Ao falar de "tradição", pois, devemos distinguir diferentes níveis e conceitos:

a) A Tradição com maiúscula é "uma entrega mediante a qual o dom do Pai se comunica a grande número de homens através do espaço e na sucessão das gerações, de tal maneira que uma multidão de indivíduos, materialmente separados pela distância e pelos anos, vivem da mesma, única e idêntica Realidade, que é o dom do Pai, e em primeiro lugar da verdade salvadora, que é a Revelação divina realizada em Jesus Cristo. Esta é comunicação de um tesouro que permanece idêntico a si mesmo: é vitória sobre o tempo e sua caducidade, sobre o espaço e o afastamento da distância" (Congar, 1964, 19). A tradição assim entendida identifica-se com a vida (Kasper, 1989, 105ss).

b) Essa tradição necessita de articulações diversas e chega até nós por canais diferentes:

A Escritura possui o mais alto grau quanto à normatividade para descobrir o conteúdo e o sentido da tradição. Embora seja verdade que a pregação oral foi cronologicamente anterior às Escrituras, sempre que a primeira comunidade assumiu estas como inspiradas por Deus e como reflexo autêntico da comunidade de Deus produzida em Jesus, estabelece uma norma (*norma normans*), a partir da qual se hão de discernir as concretizações e desenvolvimentos posteriores da tradição.

A "tradição apostólica", entendida como certos ensinamentos provenientes dos apóstolos e que, pelo menos explicitamente, não estão contidos na Escritura, também gozaria de normatividade. O problema está em determinar quais seriam esses ensinamentos. A suficiência material da Escritura é hoje algo comum, entre os autores católicos também, e por isso não se pode recorrer à tradição apostólica para fundamentar a aceitação de dogmas necessários para a salvação.

A "tradição eclesiástica" (ou melhor, as "tradições eclesiásticas") é um conjunto muito variado de ensinamentos, ritos, usos... que a comunidade eclesial foi assumindo através dos tempos. A importância das diversas tradições deve ser cuidadosamente determinada. Em geral nos encontramos aqui com diversas decisões que a Igreja, dotada de determinados órgãos de decisão, vem adotando para assegurar que os crentes possam acessar o conteúdo da Tradição com maiúscula.

A distinção entre Tradições e tradição e entre Escritura e tradição nos coloca diante do problema da hermenêutica. A tradição faz referência à interpretação, fundamentalmente da Escritura, mas também da própria tradição. A hermenêutica deverá, em todo caso, distinguir entre as formulações concretas e o sentido profundo que essas formulações quiseram transmitir.

4. *Escritura e tradição.* A polêmica suscitada por Lutero – ao estabelecer o princípio da *sola Scriptura*, e ao ser isso entendido como rejeição a toda tradição eclesiástica, que ficava reduzida a simples "tradição humana" – favoreceu a discussão acerca das relações entre Escritura e Tradição. Embora não se possa dizer que as posições católica e protestante se identifiquem, pode-se falar hoje de amplo consenso e de valorizações diferenciadas por parte de ambas as confissões. Além disso, estabelecer corretamente as relações entre ambas as magnitudes continua sendo importante aspecto de todo diálogo ecumênico, devido indubitavelmente a que o estabelecimento de referida relação supõe toda uma visão eclesiológica. Além disso, independentemente da polêmica confessional, a relação entre Escritura e tradição ajuda a estabelecer as coordenadas, a partir das quais é possível compreender retamente ambos os fenômenos.

a) O acento na Escritura como a única norma recorda que a Igreja não se pertence a si própria e que ela não é a cabeça. Jesus Cristo aparece assim claramente como aquele que salva, e diante da sua palavra, o Evangelho, tudo deve estar subordinado. A função crítica da Escritura evita que se misture a verdade humana com a verdade divina na compreensão da Igreja e que qualquer confissão possa tornar a absolutizar determinadas "tradições" e identificá-las com a tradição da Igreja. O concílio Vaticano II diz claramente que a Escritura é a "suprema norma da fé" (DV 21) e que todas as outras instâncias da Igreja estão subordinadas a esse critério, incluindo o magistério, que tem função servical com respeito à Escritura (DV 10).

b) O acento na tradição enfatiza que a comunicação de Deus continua produzindo hoje em meio a uma comunidade concreta e que o Espírito continua atuando na Igreja, conduzindo-a para a plenitude da verdade, mesmo quando esta se entenda como aprofundamento de tudo que, pelo menos em gérmen, já se encontra na Escritura. A interpretação da Escritura dentro da "grande tradição" da Igreja evita a absolutização de qualquer hermenêutica na hora de ler o evangelho, e proporciona a possibilidade de usar métodos hermenêuticos de forma flexível e dinâmica.

As convergências entre as diferentes confissões se acentuaram nos últimos anos através dos encontros entre representantes das diversas igrejas: a recuperação de uma interpretação cristocêntrica da palavra de Deus, palavra que se encontra, tanto na Escritura como no seu testemunho mais acabado, como na pregação viva que a comunidade dos que creem realiza, e por conseguinte, na tradição da Igreja, permite estabelecer uma relação nova entre "a autoridade da revelação da Escritura e a autoridade da revelação da Igreja, que transmite a revelação da Escritura" (TRE, 723). Assim, se pode estabelecer hoje que Jesus Cristo, o revelador do Pai, é a *norma normans* ou *norma suprema*, o critério definitivo a partir do qual se deve medir a fé e a atuação da comunidade dos que creem; a Escritura é o critério para a transmissão do acontecimento Cristo (*norma normata primaria*), e nela se encontra o acesso no Espírito a Jesus; a Tradição é a *norma normata secundaria*, que estabelece, sobretudo quanto à interpretação da Escritura, o caminho a seguir numa situação concreta. O trabalho que o magistério de Igreja deve cumprir nessa trama já foi tratado em outro lugar (cf. "Magistério"). Seguindo essa diferenciação, pode-se chegar a uma concepção mais produtiva e feliz, tanto da Escritura e da tradição como das relações que entre ambas se estabelecem.

D. M. Beegle, *Scripture, Tradition and Infallibility*, Michigan, Eerdmans, 1973; D. Brown, *Tradition and Imagination*, Oxford, OUP, 1999; Y. Congar, *Tradición y vida de la Iglesia*, Andorra, Casal i Val, 1964; id., *La tradición y las tradiciones*, 2 vols., San Sebastián, Dinor, 1964; W. Kasper, "La tradición como principio del conocimiento teológico", en id., *Iglesia y teología*, Barcelona, Herder, 1989, 94-134; M. Kehl, *La Iglesia. Eclesiología católica*, Salamanca. Sígueme, 1996 119-144, 359-372; K. Rahner e J. Ratzinger, *Revelación y tradición*, Barcelona, Herder, 1971; Vários, *"Tradition"*, em TRE 33, 689-732; D. Wiederkehr, *Wie geschieht Tradition?*, Freiburg i. Br., Herder, 1991.

Diego Molina

TRINDADE

A afirmação teológica da Trindade divina é naturalmente analógica e fundamentalmente paradoxal. Precisamente por sê-lo, tem a força interior para fazer dela uma *ideia* muito atraente no mundo que, apesar de sua irrenunciável pluralidade, busca cada vez com maior pertinácia a quase impossível unidade. Em termos de fé, da adesão ao Deus Trindade, não só depende nossa salvação; implica também e em primeiro lugar o princípio hermenêutico, o talante ou estilo paradigmático de nossa existência toda. A Trindade, como a encarnação, são verdades fundamentais e essenciais do cristianismo, verdades para serem acreditadas, mas, antes de tudo, para serem vividas. O que a teologia sabe, pensa ou intui da Trindade divina é inútil, se não se articula com a vida do homem e da mulher que creem. A partir do momento em que o ser humano se sente interpelado pelo Deus pessoal, a partir dessas três dimensões relacionais nas quais a fé cristã diz: *pró-criatividade, filiação, comunicação*, e deixa que essa interpelação abranja coerentemente a totalidade de sua pessoa, nada mais pode ser alheio à sua própria existência. A familiaridade consigo mesmo e com todo o criado, especialmente com as outras pessoas, constitui o sentido mais profundo de seu ser pessoal, divino ou humano.

O desenvolvimento da doutrina cristã sobre a Trindade aprofunda suas raízes nos primeiros enunciados teológicos dos chamados Padres da Igreja primitiva a partir de Justino, Tertuliano e Irineu (séc. II); mas se perfila como questão central dentro das controvérsias que têm a ver com a pessoa de Jesus Cristo, sua verdadeira divindade e sua verdadeira humanidade, as quais se desenvolvem, fundamentalmente, ao longo dos séc. IV e V. A partir desse momento histórico, a fé trinitária do cristianismo evoluiu, tomando como ponto de partida ora as "três hipóteses", perspectiva oriental, desenvolvida especialmente pelos chamados Padres Capadócios, ora a "comum essência" divina, visão predominantemente da teologia ocidental latina. A teologia trinitária dos fins do séc. XX retomou com força a perspectiva enunciada no Evangelho de João: "No princípio era o Verbo..." (cf. Jo 1,1). E nesta nova visão, a teologia elaborada por mulheres tem papel importante.

Enfrentamos este tema com a firme convicção da legitimidade e originalidade de uma fé que é o eixo central do credo, sem ser exclusiva do cristianismo – pretensão que não se sustenta se forem levadas em consideração, e o devem ser, outras manifestações religiosas enormemente ricas e ancestrais, nas quais, à sua maneira obviamente diferente, se insinua a trindade da divindade. Dentro da concisão obrigatória, dividimos a reflexão em quatro pontos, que em princípio reúnem a consciência do paradoxo que expressamos com a fé trinitária, bem como a *in-comodidade* dessa expressão e os perigos que se esconde no querer aludir de uma ou de outra maneira a essa tensão confessional. Sugere-se, depois, um breve olhar *simbólico* para a realidade que nos sustenta como realidade *conformada* a partir da Trindade íntima (imanente) e relacional (econômica). O terceiro ponto concretiza os dois anteriores a partir da perspectiva da contemplação do mistério trinitário como verdade *arquetípica* pessoal que temos dado em chamar *Autopresença-Relacional-Comunicativa*: una e pluralmente comunicada e revelada na criação e na história: fazendo destas dimensões realidades *cosmotriândricas*.

I. Trindade: realidade in-cômoda. Para o cristianismo, o Deus de Jesus Cristo é a revelação da perfeita unidade na perfeita pluralidade, dada na relação divina que abrange tanto a Realidade Relativa (*em relação a...*) que é Deus em si mesmo, enquanto Deus Autocomunicado (Pai-Filho-Espírito Santo), e com relação a todo o criado. Neste sentido, o cristianismo, como confissão da divindade relacional, não é apenas a religião que condicionou a cultura dominante no Ocidente nos dois últimos milênios; é, sobretudo, a esperança a estrear no terceiro milênio desta civilização.

A doutrina teológica centrada no Deus Trindade provocou no seio do cristianismo uma grande *in-comodidade* desde sempre (R. Panikkar). Sente-se muitas vezes a dificuldade que produz o paradoxo trinitário na vida daquele que crê e da comunidade eclesial em seu todo. A in-comodidade experimenta-se hoje porque, apesar de todos os esforços doutrinais, ainda não conseguimos superar a armadilha dos mal-entendidos linguísticos nem das provocações racionalistas, para centralizar na simples e confiante relação que produz a fé vivida no estilo e segundo a experiência de Jesus de Nazaré: Deus não quer ser entendido como "Absoluto", mas como "Relativo".

A mística e a teologia espiritual poderiam dizer muito, talvez mais do que a pura dogmática doutrinal sobre a Trindade divina, mas, com frequência, privou-se a dogmática do traço afetivo-simbólico que lhe permite entrar em cheio e significativamente na vida dos fiéis; e a espiritualidade, por sua vez, se viu despojada da responsabilidade de ser uma luz intelectual reconhecida e valorizada dentro do discurso teológico.

1. *Monoteísmo politeísta: o paradoxo, a um passo da idolatria.* K. Rahner lamentava que "os cristãos, apesar de sua profissão ortodoxa de fé na Trindade, vivem na realidade como se fossem apenas *monoteístas*". E é verdade. O que foi que nos levou a isso? Do ponto de vista daquele que crê e pensa, poderiam notar-se algumas chaves de interpretação, dentro das quais sobressai uma: o poder. Dolorosamente o poder sustentado historicamente pela instituição humano-religiosa contradiz toda a verdade revelada no evangelho sobre a Trindade. Ao poder concebido como princípio de governo único, "kyriarcado": governo do amo, senhor, chefe... (E. Schüssler Fiorenza), não lhe interessa a eclesiologia do discipulado, mas a preservação da autoridade hierárquica e da norma canônica. Nessa dialética centralizou-se, e muitas vezes estancou, o discurso doutrinal trinitário, ao longo de vinte séculos de cristianismo. A história do dogma da Trindade oscilou entre o monoteísmo mais rígido e o politeísmo mais degradante.

O monoteísmo religioso (E. Peterson) permite maior controle das pessoas e dos povos, da história em geral. Também seu oposto, o politeísmo, produz efeito que neutraliza a pluralidade, identificando e relativizando toda diferença. Os fiéis das duas grandes religiões estritamente monoteístas, judaísmo e islã, creem num Deus cuja atuação histórica é mediada através do poder exercido de maneira "kyriarcal" por homens especialmente escolhidos: Abraão, Moisés, Davi, Maomé, que foram sendo sucedidos ao longo do tempo e multiplicando-se apenas na medida que o poder o exigia. O cristianismo não escapou a essa dinâmica de interesses humanos. Por mais que o filho de Maria de Nazaré, Jesus, o Cristo, não liderasse nenhuma "guerra santa", nenhuma "cruzada", nem levasse a sua pequena comunidade a invadir povos ou conquistar nações, "sua Igreja" estruturou-se histórica e institucionalmente numa *hierarquia*: forma de governo que se aceita como vontade e inspiração divina e na qual há um chefe reconhecido como *pater patrum*, não só representante visível do Cristo na terra, mas seu vigário.

Já desde os primeiros séculos imediatamente posteriores à expansão do evangelho e à sua inserção no mundo helênico (afirmado desde a particular "conversão" de Constantino, 313 d.C.), tornou-se patente a necessidade de manter a expressão plural da fé sob um único e rígido credo normativo. O credo apostólico que afirma com simplicidade evangélica o *Pai* em comunhão com o *Filho* e com *Espírito Santo*, sem fazer menção alguma à sua unidade substancial (precisão filosófica impossível na comunidade apostólica e na geração imediatamente posterior), tornava-se insuficiente para mostrar a *hierarquia,* uma vez que a *monarquia* divina, bastante significativa para os imperadores romanos do momento (séc. IV-VI) e para os subsequentes governantes e reis do mundo cristianizado. No Ocidente tornou-se indispensável a afirmação do princípio da unidade *substancial ou hierárquica* da divindade, não só por razões de fé, mas para fortalecer a comunhão politicamente maltratada, e no Oriente se lutou por conservar a consciência da necessária *relação de pessoas*, que leva à comunhão de iguais, por idêntica razão.

A monarquia divina e religiosa era um ponto de referência muito conveniente para o poder político e atraiu fortemente a comunidade religiosa cristã e quase desde os inícios o tipo de governo hierárquico-político. Essa é uma constatação que não necessita de grandes conhecimentos históricos. Os primeiros padres apologetas (Justino, Taciano, Teófilo de Antioquia) empregam o conceito *monarquia*, de origem filosófico-política, para referir-se ao monoteísmo cristão, com o consequente perigo de identificação de conteúdos. Tertuliano, polemizando com Praxés, vê a monarquia divina a partir de outra perspectiva, tanto ou mais perigosa, ao apelar para o duplo princípio romano (senado e povo) para justificar a *monarquia* trinitária. O próprio Orígenes não deixará de notar o significado teológico da paz conseguida sob o poder *único* de Augusto como *providencial* para a rápida expansão do Evangelho e da Igreja. O desenvolvimento dessa concepção, que poderíamos chamar aprioristicamente *monoteísmo hierarquizado*, poderia levar à compreensão do Deus cristão dentro do caráter politeísta greco-romano, sem alterar muito o sentido de seus princípios. Eusébio de Cesareia será um pouco mais explícito ao relacionar *teologicamente* o poder do imperador romano e o poder do único Deus do céu. O perigo de idolatria é evidente.

Em todo caso, o paradoxo do Deus de Jesus Cristo, o Deus que é Relação de Origem, e na qual o Verbo-Filho sabe que é igual ao Pai na comunhão do Espírito Santo, foi sistematicamente vencido pela ideia do Deus Pai, Todo-poderoso. De alguma forma, esta afirmação contribuiu para alimentar na vida dos crentes um sutil docetismo prático e nos eruditos um inconfessado subordinacionismo doutrinal. O Espírito Santo, por razões antropológicas – a impossibilidade de "personalizar" e concretizar a *Ruah* divina numa figura humana, de varão, obviamente a única capaz de dizer a divindade... – ficou esquecido e silenciado. A Trindade não foi *vivida* no cristianismo. Pelo menos, não com a centralidade e radicalidade que lhe é própria, e muito menos na valorização da diferença-igualdade, que teria permitido reconhecer abertamente em Deus a figura da feminilidade e a possibilidade de dizer-se *como* Mãe-Filha-Vitalidade, tanto *como* Pai-Filho-Espírito.

Existe, ainda hoje, outra razão evidente: as engrenagens do poder tremem diante da necessidade de admitir a pluralidade como norma e fundamento da unidade. Mas, por que o *igual* e no entanto *diferente* produz tanto desassossego? As estruturas sociais suportam com dificuldade a integração de gêneros, raças e culturas. Não há coragem para acolher o desafio do outro ou da outra, tal e qual são: iguais diferentes. Surge assim a urgência de matizar constantemente, de controlar e manter sob estrita vigilância doutrinal, as expressões que denotam horizontes amplos de compreensão do divino e da existência humana; horizontes não sujeitos aos cânones hierarquicamente estabelecidos.

A Igreja, enquanto sociedade humana, formada de homens e mulheres pertencentes a uma cultura concreta, não está isenta de temeroso rigor diante das expressões da fé no Deus de Jesus Cristo, expressões que não se submetem a uma linguagem legitimada canonicamente; embora para isso tenha de sacrificar a pluralidade, ou, ao contrário, chegar à ruptura em nome da comunhão. Incongruências que nada têm a ver com o Deus revelado em Jesus, mas que infelizmente sulcaram os rios da história destes dois mil anos de cristianismo.

2. *A Trindade, relação "pericorética"*. Os séculos da patrística cristã destacam-se por serem um momento criador, no qual se realiza grande trabalho de reflexão e precisão sobre a concepção trinitária de Deus na Igreja. O ponto de partida é, em grande parte, o desenvolvimento da analogia do ser, tal como o propõe Agostinho de Hipona (m. 430), reconhecendo o processo interno do espírito humano. O *lugar* onde se liga com o mistério trinitário é na intimidade da realidade afetiva, intelectual e espiritual do ser humano.

Toda a herança teológica posterior nos leva a descobrir que a unidade na diversidade das Pessoas divinas só pode ser *intuída* a partir da compreensão da doação, da saída de si da própria vida divina: uma vez que a *Essência* divina é indivisível, una e única, a diversidade de *Pessoas* se funda na capacidade de cada uma delas para ser Auto-comunicação trinitária, dando lugar a algo que, sem pretender fundamentar neste curto espaço, chamarei tentativamente *Auto-presença* (...a si)*-Relacional* (relativa a...)*-Comunicativa* (para...), ou o que, em termos tradicionais, se entende como *relações pessoais pericoréticas*. Segundo a tradição teológica da fé cristã, em Deus a existência não é *recebida, e sim* eternamente *comunicada*. As *Pessoas* divinas se autodoam a existência na *pericóresis* relacional eterna, na qual cada Pessoa é pelas Outras e para as Outras. Inclusive os termos com que conhecemos em Deus a existência filial do "Filho", de quem se diz que *recebe* eternamente a existência do "Pai" – muito próprio seria dizer da "Mãe" – é uma recepção compartilhada ou recíproca, pois, na mesma medida, para nossa mente totalmente indecifrável, o "Pai" recebe *em* o "Filho" a paternidade eterna, e em ambos o "Espírito" é comunicação eterna do Amor que os une. A divindade não *atua* na realidade criada de qualquer maneira, mas de modo *pessoal relacional*, ou seja: como *Auto-Presença Relacional Comunicativa*. No Deus trinitário que o cristianismo confessa, as Pessoas divinas não são outra realidade senão a revelação da *Auto-Presença* eterna (Origem), da *Relação de doação* (Filiação) e da *Efusão do Amor* (Comunhão-Comunicação).

II. Trindade, realidade simbólica-conformante de toda realidade. O que Deus dá de si, as "processões" divinas e a própria criação, por um lado, são realização (em Deus) e, por outro, participação gratuita (criação) na vida divina. Em nossa fé trinitária, nada existe que leve à compreensão de um Deus fechado em si mesmo e relegado à sua infinita solidão; e nada que nos leve a multiplicar o que em essência é uno e plural em sua relacionalidade. Mas, esse *paradigma essencial* e esse *paradoxo radical* são difíceis de entender num mundo onde o que predomina é a absorção-eliminação redutora da pluralidade ou a rejeição-dispersão desintegradora da unidade.

1. *Trindade interpelante: reafirmação do símbolo.* A partir do momento em que o ser humano se sente verdadeiramente interpelado por um Deus pessoal, a partir dessas três dimensões analogamente relacionais: *procriatividade, filiação, comunicação,* e deixa que essa interpelação abranja coerentemente a totalidade de sua pessoa, nada divino já pode ser alheio à sua própria existência. Toda a realidade se lhe torna familiarmente *simbólica,* harmonizada com sua própria condição. O próprio Deus nos deu o *símbolo*: a encarnação, ou a acessibilidade de Deus a todo o criado. Não o criamos com nossas mãos, não é um ídolo. O ser humano, em sua própria condição de corporeidade, pode conceber-se agora como *a forma* de ser de Deus, especialmente em sua relação com as outras pessoas e com a criação inteira. A Trindade constitui o sentido mais profundo do ser pessoal e relacionalmente é concebido. Assim o intuiu Agostinho de Hipona em seu tratado *De Trinitate,* quando observa que o ser humano, criado à imagem de Deus (Gn 1,27), pode ser muito bem caminho para o conhecimento do próprio Deus. Agostinho utiliza a tríade analógica da memória-visão interna-vontade (no plano sensível), memória-conhecimento-amor (no plano espiritual) e, finalmente, a analogia mais alta, a tríade: *memória Dei-intelligentia Dei-amor in Deum* (plano transcendente). Ter em conta la analogia da linguagem é imprescindível, pois a imagem mais plena da própria Trindade na alma humana jamais corresponde à realidade da própria Trindade: enquanto o ser humano pode *ter* memória, inteligência e amor de si e de Deus, toda a Trindade divina *é* perfeitamente autoPresente a si, autoConhecimento e Amor de si.

No Amor se diz do todo e de todas as maneiras a Relação que Deus Trindade *é* e na qual introduz o cosmos, a história e o espírito. Nessas três dimensões, nas quais podemos sintetizar a realidade criada e salva, Jesus Cristo é, para o cristianismo, o *lugar* e o *nexo* de toda revelação e relação amorosa com a Origem entranhável (*Deus Pai-Mãe*), na mesma Vitalidade de Deus (*Espírito Santo*). O cristianismo confessa um Deus que busca e acede a uma *alteridade* capaz de sintonizar com seu mistério, a partir do sentimento que gera nela a provocação da participação *conformante* com a intimidade trinitária. A capacidade para aderir com confiança, por fé, a um Deus Trindade não é esforço humano, mas gratuidade divina atuante. A graça é o ponto de encontro das dimensões da realidade: divina e humana. Na verdade, a realidade *conformada* gratuitamente pela ação trinitária é mais divina quanto mais humana, e vice-versa. O paradoxo é ineludível. Mas, também o é o fato de que a confissão de "um Deus" que é "Trindade em comunhão" é o maior desafio para a fé cristã.

2. *Trindade e humanidade: relatividade-relacional.* Para a teologia trinitária do séc. XXI, o ponto de partida da reflexão sobre o Deus cristão não é nem a *essência* una, nem as três *hypóstasis*, mas a Relação íntima, pessoal e comunicativa (B. Andrade). Isso é fundamental para unir a fé no Deus único e a adesão pessoal a Jesus de Nazaré, como o *Cristo de Deus*, portador e comunicador de sua *Rûah*, Espírito Santo. Deus, conhecido e amado *como* "Pai-Mãe", *como* "Filho" e *como* "Espírito Santo" é a entrega confiante ao insondável e infinito abismo da Realidade Comunicada, da qual, como criaturas, nos sentimos responsavelmente partícipes.

A concepção cristã da Trindade divina pode ser interpretada hermeneuticamente como a Realidade intrinsecamente em *Relação* e extrinsecamente *Relacional*, de modo tal que toda confissão acerca dessa comunidade de Três representa também a fé na condição de todo ser humano e de toda realidade criada como trina e como una. Condição que me atreveria a chamar não *cosmoteândrica* (R. Panikkar) mas cosmotriândrica, ciente de que este termo necessita de muito mais profundidade de estudo do que neste momento posso dar-lhe: a Trindade está no centro e é o paradigma essencial da existência cósmica, da relação pessoal e da radical inter-relação da realidade inteira. Tudo está conformado à Realidade trinitária que é Deus: o ser humano (corpo, alma, espírito) e o mundo (espaço, tempo, matéria). Ao confessar, mas sobretudo ao viver, a fé no Deus Trindade revelado em Jesus de Nazaré, nos abrimos para a relaçãoreligação ao Deus Comunidade-Comunicativa nesta nossa realidade: física-porpórea-espiritual e eminentemente *simbólica*.

Toda a revelação de Deus na realidade cósmica e humana é necessariamente *simbólica, kenótica* e *passional*. A Trindade é a manifestação de um Deus que põe junto, harmoniza o divino com o humano; um Deus *anonadado* pela encarnação. E isto supõe, antes de tudo, um ser *apaixonado: paixão* divina e paixão humana. Não obstante, tudo o que a teologia sabe, pensa ou intui da Trindade divina é absolutamente inútil, se não se articula criativa e apaixonadamente na própria vida do homem e da mulher que creem. A Trindade não é doutrina e sim vida. Não obstante, muitos cristãos afirmam a Trindade sem ter ideia do que dizem. Teria razão Kant quando afirmava: "Ao discípulo não lhe custa nada aceitar que na divindade nós adoramos três ou dez pessoas. Para ele, tanto vale o uno como o outro, porque ele não tem ideia alguma sobre um Deus em várias pessoas. Mais ainda: porque dessa distinção não deriva absolutamente modelo algum para a sua conduta". Pode ser que sim. Que Deus seja *Trindade* em si e para nós: "A Trindade imanente é a Trindade econômica, e vice-versa" (K. Rahner), só tem sentido, confessional e religiosamente, se nossa própria vida for reflexo, uma imagem, dessa Comunidade divina; se nossa existência se vir condicionada ou, melhor, *conformada* por essa Realidade em comunicação eterna.

A adesão ao Deus Trindade é o princípio hermenêutico, o talante ou estilo paradoxal que define a existência do cristianismo; por isso, a Trindade, como a encarnação ou a ressurreição, são verdades fundamentais e irrenunciáveis, verdades que levam em si mesmas o *anonadamento* divino e a *paixão* humana. E a glorificação dessas Realidades, ambas reconhecidas como absolutamente Relativas, ou seja: intimamente relacionadas.

III. Trindade, realidade "una" pluralmente "comunicada".

Com o muito e tudo o que significa para o cristianismo a Trindade divina, não podemos continuar afirmando que seja um mistério *exclusivo-excludente*, nem sequer original, de nossa fé: a Trindade é a verdade arquetípica da criação toda, e o é com maior força da Humanidade inteira: *Procriatividade*, *Filiação*, *Comunicação* não deixam de ser categorias analógicas, nas quais pretende dizer-se a Realidade: *Origem-Meta* (Pai-Mãe), *História-Criação* (Filho-Irmão), *Transcendência-Ámor* (Espírito Santo), na qual tudo está firme e amorosamente mantido.

1. *A Trindade, "verdade arquetípica" da humanidade.* A partir da perspectiva de nossa realidade *sempre relativa*, só a ideia da triunitariedade de toda a realidade permite que o paradoxo da fé no Deus Trindade não se transforme num absurdo total. Seria injustificável crer num Deus que não se revelasse eternamente, e em tudo, como "o que É". Por isso apresenta-se cada vez mais insustentável a pretensão cristã de fazer da revelação da Trindade o mistério exclusivo e inclusive excludente. Nós batizados em Cristo teríamos de defender *vivencialmente* a consciência que temos de podermos oferecer ao resto da humanidade uma *verdade arquetípica* que permite a aproximação de Deus à humanidade e à criação (encarnação), fazendo da realidade não divina (humanidade) expressão viva do mistério trinitário. E aceitar que esse mesmo Deus veio se revelando no coração das culturas religiosas muito diversas e distantes entre si. E entender a fé trinitária não é mérito do assentimento a uma doutrina revelada nem do esforço intelectual, mas do *acesso* do próprio Deus à nossa realidade de muitas maneiras. A intuição da Trindade é o ponto de encontro entre Deus, a humanidade e o cosmos, através das diferentes religiões. O cristianismo pode ser o eixo convergente de todas elas (X. Zubiri), mas só se vive essa Realidade na própria realidade.

O *símbolo* da encarnação-corporeidade é justamente aquela realidade pessoal arquetípica que une, sem misturar, a criação ao Criador, o divino ao humano. No cristianismo esta realidade recebe um nome concreto, Jesus de Nazaré. A consciência humana que Jesus teve do mistério divino de comunhão, conhecido e amado como Pai-Filho-Espírito, ou como *Origem-Palavra-Alento ígneo vital*, é a fonte da qual brota toda relação íntima e a certeza da verdade do axioma segundo o qual a "Trindade econômica" é a "Trindade imanente" e de que este axioma se cumpre por sua vez em toda realidade humana; quer dizer, que a Trindade é a revelação do mistério último da Realidade, da plenitude de tudo o que o ser humano aspira a ser em sua própria *triunidade*: como corporeidade, como história e como transcendência.

Doação, Entrega, Comunicação seriam as três dimensões nas quais Deus Trindade entendido *como* Pai, *como* Filho, *como* Espírito Santo (E. A. Johnson), e o ser humano: corporeidade-relacional-transcendente, estão dizendo entre si constantemente e constantemente harmonizando dentro de si a Realidade: sem dualismos, sem mistura e sem confusões. A identidade é total e a alteridade é igualmente infinita.

A partir da consciência e a partir da fé na Trindade divina, os homens e as mulheres encontram sentido para a sua busca de unidade distinguida ou de pluralidade harmonizada. Definitivamente: o modelo arquetípico da Trindade é um compromisso *com* a vida e *em* a vida real, na qual se dá a igualdade na diferença e na relatividade.

2. *A Trindade na B(b)ondade, V(v)erdade e B(b)eleza da criação.* A partir da Trindade revelada em Jesus Cristo, o ser humano deveria conceber a si mesmo como realidade *co-relativa*, ou seja, sempre *em relação a...* Deixar por isso de ver a si mesmo apenas como realidade "em si" para sentir-se constitutivamente como realidade pessoal, *pros ti*. Esta seria a dimensão verdadeiramente *crística* de uma fé trinitária: viver *pericoreticamente* a realidade pessoal, social e cósmica a partir da bondade, da verdade e da beleza que se recria constantemente na história. O mistério de autocomunicação trinitária se realiza em Deus, e o podemos intuir e resumir, sem recorrer à simbologia personalista como *Bondade*, *Verdade* e *Beleza*: realidade transbordada de si e autocomunicada a toda a criação pela encarnação. Cremos que, na encarnação, se alcança a compreensão mais profunda da *relatividade* do Deus trino e de sua *relação* com o ser humano, capaz de acolher em sua própria realidade o dom da Bondade, da palavra da Verdade e a graça da Beleza universal, por ser esta realidade *una* e *plural* (matéria, corpo e espírito), como uno (único) e trino (plural) é o próprio Deus. O desafio da fé trinitária se defronta hoje, cada vez mais, com a consciência de já estar superando essa *visão absolutista* e *divisão* da perspectiva teológico-doutrinal, dualista desde as suas raízes, entre as pessoas e a substância divina, para concentrar-nos na perfeita afirmação do quarto evangelho: "No Princípio era o Verbo" (Jo 1,1): Deus é Relação. O Deus Trindade se diz muito melhor como "Relativo" do que como "Absoluto".

A fé no Deus Trindade é uma chamada constante à acolhida, à tolerância e à compreensão do diferente;

abertura e respeito para com o que não se diz da mesma maneira, mas encerra a mesma mensagem: "Deus é Pai", "Deus é Mãe", "Deus é fiel", "Deus é o Misericordioso", "Deus é Amor" (1Jo 4,8). Esse Deus, entregue ao mundo por amor em Jesus de Nazaré (cf. v 3-16), desafia constantemente nossa capacidade de comunhão e resiste, provocando a resistência, diante de qualquer tipo de fixação intolerante, por mais dogmática que ela seja. Ou, talvez, precisamente por isso.

Ao cristianismo sobram dogmas e lhe falta vida, como muito bem denunciaram teólogos do vulto de K. Rahner, J. Moltmann e E. A. Johnson, pois, realmente, que Deus seja uno ou trino parece irrelevante na teologia e na vida espiritual e ética dos cristãos de hoje. O essencial da fé na Trindade não é a doutrina que afirmamos crer, mas a vida que vivemos de acordo com o que cremos. E aqui está o problema e o desafio constante da fé no Deus revelado em Jesus de Nazaré.

Conclusões. A realidade trinitária, a fé num Deus Trindade, viveu-se na vida de um homem e de uma pequena e indigente comunidade humana como experiência de vida antes do que como fórmula ou doutrina. A experiência de Jesus de Nazaré, apesar dos séculos transcorridos, continua sendo um desafio fascinante, ainda a ser estudada e muito mais a ser vivida. O Deus revelado na vida e na pessoa de Jesus, o Cristo, está presente no cosmos e encarnando-se na história desde sempre e de muitas maneiras (Hb 1,1).

A harmonia ecológica, da qual participa a fé cristã, está conseguindo superar o medo do panteísmo, cada vez que se torna mais consciente da necessária leitura simbólico-analógica dos sinais revelados; leitura que garante a perfeita diferença e autonomia diante do divino e do humano, e garante, ao mesmo tempo, o mais perfeito equilíbrio entre ambas as realidades. Trata-se da aproximação ao mistério, não apenas, nem prioritariamente, pela via dos dogmas, mas através do que já se conhece como a via ou visão *cosmoteândrica* (Panikkar, Dupuis), ou talvez, tal como tentei apresentá-la nestas páginas, com o olhar *cosmotriândrico*: a Trindade como centro do cosmos e da humanidade, pois nada pode explicar melhor o Deus cristão do que ter como centro de toda a realidade a perfeita Unidade na perfeita Pluralidade. Trata-se, no meu entender, de uma nova e corajosa proposta da fé trinitária. O que importa é o "estilo de vida" que vivemos em comum, e não tanto as verdades doutrinais que se querem defender, mesmo à força de romper com a única Verdade. Caminho talvez difícil de assumir, em alguns ambientes, mas cristã e eclesialmente provocativo, sem dúvida nenhuma. A divindade, a humanidade e o cosmos não formam uma trindade fora da Trindade, mas *em* a própria Trindade. Deus é sempre Trindade, e tudo o que existe a partir dessa Trindade se diz e é trinitariamente: unidade na pluralidade. A integração da realidade humana e cósmica na Realidade divina não destrói nem a transcendência divina nem a diferença entre Deus e o mundo, mas as enche de sentido. Como se poderia aceitar, a não ser, o axioma fundamental: a "Trindade econômica é a Trindade imanente", e vice-versa? A espiritualidade trinitária *cosmotriândrica*, mais do que a doutrina ou o dogma, é chamada a revelar a aventura sagrada na qual toda a realidade está implicada constitutivamente. Como já vislumbraram as Escrituras cristãs, o cosmos é chamado para *apokatastasis* (restauração), e com ele a humanidade vive a vocação da *anakefalaiôsis* (plenitude) realizada em Cristo, paradigma de todo o criado. Nele "Deus será tudo em todas as coisas" (1Cor 15,28). E o será como ele é, trinitariamente: como *Autopresença-Relacional-Comunicativa*.

B. Andrade, *Dios en medio de nosotros*, Salamanca, Secretariado Trinitario, 1999; J. Dupuis, *Hacia una teología cristiana del pluralismo*, Santander, Sal Terrae, 2000; E. A. Johnson, *La que es. El misterio de Dios en el discurso teológico feminista*, Barcelona, Herder, 2002; Raimon Panikkar, *La Trinidad. Una experiencia humana primordial*, Madrid, 1998; E. Peterson, *El monoteísmo como problema político*, Madrid, Trotta, 1999; X. Pikaza, *Trinidad y comunidad cristiana*, Secretariado Trinitario, 1990; K. Rahner, "Advertencia sobre el tratado dogmático De Trinitate", em *Escritos de teología* IV, Madrid, Taurus, 1964; E. Schüssler Fiorenza, *Cristología feminina crítica*, Madrid, Trotta, 2000; X. Zubiri, *El problema teologal del hombre*: cristianismo, Madrid, Alianza, 1997; Santo Agostinho, *La Trinidad*, em *Obras completas de san Agustín* V, Madrid, BAC, ⁴1985.

Trinidad León

VERDADE

Um dos conceitos mais fecundos na história do pensamento ocidental é o da verdade. Trata-se de uma noção nuclear, uma vez que se transforma no horizonte de sentido tanto da filosofia como da teologia. O filósofo busca a verdade do ser através do *lógos*, ou mais particularmente através da prática do *dia-lógos*, enquanto a teologia procura decifrar o sentido do mundo, da história e do ser humano a partir da palavra que Deus revelou de si mesmo em sua comunicação gratuita com o ser humano. Verdade como busca infinita, verdade como hermenêutica inacabada: nos dois casos a verdade é algo que não se possui como propriedade, mas algo que se busca além do horizonte humano de especulação.

Nas duas disciplinas, o horizonte de sentido e a causa final de todo o andaime discursivo tem sua raiz na própria exploração da verdade. No exercício da filosofia, a verdade se vislumbra no mundo ideal e deve ser alcançada mediante o trabalho da razão. Na teologia, a verdade última do mundo identifica-se com Deus, mas o conhecimento que o ser humano tem sobre Deus é limitado. Daí a necessidade que tem de *des-cifrar*, de interpretar a palavra que Deus comunicou de si mesmo em sua narração histórica.

A partir da perspectiva histórica, é perceptível que o significado da verdade varia qualitativamente entre os diferentes sistemas filosóficos e daí se depreendem diferentes visões do ser humano, do mundo e de Deus. Não existe uma ideia única do que é a verdade, mas um conglomerado muito complexo e vasto de diferentes aproximações à noção de verdade. Essas diferentes caracterizações intelectuais não são apenas diferentes entre si, mas podem chegar a ser antinômicas e claramente equívocas. A visão platônica do que é a verdade do ser, por exemplo, contrapõe-se diretamente à visão materialista do que é a verdade explicativa do mundo. Essa pluralidade de acepções, que se manifesta dentro do estrito campo da filosofia, ainda se torna mais patente quando se tem como referência a multiplicidade de disciplinas que se referem à verdade. Todas as ciências, como diz Aristóteles na *Metafísica*, buscam a verdade, mas a verdade, como o ser, pode ser dita de múltiplos modos.

Do ponto de vista disciplinar, a verdade permite múltiplas aproximações linguísticas, o que permite afirmar que a verdade é poliglota, pois pode ser expressa mediante diferentes jogos de linguagem. Não existe nenhum discurso humano (nem a ciência, nem a filosofia, nem a poesia, nem a teologia, nem a música...) que contenha de modo definitivo e absoluto o conteúdo total da verdade. O primeiro Wittgenstein chegará a sugerir que a verdade última do mundo, o que realmente dá sentido à existência, não pode encontrar-se em nenhuma das denominadas ciências naturais. Cada uma dessas disciplinas ou âmbitos do saber se refere a algum aspecto da verdade, mas a verdade, enquanto tal, transcende qualquer recurso disciplinar.

Com a intenção de iluminar, por pouco que seja, esta questão que aqui nos atinge, nos propomos uma dúplice análise da ideia de verdade. Em primeiro lugar, tentaremos explorar algum dos significados mais fecundos, do ponto de vista filosófico, que são atribuídos à verdade; em segundo lugar, procuraremos indicar a noção de verdade a partir de uma perspectiva eminentemente teológica. É evidente que, para compreender algumas noções teológicas da verdade, devemos referir-nos previamente à visão filosófica do tema. Na primeira parte organizamos a exposição em sentido histórico, enquanto na segunda nos referimos, primeiro, à ideia de verdade inserida no AT e posteriormente no NT. Por último, procuramos explorar os pontos de encontro e desencontro entre as duas noções de verdade: entre a aproximação filosófica e a aproximação teológica.

I. Aproximação filosófica. Na filosofia grega, a verdade é uma noção fundamentalmente de tipo metafísico. A verdade designa a substância do ser, a natureza última das coisas. Conhecer a verdade do mundo consiste em expressar o que é o mundo, em manifestar seu ser mais íntimo, o mais genuíno dele. No famoso poema de Parmênides, a deusa ensina o caminho da verdade que se opõe à opinião enganosa dos mortais. O conhecimento da verdade consiste no que é o ser, e no que é o não ser. Esta noção, que já se detecta nos pré-socráticos, será recuperada e desenvolvida plenamente nos diálogos platônicos. A verdade exige do *lógos*, a opinião (*doxa*) é alheia à verdade.

De acordo com o platonismo, a verdade não é algo de tipo físico, nem tem caráter material, mas transcende o cosmos sensível e se encontra no mundo das ideias, no mundo transcendente do divino, que se chama, concretamente, a "planície da verdade" (Fedro, 248b). a tradição platônica identifica assim Deus com a verdade. O mito da caverna descreve a irrupção do espírito humano que conhece na verdade. Esta verdade é, para Platão, a revelação originária do ser verdadeiro, das ideias. Assim, a verdade é pensada como manifestação, como *des-velamento*. O *lógos* que expressa o ente tal como é, é verdadeiro, e aquele que o expressa como não é, é falso. Compreende-se, nesta linha, por que alguns padres, influenciados também pela filosofia platônica, dizem que a verdade é Deus. Fílon de Alexandria liga o mito platônico da criação à narração veterotestamentária da criação: as ideias são produtos do espírito do próprio Deus, e cria tudo por seu pensamento, que é, ao mesmo tempo, ação.

Na história das concepções da verdade, Aristóteles ocupa o lugar de primeira ordem. Diferentemente de Platão, sua visão se move num plano realista e considera oportunamente a aproximação científica. O Estagirita pesquisa esta noção e chega à sua definição: a verdade é verdade do juízo. A verdade, a partir desta perspectiva, é uma relação de conceitos no juízo que procura expressar o que é a realidade. Dizer o que são as coisas, é isso a verdade. Como Aristóteles, também Boécio, o último filósofo romano, relaciona a verdade diretamente com o juízo.

No contexto medieval, a reflexão mais sistemática sobre o sentido e a noção de verdade encontra-se em Tomás de Aquino, que sintetiza no *De veritate* (I,1) as diferentes ideias de verdade, tanto da tradição grega como da tradição cristã. Tomás de Aquino descreve o que é a verdade a partir de três perspectivas:

a) Secundum id quod praecedit rationem veritatis et in quo verum fundatur (Segundo aquilo que precede à razão da verdade e aquilo em que se fundamenta a verdade). A partir desse ponto de vista, assume a definição de Agostinho, o gênio do Ocidente. A verdade é aquilo que é: *verum est id quod est.*

b) Secundum id quod formaliter rationem veri perficit (Segundo aquilo que aperfeiçoa formalmente a verdade). Aparece aqui, em primeiro lugar, a definição extraída do livro de definições do filósofo neoplatônico Isaac Israeli: *veritas est adaequatio rei et intellectus* (A verdade é a adequação da realidade com o entendimento).

c) Secundum effectum consequentem (Segundo o efeito consequente). Aqui, Santo Tomás cita Santo Hilário: *Verum est manifestativum et declarativum esse* (A verdade é o ser que se põe manifesto e se dá a conhecer), e ao mesmo tempo se refere a Agostinho: *Veritas est qua ostenditur id quod est* (A verdade é aquela pela qual se mostra aquilo que é).

Nessa tríplice definição, Tomás de Aquino sintetiza o essencial das tradições filosóficas e teológicas que o precederam no tempo. Na primeira, assume a ideia de verdade que está na obra de Platão, segundo a qual o ser mais perfeito é simplesmente a verdade. Situa o conceito de unidade do ser e da verdade no conceito da ideia. Por isso a verdade do conhecimento humano descansa sobre o fato de que cada existente possui seu ser em virtude de uma participação na ideia e de que a alma se nutre da contemplação inicial da ideia.

A identidade entre o ser e a verdade é um axioma fundamental na filosofia platônica, e a ele se refere Platão no *Parmênides*. Na segunda definição, Tomás assume o pensamento fundamental da doutrina aristotélica. A definição do verdadeiro e do falso se expressa assim em Aristóteles: é ver verdadeiro aquilo que expressa o que é, e falso aquilo que não expressa o que é. Neste ponto, Platão e Aristóteles coincidem, pois ambos consideram que a verdade se alcança através da *episteme*, ou seja, da ciência.

A pedra angular da doutrina medieval sobre a verdade parte da identificação da *Prima veritas* com a inteligência divina. Segundo Tomás de Aquino, na inteligência divina se encontra a verdade *proprie et primo*. De fato, só há uma verdade primeira, e esta é eterna. No plano finito e humano, a verdade se expressa de modo analógico, mas não em sentido próprio. Na inteligência humana, a verdade é também *própria,* mas *secundaria.* Nas coisas, a verdade não existe senão em referência à Inteligência divina e humana, portanto é de um modo *improprie et secundario* (De Ver. I,4).

No contexto do séc. XV, Nicolau de Cusa considera Deus e sua verdade como incognoscíveis em sua exatidão (*aequalitas praecisa*), embora, segundo seu ponto de vista, estejam sempre dados ao conhecimento humano como meta de seus esforços cognoscitivos: só na maneira da *docta ignorantia* se dá a verdade ao *intellectus*. Detecta-se nessa proposta um ceticismo com respeito às capacidades do *lógos* humano e se enfatiza a distância qualitativa entre a esfera do humano e a esfera do divino, ou seja, entre o claro-escuro e a luz.

Na filosofia moderna, a questão da verdade se propõe na ordem do conhecimento científico e sobre os problemas da lógica. A reflexão de caráter teológico só acontece num segundo plano. Descobre-se certa secularização do discurso filosófico e isso evidentemente repercute na compreensão da verdade. A ideia de verdade já não se refere necessariamente a Deus, mas tem a ver com o conhecimento das coisas, especialmente com o método para aproximar-se delas. A preocupação pelo método certo e seguro em filosofia ocupa o primeiro plano da reflexão, e a verdade se relaciona diretamente com a ciência, especialmente com a ciência física e matemática, que se transformam no paradigma de todas as disciplinas.

No racionalismo se dá uma ligação entre a lógica e a verdade: a própria lógica contém a verdade e a expõe. Na filosofia cartesiana, por exemplo, não se pode ter como verdadeiro o que não se conhece com evidência. Identifica-se o verdadeiro com o que é evidente e claro por si mesmo. O princípio da verdade é o princípio da razão suficiente, seu critério, sua dedução lógica rigorosa, seu fundamento, a unidade de seu sistema lógico. Ainda mais dá-se uma crítica a qualquer identificação entre experiência e verdade. Parte-se da ideia de que os sentidos são equívocos e falazes e, por isso, não são confiáveis para conhecer a verdade "bem redonda". Com isso se introduz uma visão lógico-gnosiológica do conceito de verdade que continuou sendo decisiva para determinadas direções da era moderna até hoje.

Em outro polo de reflexão situa-se a filosofia empirista, positivista e pragmática, que encontra na experiência o fundamento certeiro da verdade. Representa o contraponto moderno à tese racionalista que expusemos acima. Nessa corrente filosófica, a experiência (*empeiria*) transforma-se no fundamento absoluto da verdade. Seu critério é a observação, graças à qual se pode alcançar a objetividade com valor universal. Kant procura descobrir uma mediação entre empirismo e racionalismo. Considera a noção de verdade em relação ao giro copernicano, como coincidência com as leis do entendimento. Com isso se dá uma nova formulação transcendental-filosófica que se move noutro plano diferente da antiga definição da verdade como *adaequatio*. A lógica transcendental é uma lógica da verdade por oposição à lógica formal. A verdade tem a ver com a relação entre a inteligência e o objeto de conhecimento. Ela apresenta este objeto como síntese operada pela inteligência a partir das leis estabelecidas *a priori*. Por isso, o fundamento da verdade está, segundo Kant, nessa prioridade da razão pura. Faltar à verdade é faltar ao objeto, e isto significa que não se pode alcançar o objeto que tenha valor universal.

O caráter fundamental da inteligência da verdade no idealismo alemão consiste em que o conhecimento constitui a manifestação do absoluto. A verdade é, a partir desse ponto de vista, verdade absoluta, e é aqui porque a verdade histórica será entendida como a manifestação histórica de uma moralidade absoluta ou de um saber absoluto. A realização limitada da verdade se desenvolve dialeticamente. Esta unidade Hegel a denomina Ideia. A Ideia, enquanto unidade da ideia subjetiva e objetiva, constitui o conceito de Ideia. A Ideia em si mesma tem seu próprio objeto, ou seja, o objeto sobre o qual são fundamentadas todas as determinações. Assim, esta unidade constitui a verdade absoluta (*die absolute Wahrheit*) e inteira, a Ideia que se pensa a si mesma. Nisto consiste precisamente a filosofia: é a verdade consciente.

Kant propõe uma distinção entre verdade formal e verdade material. A primeira indica uma correspondência no nível da forma dos enunciados e não de seu conteúdo. Com relação à verdade material, esta designa uma conformidade entre o pensamento e seu objeto, ou seja, o conteúdo da experiência.

Opondo-se ao dualismo epistemológico (que distingue *sujeito* e *objeto* do conhecimento), as tradições idealistas negam aos fatos uma existência independente do pensamento (Leibniz, Berkeley, Hegel...). Na realidade, o espírito (*Geist*) e o mundo constituem uma unidade. Somente a realidade, totalidade absoluta e sistemática, pode ser verdadeira. Cada opinião particular só representa uma aproximação à verdade, sendo esta mesma inacessível. Schelling, que descreve a verdade em termos de identidade absoluta entre o objetivo e o subjetivo, reflete sobre a verdade do juízo para encontrar sua base absoluta. Esta significação recebe sua coroação em Hegel, para quem o verdadeiro é tudo: o conceito absoluto, a Ideia absoluta.

A esta ideia de verdade entendida, como verdade objetiva da inteligência, Kierkegaard, opõe seu conceito de verdade subjetiva. Para Kierkegaard, a verdade subjetiva não significa, nem pelo menos, a relativização da verdade objetiva, mas significa a verdade apropriada. "A verdade é a interioridade. Objetivamente não existe verdade", diz o filósofo dinamarquês no *postscriptum* (1846). A incerteza objetiva mantida firmemente na apropriação da interioridade mais apaixonada, eis aqui a verdade. A relação com a verdade não é simplesmente de natureza teórica, mas esta relação aceita uns *a priori* e umas consequências de ordem moral. É um ato de existência que permanece sempre inacabado. Para Kierkegaard, a verdade, se não se compreende de modo abstrato, situa-se no fato mesmo de existir. A verdade é vista aqui como realização, como ação do indivíduo, cujo fundamento é o existir. Dado que a existência contradiz a fé, esta, como realização da verdade, é paradoxal e por isso o cristianismo nunca pode entender-se com a Ideia.

Também contra Hegel levanta-se Feuerbach, para quem a existência é o conceito originário de verdade. Esta verdade é o homem. Encontramo-nos diante de uma visão antropológica da verdade. Para Marx, no entanto, toda disputa acerca da realidade e da não-realidade do pensamento que se encontra isolado da *práxis* é questão puramente escolástica. Sua noção de verdade se relaciona estreitamente com a ação e abandona o plano filosófico por definição que é o plano do *theorein*. Segundo o marxismo, o homem só pode descobrir a verdade na ação.

Nietzsche ensaia uma destruição do conceito tradicional de verdade. Segundo seu ponto de partida, a verdade é a forma mais fraca de conhecimento. Pelo fato de que se eliminou o mundo verdadeiro, eliminou-se também o mundo aparente. Nietzsche exige uma verdade que deve criar-se e que dá o nome a um processo. Além do intelectualismo grego, além do platonismo e do cristianismo, o filósofo da suspeita, por antonomásia, considera que a vontade de verdade é uma forma de vontade de poder (*Wille Zur Macht*).

Heidegger rejeita o conceito de verdade subjetiva e também o conceito de verdade objetiva. Para ele, a essência da verdade se manifesta através do método fenomenológico. Seguindo em parte seu mestre E. Husserl, autor de *Ser e tempo* (1927) afirma que o enunciado é verdadeiro se descobre o existente em si mesmo. O enunciado mostra o existente em sua nudez. O ser verdadeiro do enunciado deve ser compreendido como o agente revelador, como aquele faz descobrir. Esta análise constitui, ao mesmo tempo, a interpretação necessária do que a filosofia antiga compreendeu com o termo "verdade". Assim, pois, Heidegger compreende a verdade como a nudez da existência e a iluminação de seu ser. Que esta iluminação, como a verdade do ser, se realize, é o próprio destino do existente. Com relação à verdade, Heidegger define a *ex-sistencia* como a exposição, o colocar a descoberto, o *des-cobrimento* do existente enquanto tal. Em Heidegger, a verdade é um abrir-se para o ser, e uma vez que com este abrir-se se produz um fechar-se, a verdade anda unida originariamente à não-verdade. O ser se revela a nós como historicidade e como linguagem.

No neopositivismo, o problema da verdade é visto em relação com a questão do sentido (*sens*) e da verificação. Verdade é o que pode verificar-se, ou seja, o que pode confirmar-se mediante a percepção empírica. Verdade significa verificabilidade. O que é refutado pela realidade é falso. Os juízos metafísicos, portanto, não são nem verdadeiros nem falsos, simplesmente são um sem-sentido (*nonsens*).

A contribuição da filosofia hermenêutica, cujo máximo expoente é H. G. Gadamer, é muito interessante de recolher. Segundo essa visão, nós conhecemos qualquer acontecer só num horizonte determinado. Por isso, todo conhecimento humano da verdade permanece unilateral. Certamente somos capazes de refletir sobre essa unilateralidade pela transcendência da razão, mas sem podermos pensar e conhecer a Deus de outro modo senão à maneira humana. Toda formulação linguística se faz em determinados horizontes, que sem dúvida podem significar o todo do que se trata, mas sem que jamais a linguagem o traduza completamente. O descobrimento da verdade se produz sempre dialogicamente.

II. Aproximação bíblico-teológica. 1. No *Antigo Testamento*, a palavra hebraica '*emet* equivale ao conceito de verdade. Apesar disso, seu conteúdo é mais exaustivo e rico do que aquilo que habitualmente entendemos por verdade no pensamento ocidental. '*Emet* se relaciona seja com o homem, seja com Deus, pode qualificar uma pessoa, suas palavras ou aquilo que ela faz, ou seja, suas ações.

Na relação intersubjetiva, '*emet* significa, muitas vezes, a concordância entre a palavra humana e a coisa que se pretende significar com ela. Este sentido jurídico da verdade se observa quando, por exemplo, José diz a seus irmãos no Egito: "Provareis vossas palavras e se verá se a verdade está convosco ou não" (Gn 42,16). Examina-se também uma acusação para constatar se ela responde ou não responde à verdade (Dt 22,20). O rei suplica ao profeta que "lhe diga somente a verdade" (1Rs 22,16). O oposto à verdade entendida dessa maneira é a falsidade, o engano, a duplicidade (cf. Pr 8,7; Ml 2,6). Numa impressionante personificação, Isaías lamenta o desprezo pela verdade (59,14). No livro dos Provérbios, o verdadeiro testemunho é temperado como um salvador, enquanto o mentiroso é estigmatizado como um criminoso (14,25; cf. 23,33). A mulher diz ao profeta Elias que lhe ressuscita o filho: "Agora sei... que Javé fala a verdade por tua boca!" (1Rs 17,24). Quer dizer: a ação todo-poderosa desta ressurreição deu a esta mãe a convicção de que o profeta dispõe verdadeiramente da palavra do Senhor e que pode recorrer a ele eficazmente. Além dessa acepção, '*emet* significa também confiança. Só os homens de confiança podem conduzir o povo de Israel (Ex 18,21). Raab pede aos guias um sinal certo que garanta, a ela e à sua família, a segurança com respeito ao futuro (Jos 2,12). Os guias se declaram dispostos a testemunhar "a favor do '*emet*" (2,14).

O significado da palavra '*emet* adquire grau de complexidade superior ao descrever as relações entre o homem e Deus. Josué exorta seu povo a servir a Deus "com toda sinceridade e verdade" (24,14). Quando Josué declara, no mesmo contexto, que é necessário desfazer-se dos ídolos, é evidente que a atitude qualificada de verdadeira exige, sem equívoco algum, alinhar a vida segundo o Deus único. Do mesmo modo, o profeta proclama que a casa de Jacó se apoiará na verdade, com fidelidade indefectível, isto é, no Senhor (Is 10,20). Louva-se a Ezequias por ter feito "o que é bom, justo e verdadeiro diante do Senhor". Sua ação é contemplada como verdadeira porque é conforme a vontade do Senhor. É precisamente na vontade e na lei divinas que o ser humano encontra o último fundamento de sua existência. Assim, pois, '*emet* pode opor-se à falsidade e à traição. Isaías chega a afirmar que a verdade só existe na pessoa que evita o mal (59,15; Jr 9,4; Sl 85,12).

Quando se atribui a verdade a Deus, domina outra significação, a saber, de segurança, de firmeza e de confiança, significação que supera sobejamente a atitude humana correspondente. Deus é aquele com quem se pode contar, o único sobre o qual alguém pode fundar sua vida com segurança. Suas instruções são seguras (Ne 9,13), seus juízos são verdadeiros. A força de suas leis e direitos se fundam em sua estabilidade eterna (Sl 119,142). Quando um homem caminha para a verdade divina (Sl 25,5; 26,3; 86,11), sua vida responde às vias que Deus lhe mostra. Segundo a perspectiva veterotestamentária, Deus dirige a vida humana até no mínimo detalhe, mas sem restringir ou negar a liberdade humana. Assim, o servo de Abraão, depois de haver cumprido satisfatoriamente a missão de seu mestre, pode dizer: "Javé me conduziu por um caminho de bondade" (Gn 24,48). O ser humano pode apoiar-se na verdade divina, especialmente nos momentos de sofrimento e de perseguição que sofre. A partir de toda a confiança depositada em Deus, diz o salmista: "Tu me libertarás, Senhor, Deus fiel" (Sl 31,6). As próprias obras de Deus são louvadas como verdadeiras (Sl 111,7). O *'emet* é uma qualidade divina tão característica que a pessoa pode denominá-la "o sinal e o fim da ação divina". Por isso o cronista se lamenta de que Israel tenha vivido durante longo tempo sem o "verdadeiro Deus" e sem lei (2Cor 15,3). O *'emet* divino é para o ser humano piedoso uma muralha, um refúgio (Sl 91,4).

Em todas as situações da vida e através das gerações, a fidelidade divina se revela como o único fundamento sólido e o único apoio verdadeiro. O Deus verdadeiro e fiel preserva a sua aliança com o povo eleito, através das gerações.

2. O conceito de verdade, no *judaísmo tardio*, encontra-se em estreita conexão com essa concepção que descrevemos do AT. Em Qumrã se sabe que Deus é um "Deus verídico" (1QH 15,25). O que significa: "Deus é aquele com quem se pode contar de modo absoluto. O que sai de sua boca é verdade (1QH 11,7; 12,9.12), sua lei é verdade (1QS 1,15). O ser humano piedoso percebe que Deus o instruiu em sua verdade e em seus mistérios maravilhosos (1QH 7,26; 9,9s). O conhecimento da verdade não se limita a um saber, mas também a um agir. A verdade é reservada à comunidade cujos membros recebem o nome de "filhos da verdade" (1Qm 17,8). Em oposição a eles estão os "filhos da mentira" (1QM 14,14), os "homens da violência que se rebelam contra Deus" (1Qp Hab 8,11).

O conflito entre a verdade e a iniquidade não se desenvolve apenas no povo de Israel, mas também em toda a humanidade (cf. 1QS 3,13). Tanto o conhecimento como a prática da verdade são dom de Deus (1QS 4,16.24). No fim, toda iniquidade será destruída, e a verdade será vitoriosa (1QS 4,19). O ser humano deve responder com fidelidade à constância de Deus. A literatura rabínica considera que o *'emet* se manifesta em primeiro lugar na lei de Deus (MidrPs 25,11) e em seu juízo (Ab 3,16). Mas o ser humano também dever exercer o *'emet* (Bsanh 97a), ou seja, não deve mudar sua palavra. A verdade convém sobretudo ao juiz que, para poder desenvolver uma sentença equilibrada, deve ser receptivo à manifestação de Deus a Israel (Bsanh 7a).

O conceito *neotestamentário* de verdade (*alétheia*) recolhe a variedade de significados da tradição judaica e helênica. Não seria correto traduzir essa expressão tão frequente no NT simplesmente como "verdade". A veracidade de significações equivale, numa série de passagens, a variedade, segurança, sinceridade. Para dizer em poucas palavras, o sentido de verdade no NT é muito próximo ao sentido hebraico de *'emet* com respeito à sua complexidade semântica. Como no AT, esta segurança e esta fidelidade podem relacionar-se tanto com Deus quanto com o ser humano. Deus é o verdadeiro Deus (o Deus seguro, cf. Rm 3,7), que cumpre suas promessas. Por amor à verdade divina, Cristo se encarnou para que se cumprissem as promessas. Os que creem em Cristo devem produzir "os frutos da luz" que consistem na bondade, da justiça e da veracidade (Ef 5,9). *Alétheia*, como expressão do que é sólido, seguro e provado, pode tomar significado próximo, a ideia de constância. Este sentido predomina, se deixar dúvidas quando Paulo declara que, desde sua visita à Igreja-mãe de Jerusalém, se opõe aos falsos irmãos que ameaçam a liberdade da fé (Gl 2,5). Com relação ao comportamento humano, *alétheia*, bastante frequentemente, significa retido. Pedro, Barnabé e vários membros da comunidade de Antioquia se deixam impressionar pelos judaizantes de Jerusalém, abandonando seus irmãos pagãos-cristãos. O antônimo de *alétheia*, assim entendida, é *adikia*. O amor não se congratula com a injustiça, com a verdade (1Cor 13,6).

A *alétheia*, entendida como anúncio da verdade, opõe-se à mentira, ao erro, à falsidade (*pseudos*). O apóstolo afirma que diz a verdade (Rm 9,1; 2Cor 12,6; 1Tm 2,7); exorta cada um a dizer a verdade a seu próximo (Ef 4,25). Em Tg 3,14, essa ideia se expressa em sentido negativo: "Não mintais contra a verdade".

A mensagem da fé cristã tem valor de verdade absoluta. Por isso, Paulo qualifica o anúncio do Evangelho como "palavra de verdade" (Cl 1,5; Tg 1,18). Ele fica indignado porque os gálatas se deixaram induzir ao erro pelos falsos doutores até o ponto de não obedecer à verdade (Gl 5,7). Exorta Timóteo a aceitar a "palavra da verdade" (2Tm 2,15). A pregação cristã (*kérigma*) coincide com a verdade, a tal ponto que conhecer a verdade é converter-se a cristão. Frente ao erro, *alétheia* significa a posse da doutrina verdadeira, autêntica. Assim, alguém pode opor-se à verdade (2Tm 4,4). A Igreja do Deus vivo é "a coluna e o fundamento da verdade" (1Tm 3,15).

Alétheia pode significar também a verdadeira situação, a realidade, em oposição à aparência. Segundo Rm 2,2, o justo juízo de Deus se faz segundo a verdade (*kata alétheian*), ou seja, de tal modo que corresponde absolutamente ao dado objetivamente. A fidelidade é chamada a amar não só em palavra e língua, mas também "em ato e em verdade" (1Jo 3,18). É necessário colocar em ação um amor que não se contente com frases vazias, mas que passe a obras seguras. Só este amor é verdadeiro. O autor das duas cartas joânicas afirma: quem ama "na verdade" os membros das comunidades às quais se dirige (2Jo 1; 3Jo 1) está salvo. O *Evangelho* pode ser anunciado, no entanto, com intenções diferentes. Alguns podem anunciá-lo por inveja, por ciúmes, por amor-próprio, e outros podem anunciá-lo por amor e com intenção pura. A verdade se opõe à hipocrisia.

O conceito joânico de verdade merece atenção especial, pois a palavra *alétheia* adquire valor central no quarto evangelho. Rudolf Bultmann interpreta a *alétheia* joânica como autenticidade, realidade divina e revelação. Essa realidade divina se oporia à realidade humana e se manifestaria ao ser humano através da revelação. Essa maneira de falar se correlaciona com o dualismo helênico dos gnósticos. Compreender-se-ia a verdade e a mentira, não como binômio de contrários cosmológicos, mas como possibilidade da própria existência humana. Frente a isso, corresponderia o fato da revelação, que representa a possibilidade positiva, para a existência humana. No reencontro com a verdade revelada, o ser humano não poderia decidir-se pelo abandono de si próprio. Para João, a revelação constitui necessariamente a verdade, do contrário, não existiria revelação em sentido nenhum. A partir desse ponto de vista, o conceito joânico de verdade assume os precedentes do pensamento judaico do AT como os elementos gregos, na medida em que enfatiza que a verdade é o absolutamente seguro e se correlaciona com o real e cognoscível. A *alétheia* joânica é determinada essencialmente por sua referência necessária à pessoa de Jesus, a encarnação da palavra revelada por Deus na história. Quando Jesus declara que diz a verdade, não significa apenas que sua palavra seja verdadeira, mas que a revelação se funda nele como radical depositário.

"Eu sou a Verdade" (Jo 14,6): a novidade e a audácia de semelhante afirmação já foram enfatizadas por São Jerônimo: "Em nenhum dos patriarcas, em nenhum dos profetas, em nenhum dos apóstolos existiu a verdade. Só em Jesus. Os outros a conheciam em parte... viam como em espelho, confusamente. A verdade de Deus apareceu só em Jesus, que disse sem vacilar: 'Eu sou a Verdade' (*In Eph.* 4,21; PL 26,507a).

A fé é a única resposta digna e adequada, por parte do ser humano, à verdade que lhe é comunicada. Mediante o ato de fé, o homem se apropria da verdade divina. A opção que o ser humano toma em relação à palavra revelada adquire transcendência decisiva. Aceitando-a, transforma-se em alguém que crê; se a recusa, transforma-se em alguém que não crê. Deus e o mundo, a verdade e a mentira, a verdade e o erro (1Jo 4,6) se opõem como antíteses. A decisão de fé mostra a que esfera pertence cada um. Essa tomada de decisão tem consequências de tipo moral. "Quem age segundo a verdade aproxima-se da luz" (Jo 3,21). Igualmente, todo o agir que não observa as palavras de Cristo está no erro e a verdade não está nele (1Jo 2,4). Para o futuro, antes de ir-se deste mundo, Jesus promete o Paráclito, "o Espírito da Verdade", que dará testemunho dele (Jo 15,26) e introduzirá os discípulos na verdade integral (16,13).

Viver cristãmente significa, para João, "viver na verdade e no amor" (2Jo 3). Esta verdade é sempre a verdade de Cristo, mas atualizada pelo Espírito. Quanto mais se torna discípulo de Jesus e cooperador da verdade, tanto mais será uma pessoa libertada pela verdade, ou seja, libertada pelo próprio Cristo, pelo Filho de Deus.

A verdade da Bíblia está no fato de que, sendo o instrumento da palavra de Deus, propõe a divina revelação. A *veritas salutaris* da Bíblia não consiste na inerrância absoluta de cada uma das proposições, mas no fato de que a Escritura toda é ordenada para a revelação do único plano salvífico de Deus. A verdade da Escritura está em seu valor de revelação, através do desenvolvimento progressivo da história das salvação.

Como conclusão, pode-se dizer que, segundo a Bíblia, a verdade é precisamente a Revelação histórica e progressiva do plano salvífico de Deus, que culmina em Jesus Cristo. Esta concepção, já preparada no AT, é elaborada no NT, onde se diz que o próprio Jesus Cristo é a "verdade" (Jo 14,6) e que sua obra se prolonga graças à ação do Espírito da verdade na Igreja.

III. Inter-relação de perspectivas. A partir do expresso nas duas partes anteriores, torna-se evidente que, além de suas múltiplas significações particulares, existem duas concepções diferentes de verdade na cultura ocidental: a verdade entendida na perspectiva judaico-cristã, por um lado, e a verdade compreendida a partir de um ponto de vista filosófico, por outro. É a clássica e conhecida contraposição entre Jerusalém e Atenas.

Além das diferenças explícitas que se notaram, são detectáveis espaços de convergência teórica entre ambas as concepções. Para as duas concepções, a verdade está no próprio ser; mas as duas perspectivas diferem radicalmente no conceito de manifestação-revelação. De fato, no primeiro caso, a verdade enquanto propriedade do ser pode dar-se na contemplação do entendimento. No entanto, a partir da visão cristã, identifica-se com a revelação de Deus no acontecimento histórico e traz consigo as características da tensão escatológica. Por conseguinte, a verdade, muito menos na tradição ocidental, não é só a *alétheia* como descobrimento através do exercício do *lógos*, e sim, de preferência autêntica revelação dada na dialética histórica que, ao mesmo tempo, revela e esconde até mesmo a plenitude da revelação última.

Essa diferente forma de compreender a revelação não significa necessariamente que exista contradição ou oposição semântica entre a verdade configurada no universo bíblico e a ideia de verdade configurada no universo filosófico. Muito além das aparentes contradições entre a verdade dos profetas e a verdade dos filósofos (segundo a expressão de B. Pascal), pode-se interpretar a verdade religiosa como verdade de segundo nível que transcende a revelação do ser através do ente e que ilumina aspectos da realidade histórica e humana que não podem ser compreendidos a partir da luz do entendimento. Nesse sentido, a verdade da revelação histórica de Deus no mundo não se opõe à verdade filosófica, mas nela se manifestam aspectos da verdade ocultos à racionalidade humana. Essa verdade, no entanto, não pode nem deve qualificar-se como irracional, porém não se opõe necessariamente à razão, mas pode ser qualificada como verdade trans-racional (ou meta-racional), dado que seus conteúdos transcendem, por excesso, a capacidade de compreensão humana, mas apontam para um horizonte de sentido último que só pode ser crido a partir da fé e a partir da assunção intelectual dos conteúdos da palavra revelada.

Na concepção cristã, a verdade chega pela primeira vez, chega a ficar unida às categorias histórico-pessoais. O que explica, inevitavelmente, sua dimensão de conhecimento sempre progressivo e nunca exaustivo, até a plenitude escatológica. Essa identificação da verdade com um ser humano histórico e concreto, Jesus de Nazaré, não deixa de ser um paradoxo na compreensão grega do assunto, mas só se pode argumentar a partir da fé em que Jesus de Nazaré representa o ponto mais alto da revelação histórica de Deus no mundo. A partir da perspectiva cristã, o rosto visível da verdade na história é uma pessoa de carne e osso (como diria Unamuno). Na concepção grega, a verdade se relaciona com o impessoal, com o ser do ente, com o *eidos*, mas não com um sujeito histórico. Nesse assunto em particular coloca-se em relevo a diferença substantiva entre a noção de verdade grega e a noção de verdade cristã, mas isso não significa que uma negue a outra. Pode-se afirmar, simultaneamente, a existência de um Deus cosmos e fundamento do existente e caracterizar esse Deus como comunhão de pessoas no amor. O acesso a esta segunda verdade de Deus requer um ato de fé que não está isento de intrínseca razoabilidade.

A inserção da verdade na história permite manter em pé um princípio teológico ulterior: a presença do Espírito de Cristo ressuscitado, que na fadiga desta história, porém dentro da fidelidade a ela, conduz dinamicamente a sua Igreja "até a verdade completa" (1Jo 16,13). Os crentes, portanto, vivem uma verdade que é da revelação de Deus feita em Jesus Cristo e confiada à Igreja, mas em caminho rumo a um descobrimento e a uma formulação que permita um conhecimento cada vez mais adequado da mesma e única verdade.

O Concílio Vaticano II, superando uma concepção tipicamente gnoseológica de verdade mantida em diversos níveis pela teologia escolástica, recorda intensamente o fundamento e a densidade bíblica da verdade. Talvez o texto mais importante nesse sentido seja o número 11 da constituição *Dei Verbum*: aí o concílio afirma que a verdade da Escritura, mais do que uma verdade contra o erro, tem raiz em seu valor relativo e salvífico: "Os livros da Escritura afirmam com toda a certeza, fielmente e sem erro, a verdade que Deus quis que se entregasse às sagradas Escrituras para nossa salvação".

H. Bouillard, *Vérité du christianisme*, Paris, DDB, 1989; K. Apel, *Teoría de la verdad y del discurso*, Barcelona, Paidós, 1995; E. Brunner, *La verdad como encuentro*, Barcelona, Estella, 1967; J. Daniélou, *Escándalo de la verdad*, Madrid, Guadarrama, 1962; M. Devitt, *Realism and Truth*, New Jersey, Princeton University, 1997; F. Fernández-Armesto, *Historia de la verdad y una guía para perplejos*, Barcelona, Herder, 1999; M. Foucault, *La verdad y las formas jurídicas*, Barcelona, Gedisa, 1995; H.-G. Gadamer, *Verdad y método*, Salamanca, Sígueme, 1984; H. Putnam, *Razón, verdad e historia*, Madrid, Tecnos, 1988; P. Ricoeur, *Historia y verdad*, Madrid, Encuentro, 1990.

Francesc Torralba

VIRTUDE

PERSPECTIVA DA FILOSOFIA MORAL

O conceito de virtude nos remete às origens da filosofia moral. A ética grega é uma ética das virtudes. O seu núcleo é a *areté*, traduzida por "virtude", que significa a excelência de uma coisa. Tudo tem sua *areté*, sua virtude, determinável atendendo ao *telos* ou fim que cada coisa deve realizar. A virtude do pai de família é proteger os seus; a de um rei, governar: a virtude de uma arpa, produzir as notas adequadas; a de um atleta, conseguir as melhores marcas. Os filósofos gregos perguntam: Qual é o fim do ser humano? Pergunta que equivale a esta outra: O que se deve fazer para ser pessoa boa, para viver bem? Uma teoria da virtude é, pois, uma teoria sobre como alguém deve viver ou como alguém deve ser. As virtudes são as qualidades que a pessoa deveria adquirir para comportar-se devidamente. A virtude ou as virtudes têm a ver com o caráter, entendido como a maneira de ser, os traços característicos da personalidade moral.

As virtudes se adquirem graças principalmente à educação. Ninguém nasce virtuoso. As virtudes constituem uma espécie de segunda natureza que a pessoa adquire ajudada pela educação e pela repetição dos mesmos atos. O termo *virtude* está muito relacionado com "hábito" e também com "costume": *ethos*, donde se origina "ética", que significa maneira de ser; *mores*, donde vem "moral", que significa costumes. O ser humano vai se tornando virtuoso, pessoa boa, pela aquisição de hábitos que o inclinam para uma vida melhor ou mais perfeita.

A ideia de vida virtuosa remete também à integridade e coerência. Os diálogos platônicos dão volta à pergunta sobre se a virtude é una ou múltipla. Dado que a primeira virtude notável foi o valor – o valor físico – que adornava os heróis da literatura homérica, e dado que o homem valente pode ser, por sua vez, um vicioso de outros muitos efeitos, a filosofia grega procura corrigir essa contradição indicando a necessária unidade de medida de todas as virtudes. A própria virtude da valentia vai-se espiritualizando e se transformando no valor que o indivíduo deve ter para dominar a si mesmo e às suas paixões. Aceitando-se a realidade de que os dois grandes critérios para agir são o prazer e a dor – buscar o prazer e evitar a dor – a virtude em geral consistirá em dar na justa medida de prazer e dor que se deve buscar ou aceitar, para que a vida seja boa. Uma pessoa de caráter, íntegra, virtuosa, é aquela que sabe comportar-se com moderação sempre e a qualquer propósito.

I. A virtude na filosofia grega. Embora seja Aristóteles o retórico por antonomásia das virtudes, os diálogos platônicos já tratam sobejamente a questão. Além do problema proposto antes sobre a unidade das virtudes, convém destacar o tratamento que se faz do tema no diálogo *Protágoras*, onde a virtude aparece ligada com os mínimos morais que qualquer cidadão deve ter e com a importância da educação moral. O sofista Protágoras se embrenha numa discussão com Sócrates sobre a possibilidade de ensinar ou não a virtude. Para convencê-lo de que a virtude deve ser ensinada, Protágoras conta o mito de Prometeu, cuja rubrica é tornar pública a necessidade de todos os humanos adquirirem duas virtudes: a justiça (*diké*) e o sentido moral (*aidos*), sem as quais não deve ser permitido viver na cidade. Assim, Protágoras quer deixar claro que a virtude se adquire com esforço e vontade, e que é absolutamente necessária para a vida em comum.

O grande filósofo das virtudes é Aristóteles. Seus três textos sobre ética – *Ética a Nicômaco, Ética a Eudemo* e *Magna Moralia* – são três compêndios das virtudes que devem constituir a personalidade humana. Concretamente, a personalidade do cidadão, já que o ser humano é definido como "animal político", o que significa que só na *polis*, e na medida do possível dedicando-se a ela, se realiza plenamente como ser humano. O fim do ser humano é, pois, ser feliz vivendo em comunidade, adquirindo as virtudes necessárias não só para a felicidade individual, mas sobretudo para a felicidade coletiva. Nem Platão nem Aristóteles pensam que todos os seres humanos devam ter as mesmas virtudes, dado que suas funções na vida são diferentes e as sociedades antigas eram muito hierarquizadas. Os três estamentos que Platão distingue em *A República* – os artesãos, os guerreiros e os governantes – deverão ter cada um suas virtudes específicas para cumprir bem sua função. Aristóteles tem uma concepção sobre as funções sociais um pouco menos estática que seu mestre Platão, mas entende que as virtudes maiores, as virtudes propriamente ditas, são as do cidadão livre que pode permitir-se viver para a *pólis*.

Aristóteles distingue duas grandes categorias de virtudes: as éticas e as dianoéticas. As primeiras são as "virtudes morais" e têm a ver com a adequação do sentimento à norma imposta pela razão. A fortaleza ou valentia, a temperança e a justiça são virtudes morais. As segundas são as "virtudes intelectuais", que residem na parte da alma que é a parte racional, e são as que impõem a norma da boa conduta ao caráter da pessoa. As virtudes intelectuais são duas: a prudência e a sabedoria. Salvo esta última virtude, que se relaciona com a vida simplesmente teorética – a vida contemplativa – as outras virtudes têm a ver com a sabedoria prática, que consiste na capacidade de agir bem – virtuosamente – em todas as situações em que alguém possa encontrar-se. "Uma andorinha não faz verão", explica Aristóteles. Assim, uma só ação qualificada como justa ou valente não fará valente ou justo o homem que a tenha realizado. Para sê-lo, deve ter adquirido o hábito das virtudes, ter-se acostumado a agir justa ou valentemente, a tal ponto que esse agir como se deve já não represente esforço algum, porque faz parte do caráter, da natureza da pessoa virtuosa.

A ideia de virtude necessita de uma unidade de medida, de um critério. Ser virtuoso consiste em ser como se deve ser, ou em ser o melhor; então será necessária uma unidade que nos permita medir a virtude de uma pessoa. Esse critério é, para Aristóteles, o "justo meio". A virtude consiste no termo médio entre o excesso e o defeito. Ser valente consiste em não ser nem temerário nem covarde; ser temperante consiste em não ser insensível nem imoderado. A sabedoria prática consiste em saber escolher o termo médio; estes, como é fácil de entender, não pode ser, nem o mesmo para todas as pessoas, nem definível abstratamente e à margem de cada situação concreta. O valor que o soldado deve mostrar nada tem a ver com o que o agricultor necessita, assim como o atleta necessita mais alimento do que a pessoa que não tem de competir correndo. Assim, pois, o meio termo ou a justa medida que deva aplicar-se a cada caso será a medida que o homem prudente deve conhecer e praticar. Uma vez que não é possível dar uma fórmula ou receita que permita determinar onde está o meio termo em geral, Aristóteles remete ao exemplo do prudente: o político, o juiz, o médico prudentes são aqueles que sabem tomar a decisão justa, resolver corretamente um litígio, curar o paciente. O prudente não é apenas o sábio, aquele que domina e conhece bem a teoria, mas aquele que também sabe aplicá-la. A prudência se constitui, assim, na virtude central da ética aristotélica e aquele que representa a síntese de todas as outras virtudes. Assim Aristóteles define a virtude: "A virtude é um modo relativo de ser coletivo, dado que é o meio termo relativo a nós, determinado pela razão e por aquilo em que o homem prudente decidiria". Quer dizer, ser virtuoso implica: 1) selecionar a maneira de ser; 2) maneira de ser relativa a cada um de nós e às situações e contextos em que cada um se encontra;

3) regulada pela razão: 4) ou seja, por aquilo que o homem prudente decidiria.

Uma das preocupações fundamentais dos antigos foi o ensino moral ou ensino da virtude. Daí por que insistem todos eles em procurar classificá-las. Depois de Aristóteles, Plotino distinguiu as virtudes "civis", como a justiça e a temperança, e as virtudes "catárticas", que assimilavam ou aproximavam os seres humanos aos deuses. Porfírio distinguiu quatro tipos de virtudes: civis, catárticas, orientadas para o *nous*, e do *nous*. Também os primeiros estoicos dividiram-nas em teóricas e práticas (Panécio), ou em físicas, lógicas e éticas, embora outros pensassem que só deveria considerar-se virtude a *phrónesis* ou prudência. Essa preocupação pelo ensino da virtude estava ligada à preocupação para que a vida virtuosa fosse uma realidade e se refletisse na prática. Aristóteles se refere mais que uma vez a esse problema em suas *Éticas*. Também foi um dos objetivos dos estoicos: encontrar o fim ou a perfeição de cada coisa, de acordo com uma suposta lei geral da natureza. A esse propósito, a filosofia estoica recomendava a *apathia*, a insensibilidade ou indiferença diante das adversidades como única forma de não se deixar vencer por elas. Nos estoicos da última fase, e concretamente em Cícero, a virtude tem mais o sentido de "força", valor para lutar contra os obstáculos e superá-los. Um sentido que depois se encontrará em Maquiavel.

Platão, em *A República*, tinha dito que, na cidade, deveriam desenvolver-se quatro virtudes fundamentais: a prudência, a justiça, a fortaleza e a temperança. Aristóteles ainda se refere com mais detalhes a essas quatro virtudes, que serão logo reunidas pelo pensamento e doutrina cristãs e os passarão para a história como as "virtudes cardeais". O cristianismo interpreta a teoria grega das virtudes e completa as virtudes cardeais com mais três virtudes, as teologais, que expressam a relação direta do ser humano com o Bem Supremo: a fé, a esperança e a caridade. Estas últimas virtudes não são adquiridas, como as anteriores, mas infusas, um dom divino. Agostinho vê todas as virtudes a partir da perspectiva da caridade. Define-as como *ordo amoris* (a ordem do amor), e dessa definição deriva a célebre máxima: "Ama e faze o que quiseres". Gilson explica que, para Agostinho, todas as virtudes podem ser reduzidas no amor, uma vez que o amor é a virtude mais alta: "A temperança é um amor que se reserva totalmente àquele que é amado; a fortaleza é o amor que tudo suporta facilmente por amor àquele a quem se ama; a justiça nada mais é do que o amor que só serve ao objeto amado e por conseguinte domina todo o resto; a prudência é o amor em seu discernimento sagaz entre o que favorece e o que a estorva".

II. A virtude na modernidade. A partir da Modernidade, a ideia de virtude enfraquece como elemento central das teorias éticas. Mantém-se a vinculação da virtude com o hábito, e sua definição como capacidade ou disposição a agir conforme a norma moral. Porém as éticas modernas são muito mais centralizadas na ideia de dever ou de lei moral. De todas elas, a propósito da ideia de virtude, cabe distinguir a de Hume e a de Kant. Hume, diferentemente da maioria dos filósofos modernos, constrói uma teoria moral baseada não só na razão, mas no sentimento. Entende que existe um sentimento ou virtude natural que é a *sympatheia* ou benevolência, a qual é o fundamento e a explicação da disposição moral humana. Não somos morais por uma convocação num hipotético contrato social, já que a melhor forma de viver juntos é submetendo-nos a umas leis comuns, como dirão Hobbes, Locke ou Rousseau. Nem somos morais porque termos a lei moral inscrita na razão, como defenderá Kant. Hume acredita que, sem a hipótese de um sentimento que nos une a nossos semelhantes, dificilmente se poderão explicar as atitudes morais. Pois bem, as virtudes naturais não são suficientes para construir uma sociedade justa, não basta a predisposição natural a sentir simpatia ou compaixão pelos outros. Falta, ao mesmo tempo, uma "virtude artificial", a justiça, que nos obriga a tratar os outros como semelhantes. Hume, pois, ergue sua ética baseado mais nas virtudes do que no dever, como fará Kant, embora distinga entre uma disposição natural dos indivíduos a serem boas pessoas, o que se deve à virtude da benevolência, e uma disposição artificial, coativa, devida à virtude da justiça que o Estado ou a ordem jurídica nos impõe.

Kant estabelece as bases de sua ética na *Fundamentação da metafísica dos costumes*. Aí explica: a ideia de fazer o que se deve e não só o que naturalmente se deseja é uma ideia racional que possuímos na medida em que somos seres racionais. Dessa ideia do dever deriva a forma geral da lei moral, segundo a qual é dever moral aquele que é universalizável. Esse é o imperativo categórico que nos obriga *a priori*, independentemente das consequências que derivarem dessa obrigação. Noutra obra, *Metafísica dos costumes*, Kant elabora uma "doutrina da virtude" ou "dos costumes". Nela procura concretizar algo mais a que o respeito à lei moral obriga; por isso, ela distingue entre os três tipos de deveres: os deveres do ser humano para consigo mesmo, para com os outros seres humanos e para com os seres não-humanos.

III. A virtude na época atual. Na época atual, a noção de virtude soa como antiquada. Não desapareceu da linguagem corrente, embora em seu sentido moral esteja bastante vinculada à moral cristã ou católica, inclusive esclerosada por essa doutrina. Apesar disso, nos últimos anos tem havido uma tendência à recuperação da ética das virtudes, ao alcance de duas teorias ético-políticas que se propõem como crítica e alternativa ao liberalismo. São o comunitarismo e o republicanismo.

A um dos pioneiros do comunitarismo, Alasdair MacIntyre, se deve o livro mais significativo de nosso tempo sobre o conceito de virtude. Nessa obra, intitulada *Por trás da virtude*, MacIntyre mostra, ao mesmo tempo, seu ceticismo quanto à possibilidade de recuperar uma ética das virtudes, e sua saudade por terem as virtudes passado à história. Sua tese é que uma ética das virtudes pressupõe uma definição do ser humano e do seu fim nesta vida. Nem Aristóteles nem os medievais tiveram dificuldade em falar de virtudes, pois esse fim era claro: para Aristóteles, o ser humano era um animal político; para os filósofos medievais, o ser humano era o filho que deveria obedecer e amar a Deus, seu pai. A partir da Modernidade, no entanto, já não é possível definir nem caracterizar o ser humano. Aquilo que o define é a liberdade, a capacidade de escolher antonomamente a forma de vida que cada um quiser. Numa sociedade pluralista como a nossa, herdeira de tradições morais diferentes, é impossível elaborar uma doutrina das virtudes características do ser humano como tal, seja qual for sua cultura, religião ou tradições. Apesar desse fato, MacIntyre reconhece que a comunidade social ou política necessita de seres virtuosos, e haveria de procurar que isso fosse possível. Seguindo essa linha, vários filósofos que se enquadram nas filas do comunitarismo estão defendendo um retorno a formas de vida mais comunitárias, pois pensam que só a partir da pertença a uma comunidade concreta é possível decidir que virtudes devem desenvolver-se. Para eles, somente o contexto comunitário permite construir a identidade moral de que o indivíduo necessita.

Nem todas as reivindicações atuais das virtudes são do estilo da comunitarista. Outra proposta é a do republicanismo, que procura recuperar o valor que tiveram as virtudes cívicas para teóricos como Cícero, Maquiavel ou Rousseau. Pensam os republicanos que as democracias liberais necessitam do complemento de uma teoria da virtude para funcionar adequadamente. A socialização moral da pessoa é imprescindível para criar cidadania, como viu, por exemplo, Tocqueville ao falar dos "hábitos do coração" que contribuíram para a formação da democracia na América. Pensar em termos republicanos significa pensar em comunidades políticas com cidadãos ativos e participativos, com propósitos e valores comuns. Para isso são necessárias as virtudes cívicas.

Portanto, a ética das virtudes se entende, hoje, como complemento dos dois grandes paradigmas éticos já clássicos: a ética dos princípios ou deontológica, cujo principal expoente é Kant, e a ética das consequências ou teleológica, própria dos utilitaristas. As duas éticas se baseiam, de fato, em alguns princípios ou critérios fundamentais, *a priori* os kantianos e *a posteriori* ou empíricos os utilitaristas. Se um kantiano pensa que os princípios éticos se fundamentam na razão, um utilitarista pretenderá derivá-los da experiência, da felicidade ou do bem-estar que eles produzem nas sociedades. O que falta às duas teorias éticas é uma aproximação da moral mais psicológica, referida não tanto aos deveres ou aos princípios, mas às atitudes, às maneiras de ser, às disposições para agir, à formação da pessoa. Sem essa vertente que as virtudes nos dão, as teorias éticas se centralizam nos direitos ou nos valores básicos, mas não especificam como deveriam ser os sujeitos da moral para que esses direitos se respeitem e os valores prosperem. O discurso atual a favor do civismo ou das virtudes cívicas é a tentativa mais séria para recuperar esse aspecto esquecido da filosofia moral.

Platão, *Protágoras, Menón, La República*, em *Diálogos*, Madrid, Gredos, 2002; Aristóteles, *Ética nicomáquea, Ética eudemia*, Madrid, Gredos, 1998; D. Hume, *Tratado de la naturaleza humana*, Madrid, Alianza; I. Kant, *Metafísica de las costumbres*, Madrid, Tecnos, 1989; A. MacIntyre, *Tras la virtud*, Barcelona, Crítica, 2001; V. Camps, *Virtudes públicas*, Madrid, Espasa Calpe, ³2003.

Victoria Camps

PERSPECTIVA DA ÉTICA TEOLÓGICA

A virtude não é só uma categoria da ética filosófica. É também uma categoria da ética teológica; nela ocupou lugar de destaque, sobretudo a partir da Idade Média. Sofreu um eclipse durante a segunda metade do séc. XX, etapa que coincide com a "renovação" da teologia moral católica. Hoje existem sinais de sua recuperação, ainda que as propostas não cheguem a agradar plenamente nem na práxis nem no discurso da moral cristã.

A essa história e a essa situação presente me refiro nas seguintes considerações, que organizo em torno de duas perspectivas complementares: umas, de caráter histórico; outras, de orientação sistemática.

I. Observações históricas. 1. *Ambiguidade terminológica*. A reflexão sobre a relação do cristianismo com a categoria da virtude há de começar com uma constatação de caráter terminológico. A palavra latina *virtus*, da qual deriva a "virtude" dos idiomas românicos (e dos influenciados pelo latim), traduz os termos gregos que se referiam a campos semânticos diferentes. Concretamente se traduz para o latim com o significado de *dýnamis* (força) e o conteúdo de *areté* (excelência).

O primeiro campo semântico está presente sobretudo na Bíblia e se refere basicamente à "força de Deus". O segundo provém da filosofia grega, especialmente de Aristóteles, e alude aos "hábitos de excelência" tanto da inteligência como da vontade.

A menor riqueza linguística do latim frente ao grego faz com que, neste tema, como em outros (lembremos a menor significação do *mos* latino frente ao *ethos* grego), seja necessário conjurar a ambiguidade terminológica inicial. Não se pode ler, sem deixar de rir ou enrubescer, a etimologia que Cícero atribui à virtude: *apellata est enim a viro virtus* (a palavra ""virtude" provém de "varão").

Junto a essa ideia "machista", devem-se observar outras que se foram acrescentando a ideia à palavra "virtude": o tom elitista e mesmo heroico; a interpretação excessivamente ascética; a orientação perfeccionista; a limitação individualista que deixa na sombra as dimensões sociais da vida moral. A palavra e o conceito de virtude não tem gozado ultimamente de boa aceitação em muitos ambientes: nos filosóficos, por considerá-la uma categoria ética pouco crítica; nos educativos, por vê-la ligada a ideologias conservadoras; e nos teológicos, pelo marcado reducionismo individualista e pela compreensão excessivamente ascética e neoplatônica.

Deixo para trás essas opiniões espúrias e retomo o conceito de virtude em seu exato sentido ético: enquanto *areté*. Interessa-me expor e avaliar os dados históricos de sua aceitação na ética teológica.

2. *Uso bíblico da virtude*. A categoria de "virtude", com o sentido ético de *areté*, provém do mundo greco-romano. Trata-se de um dos elementos básicos da teoria moral aristotélica, tal como aparece na *Ética a Nicômaco* (livro II).

No livro da Sabedoria, escrito em grego e em diálogo com a cultura helenista, se faz referência à virtude em dois textos. No primeiro, é valorizada acima do bem da fecundidade: "Mais vale não ter filhos e ter virtude" (4,1). No segundo é considerada a expressão da bondade humana em oposição à maldade: "Sem poder mostrar nenhum sinal de virtude, nos consumimos em nossa maldade" (5,13).

No NT não se encontra nem uma teoria nem uma práxis da virtude. Paulo assume valores da moral helênica e, entre eles, nomeia (uma só vez) a virtude: "Ocupai-vos com o que é verdadeiro, nobre, justo, puro, amável, honroso, e tudo quanto é virtude (*areté*) ou de qualquer modo mereça louvor" (Fl 4,8). Em seu primeiro escrito – e o primeiro dos conservados do NT – expressa os dinamismos da vida cristã mediante três disposições, que na tradição teológica ulterior foram entendidas como "virtudes teologais": "o agir da fé, o esforço difícil da caridade e a tenacidade da esperança" (1Ts 1,3). Esta tríade de dinamismos da vida cristã volta a aparecer em 1Cor 13,13; membros soltos da tríade, a sós (um ou dois) ou combinados com outras disposições, retornam ao pensamento paulino em muitas ocasiões. No entanto, em nenhuma delas – nem tampouco nos dois textos explícitos da tríade – estes dinamismos da vida cristã são vinculados explicitamente à categoria de virtude.

3. *Da patrística à incorporação do pensamento aristotélico na Idade Média*. A virtude foi utilizada na parênese moral tanto do cristianismo primitivo como nos escritos da Patrística. Entre os escritos dos Padres da Igreja convém destacar Ambrósio e Agostinho. Ao primeiro se deve a recepção cristã da ética estoica de orientação ciceroniana e, mais concretamente, a incorporação ao cristianismo das quatro virtudes cardeais. Do segundo se receberá uma definição de virtude que, ao lado da de Aristóteles, foi comentada e desenvolvida pela teologia medieval.

Foi na Idade Média que a categoria de virtude entrou em cheio na práxis e na reflexão do cristianismo. Teve duas portas de entrada: a agostiniana, através de Pedro Lombardo; e a aristotélica, mediante a reflexão de Pedro Abelardo. As duas correntes se entrelaçam e terminam unificando-se por obra dos mestres parisienses de inícios do séc. XIII (Guilherme de Auxerre e Filipe o Chanceler), dos primeiros teólogos franciscanos e especialmente de Alberto Magno e Tomás de Aquino.

Na alta Idade Média, circulavam duas definições de virtude. Uma delas provinha de Agostinho, fora assumida por Pedro Lombardo e recebeu sua formulação precisa na pena de Pedro de Poitiers: "Virtude é uma boa disposição do espírito, em virtude da qual se vive retamente, ninguém abusa dela, e Deus a realiza em nós sem nós". A outra definição procedia de Aristóteles: " Virtude é o que torna bom quem a tem e torna boa sua ação".

A primeira definição era mais precisa, já que indicava o gênero ("disposição boa") e a diferença específica ("viver retamente"). Por outro lado, indicava com clareza o traço ético: é uma habilidade da qual não se pode abusar. Além disso, introduzia a categoria de virtude no campo propriamente teológico ("Deus a realiza em nós"). A segunda definição, de procedência aristotélica, era mais uma descrição dos efeitos produzidos pela virtude no ser e no agir da pessoa.

No entanto, a recepção do pensamento aristotélico na segunda metade do séc. XII e durante o séc. XIII é que irá enriquecer a definição de raiz agostiniana. É lida e entendida à luz da doutrina aristotélica do "hábito". A *qualitas* (boa "disposição" do espírito) compreende-se agora como *habitus*. É próprio do "hábito" aristotélico aperfeiçoar a capacidade operativa (as potências) em ordem a uma atividade determinada, mas sem tirar a liberdade do sujeito. O hábito *inclina* a pessoa a agir em determinada orientação mas não a priva da liberdade.

Assim, pois, a partir do séc. XIII, os teólogos, influenciados pela filosofia aristotélica, compreenderão os processos religiosos e morais da vida cristã mediante a categoria do hábito. Para os processos especificamente religiosos, esses teólogos falarão das "virtudes teologais" (dinamismos da fé, da caridade e da esperança); para os processos morais, se servirão das "virtudes morais", organizadas em torno de quatro eixos ou gonzos ("virtudes cardeais": prudência, justiça, fortaleza, temperança).

4. *A arquitetura de Tomás de Aquino.* Tomás de Aquino é quem realiza o esforço mais ingente para entender a vida cristã mediante o sentido antropológico da virtude. Seu tratado moral (a *II Parte* da *Suma teológica*) constitui a síntese arquitetônica mais perfeita de moral escolástica, na qual o elemento estrutural mais decisivo é a virtude.

Na síntese da *Suma teológica,* a moral se divide em dois grandes blocos: a moral geral (I-II) e a moral concreta (II-II). O segundo bloco, a moral concreta, se organiza em torno da categoria de virtude. Esta redução de todo o conteúdo da moral ao esquema das virtudes é explícita na *Suma:* "Reduzida toda a matéria moral ao tratado das virtudes, todas elas deverão resumir-se em sete: as três teologais, que ocupam o primeiro lugar no estudo, e as quatro cardeais, de que se tratará depois... E assim nada se omitirá da ordem moral" (II-II, prólogo).

A síntese de Tomás sobre a virtude é devedora sobretudo da tradição aristotélica: no entanto, é interessante notar o conhecimento que o Aquinate teve da doutrina platônica e neoplatônica acerca da virtude. Enfatizou-se a beleza e a densidade doutrinal que contém o artigo 5 da questão 61 da I-II, onde Tomás recolhe a tradição neoplatônica sobre a virtude (sobretudo através de Macróbio) e a incorpora em sua síntese, elaborada fundamentalmente a partir dos pressupostos aristotélicos.

As perspectivas platônicas e neoplatônicas sobre a virtude não são estranhas ao horizonte tomasiano, ainda que este tenha sido configurado previamente pela compreensão global de caráter aristotélico.

5. *A tradição teológica ulterior.* A linha marcada por Tomás de Aquino é patente na tradição teológica posterior. Os teólogos do Renascimento e da contra-Reforma não fizeram nada mais que comentar Tomás e, se contribuíram com algo novo, essas contribuições se referem a pontos secundários. Essa constatação pode verificar-se tanto nos grandes comentaristas da *Suma* (Caetano, João de Santo Tomás, Salmanticenses, Gonet, Billuart), como nos manuais de moral casuística utilizados para o ensino da moral católica a partir do concílio de Trento até o Vaticano II.

6. *A teologia protestante.* Na teologia protestante sustenta-se que o conceito de virtude não é válido para a ética cristã, uma vez que esta precisa destacar antes de tudo a vertente teologal, ou seja, a dimensão da graça. Concretamente, rejeita-se nessa teologia o uso da virtude na ética teológica: reduzir a vida de fé a uma questão de "exercitação", uma vez que a virtude é entendida como "hábito" (ou exercício); colocar entre parênteses ou negar a necessidade da graça, confiando unicamente nas forças naturais; desvirtuar o caráter gratuito da salvação e esquecer a permanente realidade do pecado.

No fundo dessas objeções encontra-se a identidade peculiar das éticas reformadas (luterana e calvinista) frente à católica. Esta assume na ética cristã a ética racional. Os luteranos falam de "dois reinos", diferentes e até opostos. A ética calvinista opõe-se à ética racional, proclamando a "força da palavra de Deus" que orienta o *ethos* cristão a partir dos "direitos de Deus" e a partir da "realeza de Cristo".

O teólogo católico O. H. Pesch (1987) analisou a este "problema teológico" da virtude, procurando fazer Tomás de Aquino dialogar com Lutero sobre essa questão. Sobre o fundo de uma compreensão mais correta – e por isso ecumênica – da justificação, podem solucionar-se as aparentes aporias e encontrar as convergências fundamentais entre a compreensão reformada e a compreensão católica.

A esse respeito, não convém esquecer que, na síntese de Tomás de Aquino – e consequentemente no pensamento católico – sobre as virtudes, existe um fator decisivo que enfatiza a dimensão da graça e a vertente teologal da vida cristã virtuosa. Trata-se do caráter "infuso" de todas as virtudes, tanto as teologais como as morais. Ainda que as virtudes sejam hábitos, e que por isso possam ser executadas de maneira espontânea, fácil e alegre, são, ao mesmo tempo, dom de Deus. A existência cristã não acontece à margem das condições naturais, mas se realiza sim como a plenificação desta. Aí está a peculiaridade da antropologia cristã e aí também está o caráter gratuito e teologal da virtude ao ser assumido na práxis e no discurso cristão.

A partir dessa afirmação, compreende-se por que o conceito teológico de virtude constitui a ponte entre a ética e a doutrina da graça. Assim, vence-se a tentação de pelagianização com a qual Lutero acusava e rejeitava a teologia da virtude.

II. Observações sistemáticas. 1. *É imprescindível a virtude para a proposta ética cristã?* Hoje existe, na filosofia moral, um retorno à ética da virtude frente ao predomínio da ética do dever, da utilidade ou dos princípios. Basta pensar nos nomes de W. Frankena, P. Greech, J. Wallace, Ph. Foot e sobretudo de A. McIntyre. Essa orientação filosófica é apoiada também a partir de perspectivas sociológicas, como as de R. Bellah e outros.

Observa-se também uma recuperação da ética da virtude na teologia. Devem destacar-se as propostas do metodista S. Hauerwas e do católico F. Keenan. Com essa recuperação da virtude, propõe-se a moral eclesial com intencionalidade contracultural; insiste-se nas dimensões históricas e sociais do *ethos* cristão; presta-se atenção ao papel da narração na configuração tanto das comunidades como das personalidades individuais; relaciona-se a ética com a pertença a determinada comunidade.

Levando em consideração essa atualização da ética da virtude, podemos perguntar: É imprescindível propor uma ética teológica através da virtude?

Creio que a resposta seja simples. A virtude é uma das categorias da ética teológica, mas não a única. Não se pode falar de uma canonização da ética da virtude. Seu uso tem vantagens que hão de ser apreciadas, mas também inconvenientes, que devem ser levados em conta.

Em todo caso, convém pedir que, no uso da virtude, a ética cristã não se escore em posturas de caráter conservador, entendendo o alento contracultural do evangelho em chave conservadora ou reacionária. Sendo válido o método narrativo bem como a consciência de pertença a uma comunidade, não convém esquecer que a ética cristã precisa tornar-se presente no diálogo público e, por conseguinte, utilizar o método aberto e discursivo; o retorno à ética da virtude não pode conduzir a uma interpretação intimista, privatista e muito menos patriarcal e androcêntrica do *ethos* cristão.

2. *A organização das virtudes morais.* A filosofia grega organizou as virtudes morais em torno de quatro gonzos (gonzo = cardo: daí "cardeais"): prudência, justiça, fortaleza e temperança. Esse esquema foi assumido pelo cristianismo e perdura até hoje. Santo Ambrósio foi o primeiro a assumi-lo e a formular a denominação; Santo Agostinho compreendeu as virtudes cardeais como figuras e expressões da caridade. Na Idade Média foram aceitas mediante a incorporação do aristotelismo.

Tal esquema goza hoje de justificativa e tem funcionalidade prática?

Na reflexão teológica atual não existe posição unânime. Existem aqueles que continuam comentando o esquema, sem questionar sua pertinência teológica e pastoral (J.-R. Flecha). Outros procuram justificar a validade dessa divisão quadripartida. Assim faz J. Porter (*Concilium*, n. 211, 1987), que aceita as mudanças históricas nas apreciações dos vícios e das virtudes, porém sustenta que há certas virtudes eternas que são tidas como tais em todas as gerações e em todas as culturas. Entre essas "virtudes eternas" considera o quadro das "virtudes cardeais". Existem também propostas alternativas, como a de F. Keenan.

De minha parte, creio necessária uma revisão do quadro de virtudes, a fim de superar as limitações do esquema aretológico clássico, o qual é condicionado por notáveis hipotecas estoicas, neoplatônicas, escolásticas e casuísticas. A meu ver, dois critérios básicos devem orientar uma ulterior revisão do quadro de virtudes cristãs: 1) recolher o espírito evangélico, mediante a sensibilidade para com a prática e os ensinamentos de Jesus; 2) buscar uma nova – e diversificada – inculturação, tendo em conta os horizontes antropológicos e sociais de hoje. Assim, surgirão os genuínos "hábitos do coração" que propiciarão um estio de vida alternativo próprio do seguidor de Jesus.

À luz desses critérios, é fácil determinar como atitudes ou virtudes básicas: a veracidade, a honradez e o serviço. Uma tríade que atualiza, e no meu modo de ver, supera – ó clássico quarteto de virtudes morais.

3. *Observações sobre o conceito de "virtudes teologais".* As três virtudes teologais nem sempre foram entendidas e vividas com a bíblica originalidade que brota da graça e com o fundo genuinamente personalista que subjaz na concepção antropológica. Muito frequentemente foram entendidas e vividas como "hábitos" (para cuja realização é necessária a repetição de muitos atos); é além disso como hábitos excessivamente intelectualizados (esquecendo os fatores emotivos e vivenciais). Na moral agravou-se mais ainda essa compreensão negativa das virtudes teologais, ao se introduzirem nelas as preocupações moralizantes: vendo-as como obrigações que exigem atos concretos.

Uma correta posição da moral exige profunda renovação na compreensão e na vivência da tríade fé, caridade e esperança. Em lugar de virtudes se poderia falar de atitudes, a fim de enfatizar melhor o parentesco com a opção fundamental cristã, que é a graça; e em lugar de teologais poderiam denominar-se básicas, procurando assim englobar a base antropológica e a plenitude cristã.

Com uma apresentação renovada, as virtudes teologais adquirem a riqueza teológica que lhes corresponde. De acordo com o Concílio Vaticano II, que registra um texto de Agostinho, na realização da fé, da esperança e da caridade verifica-se o "anúncio da salvação" (DV 1).

4. *A ordo amoris.* Tomás de Aquino, baseando-se na autoridade do Ambrosiáster, cunha e justifica a célebre fórmula de que "a caridade é a forma de todas as virtudes" (II-II, 23,8). Este axioma é uma das formulações mais acertadas do pensamento cristão acerca do papel central da caridade na existência de quem que crê.

O Concílio Vaticano II colocou a caridade no centro de sua formulação sobre o conteúdo da moral cristã: "produzir frutos, *na caridade*, para a vida do mundo" (OT 16).

O discurso teológico da virtude deve ser um discurso para introduzir a "ordem do amor" na vida pessoal, na sociedade, na Igreja. O quadro de virtudes morais cristãs há de ser a expressão da "ordem da caridade".

Partindo dessa orientação, é peremptória a renovação evangélica da proposta moral cristã, cujos conteúdos estejam hierarquizados a partir da *ordo amoris*. Essa nova hierarquização será guiada por uma compreensão holística da pessoa (frente a passadas compreensões dualistas), por uma vontade positiva (diante de tendências autodestrutivas) e por uma opção de olhar a realidade a partir do outro (frente aos egoísmos do poder e do ter à custa dos outros).

Nessa ordem da caridade pessoal, social e eclesial é que a genuína ética teológica alcança sua plenitude.

D. Bonhoeffer, *Ética*, Madrid, Trotta, 2000; J. R. Flecha, *Vida cristiana, vida teologal. Para una moral de la virtud*, Salamanca, Sígueme, 2002; S. Hauerwas, *Community of Character*, Notre Dame, 1981; J. Keenan, "Virtud e identidade", *Concilium*, (1999), 255-265; O. Lottin, *Psychologie et morale aux XIIe et XIIIe siècles III. Problèmes de morale* II/1, Louvain, Gembloux, 1949; O. H. Pesch, "Teología de las virtudes y virtudes teológicas": *Concilium* 211 (19887), 459-480; M. Scheler, *Gramática de los sentimientos*, Barcelona, Crítica, 2003, 3-103 (*ordo amoris*); Vários, "La virtud ante el cambio de valores": *Concilium* 211 (1987).

Marciano Vidal

ÍNDICE ANALÍTICO

Abba: v. *Jesus de Nazaré*
Abraão: v. *Justificação e justiça*
Absoluto: v. *Agnosticismo, Filosofia e religião, Teísmo e ateísmo*
Adão: v. *Pecado original*
Ágape: v. *Graça e lei*
Aggadá: v. *Judaísmo*
Agostinho de Hipona: v. *Graça e lei*
Aliança: v. *Antigo Testamento, Bíblia, Credo/confissões de fé, Matrimônio, Missão/evangelização, Novo Testamento, Profetismo*
Aliança Reformada Mundial: v. *Protestantismo*
Alteridade cultural: v. *Antropologia teológica*
Amor a Deus: v. *Amor*
Amor aos inimigos: v. *Amor, Jesus de Nazaré, Paz e violência*
Amor ao próximo: v. *Amor, Jesus de Nazaré*
Anabatismo: v. *Protestantismo*
Analogia: v. *Linguagem religiosa*
Analogia do ser: v. *Trindade*
Androcentrismo: v. *Teologias feministas*
Anselmo de Canterbury: v. *Salvação/soteriologia*
Antimal: v. *Mal*
Antiteodiceia: v. *Teodiceia*
Antropocentrismo: v. *Criação e ecologia*
Antropologia da religião: v. *Religião (Fenomenologia e ciências das religiões)*
Apocalíptica: v. *Bíblia, Escatologia, Jesus de Nazaré, Novo Testamento, Teologia política*
Apocalipse (gênero literário): v. *Apócrifos*
Apostasia: v. *Catolicismo*
Apóstolo, apóstolos: v. *Carisma e instituição, Magistério, Ministérios, Missão/evangelização*
Apostolicidade: v. *Concílios, Ministérios*
Arrependimento: v. *Penitência*
Arte: v. *Estética e religião*
Assembleias de Deus: v. *Pentecostalismo*
Associação: v. *Comunidade*
Assunção de Maria: v. *Maria*
Ateísmo
- científico: v. *Ciência e religião, Teísmo e ateísmo*
- grego: v. *Teísmo e ateísmo*
- humanista: v. *Teísmo e ateísmo*
- moderno: v. *Teísmo e ateísmo*
- e anticlericalismo: v. *Teísmo e ateísmo*
- e mal: v. *Teísmo e ateísmo*
- e racionalidade científica: v. *Teísmo e ateísmo*
Autojustificação: v. *Fé, Pecado original*
Autonomia: v. *Liberdade, Modernidade, pós-modernidade e cristianismo*

Batismo de adultos: v. *Batismo e confirmação*
Batismo de crianças: v. *Batismo e confirmação*
Batismo do, no Espírito: v. *Pentecostalismo, Batismo e confirmação*
Beleza: v. *Estética e religião*
Bênção: v. *Bíblia*
Bíblia judaica: v. *Judaísmo*
Biblioteca de Qumrán: v. *Qumrán*
Bem: v. *Teodiceia*
Bem-estar: v. *Solidariedade*
Biologia: v. *Ciência e religião*
Biomedicina: v. *Bioética*
Bispos: v. *Autoridade, Concílios, Ministérios*
Bondade divina: v. *Mal*
Boa Notícia: v. *Bem-aventuranças, Evangelho, Reino de Deus*
Bultmann: v. *Ressurreição*

Cabala: v. *Judaísmo*
Cânon: v. *Antigo Testamento, Apócrifos, Novo Testamento*
Capitalismo: v. *Ética teológica, Globalização e experiência religiosa*
Caridade: v. *Solidariedade*
Carta aos Romanos: v. *Justificação e justiça*
Cartas de Paulo: v. *Novo Testamento*
Catolicidade: v. *Catolicismo, Globalização e experiência religiosa*
Catolicismo primitivo: v. *Catolicismo*
Ceia do Senhor: v. *Protestantismo*
Choque de civilizações: v. *Paz e violência*
Ciência: v. *Mito e desmitologização, Modernidade, pós-modernidade e cristianismo*
Ciência moderna: v. *Criação e ecologia*
Ciências da vida: v. *Bioética*
Círculo hermenêutico: v. *Hermenêutica*
Cisma: v. *Catolicismo*
Civilização: v. *Interculturalidade e cristianismo*
Civilização científico-técnica: v. *Antropologia teológica, Criação e ecologia*
Clérigos: v. *Ministérios*
Clube de Roma: v. *Criação e ecologia*
Código de Direito Canônico: v. *Autoridade e poder*
Colegialidade: v. *Concílios, Igreja*
Colégio episcopal: v. *Concílios*
Compartilhar: v. *Eucaristia*
Compaixão solidária: v. *Mal*
Compreensão: v. *Hermenêutica*
Compromisso: v. *Amor, Comunidade, Missão, evangelização*
Comunidade de Corinto: v. *Comunidade*
Comunidade de iguais: v. *Teologias feministas*
Comunidade de Jerusalém: v. *Comunidade*

Comunidade de Qumrán: *v. Qumrán*
Comunidade-sociedade: *v. Comunidade*
Comunidades cristãs primitivas: *v. Comunidade*
Comunidades eclesiais de base: *v. Comunidade*
Comunhão: *v. Credo/confissões de fé, Igreja*
Comunhão Anglicana: *v. Anglicanismo,Protestantismo*
Comunhão eclesial: *v. Catolicismo*
Consciência cristã: *v. Mito e desmitologização*
Consciência mítica: *v. Mito e desmitologização*
Consciência religiosa: *v. Mito e desmitologização*
Conciliaridade: *v. Concílios*
Conciliarismo: *v. Concílios, Magistério*
Condição humana: *v. Solidariedade*
Confissão: *v. Penitência*
Confissões de fé
- confissão cristológica: *v. Credo/confissões de fé*
- confissão evangélica: *v. Credo/confissões de fé*
- confissão pascal: *v. Credo/confissões de fé*
- confissão trinitária: *v. Credo/confissões de fé*
- confissões bíblicas: *v. Credo/confissões de fé*
- no hinduísmo: *v. Credo/confissões de fé*
- em grupos budistas: *v. Credo/confissões de fé*
- nas religiões cósmicas e imperiais: *v. Credo, confissões de fé*
Conflito: *v. Profetismo*
Conhecimento: *v. Gnose*
Conhecimento de Deus: *v. Amor*
Consenso da fé: *v. Magistério*
Consenso das igrejas: *v. Concílios*
Constantinopla: *v. Igrejas ortodoxas*
Contemplação: *v. Espiritualidade*
Contingência: *v. Agnosticismo*
Contrarreforma: *v. Igreja*
Controvérsia iconoclasta: *v. Igrejas ortodoxas*
Corpo de Cristo: *v. Igreja*
Corpo e alma: *v. Antropologia teológica, Ciência e religião, Graça e lei*
Corpo/corporalidade: *v. Teologias feministas*
Cosmogonias: *v. Mito e desmitologização*
Cosmos: *v. Criação e ecologia, Teologia das religiões*
Criacionismo: *v. Criação, Fundamentalismo*
Criador: *v. Criação, Gnose*
Credo ecclesiam: *v. Igreja*
Crise ecológica: *v. Criação e ecologia*
Cristandade: *v. Cristianismo*
Cristianismo da Reforma: *v. Cristianismo, Protestantismo*
Cristianismo do Oriente: *v. Cristianismo, Igrejas ortodoxas*
Cristianismo policêntrico: *v. Teologia política*
Cristo: *v. Cristologia, Messianismo*
Crítica da religião: *v. Linguagem religiosa; Teísmo e ateísmo.*
Crítica histórica: *v. Evangelho, Antigo Testamento, Novo Testamento, Fonte Q.*
Crítica textual: *v. Novo Testamento.*
Crucifixão: *v. Jesus de Nazaré, justificação e justiça*
Cruz: *v. Cristologia, Jesus de Nazaré, Justificação e justiça, Salvação/soteriologia*

Culpabilidade: *v. Pecado/culpa*
Cultura(s): *v. Criação e ecologia, Interculturalidade e cristianismo, Teologia das religiões*
Cultura moderna: *v. Modernidade, pós-modernidade e cristianismo*
Curas: *v. Jesus de Nazaré, Reino de Deus*
Cúria Romana: *v. Autoridade e poder*

Defectibilidade: *v. Liberdade*
Deísmo: *v. Ciência e religião, Teísmo e ateísmo*
Demiurgo: *v. Gnose*
Denúncia profética: *v. Profetismo*
Direitos humanos: *v. Conselho Mundial de Igrejas*
Desenvolvimento tecnológico: *v. Antropologia teológica, Criação e ecologia*
Descobrimentos de Nag Hammadi: *v. Novo Testamento*
Desterritorialização: *v. Globalização e experiência religiosa*
Determinismo: *v. Liberdade*
Diaconato: *v. Ministérios*
Diálogo: *v. Diálogo inter-religioso, Ecumenismo*
Diálogo cristianismo-judaísmo: *v. Cristianismo*
Diálogo ecumênico: *v. Cristianismo, Diálogo inter-religioso*
Diáspora: *v. Judaísmo*
Ditos de Jesus: *v. Novo Testamento*
Dignidade humana: *v. Antropologia teológica, Liberdade*
Dipolaridade dinâmica: *v. Teologia das religiões*
Discipulado: *v. Carisma e instituição, Maria, Fonte Q*
Discípulos: *v. Jesus de Nazaré*
Discurso religioso: *v. Linguagem religiosa*
Divinização do ser humano: *v. Batismo e confirmação*
Doze, os: *v. Jesus de Nazaré*
Doutores: *v. Magistério, Ministérios*
Dor: *v. Teodiceia*
Dominação colonial: *v. Graça e lei*
Dominação escravagista: *v. Graça e lei*
Dominação patriarcal: *v. Graça e lei*
Dualismo antropológico: *v. Antropologia, Ciência e religião, Graça e lei*
Dualismo ético: *v. Apócrifos*

Ecologia da religião: *v. Religiões (Fenomenologia e ciências das religiões)*
Eclesiologia: *v. Carisma e instituição, Igreja, Magistério*
Eclesiologia de comunhão: *v. Igreja*
Ecumene: *v. Cristianismo, Globalização e experiência religiosa*
Ecumenicidade: *v. Concílios*
Ekklesía das mulheres: *v. Teologias feministas*
Eleição: *v. Bíblia, Judaísmo, Liberdade, Revelação*
Emancipação: *v. Liberdade*
Encarnação: *v. Criação e ecologia, Credo/confissões de fé, Trindade*
Engenharia genética: *v. Antropologia teológica*
Ensinamento dos apóstolos: *v. Comunidade*
Eón-Eons: *v. Gnose*
Epicuro: *v. Mal, Teodiceia*

Episcopado: *v. Concílios, Ministérios*
Epistemologia: *v. Ciência e religiões*
Essência do cristianismo: *v. Cristianismo*
Essênios: *v. Qumrán*
Espiritualidade carismática: *v. Espiritualidade*
Espiritualidade da festa: *v. Espiritualidade*
Espiritualidade do compromisso: *v. Espiritualidade*
Espiritualidade liberadora: *v. Espiritualidade*
Espiritualidade litúrgica: *v. Espiritualidade*
Estruturas de pecado: *v. Justificação e Justiça*
Eterno feminino: *v. Maria*
Ethos universal: *v. Teologia das religiões*
Ética da responsabilidade: *v. Bioética*
Ética de máximos: *v. Bioética*
Ética de mínimos: *v. Bioética*
Eva: *v. Teologias feministas*
Evangelho de João: *v. Evangelho, Fonte Q, Novo Testamento*
Evangelho de Lucas: *v. Evangelho, Fonte Q*
Evangelho de Marcos: *v. Evangelho, Fonte Q*
Evangelho de Mateus: *v. Evangelho, Fonte Q*
Evangelho de Tomé: *v. Apócrifos, Evangelho, Fonte Q, Novo Testamento*
Evangelhos: *v. Apócrifos, Evangelho, Novo Testamento*
Ex opere operato: *v. Sacramentos*
Excluídos: *v. Justificação e justiça*
Exclusão: *v. Justificação e justiça*
Êxodo: *v. Salvação/soteriologia*
Exorcismos: *v. Jesus de Nazaré*
Experiência do sagrado: *v. Globalização e experiência religiosa*
Experiência estética: *v. Estética e religiões*
Experiência filosófica: *v. Filosofia e religiões*
Expiação: *v. Justificação e justiça, Pecado original, Salvação/soteriologia*

Família: *v. Matrimônio*
Fé dos "não-crentes": *v. Fé*
Fé e justiça: *v. Fé*
Fé e não-crença: *v. Fé*
Fé e obra: *v. Fé*
Fé e razão: *v. Teísmo e ateísmo*
Felicidade: *v. Bem-aventuranças, Reino de Deus*
Feminismo: *v. Teologias feministas*
Fenômeno religioso: *v. Religiões (Fenomenologia e ciências das religiões)*
Fenomenologia: *v. Hermenêutica*
Fideísmo: *v. Agnosticismo*
Fidelidade: *v. Matrimônio*
Festa: *v. Culto, Sacramentos*
Filho: *v. Cristologia, Espírito Santo*
Filho de Deus: *v. Credo/confissões de fé, Cristologia, Trindade*
Filho do Homem: *v. Evangelho, Fonte Q, Messianismo*
Filiação divina: *v. Cristologia, Jesus de Nazaré*
Filioque: v. *Igrejas ortodoxas*

Filosofia: *v. Filosofia e religiões*
Filosofia analítica: *v. Agnosticismo, Linguagem religiosa*
Filosofia da religião: *v. Religiões (Fenomenologia e ciências das religiões)*
Filosofia analítica: *v. Agnosticismo, Linguagem religiosa*
Filosofia da religião: *v. Religiões (Fenomenologia e ciências das religiões)*
Filosofia judaica: *v. Judaísmo*
Finitude: *v. Agnosticismo, Mal*
Fração do pão: *v. Comunidade, Eucaristia*
Fraternidade: *v. Comunidade*

Galileia: *v. Jesus de Nazaré*
Gênero: *v. Teologias feministas*
Gêneros literários: *v. Bíblia, Antigo Testamento, Novo Testamento*
Generosidade: *v. Solidariedade*
Geografia das religiões: *v. Religiões (Fenomenologia e ciências das religiões)*
Glocalização: *v. Globalização e experiência religiosa*
Glória: *v. Estética e religiões*
Gnosticismo: *v. Apócrifos, Gnose, Novo Testamento*
Gratuidade: *v. Conversão, Graça e lei, Salvação/soteriologia*
Guerra: *v. Paz*
Guerra justa: *v. Paz*

Halajá: v. *Judaísmo*
Hasidismo: v. *Judaísmo*
Haskalá: v. *Judaísmo*
Helenismo: v. *Novo Testamento*
Hereges, heresia: *v. Carisma e instituição, Catolicismo, Concílios, Gnose, Igrejas ortodoxas*
Hermenêutica sagrada: *v. Hermenêutica*
Hermetismo: *v. Hermenêutica*
Hierofanias: *v. Culto, Estética e religiões*
Hinduísmo: *v. Filosofia e religiões*
História: *v. Antropologia teológica, Criação e ecologia, Credo/confissões de fé, Mito e desmitologização*
História da redação: *v. Fonte Q*
História das formas: *v. Fonte Q*
História das religiões: *v. Religiões (Fenomenologia e ciências das religiões)*
Holocausto: *v. Judaísmo*
Homo religiosus: *v. Experiência religiosa, Filosofia e religiões*
Humanismo: *v. Agnosticismo, Antropologia teológica, Protestantismo*
Humanização de Deus: *v. Batismo e confirmação*

Ícones: *v. Igrejas ortodoxas*
Identidade católica: *v. Catolicismo*
Identidade cultural: *v. Globalização e experiência religiosa*
Idolatria: *v. Antropologia teológica, Ética teológica, Profetismo, Salvação/soteriologia, Trindade*
Igreja bizantina: *v. Igrejas ortodoxas*
Igreja católica romana: *v. Catolicismo, Igreja*

Igreja eletrônica: v. *Pentecostalismo*
Igreja local: v. *Igreja*
Igreja peregrina: v. *Igreja*
Igreja romana: v. *Magistério*
Igreja universal: v. *Igreja*
Igrejas baptistas: v. *Protestantismo*
Igualdade: v. *Comunidade*
Iluminismo: v. *Protestantismo*
Ilustración: v. *Agnosticismo, Protestantismo, Revelação, Teologia política*
Imagem de Deus: v. *Antropologia teológica, Criação e ecologia, Matrimônio*
Império romano: v. *Jesus de Nazaré, Justificação e justiça*
Incerteza: v. *Modernidade, pós-modernidade e cristianismo*
Inclusivismo: v. *Agnosticismo*
Inculturação: v. *Cristianismo, Interculturalidade e cristianismo*
Indiferença religiosa: v. *Agnosticismo*
Indissolubilidade: v. *Matrimônio*
Infalibilidade da Igreja: v. *Magistério*
Infalibilidade do papa: v. *Magistério*
Infinito, infinitude: v. *Agnosticismo*
Injustiça: v. *Justificação e justiça*
Imaculada Conceição: v. *Maria*
Imanência: v. *Agnosticismo, Experiência religiosa*
Imortalidade: v. *Apócrifos*
Imortalidade da alma: v. *Ressurreição*
Interdependência: v. *Solidariedade*
Interespiritualidade: v. *Teologia das religiões*
Interioridade: v. *Oração*
Interpretação: v. *Hermenêutica, Linguagem religiosa*
Israel: v. *Judaísmo*

Javismo: v. *Bíblia, judaísmo*
Jesus Cristo: v. *cristologia, Messianismo*
Jesus da história: v. *Jesus de Nazaré*
Jesus da pregação: v. *Jesus de Nazaré*
Jogo: v. *Culto*
Jogos da linguagem: v. *Linguagem religiosa*
Judaísmo conservador: v. *Judaísmo*
Judaísmo ortodoxo: v. *Judaísmo*
Judaísmo reconstrucionista: v. *Judaísmo*
Judaísmo reformista: v. *Judaísmo*
Judeu-cristianismo: v. *Cristianismo*
Justificação e ressurreição: v. *Justificação e justiça*
Justificação e solidariedade: v. *Justificação e justiça*

Kant: v. *Teodiceia*
Kerigma: v. *Jesus de Nazaré*
Koinonía: v. *Concílios, Comunidade, Igreja*
Kyriarcado: v. *Teologias feministas, Trindade*

Laicato-leigos: v. *Igreja, Magistério, Ministérios*
Leibniz: v. *Mal, Teodiceia*
Linguagem: v. *Hermenêutica, Linguagem religiosa*
Linguagem simbólica: v. *Mito e desmitologização*

Livre exame: v. *Protestantismo*
Literatura intertestamentária: v. *Apócrifos*
Liturgia: v. *Culto, Espiritualidade, Eucaristia, Sacramentos*
Logos: v. *Filosofia e religiões, Verdade*
Luta de classes: v. *Amor, Paz e violência*
Lutero: v. *Protestantismo, justificação e justiça*

Mudança de mentalidade: v. *Batismo e Confirmação*
Mudança de vida: v. *Batismo e confirmação*
Mãe: v. *Gnose*
Mestre de Justiça: v. *Qumrán*
Magia: v. *Culto, Sacramentos*
Magistério dos teólogos: v. *Magistério*
Magistério infalível: v. *Magistério*
Magistério ordinário: v. *Magistério*
Magistério papal: v. *Magistério*
Magnificat: v. *Bem-aventuranças*
Mal físico: v. *Mal, Teodiceia*
Mal metafísico: v. *Mal, Teodiceia*
Mal moral: v. *Mal, Teodiceia*
Maniqueísmo: v. *Gnose*
Marginalidade: v. *Antropologia teológica*
Mariologia: v. *Maria*
Marxismo: v. *Ética teológica*
Maternidade divina de Maria: v. *Maria*
Maiêutica histórica: v. *Revelação*
Meditação transcendental: v. *Oração*
Memorial: v. *Eucaristia*
Menonitas: v. *Protestantismo*
Mercado: v. *Globalização e experiência religiosa*
Messianismo: v. *Qumrán*
Messias: v. *Cristologia, Jesus de Nazaré, Judaísmo, Messianismo*
Messias davídico: v. *Messianismo*
Messias sacerdote: v. *Messianismo*
Metafísica: v. *Agnosticismo, Filosofia e religiões*
Metáfora: v. *Linguagem religiosa*
Metodismo: v. *Protestantismo*
Métodos histórico-críticos: v. *Hermenêutica, Novo Testamento*
Métodos sociológicos: v. *Novo Testamento*
Métodos teológicos: v. *Teologia, Teologias do século XX, Teologias feministas*
Milenarismo: v. *Fundamentalismo*
Missa: v. *Eucaristia*
Misericórdia: v. *Bem-aventuranças, Conversão, Penitência*
Missionário: v. *Missão/evangelização*
Misná: v. *Judaísmo*
Mithos e logos: v. *Filosofia e religiões*
Monoteísmo ético: v. *Judaísmo*
Monoteísmo haláquico: v. *Judaísmo*
Movimento de Jesus: v. *Cristianismo, Jesus de Nazaré*
Movimentos apostólicos: v. *Missão/evangelização*
Mulher/es: v. *Maria, Teologias feministas*
Multiculturalidade, multiculturalismo: v. *Antropologia teológica, Interculturalidade e cristianismo*
Mundo: v. *Criação e ecologia*

Não-crença dos "crentes": v. Fé
Natureza: v. Criação e ecologia
Neopentecostalismo: v. Espiritualidade, Pentecostalismo
Neoplatonismo: v. Gnose
New Quest: v. Jesus de Nazaré
Nova criação: v. Salvação/soteriologia
Nova Era: v. Ecumenismo

Obediência às vítimas: v. Teologia política
Ocidente latino: v. Igrejas ortodoxas
Ócio: v. Criação e ecologia
Oikoumene: v. Ecumenismo
Old Quest: v. Jesus de Nazaré
Onipotência divina: v. Mal
Ontologia: v. Filosofia e religiões, Teísmo e ateísmo
Opção fundamental: v. Liberdade
Oração comunitária: v. Oração
Oração cósmica: v. Oração
Oração da história: v. Oração
Oração da natureza: v. Oração
Ordem sacerdotal: v. Ministérios
Ordenação: v. Ministérios
Oriente grego: v. Igrejas ortodoxas
Ortodoxia: v. Ética teológica, Igrejas ortodoxas
Ortopráxis: v. Catolicismo, Ética teológica

Pai: v. Gnose
Pai (Deus): v. Credo/confissões de fé, Espiritualidade, Jesus de Nazaré
Pagãos: v. Jesus de Nazaré
Pannenberg, W.: v. Ressurreição, Revelação
Pão: v. Eucaristia
Papa, Papado: v. Autoridade e poder, Concílios, Catolicismo, Igrejas ortodoxas
Paradoxos da linguagem teológica: v. Linguagem religiosa
Parusia (segunda vinda de Cristo): v. Credo/confissões de fé
Páscoa: v. Credo/confissões de fé, Espírito Santo
Patriarca/do: v. Igrejas ortodoxas
Patriarcado: v. Teologias feministas
Paulo de Tarso: v. Evangelho, Graça e lei, Justificação e justiça, Novo Testamento, Reino de Deus
Pecado estrutural: v. Criação e ecologia; Justificação e justiça
Pecadores: v. Salvação/soteriologia
Pensamento fraco: v. Modernidade, pós-modernidade e cristianismo
Pensamento puro: v. Gnose
Pentateuco: v. Antigo Testamento, Bíblia
Pentecostalidade: v. Pentecostalismo
Pentecostes: v. Espírito Santo, Espiritualidade
Perdão: v. Pecado/culpa, Penitência, Salvação/soteriologia
Pessoa: v. Espírito Santo
Pisteodiceia cristã: v. Mal
Pisteodiceias ateias: v. Mal
Pisteodiceias religiosas: v. Mal
Platonismo: v. Gnose, Verdade

Prece: v. Espiritualidade
Pléroma: v. Gnose
Pluralismo: v. Fundamentalismo
Pluralismo cultural e religioso: v. Agnosticismo, Modernidade, pós-modernidade e cristianismo, Teologia das religiões
Pneumatologia: v. Carisma e instituição, Espírito Santo
Pobres: v. Amor, Bem-aventuranças, Ética teológica, Opção pelos pobres, Reino de Deus, Salvação/soteriologia
Pobreza: v. Opção pelos pobres
Politeísmo: v. Trindade
Ponerologias: v. Mal
Positivismo: v. Mito e desmitologização
Prática de Jesus: v. Amor, Cristologia, Jesus de Nazaré
Práxis: v. Ética teológica, Fé, Teologia política, Teologia das religiões
Pré-compreensão: v. Hermenêutica
Preexistência: v. Credo/confissões de fé
Presbiterado: v. Ministérios
Primado do papa: v. Ecumenismo, Magistério
Principialismo: v. Bioética
Princípio de autonomia: v. Bioética
Princípio de beneficência: v. Bioética
Princípio de identidade: v. Teodiceia
Princípio de justiça: v. Bioética
Princípio de não maleficência: v. Bioética
Princípio de razão suficiente: v. Teodiceia
Privatização da religião: v. Modernidade, Pós-modernidade e cristianismo
Progresso: v. Criação e ecologia, Modernidade, pós-modernidade e cristianismo
Próximo: v. Credo/confissões de fé
Promessas: v. Messianismo
Proselitismo: v. Ecumenismo
Protestantismo conservador: v. Protestantismo
Protestantismo liberal: v. Protestantismo
Protestantismo neopentecostal: v. Pentecostalismo, Protestantismo
Protestantismo pentecostal: v. Pentecostalismo, Protestantismo
Protocatolicismo: v. Catolicismo, Igreja
Protoexistência: v. Experiência religiosa
Provas da existência de Deus: v. Agnosticismo, Teísmo e ateísmo
Pseudonímia: v. Apócrifos
Psicologia da religião: v. Religiões (Fenomenologia e ciências das religiões)
Povo de Deus: v. Igreja, Magistério
Pureza-impureza: v. Qumrán

Qualidade de vida: v. Solidariedade
Questão sinótica: v. Novo Testamento

Rabinismo: v. Judaísmo
Racionalidade: v. Agnosticismo
Racionalismo: v. Mito e desmitologização
Radicalismo evangélico: v. Conversão

Razão: v. *Filosofia e religiões, Mito e desmitologização*
Razão anamnética: v. *Teologia política*
Razão estética: v. *Estética e religiões*
Razão moderna: v. *Modernidade, pós-modernidade e cristianismo*
Realidade: v. *Filosofia e religiões, Trindade*
Reciprocidade homem-mulher: v. *Matrimônio*
Reconciliação: v. *Ecumenismo, Penitência, Salvação/soteriologia*
Redenção: v. *Bíblia, Criação e ecologia, Justificação e justiça, Salvação/soteriologia*
Refeição: v. *Eucaristia*
Refeições de Jesus: v. *Eucaristia*
Reforma: v. *Justificação e justiça*
Reforma calvinista: v. *Protestantismo*
Reforma luterana: v. *Protestantismo, Igreja*
Reforma zwingliana: v. *Protestantismo*
Rei: v. *Messianismo*
Relações magistério-teologia: v. *Magistério*
Relato mítico: v. *Mito e desmitologização*
Religação: v. *Filosofia e religiões*
Religião de Jesus: v. *Jesus de Nazaré*
Religião messiânica: v. *Teologia política*
Religião natural: v. *Filosofia e religiões*
Religião revelada: v. *Filosofia e religiões*
Religiões de orientação profética: v. *Culto*
Religiões de orientação sapiencial: v. *Culto*
Religiões e práxis: v. *Filosofia e religiões*
Religiões místicas: v. *Oração*
Religiões orientais: v. *Oração*
Religiosidade: v. *Modernidade, pós-modernidade e cristianismo*
Renascimento: v. *Protestantismo*
Renovação carismática: v. *Espiritualidade*
Responsabilidade: v. *Liberdade*
Responsabilidade global: v. *Teologia das religiões*
Riqueza: v. *Bem-aventuranças, Opção pelos pobres, Reino de Deus*
Rito: v. *Mito e desmitologização, Sacramentos*
Ritual, rituais: v. *Culto, Mito e desmitologização*
Ritualidade: v. *Culto*
Ritualismo: v. *Sacramentos*
Roma: v. *Catolicismo, Igrejas ortodoxas, Magistério*

Sabedoria: v. *Filosofia e religiões, Gnose*
Sacerdócio: v. *Ecumenismo, Ministérios*
Sacrifício: v. *Culto, Pecado original, Salvação/Soteriologia*
Sagrado: v. *Estética e religiões, Experiência religiosa, Globalização e experiência religiosa, Mistério, Mito e desmitologização*
Salmos: v. *Bíblia, Antigo Testamento*
Saúde divina: v. *Pentecostalismo*
Satisfação: v. *Salvação/soteriologia*
Secular: v. *Missão/evangelização*
Secularização: v. *Modernidade, pós-modernidade e cristianismo, Teologia política*

Seguimento de Jesus: v. *Cristianismo, Cristologia, Espiritualidade, Jesus de Nazaré, Penitência*
Seitas: v. *Ecumenismo*
Sentido da fé: v. *Magistério*
Ser humano: v. *Antropologia teológica, Ciência e religiões, Criação e ecologia*
Sexismo: v. *Teologias feministas*
Sexualidade: v. *Matrimônio*
Shema: v. *Credo/confissões de fé*
Símbolo estético: v. *Estética e religiões*
Símbolo sagrado: v. *Estética e religiões*
Simul iustus et peccator: v. *Fé*
Sincretismo: v. *Ecumenismo*
Sínodo: v. *Concílios*
Sinóticos: v. *Evangelho, Fonte Q, Novo Testamento*
Sionismo: v. *Judaísmo*
Sociedade de risco: v. *Modernidade, pós-modernidade e cristianismo*
Sociologia da religião: v. *Religiões (Fenomenologia e ciências das religiões)*
Sociologia religiosa: v. *Religiões (Fenomenologia e ciências das religiões)*
Sofia: v. *Gnose*
Sofrimento: v. *Antigo Testamento, Mal, Pecado/culpa, Reino de Deus, Teodiceia, Teologia política*
Sofrimento eco-humano: v. *Teologia das religiões*
Subjetividade: v. *Antropologia teológica*
Sucessão apostólica: v. *Carisma e instituição, Ministérios*
Sujeito: v. *Teologia política*
Superstição v. *Sacramentos*

Talmud: v. *Judaísmo*
Técnica: v. *Criação e ecologia*
Tecnologias da comunicação: v. *Globalização e experiência religiosa*
Teísmo
- bíblico: v. *Teísmo e ateísmo*
- cristão: v. *Teísmo e ateísmo*
- filosófico: v. *Teísmo e ateísmo*.
- repensamento do teísmo: v. *Teísmo e ateísmo*
- e ciência: v. *Teísmo e ateísmo*
Templo de Jerusalém: v. *Jesus de Nazaré, Judaísmo*
Teodramática: v. *Estética e religião*
Teogonias: v. *Mito e desmitologização*
Teologia da prosperidade: v. *Protestantismo*
Teologia dialética: v. *Antropologia teológica, Hermenêutica*
Teologia ecológica: v. *Criação e ecologia*
Teologia existencial: v. *Antropologia teológica*
Teologia evangélica: v. *Hermenêutica*
Teologia fundamental: v. *Ética teológica, Teologia política*
Teologia hermenêutica: v. *Hermenêutica*
Teologia imperial: v. *Jesus de Nazaré*
Teologia moral: v. *Bioética*
Teologia natural: v. *Agnosticismo, Teísmo e ateísmo*
Teologia negativa: v. *Agnosticismo, Linguagem religiosa*

Teologia pós-idealista: *v. Teologia política*
Teosofia: *v. Gnose*
Testamento: *v. Apócrifos, Novo Testamento*
Third Quest: *v. Jesus de Nazaré*
Tempo-Temporalidade: *v. Culto, Criação e ecologia*
Títulos cristológicos: *v. Credo/confissões de fé, Cristologia*
Tolerância: *v. Agnosticismo*
Torá: *v. Judaísmo*
Transcendência: *v. Agnosticismo, Espiritualidade, Experiência religiosa*
Trento (concílio de): *v. Concílios*

Unidade cristã: *v. Conselho Mundial de Igrejas*
Universalidade: *v. Catolicismo, Cristianismo*
Utopia: *v. Escatologia, Esperança*

Vaticano I (concílio): *v. Concílios*
Vaticano II (concílio): *v. Concílios*
Veterocatólicos: *v. Catolicismo*
Vítimas: *v. Ressurreição, Teologia política, Teologia das religiões*
Vida: v. Bioética
Virgindade: *v. Maria*
Vontade de poder: *v. Verdade*

ÍNDICE DE NOMES*

Aarão: 351, 453, 466
Abel, F.: 61
Abel: 197, 273, 308, 440-442, 500, 580
Abelardo, v. Pedro Abelardo
Abesamis, C.: 555
Abraão: 17, 28, 65, 101, 148, 174, 180, 198, 221, 273, 300, 305, 307-308, 339, 390, 397, 400, 453, 497-498, 565, 573
Abraão Abulafia de Zaragoza: 301
Abu Issa de Ispahán: 352
Adão: 23, 28, 56-57, 179-181, 197, 199, 219-220, 223, 251, 307-308, 335, 344, 346, 390, 434, 439-443, 465, 497-498, 500-501
Adler, P.: 289
Adorno, Th. W.: 110, 516, 529-530
Adriano II, papa: 279-270
Afanassief, N.: 553
Afraates: 426
Agar: 540
Agostinho de Hipona: 44, 71, 81, 118, 159, 183, 214, 254, 265, 335, 373, 418, 424-426, 439, 441-442, 520, 523, 566-567, 578, 582
Agostinho Triunfo: 331
Ahlström, G.: 54
Aías, profeta: 452
Alberich, E.: 556
Albert, H.: 2
Alberto Magno: 71, 580
Albertz, R.: 21, 54, 58, 304
Albrektson, J. R.: 57
Albright, W. F.: 54
Alexandre III (R. Bandinelli), papa: 331
Alexandre Magno: 29, 402
Ali Engineer, A.: 537
Alonso Schökel, L.: 21, 212, 263-264, 487
Alt, A.: 19
Altaner, B.: 120, 335
Althaus, P.: 482
Altizer, Th. J.: 552
Álvarez, C.: 450
Amadaloss, M.: 286
Ambrosiaster: 582
Ambrósio de Milão: 422, 425, 580, 582
Amery, J.: 116
Amfilóquio: 425
Amós: 58, 453
Ana Bolena: 11-12, 31

Ana de Jesus: 373
Ana, mãe de Maria: 372
Ana, mãe de Samuel: 339
Anastácio, imperador: 37
Anaxágoras de Clazomenas: 521
Anaximandro de Mileto: 521
Andrade, B.: 567, 569
Andrônico de Rodes: 225
Aniano de Celeda: 426
Anselmo de Canterbury: 175, 335, 435, 500, 515, 524, 551
Antão, A.: 276
Anthony, F.-V.: 286, 290
Antifonte: 552
Antíoco IV Epifanes: 29, 480
Antonio, santo: 278, 425
Apolo: 16, 85, 464
Apolônio de Tiana: 207-208, 355
Aquiba, Rabbi: 300
Arador: 425
Arbuckle, G. A.: 425
Ário: 135, 423
Aristófanes: 207
Aristóteles: 70, 100, 205, 224-226, 254-255, 300, 312, 356, 390, 407, 433, 470, 526, 570-571, 577-580
Ariyaratna, A. T.: 550
Arjuna: 222, 440,
Armstrong, A. H.: 373, 377
Arndt, J.: 118
Arnold, F.-X.: 273, 277
Arya Samaj: 536
Ashi, Rabbi: 299
Assmann, A.: 378
Assmann, J.: 378
Astete, G.: 186
'Attar: 376
Atanásio de Alexandria: 91, 118, 248, 422-426, 462
Atenágoras I, patriarca: 282
Atenágoras, padre da Igreja: 422
Auer, A.: 58, 258
Aussônio: 425
Ayer, A.: 2

Bachelard, G.: 213
Baeck, L.: 301, 304
Bajya ibn Paquda: 300
Balasuriya, T.: 359, 555

---

* Este índice reúne nomes de autores, como também de personagens históricos e legendários, sem incluir os nomes de divindades, nomes que façam parte dos títulos de escritos, nem das bibliografias.

Balthasar, H. U. von: 11, 163, 166, 184-185, 194, 372, 488-489, 553-554
Bandenhewer, O.: 421
Bar Kochba: 464
Barbour, I. G.: 77-79, 81
Barnabé: 156, 405, 574
Barnstone, W.: 375, 376
Barr, J.: 486
Barrett, C. K.: 183, 449
Barth, K.: IX, 23, 54, 146, 166-167, 171, 195-196, 198, 202, 223, 254, 261, 312, 314, 461, 478, 488, 516, 527-529, 551-552
Basílides: 248
Basílio de Cesareia: 118, 422, 425-426
Basílio I, imperador: 279
Basílio o Grande: 161, 183, 278, 282, 424
Batiffol, P.: 551
Baumgarten, A.: 189,
Bayle, P.: 335-336, 519-520
Beauchamp, T. L.: 60-61, 63
Beauchamps, P.: 19
Bebel, A.: 176
Beck, U.: 386-389
Becker, U.: 212, 388
Belarmino, R.: 72, 90, 332, 421, 561
Bellah, R.: 581
Ben Sira, J.: 28, 463
Benjamin, W.: 168, 197, 261, 529
Benne, R.: 196, 202
Berdiaiev, N.: 553
Berger, P.: 177, 183, 228, 389, 390, 485
Bergson, H.: 380
Bergsten, F.: 511-512
Berkeley, G.: 82, 572
Berkhof, L.: 500, 502
Bernanos, G.: 176
Bernardo de Claraval: 194
Bérulle, P. de: 361
Besnard, A. M.: 185
Bhikkhu Buddhadasa: 537, 550
Billuart, N.: 581
Bimweny Kweshi, O.: 555
Bin Laden, O.: 429
Blake, W.: 374
Blázquez, N.: 61
Bloch, E.: 3, 114, 168, 172-174, 176-177, 189, 478, 516, 530
Blomjus, J.: 286
Blondel, M.: 158, 489, 521, 551, 553
Bloom, H.: 388, 503, 507
Blum, E.: 54,
Boaventura, são: 118, 194, 527
Böcher, O.: 468
Boécio: 81, 426, 571
Boff, L.: 86, 118, 136, 147, 149, 240, 258, 343, 353, 368, 401, 414, 485, 527, 555-556
Böhme, J.: 374
Bollnow, O. Fr.: 172
Bonald, L. de: 528

Bonhoeffer, D.: 114, 134, 136, 148, 258, 265, 267, 360, 385, 433, 460, 487-488, 552, 582
Bonifácio VIII (B. Caetani), papa: 276
Borg, M.: 296
Borges, J. L.: 373, 375-377, 440, 449
Bornkamm, G.: 54-55, 133, 291, 298, 370, 372, 552
Börresen, K. E.: 555
Bouillard, H.: 553, 576
Bourdieu, P.: 503, 507
Bousset, W.: 370,
Boyer, Ch.: 163,
Brandon, G. F.: 296,
Brecht, B.: 389
Brent, Ch.: 94, 162
Brown, R. E.: 54, 58
Brownlee, W.: 462
Brunner, E.: 195, 202, 572, 576
Bruno, G.: 373
Buber, M.: 216, 302, 304, 311, 387, 431, 479
Bucero: 457
Büchner, G.: 334
Buda (Siddharta Gautama): 103, 208, 324, 373, 376, 416, 550, 555
Budapest, S.: 555
Bulgakov, S.: 553
Bultmann, R.: 22, 27, 54-55, 225, 230, 261-262, 291, 382-383, 426, 431, 435, 469, 478, 481-485, 488, 528, 530, 551-552, 574
Buonaiuti, E.: 551
Burckhardt, J.: 457
Buren, P. van: 316, 552
Burgess, M.: 451

Caetano (Tomás de Vio), cardeal: 331, 581
Caffarra, C.: 556
Caifás: 296
Caim: 57, 197, 308, 440-442, 497, 501
Cálices: 522
Calígula: 406,
Calixto, diácono romano: 425
Callahan, D.: 62
Calvet, G.: 238
Calvino, J.: 12, 446, 458-461
Campos, B.: 449, 451
Camus, A.: 176, 335, 336, 480, 516
Cano, M.: 156, 561
Cardenal, E.: 177, 374-377, 413
Carlos I de Inglaterra: 12
Carlos Magno: 278-279
Carlos V: 458
Carnéades: 1
Carrero, Á. D.: 374, 377
Casaldáliga, P.: 413
Casalis, G.: 162
Casel, O.: 371-372
Cassiodoro: 426
Cassirer, E.: 383, 503

Castillo, J. M.: 46, 69, 185, 206, 364, 436, 439, 497
Castro, E.: 96
Castro, F.: 198
Castro-Gómez: 242, 247
Catalá, T.: 289
Catarina de Aragão: 11
Catarina de Sena: 174
Celestino III (G. Bobone), papa: 38
Celso: 248, 423
Certeau, M. de: 557
Cesário de Arles: 426
Champion, F.: 388
Charles, R. H.: 29
Chauvet, M.: 139, 141, 497
Chenu, M.-D.: 163, 184, 553-554
Childress, J. F.: 60-61, 63
Childs, B.: 19
Christ, C.: 555
Chuang Tzu: 155, 373
Chung-hee, P.: 549
Cícero, M. T.: 472, 578-580
Cipriano de Cartago: 87-88, 333-334, 361-363, 424-426
Cirilo de Alexandria: 422-423, 425
Cirilo de Tessalônica: 279
Ciro da Pérsia: 20, 174, 348
Claudel, P.: 448
Clayton, Ph.: 77-78, 80-81
Clément, O.: 553
Clemente de Alexandria: 27, 36, 71, 248-249, 253, 273, 362, 373, 400, 422
Clemente Romano: 36, 362
Clemente VII (G. de Médici), papa: 12, 458
Cobb, J. B.: 261, 264
Codina, V.: 184, 189
Cohen, H.: 168, 301-302, 304, 524
Comenius, J. A.: 151, 153
Comodiano: 425
Comte, A.: 390, 475
Cone, J. H.: 547
Confúcio: 550
Congar, Y.: 37, 40, 68-69, 76, 83, 91, 161-163, 166, 169, 183, 272, 276-277, 363-364, 527, 553-554, 560, 563-564
Conrad-Martius, H.: 226
Constantino, imperador: 74, 89-93, 103, 107, 109, 125-126, 135, 161, 177, 182-183, 275, 278-282, 284, 422, 424, 426, 509, 565
Conzelmann, H.: 54-55, 552
Cooley, Ch.: 83
Cortés, J.: 432, 528
Costas, A.: 440, 443
Cousin, V.: 519
Couturier, P.: 162-163
Cox, H.: 107, 116, 130, 180, 203, 436, 451
Cranmer, Th.: 11-13
Crítias: 522
Croato: 324
Crossan, J. D.: 11, 33, 55, 296, 298

Cuervo, M.: 552
Cuevas, C.: 374, 377
Cullmann, O.: 166, 401, 488, 492, 552-553
Cumont, F.: 370
Cupitt, D.: 316
Cuyás, M.: 61

Dalmais, J. H.: 371-372
Daly, J. R.: 140
Daly, M.: 544, 555
Dâmaso I, papa: 405
Daniélou, J.: 533, 553-554, 576
Dante Alighieri: 34, 174, 373-374
Darwin, Ch.: 237, 515
Davi, rei: 18, 28, 198, 208, 294, 349-350, 352
David Alroy do Kurdistão: 352
De Foucauld, Ch.: 199, 448
De Vaux, R.: 462
Débora: 340
Décio, imperador: 87
Deotis Roberts, J.: 547
Derrida, J.: 87
Descartes, R.: 151, 178, 225
Dewey, J.: 534
Dianich, S.: 277, 368, 527
Dibelius, O.: 230
Dídimo: 422, 424
Dilthey, W.: 259-260
Diodoro de Tarso: 426
Diógenes de Apolônia: 521
Dionísio Areopagita (Pseudo-Dionísio): 311, 373, 424, 426, 526
Dionísio de Alexandria: 422
Dix, G.: 552
Dodd, Ch. H.: 54, 171, 298, 552
Domiciano: 207
Donoso Cortés, J.: 528
Dostoievski, F.: 335, 516, 553
Douglas, M.: 503
Dracôncio: 425
Drapper, J. A.: 233
Drees, W.: 77
Drewermann, E.: 364, 557-558
Dreyfus, A.: 301
Driver, J.: 500, 502
Dubarle, D.: 554
Duch, Ll.: 141, 226, 229, 239-240, 383, 477
Duff, A.: 365
Dufrenne, M.: 189, 195
Duméry, H.: 476
Dumézil, G.: 137, 381
Dunne, J.: 289
Duns Scott, J.: 254, 314
Dupuis, J.: 159, 538, 569
Duquoc, Ch.: 36, 136, 143, 146, 149, 184-185, 189, 396
Durkheim, É.: 133, 190, 228, 369, 385, 460-461
Dushan, E.: 280

Eames, R.: 14
Ebeling, G.: 55, 259, 261-262, 264, 552
Eboussi Boulaga, F.: 555
Eckhart, Meister: 311, 373
Ecolampadio: 457
Eduardo VI da Inglaterra: 11-12
Edwards, D.: 81
Efrém: 422, 426
Egídio Romano: 331
Ehrman, B.: 296
Eicher, P.: 40, 206
Eichrodt, W.: 18-19, 457
Eisenman, R.: 465
Eissfeldt, O.: 54
Ela, J.-M.: 548, 555
Eliade, M.: 138, 170, 190, 193, 195, 214, 216-217, 228, 287, 309, 380, 383, 388, 390, 477, 503, 507
Elias, profeta: 20, 28-29, 56, 104, 234, 354-356, 452, 456, 573
Elisabeth I da Inglaterra: 11-12
Eliseu, profeta: 29, 354-356, 452-453
Elizari, F. J.: 61, 63
Elizondo, V.: 27, 548
Ellacuría, I.: VII, 115, 132, 174, 184-186, 189, 265, 327-328, 413, 433, 500, 502, 546
Ely, R.: 195
Engels, Fr.: 166, 171
Epicuro: 1, 334-336, 516, 523
Epifânio de Salamina: 248-249, 426
Eppsteiner, F.: 550
Erasmo de Roterdã: 11, 403, 458
Escoto, M. de: 200
Espín, O.: 243, 247-248
Ester: 53, 339, 463
Eugênio IV (G. Condulmer), papa: 84, 87, 90
Eusébio de Cesareia: 405, 422, 425, 566
Evágrio Pôntico: 422, 425-426
Evdokimov, P.: 194, 284, 553
Ezequiel, profeta: 20, 28, 52-53, 58, 299, 345, 349, 402, 455, 489

Fabella, V.: 545, 550
Fackenheim, E.: 524
Falwell, J.: 237-238
Farel, G.: 458
Felder, C. H.: 547
Féret, H.-M.: 11, 553
Fernández, J.: 304, 548, 576
Ferrater Mora, J.: 228
Ferré, F.: 552
Fessard, G.: 553
Feuerbach, L.: 23, 113, 122, 166, 171, 174, 229, 485, 515, 517, 547, 572
Fichte, J. G.: 23, 226, 485
Ficino, M.: 376
Fierro, A.: 485
Filão de Alexandria: 70, 299, 391
Filipe o Chanceler: 580

Filóstrato: 207-208, 355
Flávio Filóstrato: 207-208, 355
Flávio Josefo: 29, 207
Flecha, J. R.: 61, 63, 582,
Fletcher, J.: 61
Floristán, C.: VII
Florovsky, G.: 553
Flusser, D.: 296
Fócio: 279
Foot, Ph.: 581
Ford, J.: 213, 284
Fornet-Betancourt, R.: 247, 285, 287, 289, 534, 538
Forte, B.: 194-195, 277
Foucauld, Ch. de: 199, 448
Foucault, M.: 112, 576
Fox, M.: 118, 449,
Francisco de Assis: 174, 415, 457
Franco, R.: 236
Frank, J.: 302, 352
Frankemölle, F. H.: 83
Frankena, W.: 581
Frazer, J.: 227
Freire, P.: 545
Freud, S.: 111-112, 137, 229, 377, 431, 515, 518, 531
Friedman, M.: 196
Fries, H.: 76, 166, 214, 217, 275, 277
Fromm, E.: 111, 321
Frondizi, A.: 196, 321
Front, J.: 503, 507
Fuchs, E.: 55, 261-262, 557

Gadamer, H.-G.: 260-262, 264, 285, 337, 573, 576
Gafo, J.: 61-63
Galileu Galilei: 515
Gandhi, M. K.: 536, 550
García Martínez, F.: 464, 466
García-Baró, M.: 213, 218, 524
Gardeil, A.: 552
Garrigou-Lagrange, R.: 199, 552
Gaunilo: 515
Gaxiola-Gaxiola, M. J.: 450
Gebara, I.: 343, 539, 544
Geertz, C.: 503
Geffré, C.: 184, 262, 264, 557
Gehlen, A.: 479
Gelásio de Cesareia: 425
Gelásio, papa: 37
Gengis Kan: 280
Gerhard, J.: 262, 421
Gerhardt, P.: 118
Gerloff, R.: 450
Germano de Constantinopla: 426
Gilson, E.: 578
Ginés de Sepúlveda, J.: 255
Girard, R.: 11, 137, 389, 393, 396, 431, 441, 443
Gladden, W.: 195
Goethe, J. W. von: 190, 354

Gogarten, F.: 116, 552
Golb, N.: 465
Goldammer, K.: 226
Goldenberg, N.: 555
Gómez Caffarena, J.: 127, 312, 433, 478
Gonet, J. B.: 581
González, A.: 221, 223, 366, 420, 440, 443, 457, 500, 502
González Faus, J. I.: 27, 36, 271, 309, 336, 364, 413
Górgias: 1, 522
Gottwald, N. K.: 52
Goulart, J.: 196
Gourgues, M.: 84
Gracia, D.: 60-61, 63
Graciano: 278
Grandmaison, L. de: 552
Greech, P.: 581
Gregersen, N. H.: 78, 81
Gregório de Nissa: 161, 194, 423-424, 426, 500
Gregório de Roma: 282
Gregório de Tours: 425
Gregório I Magno, papa: 90, 421, 422, 425, 426, 500
Gregório Nazianzeno: 183, 422, 426
Gregório VII, papa: 36-37, 39, 90, 275, 331
Guardini, R.: 194, 254, 347
Guijarro, S.: 231, 235
Guilherme de Auxerre: 580
Gunkel, H.: 19
Gutiérrez, G.: 92, 147, 149, 176-177, 188-189, 266, 327, 409, 413, 492, 546, 550, 554

Haag, H.: 337-338, 439, 443
Habacuc, profeta: 462-463
Habermas, J.: 262, 386-387, 390
Hackel, E.: 116
Halevi, Y.: 298, 300
Halifax, Lord: 162
Halkes, C.: 555
Hallay: 376
Hamilton, W.: 552
Hanina ben Dosa: 355
Häring, B.: 195, 198, 347
Harnack, A. von: 54, 122, 157, 160, 265, 477, 551
Harries, R.: 194-195
Hartmann, N.: 226
Hauerwas, S.: 581-582
Haynes, R.: 52, 58
Hebga, M.: 555
Hegel, G. W. F.: 1-2, 5, 137, 167, 171, 189, 224-226, 326, 336-337, 384, 390, 476, 524-526, 529, 531, 572
Heidegger, M.: 110, 224, 226, 260-262, 264, 317, 514, 524, 553, 572-573
Heiler, F.: 137, 215
Heim, K.: 77
Heisenberg, W.: 78
Hellegers, A.: 58
Hemmerle, K.: 336
Henrique VIII da Inglaterra: 11-12, 458

Henry, M.: 213, 217, 427
Heráclito: 225, 521
Héring, J.: 174
Hermas: 275, 362, 423
Hermias: 423
Herodes: 462
Heródoto: 205, 285
Hertz, A.: 195
Hervieu-Léger, D.: 388
Hesíodo: 311, 522
Hidalgo, M.: 198
Hilário de Poitiers: 253, 373, 422-426, 571
Hildebrand, E. von: 226
Hildegarda de Bingen: 374
Hillel: 292
Hilton, W.: 374
Hinkelammert, F.: 197, 309
Hipólito de Roma: 248, 253, 361-363, 422-423, 425-427, 464
Hirudayan, I.: 286
Hitler, A.: 195, 198, 353
Hobbes, Th.: 528, 554, 578
Hoffmann, P.: 230, 235, 377
Höffner, J.: 83
Hölderlin, Fr.: 172
Hollenweger, W.: 288-289, 451
Holmberg, B.: 52
Homero: 207, 311, 396
Hoover, W.: 450
Horkheimer, M.: 111, 175-176, 516, 530-531
Horsley, A.: 233-235
Hromádka, J.: 461
Hugo de São Vítor: 118
Hui-Neng: 376
Huizinga, J.: 138
Humberto, legado: 279
Hume, D.: 1, 5, 61, 229. 354, 390, 460, 514-516, 524, 578-519
Huntington, P.: 428-429, 433
Huntington, W. R.: 389
Hus, J.: 276, 457
Husserl, E.: 226, 260, 524, 572
Huysteen, J. W. van: 78, 81-82

Ibn 'Arabi de Múrcia: 373
Illía, A.: 196
Inácio de Antioquia: 71, 107, 121, 156, 275, 362, 423
Inácio de Loyola: 5, 134, 266, 375, 377, 448
Inácio, patriarca: 279
Inocêncio III (L. dei Conti di Segni), papa: 38, 331
Inocêncio IV (S. Fieschi), papa: 331
Iqbal, M.: 377
Irineu de Lyon: 27, 146-147, 149, 163, 208, 248, 253, 256, 270, 336, 391, 422-424, 426, 490, 560-561, 564
Isaac Israeli: 571
Isaac Luria: 301, 377
Isaac: 17, 300
Isabel, mãe do Batista: 339, 341

Isaías, profeta: 8, 9, 18, 20, 28, 32-33, 48, 52, 56, 175, 207-208, 299, 311, 337, 345, 349, 351, 365, 402, 416, 430, 432, 462-463, 489, 500, 573
Isidoro de Sevilha: 273, 421-422, 426
Ismael, filho de Abraão: 439
Ismael, Rabbi: 300

Jablonski, D. E.: 93
Jacob: 352
Jacobazzi, D.: 87
Jacobi, Fr. H.: 282, 302
Jäger, W.: 470
Jâmblico: 249
James, O.: 481
James, W.: 138, 227, 374-375, 377, 475, 534, 538
Jantzen, W.: 80
Jeanrond, W. G.: 260, 264
Jensen, A. E.: 380, 383
Jeremias II, patriarca: 281
Jeremias, J.: 43, 54, 129-130, 136, 297-298, 538
Jeremias, profeta: 20, 28, 52, 56, 58, 248, 299, 345, 349, 402, 416, 455, 489
Jerônimo: 405, 422, 425-426, 575
Jesus de Nazaré, Messias-Cristo: *passim*
Jó: 17-18, 20, 28, 57, 103, 267, 337, 463, 522, 524
Jó, patriarca: 281
João Batista: 20, 29, 42-43, 45, 117, 167, 234-235, 319, 346, 436, 444
João Cassiano: 425
João Crisóstomo: 161, 282, 422, 425-426
João da Cruz: 5, 111, 213, 373-374, 376, 415, 419, 491
João Damasceno: 421-422, 424, 426
João de Ragusa: 87, 92, 276
João de Santo Tomás: 581
João de Segóvia: 87
João de Torquemada: 276, 331
João Paulo II (K. Wojtyla), papa: 102, 118, 120, 162, 166, 183, 253, 269, 334, 347, 364, 366, 449, 506, 526, 556-557
João VIII, papa: 36
João XXIII (A. G. Roncalli), papa: 91, 95, 159-160, 162, 174, 347, 430
João, apóstolo: 34, 45
João, autor do Apocalipse: 53, 404, 406
João, autor do evangelho e das cartas: 10, 64, 70, 108, 160, 180, 182, 208, 266, 268, 295, 355, 399, 406, 434, 575
João, discípulo: 404
Joaquim de Fiore: 352
Joaquim, pai de Maria: 34
Johnson, E. A.: 136, 309, 544, 568-569
Jonas: 234, 321, 354, 490
Jonsen, A.: 61
Jossua, J.-P.: 338, 557
Judá: 20
Judá ha-Nasí: 299
Judas, apóstolo: 405
Judas, autor neotestamentário: 70, 207-208
Judite: 28, 53, 339

Jung, C. G.: 451, 503, 549
Jüngel, E.: 519, 522, 555
Júnia/Júnio: 540
Justino: 208, 248, 252-253, 304. 362, 391, 422-423, 425, 528, 564-565

Kando: 462
Kant, I.: 1-2, 4-5, 77, 111, 114, 152, 157, 174, 225-226, 229, 270, 335, 336, 385, 460, 476, 509, 512, 514-516, 519, 524, 552, 567, 572, 578-579
Kaplan, M. M.: 301-302
Kappen, S.: 549
Käsemann, E.: 55, 75, 291, 309, 552
Kasper, W.: 127-128, 136, 155-156, 159-160, 348, 563-564
Katz, St.: 374, 377
Kaufmann, F.-X.: 115, 386, 557
Keenan, F.: 581-582
Kehl, M.: 69, 277, 562, 564
Kenoti, G.: 61
Kepel, G.: 237, 240
Kerényi, K.: 138
Kern, W.: 156, 160, 333-334, 358, 527
Khomiakov, A.: 553
Kienzler, K.: 235, 240
Kierkegaard, S.: 5, 23, 198, 224, 312, 479, 516, 524, 572
King, M. L.: 77-82, 95
Kittel, G.: 370, 372
Kittel, R.: 54
Kloppenborg, J.: 232-233, 235
Klopstock, Fr. G.: 34
Klostermann, E.: 467
Knitter, P.: 155, 535, 538
Koester, H.: 33
Kolakowski, L.: 383, 480
König, F.: 555
König, R.: 83
Korff, W.: 195
Krolzik, U.: 118
Kubistchek, J.: 196
Kugel, J.: 21
Kuhn, Th.: 36, 40, 77
Küng, H.: 69, 76, 91-92, 127, 136, 149, 219, 223, 254, 265, 275, 304, 312, 316, 432-433, 519, 535, 538, 554
Kurtz, B.: 374, 377

Laberthonnière, J.-J.: 551, 553
Lactâncio: 1, 472
Lagrange, M.-J.: 199, 406, 551-553
Laín Entralgo, P.: 127, 169, 171, 173, 177
Laínez, D.: 561
Lalive d'Epinay, Chr.: 451
Lamec: 441
Lammennais, F. R. de: 528
Landauer, G.: 168
Lang, B.: 54, 138
Las Casas, B. de: 195
Le Blond, J. M.: 553

Le Roy: 157
Leão I Magno, papa: 422-423
Leão III, papa: 279
Leão XIII (G. Pecci), papa: 368, 406, 551
Leeuw, G. van der: 138, 431, 478
Lefebvre, M.: 238-239, 556
Legido, M.: 85
Lehmann, K.: 156, 160
Leibniz, G. W.: 81, 93, 336, 519-521, 572,
Lemonnyer, J.: 553
Leôncio de Bizâncio: 426,
Léon-Dufour, X.: 354, 357-358, 485
Lessing, G. E.: 157
Lévinas, E.: 115, 197, 202, 263, 285, 302, 492, 524
Lévi-Strauss, Cl.: 381
Liedke, K.: 118
Link, Ch.: 77, 81, 118
Locke, J.: 460, 519, 578
Lohfink, N.: 18, 21, 431, 439, 443, 457, 484
Loisy, A.: 139, 370, 551
López Aranguren, J. L.: 226, 485
López Azpitarte, E.: 61, 103, 321
López-Baralt, L.: 375, 377
Lossky, V.: 284, 553
Löwith, K.: 485
Lubac, H. de: 76, 109, 163, 254, 273, 553
Lúcaris, C.: 280
Lucas, autor neotestamentário: 47-51, 53, 64, 66, 83-84, 101, 133, 145, 204, 207-211, 229, 231, 274, 339, 341, 351, 399, 405, 430, 449, 468, 560
Lucrécio: 112
Lührmann, D.: 376
Lutero, M.: 11-12, 74, 92, 126, 174, 220-221, 254, 259, 265, 272, 276, 305, 332, 435, 442, 446, 451, 457-461, 563, 581
Luz, U.: 468, 470
Lyotard, J.-F.: 386

Maag, V.: 170
Mac Iver, R. M.: 83
MacDonald, M. Y.: 275
Mack, B.: 296
Mackie, J. L.: 2, 516, 519, 524
MacIntyre, A.: 579
Macquarrie, J.: 312, 316
Macróbio: 581
Magness, J.: 462, 466
Maimônides, M.: 298, 300, 304, 354, 373
Maine de Biran, F.-P.-G.: 217
Maistre, J. de: 335, 528
Malcolm X: 547
Malinowski, B.: 137, 228, 380, 383
Mall, R. A.: 285, 287
Mammen Thomas, M.: 549
Mancio de Corpore Christi: 561
Mandonnet, P.: 552-553
Mansi, J. D.: 422
Manson, T. W.: 230, 235

Mao Tse-Tung: 353
Maquiavel, N.: 528, 578-579
Marcel, G.: 172, 369, 372, 425, 556
Marcheselli-Casale, C.: 558
Marcião: 405, 523
Marcos Eremita: 425
Marcos, evangelista: 42, 53-55, 66, 129, 132-133, 207-208, 210-211, 231-232, 233, 274, 292, 339, 404
Marcos, F.: 549
Marcuse, H.: 530
Mardones, J. M.: 240, 390, 478
Maréchal, J.: 552-553
Maria Madalena: 540
Maria (Miriam), irmã de Moisés: 174, 453
Maria Tudor: 12
Maria, mãe de Jesus de Nazaré: 13, 32, 34, 107, 148, 154, 158, 164, 205, 283, 338-343, 391, 423, 459, 565
Marín-Sola, F.: 158
Mário Victorino: 253
Maritain, J.: 553
Martín Velasco, J.: 5, 63, 141, 149, 193, 195, 216, 218, 373, 375-377, 383, 390, 478
Martinho de Tours: 425
Marty, M. E.: 238, 240
Martyn, J. L.: 54
Marx, K.: 2, 113, 166, 384, 395, 515, 531, 547, 572
Marxsen, W.: 54, 480, 482-483, 486
Mateus, evangelista: 9, 32, 42, 47-51, 53, 56, 101, 129, 180, 207-211, 229, 231, 274, 292-293, 339, 399, 403, 431, 496
Mathews, J.: 512
Mauss, M.: 139, 420
Mauthner, F.: 373
Máximo de Kiev: 280
Máximo o Confessor: 423, 426
May, W. F.: 61
McCarthy, J.: 95
McCormick, R. A.: 61
McFague, S.: 118
McGee, G.: 451
McKenzie, L.: 52
McVeigh, M.: 555
Meeks, W. A.: 52, 84
Meier, J. P.: 54-55, 298, 358
Meissner, W. W.: 375, 377
Melitón de Sardes: 16
Mendieta, E.: 242, 247
Mendonça, A. G.: 450-451
Menno Simons: 458
Mercier, D. J.: 552
Merton, Th.: 374, 376-377
Metódio: 279
Metz, J. B.: 155, 167-168, 205, 263, 265, 386, 389, 396, 524, 528-533, 554
Meyendorff, J.: 284, 553
Meyer, Th.: 235, 240
Miguel Cerulário: 213, 279
Míguez Bonino, J.: 430, 451, 461

Mill, J. St.: 479
Milton, J.: 34, 196
Minúcio Félix: 423, 425
Miqueias, profeta: 149, 271, 349
Miranda, J. P.: 149, 372
Moeller, Ch.: 174, 177
Möhler, J. A.: 276
Moisés: 16-17, 19-20, 23, 28, 29, 52, 106-108, 125, 174, 196, 198, 210, 255, 257, 299-301, 311, 322, 337, 339, 346, 349, 354-356, 390, 416-417, 453, 456, 465, 487, 489, 538, 565
Moisés de León: 300
Moltmann, J.: 81, 118, 120-121, 133, 136, 145-146, 149, 159, 167-172, 175-177, 263, 389, 396, 433, 435, 469, 481, 492, 524, 528-529, 533, 552, 554, 569
Moltmann-Wendel, E.: 555
Monod, A.: 161
Montaigne, M. de: 1, 519
Montano: 352-353, 556
Montuclard, H.-I.: 554
Morin, E.: 387
Moshe Idel: 301
Mott, J. R.: 93, 162, 365
Mouroux, J.: 553
Mowinckel, S.: 137, 141, 170, 353
Muguerza, J.: 5, 115, 479-480
Muhammad (Maomé): 103, 106-107, 352, 417, 432, 538, 565
Muhammad, imame: 352
Mühlen, H.: 183
Müller, F. M.: 477
Müller, G.: 27, 236, 507
Muratori, A.: 208, 405
Murphy, N.: 77,
Mussner, F.: 258, 304
Mutschler, H.-D.: 77-78, 81
Mveng, E.: 555

Nagel, Th.: 54, 510, 512
Nahman de Braclaw: 352
Na'imy, M.: 374
Namânides: 301
Nasr, H.: 377
Nasser, G. A.: 196
Natã, profeta: 157
Nédoncelle, M.: 334
Neill, St.: 13, 16, 166
Nestlé, W.: 225
Nestório: 423, 426
Neunheuser, B.: 371
Nevski, A.: 280
Newbigin, L.: 552
Newman, J. H.: 15, 158-159, 427
Newton, I.: 81
Nicolau de Cusa: 5, 87, 224, 311, 516, 571
Nicolau I, papa: 36-37, 279
Niebuhr, R.: 193, 195-196, 198, 202, 461, 552
Niemann, J.-J.: 156, 160

Nietzsche, Fr.: 1-2, 23, 64, 112-113, 157, 166, 171, 197, 384, 386, 485, 514-516, 518, 522, 531, 572
Nilo: 425
Nilsson, M. P.: 379
Nissiotis, N.: 553
Noé: 390, 497
Nogués, R. M.: 237
Nolan, A.: 548, 550
Noth, M.: 19

Oddi, S.: 556
Oldham, J. H.: 93-94, 162
Olivi, P.: 331
Onganía, J. C.: 196
Oriêncio: 425
Orígenes: 36, 194, 249, 253, 284, 362, 373, 422-424, 426-427, 500, 566
Ortega y Gasset, J.: 510
Ortigues, E.: 495
Oseias, profeta: 56, 58, 140, 175, 337
Ott, L.: 362, 364
Ottaviani, A.: 556
Otto, R.: 110, 190, 195, 214, 216, 217, 227, 369, 372, 390, 421, 460-461, 478

Pace, E.: 239-240
Paciano: 69
Pacômio, são: 278
Palamas, G.: 280
Panécio: 578
Panikkar, R.: 137, 141, 155, 285-290, 377, 534, 555, 565, 567, 569
Pannenberg, W.: 27, 77, 79-81, 129, 136, 145, 149, 262, 264, 435, 469, 478-479, 482, 486, 488, 492, 552
Parham, Ch. F.: 449
Parmênides: 570-571
Pascal, B.: 1, 374, 435, 479, 485, 525, 575
Pascásio Radberto: 205
Paulino: 425
Paulo de Samósata: 88
Paulo de Tarso: 9, 15, 29-34, 42-43, 45, 53, 57, 64-68, 75, 85, 88, 98, 101-102, 118, 120, 124, 127, 135-136, 145, 162, 164, 166, 172, 175, 179-182, 188, 197, 203-204, 211-212, 233, 248, 253-254, 256-258, 266, 268-269, 273-275, 282, 304-308, 323-324, 333-334, 339, 343, 347-348, 350, 364-367, 370-371, 374, 376, 396-400, 402-405, 407, 409, 418, 423, 434-435, 444, 449, 451, 458, 465, 469-470, 478-479, 481-485, 491, 494-495, 504, 506-507, 516, 519, 526, 544-545, 555-557, 560, 562, 574, 580
Paulo VI (G. B. Montini), papa: 64, 68, 118, 127, 164, 282, 323, 333, 364, 366-367, 504, 516, 555
Peacocke, A.: 77, 79-80, 82
Pedro Abelardo: 500, 580
Pedro Crisólogo: 422
Pedro de Poitiers: 580
Pedro Lombardo: 580
Pedro o Grande da Rússia: 281

Pedro, apóstolo: 25, 31-34, 38, 41, 42, 53, 67, 70, 75, 91-92, 108, 164, 204, 211-212, 248, 252, 278, 332, 350, 404-405, 574
Pelágio: 254
Perón, J. D.: 196
Pesch, O. H.: 11, 27, 219, 223, 581, 583
Pesch, R.: 223, 483
Peterson, E.: 554, 565, 569
Petrarca, F.: 376
Phillips, D. Z.: 316
Picht, G.: 77
Piera, L.: 375, 377
Pierce, F.: 312
Pieris, A.: 536-538, 547, 549, 555
Pikaza, X.: 109, 183, 224, 420, 478, 569
Pio IX (G. M. Mastai-Ferretti), papa: 341
Pio X (G. Sarto), papa: 157, 237, 361
Pio XI (A. D. A. Ratti): 347
Pio XII (E. Pacelli), papa: 159, 237, 333, 342, 347, 406
Pirro: 1
Platão: 137-138, 153, 155, 205, 225, 311, 316, 373, 390, 397, 470, 479, 522-523, 570-571, 577-579
Plínio o Velho: 464
Plotino: 248-249, 311, 334, 373, 376, 390, 578
Plutarco: 207
Pohier, J. M.: 438-439, 479
Polag, A.: 230, 235
Políbio: 70
Policarpo de Esmirna: 71, 362
Polkinghorne, J.: 77-82
Pollard, W.: 77
Pompeu, bispo: 207
Pôncio Pilatos: 107
Popper, K. R.: 2, 196, 321, 357
Porfírio: 248-249, 578
Portal, F.: 162
Porter, J.: 582
Potter, Ph.: 95-97
Potter, V. R.: 58-59
Praxés: 566
Prestige, G. L.: 552
Preuss, H. D.: 18-19, 21, 457
Prigogine, I.: 81
Procópio de Gaza: 426
Pródico: 113
Protágoras: 1, 522, 577, 579
Prudêncio: 425
Prümm, K.: 370
Przywara, E.: 554
(Pseudo-)Filão: 28
Ptolomeu: 29, 248, 252
Púa: 540

Qutb, S.: 239

Rábano Mauro: 205
Rabelais, F.: 458

Rad, G. von: 18, 19, 90, 170, 205, 457-458
Rade, M.: 552
Radford Ruether, R.: 541, 544, 555
Rahner, H.: 138, 370, 372
Rahner, K.: 11, 22, 44, 76, 91, 92, 115, 127, 132, 135-136, 146, 149-150, 155-156, 158-160, 163, 166, 169, 171, 189, 227, 254, 269, 271, 273, 277, 314, 334, 337, 368, 377, 439, 443-444, 457, 478-479, 488-489, 492, 496, 506-507, 516, 552, 554-555, 564-565, 567, 569
Raiser, K.: 96
Ramírez, S.: 552
Ramsey, I. T.: 314, 316, 552
Ramsey, P.: 61
Rappaport, R. A.: 139-141
Ratramno: 205
Ratzinger, J.: 11, 107, 202, 334, 554, 564
Rauschenbusch, W.: 195
Reagan, R.: 95, 237
Reich, W. T.: 60-61, 166, 460, 470
Reimarus, H.: 166, 291, 483, 486
Reitzenstein, R.: 370
Renan, E.: 481, 487
Rendtford, T.: 195
Rendtorff, R.: 54
Reubeni, D.: 352
Ricardo de São Vítor: 183, 376
Ricoeur, P.: 52, 103, 115, 263-264, 312-316, 336-338, 383, 389, 437, 439, 492, 503, 576
Rilke, R. M.: 479
Ringgren, H.: 54
Ripalda, J.: 186
Ritschl, A.: 167, 334
Rizzuto, A. M.: 377
Robertson, P.: 237
Robinson, J. M.: 55, 230, 232, 235, 261, 264
Robinson, J.: 552
Rojas Pinilla, G.: 196
Romão o Melodioso: 425
Romero, Ó. A.: 147, 174, 267, 413, 555
Rondet, H.: 553
Rorario, J.: 519
Rorty, R.: 261, 387
Rosa de Lima: 374
Rose, M.: 54
Rosenzweig, F.: 168, 302
Ross, D.: 60, 212
Rostand, J.: 142
Rostislav da Morávia: 279
Rousseau, J.-J.: 390, 460, 578-579
Rousselot, P.: 552
Rowley, H. H.: 54
Rufino: 425-426
Ruiz de la Peña, J. L.: 21, 27, 171, 258, 338, 401
Rumi: 373-374
Russell, B.: 487
Russell, L.: 541-544
Russell, R. J.: 77-79, 81-82

Rute: 53, 339, 431
Ruysbroeck, J.: 373, 375, 377

Saadia Gaón: 300
Sabas, são: 280, 373
Sabastari: 373
Sabetay Tsebi: 373
Sacchi, P.: 30
Salas, A.: 430
Salviano de Marselha: 425
Samuel, profeta: 17, 20, 52, 428, 452-454, 462, 498
Sanders, E. P.: 55, 296-298
Sanders, J. P.: 167, 171
Santos Otero, A. de: 34
São Tiago o Justo: 248
São Tiago, apóstolo: 70, 207-208, 282, 404-405, 465, 483
Sara, esposa de Abraão: 339
Sara, esposa de Tobias: 346
Sartre, J.-P.: 336-337
Sato, M.: 232, 235
Saussaye, Ch. de la: 471
Saussure, F.: 263
Savater, F.: 485
Schatz, K.: 90, 92, 329
Scheeben, M. J.: 370, 372
Scheler, M.: 227, 285, 479, 583
Schelling, F. W. J.: 198, 226, 503, 572
Schierse, F. J.: 145
Schiffman, L. H.: 464, 466
Schillebeeckx, E.: 127, 136, 158, 160, 258, 262, 264, 336, 348, 360, 363-364, 470, 482-483
Schlegel, F. von: 168
Schleiermacher, Fr.: 82, 157, 217, 227, 259-260, 503
Schmemann, A.: 533
Schmid, G.: 51, 473
Schmidt, W.: 230, 390
Schmitt, C.: 554
Schneerson, M. M.: 352
Schoedel, W. R.: 54
Scholem, G.: 303-304, 377
Schoonenberg, P.: 441, 443
Schopenhauer, A.: 112, 189, 224, 229, 321, 326, 524
Schreiter, R. J.: 241, 243, 246, 248, 285-286, 290
Schultes, R.: 158
Schulze, G.: 387
Schupp, F.: 486, 497
Schüssler Fiorenza, E.: 429, 539-541, 544, 555, 565, 569
Schütz, C: 169, 183
Schwager, R.: 431
Schweitzer, A.: 166-167, 171, 261, 291, 486, 529
Schweizer, E.: 183, 484
Scopes, J. T.: 237
Scott, W.: 213, 240, 254, 314
Sebastián, L. de: 368, 372, 507, 512, 564
Seckler, M.: 333, 527
Sedúlio: 425
Seeligmann, I. L.: 170

Segundo, J. L.: 157, 160, 409, 440, 546
Sells, M.: 374, 377
Semporé, S.: 555
Sepúlveda, J.: 255, 451
Serapião: 424
Set: 54, 252, 360
Severo de Antioquia: 425-426
Sexto Empírico: 1
Seymour, W. J.: 449
Shammai, Rabi: 292
Shange, N.: 429
Shariati, A.: 537
Shorter, A.: 286, 492
Sicre, J. L.: 457, 487
Sieben, H. J.: 91
Sifrá: 540
Simeão: 211, 340
Simmel, G.: 285
Simon, M.: 458, 556
Ska, J. L.: 17, 21
Smith, A.: 509, 512
Smith, M.: 54, 296
Soares-Prbhu, G.: 549
Sobrino, J.: VII, 11, 136, 150, 183, 186, 189, 271, 310, 327, 328, 414, 429, 469-470, 486, 435, 550, 555
Sócrates: 133, 224, 416, 488-489, 522, 577
Sócrates Escolástico: 425
Söderblom, N.: 91, 162, 228, 369, 477
Sofrônio de Jerusalém: 426
Sohm, R.: 69
Solages, B. de: 554
Sölle, D.: 150, 377, 479, 533, 535, 552, 554, 555
Soloveitchik, J.: 301
Soloviev, S.: 553
Sorazu, E.: 505, 507
Soskice, J.: 313, 316
Sozômeno: 425
Spinoza, B. de: 259, 301, 334, 354
Spiro, M. E.: 137
Stalin, J.: 195, 353
Stanlloaë, D.: 553
Stark, R.: 388
Steck, O. H.: 230, 235
Stein, E.: 226
Steiner, G.: 195, 214, 384, 387, 390
Steurnagel, C: 54
Stevenson, R. L.: 213
Stoeger, W.: 77
Stolz, M.: 54
Strauss, D. F.: 381
Streeter, B. H.: 230
Suárez, F.: 551, 561
Suetônio: 425
Sugintharajah, R.: 545
Sukarno, A.: 196
Sukenik, E.: 462
Sulpício Severo: 425

Swami Agnivesh Sannyasi: 536, 550
Swedenborg, E.: 377
Swinburne, R.: 314-316

Taborda, F.: 348, 497, 505, 507
Taciano: 422-423, 565
Tales de Mileto: 177, 514
Tamayo, J. J.: 5, 69, 86, 150, 155, 159, 160, 171, 177, 236, 240, 310, 328, 353, 433, 457, 470, 486, 497, 507, 519, 523, 533, 538, 544, 551
Taulero, J.: 373
Teasdale, W.: 538
Tecla: 34
Teilhard de Chardin, P.: 336, 376-377, 553-554
Temple, W.: 94, 162, 552
Teodoreto de Ciro: 423, 425
Teodoro de Mopsuéstia: 426
Teodósio, imperador: 44, 46
Teódoto: 248-249
Teófilo de Antioquia: 422, 565
Teresa de Calcutá: 377
Teresa de Jesus: 174, 186
Teresa de Lisieux: 375-376
Tertuliano: 1, 27, 71, 206, 248, 253, 361-362, 371, 422-425, 432, 449, 514, 539, 560, 564, 566
Theissen, G.: 55, 233, 235
Thich Nhat Hanh: 537, 550
Thielicke, H.: 195
Thils, G.: 553-554
Thouless, R. H.: 228
Tiago de Vorágine: 34
Ticônio: 442
Tierno Galván, E.: 2, 4, 6, 479
Tillard, J. M. R.: 166
Tillich, P.: 166
Timóteo: 275, 574
Tito, discípulo de Paulo: 275
Tito, imperador: 30
Tobias: 28, 53, 346, 354
Tocqueville, A. de: 579
Tödt, H. E.: 233, 235
Tolstoi, L.: 553
Tomás de Aquino: 11, 71, 73, 118, 156, 183, 186, 189, 199, 202, 215, 217, 221, 226, 254, 298, 314, 318, 331, 335, 356-357, 373, 433, 442, 500, 515, 527, 539, 551, 554, 571, 580-582
Tomé, apóstolo: 34, 406, 482
Tönnies, F.: 82-83, 86
Torrella, R.: 366
Torres Queiruga, A.: 6, 335, 338, 354, 358, 429, 486, 489, 491-492, 519
Tracy, D.: 264, 285, 492, 558-559
Trajano, imperador: 121
Trasímaco: 522
Trebolle, J.: 58, 304, 407, 464, 466
Trever, J.: 462
Trías, E.: 192

Trible, Ph.: 432
Trifão: 304
Trilling, W.: 467
Troeltsch, E.: 122, 166, 217, 461, 475, 481, 552, 557
Tromp, S.: 198-199
Turner, G. H.: 503, 552
Turner, V.: 503, 552
Turoldo, D.: 400,
Tutu, D.: 548
Tuyaerts: 158
Tylor, R.: 390
Tyndale, W.: 11
Tyrrell, G.: 551

Ugoni, M.: 87
Unamuno, M. de: 2, 478-479, 484-485, 576
Underhill, E.: 139, 374-375, 377

Vaage, L.: 233, 235
Vahanian, G.: 396, 552
Valdo, P.: 174, 457
Valencia, G. de: 171, 304, 561
Valensin, A.: 553
Valente, J. Á.: 374
Valentim: 248
Van Seters, J.: 54
Vandenbroucke, F.: 185
Vanhoye, A.: 364, 494
Vargas, G.: 196
Vattimo, G.: 229, 387, 389-390
Venâncio Fortunato: 425
Vergote, A.: 262
Vermes, G.: 296
Vicente de Beauvais: 34
Vicente de Lerins: 71, 88, 156
Vico, J.: 61
Vidal, M.: 61, 63, 103, 271, 436, 439, 544, 583
Visser't Hooft, W. A.: 93-94, 97
Vladimir de Kiev: 279
Vogt, E.: 370
Voltaire: 336, 357
Volz, O.: 170
Vries, J. de: 503, 507

Wach, J.: 136, 139, 369, 475, 478
Wallace, J.: 137, 581
Walters, L.: 61
Warnach, V.: 371
Washington, G.: 198
Way, P. A.: 466, 555
Weber, M.: 35, 69, 86, 168, 275, 385-386, 390, 459, 461, 475
Weiser, A.: 358
Weiss, J.: 166-167, 230, 358, 529
Weisse, Ch.: 230
Weissmahr, B.: 358
Weizsäcker, C. F. von: 77

Wellhausen, J.: 52, 54
Wesley, C.: 458
Wesley, J.: 458
Westermann, C.: 117
Wheeler, T.: 170
White, L.: 116
Wiclef, J.: 12
Wildman, W. J.: 77, 82
Willebrands, J.: 163
Willems, E.: 451
Wilmore, G.: 547
Wimmer, F.: 285, 287
Winch, P.: 316
Wittgenstein, L.: 2, 224, 261, 316, 376, 570
Wolff, Ch.: 225
Wrede, W.: 55, 166
Wright, G. E.: 54
Wrybray, N.: 54

Wulf, C.: 287, 289
Wundt, W.: 475

Xenófanes de Colofão: 1, 311

Yannaras, Ch.: 553
Yeshue Samuel, A.: 462
Yinger, M.: 228-229

Zacarias, profeta: 351
Zambrano, M.: 192, 195, 373, 377
Zankov, V.: 533
Zenão de Eleia: 70
Zenger, E.: 16, 21, 58
Zizoulas, J.: 553
Zorobabel: 349, 351
Zubiri, X.: 5, 61, 184, 197, 222-224, 258, 323, 568-569
Zwinglio, U.: 457, 459

NOTAS SOBRE OS AUTORES

Rafael Aguirre: Professor de Sagrada Escritura na Universidade de Deusto (Bilbao), especializado em Novo Testamento. É autor de *Ensayos sobre el cristianismo primitivo. De la religión política de Jesús a la religión doméstica de Pablo* (2001), e colabora neste *Dicionário* com o verbete "Jesus de Nazaré".

José Luis Albares: Professor de Sagrada Escritura no Seminário Maior de Sigüenza-Guadalajara e especialista em Antigo Testamento, é autor do livro *Un arameo errante era mi padre* (2002). Contribui neste *Dicionário* com o verbete "Messianismo".

Xavier Alegre: Professor de Sagrada Escritura na Faculdade de Teologia da Catalunha, especialidade Novo Testamento, é autor do livro *Memoria subversiva y esperanza para los pueblos crucificados* (2003), assim como do verbete "Milagre" deste *Dicionário*.

Juan Carlos Alvarez: Professor de Bioética fundamental na Universidade Pontifícia de Comillas, é especialista em medicina e ética. Autor de *Para fundamentar la bioética* (2003), colabora junto com José Jorge Ferrer nesta obra com o verbete "Bioética".

José Luis Barriocanal: Professor de Sagrada Escritura na Faculdade de Teologia do Norte da Espanha (Burgos), é autor do verbete "Antigo Testamento", que constitui a matéria de sua especialidade.

Raúl Becerril: Professor de Sagrada Escritura no Centro Teológico dos Agostinianos (Valladolid), é especialista em Antigo Testamento, é autor do verbete "Profetismo" deste *Dicionário*.

Antonio Blanch: Professor emérito de História e Crítica Literária na Universidade Pontifícia de Comillas e especialista na área de literatura e religiões, é autor do livro *El hombre imaginario. Una antropología literaria* (1995) e colabora com o verbete "Estética e religiões" neste *Dicionário*.

Clodovis Boff: Professor de Teologia na Pontifícia Universidade Católica do Rio de Janeiro, é especialista nas questões relativas ao método teológico. Autor de *Teoria do método teológico* (1998), contribui na presente obra com o verbete "Teologia".

Lina Boff: Professora de Teologia na Pontifícia Universidade Católica do Rio de Janeiro, é especializada em escatologia. Autora *de Espírito e Missão na Teologia* (1998), escreveu o verbete "Morte" da presente obra.

Juan Bosch: Professor de Ecumenismo e Teologia Protestante, áreas nas quais é especialista, na Faculdade de Teologia de Valencia, é autor de *Para comprender el ecumenismo* (1991). Colabora com os verbetes "Ecumenismo" e "Ministérios" neste *Dicionário*.

Miguel de Burgos: Professor de Sagrada Escritura no Centro de Estudos Teológicos de Sevilla, especializado em Novo Testamento, elaborou o verbete "Novo Testamento" para a presente obra.

Fernando Camacho: Professor de Sagrada Escritura no Centro de Estudos Teológicos de Sevilla, especialidade Novo Testamento, é autor *de La proclama del reino* (1987), e colabora com o verbete "Bem-aventuranças" neste *Dicionário*.

Victoria Camps: Catedrática de Filosofia Moral e Política na Universidade Autônoma de Barcelona, é autora de *Virtudes públicas*, e redigiu o verbete "Virtude (perspectiva filosófica)" para a presente obra.

José María Castillo: Professor de Teologia na Universidade Centro-americana (UCA) (El Salvador), é especialista em sacramentos e eclesiologia. Autor de *Víctimas del pecado* (2004), e dos verbetes "Autoridade e poder", "Batismo e confirmação", "Eucaristia", "Reino de Deus" e "Sacramentos" deste *Dicionário*.

Carlos Domínguez: Professor de Psicologia na Faculdade de Teologia de Granada, especialista em psicologia da religião. É autor de *El psicoanálisis freudiano de la religión* (1991) e colabora com o verbete "Pecado/culpa" na presente obra.

Enrique Dussel: Catedrático de Filosofia Moral na Universidade Autônoma do México, é autor de *Ética de la liberación en la edad de la globalización y de la exclusión* (^{3}2000) e elaborou o verbete "Ética teológica" deste *Dicionário*.

Ignacio Ellacuría (m. 1989): Reitor da Universidade Centro-americana (UCA) em El Salvador e especialista em filosofia e teologia da libertação. Autor de *Conversión de la Iglesia al Reino de Dios* (1984), escreveu o texto aqui incluído no verbete "Libertação".

Orlando Espín: Professor de Teologia na Universidade de San Diego (Estados Unidos), especializado em religiosidade popular. Autor de *The Faith of People: Theological Reflections on Popular Catholicism* (1997), redigiu o verbete "Globalização e experiência religiosa" deste *Dicionário*.

Juan Antonio Estrada: Catedrático de Metafísica e Filosofia da Religião na Universidade de Granada, é autor de *Por una ética sin teología. Habermas como filósofo de la religión* (2004). Colabora neste *Dicionário* com os verbetes "Agnosticismo", "Carisma e instituição", "Crença e descrença", "Monoteísmo e politeísmo" e "Teísmo e ateísmo".

José Jorge Ferrer: Professor de Bioética na Universidade de Porto Rico em Mayagüez, é também especialista em teologia moral. Autor de *Sida y Bioética: de la autonomía a la justicia* (1997), elaborou, junto com Juan Carlos Álvarez o verbete "Bioética" da presente obra.

Casiano Floristán: Catedrático emérito de Teologia Pastoral na Universidade Pontifícia de Salamanca e especialista em liturgia, pastoral e eclesiologia, é autor de *Teología práctica* (^{4}2002). Redigiu os verbetes "Comunidade", "Espiritualidade", "Missão/evangelização" e "Penitência" deste *Dicionário*.

Manuel Fraijó: Catedrático de Filosofia da Religião na Universidade Nacional de Educação à Distância. Autor de *Dios, el mal y otros ensayos* (2004), colabora com o verbete "Ressurreição" neste *Dicionário*.

Miguel García-Baró: Professor de Fenomenologia da Religião na Universidade Pontifícia de Comillas e especialista também em metafísica, é autor de *Vida y Mundo. La práctica de la fenomenología* (1999) e colabora com o verbete "Teodiceia" na presente obra.

Francisco García Bazán: Catedrático de Filosofia e História das Religiões na Escola de Graduados da Universidade J. F. Kennedy (Argentina), é autor de *Aspectos inusuales de lo sagrado* (2000), como também do verbete "Gnose" incluída neste *Dicionário*.

Máximo García Ruiz: Reitor do Instituto Evangélico de Estudos Teológicos (ISE-TE), é especialista em teologia protestante e dirigiu a obra *Protestantismo en cien palabras* (2005). É autor do verbete "Anglicanismo" deste *Dicionário*.

Giulio Girardi: Catedrático emérito de Filosofia na Universidade de Sassari (Itália) e especialista na questão "diálogo cristianismo-marxismo", é autor de *Resistenza e alternativa al neoliberalismo e al terrorismo* (2002). Colabora neste *Dicionário* com o verbete "Amor".

Antonio González: Professor de Teologia no Seminário Evangélico Unido de Teologia (El Escorial, Madrid). Autor de *Teología de la praxis evangélica* (1999), elaborou os verbetes "Fé", "Pecado original" e "Salvação/soteriologia" da presente obra.

Santiago Guijarro: Professor titular de Novo Testamento na Universidade Pontifícia de Salamanca, é autor de *Dichos primitivos de Jesús* (2004), como também do verbete "Fonte Q" incluída nesta obra.

Diego Irarrázaval: Presidente da Associação Ecumênica de Teólogas/os do Terceiro Mundo, é especializado em culturas indígenas e teologia. Autor de *La fiesta, símbolo de libertad* (1998), colabora com o verbete "Símbolo" neste *Dicionário*.

Trinidad León: Professora do Mistério de Deus e de Mariologia na Faculdade de Teologia de Granada, é especialista em teologia trinitária, colaborando com o verbete "Trindade" neste *Dicionário*.

Eduardo López Azpitarte: Professor emérito de Teologia Moral na Faculdade de Teologia de Granada. Autor de *Hacia una nueva visión de la ética Cristiana* (2003), escreveu os verbetes "Conversão" e "Liberdade", incluídos na presente obra.

Luce López-Baralt: Catedrática de Literatura Espanhola e Comparada na Universidade de Porto Rico, é especialista em mística e islam. Autora de *San Juan de la Cruz y el Islam* (1990), colabora com o verbete "Mística" neste *Dicionário*.

José M. Lozano-Gotor Perona: Licenciado em teologia sistemática e ciências físicas, cursa atualmente estudos de doutorado na Philosophisch-Theologische Hochschule Sankt Georgen de Frankfurt (Alemanha), donde redige uma tese sobre os conceitos de espaço e tempo na teologia de W. Pannenberg, J. Moltmann e Ch. Link.

Maria Clara Lucchetti Bingemer: Professora de Teologia na Pontifícia Universidade Católica do Rio de Janeiro, é especialista em teologia sistemática. Autora de *A identidade crística. Reflexões sobre vocação, identidade e missão dos leigos* (1998), redigiu os verbetes "Maria" e "Matrimônio" da presente obra.

Santiago Madrigal: Professor de Eclesiologia da Universidade Pontifícia de Comillas, é autor de *Vaticano II: remembranza y actualización*(2002), assim como dos verbetes "Concílios" e "Igreja", incluídos neste *Dicionário*.

José María Mardones: Pesquisador do Instituto de Filosofia (CSIC) e especialista em sociologia da religião, escreveu o livro *La indiferencia religiosa en España. ¿Qué futuro tiene el cristianismo?* (2003), assim como o verbete "Modernidade, pós-modernidade e cristianismo" deste *Dicionário*.

Juan Martín Velasco: Catedrático emérito de Fenomenologia da Religião na Universidade Pontifícia de Salamanca, é autor de *El fenómeno místico. Estudio comparado* (1999) e colabora com os verbetes "Culto", "Mistério", "Mito e desmitologização" e "Religião (Fenomenologia e ciências das religiões)" neste *Dicionário*.

Felicísimo Martínez: Professor de Teologia Pastoral no Instituto Superior de Pastoral (Universidade Pontifícia de Salamanca), especialista em eclesiologia, é autor de *Avivar la esperanza* (2002). Colabora neste *Dicionário* com os verbetes "Catolicismo" e "Cristianismo".

José Míguez Bonino: Catedrático emérito de Teologia no Instituto Universitário ISEDET (Buenos Aires) e especialista em teologia protestante, é autor de *Protestantismo y liberalismo en América Latina* (1983) e redigiu o verbete "Pentecostalismo", incluído neste *Dicionário*.

Diego Molina: Professor de Eclesiologia na Faculdade de Teologia de Granada. Autor de *La vera sposa de Christo. La primera eclesiología de la Compañía de Jesús* (2003), elaborou os verbetes "Magistério" e "Tradição" para a presente obra.

Albert Moliner: Professor de Teologia no Institut Superior de Ciències Religioses Sant Fructuós (Tarragona), é especialista em teologia das religiões. Autor de *El pluralismo interreligioso y la perspectiva de las víctimas. Estudio de la aportación de Paul F. Knitter* (2001), redigiu o verbete "Fundamentalismo" para a presente obra.

Moschos Morfakidis: Professor de Filologia Bizantina na Universidade de Granada, é autor de *Bibliografía bizantina y neogriega en lenguas ibéricas* (em colaboração com E. Motos) (1995), assim como do verbete "Igrejas ortodoxas" deste *Dicionário*.

Encarnación Motos: Professora titular de História Medieval na Universidade de Granada, é coautora de *Bibliografía bizantina y neogriega en lenguas ibéricas*, assim como do verbete "Igrejas ortodoxas" incluído neste *Dicionário*.

Alejandro Olivar: Monge beneditino, patrólogo, historiador da liturgia e responsável pela edição crítica de Pedro Crisólogo em *Corpus Christianorum* (1975-1982), redigiu o verbete "Patrística" para este *Dicionário*.

Raimon Panikkar: Catedrático emérito de Filosofia Comparada da Religião na Universidade da Califórnia, é especialista em filosofia intercultural e teologia inter-religiosa. Autor de *La intuición cosmoteándrica* (1999), assim como do verbete "Diálogo inter- e intrarreligioso" deste *Dicionário*.

Jesús Peláez: Catedrático de Filologia Grega na Universidade de Córdoba e especialista em Novo Testamento. Coautor de *El Nuevo Testamento. Introducción al estudio de los primeros escritos cristianos* (1995), colabora com o verbete "Evangelho" na presente obra.

Xavier Pikaza: Foi catedrático de teologia e história das religiões na Universidade Pontifícia de Salamanca. Autor de *Antropología bíblica* (1993), elaborou os verbetes "Credo/confissões de fé", "Espírito Santo" e "Oração" deste *Dicionário*.

Margarita María Pintos: Diretora do Seminário de Teologia Feminista e colaboradora do Instituto de Pesquisas Feministas, da Universidade Complutense de Madri, é autora de *La mujer en la Iglesia* (1990) e elaborou o verbete "Teologias feministas" da presente obra.

Antonio Piñero: Catedrático de Filologia Grega na Universidade Complutense de Madri, é editor de *Textos gnósticos. Biblioteca de Nag Hammadi* (vols., 1997-2000) e colabora com o verbete "Apócrifos", incluído neste *Dicionário*.

Pablo Richard: Diretor do Departamento Ecumênico de Pesquisas (DEI) (San José de Costa Rica), é especializado em teologia paulina. Autor de *El movimiento de Jesús antes de la Iglesia* (1998), redigiu o verbete "Graça e lei" deste *Dicionário*.

Pedro Rodríguez Panizo: Professor de Fenomenologia da Religião na Universidade Pontifícia de Comillas, é autor de *Hacia una teología del cine* (2001) e colabora com o verbete "Experiência religiosa" neste *Dicionário*.

Enrique Romerales: Professor titular de Filosofia na Universidade Autônoma de Madri, é especialista em filosofia da linguagem. Autor *de El problema del mal* (1999), redigiu o verbete "Linguagem religiosa" para este *Dicionário*.

Francisco José Ruiz Pérez: Professor de Teologia na Faculdade de Teologia de Granada, especializado em escatologia e antropologia teológica. Autor de *Teología del camino. Una aproximación antropológico-teológica a Ignacio de Loyola* (2000), colabora com os verbetes "Antropologia teológica" e "Criação e ecologia" na presente obra.

Juan José Sánchez: Doutor em filosofia e em teologia, especialidade filosofia da religião. Editor da obra de M. Horkheimer *Anhelo de justicia: teoría crítica y religiones* (2000), elaborou o verbete "Hermenêutica" para este *Dicionário*.

Julio de Santa Ana: Secretário de Estudos na Comissão para a Participação das Igrejas no Desenvolvimento, do Conselho Mundial de Igrejas e especialista em ecumenismo, teologia e economia. Autor de *Ecumenismo y liberación* (1997), colabora com os verbetes "Conselho Mundial de Igrejas" e "Protestantismo" na presente obra.

Luis de Sebastián: Catedrático de Economia na Escola Superior de Administração de Empresas (ESADE), Universidade Raimon Llull (Barcelona). Autor de *El rey desnudo. Cuatro verdades sobre el mercado* (1999), redigiu o verbete "Solidariedade" deste *Dicionário*.

Jon Sobrino: Diretor do Centro Monsenhor Romero e professor de Teologia na Universidade Centroamericana (UCA) (El Salvador), especialista em cristologia e autor de *La fe en Jesucristo. Ensayo desde las víctimas* (1998). Colabora neste *Dicionário* com os verbetes "Cristologia", "Deus", "Identidade cristã" e "Opção pelos pobres".

Juan José Tamayo: Diretor da Cadeira de Teologia e Ciências das Religiões Ignacio Ellacuría na Universidade Carlos III de Madrid, especialista em teologia da libertação e teologia das religiões, é autor de *Fundamentalismos y diálogo entre religiones* (2004). Escreveu os verbetes "Dogma", "Escatologia", "Esperança", "Paz e violência", "Teologias da libertação", "Teologia das religiões' e "Teologia política", incluídos neste *Dicionário*.

Elsa Tamez: Professora de Sagrada Escritura na Universidade Bíblica Latino-americana, especializada na teologia de Paulo e autora de *Contra toda condena*. *La justificación por la fe desde los excluidos* (1991), colabora com o verbete "Justificação e justiça" neste *Dicionário*.

Pablo Torijano: Professor de História da Língua Hebraica na Universidade Complutense de Madri e especialista em crítica textual, é autor de *Solomon, the Esoteric King* (2002). Redigiu o verbete "Qumrán" para a presente obra.

Francesc Torralba: Professor de Filosofia na Universidade Raimon Llull, especializado em filosofia e teologia, é autor de *Ética del cuidar* (2002). Colabora com os verbetes "Filosofia e religião" e "Verdade" neste *Dicionário*.

Andrés Torres Queiruga: Professor de Filosofia na Universidade de Santiago de Compostela e especialista em teologia e filosofia da religião, é autor de *Repensar la resurrección* (2003). Elaborou os verbetes "Mal" e "Revelação" incluídos neste *Dicionário*.

Julio Trebolle: Catedrático de Língua e Literatura Hebraica na Universidade Complutense de Madri, especializado em Bíblia, Qumrã e judaísmo, é autor de *La Biblia judía y la Biblia cristiana* (1998). Contribui neste *Dicionário* com os verbetes "Bíblia" e "Judaísmo".

Diana de Vallescar: Doutora em filosofia e especialista em filosofia intercultural, é autora de *Cultura, multiculturalismo e interculturalidad. Hacia una racionalidad intercultural* (2000). Colabora com o verbete "Interculturalidade e cristianismo" na presente obra.

Marciano Vidal: Professor de Teologia Moral na Universidade Pontifícia de Comillas e no Instituto Superior de Ciencias Morales (Madri), é autor de *Moral de actitudes* (vols., 1990-1991). Redigiu o verbete "Virtude (perspectiva teológica)" para este *Dicionário*.

Evangelista Vilanova (m.): Foi professor na Faculdade de Teologia da Catalunha, especializado em história da teologia. Autor de *Historia de la teología cristiana* (vols., 1987-1992), assim como do verbete "Teologias contemporâneas", incluído neste *Dicionário*.

ÍNDICE

SIGLAS V
PRÓLOGO VII

Agnosticismo: *Juan Antonio Estrada* 1
Amor: *Giulio Girardi* 6
Anglicanismo: *Máximo García* 11
Antigo Testamento: *José Luis Barriocanal* 16
Antropologia Teológica: *Francisco José Ruiz Pérez* 21
Apócrifos: *Antonio Piñero* 27
Autoridade e poder: *José M. Castillo* 34
Batismo e confirmação: *José M. Castillo* 41
Bem-aventuranças: *Fernando Camacho* 46
Bíblia: *Julio Trebolle* 51
Bioética: *Jorge José Ferrer/Juan Carlos Álvarez* 58
Carisma e instituição: *Juan Antonio Estrada* 64
Catolicismo: *Felicísimo Martínez* 69
Ciência e religião: *José Manuel Lozano Gotor* 76
Comunidade: *Casiano Floristán* 82
Concílios: *Santiago Madrigal* 86
Conselho mundial de Igrejas: *Julio De Santa Ana* 92
Conversão: *Eduardo López Azpitarte* 97
Credo/confissões de fé: *Xabier Pikaza* 103
Crença e não-crença: *Juan Antonio Estrada* 110
Criação e ecologia: *Francisco José Ruiz Pérez* 115
Cristianismo: *Felicísimo Martínez* 121
Cristologia: *Jon Sobrino* 127
Culto: *Juan Martín Velasco* 136
Deus: *Jon Sobrino* 142
Diálogo inter-religioso e intrarreligioso: *Raimon Panikkar* 150
Dogma: *Juan José Tamayo* 155
Ecumenismo: *Juan Bosch* 161
Escatologia: *Juan José Tamayo* 166
Esperança: *Juan José Tamayo* 172
Espírito Santo: *Xabier Pikaza* 177
Espiritualidade: *Casiano Floristán* 183
Estética e religião: *Antonio Blanch* 189
Ética Teológica: *Enrique Dussel* 195
Eucaristia: *José Maria Castillo* 202
Evangelho: *Jesús Peláez* 207
Experiência religiosa: *Pedro Rodríguez Panizo* 212
Fé: *Antonio González* 219
Filosofia e religião: *Francesc Torralba* 223
Fonte Q: *Santiago Guijarro* 229
Fundamentalismo: *Albert Moliner* 235
Globalização e experiência religiosa: *Orlando O. Espín* 241

Gnose: *Francisco García Bazán* 248
Graça e lei: *Pablo Richard* 253
Hermenêutica: *Juan José Sánchez* 259
Identidade cristã: *Jon Sobrino* 265
Igreja: *Santiago Madrigal* 272
Igrejas ortodoxas: *Moschos Morfakidis Filactós e Encarnación Motos Guirao* 277
Interculturalidade e cristianismo: *Diana de Vallescar* 284
Jesus de Nazaré: *Rafael Aguirre* 291
Judaísmo: *Julio Trebolle* 298
Justificação e justiça: *Elsa Tamez* 304
Linguagem religiosa: *Enrique Romerales* 311
Liberdade: *Eduardo López Azpitarte* 316
Libertação: *Ignacio Ellacuría* 321
Magistério: *Diego Molina* 329
Mal: *Andrés Torres Queiruga* 334
Maria: *Maria Clara L. Bingemer* 338
Matrimônio: *María Clara L. Bingemer* 343
Messianismo: *José Luis Albares* 348
Milagre: *Xavier Alegre* 353
Ministérios: *Juan Bosch* 358
Missão/evangelização: *Casiano Floristán* 364
Mistério: *Juan Martín Velasco* 368
Mística: *Luce López-Baralt* 372
Mito e demitologização: *Juan Martín Velasco* 377
Modernidade, pós-modernidade e cristianismo: *José María Mardones* 383
Monoteísmo e politeísmo: *Juan Antonio Estrada* 390
Morte: *Lina Boff* 396
Novo Testamento: *Miguel de Burgos* 402
Opção pelos pobres: *Jon Sobrino* 408
Oração: *Xabier Pikaza* 414
Patrística: *Alejandro Olivar* 421
Paz e violência: *Juan José Tamayo* 428
Pecado/culpa: *Carlos Domínguez Morano* 433
Pecado original: *Antonio González* 439
Penitência: *Casiano Floristán* 443
Pentecostalismo: *José Míguez Bonino* 449
Profetismo: *Raúl Becerril* 452
Protestantismo: *Julio de Santa Ana* 457
Qumrã: *Pablo A. Torijano* 462
Reino de Deus: *José M. Castillo* 467
Religião (fenomenologia e ciências das religiões): *Juan Martín Velasco* 470
Ressurreição: *Manuel Fraijó* 478
Revelação: *Andrés Torres Queiruga* 486
Sacramentos: *José M. Castillo* 493
Salvação/Soteriologia: *Antonio Gonzáles* 497
Símbolo: *Diego Irarrázaval* 502
Solidariedade: *Luis de Sebastián* 507
Teísmo e ateísmo: *Juan Antonio Estrada* 513
Teodiceia: *Miguel García Baró* 519
Teologia: *Clodovis Boff* 524
Teologia política: *Juan José Tamayo* 527

Teologia das religiões: *Juan José Tamayo* 533
Teologias feministas: *Margarita Maria Pintos* 539
Teologias da libertação: *Juan José Tamayo* 544
Teologias do século XX: *Evangelista Vilanova* 551
Tradição: *Diego Molina* 560
Trindade: *Trinidad León* 564
Verdade: *Francesc Torralba* 570
Virtude:
    Perspectiva da filosofia moral: *Victoria Camps* 576
    Perspectiva da ética teológica: *Marciano Vidal* 579

ÍNDICE ANALÍTICO 585
ÍNDICE DE NOMES 593
NOTAS SOBRE OS AUTORES 605